二十四史

唐 姚思廉 撰

梁書

第一册

卷一至卷一六（紀傳）

中華書局

中華書局

《梁書》《陳書》出版説明

梁書五十六卷，陳書三十六卷，分別記載了梁陳兩個封建割據政權的歷史，是六世紀五十年代到七世紀三十年代期間，姚察、姚思廉父子相繼編撰的。

梁陳是繼東晉宋齊，先後在江南建立的兩個封建割據王朝。梁自蕭衍（梁武帝）建國到蕭方智（梁敬帝）時滅亡，首尾五十六年（公元五〇二到五五七）。陳自陳霸先（陳武帝）建國到陳叔寶（陳後主）時被隋所滅，歷時三十三年（五五七到五八九）。

梁代前期，是同割據北方的北魏對立的。北魏分裂成東魏、西魏後，梁和東、西魏成爲鼎足三分的形勢。陳建立後，北齊和北周已經代替了東、西魏，仍然是三分的局面。六世紀七、八十年代，北周和隋相繼統一了北方，六世紀末隋滅陳，結束了南北的分裂。

梁代的歷史，曾由沈約、周興嗣、裴子野和杜之偉、顧野王、許亨等在梁陳兩代先後受命編撰，許亨寫成梁史五十八卷。梁代謝吳又有梁書四十九卷，陳代何之元和隋代劉璠各成梁典三十卷。陳代的歷史，傅縡、顧野王都曾受命編撰，陳書顧野王傳説他有「國史紀傳二百卷，未就而卒」。陸瓊還著有陳書四十二卷。以上這些著作，姚氏父子修

史時可能參考過，但都没有流傳下來。

姚察在陳初曾參與梁史的編撰。入隋後，又在公元五八九年（隋開皇九年）受命編撰梁陳兩朝史，没有成書就死了。姚思廉在隋唐兩次受命繼續完成這兩朝史，到六三六年（唐貞觀十年）才寫成了梁書和陳書。

姚察字伯審，吳興武康（在今浙江德清縣西）人。在陳代任秘書監、領大著作、吏部尚書，在隋代做秘書丞。死於公元六〇六年（隋大業二年）。姚思廉字簡之，在唐任著作郎、弘文館學士，後來做到散騎常侍。死於六三七年（唐貞觀十一年）。

姚思廉編撰梁陳史的時候，魏徵是梁陳齊周隋五史的監修官。所以梁書陳書本紀部分和陳書皇后傳後面都有魏徵的史論。他在一些具體論述上，看法和姚氏父子相出入的地方。

梁陳兩代的早期歷史著作都已失傳，因此梁書和陳書就成爲現存的比較原始的記載。除政治和軍事問題以外，這兩部書在哲學史、文學史、宗教史、民族關係、對外關係方面，也都保存了一些資料。梁書諸夷傳比較系統地敍述了海南一些國家的歷史，記載了它們的傳説、風俗、物產，以及我國人民和海南各地人民經濟文化交流的情況。

一般説來，梁書的記載要比陳書豐富些，梁書的文筆也比陳書要好些。梁書記公元

公元五〇五年合肥之戰，五〇六年邵陽之戰（韋叡傳）、鍾離之守（昌義之傳），都是比較生動的。

我們現在對這兩部書加以標點校勘。梁書，用商務印書館據宋大字本影印的百衲本及明南監本、北監本、汲古閣本、清武英殿本、金陵書局本互校，擇善而從，還參考了南史、册府元龜、資治通鑑和資治通鑑考異的有關部分。在汲取前人校勘成果方面，我們利用了張元濟、張森楷兩種校勘記的稿本及錢大昕廿二史考異等書。陳書以百衲本爲底本，取校的本子和參考書與梁書基本上相同。陳書某些卷（如卷一、卷三、卷九等）的末尾附有一兩行小字，這是宋人曾鞏等所作校語，是百衲本原有的。兩部書的總目，都是我們重編的。

梁書由盧振華同志點校，趙守儼同志做了編輯整理。陳書由張維華同志點校。缺點錯誤，希望讀者批評指正。

中華書局編輯部

梁書目錄

卷四十八 列傳第四十二

儒林

卷四十九 列傳第四十三

文學上

卷五十 列傳第四十四

文學下

卷五十一 列傳第四十五

處士

卷五十二 列傳第四十六

止足

卷五十三 列傳第四十七

良吏

卷五十四 列傳第四十八

諸夷

海南諸國

東夷

西北諸戎

梁書卷一

本紀第一

武帝上

高祖武皇帝諱衍，字叔達，小字練兒，南蘭陵中都里人，漢相國何之後也。何生酇定侯延，延生侍中彪，彪生公府掾章，章生皓，皓生仰，仰生太子太傅望之，〔一〕望之生光祿大夫育，育生御史中丞紹，紹生光祿勳閎，閎生濟陰太守闡，闡生吳郡太守冰，〔二〕冰生中山相苞，苞生博士周，周生蛇丘長矯，矯生州從事逵，逵生孝廉休，休生廣陵郡丞豹，豹生太中大夫裔，裔生淮陰令整，整生濟陰太守鎋，鎋生州治中副子，副子生南臺治書道賜。道賜生皇考諱順之，齊高帝族弟也。參預佐命，封臨湘縣侯。歷官侍中，衞尉，太子詹事，領軍將軍，丹陽尹，贈鎮北將軍。

高祖以宋孝武大明八年甲辰歲生于秣陵縣同夏里三橋宅。生而有奇異，兩胯駢骨，頂

上隆起，有文在右手曰「武」。帝及長，博學多通，好籌略，有文武才幹，時流名輩咸推許焉。所居室常若雲氣，人或過者，體輒肅然。

起家巴陵王南中郎法曹行參軍，遷衞將軍王儉東閤祭酒。儉一見深相器異，謂廬江何憲曰：「此蕭郎三十內當作侍中，出此則貴不可言。」竟陵王子良開西邸，招文學，高祖與沈約、謝朓、王融、蕭琛、范雲、任昉、陸倕等並遊焉，號曰八友。融俊爽，識鑒過人，尤敬異高祖。每謂所親曰：「宰制天下，必在此人。」累遷隨王鎮西諮議參軍，尋以皇考艱去職。隆昌初，明帝輔政，起高祖爲寧朔將軍，鎮壽春。服闋，除太子庶子、給事黃門侍郎，入直殿省。預蕭諶等定策勳，封建陽縣男，邑三百戶。

建武二年，魏遣將劉昶、王肅帥衆寇司州，以高祖爲冠軍將軍、軍主，隸江州刺史王廣爲援。〔三〕距義陽百餘里，衆以魏軍盛，趑趄莫敢前。高祖請爲先啓，廣卽分麾下精兵配高祖。爾夜便進，去魏軍數里，逕上賢首山。魏軍不測多少，未敢逼。黎明，城內見援至，因出軍攻魏柵，高祖帥所領自外進戰。魏軍表裏受敵，乃棄重圍退走。軍罷，以高祖爲右軍晉安王司馬、淮陵太守。還爲太子中庶子，領羽林監。頃之，出鎮石頭。

四年，魏帝自率大衆寇雍州，明帝令高祖赴援。十月，至襄陽，詔又遣左民尚書崔慧景總督諸軍，高祖及雍州刺史曹虎等並受節度。〔四〕明年三月，慧景與高祖進行鄧城，魏主帥

十萬餘騎奄至。慧景失色，欲引退，高祖固止之，不從，乃狼狽自拔。魏騎乘之，於是大敗。高祖獨帥衆距戰，殺數十百人，魏騎稍却，因得結陣斷後，至夕得下船。慧景軍死傷略盡，惟高祖全師而歸。俄以高祖行雍州府事。

七月，仍授持節、都督雍梁南北秦四州郢州之竟陵司州之隨郡諸軍事、輔國將軍、雍州刺史。其月，明帝崩，東昏卽位，揚州刺史始安王遙光、尙書令徐孝嗣、尙書右僕射江祏、右將軍蕭坦之、侍中江祀、衞尉劉暄更直內省，分日帖敕。高祖聞之，謂從舅張弘策曰：「政出多門，亂其階矣。詩云：『一國三公，吾誰適從？』況今有六，而可得乎！嫌隙若成，方相誅滅，當今避禍，惟有此地。勤行仁義，可坐作西伯。但諸弟在都，恐罹世患，須與益州圖之耳。」

時高祖長兄懿罷益州還，仍行郢州事，乃使弘策詣郢，陳計於懿曰：「昔晉惠庸主，諸王爭權，遂內難九興，外寇三作。今六貴爭權，人握王憲，制主畫敕，各欲專威，睚眦成憾，理相屠滅。且嗣主在東宮本無令譽，媟近左右，蜂目忍人，一總萬機，恣其所欲，豈肯虛坐主諾，委政朝臣。積相嫌貳，必大誅戮。始安欲爲趙倫，形迹已見，蹇人上天，信無此理。且性甚猜狹，徒取亂機。所可當軸，惟有江、劉而已。祏怯而無斷，暄弱而不才，折鼎覆餗，翹足可待。蕭坦之胸懷猜忌，動言相傷，徐孝嗣才非柱石，聽人穿鼻，若隙開釁起，必中外土崩。今得守外藩，幸圖身計，智者見機，不俟終日。及今猜防未生，宜召諸弟以時聚集。後

相防疑，拔足無路。郢州控帶荊、湘，西注漢、沔；雍州士馬，呼吸數萬，虎眎其間，以觀天下。世治則竭誠本朝，時亂則爲國翦暴，可得與時進退，此蓋萬全之策。如不早圖，悔無及也。」懿聞之變色，心弗之許。弘策還，高祖乃啓迎弟偉及憺，是歲至襄陽。於是潛造器械，多伐竹木，沉於檀溪，密爲舟裝之備。時所住齋常有五色回轉，狀若蟠龍，其上紫氣騰起，形如繖蓋，望者莫不異焉。

永元二年冬，懿被害信至，高祖密召長史王茂、中兵呂僧珍、別駕柳慶遠、功曹史吉士瞻等謀之。既定，以十一月乙巳召僚佐集於廳事，謂曰：「昔武王會孟津，皆曰『紂可伐』。今昏主惡稔，窮虐極暴，誅戮朝賢，罕有遺育，生民塗炭，天命殛之。卿等同心疾惡，共興義舉，公侯將相，良在茲日，各盡勳效，我不食言。」是日建牙。於是收集得甲士萬餘人，馬千餘匹，船三千艘，出檀溪竹木裝艦。

先是，東昏以劉山陽爲巴西太守，〔五〕配精兵三千，使過荊州就行事蕭穎胄以襲襄陽。高祖知其謀，乃遣參軍王天虎、龐慶國詣江陵，遍與州府書。及山陽西上，高祖謂諸將曰：「荊州本畏襄陽人，加脣亡齒寒，自有傷弦之急，寧不闇同邪？我若總荊、雍之兵，掃定東夏，韓、白重出，不能爲計。況以無算之昏主，役御刀應敕之徒哉？我能使山陽至荊，便卽授首，諸君試觀何如。」及山陽至巴陵，高祖復令天虎齎書與穎胄兄弟。去後，高祖謂張弘策

曰：「夫用兵之道，攻心爲上，攻城次之，心戰爲上，兵戰次之，今日是也。近遣天虎往州府，人皆有書。今段乘驛甚急，止有兩封與行事兄弟，云『天虎口具』；及問天虎而口無所說，行事不得相聞，不容妄有所道。天虎是行事心膂，彼聞必謂行事與天虎共隱其事，〔六〕則人人生疑。山陽惑於衆口，判相嫌貳，則行事進退無以自明，必漏吾謀內。〔七〕是馳兩空函定一州矣。」山陽至江安，聞之，果疑不上。穎胄大懼，乃斬天虎，送首山陽。山陽信之，將數十人馳入，穎胄伏甲斬之，送首高祖。仍以南康王尊號之議來告，且曰：「時月未利，當須來年二月；遽便進兵，恐非廟算。」高祖答曰：「今坐甲十萬，糧用自竭，況所藉義心，一時驍銳，事事相接，猶恐疑怠；若頓兵十旬，必生悔吝。童兒立異，便大事不成。今太白出西方，仗義而動，天時人謀，有何不利？處分已定，安可中息？昔武王伐紂，行逆太歲，復須待年月乎？」竟陵太守曹景宗遣杜思沖勸高祖迎南康王都襄陽，待正尊號，然後進軍，高祖不從。王茂又私於張弘策曰：「我奉事節下，義無進退；然今者以南康置人手中，彼便挾天子以令諸侯，而節下前去爲人所使，此豈歲寒之計？」弘策言之，高祖曰：「若使前途大事不捷，故自蘭艾同焚；若功業克建，威讋四海，號令天下，誰敢不從！豈是碌碌受人處分？待至石城，當面曉王茂、曹景宗也。」於沔南立新野郡，以集新附。

三年二月，〔八〕南康王爲相國，以高祖爲征東將軍，給鼓吹一部。戊申，高祖發襄陽。

留弟偉守襄陽城，總州府事，弟憺守壘城，府司馬莊丘黑守樊城，功曹史吉士詢兼長史，白馬戍主黃嗣祖兼司馬，鄀令杜永兼別駕，小府錄事郭儼知轉漕。移檄京邑曰：

夫道不常夷，時無永化，險泰相沿，晦明非一，皆屯困而後亨，資多難以啓聖。故昌邑悖德，孝宣聿興，海西亂政，簡文升歷，並拓緒開基，紹隆寶命，理驗前經，事昭往策。

獨夫擾亂天常，毀棄君德，姦回淫縱，歲月滋甚。挻虐於鬌翦之年，植險於髫丱之日。猜忌凶毒，觸途而著，暴戾昏荒，與事而發。自大行告漸，喜容前見，梓宮在殯，靦無哀色，歡娛遊宴，有過平常，奇服異衣，更極誇麗。至於選采妃嬪，姊妹無別，招侍巾櫛，姑姪莫辨，掖庭有稗販之名，姬姜被干殳之服。至乃形體宣露，褻衣顚倒，斬斮其間，以爲歡笑。騁肆淫放，驅屏郊邑。老弱波流，士女塗炭。行產盈路，輿尸竟道，母不及抱，子不遑哭。劫掠剽虜，以日繼夜。晝伏宵遊，曾無休息。淫酗醟肆，酣歌壚邸。寵恣愚豎，亂惑妖孽。梅蟲兒、茹法珍臧獲廝小，專制威柄，誅翦忠良，屠滅卿宰。劉鎭軍舅氏之尊，盡忠奉國；江僕射外戚之重，竭誠事上；蕭領軍葭莩之宗，志存柱石；徐司空、沈僕射搢紳冠冕，人望攸歸。或渭陽餘感，或勳庸允穆，或誠著艱難，或劬勞王室，並受遺託，同參顧命，送往事居，俱竭心力。宜其慶溢當年，祚隆後裔；而一朝齏粉，孩稚

無遺。人神怨結，行路嗟憤。蕭令君忠公幹伐，誠貫幽顯。往年寇賊遊魂，南鄭危逼，拔刃飛泉，孤城獨振。及中流逆命，憑陵京邑，謀猷禁省，指授羣帥，剋翦鯨鯢，清我王度。崔慧景奇鋒迅駭，兵交象魏，武力喪魂，〔九〕義夫奪膽，投名送款，比屋交馳，負糧影從，愚智競赴。復誓旅江甸，奮不顧身，奬厲義徒，電掩强敵，剋殲大憝，以固皇基。功出桓、文，勳超伊、呂；而勞謙省己，事昭心迹，功遂身退，不祈榮滿。敦賞未聞，禍酷遄及，預稟精靈，孰不寃痛！而羣孽放命，蜂蠆懷毒，乃遣劉山陽驅扇逋逃，招逼亡命，潛圖密構，規見掩襲。蕭右軍、夏侯征虜忠斷夙舉，義形於色，奇謀宏振，應手梟懸，天道禍淫，罪不容戮。至於悖禮違教，傷化虐人，射天彈路，比之猶善，刳胎斮脛，方之非酷，盡寓縣之竹，未足紀其過，窮山澤之兔，不能書其罪。自草昧以來，圖牒所記，昏君暴后，未有若斯之甚者也。

既人神乏主，宗稷阽危，海內沸騰，氓庶板蕩，百姓懍懍，如崩厥角，蒼生喁喁，投足無地。幕府荷眷前朝，義均休戚，上懷委付之重，下惟在原之痛，豈可臥薪引火，坐觀傾覆！至尊體自高宗，特鍾慈寵，明並日月，粹昭靈神，祥啓元龜，符驗當璧，作鎮陝藩，化流西夏，謳歌攸奉，萬有樂推。右軍蕭穎胄、征虜將軍夏侯詳並同心翼戴，即宮舊楚，三靈再朗，九縣更新，升平之運，此焉復始，康哉之盛，在乎茲日。然帝德雖彰，區宇未定，元惡未黜，天邑猶梗。仰稟宸規，率前啓路。即日遣冠軍、竟陵內史曹景宗等二十軍主，長槊五萬，驥騄爲羣，鶚視爭先，龍驤並驅，步出橫江，直指朱雀。長史、冠軍將軍、襄陽太守王茂等三十軍主，戈船七萬，乘流電激，推鋒扼險，〔一〇〕斜趣白城。南中郎諮議參軍、軍主蕭偉等三十九軍主，巨艦迅檝，衝波噎水，旗鼓八萬，焱集石頭。南中郎諮議參軍、軍主蕭憺等四十二軍主，熊羆之士，甲楯十萬，沿波馳艓，掩據新亭。益州刺史劉季連、梁州刺史柳惔、司州刺史王僧景、魏興太守裴師仁、上庸太守韋叡、新城太守崔僧季，並肅奉明詔，龔行天罰。蜀、漢果銳，沿流而下；淮、汝勁勇，望波遄騖。幕府總率貔貅，驍勇百萬，縎甲燕弧，屯兵冀馬，摐金沸地，鳴鞞聒天，霜鋒曜日，朱旗絳寓，方舟千里，駱驛係進。蕭右軍訏謨上才，兼資文武，英略峻遠，執鈞匡世。擁荆南之衆，督四方之師，宣讚中權，奉衛輿輦。旍麾所指，威稜無外，龍驤虎步，並集建業。黜放愚狡，均禮海昏，廓清神甸，掃定京宇。譬猶崩泰山而壓蟻壤，決懸河而注熛爐，豈有不殄滅者哉！

今資斧所加，止梅蟲兒、茹法珍而已。諸君咸世胄羽儀，書勳王府，皆俛眉姦黨，受制凶威。若能因變立功，轉禍爲福，並誓河、岳，永紓青紫。若執迷不悟，距逆王師，大衆一臨，刑茲罔赦，所謂火烈高原，芝蘭同泯。勉求多福，無貽後悔。賞罰之科，有如白水。

高祖至竟陵，命長史王茂與太守曹景宗爲前軍，中兵參軍張法安守竟陵城。茂等至漢口，輕兵濟江，逼郢城。其刺史張沖置陣據石橋浦，義師與戰不利，軍主朱僧起死之。諸將議欲併軍圍郢，分兵以襲西陽、武昌。高祖曰：「漢口不闊一里，箭道交至，房僧寄以重兵固守，爲郢城人犄角。若悉衆前進，賊必絕我軍後，一朝爲阻，則悔無所及。今欲遣王、曹諸軍濟江，與荆州軍相會，以逼賊壘。吾自後圍魯山，以通沔、漢。鄖城、竟陵間粟，方舟而下；江陵、湘中之兵，連旗繼至。糧食既足，士衆稍多，圍守兩城，不攻自拔，天下之事，臥取之耳。」諸將皆曰「善」。乃命王茂、曹景宗帥衆濟岸，進頓九里。其日，張沖出軍迎戰，茂等邀擊，大破之，皆棄甲奔走。荆州遣冠軍將軍鄧元起、軍主王世興、田安等數千人，〔一一〕會大軍於夏首。高祖築漢口城以守魯山，命水軍主張惠紹、朱思遠等遊遏江中，絕郢、魯二城信使。

三月，乃命元起進據南堂西陼，〔一二〕田安之頓城北，王世興頓曲水故城。是時張沖死，其衆復推軍主薛元嗣及沖長史程茂爲主。乙巳，南康王即帝位於江陵，改永元三年爲中興元年，遙廢東昏爲涪陵王。以高祖爲尚書左僕射，加征東大將軍、都督征討諸軍事，假黃鉞。西臺又遣冠軍將軍蕭穎達領兵會于軍。是日，元嗣軍主沈難當率輕舸數千，亂流來戰，張惠紹等擊破，盡擒之。

四月，高祖出沔，命王茂、蕭穎達等進軍逼郢城。元嗣戰頗疲，因不敢出。諸將欲攻之，高祖不許。

五月，東昏遣寧朔將軍吳子陽、軍主光子衿等十三軍救郢州，進據巴口。

六月，西臺遣衛尉席闡文勞軍，齎蕭穎胄等議，謂高祖曰：「今頓兵兩岸，不併軍圍郢，定西陽、武昌，取江州，此機已失；莫若請救於魏，與北連和，猶爲上策。」高祖謂闡文曰：「漢口路通荆、雍，控引秦、梁，糧運資儲，聽此氣息，所以兵壓漢口，連絡數州。今若併軍圍城，又分兵前進，魯山必阻沔路，所謂搤喉。若糧運不通，自然離散，何謂持久？鄧元起近欲以三千兵往定尋陽，彼若歡然悟機，一酈生亦足；脫距王師，故非三千能下。進退無據，未見其可。西陽、武昌，取便得耳，得便應鎮守。守兩城不減萬人，糧儲稱是，卒無所出。脫賊軍有上者，萬人攻一城，兩城勢不得相救。若我分軍應援，則首尾俱弱；如其不遣，孤城必陷。一城既沒，諸城相次土崩，天下大事於是去矣。若郢州既拔，席卷沿流，西陽、武昌，自然風靡，何遽分兵散衆，自貽其憂！且丈夫舉動，言靜天步；況擁數州之兵以誅羣豎，懸河注火，奚有不滅？豈容北面請救，以自示弱！彼未必能信，徒貽我醜聲。此之下計，何謂上策？卿爲我白鎮軍：前途攻取，但以見付，事在目中，無患不捷，恃鎮軍靖鎮之耳。」

吳子陽等進軍武口，高祖乃命軍主梁天惠、蔡道祐據漁湖城，唐脩期、劉道曼屯白陽壘，夾兩岸而待之。子陽又進據加湖，去郢三十里，傍山帶水，築壘柵以自固。魯山城主房僧寄死，衆復推助防孫樂祖代之。〔一三〕七月，高祖命王茂帥軍主曹仲宗、康絢、武會超等潛師襲加湖，將逼子陽。水涸不通艦，其夜暴長，衆軍乘流齊進，鼓譟攻之，賊俄而大潰，子陽等竄走，衆盡溺于江。王茂虜其餘而旋。於是郢、魯二城相視奪氣。

先是，東昏遣冠軍將軍陳伯之鎮江州，爲子陽等聲援。高祖乃謂諸將曰：「夫征討未必須實力，所聽威聲耳。今加湖之敗，誰不弭服。陳虎牙卽伯之子，狼狽奔歸，彼間人情，理當忷懼，我謂九江傳檄可定也。」因命搜所獲俘囚，得伯之幢主蘇隆之，厚加賞賜，使致命焉。魯山城主孫樂祖、郢城主程茂、薛元嗣相繼請降。初，郢城之閉，將佐文武男女口十餘萬人，疾疫流腫死者十七八，及城開，高祖並加隱卹，其死者命給棺櫬。

先是，汝南人胡文超起義於灄陽，求討義陽、安陸等郡以自効，高祖又遣軍主唐脩期攻隨郡，並剋之。司州刺史王僧景遣子貞孫入質。司部悉平。

陳伯之遣蘇隆之反命，求未便進軍。高祖曰：「伯之此言，意懷首鼠，及其猶豫，急往逼之，計無所出，勢不得暴。」乃命鄧元起率衆，卽日沿流。八月，天子遣黃門郎蘇回勞軍。高祖登舟，命諸將以次進路，留上庸太守韋叡守郢城，行州事。鄧元起將至尋陽，陳伯之猶

猜懼，乃收兵退保湖口，留其子虎牙守盆城。及高祖至，乃束甲請罪。九月，天子詔高祖平定東夏，並以便宜從事。是月，留少府、長史鄭紹叔守江州城。前軍次蕪湖，南豫州刺史申胄棄姑孰走，至是時大軍進據之，仍遣曹景宗、蕭穎達領馬步進頓江寧。東昏遣征虜將軍李居士率步軍迎戰，景宗擊走之。於是王茂、鄧元起、呂僧珍進據赤鼻邏，曹景宗、陳伯之爲遊兵。是日，新亭城主江道林率兵出戰，衆軍擒之於陣。大軍次新林，命王茂進據越城，曹景宗據皁莢橋，鄧元起據道士墩，陳伯之據籬門。道林餘衆退屯航南，義軍迫之，因復散走，退保朱爵，〔一四〕憑淮以自固。時李居士猶據新亭壘，請東昏燒南岸邑屋以開戰場。自大航以西、新亭以北，蕩然矣。

十月，東昏石頭軍主朱僧勇率水軍二千人歸降。東昏又遣征虜將軍王珍國率軍主胡虎牙等列陣於航南大路，悉配精手利器，尙十餘萬人。閹人王佷子持白虎幡督率諸軍，又開航背水，以絕歸路。王茂、曹景宗等掎角奔之，將士皆殊死戰，無不一當百，鼓譟震天地。珍國之衆，一時土崩，投淮死者，積尸與航等，後至者乘之以濟，於是朱爵諸軍望之皆潰。義軍追至宣陽門，李居士以新亭壘、徐元瑜以東府城降，石頭、白下諸軍並宵潰。壬午，高祖鎭石頭，命衆軍圍六門，東昏悉焚燒門內，驅逼營署、官府並入城，有衆二十萬。青州刺史桓和紿東昏出戰，因以其衆來降。高祖命諸軍築長圍。

初，義師之逼，東昏遣軍主左僧慶鎭京口，常僧景鎭廣陵，李叔獻屯瓜步，及申胄自姑孰奔歸，又使屯破墩以爲東北聲援。至是，高祖遣使曉喩，並率衆降。乃遣弟輔國將軍秀鎭京口，輔國將軍恢屯破墩，從弟寧朔將軍景鎭廣陵。〔一五〕吳郡太守蔡夤棄郡赴義師。

十二月丙寅旦，兼衞尉張稷、北徐州刺史王珍國斬東昏，送首義師。高祖命呂僧珍勒兵封府庫及圖籍，收嬖妾潘妃及凶黨王咺之以下四十一人屬吏，誅之。宣德皇后令廢涪陵王爲東昏侯，依漢海昏侯故事。授高祖中書監、都督揚南徐二州諸軍事、大司馬、錄尙書、驃騎大將軍、揚州刺史，封建安郡公，食邑萬戶，給班劍四十人，黃鉞、侍中、征討諸軍事並如故，依晉武陵王遵承制故事。

己卯，高祖入屯閱武堂。下令曰：「皇家不造，遘此昏凶，禍挻動植，虐被人鬼，社廟之危，蠢焉如綴。吾身籍皇宗，曲荷先顧，受任邊疆，推轂萬里，眷言瞻烏，痛心在目，故率其尊主之情，厲其忘生之志。雖寶曆重升，明命有紹，而獨夫醜縱，方煽京邑。投袂援戈，克弭多難。虐政横流，爲日既久，同惡相濟，諒非一族。仰禀朝命，任在專征，思播皇澤，被之率土。凡厥負釁，咸與惟新。可大赦天下；唯王咺之等四十一人不在赦例。」

又令曰：「夫樹以司牧，非役物以養生；視民如傷，豈肆上以縱虐。廢主棄常，自絕宗廟。窮凶極悖，書契未有。征賦不一，苛酷滋章。緹繡土木，菽粟犬馬，徵發閭左，以充繕

築。流離寒暑，繼以疫癘，轉死溝渠，曾莫救恤，朽肉枯骸，烏鳶是厭。加以天災人火，屢焚宮掖，官府臺寺，尺椽無遺，悲甚黍離，痛兼麥秀。遂使億兆離心，疆徼侵弱，斯人何辜，離此塗炭！今明昏遞運，大道公行，思治之氓，來蘇茲日。猥以寡薄，屬當大寵，雖運距中興，艱同草昧，思闡皇休，與之更始。凡昏制、謬賦、淫刑、濫役，外可詳檢前源，悉皆除蕩。其主守散失，諸所損耗，精立科條，咸從原例。」

又曰：「永元之季，乾維落紐。政實多門，有殊衞文之代；權移於下，事等曹恭之時。遂使閹尹有翁媼之稱，高安有法堯之旨。鬻獄販官，錮山護澤，開塞之機，奏成小醜。直道正義，擁抑彌年，懷冤抱理，莫知誰訴。姦吏因之，筆削自己。豈直賈生流涕，許伯哭時而已哉！今理運惟新，政刑得所，矯革流弊，實在茲日。可通檢尙書衆曹，東昏時諸諍訟失理及主者淹停不時施行者，精加訊辨，依事議奏。」

又下令，以義師臨陣致命及疾病死亡者，並加葬斂，收恤遺孤。又令曰：「朱爵之捷，逆徒送死者，特許家人殯葬；若無親屬，或有貧苦，二縣長尉卽爲埋掩。建康城內，不達天命，自取淪滅，亦同此科。」

二年正月，天子遣兼侍中席闡文、兼黃門侍郎樂法才慰勞京邑。追贈高祖祖散騎常侍左光祿大夫，考侍中丞相。

高祖下令曰：「夫在上化下，草偃風從，世之澆淳，恒由此作。自永元失德，書契未紀，窮凶極悖，焉可勝言。既而琁室外構，傾宮內積，奇技異服，殫所未見。上慢下暴，淫侈競馳。國命朝權，盡移近習。販官鬻爵，賄貨公行。並甲第康衢，漸臺廣室。長袖低昂，等和戎之賜；珍羞百品，同伐冰之家。愚民因之，浸以成俗。驕豔競爽，夸麗相高。至乃市井之家，貂狐在御；工商之子，緹繡是襲。日入之次，夜分未反，昧爽之朝，期之清旦。聖明肇運，厲精惟始，雖曰纘戎，殆同創革。且淫費之後，繼以興師，巨橋、鹿臺，凋罄不一。孤忝荷大寵，務在澄清，思所以仰述皇朝大帛之旨，俯厲微躬鹿裘之義，解而更張，斲雕爲樸。自非可以奉粢盛，脩紱冕，習禮樂之容，繕甲兵之備，此外衆費，一皆禁絕。御府中署，量宜罷省。掖庭備御妾之數，大予絕鄭衞之音。[一六]其中有可以率先卿士，准的甿庶，菲食薄衣，請自孤始。加羣才並軌，九官咸事，若能人務退食，競存約己，移風易俗，庶朞月有成。昔毛玠在朝，士大夫不敢靡衣偷食。魏武歎曰：『孤之法不如毛尚書。』孤雖德謝往賢，任重先達，實望多士得其此心。外可詳爲條格。」

戊戌，宣德皇后臨朝，入居內殿。拜帝大司馬，解承制，百僚致敬如前。詔進高祖都督中外諸軍事，劍履上殿，入朝不趨，贊拜不名。加前後部羽葆鼓吹。置左右長史、司馬、從事中郎、掾、屬各四人，並依舊辟士，餘並如故。詔曰：

夫日月麗天，高明所以表德；山岳題地，柔博所以成功。故能庶物出而資始，河海振而不洩。二象貞觀，代之者人。是以七輔、四叔，致無爲於軒、昊；韋、彭、齊、晉，靖衰亂於殷、周。

大司馬攸縱自天，體茲齊聖，文洽九功，武苞七德。欽惟厥始，徽猷早樹，誠著艱難，功參帷幙，錫賦開壤，式表厥庸。建武升歷，邊隙屢啓。公釋書輟講，經營四方。司、豫懸切，樊、漢危殆，覆强寇於沔濱，僵胡馬於鄧汭。永元肇號，難結羣醜，專威擅虐，毒被含靈，溥天惴惴，命懸晷刻。否終有期，神謨載挺，首建大策，惟新鼎祚。投袂勤王，沿流電舉，魯城雲撤，夏汭霧披，[一七]加湖羣盜，一鼓殄拔，姑孰連旍，倏焉冰泮。取新壘其如拾芥，撲朱爵其猶掃塵。霆電外駭，省闥內傾，餘醜纖蠹，蚳蝝必盡。援彼已溺，解此倒懸，塗歌里抃，自近及遠。畿甸夷穆，方外肅寧，解茲虐網，被以寬政。積弊窮昏，一朝載廓，聲教遐漸，無思不被。雖伊尹之執茲壹德，姬旦之光于四海，方斯蔑如也。

昔呂望翼佐聖君，猶享四履之命；文侯立功平后，尚荷二弓之錫，況於盛德元勳，超邁自古。黔首惵惵，待以爲命，救其已然，拯其方斯，式閭表墓，未或能比；而大輅渠門，輟而莫授，眷言前訓，無忘終食。便宜敬升大典，式允羣望。其進位相國，總百揆，

揚州刺史，[一八]封十郡爲梁公，備九錫之禮，加璽紱遠遊冠，位在諸王上，加相國綠綟綬。其驃騎大將軍如故。依舊置梁百司。

策曰：

二儀寂寞，由寒暑而代行；三才並用，資立人以爲寶。故能流形品物，仰代天工。允茲元輔，應期挺秀，裁成天地之功，幽協神明之德。撥亂反正，濟世寧民，[一九]盛烈光於有道，大勳振於無外，雖伊陟之保乂王家，姬公之有此丕訓，方之蔑如也。今將授公典策，其敬聽朕命：

上天不造，難鍾皇室，世祖以休明早崩，世宗以仁德不嗣，[二〇]高宗襲統，宸居弗永，雖夙夜劬勞，而隆平不洽。嗣君昏暴，書契弗覩。朝權國柄，委之羣孽。勦戮忠賢，誅殘台輔，含冤抱痛，噍類靡餘。寔繁非一，並專國命。嚬笑致災，睚眦及禍。嚴科毒賦，載離比屋，溥天熬熬，置身無所。冤頸引決，道樹相望，無近無遠，號天靡告。公藉昏明之期，因兆民之願，援帥羣后，翊成中興，宗社之危已固，天人之望允塞，此實公紐我絕綱，大造皇家者也。

永明季年，邊隙大啓，荆河連率，招引戎荒，江、淮擾逼，勢同履虎。公受言本朝，輕兵赴襲，縻以長算，制之環中。排危冒險，强柔遞用，坦然一方，還成藩服。此又公之功也。

在昔隆昌，洪基已謝，高宗慮深社稷，將行權道。公定策帷帳，激揚大節，廢帝立王，謀猷深著。此又公之功也。建武闡業，厥猷雖遠，戎狄內侵，憑陵關塞，司部危逼，淪陷指期。公治兵外討，卷甲長鶩，接距交綏，電激風掃，摧堅覆銳，咽水塗原，執俘象魏，獻馘海渚，焚廬毀帳，號哭言歸。此又公之功也。樊、漢阽切，羽書續至。公星言鞠旅，禀命徂征，而軍機戎統，事非己出，善策嘉謀，抑而莫允。鄧城之役，胡馬卒至，元帥潛及，[二一]不相告報，棄甲捐師，餌之虎口。公南收散卒，北禦雕騎，全衆方軌，案路徐歸，拯我邊危，重獲安堵。此又公之功也。漢南迥弱，咫尺勍寇，兵糧蓋闕，器甲靡遺。公作藩爰始，因資靡託，整兵訓卒，蒐狩有序，俾我危城，飜爲强鎮。此又公之功也。永元紀號，瞻烏已及，雖廢昏有典，而伊、霍稱難。公首建大策，爰立明聖，義踰邑綸，勳高代入，易亂以化，俾昏作明。此又公之功也。文王之風，雖被江、漢，京邑蠢動，湮爲洪流，句吳、於越，巢幕匪喻。公投袂萬里，事惟拯溺，義聲所覃，無思不韙。此又公之功也。魯城、夏汭，梗據中流，乘山置壘，縈川自固。公御此烏集，陵茲地險，頓兵坐甲，寒往暑移，我行永久，士忘歸願，經以遠圖，御以長策，費無遺矢，戰未窮兵，踐華之固，相望俱拔。此又公之功也。惟此羣凶，同惡相濟，緣江負險，蟻聚加湖。水陸盤據，規援夏首，桴檣一臨，應時褫潰。此又公之功也。姦孽震皇，復懷舉斧，蓄兵

九派，用擬勤王。公稜威直指，勢踰風電，旌旆小臨，〔二〕全州稽服。此又公之功也。姑孰衝要，密邇京畿，凶徒熾聚，斷塞津路。公偏師啓塗，排方繼及，兵威所震，望旗自駭，焚舟委壁，卷甲宵遁。此又公之功也。羣豎猖狂，志在借一，豕突淮涘，武騎如雲。公爰命英勇，因機騁銳，氣冠版泉，勢踰洹水，追奔逐北，奄有通津，熊耳比峻，未足云擬，睢水不流，曷其能及。此又公之功也。琅邪、石首，襟帶岨固，新壘、東墉，金湯是埒。憑險作守，兵食兼資，風激電駭，莫不震疊，城復于隍，於是乎在。此又公之功也。獨夫昏很，憑城靡懼，鼓鍾鞺鞳，傲若有餘。狎是邪孽，忌斯冠冕，凶狡因之，將逞孥戮。公奇謨密運，盛略潛通，忠勇之徒，得申厥効，白旗宣室，未之或比。此又公之功也。

公有拯億兆之勳，重之以明德，爰初厲志，服道儒門，濯纓來仕，清猷映代。時運艱難，宗社危殆，崐崗已燎，玉石同焚。驅率貔貅，抑揚霆電，義等南巢，功齊牧野。若夫禹功寂漠，微管誰嗣，拯其將魚，驅其被髮，解茲亂網，理此棼絲，復禮衽席，反樂河海。永平故事，聞之者歎息；司隸舊章，見之者隕涕。請我民命，還之斗極。憫憫搢紳，重荷戴天之慶；哀哀黔首，復蒙履地之恩。德踰嵩、岱，功隣造物，超哉邈矣，越無得而言焉。

朕又聞之：疇庸命德，建侯作屏，咸用剋固四維，永隆萬葉。是以二南流化，九伯斯征，王道淳洽，刑措罔用。覆政弗興，歷茲永久，如燬既及，晉、鄭靡依。惟公經綸天地，寧濟區夏，道冠乎伊、稷，賞薄於桓、文，豈所以憲章齊、魯，長轡宇宙。敬惟前烈，朕甚懼焉。今進授相國，改揚州刺史爲牧，以豫州之梁郡歷陽、南徐州之義興、揚州之淮南宣城吳吳興會稽新安東陽十郡，〔三〕封公爲梁公。錫茲白土，苴以白茅，爰定爾邦，用建冢社。在昔旦、奭，入居保佑，逮于畢、毛，亦作卿士，任兼內外，禮實宜之。今命使持節兼太尉王亮授相國揚州牧印綬，梁公璽紱；使持節兼司空王志授梁公茅土，金虎符第一至第五左，竹使符第一至第十左。相國位冠羣后，任總百司，恒典彝數，宜與事革。其以相國總百揆，去錄尚書之號，上所假節、侍中貂蟬、中書監印、中外都督大司馬印綬，建安公印策，驃騎大將軍如故。又加公九錫，其敬聽後命：以公禮律兼修，刑德備舉，哀矜折獄，罔不用情，是用錫公大輅、戎輅各一，玄牡二駟。公勞心稼穡，念在民天，丕崇本務，惟穀是寶，是用錫公袞冕之服，赤舃副焉。公鎔鈞所被，變風以雅，易俗陶民，載和邦國，是用錫公軒懸之樂，六佾之舞。公文德廣覃，義聲遠洽，椎髻鑿首，夷歌請吏，是用錫公朱戶以居。公揚清抑濁，官方有序，多士聿興，棫樸流詠，是用錫公納陛以登。公正色御下，以身軌物，式遏不虞，折衝惟遠，是用錫公虎賁之士三百人。公威同夏日，志淸姦宄，放命圮族，刑茲罔赦，是用錫公鈇、鉞各一。公跨躡嵩溟，陵厲區宇，譬諸日月，容光必至，是用錫公彤弓一，彤矢百；盧弓十，盧矢千。公永言惟孝，至感通神，恭嚴祀典，祭有餘敬，是用錫公秬鬯一卣，圭瓚副焉。梁國置丞相以下，一遵舊式。欽哉！其敬循往策，祗服大禮，對揚天眷，用膺多福，以弘我太祖之休命！

高祖固辭。府僚勸進曰：「伏承嘉命，顯至佇策。明公逡巡盛禮，斯實謙尊之旨，未窮遠大之致。何者？嗣君棄常，自絕宗社，國命民主，翦爲仇讎，折棟崩榱，壓焉自及，卿士懷脯斮之痛，黔首懼比屋之誅。明公亮格天之功，拯水火之切，再躔日月，重綴參辰，反龜玉於塗泥，濟斯民於阬岸，使夫匹婦童兒，羞言伊、呂，鄉校里塾，恥談五霸。而位卑乎阿衡，地狹於曲阜，慶賞之道，尙其未洽。夫大寶公器，非要非距，至公至平，當仁誰讓？明公宜祗奉天人，允膺大禮。無使後予之歌，同彼胥怨，兼濟之人，翻爲獨善。」公不許。

二月辛酉，府僚重請曰：「近以朝命蘊策，冒奏丹誠，奉被還令，未蒙虛受，搢紳顒顒，深所未達。蓋聞受金於府，通人弘致，高蹈海隅，匹夫小節，是以履乘石而周公不以爲疑，贈玉璜而太公不以爲讓。況世哲繼軌，先德在民，經綸草昧，歎深微管。加以朱方之役，荆河是依，班師振旅，大造王室。雖復累繭救宋，重胝存楚，居今觀古，曾何足云。而惑甚盜鍾，

功疑不賞，皇天后土，不勝其酷。是以玉馬駿奔，表微子之去；金板出地，告龍逢之寃。明公據鞍輟哭，厲三軍之志，獨居掩涕，激義士之心，故能使海若登祇，罄圖効祉，山戎、孤竹，束馬影從，伐罪弔民，一匡靜亂，匪叨天功，實勤濡足。且明公本自諸生，取樂名教，道風素論，坐鎭雅俗，不習孫、吳，遘茲神武。驅盡誅之氓，濟必封之俗，龜玉不毀，誰之功與？獨爲君子，將使伊、周何地？」於是始受相國梁公之命。

是日，焚東昏淫奢異服六十二種於都街。湘東王寶晊謀反，賜死。詔追贈梁公故夫人爲梁妃。

乙丑，南兗州隊主陳文興於桓城內鑿井，得玉鏤騏驎、金鏤玉璧、水精環各二枚。又建康令羊瞻解稱鳳皇見縣之桐下里。宣德皇后稱美符瑞，歸于相國府。

丙寅，詔：「梁國初建，宜須綜理，可依舊選諸要職，悉依天朝之制。」高祖上表曰：

臣聞以言取士，士飾其言；以行取人，人竭其行。所謂才生於世，窮達惟時；而風流遂往，馳騖成俗，媒孽夸衒，利盡錐刀，遂使官人之門，肩摩轂擊。豈直暴蓋露冠，不避寒暑，遂乃戢屨杖策，風雨必至。良由鄉舉里選，不師古始，稱肉度骨，遺之管庫。加以山河梁畢，闕輿徵之恩；金、張、許、史，忘舊業之替。吁，可傷哉！且夫譜牒訛誤，詐僞多緒，人物雅俗，莫肯留心。是以冒襲良家，卽成冠族；妄修邊幅，便爲雅士；負俗

深累，遽遭寵擢；墓木已拱，方被徽榮。故前代選官，皆立選簿，應在貫魚，自有銓次。胄籍升降，行能臧否，或素定懷抱，或得之餘論，故得簡通賓客，無事掃門。〔二四〕頃代陵夷，九流乖失。其有勇退忘進，懷質抱眞者，選部或以未經朝謁，難於進用。或有晦善藏聲，自埋衡蓽，又以名不素著，絕其階緒。必須畫刺投狀，然後彈冠，則是驅迫廉撝，獎成澆競。愚謂自今選曹宜精隱括，依舊立簿，使冠屨無爽，名實不違，庶人識崖涘，造請自息。

且聞中間立格，甲族以二十登仕，後門以過立試吏，求之愚懷，抑有未達。何者？設官分職，惟才是務。若八元立年，居阜隸而見抑；四凶弱冠，處鼎族而宜甄。是則世祿之家，無意爲善；布衣之士，肆心爲惡。豈所以弘獎風流，希向後進？此實巨蠹，尤宜刊革。不然，將使周人有路傍之泣，晉臣興漁獵之歎。且俗長浮競，人寡退情，若限歲登朝，必增年就宦，故貌實昏童，籍已踰立，滓穢名教，於斯爲甚。

臣總司內外，憂責是任，朝政得失，義不容隱。伏願陛下垂聖淑之姿，降聽覽之末，則彝倫自穆，憲章惟允。

詔依高祖表施行。

丙戌，詔曰：

嵩高惟岳，配天所以流稱；大啓南陽，霸德所以光闡。忠誠簡帝，番君膺上爵之尊；勤勞王室，姬公增附庸之地。前王令典，布諸方策，長祚字甿，罔不由此。

相國梁公，體茲上哲，齊聖廣淵。文敎內治，武功外暢。推轂作藩，則威懷被於殊俗；治兵敎戰，則霆雷赫於萬里。道喪時昏，讒邪孔熾。豈徒宗社如綴，神器莫主而已哉！至於兆庶殲亡，衣冠殄滅，餘類殘喘，指命崇朝，含生業業，投足無所，遂乃山川反覆，草木塗地。與夫仁被行葦之時，信及豚魚之日，何其遼夐相去之遠歟！公命師鞠旅，指景長騖。而本朝危切，樊、鄧遐遠，凶徒盤據，水陸相望，爰自姑孰，屆于夏首，嚴城勁卒，憑川爲固。公沿漢浮江，電激風掃，舟徒水覆，地險雲傾，藉茲義勇，前無强陣，拯危京邑，清我帝畿，撲旣燎於原火，免將誅於比屋。悠悠兆庶，命不在天；茫茫六合，咸受其賜。匡俗正本，民不失職。仁信並行，禮樂同暢。伊、周未足方軌，桓、文遠有慚德。而爵後藩牧，地終秦、楚，非所以式酬光烈，允答元勳。寔由公履謙爲本，形於造次，嘉數未申，晦朔增佇。便宜崇斯禮秩，允副遐邇之望。可進梁公爵爲王。以豫州之南譙廬江、江州之尋陽、郢州之武昌西陽、南徐州之南琅邪南東海晉陵、揚州之臨海永嘉十郡，益梁國，並前爲二十郡。其相國、揚州牧、驃騎大將軍如故。

公固辭。有詔斷表。相國左長史王瑩等率百僚敦請。

三月辛卯，延陵縣華陽邏主戴車牒稱云：「十二月乙酉，甘露降茅山，彌漫數里。正月己酉，邏將潘道蓋於山石穴中得毛龜一。二月辛酉，邏將徐靈符又於山東見白麞一。丙寅平旦，山上雲霧四合，須臾有玄黃之色，狀如龍形，長十餘丈，乍隱乍顯，久乃從西北升天。」丁卯，兗州刺史馬元和籤：「所領東平郡壽張縣見騶虞一。」

癸巳，受梁王之命。令曰：「孤以虛昧，任執國鈞，雖夙夜勤止，念在興治，而育德振民，邈然尚遠。聖朝永言舊式，隆此眷命。侯伯盛典，方軌前烈；嘉錫隆被，禮數昭崇。徒守愿節，終隔體諒。羣后百司，重茲敦獎，勉茲厚顏，當此休祚。望昆、彭以長想，欽桓、文而歎息，思弘政塗，莫知津濟。邦甸初啓，藩宇惟新，思覃嘉慶，被之下國。國內殊死以下，今月十五日昧爽以前，〔二五〕一皆原赦。鰥寡孤獨不能自存者，賜穀五斛。府州所統，亦同蠲蕩。」

丙午，命王冕十有二旒，建天子旌旗，出警入蹕，乘金根車，駕六馬，備五時副車，置旄頭雲罕，樂舞八佾，設鍾虡宮縣。王妃王子王女爵命之號，一依舊儀。

丙辰，齊帝禪位于梁王。詔曰：

夫五德更始，三正迭興，馭物資賢，登庸啓聖，故帝跡所以代昌，王度所以改耀。革晦以明，由來尚矣。齊德淪微，危亡荐襲。隆昌凶虐，寔違天地；永元昏暴，取紊人神。三光再沉，七廟如綴。鼎業幾移，含識知泯。我高、明之祚，眇焉將墜。永惟屯

難，冰谷載懷。

相國梁王，天誕睿哲，神縱靈武，德格玄祇，功均造物。止宗社之橫流，反生民之塗炭。扶傾頹構之下，拯溺逝川之中。九區重緝，四維更紐。絕禮還紀，崩樂復張。文館盈紳，戎亭息警。浹海宇以馳風，罄輪裳而稟朔。八表呈祥，五靈効祉。豈止鱗羽禎奇，雲星瑞色而已哉！勳茂於百王，道昭乎萬代，固以明配上天，光華日月者也。河嶽表革命之符，圖讖紀代終之運。樂推之心，幽顯共積；歌頌之誠，華裔同著。昔水政既微，木德升緒，天之曆數，寔有所歸，握鏡琁樞，允集明哲。

朕雖庸蔽，闇于大道，永鑒崇替，爲日已久，敢忘列代之高義，人祇之至願乎！今便敬禪于梁，卽安姑孰，依唐虞、晉宋故事。

四月辛酉，宣德皇后令曰：「西詔至，帝憲章前代，敬禪神器于梁。明可臨軒遣使，恭授璽紱，未亡人便歸于別宮。」壬戌，策曰：

咨爾梁王：惟昔邃古之載，肇有生民，皇雄、大庭之辟，赫胥、尊盧之后，斯並龍圖鳥跡以前，慌忽杳冥之世，固無得而詳焉。洎乎農、軒、炎、皞之代，放勛、重華之主，莫不以大道君萬姓，公器御八紘。居之如執朽索，去之若捐重負。一駕汾陽，便有窅然之志；暫適箕嶺，卽動讓王之心。故知戴黃屋，服玉璽，非所以示貴稱尊；乘大輅，建旂

旌，蓋欲令歸趣有地。是故忘己而字兆民，殉物而君四海。及於精華內竭，畚橇外勞，則撫茲歸運，惟能是與。況兼乎笙管革文，威圖啓瑞，攝提夜朗，熒光晝發者哉！四百告終，有漢所以高揖；黃德既謝，魏氏所以樂推。爰及晉、宋，亦弘斯典。我太祖握河受曆，應符啓運，二葉重光，三聖係軌。嗣君喪德，昏棄紀度，毀紊天綱，凋絕地紐，茫茫九域，翦爲仇讎，溥天相顧，命縣晷刻。斮涉刳孕，於事已輕；求雞徵杖，曾何足譬。是以谷滿川枯，山飛鬼哭，七廟已危，人神無主。

惟王體茲上哲，明聖在躬，稟靈五緯，明並日月。彝倫攸序，則端冕而協邕熙；時難孔棘，則推鋒而拯塗炭。功踰造物，德濟蒼生，澤無不漸，仁無不被，上達蒼昊，下及川泉。文教與鵬翼齊舉，武功與日車並運。固以幽顯宅心，謳訟斯屬；豈徒桴鼓播地，卿雲叢天而已哉！至如晝覩爭明，夜飛枉矢，土淪彗刺，日既星亡，除舊之徵必顯，更姓之符允集。是以義師初踐，芳露凝甘，仁風既被，素文自擾，北闕藁街之使，風車火徼之民，膜拜稽首，願爲臣妾。鍾石畢變，事表於遷虞；蛟魚並出，義彰於事夏。若夫祇乾象，俯藉人願，敬禪神器，授帝位于爾躬。大祚告窮，天祿永終。於戲！王允執其中，式遵前典，以副昊天之望。禋上帝而臨億兆，格文祖而膺大業，以傳無疆之祚，豈不盛歟！

又璽書曰：

夫生者天地之大德，人者含生之通稱，並首同本，未知所以異也。而稟靈造化，賢愚之情不一；託性五常，强柔之分或舛。羣后靡一，爭犯交興，是故建君立長，用相司牧。非謂尊驕在上，以天下爲私者也。兼以三正迭改，五運相遷，綠文赤字，徵河表洛。在昔勛、華，深達茲義，眷求明哲，授以蒸民。遷虞事夏，本因心於百姓；化殷爲周，實受命於蒼昊。爰自漢、魏，罔不率由；降及晉、宋，亦遵斯典。我高皇所以格文祖而撫歸運，畏上天而恭寶曆者也。至于季世，禍亂荐臻，王度紛糾，姦回熾積。億兆夷人，刀俎爲命，已然之逼，若綫之危，跼天蹐地，逃形無所。羣凶挾煽，志逞殘戮，將欲先殄衣冠，次移龜鼎。衡、保、周、召，並列宵人。巢幕累卵，方此非切。自非英聖遠圖，仁爲己任，則鴟梟厲吻，翦焉已及。

惟王崇高則天，博厚儀地，鎔鑄六合，陶甄萬有。鋒馹交馳，振靈武以遐略；雲雷方扇，鞠義旅以勤王。揚旍旆於遠路，戮姦宄於魏闕。德冠往初，功無與二。弘濟艱難，緝熙王道。懷柔萬姓，經營四方。舉直措枉，較如畫一。待旦同乎殷后，日昃過於周文。風化肅穆，禮樂交暢。加以赦過宥罪，神武不殺，盛德昭於景緯，至義感於鬼神。若夫納彼大麓，膺此歸運，烈風不迷，樂推攸在。治五韙於已亂，重九鼎於既輕。自聲教所及，車書所至，革面回首，謳吟德澤。九山滅祲，四瀆安流。祥風扇起，淫雨靜息。玄甲遊於芳荃，素文馴於郊苑。躍九川於清漢，鳴六象於高崗。靈瑞雜沓，玄符昭著。加以至於星孛紫宮，水効孟月，飛鴻滿野，長彗橫天，取新之應既昭，革故之徵必顯。天表秀特，軒狀堯姿；君臨之符，諒非一揆。書云：「天鑒厥德，用集大命。」詩云：「文王在上，於昭于天。」所以二儀乃眷，幽明允叶，豈惟宅是萬邦，緝茲謳訟而已哉！

朕是用擁琁沉首，屬懷聖哲。昔水行告厭，我太祖既受命代終；在日天祿云謝，亦以木德而傳于梁。遠尋前典，降惟近代，百辟遐邇，莫違朕心。今遣使持節、兼太保、侍中、中書監、兼尚書令汝南縣開國侯亮，兼太尉、散騎常侍、中書令新吳縣開國侯志，奉皇帝璽紱。受終之禮，一依唐虞故事。王其陟茲元后，君臨萬方，式傳洪烈，以答上天之休命！

高祖抗表陳讓，表不獲通。於是，齊百官豫章王元琳等八百一十九人，及梁臺侍中臣雲等一百一十七人，並上表勸進，高祖謙讓不受。是日，太史令蔣道秀陳天文符讖六十四條，事並明著；羣臣重表固請，乃從之。

校勘記

〔一〕仰生太子太傅望之　「太子太傅」，各本作「太傅」，據冊府元龜一八二增補。錢大昕廿二史考異云：「當云太子太傅，脫太子二字。」

〔二〕闡生吳郡太守冰　「冰」，南齊書高帝紀作「永」。

〔三〕隸江州刺史王廣爲援　「王廣」卽「王廣之」，南齊書有傳。本書王珍國傳云：「父廣之。」六朝人雙名後所帶「之」字，往往可省去。

〔四〕高祖及雍州刺史曹虎等並受節度　「曹虎」，各本作「曹武」，南齊書本傳作「曹虎」。按：姚思廉避唐諱，凡「虎」字皆改爲「武」或「獸」。殿本依照北監本又皆改回，但此處漏改，今改正。

〔五〕東昏以劉山陽爲巴西太守　「巴西」，各本作「巴陵」，據南史改。錢大昕廿二史考異：「蕭穎達、柳忱傳並作巴西。」按：南齊書和帝紀及通鑑齊東昏侯永元二年紀並云「巴西、梓潼二郡太守劉山陽」。巴西、梓潼同爲益州領郡，巴陵則爲荆州領郡，離梓潼甚遠，足證「巴陵」爲「巴西」之譌。

〔六〕彼聞必謂行事與天虎共隱其事　「聞」，通鑑作「閒」。疑作「閒」是。

〔七〕必漏吾謀內　此句疑有脫誤。通典一六一、太平御覽二八七、「必」下有「恐」字。冊府元龜一八五引此句無「內」字。

〔八〕三年二月 「二月」當作「正月」。下云「戊申，高祖發襄陽」。是年正月丙申朔，戊申爲正月十三日。

〔九〕武力喪魂 北史薛安都傳，「在南以武力見叙」，隋書高祖紀下，「武力之子，俱可學文」，「武力」用法均與此異。册府元龜一八五「武力」作「武士」。

〔一〇〕推鋒扼險 「推」殿本等作「摧」，今從百衲本、南監本。按：「推鋒」一詞，史籍中屢見，如「推鋒越河」，見晉書祖逖傳；「推鋒逕進」，見北齊書高昂傳。時尚未交鋒，不得云「摧鋒」。

〔一一〕軍主王世興田安等數千人 田安卽田安之，下文有「田安之頓城北」。此省去「之」字。

〔一二〕乃命元起進據南堂西陼 「陼」，册府元龜一八五作「渚」。按：「陼」「渚」古通用。通鑑齊和帝中興元年紀作「渚」。胡注：「南堂在郢城南，西近江渚。」

〔一三〕衆復推助防孫樂祖代之 「孫」，各本作「張」。洪頤煊諸史考異：「楊公則傳、南齊書和帝紀俱作魯山城主孫樂祖。」按：南齊書張沖傳、通鑑齊和帝中興元年紀並作「孫樂祖」。胡三省注云：「參考前後，張當作孫。」今改正。

〔一四〕退保朱爵 「朱爵」，上文作「朱雀」(直指朱雀)。按「爵」、「雀」古今字，後不悉出。

〔一五〕從弟寧朔將軍景鎭廣陵 蕭景原名蕭昞，姚思廉避唐諱改。

〔一六〕大予絕鄭衞之音 「大予」各本作「大享」，惟百衲本作「大予」。張元濟梁書校勘記：「按大予卽

太樂，見後漢書。」今從之。

〔一七〕夏汭霧披 「霧」各本作「露」。按：册府元龜一八五作「霧」，是，今據改。

〔一八〕其進位相國總百揆揚州刺史 按：「揚州刺史」當依通鑑作「揚州牧」。蕭衍於上年十二月爲揚州刺史，今進位揚州牧，所以下策文中謂「今進授相國，改揚州刺史爲牧」。

〔一九〕濟世寧民 「世」「民」各本作「俗」「人」。係姚思廉避唐太宗「世民」諱改。據册府元龜一八五改回。

〔二〇〕世祖以休明早崩世宗以仁德不嗣 「世祖」各本作「元帝」，「世宗」作「簡文」。此爲齊「禪」梁册文，豈能提及蕭衍後裔謚號，顯然錯誤。據南史梁本紀改正。又「德」原作「弱」，據南史改。

〔二一〕元帥潛及 「及」，疑爲「反」字之譌。

〔二二〕旌旆小臨 「小臨」各本作「未臨」。據南史及册府元龜一八五改。按此指陳伯之據江州拒蕭衍，及蕭衍臨江州，伯之束甲請降事。當云「小臨」，不得云「未臨」。

〔二三〕以豫州之梁郡歷陽南徐州之義興揚州之淮南宣城吳吳興會稽新安東陽十郡 「吳興」上，各本俱脫一「吳」字，不足十郡之數。今據南史補。

〔二四〕故得簡通賓客無事掃門 「事」通典選舉典作「俟」，義似較勝。

〔二五〕今月十五日昧爽以前 蕭衍於三月癸巳受梁王之命，卽日下赦令。是年三月己丑朔，癸巳爲三月五日。「今月十五日」應作「今月五日」，衍一「十」字。文館詞林六九五無「十」字。

梁書卷二

本紀第二

武帝中

天監元年夏四月丙寅，高祖卽皇帝位於南郊。設壇柴燎，告類于天曰：「皇帝臣衍，敢用玄牡，昭告于皇天后帝：齊氏以曆運斯旣，否終則亨，欽若天應，以命于衍。夫任是司牧，惟能是授；天命不于常，帝王非一族。唐謝虞受，漢替魏升，爰及晉、宋，憲章在昔。咸以君德馭四海，元功子萬姓，故能大庇甿黎，光宅區宇。齊代云季，世主昏凶，狡焉羣慝，是崇是長，肆厥姦回暴亂，以播虐于我有邦，俾溥天惴惴，將墜于深壑。九服八荒之內，連率岳牧之君，蹶角頓顙，匡救無術，臥薪待然，援天靡訴。衍投袂星言，推鋒萬里，〔一〕厲其掛冠之情，用拯兆民之切。銜膽誓衆，覆銳屠堅，建立人主，克翦昏亂。遂因時來，宰司邦國，濟民康世，實有厥勞。而晷緯呈祥，川岳効祉，朝夕坰牧，日月郊畿。代終之符旣顯，革運之期已萃，殊俗百蠻，重譯獻款，人神遠邇，罔不和會。於是羣公卿士，咸致厥誠，並以皇乾降命，難以謙拒。齊帝脫屣萬邦，授以神器。衍自惟匪德，辭不獲許，仰迫上玄之眷，俯惟億兆之心，宸極不可久曠，民神不可乏主，遂藉樂推，膺此嘉祚。以茲寡薄，臨御萬方，顧求夙志，永言祇惕。敬簡元辰，恭茲大禮，升壇受禪，告類上帝，克播休祉，以弘盛烈，式傳厥後，用永保于我有梁。惟明靈是饗。」

禮畢，備法駕卽建康宮，臨太極前殿。詔曰：「五精遞襲，皇王所以受命；四海樂推，殷、周所以改物。雖禪代相舛，遭會異時，而微明迭用，其流遠矣。莫不振民育德，光被黎元。朕以寡闇，命不先後，寧濟之功，屬當期運，乘此時來，因心萬物，遂振厥弛維，大造區夏，永言前蹤，義均慙德。齊氏以代終有徵，歷數云改，欽若前載，集大命于朕躬。顧惟菲德，辭不獲命，寅畏上靈，用膺景業。執禋柴之禮，當與能之祚，繼迹百王，君臨四海，若涉大川，罔知攸濟。洪基初兆，萬品權輿，思俾慶澤，覃被率土。可大赦天下。改齊中興二年爲天監元年。賜民爵二級；文武加位二等；鰥寡孤獨不能自存者，人穀五斛。逋布、口錢、宿債勿復收。其犯鄉論清議，贓汙淫盜，一皆蕩滌，洗除前注，與之更始。」

封齊帝爲巴陵王，全食一郡。載天子旌旗，乘五時副車。行齊正朔。郊祀天地，禮樂制度，皆用齊典。齊宣德皇后爲齊文帝妃，齊后王氏爲巴陵王妃。

詔曰：「興運升降，前代舊章。齊世王侯封爵，悉皆降省。其有効著艱難者，別有後命。惟宋汝陰王不在除例。」

又詔曰：「大運肇升，嘉慶惟始，劫賊餘口沒在臺府者，悉可蠲放。諸流徙之家，並聽還本。」

追尊皇考爲文皇帝，廟曰太祖；皇妣爲獻皇后。追謚妃郗氏爲德皇后。追封兄太傅懿爲長沙郡王，謚曰宣武；齊後軍諮議敷爲永陽郡王，謚曰昭；弟齊太常暢爲衡陽郡王，謚曰宣；齊給事黃門侍郎融爲桂陽郡王，謚曰簡。

是日，詔封文武功臣新除車騎將軍夏侯詳等十五人爲公侯，食邑各有差。以弟中護軍宏爲揚州刺史，封爲臨川郡王；南徐州刺史秀安成郡王；雍州刺史偉建安郡王；左衞將軍恢鄱陽郡王；荆州刺史憺始興郡王。

丁卯，加領軍將軍王茂鎭軍將軍。以中書監王亮爲尚書令、中軍將軍，相國左長史王瑩爲中書監、撫軍將軍，吏部尚書沈約爲尚書僕射，長兼侍中范雲爲散騎常侍、吏部尚書。

詔曰：「宋氏以來，並恣淫侈，傾宮之富，遂盈數千。推算五都，愁窮四海，並嬰罹寃横，拘逼不一。撫紘命管，良家不被蠲；織室繡房，幽厄猶見役。弊國傷和，莫斯爲甚。凡後宮樂府，西解暴室，諸如此例，一皆放遣。若衰老不能自存，官給廪食。」

戊辰，車騎將軍高句驪王高雲進號車騎大將軍。鎭東大將軍百濟王餘大進號征東大將軍。安西將軍宕昌王梁彌頜進號鎭西將軍。鎭東大將軍倭王武進號征東大將軍。〔二〕鎭西將軍河南王吐谷渾休留代進號征西將軍。巴陵王蕭于姑孰，追謚爲齊和帝，終禮一依故事。

己巳，以光祿大夫張瓌爲右光祿大夫。庚午，鎭南將軍、江州刺史陳伯之進號征南將軍。

詔曰：「觀風省俗，哲后弘規；狩岳巡方，明王盛軌。所以重華在上，五品聿脩；文命肇基，四載斯履。故能物色幽微，耳目屠釣，致王業於緝熙，被淳風於遐邇。朕以寡薄，昧于治方，藉代終之運，當符命之重，取監前古，懍若馭朽。思所以振民育德，去殺勝殘，解網更張，置之仁壽；而明慚照遠，智不周物，兼以歲之不易，未遑卜征，興言夕惕，無忘鑒寐。可分遣內侍，周省四方，觀政聽謠，訪賢舉滯。其有田野不闢，獄訟無章，忘公殉私，侵漁是務者，悉隨事以聞。若懷寶迷邦，蘊奇待價，蓄響藏眞，不求聞達，並依名騰奏，罔或遺隱。使輶軒所屆，如朕親覽焉。」

又詔曰：「金作贖刑，有聞自昔，入縑以免，施於中世，民悅法行，莫尙乎此。永言叔世，偸薄成風，嬰𦬂入罪，厥塗匪一。斷弊之書，日纏於聽覽；鉗釱之刑，歲積於牢犴。死者不可復生，刑者無因自返，〔三〕由此而望滋實，庸可致乎？朕夕惕思治，念崇政術，斟酌前王，擇其令典，有可以憲章邦國，罔不由之。釋愧心於四海，昭情素於萬物。俗僞日久，禁網彌繁。漢文四百，邈焉已遠。雖省事淸心，無忘日用，而委銜廢策，事未獲從。可依周、漢舊典，有罪入贖，外詳爲條格，以時奏聞。」

辛未，以中領軍蔡道恭爲司州刺史。以新除謝沐縣公蕭寶義爲巴陵王，以奉齊祀。復南蘭陵武進縣，依前代之科。徵謝朏爲左光祿大夫、開府儀同三司，何胤爲右光祿大夫。改南東海爲蘭陵郡。土斷南徐州諸僑郡縣。

癸酉，詔曰：「商俗甫移，遺風尙熾，下不上達，由來遠矣。升中馭索，增其懍然。可於公車府謗木肺石傍各置一函。若肉食莫言，山阿欲有横議，投謗木函。若從我江、漢，功在可策，犀兕徒弊，龍蛇方縣；次身才高妙，擯壓莫通，懷傅、呂之術，抱屈、賈之歎，其理有皦然，受困包匭；夫大政侵小，豪門陵賤，四民已窮，九重莫達。若欲自申，並可投肺石函。」

甲戌，詔斷遠近上慶禮。

又詔曰：「禮闈文閣，宜率舊章，貴賤旣位，各有差等，俯仰拜伏，以明王度，濟濟洋洋，具瞻斯在。頃因多難，治綱弛落，官非積及，榮由幸至。六軍尸四品之職，靑紫治白簿之勞。振衣朝伍，長揖卿相，趨步廣闥，並驅丞郎。遂冠履倒錯，珪甑莫辨。靜言疚懷，思返

流弊。且黈法惰官，動成逋弛，罰以常科，終未懲革。夫檟楚申威，蓋代斷趾，笞捶有令，如或可從。外詳共平議，務盡厥理。」

癸未，詔「相國府職吏，可依資勞度臺；若職限已盈，所度之餘，及驃騎府，並可賜滿。」

閏月丁酉，以行宕昌王梁彌邕爲安西將軍、河涼二州刺史，正封宕昌王。壬寅，以車騎將軍夏侯詳爲右光祿大夫。

詔曰：「成務弘風，肅厲內外，寔由設官分職，互相懲糾。而頃壹拘常式，見失方奏，多容違惰，莫肯執咎，憲網日弛，漸以爲俗。今端右可以風聞奏事，依元熙舊制。」

五月乙亥夜，盜入南、北掖，燒神虎門、總章觀，害衞尉卿張弘策。戊子，江州刺史陳伯之舉兵反，以領軍將軍王茂爲征南將軍、江州刺史，率衆討之。

六月庚戌，以行北秦州刺史楊紹先爲北秦州刺史、武都王。是月，陳伯之奔魏，江州平。前益州刺史劉季連據成都反。

八月戊戌，置建康三官。乙巳，平北將軍、西涼州刺史象舒彭進號安西將軍，封鄧至王。丁未，詔中書監王瑩等八人參定律令。是月，詔尙書曹郎依昔奏事。林邑、干陁利國各遣使獻方物。

冬十一月己未，立小廟。甲子，立皇子統爲皇太子。

十二月丙申，以國子祭酒張稷爲護軍將軍。辛亥，護軍將軍張稷免。

是歲大旱，米斗五千，人多餓死。

二年春正月甲寅朔，詔曰：「三訊五聽，著自聖典，哀矜折獄，義重前誥，蓋所以明慎用刑，深戒疑枉，成功致治，罔不由茲。朕自藩部，常躬訊錄，求理得情，洪細必盡。末運弛網，斯政又闕，牢犴沉壅，申訴靡從。朕屬當期運，君臨兆億，雖復齋居宣室，留心聽斷；而九牧遐荒，無因臨覽。深懼懷冤就鞫，匪惟一方。可申敕諸州，月一臨訊，博詢擇善，務在確實。」乙卯，以尚書僕射沈約爲尚書左僕射，吏部尚書范雲爲尚書右僕射，前將軍鄱陽王恢爲南徐州刺史，尚書令王亮爲左光祿大夫，右衞將軍柳慶遠爲中領軍。丙辰，尚書令、新除左光祿大夫王亮免。

夏四月癸卯，尚書刪定郎蔡法度上梁律二十卷、令三十卷、科四十卷。

五月丁巳，尚書右僕射范雲卒。乙丑，益州刺史鄧元起克成都，曲赦益州。壬申，斷諸郡縣獻奉二宮。惟諸州及會稽，職惟嶽牧，許薦任土，若非地產，亦不得貢。

六月丁亥，詔以東陽、信安、豐安三縣水潦，漂損居民資業，遣使周履，量蠲課調。是夏多癘疫。以新除左光祿大夫謝朏爲司徒、尚書令。甲午，以中書監王瑩爲尚書右僕射。

秋七月，扶南、龜茲、中天竺國各遣使獻方物。

冬十月，魏寇司州。

十一月乙卯，雷電大雨，晦。是夜又雷。乙亥，尚書左僕射沈約以母憂去職。

三年春正月戊申，後將軍、揚州刺史臨川王宏進號中軍將軍。癸丑，以尚書右僕射王瑩爲尚書左僕射，太子詹事柳惔爲尚書右僕射，前尚書左僕射沈約爲鎮軍將軍。

二月，魏陷梁州。

三月，隕霜殺草。

五月丁巳，以扶南國王憍陳如闍耶跋摩爲安南將軍。

六月丙子，詔曰：「昔哲王之宰世也，每歲卜征，躬事巡省，民俗政刑，罔不必逮。末代風凋，久曠茲典，雖欲肆遠忘勞，究臨幽仄，而居今行古，事未易從，所以日晏踟躕，情同再撫。總總九州，遠近民庶，或川路幽遐，或貧羸老疾，懷冤抱理，莫由自申，所以東海匹婦，致災邦國，西土孤魂，登樓請訴。念此于懷，中夜太息。可分將命巡行州部，其有深冤鉅害，抑鬱無歸，聽詣使者，依源自列。庶以矜隱之念，昭被四方，遏聽遠聞，事均親覽。」癸未，大赦天下。

秋七月丁未，以光祿大夫夏侯詳爲車騎將軍、湘州刺史，湘州刺史楊公則爲中護軍。甲子，立皇子綜爲豫章郡王。

八月，魏陷司州，詔以南義陽置司州。

九月壬子，以河南王世子伏連籌爲鎮西將軍、西秦河二州刺史、河南王。北天竺國遣使獻方物。

冬十一月甲子，詔曰：「設教因時，淳薄異政，刑以世革，輕重殊風。昔商俗未移，民散久矣，嬰網陷辟，日夜相尋。若悉加正法，則赭衣塞路，並申弘宥，則難用爲國，故使有罪入贖，以全元元之命。今遐邇知禁，[四]圄犴稍虛，率斯以往，庶幾刑措。金作權典，宜在蠲息。可除贖罪之科。」

是歲多疾疫。

四年春正月癸卯朔，詔曰：「今九流常選，年未三十，不通一經，不得解褐。若有才同甘、顏，勿限年次。」置五經博士各一人。以鎮北將軍、雍州刺史建安王偉爲南徐州刺史，南徐州刺史鄱陽王恢爲郢州刺史，中領軍柳慶遠爲雍州刺史。丙午，省鳳皇銜書伎。戊申，詔曰：「夫禋郊饗帝，至敬攸在，致誠盡慤，猶懼有違；而往代多令宮人縱觀茲禮，帷宮廣設，

輜軿耀路，非所以仰虔蒼昊，昭感上靈。屬車之間，見譏前世，便可自今停止。」辛亥，輿駕親祠南郊，赦天下。

二月壬午，遣衞尉卿楊公則率宿衞兵塞洛口。壬辰，交州刺史李凱據州反，長史李畟討平之。曲赦交州。戊戌，以前郢州刺史曹景宗爲中護軍。是月，立建興苑於秣陵建興里。

夏四月丁巳，以行宕昌王梁彌博爲安西將軍、河涼二州刺史、宕昌王。是月，自甲寅至壬戌，甘露連降華林園。

五月辛卯，建康縣朔陰里生嘉禾，一莖十二穗。

六月庚戌，立孔子廟。壬戌，歲星晝見。

秋七月辛卯，右光祿大夫張瓌卒。

八月庚子，老人星見。

冬十月丙午，北伐，以中軍將軍、揚州刺史臨川王宏都督北討諸軍事，尚書右僕射柳惔爲副。是歲，以興師費用，王公以下各上國租及田穀，以助軍資。

十一月辛未，以都官尚書張稷爲領軍將軍。甲午，天晴朗，西南有電光，聞如雷聲三。

十二月，司徒、尚書令謝朏以所生母憂，去職。

是歲大穰，米斛三十。

五年春正月丁卯朔，詔曰：「在昔周、漢，取士方國。頃代凋訛，幽仄罕被，人孤地絕，用隔聽覽，士操淪胥，因茲靡勸。豈其岳瀆縱靈，偏有厚薄，寔由知與不知、用與不用耳。朕以菲德，君此兆民，而兼明廣照，屈於堂戶，飛耳長目，不及四方，永言愧懷，無忘旦夕。凡諸郡國舊族邦內無在朝位者，選官搜括，使郡有一人。」乙亥，以前司徒謝朏為中書監、司徒、衞將軍，鎮軍將軍沈約為右光祿大夫，豫章王綜為南徐州刺史。丁丑，以尚書左僕射王瑩為護軍將軍，僕射如故。甲申，立皇子綱為晉安郡王。丁亥，太白晝見。

二月庚戌，以太常張充為吏部尚書。

三月丙寅朔，日有蝕之。癸未，魏宣武帝從弟翼率其諸弟來降。輔國將軍劉思效破魏青州刺史元繫於膠水。丁亥，陳伯之自壽陽率衆歸降。

夏四月丙申，廬陵高昌之仁山獲銅劍二，始豐縣獲八目龜一。甲寅，詔曰：「朕昧旦齋居，惟刑是恤，三辟五聽，寢興載懷。故陳肺石於都街，增官司於詔獄，殷勤親覽，小大以情。而明慎未洽，囹圄尚壅，永言納隍，在予興愧。凡犴獄之所，可遣法官近侍，遞錄囚徒，如有枉滯，以時奏聞。」

五月辛未，太子左衞率張惠紹克魏宿預城。[五]乙亥，臨川王宏前軍克梁城。辛巳，豫州刺史韋叡克合肥城。丁亥，廬江太守裴邃克羊石城；庚寅，又克霍丘城。辛卯，太白晝見。

六月庚子，青、冀二州刺史桓和前軍克朐山城。

秋七月乙丑，鄧至國遣使獻方物。

八月戊戌，老人星見。辛酉，作太子宮。

冬十一月甲子，京師地震。乙丑，以師出淹時，大赦天下。魏寇鍾離，遣右衞將軍曹景宗率衆赴援。

十二月癸卯，司徒謝朏薨。

六年春正月辛酉朔，詔曰：「徑寸之寶，或隱沙泥；以人廢言，君子斯戒。朕聽朝晏罷，思闡政術，雖百辟卿士，有懷必聞，而蓄響邊遐，未臻魏闕。或屈以貧陋，或間以山川，頓足延首，無因奏達。豈所以沉浮靡漏，遠邇兼得者乎？四方士民，若有欲陳言刑政，益國利民，淪礙幽遠，不能自通者，可各詮條布懷於刺史二千石。有可申採，大小以聞。」己卯，詔曰：「夫有天下者，義非為己。凶荒疾癘，兵革水火，有一於此，責歸元首。今祝史請禱，繼諸不善，以朕身當之，永使災害不及萬姓，俾茲下民稍蒙寧息。不得為朕祈福，以增其過。

特班遠邇，咸令遵奉。」

二月甲辰，老人星見。

三月庚申朔，隕霜殺草。是月，有三象入京師。

夏四月壬辰，置左右驍騎、左右游擊將軍官。癸巳，曹景宗、韋叡等破魏軍於邵陽洲，斬獲萬計。癸卯，以右衞將軍曹景宗為領軍將軍、徐州刺史。己酉，以江州刺史王茂為尚書右僕射，中書令安成王秀為平南將軍、江州刺史。分湘廣二州置衡州。丁巳，以中軍將軍、揚州刺史臨川王宏為驃騎將軍、開府儀同三司，撫軍將軍建安王偉為揚州刺史，右光祿大夫沈約為尚書左僕射，尚書左僕射王瑩為中軍將軍。

五月己未，以新除左驍騎將軍長沙王深業為中護軍。[六]癸亥，以侍中袁昂為吏部尚書。己巳，置中衞、中權將軍，改驍騎為雲騎，游擊為游騎。辛未，右將軍、揚州刺史建安王偉進號中權將軍。

六月庚戌，以車騎將軍、湘州刺史夏侯詳為右光祿大夫，[七]新除金紫光祿大夫柳惔為安南將軍、湘州刺史。新吳縣獲四目龜一。

秋七月甲子，太白晝見。丙寅，分廣州置桂州。丁亥，以新除尚書右僕射王茂為中衞將軍。

八月戊子，赦天下。戊戌，大風折木。京師大水，因濤入，加御道七尺。

九月，嘉禾一莖九穗，生江陵縣。乙亥，改閱武堂為德陽堂，[八]聽訟堂為儀賢堂。丙戌，以左衞將軍呂僧珍為平北將軍、南兗州刺史，豫章內史蕭昌為廣州刺史。

冬十月壬寅，以五兵尚書徐勉為吏部尚書。

閏月乙丑，以驃騎將軍、開府儀同三司臨川王宏為司徒、行太子太傅，尚書左僕射沈約為尚書令、行太子少傅，吏部尚書袁昂為右僕射。[九]戊寅，平西將軍、荆州刺史始興王憺進號安西將軍。甲申，以右光祿大夫夏侯詳為尚書左僕射。[一〇]

十二月丙辰，尚書左僕射夏侯詳卒。乙丑，魏淮陽鎮都軍主常邕和以城內屬。分豫州置霍州。

七年春正月乙酉朔，詔曰：「建國君民，立教為首。不學將落，嘉植靡由。朕肇基明命，光宅區宇，雖耕耘雅業，傍闡藝文，而成器未廣，志本猶闕，非所以鎔範貴遊，納諸軌度。思欲式敦讓齒，自家刑國。今聲訓所漸，戎夏同風，宜大啓庠斅，博延胄子，務彼十倫，弘此三德，使陶鈞遠被，微言載表。」中衞將軍、領太子詹事王茂進號車騎將軍。戊戌，作神龍、仁虎闕於端門、大司馬門外。壬子，以領軍將軍曹景宗為中衞將軍，衞尉蕭景兼領軍將軍。

二月乙卯，盧江灊縣獲銅鍾二。新作國門于越城南。乙丑，增置鎮衞將軍以下各有差。庚午，詔於州郡縣置州望、郡宗、鄉豪各一人，專掌搜薦。乙亥，以車騎大將軍高麗王高雲爲撫東大將軍、〔一一〕開府儀同三司，平北將軍、南兗州刺史呂僧珍爲領軍將軍。丙子，以中護軍長沙王深業爲南兗州刺史，兼領軍將軍蕭景爲雍州刺史，雍州刺史柳慶遠爲護軍將軍。

夏四月乙卯，皇太子納妃，赦大辟以下，頒賜朝臣及近侍各有差。辛未，秣陵縣獲靈龜一。戊寅，餘姚縣獲古銅劍二。

五月己亥，詔復置宗正、太僕、大匠、鴻臚，又增太府、太舟，仍先爲十二卿。癸卯，以平南將軍、江州刺史安成王秀爲平西將軍、荊州刺史，安西將軍、荊州刺史始興王憺爲護軍將軍，中衞將軍曹景宗爲安南將軍、江州刺史。

六月辛酉，復建、修二陵周回五里內居民，改陵監爲令。

秋七月丁亥，月犯氐。

八月癸丑，安南將軍、江州刺史曹景宗卒。丁巳，赦大辟以下未結正者。甲戌，平西將軍、荊州刺史安成王秀進號安西將軍，雲麾將軍、郢州刺史鄱陽王恢進號平西將軍。老人星見。

九月丁亥，詔曰：「芻牧必往，姬文垂則；雉兔有刑，姜宣致貶。〔一二〕藪澤山林，毓材是出，斧斤之用，比屋所資。而頃世相承，並加封固，豈所謂與民同利，惠茲黔首？凡公家諸屯戍見封熂者，可悉開常禁。」壬辰，置童子奉車郎。癸巳，立皇子績爲南康郡王。己亥，月犯東井。

冬十月丙寅，以吳興太守張稷爲尚書左僕射。丙子，魏陽關主許敬珍以城內附。詔大舉北伐。以護軍將軍始興王憺爲平北將軍，率衆入清；車騎將軍王茂率衆向宿預。丁丑，魏懸瓠鎮軍主白皁生、〔一三〕豫州刺史胡遜以城內屬，以皁生爲鎮北將軍、司州刺史，遜爲平北將軍、豫州刺史。

十一月辛巳，鄮縣言甘露降。

八年春正月辛巳，輿駕親祠南郊，赦天下，內外文武各賜勞一年。壬辰，魏鎮東參軍成景儁斬宿預城主嚴仲寶，〔一四〕以城內屬。

二月壬戌，老人星見。

夏四月，以北巴西郡置南梁州。戊申，以護軍將軍始興王憺爲中衞將軍，司徒、行太子太傅臨川王宏爲司空、揚州刺史，車騎將軍、領太子詹事王茂卽本號開府儀同三司。丁卯，

魏楚王城主李國興以城內附。丙子，以中軍將軍、丹陽尹王瑩爲右光祿大夫。

五月壬午，詔曰：「學以從政，殷勤往哲，祿在其中，抑亦前事。朕思闡治綱，每敦儒術，軾閭闢館，造次以之。故負袟成風，甲科間出，方當置諸周行，飾以青紫。其有能通一經、始末無倦者，策實之後，選可量加敍錄。雖復牛監羊肆，寒品後門，並隨才試吏，勿有遺隔。」

秋七月癸巳，巴陵王蕭寶義薨。

八月戊午，老人星見。

冬十月乙巳，以中軍將軍始興王憺爲鎮北將軍、南兗州刺史，〔一五〕南兗州刺史長沙王深業爲護軍將軍。

九年春正月乙亥，以尚書令、行太子少傅沈約爲左光祿大夫，行少傅如故，右光祿大夫王瑩爲尚書令，行中撫將軍建安王偉領護軍將軍，鎮北將軍、南兗州刺史始興王憺爲鎮西將軍、益州刺史，太常卿王亮爲中書監。丙子，以輕車將軍晉安王綱爲南兗州刺史。庚寅，新作緣淮塘，北岸起石頭迄東冶，南岸起後渚籬門迄三橋。

三月己丑，車駕幸國子學，親臨講肆，賜國子祭酒以下帛各有差。乙未，詔曰：「王子從學，著自禮經，貴遊咸在，實惟前誥，所以式廣義方，克隆教道。今成均大啓，元良齒讓，自斯以降，並宜肄業。皇太子及王侯之子，年在從師者，可令入學。」于闐國遣使獻方物。

夏四月丁巳，革選尚書五都令史用寒流。林邑國遣使獻白猴一。

五月己亥，詔曰：「朕達聽思治，無忘日昃，而百司羣務，其途不一，隨時適用，各有攸宜，若非總會衆言，無以備茲親覽。自今臺閣省府州郡鎮戍應有職僚之所，時共集議，各陳損益，具以奏聞。」中書監王亮卒。

六月癸丑，盜殺宣城太守朱僧勇。癸酉，以中撫將軍、領護軍建安王偉爲鎮南將軍、江州刺史。

閏月己丑，宣城盜轉寇吳興縣，太守蔡撙討平之。

秋七月己巳，老人星見。

冬十二月癸未，輿駕幸國子學，策試胄子，賜訓授之司各有差。

十年春正月辛丑，輿駕親祠南郊，大赦天下，居局治事賜勞二年。癸卯，以尚書左僕射張稷爲安北將軍、青冀二州刺史，郢州刺史鄱陽王恢爲護軍將軍。甲辰，以南徐州刺史豫章王綜爲郢州刺史，輕車將軍南康王績爲南徐州刺史。戊申，騶虞一，見荊州華容縣。以

左民尚書王暕爲吏部尚書。辛酉，輿駕親祠明堂。

三月辛丑，盜殺東莞、琅邪二郡太守鄧晣，[一六]以朐山引魏軍，遣振遠將軍馬仙琕討之。是月，魏徐州刺史盧昶帥衆赴朐山。

夏五月癸酉，安豐縣獲一角玄龜。[一七]丁丑，領軍呂僧珍卒。己卯，以國子祭酒張充爲尚書左僕射，太子詹事柳慶遠爲領軍將軍。

六月乙酉，嘉蓮一莖三花生樂遊苑。[一八]

秋七月丙辰，詔曰：「昔公卿面陳，載在前史，令僕陛奏，列代明文，所以釐彼庶績，成茲羣務。晉氏陵替，虛誕爲風，自此相因，其失彌遠，遂使武帳空勞，無汲公之奏，丹墀徒闢，闕鄭生之履。三槐八座，應有務之百官，宜有所論，可入陳啓，庶藉周爰，少匡寡薄。」

九月丙申，天西北隆隆有聲，赤氣下至地。

冬十二月癸酉，山車見于臨城縣。庚辰，馬仙琕大破魏軍，斬馘十餘萬，剋復朐山城。

是歲，初作宮城門三重樓及開二道。宕昌國遣使獻方物。

十一年春正月壬辰，詔曰：「夫刑法悼耄，罪不收孥，禮著明文，史彰前事，蓋所以申其哀矜，故罰有弗及。近代相因，厥網彌峻，髫年華髮，同坐入愆。雖懲惡勸善，宜窮其制，而

老幼流離，良亦可愍。自今逋讁之家及罪應質作，若年有老小，可停將送。」加左光祿大夫、行太子少傅沈約特進。鎮南將軍、江州刺史建安王偉儀同三司。司空、揚州刺史臨川王宏進位爲太尉。驃騎將軍王茂爲司空。[一九]尚書令、雲麾將軍王瑩進號安左將軍。安北將軍、青冀二州刺史張稷進號鎮北將軍。[二〇]

二月戊辰，新昌、濟陽二郡野蠶成繭。

三月丁巳，曲赦揚、徐二州。築西靜壇於鍾山。庚申，高麗國遣使獻方物。

四月戊子，詔曰：「去歲朐山大殲醜類，宜爲京觀，用旌武功；但伐罪弔民，皇王盛軌，掩骼埋胔，仁者用心。其下青州悉使收藏。」百濟、扶南、林邑國並遣使獻方物。

六月辛巳，以司空王茂領中權將軍。

九月辛亥，宕昌國遣使獻方物。

冬十一月乙未，以吳郡太守袁昂兼尚書右僕射。己酉，降太尉、揚州刺史臨川王宏爲驃騎將軍、開府同三司之儀。癸丑，齊宣德太妃王氏薨。

十二月己未，以安西將軍、荊州刺史安成王秀爲中衞將軍，護軍將軍鄱陽王恢爲平西將軍、荊州刺史。

十二年春正月辛卯，輿駕親祠南郊，赦大辟以下。

二月辛酉，以兼尚書右僕射袁昂爲尚書右僕射。[二一]丙寅，詔曰：「掩骼埋胔，義重周經，槥櫝有加，事美漢策。朕向隅載懷，每勤造次，收藏之命，亟下哀矜；而寓縣遐深，遵奉未洽，髐然路隅，往往而有，言愍沉枯，彌勞傷惻。可明下遠近，各巡境界，若委骸不葬，或蔭衣莫改，即就收斂，量給棺具。庶夜哭之魂斯慰，霑霜之骨有歸。」辛巳，新作太極殿，改爲十三間。

三月癸卯，以湘州刺史王珍國爲護軍將軍。

閏月乙丑，特進、中軍將軍沈約卒。

夏四月，京邑大水。

六月癸巳，新作太廟，增基九尺。庚子，太極殿成。

秋九月戊午，以鎮南將軍、開府儀同三司、江州刺史建安王偉爲撫軍將軍，儀同如故；驃騎將軍、開府同三司之儀、揚州刺史臨川王宏爲司空；領中權將軍王茂爲驃騎將軍、開府同三司之儀、江州刺史。

冬十月丁亥，詔曰：「明堂地勢卑濕，未稱乃心。外可量就埤起，以盡誠敬。」

十三年春正月壬戌，以丹陽尹晉安王綱爲荊州刺史。癸亥，以平西將軍、荊州刺史鄱陽王恢爲鎮西將軍、益州刺史。丙寅，以翊右將軍安成王秀爲安西將軍、郢州刺史。

二月丁亥，輿駕親耕籍田，赦天下，孝悌力田賜爵一級。老人星見。

三月辛亥，以新除中撫將軍、開府儀同三司建安王偉爲左光祿大夫。

夏四月辛卯，林邑國遣使獻方物。壬辰，以郢州刺史豫章王綜爲安右將軍。

五月辛亥，以通直散騎常侍韋叡爲中護軍。

六月己亥，以南兗州刺史蕭景爲領軍將軍，領軍將軍柳慶遠爲安北將軍、雍州刺史。

秋七月乙亥，立皇子綸爲邵陵郡王，繹爲湘東郡王，紀爲武陵郡王。

八月癸卯，扶南、于闐國各遣使獻方物。

是歲作浮山堰。

十四年春正月乙巳朔，皇太子冠，赦天下，賜爲父後者爵一級，王公以下班賚各有差，停遠近上慶禮。丙午，安左將軍、尚書令王瑩進號中權將軍。以鎮西將軍始興王憺爲中撫將軍。辛亥，輿駕親祠南郊。詔曰：「朕恭祗明祀，昭事上靈，臨竹宮而登泰壇，服裘冕而奉蒼璧，柴望既升，誠敬克展，思所以對越乾元，弘宣德教；而缺于治道，政法多昧，實佇羣才，

用康庶績。可班下遠近，博採英異。若有確然鄉黨，獨行州閭，肥遁丘園，不求聞達，藏器待時，未加收採；或賢良、方正，孝悌、力田，並即騰奏，具以名上。當擢彼周行，試以邦邑，庶百司咸事，兆民無隱。又世輕世重，隨時約法，前以劓墨，用代重辟，猶念改悔，其路已壅，並可省除。」丙寅，汝陰王劉胤薨。

二月庚寅，芮芮國遣使獻方物。戊戌，老人星見。辛丑，以中護軍韋叡爲平北將軍、雍州刺史，新除中撫將軍始興王憺爲荆州刺史。

夏四月丁丑，驃騎將軍、開府同三司之儀、江州刺史王茂薨。

五月丁巳，以荆州刺史晉安王綱爲江州刺史。

秋八月乙未，老人星見。

九月癸亥，以長沙王深業爲護軍將軍。狼牙脩國遣使獻方物。

十五年春正月己巳，詔曰：「觀時設教，王政所先，兼而利之，寔惟務本，移風致治，咸由此作。頃因革之令，隨事必下，而張弛之要，未臻厥宜，民瘼猶繁，廉平尚寡，所以佇旒纊而載懷，朝玉帛而興歎。可申下四方，政有不便於民者，所在具條以聞。守宰若清潔可稱，或侵漁爲蠹，分別奏上，將行黜陟。長吏勸課，躬履堤防，勿有不修，致妨農事。關市之賦，或

有未允，外時參量，優減舊格。」

三月戊辰朔，日有蝕之。

夏四月丁未，以安右將軍豫章王綜兼護軍。高麗國遣使獻方物。

五月癸未，以司空、揚州刺史臨川王宏爲中書監、驃騎大將軍、刺史如故。

六月丙申，改作小廟畢。庚子，以尚書令王瑩爲左光祿大夫、開府儀同三司，尚書右僕射袁昂爲尚書左僕射，吏部尚書王暕爲尚書右僕射。

秋八月，老人星見。

九月辛巳，左光祿大夫、開府儀同三司王瑩薨。芮芮、河南遣使獻方物。

冬十月戊午，以丹陽尹長沙王深業爲湘州刺史。

十一月丁卯，以兼護軍豫章王綜爲安前將軍。交州刺史李畟斬交州反者阮宗孝，傳首京師。曲赦交州。壬午，以雍州刺史韋叡爲護軍將軍。

十六年春正月辛未，輿駕親祠南郊，詔曰：「朕當扆思治，政道未明，昧旦劬勞，亟移星紀。今太皞御氣，句芒首節，升中就陽，禋敬克展，務承天休，布茲和澤。尤貧之家，勿收今年三調。其無田業者，所在量宜賦給。若民有產子，即依格優蠲。孤老鰥寡不能自存，咸加賑卹。班下四方。諸州郡縣，時理獄訟，勿使冤滯，並若親覽。」

二月庚戌，老人星見。甲寅，以安前將軍豫章王綜爲南徐州刺史。

三月丙子，河南王遣使獻方物。

夏四月甲子，初去宗廟牲。〔二二〕潮溝獲白雀一。

六月戊申，以廬陵王續爲江州刺史。

七月丁丑，以郢州刺史安成王秀爲鎮北將軍、雍州刺史。

八月辛丑，老人星見。扶南、婆利國各遣使獻方物。

冬十月，去宗廟薦脩，始用蔬果。

十七年春正月丁巳朔，詔曰：「夫樂所自生，含識之常性；厚下安宅，馭世之通規。朕矜此庶氓，無忘待旦，亟弘生聚之略，每布寬卹之恩，而編戶未滋，遷徙尚有，輕去故鄉，豈其本志？資業殆闕，自返莫由，巢南之心，亦何能弭。今開元發歲，品物惟新，思俾黔黎，各安舊所。將使郡無曠土，邑靡游民，鷄犬相聞，桑柘交畛。凡天下之民，有流移他境，在天監十七年正月一日以前，可開恩半歲，悉聽還本，蠲課三年。其流寓過遠者，量加程日。若有不樂還者，即使著土籍爲民，准舊課輸。若流移之後，本鄉無復居宅者，村司三老及餘親屬，即爲詣縣，占請村內官地官宅，〔二三〕令相容受，使戀本者還有所託。凡坐爲市埭諸職割盜衰減應被封籍者，〔二四〕其田宅車牛，是民生之具，不得悉以沒入，皆優量分留，使得自止。其商賈富室，亦不得頓相兼併。遁叛之身，罪無輕重，並許首出，還復民伍。若有拘限，自還本役。並爲條格，咸使知聞。」

二月癸巳，鎮北將軍、雍州刺史安成王秀薨。甲辰，大赦天下。乙卯，以領石頭戍事南康王績爲南兗州刺史。

三月甲申，老人星見。丙申，改封建安王偉爲南平王。〔二五〕

夏五月戊寅，驃騎大將軍、揚州刺史臨川王宏免。己卯，干陁利國遣使獻方物。以領軍將軍蕭景爲安右將軍，監揚州。辛巳，以臨川王宏爲中軍將軍、中書監。

六月乙酉，以益州刺史鄱陽王恢爲領軍將軍。中軍將軍、中書監臨川王宏以本號行司徒。

秋八月壬寅，老人星見。詔以兵騶奴婢，男年登六十，女年登五十，〔二六〕免爲平民。

冬十月乙亥，以中軍將軍、行司徒臨川王宏爲中書監、司徒。

十一月辛亥，以南平王偉爲左光祿大夫、開府儀同三司。

十八年春正月甲申，以領軍將軍鄱陽王恢爲征西將軍、開府儀同三司、荊州刺史，荊州刺史始興王憺爲中撫將軍、開府儀同三司、領軍。以尚書左僕射袁昂爲尚書令，尚書右僕射王暕爲尚書左僕射，太子詹事徐勉爲尚書右僕射。辛卯，輿駕親祠南郊，孝悌力田賜爵一級。

二月戊午，老人星見。

四月丁巳，大赦天下。

秋七月甲申，老人星見。于闐、扶南國各遣使獻方物。

校勘記

〔一〕推鋒萬里　「推」殿本作「摧」，今從百衲本。說見卷一校勘記第十條。

〔二〕鎮東大將軍倭王武進號征東大將軍　「征東大將軍」各本及倭國傳並作「征東將軍」。今據南史倭國傳補。

〔三〕刑者無因自返　「刑」，各本作「生」，據南史改。按：此語本緹縈上書故事。漢書刑法志：「死者不可復生，刑者不可復屬。」

〔四〕今遐邇知禁　「今」殿本作「令」，從百衲本。按：「今遐邇知禁」對上「昔商俗未移」言，作「令」譌。

〔五〕太子左衛率張惠紹克魏宿預城　「太子左衛率」張惠紹傳及通鑑皆作「太子右衛率」。

〔六〕以新除左驍騎將軍長沙王深業爲中護軍　長沙王本名淵業，因避唐諱，或去「淵」字，或改「淵」爲「深」。後如此者，不再出校記。

〔七〕以車騎將軍湘州刺史夏侯詳爲右光祿大夫　「右」各本作「左」，據夏侯詳傳改。

〔八〕乙亥改閱武堂爲德陽堂　「乙亥」各本作「丁亥」，據南史改。按：下有丙戌，則丁亥不得在前，作「乙亥」是。

〔九〕吏部尚書袁昂爲右僕射　「右」各本作「左」，據南史、通鑑並參照袁昂傳改。按：袁昂傳，昂於天監六年徵爲吏部尚書，累表陳讓，徙爲左民尚書、兼右僕射。

〔一〇〕以右光祿大夫夏侯詳爲尚書左僕射　「光祿」上，各本脫「右」字。南史作「左」字，亦誤。按本傳，詳終於右光祿，今補正。

〔一一〕以車騎大將軍高麗王高雲爲撫東大將軍　「撫東大將軍」各本作「撫軍大將軍」。據南史、册府元龜九六三及本書東夷傳改正。

〔一二〕雉兔有刑姜宣致貶　牛運震空山堂集讀史糾繆八：「案孟子，殺其麋鹿者如殺人之罪。非謂雉兔也。宣王乃田齊，非姜齊。」

〔一三〕魏懸瓠鎮軍主白阜生　「白阜生」魏書宣武帝紀作「白早生」，通鑑從魏書。

〔一四〕魏鎮東參軍成景儁斬宿預城主嚴仲寶　「嚴仲寶」魏書宣武帝紀作「嚴仲賢」。

〔一五〕以中軍將軍始興王憺爲鎮北將軍南兗州刺史　蕭憺於本年四月爲中衛將軍。此「中軍將軍」當爲「中衛將軍」之譌。

〔一六〕三月辛丑盜殺東莞琅邪二郡太守鄧晣　通鑑考異據魏書盧昶傳，以爲殺太守事在三月二十四夜，按是月丁酉朔，二十四爲辛酉，非辛丑。又「鄧晣」當依馬仙琕傳及魏書宣武帝紀、盧昶傳作「劉晣」。

〔一七〕夏五月癸酉安豐縣獲一角玄龜　「五月」當作「四月」。是年五月丙申朔，無癸酉，亦無下文所出之丁丑、己卯。四月丙寅朔，有癸酉、丁丑、己卯。

〔一八〕六月乙酉嘉蓮一莖三花生樂遊苑　「六月」各本脫，建康實錄一七「乙酉」上有「六月」二字。按：是年五月丙申朔，無乙酉。六月乙丑朔，乙酉爲六月二十一日，正蓮花開放之時。據補。

〔一九〕驃騎將軍王茂爲司空　按王茂傳，茂以天監七年拜車騎將軍，八年以本號開府儀同三司，十一年進位司空，改領中權將軍，至十二年始出爲使持節散騎常侍、驃騎將軍、都督江州諸軍事。此「驃騎將軍」當作「車騎將軍」。

〔二〇〕安北將軍青冀二州刺史張稷進號鎮北將軍　「鎮北將軍」各本作「領北將軍」。時無領北將軍之號，據張稷傳改。

〔二一〕以兼尚書右僕射袁昂爲尚書右僕射　「尚書右僕射」各本作「尚書左僕射」，據南史及通鑑改。張森楷梁書校勘記云：「據下十五年以右僕射袁昂爲左僕射之文，則此不得是左僕射。」

〔二二〕夏四月甲子初去宗廟牲　通鑑不書日。考異云：「按長曆是月辛卯朔，無甲子。」

〔二三〕占請村內官地官宅　「占」北監本、汲古閣本、殿本並譌「告」，今從百衲本、金陵局本。按：文館詞林六七〇、册府元龜一九一並作「占」。占請，謂隱度其地而請之。

〔二四〕凡坐爲市埭諸職割盜衰減應被封籍者　「減」各本作「滅」。據文館詞林六七〇、册府元龜一九一改。割盜衰減，是割盜諸稅及稅收衰減之意。

〔二五〕三月甲申老人星見丙申改封建安王偉爲南平王　是年三月丙辰朔，無丙申。「丙申」，建康實錄作「丙寅」。但甲申又不應在丙寅前。

〔二六〕男年登六十女年登五十　南史作「男年六十六，女年六十」。

梁書卷三

本紀第三

武帝下

普通元年春正月乙亥朔，改元，大赦天下，賜文武勞位，孝悌力田爵一級，尤貧之家，勿收常調，鰥寡孤獨，並加贍卹。丙子，日有蝕之。己卯，以司徒臨川王宏爲太尉、揚州刺史，安右將軍、監揚州蕭景爲安西將軍、郢州刺史。尚書左僕射王暕以母憂去職，金紫光祿大夫王份爲尚書左僕射。庚子，扶南、高麗國各遣使獻方物。

二月壬子，老人星見。癸丑，以高麗王世子安爲寧東將軍、高麗王。

三月丙戌，滑國遣使獻方物。

夏四月甲午，河南王遣使獻方物。

六月丁未，以護軍將軍韋叡爲車騎將軍。

秋七月己卯，江、淮、海並溢。辛卯，以信威將軍邵陵王綸爲江州刺史。

八月庚戌，老人星見。甲子，新除車騎將軍韋叡卒。

九月乙亥，有星晨見東方，光爛如火。

冬十月辛亥，以宣惠將軍長沙王深業爲護軍將軍。辛酉，以丹陽尹晉安王綱爲平西將軍、益州刺史。

二年春正月甲戌，以南徐州刺史豫章王綜爲鎭右將軍。新除益州刺史晉安王綱改爲徐州刺史。辛巳，輿駕親祠南郊。詔曰：「春司御氣，虔恭報祀，陶匏克誠，蒼璧禮備，思隨乾覆，布茲亭育。凡民有單老孤稚不能自存，主者郡縣咸加收養，贍給衣食，每令周足，以終其身。又於京師置孤獨園，孤幼有歸，華髮不匱。若終年命，厚加料理。尤窮之家，勿收租賦。」戊子，大赦天下。

二月辛丑，輿駕親祠明堂。

三月庚寅，大雪，平地三尺。

夏四月乙卯，改作南北郊。丙辰，詔曰：「夫欽若昊天，曆象無違，躬執耒耜，盡力致敬，上協星鳥，俯訓民時，平秩東作，義不在南。前代因襲，有乖禮制，可於震方，簡求沃野，具茲千畝，庶允舊章。」

五月癸卯，琬琰殿火，〔一〕延燒後宮屋三千間。丁巳，詔曰：「王公卿士，今拜表賀瑞，雖則百辟體國之誠，朕懷良有多愧。若其澤漏川泉，仁被動植，氣調玉燭，治致太平，爰降嘉祥，可無慚德；而政道多缺，淳化未凝，何以仰叶辰和，遠臻冥貺？此乃更彰寡薄，重增其尤。自今可停賀瑞。」

六月丁卯，信威將軍、義州刺史文僧明以州叛入于魏。〔二〕

秋七月丁酉，假大匠卿裴邃節，督衆軍北討。甲寅，老人星見。魏荊州刺史桓叔興帥衆降。

八月丁亥，始平郡中石鼓村地自開成井，方六尺六寸，深三十二丈。

冬十一月，百濟、新羅國各遣使獻方物。

十二月戊辰，以鎭東大將軍百濟王餘隆爲寧東大將軍。

三年春正月庚子，以尚書令袁昂爲中書監，吳郡太守王暕爲尚書左僕射，尚書左僕射王份爲右光祿大夫。庚戌，京師地震。己未，以宣毅將軍廬陵王續爲雍州刺史。

三月乙卯，巴陵王蕭屏薨。〔三〕

夏四月丁卯，汝陰王劉端薨。

五月壬辰朔，日有蝕之，既。癸巳，赦天下，並班下四方，民所疾苦，咸卽以聞，公卿百僚各上封事，連率郡國舉賢良、方正、直言之士。

秋八月辛酉，作二郊及籍田並畢，班賜工匠各有差。甲子，老人星見。婆利、白題國各遣使獻方物。

冬十月丙子，加中書監袁昂中衞將軍。

十一月甲午，撫軍將軍、開府儀同三司、領軍將軍始興王憺薨。辛丑，以太子詹事蕭淵藻爲領軍將軍。

四年春正月辛卯，輿駕親祠南郊，大赦天下，應諸窮疾，咸加賑卹，並班下四方，時理獄訟。丙午，輿駕親祠明堂。〔四〕

二月庚午，老人星見。乙亥，躬耕籍田。詔曰：「夫耕籍之義大矣哉！粢盛由之而興，禮節因之以著，古者哲王咸用此作。眷言八政，致茲千畝，公卿百辟，恪恭其儀，九推畢禮，馨香靡替。兼以風雲叶律，氣象光華，屬覽休辰，思加獎勸。可班下遠近，廣闢良疇，公私畎畝，務盡地利。若欲附農而糧種有乏，亦加貸卹，每使優遍。孝悌力田賜爵一級。預耕之司，剋日勞酒。」

三月壬寅，以鎮右將軍豫章王綜爲平北將軍、南兗州刺史。

六月乙丑，分益州置信州，分交州置愛州，分廣州置成州、南定州、合州、建州，分霍州置義州。

秋八月丁卯，老人星見。

冬十月庚午，以中書監、中衞將軍袁昂爲尚書令，即本號開府儀同三司。己卯，護軍將軍昌義之卒。

十一月癸未朔，日有蝕之。太白晝見。甲辰，尚書左僕射王暕卒。

十二月戊午，始鑄鐵錢。狼牙脩國遣使獻方物。

五年春正月，以左光祿大夫、開府儀同三司南平王偉爲鎮衞大將軍，改領右光祿大夫，儀同三司如故。征西將軍、開府儀同三司、荊州刺史鄱陽王恢進號驃騎大將軍。太府卿夏侯亶爲中護軍。右光祿大夫王份爲左光祿大夫，加特進。辛卯，平北將軍、南兗州刺史豫章王綜進號鎮北將軍。平西將軍、雍州刺史晉安王綱進號安北將軍。

二月庚午，特進、左光祿大夫王份卒。丁丑，老人星見。

三月甲戌，分揚州、江州置東揚州。

夏四月乙未，以雲麾將軍南康王績爲江州刺史。

六月乙酉，龍鬬于曲阿王陂，因西行至建陵城。所經處樹木倒折，開地數十丈。戊子，以會稽太守武陵王紀爲東揚州刺史。庚子，以員外散騎常侍元樹爲平北將軍、北青兗二州刺史，率衆北伐。

秋七月辛未，賜北討義客位一階。

八月庚寅，徐州刺史成景雋克魏童城。[五]

九月戊申，又剋睢陵城。戊午，北兗州刺史趙景悅圍荊山。壬戌，宣毅將軍裴邃襲壽陽，入羅城，弗剋。

冬十月戊寅，裴邃、元樹攻魏建陵城，破之。辛巳，又破曲木。[六]掃虜將軍彭寶孫剋琅邪。甲申，又剋檀丘城。辛卯，裴邃破狄城。[七]丙申，又剋甓城，遂進屯黎漿。[八]壬寅，魏東海太守韋敬欣以司吾城降。定遠將軍闕二字太守曹世宗破魏曲陽城。甲辰，又剋秦墟。魏鄲、潘溪守悉皆棄城走。

十一月丙辰，彭寶孫剋東莞城。壬戌，裴邃攻壽陽之安城，剋之。[九]丙寅，魏馬頭、安城並來降。

十二月戊寅，魏荊山城降。乙巳，武勇將軍李國興攻平靜關，剋之。辛丑，信威長史楊法乾攻武陽關，壬寅，攻峴關，並剋之。

六年春正月丙午，安北將軍晉安王綱遣長史柳津破魏南鄉郡，[一〇]司馬董當門破魏晉城。庚戌，又破馬圈、彫陽二城。辛亥，輿駕親祠南郊，大赦天下。庚申，魏鎮東將軍、徐州刺史元法僧以彭城內附。己巳，雍州前軍剋魏新蔡郡。詔曰：「廟謨已定，王略方舉。侍中、領軍將軍西昌侯淵藻，可便親戎，以前啓行；鎮北將軍、南兗州刺史豫章王綜董馭雄桀，風馳次邁；其餘衆軍，計日差遣，初中後師，善得嚴辦。朕當六軍雲動，龍舟濟江。」癸酉，剋魏鄒城。甲戌，以魏鎮東將軍、徐州刺史元法僧爲司空。

二月丁丑，老人星見。庚辰，南徐州刺史廬陵王續還朝，稟承戎略。乙未，趙景悅下魏龍亢城。

三月丙午，歲星見南斗。賜新附民長復除，應諸罪失一無所問。己酉，行幸白下城，履行六軍頓所。乙丑，鎮北將軍、南兗州刺史豫章王綜權頓彭城，總督衆軍，並攝徐州府事。己巳，以魏假平東將軍元景隆爲衡州刺史，魏征虜將軍元景仲爲廣州刺史。

夏五月己酉，築宿預堰，又修曹公堰於濟陰。太白晝見。壬子，遣中護軍夏侯亶督壽

陽諸軍事，北伐。

六月庚辰，豫章王綜奔于魏，魏復據彭城。

秋七月壬戌，大赦天下。

八月丙子，以散騎常侍曹仲宗兼領軍。壬午，老人星見。

十二月戊子，邵陵王綸有罪，免官，削爵土。壬辰，京師地震。

七年春正月辛丑朔，赦殊死以下。丁卯，滑國遣使獻方物。

二月甲戌，北伐衆軍解嚴。河南王遣使獻方物。丁亥，老人星見。

三月乙卯，高麗國遣使獻方物。

夏四月乙酉，太尉臨川王宏薨。南州津改置校尉，增加俸秩。詔在位羣臣，各舉所知，凡是清吏，咸使薦聞，州年舉二人，大郡一人。

六月己卯，林邑國遣使獻方物。

秋九月己酉，驃騎大將軍、開府儀同三司、荊州刺史鄱陽王恢薨。

冬十月辛未，以丹陽尹湘東王繹爲荊州刺史。

十一月庚辰，大赦天下。是日，丁貴嬪薨。辛巳，夏侯亶、胡龍牙、元樹、曹世宗等衆軍

剋壽陽城。丁亥，放魏揚州刺史李憲還北。以壽陽置豫州，合肥改爲南豫州。以中護軍夏侯亶爲豫、南豫二州刺史。平西將軍、郢州刺史元樹進號安西將軍。魏新野太守以郡降。

大通元年春正月乙丑，以尚書左僕射徐勉爲尚書僕射，[一]中衞將軍。詔曰：「朕思利兆民，惟日不足，氣象環回，每弘優簡。百官俸祿，本有定數，前代以來，皆多評准，頃者因循，未遑改革。自今已後，可長給見錢，依時即出，勿令逋緩。凡散失官物，不問多少，並從原宥。惟事涉軍儲，取公私見物，不在此例。」辛未，輿駕親祠南郊。詔曰：「奉時昭事，虔薦蒼璧，思承天德，惠此下民。凡因事去土，流移他境者，並聽復宅業，蠲役五年。尤貧之家，勿收三調。孝悌力田賜爵一級。」是月，司州刺史夏侯夔進軍三關，所至皆剋。

三月辛未，輿駕幸同泰寺捨身。甲戌，還宮，赦天下，改元。以左衞將軍蕭淵藻爲中護軍。林邑、師子國各遣使獻方物。

夏五月丙寅，成景雋剋魏臨潼、竹邑。

秋八月壬辰，老人星見。

冬十月庚戌，魏東豫州刺史元慶和以渦陽內屬。甲寅，曲赦東豫州。

十一月丁卯，以中護軍蕭淵藻爲北討都督、征北大將軍，鎮渦陽。戊辰，加尚書令、中

衞將軍、開府儀同三司袁昂中書監。以渦陽置西徐州。高麗國遣使獻方物。

二年春正月庚申，司空元法僧以本官領中軍將軍。中書監、尚書令、中衞將軍、開府儀同三司袁昂進號中撫大將軍。衞尉卿蕭昂爲中領軍。乙酉，芮芮國遣使獻方物。

二月甲午，老人星見。是月，築寒山堰。

三月壬戌，以江州刺史南康王績爲安右將軍。

夏四月辛丑，魏郢州刺史元願達以義陽內附，置北司州。時魏大亂，其北海王元顥、臨淮王元彧、汝南王元悅並來奔，其北青州刺史元世雋、南荊州刺史李志亦以地降。

六月丁亥，魏臨淮王元彧求還本國，許之。

冬十月丁亥，以魏北海王元顥爲魏主，遣東宮直閤將軍陳慶之衞送還北。魏豫州刺史鄧獻以地內屬。

中大通元年春正月辛酉，輿駕親祠南郊，大赦天下，孝悌力田賜爵一級。甲子，魏汝南王元悅求還本國，許之。辛巳，輿駕親祠明堂。

二月甲申，以丹陽尹武陵王紀爲江州刺史。辛丑，芮芮國遣使獻方物。

三月丙辰，以河南王阿羅眞爲寧西將軍、西秦河沙三州刺史。[二]庚辰，以中護軍蕭淵藻爲中權將軍。

夏四月癸未，以安右將軍南康王績爲護軍將軍。癸巳，陳慶之攻魏梁城，[三]拔之，進屠考城，擒魏濟陰王元暉業。

五月戊辰，剋大梁。癸酉，剋虎牢城。魏主元子攸棄洛陽，[四]走河北。乙亥，元顥入洛陽。

六月壬午，大赦天下。辛亥，魏淮陰太守晉鴻以湖陽城內屬。

閏月己未，安右將軍、護軍南康王績薨。己卯，魏尒朱榮攻殺元顥，復據洛陽。

秋九月辛巳，朱雀航華表災。以安北將軍羊侃爲青、冀二州刺史。癸巳，輿駕幸同泰寺，設四部無遮大會，因捨身，公卿以下，以錢一億萬奉贖。

冬十月己酉，輿駕還宮，大赦，改元。

十一月丙戌，加中撫大將軍、開府儀同三司袁昂中書監。加鎮衞大將軍、開府儀同三司南平王偉太子少傅。加金紫光祿大夫蕭琛、陸杲並特進。司空、中軍將軍元法僧進號車騎將軍。中權將軍蕭淵藻爲中護軍將軍。[五]中領軍蕭昂爲領軍將軍。戊子，魏巴州刺史嚴始欣以城降。

十二月丁巳，盤盤國遣使獻方物。

二年春正月戊寅，以雍州刺史晉安王綱爲驃騎大將軍、揚州刺史，南徐州刺史廬陵王續爲平北將軍、雍州刺史。癸未，老人星見。

夏四月庚申，大雨雹。壬申，以河南王佛輔爲寧西將軍、西秦河二州刺史。

六月丁巳，遣魏太保汝南王元悅還北爲魏主。庚申，以魏尚書左僕射范遵爲安北將軍、司州牧，隨元悅北討。林邑國遣使獻方物。壬申，扶南國遣使獻方物。

秋八月庚戌，輿駕幸德陽堂，設絲竹會，祖送魏主元悅。山賊聚結，寇會稽郡所部縣。

九月壬午，假超武將軍湛海珍節以討之。[六]

三年春正月辛巳，輿駕親祠南郊，大赦天下，孝悌力田賜爵一級。丙申，以魏尚書僕射鄭先護爲征北大將軍。

二月辛丑，輿駕親祠明堂。甲寅，老人星見。乙卯，特進蕭琛卒。乙丑，以廣州刺史元景隆爲安右將軍。

夏四月乙巳，皇太子統薨。

六月丁未，以前太子詹事蕭淵猷爲中護軍。尚書僕射徐勉加特進、右光祿大夫。丹丹國遣使獻方物。癸丑，立昭明太子子南徐州刺史華容公歡爲豫章郡王，枝江公譽爲河東郡王，曲阿公詧爲岳陽郡王。

秋七月乙亥，立晉安王綱爲皇太子。大赦天下，賜爲父後者及出處忠孝文武清勤，並賜爵一級。乙酉，以侍中、五兵尚書謝舉爲吏部尚書。庚寅，詔曰：「推恩六親，義彰九族，班以侯爵，亦曰惟允。凡是宗戚有服屬者，並可賜沐食鄉亭侯，各隨遠近以爲差次。其有暱親，自依舊章。」壬辰，以吏部尚書何敬容爲尚書右僕射。癸巳，老人星見。

九月庚午，以太子詹事蕭淵藻爲征北將軍、南兗州刺史。戊寅，狼牙脩國奉表獻方物。

冬十月己酉，行幸同泰寺，高祖升法座，爲四部衆說大般若涅盤經義，[一七]迄于乙卯。前樂山縣侯蕭正則有罪流徙，至是招誘亡命，欲寇廣州，在所討平之。

十一月乙未，行幸同泰寺，高祖升法座，爲四部衆說摩訶般若波羅蜜經義，訖于十二月辛丑。

是歲，吳興郡生野穀，堪食。

四年春正月丙寅朔，以鎮衛大將軍、開府儀同三司南平王偉進位大司馬，司空元法僧

進位太尉，尚書令、中權大將軍、開府儀同三司袁昂進位司空。[一八]立臨川靖惠王宏子正德爲臨賀郡王。戊辰，以丹陽尹邵陵王綸爲揚州刺史。太子右衛率薛法護爲平北將軍、司州牧，衛送元悅入洛。庚午，立嫡皇孫大器爲宣城郡王。癸未，魏南兗州刺史劉世明以城降，改魏南兗州爲譙州，以世明爲刺史。

二月壬寅，老人星見。新除太尉元法僧還北，爲東魏主。以安右將軍元景隆爲征北將軍、徐州刺史，雲麾將軍羊侃爲安北將軍、兗州刺史，[一九]散騎常侍元樹爲鎮北將軍。庚戌，新除揚州刺史邵陵王綸有罪，免爲庶人。壬子，以江州刺史武陵王紀爲揚州刺史，領軍將軍蕭昂爲江州刺史。丙辰，邵陵縣獲白鹿一。

三月庚午，侍中、領國子博士蕭子顯上表置制旨孝經助教一人，生十人，專通高祖所釋孝經義。

夏四月壬申，盤盤國遣使獻方物。

秋七月甲辰，星隕如雨。

八月丙子，特進陸杲卒。

九月乙巳，以太子詹事南平王世子恪爲領軍將軍，平北將軍、雍州刺史廬陵王續爲安北將軍，西中郎將、荆州刺史湘東王繹爲平西將軍，司空袁昂領尚書令。

十一月己酉，高麗國遣使獻方物。

十二月庚辰，以太尉元法僧爲驃騎大將軍、開府同三司之儀、郢州刺史。

五年春正月辛卯，輿駕親祠南郊，大赦天下，孝悌力田賜爵一級。先是一日丙夜，[二〇]南郊令解滌之等到郊所履行，忽聞空中有異香三隨風至，及將行事，奏樂迎神畢，有神光滿壇上，朱紫黃白雜色，食頃方滅。兼太宰武陵王紀等以聞。戊申，京師地震。己酉，長星見。辛亥，輿駕親祠明堂。癸丑，以宣城王大器爲中軍將軍。河南國遣使獻方物。

二月癸未，行幸同泰寺，設四部大會，高祖升法座，發金字摩訶波若經題，訖于己丑。老人星見。

三月丙辰，大司馬南平王偉薨。

夏四月癸酉，以御史中丞臧盾兼領軍。

五月戊子，京邑大水，御道通船。

六月己卯，魏建義城主蘭寶殺魏東徐州刺史，[二一]以下邳城降。

秋七月辛卯，改下邳爲武州。

八月庚申，以前徐州刺史元景隆爲安右將軍。老人星見。甲子，波斯國遣使獻方物。

甲申，中護軍蕭淵猷卒。

九月己亥，以輕車將軍、臨賀王正德爲中護軍。甲寅，以尚書令、司空袁昂爲特進、左光祿大夫，[二二]司空如故。盤盤國遣使獻方物。

冬十月庚申，以尚書右僕射何敬容爲尚書左僕射，吏部尚書謝舉爲尚書右僕射，侍中、國子祭酒蕭子顯爲吏部尚書。

六年春二月癸亥，輿駕親耕耤田，大赦天下，孝悌力田賜爵一級。

三月己亥，以行河南王可沓振爲西秦河二州刺史、河南王。甲辰，百濟國遣使獻方物。

夏四月丁卯，熒惑在南斗。

秋七月甲辰，林邑國遣使獻方物。

八月己未，以南梁州刺史武興王楊紹先爲秦、南秦二州刺史。

冬十月丁卯，以信武將軍元慶和爲鎮北將軍，率衆北伐。

閏十二月丙午，西南有雷聲二。

大同元年春正月戊申朔，改元，大赦天下。

二月己卯，老人星見。辛巳，輿駕親祠明堂。丁亥，輿駕躬耕籍田。辛丑，高麗國、丹丹國各遣使獻方物。

三月辛未，滑國王安樂薩丹王遣使獻方物。

夏四月庚子，波斯國獻方物。甲辰，以魏鎮東將軍劉濟爲徐州刺史。壬戌，以安北將軍廬陵王續爲安南將軍、江州刺史。

秋七月乙卯，老人星見。辛卯，扶南國遣使獻方物。

冬十月辛卯，以前南兗州刺史蕭淵藻爲護軍將軍。

十一月丁未，中衞將軍、特進、右光祿大夫徐勉卒。壬戌，北梁州刺史蘭欽攻漢中，剋之，魏梁州刺史元羅降。癸亥，賜梁州歸附者復除有差。甲子，雄勇將軍、北益州刺史陰平王楊法深進號平北將軍。月行左角星。

十二月乙酉，以魏北徐州刺史羊徽逸爲平北將軍。戊戌，〔二三〕以平西將軍、秦南秦二州刺史武興王楊紹先進號車騎將軍，〔二四〕平北將軍、北益州刺史陰平王楊法深進號驃騎將軍。辛丑，平西將軍、荆州刺史湘東王繹進號安西將軍。

二年春正月甲辰，以兼領軍臧盾爲中領軍。

二月乙亥，輿駕躬耕籍田。丙戌，老人星見。

三月庚申，詔曰：「政在養民，德存被物，上令如風，民應如草。朕以寡德，運屬時來，撥亂反正，倏焉三紀。不能使重門不閉，守在海外，疆埸多阻，車書未一。民疲轉輸，士勞邊防。徹田爲粮，未得頓止。治道不明，政用多僻，百辟無沃心之言，四聰闕飛耳之聽，州輟刺舉，郡忘共治。致使失理負謗，無由聞達，侮文弄法，因事生姦，肺石空陳，懸鐘徒設。書不云乎：『股肱惟人，良臣惟聖。』寔賴賢佐，匡其不及。凡厥在朝，各獻讜言，政治不便於民者，可悉陳之。若在四遠，刺史二千石長吏，並以奏聞。細民有言事者，咸爲申達。朕將親覽，以紓其過。文武在位，舉爾所知，公侯將相，隨才擢用，拾遺補闕，勿有所隱。」

夏四月乙未，以驃騎大將軍、開府同三司之儀元法僧爲太尉，領軍師將軍。

先是，尚書右丞江子四上封事，極言政治得失。五月癸卯，詔曰：「古人有言，屋漏在上，知之在下。朕所鍾過，不能自覺。江子四等封事如上，尚書可時加檢括，於民有蠹患者，便即勒停，宜速詳啓，勿致淹緩。」乙巳，以魏前梁州刺史元羅爲征北大將軍、青冀二州刺史。

六月丁亥，詔曰：「南郊、明堂、陵廟等令，與朝請同班，於事爲輕，可改視散騎侍郎。」

冬十月乙亥，詔大舉北伐。

十一月己亥，詔北伐衆班師。辛亥，京師地震。

十二月壬申，魏請通和，詔許之。丁酉，以吳興太守、駙馬都尉、利亭侯張纘爲吏部尚書。〔二五〕

三年春正月辛丑，輿駕親祠南郊，大赦天下；孝悌力田賜爵一級。是夜，朱雀門災。壬寅，天無雲，雨灰，黃色。癸卯，以中書令邵陵王綸爲江州刺史。

二月乙酉，老人星見。丁亥，輿駕親耕籍田。己丑，以尚書左僕射何敬容爲中權將軍，護軍將軍蕭淵藻爲安右將軍、尚書左僕射。以尚書右僕射謝舉爲右光祿大夫。庚寅，以安南將軍廬陵王續爲中衞將軍、護軍將軍。

三月戊戌，立昭明太子子警爲武昌郡王，譽爲義陽郡王。

夏四月丁卯，以南琅邪彭城二郡太守河東王譽爲南徐州刺史。

五月丙申，以前揚州刺史武陵王紀復爲揚州刺史。

六月，青州朐山境隕霜。

秋七月癸卯，魏遣使來聘。己酉，義陽王譽薨。是月，青州雪，害苗稼。

八月甲申，老人星見。辛卯，輿駕幸阿育王寺，赦天下。

九月，南兗州大饑。是月，北徐州境內旅生稻稗二千許頃。

閏月甲子，安西將軍、荆州刺史湘東王繹進號鎮西將軍，揚州刺史武陵王紀爲安西將軍、益州刺史。

冬十月丙辰，京師地震。

是歲，饑。

四年春正月庚辰，以中軍將軍宣城王大器爲中軍大將軍、揚州刺史。

二月己亥，輿駕親耕籍田。

三月戊寅，河南國遣使獻方物。

五月甲戌，魏遣使來聘。癸未，芮芮國遣使獻方物。

秋七月己未，以南琅邪彭城二郡太守岳陽王詧爲東揚州刺史。癸亥，詔以東冶徒李胤之降如來眞形舍利，大赦天下。

八月甲辰，詔「南兗、北徐、西徐、東徐、青、冀、南北青、武、仁、潼、睢等十二州，既經饑饉，曲赦逋租宿責，勿收今年三調。」

冬十二月丁亥，兼國子助教皇侃表上所撰禮記義疏五十卷。

五年春正月乙卯，以護軍將軍廬陵王續爲驃騎將軍、開府儀同三司，安右將軍、尚書左僕射蕭淵藻爲中衞將軍、開府儀同三司。中權將軍、丹陽尹何敬容以本號爲尚書令，吏部尚書張纘爲尚書僕射，都官尚書劉孺爲吏部尚書。丁巳，御史中丞、參禮儀事賀琛奏：「今南北二郊及籍田往還並宜御輦，不復乘輅。二郊請用素輦，籍田往還乘常輦，皆以侍中陪乘，停大將軍及太僕。」詔付尚書博議施行。改素輦名大同輦。昭祀宗廟乘玉輦。辛未，輿駕親祠南郊，詔孝悌力田及州閭鄉黨稱爲善人者，各賜爵一級，並勤屬所以時騰上。

三月己未，詔曰：「朕四聰旣闕，五識多蔽，晝可外牒，或致紕繆。凡是政事不便於民者，州郡縣卽時皆言，勿得欺隱。如使怨訟，當境任失。而今而後，以爲永准。」

秋七月己卯，以驃騎將軍、開府儀同三司廬陵王續爲荆州刺史，湘東王繹爲護軍將軍、安右將軍。

八月乙酉，扶南國遣使獻生犀及方物。

九月庚申，以都官尚書到溉爲吏部尚書。

冬十一月乙亥，魏遣使來聘。

十二月癸未，以吳郡太守謝舉爲中書監，新除中書令鄱陽王範爲中領軍。

六年春正月庚戌朔，曲赦司、豫、徐、兗四州。

二月己亥，輿駕親耕籍田。丙午，以江州刺史邵陵王綸爲平西將軍、郢州刺史，雲麾將軍豫章王歡爲江州刺史。秦郡獻白鹿一。

夏四月癸未，詔曰：「命世興王，嗣賢傳業，聲稱不朽，人代徂遷，二賓以位，三恪義在，時事浸遠，宿草榛蕪，望古興懷，言念愴然。晉、宋、齊三代諸陵，有職司者勤加守護，〔二六〕勿令細民妄相侵毀。作兵有少，補使充足。前無守視，並可量給。」

五月戊寅，以前青、冀二州刺史元羅爲右光祿大夫。己卯，河南王遣使獻馬及方物。〔二七〕

六月丁未，平陽縣獻白鹿一。

秋七月丁亥，魏遣使來聘。

八月戊午，赦天下。辛未，詔曰：「經國有體，必詢諸朝，所以尚書置令、僕、丞、郎，旦旦上朝，以議時事，前共籌懷，然後奏聞。頃者不爾，每有疑事，倚立求決。古人有云，主非堯舜，何得發言便是。是故放勛之聖，猶咨四岳，重華之叡，亦待多士。豈朕寡德，所能獨斷。自今尚書中有疑事，前於朝堂參議，然後啓聞，不得習常。其軍機要切，前須諮審，自依舊典。」盤盤國遣使獻方物。

九月，移安州置定遠郡，受北徐州都督，定遠郡改屬安州。始平太守崔碩表獻嘉禾一莖十二穗。戊戌，特進、左光祿大夫、司空袁昂薨。

冬十一月己卯，曲赦京邑。

十二月壬子，江州刺史豫章王歡薨。以護軍將軍湘東王繹爲鎮南將軍、江州刺史。置桂州於湘州始安郡，受湘州督；省南桂林等二十四郡，悉改屬桂州。

七年春正月辛巳，輿駕親祠南郊，赦天下，其有流移及失桑梓者，各還田宅，蠲課五年。辛丑，輿駕親祠明堂。

二月乙巳，以行宕昌王梁彌泰爲平西將軍、〔二八〕河涼二州刺史、宕昌王。辛亥，輿駕躬耕籍田。乙卯，京師地震。丁巳，以中領軍、鄱陽王範爲鎮北將軍、雍州刺史。

三月乙亥，宕昌王遣使獻馬及方物。高麗、百濟、滑國各遣使獻方物。

夏四月戊申，魏遣使來聘。

五月癸巳，以侍中南康王會理兼領軍。

秋九月戊寅，芮芮國遣使獻方物。

冬十月丙午，以侍中劉孺爲吏部尚書。

十一月丙子，詔停在所役使女丁。丁丑，詔曰：「民之多幸，國之不幸，恩澤屢加，彌長姦盜，朕亦知此之爲病矣。如不優赦，非仁人之心。凡厥逋耗逋負，起今七年十一月九日昧爽以前，在民間無問多少，言上尚書督所未入者，皆赦除之。」又詔曰：「用天之道，分地之利，蓋先聖之格訓也。凡是田桑廢宅沒入者，公創之外，悉以分給貧民，皆使量其所能以受田分。如聞頃者，豪家富室，多占取公田，貴價僦稅，以與貧民，傷時害政，爲蠹已甚。自今公田悉不得假與豪家；已假者特聽不追。其若富室給貧民種糧共營作者，不在禁例。」己丑，以金紫光祿大夫臧盾爲領軍將軍。

十二月壬寅，詔曰：「古人云，一物失所，如納諸隍，未是切言也。朕寒心消志，爲日久矣，每當食投箸，方眠徹枕，獨坐懷憂，憤慨申旦，非爲一人，萬姓故耳。州牧多非良才，守宰虎而傅翼，楊阜是故憂憤，賈誼所以流涕。至於民間誅求萬端，或供厨帳，或供廄庫，或遣使命，或待賓客，皆無自費，取給於民。又復多遣遊軍，稱爲遏防，姦盜不止，暴掠繁多，或求供設，或責脚步。又行劫縱，更相枉逼，良人命盡，富室財殫。此爲怨酷，非止一事。亦頻禁斷，猶自未已。外司明加聽採，隨事舉奏。又復公私傳、屯、邸、冶，爰至僧尼，當其地界，止應依限守視；乃至廣加封固，越界分斷水陸採捕及以樵蘇，遂致細民措手無所。凡自今有越界禁斷者，禁斷之身，皆以軍法從事。若是公家創內，止不得輒自立屯，與公競作以收私利。至百姓樵採以供煙爨者，悉不得禁；及以採捕，亦勿訶問。若不遵承，皆以死罪結正。」魏遣使來聘。丙辰，於宮城西立士林館，延集學者。

是歲，交州土民李賁攻刺史蕭諮，諮輸賂，得還越州。

八年春正月，安成郡民劉敬躬挾左道以反，[二九]內史蕭詵委郡東奔，[三〇]敬躬據郡，進攻廬陵，取豫章，妖黨遂至數萬，前逼新淦、柴桑。

二月戊戌，江州刺史湘東王繹遣中兵曹子郢討之。

三月戊辰，大破之，擒敬躬送京師，斬于建康市。是月，於江州新蔡、高塘立頌平屯，[三一]墾作蠻田。遣越州刺史陳侯、羅州刺史寧巨、安州刺史李智、愛州刺史阮漢，同征李賁於交州。

九年春閏月丙申，地震，生毛。

二月甲戌，使江州民三十家出奴婢一戶，配送司州。

三月，以太子詹事謝舉爲尚書僕射。

夏四月，林邑王破德州，攻李賁，賁將范脩又破林邑王於九德，林邑王敗走。

冬十一月辛丑，安西將軍、益州刺史武陵王紀進號征西將軍、開府儀同三司。

十二月壬戌，領軍將軍臧盾卒；以輕車將軍河東王譽爲領軍將軍。

十年春正月，李賁於交阯竊位號，署置百官。

三月甲午，輿駕幸蘭陵，謁建陵。[三二]辛丑，至脩陵。

壬寅，詔曰：「朕自違桑梓，五十餘載，乃眷東顧，靡日不思。今四方款關，海外有截，獄訟稍簡，國務小閑，始獲展敬園陵，但增感慟。故鄉老少，接踵遠至，情貌孜孜，若歸于父，宜有以慰其此心。並可錫位一階，并加頒賚。所經縣邑，無出今年租賦。監所責民，蠲復二年。并普賚內外從官軍主左右錢米各有差。」因作還舊鄉詩。

癸卯，詔園陵職司，恭事勤勞，並錫位一階，并加沾賚。丁未，仁威將軍、南徐州刺史臨川王正義進號安東將軍。己酉，幸京口城北固樓，改名北顧。庚戌，幸回賓亭，宴帝鄉故老及所經近縣奉迎候者少長數千人，各賚錢二千。

夏四月乙卯，輿駕至自蘭陵。詔鰥寡孤獨尤貧者贍卹各有差。

五月丁酉，尚書令何敬容免。

秋九月己丑，詔曰：「今茲遠近，雨澤調適，其穫已及，冀必萬箱，宜使百姓因斯安樂。凡天下罪無輕重，已發覺未發覺，討捕未擒者，皆赦宥之。侵割耗散官物，無問多少，亦悉原除。田者荒廢、水旱不作、無當時文列，應追稅者，并作田不登公格者，並停。各備臺州以文最逋殿，罪悉從原。其有因饑逐食，離鄉去土，悉聽復業，蠲課五年。」

冬十二月，大雪，平地三尺。

十一年春三月庚辰，詔曰：「皇王在昔，澤風未遠，故端居玄扆，拱默巖廊。自大道既淪，澆波斯逝，動競日滋，情僞彌作。朕負扆君臨，百年將半。宵漏未分，躬勞政事；白日西浮，不遑飧飯。退居猶被布素，[三三]含咀匪過藜藿。寧以萬乘爲貴，四海爲富；唯欲億兆康寧，下民安乂。雖復三思行事，而百慮多失。凡遠近分置、內外條流、四方所立屯、傳、邸、冶，市埭、桁渡，津稅、田園，新舊守宰，遊軍戍邏，有不便於民者，尚書州郡各速條上，當隨言除省，以舒民患。」

夏四月，魏遣使來聘。

冬十月己未，詔曰：「堯、舜以來，便開贖刑，中年依古，許罪身入貲，吏下因此，不無姦猾，所以一日復敕禁斷。川流難壅，人心惟危，既乖內典慈悲之義，又傷外教好生之德。書云：『與殺不辜，寧失不經。』可復開罪身，皆聽入贖。」

中大同元年春正月丁未，曲阿縣建陵隧口石騏驎動，有大蛇鬭隧中，其一被傷奔走。癸丑，交州刺史楊瞟剋交阯嘉寧城，李賁竄入屈獠洞，[三四]交州平。

三月乙巳，大赦天下：凡主守割盜、放散官物，及以軍糧器甲，[三五]凡是赦所不原者，起十一年正月以前，皆悉從恩，十一年正月已後，悉原加責；其或爲事逃叛流移，因饑以後亡鄉失土，可聽復業，蠲課五年，停其徭役；其被拘之身，各還本郡，舊業若在，皆悉還之。庚戌，法駕出同泰寺大會，停寺省，講金字三慧經。

夏四月丙戌，於同泰寺解講，設法會。大赦，改元。孝悌力田爲父後者賜爵一級，賚宿衞文武各有差。是夜，同泰寺災。

六月辛巳，竟天有聲，如風雨相擊薄。

秋七月辛酉，以武昌王警爲東揚州刺史。甲子，詔曰：「禽獸知母而不知父，無賴子弟過於禽獸，至於父母並皆不知。多觸王憲，致及老人。耆年禁執，大可傷愍。自今有犯罪者，父母祖父母勿坐。唯大逆不預今恩。」丙寅，詔曰：「朝四而暮三，衆狙皆喜，名實未虧，而喜怒爲用。頃聞外間多用九陌錢，陌減則物貴，陌足則物賤，非物有貴賤，是心有顚倒。至於遠方，日更滋甚。豈直國有異政，乃至家有殊俗，徒亂王制，無益民財。自今可通用足陌錢。令書行後，百日爲期，若猶有犯，男子謫運，女子質作，並同三年。」

八月丁丑，東揚州刺史武昌王譽薨。以安東將軍、南徐州刺史臨川王正義卽本號東揚州刺史，丹陽尹邵陵王綸爲鎭東將軍、南徐州刺史。甲午，渴槃陁國遣使獻方物。

冬十月癸酉，汝陰王劉哲薨。乙亥，以前東揚州刺史岳陽王詧爲雍州刺史。

太清元年正月壬寅，驃騎大將軍、開府儀同三司、荆州刺史廬陵王續薨；以鎭南將軍、江州刺史湘東王繹爲鎭西將軍、荆州刺史。辛酉，輿駕親祠南郊，詔曰：「天行彌綸，覆燾之功博；乾道變化，資始之德成。朕沐浴齋宮，虔恭上帝，祗事槱燎，高熛太一，大禮克遂，感慶兼懷，思與億兆，同其福惠。可大赦天下，尤窮者無出卽年租調；清議禁錮，並皆宥釋；所討逋叛，巧籍隱年，闇丁匿口，開恩百日，各令自首，不問往罪；流移他鄉，聽復宅業，蠲課五年；孝悌力田賜爵一級；居局治事賞勞二年。可班下遠近，博採英異，或德茂州閭，道行鄉邑，或獨行特立，不求聞達，咸使言上，以時招聘。」甲子，輿駕親祠明堂。

二月己卯，白虹貫日。庚辰，魏司徒侯景求以豫、廣、潁、洛、陽、西揚、東荆、北荆、襄、東豫、南兗、西兗、齊等十三州內屬。〔三〕壬午，以景爲大將軍，封河南王，大行臺，制承如鄧禹故事。丁亥，輿駕躬耕籍田。

三月庚子，高祖幸同泰寺，設無遮大會，捨身，公卿等以錢一億萬奉贖。甲辰，遣司州刺史羊鴉仁、兗州刺史桓和、仁州刺史湛海珍等應接北豫州。

夏四月丁亥，輿駕還宮，大赦天下，改元，孝悌力田爲父後者賜爵一級，在朝羣臣宿衞文武並加頒賚。

五月丁酉，輿駕幸德陽堂，宴羣臣，設絲竹樂。

六月戊辰，以前雍州刺史鄱陽王範爲征北將軍，總督漢北征討諸軍事。

秋七月庚申，羊鴉仁入懸瓠城。甲子，詔曰：「二豫分置，其來久矣。今汝、潁剋定，可依前代故事，以懸瓠爲豫州，壽春爲南豫，改合肥爲合州，北廣陵爲淮州，項城爲殷州，合州爲南合州。」

八月乙丑，王師北伐，以南豫州刺史蕭淵明爲大都督。詔曰：「今汝南新復，嵩、潁載清，瞻言遺黎，有勞鑒寐，宜覃寬惠，與之更始。應是緣邊初附諸州部內百姓，先有負罪流亡，逃叛入北，一皆曠蕩，不問往釁，並不得挾以私讎而相報復。若有犯者，嚴加裁問。」戊子，以大將軍侯景錄行臺尚書事。

九月癸卯，王遊苑成。庚戌，輿駕幸苑。

冬十一月，魏遣大將軍慕容紹宗等至寒山。丙午，大戰，淵明敗績，及北兗州刺史胡貴

孫等並陷魏。紹宗進圍潼州。

十二月戊辰，遣太子舍人元貞還北爲魏主。辛巳，以前征北將軍鄱陽王範爲安北將軍、南豫州刺史。

二年春正月戊戌，詔在位各舉所知。己亥，魏陷渦陽。辛丑，以尚書僕射謝舉爲尚書令，守吏部尚書王克爲尚書僕射。甲辰，豫州刺史羊鴉仁、殷州刺史羊思達，並棄城走，魏進據之。乙卯，以大將軍侯景爲南豫州牧，安北將軍、南豫州刺史鄱陽王範爲合州刺史。

三月甲辰，撫東將軍高麗王高延卒，以其息爲寧東將軍、高麗王、樂浪公。己未，以鎭東將軍、南徐州刺史邵陵王綸爲平南將軍、湘州刺史、同三司之儀，中衞將軍、開府儀同三司蕭淵藻爲征東將軍、南徐州刺史。是日，屈獠洞斬李賁，傳首京師。

夏四月丙子，詔在朝及州郡各舉清人任治民者，皆以禮送京師。戊寅，以護軍將軍河東王譽爲湘州刺史。

五月辛丑，以新除中書令邵陵王綸爲安前將軍、開府儀同三司，前湘州刺史張纘爲領軍將軍。辛亥，曲赦交、愛、德三州。癸丑，詔曰：「爲國在於多士，寧下寄于得人。朕暗於行事，尤闕治道，孤立在上，如臨深谷。凡爾在朝，咸思匡救，獻替可否，用相啓沃。班下方

岳，傍求俊乂，窮其屠釣，盡其巖穴，以時奏聞。」是月，兩月夜見。

秋八月乙未，以右衞將軍朱异爲中領軍。戊戌，侯景舉兵反，擅攻馬頭、木柵，荆山等戍。甲辰，以安前將軍、開府儀同三司邵陵王綸都督衆軍討景。曲赦南豫州。

九月丙寅，加左光祿大夫元羅鎭右將軍。

冬十月，侯景襲譙州，執刺史蕭泰。丁未，景進攻歷陽，太守莊鐵降之。戊申，以新除光祿大夫臨賀王正德爲平北將軍，都督京師諸軍，屯丹陽郡。己酉，景自橫江濟于采石。辛亥，景師至京，臨賀王正德率衆附賊。

十一月辛酉，賊攻陷東府城，害南浦侯蕭推、中軍司馬楊暾。庚辰，邵陵王綸帥武州刺史蕭弄璋、前譙州刺史趙伯超等入援京師，頓鍾山愛敬寺。乙酉，綸進軍湖頭，與賊戰，敗績。丙戌，安北將軍鄱陽王範遣世子嗣、雄信將軍裴之高等帥衆入援，次于張公洲。

十二月戊申，天西北中裂，有光如火。尚書令謝舉卒。丙辰，司州刺史柳仲禮、前衡州刺史韋粲、高州刺史李遷仕、前司州刺史羊鴉仁等並帥軍入援，推仲禮爲大都督。

三年春正月丁巳朔，柳仲禮帥衆分據南岸。是日，賊濟軍於青塘，襲破韋粲營，粲拒戰死。庚申，邵陵王綸、東揚州刺史臨成公大連等帥兵集南岸。乙丑，中領軍朱异卒。丙寅，

以司農卿傅岐爲中領軍。戊辰，高州刺史李遷仕、天門太守樊文皎進軍青溪東，爲賊所破，文皎死之。壬午，熒惑守心。乙酉，太白晝見。

二月丁未，南兗州刺史南康王會理、前青冀二州刺史湘潭侯蕭退帥江州之衆，頓于蘭亭苑。庚戌，安北將軍、合州刺史鄱陽王範以本號開府儀同三司。

三月戊午，前司州刺史羊鴉仁等進軍東府北，與賊戰，大敗。己未，皇太子妃王氏薨。丁卯，賊攻陷宮城，縱兵大掠。己巳，賊矯詔遣石城公大款解外援軍。庚午，侯景自爲都督中外諸軍事、大丞相、錄尚書。辛未，援軍各退散。丙子，熒惑守心。壬午，新除中領軍傅岐卒。

夏四月己丑，京師地震。丙申，地又震。己酉，高祖以所求不供，憂憤寢疾。是月，青冀二州刺史明少遐、東徐州刺史湛海珍、北青州刺史王奉伯各舉州附于魏。

五月丙辰，高祖崩于淨居殿，時年八十六。辛巳，遷大行皇帝梓宮于太極前殿。

冬十一月，追尊爲武皇帝，廟曰高祖。乙卯，葬于脩陵。

高祖生知淳孝。年六歲，獻皇太后崩，水漿不入口三日，哭泣哀苦，有過成人，內外親黨，咸加敬異。及丁文皇帝憂，時爲齊隨王諮議，隨府在荆鎭，髣髴奉聞，便投劾星馳，不復寢食，倍道就路，憤風驚浪，不暫停止。高祖形容本壯，及還至京都，銷毀骨立，親表士友，

不復識焉。望宅奉諱，氣絕久之，每哭輒歐血數升。服內不復嘗米，惟資大麥，日止二溢。拜掃山陵，涕淚所灑，松草變色。及居帝位，即於鍾山造大愛敬寺，青溪邊造智度寺，又於臺內立至敬等殿。又立七廟堂，月中再過，設淨饌。每至展拜，恒涕泗滂沲，哀動左右。加以文思欽明，能事畢究，少而篤學，洞達儒玄。雖萬機多務，猶卷不輟手，燃燭側光，常至戊夜。造制旨孝經義，周易講疏，及六十四卦、二繫、文言、序卦等義，樂社義，毛詩答問，春秋答問，尚書大義，中庸講疏，孔子正言，老子講疏，凡二百餘卷，並正先儒之迷，開古聖之旨。王侯朝臣皆奉表質疑，高祖皆爲解釋。脩飾國學，增廣生員，立五館，置五經博士。天監初，則何佟之、賀瑒、嚴植之、明山賓等覆述制旨，並撰吉凶軍賓嘉五禮，凡一千餘卷，高祖稱制斷疑。於是穆穆恂恂，家知禮節。大同中，於臺西立士林館，領軍朱异、太府卿賀琛、舍人孔子袪等遞相講述。皇太子、宣城王亦於東宮宣猷堂及揚州廨開講，於是四方郡國，趨學向風，雲集於京師矣。兼篤信正法，尤長釋典，製涅盤、大品、淨名、三慧諸經義記，復數百卷。聽覽餘閑，即於重雲殿及同泰寺講說，名僧碩學、四部聽衆，常萬餘人。又造通史，躬製贊序，凡六百卷。天情睿敏，下筆成章，千賦百詩，直疏便就，皆文質彬彬，超邁今古。詔銘贊誄，箴頌牋奏，爰初在田，洎登寶曆，凡諸文集，又百二十卷。六藝備閑，棊登逸品，陰陽緯候，卜筮占決，並悉稱善。又撰金策三十卷。草隸尺牘，騎射弓馬，莫不奇妙。

勤於政務，孜孜無怠。每至冬月，四更竟，即敕把燭看事，執筆觸寒，手爲皴裂。糾姦擿伏，洞盡物情，常哀矜涕泣，然後可奏。日止一食，膳無鮮腴，惟豆羹糲食而已。庶事繁擁，日儻移中，便嗽口以過。身衣布衣，木緜皁帳，一冠三載，一被二年。常克儉於身，凡皆此類。五十外便斷房室。後宮職司貴妃以下，六宮褘褕三翟之外，皆衣不曳地，傍無錦綺。不飲酒，不聽音聲，非宗廟祭祀、大會饗宴及諸法事，未嘗作樂。性方正，雖居小殿暗室，恒理衣冠，小坐押褄，盛夏暑月，未嘗褰袒。不正容止，不與人相見，雖覿內豎小臣，亦如遇大賓也。歷觀古昔帝王人君，恭儉莊敬，藝能博學，罕或有焉。

史臣曰：齊季告終，君臨昏虐，天棄神怒，衆叛親離。高祖英武睿哲，義起樊、鄧，仗旗建號，濡足救焚，總蒼兕之師，翼龍豹之陣，雲驤雷駭，翦暴夷凶，萬邦樂推，三靈改卜。於是御鳳曆，握龍圖，闢四門，弘招賢之路，納十亂，引諒直之規。興文學，脩郊祀，治五禮，定六律，四聰旣達，萬機斯理，治定功成，遠安邇肅。加以天祥地瑞，無絕歲時。征賦所及之鄉，文軌傍通之地，南超萬里，西拓五千。其中瓌財重寶，千夫百族，莫不充牣王府，蹶角闕庭。三四十年，斯爲盛矣。自魏、晉以降，未或有焉。及乎耄年，委事羣倖。然朱异之徒，作威作福，挾朋樹黨，政以賄成，服冕乘軒，由其掌握，是以朝經混亂，賞罰無章。「小人道

長」，抑此之謂也。賈誼有云「可爲慟哭者矣」。遂使滔天羯寇，承間掩襲，鷲羽流王屋，金契辱乘輿，塗炭黎元，黍離宮室。嗚呼！天道何其酷焉。雖曆數斯窮，蓋亦人事然也。

校勘記

〔一〕五月癸卯琬琰殿火　是年五月戊辰朔，無癸卯。通鑑繫於六月，六月丁卯朔，亦無癸卯。建康實錄作「五月己卯」，是。

〔二〕義州刺史文僧明以州叛入于魏　「文僧明」隋書五行志、天文志並作「文僧朗」，此宋刻避宋始祖玄朗諱而改「朗」爲「明」。

〔三〕三月乙卯巴陵王蕭屏薨　「乙卯」各本作「己卯」，按：是年三月癸巳朔，無己卯。今據南史改。

〔四〕丙午輿駕親祠明堂　「丙午」南史作「辛亥」。按齊、梁祭典，祠南郊、明堂，例用辛日，南史作「辛亥」，是。

〔五〕徐州刺史成景雋剋魏童城　「童城」各本作「童棧」，據通鑑改。按通鑑胡注：「童城，卽下邳僮縣城也。」

〔六〕又破曲木　通鑑胡注：「『曲木』當作『曲沭』。」水經注：「沭水過建陵縣故城東，又南逕陵山西，魏立大堰遏水西流，兩瀆之會，置城防之，曰曲沭戍。」

〔七〕裴邃破狄城　「狄城」，裴邃傳作「狄丘」。

〔八〕遂進屯黎漿　「黎漿」各本作「黎將」。據本書裴邃傳、韋放傳及通鑑改。水經肥水注：「黎漿水東逕黎漿亭南。」作「黎漿」是。

〔九〕壬戌裴邃攻壽陽之安城剋之　壬戌既書剋安城，則下文丙寅不應又書安城來降。通鑑無「剋之」二字，疑二字是衍文。

〔一〇〕安北將軍晉安王綱遣長史柳津破魏南鄉郡　「柳津」，通鑑作「柳渾」。

〔一一〕以尚書左僕射徐勉爲尚書僕射　「左」原作「右」。本書徐勉傳，勉以尚書右僕射爲尚書僕射。按：自普通四年尚書左僕射王暕死後，左僕射久缺，徐勉不曾爲左僕射。

〔一二〕以河南王阿羅眞爲寧西將軍西秦河沙三州刺史　「阿羅眞」，本書諸夷傳作「呵羅眞」。「西秦河沙三州刺史」，諸夷傳作「西秦河二州刺史」。

〔一三〕陳慶之攻魏梁城　「梁城」，本書陳慶之傳作「滎城」，通鑑同。

〔一四〕魏主元子攸棄洛陽　「子攸」各本皆作「子猷」，誤。子攸，北魏孝莊帝名，時正在位。本書陳慶之傳亦作「子攸」，今據改。

〔一五〕中權將軍蕭淵藻爲中護軍將軍　張森楷梁書校勘記云：「中護軍不稱將軍，護軍將軍不加中字，必有一誤。」

〔一六〕假超武將軍湛海珍節以討之　「超武將軍」各本作「昭武將軍」。據南史及册府元龜二一六改。按：中大通元年更定二百四十號將軍班次，超武與鐵騎、樓船等同班，無昭武。

〔一七〕爲四部衆說大般若涅盤經義　各本脫「若」字，今補。

〔一八〕尚書令中權大將軍開府儀同三司袁昂進位司空　袁昂於大通二年進號中撫大將軍。「中權」當作「中撫」。

〔一九〕雲麾將軍羊侃爲安北將軍兗州刺史　「羊侃」各本作「楊侃」，據通鑑改。按：羊侃自雲麾爲兗州刺史，事具本傳。

〔二〇〕先是一日丙夜　「丙夜」二字各本譌作「東」，據南史改。通志一三、御覽九八一、册府元龜二〇二亦均作「丙夜」。

〔二一〕魏建義城主蘭寶殺魏東徐州刺史　「蘭寶」南史作「蘭保」。魏書出帝平陽王紀作「東徐州城民王早、簡實等殺刺史崔庠」。

〔二二〕以尚書令司空袁昂爲特進左光祿大夫　「左」各本譌作「右」，據本書袁昂傳改。

〔二三〕戊戌　「戊戌」上各本有「十二月」三字。上已書「十二月乙酉」，則此「十二月」三字當爲衍文，今删去。又是年十二月癸酉朔，「乙酉」、「戊戌」及下之「辛丑」，皆在十二月。

〔二四〕以平西將軍秦南秦二州刺史武興王楊紹先進號車騎將軍　本書諸夷傳，楊紹先以天監十年死，子智慧，以大同初自魏歸梁，則此年當是紹先子智慧，非紹先。

〔二五〕丁酉以吳興太守[五]張纘爲吏部尚書　大同二年十二月無丁酉，有乙酉、癸酉、丁丑、丁亥，不知此「丁酉」爲何干支之誤。

〔二六〕有職司者勤加守護　「勤」各本譌「勒」，據南史改。

〔二七〕己卯河南王遣使獻馬及方物　按：「己卯」當依建康實錄一七作「乙卯」。是年五月戊申朔，無己卯。

〔二八〕以行宕昌王梁彌泰爲平西將軍　「梁彌泰」通鑑作「梁彌定」，考異云從典略。

〔二九〕安成郡民劉敬躬挾左道以反　「安成」各本作「安城」，據南史及通鑑改。「劉敬躬」，本書及南史張綰傳作「劉敬宮」。

〔三〇〕內史蕭說委郡東奔　「蕭說」，本書張綰傳作「蕭侻」。

〔三一〕於江州新蔡高塘立頌平屯　「高塘」各本並譌「高埭」，據南史改。

〔三二〕謁建陵　「建陵」各本作「建寧陵」，據南史改。天監七年，復建、脩二陵五里內周圍居民，即此建陵。通鑑胡注：「建寧陵，梁紀曰建陵，皇妣張皇后陵也。」是胡氏所見本亦作「建陵」。

〔三三〕退居猶被布素　「被」各本譌「於」，據册府元龜一九一改。

〔三四〕屈獠洞　「屈獠洞」各本作「獠洞」。按本卷太清二年三月己未下作「屈獠洞」。陳書高祖紀及建康實錄亦作「屈獠洞」，今據補。

〔三五〕及以軍糧器甲　「器甲」各本作「器下」，據册府元龜二〇八改。

〔三六〕魏司徒侯景求以豫廣潁洛陽西揚東荆北荆襄東豫南兗西兗齊等十三州內屬　「豫」下各本並衍一「章」字，據册府元龜二一七删。

梁書卷四

本紀第四

簡文帝

太宗簡文皇帝諱綱，字世纘，小字六通，高祖第三子，昭明太子母弟也。天監二年十月丁未，生于顯陽殿。五年，封晉安王，食邑八千戶。八年，爲雲麾將軍，領石頭戍軍事，量置佐吏。九年，遷使持節、都督南北兗青徐冀五州諸軍事、宣毅將軍、南兗州刺史。十二年，入爲宣惠將軍、丹陽尹。十三年，出爲使持節、都督荆雍梁南北秦益寧七州諸軍事、南蠻校尉、荆州刺史，將軍如故。十四年，徙爲都督江州諸軍事、雲麾將軍、江州刺史，持節如故。十七年，徵爲西中郎將、領石頭戍軍事，尋復爲宣惠將軍、丹陽尹，加侍中。普通元年，出爲使持節、都督益寧雍梁南北秦沙七州諸軍事、益州刺史；未拜，改授雲麾將軍、南徐州刺史。四年，徙爲使持節、都督雍梁南北秦四州郢州之竟陵司州之隨郡諸軍事、平西將軍、寧蠻

校尉、雍州刺史。五年，進號安北將軍。七年，權進都督荆、益、南梁三州諸軍事。是歲，丁所生穆貴嬪喪，上表陳解，詔還攝本任。中大通元年，詔依先給鼓吹一部。二年，徵爲都督南揚徐二州諸軍事、驃騎將軍、揚州刺史。三年四月乙巳，昭明太子薨。五月丙申，詔曰：「非至公無以主天下，非博愛無以臨四海。所以堯舜克讓，惟德是與；文王舍伯邑考而立武王，格于上下，光于四表。今岱宗牢落，天步艱難，淳風猶鬱，黎民未乂，自非克明克哲，允武允文，豈能荷神器之重，嗣龍圖之尊。晉安王綱，文義生知，孝敬自然，威惠外宣，德行內敏，羣后歸美，率土宅心。可立爲皇太子。」七月乙亥，臨軒策拜，以脩繕東宮，權居東府。四年九月，移還東宮。

太清三年五月丙辰，高祖崩。辛巳，卽皇帝位。詔曰：「朕以不造，夙丁閔凶。大行皇帝奄棄萬國，攀慕號躃，厝身靡所。猥以寡德，越居民上，煢煢在疚，罔知所託，方賴藩輔，社稷用安。謹遵先旨，顧命遺澤，宜加億兆。可大赦天下。」壬午，詔曰：「育物惟寬，馭民惟惠，道著興王，本非隸役。或開奉國，便致擒虜；或在邊疆，濫被抄劫。二邦是競，黎元何罪！朕以寡昧，創承鴻業，既臨率土，化行宇宙，豈欲使彼獨爲匪民。諸州見在北人爲奴婢者，並及妻兒，悉可原放。」癸未，追謚妃王氏爲簡皇后。

六月丙戌，以南康嗣王會理爲司空。丁亥，立宣城王大器爲皇太子。壬辰，封當陽公大心爲尋陽郡王，石城公大款爲江夏郡王，寧國公大臨爲南海郡王，臨城公大連爲南郡王，西豐公大春爲安陸郡王，新淦公大成爲山陽郡王，[一]臨湘公大封爲宜都郡王。

秋七月甲寅，廣州刺史元景仲謀應侯景，西江督護陳霸先起兵攻之，景仲自殺，霸先迎定州刺史蕭勃爲刺史。戊辰，以吳郡置吳州，以安陸王大春爲刺史。庚午，以司空南康嗣王會理兼尚書令，南海王大臨爲揚州刺史，新興王大莊爲南徐州刺史。[二]是月，九江大饑，人相食十四五。

八月癸卯，征東大將軍、開府儀同三司、南徐州刺史蕭淵藻薨。

冬十月丁未，地震。

十二月，百濟國遣使獻方物。

大寶元年春正月辛亥朔，以國哀不朝會。詔曰：「蓋天下者，至公之神器，在昔三五，不獲已而臨莅之。故帝王之功，聖人之餘事，軒冕之華，儻來之一物。太祖文皇帝含光大之量，啓西伯之基。高祖武皇帝道洽二儀，智周萬物。屬齊季薦瘥，彝倫剝喪，同氣離入苑之禍，元首懷無厭之欲，乃當樂推之運，因億兆之心，承彼掎角，雪茲讎恥。事非爲己，義寔從民，故功成弗居，卑宮菲食，大慈之業普薰，汾陽之詔屢下。于茲四紀，無得而稱。朕以寡

昧，哀煢孔棘，生靈已盡，志不圖全，僶俛視陰，企承鴻緒。懸旌履薄，未足云喻。痛甚愈遲，諒闇彌切。方當玄默在躬，栖心事外。卽王道未直，天步猶艱，式憑宰輔，以弘庶政。履端建號，抑惟舊章。可大赦天下，改太清四年爲大寶元年。」丁巳，天雨黃沙。己未，太白經天，辛酉乃止。西魏寇安陸，執司州刺史柳仲禮，盡沒漢東之地。丙寅，月晝見。癸酉，前江都令祖皓起義，襲廣陵，斬賊南兗州刺史董紹先。侯景自帥水步軍擊皓。

二月癸未，景攻陷廣陵，皓等並見害。丙戌，以安陸王大春爲東揚州刺史。省吳州，如先爲郡。詔曰：「近東垂擾亂，江陽縱逸。上宰運謀，猛士雄奮，吳、會肅清，濟、兗澄謐，京師畿內，無事戎衣。朝廷達官，齋內左右，並可解嚴。」乙巳，以尚書僕射王克爲左僕射。是月，邵陵王綸自尋陽至于夏口，郢州刺史南平王恪以州讓綸。丙午，侯景逼太宗幸西州。

夏五月庚午，征北將軍、開府儀同三司鄱陽嗣王範薨。自春迄夏，大饑，人相食，京師尤甚。

六月辛巳，以南郡王大連行揚州事。庚子，前司州刺史羊鴉仁自尚書省出奔西州。

秋七月戊辰，賊行臺任約寇江州，刺史尋陽王大心以州降約。是月，以南郡王大連爲江州刺史。

八月甲午，湘東王繹遣領軍將軍王僧辯率衆逼郢州。乙亥，侯景自進位相國，封二十

郡爲漢王。邵陵王綸棄郢州走。

冬十月乙未，侯景又逼太宗幸西州曲宴，自加宇宙大將軍、都督六合諸軍事。立皇子大鈞爲西陽郡王，大威爲武寧郡王，大球爲建安郡王，大昕爲義安郡王，大摯爲綏建郡王，大圜爲樂梁郡王。壬寅，景害南康嗣王會理。

十一月，任約進據西陽，分兵寇齊昌，執衡陽王獻送京師，害之。湘東王繹遣前寧州刺史徐文盛督衆軍拒約。南郡王前中兵張彪起義於會稽若邪山，攻破浙東諸縣。

二年春二月，邵陵王綸走至安陸董城，爲西魏所攻，軍敗，死。

三月，侯景自帥衆西寇。丁未，發京師，自石頭至新林，舳艫相接。

四月，至西陽。〔三〕乙亥，景分遣僞將宋子仙、任約襲郢州。丙子，執刺史蕭方諸。

閏月甲子，〔四〕景進寇巴陵，湘東王繹所遣領軍將軍王僧辯連戰不能剋。

五月癸未，湘東王繹遣游擊將軍胡僧祐、信州刺史陸法和援巴陵，景遣任約帥衆拒援軍。

六月甲辰，僧祐等擊破任約，〔五〕擒之。乙巳，景解圍宵遁，王僧辯督衆軍追景。庚申，攻魯山城，剋之，獲魏司徒張化仁、〔六〕儀同門洪慶。〔七〕辛酉，進圍郢州，下之，獲賊帥宋子仙等。

鄱陽王故將侯瑱起兵，襲僞儀同于慶于豫章，慶敗走。

秋七月丁亥，侯景還至京師。辛丑，王僧辯軍次湓城，賊行江州事范希榮棄城走。

八月丙午，晉熙人王僧振、鄭寵起兵襲郡城，僞晉州刺史夏侯威生、儀同任延遁走。戊午，侯景遣衞尉卿彭儁、廂公王僧貴率兵入殿，廢太宗爲晉安王，幽于永福省。害皇太子大器、尋陽王大心、西陽王大鈞、武寧王大威、建平王大球、〔八〕義安王大昕及尋陽王諸子二十人。矯爲太宗詔，禪于豫章嗣王棟，大赦改年。遣使害南海王大臨於吳郡，南郡王大連於姑孰，安陸王大春於會稽，新興王大莊於京口。

冬十月壬寅，帝謂舍人殷不害曰：「吾昨夜夢吞土，卿試爲我思之。」不害曰：「昔重耳饋塊，卒還晉國。陛下所夢，得符是乎。」及王偉等進觴於帝曰：「丞相以陛下憂憤既久，使臣上壽。」帝笑曰：「壽酒，不得盡此乎？」於是並賫酒餚、曲項琵琶，與帝飲。帝知不免，乃盡酣，曰：「不圖爲樂一至於斯！」既醉寢，王偉、彭儁進土囊，王脩纂坐其上，於是太宗崩於永福省，時年四十九。賊僞謚曰明皇帝，廟稱高宗。明年，三月己丑，〔九〕王僧辯率前百官奉梓宮升朝堂，世祖追崇爲簡文皇帝，廟曰太宗。四月乙丑，葬莊陵。

初，太宗見幽縶，題壁自序云：「有梁正士蘭陵蕭世纘，立身行道，終始如一，風雨如晦，雞鳴不已。弗欺暗室，豈況三光，數至於此，命也如何！」又爲連珠二首，文甚悽愴。

太宗幼而敏睿，識悟過人，六歲便屬文，高祖驚其早就，弗之信也，乃於御前面試，辭采甚美。高祖歎曰：「此子，吾家之東阿。」既長，器宇寬弘，未嘗見慍喜。方頰豐下，鬚鬢如畫，眄睞則目光燭人。讀書十行俱下。九流百氏，經目必記；篇章辭賦，操筆立成。博綜儒書，善言玄理。自年十一，便能親庶務，歷試蕃政，所在有稱。在穆貴嬪憂，哀毀骨立，晝夜號泣不絕聲，所坐之席，沾濕盡爛。在襄陽拜表北伐，遣長史柳津、司馬董當門、壯武將軍杜懷寶、振遠將軍曹義宗等衆軍進討，剋平南陽、新野等郡，魏南荊州刺史李志據安昌城降，拓地千餘里。及居監撫，多所弘宥，文案簿領，纖毫不可欺。引納文學之士，賞接無倦，恒討論篇籍，繼以文章。高祖所製五經講疏，嘗於玄圃奉述，聽者傾朝野。雅好題詩，其序云：「余七歲有詩癖，長而不倦。」然傷於輕豔，當時號曰「宮體」。所著昭明太子傳五卷，諸王傳三十卷，禮大義二十卷，老子義二十卷，莊子義二十卷，長春義記一百卷，法寶連壁三百卷，並行於世焉。

史臣曰：太宗幼年聰睿，令問夙標，天才縱逸，冠於今古。文則時以輕華爲累，君子所不取焉。及養德東朝，聲被夷夏，洎乎繼統，寔有人君之懿矣。方符文、景，運鍾屯、剝，受制賊臣，弗展所蘊，終罹懷、愍之酷，哀哉！

校勘記

〔一〕新淦公大成爲山陽郡王　「淦」各本譌「塗」。今改正。按：本書武帝紀大同八年正月下，出「新淦」。通鑑太清二年十一月紀「新塗公大成」胡注：「新塗或作新淦。沈約志：新淦縣，漢屬豫章郡。」

〔二〕新興王大莊爲南徐州刺史　「大莊」各本作「大壯」，據本書太宗十一王傳及南史改，下同。

〔三〕四月至西陽　按：下出「乙亥」、「丙子」。是年閏三月甲戌朔，乙亥爲閏三月二日，丙子爲閏三月三日，是「四月」當作「閏月」。

〔四〕閏月甲子　「閏月」當作「四月」。是年閏三月，不閏四月。閏三月甲戌朔，無「甲子」，四月甲辰朔，有「甲子」。

〔五〕六月甲辰僧祐等擊破任約　「甲辰」下各本衍一「朔」字，據通鑑删。是年六月癸卯朔，甲辰爲六月二日。

〔六〕獲魏司徒張化仁　「魏司徒張化仁」，通鑑作「別將張化仁」。考異云：「梁帝紀作魏司徒張化仁。按魏司徒安得爲景守城，今從典略。」

〔七〕儀同門洪慶　本書侯景傳「門」作「閻」。

〔八〕武寧王大威建平王大球　「武寧王」下各本脫「大威建平王」五字，今據本書太宗十一王傳補。按：太宗十一王傳，武寧王大威、建平王大球並於大寶二年秋遇害。

〔九〕明年三月己丑　「己丑」各本譌「癸丑」，據南史改。本書元帝紀亦作「己丑」，是。大寶三年三月己巳朔，無癸丑。

梁書卷五

本紀第五

元帝

世祖孝元皇帝諱繹，字世誠，小字七符，高祖第七子也。天監七年八月丁巳生。十三年，封湘東郡王，邑二千戶。初爲寧遠將軍、會稽太守，入爲侍中、宣威將軍、丹陽尹。普通七年，出爲使持節、都督荊湘郢益寧南梁六州諸軍事、西中郎將、荊州刺史。中大通四年，進號平西將軍。大同元年，進號安西將軍。三年，進號鎮西將軍。五年，入爲安右將軍、護軍將軍，領石頭戍軍事。六年，出爲使持節、都督江州諸軍事、鎮南將軍、江州刺史。太清元年，徙爲使持節、都督荊雍湘司郢寧梁南北秦九州諸軍事、鎮西將軍、荊州刺史。三年三月，侯景寇沒京師。四月，太子舍人蕭韶至江陵宣密詔，〔一〕以世祖爲侍中、假黃鉞、大都督中外諸軍事、司徒承制，餘如故。是月，世祖徵兵於湘州，湘州刺史河東王譽拒不遣。六月

丙午，遣世子方等帥衆討譽，〔二〕戰所敗死。七月，又遣鎮兵將軍鮑泉代討譽。〔三〕九月乙卯，雍州刺史岳陽王詧舉兵反，來寇江陵，世祖嬰城拒守。乙丑，詧將杜崱與其兄弟及楊混各率其衆來降。丙寅，詧遁走。鮑泉攻湘州不克，又遣左衞將軍王僧辯代將。

大寶元年，世祖猶稱太清四年。正月辛亥朔，左衞將軍王僧辯獲橘三十子共蔕，以獻。

二月甲戌，衡陽內史周弘直表言鳳皇見郡界。

夏五月辛未，王僧辯克湘州，斬河東王譽，湘州平。

六月，江夏王大款、山陽王大成、宜都王大封自信安間道來奔。

九月辛酉，以前郢州刺史南平王恪爲中衞將軍、尚書令、開府儀同三司，中撫軍將軍世子方諸爲郢州刺史，左衞將軍王僧辯爲領軍將軍。改封大款爲臨川郡王，大成爲桂陽郡王，大封爲汝南郡王。是月，任約進寇西陽、武昌，遣左衞將軍徐文盛、右衞將軍陰子春、太子右衞率蕭慧正、巂州刺史席文獻等下武昌拒約。以中衞將軍、尚書令、開府儀同三司南平王恪爲荊州刺史，鎮武陵。

十一月甲子，南平王恪、侍中臨川王大款、桂陽王大成、散騎常侍江安侯圓正、侍中左衞將軍張綰、司徒左長史蕭等府州國一千人奉牋曰：

竊以嵩岳既峻，山川出雲；大國有蕃，申甫惟翰。豈非皇建斯極，以位爲寶；聖敎辨方，愼名與器。是知太尉佐帝，重華表黃玉之符；司空相土，伯禹降玄珪之錫。伏惟明公大王殿下，命世應期，挺生將聖，忠爲令德，孝實天經，地切應、韓，寄深旦、奭，五品斯訓，七政以齊，志存社稷，功濟屯險。夷狄內侵，枕戈泣血，鯨鯢未掃，投袂勤王，能使遊魂請盟以屈膝，醜徒銜璧而讐氣。親蕃外叛，釁均吳、楚，義討申威，兵不血刃。湘波自息，非築杜弢之壘；峴山離貳，不伐劉表之城。九江致梗，二別殊派，纔命戈船，底定灊、霍。泝流窮討，路絕窺窬，胡兵侵界，鐵馬霧合，神規獨運，皆卽梟懸，翻同翅折，遂修職貢。梁、漢合契，肆犀利之兵，巴、漢俱下，竭驍勇之陣。南通五嶺，北出力原；〔四〕東夷不怨，西戎卽序。可謂上流千里，持戟百萬，天下之至貴，四海之所推也。

今海水飛雲，崑山起燎，魏文悲樂推之歲，韓宣歎成禮之日，陽臺之下，獨有冠蓋相趨；夢水之傍，尙致車輿結轍。甤麥兩穗，出於南平之邦；甘露泥枝，降乎當陽之境。野蠶自績，何謝歐絲；閑田生稻，寧殊雨粟。莫非品物咸亨，是稱文明光大，豈可徽號不彰於彝典，明試不陳乎車服者哉！

昔晉、鄭入周，尙作卿士；蕭、曹佐漢，且居相國。宜崇茲盛禮，顯答羣望。恪等稽尋甲令，博詢惇史，謹再拜上，進位相國，總百揆，竹使符一，別淮恒儀。杖金斧以翦逆

暴，乘玉輅而定社稷。傍羅麗於日月，貞明合于天地。扶危翼治，豈不休哉！

恪等不通大體，自昧伏奏以聞。

世祖令答曰：「數鍾陽九，時惟百六，鯨鯢未翦，寤寐痛心。周粵天官，秦稱相國，東至于海，西至于河，南次朱鳶，北漸玄塞。率茲小宰，弘斯大德。將何用繼蹤曲阜，擬跡桓、文，終建一匡，肅其五拜。雖義屬隨時，事無虛紀，傳稱皆讓，象著鳴謙，瞻言前典，再懷哽恧。」

十二月壬辰，以定州刺史蕭勃爲鎭南將軍、廣州刺史。遣護軍將軍尹悅、巴州刺史王珣、定州刺史杜幼安帥衆下武昌，〔五〕助徐文盛。

大寶二年，世祖猶稱太清五年。二月己亥，魏遣使來聘。

三月，侯景悉兵西上，會任約軍。

四月丙午，〔六〕景遣其將宋子仙、任約襲郢州，執刺史蕭方諸。戊申，徐文盛、陰子春等奔歸，王珣、尹悅、杜幼安並降賊。庚戌，領軍將軍王僧辯帥衆屯巴陵。甲子，景進寇巴陵。

五月癸未，世祖遣游擊將軍胡僧祐、信州刺史陸法和帥衆下援巴陵。任約敗，景遂遁走。以王僧辯爲征東將軍、開府儀同三司、尙書令，胡僧祐爲領軍將軍，陸法和爲護軍將軍。仍令僧辯率衆軍追景，所至皆捷。

八月甲辰，僧辯下次湓城。辛亥，以鎭南將軍、湘州刺史蕭方矩爲中衞將軍。司空、征南將軍南平王恪進號征南大將軍、湘州刺史，餘如故。

九月己亥，以征東將軍、開府儀同三司、尙書令王僧辯爲江州刺史，餘如故。盤盤國獻馴象。

冬十月辛丑朔，有紫雲如車蓋，臨江陵城。是月，太宗崩。侍中、征東將軍、開府儀同三司、江州刺史、尙書令、長寧縣侯王僧辯等奉表曰：

衆軍薄伐，塗次九水，卽日獲臨城縣使人報稱：侯景弑逆皇帝，賊害太子，宗室在寇庭者，並罹禍酷。六軍慟哭，三辰改曜。哀我皇極，四海崩心。我大梁纂堯構緒，基商啓祚。太祖文皇帝徇齊作聖，肇有六州。高祖武皇帝聰明神武，奄龕天下。依日月而和四時，履至尊而制六合。麗正居貞，大横固祉。四葉相係，三聖同基。蠢爾凶渠，遂憑天邑。閶闔受白登之辱，象魏致堯城之疑。雲扆承華，一朝俱酷。金楨玉幹，莫不同寃。悠悠彼蒼，何其罔極！

臣聞喪君有君，春秋之茂典；以德以長，先王之通訓。少康則牧衆撫職，祀夏所以配天；平王則居正東遷，宗周所以卜世。漢光以能捕不道，故景歷重昌；中宗以不違羣

議，故江東可立。儔今考古，更無二謀。伏惟陛下至孝通幽，英武靈斷，當七九之厄，而應千載之期；啓殷憂之明，而居百王之會。取威定霸，嶮阻艱難，建社治兵，載循古道。家國之事，一至於斯。天祚大梁，必將有主。軒轅得姓，存者二人；高祖五王，代實居長。乘屈完而陳諸侯，拜子武而服大輅。功齊九有，道濟生民。非奉聖明，誰嗣下武！

臣聞日月貞明，太陽不可以闕照；天地貞觀，乾道不可以久惕。黃屋左纛，本爲億兆而尊；鑾輅龍章，蓋以郊禋而貴。寶器存乎至重，介石愼於易差。黔首豈可少選無君，宗祏豈可一日無主。伏願陛下掃地升中，柴天改物。事迫凶危，運鍾擾攘，蓋不勞宗正奉詔，博士擇時，南面卽可居尊，西向無所讓德。四方旣知有奉，八百始可同期。殘寇潛居，器藏社處，乾象旣傾，坤儀已覆，斬莽輗車，燒卓照市，廓淸函夏，正爲塋陵，開雪宮闈，庶存鍾鼎，彼黍離離，伊何可言。陛下繼明闡祚，卽宮舊楚。左廟右社之制，可以權宜；五禮六樂之容，歲時取備。金芝九莖，瓊茅三脊。要衞率職，尉候相望。坐廟堂以朝四夷，登靈臺而望雲物，禪梁甫而封泰山，臨東濱而禮日觀。然後與三事大夫，更謀都鄙。左瀍右澗，夾雒可以爲居，抗殿疏龍，惟王可以在鎬，何必勤勤建業也哉。

臣等不勝控款之至，謹拜表以聞。

世祖奉諱，大臨三日，百官縞素。乃答曰：「孤以不德，天降之災，枕戈飲膽，扣心泣血。風樹之酷，萬始不追；霜露之哀，百憂總萃。甫聞伯升之禍，彌切仲謀之悲。若封豕既殲，長蛇即戮，方欲追延陵之逸軌，繼子臧之高讓，豈資秋亭之壇，安事繁陽之石。侯景，項籍也；蕭棟，殷辛也。赤泉未賞，劉邦尚曰漢王；白旗弗懸，周發猶稱太子。飛龍之位，孰謂可躋；附鳳之徒，既聞來議。羣公卿士，其諭孤之志，無忽！」司空南平王恪率宗室五十餘人，領軍將軍胡僧祐率羣僚二百餘人，江州別駕張佚率吏民三百餘人，並奉牋勸進。世祖固讓。

十一月乙亥，王僧辯又奉表曰：

紫宸曠位，赤縣無主，百靈聳動，萬國回皇。雖醉醒相扶，同歸景亳，式歌且誦，總赴唐郊，猶懼陛下俛首潛然，讓德不嗣。傳車在道，方慎宋昌之謀；法駕已陳，尚杜耿純之勸。岳牧翹首，天民累息。

臣聞星回日薄，擊雷鞭電者之謂天；岳立川流，吐霧蒸雲者之謂地。苞天地之混成，洞陰陽之不測，而以裁成萬物者，其在聖人乎！故云「天地之大德曰生，聖人之大寶曰位」。黃屋廟堂之下，本非獲已而居；明鏡四衢之樽，蓋由應物取訓。伏惟陛下稽古文思，英雄特達。比以周旦，則文王之子；方之放勛，則帝摯之季。千年旦暮，可不

在斯。庭闕湮亡，鍾鼎淪覆，嗣膺景曆，非陛下而誰？豈可使赤眉更立盆子，隗囂託置高廟。陛下方復從容高讓，用執謙光。展其矯行僞書，誣罔正朔，見機而作，斷可識矣。匪疑何卜，無待蓍龜。

日者，公卿失馭，禍纏霄極，侯景憑陵，姦臣互起，率戎伐潁，無處不然，勸明誅晉，側足皆爾。刁斗夜鳴，烽火相照。中朝人士，相顧銜悲；涼州義徒，東望殞涕，慄慄黔首，將欲安歸！陛下英略緯天，沉明內斷，橫劍泣血，枕戈嘗膽，農山圮下之策，金匱玉鼎之謀，莫不定算扆帷，決勝千里。擊靈鼉之鼓，而建翠華之旗，驅六州之兵，而總九伯之伐，四方雖虞，一戰以霸。斬其鯨鯢，既章大戮，何校滅耳，莫匪姦回，史不絕書，府無虛月。自洞庭安波，彭蠡底定，文昭武穆，芳若椒蘭，敵國降城，和如親戚，九服同謀，百道俱進，國恥家怨，計期就雪，社稷不墜，緊在聖明。今也何時，而申帝啓之避，凶危若此，方陳泰伯之辭。國有具臣，誰敢奉詔。

天下者高祖之天下，陛下者萬國之歡心，萬國豈可無君，高祖豈可廢祀。即日五星夜聚，八風通吹，雲煙紛郁，日月光華，百官象物而動，軍政不戒而備。飛艫巨艦，竟水浮川；鐵馬銀鞍，陵山跨谷。英傑接踵，忠勇相顧，湛宗族以酬恩，焚妻子以報主。莫不覆盾銜威，提斧擊衆，風飛電耀、志滅凶醜。所待陛下昭告后土，虔奉上帝，廣發明詔，師出以名，五行夕返，六軍曉進，便當盡司寇之威，窮蚩尤之伐，執石趙而求璽，斬姚秦而取鍾，脩掃塋陵，奉迎宗廟。陛下豈得不仰存國計，俯從民請。漢宣嗣位之後，即遣蒲類之軍；光武登極既竟，始有長安之捷。由此言之，不無前準。

臣等或世受朝恩，或身荷重遇，同休等戚，自國刑家，苟有腹心，敢以死奪。不任慺慺之至，謹重奉表以聞。

世祖答曰：「省示，復具一二。孤聞天生蒸民而樹之以君，所以對揚天休，司牧黔首。攝提、合雒以前，栗陸、驪連之外，書契不傳，無得稱也。自阪泉彰其武功，丹陵表其文德，有人民焉，有社稷焉，或歌謠所歸，或惟天所相。孤遭家多難，大恥未雪，國賊則蚩尤弗翦，同姓則有扈不賓，臥而思之，坐以待旦，何以應寶曆，何以嗣龍圖。庶一戎既定，罪人斯得，祀夏配天，方申來議也。」是時巨寇尚存，未欲即位，而四方表勸，前後相屬，乃下令曰：「大壯乘乾，明夷垂翼，璿度亟移，玉律屢徙，四岳頻遣勸進，九棘比者表聞。譙、沛未復，塋陵永遠，于居于處，寤寐疚懷，何心何顏，撫茲歸運。自今表奏，所由並斷，若有啓疏，可寫此令施行。」是日，賊司空、東南道大行臺劉神茂率儀同劉歸義、留異赴義，奉表請降。

大寶三年，世祖猶稱太清六年。正月甲戌，世祖下令曰：「軍國多虞，戎旃未靜，青領雖

熾，黔首宜安。時惟星鳥，表年祥於東秩；春紀宿龍，歌歲取於南畯。況三農務業，尚看夭桃敷水；四人有令，〔七〕猶及落杏飛花。化俗移風，常在所急；勸耕且戰，彌須自許。豈直燕垂寒谷，積黍自溫，寧可墮此玄苗，坐飡紅粒，不植鷰頷，空候蟬鳴。可悉深耕穊種，安堵復業，無棄民力，並分地利。班勸州郡，咸使遵承。」以智武將軍、南平內史王褒爲吏部尚書。

二月，王僧辯衆軍發自尋陽。世祖馳檄告四方曰：

夫剝極生災，乃及龍戰，師貞終吉，方制獖豕。豈不以侵陽蕩薄，源之者亂階；定龕艱難，成之者忠義。故羿、澆滅於前，莽、卓誅於後。是故使桓、文之勳，復興於周代；溫、陶之績，彌盛於金行。粵若梁興五十餘載，平壹宇內，德惠悠長，仁育蒼生，義征不服。左伊右瀍，咸皆仰化；濁涇清渭，靡不向風。建翠鳳之旗，則六龍驤首；擊靈鼉之鼓，則百神警肅。風、牧、方、邵之賢，衞、霍、辛、趙之將，羽林黃頭之士，虎賁緹騎之夫，叱吒則風雲興起，鼓動則嵩、華倒拔。自桐柏以北，孤竹以南，碣石之前，流沙之後，延頸舉踵，交臂屈膝。胡人不敢牧馬，秦士不敢彎弓。叶和萬邦，平章百姓，十堯九舜，曷足云也。

賊臣侯景，匈奴叛臣，鳴鏑餘噍。懸瓠空城，本非國寶，壽春畿要，賞不踰月。開海

中華書局

陵之倉，賑常平之米，檄九府之費，錫三官之錢，冒于貨賄，不知紀極。敢興逆亂，梗我王畿。賊臣正德，阻兵安忍。日者結怨江垟，遠適單于。簡牘屢彰，彭生之魂未弭；聚斂無度，景卿之誚已及。爲虎傅翼，遠相招致。虔劉我生民，離散我兄弟。我是以董率皐貔，躬擐甲胄，霜戈照日，則晨離奪暉，龍騎蔽野，則平原掩色，信與江水同流，氣與寒風俱憤。凶醜畏威，委命下吏，乞活淮、肥，苟存徐、兗。渙汗既行，絲綸爰被。我是以班師凱歸，休牛息馬。賊猶不悛。遂復矢流王屋，兵躔象魏。總章之觀，非復聽訟之堂；甘泉之宮，永乖避暑之地。坐召憲司，臥制朝宰，矯託天命，僞作符書。重增賦斂，肆意裒剝，生者逃竄，死者暴尸，道路以目，庶僚鉗口。刑戮失衷，爵賞由心，老弱波流，士女塗炭。臧獲之人，五宗及賞；搢紳之士，三族見誅。穀粟騰踴，自相吞噬。慄慄黔首，路有銜索之哀；蠢蠢黎民，家隕桓山之泣。〔八〕偃師南望，無復儲胥、露寒，河陽北臨，或有穹廬氈帳。南山之竹，未足言其愆；西山之兔，不足書其罪。

外監陳瑩之至，伏承先帝登遐，宮車晏駕。奉諱驚號，五內摧裂，州冤本毒，〔九〕無地容身。景阻饑既甚，民且狼顧，遂侵軼我彭蠡，憑凌我郢邑，竊據我江夏，掩襲我巴丘。我是以義勇爭先，忠貞盡力。斬馘凶渠，不可稱算，沙同赤岸，水若絳河。任約泥首於安南，化仁面縛於漢口，子仙乞活於鄢郢，希榮敗績於柴桑。侯景奔竄，十鼠爭穴，

郭默清夷，晉熙附義，計窮力屈，反殺後主。畢、原、酆、郇，並離禍患，凡、蔣、邢、茅，皆伏鈇鑕。是可忍也，孰不可容！

幕府據有上流，實惟分陝，投袂荷戈，志在畢命。昔周依晉、鄭，漢有虛、牟。彼惟末屬，猶能如此；況聯華日月，天下不賤，爲臣爲子，兼國兼家者哉！咸以義旗既建，宜須總一，共推幕府，實用主盟。粵以不佞，謬董連率，遠惟國艱，不遑寧處。中權後勁，龔行天罰，提戈蒙險，隕越以之。天馬千羣，長戟百萬，驅賁獲之士，資智勇之力，大楚踰荆山，淺原度彭蠡，〔一〇〕舳艫汎水，以掎其南，輜軿委輸，以衝其北。華夷百濮，贏糧影從。雷震風駭，直指建業。按劍而叱，江水爲之倒流；抽戈而揮，皎日爲之退舍。方駕長驅，百道俱入，夷山殄谷，充原蔽野。挾輈曳牛之侶，拔距礫石之夫，騎則逐日追風，弓則吟猿落雁。捧崑崙而壓卵，傾渤海而灌熒。如駟馬之載鴻毛，若奔牛之觸魯縞。以此衆戰，誰能禦之！脫復蜂蠆有毒，獸窮則鬬。謂山蓋高，則四郊多壘；謂地蓋遠，則三千弗違。如彼怒蛙，譬諸鼷鼠，豈費萬鈞，無勞百溢。加以日臨黃道，兵起絳宮，三門既啓，五將咸發，舉整整之旗，掃亭亭之氣，故以臨機密運，非賊所解，奉義而誅，何罪不服。

今遣使持節、大都督、征東將軍、開府儀同三司、江州刺史、尙書令、長寧縣開國侯

王僧辯率衆十萬，直掃金陵。鳴鼓聒天，撾金振地。朱旗夕建，如赤城之霞起；戈船夜動，若滄海之奔流。計其同惡，不盈一旅。君子在野，小人比周。何校滅耳，匪朝伊夕。春長狄之喉，縶郅支之頸。今司寇明罰，質鈇所誅，止侯景而已。黎元何辜，一無所問。諸君或世樹忠貞，身荷寵爵，羽儀鼎族，書勳王府，俛眉猾豎，無由自效，豈不下慚泉壤，上愧皇天！失忠與義，難以自立。想誠南風，迺眷西顧，因變立功，轉禍爲福。有能縛侯景及送首者，封萬戶開國公，絹布五萬匹。有能率動義衆，以應官軍，保全城邑，不爲賊用，上賞方伯，下賞剖符，並裂山河，以紆青紫。昔由余入秦，禮同卿佐；日磾降漢，且珥金貂。必有其才，何卹無位。若執迷不反，拒逆王師，大軍一臨，刑茲罔赦。孟諸焚燎，芝艾俱盡；宣房河決，玉石同沉。信賞之科，有如皎日；黜陟之制，事均白水。檄布遠近，咸使知聞。

三月，王僧辯等平侯景，傳其首於江陵。戊子，以賊平告明堂、太社。己丑，王僧辯等又奉表曰：

衆軍以今月戊子總集建康。賊景烏伏獸窮，頻擊頻挫，姦竭詐盡，深溝自固。臣等分勒武旅，百道同趣，突騎短兵，犀函鐵楯，結隊千羣，持戟百萬，止紂七步，圍項三重，轟然大潰，羣凶四滅。京師少長，俱稱萬歲。長安酒食，於此價高。九縣雲開，六

合清朗，矧伊黔首，誰不載躍！伏惟陛下咀痛茹哀，嬰憤忍酷。自紫庭絳闕，胡塵四起，壖垣好畤，冀馬雲屯，泣血治兵，嘗膽誓衆。而吳、楚一家，方與七國俱反，管、蔡流言，又以三監作亂。西涼義衆，阻强秦而不通；幷州遺民，跨飛狐而見泯。豺狼當路，非止一人；鯨鯢不梟，倏焉五載。英武克振，怨耻並雪，永尋霜露，如何可言！臣等輒依故實，奉脩社廟，使者持節，分告塋陵。嗣后升遐，龍輴未殯，承華掩曜，梓宮莫測，並卽隨由備辦，禮具凶荒。四海同哀，六軍袒哭，聖情孝友，理當感慟。

日者，百司岳牧，祈仰宸鑒。以錫珪之功，既歸有道，當璧之禮，允屬聖明；而優詔謙沖，窅然凝邈。飛龍可躋，而乾爻在四；帝閽云叫，而閶闔未開。謳歌再馳，是用翹首。所以越人固執，熏丹穴以求君；周民樂推，踰岐山而事主。漢王不卽位，無以貴功臣；光武止蕭王，〔一一〕豈謂紹宗廟。黃帝遊於襄城，尙訪治民之道；放勛入於姑射，猶使樽俎有歸。伊此儻來，豈聖人所欲，帝王所應，不獲已而然。伏讀璽書，尋諷制旨，顧懷物外，未奉慈衷。陛下日角龍顏之姿，表於徇齊之日；彤雲素氣之瑞，基於應物之初。博覽則大哉無所與名，深言則曄乎昭章之觀。忠爲令德，孝實動天。加以英威茂略，雄圖武算，指麾則丹浦不戰，顧眄則阪泉自蕩。地維絕而重紐，天柱傾而更植。鑿河津於孟門，百川復啓；補穹儀以五石，萬物再生。縱陛下拂衫衣而遊廣成，登崆山而去東

十一月，以領軍胡僧祐都督城東城北諸軍事，右僕射張綰爲副；左僕射王褒都督城西城南諸軍事，直殿省元景亮爲副。王公卿士各有守備。丙戌，世祖遍行都栅，皇太子巡行城樓，使居民助運水石，〔三四〕諸要害所，並增兵備。丁亥，魏軍至栅下。〔三五〕丙申，徵廣州刺史王琳入援。丁酉，大風，城內火。以胡僧祐爲開府儀同三司，嶲州刺史裴畿爲領軍將軍。庚子，信州刺史徐世譜、晉安王司馬任約軍次馬頭岸。戊申，胡僧祐、朱買臣等率兵出戰，買臣敗績。己酉，降左僕射王褒爲護軍將軍。辛亥，魏軍大攻，〔三六〕世祖出枇杷門，親臨陣督戰。胡僧祐中流矢薨。六軍敗績。反者斬西門關以納魏師，城陷于西魏。世祖見執，如蕭詧營，又遷還城內。

十二月丙辰，徐世譜、任約退戍巴陵。辛未，西魏害世祖，遂崩焉，時年四十七。太子元良、始安王方略皆見害。乃選百姓男女數萬口，分爲奴婢，驅入長安；小弱者皆殺之。明年四月，追尊爲孝元皇帝，廟曰世祖。

世祖聰悟俊朗，天才英發。年五歲，高祖問：「汝讀何書？」對曰：「能誦曲禮。」高祖曰：「汝試言之。」卽誦上篇，左右莫不驚歎。初生患眼，高祖自下意治之，遂盲一目，彌加愍愛。既長好學，博總羣書，下筆成章，出言爲論，才辯敏速，冠絕一時。高祖嘗問曰：「孫策昔在江東，于時年幾？」答曰：「十七。」高祖曰：「正是汝年。」賀革爲府諮議，敕革講三禮。世祖性

不好聲色，頗有高名，與裴子野、劉顯、蕭子雲、張纘及當時才秀爲布衣之交，著述辭章，多行於世。在尋陽，夢人曰：「天下將亂，王必維之。」又背生黑子，巫媼見曰：「此大貴兆，當不可言。」初，賀革西上，意甚不悅，過別御史中丞江革，以情告之。革曰：「吾嘗夢主上遍見諸子，至湘東王，手脫帽授之。此人後必當璧，卿其行乎！」革從之。及太清之難，乃能克復，故遐邇樂推，遂膺寶命矣。所著孝德傳三十卷，忠臣傳三十卷，丹陽尹傳十卷，注漢書一百一十五卷，周易講疏十卷，內典博要一百卷，連山三十卷，洞林三卷，玉韜十卷，補闕子十卷，老子講疏四卷，全德志、懷舊志、荊南志、江州記、貢職圖、古今同姓名錄一卷，筮經十二卷，式贊三卷，文集五十卷。

史臣曰：梁季之禍，巨寇憑壘，世祖時位長連率，有全楚之資，應身率羣后，枕戈先路。虛張外援，事異勤王，在於行師，曾非百舍。後方殲夷大憝，用寧宗社，握圖南面，光啓中興，亦世祖雄才英略，紹茲寶運者也。而稟性猜忌，不隔疏近，御下無術，履冰弗懼，故鳳闕伺晨之功，火無內照之美。以世祖之神睿特達，留情政道，不怵邪說，徙蹕金陵，左鄰强寇，將何以作。是以天未悔禍，蕩覆斯生，悲夫！

校勘記

〔一〕太子舍人蕭韶至江陵宣密詔　「韶」各本訛「歆」，據南史及通鑑改正。

〔二〕六月丙午遣世子方等帥衆討譽　「六月」各本作「十月」。按下文出「九月」，十月不應在九月前。南史但云「七月」，不書日。是年七月甲寅朔，無丙午，亦不合。通鑑作「六月丙午」，其月乙酉朔，丙午爲二十二日，今據改。

〔三〕七月又遣鎮兵將軍鮑泉代討譽　「七月」原作「是月」。按南史以遣方等鮑泉並繫於七月；通鑑以遣方等繫於六月，遣鮑泉繫於七月。今既據通鑑改上文「十月」爲「六月」，則此「是月」亦當據通鑑、南史改爲七月，方與史實相合。

〔四〕南通五嶺北出力原　地名不見有名「力原」者，疑有誤。或謂是「九原」之譌，但是時北魏都洛陽，漢水以北皆是魏土，漢九原在今後套東北，不容遠指九原以對五嶺爲言。

〔五〕定州刺史杜幼安帥衆下武昌　「幼」各本譌「多」，據本書徐文盛傳及通鑑改正。按：杜幼安附本書杜崱傳，謂幼安爲西荊州刺史，與此不同。

〔六〕四月丙午　各本作「閏四月丙午」。按：大寶二年閏三月，不閏四月。閏三月甲戌朔，無丙午。通鑑作「四月丙午」是，今據通鑑删「閏」字。

〔七〕四人有令　按：「人」當作「民」，此姚思廉避唐諱改。後漢崔寔有四民月令。

〔八〕家隕桓山之泣　百衲本、南監本「桓」字墨丁。殿本作「家有隕山之泣」。册府元龜一八五作「家隕常山之泣」。按孔子家語：「顏回……聞……哭聲，非但爲死者而已，又有生離別者也。……桓山之鳥，生四子焉，羽翼既成，將分于四海，其母悲鳴而送之，哀聲有似於此。」蕭繹討侯景檄文正用此典，言侯景肆虐，江南人民家家有死別生離之苦。又顏氏家訓文章篇：「堂上養老，送兄賦桓山之悲。」亦用此典。宋刻太平御覽三八八引家語，「桓山」譌作「恒山」。宋閩刻本顏氏家訓，「桓山」亦譌作「恒山」，見沈揆考證後跋。疑北宋初所見梁書抄本，此「桓山」亦譌「恒山」，故册府元龜之纂修者，避宋眞宗名恒，改作「常山」。查家語此條出自說苑，而說苑本作「完山」，「完」「桓」字異音同，則作「桓山」者不誤，而作「恒山」者誤也。今仍改作「桓山」。

〔九〕州冤本毒　册府元龜一八五作「煩冤荼毒」。

〔一〇〕淺原度彭蠡　「原」各本作「源」。按：「淺原」卽禹貢之「敷淺原」。尚書禹貢：「過九江至於敷淺原」。高平曰原，卽今廬山東南之麓瀕於彭蠡者。

〔一一〕光武止蕭王　「止蕭王」各本作「不止戈」。據南史及藝文類聚一四改。

〔一二〕舊郊既復函雒已平　「舊郊」疑當從南史作「舊邦」。

〔一三〕世祖遣兼司空蕭泰祠部尚書樂子雲拜謁塋陵　「蕭泰」各本作「蕭太」，據南史及通鑑改。蕭泰，周書、北史各有傳，云「梁元帝平侯景，以泰爲兼太常卿」，與此云「兼司空」不同。

〔一四〕魏遣太師潘樂辛術等寇秦郡　「潘樂」各本作「潘洛」，據南史改。按：潘樂、辛術，北齊書、北史並有傳。二人又並先仕魏，後入齊，故此作「魏」，而南史作「齊」。

〔一五〕圖書斯歸　「圖書」各本作「圖畫」。據藝文類聚一四改。按：圖書乃河圖洛書之省稱。

〔一六〕卦起龍圖　「卦」各本誤作「封」，據龔道耕蛛隱廬日箋（稿本）改。

〔一七〕宗王啓霸非勞陽武之侯　「宗」各本譌「宋」，據藝文類聚一四改。按：此用漢文帝劉恒以代王入卽帝位事。宗王，指代王劉恒；陽武侯，指陳平。

〔一八〕隨勢汙隆　文苑英華六〇〇「勢」作「世」。按：此姚思廉避唐諱改。

〔一九〕琳長史陸納及其將潘烏累等舉兵反　「琳」下各本衍一「州」字。張元濟梁書校勘記：「按『州』字衍，當作『琳長史陸納』，見杜崱傳及南史。」今刪。

〔二〇〕朕雖云撥亂且非創業　「且」册府元龜一八八、二〇八並作「自」，疑作「自」是。

〔二一〕孝子義孫　「義」册府元龜二〇八作「從」。原注：「梁武帝父名順之，故曰『從孫』。」

〔二二〕營州刺史李洪雅自零陵率衆出空靈灘　「空靈灘」原作「空雲灘」。本書王僧孺傳「李洪雅又自零陵率衆出空靈灘」。又通鑑梁元帝承聖元年，「洪雅等退保空雲城」，胡注「姚思廉梁書作『空靈灘』」，是胡氏所見本「雲」作「靈」。下「空雲城」亦當作「空靈城」。今並改正。

〔二三〕詔王僧辯率衆軍士討陸納　張森楷梁書校勘記：「士，疑當作上。士字無義，蓋刻誤。」

〔二四〕以吏部尚書王褒爲尚書右僕射　「右僕射」各本作「左僕射」。按：本傳及北史王褒傳均作「右僕射」。下十一月戊戌，「以尚書右僕射王褒爲尚書左僕射，湘東太守張綰爲尚書右僕射」，可見其時王褒尚是右僕射，至十一月始爲左僕射，今據改。

〔二五〕三月庚午　「三月」各本作「二月」，譌。按是年二月甲午朔，無庚午，亦無下文之「辛未」、「丙子」、「庚寅」；三月癸亥朔，有庚午、辛未、丙子、庚寅，今改正。

〔二六〕潼州刺史楊乾運以城降　「楊乾運」各本作「楊虔運」，據南史及通鑑改。

〔二七〕六月乙卯　「乙卯」百衲本、南監本、北監本、殿本譌「乙酉」；汲古閣本、金陵局本譌「乙丑」；南史作「乙卯」；通鑑作「乙未」。按是年六月壬辰朔，無乙酉、乙丑，有乙未、乙卯。乙未爲初四日，乙卯爲二十四日。今據南史改「乙卯」。

〔二八〕巴人苻昇徐子初斬賊城主公孫晃　「巴」通鑑作「巴東」，是。本書武陵王紀傳作「巴興」。

〔二九〕宜從青蓋之典　「典」各本譌「興」，據册府元龜一九六改。按王子爲王，賜乘青蓋車，見續漢書與服志。

〔三〇〕魏遣郭元建治舟師於合肥　「魏」南史及通鑑並作「齊」。張森楷梁書校勘記：「據此是齊事而云魏，非也。」按：下「魏江西州郡並起兵應之」，「魏」亦當作「齊」。

〔三一〕又遣大將邢杲遠步大汗薩東方老率衆會之　「步大汗薩」各本訛作「步六汗薩」，據南史、通鑑改。「邢杲遠」南史、通鑑並作「邢景遠」。通鑑考異云：「梁書作邢杲遠，今從北齊書、北史。」

〔三二〕加南豫州刺史侯瑱征北將軍開府儀同三司　「征北將軍」下，各本衍「安東」二字，今刪。

〔三三〕以司徒王僧辯爲太尉車騎大將軍　各本脫「大」字，據本傳及南史、通鑑補。

〔三四〕使居民助運水石　「水」疑爲「木」字之譌。

〔三五〕丁亥魏軍至柵下　「丁亥」各本作「丁卯」，據南史及通鑑改。是月癸未朔，無丁卯，有丁亥。

〔三六〕辛亥魏軍大攻　「辛亥」各本作「辛卯」，據南史改。按上文已出丙申、丁酉、庚子、戊申、己酉，辛卯不應在其後，其誤顯然。

梁書卷六

本紀第六

敬帝

敬皇帝諱方智，字慧相，小字法眞，世祖第九子也。太清三年，封興梁侯。承聖元年，封晉安王，邑二千戶。二年，出爲平南將軍、江州刺史。三年十一月，江陵陷，太尉揚州刺史王僧辯、司空南徐州刺史陳霸先定議，以帝爲太宰、承制，奉迎還京師。四年二月癸丑，至自尋陽，入居朝堂。以太尉王僧辯爲中書監、錄尚書、驃騎將軍、都督中外諸軍事。〔一〕加司空陳霸先班劍三十人。以豫州刺史侯瑱爲江州刺史，儀同三司、湘州刺史蕭循爲太尉，儀同三司、廣州刺史蕭勃爲司徒，鎭東將軍張彪爲郢州刺史。

三月，齊遣其上黨王高渙送貞陽侯蕭淵明來主梁嗣，至東關，遣吳興太守裴之橫與戰，敗績，之橫死。太尉王僧辯率衆出屯姑孰。四月，司徒陸法和以郢州附于齊，遣江州刺史

侯瑱討之。七月辛丑，王僧辯納貞陽侯蕭淵明，自采石濟江。甲辰，入于京師，以帝爲皇太子。九月甲辰，司空陳霸先舉義，襲殺王僧辯，黜蕭淵明。丙午，帝卽皇帝位。

紹泰元年冬十月己巳，詔曰：「王室不造，嬰罹禍釁，西都失守，朝廷淪覆，先帝梓宮，播越非所，王基傾弛，率土罔戴。朕以荒幼，仍屬艱難，泣血枕戈，志復讐逆。大恥未雪，夙宵鯁憤。羣公卿尹，勉以大義，越登寡闇，嗣奉洪業。顧惟夙心，念不至此。庶仰憑先靈，傍資將相，克清元惡，謝冤陵寢。今墜命載新，宗祊更祀，慶流億兆，豈予一人。可改承聖四年爲紹泰元年，大赦天下，內外文武賜位一等。」以貞陽侯淵明爲司徒，封建安郡公，食邑三千戶。壬子，以司空陳霸先爲尙書令、都督中外諸軍事、車騎將軍、揚南徐二州刺史，司空如故。震州刺史杜龕舉兵，攻信武將軍陳蒨於長城，義興太守韋載據郡以應之。癸丑，進太尉蕭循爲太保，新除司徒建安公淵明爲太傅，司徒蕭勃爲太尉。以鎭南將軍王琳爲車騎將軍、開府儀同三司。戊午，尊所生夏貴妃爲皇太后。立妃王氏爲皇后。鎭東將軍、揚州刺史張彪進號征東大將軍。〔二〕鎭北將軍、譙秦二州刺史徐嗣徽進號征北大將軍。征南將軍、南豫州刺史任約進號征南大將軍。辛未，詔司空陳霸先東討韋載。丙子，任約、徐嗣徽舉兵反，乘京師無備，竊據石頭。丁丑，韋載降，義興平。遣晉陵太守周文育率軍援

長城。

十一月庚辰，齊安州刺史翟子崇、楚州刺史劉仕榮、淮州刺史柳達摩率衆赴任約，入于石頭。庚寅，司空陳霸先旋于京師。

十二月庚戌，徐嗣徽、任約又相率至采石，迎齊援。丙辰，遣猛烈將軍侯安都水軍於江寧邀之，賊衆大潰，嗣徽、約等奔于江西。庚申，翟子崇等請降，並放還北。

太平元年春正月戊寅，大赦天下，其與任約、徐嗣徽協契同謀，一無所問。追贈簡文皇帝諸子。以故永安侯確子後襲封邵陵王，奉攜王後。癸未，鎭東將軍、震州刺史杜龕降，詔賜死，曲赦吳興郡。己亥，以太保、宜豐侯蕭循襲封鄱陽王。東揚州刺史張彪圍臨海太守王懷振於剡巖。

二月庚戌，遣周文育、陳蒨襲會稽，討彪。癸丑，彪長史謝岐、司馬沈泰、軍主吳寶眞等舉城降，彪敗走。以中衞將軍臨川王大款卽本號開府儀同三司，中護軍桂陽王大成爲護軍將軍。丙辰，若耶村人斬張彪，傳首京師，曲赦東揚州。己未，罷震州，還復吳興郡。癸亥，賊徐嗣徽、任約襲采石戍，執戍主明州刺史張懷鈞，入于齊。甲子，以東土經杜龕、張彪抄暴，遣大使巡省。

三月丙子，罷東揚州，還復會稽郡。壬午，班下遠近並雜用古今錢。戊戌，齊遣大將蕭軌出柵口，向梁山，司空陳霸先軍主黃叢逆擊，大破之。軌退保蕪湖。遣周文育、侯安都衆軍，據梁山拒之。

夏四月丁巳，司空陳霸先表詣梁山撫巡將帥。壬申，侯安都輕兵襲齊行臺司馬恭於歷陽，〔三〕大破之，俘獲萬計。

五月癸未，太傅建安公淵明薨。庚寅，齊軍水步入丹陽縣。丙申，至秣陵故治。敕周文育還頓方丘，〔四〕徐度頓馬牧，杜稜頓大桁。癸卯，齊軍進據兒塘，輿駕出頓趙建故籬門，內外纂嚴。

六月甲辰，齊潛軍至蔣山龍尾，斜趨莫府山北，至玄武湖西北。〔五〕乙卯，司空陳霸先授衆軍節度，與齊軍交戰，大破之，斬齊北兗州刺史杜方慶及徐嗣徽、弟嗣宗，〔六〕生擒徐嗣彥、蕭軌、東方老、王敬寶、李希光、裴英起、劉歸義等，〔七〕皆誅之。戊午，大赦天下，軍士身殞戰場，悉遣斂祭，其無家屬，卽爲瘞埋。辛酉，解嚴。

秋七月丙子，車騎將軍、司空陳霸先進位司徒，加中書監，餘如故。丁亥，以開府儀同三司侯瑱爲司空。

八月己酉，太保鄱陽王循薨。

九月壬寅，改元大赦，孝悌力田賜爵一級，殊才異行所在奏聞，饑難流移勸歸本土。進新除司徒陳霸先爲丞相、錄尙書事、鎮衞大將軍、揚州牧，封義興郡公。中權將軍王沖卽本號開府儀同三司。吏部尙書王通爲尙書右僕射。丁巳，以郢州刺史徐度爲領軍將軍。

冬十一月乙卯，起雲龍、神虎門。

十二月壬申，進太尉、鎮南將軍蕭勃爲太保、驃騎將軍。以新除左衞將軍歐陽頠爲安南將軍、衡州刺史。壬午，平南將軍劉法瑜進號安南將軍。甲午，以前壽昌令劉叡爲汝陰王，前鎮西法曹、行參軍蕭紞爲巴陵王，奉宋、齊二代後。

二年春正月壬寅，詔曰：「夫子降靈體喆，經仁緯義，允光素王，載闡玄功，仰之者彌高，誨之者不倦。立忠立孝，德被蒸民，制禮作樂，道冠羣后。雖泰山頹峻，一老不遺，〔八〕而泗水餘瀾，千載猶在。自皇圖屯阻，祀薦不脩，奉聖之門，胤嗣殲滅，敬神之寢，簠簋寂寥。永言聲烈，實兼欽愴。外可搜舉魯國之族，以爲奉聖後；〔九〕並繕廟堂，供備祀典，四時薦秩，一皆遵舊。」是日，又詔「諸州各置中正，依舊訪舉。不得輒承單狀序官，皆須中正押上，然後量授。詳依品制，務使精實。其荆、雍、青、兗雖暫爲隔閡，衣冠多寓淮海，猶宜不廢司存。會計罷州，尙爲大郡，人士殷曠，可別置邑居。至如分割郡縣，新號州牧，並係本邑，不

勞兼置。其選中正，每求耆德該悉，以他官領之。」以車騎將軍、開府儀同三司王琳爲司空、驃騎大將軍。分尋陽、太原、齊昌、高唐、新蔡五郡，置西江州，卽於尋陽仍充州鎮。又詔「宗室在朝開國承家者，今猶稱世子，可悉聽襲本爵。」以尙書右僕射王通爲尙書左僕射。丁巳，鎮西將軍、益州刺史長沙王韶進號征南將軍。

二月庚午，領軍將軍徐度入東關。〔一〇〕太保、廣州刺史蕭勃舉兵反，遣僞帥歐陽頠、傅泰、勃從子孜爲前軍，南江州刺史余孝頃以兵會之。詔平西將軍周文育、平南將軍侯安都等率衆軍南討。戊子，徐度至合肥，燒齊船三千艘。癸巳，周文育軍於巴山生獲歐陽頠。

三月庚子，文育前軍丁法洪於蹠口生俘傅泰。蕭孜、余孝頃軍退走。甲辰，以新除司空王琳爲湘、郢二州刺史。甲寅，德州刺史陳法武、前衡州刺史譚世遠於始興攻殺蕭勃。

夏四月癸酉，曲赦江、廣、衡三州；並督內爲賊所拘逼者，並皆不問。己卯，鑄四柱錢，一准二十。齊遣使請和。壬辰，改四柱錢一准十。丙申，復閉細錢。蕭勃故主帥前直閤蘭敱襲殺譚世遠，敱仍爲亡命夏侯明徹所殺。勃故記室李寶藏奉懷安侯蕭任據廣州作亂。戊戌，侯安都進軍，余孝頃棄軍走，蕭孜請降，豫章平。

五月乙巳，平西將軍周文育進號鎮南將軍，侯安都進號鎮北將軍，並以本號開府儀同三司。丙午，以鎮軍將軍徐度爲南豫州刺史。戊辰，余孝頃遣使詣丞相府乞降。

秋八月甲午，加丞相陳霸先黃鉞，領太傅，劍履上殿，入朝不趨，贊拜不名，給羽葆、鼓吹。

九月辛丑，崇丞相爲相國，總百揆，封十郡爲陳公，備九錫之禮，加璽紱遠遊冠，位在王公上。加相國綠綟綬。置陳國百司。

冬十月戊辰，進陳公爵爲王，增封十郡，並前爲二十郡。命陳王冕十有二旒，建天子旌旂，出警入蹕，乘金根車，駕六馬，備五時副車，置旄頭雲罕，樂儛八佾，設鍾虡宮縣。王后王子女爵命之典，一依舊儀。辛未，詔曰：

五運更始，三正迭代，司牧黎庶，是屬聖賢，用能經緯乾坤，彌綸區宇，大庇黔首，闡揚洪烈。革晦以明，積代同軌，百王踵武，咸由此則。〔一一〕梁德湮微，禍難荐發：太清云始，用困長蛇；承聖之年，又罹封豕；爰至天成，重竊神器。三光亟改，七廟乏祀，含生已泯，鼎命斯墜，我皇之祚，眇若綴旒，靜惟屯、剝，夕惕載懷。

相國陳王，有縱自天，降神惟嶽，天地合德，晷曜齊明。拯社稷之橫流，提億兆之塗炭。東誅叛逆，北殲獯醜，威加四海，仁漸萬國。復張崩樂，重紀絕禮，儒館聿脩，戎亭虛候。雖大功在舜，盛績維禹，巍巍蕩蕩，無得而稱。來獻白環，豈直皇虞之世；入貢素雉，非止隆周之日。故効珍川陸，表瑞煙雲，玉露醴泉，旦夕凝涌，嘉禾瑞草，孳植郊甸，

道昭於悠代，勳格於皇穹。明明上天，光華日月，革故著於玄象，代德彰於讖圖，獄訟有違，〔一二〕謳歌爰適，天之曆數，實有攸在。朕雖庸藐，闇於古昔，永稽崇替，爲日已久，敢忘列代之遺典，人祇之至願乎！〔一三〕今便遜位別宮，敬禪于陳，一依唐虞、宋齊故事。

陳王踐阼，奉帝爲江陰王，薨于外邸，時年十六，追謚敬皇帝。

史臣曰：梁季橫潰，喪亂屢臻，當此之時，天曆去矣，敬皇高讓，將同釋負焉。

史臣侍中、鄭國公魏徵曰：「高祖固天攸縱，聰明稽古，道亞生知，學爲博物，允文允武，多藝多才。爰自諸生，有不羈之度，屬昏凶肆虐，天倫及禍，收合義旅，將雪家寃。曰紂可伐，不期而會，龍躍樊、漢，電擊湘、郢，翦離德如振槁，取獨夫如拾遺。其雄才大略，固無得而稱矣。既懸白旗之首，方應皇天之眷，布德施惠，悅近來遠，開蕩蕩之王道，革靡靡之商俗，大脩文敎，盛飾禮容，鼓扇玄風，闡揚儒業，介冑仁義，折衝罇俎，聲振寰宇，澤流遐裔，干戈載戢，凡數十年。濟濟焉，洋洋焉，魏、晉已來，未有若斯之盛。然不能息末敦本，斲彫爲樸，慕名好事，崇尚浮華，抑揚孔、墨，流連釋、老。或經夜不寢，或終日不食，非弘道以利

物，惟飾智以驚愚。且心未遺榮，虛厠蒼頭之伍；高談脫屣，終戀黃屋之尊。夫人之大欲，在乎飲食男女，至於軒冕殿堂，非有切身之急。高祖屏除嗜慾，眷戀軒冕，得其所難而滯於所易，可謂神有所不達，智有所不通矣。逮夫精華稍竭，鳳德已衰，惑於聽受，權在姦佞，儲后百辟，莫得盡言。險躁之心，暮年愈甚。見利而動，愎諫違卜，開門揖盜，棄好卽讎，釁起蕭牆，禍成戎羯，身殞非命，災被億兆，衣冠斃鋒鏑之下，老幼粉戎馬之足。瞻彼黍離，痛深周廟；永言麥秀，悲甚殷墟。自古以安爲危，旣成而敗，顚覆之速，書契所未聞也。易曰：『天之所助者信，人之所助者順。』〔一四〕高祖之遇斯屯剝，不得其死，蓋動而之險，不由信順，失天人之所助，其能免於此乎！

「太宗聰睿過人，神彩秀發，多聞博達，富贍詞藻。然文豔用寡，華而不實，體窮淫麗，義罕疏通，哀思之音，遂移風俗，以此而貞萬國，異乎周誦、漢莊矣。我生不辰，載離多難，桀逆搆扇，巨猾滔天，始自牖里之拘，終類望夷之禍。悠悠蒼天，其可問哉！

「昔國步初屯，兵纏魏闕，羣后釋位，投袂勤王。元帝以盤石之宗，受分陝之任，屬君親之難，居連率之長，不能撫劍嘗膽，枕戈泣血，躬先士卒，致命前驅；遂乃擁衆逡巡，內懷觖望，坐觀時變，以爲身幸。不急莽、卓之誅，先行昆弟之戮。又沉猜忌酷，多行無禮。騁智辯以飾非，肆忿戾以害物。爪牙重將，心膂謀臣，或顧眄以就拘囚，或一言而及葅醢，朝之

君子，相顧懍然。自謂安若泰山，舉無遺策，怵於邪說，卽安荊楚。雖元惡克翦，社稷未寧，而西鄰責言，禍敗旋及。上天降鑒，此焉假手，天道人事，其可誣乎！其篤志藝文，採浮淫而棄忠信；戎昭果毅，先骨肉而後寇讎。雖口誦六經，心通百氏，有仲尼之學，有公旦之才，適足以益其驕矜，增其禍患，何補金陵之覆沒，何救江陵之滅亡哉！

「敬帝遭家不造，紹茲屯運，征伐有所自出，政刑不由於己，時無伊、霍之輔，焉得不爲高讓歟？」

校勘記

〔一〕以太尉王僧辯爲中書監錄尙書驃騎將軍都督中外諸軍事　按「驃騎將軍」本傳及南史、通鑑俱作「驃騎大將軍」，此脫「大」字。

〔二〕鎭東將軍揚州刺史張彪進號征東大將軍　張森楷梁書校勘記：「上文書彪爲郢州，而此云揚州，必有一誤。」按下文又云「東揚州刺史張彪」，「曲赦東揚州」，疑此「揚州」上脫一「東」字。

〔三〕壬申侯安都輕兵襲齊行臺司馬恭於歷陽　「壬申」各本作「壬午」，據南史改。按是月乙巳朔，無壬午。

〔四〕敕周文育還頓方丘　「方丘」陳書高祖紀、南史陳武帝紀及通鑑俱作「方山」。

〔五〕至玄武湖西北　「湖」各本譌作「廟」，據陳書及南史改正。

〔六〕斬齊北兗州刺史杜方慶及徐嗣徽弟嗣宗　張森楷梁書校勘記：「嗣徽下當更有嗣徽二字，陳書高祖紀可證。」按陳書高祖紀作「生執徐嗣徽及其弟嗣宗，斬之以徇。」

〔七〕生擒徐嗣彥蕭軌東方老王敬寶李希光裴英起劉歸義等　「徐嗣彥」各本訛爲「徐嗣產」，據陳書及南史改正。

〔八〕一老不遺　「老」各本作「賞」，據册府元龜一九四改正。按「不憖遺一老」，魯哀公誄孔子語，見左傳哀公十六年。

〔九〕以爲奉聖後　「後」南史及册府元龜一九四作「侯」。

〔一〇〕領軍將軍徐度入東關　南史及册府元龜二一七「領」上有「遣」字。

〔一一〕咸由此則　各本作「咸此由則」，據陳書高祖紀乙正。

〔一二〕獄訟有違　陳書高祖紀「違」作「歸」。按：此用詩大雅緜「虞芮質厥成」故事，作「歸」義較長。

〔一三〕敢忘列代之遺典人祇之至願乎　「列」各本訛「烈」。「敢忘列代之」下，各本脫「遺典人祇之」五字。據陳書高祖紀改補。

〔一四〕天之所助者信人之所助者順　張森楷梁書校勘記：「南史『信』『順』二字互易，與易文合。」按「天之所助者順也，人之所助者信也」，見易繫辭上。

梁書卷七

列傳第一

太祖張皇后　高祖郗皇后　太宗王皇后　高祖丁貴嬪

高祖阮脩容　世祖徐妃

易曰：「有天地然後有萬物，有萬物然後有男女，有男女然後有夫婦。」夫婦之義尙矣哉！周禮，王者立后六宮，三夫人、九嬪、二十七世婦、八十一御妻，以聽天下之內治。故昏義云：「天子之與后，猶日之與月，陰之與陽，相須而成者也。」漢初因秦稱號，帝母稱皇太后，后稱皇后，而加以美人、良人、八子、七子之屬。至孝武制婕妤之徒凡十四等。降及魏、晉，母后之號，皆因漢法；自夫人以下，世有增損焉。高祖撥亂反正，深鑒奢逸，惡衣菲食，務先節儉。配德早終，長秋曠位，嬪嬙之數，無所改作。太宗、世祖出自儲藩，而妃並先殂，又不建椒閫。今之撰錄，止備闕云。

太祖獻皇后張氏諱尙柔，范陽方城人也。祖次惠，宋濮陽太守。后母蕭氏，卽文帝從姑。后，宋元嘉中嬪於文帝，生長沙宣武王懿、永陽昭王敷，次生高祖。

初，后嘗於室內，忽見庭前昌蒲生花，光彩照灼，非世中所有。后驚視，謂侍者曰：「汝見不？」對曰：「不見。」后曰：「嘗聞見者當富貴。」因遽取呑之。是月產高祖。將產之夜，后見庭內若有衣冠陪列焉。次生衡陽宣王暢、義興昭長公主令嫕。宋泰始七年，殂于秣陵縣同夏里舍，葬武進縣東城里山。天監元年五月甲辰，追上尊號爲皇后，〔一〕謚曰獻。

父穆之，字思靜，晉司空華六世孫。曾祖輿坐華誅，徙興古，未至召還。及過江，爲丞相掾，太子舍人。穆之少方雅，有識鑒。宋元嘉中，爲員外散騎侍郎。與吏部尙書江湛、太子左率袁淑善，淑薦之於始興王濬，濬深引納焉。穆之鑒其禍萌，思違其難，言於湛求外出。湛將用爲東縣，固乞遠郡，久之，得爲寧遠將軍、交阯太守。治有異績。會刺史死，交土大亂，穆之威懷循拊，境內以寧。宋文帝聞之嘉焉，將以爲交州刺史，會病卒。子弘籍，字眞藝，齊初爲鎭西參軍，卒於官。高祖踐阼，追贈穆之光祿大夫，加金章。又詔曰：「亡舅齊鎭西參軍，素風雅猷，夙肩名輩，降年不永，早世潛輝。朕少離苦辛，情地彌切，雖宅相克成，輅車靡贈，興言永往，觸目慟心。可追贈廷尉卿。」弘籍無子，從父弟弘策以第三子纘爲嗣，別有傳。

高祖德皇后郗氏諱徽，高平金鄉人也。祖紹，國子祭酒，領東海王師。父燁，太子舍人，早卒。

初，后母尋陽公主方娠，夢當生貴子。及生后，有赤光照于室內，器物盡明，家人皆怪之。巫言此女光采異常，將有所妨，乃於水濱祓除之。

后幼而明慧，善隸書，讀史傳。女工之事，無不閑習。宋後廢帝將納爲后；齊初，安陸王緬又欲婚：郗氏並辭以女疾，乃止。建元末，高祖始娉焉。生永興公主玉姚，永世公主玉婉，永康公主玉嬛。

建武五年，高祖爲雍州刺史，〔二〕先之鎭，後乃迎后。至州未幾，永元元年八月殂于襄陽官舍，時年三十二。其年歸葬南徐州南東海武進縣東城里山。中興二年，齊朝進高祖位相國，封十郡，梁公，詔贈后爲梁公妃。高祖踐阼，追崇爲皇后。有司議謚，吏部尙書兼右僕射臣約議曰：「表號垂名，義昭不朽。先皇后應祥月德，比載坤靈，柔範陰化，儀形自遠。伣天作合，義先造舟，而神猷夙掩，所隔升運，宜式遵景行，用昭大典。謹按謚法，忠和純備曰德，貴而好禮曰德。宜崇曰德皇后。」詔從之。陵曰脩陵。

后父燁，詔贈金紫光祿大夫。燁尙宋文帝女尋陽公主，齊初降封松滋縣君。燁子泛，中軍臨川王記室參軍。

太宗簡皇后王氏諱靈賓，琅邪臨沂人也。祖儉，太尉、南昌文憲公。

后幼而柔明淑德，叔父暕見之曰：「吾家女師也。」天監十一年，拜晉安王妃。生哀太子大器，南郡王大連，長山公主妙䂂。中大通三年十月，拜皇太子妃。〔三〕太清三年三月，薨于永福省，時年四十五。其年，太宗卽位，追崇爲皇后，謚曰簡。大寶元年九月，葬莊陵。先是詔曰：「簡皇后窀穸有期。昔西京霸陵，因山爲藏；東漢壽陵，流水而已。朕屬値時艱，歲饑民弊，方欲以身率下，永示敦朴。今所營莊陵，務存約儉。」又詔金紫光祿大夫蕭子範爲哀策文。

父騫，字思寂，本名玄成，與齊高帝偏諱同，故改焉。以公子起家員外郎，遷太子洗馬，襲封南昌縣公，出爲義興太守。還爲驃騎諮議，累遷黃門郎，司徒右長史。性凝簡，不狎當世。嘗從容謂諸子曰：「吾家門戶，所謂素族，自可隨流平進，不須苟求也。」永元末，遷侍中，不拜。高祖霸府建，引爲大司馬諮議參軍，俄遷侍中，領越騎校尉。

高祖受禪，詔曰：「庭堅世祀，靡輟於宗周，樂毅錫壤，乃昭於洪漢。齊故太尉南昌公，含章履道，草昧興齊，謨明翊贊，同符在昔。雖子房之蔚爲帝師，文若之隆比王佐，無以尙也。朕膺曆受圖，惟新寶命，莘莘玉帛，升降有典。永言前代，敬惟徽烈，匪直懋勳，義兼懷樹。可降封南昌縣公爲侯，食邑千戶。」騫襲爵，遷度支尙書。天監四年，出爲東陽太守，尋徙吳郡。八年，入爲太府卿，領後軍將軍，遷太常卿。十一年，遷中書令，加員外散騎常侍。

時高祖於鍾山造大愛敬寺，騫舊墅在寺側，有良田八十餘頃，卽晉丞相王導賜田也。高祖遣主書宣旨就騫求市，欲以施寺。騫答旨云：「此田不賣；若是敕取，所不敢言。」酬對又脫略。高祖怒，遂付市評田價，以直逼還之。由是忤旨，出爲吳興太守。在郡臥疾不視事。徵還，復爲度支尙書，加給事中，領射聲校尉。以母憂去職。

普通三年十月卒，時年四十九。詔贈侍中、金紫光祿大夫，諡曰安。子規襲爵，別有傳。

高祖丁貴嬪諱令光，譙國人也，世居襄陽。貴嬪生于樊城，有神光之異，紫煙滿室，故以「光」爲名。相者云：「此女當大貴。」高祖臨州，丁氏因人以聞。貴嬪時年十四，高祖納焉。初，貴嬪生而有赤痣在左臂，治之不滅，至是無何忽失所在。事德皇后小心祗敬，嘗於供養經案之側，髣髴若見神人，心獨異之。

高祖義師起，昭明太子始誕育，貴嬪與太子留在州城。京邑平，乃還京都。天監元年五月，有司奏爲貴人，未拜；其年八月，又爲貴嬪，位在三夫人上，居于顯陽殿。及太子定位，有司奏曰：

禮，母以子貴。皇儲所生，不容無敬。宋泰豫元年六月，議百官以吏敬敬帝所生陳太妃，則宋明帝在時，百官未有敬。臣竊謂「母以子貴」，義著春秋。皇太子副貳宸極，率土咸執吏禮，既盡禮皇儲，則所生不容無敬。但帝王妃嬪，義與外隔，以理以例，無致敬之道也。今皇太子聖睿在躬，儲禮夙備，子貴之道，抑有舊章。王侯妃主常得通信問者，及六宮三夫人雖與貴嬪同列，並應以敬皇太子之禮敬貴嬪。宋元嘉中，始興、武陵國臣並以吏敬敬所生潘淑妃、路淑媛。貴嬪於宮臣雖非小君，其義不異，與宋泰豫朝議百官以吏敬敬帝所生，事義正同。謂宮闕施敬〔四〕宜同吏禮，詣神虎門奉牋致謁；年節稱慶，亦同如此。婦人無闔外之事，賀及問訊牋什，所由官報聞而已。夫婦人之道，義無自專，若不仰繫於夫，則當俯繫於子。榮親之道，應極其所榮，未有子所行而所從不足者也。故春秋凡王命爲夫人，則禮秩與子等。列國雖異於儲貳，而從尊之義不殊，前代依准，布在舊事。貴嬪載誕元良，克固大業，禮同儲君，實惟舊典。尋前代始置貴嬪，位次皇后，爵無所視；其次職者，位視相國，爵比諸侯王。此貴嬪之禮，已高朝列；況母儀春宮，義絕常算。且儲妃作配，率由盛則；以婦踰姑，彌乖從序。謂貴嬪典章，一與太子不異。〔五〕

於是貴嬪備典章禮數，同于太子，言則稱令。

貴嬪性仁恕，及居宮內，接馭自下，皆得其歡心。不好華飾，器服無珍麗，未嘗爲親戚私謁。及高祖弘佛教，貴嬪奉而行之，屏絕滋腴，長進蔬膳。受戒日，甘露降于殿前，方一丈五尺。高祖所立經義，皆得其指歸。尤精淨名經。所受供賜，悉以充法事。

普通七年十一月庚辰薨，〔六〕殯於東宮臨雲殿，年四十二。詔吏部郎張纘爲哀策文曰：

蕆塗既啓，桂罇虛凝，龍帷已薦，象服將升。皇帝傷璧臺之永閟，悼曾城之不踐，寵鄉歌乎燕樂，廢徹齊於祀典。風有采繁，化行南國，爰命史臣，俾流嬪德。其辭曰：

軒緯之精，江漢之英；歸于君袂，生此離明。誕自厥初，時維載育；樞電繞郊，神光照屋。爰及待年，含章早穆；聲被洽陽，譽宣中谷。龍德在田，聿恭茲祀；陰化代終，王

風攸始。動容諧式，出言顧史；宜其家人，刑于國紀。膺斯眷命，從此宅心；狄綴采珩，珮動雅音。日中思戒，月滿懷箴；如何不蹋，天高照臨。玄紞莫脩，褘章早缺；成物誰能，芳猷有烈。素魄貞明，紫宮炤晰；逮下靡傷，思賢罔蔽。躬儉則節，昭事惟虔；金玉無玩，筐筥不捐。祥流德化，慶表親賢；甄昌軼啓，孕魯陶燕。方論婦敎，明章闈席；玄池早扃，湘沅已穸。展衣委華，朱幘寢迹；慕結儲闈，哀深蕃辟。嗚呼哀哉！

令龜兆良，葆引遷祖；具僚次列，承華接武。日杳杳以霾春，風凄凄而結緒；去曾掖以依遲，飾新宮而延佇。嗚呼哀哉！

啓丹旗之星旆，振容車之黼裳；擬靈金而鬱楚，泛悽管而凝傷。遺備物乎營寢，掩重闇於窐皇；椒風暖兮猶昔，蘭殿幽而不陽。嗚呼哀哉！

側闈高義，彤管有懌；道變虞風，功參唐跡。婉如之人，休光赤舄；施諸天地，而無朝夕。嗚呼哀哉！

有司奏諡曰穆。太宗卽位，追崇曰穆太后。

太后父仲遷，天監初，官至兗州刺史。

高祖阮脩容諱令嬴，本姓石，會稽餘姚人也。齊始安王遙光納焉。遙光敗，入東昏宮。建康城平，高祖納爲綵女。天監七年八月，生世祖。〔七〕尋拜爲脩容，常隨世祖出蕃。大同六年六月，薨于江州內寢，時年六十七。其年十一月，歸葬江寧縣通望山。謚曰宣。世祖卽位，有司奏追崇爲文宣太后。承聖二年，追贈太后父齊故奉朝請靈寶散騎常侍、左衞將軍，封武康縣侯，邑五百戶；母陳氏，武康侯夫人。

世祖徐妃諱昭佩，東海郯人也。祖孝嗣，太尉、枝江文忠公。父緄，侍中、信武將軍。天監十六年十二月，拜湘東王妃。生世子方等、益昌公主含貞。太清三年五月，被譴死，葬江陵瓦官寺。

史臣曰：后妃道贊皇風，化行天下，蓋取葛覃、關雎之義焉。至於穆貴嬪，徽華早著，

誕育元良，德懋六宮，美矣。世祖徐妃之無行，自致殲滅，宜哉。

校勘記

〔一〕天監元年五月甲辰追上尊號爲皇后　追上尊號之日期，武帝紀作四月丙寅，南史梁本紀作閏四月。按是年五月戊午朔，無甲辰，閏四月戊子朔，有甲辰，是「五月」當作「閏四月」。

〔二〕建武五年高祖爲雍州刺史　按：齊明帝建武五年四月，改元永泰。據南齊書明帝紀，以蕭衍爲雍州刺史在永泰元年七月，已在改元之後，「建武五年」應作「永泰元年」。

〔三〕中大通三年十月拜皇太子妃　「中大通」各本皆作「大通」，脫「中」字。大通三年十月改元中大通，其時昭明太子尚在，何得別立太子妃？明「大通」乃「中大通」之譌脫，今補。

〔四〕謂宮闈施敬　「闈」，南史作「僚」。

〔五〕謂貴嬪典章一與太子不異　各本脫「一與」二字，據南史補。

〔六〕普通七年十一月庚辰薨　各本脫「一」字，據本書武帝紀、昭明太子傳及通鑑補。

〔七〕天監七年八月生世祖　「七年」各本及南史作「六年」。按元帝紀，元帝生於天監七年八月，死於承聖三年，時年四十七。承聖三年上距天監七年，首尾正四十七年。作「六年」譌，今改正。

梁書卷八

列傳第二

昭明太子　哀太子　愍懷太子

昭明太子統字德施，高祖長子也。母曰丁貴嬪。初，高祖未有男，義師起，太子以齊中興元年九月生于襄陽。高祖既受禪，有司奏立儲副，高祖以天下始定，百度多闕，未之許也。羣臣固請，天監元年十一月，立爲皇太子。時太子年幼，依舊居於內，拜東宮官屬，文武皆入直永福省。

太子生而聰叡，三歲受孝經、論語，五歲遍讀五經，悉能諷誦。五年六月庚戌，始出居東宮。〔一〕太子性仁孝，自出宮，恒思戀不樂。高祖知之，每五日一朝，多便留永福省，或五日三日乃還宮。八年九月，於壽安殿講孝經，盡通大義。講畢，親臨釋奠于國學。十四年正月朔旦，高祖臨軒，冠太子於太極殿。舊制，太子著遠遊冠，金蟬翠緌纓；至

是，詔加金博山。〔二〕

太子美姿貌，善舉止。讀書數行並下，過目皆憶。每遊宴祖道，賦詩至十數韻。或命作劇韻賦之，皆屬思便成，無所點易。高祖大弘佛教，親自講說；太子亦崇信三寶，遍覽衆經。乃於宮內別立慧義殿，專爲法集之所。招引名僧，談論不絕。太子自立二諦、法身義，〔三〕並有新意。普通元年四月，甘露降于慧義殿，咸以爲至德所感焉。

三年十一月，始興王憺薨。舊事，以東宮禮絕傍親，書翰並依常儀。太子意以爲疑，命僕劉孝綽議其事。〔四〕孝綽議曰：「案張鏡撰東宮儀記，稱『三朝發哀者，踰月不舉樂；鼓吹寢奏，服限亦然』。尋傍絕之義，義在去服，服雖可奪，情豈無悲，鐃歌輟奏，良亦爲此。既有悲情，宜稱兼慕，卒哭之後，依常舉樂，稱悲竟，此理例相符。謂猶應稱兼慕，至卒哭。」僕射徐勉、左率周捨、家令陸襄並同孝綽議。太子令曰：「張鏡儀記云『依士禮，終服月稱慕悼』。又云『凡三朝發哀者，踰月不舉樂』。劉僕議，云『傍絕之義，義在去服，服雖可奪，情豈無悲，卒哭之後，依常舉樂，稱悲竟，此理例相符』。尋情悲之說，非止卒哭之後，緣情爲論，此自難一也。用張鏡之舉樂，棄張鏡之稱悲，一鏡之言，取捨有異，此自難二也。陸家令止云『多歷年所』，恐非事證；雖復累稔所用，意常未安。近亦常經以此問外，由來立意，謂猶應有慕悼之言。張豈不知舉樂爲大，稱悲事小；所以用小而忽大，良亦有以。至如元正六佾，事爲

國章；雖情或未安，而禮不可廢。鐃吹軍樂，比之亦然，書疏方之，事則成小，差可緣心。聲樂自外，書疏自內，樂自他，書自己。劉僕之議，卽情未安。可令諸賢更共詳衷。」司農卿明山賓、步兵校尉朱异議，稱「慕悼之解，宜終服月」。於是令付典書遵用，以爲永準。

七年十一月，貴嬪有疾，太子還永福省，朝夕侍疾，衣不解帶。及薨，步從喪還宮，至殯，水漿不入口，每哭輒慟絕。高祖遣中書舍人顧協宣旨曰：「毀不滅性，聖人之制。禮，不勝喪比於不孝。有我在，那得自毀如此！可卽强進飲食。」太子奉勅，乃進數合。自是至葬，日進麥粥一升。高祖又勅曰：「聞汝所進過少，轉就羸瘵。我比更無餘病，正爲汝如此，胸中亦圮塞成疾。故應强加饘粥，不使我恒爾懸心。」雖屢奉勅勸逼，日止一溢，不嘗菜果之味。體素壯，腰帶十圍，至是減削過半。每入朝，士庶見者莫不下泣。

太子自加元服，高祖便使省萬機，內外百司奏事者塡塞於前。太子明於庶事，纖毫必曉，每所奏有謬誤及巧妄，皆卽就辯析，示其可否，徐令改正，未嘗彈糾一人。平斷法獄，多所全宥，天下皆稱仁。

性寬和容衆，喜慍不形於色。引納才學之士，賞愛無倦。恒自討論篇籍，或與學士商榷古今；閑則繼以文章著述，率以爲常。于時東宮有書幾三萬卷，名才並集，文學之盛，晉、宋以來未之有也。

性愛山水，於玄圃穿築，更立亭館，與朝士名素者遊其中。嘗泛舟後池，番禺侯軌盛稱「此中宜奏女樂」。太子不答，詠左思招隱詩曰：「何必絲與竹，山水有清音。」侯慚而止。出宮二十餘年，不畜聲樂。少時，敕賜太樂女妓一部，略非所好。

普通中，大軍北討，京師穀貴，太子因命菲衣減膳，改常饌爲小食。每霖雨積雪，遣腹心左右，周行閭巷，視貧困家，有流離道路，密加振賜。又出主衣綿帛，多作襦袴，冬月以施貧凍。若死亡無可以斂者，爲備棺槥。每聞遠近百姓賦役勤苦，輒斂容色。常以戶口未實，重於勞擾。

吳興郡屢以水災失收，有上言當漕大瀆以瀉浙江。中大通二年春，詔遣前交州刺史王弁假節，[五]發吳郡、吳興、義興三郡民丁就役。太子上疏曰：「伏聞當發王弁等上東三郡民丁，開漕溝渠，導泄震澤，使吳興一境，無復水災，誠矜恤之至仁，經略之遠旨。暫勞永逸，必獲後利。未萌難覩，竊有愚懷。所聞吳興累年失收，民頗流移。吳郡十城，亦不全熟。唯義興去秋有稔，復非常役之民。卽日東境穀稼猶貴，劫盜屢起，在所有司，不皆聞奏。今征戍未歸，强丁疏少，此雖小舉，竊恐難合，吏一呼門，動爲民蠹。又出丁之處，遠近不一，比得齊集，已妨蠶農。去年稱爲豐歲，公私未能足食；如復今茲失業，慮恐爲弊更深。且草竊多伺候民間虛實，若善人從役，則抄盜彌增，吳興未受其益，內地已罹其弊。不審可得權停此功，待優實以不？聖心垂矜黎庶，神量久已有在。臣意見庸淺，不識事宜，苟有愚心，願得上啓。」高祖優詔以喻焉。

太子孝謹天至，每入朝，未五鼓便守城門開。東宮雖燕居內殿，一坐一起，恒向西南面臺。宿被召當入，危坐達旦。

三年三月，寢疾。恐貽高祖憂，敕參問，輒自力手書啓。及稍篤，左右欲啓聞，猶不許，曰「云何令至尊知我如此惡」，因便鳴咽。四月乙巳薨，時年三十一。高祖幸東宮，臨哭盡哀。詔斂以袞冕。諡曰昭明。五月庚寅，葬安寧陵。詔司徒左長史王筠爲哀册，文曰：

蜃輅俄軒，龍驂躅步；羽翿前驅，雲旂北御。皇帝哀繼明之寢耀，痛嗣德之殂芳；御武帳而悽慟，臨甲觀而增傷。式稽令典，載揚鴻烈；詔撰德於旌旒，永傳徽於舞綴。其辭曰：

式載明兩，實惟少陽；既稱上嗣，且曰元良。儀天比峻，儷景騰光；奉祀延福，守器傳芳。睿哲膺期，旦暮斯在；外弘莊肅，內含和愷。識洞機深，量苞瀛海；立德不器，至功弗宰。寬綽居心，溫恭成性；循時孝友，率由嚴敬。咸有種德，惠和齊聖；三善遞宣，萬國同慶。

軒緯掩精，陰羲弛極；纏哀在疚，殷憂銜恤。孺泣無時，蔬饘不溢；禫遵踰月，哀號

未畢。實惟監撫，亦嗣郊禋；問安肅肅，視膳恂恂。金華玉璪，玄駟班輪；隆家幹國，主祭安民。光奉成務，萬機是理；矜慎庶獄，勤恤關市。誠存隱惻，容無慍喜；殷勤博施，綢繆恩紀。

爰初敬業，離經斷句；奠爵崇師，卑躬待傅。寧資導習，匪勞審諭；博約是司，時敏斯務。辯究空微，思探幾賾；馳神圖緯，研精爻畫。沈吟典禮，優遊方册；饜飫膏腴，含咀肴核。括囊流略，包舉藝文；遍該緗素，殫極丘墳。滕帙充積，儒墨區分；瞻河闡訓，望魯揚芬。吟詠性靈，豈惟薄伎；屬詞婉約，緣情綺靡。字無點竄，筆不停紙；壯思泉流，清章雲委。

總覽時才，網羅英茂；學窮優洽，辭歸繁富。或擅談叢，或稱文囿；四友推德，七子慚秀。望苑招賢，華池愛客；託乘同舟，連輿接席。摛文掞藻，飛觴汎醳；恩隆置醴，賞逾賜璧。徽風遐被，盛業日新；仁器非重，德輶易遵。澤流兆庶，福降百神；四方慕義，天下歸仁。

雲物告徵，祲沴褰象；星霾恒耀，山頹朽壤。靈儀上賓，德音長往；具僚無廕，諮承安仰。嗚呼哀哉！

皇情悼愍，切心纏痛；胤嗣長號，跗萼增慟。慕結親遊，悲動氓衆；憂若殄邦，懼同

折棟。嗚呼哀哉！

首夏司開，麥秋紀節；容衞徒警，菁華委絕。書幌空張，談筵罷設；虛饋𩝐𩝐，孤燈翳翳。嗚呼哀哉！

簡辰請日，筮合龜貞。幽埏夙啓，玄宮獻成。武校齊列，文物增明。昔遊漳滏，賓從無聲；今歸郊郭，徒御相驚。嗚呼哀哉！

背絳闕以遠徂，轥青門而徐轉；指馳道而詎前，望國都而不踐。陵脩阪之威夷，遡平原之悠緬；驥蹀足以酸嘶，挽悽鏘而流泫。嗚呼哀哉！

混哀音於簫籟，變愁容於天日；雖夏木之森陰，返寒林之蕭瑟。既將反而復疑，如有求而遂失；謂天地其無心，遽永潛於容質。嗚呼哀哉！

即玄宮之冥漠，安神寢之清閟；傳聲華於懋典，觀德業於徽謚。懸忠貞於日月，播鴻名於天地；惟小臣之紀言，實含毫而無愧。嗚呼哀哉！

太子仁德素著，及薨，朝野惋愕。京師男女，奔走宮門，號泣滿路。四方氓庶，及疆徼之民，聞喪皆慟哭。所著文集二十卷；又撰古今典誥文言，爲正序十卷；五言詩之善者，爲文章英華二十卷；文選三十卷。

哀太子大器字仁宗，太宗嫡長子也。普通四年五月丁酉生。中大通四年，封宣城郡王，〔六〕食邑二千戶。尋爲侍中、中衞將軍，〔七〕給鼓吹一部。大同四年，授使持節、都督揚徐二州諸軍事、中軍大將軍、揚州刺史，侍中如故。

太清二年十月，侯景寇京邑，敕太子爲臺內大都督。三年五月，太宗即位。六月丁亥，立爲皇太子。〔八〕大寶二年八月，賊景廢太宗，將害太子，時賊黨稱景命召太子，太子方講老子，將欲下牀，而刑人掩至。太子顏色不變，徐曰：「久知此事，嗟其晚耳。」刑者欲以衣帶絞之。太子曰：「此不能見殺。」乃指繫帳竿下繩，命取絞之而絕，時年二十八。〔九〕

太子性寬和，兼神用端嶷，在於賊手，每不屈意。初，侯景西上，攜太子同行，及其敗歸，部伍不復整肅，太子所乘船居後，不及賊衆，左右心腹並勸因此入北。太子曰：「家國喪敗，志不圖生；主上蒙塵，寧忍違離。吾今逃匿，乃是叛父，非謂避賊。」便涕泗嗚咽，令即前進。賊以太子有器度，每常憚之，恐爲後患，故先及禍。承聖元年四月，追謚哀太子。

愍懷太子方矩字德規，世祖第四子也。初封南安縣侯，隨世祖在荆鎮。太清初，爲使持節、督湘郢桂寧成合羅七州諸軍事、鎮南將軍、湘州刺史。尋徵爲侍中、中衞將軍，給鼓吹一部。世祖承制，拜王太子，改名元良。承聖元年十一月丙子，立爲皇太子。〔一〇〕及西魏師陷荆城，太子與世祖同爲魏人所害。

太子聰穎，頗有世祖風，而凶暴猜忌。敬帝承制，追謚愍懷太子。

陳吏部尚書姚察曰：孟軻有言，「鷄鳴而起，孳孳爲善者，舜之徒也。」若乃布衣韋帶之士，在於畎畝之中，終日爲之，其利亦已博矣。況乎處重明之位，居正體之尊，克念無怠，烝烝以孝，大舜之德，其何遠之有哉！

校勘記

〔一〕五年六月庚戌始出居東宮　「六月」各本作「五月」，據通鑑改。天監五年五月乙丑朔，無庚戌，六月甲午朔，有庚戌。

〔二〕至是詔加金博山　各本脫「詔」字，據南史補。按：太平御覽一四八、六八五，册府元龜二六一，俱有「詔」字。

〔三〕太子自立二諦法身義　「二諦」各本作「三諦」。按：廣弘明集二四有昭明太子解二諦令旨並問答。二諦謂真諦、俗諦。三諦是其所破，非其所立。册府元龜二五八正作「二諦」，今據改。

〔四〕命僕劉孝綽議其事　此「僕」字及下文「劉僕議」、「劉僕之議」，各本皆誤作「僕射」。本書劉孝綽傳，孝綽曾爲太子僕，未嘗爲尚書僕射，今删。

〔五〕詔遣前交州刺史王弁假節　「王弁」，南史作「王弈」。

〔六〕中大通四年封宣城郡王　「四年」，各本作「三年」，據本書武帝紀及通鑑改。按太宗十一王傳，諸王之始封，無一在中大通三年。

〔七〕尋爲侍中中衞將軍　按本書武帝紀，中大通五年正月癸丑，以宣城王大器爲中軍將軍。「中衞」當從紀作「中軍」。

〔八〕六月丁亥立爲皇太子　「丁亥」，各本及南史作「癸酉」。按：是年六月乙酉朔，有丁亥，無癸酉。本書簡文紀作「丁亥」。今改正。

〔九〕時年二十八　大器生於普通四年，死於大寶二年，時年二十九。此作「二十八」，譌。

〔一〇〕承聖元年十一月丙子立爲皇太子　「丙子」，當依本書元帝紀作「己卯」。丙子是蕭繹即帝位日，史稱「是日帝不升正殿，公卿陪列而已」；至己卯始立皇太子。

梁書卷九

列傳第三

王茂　曹景宗　柳慶遠

王茂字休遠，[一]太原祁人也。祖深，北中郎司馬。父天生，宋末為列將，於石頭克司徒袁粲，以勳至巴西、梓潼二郡太守，上黃縣男。

茂年數歲，為大父深所異，常謂親識曰：「此吾家之千里駒，成門戶者必此兒也。」及長，好讀兵書，駮略究其大旨。性沈隱，不妄交遊，身長八尺，潔白美容觀。齊武帝布衣時，見之歎曰：「王茂年少，堂堂如此，必為公輔之器。」

宋昇明末，起家奉朝請，歷後軍行參軍，[二]司空騎兵，太尉中兵參軍。魏將李烏奴寇漢中，茂受詔西討。魏軍退，還為鎮南司馬，帶臨湘令。入為越騎校尉。魏寇兗州，茂時以寧朔將軍長史鎮援北境，入為前軍將軍江夏王司馬。又遷寧朔將軍、江夏內史。建武初，

魏圍司州，茂以郢州之師救焉。高祖率衆先登賢首山，魏將王肅、劉昶來戰，茂從高祖拒之，大破肅等。魏軍退，茂還郢，仍遷輔國長史、襄陽太守。

高祖義師起，茂私於張弘策，勸高祖迎和帝，高祖以為不然，語在高祖紀。高祖發雍部，每遣茂為前驅。師次郢城，茂進平加湖，破光子衿、吳子陽等，斬馘萬計，還獻捷于漢川。郢、魯既平，從高祖東下，復為軍鋒。師次秣陵，東昏遣大將王珍國，盛兵朱雀門，衆號二十萬，度航請戰。茂與曹景宗等會擊，大破之。縱兵追奔，積屍與航欄等，其赴淮死者，不可勝算。長驅至宣陽門。建康城平，以茂為護軍將軍，俄遷侍中、領軍將軍。羣盜之燒神虎門也，茂率所領到東掖門應赴，為盜所射，茂躍馬而進，羣盜反走。茂以不能式遏姦盜，自表解職，優詔不許。加鎮軍將軍，封望蔡縣公，邑二千三百戶。

是歲，江州刺史陳伯之舉兵叛，茂出為使持節、散騎常侍、都督江州諸軍事、征南將軍、江州刺史，給鼓吹一部，南討伯之。伯之奔于魏。時九江新罹軍寇，民思反業，茂務農省役，百姓安之。四年，魏侵漢中，茂受詔西討，魏乃班師。六年，遷尚書右僕射，常侍如故。固辭不拜，改授侍中、中衞將軍，領太子詹事。七年，拜車騎將軍，太子詹事如故。八年，以本號開府儀同三司、丹陽尹，侍中如故。時天下無事，高祖方信仗文雅，茂心頗怏怏，侍宴醉後，每見言色，高祖常宥而不之責也。十一年，進位司空，侍中、尹如故。茂辭京尹，改領

中權將軍。

茂性寬厚，居官雖無譽，亦為吏民所安。居處方正，在一室衣冠儼然，雖僕妾莫見其惰容。姿表瓌麗，須眉如畫，出入朝會，每為衆所瞻望。明年，出為使持節、散騎常侍、驃騎將軍、開府同三司之儀、都督江州諸軍事、江州刺史。視事三年，薨于州，時年六十。高祖甚悼惜之，賻錢三十萬，布三百匹。詔曰：「旌德紀勳，哲王令軌；念終追遠，前典明誥。故使持節、散騎常侍、驃騎將軍、開府儀同三司、江州刺史茂，識度淹廣，器宇凝正。爰初草昧，盡誠宣力，綢繆休戚，契闊屯夷。方賴謀猷，永隆朝寄；奄至薨殞，朕用慟于厥心。宜增禮數，式昭盛烈。可贈侍中、太尉，加班劍二十人，鼓吹一部。謚曰忠烈。」

初，茂以元勳，高祖賜以鍾磬之樂。茂在江州，夢鍾磬在格，無故自墮，心惡之。及覺，命奏樂。既成列，鍾磬在格，果無故編皆絕，墮地。茂謂長史江詮曰：「此樂，天子所以惠勞臣也。樂既極矣，能無憂乎！」俄而病，少日卒。

子貞秀嗣，以居喪無禮，為有司奏，[三]徙越州，後有詔留廣州，乃潛結仁威府中兵參軍杜景，欲襲州城，刺史蕭昂討之。[四]景，魏降人，與貞秀同戮。

曹景宗字子震，新野人也。父欣之，為宋將，位至征虜將軍、徐州刺史。景宗幼善騎射，好畋獵，常與少年數十人澤中逐麞鹿，每衆騎趁鹿，[五]鹿馬相亂，景宗於衆中射之，人皆懼中馬足，鹿應弦輒斃，以此為樂。未弱冠，欣之於新野遣出州，以匹馬將數人，於中路卒逢蠻賊數百圍之。景宗帶百餘箭，乃馳騎四射，每箭殺一蠻，蠻遂散走，因是以膽勇知名。頗愛史書，每讀穰苴、樂毅傳，輒放卷歎息曰：「丈夫當如是！」辟西曹不就。宋元徽中，隨父出京師，為奉朝請、員外，遷尚書左民郎。尋以父憂去職，還鄉里。服闋，刺史蕭赤斧板為冠軍中兵參軍，領天水太守。

時建元初，蠻寇羣動，景宗東西討擊，多所擒破。齊鄱陽王鏘為雍州，復以為征虜中兵參軍，帶馮翊太守，督峴南諸軍事，除屯騎校尉。少與州里張道門厚善。[六]道門，齊車騎將軍敬兒少子也，為武陵太守。敬兒誅，道門於郡伏法，親屬故吏莫敢收，景宗自襄陽遣人船到武陵，收其屍骸，迎還殯葬，鄉里以此義之。

建武二年，魏主托跋宏寇赭陽，景宗為偏將，每衝堅陷陣，輒有斬獲，以勳除游擊將軍。四年，太尉陳顯達督衆軍北圍馬圈，景宗從之，以甲士二千設伏，破魏援托跋英四萬人。及剋馬圈，顯達論功，以景宗為後，景宗退無怨言。魏主率衆大至，顯達宵奔，景宗導入山道，故顯達父子獲全。

五年，高祖爲雍州刺史，〔七〕景宗深自結附，數請高祖臨其宅。時天下方亂，高祖亦厚加意焉。永元初，表爲冠軍將軍、竟陵太守。及義師起，景宗聚衆，遣親人杜思沖勸先迎南康王於襄陽卽帝位，然後出師，爲萬全計。高祖不從，語在高祖紀。高祖至竟陵，以景宗與冠軍將軍王茂濟江，圍郢城，自二月至于七月，城乃降。復帥衆前驅至南州，領馬步軍取建康，道次江寧，東昏將李居士以重兵屯新亭，是日選精騎一千至江寧行頓，景宗始至，安營未立；且師行日久，器甲穿弊，居士望而輕之，因鼓噪前薄景宗。景宗被甲馳戰，短兵裁接，居士棄甲奔走，景宗皆獲之，因鼓而前，徑至皁莢橋築壘。景宗又與王茂、呂僧珍掎角，破王珍國於大航。茂衝其中堅，應時而陷，景宗縱兵乘之。景宗軍士皆桀黠無賴，御道左右，莫非富室，抄掠財物，略奪子女，景宗不能禁。及高祖入頓新城，嚴申號令，然後稍息。復與衆軍長圍六門。城平，拜散騎常侍、右衞將軍，封湘西縣侯，食邑一千六百戶。仍遷持節、都督郢司二州諸軍事、左將軍、郢州刺史。天監元年，進號平西將軍，改封竟陵縣侯。

景宗在州，鬻貨聚斂。於城南起宅，長堤以東，夏口以北，開街列門，東西數里，而部曲殘橫，民頗厭之。二年十月，魏寇司州，圍刺史蔡道恭。時魏攻日苦，城中負板而汲，景宗望門不出，但耀軍遊獵而已。及司州城陷，爲御史中丞任昉所奏，高祖以功臣寢而不治，徵爲護軍。既至，復拜散騎常侍、右衞將軍。

五年，魏托跋英寇鍾離，圍徐州刺史昌義之，高祖詔景宗督衆軍援義之，豫州刺史韋叡亦預焉，而受景宗節度。詔景宗頓道人洲，待衆軍齊集俱進。景宗固啓，求先據邵陽洲尾，高祖不聽。景宗欲專其功，乃違詔而進，值暴風卒起，頗有渰溺，復還守先頓。高祖聞之，曰：「此所以破賊也。景宗不進，蓋天意乎！若孤軍獨往，城不時立，必見狼狽。今得待衆軍同進，始大捷矣。」及韋叡至，與景宗進頓邵陽洲，立壘去魏城百餘步。魏連戰不能却，殺傷者十二三，自是魏軍不敢逼。景宗等器甲精新，軍儀甚盛，魏人望之奪氣。魏大將楊大眼對橋北岸立城，以通糧運，每牧人過岸伐芻藁，皆爲大眼所略。景宗乃募勇敢士千餘人，徑渡大眼城南數里築壘，親自舉築。大眼率衆來攻，景宗與戰破之，因得壘成。使別將趙草守之，因謂爲趙草城，是後恣芻牧焉。大眼時遣抄掠，輒反爲趙草所獲。先是，高祖詔景宗等逆裝高艦，使與魏橋等，爲火攻計。令景宗與叡各攻一橋，叡攻其南，景宗攻其北。六年三月，春水生，淮水暴長六七尺。叡遣所督將馮道根、李文釗、裴邃、韋寂等乘艦登岸，擊魏洲上軍盡殪。景宗因使衆軍皆鼓噪亂登諸城，呼聲震天地，大眼於西岸燒營，英自東岸棄城走。諸壘相次土崩，悉棄其器甲，爭投水死，淮水爲之不流。景宗令軍主馬廣躡大眼至濊水上，四十餘里，伏屍相枕。義之出逐英至洛口，〔八〕英以匹馬入梁城。緣淮百餘里，屍骸枕藉，生擒五萬餘人，收其軍糧器械，積如山岳，牛馬驢騾，不可勝計。景宗乃搜軍所得生口萬餘人，馬千匹，遣獻捷，高祖詔還本軍，景宗振旅凱入，增封四百，並前爲二千戶，進爵爲公。詔拜侍中、領軍將軍，給鼓吹一部。

景宗爲人自恃尙勝，每作書，字有不解，不以問人，皆以意造焉。雖公卿無所推揖；惟韋叡年長，且州里勝流，特相敬重，同讌御筵，亦曲躬謙遜，高祖以此嘉之。景宗好內，妓妾至數百，窮極錦繡。性躁動，不能沈默，出行常欲褰車帷幔，左右輒諫以位望隆重，人所具瞻，不宜然。景宗謂所親曰：「我昔在鄉里，〔九〕騎快馬如龍，與年少輩數十騎，拓弓弦作霹靂聲，箭如餓鴟叫。平澤中逐麞，數肋射之，渴飲其血，飢食其肉，甜如甘露漿。覺耳後風生，鼻頭出火，此樂使人忘死，不知老之將至。今來揚州作貴人，動轉不得，路行開車幔，小人輒言不可。閉置車中，如三日新婦。遭此邑邑，使人無氣。」爲人嗜酒好樂，臘月於宅中，使作野虖逐除，〔一〇〕遍往人家乞酒食。本以爲戲，而部下多剽輕，因弄人婦女，奪人財貨。高祖頗知之，景宗乃止。高祖數讌見功臣，共道故舊，景宗醉後謬忘，或誤稱下官，高祖故縱之以爲笑樂。

七年，遷侍中、中衞將軍、江州刺史。赴任卒於道，時年五十二。詔賻錢二十萬，布三百匹，追贈征北將軍、雍州刺史、開府儀同三司。謚曰壯。子皎嗣。

柳慶遠字文和，河東解人也。伯父元景，宋太尉。慶遠起家郢州主簿，齊初爲尙書都官郎、大司馬中兵參軍、建武將軍、魏興太守。郡遭暴水，流漂居民，吏請徙民祀城。〔一一〕慶遠曰：「天降雨水，豈城之所知。吾聞江河長不過三日，斯亦何慮。」命築土而已。俄而水過，百姓服之。入爲長水校尉，出爲平北錄事參軍、襄陽令。

高祖之臨雍州，問京兆人杜惲求州綱，惲舉慶遠。高祖曰：「文和吾已知之，所問未知者耳。」因辟別駕從事史。齊方多難，慶遠謂所親曰：「方今天下將亂，英雄必起，庇民定霸，其吾君乎？」因盡誠協贊。及義兵起，慶遠常居帷幄爲謀主。中興元年，西臺選爲黃門郎，遷冠軍將軍、征東長史。從軍東下，身先士卒。高祖行營壘，見慶遠頓舍嚴整，每歎曰：「人人若是，吾又何憂。」建康城平，入爲侍中，領前軍將軍，帶淮陵、齊昌二郡太守。城內嘗夜失火，禁中驚懼，高祖時居宮中，悉斂諸鑰，問「柳侍中何在」。慶遠至，悉付之。其見任如此。

霸府建，以爲太尉從事中郎。高祖受禪，遷散騎常侍、右衞將軍，加征虜將軍，封重安侯，食邑千戶。母憂去職，以本官起之，固辭不拜。天監二年，遷中領軍，改封雲杜侯。四年，出爲使持節、都督雍梁南北秦四州諸軍事、征虜將軍、寧蠻校尉、雍州刺史。高祖餞於新亭，謂曰：「卿衣錦還鄉，朕無西顧之憂矣。」

七年，徵爲護軍將軍，領太子庶子。未赴職，仍遷通直散騎常侍、右衞將軍，領右驍騎將軍。至京都，值魏宿預城請降，受詔爲援，於是假節守淮陰。魏軍退。八年，還京師，遷散騎常侍、太子詹事、雍州大中正。十年，遷侍中、領軍將軍，給扶，并鼓吹一部。十二年，遷安北將軍、寧蠻校尉、雍州刺史。〔一二〕慶遠重爲本州，頗厲清節，士庶懷之。明年春，卒，時年五十七。詔曰：「念往篤終，前王令則；式隆寵數，列代恒規。使持節、都督雍梁南北秦四州郢州之竟陵司州之隨郡諸軍事、安北將軍、寧蠻校尉、雍州刺史、雲杜縣開國侯柳慶遠，器識淹曠，思懷通雅。爰初草昧，預屬經綸，遠自升平，契闊禁旅。重牧西藩，方弘治道，奄至殞喪，傷慟于懷。宜追榮命，以彰茂勳。可贈侍中、中軍將軍、開府儀同三司，鼓吹、侯如故。謚曰忠惠。賻錢二十萬，布二百匹。」及喪還京師，高祖出臨哭。子津嗣。

初，慶遠從父兄衞將軍世隆嘗謂慶遠曰：「吾昔夢太尉以褥席見賜，吾遂亞台司；適又夢以吾褥席與汝，汝必光我公族。」至是，慶遠亦繼世隆焉。

陳吏部尚書姚察曰：王茂、曹景宗、柳慶遠雖世爲將家，然未顯奇節。梁興，因日月末光，以成所志，配迹方、邵，勒勳鍾鼎，偉哉！昔漢光武全愛功臣，不過朝請、特進，寇、鄧、耿、賈咸不盡其器力。茂等迭據方岳，位終上將，君臣之際，邁於前代矣。

校勘記

〔一〕王茂字休遠　南史作「王茂字休連，一字茂先」。南齊書和帝紀：「永元三年二月己丑，以冠軍長史王茂先爲江州刺史。」北朝諸史凡引述王茂處皆作王茂先。

〔二〕歷後軍行參軍　「後軍行參軍」各本作「後行軍參軍」。今乙正。

〔三〕爲有司奏　南史及册府元龜九四〇「奏」上有「所」字。

〔四〕刺史蕭昂討之　「刺史」各本作「長史」。按本傳昂爲廣州刺史，今改正。

〔五〕每衆騎趁鹿　百衲本、南監本、汲古閣本俱作「無還騎趁鹿」。北監本、殿本作「每衆騎赴鹿」。金陵局本作「每衆騎趁鹿」。今從金陵局本。

〔六〕少與州里張道門厚善　「少」字下，各本衍「守督峴南」四字，據南史删。按南齊書張敬兒傳，「道門」作「道文」。

〔七〕五年高祖爲雍州刺史　齊明帝建武五年四月，改元永泰。蕭衍爲雍州刺史在永泰元年七月。「五年」應作「永泰元年」。

〔八〕義之出逐英至洛口　「洛」各本訛「浴」。本書昌義之傳及南史作「洛」，今據改。

〔九〕我昔在鄉里　各本脫「在」字，據南史及册府元龜八五五、太平御覽三〇〇、六九九、八三一補。

〔一〇〕臘月於宅中使作野虖逐除　「野虖」南史作「邪呼」。按「野虖」、「邪呼」並狀衆讙叫聲，詞異而義同。

〔一一〕吏請徙民祀城　「祀」各本訛「杞」，據册府元龜六九一改正。

〔一二〕十二年遷安北將軍寧蠻校尉雍州刺史　按，本書武帝紀，柳慶遠爲安北將軍、雍州刺史在天監十三年。

梁書卷十

列傳第四

蕭穎達　夏侯詳　蔡道恭　楊公則　鄧元起

蕭穎達，蘭陵蘭陵人，齊光祿大夫赤斧第五子也。少好勇使氣，起家冠軍。〔一〕兄穎冑，齊建武末行荆州事，穎達亦爲西中郎外兵參軍，俱在西府。〔二〕齊季多難，頗不自安。會東昏遣輔國將軍劉山陽爲巴西太守，道過荆州，密敇穎冑襲雍州。時高祖已爲備矣。仍遣穎冑親人王天虎以書疑之。山陽至，果不敢入城。穎冑計無所出，夜遣錢塘人朱景思呼西中郎城局參軍席闡文、諮議參軍柳忱閉齋定議。闡文曰：「蕭雍州蓄養士馬，非復一日，江陵素畏襄陽人，人衆又不敵，取之必不可制，制之，歲寒復不爲朝廷所容。今若殺山陽，與雍州舉事，立天子以令諸侯，則霸業成矣。山陽持疑不進，是不信我。今斬送天虎，則彼疑可釋。至而圖之，罔不濟矣。」忱亦勸焉。穎達曰：「善。」及天明，穎冑謂天虎曰：「卿與劉輔國

相識，今不得不借卿頭。」乃斬天虎以示山陽。山陽大喜，輕將步騎數百到州。闡文勒兵待於門，山陽車踰限而門闔，因執斬之，傳首高祖。且以奉南康王之議來告，高祖許焉。

和帝卽位，以穎冑爲假節、侍中、尙書令、領吏部尙書、都督行留諸軍事、鎭軍將軍、荆州刺史，留衞西朝。以穎達爲冠軍將軍。及楊公則等率師隨高祖，高祖圍郢城，穎達會軍於漢口，與王茂、曹景宗等攻郢城，陷之。隨高祖平江州。高祖進江州，使與曹景宗先率馬步進趨江寧，破東昏將李居士，又下東城。

初，義師之起也，巴東太守蕭惠訓子璝、巴西太守魯休烈弗從，舉兵侵荆州，敗輔國將軍任漾之於硤口，破大將軍劉孝慶於上明，穎冑遣軍拒之；而高祖已平江、郢，圖建康。穎冑自以職居上將，不能拒制璝等，憂愧不樂，發疾數日而卒。州中祕之，使似其書者假爲敎命。及璝等聞建康將平，衆懼而潰，乃始發喪，和帝贈穎冑丞相。

義師初，穎達弟穎孚自京師出亡，廬陵人脩景智潛引與南歸，〔三〕至廬陵，景智及宗人靈祐爲起兵，得數百人，屯西昌藥山湖。穎達聞之，假穎孚節、督廬陵豫章臨川南康安成五郡軍事、冠軍將軍、廬陵內史。穎孚率靈祐等進據西昌，東昏遣安西太守劉希祖自南江入湖拒之。〔四〕穎孚不能自立，以其兵由建安復奔長沙，希祖追之，穎孚緣山踰嶂，僅而獲免。在道絕糧，後因食過飽而卒。

建康城平，高祖以穎達爲前將軍、丹陽尹。上受禪，詔曰：「念功惟德，列代所同，追遠懷人，彌與事篤。齊故侍中、丞相、尙書令穎冑，風格峻遠，器寓深邵，清猷盛業，問望斯歸。締構義始，肇基王迹，契闊屯夷，載形心事。朕膺天改物，光宅區宇，望岱觀河，永言號慟。可封巴東郡開國公，食邑三千戶，本官如故。」贈穎孚右衞將軍。加穎達散騎常侍，以公事免。及大論功賞，封穎達吳昌縣侯，邑千五百戶。尋爲侍中，改封作唐侯，縣邑如故。遷征虜將軍、太子左衞率。御史中丞任昉奏曰：

臣聞貧觀所取，窮視不爲。在於布衣，窮居介然之行，尙可以激貪厲俗，惇此薄夫；況乎伐冰之家，爭雞豚之利；衣繡之士，受賈人之服。風聞征虜將軍臣蕭穎達啓乞魚軍稅，輒攝穎達宅督彭難當到臺辨問。列稱『尋生魚典稅，先本是鄧僧琰啓乞，限訖今年五月十四日。主人穎達，于時謂非新立，仍啓乞接代僧琰，卽蒙降許登稅，與史法論一年收直五十萬。』如其列狀，〔五〕則與風聞符同，穎達卽主。

臣謹案：征虜將軍、太子左衞率、作唐縣開國侯臣穎達，備位大臣，預聞執憲，私謁亟陳，至公寂寞。屠中之志，異乎鮑肆之求；魚飧之資，不俟潛有之數。遂復申茲文二，追彼十一，風體若茲，準繩斯在。陛下弘惜勳良，每爲曲法；臣當官執憲，敢不直繩。臣等參議，請以見事免穎達所居官，以侯還第。

有詔原之。轉散騎常侍、左衞將軍。俄復爲侍中，衞尉卿。出爲信威將軍、豫章內史，加秩中二千石。治任威猛，郡人畏之。遷使持節、都督江州諸軍事、江州刺史，將軍如故。頃之，徵爲通直散騎常侍、右驍騎將軍。旣處優閑，尤恣聲色，飲酒過度，頗以此傷生。九年，遷信威將軍、右衞將軍。是歲卒，年三十四。車駕臨哭，給東園祕器，朝服一具，衣一襲，錢二十萬，布二百匹。追贈侍中、中衞將軍，鼓吹一部。謚曰康。子敏嗣。

穎冑子靡，襲巴東公，位至中書郎，早卒。

夏侯詳字叔業，譙郡譙人也。〔六〕年十六，遭父艱，居喪哀毀。三年廬于墓，嘗有雀三足，飛來集其廬戶，衆咸異焉。服闋，刺史殷琰召補主簿。

宋泰始初，琰舉豫州叛，宋明帝遣輔國將軍劉勔討之，攻守連月，人情危懼，將請救於魏。詳說琰曰：「今日之舉，本效忠節；若社稷有奉，便歸身朝廷，何可屈身北面異域。且今魏氏之卒，近在淮次，一軍未測去就，懼有異圖。今若遣使歸款，必厚相慰納，豈止免罪而已。若謂不然，請充一介。」琰許之。詳見勔曰：「將軍嚴圍峭壘，矢刃如霜，城內愚徒，實同困獸，士庶懼誅，咸欲投魏。僕所以踰城歸德，敢布腹心。願將軍弘曠蕩之恩，垂霈然之

惠，解圍退舍，則皆相率而至矣。」勔許之。詳曰：「審爾，當如君言，而詳請反命。」勔遣到城下，詳呼城中人，語以勔辭，卽日琰及衆俱出，一州以全。

勔爲刺史，又補主簿。頃之，爲新汲令，治有異績，刺史段佛榮班下境內，爲屬城表。轉治中從事史，仍遷別駕。歷事八將，州部稱之。

齊明帝爲刺史，雅相器遇。及輔政，招令出都，將大用之。每引詳及鄉人裴叔業日夜與語，詳輒末略不酬。帝以問叔業，叔業告詳。詳曰：「不爲福始，不爲禍先。」由此微有忤。出爲征虜長史、義陽太守。頃之，建安戍爲魏所圍，仍以詳爲建安戍主，帶邊城、新蔡二郡太守，幷督光城、弋陽、汝陰三郡衆赴之。〔七〕詳至建安，魏軍引退。先是，魏又於淮上置荆亭戍，常爲寇掠，累攻不能禦，詳率銳卒攻之，賊衆大潰，皆棄城奔走。

建武末，徵爲游擊將軍，出爲南中郎司馬、南新蔡太守。齊南康王爲荆州，遷西中郎司馬、新興太守，便道先到江陽。時始安王遙光稱兵京邑，南康王長史蕭穎胄並未至，中兵參軍劉山陽先在州，山陽副潘紹欲謀作亂，詳僞呼紹議事，卽於城門斬之，州府乃安。遷司州刺史，辭不之職。

高祖義兵起，詳與穎胄同創大舉。西臺建，以詳爲中領軍，加散騎常侍、南郡太守。凡軍國大事，穎胄多決於詳。及高祖圍郢城未下，穎胄遣衛尉席闡文如高祖軍。詳獻議曰：「窮

壁易守，攻取勢難；頓甲堅城，兵家所忌。誠宜大弘經略，詢納羣言，軍主以下至于匹夫，皆令獻其所見，盡其所懷，擇善而從，選能而用，不以人廢言，不以多罔寡。又須量我衆力，度賊樵糧，窺彼人情，權其形勢。若使賊人衆而食少，故宜計日而守之；食多而力寡，故宜悉衆而攻之。若使糧力俱足，非攻守所屈，便宜散金寶，縱反間，使彼智者不用，愚者懷猜，此魏武之所以定大業也。若三事未可，宜思變通，覼於人情，計我糧穀。若德之所感，萬里同符，仁之所懷，遠邇歸義，金帛素積，糧運又充，乃可以列圍寬守，引以歲月，此王翦之所以剋楚也。若圍之不卒降，攻之未可下，間道不能行，金粟無人積，天下非一家，人情難可豫，此則宜更思變計矣。變計之道，實資英斷，此之深要，難以紙宣，輒布言於席衛尉，特願垂採。」高祖嘉納焉。頃之，穎胄卒。時高祖弟始興王憺留守襄陽，詳乃遣使迎憺，共參軍國。和帝加詳禁兵，出入殿省，固辭不受。遷侍中、尚書右僕射。尋授使持節、撫軍將軍、荆州刺史。詳又固讓于憺。

天監元年，徵爲侍中、車騎將軍，論功封寧都縣侯，邑二千戶。詳累辭讓，至於懇切，乃更授右光祿大夫，侍中如故。給親信二十人，改封豐城縣公，邑如故。二年，抗表致仕，詔解侍中，進特進。三年，遷使持節、散騎常侍、車騎將軍、湘州刺史。詳善吏事，在州四載，爲百姓所稱。州城南臨水有峻峯，舊老相傳，云「刺史登此山輒被代」。因是歷政莫敢至。詳

於其地起臺榭，延僚屬，以表損挹之志。

六年，徵爲侍中、右光祿大夫，給親信二十人，未至，授尚書左僕射、〔八〕金紫光祿大夫，侍中如故。道病卒，時年七十四。上爲素服舉哀，贈右光祿。

先是，荆府城局參軍吉士瞻役萬人浚仗庫防火池，得金革帶鉤，隱起雕鏤甚精巧，篆文曰「錫爾金鉤，既公且侯。」士瞻，詳兄女壻也。女竊以與詳，詳喜佩之，期歲而貴矣。

蔡道恭字懷儉，南陽冠軍人也。父那，宋益州刺史。〔九〕

道恭少寬厚有大量。齊文帝爲雍州，召補主簿，仍除員外散騎常侍。後累有戰功，遷越騎校尉、後軍將軍。建武末，出爲輔國司馬、汝南令。齊南康王爲荆州，薦爲西中郎中兵參軍，加輔國將軍。

義兵起，蕭穎胄以道恭舊將，素著威略，專相委任，遷冠軍將軍、西中郎諮議參軍，仍轉司馬。中興元年，和帝卽位，遷右衛將軍。巴西太守魯休烈等自巴、蜀連兵寇上明，以道恭持節、督西討諸軍事。次土臺，與賊合戰，道恭潛以奇兵出其後，一戰大破之，休烈等降于軍門。以功遷中領軍，固辭不受，出爲使持節、右將軍、司州刺史。

天監初，論功封漢壽縣伯，邑七百戶，進號平北將軍。三年，魏圍司州，時城中衆不滿五千人，食裁支半歲，魏軍攻之，晝夜不息，道恭隨方抗禦，皆應手摧却。魏乃作大車載土，四面俱前，欲以塡壍，道恭輒於壍內列艨衝鬬艦以待之，魏人不得進。又潛作伏道以決壍水，道恭載土狵塞之。相持百餘日，前後斬獲不可勝計。魏大造梯衝，攻圍日急，道恭於城內作土山，厚二十餘丈，多作大槊，長二丈五尺，施長刃，使壯士刺魏人登城者。魏軍甚憚之，將退。會道恭疾篤，乃呼兄子僧勰、從弟靈恩及諸將帥謂曰：「吾受國厚恩，不能破滅寇賊，今所苦轉篤，勢不支久，汝等當以死固節，無令吾沒有遺恨。」又令取所持節謂僧勰曰：「稟命出疆，憑此而已；卽不得奉以還朝，方欲攜之同逝，可與棺柩相隨。」衆皆流涕。其年五月卒。魏知道恭死，攻之轉急。

先是，朝廷遣郢州刺史曹景宗率衆赴援，景宗到鑿峴，頓兵不前。至八月，城內糧盡，乃陷。詔曰：「持節、都督司州諸軍事、平北將軍、司州刺史、漢壽縣開國伯道恭，器幹詳審，才志通烈。王業肇構，致力陝西。受任邊垂，効彰所莅。寇賊憑陵，竭誠守禦，奇謀間出，捷書日至。不幸抱疾，奄至殞喪，遺略所固，得移氣朔。自非徇國忘已，忠果並至，何能身沒守存，窮而後屈。言念傷悼，特兼常懷，追榮加等，抑有恒數。可贈鎭西將軍，使持節、都督、刺史、伯如故，幷尋購喪櫬，隨宜資給。」八年，魏許還道恭喪，其家以女樂易之，葬襄陽。

子澹嗣，卒於河東太守。孫固早卒，國除。

楊公則字君翼，天水西縣人也。父仲懷，宋泰始初爲豫州刺史殷琰將。琰叛，輔國將軍劉勔討琰，仲懷力戰，死於橫塘。公則隨父在軍，年未弱冠，冒陣抱尸號哭，氣絕良久，勔命還仲懷首。公則殮畢，徒步負喪歸鄉里，由此著名。歷官員外散騎侍郎。梁州刺史范柏年板爲宋熙太守、領白馬戍主。

氐賊李烏奴作亂，攻白馬，公則固守經時，矢盡糧竭，陷于寇，抗聲罵賊。烏奴壯之，更厚待焉，要與同事。公則僞許而圖之，謀泄，單馬逃歸。梁州刺史王玄邈以事表聞，齊高帝下詔褒美。除晉壽太守，在任清潔自守。

永明中，爲鎭北長流參軍，遷扶風太守，母憂去官。雍州刺史陳顯達起爲寧朔將軍，復領太守。頃之，荆州刺史巴東王子響構亂，公則率師進討。事平，遷武寧太守。在郡七年，資無擔石，百姓便之。入爲前軍將軍。南康王爲荆州，復爲西中郎中兵參軍。領軍將軍蕭穎胄協同義舉，以公則爲輔國將軍、領西中郎諮議參軍，中兵如故，率衆東下。時湘州行事張寶積發兵自守，未知所附，公則軍及巴陵，仍回師南討。軍次白沙，寶積懼，釋甲以俟焉。

公則到，撫納之，湘境遂定。

和帝即位，授持節、都督湘州諸軍事、湘州刺史。高祖勒衆軍次于沔口，魯山城主孫樂祖、〔一〇〕郢州刺史張沖各據城未下，公則率湘府之衆會于夏口。時荆州諸軍受公則節度，雖蕭穎達宗室之貴亦隸焉。累進征虜將軍、左衞將軍，持節、刺史如故。

郢城平，高祖命衆軍即日俱下，公則受命先驅，徑掩柴桑。江州既定，連旌東下，直造京邑。公則號令嚴明，秋毫不犯，所在莫不賴焉。大軍至新林，公則自越城移屯領軍府壘北樓，與南掖門相對，嘗登樓望戰。城中遙見麾蓋，縱神鋒弩射之，矢貫胡牀，左右皆失色。公則曰：「幾中吾脚。」談笑如初。東昏夜選勇士攻公則柵，軍中驚擾，公則堅臥不起，徐命擊之，東昏軍乃退。公則所領多湘溪人，性怯懦，城內輕之，以爲易與，每出盪，輒先犯公則壘。公則獎厲軍士，剋獲更多。及平，城內出者或被剝奪，公則親率麾下，列陣東掖門，衞送公卿士庶，故出者多由公則營焉。進號左將軍，持節、刺史如故，還鎭南蕃。

初，公則東下，湘部諸郡多未賓從，及公則還州，然後諸屯聚並散。天監元年，進號平南將軍，封寧都縣侯，邑一千五百戶。湘州寇亂累年，民多流散，公則輕刑薄斂，頃之，戶口充復。〔一一〕爲政雖無威嚴，然保己廉慎，爲吏民所悅。湘俗單家以賂求州職，公則至，悉斷之，所辟引皆州郡著姓，高祖班下諸州以爲法。

四年，徵中護軍。〔一二〕代至，乘二舸便發，賚送一無所取。仍遷衞尉卿，加散騎常侍。時朝廷始議北伐，以公則威名素著，至京師，詔假節先屯洛口。公則受命遘疾，謂親人曰：「昔廉頗、馬援以年老見遺，猶自力請用。今國家不以吾朽懦，任以前驅，方於古人，見知重矣。雖臨途疾苦，豈可僶俛辭事。馬革還葬，此吾志也。」遂强起登舟。至洛口，壽春士女歸降者數千戶。魏豫州刺史薛恭度遣長史石榮等前鋒接戰，即斬石榮，逐北至壽春，去城數十里乃反。疾卒于師，時年六十一。高祖深痛惜之，即日舉哀，贈車騎將軍，給鼓吹一部。謚曰烈。

公則爲人敦厚慈愛，居家篤睦，視兄子過於其子，家財悉委焉。性好學，雖居軍旅，手不輟卷，士大夫以此稱之。

子縹嗣，有罪國除。高祖以公則勳臣，特詔聽庶長子朓嗣。朓固讓，歷年乃受。

鄧元起字仲居，南郡當陽人也。少有膽幹，膂力過人。性任俠，好賑施，鄉里年少多附之。起家州辟議曹從事史，轉奉朝請。雍州刺史蕭緬板爲槐里令。遷弘農太守、平西軍事。〔一三〕時西陽馬榮率衆緣江寇抄，商旅斷絕，刺史蕭遙欣使元起率衆討平之。遷武寧

太守。

永元末，魏軍逼義陽，元起自郡援焉。蠻帥田孔明附于魏，自號郢州刺史，寇掠三關，規襲夏口，元起率銳卒攻之，旬月之間，頻陷六城，斬獲萬計，餘黨悉皆散走。仍戍三關。郢州刺史張沖督河北軍事，元起累與沖書，求旋軍。沖報書曰：「足下在彼，吾在此，表裏之勢，所謂金城湯池；一旦捨去，則荆棘生焉。」乃表元起爲平南中兵參軍事。自是每戰必捷，勇冠當時，敢死之士樂爲用命者萬有餘人。

義師起，蕭穎胄與書招之。張沖待元起素厚，衆皆懼沖；及書至，元起部曲多勸其還郢。元起大言於衆曰：「朝廷暴虐，誅戮宰臣，羣小用命，衣冠道盡。荆、雍二州同舉大事，何患不剋。且我老母在西，豈容背本。若事不成，政受戮昏朝，幸免不孝之罪。」即日治嚴上道。至江陵，爲西中郎中兵參軍，加冠軍將軍，率衆與高祖會于夏口。高祖命王茂、曹景宗及元起等圍城，結壘九里，張沖屢戰，輒大敗，乃嬰城固守。

和帝即位，授假節、冠軍將軍、平越中郎將、廣州刺史，遷給事黃門侍郎，移鎭南堂西渚。中興元年七月，郢城降，以本號爲益州刺史，仍爲前軍，先定尋陽。及大軍進至京邑，元起築壘於建陽門，與王茂、曹景宗等合長圍，身當鋒鏑。建康城平，進號征虜將軍。天監初，封當陽縣侯，邑一千二百戶。又進號左將軍，刺史如故，始述職焉。

初，義師之起，益州刺史劉季連持兩端；及聞元起將至，遂發兵拒守。語在季連傳。元起至巴西，巴西太守朱士略開門以待。先時蜀人多逃亡，至是出投元起，皆稱起義應朝廷，師人新故三萬餘。元起在道久，軍糧乏絕。或說之曰：「蜀土政慢，民多詐疾，若檢巴西一郡籍注，[一四]因而罰之，所獲必厚。」元起然之。涪令李膺諫曰：「使君前有嚴敵，後無繼援，山民始附，於我觀德，若糾以刻薄，民必不堪，衆心一離，雖悔無及，何必起疾可以濟師。膺請出圖之，不患資糧不足也。」元起曰：「善，一以委卿。」膺退，率富民上軍資米，俄得三萬斛。元起先遣將王元宗等，破季連將李奉伯於新巴，齊晚盛於赤水，衆進屯西平。季連始嬰城自守。晚盛又破元起將魯方達於斛石，士卒死者千餘人，師衆咸懼，元起乃自率兵稍進至蔣橋，去成都二十里，留輜重於郫。季連復遣奉伯、晚盛二千人，間道襲郫，陷之，軍備盡沒。元起遣魯方達之衆救之，敗而反，遂不能剋。元起捨郫，逕圍州城，柵其三面而塹焉。元起出巡視圍柵，季連使精勇掩之，將至麾下，元起下輿持楯叱之，衆辟易不敢進。

時益部兵亂日久，民廢耕農，內外苦饑，人多相食，道路斷絕，季連計窮。會明年，高祖使赦季連罪，許之降。季連卽日開城納元起，元起送季連于京師。城開，郫乃降。斬奉伯、晚盛。高祖論平蜀勳，復元起號平西將軍，[一五]增封八百戶，并前二千戶。元起以鄉人庾黔婁爲錄事參軍，又得荊州刺史蕭遙欣故客蔣光濟，並厚待之，任以州

事。黔婁甚清潔，光濟多計謀，並勸爲善政。元起之剋季連也，城內財寶無所私，勤恤民事，口不論財色。性本能飲酒，至一斛不亂，及是絕之。蜀土翕然稱之。元起舅子梁矜孫性輕脫，與黔婁志行不同，乃言於元起曰：「城中稱有三刺史，節下何以堪之。」元起由此疏黔婁、光濟，而治迹稍損。

在州二年，以母老乞歸供養，詔許焉，徵爲右衞將軍，以西昌侯蕭淵藻代之。是時，梁州長史夏侯道遷以南鄭叛，引魏人，白馬戍主尹天寶馳使報蜀，魏將王景胤、孔陵寇東西晉壽，並遣告急，衆勸元起急救之。元起曰：「朝廷萬里，軍不卒至，若寇賊侵淫，方須撲討，董督之任，非我而誰？何事忽忽便救。」黔婁等苦諫之，皆不從。高祖亦假元起節，都督征討諸軍事，[一六]救漢中，比至，魏已攻陷兩晉壽。[一七]淵藻將至，元起頗營還裝，糧儲器械，略無遺者。淵藻入城，甚怨望之，因表其逗留不憂軍事，收付州獄，於獄自縊，時年四十八。有司追劾削爵土，詔減邑之半，乃更封松滋縣侯，邑千戶。

初，元起在荊州，刺史隨王板元起爲從事，別駕庾蓽堅執不可，元起恨之。大軍既至京師，蓽在城內，甚懼。及城平，元起先遣迎蓽，語人曰：「庾別駕若爲亂兵所殺，我無以自明。」因厚遺之。少時又嘗至其西沮田舍，有沙門造之乞，元起問田人曰：「有稻幾何？」對曰：「二十斛。」元起悉以施之。時人稱其有大度。

元起初爲益州，過江陵迎其母，母事道，方居館，不肯出。元起拜請同行。母曰：「貧賤家兒忽得富貴，詎可久保，我寧死不能與汝共入禍敗。」元起之至巴東，聞蜀亂，使蔣光濟筮之，遇蹇，喟然歎曰：「吾豈鄧艾而及此乎。」後果如筮。子鏗嗣。

陳吏部尚書姚察曰：永元之末，荊州方未有釁，蕭穎胄悉全楚之兵，首應義舉。豈天之所啓，人惎之謀？不然，何其響附之決也？穎達叔姪慶流後嗣，夏侯、楊、鄧咸享隆名，盛矣。詳之謹厚，楊、蔡廉節，君子有取焉。

校勘記

〔一〕起家冠軍　「起家冠軍」下疑有脫落，南史無此四字。

〔二〕兄穎胄齊建武末行荊州事穎達亦爲西中郎外兵參軍俱在西府　各本脫「行荊州事穎達」六字，據南史補。

〔三〕廬陵人脩景智潛引與南歸　「脩」各本作「循」，據南齊書南史及通鑑改正。

〔四〕東昏遣安西太守劉希祖自南江入湖拒之　據南齊書蕭穎胄傳及通鑑齊和帝中興元年，時東昏

侯遣軍主劉希祖率三千人攻蕭穎孚，穎孚敗奔長沙，希祖攻拔安成，殺太守范僧簡，東昏以希祖爲安成內史。是「安西」乃「安成」之誤；而劉希祖時爲軍主，後乃爲安成內史，亦非太守。

〔五〕如其列狀　「如」各本譌「知」，據册府元龜五一九改。

〔六〕譙郡譙人也　各本作「譙郡人也」，脫一「譙」字，據南史及册府元龜三四四、七五七補。

〔七〕並督光城弋陽汝陰三郡衆赴之　「光城弋陽汝陰三郡」各本皆作「光成弋陽汝鄧五郡」。按南齊書州郡志豫州下有「光城郡」，無「光成郡」，有「汝陰郡」，無「汝鄧郡」，「五」亦爲「三」之譌，今並改正。

〔八〕授尚書左僕射　「左」各本作「右」，據南史改。按：夏侯詳以繼沈約爲尚書左僕射而被徵，本書武帝紀及通鑑並作「左」。

〔九〕父那宋益州刺史　「那」各本譌「郡」，據南史改正。蔡那見宋書宗越傳，爲益州刺史在泰豫元年。

〔一〇〕魯山城主孫樂祖　「魯」各本譌「曾」，據本書武帝紀及册府元龜三七一改正。

〔一一〕戶口充復　「充」各本作「克」。王懋竑讀書記疑：「克疑作充。」按「充」古書往往寫作「克」，因譌爲「克」，通志正作「充」，今據改。

〔一二〕四年徵中護軍　本書武帝紀，天監三年，以湘州刺史楊公則爲中護軍。而代楊公則爲湘州刺

史是夏侯詳。本書夏侯詳傳亦云天監三年遷湘州刺史。是「四年」當作「三年」。

〔一三〕遷弘農太守平西軍事　「平西軍事」上疑脫「參」字。

〔一四〕若檢巴西一郡籍注　「郡」各本作「部」，據南史、册府元龜四二一改。

〔一五〕復元起號平西將軍　上文無授免元起平西將軍事，此處謂「復號平西將軍」，非前有脫文，卽此處有譌誤。

〔一六〕高祖亦假元起節都督征討諸軍事　「節」字，各本並脫，據册府元龜四四五補。「諸軍事」各本並作「諸軍將」，今改正。

〔一七〕比至魏已攻陷兩晉壽　「比至」各本作「比是」，據南史及册府元龜四四五改。

梁書卷十一

列傳第五

張弘策 庾域　鄭紹叔　呂僧珍

張弘策字眞簡，范陽方城人，文獻皇后之從父弟也。幼以孝聞。母嘗有疾，五日不食，弘策亦不食。母强爲進粥，乃食母所餘。遭母憂，三年不食鹽菜，幾至滅性。兄弟友愛，不忍暫離，雖各有室，常同臥起，世比之姜肱兄弟。起家齊邵陵王國常侍，遷奉朝請、西中郎江夏王行參軍。

弘策與高祖年相輩，幼見親狎，恒隨高祖遊處。每入室，常覺有雲煙氣，體輒肅然，弘策由此特敬高祖。建武末，弘策從高祖宿，酒酣，徙席星下，語及時事。弘策因問高祖曰：「緯象云何？國家故當無恙？」高祖曰：「其可言乎？」弘策因曰：「請言其兆。」高祖曰：「漢北有失地氣，浙東有急兵祥。今冬初，魏必動；若動則亡漢北。帝今久疾，多異議，萬一伺釁，

稽部且乘機而作，是亦無成，徒自驅除耳。明年都邑有亂，死人過於亂麻，齊之歷數，自茲亡矣。梁、楚、漢當有英雄興。」弘策曰：「英雄今何在？爲已富貴，爲在草茅？」高祖笑曰：「光武有云，『安知非僕』。」弘策起曰：「今夜之言，是天意也，請定君臣之分。」高祖曰：「舅欲效鄧晨乎？」是冬，魏軍寇新野，高祖將兵爲援，且受密旨，仍代曹虎爲雍州。弘策聞之心喜，謂高祖曰：「夜中之言，獨當驗矣。」高祖笑曰：「且勿多言。」弘策從高祖西行，仍參帷幄，身親勞役，不憚辛苦。

五年秋，明帝崩，〔一〕遺詔以高祖爲雍州刺史，乃表弘策爲錄事參軍，帶襄陽令。高祖覩海內方亂，有匡濟之心，密爲儲備，謀猷所及，惟弘策而已。時長沙宣武王罷益州還，仍爲西中郎長史，行郢州事。高祖使弘策到郢，陳計於宣武王，語在高祖紀。弘策因說王曰：「昔周室旣衰，諸侯力爭，齊桓蓋中人耳，遂能一匡九合，民到于今稱之。齊德告微，四海方亂，蒼生之命，會應有主。以郢州居中流之要，雍部有戎馬之饒，卿兄弟英武，當今無敵，虎據兩州，參分天下，糾合義兵，爲百姓請命，廢昏立明，易於反掌。如此，則桓、文之業可成，不世之功可建。無爲豎子所欺，取笑身後。雍州揣之已熟，願善圖之。」王頗不懌而無以拒也。

義師將起，高祖夜召弘策、呂僧珍入宅定議，旦乃發兵，以弘策爲輔國將軍、軍主，領萬

人督後部軍事。西臺建，爲步兵校尉，遷車騎諮議參軍。及郢城平，蕭穎達、楊公則諸將皆欲頓軍夏口，高祖以爲宜乘勢長驅，直指京邑，以計語弘策，弘策與高祖意合。又訪寧遠將軍庾域，域又同。乃命衆軍卽日上道，緣江至建康，凡磯、浦、村落，軍行宿次、立頓處所，弘策逆爲圖測，皆在目中。義師至新林，王茂、曹景宗等於大航方戰，高祖遣弘策持節勞勉，衆咸奮厲。是日，仍破朱雀軍。高祖入頓石頭城，弘策屯門禁衞，引接士類，多全免。城平，高祖遣弘策與呂僧珍先入淸宮，封檢府庫。于時城內珍寶委積，弘策申勒部曲，秋毫無犯。遷衞尉卿，加給事中。天監初，加散騎常侍，洮陽縣侯，邑二千二百戶。〔三〕弘策盡忠奉上，知無不爲，交友故舊，隨才薦拔，搢紳皆趨焉。

時東昏餘黨初逢赦令，多未自安，數百人因運荻炬束仗，得入南北掖作亂，燒神虎門、總章觀。前軍司馬呂僧珍直殿內，以宿衞兵拒破之，盜分入衞尉府，弘策方救火，盜潛後害之，時年四十七。高祖深慟惜焉。給第一區，衣一襲，錢十萬，布百匹，蠟二百斤。詔曰：「亡從舅衞尉，慮發所忽，殞身祅豎。其情理淸貞，器識淹濟，自藩升朝，契闊夷阻。加外氏凋衰，饗嘗屢絕，興感渭陽，情寄斯在。方賴忠勳，翼宣寡薄，報効無徵，永言增慟。可贈散騎常侍、車騎將軍。給鼓吹一部。謚曰愍。」

弘策爲人寬厚通率，篤舊故。及居隆重，不以貴勢自高。故人賓客，禮接如布衣時。祿

賜皆散之親友。及其遇害，莫不痛惜焉。子緬嗣，別有傳。

庾域字司大，新野人。長沙宣武王爲梁州，以爲錄事參軍，帶華陽太守。時魏軍攻圍南鄭，州有空倉數十所，域封題指示將士云：「此中粟皆滿，足支二年，但努力堅守。」衆心以安。虜退，以功拜羽林監，遷南中郎記室參軍。

永元末，高祖起兵，遣書招域。西臺建，以爲寧朔將軍，領行選，從高祖東下。師次楊口，〔三〕和帝遣御史中丞宗夬銜命勞軍。域乃諷夬曰：「黃鉞未加，非所以總率侯伯。」夬反西臺，卽授高祖黃鉞。蕭穎胄旣都督中外諸軍事，論者謂高祖應致牋，域爭不聽，乃止。郢城平，域及張弘策議與高祖意合，卽命衆軍便下。每獻謀畫，多被納用。霸府初開，以爲諮議參軍。天監初，封廣牧縣子，後軍司馬。出爲寧朔將軍、巴西梓潼二郡太守。梁州長史夏侯道遷舉州叛降魏，魏騎將襲巴西，域固守百餘日，城中糧盡，將士皆齕草食土，死者太半，無有離心。魏軍退，詔增封二百戶，進爵爲伯。六年，卒於郡。

鄭紹叔字仲明，滎陽開封人也，世居壽陽。祖琨，宋高平太守。

紹叔少孤貧。年二十餘，爲安豐令，居縣有能名。本州召補主簿，轉治中從事史。時刺史蕭誕以弟諶誅，臺遣收兵卒至，左右莫不驚散，紹叔聞難，獨馳赴焉。誕死，侍送喪柩，衆咸稱之。到京師，司空徐孝嗣見而異之，曰：「祖逖之流也。」

高祖臨司州，命爲中兵參軍，領長流，因是厚自結附。高祖罷州還京師，謝遣賓客，紹叔獨固請願留。高祖謂曰：「卿才幸自有用，我今未能相益，宜更思他塗。」紹叔曰：「委質有在，義無二心。」高祖固不許，於是乃還壽陽。刺史蕭遙昌苦引紹叔，終不受命。遙昌怒，將囚之，救解得免。及高祖爲雍州刺史，紹叔間道西歸，補寧蠻長史、扶風太守。東昏旣害朝宰，頗疑高祖。紹叔兄植爲東昏直後，東昏遣至雍州，託以候紹叔，實潛使爲刺客。紹叔知之，密以白高祖。植旣至，高祖於紹叔處置酒宴之，戲植曰：「朝廷遣卿見圖，今日閑宴，是見取良會也。」賓主大笑。令植登臨城隍，周觀府署，士卒、器械、舟艫、戰馬，莫不富實。植退謂紹叔曰：「雍州實力，未易圖也。」紹叔曰：「兄還，具爲天子言之。兄若取雍州，紹叔請以此衆一戰。」送兄於南峴，相持慟哭而別。

義師起，爲冠軍將軍，改驍騎將軍，侍從東下江州，留紹叔監州事，督江、湘二州糧運，事無闕乏。天監初，入爲衞尉卿。紹叔忠於事上，外所聞知，纖毫無隱。每爲高祖言事，善，則曰「臣愚不及，此皆聖主之策。」其不善，則曰「臣慮出淺短，以爲其事當如是，殆以此

誤朝廷，臣之罪深矣。」高祖甚親信之。母憂去職。紹叔有至性，高祖常使人節其哭。頃之，起爲冠軍將軍、右軍司馬，封營道縣侯，邑千戶。俄復爲衞尉卿，加冠軍將軍。以營道縣戶凋弊，改封東興縣侯，邑如故。初，紹叔少失父，事母及祖母以孝聞，奉兄恭謹。及居顯要，祿賜所得及四方貢遺，悉歸之兄室。

三年，魏軍圍合肥，紹叔以本號督衆軍鎭東關，事平，復爲衞尉。旣而義陽爲魏所陷，司州移鎭關南。四年，以紹叔爲使持節、征虜將軍、司州刺史。紹叔創立城隍，繕修兵器，廣田積穀，招納流民，百姓安之。性頗矜躁，以權勢自居；然能傾心接物，多所薦舉，士類亦以此歸之。

六年，徵爲左將軍，〔四〕加通直散騎常侍，領司豫二州大中正。紹叔至家疾篤，詔於宅拜授，輿載還府，中使醫藥，一日數至。〔五〕七年，卒於府舍，時年四十五。高祖將臨其殯，紹叔宅巷狹陋，不容輿駕，乃止。詔曰：「追往念功，前王所篤；在誠惟舊，異代同規。通直散騎常侍、右衞將軍、〔六〕東興縣開國侯紹叔，立身淸正，奉上忠恪，契闊藩朝，情績顯著。爰及義始，寔立茂勳，作牧疆境，効彰所莅。方申任寄，協贊心膂，奄至殞喪，傷痛于懷。宜加優典，隆茲寵命。可贈散騎常侍、護軍將軍，給鼓吹一部，東園祕器，朝服一具，衣一襲，凶事所須，隨由資給。謚曰忠。」

紹叔卒後，高祖嘗潸然謂朝臣曰：「鄭紹叔立志忠烈，善則稱君，過則歸己，當今殆無其比。」其見賞惜如此。子貞嗣。

呂僧珍字元瑜，東平范人也，世居廣陵。起自寒賤。始童兒時，從師學，有相工歷觀諸生，指僧珍謂博士曰：「此有奇聲，封侯相也。」年二十餘，依宋丹陽尹劉秉，秉誅後，事太祖文皇爲門下書佐。身長七尺五寸，容貌甚偉。在同類中少所褻狎，曹輩皆敬之。

太祖爲豫州刺史，以爲典籤，帶蒙令，居官稱職。太祖遷領軍，補主簿。妖賊唐瑀寇東陽，〔七〕太祖率衆東討，使僧珍知行軍衆局事。僧珍宅在建陽門東，自受命當行，每日由建陽門道，不過私室，太祖益以此知之。爲丹陽尹，復命爲郡督郵。齊隨王子隆出爲荊州刺史，齊武以僧珍爲子隆防閤，從之鎮。永明九年，雍州刺史王奐反，〔八〕敕遣僧珍隸平北將軍曹虎，西爲典籤，帶新城令。魏軍寇沔北，司空陳顯達出討，一見異之，因屏人呼上座，謂曰：「卿有貴相，後當不見滅，努力爲之。」

建武二年，魏大舉南侵，五道並進。高祖率師援義陽，僧珍從在軍中。長沙宣武王時爲梁州刺史，魏圍守連月，間諜所在不通，義陽與雍州路斷。高祖欲遣使至襄陽，求梁州

問，衆皆憚，莫敢行，僧珍固請充使，即日單舸上道。既至襄陽，督遣援軍，且獲宣武王書而反，高祖甚嘉之。事寧，補羽林監。

東昏即位，司空徐孝嗣管朝政，欲與共事，僧珍揣不久安，竟弗往。時高祖已臨雍州，僧珍固求西歸，得補邔令。〔九〕既至，高祖命爲中兵參軍，委以心膂。僧珍陰養死士，歸之者甚衆。高祖頗招武猛，士庶響從，會者萬餘人，因命按行城西空地，將起數千間屋，以爲止舍，多伐材竹，〔一〇〕沈於檀溪，積茅蓋若山阜，皆不之用。僧珍獨悟其旨，亦私具櫓數百張。義兵起，高祖夜召僧珍及張弘策定議，明旦乃會衆發兵，悉取檀溪材竹，裝爲艛艦，葺之以茅，並立辦。衆軍將發，諸將果爭櫓，僧珍乃出先所具者，每船付二張，爭者乃息。

高祖以僧珍爲輔國將軍、步兵校尉，出入臥內，宣通意旨。師及郢城，僧珍率所領頓偃月壘，俄又進據騎城。郢州平，高祖進僧珍爲前鋒大將軍。〔一一〕大軍次江寧，高祖令僧珍與王茂率精兵先登赤鼻邏。其日，東昏將李居士與衆來戰，僧珍等要擊，大破之。乃與茂進軍於白板橋築壘，壘立，茂移頓越城，僧珍猶守白板。李居士密覘知衆少，率銳卒萬人，直來薄城。僧珍謂將士曰：「今力既不敵，不可與戰，亦勿遙射，須至塹裏，當並力破之。」俄而皆越塹拔柵，僧珍分人上城，矢石俱發，自率馬步三百人出其後，守隅者復踰城而下，內外齊擊，居士應時奔散，獲其器甲不可勝計。僧珍又進據越城。東昏大將王珍國列軍爲營，背淮而陣。王茂等衆軍擊之，僧珍縱火車焚其營。即日瓦解。

建康城平，高祖命僧珍率所領先入清宮，與張弘策封檢府庫，即日以本官帶南彭城太守，遷給事黃門侍郎，領虎賁中郎將。高祖受禪，以爲冠軍將軍、前軍司馬，封平固縣侯，邑一千二百戶。尋遷給事中、右衛將軍。頃之，轉左衛將軍，加散騎常侍，入直祕書省，總知宿衛。天監四年冬，大舉北伐，自是軍機多事，僧珍晝直中書省，夜還祕書。五年夏，又命僧珍率羽林勁勇出梁城。其年冬旋軍，以本官領太子中庶子。

僧珍去家久，表求拜墓，高祖欲榮之，使爲本州，乃授使持節、平北將軍、南兗州刺史。僧珍在任，平心率下，不私親戚。從父兄子先以販葱爲業，僧珍既至，乃棄業欲求州官。僧珍曰：「吾荷國重恩，無以報効，汝等自有常分，豈可妄求叨越，但當速反葱肆耳。」僧珍舊宅在市北，前有督郵廨，鄉人咸勸徙廨以益其宅。僧珍怒曰：「督郵官廨也，置立以來，便在此地，豈可徙之益吾私宅！」姊適于氏，住在市西，小屋臨路，與列肆雜處，僧珍常導從鹵簿到其宅，不以爲恥。在州百日，徵爲領軍將軍，尋加散騎常侍，給鼓吹一部，直祕書省如先。

僧珍有大勳，任總心膂，恩遇隆密，莫與爲比。性甚恭慎，當直禁中，盛暑不敢解衣。每侍御座，屏氣鞠躬，果食未嘗舉箸。嘗因醉後，取一柑食之。高祖笑謂曰：「便是大有所進。」祿俸之外，又月給錢十萬；其餘賜賚不絕於時。

十年，疾病，車駕臨幸，中使醫藥，日有數四。僧珍語親舊曰：「吾昔在蒙縣，熱病發黃，當時必謂不濟，主上見語『卿有富貴相，必當不死，尋應自差』，俄而果愈。今已富貴而復發黃，所苦與昔正同，必不復起矣。」竟如其言。卒于領軍府舍，時年五十八。高祖即日臨殯，詔曰：「思舊篤終，前王令典；追榮加等，列代通規。散騎常侍、領軍將軍、平固縣開國侯僧珍，器思淹通，識宇詳濟，竭忠盡禮，知無不爲。與朕契闊，情兼屯泰。大業初構，茂勳克舉。及居禁衛，朝夕盡誠。方參任台槐，式隆朝寄；奄致喪逝，傷慟于懷。宜加優典，以隆寵命。可贈驃騎將軍、開府儀同三司，常侍、鼓吹、侯如故。給東園祕器，朝服一具，衣一襲，喪事所須，隨由備辦。謚曰忠敬侯。」高祖痛惜之，言爲流涕。長子峻早卒，峻子淡嗣。

陳吏部尚書姚察曰：張弘策敦厚慎密，呂僧珍恪勤匪懈，鄭紹叔忠誠亮藎，締構王業，三子皆有力焉。僧珍之肅恭禁省，紹叔之造膝詭辭，蓋識爲臣之節矣。

校勘記

〔一〕五年秋明帝崩 齊明帝建武五年四月，改元永泰，明帝死在七月，「五年」當作「永泰元年」。

〔二〕邑二千二百戶　梁制，郡王封邑例爲二千戶，張弘策僅一縣侯，何得食邑二千二百戶？册府元龜三八〇作「一千二百戶」。

〔三〕師次楊口　「楊」各本譌「陽」，據南史及通鑑齊和帝中興元年紀改。按本書宗夬傳亦作「楊口」。

〔四〕徵爲左將軍　南史作「左衞將軍」。

〔五〕中使醫藥一日數至　「使」字各本脱，今據南史及册府元龜三八〇補。

〔六〕右衞將軍　上文云「徵爲左將軍」，南史作「徵爲左衞將軍」，則此處之「右衞將軍」當作「左衞將軍」。

〔七〕妖賊唐瑀寇東陽　「唐瑀」北監本作「唐寓之」，其他各本俱作「唐瑀」。南齊書武帝紀及通鑑齊明帝永明三年、四年俱作「唐寓之」。

〔八〕永明九年雍州刺史王奐反　按南齊書王奐傳，奐之反在永明十一年，此作「永明九年」，誤。

〔九〕得補邔令　「邔」殿本作「印」，百衲本、南監本、汲古閣本、金陵局本作「邛」。張森楷梁書校勘記：「印、邛皆非縣名，不得有令。據漢書地理志，南郡有邔縣，續漢志、晉志並屬荆州；宋、南齊志屬雍州，隋志無之，疑梁以後省。時高祖爲雍州，僧珍從之，當補邔令。印、邛二字並非。」按張說是，今據改。

〔一〇〕多伐材竹　「材」各本譌「林」，據南史及册府元龜三四四改。按：下文云「悉取檀溪材竹」，亦作「材」。

〔一一〕高祖進僧珍爲前鋒大將軍　張森楷梁書校勘記：「大將軍三字不當有，蓋涉下大軍而衍。」

梁書卷十二

列傳第六

柳惔　弟忱　席闡文　韋叡　族弟愛

柳惔字文通，河東解人也。父世隆，齊司空。

惔年十七，齊武帝爲中軍，命爲參軍，轉主簿。齊初，入爲尚書三公郎，累遷太子中舍人，巴東王子響友。子響爲荆州，惔隨之鎭。子響昵近小人，惔知將爲禍，稱疾還京。及難作，惔以先歸得免。歷中書侍郎，中護軍長史。出爲新安太守，居郡，以無政績，免歸。久之，爲右軍諮議參軍事。

建武末，爲西戎校尉、梁南秦二州刺史。及高祖起兵，惔舉漢中應義。和帝卽位，以爲侍中，領前軍將軍。高祖踐阼，徵爲護軍將軍，未拜，仍遷太子詹事，加散騎常侍。論功封曲江縣侯，邑千戶。高祖因讌爲詩以貽惔曰：「爾寔冠羣后，惟余實念功。」又嘗侍座，高祖曰：

「徐元瑜違命嶺南，周書罪不相及，朕已宥其諸子，何如？」惔對曰：「罰不及嗣，賞延于世，今復見之聖朝。」時以爲知言。尋遷尚書右僕射。

天監四年，大舉北伐，臨川王宏都督衆軍，以惔爲副。軍還，復爲僕射。以久疾，轉金紫光祿大夫，加散騎常侍，給親信二十人。未拜，出爲使持節、安南將軍、湘州刺史。六年十月，卒于州，時年四十六。高祖爲素服舉哀。贈侍中、撫軍將軍，給鼓吹一部。謚曰穆。惔著仁政傳及諸詩賦，粗有辭義。子照嗣。

惔第四弟憕，亦有美譽，歷侍中、鎭西長史。天監十二年，卒，贈寧遠將軍、豫州刺史。

忱字文若，惔第五弟也。年數歲，父世隆及母閻氏時寢疾，忱不解帶經年。及居喪，以毁聞。起家爲司徒行參軍，累遷太子中舍人，西中郎主簿，功曹史。

齊東昏遣巴西太守劉山陽由荆襲高祖，西中郎長史蕭穎胄計未有定，召忱及其所親席闡文等夜入議之。忱曰：「朝廷狂悖，爲惡日滋。頃聞京師長者，莫不重足累息；今幸在遠，得假日自安。雍州之事，且藉以相斃耳。獨不見蕭令君乎？以精兵數千，破崔氏十萬衆，竟爲羣邪所陷，禍酷相尋。前事之不忘，後事之師也。若使彼凶心已逞，豈知使君不係踵而及？且雍州士銳糧多，蕭使君雄姿冠世，必非山陽所能擬；若破山陽，荆州復受失律之責。進退無可，且深慮之。」闡文亦深勸同高祖。穎胄乃誘斬山陽，以忱爲寧朔將軍。和帝卽位，爲尙書吏部郎，進號輔國將軍、南平太守。尋遷侍中、冠軍將軍，太守如故。轉吏部尙書，不拜。郢州平，穎胄議遷都夏口，忱復固諫，以爲巴硤未賓，不宜輕捨根本，搖動民志。穎胄不從。俄而巴東兵至硤口，遷都之議乃息。論者以爲見機。

高祖踐阼，以忱爲五兵尙書，領驍騎將軍。論建義功，封州陵伯，邑七百戶。天監二年，出爲安西長史、冠軍將軍、南郡太守。六年，徵爲員外散騎常侍、太子右衞率。未發，遷持節、督湘州諸軍事、輔國將軍、湘州刺史。八年，坐輒放從軍丁免。俄入爲祕書監，遷散騎常侍，轉祠部尙書，未拜遇疾，詔改授給事中、光祿大夫，疾篤不拜。十年，卒於家，時年四十一。追贈中書令，謚曰穆。子範嗣。

席闡文，安定臨涇人也。少孤貧，涉獵書史。齊初，爲雍州刺史蕭赤斧中兵參軍，由是與其子穎胄善。復歷西中郎中兵參軍，領城局。高祖之將起義也，闡文深勸之，穎胄同焉，仍遣田祖恭私報高祖，并獻銀裝刀，高祖報以金如意。穎胄暴卒，州府騷擾，闡文以和帝幼弱，

中流任重，時始興王憺留鎭雍部，乃與西朝羣臣迎王總州事，故賴以寧輯。高祖受禪，除都官尙書、輔國將軍。封山陽伯，邑七百戶。出爲東陽太守，又改封湘西，戶邑如故。視事二年，以清白著稱，卒於官。詔賻錢三萬，布五十匹。謚曰威。

韋叡字懷文，京兆杜陵人也。自漢丞相賢以後，世爲三輔著姓。祖玄，避吏隱於長安南山。宋武帝入關，以太尉掾徵，不至。伯父祖征，宋末爲光祿勳。父祖歸，寧遠長史。叡事繼母以孝聞。叡兄纂、闡，並早知名。纂、叡皆好學，闡有清操。祖征累爲郡守，每攜叡之職，視之如子。時叡內兄王憕、姨弟杜惲，並有鄉里盛名。祖征謂叡曰：「汝自謂何如憕、惲？」叡謙不敢對。祖征曰：「汝文章或小減，學識當過之；然而幹國家，成功業，皆莫汝逮也。」外兄杜幼文爲梁州刺史，要叡俱行。梁土富饒，往者多以賄敗；叡時雖幼，獨用廉聞。宋永光初，袁顗爲雍州刺史，見而異之，引爲主簿。顗到州，與鄧琬起兵，叡求出爲義成郡，故免顗之禍。後爲晉平王左常侍，遷司空桂陽王行參軍，隨齊司空柳世隆守郢城，拒荊州刺史沈攸之。攸之平，遷前軍中兵參軍。久之，爲廣德令。累遷齊興太守、本州別駕、長水校尉、右軍將軍。齊末多故，不欲遠鄉里，求爲上庸太守，加建威將軍。俄而太尉陳顯達、護軍將軍崔慧景頻逼京師，民心遑駭，未有所定，西土人謀之於叡。叡曰：「陳雖舊將，非命世才；崔頗更事，懦而不武。其取赤族也，宜哉。天下眞人，殆興於吾州矣。」乃遣其二子，自結於高祖。

義兵檄至，叡率郡人伐竹爲筏，倍道來赴，有衆二千，馬二百匹。高祖見叡甚悅，拊几曰：「他日見君之面，今日見君之心，吾事就矣。」義師剋郢、魯，平加湖，叡多建謀策，皆見納用。大軍發郢，謀留守將，高祖難其人；久之，顧叡曰：「棄騏驥而不乘，焉遑遑而更索？」卽日以爲冠軍將軍、江夏太守，行郢府事。初，郢城之拒守也，男女口垂十萬，閉壘經年，疾疫死者十七八，皆積屍於牀下，而生者寢處其上，每屋輒盈滿。叡料簡隱卹，咸爲營理，於是死者得埋藏，生者反居業，百姓賴之。

梁臺建，徵爲大理。高祖卽位，遷廷尉，封都梁子，〔一〕邑三百戶。天監二年，改封永昌，戶邑如先。東宮建，遷太子右衞率，出爲輔國將軍、豫州刺史、領歷陽太守。三年，魏遣衆來寇，率州兵擊走之。

四年，王師北伐，詔叡都督衆軍。叡遣長史王超宗、梁郡太守馮道根攻魏小峴城，未能拔。叡巡行圍柵，魏城中忽出數百人陳於門外，叡欲擊之，諸將皆曰：「向本輕來，未有戰備，徐還授甲，乃可進耳。」叡曰：「不然。魏城中二千餘人，閉門堅守，足以自保，無故出人

於外，必其驍勇者也，若能挫之，其城自拔。」衆猶遲疑，〔二〕叡指其節曰：「朝廷授此，非以爲飾，韋叡之法，不可犯也。」乃進兵。士皆殊死戰，魏軍果敗走，因急攻之，中宿而城拔。遂進討合肥。先是，右軍司馬胡略等至合肥，〔三〕久未能下，叡按行山川，曰：「吾聞『汾水可以灌平陽，絳水可以灌安邑』，卽此是也。」乃堰肥水，親自表率，〔四〕頃之，堰成水通，舟艦繼至。魏初分築東西小城夾合肥，叡先攻二城。既而魏援將楊靈胤帥軍五萬奄至，〔五〕衆懼不敵，請表益兵。叡笑曰：「賊已至城下，方復求軍，臨難鑄兵，豈及馬腹。且吾求濟師，彼亦徵衆，猶如吳益巴丘，蜀增白帝耳。『師克在和不在衆』，古之義也。」因與戰，破之，軍人少安。

初，肥水堰立，使軍主王懷靜築城於岸守之，魏攻陷懷靜城，千餘人皆沒。魏人乘勝至叡堤下，其勢甚盛，軍監潘靈祐勸叡退還巢湖，諸將又請走保三叉。叡怒曰：「寧有此邪！將軍死綏，有前無却。」因令取繖扇麾幢，樹之堤下，示無動志。叡素羸，每戰未嘗騎馬，以板輿自載，督厲衆軍。魏兵來鑿堤，叡親與爭之，魏軍少却，因築壘於堤以自固。叡起鬬艦，高與合肥城等，四面臨之。魏人計窮，相與悲哭。叡攻具既成，堰水又滿，魏救兵無所用。魏守將杜元倫登城督戰，中弩死，城遂潰。俘獲萬餘級，牛馬萬數，絹滿十間屋，悉充軍賞。叡每晝接客旅，夜算軍書，三更起張燈達曙，撫循其衆，常如不及，故投募之士爭歸之。所

至頓舍脩立，館宇藩籬牆壁，皆應準繩。

合肥既平，高祖詔衆軍進次東陵。東陵去魏甓城二十里，將會戰，有詔班師。去賊既近，懼爲所躡，叡悉遣輜重居前，身乘小輿殿後，魏人服叡威名，望之不敢逼，全軍而還。至是遷豫州於合肥。

五年，魏中山王元英寇北徐州，圍刺史昌義之於鍾離，衆號百萬，連城四十餘。高祖遣征北將軍曹景宗，都督衆軍二十萬以拒之。次邵陽洲，築壘相守，高祖詔叡率豫州之衆會焉。叡自合肥逕道由陰陵大澤行，值澗谷，輒飛橋以濟。師人畏魏軍盛，多勸叡緩行。叡曰：「鍾離今鑿穴而處，負戶而汲，車馳卒奔，猶恐其後，而況緩乎！魏人已墮吾腹中，卿曹勿憂也。」旬日而至邵陽。初，高祖敕景宗曰：「韋叡，卿之鄉望，宜善敬之。」景宗見叡，禮甚謹。高祖聞之，曰：「二將和，師必濟矣。」叡於景宗營前二十里，夜掘長塹，樹鹿角，截洲爲城，比曉而營立。元英大驚，以杖擊地曰：「是何神也！」明旦，英自率衆來戰，叡乘素木輿，執白角如意麾軍，一日數合，英甚憚其强。〔六〕魏軍又夜來攻城，飛矢雨集，叡子黯請下城以避箭，叡不許。軍中驚，叡於城上厲聲呵之，乃定。魏人先於邵陽洲兩岸爲兩橋，樹柵數百步，跨淮通道。叡裝大艦，使梁郡太守馮道根、廬江太守裴邃、秦郡太守李文釗等爲水軍。值淮水暴長，叡卽遣之，鬬艦競發，皆臨敵壘，以小船載草，灌之以膏，從而焚其橋。風怒火

盛，烟塵晦冥，敢死之士，拔柵斫橋，水又漂疾，倏忽之間，橋柵盡壞。而道根等皆身自搏戰，軍人奮勇，呼聲動天地，無不一當百，魏人大潰。元英見橋絕，脫身遁去。魏軍趨水死者十餘萬，斬首亦如之。其餘釋甲稽顙，乞爲囚奴，猶數十萬。所獲軍實牛馬，不可勝紀。叡遣報昌義之，義之且悲且喜，不暇答語，但叫曰「更生！更生！」高祖遣中書郎周捨勞於淮上，叡積所獲於軍門，捨觀之，謂叡曰：「君此獲復與熊耳山等。」以功增封七百戶，進爵爲侯，徵通直散騎常侍、右衛將軍。

七年，遷左衛將軍，俄爲安西長史、南郡太守，秩中二千石。會司州刺史馬仙琕北伐還軍，爲魏人所躡，三關擾動，詔叡督衆軍援焉。叡至安陸，增築城二丈餘，更開大塹，起高樓，衆頗譏其示弱。叡曰：「不然，爲將當有怯時，不可專勇。」是時元英復追仙琕，將復邵陽之恥，聞叡至，乃退，帝亦詔罷軍。明年，遷信武將軍、江州刺史。九年，徵員外散騎常侍、右衛將軍，累遷左衛將軍、太子詹事，尋加通直散騎常侍。十三年，遷智武將軍、丹陽尹，以公事免。頃之，起爲中護軍。

十四年，出爲平北將軍、寧蠻校尉、雍州刺史。初，叡起兵鄉中，客陰儁光泣止叡，〔七〕叡還爲州，儁光道候叡，叡笑謂之曰：「若從公言，乞食於路矣。」餉耕牛十頭。叡於故舊，無所遺惜，士大夫年七十以上，多與假板縣令，鄉里甚懷之。十五年，拜表致仕，優詔不許。十

七年，徵散騎常侍、護軍將軍，〔八〕尋給鼓吹一部，入直殿省。居朝廷，恂恂未嘗忤視，高祖甚禮敬之。性慈愛，撫孤兄子過於己子，歷官所得祿賜，皆散之親故，家無餘財。後爲護軍，居家無事，慕萬石、陸賈之爲人，因畫之於壁以自玩。時雖老，暇日猶課諸兒以學。第三子稜，尤明經史，世稱其洽聞，叡每坐稜使說書，其所發擿，稜猶弗之逮也。高祖方銳意釋氏，天下咸從風而化；叡自以信受素薄，位居大臣，不欲與俗俯仰，所行略如他日。

普通元年夏，遷侍中、車騎將軍，以疾未拜。八月，卒于家，時年七十九。遺令薄葬，斂以時服。高祖卽日臨哭甚慟。賜錢十萬，布二百匹，東園祕器，朝服一具，衣一襲，喪事取給於官，遣中書舍人監護。贈侍中、車騎將軍、開府儀同三司。謚曰嚴。

初，邵陽之役，昌義之甚德叡，請曹景宗與叡會，因設錢二十萬官賭之，景宗擲得雉，叡徐擲得盧，遽取一子反之，曰「異事」，遂作塞。景宗時與羣帥爭先啓捷，〔九〕叡獨居後，其不尚勝，率多如是，世尤以此賢之。子放、正、稜、黯。放別有傳。

正字敬直，起家南康王行參軍，稍遷中書侍郎，出爲襄陽太守。初，正與東海王僧孺友善，及僧孺爲尚書吏部郎，參掌大選，賓友故人莫不傾意，正獨澹然。及僧孺擯廢之後，正復篤素分，有踰曩日，論者稱焉。歷官至給事黃門侍郎。

稜字威直，性恬素，以書史爲業，博物强記，當世之士，咸就質疑。起家安成王府行參

軍，稍遷治書侍御史，太子僕，光祿卿。著漢書續訓三卷。

黯字務直，性强正，少習經史，有文詞。起家太子舍人，稍遷太僕卿，南豫州刺史，太府卿。侯景濟江，黯屯六門，尋改爲都督城西面諸軍事。時景於城外起東西二土山，城內亦作以應之，太宗親自負土，哀太子以下躬執畚鍤。黯守西土山，晝夜苦戰，以功授輕車將軍，加持節。卒於城內，贈散騎常侍、左衛將軍。叡族弟愛。

愛字孝友，沈靜有器局。高祖父廣，晉後軍將軍、北平太守。曾祖軌，以孝武太元之初，南遷襄陽，爲本州別駕，散騎侍郎。祖公循，宋義陽太守。父義正，早卒。

愛少而偏孤，事母以孝聞。性淸介，不妄交遊，而篤志好學，每虛室獨坐，遊心墳素，而埃塵滿席，寂若無人。年十二，嘗遊京師，值天子出遊南苑，邑里諠譁，老幼爭觀，愛獨端坐讀書，手不釋卷，宗族見者，莫不異焉。及長，博學有文才，尤善周易及春秋左氏義。

袁顗爲雍州刺史，辟爲主簿。遭母憂，廬於墓側，負土起墳。高祖臨雍州，聞之，親往臨弔。服闋，引爲中兵參軍。義師之起也，以愛爲壯武將軍、冠軍南平王司馬，帶襄陽令。時京邑未定，雍州空虛，魏興太守顏僧都等據郡反，州內驚擾，百姓攜貳。愛沉敏有謀，素爲州里信伏，乃推心撫御，曉示逆順；兼率募鄉里，得千餘人，與僧都等戰於始平郡南，大破

之，百姓乃安。

蕭穎胄之死也，和帝徵兵襄陽，愛從始興王憺赴焉。先是，巴東太守蕭璝、巴西太守魯休烈舉兵來逼荆州，〔一〇〕及憺至，令愛書諭之，璝即日請降。

中興二年，從和帝東下。高祖受禪，進號輔國將軍，仍爲驍騎將軍，尋除寧蜀太守，與益州刺史鄧元起西上襲劉季連，行至公安，道病卒，贈衞尉卿。子乾向，官至驍騎將軍，征北長史，汝陰、鍾離二郡太守。

陳吏部尚書姚察曰：昔竇融以河右歸漢，終爲盛族；柳惔舉南鄭響從，而家聲弗賁，時哉！忱之謀畫，亦用有成，智矣。韋叡起上庸以附義，其地比惔則薄，及合肥、邵陽之役，其功甚盛，推而弗有，君子哉。

校勘記

〔一〕封都梁子　「都梁」各本皆顛倒作「梁都」。按：都梁爲湘州邵陵郡屬縣，見宋、齊書州郡志。今乙正。

〔二〕衆猶遲疑　各本作「衆皆猶遲疑」，「皆」字衍。今據南史及册府元龜三六三、四二八删。

〔三〕右軍司馬胡畧等至合肥　「胡畧等」，南史作「胡景畧」。

〔四〕親自表率　「表率」各本作「夜率」，據册府元龜三五二改。

〔五〕既而魏援將楊靈胤帥軍五萬奄至　「楊」各本作「揚」，據南史及册府元龜四〇四改。

〔六〕英甚憚其强　「憚其」二字，各本皆脫，據南史及太平御覽三〇七補。

〔七〕客陰儁光泣止叡　南史及册府元龜四一二、四五一「儁」作「雙」。

〔八〕十五年拜表致仕優詔不許十七年徵散騎常侍護軍將軍　本書武帝紀，天監十五年十一月，以雍州刺史韋叡爲護軍將軍。是徵散騎常侍、護軍將軍即在叡拜表致仕、優詔不許時。「十七年」乃衍文，南史無此三字。

〔九〕景宗時與羣帥爭先啓捷　「啓」下各本衍一「之」字，今删去。

〔一〇〕巴東太守蕭璝巴西太守魯休烈舉兵來逼荆州　本書蕭穎達傳及始興忠武王憺傳俱云「巴東太守蕭惠訓子璝」，此脫「惠訓子」三字。

梁書卷十三

列傳第七

范雲　沈約

范雲字彥龍，南鄉舞陰人，晉平北將軍汪六世孫也。年八歲，遇宋豫州刺史殷琰於塗，琰異之，要就席，雲風姿應對，傍若無人。琰令賦詩，操筆便就，坐者歎焉。嘗就親人袁照學，晝夜不怠。〔一〕照撫其背曰：「卿精神秀朗而勤於學，卿相才也。」少機警，有識具，〔二〕善屬文，便尺牘，下筆輒成，未嘗定藁，時人每疑其宿構。父抗，爲郢府參軍，雲隨父在府，時吳興沈約、新野庾杲之與抗同府，見而友之。

起家郢州西曹書佐，轉法曹行參軍。俄而沈攸之舉兵圍郢城，抗時爲府長流，入城固守，留家屬居外。雲爲軍人所得，攸之召與語，聲色甚厲，雲容貌不變，徐自陳說。攸之乃笑曰：「卿定可兒，且出就舍。」明旦，又召令送書入城。城內或欲誅之。雲曰：「老母弱弟，

懸命沈氏，若違其命，〔三〕禍必及親，今日就戮，甘心如薺。」長史柳世隆素與雲善，乃免之。

齊建元初，竟陵王子良爲會稽太守，雲始隨王，王未之知也。會遊秦望，使人視刻石文，時莫能識，雲獨誦之，王悅，自是寵冠府朝。王爲丹陽尹，召爲主簿，深相親任。時進見齊高帝，值有獻白烏者，帝問此爲何瑞？雲位卑，最後答曰：「臣聞王者敬宗廟，則白烏至。」時謁廟始畢。帝曰：「卿言是也。感應之理，一至此乎！」轉補征北南郡王刑獄參軍事，領主簿如故，遷尚書殿中郎。子良爲司徒，又補記室參軍事，尋授通直散騎侍郎、領本州大中正。出爲零陵內史，在任潔己，省煩苛，去游費，百姓安之。明帝召還都，及至，拜散騎侍郎。復出爲始興內史。郡多豪猾大姓，二千石有不善者，謀共殺害，不則逐去之。邊帶蠻俚，尤多盜賊，前內史皆以兵刃自衞。雲入境，撫以恩德，罷亭候，商賈露宿，郡中稱爲神明。仍遷假節、建武將軍、平越中郎將、廣州刺史。初，雲與尚書僕射江祏善，祏姨弟徐藝爲曲江令，深以託雲。有譚儼者，縣之豪族，藝鞭之，儼以爲恥，詣京訴雲，雲坐徵還下獄，會赦免。永元二年，起爲國子博士。

初，雲與高祖遇於齊竟陵王子良邸，又嘗接里閈，高祖深器之。及義兵至京邑，雲時在城內。東昏既誅，侍中張稷使雲銜命出城，高祖因留之，便參帷幄，仍拜黃門侍郎，與沈約同心翊贊。俄遷大司馬諮議參軍、領錄事。梁臺建，遷侍中。時高祖納齊東昏余妃，頗妨

政事，雲嘗以爲言，未之納也。後與王茂同入卧內，雲又諫曰：「昔漢祖居山東，貪財好色；及入關定秦，財帛無所取，婦女無所幸，范增以爲其志大故也。今明公始定天下，海內想望風聲，奈何襲昏亂之蹤，以女德爲累。」王茂因起拜曰：「范雲言是，公必以天下爲念，無宜留惜。」高祖默然。雲便疏令以余氏賚茂，高祖賢其意而許之。明日，賜雲、茂錢各百萬。

天監元年，高祖受禪，柴燎於南郊，雲以侍中參乘。禮畢，高祖升輦，謂雲曰：「朕之今日，所謂懔乎若朽索之馭六馬。」雲對曰：「亦願陛下日愼一日。」高祖善之。是日，遷散騎常侍、吏部尚書；以佐命功封霄城縣侯，邑千戶。雲以舊恩見拔，超居佐命，盡誠翊亮，知無不爲。高祖亦推心任之，所奏多允。嘗侍讌，高祖謂臨川王宏、鄱陽王恢曰：「我與范尚書少親善，申四海之敬；今爲天下主，此禮既革，汝宜代我呼范爲兄。」二王下席拜，與雲同車還尚書下省，時人榮之。其年，東宮建，雲以本官領太子中庶子，尋遷尚書右僕射，猶領吏部。頃之，坐違詔用人，免吏部，猶爲僕射。

雲性篤睦，事寡嫂盡禮，家事必先諮而後行。好節尚奇，專趣人之急。少時與領軍長史王畡善，畡亡於官舍，貧無居宅，雲乃迎喪還家，躬營含殯。事竟陵王子良恩禮甚隆，雲每獻損益，未嘗阿意。子良嘗啓齊武帝論雲爲郡。帝曰：「庸人，聞其恒相賣弄，不復窮法，當宥之以遠。」子良曰：「不然。雲動相規誨，諫書具存，請取以奏。」既至，有百餘紙，辭皆

切直。帝歎息，因謂子良曰：「不謂雲能爾。方使弼汝，何宜出守。」齊文惠太子嘗出東田觀穫，顧謂衆賓曰：「刈此亦殊可觀。」衆皆唯唯。雲獨曰：「夫三時之務，實爲長勤。伏願殿下知稼穡之艱難，無徇一朝之宴逸。」既出，侍中蕭緬先不相識，因就車握雲手曰：「不圖今日復聞讜言。」及居選官，任守隆重，書牘盈案，賓客滿門，雲應對如流，無所壅滯，官曹文墨，發擿若神，時人咸服其明贍。性頗激厲，少威重，有所是非，形於造次，士或以此少之。初，雲爲郡號稱廉潔，及居貴重，頗通饋餉；然家無蓄積，隨散之親友。

二年，卒，時年五十三。高祖爲之流涕，即日輿駕臨殯。詔曰：「追遠興悼，常情所篤；況問望斯在，事深朝寄者乎！故散騎常侍、尚書右僕射、霄城侯雲，器範貞正，思懷經遠，爰初立志，素履有聞。脫巾來仕，清績仍著。燮務登朝，具瞻惟允。綢繆翊贊，義簡朕心，雖勤非負靮，而舊同論講。方騁遠塗，永毗庶政；奄致喪殞，傷悼於懷。宜加命秩，式備徽典。可追贈侍中、衞將軍，僕射、侯如故。並給鼓吹一部。」禮官請謚曰宣，勑賜謚文。有集三十卷。子孝才嗣，官至太子中舍人。

沈約字休文，吳興武康人也。祖林子，宋征虜將軍。父璞，淮南太守。璞元嘉末被誅，

約幼潛竄，會赦免。既而流寓孤貧，篤志好學，晝夜不倦。母恐其以勞生疾，常遣減油滅火。而晝之所讀，夜輒誦之，遂博通羣籍，能屬文。

起家奉朝請。濟陽蔡興宗聞其才而善之；興宗爲郢州刺史，引爲安西外兵參軍，兼記室。興宗嘗謂其諸子曰：「沈記室人倫師表，宜善事之。」及爲荆州，又爲征西記室參軍，帶厥西令。〔四〕興宗卒，始爲安西晉安王法曹參軍，轉外兵，並兼記室。入爲尚書度支郎。

齊初爲征虜記室，帶襄陽令，所奉之王，齊文惠太子也。太子入居東宮，爲步兵校尉，管書記，直永壽省，校四部圖書。時東宮多士，約特被親遇，每直入見，影斜方出。當時王侯到宮，或不得進，約每以爲言。太子曰：「吾生平嬾起，是卿所悉，得卿談論，然後忘寢。卿欲我夙興，可恒早入。」遷太子家令，後以本官兼著作郎，遷中書郎，本邑中正，司徒右長史，黃門侍郎。時竟陵王亦招士，約與蘭陵蕭琛、琅邪王融、陳郡謝朓、南鄉范雲、樂安任昉等皆遊焉，當世號爲得人。俄兼尚書左丞，尋爲御史中丞，轉車騎長史。隆昌元年，除吏部郎，出爲寧朔將軍、東陽太守。明帝即位，進號輔國將軍，徵爲五兵尚書，遷國子祭酒。明帝崩，政歸冢宰，尚書令徐孝嗣使約撰定遺詔。遷左衞將軍，尋加通直散騎常侍。永元二年，以母老表求解職，改授冠軍將軍、司徒左長史，征虜將軍、南清河太守。

高祖在西邸，與約遊舊，建康城平，引爲驃騎司馬，將軍如故。時高祖勳業既就，天人

允屬，約嘗扣其端，高祖默而不應。佗日又進曰：「今與古異，不可以淳風期萬物。士大夫攀龍附鳳者，皆望有尺寸之功，以保其福祿。今童兒牧豎，悉知齊祚已終，莫不云明公其人也。天文人事，表革運之徵，永元以來，尤爲彰著。讖云『行中水，作天子』，此又歷然在記。天心不可違，人情不可失，苟是曆數所至，雖欲謙光，亦不可得已。」高祖曰：「吾方思之。」對曰：「公初杖兵樊、沔，此時應思，今王業已就，何所復思。昔武王伐紂，始入，民便曰吾君，武王不違民意，亦無所思。公自至京邑，已移氣序，比於周武，遲速不同。若不早定大業，稽天人之望，脫有一人立異，便損威德。且人非金石，〔五〕時事難保。豈可以建安之封，遺之子孫？若天子還都，公卿在位，則君臣分定，無復異心。君明於上，臣忠於下，豈復有人方更同公作賊。」高祖然之。約出，高祖召范雲告之，雲對略同約旨。高祖曰：「智者乃爾暗同，卿明早將休文更來。」雲出語約，約曰：「卿必待我。」雲許諾，而約先期入，高祖命草其事。約乃出懷中詔書並諸選置，高祖初無所改。俄而雲自外來，至殿門不得入，徘徊壽光閤外，但云「咄咄」。約出，問曰：「何以見處？」約舉手向左，雲笑曰：「不乖所望。」有頃，高祖召范雲謂曰：「生平與沈休文羣居，不覺有異人處；今日才智縱橫，可謂明識。」雲曰：「公今知約，不異約今知公。」高祖曰：「我起兵於今三年矣，功臣諸將，實有其勞；然成帝業者，乃卿二人也。」

梁臺建，爲散騎常侍、吏部尚書，兼右僕射。高祖受禪，爲尚書僕射，封建昌縣侯，邑千戶，常侍如故。又拜約母謝爲建昌國太夫人。奉策之日，右僕射范雲等二十餘人咸來致拜，[六]朝野以爲榮。俄遷尚書左僕射，常侍如故。尋兼領軍，加侍中。天監二年，遭母憂，輿駕親出臨弔，以約年衰，不宜致毁，遣中書舍人斷客節哭。起爲鎮軍將軍、丹陽尹，置佐史。服闋，遷侍中、右光祿大夫，領太子詹事，揚州大中正，關尚書八條事，遷尚書令，侍中、詹事、中正如故。累表陳讓，改授尚書左僕射、領中書令、前將軍，置佐史，侍中如故。尋遷尚書令，領太子少傅。九年，轉左光祿大夫，侍中、少傅如故，給鼓吹一部。

初，約久處端揆，有志台司，論者咸謂爲宜，而帝終不用，乃求外出，又不見許。與徐勉素善，遂以書陳情於勉曰：「吾弱年孤苦，傍無朞屬，往者將墜於地，契闊屯邅，困於朝夕，崎嶇薄宦，事非爲己，望得小祿，傍此東歸。歲逾十稔，方忝襄陽縣，公私情計，非所了具，以身資物，不得不任人事。永明末，出守東陽，意在止足；而建武肇運，人世膠加，一去不返，行之未易。及昏猜之始，王政多門，因此謀退，庶幾可果，託卿布懷於徐令，想記未忘。聖道聿興，謬逢嘉運，往志宿心，復成乖爽。今歲開元，禮年云至，懸車之請，事由恩奪，誠不能弘宣風政，光闡朝猷，尚欲討尋文簿，時議同異。而開年以來，病增慮切，當由生靈有限，勞役過差，總此凋竭，歸之暮年，牽策行止，努力祇事。外觀傍覽，尚似全人，而形骸力用，

不相綜攝。常須過自束持，方可僶俛。解衣一臥，支體不復相關。上熱下冷，月增日篤，取煖則煩，加寒必利，後差不及前差，後劇必甚前劇。百日數旬，革帶常應移孔；以手握臂，率計月小半分。以此推算，豈能支久？若此不休，日復一日，將貽聖主不追之恨。冒欲表聞，乞歸老之秩。若天假其年，還得平健，才力所堪，惟思是策。」勉爲言於高祖，請三司之儀，弗許，但加鼓吹而已。

約性不飲酒，少嗜欲，雖時遇隆重，而居處儉素。立宅東田，矚望郊阜。嘗爲郊居賦，其辭曰：

惟至人之非己，固物我而兼忘。自中智以下洎，[七]咸得性以爲場。獸因窟而獲騁，鳥先巢而後翔。陳巷窮而業泰，嬰居湫而德昌。僑棲仁於東里，鳳晦跡於西堂。伊吾人之褊志，無經世之大方。思依林而羽戢，願託水而鱗藏。固無情於輪奐，非有欲於康莊。披東郊之寥廓，入蓬藋之荒茫。既從豎而橫構，亦風除而雨攘。

昔西漢之標季，余播遷之云始。違利建於海昏，創惟桑於江汜。同河濟之重世，踰班生之十紀。或辭祿而反耕，或彈冠而來仕。逮有晉之隆安，集艱虞於天步。世交爭而波流，民失時而狼顧。延亂麻於井邑，曝如莽於衢路。大地曠而靡容，旻天遠而誰訴。伊皇祖之弱辰，逢時艱之孔棘。違危邦而窘驚，訪安土而移卽。肇胥宇於朱

方，掩閑庭而晏息。値龍顏之鬱起，乃憑風而矯翼。指皇邑而南轅，駕脩衢以騁力。遷華扉而來啓，張高衡而徙植。傍逸陌之脩平，面淮流之清直。芳塵浸而悠遠，世道忽其窊隆。繇四代於茲日，盈百祀於微躬。嗟弊廬之難保，若實籜之從風。或誅茅而翦棘，或既西而復東。乍容身於白社，亦寄孥於伯通。

迹平生之耿介，實有心於獨往。思幽人而軫念，望東皐而長想。本忘情於徇物，徒覊紲於天壤。應屢歎於牽絲，陸興言於世網。事滔滔而未合，志悁悁而無爽。路將殫而彌峭，情薄暮而踰廣。抱寸心其如蘭，何斯願之浩蕩。詠歸歟而躑躅，眷巖阿而抵掌。

逢時君之喪德，何凶昏之孔熾。乃戰牧所未陳，實升陑所不記。彼黎元之喋喋，將垂獸而爲餌。瞻穹昊而無歸，雖非牢而被戫。始歎絲而未覩，終逌組而後値。[八]尋貽愛乎上天，固非民其莫甚。授冥符於井翼，實靈命之所稟。當降監之初辰，値積惡之云稔。寧方割於下墊，廓重氛於上墋。躬靡暇於朝食，常求衣於夜枕。既牢籠於嬀、夏，又驅馳乎軒、頊。德無遠而不被，明無微而不燭。鼓玄澤於大荒，播仁風於遐俗。闢終古而遐念，信王猷其如玉。

値衡圖之盛世，遇興聖之嘉期。謝中涓於初日，叨光佐於此時。闕投石之猛志，

無飛矢之麗辭。排陽鳥而命邑，方河山而啓基。翼儲光於三善，長王職於百司。兢鄙夫之易失，懼寵祿之難持。伊前世之貴仕，罕紆情於丘窟。譬叢華於楚、趙，每驕奢以相越。築甲館於銅駝，並高門於北闕。闢重扃於華闥，豈蓬蒿所能沒。敫傳嗣於墝壤，何安身於窮地。[九]味先哲而爲言，固余心之所嗜。不慕權於城市，豈邀名於屠肆。詠希微以考室，幸風霜之可庇。

爾乃傍窮野，抵荒郊；編霜菼，葺寒茅。構棲噪之所集，築町疃之所交。因犯檐而刊樹，由妨基而翦巢。決渟洿之汀濙，塞井甃之淪坳。藝芳枳於北渠，樹脩楊於南浦。遷甕牖於蘭室，同肩牆於華堵。織宿楚以成門，籍外扉而爲戶。既取陰於庭樾，又因籬於芳杜。開閣室以遠臨，闢高軒而旁覩。漸沼沚於霤垂，周塍陌於堂下。其水草則蘋萍芡芰，菁藻蒹菰；石衣海髮，黃荇綠蒲。動紅荷於輕浪，覆碧葉於澄湖。湌嘉實而却老，振羽服於清都。其陸卉則紫鼈綠葹，天著山韭；[一〇]雁齒麋舌，牛脣彘首。布濩南池之陽，爛漫北樓之後。或幕渚而芘地，或縈窗而窺牖。若乃園宅殊製，田圃異區。李衡則橘林千樹，石崇則雜果萬株。並豪情之所侈，非儉志之所娛。欲令紛披蓊鬱，吐綠攢朱；羅窗映戶，接霤承隅。開丹房以四照，舒翠葉而九衢。抽紅英於紫蔕，銜素蘂於青跗。其林鳥則翻泊頡頏，遺音下上；楚雀多名，流嚶雜響。或班尾而綺翼，或綠

衿而絳纇。好葉隱而枝藏，乍間關而來往。其水禽則大鴻小雁，天狗澤虞；秋鷺寒鵝，脩鶬短鳧。曳參差之弱藻，戲瀺灂之輕軀；翅抨流而起沫，翼鼓浪而成珠。其魚則赤鯉青魴，纖儵鉅鱯。碧鱗朱尾，脩顱偃頟。小則戲渚成文，大則噴流揚白。不興羡於江海，聊相忘於余宅。其竹則東南獨秀，九府擅奇。不遷植於淇水，豈分根於樂池。秋蜩吟葉，寒雀噪枝。來風南軒之下，負雪北堂之垂。訪往塗之軫跡，觀先識之情僞。每誅空而索有，皆指難以爲易。不自已而求足，並尤物以興累。亦昔士之所迷，而今余之所避也。

原農皇之攸始，討厥播之云初。肇變腥以粒食，乃人命之所儲。尋井田之往記，考阡陌於前書。顏簞食而樂在，鄭高廩而空虛。頃四百而不足，畝五十而有餘。撫幽衷而躅念，幸取給於庭廬。緯東菑之故耜，浸北畝之新渠。無褰爨於曉蓐，不抱惄於朝蔬。排外物以齊遣，獨爲累之在余。安事千斯之積，不羨汶陽之墟。

臨巽維而騁目，即堆冢而流眄。雖茲山之培塿，乃文靖之所宴。驅四牡之低昂，響繁笳之清囀。羅方員而綺錯，窮海陸而兼薦。奚一權之足偉，委千金其如線。試撫臆而爲言，豈斯風之可扇。將通人之遠旨，非庸情之所見。聊遷情而徙睇，識方阜於歸津。帶脩汀於桂渚，肇舉鍤於强秦。路縈吳而款越，塗被海而通閩。懷三鳥以長

念，伊故鄉之可珍。實褰期於晚歲，非失步於方春。〔一〕何東川之瀰瀰，獨流涕於吾人。謬參賢於昔代，亟徒遊於茲所。侍綵旄而齊轡，陪龍舟而遵渚。或列席而賦詩，或班觴而宴語。繐帷一朝冥漠，西陵忽其蔥楚。望商飈而永歎，每樂愷於斯觀。始則鍾石鏘鉱，終以魚龍瀾漫。或升降有序，或浮白無算。貴則丙、魏、蕭、曹，〔二〕親則梁武、周旦。莫不共霜霧而歇滅，與風雲而消散。眺孫后之墓田，尋雄霸之遺武。實接漢之後王，信開吳之英主。指衡岳而作鎮，苞江漢而爲宇。徒徵言於石椁，遂延災於金縷。忽蕪穢而不脩，同原陵之膴膴。寧知螻蟻之與狐兔，無論樵芻之與牧豎。睇東巘以流目，心悽愴而不怡。蓋昔儲之舊苑，實博望之餘基。脩林則表以桂樹，列草則冠以芳芝。風臺累翼，月榭重栭。千櫨捷嶫，百栱相持。皁轅林駕，蘭枻水嬉。踰三齡而事往，忽二紀以歷茲。咸夷漫以蕩滌，非古今之異時。

回余眸於艮域，覿高館於茲嶺。雖混成以無跡，寔遺訓之可秉。始飡霞而吐霧，終陵虛而倒影。駕雌蜺之連卷，泛天江之悠永。指咸池而一息，望瑤臺而高騁。匪爽言以自姱，冀神方之可請。惟鍾巖之隱鬱，表皇都而作峻。蓋望秩之所宗，含風雲而吐潤。其爲狀也，則巍峨崇崒，喬枝拂日；嶢嶷岧嶤，墜石堆星。岑崟峍屼，或坳或平；盤堅枕臥，詭狀殊形。孤嶝橫插，洞穴斜經；千丈萬仞，三襲九成。亘繞州邑，款跨郊坰；素烟晚帶，白霧晨縈。近循則一巖異色，遠望則百嶺俱青。

覲二代之塋兆，覩摧殘之餘隧。成顛沛於虐豎，康斂衿於虛器；穆恭已於巖廊，簡遊情於玄肆；烈窮飲以致災，安忘懷而受祟。何宗祖之奇傑，威橫天而陵地。惟聖文之纘武，殆隆平之可至。余世德之所君，仰遺封而掩淚。神寢匪一，靈館相距。席布騂駒，堂流桂醑。降紫皇於天闕，延二妃於湘渚。浮蘭煙於桂棟，召巫陽於南楚。揚玉桴，握椒糈。恍臨風以浩唱，折瓊茅而延佇。敬惟空路邈遠，神蹤遐闊。念甚驚颷，生猶聚沫。歸妙軫於一乘，啓玄扉於三達。欲息心以遣累，必違人而後豁。或結橑於巖根，或開檽於木末。室闇蘿蔦，檐梢松栝。既得理於兼謝，固忘懷於飢渴。或攀枝獨遠，或陵雲高蹈。因葺茨以結名，猶觀空以表號。得忘已於茲日，豈期心於來報。天假余以大德，荷茲賜之無疆。受老夫之嘉稱，班燕禮於上庠。無希驥之秀質，乏如珪之令望。邀昔恩於舊主，重匪服於今皇。仰休老之盛則，請微軀於夕陽。勞蒙司而獲謝，猶奉職於春坊。時言歸於陋宇，聊暇日以翺翔。棲余志於淨國，歸余心於道場。獸依墀而莫駭，魚牣沼而不綱。旋迷塗於去轍，篤後念於徂光。晚樹開花，初英落蘂。或異林而分丹青，乍因風而雜紅紫。紫蓮夜發，紅荷曉舒。輕風微動，其芳襲余。風騷屑於園樹，月籠連於池竹。蔓長柯於簷桂，發黃華於庭菊。冰懸埳而帶坻，雪縈松

而被野。鴨屯飛而不散，鴈高翔而欲下。並時物之可懷，雖外來而非假。寔情性之所留滯，亦志之而不能捨也。

傷余情之頹暮，罹憂患其相溢。悲異軫而同歸，歎殊方而並失。時復託情魚鳥，歸閑蓬蓽。旁闕吳娃，前無趙瑟。以斯終老，於焉消日。惟以天地之恩不報，書事之官靡述；徒重於高門之地，不載於良史之筆。長太息其何言，羌愧心之非一。

尋加特進，光祿、侍中、少傅如故。十二年，卒官，時年七十三。詔贈本官，賻錢五萬，布百四，謚曰隱。

約左目重瞳子，腰有紫志，聰明過人。好墳籍，聚書至二萬卷，京師莫比。少時孤貧，丐于宗黨，得米數百斛，爲宗人所侮，覆米而去。及貴，不以爲憾，用爲郡部傳。嘗侍讌，有妓師是齊文惠宮人。帝問識座中客不？曰：「惟識沈家令。」約伏座流涕，帝亦悲焉，爲之罷酒。約歷仕三代，該悉舊章，博物洽聞，當世取則。謝玄暉善爲詩，任彥昇工於文章，約兼而有之，然不能過也。自負高才，昧於榮利，乘時藉勢，頗累清談。及居端揆，稍弘止足，每進一官，輒殷勤請退，而終不能去，論者方之山濤。用事十餘年，未嘗有所薦達，政之得失，唯唯而已。

初，高祖有憾於張稷，及稷卒，因與約言之。約曰：「尚書左僕射出作邊州刺史，已往之

事，何足復論。」帝以爲婚家相爲，大怒曰：「卿言如此，是忠臣邪！」乃輦歸內殿。約懼，不覺高祖起，猶坐如初。及還，未至牀，而憑空頓於戶下，因病，夢齊和帝以劍斷其舌。召巫視之，巫言如夢。乃呼道士奏赤章於天，稱禪代之事，不由己出。高祖遣上省醫徐奘視約疾，還具以狀聞。先此，約嘗侍讌，值豫州獻栗，徑寸半，帝奇之，問曰：「栗事多少？」與約各疏所憶，少帝三事。出謂人曰：「此公護前，不讓卽羞死。」帝以其言不遜，欲抵其罪，徐勉固諫乃止。及聞赤章事，大怒，中使譴責者數焉，約懼遂卒。有司謚曰文，帝曰：「懷情不盡曰隱。」故改爲隱云。所著晉書百一十卷，宋書百卷，齊紀二十卷，高祖紀十四卷，邇言十卷，謚例十卷，宋文章志三十卷，文集一百卷：皆行於世。又撰四聲譜，以爲在昔詞人，累千載而不寤，而獨得胸衿，窮其妙旨，自謂入神之作，高祖雅不好焉。帝問周捨曰：「何謂四聲？」捨曰：「『天子聖哲』是也，然帝竟不遵用。

子旋，及約時已歷中書侍郎，永嘉太守，司徒從事中郎，司徒右長史。免約喪，爲太子僕，復以母憂去官，而蔬食辟穀。服除，猶絕粳粱。爲給事黃門侍郎、中撫軍長史。出爲招遠將軍、南康內史，在部以清治稱。卒官，謚曰恭侯。子寔嗣。

陳吏部尚書姚察曰：昔木德將謝，昏嗣流虐，惵惵黔黎，命懸晷漏。高祖義拯横潰，志寧區夏，謀謨帷幄，寔寄良、平。至於范雲、沈約，參預締構，贊成帝業；加雲以機警明贍，濟務益時，約高才博洽，名亞遷、董，俱屬興運，蓋一代之英偉焉。

校勘記

〔一〕嘗就親人袁照學晝夜不怠　各本作「嘗就親人袁照學書，一夜不怠」，將「晝」字誤分爲「書一」二字。今據册府元龜七八九、八四三改正。按：南史云「就其姑夫袁叔明讀毛詩，日誦九紙」。袁叔明卽袁照。是范雲向袁照非學書法。

〔二〕少機警有識具　「具」各本作「且」，連下「善屬文」爲句，今從百衲本。按：「識具親通」，見孔休源傳；「識具優敏」，見南史陸瓊傳。「且」與「具」形近而訛。

〔三〕若違其命　南史及册府元龜七五三、八七一、九四〇作「若其違命」。

〔四〕帶厥西令　「厥西」北監本、殿本作「闕西」，百衲本、南監本、汲古閣本、金陵局本作「闗西」。按：宋、齊有闕西縣，屬司州隨郡，又有厥西縣，屬荆州南義陽郡。時蔡興宗爲荆州，沈約爲荆州掾屬，不應帶司州縣令。「闕」當爲「厥」之譌，更由「闕」譌「闗」。今改正。

〔五〕且人非金石　「金石」各本作「金玉」。據南史及册府元龜三四四改。

〔六〕右僕射范雲等二十餘人咸來致拜　「右」各本譌「左」，今改正。按本書武帝紀及范雲傳，雲於天監元年四月遷右僕射，二年五月卒官，故追贈詔稱「故散騎常侍、尙書右僕射、霄城侯雲」。

〔七〕自中智以下洎　藝文類聚六四「洎」作「愚」，疑作「愚」是。

〔八〕終逌組而後值　「逌」百衲本作「道」，南監本、北監本、汲古閣本、殿本作「逌」。百衲本卷末有曾鞏校語云：「『逌組』，疑。」

〔九〕敖傳嗣於墝壤何安身於窮地　「敖」各本作「教」。按：敖謂孫叔敖，臨終，戒其子必無受封善地，以寢丘地惡，受之可長有。楚莊王卒如其言而封之。「教」字譌，今改。

〔一〇〕天著山韭　「著」各本作「著」。按：嚴可均全梁文二五校云「著當作著」，今據改。

〔一一〕實褰期於晚歲非失步於方春　「褰期」疑當作「騫期」。

〔一二〕貴則丙魏蕭曹　「丙」各本作「景」。錢大昕廿二史考異：「景魏謂丙吉魏相也。思廉避唐諱改。」今改回。

梁書卷十四

列傳第八

江淹　任昉

江淹字文通，濟陽考城人也。少孤貧好學，沉靖少交遊。起家南徐州從事，轉奉朝請。宋建平王景素好士，淹隨景素在南兗州。廣陵令郭彥文得罪，辭連淹，繫州獄。淹獄中上書曰：

昔者，賤臣叩心，飛霜擊於燕地；庶女告天，振風襲於齊臺。下官每讀其書，未嘗不廢卷流涕。何者？士有一定之論，女有不易之行。信而見疑，貞而爲戮，是以壯夫義士伏死而不顧者此也。下官聞仁不可恃，善不可依，始謂徒語，乃今知之。伏願大王暫停左右，少加憐鑒。

下官本蓬戶桑樞之民，布衣韋帶之士，退不飾詩書以驚愚，進不買名聲於天下。

日者，謬得升降承明之闕，出入金華之殿，何嘗不局影凝嚴，側身局禁者乎？竊慕大王之義，爲門下之賓，備鳴盜淺術之餘，豫三五賤伎之末。大王惠以恩光，眄以顏色。實佩荆卿黃金之賜，竊感豫讓國士之分矣。常欲結纓伏劍，少謝萬一，剖心摩踵，以報所天。不圖小人固陋，坐貽謗缺，迹墜昭憲，身限幽圄。履影弔心，酸鼻痛骨。下官聞虧名爲辱，虧形次之，是以每一念來，忽若有遺。加以涉旬月，迫季秋，天光沉陰，左右無色。身非木石，與獄吏爲伍。此少卿所以仰天搥心，泣盡而繼之以血者也。下官雖乏鄉曲之譽，然嘗聞君子之行矣。其上則隱於簾肆之間，臥於巖石之下；次則結綬金馬之庭，高議雲臺之上；次則虜南越之君，係單于之頸：俱啓丹册，並圖青史。寧當爭分寸之末，競刀錐之利哉！然下官聞積毀銷金，積讒糜骨。古則直生取疑於盜金，近則伯魚被名於不義。彼之二才，猶或如此；況在下官，焉能自免。昔上將之恥，絳侯幽獄；名臣之羞，史遷下室，如下官尚何言哉。夫魯連之智，辭祿而不反；接輿之賢，行歌而忘歸。子陵閉關於東越，仲蔚杜門於西秦，亦良可知也。若使下官事非其虛，罪得其實，亦當鉗口吞舌，伏匕首以殞身，何以見齊魯奇節之人，燕趙悲歌之士乎？

方今聖曆欽明，天下樂業，青雲浮雒，榮光塞河。西洎臨洮、狄道，北距飛狐、陽原，莫不浸仁沐義，照景飲醴。而下官抱痛圜門，含憤獄戶，一物之微，有足悲者。仰

惟大王少垂明白，則梧丘之魂，不愧於沉首；鵠亭之鬼，無恨於灰骨。不任肝膽之切，敬因執事以聞。此心既照，死且不朽。

景素覽書，卽日出之。尋舉南徐州秀才，對策上第，轉巴陵王國左常侍。

景素爲荆州，淹從之鎭。少帝卽位，多失德。景素專據上流，咸勸因此舉事。淹每從容諫曰：「流言納禍，二叔所以同亡；抵局銜怨，七國於焉俱斃。殿下不求宗廟之安，而信左右之計，則復見麋鹿霜露棲於姑蘇之臺矣。」景素不納。及鎭京口，淹又爲鎭軍參軍事，領南東海郡丞。景素與腹心日夜謀議，淹知禍機將發，乃贈詩十五首以諷焉。

會南東海太守陸澄丁艱，淹自謂郡丞應行郡事，景素用司馬柳世隆。淹固求之，景素大怒，言於選部，黜爲建安吳興令。淹在縣三年。昇明初，齊帝輔政，聞其才，召爲尚書駕部郎、驃騎參軍事。俄而荆州刺史沈攸之作亂，高帝謂淹曰：「天下紛紛若是，君謂何如？」淹對曰：「昔項强而劉弱，袁衆而曹寡，羽號令諸侯，卒受一劍之辱，紹跨躡四州，終爲奔北之虜。此謂『在德不在鼎』。公何疑哉。」帝曰：「聞此言者多矣，試爲慮之。」淹曰：「公雄武有奇略，一勝也；寬容而仁恕，二勝也；賢能畢力，三勝也；民望所歸，四勝也；奉天子而伐叛逆，五勝也。彼志銳而器小，一敗也；有威而無恩，二敗也；士卒解體，三敗也；搢紳不懷，四敗也；懸兵數千里，而無同惡相濟，〔一〕五敗也。故雖豺狼十萬，而終爲我獲焉。」帝笑曰：

「君談過矣。」是時軍書表記，皆使淹具草。相國建，補記室參軍事。建元初，又爲驃騎豫章王記室，〔二〕帶東武令，參掌詔册，並典國史。尋遷中書侍郎。永明初，遷驍騎將軍，掌國史。出爲建武將軍、廬陵內史。視事三年，還爲驍騎將軍，兼尚書左丞，尋復以本官領國子博士。少帝初，以本官兼御史中丞。

時明帝作相，因謂淹曰：「君昔在尚書中，非公事不妄行，在官寬猛能折衷；今爲南司，足以震肅百僚。」淹答曰：「今日之事，可謂當官而行，更恐才劣志薄，不足以仰稱明旨耳。」於是彈中書令謝朏、司徒左長史王績、護軍長史庾弘遠，並以久疾不預山陵公事；又奏前益州刺史劉悛、梁州刺史陰智伯，並贓貨巨萬，輒收付廷尉治罪。臨海太守沈昭略、永嘉太守庾曇隆，及諸郡二千石并大縣官長，多被劾治，內外肅然。明帝謂淹曰：「宋世以來，不復有嚴明中丞，君今日可謂近世獨步。」

明帝卽位，爲車騎臨海王長史。俄除廷尉卿，加給事中，遷冠軍長史，加輔國將軍。出爲宣城太守，將軍如故。在郡四年，還爲黃門侍郎、領步兵校尉，尋爲祕書監。永元中，崔慧景舉兵圍京城，衣冠悉投名刺，淹稱疾不往。及事平，世服其先見。

東昏末，淹以祕書監兼衛尉，固辭不獲免，遂親職。謂人曰：「此非吾任，路人所知，正取吾空名耳。且天時人事，尋當飜覆。孔子曰：『有文事者必有武備。』臨事圖之，何憂之

有？」頃之，又副領軍王瑩。及義師至新林，淹微服來奔，高祖板爲冠軍將軍，祕書監如故，尋兼司徒左長史。中興元年，遷吏部尚書。二年，轉相國右長史，冠軍將軍如故。

天監元年，爲散騎常侍、左衞將軍，封臨沮縣開國伯，食邑四百戶。淹乃謂子弟曰：「吾本素宦，不求富貴，今之忝竊，遂至於此。平生言止足之事，亦以備矣。人生行樂耳，須富貴何時。吾功名既立，正欲歸身草萊耳。」其年，以疾遷金紫光祿大夫，改封醴陵侯。〔三〕四年，卒，時年六十二。高祖爲素服舉哀。賻錢三萬，布五十匹。謚曰憲伯。

淹少以文章顯，晚節才思微退，時人皆謂之才盡。凡所著述百餘篇，自撰爲前後集，并齊史十志，並行於世。

子蒍嗣，自丹陽尹丞爲長城令，有罪削爵。普通四年，高祖追念淹功，復封蒍吳昌伯，邑如先。

任昉字彥昇，樂安博昌人，漢御史大夫敖之後也。父遙，齊中散大夫。遙妻裴氏，嘗晝寢，夢有彩旗蓋四角懸鈴，自天而墜，其一鈴落入裴懷中，心悸動，既而有娠，生昉。身長七尺五寸。幼而好學，早知名。宋丹陽尹劉秉辟爲主簿。時昉年十六，以氣忤秉子。久之，

爲奉朝請，舉兗州秀才，拜太常博士，遷征北行參軍。

永明初，衞將軍王儉領丹陽尹，復引爲主簿。儉雅欽重昉，以爲當時無輩。遷司徒刑獄參軍事，入爲尚書殿中郎，轉司徒竟陵王記室參軍，以父憂去職。性至孝，居喪盡禮。服闋，續遭母憂，常廬于墓側，哭泣之地，草爲不生。服除，拜太子步兵校尉、管東宮書記。

初，齊明帝既廢鬱林王，始爲侍中、中書監、驃騎大將軍、開府儀同三司、揚州刺史、錄尚書事，封宣城郡公，加兵五千，使昉具表草。其辭曰：「臣本庸才，智力淺短。太祖高皇帝篤猶子之愛，降家人之慈；世祖武皇帝情等布衣，寄深同氣。武皇大漸，實奉詔言。雖自見之明，庸近所蔽，愚夫一至，偶識量己，實不忍自固於綴衣之辰，拒違於玉几之側，遂荷顧託，導揚末命。雖嗣君棄常，獲罪宣德，王室不造，職臣之由。何者？親則東牟，任惟博陸，徒懷子孟社稷之對，何救昌邑爭臣之譏。四海之議，於何逃責。陵土未乾，訓誓在耳，家國之事，一至於斯，非臣之尤，誰任其咎！將何以肅拜高寢，虔奉武園？悼心失圖，泣血待旦。寧容復徼榮於家恥，宴安於國危。驃騎上將之元勳，神州儀刑之列岳，尚書是稱司會，中書實管王言。且虛飾寵章，委成禦侮，臣知不愜，物誰謂宜。但命輕鴻毛，責重山岳，存沒同歸，毀譽一貫。辭一官不減身累，增一職已黷朝經。便當自同體國，不爲飾讓。至於功均一匡，賞同千室，光宅近甸，奄有全邦，殞越爲期，不敢聞命，亦願曲留降鑒，卽垂聽許。鉅平之懇誠必固，永昌之丹慊獲申，乃知君臣之道，綽有餘裕，苟曰易昭，敢守難奪。」〔四〕帝惡其辭斥，甚慍，昉由是終建武中，位不過列校。

昉雅善屬文，尤長載筆，才思無窮，當世王公表奏，〔五〕莫不請焉。昉起草卽成，不加點竄。沈約一代詞宗，深所推挹。明帝崩，遷中書侍郎。永元末，爲司徒右長史。

高祖克京邑，霸府初開，以昉爲驃騎記室參軍。始高祖與昉遇竟陵王西邸，〔六〕從容謂昉曰：「我登三府，當以卿爲記室。」昉亦戲高祖曰：「我若登三事，當以卿爲騎兵。」謂高祖善騎也。至是，故引昉符昔言焉。昉奉牋曰：「伏承以今月令辰，〔七〕肅膺典策，德顯功高，光副四海，含生之倫，庇身有地；況昉受教君子，將二十年，咳唾爲恩，眄睞成飾，小人懷惠，顧知死所。昔承清宴，屬有緒言，提挈之旨，形乎善謔，豈謂多幸，斯言不渝。雖情謬先覺，而迹淪驕餌，湯沐具而非弔，大厦構而相驩。明公道冠二儀，勳超邃古，將使伊周奉轡，桓文扶轂，神功無紀，化物何稱。府朝初建，俊賢驤首，惟此魚目，唐突璵璠。顧己循涯，寔知塵忝，千載一逢，再造難答。雖則殞越，且知非報。」

梁臺建，禪讓文誥，多昉所具。高祖踐阼，拜黃門侍郎，遷吏部郎中，尋以本官掌著作。天監二年，出爲義興太守。在任清潔，兒妾食麥而已。友人彭城到溉，溉弟洽，從昉共爲山澤游。及被代登舟，止有米五斛。既至無衣，鎭軍將軍沈約遣裙衫迎之。重除吏部郎

中，參掌大選，居職不稱。尋轉御史中丞，祕書監，領前軍將軍。自齊永元以來，祕閣四部，篇卷紛雜，昉手自讎校，由是篇目定焉。

六年春，出爲寧朔將軍、新安太守。在郡不事邊幅，率然曳杖，徒行邑郭，民通辭訟者，就路決焉。爲政清省，吏民便之。視事朞歲，卒於官舍，時年四十九。闔境痛惜，百姓共立祠堂於城南。高祖聞問，卽日舉哀，哭之甚慟。追贈太常卿，謚曰敬子。

昉好交結，獎進士友，得其延譽者，率多升擢，故衣冠貴遊，莫不爭與交好，坐上賓客，恒有數十。時人慕之，號曰任君，言如漢之三君也。陳郡殷芸與建安太守到溉書曰：「哲人云亡，儀表長謝。元龜何寄？指南誰託？」其爲士友所推如此。昉不治生產，至乃居無室宅。世或譏其多乞貸，亦隨復散之親故。昉常歎曰：「知我亦以叔則，不知我亦以叔則。」昉墳籍無所不見，家雖貧，聚書至萬餘卷，率多異本。昉卒後，高祖使學士賀縱共沈約勘其書目，官所無者，就昉家取之。昉所著文章數十萬言，盛行於世。

初，昉立於士大夫間，多所汲引，有善己者則厚其聲名。及卒，諸子皆幼，人罕贍卹之。平原劉孝標爲著論曰：

客問主人曰：「朱公叔絕交論，爲是乎？爲非乎？」主人曰：「客奚此之問？」客曰：

「夫草蟲鳴則阜螽躍，雕虎嘯而清風起。故絪緼相感，霧涌雲蒸；嚶鳴相召，星流電激。

是以王陽登則貢公喜，罕生逝而國子悲。且心同琴瑟，言鬱郁於蘭茝，道叶膠漆，志婉變於塤篪。聖賢以此鏤金版而鐫盤盂，書玉牒而刻鍾鼎。若匠人輟成風之妙巧，伯牙息流波之雅引。范、張款款於下泉，尹、班陶陶於永夕。駱驛縱橫，煙霏雨散，皆巧曆所不知，心計莫能測。而朱益州汩彝敘，越謨訓，捶直切，絕交遊，視黔首以鷹鸇，媲人倫於豺虎。蒙有猜焉，請辨其惑。」

主人听然曰：「客所謂撫絃徽音，未達燥濕變響；張羅沮澤，不覩鵠雁高飛。蓋聖人握金鏡，闡風烈，龍驤蠖屈，從道汙隆。日月聯璧，歎亹亹之弘致；雲飛電薄，顯棣華之微旨。若五音之變化，濟九成之妙曲。此朱生得玄珠於赤水，謨神睿而爲言。至夫組織仁義，琢磨道德，驩其愉樂，恤其陵夷。寄通靈臺之下，遺迹江湖之上，風雨急而不輟其音，霜雪零而不渝其色，斯賢達之素交，歷萬古而一遇。逮叔世民訛，狙詐飆起，谿谷不能踰其險，鬼神無以究其變，競毛羽之輕，趨錐刀之末。於是素交盡，利交興，天下蚩蚩，鳥驚雷駭。然利交同源，派流則異，較言其略，有五術焉：

「若其寵鈞董、石，權壓梁、竇。雕刻百工，鑪錘萬物，吐漱興雲雨，呼吸下霜露，九域聳其風塵，四海疊其熏灼。靡不望影星奔，藉響川騖，雞人始唱，鶴蓋成陰，高門旦開，流水接軫。皆願摩頂至踵，隳膽抽腸，約同要離焚妻子，誓徇荆卿湛七族。是曰勢

交，其流一也。

「富埒陶、白，貲巨程、羅，山擅銅陵，家藏金穴，出平原而聯騎，居里閈而鳴鐘。則有窮巷之賓，繩樞之士，冀宵燭之末光，邀潤屋之微澤，魚貫鳧踊，颯沓鱗萃，分雁鶩之稻粱，沾玉斝之餘瀝。銜恩遇，進款誠，援青松以示心，指白水而旌信。是曰賄交，其流二也。

「陸大夫燕喜西都，郭有道人倫東國，公卿貴其籍甚，搢紳羨其登仙。加以頷頤蹙頞，涕唾流沫，騁黃馬之劇談，縱碧雞之雄辯，敍溫燠則寒谷成暄，論嚴枯則春叢零葉，飛沉出其顧指，榮辱定其一言。於是弱冠王孫，綺紈公子，道不挂於通人，聲未遒於雲閣，攀其鱗翼，丐其餘論，附騏驥之髦端，軼歸鴻於碣石。是曰談交，其流三也。

「陽舒陰慘，生民大情，憂合讙離，品物恒性。故魚以泉涸而呴沫，鳥因將死而悲鳴。同病相憐，綴河上之悲曲；恐懼置懷，昭谷風之盛典。斯則斷金由於湫隘，刎頸起於苦蓋。是以伍員濯溉於宰嚭，張王撫翼於陳相。是曰窮交，其流四也。

「馳鶩之俗，澆薄之倫，無不操權衡，秉纖纊。衡所以揣其輕重，纊所以屬其鼻息。若衡不能舉，纊不能飛，雖顏、冉龍翰鳳雛，曾、史蘭薰雪白，舒、向金玉淵海，卿、雲黼黻河漢，〔八〕視若遊塵，遇同土梗，莫肯費其半菽，罕有落其一毛。若衡重錙銖，纊微彯撇，雖共工之蒐慝，讙兜之掩義，南荆之跋扈，東陵之巨猾，皆爲匍匐委蛇，折枝舐痔，金膏翠羽將其意，脂韋便辟導其誠。故輪蓋所遊，必非夷、惠之室；苞苴所入，實行張、霍之家。謀而後動，芒毫寡忒。是曰量交，其流五也。

「凡斯五交，義同賈鬻，故桓譚譬之於闤闠，〔九〕林回喻之於甘醴。夫寒暑遞進，盛衰相襲，或前榮而後悴，或始富而終貧，或初存而末亡，或古約而今泰，循環翻覆，迅若波瀾。〔一〇〕此則徇利之情未嘗異，變化之道不得一。由是觀之，張、陳所以凶終，蕭、朱所以隙末，斷焉可知矣。而翟公方規規然勒門以箴客，何所見之晚乎？

「然因此五交，是生三釁：敗德殄義，禽獸相若，一釁也；難固易攜，讎訟所聚，二釁也；名陷饕餮，貞介所羞，三釁也。古人知三釁之爲梗，懼五交之速尤。故王丹威子以檟楚，朱穆昌言而示絕，有旨哉！

「近世有樂安任昉，海內髦傑，早綰銀黃，夙招民譽。遒文麗藻，方駕曹、王；英特儁邁，聯衡許、郭。〔一一〕類田文之愛客，同鄭莊之好賢。見一善則盱衡扼腕，遇一才則揚眉抵掌。雌黃出其脣吻，朱紫由其月旦。於是冠蓋輻湊，衣裳雲合，輜軿擊轊，坐客恒滿。蹈其閫閾，若升闕里之堂；入其奧隅，謂登龍門之坂。至於顧盼增其倍價，翦拂使其長鳴，彯組雲臺者摩肩，趨走丹墀者疊迹。莫不締恩狎，結綢繆，想惠、莊之清塵，庶

羊、左之徽烈。及瞑目東越，歸骸雒浦，繐帳猶懸，門罕漬酒之彥；墳未宿草，野絕動輪之賓。藐爾諸孤，朝不謀夕，流離大海之南，寄命瘴癘之地。自昔把臂之英，金蘭之友，曾無羊舌下泣之仁，寧慕郈成分宅之德。嗚呼！世路險巇，一至於此！太行孟門，寧云嶄絕。是以耿介之士，疾其若斯，裂裳裹足，棄之長騖。獨立高山之頂，驩與麋鹿同羣，皦皦然絕其雰濁，誠恥之也，誠畏之也。」

昉撰雜傳二百四十七卷，地記二百五十二卷，文章三十三卷。

昉第四子東里，頗有父風，官至尚書外兵郎。

陳吏部尚書姚察曰：觀夫二漢求賢，率先經術；近世取人，多由文史。二子之作，辭藻壯麗，允值其時。淹能沉靜，昉持內行，並以名位終始，宜哉。江非先覺，任無舊恩，則上秩顯贈，亦末由也已。

校勘記

〔一〕而無同惡相濟　「無」各本皆脫，據南史、文選及册府元龜七一七補。

〔二〕建元初又爲驃騎豫章王記室　「豫章王」各本作「建安王」，據南史改。按建安王子貞以建元四年封，亦無建元初爲驃騎事。豫章王嶷於建元初爲驃騎大將軍。作「豫章王」是。

〔三〕改封醴陵侯　張森楷梁書校勘記：「上云封臨沮縣伯，此云爲侯，當是進封，而云改封，非也。」按「侯」疑當作「伯」。江淹死後，謚曰憲伯，其子蔿襲封，後復封蔿吳昌伯，邑如先。凡此皆可證非改封醴陵侯，乃改封醴陵伯。

〔四〕苟曰易昭敢守難奪　「易昭」百衲本、汲古閣本作「易照」，北監本、金陵局本作「易昭」。張元濟梁書校勘記：「昭，疑當作與。易與，見史記『韓信之爲人易與耳』，對下『難奪』言。」

〔五〕當世王公表奏　「王公」二字各本譌倒，據南史及册府元龜八三九乙正。

〔六〕始高祖與昉遇竟陵王西邸　「遇」各本作「過」，據南史改。

〔七〕伏承以今月令辰　各本脫「月」字，據文選及册府元龜二一一補。

〔八〕卿雲黼黻河漢　「河漢」百衲本、南監本、汲古閣本、金陵局本作「江漢」，今從北監本、殿本及南史、文選。論衡案書篇：「漢作書者多，司馬子長、揚子雲，河漢也；其餘涇渭也。」此句蓋取其義。

〔九〕故桓譚譬之於闤闠　「桓譚」疑「譚拾」之譌。文選李善注：「桓譚集及新論並無以市喻交之文。戰國策，譚拾子謂孟嘗君曰：『富貴者則就之，貧賤者則去之，請以市喻。』疑『拾』誤爲『桓』，遂居『譚』上耳。」

〔一〇〕迅若波瀾　「若」各本作「彼」，據南史改。

〔一一〕聯衡許郭　「衡」各本作「橫」，據南史改。按：衡橫本通，然縱橫之橫可通用衡，車衡之衡不可通用橫。

梁書卷十五

列傳第九

謝朏 弟子覽

謝朏字敬沖，陳郡陽夏人也。祖弘微，宋太常卿，父莊，右光祿大夫，並有名前代。朏幼聰慧，莊器之，常置左右。年十歲，能屬文。莊遊土山賦詩，使朏命篇，朏攬筆便就。琅邪王景文謂莊曰：「賢子足稱神童，復爲後來特達。」莊笑，因撫朏背曰：「眞吾家千金。」孝武帝遊姑孰，敕莊攜朏從駕，詔使爲洞井贊，於坐奏之。帝曰：「雖小，奇童也。」

起家撫軍法曹行參軍，遷太子舍人，以父憂去職。服闋，復爲舍人，歷中書郎，衞將軍袁粲長史。粲性簡峻，罕通賓客，時人方之李膺。朏謁既退，粲曰：「謝令不死。」尋遷給事黃門侍郎。出爲臨川內史，以賄見劾，案經袁粲，粲寢之。

齊高帝爲驃騎將軍輔政，選朏爲長史，敕與河南褚炫、濟陽江斅、彭城劉俁俱入侍宋

帝，時號爲天子四友。續拜侍中，並掌中書、散騎二省詔册。高帝進太尉，又以朏爲長史，帶南東海太守。高帝方圖禪代，思佐命之臣，以朏有重名，深所欽屬。論魏、晉故事，因曰：「晉革命時事久兆，石苞不早勸晉文，死方慟哭，方之馮異，非知機也。」朏答曰：「昔魏臣有勸魏武卽帝位者，魏武曰：『如有用我，其爲周文王乎！』晉文世事魏氏，將必身終北面；假使魏早依唐虞故事，亦當三讓彌高。」帝不悅。更引王儉爲左長史，以朏侍中，領祕書監。及齊受禪，朏當日在直，百僚陪位，侍中當解璽，朏佯不知，曰：「有何公事？」傳詔云：「解璽授齊王。」朏曰：「齊自應有侍中。」乃引枕臥。傳詔懼，乃使稱疾，欲取兼人。朏曰：「我無疾，何所道。」遂朝服，步出東掖門，乃得車，仍還宅。是日遂以王儉爲侍中解璽。既而武帝言於高帝，請誅朏。帝曰：「殺之則遂成其名，正應容之度外耳。」遂廢于家。

永明元年，起家拜通直散騎常侍，累遷侍中，領國子博士。五年，出爲冠軍將軍、義興太守，加秩中二千石。在郡不省雜事，悉付綱紀，曰：「吾不能作主者吏，但能作太守耳。」視事三年，徵都官尚書、中書令。隆昌元年，復爲侍中，領新安王師，未拜，固求外出。仍爲征虜將軍、吳興太守，受召便述職。時明帝謀入嗣位，朝之舊臣皆引參謀策。朏內圖止足，且實避事。弟滿，時爲吏部尚書。朏至郡，致滿數斛酒，遺書曰：「可力飲此，勿豫人事。」朏居郡每不治，而常務聚斂，衆頗譏之，亦不屑也。

建武四年，詔徵爲侍中、中書令，遂抗表不應召。遣諸子還京師，獨與母留，築室郡之西郭。明帝下詔曰：「夫超然榮觀，風流自遠；蹈彼幽人，英華罕值。故長揖楚相，見稱南國；高謝漢臣，取貴良史。新除侍中、中書令朏，早藉羽儀，夙標清尚，登朝樹績，出守馳聲。遂斂跡康衢，拂衣林沚，抱箕潁之餘芳，甘顛頟而無悶。撫事懷人，載留欽想。宜加優禮，用旌素概。可賜牀帳褥席，俸以卿祿，常出在所。」時國子祭酒廬江何胤亦抗表還會稽。永元二年，〔一〕詔徵朏爲散騎常侍、中書監，胤爲散騎常侍、太常卿，並不屈。三年，又詔徵朏爲侍中、太子少傅，胤散騎常侍、太子詹事。時東昏皆下在所，使迫遣之，値義師已近，故並得不到。

及高祖平京邑，進位相國，表請朏、胤曰：「夫窮則獨善，達以兼濟。雖出處之道，其揆不同，用捨惟時，賢哲是蹈。前新除侍中、太子少傅朏，前新除散騎常侍、太子詹事、都亭侯胤，羽儀世胄，徽猷冠冕，道業德聲，康濟雅俗。昔居朝列，素無宦情，賓客簡通，公卿罕預，簪紱未褫，而風塵擺落。且文宗儒肆，互居其長；清規雅裁，兼擅其美。並達照深識，預覩亂萌，見庸質之如初，知貽厥之無寄。拂衣東山，眇絕塵軌。雖解組昌運，實避昏時。家膺鼎食，而甘茲橡艾；世襲青紫，而安此懸鶉。自澆風肇扇，用南成俗，淳流素軌，餘烈頗存。誰其激貪，功歸有道，康俗振民，朝野一致。雖在江海，而勳同魏闕。今泰運甫開，賤貧爲

恥；況乎久蘊瑚璉，暫厭承明，而可得求志海隅，永追松子。臣負荷殊重，參贊萬機，寔賴羣才，共成棟幹。思挹清源，取鏡止水。愚欲屈居僚首，朝夕諮諏，庶足以翼宣寡薄，式是王度。請並補臣府軍諮祭酒，朏加後將軍。」並不至。

高祖踐阼，徵朏爲侍中、左光祿大夫、〔二〕開府儀同三司，胤散騎常侍、特進、右光祿大夫，又並不屈。仍遣領軍司馬王果宣旨敦譬。明年六月，朏輕舟出，詣闕自陳。既至，詔以爲侍中、司徒、尚書令。朏辭脚疾不堪拜謁，乃角巾肩輿，詣雲龍門謝。詔見於華林園，乘小車就席。明旦，輿駕出幸朏宅，醼語盡歡。朏固陳本志，不許；因請自還東迎母，乃許之。臨發，輿駕復臨幸，賦詩餞別。王人送迎，相望於道。到京師，勑材官起府於舊宅，高祖臨軒，遣謁者於府拜授，詔停諸公事及朔望朝謁。

三年元會，詔朏乘小輿升殿。其年，遭母憂，〔三〕尋有詔攝職如故。後五年，改授中書監、司徒、衞將軍，並固讓不受。遣謁者敦授，乃拜受焉。是冬薨於府，時年六十六。輿駕出臨哭，詔給東園祕器，朝服一具，衣一襲，錢十萬，布百匹，蠟百斤。贈侍中、司徒。謚曰靖孝。朏所著書及文章，並行於世。

子諼，官至司徒右長史，坐殺牛免官，卒於家。次子譓，頗有文才，仕至晉安太守，卒官。

覽字景滌，朏弟瀹之子也。選尚齊錢唐公主，拜駙馬都尉、祕書郎、太子舍人。高祖爲大司馬，召補東閤祭酒，遷相國戶曹。天監元年，爲中書侍郎，掌吏部事，頃之卽眞。覽爲人美風神，善辭令，高祖深器之。嘗侍座，受敕與侍中王暕爲詩答贈，其文甚工。高祖善之，仍使重作，復合旨。乃賜詩云：「雙文既後進，二少實名家；豈伊止棟隆，〔四〕信乃俱國華。」以母憂去職。服闋，除中庶子，又掌吏部郎事，尋除吏部郎，遷侍中。覽頗樂酒，因醼席與散騎常侍蕭琛辭相詆毀，爲有司所奏。高祖以覽年少不直，出爲中權長史。頃之，敕掌東宮管記，遷明威將軍、新安太守。

九年夏，山賊吳承伯破宣城郡，餘黨散入新安，叛吏鮑敍等與合，攻沒黟、歙諸縣，進兵擊覽。覽遣郡丞周興嗣於錦沙立塢拒戰，不敵，遂棄郡奔會稽。臺軍平山寇，覽復還郡，左遷司徒諮議參軍、仁威長史、行南徐州事，五兵尚書。尋遷吏部尚書。覽自祖至孫，三世居選部，當世以爲榮。

十二年春，出爲吳興太守。中書舍人黃睦之家居烏程，子弟專橫，前太守皆折節事之。覽未到郡，睦之子弟來迎，覽逐去其船，杖吏爲通者。自是睦之家杜門不出，不敢與公私關通。〔五〕郡境多劫，爲東道患，覽下車肅然，一境清謐。初，齊明帝及覽父瀹、東海徐孝嗣，並爲吳興，號稱名守，覽皆欲過之！昔覽在新安頗聚斂，至是遂稱廉潔，時人方之王懷祖。卒

於官，時年三十七。詔贈中書令。子罕，早卒。

陳吏部尚書姚察曰：謝朏之於宋代，蓋忠義者歟？當齊建武之世，拂衣止足，永元多難，確然獨善，其疏、蔣之流乎。洎高祖龍興，旁求物色，角巾來仕，首陟台司，極出處之致矣。覽終能善政，君子韙之。

校勘記

〔一〕永元二年　「永元」各本作「永明」。按上文已有永明五年、隆昌元年、建武四年，則此不應作永明二年。南史作「永元」，是，今據改。

〔二〕徵朏爲侍中左光祿大夫　「左」字各本脫，據本書武帝紀及南史補。

〔三〕其年遭母憂　「其年」應承上文指天監三年，然據本書武帝紀，謝朏以母死去職，在天監四年，「其」當是「四」之譌。

〔四〕豈伊止棟隆　「止」各本同，惟北監本及南史作「爾」。張森楷梁書校勘記：「南史止作爾，一作爾德。」

〔五〕不敢與公私關通　「關通」各本譌「門通」，據册府元龜六九六改。

梁書卷十六

列傳第十

王亮　張稷　王瑩

王亮字奉叔，琅邪臨沂人，晉丞相導之六世孫也。祖偃，宋右光祿大夫、開府儀同三司。父攸，給事黃門侍郎。亮以名家子，宋末選尚公主，拜駙馬都尉、祕書郎，累遷桂陽王文學，南郡王友，祕書丞。齊竟陵王子良開西邸，延才俊以爲士林館，使工圖畫其像，亮亦預焉。遷中書侍郎、大司馬從事中郎，出爲衡陽太守。以南土卑濕，辭不之官，遷給事黃門侍郎。尋拜晉陵太守，在職清公有美政。時齊明帝作相，聞而嘉之，引爲領軍長史，甚見賞納。及卽位，累遷太子中庶子，尚書吏部郎，銓序著稱，遷侍中。建武末，爲吏部尚書。是時尚書右僕射江祏管朝政，多所進拔，爲士子所歸。亮自以

身居選部，每持異議。始亮未爲吏部郎時，以祏帝之內弟，故深友祏，祏爲之延譽，益爲帝所器重；至是與祏情好攜薄，祏昵之如初。[一]及祏遇誅，羣小放命，凡所除拜，悉由內寵，亮更弗能止。外若詳審，內無明鑒，其所選用，拘資次而已，當世不謂爲能。頻加通直散騎常侍、太子右衞率，爲尚書右僕射、中護軍。既而東昏肆虐，淫刑已逞，亮傾側取容，竟以免戮。

義師至新林，內外百僚皆道迎，其未能拔者，亦間路送誠款，亮獨不遣。及城內既定，獨推亮爲首。亮出見高祖，高祖曰：「顚而不扶，安用彼相。」而弗之罪也。霸府開，以爲大司馬長史、撫軍將軍、琅邪清河二郡太守。梁臺建，授侍中、尚書令，固讓不拜，乃爲侍中、中書監，兼尚書令。高祖受禪，遷侍中、尚書令、中軍將軍，引參佐命，封豫寧縣公，邑二千戶。天監二年，轉左光祿大夫，侍中、中軍如故。元日朝會萬國，亮辭疾不登殿，設饌別省，而語笑自若。數日，詔公卿問訊，亮無疾色，御史中丞樂藹奏大不敬，論棄市刑。詔削爵廢爲庶人。

四年夏，高祖讌於華光殿，謂羣臣曰：「朕日昃聽政，思聞得失。卿等可謂多士，宜各盡獻替。」尚書左丞范縝起曰：「司徒謝朏本有虛名，陛下擢之如此，前尚書令王亮頗有治實，陛下棄之如彼，是愚臣所不知。」高祖變色曰：「卿可更餘言。」縝固執不已，高祖不悅。御史中丞任昉因奏曰：

臣聞息夫歷詆，漢有正刑；白褒一奏，晉以明罰。況乎附下訕上，毀譽自口者哉。風聞尚書左丞臣范縝，自晉安還，語人云：「我不詣餘人，惟詣王亮；不餉餘人，惟餉王亮。」輒收縝白從左右萬休到臺辨問，與風聞符同。又今月十日，御餞梁州刺史臣珍國，宴私既洽，羣臣並已謁退，時詔留侍中臣昂等十人，訪以政道。縝不答所問，而橫議沸騰，遂貶裁司徒臣朏，褒舉庶人王亮。臣于時預奉恩留，肩隨並立，耳目所接，差非風聞。竊尋王有遊豫，親御軒陛，義深推轂，情均湛露。酒闌宴罷，當扆正立，記事在前，記言在後，軫早朝之念，深求瘼之情，而縝言不遜，妄陳褒貶，傷濟濟之風，缺側席之望。不有嚴裁，憲准將頹，縝卽主。

臣謹案：尚書左丞臣范縝，衣冠緒餘，言行舛駁，誇諧里落，喧詬周行。曲學諛聞，未知去代；弄口鳴舌，祇足飾非。乃者，義師近次，縝丁罹艱棘，曾不呼門，墨縗景附，頗同先覺，實奉龍顏。而今黨協釁餘，翻爲矛楯，人而無恒，成茲姦詖。日者，飮至策勳，功微賞厚，出守名邦，入司管轄，苞篚罔遺，而假稱折轅，衣裙所弊，譏激失所，許與疵廢，廷辱民宗。自居樞憲，糾奏寂寞。顧望縱容，無至公之議；惡直醜正，有私訐之談。宜置之徽纆，肅正國典。臣等參議，請以見事免縝所居官，輒勒外收付廷尉法

獄治罪。應諸連逮，委之獄官，以法制從事。縝位應黃紙，臣輒奉白簡。

詔聞可。璽書詰縝曰[二]：「亮少乏才能，無聞時輩，昔經冒入羣英，相與豈薄，晚節諂事江祏，爲吏部，末協附梅蟲兒、茹法珍，遂執昏政。比屋罹禍，盡家塗炭，四海沸騰，天下橫潰，此誰之咎！食亂君之祿，不死於治世。亮協固凶黨，作威作福，靡衣玉食，女樂盈房，勢危事逼，自相吞噬。建石首題，[三]啓靡請罪。朕錄其白旗之來，貰其既往之咎。亮反覆不忠，姦賄彰暴，有何可論，妄相談述？具以狀對。」所詰十條，縝答支離而已。亮因屛居閉掃，不通賓客。遭母憂，居喪盡禮。

八年，詔起爲祕書監，俄加通直散騎常侍，數日遷太常卿。九年，轉中書監，加散騎常侍。其年卒。詔賻錢三萬，布五十匹。[四]謚曰煬子。

張稷字公喬，吳郡人也。父永，宋右光祿大夫。稷所生母遘疾歷時，稷始年十一，夜不解衣而養，永異之。及母亡，毀瘠過人，杖而後起。性疏率，朗悟有才略，與族兄充、融、卷等具知名，時稱之曰：「充融卷稷，是爲四張。」起家著作佐郎，不拜。頻居父母憂，六載廬于墓側。服除，爲驃騎法曹行參軍，遷外兵參軍。

齊永明中，爲剡縣令，略不視事，多爲山水遊。會賊唐寓之作亂，〔五〕稷率厲縣人，保全縣境。入爲太子洗馬，大司馬東曹掾，建安王友，大司馬從事中郎。武陵王曅爲護軍，轉護軍司馬，尋爲本州治中。明帝領牧，仍爲別駕。時魏寇壽春，以稷爲寧朔將軍、軍主，副尙書僕射沈文季鎭豫州。魏衆稱百萬，圍城累日，時經略處分，文季悉委稷焉。軍退，遷平西司馬、寧朔將軍、南平內史。魏又寇雍州，詔以本號都督荆、雍諸軍事。時雍州刺史曹虎度樊城岸，以稷知州事。魏師退，稷還荆州，就拜黃門侍郎，復爲司馬、新興永寧二郡太守。郡犯私諱，改永寧爲長寧。尋遷司徒司馬，加輔國將軍。及江州刺史陳顯達舉兵反，以本號鎭歷陽、南譙二郡太守，遷鎭南長史、尋陽太守、輔國將軍、行江州事。尋徵還，爲持節、輔國將軍、都督北徐州諸軍事、北徐州刺史。出次白下，仍遷都督南兗州諸軍事、南兗州刺史。俄進督北徐、徐、兗、青、冀五州諸軍事，將軍並如故。永元末，徵爲侍中，宿衞宮城。義師至，兼衞尉江淹出奔，稷兼衞尉，副王瑩都督城內諸軍事。

時東昏淫虐，義師圍城已久，城內思亡而莫有先發。北徐州刺史王珍國就稷謀之，乃使直閤張齊害東昏于含德殿。稷召尙書右僕射王亮等列坐殿前西鍾下，謂曰：「昔桀有昏德，鼎遷于殷；商紂暴虐，鼎遷于周。今獨夫自絕于天，四海已歸聖主，斯實微子去殷之時，項伯歸漢之日，可不勉哉。」乃遣國子博士范雲、舍人裴長穆等使石頭城詣高祖，高祖以稷

爲侍中、左衞將軍。高祖總百揆，遷大司馬左司馬。梁臺建，爲散騎常侍、中書令。高祖受禪，以功封江安縣侯，邑一千戶。又爲侍中、國子祭酒，領驍騎將軍，遷護軍將軍、揚州大中正，以事免。尋爲度支尙書、前將軍、太子右衞率，又以公事免。俄爲祠部尙書，轉散騎常侍、都官尙書、揚州大中正，以本職知領軍事。尋遷領軍將軍，中正、侯如故。

時魏寇青州，詔假節、行州事。會魏軍退，仍出爲散騎常侍、將軍、吳興太守，秩中二千石。下車存問遺老，引其子孫，置之右職，政稱寬恕。進號雲麾將軍，徵尙書左僕射。輿駕將欲如稷宅，以盛暑，留幸僕射省，舊臨幸供具皆酬太官饌直，帝以稷清貧，手詔不受。出爲使持節、散騎常侍、都督青冀二州諸軍事、安北將軍、青冀二州刺史。會魏寇朐山，詔稷權頓六里，都督衆軍。還，進號鎭北將軍。

初鬱洲接邊陲，民俗多與魏人交市。及朐山叛，或與魏通，既不自安矣；且稷寬弛無防，僚吏頗侵漁之。州人徐道角等夜襲州城，〔六〕害稷，時年六十三。有司奏削爵土。

稷性烈亮，善與人交。歷官無蓄聚，俸祿皆頒之親故，家無餘財。初去吳興郡，以僕射徵，道由吳，鄉人候稷者滿水陸。〔七〕稷單裝徑還京師，人莫之識，其率素如此。

稷長女楚瑗，適會稽孔氏，無子歸宗。至稷見害，女以身蔽刃，先父卒。稷子嵊，別有傳。

卷字令遠，稷從兄也。少以知理著稱，能清言，仕至都官尙書，天監初卒。

王瑩字奉光，琅邪臨沂人也。父懋，光祿大夫、南鄉僖侯。

瑩選尙宋臨淮公主，拜駙馬都尉，除著作佐郎，累遷太子舍人，撫軍功曹，散騎侍郎，司徒左西屬。

齊高帝爲驃騎將軍，引爲從事中郎。頃之，出爲義興太守，代謝超宗。超宗去郡，與瑩交惡，既還，間瑩於懋。懋言之於朝廷，以瑩供養不足，坐失郡廢棄。久之，爲前軍諮議參軍，中書侍郎，大司馬從事中郎，未拜，丁母憂。服闋，爲給事黃門郎，出爲宣城太守，遷爲驃騎長史。復爲黃門侍郎、司馬、太子中庶子，〔八〕仍遷侍中，父憂去職。服闋，復爲侍中，領射聲校尉，又爲冠軍將軍、東陽太守。居郡有惠政，遷吳興太守。明帝勤憂庶政，瑩頻處二郡，皆有能名，甚見褒美。還爲太子詹事、中領軍。

永元初，政由羣小，瑩守職而不能有所是非。瑩從弟亮既當朝，於瑩素雖不善，時欲引與同事。遷尙書左僕射，未拜，會護軍崔慧景自京口奉江夏王入伐，瑩假節，率衆拒慧景於湖頭。夜爲慧景所襲，衆散，瑩赴水，乘榜入樂遊，因得還臺城。慧景敗，還居領軍府。義

師至，復假節，都督宮城諸軍事。建康平，高祖爲相國，引瑩爲左長史，加冠軍將軍，奉法駕迎和帝于江陵。帝至南州，遜位于別宮。高祖踐阼，遷侍中、撫軍將軍，封建城縣公，邑千戶。尋遷尙書左僕射，侍中、撫軍如故。頃之，爲護軍將軍，復遷散騎常侍、中軍將軍、丹陽尹。視事三年，遷侍中、光祿大夫，領左衞將軍。俄遷尙書令、雲麾將軍，侍中如故。累進號左中權將軍，給鼓吹一部。瑩性清愼，居官恭恪，高祖深重之。

天監十五年，遷左光祿大夫、開府儀同三司，丹陽尹、侍中如故。瑩將拜，印工鑄其印，六鑄而龜六毀，既成，頸空不實，補而用之。居職六日，暴疾卒。贈侍中、左光祿大夫、開府儀同三司。

陳吏部尙書姚察曰：孔子稱「殷有三仁，微子去之，箕子爲之奴，比干諫而死。」王亮之居亂世，勢位見矣。其於取捨，何與三仁之異歟？及奉興王，蒙寬政，爲佐命，固將愧於心。其自取廢敗，非不幸也。易曰：「非所據而據之，身必危。」亮之進退，失所據矣。惜哉！張稷因機制變，亦其時也。王瑩印章六毀，豈神之害盈乎？

二十四史

校勘記

〔一〕至是與祏情好攜薄祏昵之如初　各本脫「祏情好攜薄」五字，據南史及册府元龜九四五補。

〔二〕璽書詰績曰　「詰」各本譌「語」，今改正。按：下云「所詰十條」，明「語」字是「詰」字之譌。

〔三〕建石首題　建，建業。石，石頭。南史王亮傳：「乃遣國子博士范雲齎東昏首送石頭，推亮爲首。」推亮爲首，謂推王亮首先署名於向梁武輸誠之文書上也。卽此「首題」意。

〔四〕布五十匹　各本作「布五千匹」。據册府元龜三一八、四六一改。

〔五〕會賊唐寓之作亂　各本原作「唐瑤」，本書呂僧珍傳作「唐瑀」，南史作「唐寓之」，今據南史改。錢大昕廿二史考異：「梁書作唐瑤，誤。梁宗室傳作唐瑀之，『瑀』誤爲『瑤』也。」按：南齊書武帝永明四年紀、通鑑武帝永明三年、四年紀俱作「唐寓之」，蕭崇之事附見梁書蕭景傳，云「永明中，錢唐唐寓之別衆攻東陽，崇之遇害」。

〔六〕州人徐道角等夜襲州城　「徐道角」，南史同。魏書世宗紀、游肇傳並作「徐玄明」。

〔七〕鄉人候稷者滿水陸　各本脫「人」字，據南史及太平御覽六九一補。

〔八〕復爲黃門侍郎司馬太子中庶子　錢大昕廿二史考異：「司馬者，驃騎府之司馬也。蓋蒙上驃騎長史之文。」

梁書

唐　姚思廉　撰

第二册

卷一七至卷四〇（傳）

中華書局

梁書卷十七

列傳第十一

王珍國　馬仙琕　張齊

王珍國字德重，沛國相人也。父廣之，齊世良將，官至散騎常侍、車騎將軍。

珍國起家冠軍行參軍，累遷虎賁中郎將、南譙太守，治有能名。時郡境苦饑，乃發米散財，以拯窮乏。齊高帝手敕云：「卿愛人治國，甚副吾意也。」永明初，遷桂陽內史，討捕盜賊，境內肅清。罷任還都，路經江州，刺史柳世隆臨渚餞別，見珍國還裝輕素，乃歎曰：「此眞可謂良二千石也。」還爲大司馬中兵參軍。武帝雅相知賞，每歎曰：「晚代將家子弟，有如珍國者少矣。」復出爲安成內史。入爲越騎校尉，冠軍長史、鍾離太守。仍遷巴東、建平二郡太守。還爲游擊將軍，以父憂去職。

建武末，魏軍圍司州，明帝使徐州刺史裴叔業攻拔渦陽，以爲聲援，起珍國爲輔國將

軍，率兵助焉。魏將楊大眼大衆奄至，叔業懼，棄軍走，珍國率其衆殿，故不至大敗。永泰元年，會稽太守王敬則反，珍國又率衆距之。敬則平，遷寧朔將軍、青冀二州刺史，將軍如故。

義師起，東昏召珍國以衆還京師，入頓建康城。義師至，使珍國出屯朱雀門，爲王茂軍所敗，乃入城。仍密遣郄纂奉明鏡獻誠於高祖，高祖斷金以報之。時城中咸思從義，莫敢先發，侍中、衞尉張稷都督衆軍，珍國潛結稷腹心張齊要稷，稷許之。十二月丙寅旦，珍國引稷於衞尉府，勒兵入自雲龍門，卽東昏於內殿斬之，與稷會尚書僕射王亮等於西鍾下，使中書舍人裴長穆等奉東昏首歸高祖。以功授右衞將軍，辭不拜；又授徐州刺史，固乞留京師。復賜金帛，珍國又固讓。敕答曰：「昔田子泰固辭絹穀。卿體國情深，良在可嘉。」後因侍宴，帝問曰：「卿明鏡尙存，昔金何在？」珍國答曰：「黃金謹在臣肘，不敢失墜。」復爲右衞將軍，加給事中，遷左衞將軍，加散騎常侍。天監初，封灄陽縣侯，邑千戶。除都官尙書，常侍如故。

五年，魏任城王元澄寇鍾離，[一]高祖遣珍國，因問討賊方略。珍國對曰：「臣常患魏衆少，不苦其多。」高祖壯其言，乃假節，與衆軍同討焉。魏軍退，班師。出爲使持節、都督梁秦二州諸軍事、征虜將軍、南秦梁二州刺史。會梁州長史夏侯道遷以州降魏，珍國步道

出魏興，將襲之，不果，遂留鎭焉。以無功，累表請解，高祖弗許。改封宜陽縣侯，戶邑如前。徵還爲員外散騎常侍、太子右衞率，加後軍。頃之，復爲左衞將軍。九年，出爲使持節、都督湘州諸軍事、信武將軍、湘州刺史。視事四年，徵還爲護軍將軍，遷通直散騎常侍、丹陽尹。十四年，卒。詔贈車騎將軍，給鼓吹一部，賻錢十萬，布百匹。謚曰威。子僧度嗣。

馬仙琕字靈馥，扶風郿人也。父伯鸞，宋冠軍司馬。

仙琕少以果敢聞，遭父憂，毀瘠過禮，負土成墳，手植松栢。起家郢州主簿，遷武騎常侍，爲小將，隨齊安陸王蕭緬。緬卒，事明帝。永元中，蕭遙光、崔慧景亂，累有戰功，以勳至前將軍。出爲龍驤將軍、南汝陰譙二郡太守。會壽陽新陷，魏將王肅侵邊，仙琕力戰，以寡克衆，魏人甚憚之。復以功遷寧朔將軍、豫州刺史。

義師起，四方多響應，高祖使仙琕故人姚仲賓說之，仙琕於軍斬仲賓以徇。義師至新林，仙琕猶持兵於江西，日鈔運漕。建康城陷，仙琕號哭經宿，乃解兵歸罪。高祖勞之曰：「射鉤斬袪，昔人弗忌。卿勿以戮使斷運，苟自嫌絕也。」仙琕謝曰：「小人如失主犬，後主飼之，便復爲用。」高祖笑而美之。俄而仙琕母卒，高祖知其貧，賻給甚厚。仙琕號泣，謂弟仲

艾曰：「蒙大造之恩，未獲上報。今復荷殊澤，當與爾以心力自効耳。」

天監四年，王師北討，仙琕每戰，勇冠三軍，當其衝者，莫不摧破。與諸將論議，口未嘗言功。人問其故，仙琕曰：「丈夫爲時所知，當進不求名，退不逃罪，乃平生願也。何功可論！」授輔國將軍、宋安安蠻二郡太守，遷南義陽太守。累破山蠻，郡境淸謐。以功封浛洭縣伯，邑四百戶，仍遷都督司州諸軍事、司州刺史，輔國將軍如故。俄進號貞威將軍。

魏豫州人白皁生殺其刺史琅邪王司馬慶曾，[二]自號平北將軍，推鄉人胡遜爲刺史，[三]以懸瓠來降。高祖使仙琕赴之，又遣直閤將軍武會超、馬廣率衆爲援。仙琕進頓楚王城，遣副將齊苟兒以兵二千助守懸瓠。魏中山王元英率衆十萬攻懸瓠，仙琕遣廣、會超等守三關。十二月，英破懸瓠，執齊苟兒，遂進攻馬廣，又破廣，生擒之，送雒陽。仙琕不能救。會超等亦相次退散，魏軍遂進據三關。仙琕坐徵還，爲雲騎將軍。出爲仁威司馬，府主豫章王轉號雲麾，復爲司馬，加振遠將軍。

十年，朐山民殺琅邪太守劉晣，[四]以城降魏，詔假仙琕節，討之。魏徐州刺史盧昶以衆十餘萬赴焉。仙琕與戰，累破之，昶遁走。仙琕縱兵乘之，魏衆免者十一二，收其兵糧牛馬器械，不可勝數。振旅還京師，遷太子左衞率，進爵爲侯，增邑六百戶。十一年，遷持節、督豫北豫霍三州諸軍事、信武將軍、豫州刺史，領南汝陰太守。

初，仙琕幼名仙婢，及長，以「婢」名不典，乃以「玉」代「女」，因成「琕」云。自爲將及居州郡，能與士卒同勞逸。身衣不過布帛，所居無帷幕衾屏，行則飲食與廝養最下者同。其在邊境，常單身潛入敵庭，伺知壁壘村落險要處所，故戰多克捷，士卒亦甘心爲之用，高祖雅愛仗之。在州四年，卒。贈左衞將軍。謚曰剛。子巖夫嗣。

張齊字子響，[五]馮翊郡人。世居横桑，或云横桑人也。少有膽氣。初事荆府司馬垣歷生。歷生酗酒，遇下嚴酷，不甚禮之。歷生罷官歸，吳郡張稷爲荆府司馬，齊復從之，稷甚相知重，以爲心腹，雖家居細事，皆以任焉。齊盡心事稷，無所辭憚。隨稷歸京師。稷爲南兖州，又擢爲府中兵參軍，始委以軍旅。

齊永元中，義師起，東昏徵稷歸，都督宮城諸軍事，居尚書省。義兵至，外圍漸急，齊日造王珍國，陰與定計。計定，夜引珍國就稷造膝，齊自執燭以成謀。明旦，與稷、珍國卽東昏於內殿，齊手刃焉。明年，高祖受禪，封齊安昌縣侯，邑五百戶，仍爲寧朔將軍、歷陽太守。齊手不知書，目不識字，而在郡有清政，吏事甚脩。

天監二年，還爲虎賁中郎將。未拜，遷天門太守，寧朔將軍如故。四年，魏將王足寇

巴、蜀，高祖以齊爲輔國將軍救蜀。未至，足退走，齊進戍南安。七年秋，使齊置大劍、寒冢二戍，軍還益州。其年，遷武旅將軍、巴西太守，尋加征遠將軍。十年，郡人姚景和聚合蠻蜒，抄斷江路，攻破金井。齊討景和於平昌，破之。

初，南鄭沒於魏，乃於益州西置南梁州。州鎮草創，皆仰益州取足。齊上夷獠義租，得米二十萬斛。又立臺傳，興冶鑄，以應贍南梁。

十一年，進假節、督益州外水諸軍。十二年，魏將傅豎眼寇南安，齊率衆距之，豎眼退走。十四年，遷信武將軍、巴西梓潼二郡太守。是歲，葭萌人任令宗因衆之患魏也，殺魏晉壽太守，以城歸款。益州刺史鄱陽王遣齊帥衆三萬，督南梁州長史席宗範諸軍迎令宗。十五年，魏東益州刺史元法僧遣子景隆來拒齊師，南安太守皇甫謀及宗範逆擊之，大破魏軍於葭萌，屠十餘城，魏將丘突、王穆等皆降。而魏更增傅豎眼兵，復來拒戰，齊兵少不利，軍引還，於是葭萌復沒於魏。

齊在益部累年，討擊蠻獠，身無寧歲。其居軍中，能身親勞辱，與士卒同其勤苦。自畫頓舍城壘，皆委曲得其便，調給衣糧資用，人人無所困乏。既爲物情所附，蠻獠亦不敢犯，是以威名行於庸、蜀。巴西郡居益州之半，又當東道衝要，刺史經過，軍府遠涉，多所窮匱。齊緣路聚糧食，種蔬菜，行者皆取給焉。其能濟辦，多此類也。

十七年，遷持節、都督南梁州諸軍事、智武將軍、南梁州刺史。普通四年，遷信武將軍、征西鄱陽王司馬、新興永寧二郡太守。未發而卒，時年六十七。追贈散騎常侍、右衞將軍。賻錢十萬，布百匹。謚曰壯。

陳吏部尚書姚察曰：王珍國、申胄、徐元瑜、李居士，齊末咸爲列將，擁强兵，或面縛請罪，或斬關獻捷，其能後服，馬仙琕而已。仁義何常，蹈之則爲君子，信哉！及其臨邊撫衆，雖李牧無以加矣。張齊之政績，亦有異焉。胄、元瑜、居士入梁事迹鮮，故不爲之傳。

校勘記

〔一〕五年魏任城王元澄寇鍾離　「五年」，南史作「天監二年」。按：通鑑梁武帝天監二年三月，魏揚州刺史任城王澄遣將入寇；三年二月，任城王澄攻鍾離。又下文「梁州長史夏侯道遷以州降魏」，通鑑繫之於天監四年，是在天監五年以前。則此「五年」當是「二年」之誤。

〔二〕魏豫州人白皁生殺其刺史琅邪王司馬慶曾　「白皁生」、「司馬慶曾」，魏書宣武帝紀作「白早生」、「司馬悅」，通鑑皆從魏書。

〔三〕推鄉人胡遜爲刺史　「遜」各本作「遊」，據本書武帝紀改。

〔四〕朐山民殺琅邪太守劉晣　「晣」各本譌「昕」，據南史及魏書盧昶傳改。

〔五〕張齊字子響　「響」南史作「嚮」。

梁書卷十八

列傳第十二

張惠紹　馮道根　康絢　昌義之

張惠紹字德繼，義陽人也。少有武幹。齊明帝時為直閤，後出補竟陵橫桑戍主。永元初，母喪歸葬於鄉里。聞義師起，馳歸高祖，板為中兵參軍，加寧朔將軍、軍主。師次漢口，高祖使惠紹與軍主朱思遠遊遏江中，斷郢、魯二城糧運。郢城水軍主沈難當帥輕舸數十挑戰，惠紹擊破，斬難當，盡獲其軍器。義師次新林、朱雀，惠紹累有戰功。建康城平，遷輔國將軍、前軍，直閤、左細仗主。高祖踐阼，封石陽縣侯，邑五百戶。遷驍騎將軍，直閤、細仗主如故。時東昏餘黨數百人，竊入南北掖門，燒神虎門，害衞尉張弘策。惠紹馳率所領赴戰，斬首數十級，賊乃散走。以功增邑二百戶，遷太子右衞率。

天監四年，大舉北伐，惠紹與冠軍長史胡辛生、寧朔將軍張豹子攻宿預，執城主馬成

龍，送于京師。使部將藍懷恭於水南立城為犄角。俄而魏援大至，敗陷懷恭，惠紹不能守，是夜奔還淮陰，魏復得宿預。六年，魏軍攻鍾離，詔左衞將軍曹景宗督衆軍為援，進據邵陽，惠紹與馮道根、裴邃等攻斷魏連橋，短兵接戰，魏軍大潰。以功增邑三百戶，還為左驍騎將軍。尋出為持節、都督北兗州諸軍事、冠軍將軍、北兗州刺史。魏宿預、淮陽二城內附，惠紹撫納有功，進號智武將軍，益封二百戶。入為衞尉卿，遷左衞將軍。出為持節、都督司州諸軍事、信威將軍、司州刺史，領安陸太守。在州和理，吏民親愛之。

徵還為左衞將軍，加通直散騎常侍，甲仗百人，直衞殿內。十八年，卒，時年六十三。詔曰：「張惠紹志略開濟，幹用貞果。誠勤義始，績聞累任。爰居禁旅，盡心朝夕。奄至殞喪，惻愴于懷。宜追寵命，以彰勳烈。可贈護軍將軍，給鼓吹一部，布百匹，蠟二百斤。諡曰忠。」子澄嗣。

澄初為直閤將軍，丁父憂，起為晉熙太守，隨豫州刺史裴邃北伐，累有戰功，與湛僧智、胡紹世、魚弘並當時之驍將。〔一〕歷官衞尉卿、太子左衞率。卒官，諡曰愍。

馮道根字巨基，廣平酇人也。少失父，家貧，傭賃以養母。行得甘肥，不敢先食，必遽

還以進母。年十三，以孝聞於鄉里。郡召為主簿，辭不就。年十六，鄉人蔡道斑為湖陽戍主，〔二〕道斑攻蠻錫城，反為蠻所困，道根救之。匹馬轉戰，殺傷甚多，道斑以免，由是知名。

齊建武末，魏主托跋宏寇沒南陽等五郡，明帝遣太尉陳顯達率衆復爭之。師入泃口，〔三〕道根與鄉里人士以牛酒候軍，因說顯達曰：「泃水迅急，難進易退。魏若守隘，則首尾俱急。不如悉棄船艦於酇城，方道步進，建營相次，鼓行而前。如是，則立破之矣。」顯達不聽，道根猶以私屬從軍。及顯達敗，軍人夜走，多不知山路；道根每及險要，輒停馬指示之，衆賴以全。尋為泃口戍副。

永元中，以母喪還家。聞高祖起義師，乃謂所親曰：「金革奪禮，古人不避，揚名後世，豈非孝乎？時不可失，吾其行矣。」率鄉人子弟勝兵者，悉歸高祖。時有蔡道福為將從軍，高祖使道根副之，皆隸於王茂。茂伐沔，攻郢城，克加湖，道根常為前鋒陷陳。會道福卒於軍，高祖令道根并領其衆。大軍次新林，隨王茂於朱雀航大戰，斬獲尤多。高祖即位，以為驍騎將軍，封增城縣男，邑二百戶。領文德帥，遷游擊將軍。是歲，江州刺史陳伯之反，道根隨王茂討平之。

天監二年，為寧朔將軍、南梁太守，領阜陵城戍。初到阜陵，脩城隍，遠斥候，有如敵將至者，衆頗笑之。道根曰：「怯防勇戰，此之謂也。」脩城未畢，會魏將党法宗、傅豎眼率衆二

萬，奄至城下，道根塹壘未固，城中衆少，皆失色。道根命廣開門，緩服登城，選精銳二百人，出與魏軍戰，敗之。魏人見意閑，且戰又不利，因退走。是時魏分兵於大小峴、東桑等，連城相持。魏將高祖珍以三千騎軍其間，道根率百騎橫擊破之，獲其鼓角軍儀。於是糧運既絕，諸軍乃退。遷道根輔國將軍。

豫州刺史韋叡圍合肥，克之，道根與諸軍同進，所在有功。六年，魏攻鍾離，高祖復詔叡救之，道根率衆三千為叡前驅。至徐州，建計據邵陽洲，築壘掘塹，以逼魏城。道根能走馬步地，計馬足以賦功，〔四〕城隍立辦。及淮水長，道根乘戰艦，攻斷魏連橋數百丈，魏軍敗績。益封三百戶，進爵為伯。還遷雲騎將軍、領直閤將軍，改封豫寧縣，戶邑如前。累遷中權中司馬、右游擊將軍、武旅將軍、歷陽太守。八年，遷貞毅將軍、假節、督豫州諸軍事、豫州刺史，領汝陰太守。〔五〕為政清簡，境內安定。十一年，徵為太子右衞率。十三年，出為信武將軍、宣惠司馬、新興永寧二郡太守。十四年，徵為員外散騎常侍、右游擊將軍，領朱衣直閤。十五年，為右衞將軍。

道根性謹厚，木訥少言，為將能檢御部曲，所過村陌，將士不敢虜掠。每所征伐，終不言功，諸將讙譁爭競，道根默然而已。其部曲或怨非之，道根喻曰：「明主自鑒功之多少，吾將何事。」高祖嘗指道根示尚書令沈約曰：「此人口不論勳。」約曰：「此陛下之大樹將軍也。」

處州郡，和理清靜，爲部下所懷。在朝廷，雖貴顯而性儉約，所居宅不營牆屋，無器服侍衞，入室則蕭然如素士之貧賤者。當時服其清退，高祖亦雅重之。微時不學，既貴，粗讀書，自謂少文，常慕周勃之器重。

十六年，復假節、都督豫州諸軍事、信武將軍、豫州刺史。將行，高祖引朝臣宴別道根於武德殿，召工視道根，使圖其形像。道根踧踖謝曰：「臣所可報國家，惟餘一死；但天下太平，臣恨無可死之地。」豫部重得道根，人皆喜悅。高祖每稱曰：「馮道根所在，能使朝廷不復憶有一州。」

居州少時，遇疾，自表乞還朝，徵爲散騎常侍、左軍將軍。既至疾甚，中使累加存問。普通元年正月，卒，時年五十八。是日輿駕春祠二廟，既出宮，有司以聞。高祖問中書舍人朱异曰：「吉凶同日，今行乎？」异對曰：「昔柳莊寢疾，衞獻公當祭，請於尸曰：『有臣柳莊，非寡人之臣，是社稷之臣也，聞其死，請往。』不釋祭服而往，遂以襚之。道根雖未爲社稷之臣，亦有勞王室，臨之禮也。」高祖卽幸其宅，哭之甚慟。詔曰：「豫寧縣開國伯、新除散騎常侍、領左軍將軍馮道根，奉上能忠，有功不伐，撫人留愛，守邊難犯，祭遵、馮異、郭伋、李牧，不能過也。奄致殞喪，惻愴于懷。可贈信威將軍、左衞將軍，給鼓吹一部。賻錢十萬，布百匹。諡曰威。」子懷嗣。

康絢字長明，華山藍田人也。其先出自康居。初，漢置都護，盡臣西域，康居亦遣侍子待詔於河西，因留爲黔首，其後卽以康爲姓。晉時隴右亂，康氏遷于藍田。絢曾祖因爲苻堅太子詹事，生穆，穆爲姚萇河南尹。宋永初中，穆舉鄉族三千餘家，入襄陽之峴南，宋爲置華山郡藍田縣，寄居于襄陽，以穆爲秦、梁二州刺史，未拜，卒。絢世父元隆，父元撫，並爲流人所推，相繼爲華山太守。

絢少俶儻有志氣，齊文帝爲雍州刺史，所辟皆取名家，絢特以才力召爲西曹書佐。永明三年，除奉朝請。文帝在東宮，以舊恩引爲直後，以母憂去職。服闋，除振威將軍、華山太守。推誠撫循，荒餘悅服。遷前軍將軍，復爲華山太守。

永元元年，義兵起，絢舉郡以應高祖，身率敢勇三千人，私馬二百五十匹以從。除西中郎南康王中兵參軍，加輔國將軍。義師方圍張沖於郢城，曠日持久，東昏將吳子陽壁于加湖，軍鋒甚盛，絢隨王茂力攻屠之。自是常領遊兵，有急應赴，斬獲居多。天監元年，封南安縣男，〔六〕邑三百戶。除輔國將軍、竟陵太守。魏圍梁州，刺史王珍國使請救，絢以郡兵赴之，魏軍退。七年，司州三關爲魏所逼，詔假絢節、武旅將軍，率衆赴援。九年，遷假節、

督北兗州緣淮諸軍事、振遠將軍、北兗州刺史。及朐山亡徒以城降魏，絢馳遣司馬霍奉伯分軍據嶮，魏軍至，不得越朐城。明年，青州刺史張稷爲土人徐道角所殺，〔七〕絢又遣司馬茅榮伯討平之。徵驃騎臨川王司馬，加左驍騎將軍，尋轉朱衣直閤。十三年，遷太子右衞率，甲仗百人，與領軍蕭景直殿內。

絢身長八尺，容貌絕倫，雖居顯官，猶習武藝。高祖幸德陽殿戲馬，敕絢馬射，撫弦貫的，觀者悅之。其日，上使畫工圖絢形，遣中使持以問絢曰：「卿識此圖不？」其見親如此。

時魏降人王足陳計，求堰淮水以灌壽陽。足引北方童謠曰：「荆山爲上格，浮山爲下格，潼沱爲激溝，併灌鉅野澤。」高祖以爲然，使水工陳承伯、材官將軍祖暅視地形，咸謂淮內沙土漂輕，不堅實，其功不可就。高祖弗納，發徐、揚人，率二十戶取五丁以築之。假絢節、都督淮上諸軍事，並護堰作，役人及戰士，有衆二十萬。於鍾離南起浮山，北抵巉石，依岸以築土，合脊於中流。十四年，堰將合，淮水漂疾，輒復決潰，衆患之。或謂江、淮多有蛟，能乘風雨決壞崖岸，其性惡鐵，因是引東西二冶鐵器，大則釜鬵，小則鋘鋤，數千萬斤，沉于堰所。猶不能合，乃伐樹爲井幹，填以巨石，加土其上。緣淮百里內，岡陵木石，無巨細必盡，負擔者肩上皆穿。夏日疾疫，死者相枕，蠅蟲晝夜聲相合。高祖愍役人淹久，遣尚書右僕射袁昂、侍中謝舉假節慰勞之，并加蠲復。是冬又寒甚，淮、泗盡凍，士卒死者十七

八，高祖復遣賜以衣袴。十一月，魏遣將楊大眼揚聲決堰，絢命諸軍撤營露次以待之。遣其子悅挑戰，斬魏咸陽王府司馬徐方興，魏軍小却。十二月，魏遣其尚書僕射李曇定督衆軍來戰，〔八〕絢與徐州刺史劉思祖等距之。高祖又遣右衞將軍昌義之、太僕卿魚弘文、〔九〕直閤曹世宗、徐元和相次距守。十五年四月，堰乃成。其長九里，下闊一百四十丈，上廣四十五丈，高二十丈，深十九丈五尺。夾之以堤，并樹杞柳，軍人安堵，列居其上。其水清潔，俯視居人墳墓，了然皆在其下。或人謂絢曰：「四瀆，天所以節宣其氣，不可久塞。若鑿湫東注，則游波寬緩，堰得不壞。」絢然之，開湫東注。又縱反間於魏曰：「梁人所懼開湫，不畏野戰。」魏人信之，果鑿山深五丈，開湫北注，水日夜分流，湫猶不減。其月，魏軍竟潰而歸。水之所及，夾淮方數百里地。魏壽陽城戍稍徙頓於八公山，此南居人散就岡壟。

初，堰起於徐州界，刺史張豹子宣言於境，謂己必尸其事。既而絢以他官來監作，豹子甚慚。俄而敕豹子受絢節度，每事輒先諮焉，由是遂譖絢與魏交通，高祖雖不納，猶以事畢徵絢。尋以絢爲持節、都督司州諸軍事、信武將軍、司州刺史，領安陸太守，增封二百戶。絢還後，豹子不脩堰，至其秋八月，淮水暴長，堰悉壞決，奔流于海，祖暅坐下獄。絢在州三年，大脩城隍，號爲嚴政。〔一〇〕

十八年，徵爲員外散騎常侍，領長水校尉，與護軍韋叡、太子右衞率周捨直殿省。普通

元年，除衞尉卿，未拜，卒，時年五十七。輿駕卽日臨哭。贈右衞將軍，給鼓吹一部。賻錢十萬，布百匹。謚曰壯。

絢寬和少喜慍，在朝廷，見人如不能言，號爲長厚。在省，每寒月見省官繿縷，輒遺以襦衣，其好施如此。子悅嗣。

昌義之，歷陽烏江人也。少有武幹。齊代隨曹虎征伐，累有戰功。虎爲雍州，以義之補防閤，出爲馮翊戍主。及虎代還，義之留事高祖。時天下方亂，高祖亦厚遇之。義師起，板爲輔國將軍、軍主，除建安王中兵參軍。時竟陵芊口有邸閣，高祖遣驅，每戰必捷。大軍次新林，隨王茂於新亭，并朱雀航力戰，斬獲尤多。建康城平，以爲直閤將軍、馬右夾轂主。天監元年，封永豐縣侯，邑五百戶。除驍騎將軍。出爲盱眙太守。二年，遷假節、督北徐州諸軍事、輔國將軍、北徐州刺史，鎭鍾離。魏寇州境，義之擊破之。三年，進號冠軍將軍，增封二百戶。

四年，大舉北伐，揚州刺史臨川王督衆軍軍洛口，義之以州兵受節度，爲前軍，攻魏梁城戍，克之。五年，高祖以征役久，有詔班師，衆軍各退散，魏中山王元英乘勢追躡，攻沒馬

頭，城內糧儲，魏悉移之歸北。議者咸曰：「魏運米北歸，當無復南向。」高祖曰：「不然，此必進兵，非其實也。」乃遣土匠脩營鍾離城，〔二〕敕義之爲戰守之備。是冬，英果率其安樂王元道明、平東將軍楊大眼等衆數十萬，來寇鍾離。鍾離城北阻淮水，魏人於邵陽洲西岸作浮橋，跨淮通道。英據東岸，大眼據西岸，以攻城。時城中衆纔三千人，義之督帥，隨方抗禦。魏軍乃以車載土塡塹，使其衆負土隨之，嚴騎自後蹙焉，人有未及回者，因以土迮之，俄而塹滿。英與大眼躬自督戰，晝夜苦攻，分番相代，墜而復升，莫有退者。又設飛樓及衝車撞之，所值城土輒頹落。〔三〕義之乃以泥補缺，衝車雖入而不能壞。義之善射，其被攻危急之處，輒馳往救之，每彎弓所向，莫不應弦而倒。一日戰數十合，前後殺傷者萬計，魏軍死者與城平。

六年四月，高祖遣曹景宗、韋叡帥衆二十萬救焉，旣至，與魏戰，大破之，英、大眼等各脫身奔走。義之因率輕兵追至洛口而還，斬首俘生，不可勝計。以功進號軍師將軍，增封二百戶，還持節、督靑冀二州諸軍事、征虜將軍、靑冀二州刺史。未拜，改督南兗兗徐靑冀五州諸軍事、輔國將軍、南兗州刺史。坐禁物出藩，爲有司所奏免。其年，補朱衣直閤，除左驍騎將軍，直閤如故。遷太子右衞率，領越騎校尉，假節。八年，出爲持節、督湘州諸軍事、征遠將軍、湘州刺史。九年，以本號還朝，俄爲司空臨川王司馬，將軍如故。十年，遷右衞將軍。十三年，徙爲左衞將軍。

是冬，高祖遣太子右衞率康絢督衆軍作荊山堰。明年，魏遣將李曇定大衆逼荊山，揚聲欲決堰，詔假義之節，帥太僕卿魚弘文、直閤將軍曹世宗、徐元和等救絢，軍未至，絢等已破魏軍。魏又遣大將李平攻峽石，圍直閤將軍趙祖悅，義之又率朱衣直閤王神念等救之。時魏兵盛，神念攻峽石浮橋不能克，故援兵不得時進，遂陷峽石。義之班師，爲有司所奏，高祖以其功臣，不問也。

十五年，復以爲使持節、都督湘州諸軍事、信威將軍、湘州刺史。其年，改授都督北徐州緣淮諸軍事、平北將軍、北徐州刺史。義之性寬厚，爲將能撫御，得人死力，及居藩任，吏民安之。俄給鼓吹一部，改封營道縣侯，邑戶如先。普通三年，徵爲護軍將軍，鼓吹如故。四年十月，卒。高祖深痛惜之，詔曰：「護軍將軍、營道縣開國侯昌義之，幹略沉濟，志懷寬隱，誠著運始，效彰邊服。方申爪牙，寄以禁旅，奄至殞喪，惻愴于懷。可贈散騎常侍、車騎將軍，并鼓吹一部。給東園祕器，朝服一具。賻錢二萬，布二百匹，蠟二百斤。謚曰烈。」

子寶業嗣，官至直閤將軍、譙州刺史。

陳吏部尙書姚察曰：張惠紹、馮道根、康絢、昌義之，初起從上，其功則輕。及羣盜焚門，而惠紹以力戰顯；合肥、邵陽之逼，而道根、義之功多；浮山之役起，而康絢典其事：互有厥勞，寵進宜矣。先是鎭星守天江而堰興，及退舍而堰決，非徒人事，有天道矣。

校勘記

〔一〕與湛僧智胡紹世魚弘並當時之驍將 「胡紹世」，夏侯亶傳作「明紹世」。「魚弘」各本作「魚弘文」。按：夏侯亶傳南史張紹惠傳及册府元龜三五二並作「魚弘」。「文」字衍，今據删。下同。

〔二〕鄉人蔡道斑爲湖陽戍主 「斑」南史及册府元龜八四七作「班」。

〔三〕師入泃口 「泃口」各本皆作「泃均口」。王鳴盛十七史商榷云：「泃當作泃。均字乃後人旁注，而傳寫者誤入正文。」按：王說是。泃口卽水經沔水注之均口，爲泃水入沔之口。下文「泃均水迅急」，「泃均口戍副」，皆當作「泃水迅急」，「泃口戍副」，今並改正。

〔四〕計馬足以賦功 「馬」，各本脫。據南史及册府元龜三五二補。

〔五〕領汝陰太守 「汝陰」當作「南汝陰」。錢大昕廿二史考異：「是時豫州治合肥，南汝陰郡亦僑置於合肥。馮道根傳領汝陰太守，亦當爲南汝陰，史缺南字耳。」

〔六〕封南安縣男 「南安」南史及册府元龜七六五作「南陽」。

中華書局

〔七〕明年青州刺史張稷爲土人徐道角所殺　張森楷梁書校勘記：「案武帝紀及張稷傳，稷以十二年見殺，非十年也。此於九年下接之，明年則似十年矣，非也。」

〔八〕十二月魏遣其尚書僕射李曇定督衆軍來戰　通鑑天監十五年：「康絢已擊魏兵，却之。」考異：「按魏帝紀，此年正月乃遣李平節度諸軍，絢傳誤也。曇定卽平字也。」

〔九〕太僕卿魚弘文　「魚弘文」亦疑爲「魚弘」之譌。然魚弘傳不載其爲太僕卿。

〔一〇〕號爲嚴政　「政」南史作「整」。

〔一一〕乃遣土匠脩營鍾離城　「土匠」疑「工匠」之譌。

〔一二〕所值城土輒頹落　「土」各本作「上」。按下文有「義之乃以泥補缺」，則「上」字顯係「土」字之譌，今改正。

梁書卷十九

列傳第十三

宗夬　劉坦　樂藹

宗夬字明敭，南陽涅陽人也，世居江陵。祖炳，〔一〕宋時徵太子庶子不就，有高名。父繁，西中郎諮議參軍。

夬少勤學，有局幹。弱冠，舉郢州秀才，歷臨川王常侍、驃騎行參軍。齊司徒竟陵王集學士於西邸，並見圖畫，夬亦預焉。永明中，與魏和親，敕夬與尚書殿中郎任昉同接魏使，皆時選也。

武帝嫡孫南郡王居西州，以夬管書記，夬既以筆札被知，亦以貞正見許，故任焉。俄而文惠太子薨，王爲皇太孫，夬仍管書記。及太孫卽位，多失德，夬頗自疏，得爲秣陵令，遷尚書都官郎。隆昌末，少帝見誅，寵舊多罹其禍，惟夬及傅昭以清正免。

明帝卽位，以夬爲郢州治中，有名稱職，以父老去官還鄉里。南康王爲荆州刺史，引爲別駕。義師起，遷西中郎諮議參軍，別駕如故。時西土位望，惟夬與同郡樂藹、劉坦爲州人所推信，故領軍將軍蕭穎胄深相委仗，每事諮焉。高祖師發雍州，穎胄遣夬出自楊口，面禀經略，並護送軍資，高祖甚禮之。中興初，遷御史中丞，〔二〕以父憂去職。起爲冠軍將軍、衞軍長史。天監元年，遷征虜長史、東海太守，將軍如故。二年，徵爲太子右衞率。是冬，遷五兵尚書，參掌大選。三年，卒，時年四十九。子曜卿嗣。〔三〕

夬從弟岳，有名行，州里稱之，出於夬右。仕歷尚書庫部郎，郢州治中，北中郎錄事參軍事。

劉坦字德度，南陽安衆人也，〔四〕晉鎮東將軍喬之七世孫。坦少爲從兄虯所知。齊建元初，爲南郡王國常侍，尋補孱陵令，遷南中郎錄事參軍，所居以幹濟稱。

南康王爲荆州刺史，坦爲西中郎中兵參軍，領長流。義師起，遷諮議參軍。時輔國將軍楊公則爲湘州刺史，帥師赴夏口，西朝議行州事者，坦謂衆曰：「湘境人情，易擾難信。若專用武士，則百姓畏侵漁；若遣文人，則威略不振。必欲鎮靜一州城，軍民足食，則無踰老臣。先零之役，竊以自許。」遂從之。乃除輔國長史、長沙太守，行湘州事。坦嘗在湘州，多舊恩，道迎者甚衆。下車簡選堪事吏，分詣十郡，悉發人丁，運租米三十餘萬斛，致之義師，資糧用給。

時東昏遣安成太守劉希祖破西臺所選太守范僧簡於平都，希祖移檄湘部，於是始興內史王僧粲應之。[五]邵陵人逐其內史褚溶，永陽人周暉起兵攻始安郡，並應僧粲。桂陽人邵曇弄、鄧道介報復私讎，因合黨亦同焉。僧粲自號平西將軍、湘州刺史，以永陽人周舒爲謀主，師于建寧。自是湘部諸郡，悉皆蜂起；惟臨湘、湘陰、瀏陽、羅四縣猶全。州人咸欲汎舟逃走，坦悉聚船焚之，遣將尹法略距僧粲，相持未決。前湘州鎮軍鍾玄紹潛謀應僧粲，[六]要結士庶數百人，皆連名定計，刻日反州城。坦聞其謀，僞爲不知，因理訟至夜，而城門遂不閉，以疑之。玄紹未及發，明旦詣坦問其故。坦久留與語，密遣親兵收其家書，玄紹在坐未起，而收兵已報具得其文書本末，玄紹卽首伏，於坐斬之。焚其文書，其餘黨悉無所問，衆愧且服，州部遂安。法略與僧粲相持累月，建康城平，公則還州，羣賊始散。

天監初，論功封荔浦縣子，邑三百戶。遷平西司馬、新興太守。天監三年，遷西中郎長史，[七]卒，時年六十二。子泉嗣。

樂藹字蔚遠，南陽淯陽人，晉尚書令廣之六世孫，世居江陵。其舅雍州刺史宗慤，嘗陳器物，試諸甥姪。藹時尚幼，而所取惟書，慤由此奇之。又取史傳各一卷授藹等，使讀畢，言所記。藹略讀具舉，慤益善之。

宋建平王景素爲荆州刺史，辟爲主簿。景素爲南徐州，復爲征北刑獄參軍，遷龍陽相。以父憂去職，吏民詣州請之，葬訖起焉。時齊豫章王嶷爲武陵太守，雅善藹爲政，及嶷爲荆州刺史，以藹爲驃騎行參軍、領州主簿，參知州事。嶷嘗問藹風土舊俗，城隍基跱，山川險易，藹隨問立對，若按圖牒，嶷益重焉。州人嫉之，或譖藹廨門如市，嶷遣覘之，方見藹閉閤讀書。嶷還都，以藹爲太尉刑獄參軍，典書記，遷枝江令。還爲大司馬中兵參軍，轉署記室。

永明八年，荆州刺史巴東王子響稱兵反，旣敗，焚燒府舍，官曹文書，一時蕩盡。武帝引見藹，問以西事，藹上對詳敏，帝悅焉。用爲荆州治中，敕付以脩復府州事。藹還州，繕脩廨署數百區，頃之咸畢，而役不及民。荆部以爲自晉王忱移鎮以來府舍，[八]未之有也。

九年，豫章王嶷薨，藹解官赴喪，率荆、湘二州故吏，[九]建碑墓所。累遷車騎平西錄事參軍、步兵校尉，求助戍西歸。

南康王爲西中郎，以藹爲諮議參軍。義師起，蕭穎胄引藹及宗夬、劉坦，任以經略。梁臺建，遷鎮軍司馬、中書侍郎，尚書左丞。時營造器甲，舟艦軍糧，及朝廷儀憲，悉資藹焉。尋遷給事黃門侍郎，左丞如故。和帝東下，道兼衞尉卿。

天監初，遷驍騎將軍，領少府卿；俄遷御史中丞，領本州大中正。初，藹發江陵，無故於船得八車輻，如中丞健步避道者，至是果遷焉。藹性公强，居憲臺甚稱職。時長沙宣武王將葬，而車府忽於庫失油絡，欲推主者。藹曰：「昔晉武庫火，張華以爲積油萬石必然。今庫若有灰，非吏罪也。」旣而檢之，果有積灰，時稱其博物弘恕焉。

二年，出爲持節、督廣交越三州諸軍、冠軍將軍、平越中郎將、廣州刺史。前刺史徐元瑜罷歸，道遇始興人士反，逐內史崔睦舒，因掠元瑜財產。元瑜走歸廣州，借兵於藹，託欲討賊，而實謀襲藹。藹覺之，誅元瑜。尋進號征虜將軍，卒官。

藹姊適徵士同郡劉虯，亦明識有禮訓。藹爲州，迎姊居官舍，參分祿秩，西土稱之。

子法才，字元備，幼與弟法藏俱有美名。[一〇]少遊京師，造沈約，約見而稱之。齊和帝爲相國，召爲府參軍，鎮軍蕭穎胄辟主簿。梁臺建，除起部郎。天監二年，藹出鎮嶺表，法才留任京邑，遷金部郎，父憂去官。服闋，除中書通事舍人，出爲本州別駕。入爲通直散騎侍郎，復掌通事，遷尚書右丞。晉安王爲荆州，重除別駕從事史。復徵爲尚書右丞，出爲招遠

將軍、建康令。不受俸秩，比去任，將至百金，縣曹啓輸臺庫。高祖嘉其清節，曰：「居職若斯，可以爲百城表矣。」卽日遷太舟卿。[一一]尋除南康內史，恥以讓俸受名，辭不拜。俄轉雲騎將軍、少府卿。出爲信武長史、江夏太守。因被代，表便道還鄉。至家，割宅爲寺，棲心物表。皇太子以法才舊臣，累有優令，召使東下，未及發而卒，時年六十三。

陳吏部尚書姚察曰：蕭穎胄起大州之衆以會義，當其時，人心未之能悟。此三人者，楚之鎭也。經營締構，蓋有力焉。方面之功，坦爲多矣；當官任事，藹則兼之。咸登寵秩，宜乎！

校勘記

〔一〕祖炳 「炳」字，各本作「景」，姚思廉避唐諱所改。宗炳，字少文，見宋書隱逸傳。南史避唐諱，稱少文而不名。今改回。

〔二〕中興初遷御史中丞 「中興」各本作「天興」。按：齊無天興年號。齊和帝中興元年三月，蕭衍師次楊口，和帝遣御史中丞宗夬銜命勞軍，見本書庾域傳及通鑑。今據改。

〔三〕子曜卿嗣　上文不言宗夬封爵，此言「嗣」，如「嗣」字不是衍文，卽上有脫文。

〔四〕南陽安衆人也　按：晉書劉喬傳：「喬，南陽人。」南齊書、南史劉虯傳並云：「南陽涅陽人，晉豫州刺史喬七世孫。」南齊書州郡志，南陽郡領縣七，有涅陽，無安衆。此南陽安衆當就其漢世郡望而言。

〔五〕時東昏遣安成太守劉希祖破西臺所選太守范僧簡於平都至於是始興內史王僧粲應之　「安成太守」，通鑑和帝中興元年紀作「安成內史」。「始興內史」，南齊書蕭穎胄傳作「湘東內史」。

〔六〕前湘州鎭軍鍾玄紹潛謀應僧粲　通鑑和帝中興元年紀同。胡注：「按當時州府官屬無鎭軍之稱，此必梁書之誤。」

〔七〕遷西中郎長史　「長史」二字，各本皆脫，據南史補。

〔八〕荆部以爲自晉王忱移鎭以來府舍　「忱」各本作「悅」。按：晉荆州刺史有王忱，無王悅，今改正。

〔九〕率荆湘二州故吏　「二州」各本作「二牧」，據南史改。

〔一〇〕幼與弟法藏俱有美名　「法」字各本脫，據南史補。

〔一一〕卽日還太舟卿　「太舟卿」各本作「太府卿」，據南史改。按：梁天監七年官制，太府卿十三班，少府卿十一班，太舟卿九班，以班多者爲貴。下文「俄轉少府卿」，明應由太舟卿轉，不應由太府卿降。

梁書卷二十

列傳第十四

劉季連　陳伯之

劉季連字惠續，彭城人也。父思考，以宋高祖族弟顯於宋世，位至金紫光祿大夫。季連有名譽，早歷清官。齊高帝受禪，悉誅宋室近屬，將及季連等，太宰褚淵素善之，固請乃免。

建元中，季連爲尙書左丞。永明初，出爲江夏內史，累遷平南長沙內史，〔一〕冠軍長史、廣陵太守，並行府州事。入爲給事黃門侍郎，轉太子中庶子。建武中，又出爲平西蕭遙欣長史、南郡太守。時明帝諸子幼弱，內親則仗遙欣兄弟，外親則倚后弟劉暄、內弟江祏。遙欣之鎭江陵也，意寄甚隆；而遙欣至州，多招賓客，厚自封殖，明帝甚惡之。季連族甥琅邪王會爲遙欣諮議參軍，美容貌，頗才辯，遙欣遇之甚厚。會多所慠忽，於公座與遙欣競侮季

連，季連憾之，乃密表明帝，稱遙欣有異迹，明帝納焉，乃以遙欣爲雍州刺史。明帝心德季連，四年，以爲輔國將軍、益州刺史，令據遙欣上流。季連父，宋世爲益州，貪鄙無政績，州人猶以義故，善待季連。季連下車，存問故老，撫納新舊，見父時故吏，皆對之流涕。辟遂寧人龔愜爲府主簿。愜，龔穎之孫，累世有學行，故引焉。

東昏卽位，永元元年，徵季連爲右衞將軍，道斷不至。季連聞東昏失德，京師多故，稍自驕矜。本以文吏知名，性忌而褊狹，至是遂嚴愎酷狠，士人始懷怨望。其年九月，季連因聚會，發人丁五千人，聲以講武，遂遣中兵參軍宋買率之以襲中水。穰人李託豫知之，設備守險，買與戰不利，還州，郡縣多叛亂矣。是月，新城人趙續伯殺五城令，〔二〕逐始平太守。十月，晉原人樂寶稱、李難當殺其太守，寶稱自號南秦州刺史，難當益州刺史。十二月，季連遣參軍崔茂祖率衆二千討之，齎三日糧。値歲大寒，羣賊相聚，伐樹塞路，軍人水火無所得，大敗而還，死者十七八。明年正月，新城人帛養逐遂寧太守譙希淵。三月，巴西人雍道晞率羣賊萬餘逼巴西，去郡數里，道晞稱鎭西將軍，號建義。巴西太守魯休烈與涪令李膺嬰城自守，季連遣中兵參軍李奉伯率衆五千救之。奉伯至，與郡兵破擒道晞，斬之涪市。奉伯因獨進巴西之東鄉討餘賊。李膺止之曰：「卒惰將驕，乘勝履險，非良策也。不如小緩，更思後計。」奉伯不納，悉衆入山，大敗而出，遂奔還州。六月，江陽人程延期反，殺

太守何法藏。魯休烈懼不自保，奔投巴東相蕭慧訓。十月，巴西人趙續伯又反，有衆二萬，出廣漢，乘佛輿，以五綵裹青石，誑百姓云：「天與我玉印，當王蜀。」愚人從之者甚衆。季連進討之，遣長史趙越常前驅。兵敗，季連復遣李奉伯由涪路討之。奉伯別軍自潺亭與大軍會於城，進攻其柵，大破之。

時會稽人石文安字守休，〔三〕隱居鄉里，專行禮讓，代季連爲尙書左丞，出爲江夏內史，又代季連入爲御史中丞，與季連相善。子仲淵字欽回，聞義師起，率鄉人以應高祖。天監初，拜郢州別駕，從高祖平京邑。

明年春，遣左右陳建孫送季連弟通直郎子淵及季連二子使蜀，喻旨慰勞。季連受命，飭還裝。高祖以西臺將鄧元起爲益州刺史。元起，南郡人。季連爲南郡之時，素薄元起。典籤朱道琛者，嘗爲季連府都錄，無賴小人，有罪，季連欲殺之，逃叛以免。至是說元起曰：「益州亂離已久，公私府庫必多秏失，劉益州臨歸空竭，豈辦復能遠遣候遞。道琛請先使檢校，緣路奉迎；不然，萬里資糧，未易可得。」元起許之。道琛旣至，言語不恭，又歷造府州人士，見器物輒奪之，有不獲者，語曰：「會當屬人，何須苦惜。」於是軍府大懼，謂元起至必誅季連，禍及黨與，競言之於季連。季連亦以爲然；又惡昔之不禮元起也，益憤懣。司馬朱士略說季連，求爲巴西郡，留三子爲質，季連許之。頃之，季連遂召佐史，矯稱齊宣德皇后令，

聚兵復反，收朱道琛殺之。書報朱士略，兼召李膺。膺、士略並不受使。使歸，元起收兵於巴西以待之，季連誅士略三子。

天監元年六月，元起至巴西，季連遣其將李奉伯等拒戰。兵交，互有得失，久之，奉伯乃敗退還成都。季連驅略居人，閉城固守。元起稍進圍之。是冬，季連城局參軍江希之等謀以城降，不果，季連誅之。蜀中喪亂已二年矣，城中食盡，升米三千，亦無所糴，餓死者相枕。其無親黨者，又殺而食之。季連食粥累月，飢窘無計。二年正月，高祖遣主書趙景悅宣詔降季連，季連肉袒請罪。元起遷季連於城外，俄而造焉，待之以禮。季連謝曰：「早知如此，豈有前日之事。」元起誅李奉伯并諸渠帥，送季連還京師。季連將發，人莫之視，惟襲愜送焉。

初，元起在道，懼事不集，無以爲賞，士之至者，皆許以辟命，於是受別駕、治中檄者，將二千人。

季連既至，詣闕謝，高祖引見之。季連自東掖門入，數步一稽顙，以至高祖前。高祖笑謂曰：「卿欲慕劉備而曾不及公孫述，豈無臥龍之臣乎。」季連復稽顙謝。赦爲庶人。四年正月，因出建陽門，爲蜀人藺道恭所殺。季連在蜀，殺道恭父，道恭出亡，至是而報復焉。

陳伯之，濟陰睢陵人也。幼有膂力。年十三四，好著獺皮冠，帶刺刀，候伺鄰里稻熟，輒偷刈之。嘗爲田主所見，呵之云：「楚子莫動！」伯之謂田主曰：「君稻幸多，一擔何苦？」田主將執之，伯之因杖刀而進，將刺之，曰：「楚子定何如！」田主皆反走，伯之徐擔稻而歸。及年長，在鍾離數爲劫盜，嘗授面覘人船，船人斫之，獲其左耳。後隨鄉人車騎將軍王廣之，廣之愛其勇，每夜臥下榻，征伐嘗自隨。

齊安陸王子敬爲南兗州，頗持兵自衞。明帝遣廣之討子敬，廣之至歐陽，遣伯之先驅，因城開，獨入斬子敬。又頻有戰功，以勳累遷爲冠軍將軍、驃騎司馬，封魚復縣伯，邑五百戶。

義師起，東昏假伯之節、督前驅諸軍事、豫州刺史，將軍如故。尋轉江州，據尋陽以拒義軍。郢城平，高祖得伯之幢主蘇隆之，使說伯之，即以爲安東將軍、江州刺史。伯之雖受命，猶懷兩端，僞云「大軍未須便下」。高祖謂諸將曰：「伯之此答，其心未定，及其猶豫，宜逼之。」衆軍遂次尋陽，伯之退保南湖，然後歸附。進號鎭南將軍，與衆俱下。伯之頓籬門，尋進西明門。建康城未平，每降人出，伯之輒喚與耳語。高祖恐其復懷翻覆，密語伯之曰：「聞城中甚忿卿舉江州降，欲遣刺客中卿，宜以爲慮。」伯之未之信。會東昏將鄭伯倫降，高

祖使過伯之，謂曰：「城中甚忿卿，欲遣信誘卿以封賞。須卿復降，當生割卿手脚；卿若不降，復欲遣刺客殺卿。宜深爲備。」伯之懼，自是無異志矣。力戰有功。城平，進號征南將軍，封豐城縣公，邑二千戶，遣還之鎭。

伯之不識書，及還江州，得文牒辭訟，惟作大諾而已。有事，典籤傳口語，與奪決於主者。

伯之與豫章人鄧繕、永興人戴永忠並有舊，繕經藏伯之息英免禍，伯之尤德之。及在州，用繕爲別駕，永忠記室參軍。河南褚緭，京師之薄行者，齊末爲揚州西曹，遇亂居閭里，而輕薄互能自致，惟緭獨不達。高祖即位，緭頻造尙書范雲，雲不好緭，堅距之。緭益怒，私語所知曰：「建武以後，草澤底下，悉化成貴人，吾何罪而見棄。今天下草創，饑饉不已，喪亂未可知。陳伯之擁强兵在江州，非代來臣，有自疑意；且熒惑守南斗，詎非爲我出。今者一行，事若無成，入魏，何遽減作河南郡。」於是遂投伯之書佐王思穆事之，大見親狎。及伯之鄉人朱龍符爲長流參軍，並乘伯之愚闇，恣行姦險，刑政通塞，悉共專之。

伯之子虎牙，時爲直閤將軍，高祖手疏龍符罪，親付虎牙，虎牙封示伯之；高祖又遣代江州別駕鄧繕，伯之並不受命。答高祖曰：「龍符驍勇健兒，鄧繕事有績効，臺所遣別駕，請以爲治中。」繕於是日夜說伯之云：「臺家府庫空竭，復無器仗，三倉無米，東境饑流，此萬代

一時也，機不可失。」縉、永忠等每贊成之。伯之謂縉：「今段啓卿，若復不得，便與卿共下使反。」高祖敕部內一郡處縉，伯之於是集府州佐史謂曰：「奉齊建安王教，率江北義勇十萬，已次六合，見使以江州見力運糧速下。我荷明帝厚恩，誓死以報，今便纂嚴備辦。」使縉詐爲蕭寶夤書，以示僚佐。於廳事前爲壇，殺牲以盟，伯之先歃，長史已下次第歃血。縉說伯之曰：「今舉大事，宜引衆望。程元沖不與人同心；臨川內史王觀，僧虔之孫，人身不惡，便可召爲長史，以代元沖。」伯之從之，仍以縉爲尋陽太守，加討逆將軍；永忠輔義將軍；龍符爲豫州刺史，率五百人守大雷。大雷戍主沈慧休、鎭南參軍李延伯。又遣鄉人孫隣、李景受龍符節度，隣爲徐州，景爲郢州。豫章太守鄭伯倫起郡兵距守。程元沖既失職，於家合率數百人，使伯之典籤呂孝通、戴元則爲內應。伯之每旦常作伎，日晡輒臥，左右仗身皆休息。元沖因其解弛，從北門入，徑至廳事前。伯之聞叫聲，自率出盪，元沖力不能敵，走逃廬山。

初，元沖起兵，要尋陽張孝季，孝季從之。旣敗，伯之追孝季不得，得其母郎氏，蠟灌殺之。遣信還都報虎牙兄弟，虎牙等走盱眙，盱眙人徐安、莊興紹、張顯明邀擊之，不能禁，反見殺。高祖遣王茂討伯之。伯之聞茂來，謂縉等曰：「王觀旣不就命，鄭伯倫又不肯從，便應空手受困。今先平豫章，開通南路，多發丁力，益運資糧，然後席卷北向，以撲飢疲之衆，

不憂不濟也。」乃留鄉人唐蓋人守城，遂相率趣豫章。太守鄭伯倫堅守，伯之攻之不能下。王茂前軍旣至，伯之表裏受敵，乃敗走，間道亡命出江北，與子虎牙及褚縉俱入魏。魏以伯之爲使持節、散騎常侍、都督淮南諸軍事、平南將軍、光祿大夫、曲江縣侯。

天監四年，詔太尉、臨川王宏率衆軍北討，宏命記室丘遲私與伯之書曰：

陳將軍足下無恙，幸甚。將軍勇冠三軍，才爲世出。棄鷰雀之小志，慕鴻鵠以高翔。昔因機變化，遭逢明主，立功立事，開國承家，朱輪華轂，擁旄萬里，何其壯也！如何一旦爲奔亡之虜，聞鳴鏑而股戰，對穹廬以屈膝，又何劣耶？尋君去就之際，非有他故，直以不能內審諸己，外受流言，沉迷猖蹷，以至於此。聖朝赦罪論功，棄瑕錄用，收赤心於天下，安反側於萬物，將軍之所知，非假僕一二談也。朱鮪涉血於友于，張繡傳刃於愛子，漢主不以爲疑，魏君待之若舊。況將軍無昔人之罪，而勳重於當世。夫迷塗知反，往哲是與；不遠而復，先典攸高。主上屈法申恩，吞舟是漏。將軍松柏不翦，親戚安居；高臺未傾，愛妾尙在。悠悠爾心，亦何可述。今功臣名將，雁行有序。懷黃佩紫，贊帷幄之謀；乘軺建節，奉疆埸之任。並刑馬作誓，傳之子孫。將軍獨靦顏借命，驅馳異域，寧不哀哉！

夫以慕容超之强，身送東市；姚泓之盛，面縛西都。故知霜露所均，不育異類；姬漢舊邦，無取雜種。北虜僭盜中原，多歷年所，惡積禍盈，理至燋爛。況僞孽昏狡，自相夷戮，部落攜離，酋豪猜貳，方當繫頸蠻邸，懸首藁街。而將軍魚游於沸鼎之中，鷰巢於飛幕之上，不亦惑乎！

暮春三月，江南草長，雜花生樹，羣鶯亂飛。見故國之旗鼓，感平生於疇日，撫弦登陴，豈不愴悢。所以廉公之思趙將，吳子之泣西河，人之情也。將軍獨無情哉！想早勵良圖，自求多福。

伯之乃於壽陽擁衆八千歸。虎牙爲魏人所殺。

伯之旣至，以爲使持節、都督西豫州諸軍事、平北將軍、西豫州刺史、永新縣侯，邑千戶。未之任，復以爲通直散騎常侍、驍騎將軍，又爲太中大夫。久之，卒於家。其子猶有在魏者。

褚縉在魏，魏人欲擢用之。魏元會，縉戲爲詩曰：「帽上著籠冠，袴上著朱衣，不知是今是，不知非昔非。」魏人怒，出爲始平太守。日日行獵，墮馬死。

史臣曰：劉季連之文吏小節，而不能以自保全，習亂然也。陳伯之小人而乘君子之器，

羣盜又誣而奪之，安能長久矣。

校勘記

〔一〕累遷平南長沙內史　張森楷校勘記：「『平南』下疑脫『長史』二字。平南乃將軍號，非郡，不當有內史。」

〔二〕新城人趙續伯殺五城令　按下文「巴西人趙續伯又反」，前後互異。又南史及太平御覽八二一皆謂趙續伯是巴西人。

〔三〕時會稽人石文安字守休　「字」字各本脫，據册府元龜八八二補。

梁書卷二十一

列傳第十五

王瞻　王志　王峻　王暕 子訓　王泰　王份 孫錫　僉

張充　柳惲　蔡撙　江蒨

王瞻字思範，琅邪臨沂人，宋太保弘從孫也。祖柳，光祿大夫、東亭侯。父猷，廷尉卿。瞻年數歲，嘗從師受業，時有伎經其門，同學皆出觀，瞻獨不視，習誦如初。從父尚書僕射僧達聞而異之，謂瞻父曰：「吾宗不衰，寄之此子。」年十二，居父憂，以孝聞。服闋，襲封東亭侯。

瞻幼時輕薄，好逸遊，爲閭里所患。及長，頗折節有士操，涉獵書記，於棊射尤善。起家著作佐郎，累遷太子舍人、太尉主簿、太子洗馬。頃之，出爲鄱陽內史，秩滿，授太子中舍人。又爲齊南海王友，尋轉司徒竟陵王從事中郎，王甚相賓禮。南海王爲護軍將

軍，瞻爲長史。又出補徐州別駕從事史，遷驃騎將軍王晏長史。晏誅，出爲晉陵太守。瞻潔己爲政，妻子不免飢寒。時大司馬王敬則舉兵作亂，路經晉陵，郡民多附敬則，軍敗，臺軍討賊黨，瞻言於朝曰：「愚人易動，不足窮法。」明帝許之，所全活者萬數。徵拜給事黃門侍郎，撫軍建安王長史，御史中丞。

高祖霸府開，以瞻爲大司馬相國諮議參軍，領錄事。梁臺建，爲侍中，遷左民尚書，俄轉吏部尚書。瞻性率亮，居選部，所舉多行其意。頗嗜酒，每飲或竟日，而精神益朗贍，不廢簿領。高祖每稱瞻有三術，射、棊、酒也。尋加左軍將軍，以疾不拜，仍爲侍中，領驍騎將軍，未拜，卒，時年四十九。謚康侯。子長玄，著作佐郎，早卒。

王志字次道，琅邪臨沂人。祖曇首，宋左光祿大夫、豫寧文侯；父僧虔，齊司空、簡穆公：並有重名。

志年九歲，居所生母憂，哀容毀瘠，爲中表所異。弱冠，選尚宋孝武女安固公主，[一]拜駙馬都尉、祕書郎。累遷太尉行參軍，太子舍人，武陵王文學。褚淵爲司徒，引志爲主簿。淵謂僧虔曰：「朝廷之恩，本爲殊特，所可光榮，在屈賢子。」累遷鎮北竟陵王功曹史、安陸南

郡二王友。入爲中書侍郎。尋除宣城內史，清謹有恩惠。郡民張倪、吳慶爭田，經年不決。志到官，父老乃相謂曰：「王府君有德政，吾曹鄉里乃有此爭。」倪、慶因相攜請罪，[二]所訟地遂爲閑田。徵拜黃門侍郎，尋遷吏部侍郎。出爲寧朔將軍、東陽太守。郡獄有重囚十餘人，冬至日悉遣還家，過節皆返，惟一人失期，獄司以爲言。志曰：「此自太守事，主者勿憂。」明旦，果自詣獄，辭以婦孕，吏民益歎服之。視事三年，齊永明二年，入爲侍中，未拜，轉吏部尚書，在選以和理稱。崔慧景平，以例加右軍將軍，封臨汝侯，固讓不受，改領右衞將軍。

義師至，城內害東昏，百僚署名送其首。志聞而歎曰：「冠雖弊，可加足乎？」因取庭中樹葉挼服之，僞悶，不署名。高祖覽牋無志署，心嘉之，弗以讓也。霸府開，以志爲右軍將軍、驃騎大將軍長史。梁臺建，遷散騎常侍、中書令。

天監元年，以本官領前軍將軍。其年，遷冠軍將軍、丹陽尹。爲政清靜，去煩苛。京師有寡婦無子，姑亡，舉債以斂葬，既葬而無以還之，志愍其義，以俸錢償焉。時年饑，每旦爲粥於郡門，以賦百姓，民稱之不容口。三年，爲散騎常侍、中書令，領游擊將軍。志爲中書令，及居京尹，便懷止足。常謂諸子姪曰：「謝莊在宋孝武世，位止中書令，吾自視豈可以過之。」因多謝病，簡通賓客。遷前將軍、太常卿。六年，出爲雲麾將軍、安西始興王長史、南

郡太守。明年，遷軍師將軍、平西鄱陽郡王長史、江夏太守，並加秩中二千石。九年，遷爲散騎常侍、金紫光祿大夫。十二年，卒，時年五十四。

志善草隸，當時以爲楷法。齊游擊將軍徐希秀亦號能書，常謂志爲「書聖」。

志家世居建康禁中里馬蕃巷，[三]父僧虔以來，門風多寬恕，志尤惇厚。所歷職，不以罪咎劾人。門下客嘗盜脫志車幰賣之，志知而不問，待之如初。賓客游其門者，專覆其過而稱其善。兄弟子姪皆篤實謙和，時人號馬蕃諸王爲長者。普通四年，志改葬，高祖厚賻賜之，追謚曰安。有五子，緝、休、諲、操、素，並知名。

王峻字茂遠，琅邪臨沂人。曾祖敬弘，有重名於宋世，位至左光祿大夫、開府儀同三司。祖瓚之，金紫光祿大夫。父秀之，吳興太守。

峻少美風姿，善舉止。起家著作佐郎，不拜，累遷中軍廬陵王法曹行參軍，太子舍人，邵陵王文學，太傅主簿。府主齊竟陵王子良甚相賞遇。遷司徒主簿，以父憂去職。服闋，除太子洗馬，建安王友。出爲寧遠將軍、桂陽內史。會義師起，上流諸郡多相驚擾，峻閉門靜坐，一郡帖然，百姓賴之。

天監初，還除中書侍郎。高祖甚悅其風采，與陳郡謝覽同見賞擢。俄還吏部，當官不稱職，轉征虜安成王長史，又爲太子中庶子、游擊將軍。出爲宣城太守，爲政清和，吏民安之。視事三年，徵拜侍中，遷度支尚書。又以本官兼起部尚書，監起太極殿。事畢，出爲征遠將軍、平西長史、南郡太守。尋爲智武將軍、鎭西長史、蜀郡太守。還爲左民尚書，領步兵校尉。遷吏部尚書，處選甚得名譽。

峻性詳雅，無趨競心。嘗與謝覽約，官至侍中，不復謀進仕。覽自吏部尚書出爲吳興郡，平心不畏強禦，亦由處世之情既薄故也。峻爲侍中以後，雖不退身，亦淡然自守，無所營務。久之，以疾表解職，遷金紫光祿大夫，未拜。普通二年，卒，時年五十六，謚惠子。

子琮，玩。〔四〕琮爲國子生，尙始興王女繁昌縣主，不慧，爲學生所嗤，遂離婚。峻謝王，王曰：「此自上意，僕極不願如此。」峻曰：「臣太祖是謝仁祖外孫，亦不藉殿下姻媾爲門戶。」

王暕字思晦，琅邪臨沂人。父儉，齊太尉、南昌文憲公。

暕年數歲，而風神警拔，有成人之度。時文憲作宰，賓客盈門，見暕相謂曰：「公才公望，復在此矣。」弱冠，選尙淮南長公主，拜駙馬都尉，除員外散騎侍郎，不拜，改授晉安王文

學，遷廬陵王友、祕書丞。明帝詔求異士，始安王遙光表薦暕及東海王僧孺曰：「臣聞求賢暂勞，垂拱永逸，方之疏壤，取類導川。伏惟陛下道隱旒纊，信充符璽，白駒空谷，振鷺在庭；猶懼隱鱗卜祝，藏器屠保，物色關下，委裘河上。非取製於一狐，諒求味於兼采。而五聲倦響，九工是詢；寢議廟堂，借聽輿阜。臣位任隆重，義兼邦家，實欲使名實不違，儌幸路絕。勢門上品，猶當格以清談；英俊下僚，不可限以位貌。竊見祕書丞琅邪王暕，年二十一，七葉重光，海內冠冕，神清氣茂，允迪中和。叔寶理遣之談，彥輔名教之樂，故以暉映先達，領袖後進。居無塵雜，家有賜書；辭賦清新，屬言玄遠；室邇人曠，物疏道親。養素丘園，台階虛位；庠序公朝，萬夫傾首。豈徒荀令可想，李公不亡而已哉！乃東序之祕寶，瑚璉之茂器。」除驃騎從事中郎。

高祖霸府開，引爲戶曹屬，遷司徒左長史。天監元年，除太子中庶子，領驍騎將軍，入爲侍中。出爲寧朔將軍、中軍長史。又爲侍中，領射聲校尉，遷五兵尙書，加給事中。出爲晉陵太守。徵爲吏部尙書，俄領國子祭酒。暕名公子，少致美稱，及居選曹，職事脩理；然世貴顯，與物多隔，不能留心寒素，衆頗謂爲刻薄。遷尙書右僕射，尋加侍中。復遷左僕射，以母憂去官。〔五〕起爲雲麾將軍、吳郡太守。還爲侍中、尙書左僕射，領國子祭酒。普通四年冬，暴疾卒，時年四十七。詔贈侍中、中書令、中軍將軍，給東園祕器，朝服一具，衣一襲，錢十萬，布百匹。謚曰靖。有四子，訓、承、穉、訏，並通顯。

訓字懷範，幼聰警有識量，徵士何胤見而奇之。年十三，暕亡憂毀，家人莫之識。十六，召見文德殿，應對爽徹。上目送久之，顧謂朱异曰：「可謂相門有相矣。」補國子生，射策高第，除祕書郎，遷太子舍人、祕書丞。轉宣城王文學、友、太子中庶子，掌管記。俄遷侍中，既拜入見，高祖從容問何敬容曰：「褚彥回年幾爲宰相？」敬容對曰：「少過三十。」上曰：「今之王訓，無謝彥回。」

訓美容儀，善進止，文章之美，爲後進領袖。在春宮特被恩禮。以疾終於位，時年二十六。贈本官。謚溫子。

王泰字仲通，志長兄慈之子也。慈，齊時歷侍中、吳郡，知名在志右。

泰幼敏悟，年數歲時，祖母集諸孫姪，散棗栗於牀上，羣兒皆競之，泰獨不取。問其故，對曰：「不取，自當得賜。」由是中表異之。既長，通和溫雅，人不見其喜慍之色。起家爲著作郎，不拜，改除祕書郎，遷前將軍法曹行參軍、司徒東閤祭酒、車騎主簿。

高祖霸府建，以泰爲驃騎功曹史。天監元年，遷祕書丞。齊永元末，後宮火，延燒祕書，圖書散亂殆盡。泰爲丞，表校定繕寫，高祖從之。頃之，遷中書侍郎。出爲南徐州別駕從事史，居職有能名。復徵中書侍郎，敕掌吏部郎事。累遷給事黃門侍郎，員外散騎常侍，並掌吏部如故，俄卽眞。自過江，吏部郎不復典大選，令史以下，小人求競者輻湊，前後少能稱職。泰爲之不通關求，吏先至者卽補，不爲貴賤請囑易意，天下稱平。累遷爲廷尉，司徒左長史。出爲明威將軍、新安太守，在郡和理得民心。徵爲寧遠將軍，安右長史，俄遷侍中。尋爲太子庶子、領步兵校尉，復爲侍中。仍遷仁威長史、南蘭陵太守，行南康王府、州、國事。王遷職，復爲北中郎長史、行豫章王府、州、國事，太守如故。入爲都官尚書。泰能接人士，士多懷泰，每願其居選官。頃之，爲吏部尙書，衣冠屬望，未及選舉，仍疾，改除散騎常侍、左驍騎將軍。未拜，卒，時年四十五。謚夷子。

初泰無子，養兄子祁，晚有子廓。

王份字季文，琅邪人也。祖僧朗，宋開府儀同三司、元公。〔六〕父粹，黃門侍郎。份十四而孤，解褐車騎主簿。出爲寧遠將軍、始安內史。袁粲之誅，親故無敢視者，份

獨往致慟，由是顯名。遷太子中舍人，太尉屬。出爲晉安內史。累遷中書侍郎，轉大司農。份兄奐於雍州被誅，奐子肅奔于魏，份自拘請罪，齊世祖知其誠款，喻而遣之。屬肅屢引魏人來侵疆埸，世祖嘗因侍坐，從容謂份曰：「比有北信不？」份斂容對曰：「肅既近忘墳柏，寧遠憶有臣。」帝亦以此亮焉。尋除寧朔將軍、零陵內史。徵爲黃門侍郎，以父終於此職，固辭不拜，遷祕書監。

天監初，除散騎常侍、領步兵校尉，兼起部尚書。高祖嘗於宴席問羣臣曰：「朕爲有爲無？」份對曰：「陛下應萬物爲有，體至理爲無。」高祖稱善。出爲宣城太守，轉吳郡太守，遷寧朔將軍、北中郎豫章王長史、蘭陵太守，行南徐府州事。遷太常卿、太子右率、散騎常侍，侍東宮，除金紫光祿大夫。復爲智武將軍、南康王長史，秩中二千石。復入爲散騎常侍、金紫光祿、南徐州大中正，給親信二十人。遷尚書左僕射，尋加侍中。

時脩建二郊，份以本官領大匠卿，遷散騎常侍、右光祿大夫，加親信爲四十人。遷侍中、特進、左光祿，復以本官監丹陽尹。普通五年三月，卒，時年七十九。詔贈本官，賻錢四十萬，布四百匹，蠟四百斤，給東園祕器，朝服一具，衣一襲。謚胡子。

長子琳，字孝璋，舉南徐州秀才，釋褐征虜建安王法曹，司徒東閤祭酒，南平王文學。尚義興公主，拜駙馬都尉。累遷中書侍郎，衞軍謝朏長史，員外散騎常侍。出爲明威將軍、

東陽太守，徵司徒左長史。

錫字公嘏，琳之第二子也。幼而警悟，與兄弟受業，至應休散，常獨留不起。年七八歲，猶隨公主入宮，高祖嘉其聰敏，常爲朝士說之。精力不倦，致損右目。公主每節其業，爲飾居宇。雖童稚之中，一無所好。十二，爲國子生。十四，舉清茂，除祕書郎，與范陽張伯緒齊名，俱爲太子舍人。丁父憂，居喪盡禮。服闋，除太子洗馬。時昭明尚幼，未與臣僚相接。高祖敕：「太子洗馬王錫、祕書郎張纘，親表英華，朝中髦俊，可以師友事之。」以戚屬封永安侯，除晉安王友，稱疾不行，敕許受詔停都。王冠日，以府僚攝事。

普通初，魏始連和，使劉善明來聘，敕使中書舍人朱异接之，預讌者皆歸化北人。善明負其才氣，酒酣謂异曰：「南國辯學如中書者幾人？」异對曰：「异所以得接賓宴者，乃分職是司。二國通和，所敦親好；若以才辯相尚，則不容見使。」善明乃曰：「王錫、張纘，北間所聞，云何可見？」异具啓，敕卽使於南苑設宴，錫與張纘朱异四人而已。善明造席，遍論經史，兼以嘲謔，錫、纘隨方酬對，無所稽疑，未嘗訪彼一事，善明甚相歎挹。佗日謂异曰：「一日見二賢，實副所期，不有君子，安能爲國！」

轉中書郎，遷給事黃門侍郎、尚書吏部郎中，時年二十四。謂親友曰：「吾以外戚，謬被

時知，多叨人爵，本非其志；兼比羸病，庶務難擁，安能捨其所好而徇所不能。」乃稱疾不拜。便謝遣胥徒，拒絕賓客，掩扉覃思，室宇蕭然。中大通六年正月，卒，時年三十六。贈侍中，給東園秘器，朝服一具，衣一襲。謚貞子。子泛、混。

僉字公會，錫第五弟也。八歲丁父憂，哀毀過禮。服闋，召補國子生，祭酒袁昂稱爲通理。策高第，除長兼秘書郎中，〔七〕歷尚書殿中郎，太子中舍人，與吳郡陸襄對掌東宮管記。出爲建安太守。山酋方善、謝稀聚徒依險，屢爲民患，僉潛設方略，率衆平之，有詔褒美，頒示州郡。除武威將軍、〔八〕始興內史，丁所生母憂，固辭不拜。又除寧遠將軍、南康內史，屬循墟作亂，〔九〕復轉僉爲安成內史，以鎮撫之。還除黃門侍郎，尋爲安西武陵王長史、蜀郡太守。僉憚岨嶮，固以疾辭，因以黜免。久之，除戎昭將軍、尚書左丞，復補黃門侍郎，遷太子中庶子，掌東宮管記。太清二年十二月，卒，時年四十五。贈侍中，給東園秘器，朝服一具，衣一襲。承聖三年，世祖追詔曰：「賢而不伐曰恭，謚恭子。」

張充字延符，吳郡人。父緒，齊特進、金紫光祿大夫，有名前代。充少時，不持操行，好

逸游。緒嘗請假還吳，始入西郭，值充出獵，左手臂鷹，右手牽狗，遇緒船至，便放紲脫韝，拜於水次。緒曰：「一身兩役，無乃勞乎？」充跪對曰：「充聞三十而立，今二十九矣，請至來歲而敬易之。」緒曰：「過而能改，顏氏子有焉。」及明年，便脩身改節。學不盈載，多所該覽，尤明老、易，能清言，與從叔稷俱有令譽。

起家撫軍行參軍，遷太子舍人、尚書殿中郎、武陵王友。時尚書令王儉當朝用事，武帝皆取決焉。武帝嘗欲以充父緒爲尚書僕射，訪於儉，儉對曰：「張緒少有清望，誠美選也；然東士比無所執，緒諸子又多薄行，臣謂此宜詳擇。」帝遂止。先是充兄弟皆輕俠，充少時又不護細行，故儉言之。充聞而慍，因與儉書曰：

吳國男子張充致書於琅邪王君侯侍者：頃日路長，愁霖韜晦，涼暑未平，想無虧攝。充幸以魚釣之閑，鎌採之暇，時復以卷軸自娛，逍遙前史。從橫萬古，動默之路多端；紛綸百年，昇降之途不一。〔一〇〕故以圓行方止，器之異也；金剛水柔，性之別也。善御性者，不違金水之質，善爲器者，不易方圓之用。所以北海掛簪帶之高，河南降璽書之貴。〔一一〕充生平少偶，不以利欲干懷，三十六年，差得以棲貧自澹。介然之志，峭聳霜崖；確乎之情，峯橫海岸。彯纓天閣，既謝廊廟之華；綴組雲臺，終慚衣冠之秀。所以擯跡江皋，陽狂隴畔者，實由氣岸疏凝，情塗狷隔。獨師懷抱，不見許於俗人；孤秀神

崖，每邅回於在世。故君山直上，蹙壓於當年；叔陽夐舉，軒轅乎千載。充所以長羣魚鳥，畢影松阿。半頃之田，足以輪稅；五畝之宅，樹以桑麻。嘯歌於川澤之間，諷味於湎池之上，泛濫於漁父之遊，偃息於卜居之下。如此而已，充何謝焉。

若夫驚巖罩日，壯海逢天；竦石崩尋，分危落仞。桂蘭綺靡，叢雜於山幽；松柏森陰，相繚於澗曲。元卿於是乎不歸，伯休亦以茲長往。若迺飛竿釣渚，濯足滄洲；獨浪煙霞，高臥風月。悠悠琴酒，岫遠誰來；灼灼文談，空罷方寸。不覺鬱然千里，路阻江川。每至西風，何嘗不眷？聊因疾隙，略舉諸襟；持此片言，輕枉高聽。

丈人歲路未强，學優而仕；道佐蒼生，功橫海望。入朝則協長倩之誠，出議則抗仲子之節。可謂盛德維時，孤松獨秀者也。素履未詳，斯旅尚眇。茂陵之彥，望冠蓋而長懷；霸山之氓，佇衣車而聳歎。得無惜乎？若鴻裝撰御，鶴駕軒空，則岸不辭枯，山被其潤。奇禽異羽，或巖際而逢迎；弱霧輕煙，乍林端而奄藹。東都不足奇，南山豈爲貴。

充昆西之百姓，岱表之一民。蠶而衣，耕且食，不能事王侯，覓知己，造時人，騁遊說，蓬轉於屠博之間，其歡甚矣。丈人早遇承華，中逢崇禮。肆上之眷，望溢於早辰；鄉下之言，謬延於造次。然舉世皆謂充爲狂，充亦何能與諸君道之哉？是以披聞見，

掃心胸，述平生，論語默，所以通夢交魂，推衿送抱者，其惟丈人而已。

關山夐阻，書罷莫因，儻遇樵者，妄塵執事。

儉言之武帝，免充官，廢處久之。後爲司徒諮議參軍，與琅邪王思遠、同郡陸慧曉等，並爲司徒竟陵王賓客。入爲中書侍郎，尋轉給事黃門侍郎。明帝作相，以充爲鎮軍長史。出爲義興太守，爲政清靜，民吏便之。尋以母憂去職，服闋，除太子中庶子，還侍中。

義師近次，東昏召百官入宮省，朝士慮禍，或往來酣宴，充獨居侍中省，不出閤。城內既害東昏，百官集西鍾下，召充不至。高祖霸府開，以充爲大司馬諮議參軍，遷梁王國郎中令、祠部尚書、領屯騎校尉，轉冠軍將軍、司徒左長史。天監初，除太常卿。尋遷吏部尚書，居選稱爲平允。俄爲散騎常侍、雲騎將軍。尋除晉陵太守，秩中二千石。徵拜散騎常侍、國子祭酒。充長於義理，登堂講說，皇太子以下皆至。時王侯多在學，執經以拜，充朝服而立，不敢當也。轉左衞將軍，祭酒如故。入爲尚書僕射，頃之，除雲麾將軍、吳郡太守。下車卹貧老，故舊莫不欣悅。以疾自陳，徵爲散騎常侍、金紫光祿大夫，未及還朝，十三年，卒于吳，時年六十六。詔贈侍中、護軍將軍。謚穆子。子最嗣。

柳惲字文暢，河東解人也。少有志行，好學，善尺牘。與陳郡謝瀹鄰居，瀹深所友愛。初，宋世有嵇元榮、羊蓋，並善彈琴，云傳戴安道之法，惲幼從之學，特窮其妙。齊竟陵王聞而引之，以爲法曹行參軍，雅被賞狎。王嘗置酒後園，有晉相謝安鳴琴在側，以授惲，惲彈爲雅弄。子良曰：「卿巧越嵇心，妙臻羊體，良質美手，信在今辰。豈止當世稱奇，足可追蹤古烈。」累遷太子洗馬，父憂去官。服闋，試守鄱陽相，聽吏屬得盡三年喪禮，署之文教，百姓稱焉。還除驃騎從事中郎。

高祖至京邑，惲候謁石頭，以爲冠軍將軍、征東府司馬。時東昏未平，士猶苦戰，惲上牋陳便宜，請城平之日，先收圖籍，及遵漢祖寬大愛民之義，高祖從之。會蕭穎胄薨于江陵，使惲西上迎和帝，仍除給事黃門侍郎，領步兵校尉，遷相國右司馬。天監元年，除長兼侍中，〔一二〕與僕射沈約等共定新律。

惲立行貞素，以貴公子早有令名，少工篇什。始爲詩曰：「亭皋木葉下，隴首秋雲飛。」琅邪王元長見而嗟賞，因書齋壁。至是預曲宴，必被詔賦詩。嘗奉和高祖登景陽樓中篇云：「太液滄波起，長楊高樹秋。翠華承漢遠，雕輦逐風遊。」深爲高祖所美。當時咸共

稱傳。

惲善奕棊，帝每敕侍坐，仍令定棊譜，第其優劣。二年，出爲吳興太守。六年。徵爲散騎常侍，遷左民尚書。八年，除持節、都督廣交桂越四州諸軍事、仁武將軍、平越中郎將、廣州刺史。徵爲祕書監，領左軍將軍。復爲吳興太守六年，爲政清靜，民吏懷之。於郡感疾，自陳解任，父老千餘人拜表陳請，事未施行。天監十六年，卒，時年五十三。贈侍中、中護軍。〔一三〕

惲既善琴，嘗以今聲轉棄古法，乃著清調論，具有條流。少子偃，字彥游。年十二引見。詔問讀何書，對曰尚書。又曰：「有何美句？」對曰：「德惟善政，政在養民。」衆咸異之。詔尚長城公主，拜駙馬都尉，都亭侯，太子舍人，洗馬，廬陵、鄱陽內史。大寶元年，卒。

蔡撙字景節，濟陽考城人。父興宗，宋左光祿大夫、開府儀同三司，有重名前代。撙少方雅退默，與兄寅俱知名。選補國子生，舉高第，爲司徒法曹行參軍。齊左衞將軍王儉高選府僚，以撙爲主簿。累遷建安王文學，司徒主簿、左西屬。明帝爲鎮軍將軍，引

爲從事中郎，遷中書侍郎，中軍長史，給事黃門侍郎。丁母憂，廬于墓側。齊末多難，服闋，因居墓所。除太子中庶子，太尉長史，並不就。梁臺建，爲侍中，遷臨海太守，坐公事左遷太子中庶子。復爲侍中，吳興太守。

天監九年，宣城郡吏吳承伯挾祅道聚衆攻宣城，〔一四〕殺太守朱僧勇，因轉屠旁縣，踰山寇吳興，所過皆殘破，衆有二萬，奄襲郡城。東道不習兵革，吏民恇擾奔散，並請撙避之。撙堅守不動，募勇敢固郡。承伯盡銳攻撙，撙命衆出拒，戰於門，應手摧破，臨陣斬承伯，餘黨悉平。加信武將軍。徵度支尚書，遷中書令。復爲信武將軍、晉陵太守。還除通直散騎常侍、國子祭酒。遷吏部尚書，居選，弘簡有名稱。又爲侍中，領祕書監，轉中書令，侍中如故。普通二年，出爲宣毅將軍、吳郡太守。四年，卒，時年五十七。追贈侍中、金紫光祿大夫、宣惠將軍。謚康子。

子彥熙，歷官中書郎，宣城內史。

江蒨字彥標，濟陽考城人。曾祖湛，宋左光祿、儀同三司；父斅，齊太常卿：並有重名於前世。

蒨幼聰警，讀書過目便能諷誦。選爲國子生，通尚書，舉高第。起家祕書郎，累遷司徒東閤祭酒、廬陵王主簿。居父憂以孝聞，廬於墓側，明帝敕遣齋仗二十人防墓所。服闋，除太子洗馬，累遷司徒左西屬，〔一五〕太子中舍人，祕書丞。出爲建安內史，視事朞月，義師下次江州，遣寧朔將軍劉諓之爲郡，蒨帥吏民據郡拒之。及建康城平，蒨坐禁錮，俄被原，起爲後軍臨川王外兵參軍。累遷臨川王友，中書侍郎，太子家令，黃門侍郎，領南兗州大中正。遷太子中庶子，中正如故。轉中權始興王長史。出爲伏波將軍、晉安內史。在政清約，務在寬惠，吏民便之。詔徵爲寧朔將軍、南康王長史，行府、州、國事。頃之，遷太尉臨川王長史，轉尚書吏部郎，右將軍。

蒨方雅有風格。僕射徐勉以權重自遇，在位者並宿士敬之，惟蒨及王規與抗禮，不爲之屈。勉因蒨門客翟景爲第七兒繇求蒨女婚，蒨不答，景再言之，乃杖景四十，由此與勉有忤。除散騎常侍，不拜。是時勉又爲子求蒨弟葺及王泰女，二人並拒之。葺爲吏部郎，坐杖曹中幹免官，泰以疾假出宅，〔一六〕乃遷散騎常侍，皆勉意也。初，天監六年，詔以侍中、常侍並侍帷幄，分門下二局入集書，其官品視侍中，而非華胄所悅，故勉斥泰爲之。蒨尋遷司徒左長史。

初，王泰出閤，高祖謂勉云：「江蒨資歷，應居選部。」勉對曰：「蒨有眼患，又不悉人物。」高祖乃止。還光祿大夫。大通元年，卒，時年五十三。詔贈本官。謚肅子。

蒨好學，尤悉朝儀故事，撰江左遺典三十卷，未就，卒。文集十五卷。

子紑，經在孝行傳。

史臣曰：王氏自姬姓已降，及乎秦漢，繼有英哲。洎東晉王茂弘經綸江左，時人方之管仲。其後蟬冕交映，台衮相襲，勒名帝籍，慶流子孫，斯爲盛族矣。王瞻等承藉茲基，國華是貴，子有才行，可得而稱。張充少不持操，晚乃折節，在於典選，實號廉平。柳惲以多藝稱，蔡撙以方雅著，江蒨以風格顯，俱爲梁室名士焉。

校勘記

〔一〕選尚宋孝武女安固公主 「安固」南史作「固安」。

〔二〕倪慶因相攜請罪 「慶」百衲本、南監本、汲古閣本、金陵局本俱脫。「因」北監本、殿本並脫。南史作「倪慶因相攜請罪」，是，今據補。

〔三〕志家世居建康禁中里馬蕃巷 「蕃」南史及册府元龜七九三作「糞」。

〔四〕子琮玩 南史無「玩」字。疑「玩」字是衍文。

〔五〕復還左僕射以母憂去官 「左僕射」各本作「右僕射」。按：上文已還尚書右僕射，不應復還右僕射，且下文又謂「還爲侍中、尚書左僕射」，明「右」是「左」之譌。本書武帝紀普通元年亦作「尚書左僕射王暕以母憂去職」。今據改。

〔六〕祖僧朗宋開府儀同三司元公 「僧朗」各本譌「續明」或「續朗」。據南史王彧傳改。

〔七〕除長兼秘書郎中 「長」下各本皆有「史」字。張森楷梁書校勘記：「長史當有府，不應徒稱，此史字疑誤衍文。」今刪。

〔八〕除武威將軍 「武威」原作「威武」。按隋書百官志敍梁官制，有武威將軍，無威武將軍，「威武」二字必是誤倒，今乙正。

〔九〕屬循墟作亂 百衲本、南監本作「循壚」，其餘各本作「盧循」。曾鞏於卷末附校語云：「屬循壚作亂，疑。」

〔一〇〕昇降之途不一 「途」各本作「徒」，據南史及册府元龜九〇五改。

〔一一〕河南降璽書之貴 「璽書」各本作「璽言」，今改正。

〔一二〕天監元年除長兼侍中 「長」下各本皆有「史」字，據南史刪。

〔一三〕贈侍中中護軍 「中護軍」下各本有「將軍」二字。按中護軍不稱將軍，護軍將軍不稱中。南史作「中護軍」，無「將軍」二字，今據刪。

〔一四〕天監九年宣城郡吏吳承伯挾祅道聚衆攻宣城　「九年」各本作「元年」。按本書武帝紀繫吳承伯殺朱僧勇事在天監九年，南史、通鑑並同。今據改。

〔一五〕累遷司徒左西屬　「西」各本譌「南」。按司徒官有左西屬，無左南屬。今改正。

〔一六〕泰以疾假出宅　「宅」各本譌「守」，據南史及册府元龜三三八改正。

梁書卷二十二

列傳第十六

太祖五王

太祖十男。張皇后生長沙宣武王懿、永陽昭王敷、高祖、衡陽宣王暢。李太妃生桂陽簡王融。懿及融，齊永元中爲東昏所害；〔一〕敷、暢，建武中卒：高祖踐阼，並追封郡王。陳太妃生臨川靖惠王宏，〔二〕南平元襄王偉。吳太妃生安成康王秀，始興忠武王憺。費太妃生鄱陽忠烈王恢。

臨川靖惠王宏字宣達，太祖第六子也。長八尺，美鬚眉，容止可觀。齊永明十年，爲衛軍廬陵王法曹行參軍，遷太子舍人。時長沙王懿鎮梁州，爲魏所圍，明年，給宏精兵千人赴援，未至，魏軍退。遷驃騎晉安王主簿，尋爲北中郎桂陽王功曹史。衡陽王暢，有美名，爲

始安王蕭遙光所禮。及遙光作亂，逼暢入東府，暢懼禍，先赴臺。〔三〕高祖在雍州，常懼諸弟及禍，謂南平王偉曰：「六弟明於事理，必先還臺。」及信至，果如高祖策。

高祖義師下，宏至新林奉迎，拜輔國將軍。建康平，遷西中郎將、中護軍，領石頭戍軍事。〔四〕天監元年，封臨川郡王，邑二千戶。尋爲使持節、散騎常侍、都督揚南徐州諸軍事、後將軍、揚州刺史，又給鼓吹一部。三年，加侍中，進號中軍將軍。

四年，高祖詔北伐，以宏爲都督南北兗北徐青冀豫司霍八州北討諸軍事。宏以帝之介弟，所領皆器械精新，軍容甚盛，北人以爲百數十年所未之有。軍次洛口，宏前軍剋梁城，斬魏將鼂清。會征役久，有詔班師。六年夏，遷驃騎將軍、開府儀同三司，侍中如故。其年，遷司徒，領太子太傅。八年夏，爲使持節、都督揚南徐二州諸軍事，司空、揚州刺史，侍中如故。其年冬，以公事左遷驃騎大將軍，〔五〕開府同三司之儀，侍中如故。未拜，還使持節、都督揚徐二州諸軍事、揚州刺史，侍中、將軍如故。十二年，遷司空，使持節、侍中、都督、刺史、將軍並如故。

十五年春，所生母陳太妃寢疾，宏與母弟南平王偉侍疾，並衣不解帶，每二宮參問，輒對使涕泣。及太妃薨，水漿不入口者五日，高祖每臨幸慰勉之。宏少而孝謹，齊之末年，避難潛伏，與太妃異處，每遣使參問起居。或謂宏曰：「逃難須密，不宜往來。」宏銜淚答曰：

二十四史

中華書局

「乃可無我，此事不容暫廢。」尋起爲中書監、驃騎大將軍、使持節、都督如故，固辭弗許。

十七年夏，以公事左遷侍中、中軍將軍、行司徒。其年冬，遷侍中、中書監、司徒。普通元年，遷使持節、都督揚南徐州諸軍事、太尉、揚州刺史，侍中如故。二年，改創南、北郊，以本官領起部尚書，事竟罷。七年三月，以疾累表自陳，詔許解揚州，餘如故。四月，薨，時年五十四。自疾至于薨，輿駕七出臨視。及葬，詔曰：「侍中、太尉臨川王宏，器宇沖貴，雅量弘通。爰初弱齡，行彰素履；逮于應務，嘉猷載緝。自皇業啓基，地惟介弟，久司神甸，歷位台階，論道登朝，物無異議。朕友于之至，家國兼情，方弘燮贊，儀刑列辟。天不憖遺，奄焉不永，哀痛抽切，震慟于厥心。宜增峻禮秩，式昭懋典。可贈侍中、大將軍、揚州牧、假黃鉞，王如故。並給羽葆鼓吹一部，增班劍爲六十人。給溫明祕器，斂以袞服。謚曰靖惠。」宏性寬和篤厚，在州二十餘年，未嘗以吏事按郡縣，時稱其長者。

宏有七子：正仁，正義，正德，正則，正立，正表，正信。世子正仁，爲吳興太守，有治能。天監十年，卒，謚曰哀世子。無子，高祖詔以羅平侯正立爲世子，由宏意也。宏薨，正立表讓正義爲嗣，高祖嘉而許之，改封正立爲建安侯，邑千戶。卒，子賁嗣。〔六〕正義先封平樂侯，正德西豐侯，正則樂山侯，正立羅平侯，正表封山侯，正信武化侯。正德別有傳。

安成康王秀字彥達，太祖第七子也。年十二，所生母吳太妃亡，秀母弟始興王憺時年九歲，並以孝聞，居喪，累日不進漿飲，太祖親取粥授之。哀其早孤，命側室陳氏并母二子。陳亦無子，有母德，視二子如親生焉。秀既長，美風儀，性方靜，雖左右近侍，非正衣冠不見也，由是親友及家人咸敬焉。齊世，弱冠爲著作佐郎，累遷後軍法曹行參軍，太子舍人。

永元中，長沙宣武王懿入平崔慧景，爲尚書令，居端右；弟衡陽王暢爲衞尉，掌管籥。東昏日夕逸遊，出入無度，衆頗勸懿因其出，閉門舉兵廢之，懿不聽。帝左右既惡懿勳高，又慮廢立，並間懿，懿亦危之，自是諸王侯咸爲之備。及難作，臨川王宏以下諸弟姪各得奔避。方其逃也，皆不出京師，而罕有發覺，惟桂陽王融及禍。

高祖義師至新林，秀與諸王侯並自拔赴軍，高祖以秀爲輔國將軍。是時東昏弟晉熙王寶嵩爲冠軍將軍、南徐州刺史，鎭京口，長史范岫行府州事，遣使降，且請兵於高祖，以秀爲冠軍長史、南東海太守，鎭京口。建康平，仍爲使持節、都督南徐兗二州諸軍事、南徐州刺史，輔國將軍如故。天監元年，進號征虜將軍，封安成郡王，邑二千戶。京口自崔慧景作亂，累被兵革，民戶流散，秀招懷撫納，惠愛大行。仍值年饑，以私財贍百姓，所濟活甚多。二年，以本號徵領石頭戍事，〔七〕加散騎常侍。三年，進號右將軍。五年，加領軍、中書令，給鼓吹一部。

六年，出爲使持節、都督江州諸軍事、平南將軍、江州刺史。將發，主者求堅船以爲齋舫。秀曰：「吾豈愛財而不愛士。」乃教所由，以牢者給參佐，下者載齋物。既而遭風，齋舫遂破。及至州，聞前刺史取徵士陶潛曾孫爲里司。秀歎曰：「陶潛之德，豈可不及後世！」卽日辟爲西曹。時盛夏水汎長，津梁斷絕，外司請依舊僦度，收其價直。秀教曰：「刺史不德，水潦爲患，可利之乎！給船而已。」七年，遭慈母陳太妃憂，詔起視事。尋遷都督荆湘雍益寧南北梁南北秦州九州諸軍事、平西將軍、荆州刺史。〔八〕其年，還號安西將軍。立學校，招隱逸。下教曰：「夫鶉火之禽，不匿影於丹山；昭華之寶，乍耀采於藍田。是以江漢有濯纓之歌，空谷著來思之詠，弘風闡道，靡不由茲。處士河東韓懷明、南平韓望、南郡庾承先、河東郭麻，並脫落風塵，高蹈其事。兩韓之孝友純深，庾、郭之形骸枯槁，或橡飯菁羹，惟日不足，或葭牆艾席，樂在其中。昔伯武貞堅，就仕河內，史雲孤劭，屈志陳留。豈曰場苗，實惟攻玉。可加引辟，并遣喩意。」旣同魏侯致禮之請，庶無辟彊三緘之歎。」

是歲，魏懸瓠城民反，殺豫州刺史司馬悅，引司州刺史馬仙琕，仙琕籤荆州求應赴。衆咸謂宜待臺報，秀曰：「彼待我而爲援，援之宜速，待敕雖舊，非應急也。」卽遣兵赴之。先是，巴陵馬營蠻爲緣江寇害，後軍司馬高江產以郢州軍伐之，不剋，江產死之，蠻遂盛。秀

遣防閤文熾率衆討之，燔其林木，絕其蹊逕，蠻失其嶮，朞歲而江路清，於是州境盜賊遂絕。及沮水暴長，頗敗民田，秀以穀二萬斛贍之。使長史蕭琛簡府州貧老單丁吏，一日散遣五百餘人，百姓甚悅。

十一年，徵爲侍中、中衞將軍，領宗正卿、石頭戍事。十三年，復出爲使持節、散騎常侍、都督郢司霍三州諸軍事、安西將軍、郢州刺史。郢州當塗爲劇地，百姓貧，至以婦人供役，其弊如此。秀至鎭，務安之。主者或求召吏。秀曰：「不識救弊之術；此州凋殘，不可擾也。」於是務存約己，省去遊費，百姓安堵，境內晏然。先是夏口常爲兵衝，露骸積骨於黃鶴樓下，秀祭而埋之。一夜，夢數百人拜謝而去。每冬月，常作襦袴以賜凍者。時司州叛蠻田魯生，弟魯賢、超秀，據蒙籠來降，高祖以魯生爲北司州刺史，魯賢北豫州刺史，超秀定州刺史，爲北境捍蔽。而魯生、超秀互相讒毀，有去就心，秀撫喩懷納，各得其用，當時賴之。

十六年，遷使持節、都督雍梁南北秦四州郢州之竟陵司州之隨郡諸軍事、鎭北將軍、寧蠻校尉、雍州刺史，便道之鎭。十七年春，行至竟陵之石梵，薨，時年四十四。高祖聞之，甚痛悼焉。遣皇子南康王績緣道迎候。

初，秀之西也，郢州民相送出境，聞其疾，百姓商賈咸爲請命。既薨，四州民裂裳爲白帽，哀哭以迎送之。雍州蠻迎秀，聞薨，祭哭而去。喪至京師，高祖使使册贈侍中、司空，

謚曰康。

秀有容觀，每朝，百僚屬目。性仁恕，喜慍不形於色。左右嘗以石擲殺所養鵠，齋帥請治其罪。秀曰：「吾豈以鳥傷人。」在京師，旦臨公事，厨人進食，誤而覆之，去而登車，竟朝不飯，亦不之誚也。精意術學，搜集經記，招學士平原劉孝標，使撰類苑，書未及畢，而已行於世。秀於高祖布衣昆弟，及爲君臣，小心畏敬，過於疏賤者，高祖益以此賢之。少偏孤，於始興王憺尤篤。梁興，憺久爲荆州刺史，自天監初，常以所得俸中分與秀，〔九〕秀稱心受之，亦弗辭多也。昆弟之睦，時議歸之。故吏夏侯亶等表立墓碑，詔許焉。當世高才遊王門者，東海王僧孺、吳郡陸倕、彭城劉孝綽、河東裴子野，各製其文，古未之有也。世子機嗣。

機字智通，天監二年，除安成國世子。六年，爲寧遠將軍、會稽太守。還爲給事中。普通元年，襲封安成郡王，其年爲太子洗馬，遷中書侍郎。二年，遷明威將軍、丹陽尹。三年，遷持節、督湘衡桂三州諸軍事、寧遠將軍、湘州刺史。大通二年，薨于州，時年三十。機美姿容，善吐納。家既多書，博學强記，然而好弄，尚力，遠士子，近小人。爲州專意聚斂，無治績，頻被案劾。及將葬，有司請謚，高祖詔曰：「王好內怠政，可謚曰煬。」所著詩賦數千言，世祖集而序之。子操嗣。

南浦侯推，字智進，機次弟也。少清敏，好屬文，深爲太宗所賞。普通六年，以王子例封。歷寧遠將軍、淮南太守。遷輕車將軍、晉陵太守，給事中，太子洗馬，祕書丞。出爲戎昭將軍、吳郡太守。所臨必赤地大旱，吳人號「旱母」焉。侯景之亂，守東府城，賊設樓車，盡銳攻之，推隨方抗拒，頻擊挫之。至夕，東北樓主許鬱華啓關延賊，城遂陷，推握節死之。

南平元襄王偉字文達，太祖第八子也。幼清警好學。齊世，起家晉安鎮北法曹行參軍，府遷驃騎，轉外兵。高祖爲雍州，慮天下將亂，求迎偉及始興王憺來襄陽。俄聞已入沔，高祖欣然謂佐吏曰：「吾無憂矣。」義師起，南康王承制，板爲冠軍將軍，留行雍州州府事。〔一〇〕義師發後，州內儲備及人皆虛竭。魏興太守裴師仁、齊興太守顏僧都並據郡不受命，舉兵將襲雍州，偉與始興王憺遣兵於始平郡待師仁等，要擊大破之，州境以安。

高祖既克郢、魯，下尋陽，圍建業，而巴東太守蕭慧訓子璝及巴西太守魯休烈起兵逼荆州，屯軍上明，連破荆州。鎮軍蕭穎胄遣將劉孝慶等距之，反爲璝所敗，穎胄憂憤暴疾卒，西朝兇懼。尚書僕射夏侯詳議徵兵雍州，偉乃割州府將吏，配始興王憺往赴之。憺既至，璝等皆降。和帝詔以偉爲使持節、都督雍梁南北秦四州郢州之竟陵司州之隨郡諸軍事、寧

蠻校尉、雍州刺史，將軍如故。尋加侍中，進號鎮北將軍。天監元年，加散騎常侍，進督荆、寧二州，餘如故。封建安郡王，食邑二千戶，給鼓吹一部。四年，徙都督南徐州諸軍事、南徐州刺史，使持節、常侍、將軍如故。五年，至都，改爲撫軍將軍、丹陽尹，常侍如故。六年，遷使持節、都督揚南徐二州諸軍事、右軍將軍、揚州刺史。未拜，進號中權將軍。七年，以疾表解州，改侍中、中撫軍，知司徒事。九年，遷護軍、石頭戍軍事，侍中、將軍、鼓吹如故。其年，出爲使持節、散騎常侍、都督江州諸軍事、鎮南將軍、江州刺史，鼓吹如故。十一年，以本號加開府儀同三司。其年，復以疾陳解。十二年，徵爲撫軍將軍，〔一一〕儀同、常侍如故，以疾不拜。十三年，改爲左光祿大夫。加親信四十人，歲給米萬斛，布絹五千匹，藥直二百四十萬，厨供月二十萬，并二衞兩營雜役二百人，倍先，置防閤白直左右職局一百人。偉末年疾浸劇，不復出藩，故俸秩加焉。

十五年，所生母陳太妃寢疾，偉及臨川王宏侍疾，並衣不解帶。及太妃薨，毀頓過禮，水漿不入口累日，高祖每臨幸譬抑之。偉雖奉詔，而毀瘠殆不勝喪。十七年，高祖以建安土瘠，改封南平郡王，邑戶如故。還侍中、左光祿大夫、開府儀同三司。普通四年，增邑一千戶。五年，進號鎮衞大將軍。中大通元年，以本官領太子太傅。四年，遷中書令、大司馬。五年，薨，時年五十八。詔斂以衮冕，給東園祕器。又詔曰：「旌

德紀功，前王令典；愼終追遠，列代通規。故侍中、中書令、大司馬南平王偉，器宇宏曠，鑒識弘簡。爰在弱齡，清風載穆，翼佐草昧，勳高樊、沔，契闊艱難，劬勞任寄。及贊務論道，弘茲衮職。奄焉薨逝，朕用震慟于厥心。宜隆寵命，式昭茂典。可贈侍中、太宰，王如故。給羽葆鼓吹一部，並班劍四十人。謚曰元襄。」

偉少好學，篤誠通恕，趨賢重士，常如不及。由是四方遊士，當世知名者，莫不畢至。齊世，青溪宮改爲芳林苑，天監初，賜偉爲第，偉又加穿築，增植嘉樹珍果，窮極雕麗，每與賓客遊其中，命從事中郎蕭子範爲之記。梁世藩邸之盛，無以過焉。而性多恩惠，尤愍窮乏。常遣腹心左右，歷訪閭里人士，其有貧困吉凶不舉者，卽遣贍卹之。太原王曼穎卒，家貧無以殯斂，友人江革往哭之，其妻兒對革號訴。革曰：「建安王當知，必爲營理。」言未訖而偉使至，給其喪事，得周濟焉。每祁寒積雪，則遣人載樵米，隨乏絕者卽賦給之。晚年崇信佛理，尤精玄學，著二旨義，別爲新通。又製性情、幾神等論，其義，僧寵及周捨、殷鈞、陸倕並名精解，而不能屈。

偉四子：恪，恭，虔，祗。世子恪嗣。

恭字敬範。天監八年，封衡山縣侯，以元襄功，加邑至千戶。初，樂山侯正則有罪，勑

讓諸王，獨謂元襄曰：「汝兒非直無過，並有義方。」

恭起家給事中，遷太子洗馬。出爲督齊安等十一郡事、寧遠將軍、西陽武昌二郡太守。徵爲祕書丞，遷中書郎，監丹陽尹，行徐南徐州事，轉衡州刺史，母憂去職。尋起爲雲麾將軍、湘州刺史。

恭善解吏事，所在見稱，而性尚華侈，廣營第宅，重齋步櫚，模寫宮殿。尤好賓友，酣讌終辰，座客滿筵，言談不倦。時世祖居藩，頗事聲譽，勤心著述，卮酒未嘗妄進。恭每從容謂人曰：「下官歷觀世人，多有不好歡樂，乃仰眠牀上，看屋梁而著書，千秋萬歲，誰傳此者。勞神苦思，竟不成名，豈如臨清風，對朗月，登山泛水，肆意酣歌也。」尋以雍州蠻文道构引魏寇，詔恭赴援，仍除持節、仁威將軍、寧蠻校尉、雍州刺史，便道之鎭。太宗少與恭遊，特被賞狎，至是手令曰：「彼士流骯髒，有關輔餘風，黔首扞格，但知重劍輕死。降胡惟尚貪惏，邊蠻不知敬讓，懷抱不可皁白，法律無所用施。願充實邊戍，無數遷徙，諜候惟遠，箱庾惟積，長以控短，靜以制躁。早蒙愛念，敢布腹心。」恭至州，治果有聲績，百姓陳奏，乞於城南立碑頌德，詔許焉。

先高祖以雍爲邊鎭，運數州之粟，以實儲倉，恭後多取官米，贍給私宅，爲荆州刺史廬陵王所啓，由是免官削爵，數年竟不敍用。侯景亂，卒于城中，時年五十二。詔特復本封。

世祖追贈侍中、左衞將軍。謚曰僖。

世子靜，字安仁，有美名，號爲宗室後進。有文才，而篤志好學，既內足於財，多聚經史，散書滿席，手自讎校。何敬容欲以女妻之，靜忌其太盛，距而不納，時論服焉。歷官太子舍人、東宮領直。遷丹陽尹丞，給事黃門侍郎，深爲太宗所愛賞。太清三年，卒，贈侍中。

鄱陽忠烈王恢字弘達，太祖第九子也。幼聰穎，年七歲，能通孝經、論語義，發擿無所遺。既長，美風表，涉獵史籍。齊隆昌中，明帝作相，內外多虞，明帝就長沙宣武王懿求諸弟有可委以腹心者，宣武言恢焉。明帝以恢爲寧遠將軍，甲仗百人衞東府，且引爲驃騎法曹行參軍。明帝即位，東宮建，爲太子舍人，累遷北中郎外兵參軍，前軍主簿。宣武之難，逃在京師。

高祖義兵至，恢於新林奉迎，以爲輔國將軍。時三吳多亂，高祖命出頓破崗。建康平，還爲冠軍將軍、右衞將軍。天監元年，爲侍中、前將軍、領石頭戍軍事。封鄱陽郡王，食邑二千戶。二年，出爲使持節、都督南徐州諸軍事、征虜將軍、南徐州刺史。四年，改授都督郢司二州諸軍事、後將軍、郢州刺史，持節如故。義兵初，郢城內疾疫死者甚多，不及藏殯，及恢下車，遽命埋掩。又遣四使巡行州部，境內大治。七年，進號雲麾將軍，進督霍州。八年，復進號平西將軍。〔一二〕十年，徵爲侍中、護軍將軍、石頭戍軍事，領宗正卿。十一年，出爲使持節、都督荆湘雍益寧南北梁南北秦九州諸軍事、平西將軍、荆州刺史，給鼓吹一部。十三年，遷散騎常侍、都督益寧南北秦沙七州諸軍事、〔一三〕鎭西將軍、益州刺史，使持節如故，便道之鎭。成都去新城五百里，陸路往來，悉訂私馬，百姓患焉，累政不能改。恢乃市馬千匹，以付所訂之家，資其騎乘，有用則以次發之，百姓賴焉。十七年，徵爲侍中、安前將軍、領軍將軍。十八年，出爲使持節、散騎常侍、都督荆湘雍梁益寧南北秦八州諸軍事、征西將軍、開府儀同三司、荆州刺史。普通五年，進號驃騎大將軍。七年九月，薨于州，時年五十一。詔曰：「故使持節、散騎常侍、都督荆湘雍梁益寧南北秦八州諸軍事、驃騎大將軍、開府儀同三司、荆州刺史鄱陽王恢，風度開朗，器情凝質。爰在弱歲，美譽克宣，洎于從政，嘉猷載緝。方入正論道，弘燮台階，奄焉薨逝，朕用傷慟于厥心。宜隆寵命，以申朝典。可贈侍中、司徒，王如故。并給班劍二十人。謚曰忠烈。」遣中書舍人劉顯護喪事。

恢有孝性，初鎭蜀，所生費太妃猶停都，後於都下不豫，恢未之知，一夜忽夢還侍疾，既覺憂遑，便廢寢食。俄而都信至，太妃已瘳。後又目有疾，久廢視瞻，有北渡道人慧龍得治眼術，恢請之。既至，空中忽見聖僧，及慧龍下鍼，豁然開朗，咸謂精誠所致。

恢性通恕，輕財好施，凡歷四州，所得俸祿隨而散之。在荆州，常從容問賓僚曰：「中山好酒，趙王好吏，二者孰愈？」衆未有對者。顧謂長史蕭琛曰：「漢時王侯，藩屏而已，視事親民，自有其職。中山聽樂，可得任性；彭祖代吏，近於侵官。今之王侯，不守藩國，當佐天子臨民，清白其優乎！」坐賓咸服。世子範嗣。

範字世儀，溫和有器識。起家太子洗馬、祕書郎，歷黃門郎，遷衞尉卿。每夜自巡警，高祖嘉其勞苦。出爲益州刺史，開通劍道，尅復華陽，增邑一千戶，加鼓吹。徵爲領軍將軍、侍中。

範雖無學術，而以籌略自命，愛奇翫古，招集文才，率意題章，亦時有奇致。復出爲使持節、都督雍梁東益南北秦五州諸軍事、鎭北將軍、雍州刺史。範作牧莅民，甚得時譽；撫循將士，盡獲歡心。太清元年，大舉北伐，以範爲使持節、征北大將軍、總督漢北征討諸軍事，進伐穰城。尋遷安北將軍、南豫州刺史。侯景敗於渦陽，退保壽陽，乃改範爲合州刺史，鎭合肥。時景已蓄姦謀，不臣將露，範屢啓言之，朱异每抑而不奏。及景圍京邑，範遣世子嗣與裴之高等入援，遷開府儀同三司，進號征北將軍。京城不守，範乃棄合肥，出東關請兵于魏，遣二子爲質。魏人據合肥，竟不出師助範，範進退無計，乃泝流西上，軍于樅陽，遣信告尋陽王。尋陽要還九江，欲共治兵西上，範得書大喜，乃引軍至湓城，以晉熙爲晉州，遣子嗣爲刺史。江州郡縣，輒更改易，尋陽政令所行，惟存一郡，時論以此少之。既商旅不通，信使距絕，範數萬之衆，皆無復食，人多餓死。範恚，發背薨，時年五十二。

世子嗣，字長胤。容貌豐偉，腰帶十圍。性驍果有膽略，倜儻不護細行，而能傾身養士，皆得其死力。範之薨也，嗣猶據晉熙，城中食盡，士乏絕，景遣任約來攻，嗣躬擐甲胄，出壘距之。時賊勢方盛，咸勸且止。嗣按劍叱之曰：「今之戰，何有退乎？此蕭嗣效命死節之秋也。」遂中流矢，卒於陣。

始興忠武王憺字僧達，太祖第十一子也。數歲，所生母吳太妃卒，憺哀感傍人。齊世，弱冠爲西中郎法曹行參軍，遷外兵參軍。義師起，南康王承制，以憺爲冠軍將軍、西中郎諮議參軍，遷相國從事中郎，與南平王偉留守。

和帝立，以憺爲給事黃門侍郎。時巴東太守蕭慧訓子璝等及巴西太守魯休烈舉兵逼荊州，屯軍上明，鎮軍將軍蕭穎胄暴疾卒，西朝甚懼，尚書僕射夏侯詳議徵兵雍州，南平王偉遣憺赴之。憺以書喻璝等，旬日皆請降。是冬，高祖平建業。明年春，和帝將發江陵，詔

以憺爲使持節、都督荊湘益寧南北秦六州諸軍事、平西將軍、荊州刺史，未拜。天監元年，加安西將軍，〔四〕都督、刺史如故。封始興郡王，食邑二千戶。〔五〕時軍旅之後，公私空乏，憺厲精爲治，廣闢屯田，減省力役，存問兵死之家，供其窮困，民甚安之。憺自以少年始居重任，思欲開導物情。乃謂佐吏曰：「政之不臧，士君子所宜共惜。言可用，用之可也；如不用，於我何傷？吾開懷矣，爾其無吝。」於是小人知恩，而君子盡意。民辭訟者，皆立前待符敎，決於俄頃。曹無留事，下無滯獄，民益悅焉。三年，詔加鼓吹一部。

六年，州大水，江溢堤壞，憺親率府將吏，冒雨賦丈尺築治之。雨甚水壯，衆皆恐，或請憺避焉。憺曰：「王尊尚欲身塞河堤，我獨何心以免。」乃刑白馬祭江神。俄而水退堤立。邴州在南岸，數百家見水長驚走，登屋緣樹，憺募人救之，一口賞一萬，估客數十人應募救焉，州民乃以免。又分遣行諸郡，遭水死者給棺槥，失田者與糧種。是歲，嘉禾生於州界，吏民歸美，憺謙讓不受。

七年，慈母陳太妃薨，水漿不入口六日，居喪過禮，高祖優詔勉之，使攝州任。是冬，詔徵以本號還朝。民爲之歌曰：「始興王，民之爹徒可反。赴人急，如水火。何時復來哺乳我？」八年，爲平北將軍、護軍將軍、領石頭戍事。尋遷中軍將軍、中書令，〔六〕俄領衞尉卿。憺性勞謙，降意接士，常與賓客連榻而坐，時論稱之。是秋，出爲使持節、散騎常侍、都督南北兗徐青冀五州諸軍事、鎮北將軍、南兗州刺史。九年春，遷都督益寧南梁南北秦沙六州諸軍事、鎮西將軍、益州刺史。開立學校，勸課就業，遣子映親受經焉，由是多向方者。時魏襲巴南，西圍南安，南安太守垣季珪堅壁固守，憺遣軍救之，魏人退走，所收器械甚衆。十四年，遷都督荊湘雍寧南梁南北秦七州諸軍事、鎮右將軍、荊州刺史。同母兄安成王秀將之雍州，薨於道。憺聞喪，自投于地，席稾哭泣，不飲不食者數日，傾財產賻送，部伍小大皆取足焉。天下稱其悌。十八年，徵爲侍中、中撫將軍、開府儀同三司、領軍將軍。普通三年十一月，薨，時年四十五。追贈侍中、司徒、驃騎將軍。給班劍三十人，羽葆鼓吹一部。册曰：「咨故侍中、司徒、驃騎將軍始興王：夫忠爲令德，武謂止戈，于以用之，載在前志。王有佐命之元勳，利民之厚德，契闊二紀，始終不渝，是用方軌往賢，稽擇故訓，鴻名美義，允臻其極。今遣兼大鴻臚程爽，謚曰忠武。魂而有靈，歆茲顯號。嗚呼哀哉！」

憺未薨前，夢改封中山王，策授如他日，意頗惡之，數旬而卒。世子亮嗣。

史臣曰：自昔王者創業，廣植親親，割裂州國，封建子弟。是以大旆少帛，崇於魯、衞，盤石凝脂，樹斯梁、楚。高祖遠遵前軌，藩屏懿親。至於安成、南平、鄱陽、始興，俱以名跡

著，蓋亦漢之間、平矣。

校勘記

〔一〕懿及融齊永元中爲東昏所害 「永元」各本譌「永明」，據南史梁長沙宣武王懿傳改。

〔二〕臨川靖惠王宏 「靖」各本作「靜」。王鳴盛十七史商榷六三：「靜惠，文中作靖惠，標題傳寫誤。張敦頤六朝事蹟卷下墳陵，碑刻二門，皆作靖惠，是。」按八瓊室金石補正卷十一著錄「梁故假黃鉞侍中大將軍揚州牧臨川靖惠王之神道」，亦作「靖惠」，今並下文「靜惠」，皆改「靖惠」。

〔三〕暢懼禍先赴臺 張森楷梁書校勘記：「暢行第四，宏行第六。帝謂六弟明於事理，又若是謂宏者。詳玩文誼，暢當作宏。」

〔四〕遷西中郎將中護軍領石頭戍軍事 「西中郎將」各本作「西平郎將」，宋、齊、隋志，無西平郎將官，當是西中郎將之譌，今改正。

〔五〕其年冬以公事左遷驃騎大將軍 「其年冬」，承上「八年夏」而言。然據本書武帝紀，蕭宏左遷在天監十一年冬十一月。南史：「十一年正月爲太尉，其年冬，以公事左遷驃騎大將軍。」則「其年」當作「十一年」。

〔六〕子貴嗣 「貴」，各本皆譌作「貴」，據南史及册府元龜二八四、二九四改。

〔七〕以本號徵領石頭戍事　「事」各本作「軍」，據册府元龜二八〇改。

〔八〕尋遷都督荆湘雍益寧南北梁南北秦州九州諸軍事平西將軍荆州刺史　「秦州」上各本皆脫「南北」二字，九州只得八州。按鄱陽王恢傳，天監十一年，「都督荆湘雍益寧南北梁南北秦九州諸軍事、平西將軍、荆州刺史」。督區、軍號及所刺之州全同。是此「秦州」明爲「南北秦州」，今據補。

〔九〕常以所得俸中分與秀　「常」各本譌「帝」，據南史及册府元龜二七四改。

〔一〇〕留行雍州州府事　「州府事」各本譌「開府事」，據南史及册府元龜二八〇改。

〔一一〕徵爲撫軍將軍　「撫軍」各本譌「中撫」。據本書武帝紀改。

〔一二〕八年復進號平西將軍　按本書武帝紀，蕭恢進號平西將軍在天監七年八月。

〔一三〕都督益寧南北秦沙七州諸軍事　按此只有五州，疑脫南北梁二州。南梁，天監中分益州置，始興忠武王憺傳謂憺於天監九年，都督益寧南梁南北秦沙六州諸軍事，其中有南梁。又上文十一年都督荆湘雍益寧南北梁南北秦九州諸軍事，亦有南北梁。

〔一四〕天監元年加安西將軍　按本書武帝紀，蕭憺進號安西將軍在天監六年閏十月。

〔一五〕食邑二千戶　「二」各本作「三」。據册府元龜二六四及徐勉梁故侍中司徒驃騎將軍始興忠武王碑改。

〔一六〕尋還中軍將軍中書令　「中軍」，南史及徐勉梁故侍中司徒驃騎將軍始興忠武王碑作「中衛」。

梁書卷二十三

列傳第十七

長沙嗣王業　永陽嗣王伯游　衡陽嗣王元簡

桂陽嗣王象

長沙嗣王業字靜曠，〔一〕高祖長兄懿之子也。懿字元達，少有令譽。解褐齊安南邵陵王行參軍，襲爵臨湘縣侯。遷太子舍人、洗馬、建安王友。出爲晉陵太守，曾未朞月，訟理人和，稱爲善政。入爲中書侍郎。永明季，授持節、都督梁南北秦沙四州諸軍事、西戎校尉、梁南秦二州刺史，〔二〕加冠軍將軍。是歲，魏人入漢中，遂圍南鄭。懿隨機拒擊，傷殺甚多，乃解圍遁去。懿又遣氐帥楊元秀攻魏歷城、皐蘭、駱谷、坑池等六戍，〔三〕尅之，魏人震懼，邊境遂寧。進號征虜將軍，增封三百戶，遷督益寧二州軍事、益州刺史。入爲太子右衛率、尚書吏部郎、衞尉卿。永元二年，裴叔業據豫州反，授持節、征虜將軍、督豫州諸軍事、

豫州刺史，領歷陽南譙二郡太守，討叔業，叔業懼，降于魏。既而平西將軍崔慧景入寇京邑，奉江夏王寶玄圍臺城，齊室大亂，詔徵懿。懿時方食，投箸而起，率銳卒三千人援城。慧景遣其子覺來拒，懿奔擊大破之，覺單騎走。乘勝而進，慧景衆潰，追斬之。〔四〕授侍中、尚書右僕射，未拜，仍遷尚書令、都督征討水陸諸軍事，持節、將軍如故，增邑二千五百戶。時東昏肆虐，茹法珍、王咺之等執政，宿臣舊將，並見誅夷，懿既立元勳，獨居朝右，深爲法珍等所憚，乃說東昏曰：「懿將行隆昌故事，陛下命在晷刻。」東昏信之，將加酷害，而懿所親知之，密具舟江渚，勸令西奔。懿曰：「古皆有死，豈有叛走尚書令耶？」遂遇禍。中興元年，追贈侍中、中書監、司徒。宣德太后臨朝，改贈太傅。天監元年，追崇丞相，封長沙郡王，謚曰宣武。給九旒、鸞輅、轀輬車，黃屋左纛，前後部羽葆鼓吹，挽歌二部，虎賁班劍百人，葬禮一依晉安平王故事。

業幼而明敏，識度過人。仕齊爲著作郎、太子舍人。宣武之難，與二弟藻、象俱逃匿。高祖既至，乃赴于軍，以爲寧朔將軍。中興二年，除輔國將軍、南琅邪清河二郡太守。天監二年，襲封長沙王，徵爲冠軍將軍，量置佐史，遷祕書監。四年，改授侍中。六年，轉散騎常侍、太子右衞率，遷左驍騎將軍，尋爲中護軍，領石頭戍軍事。七年，出爲使持節、都督南兗徐青冀五州諸軍事、仁威將軍、南兗州刺史。八年，徵爲護軍。九年，除中書令，改授安

後將軍、鎮琅邪彭城二郡、領南琅邪太守。十年，徵爲安右將軍、散騎常侍。十四年，復爲護軍，領南琅邪彭城，鎮于琅邪。〔五〕復徵中書令，出爲輕車將軍、湘州刺史。

業性敦篤，所在留惠。深信因果，篤誠佛法，高祖每嘉歎之。普通三年，徵爲散騎常侍、護軍將軍。〔六〕四年，改爲侍中、金紫光祿大夫。七年，薨，時年四十八。謚曰元。有文集行於世。子孝儼嗣。

孝儼字希莊，聰慧有文才。射策甲科，除祕書郎、太子舍人。從幸華林園，於座獻相風烏、華光殿、景陽山等頌，其文甚美，高祖深賞異之。普通元年，薨，〔七〕時年二十三。謚曰章。子慎嗣。

藻字靖藝，〔八〕元王弟也。少立名行，志操清潔。齊永元初，釋褐著作佐郎。天監元年，封西昌縣侯，食邑五百戶。出爲持節、都督益寧二州諸軍事、冠軍將軍、益州刺史。時天下草創，邊徼未安，州民焦僧護聚衆數萬，據郫、繁作亂。〔九〕藻年未弱冠，集僚佐議，欲自擊之。或陳不可，藻大怒，斬于階側。乃乘平肩輿，巡行賊壘。賊弓亂射，矢下如雨，從者舉楯禦箭，又命除之，由是人心大安。賊乃夜遁，藻命騎追之，斬首數千級，遂平之。進號信威將軍。九年，徵爲太子中庶子。十年，爲左驍騎將軍、領南琅邪太守。入爲侍中。

藻性謙退，不求聞達。善屬文辭，尤好古體，自非公讌，未嘗妄有所爲，縱有小文，成輒棄本。十一年，出爲使持節、都督雍梁秦三州竟陵隨二郡諸軍事、仁威將軍、寧蠻校尉、雍州刺史。十二年，徵爲使持節、都督南兗兗徐青冀五州諸軍事、兗州刺史，軍號如故。頻莅數鎮，民吏稱之。推善下人，常如弗及。徵爲太子詹事。普通三年，遷領軍將軍，加侍中。六年，爲軍師將軍，與西豐侯正德北伐渦陽，輒班師，爲有司所奏，免官削爵土。七年，起爲宗正卿。八年，復封爵，尋除左衞將軍，領步兵校尉。大通元年，遷侍中、中護軍。時渦陽始降，乃以藻爲使持節、北討都督、征北大將軍，鎮于渦陽。二年，爲中權將軍、〔一〇〕金紫光祿大夫，置佐史，加侍中。中大通元年，遷護軍將軍，中權如故。三年，爲中軍將軍、〔一一〕太子詹事，出爲丹陽尹。高祖每歎曰：「子弟並如迦葉，吾復何憂。」迦葉，藻小名也。入爲安左將軍、尚書左僕射，加侍中，藻固辭不就，詔不許。大同五年，遷中衞將軍、開府儀同三司、中書令，侍中如故。

藻性恬靜，獨處一室，牀有膝痕，宗室衣冠，莫不楷則。常以爵祿太過，每思屏退，門庭閑寂，賓客罕通，太宗尤敬愛之。自遭家禍，恒布衣蒲席，不食鮮禽，非在公庭，不聽音樂，高祖每以此稱之。出爲使持節、督南徐州刺史。侯景亂，藻遣長子彧率兵入援，及城開，加散騎常侍、大將軍。景遣其儀同蕭邕代之，據京口，藻因感氣疾，不自療。或勸奔江北，藻

曰：「吾國之台鉉，位任特隆，既不能誅翦逆賊，正當同死朝廷，安能投身異類，欲保餘生。」因不食累日。太清三年，薨，時年六十七。

永陽嗣王伯游字士仁，高祖次兄敷之子。敷字仲達，解褐齊後軍征虜行參軍，〔一二〕轉太子舍人，洗馬，遷丹陽尹丞。入爲太子中舍人，除建威將軍、隨郡內史。招懷遠近，黎庶安之，以爲前後之政莫之及也。進號寧朔將軍，徵爲廬陵王諮議參軍。建武四年，薨。高祖即位，追贈侍中、司空，封永陽郡王，謚曰昭。

伯游美風神，善言玄理。天監元年四月，詔曰：「兄子伯游，雖年識未弘，意尚粗可。浙東奧區，宜須撫莅，可督會稽東陽新安永嘉臨海五郡諸軍事、輔國將軍、會稽太守。」二年，襲封永陽郡王。五年，薨，時年二十三。謚曰恭。

衡陽嗣王元簡字熙遠，高祖第四弟暢之子。暢仕齊至太常，封江陵縣侯，卒。天監元年，追贈侍中、驃騎大將軍、開府儀同三司。封衡陽郡王。謚曰宣。

元簡三年襲封，除中書郎，遷會稽太守。十三年，入爲給事黃門侍郎，出爲持節、都督廣交越三州諸軍事、平越中郎將、廣州刺史。還爲太子中庶子，遷使持節、都督郢司霍三州諸軍事、信武將軍、郢州刺史。十八年正月，卒於州。謚曰孝。子俊嗣。

桂陽嗣王象字世翼，長沙宣武王第九子也。初，叔父融仕齊至太子洗馬。永元中，宣武之難，融遇害。高祖平京邑，贈給事黃門侍郎。天監元年，加散騎常侍、撫軍大將軍，封桂陽郡王。謚曰簡。無子，乃詔象爲嗣，襲封爵。

象容止閑雅，善於交遊，事所生母以孝聞。起家寧遠將軍、丹陽尹。到官未幾，簡王妃薨，去職。服闋，復授明威將軍、丹陽尹。象生長深宮，始親庶政，舉無失德，朝廷稱之。出爲持節、督司霍郢三州諸軍事、征遠將軍、郢州刺史。尋遷湘衡二州諸軍事、輕車將軍、湘州刺史。湘州舊多虎暴，及象在任，爲之靜息，故老咸稱德政所感。除中書侍郎，俄以本官行石頭戍軍事，轉給事黃門侍郎、兼領軍，又以本官兼宗正卿。尋遷侍中、太子詹事，未拜，改授持節、督江州諸軍事、信武將軍、江州刺史。以疾免。尋除太常卿，加侍中，遷祕書監、領步兵校尉。大同二年，薨，謚曰敦。子慥嗣。

史臣曰：長沙諸嗣王，並承襲土宇，光有藩服。桂陽王象以孝聞，在於牧湘，猛虎息暴，蓋德惠所致也。昔之善政，何以加焉。

校勘記

〔一〕長沙嗣王業字靜曠　蕭業本名淵業，姚思廉避唐諱省去「淵」字；而於武帝紀則改「淵」爲「深」，作「深業」。

〔二〕梁南秦二州刺史　「南秦」各本譌「南梁」，據南史改。按上督區是「梁南北秦沙」，則下不得更爲「南梁」刺史。

〔三〕懿又遣氐帥楊元秀攻魏歷城臯蘭駱谷坑池等六戍　「駱谷」各本譌「駱火」，據南齊書魏虜傳改。「坑池」，魏虜傳作「仇池」。

〔四〕追斬之　「斬」各本譌「奔」，據南史及册府元龜二九〇改。

〔五〕鎭于琅邪　「于」各本譌「牙」，據册府元龜二八〇改。

〔六〕普通三年徵爲散騎常侍護軍將軍　本書武帝紀，蕭淵業爲護軍將軍在普通元年。

〔七〕普通元年薨　蕭淵業死於普通七年，孝儼嗣爵，則孝儼不得死於普通元年。「普」字或爲「大」字之譌，或爲「中大」二字之譌。

〔八〕藻字靖藝　藻本名淵藻，姚思廉避唐諱，省去「淵」字。

〔九〕據郫繁作亂　「繁」百衲本、殿本等作「樊」。今據南史及册府元龜四一九改。

〔一〇〕二年爲中權將軍　本書武帝紀，蕭淵藻爲中權將軍在中大通元年三月。是年十月方改元，在十月前仍得稱大通三年，此「二年」當作「三年」。

〔一一〕三年爲中軍將軍　各本作「中將軍」，脫一「軍」字，據南史補。

〔一二〕解褐齊後軍征虜行參軍　「後」字下，原衍「將」字。按：徐勉故侍中司空永陽昭王墓誌銘作「解褐齊後軍長沙王行參軍」，無「將」字，今據删。

梁書卷二十四

列傳第十八

蕭景 弟昌　昂　昱

蕭景字子昭，〔一〕高祖從父弟也。父崇之字茂敬，卽左光祿大夫道賜之子。道賜三子：長子尚之，字茂先；次太祖文皇帝；次崇之。初，左光祿居於鄉里，專行禮讓，爲衆所推，仕歷宋太尉江夏王參軍，終于治書侍御史，齊末，追贈散騎常侍、左光祿大夫。尚之敦厚有德器，爲司徒建安王中兵參軍，一府稱爲長者；琅邪王僧虔尤善之，每事多與議決。遷步兵校尉，卒官。天監初，追謚文宣侯。尚之子靈鈞，仕齊廣德令。高祖義師至，行會稽郡事，頃之卒。高祖卽位，追封東昌縣侯，邑一千戶。子謇嗣。崇之以幹能顯，爲政尚嚴厲，官至冠軍將軍、東陽太守。永明中，錢唐唐寓之反，別衆破東陽，崇之遇害。天監初，追謚忠簡侯。

景八歲隨父在郡，居喪以毀聞。既長好學，才辯能斷。齊建武中，除晉安王國左常侍，遷永寧令，政爲百城最。永嘉太守范述曾居郡，號稱廉平，雅服景爲政，乃牓郡門曰：「諸縣有疑滯者，可就永寧令決。」頃之，以疾去官。永嘉人胡仲宣等千人詣闕，表請景爲郡，不許。還爲驃騎行參軍。永元二年，以長沙宣武王懿勳，除步兵校尉。是冬，宣武王遇害，景亦逃難。高祖義師至，以景爲寧朔將軍、行南兗州軍事。〔二〕時天下未定，江北傖楚各據塢壁，景示以威信，渠帥相率面縛請罪，旬日境內皆平。中興二年，遷督南兗州諸軍事、輔國將軍、監南兗州。高祖踐阼，封吳平縣侯，食邑一千戶，仍爲使持節、都督南北兗青冀四州諸軍事、〔三〕冠軍將軍、南兗州刺史。詔景母毛氏爲國太夫人，禮如王國太妃，假金章紫綬。景居州，淸恪有威裁，明解吏職，文案無壅，下不敢欺，吏人畏敬如神。會年荒，計口賑卹，爲饘粥於路以賦之，死者給棺具，人甚賴焉。

天監四年，王師北伐，景帥衆出淮陽，進屠宿預。丁母憂，詔起攝職。五年，班師，除太子右衞率，遷輔國將軍、衞尉卿。七年，遷左驍騎將軍，兼領軍將軍。領軍管天下兵要，監局官僚，舊多驕侈，景在職峻切，官曹肅然。制局監皆近倖，頗不堪命，以是不得久留中。尋出爲使持節、督雍梁南北秦郢州之竟陵司州之隨郡諸軍事、信武將軍、寧蠻校尉、雍州刺史。八年三月，魏荆州刺史元志率衆七萬寇潺溝，驅迫羣蠻，羣蠻悉渡漢水來降。議者以蠻累爲邊患，可因此除之。景曰：「窮來歸我，誅之不祥。且魏人來侵，每爲矛盾，若悉誅蠻，則魏軍無礙，非長策也。」乃開樊城受降。因命司馬朱思遠、寧蠻長史曹義宗、中兵參軍孟惠儁擊志於溳溝，大破之，生擒志長史杜景。斬首萬餘級，流屍蓋漢水，景遣中兵參軍崔績率軍士收而瘞焉。

景初到州，省除參迎羽儀器服，不得煩擾吏人。修營城壘，申警邊備，理辭訟，勸農桑。郡縣皆改節自勵，州內清肅，緣漢水陸千餘里，抄盜絕迹。十一年，徵右衞將軍、領石頭戍軍事。十二年，復爲使持節、督南北兗北徐青冀五州諸軍事、信威將軍、南兗州刺史。〔四〕十三年，徵爲領軍將軍，直殿省，知十州損益事，月加祿五萬。

景爲人雅有風力，長於辭令。其在朝廷，爲衆所瞻仰。於高祖屬雖爲從弟，而禮寄甚隆，軍國大事，皆與議決。十五年，加侍中。十七年，太尉、揚州刺史臨川王宏坐法免。詔曰：「揚州應須緝理，宜得其人。侍中、領軍將軍吳平侯景才任此舉，可以安右將軍監揚州，並置佐史，侍中如故，卽宅爲府。」景越親居揚州，辭讓甚懇惻，至于涕泣，高祖不許。在州尤稱明斷，符敎嚴整。有田舍老姥嘗訴得符，還至縣，縣吏未卽發，姥語曰：「蕭監州符，火爛汝手，何敢留之！」其爲人所畏敬如此。

十八年，累表陳解，高祖未之許。明年，出爲使持節、散騎常侍、都督郢司霍三州諸軍事、安西將軍、郢州刺史。將發，高祖幸建興苑餞別，爲之流涕。既還宮，詔給鼓吹一部。

在州復有能名。齊安、竟陵郡接魏界，多盜賊，景移書告示，魏卽焚塢戍保境，〔五〕不復侵略。普通四年，卒于州，時年四十七。詔贈侍中、中撫軍、開府儀同三司。謚曰忠。子勱嗣。〔六〕

昌字子建，景第二弟也。齊豫章末，〔七〕爲晉安王左常侍。天監初，除中書侍郎，出爲豫章內史。五年，加寧朔將軍。六年，遷持節、督廣交越桂四州諸軍事、輔國將軍、平越中郎將、廣州刺史。七年，進號征遠將軍。九年，分湘州置衡州，以昌爲持節、督廣州之綏建湘州之始安諸軍事、信武將軍、衡州刺史，坐免。十三年，起爲散騎侍郎，尋以本官兼宗正卿。其年，出爲安右長史。累遷太子中庶子、通直散騎常侍，又兼宗正卿。

昌爲人亦明悟，然性好酒，酒後多過。在州郡，每醉輒遝出入人家，或獨詣草野。其於刑戮，頗無期度。醉時所殺，醒或求焉，亦無悔也。屬爲有司所劾，入留京師，忽忽不樂，遂縱酒虛悸。在石頭東齋，引刀自刺，左右救之，不殊。十七年，卒，時年三十九。子伯言。

昂字子明，景第三弟也。天監初，累遷司徒右長史，出爲輕車將軍、監南兗州。初，兄景再爲南兗，德惠在人，及昂來代，時人方之馮氏。徵爲琅邪、彭城二郡太守，軍號如先。復以輕車將軍出爲廣州刺史。普通二年，爲散騎常侍、信威將軍。四年，轉散騎侍郎、中領軍、太子中庶子，出爲吳興太守。大通二年，徵爲仁威將軍、衞尉卿，尋爲侍中，兼領軍將軍。中大通元年，爲領軍將軍。二年，封湘陰縣侯，邑一千戶。出爲江州刺史。大同元年，卒，時年五十三。謚曰恭。

昱字子眞，景第四弟也。天監初，除祕書郎，累遷太子舍人，洗馬，中書舍人，中書侍郎。每求自試，高祖以爲淮南、永嘉、襄陽郡，並不就。志願邊州，高祖以其輕脫無威望，抑而不許。遷給事黃門侍郎。上表曰：「夏初陳啓，未垂採照，追懷慚懼，實戰胸心。臣聞暑雨祁寒，小人猶怨；榮枯寵辱，誰能忘懷！臣藉以往因，得預枝戚之重；緣報既雜，時逢坎壈之運。昔在齊季，義師之始，臣乃幼弱，粗有識慮，東西阻絕，歸赴無由，雖未能負戈擐甲，實銜淚憤懣。潛伏東境，備履艱危，首尾三年，亟移數處，雖復飢寒切身，亦不以凍餒爲苦。每涉驚疑，惶怖失魄，既乖致命之節，空有項領之憂，希望開泰，冀蒙共樂；豈期二十餘年，功名無紀，畢此身骸，方塡溝壑，丹誠素願，溘至長罷，俯自哀憐，能不傷歎！夫自媒自衒，誠哉可鄙；自譽自伐，實在可羞。然量己揆分，自知者審，陳力就列，寧敢空言，是以常願一試，屢成干請。夫上應玄象，實不易叨；錦不輕裁，誠難其製。過去業鄣，所以致乖算測。

聖監既謂臣愚短，不可試用，豈容久居顯禁，徒穢黃樞。忝竊稍積，恐招物議，請解今職，乞屏退私門。伏願天照，特垂允許。臣雖叨榮兩宮，報效無地，方違省闥，伏深戀悚。」高祖手詔答曰：「昱表如此。古者用人，必前明試，皆須績用既立，乃可自退之高。昔漢光武兄子章、興二人，並有名宗室，就欲習吏事，不過章爲平陰令，興爲緱氏宰，政事有能，方遷郡守，非直政績見稱，卽是光武猶子。昱之才地，豈得比類焉！往歲處以淮南郡，既不肯行；續用爲招遠將軍、鎭北長史、襄陽太守，又以邊外致辭；改除招遠將軍、永嘉太守，復云內地非願；復問晉安、臨川，隨意所擇，亦復不行。解巾臨郡，事不爲薄，數有致辭，意欲何在？且昱諸兄遞居連率，相繼推轂，未嘗缺歲。其同產兄景，今正居藩鎭。朕豈厚於景而薄於昱，正是朝序物議，次第若斯，於其一門，差自無愧。無論今日不得如此；昱兄弟昔在布衣，以處成長，於何取立，豈得任情反道，背天違地。孰謂朝廷無有憲章，特是未欲致之于理。既表解職。可聽如啓。」坐免官。因此杜門絕朝覲，國家慶弔不復通。

普通五年，坐於宅內鑄錢，爲有司所奏，下廷尉，得免死，徙臨海郡。行至上虞，有敕追還，且令受菩薩戒。昱既至，恂恂盡禮，改意蹈道，持戒又精潔，高祖甚嘉之，以爲招遠將軍、晉陵太守。下車勵名迹，除煩苛，明法憲，嚴於姦吏，優養百姓，旬日之間，郡中大化。俄而暴疾卒，百姓行坐號哭，市里爲之諠沸，設祭奠於郡庭者四百餘人。田舍有女人夏氏，年百餘歲，扶曾孫出郡，悲泣不自勝。其惠化所感如此。百姓相率爲立廟建碑，以紀其德。又詣京師求贈謚。詔贈湘州刺史。謚曰恭。

史臣曰：高祖光有天下，慶命傍流，枝戚屬婕，咸被任遇。蕭景之才辯識斷，益政佐時，蓋梁宗室令望者矣。

校勘記

〔一〕蕭景字子昭　蕭景本名昺，姚思廉避唐諱，改「昺」爲「景」。弘明集有衞尉卿蕭昺答釋法雲書，難范縝神滅論。

〔二〕行南兗州軍事　文館詞林四五七梁孝元帝郢州都督蕭子昭碑銘作「行南兗州事」，無「軍」字。

〔三〕都督南北兗青冀四州諸軍事　各本皆作「都督北兗徐青冀四州諸軍事」。文館詞林四五七梁孝元帝郢州都督蕭子昭碑銘作「督南北兗、青、冀四州諸軍事」。按：下云爲南兗州刺史，則其所督諸州必首爲南兗州。今據碑文補一「南」字，删一「徐」字。

〔四〕信威將軍南兗州刺史　「信威」梁孝元帝郢州都督蕭子昭碑銘作「信武」。

〔五〕魏卽焚塢戍保境　「焚」各本作「禁」，據南史及册府元龜六九五改。

〔六〕子勱嗣　「勱」各本作「勵」，據陳書江總傳改。

〔七〕齊豫章末　齊有豫章王蕭嶷，無「豫章」年號，「豫章」二字當有誤，或是衍文。

梁書卷二十五

列傳第十九

周捨　徐勉

周捨字昇逸，汝南安城人，晉左光祿大夫顗之八世孫也。父顒，齊中書侍郎，有名於時。捨幼聰穎，顒異之，臨卒謂曰：「汝不患不富貴，但當持之以道德。」既長，博學多通，尤精義理，善誦書，背文諷說，音韻淸辯。

起家齊太學博士，遷後軍行參軍。建武中，魏人吳包南歸，有儒學，尙書僕射江祏招包講，捨造坐，累折包，辭理遒逸，由是名爲口辯。王亮爲丹陽尹，聞而悅之，辟爲主簿，政事多委焉。遷太常丞。

梁臺建，爲奉常丞。高祖卽位，博求異能之士，吏部尙書范雲與顒素善，重捨才器，言之於高祖，召拜尙書祠部郎。時天下草創，禮儀損益，多自捨出。尋爲後軍記室參軍、秣陵

令。入爲中書通事舍人，累遷太子洗馬，散騎常侍，中書侍郎，鴻臚卿。時王亮得罪歸家，故人莫有至者，捨獨敦恩舊，及卒，身營殯葬，時人稱之。遷尙書吏部郎，太子右衞率，右衞將軍，雖居職屢徙，而常留省內，罕得休下，國史詔誥，儀體法律，軍旅謀謨，皆兼掌之。日夜侍上，預機密，二十餘年未嘗離左右。捨素辯給，與人汎論談謔，終日不絕口，而竟無一言漏泄機事，衆尤歎服之。性儉素，衣服器用，居處牀席，如布衣之貧者。每入官府，雖廣厦華堂，閨閤重邃，捨居之則塵埃滿積。以荻爲鄣，壞亦不營。爲右衞，母憂去職，起爲明威將軍、右驍騎將軍。服闋，除侍中，領步兵校尉，未拜，仍遷員外散騎常侍、太子左衞率。頃之，加散騎常侍、本州大中正，遷太子詹事。

普通五年，南津獲武陵太守白渦書，〔一〕許遺捨面錢百萬，津司以聞。雖書自外入，猶爲有司所奏，捨坐免。遷右驍騎將軍，知太子詹事。以其年卒，時年五十六。上臨哭，哀慟左右。詔曰：「太子詹事、豫州大中正捨，奄至殞喪，惻愴于懷。其學思堅明，志行開敏，劬勞機要，多歷歲年，才用未窮，彌可嗟慟。宜隆追遠，以旌善人。可贈侍中、護軍將軍，鼓吹一部，給東園祕器，朝服一具，衣一襲，喪事隨由資給。謚曰簡子。」明年，又詔曰：「故侍中、護軍將軍簡子捨，義該玄儒，博窮文史，奉親能孝，事君盡忠，歷掌機密，淸貞自居。食不重味，身靡兼衣。終亡之日，內無妻妾，外無田宅，兩兒單貧，有過古烈。往者，南司白渦之

劾，恐外議謂朕有私，致此黜免，追愧若人一介之善。外可量加褒異，以旌善人。」二子：弘義，弘信。

徐勉字脩仁，東海郯人也。祖長宗，宋高祖霸府行參軍。父融，南昌相。

勉幼孤貧，早勵清節。年六歲，時屬霖雨，家人祈霽，率爾爲文，見稱耆宿。及長，篤志好學。起家國子生。太尉文憲公王儉時爲祭酒，每稱勉有宰輔之量。射策舉高第，補西陽王國侍郎。尋遷太學博士，鎮軍參軍，尚書殿中郎，以公事免。又除中兵郎，領軍長史。琅邪王元長才名甚盛，嘗欲與勉相識，每託人召之。勉謂人曰：「王郎名高望促，難可輕襲衣裾。」俄而元長及禍，時人莫不服其機鑒。

初與長沙宣武王遊，高祖深器賞之。及義兵至京邑，勉於新林謁見，高祖甚加恩禮，使管書記。高祖踐阼，拜中書侍郎，遷建威將軍、後軍諮議參軍、本邑中正、尚書左丞。自掌樞憲，多所糾舉，時論以爲稱職。

天監二年，除給事黃門侍郎、尚書吏部郎，參掌大選。遷侍中。時王師北伐，候驛填委。勉參掌軍書，劬勞夙夜，動經數旬，乃一還宅。每還，羣犬驚吠。勉歎曰：「吾憂國忘

家，乃至於此。若吾亡後，亦是傳中一事。」六年，除給事中、五兵尚書，遷吏部尚書。勉居選官，彝倫有序，既閑尺牘，兼善辭令，雖文案塡積，坐客充滿，應對如流，手不停筆。又該綜百氏，皆爲避諱。常與門人夜集，客有虞暠求詹事五官，勉正色答云：「今夕止可談風月，不宜及公事。」故時人咸服其無私。

除散騎常侍，領游擊將軍，未拜，改領太子右衞率。遷左衞將軍，領太子中庶子，侍東宮。昭明太子尚幼，敕知宮事。太子禮之甚重，每事詢謀。嘗於殿內講孝經，臨川靖惠王、尚書令沈約備二傅，勉與國子祭酒張充爲執經，王瑩、張稷、柳憕、王暕爲侍講。時選極親賢，妙盡時譽，勉陳讓數四。又與沈約書，求換侍講，詔不許，然後就焉。轉太子詹事，領雲騎將軍，尋加散騎常侍，遷尚書右僕射，詹事如故。又改授侍中，頻表解宮職，優詔不許。

時人間喪事，多不遵禮，朝終夕殯，相尚以速。勉上疏曰：「禮記問喪云：『三日而後斂者，以俟其生也；三日而不生，亦不生矣。』自頃以來，不遵斯制。送終之禮，殯以朞日，潤屋豪家，乃或半晷，衣衾棺椁，以速爲榮，親戚徒隸，各念休反。故屬纊纔畢，灰釘已具，忘狐鼠之顧步，愧燕雀之徊翔。傷情滅理，莫此爲大。且人子承衾之時，志懣心絕，喪事所資，悉關他手，愛憎深淺，事實難原，如覘視或爽，存沒違濫，使萬有其一，怨酷已多，豈若緩其告斂之晨，申其望生之冀。請自今士庶，宜悉依古，三日大斂。如有不奉，加以糾繩。」詔可其奏。

尋授宣惠將軍，置佐史，侍中、僕射如故。又除尚書僕射、中衞將軍。勉以舊恩，越升重位，盡心奉上，知無不爲。爰自小選，迄于此職，常參掌衡石，甚得士心。禁省中事，未嘗漏洩。每有表奏，輒焚藁草。博通經史，多識前載。朝儀國典，婚冠吉凶，勉皆預圖議。

普通六年，上修五禮表曰：

臣聞「立天之道，曰陰與陽；立人之道，曰仁與義」。故稱「導之以德，齊之以禮」。夫禮所以安上治民，弘風訓俗，經國家，利後嗣者也。唐虞三代，咸必由之。在乎有周，憲章尤備，因殷革夏，損益可知。雖復經禮三百，曲禮三千，經文三百，威儀三千，其大歸有五，卽宗伯所掌典禮：吉爲上，凶次之，賓次之，軍次之，嘉爲下也。故祠祭不以禮，則不齊不莊；喪紀不以禮，則背死忘生者衆；賓客不以禮，則朝覲失其儀；軍旅不以禮，則致亂於師律；冠婚不以禮，則男女失其時。爲國修身，於斯攸急。

洎周室大壞，王道既衰，官守斯文，日失其序，禮樂征伐，出自諸侯，小雅盡廢，舊章缺矣。是以韓宣適魯，知周公之德；叔侯在晉，辨郊勞之儀。戰國從橫，政教愈泯；暴秦滅學，掃地無餘。漢氏鬱興，日不暇給，猶命叔孫於外野，方知帝王之爲貴。末葉紛綸，遞有興毀，或以武功銳志，或好黃老之言，禮義之式，於焉中止。及東京曹褒，南

宮制述，集其散略，百有餘篇，雖寫以尺簡，而終闕平奏。其後兵革相尋，異端互起，章句既淪，俎豆斯輟。方領矩步之容，事滅於旌鼓；蘭臺石室之文，用盡於帷蓋。至乎晉初，爰定新禮，荀顗制之於前，摯虞刪之於末。既而中原喪亂，罕有所遺；江左草創，因循而已。釐革之風，是則未暇。

伏惟陛下睿明啓運，先天改物，撥亂惟武，經世以文。[二]作樂在乎功成，制禮弘於業定。光啓二學，皇枝等於貴遊；闢茲五館，草萊升以好爵。爰自受命，迄于告成，盛德形容備矣，天下能事畢矣。明明穆穆，無德而稱焉。至若玄符靈貺之祥，浮溟棧山之賮，[三]固亦日書左史，副在司存，今可得而略也。是以命彼羣才，搜甘泉之法；延茲碩學，闡曲臺之儀。淄上淹中之儒，連蹤繼軌，負笈懷鉛之彥，匪旦伊夕。諒以化穆三雍，人從五典，秩宗之教，勃焉以興。

伏尋所定五禮，起齊永明三年，[四]太子步兵校尉伏曼容表求制一代禮樂，于時參議置新舊學士十人，止修五禮，諮稟衞將軍丹陽尹王儉，學士亦分住郡中，製作歷年，猶未克就。及文憲薨殂，遺文散逸，後又以事付國子祭酒何胤。經涉九載，猶復未畢。建武四年，胤還東山，齊明帝敕委尚書令徐孝嗣。舊事本末，隨在南第。永元中，孝嗣於此遇禍，又多零落。當時鳩斂所餘，權付尚書左丞蔡仲熊、驍騎將軍何佟之，共掌其

事。時修禮局住在國子學中門外，東昏之代，頻有軍火，其所散失，又踰太半。天監元年，佟之啓審省置之宜，敕使外詳。時尚書參詳，以天地初革，庶務權輿，宜俟隆平，徐議刪撰，欲且省禮局，併還尚書儀曹。詔旨云：「禮壞樂缺，故國異家殊，實宜以時修定，以爲永准。但頃之修撰，以情取人，不以學進；其掌知者，以貴總一，不以稽古，所以歷年不就，有名無實。此既經國所先，外可議其人，人定，便卽撰次。」於是尚書僕射沈約等參議，請五禮各置舊學士一人，人各自舉學士二人，相助抄撰。其中有疑者，依前漢石渠、後漢白虎，隨源以聞，請旨斷決。乃以舊學士右軍記室參軍明山賓掌吉禮，中軍騎兵參軍嚴植之掌凶禮，中軍田曹行參軍兼太常丞賀瑒掌賓禮，征虜記室參軍陸璉掌軍禮，右軍參軍司馬褧掌嘉禮，[五]尚書左丞何佟之總參其事。佟之亡後，以鎮北諮議參軍伏暅代之。後又以暅代嚴植之掌凶禮。暅尋遷官，以五經博士繆昭掌凶禮。復以禮儀深廣，記載殘缺，宜須博論，共盡其致，更使鎮軍將軍丹陽尹沈約、太常卿張充及臣三人同參厥務。臣又奉別敕，總知其事。末又使中書侍郎周捨、庾於陵二人復豫參知。若有疑義，所掌學士當職先立議，通諮五禮舊學士及參知，各言同異，條牒啓聞，決之制旨。疑事既多，歲時又積，制旨裁斷，其數不少，莫不網羅經誥，玉振金聲，義貫幽微，理入神契，前儒所不釋，後學所未聞。凡諸奏決，皆載篇首，具列聖

旨，爲不刊之則。洪規盛範，冠絕百王；茂實英聲，方垂千載。寧孝宣之能擬，豈孝章之足云。

五禮之職，事有繁簡，及其列畢，不得同時。嘉禮儀注以天監六年五月七日上尚書，合十有二秩，一百一十六卷，[六]五百三十六條；賓禮儀注以天監六年五月二十日上尚書，合十有七秩，一百三十三卷，五百四十五條；軍禮儀注以天監九年十月二十九日上尚書，合十有八秩，一百八十九卷，二百四十條；吉禮儀注以天監十一年十一月十日上尚書，合二十有六秩，二百二十四卷，一千五條；凶禮儀注以天監十一年十一月十七日上尚書，合四十有七秩，五百一十四卷，五千六百九十三條：大凡一百二十秩，一千一百七十六卷，八千一十九條。又列副祕閣及五經典書各一通，繕寫校定，以普通五年二月始獲洗畢。

竊以撰正履禮，歷代罕就，皇明在運，厥功克成。周代三千，舉其盈數；今之八千，隨事附益。質文相變，故其數兼倍，猶如八卦之爻，因而重之，錯綜成六十四也。昔文武二王，所以綱紀周室，君臨天下，公旦脩之，以致太平龍鳳之瑞。自斯厥後，甫備茲日。孔子曰：「其有繼周，雖百世可知。」[七]豈所謂齊功比美者歟！臣以庸識，謬司其任，淹留歷稔，允當斯責；兼勒成之初，未遑表上，寔由才輕務廣，思力不周，永言慚惕，

無忘寤寐。自今春輿駕將親六師，搜尋軍禮，閱其條章，靡不該備。所謂郁郁文哉，煥乎洋溢，信可以懸諸日月，頒之天下者矣。愚心喜抃，彌思陳述；兼前後聯官，一時皆逝，臣雖幸存，耄已將及，慮皇世大典，遂闕騰奏，不任下情，輒具載撰修始末，并職掌人、所成卷秩、條目之數，謹拜表以聞。

詔曰：「經禮大備，政典載弘，今詔有司，案以行事也。」又詔曰：「勉表如此。因革允釐，憲章孔備，功成業定，於是乎在。可以光被八表，施諸百代，俾萬世之下，知斯文在斯。主者其按以遵行，勿有失墜。」尋加中書令，給親信二十人。勉以疾自陳，求解內任，詔不許，乃令停下省，三日一朝，有事遣主書論決。脚疾轉劇，久闕朝覲，固陳求解，詔乃賚假，須疾差還省。

勉雖居顯位，不營產業，家無蓄積，俸祿分贍親族之窮乏者。門人故舊或從容致言。勉乃答曰：「人遺子孫以財，我遺之以清白。子孫才也，則自致輜軿；如其不才，終爲他有。」嘗爲書誡其子崧曰：

吾家世清廉，故常居貧素，至於產業之事，所未嘗言，非直不經營而已。薄躬遭逢，遂至今日，尊官厚祿，可謂備之。每念叨竊若斯，豈由才致，仰藉先代風範及以福慶，故臻此耳。古人所謂「以清白遺子孫，不亦厚乎。」又云：「遺子黃金滿籯，不如一

經。」詳求此言，信非徒語。吾雖不敏，實有本志，庶得遵奉斯義，不敢墜失。所以顯貴以來，將三十載，門人故舊，亟薦便宜，或使創闢田園，或勸興立邸店，又欲舳艫運致，亦令貨殖聚斂。若此衆事，皆距而不納。非謂拔葵去織，且欲省息紛紜。

中年聊於東田閒營小園者，非在播藝，以要利入，正欲穿池種樹，少寄情賞。又以郊際閑曠，終可爲宅，儻獲懸車致事，實欲歌哭於斯。慧日、十住等，既應營婚，又須住止，吾淸明門宅，無相容處。所以爾者，亦復有以；前割西邊施宣武寺，既失西廂，不復方幅，意亦謂此逆旅舍耳，何事須華？常恨時人謂是我宅。古往今來，豪富繼踵，高門甲第，連闥洞房，宛其死矣，定是誰室？但不能不爲培塿之山，聚石移果，雜以花卉，以娛休沐，用託性靈。隨便架立，不在廣大，惟功德處，小以爲好。所以內中逼促，無復房宇。近營東邊兒孫二宅，乃藉十住南還之資，其中所須，猶爲不少，既牽挽不至，又不可中塗而輟，郊間之園，遂不辦保，貨與韋黯，乃獲百金，成就兩宅，已消其半。尋園價所得，何以至此？由吾經始歷年，粗已成立，桃李茂密，桐竹成陰，塍陌交通，渠畎相屬。華樓迥榭，頗有臨眺之美；孤峯叢薄，不無糾紛之興。瀆中並饒菰蔣，湖裏殊富芰蓮。雖云人外，城闕密邇，韋生欲之，亦雅有情趣。追述此事，非有吝心，蓋是筆勢所至耳。憶謝靈運山家詩云：「中爲天地物，今成鄙夫有。」吾此園有之二十載矣，今爲天

地物，物之與我，相校幾何哉！此吾所餘，今以分汝，營小田舍，親累既多，理亦須此。且釋氏之教，以財物謂之外命；儒典亦稱「何以聚人曰財」。況汝曹常情，安得忘此。聞汝所買姑孰田地，甚爲舄鹵，彌復何安。所以如此，非物競故也。雖事異寢丘，聊可髣髴。孔子曰：「居家理治，可移於官。」既已營之，宜使成立。進退兩亡，更貽恥笑。若有所收穫，汝可自分贍內外大小，宜令得所，非吾所知，又復應沾之諸女耳。汝既居長，故有此及。

凡爲人長，殊復不易，當使中外諧緝，人無間言，先物後已，然後可貴。老生云：「後其身而身先。」若能爾者，更招巨利。汝當自勗，見賢思齊，不宜忽略以棄日也。非徒棄日，乃是棄身，〔八〕身名美惡，豈不大哉！可不慎歟？今之所敕，略言此意，正謂爲家已來，不事資產，既立墅舍，以乖舊業，陳其始末，無愧懷抱。兼吾年時朽暮，心力稍殫，牽課奉公，略不克舉，其中餘暇，裁可自休。或復冬日之陽，夏日之陰，良辰美景，文案間隙，負杖躡屩，逍遙陋館，臨池觀魚，披林聽鳥，濁酒一杯，彈琴一曲，求數刻之暫樂，庶居常以待終，不宜復勞家間細務。汝交關既定，此書又行，凡所資須，付給如別。自茲以後，吾不復言及田事，汝亦勿復與吾言之。假使堯水湯旱，吾豈知如何；若其滿庾盈箱，爾之幸遇。如斯之事，並無俟令吾知也。記云：「夫孝者，善繼人之志，善

述人之事。」今且望汝全吾此志，則無所恨矣。

勉第二子悱卒，痛悼甚至，不欲久廢王務，乃爲答客喩。其辭曰：

普通五年春二月丁丑，余第二息晉安內史悱喪之問至焉，舉家傷悼，心情若隕。二宮並降中使，以相慰勗，親遊賓客，畢來弔問，輒慟哭失聲，悲不自已，所謂父子天性，不知涕之所從來也。

於是門人慮其肆情所鍾，容致委頓，乃斂衽而進曰：「僕聞古往今來，理運之常數；春榮秋落，氣象之定期。人居其間，譬諸逆旅，生寄死歸，著於通論，是以深識之士，悠爾忘懷。東門歸無之旨，見稱往哲；西河喪明之過，取誚友朋。足下受遇於朝，任居端右，憂深責重，休戚是均，宜其遺情下流，止哀加飯，上存奉國，俯示隆家。豈可縱此無益，同之兒女，傷神損識，或虧生務？門下竊議，咸爲君侯不取也。」

余雪泣而答曰：「彭殤之達義，延吳之雅言，亦常聞之矣；顧所以未能弭意者，請陳其說。夫植樹階庭，欽柯葉之茂；爲山累仞，惜覆簣之功。故秀而不實，尼父爲之歎息；析彼歧路，楊子所以留連。事有可深，聖賢靡抑。今吾所悲，亦以悱始踰立歲，孝悌之至，自幼而長，文章之美，得之天然，好學不倦，居無塵雜，多所著述，盈帙滿笥，淡然得失之際，不見喜慍之容。及翰飛東朝，參伍盛列，其所遊往，皆一時才俊，賦詩頌

詠，終日忘疲。每從容謂吾以遭逢時來，位隆任要，當應推賢下士，先物後身，然後可以報恩明主，克保元吉。俾余二紀之中，忝竊若是，幸無大過者，繄此子之助焉。自出閩區，政存清靜，冀其旋反，少慰衰暮，言念今日，眇然長往。加以闔棺千里之外，未知歸骨之期，雖復無情之倫，庸詎不痛於昔！夷甫孩抱中物，尚盡慟以待賓；安仁未及七旬，猶慇懃於詞賦。況夫名立宦成，〔九〕半途而廢者，亦焉可已已哉。求其此懷，可謂苗實之義。諸賢既貽格言，喩以大理，卽日輟哀，命駕脩職事焉。」

中大通三年，又以疾自陳，移授特進、右光祿大夫、侍中、中衞將軍，置佐史，餘如故。增親信四十人。兩宮參問，冠蓋結轍；服膳醫藥，皆資天府。有敕每欲臨幸，勉以拜伏有虧，頻啓停出，詔許之，遂停輿駕。大同元年，卒，時年七十。高祖聞而流涕，卽日車駕臨殯，乃詔贈特進、右光祿大夫、開府儀同三司，餘並如故。給東園祕器，朝服一具，衣一襲。贈錢二十萬，布百匹。皇太子亦舉哀朝堂。謚曰簡肅公。

勉善屬文，勤著述，雖當機務，下筆不休。嘗以起居注煩雜，乃加刪撰爲流別起居注六百卷；〔一〇〕左丞彈事五卷；在選曹，撰選品五卷；齊時，撰太廟祝文二卷；以孔釋二教殊途同歸，撰會林五十卷。凡所著前後二集四十五卷，又爲婦人集十卷，〔一一〕皆行於世。大同三年，故佐史尚書左丞劉覽等詣闕陳勉行狀，請刊石紀德，卽降詔許立碑於墓云。

悱字敬業，幼聰敏，能屬文。起家著作佐郎，轉太子舍人，掌書記之任。累遷洗馬、中舍人，猶管書記。出入宮坊者歷稔，以足疾出爲湘東王友，遷晉安內史。

陳吏部尚書姚察曰：徐勉少而厲志忘食，發憤脩身，慎言行，擇交遊；加運屬興王，依光日月，故能明經術以綰青紫，出閭閻而取卿相。及居重任，竭誠事主，動師古始，依則先王，提衡端軌，物無異議，爲梁宗臣，盛矣。

校勘記

〔一〕普通五年南津獲武陵太守白渦書　南史周捨傳作「普通五年，南津校尉郭祖深獲始興相白渦書」。本書武帝紀及南史郭祖深傳皆云南津校尉置於普通七年，且卽以郭祖深任校尉，則普通五年當作普通七年。白渦是武陵太守或始興相，則無以決。

〔二〕經世以文　「世」各本作「時」，南史作「俗」，皆以避唐諱改，今改回。

〔三〕浮溟棧山之賚　「棧」，各本譌「機」，據册府元龜五六三改。按：顏延年三月三日曲水詩序有「棧山航海」語，與此同義。

〔四〕伏尋所定五禮起齊永明三年　「三年」當依南史作「二年」。南齊書禮志云「永明二年，太子步兵校尉伏曼容表定禮樂」。

〔五〕右軍參軍司馬娶掌嘉禮　「娶」各本譌「裴」，據南史改。

〔六〕一百一十六卷　「百」字上「一」字，各本脫，據南史及册府元龜五六三補。

〔七〕雖百世可知　「世」各本作「代」。此語本論語，姚思廉避唐諱改，今改回。

〔八〕非徒棄日乃是棄身　「非徒」二字各本皆脫，據藝文類聚二三補。

〔九〕況夫名立宦成　「宦」各本譌「官」，今改正。

〔一〇〕乃加删撰爲流別起居注六百卷　「流」字各本脫去，據南史補。流別，卽分類。

〔一一〕又爲婦人集十卷　南史作「又爲人章表集十卷」。

梁書卷二十六

列傳第二十

范岫　傅昭弟映　蕭琛　陸杲

范岫字懋賓，濟陽考城人也。高祖宣，晉徵士。父羲，宋兗州別駕。

岫早孤，事母以孝聞，與吳興沈約俱爲蔡興宗所禮。泰始中，起家奉朝請。興宗爲安西將軍，引爲主簿。累遷臨海、長城二縣令，驃騎參軍，尚書删定郎，護軍司馬，齊司徒竟陵王子良記室參軍。

累遷太子家令。文惠太子之在東宮，沈約之徒以文才見引，岫亦預焉。岫文雖不逮約，而名行爲時輩所與，博涉多通，尤悉魏晉以來吉凶故事。約常稱曰：「范公好事該博，胡廣無以加。」南鄉范雲謂人曰：「諸君進止威儀，當問范長頭。」以岫多識前代舊事也。

遷國子博士。永明中，魏使至，有詔妙選朝士有詞辯者，接使於界首，以岫兼淮陰長史

迎焉。還遷尚書左丞，母憂去官，尋起攝職。出爲寧朔將軍、南蠻長史、南義陽太守，未赴職，還右軍諮議參軍，郡如故。除撫軍司馬。出爲建威將軍、安成內史。入爲給事黃門侍郎，遷御史中丞、領前軍將軍、南北兗二州大中正。永元末，出爲輔國將軍、冠軍晉安王長史，行南徐州事。義師平京邑，承制徵爲尚書吏部郎，參大選。梁臺建，爲度支尚書。天監五年，遷散騎常侍、光祿大夫，侍皇太子，給扶。六年，領太子左衞率。七年，徙通直散騎常侍、右衞將軍，中正如故。其年表致事，詔不許。八年，出爲晉陵太守，秩中二千石。九年，入爲祠部尚書，領右驍騎將軍，其年遷金紫光祿大夫，加親信二十人。十三年，卒官，時年七十五。賻錢五萬，布百匹。

岫身長七尺八寸，恭敬儼恪，進止以禮。自親喪之後，蔬食布衣以終身。每所居官，恒以廉潔著稱。爲長城令時，有梓材巾箱至數十年，經貴遂不改易。在晉陵，惟作牙管筆一雙，猶以爲費。所著文集、禮論、雜儀、字訓行於世。二子褒，偉。

傅昭，字茂遠，北地靈州人，晉司隸校尉咸七世孫也。祖和之，父淡，善三禮，知名宋世。淡事宋竟陵王劉誕，誕反，淡坐誅。昭六歲而孤，哀毀如成人者，宗黨咸異之。十一，隨

外祖於朱雀航賣曆日。爲雍州刺史袁顗客，顗嘗來昭所，昭讀書自若，神色不改。顗歎曰：「此兒神情不凡，必成佳器。」司徒建安王休仁聞而悅之，因欲致昭，昭以宋氏多故，遂不往。或有稱昭於廷尉虞愿，愿乃遣車迎昭。時愿宗人通之在坐，並當世名流，通之贈昭詩曰：「英妙擅山東，才子傾洛陽。清塵誰能嗣，及爾遘遺芳。」太原王延秀薦昭於丹陽尹袁粲，深爲所禮，辟爲郡主簿，使諸子從昭受學。會明帝崩，粲造哀策文，乃引昭定其所制。每經昭戶，輒歎曰：「經其戶，寂若無人，披其帷，其人斯在，豈非名賢。」尋爲總明學士、奉朝請。齊永明中，累遷員外郎、司徒竟陵王子良參軍、尚書儀曹郎。

先是御史中丞劉休薦昭於武帝，永明初，以昭爲南郡王侍讀。王嗣帝位，故時臣隸爭求權寵，惟昭及南陽宗夬，保身守正，無所參入，竟不罹其禍。明帝踐阼，引昭爲中書通事舍人。時居此職者，皆勢傾天下，昭獨廉靜，無所干豫。器服率陋，身安粗糲。常插燭於板牀，明帝聞之，賜漆合燭盤等，敕曰：「卿有古人之風，故賜卿古人之物。」累遷車騎臨海王記室參軍，長水校尉，〔一〕太子家令，驃騎晉安王諮議參軍。尋除尚書左丞、本州大中正。

高祖素悉昭能，建康城平，引爲驃騎錄事參軍。梁臺建，遷給事黃門侍郎，領著作郎，頃之，兼御史中丞，黃門、著作、中正並如故。天監三年，兼五兵尚書，參選事，四年，即眞。六年，徙爲左民尚書，未拜，出爲建威將軍、平南安成王長史、尋陽太守。七年，入爲振遠

將軍、中權長史。八年，遷通直散騎常侍，領步兵校尉，復領本州大中正。十年，復爲左民尚書。

十一年，出爲信武將軍、安成內史。安成自宋已來兵亂，郡舍號凶。及昭爲郡，郡內人夜夢見兵馬鎧甲甚盛，又聞有人云「當避善人」，軍衆相與騰虛而逝。夢者驚起。俄而疾風暴雨，倏忽便至，數間屋俱倒，即夢者所見軍馬踐蹈之所也。自後郡舍遂安，咸以昭正直所致。郡溪無魚，或有暑月薦昭魚者，昭既不納，又不欲拒，遂餒于門側。

十二年，入爲祕書監，領後軍將軍。十四年，遷太常卿。十七年，出爲智武將軍、臨海太守。郡有蜜巖，前後太守皆自封固，專收其利。昭以周文之囿，與百姓共之，大可喻小，乃教勿封。縣令常餉栗，置絹于薄下，昭笑而還之。普通二年，入爲通直散騎常侍、光祿大夫，領本州大中正，尋領祕書監。五年，遷散騎常侍、金紫光祿大夫，中正如故。

昭所莅官，常以清靜爲政，不尚嚴肅。居朝廷，無所請謁，不畜私門生，不交私利。終日端居，以書記爲樂，雖老不衰。博極古今，尤善人物，魏晉以來，官宦簿伐，姻通內外，舉而論之，無所遺失。性尤篤慎。子婦嘗得家餉牛肉以進，昭召其子曰：「食之則犯法，告之則不可，取而埋之。」其居身行己，不負闇室，類皆如此。京師後進，宗其學，重其道，人人自以爲不逮。大通二年九月，卒，時年七十五。詔賻錢三萬，布五十匹，即日舉哀，謚曰貞子。

長子諝，尚書郎，臨安令。次子肱。

映字徽遠，昭弟也。三歲而孤。兄弟友睦，脩身厲行，非禮不行。始昭之守臨海，陸倕餞之，賓主俱歡，日昏不反，映以昭年高，不可連夜極樂，乃自往迎候，同乘而歸，兄弟並已斑白，時人美而服焉。及昭卒，映喪之如父，年踰七十，哀戚過禮，服制雖除，每言輒感慟。

映泛涉記傳，有文才，而不以篇什自命。少時與劉繪、蕭琛相友善，繪之爲南康相，映時爲府丞，文教多令具草。褚彥回聞而悅之，乃屈與子賁等遊處。年未弱冠，彥回欲令仕，映以昭未解褐，固辭，須昭仕乃宦。

永元元年，參鎮軍江夏王軍事，出爲武康令。及高祖師次建康，吳興太守袁昂自謂門世忠貞，固守誠節，乃訪於映曰：「卿謂時事云何？」映答曰：「元嘉之末，開闢未有，故太尉殺身以明節，司徒當寄託之重，理無苟全，所以不顧夷險，以殉名義。今嗣主昏虐，狎近羣小，親賢誅戮，君子道消，外難屢作，曾無悛改。今荊、雍協舉，乘據上流，背昏向明，勢無不濟。百姓思治，天人之意可知；既明且哲，忠孝之途無爽。願明府更當雅慮，無祇悔也。」尋以公事免。天監初，除征虜鄱陽王參軍，建安王中權錄事參軍，領軍長史，烏程令。所受俸祿，悉歸于兄。復爲臨川王錄事參軍，南臺治書，安成王錄事，太子翊軍校尉，累遷中散大夫、光祿卿，太中大夫。大同五年，卒，年八十三。子弘。

蕭琛字彥瑜，蘭陵人。祖僧珍，宋廷尉卿。父惠訓，太中大夫。琛年數歲，從伯惠開撫其背曰：「必興吾宗。」

琛少而朗悟，有縱橫才辯。起家齊太學博士。時王儉當朝，琛年少，未爲儉所識，負其才氣，欲候儉。時儉宴于樂遊苑，琛乃著虎皮靴，策桃枝杖，直造儉坐，儉與語，大悅。儉爲丹陽尹，辟爲主簿，舉爲南徐州秀才，累遷司徒記室。

永明九年，魏始通好，琛再銜命至桑乾，還爲通直散騎侍郎。時魏遣李道固來使，齊帝讌之，琛於御筵舉酒勸道固，道固不受，曰：「公庭無私禮，不容受勸。」琛徐答曰：「詩所謂『雨我公田，遂及我私』。」座者皆服，道固乃受琛酒。遷司徒右長史。出爲晉熙王長史、行南徐州事。還兼少府卿、尚書左丞。

東昏初嗣立，時議以無廟見之典，琛議據周頌烈文、閔予皆爲即位朝廟之典，於是從之。高祖定京邑，引爲驃騎諮議，領錄事，遷給事黃門侍郎。梁臺建，爲御史中丞。天監元年，遷庶子，〔二〕出爲宣城太守。徵爲衞尉卿，俄遷員外散騎常侍。三年，除太子中庶子、散

騎常侍。九年，出爲寧遠將軍、平西長史、江夏太守。

始琛在宣城，有北僧南度，惟賚一葫蘆，中有漢書序傳。僧曰：「三輔舊老相傳，以爲班固眞本。」琛固求得之，其書多有異今者，而紙墨亦古，文字多如龍舉之例，非隸非篆，琛甚祕之。及是行也，以書餉鄱陽王範，範乃獻于東宮。

琛尋遷安西長史、南郡太守，母憂去官，又丁父艱。起爲信武將軍、護軍長史，俄爲貞毅將軍、太尉長史。出爲信威將軍、東陽太守，遷吳興太守。郡有項羽廟，土民名爲憤王，甚有靈驗，遂於郡廳事安施牀幕爲神座，公私請禱，前後二千石皆於廳拜祠，而避居他室。琛至，徙神還廟，處之不疑。又禁殺牛解祀，以脯代肉。

琛頻莅大郡，不治產業，有闕則取，不以爲嫌。普通元年，徵爲宗正卿，遷左民尙書，領南徐州大中正，太子右衞率。徙度支尙書，左驍騎將軍，領軍將軍，轉祕書監、後軍將軍，遷侍中。

高祖在西邸，早與琛狎，每朝讌，接以舊恩，呼爲宗老。琛亦奉陳昔恩，以「早簉中陽，夙忝同閈，雖迷興運，猶荷洪慈」。上答曰：「雖云早契闊，乃自非同志；勿談興運初，且道狂奴異。」

琛常言：「少壯三好，音律、書、酒。年長以來，二事都廢，惟書籍不衰。」而琛性通脫，常

自解寵，事畢餕餘，必陶然致醉。

大通二年，爲金紫光祿大夫，加特進，給親信三十人。中大通元年，爲雲麾將軍、晉陵太守，秩中二千石，以疾自解，改授侍中、特進、金紫光祿大夫。卒，年五十二。遺令諸子，與妻同墳異藏，祭以蔬菜，葬日止車十乘，事存率素。乘輿臨哭甚哀。詔贈本官，加雲麾將軍，給東園祕器，朝服一具，衣一襲，賻錢二十萬，布百匹。謚曰平子。

陸杲字明霞，吳郡吳人。祖徽，宋輔國將軍、益州刺史。父叡，揚州治中。

杲少好學，工書畫，舅張融有高名，杲風韻舉動，頗類於融，時稱之曰：「無對日下，惟舅與甥。」起家齊中軍法曹行參軍，太子舍人，衞軍王儉主簿。遷尙書殿中曹郎，拜日，八座丞郎並到上省交禮，而杲至晚，不及時刻，坐免官。久之，以爲司徒竟陵王外兵參軍，遷征虜宜都王功曹史，驃騎晉安王諮議參軍，司徒從事中郎。梁臺建，以爲驃騎記室參軍，遷相國西曹掾。天監元年，除撫軍長史，母憂去職。服闋，拜建威將軍、中軍臨川王諮議參軍，尋遷黃門侍郎，右軍安成王長史。五年，遷御史中丞。

杲性婞直，無所顧望。山陰令虞肩在任，贓汙數百萬，杲奏收治。中書舍人黃睦之以肩事託杲，杲不答。高祖聞之，以問杲，杲答曰「有之」。高祖曰：「卿識睦之不？」杲答曰：「臣不識其人。」時睦之在御側，上指示杲曰：「此人是也。」杲謂睦之曰：「君小人，何敢以罪人屬南司？」睦之失色。領軍將軍張稷，是杲從舅，杲嘗以公事彈稷，稷因侍宴訴高祖曰：「陸杲是臣通親，小事彈臣不貸。」高祖曰：「杲職司其事，卿何得爲嫌！」杲在臺，號稱不畏强禦。

六年，遷祕書監，頃之爲太子中庶子、光祿卿。八年，出爲義興太守，在郡寬惠，爲民下所稱。還爲司空臨川王長史、領揚州大中正。十四年，遷通直散騎侍郎，俄遷散騎常侍，中正如故。十五年，遷司徒左長史。十六年，入爲左民尙書，遷太常卿。普通二年，出爲仁威將軍、臨川內史。五年，入爲金紫光祿大夫，又領揚州大中正。中大通元年，加特進，中正如故。四年，卒，時年七十四。謚曰質子。

杲素信佛法，持戒甚精，著沙門傳三十卷。

弟煦，學涉有思理。天監初，歷中書侍郎，尙書左丞，太子家令，卒。撰晉書未就。又著陸史十五卷，陸氏驪泉志一卷，並行於世。

子罩，少篤學，有文才，仕至太子中庶子、光祿卿。

史臣曰：范岫、傅昭，並篤行淸愼，善始令終，斯石建、石慶之徒矣。蕭琛、陸杲俱以才學著名。琛朗悟辯捷，加諳究朝典，高祖在田，與琛遊舊，及踐天曆，任遇甚隆，美矣。杲性婞直，無所忌憚，旣而執法憲臺，糾繩不避權幸，可謂允茲正色。詩云：「彼己之子，邦之司直。」杲其有焉。

校勘記

〔一〕杲還車騎臨海王記室參軍長水校尉　「長水」各本作「長史」。按：歷代無「長史校尉」之官。梁有屯騎、步騎、越騎、長水、射聲五營校尉。「長史」當爲「長水」之譌，今改正。

〔二〕天監元年還庶子　按：梁東宮職僚有太子中庶子，太子庶子。此「庶子」上當脫「太子中」三字或「太子」二字。

梁書卷二十七

列傳第二十一

陸倕　到洽　明山賓　殷鈞　陸襄

陸倕字佐公，吳郡吳人也。晉太尉玩六世孫。祖子眞，宋東陽太守。[一]父慧曉，齊太常卿。

倕少勤學，善屬文。於宅內起兩間茅屋，杜絕往來，晝夜讀書，如此者數載。所讀一遍，必誦於口。嘗借人漢書，失五行志四卷，乃暗寫還之，略無遺脫。幼爲外祖張岱所異，岱常謂諸子曰：「此兒汝家之陽元也。」年十七，[二]舉本州秀才。刺史竟陵王子良開西邸延英俊，倕亦預焉。辟議曹從事參軍、廬陵王法曹行參軍。天監初，爲右軍安成王外兵參軍，轉主簿。

倕與樂安任昉友善，爲感知己賦以贈昉，昉因此名以報之曰：「信偉人之世篤，本侯服

於陸鄉。緬風流與道素，襲袞衣與繡裳。還伊人而世載，[三]並三駿而龍光。過龍津而一息，望鳳條而曾翔。彼白玉之雖潔，此幽蘭之信芳。思在物而取譬，非斗斛之能量。匹聳峙於東岳，比凝厲於秋霜。不一飯以妄過，每三錢以投渭。匪蒙袂之敢嗟，豈溝壑之能衣。既蘊藉其有餘，又淡然而無味。得意同乎卷懷，違方似乎仗氣。類平叔而靡雕，似子雲之不朴。冠衆善而貽操，綜羣言而名學。折高、戴於后臺，異鄒、顏乎菫幄。採三詩於河間，訪九師於淮曲。術兼口傳之書，藝廣鏗鏘之樂。時坐睡而梁懸，裁枝梧而錐握。既文過而意深，又理勝而辭縟。咨余生之荏苒，迫歲暮而傷情。測徂陰於堂下，聽鳴鍾於洛城。唯忘年之陸子，定一遇於班荆。余獲田蘇之價，爾得海上之名。信落魄而無產，終長對於短生。飢虛表於徐步，逃責顯於疾行。子比我於叔則，又方余於耀卿。心照情交，流言靡惑。萬類闇求，千里懸得。言象可廢，蹄筌自默。居非連棟，行則同車。冬日不足，夏日靡餘。肴核非餌，絲竹豈娛。我未捨駕，子已回輿。中飯相顧，悵然動色。邦壤既殊，離會莫測。存異山陽之居，沒非要離之側。似膠投漆中，離婁豈能識。」其爲士友所重如此。

遷驃騎臨川王東曹掾。是時禮樂制度，多所創革，高祖雅愛倕才，乃敕撰新漏刻銘，其文甚美。遷太子中舍人，管東宮書記。又詔爲石闕銘記，奏之。敕曰：「太子中舍人陸倕所製石闕銘，辭義典雅，足爲佳作。昔虞丘辨物，邯鄲獻賦，賞以金帛，前史美談。可賜絹三

十四。」遷太子庶子、國子博士，母憂去職。服闋，爲中書侍郎，給事黃門侍郎，揚州別駕從事史，以疾陳解，遷鴻臚卿，入爲吏部郎，參選事。出爲雲麾晉安王長史、尋陽太守、行江州府州事。以公事免，左遷中書侍郎，司徒司馬，太子中庶子，廷尉卿。又爲中庶子，加給事中，揚州大中正。復除國子博士，中庶子、中正並如故。守太常卿，中正如故。普通七年，卒，年五十七。文集二十卷，行於世。

第四子纘，早慧，十歲通經，爲童子奉車郎，卒。

到洽字茂沿，彭城武原人也。宋驃騎將軍彥之曾孫。祖仲度，驃騎江夏王從事中郎。父坦，齊中書郎。

洽年十八，爲南徐州迎西曹行事。洽少知名，清警有才學士行。謝朓文章盛於一時，見洽深相賞好，日引與談論。每謂洽曰：「君非直名人，乃亦兼資文武。」朓後爲吏部，洽去職，朓欲薦之，洽覩世方亂，深相拒絕。除晉安王國左常侍，不就，遂築室巖阿，幽居者積歲。樂安任昉有知人之鑒，與洽兄沼、溉並善。嘗訪洽於田舍，見之歎曰：「此子日下無雙。」遂申拜親之禮。

天監初，沼、溉俱蒙擢用，洽尤見知賞，從弟沆亦相與齊名。高祖問待詔丘遲曰：「到洽何如沆、溉？」遲對曰：「正清過於沆，文章不減溉；加以清言，殆將難及。」卽召爲太子舍人。御華光殿，詔洽及沆、蕭琛、任昉侍讌，賦二十韻詩，以洽辭爲工，賜絹二十匹。高祖謂昉曰：「諸到可謂才子。」昉對曰：「臣常竊議，宋得其武，梁得其文。」

二年，遷司徒主簿，直待詔省，敕使抄甲部書。五年，遷尚書殿中郎。洽兄弟羣從，遞居此職，時人榮之。七年，遷太子中舍人，與庶子陸倕對掌東宮管記。俄爲侍讀，侍讀省仍置學士二人，洽復充其選。九年，遷國子博士，奉敕撰太學碑。十二年，出爲臨川內史，在郡稱職。十四年，入爲太子家令，遷給事黃門侍郎，兼國子博士。十六年，遷太子中庶子。普通元年，以本官領博士。頃之，入爲尚書吏部郎，請託一無所行。俄遷員外散騎常侍，復領博士，母憂去職。五年，復爲太子中庶子，領步兵校尉，未拜，仍遷給事黃門侍郎，領尚書左丞，準繩不避貴戚，尚書省賄賂莫敢通。時鑾輿欲親戎，軍國容禮，多自洽出。六年，遷御史中丞，彈糾無所顧望，號爲勁直，當時肅清。以公事左降，猶居職。舊制，中丞不得入尚書下舍，洽兄溉爲左民尚書，洽引服親不應有礙，刺省詳決。左丞蕭子雲議許入溉省，亦以其兄弟素篤，不能相別也。七年，出爲貞威將軍、雲麾長史、尋陽太守。大通元年，卒於郡，時年五十一。贈侍中。謚曰理子。昭明太子與晉安王綱令曰：「明北兗、到長史遂

相係凋落，傷怛悲惋，不能已已。去歲陸太常殂殁，今茲二賢長謝。陸生資忠履貞，冰清玉潔，文該四始，學遍九流，高情勝氣，貞然直上。明公儒學稽古，淳厚篤誠，立身行道，始終如一，儻值夫子，必升孔堂。到子風神開爽，文義可觀，當官莅事，介然無私。皆海內之俊乂，東序之祕寶。此之嗟惜，更復何論。但遊處周旋，並淹歲序，造膝忠規，豈可勝說，幸免祇悔，實二三子之力也。談對如昨，音言在耳，零落相仍，皆成異物，每一念至，何時可言。天下之寶，理當惻愴。近張新安又致故，其人文筆弘雅，亦足嗟惜，隨弟府朝，東西日久，尤當傷懷也。比人物零落，特可傷惋，屬有今信，乃復及之。」

洽文集行於世。子伯淮、仲舉。

明山賓字孝若，平原鬲人也。父僧紹，隱居不仕，宋末國子博士徵，不就。山賓七歲能言名理，〔四〕十三博通經傳，居喪盡禮。服闋，州辟從事史。起家奉朝請。兄仲璋嬰痼疾，家道屢空，山賓乃行干祿。齊始安王蕭遙光引爲撫軍行參軍，後爲廣陽令，頃之去官。義師至，高祖引爲相府田曹參軍。梁臺建，爲尚書駕部郎，遷治書侍御史，右軍記室參軍，掌治吉禮。時初置五經博士，山賓首膺其選。遷北中郎諮議參軍，侍皇太子

讀。累遷中書侍郎，國子博士，太子率更令，中庶子，博士如故。天監十五年，出爲持節、督緣淮諸軍事、征遠將軍、北兗州刺史。普通二年，徵爲太子右衞率，加給事中，遷御史中丞。以公事左遷黃門侍郎、司農卿。四年，遷散騎常侍，領青冀二州大中正。東宮新置學士，又以山賓居之，俄以本官兼國子祭酒。

初，山賓在州，所部平陸縣不稔，啓出倉米以贍人，後刺史檢州曹，失簿書，以山賓爲秏闕，有司追責，籍其宅入官，山賓默不自理，更市地造宅。昭明太子聞築室不就，有令曰：「明祭酒雖出撫大藩，擁旄推轂，珥金拖紫，而恒事屢空。聞構宇未成，今送薄助。」并貽詩曰：「平仲古稱奇，夷吾昔檀美。令則挺伊賢，東秦固多士。築室非道傍，置宅歸仁里。庚桑方有係，原生今易擬。必來三逕人，將招五經士。」

山賓性篤實，家中嘗乏用，〔五〕貨所乘牛。既售受錢，乃謂買主曰：「此牛經患漏蹄，治差已久，恐後脫發，無容不相語。」買主遽追取錢。處士阮孝緒聞之，歎曰：「此言足使還淳反朴，激薄停澆矣。」

五年，又爲國子博士，常侍、中正如故。其年以本官假節，權攝北兗州事。大通元年，卒，時年八十五。詔贈侍中、信威將軍。謚曰質子。昭明太子爲舉哀，賻錢十萬，布百匹，並使舍人王顯監護喪事。又與前司徒左長史殷芸令曰：「北兗信至，明常侍遂至殞逝，聞之

傷怛。此賢儒術該通，志用稽古，溫厚淳和，倫雅弘篤。授經以來，迄今二紀。若其上交不諂，造膝忠規，非顯外迹，得之胸懷者，蓋亦積矣。攝官連率，行當言歸，不謂長往，眇成疇日。追憶談緒，皆爲悲端，往矣如何！昔經聯事，理當酸愴也。」

山賓累居學官，甚有訓導之益，然性頗疏通，接於諸生，多所狎比，人皆愛之。所著吉禮儀注二百二十四卷，禮儀二十卷，孝經喪禮服義十五卷。

子震，字興道，亦傳父業。歷官太學博士，太子舍人，尚書祠部郎，餘姚令。

殷鈞字季和，陳郡長平人也。晉太常融八世孫。父叡，有才辯，知名齊世，歷官司徒從事中郎。叡妻王奐女。奐爲雍州刺史、鎮北將軍，乃言於朝，以叡爲鎮北長史、河南太守。奐誅，叡並見害。鈞時年九歲，以孝聞。及長，恬靜簡交遊，好學有思理。善隸書，爲當時楷法，南鄉范雲、〔六〕樂安任昉並稱賞之。高祖與叡少舊故，以女妻鈞，即永興公主也。天監初，拜駙馬都尉，起家祕書郎，太子舍人，司徒主簿，祕書丞。鈞在職，啓校定祕閣四部書，更爲目錄。又受詔料檢西省法書古迹，別爲品目。遷驃騎從事中郎，中書郎，太子家令，掌東宮書記。頃之，遷給事黃門侍郎，中庶子，尚書吏部郎，司徒左長史，侍中。東宮

置學士，復以鈞爲之。公事免。復爲中庶子，領國子博士、左驍騎將軍，博士如故。出爲明威將軍、臨川內史。

鈞體羸多疾，閉閤臥治，而百姓化其德，劫盜皆奔出境。嘗禽劫帥，不加考掠，但和言誚責。劫帥稽顙乞改過，鈞便命遣之，後遂爲善人。郡舊多山瘧，更暑必動，自鈞在任，郡境無復瘧疾。母憂去職，居喪過禮，昭明太子憂之，手書誡喻曰：「知比諸德，哀頓爲過，又所進殆無一溢，甚以酸耿。迥然一身，〔七〕宗奠是寄，毀而滅性，聖教所不許。宜微自遣割，俯存禮制，饘粥果蔬，少加勉强。憂懷旣深，指故有及，並令繆道臻口具。」鈞答曰：「奉賜手令，並繆道臻宣旨，伏讀感咽，肝心塗地。小人無情，動不及禮，但稟生尪劣，假推年歲，罪戾所鍾，復加橫疾。頃者綿微，守盡晷漏，目亂玄黃，心迷哀樂，惟救危苦，未能以遠理自制。藿桂之滋，實聞前典，不避粱肉，復忝今慈，臣亦何人，降此憂愍。謹當循復聖言，思自補續，如脫申延，實由亭造。」服闋，遷五兵尚書，猶以頓瘵經時，不堪拜受，乃更授散騎常侍，領步兵校尉，侍東宮。尋改領中庶子。昭明太子薨，官屬罷，又領右游擊，除國子祭酒，常侍如故。中大通四年，卒，時年四十九。謚曰貞子。二子：構，渥。

陸襄字師卿，吳郡吳人也。父閑，齊始安王遙光揚州治中，〔八〕永元末，遙光據東府作亂，或勸閑去之。閑曰：「吾爲人吏，何所逃死。」臺軍攻陷城，閑見執，將刑，第二子絳求代死，不獲，遂以身蔽刃，刑者俱害之。襄痛父兄之酷，喪過于禮，服釋後猶若居憂。天監三年，都官尚書范岫表薦襄，起家擢拜著作佐郎，除永寧令。秩滿，累遷司空臨川王法曹，外兵，輕車廬陵王記室參軍。昭明太子聞襄業行，啓高祖引與遊處，除太子洗馬，遷中舍人，並掌管記。出爲揚州治中，襄父終此官，固辭職，高祖不許，聽與府司馬換廨居之。昭明太子敬耆老，襄母年將八十，與蕭琛、傅昭、陸杲每月常遣存問，加賜珍羞衣服。襄母嘗卒患心痛，醫方須三升粟漿，是時冬月，日又逼暮，求索無所，忽有老人詣門貨漿，量如方劑，始欲酬直，無何失之，時以襄孝感所致也。累遷國子博士，太子家令，復掌管記，母憂去職。襄年已五十，毁頓過禮，太子憂之，日遣使誡喻。服闋，除太子中庶子，復掌管記。中大通三年，昭明太子薨，官屬罷，妃蔡氏別居金華宮，以襄爲中散大夫、領步兵校尉、金華宮家令、知金華宮事。

七年，出爲鄱陽內史。〔九〕先是，郡民鮮于琛服食脩道法，嘗入山採藥，拾得五色幡眊，又於地中得石璽，竊怪之。琛先與妻別室，望琛所處，常有異氣，益以爲神。大同元年，遂結其門徒，殺廣晉令王筠，號上願元年，署置官屬，其黨轉相誑惑，有衆萬餘人。將出攻郡，

襄先已帥民吏脩城隍，爲備禦，及賊至，連戰破之，生獲琛，餘衆逃散。時鄰郡豫章、安成等守宰，案治黨與，因求賄貨，皆不得其實，或有善人盡室離禍，惟襄郡部枉直無濫。民作歌曰：「鮮于平後善惡分，民無枉死，賴有陸君。」又有彭李二家，先因忿爭，遂相誣告，襄引入內室，不加責誚，但和言解喻之，二人感恩，深自咎悔，乃爲設酒食，令其盡歡，酒罷，同載而還，因相親厚。民又歌曰：「陸君政，無怨家，鬬既罷，讎共車。」在政六年，郡中大治，民李睍等四百二十人詣闕拜表，陳襄德化，求於郡立碑，降勑許之。又表乞留襄，襄固求還，徵爲吏部郎，遷祕書監，領揚州大中正。太清元年，遷度支尚書，中正如故。

二年，侯景舉兵圍宮城，以襄直侍中省。三年三月，城陷，襄逃還吳。賊尋寇東境，沒吳郡。景將宋子仙進攻錢塘，會海鹽人陸黯舉義，有衆數千人，夜出襲郡，殺僞太守蘇單于，推襄行郡事。時淮南太守文成侯蕭寧逃賊入吳，襄遣迎寧爲盟主，遣黯及兄子映公帥衆拒子仙。子仙聞兵起，乃退還，與黯等戰於松江，黯敗走，吳下軍聞之，亦各奔散。襄匿于墓下，一夜憂憤卒，時年七十。

襄弱冠遭家禍，終身蔬食布衣，不聽音樂，口不言殺害五十許年。侯景平，世祖追贈侍中、雲麾將軍。以建義功，追封餘干縣侯，邑五百戶。

陳吏部尚書姚察曰：陸倕博涉文理，到洽匪躬貞勁，明山賓儒雅篤實，殷鈞靜素恬和，陸襄淳深孝性，雖任遇有異，皆列於名臣矣。

校勘記

〔一〕祖子眞宋東陽太守　「東陽」南史作「海陵」。

〔二〕年十七　「年」字各本脫去，據冊府元龜七二七補。

〔三〕還伊人而世載　「還」藝文類聚三一作「逮」。

〔四〕山賓七歲能言名理　「名」北監本、汲古閣本、殿本、金陵局本及南史俱作「玄」。今從百衲本及冊府元龜七七四。

〔五〕家中嘗乏用　「用」南史作「困」，疑作「困」是。

〔六〕南鄉范雲　「鄉」各本譌「郡」，今據南史及冊府元龜八六一改。按：本書范雲傳作「南鄉舞陰人」。

〔七〕迥然一身　「迥」各本譌「迴」，據冊府元龜七五三改。

〔八〕父閑齊始安王遙光揚州治中　「揚州治中」，齊書孝義陸絳傳及南史陸閑傳作「揚州別駕」。

〔九〕七年出爲鄱陽內史　中大通只六年，其明年正月改大同，不得有七年。「七」字譌，當作「六」。

梁書卷二十八

列傳第二十二

裴邃 兄子之高 之平 之橫 夏侯亶 弟夔 魚弘附 韋放

裴邃字淵明，河東聞喜人，魏襄州刺史綽之後也。〔一〕祖壽孫，寓居壽陽，爲宋武帝前軍長史。父仲穆，驍騎將軍。

邃十歲能屬文，善左氏春秋。齊建武初，刺史蕭遙昌引爲府主簿。壽陽有八公山廟，遙昌爲立碑，使邃爲文，甚見稱賞。舉秀才，對策高第，奉朝請。東昏踐阼，始安王蕭遙光爲撫軍將軍、揚州刺史，引邃爲參軍。後遙光敗，邃還壽陽，值刺史裴叔業以壽陽降魏，豫州豪族皆被驅掠，邃遂隨衆北徙，魏主宣武帝雅重之，以爲司徒屬，中書郎，魏郡太守。魏遣王肅鎮壽陽，邃固求隨肅，密圖南歸。天監初，自拔還朝，除後軍諮議參軍。邃求邊境自効，以爲輔國將軍、廬江太守。時魏將呂頗率衆五萬奄來攻

郡，邃率麾下拒破之，加右軍將軍。

五年，征邵陽洲，魏人爲長橋斷淮以濟。邃築壘逼橋，每戰輒克，於是密作沒突艦。會甚雨，淮水暴溢，邃乘艦徑造橋側，魏衆驚潰，邃乘勝追擊，大破之。進克羊石城，斬城主元康。又破霍丘城，斬城主甯永仁。平小峴，攻合肥。以功封夷陵縣子，邑三百戶。遷冠軍長史、廣陵太守。

邃與鄉人共入魏武廟，因論帝王功業。其妻甥王篆之密啓高祖，云「裴邃多大言，有不臣之迹」。由是左遷爲始安太守。邃志欲立功邊陲，不願閑遠，乃致書於呂僧珍曰：「昔阮咸、顏延有『二始』之歎，〔二〕吾才不逮古人，今爲三始，非其願也，將如之何！」未及至郡，會魏攻宿預，詔邃拒焉。行次直瀆，魏衆退。遷右軍諮議參軍、豫章王雲麾府司馬，率所領助守石頭。出爲竟陵太守，開置屯田，公私便之。遷爲游擊將軍、朱衣直閤，直殿省。尋遷假節、明威將軍、西戎校尉、北梁秦二州刺史。復開創屯田數千頃，倉廩盈實，省息邊運，民吏獲安。乃相率餉絹千餘匹，邃從容曰：「汝等不應爾；吾又不可逆。」納其絹二匹而已。還爲給事中、雲騎將軍、朱衣直閤將軍，遷大匠卿。

普通二年，義州刺史文僧明以州叛入於魏，魏軍來援。以邃爲假節、信武將軍，督衆軍討焉。邃深入魏境，從邊城道，出其不意，魏所署義州刺史封壽據檀公峴，邃擊破之，遂圍其

城，壽面縛請降，義州平。除持節、督北徐州諸軍事、信武將軍、北徐州刺史，未之職，又遷督豫州北豫霍三州諸軍事、豫州刺史，鎮合肥。

四年，進號宣毅將軍。是歲，大軍將北伐，〔三〕以邃督征討諸軍事，率騎三千，先襲壽陽。九月壬戌，夜至壽陽，攻其郛，斬關而入，一日戰九合，爲後軍蔡秀成失道不至，邃以援絕拔還。於是邃復整兵，收集士卒。令諸將各以服色相別。邃自爲黃袍騎，先攻狄丘、甓城、黎漿等城，皆拔之。屠安成、馬頭、沙陵等戍。〔四〕是冬，始修芍陂。明年，復破魏新蔡郡，略地至於鄭城，汝潁之間，所在響應。魏壽陽守將長孫稚、河間王元琛率衆五萬，出城挑戰，邃勒諸將爲四甄以待之，令直閤將軍李祖憐僞遁以引稚，稚等悉衆追之，四甄競發，魏衆大敗。斬首萬餘級。稚等奔走，閉門自固，不敢復出。其年五月，卒於軍中。追贈侍中、左衞將軍，給鼓吹一部，進爵爲侯，增邑七百戶。謚曰烈。

邃少言笑，沉深有思略，爲政寬明，能得士心。居身方正有威重，將吏憚之，少敢犯法。及其卒也，淮、肥間莫不流涕，以爲邃不死，洛陽不足拔也。

子之禮，字子義，自國子生推第，〔五〕補邵陵王國左常侍、信威行參軍。王爲南兗，除長流參軍，未行，仍留宿衞，補直閤將軍。丁父憂，服闋襲封，因請隨軍討壽陽，除雲麾將軍，遷散騎常侍。又別攻魏廣陵城，平之，除信武將軍、西豫州刺史，加輕車將軍，除黃門侍郎，

遷中軍宣城王司馬。尋爲都督北徐仁睢三州諸軍事、信武將軍、北徐州刺史。徵太子左衞率，兼衞尉卿，轉少府卿。卒，謚曰壯。子政，承聖中，官至給事黃門侍郎。江陵陷，隨例入西魏。

之高字如山，邃兄中散大夫髦之子也。起家州從事、新都令、奉朝請，遷參軍。頗讀書，少負意氣，常隨叔父邃征討，所在立功，甚爲邃所器重，戎政咸以委焉。壽陽之役，邃卒于軍所，之高隸夏侯夔，平壽陽，仍除平北豫章長史、梁郡太守，封都城縣男，邑二百五十戶。時魏汝陰來附，敕之高應接，仍除假節、飈勇將軍、潁州刺史。士民夜反，踰城而入，之高率家僮與麾下奮擊，賊乃散走。父憂還京。起爲光遠將軍，合討陰陵盜賊，平之，〔六〕以爲譙州刺史。又還爲左軍將軍，出爲南譙太守、監北徐州，遷員外散騎常侍。尋除雄信將軍、西豫州刺史，餘如故。

侯景亂，之高率衆入援，南豫州刺史、鄱陽嗣王範命之高總督江右援軍諸軍事，頓于張公洲。柳仲禮至橫江，之高遣船舸二百餘艘迎致仲禮，與韋粲等俱會青塘立營，據建興苑。及城陷，之高還合肥，與鄱陽王範西上。稍至新蔡，衆將一萬，未有所屬，元帝遣蕭慧正召之，以爲侍中、護軍將軍。到江陵，承制除特進、金紫光祿大夫。卒，時年七十三。贈侍中、

儀同三司，鼓吹一部。謚曰恭。

子畿，累官太子右衞率、雟州刺史。西魏攻陷江陵，戮力戰死之。

之平字如原，之高第五弟。少亦隨邃征討，以軍功封都亭侯。歷武陵王常侍、扶風弘農二郡太守，不行，除譙州長史、陽平太守。拒侯景，城陷後，遷散騎常侍、右衞將軍、太子詹事。

之橫字如岳，之高第十三弟也。少好賓遊，重氣俠，不事產業。之高以其縱誕，乃爲狹被蔬食以激厲之。之橫歎曰：「大丈夫富貴，必作百幅被。」遂與僮屬數百人，於芍陂大營田墅，遂致殷積。太宗在東宮，聞而要之，以爲河東王常侍、直殿主帥，遷直閤將軍。侯景亂，出爲貞威將軍，隸鄱陽王範討景。景濟江，仍與範長子嗣入援。連營度淮，據東城。京都陷，退還合肥，與範泝流赴湓城。景遣任約上逼晉熙，範令之橫下援，未及至，範薨，之橫乃還。

時尋陽王大心在江州，範副梅思立密要大心襲湓城，之橫斬思立而拒大心。大心以州降景。之橫率衆與兄之高同歸元帝，承制除散騎常侍、廷尉卿，出爲河東內史。又隨王僧

辯拒侯景於巴陵，景退，遷持節、平北將軍、東徐州刺史，中護軍，封豫寧侯，邑三千戶。又隨僧辯追景，平郢、魯、江、晉等州，恒爲前鋒陷陣。仍至石頭，破景，景東奔，僧辯令之橫與杜崱入守臺城。及陸納據湘州叛，又隸王僧辯南討焉。於陣斬納將李賢明，遂平之。又破武陵王於硤口。還除吳興太守，乃作百幅被，以成其初志。

後江陵陷，齊遣上黨王高渙挾貞陽侯攻東關，晉安王方智承制，〔七〕以之橫爲使持節、鎮北將軍、徐州刺史，都督衆軍，給鼓吹一部，出守蘄城。之橫營壘未周，而齊軍大至，〔八〕兵盡矢窮，遂於陣沒，時年四十一。贈侍中、司空公，謚曰忠壯。子鳳寶嗣。

夏侯亶字世龍，車騎將軍詳長子也。齊初，起家奉朝請。永元末，詳爲西中郎南康王司馬，隨府鎮荊州，亶留京師，爲東昏聽政主帥。及崔慧景作亂，亶以捍禦功，除驍騎將軍。及高祖起師，詳與長史蕭穎冑協同義舉，密遣信下都迎亶，亶乃齎宣德皇后令，令南康王纂承大統，封十郡爲宣城王，進位相國，置僚屬，選百官。建康城平，以亶爲尚書吏部郎，俄遷侍中，奉璽於高祖。天監元年，出爲宣城太守。尋入爲散騎常侍，領右驍騎將軍。六年，出爲平西始興王長史、南郡太守，父憂解職。居喪盡禮，廬于墓側，遺財悉推諸弟。八年，起

爲持節、督司州諸軍事、信武將軍、司州刺史，領安陸太守。服闋，襲封豐城縣公。居州甚有威惠，爲邊人所悅服。十二年，以本號還朝，除都官尚書，遷給事中、右衞將軍、領豫州大中正。十五年，出爲信武將軍、安西長史、江夏太守。十七年，入爲通直散騎常侍、太子右衞率，遷左衞將軍，領前軍將軍。俄出爲明威將軍、吳興太守。在郡復有惠政，吏民圖其像，立碑頌美焉。普通三年，入爲散騎常侍，領右驍騎將軍，轉太府卿，常侍如故。以公事免，未幾，優詔復職。五年，遷中護軍。

六年，大舉北伐，先遣豫州刺史裴邃帥譙州刺史湛僧智、歷陽太守明紹世、〔九〕南譙太守魚弘、晉熙太守張澄，並世之驍將，自南道伐壽陽城，未克而邃卒。乃加亶使持節，馳驛代邃，與魏將河間王元琛、臨淮王元彧等相拒，頻戰克捷。尋有密敕，班師合肥，以休士馬，須堰成復進。七年夏，淮堰水盛，壽陽城將沒，高祖復遣北道軍元樹帥彭寶孫、陳慶之等稍進，亶帥湛僧智、魚弘、張澄等通清流澗，將入淮、肥。魏軍夾肥築城，出亶軍後，亶與僧智還襲，破之。進攻黎漿，貞威將軍韋放自北道會焉。兩軍既合，所向皆降下。凡降城五十二，獲男女口七萬五千人，米二十萬石。詔以壽陽依前代置豫州，合肥鎮改爲南豫州，以亶爲使持節、都督豫州緣淮南豫霍義定五州諸軍事、雲麾將軍、豫南豫二州刺史。壽春久罹兵荒，百姓多流散，亶輕刑薄賦，務農省役，頃之民戶充復。大通二年，進號平北將軍。三

年，卒於州鎮。高祖聞之，卽日素服舉哀，贈車騎將軍。謚曰襄。州民夏侯簡等五百人表請爲亶立碑置祠，詔許之。

亶爲人美風儀，寬厚有器量，涉獵文史，辯給能專對。宗人夏侯溢爲衡陽內史，辭日，亶侍御坐，高祖謂亶曰：「夏侯溢於卿疏近？」亶答曰：「是臣從弟。」高祖知溢於亶已疏，乃曰：「卿傖人，好不辨族從。」亶對曰：「臣聞服屬易疏，所以不忍言族。」時以爲能對。

亶歷爲六郡三州，不修產業，祿賜所得，隨散親故。性儉率，居處服用，充足而已，不事華侈。晚年頗好音樂，有妓妾十數人，並無被服姿容。每有客，常隔簾奏之，時謂簾爲夏侯妓衣也。

亶二子：誼，損。誼襲封豐城公，歷官太子舍人，洗馬。太清中，侯景入寇，誼與弟損帥部曲入城，並卒圍內。

夔字季龍，亶弟也。起家齊南康王府行參軍。中興初，遷司徒屬。天監元年，爲太子洗馬，中舍人，中書郎。丁父憂，服闋，除大匠卿，知造太極殿事。普通元年，爲邵陵王信威長史，行府國事。其年，出爲假節、征遠將軍，隨機北討，還除給事黃門侍郎。二年，副裴邃討義州，平之。三年，代兄亶爲吳興太守，尋遷假節、征遠將軍、西陽武昌二郡太守。七

年，徵爲衞尉，未拜，改授持節、督司州諸軍事、信武將軍、司州刺史，領安陸太守。

八年，勑夔帥壯武將軍裴之禮、直閤將軍任思祖出義陽道，攻平靜、穆陵、陰山三關，克之。是時譙州刺史湛僧智圍魏東豫州刺史元慶和於廣陵，入其郛。魏將元顯伯率軍赴援，僧智逆擊破之，夔自武陽會僧智，斷魏軍歸路。慶和於內築柵以自固，及夔至，遂請降。夔讓僧智，僧智曰：「慶和志欲降公，不願降僧智，今往必乖其意；且僧智所將爲烏合募人，〔一〇〕不可御之以法。公持軍素嚴，必無犯令，受降納附，深得其宜。」於是夔乃登城拔魏幟，建官軍旗鼓，衆莫敢妄動，慶和束兵以出，軍無私焉。凡降男女口四萬餘人，粟六十萬斛，餘物稱是。顯伯聞之夜遁，衆軍追之，生擒二萬餘人，斬獲不可勝數。詔以僧智領東豫州，鎭廣陵。夔引軍屯安陽。夔又遣偏將屠楚城，盡俘其衆，由是義陽北道遂與魏絕。

大通二年，魏郢州刺史元願達請降，〔一一〕高祖勑郢州刺史元樹往迎願達，夔亦自楚城會之，遂留鎭焉。詔改魏郢州爲北司州，以夔爲刺史，兼督司州。三年，遷使持節，進號仁威將軍，封保城縣侯，邑一千五百戶。中大通二年，徵爲右衞將軍，丁所生母憂去職。

時魏南兗州刺史劉明以譙城入附，詔遣鎭北將軍元樹帥軍應接，起夔爲雲麾將軍，隨機北討，尋授使持節、督南豫州諸軍事、南豫州刺史。六年，轉使持節、督豫淮陳潁建霍義七州諸軍事、豫州刺史。豫州積歲寇戎，人頗失業，夔乃帥軍人於蒼陵立堰，溉田千餘頃，

歲收穀百餘萬石，以充儲備，兼贍貧人，境內賴之。夔兄亶先經此任，至是夔又居焉。兄弟並有恩惠於鄉里，百姓歌之曰：「我之有州，頻仍夏侯；前兄後弟，布政優優。」在州七年，甚有聲績，遠近多附之。有部曲萬人，馬二千匹，並服習精强，爲當時之盛。性奢豪，後房伎妾曳羅縠飾金翠者亦有百數。愛好人士，不以貴勢自高，文武賓客常滿坐，時亦以此稱之。大同四年，卒於州，時年五十六。有詔舉哀，賻錢二十萬，布二百匹。追贈侍中、安北將軍。謚曰桓。

子譔嗣，官至太僕卿。譔弟譒，少粗險薄行，常停鄉里，領其父部曲，爲州助防，刺史蕭淵明引爲府長史。淵明彭城戰沒，復爲侯景長史。景尋舉兵反，譒前驅濟江，頓兵城西士林館，破掠邸第及居人富室，子女財貨，盡略有之。淵明在州有四妾，章、於、王、阮，並有國色。淵明沒魏，其妾並還京第，譒至，破第納焉。

魚弘，襄陽人。身長八尺，白皙美姿容。累從征討，常爲軍鋒，歷南譙、盱眙、竟陵太守。常語人曰：「我爲郡，所謂四盡：水中魚鱉盡，山中麞鹿盡，田中米穀盡，村里民庶盡。丈夫生世，如輕塵棲弱草，白駒之過隙。人生歡樂富貴幾何時！」於是恣意酣賞，侍妾百餘人，不勝金翠，服玩車馬，皆窮一時之絕。遷爲平西湘東王司馬、新興永寧二郡太守，卒官。

韋放字元直，車騎將軍叡之子。初爲齊晉安王寧朔迎主簿，高祖臨雍州，又召爲主簿。放身長七尺七寸，腰帶八圍，容貌甚偉。天監元年，爲盱眙太守，還除通直郎，尋爲輕車晉安王中兵參軍，遷鎭右始興王諮議參軍，以父憂去職。服闋，襲封永昌縣侯，出爲輕車南平王長史、襄陽太守。轉假節、明威將軍、竟陵太守。在郡和理，爲吏民所稱。

六年，大舉北伐，以放爲貞威將軍，與胡龍牙會曹仲宗進軍。七年，夏侯亶攻黎漿不克，高祖復使帥軍自北道會壽春城。尋遷雲麾南康王長史、尋陽太守。放累爲藩佐，並著聲績。

普通八年，高祖遣兼領軍曹仲宗等攻渦陽，又以放爲明威將軍，帥師會之。魏大將費穆帥衆奄至，放軍營未立，麾下止有二百餘人。放從弟洵驍果有勇力，一軍所仗，放令洵單騎擊刺，屢折魏軍，洵馬亦被傷不能進，放冑又三貫流矢。衆皆失色，請放突去。放厲聲叱之曰：「今日唯有死耳。」乃免冑下馬，據胡牀處分。於是士皆殊死戰，莫不一當百。魏軍遂退，放逐北至渦陽。魏又遣常山王元昭、大將軍李獎、乞佛寶、費穆等衆五萬來援，放率所督將陳度、趙伯超等夾擊，大破之。渦陽城主王緯以城降。〔一二〕放乃登城，簡出降口四千二百人，器仗充牣；又遣降人三十，分報李獎、費穆等。魏人棄諸營壘，一時奔潰，衆軍乘之，

斬獲略盡。擒穆弟超，并王緯送於京師。還爲太子右衞率，轉通直散騎常侍。出爲持節、督梁南秦二州諸軍事、信武將軍、梁南秦二州刺史。中大通二年，徙督北徐州諸軍事、北徐州刺史，增封四百戶，持節、將軍如故。在鎭三年，卒，時年五十九。謚曰宣侯。

放性弘厚篤實，輕財好施，於諸弟尤雍睦。每將遠別及行役初還，常同一室臥起，時稱爲「三姜」。初，放與吳郡張率皆有側室懷孕，因指爲婚姻。其後各產男女，未及成長而率亡，遺嗣孤弱，放常贍卹之。及爲北徐州，時有勢族請姻者，放曰：「吾不失信於故友。」乃以息岐娶率女，又以女適率子，時稱放能篤舊。長子粲嗣，別有傳。

史臣曰：裴邃之詞采早著，兼思略沉深，夏侯亶之好學辯給，夔之奢豪愛士，韋放之弘厚篤行，並遇主逢時，展其才用矣。及牧州典郡，破敵安邊，咸著功績，允文武之任，蓋梁室之名臣歟。

校勘記

〔一〕魏襄州刺史綽之後也　「襄州刺史綽」南史作「冀州刺史徽」。按西魏以前無襄州，裴綽亦未嘗

爲刺史，裴徽曾爲冀州刺史，見三國魏志。疑南史作「冀州刺史徽」爲是。

〔二〕昔阮咸顔延有二始之歎　「咸」各本譌「彧」，據南史改。

〔三〕是歲大軍將北伐　「是歲」承上文普通「四年」而言。按當依本書武帝紀作普通五年，則下文之「九月壬戌」、「明年」皆與紀合。

〔四〕屠安成馬頭沙陵等戍　「安成」當依本書武帝紀普通五年十一月作「安城」。

〔五〕自國子生推第　「推第」疑是「擢第」之譌。

〔六〕合討陰陵盜賊平之　「合」疑當依南史作「令」。

〔七〕晉安王方智承制　姚思廉原文作「晉安王諱承制」，北監本、殿本補「諱」爲「綱」，誤。按蕭方智即梁敬帝，承聖元年封晉安王，三年十一月，江陵陷，梁羣臣迎至建康推爲太宰承制，後爲梁帝。今補正。

〔八〕而齊軍大至　「齊」各本譌「魏」，據南史改。

〔九〕歷陽太守明紹世　「明」各本同。本書張惠紹傳及册府元龜三五二作「胡」。

〔一〇〕且僧智所將爲烏合募人　「烏」字各本脫去，據册府元龜三五二補。通鑑梁武帝大通元年作「且僧智所將應募烏合之人」。

〔一一〕大通二年魏郢州刺史元願達請降　各本脫「大通」二字。按：上文有「八年」，爲普通八年，下文

又有「中大通二年」，則此「二年」當爲大通二年，今補正。

〔一二〕渦陽城主王緯以城降　「王緯」各本作「王偉」，據本書陳慶之傳及册府元龜三五二改。

梁書卷二十九

列傳第二十三

高祖三王

高祖八男：丁貴嬪生昭明太子統，太宗簡文皇帝，廬陵威王續，阮脩容生世祖孝元皇帝，吳淑媛生豫章王綜，董淑儀生南康簡王績，〔一〕丁充華生邵陵攜王綸，葛脩容生武陵王紀。綜及紀別有傳。

南康簡王績字世謹，高祖第四子。天監八年，封南康郡王，〔二〕邑二千戶。出爲輕車將軍，領石頭戍軍事。十年，遷使持節、都督南徐州諸軍事、南徐州刺史，進號仁威將軍。績時年七歲，主者有受貨，洗改解書，長史王僧孺弗之覺，績見而輒詰之，便即時首服，衆咸歎其聰警。十六年，徵爲宣毅將軍、領石頭戍軍事。十七年，出爲使持節、都督南北兗徐青冀

五州諸軍事、南兗州刺史，在州著稱。尋有詔徵還，民曹嘉樂等三百七十人詣闕上表，稱績尤異一十五條，乞留州任，優詔許之，進號北中郎將。普通四年，徵爲侍中、雲麾將軍，領石頭戍軍事。五年，出爲使持節、都督江州諸軍事、江州刺史。丁董淑儀憂，居喪過禮，高祖手詔勉之，使攝州任，固求解職，乃徵授安右將軍、領石頭戍軍事，尋加護軍。羸瘠弗堪視事。大通三年，因感病薨于任，時年二十五。贈侍中、中軍將軍、開府儀同三司，給鼓吹一部。謚曰簡。

績寡玩好，少嗜慾，居無僕妾，躬事約儉，所有租秩，悉寄天府。及薨後，府有南康國無名錢數千萬。〔三〕

子會理嗣，字長才。少聰慧，好文史。年十一而孤，特爲高祖所愛，衣服禮秩與正王不殊。年十五，拜輕車將軍、湘州刺史，又領石頭戍軍事。遷侍中，兼領軍將軍。尋除宣惠將軍、丹陽尹，置佐史。出爲使持節、都督南北兗北徐青冀東徐譙七州諸軍事、平北將軍、南兗州刺史。太清元年，督衆軍北討，至彭城，爲魏師所敗，退歸本鎮。

二年，侯景圍京邑，會理治嚴將入援，會北徐州刺史封山侯正表將應其兄正德，外託赴援，實謀襲廣陵，會理擊破之，方得進路。臺城陷，侯景遣前臨江太守董紹先以高祖手敕召

會理，其僚佐咸勸距之，會理曰：「諸君心事，與我不同，天子年尊，受制賊虜，今有手敕召我入朝，臣子之心，豈得違背。且遠處江北，功業難成，不若身赴京都，圖之肘腋。吾計決矣。」遂席卷而行，以城輸紹先。至京，景以爲侍中、司空，兼中書令。雖在寇手，每思匡復，與西鄉侯勸等潛布腹心，〔四〕要結壯士。時范陽祖皓斬紹先，據廣陵城起義，期以會理爲內應。皓敗，辭相連及，景矯詔免會理官，猶以白衣領尚書令。

是冬，景往晉熙，京師虛弱，會理復與柳敬禮謀之。敬禮曰：「舉大事必有所資，今無寸兵，安可以動？」會理曰：「湖熟有吾舊兵三千餘人，昨來相知，克期響集，聽吾日定，便至京師。計賊守兵不過千人耳，若大兵外攻，吾等內應，直取王偉，事必有成。縱景後歸，無能爲也。」敬禮曰：「善。」因贊成之。于時百姓厭賊，咸思用命，自丹陽至于京口，靡不同之。後事不果，與弟祁陽侯通理並遇害。〔五〕

通理字仲宣，位太子洗馬，封祁陽侯。

通理弟乂理字季英，〔六〕會理第六弟也。生十旬而簡王薨，至三歲而能言，見內人分散，涕泣相送，乂理問其故，或曰：「此簡王宮人，喪畢去爾。」乂理便號泣，悲不自勝，諸宮人見之，莫不傷感，爲之停者三人焉。服闋後，見高祖，又悲泣不自勝。高祖爲之流涕，謂左

右曰：「此兒大必爲奇士。」大同八年，封安樂縣侯，〔七〕邑五百戶。

乂理性慷慨，慕立功名，每讀書見忠臣烈士，未嘗不廢卷歎曰：「一生之內，當無愧古人。」博覽多識，有文才，嘗祭孔文舉墓，并爲立碑，製文甚美。

太清中，侯景內寇，乂理聚賓客數百，輕裝赴南兗州，隨兄會理入援，恒親當矢石，爲士卒先。及城陷，又隨會理還廣陵，因入齊爲質，乞師。行二日，會侯景遣董紹先據廣陵，遂追會理，因爲所獲。紹先防之甚嚴，不得與兄弟相見，乃僞請先還京，得入辭母，謂其姊安固公主曰：〔八〕「事既如此，豈可合家受斃。兄若至，願爲言之，善爲計自勉，勿賜以爲念也。家國阽危，雖死非恨，前途亦思立効，但未知天命何如耳。」至京師，以魏降人元貞立節忠正，可以託孤，乃以玉柄扇贈之。貞怪其故，不受。乂理曰：「後當見憶，幸勿推辭。」會祖皓起兵，乂理奔長蘆，收軍得千餘人。其左右有應賊者，因間劫會理，其衆遂駭散，爲景所害，時年二十一。元貞始悟其前言，往收葬焉。

廬陵威王續字世訢，高祖第五子。天監八年，封廬陵郡王，邑二千戶。十年，拜輕車將軍、南彭城琅邪太守。十三年，轉會稽太守。十六年，爲都督江州諸軍事、雲麾將軍、江州刺史。普通元年，徵爲宣毅將軍，領石頭戍軍事。

續少英果，膂力絕人，馳射游獵，應發命中。高祖常歎曰：「此我之任城也。」嘗與臨賀王正德及胡貴通、趙伯超等馳射於高祖前，續冠於諸人，高祖大悅。三年，爲使持節、都督雍梁秦沙四州諸軍事、西中郎將、雍州刺史。〔九〕七年，加宣毅將軍。中大通二年，又爲使持節、都督雍梁秦沙四州諸軍事、平北將軍、寧蠻校尉、雍州刺史，給鼓吹一部。續多聚馬仗，畜養驍雄，金帛內盈，倉廩外實。四年，遷安北將軍。大同元年，爲使持節、都督江州諸軍事、安南將軍、江州刺史。三年，徵爲護軍將軍，領石頭戍軍事。五年，爲驃騎將軍，開府儀同三司。又出爲使持節、都督荊郢司雍南北秦梁巴華九州諸軍事、荊州刺史。中大同二年，薨於州，時年四十四。贈司空、散騎常侍、驃騎大將軍，鼓吹一部，謚曰威。長子安嗣。〔一〇〕

邵陵攜王綸字世調，高祖第六子也。少聰穎，博學善屬文，尤工尺牘。天監十三年，封邵陵郡王，邑二千戶。出爲寧遠將軍、琅邪彭城二郡太守，遷輕車將軍、會稽太守。十八年，徵爲信威將軍。普通元年，領石頭戍軍事，尋爲江州刺史。五年，以西中郎將權攝南兗

州，〔一一〕坐事免官奪爵。七年，拜侍中。大通元年，復封爵，尋加信威將軍，置佐史。中大通元年，爲丹陽尹。四年，爲侍中、宣惠將軍、揚州刺史。以侵漁細民，少府丞何智通以事啓聞，綸知之，令客戴子高於都巷刺殺之。智通子訴于闕下，高祖令圍綸第，捕子高，綸匿之，竟不出。坐免爲庶人。頃之，復封爵。大同元年，爲侍中、雲麾將軍。七年，出爲使持節、都督郢定霍司四州諸軍事、平西將軍、郢州刺史，〔一二〕遷爲安前將軍、丹陽尹。中大同元年，出爲鎮東將軍、南徐州刺史。

太清二年，進位中衞將軍、開府儀同三司。侯景構逆，加征討大都督，率衆討景。將發，高祖誡曰：「侯景小豎，頗習行陣，未可以一戰卽殄，當以歲月圖之。」綸次鍾離，景已度采石。綸乃晝夜兼道，遊軍入赴，〔一三〕濟江中流風起，人馬溺者十一二。遂率寧遠將軍西豐公大春、新淦公大成等，〔一四〕步騎三萬，發自京口。將軍趙伯超曰：「若從黃城大道，必與賊遇，不如逕路直指鍾山，出其不意。」綸從之。衆軍奄至，賊徒大駭，分爲三道攻綸，綸與戰，大破之，斬首千餘級。翌日，賊又來攻，相持日晚，賊稍引卻，南安侯駿以數十騎馳之。賊回拒駿，駿部亂，賊因逼大軍，軍遂潰。綸至鍾山，衆裁千人，賊圍之，戰又敗，乃奔還京口。

三年春，綸復與東揚州刺史大連等入援，至于驃騎洲。進位司空。臺城陷，奔禹穴。大寶元年，綸至郢州，刺史南平王恪讓州於綸，綸不受，乃上綸爲假黃鉞，都督中外諸軍事。

綸於是置百官，改廳事爲正陽殿。數有災怪，綸甚惡之。時元帝圍河東王譽於長沙既久，內外斷絕，綸聞其急，欲往救之，爲軍糧不繼，遂止。乃與世祖書曰：

伏以先朝聖德，孝治天下，九親雍睦，四表無怨，誠爲國政，實亦家風。唯余與爾，同奉神訓，宜敦旨喻，共承無改。且道之斯美，以和爲貴，況天時地利，不及人和，豈可手足肱支，自相屠害。日者聞譽專情失訓，以幼陵長，湘、峽之內，遂至交鋒。方等身遇亂兵，斃於行陣，殞于吳局，方此非冤。聞問號怛，惟增摧憤，念以兼悼，當何可稱。吾在州所居遙隔，雖知其狀，未喻所然。及屆此藩，備加覩訪，咸云譽應接多替，兵糧閉壅；弟教亦不悛，故興師以伐。譽未識大體，意斷所行，雖存急難，豈知竊思。不能禮爭，復以兵來。蕭牆興變，體親成敵，一朝至此，能不鳴呼。既有書問，雲雨傳流，噂喈其間，委悉無因詳究。

方今社稷危恥，創巨痛深，人非禽蟲，在知君父。卽日大敵猶强，天讎未雪，余爾昆季，在外三人，如不匡難，安用臣子。唯應剖心嘗膽，泣血枕戈，感誓蒼穹，憑靈宗祀，晝謀夕計，共思匡復。至於其餘小忿，或宜寬貸。誠復子慽須臾，將奈國冤未逞。今已喪鍾山，復誅猶子，將非揚湯止沸，吞冰療寒。若以譽之無道，近遠同疾，弟復効尤，攸非獨

罪。幸寬於衆議，忍以事寧。如使外寇未除，家禍仍構，料今訪古，未或弗亡。

夫征戰之理，義在克勝；至於骨肉之戰，愈勝愈酷，捷則非功，敗則有喪，勞兵損義，虧失多矣。侯景之軍所以未窺江外者，正爲藩屏盤固，宗鎭强密。若自相魚肉，是代景行師，景便不勞兵力，坐致成效，醜徒聞此，何快如之。又莊鐵小豎作亂，久挾觀寧、懷安二侯，以爲名號，當陽有事充掣，殊廢備境，第聞征伐，復致分兵，便是自於瓜州至于湘、雍，莫非戰地，悉以勞師。侯景卒承虛藉釁，浮江豕突，豈不表裏成虞，首尾難救？可爲寒心，其事已切。弟若苦陷洞庭，兵戈不戢，雍州疑迫，[一五]何以自安，必引進魏軍，以求形援。侯景事等內癰，西秦外同瘤腫。直置關中，已爲咽氣，況復貪狠難測，勢必侵吞。弟若不安，家國去矣。吾非有深鑒，獨能弘理，正是採藉風謠，博參物論，咸以爲疑，皆欲解體故耳。

自我國五十許年，恩格玄穹，德彌赤縣，雖有逆難，未亂邕熙。溥天率土，忠臣憤慨，比屋罹禍，忠義奮發，無不抱甲負戈，衝冠裂眥，咸欲剸刃於侯景腹中，所須兵主唱耳。今人皆樂死，赴者如流。弟英略振遠，雄伯當代，唯德唯藝，資文資武，拯溺濟難，朝野咸屬，一匡九合，非弟而誰？豈得自違物望，致招羣讟！其間患難，具如所陳。斯理皎然，無勞請箸；驗之以實，寧須確引。吾所以間關險道，出自東川，政謂上游諸藩，必連師狎至，庶以殘命，預在行間；及到九江，安北兄遂泝流更上，全由饑饋懸絕，[一六]卒食半菽，阻以菜色，無因進取。侯景方延假息，復緩誅刑，倍增號憤，啓處無地。計瀟湘穀粟，猶當紅委，若阻弟嚴兵，唯事交切，至於運轉，恐無暇發遣。卽日萬心慊望，唯在民天，若遂等西河，時事殆矣。必希令弟豁照茲途，解汨川之圍，存社稷之計，使其運輪糧儲，應贍軍旅，庶協力一舉，指日寧泰。宗廟重安，天下淸復，推弟之功，豈非幸甚。吾才懦兵寡，安能爲役，所寄令弟，庶得申情，朝聞夕死，萬殞何恨。聊陳聞見，幸無怪焉。臨紙號迷，諸失次緒。

世祖復書，陳河東有罪，不可解圍之狀。綸省書流涕曰：「天下之事，一至於斯！」左右聞之，莫不掩泣。於是大修器甲，將討侯景。元帝聞其强盛，乃遣王僧辯帥舟師一萬以逼綸，綸將劉龍武等降僧辯，綸軍潰，遂與子躓等十餘人輕舟走武昌。[一七]

時綸長史韋質、司馬姜律先在于外，聞綸敗，馳往迎之，於是復收散卒，屯于齊昌郡，將引魏軍共攻南陽。侯景將任約聞之，使鐵騎二百襲綸，綸無備，又敗走定州。定州刺史田龍祖迎綸，綸以龍祖荆鎭所任，懼爲所執，復歸齊昌。行至汝南，西魏所署汝南城主李素者，[一八]綸之故吏，聞綸敗，開城納之。綸乃修浚城池，收集士卒，將攻竟陵。西魏安州刺史馬岫聞之，報于西魏，西魏遣大將軍楊忠、儀同侯幾通率衆赴焉。二年二月，忠等至于汝南，綸

嬰城自守。會天寒大雪，忠等攻之不能克，死者甚衆。後李素中流矢卒，城乃陷。忠等執綸，綸不爲屈，遂害之，投于江岸，經日顏色不變，鳥獸莫敢近焉。時年三十三。[一九]百姓憐之，爲立祠廟，後世祖追謚曰攜。

長子堅，字長白。大同元年，以例封汝南侯，邑五百戶。亦善草隸，性頗庸短。侯景圍城，堅屯太陽門，終日蒲飲，不撫軍政。吏士有功，未嘗申理，疫癘所加，亦不存卹，士咸憤怨。太清三年三月，堅書佐董勛華、白曇朗等以繩引賊登樓，城遂陷，[二〇]堅遇害。

弟確，字仲正。少驍勇，有文才。大同二年，封爲正階侯，邑五百戶，後徙封永安。常在第中習騎射，學兵法，時人皆以爲狂。左右或以進諫，確曰：「聽吾爲國家破賊，使汝知之。」除祕書丞，太子中舍人。

鍾山之役，確苦戰，所向披靡，羣虜憚之。確每臨陣對敵，意氣詳贍，帶甲據鞍，自朝及夕，馳驟往反，不以爲勞，諸將服其壯勇。及侯景乞盟，確在外，慮爲後患，啓求召確入城。詔乃召確爲南中郎將、廣州刺史，增封二千戶。確知此盟多貳，城必淪沒，因欲南奔，攜王聞之，逼確使入。確猶不肯，攜王流涕謂曰：「汝欲反邪！」時臺使周石珍在坐，確謂石珍曰：「侯景雖云欲去，而不解長圍，以意而推，其事可見。今召我入，未見其益也。」石珍曰：「敕旨

如此，侯豈得辭？」確執意猶堅，攜王大怒，謂趙伯超曰：「譙州，卿爲我斬之，當賫首赴闕。」伯超揮刃眄確曰：「我識君耳，刀豈識君？」確於是流涕而出，遂入城。及景背盟復圍城，城陷，確排闥入，啓高祖曰：「城已陷矣。」高祖曰：「猶可一戰不？」對曰：「不可。臣向者親格戰，勢不能禁，自縋下城，僅得至此。」高祖歎曰：「自我得之，自我失之，亦復何恨。」乃使確爲慰勞文。

確既出見景，景愛其膂力，恒令在左右。後從景行，見天上飛鳶，羣虜爭射不中，確射之，應弦而落。賊徒忿嫉，咸勸除之。先是攜王遣人密導確，確謂使者曰：「侯景輕佻，可一夫力致，確不惜死，正欲手刃之；但未得其便耳。卿還啓家王，願勿以爲念也。」事未遂而爲賊所害。

史臣曰：自周、漢廣樹藩屏，固本深根，高祖之封建，將遵古制也。南康、廬陵並以宗室之貴，據磐石之重，績以孝著，續以勇聞。綸聰警有才學，性險躁，屢以罪黜，及太清之亂，忠孝獨存，斯可嘉矣。

校勘記

〔一〕董淑儀生南康簡王績 「淑」南史作「昭」。

〔二〕天監八年封南康郡王 武帝紀，天監七年九月，立皇子績爲南康郡王，是「八年」當作「七年」。南史亦作「七年」。

〔三〕府有南康國無名錢數千萬 南史「府」上有「少」字。

〔四〕與西鄉侯勸等潛布腹心 「勸」各本譌「歡」，據南史梁宗室吳平侯景傳改。

〔五〕與弟祁陽侯通理並遇害 百衲本、南監本、汲古閣本作「與建安侯通理並遇害」。今從北監本、殿本。按通理封祁陽侯，見南史本傳，建安侯是蕭賁封爵，詳後校勘記第七條。

〔六〕通理字仲宣位太子洗馬封祁陽侯通理弟乂理字季英 「乂理字季英」上十七字，各本無，據南史補。「乂理字季英」，百衲本、南監本、汲古閣本作「通理字季英」，後六處「乂理」亦並作「通理」。今並據北監本、殿本及南史改正。

〔七〕封安樂縣侯 「安樂」各本作「建安」，據南史改。按本書臨川王宏傳，子正立封建安縣侯，正立死，子賁嗣侯。又本書侯景傳，南康嗣王會理欲襲侯景，「建安侯賁知其謀以告景，景遣收會理與其弟祁陽侯通理……等，並害之」。是蕭通理封祁陽侯，蕭乂理封安樂侯，蕭賁封建安侯，不應混淆，今據本書侯景傳及南史改正。

〔八〕謂其姊安固公主曰 「安固」南、北監本，汲古閣本，殿本，金陵局本譌作「固安」，今從百衲本及冊府元龜二八五改正。「公主」，南史無「公」字。張森楷梁書校勘記：「諸王女例封縣主，不得稱公主，無公字是也。此誤衍文。」

〔九〕爲使持節都督雍梁秦沙四州諸軍事西中郎將雍州刺史 「雍」「雍州」各本並譌爲「南徐」「南徐州」。按：南徐與梁秦沙地相去甚遠，不容合屬一統府。冊府元龜二八〇作「都督雍梁秦沙四州諸軍事」。又梁書武帝紀：「普通三年春正月己未，以宣毅將軍廬陵王續爲雍州刺史。」是續以雍州刺史都督雍梁秦沙四州，今據改。

〔一〇〕長子安嗣 南史作世子憑，因罪誅死，次子應嗣。

〔一一〕以西中郎將權攝南兗州 「南兗州」南史作「南徐州」。

〔一二〕七年至平西將軍郢州刺史 按武帝紀，蕭綸爲平西將軍、郢州刺史在大同六年。

〔一三〕遊軍入赴 「遊」，南史及冊府元龜四二二作「旋」。

〔一四〕新淦公大成等 「淦」各本譌「塗」，據通鑑改。

〔一五〕雍州疑迫 「雍州」各本皆作「雍川」，今改正。按雍州是岳陽王詧鎮地（見本書張纘傳），以此稱詧。

〔一六〕全由餽饋懸絕 「絕」，百衲本作「𢇛」，其他各本作「斷」。張元濟梁書校勘記：「按𢇛疑𢇍之訛，𢇍，古文絕字，見前漢書路溫舒傳。」按張說是，今從改。

〔一七〕遂與子蹟等十餘人輕舟走武昌 「蹟」各本皆作「確」，據南史改。張森楷南史校勘記：「蕭確在侯景左右，欲手刃侯景，被殺，則確未嘗有走武昌事。」

〔一八〕西魏所署汝南城主李素者 「李素」南史、通志並作「李素孝」，無「者」字。疑此「者」字爲「孝」字之譌。

〔一九〕時年三十三 錢大昕廿二史考異：「按綸被害在大寶二年辛未，距天監十三年甲子始封之歲已三十八年矣，史稱年三十三必誤也。且梁武諸子，綸次居六，元帝次居七。元帝生於天監七年，綸既長於元帝，計其卒時，最少亦當四十四五歲也。」

〔二〇〕堅書佐董勛華白曇朗等以繩引賊登樓城遂陷 「等」各本譌「尋」，並脫「城」字，據南史及冊府元龜四三七增改。

梁書卷三十

列傳第二十四

裴子野 顧協 徐摛 鮑泉

裴子野字幾原，河東聞喜人，晉太子左率康八世孫。兄黎，弟楷、綽，並有盛名，所謂「四裴」也。曾祖松之，宋太中大夫。祖駰，南中郎外兵參軍。父昭明，通直散騎常侍。

子野生而偏孤，爲祖母所養，年九歲，祖母亡，泣血哀慟，家人異之。少好學，善屬文。起家齊武陵王國左常侍，右軍江夏王參軍，遭父憂去職。居喪盡禮，每之墓所，哭泣處草爲之枯，有白兔馴擾其側。天監初，尚書僕射范雲嘉其行，將表奏之，會雲卒，不果。樂安任昉有盛名，爲後進所慕，遊其門者，昉必相薦達。子野於昉爲從中表，獨不至，昉亦恨焉。久之，除右軍安成王參軍，俄遷兼廷尉正。時三官通署獄牒，子野嘗不在，同僚輒署其名，奏有不允，子野從坐免職。或勸言諸有司，可得無咎。子野笑而答曰：「雖慚柳季之道，豈

因訟以受服。」自此免黜久之，終無恨意。

二年，吳平侯蕭昺爲南兗州刺史，引爲冠軍錄事，府遷職解。時中書范縝與子野未遇，聞其行業而善焉。會遷國子博士，乃上表讓之曰：「伏見前冠軍府錄事參軍河東裴子野，年四十，字幾原，幼稟至人之行，長厲國士之風，居喪有禮，毀瘠幾滅，免憂之外，蔬水不進。棲遲下位，身賤名微，而性不憚憚，情無汲汲，是以有識嗟推，州閭歎服。且家傳素業，世習儒史，苑囿經籍，遊息文藝。著宋略二十卷，彌綸首尾，勒成一代，屬辭比事，有足觀者。且章句洽悉，訓故可傳，脫置之膠庠，以弘獎後進，庶一夔之辯可尋，三豕之疑無謬矣。伏惟皇家淳耀，多士盈庭，官人邁乎有嬀，棫樸越於姬氏，苟片善宜錄，無論厚薄，一介可求，不由等級。臣歷觀古今人君欽賢好善，未有聖朝孜孜若是之至也。敢緣斯義，輕陳愚瞽，乞以臣斯忝，回授子野。如此，則賢否之宜，各全其所，訊之物議，誰曰不允。臣與子野雖未嘗銜杯，訪之邑里，差非虛謬，不勝慺慺微見，冒昧陳聞。伏願陛下哀憐悾款，鑒其愚實，干犯之愆，乞垂赦宥。」有司以資歷非次，弗爲通。尋除尚書比部郎，仁威記室參軍。出爲諸暨令，在縣不行鞭罰，民有爭者，示之以理，百姓稱悅，合境無訟。

初，子野曾祖松之，宋元嘉中受詔續修何承天宋史，未及成而卒，子野常欲繼成先業。及齊永明末，沈約所撰宋書既行，子野更刪撰爲宋略二十卷。其敍事評論多善，約見而歎

曰：「吾弗逮也。」蘭陵蕭琛、北地傅昭、汝南周捨咸稱重之。至是，吏部尚書徐勉言之於高祖，以爲著作郎，掌國史及起居注。頃之，兼中書通事舍人，尋除通直正員郎，著作、舍人如故。又敕掌中書詔誥。是時西北徼外有白題及滑國，遣使由岷山道入貢。此二國歷代弗賓，莫知所出。子野曰：「漢潁陰侯斬胡白題將一人。服虔注云：『白題，胡名也。』又漢定遠侯擊虜，八滑從之，此其後乎。」時人服其博識。敕仍使撰方國使圖，廣述懷來之盛，自要服至于海表，凡二十國。

子野與沛國劉顯、南陽劉之遴、陳郡殷芸、陳留阮孝緒、吳郡顧協、京兆韋棱，皆博極羣書，深相賞好，顯尤推重之。時吳平侯蕭勱、范陽張纘，每討論墳籍，咸折中於子野焉。普通七年，王師北伐，敕子野爲喻魏文，受詔立成，高祖以其事體大，召尚書僕射徐勉、太子詹事周捨、鴻臚卿劉之遴、中書侍郎朱异，集壽光殿以觀之，時並歎服。高祖目子野而言曰：「其形雖弱，其文甚壯。」俄又敕爲書喻魏相元叉，其夜受旨，子野謂可待且方奏，未之爲也，及五鼓，敕催令開齋速上，子野徐起操筆，昧爽便就。既奏，高祖深嘉焉。自是凡諸符檄，皆令草創。子野爲文典而速，不尚靡麗之詞，其制作多法古，與今文體異，當時或有詆訶者，及其末皆翕然重之。或問其爲文速者，子野答云：「人皆成於手，我獨成於心，雖有見否之異，其於刊改一也。」

俄遷中書侍郎，餘如故。大通元年，轉鴻臚卿，尋領步兵校尉。子野在禁省十餘年，靜默自守，未嘗有所請謁，外家及中表貧乏，所得俸悉分給之。無宅，借官地二畝，起茅屋數間。妻子恒苦飢寒，唯以教誨爲本，子姪祗畏，若奉嚴君。末年深信釋氏，持其教戒，終身飯麥食蔬。中大通二年，卒官，年六十二。

先是子野自剋死期，不過庚戌歲。是年自省移病，謂同官劉之亨曰：「吾其逝矣。」遺命儉約，務在節制。高祖悼惜，爲之流涕。詔曰：「鴻臚卿、領步兵校尉、知著作郎、兼中書通事舍人裴子野，文史足用，廉白自居，劬勞通事，多歷年所。奄致喪逝，惻愴空懷。可贈散騎常侍，賻錢五萬，布五十匹，即日舉哀。謚曰貞子。」

子野少時，集注喪服、續裴氏家傳各二卷，抄合後漢事四十餘卷，又敕撰衆僧傳二十卷，百官九品二卷，附益謚法一卷，方國使圖一卷，文集二十卷，並行於世。又欲撰齊梁春秋，始草創，未就而卒。子謇，官至通直郎。〔一〕

顧協字正禮，吳郡吳人也。晉司空和七世孫。〔二〕協幼孤，隨母養於外氏。外從祖宋右光祿張永嘗攜內外孫姪遊虎丘山，協年數歲，永撫之曰：「兒欲何戲？」協對曰：「兒正欲枕石

漱流。」永歎息曰：「顧氏興於此子。」既長，好學，以精力稱。外氏諸張多賢達有識鑒，從內弟率尤推重焉。

起家揚州議曹從事史，兼太學博士。舉秀才，尚書令沈約覽其策而歎曰：「江左以來，未有此作。」遷安成王國左常侍，兼廷尉正。太尉臨川王聞其名，召掌書記，仍侍西豐侯正德讀。正德爲巴西、梓潼郡，協除所部安都令，〔三〕未至縣，遭母憂。服闋，出補西陽郡丞。還除北中郎行參軍，復兼廷尉正。久之，出爲廬陵郡丞，未拜，會西豐侯正德爲吳郡，除中軍參軍，領郡五官，遷輕車湘東王參軍事，兼記室。普通六年，正德受詔北討，引爲府錄事參軍，掌書記。

軍還，會有詔舉士，湘東王表薦協曰：「臣聞貢玉之士，歸之潤山；論珠之人，出於枯岸。是以芻蕘之言，擇於廊廟者也。臣府兼記室參軍吳郡顧協，行稱鄉閭，學兼文武，服膺道素，雅量邃遠，安貧守靜，奉公抗直，傍闕知己，志不自營，年方六十，室無妻子。臣欲言於官人，申其屈滯，協必苦執貞退，立志難奪，可謂東南之遺寶矣。伏惟陛下未明求衣，思賢如渴，爰發明詔，各舉所知。臣識非許、郭，雖無知人之鑒，若守固無言，懼貽蔽賢之咎。昔孔愉表韓績之才，〔四〕庾亮薦翟湯之德，臣雖未齒二臣，協實無慚兩士。」卽召拜通直散騎侍郎，兼中書通事舍人，累遷步兵校尉，守鴻臚卿，員外散騎常侍，〔五〕卿、舍人並如故。大同八

年，卒，時年七十三。高祖悼惜之，手詔曰：「員外散騎常侍、鴻臚卿、兼中書通事舍人顧協，廉潔自居，白首不衰，久在省闥，內外稱善。奄然殞喪，惻怛之懷，不能已已。傍無近親，彌足哀者。大殮既畢，卽送其喪柩還鄉，并營冢槨，並皆資給，悉使周辦。可贈散騎常侍，令便舉哀。謚曰溫子。」

協少清介有志操。初爲廷尉正，冬服單薄，寺卿蔡法度謂人曰：「我願解身上襦與顧郎，恐顧郎難衣食者。」竟不敢以遺之。及爲舍人，同官者皆潤屋，協在省十六載，器服飲食，不改於常。有門生始來事協，知其廉潔，不敢厚餉，止送錢二千，協發怒，杖二十，因此事者絕於饋遺。自丁艱憂，遂終身布衣蔬食。少時將娉舅息女，未成婚而協母亡，免喪後不復娶。至六十餘，此女猶未他適，協義而迎之。晚雖判合，卒無胤嗣。

協博極羣書，於文字及禽獸草木尤稱精詳。撰異姓苑五卷，瑣語十卷，並行於世。

徐摛字士秀，東海郯人也。祖憑道，宋海陵太守。父超之，天監初仕至員外散騎常侍。

摛幼而好學，及長，遍覽經史。屬文好爲新變，不拘舊體。起家太學博士，遷左衞司馬。會晉安王綱出戍石頭，高祖謂周捨曰：「爲我求一人，文學俱長兼有行者，欲令與晉安遊處。」捨曰：「臣外弟徐摛，形質陋小，若不勝衣，而堪此選。」高祖曰：「必有仲宣之才，亦不簡其容貌。」以摛爲侍讀。後王出鎮江州，仍補雲麾府記室參軍，又轉平西府中記室。王移鎮京口，復隨府轉爲安北中錄事參軍，帶郯令，以母憂去職。王爲丹陽尹，起摛爲秣陵令。普通四年，王出鎮襄陽，摛固求隨府西上，遷晉安王諮議參軍。大通初，王總戎北伐，以摛兼寧蠻府長史，參贊戎政，教命軍書，多自摛出。王入爲皇太子，轉家令，兼掌管記，尋帶領直。

摛文體既別，春坊盡學之，「宮體」之號，自斯而起。高祖聞之怒，召摛加讓，及見，應對明敏，辭義可觀，高祖意釋。因問五經大義，次問歷代史及百家雜說，末論釋教。摛商較縱橫，應答如響，高祖甚加歎異，更被親狎，寵遇日隆。領軍朱异不說，謂所親曰：「徐叟出入兩宮，漸來逼我，須早爲之所。」遂承間白高祖曰：「摛年老，又愛泉石，意在一郡，以自怡養。」高祖謂摛欲之，乃召摛曰：「新安大好山水，任昉等並經爲之，卿爲我臥治此郡。」中大通三年，遂出爲新安太守。至郡，爲治清靜，教民禮義，勸課農桑，期月之中，風俗便改。秩滿，還爲中庶子，加戎昭將軍。

是時臨城公納夫人王氏，卽太宗妃之姪女也。晉宋已來，初婚三日，婦見舅姑，衆賓皆列觀，引春秋義云「丁丑，夫人姜氏至。戊寅，公使大夫宗婦覿用幣」。戊寅，丁丑之明日，故

禮官據此，皆云宜依舊貫。太宗以問摛，摛曰：「儀禮云『質明贊見婦於舅姑』。雜記又云『婦見舅姑，兄弟姊妹皆立于堂下』。政言婦是外宗，未審嫻令，所以停坐三朝，觀其七德。舅延外客，姑率內賓，堂下之儀，以備盛禮。近代婦於舅姑，本有戚屬，不相瞻看。夫人乃妃姪女，有異他姻，覿見之儀，謂應可略。」太宗從其議。除太子左衞率。

太清三年，侯景攻陷臺城，時太宗居永福省，賊衆奔入，舉兵上殿，侍衞奔散，莫有存者。摛獨嶷然侍立不動，徐謂景曰：「侯公當以禮見，何得如此。」凶威遂折。侯景乃拜，由是常憚摛。太宗嗣位，進授左衞將軍，固辭不拜。太宗後被幽閉，摛不獲朝謁，因感氣疾而卒，年七十八。長子陵，最知名。

鮑泉字潤岳，東海人也。父機，〔六〕湘東王諮議參軍。

泉博涉史傳，兼有文筆。少事元帝，早見擢任。及元帝承制，累遷至信州刺史。太清三年，元帝命泉征河東王譽於湘州，泉至長沙，作連城以逼之，譽率衆攻泉，泉據柵堅守，譽不能克。泉因其弊出擊之，譽大敗，盡俘其衆，遂圍其城，久未能拔。世祖乃數泉罪，遣平南將軍王僧辯代泉爲都督。僧辯至，泉愕然，顧左右曰：「得王竟陵助我經略，賊不足平矣。」

僧辯旣入，乃背泉而坐，曰：「鮑郎有罪，令旨使我鎖卿，卿勿以故意見期。」因出令示泉，鎖之牀下。泉曰：「稽緩王師，甘罪是分，但恐後人更思鮑泉之憒憒耳。」乃爲啓謝淹遲之罪。世祖尋復其任，令與僧辯等率舟師東逼邵陵王於郢州。

郢州平，元帝以長子方諸爲刺史，泉爲長史，行府州事。侯景密遣將宋子仙、任約率精騎襲之，方諸與泉不恤軍政，唯蒲酒自樂，賊騎至，百姓奔告，方諸與泉方雙陸，不信，曰：「徐文盛大軍在東，賊何由得至？」旣而傳告者衆，始令闔門，賊縱火焚之，莫有抗者，賊騎遂入，城乃陷。執方諸及泉送之景所。後景攻王僧辯於巴陵，不克，敗還，乃殺泉於江夏，沉其屍于黃鵠磯。

初，泉之爲南討都督也，其友人夢泉得罪於世祖，覺而告之。後未旬，果見囚執。頃之，又夢泉著朱衣而行水上，又告泉曰：「君勿憂，尋得免矣。」因說其夢，泉密記之，俄而復見任，皆如其夢。

泉於儀禮尤明，撰新儀四十卷，〔七〕行於世。

陳吏部尚書姚察曰：阮孝緒常言，仲尼論四科，始乎德行，終乎文學。有行者多尚質

樸，有文者少蹈規矩，故衞、石靡餘論可傳，屈、賈無立德之譽。若夫憲章游、夏，祖述回、騫，體兼文行，於裴幾原見之矣。

校勘記

〔一〕子謇官至通直郎　「謇」南史作「騫」。

〔二〕晉司空和七世孫　「七世」南史作「六世」。

〔三〕協除所部安都令　「安都」南史作「新安」。

〔四〕昔孔愉表韓績之才　「績」各本並譌爲「續」，據晉書隱逸韓績傳改。

〔五〕員外散騎常侍　王懋竑讀書記疑八：「員外上少一轉字或遷字。南史亦脫。」

〔六〕父機　「機」南史作「幾」。

〔七〕撰新儀四十卷　「四十卷」南史及隋書經籍志上皆作「三十卷」。

梁書卷三十一

列傳第二十五

袁昂　子君正

袁昂字千里，陳郡陽夏人。祖洵，〔一〕宋征虜將軍、吳郡太守。父顗，冠軍將軍、雍州刺史，泰始初，舉兵奉晉安王子勛，〔二〕事敗誅死。昂時年五歲，乳媼攜抱匿於廬山，會赦得出，猶徙晉安，至元徽中聽還，時年十五。初，顗敗，傳首京師，藏於武庫，至是始還之。昂號慟嘔血，絕而復蘇，從兄彖嘗撫視抑譬，昂更制服，廬于墓次。後與彖同見從叔司徒粲，粲謂彖曰：「其幼孤而能至此，故知名器自有所在。」

齊初，起家冠軍安成王行參軍，遷征虜主簿，太子舍人，王儉鎭軍府功曹史。儉時爲京尹，經於後堂獨引見昂，指北堂謂昂曰：「卿必居此。」累遷祕書丞，黃門侍郎。昂本名千里，齊永明中，武帝謂之曰：「昂昂千里之駒，在卿有之，今改卿名爲昂，卽千里爲字。」出爲安南

鄱陽王長史、尋陽公相。還爲太孫中庶子、衞軍武陵王長史。

丁內憂，哀毀過禮。服未除而從兄彖卒。昂幼孤，爲彖所養，乃制朞服。人有怪而問之者，昂致書以喻之曰：「竊聞禮由恩斷，服以情申，故小功他邦，加制一等，同爨有緦，明之典籍。孤子夙以不天，幼傾乾廕，資敬未奉，過庭莫承，藐藐沖人，未達朱紫。從兄提養訓敎，示以義方，每假其談價，虛其聲譽，得及人次，實亦有由。兼開拓房宇，處以華曠，同財共有，恣其取足，爾來三十餘年，憐愛之至，無異於己。〔三〕姊妹孤姪，成就一時，篤念之深，在終彌固，此恩此愛，畢壤不追。旣情若同生，而服爲諸從，言心卽事，實未忍安。昔馬稜與弟毅同居，毅亡，稜爲心服三年。由也之不除喪，亦緣情而致制，雖識不及古，誠懷感慕。常願千秋之後，從服朞齊，不圖門衰，禍集一旦，草土殘息，復罹今酷，尋惟慟絕，彌劇彌深。今以餘喘，欲遂素志，庶寄其罔慕之痛，少申無已之情。雖禮無明據，乃事有先例，率迷而至，必欲行之。君問禮所歸，謹以諮白。臨紙號哽，言不識次。」

服闋，除右軍邵陵王長史，俄遷御史中丞。時尚書令王晏弟詡爲廣州，多納賕貨，昂依事劾奏，不憚權豪，當時號爲正直。出爲豫章內史，丁所生母憂去職，以喪還，江路風浪暴駭，昂乃縛衣著柩，誓同沈溺。及風止，餘船皆沒，唯昂所乘船獲全，咸謂精誠所致。葬訖，起爲建武將軍、吳興太守。

永元末，義師至京師，州牧郡守皆望風降款，昂獨拒境不受命。高祖手書喻曰：「夫禍福無門，興亡有數，天之所棄，人孰能匡？機來不再，圖之宜早。頃藉聽道路，承欲狠顧一隅，既未悉雅懷，聊申往意。獨夫狂悖，振古未聞，窮凶極虐，歲月滋甚。天未絕齊，聖明啓運，兆民有賴，百姓來蘇。吾荷任前驅，掃除京邑，方撥亂反正，伐罪弔民，至止以來，前無橫陣。今皇威四臨，長圍已合，遐邇畢集，人神同奮。銳卒萬計，鐵馬千羣，以此攻戰，何往不克。況建業孤城，人懷離阻，面縛軍門，日夕相繼，屠潰之期，勢不云遠。兼熒惑出端門，太白入氐室，天文表於上，人事符於下，不謀同契，寔在茲辰。且范岫、申冑，久薦誠款，各率所由，仍爲犄角，沈法瑀、孫肸、朱端，已先肅清吳會，而足下欲以區區之郡，禦堂堂之師，根本既傾，枝葉安附？童兒牧豎，咸謂其非，求之明鑒，實所未達。今竭力昏主，未足爲忠，家門屠滅，非所謂孝，忠孝俱盡，將欲何依？豈若翻然改圖，自招多福，進則遠害全身，退則長守祿位。去就之宜，幸加詳擇。若執迷遂往，同惡不悛，大軍一臨，誅及三族。雖貽後悔，寧復云補。欲布所懷，故致今白。」昂答曰：「都史至，辱誨。承藉以衆論，謂僕有勤王之舉，兼蒙誚責，獨無送款，循復嚴旨，若臨萬仞。三吳內地，非用兵之所，況以偏隅一郡，何能爲役？近奉敕，以此境多虞，見使安慰。自承麾旆屆止，莫不膝袒軍門，惟僕一人敢後至者，政以內揆庸素，文武無施，直是東國賤男子耳。[四]雖欲獻心，不增大師之勇；置其愚默，寧沮衆

軍之威。幸藉將軍含弘之大，可得從容以禮。竊以一飡微施，尚復投殞，況食人之祿，而頓忘一旦。非惟物議不可，亦恐明公鄙之，所以躊躇，未遑薦璧。遂以輕微，爰降重命，震灼于心，忘其所厝，誠推理鑒，猶懼威臨。」建康城平，昂束身詣闕，高祖宥之不問也。

天監二年，以爲後軍臨川王參軍事。昂奉啓謝曰：「恩降絕望之辰，慶集寒心之日，焰灰非喻，荑枯未擬，摳衣聚足，顛狽不勝。臣遍歷三墳，備詳六典，巡校賞罰之科，調檢生死之律，莫不嚴五辟於明君之朝，峻三章於聖人之世。是以塗山始會，致防風之誅；酆邑方構，有崇侯之伐。未有緩憲於斬戮之人，賒刑於耐罪之族，出萬死入一生如臣者也。推恩及罪，在臣實大，披心瀝血，敢乞言之。臣東國賤人，學行何取，既殊鳴雁直木，故無結綬彈冠，徒藉羽儀，易農就仕。往年濫職，守秩東隅，仰屬龔行，風驅電掩。當其時也，負鼎圖者日至，執玉帛者相望。獨在愚臣，頓昏大義，殉鴻毛之輕，忘同德之重。但三吳險薄，五湖交通，屢起田儋之變，每懼殷通之禍，空慕君魚保境，遂失師涓抱器。後至者斬，臣甘斯戮。明刑徇衆，誰曰不然。幸約法之弘，承解網之宥，猶當降等薪粲，遂乃頓釋鉗赭。斂骨吹魂，還編黔庶，濯疵蕩穢，入楚遊陳，天波既洗，雲油遽沐。古人有言：『非死之難，處死之難。』臣之所荷，曠古不書；臣之死所，未知何地。」

高祖答曰：「朕遺射鉤，卿無自外。」俄除給事黃門侍郎。其年遷侍中。明年，出爲尋

陽太守，行江州事。六年，徵爲吏部尚書，累表陳讓，徙爲左民尚書，兼右僕射。七年，除國子祭酒，兼僕射如故，領豫州大中正。八年，出爲仁威將軍、吳郡太守。十一年，入爲五兵尚書，復兼右僕射，未拜，有詔卽眞。[五]尋以本官領起部尚書，加侍中。十四年，馬仙琕破魏軍於朐山，詔權假昂節，往勞軍。十五年，遷左僕射，[六]尋爲尚書令、宣惠將軍。普通三年，爲中書監、丹陽尹。其年進號中衞將軍，復爲尚書令，卽本號開府儀同三司，給鼓吹，未拜，又領國子祭酒。大通元年，加中書監，給親信三十人。尋表解祭酒，進號中撫軍大將軍，遷司空、侍中、尚書令，親信、鼓吹並如故。五年，加特進、左光祿大夫，增親信爲八十人。大同六年，薨，時年八十。詔曰：「侍中、特進、左光祿大夫、司空昂，奄至薨逝，惻怛于懷。公器寓凝素，志誠貞方，端朝燮理，嘉猷載緝。追榮表德，寔惟令典。可贈本官，鼓吹一部，給東園祕器，朝服一具，衣一襲，錢二十萬，絹布一百匹，蠟二百斤，卽日舉哀。」

初，昂臨終遺疏，不受贈諡，敕諸子不得言上行狀及立誌銘，凡有所須，悉皆停省。復曰：「吾釋褐從仕，不期富貴，但官序不失等倫，衣食粗知榮辱，以此闔棺，無慚鄉里。往忝吳興，屬在昏明之際，既闇於前覺，無識於聖朝，不知天命，甘貽顯戮，幸遇殊恩，遂得全門戶。自念負罪私門，[七]階榮望絕，保存性命，以爲幸甚；不謂叨竊寵靈，一至於此。常欲竭誠酬報，申吾乃心，所以朝廷每興師北伐，吾輒啓求行，誓之丹款，實非矯言。既庸懦無施，

皆不蒙許，雖欲罄命，其議莫從。今日瞑目，畢恨泉壤，若魂而有知，方期結草。聖朝遵古，知吾名品，或有追遠之恩，雖是經國恒典，在吾無應致此，脫有贈官，愼勿祇奉。」諸子累表陳奏，詔不許。册諡曰穆正公。

子君正，美風儀，善自居處，以貴公子得當世名譽。頃之，兼吏部郎，以母憂去職。服闋，爲邵陵王友、北中郎長史、東陽太守。尋徵還都，郡民徵士徐天祐等三百人詣闕乞留一年，詔不許，仍除豫章內史，尋轉吳郡太守。[八]侯景亂，率數百人隨邵陵王赴援，及京城陷，還郡。

君正當官莅事有名稱，而蓄聚財產，服玩靡麗。賊遣于子悅攻之，[九]新城戍主戴僧易勸令拒守，[一〇]吳陸映公等懼賊脫勝，略其資產，乃曰：「賊軍甚銳，其鋒不可當；今若拒之，恐民心不從也。」君正性怯懦，乃送米及牛酒，郊迎子悅，子悅既至，掠奪其財物子女，因是感疾卒。

史臣曰：夫天尊地卑，以定君臣之位；松筠等質，無革歲寒之心。袁千里命屬崩離，身逢厄季，雖獨夫喪德，臣志不移；及抗疏高祖，無虧忠節，斯亦存夷、叔之風矣。終爲梁室台

鼎，何其美焉。

校勘記

〔一〕祖洵　「洵」各本譌「詢」，據宋書袁顗傳及南史袁淑傳改。

〔二〕舉兵奉晉安王子勛　「晉安」各本譌「尋陽」。按：劉子勛封晉安王，非尋陽王；封尋陽王者，乃其弟劉子房。今據宋書晉安王子勛傳、松滋侯子房傳改。

〔三〕無異於己　南史作「言無異色」。

〔四〕直是東國賤男子耳　「東」南監本、汲古閣本、百衲本、金陵局本及南史俱作「陳」，今從北監本、殿本。按：袁昂陳郡陽夏人，然陳郡不得稱陳國；且下袁昂謝後軍臨川王參軍事啟，有「臣東國賤人」語，下「東」字各本無作「陳」者，可證此亦作「東」爲是。

〔五〕有詔卽眞　「眞」下各本衍一「封」字，今刪。

〔六〕遷左僕射　「左」各本作「右」，據本書武帝紀及南史改。按上文已復兼左僕射，此不應遷右僕射。

〔七〕自念負罪私門　各本並脫「負」字。據南史補。

〔八〕尋轉吳郡太守　「吳郡」各本譌「吳興」，據南史及册府元龜八八三改。按：下文有「新城戍主戴僧易勸令拒守」，新城屬吳郡。

〔九〕賊遣于子悅攻之　「于子悅」南史作「張太墨」。

〔一〇〕新城戍主戴僧易勸令拒守　「城」各本譌「成」，據南史及册府元龜六九八改。

梁書卷三十二

列傳第二十六

陳慶之　蘭欽

陳慶之字子雲，義興國山人也。幼而隨從高祖。高祖性好棊，每從夜達旦不輟，等輩皆倦寐，惟慶之不寢，聞呼卽至，甚見親賞。從高祖東下平建鄴，稍爲主書，散財聚士，常思効用。除奉朝請。

普通中，魏徐州刺史元法僧於彭城求入內附，以慶之爲武威將軍，與胡龍牙、成景儁率諸軍應接。還除宣猛將軍、文德主帥，仍率軍二千，送豫章王綜入鎮徐州。魏遣安豐王元延明、臨淮王元彧率衆二萬來拒，屯據陟□。延明先遣其別將丘大千築壘潯梁，觀兵近境。慶之進薄其壘，一鼓便潰。後豫章王棄軍奔魏，衆皆潰散，諸將莫能制止，慶之乃斬關夜退，軍士得全。

普通七年，安西將軍元樹出征壽春，除慶之假節、總知軍事。魏豫州刺史李憲遣其子長鈞別築兩城相拒，慶之攻之，憲力屈遂降，慶之入據其城。轉東宮直閤，賜爵關中侯。

大通元年，隸領軍曹仲宗伐渦陽。魏遣征南將軍常山王元昭等率馬步十五萬來援，前軍至駝澗，去渦陽四十里。慶之欲逆戰，韋放以賊之前鋒必是輕銳，與戰若捷，不足爲功，如其不利，沮我軍勢，兵法所謂以逸待勞，不如勿擊。慶之曰：「魏人遠來，皆已疲倦，去我既遠，必不見疑，及其未集，須挫其氣，出其不意，必無不敗之理。且聞虜所據營，林木甚盛，必不夜出。諸君若疑惑，慶之請獨取之。」於是與麾下二百騎奔擊，破其前軍，魏人震恐。慶之乃還與諸將連營而進，據渦陽城，與魏軍相持。自春至冬，數十百戰，師老氣衰，魏之援兵復欲築壘於軍後，仲宗等恐腹背受敵，謀欲退師。慶之杖節軍門曰：「共來至此，涉歷一歲，糜費糧仗，其數極多，諸軍並無鬬心，[一]皆謀退縮，豈是欲立功名，直聚爲抄暴耳。吾聞置兵死地，乃可求生，須虜大合，然後與戰。審欲班師，慶之別有密敕，今日犯者，便依明詔。」仲宗壯其計，乃從之。魏人掎角作十三城，慶之銜枚夜出，陷其四壘，渦陽城主王緯乞降。所餘九城，兵甲猶盛，乃陳其俘馘，鼓噪而攻之，遂大奔潰，斬獲略盡，渦水咽流，降城中男女三萬餘口。詔以渦陽之地置西徐州。衆軍乘勝前頓城父。高祖嘉焉，賜慶之手詔曰：「本非將種，又非豪家，觖望風雲，以至於此。可深思奇略，善克令終。開朱門而待賓，揚聲名於竹帛，豈非大丈夫哉！」

大通初，魏北海王元顥以本朝大亂，自拔來降，求立爲魏主。高祖納之，以慶之爲假節、飆勇將軍，送元顥還北。顥於渙水卽魏帝號，授慶之使持節、鎮北將軍、護軍、前軍大都督，發自銍縣，進拔滎城，遂至睢陽。魏將丘大千有衆七萬，分築九城以相拒。慶之攻之，自旦至申，陷其三壘，大千乃降。時魏征東將軍濟陰王元暉業率羽林庶子二萬人來救梁、宋，〔二〕進屯考城，城四面縈水，守備嚴固。慶之命浮水築壘，攻陷其城，生擒暉業，獲租車七千八百兩。仍趨大梁，望旗歸款。顥進慶之衞將軍、徐州刺史、武都公。〔三〕仍率衆而西。

魏左僕射楊昱、西阿王元慶、撫軍將軍元顯恭率御仗羽林宗子庶子衆凡七萬，據滎陽拒顥。兵既精强，城又險固，慶之攻未能拔。魏將元天穆大軍復將至，先遣其驃騎將軍尒朱吐沒兒領胡騎五千，騎將魯安領夏州步騎九千，援楊昱；又遣右僕射尒朱世隆、〔四〕西荆州刺史王羆騎一萬，據虎牢。天穆、吐沒兒前後繼至，〔五〕旗鼓相望。時滎陽未拔，士衆皆恐，慶之乃解鞍秣馬，宣喻衆曰：「吾至此以來，屠城略地，實爲不少；君等殺人父兄，略人子女，又爲無算。天穆之衆，並是仇讎。我等纔有七千，虜衆三十餘萬，今日之事，義不圖存。吾以虜騎不可爭力平原，及未盡至前，須平其城壘，諸君無假狐疑，自貽屠膾。」一鼓悉使登城，壯士東陽宋景休、義興魚天愍踰堞而入，遂克之。俄而魏陣外合，慶之率騎三千背城逆戰，

大破之，魯安於陣乞降，元天穆、尒朱吐沒兒單騎獲免。收滎陽儲實，牛馬穀帛不可勝計。進赴虎牢，尒朱世隆棄城走。魏主元子攸懼，奔幷州。其臨淮王元彧、安豐王元延明率百僚，封府庫，備法駕，奉迎顥入洛陽宮，御前殿，改元大赦。顥以慶之爲侍中、車騎大將軍、左光祿大夫，增邑萬戶。魏大將軍上黨王元天穆、王老生、李叔仁又率衆四萬，攻陷大梁，分遣老生、費穆兵二萬，據虎牢，刁宣、刁雙入梁、宋，慶之隨方掩襲，並皆降款。天穆與十餘騎北渡河。高祖復賜手詔稱美焉。慶之麾下悉著白袍，所向披靡。先是洛陽童謠曰：「名師大將莫自牢，千兵萬馬避白袍。」自發銍縣至于洛陽十四旬，平三十二城，四十七戰，所向無前。

初，元子攸止單騎奔走，宮衞嬪侍無改於常，顥既得志，荒于酒色，乃日夜宴樂，不復視事，與安豐、臨淮共立姦計，將背朝恩，絕賓貢之禮；直以時事未安，且資慶之之力用，外同內異，言多忌刻。慶之心知之，亦密爲其計。乃說顥曰：「今遠來至此，未伏尚多，若人知虛實，方更連兵，而安不忘危，須預爲其策。宜啓天子，更請精兵；並勒諸州，有南人沒此者，悉須部送。」顥欲從之，元延明說顥曰：「陳慶之兵不出數千，已自難制；今增其衆，寧肯復爲用乎？權柄一去，動轉聽人，魏之宗社，於斯而滅。」顥由是致疑，稍成疏貳。慮慶之密啓，乃表高祖曰：「河北、河南一時已定，唯尒朱榮尚敢跋扈，臣與慶之自能擒討。今州郡新服，

正須綏撫，不宜更復加兵，搖動百姓。」高祖遂詔衆軍皆停界首。洛下南人不出一萬，羌夷十倍，軍副馬佛念言於慶之曰：「功高不賞，震主身危，二事既有，將軍豈得無慮？自古以來，廢昏立明，扶危定難，鮮有得終。今將軍威震中原，聲動河塞，屠顥據洛，則千載一時也。」慶之不從。顥前以慶之爲徐州刺史，因固求之鎮。顥心憚之，遂不遣。乃曰：「主上以洛陽之地全相任委，忽聞捨此朝寄，欲往彭城，謂君遽取富貴，不爲國計，手敕頻仍，恐成僕責。」慶之不敢復言。魏天柱將軍尒朱榮、右僕射尒朱世隆、大都督元天穆、驃騎將軍尒朱吐沒兒、榮長史高歡、鮮卑、芮芮，勒衆號百萬，挾魏主元子攸來攻顥。顥據洛陽六十五日，凡所得城，一時反叛。慶之渡河守北中郎城，三日中十有一戰，傷殺甚衆。榮將退，時有劉靈助者，〔六〕善天文，乃謂榮曰：「不出十日，河南大定。」榮乃縛木爲筏，濟自硤石，與顥戰於河橋，顥大敗，走至臨潁，遇賊被擒，洛陽陷。慶之馬步數千，結陣東反，榮親自來追，值嵩高山水洪溢，軍人死散。慶之乃落鬚髮爲沙門，間行至豫州，豫州人程道雍等潛送出汝陰。至都，仍以功除右衞將軍，封永興縣侯，邑一千五百戶。

出爲持節、都督緣淮諸軍事、奮武將軍、北兗州刺史。會有妖賊沙門僧强自稱爲帝，土豪蔡伯龍起兵應之。〔七〕僧强頗知幻術，更相扇惑，衆至三萬，攻陷北徐州，濟陰太守楊起文棄城走，鍾離太守單希寶見害，使慶之討焉。車駕幸白下臨餞，謂慶之曰：「江、淮兵勁，其

鋒難當，卿可以策制之，不宜決戰。」慶之受命而行。曾未浹辰，斬伯龍、僧强，傳其首。

中大通二年，除都督南北司西豫豫四州諸軍事、南北司二州刺史，餘並如故。慶之至鎮，遂圍懸瓠。破魏潁州刺史婁起、揚州刺史是云寶於溱水，又破行臺孫騰、大都督侯進、豫州刺史堯雄、梁州刺史司馬恭於楚城。罷義陽鎮兵，停水陸轉運，江湖諸州並得休息。〔八〕開田六千頃，二年之後，倉廩充實。高祖每嘉勞之。又表省南司州，復安陸郡，置上明郡。

大同二年，魏遣將侯景率衆七萬寇楚州，刺史桓和陷沒，景仍進軍淮上，貽慶之書使降。敕遣湘潭侯退、右衞夏侯夔等赴援，軍至黎漿，慶之已擊破景。時大寒雪，景棄輜重走，慶之收之以歸。進號仁威將軍。是歲，豫州饑，慶之開倉賑給，多所全濟。州民李昇等八百人表請樹碑頌德，詔許焉。五年十月，卒，時年五十六。贈散騎常侍、左衞將軍，鼓吹一部。謚曰武。敕義興郡發五百丁會喪。

慶之性祗慎，衣不紈綺，不好絲竹，射不穿札，馬非所便，而善撫軍士，能得其死力。長子昭嗣。

第五子昕，字君章。七歲能騎射。十二隨父入洛，於路遇疾，還京師。詣鴻臚卿朱异，异訪北間形勢，昕聚土畫地，指麾分別，异甚奇之。

大同四年，爲邵陵王常侍、文德主帥、右衛仗主，敕遣助防義陽。魏豫州刺史堯雄，北間驍將，兄子寶樂，特爲敢勇。慶之圍懸瓠，雄來赴其難，寶樂求單騎校戰，昕躍馬直趣寶樂，雄卽散潰，仍陷溱城。六年，除威遠將軍、小峴城主，以公事免。十年，妖賊王勤宗起於巴山郡，以昕爲宣猛將軍，假節討焉。勤宗平，除陰陵戍主、北譙太守，以疾不之官。又除驃騎外兵，俄爲臨川太守。

太清二年，侯景圍歷陽，敕召昕還，昕啓云：「采石急須重鎮，王質水軍輕弱，恐慮不濟。」乃板昕爲雲騎將軍，〔九〕代質，未及下渚，景已渡江，仍遣率所領遊防城外，不得入守。欲奔京口，乃爲景所擒。景見昕殷勤，因留極飲，曰：「我至此得卿，餘人無能爲也。」令昕收集部曲，將用之，昕誓而不許。景使其儀同范桃棒嚴禁之，昕因說桃棒令率所領歸降，襲殺王偉、宋子仙爲信。桃棒許之，遂盟約，射啓城中，遣昕夜縋而入。高祖大喜，敕卽受降，太宗遲疑累日不決，外事發洩，昕弗之知，猶依期而下。景邀得之，乃逼昕令更射書城中，云「桃棒且輕將數十人先入。」景欲裹甲隨之。昕既不肯爲書，期以必死，遂爲景所害，時年三十三。

蘭欽字休明，中昌魏人也。〔一〇〕父子雲，天監中，軍功官至雲麾將軍，冀州刺史。欽幼而果決，趫捷過人，隨父北征，授東宮直閤。大通元年，攻魏蕭城，拔之。仍破彭城別將郊仲，進攻擬山城，破其大都督劉屬衆二十萬。進攻籠城，獲馬千餘匹。又破其大將柴集及襄城太守高宣、別將范思念、鄭承宗等。仍攻厥固、張龍、子城，未拔，魏彭城守將楊目遣子孝邕率輕兵來援，欽逆擊走之。又破譙州刺史劉海游，還拔厥固，收其家口。楊目又遣都督范思念、別將曹龍牙數萬衆來援，欽與戰，於陣斬龍牙，傳首京師。

又假欽節，都督衡州三郡兵，討桂陽、陽山、始興叛蠻，至卽平破之。封安懷縣男，邑五百戶。又破天漆蠻帥晚時得。會衡州刺史元慶和爲桂陽人嚴容所圍，遣使告急，欽往應援，破容羅溪，於是長樂諸洞一時平蕩。又密敕欽向魏興，經南鄭，屬魏將托跋勝寇襄陽，〔一一〕仍敕赴援。除持節、督南梁南北秦沙四州諸軍事、光烈將軍、平西校尉、梁南秦二州刺史，增封五百戶，進爵爲侯。破通生，擒行臺元子禮、大將薛儁、張菩薩，魏梁州刺史元羅遂降，梁、漢底定。進號智武將軍，增封二千戶。

俄改授持節、都督衡桂二州諸軍事、衡州刺史，未及述職，魏遣都督董紹、張獻攻圍南鄭，梁州刺史杜懷瑤請救，欽率所領援之，大破紹、獻於高橋城，斬首三千餘，紹、獻奔退，追入斜谷，斬獲略盡。西魏相宇文黑泰致馬二千匹，〔一二〕請結隣好。詔加散騎常侍，進號仁威將軍，增封五百戶，仍令述職。

經廣州，因破俚帥陳文徹兄弟，並擒之。至衡州，進號平南將軍，改封曲江縣公，增邑五百戶。在州有惠政，吏民詣闕請立碑頌德，詔許焉。徵爲散騎常侍、左衛將軍，尋改授散騎常侍、安南將軍、廣州刺史。既至任所，前刺史南安侯密遣廚人置藥於食，欽中毒而卒，時年四十二。詔贈侍中、中衛將軍，鼓吹一部。

子夏禮，侯景至歷陽，率其部曲邀擊景，兵敗死之。

史臣曰：陳慶之、蘭欽俱有將略，戰勝攻取，蓋頗、牧、衞、霍之亞歟。慶之警悟，早侍高祖，既預舊恩，加之謹肅，蟬冕組珮，亦一世之榮矣。

校勘記

〔一〕諸軍並無闘心 「軍」，通鑑作「君」。

〔二〕時魏征東將軍濟陰王元暉業率羽林庶子二萬人來救滎宋 「暉」各本作「徽」。按：武帝中大通元年紀作「暉」，通鑑於此處及下處並作「暉」。元暉業，魏書有傳。今並據改。

〔三〕武都公 南史作武都郡王。

〔四〕又遣右僕射尒朱世隆 「尒朱世隆」各本皆作「尒朱隆」。南史作「尒朱世隆」。按：尒朱世隆北史有傳，姚思廉避唐諱，删「世」字。今補。

〔五〕天穆吐沒兒前後繼至 「吐沒兒」，各本俱脫「吐」字，按卽上文之「尒朱吐沒兒」，爲尒朱兆小名。今補。

〔六〕時有劉靈助者 「靈」字各本脫，據南史及通鑑補，與魏書合。

〔七〕土豪蔡伯龍起兵應之 「龍」南史作「寵」。

〔八〕江湖諸州並得休息 「湖」南監本、汲古閣本、金陵局本俱作「湘」，今從百衲本、北監本、殿本。按：册府元龜五〇三作「湖」。通鑑同。胡注：「謂洞庭、彭蠡間諸州也。」

〔九〕乃板昕爲雲騎將軍 「騎」百衲本、南監本、汲古閣本、金陵局本作「旗」，今從北監本、殿本。

〔一〇〕中昌魏人也 錢大昕廿二史考異：「按南齊書州郡志，梁州有東昌魏郡，又新城郡有昌魏縣，初不見中昌魏之名。」

〔一一〕屬魏將托跋勝寇襄陽 「勝」百衲本作「滕」，今從殿本。張森楷梁書校勘記：「托跋勝疑是賀拔勝之譌。」

〔一二〕西魏相宇文黑泰致馬二千匹 錢大昕廿二史考異：「本名黑獺，獺泰聲相近。」

梁書卷三十三

列傳第二十七

王僧孺　張率　劉孝綽　王筠

王僧孺字僧孺，東海郯人，魏衞將軍肅八世孫。曾祖雅，晉左光祿大夫、儀同三司。祖淮，宋司徒左長史。

僧孺年五歲，讀孝經，問授者此書所載述，曰：「論忠孝二事。」僧孺曰：「若爾，常願讀之。」六歲能屬文，既長好學。家貧，常傭書以養母，所寫既畢，諷誦亦通。仕齊，起家王國左常侍、太學博士。尚書僕射王晏深相賞好。晏爲丹陽尹，召補郡功曹，使僧孺撰東宮新記。遷大司馬豫章王行參軍，又兼太學博士。司徒竟陵王子良開西邸招文學，僧孺亦遊焉。文惠太子聞其名，召入東宮，直崇明殿。欲擬爲宮僚，文惠薨，不果。時王晏子德元出爲晉安郡，〔一〕以僧孺補郡丞，除候官令。建武初，有詔舉士，揚州刺

史始安王遙光表薦祕書丞王暕及僧孺曰：「前候官令東海王僧孺，年三十五，理尚棲約，思致恬敏，既筆耕爲養，亦傭書成學。至乃照螢映雪，編蒲緝柳，先言往行，人物雅俗，甘泉遺儀，南宮故事，畫地成圖，抵掌可述；豈直鼮鼠有必對之辯，竹書無落簡之謬，訪對不休，質疑斯在。」除尚書儀曹郎，遷治書侍御史，出爲錢唐令。〔二〕初，僧孺與樂安任昉遇竟陵王西邸，以文學友會，及是將之縣，昉贈詩，其略曰：「惟子見知，惟余知子。觀行視言，要終猶始。敬之重之，如蘭如芷。形應影隨，曩行今止。百行之首，立人斯著。子之有之，誰毀誰譽。修名既立，老至何遽。誰其執鞭，吾爲子御。劉略班藝，虞志荀錄，伊昔有懷，交相欣勗。下帷無倦，升高有屬。嘉爾晨燈，〔三〕惜余夜燭。」其爲士友推重如此。

天監初，除臨川王後軍記室參軍，待詔文德省。尋出爲南海太守。郡常有高涼生口及海舶每歲數至，外國賈人以通貨易，舊時州郡以半價就市，又買而即賣，其利數倍，歷政以爲常。僧孺乃歎曰：「昔人爲蜀部長史，終身無蜀物，吾欲遺子孫者，不在越裝。」並無所取。視事朞月，有詔徵還，郡民道俗六百人詣闕請留，不許。既至，拜中書郎、領著作，復直文德省，撰中表簿及起居注。遷尚書左丞，領著作如故。俄除游擊將軍，兼御史中丞。僧孺幼貧，其母鬻紗布以自業，嘗攜僧孺至市，道遇中丞鹵簿，驅迫溝中。及是拜日，引騶清道，悲感不自勝。尋以公事降爲雲騎將軍，兼職如故，頃之即眞。是時高祖製春景明志詩五百

字，敕在朝之人沈約已下同作，高祖以僧孺詩爲工。遷少府卿，出監吳郡。還除尚書吏部郎，參大選，請謁不行。

出爲仁威南康王長史，行府、州、國事。王典籤湯道愍暱於王，用事府內，僧孺每裁抑之，道愍遂謗訟僧孺，逮詣南司。奉牋辭府曰：「下官不能避溺山隅，而正冠李下，既貽疵辱，方致徽繩，解籙收簪，且歸初服。竊以董生偉器，止相驕王；賈子上才，爰傅卑土。下官生年有值，謬仰淸塵，假翼西雍，竊步東閤，多慚袨服，取亂長裾，高楊相望，直居坐右，長階如畫，獨在僚端。借其從容之詞，假以寬和之色，恩禮遠過申、白，榮望多廁應、徐。厚德難逢，小人易說。方謂離腸隕首，不足以報一言；露膽披誠，何能以酬屢顧。寧謂罻羅裁舉，微禽先落；閶闔始吹，細草仍墜。一辭九畹，方去五雲。縱天網是漏，聖恩可恃，亦復孰寄心骸，何施眉目。方當橫潭亂海，就魚鼈而爲羣；披榛捫樹，從虺蛇而相伍。豈復仰聽金聲，式瞻玉色。顧步高軒，悲如霰委；踟躕下席，淚若綆縻。」

僧孺坐免官，久之不調。友人廬江何炯猶爲王府記室，乃致書於炯，以見其意。曰：

近別之後，將隔暄寒，思子爲勞，未能忘弭。昔李叟入秦，〔四〕梁生適越，猶懷悵恨，且或吟謠；況歧路之日，將離嚴網，辭無可憐，罪有不測。蓋畫地刻木，昔人所惡，叢棘既累，於何可聞，所以握手戀戀，離別珍重。弟愛同鄒季，〔五〕淫淫承睫，吾猶復抗

手分背，羞學婦人。素鍾肇節，金飈戒序，起居無恙，動靜履宜。子雲筆札，元瑜書記，信用既然，可樂爲甚。且使目明，能祛首疾。甚善甚善。

吾無昔人之才而有其病，癲眩屢動，消渴頻增。委化任期，故不復呼醫飲藥，但恨一旦離大辱，蹈明科，去皎皎而非自汙，抱鬱結而無誰告，丁年蓄積，與此銷亡，徒竊高價厚名，〔六〕橫叨公器人爵，智能無所報，筋力未之酬，所以悲至撫膺，泣盡而繼之以血。

顧惟不肖，文質無所底，蓋困於衣食，迫於飢寒，依隱易農，所志不過鍾庾。久爲尺板斗食之吏，以從皁衣黑綬之役，非有奇才絕學，雄略高謨，吐一言可以匡俗振民，動一議可以固邦興國。全璧歸趙，飛矢救燕，偃息藩魏，甘臥安郢，腦日逐，髓月支，擁十萬而橫行，提五千而深入，將能執圭裂壤，功勒景鍾，錦繡爲衣，朱丹被轂，斯大丈夫之志，非吾曹之所能及已。直以章句小才，蟲篆末藝，含吐緗縹之上，翩躚樽俎之側，委曲同之鍼縷，繁碎譬之米鹽，孰致顯榮，何能至到。加性疏澀，拙於進取，未嘗去來許、史，遨遊梁、竇，俛首脅肩，先意承旨，是以三葉靡遘，不與運幷，十年未徙，孰非能薄。及除舊布新，清晷方旦，抱樂衛圖，訟謳有主，而猶限一吏於岑石，隔千里於泉亭，不得奉板中涓，預衣裳之會，提戈後勁，廁龍豹之謀。及其投劾歸來，恩均舊隸，升文

石，登玉陛，一見而降顏色，再覩而接話言，非藉左右之容，無勞羣公之助。又非同席共研之夙逢，笥餌卮酒之早識，一旦陪武帳，仰文陛，備聃、佚之柱下，充嚴、朱之席上，入班九棘，出專千里，據操撮之雄官，參人倫之顯職，雖古之爵人不次，取士無名，未有躡影追風，奔驟之若此者也。

蓋基薄牆高，塗遙力躓，傾蹙必然，顚匐可俟。竟以福過災生，人指鬼瞰，將均宥器，有驗傾卮，是以不能早從曲影，遂乃取疑邪徑。故司隸懍懍，思得應弦，譬縣廚之獸，如離繳之鳥，將充庖鼎，以餌鷹鸇。雖事異鑽皮，文非刺骨，猶復因茲舌杪，成此筆端，上可以投畀北方，次可以論輸左校，變爲丹赭，充彼舂薪。幸聖主留善貸之德，紆好生之施，解網祝禽，下車泣罪，愍茲言詬，憐其觳觫，加肉朽胔，布葉枯株，輟薪止火，得不銷爛，所謂還魂斗極，追氣泰山，止復除名爲民，幅巾家巷，此五十年之後，人君之賜焉。木石感陰陽，犬馬識厚薄，員首方足，孰不戴天？而竊自有悲者，蓋士無賢不肖，在朝見嫉；女無美惡，入宮見妬。家貧，無苞苴可以事朋類，惡其鄉原，恥彼戚施，何以從人，何以徇物？外無奔走之友，內乏强近之親。是以構市之徒，隨相媒蘖。及一朝捐棄，以快怨者之心，吁可悲矣。〔七〕

蓋先貴後賤，古富今貧，季倫所以發此哀音，雍門所以和其悲曲。又迫以嚴秋殺

氣，具物多悲，長夜展轉，百憂俱至。況復霜銷草色，風搖樹影。寒蟲夕叫，合輕重而同悲；秋葉晚傷，雜黃紫而俱墜。蜘蛛絡幕，熠燿爭飛，故無車轍馬聲，何聞鳴鷄吠犬。俛眉事妻子，舉手謝賓遊。方與飛走爲隣，永用蓬蒿自沒。愾其長息，忽不覺生之爲重。素無一廛之田，而有數口之累。豈曰匏而不食，方當長爲傭保，餬口寄身，溘死溝渠，以實螻蟻，悲夫！豈復得與二三士友，抱接膝之歡，履足差肩，擒綺縠之清文，談希微之道德。唯吳馮之遇夏馥，范式之値孔嵩，〔八〕愍其留賃，憐此行乞耳。儻不以垢累，時存寸札，則雖先犬馬，猶松喬焉。去矣何生，高樹芳烈。裁書代面，筆淚俱下。

久之，起爲安西安成王參軍，累遷鎭右始興王中記室，北中郎南康王諮議參軍，入直西省，知撰譜事。普通三年，卒，時年五十八。

僧孺好墳籍，聚書至萬餘卷，率多異本，與沈約、任昉家書相埒。少篤志精力，於書無所不覩。其文麗逸，多用新事，人所未見者，世重其富。僧孺集十八州譜七百一十卷，百家譜集十五卷，東南譜集抄十卷，文集三十卷，兩臺彈事不入集內爲五卷，及東宮新記，並行於世。

張率字士簡，吳郡吳人。祖永，宋右光祿大夫。父瓌，齊世顯貴，歸老鄉邑，天監初，授右光祿，加給事中。

率年十二，能屬文，常日限爲詩一篇，稍進作賦頌，至年十六，向二千許首。齊始安王蕭遙光爲揚州，召迎主簿，不就。起家著作佐郎。建武三年，舉秀才，除太子舍人。與同郡陸倕幼相友狎，常同載詣左衞將軍沈約，適値任昉在焉，約乃謂昉曰：「此二子後進才秀，皆南金也，卿可與定交。」由此與昉友善。遷尙書殿中郎。出爲西中郎南康王功曹史，以疾不就。久之，除太子洗馬。高祖霸府建，引爲相國主簿。天監初，臨川王已下並置友、學。以率爲鄱陽王友，遷司徒謝朏掾，直文德待詔省，敕使抄乙部書，又使撰婦人事二十餘條，〔九〕勒成百卷，使工書人琅邪王深、〔一〇〕吳郡范懷約、褚洵等繕寫，以給後宮。率又爲待詔賦奏之，甚見稱賞。手敕答曰：「省賦殊佳。相如工而不敏，枚皋速而不工，卿可謂兼二子於金馬矣。」又侍宴賦詩，高祖乃別賜率詩曰：「東南有才子，故能服官政。余雖慚古昔，得人今爲盛。」率奉詔往返數首。其年，遷祕書丞，引見玉衡殿。高祖曰：「祕書丞天下清官，東南胄望未有爲之者，今以相處，足爲卿譽。」其恩遇如此。

四年三月，禊飮華光殿。其日，河南國獻舞馬，詔率賦之，曰：

臣聞「天用莫如龍，地用莫如馬。」故禮稱驪騵，詩誦騮駱。先景遺風之美，世所得

聞；吐圖騰光之異，有時而出。洎我大梁，光有區夏，廣運自中，員照無外，日入之所，浮琛委贄，風被之域，越險効珍，輪服烏號之駿，駒駼豢龍之名。而河南又獻赤龍駒，有奇貌絕足，能拜善舞。天子異之，使臣作賦，曰：

維梁受命四載，元符旣臻，協律之事具舉，膠庠之教必陳，檀輿之用已偃，玉輅之御方巡。考帝文而率通，披皇圖以大觀。慶惟道而必先，靈匪聖其誰贊。見河龍之瑞唐，矚天馬之禎漢。旣叶符而比德，且同條而共貫。詢國美於斯今，邁皇王於曩昔。散大明以燭幽，揚義聲而遠斥。固施之於不窮，諒無所乎朝夕。並承流以請吏，咸向風而率職。納奇貢於絕區，致龍媒於殊域。伊況古而赤文，爰在茲而朱翼。旣効德於炎運，亦表祥於尙色。資皎月而載生，祖河房而挺授。種北唐之絕類，嗣西宛之鴻冑。稟妙足而逸倫，有殊姿而特茂。善環旋於薺夏，知蹈躡於金奏。超六種於周閑，踰八品於漢廐。伊自然之有質，寧改觀於肥瘦。豈徒服皁而養安，與進駕以馳驟。爾其挾尺縣鑿之辨，附蟬伏兎之別，十形五觀之姿，三毛八肉之勢，臣何得而稱焉，固已詳於前製。

徒觀其神爽，視其豪異，軼跨野而忽踰輪，齊秀騏而並末騆。貶代盤而陋小華，越定單而少天驥。信無等於漏面，孰有取於決鼻。可以迹章、亥之所未遊，踰禹、益之

所未至。將不得而屈指，亦何暇以理轡。若跡遍而忘反，非我皇之所事。方潤色於前古，遒深文而儲思。

既而機事多暇，青春未移。時惟上巳，美景在斯。遵鎬飲之故實，陳洛讌之舊儀。漕伊川而分派，引激水以回池。集國良於民儁，列樹茂於皇枝。紛高冠以連衽，鏘鳴玉而肩隨。清蹕道於上林，肅華臺之金座。望發色於綠苞，佇流芬於紫裏。聽磬鏄之畢舉，聆韶、夏之咸播。承六奏之既闋，及九變之已成。均儀禽於唐序，同舞獸於虞庭。懷夏后之九代，想陳王之紫騂。乃命涓人，効良駿，經周衞，入鉤陳。言右牽之已來，寧執朴而後進。既傾首於律同，又蹀足於鼓振。擢龍首，回鹿軀，睨兩鏡，蹙雙鳧。既就場而雅拜，時赴曲而徐趨。斂躁中於促節，捷繁外於驚桴。騏行驥動，虎發龍驤；雀躍鷰集，鵠引鳧翔。妍七盤之綽約，陵九劍之抑揚。豈借儀於褕袂，寧假器於髦皇。婉脊投頌，俛膺合雅。露沫歕紅，沾汗流赭。乃却走於集靈，馴惠養於豐夏。鬱風雷之壯心，思展足於南野。

若彼符瑞之富，可以臻介丘而昭卒業，措紳羣后，誠希末光，天子深穆爲度，未之訪也。何則？進讓殊事，豈非帝者之彌文哉。今四衞外封，五岳內郡，宜弘下禪之規，增上封之訓，背清都而日行，指雲郊而玄運。將絕塵而弭轍，類飛鳥與駈驢。總三才

而騁騖，按五御而超攄。翳卿雲於華蓋，翼條風於屬車。無逸御於玉軫，不泛駕於金輿。飾中岳之絕軌，營奉高之舊墟。訓厚況於人神，弘施育於黎獻。垂景炎於長世，集繁祉於斯萬，在庸臣之方剛，有從軍之大願。必自茲而展采，將同畀於庖燀。悼長卿之遺書，憫周南之留恨。

時與到洽、周興嗣同奉詔爲賦，高祖以率及興嗣爲工。

其年，父憂去職。其父侍妓數十人，善謳者有色貌，邑子儀曹郎顧玩之求娉焉，〔一〕謳者不願，遂出家爲尼。嘗因齋會率宅，玩之乃飛書言與率姦，南司以事奏聞，高祖惜其才，寢其奏，然猶致世論焉。

服闋後，久之不仕。七年，敕召出，除中權建安王中記室參軍，預長名問訊，不限日。俄有敕直壽光省，治丙丁部書抄。八年，晉安王戍石頭，以率爲雲麾中記室。王遷南兗州，轉宣毅諮議參軍，並兼記室。王還都，率除中書侍郎。十三年，王爲荊州，復以率爲宣惠諮議，領江陵令。府還江州，以諮議領記室，出監豫章、臨川郡。率在府十年，恩禮甚篤。

還除太子僕，累遷招遠將軍、司徒右長史、揚州別駕。率雖歷居職務，未嘗留心簿領，及爲別駕奏事，高祖覽牒問之，並無對，但奉答云「事在牒中」。高祖不悅。俄遷太子家令，與中庶子陸倕、僕劉孝綽對掌東宮管記，〔二〕遷黃門侍郎。出爲新安太守，秩滿還都，未至，丁所生母憂。大通元年，服未闋，卒，時年五十三。昭明太子遣使贈賻，與晉安王綱令曰：「近張新安又致故。其人才筆弘雅，亦足嗟惜。隨弟府朝，東西日久，尤當傷懷也。比人物零落，特可潸慨，屬有今信，乃復及之。」

率嗜酒，事事寬恕，於家務尤忘懷。在新安，遣家僮載米三千石還吳宅，既至，遂秏太半。率問其故，答曰：「雀鼠秏也。」率笑而言曰：「壯哉雀鼠。」竟不研問。少好屬文，而七略及藝文志所載詩賦，今亡其文者，並補作之。所著文衡十五卷，文集三十卷，〔三〕行於世。子長公嗣。〔四〕

劉孝綽字孝綽，彭城人，本名冉。祖勔，宋司空忠昭公。父繪，齊大司馬霸府從事中郎。

孝綽幼聰敏，七歲能屬文。舅齊中書郎王融深賞異之，常與同載適親友，號曰神童。融每言曰：「天下文章，若無我當歸阿士。」阿士，孝綽小字也。繪，齊世掌詔誥。孝綽年未志學，繪常使代草之。父黨沈約、任昉、范雲等聞其名，並命駕先造焉，昉尤相賞好。范雲年長繪十餘歲，其子孝才與孝綽年並十四五，〔五〕及雲遇孝綽，便申伯季，乃命孝才拜之。

天監初，起家著作佐郎，爲歸沐詩以贈任昉，昉報章曰：「彼美洛陽子，投我懷秋作。詎慰耋嗟人，徒深老夫託。直史兼褒貶，轄司專疾惡。九折多美疹，匪報庶良藥。子其崇鋒穎，春耕勵秋穫。」其爲名流所重如此。

遷太子舍人，俄以本官兼尚書水部郎，奉啓陳謝，手敕答曰：「美錦未可便製，簿領亦宜稍習。」頃之卽眞。高祖雅好蟲篆，時因宴幸，命沈約、任昉等言志賦詩，孝綽亦見引。嘗侍宴，於坐爲詩七首，高祖覽其文，篇篇嗟賞，由是朝野改觀焉。

尋有敕知青、北徐、南徐三州事，出爲平南安成王記室，隨府之鎮。尋補太子洗馬，遷尚書金部郎，〔六〕復爲太子洗馬，掌東宮管記。出爲上虞令，還除祕書丞。高祖謂舍人周捨曰：「第一官當用第一人。」故以孝綽居此職。公事免。尋復除祕書丞，出爲鎮南安成王諮議，入以事免。起爲安西記室，累遷安西驃騎諮議參軍，敕權知司徒右長史事，遷太府卿、太子僕，復掌東宮管記。時昭明太子好士愛文，孝綽與陳郡殷芸、吳郡陸倕、琅邪王筠、彭城到洽等，同見賓禮。太子起樂賢堂，乃使畫工先圖孝綽焉。太子文章繁富，羣才咸欲撰錄，太子獨使孝綽集而序之。遷員外散騎常侍，兼廷尉卿，頃之卽眞。

初，孝綽與到洽友善，同遊東宮。孝綽自以才優於洽，每於宴坐，嗤鄙其文，洽銜之。及孝綽爲廷尉卿，〔七〕攜妾入官府，其母猶停私宅。洽尋爲御史中丞，遣令史案其事，遂劾

奏之,云:「攜少妹於華省,棄老母於下宅。」高祖爲隱其惡,改「妹」爲「姝」。〔一八〕坐免官。孝綽諸弟,時隨藩皆在荆、雍,乃與書論共洽不平者十事,其辭皆鄙到氏。又寫別本封呈東宮,昭明太子命焚之,不開視也。

時世祖出爲荆州,至鎭與孝綽書曰:「君屛居多暇,差得肆意典墳,吟詠情性,比復稀數古人,不以委約而能不伎癢;且虞卿、史遷由斯而作,想摛屬之興,益當不少。洛地紙貴,京師名動,彼此一時,何其盛也。近在道務閑,微得點翰,雖無紀行之作,頗有懷舊之篇。至此已來,衆諸屑役。小生之詆,恐取辱於廬江;遮道之姦,慮興謀於從事。方且褰帷自厲,求瘼不休,筆墨之功,曾何暇豫。至於心乎愛矣,未嘗有歇,思樂惠音,清風靡聞。譬夫夢想溫玉,飢渴明珠,雖愧卞、隨,猶爲好事。新有所製,想能示之。勿等清慮,徒虛其請。無由賞悉,遣此代懷。數路計行,遲還芳札。」孝綽答曰:「伏承自辭皇邑,爰至荆臺,未勞刺舉,且摛高麗。近雖預覩尺錦,而不覩全玉。昔臨淄詞賦,悉與楊脩,未殫寶笥,顧慚先哲。渚宮舊俗,朝衣多故,李固之薦二賢,〔一九〕徐璆之奏五郡,〔二〇〕威懷之道,兼而有之。當欲使金石流功,恥用翰墨垂迹。雖乖知二,偶達聖心。爰自退居素里,却掃窮閈,比楊倫之不出,譬張摯之杜門。昔趙卿窮愁,肆言得失;漢臣鬱志,廣敍盛衰。彼此一時,擬非其匹。竊以文豹何辜,以文爲罪。由此而談,又何容易。故韜翰吮墨,多歷寒暑,既闕子幼南山之

歌,又微敬通渭水之賦,無以自同獻笑,少酬褒誘。且才乖體物,不擬作於玄根;事殊宿諾,寧貽懼於朱亥。顧己反躬,載懷累息。但瞻言漢廣,邈若天涯,區區一心,分宵九逝。殿下降情白屋,存問相尋,食椹懷音,矧伊人矣。」

孝綽免職後,高祖數使僕射徐勉宣旨慰撫之,每朝宴常引與焉。及高祖爲籍田詩,又使勉先示孝綽。時奉詔作者數十人,高祖以孝綽尤工,卽日有敕,起爲西中郎湘東王諮議。啓謝曰:「臣不能銜珠避顚,傾柯衞足,以茲疏倖,與物多忤。兼逢匿怨之友,遂居司隸之官,交構是非,用成萋斐。日月昭回,俯明枉直。獄書每御,輒鑒蔣濟之冤;炙髮見明,非關陳正之辯。遂漏斯密網,免彼嚴棘,得使還同士伍,比屋唐民,生死肉骨,豈侔其施。臣誠無識,孰不戴天。疏遠畎隴,絕望高闕,而降其接引,優以旨喻,於臣微物,足爲榮隕。況剛條落葉,忽沾雲露;周行所寘,復齒盛流。但雕朽杇糞,徒成延獎;捕影繫風,終無効答。」又啓謝東宮曰:「臣聞之,先聖以『衆惡之,必察焉;衆好之,必察焉。』〔二一〕豈非孤特則積毀所歸,比周則積譽斯信? 知好惡之間,必待明鑒。故晏嬰再爲阿宰,而前毀後譽。後譽出於阿意,前毀由於直道。是以一犬所噬,旨酒貿其甘酸;一手所搖,嘉樹變其生死。又鄒陽有言,士無賢愚,入朝見嫉。至若臧文之下展季,靳尙之放靈均,絳侯之排賈生,平津之陷主父,自茲厥後,其徒實繁。曲筆短辭,不暇殫述,寸管所窺,常由切齒。殿下誨道觀書,俯同

好學,前載枉直,備該神覽。臣昔因立侍,親承緒言,飄風貝錦,譬彼讒慝,聖旨殷勤,深以爲歎。臣資愚履直,不能杜漸防微,曾未幾何,逢訧罹難。雖吹毛洗垢,在朝而同嗟;而嚴文峻法,肆姦其必奏。不顧賣友,志欲要君,自非上帝運超己之光,昭陵陽之虐,舞文虛謗,不取信於宸明,在縲嬰纆,幸得蠲於庸暗。裁下免黜之書,仍頒朝會之旨。小人未識通方,縶馬懸車,息絕朝覲。方願滅影銷聲,遂移林谷。不悟天聽罔已,造次必彰,不以距違見疵,復使引籍雲陛。降寬和之色,垂布帛之言,形之千載,所蒙已厚;況乃恩等特召,榮同起家,望古自惟,彌覺多忝。但未渝丹石,永藏輪軌,相彼工言,構茲媒櫱。且款冬而生,已凋柯葉,空延德澤,無謝陽春。」

後爲太子僕,〔二二〕母憂去職。服闋,除安西湘東王諮議參軍,遷黃門侍郎,尙書吏部郎,坐受人絹一束,爲餉者所訟,左遷信威臨賀王長史。頃之,遷祕書監。大同五年,卒官,時年五十九。

孝綽少有盛名,而仗氣負才,多所陵忽,有不合意,極言詆訾。領軍臧盾、太府卿沈僧杲等,〔二三〕並被時遇,孝綽尤輕之。每於朝集會同處,公卿間無所與語,反呼騶卒訪道途間事,由此多忤於物。

孝綽辭藻爲後進所宗,世重其文,每作一篇,朝成暮遍,好事者咸諷誦傳寫,流聞絕域。

文集數十萬言,行於世。

孝綽兄弟及羣從諸子姪,當時有七十人,並能屬文,近古未之有也。其三妹適琅邪王叔英、吳郡張嵊、東海徐悱,並有才學;悱妻文尤清拔。悱,僕射徐勉子,爲晉安郡,卒,喪還京師,妻爲祭文,辭甚悽愴。勉本欲爲哀文,既覩此文,於是閣筆。

孝綽子諒,字求信。少好學,有文才,尤博悉晉代故事,時人號曰「皮裏晉書」。歷官著作佐郎,太子舍人,王府主簿,功曹史,宣城王記室參軍。〔二四〕

王筠字元禮,一字德柔,琅邪臨沂人。祖僧虔,齊司空簡穆公。父楫,太中大夫。

筠幼警寤,七歲能屬文。年十六,爲芍藥賦,甚美。及長,清靜好學,與從兄泰齊名。陳郡謝覽,覽弟舉,亦有重譽,時人爲之語曰:「謝有覽舉,王有養炬。」炬是泰,養卽筠,並小字也。

起家中軍臨川王行參軍,遷太子舍人,除尙書殿中郎。王氏過江以來,未有居郎署者,或勸逡巡不就,筠曰:「陸平原東南之秀,王文度獨步江東,吾得比蹤昔人,何所多恨。」乃欣然就職。尙書令沈約,當世辭宗,每見筠文,咨嗟吟咏,以爲不逮也。嘗謂筠:「昔蔡伯喈見

王仲宣稱曰：『王公之孫也，吾家書籍，悉當相與。』僕雖不敏，請附斯言。自謝朓諸賢零落已後，平生意好，殆將都絕，不謂疲暮，復逢於君。」約於郊居宅造閣齋，筠爲草木十詠，書之於壁，皆直寫文詞，不加篇題。約謂人云：「此詩指物呈形，無假題署。」約製郊居賦，構思積時，猶未都畢，乃要筠示其草，筠讀至「雌霓五激反連蜷」，約撫掌欣抃曰：「僕嘗恐人呼爲霓五鷄反。」次至「墜石磓星」，及「冰懸埳而帶坻」，筠皆擊節稱贊。約曰：「知音者希，眞賞殆絕，所以相要，政在此數句耳。」筠又嘗爲詩呈約，卽報書云：「覽所示詩，實爲麗則，聲和被紙，光影盈字。夔、牙接響，顧有餘慚；孔翠羣翔，豈不多愧。古情拙目，每佇新奇，爛然總至，權輿已盡。會昌昭發，蘭揮玉振，克諧之義，寧比笙簧。思力所該，一至乎此，歎服吟研，周流忘念。昔時幼壯，頗愛斯文，含咀之間，倏焉疲暮。不及後進，誠非一人，擅美推能，實歸吾子。遲比閑日，清觀乃申。」筠爲文能壓強韻，每公宴並作，辭必妍美。約常從容啓高祖曰：「晚來名家，唯見王筠獨步。」

累遷太子洗馬，中舍人，並掌東宮管記。昭明太子愛文學士，常與筠及劉孝綽、陸倕、到洽、殷芸等遊宴玄圃，〔二五〕太子獨執筠袖撫孝綽肩而言曰：「所謂左把浮丘袖，右拍洪崖肩。」其見重如此。筠又與殷芸以方雅見禮焉。出爲丹陽尹丞、北中郎諮議參軍，遷中書郎。奉敕製開善寺寶誌大師碑文，詞甚麗逸。又敕撰中書表奏三十卷，及所上賦頌，都爲

一集。俄兼寧遠湘東王長史，行府、國、郡事。除太子家令，復掌管記。普通元年，以母憂去職。筠有孝性，毀瘠過禮，服闋後，疾廢久之。六年，除尚書吏部郎，遷太子中庶子，領羽林監，又改領步兵。中大通二年，遷司徒左長史。三年，昭明太子薨，敕爲哀策文，復見嗟賞。尋出爲貞威將軍、臨海太守，在郡被訟，不調累年。大同初，起爲雲麾豫章王長史，遷祕書監。五年，除太府卿。明年，遷度支尚書。中大同元年，出爲明威將軍、永嘉太守，以疾固辭，徙爲光祿大夫，俄遷雲騎將軍、〔二六〕司徒左長史。太清二年，侯景寇逼，筠時不入城。明年，太宗卽位，爲太子詹事。筠舊宅先爲賊所焚，乃寓居國子祭酒蕭子雲宅，夜忽有盜攻之，驚懼墜井卒，時年六十九。家人十餘人同遇害。

筠狀貌寢小，長不滿六尺。性弘厚，不以藝能高人，而少擅才名，與劉孝綽見重當世。其自序曰：「余少好書，老而彌篤，雖偶見瞥觀，〔二七〕皆卽疏記，後重省覽，歡興彌深，習與性成，不覺筆倦。自年十三四，齊建武二年乙亥至梁大同六年，四十六載矣。〔二八〕幼年讀五經，皆七八十遍。愛左氏春秋，吟諷常爲口實，廣略去取，凡三過五抄。餘經及周官、儀禮、國語、爾雅、山海經、本草並再抄。子史諸集皆一遍。未嘗倩人假手，並躬自抄錄，大小百餘卷。不足傳之好事，蓋以備遺忘而已。」又與諸兒書論家世集云：「史傳稱安平崔氏及汝南應氏，並累世有文才，所以范蔚宗云崔氏『世擅雕龍』。〔二九〕然不過父子兩三世耳；非有七葉之中，名德重光，爵位相繼，人人有集，如吾門世者也。沈少傅約語人云：『吾少好百家之言，身爲四代之史，自開闢已來，未有爵位蟬聯，文才相繼，如王氏之盛者也。』汝等仰觀堂構，思各努力。」筠自撰其文章，以一官爲一集，自洗馬、中書、中庶子、吏部、左佐、臨海、太府各十卷，〔三〇〕尚書三十卷，凡一百卷，行於世。

史臣陳吏部尚書姚察曰：王僧孺之巨學，劉孝綽之詞藻，主非不好也，才非不用也，其拾青紫，取極貴，何難哉！而孝綽不拘言行，自躓身名，徒鬱抑當年，非不遇也。

校勘記

〔一〕時王晏子德元出爲晉安郡　「德」各本作「得」，據南齊書王晏傳改。

〔二〕出爲錢唐令　「錢」，各本脫，據南史補。

〔三〕嘉爾晨燈　「燈」南史作「登」。

〔四〕昔李叟入秦　「李」各本作「季」。據藝文類聚二六改。按：文選趙景眞與嵇茂齊書：「昔李叟入秦，及關而歎，梁生適越，登岳長謠。」語蓋本此。

〔五〕弟愛同鄒季　「鄒季」藝文類聚二六作「郭李」。

〔六〕徒竊高價厚名　「竊」各本譌「切」，據册府元龜九〇九改正。

〔七〕吁可悲矣　「吁」各本譌「呼」；「可悲」各本皆顛倒爲「悲可」。今據藝文類聚二六、册府元龜九〇九改正。

〔八〕范式之値孔嵩　「式」各本譌「或」，據藝文類聚二六改。按後漢書獨行范式傳：式與孔嵩爲友。後相遇於新野縣。時式爲荆州刺史行部至縣，縣選嵩爲導騎迎式，式見而識之，把臂與語。

〔九〕又使撰婦人事二十餘條　「二十」，疑有誤。二十餘條不能「勒成百卷」。

〔一〇〕使工書人琅邪王深　「深」，南史作「琛」。

〔一一〕邑子儀曹郎顧玩之求娉焉　「玩」南史作「玧」。

〔一二〕與中庶子陸倕僕劉孝綽對掌東宮管記　「僕」下各本衍一「射」字，今删。按：劉孝綽是太子僕，非尚書僕射。

〔一三〕文集三十卷　張森楷梁書校勘記：「三，南史作四。隋書經籍志有梁黄門郎張率集三十八卷。」

〔一四〕子長公嗣　南史無「嗣」字。

〔一五〕其子孝才與孝綽年並十四五　「孝才」各本譌「季才」，據南史及册府元龜七七四、八四三改。

〔一六〕遷尚書金部郎　各本作「遷尚書金部侍郎」，衍一「侍」字，今删。按隋書百官志，尚書省置吏

部、金部、騎兵等郎二十二人。

〔一七〕及孝綽爲廷尉卿「卿」各本作「正」，據册府元龜五二二、九二〇、九三二改。按：劉孝綽爲廷尉卿，見上文。南史無「卿」字。

〔一八〕攜少妹於華省棄老母於下宅高祖爲隱其惡改妹爲姝　按：孝綽「攜妾入官府」，到洽劾奏之辭當爲攜少姝，高祖爲隱其惡，亦當是改姝爲妹。昔人謂此妹姝二字互倒。

〔一九〕李固之薦二賢「賢」各本譌「邦」，據册府元龜一九二改正。按册府元龜「二賢」下有小注云：「楊厚、賀純也。李固爲荆州，聞厚、純以病免歸，薦於天子，有詔徵用。」

〔二〇〕徐璆之奏五郡「璆」各本譌「珍」，「五郡」各本譌「七邑」，今據册府元龜一九二改正。按册府元龜注云：「徐璆爲荆州，奏五郡守有臧汚者案罪。」

〔二一〕先聖以衆惡之必察焉衆好之必察焉　二語見於論語，兩「察」字各本皆作「監」，此姚思廉避家諱改。今改回。

〔二二〕後爲太子僕「後」册府元龜九三二作「復」。按：上文有「還太府卿、太子僕」，疑作「復」是。

〔二三〕領軍臧盾太府卿沈僧杲等「杲」南史及册府元龜九九四作「旻」。

〔二四〕宣城王記室參軍「宣」各本譌「中」，據南史改。

〔二五〕常與筠及劉孝綽陸倕到洽殷芸等遊宴玄圃　按：「殷芸」南史作「殷鈞」。又按：下文「筠又與

殷芸以方雅見禮焉」，南史亦作「殷鈞」。

〔二六〕俄遷雲騎將軍　按：「騎」百衲本、南監本、汲古閣本、金陵局本皆作「旗」。北監本、殿本作「騎」。

〔二七〕雖偶見瞥觀「偶」各本及南史作「遇」，李慈銘南史札記：「遇當作偶。」今改正。

〔二八〕四十六載矣　各本脫「六」字，據册府元龜七七〇補。按：齊建武二年乙亥至梁大同六年，首尾四十六載。

〔二九〕所以范蔚宗云崔氏世擅雕龍「云崔氏」三字，各本脫，據南史補。按：後漢書崔駰傳贊云「崔爲文宗，世禪雕龍」。

〔三〇〕自洗馬中書中庶子吏部左佐臨海太府各十卷　各本脫一「左」字，據南史補。

梁書卷三十四

列傳第二十八

張緬 弟纘　綰

張緬字元長，車騎將軍弘策子也。年數歲，外祖中山劉仲德異之，嘗曰：「此兒非常器，爲張氏寶也。」齊永元末，義師起，弘策從高祖入伐，留緬襄陽，年始十歲，每聞軍有勝負，憂喜形於顏色。天監元年，弘策任衞尉卿，爲妖賊所害，緬痛父之酷，喪過於禮，高祖遣戒喻之。服闋，襲洮陽縣侯，召補國子生。

起家祕書郎，出爲淮南太守，時年十八。高祖疑其年少未閑吏事，乃遣主書封取郡曹文案，見其斷決允愜，甚稱賞之。還除太子舍人、雲麾外兵參軍。緬少勤學，自課讀書，手不輟卷，尤明後漢及晉代衆家。客有執卷質緬者，隨問便對，略無遺失。殿中郎缺，高祖謂徐勉曰：「此曹舊用文學，且居鵷行之首，宜詳擇其人。」勉舉緬充選。頃之，出爲武陵太守，

還拜太子洗馬，中舍人。緬母劉氏，以父沒家貧，葬禮有闕，遂終身不居正室，不隨子入官府。緬在郡所得祿俸不敢用，乃至妻子不易衣裳，及還都，並供其母賑贍親屬，雖累載所畜，一朝隨盡，緬私室常闃然如貧素者。累遷北中郎諮議參軍、寧遠長史。出爲豫章內史。緬爲政任恩惠，不設鉤距，吏人化其德，亦不敢欺，故老咸云「數十年未之有也」。大通元年，徵爲司徒左長史，以疾不拜，改爲太子中庶子，領羽林監。俄遷御史中丞，坐收捕人與外國使鬭，左降黃門郎，兼領先職，俄復爲眞。緬居憲司，推繩無所顧望，號爲勁直，高祖乃遣畫工圖其形於臺省，以勵當官。

中大通三年，遷侍中，未拜，卒，時年四十二。詔贈侍中，加貞威將軍，侯如故。賻錢五萬，布五十匹。高祖舉哀。昭明太子亦往臨哭，與緬弟纘書曰：「賢兄學業該通，莅事明敏，雖倚相之讀墳典，郄縠之敦詩書，惟今望古，蔑以斯過。自列宮朝，二紀將及，義惟僚屬，情實親友。文筵講席，朝遊夕宴，何曾不同茲勝賞，共此言寄。如何長謝，奄然不追！且年甫强仕，方申才力，摧苗落穎，彌可傷惋。念天倫素睦，一旦相失，如何可言。言及增哽，擧筆無次。」

緬性愛墳籍，聚書至萬餘卷。抄後漢、晉書衆家異同，爲後漢紀四十卷，晉抄三十卷。又抄江左集，未及成。文集五卷。子傅嗣。

纘字伯緒，緬第三弟也，出後從伯弘籍。弘籍，高祖舅也，梁初贈廷尉卿。纘年十一，尚高祖第四女富陽公主，拜駙馬都尉，封利亭侯，召補國子生。

起家祕書郎，時年十七。身長七尺四寸，眉目疏朗，神采爽發。高祖異之，嘗曰：「張壯武云『後八葉有逮吾者』，其此子乎。」纘好學，兄緬有書萬餘卷，晝夜披讀，殆不輟手。祕書郎有四員，宋、齊以來，爲甲族起家之選，待次入補，其居職，例數十百日便遷任。纘固求不徙，欲遍觀閣內圖籍。嘗執四部書目曰：「若讀此畢，乃可言優仕矣。」如此數載，方還太子舍人，轉洗馬、中舍人，並掌管記。

纘與琅邪王錫齊名。普通初，魏遣彭城人劉善明詣京師請和，求識纘。纘時年二十三，善明見而嗟服。累遷太尉諮議參軍，尚書吏部郎，俄爲長兼侍中，[一]時人以爲早達。河東裴子野曰：「張吏部在喉舌之任，已恨其晚矣。」子野性曠達，自云「年出三十，不復詣人。」初未與纘遇，便虛相推重，因爲忘年之交。

大通元年，出爲寧遠華容公長史，行琅邪彭城二郡國事。二年，仍遷華容公北中郎長史、南蘭陵太守，加貞威將軍，行府州事。三年，入爲度支尚書，母憂去職。服闋，出爲吳興太守。纘治郡，省煩苛，務清靜，民吏便之。大同二年，徵爲吏部尚書。纘居選，其後門寒素，有一介皆見引拔，不爲貴要屈意，人士翕然稱之。

五年，高祖手詔曰：「纘外氏英華，朝中領袖，司空以後，名冠范陽。可尚書僕射。」初，纘與參掌何敬容意趣不協，敬容居權軸，賓客輻湊，有過詣纘者，輒距不前，曰：「吾不能對何敬容殘客。」及是遷，爲表曰：「自出守股肱，入尸衡尺，[二]可以仰首伸眉，論列是非者矣。而寸衿所滯，近蔽耳目，深淺清濁，豈有能預。加以矯心飾貌，酷非所閑，不喜俗人，與之共事。」此言以指敬容也。纘在職，議南郊御乘素輦，適古今之衷；又議印綬官備朝服，宜並著綬，時並施行。

九年，遷宣惠將軍、丹陽尹，未拜，改爲使持節、都督湘桂東寧三州諸軍事、湘州刺史，述職經途，乃作南征賦。其詞曰：

歲次娵訾，月惟中呂，余謁帝於承明，將述職於南楚。忽中川而反顧，懷舊鄉而延佇，路漫漫以無端，情容容而莫與。乃弭節歎曰：人之寓於宇宙也，何異夫栖蝸之爭戰，附蝻之遊禽。而盈虛倚伏，俯仰浮沈，矜榮華於尺影，總萬慮於寸陰。彼忘機於粹日，乃聖達之明箴。妙品物於貞觀，曾何足而繫心。撫余躬之末迹，屬興王之盛世；蒙三槳之休寵，荷通家之渥惠。登石渠之三閣，典校文乎六藝。振長纓於承華，眷儲皇之上叡。居衡觴而接席，出方舟以同濟。彼華坊與禁苑，常宵盤而晝憩。思德音其在耳，若清塵之未逝。經二紀以及茲，悲明離之永翳。惟平生之褊能，實有志於棲息。慚滅沒之千里，謝韓哀於八極。如蓑裘之代用，譬輪轅之曲直。愧周任之清規，諒無取於陳力。逢濯纓之嘉運，遇井汲之明時。懷君恩而未答，顧靈瑣而依遲。總端揆以居副，長庶僚而稱師。猶深泉之短綆，若高墉而無基。伊吾人之罪薄，豈斯滿之能持。奉皇命以奏舉，方驅傳於衡疑。遵夕宿以言邁，戒晨裝而永辭。行搖搖於南逝，心眷眷而西悲。

爾乃橫濟牽牛，傍瞻雉庫；前觀隱脤，[三]却視雲布。追晉氏之啓戎，覆中州之鼎祚。鞠三川於茂草，霑兩京於朝露。故黃旗紫蓋，運在震方；金陵之兆，允符厥祥。及歸命之銜璧，爰獻璽於武王；啓中興之英主，宣十世而重光。觀其內招人望，外攘干紀；草創江南，締構基址。豈徒能布其德，主晉有祀，雲漢作詩，斯干見美而已哉！乃得正朔相承，于茲四代；多歷年所，二百餘載。割疆埸於華戎，拯生靈於宇內；不被髮而左衽，緊明德其是賚。次臨滄之層巘，尋叔寶之舊埏；蘊珠玉之餘潤，昭羅綺之遺妍。懷若人之遠理，豈喜慍其能遷。雖魂埋於百世，猶映澈於九泉。經法王之梵宇，覩因時之或躍；從四海之宅心，故取亂而誅虐。在蒼精之將季，翦洪柯以銷落；既觀蝸而逞刑，又施獸而爲謔。候高熢以巧笑，俟長星而歡噱。何慄慄之黔首，思假命其無託。信人欲而天從，爰物覩而聖作。

我皇帝膺籙受圖，聰明神武，乘釁而運，席卷三楚。師克在和，仁義必取；形猶積決，應若飈舉。於是殪桑林之封豨，繳青丘之大風；戢干戈以耀德，肆時夏而成功。放流聲於鄭、衞，屏豔質於傾宮；配軒皇以邁迹，豈商、周之比隆。化致升平，于茲四紀；六夷膜拜，八蠻同軌。敎穆於上庠，寃申於大理；顯三光之照燭，降五靈之休祉。諒殊功於百王，固無得而稱矣。

泝金牛之迅渚，覩靈山之雄壯，實江南之丘墟，平雲霄而竦狀。標素嶺乎青壁，葺頳文於翠嶂；跳巨石以驚湍，批衝巖而駭浪。鏟千尋之峭岸，濴萬流之大壑；隱日月以蔽虧，搏風煙而回薄。[四]崖映川而晃朗，水騰光而倏爍；積霜霰之往還，鼓波濤之前却。下流沫以涔險，上岑崟而將落；聞知命之是虞，故違風而靡託。訊會骸之詭狀，云怒特之來奔。及漁人之垂餌，沈潛鎖於洪源。鑒幽塗於忠武，馳四馬之高軒。不語神以徵怪，情存之而勿論。矖姑孰之舊朔，訪遺迹兮宣武；挾仲謀之雄氣，朝委裘而作輔。歷祖宗之明君，猶負芒於盛主；勢傾河以覆岱，威回天而震宇。雖明允之篤誠，在伊、稷而未舉；矧有功而無志，豈季葉其能處。懼貽笑於文、景，憂象賢之覆餗；雖苞蘗以代興，終夷宗而殄族。彼儋石之贏儲，尚邀之而俟福；況神明之大寶，乃闇干於天祿。

造扃鍵之候司，發傳書於關尉；據轘轅乎伊洛，守衡津於河渭。無矯且以招賓，闕捐繻而待貴。實祗敬於王典，懷鞠躬而屏氣。惟函谷之襟帶，疑武庫之精兵。採風謠於往昔，聞乳虎於寧成。在當今而簡易，止譏鑒其姦情；陋文仲之廢職，鄙祁門之食征。

於是近睇赭岑，遙瞻鵲岸，島嶼蒼茫，風雲蕭散。屬時雨之新晴，觀百川之浩汗；水泓澄以闇夕，山參差而辨旦。忽臨睨於故鄉，眇江天其無畔；遡洄流而右阻，遵長薄而左貫。獨向風以舒情，搴芳洲其誰翫。息銅山而繫纜，訪叔文之靈宇；得舊名而猶存，皆攢蕪而積楚。想夫君之令問，實有聲於前古；拯巴漢之廢業，爰配名於鄒魯。辨山精以息訟，對祠星而寤主。每撫事以懷人，非末學其能覩。嘉梅根之孝女，尙乘肥於滕姬；嗟吳人之重辟，憂峻網於將貽。彼沈瓜而顯義，指滄波而爲期；此浮履以明節，赴丹爛其何疑。信理感而情悼，實悽悵於余悲；空沈吟以遐想，愧邯鄲之妙詞。望南陵以寓目，美牙門之守志；當晉師之席卷，豈藩籬而不庇。攜老弱於窮城，猶區區乎一簣。雖挈瓶之小善，實君子之所識。闕一句是謂事人之禮。入雷池之長浦，想恭、岱之芳塵；臨魚官以輟膳，踐寒蒲之抽筍。又有生爲令德，沒爲明神。或捐家事主，攜手拜親；或正身殉義，哀感市人。所以家稱純孝，國號能臣。揚清徽於上列，並異世而爲隣。發曉渚而遡風，苦神吳之難習。岸曜舟而不進，水騰沙以驚急。天噎噎其垂陰，

雨霏霏而來集；愍征夫之勞瘁，每搴帷而佇立。由江沲之派別，望彭匯之通津，塗未中乎及絳，日已盈於浹旬。

於是千流共歸，萬嶺分狀；倒影懸高，浮天瀉壯。清江洗滌，平湖夷暢；氽光轉彩，出沒搖漾。岷山、嶓冢，悠遠寂寥；青溢、赤岸，控汐引潮。望歸雲之蓊蓊，揚清風之飄飄；界飛流於翠薄，耿長虹於青霄。若夫灌莽川涯，層潭水府，游泳之所往還，喧鳴之所攢聚。羣飛沙漲，掩薄草渚；奇甲異鱗，雕文綷羽。聽寡鶴之偏鳴，聞孤鴻之慕侶；在客行而多思，獨傷魂而悽楚。美中流之衝要，因習坎以守固。既固之而設險，又居之而務德。南通珠崖、夜郎，西款玉津、華墨。莫不內清姦宄，外弭苛慝，籬屏京師，事有均於齊德也。

眄匡嶺以躊躇，想霞裳於雲仞；流姮娥之逸響，發王子之清韻。若夜光而可投，豈榮華之難擯。羨還丹其何術，佇一丸於來信。徑遵途乎鄂渚，迹孫氏之霸基；陳利兵而蓄粟，抗十倍之銳師。在賢才之必用，寧推誠而忍欺；圖富强以法立，屬貞臣而日嬉。〔五〕云釣臺之舊址；方戰國之多虞，猶從容而宴喜。欽輔吳之忠諒，歎仲謀之虛己；處君臣而並得，良致霸其有以。伊文侯之雅望，誠一代之偉人；爾觀書以心服，玉比德而譽均。遘時雄之應運，方協義以經綸；名既逼而愈貴，言雖聞而彌親。

惜勤王於延獻，俾漢京之惟新；何天命其弗與，悲盛業之未申。汎蘆洲以延佇，聞伍員之所濟；出懷珠而免讎，歸投金以答惠。彼無求於萬鍾，唯長歌而鼓枻；慨斯誠之未感，乃沈軀以明誓。空負恨其何追，徒臨滄而先祭；及旋師於鄭國，美邀福於來裔。入郢都而抵掌，壯天險之難窺；允分荆之勝略，成百代之良規。賈生方於指大，應侯譬之木披。所以居宗振末，强本弱枝，聞古今之通制，歷盛衰而不移，可不謂然與，美經國之遠體也。

酌忠言於城郢，播終古之芳猷；忘我躬之匪閱，顧社稷而懷憂。服莊王之高義，乃徵名於夏州；恥蹊田之過罰，納申叔之嘉謀。觀巫臣之獻箴，鑒周書以明喻；何自謀其多僻，要桑中而遠赴。若葆申之誅丹，實匡君以成務；在兩臣而優劣，居二主其並裕。臨赤崖而慷慨，摧雄圖於魏武；乘戰勝以長驅，志吞吳而弁楚。總八州之毅卒，期姑蘇而振旅；時有便乎建瓴，事無留於蕭斧。霸孫赫其霆奮，杖邁俗之英輔；〔六〕裂宇宙而三分，誠決機乎一舉。嗟玄德之矯矯，思興復於舊京；招臥龍於當世，配管仲而稱英。收散亡之餘弱，結與國而連橫，延五紀乎岷漢，紹四百於炎精。望巴丘以邅回，遵洞庭而敞怳，沉輕舟而不繫，何靈胥之浩蕩。眺君、徧之雙峯，〔七〕徒臨風以增想；僨瑤觴而一酌，駕彩蜺而獨往。

爾乃南奠衡、霍，北距沮、漳；包括沅、澧，汲引瀟、湘。滮滮長邁，漫漫回翔；蕩雲沃日，吐霞含光。青碧潭嶼，萬頃澄澈；綺蘭從風，素沙被雪。雜雲霞以舒卷，間河洲而斷絕；回曉仄於中川，起長飈而半滅。稅遺構之舊浦，瞻汨羅以隕泗；豈懷寶而迷邦，猶殷勤而一致。蘊芳華以襞積，非黨人之所媚；合小雅之怨辭，兼國風之美志。譬彈冠而振衣，猶自別於泥滓；且殺身以成義，寧露才而揚己。悲先生之不辰，逢椒、蘭之姤美；有驊騮而不馭，焉遑遑於千里。既踐境以思人，彌流連其無已。倏行潦之薄薦，敢憑誠於沼沚。謁黃陵而展敬，奠瑤席乎川湄。具蘭香以膏沐，懷椒糈而要之。延帝子于三后，降夔、龍於九疑。騰河靈之水駕，下太一之靈旗。撫安歌以會僢，疏緩節而依遲。日徘徊以將暮，情眇默而無辭。愠秦皇之巡幸，尤土壤以加戮；〔八〕昧天道之無親，勤望祀以祈福。將人怨而神怒，故飛川而蕩谷；推冥理以歸咎，遂刊山而赭木。

於是下車入部，班條理務，砥課庸薄，夕惕兢懼。存問長老，隱卹氓庶，奉宣皇恩，寬徭省賦。遠哉盛乎，斯邦之舊也。有虞巡方以託終，夏后開圖而疏決，太伯讓嗣以來遊，□臣祈仙而齊潔。固是明王之塵軌，聖賢之蹤轍也。若夫屈平懷沙之賦，賈子遊湘之篇，史遷摛文以投弔，揚雄反騷而沉川。其風謠雅什，又是詞人之所流連也。

亦有仲寧、咸德，仍世相繼，父子三台，緇衣改敝。古初抱於烈火，劉先高而忤世，蔣公琰之弘通，桓伯緒之匡濟，鄧竟時之絕述，谷思恭之藻麗，實川嶽之精靈，常間出而無替也。至於殊庭之客，帝鄉之賢，神奔鬼化，吐吸雲煙。玉笥登之而却老，金人植杖以尊泉，蘇生騎龍而出入，處靜駕鹿以周旋。配北燭之神女，偶南榮之偓佺。時髣髴其遙見，亦往往而有焉。

爾乃歷省府庭，周行街術，山川遠覽，邑居近悉。割黔中以置守，獻青陽而背質，鄭生所謂還舟，楚王於焉乘駟。巡高山之累仞，褒吳文之爲宰；彼非劉而八王，皆國亡而身醢。[九]在長沙而著令，經五葉其未改；知天道之福謙，勝一時之經始。尋太傅之故宅，今築室以安禪，邑無改於舊井，尙開流而列泉。懷伊、管之政術，遇庸臣而見遷，終被知於時主，嗟漢宗之得賢。受齊君之遠託，豈理謝而生全，哀懷王之不秀，遂抱恨而傷年。脩定祀于北郭，對林野而幽藹，庶無吐於馨香，祀瓊茅而沃酹。景十三以啓國，惟君王其能大，迨炎正之中微，實斯藩而是賴。顧四阜之紆餘，乍升高以遊目，審山川之面帶，將取名於衡麓。下彌漫以爽塏，上欽嶄而重複，風瑟瑟以鳴松，水琤琤而響谷。低四照於若華，竦千尋於建木。冀罝塵之可屛，登巖阿而寤宿。捨域中之常戀，慕遊仙之靈族。是時涼風暮節，萬實西成，華池迴遠，飛閣淒明。嘉南州之炎德，

愛蘭蕙之秋榮。下名柑於曲榭，採芳菊於高城。樹羅軒而並列，竹被嶺而叢生。翫棲禽之夕返，送旅雁之晨征。悲去鄉而遠客，寄覽物而娛情。惟傳車之所騖，實膺揚其是掌，或解組以立威，乍露服而加賞。遵聖主之恩刑，苛天地之厚德。沾河潤於九里，澤自家而刑國。闕小道之可觀，寧長塗其易克，眄高衢而顧騁，憂取累於長纆。閒困石之非據，承炯戒乎明則；愧壽陵之餘子，學邯鄲而匍匐也。

纘至州，停遣十郡慰勞，解放老疾吏役，及關市戍邏先所防人，一皆省併。州界零陵、衡陽等郡，有莫徭蠻者，依山險爲居，歷政不賓服，因此向化。益陽縣人作田二頃，皆異畝同穎。纘在政四年，流人自歸，戶口增益十餘萬，州境大安。

太清二年，徵爲領軍，俄改授使持節、都督雍梁北秦東益郢州之竟陵司州之隨郡諸軍事、平北將軍、寧蠻校尉。纘初聞邵陵王綸當代已爲湘州，其後定用河東王譽，纘素輕少王，州府候迎及資待甚薄，譽深銜之。及至州，遂託疾不見纘，仍檢括州府庶事，留纘不遣。會聞侯景寇京師，譽飾裝當下援，時荆州刺史湘東王赴援，軍次郢州武城，纘馳信報曰：「河東已豎檣上水，將襲荆州。」王信之，便回軍鎮，荆、湘因構嫌隙。尋棄其部伍，單舸赴江陵，王卽遣使責讓譽，索纘部下。既至，仍遣纘向襄陽，前刺史岳陽王詧推遷未去鎮，但以城西白馬寺處之。會聞賊陷京師，詧因不受代。州助防杜岸紿纘曰：「觀岳陽殿下必不容使君，使君素得物情，若走入西山，招聚義衆，遠近必當投集，又帥部下繼至，以此義舉，無往不克。」纘信之，與結盟約，因夜遁入山。岸反以告詧，仍遣岸帥軍追纘。纘衆望岸軍大喜，謂是赴期，既至，卽執纘幷其衆，並俘送之。始被囚縶。尋又逼纘剃髮爲道人。其年，詧舉兵襲江陵，常載纘隨後。及軍退敗，行至湕水南，防守纘者慮追兵至，遂害之，棄尸而去，時年五十一。元帝承制，贈纘侍中、中衛將軍、開府儀同三司。諡簡憲公。

纘有識鑒，自見元帝，便推誠委結。及元帝卽位，追思之，嘗爲詩，其序曰：「簡憲之爲人也，不事王侯，負才任氣，見余則申旦達夕，不能已已。懷夫人之德，何日忘之。」纘著鴻寶一百卷，文集二十卷。

次子希，字子顏，早知名，選尙太宗第九女海鹽公主。承聖初，官至黃門侍郎。

綰字孝卿，纘第四弟也。初爲國子生，射策高第。起家長兼祕書郎，遷太子舍人，洗馬，中舍人，並掌管記。累遷中書郎，國子博士。出爲北中郎長史、蘭陵太守，還除員外散騎常侍。時丹陽尹西昌侯蕭淵藻以久疾未拜，敕綰權知尹事，遷中軍宣城王長史，俄徙御史中丞。高祖遣其弟中書舍人絢宣旨曰：「爲國之急，惟在執憲直繩，用人本不限升降。晉宋之世，周閔、蔡廓並以侍中爲之，卿勿疑是左遷也。」時宣城王府望重，故有此旨焉。大同

四年元日，[一〇]舊制僕射中丞坐位東西相當，時綰兄纘爲僕射，及百司就列，兄弟導騶，分趨兩陛，前代未有也，時人榮之。歲餘，出爲豫章內史。綰在郡，述制旨禮記正言義，四姓衣冠士子聽者常數百人。

八年，安成人劉敬宮挾祆道，[一一]遂聚黨攻郡，內史蕭侻棄城走。賊轉寇南康、廬陵，屠破縣邑，有衆數萬人，進寇豫章新淦縣。南中久不習兵革，吏民恇擾奔散。或勸綰宜避其鋒，綰不從，仍修城隍，設戰備，募召敢勇，得萬餘人。刺史湘東王遣司馬王僧辯帥兵討賊，受綰節度，旬月閒，賊黨悉平。

十年，復爲御史中丞，加通直散騎常侍。綰再爲憲司，彈糾無所回避，豪右憚之。是時城西開士林館聚學者，綰與右衞朱异、太府卿賀琛遞述制旨禮記中庸義。

太清二年，遷左衞將軍。會侯景寇至，入守東掖門。三年，遷吏部尙書。宮城陷，綰出奔，外轉至江陵，湘東王承制，授侍中、左衞將軍、相國長史，侍中如故。出爲持節、雲麾將軍、湘東內史。承聖二年，徵爲尙書右僕射，尋加侍中。明年，江陵陷，朝士皆俘入關，綰以疾免，後卒於江陵，時年六十三。

次子交，字少游，頗涉文學，選尙太宗第十一女安陽公主。[一二]承聖二年，官至太子洗馬，祕書丞，掌東宮管記。

陳吏部尚書姚察曰：太清版蕩，親屬離貳，纘不能叶和藩岳，戌溫陶之舉，苟懷私怨，構隙瀟湘，遂及禍於身，非由忠節；繼以江陵淪覆，實萌於此。以纘之風格，卒爲梁之亂階，惜矣哉。

校勘記

〔一〕俄爲長兼侍中　「長」下各本衍一「史」字，據南史删。

〔二〕入尸衡尺　「尸」南史及册府元龜四七八作「居」。

〔三〕前觀隱脤　百衲本作「隱脈」，殿本作「隱賑」。按：張衡西京賦：「郷邑殷賑」。左思蜀都賦：「邑居隱賑」。顏延年三月三日曲水詩序：「故以隱賑外區。」隱賑卽殷賑，富有之意。疑「隱脤」是「隱賑」之譌。

〔四〕摶風煙而回薄　「摶」各本譌「搏」，今改正。按：摶卽莊子逍遙遊「摶扶搖羊角而上」之摶。摶，聚也，謂結聚風煙而回薄。

〔五〕識餘基於江畔　「餘基」各本並作「徐基」。「徐」當爲「餘」之形誤，今改正。

〔六〕杖邁俗之英輔　「邁俗」各本作「萬俗」。按：「萬俗」無義，「萬」當爲「邁」之譌，今改。

〔七〕眺君徧之雙峯　按：「徧」當作「緶」，形音相近而譌。洞庭湖中有君山及緶山。

〔八〕慍秦皇之巡幸尤土壞以加戮　「巡」各本皆譌作「川」，今改正。按：史記秦始皇本紀，始皇自二十七年至三十七年，十年之間，多次出巡。其二十八年「浮江至湘山祠，逢大風幾不得渡。於是始皇大怒，使刑徒三千人皆伐湘山樹，赭其山」，卽此所謂「尤土壞以加戮」。

〔九〕彼非劉而八王皆國亡而身醢　「國亡」各本並作「國士」。按：漢書韓彭英盧吳傳贊云：「昔高祖定天下，異姓而王者八國，終於滅亡；惟吳芮傳號五世，以無嗣絶。」此卽所謂「皆國亡」。若作「國士」，則與下文「在長沙而著令，經五葉其未改」不相照應。今改正。

〔一〇〕大同四年元日　按張纘傳，纘爲尚書僕射在大同五年，此「四年」誤。

〔一一〕安成人劉敬宮挾祆道　按武帝大同八年紀「宮」作「躬」，通鑑同。

〔一二〕選尙太宗第十一女安陽公主　「安」南史作「定」。

梁書卷三十五

列傳第二十九

蕭子恪 弟子範　子顯　子雲

蕭子恪字景沖，蘭陵人，齊豫章文獻王嶷第二子也。永明中，以王子封南康縣侯。年十二，和從兄司徒竟陵王高松賦，衞軍王儉見而奇之。初爲寧朔將軍、淮陵太守，建武中，遷輔國將軍、吳郡太守。大司馬王敬則於會稽舉兵反，〔一〕以奉子恪爲名，明帝悉召子恪兄弟親從七十餘人入西省，至夜當害之。會子恪棄郡奔歸，是日亦至，明帝乃止。以子恪爲太子中庶子。東昏卽位，遷祕書監，領右軍將軍，俄爲侍中。中興二年，遷輔國諮議參軍。天監元年，降爵爲子，除散騎常侍，領步兵校尉，以疾不拜，徙爲光祿大夫，俄爲司徒左長史。

子恪與弟子範等，嘗因事入謝，高祖在文德殿引見之，從容謂曰：「我欲與卿兄弟有言。夫天下之寶，本是公器，非可力得。苟無期運，雖有項籍之力，終亦敗亡。所以班彪王命論

云：『所求不過一金，然終轉死溝壑』。卿不應不讀此書。宋孝武爲性猜忌，兄弟粗有令名者，無不因事鴆毒，所遺唯有景和。至於朝臣之中，或疑有天命而致害者，枉濫相繼。然而或疑有天命而不能害者，或不知有天命而不疑者，于時雖疑卿祖，而無如之何。此是疑而不得。又有不疑者，如宋明帝本爲庸常被免，豈疑而得全。又復我于時已年二歲，彼豈知我應有今日。當知有天命者，非人所害，害亦不能得。我初平建康城，朝廷內外皆勸我云：『時代革異，物心須一，宜行處分』。我于時依此而行，誰謂不可！我政言江左以來，代謝必相誅戮，此是傷於和氣，所以國祚例不靈長。所謂『殷鑒不遠，在夏后之世』。〔二〕此是一義。二者，齊梁雖曰革代，義異往時。我與卿兄弟雖復絶服二世，宗屬未遠。卿勿言兄弟是親，人家兄弟自有周旋者，有不周旋者，況五服之屬邪？齊業之初，亦是甘苦共嘗，腹心在我。卿兄弟年少，理當不悉。我與卿兄弟，便是情同一家，豈當都不念此，作行路事。此是二義。我有今日，非是本意所求。且建武屠滅卿門，致卿兄弟塗炭。我起義兵，非惟自雪門恥，亦是爲卿兄弟報仇。卿若能在建武、永元之世，撥亂反正，我雖起樊、鄧，豈得不釋戈推奉；其雖欲不已，亦是師出無名。我今爲卿報仇，且時代革異，望卿兄弟盡節報我耳。且我自藉喪亂，代明帝家天下耳，不取卿家天下。昔劉子輿自稱成帝子，光武言『假使成帝更生，天下亦不復可得，況子輿乎』。梁初，人勸我相誅滅者，我答之猶如向孝武時事：彼若苟有天

命，非我所能殺；若其無期運，何忽行此，政足示無度量。曹志親是魏武帝孫，陳思之子，事晉武能爲晉室忠臣，此卽卿事例。卿是宗室，情義異佗，方坦然相期，卿無復懷自外之意。小待，自當知我寸心。」又文獻王時內齋直帳閹人趙叔祖，天監初，入爲臺齋帥，在壽光省，高祖呼叔祖曰：「我本識汝在北第，以汝舊人，故每驅使。汝比見北第諸郎不？」叔祖奉答云：「比多在直，出外甚疏，假使暫出，亦不能得往。」高祖曰：「若見北第諸郎，道我此意：我今日雖是革代，情同一家；但今磐石未立，所以未得用諸郎者，非惟在我未宜，亦是欲使諸郎得安耳。但閉門高枕，後自當見我心。」叔祖卽出外具宣敕語。

子恪尋出爲永嘉太守。還除光祿卿，祕書監。出爲明威將軍、零陵太守。十七年，入爲散騎常侍、輔國將軍。普通元年，遷宗正卿。三年，遷都官尚書。四年，轉吏部。六年，遷太子詹事。大通二年，出爲寧遠將軍、吳郡太守。三年，卒于郡舍，時年五十二。詔贈侍中、中書令。謚曰恭。

子恪兄弟十六人，並仕梁。有文學者，子恪、子質、子顯、子雲、子暉五人。〔三〕子恪嘗謂所親曰：「文史之事，諸弟備之矣，不煩吾復牽率，但退食自公，無過足矣。」子恪少亦涉學，頗屬文，隨棄其本，故不傳文集。

子瑳，亦知名，太清中，官至吏部郎，避亂東陽，後爲盜所害。

子範字景則，子恪第六弟也。齊永明十年，封祁陽縣侯，拜太子洗馬。天監初，降爵爲子，除後軍記室參軍，復爲太子洗馬，俄遷司徒主簿，丁所生母憂去職。子範有孝性，居喪以毀聞。服闋，又爲司徒主簿，累遷丹陽尹丞，太子中舍人。出爲建安太守，還除大司馬南平王戶曹屬，從事中郎。王愛文學士，子範偏被恩遇，嘗曰：「此宗室奇才也。」使製千字文，其辭甚美，王命記室蔡薳注釋之。〔四〕自是府中文筆，皆使草之。王薨，子範遷宣惠諮議參軍，護軍臨賀王正德長史。正德爲丹陽尹，復爲正德信威長史，領尹丞。歷官十餘年，不出藩府，常以自慨，而諸弟並登顯列，意不能平，及是爲到府牋曰：「上藩首佐，於茲再忝，河南雌伏，自此重昇。以老少異時，盛衰殊日，雖佩恩寵，還羞年鬢。」子範少與弟子顯、子雲才名略相比，而風采容止不逮，故宦途有優劣。每讀漢書，杜緩兄弟「五人至大官，唯中弟欽官不至而最知名。」常吟諷之，以況己也。

尋復爲宣惠武陵王司馬，不就，仍除中散大夫，遷光祿、廷尉卿。出爲戎昭將軍、始興內史。還除太中大夫，遷祕書監。太宗卽位，召爲光祿大夫，加金章紫綬，以逼賊不拜。其年葬簡皇后，使與張纘俱製哀策文，〔五〕太宗覽讀之，曰：「今葬禮雖闕，此文猶不減於舊。」尋遇疾卒，時年六十四。賊平後，世祖追贈金紫光祿大夫。謚曰文。前後文集三十卷。

二子滂、確，並少有文章。太宗東宮時，嘗與邵陵王數諸蕭文士，滂、確亦預焉。滂官至尚書殿中郎，中軍宣城王記室，先子範卒。確，太清中歷官宣城王友，司徒右長史。賊平後，赴江陵，因沒關西。

子顯字景陽，子恪第八弟也。幼聰慧，文獻王異之，愛過諸子。七歲，封寧都縣侯。永元末，以王子例拜給事中。天監初，降爵爲子。累遷安西外兵，仁威記室參軍，司徒主簿，太尉錄事。

子顯偉容貌，身長八尺。好學，工屬文。嘗著鴻序賦，尚書令沈約見而稱曰：「可謂得明道之高致，蓋幽通之流也。」又採衆家後漢，考正同異，爲一家之書。又啓撰齊史，書成，表奏之，詔付祕閣。累遷太子中舍人，建康令，邵陵王友，丹陽尹丞，中書郎，守宗正卿。出爲臨川內史，還除黃門郎。中大通二年，遷長兼侍中。高祖雅愛子顯才，又嘉其容止吐納，每御筵侍坐，偏顧訪焉。嘗從容謂子顯曰：「我造通史，此書若成，衆史可廢。」子顯對曰：「仲尼讚易道，黜八索，述職方，除九丘，聖製符同，復在茲日。」時以爲名對。三年，以本官領國子博士。高祖所製經義，未列學官，子顯在職，表置助教一人，生十人。又啓撰高祖集，并普通北伐記。其年遷國子祭酒，又加侍中，於學遞述高祖五經義。五年，遷吏部尚書，侍

中如故。

子顯性凝簡，頗負其才氣。及掌選，見九流賓客，不與交言，但舉扇一撝而已，衣冠竊恨之。然太宗素重其爲人，在東宮時，每引與促宴。子顯嘗起更衣，太宗謂坐客曰：「嘗聞異人間出，今日始知是蕭尚書。」其見重如此。大同三年，出爲仁威將軍、吳興太守，至郡未幾，卒，時年四十九。詔曰：「仁威將軍、吳興太守子顯，神韻峻舉，宗中佳器。分竹未久，奄到喪殞，惻愴于懷。可贈侍中、中書令。今便舉哀。」及葬請謚，手詔「恃才傲物，宜謚曰驕」。

子顯嘗爲自序，其略云：「余爲邵陵王友，忝還京師，遠思前比，卽楚之唐、宋，梁之嚴、鄒。追尋平生，頗好辭藻，雖在名無成，求心已足。若乃登高目極，臨水送歸，風動春朝，月明秋夜，早雁初鶯，開花落葉，有來斯應，每不能已也。前世賈、傅、崔、馬、邯鄲、繆、路之徒，並以文章顯，所以屢上歌頌，自比古人。天監十六年，始預九日朝宴，〔六〕稠人廣坐，獨受旨云：『今雲物甚美，卿得不斐然賦詩。』詩既成，又降帝旨曰：『可謂才子。』余退謂人曰：『一顧之恩，非望而至。遂方賈誼何如哉？未易當也。』每有製作，特寡思功，須其自來，不以力構。少來所爲詩賦，則鴻序一作，體兼衆製，文備多方，頗爲好事所傳，故虛聲易遠。」

子顯所著後漢書一百卷，齊書六十卷，普通北伐記五卷，貴儉傳三十卷，文集二十卷。

二子序、愷，並少知名。序，太清中歷官太子家令，中庶子，並掌管記。及亂，於城內卒。愷，初爲國子生，對策高第，州又舉秀才。起家祕書郎，遷太子中舍人，王府主簿，太子洗馬，父憂去職。服闋，復除太子洗馬，遷中舍人，並掌管記。累遷宣城王文學，中書郎，太子家令，又掌管記。愷才學譽望，時論以方其父，太宗在東宮，早引接之。時中庶子謝嘏出守建安，於宣猷堂宴餞，並召時才賦詩，同用十五劇韻，愷詩先就，其辭又美。太宗與湘東王令曰：「王筠本自舊手，後進有蕭愷可稱，信爲才子。」先是時太學博士顧野王奉令撰玉篇，太宗嫌其書詳略未當，以愷博學，於文字尤善，使更與學士刪改。遷中庶子，未拜，徙爲吏部郎。太清二年，遷御史中丞。頃之，侯景寇亂，愷於城內遷侍中，尋卒官，時年四十四。文集並亡逸。

子雲字景喬，子恪第九弟也。年十二，齊建武四年，封新浦縣侯，自製拜章，便有文采。天監初，降爵爲子。既長勤學，以晉代竟無全書，弱冠便留心撰著，至年二十六，書成，表奏之，詔付祕閣。

子雲性沈靜，不樂仕進。年三十，方起家爲祕書郎。遷太子舍人，撰東宮新記奏之，敕賜束帛。累遷北中郎外兵參軍，晉安王文學，司徒主簿，丹陽尹丞。時湘東王爲京尹，深相

賞好，如布衣之交。遷北中郎廬陵王諮議參軍，兼尚書左丞。大通元年，除黃門郎，俄遷輕車將軍，兼司徒左長史。二年，入爲吏部。三年，遷長兼侍中。中大通元年，轉太府卿。三年，出爲貞威將軍、臨川內史。在郡以和理稱，民吏悅之。還除散騎常侍，俄復爲侍中。大同二年，遷員外散騎常侍、國子祭酒，領南徐州大中正。頃之，復爲侍中，祭酒、中正如故。

梁初，郊廟未革牲牷，樂辭皆沈約撰，至是承用，子雲始建言宜改。啓曰：「伏惟聖敬率由，尊嚴郊廟，得西鄰之心，知周、孔之迹，載革牢俎，德通神明，黍稷蘋藻，竭誠嚴配，經國制度，方懸日月，垂訓百王，於是乎在。臣比兼職齋官，見伶人所歌，猶用未革牲前曲。圜丘眡燎，尚言『式備牲牷』；北郊諴雅，亦奏『牲玉孔備』；〔七〕清廟登歌，而稱『我牲以潔』；三朝食舉，猶詠『朱尾碧鱗』。聲被鼓鍾，未符盛制。臣職司儒訓，意以爲疑，未審應改定樂辭以不？」敕答曰：「此是主者守株，宜急改也。」仍使子雲撰定。敕曰：「郊廟歌辭，應須典誥大語，不得雜用子史文章淺言；而沈約所撰，亦多舛謬。」子雲答敕曰：「殷薦朝饗，樂以雅名，理應正採五經，聖人成教。而漢來此製，不全用經典；約之所撰，彌復淺雜。臣前所易約十曲，惟知牲牷既革，宜改歌辭，而猶承例，不嫌流俗乖體。既奉令旨，始得發曚。臣夙本庸滯，昭然忽朗，謹依成旨，悉改約制。惟用五經爲本，其次爾雅、周易、尚書、大戴禮，卽是經誥之流，〔八〕愚意亦取兼用。臣又尋唐、虞諸書，殷頌周雅，稱美是一，而復各述時事。大梁革服，偃武脩文，制禮作樂，義高三正；而約撰歌辭，惟浸稱聖德之美，了不序皇朝制作事。雅、頌前例，於體爲違。伏以聖旨所定樂論鍾律緯緒，文思深微，命世一出，方懸日月，不刊之典，禮樂之教，致治所成。謹一二採綴，各隨事顯義，以明制作之美。覃思累日，今始克就，謹以上呈。」敕並施用。

子雲善草隸書，爲世楷法，自云善效鍾元常、王逸少而微變字體。答敕云：「臣昔不能拔賞，隨世所貴，規摹子敬，多歷年所。年二十六，著晉史，至二王列傳，欲作論語草隸法，言不盡意，遂不能成，略指論飛白一勢而已。十許年來，始見敕旨論書一卷，商略筆勢，洞澈字體；又以逸少之不及元常，猶子敬之不及逸少。自此研思，方悟隸式，始變子敬，全範元常。逮爾以來，自覺功進。」其書迹雅爲高祖所重，嘗論子雲書曰：「筆力勁駿，心手相應，巧踰杜度，美過崔寔，當與元常並驅爭先。」其見賞如此。

七年，出爲仁威將軍、東陽太守。中大同元年，還拜宗正卿。太清元年，復爲侍中、國子祭酒，領南徐州大中正。二年，侯景寇逼，子雲逃民間。三年三月，宮城失守，東奔晉陵，餧卒于顯靈寺僧房，年六十三。所著晉書一百一十卷，東宮新記二十卷。

第二子特字世達。早知名，亦善草隸。高祖嘗謂子雲曰：「子敬之書，不及逸少。近見特迹，遂逼於卿。」歷官著作佐郎，太子舍人，宣惠主簿，中軍記室。出爲海鹽令，坐事免。年

二十五，先子雲卒。

子暉字景光，子雲弟也。少涉書史，亦有文才。起家員外散騎侍郎，遷南中郎記室。出爲臨安令。性恬靜，寡嗜好，嘗預重雲殿聽制講三慧經，退爲講賦奏之，甚見稱賞。遷安西武陵王諮議，帶新繁令，隨府轉儀同從事、驃騎長史，〔九〕卒。

陳吏部尚書姚察曰：昔魏藉兵威而革漢運，晉因宰輔乃移魏曆，異乎古之禪授，以德相傳，故抑前代宗枝，用絕民望。然劉曄、曹志，猶顯於朝；及宋遂爲廢姓。而齊代，宋之戚屬，一皆殲焉。其祚不長，抑亦由此。有梁革命，弗取前規，故子恪兄弟及羣從，並隨才任職，通貴滿朝，不失於舊，豈惟魏幽晉顯而已哉。〔一〇〕君子以是知高祖之弘量，度越前代矣。

校勘記

〔一〕大司馬王敬則於會稽舉兵反　「大」各本作「及」。按：王敬則時爲大司馬，「及」當作「大」，今改正。

〔二〕所謂殷鑒不遠在夏后之世　「世」各本作「代」，姚思廉避唐諱改。今改回。

〔三〕有文學者子恪子質子顯子雲子暉五人　按本卷有子範無子質，子質當是子範之譌。

〔四〕王命記室蔡薳注釋之　「薳」南史及册府元龜七一八作「遠」。

〔五〕其年葬簡皇后使與張纘俱製哀策文　按本書簡文皇后王氏傳，后卒於太清三年三月。據本書張纘傳，纘卒於太清二年，則纘豈能與蕭子範俱製哀策文？疑有誤。

〔六〕天監十六年始預九日朝宴　「天監十六年」南史作「天監六年」。

〔七〕北郊諴雅亦奏牲玉孔備　「牲玉孔備」各本作「牲云孔備」，據隋書樂志改。

〔八〕惟用五經爲本其次爾雅周易尚書大戴禮卽是經詁之流　按：既云「惟以五經爲本」，若無易、書，則只是三經。「五」字疑有誤。

〔九〕隨府轉儀同從事驃騎長史　「驃」各本譌「中」，今據南史改。

〔一〇〕豈惟魏幽晉顯而已哉　「幽」北監本、汲古閣本、殿本、金陵局本作「與」，今從百衲本、南監本。

梁書卷三十六

列傳第三十

孔休源　江革

孔休源字慶緒，會稽山陰人也。晉丹陽太守沖之八世孫。〔一〕曾祖遙之，宋尚書水部郎。父珮，齊廬陵王記室參軍，〔二〕早卒。

休源年十一而孤，居喪盡禮，每見父手所寫書，必哀慟流涕，不能自勝，見者莫不爲之垂泣。後就吳興沈驎士受經，略通大義。建武四年，州舉秀才，太尉徐孝嗣省其策，深善之，謂同坐曰：「董仲舒、華令思何以尚此，可謂後生之准也。觀其此對，足稱王佐之才。」琅邪王融雅相友善，乃薦之於司徒竟陵王，爲西邸學士。梁臺建，與南陽劉之遴同爲太學博士，當時以爲美選。休源初到京，寓於宗人少府卿孔登宅，曾以祠事入廟，侍中范雲一與相遇，深加褒賞，曰：「不期忽覯清顏，頓祛鄙吝，觀天披霧，驗之今日。」後雲命駕到少府門，登

便拂筵整帶，謂當詣己，既而獨造休源，高談盡日，同載還家，登深以爲愧。尚書令沈約當朝貴顯，軒蓋盈門，休源或時後來，必虛襟引接，處之坐右，商略文義。其爲通人所推如此。

俄除臨川王府行參軍。高祖嘗問吏部尚書徐勉曰：「今帝業初基，須一人有學藝解朝儀者，爲尚書儀曹郎。爲朕思之，誰堪其選？」勉對曰：「孔休源識具清通，諳練故實，自晉、宋起居注誦略上口。」高祖亦素聞之，卽日除兼尚書儀曹郎中。是時多所改作，每逮訪前事，休源卽以所誦記隨機斷決，曾無疑滯。吏部郎任昉常謂之爲「孔獨誦」。

遷建康獄正，及辨訟折獄，時罕冤人。後有選人爲獄司者，高祖尚引休源以勵之。除中書舍人，司徒臨川王府記室參軍，遷尚書左丞，彈肅禮闈，雅允朝望。時太子詹事周捨撰禮疑義，自漢魏至于齊梁，並皆搜採，休源所有奏議，咸預編錄。除給事黃門侍郎，遷長兼御史中丞，正色直繩，無所回避，百僚莫不憚之。除少府卿，又兼行丹陽尹事。出爲宣惠晉安王府長史、南郡太守、行荆州府州事。高祖謂之曰：「荆州總上流衝要，義高分陝，今以十歲兒委卿，善匡翼之，勿憚周昌之舉也。」對曰：「臣以庸鄙，曲荷恩遇，方揣丹誠，効其一割。」上善其對，乃敕晉安王曰：「孔休源人倫儀表，汝年尚幼，當每事師之。」尋而始興王憺代鎮荆州，復爲憺府長史、南郡太守，行府州事如故。在州累政，甚有治績，平心決斷，請託不行。高祖深嘉之。除通直散騎常侍，領羽林監，轉祕書監，遷明威將軍，復爲晉安王府長

史、南蘭陵太守，別敕專行南徐州事。休源累佐名藩，甚得民譽，王深相倚仗，軍民機務，動止詢謀。常於中齋別施一榻，云「此是孔長史坐」，人莫得預焉。其見敬如此。

徵爲太府卿，俄授都官尚書，頃之，領太子中庶子。普通七年，揚州刺史臨川王宏薨，高祖與羣臣議代王居州任者久之，〔三〕于時貴戚王公，咸望遷授，高祖曰：「朕已得人。孔休源才識通敏，實應此選。」乃授宣惠將軍、監揚州。休源初爲臨川王行佐，及王薨而管州任，時論榮之。而神州都會，簿領殷繁，休源割斷如流，傍無私謁。中大通二年，加授金紫光祿大夫，監揚州如故。累表陳讓，優詔不許。在州晝決辭訟，夜覽墳籍。每車駕巡幸，常以軍國事委之。

昭明太子薨，有敕夜召休源入宴居殿，與羣公參定謀議，立晉安王綱爲皇太子。四年，遘疾，高祖遣中使候問，並給醫藥，日有十數。其年五月，卒，時年六十四。遺令薄葬，節朔薦蔬菲而已。高祖爲之流涕，顧謂謝舉曰：「孔休源奉職清忠，當官正直，方欲共康治道，以隆王化。奄至殞歿，朕甚痛之。」舉曰：「此人清介强直，當今罕有，微臣竊爲陛下惜之。」詔曰：「慎終追遠，歷代通規；褒德疇庸，先王令典。宣惠將軍、金紫光祿大夫、監揚州孔休源，風業貞正，雅量沖邈，升榮建禮，譽重搢紳。理務神州，化覃歌詠，方與仁壽，穆是彝倫。奄然永逝，倍用悲惻。可贈散騎常侍、金紫光祿大夫，賻第一材一具，布五十匹，錢五萬，蠟二

百斤。剋日舉哀。喪事所須，隨由資給。謚曰貞子。」皇太子手令曰：「金紫光祿大夫孔休源，立身中正，行己清恪。昔歲西浮渚宮，東泊枌壤，毗佐蕃政，實盡厥誠。安國之詳審，公儀之廉白，無以過之。奄至殞喪，情用惻怛。今須舉哀，外可備禮。」

休源少孤，立志操，風範强正，明練治體，持身儉約，學窮文藝，當官理務，不憚强禦，常以天下爲己任，高祖深委仗之。累居顯職，纖毫無犯。性愼密，寡嗜好。出入帷幄，未嘗言禁中事，世以此重之。聚書盈七千卷，手自校治，凡奏議彈文，勒成十五卷。

長子雲童，頗有父風，而篤信佛理，遍持經戒。官至岳陽王府諮議、東揚州別駕。

少子宗軌，〔四〕聰敏有識度，歷尚書都官郎，司徒左西掾，中書郎。

江革字休映，濟陽考城人也。祖齊之，宋尚書金部郎。父柔之，齊尚書倉部郎，有孝行，以母憂毀卒。

革幼而聰敏，早有才思，六歲便解屬文，柔之深加賞器，曰：「此兒必興吾門。」九歲丁父艱，與弟觀同生，少孤貧，〔五〕傍無師友，兄弟自相訓勗，讀書精力不倦。十六喪母，以孝聞。服闋，與觀俱詣太學，補國子生，舉高第。齊中書郎王融、吏部謝朓雅相欽重。朓嘗宿衞，

還過候革，時大雪，見革弊絮單席，而耽學不倦，嗟歎久之，乃脫所著襦，並手割半氈與革充臥具而去。司徒竟陵王聞其名，引爲西邸學士。弱冠舉南徐州秀才。時豫章胡諧之行州事，王融與諧之書，令薦革。諧之方貢琅邪王汎，便以革代之。

解褐奉朝請。僕射江祏深相引接，祏爲太子詹事，啓革爲府丞。祏時權傾朝右，以革才堪經國，令參掌機務，詔誥文檄，皆委以具。革防杜形迹，外人不知。祏誅，賓客皆罹其罪，革獨以智免。

除尚書駕部郎。中興元年，高祖入石頭，時吳興太守袁昂據郡距義師，乃使革製書與昂，於坐立成，辭義典雅，高祖深賞歎之，因令與徐勉同掌書記。建安王爲雍州刺史，表求管記，以革爲征北記室參軍，帶中廬令。與弟觀少長共居，不忍離別，苦求同行，乃以觀爲征北行參軍，兼記室。時吳興沈約、樂安任昉並相賞重，昉與革書云：「此段雍府妙選英才，文房之職，總卿昆季，可謂馭二龍於長途，騁騏驥於千里。」途次江夏，觀遇疾卒。革時在雍，爲府王所禮，款若布衣。王被徵爲丹陽尹，以革爲記室，領五官掾，除通直散騎常侍，建康正。頻遷秣陵、建康令，爲治明肅，豪强憚之。入爲中書舍人，尚書左丞，司農卿，復出爲雲麾晉安王長史、尋陽太守、行江州府事。徙仁威廬陵王長史，太守、行事如故，以清嚴爲百城所憚。時少王行事多傾意於籤帥，革以正直自居，不與籤帥等同坐。俄遷左光祿大夫、

南平王長史、御史中丞，彈奏豪權，一無所避。

除少府卿，出爲貞威將軍、北中郎南康王長史、廣陵太守，改授鎭北豫章王長史，將軍、太守如故。時魏徐州刺史元法僧降附，革被敕隨府王鎭彭城。城既失守，革素不便馬，乃泛舟而還，途經下邳，遂爲魏人所執。魏徐州刺史元延明聞革才名，厚加接待，革稱患脚不拜，延明將加害焉，見革辭色嚴正，更相敬重。時祖暅同被拘執，延明使暅作欹器、漏刻銘，革罵暅曰：「卿荷國厚恩，已無報答，今乃爲虜立銘，孤負朝廷。」延明聞之，乃令革作丈八寺碑並祭彭祖文，革辭以囚執既久，無復心思。延明逼之逾苦，將加箠撲。革厲色而言曰：「江革行年六十，不能殺身報主，今日得死爲幸，誓不爲人執筆。」延明知不可屈，乃止。日給脫粟三升，僅餘性命。值魏主請中山王元略反北，〔六〕乃放革及祖暅還朝。詔曰：「前貞威將軍、鎭北長史、廣陵太守江革，才思通贍，出內有聞，在朝正色，臨危不撓，首佐台鉉，實允僉諧。可太尉臨川王長史。」

時高祖盛於佛教，朝賢多啓求受戒，革精信因果，而高祖未知，謂革不奉佛教，乃賜革覺意詩五百字，云「惟當勤精進，自强行勝脩；豈可作底突，如彼必死囚。以此告江革，並及諸貴遊。」又手敕云：「世間果報，不可不信，豈得底突如對元延明邪？」革因啓乞受菩薩戒。

重除少府卿、長史、校尉。〔七〕時武陵王在東州，頗自驕縱，上召革面敕曰：「武陵王年

少，臧盾性弱，不能匡正，欲以卿代爲行事。非卿不可，不得有辭。」乃除折衝將軍、東中郎武陵王長史、會稽郡丞、行府州事。革門生故吏，家多在東州，聞革應至，並齎持緣道迎候。革曰：「我通不受餉，不容獨當故人筐篚。」至鎮，惟資公俸，食不兼味。郡境殷廣，辭訟日數百，革分判辨析，曾無疑滯。功必賞，過必罰，民安吏畏，百城震恐。琅邪王騫爲山陰令，贓貨狼藉，望風自解。府王憚之，遂雅相欽重。每至侍宴，言論必以詩書，王因此耽學好文。典籤沈熾文以王所製詩呈高祖，高祖謂僕射徐勉曰：「江革果能稱職。」乃除都官尚書。將還，民皆戀惜之，贈遺無所受。送故依舊訂舫，革並不納，惟乘臺所給一舸。舸艚偏欹，不得安臥。或謂革曰：「船既不平，濟江甚險，當移徙重物，以迮輕艚。」革既無物，乃於西陵岸取石十餘片以實之。其清貧如此。

尋監吳郡。于時境內荒儉，劫盜公行，革至郡，惟有公給仗身二十人，百姓皆懼不能靜寇，反省遊軍尉，民下逾恐。革乃廣施恩撫，明行制令，盜賊靜息，民吏安之。

武陵王出鎮江州，乃曰：「我得江革，文華清麗，豈能一日忘之，當與其同飽。」乃表革同行。又除明威將軍、南中郎長史、尋陽太守。徵入爲度支尚書。好獎進閭閻，爲後生延譽，由是衣冠士子，翕然歸之。時尚書令何敬容掌選，序用多非其人。革性强直，每至朝宴，恒有褒貶，以此爲權勢所疾，乃謝病還家。

除光祿大夫、領步兵校尉、南北兗二州大中正，優遊閑放，以文酒自娱。大同元年二月，卒，謚曰强子。有集二十卷，行於世。革歷官八府長史，四王行事，三爲二千石，〔八〕傍無姬侍，家徒壁立，世以此高之。

長子行敏，好學有才俊，官至通直郎，早卒，有集五卷。

次子從簡，少有文情，〔九〕年十七，作採荷詞以刺敬容，爲當時所賞。歷官司徒從事中郎。侯景亂，爲任約所害，子兼叩頭流血，乞代父命，以身蔽刃，遂俱見殺，天下莫不痛之。

史臣曰：高祖留心政道，孔休源以識治見知，既遇其時，斯爲幸矣。江革聰敏亮直，亦一代之盛名歟。

校勘記

〔一〕晉丹陽太守沖之八世孫　張森楷梁書校勘記：「晉書許孜傳有豫章太守孔沖，當即此人。晉有丹陽尹，無太守，此丹陽太守蓋是豫章太守之誤。」

〔二〕父珮齊廬陵王記室參軍　南史作「父佩，齊通直郎」。

〔三〕高祖與羣臣議代王居州任者久之　「代王」各本並作「王代」。今乙正。

〔四〕少子宗軌　「軌」南史作「範」。

〔五〕少孤貧　各本脫「少」字，據南史及册府元龜八五一補。

〔六〕值魏主請中山王元略返北　「請」各本作「討」，據南史改。

〔七〕重除少府卿長史校尉　革以前未爲校尉，疑此處有譌脫。

〔八〕三爲二千石　「三」各本譌「二」，據南史及册府元龜八〇七改。按：江革再爲尋陽太守，一爲廣陵太守，是三爲二千石。

〔九〕少有文情　「文情」各本作「文性」，據南史及册府元龜七七四、八三九、九三八改。

梁書卷三十七

列傳第三十一

謝舉　何敬容

謝舉字言揚，中書令覽之弟也。幼好學，能清言，與覽齊名。舉年十四，嘗贈沈約五言詩，爲約稱賞。世人爲之語曰：「王有養、炬，謝有覽、舉。」養、炬，王筠、王泰小字也。

起家祕書郎，遷太子舍人，輕車功曹史，祕書丞，司空從事中郎，太子庶子，家令，掌東宮管記，深爲昭明太子賞接。祕書監任昉出爲新安郡，別舉詩云：「詎念耋嗟人，方深老夫託。」其屬意如此。嘗侍宴華林園，高祖訪舉於覽，覽對曰：「識藝過臣甚遠，惟飲酒不及於臣。」高祖大悅。轉太子中庶子，猶掌管記。

天監十一年，遷侍中。十四年，出爲寧遠將軍、豫章內史，爲政和理，甚得民心。十八年，復入爲侍中，領步兵校尉。普通元年，出爲貞毅將軍、太尉臨川王長史。四年，入爲左

民尚書。其年遷掌吏部，尋以公事免。五年，起爲太子中庶子，領右軍將軍。六年，復爲左民尚書，領步兵校尉。俄徙爲吏部尚書，尋加侍中。出爲仁威將軍、晉陵太守。在郡清靜，百姓化其德，境內肅然。罷郡還，吏民詣闕請立碑，詔許之。大通二年，入爲侍中、五兵尚書，未拜，遷掌吏部，侍中如故。舉祖莊，宋世再典選，至舉又三爲此職，前代未有也。

舉少博涉多通，尤長玄理及釋氏義。爲晉陵郡時，常與義僧遞講經論，徵士何胤自虎丘山赴之。其盛如此。先是，北渡人盧廣有儒術，爲國子博士，於學發講，僕射徐勉以下畢至。舉造坐，屢折廣，辭理通邁，廣深歎服，仍以所執麈尾薦之，以況重席焉。

四年，加侍中。五年，遷尚書右僕射，〔一〕侍中如故。大同三年，以疾陳解，徙爲右光祿大夫，給親信二十人。其年，出爲雲麾將軍、吳郡太守。先是，何敬容居郡有美績，世稱爲何吳郡，及舉爲政，聲跡略相比。六年，入爲侍中、中書監，未拜，遷太子詹事、翊左將軍，侍中如故。舉父瀹，齊世終此官，累表乞改授，敕不許，久之方就職。九年，遷尚書僕射，侍中、將軍如故。舉雖居端揆，未嘗肯預時務，多因疾陳解，敕輒賜假，並手敕處方，加給上藥。其恩遇如此。其年，以本官參掌選事。

太清二年，遷尚書令，侍中、將軍如故。是歲，侯景寇京師，舉卒于圍內。詔贈侍中、中衞將軍、開府儀同三司，侍中、尚書令如故。文集亂中並亡逸。

二子禧，蝦，並少知名。蝦，太清中，歷太子中庶子，出爲建安太守。

何敬容字國禮，廬江人也。祖攸之，宋太常卿；〔二〕父昌㝢，齊吏部尚書，並有名前代。敬容以名家子，弱冠選尚齊武帝女長城公主，拜駙馬都尉。天監初，爲祕書郎，歷太子舍人，尚書殿中郎，太子洗馬，中書舍人，祕書丞，遷揚州治中。出爲建安內史，清公有美績，民吏稱之。還除黃門郎，累遷太子中庶子，散騎常侍，侍中，司徒左長史。普通二年，復爲侍中，領羽林監，俄又領本州大中正。頃之，守吏部尚書，銓序明審，號爲稱職。四年，出爲招遠將軍、吳郡太守，爲政勤恤民隱，辨訟如神，視事四年，治爲天下第一。吏民詣闕請樹碑，詔許之。大通二年，徵爲中書令，未拜，復爲吏部尚書，領右軍將軍，俄加侍中。中大通元年，改太子中庶子。

敬容身長八尺，白皙美鬚眉。性矜莊，衣冠尤事鮮麗，每公庭就列，容止出人。三年，遷尚書右僕射，參掌選事，侍中如故。時僕射徐勉參掌機密，以疾陳解，因舉敬容自代，故有此授焉。五年，遷左僕射，加宣惠將軍，置佐史，侍中、參掌如故。大同三年正月，朱雀門災，高祖謂羣臣曰：「此門制卑狹，我始欲構，遂遭天火。」並相顧未有答。敬容獨曰：「此所

謂陛下『先天而天不違』。」時以爲名對。俄遷中權將軍、丹陽尹，侍中、參掌、佐史如故。五年，入爲尚書令，侍中、將軍、參掌、佐史如故。

敬容久處臺閣，詳悉舊事，且聰明識治，勤於簿領，詰朝理事，日旰不休。自晉、宋以來，宰相皆文義自逸，敬容獨勤庶務，爲世所嗤鄙。時蕭琛子巡者，頗有輕薄才，因制卦名離合等詩以嘲之，敬容處之如初，亦不屑也。

十一年，坐妾弟費慧明爲導倉丞，夜盜官米，爲禁司所執，送領軍府。時河東王譽爲領軍將軍，敬容以書解慧明，譽卽封書以奏。高祖大怒，付南司推劾，御史中丞張綰奏敬容挾私罔上，合棄市刑，詔特免職。〔三〕初，天監中，有沙門釋寶誌者，嘗遇敬容，謂曰：「君後必貴，然終是何敗何耳」。及敬容爲宰相，謂何姓當爲其禍，故抑沒宗族，無仕進者，至是竟爲河東所敗。

中大同元年三月，高祖幸同泰寺講金字三慧經，敬容請預聽，敕許之。又有敕聽朔望問訊。尋起爲金紫光祿大夫，未拜，又加侍中。敬容舊時賓客門生諠譁如昔，冀其復用。會稽謝郁致書戒之曰：「草萊之人，聞諸道路，君侯已得瞻望朝夕，出入禁門，醉尉將不敢呵，灰然不無其漸，甚休，甚休！敢賀於前，又將弔也。昔流言裁作，公旦東奔；燕書始來，子孟不入。夫聖賢被虛過以自斥，未有嬰時釁而求親者也。且曝鰓之鱗，不念杯杓之水；

二十四史

中華書局

雲霄之翼，豈顧籠樊之糧。何者？所託已盛也。昔君侯納言加首，鳴玉在腰，回豐貂以步文昌，聳高蟬而趨武帳，可謂盛矣。不以此時薦才拔士，少報聖主之恩，今卒如爰絲之說，受責見過，方復欲更窺朝廷，觖望萬分，竊不爲左右取也。昔竇嬰、楊惲亦得罪明時，不能謝絕賓客，猶交黨援，卒無後福，終益前禍。僕之所弔，實在於斯。人人所以頗猶有踵君侯之門者，未必皆感惠懷仁，有灌夫、任安之義，乃戒翟公之大署，冀君侯之復用也。夫在思過之日，而挾復用之意，未可爲智者說矣。君侯宜杜門念失，無有所通，築茅茨於鍾阜，聊優游以卒歲，見可憐之意，著待終之情，復仲尼能改之言，惟子貢更也之譬，少戢言於衆口，微自救於竹帛，所謂『失之東隅，收之桑榆』。如此，令明主聞知，尚有冀也。僕東皋鄙人，入穴幸無銜蹇，恥天下之士不爲執事道之，故披肝膽，示情素，君侯豈能鑒焉。」

太清元年，遷太子詹事，侍中如故。二年，侯景襲京師，敬容自府移家臺內。初，景於渦陽退敗，未得審實，傳者乃云其將暴顯反，景身與衆並沒，朝廷以爲憂。敬容尋見東宮，太宗謂曰：「淮北始更有信，侯景定得身免，不如所傳。」敬容對曰：「得景遂死，深是朝廷之福。」太宗失色，問其故。敬容曰：「景翻覆叛臣，終當亂國。」是年，太宗頻於玄圃自講老、莊二書，學士吳孜時寄詹事府，每日入聽。敬容謂孜曰：「昔晉代喪亂，頗由祖尚玄虛，胡賊殄覆中夏。今東宮復襲此，殆非人事，其將爲戎乎？」俄而侯景難作，其言有徵也。三年正月，

敬容卒于圍內，詔贈仁威將軍，本官並如故。

何氏自晉司空充、宋司空尚之，世奉佛法，並建立塔寺；至敬容又捨宅東爲伽藍，趨勢者因助財造構，敬容並不拒，故此寺堂宇校飾，頗爲宏麗，時輕薄者因呼爲「衆造寺」焉。及敬容免職出宅，止有常用器物及囊衣而已，竟無餘財貨，時亦以此稱之。

子瑴，秘書丞，早卒。

陳吏部尚書姚察曰：魏正始及晉之中朝，時俗尚於玄虛，貴爲放誕，尚書丞郎以上，簿領文案，不復經懷，皆成於令史。逮乎江左，此道彌扇，惟卞壼以臺閣之務，頗欲綜理，阮孚謂之曰：「卿常無閑暇，不乃勞乎？」宋世王敬弘身居端右，未嘗省牒，風流相尚，其流遂遠。望白署空，是稱清貴，恪勤匪懈，終滯鄙俗。是使朝經廢於上，職事隳於下。小人道長，抑此之由。嗚呼！傷風敗俗，曾莫之悟。永嘉不競，戎馬生郊，宜其然矣。何國禮之識治，見譏薄俗，惜哉。

校勘記

〔一〕四年加侍中五年遷尚書右僕射　上文既是「大通二年，入爲侍中」，則此四年、五年當爲大通四年、五年。但大通只二年，大通三年十月改元中大通。據本書武帝紀，吏部尚書謝舉爲尚書右僕射在中大通五年。則「四年」上當有「中大通」三字，否則上文之「大通二年」乃「中大通二年」之譌。

〔二〕祖攸之宋太常卿　錢大昕廿二史考異：「按南史何昌寓傳，敬容之祖佟之，位侍中，與此異。南齊書亦作『佟之』，疑此傳誤也。」

〔三〕十一年坐妾弟費慧明爲導倉丞夜盜官米至詔特免職　按本書武帝紀，何敬容坐免官在大同十年五月，通鑑同。「十一年」當作「十年」。

梁書卷三十八

列傳第三十二

朱异 賀琛

朱异字彥和，吳郡錢唐人也。父巽，以義烈知名，[一]官至齊江夏王參軍、吳平令。异年數歲，外祖顧歡撫之謂异祖昭之曰：「此兒非常器，當成卿門戶。」年十餘歲，好羣聚蒲博，頗爲鄉黨所患。既長，乃折節從師，遍治五經，尤明禮、易，涉獵文史，兼通雜藝，博弈書算，皆其所長。年二十，詣都，尚書令沈約面試之，因戲异曰：「卿年少，何乃不廉？」异逡巡未達其旨。約乃曰：「天下唯有文義棊書，卿一時將去，可謂不廉也。」其年，上書言建康宜置獄司，比廷尉，敕付尚書詳議，[二]從之。

舊制，年二十五方得釋褐。時异適二十一，特敕擢爲揚州議曹從事史。尋有詔求異能之士，五經博士明山賓表薦异曰：「竊見錢唐朱异，年時尚少，德備老成，在獨無散逸之想，

處闇有對賓之色，器宇弘深，神表峯峻。金山萬丈，緣陟未登；玉海千尋，窺映不測。加以珪璋新琢，錦組初構，觸響鏗鏘，值采便發。觀其信行，非惟十室所稀，若使負重遙途，必有千里之用。」高祖召見，使說孝經、周易義，甚悅之，謂左右曰：「朱异實異。」後見明山賓，謂曰：「卿所舉殊得其人。」仍召异直西省，俄兼太學博士。其年，高祖自講孝經，使异執讀。遷尚書儀曹郎，入兼中書通事舍人，累遷鴻臚卿，太子右衞率，尋加員外常侍。

普通五年，大舉北伐，魏徐州刺史元法僧遣使請舉地內屬，詔有司議其虛實。异曰：「自王師北討，剋獲相繼，徐州地轉削弱，咸願歸罪法僧，法僧懼禍之至，其降必非僞也。」高祖仍遣异報法僧，並敕衆軍應接，受异節度。既至，法僧遵承朝旨，如异策焉。

中大通元年，遷散騎常侍。自周捨卒後，异代掌機謀，方鎮改換，朝儀國典，詔誥敕書，並兼掌之。每四方表疏，當局簿領，諮詢詳斷，塡委於前，异屬辭落紙，覽事下議，從橫敏贍，不暫停筆，頃刻之間，諸事便了。

大同四年，遷右衞將軍。六年，异啓於儀賢堂奉述高祖老子義，敕許之。及就講，朝士及道俗聽者千餘人，爲一時之盛。時城西又開士林館以延學士，异與左丞賀琛遞日述高祖禮記中庸義，皇太子又召异於玄圃講易。八年，改加侍中。太清元年，遷左衞將軍，領步兵。二年，遷中領軍，舍人如故。

高祖夢中原平，舉朝稱慶，旦以語异，异對曰：「此宇內方一之徵。」及侯景歸降，敕召羣臣議，尚書僕射謝舉等以爲不可，高祖欲納之，未決；嘗夙興至武德閤，自言「我國家承平若此，今便受地，詎是事宜，脫致紛紜，悔無所及」。异探高祖微旨，應聲答曰：「聖明御宇，上應蒼玄，北土遺黎，誰不慕仰，爲無機會，未達其心。今侯景分魏國太半，輸誠送款，遠歸聖朝，豈非天誘其衷，人奬其計。原心審事，殊有可嘉。今若不容，恐絕後來之望。此誠易見，願陛下無疑。」高祖深納异言，又感前夢，遂納之。及貞陽敗沒，自魏遣使還，述魏相高澄欲更申和睦，敕有司定議，异又以和爲允，高祖果從之。其年六月，遣建康令謝挺、通直郎徐陵使北通好。是時，侯景鎭壽春，累啓絕和，及請追使。又致書與异，辭意甚切，异但述敕旨以報之。八月，景遂舉兵反，以討异爲名。募兵得三千人，及景至，仍以其衆守大司馬門。

初，景謀反，合州刺史鄱陽王範、司州刺史羊鴉仁並累有啓聞，异以景孤立寄命，必不應爾，乃謂使者：「鄱陽王遂不許國家有一客！」並抑而不奏，故朝廷不爲之備。及寇至，城內文武咸尤之。皇太子又製圍城賦，其末章云：「彼高冠及厚履，並鼎食而乘肥，升紫霄之丹地，排玉殿之金扉，陳謀謨之啓沃，宣政刑之福威，四郊以之多壘，萬邦以之未綏。問豺狼其何者？訪虺蜴之爲誰？」蓋以指异。异因慚憤，發病卒，時年六十七。詔曰：「故中領軍

异，器宇弘通，才力優贍，諮謀帷幄，多歷年所。方贊朝經，永申寄任。奄先物化，惻悼兼懷。可贈侍中、尚書右僕射，給祕器一具。凶事所須，隨由資辦。」舊尚書官不以爲贈，及异卒，高祖惜之，方議贈事，左右有善异者，乃啓曰：「异忝歷雖多，然平生所懷，願得執法。」高祖因其宿志，特有此贈焉。

异居權要三十餘年，善窺人主意曲，能阿諛以承上旨，故特被寵任。歷官自員外常侍至侍中，四官皆珥貂，自右衞率至領軍，四職並驅鹵簿，近代未之有也。异及諸子自潮溝列宅至青溪，其中有臺池翫好，每暇日與賓客遊焉。四方所饋，財貨充積。性吝嗇，未嘗有散施。廚下珍羞腐爛，每月常棄十數車，雖諸子別房亦不分贍。所撰禮易講疏及儀注、文集百餘篇，亂中多亡逸。

長子肅，官至國子博士；次子閏，司徒掾。並遇亂卒。

賀琛字國寶，會稽山陰人也。伯父瑒，步兵校尉，爲世碩儒。琛幼，瑒授其經業，一聞便通義理。瑒異之，常曰：「此兒當以明經致貴。」瑒卒後，琛家貧，常往還諸暨，販粟以自給。閑則習業，尤精三禮。初，瑒於鄉里聚徒教授，至是又依琛焉。

普通中，刺史臨川王辟爲祭酒從事史。[三]琛始出都，高祖聞其學術，召見文德殿，與語悅之，謂僕射徐勉曰：「琛殊有世業。」仍補王國侍郎，俄兼太學博士，稍遷中衞參軍事、尚書通事舍人，參禮儀事。累遷通直正員郎，舍人如故。又征西鄱陽王中錄事，兼尚書左丞，滿歲爲眞。詔琛撰新謚法，至今施用。

時皇太子議，大功之末，可以冠子嫁女。琛駁之曰：

令旨以「大功之末可得冠子嫁女，不得自冠自嫁。」推以記文，竊猶致惑。案嫁冠之禮，本是父之所成，無父之人，乃可自冠，故稱大功小功，並以冠子嫁子爲文；非關惟得爲子，己身不得也。小功之末，既得自嫁娶，而亦云「冠子娶婦」，其義益明。故先列二服，每明冠子嫁子，結於後句，方顯自娶之義。既明小功自娶，卽知大功自冠矣，蓋是約言而見旨。若謂緣父服大功，子服小功，小功服輕，故得爲子冠嫁，大功服重，故不得自嫁自冠者，則小功之末，非明父子服殊，不應復云「冠子嫁子」也。若謂小功之文言已可娶，大功之文不言已冠，故知身有大功，不得自行嘉禮，但得爲子冠嫁。竊謂有服不行嘉禮，本爲吉凶不可相干。子雖小功之末，可得行冠嫁，猶應須父得爲其冠嫁。[四]若父於大功之末可以冠子嫁子，是於吉凶禮無礙；吉凶禮無礙，豈不得自冠自嫁？若自冠自嫁於事有礙，則冠子嫁子寧獨可通？今許其冠子而塞其自冠，是琛之所

惑也。

又令旨推「下殤小功不可娶婦，則降服大功亦不得爲子冠嫁」。伏尋此旨，若謂降服大功不可冠子嫁子，則降服小功亦不可自冠自娶，是爲凡厥降服大功小功皆不得冠娶矣。記文應云降服則不可，寧得惟稱下殤？今不言降服，的舉下殤，實有其義。夫出嫁出後，或有再降，出後之身，於本姊妹降爲大功；若是大夫服士父，[五]又以尊降，則成小功。其於冠嫁，義無以異。所以然者，出嫁則有受我，出後則有傳重，並欲薄於此而厚於彼，此服雖降，彼服則隆。昔實期親，雖再降猶依小功之禮，可冠可嫁。若夫期降大功，大功降爲小功，止是一等，降殺有倫，服末嫁冠，故無有異。惟下殤之服，特明不娶之義者，蓋緣以幼稚之故，夭喪情深，既無受厚佗姓，又異傳重彼宗，嫌其年稚服輕，頓成殺略，故特明不娶，以示本重之恩。是以凡厥降服，冠嫁不殊；惟在下殤，乃明不娶。其義若此，則不得言大功之降服，皆不可冠嫁也。且記云「下殤小功」，言下殤則不得通於中上，語小功則不得兼於大功。若實大小功降服皆不冠嫁，上中二殤亦不冠嫁者，[六]記不得直云「下殤小功則不可」。恐非文意。此又琛之所疑也。

遂從琛議。

遷員外散騎常侍。舊尚書南坐，無貂；貂自琛始也。頃之，遷御史中丞，參禮儀事如

先。琛家產既豐，買主第爲宅，爲有司所奏，坐免官。俄復爲尚書左丞，遷給事黃門侍郎，兼國子博士，未拜，改爲通直散騎常侍，領尚書左丞，並參禮儀事。琛前後居職，凡郊廟諸儀，多所創定。每見高祖，與語常移晷刻，故省中爲之語曰：「上殿不下有賀雅。」琛容止都雅，故時人呼之。遷散騎常侍，參禮儀如故。

是時，高祖任職者，皆緣飾姦諂，深害時政，琛遂啓陳事條封奏曰：

臣荷拔擢之恩，曾不能効一職；居獻納之任，又不能薦一言。竊聞「慈父不愛無益之子，明君不畜無益之臣」，臣所以當食廢飡，中宵而歎息也。輒言時事，列之於後。非謂謀猷，寧云啓沃。獨緘胸臆，不語妻子。辭無粉飾，削稾則焚。脫得聽覽，試加省鑒。如不允合，亮其戇愚。

其一事曰：今北邊稽服，戈甲解息，政是生聚教訓之時，而天下戶口減落，誠當今之急務。雖是處彫流，而關外彌甚，郡不堪州之控總，縣不堪郡之裒削，更相呼擾，莫得治其政術，惟以應赴徵斂爲事。百姓不能堪命，各事流移，或依於大姓，或聚於屯封，蓋不獲已而竄亡，非樂之也。國家於關外賦稅蓋微，乃至年常租課，動致逋積，而民失安居，寧非牧守之過。東境戶口空虛，皆由使命繁數。夫犬不夜吠，故民得安居。今大邦大縣，舟舸銜命者，非惟十數；復窮幽之鄉，極遠之邑，亦皆必至。每有一使，屬所

搔擾；況復煩擾積理，深爲民害。駑困邑宰，則拱手聽其漁獵；桀黠長吏，又因之而爲貪殘。縱有廉平，郡猶掣肘。故邑宰懷印，類無考績，細民棄業，流亢者多，雖年降復業之詔，屢下蠲賦之恩，而終不得反其居也。

其二事曰：聖主恤隱之心，納隍之念，聞之遐邇，至於翾飛蠕動，猶且度脫，況在兆庶。而州郡無恤民之志，故天下顒顒，惟注仰於一人，誠所謂「愛之如父母，仰之如日月，敬之如鬼神，畏之如雷霆」。苟須應痛逗藥，豈可不治之哉？今天下宰守所以皆尚貪殘，罕有廉白者，良由風俗侈靡，使之然也。淫奢之弊，其事多端，粗舉二條，言其尤者。夫食方丈於前，所甘一味。今之燕喜，相競誇豪，積果如山岳，列肴同綺繡，露臺之產，不周一燕之資，而賓主之間，裁取滿腹，未及下堂，已同臭腐。又歌姬儛女，本有品制，二八之錫，良待和戎。今畜妓之夫，[七]無有等秩，雖復庶賤微人，皆盛姬姜，務在貪汚，爭飾羅綺。故爲吏牧民者，競爲剝削，雖致貲巨億，罷歸之日，不支數年，便已消散。蓋由宴醑所費，既破數家之產；歌謠之具，必俟千金之資。所費事等丘山，爲歡止在俄頃。乃更追恨向所取之少，今所費之多。如復傅翼，增其搏噬，一何悖哉！其餘淫侈，著之凡百，習以成俗，日見滋甚，欲使人守廉隅，吏尚清白，安可得邪！今誠宜嚴爲禁制，道之以節儉，貶黜雕飾，糾奏浮華，使衆皆知，變其耳目，改其好惡。夫失節

之嗟，亦民所自患，正恥不及羣，故勉强而爲之，苟力所不至，還受其弊矣。今若釐其風而正其失，易於反掌。夫論至治者，必以淳素爲先，正彫流之弊，莫有過儉朴者也。

其三事曰：聖躬荷負蒼生以爲任，弘濟四海以爲心，不憚胼胝之勞，不辭癯瘦之苦，豈止日昃忘飢，夜分廢寢。至於百司，莫不奏事，上息責下之嫌，下無逼上之咎，斯實道邁百王，事超千載。但斗筲之人，藻棁之子，既得伏奏帷扆，便欲詭競求進，不說國之大體。〔八〕不知當一官，處一職，貴使理其紊亂，匡其不及，心在明恕，〔九〕事乃平章。但務吹毛求疵，擘肌分理，運挈缾之智，徼分外之求，以深刻爲能，以繩逐爲務，迹雖似於奉公，事更成其威福。犯罪者多，巧避滋甚，曠官廢職，長弊增姦，實由於此。今誠願責其公平之效，黜其讒愚之心，則下安上謐，無徼倖之患矣。

其四事曰：自征伐北境，帑藏空虛。今天下無事，而猶日不暇給者，良有以也。夫國弊則省其事而息其費，事省則養民，費息則財聚，止五年之中，尚於無事，必能使國豐民阜。若積以歲月，斯乃范蠡滅吳之術，管仲霸齊之由。今應內省職掌，各檢其所部。凡京師治、署、邸、肆應所爲，或十條宜省其五，或三條宜除其一；及國容、戎備，在昔應多，在今宜少。雖於後應多，卽事未須，皆悉減省。應四方屯、傳、邸、治，或舊有，或無益，或妨民，有所宜除，除之；有所宜減，減之。凡厥興造，凡厥費財，有非急者，有

役民者；又凡厥討召，凡厥徵求，雖關國計，權其事宜，皆須息費休民。不息費，則無以聚財；不休民，則無以聚力。故蓄其財者，所以大用之也；息其民者，所以大役之也。若言小事不足害財，則終年不息矣；以小役不足妨民，則終年不止矣。擾其民而欲求生聚殷阜，不可得矣。耗其財而務賦斂繁興，則姦詐盜竊彌生，是弊不息而其民不可使也，則難可以語富强而圖遠大矣。自普通以來，二十餘年，刑役荐起，民力彫流。今魏氏和親，疆埸無警，若不及於此時大息四民，使之生聚，減省國費，令府庫蓄積，一旦異境有虞，關河可掃，則國弊民疲，安能振其遠略？事至方圖，知不及矣。

書奏，〔一〇〕高祖大怒，召主書於前，口授敕責琛曰：

謇謇有聞，殊稱所期。但朕有天下四十餘年，公車讜言，見聞聽覽，〔一一〕所陳之事，與卿不異，常欲承用，無替懷抱，每苦倥偬，更增惽惑。卿珥貂紆組，博問洽聞，不宜同於闒茸，止取名字，宣之行路。言「我能上事，明言得失，恨朝廷之不能用」。或誦離騷「蕩蕩其無人，遂不御乎千里」。或誦老子「知我者希，則我貴矣」。如是獻替，莫不能言，正旦虎樽，皆其人也。卿可分別言事，啓乃心，沃朕心。

卿云「今北邊稽服，政是生聚教訓之時，而民失安居，牧守之過」。朕無則哲之知，觸向多弊，四聰不開，四明不達，內省責躬，無處逃咎。堯爲聖主，四凶在朝；況乎朕也，能無惡人？但大澤之中，有龍有蛇，縱不盡善，不容皆惡。卿可分明顯出：某刺史橫暴，某太守貪殘，某官長凶虐；尚書、蘭臺，主書、舍人，某人姦猾，某人取與，明言其事，得以黜陟。向令舜但聽公車上書，四凶終自不知，堯亦永爲闇主。

卿又云「東境戶口空虛，良由使命繁多」，但未知此是何使？卿云「駑困邑宰，則拱手聽其漁獵；桀黠長吏，又因之而爲貪殘」，並何姓名？廉平掣肘，復是何人？朝廷思賢，有如飢渴，廉平掣肘，實爲異事。宜速條聞，當更擢用。凡所遣使，多由民訟，或復軍糧，諸所飈急，蓋不獲已而遣之。若不遣使，天下枉直云何綜理？事實云何濟辦？惡人日滋，善人日蔽，欲求安臥，其可得乎！不遣使而得事理，此乃佳事。無足而行，無翼而飛，能到在所；不威而伏，豈不幸甚。卿既言之，應有深見，宜陳祕術，不可懷寶迷邦。

卿又云：守宰貪殘，皆由滋味過度。貪殘糜費，已如前答。漢文雖愛露臺之產，鄧通之錢布於天下，以此而治，朕無愧焉。若以下民飲食過差，亦復不然。天監之初，思之已甚。其勤力營產，則無不富饒；惰遊緩事，則家業貧窶。勤脩產業，以營盤案，自己營之，自己食之，何損於天下？無賴子弟，惰營產業，致於貧窶，無可施設，此何益於天下？且又意雖曰同富，富有不同：慳而富者，終不能設；奢而富者，於事何損？若使

朝廷緩其刑，此事終不可斷；若急其制，則曲屋密房之中，云何可知？若家家搜檢，其細已甚，欲使吏不呼門，其可得乎？更相恐脅，以求財帛，足長禍萌，無益治道。若以此指朝廷，我無此事。昔之牲牢，久不宰殺，朝中會同，菜蔬而已，意粗得奢約之節。若復減此，必有蟋蟀之譏。若以爲功德事者，皆是園中之所產育。功德之事，亦無多費，變一瓜爲數十種，食一菜爲數十味，不變瓜菜，亦無多種，以變故多，何損於事，亦豪芥不關國家。如得財如法而用，此不愧乎人。我自除公宴，不食國家之食，多歷年稔，乃至宮人，亦不食國家之食，積累歲月。凡所營造，不關材官，及以國匠，皆資雇借，以成其事。近之得財，頗有方便，民得其利，國得其利，我得其利，營諸功德。或以卿之心度我之心，故不能得知。所得財用，暴於天下，不得曲辭辯論。

卿又云女妓越濫，此有司之責，雖然，亦有不同：貴者多畜妓樂，至於勳附若兩掖，亦復不聞家有二八，多畜女妓者。此並宜具言其人，當令有司振其霜豪。卿又云：「乃追恨所取爲少，如復傅翼，增其搏噬，一何悖哉。」勇怯不同，貪廉各用，勇者可使進取，怯者可使守城，貪者可使捍禦，廉者可使牧民。向使叔齊守於西河，豈能濟事？吳起育民，必無成功。若使吳起而不重用，則西河之功廢。今之文武，亦復如此。取其搏噬之用，不能得不重更任，彼亦非爲朝廷爲之傅翼。卿以朝廷爲悖，乃自甘之，當思致

悖所以。卿云「宜導之以節儉」。又云「至治者必以淳素爲先」。此言大善。夫子言「其身正，不令而行；其身不正，雖令不從」。朕絕房室三十餘年，無有淫佚。朕頗自計，不與女人同屋而寢，亦三十餘年。至於居處不過一牀之地，雕飾之物不入於宮，此亦人所共知。受生不飲酒，受生不好音聲，所以朝中曲宴，未嘗奏樂，此羣賢之所觀見。朕三更出理事，隨事多少，事少或中前得竟，或事多至日昃方得就食。日常一食，若晝若夜，無有定時。疾苦之日，或亦再食。昔要腹過於十圍，今之瘦削裁二尺餘，舊帶猶存，非爲妄說。爲誰爲之？救物故也。書曰：「股肱惟人，良臣惟聖。」向使朕有股肱，故可得中主。今乃不免居九品之下，「不令而行」，徒虛言耳。卿今慊言，便罔知所答。

卿又云「百司莫不奏事，詭競求進」。此又是誰？何者復是詭事？今不使外人呈事，於義可否？無人廢職，職可廢乎？職廢則人亂，人亂則國安乎？以咽廢飧，此之謂也。若斷呈事，誰尸其任？專委之人，云何可得？是故古人云：「專聽生姦，獨任成亂。」猶二世之委趙高，元后之付王莽。呼鹿爲馬，卒有閻樂望夷之禍，王莽亦終移漢鼎。

卿云「吹毛求疵」，復是何人所吹之疵？「擘肌分理」，復是何人乎？事及「深刻」「繩逐」，並復是誰？[一二]又云「治、署、邸、肆」，何者宜除？何者宜省？「國容戎備」，何者宜省？何者未須？「四方屯傳」，何者無益？何者妨民？何處興造而是役民？

何處費財而是非急？若爲「討召」？若爲「徵賦」？朝廷從來無有此事，靜息之方復何者？宜各出其事，具以奏聞。

卿云「若不及於時大息其民，事至方圖，知無及也」。如卿此言，卽時便是大役其民，是何處所？卿云「國弊民疲」，誠如卿言，終須出其事，不得空作漫語。夫能言之，必能行之。富國强兵之術，急民省役之宜，號令遠近之法，並宜具列。若不具列，則是欺罔朝廷，空示頰舌。凡人有爲，先須內省，惟無瑕者，可以戮人。卿不得歷詆內外，而不極言其事。佇聞重奏，當復省覽，[一三]付之尚書，班下海內，庶亂羊永除，害馬長息，惟新之美，復見今日。

琛奉敕，但謝過而已，不敢復有指斥。

久之，遷太府卿。太清二年，遷雲騎將軍、中軍宣城王長史。侯景舉兵襲京師，王移入臺內，留琛與司馬楊曒守東府。賊尋攻陷城，放兵殺害，琛被槍未至死，[一四]賊求得之，轝至闕下，求見僕射王克、領軍朱异，勸開城納賊。克等讓之，涕泣而止，賊復轝送莊嚴寺療治之。明年，臺城不守，琛逃歸鄉里。其年冬，賊進寇會稽，復執琛送出都，以爲金紫光祿大夫。後遇疾卒，年六十九。

琛所撰三禮講疏、五經滯義及諸儀法，凡百餘篇。

子詡，[一五]太清初，自儀同西昌侯掾，出爲巴山太守，在郡遇亂卒。

陳吏部尚書姚察云：「士患不明經術；經術明，取青紫如拾地芥耳。」朱异、賀琛並起微賤，以經術逢時，致於貴顯，符其言矣。而异遂徼寵幸，任事居權，不能以道佐君，苟取容媚。及延寇敗國，實异之由。禍難既彰，不明其罪，至於身死，寵贈猶殊。罰既弗加，賞亦斯濫，失於勸沮，何以爲國？君子是以知太清之亂，能無及是乎。

校勘記

[一] 父巽以義烈知名　「巽」南史作「巽之」。按：朱异父名選之，事跡略見南齊書孝義朱謙之傳。惠棟松崖筆記二：「選巽字相似，故譌爲巽。」此少一「之」字，六朝人雙名後所帶「之」字，往往可省去，非脫文。

[二] 敕付尚書詳議　「詳議」，各本作「議詳」，今據南史及册府元龜二一二乙正。

[三] 刺史臨川王辟爲祭酒從事史　南史及册府元龜七二七、八二八無「史」字。

[四] 猶應須父得爲其冠嫁　「冠嫁」各本作「嫁冠」，據南史乙正。

[五] 若是大夫服士父　「父」字各本脫，據南史補。

[六] 上中二殤亦不冠嫁者　「冠嫁」各本作「嫁冠」，據南史乙正。

[七] 今畜妓之夫　「畜」各本譌「言」，據通鑑梁武帝大同十一年及册府元龜五二九改。

[八] 不說國之大體　「說」通鑑作「論」，册府元龜五二九作「識」，疑作「識」是。

[九] 心在明恕　「在」通鑑作「存」，疑作「存」是。

[一〇] 書奏　「書」各本譌「言」，據南史改。

[一一] 公車讜言見聞聽覽　「見聞」南史作「日聞」，通鑑作「日闢」，疑作「日闢」是。

[一二] 擘肌分理復是何人乎事及深刻繩逐並復是誰　本段文字有脫譌，現無從訂正。通鑑作「擘肌分理，復是何事」，無下文「事及深刻繩逐」云云。

[一三] 佇聞重奏當復省覽　「復」，各本譌「後」，據通鑑改正。

[一四] 琛被槍未至死　「槍」，南史及册府元龜九四〇作「創」。

[一五] 子詡　「詡」，南史作「翊」。

梁書卷三十九

列傳第三十三

元法僧　元樹　元願達　王神念 楊華　羊侃 子鵾　羊鴉仁

元法僧，魏氏之支屬也。其始祖道武帝。父鍾葵，江陽王。法僧仕魏，歷光祿大夫，後爲使持節、都督徐州諸軍事、徐州刺史，鎭彭城。普通五年，魏室大亂，法僧遂據鎭稱帝，誅鋤異己，立諸子爲王，部署將帥，欲議匡復。旣而魏亂稍定，將討法僧，法僧懼，乃遣使歸款，請爲附庸，高祖許焉，授侍中、司空，封始安郡公，邑五千戶。及魏軍旣逼，法僧請還朝，高祖遣中書舍人朱异迎之。旣至，甚加優寵。時方事招攜，撫悅降附，賜法僧甲第女樂及金帛，前後不可勝數。法僧以在魏之日，久處疆埸之任，每因寇掠，殺戮甚多，求兵自衞，詔給甲仗百人，出入禁闥。大通二年，加冠軍將軍。中大通元年，轉車騎將軍。四年，進太

尉，領金紫光祿。其年，立爲東魏主，不行，仍授使持節、散騎常侍、驃騎大將軍、開府同三司之儀、郢州刺史。大同二年，徵爲侍中、太尉，領軍師將軍，薨，時年八十三。二子景隆、景仲，普通中隨法僧入朝。

景隆封沌陽縣公，邑千戶，出爲持節、都督廣越交桂等十三州諸軍事、平南將軍、平越中郎將、廣州刺史。中大通三年，徵侍中、安右將軍。四年，爲征北將軍、徐州刺史，封彭城王，不行，俄除侍中、度支尚書。太清初，又爲使持節、都督廣越交桂等十三州諸軍事、征南將軍、平越中郎將、廣州刺史，行至雷首，遇疾卒，時年五十八。

景仲封枝江縣公，邑千戶，拜侍中、右衞將軍。大通三年，增封，并前爲二千戶，仍賜女樂一部。出爲持節、都督廣越等十三州諸軍事、宣惠將軍、平越中郎將、廣州刺史。〔一〕大同中，徵侍中、左衞將軍。兄景隆後爲廣州刺史。〔二〕侯景作亂，以景仲元氏之族，遣信誘之，許奉爲主。景仲乃舉兵，將下應景。會西江督護陳霸先與成州刺史王懷明等起兵攻之，霸先徇其衆曰：「朝廷以元景仲與賊連從，謀危社稷，今使曲江公勃爲刺史，鎭撫此州。」衆聞之，皆棄甲而散，景仲乃自縊而死。

元樹字君立，〔三〕亦魏之近屬也。祖獻文帝。父僖，咸陽王。〔四〕樹仕魏爲宗正卿，屬尒朱榮亂，以天監八年歸國，〔五〕封爲鄴王，邑二千戶，拜散騎常侍。普通六年，應接元法僧還朝，遷使持節、督郢司霍三州諸軍事、雲麾將軍、郢州刺史，增封并前爲三千戶。討南蠻賊，平之，加散騎常侍、安西將軍，又增邑五百戶。中大通二年，徵侍中、鎭右將軍。四年，爲使持節、鎭北將軍、都督北討諸軍事，加鼓吹一部。以伐魏，攻魏譙城，拔之。會魏將獨孤如願來援，遂圍樹，城陷被執，發憤卒於魏，時年四十八。

子貞，大同中，求隨魏使崔長謙至鄴葬父，還拜太子舍人。太清初，侯景降，請元氏戚屬，願奉爲主，詔封貞爲咸陽王，以天子之禮遣還北，會景敗而返。

元願達，亦魏之支庶也。祖明元帝。父樂平王。願達仕魏爲中書令、郢州刺史。〔六〕普通中，大軍北伐，攻義陽，願達舉州獻款，〔七〕詔封樂平公，邑千戶，賜甲第女樂。仍出爲使持節、散騎常侍、都督湘州諸軍事、平南將軍、湘州刺史。中大通二年，徵侍中、太中大夫、翊左將軍。大同三年，卒，時年五十七。

王神念，太原祁人也。少好儒術，尤明內典。仕魏起家州主簿，稍遷潁川太守，遂據郡歸款。魏軍至，與家屬渡江，封南城縣侯，邑五百戶。頃之，除安成內史，又歷武陽、宣城內史，〔八〕皆著治績。還除太僕卿。出爲持節、都督靑冀二州諸軍事、信武將軍、靑冀二州刺史。

神念性剛正，所更州郡必禁止淫祠。時靑、冀州東北有石鹿山臨海，先有神廟，妖巫欺惑百姓，遠近祈禱，糜費極多，及神念至，便令毀撤，風俗遂改。

普通中，大舉北伐，徵爲右衞將軍。六年，還使持節、散騎常侍、爪牙將軍，右衞如故。遘疾卒，時年七十五。詔贈本官、衡州刺史，兼給鼓吹一部。謚曰壯。

神念少善騎射，旣老不衰，嘗於高祖前手執二刀楯，左右交度，馳馬往來，冠絕羣伍。時復有楊華者，能作驚軍騎，並一時妙捷，高祖深歎賞之。子僧業，仕至太僕卿。卒，贈信威將軍、靑冀二州刺史，鼓吹一部。次子僧辯，別有傳。

楊華，武都仇池人也。父大眼，爲魏名將。華少有勇力，容貌雄偉，魏胡太后逼通之，華懼及禍，乃率其部曲來降。胡太后追思之不能已，爲作楊白華歌辭，使宮人晝夜連臂蹋

足歌之，辭甚悽惋焉。華後累征伐，有戰功，歷官太僕卿，太子左衞率，封益陽縣侯。太清中，侯景亂，華欲立志節，妻子爲賊所擒，遂降之，卒於賊。

羊侃字祖忻，泰山梁甫人，漢南陽太守續之裔也。祖規，宋武帝之臨徐州，辟祭酒從事、大中正。會薛安都舉彭城降北，規由是陷魏，魏授衞將軍、營州刺史。父祉，魏侍中，金紫光祿大夫。

侃少而瑰偉，身長七尺八寸，雅愛文史，博涉書記，尤好左氏春秋及孫吳兵法。弱冠隨父在梁州立功。魏正光中，稍爲別將。時秦州羌有莫遮念生者，據州反，稱帝，仍遣其弟天生率衆攻陷岐州，遂寇雍州。侃爲偏將，隸蕭寶夤往討之，潛身巡塹，伺射天生，應弦卽倒，其衆遂潰。以功遷使持節、征東大將軍、東道行臺，領泰山太守，進爵鉅平侯。

初，其父每有南歸之志，常謂諸子曰：「人生安可久淹異域，汝等可歸奉東朝。」侃至是將舉河濟以成先志。兗州刺史羊敦，侃從兄也，密知之，據州拒侃。侃乃率精兵三萬襲之，弗剋，仍築十餘城以守之。朝廷賞授，一與元法僧同。遣羊鴉仁、王弁率軍應接，李元履運給糧仗。魏帝聞之，使授侃驃騎大將軍、司徒、泰山郡公，長爲兗州刺史，侃斬其使者以徇。

魏人大駭，令僕射于暉率衆數十萬，及高歡、尒朱陽都等相繼而至，圍侃十餘重，傷殺甚衆。柵中矢盡，南軍不進，乃夜潰圍而出，且戰且行，一日一夜乃出魏境。至渣口，衆尙萬餘人，馬二千匹，將入南，士卒並竟夜悲歌。侃乃謝曰：「卿等懷土，理不能見隨，幸適去留，於此別異。」因各拜辭而去。

侃以大通三年至京師，詔授使持節、散騎常侍、都督瑕丘征討諸軍事、安北將軍、徐州刺史，并其兄默及三弟忱、給、元，皆拜爲刺史。〔九〕尋以侃爲都督北討諸軍事，出頓日城，〔一〇〕會陳慶之失律，停進。其年，詔以爲持節、雲麾將軍、青冀二州刺史。

中大通四年，詔爲使持節、都督瑕丘諸軍事、安北將軍、兗州刺史，隨太尉元法僧北討。法僧先啓云：「與侃有舊，願得同行。」高祖乃召侃問方略，侃具陳進取之計。高祖因曰：「知卿願與太尉同行。」侃曰：「臣拔迹還朝，常思効命，然實未曾願與法僧同行。北人雖謂臣爲吳，南人已呼臣爲虜，今與法僧同行，還是羣類相逐，非止有乖素心，亦使匈奴輕漢。」高祖曰：「朝廷今者要須卿行。」乃詔以爲大軍司馬。高祖謂侃曰：「軍司馬廢來已久，此段爲卿置之。」行次官竹，元樹又於譙城喪師。軍罷，入爲侍中。五年，封高昌縣侯，邑千戶。六年，出爲雲麾將軍、晉安太守。閩越俗好反亂，前後太守莫能止息，侃至討擊，斬其渠帥陳稱、吳滿等，於是郡內肅清，莫敢犯者。頃之，徵太子左衞率。

大同三年，車駕幸樂遊苑，侃預宴。時少府奏新造兩刃矟成，長二丈四尺，〔一二〕圍一尺三寸，高祖因賜侃馬，令試之。侃執矟上馬，左右擊刺，特盡其妙，高祖善之。又製武宴詩三十韻以示侃，侃卽席應詔，高祖覽曰：「吾聞仁者有勇，今見勇者有仁，可謂鄒、魯遺風，英賢不絕。」六年，遷司徒左長史。八年，遷都官尙書。時尙書令何敬容用事，與之並省，未嘗遊造。有宦者張僧胤候侃，侃曰：「我牀非閹人所坐。」竟不前之，時論美其貞正。九年，出爲使持節、壯武將軍、衡州刺史。

太清元年，徵爲侍中。會大舉北伐，仍以侃爲持節、冠軍，監作韓山堰事，兩旬堰立。侃勸元帥貞陽侯乘水攻彭城，不納；既而魏援大至，侃頻勸乘其遠來可擊，旦日又勸出戰，並不從，侃乃率所領出頓堰上。及衆軍敗，侃結陣徐還。

二年，復爲都官尙書。侯景反，攻陷歷陽，高祖問侃討景之策。侃曰：「景反迹久見，或容豕突，宜急據采石，令邵陵王襲取壽春。景進不得前，退失巢窟，烏合之衆，自然瓦解。」議者謂景未敢便逼京師，遂寢其策，令侃率千餘騎頓望國門。景至新林，追侃入副宣城王都督城內諸軍事。時景既卒至，百姓競入，公私混亂，無復次第。侃乃區分防擬，皆以宗室間之。軍人爭入武庫，自取器甲，所司不能禁，侃命斬數人，方得止。及賊逼城，衆皆恟懼，侃僞稱得射書，云「邵陵王、西昌侯已至近路」。衆乃少安。賊攻東掖門，縱火甚盛，侃親自

距抗，以水沃火，火滅，引弓射殺數人，賊乃退。加侍中、軍師將軍。有詔送金五千兩，銀萬兩，絹萬匹，以賜戰士，侃辭不受。部曲千餘人，並私加賞賚。

賊爲尖頂木驢攻城，矢石所不能制，侃作雉尾炬，施鐵鏃，以油灌之，擲驢上焚之，俄盡。賊又東西兩面起土山，以臨城，城中震駭，侃命爲地道，潛引其土，山不能立。賊又作登城樓車，高十餘丈，欲臨射城內，侃曰：「車高塹虛，彼來必倒，可臥而觀之，不勞設備。」及車動果倒，衆皆服焉。賊既頻攻不捷，乃築長圍。朱异、張綰議欲出擊之，高祖以問侃，侃曰：「不可。賊多日攻城，既不能下，故立長圍，欲引城中降者耳。今擊之，出人若少，不足破賊，若多，則一旦失利，自相騰踐，門隘橋小，必大致挫衂，此乃示弱，非騁王威也。」不從，遂使千餘人出戰，未及交鋒，望風退走，果以爭橋赴水，死者太半。

初，侃長子鷟爲景所獲，執來城下示侃，侃謂曰：「我傾宗報主，猶恨不足，豈復計此一子，幸汝早能殺之。」數日復持來，侃謂鷟曰：「久以汝爲死，猶復在邪？吾以身許國，誓死行陣，終不以爾而生進退。」因引弓射之。賊感其忠義，亦不之害也。景遣儀同傅士哲呼侃與語曰：「侯王遠來問訊天子，何爲閉距，不時進納？尙書國家大臣，宜啓朝廷。」侃曰：「侯將軍奔亡之後，歸命國家，重鎭方城，懸相任寄，何所患苦，忽致稱兵？今驅烏合之卒，至王城之下，虜馬飮淮，矢集帝室，豈有人臣而至於此？吾荷國重恩，當稟承廟算，以掃大逆耳，不

中華書局

能妄受浮說，開門揖盜。幸謝侯王，早自爲所。」士哲又曰：「侯王事君盡節，不爲朝廷所知，正欲面啓至尊，以除姦佞。既居戎旅，故帶甲來朝，何謂作逆？」侃曰：「聖上臨四海將五十年，聰明叡哲，無幽不照，有何姦佞而得在朝？欲飾其非，寧無詭說。且侯王親舉白刃，以向城闕，事君盡節，正若是邪！」士哲無以應，乃曰：「在北之日，久挹風猷，每恨平生，未獲披敍，願去戎服，得一相見。」侃爲之免胄，士哲瞻望久之而去。其爲北人所欽慕如此。

後大雨，城內土山崩，賊乘之垂入，苦戰不能禁，侃乃令多擲火，爲火城以斷其路，徐於裏築城，賊不能進。十二月，遘疾卒于臺內，時年五十四。詔給東園祕器，布絹各五百匹，錢三百萬，贈侍中、護軍將軍，鼓吹一部。

侃少而雄勇，膂力絕人，所用弓至十餘石。嘗於兗州堯廟蹋壁，直上至五尋，橫行得七跡。泗橋有數石人，長八尺，大十圍，侃執以相擊，悉皆破碎。

侃性豪侈，善音律，自造採蓮、棹歌兩曲，甚有新致。姬妾侍列，窮極奢靡。有彈箏人陸太喜，著鹿角爪長七寸。儛人張淨琬，腰圍一尺六寸，時人咸推能掌中儛。又有孫荊玉，能反腰帖地，銜得席上玉簪。敕賚歌人王娥兒，東宮亦賚歌者屈偶之，並妙盡奇曲，一時無對。初赴衡州，於兩艖䑣起三間通梁水齋，飾以珠玉，加之錦繢，盛設帷屏，陳列女樂，乘潮解纜，臨波置酒，緣塘傍水，觀者填咽。大同中，魏使陽斐，與侃在北嘗同學，有詔令侃延斐

同宴。賓客三百餘人，器皆金玉雜寶，奏三部女樂，至夕，侍婢百餘人，俱執金花燭。侃不能飲酒，而好賓客交遊，終日獻酬，同其醉醒。性寬厚，有器局，嘗南還至漣口，置酒，有客張孺才者，醉於船中失火，延燒七十餘艘，所燔金帛不可勝數。侃聞之，都不挂意，命酒不輟。孺才慚懼，自逃匿，侃慰喻使還，待之如舊。第三子鵾。〔一二〕

鵾字子鵬。隨侃臺內，城陷，竄於陽平，侯景呼還，待之甚厚。及景敗，鵾密圖之，乃隨其東走。景於松江戰敗，惟餘三舸，下海欲向蒙山。會景倦晝寢，鵾語海師：「此中何處有蒙山！汝但聽我處分。」遂直向京口。至胡豆洲，景覺，大驚，問岸上人，云「郭元建猶在廣陵」，景大喜，將依之。鵾拔刀叱海師，使向京口。景欲透水，鵾抽刀斫之，景乃走入船中，以小刀抉船，鵾以矟入刺殺之。世祖以鵾爲持節、通直散騎常侍、都督青冀二州諸軍事、明威將軍、青州刺史，封昌國縣公，〔一三〕邑二千戶，賜錢五百萬，米五千石，布絹各一千匹，又領東陽太守。征陸納，加散騎常侍。平峽中，除西晉州刺史。破郭元建於東關，遷使持節、信武將軍、東晉州刺史。承聖三年，西魏圍江陵，鵾赴援不及，從王僧愔征蕭勃於嶺表。〔一四〕聞太尉僧辯敗，乃還，爲侯瑱所破，於豫章遇害，時年二十八。

羊鴉仁字孝穆，太山鉅平人也。少驍果有膽力，仕郡爲主簿。普通中，率兄弟自魏歸國，封廣晉縣侯。征伐青、齊間，累有功績，稍遷員外散騎常侍、歷陽太守。中大通四年，爲持節、都督譙州諸軍事、信威將軍、譙州刺史。大同七年，除太子左衞率，出爲持節、都督南北司豫楚四州諸軍事、輕車將軍、北司州刺史。侯景降，詔鴉仁督土州刺史桓和之、〔一五〕仁州刺史湛海珍等精兵三萬，趨懸瓠應接景，仍爲都督豫司淮冀殷應西豫等七州諸軍事、司豫二州刺史，鎮懸瓠。會侯景敗於渦陽，魏軍漸逼，鴉仁恐糧運不繼，遂還北司，上表陳謝，高祖大怒，責之，鴉仁懼，又頓軍於淮上。及侯景反，鴉仁率所部入援。太清二年，景既背盟，鴉仁乃與趙伯超及南康王會理共攻賊於東府城，反爲賊所敗。臺城陷，鴉仁見景，爲景所留，以爲五兵尚書。鴉仁常思奮發，謂所親曰：「吾以凡流，受寵朝廷，竟無報效，以答重恩。社稷傾危，身不能死，偷生苟免，以至于今。若以此終，沒有餘憤。」因遂泣下，見者傷焉。三年，出奔江西，〔一六〕其故部曲數百人迎之，將赴江陵，至東莞，爲故北徐州刺史荀伯道諸子所害。

史臣曰：高祖革命受終，光期寶運，威德所漸，莫不懷來，其皆殉難投身，前後相屬。元法僧之徒入國，並降恩遇，位重任隆，擊鍾鼎食，美矣。而羊侃、鴉仁值太清之難，並竭忠奉國。侃則臨危不撓，鴉仁守義殞命，可謂志等松筠，心均鐵石，古之殉節，斯其謂乎。

校勘記

〔一〕大通三年至平越中郎將廣州刺史　「大通」上疑脫「中」字。自普通中至中大通三年，爲平越中郎將、廣州刺史者乃景隆。至中大通三年，景隆自廣州刺史徵還爲侍中、安右將軍，景仲乃出爲廣州刺史。

〔二〕兄景隆後爲廣州刺史　「兄」上疑奪一「繼」字。景隆於太清初又爲廣州刺史，行至雷首，病死，景仲卽繼其兄後爲廣州刺史。

〔三〕元樹字君立　魏書咸陽王禧傳作「字秀和」。

〔四〕父僖咸陽王　「僖」，魏書獻文六王傳作「禧」。

〔五〕樹仕魏爲宗正卿屬尒朱榮亂以天監八年歸國　張森楷梁書校勘記：「案禧以反誅，諸子安得爲宗正卿？尒朱榮起兵在孝昌末、武泰初，於梁當大通元、二年，去天監八年近二十年。樹以天監八年降，安得云屬尒朱榮亂？此傳聞之誤。」

〔六〕願達仕魏爲中書令郢州刺史　「郢州」，各本誤作「司州」，據本書武帝紀改。

〔七〕普通中大軍北伐攻義陽願達舉州獻款　本書武帝紀：「魏郢州刺史元願達以義陽內附，置北司州。」事在大通二年四月。「普通」當作「大通」。

〔八〕又歷武陽宣城內史　武陽疑武陵之譌。沅州有武陵郡，梁爲王國。

〔九〕幷其兄默及三弟忱給元皆拜爲刺史　按：百衲本卷末有曾鞏校語：「『悅』南史作『忱』，未知孰是。」是宋代所見梁書「忱」本作「悅」。册府元龜二一五作「悅」。

〔一〇〕出頓日城　「日」字疑爲「呂」字之譌。

〔一一〕時少府奏新造兩刃矟成長二丈四尺　「二」字各本脫，據南史及册府元龜八四五補。

〔一二〕第三子鵾　「鵾」侯景傳作「鯤」，其字或從魚或從鳥。本傳云「字子鵬」，蓋取莊子逍遙遊「鯤化爲鵬」之意，當以作「鯤」爲是。然侃長子名鸞，則鵾字子鵬亦自可通。

〔一三〕封昌國縣公　「公」南史及册府元龜八四七作「侯」。

〔一四〕從王僧愔征蕭勃於嶺表　「勃」各本譌「敳」，據南史梁宗室傳改。

〔一五〕詔鵄仁督土州刺史桓和之　「土州」各本譌「士州」，據南史及隋書地理志改正。

〔一六〕出奔江西　「江西」各本譌「江陵」，據南史及册府元龜三七二改。

梁書卷四十

列傳第三十四

司馬褧　到溉　劉顯　劉之遴 弟之亨　許懋

司馬褧字元素，河內溫人也。曾祖純之，晉大司農高密敬王。祖讓之，員外常侍。父燮，善三禮，仕齊官至國子博士。

褧少傳家業，强力專精，手不釋卷，其禮文所涉書，略皆遍覩。沛國劉瓛爲儒者宗，嘉其學，深相賞好。少與樂安任昉善，昉亦推重焉。初爲國子生，起家奉朝請，稍遷王府行參軍。天監初，詔通儒治五禮，有司舉褧治嘉禮，除尚書祠部郎中。是時創定禮樂，褧所議多見施行。除步兵校尉，兼中書通事舍人。褧學尤精於事數，國家吉凶禮，當世名儒明山賓、賀瑒等疑不能斷，皆取決焉。

累遷正員郎、鎭南諮議參軍，兼舍人如故。遷尚書右丞。出爲仁威長史、長沙內史。

還除雲騎將軍，兼御史中丞，頃之卽眞。十六年，出爲宣毅南康王長史、行府國並石頭戍軍事。褧雖居外官，有敕預文德、武德二殿長名問訊，不限日。十七年，遷明威將軍、晉安王長史，未幾卒。王命記室庾肩吾集其文爲十卷，所撰嘉禮儀注一百一十二卷。〔一〕

到溉字茂灌，彭城武原人。曾祖彥之，宋驃騎將軍。祖仲度，驃騎江夏王從事中郎。父坦，齊中書郎。

溉少孤貧，與弟洽俱聰敏有才學，早爲任昉所知，由是聲名益廣。起家王國左常侍，轉後軍法曹行參軍，歷殿中郎。出爲建安內史，遷中書郎，兼吏部，太子中庶子。湘東王繹爲會稽太守，以溉爲輕車長史、行府郡事。高祖敕王曰：「到溉非直爲汝行事，足爲汝師，間有進止，每須詢訪。」遭母憂，居喪盡禮，朝廷嘉之。服闋，猶蔬食布衣者累載。除通直散騎常侍，御史中丞，太府卿，都官尚書，郢州長史、江夏太守，加招遠將軍，入爲左民尚書。

溉身長八尺，美風儀，善容止，所莅以淸白自脩。性又率儉，不好聲色，虛室單牀，傍無姬侍，自外車服，不事鮮華，冠履十年一易，朝服或至穿補，傳呼淸路，示有朝章而已。頃之，坐事左遷金紫光祿大夫，〔二〕俄授散騎常侍、侍中、國子祭酒。

溉素謹厚，特被高祖賞接，每與對棊，從夕達旦。溉第山池有奇石，高祖戲與賭之，并禮記一部，溉並輸焉，未進，高祖謂朱异曰：「卿謂到溉所輸可以送未？」溉斂板對曰：「臣既事君，安敢失禮。」高祖大笑，其見親愛如此。

後因疾失明，詔以金紫光祿大夫、散騎常侍，就第養疾。

溉家門雍睦，兄弟特相友愛。初與弟洽常共居一齋，洽卒後，便捨爲寺，因斷腥羶，終身蔬食，別營小室，朝夕從僧徒禮誦。高祖每月三置淨饌，恩禮甚篤。蔣山有延賢寺者，溉家世創立，故生平公俸，咸以供焉，略無所取。性又不好交游，惟與朱异、劉之遴、張綰同志友密。及臥疾家園，門可羅雀，三君每歲時常鳴騶枉道，以相存問，置酒敘生平，極歡而去。臨終，託張、劉勒子孫以薄葬之禮，卒時年七十二。詔贈本官。有集二十卷行於世。時以溉、洽兄弟比之二陸，故世祖贈詩曰：「魏世重雙丁，晉朝稱二陸，何如今兩到，復似凌寒竹。」

子鏡，字圓照，安西湘東王法曹行參軍，太子舍人，早卒。鏡子藎，早聰慧，起家著作佐郎，歷太子舍人，宣城王主簿，太子洗馬，尚書殿中郎。嘗從高祖幸京口，登北顧樓賦詩，藎受詔便就，上覽以示溉曰：「藎定是才子，翻恐卿從來文章假手於藎。」因賜溉連珠曰：「研磨墨以騰文，筆飛毫以書信。如飛蛾之赴火，豈焚身之可吝。

必耄年其已及，可假之於少藎。」其見知賞如此。除丹陽尹丞。太清亂，赴江陵卒。

劉顯字嗣芳，沛國相人也。父鬷，晉安內史。

顯幼而聰敏，當世號曰神童。天監初，舉秀才，解褐中軍臨川王行參軍，俄署法曹。顯好學，博涉多通，任昉嘗得一篇缺簡書，文字零落，歷示諸人，莫能識者，顯云是古文尚書所刪逸篇，昉檢周書，果如其說，昉因大相賞異。丁母憂，服闋，尚書令沈約命駕造焉，於坐策顯經史十事，顯對其九。約曰：「老夫昏忘，不可受策；雖然，聊試數事，不可至十也。」顯問其五，約對其二。陸倕聞之歎曰：「劉郎可謂差人，雖吾家平原詣張壯武，王粲謁伯喈，必無此對。」其爲名流推賞如此。及約爲太子少傅，乃引爲五官掾，俄兼廷尉正。五兵尚書傅昭掌著作，撰國史，引顯爲佐。九年，始革尚書五都選，顯以本官兼吏部郎，又除司空臨川王外兵參軍，還尚書儀曹郎。嘗爲上朝詩，沈約見而美之，時約郊居宅新成，因命工書人題之於壁。出爲臨川王記室參軍。建康平，復入爲尚書儀曹侍郎，兼中書通事舍人。出爲秣陵令，又除驃騎鄱陽王記室，兼中書舍人，累遷步兵校尉、中書侍郎，舍人如故。顯博聞强記，過於裴、顧，時魏人獻古器，有隱起字，無能識者，顯案文讀之，無有滯礙，考校年月，一字不差，高祖甚嘉焉。

還尚書左丞，除國子博士。出爲宣遠岳陽王長史，行府國事，未拜，遷雲麾邵陵王長史、尋陽太守。大同九年，王遷鎮郢州，除平西諮議參軍，加戎昭將軍。其年卒，時年六十三。友人劉之遴啓皇太子曰：「之遴嘗聞，夷、叔、柳惠，不逢仲尼一言，則西山餓夫，東國黜士，名豈施於後世。信哉！生有七尺之形，終爲一棺之土。不朽之事，寄之題目，懷珠抱玉，有殁世而名不稱者，可爲長太息，孰過於斯。竊痛友人沛國劉顯，韞櫝藝文，研精覃奧，聰明特達，出類拔羣。闔棺郢都，歸魂上國，卜宅有日，須鐫墓板。[三]之遴已略撰其事行，今輒上呈。伏願鴻慈，降茲睿藻，榮其枯骴，以慰幽魂。冒昧塵聞，戰慄無地。」乃蒙令爲誌銘曰：「繁弱挺質，空桑吐聲，分器見重，播樂傳名。誰其均之？美有髦士。禮著幼年，業明壯齒。厭飫典墳，研精名理。一見弗忘，過目則記。若訪賈逵，如問伯始。穎脫斯出，學優而仕。議獄既佐，芸蘭乃握。摶鳳池水，推羊太學。內參禁中，外相藩岳。斜光已道，殞彼西浮；百川到海，還逐東流。營營返魄，汎汎虛舟。白馬向郊，丹旐背鞏。野埃興伏，山雲輕重。呂掩書墳，揚歸玄冢。爾其戒行，途窮土壟。弱葛方施，叢柯日拱。墜柳蔫春，禽寒斂翮。長空常暗，陰泉獨湧。祔彼故塋，流芬相踵。」

顯有三子：莠，荏，臻。臻早著名。

劉之遴字思貞，南陽涅陽人也。父虯，齊國子博士，謚文範先生。

之遴八歲能屬文，十五舉茂才對策，沈約、任昉見而異之。起家寧朔主簿。吏部尚書王瞻嘗候任昉，值之遴在坐，昉謂瞻曰：「此南陽劉之遴，學優未仕，水鏡所宜甄擢。」瞻即辟爲太學博士。時張稷新除尚書僕射，託昉爲讓表，昉令之遴代作，操筆立成。昉曰：「荊南秀氣，果有異才，後仕必當過僕。」御史中丞樂藹，即之遴舅，憲臺奏彈，皆之遴草焉。遷平南行參軍，尚書起部郎，延陵令，荊州治中。太宗臨荊州，仍遷宣惠記室。之遴篤學明審，博覽羣籍。時劉顯、韋稜並强記，之遴每與討論，咸不能過也。

還除通直散騎侍郎，兼中書通事舍人。遷正員郎，尚書右丞，荊州大中正。累遷中書侍郎，鴻臚卿，復兼中書舍人。出爲征西鄱陽王長史、南郡太守，高祖謂曰：「卿母年德並高，故令卿衣錦還鄉，盡榮養之理。」後轉爲西中郎湘東王長史，太守如故。初，之遴在荊府，嘗寄居南郡廨，忽夢前太守袁彖謂曰：「卿後當爲折臂太守，即居此中。」之遴後果損臂，遂臨此郡。丁母憂，服闋，徵祕書監，領步兵校尉。出爲郢州行事，之遴意不願出，固辭，高祖手敕曰：「朕聞妻子具，孝衰於親；爵祿具，忠衰於君。卿既內足，理忘奉公之節。」遂爲有司所奏免。久之，爲太府卿，都官尚書，太常卿。

之遴好古愛奇，在荆州聚古器數十百種。有一器似甌，可容一斛，上有金錯字，時人無能知者。又獻古器四種於東宮。其第一種，鏤銅鴟夷榼二枚，兩耳有銀鏤，銘云「建平二年造」。其第二種，金銀錯鏤古樽二枚，有篆銘云「秦容成侯適楚之歲造」。其第三種，外國澡灌一口，銘云「元封二年，龜茲國獻」。其第四種，古製澡盤一枚，銘云「初平二年造」。

時鄱陽嗣王範得班固所上漢書眞本，獻之東宮，皇太子令之遴與張纘、到溉、陸襄等參校異同。之遴具異狀十事，其大略曰：「案古本漢書稱『永平十六年五月二十一日己酉，郎班固上』，而今本無上書年月日字。又案古本敍傳號爲中篇，今本稱爲敍傳。又今本敍傳載班彪事行，而古本云『稚生彪，自有傳』。又今本紀及表、志、列傳不相合爲次，而古本相合爲次，總成三十八卷。又今本外戚在西域後，古本外戚次帝紀下。又今本高五子、文三王、景十三王、武五子、宣元六王雜在諸傳秩中，古本諸王悉次外戚下，在陳項傳前。又今本韓彭英盧吳述云『信惟餓隸，布實黥徒，越亦狗盜，芮尹江湖，雲起龍驤，化爲侯王』，古本述云『淮陰毅毅，杖劍周章，邦之傑子，實惟彭、英，化爲侯王，雲起龍驤』。又古本第三十七卷，解音釋義，以助雅詁，而今本無此卷。」

之遴好屬文，多學古體，與河東裴子野、沛國劉顯常共討論書籍，因爲交好。是時周易、尚書、禮記、毛詩並有高祖義疏，惟左氏傳尚闕，之遴乃著春秋大意十科，左氏十科，三傳同異十科，合三十事以上之。高祖大悅，詔答之曰：「省所撰春秋義，比事論書，辭微旨遠。編年之教，言闡義繁，丘明傳洙泗之風，公羊稟西河之學，鐸椒之解不追，瑕丘之說無取。繼踵胡母，仲舒云盛，因循穀梁，〔四〕千秋最篤。張蒼之傳左氏，賈誼之襲荀卿，源本分鑣，指歸殊致，詳略紛然，其來舊矣。昔在弱年，乃經研味，一從遺置，迄將五紀。兼晚冬晷促，機事罕暇，夜分求衣，未遑搜括。須待夏景，試取推尋，若溫故可求，別酬所問也。」

太清二年，侯景亂，之遴避難還鄉，未至，卒於夏口，時年七十二。前後文集五十卷，行於世。

之亨字嘉會，之遴弟也。少有令名。舉秀才，拜太學博士，稍遷兼中書通事舍人，步兵校尉，司農卿。又代兄之遴爲安西湘東王長史、南郡太守。在郡有異績。數年卒於官，時年五十。荆土至今懷之，不忍斥其名，號爲「大南郡」、「小南郡」云。

許懋字昭哲，高陽新城人，魏鎮北將軍允九世孫。祖珪，宋給事中，著作郎，桂陽太守。父勇慧，齊太子家令，冗從僕射。

懋少孤，性至孝，居父憂，執喪過禮。篤志好學，爲州黨所稱。十四入太學，受毛詩，且領師說，晚而覆講，座下聽者常數十百人，因撰風雅比興義十五卷，盛行於世。尤曉故事，稱爲儀注之學。

起家後軍豫章王行參軍，轉法曹，舉茂才，〔五〕遷驃騎大將軍儀同中記室。文惠太子聞而召之，侍講于崇明殿，除太子步兵校尉。永元中，轉散騎侍郎，兼國子博士。與司馬褧同志友善，僕射江祏甚推重之，號爲「經史笥」。天監初，吏部尚書范雲舉懋參詳五禮，除征西鄱陽王諮議，兼著作郎，待詔文德省。時有請封會稽禪國山者，高祖雅好禮，因集儒學之士，草封禪儀，將欲行焉。懋以爲不可，因建議曰：

臣案舜幸岱宗，是爲巡狩，而鄭引孝經鉤命決云「封于泰山，考績柴燎，禪乎梁甫，刻石紀號」。此緯書之曲說，非正經之通義也。依白虎通云，「封者，言附廣也；禪者，言成功相傳也」。若以禪授爲義，則禹不應傳啓至桀十七世也，湯又不應傳外丙至紂三十七世也。又禮記云：「三皇禪奕奕，謂盛德也。五帝禪亭亭，特立獨起於身也。三王禪梁甫，連延不絕，父沒子繼也。」〔六〕若謂「禪奕奕爲盛德者，古義以伏羲、神農、黃帝，是

爲三皇。伏羲封泰山，禪云云，黃帝封泰山，禪亭亭，皆不禪奕奕，而云盛德，則無所寄矣。若謂五帝禪亭亭，特立獨起於身者，顓頊封泰山，禪云云，帝嚳封泰山，禪云云，堯封泰山，禪云云，舜封泰山，禪云云，亦不禪亭亭，若合黃帝以爲五帝者，少昊卽黃帝子，又非獨立之義矣。若謂三王禪梁甫，連延不絕，父沒子繼者，禹封泰山，禪云云，周成王封泰山，禪社首，舊書如此，異乎禮說，皆道聽所得，失其本文。假使三王皆封泰山禪梁甫者，是爲封泰山則有傳世之義，禪梁甫則有揖讓之懷，或欲禪位，或欲傳子，義既矛盾，理必不然。

又七十二君，夷吾所記，此中世數，裁可得二十餘主：伏羲、神農、女媧、大庭、栢皇、中央、栗陸、驪連、赫胥、尊盧、混沌、昊英、有巢、朱襄、葛天、陰康、無懷、黃帝、少昊、顓頊、高辛、堯、舜、禹、湯、文、武，中間乃有共工，霸有九州，非帝之數，云何得有七十二君封禪之事？且燧人以前至周之世，〔七〕未有君臣，人心淳朴，不應金泥玉檢，升中刻石。燧人、伏羲、神農三皇結繩而治，書契未作，未應有鐫文告成。且無懷氏，伏羲後第十六主，云何得在伏羲前封泰山禪云云？

夷吾又曰「惟受命之君然後得封禪。」周成王非受命君，云何而得封泰山禪社首？神農與炎帝是一主，而云神農封泰山禪云云，炎帝封泰山禪云云，分爲二人，妄亦甚

矣。若是聖主，不須封禪；若是凡主，不應封禪。當是齊桓欲行此事，管仲知其不可，故舉怪物以屈之也。

秦始皇登泰山，中坂，風雨暴至，休松樹下，封爲五大夫，而事不遂。漢武帝宗信方士，廣召儒生，皮弁搢紳，射牛行事，獨與霍嬗俱上，旣而子侯暴卒，厥足用傷。至魏明使高堂隆撰其禮儀，聞隆沒，歎息曰：「天不欲成吾事，高生捨我亡也。」晉武泰始中欲封禪，乃至太康議猶不定，竟不果行。孫皓遣兼司空董朝、兼太常周處至陽羨封禪國山。此朝君子，有何功德？不思古道而欲封禪，皆是主好名於上，臣阿旨於下也。

夫封禪者，不出正經，惟左傳說「禹會諸侯於塗山，執玉帛者萬國」，亦不謂爲封禪。鄭玄有參、柴之風，不能推尋正經，專信緯候之書，斯爲謬矣。蓋禮云「因天事天，因地事地，因名山升中于天，因吉土享帝于郊」。燔柴岱宗，卽因山之謂矣。故曲禮云「天子祭天地」是也。又祈穀一，報穀一，禮乃不顯祈報地，推文則有。樂記云：「大樂與天地同和，大禮與天地同節；和故百物不失，節故祀天祭地。」百物不失者，天生之，地養之，故知地亦有祈報，是則一年三郊天，三祭地。周官有員丘方澤者，總爲三事，郊祭天地，故小宗伯云「兆五帝於四郊」，此卽月令迎氣之郊也。舜典有「歲二月東巡狩，至于岱宗」，夏南，秋西，冬北，五年一周，若爲封禪，何其數也！此爲九郊，亦皆正

義。至如大旅於南郊者，非常祭也。大宗伯「國有大故則旅上帝」，月令云「仲春玄鳥至，祀于高禖」，亦非常祭。故詩云「克禋克祀，以弗無子」。幷有雩禱，亦非常祭。禮云「雩，禜水旱也」。是爲合郊天地有三，特郊天有九，非常祀又有三。孝經云：「宗祀文王於明堂，以配上帝。」雩祭與明堂雖是祭天，而不在郊，是爲天祀有十六，地祭有三，惟大禘祀不在此數。大傳云：「王者禘其祖之所自出，以其祖配之。」異於常祭，以故云大於時祭。案繫辭云：「易之爲書也，廣大悉備。有天道焉，有地道焉，有人道焉，兼三才而兩之，故六。六者非佗，三才之道也。」乾象云：「大哉乾元，萬物資始，乃統天。雲行雨施，品物流形，大明終始，六位時成。」此則應六年一祭，坤元亦爾。誠敬之道，盡此而備。至於封禪，非所敢聞。

高祖嘉納之，因推演懋議，稱制旨以答，請者由是遂停。

十年，轉太子家令。宋、齊舊儀，郊天祀帝皆用衮冕，至天監七年，懋始請造大裘。至是，有事於明堂，儀注猶云「服衮冕」。懋駁云：「禮云『大裘而冕，祀昊天上帝亦如之。』良由天神尊遠，須貴誠質。今泛祭五帝，理不容文。」改服大裘，自此始也。又降敕問：「凡求陰陽，應各從其類，今雩祭燔柴，以火祈水，意以爲疑。」懋答曰：「雩祭燔柴，經無其文，良由先儒不思故也。按周宣雲漢之詩曰：『上下奠瘞，靡神不宗。』毛注云：『上祭天，下祭地，奠其幣，瘞其物。』以此而言，爲旱而祭天地，並有瘞埋之文，不見有燔柴之說。若以祭五帝必應燔柴者，今明堂之禮，又無其事。且禮又云『埋少牢以祭時』，時之功是五帝，此又是不用柴之證矣。昔雩壇在南方正陽位，有乖求神；而已移於東，實柴之禮猶未革。請停用柴，其牲牢等物，悉從坎瘞，以符周宣雲漢之說。」詔並從之。凡諸禮儀，多所刊正。

以足疾出爲始平太守，政有能名。加散騎常侍，轉天門太守。中大通三年，皇太子召諸儒參錄長春義記。四年，拜中庶子。是歲，卒，時年六十九。撰述行記四卷，有集十五卷。

陳吏部尚書姚察曰：司馬褧儒術博通，到溉文義優敏，顯、懋、之遴强學浹洽，並職經便繁，應對左右，斯蓋嚴、朱之任焉。而溉、之遴遂至顯貴，亟拾青紫；然非遇時，焉能致此仕也。

校勘記

〔一〕所撰嘉禮儀注一百一十二卷　「二」當依本書徐勉傳作「六」。

〔二〕坐事左遷金紫光祿大夫　錢大昕廿二史考異：「金紫光祿大夫似非左遷之官。」按南史作「左遷光祿大夫」。

〔三〕閶棺郢都歸魂上國卜宅有日須鐫墓板　「上國卜宅」四字，各本脫，據册府元龜七九二及通志補。

〔四〕因循穀梁　「循」各本作「脩」，據南史改。

〔五〕轉法曹舉茂才　「舉」字各本脫，據南史補。

〔六〕又禮記云至父沒子繼也　錢大昕廿二史考異：「按禮記無此段文字。禮記當作禮說。禮說者，禮緯也。下文云異乎禮說，可證記爲說之譌矣。」

〔七〕且燧人以前至周之世　「至周」含義不明，疑爲「玄同」之形譌。「玄同」一詞見老子。

梁書

唐 姚思廉 撰

第三冊

卷四一至卷五六(傳)

中華書局

中華書局

梁書卷四十一

列傳第三十五

王規 劉𣪗 宗懍 王承 褚翔 蕭介 從父兄洽 褚球 劉孺 弟覽 遵 劉潛 弟孝勝 孝威 孝先 殷芸 蕭幾

王規字威明，琅邪臨沂人。祖儉，齊太尉南昌文憲公。父騫，金紫光祿大夫南昌安侯。規八歲，以丁所生母憂，居喪有至性，太尉徐孝嗣每見必爲之流涕，稱曰孝童。叔父暕亦深器重之，常曰：「此兒吾家千里駒也。」年十二，五經大義，並略能通。旣長，好學有口辯。州舉秀才，郡迎主簿。

起家祕書郎，累遷太子舍人，安右南康王主簿，太子洗馬。天監十二年，改構太極殿，功畢，規獻新殿賦，其辭甚工。拜祕書丞。歷太子中舍人，司徒左西屬，從事中郎。晉安王綱出爲南徐州，高選僚屬，引爲雲麾諮議參軍。久之，出爲新安太守，父憂去職。服闋，襲

封南昌縣侯，除中書黃門侍郎。敕與陳郡殷鈞、琅邪王錫、范陽張緬同侍東宮，〔一〕俱爲昭明太子所禮。湘東王時爲京尹，與朝士宴集，屬規爲酒令。規從容對曰：「自江左以來，未有茲舉。」特進蕭琛、金紫傅昭在坐，並謂爲知言。普通初，陳慶之北伐，剋復洛陽，百僚稱賀，規退曰：「道家有云，非爲功難，成功難也。羯寇遊魂，爲日已久，桓溫得而復失，宋武竟無成功。我孤軍無援，深入寇境，威勢不接，餽運難繼，將是役也，爲禍階矣。」俄而王師覆沒，其識達事機多如此類。

六年，高祖於文德殿餞廣州刺史元景隆，詔羣臣賦詩，同用五十韻，規援筆立奏，其文又美。高祖嘉焉，卽日詔爲侍中。大通三年，遷五兵尚書，俄領步兵校尉。中大通二年，出爲貞威將軍驃騎晉安王長史。其年，王立爲皇太子，仍爲吳郡太守。主書芮珍宗家在吳，前守宰皆傾意附之，是時珍宗假還，規遇之甚薄，珍宗還都，密奏規云「不理郡事」。俄徵爲左民尚書，郡吏民千餘人詣闕請留，表三奏，上不許。尋以本官領右軍將軍，未拜，復爲散騎常侍、太子中庶子，領步兵校尉。規辭疾不拜，於鍾山宋熙寺築室居焉。〔二〕大同二年，卒，時年四十五。詔贈散騎常侍、光祿大夫，賻錢二十萬，布百匹。謚曰章。皇太子出臨哭，與湘東王繹令曰：「威明昨宵奄復殂化，甚可痛傷。其風韻遒正，神峰標映，千里絕迹，百尺無枝。文辯縱橫，才學優贍，跌宕之情彌遠，濠梁之氣特多，斯實俊民也。一爾過隙，

永歸長夜，金刀掩芒，長淮絕涸。去歲冬中，已傷劉子，今茲寒孟，復悼王生，俱往之傷，信非虛說。」規集後漢衆家異同，注續漢書二百卷，文集二十卷。

子褒，字子淵。〔三〕七歲能屬文。外祖司空袁昂愛之，謂賓客曰：「此兒當成吾宅相。」弱冠，舉秀才，除祕書郎，太子舍人，以父憂去職。服闋，襲封南昌侯，除武昌王文學，太子洗馬，兼東宮管記，遷司徒屬，祕書丞，出爲安成內史。太清中，侯景陷京城，江州刺史當陽公大心舉州附賊，賊轉寇南中，褒猶據郡拒守。大寶二年，世祖命徵褒赴江陵，既至，以爲忠武將軍、南平內史，俄遷吏部尚書、侍中。承聖二年，遷尚書右僕射，仍參掌選事，又加侍中。其年，遷左僕射，參掌如故。三年，江陵陷，入于周。

褒著幼訓，以誡諸子。其一章云：

陶士衡曰：「昔大禹不吝尺璧而重寸陰。」文士何不誦書，武士何不馬射。若乃玄冬脩夜，朱明永日，肅其居處，崇其牆仞，門無糅雜，坐闕號呶，以之求學，則仲尼之門人也，以之爲文，則賈生之升堂也。古者盤盂有銘，几杖有誡，進退循焉，俯仰觀焉。文王之詩曰：「靡不有初，鮮克有終。」立身行道，終始若一。「造次必於是」，君子之言歟。

儒家則尊卑等差，吉凶降殺。君南面而臣北面，天地之義也。鼎俎奇而籩豆偶，

陰陽之義也。道家則墮支體，黜聰明，棄義絕仁，離形去智。釋氏之義，見苦斷習，證滅循道，明因辨果，偶凡成聖，斯雖爲教等差，而義歸汲引。吾始乎幼學，及于知命，既崇周、孔之教，兼循老、釋之談，江左以來，斯業不墜，汝能脩之，吾之志也。

初，有沛國劉瑴、南陽宗懍與褒俱爲中興佐命，同參帷幄。

劉瑴字仲寶，晉丹陽尹眞長七世孫也。少方正有器局。自國子禮生射策高第，爲寧海令，稍遷湘東王記室參軍，又轉中記室。太清中，侯景亂，世祖承制上流，書檄多委瑴焉，瑴亦竭力盡忠，甚蒙賞遇。歷尚書左丞，御史中丞。承聖二年，遷吏部尚書、國子祭酒，餘如故。

宗懍字元懍。八世祖承，晉宜都郡守，屬永嘉東徙，子孫因居江陵焉。懍少聰敏好學，晝夜不倦，鄉里號爲「童子學士」。普通中，爲湘東王府兼記室，轉刑獄，仍掌書記。歷臨汝、建成、廣晉等令，後又爲世祖荆州別駕。及世祖卽位，以爲尚書郎，封信安縣侯，邑一千戶。累遷吏部郎中，五兵尚書，吏部尚書。承聖三年，江陵沒，與瑴俱入于周。

王承字安期，僕射暕子。七歲通周易，選補國子生。年十五，射策高第，除祕書郎。歷太子舍人，南康王文學，邵陵王友，太子中舍人，以父憂去職。服闋，復爲中舍人，累遷中書黃門侍郎，兼國子博士。時膏腴貴遊，咸以文學相尚，罕以經術爲業，惟承獨好之，發言吐論，造次儒者。在學訓諸生，述禮、易義。中大通五年，遷長兼侍中，俄轉國子祭酒。承祖儉及父暕嘗爲此職，三世爲國師，前代未之有也，當世以爲榮。久之，出爲戎昭將軍、東陽太守。爲政寬惠，吏民悅之。視事未期，卒於郡，時年四十一。謚曰章子。

承性簡貴有風格。時右衞朱异當朝用事，每休下，車馬常塡門。時有魏郡申英好危言高論，以忤權右，常指异門曰：「此中輻輳，皆以利往，能不至者，惟有大小王東陽。」小東陽，卽承弟穉也。當時惟承兄弟及褚翔不至异門，時以此稱之。

褚翔字世舉，河南陽翟人。曾祖淵，齊太宰文簡公，佐命齊室。祖蓁，太常穆子。父向，字景政，年數歲，父母相繼亡沒，向哀毁若成人者，親表咸異之。既長，淹雅有器量，高祖踐阼，選補國子生。起家祕書郎，遷太子舍人，尚書殿中郎。出爲安成內史。還除太子

洗馬，中舍人，累遷太尉從事中郎，黃門侍郎，鎭右豫章王長史。頃之，入爲長兼侍中。向風儀端麗，眉目如點，每公庭就列，爲衆所瞻望焉。大通四年，出爲寧遠將軍北中郎廬陵王長史，三年，卒官。〔四〕外兄謝舉爲製墓銘，其略曰：「弘治推華，子嵩慚量，酒歸月下，風清琴上。」論者以爲擬得其人。

翔初爲國子生，舉高第。丁父憂，服闋，除祕書郎，累遷太子舍人，宣城王主簿。中大通五年，高祖宴羣臣樂遊苑，別詔翔與王訓爲二十韻詩，限三刻成。翔於坐立奏，高祖異焉，卽日轉宣城王文學，俄遷爲友。時宣城友、文學加它王二等，故以翔超爲之，時論美焉。出爲義興太守，翔在政潔己，省繁苛，去浮費，百姓安之。郡之西亭有古樹，積年枯死，翔至郡，忽更生枝葉，百姓咸以爲善政所感。及秩滿，吏民詣闕請之，敕許焉。尋徵爲吏部郎，去郡，百姓無老少追送出境，涕泣拜辭。

翔居小選公清，不爲請屬易意，號爲平允。俄遷侍中，頃之轉散騎常侍，領羽林監，侍東宮。出爲晉陵太守，在郡未期，以公事免。俄復爲散騎常侍，侍東宮。太清二年，還守吏部尚書。其年冬，侯景圍宮城，翔於圍內丁母憂，以毁卒，時年四十四。詔贈本官。

翔少有孝性。爲侍中時，母疾篤，請沙門祈禱，中夜忽見戶外有異光，又聞空中彈指，及曉疾遂愈，咸以翔精誠所致焉。

中華書局

蕭介字茂鏡，蘭陵人也。祖思話，宋開府儀同三司、尚書僕射。父惠蒨，齊左民尚書。

介少穎悟，有器識，博涉經史，兼善屬文。齊永元末，釋褐著作佐郎。天監六年，除太子舍人。八年，遷尚書金部郎。十二年，轉主客郎。出爲吳令，甚著聲績。湘東王聞介名，思共遊處，表請之。普通三年，乃以介爲湘東王諮議參軍。大通二年，除給事黃門侍郎。大同二年，武陵王爲揚州刺史，以介爲府長史，在職清白，爲朝廷所稱。高祖謂何敬容曰：「蕭介甚貧，可處以一郡。」敬容未對，高祖曰：「始興郡頃無良守，嶺上民頗不安，可以介爲之。」由是出爲始興太守。介至任，宣布威德，境內肅清。七年，徵爲少府卿，尋加散騎常侍。會侍中闕，選司舉王筠等四人，並不稱旨，高祖曰：「我門中久無此職，宜用蕭介爲之。」介博物强識，應對左右，多所匡正，高祖甚重之。遷都官尚書，每軍國大事，必先詢訪於介焉，高祖謂朱异曰：「端右之材也。」中大同二年，辭疾致事，高祖優詔不許，終不肯起，乃遣謁者僕射魏祥就拜光祿大夫。

太清中，侯景於渦陽敗走，入壽陽，高祖敕防主韋黯納之，〔五〕介聞而上表諫曰：

臣抱患私門，竊聞侯景以渦陽敗績，隻馬歸命，陛下不悔前禍，復敕容納。臣聞凶

人之性不移，天下之惡一也。昔呂布殺丁原以事董卓，終誅董而爲賊；劉牢反王恭以歸晉，還背晉以構妖。何者？狼子野心，終無馴狎之性；養虎之喻，必見飢噬之禍。侯景獸心之種，鳴鏑之類。以凶狡之才，荷高歡翼長之遇，位忝台司，任居方伯，然而高歡墳土未乾，卽還反噬。逆力不逮，乃復逃死關西；宇文不容，故復投身於我。陛下前者所以不逆細流，正欲以屬國降胡以討匈奴，〔六〕冀獲一戰之效耳。今既亡師失地，直是境上之匹夫，陛下愛匹夫而棄與國之好，臣竊不取也。

若國家猶待其更鳴之晨，歲暮之效，臣竊惟侯景必非歲暮之臣；棄鄉國如脫屣，背君親如遺芥，豈知遠慕聖德，爲江淮之純臣！事跡顯然，無可致惑。一隅尚其如此，觸類何可具陳。

臣朽老疾侵，不應輒干朝政；但楚囊將死，有城郢之忠，衞魚臨亡，亦有屍諫之節。臣忝爲宗室遺老，敢忘劉向之心。伏願天慈，少思危苦之語。

高祖省表歎息，卒不能用。

介性高簡，少交遊，惟與族兄琛、從兄眎素及洽、從弟淑等文酒賞會，時人以比謝氏烏衣之遊。初，高祖招延後進二十餘人，置酒賦詩，臧盾以詩不成，罰酒一斗，盾飲盡，顏色不變，言笑自若；介染翰便成，文無加點，高祖兩美之曰：「臧盾之飲，蕭介之文，卽席之美也。」

年七十三，卒於家。

第三子允，初以兼散騎常侍聘魏，還爲太子中庶子，後至光祿大夫。

洽字宏稱，介從父兄也。父惠基，齊吏部尚書，有重名前世。

洽幼敏寤，年七歲，誦楚辭略上口。及長，好學博涉，亦善屬文。齊永明中，爲國子生，舉明經，起家著作佐郎，遷西中郎外兵參軍。天監初，爲前軍鄱陽王主簿、尚書□部郎，遷太子中舍人。出爲南徐州治中，既近畿重鎮，史數千人，〔七〕前後居之者皆致巨富，洽爲之，清身率職，饋遺一無所受，妻子不免飢寒。還除司空從事中郎，爲建安內史，坐事免。久之，起爲護軍長史，北中郎諮議參軍，遷太府卿，司徒臨川王司馬。普通初，拜員外散騎常侍，兼御史中丞，以公事免。頃之，爲通直散騎常侍。洽少有才思，高祖令製同泰、大愛敬二寺刹下銘，其文甚美。二年，遷散騎常侍。出爲招遠將軍、臨海太守，爲政清平，不尚威猛，民俗便之。還拜司徒左長史，又敕撰當塗堰碑，辭亦贍麗。六年，卒官，時年五十五。有詔出舉哀，賻錢二萬，布五十匹。集二十卷，行於世。

褚球字仲寶，河南陽翟人。高祖叔度，宋征虜將軍、雍州刺史；祖曖，太宰外兵參軍；父績，太子舍人；並尚宋公主。

球少孤貧，篤志好學，有才思。宋建平王景素，元徽中誅滅，惟有一女得存，其故吏何昌寓、王思遠聞球清立，以此女妻之，因爲之延譽。仕齊起家征虜行參軍，俄署法曹，還右軍曲江公主簿。出爲溧陽令，在縣清白，資公俸而已。除平西主簿。

天監初，遷太子洗馬，散騎侍郎，兼中書通事舍人。出爲建康令，母憂去職，以本官起之，固辭不拜。服闋，除北中郎諮議參軍，俄遷中書郎，復兼中書通事舍人。除雲騎將軍，累兼廷尉，光祿卿，舍人如故。遷御史中丞。球性公强，無所屈撓，在憲司甚稱職。普通四年，出爲北中郎長史、南蘭陵太守。入爲通直散騎常侍，領羽林監。七年，遷太府卿，頃之，還都官尚書。中大同中，出爲仁威臨川王長史、江夏太守，以疾不赴職。改授光祿大夫，未拜，復爲太府卿，領步兵校尉。俄還通直散騎常侍，祕書監，領著作。遷司徒左長史，常侍、著作如故。自魏孫禮、晉荀組以後，台佐加貂，始自球也。〔八〕尋出爲貞威將軍輕車河東王長史、南蘭陵太守。入爲散騎常侍，領步兵。尋表致仕，詔不許。俄復拜光祿大夫，加給事中，卒官，時年七十。

劉孺字孝稚，彭城安上里人也。祖勔，宋司空忠昭公。父悛，齊太常敬子。孺幼聰敏，七歲能屬文。年十四，居父喪，毀瘠骨立，宗黨咸異之。服闋，叔父瑱爲義興郡，攜以之官，常置坐側，謂賓客曰：「此兒吾家之明珠也。」既長，美風采，性通和，雖家人不見其喜慍。本州召迎主簿。

起家中軍法曹行參軍，時鎮軍沈約聞其名，引爲主簿，常與遊宴賦詩，大爲約所嗟賞。累遷太子舍人，中軍臨川王主簿，太子洗馬，尚書殿中郎。出爲太末令，在縣有清績。還除晉安王友，轉太子中舍人。

孺少好文章，性又敏速，嘗於御坐爲李賦，受詔便成，文不加點，高祖甚稱賞之。後侍宴壽光殿，詔羣臣賦詩，時孺與張率並醉，未及成，高祖取孺手板題戲之曰：「張率東南美，劉孺雒陽才，攬筆便應就，何事久遲回？」其見親愛如此。

轉中書郎，兼中書通事舍人。頃之遷太子家令，餘如故。出爲宣惠晉安王長史，領丹陽尹丞，遷太子中庶子，尚書吏部郎。出爲輕車湘東王長史，領會稽郡丞，公事免。頃之，起爲王府記室，散騎侍郎，兼光祿卿。累遷少府卿，司徒左長史，御史中丞，號爲稱職。大通二年，遷散騎常侍。三年，遷左民尚書，領步兵校尉。中大通四年，出爲仁威臨川王長

史、江夏太守，加貞威將軍。五年，爲寧遠將軍、司徒左長史，未拜，改爲都官尚書，領右軍將軍。大同五年，守吏部尚書。其年，出爲明威將軍、晉陵太守。在郡和理，爲吏民所稱。七年，入爲侍中，領右軍。其年，復爲吏部尚書，以母憂去職。居喪未期，以毀卒，時年五十九。謚曰孝子。

孺少與從兄苞、孝綽齊名，苞早卒，孝綽數坐免黜，位並不高，惟孺貴顯。有文集二十卷。

子偈，著作郎，早卒。孺二弟：覽，遵。

覽字孝智。十六通老、易。歷官中書郎，以所生母憂，廬于墓，再期，口不嘗鹽酪，冬止著單布。家人患其不勝喪，中夜竊置炭於牀下，覽因煖氣得睡，既覺知之，號慟歐血。高祖聞其有至性，數省視之。服闋，除尚書左丞。性聰敏，尚書令史七百人，一見並記名姓。當官清正，無所私。姊夫御史中丞褚湮，從兄吏部郎孝綽，在職頗通贓貨，覽劾奏，並免官。孝綽怨之，嘗謂人曰：「犬齧行路，覽噬家人。」出爲始興內史，治郡尤勵清節。還復爲左丞，卒官。

遵字孝陵。少清雅，有學行，工屬文。起家著作郎，太子舍人，累遷晉安王宣惠、雲麾二府記室，甚見賓禮，轉南徐州治中。王後爲雍州，復引爲安北諮議參軍、帶邔縣令。中大通二年，王立爲皇太子，仍除中庶子。遵自隨藩及在東宮，以舊恩，偏蒙寵遇，同時莫及。大同元年，卒官。皇太子深悼惜之，與遵從兄陽羨令孝儀令曰：

賢從中庶，〔九〕奄至殞逝，痛可言乎！其孝友淳深，立身貞固，內含玉潤，外表瀾清。美譽嘉聲，流於士友，言行相符，終始如一。文史該富，琬琰爲心，辭章博贍，玄黃成采。既以鳴謙表性，又以難進自居，未嘗造請公卿，締交榮利，是以新沓莫之舉，杜武弗之知。自阮放之官，野王之職，棲遲門下，已踰五載，同僚已陟，後進多升，而怡然清靜，不以少多爲念，確爾之志，亦何易得。西河觀寶，東江獨步，書籍所載，必不是過。

吾昔在漢南，連翩書記，及忝朱方，從容坐首。良辰美景，清風月夜，鷁舟乍動，朱鷺徐鳴，未嘗一日而不追隨，一時而不會遇。酒闌耳熱，言志賦詩，校覆忠賢，搉揚文史，益者三友，此實其人。及弘道下邑，未申善政，而能使民結去思，野多馴雉，此亦威鳳一羽，足以驗其五德。比在春坊，載獲申晤，博望無通賓之務，司成多節文之科，所賴故人時相媲偶，而此子溘然，實可嗟痛。「惟與善人」，此爲虛說；天之報施，豈若此乎！想卿痛悼之誠，亦當何已。往矣奈何，投筆惻愴。

吾昨欲爲誌銘，並爲撰集。吾之劣薄，其生也不能揄揚吹歔，使得騁其才用，今者爲銘爲集，何益既往？故爲痛惜之情，不能已已耳。

劉潛字孝儀，祕書監孝綽弟也。幼孤，與兄弟相勵勤學，並工屬文。孝綽常曰「三筆六詩」，三卽孝儀，六孝威也。天監五年，舉秀才。起家鎮右始興王法曹行參軍，隨府益州，兼記室。王入爲中撫軍，轉主簿，遷尚書殿中郎。敕令製雍州平等寺金像碑，〔一〇〕文甚宏麗。晉安王綱出鎮襄陽，引爲安北功曹史，以母憂去職。王立爲皇太子，孝儀服闋，仍補洗馬，遷中舍人。出爲戎昭將軍、陽羨令，甚有稱績，擢爲建康令。大同三年，遷中書郎，以公事左遷安西諮議參軍，兼散騎常侍。使魏還，復除中書郎。頃之，權兼司徒右長史，又兼寧遠長史、行彭城琅邪二郡事。累遷尚書左丞，兼御史中丞。在職彈糾無所顧望，當時稱之。十年，出爲伏波將軍、臨海太守。是時政網疏濶，百姓多不遵禁，孝儀下車，宣示條制，勵精綏撫，境內翕然，風俗大革。中大同元年，入守都官尚書。太清元年，出爲明威將軍、豫章內史。二年，侯景寇京邑，孝儀遣子勵帥郡兵三千人，隨前衡州刺史韋粲入援。三年，宮城不守，孝儀爲前歷陽太守莊鐵所逼，失郡。大寶元年，病卒，時年六十七。

孝儀爲人寬厚，內行尤篤。第二兄孝能早卒，〔一一〕孝儀事寡嫂甚謹，家內巨細，必先諮決，與妻子朝夕供事，未嘗失禮。世以此稱之。有文集二十卷，行於世。

第五弟孝勝，歷官邵陵王法曹、湘東王安西主簿記室，尚書左丞。出爲信義太守，公事免。久之，復爲尚書右丞，兼散騎常侍。聘魏還，爲安西武陵王紀長史、蜀郡太守。太清中，侯景陷京師，紀僭號於蜀，以孝勝爲尚書僕射。承聖中，隨紀出峽口，兵敗，被執下獄。世祖尋宥之，起爲司徒右長史。

第六弟孝威，初爲安北晉安王法曹，轉主簿，以母憂去職。服闋，除太子洗馬，累遷中舍人，庶子，率更令，並掌管記。大同九年，白雀集東宮，孝威上頌，其辭甚美。太清中，遷中庶子，兼通事舍人。及侯景寇亂，孝威於圍城得出，隨司州刺史柳仲禮西上，至安陸，遇疾卒。

第七弟孝先，武陵王法曹、主簿，王遷益州，隨府轉安西記室。承聖中，與兄孝勝俱隨紀軍出峽口，兵敗，至江陵，世祖以爲黃門侍郎，遷侍中。兄弟並善五言詩，見重於世。文

集值亂，今不具存。

殷芸字灌蔬，陳郡長平人。性倜儻，不拘細行，然不妄交遊，門無雜客。勵精勤學，博洽羣書。幼而廬江何憲見之，深相歎賞。永明中，爲宜都王行參軍。天監初，爲西中郎主簿、後軍臨川王記室。七年，遷通直散騎侍郎，兼中書通事舍人。十年，除通直散騎侍郎，兼尚書左丞，又兼中書舍人，遷國子博士，昭明太子侍讀，西中郎豫章王長史，領丹陽尹丞，累遷通直散騎常侍，祕書監，司徒左長史。普通六年，直東宮學士省。大通三年，卒，時年五十九。

蕭幾字德玄，齊曲江公遙欣子也。年十歲，能屬文。早孤，有弟九人，並皆稚小，幾恩愛篤睦，聞於朝野。性溫和，與物無競，清貧自立。好學，善草隸書。湘州刺史楊公則，曲江之故吏也。每見幾，謂人曰：「康公此子，可謂桓靈寶重出。」〔一二〕及公則卒，幾爲之誄，時年十五，沈約見而奇之，謂其舅蔡撙曰：「昨見賢甥楊平南誄文，不滅希逸之作，始驗康公積善之慶。」

釋褐著作佐郎，廬陵王文學，尚書殿中郎，太子舍人，掌管記，遷庶子，中書侍郎，尚書左丞。末年，專尚釋教。爲新安太守，郡多山水，特其所好，適性遊履，遂爲之記。卒于官。

子爲，字元專，〔一三〕亦有文才，仕至太子舍人，永康令。

史臣曰：王規之徒，俱著名譽，既逢休運，才用各展，美矣。蕭洽當塗之制，見偉辭人，劉孝儀兄弟，並以文章顯，君子知梁代之有人焉。

校勘記

〔一〕敕與陳郡殷鈞琅邪王錫范陽張緬同侍東宮　「殷鈞」南史作「殷芸」。

〔二〕於鍾山宋熙寺築室居焉　「宋熙」各本作「宗熙」，據南史及本書處士劉訏傳改。

〔三〕子褒字子淵　「子淵」各本作「子漢」，當是姚思廉避唐諱改，今據周書王褒傳改回。

〔四〕大通四年出爲寧遠將軍北中郎廬陵王長史三年卒官　大通無四年，下又有「三年，卒官」。四、三顚倒，當有脫誤。

〔五〕高祖敕防主韋黯納之　「黯」各本譌「默」，據南史及本書侯景傳改。

〔六〕正欲以屬國降胡以討匈奴　上「以」字，通鑑梁紀一七作「比」。

〔七〕史數千人　南史作「職吏數千人」。

〔八〕台佐加貂始自球也　「自」各本譌「有」，據南史及太平御覽二〇九改正。

〔九〕賢從中庶　南史「從」下有「弟」字。

〔一〇〕敕令製雍州平等寺金像碑　「寺」字各本脫，據南史補。

〔一一〕第二兄孝能早卒　「能」南史作「熊」。

〔一二〕可謂桓靈寶重出　「重」各本脫，據南史補。

〔一三〕子爲字元專　南史「爲」作「清」，無「字元專」三字。

梁書卷四十二

列傳第三十六

臧盾 弟厥 傅岐

臧盾字宣卿，東莞莒人。高祖燾，宋左光祿大夫。祖潭之，〔一〕左民尚書。父未甄，博涉文史，有才幹，少爲外兄汝南周顒所知。宋末，起家爲領軍主簿，所奉卽齊武帝。入齊，歷太尉祭酒，尚書主客郎，建安廬陵二王府記室，前軍功曹史，通直郎，南徐州中正，丹陽尹丞。高祖平京邑，霸府建，引爲驃騎刑獄參軍。天監初，除後軍諮議中郎、南徐州別駕，入拜黃門郎，遷右軍安成王長史、少府卿。出爲新安太守，有能名。還爲太子中庶子，司農卿，太尉長史。丁所生母憂，三年廬于墓側。服闋，除廷尉卿。出爲安成王長史、江夏太守，卒官。

盾幼從徵士琅邪諸葛璩受五經，通章句。璩學徒常有數十百人，盾處其間，無所狎比。

璩異之，歎曰：「此生重器，王佐才也。」初爲撫軍行參軍，遷尚書中兵郎。盾美風姿，善舉止，每趨奏，高祖甚悅焉。入兼中書通事舍人，除安右錄事參軍，舍人如故。

盾有孝性，隨父宿直於廷尉，母劉氏在宅，夜暴亡，左手中指忽痛，不得寢，及曉，宅信果報凶問，其感通如此。服制未終，父又卒，盾居喪五年，不出廬戶，形骸枯顇，家人不復識。鄉人王端以狀聞，高祖嘉之，敕累遣抑譬。

服闋，除丹陽尹丞，轉中書郎，復兼中書舍人，遷尚書左丞，爲東中郎武陵王長史，行府州國事，領會稽郡丞。還除少府卿，領步兵校尉，遷御史中丞。盾性公强，居憲臺甚稱職。中大通五年二月，高祖幸同泰寺開講，設四部大會，衆數萬人，南越所獻馴象，忽於衆中狂逸，乘轝羽衞及會皆駭散，惟盾與散騎郎裴之禮嶷然自若，高祖甚嘉焉。

俄有詔，加散騎常侍，未拜，又詔曰：「總一六軍，非才勿授。御史中丞、新除散騎常侍盾，志懷忠密，識用詳愼，當官平允，處務勤恪，必能緝斯戎政。可兼領軍，常侍如故。」大同二年，遷中領軍。領軍管天下兵要，監局事多。盾爲人敏贍，有風力，長於撥繁，職事甚理。天監中，吳平侯蕭景居此職，著聲稱，至是盾復繼之。

五年，出爲仁威將軍、吳郡太守，視事未期，以疾陳解。拜光祿大夫，加金章紫綬。七年，疾愈，復爲領軍將軍。九年，卒，時年六十六。卽日有詔舉哀。贈侍中，領軍如故。給東園祕器，朝服一具，衣一襲，錢布各有差。謚曰忠。

子長博，字孟弘，桂陽內史。次子仲博，曲阿令。盾弟厥。

厥字獻卿，亦以幹局稱。初爲西中郎行參軍，尚書主客郎。入兼中書通事舍人，累遷正員郎，鴻臚卿，舍人如故。遷尚書右丞，未拜，出爲晉安太守。郡居山海，常結聚逋逃，前二千石雖募討捕，而寇盜不止。厥下車，宣風化，凡諸凶黨，皆繦負而出，居民復業，商旅流通。然爲政嚴酷少恩，吏民小事必加杖罰，百姓謂之「臧虎」。還除驃騎廬陵王諮議參軍，復兼舍人。遷員外散騎常侍，兼司農卿，舍人如故。大同八年，卒官，時年四十八。厥前後居職，所掌之局大事及蘭臺廷尉所不能決者，敕並付厥。厥辨斷精詳，咸得其理。厥卒後，有撾登聞鼓訴者，求付清直舍人。高祖曰：「臧厥旣亡，此事便無可付。」其見知如此。

子操，尚書三公郎。

傅岐字景平，北地靈州人也。高祖弘仁，宋太常。祖琰，齊世爲山陰令，有治能，自縣

擢爲益州刺史。父翽，天監中，歷山陰、建康令，亦有能名，官至驃騎諮議。

岐初爲國子明經生，起家南康王左常侍，〔二〕遷行參軍，兼尚書金部郎，母憂去職，居喪盡禮。服闋後，疾廢久之。是時改創北郊壇，初起岐監知繕築，事畢，除始新令。〔三〕縣民有因鬭相毆而死者，死家訴郡，郡錄其仇人，考掠備至，終不引咎，郡乃移獄於縣，岐卽命脫械，以和言問之，便卽首服。法當償死，會冬節至，岐乃放其還家，使過節一日復獄。曹掾固爭曰：「古者乃有此，於今不可行。」岐曰：「其若負信，縣令當坐，主者勿憂。」竟如期而反。太守深相歎異，遽以狀聞。岐後去縣，民無老小，皆出境拜送，啼號之聲，聞於數十里。至都，除廷尉正，入兼中書通事舍人，遷寧遠岳陽王記室參軍，舍人如故。出爲建康令，以公事免。俄復爲舍人，累遷安西中記室，鎭南諮議參軍，兼舍人如故。

岐美容止，博涉能占對。大同中，與魏和親，其使歲中再至，常遣岐接對焉。太清元年，累遷太僕，司農卿，舍人如故。在禁省十餘年，機事密勿，亞於朱异。此年冬，豫州刺史貞陽侯蕭淵明率衆伐彭城，兵敗陷魏。二年，淵明遣使還，述魏人欲更通和好，敕有司及近臣定議。左衞朱异曰：「高澄此意，當復欲繼好，不爽前和；邊境且得靜寇息民，於事爲便。」議者並然之。岐獨曰：「高澄旣新得志，其勢非弱，何事須和？此必是設間，故令貞陽遣使，令侯景自疑當以貞陽易景。景意不安，必圖禍亂。今若許澄通好，正是墮其計中。且彭城

去歲喪師，渦陽新復敗退，令便就和，益示國家之弱。若如愚意，此和宜不可許。」朱异等固執，高祖遂從异議。及遣和使，侯景果有此疑，累啓請追使，敕但依違報之，至八月，遂舉兵反。十月，入寇京師，請誅朱异。三年，遷中領軍，舍人如故。二月，景於闕前通表，乞割江右四州，安其部下，當解圍還鎮，敕許之。乃於城西立盟，求遣宣城王出送。岐固執宣城嫡嗣之重，不宜許，遣石城公大款送之。及與景盟訖，城中文武喜躍，望得解圍。岐獨言於衆曰：「賊舉兵爲逆，未遂求和，夷情獸心，必不可信，此和終爲賊所詐也。」衆並怨怪之。及景背盟，莫不歎服。尋有詔，以岐勤勞，封南豐縣侯，邑五百戶，固辭不受。宮城失守，岐帶疾出圍，卒於宅。

陳吏部尚書姚察曰：夫舉事者定於謀，故萬舉無遺策，信哉是言也。傳岐識齊氏之僞和，可謂善於謀事，是時若納岐之議，太清禍亂，固其不作。申子曰：「一言倚，天下靡。」此之謂乎。

校勘記

〔一〕祖潭之「潭」各本作「潬」，形近而譌，據南史及宋書臧燾傳改。

〔二〕起家南康王左常侍「左」各本譌「宏」，據南史改。

〔三〕除始新令「始」各本譌「如」，據南史及册府元龜七〇四、太平御覽二六七改。

梁書卷四十三

列傳第三十七

韋粲　江子一 弟子四 子五　張嵊　沈浚　柳敬禮

韋粲字長蒨，〔一〕車騎將軍叡之孫，北徐州刺史放之子也。有父風，好學仗氣，身長八尺，容貌甚偉。初爲雲麾晉安王行參軍，俄署法曹，遷外兵參軍，兼中兵。時潁川庾仲容、吳郡張率，前輩知名，與粲同府，並忘年交好。及王遷鎮雍州，隨轉記室，兼中兵如故。王立爲皇太子，粲還步兵校尉，入爲東宮領直，丁父憂去職。尋起爲招遠將軍，復爲領直。服闋，襲爵永昌縣侯，除安西湘東王諮議，累遷太子僕、左衞率，領直並如故。粲以舊恩，任寄綢密，雖居職屢徙，常留宿衞，頗擅威名，誕倨，不爲時輩所平。右衞朱异嘗於酒席厲色謂粲曰：「卿何得已作領軍面向人！」

中大同十一年，遷通直散騎常侍，未拜，出爲持節、督衡州諸軍事、安遠將軍、衡州刺

史。皇太子出餞新亭，執粲手曰：「與卿不爲久別。」太清元年，粲至州無幾，便表解職。

二年，徵爲散騎常侍。粲還至廬陵，聞侯景作逆，便簡閱部下，得精卒五千，馬百匹，倍道赴援。至豫章，奉命報云「賊已出橫江」，粲卽就內史劉孝儀共謀之。孝儀曰：「必期如此，〔二〕當有別敕，豈可輕信單使，妄相驚動，或恐不然。」時孝儀置酒，粲怒，以杯抵地曰：「賊已渡江，便逼宮闕，水陸俱斷，何暇有報；假令無敕，豈得自安？韋粲今日何情飲酒！」卽馳馬出，部分將發，會江州刺史當陽公大心遣使要粲，粲乃馳往見大心曰：「上游藩鎮，江州去京最近，殿下情計，實宜在前；但中流任重，當須應接，不可闕鎮。今直且張聲勢，移鎮湓城，遣偏將賜隨，於事便足。」大心然之，遣中兵柳昕帥兵二千人隨粲。粲悉留家累於江州，以輕舸就路。至南州，粲外弟司州刺史柳仲禮亦帥步騎萬餘人至橫江，粲卽送糧仗贍給之，并散私金帛以賞其戰士。

先是，安北將軍鄱陽王範亦自合肥遣西豫州刺史裴之高與其長子嗣，帥江西之衆赴京師，屯於張公洲，待上流諸軍至。是時，之高遣船渡仲禮，與合軍進屯王遊苑。〔三〕粲建議推仲禮爲大都督，報下流衆軍。裴之高自以年位，恥居其下，乃云：「柳節下是州將，何須我復鞭板。」累日不決。粲乃抗言於衆曰：「今者同赴國難，義在除賊，所以推柳司州者，政以久捍邊疆，先爲侯景所憚；且士馬精銳，無出其前。若論位次，柳在粲下，語其年齒，亦少於

粲，直以社稷之計，不得復論。今日形勢，貴在將和；若人心不同，大事去矣。裴公朝之舊齒，年德已隆，豈應復挾私情，以沮大計。粲請爲諸君解釋之。」乃單舸至之高營，切讓之曰：「前諸將之議，豫州意所未同，卽二宮危逼，猾寇滔天，臣子當勠力同心，豈可自相矛盾，豫州必欲立異，鋒鏑便有所歸。」之高垂泣曰：「吾荷國恩榮，自應帥先士卒，顧恨衰老，不能効命，企望柳使君共平凶逆，謂衆議已從，無俟老夫耳。若必有疑，當剖心相示。」於是諸將定議，仲禮方得進軍。

次新亭，賊列陣於中興寺，相持至晚，各解歸。是夜，仲禮入粲營，部分衆軍，且日將戰，諸將各有據守，令粲頓青塘。青塘當石頭中路，粲慮柵壘未立，賊必爭之，頗以爲憚，謂仲禮曰：「下官才非禦侮，直欲以身殉國。節下善量其宜，不可致有虧喪。」仲禮曰：「青塘立柵，迫近淮渚，欲以糧儲船乘盡就泊之，此是大事，非兄不可。若疑兵少，當更差軍相助。」乃使直閤將軍劉叔胤師助粲，帥所部水陸俱進。時值昏霧，軍人迷失道，比及青塘，夜已過半，壘柵至曉未合。景登禪靈寺門閣，望粲營未立，便率銳卒來攻，軍副王長茂勸據柵待之，粲不從，令軍主鄭逸逆擊之，命劉叔胤以水軍截其後。叔胤畏懦不敢進，逸遂敗。賊乘勝入營，左右牽粲避賊，粲不動，猶叱子弟力戰，兵死略盡，遂見害，時年五十四。粲子尼及三弟助、警、構、從弟昂皆戰死，親戚死者數百人。賊傳粲首闕下，以示城內，太宗聞之流涕

曰：「社稷所寄，惟在韋公，如何不幸，先死行陣。」詔贈護軍將軍。世祖平侯景，追謚曰忠貞，並追贈助、警、構及尼皆中書郎，昂員外散騎常侍。

粲長子臧，字君理。歷官尙書三公郎，太子洗馬，東宮領直。侯景至，帥兵屯西華門，城陷，奔江州，收舊部曲，據豫章，爲其部下所害。

江子一字元貞，〔四〕濟陽考城人，晉散騎常侍統之七世孫也。父法成，天監中奉朝請。子一少好學，有志操，以家貧闕養，因蔬食終身。起家王國侍郎，奉朝請。〔五〕啓求觀書祕閣，高祖許之，有敕直華林省。其姑夫右衞將軍朱异，權要當朝，休下之日，賓客輻湊，子一未嘗造門，其高潔如此。稍遷尙書儀曹郎，出爲遂昌、曲阿令，皆著美績。除通直散騎侍郎。出爲戎昭將軍、〔六〕南津校尉。

弟子四，歷尙書金部郎，大同初，遷右丞。兄弟性並剛烈。子四自右丞上封事，極言得失，高祖甚善之，詔尙書詳擇施行焉。左民郎沈炯、少府丞顧璵嘗奏事不允，高祖厲色呵責之，子四乃趨前代炯等對，言甚激切，高祖怒呼縛之，子四據地不受，高祖怒亦止，乃釋之，猶坐免職。

及侯景反，攻陷歷陽，自横江將渡，子一帥舟師千餘人，於下流欲邀之，其副董桃生家在江北，因與其黨散走。子一乃退還南州，復收餘衆，步道赴京師。賊亦尋至，子一啓太宗云：「賊圍未合，猶可出盪，若營柵一固，無所用武。」請與其弟子四、子五帥所領百餘人，開承明門挑賊。許之。子一乃身先士卒，抽戈獨進，羣賊夾攻之，從者莫敢繼，子四、子五見事急，相引赴賊，並見害。詔曰：「故戎昭將軍、通直散騎侍郎、南津校尉江子一，前尙書右丞江子四，東宮直殿主帥子五，禍故有聞，良以矜惻，死事加等，抑惟舊章。可贈子一給事黃門侍郎，子四中書侍郎，子五散騎侍郎。」侯景平，世祖又追贈子一侍中，謚義子；子四黃門侍郎，謚毅子；子五中書侍郎，謚烈子。

子一續黃圖及班固「九品」，並辭賦文筆數十篇，行於世。

張嵊字四山，鎭北將軍稷之子也。少方雅，有志操，能清言。父臨青州，爲土民所害，嵊感家禍，終身蔬食布衣，手不執刀刃。州舉秀才。起家祕書郎，累遷太子舍人，洗馬，司徒左西掾，中書郎。出爲永陽內史，還除中軍宣城王司馬、散騎常侍。又出爲鎭南湘東王長史、尋陽太守。中大同元年，徵爲太府卿，俄遷吳興太守。

太清二年，侯景圍京城，嵊遣弟伊率郡兵數千人赴援。三年，宮城陷，御史中丞沈浚違難東歸，嵊往見而謂曰：「賊臣憑陵，社稷危恥，正是人臣効命之秋。今欲收集兵力，保據貴鄉。若天道無靈，忠節不展，雖復及死，誠亦無恨。」浚曰：「鄙郡雖小，仗義拒逆，誰敢不從！」固勸嵊舉義。於是收集士卒，繕築城壘。時邵陵王東奔至錢唐，聞之，遣板授嵊征東將軍，加秩中二千石。嵊曰：「朝廷危迫，天子蒙塵，今日何情，復受榮號。」留板而已。賊行臺劉神茂攻破義興，遣使說嵊曰：「若早降附，當還以郡相處，復加爵賞。」嵊命斬其使，仍遣軍主王雄等帥兵於鱧瀆逆擊之，破神茂，神茂退走。侯景聞神茂敗，乃遣其中軍侯子鑒帥精兵二萬人，助神茂以擊嵊，嵊遣軍主范智朗出郡西拒戰，爲神茂所敗，退歸。賊騎乘勝焚柵，柵內衆軍皆土崩。嵊乃釋戎服，坐於聽事，賊臨之以刃，終不爲屈，乃執嵊以送景，景刑之於都市，子弟同遇害者十餘人，時年六十二。賊平，世祖追贈侍中、中衞將軍、開府儀同三司。謚曰忠貞子。

沈浚字叔源，吳興武康人。祖憲，齊散騎常侍，齊史有傳。浚少博學，有才幹，歷山陰、吳、建康令，並有能名。入爲中書郎，尙書左丞。侯景逼京

城，遷御史中丞。是時外援並至，侯景表請求和，詔許之。既盟，景知城內疾疫，復懷姦計，遲疑不去。數日，皇太子令浚詣景所，景曰：「卽已向熱，非復行時，十萬之衆，何由可去，還欲立効朝廷，君可見爲申聞。」浚曰：「將軍此論，意在得城。城內兵糧，尚支百日。將軍儲積內盡，國家援軍外集，十萬之衆，將何所資？而反設此言，欲脅朝廷邪？」景橫刃於膝，瞋目叱之。浚正色責景曰：「明公親是人臣，舉兵向闕，聖主申恩赦過，已共結盟，口血未乾，而有翻背。沈浚六十之年，且天子之使，死生有命，豈畏逆臣之刀乎！」不顧而出。景曰：「是眞司直也。」然密銜之。及破張嵊，乃求浚以害之。

柳敬禮，開府儀同三司慶遠之孫。父津，太子詹事。

敬禮與兄仲禮，皆少以勇烈知名。起家著作佐郎，稍遷扶風太守。侯景渡江，敬禮率馬步三千赴援，至都，據靑溪埭，與景頻戰，恒先登陷陳，甚著威名。臺城沒，敬禮與仲禮俱見於景，景遣仲禮經略上流，留敬禮爲質，以爲護軍。景餞仲禮於後渚，敬禮密謂仲禮曰：「景今來會，敬禮抱之，兄拔佩刀，便可斫殺，敬禮死亦無所恨。」仲禮壯其言，許之。及酒數行，敬禮目仲禮，仲禮見備衞嚴，不敢動，計遂不果。會景征晉熙，敬禮與南康王會理共謀

襲其城，剋期將發，建安侯蕭賁知而告之，遂遇害。

史臣曰：若夫義重於生，前典垂誥，斯蓋先哲之所貴也。故孟子稱生者我所欲，義亦我所欲，二事必不可兼得，寧捨生而取義。至如張嵊二三子之徒，捐軀殉節，赴死如歸，英風勁氣，籠罩今古，君子知梁代之有忠臣焉。

校勘記

〔一〕韋粲字長蒨　「蒨」南史作「倩」。

〔二〕必期如此　按：南史及册府元龜三七二無「期」字。

〔三〕與合軍進屯王遊苑　「與」下，南史及册府元龜三七二有「粲」字。按本書裴之高傳云：「之高遣船舸迎致仲禮，與韋粲等俱會青塘。」疑此脫「粲」字。

〔四〕江子一字元貞　「貞」南史作「亮」。

〔五〕起家王國侍郎奉朝請　「奉」字各本脫，據南史補。

〔六〕出爲戎昭將軍　「戎昭將軍」册府元龜八七七作「戎武將軍」。按：隋書百官志及通鑑梁武帝天監七年、中大通元年敍梁將軍名號，無戎昭將軍及戎武將軍。

梁書卷四十四

列傳第三十八

太宗十一王　世祖二子

太宗王皇后生哀太子大器，南郡王大連；陳淑容生尋陽王大心；左夫人生南海王大臨，安陸王大春；謝夫人生瀏陽公大雅；張夫人生新興王大莊；包昭華生西陽王大鈞；范夫人生武寧王大威；褚脩華生建平王大球；陳夫人生義安王大昕；朱夫人生綏建王大摯。自餘諸子，本書不載。

尋陽王大心字仁恕。幼而聰朗，善屬文。中大通四年，以皇孫封當陽公，邑一千五百戶。大同元年，出爲使持節、都督郢南北司定新五州諸軍事、輕車將軍、郢州刺史。時年十

三，太宗以其幼，恐未達民情，戒之曰：「事無大小，悉委行事，纖毫不須措懷。」大心雖不親州務，發言每合於理，衆皆驚服。七年，徵爲侍中、兼石頭戍軍事。太清元年，出爲雲麾將軍、江州刺史。二年，侯景寇京邑，大心招集士卒，遠近歸之，衆至數萬，與上流諸軍赴援宮闕。三年，城陷，上甲侯蕭韶南奔，宣密詔，加散騎常侍，進號平南將軍。大寶元年，封尋陽王，邑二千戶。

初，歷陽太守莊鐵以城降侯景，既而又奉其母來奔，大心以鐵舊將，厚爲其禮，軍旅之事，悉以委之，仍以爲豫章內史。侯景數遣軍西上寇抄，大心輒令鐵擊破之，賊不能進。時鄱陽王範率衆棄合肥，屯于柵口，待援兵總集，欲俱進。大心聞之，遣要範西上，以湓城處之，廩饋甚厚，與勠力共除禍難。會莊鐵據豫章反，大心令中兵參軍韋約等將軍擊之，鐵敗績，又乞降。鄱陽世子嗣先與鐵遊處，因稱其人才略從横，且舊將也，欲舉大事，當資其力，若降江州，必不全其首領，嗣請援之。範從之，乃遣將侯瑱率精甲五千往救鐵，夜襲破韋約等營。大心聞之大懼，於是二藩釁起，人心離貳。景將任約略地至于湓城，大心遣司馬韋質拒戰，敗績。時帳下猶有勇士千餘人，咸說曰：「旣無糧儲，難以守固，若輕騎往建州，以圖後舉，策之上者也。」大心未決，其母陳淑容曰：「卽日聖御年尊，儲宮萬福，汝久奉違顏色，不念拜謁闕庭，且吾已老，而欲遠涉險路，糧儲不給，豈謂孝子，吾終不行。」因撫胸慟

哭，大心乃止。遂與約和。二年秋，遇害，時年二十九。〔一〕

南海王大臨字仁宣。大同二年，封寧國縣公，邑一千五百戶。少而敏慧。年十一，遭左夫人憂，哭泣毀瘠，以孝聞。後入國學，明經射策甲科，拜中書侍郎，遷給事黃門侍郎。十一年，爲長兼侍中。出爲輕車將軍、琅邪彭城二郡太守。侯景亂，爲使持節、宣惠將軍，屯新亭。俄又徵還，屯端門，都督城南諸軍事。時議者皆勸收外財物，擬供賞賜，大臨獨曰：「物乃賞士，而牛可犒軍。」命取牛，得千餘頭，城內賴以饗士。大寶元年，封南海郡王，邑二千戶。出爲使持節、都督揚南徐二州諸軍事、安南將軍、揚州刺史。又除安東將軍、吳郡太守。時張彪起義於會稽，吳人陸令公、潁川庾孟卿等勸大臨走投彪。大臨曰：「彪若成功，不資我力；如其撓敗，以我說焉，不可往也。」二年秋，遇害于郡，時年二十五。

南郡王大連字仁靖。少俊爽，能屬文，擧止風流，雅有巧思，妙達音樂，兼善丹青。大同二年，封臨城縣公，邑一千五百戶。七年，與南海王俱入國學，射策甲科，拜中書侍郎。十年，高祖幸朱方，大連與兄大臨並從。高祖問曰：「汝等習騎不？」對曰：「臣等未奉詔，不敢輒習。」敕各給馬試之，大連兄弟據鞍往還，各得馳驟之節，高祖大悅，即賜所乘馬。及爲

啓謝，詞又甚美。高祖佗日謂太宗曰：「昨見大臨、大連，風韻可愛，足以慰吾老年。」遷給事黃門侍郎，轉侍中，尋兼石頭戍軍事。太清元年，出爲使持節、輕車將軍、東揚州刺史。侯景入寇京師，大連率衆四萬來赴。及臺城沒，援軍散，復還揚州。〔二〕三年，會稽山賊田領羣聚黨數萬來攻，大連命中兵參軍張彪擊斬之。大寶元年，封爲南郡王，邑二千戶。景仍遣其將趙伯超、劉神茂來討，大連設備以待之。會將留異以城應賊，大連棄城走，至信安，爲賊所獲。侯景以爲輕車將軍、行揚州事，遷平南將軍、江州刺史。大連既迫寇手，恒思逃竄，乃與賊約曰：「軍民之事，吾不預焉，候我存亡，但聽鍾響。」欲簡與相見，因得亡逸，賊亦信之，事未果。二年秋，遇害，時年二十五。

安陸王大春字仁經。少博涉書記。天性孝謹，體貌瓌偉，腰帶十圍。大同六年，封西豐縣公，邑一千五百戶。拜中書侍郎。後爲寧遠將軍，知石頭戍軍事。侯景內寇，大春奔京口，隨邵陵王入援，戰于鍾山，爲賊所獲。京城既陷，大寶元年，封安陸郡王，邑二千戶。出爲使持節、雲麾將軍、東揚州刺史。二年秋，遇害，時年二十二。

瀏陽公大雅字仁風。大同九年，封瀏陽縣公，邑一千五百戶。少聰警，美姿儀，特爲高祖所愛。太清三年，京城陷，賊已乘城，大雅猶命左右格戰，賊至漸衆，乃自縋而下。因發憤感疾，薨，時年十七。

新興王大莊字仁禮。大同九年，封高唐縣公，邑一千五百戶。大寶元年，封新興郡王，邑二千戶。出爲使持節、都督南徐州諸軍事、宣毅將軍、南徐州刺史。二年秋，遇害，時年十八。

西陽王大鈞字仁輔。〔三〕性厚重，不妄戲弄。年七歲，高祖嘗問讀何書，對曰「學詩」。因命諷誦，音韻清雅，高祖因賜王羲之書一卷。大寶元年，封西陽郡王，邑二千戶。出爲宣惠將軍、丹陽尹。二年，監揚州，將軍如故。至秋遇害，時年十三。

武寧王大威字仁容。美風儀，眉目如畫。大寶元年，封武寧郡王，邑二千戶。二年，出爲信威將軍、丹陽尹。其年秋，遇害，時年十三。

建平王大球字仁珽。大寶元年，封建平郡王，邑二千戶。性明慧夙成。初，侯景圍京

城，高祖素歸心釋教，每發誓願，恒云「若有衆生應受諸苦，悉衍身代當。」時大球年甫七歲，聞而驚謂母曰：「官家尙爾，兒安敢辭。」乃六時禮佛，亦云「凡有衆生應獲苦報，悉大球代受。」其早慧如此。二年，出爲輕車將軍、兼石頭戍軍事。其年秋，遇害，時年十一。

義安王大昕字仁朗。年四歲，母陳夫人卒，便哀慕毀頓，有若成人。及高祖崩，大昕奉慰太宗，嗚咽不能自勝，左右見之，莫不掩泣。大寶元年，封義安郡王，邑二千戶。二年，出爲寧遠將軍、琅邪彭城二郡太守，未之鎭，遇害，時年十一。

綏建王大摯字仁瑛。幼雄壯有膽氣，及京城陷，乃歎曰：「大丈夫會當滅虜屬。」嬭媼驚，掩其口曰：「勿妄言，禍將及。」大摯笑曰：「禍至非由此言。」大寶元年，封綏建郡王，邑二千戶。二年，爲寧遠將軍，遇害，時年十歲。

世祖諸男：徐妃生忠壯世子方等，王夫人生貞惠世子方諸，其愍懷太子方矩，本書不載所生，別有傳，夏賢妃生敬皇帝。自餘諸子，並本書無傳。

忠壯世子方等字實相，世祖長子也。母曰徐妃。少聰敏，有俊才，善騎射，尤長巧思。性愛林泉，特好散逸。嘗著論曰：「人生處世，如白駒過隙耳。一壺之酒，足以養性；一簞之食，足以怡形。生在蓬蒿，死葬溝壑，瓦棺石槨，何以異茲？吾嘗夢爲魚，因化爲鳥。當其夢也，何樂如之，及其覺也，何憂斯類，良由吾之不及魚鳥者遠矣。故魚鳥飛浮，任其志性，吾之進退，恒存掌握，舉手懼觸，搖足恐墮。若使吾終得與魚鳥同遊，則去人間如脫屣耳。」初，徐妃以嫉妬失寵，方等意不自安，世祖聞之，又惡方等，方等益懼，故述論以申其志焉。

會高祖欲見諸王長子，世祖遣方等入侍，方等欣然升舟，冀免憂辱。行至繇水，值侯景亂，世祖召之，方等啓曰：「昔申生不愛其死，方等豈顧其生。」世祖省書歎息，知無還意，乃配步騎一萬，使援京都。賊每來攻，方等必身當矢石。宮城陷，方等歸荊州，收集士馬，甚得衆和，世祖始歎其能。方等又勸修築城栅，以備不虞。既成，樓雉相望，周迴七十餘里。世祖觀之甚悅，入謂徐妃曰：「若更有一子如此，吾復何憂。」徐妃不答，垂泣而退。世祖忿之，因疏其穢行，牓于大閤。方等入見，益以自危。時河東王爲湘州刺史，不受督府之令，方等乃乞征之，世祖許焉，拜爲都督，令帥精卒二萬南討。方等臨行，謂所親曰：「吾此段出

征，必死無二；死而獲所，吾豈愛生。」及至麻溪，河東王率軍逆戰，方等擊之，軍敗，遂溺死，時年二十二。世祖聞之，不以爲慼。後追思其才，贈侍中、中軍將軍、揚州刺史。謚曰忠壯世子。并爲招魂以哀之。

方等注范曄後漢書，未就。所撰三十國春秋及靜住子，行於世。〔四〕

貞惠世子方諸字智相，世祖第二子。母王夫人。幼聰警博學，明老、易，善談玄，風采清越，辭辯鋒生，特爲世祖所愛，母王氏又有寵。及方等敗沒，世祖謂之曰：「不有所廢，其何以興。」因拜爲中撫軍以自副，又出爲郢州刺史，鎮江夏，以鮑泉爲行事，防遏下流。時世祖遣徐文盛督衆軍，與侯景將任約相持未決，方諸恃文盛在近，不恤軍政，日與鮑泉蒲酒爲樂。侯景知之，乃遣其將宋子仙率輕騎數百，從間道襲之。屬風雨晦冥，子仙至，百姓奔告，方諸與鮑泉猶不信，曰「徐文盛大軍在下，虜安得來？」始命閉門，賊騎已入，城遂陷，子仙執方諸以歸。王僧辯軍至蔡洲，景遂害之。世祖追贈侍中、大將軍。謚曰貞惠世子。

史臣曰：太宗、世祖諸子，雖開土宇，運屬亂離，既拘寇賊，多殞非命。吁！可嗟矣。

校勘記

〔一〕二年秋遇害時年二十九　太平御覽六〇二引三國典略，云蕭大心與大臨同年，二人同遇害，大臨時年二十五。則「二十九」當作「二十五」。

〔二〕復還揚州　「揚州」上，南史有「東」字，按上文有：「出爲東揚州刺史。」

〔三〕西陽王大鈞字仁輔　「輔」南史作「博」。

〔四〕所撰三十國春秋及靜住子行於世　「靜住子」南史作「篤靜子」。

梁書卷四十五

列傳第三十九

王僧辯

王僧辯字君才，右衞將軍神念之子也。以天監中隨父來奔。起家爲湘東王國左常侍。王爲丹陽尹，轉府行參軍。王出守會稽，兼中兵參軍事。王爲荆州，仍除中兵，在限內。時武寧郡反，王命僧辯討平之。遷貞威將軍、武寧太守。尋遷振遠將軍、廣平太守，秩滿，還爲王府中錄事，參軍如故。王被徵爲護軍，僧辯兼府司馬。王爲江州，仍除雲騎將軍司馬，守湓城。俄監安陸郡，無幾而還。尋爲新蔡太守，猶帶司馬，將軍如故。王除荆州，爲貞毅將軍府諮議參軍事，賜食千人，代柳仲禮爲竟陵太守，改號雄信將軍。屬侯景反，王命僧辯假節，總督舟師一萬，兼糧饋赴援。纔至京都，宮城陷沒，天子蒙塵。僧辯與柳仲禮兄弟及趙伯超等，先屈膝於景，然後入朝。景悉收其軍實，而厚加綏撫。未幾，遣僧辯歸于竟陵，

於是倍道兼行，西就世祖。世祖承制，以僧辯爲領軍將軍。

及荆、湘疑貳，軍師失律，世祖又命僧辯及鮑泉統軍討之，分給兵糧，剋日就道。時僧辯以竟陵部下猶未盡來，意欲待集，然後上頓。謂鮑泉曰：「我與君俱受命南討，而軍容若此，計將安之？」泉曰：「既稟廟算，驅率驍勇，事等沃雪，何所多慮。」僧辯曰：「不然。君之所言，故是文士之常談耳。河東少有武幹，兵刃又强，新破軍師，養銳待敵，自非精兵一萬，不足以制之。我竟陵甲士，數經行陣，已遣召之，不久當及。雖期日有限，猶可重申，欲與卿共入言之，望相佐也。」泉曰：「成敗之舉，繫此一行，遲速之宜，終當仰聽。」世祖性嚴忌，微聞其言，以爲遷延不肯去，稍已含怒。及僧辯將入，謂泉曰：「我先發言，君可見係。」泉又許之。及見世祖，世祖迎問曰：「卿已辦乎？何日當發？」僧辯具對如向所言。世祖大怒，按劍厲聲曰：「卿憚行邪！」因起入內。泉震怖失色，竟不敢言。須臾，遣左右數十人收僧辯。既至，謂曰：「卿拒命不行，是欲同賊，今唯有死耳。」僧辯對曰：「僧辯食祿既深，憂責實重，今日就戮，豈敢懷恨，但恨不見老母。」世祖因斫之，中其左髀，流血至地。僧辯悶絕，久之方蘇。卽送付廷尉，并收其子姪，並皆繫之。會岳陽王軍襲江陵，人情擾擾，未知其備，世祖遣左右往獄，問計於僧辯，僧辯具陳方略，登卽赦爲城內都督。俄而岳陽奔退，而鮑泉力不能剋長沙，世祖乃命僧辯代之。數泉以十罪，遣舍人羅重歡領齋仗三百人，與僧辯俱發。

既至，遣通泉云：「羅舍人被令，送王竟陵來。」泉甚愕然，顧左右曰：「得王竟陵助我經略，賊不足平。」俄而重歡齎令書先入，僧辯從齋仗繼進，泉方拂席，坐而待之。僧辯既入，背泉而坐，曰：「鮑郎，卿有罪，令旨使我鎖卿，勿以故意見待。」因語重歡出令，泉卽下地，鎖于牀側。僧辯仍部分將帥，并力攻圍，遂平湘土。

還復領軍將軍。侯景浮江西寇，軍次夏首，僧辯爲大都督，率巴州刺史淳于量、定州刺史杜龕、宜州刺史王琳、郴州刺史裴之横等，〔一〕俱赴西陽。軍次巴陵，聞郢州已沒，僧辯因據巴陵城。世祖乃命羅州刺史徐嗣徽、武州刺史杜崱並會僧辯于巴陵。景既陷郢城，兵衆益廣，徒黨甚銳，將進寇荆州。乃使僞儀同丁和統兵五千守江夏，大將宋子仙前驅一萬造巴陵，景悉凶徒水步繼進，於是緣江戍邏，望風請服，賊拓邏至于隱磯。僧辯悉上江渚米糧，並沉公私船於水。及賊前鋒次江口，僧辯乃分命衆軍，乘城固守，偃旗臥鼓，安若無人。翌日，賊衆濟江，輕騎至城下，問：「城內是誰？」答曰：「是王領軍。」賊曰：「語王領軍，事勢如此，何不早降？」僧辯使人答曰：「大軍但向荆州，此城自當非礙。僧辯百口在人掌握，豈得便降。」賊騎既去，俄爾又來，曰：「我王已至，王領軍何爲不出與王相見邪？」僧辯不答。頃之，又執王珣等至于城下，珣爲書誘說城內。景帥船艦並集北寺，又分入港中，登岸治道，廣設氊屋，耀軍城東隴上，芟除草芿，開八道向城，遣五千兔頭肉薄苦攻。城內同時鼓譟，

矢石雨下，殺賊既多，賊乃引退，世祖又命平北將軍胡僧祐率兵下援僧辯。是日，賊復攻巴陵，水步十處，鳴鼓吹脣，肉薄斫上。城上放木擲火爨礧石，殺傷甚多。午後賊退，乃更起長柵繞城，大列舸艦，以樓船攻水城西南角；又遣人渡洲岸，引牂柯推蝦蟇車填塹，引障車臨城，二日方止。賊又於艦上豎木桔槔，聚茅置火，以燒水柵，風勢不利，自焚而退。既頻戰挫衄，賊帥任約又爲陸法和所擒，景乃燒營夜遁，旋軍夏首。世祖策勳行賞，以僧辯爲征東將軍、開府儀同三司、江州刺史，封長寧縣公。

於是世祖命僧辯卽率巴陵諸軍，沿流討景。師次郢城，步攻魯山。魯山城主支化仁，〔二〕景之騎將也，率其黨力戰，衆軍大破之，化仁乃降。僧辯仍督諸軍渡江攻郢，〔三〕卽入羅城。宋子仙蟻聚金城拒守，攻之未剋。子仙使其黨時靈護率衆三千，開門出戰，僧辯又大破之，生擒靈護，斬首千級。子仙衆退據倉門，帶江阻險，衆軍攻之，頻戰不剋。景既聞魯山已沒，郢鎭復失羅城，乃率餘衆倍道歸建業。子仙等困蹙，計無所之，乞輸郢城，身還就景。僧辯僞許之，命給船百艘，以老其意。子仙謂爲信然，浮舟將發，僧辯命杜龕率精勇千人，攀堞而上，同時鼓譟，掩至倉門。水軍主宋遙率樓船，暗江四面雲合，子仙行戰行走，至于白楊浦，乃大破之，生擒子仙送江陵。卽率諸軍進師九水。賊僞儀同范希榮、盧暉略尙據湓城，及僧辯軍至，希榮等因挾江州刺史臨城公棄城奔走。世祖加僧辯侍中、尙書

令、征東大將軍，給鼓吹一部。仍令僧辯且頓江州，須衆軍齊集，得時更進。

頃之，世祖命江州衆軍悉同大舉，僧辯乃表皇帝凶問，告于江陵。仍率大將百餘人，連名勸世祖即位；將欲進軍，又重奉表。雖未見從，並蒙優答。事見本紀。

僧辯於是發自江州，直指建業，乃先命南兗州刺史侯瑱率鋭卒輕舸，襲南陵、鵲頭等戍，至即剋之。先是，陳霸先率衆五萬，出自南江，前軍五千，行至湓口。霸先倜儻多謀策，名蓋僧辯，僧辯畏之。既至湓口，與僧辯會于白茅洲，登壇盟誓，霸先爲其文曰：「賊臣侯景，凶羯小胡，逆天無狀，構造姦惡，違背我恩義，破掠我國家，毒害我生民，移毀我社廟。我高祖武皇帝靈聖聰明，光宅天下，劬勞兆庶，亭育萬民，如我考妣，五十所載。哀景以窮見歸，全景將戮之首，置景要害之地，崇景非次之榮。我高祖於景何薄？我百姓於景何怨？而景長戟强弩，陵蹙朝廷，鋸牙郊甸，殘食含靈，刳肝斮趾，不厭其快，曝骨焚尸，不謂爲酷。高祖菲食卑宮，春秋九十，屈志凝威，憤終賊手。大行皇帝溫嚴恭默，丕守鴻名，於景何有，復加忍毒。皇枝繦抱已上，緦功以還，窮刀極俎，既屠且鱠。豈有率土之濱，謂爲王臣，食人之禾，飲人之水，忍聞此痛，而不悼心？況臣僧辯、臣霸先等，荷稱國藩湘東王臣繹泣血銜哀之寄，摩頂至足之恩，世受先朝之德，身當將帥之任，而不能瀝膽抽腸，共誅姦逆，雪天地之痛，報君父之仇，則不可以稟靈含識，戴天履地。今日相國至孝玄感，靈武斯

發，已破賊徒，獲其元帥，止餘景身，尚在京邑。臣僧辯與臣霸先協和將帥，同心共契，必誅凶豎，尊奉相國，嗣膺鴻業，以主郊祭。前途若有一功，獲一賞，臣僧辯等不推己讓物，先身帥衆，則天地宗廟百神之靈，共誅共責。臣僧辯、臣霸先同心共事，不相欺負，若有違戾，明神殛之。」於是升壇歃血，共讀盟文，皆淚下霑襟，辭色慷慨。

及王師次于南州，賊帥侯子鑒等率步騎萬餘人於岸挑戰，又以鵃䑲千艘並載士，〔四〕兩邊悉八十棹，棹手皆越人，去來趣襲，捷過風電。僧辯乃麾細船，皆令退縮，悉使大艦夾泊兩岸。賊謂水軍欲退，爭出趨之，衆軍乃棹大艦，截其歸路，鼓譟大呼，合戰中江，賊悉赴水。僧辯即督諸軍沿流而下，進軍于石頭之斗城，作連營以逼賊。賊乃橫嶺上築五城拒守，侯景自出，與王師大戰於石頭城北。霸先謂僧辯曰：「醜虜遊魂，貫盈已稔，逋誅送死，欲爲一決，我衆賊寡，宜分其勢。」即遣强弩二千張攻賊西面兩城，仍使結陣以當賊，僧辯在後麾軍而進，復大破之。盧暉略聞景戰敗，以石頭城降，僧辯引軍入據之。景之退也，北走朱方，於是景散兵走告僧辯，僧辯令衆將入據臺城。其夜，軍人採梠失火，燒太極殿及東西堂等。時軍人鹵掠京邑，剝剔士庶，民爲其執縛者，袒衣不免。盡驅逼居民以求購贖，自石頭至于東城，緣淮號叫之聲，震響京邑，於是百姓失望。

僧辯命侯瑱、裴之横率精甲五千，東入討景。僧辯收賊黨王偉等二十餘人，送于江陵。

僞行臺趙伯超自吳松江降於侯瑱，瑱時送至僧辯，僧辯謂伯超曰：「趙公，卿荷國重恩，遂復同逆。今日之事，將欲何如？」因命送江陵。伯超既出，僧辯顧坐客曰：「朝廷昔唯知有趙伯超耳，豈識王僧辯。社稷既傾，爲我所復，人之興廢，亦復何常。」賓客皆前稱歎功德。僧辯瞿然，乃謬答曰：「此乃聖上之威德，羣帥之用命。老夫雖濫居戎首，何力之有焉。」於是逆寇悉平，京都剋定。

世祖即帝位，以僧辯功，進授鎮衞將軍、司徒，加班劍二十人，改封永寧郡公，食邑五千戶，侍中、尚書令、鼓吹並如故。

是後湘州賊陸納等攻破衡州刺史丁道貴於淥口，盡收其軍實；李洪雅又自零陵率衆出空靈灘，稱助討納。朝廷未達其心，深以爲慮，乃遣中書舍人羅重歡徵僧辯上就驃騎將軍宜豐侯循南征。僧辯因督杜崱等衆軍，發于建業，師次巴陵，詔僧辯爲都督東上諸軍事，霸先爲都督西上諸軍事。先時霸先讓都督於僧辯，僧辯不受，故世祖分爲東西都督，而俱南討焉。時納等下據車輪，夾岸爲城，前斷水勢，士卒驍猛，皆百戰之餘，僧辯憚之，不敢輕進，〔五〕於是稍作連城以逼賊。賊見不敢交鋒，並懷懈怠。僧辯因其無備，命諸軍水步攻之，親執旗鼓，以誡進止。於是諸軍競出，大戰於車輪，與驃騎循並力苦攻，陷其二城。賊大敗，步走歸保長沙，驅逼居民，入城拒守。僧辯追躡，乃命築壘圍之，悉令諸軍廣建圍柵，

僧辯出坐壟上而自臨視。賊望識僧辯，知不設備，賊黨吳藏、李賢明等乃率鋭卒千人，開門掩出，蒙楯直進，逕趨僧辯。時杜崱、杜龕並侍左右，帶甲衞者止百餘人，因下遣人與賊交戰。李賢明乘鎧馬，從者十騎，大呼衝突，僧辯尚據胡牀，不爲之動，於是指揮勇敢，遂獲賢明，因即斬之。賊乃退歸城內。初，陸納阻兵內逆，以王琳爲辭，云「朝廷若放王琳，納等自當降伏」。〔六〕于時衆軍並進，未之許也。而武陵王擁衆上流，內外駭懼，世祖乃遣琳和解之。至是湘州平。僧辯旋于江陵，因被詔會衆軍西討，督舟師二萬，輿駕出天居寺餞行。俄而武陵敗績，僧辯自枝江班師于江陵，旋鎮建業。

是月，居少時，復回江陵。齊主高洋遣郭元建率衆二萬，大列舟艦於合肥，將謀襲建業，又遣其大將邢景遠、步大汗薩、東方老等率衆繼之。時陳霸先鎮建康，既聞此事，馳報江陵，世祖即詔僧辯次于姑孰，即留鎮焉。先命豫州刺史侯瑱率精甲三千人築壘於東關，以拒北寇，徵吳郡太守張彪、吳興太守裴之横會瑱於關，因與北軍戰，大敗之，僧辯率衆軍振旅于建業。承聖三年三月甲辰，〔七〕詔曰：「贊俊遂賢，稱于秦典；自上安下，聞之漢制。所以仰協台曜，俯佐弘圖。使持節、侍中、司徒、尚書令、都督揚南徐東揚三州諸軍事、鎮衞將軍、揚州刺史、永寧郡開國公僧辯，器宇凝深，風格詳遠，行爲士則，言表身文，學貫九流，武該七略。頃歲征討，自西徂東，師不疲勞，民無怨讟，王業艱難，實兼夷險。宜其燮此中

台，膺茲上將；寄之經野，匡我朝猷。加太尉、車騎大將軍，餘悉如故。」

頃之，丁母太夫人憂，世祖遣侍中謁者監護喪事，策謚曰貞敬太夫人。夫人姓魏氏。神念以天監初董率徒衆據東關，退保合肥灤湖西，因娶以爲室，生僧辯。性甚安和，善於綏接，家門內外，莫不懷之。初，僧辯下獄，夫人流淚徒行，將入謝罪，世祖不與相見。時貞惠世子有寵於世祖，軍國大事多關領焉。夫人詣閤，自陳無訓，涕泗嗚咽，衆並憐之。及僧辯免出，夫人深相責勵，辭色俱嚴。云：「人之事君，惟須忠烈，非但保祐當世，亦乃慶流子孫。」及僧辯剋復舊京，功蓋天下，夫人恒自謙損，不以富貴驕物。朝野咸共稱之，謂爲明哲婦人也。及既薨殞，甚見愍悼。且以僧辯勳業隆重，故喪禮加焉。靈柩將歸建康，又遣謁者至舟渚弔祭。命尚書左僕射王裒爲其文曰：「維爾世基武子，族懋陽元，金相比映，玉德齊溫。既稱女則，兼循婦言。書圖鏡覽，辭章討論。敎貽俎豆，訓及平原。楚發將兵，孟軻成德，盡忠資敬，自家刑國。顯允其儀，惟民之則。爰命師旅，既脩我戎；補茲袞職，奄有龜、蒙。母由子貴，亶爾斯崇。嘉命允集，寵章所隆。居高能降，處貴思沖。慶資善始，榮兼令終。崦嵫既夕，蒹葭早秋，奔駟難返，銜濤詎留。背龍門而西顧，過夏首而東浮。越三宮之遐岳，經三江之派流。鬱鬱增嶺，浮雲蔽虧。滔滔江、漢，逝者如斯。銘旌故旐，宇毀遺碑。卽虛舟而設奠，想徂魂之有知。嗚呼哀哉！」

其年十月，西魏相宇文黑泰遣兵及岳陽王衆合五萬，將襲江陵，〔八〕世祖遣主書李膺徵僧辯於建業，爲大都督、荊州刺史。別敕僧辯云：「黑泰背盟，忽便舉斧。國家猛將，多在下流，荊陝之衆，悉非勁勇。公宜率貔虎，星言就路，倍道兼行，赴倒懸也。」僧辯因命豫州刺史侯瑱等爲前軍，兗州刺史杜僧明等爲後軍。處分既畢，乃謂膺云：「泰兵驍猛，難與爭銳，衆軍若集，吾便直指漢江，截其後路。凡千里饋糧，尚有飢色；況賊越數千里者乎？此孫臏剋龐涓時也。」俄而京城陷沒，宮車晏駕。及敬帝初卽梁主位，〔九〕僧辯預樹立之功，承制進驃騎大將軍、中書監、都督中外諸軍事、錄尚書，與陳霸先參謀討伐。

時齊主高洋又欲納貞陽侯淵明以爲梁嗣，因與僧辯書曰：「梁國不造，禍難相仍。侯景傾蕩建業，武陵彎弓巴、漢。卿志格玄穹，精貫白日，勠力齊心，芟夷逆醜。凡在有情，莫不嗟尚；況我隣國，緝事言前。而西寇承間，復相掩襲，梁主不能固守江陵，殞身宗祏，王師未及，便已降敗，士民小大，皆畢寇虜，乃眷南顧，憤歎盈懷。卿臣子之情，念當鯁裂。如聞權立支子，號令江陰，年甫十餘，極爲沖藐，梁釁未已，負荷諒難。祭則衞君，政由甯氏。幹弱枝强，終古所忌。朕以天下爲家，大道濟物。以梁國淪滅，有懷舊好，存亡拯墜，義在今辰，扶危嗣事，非長伊德。彼貞陽侯，梁武猶子；長沙之胤，以年以望，堪保金陵，故置爲梁主，納於彼國。便詔上黨王渙總攝羣將，扶送江表，雷動風馳，助掃冤逆。清河王岳，前救荊城，

軍度安陸，既不相及，憤惋良深。恐及西寇乘流，復躡江左，今轉次漢口，與陸居士相會。卿宜協我良規，厲彼羣帥，部分舟艫，迎接今王，鳩勒勁勇，幷心一力。西羌烏合，本非勍寇，直是湘東怯弱，致此淪胥。今者之師，何往不剋，善建良圖，副朕所望也。」

貞陽承齊遣送，將屆壽陽。貞陽前後頻與僧辯書，論還國繼統之意，僧辯不納。及貞陽、高渙至于東關，散騎常侍裴之橫率衆拒戰，敗績，僧辯因遂謀納貞陽，仍定君臣之禮。啓曰：「自秦兵寇陝，臣便營赴援，纔及下船，荊城陷沒，卽遣劉周入國，具表丹誠，左右勳豪，初並同契。周既多時不還，人情疑阻；比冊降中使，復遣諸處詢謀，物論參差，未甚決定。始得侯瑱信，示西寇權景宣書，令以眞跡上呈。覩視將帥，恣欲同泰，若一朝仰違大國，臣不辭灰粉，悲梁祚永絕中興。伏願陛下便事濟江，仰藉皇齊之威，憑陛下至聖之略，樹君以長，雪報可期，社稷再輝，死且非吝。請押別使曹沖馳表齊都，續啓事以聞，伏遲拜奉在促。」貞陽答曰：「姜暠至，枉示具公忠義之懷。家國喪亂，于今積年。三后蒙塵，四海騰沸。天命元輔，匡救本朝。弘濟艱難，建我宗祏。〔一〇〕至於丘園板築，尚想來儀，公室皇枝，豈不虛遲，聞孤還國，理會高懷，但近再命行人，或不宜具。公既詢謀卿士，訪逮藩維，沿泝往來，理淹旬月，使乎屆止，殊副所期。便是再立我蕭宗，重興我梁國，億兆黎庶，咸蒙此恩，社稷宗祧，曾不相愧。近軍次東關，頻遣信裴之橫處，示其可否。答對驕凶，殊駭聞

矚。上黨王陳兵見衞，欲敍安危，無識之徒，忽然逆戰，前旌未舉，卽自披猖，驚悼之情，彌以傷惻。上黨王深自矜嗟，不傳首級，更蒙封樹，飾棺厚殯，務從優禮，齊朝大德，信感神民。方仰藉皇威，敬憑元宰，討逆賊於咸陽，誅叛子於雲夢，同心協力，克定邦家。覽所示權景宣書，上流諸將，本有忠略，棄親向讎，庶當不爾，防奸定亂，終在於公。今且頓東關，更待來信，未知水陸何處見迎。夫建國立君，布在方策，入盟出質，有自來矣。若公之忠節，上感蒼旻，羣帥同謀，必匪攜貳，則齊師反旆，義不陵江，如致爽言，誓以無克。韜旗側席，遲復行人。曹沖奉表齊都，卽押送也。渭橋之下，惟遲敍言；汜水之陽，預有號懼。」僧辯又重啓曰：「員外常侍姜暠還，奉敕伏具動止。大齊仁義之風，曲被隣國，恤災救難，申此大猷，皇家枝戚，莫不榮荷，江東冠冕，俱知憑賴。今歃不忘信，信實由衷，謹遣臣第七息顯，顯所生劉幷弟子世珍，往彼充質；仍遣左民尚書周弘正至歷陽奉迎。艫舳浮江，俟一龍之渡；清宮丹陛，候六傳之入。萬國傾心，同榮晉文之反；三善克宣，方流宋昌之議。國祚既隆，社稷有奉。則羣臣竭節，報厚施于大齊，勠力展愚，效忠誠於陛下。」貞陽又答曰：「王尚書通至，復枉示，知欲遣賢弟世珍以表誠質，具悉憂國之懷。復以庭中玉樹，掌內明珠，無累胸懷，志在匡救，豈非劬勞我社稷，弘濟我邦家，慚歎之懷，用忘興寢。晉安王東京貽厥之重，西都繼體之賢，嗣守皇

家，寧非民望。但世道喪亂，宜立長君，以其蒙孽，難可承業。成、昭之德，自古希儔；沖、質之危，何代無此。孤身當否運，志不圖生。忽荷不世之恩，仍致非常之舉。自惟虛薄，兢懼已深。若建承華，本歸皇冑，心口相誓，惟擬晉安。如或虛言，神明所殛。覽今所示，深遂本懷。戢慰之情，無寄言象。但公憂勞之重，既稟齊恩；忠義之情，復及梁貳。華夷兆庶，豈不懷風？宗廟明靈，豈不相感？正爾迴旆，仍向歷陽。所期質累，便望來彼。衆軍不渡，已著盟書。斯則大齊聖主之恩規，上黨英王之然諾，得原失信，終不爲也。惟遲相見，使在不賒。鄉國非遙，觸目號咽。」僧辯使送質于鄴。貞陽求渡衞士三千，僧辯慮其爲變，止受散卒千人而已，幷遣龍舟法駕往迎。貞陽濟江之日，僧辯擁檝中流，不敢就岸，後乃同會于江寧浦。

貞陽既踐僞位，仍授僧辯大司馬，領太子太傅、揚州牧，餘悉如故。陳霸先時爲司空、南徐州刺史，惡其翻覆，與諸將議，因自京口舉兵十萬，水陸俱至，襲于建康。於是水軍到，僧辯常處于石頭城，是日正視事，軍人已踰城北而入，南門又馳白有兵來。僧辯與其子頠遽走出閤，左右心腹尚數十人。衆軍悉至，僧辯計無所出，乃據南門樓乞命拜請。霸先因命縱火焚之，方共頠下就執。霸先曰：「我有何辜，公欲與齊師賜討。」又曰：「何意全無防備。」僧辯曰：「委公北門，何謂無備。」爾夜斬之。

長子顗，承聖初歷官至侍中。初，僧辯平建業，遣霸先守京口，都無備防，顗屢以爲言，僧辯不聽，竟及於禍。西魏寇江陵，世祖遣顗督城內諸軍事。荆城陷，顗隨王琳入齊，爲竟陵郡守。齊遣琳鎮壽春，將圖江左，陳既平淮南，執琳殺之。顗聞琳死，乃出郡城南，登高冢上號哭，一慟而絕。

顗弟頒，少有志節，恒隨從世祖，及荆城陷覆，沒于西魏。

史臣曰：自侯景寇逆，世祖據有上游，以全楚之兵委僧辯將率之任，及剋平禍亂，功亦著焉，在乎策勳，當上台之賞。敬帝以高祖貽厥之重，世祖繼體之尊，洎渚宮淪覆，理膺寶祚。僧辯位當將相，義存伊、霍，乃受脅齊師，傍立支庶。苟欲行夫忠義，何忠義之遠矣。樹國之道既虧，謀身之計不足，自致殲滅，悲矣！

校勘記

〔一〕郴州刺史裴之橫等 錢大昕廿二史考異：「按隋志桂陽郡云平陳置郴州，不云梁所置，裴之橫傳亦不云爲郴州刺史。疑此傳誤也。」今按：册府元龜三九引此段文全同，但無「郴州刺史裴之橫」七字。

〔二〕魯山城主支化仁 「支化仁」本書簡文帝紀及侯景傳作「張化仁」，通鑑亦作「張化仁」，胡注：「或曰，張化仁卽支化仁。」

〔三〕僧辯仍督諸軍渡江攻郢 「江」各本作「兵」，惟金陵局本改作「江」，今從之。

〔四〕又以鵃舸千艘並載士 「士」各本皆譌「土」，據册府元龜四三三及通鑑改。

〔五〕僧辯憚之不敢輕進 「敢」各本作「與」，據通鑑改。

〔六〕云朝廷若放王琳納等自當降伏 「放」各本譌作「殺」，據南史改。

〔七〕承聖三年三月甲辰 「三月」各本作「二月」，據本書元帝紀及通鑑改。按：通鑑考異云「典略作『二月甲子』」，今從梁紀。

〔八〕西魏相宇文黑泰遣兵及岳陽王衆合五萬將襲江陵 「黑泰」册府元龜一九九作「泰」。按：宇文泰本名黑獺，獺、泰聲相近。

〔九〕及敬帝初卽梁主位 「主」南史及通鑑並作「王」。

〔一〇〕建我宗祊 「我」各本作「武」，涉形近而訛，今改。

梁書卷四十六

列傳第四十

胡僧祐　徐文盛　杜崱 兄岸　弟幼安　兄子龕　陰子春

胡僧祐字願果，南陽冠軍人。少勇決，有武幹。仕魏至銀青光祿大夫，以大通二年歸國，〔一〕頻上封事，高祖器之，拜假節、超武將軍、文德主帥，使戍項城。城陷，復沒于魏。中大通元年，陳慶之送魏北海王元顥入洛陽，僧祐又得還國，除南天水、天門二郡太守，有善政。性好讀書，不解緝綴，然每在公宴，必強賦詩，文辭鄙俚，多被嘲謔，僧祐怡然自若，謂己實工，矜伐愈甚。

晚事世祖，爲鎮西錄事參軍。侯景亂，西沮蠻反，世祖令僧祐討之，使盡誅其渠帥，僧祐諫，忤旨下獄。大寶二年，侯景寇荊陝，圍王僧辯於巴陵，世祖乃引僧祐於獄，拜爲假節、武猛將軍，封新市縣侯，令赴援。僧祐將發，謂其子曰：「汝可開兩門，一門擬朱，一門擬白。

吉則由朱門，凶則由白門，吾不捷不歸也。」世祖聞而壯之。至楊浦，景遣其將任約率銳卒五千，據白堵，遙以待之。〔二〕僧祐由別路西上，約謂畏己而退，急追之，及於南安芊口，呼僧祐曰：「吳兒，何爲不早降？走何處去。」僧祐不與之言，潛引却，至赤砂亭，會陸法和至，乃與并軍擊約，大破之，擒約送于江陵，侯景聞之遂遁。世祖以僧祐爲侍中、領軍將軍，徵還荊州。

承聖二年，進爲車騎將軍、開府儀同三司，餘悉如故。西魏寇至，以僧祐爲都督城東諸軍事。魏軍四面起攻，百道齊舉，僧祐親當矢石，晝夜督戰，獎勵將士，明於賞罰，衆皆感之，咸爲致死，所向摧殄，賊莫敢前。俄而中流矢卒，時年六十三。世祖聞之，馳往臨哭。於是內外恇駭，城遂陷。

徐文盛字道茂，彭城人也。世仕魏爲將。父慶之，天監初，率千餘人自北歸款，未至道卒。文盛仍統其衆，稍立功績，高祖甚優寵之。大同末，以爲持節、督寧州刺史。先是，州在僻遠，所管羣蠻不識教義，貪欲財賄，劫篡相尋，前後刺史莫能制。文盛推心撫慰，示以威德，夷獠感之，風俗遂改。

太清二年，聞國難，乃召募得數萬人來赴。世祖嘉之，以爲持節、散騎常侍、左衞將軍、督梁南秦沙東益巴北巴六州諸軍事、仁威將軍、秦州刺史，授以東討之略。於是文盛督衆軍東下，至武昌，遇侯景將任約，遂與相持久之。世祖又命護軍將軍尹悅、平東將軍杜幼安、巴州刺史王珣等會之，並受文盛節度。擊任約於貝磯，約大敗，退保西陽。文盛進據蘆洲，又與相持。侯景聞之，乃率大衆西上援約，至西陽。文盛不敢戰。諸將咸曰：「景水軍輕進，又甚飢疲，可因此擊之，必大捷。」文盛不許。文盛妻石氏，先在建鄴，至是，景載以還之，文盛深德景，遂密通信使，都無戰心，衆咸憤怨。杜幼安、宋簉等乃率所領獨進，與景戰，大破之，獲其舟艦以歸。會景密遣騎從間道襲陷郢州，軍中兇懼，遂大潰。文盛奔還荊州，世祖仍以爲城北面都督。又聚贓汚甚多，世祖大怒，下令責之，數其十罪，除其官爵。文盛既失兵權，私懷怨望，世祖聞之，乃以下獄。時任約被擒，與文盛同禁。文盛謂約曰：「汝何不早降，令我至此。」約曰：「門外不見卿馬跡，使我何遽得降。」文盛無以答，遂死獄中。

杜崱，京兆杜陵人也。其先自北歸南，居於雍州之襄陽，子孫因家焉。祖靈啓，齊給事中。父懷寶，少有志節，常邀際會。高祖義師東下，隨南平王偉留鎮襄陽。天監中，稍立功績，官至驍猛將軍、梁州刺史。大同初，魏梁州刺史元羅舉州內附，懷寶復進督華州。值秦州所部武興氐王楊紹反，懷寶擊破之。五年，卒於鎮。崱卽懷寶第七子也。幼有志氣，居鄉里以膽勇稱。釋褐廬江驃騎府中兵參軍。世祖臨荊州，仍參幕府，後爲新興太守。

太清二年，隨岳陽王來襲荊州，世祖以與之有舊，密邀之，崱乃與兄岸、弟幼安、兄子龕等夜歸于世祖，世祖以爲持節、信威將軍、武州刺史。俄遷宣毅將軍、領鎮蠻護軍、武陵內史，枝江縣侯，邑千戶。令隨王僧辯東討侯景。至巴陵，會景來攻，數十日不剋而遁。加侍中、左衞將軍，進爵爲公，增邑五百戶。仍隨僧辯追景至石頭，與賊相持橫嶺。及戰，景親率精銳，左右衝突，崱從嶺後橫截之，景乃大敗，東奔晉陵，崱入據城。景平，加散騎常侍、持節、督江州諸軍事、江州刺史，增邑千戶。

是月，齊將郭元建攻秦州刺史嚴超達於秦郡，〔三〕王僧辯令崱赴援，陳霸先亦自歐陽來會，與元建大戰於士林，〔四〕霸先令強弩射，元建衆却，崱因縱兵擊，大破之，斬首萬餘級，生擒千餘人，元建收餘衆而遁。時世祖執王琳於江陵，其長史陸納等遂於長沙反，世祖徵崱與王僧辯討之。承聖二年，及納等戰於車輪，大敗，陷其二壘，納等走保長沙，崱等圍之。後納等降，崱又與王僧辯西討武陵王於硤口，至卽破平之。於是旋鎮，遘疾卒。詔曰：「崱，

中華書局

京兆舊姓，元凱苗裔，家傳學業，世載忠貞。自驅傳江渚，政號廉能，推轂淺原，實聞清靜。奄致殞喪，惻愴于懷。可贈車騎將軍，加鼓吹一部。謚曰武。」

崱兄弟九人，兄嵩、岑、嵸、岌、嶷、巘，岸及弟幼安，〔五〕並知名當世。

岸字公衡。少有武幹，好從横之術。太清中，與崱同歸世祖，世祖以爲持節、平北將軍、北梁州刺史，封江陵縣侯，邑一千戶。岸因請襲襄陽，世祖許之。岸乃晝夜兼行，先往攻其城，不剋，岳陽至，遂走依其兄巘於南陽，巘時爲南陽太守。岳陽尋遣攻陷其城，岸及巘俱遇害。

幼安性至孝，寬厚，雄勇過人。太清中，與兄崱同歸世祖，世祖以爲雲麾將軍、西荆州刺史，封華容縣侯，邑一千戶。令與平南將軍王僧辯討河東王譽於長沙，平之。又命率精甲一萬，助左衞將軍徐文盛東討侯景。至貝磯，遇景將任約來逆，遂與戰，大敗之，斬其儀同叱羅子通、湘州刺史趙威方等，傳首江陵。乃進軍大舉口，〔六〕與景相持。別攻武昌，拔之。景渡蘆洲上流以壓文盛等，幼安與衆軍攻之，景大敗，盡獲其舟艦。會景密遣襲陷郢州，執刺史方諸等以歸，人情大駭，徐文盛由漢口遁歸，衆軍大敗，幼安遂降于景。景殺之，

以其多反覆故也。

龕，崱第二兄岑之子。少驍勇，善用兵，亦太清中與諸父同歸世祖，世祖以爲持節、忠武將軍、鄖州刺史，中廬縣侯，〔七〕邑一千戶。與叔幼安俱隨王僧辯討河東王，平之。又隨僧辯下，繼徐文盛軍至巴陵，聞侯景襲陷郢州，西上將至，乃與僧辯等守巴陵以待之。景至，圍之數旬，不剋而遁。遷太府卿、安北將軍、督定州諸軍事、定州刺史，加通直散騎常侍，增邑五百戶。仍隨僧辯追景至江夏，圍其城。景將宋子仙棄城遁，龕追至楊浦，生擒之。大寶三年，衆軍至姑孰，景將侯子鑒逆戰，龕與陳霸先、王琳等率精鋭擊之，大敗子鑒，遂至于石頭。景親率其黨會戰，龕與衆軍奮擊，大破景，景遂東奔。論功爲最，授平東將軍、東揚州刺史，益封一千戶。

承聖二年，又與王僧辯討陸納等於長沙，降之。又征武陵王於西陵，亦平之。後江陵陷，齊納貞陽侯以紹梁嗣，以龕爲震州刺史、吳興太守。又除鎮南將軍、都督南豫州諸軍事、南豫州刺史、溧陽縣侯，給鼓吹一部；又加散騎常侍、鎮東大將軍。會陳霸先襲陷京師，執王僧辯殺之。龕，僧辯之壻也，爲吳興太守，以霸先既非貴素，兵又猥雜，在軍府日，都不以霸先經心，及爲本郡，每以法繩其宗門，無所縱捨，霸先銜之切齒。及僧辯敗，龕乃據吳興以距之，遣軍副杜泰攻陳蒨於長城，反爲蒨所敗。霸先乃遣將周文育討龕，龕令從弟北叟出距，又爲文育所破，走義興，霸先親率衆圍之。會齊將柳達摩等襲京師，霸先恐，遂還與齊人連和。龕聞齊兵還，乃降，遂遇害。

陰子春字幼文，武威姑臧人也。晉義熙末，曾祖襲，隨宋高祖南遷，至南平，因家焉。父智伯，與高祖鄰居，少相友善，嘗入高祖臥內，見有異光成五色，因握高祖手曰：「公後必大貴，非人臣也。天下方亂，安蒼生者，其在君乎！」高祖曰：「幸勿多言。」於是情好轉密，高祖每有求索，如外府焉。及高祖踐阼，官至梁、秦二州刺史。

子春，天監初，起家宣惠將軍，西陽太守。普通中，累遷至明威將軍、南梁州刺史；又遷信威將軍、都督梁秦華三州諸軍事、梁秦二州刺史。太清二年，討峽中叛蠻，平之。徵爲左衞將軍，又遷侍中。屬侯景亂，世祖令子春隨領軍將軍王僧辯攻邵陵王於郢州，平之。又與左衞將軍徐文盛東討侯景，至貝磯，與景遇，子春力戰，恒冠諸軍，頻敗景，值郢州陷沒，軍遂退敗。大寶二年，卒於江陵。

孫顥，少知名。釋褐奉朝請，歷尚書金部郎。後入周。撰瓊林二十卷。

史臣曰：胡僧祐勇幹有聞，搴旗破敵者數矣，及捐軀殉節，殞身王事，雖古之忠烈，何以加焉。徐文盛始立功績，不能終其成名，爲不義也。杜崱識機變之理，知向背之宜；加以身屢典軍，頻殄寇逆，勳庸顯著，卒爲中興功臣，義哉。

校勘記

〔一〕以大通二年歸國 「二年」南史及册府元龜二一五、四四四俱作「三年」。

〔二〕據白堵遙以待之 「堵」各本作「塔」，百衲本作「墖」，據通鑑梁簡文帝大寶二年紀改。

〔三〕齊將郭元建攻秦州刺史嚴超遠於秦郡 「遠」南史及通鑑梁元帝承聖元年紀並作「達」。

〔四〕與元建大戰於士林 「士」各本譌「土」，據通鑑梁元帝承聖元年紀改。士林即六合北士林館。

〔五〕兄嵩岑嵸岌嶷巘岸及弟幼安 按：當依南史作「兄嵩、岑、嶷、岌、巘、岸及弟嵸、幼安」，與上文「崱即懷寶第七子」正合。

〔六〕乃進軍大舉口 「口」各本作「因」，據通鑑梁簡文帝大寶元年紀改。按：通鑑「乃」作「仍」。

〔七〕中廬縣侯 「中」字各本並脫。據南史、通志補。中廬縣屬雍州襄陽郡。

梁書卷四十七

列傳第四十一

孝行

滕曇恭 徐普濟 宛陵女子 沈崇傃 荀匠 庾黔婁 吉翂
甄恬 韓懷明 劉曇淨 何炯 庾沙彌 江紑 劉霽
褚脩 謝藺

經云：「夫孝，德之本也。」此生民之爲大，有國之所先歟！高祖創業開基，飭躬化俗，澆弊之風以革，孝治之術斯著。每發絲綸，遠加旌表。而淳和比屋，罕要詭俗之譽；潛晦成風，俯列踰羣之迹。彰於視聽，蓋無幾焉。今採綴以備遺逸云爾。

滕曇恭，豫章南昌人也。年五歲，母楊氏患熱，思食寒瓜，土俗所不產，曇恭歷訪不能得，銜悲哀切。俄值一桑門問其故，曇恭具以告。桑門曰：「我有兩瓜，分一相遺。」曇恭拜謝，因捧瓜還，以薦其母。舉室驚異。尋訪桑門，莫知所在。及父母卒，曇恭水漿不入口者旬日，感慟嘔血，絕而復蘇。隆冬不著繭絮，蔬食終身。每至忌日，思慕不自堪，晝夜哀慟。其門外有冬生樹二株，時忽有神光自樹而起，俄見佛像及夾侍之儀，容光顯著，自門而入，曇恭家人大小，咸共禮拜，久之乃滅，遠近道俗咸傳之。太守王僧虔引曇恭爲功曹，[一]固辭不就。王儉時隨僧虔在郡，號爲滕曾子。天監元年，陸璉奉使巡行風俗，表言其狀。曇恭有子三人，皆有行業。

時有徐普濟者，長沙臨湘人。居喪未及葬，而隣家火起，延及其舍，普濟號慟伏棺上，以身蔽火。隣人往救之，焚炙已悶絕，累日方蘇。

宣城宛陵有女子與母同牀寢，母爲猛虎所搏，女號叫挐虎，虎毛盡落，行十數里，虎乃棄之，女抱母還，猶有氣，經時乃絕。太守蕭琛賻焉，表言其狀，有詔旌其門閭。

沈崇傃字思整，吳興武康人也。父懷明，宋兗州刺史。[二]崇傃六歲丁父憂，哭踊過禮，及長，傭書以養母焉。齊建武初，起家爲奉朝請。永元末，遷司徒行參軍。天監初，爲前軍鄱陽王參軍事。三年，太守柳惲辟爲主簿。[三]崇傃從惲到郡，還迎其母，母卒，崇傃以不及侍疾，將欲致死，水漿不入口，晝夜號哭，旬日殆將絕氣。兄弟謂之曰：「殯葬未申，遽自毀滅，非全孝之道也。」崇傃之瘞所，不避雨雪，倚墳哀慟。每夜恒有猛獸來望之，有聲狀如歎息者。家貧無以遷窆，乃行乞經年，始獲葬焉。既而廬于墓側，自以初行喪禮不備，復以葬後更治服三年。久食麥屑，不噉鹽酢，坐臥於單薦，因虛腫不能起。郡縣舉其至孝。高祖聞，即遣中書舍人慰勉之。乃下詔曰：「前軍沈崇傃，[四]少有志行，居喪踰禮。齊制不終，未得大葬，自以行乞淹年，哀典多闕，方欲以永慕之晨，更爲再期之始。雖即情可矜，禮有明斷。可便令除釋，擢補太子洗馬。旌彼門閭，敦茲風教。」崇傃奉詔釋服，而涕泣如居喪，固辭不受官，苦自陳讓，經年乃得爲永寧令。自以祿不及養，怛恨愈甚，哀思不自堪，至縣卒，時年三十九。

荀匠字文師，潁陰人，晉太保勗九世孫也。祖瓊，年十五，復父仇於成都市，以孝聞。宋元嘉末，渡淮赴武陵王義，爲元凶追兵所殺，贈員外散騎侍郎。父法超，齊中興末爲安復

令，卒於官。凶問至，匠號慟氣絕，身體皆冷，至夜乃蘇。既而奔喪，每宿江渚，商旅皆不忍聞其哭聲。服未闋，兄斐起家爲鬱林太守，征俚賊，爲流矢所中，死於陣。喪還，匠迎于豫章，望舟投水，傍人赴救，僅而得全。既至，家貧不得時葬，居父憂并兄服，歷四年不出廬戶。自括髮後，不復櫛沐，髮皆禿落。哭無時，聲盡則係之以泣，目眥皆爛，形體枯顇，皮骨裁連，雖家人不復識。郡縣以狀言，高祖詔遣中書舍人爲其除服，擢爲豫章王國左常侍。匠雖即吉，毀顇逾甚。外祖孫謙誡之曰：「主上以孝治天下，汝行過古人，故發明詔，擢汝此職。非唯君父之命難拒，故亦揚名後世，所顯豈獨汝身哉。」匠於是乃拜。竟以毀卒於家，時年二十一。

庾黔婁字子貞，新野人也。父易，司徒主簿，徵不至，有高名。

黔婁少好學，多講誦孝經，未嘗失色於人，南陽高士劉虬、宗測並歎異之。起家本州主簿，遷平西行參軍。出爲編令，治有異績。先是，縣境多虎暴，黔婁至，虎皆渡往臨沮界，當時以爲仁化所感。齊永元初，除孱陵令，到縣未旬，易在家遘疾，黔婁忽然心驚，舉身流汗，即日棄官歸家，家人悉驚其忽至。時易疾始二日，醫云：「欲知差劇，但嘗糞甜苦。」易泄痢，

黔婁輒取嘗之，味轉甜滑，心逾憂苦。至夕，每稽顙北辰，求以身代。俄聞空中有聲曰：「徵君壽命盡，不復可延，汝誠禱既至，止得申至月末。」及晦而易亡，黔婁居喪過禮，廬于冢側。和帝卽位，將起之，鎭軍蕭穎胄手書敦譬，黔婁固辭。服闋，除西臺尚書儀曹郎。

梁臺建，鄧元起爲益州刺史，表黔婁爲府長史、巴西梓潼二郡太守。及成都平，城中珍寶山積，元起悉分與僚佐，惟黔婁一無所取。元起惡其異衆，厲聲曰：「長史何獨爾爲！」黔婁示不違之，請書數篋。尋除蜀郡太守，在職清素，百姓便之。元起死于蜀，部曲皆散，黔婁身營殯殮，攜持喪柩歸鄉里。還爲尚書金部郎，遷中軍表記室參軍。東宮建，以本官侍皇太子讀，甚見知重，詔與太子中庶子殷鈞、中舍人到洽、國子博士明山賓等，遞日爲太子講五經義。遷散騎侍郎、荆州大中正。卒，時年四十六。

吉翂字彥霄，馮翊蓮勺人也，世居襄陽。翂幼有孝性。年十一，遭所生母憂，水漿不入口，殆將滅性，親黨異之。天監初，父爲吳興原鄉令，爲姦吏所誣，逮詣廷尉。翂年十五，號泣衢路，祈請公卿，行人見者，皆爲隕涕。其父理雖清白，恥爲吏訊，乃虛自引咎，罪當大辟。翂乃撾登聞鼓，乞代父命。高祖異之，敕廷尉卿蔡法度曰：「吉翂請死贖父，義誠可嘉；但其

幼童，未必自能造意，卿可嚴加脅誘，取其款實。」法度受敕還寺，盛陳徽纆，備列官司，厲色問翂曰：「爾求代父死，敕已相許，便應伏法；然刀鋸至劇，審能死不？且爾童孺，志不及此，必爲人所教。姓名是誰，可具列答。若有悔異，亦相聽許。」翂對曰：「囚雖蒙弱，豈不知死可畏憚；顧諸弟稚藐，唯囚爲長，不忍見父極刑，自延視息，所以內斷胸臆，上干萬乘。今欲殉身不測，委骨泉壤，此非細故，奈何受人教邪！明詔聽代，不異登仙，豈有回貳。」法度知翂至心有在，不可屈撓，乃更和顏誘語之曰：「主上知尊侯無罪，行當釋亮。觀君神儀明秀，足稱佳童，今若轉辭，幸父子同濟，奚以此妙年，苦求湯鑊？」翂對曰：「凡鯤鮞螻蟻，尚惜其生，況在人斯，豈願齏粉。但囚父挂深劾，必正刑書，故思殞仆，冀延父命。」今瞑目引領，以聽大戮，情殫意極，無言復對。」翂初見囚，獄掾依法備加桎梏，法度矜之，命脫其二械，更令著一小者。翂弗聽，曰：「翂求代父死，死罪之囚，唯宜增益，豈可減乎？」竟不脫械。法度具以奏聞，高祖乃宥其父。丹陽尹王志求其在廷尉故事，幷請鄉居，欲於歲首，舉充純孝之選。翂曰：「異哉王尹，何量翂之薄乎！夫父辱子死，斯道固然；若翂有靦面目，當其此舉，則是因父買名，一何甚辱。」拒之而止。年十七，應辟爲本州主簿。出監萬年縣，攝官期月，風化大行。自雍還至郢，湘州刺史柳忱復召爲主簿。〔五〕後鄉人裴儉、丹陽尹丞臧盾、揚州中正張仄連名薦翂，以爲孝行純至，明通易、老。敕付太常旌舉。初，翂以父陷罪，因成悸

疾，後因發而卒。

甄恬字彥約，中山無極人也，世居江陵。祖欽之，長寧令。父標之，州從事。恬數歲喪父，哀感有若成人。家人矜其小，以肉汁和飯飼之，恬不肯食。年八歲，問其母，恨生不識父，遂悲泣累日，忽若有見，言其形貌，則其父也，時以爲孝感。家貧，養母常得珍羞。及居喪，廬於墓側，恒有鳥玄黃雜色，集於廬樹，恬哭則鳴，哭止則止。又有白雀栖宿其廬。州將始興王憺表其行狀。詔曰：「朕虛己欽賢，寤寐盈想，詔彼羣岳，務盡搜揚。恬既孝行殊異，聲著邦壤，敦風厲俗，弘益茲多。牧守騰聞，義同親覽。可旌表室閭，加以爵位。」恬官至安南行參軍。

韓懷明，上黨人也，客居荆州。年十歲，母患屍疰，每發輒危殆。懷明夜於星下稽顙祈禱，時寒甚切，忽聞香氣，空中有人語曰：「童子母須臾永差，無勞自苦。」未曉，而母豁然平復。鄉里異之。十五喪父，幾至滅性，負土成墳，贈助無所受。免喪，與鄉人郭麐俱師事南

陽劉虬。〔六〕虬嘗一日廢講，獨居涕泣。懷明竊問其故，虬家人答云：「是外祖亡日。」時虬母亦亡矣。懷明聞之，卽日罷學，還家就養。虬歎曰：「韓生無虞丘之恨矣。」〔七〕家貧，常肆力以供甘脆，嬉怡膝下，朝夕不離母側。母年九十一，以壽終，懷明水漿不入口一旬，號哭不絕聲。有雙白鳩巢其廬上，字乳馴狎，若家禽焉，服釋乃去。旣除喪，蔬食終身，衣衾無改。天監初，刺史始興王憺表言之。州累辟不就，卒于家。

劉曇淨字元光，彭城呂人也。〔八〕祖元眞，淮南太守，居郡得罪，父慧鏡，歷詣朝士乞哀，懇惻甚至，遂以孝聞。曇淨篤行有父風。解褐安成王國左常侍，父卒於郡，曇淨奔喪，不食飲者累日，絕而又蘇。每哭輒嘔血。服闋，因毀瘠成疾。會有詔，士姓各舉四科，曇淨叔父慧斐舉以應孝行，高祖用爲海寧令。曇淨以兄未爲縣，因以讓兄，乃除安西行參軍。父亡後，事母尤淳至，身營殯粥，不以委人。母疾，衣不解帶。及母亡，水漿不入口者殆一旬。母喪權瘞藥王寺，時天寒，曇淨身衣單布，廬於瘞所，晝夜哭泣不絕聲，哀感行路，未及朞而卒。

何炯字士光，廬江灊人也。父撙，太中大夫。

炯年十五，從兄胤受業，一朞並通五經章句。炯白皙，美容貌，從兄求、點每稱之曰：「叔寶神清，弘治膚清，今觀此子，復見衞、杜在目。」炯常慕恬退，不樂進仕。從叔昌寓謂曰：「求、點皆已高蹈，汝無宜復爾。且君子出處，亦各一途。」年十九，解褐揚州主簿。舉秀才，累遷王府行參軍，尚書兵、庫部二曹郎。出爲永康令，以和理稱。還爲仁威南康王限內記室，遷治書侍御史。以父疾經旬，衣不解帶，頭不櫛沐，信宿之間，形貌頓改。及父卒，號慟不絕聲，枕山藉地，腰虛脚腫，竟以毁卒。

庾沙彌，潁川人也。〔九〕晉司空冰六世孫。父佩玉，輔國長史、長沙內史，宋昇明中坐沈攸之事誅，沙彌時始生。年至五歲，所生母爲製采衣，輒不肯服，母問其故，流涕對曰：「家門禍酷，用是何爲！」既長，終身布衣蔬食。起家臨川王國左常侍，遷中軍田曹行參軍。嫡母劉氏寢疾，沙彌晨昏侍側，衣不解帶，或應鍼灸，輒以身先試之。及母亡，水漿不入口累日，終喪不解衰絰，不出廬戶，晝夜號慟，鄰人不忍聞。墓在新林，因有旅松百餘株，自生墳

側。族兄都官尚書詠表言其狀，應純孝之舉，高祖召見嘉之，以補歙令。還除輕車邵陵王參軍事，隨府會稽，復丁所生母憂。喪還都，濟浙江，中流遇風，舫將覆沒，沙彌抱柩號哭，俄而風靜，蓋孝感所致。服闋，除信威刑獄參軍、兼丹陽郡□□□累遷寧遠錄事參軍，轉司馬。出爲長城令，卒。

江紑字含潔，濟陽考城人也。父蒨，光祿大夫。紑幼有孝性，年十三，父患眼，紑侍疾將期月，衣不解帶。夜夢一僧云：「患眼者，飲慧眼水必差。」及覺說之，莫能解者。紑第三叔祿與草堂寺智者法師善，往訪之。智者曰：「無量壽經云：『慧眼見真，能渡彼岸。』」蒨乃因智者啓捨同夏縣界牛屯里舍爲寺，乞賜嘉名。敕答云：「純臣孝子，往往感應。晉世顏含，遂見冥中送藥。近見智者，知卿第二息感夢，云飲慧眼水。慧眼則是五眼之一號，若欲造寺，可以慧眼爲名。」及就創造，泄故井，井水清冽，異於常泉。依夢取水洗眼及煮藥，稍覺有瘳，因此遂差。時人謂之孝感。南康王爲南徐州，〔一〇〕召爲迎主簿。紑性靜，好老、莊玄言，尤善佛義，不樂進仕。及父卒，紑廬于墓，終日號慟不絕聲，月餘卒。

劉霽字士烜，平原人也。祖乘民，宋冀州刺史。父聞慰，齊正員郎。〔一一〕

霽年九歲，能誦左氏傳，宗黨咸異之。十四居父憂，有至性，每哭輒嘔血。家貧，與弟杳、歊相篤勵學。既長，博涉多通。天監中，起家奉朝請，稍遷宣惠晉安王府參軍，兼限內記室，出補西昌相。入爲尚書主客侍郎，未朞，除海鹽令。霽前後宰二邑，並以和理著稱。還爲建康正，非所好，頃之，以疾免。尋除建康令，不拜。母明氏寢疾，霽年已五十，衣不解帶者七旬，誦觀世音經，數至萬遍，夜因感夢，見一僧謂曰：「夫人算盡，君精誠篤至，當相爲申延。」後六十餘日乃亡。霽廬于墓，哀慟過禮。常有雙白鶴馴翔廬側。處士阮孝緒致書抑譬。霽思慕不已，服未終而卒，時年五十二。著釋俗語八卷，文集十卷。弟杳在文學傳，歊在處士傳。

褚脩，吳郡錢唐人也。父仲都，善周易，爲當時最。天監中，歷官五經博士。脩少傳父業，兼通孝經、論語，善尺牘，頗解文章。初爲湘東王國侍郎，稍遷輕車湘東府行參軍，並兼國子助教。武陵王爲揚州，引爲宣惠參軍、限內記室。脩性至孝，父喪毁瘠過禮，因患冷

氣。及丁母憂，水漿不入口二十三日，氣絕復蘇。每號慟嘔血，遂以毁卒。

謝藺字希如，陳郡陽夏人也。晉太傅安八世孫。父經，北中郎諮議參軍。〔一二〕藺五歲，每父母未飯，乳媼欲令藺先飯，藺曰：「既不覺飢。」强食終不進。舅阮孝緒聞之歎曰：「此兒在家則曾子之流，事君則藺生之匹。」因名之曰藺。稍授以經史，過目便能諷誦。孝緒每曰「吾家陽元也」。及丁父憂，晝夜號慟，毁瘠骨立，母阮氏常自守視譬抑之。服闋後，吏部尚書蕭子顯表其至行，擢爲王府法曹行參軍，累遷外兵記室參軍。時甘露降士林館，藺獻頌，高祖嘉之，因有詔使製北兗州刺史蕭楷德政碑，又奉令製宣城王奉述中庸頌。

太清元年，遷散騎侍郎，兼散騎常侍，使於魏。會侯景舉地入附，境上交兵，藺母慮不得還，感氣卒。及藺還入境，爾夕夢不祥，旦便投劾馳歸。既至，號慟嘔血，氣絕久之，水漿不入口。親友慮其不全，相對悲慟，强勸以飲粥。藺初勉强受之，終不能進，經月餘日，因夜臨而卒，時年三十八。藺所製詩賦碑頌數十篇。

中華書局

史臣曰：孔子稱「毁不滅性」，教民無以死傷生也，故制喪紀，爲之節文。高柴、仲由伏膺聖教，曾參、閔損虔恭孝道，或水漿不入口，泣血終年，豈不知創鉅痛深，蓼莪慕切，所謂先王制禮，賢者俯就。至如丘、吳，終於毁滅。若劉曇淨、何炯、江紑、謝藺者，亦二子之志歟。〔一三〕

校勘記

〔一〕太守王僧虔引曇恭爲功曹　「虔」各本譌「度」，據南史及册府元龜七五七改。

〔二〕父懷明宋兗州刺史　「兗州」，宋書沈慶之傳作「南兗州」。

〔三〕三年太守柳惲辟爲主簿　「三年」南史及太平御覽四一二作「二年」，按：沈崇傃於天監初爲前軍鄱陽王參軍事，據鄱陽王恢傳，恢於天監二年出爲征虜將軍南徐州刺史，而據柳惲傳，惲於天監二年出爲吳興太守，是沈崇傃被辟爲主簿，當在天監二年。

〔四〕前軍沈崇傃　沈崇傃曾爲前軍鄱陽王參軍事，「前軍」下疑脱「參軍」二字。

〔五〕湘州刺史柳忱復召爲主簿　「忱」各本譌「悦」，據南史改。按：柳忱傳云，忱於天監六年爲湘州

刺史。

〔六〕與鄉人郭麐俱師事南陽劉虬　「麐」南史作「麻」。按安成王秀傳是「麻」字。册府元龜七五三作「麻香」，當是「麐」字分刻爲二。

〔七〕韓生無虞丘之恨矣　「虞丘」，南史作「丘吾」。李慈銘南史札記：「丘吾卽丘吾子，事見説苑敬慎篇。梁書作虞丘，古虞吾字通用。周書及北史儒林樊深傳云，嘗讀書見吾丘子，蓋皆誤倒。」

〔八〕彭城呂人也　「呂」各本作「莒」。彭城郡有呂縣，無莒縣。今改正。

〔九〕庾沙彌潁川人也　「潁川」各本譌作「潁陰」，今改正。按本書文學庾仲容傳：「潁川鄢陵人也。晉司空冰六代孫。」

〔一〇〕南康王爲南徐州　「南徐州」各本皆脱「徐」字。按：本書及南史南康簡王績傳並云天監十年遷「南徐州刺史」，今據補。

〔一一〕父聞慰齊正員郎　「正」各本譌「工」，據南齊書劉懷慰傳改。按聞慰爲懷慰原名。

〔一二〕父經北中郎諮議參軍　各本脱「北」字，據南史補。

〔一三〕至如丘吳終於毁滅至亦二子之志歟　按韓懷明傳作「虞丘」，南史作「丘吾」，爲一人。此論又作「丘吳」而謂爲二人。李慈銘南史札記云：「惟分爲二人，或別有所本，恐是誤耳。」參本卷校勘記第七條。

梁書卷四十八

列傳第四十二

儒林

伏曼容　何佟之　范縝　嚴植之　賀瑒子革　司馬筠　卞華　崔靈恩　孔僉　盧廣　沈峻太史叔明　孔子袪　皇侃

漢氏承秦燔書，大弘儒訓，太學生徒，動以萬數，郡國黌舍，悉皆充滿，學於山澤者，至或就爲列肆，其盛也如是。漢末喪亂，其道遂衰。魏正始以後，仍尙玄虛之學，爲儒者蓋寡。時荀顗、摯虞之徒，雖删定新禮，改官職，未能易俗移風。自是中原橫潰，衣冠殄盡，江左草創，日不暇給，以迄于宋、齊，國學時或開置，而勸課未博，建之不及十年，蓋取文具，廢之多歷世祀，其棄也忽諸。鄉里莫或開館，公卿罕通經術，朝廷大儒，獨學而弗肯養衆，後生孤陋，擁經而無所講習，三德六藝，其廢久矣。高祖有天下，深愍之，詔求碩學，治五禮，

定六律，改斗曆，正權衡。天監四年，詔曰：「二漢登賢，莫非經術，服膺雅道，名立行成。魏、晉浮蕩，儒教淪歇，風節罔樹，抑此之由。朕日昃罷朝，思聞俊異，收士得人，實惟醻獎。可置五經博士各一人，廣開館宇，招內後進。」於是以平原明山賓、吳興沈峻、建平嚴植之、會稽賀瑒補博士，各主一館。〔一〕館有數百生，給其餼廩。其射策通明者，卽除爲吏。十數年間，懷經負笈者雲會京師。又選遣學生如會稽雲門山，受業於廬江何胤。分遣博士祭酒，到州郡立學。七年，又詔曰：「建國君民，立教爲首，砥身礪行，由乎經術。朕肇基明命，光宅區宇，雖耕耘雅業，傍闡藝文，而成器未廣，志本猶闕，非以鎔範貴遊，納諸軌度，思欲式敦讓齒，自家刑國。今聲訓所漸，戎夏同風，宜大啓庠斅，博延胄子，務彼十倫，弘此三德，使陶鈞遠被，微言載表。」於是皇太子、皇子、宗室、王侯始就業焉。高祖親屈輿駕，釋奠於先師先聖，申之以讌語，勞之以束帛，濟濟焉，洋洋焉，大道之行也如是。其伏曼容、何佟之、范縝，有舊名於世；爲時儒者，嚴植之、賀瑒等首膺茲選。今並綴爲儒林傳云。

伏曼容字公儀，平昌安丘人。曾祖滔，晉著作郎。父胤之，宋司空主簿。曼容早孤，與母兄客居南海。少篤學，善老、易，倜儻好大言，常云「何晏疑易中九事，

以吾觀之，晏了不學也，故知平叔有所短。」聚徒教授以自業。爲驃騎行參軍。宋明帝好周易，集朝臣於清暑殿講，詔曼容執經。曼容素美風采，帝恒以方嵇叔夜，使吳人陸探微畫叔夜像以賜之。遷司徒參軍。袁粲爲丹陽尹，請爲江寧令，入拜尙書外兵郎。昇明末，爲輔國長史、南海太守。齊初，爲通直散騎侍郎。永明初，爲太子率更令，侍皇太子講。衞將軍王儉深相交好，令與河內司馬憲、吳郡陸澄共撰喪服義，旣成，又欲與之定禮樂。會儉薨，遷中書侍郎、大司馬諮議參軍，出爲武昌太守。建武中，入拜中散大夫。時明帝不重儒術，曼容宅在瓦官寺東，施高坐於聽事，有賓客輒升高坐爲講說，生徒常數十百人。梁臺建，以曼容舊儒，召拜司馬，出爲臨海太守。天監元年，卒官，時年八十二。爲周易、毛詩、喪服集解，老、莊、論語義。子㫬，在良吏傳。

何佟之字士威，廬江灊人，豫州刺史惲六世孫也。祖劭之，宋員外散騎常侍。父歆，齊奉朝請。

佟之少好三禮，師心獨學，强力專精，手不輟卷，讀禮論三百篇，略皆上口。時太尉王儉爲時儒宗，雅相推重。

起家揚州從事，仍爲總明館學士，頻遷司徒車騎參軍事，尙書祠部郎。齊建武中，爲鎭北記室參軍，侍皇太子講，領丹陽邑中正。時步兵校尉劉瓛、徵士吳苞皆已卒，京邑碩儒，唯佟之而已。佟之明習事數，當時國家吉凶禮則，皆取決焉，名重於世。歷步兵校尉、國子博士，尋遷驃騎諮議參軍，轉司馬。永元末，京師兵亂，佟之常集諸生講論，孜孜不怠。中興初，拜驍騎將軍。高祖踐阼，尊重儒術，以佟之爲尙書左丞。是時百度草創，佟之依禮定議，多所裨益。天監二年，卒官，年五十五。高祖甚悼惜，將贈之官；故事左丞無贈官者，特詔贈黃門侍郎，儒者榮之。所著文章、禮義百許篇。〔三〕子朝隱、朝晦。

范縝字子眞，南鄉舞陰人也。晉安北將軍汪六世孫。祖璩之，中書郎。父濛，早卒。縝少孤貧，事母孝謹。年未弱冠，聞沛國劉瓛聚衆講說，始往從之，卓越不羣而勤學，瓛甚奇之，親爲之冠。在瓛門下積年，去來歸家，恒芒屩布衣，徒行於路。瓛門多車馬貴游，縝在其門，聊無恥愧。旣長，博通經術，尤精三禮。性質直，好危言高論，不爲士友所安；唯與外弟蕭琛相善，琛名曰口辯，每服縝簡詣。

起家齊寧蠻主簿，累遷尙書殿中郎。永明年中，與魏氏和親，歲通聘好，特簡才學之士，以爲行人，縝及從弟雲、蕭琛、琅邪顏幼明、河東裴昭明相繼將命，皆著名鄰國。于時竟陵王子良盛招賓客，縝亦預焉。建武中，遷領軍長史。出爲宜都太守，母憂去職。歸居于南州。義軍至，縝墨経來迎。高祖與縝有西邸之舊，見之甚悅。及建康城平，以縝爲晉安太守，在郡清約，資公祿而已。視事四年，徵爲尙書左丞。縝去還，雖親戚無所遺，唯餉前尙書令王亮。縝仕齊時，與亮同臺爲郎，舊相友，至是亮被擯棄在家。縝自迎王師，志在權軸，旣而所懷未滿，亦常怏怏，故私相親結，以矯時云。後竟坐亮徙廣州，語在亮傳。

初，縝在齊世，嘗侍竟陵王子良。子良精信釋教，而縝盛稱無佛。子良問曰：「君不信因果，世間何得有富貴，何得有賤貧？」縝答曰：「人之生譬如一樹花，同發一枝，俱開一蔕，隨風而墮，自有拂簾幌墜於茵席之上，自有關籬牆落於糞溷之側。〔三〕墜茵席者，殿下是也；落糞溷者，下官是也。貴賤雖復殊途，因果竟在何處？」子良不能屈，深怪之。縝退論其理，著神滅論曰：

或問予云：「神滅，何以知其滅也？」答曰：「神卽形也，形卽神也，是以形存則神存，形謝則神滅也。」

問曰：「形者無知之稱，神者有知之名，知與無知，卽事有異，神之與形，理不容一，形神相卽，非所聞也。」答曰：「形者神之質，神者形之用，是則形稱其質，神言其用，形

之與神，不得相異也。」

問曰：「神故非質，形故非用，〔四〕不得爲異，其義安在？」答曰：「名殊而體一也。」

問曰：「名旣已殊，體何得一？」答曰：「神之於質，猶利之於刀，〔五〕形之於用，猶刀之於利，利之名非刀也，刀之名非利也。然而捨利無刀，捨刀無利，未聞刀沒而利存，豈容形亡而神在。」

問曰：「刀之與利，或如來說，形之與神，其義不然。何以言之？木之質無知也，人之質有知也，人旣有如木之質，而有異木之知，豈非木有其一，人有其二邪？」〔六〕答曰：「異哉言乎！人若有如木之質以爲形，又有異木之知以爲神，則可如來論也。今人之質，質有知也，木之質，質無知也，人之質非木質也，木之質非人質也，安在有如木之質而復有異木之知哉！」〔七〕

問曰：「人之質所以異木質者，以其有知耳。人而無知，與木何異？」答曰：「人無無知之質，猶木無有知之形。」

問曰：「死者之形骸，豈非無知之質邪？」答曰：「是無人質。」〔八〕

問曰：「若然者，人果有如木之質，而有異木之知矣。」答曰：「死者有如木之質，而無異木之知；〔九〕生者有異木之知，而無如木之質也。」

問曰：「死者之骨骼，非生者之形骸邪？」〔一〇〕答曰：「生形之非死形，死形之非生形，區已革矣，安有生人之形骸，而有死人之骨骼哉？」

問曰：「若生者之形骸非死者之骨骼，非死者之骨骼，則應不由生者之形骸，不由生者之形骸，則此骨骼從何而至此邪？」答曰：「是生者之形骸，變爲死者之骨骼也。」

問曰：「生者之形骸雖變爲死者之骨骼，豈不因生而有死，〔一一〕則知死體猶生體也。」答曰：「如因榮木變爲枯木，枯木之質，寧是榮木之體！」

問曰：「榮體變爲枯體，枯體卽是榮體；絲體變爲縷體，縷體卽是絲體，有何別焉？」答曰：「若枯卽是榮，榮卽是枯，應榮時凋零，枯時結實也。又榮木不應變爲枯木，以榮卽枯，無所復變也。榮枯是一，何不先枯後榮？要先榮後枯，何也？絲縷之義，亦同此破。」

問曰：「生形之謝，便應豁然都盡，何故方受死形，綿歷未已邪？」〔一二〕答曰：「生滅之體，要有其次故也。夫欻而生者必欻而滅，漸而生者必漸而滅。欻而生者，飄驟是也；漸而生者，動植是也。有欻有漸，物之理也。」

問曰：「形卽是神者，手等亦是神邪？」〔一三〕答曰：「皆是神之分也。」

問曰：「若皆是神之分，神既能慮，手等亦應能慮也？」答曰：「手等亦應能有痛癢之

知，而無是非之慮。」

問曰：「知之與慮，爲一爲異？」〔一四〕答曰：「知卽是慮，淺則爲知，深則爲慮。」

問曰：「若爾，應有二慮，慮既有二，神有二乎？」〔一五〕答曰：「人體惟一，神何得二。」

問曰：「若不得二，安有痛癢之知，復有是非之慮？」答曰：「如手足雖異，總爲一人；是非痛癢雖復有異，亦總爲一神矣。」

問曰：「是非之慮，不關手足，當關何處？」答曰：「是非之慮，心器所主。」〔一六〕

問曰：「心器是五藏之心，非邪？」答曰：「是也。」

問曰：「五藏有何殊別，而心獨有是非之慮乎？」答曰：「七竅亦復何殊，而司用不均。」

問曰：「慮思無方，何以知是心器所主？」答曰：「五藏各有所司，無有能慮者，是以知心爲慮本。」〔一七〕

問曰：「何不寄在眼等分中？」答曰：「若慮可寄於眼分，眼何故不寄於耳分邪？」〔一八〕

問曰：「慮體無本，故可寄之於眼分；眼自有本，不假寄於佗分也。」〔一九〕答曰：「眼何故有本而慮無本；苟無本於我形，而可徧寄於異地，亦可張甲之情，寄王乙之軀，李丙之性，託趙丁之體。然乎哉？不然也。」

問曰：「聖人形猶凡人之形，而有凡聖之殊，故知形神異矣。」答曰：「不然。金之精者能昭，穢者不能昭，有能昭之精金，寧有不昭之穢質。又豈有聖人之神而寄凡人之器，亦無凡人之神而託聖人之體。是以八采、重瞳，勛、華之容，龍顏、馬口，軒、皥之狀，此形表之異也。〔二〇〕比干之心，七竅列角，伯約之膽，其大若拳，此心器之殊也。是知聖人定分，每絕常區，非惟道革羣生，乃亦形超萬有。凡聖均體，所未敢安。」

問曰：「子云聖人之形必異於凡者，敢問陽貨類仲尼，項籍似大舜，舜、項、孔、陽，智革形同，其故何邪？」答曰：「珉似玉而非玉，鷄類鳳而非鳳，物誠有之，人故宜爾。項、陽貌似而非實似，心器不均，雖貌無益。」

問曰：「凡聖之殊，形器不一，可也；聖人員極，理無有二，〔二一〕而丘、旦殊姿，湯、文異狀，神不侔色，於此益明矣。」答曰：「聖同於心器，形不必同也，猶馬殊毛而齊逸，玉異色而均美。是以晉棘、荊和，等價連城，驊騮、騄驪，俱致千里。」

問曰：「形神不二，既聞之矣，形謝神滅，理固宜然，敢問經云『爲之宗廟，以鬼饗之』，何謂也？」答曰：「聖人之教然也，所以弭孝子之心，而厲偷薄之意，神而明之，此之謂矣。」

問曰：「伯有被甲，彭生豕見，墳素著其事，寧是設教而已邪？」答曰：「妖怪茫茫，或

存或亡，強死者衆，不皆爲鬼，彭生、伯有，何獨能然，乍爲人豕，未必齊、鄭之公子也。」

問曰：「易稱『故知鬼神之情狀，與天地相似而不違。』又曰：『載鬼一車。』其義云何？」答曰：「有禽焉，有獸焉，飛走之別也；有人焉，有鬼焉，幽明之別也。人滅而爲鬼，鬼滅而爲人，則未之知也。」

問曰：「知此神滅，有何利用邪？」答曰：「浮屠害政，桑門蠹俗，風驚霧起，馳蕩不休，吾哀其弊，思拯其溺。夫竭財以赴僧，破產以趨佛，而不卹親戚，不憐窮匱者何？良由厚我之情深，濟物之意淺。是以圭撮涉於貧友，吝情動於顏色；千鍾委於富僧，歡意暢於容髮。豈不以僧有多稌之期，友無遺秉之報，務施闕於周急，歸德必於在己。又惑以茫昧之言，懼以阿鼻之苦，誘以虛誕之辭，欣以兜率之樂。故捨逢掖，襲橫衣，廢俎豆，列缾鉢，家家棄其親愛，人人絕其嗣續。致使兵挫於行間，吏空於官府，粟罄於惰遊，貨殫於泥木。所以姦宄弗勝，頌聲尚擁，惟此之故，其流莫已，其病無限。若陶甄稟於自然，森羅均於獨化，忽焉自有，怳爾而無，來也不禦，去也不追，乘夫天理，各安其性。小人甘其壟畝，君子保其恬素，耕而食，食不可窮也，蠶而衣，衣不可盡也，下有餘以奉其上，上無爲以待其下，可以全生，可以匡國，可以霸君，用此道也。」

此論出，朝野諠譁，子良集僧難之而不能屈。

緝在南累年，追還京。既至，以爲中書郎、國子博士，卒官。文集十卷。

子胥，字長才。傳父學，起家太學博士。胥有口辯，大同中，常兼主客郎，對接北使。遷平西湘東王諮議參軍，侍宣城王讀。出爲鄱陽內史，卒於郡。

嚴植之字孝源，建平秭歸人也。祖欽，宋通直散騎常侍。植之少善莊、老，能玄言，精解喪服、孝經、論語。及長，徧治鄭氏禮、周易、毛詩、左氏春秋。性淳孝謹厚，不以所長高人。少遭父憂，因菜食二十三載，後得風冷疾，乃止。

齊永明中，始起家爲廬陵王國侍郎。遷廣漢王國右常侍，王誅，國人莫敢視，植之獨奔哭，手營殯殮，徒跣送喪墓所，爲起冢，葬畢乃還，當時義之。建武中，遷員外郎、散騎常侍。尋爲康樂侯相，在縣清白，民吏稱之。天監二年，板後軍騎兵參軍事。高祖詔求通儒治五禮，有司奏植之治凶禮。四年，初置五經博士，各開館教授，以植之兼五經博士。植之館在潮溝，生徒常百數。植之講，五館生必至，聽者千餘人。六年，遷中撫軍記室參軍，猶兼博士。七年，卒於館，時年五十二。植之自疾後，便不受廩俸，妻子困乏，既卒，喪無所寄，生徒爲市宅，乃得成喪焉。

植之性仁慈，好行陰德，〔二〕雖在闇室，未嘗怠也。少嘗山行，見一患者，植之問其姓名，不能答，載與俱歸，爲營醫藥，六日而死，植之爲棺殮殯之，卒不知何許人也。嘗緣柵塘行，見患人臥塘側，植之下車問其故，云姓黃氏，家本荆州，爲人傭賃，疾既危篤，船主將發，棄之于岸。植之心惻然，載還治之，經年而黃氏差，請終身充奴僕以報厚恩。植之不受，遣以資糧，遣之。其義行多如此。撰凶禮儀注四百七十九卷。

賀瑒字德璉，會稽山陰人也。祖道力，善三禮，仕宋爲尚書三公郎、建康令。瑒少傳家業。齊時沛國劉瓛爲會稽府丞，見瑒深器異之。嘗與俱造吳郡張融，指瑒謂融曰：「此生神明聰敏，將來當爲儒者宗。」瓛還，薦之爲國子生。舉明經，揚州祭酒，俄兼國子助教。歷奉朝請、太學博士、太常丞，遭母憂去職。天監初，復爲太常丞，有司舉治賓禮，召見說禮義，高祖異之，詔朝朔望，預華林講。四年，初開五館，以瑒兼五經博士，別詔爲皇太子定禮，撰五經義。瑒悉禮舊事，時高祖方創定禮樂，瑒所建議，多見施行。七年，拜步兵校尉，領五經博士。九年，遇疾，遣醫藥省問，卒于館，時年五十九。所著禮、易、老、莊講疏，朝廷博議數百篇，賓禮儀注一百四十五卷。瑒於禮尤精，館中生徒常百數，弟子明經對策至數十人。

二子。革字文明。少通三禮，及長，徧治孝經、論語、毛詩、左傳。起家晉安王國侍郎、兼太學博士，侍湘東王讀。敕於永福省爲邵陵、湘東、武陵三王講禮。稍遷湘東王府行參軍，轉尚書儀曹郎。尋除秣陵令，遷國子博士，於學講授，生徒常數百人。出爲西中郎湘東王諮議參軍，帶江陵令。王初於府置學，以革領儒林祭酒，講三禮，荆楚衣冠聽者甚衆。前後再監南平郡，爲民吏所德。尋加貞威將軍、兼平西長史、南郡太守。革性至孝，常恨貪祿代耕，不及養。〔三〕在荆州歷爲郡縣，所得俸秩，不及妻孥，專擬還鄉造寺，以申感思。大同六年，卒官，時年六十二。

弟季，亦明三禮，歷官尚書祠部郎，兼中書通事舍人，累遷步兵校尉，中書黃門郎，兼著作。

司馬筠字貞素，河內溫人，晉驃騎將軍譙烈王承七世孫。祖亮，宋司空從事中郎。父端，齊奉朝請。

筠孤貧好學，師事沛國劉瓛，强力專精，深爲瓛所器異。既長，博通經術，尤明三禮。齊建武中，起家奉朝請，遷王府行參軍。天監初，爲本州治中，除暨陽令，有清績。入拜尚書祠部郎。

七年，安成太妃陳氏薨，江州刺史安成王秀、荆州刺史始興王憺，並以慈母表解職，詔不許，還攝本任，而太妃薨京邑，喪祭無主。舍人周捨議曰：「賀彥先稱『慈母之子不服慈母之黨，婦又不從夫而服慈姑，小功服無從故也。』庾蔚之云：『非徒子不從母而服其黨，孫又不從父而服其慈母。』〔四〕由斯而言，慈祖母無服明矣。尋門內之哀，不容自同於常；按父之祥禫，子並受弔。今二王諸子，宜以成服日，單衣一日，爲位受弔。」制曰：「二王在遠，諸子宜攝祭事。」〔五〕捨又曰：「禮云『縞冠玄武，子姓之冠，』則世子衣服宜異於常。可著細布衣，絹爲領帶，三年不聽樂。又禮及春秋，庶母不世祭，蓋謂無王命者耳。吳太妃既朝命所加，得用安成禮秩，則當祔廟，五世親盡乃毀。陳太妃命數之重，雖則不異，慈孫既不從服，廟食理無傳祀，子祭孫止，是會經文。」高祖因是敕禮官議皇子慈母之服。筠議：「宋朝五服制，皇子服訓養母，依禮庶母慈己，宜從小功之制。按曾子問云：『子游曰：喪慈母如母，禮歟？〔六〕孔子曰：非禮也。古者男子外有傅，內有慈母，君命所使教子也，何服之有？』鄭玄注云：『此指謂國君之子也。』若國君之子不服，則王者之子不服可知。又喪服經云『君子子爲庶母慈己者。』傳曰『君子子者，貴人子也。』鄭玄引內則，三母止施於卿大夫。以此而推，則慈母之服，上不在五等之嗣，下不逮三士之息。儻其服者止卿大夫，尋諸侯之子尚無此服，況乃施之皇子。謂宜依禮刊除，以反前代之惑。」高祖以爲不然。曰：「禮言慈母，凡有三條：一則妾子之無母，使妾之無子者養之，命爲母子，服以三年，喪服齊衰章所言『慈母如母』是也；〔二七〕二則嫡妻之子無母，使妾養之，慈撫隆至，雖均乎慈愛，但嫡妻之子，妾無爲母之義，而恩深事重，故服以小功，喪服小功章所以不直言慈母，而云『庶母慈己』者，明異於三年之慈母也；其三則子非無母，正是擇賤者視之，義同師保，而不無慈愛，故亦有慈母之名。師保既無其服，則此慈母亦無服矣。〔二八〕內則云『擇於諸母與可者，使爲子師；其次爲慈母；其次爲保母』，此其明文。此言擇諸母，是擇人而爲此三母，非謂擇取兄弟之母也。何以知之？若是兄弟之母其先有子者，則是長妾，長妾之禮，實有殊加，何容次妾生子，乃退成保母，斯不可也。又有多兄弟之人，於義或可；若始生之子，便應三母俱闕邪？由是推之，內則所言『諸母』，是謂三母，非兄弟之母明矣。子游所問，自是師保之慈母，非三年小功之慈母也，〔二九〕故夫子得有此對。豈非師保之慈母無服之證乎？鄭玄不辨三慈，混爲訓釋，引彼無服，以注『慈己』，後人致謬，實此之由。經言『君子子』者，此雖起於大夫，明大夫猶爾，自斯以上，彌應不異，故傳云『君子子者，貴人之子也』。總言曰貴，則無所不包。經傳互文，交相

顯發，則知慈加之義，通乎大夫以上矣。宋代此科，不乖禮意，便加除削，良是所疑。」於是筠等請依制改定：嫡妻之子，母沒爲父妾所養，服之五月，貴賤並同，以爲永制。累遷王府諮議、權知左丞事，尋除尚書左丞。出爲始興內史，卒官。

子壽，傳父業，明三禮。大同中，歷官尚書祠部郎，出爲曲阿令。

卞華字昭丘，〔三〇〕濟陰冤句人也。晉驃騎將軍忠貞公壼六世孫。父倫之，給事中。華幼孤貧好學。年十四，召補國子生，通周易。既長，偏治五經，與平原明山賓、會稽賀瑒同業友善。

起家齊豫章王國侍郎，累遷奉朝請，征西行參軍。天監初，遷臨川王參軍事，兼國子助教，轉安成王功曹參軍，兼五經博士，聚徒教授。華博涉有機辯，說經析理，爲當時之冠。江左以來，鍾律絕學，至華乃通焉。遷尚書儀曹郎，出爲吳令，卒。

崔靈恩，清河東武城人也。〔三一〕少篤學，從師偏通五經，尤精三禮、三傳。先在北仕爲太常博士，天監十三年歸國。高祖以其儒術，擢拜員外散騎侍郎，累遷步兵校尉，兼國子博士。靈恩聚徒講授，聽者常數百人。性拙朴無風采，及解經析理，甚有精致，京師舊儒咸稱重之，助教孔僉尤好其學。靈恩先習左傳服解，不爲江東所行，及改說杜義，每文句常申服以難杜，遂著左氏條義以明之。時有助教虞僧誕又精杜學，因作申杜難服，以答靈恩，世並行焉。僧誕，會稽餘姚人，以左氏教授，聽者亦數百人。其該通義例，當時莫及。

先是儒者論天，互執渾、蓋二義，論蓋不合於渾，論渾不合於蓋。靈恩立義，以渾、蓋爲一焉。

出爲長沙內史，還除國子博士，講衆尤盛。出爲明威將軍、桂州刺史，卒官。靈恩集注毛詩二十二卷，集注周禮四十卷，制三禮義宗四十七卷，〔三二〕左氏經傳義二十二卷，左氏條例十卷，公羊穀梁文句義十卷。

孔僉，會稽山陰人。少師事何胤，通五經，尤明三禮、孝經、論語，講說並數十徧，生徒亦數百人。歷官國子助教，三爲五經博士，遷尚書祠部郎。出爲海鹽、山陰二縣令。僉儒者，不長政術，在縣無績。太清亂，卒於家。

子俶玄，〔三三〕頗涉文學，官至太學博士。僉兄子元素，又善三禮，有盛名，早卒。

盧廣，范陽涿人，自云晉司空從事中郎諶之後也。諶沒死冉閔之亂，晉中原舊族，諶有後焉。

廣少明經，有儒術。天監中歸國。初拜員外散騎侍郎，出爲始安太守，坐事免。頃之，起爲折衝將軍，配千兵北伐，還拜步兵校尉，兼國子博士，偏講五經。時北來人儒學者有崔靈恩、孫詳、蔣顯，並聚徒講說，而音辭鄙拙；惟廣言論清雅，不類北人。僕射徐勉，兼通經術，深相賞好。尋遷員外散騎常侍，博士如故。出爲信武桂陽嗣王長史、尋陽太守。又爲武陵王長史，太守如故，卒官。

沈峻字士嵩，吳興武康人。家世農夫，至峻好學，與舅太史叔明師事宗人沈驎士，在門下積年，〔三四〕晝夜自課，時或睡寐，輒以杖自擊，其篤志如此。驎士卒後，乃出都，偏遊講肆，遂博通五經，尤長三禮。初爲王國中尉，稍遷侍郎，並兼國子助教。時吏部郎陸倕與僕射

徐勉書薦峻曰：「五經博士庾季達須換，計公家必欲詳擇其人。凡聖賢可講之書，必以周官立義，則周官一書，實爲羣經源本。此學不傳，多歷年世，北人孫詳、蔣顯亦經聽習，而音革楚、夏，故學徒不至；惟助教沈峻，特精此書。比日時開講肆，羣儒劉喦、沈宏、沈熊之徒，並執經下坐，北面受業，莫不歎服，人無間言。弟謂宜即用此人，命其專此一學，周而復始，使聖人正典，廢而更興，累世絕業，傳於學者。」勉從之，奏峻兼五經博士。於館講授，聽者常數百人。出爲華容令，還除員外散騎侍郎，復兼五經博士。時中書舍人賀琛奉敕撰梁官，乃啓峻及孔子袪補西省學士，助撰錄。書成，入兼中書通事舍人。出爲武康令，卒官。

子文阿，傳父業，尤明左氏傳。太清中，自國子助教爲五經博士。傳峻業者，又有吳郡張及、會稽孔子雲，官皆至五經博士、尚書祠部郎。

太史叔明，吳興烏程人，吳太史慈後也。少善莊、老，兼治孝經、禮記，其三玄尤精解，當世冠絕，每講說，聽者常五百餘人。歷官國子助教。邵陵王綸好其學，及出爲江州，攜叔明之鎮。王遷郢州，又隨府，所至輒講授，江外人士皆傳其學焉。大同十三年，卒，時年七十三。

孔子袪，會稽山陰人。少孤貧好學，耕耘樵採，常懷書自隨，投閑則誦讀。〔二五〕勤苦自勵，遂通經術，尤明古文尚書。初爲長沙嗣王侍郎，兼國子助教，講尚書四十徧，聽者常數百人。中書舍人賀琛受敕撰梁官，啓子袪爲西省學士，助撰錄。書成，兼司文侍郎，不就，久之兼主客郎、舍人，學士如故。累遷湘東王國侍郎，常侍，員外散騎侍郎，又雲麾廬江公記室參軍，轉兼中書通事舍人。尋遷步兵校尉，舍人如故。高祖撰五經講疏及孔子正言，專使子袪檢閱羣書，以爲義證。事竟，敕子袪與右衞朱异、左丞賀琛於士林館遞日執經。累遷通直正員郎，舍人如故。中大同元年，卒官，時年五十一。子袪凡著尚書義二十卷，集注尚書三十卷，續朱异集注周易一百卷，續何承天集禮論一百五十卷。

皇侃，吳郡人，青州刺史皇象九世孫也。侃少好學，師事賀瑒，精力專門，盡通其業，尤明三禮、孝經、論語。起家兼國子助教，於學講說，聽者數百人。撰禮記講疏五十卷，書成奏上，詔付祕閣。頃之，召入壽光殿講禮記義，高祖善之，拜員外散騎侍郎，兼助教如故。性至孝，常日限誦孝經二十徧，以擬觀世音經。丁母憂，解職還鄉里。平西邵陵王欽其學，厚禮迎之，侃既至，因感心疾，大同十一年，卒於夏首，時年五十八。所撰論語義十卷，與禮記義並見重於世，學者傳焉。

陳吏部尚書姚察曰：昔叔孫通講論馬上，桓榮精力凶荒，既逢平定，自致光寵，若夫崔、伏、何、嚴互有焉。曼容、佟之講道於齊季，不爲時改，賀瑒、嚴植之之徒，遭梁之崇儒重道，咸至高官，稽古之力，諸子各盡之矣。范縝墨絰傲倖，不遂其志，宜哉。

校勘記

〔一〕於是以平原明山賓吳興沈峻建平嚴植之會稽賀瑒補博士各主一館　按：上文有「可置五經博士各一人」，此只有四人。南史「平原明山賓」下有「吳郡陸璉」，恰合五經博士每人各主一館之數。此句當脫「吳郡陸璉」四字。

〔二〕所著文章禮義百許篇　「義」南史作「議」。

〔三〕自有關籬牆落於糞溷之側　「糞溷」二字，各本誤倒，據南史乙正。

〔四〕神故非質形故非用　「神故非」下各本脫「質形故非」四字，據弘明集卷九蕭琛難神滅論所引范縝原文（以下簡稱范縝原文）補。

〔五〕神之於質猶利之於刀　范縝原文「刀」字作「刃」。

〔六〕豈非木有其一人有其二邪　兩「其」字原脫。據范縝原文補。

〔七〕安在有如木之質而復有異木之知哉　「在」字各本脫，據范縝原文補。

〔八〕是無人質　范縝原文作「是無知之質也」。

〔九〕死者有如木之質而無異木之知　「死者」下各本脫一「有」字，「如木」下各本脫「之質」二字，據范縝原文補。

〔一〇〕非生者之形骸邪　「者」字各本脫，據范縝原文補。

〔一一〕豈不因生而有死　「因」各本作「從」，據范縝原文改。

〔一二〕何故方受死形綿歷未已邪　「受」各本譌「愛」，據范縝原文改正。

〔一三〕手等亦是神邪　「神」字各本脫，據范縝原文補。

〔一四〕知之與慮爲一爲異　「知之與」三字各本脫，據范縝原文補。

〔一五〕若爾應有二慮慮既有二神有二乎　「應有二」下各本脫「慮慮既有二神有二」八字，據范縝原文補。

〔一六〕是非之慮心器所主　「慮」各本譌「意」，據范縝原文改。

〔一七〕是以知心爲慮本　「知」字各本脫，據范縝原文補。

〔一八〕眼何故不寄於耳分邪　「眼」字各本脫，據范縝原文補。

〔一九〕眼自有本不假寄於佗分也　「自」各本譌「目」，據范縝原文改正。

〔二〇〕此形表之異也　「此」字各本脫，據范縝原文補。

〔二一〕聖人員極理無有二　「聖人」二字各本脫，據范縝原文補。

〔二二〕好行陰德　「行」字各本脫，據南史補。

〔二三〕常恨貪祿代耕不及養　「貪」，南史作「食」。

〔二四〕孫又不從父而服其慈母　「母」字各本脫，據南史補。

〔二五〕諸子宜攝祭事　「諸」，南史作「世」。

〔二六〕依禮庶母慈己至喪慈母如母禮歟　「依禮」各本作「禮依」，據南史乙正。按：「庶母慈己」，見儀禮喪服子夏傳，故云「依禮」。又「喪慈母如母」各本脫「如母」二字，據禮記曾子問補。

〔二七〕喪服齊衰章所言慈母如母是也　「如母」二字各本脫，據南史補。

〔二八〕則此慈母亦無服矣　「母」字，各本脫，據册府元龜五七九補。

〔二九〕自是師保之慈母非三年小功之慈母也　兩「母」字各本無。據册府元龜五七九補。

〔三〇〕卞華字昭丘　「丘」南史及册府元龜七六八作「岳」。

〔三一〕崔靈恩清河東武城人也　「東」字各本脫，據南史補。

〔三二〕制三禮義宗四十七卷　「四十七卷」，册府元龜六〇〇同。南史及隋書經籍志、新唐書藝文志並作「三十卷」。

〔三三〕子俶玄　「俶」，南史作「淑」。

〔三四〕與舅太史叔明師事宗人沈驎士在門下積年　「驎」各本作「麟」，據南齊書沈驎士傳改。「在」字各本亦脫，據南史補。

〔三五〕投閑則誦讀　「投」，南史作「役」。

梁書卷四十九

列傳第四十三

文學上

到沆　丘遲　劉苞　袁峻　庾於陵弟肩吾

劉昭　何遜　鍾嶸　周興嗣　吳均

昔司馬遷、班固書，並爲司馬相如傳，相如不預漢廷大事，蓋取其文章尤著也。固又爲賈鄒枚路傳，亦取其能文傳焉。范氏後漢書有文苑傳，所載之人，其詳已甚；然經禮樂而緯國家，通古今而述美惡，非文莫可也。是以君臨天下者，莫不敦悅其義，縉紳之學，咸貴尚其道，古往今來，未之能易。高祖聰明文思，光宅區宇，旁求儒雅，詔採異人，文章之盛，煥乎俱集。每所御幸，輒命羣臣賦詩，其文善者，賜以金帛，詣闕庭而獻賦頌者，或引見焉。其在位者，則沈約、江淹、任昉，並以文采，妙絕當時。至若彭城到沆、吳興丘遲、東海王僧

孺、吳郡張率等，或入直文德，通讌壽光，皆後來之選也。約、淹、昉、僧孺、率別以功迹論。今綴到沆等文兼學者，至太清中人，爲文學傳云。

到沆字茂瀣，彭城武原人也。曾祖彥之，宋將軍。父撝，齊五兵尚書。沆幼聰敏，五歲時，撝於屏風抄古詩，沆請教讀一遍，便能諷誦，無所遺失。既長勤學，善屬文，工篆隸。美風神，容止可悅。

齊建武中，起家後軍法曹參軍。天監初，遷征虜主簿。高祖初臨天下，收拔賢俊，甚愛其才。東宮建，以爲太子洗馬。時文德殿置學士省，召高才碩學者待詔其中，使校定墳史，詔沆通籍焉。時高祖讌華光殿，命羣臣賦詩，獨詔沆爲二百字，三刻使成。〔一〕沆於坐立奏，其文甚美。俄以洗馬管東宮書記、散騎省優策文。三年，詔尚書郎在職清能或人才高妙者爲侍郎，以沆爲殿中曹侍郎。沆從父兄溉、洽，並有才名，時皆相代爲殿中，當世榮之。四年，遷太子中舍人。沆爲人不自伐，不論人長短，樂安任昉、南鄉范雲皆與友善。〔二〕其年，遷丹陽尹丞，以疾不能處職事，遷北中郎諮議參軍。五年，卒官，年三十。高祖甚傷惜焉，詔賜錢二萬，布三十四。所著詩賦百餘篇。

丘遲字希範，吳興烏程人也。父靈鞠，有才名，仕齊官至太中大夫。

遲八歲便屬文，靈鞠常謂「氣骨似我」。黃門郎謝超宗、徵士何點並見而異之。及長，州辟從事，舉秀才，除太學博士。遷大司馬行參軍，遭父憂去職。服闋，除西中郎參軍。累遷殿中郎，以母憂去職。服除，復爲殿中郎，遷車騎錄事參軍。高祖平京邑，霸府開，引爲驃騎主簿，甚被禮遇，時勸進梁王及殊禮，皆遲文也。高祖踐阼，拜散騎侍郎，俄遷中書侍郎，領吳興邑中正，待詔文德殿。時高祖著連珠，詔羣臣繼作者數十人，遲文最美。天監三年，出爲永嘉太守，在郡不稱職，爲有司所糾，高祖愛其才，寢其奏。四年，中軍將軍臨川王宏北伐，遲爲諮議參軍，領記室。時陳伯之在北，與魏軍來距，遲以書喻之，伯之遂降。還拜中書郎，遷司徒從事中郎。七年，卒官，時年四十五。所著詩賦行於世。

劉苞字孝嘗，彭城人也。祖勔，宋司空。父愃，齊太子中庶子。

苞四歲而父終，及年六七歲，見諸父常泣。時伯、叔父悛、繪等並顯貴，〔三〕苞母謂其畏

憚，怒之。苞對曰：「早孤不及有識，聞諸父多相似，故心中欲悲，無有佗意。」因而歔欷，母亦慟甚。初，苞父母及兩兄相繼亡沒，悉假瘞焉，苞年十六，始移墓所，經營改葬，不資諸父，未幾皆畢，繪常歎服之。

少好學，能屬文。起家爲司徒法曹行參軍，不就。天監初，以臨川王妃弟故，自征虜主簿仍遷王中軍功曹，累遷尚書庫部侍郎，丹陽尹丞，太子太傅丞，尚書殿中侍郎，南徐州治中，以公事免。久之，爲太子洗馬，掌書記，侍講壽光殿。自高祖即位，引後進文學之士，苞及從兄孝綽、從弟孺，同郡到溉、溉弟洽，從弟沆、吳郡陸倕、張率並以文藻見知，多預讌坐，雖仕進有前後，其賞賜不殊。天監十年，卒，時年三十。臨終，呼友人南陽劉之遴託以喪事，務從儉率。苞居官有能名，性和而直，與人交，面折其非，退稱其美，情無所隱，士友咸以此歎惜之。

袁峻字孝高，陳郡陽夏人，魏郎中令渙之八世孫也。峻早孤，篤志好學，家貧無書，每從人假借，必皆抄寫，自課日五十紙，紙數不登，則不休息。訥言語，工文辭。義師剋京邑，鄱陽王恢東鎮破岡，峻隨王知管記事。天監初，鄱陽國建，以峻爲侍郎，從鎮京口。王遷郢州，兼都曹參軍。高祖雅好辭賦，時獻文於南闕者相望焉，其藻麗可觀，或見賞擢。六年，峻乃擬揚雄官箴奏之。高祖嘉焉，賜束帛。除員外散騎侍郎，直文德學士省，抄史記、漢書各爲二十卷。又奉敕與陸倕各製新闕銘，辭多不載。

庾於陵字子介，散騎常侍黔婁之弟也。七歲能言玄理。既長，清警博學有才思。齊隨王子隆爲荊州，召爲主簿，使與謝朓、宗夬抄撰羣書。子隆代還，又以爲送故主簿。子隆尋爲明帝所害，僚吏畏避，莫有至者，唯於陵與夬獨留，經理喪事。始安王遙光爲撫軍，引爲行參軍，兼記室。永元末，除東陽遂安令，爲民吏所稱。天監初，爲建康獄平，遷尚書功論郎，〔四〕待詔文德殿。出爲湘州別駕，遷驃騎錄事參軍，兼中書通事舍人。俄領南郡邑中正，拜太子洗馬，舍人如故。舊事，東宮官屬，通爲清選，洗馬掌文翰，尤其清者。近世用人，皆取甲族有才望，時於陵與周捨並擢充職，高祖曰：「官以人而清，豈限以甲族。」時論以爲美。俄遷散騎侍郎，改領荊州大中正。累遷中書黃門侍郎，舍人、中正並如故。出爲宣毅晉安王長史、廣陵太守，行府州事，以公事免。復起爲通直郎，尋除鴻臚卿，復領荊州大中正。卒官，時年四十八。文集十卷。弟肩吾。

肩吾字子慎。八歲能賦詩，特爲兄於陵所友愛。初爲晉安王國常侍，仍遷王宣惠府行參軍，自是每王徙鎮，肩吾常隨府。歷王府中郎，雲麾參軍，並兼記室參軍。中大通三年，王爲皇太子，兼東宮通事舍人，除安西湘東王錄事參軍，俄以本官領荊州大中正。累遷中錄事諮議參軍，太子率更令，中庶子。初，太宗在藩，雅好文章士，時肩吾與東海徐摛，吳郡陸杲，彭城劉遵、劉孝儀，儀弟孝威，同被賞接。及居東宮，又開文德省，置學士，肩吾子信、摛子陵、吳郡張長公、北地傅弘、東海鮑至等充其選。齊永明中，文士王融、謝朓、沈約文章始用四聲，以爲新變，至是轉拘聲韻，彌尚麗靡，復踰於往時。時太子與湘東王書論之曰：

吾輩亦無所遊賞，止事披閱，性既好文，時復短詠。雖是庸音，不能閣筆，有慚伎癢，更同故態。比見京師文體，懦鈍殊常，競學浮疏，爭爲闡緩。玄冬脩夜，思所不得，既殊比興，正背風騷。若夫六典三禮，所施則有地，吉凶嘉賓，用之則有所。未聞吟詠情性，反擬內則之篇；操筆寫志，更摹酒誥之作；遲遲春日，翻學歸藏；湛湛江水，遂同大傳。

吾既拙於爲文，不敢輕有摛摭。但以當世之作，歷方古之才人，遠則揚、馬、曹、王，近則潘、陸、顏、謝，而觀其遺辭用心，了不相似。若以今文爲是，則古文爲非；若昔

賢可稱，則今體宜棄。俱爲盍各，則未之敢許。又時有效謝康樂、裴鴻臚文者，亦頗有惑焉。何者？謝客吐言天拔，出於自然，時有不拘，是其糟粕；裴氏乃是良史之才，了無篇什之美。是爲學謝則不屆其精華，但得其冗長；師裴則蔑絕其所長，惟得其所短。謝故巧不可階，裴亦質不宜慕。故胸馳臆斷之侶，好名忘實之類，方分肉於仁獸，〔五〕逞郤克於邯鄲，入鮑忘臭，効尤致禍。決羽謝生，豈三千之可及；伏膺裴氏，懼兩唐之不傳。故玉徽金銑，反爲拙目所嗤；巴人下里，更合郢中之聽。陽春高而不和，妙聲絕而不尋，竟不精討錙銖，覈量文質，有異巧心，終愧妍手。是以握瑜懷玉之士，瞻鄭邦而知退；章甫翠履之人，望閩鄉而歎息。詩既若此，筆又如之。徒以煙墨不言，受其驅染；紙札無情，任其搖襞。甚矣哉，文之橫流，一至於此！

至如近世謝朓、沈約之詩，任昉、陸倕之筆，斯實文章之冠冕，述作之楷模。張士簡之賦，周升逸之辯，亦成佳手，難可復遇。文章未墜，必有英絕，領袖之者，非弟而誰。每欲論之，無可與語，思吾子建，一共商搉。辯茲清濁，使如涇、渭；論茲月旦，類彼汝南。朱丹既定，雌黃有別，使夫懷鼠知慚，濫竽自恥。譬斯袁紹，畏見子將；同彼盜牛，遙羞王烈。相思不見，我勞如何。

太清中，侯景寇陷京都，及太宗卽位，以肩吾爲度支尚書。時上流諸蕃，並據州拒景，

景矯詔遣肩吾使江州，喻當陽公大心，大心尋舉州降賊，肩吾因逃入建昌界，久之，方得赴江陵，未幾卒。文集行於世。

劉昭字宣卿，平原高唐人，晉太尉寔九世孫也。祖伯龍，居父憂以孝聞，宋武帝敕皇太子諸王並往弔慰，官至少府卿。父彪，齊征虜晉安王記室。昭幼清警，七歲通老、莊義。既長，勤學善屬文，外兄江淹早相稱賞。天監初，起家奉朝請，累遷征北行參軍，尚書倉部郎，尋除無錫令。歷爲宣惠豫章王、中軍臨川王記室。〔六〕初，昭伯父彤集衆家晉書注干寶晉紀爲四十卷，至昭又集後漢同異以注范曄書，世稱博悉。遷通直郎，出爲剡令，卒官。集注後漢一百八十卷，〔七〕幼童傳十卷，文集十卷。

子縚，字言明，亦好學，通三禮。大同中，爲尚書祠部郎，尋去職，不復仕。

縚弟緩，字含度，少知名。歷官安西湘東王記室，時西府盛集文學，緩居其首。除通直郎，俄遷鎮南湘東王中錄事，復隨府江州，卒。

兵參軍。

何遜字仲言，東海郯人也。〔八〕曾祖承天，宋御史中丞。祖翼，員外郎。父詢，齊太尉中兵參軍。

遜八歲能賦詩，弱冠州舉秀才，南鄉范雲見其對策，大相稱賞，因結忘年交好。自是一文一詠，雲輒嗟賞，謂所親曰：「頃觀文人，質則過儒，麗則傷俗；其能含清濁，中今古，見之何生矣。」沈約亦愛其文，嘗謂遜曰：「吾每讀卿詩，一日三復，猶不能已。」其爲名流所稱如此。

天監中，起家奉朝請，遷中衞建安王水曹行參軍，兼記室。王愛文學之士，日與遊宴，及遷江州，遜猶掌書記。還爲安西安成王參軍事，兼尚書水部郎，母憂去職。服闋，除仁威廬陵王記室，復隨府江州，未幾卒。東海王僧孺集其文爲八卷。

初，遜文章與劉孝綽並見重於世，世謂之「何劉」。世祖著論論之云：「詩多而能者沈約，少而能者謝朓、何遜。」

時有會稽虞騫，工爲五言詩，名與遜相埒，官至王國侍郎。其後又有會稽孔翁歸、濟陽江避，並爲南平王大司馬府記室。翁歸亦工爲詩。避博學有思理，更注論語、孝經。二人並有文集。

鍾嶸字仲偉，潁川長社人，晉侍中雅七世孫也。父蹈，齊中軍參軍。

嶸與兄岏、弟嶼並好學，有思理。嶸，齊永明中爲國子生，明周易，衞軍王儉領祭酒，頗賞接之。舉本州秀才。起家王國侍郎，遷撫軍行參軍，出爲安國令。永元末，除司徒行參軍。天監初，制度雖革，而日不暇給，嶸乃言曰：「永元肇亂，坐弄天爵，勳非卽戎，官以賄就。揮一金而取九列，寄片札以招六校，騎都塞市，郎將塡街。服既纓組，尚爲臧獲之事；職唯黃散，猶躬胥徒之役。名實淆紊，茲焉莫甚。臣愚謂軍官是素族士人，自有清貫，而因斯受爵，一宜削除，以懲僥競。若吏姓寒人，聽極其門品，不當因軍，遂濫清級。若僑雜傖楚，應在綏撫，〔九〕正宜嚴斷祿力，絕其妨正，直乞虛號而已。謹竭愚忠，不恤衆口。」敕付尚書行之。遷中軍臨川王行參軍。衡陽王元簡出守會稽，引爲寧朔記室，專掌文翰。時居士何胤築室若邪山，山發洪水，漂拔樹石，此室獨存，元簡命嶸作瑞室頌以旌表之，辭甚典麗。選西中郎晉安王記室。

嶸嘗品古今五言詩，論其優劣，名爲詩評。其序曰：

氣之動物，物之感人，故搖蕩性情，形諸舞詠，欲以照燭三才，輝麗萬有，靈祇待之以致饗，幽微藉之以昭告，動天地，感鬼神，莫近於詩。昔南風之辭，卿雲之頌，厥義敻

矣。夏歌曰「鬱陶乎予心」，楚謠云「名余曰正則」，雖詩體未全，然略是五言之濫觴也。逮漢李陵，始著五言之目。古詩眇邈，人代難詳，推其文體，固是炎漢之制，非衰周之倡也。自王、揚、枚、馬之徒，辭賦競爽，而吟詠靡聞。從李都尉訖班婕妤，將百年間，有婦人焉，一人而已。詩人之風，頓已缺喪。東京二百載中，唯有班固詠史，質木無文致。降及建安，曹公父子，篤好斯文；平原兄弟，鬱爲文棟；劉楨、王粲，爲其羽翼。次有攀龍託鳳，自致於屬車者，蓋將百計。彬彬之盛，大備於時矣。爾後陵遲衰微，訖於有晉。太康中，三張二陸，兩潘一左，教爾復興，踵武前王，風流未沫，亦文章之中興也。永嘉時，貴黃、老，尚虛談，于時篇什，理過其辭，淡乎寡味。爰及江表，微波尙傳，孫綽、許詢、桓、庾諸公，皆平典似道德論，建安之風盡矣。先是郭景純用儁上之才，創變其體；劉越石仗清剛之氣，贊成厥美。然彼衆我寡，未能動俗。逮義熙中，謝益壽斐然繼作；元嘉初，有謝靈運，才高辭盛，富豔難蹤，固已含跨劉、郭，陵轢潘、左。故知陳思爲建安之傑，公幹、仲宣爲輔；陸機爲太康之英，安仁、景陽爲輔；謝客爲元嘉之雄，顏延年爲輔：此皆五言之冠冕，文辭之命世。

夫四言文約意廣，取效風、騷，便可多得，每苦文煩而意少，故世罕習焉。五言居文辭之要，是衆作之有滋味者也，故云會於流俗，豈不以指事遺形，窮情寫物，最爲詳

切者邪！故詩有六義焉，一曰興，二曰賦，三曰比。文已盡而意有餘，興也；因物喻志，比也；直書其事，寓言寫物，賦也。弘斯三義，酌而用之，幹之以風力，潤之以丹采，使味之者無極，聞之者動心，是詩之至也。若專用比、興，則患在意深，意深則辭躓。若但用賦體，則患在意浮，意浮則文散。嬉成流移，文無止泊，有蕪漫之累矣。若乃春風春鳥，秋月秋蟬，夏雲暑雨，冬月祁寒，斯四候之感諸詩者也。嘉會寄詩以親，離羣託詩以怨。至於楚臣去境，漢妾辭宮，或骨橫朔野，或魂逐飛蓬，或負戈外戍，或殺氣雄邊，塞客衣單，孀閨淚盡。又士有解珮出朝，一去忘反；女有揚蛾入寵，再盼傾國。凡斯種種，感蕩心靈，非陳詩何以展其義，非長歌何以釋其情？故曰「詩可以羣，可以怨」。使窮賤易安，幽居靡悶，莫尚於詩矣。故辭人作者，罔不愛好。今之士俗，斯風熾矣。裁能勝衣，甫就小學，必甘心而馳騖焉。於是庸音雜體，各爲家法。至於膏腴子弟，恥文不逮，終朝點綴，分夜呻吟，獨觀謂爲警策，衆視終淪平鈍。次有輕蕩之徒，笑曹、劉爲古拙。謂鮑昭羲皇上人，謝朓今古獨步；而師鮑昭終不及「日中市朝滿」，學謝朓劣得「黃鳥度青枝」。徒自棄於高聽，無涉於文流矣。

嶸觀王公搢紳之士，每博論之餘，何嘗不以詩爲口實，隨其嗜欲，商搉不同，淄澠並汎，朱紫相奪，諠譁競起，准的無依。近彭城劉士章俊賞之士，疾其淆亂，欲爲當世

詩品，口陳標榜，其文未遂，嶸感而作焉。昔九品論人，七略裁士，校以賓實，誠多未值；至若詩之爲技，較爾可知，以類推之，殆同博弈。方今皇帝資生知之上才，體沈鬱之幽思，文麗日月，學究天人，昔在貴遊，已爲稱首；況八紘既掩，風靡雲蒸，抱玉者連肩，握珠者踵武，固以睨漢、魏而弗顧，吞晉、宋於胸中。諒非農歌轅議，敢致流別。嶸之今錄，庶周遊於閭里，均之於談笑耳。

頃之，卒官。

岏字長岳，〔一〇〕官至府參軍、建康平。著良吏傳十卷。〔一一〕嶼字季望，永嘉郡丞。天監十五年，敕學士撰徧略，嶼亦預焉。兄弟並有文集。

周興嗣字思纂，陳郡項人，漢太子太傅堪後也。高祖凝，晉征西府參軍、宜都太守。興嗣世居姑孰。年十三，遊學京師，積十餘載，遂博通記傳，善屬文。嘗步自姑孰，投宿逆旅，夜有人謂之曰：「子才學邁世，初當見識貴臣，卒被知英主。」言終，不測所之。齊隆昌中，侍中謝朏爲吳興太守，唯與興嗣談文史而已。及罷郡還，因大相稱薦。本州舉秀才，除桂陽郡丞，太守王嶸素相賞好，〔一二〕禮之甚厚。高祖革命，興嗣奏休平賦，其文甚美，高祖

嘉之。拜安成王國侍郎，直華林省。其年，河南獻儛馬，詔興嗣與待詔到沆、張率爲賦，高祖以興嗣爲工。擢員外散騎侍郎，進直文德、壽光省。是時，高祖以三橋舊宅爲光宅寺，敕興嗣與陸倕各製寺碑，及成俱奏，高祖用興嗣所製者。自是銅表銘、栅塘碣、北伐檄、次韻王羲之書千字，並使興嗣爲文，每奏，高祖輒稱善，加賜金帛。九年，除新安郡丞，秩滿，復爲員外散騎侍郎，佐撰國史。十二年，遷給事中，撰史如故。興嗣兩手先患風疽，是年又染癘疾，左目盲，高祖撫其手，嗟曰：「斯人也而有斯疾也！」手疏治疽方以賜之。其見惜如此。任昉又愛其才，常言曰：「周興嗣若無疾，旬日當至御史中丞。」十四年，除臨川郡丞。十七年，復爲給事中，直西省。左衞率周捨奉敕注高祖所製歷代賦，啓興嗣助焉。普通二年，卒。所撰皇帝實錄、皇德記、起居注、職儀等百餘卷，文集十卷。

吳均字叔庠，吳興故鄣人也。家世寒賤，至均好學有俊才，沈約嘗見均文，頗相稱賞。天監初，柳惲爲吳興，召補主簿，日引與賦詩。均文體清拔有古氣，好事者或斅之，謂爲「吳均體」。建安王偉爲揚州，引兼記室，掌文翰。王遷江州，補國侍郎，兼府城局。還除奉朝請。先是，均表求撰齊春秋，書成奏之，高祖以其書不實，使中書舍人劉之遴詰問數條，竟

支離無對，敕付省焚之，坐免職。尋有敕召見，使撰通史，起三皇，訖齊代，均草本紀、世家功已畢，唯列傳未就。普通元年，卒，時年五十二。均注范曄後漢書九十卷，著齊春秋三十卷，廟記十卷，十二州記十六卷，錢唐先賢傳五卷，續文釋五卷，文集二十卷。

先是，有廣陵高爽、濟陽江洪、會稽虞騫，並工屬文。爽，齊永明中贈衞軍王儉詩，爲儉所賞，及領丹陽尹，舉爽郡孝廉。天監初，歷官中軍臨川王參軍。出爲晉陵令，〔一三〕坐事繫冶，〔一四〕作鑊魚賦以自況，其文甚工。後遇赦獲免，頃之卒。洪爲建陽令，坐事死。騫官至王國侍郎，並有文集。

校勘記

〔一〕三刻使成　「三」各本作「二」，據南史及册府元龜五五一改。按：限三刻成詩，爲當時通例，可參看本書褚翔傳、謝徵傳。

〔二〕樂安任昉南鄉范雲皆與友善　「與」字各本脫。據南史補。

〔三〕時伯叔父悛繪等並顯貴　「伯叔父」百衲本、南監本、汲古閣本、金陵局本俱作「世叔父」，今從北監本、殿本。張元濟梁書校勘記：「伯叔父，是。南史：悛弟子苞；繪，悛弟也。」

〔四〕遷尚書功論郎　「功論郎」各本作「工部郎」，據南史改。尚書屬有功論郎。工部之名起於隋，齊梁未有。

〔五〕方分肉於仁獸　「分肉」册府元龜一九二作「六駮」。按：「方六駮於仁獸」，與下句「邊卻克於邯鄲」相偶成文。六駮食虎豹，不可方之於「仁獸」；卻克脚跛，不可邊步邯鄲。若作「分肉」，則無意義。

〔六〕歷爲宣惠豫章王中軍臨川王記室　「臨川」下各本脫一「王」字，據南史及册府元龜五五五補。

〔七〕集注後漢一百八十卷　今本後漢書有紀十二卷，志三十卷，傳八十八卷，共一百三十卷，不符一百八十卷之數，「八」或係「三」之譌。

〔八〕東海郯人也　「郯」各本譌「剡」，據南史改。

〔九〕應在綏撫　「撫」各本作「附」。據南史及册府元龜二一二改。

〔一〇〕岏字長岳　「岳」南史及册府元龜五五五作「丘」。

〔一一〕著良吏傳十卷　「吏」各本譌「史」，據南史及隋書經籍志改。

〔一二〕太守王嶸素相賞好　「嶸」册府元龜六八七作「峻」。疑作「峻」是。南史王峻傳，峻仕齊爲桂陽內史，天監初還，時正相接。

〔一三〕出爲晉陵令　「晉陵」各本作「晉陽」。據南史文學卞彬傳高爽附傳改。

〔一四〕坐事繫冶　「冶」各本譌「治」，今改正。

梁書卷五十

列傳第四十四

文學下

劉峻　劉沼　謝幾卿　劉勰　王籍　何思澄　劉杳　謝徵

臧嚴　伏挺　庾仲容　陸雲公　任孝恭　顏協

劉峻字孝標，平原平原人。父珽，宋始興內史。〔一〕

峻生期月，母攜還鄉里。宋泰始初，青州陷魏，峻年八歲，爲人所略至中山，中山富人劉實愍峻，以束帛贖之，敎以書學。魏人聞其江南有戚屬，更徙之桑乾。峻好學，家貧，寄人廡下，自課讀書，常燎麻炬，從夕達旦，時或昏睡，爇其髮，既覺復讀，終夜不寐，其精力如此。齊永明中，從桑乾得還，自謂所見不博，更求異書，聞京師有者，必往祈借，清河崔慰祖謂之「書淫」。時竟陵王子良博招學士，峻因人求爲子良國職，吏部尚書徐孝嗣抑而不許，用

爲南海王侍郎，不就。至明帝時，蕭遙欣爲豫州，爲府刑獄，禮遇甚厚。遙欣尋卒，久之不調。天監初，召入西省，與學士賀蹤典校祕書。峻兄孝慶，時爲青州刺史，峻請假省之，坐私載禁物，爲有司所奏，免官。安成王秀好峻學，及還荆州，引爲戶曹參軍，給其書籍，使抄錄事類，名曰類苑，未及成，復以疾去，因遊東陽紫巖山，築室居焉。爲山栖志，其文甚美。

高祖招文學之士，有高才者，多被引進，擢以不次。峻率性而動，不能隨衆沉浮，高祖頗嫌之，故不任用。峻乃著辨命論以寄其懷曰：

主上嘗與諸名賢言及管輅，歎其有奇才而位不達。時有在赤墀之下，預聞斯議，歸以告余。余謂士之窮通，無非命也，故謹述天旨，因言其略云。

臣觀管輅天才英偉，珪璋特秀，實海內之髦傑，豈日者卜祝之流。而官止少府丞，年終四十八，天之報施，何其寡歟？然則高才而無貴仕，饕餮而居大位，自古所歎，焉獨公明而已哉。故性命之道，窮通之數，夭閼紛綸，莫知其辨。仲任蔽其源，子長闡其惑。至於鶡冠甕牖，必以懸天有期；鼎貴高門，則曰唯人所召。譊譊讙咋，異端俱起。蕭遠論其本而不暢其流，子玄語其流而未詳其本。嘗試言之曰：夫道生萬物，則謂之道；生而無主，謂之自然。自然者，物見其然，不知所以然；同焉皆得，不知所以得。鼓動陶鑄而不爲功，庶類混成而非其力。生之無亭毒之心，死之豈虔劉之志。墜之淵泉

非其怒，昇之霄漢非其悅。蕩乎大乎，萬寶以之化；確乎純乎，一化而不易。化而不易，則謂之命。命也者，自天之命也。定於冥兆，終然不變。鬼神莫能預，聖哲不能謀。至觸山之力無以抗，倒日之誠弗能感。短則不可緩之於寸陰，長則不可急之於箭漏。至德未能踰，上智所不免。是以放勛之代，浩浩襄陵；天乙之時，燋金流石。文公躓其尾，宣尼絕其糧。顏回敗其叢蘭，冉耕歌其芣苡。夷、叔斃淑媛之言，子輿困臧倉之訴。聖賢且猶若此，而況庸庸者乎！至乃伍員浮尸於江流，三閭沈骸於湘渚；賈大夫沮志於長沙，馮都尉皓髮於郎署；君山鴻漸，鎩羽儀於高雲；敬通鳳起，摧迅翮於風穴：此豈才不足而行有遺哉。

近世有沛國劉瓛，瓛弟璡，並一時之秀士也。瓛則關西孔子，通涉六經，循循善誘，服膺儒行。璡則志烈秋霜，心貞崐玉，亭亭高竦，不雜風塵。皆毓德於衡門，並馳聲於天地。而官有微於侍郎，位不登於執戟，相繼徂落，宗祀無饗。因斯兩賢，以言古則：昔之玉質金相，英髦秀達，皆擯斥於當年，韞奇才而莫用，候草木以共凋，與麋鹿而同死，膏塗平原，骨塡川谷，湮滅而無聞者，豈可勝道哉！此則宰衡之與皁隸，容、彭之與殤子，猗頓之與黔婁，陽文之與敦洽，咸得之於自然，不假道於才智。故曰「死生有命，富貴在天」，其斯之謂矣。然命體周流，變化非一，或先號後笑，或始吉終凶，或不

召自來，或因人以濟。交錯紛糾，循環倚伏，非可以一理徵，非可以一途驗，而其道密微，寂寥忽慌，無形可以見，無聲可以聞。必御物以效靈，亦憑人而成象，譬天王之冕旒，任百官以司職。而惑者覩湯、武之龍躍，謂龕亂在神功；聞孔、墨之挺生，謂英睿擅奇響；視彭、韓之豹變，謂鷙猛致人爵；見張、桓之朱紱，謂明經拾青紫。豈知有力者運之而趨乎？故言而非命，有六蔽焉。余請陳其梗概：

夫靡顏膩理，哆嗚顣頞，形之異也。朝秀辰終，龜鶴千歲，年之殊也。聞言如響，智昏菽麥，神之辨也。固知三者定乎造化，榮辱之境，獨曰由人，是知二五而未識於十，其蔽一也。龍犀日角，帝王之表；河目龜文，公侯之相。撫鏡知其將刑，壓紐顯其膺錄。星虹樞電，昭聖德之符；夜哭聚雲，鬱興王之瑞。皆兆發於前期，渙汗於後葉。若謂驅貔虎，奮尺劍，入紫微，升帝道，則未達窅冥之情，未測神明之數，其蔽二也。空桑之里，變成洪川；歷陽之都，化爲魚鼈。楚師屠漢卒，睢河鯁其流；秦人坑趙士，沸聲若雷震。火炎崐岳，礫石與琬琰俱焚；嚴霜夜零，蕭艾與芝蘭共盡。雖游、夏之英才，伊、顏之殆庶，焉能抗之哉？其蔽三也。或曰，明月之珠，不能無纇；夏后之璜，不能無考。故亭伯死於縣長，長卿卒於園令。才非不傑也，主非不明也，而碎結綠之鴻輝，殘懸黎之夜色，抑尺之量有短哉？若然者，主父偃、公孫弘對策不升第，歷說而不入，牧豕淄

原，見棄州部，設令忽如過隙，溘死霜露，其爲詬恥，豈崔、馬之流乎？及至開東閤，列五鼎，電照風行，聲馳海外，寧前愚而後智，先非而終是？將榮悴有定數，天命有至極？而謬生妍蚩，其蔽四也。夫虎嘯風馳，龍興雲屬。故重華立而元、凱升，辛受生而飛廉進。然則天下善人少，惡人多；闇主衆，明君寡。而薰蕕不同器，梟鸞不接翼。是使渾沌、檮杌，踵武雲臺之上；仲容、庭堅，耕耘巖石之下。横謂廢興在我，無繫於天，其蔽五也。彼戎狄者，人面獸心，宴安鴆毒。以誅殺爲道德，以蒸報爲仁義。雖大風立於青丘，鑿齒奮於華野，比其狼戾，曾何足踰。自金行不競，天地版蕩，左帶沸脣，乘間電發。遂覆瀍、洛，傾五都。居先王之桑梓，竊名號於中縣。與三皇競其甿黎，五帝角其區宇。種落繁熾，充牣神州。嗚呼！福善禍淫，徒虛言耳。豈非否泰相傾，盈縮遞運，而汨之以人？其蔽六也。

然所謂命者，死生焉，貴賤焉，貧富焉，理亂焉，禍福焉，此十者天之所賦也。愚智善惡，此四者人之所行也。夫神非舜、禹，心異朱、均，才絓中庸，在於所習。是以素絲無恒，玄黃代起；鮑魚芳蘭，入而自變。故季路學於仲尼，厲風霜之節；楚穆謀於潘崇，成悖逆之禍。而商臣之惡，盛業光於後嗣；仲由之善，不能息其結纓，斯則邪正由於人，吉凶存乎命。或以鬼神害盈，皇天輔德。故宋公一言，法星三徙；殷帝自翦，千里

來雲。善惡無徵，未洽斯義。〔三〕且于公高門以待封，嚴母掃墓以望喪。此君子所以自强不息也。如使仁而無報，奚爲修善立名乎？斯徑廷之辭也。夫聖人之言，顯而晦，微而婉，幽遠而難聞，河漢而不極。或立教以進庸惰，或言命以窮性靈。積善餘慶，立教也；鳳鳥不至，言命也。今以其片言辯其要趣，何異乎夕死之類而論春秋之變哉。且荆昭德音，丹雲不卷；周宣祈雨，珪璧斯罄。于叟種德，不逮勛、華之高；延年殘獷，未甚東陵之酷。爲善一，爲惡均，而禍福異其流，廢興殊其迹。蕩蕩上帝，豈如是乎？詩云：「風雨如晦，雞鳴不已。」故善人爲善，焉有息哉？

夫食稻粱，進芻豢，衣狐貉，襲冰紈，觀窈眇之奇儛，聽雲和之琴瑟，此生人之所急，非有求而爲也。修道德，習仁義，敦孝悌，立忠貞，漸禮樂之腴潤，蹈先王之盛則，此君子之所急，非有求而爲也。然則君子居正體道，樂天知命。明其無可奈何，識其不由智力。逝而不召，來而不距，生而不喜，死而不慼。瑤臺夏屋，不能悅其神；土室編蓬，未足憂其慮。不充詘於富貴，不遑遑於所欲。豈有史公、董相不遇之文乎？

論成，中山劉沼致書以難之，凡再反，峻並爲申析以答之。會沼卒，不見峻後報者，峻乃爲書以序之曰：「劉侯既有斯難，值余有天倫之慼，竟未之致也。尋而此君長逝，化爲異物，緒言餘論，蘊而莫傳。或有自其家得而示余者，悲其音徽未沫，而其人已亡；青簡尚新，

而宿草將列，泫然不知涕之無從。雖隙駟不留，尺波電謝，而秋菊春蘭，英華靡絕，故存其梗概，更酬其旨。若使墨翟之言無爽，宣室之談有徵，冀東平之樹，望咸陽而西靡；蓋山之泉，聞弦歌而赴節。但懸劍空隴，有恨如何！」其論文多不載。

峻又嘗爲自序，其略曰：「余自比馮敬通，而有同之者三，異之者四。何則？敬通雄才冠世，志剛金石；余雖不及之，而節亮慷慨，此一同也。敬通值中興明君，而終不試用；余逢命世英主，亦擯斥當年，此二同也。敬通有忌妻，至於身操井臼；余有悍室，亦令家道轗軻，此三同也。敬通當更始之世，手握兵符，躍馬食肉；余自少迄長，戚戚無歡，此一異也。敬通有一子仲文，官成名立；余禍同伯道，永無血胤，此二異也。敬通膂力方剛，老而益壯；余有犬馬之疾，溘死無時，此三異也。敬通雖芝殘蕙焚，終填溝壑，而爲名賢所慕，其風流郁烈芬芳，久而彌盛；余聲塵寂漠，世不吾知，魂魄一去，將同秋草，此四異也。所以自力爲敍，遺之好事云。」

峻居東陽，吳、會人士多從其學。普通二年，卒，時年六十。[三]門人謚曰玄靖先生。

劉沼字明信，中山魏昌人。六代祖輿，晉驃騎將軍。

沼幼善屬文，既長博學。仕齊起家奉朝請，冠軍行參軍。天監初，拜後軍臨川王記室參軍，秣陵令，卒。

謝幾卿，陳郡陽夏人。曾祖靈運，宋臨川內史；父超宗，齊黃門郎：並有重名於前代。

幾卿幼清辯，當世號曰神童。後超宗坐事徙越州，路出新亭渚，幾卿不忍辭訣，遂投赴江流，左右馳救，得不沈溺。及居父憂，哀毀過禮。服闋，召補國子生。齊文惠太子自臨策試，謂祭酒王儉曰：「幾卿本長玄理，今可以經義訪之。」儉承旨發問，幾卿隨事辨對，辭無滯者，文惠大稱賞焉。儉謂人曰：「謝超宗爲不死矣。」

既長好學，博涉有文采。起家豫章王國常侍，累遷車騎法曹行參軍，相國祭酒，出爲寧國令，入補尚書殿中郎、太尉晉安王主簿。天監初，除征虜鄱陽王記室，尚書三公郎，[四]尋爲治書侍御史。舊郎官轉爲此職者，世謂爲南奔。幾卿頗失志，多陳疾，臺事略不復理。徙爲散騎侍郎，累遷中書郎，國子博士，尚書左丞。幾卿詳悉故實，僕射徐勉每有疑滯，多詢訪之。然性通脫，會意便行，不拘朝憲，嘗預樂遊苑宴，不得醉而還，因詣道邊酒壚，停車褰幔，與車前三騶對飲，時觀者如堵，幾卿處之自若。後以在省署，夜著犢鼻褌，與門生登閤道飲酒酣嘯，爲有司糾奏，坐免官。尋起爲國子博士，俄除河東太守，秩未滿，陳疾解。尋除太子率更令，遷鎮衞南平王長史。普通六年，詔遣領軍將軍西昌侯蕭淵藻督衆軍北伐，幾卿啓求行，擢爲軍師長史，加威戎將軍。軍至渦陽退敗，幾卿坐免官。

居宅在白楊石井，朝中交好者載酒從之，賓客滿坐。時左丞庾仲容亦免歸，二人意志相得，並肆情誕縱，或乘露車歷遊郊野，既醉則執鐸挽歌，不屑物議。湘東王在荊鎮，與書慰勉之。幾卿答曰：「下官自奉違南浦，卷迹東郊，望日臨風，瞻言佇立。仰尋惠渥，陪奉遊宴，漾桂棹於清池，席落英於曾岨。蘭香兼御，羽觴競集，側聽餘論，沐浴玄流。濤波之辯，懸河不足譬，春藻之辭，麗文無以匹。莫不相顧動容，服心勝口，不覺春日爲遙，更謂脩夜爲促。嘉會難常，摶雲易遠，言念如昨，忽焉素秋。恩光不遺，善謔遠降。因事罷歸，豈云栖息。既匪高官，理就一廛。[五]田家作苦，實符清誨。本乏金羈之飾，無假玉璧爲資，徒以老使形疏，疾令心阻，沈滯牀簣，彌歷七旬，夢幻俄頃，憂傷在念，竟知無益，思自祛遣。尋理滌意，即以任命爲膏酥；攬鏡照形，翻以支離代萱樹。故得仰慕徽猷，永言前哲，鬼谷深栖，接輿高舉，遁名屠肆，發迹關市，其人緬邈，餘流可想。若令亡者有知，寧不縈悲玄壤，悵隔芳塵；如其逝者可作，必當昭被光景，歡同遊豫，使夫一介老圃，得簉虛心末席。去日已疏，來侍未孱，連劍飛鳧，擬非其類，懷私茂德，竊用涕零。」

幾卿雖不持檢操，然於家門篤睦。兄才卿早卒，其子藻幼孤，幾卿撫養甚至。及藻成立，歷清官公府祭酒、主簿，皆幾卿獎訓之力也。世以此稱之。

幾卿未及序用，病卒。文集行於世。

劉勰字彥和，東莞莒人。祖靈眞，宋司空秀之弟也。父尙，越騎校尉。

勰早孤，篤志好學，家貧不婚娶，依沙門僧祐，與之居處，積十餘年，遂博通經論，因區別部類，錄而序之。今定林寺經藏，勰所定也。

天監初，起家奉朝請，中軍臨川王宏引兼記室，遷車騎倉曹參軍。出爲太末令，政有清績。除仁威南康王記室，兼東宮通事舍人。時七廟饗薦已用蔬果，而二郊農社猶有犧牲，勰乃表言二郊宜與七廟同改，詔付尙書議，依勰所陳。遷步兵校尉，兼舍人如故。昭明太子好文學，深愛接之。

初，勰撰文心雕龍五十篇，論古今文體，引而次之。其序曰：

夫文心者，言爲文之用心也。昔涓子琴心，王孫巧心，心哉美矣夫，故用之焉。古來文章，以雕縟成體，豈取騶奭羣言雕龍也。夫宇宙緜邈，黎獻紛雜，拔萃出類，智術而已。歲月飄忽，性靈不居，騰聲飛實，制作而已。夫肖貌天地，稟性五才，擬耳目於日月，方聲氣乎風雷，其超出萬物，亦已靈矣。形甚草木之脆，名踰金石之堅，是以君子處世，樹德建言，豈好辯哉，不得已也。

予齒在踰立，嘗夜夢執丹漆之禮器，隨仲尼而南行，旦而寤，廼怡然而喜。大哉聖人之難見也！廼小子之垂夢歟！自生人以來，未有如夫子者也。敷讚聖旨，莫若注經，而馬、鄭諸儒，弘之已精，就有深解，未足立家。唯文章之用，實經典枝條，五禮資之以成，六典因之致用，君臣所以炳煥，軍國所以昭明，詳其本源，莫非經典。而去聖久遠，文體解散，辭人愛奇，言貴浮詭，飾羽尚畫，文繡鞶帨，離本彌甚，將遂訛濫。蓋周書論辭，貴乎體要，尼父陳訓，惡乎異端。辭訓之異，宜體於要。於是搦筆和墨，乃始論文。

詳觀近代之論文者多矣。至如魏文述典，陳思序書，應瑒文論，陸機文賦，仲洽流別，〔六〕弘範翰林，各照隅隙，鮮觀衢路。或臧否當時之才，或銓品前修之文，或汎舉雅俗之旨，或撮題篇章之意。魏典密而不周，陳書辯而無當，應論華而疏略，陸賦巧而碎亂，流別精而少功，翰林淺而寡要。又君山、公幹之徒，吉甫、士龍之輩，汎議文意，往往間出，並未能振葉以尋根，觀瀾而索源。不述先哲之誥，無益後生之慮。

蓋文心之作也，本乎道，師乎聖，體乎經，酌乎緯，變乎騷，文之樞紐，亦云極矣。若乃論文敍筆，則囿別區分，原始以表末，釋名以章義，選文以定篇，敷理以舉統。上篇以上，綱領明矣。至於割情析表，籠圈條貫，摛神性，圖風勢，苞會通，閱聲字，崇替於時序，〔七〕褒貶於才略，怊悵於知音，耿介於程器，長懷序志，以馭羣篇。下篇以下，毛目顯矣。位理定名，彰乎大易之數，其爲文用，四十九篇而已。

夫銓敍一文爲易，彌綸羣言爲難，雖復輕采毛髮，深極骨髓，或有曲意密源，似近而遠，辭所不載，亦不勝數矣。及其品評成文，有同乎舊談者，非雷同也，勢自不可異也。有異乎前論者，非苟異也，理自不可同也。同之與異，不屑古今，擘肌分理，唯務折衷。案轡文雅之場，而環絡藻繪之府，亦幾乎備矣。但言不盡意，聖人所難，識在缾管，何能矩矱。茫茫往代，既洗予聞，眇眇來世，儻塵彼觀。

既成，未爲時流所稱。勰自重其文，欲取定於沈約。約時貴盛，無由自達，乃負其書，候約出，干之於車前，狀若貨鬻者。約便命取讀，大重之，謂爲深得文理，常陳諸几案。然勰爲文長於佛理，京師寺塔及名僧碑誌，必請勰製文。有敕與慧震沙門於定林寺撰經證，功畢，遂啓求出家，先燔鬢髮以自誓，敕許之。乃於寺變服，改名慧地。未朞而卒。文集行於世。

王籍字文海，琅邪臨沂人。祖遠，宋光祿勳。父僧祐，齊驍騎將軍。

籍七歲能屬文，及長好學，博涉有才氣，樂安任昉見而稱之。嘗於沈約坐賦得詠燭，〔八〕甚爲約賞。齊末，爲冠軍行參軍，累遷外兵、記室。天監初，除安成王主簿，尚書三公郎，廷尉正。歷餘姚、錢塘令，〔九〕並以放免。久之，除輕車湘東王諮議參軍，隨府會稽。郡境有雲門、天柱山，籍嘗遊之，或累月不反。至若邪溪賦詩，其略云「蟬噪林逾靜，鳥鳴山更幽。」當時以爲文外獨絕。還爲大司馬從事中郎，遷中散大夫，尤不得志，遂徒行市道，不擇交遊。湘東王爲荆州，引爲安西府諮議參軍，帶作塘令，不理縣事，日飲酒，人有訟者，鞭而遣之。少時，卒。文集行於世。

子碧，亦有文才，先籍卒。

何思澄字元靜，東海郯人。父敬叔，齊征東錄事參軍、餘杭令。〔一〇〕

思澄少勤學，工文辭。起家爲南康王侍郎，累遷安成王左常侍，兼太學博士，平南安成

王行參軍，兼記室。隨府江州，爲遊廬山詩，沈約見之，大相稱賞，自以爲弗逮，約郊居宅新構閣齋，因命工書人題此詩於壁。傅昭常請思澄製釋奠詩，辭文典麗。〔一一〕除廷尉正。天監十五年，敕太子詹事徐勉舉學士入華林撰徧略，勉舉思澄等五人以應選。遷治書侍御史。宋、齊以來，此職稍輕，天監初始重其選，車前依尚書二丞給三騶，執盛印青囊，舊事糾彈官印綬在前故也。久之，遷秣陵令，入兼東宮通事舍人。除安西湘東王錄事參軍，兼舍人如故。時徐勉、周捨以才具當朝，並好思澄學，常遞日招致之。昭明太子薨，出爲黟縣令。遷除宣惠武陵王中錄事參軍，卒官，時年五十四。文集十五卷。

初，思澄與宗人遜及子朗俱擅文名，時人語曰「東海三何，子朗最多。」思澄聞之，曰：「此言誤耳。如其不然，故當歸遜。」思澄意謂宜在己也。

子朗字世明，早有才思，工清言，周捨每與共談，服其精理。嘗爲敗冢賦，擬莊周馬棰，其文甚工。世人語曰「人中爽爽何子朗」。歷官員外散騎侍郎，出爲國山令，〔一二〕卒，時年二十四。文集行於世。

劉杳字士深，平原平原人也。祖乘民，宋冀州刺史。父聞慰，齊東陽太守，有清績，在

復隨王遷鎭郢州，徵入爲京尹，挺留夏首，久之還京師。太清中，客遊吳興、吳郡，侯景亂中卒。著邇說十卷，文集二十卷。

子知命，先隨挺事邵陵王，掌書記。亂中，王於郢州奔敗，知命仍下投侯景。常以其父宦途不至，深怨朝廷，遂盡心事景。景襲郢州，圍巴陵，軍中書檄，皆其文也。及景簒位，爲中書舍人，專任權寵，勢傾內外。景敗被執，送江陵，於獄中幽死。挺弟捶，亦有才名，先爲邵陵王所引，歷爲記室、中記室、參軍。

庾仲容字仲容，潁川鄢陵人也。晉司空冰六世孫。祖徽之，宋御史中丞。父漪，齊邵陵王記室。

仲容幼孤，爲叔父泳所養。既長，杜絕人事，專精篤學，晝夜手不輟卷。初爲安西法曹行參軍，泳時已貴顯，吏部尚書徐勉擬泳子晏嬰爲宮僚，泳垂泣曰：「兄子幼孤，人才粗可，願以晏嬰所忝迴用之。」勉許焉，因轉仲容爲太子舍人。遷安成王主簿。時平原劉孝標亦爲府佐，並以强學爲王所禮接。遷晉安功曹史。歷爲永康、錢唐、武康令，治縣並無異績，多被劾。久之，除安成王中記室，當出隨府，皇太子以舊恩，特降餞宴，賜詩曰：「孫生陟陽

道，吳子朝歌縣，未若樊林舉，置酒臨華殿。」時輩榮之。遷安西武陵王諮議參軍。除尚書左丞，坐推糾不直免。

仲容博學，少有盛名，頗任氣使酒，好危言高論，士友以此少之。唯與王籍、謝幾卿情好相得，二人時亦不調，遂相追隨，誕縱酣飲，不復持檢操。久之，復爲諮議參軍，出爲黟縣令。及太清亂，客遊會稽，遇疾卒，時年七十四。

仲容抄諸子書三十卷，衆家地理書二十卷，列女傳三卷，文集二十卷，並行於世。

陸雲公字子龍，吳郡人也。祖閑，州別駕。父完，寧遠長史。

雲公五歲誦論語、毛詩，九歲讀漢書，略能記憶。從祖倕、沛國劉顯質問十事，雲公對無所失，顯歎異之。既長，好學有才思。州舉秀才。累遷宣惠武陵王、平西湘東王行參軍。雲公先製太伯廟碑，吳興太守張纘罷郡經途，讀其文歎曰：「今之蔡伯喈也。」纘至都掌選，言之於高祖，召兼尚書儀曹郎，頃之即眞，入直壽光省，以本官知著作郎事。俄除著作郎，累遷中書黃門郎，並掌著作。雲公善弈棊，常夜侍御坐，武冠觸燭火，高祖笑謂曰：「燭燒卿貂。」高祖將用雲公爲侍中，故以此言戲之也。是時天淵池新製鯿魚舟，形闊而短，高祖暇

日，常汎此舟，在朝唯引太常劉之遴、國子祭酒到溉、右衞朱异，雲公時年位尚輕，亦預焉。其恩遇如此。太清元年，卒，時年三十七。高祖悼惜之，手詔曰：「給事黃門侍郎、掌著作陸雲公，風尚優敏，後進之秀。奄然殂謝，良以惻然。可剋日舉哀，賻錢五萬，布四十匹。」

張纘時爲湘州，與雲公叔襄、兄晏子書曰：「都信至，承賢兄子賢弟黃門殞折，非唯貴門喪寶，實有識同悲，痛惋傷惜，不能已已。賢兄子賢弟神情早著，標令弱年，經目所覩，殆無再問。懷橘抱柰，稟自天情；倨坐列薪，非因外獎。學以聚之，則一箸能立；問以辯之，則師心獨寤。始踰弱歲，辭藝通洽，升降多士，秀也詩流。見與齒過肩隨，禮殊拜絕，懷抱相得，忘其年義。朝遊夕宴，一載于斯。翫古披文，終晨訖暮。平生知舊，零落稍盡，老夫記意，其數幾何。至若此生，寧可多過，賞心樂事，所寄伊人。弟遷職瀟、湘，維舟洛汭，將離之際，彌見情款。夕次帝郊，亟淹信宿，徘徊握手，忍分歧路。行役數年，羈病侵迫，識慮惛怳，久絕人世。憑几口授，素無其功；翰動若飛，彌有多愧。京洛遊故，咸成雲雨，唯有此生，音塵數嗣。形迹之外，不爲遠近隔情；襟素之中，豈以風霜改節。客遊半紀，志切首丘，日望東歸，更敦昔款。如何此別，永成異世！揮袂之初，人誰自保，但恐衰謝，無復前期。不謂華齡，方春掩質，埋玉之恨，撫事多情。想引進之情，懷抱素篤，友于之至，兼深家寶。奄有此恤，當何可言。臨白增悲，言以無次。」

雲公從兄才子，亦有才名，歷官中書郎、宣成王友，太子中庶子，廷尉卿，先雲公卒。才子、雲公文集，並行於世。

任孝恭字孝恭，臨淮臨淮人也。曾祖農夫，宋南豫州刺史。

孝恭幼孤，事母以孝聞。精力勤學，家貧無書，常崎嶇從人假借。每讀一徧，諷誦略無所遺。外祖丘它，與高祖有舊，高祖聞其有才學，召入西省撰史。初爲奉朝請，進直壽光省，爲司文侍郎，俄兼中書通事舍人。勑遣製建陵寺刹下銘，又啓撰高祖集序文，並富麗，自是專掌公家筆翰。孝恭爲文敏速，受詔立成，若不留意，每奏，高祖輒稱善，累賜金帛。孝恭少從蕭寺雲法師讀經論，明佛理，至是蔬食持戒，信受甚篤。而性頗自伐，以才能尚人，於時輩中多有忽略，世以此少之。

太清二年，侯景寇逼，孝恭啓募兵，隸蕭正德，屯南岸。及賊至，正德舉衆入賊，孝恭還赴臺，臺門已閉，因奔入東府，尋爲賊所攻，城陷見害。文集行於世。

顏協字子和，琅邪臨沂人也。七代祖含，晉侍中、國子祭酒、西平靖侯。父見遠，博學有志行。初，齊和帝之鎮荊州也，以見遠爲錄事參軍，及卽位於江陵，以爲治書侍御史，俄兼中丞。高祖受禪，見遠乃不食，發憤數日而卒。高祖聞之曰：「我自應天從人，何預天下士大夫事？而顏見遠乃至於此也。」

協幼孤，養於舅氏。少以器局見稱。博涉羣書，工於草隸。釋褐湘東王國常侍，又兼府記室。世祖出鎮荊州，轉正記室。時吳郡顧協亦在蕃邸，與協同名，才學相亞，府中稱爲「二協」。舅陳郡謝暕卒，協以有鞠養恩，居喪如伯叔之禮，議者重焉。又感家門事義，不求顯達，恆辭徵辟，遊於蕃府而已。大同五年，卒，時年四十二。世祖甚歎惜之，爲懷舊詩以傷之。其一章曰：「弘都多雅度，信乃含賓實，鴻漸殊未昇，上才淹下秩。」協所撰晉仙傳五篇，日月災異圖兩卷，遇火湮滅。〔一九〕有二子：之儀，之推，並早知名。之推，承聖中仕至正員郎、中書舍人。

陳吏部尚書姚察曰：魏文帝稱古之文人，鮮能以名節自全。何哉？夫文者妙發性靈，獨拔懷抱，易邈等夷，必興矜露。大則凌慢侯王，小則傲蔑朋黨，速忌離訧，啓自此作。若夫屈、賈之流斥，桓、馮之擯放，豈獨一世哉，蓋恃才之禍也。羣士值文明之運，摛豔藻之辭，無鬱抑之虞，不遭向時之患，美矣。劉氏之論，命之徒也。命也者，聖人罕言歟，就而必之，非經意也。

校勘記

〔一〕父珽宋始興內史 「珽」南史作「琁之」，魏書劉休賓傳作「旋之」。

〔二〕善惡無徵未洽斯義 文選「善惡」上有「若使」二字。

〔三〕普通二年卒時年六十 「二年」南史作「三年」。按：上文云「宋泰始初，青州陷魏，峻年八歲，爲人所略至中山」，則峻生於宋大明二年。自宋大明二年至梁普通二年，首尾六十四年；至普通三年，則首尾六十五年。「時年六十」下當脫一「四」字或「五」字。

〔四〕除征虜鄱陽王記室尚書三公郎 「郎」上各本衍一「侍」字，據南史刪。

〔五〕因事罷歸豈云栖息既匪高宦理就一廛 「豈云栖息」各本脫「息」字，「既匪高宦」各本作「匪商官□」。今據册府元龜九〇五補正。

〔六〕仲洽流別 「洽」各本譌「治」，今改正。

〔七〕崇替於時序 「替」各本譌「贊」，今改正。

〔八〕嘗於沈約坐賦得詠燭 「得詠」二字各本譌倒，據册府元龜八三九乙正。

〔九〕歷餘姚錢塘令 「餘姚」南史及册府元龜七〇五作「餘杭」。

〔一〇〕父敬叔齊征東錄事參軍餘杭令 南史作「父敬叔，齊長城令」。

〔一一〕辭文典麗 「文」各本作「又」，據南史及册府元龜八三九改。

〔一二〕出爲國山令 「國」各本譌「固」，據南史及册府元龜八三九改正。

〔一三〕謂爲書鳳皇尾娑娑然 「娑娑然」南史作「婆娑然」。

〔一四〕張安世傳曰至以待顧問 按張安世傳無此文，此語及張晏注並見漢書趙充國傳。

〔一五〕謝徵字玄度 錢大昕廿二史考異：「徵當爲微之譌。」按南史作「微」。

〔一六〕曾祖燾宋左光祿 「燾」各本譌「壽」，今改正。按：臧燾，宋書有傳。

〔一七〕祖凝齊尚書右丞 「凝」卽臧凝之。臧凝之仕宋，官至尚書右丞，爲劉劭所殺，事終於宋，不得言齊。此「齊」字疑當移在下文「父稜，後軍參軍」之「後軍參軍」上。

〔一八〕乃出天心寺 各本譌「大心寺」，據册府元龜九四九改。

〔一九〕協所撰晉仙傳五篇日月災異圖兩卷遇火湮滅 南史「卷」下有「行於世其文集二十卷」九字。

梁書卷五十一

列傳第四十五

處士

何點 弟胤　阮孝緒　陶弘景　諸葛璩　沈顗　劉慧斐
范元琰　劉訏　劉歊　庾詵　張孝秀　庾承先

易曰：「君子遯世無悶，獨立不懼。」孔子稱長沮、桀溺隱者也。古之隱者，或恥聞禪代，高讓帝王，以萬乘爲垢辱，之死亡而無悔。此則輕生重道，希世間出，隱之上者也。或託仕監門，寄臣柱下，居易而以求其志，處汙而不愧其色。此所謂大隱隱於市朝，又其次也。或褁體佯狂，盲瘖絕世，棄禮樂以反道，忍孝慈而不恤。此全身遠害，得大雅之道，又其次也。然同不失語默之致，有幽人貞吉矣。與夫沒身亂世，爭利干時者，豈同年而語哉！孟子曰：「今人之於爵祿，得之若其生，失之若其死。」〔一〕淮南子曰：「人皆鑒於止水，不鑒於流

潦。」〔二〕夫可以揚清激濁，抑貪止競，其惟隱者乎！自古帝王，莫不崇尚其道。雖唐堯不屈巢、許，周武不降夷、齊，以漢高肆慢而長揖黃、綺，光武按法而折意嚴、周，自茲以來，世有人矣。有梁之盛，繼紹風猷，斯乃道德可宗，學藝可範，故以備處士篇云。

何點字子晳，廬江灊人也。祖尚之，宋司空。父鑠，宜都太守。鑠素有風疾，無故害妻，坐法死。點年十一，幾至滅性。及長，感家禍，欲絕婚宦，尚之強爲之娶琅邪王氏。禮畢，將親迎，點累涕泣，求執本志，遂得罷。

容貌方雅，博通羣書，善談論。家本甲族，親姻多貴仕。點雖不入城府，而遨遊人世，不簪不帶，或駕柴車，躡草屩，恣心所適，致醉而歸，士大夫多慕從之，時人號爲「通隱」。兄求，亦隱居吳郡虎丘山。求卒，點菜食不飲酒，訖于三年，要帶減半。

宋泰始末，徵太子洗馬；齊初，累徵中書郎、太子中庶子，並不就。與陳郡謝瀹、吳國張融、會稽孔稚珪爲莫逆友。從弟遁，以東籬門園居之，稚珪爲築室焉。園內有卞忠貞冢，點植花卉於冢側，每飲必舉酒酹之。初，褚淵、王儉爲宰相，點謂人曰：「我作齊書贊，云『淵既世族，儉亦國華；不賴舅氏，遑恤國家』。」〔三〕王儉聞之，欲候點，知不可見，乃止。豫章王嶷

命駕造點，點從後門遁去。司徒竟陵王子良欲就見之，點時在法輪寺，子良乃往請，點角巾登席，子良欣悅無已，遺點嵇叔夜酒杯、徐景山酒鎗。

點少時嘗患渴痢，積歲不愈，後在吳中石佛寺建講，於講所晝寢，夢一道人形貌非常，授丸一掬，夢中服之，自此而差，時人以爲淳德所感。

性通脫，好施與，遠近致遺，一無所逆，隨復散焉。嘗行經朱雀門街，有自車後盜點衣者，見而不言，傍有人擒盜與之，點乃以衣施盜，盜不敢受，點命告有司，盜懼，乃受之，催令急去。

點雅有人倫識鑒，多所甄拔。知吳興丘遲於幼童，稱濟陽江淹於寒素，悉如其言。

點既老，又娶魯國孔嗣女，嗣亦隱者也。點雖婚，亦不與妻相見，築別室以處之，人莫諭其意也。吳國張融少時免官，而爲詩有高尚之言，點答詩曰：「昔聞東都日，不在簡書前。」雖戲也，而融久病之。及點後婚，融始爲詩贈點曰：「惜哉何居士，薄暮遘荒婬。」點亦病之，而無以釋也。

高祖與點有舊，及踐阼，手詔曰：「昔因多暇，得訪逸軌，坐脩竹，臨清池，忘今語古，何其樂也。暫別丘園，十有四載，人事艱阻，亦何可言。自應運在天，每思相見，密邇物色，勞甚山阿。嚴光排九重，踐九等，談天人，敍故舊，有所不臣，何傷於高？文先以皮弁謁子桓，

伯況以縠綃見文叔，求之往策，不無前例。今賜卿鹿皮巾等。後數日，望能入也。」點以巾褐引入華林園，高祖甚悅，賦詩置酒，恩禮如舊。仍下詔曰：「前徵士何點，高尚其道，志安容膝，脫落形骸，棲志窅冥。睠日昃思治，尚想前哲；況親得同時，而不與爲政。喉脣任切，必俟邦良，誠望惠然，屈居獻替。可徵爲侍中。」辭疾不赴。乃復詔曰：「徵士何點，居貞物表，縱心塵外，夷坦之風，率由自遠。往因素志，頗申識言，眷彼子陵，情兼惟舊。昔仲虞邁俗，受俸漢朝；安道逸志，〔四〕不辭晉祿。此蓋前代盛軌，往賢所同。可議加資給，並出在所，日費所須，太官別給。既人高曜卿，故事同垣下。」

天監三年，卒，時年六十八。詔曰：「新除侍中何點，棲遲衡泌，白首不渝。奄至殞喪，倍懷傷惻。可給第一品材一具，賻錢二萬，布五十匹。喪事所須，內監經理。」又敕點弟胤曰：「賢兄徵君，弱冠拂衣，華首一操。心遊物表，不滯近跡；脫落形骸，寄之遠理。性情勝致，遇興彌高；文會酒德，撫際逾遠。睠膺籙受圖，思長聲教。朝多君子，既貴成雅俗；野有外臣，宜弘此難進。方賴清徽，式隆大業。昔在布衣，情期早著，資以仲虞之秩，待以子陵之禮，聽覽暇日，角巾引見，窅然汾射，茲焉有託。一旦萬古，良懷震悼。卿友于純至，親從凋亡，偕老之願，致使反奪，纏綿永恨，伊何可任。永矣柰何！」點無子，宗人以其從弟耿子遲任爲嗣。

胐字子季，點之弟也。年八歲，居憂哀毀若成人。既長好學。師事沛國劉瓛，受易及禮記、毛詩；又入鍾山定林寺聽內典：其業皆通。而縱情誕節，時人未之知也；唯瓛與汝南周顒深器異之。

起家齊祕書郎，遷太子舍人。出爲建安太守，爲政有恩信，民不忍欺。每伏臘放囚還家，依期而返。入爲尚書三公郎，不拜，遷司徒主簿。注易，又解禮記，於卷背書之，謂爲隱義。累遷中書郎，員外散騎常侍，太尉從事中郎，司徒右長史，給事黃門侍郎，太子中庶子，領國子博士，丹陽邑中正。尚書令王儉受詔撰新禮，未就而卒，又使特進張緒續成之，緒又卒，屬在司徒竟陵王子良，子良以讓胐；乃置學士二十人，佐胐撰錄。永明十年，遷侍中，領步兵校尉，轉爲國子祭酒。鬱林嗣位，胐爲后族，甚見親待。累遷左民尚書，領驍騎，中書令，領臨海、巴陵王師。

胐雖貴顯，常懷止足。建武初，已築室郊外，號曰小山，恒與學徒遊處其內。至是，遂賣園宅，欲入東山，未及發，聞謝朏罷吳興郡不還，胐恐後之，乃拜表辭職，不待報輒去。明帝大怒，使御史中丞袁昂奏收胐，尋有詔許之。胐以會稽山多靈異，往遊焉，居若邪山雲門寺。初，胐二兄求、點並栖遁，求先卒，至是胐又隱，世號點爲大山；胐爲小山，亦曰東山。

永元中，徵太常，太子詹事，並不就。高祖霸府建，引胐爲軍謀祭酒，與書曰：「想恒清豫，縱情林壑，致足歡也。既內絕心戰，外勞物役，以道養和，履候無爽。若邪擅美東區，山川相屬，前世嘉賞，是爲樂土。僕推遷簿官，自東徂西，悟言素對，用成睽闊，傾首東顧，曷日無懷。疇昔歡遇，曳裾儒肆，〔五〕實欲臥遊千載，畋漁百氏，一行爲吏，此事遂乖。屬以世道威夷，仍離屯故，投袂數千，剋黜釁禍。思得矚卷諧款，寓情古昔，夫豈不懷，事與願謝。君清襟素託，栖寄不近，中居人世，殆同隱淪。既俯拾青組，又脫屣朱轂。但理存用捨，義貴隨時，往識禍萌，實爲先覺，超然獨善，有識欽嗟。今者爲邦，貧賤咸恥，好仁由己，幸無凝滯。比別具白，此未盡言。今遣候承音息，矯首還翰，慰其引領。」胐不至。

高祖踐阼，詔爲特進、右光祿大夫。手敕曰：「吾猥當期運，膺此樂推，而顧己蒙蔽，昧於治道。雖復劬勞日昃，思致隆平，而先王遺範，尙蘊方策，息舉之用，存乎其人。〔六〕兼以世道澆暮，爭詐繁起，改俗遷風，良有未易。自非以儒雅弘朝，高尙軌物，則汨流所至，莫知其限。治人之與治身，獨善之與兼濟，得失去取，爲用孰多。吾雖不學，頗好博古，尙想高塵，每懷擊節。今世務紛亂，憂責是當，不得不屈道巖阿，共成世美。必望深達往懷，不吝濡足。今遣領軍司馬王果宣旨諭意。〔七〕遲面在近。」果至，胐單衣鹿巾，執經卷，下牀跪受詔書，就席伏讀。胐因謂果曰：「吾昔於齊朝欲陳兩三條事，一者欲正郊丘，二者欲更鑄九鼎，三者欲樹雙闕。世傳晉室欲立闕，王丞相指牛頭山云：『此天闕也』，是則未明立闕之意。闕者，謂之象魏。縣象法於其上，浹日而收之。象者，法也；魏者，當塗而高大貌也。鼎者神器，有國所先，故王孫滿斥言，楚子頓盡。圓丘國郊，舊典不同。〔八〕南郊祠五帝靈威仰之類，圓丘祠天皇大帝、北極大星是也。往代合之郊丘，先儒之巨失。今梁德告始，不宜遂因前謬。卿宜詣闕陳之。」果曰：「僕之鄙劣，豈敢輕議國典，此當敬俟叔孫生耳。」胐曰：「卿詎不遺傳詔還朝拜表，留與我同遊邪？」果愕然曰：「古今不聞此例。」胐曰：「檀弓兩卷，皆言物始。自卿而始，何必有例。」果曰：「今君遂當邈然絕世，猶有致身理不？」胐曰：「卿但以事見推，吾年已五十七，月食四斗米不盡，何容得有宦情。昔荷聖王眄識，今又蒙旌賁，甚願詣闕謝恩；但比腰脚大惡，此心不遂耳。」

果還，以胐意奏聞，有敕給白衣尙書祿，胐固辭。又敕山陰庫錢月給五萬，胐又不受。乃敕胐曰：「頃者學業淪廢，儒術將盡，閭閻搢紳，尠聞好事。吾每思弘獎，其風未移，當扆興言爲歎。本欲屈卿暫出，開導後生，既屬廢業，此懷未遂，延佇之勞，載盈夢想。理舟虛席，須俟來秋，所望惠然申其宿抱耳。卿門徒中經明行脩，厥數有幾？且欲瞻彼堂堂，置此周行。便可具以名聞，副其勞望。」又曰：「比歲學者殊爲寡少，良由無復聚徒，故明經斯廢。每一念此，爲之慨然。卿居儒宗，加以德素，當敕後進有意向者，就卿受業。想深思誨誘，

使斯文載興。」於是遣何子朗、孔壽等六人於東山受學。

太守衡陽王元簡深加禮敬，月中常命駕式閭，談論終日。胐以若邪處勢迫隘，不容生徒，乃遷秦望山。山有飛泉，西起學舍，卽林成援，因巖爲堵。別爲小閣室，寢處其中，躬自啓閉，僮僕無得至者。山側營田二頃，講隙從生徒遊之。胐初遷，將築室，忽見二人著玄冠，容貌甚偉，問胐曰：「君欲居此邪？」乃指一處云：「此中殊吉。」忽不復見，胐依其言而止焉。尋而山發洪水，樹石皆倒拔，唯胐所居室巋然獨存。元簡乃命記室參軍鍾嶸作瑞室頌，刻石以旌之。及元簡去郡，入山與胐別，送至都賜埭，去郡三里，因曰：「僕自棄人事，交遊路斷，自非降貴山藪，豈容復望城邑？此埭之遊，於今絕矣。」執手涕零。

何氏過江，自晉司空充並葬吳西山。胐家世年皆不永，唯祖尙之至七十二。胐年登祖壽，乃移還吳，作別山詩一首，言甚悽愴。至吳，居虎丘西寺講經論，學徒復隨之，東境守宰經途者，莫不畢至。胐常禁殺，有虞人逐鹿，鹿徑來趨胐，伏而不動。又有異鳥如鶴，紅色，集講堂，馴狎如家禽焉。

初，開善寺藏法師與胐遇於秦望，後還都，卒於鍾山。其死日，胐在般若寺，見一僧授胐香爐奩并函書，〔九〕云「呈何居士」。言訖失所在。胐開函，乃是大莊嚴論，世中未有。又於寺內立明珠柱，乃七日七夜放光，太守何遠以狀啓。昭明太子欽其德，遣舍人何思澄致

手令以褒美之。

中大通三年，卒，年八十六。先是胤疾，妻江氏夢神人告之曰：「汝夫壽盡，既有至德，應獲延期，爾當代之。」妻覺說焉，俄得患而卒，胤疾乃瘳。至是胤夢一神女，并八十許人，並衣帢，行列至前，俱拜牀下，覺又見之，便命營凶具。既而疾動，因不自治。胤注百法論、十二門論各一卷，注周易十卷，毛詩總集六卷，毛詩隱義十卷，禮記隱義二十卷，禮答問五十五卷。

子撰，亦不仕，廬陵王辟爲主簿，不就。

阮孝緒字士宗，陳留尉氏人也。父彥之，宋太尉從事中郎。

孝緒七歲，出後從伯胤之。胤之母周氏卒，有遺財百餘萬，應歸孝緒，孝緒一無所納，盡以歸胤之姊琅邪王晏之母，聞者咸歎異之。

幼至孝，性沉靜，雖與兒童遊戲，恒以穿池築山爲樂。年十三，徧通五經。十五，冠而見其父，彥之誡曰：「三加彌尊，人倫之始。宜思自勗，以庇爾躬。」答曰：「願迹松子於瀛海，追許由於窮谷，庶保促生，以免塵累。」自是屏居一室，非定省未嘗出戶，家人莫見其面，親

友因呼爲「居士」。

外兄王晏貴顯，屢至其門，孝緒度之必至顛覆，常逃匿不與相見。曾食醬美，問之，云是王家所得，便吐飧覆醢。及晏誅，其親戚咸爲之懼。孝緒曰：「親而不黨，何坐之及？」竟獲免。

義師圍京城，家貧無以爨，僮妾竊鄰人樵以繼火，孝緒知之，乃不食，更令撤屋而炊。所居室唯有一鹿牀，竹樹環繞。天監初，御史中丞任昉尋其兄履之，欲造而不敢，望而歎曰：「其室雖邇，其人甚遠。」爲名流所欽尚如此。

十二年，與吳郡范元琰俱徵，並不到。陳郡袁峻謂之曰：「往者，天地閉，賢人隱；今世路已清，而子猶遁，可乎？」答曰：「昔周德雖興，夷、齊不厭薇蕨；漢道方盛，黃、綺無悶山林。爲仁由己，何關人世！況僕非往賢之類邪？」

後於鍾山聽講，母王氏忽有疾，兄弟欲召之。母曰：「孝緒至性冥通，必當自到。」果心驚而返，鄰里嗟異之。合藥須得生人葠，舊傳鍾山所出，孝緒躬歷幽險，累日不值，忽見一鹿前行，孝緒感而隨後，至一所遂滅，就視，果獲此草。母得服之，遂愈。時皆歎其孝感所致。

時有善筮者張有道謂孝緒曰：「見子隱跡而心難明，自非考之龜蓍，無以驗也。」及布

卦，既揲五爻，曰：「此將爲咸，應感之法，非嘉遯之兆。」孝緒曰：「安知後爻不爲上九？」果成遯卦。有道歎曰：「此謂『肥遯無不利』。象實應德，心迹并也。」孝緒曰：「雖獲遯卦，而上九爻不發，升遐之道，便當高謝許生。」乃著高隱傳，上自炎、黃，終于天監之末，斟酌分爲三品，凡若干卷。又著論云：「夫至道之本，貴在無爲；聖人之跡，存乎拯弊。弊拯由跡，跡用有乖於本，本既無爲，爲非道之至。然不垂其跡，則世無以平；不究其本，則道實交喪。丘、旦將存其跡，故宜權晦其本；老、莊但明其本，亦宜深抑其跡。跡既可抑，數子所以有餘；本方見晦，尼丘是故不足。非得一之士，闕彼明智；體二之徒，獨懷鑒識。〔一〇〕然聖已極照，反創其跡；賢未居宗，更言其本。良由跡須拯世，非聖不能；本實明理，在賢可照。若能體茲本跡，悟彼抑揚，則孔、莊之意，其過半矣。」

南平元襄王聞其名，致書要之，不赴。孝緒曰：「非志驕富貴，但性畏廟堂。若使羇麏可驂，何以異夫驥騄。」

初，建武末，青溪宮東門無故自崩，〔一一〕大風拔東宮門外楊樹。或以問孝緒，孝緒曰：「青溪皇家舊宅。齊爲木行，東者木位，今東門自壞，木其衰矣。」

鄱陽忠烈王妃，孝緒之姊。王嘗命駕，欲就之遊，孝緒鑿垣而逃，卒不肯見。諸甥歲時饋遺，一無所納。人或怪之，答云：「非我始願，故不受也。」

其恒所供養石像，先有損壞，心欲治補，經一夜忽然完復，衆並異之。

大同二年，卒，時年五十八。門徒誄其德行，謚曰文貞處士。所著七錄等書二百五十卷，行於世。

陶弘景字通明，丹陽秣陵人也。初，母夢青龍自懷而出，并見兩天人手執香爐來至其所，已而有娠，遂產弘景。幼有異操。年十歲，得葛洪神仙傳，晝夜研尋，便有養生之志。謂人曰：「仰青雲，覩白日，不覺爲遠矣。」及長，身長七尺四寸，神儀明秀，朗目疏眉，細形長耳。讀書萬餘卷。善琴棊，工草隸。未弱冠，齊高帝作相，引爲諸王侍讀，除奉朝請。雖在朱門，閉影不交外物，唯以披閱爲務。朝儀故事，多取決焉。永明十年，上表辭祿，詔許之，賜以束帛。及發，公卿祖之於征虜亭，供帳甚盛，車馬填咽，咸云宋、齊已來，未有斯事。朝野榮之。

於是止于句容之句曲山。恒曰：「此山下是第八洞宮，名金壇華陽之天，周回一百五十里。昔漢有咸陽三茅君得道，來掌此山，故謂之茅山。」乃中山立館，自號華陽隱居。始從東陽孫遊岳受符圖經法。徧歷名山，尋訪仙藥。每經澗谷，必坐臥其間，吟詠盤桓，不能已

已。時沈約爲東陽郡守，高其志節，累書要之，不至。

弘景爲人，圓通謙謹，出處冥會，心如明鏡，遇物便了，言無煩舛，有亦輒覺。建武中，齊宜都王鏗爲明帝所害，其夜，弘景夢鏗告別，因訪其幽冥中事，多說祕異，因著夢記焉。

永元初，更築三層樓，弘景處其上，弟子居其中，賓客至其下，與物遂絕，唯一家僮得侍其旁。特愛松風，每聞其響，欣然爲樂。有時獨遊泉石，望見者以爲仙人。

性好著述，尚奇異，顧惜光景，老而彌篤。尤明陰陽五行，風角星算，山川地理，方圖產物，醫術本草。著帝代年歷，又嘗造渾天象，云「修道所須，非止史官是用」。

義師平建康，聞議禪代，弘景援引圖讖，數處皆成「梁」字，令弟子進之。高祖既早與之遊，及卽位後，恩禮逾篤，書問不絕，冠蓋相望。

天監四年，移居積金東澗。善辟穀導引之法，年逾八十而有壯容。深慕張良之爲人，云「古賢莫比」。曾夢佛授其菩提記，名爲勝力菩薩。乃詣鄮縣阿育王塔自誓，受五大戒。後太宗臨南徐州，欽其風素，召至後堂，與談論數日而去，太宗甚敬異之。大通初，令獻二刀於高祖，其一名善勝，一名威勝，[一二]並爲佳寶。

大同二年，卒，時年八十五。[一三]顏色不變，屈申如恒。詔贈中散大夫，謚曰貞白先生，仍遣舍人監護喪事。弘景遺令薄葬，弟子遵而行之。

諸葛璩字幼玟，琅邪陽都人，世居京口。璩幼事徵士關康之，博涉經史。復師徵士臧榮緒，榮緒著晉書，稱璩有發擿之功，方之壺遂。

齊建武初，南徐州行事江祀薦璩於明帝曰：「璩安貧守道，悅禮敦詩，未嘗投刺邦宰，曳裾府寺，如其簡退，可以揚清厲俗。請辟爲議曹從事。」帝許之，璩辭不去。陳郡謝朓爲東海太守，教曰：「昔長孫東組，降龍丘之節；[一四]文舉北輜，高通德之稱。所以激貪立懦，式揚風範。處士諸葛璩，高風所漸，結轍前脩。豈懷珠披褐，韜玉待價？將幽貞獨往，不事王侯者邪？聞事親有啜菽之窶，就養寡藜蒸之給，豈得獨享萬鍾，而忘茲五秉。可餉穀百斛。」天監中，太守蕭琛、刺史安成王秀、鄱陽王恢並禮異焉。璩丁母憂毀瘠，恢累加存問，服闋，舉秀才，不就。

璩性勤於誨誘，後生就學者日至，居宅狹陋，無以容之，太守張友爲起講舍。璩處身清正，妻子不見喜慍之色。旦夕孜孜，講誦不輟，時人益以此宗之。

七年，高祖敕問太守王份，份卽具以實對，未及徵用，是年卒於家。璩所著文章二十卷，門人劉曒集而錄之。[一五]

沈顗字處默，吳興武康人也。父坦之，齊都官郎。

顗幼清靜有至行，慕黃叔度、徐孺子之爲人。讀書不爲章句，著述不尚浮華。常獨處一室，人罕見其面。顗從叔勃，貴顯齊世，每還吳興，賓客塡咽，顗不至其門。勃就見，顗送迎不越於閫。勃歎息曰：「吾乃今知貴不如賤。」

俄徵爲南郡王左常侍，不就。顗內行甚脩，事母兄弟孝友，爲鄉里所稱慕。永明三年，徵著作郎；建武二年，徵太子舍人，俱不赴。永元二年，又徵通直郎，亦不赴。

顗素不治家產，值齊末兵荒，與家人并日而食。或有饋其粱肉者，閉門不受。唯以樵採自資，怡怡然恒不改其樂。

天監四年，大舉北伐，訂民丁，吳興太守柳惲以顗從役，揚州別駕陸任以書責之，惲大慚，厚禮而遣之。其年卒於家。所著文章數十篇。

劉慧斐字文宣，[一六]彭城人也。少博學，能屬文，起家安成王法曹行參軍。嘗還都，途

經尋陽，遊於匡山，過處士張孝秀，[一七]相得甚歡，遂有終焉之志。因不仕，居於東林寺。又於山北構園一所，號曰離垢園，時人乃謂爲離垢先生。

慧斐尤明釋典，工篆隸，在山手寫佛經二千餘卷，常所誦者百餘卷。晝夜行道，孜孜不怠，遠近欽慕之。太宗臨江州，遺以几杖。論者云，自遠法師沒後，將二百年，始有張、劉之盛矣。世祖及武陵王等書問不絕。大同二年，卒，時年五十九。

范元琰字伯珪，吳郡錢唐人也。祖悅之，太學博士徵，不至。父靈瑜，居父憂，以毀卒。元琰時童孺，哀慕盡禮，親黨異之。及長好學，博通經史，兼精佛義。然性謙敬，不以所長驕人。家貧，唯以園蔬爲業。嘗出行，見人盜其菜，元琰遽退走，母問其故，具以實答。母問盜者爲誰，答曰：「向所以退，畏其愧恥，今啓其名，願不泄也。」於是母子祕之。或有涉溝盜其筍者，元琰因伐木爲橋以渡之。自是盜者大慚，一鄉無復草竊。居常不出城市，獨坐如對嚴賓，見之者莫不改容正色。沛國劉瓛深加器異，嘗表稱之。

齊建武二年，始徵爲安北參軍事，不赴。天監九年，縣令管慧辨上言義行，揚州刺史臨川王宏辟命，不至。十年，王拜表薦焉，竟未徵。其年卒于家，時年七十。

劉訏字彥度，平原人也。父靈眞，齊武昌太守。訏幼稱純孝，數歲，父母繼卒，訏居喪，哭泣孺慕，幾至滅性，赴弔者莫不傷焉。後爲伯父所養，事伯母及昆姊，孝友篤至，爲宗族所稱。自傷早孤，人有誤觸其諱者，未嘗不感結流涕。長兄絜爲之娉妻，剋日成婚，訏聞而逃匿，事息乃還。本州刺史張稷辟爲主簿，不就，主者檄召，訏乃挂檄於樹而逃。訏善玄言，尤精釋典。曾與族兄劉歊聽講於鍾山諸寺，因共卜築宋熙寺東澗，有終焉之志。天監十七年，卒於歊舍，時年三十一。臨終，執歊手曰：「氣絕便斂，斂畢卽埋，靈筵一不須立，勿設饗祀，無求繼嗣。」歊從而行之。宗人至友相與刊石立銘，諡曰玄貞處士。

劉歊字士光，訏族兄也。祖乘民，宋冀州刺史；父聞慰，〔一八〕齊正員郎：世爲二千石，皆有清名。

歊幼有識慧，四歲喪父，與羣兒同處，獨不戲弄。六歲誦論語、毛詩，意所不解，便能問難。十一，讀莊子逍遙篇，〔一九〕曰：「此可解耳。」客因問之，隨問而答，皆有情理，家人每異

之。及長，博學有文才，不娶不仕，與族弟訏並隱居求志，遨遊林澤，以山水書籍相娛而已。常欲避人世，以母老不忍違離，每隨兄霽、杳從宦。少時好施，務周人之急，人或遺之，亦不距也。久而歎曰：「受人者必報，不則有愧於人。吾固無以報人，豈可常有愧乎？」

天監十七年，無何而著革終論。其辭曰：

死生之事，聖人罕言之矣。孔子曰：「精氣爲物，遊魂爲變，知鬼神之情狀，與天地相似而不違。」其言約，其旨妙，其事隱，其意深，未可以臆斷，難得而精覈，聊肆狂瞽，請試言之。

夫形慮合而爲生，魂質離而稱死，合則起動，離則休寂。當其動也，人皆知其神；及其寂也，物莫測其所趣。皆知則不言而義顯，莫測則逾辯而理微。是以勛、華曠而莫陳，姬、孔抑而不說，前達往賢，互生異見。季札云：「骨肉歸於土，魂氣無不之。」莊周云：「生爲徭役，死爲休息。」尋此二說，如或相反。何者？氣無不之，神有也；死爲休息，神無也。原憲云：「夏后氏用明器，示民無知也。殷人用祭器，示民有知也。〔二〇〕周人兼用之，示民疑也。」考之記籍，驗之前志，有無之辯，不可歷言。若稽諸內教，判乎釋部，則諸子之言可尋，三代之禮無越。何者？神爲生本，形爲生具，死者神離此具，而卽非彼具也。雖死者不可復反，而精靈遞變，未嘗滅絕。當其離此之日，識用廓然，故夏后明器，示其弗反。卽彼之時，魂靈知滅，故殷人祭器，顯其猶存。不反則合乎莊周，〔二一〕猶存則同乎季札，各得一隅，無傷厥義。設其實也，則亦無，故周人有兼用之禮，尼父發遊魂之唱，不其然乎。若廢偏攜之論，探中途之旨，則不仁不智之譏，於是乎可息。

夫形也者，無知之質也；神也者，有知之性也。有知不獨存，依無知以自立，故形之於神，逆旅之館耳。及其死也，神去此而適彼也。神已去此，館何用存？速朽得理也。神已適彼，祭何所祭？祭則失理。而姬、孔之教不然者，其有以乎！蓋禮樂之興，出於澆薄，俎豆綴兆，生於俗弊。施靈筵，陳棺椁，設饋奠，建丘隴，蓋欲令孝子有追思之地耳，夫何補於已遷之神乎？故上古衣之以薪，棄之中野，可謂尊盧、赫胥、皇雄、炎帝蹈於失理哉？是以子羽沈川，漢伯方壙，文楚黃壤，士安麻索。此四子者，得理也，忘教也。若從四子而遊，則平生之志得矣。

然積習生常，難卒改革，一朝肆志，儻不見從。今欲翦截煩厚，務存儉易，進不裸尸，退異常俗，不傷存者之念，有合至人之道。孔子云：「斂首足形，還葬而無椁。」斯亦貧者之禮也，余何陋焉。且張奐止用幅巾，王肅唯盥手足，范冉殮畢便葬，奚珍無設筵几，文度故舟爲椁，子廉牛車載柩，叔起誡絕墳隴，康成使無卜吉。此數公者，尚或如

之；況於吾人，而當華泰！今欲髣髴景行，以爲軌則，儻合中庸之道，庶免徒費之譏。氣絕不須復魄，盥洗而斂。以一千錢市治棺、單故裙衫、衣巾枕履。此外送往之具，棺中常物，及餘閣之祭，一不得有所施。世多信李、彭之言，可謂惑矣。余以孔、釋爲師，差無此惑。斂訖，載以露車，歸於舊山，隨得一地，地足爲坎，坎足容棺，不須塼甓，不勞封樹，勿設祭饗，勿置几筵，無用茅君之虛座，伯夷之杅水。其蒸嘗繼嗣，言象所絕，事止余身，無傷世教。家人長幼，內外姻戚，凡厥友朋，爰及寓所，咸願成余之志，幸勿奪之。

明年疾卒，時年三十二。

歊幼時嘗獨坐空室，有一老公至門，謂歊曰：「心力勇猛，能精死生；但不得久滯一方耳。」因彈指而去。歊既長，精心學佛，有道人釋寶誌者，時人莫測也，遇歊於興皇寺，驚起曰：「隱居學道，清淨登佛。」如此三說。歊未死之春，有人爲其庭中栽柿，歊謂兄子弇曰：「吾不見此實，爾其勿言。」至秋而亡，人以爲知命。親故誄其行迹，諡曰貞節處士。

庾詵字彥寶，新野人也。幼聰警篤學，經史百家無不該綜，緯候書射，棊筭機巧，並一

時之絕。而性託夷簡，特愛林泉。十畝之宅，山池居半。蔬食弊衣，不治產業。嘗乘舟從田舍還，載米一百五十石，有人寄載三十石，既至宅，寄載者曰：「君三十斛，我百五十石。」詵默然不言，恣其取足。鄰人有被誣爲盜者，被治劾，妄款，詵矜之，乃以書質錢二萬，令門生詐爲其親，代之酬備。鄰人獲免，謝詵，詵曰：「吾矜天下無辜，豈期謝也。」其行多如此類。

高祖少與詵善，雅推重之。及起義，署爲平西府記室參軍，詵不屈。平生少所遊狎，河東柳惲欲與之交，詵距而不納。後湘東王臨荆州，板爲鎮西府記室參軍，不就。普通中，詔曰：「明勑振滯，爲政所先，旌賢求士，夢佇斯急。新野庾詵止足栖退，自事却掃，經史文藝，多所貫習，潁川庾承先學通黄、老，該涉釋教，並不競不營，安茲枯槁，可以鎮躁敦俗。詵可黄門侍郎，承先可中書侍郎。勅州縣時加敦遣，庶能屈志，方冀鹽梅。」詵稱疾不赴。

晚年以後，尤遵釋教，宅內立道場，環繞禮懺，六時不輟。誦法華經，每日一徧。後夜中忽見一道人，自稱願公，容止甚異，呼詵爲上行先生，授香而去。中大通四年，因晝寢，忽驚覺曰：「願公復來，不可久住。」顏色不變，言終而卒，時年七十八。舉室咸聞空中唱「上行先生已生彌陁淨域矣。」高祖聞而下詔曰：「旌善表行，前王所敦。新野庾詵，荆山珠玉，江陵杞梓，靜俟南度，固有名德，獨貞苦節，孤芳素履。奄隨運往，惻愴于懷。宜謚貞節處士，以顯高烈。」詵所撰帝歷二十卷，易林二十卷，續伍端休江陵記一卷，晉朝雜事五卷，總抄八

十卷，行於世。

子曼倩字世華，亦早有令譽。世祖在荆州，辟爲主簿，遷中錄事。每出，世祖常目送之，謂劉之遴曰：「荆南信多君子，雖美歸田鳳，清屬桓階，賞德標奇，未過此子。」後轉諮議參軍。所著喪服儀、文字體例、莊老義疏，注算經及七曜曆術，并所製文章，凡九十五卷。

子季才，有學行，承聖中，仕至中書侍郎。江陵陷，隨例入關。

張孝秀字文逸，南陽宛人也。少仕州爲治中從事史，遭母憂，服闋，爲建安王別駕。頃之，遂去職歸山，居于東林寺。有田數十頃，部曲數百人，率以力田，盡供山衆，遠近歸慕，赴之如市。

孝秀性通率，不好浮華，常冠穀皮巾，躡蒲履，手執并櫚皮麈尾。服寒食散，盛冬能臥於石。博涉羣書，專精釋典。善談論，工隸書，凡諸藝能，莫不明習。普通三年，卒，時年四十二，室中皆聞有非常香氣。太宗聞甚傷悼焉，與劉慧斐書，述其貞白云。

庾承先字子通，潁川鄢陵人也。少沈靜有志操，是非不涉於言，喜慍不形於色，人莫能窺也。弱歲受學於南陽劉虬，强記敏識，出於羣輩。玄經釋典，靡不該悉；九流七略，咸所精練。郡辟功曹不就，乃與道士王僧鎮同遊衡岳。晚以弟疾還鄉里，遂居于土臺山。鄱陽忠烈王在州，欽其風味，要與遊處。又令講老子。遠近名僧，咸來赴集，論難鋒起，異端競至，承先徐相酬答，皆得所未聞。忠烈王尤加欽重，徵州主簿，湘東王聞之，亦板爲法曹參軍，並不赴。

中大通三年，廬山劉慧斐至荆州，承先與之有舊，往從之。荆陝學徒，因請承先講老子。湘東王親命駕臨聽，論議終日，深相賞接。留連月餘日，乃還山。王親祖道，并贈篇什，隱者美之。其年卒，時年六十。

陳吏部尚書姚察曰：世之誣處士者，多云純盜虛名，而無適用，蓋有負其實者。若諸葛璩之學術，阮孝緒之簿閥，其取進也豈難哉？終於隱居，固亦性而已矣。

校勘記

〔一〕孟子曰至失之若其死　錢大昕廿二史考異云：「孟子曰數語，今本無。」

〔二〕淮南子曰人皆鑒於止水不鑒於流潦　按：淮南子曰二語，見莊子德充符，淮南子俶眞訓引文與此異。

〔三〕遑恤國家　「國家」南齊書何點傳作「外家」。

〔四〕安道逸志　「逸」各本作「勉」。據藝文類聚三七、册府元龜二一一改。

〔五〕曳裾儒肆　「裾」各本譌「裙」，據册府元龜八一〇改。

〔六〕息舉之用存乎其人　「息」各本譌「自」，據藝文類聚三七改正。按：此語蓋本禮中庸「其人存則其政舉，其人亡則其政息」。

〔七〕今遣領軍司馬王果宣旨諭意　「王果」南史作「王杲之」。

〔八〕圓丘國郊舊典不同　「國郊」疑當作「南郊」。册府元龜八一〇卽作「南郊」。

〔九〕授胤香爐奩幷函書　「爐」字各本皆脫，據南史補。

〔一〇〕體二之徒獨懷鑒識　「二」各本譌「之」，據册府元龜八二二改。

〔一一〕青溪宮東門無故自崩　「青」各本譌「清」。按：南齊書武帝紀有「青溪宮」，今據改。

〔一二〕其一名善勝一名威勝　「威」原作「成」，形近而譌，今改正。藝文類聚六〇有梁簡文帝謝敕賚善勝威勝刀啟，玉海一五一「宏景獻二刀於武帝，一名善勝，一名威勝」，字並作「威」。

〔一三〕大同二年卒時年八十五　按：南史陶弘景傳謂弘景生於宋孝建三年，則至大同二年死時，年八十一，非八十五。藝文類聚三七蕭綱華陽陶先生墓誌銘及文苑英華八七三蕭綸隱居貞白先生陶君碑皆云「春秋八十有一」。「五」當作「一」。

〔一四〕昔長孫東組降龍丘之節　「東組」無義，「組」疑當作「徂」，與下文「北轁」相對成文，當因形近而譌。册府元龜六八七正作「徂」。

〔一五〕門人劉曒集而錄之　「曒」南史作「皦」。

〔一六〕劉慧斐字文宣　「文宣」南史作「宣文」。

〔一七〕過處士張孝秀　「過」南史作「遇」。

〔一八〕父聞慰　聞慰爲劉懷慰本名，此當舉其後定之名「懷慰」方合史例。册府元龜七八三作「懷慰」，是。

〔一九〕十一讀莊子逍遙篇　「十一」南史及册府元龜七七四作「十二」。

〔二〇〕殷人用祭器示民有知也　「民」各本作「人」，據册府元龜九〇七改。

〔二一〕不反則合乎莊周　「反」各本作「存」，據册府元龜九〇七改。

梁書卷五十二

列傳第四十六

止足

顧憲之　陶季直　蕭眎素

易曰：「亢之爲言也，知進而不知退，知存而不知亡。知進退存亡而不失其正者，其唯聖人乎！」傳曰：「知足不辱，知止不殆。」然則不知夫進退，不達乎止足，殆辱之累，期月而至矣。古人之進也，以康世濟務也，以弘道厲俗也。〔一〕然其進也，光寵夷易，故愚夫之所乾沒；其退也，苦節艱貞，故庸曹之所忌憚。雖禍敗危亡，陳乎耳目，而輕舉高蹈，寡乎前史。漢世張良功成身退，病臥却粒，比於樂毅、范蠡至乎顚狽，斯爲優矣。其後薛廣德及二疏等，去就以禮，有可稱焉。魚豢魏略知足傳，方田、徐於管、胡，則其道本異。謝靈運晉書止足傳，先論晉世文士之避亂者，殆非其人；唯阮思曠遺榮好遁，遠殆辱矣。宋書止足傳有羊

欣、王微，咸其流亞。齊時沛國劉瓛，字子珪，辭祿懷道，棲遲養志，不戚戚於貧賤，不耽耽於富貴，儒行之高者也。梁有天下，小人道消，賢士大夫相招在位，其量力守志，則當世罔聞，時或有致事告老，或有寡志少欲，國史書之，亦以爲止足傳云。

顧憲之字士思，吳郡吳人也。祖覬之，宋鎭軍將軍、湘州刺史。憲之未弱冠，州辟議曹從事，舉秀才，累遷太子舍人，尚書比部郎，撫軍主簿。元徽中，爲建康令。時有盜牛者，被主所認，盜者亦稱己牛，二家辭證等，前後令莫能決。憲之至，覆其狀，謂二家曰：「無爲多言，吾得之矣。」乃令解牛，任其所去，牛逕還本主宅，盜者始伏其辜。發姦擿伏，多如此類，時人號曰神明。至於權要請託，長吏貪殘，據法直繩，無所阿縱。性又淸儉，強力爲政，甚得民和，故京師飲酒者得醇旨，輒號爲「顧建康」，言醑淸且美焉。

遷車騎功曹、晉熙王友。齊高帝執政，以爲驃騎錄事參軍，遷太尉西曹掾。齊臺建，爲中書侍郎。齊高帝卽位，除衡陽內史。先是，郡境連歲疾疫，死者太半，棺木尤貴，悉裹以葦席，棄之路傍。憲之下車，分告屬縣，求其親黨，悉令殯葬。其家人絕滅者，憲之爲出公

祿，使綱紀營護之。又上俗，山民有病，輒云先人爲禍，皆開冢剖棺，水洗枯骨，名爲除祟。憲之曉喩，爲陳生死之別，事不相由，風俗遂改。時刺史王奐新至，唯衡陽獨無訟者，乃歎曰：「顧衡陽之化至矣。若九郡率然，吾將何事！」

還爲太尉從事中郎。出爲東中郎長史、行會稽郡事。山陰人呂文度有寵於齊武帝，於餘姚立邸，頗縱橫。憲之至郡，卽表除之。文度後還葬母，郡縣爭赴弔，憲之不與相聞。文度深銜之，卒不能傷也。

遷南中郎巴陵王長史，加建威將軍、行婺州事。〔二〕時司徒竟陵王於宣城、臨成、定陵三縣界立屯，封山澤數百里，禁民樵採，憲之固陳不可，言甚切直。王答之曰：「非君無以聞此德音。」卽命無禁。

遷給事黃門侍郎，兼尚書吏部郎中。宋世，其祖覬之嘗爲吏部，於庭植嘉樹，謂人曰：「吾爲憲之種耳。」至是，憲之果爲此職。出爲征虜長史、行南兗州事，遭母憂。服闋，建武中，復除給事黃門侍郎，領步兵校尉，未拜，仍遷太子中庶子，領吳邑中正。出爲寧朔將軍、臨川內史，未赴，改授輔國將軍、晉陵太守。頃之遇疾，陳解還鄉里。

永元初，徵爲廷尉，不拜，除豫章太守。〔三〕有貞婦萬晞者，少孀居無子，事舅姑尤孝，父母欲奪而嫁之，誓死不許，憲之賜以束帛，表其節義。

中興二年，義師平建康，高祖爲揚州牧，徵憲之爲別駕從事史。比至，高祖已受禪，憲之風疾漸篤，固求還吳。天監二年，就家授太中大夫。憲之雖累經宰郡，資無擔石，及歸，環堵，不免飢寒。八年，卒於家，年七十四。臨終爲制，以敕其子曰：

夫出生入死，理均晝夜。生既不知所從來，死亦安識所往。延陵所云「精氣上歸于天，骨肉下歸于地，魂氣則無所不之」，良有以也。雖復茫昧難徵，要若非妄。百年之期，迅若馳隙。吾今豫爲終制，瞑目之後，念並遵行，勿違吾志也。

莊周、澹臺，達生者也；王孫、士安，矯俗者也。吾進不及達，退無所矯。常謂中都之制，允理愜情。衣周於身，示不違禮；棺周於衣，足以蔽臭。入棺之物，一無所須。載以輴車，覆以粗布，爲使人勿惡也。漢明帝天子之尊，猶祭以杅水脯糗；范史雲烈士之高，亦奠以寒水乾飯。況吾卑庸之人，其可不節衷也？喪易寧戚，自是親親之情；禮奢寧儉，差可得由吾意。不須常施靈筵，可止設香燈，使致哀者有憑耳。朔望祥忌，可權安小牀，暫設几席，唯下素饌，勿用牲牢。蒸嘗之祠，貴賤罔替。備物難辦，多致疏怠。祠先人自有舊典，不可有闕。自吾以下，祠止用蔬食時果，勿同於上世也。示令子孫，四時不忘其親耳。孔子云：「雖菜羹瓜祭，必齊如也。」本貴誠敬，豈求備物哉？

所著詩、賦、銘、讚幷衡陽郡記數十篇。

陶季直，丹陽秣陵人也。祖愍祖，宋廣州刺史。父景仁，中散大夫。

季直早慧，愍祖甚愛異之。愍祖嘗以四函銀列置於前，令諸孫各取，季直時甫四歲，獨不取。人問其故，季直曰：「若有賜，當先父伯，不應度及諸孫，是故不取。」愍祖益奇之。五歲喪母，哀若成人。初，母未病，令於外染衣，卒後，家人始贖，季直抱之號慟，聞者莫不酸感。

及長好學，淡於榮利。起家桂陽王國侍郎、北中郎鎭西行參軍，並不起，時人號曰「聘君」。父憂服闋，尚書令劉秉領丹陽尹，引爲後軍主簿，領郡功曹。出爲望蔡令，頃之以病免。時劉秉、袁粲以齊高帝權勢日盛，將圖之，秉素重季直，欲與之定策。季直以袁、劉儒者，必致顚殞，固辭不赴，俄而秉等伏誅。

齊初，爲尚書比部郎，時褚淵爲尚書令，與季直素善，頻以爲司空司徒主簿，委以府事。淵卒，尚書令王儉以淵有至行，欲諡爲文孝公，季直請曰：「文孝是司馬道子諡，恐其人非具美，不如文簡。」儉從之。季直又請儉爲淵立碑，終始營護，甚有吏節，時人美之。

遷太尉記室參軍。出爲冠軍司馬、東莞太守，在郡號爲清和。還除散騎侍郎，領左衞

司馬，轉鎭西諮議參軍。齊武帝崩，明帝作相，〔四〕誅鋤異己，季直不能阿意，明帝頗忌之，乃出爲輔國長史、北海太守。邊職上佐，素士罕爲之者。或勸季直造門致謝，明帝既見，便留之，以爲驃騎諮議參軍，兼尚書左丞。仍遷建安太守，政尚清靜，百姓便之。還爲中書侍郎，遷游擊將軍、兼廷尉。

梁臺建，遷給事黃門侍郎。常稱仕至二千石，始願畢矣，無爲務人間之事，乃辭疾還鄉里。天監初，就家拜太中大夫。高祖曰：「梁有天下，遂不見此人。」十年，卒于家，時年七十五。

季直素清苦絕倫，又屏居十餘載，及死，家徒四壁，子孫無以殯斂，聞者莫不傷其志焉。

蕭眎素，蘭陵人也。祖思話，宋征西儀同三司，父惠明，吳興太守，皆有盛名。

眎素早孤貧，爲叔父惠休所收卹。起家爲齊司徒法曹行參軍，遷著作佐郎，太子舍人，尚書三公郎。永元末，爲太子洗馬。梁臺建，高祖引爲中尉驃騎記室參軍。天監初，爲臨川王友，復爲太子中舍人，丹陽尹丞。初拜，高祖賜錢八萬，眎素一朝散之親友。又遷司徒左西屬，南徐州治中。

性靜退，少嗜欲，好學，能清言，榮利不關於口，喜怒不形於色。在人間及居職，並任情通率，不自矜高，天然簡素，士人以此咸敬之。及在京口，便有終焉之志，乃於攝山築室。會徵爲中書侍郎，遂辭不就，因還山宅，獨居屏事，非親戚不得至其籬門。妻，太尉王儉女，久與別居，遂無子。八年，卒。親故迹其事行，謚曰貞文先生。

史臣曰：顧憲之、陶季直，引年者也，蕭眎素則宦情鮮焉，比夫懷祿耽寵，婆娑人世，則殊間矣。

校勘記

〔一〕古人之進也以康世濟務也以弘道厲俗也　「以弘道厲俗也」句上疑脫「退也」二字，從下文「然其進也」、「其退也」可知。

〔二〕加建威將軍行婺州事　婺州是唐置，隋以前無婺州。南齊書、南史本傳並云「行南豫、南兗二州事」，不云「行婺州事」。「婺」字誤。

〔三〕除豫章太守　南齊書陸慧曉傳附顧憲之傳及南史本傳並云「爲豫章內史」。

〔四〕齊武帝崩明帝作相　「崩明帝」三字各本脫，據南史補。

梁書卷五十三

列傳第四十七

良吏

庾蓽　沈瑀　范述曾　丘仲孚　孫謙　伏暅　何遠

昔漢宣帝以爲「政平訟理，其惟良二千石乎！」前史亦云：「今之郡守，古之諸侯也。」故長吏之職，號爲親民，是以導德齊禮，移風易俗，咸必由之。齊末昏亂，政移羣小，賦調雲起，徭役無度，守宰多倚附權門，互長貪虐，掊克聚斂，侵愁細民，天下搖動，無所厝其手足。高祖在田，知民疾苦，及梁臺建，仍下寬大之書，昏時雜調，咸悉除省，於是四海之內，始得息肩。逮踐皇極，躬覽庶事，日昃聽政，求民之瘼。乃命輶軒以省方俗，置肺石以達窮民，務加隱恤，舒其急病。元年，始去人貲，計丁爲布；身服浣濯之衣，御府無文飾，宮掖不過綾綵，無珠璣錦繡；太官撤牢饌，每日膳菜蔬，飲酒不過三醆；以儉先海內。每選長吏，務簡廉

平，皆召見御前，親勗治道。始擢尚書殿中郎到溉爲建安內史，左民侍郎劉鬷爲晉安太守，溉等居官，並以廉潔著。又著令：小縣有能，遷爲大縣；大縣有能，遷爲二千石。於是山陰令丘仲孚治有異績，以爲長沙內史；武康令何遠清公，以爲宣城太守。剖符爲吏者，往往承風焉。若新野庾蓽諸任職者，以經術潤飾吏政，或所居流惠，或去後見思，蓋後來之良吏也。綴爲良吏篇云。

庾蓽字休野，新野人也。父深之，宋雍州刺史。〔一〕蓽年十歲，遭父憂，居喪毀瘠，爲州黨所稱。弱冠，爲州迎主簿，舉秀才，累遷安西主簿，尚書殿中郎，驃騎功曹史。博涉羣書，有口辯。齊永明中，與魏和親，以蓽兼散騎常侍報使，還拜散騎侍郎，知東宮管記事。

鬱林王即位，廢，掌中書詔誥，出爲荊州別駕。仍遷西中郎諮議參軍，復爲州別駕。前後綱紀，皆致富饒，蓽再爲之，清身率下，杜絕請託，布被蔬食，妻子不免飢寒。明帝聞而嘉焉，手敕襃美，州里榮之。

遷司徒諮議參軍、通直散騎常侍。高祖平京邑，霸府建，引爲驃騎功曹參軍，遷尚書左

承。出爲輔國長史、會稽郡丞、行郡府事。時承凋弊之後，百姓凶荒，所在穀貴，米至數千，民多流散，華撫循甚有治理。唯守公祿，清節逾厲，至有經日不舉火。太守永陽王聞而饋之，〔二〕華謝不受。天監元年，卒，停屍無以殮，柩不能歸，高祖聞之，詔賜絹百匹，米五十斛。

初，華爲西楚望族，早歷顯官，鄉人樂藹有幹用，素與華不平，互相陵競。藹事齊豫章王嶷，嶷薨，藹仕不得志，自步兵校尉求助戍歸荊州，時華爲州別駕，益忽藹。及高祖踐阼，藹以西朝勳爲御史中丞，華始得會稽行事，既恥之矣；會職事微有譴，高祖以藹其鄉人也，使宣旨誨之，華大憤，故發病卒。

沈瑀字伯瑜，吳興武康人也。叔父昶，〔三〕事宋建平王景素，景素謀反，昶先去之，及敗，坐繫獄，瑀詣臺陳請，得免罪，由是知名。

起家州從事、奉朝請。嘗詣齊尚書右丞殷瀰，〔四〕瀰與語及政事，甚器之，謂曰：「觀卿才幹，當居吾此職。」司徒竟陵王子良聞瑀名，引爲府參軍，〔五〕領揚州部傳從事。時建康令沈徽孚恃勢陵瑀，瑀以法繩之，衆憚其强。子良甚相知賞，雖家事皆以委瑀。子良薨，瑀復事刺史始安王遙光。嘗被使上民丁，速而無怨。遙光謂同使曰：「爾何不學沈瑀所爲？」乃

令專知州獄事。湖熟縣方山埭高峻，冬月，公私行侶以爲艱難，明帝使瑀行治之。瑀乃開四洪，斷行客就作，三日立辦。揚州書佐私行，詐稱州使，不肯就作，瑀鞭之三十。書佐歸訴遙光，遙光曰：「沈瑀必不枉鞭汝。」覆之，果有詐。明帝復使瑀築赤山塘，所費減材官所量數十萬，帝益善之。永泰元年，爲建德令，教民一丁種十五株桑、四株柿及梨栗，女丁半之，人咸歡悅，頃之成林。

去官還京師，兼行選曹郎。隨陳伯之軍至江州，會義師圍郢城，瑀說伯之迎高祖。伯之泣曰：「余子在都，不得出城，不能不愛之。」瑀曰：「不然。人情匈匈，皆思改計，若不早圖，衆散難合。」伯之遂舉衆降，瑀從在高祖軍中。

初，瑀在竟陵王家，素與范雲善。齊末，嘗就雲宿，夢坐屋梁柱上，仰見天中有字曰「范氏宅」。〔六〕至是，瑀爲高祖說之。高祖曰：「雲得不死，此夢可驗。」及高祖即位，雲深薦瑀，自暨陽令擢兼尚書右丞。時天下初定，陳伯之表瑀催督運轉，軍國獲濟，高祖以爲能。遷尚書駕部郎，兼右丞如故。瑀薦族人沈僧隆、僧照有吏幹，高祖並納之。

以母憂去職，起爲振武將軍、餘姚令。縣大姓虞氏千餘家，請謁如市，前後令長莫能絕，自瑀到，非訟所通，其有至者，悉立之堦下，以法繩之。縣南又有豪族數百家，子弟縱橫，遞相庇廕，厚自封植，百姓甚患之。瑀召其老者爲石頭倉監，少者補縣僮，皆號泣道路，

自是權右屛跡。瑀初至，富吏皆鮮衣美服，以自彰別。瑀怒曰：「汝等下縣吏，何自擬貴人耶？」悉使著芒屩粗布，侍立終日，足有蹉跌，輒加榜棰。瑀微時，嘗自至此鬻瓦器，爲富人所辱，故因以報焉，由是士庶駭怨。然瑀廉白自守，故得遂行其志。

後王師北伐，徵瑀爲建威將軍，督運漕，尋兼都水使者。頃之，遷少府卿。出爲安南長史、尋陽太守。江州刺史曹景宗疾篤，瑀行府州事。景宗卒，仍爲信威蕭穎達長史，太守如故。瑀性屈强，每忤穎達，穎達銜之。天監八年，因入諮事，辭又激厲，穎達作色曰：「朝廷用君作行事耶？」瑀出，謂人曰：「我死而後已，終不能傾側面從。」是日，於路爲盜所殺，時年五十九，多以爲穎達害焉。子續累訟之，遇穎達亦尋卒，事遂不窮竟。續乃布衣蔬食終其身。

范述曾字子玄，吳郡錢唐人也。幼好學，從餘杭呂道惠受五經，略通章句。道惠學徒常有百數，獨稱述曾曰：「此子必爲王者師。」齊文惠太子、竟陵文宣王幼時，高帝引述曾爲之師友。起家爲宋晉熙王國侍郎。齊初，至南郡王國郎中令，遷尚書主客郎、太子步兵校尉，帶開陽令。述曾爲人謇諤，在宮多所諫爭，太子雖不能全用，然亦弗之罪也。竟陵王深

相器重，號爲「周舍」。時太子左衞率沈約亦以述曾方汲黯。以父母年老，乞還就養，乃拜中散大夫。

明帝即位，除游擊將軍，出爲永嘉太守。爲政清平，不尚威猛，民俗便之。所部橫陽縣，山谷嶮峻，爲逋逃所聚，前後二千石討捕莫能息。述曾下車，開示恩信，凡諸凶黨，襁負而出，編戶屬籍者二百餘家。自是商賈流通，居民安業。在郡勵志清白，不受饋遺，明帝聞甚嘉之，下詔褒美焉。徵爲游擊將軍。郡送故舊錢二十餘萬，述曾一無所受。始之郡，不將家屬，及還，吏無荷擔者。民無老少，皆出拜辭，號哭聞于數十里。

東昏時，拜中散大夫，還鄉里。高祖踐阼，乃輕舟出詣闕，仍辭還東。高祖詔曰：「中散大夫范述曾，昔在齊世，忠直奉主，往莅永嘉，治身廉約，宜加禮秩，以厲清操。可太中大夫，賜絹二十匹。」述曾生平得奉祿，皆以分施。及老，遂壁立無所資。以天監八年卒，時年七十九。注易文言，著雜詩賦數十篇。

丘仲孚字公信，吳興烏程人也。少好學，從祖靈鞠有人倫之鑒，常稱爲千里駒也。齊

永明初，選爲國子生，舉高第，未調，還鄉里。家貧，無以自資，乃結羣盜，爲之計畫，劫掠三吳。仲孚聰明有智略，羣盜畏而服之，所行皆果，故亦不發。太守徐嗣召補主簿，歷揚州從事，太學博士，于湖令，有能名。太守呂文顯當時倖臣，陵詆屬縣，仲孚獨不爲之屈。以父喪去職。

明帝卽位，起爲烈武將軍、曲阿令。值會稽太守王敬則舉兵反，乘朝廷不備，反問始至，而前鋒已屆曲阿。仲孚謂吏民曰：「賊乘勝雖銳，而烏合易離，今若收船艦，鑿長崗埭，瀉瀆水以阻其路，得留數日，臺軍必至，則大事濟矣。」敬則軍至，值瀆涸，果頓兵不得進，遂敗散。仲孚以距守有功，遷山陰令，居職甚有聲稱，百姓爲之謠曰：「二傅沈劉，不如一丘。」前世傅琰父子、沈憲、劉玄明，相繼宰山陰，並有政績，言仲孚皆過之也。

齊末政亂，頗有贓賄，爲有司所舉，將收之，仲孚竊逃，逕還京師詣闕，會赦，得不治。高祖踐阼，復爲山陰令。仲孚長於撥煩，善適權變，吏民敬服，號稱神明，治爲天下第一。超遷車騎長史、長沙內史，〔七〕視事未朞，徵爲尚書右丞，遷左丞，仍擢爲衞尉卿，恩任甚厚。初起雙闕，以仲孚領大匠，事畢，出爲安西長史、南郡太守。遷雲麾長史、江夏太守，行郢州州府事，遭母憂，起攝職。坐事除名，復起爲司空參軍。俄遷豫章內史，在郡更勵清節。頃之卒，時年四十八。詔曰：「豫章內史丘仲孚，重試大邦，責以後效，非直悔吝云亡，

實亦政績克舉。不幸殞喪，良以傷惻。可贈給事黃門侍郎。」仲孚喪將還，豫章老幼號哭攀送，車輪不得前。

仲孚爲左丞，撰皇典二十卷，南宮故事百卷，又撰尚書具事雜儀，行於世焉。

孫謙字長遜，東莞莒人也。少爲親人趙伯符所知。謙年十七，伯符爲豫州刺史，引爲左軍行參軍，以治幹稱。父憂去職，客居歷陽，躬耕以養弟妹，鄉里稱其敦睦。宋江夏王義恭聞之，引爲行參軍，歷仕大司馬、太宰二府。出爲句容令，清慎强記，縣人號爲神明。

泰始初，事建安王休仁，休仁以爲司徒參軍，言之明帝，擢爲明威將軍、巴東建平二郡太守。郡居三峽，恒以威力鎮之。謙將述職，敕募千人自隨。謙曰：「蠻夷不賓，蓋待之失節耳，何煩兵役，以爲國費。」固辭不受。至郡，布恩惠之化，蠻獠懷之，競餉金寶，謙慰喻而遣，一無所納。及掠得生口，皆放還家。俸秩出吏民者，悉原除之。郡境翕然，威信大著。視事三年，徵還爲撫軍中兵參軍。元徽初，遷梁州刺史，辭不赴職，遷越騎校尉、征北司馬府主簿。建平王將稱兵，患謙强直，託事遣使京師，然後作亂。及建平誅，遷左軍將軍。

齊初，爲寧朔將軍、錢唐令，治煩以簡，獄無繫囚。及去官，百姓以謙在職不受餉遺，追載縑帛以送之，謙却不受。每去官，輒無私宅，常借官空車廄居焉。永明初，爲冠軍長史、江夏太守，坐被代輒去郡，繫尚方，頃之，免爲中散大夫。明帝將廢立，欲引謙爲心膂，使兼衞尉，給甲仗百人，謙不願處際會，輒散甲士，帝雖不罪，而弗復任焉。出爲南中郎司馬。東昏永元元年，遷□□大夫。

天監六年，出爲輔國將軍、零陵太守，已衰老，猶强力爲政，吏民安之。先是，郡多虎暴，謙至絕迹。及去官之夜，虎卽害居民。謙爲郡縣，常勤勸課農桑，務盡地利，收入常多於隣境。九年，以年老，徵爲光祿大夫。既至，高祖嘉其清絜，甚禮異焉。每朝見，猶請劇職自效。高祖笑曰：「朕使卿智，不使卿力。」十四年，詔曰：「光祿大夫孫謙，清慎有聞，白首不怠，高年舊齒，宜加優秩。可給親信二十人，并給扶。」

謙自少及老，歷二縣五郡，〔八〕所在廉絜。居身儉素，牀施蘧蒢屏風，冬則布被莞席。夏日無幬帳，而夜臥未嘗有蚊蚋，人多異焉。年逾九十，强壯如五十者，每朝會，輒先衆到公門。力於仁義，行己過人甚遠。從兄靈慶常病寄於謙，謙出行還問起居。靈慶曰：「向飲冷熱不調，卽時猶渴。」謙退遣其妻。有彭城劉融者，行乞疾篤無所歸，友人輿送謙舍，謙開廳事以待之。及融死，以禮殯葬之。衆咸服其行義。十五年，卒官，時年九十二。詔賻錢

三萬，布五十匹。高祖爲舉哀，甚悼惜之。

謙從子廉，便辟巧宦。齊時已歷大縣，尚書右丞。天監初，沈約、范雲當朝用事，廉傾意奉之，及中書舍人黃睦之等，亦尤所結附。凡貴要每食，廉必日進滋旨，皆手自煎調，不辭勤劇，遂得爲列卿，御史中丞，晉陵、吳興太守。時廣陵高爽有險薄才，客於廉，廉委以文記，爽嘗有求不稱意，乃爲屐謎以喻廉曰：「刺鼻不知嚏，蹋面不知瞋，齧齒作步數，持此得勝人。」譏其不計恥辱，以此取名位也。

伏暅字玄耀，曼容之子也。幼傳父業，能言玄理，與樂安任昉、彭城劉曼俱知名。起家齊奉朝請，仍兼太學博士，尋除東陽郡丞，秩滿爲鄞令。時曼容已致仕，故頻以外職處暅，令其得養焉。

齊末，始爲尚書都官郎，仍爲衞軍記室參軍。高祖踐阼，遷國子博士，父憂去職。服闋，爲車騎諮議參軍，累遷司空長史，中書侍郎，前軍將軍，兼五經博士，與吏部尚書徐勉、中書侍郎周捨，總知五禮事。出爲永陽內史，在郡清絜，治務安靜。郡民何貞秀等一百五十四人詣州言狀，湘州刺

史以聞。詔勘有十五事爲吏民所懷，高祖善之，徵爲新安太守。〔九〕在郡清恪，如永陽時。民賦稅不登者，輒以太守田米助之。郡多麻苧，家人乃至無以爲繩，其厲志如此。屬縣始新、遂安、海寧，並同時生爲立祠。

徵爲國子博士，領長水校尉。時始興內史何遠累著清績，高祖詔擢爲黃門侍郎，俄遷信武將軍、監吳郡。暅自以名輩素在遠前，爲吏俱稱廉白，遠累見擢，暅遷階而已，意望不滿，多託疾居家。尋求假到東陽迎妹喪，因留會稽築宅，自表解，高祖詔以爲豫章內史，暅乃出拜。治書侍御史虞皭奏曰：〔一〇〕

臣聞失忠與信，一心之道以虧；貌是情非，兩觀之誅宜及。未有陵犯名教，要冒君親，而可緯俗經邦者也。

風聞豫章內史伏暅，去歲啓假，以迎妹喪爲解，因停會稽不去。入東之始，貨宅賣車。以此而推，則是本無還意。暅歷典二邦，少免貪濁，此自爲政之本，豈得稱功。常謂人才品望，居何遠之右，而遠以清公見擢，名位轉隆，暅深誹怨，形於辭色，興居歎咤，寤寐失圖。天高聽卑，無私不照。去年十二月二十一日詔曰：「國子博士、領長水校尉伏暅，爲政廉平，宜加將養，勿使恚望，致虧士風。可豫章內史。」豈有人臣奉如此之詔，而不亡魂破膽，歸罪有司，擢髮抽腸，少自論謝；而循奉慠然，了無異色。暅識見

所到，足達此旨，而冒寵不辭，吝斯苟得，故以士流解體，行路沸騰，辯跡求心，無一可恕。竊以暅踉蹡落魄，三十餘年，皇運勃興，咸與維始，除舊布新，濯之江、漢，一紀之間，三世隆顯，曾不能少懷感激，仰答萬分，反覆拙謀，成茲巧罪，不忠不敬，於斯已及。〔一一〕請以暅大不敬論。以事詳法，應棄市刑，輒收所近獄洗結，以法從事。如法所稱，暅卽主。

臣謹案：豫章內史臣伏暅，含疵表行，藉悖成心，語默一違，資敬兼盡。幸屬昌時，擢以不次，溪壑可盈，志欲無滿。要君東走，豈曰止足之歸；負志解巾，異乎激處之致。甘此脂膏，孰非荼苦；佩茲龜組，豈殊縲紲。宜明風憲，肅正簡書。臣等參議，請以見事免暅所居官，凡諸位任，一皆削除。

有詔勿治，暅遂得就郡。

視事三年，徵爲給事黃門侍郎，領國子博士，未及起。普通元年，卒於郡，時年五十九。尚書右僕射徐勉爲之墓誌，其一章曰：「東區南服，愛結民胥，相望伏闕，繼軌奏書。或臥其轍，或扳其車，或圖其像，或式其閭。思耿借寇，曷以尚諸。」

初，暅父曼容與樂安任遙皆暱於齊太尉王儉，〔一二〕遙子昉及暅並見知，頃之，昉才遇稍盛，齊末，昉已爲司徒右長史，暅猶滯於參軍事，及其終也，名位略相侔。暅性儉素，車服粗

惡，外雖退靜，內不免心競，故見譏於時。能推薦後來，常若不及，少年士子，或以此依之。

何遠字義方，東海郯人也。父慧炬，齊尚書郎。

遠釋褐江夏王國侍郎，轉奉朝請。永元中，江夏王寶玄於京口爲護軍將軍崔慧景所奉，入圍宮城，遠豫其事。事敗，乃亡抵長沙宣武王，王深保匿焉。遠求得桂陽王融保藏之，既而發覺，收捕者至，遠踰垣以免；融及遠家人皆見執，融遂遇禍，遠家屬繫尚方。遠亡渡江，使其故人高江產共聚衆，欲迎高祖義師，東昏黨聞之，使捕遠等，衆復潰散。遠因降魏，入壽陽，見刺史王肅，欲同義舉，肅不能用，乃求迎高祖，肅許之。遣兵援送，得達高祖。高祖見遠，謂張弘策曰：「何遠美丈夫，而能破家報舊德，未易及也。」〔一三〕板輔國將軍，隨軍東下。既破朱雀軍，以爲建康令。高祖踐阼，爲步兵校尉，以奉迎勳封廣興男，邑三百戶。遷建武將軍、後軍鄱陽王恢錄事參軍。遠與恢素善，在府盡其志力，知無不爲，恢亦推心仗之，恩寄甚密。

頃之，遷武昌太守。遠本倜儻，尚輕俠，至是乃折節爲吏，杜絕交遊，饋遺秋毫無所受。武昌俗皆汲江水，盛夏遠患水溫，每以錢買民井寒水，不取錢者，則摙水還之。其佗事率多

如此。跡雖似僞，而能委曲用意焉。車服尤弊素，器物無銅漆。江左多水族，甚賤，遠每食不過乾魚數片而已。然性剛嚴，吏民多以細事受鞭罰者，遂爲人所訟，徵下廷尉，被劾數十條。當時士大夫坐法，皆不受立，遠度己無贓，就立三七日不款，猶以私藏禁仗除名。

後起爲鎮南將軍、武康令。〔一四〕愈厲廉節，除淫祀，正身率職，民甚稱之。太守王彬巡屬縣，諸縣盛供帳以待焉，至武康，遠獨設糗水而已。彬去，遠送至境，進斗酒隻鵝爲別。彬戲曰：「卿禮有過陸納，將不爲古人所笑乎。」高祖聞其能，擢爲宣城太守。自縣爲近畿大郡，近代未之有也。郡經寇抄，遠盡心綏理，復著名迹。朞年，遷樹功將軍、始興內史。時泉陵侯淵朗爲桂州，緣道剽掠，入始興界，草木無所犯。

遠在官，好開途巷，脩葺牆屋，民居市里，城隍廄庫，所過若營家焉。田秩俸錢，並無所取，歲暮，擇民尤窮者，充其租調，以此爲常。然其聽訟猶人，不能過絕，而性果斷，民不敢非，畏而惜之。所至皆生爲立祠，表言治狀，高祖每優詔答焉。天監十六年，詔曰：「何遠前在武康，已著廉平；復莅二邦，彌盡清白。政先治道，惠留民愛，雖古之良二千石，無以過也。宜升內榮，以顯外績。可給事黃門侍郎。」遠卽還，仍爲仁威長史。頃之，出爲信武將軍，監吳郡。在吳頗有酒失，遷東陽太守。遠處職，疾强富如仇讎，視貧細如子弟，特爲豪右所畏憚。在東陽歲餘，復爲受罰者所謗，坐免歸。

遠耿介無私曲，居人間，絕請謁，不造詣。與貴賤書疏，抗禮如一。其所會遇，未嘗以顏色下人，〔一五〕以此多爲俗士所惡。其清公實爲天下第一。居數郡，見可欲終不變其心。妻子飢寒，如下貧者。及去東陽歸家，經年歲口不言榮辱，士類益以此多之。其輕財好義，周人之急，言不虛妄，蓋天性也。每戲語人云：「卿能得我一妄語，則謝卿以一縑。」衆共伺之，不能記也。

後復起爲征西諮議參軍、中撫司馬。普通二年，卒，時年五十二。高祖厚贈賜之。

陳吏部尚書姚察曰：前史有循吏，何哉？世使然也。漢武役繁姦起，循平不能，故有苛酷誅戮以勝之，亦多怨濫矣。梁興，破觚爲圓，斲雕爲樸，教民以孝悌，勸之以農桑，於是桀黠化爲由余，輕薄變爲忠厚。淳風已洽，民自知禁。堯舜之民，比屋可封，信矣。若夫酷吏，於梁無取焉。

校勘記

〔一〕父深之宋雍州刺史　「雍州」各本作「應州」。按宋無應州，南齊書庾杲之傳，祖深之，雍州刺

史。是「應」乃「雍」之譌。今據改。

〔二〕太守永陽王閑而饋之　「永」各本作「襄」，據南史及册府元龜六七九改。按：齊、梁俱無襄陽王。永陽嗣王伯游於天監元年爲輔國將軍、會稽太守。

〔三〕叔父昶　南史作「父昶」，無「叔」字。

〔四〕嘗詣齊尚書右丞殷瀰　「右」南史作「左」。

〔五〕引爲府參軍　「府」下，南史有「行」字。

〔六〕仰見天中有字曰范氏宅　「有」字各本脫，據南史及册府元龜八九三補。

〔七〕超遷車騎長史長沙內史　「超」各本作「起」。按：仲孚以「治爲天下第一」，由縣令驟升至內史，是爲「超遷」，不當云「起遷」，形近而譌，今改正。

〔八〕謙自少及老歷二縣五郡　孫謙只歷巴東、建平、江夏、零陵四郡，「五」字疑譌。

〔九〕徵爲新安太守　「新安」各本譌「東陽」，據南史及册府元龜五一九、六七九、八二〇改。按：下云「屬縣始新、遂安、海寧，並同時生爲立祠」，此三縣俱屬新安郡。

〔一〇〕治書侍御史虞嚼奏曰　「治書」下脫「侍」字，據南史補。

〔一一〕於斯已及　「及」疑「極」之譌。

〔一二〕晦父曼容與樂安任遙皆暱於齊太尉王儉　「遙」各本皆作「瑤」，任昉傳作「遙」。按：南史亦作「遙」，並云「遙兄遐字景遠」，則遙是而瑤非。今據改。

〔一三〕未易及也　「及」各本作「人」，據册府元龜九四九改。

〔一四〕後起爲鎮南將軍武康令　張森楷梁書校勘記：「鎮南是軍號之大者，不應爲令，疑『將軍』或是『參軍』之誤。」

〔一五〕未嘗以顏色下人　「下」各本譌「干」，據南史及册府元龜八七七改。

梁書卷五十四

列傳第四十八

諸夷

海南　東夷　西北諸戎

海南諸國，大抵在交州南及西南大海洲上，相去近者三五千里，遠者二三萬里，其西與西域諸國接。漢元鼎中，遣伏波將軍路博德開百越，置日南郡。其徼外諸國，自武帝以來皆朝貢。後漢桓帝世，大秦、天竺皆由此道遣使貢獻。及吳孫權時，遣宣化從事朱應、中郎康泰通焉。其所經及傳聞，則有百數十國，因立記傳。晉代通中國者蓋尠，故不載史官。及宋、齊，至者有十餘國，始爲之傳。自梁革運，其奉正朔，脩貢職，航海歲至，踰於前代矣。今採其風俗粗著者，綴爲海南傳云。

林邑國者，本漢日南郡象林縣，古越裳之界也。伏波將軍馬援開漢南境，置此縣。其地縱廣可六百里，城去海百二十里，去日南界四百餘里，北接九德郡。其南界，水步道二百餘里，有西國夷亦稱王，〔一〕馬援植兩銅柱表漢界處也。其國有金山，石皆赤色，其中生金。金夜則出飛，狀如螢火。又出瑇瑁、貝齒、吉貝、沉木香。吉貝者，樹名也。其華成時如鵝毳，抽其緒紡之以作布，潔白與紵布不殊，亦染成五色，織爲斑布也。沉木者，土人斫斷之，積以歲年，朽爛而心節獨在，置水中則沉，故名曰沉香。次不沉不浮者，曰䕡香也。

漢末大亂，功曹區達，殺縣令自立爲王。〔二〕傳數世，其後王無嗣，立外甥范熊。熊死，子逸嗣。晉成帝咸康三年，〔三〕逸死，奴文篡立。文本日南西捲縣夷帥范稚家奴，〔四〕常牧牛於山澗，得鱧魚二頭，化而爲鐵，因以鑄刀。鑄成，文向石而呪曰：「若斫石破者，文當王此國。」因舉刀斫石，如斷芻藁，文心獨異之。范稚常使之商賈至林邑，因教林邑王作宮室及兵車器械，王寵任之。後乃讒王諸子，各奔餘國。及王死無嗣，文僞於隣國迓王子，置毒於漿中而殺之，遂脅國人自立。舉兵攻旁小國，皆吞滅之，有衆四五萬人。時交州刺史姜莊使所親韓戢、謝稚，前後監日南郡，並貪殘，諸國患之。穆帝永和三年，臺遣夏侯覽爲太守，侵刻尤甚。林邑先無田土，貪日南地肥沃，常欲略有之，至是，因民之怨，遂舉兵襲日南，殺覽，以其屍祭天。留日南三年，乃還林邑。交州刺史朱蕃後遣督護劉雄戍日南，文復

屠滅之。進寇九德郡，殘害吏民。遣使告藩，願以日南北境橫山爲界，藩不許，又遣督護陶綏、李衢討之。〔五〕文歸林邑，尋復屯日南。五年，文死，子佛立，猶屯日南。征西將軍桓溫遣督護滕畯、九眞太守灌邃帥交、廣州兵討之，佛嬰城固守。邃令畯盛兵於前，邃帥勁卒七百人，自後踰壘而入，佛衆驚潰奔走，邃追至林邑，佛乃請降。哀帝昇平初，復爲寇暴，刺史溫放之討破之。〔六〕安帝隆安三年，佛孫須達復寇日南，〔七〕執太守炅源，又進寇九德，執太守曹炳。交趾太守杜瑗遣都護鄧逸等擊破之，卽以瑗爲刺史。義熙三年，須達復寇日南，殺長史，〔八〕瑗遣海邏督護阮斐討破之，斬獲甚衆。九年，須達復寇九眞，行郡事杜慧期與戰，斬其息交龍王甄知及其將范健等，〔九〕生俘須達息䢵能，及虜獲百餘人。自瑗卒後，林邑無歲不寇日南、九德諸郡，殺蕩甚多，〔一〇〕交州遂致虛弱。

須達死，子敵眞立，其弟敵鎧攜母出奔。敵眞追恨不能容其母弟，捨國而之天竺，禪位於其甥，國相藏驎固諫不從。其甥旣立而殺藏驎，藏驎子又攻殺之，而立敵鎧同母異父之弟曰文敵。文敵後爲扶南王子當根純所殺，大臣范諸農平其亂，而自立爲王。諸農死，子陽邁立。宋永初二年，遣使貢獻，以陽邁爲林邑王。陽邁死，子咄立，慕其父，復曰陽邁。〔一一〕

其國俗：居處爲閣，名曰于闌，門戶皆北向；書樹葉爲紙；男女皆以橫幅吉貝繞腰以下，謂之干漫，亦曰都縵；穿耳貫小鐶；貴者著革屣，賤者跣行。自林邑、扶南以南諸國皆然也。

其王著法服，加瓔珞，如佛像之飾。出則乘象，吹螺擊鼓，罩吉貝傘，以吉貝爲幡旗。國不設刑法，有罪者使象踏殺之。其大姓號婆羅門。嫁娶必用八月，女先求男，由賤男而貴女也。同姓還相婚姻，使婆羅門引壻見婦，握手相付，呪曰「吉利吉利」，以爲成禮。死者焚之中野，謂之火葬。其寡婦孤居，散髮至老。國王事尼乾道，鑄金銀人像，大十圍。

元嘉初，陽邁侵暴日南、九德諸郡，交州刺史杜弘文建牙欲討之，聞有代乃止。八年，又寇九德郡，入四會浦口，交州刺史阮彌之遣隊主相道生帥兵赴討，攻區栗城不剋，乃引還。爾後頻年遣使貢獻，而寇盜不已。二十三年，使交州刺史檀和之、振武將軍宗慤伐之。和之遣司馬蕭景憲爲前鋒，陽邁聞之懼，欲輸金一萬斤，銀十萬斤，還所略日南民戶，其大臣𡼖僧達諫止之，乃遣大帥范扶龍戍其北界區栗城。景憲攻城，剋之，斬扶龍首，獲金銀雜物，不可勝計。乘勝逕進，卽剋林邑。陽邁父子並挺身逃奔。獲其珍異，皆是未名之寶。又銷其金人，得黃金數十萬斤。和之後病死，見胡神爲祟。

孝武孝建、大明中，〔一二〕林邑王范神成累遣長史奉表貢獻。明帝泰豫元年，又遣使獻方物。齊永明中，范文贊累遣使貢獻。天監九年，文贊子天凱奉獻白猴，詔曰：「林邑王范天凱介在海表，乃心款至，遠脩職貢，良有可嘉。宜班爵號，被以榮澤。可持節、督緣海諸軍事、威南將軍、林邑王。」十年，十三年，天凱累遣使獻方物。俄而病死，子弼毳跋摩立，奉表貢

獻。普通七年，王高式勝鎧遣使獻方物，詔以爲持節、督緣海諸軍事、綏南將軍、林邑王。大通元年，又遣使貢獻。中大通二年，行林邑王高式律陁羅跋摩遣使貢獻，詔以爲持節、督緣海諸軍事、綏南將軍、林邑王。六年，又遣使獻方物。

扶南國，在日南郡之南，海西大灣中，去日南可七千里，在林邑西南三千餘里。城去海五百里。有大江廣十里，西北流，東入於海。其國輪廣三千餘里，土地洿下而平博，氣候風俗大較與林邑同。出金、銀、銅、錫、沉木香、象牙、孔翠、五色鸚鵡。

其南界三千餘里有頓遜國，在海崎上，地方千里，城去海十里。有五王，並羈屬扶南。頓遜之東界通交州，其西界接天竺、安息徼外諸國，往還交市。所以然者，頓遜迴入海中千餘里，漲海無崖岸，船舶未曾得逕過也。其市，東西交會，日有萬餘人。珍物寶貨，無所不有。又有酒樹，似安石榴，采其花汁停甕中，數日成酒。

頓遜之外，大海洲中，又有毗騫國，去扶南八千里。傳其王身長丈二，頸長三尺，[一三]自古來不死，莫知其年。王神聖，國中人善惡及將來事，王皆知之，是以無敢欺者。南方號曰長頸王。國俗，有室屋、衣服，噉粳米。其人言語，小異扶南。有山出金，金露生石上，無所限也。國法刑罪人，並於王前噉其肉。國內不受估客，有往者亦殺而噉之，是以商旅不敢

至。王常樓居，不血食，不事鬼神。其子孫生死如常人，唯王不死。扶南王數遣使與書相報答，常遺扶南王純金五十人食器，形如圓盤，又如瓦塸，名爲多羅，受五升，又如椀者，受一升。王亦能作天竺書，書可三千言，說其宿命所由，與佛經相似，並論善事。

又傳扶南東界卽大漲海，海中有大洲，洲上有諸薄國，國東有馬五洲。復東行漲海千餘里，至自然大洲。其上有樹生火中，洲左近人剝取其皮，紡績作布，極得數尺以爲手巾，與焦麻無異而色微青黑；若小垢洿，則投火中，復更精潔。或作燈炷，用之不知盡。

扶南國俗本裸體，文身被髮，不制衣裳。以女人爲王，號曰柳葉。年少壯健，有似男子。其南有徼國，[一四]有事鬼神者字混塡，夢神賜之弓，乘賈人舶入海。混塡晨起卽詣廟，於神樹下得弓，便依夢乘船入海，遂入扶南外邑。柳葉人衆見舶至，欲取之，混塡卽張弓射其舶，穿度一面，矢及侍者，柳葉大懼，舉衆降混塡。混塡乃教柳葉穿布貫頭，形不復露，遂治其國，納柳葉爲妻，生子分王七邑。其後王混盤況以詐力間諸邑，令相疑阻，因舉兵攻幷之，乃遣子孫中分治諸邑，號曰小王。

盤況年九十餘乃死，立中子盤盤，以國事委其大將范蔓。[一五]盤盤立三年死，國人共舉蔓爲王。蔓勇健有權略，復以兵威攻伐旁國，咸服屬之，自號扶南大王。乃治作大船，窮漲海，攻屈都昆、九稚、典孫等十餘國，開地五六千里。次當伐金隣國，蔓遇疾，遣太子金生代

行。蔓姊子旃，[一六]時爲二千人將，因篡蔓自立，遣人詐金生而殺之。蔓死時，有乳下兒名長，在民間，至年二十，乃結國中壯士襲殺旃，旃大將范尋又殺長而自立。更繕治國內，起觀閣遊戲之，朝旦中晡三四見客。民人以焦蔗龜鳥爲禮。國法無牢獄。有罪者，先齋戒三日，乃燒斧極赤，令訟者捧行七步。又以金鐶、雞卵投沸湯中，令探取之，若無實者，手卽焦爛，有理者則不。又於城溝中養鰐魚，門外圈猛獸，有罪者，輒以餵猛獸及鰐魚，魚獸不食爲無罪，三日乃放之。鰐大者長二丈餘，狀如鼉，有四足，喙長六七尺，兩邊有齒，利如刀劍，常食魚，遇得麞鹿及人亦噉之，蒼梧以南及外國皆有之。

吳時，遣中郎康泰、宣化從事朱應使於尋國，國人猶裸，唯婦人著貫頭。泰、應謂曰：「國中實佳，但人褻露可怪耳。」尋始令國內男子著橫幅。橫幅，今干漫也。大家乃截錦爲之，貧者乃用布。

晉武帝太康中，尋始遣使貢獻。穆帝升平元年，王竺旃檀奉表獻馴象。詔曰：「此物勞費不少，駐令勿送。」其後王憍陳如，本天竺婆羅門也。有神語曰「應王扶南」，憍陳如心悅，南至盤盤，扶南人聞之，舉國欣戴，迎而立焉。復改制度，用天竺法。憍陳如死，後王持梨陁跋摩，宋文帝世奉表獻方物。齊永明中，王闍邪跋摩遣使貢獻。

天監二年，跋摩復遣使送珊瑚佛像，幷獻方物。詔曰：「扶南王憍陳如闍邪跋摩，介居

海表，世纂南服，厥誠遠著，重譯獻賝。宜蒙酬納，班以榮號。可安南將軍、扶南王。」

今其國人皆醜黑，拳髮。所居不穿井，數十家共一池引汲之。俗事天神，天神以銅爲像，二面者四手，四面者八手，手各有所持，或小兒，或鳥獸，或日月。其王出入乘象，嬪侍亦然。王坐則偏踞翹膝，垂左膝至地，以白疊敷前，設金盆香鑪於其上。國俗，居喪則剃除鬚髮。死者有四葬：水葬則投之江流，火葬則焚爲灰燼，土葬則瘞埋之，鳥葬則棄之中野。人性貪吝，無禮義，男女恣其奔隨。

十年，十三年，跋摩累遣使貢獻。其年死，庶子留陁跋摩殺其嫡弟自立。十六年，遣使竺當抱老奉表貢獻。十八年，復遣使送天竺旃檀瑞像、婆羅樹葉，幷獻火齊珠、鬱金、蘇合等香。普通元年，中大通二年，大同元年，累遣使獻方物。五年，復遣使獻生犀。又言其國有佛髮，長一丈二尺，詔遣沙門釋雲寶隨使往迎之。

先是，三年八月，高祖改造阿育王寺塔，出舊塔下舍利及佛爪髮，髮青紺色，衆僧以手伸之，隨手長短，放之則旋屈爲蠡形。案僧伽經云：「佛髮青而細，猶如藕莖絲。」佛三昧經云：「我昔在宮沐頭，以尺量髮，長一丈二尺，放已右旋，還成蠡文。」則與高祖所得同也。阿育王卽鐵輪王，王閻浮提，一天下，佛滅度後，一日一夜，役鬼神造八萬四千塔，此卽其一也。吳時有尼居其地，爲小精舍，孫綝尋毀除之，塔亦同泯。吳平後，諸道人復於舊處

建立焉。晉中宗初渡江，更脩飾之，至簡文咸安中，使沙門安法師程造小塔，未及成而亡，弟子僧顯繼而修立。至孝武太元九年，上金相輪及承露。

其後西河離石縣有胡人劉薩何遇疾暴亡，而心下猶暖，其家未敢便殯，經十日更蘇。說云：「有兩吏見錄，向西北行，不測遠近，至十八地獄，隨報重輕，受諸楚毒。見觀世音語云：『汝緣未盡，若得活，可作沙門。洛下、齊城、丹陽、會稽並有阿育王塔，可往禮拜。若壽終，則不墮地獄。』語竟，如墮高巖，忽然醒寤。」因此出家，名慧達。遊行禮塔，次至丹陽，未知塔處，乃登越城四望，見長干里有異氣色，因就禮拜，果是阿育王塔所，〔一七〕屢放光明。由是定知必有舍利，乃集衆就掘之，入一丈，得三石碑，並長六尺。中一碑有鐵函，函中有銀函，函中又有金函，盛三舍利及爪髮各一枚，髮長數尺。卽遷舍利近北，對簡文所造塔西，造一層塔。十六年，又使沙門僧尙伽爲三層，〔一八〕卽高祖所開者也。初穿土四尺，得龍窟及昔人所捨金銀鐶釧釵鑷等諸雜寶物。可深九尺許，方至石磉，磉下有石函，函內有鐵壺，以盛銀坩，坩內有金鏤罌，盛三舍利，如粟粒大，圓正光潔。函內又有琉璃椀，內得四舍利及髮爪，爪有四枚，並爲沉香色。至其月二十七日，高祖又到寺禮拜，設無㝵大會，大赦天下。是日，以金鉢盛水泛舍利，其最小者隱鉢不出，高祖禮數十拜，舍利乃於鉢內放光，旋回久之，乃當鉢中而止。高祖問大僧正慧念：「今日見不可思議事不？」慧念答曰：「法

身常住，湛然不動。」高祖曰：「弟子欲請一舍利還臺供養。」至九月五日，又於寺設無㝵大會，遣皇太子王侯朝貴等奉迎。是日，風景明和，京師傾屬，觀者百數十萬人。所設金銀供具等物，並留寺供養，并施錢一千萬爲寺基業。至四年九月十五日，高祖又至寺設無㝵大會，竪二剎，各以金罌，次玉罌，重盛舍利及爪髮，內七寶塔中。又以石函盛寶塔，分入兩剎下，及王侯妃主百姓富室所捨金、銀、鐶、釧等珍寶充積。

十一年十一月二日，寺僧又請高祖於寺發般若經題，爾夕二塔俱放光明，敕鎭東將軍邵陵王綸製寺大功德碑文。

先是，二年，改造會稽鄮縣塔，開舊塔出舍利，遣光宅寺釋敬脫等四僧及舍人孫照暫迎還臺，高祖禮拜竟，卽送還縣入新塔下，此縣塔亦是劉薩何所得也。

晉咸和中，丹陽尹高悝行至張侯橋，見浦中五色光長數尺，不知何怪，乃令人於光處捪視之，得金像，未有光趺。悝乃下車，載像還，至長干巷首，牛不肯進，悝乃令馭人任牛所之，牛徑牽車至寺，悝因留像付寺僧。每至中夜，常放光明，又聞空中有金石之響。經一歲，捕魚人張係世，於海口忽見有銅花趺浮出水上，係世取送縣，縣以送臺，乃施像足，宛然合。會簡文咸安元年，交州合浦人董宗之採珠沒水，於底得佛光豔，交州押送臺，以施像，又合焉。自咸和中得像，至咸安初，歷三十餘年，光趺始具。

初，高悝得像後，西域胡僧五人來詣悝，曰：「昔於天竺得阿育王造像，來至鄴下，值胡亂，埋像於河邊，今尋覓失所。」五人嘗一夜俱夢見像曰：「己出江東，爲高悝所得。」悝乃送此五僧至寺，見像噓欷涕泣，像便放光，照燭殿宇。又瓦官寺慧邃欲模寫像形，寺主僧尙慮虧損金色，謂邃曰：「若能令像放光，回身西向，乃可相許。」慧邃便懇到拜請，其夜像卽轉坐放光，回身西向，明旦便許模之。像趺先有外國書，莫有識者，後有三藏鄯求跋摩識之，云是阿育王爲第四女所造也。及大同中，出舊塔舍利，敕市寺側數百家宅地，以廣寺域，造諸堂殿并瑞像周回閣等，窮於輪奐焉。其圖諸經變，並吳人張繇運手。繇丹青之工，一時冠絕。

盤盤國，宋文帝元嘉，孝武孝建、大明中，並遣使貢獻。大通元年，其王使使奉表曰：「揚州閻浮提震旦天子：萬善莊嚴，一切恭敬，猶如天淨無雲，明耀滿目，天子身心清淨，亦復如是。道俗濟濟，並蒙聖王光化，濟度一切，永作舟航，臣聞之慶善。我等至誠敬禮常勝天子足下，稽首問訊。今奉薄獻，願垂哀受。」中大通元年五月，累遣使貢牙像及塔，并獻沉檀等香數十種。六年八月，復使送菩提國眞舍利及畫塔，并獻菩提樹葉、詹糖等香。

丹丹國，中大通二年，其王遣使奉表曰：〔一九〕「伏承聖主至德仁治，信重三寶，佛法興顯，衆僧殷集，法事日盛，威嚴整肅。朝望國執，慈愍蒼生，八方六合，莫不歸服。化隣諸天，非可言喻。不任慶善，若暫奉見尊足。謹奉送牙像及塔各二軀，并獻火齊珠、古貝、雜香藥等。」〔二〇〕大同元年，復遣使獻金、銀、瑠璃、雜寶、香藥等物。

干陁利國，在南海洲上。其俗與林邑、扶南略同。出班布、古貝、檳榔。檳榔特精好，爲諸國之極。宋孝武世，王釋婆羅那憐陁遣長史竺留陁獻金銀寶器。

天監元年，其王瞿曇脩跋陁羅以四月八日夢見一僧，謂之曰：「中國今有聖主，十年之後，佛法大興。汝若遣使貢奉敬禮，則土地豐樂，商旅百倍；若不信我，則境土不得自安。」脩跋陁羅初未能信，既而又夢此僧曰：「汝若不信我，當與汝往觀之。」乃於夢中來至中國，拜覲天子。既覺，心異之。陁羅本工畫，乃寫夢中所見高祖容質，飾以丹青，仍遣使并畫工奉表獻玉盤等物。使人既至，模寫高祖形以還其國，比本畫則符同焉。因盛以寶函，日加禮敬。後跋陁死，子毗邪跋摩立。十七年，遣長史毗員跋摩奉表曰：「常勝天子陛下：諸佛世尊，常樂安樂，六通三達，爲世間尊，是名如來。應供正覺，遺形舍利，造諸塔像，莊嚴國土，如須彌山。邑居聚落，次第羅滿，城郭館宇，如忉利天宮。具足四兵，能伏怨敵。國土

安樂，無諸患難，人民和善，受化正法，慶無不通。猶處雪山，流注雪水，八味清淨，百川洋溢，周回屈曲，順趨大海，一切衆生，咸得受用。於諸國土，殊勝第一，是名震旦。大梁揚都天子，〔三〕仁廕四海，德合天心，雖人是天，降生護世，功德寶藏，救世大悲，爲我尊生，威儀具足。是故至誠敬禮天子足下，稽首問訊。奉獻金芙蓉、雜香藥等，願垂納受。」普通元年，復遣使獻方物。

狼牙脩國，在南海中。其界東西三十日行，南北二十日行，去廣州二萬四千里。土氣物產，與扶南略同，偏多𥎊沉婆律香等。其俗男女皆袒而被髮，以古貝爲干縵。其王及貴臣乃加雲霞布覆胛，以金繩爲絡帶，金鐶貫耳。女子則被布，以瓔珞繞身。其國累塼爲城，重門樓閣。王出乘象，有幡毦旗鼓，罩白蓋，兵衞甚設。國人說，立國以來四百餘年，後嗣衰弱，王族有賢者，國人歸之。王聞知，乃加囚執，其鏁無故自斷，王以爲神，因不敢害，乃斥逐出境，遂奔天竺，天竺妻以長女。俄而狼牙王死，大臣迎還爲王。二十餘年死，子婆伽達多立。天監十四年，遣使阿撤多奉表曰：「大吉天子足下：離淫怒癡，哀愍衆生，慈心無量。端嚴相好，身光明朗，如水中月，普照十方。眉間白毫，其白如雪，其色照曜，亦如月光。諸天善神之所供養，以垂正法寶，梵行衆增，莊嚴都邑。城閣高峻，如乾陁山。樓觀羅列，

道途平正。人民熾盛，快樂安穩。著種種衣，猶如天服。於一切國，爲極尊勝。天王愍念羣生，民人安樂，慈心深廣，律儀清淨，正法化治，供養三寶，名稱宣揚，布滿世界，百姓樂見，如月初生。譬如梵王，世界之主，人天一切，莫不歸依。敬禮大吉天子足下，猶如現前，忝承先業，慶嘉無量。今遣使問訊大意。欲自往，復畏大海風波不達。今奉薄獻，願大家曲垂領納。」

婆利國，在廣州東南海中洲上。去廣州二月日行。國界東西五十日行，南北二十日行。有一百三十六聚。土氣暑熱，如中國之盛夏。穀一歲再熟，草木常榮。海出文螺、紫貝。有石名蚶貝羅，初採之柔軟，及刻削爲物乾之，遂大堅強。其國人披古貝如帊，及爲都縵。王乃用班絲布，以瓔珞繞身，頭著金冠高尺餘，形如弁，綴以七寶之飾。帶金裝劍，偏坐金高坐，以銀蹬支足。侍女皆爲金花雜寶之飾，或持白毦拂及孔雀扇。王出，以象駕輿，輿以雜香爲之，上施羽蓋珠簾，其導從吹螺擊鼓。王姓憍陳如，自古未通中國。問其先及年數不能記焉，而言白淨王夫人卽其國女也。

天監十六年，遣使奉表曰：「伏承聖王信重三寶，興立塔寺，校飾莊嚴，周徧國土。四衢平坦，清淨無穢。臺殿羅列，狀若天宮，壯麗微妙，世無與等。聖主出時，四兵具足，羽儀導從，布滿左右。都人士女，麗服光飾。市廛豐富，充積珍寶。王法清整，無相侵奪。學徒皆至，三乘競集，敷說正法，雲布雨潤。四海流通，交會萬國。長江眇漫，清泠深廣，有生咸資，莫能消穢。陰陽和暢，災厲不作。大梁揚都聖王無等，臨覆上國，有大慈悲，子育萬民。平等忍辱，怨親無二。加以周窮，無所藏積。靡不照燭，如日之明；無不受樂，猶如淨月。宰輔賢良，羣臣貞信，盡忠奉上，心無異想。伏惟皇帝是我眞佛，臣是婆利國主，今敬稽首禮聖王足下，惟願大王知我此心。此心久矣，非適今也。山海阻遠，無緣自達，今故遣使獻金席等，表此丹誠。」普通三年，其王頻伽復遣使珠貝智貢白鸚鵡、青蟲、兜鍪、瑠璃器、古貝、螺杯、雜香、藥等數十種。

中天竺國，在大月支東南數千里，地方三萬里，一名身毒。漢世張騫使大夏，見邛竹杖、蜀布，國人云，市之身毒。身毒卽天竺，蓋傳譯音字不同，其實一也。從月支、高附以西，南至西海，東至槃越，列國數十，每國置王，其名雖異，皆身毒也。漢時羈屬月支，其俗土著與月支同，而卑濕暑熱，民弱畏戰，弱於月支。國臨大江，名新陶，源出崐崘，分爲五江，總名曰恒水。其水甘美，下有眞鹽，色正白如水精。土俗出犀、象、貂、鼲、瑇瑁、火齊、金、銀、鐵、金縷織成、金皮罽、細摩白疊、好裘、氍毹。火齊狀如雲母，色如紫金，有光耀，別之則薄

如蟬翼，積之則如紗縠之重沓也。其西與大秦、安息交市海中，多大秦珍物，珊瑚、琥珀、金碧珠璣、琅玕、鬱金、蘇合。蘇合是合諸香汁煎之，非自然一物也。又云大秦人採蘇合，先笮其汁以爲香膏，乃賣其滓與諸國賈人，是以展轉來達中國，不大香也。鬱金獨出罽賓國，華色正黃而細，與芙蓉華裏被蓮者相似。國人先取以上佛寺，積日香槁，乃糞去之，賈人從寺中徵雇，以轉賣與佗國也。

漢桓帝延熹九年，大秦王安敦遣使自日南徼外來獻，漢世唯一通焉。其國人行賈，往往至扶南、日南、交趾，其南徼諸國人少有到大秦者。孫權黃武五年，有大秦賈人字秦論來到交趾，交趾太守吳邈遣送詣權，權問方土謠俗，論具以事對。時諸葛恪討丹陽，獲黝、歙短人，論見之曰：「大秦希見此人。」權以男女各十人，差吏會稽劉咸送論，咸於道物故，論乃徑還本國。漢和帝時，天竺數遣使貢獻，後西域反叛，遂絕。至桓帝延熹二年，四年，頻從日南徼外來獻。魏、晉世，絕不復通。唯吳時扶南王范旃遣親人蘇物使其國，從扶南發投拘利口，循海大灣中正西北入歷灣邊數國，可一年餘到天竺江口，逆水行七千里乃至焉。天竺王驚曰：「海濱極遠，猶有此人。」卽呼令觀視國內，仍差陳、宋等二人以月支馬四匹報旃，遣物等還，積四年方至。其時吳遣中郎康泰使扶南，及見陳、宋等，具問天竺土俗，云「佛道所興國也。人民敦厖，土地饒沃。其王號茂論。所都城郭，水泉分流，繞于渠壍，下

注大江。其宮殿皆雕文鏤刻，街曲市里，屋舍樓觀，鐘鼓音樂，服飾香華，水陸通流，百賈交會，奇玩珍瑋，恣心所欲。左右嘉維、舍衞、葉波等十六大國，去天竺或二三千里，共尊奉之，以爲在天地之中也。」

天監初，其王屈多遣長史竺羅達奉表曰：「伏聞彼國據江傍海，山川周固，衆妙悉備，莊嚴國土，猶如化城。宮殿莊飾，街巷平坦，人民充滿，歡娛安樂。大王出遊，四兵隨從，聖明仁愛，不害衆生。國中臣民，循行正法，大王仁聖，化之以道，慈悲羣生，無所遺棄。常修淨戒，式導不及，無上法船，沉溺以濟。百官氓庶，受樂無恐。諸天護持，萬神侍從，天魔降服，莫不歸仰。王身端嚴，如日初出，仁澤普潤，猶如大雲，於彼震旦，最爲殊勝。臣之所住國土，首羅天守護，令國安樂。王王相承，未曾斷絕。國中皆七寶形像，衆妙莊嚴，臣自脩檢，如化王法。臣名屈多，奕世王種。惟願大王聖體和平。今以此國羣臣民庶，山川珍重，一切歸屬，五體投地，歸誠大王。使人竺達多由來忠信，是故今遣。大王若有所須珍奇異物，悉當奉送。此之境土，便是大王之國，王之法令善道，悉當承用。願二國信使往來不絕。此信返還，願賜一使，具宣聖命，備勑所宜。款至之誠，望不空返，所白如允，願加採納。今奉獻琉璃唾壺、雜香、古貝等物。」

師子國，天竺旁國也。其地和適，無冬夏之異。五穀隨人所種，不須時節。其國舊無人民，止有鬼神及龍居之。諸國商估來共市易，鬼神不見其形，但出珍寶，顯其所堪價，商人依價取之。諸國人聞其土樂，因此競至，或有停住者，遂成大國。

晉義熙初，始遣獻玉像，經十載乃至。像高四尺二寸，玉色潔潤，形製殊特，殆非人工。此像歷晉、宋世在瓦官寺，寺先有徵士戴安道手製佛像五軀，及顧長康維摩畫圖，世人謂爲三絕。至齊東昏，遂毀玉像，前截臂，次取身，爲嬖妾潘貴妃作釵釧。宋元嘉六年、十二年，其王剎利摩訶遣使貢獻。

大通元年，後王伽葉伽羅訶梨邪使奉表曰：「謹白大梁明主：雖山海殊隔，而音信時通。伏承皇帝道德高遠，覆載同於天地，明照齊乎日月，四海之表，無有不從，方國諸王，莫不奉獻，以表慕義之誠。或泛海三年，陸行千日，畏威懷德，無遠不至。我先王以來，唯以脩德爲本，不嚴而治。奉事正法道天下，欣人爲善，慶若己身，欲與大梁共弘三寶，以度難化。信還，伏聽告敕。今奉薄獻，願垂納受。」

東夷之國，朝鮮爲大，得箕子之化，其器物猶有禮樂云。魏時，朝鮮以東馬韓、辰韓之屬，世通中國。自晉過江，泛海東使，有高句驪、百濟，而宋、齊間常通職貢，梁興，又有加焉。扶桑國，在昔未聞也。普通中，有道人稱自彼而至，其言元本尤悉，故并錄焉。

高句驪者，其先出自東明。東明本北夷槖離王之子。離王出行，其侍兒於後任娠，離王還，欲殺之。侍兒曰：「前見天上有氣如大鷄子，來降我，因以有娠。」王囚之，後遂生男。王置之豕牢，豕以口氣噓之，不死，王以爲神，乃聽收養。長而善射，王忌其猛，復欲殺之，東明乃奔走，南至淹滯水，〔二〕以弓擊水，魚鼈皆浮爲橋，東明乘之得渡，至夫餘而王焉。其後支別爲句驪種也。其國，漢之玄菟郡也。在遼東之東，去遼東千里。漢、魏世，南與朝鮮、穢貊，東與沃沮，北與夫餘接。漢武帝元封四年，滅朝鮮，置玄菟郡，以高句驪爲縣以屬之。

句驪地方可二千里，中有遼山，遼水所出。其王都於丸都之下，多大山深谷，無原澤，百姓依之以居，食澗水。雖土著，無良田，故其俗節食。好治宮室。於所居之左立大屋，祭鬼神，又祠零星、社稷。人性凶急，喜寇抄。其官，有相加、對盧、沛者、古鄒加、主簿、優台、使者、皁衣、先人，尊卑各有等級。言語諸事，多與夫餘同；其性氣、衣服有異。本有五族，有消奴部，絕奴部，順奴部，〔三〕藿奴部，桂婁部。本消奴部爲王，微弱，桂婁部代之。漢時賜衣幘、朝服、鼓吹，常從玄菟郡受之。後稍驕，不復詣郡，但於東界築小城以受之，至今猶名此城爲幘溝婁。「溝婁」者，句驪名「城」也。其置官，有對盧則不置沛者，有沛者則不置對盧。其俗喜歌儛，國中邑落男女，每夜羣聚歌戲。其人潔淸自喜，善藏釀，跪拜申一脚，行步皆走。以十月祭天大會，名曰「東明」。其公會衣服，皆錦繡金銀以自飾。大加、主簿頭所著似幘而無後；其小加著折風，形如弁。其國無牢獄，有罪者，則會諸加評議殺之，沒入妻子。其俗好淫，男女多相奔誘。已嫁娶，便稍作送終之衣。其死葬，有槨無棺。好厚葬，金銀財幣盡於送死。積石爲封，列植松柏。兄死妻嫂。其馬皆小，便登山。國人尚氣力，便弓矢刀矛。有鎧甲，習戰鬬，沃沮、東穢皆屬焉。

王莽初，發高驪兵以伐胡，不欲行，强迫遣之，皆亡出塞爲寇盜。州郡歸咎於句驪侯騶，嚴尤誘而斬之，王莽大悅，更名高句驪爲下句驪，當此時爲侯矣。光武八年，高句驪王遣使朝貢，始稱王。至殤、安之間，其王名宮，數寇遼東，玄菟太守蔡風討之不能禁。宮死，子伯固立。順、和之間，復數犯遼東寇抄，靈帝建寧二年，玄菟太守耿臨討之，斬首虜數百級，伯固乃降屬遼東。公孫度之雄海東也，伯固與之通好。伯固死，子伊夷摸立。伊夷摸自伯固時已數寇遼東，又受亡胡五百餘戶。建安中，公孫康出軍擊之，破其國，焚燒邑落，降胡亦叛伊夷摸，伊夷摸更作新國。其後伊夷摸復擊玄菟，玄菟與遼東合擊，大破之。

伊夷摸死，子位宮立。位宮有勇力，便鞍馬，善射獵。魏景初二年，遣太傅司馬宣王率衆討公孫淵，位宮遣主簿、大加將兵千人助軍。正始三年，位宮寇西安平，[二四]五年，幽州刺史毋丘儉將萬人出玄菟討位宮，位宮將步騎二萬人逆軍，大戰於沸流。位宮敗走，儉軍追至峴，懸車束馬，登丸都山，屠其所都，斬首虜萬餘級，位宮單將妻息遠竄。六年，儉復討之，位宮輕將諸加奔沃沮，儉使將軍王頎追之，絕沃沮千餘里，到肅愼南界，刻石紀功；又到丸都山，銘不耐城而還。其後，復通中夏。

晉永嘉亂，鮮卑慕容廆據昌黎大棘城，元帝授平州刺史。句驪王乙弗利頻寇遼東，廆不能制。弗利死，子釗代立。[二五]康帝建元元年，慕容廆子晃率兵伐之，[二六]釗與戰，大敗，單馬奔走。晃乘勝追至丸都，焚其宮室，掠男子五萬餘口以歸。孝武太元十年，句驪攻遼東、玄菟郡，後燕慕容垂遣弟農伐句驪，復二郡。垂死，子寶立，以句驪王安爲平州牧，封遼東、帶方二國王。安始置長史、司馬、參軍官，後略有遼東郡。至孫高璉，晉安帝義熙中，始奉表通貢職，歷宋、齊並授爵位，年百餘歲死。子雲，齊隆昌中，以爲使持節、散騎常侍、都督營平二州、征東大將軍、樂浪公。高祖卽位，進雲車騎大將軍。天監七年，詔曰：「高驪王樂浪郡公雲，乃誠款著，貢驛相尋，宜隆秩命，式弘朝典。可撫東大將軍、開府儀同三司，持節、常侍、都督、王並如故。」十一年，十五年，累遣使貢獻。十七年，雲死，子安立。普通元

年，詔安纂襲封爵，持節、督營平二州諸軍事、寧東將軍。七年，安卒，子延立，遣使貢獻，詔以延襲爵。中大通四年，六年，大同元年，七年，累奉表獻方物。太清二年，延卒，詔以其子襲延爵位。

百濟者，其先東夷有三韓國，一曰馬韓，二曰辰韓，三曰弁韓。弁韓、辰韓各十二國，馬韓有五十四國。大國萬餘家，小國數千家，總十餘萬戶，百濟卽其一也。後漸強大，兼諸小國。其國本與句驪在遼東之東，晉世句驪既略有遼東，百濟亦據有遼西、晉平二郡地矣，自置百濟郡。晉太元中，王須，[二七]義熙中，王餘映，宋元嘉中，王餘毗，並遣獻生口。餘毗死，立子慶。慶死，子牟都立。都死，立子牟太。齊永明中，除太都督百濟諸軍事、鎮東大將軍、百濟王。天監元年，進太號征東將軍。尋爲高句驪所破，衰弱者累年，遷居南韓地。普通二年，王餘隆始復遣使奉表，稱「累破句驪，今始與通好」。而百濟更爲強國。其年，高祖詔曰：「行都督百濟諸軍事、鎮東大將軍百濟王餘隆，守藩海外，遠脩貢職，廼誠款到，朕有嘉焉。宜率舊章，授茲榮命。可使持節、都督百濟諸軍事、寧東大將軍、百濟王。」五年，隆死，詔復以其子明爲持節、督百濟諸軍事、綏東將軍、百濟王。號所治城曰固麻，謂邑曰檐魯，如中國之言郡縣也。

其國有二十二檐魯，皆以子弟宗族分據之。其人形長，衣服淨潔。其國近倭，頗有文身者。今言語服章略與高驪同，行不張拱，拜不申足則異。呼帽曰冠，襦曰複衫，袴曰褌。其言參諸夏，亦秦、韓之遺俗云。中大通六年，大同七年，累遣使獻方物；并請涅盤等經義、毛詩博士，并工匠、畫師等，敕並給之。太清三年，不知京師寇賊，猶遣使貢獻；既至，見城闕荒毀，並號慟涕泣。侯景怒，囚執之，及景平，方得還國。

新羅者，其先本辰韓種也。辰韓亦曰秦韓，相去萬里，傳言秦世亡人避役來適馬韓，馬韓亦割其東界居之，以秦人，故名之曰秦韓。其言語名物有似中國人，名國爲邦，弓爲弧，賊爲寇，行酒爲行觴。相呼皆爲徒，不與馬韓同。又辰韓王常用馬韓人作之，世相係，辰韓不得自立爲王，明其流移之人故也；恒爲馬韓所制。辰韓始有六國，稍分爲十二，新羅則其一也。其國在百濟東南五千餘里。其地東濱大海，南北與句驪、百濟接。魏時曰新盧，宋時曰新羅，或曰斯羅。其國小，不能自通使聘。普通二年，王姓募名秦，[二八]始使使隨百濟奉獻方物。

其俗呼城曰健牟羅，其邑在內曰啄評，在外曰邑勒，亦中國之言郡縣也。國有六啄評，五十二邑勒。土地肥美，宜植五穀。多桑麻，作縑布。服牛乘馬。男女有別。其官名，有

子賁旱支、齊旱支、謁旱支、壹告支、奇貝旱支。其冠曰遺子禮，襦曰尉解，袴曰柯半，靴曰洗。其拜及行與高驪相類。無文字，刻木爲信。語言待百濟而後通焉。

倭者，自云太伯之後。俗皆文身。去帶方萬二千餘里，大抵在會稽之東，相去絕遠。從帶方至倭，循海水行，歷韓國，乍東乍南，七千餘里始度一海。海闊千餘里，名瀚海，至一支國。又度一海千餘里，名未盧國。又東南陸行五百里，至伊都國。又東南行百里，至奴國。又東行百里，至不彌國。又南水行二十日，至投馬國。又南水行十日，陸行一月日，至邪馬臺國，[二九]卽倭王所居。其官有伊支馬，次曰彌馬獲支，次曰奴往鞮。民種禾稻紵麻，蠶桑織績。有薑、桂、橘、椒、蘇。出黑雉、眞珠、青玉。有獸如牛，名山鼠。又有大蛇吞此獸。蛇皮堅不可斫，其上有孔，乍開乍閉，時或有光，射之中，蛇則死矣。物產略與儋耳、朱崖同。地溫暖，風俗不淫。男女皆露紒。富貴者以錦繡雜采爲帽，似中國胡公頭。食飲用籩豆。其死，有棺無槨，封土作冢。人性皆嗜酒。俗不知正歲，多壽考，多至八九十，或至百歲。其俗女多男少，貴者至四五妻，賤者猶兩三妻。婦人無婬妬。無盜竊，少諍訟。若犯法，輕者沒其妻子，重則滅其宗族。

漢靈帝光和中，倭國亂，相攻伐歷年，乃共立一女子卑彌呼爲王。彌呼無夫壻，挾鬼

道，能惑衆，故國人立之。有男弟佐治國。自爲王，少有見者，以婢千人自侍，唯使一男子出入傳教令。所處宮室，常有兵守衞。至魏景初三年，公孫淵誅後，卑彌呼始遣使朝貢，魏以爲親魏王，假金印紫綬。正始中，卑彌呼死，更立男王，國中不服，更相誅殺，復立卑彌呼宗女臺與爲王。其後復立男王，並受中國爵命。晉安帝時，有倭王贊。贊死，立弟彌。彌死，立子濟。濟死，立子興。興死，立弟武。齊建元中，除武持節、督倭新羅任那伽羅秦韓慕韓六國諸軍事、鎮東大將軍。高祖卽位，進武號征東大將軍。〔三〇〕

其南有侏儒國，人長三四尺。又南黑齒國、裸國，去倭四千餘里，船行可一年至。又西南萬里有海人，身黑眼白，裸而醜。其肉美，行者或射而食之。

文身國，在倭國東北七千餘里。人體有文如獸，其額上有三文，文直者貴，文小者賤。土俗歡樂，物豐而賤，行客不齎糧。有屋宇，無城郭。其王所居，飾以金銀珍麗。繞屋爲塹，廣一丈，實以水銀，雨則流于水銀之上。市用珍寶。犯輕罪者則鞭杖；犯死罪則置猛獸食之，有枉則猛獸避而不食，經宿則赦之。

大漢國，在文身國東五千餘里。無兵戈，不攻戰。風俗並與文身國同而言語異。

扶桑國者，齊永元元年，其國有沙門慧深來至荆州，說云：「扶桑在大漢國東二萬餘里，地在中國之東，其土多扶桑木，故以爲名。扶桑葉似桐，而初生如笋，國人食之，實如梨而赤，績其皮爲布以爲衣，亦以爲綿。作板屋。無城郭。有文字，以扶桑皮爲紙。無兵甲，不攻戰。其國法，有南北獄。若犯輕者入南獄，重罪者入北獄。有赦則赦南獄，不赦北獄。在北獄者，男女相配，生男八歲爲奴，生女九歲爲婢。犯罪之身，至死不出。貴人有罪，國乃大會，坐罪人於坑，對之宴飲，分訣若死別焉。以灰繞之，其一重則一身屏退，二重則及子孫，三重則及七世。名國王爲乙祁；貴人第一者爲大對盧，第二者爲小對盧，第三者爲納咄沙。國王行有鼓角導從。其衣色隨年改易，甲乙年青，丙丁年赤，戊己年黃，庚辛年白，壬癸年黑。有牛角甚長，以角載物，至勝二十斛。車有馬車、牛車、鹿車。國人養鹿，如中國畜牛。以乳爲酪。有桑梨，經年不壞。多蒲桃。其地無鐵有銅，不貴金銀。市無租估。其婚姻，壻往女家門外作屋，晨夕灑掃，經年而女不悅，卽驅之，相悅乃成婚。婚禮大抵與中國同。親喪，七日不食；祖父母喪，五日不食；兄弟伯叔姑姊妹，三日不食。設靈爲神像，朝夕拜奠，不制縗絰。嗣王立，三年不視國事。其俗舊無佛法，宋大明二年，罽賓國嘗有比丘五人游行至其國，流通佛法、經像，教令出家，風俗遂改。」

慧深又云：「扶桑東千餘里有女國，容貌端正，色甚潔白，身體有毛，髮長委地。至二三月，競入水則任娠，六七月產子。女人胸前無乳，項後生毛，根白，毛中有汁，以乳子，一百日能行，三四年則成人矣。見人驚避，偏畏丈夫。食鹹草如禽獸。鹹草葉似邪蒿，而氣香味鹹。」天監六年，有晉安人渡海，爲風所飄至一島，登岸，有人居止。女則如中國，而言語不可曉；男則人身而狗頭，其聲如吠。其食有小豆。其衣如布。築土爲墻，其形圓，其戶如竇云。

西北諸戎，漢世張騫始發西域之迹，甘英遂臨西海，或遣侍子，或奉貢獻，于時雖窮兵極武，僅而克捷，比之前代，其略遠矣。魏時三方鼎跱，日事干戈，晉氏平吳以後，少獲寧息，徒置戊己之官，諸國亦未賓從也。繼以中原喪亂，胡人遞起，西域與江東隔礙，重譯不交。呂光之涉龜茲，亦猶蠻夷之伐蠻夷，非中國之意也。自是諸國分并，勝負强弱，難得詳載。明珠翠羽，雖仞於後宮；蒲梢龍文，希入於外署。有梁受命，其奉正朔而朝闕庭者，則仇池、宕昌、鄧至、河南、龜茲、于闐、滑諸國焉。今綴其風俗，爲西北戎傳云。

河南王者，其先出自鮮卑慕容氏。初，慕容奕洛干有二子，庶長曰吐谷渾，嫡曰廆。洛干卒，廆嗣位，吐谷渾避之西徙。廆追留之，而牛馬皆西走，不肯還，因遂西上隴，度枹罕，出涼州西南，至赤水而居之。其地則張掖之南，隴西之西，在河之南，故以爲號。其界東至疊川，〔三一〕西隣于闐，北接高昌，東北通秦嶺，方千餘里，蓋古之流沙地焉。乏草木，少水潦，四時恒有冰雪，唯六七月雨雹甚盛。若晴則風飄沙礫，常蔽光景。其地有麥無穀。有青海方數百里，放牝馬其側，輒生駒，土人謂之龍種，故其國多善馬。有屋宇，雜以百子帳，卽穹廬也。著小袖袍，小口袴，大頭長裙帽。女子披髮爲辮。

其後吐谷渾孫葉延，頗識書記，自謂曾祖奕洛干始封昌黎公，吾蓋公孫之子也。禮以王父字爲國氏，因姓吐谷渾，亦爲國號。至其末孫阿豺，始受中國官爵。弟子慕延，宋元嘉末又自號河南王。慕延死，從弟拾寅立，乃用書契，起城池，築宮殿，其小王並立宅。國中有佛法。拾寅死，子度易侯立。易侯死，子休留代立。齊永明中，以代爲使持節、都督西秦河沙三州、鎮西將軍、護羌校尉、西秦河二州刺史。

梁興，進代爲征西將軍。代死，子伏連籌襲爵位。〔三二〕天監十三年，遣使獻金裝馬腦鍾二口，又表於益州立九層佛寺，詔許焉。十五年，又遣使獻赤舞龍駒及方物。其使或歲再三至，或再歲一至。其地與益州隣，常通商賈，民慕其利，多往從之，教其書記，爲之辭譯，稍桀黠矣。普通元年，又奉獻方物。籌死，子呵羅眞立。大通三年，詔以爲寧西將軍、護羌校尉、西秦河二州刺史。眞死，子佛輔襲爵位，其世子又遣使獻白龍駒於皇太子。

高昌國，闞氏爲主，其後爲河西王沮渠茂虔弟無諱襲破之，其王闞爽奔于芮芮。無諱據之稱王，一世而滅。國人又立麴氏爲王，名嘉，元魏授車騎將軍、司空公、都督秦州諸軍事、秦州刺史、金城郡開國公。在位二十四年卒，謚曰昭武王。子子堅，使持節、驃騎大將軍、散騎常侍、都督瓜州諸軍事、瓜州刺史、河西郡開國公、〔三三〕儀同三司高昌王嗣位。

其國蓋車師之故地也。南接河南，東連燉煌，西次龜茲，北隣敕勒。置四十六鎭，交河、田地、高寧、臨川、横截、柳婆、洿林、新興、由寧、始昌、篤進、白力等，〔三四〕皆其鎭名。官有四鎭將軍及雜號將軍，長史，司馬，門下校郎，中兵校郎，通事舍人，通事令史，諮議，校尉，主簿。國人言語與中國略同。有五經、歷代史、諸子集。面貌類高驪，辮髮垂之於背，著長身小袖袍、縵襠袴。女子頭髮辮而不垂，著錦纈纓珞環釧。姻有六禮。其地高燥，築土爲城，架木爲屋，土覆其上。寒暑與益州相似。備植九穀，人多噉麨及羊牛肉。出良馬、蒲陶酒、石鹽。多草木，草實如繭，繭中絲如細纑，名爲白疊子，國人多取織以爲布。布甚軟白，交市用焉。有朝烏者，旦旦集王殿前，爲行列，不畏人，日出然後散去。

大同中，子堅遣使獻鳴鹽枕、蒲陶、良馬、氍毹等物。

滑國者，車師之別種也。漢永建元年，八滑從班勇擊北虜有功，勇上八滑爲後部親漢侯。自魏、晉以來，不通中國，至天監十五年，其王厭帶夷栗陁始遣使獻方物。普通元年，又遣使獻黃師子、白貂裘、波斯錦等物。七年，又奉表貢獻。

元魏之居桑乾也，滑猶爲小國，屬芮芮。後稍强大，征其旁國波斯、盤盤、罽賓、焉耆、龜茲、疏勒、姑墨、于闐、句盤等國，開地千餘里。土地溫暖，多山川樹木，〔三五〕有五穀。國人以麨及羊肉爲糧。其獸有師子、兩脚駱駝，野驢有角。人皆善射，著小袖長身袍，用金玉爲帶。女人被裘，頭上刻木爲角，長六尺，以金銀飾之。少女子，兄弟共妻。無城郭，氈屋爲居，東向開戶。其王坐金牀，隨太歲轉，與妻並坐接客。無文字，以木爲契。與旁國通，則使旁國胡爲胡書，羊皮爲紙。無職官。事天神、火神，每日則出戶祀神而後食。其跪一拜而止。葬以木爲槨。父母死，其子截一耳，葬訖卽吉。其言語待河南人譯然後通。

周古柯國，滑旁小國也。普通元年，使使隨滑來獻方物。

呵跋檀國，亦滑旁小國也。凡滑旁之國，衣服容貌皆與滑同。普通元年，使使隨滑使來獻方物。

胡蜜丹國，亦滑旁小國也。普通元年，使使隨滑使來獻方物。

白題國，王姓支名史稽毅，其先蓋匈奴之別種胡也。漢灌嬰與匈奴戰，斬白題騎一人。今在滑國東。去滑六日行，西極波斯。土地出粟、麥、瓜菓，食物略與滑同。普通三年，遣使獻方物。

龜茲者，西域之舊國也。後漢光武時，其王名弘，爲莎車王賢所殺，滅其族。賢使其子則羅爲龜茲王，國人又殺則羅。匈奴立龜茲貴人身毒爲王，由是屬匈奴。然龜茲在漢世常爲大國，所都曰延城。魏文帝初卽位，遣使貢獻。晉太康中，遣子入侍。太元七年，秦主苻堅遣將呂光伐西域，至龜茲，龜茲王帛純載寶出奔，光入其城。城有三重，外城與長安城等。室屋壯麗，飾以琅玕金玉。光立帛純弟震爲王而歸，自此與中國絕不通。普通二年，王尼瑞摩珠那勝遣使奉表貢獻。

于闐國，西域之屬也。後漢建武末，王俞爲莎車王賢所破，〔三六〕徙爲驪歸王，以其弟君得爲于闐王，〔三七〕暴虐，百姓患之。永平中，其種人都末殺君得，大人休莫霸又殺都末，自立

爲王。霸死，兄子廣得立，後擊虜莎車王賢以歸，殺之，遂爲强國，西北諸小國皆服從。

其地多水潦沙石，氣溫，宜稻、麥、蒲桃。有水出玉，名曰玉河。國人善鑄銅器。其治曰西山城。有屋室市井。菓蓏菜蔬與中國等。尤敬佛法。王所居室，加以朱畫。王冠金幘，如今胡公帽。與妻並坐接客。國中婦人皆辮髮，衣裘袴。其人恭，相見則跪，其跪則一膝至地。書則以木爲筆札，以玉爲印。國人得書，戴於首而後開札。

魏文帝時，王山習獻名馬。天監九年，遣使獻方物。十三年，又獻波羅婆步鄣。十八年，又獻瑠璃罌。大同七年，又獻外國刻玉佛。

渴盤陁國，于闐西小國也。西隣滑國，南接罽賓國，北連沙勒國。所治在山谷中。城周迴十餘里，國有十二城。風俗與于闐相類。衣古貝布，著長身小袖袍，小口袴。地宜小麥，資以爲糧。多牛馬駱駞羊等。出好氈、金、玉。王姓葛沙氏。中大同元年，遣使獻方物。

末國，漢世且末國也。勝兵萬餘戶。北與丁零，東與白題，西與波斯接。土人剪髮，著氈帽，小袖衣，爲衫則開頸而縫前。多牛羊騾驢。其王安末深盤，普通五年，遣使來貢獻。

波斯國，其先有波斯匿王者，子孫以王父字爲氏，因爲國號。國有城，周迴三十二里。城高四丈，皆有樓觀。城內屋宇數百千間，城外佛寺二三百所。西去城十五里有土山，山非過高，其勢連接甚遠，中有鷲鳥噉羊，土人極以爲患。國中有優鉢曇花，鮮華可愛。出龍駒馬。鹹池生珊瑚樹，長一二尺。亦有琥珀、馬腦、眞珠、玫珂等，國內不以爲珍。市買用金銀。婚姻法：下聘訖，女壻將數十人迎婦，壻著金線錦袍，師子錦袴，戴天冠，婦亦如之。婦兄弟便來捉手付度，夫婦之禮，於茲永畢。國東與滑國，西及南俱與婆羅門國，北與汎慄國接。中大通二年，遣使獻佛牙。

宕昌國，在河南之東南，益州之西北，隴西之西，羌種也。宋孝武世，其王梁瑾忽始獻方物。天監四年，王梁彌博來獻甘草、當歸，詔以爲使持節、都督河涼二州諸軍事、安西將軍、東羌校尉、河涼二州刺史、隴西公、宕昌王，佩以金章。彌博死，子彌泰立，大同七年，復授以父爵位。其衣服、風俗與河南略同。

鄧至國，居西涼州界，羌別種也。世號持節、平北將軍、西涼州刺史。宋文帝時，王象

屈眈遣使獻馬。天監元年，詔以鄧至王象舒彭爲督西涼州諸軍事，號安北將軍。五年，舒彭遣使獻黃耆四百斤，馬四匹。其俗呼帽曰突何。其衣服與宕昌同。

武興國，本仇池。楊難當自立爲秦王，宋文帝遣裴方明討之，難當奔魏。其兄子文德又聚衆茄盧，宋因授以爵位，魏又攻之，文德奔漢中。從弟僧嗣又自立，復戍茄盧。卒，文德弟文度立，以弟文洪爲白水太守，屯武興，宋世以爲武都王。武興之國，自於此矣。難當族弟廣香又攻殺文度，自立爲陰平王、茄盧鎭主。卒，子炅立。炅死，子崇祖立。崇祖死，子孟孫立。齊永明中，魏氏南梁州刺史仇池公楊靈珍據泥功山歸款，齊世以靈珍爲北梁州刺史、仇池公。文洪死，以族人集始爲北秦州刺史、武都王。天監初，以集始爲使持節、都督秦雍二州諸軍事、輔國將軍、平羌校尉、北秦州刺史、武都王；靈珍爲冠軍將軍；孟孫爲假節、督沙州刺史、陰平王。集始死，子紹先襲爵位。二年，以靈珍爲持節、督隴右諸軍事、左將軍、北梁州刺史、仇池王。十年，孟孫死，詔贈安沙將軍、北雍州刺史。子定襲封爵。紹先死，子智慧立。大同元年，剋復漢中，智慧遣使上表，求率四千戶歸國，詔許焉，卽以爲東益州。

其國東連秦嶺，西接宕昌，去宕昌八百里，南去漢中四百里，北去岐州三百里，東去長安九百里。本有十萬戶，世世分減。其大姓有苻氏、姜氏。〔三八〕言語與中國同。著烏皁突騎帽，長身小袖袍，小口袴，皮鞾。地植九穀。婚姻備六禮。知書疏。種桑麻。出紬、絹、精布、漆、蠟、椒等。山出銅鐵。

芮芮國，蓋匈奴別種。魏、晉世，匈奴分爲數百千部，各有名號，芮芮其一部也。自元魏南遷，因擅其故地。無城郭，隨水草畜牧，以穹廬爲居。辮髮，衣錦，小袖袍，小口袴，深雍鞾。其地苦寒，七月流澌亘河。宋昇明中，遣王洪軌使焉，引之共伐魏。齊建元元年，洪軌始至其國，國王率三十萬騎，出燕然山東南三千餘里，魏人閉關不敢戰。後稍侵弱。永明中，爲丁零所破，更爲小國而南移其居。天監中，始破丁零，復其舊土。始築城郭，名曰木末城。十四年，遣使獻烏貂裘。〔三九〕普通元年，又遣使獻方物。是後數歲一至焉。大同七年，又獻馬一匹，金一斤。

其國能以術祭天而致風雪，前對皎日，後則泥潦橫流，故其戰敗莫能追及。或於中夏爲之，則噎而不雨，問其故，以暵云。

史臣曰：海南東夷西北戎諸國，地窮邊裔，各有疆域。若山奇海異，怪類殊種，前古未聞，往牒不記，故知九州之外，八荒之表，辯方物土，莫究其極。高祖以德懷之，故朝貢歲至，美矣。

校勘記

〔一〕有西國夷亦稱王　「西國」南史作「西圖」。

〔二〕功曹區達殺縣令自立爲王　「達」，南史及晉書林邑傳並作「連」。

〔三〕晉成帝咸康三年　「三」，晉書林邑傳作「二」。

〔四〕文本日南西捲縣夷帥范稚家奴　「稚」，晉書、南齊書林邑傳並作「椎」。

〔五〕又遣督護陶緩李衢討之　「緩」疑「綏」字之誤。晉書陶璜傳有孫綏位至交州刺史，當卽此人。

〔六〕哀帝昇平初復爲寇暴刺史溫放之討破之　晉哀帝無「昇平」年號。「昇」當作「升」，升平是晉穆帝年號，「哀帝」當作「穆帝」。晉書穆帝紀，升平三年，交州刺史溫放之帥兵討林邑。

〔七〕安帝隆安三年佛孫須達復寇日南　「須達」，晉書安帝紀作「范達」。

〔八〕須達復寇日南殺長史　「史」疑是「吏」之誤。

〔九〕九年須達復寇九眞行郡事杜慧期與戰斬其息交龍王甄知及其將范健等　「須達」晉書安帝紀

作「范湖達」。「杜慧期」晉書安帝紀作「杜慧度」。

〔一〇〕殺蕩甚多 「蕩」南史作「傷」。

〔一一〕陽邁死子咄立慕其父復曰陽邁 「慕」各本及南史譌「纂」，據南齊書林邑國傳改正。按：既云「立」，不應又云「纂」，致文相複，當依南齊書作「慕」爲是。

〔一二〕孝武孝建大明中 「孝建」各本譌「建元」。按：宋孝武帝無「建元」年號，而孝建與大明相接，今改正。

〔一三〕頸長三尺 「頸」各本作「頭」，南史同。按：下云「南方號曰長頸王」，是「頭」當爲「頸」字之譌，册府元龜九九七正作「頸」，今據改。

〔一四〕其南有徼國 「徼」南史及南齊書扶南國傳作「激」。

〔一五〕以國事委其大將范蔓 「范蔓」，南齊書扶南國傳作「范師蔓」。

〔一六〕蔓姊子旃 「旃」，南齊書扶南國傳作「旃慕」。

〔一七〕果是阿育王塔所 「阿」字，各本脫，據南史補。

〔一八〕又使沙門僧尙伽爲三層 「伽」南史作「加」。

〔一九〕中大通二年其王遣使奉表曰 按本書武帝紀，丹丹國遣使在中大通三年六月。

〔二〇〕幷獻火齊珠古貝雜香藥等 「古貝」殿本作「吉貝」。按：「古貝」南史皆作「古貝」，梁書則惟百

衲本「古貝」「吉貝」雜出，實皆一物，卽木棉。

〔二一〕大梁揚都天子 「都」各本作「郡」，據册府元龜九六八改。按下婆利國王遣使奉表亦稱「大梁揚都聖王」。

〔二二〕南至淹滯水 「淹滯水」，册府元龜九五六作「淹滮水」，與後漢書高句驪傳合。

〔二三〕順奴部 「順奴部」各本並作「愼奴部」。按：後漢書、三國魏志高句驪傳皆作「順」，此姚思廉爲避梁武帝父蕭順之諱而改。今改回。

〔二四〕位宮寇西安平 「安」下各本衍一「嘉」字，據三國魏志高句驪傳删。

〔二五〕弗利死子釗代立 「釗」各本譌「劉」，據晉書慕容皝載記改正。下同。

〔二六〕康帝建元元年慕容廆子晃率兵伐之 晃當卽是皝，音近而譌。慕容皝出兵事，晉書慕容皝載記云在咸康七年，通鑑繫於咸康八年。

〔二七〕王須 「須」，晉書孝武帝太元十一年紀作「餘暉」。

〔二八〕王姓募名秦 「姓」各本皆脫。據南史補。

〔二九〕至邪馬臺國 「邪」各本譌「祁」，據册府元龜九五七改。

〔三〇〕進武號征東大將軍 「大」各本脫，據南史倭國傳補。

〔三一〕其界東至疊川 「疊」各本譌「壘」，據南史改。

〔三二〕子伏連籌襲爵位 「伏連」各本作「休運」，據魏書吐谷渾傳、北史吐谷渾傳改。

〔三三〕河西郡開國公 南史作「西平郡公」。

〔三四〕交河田地高寧臨川横截柳婆洿林新興由寧始昌篤進白力等 「柳婆」疑當作「柳娑」。「白力」各本作「白刀」，據唐三藏法師傳改，卽魏書高昌傳之白棘城。

〔三五〕多山川樹木 「樹」字上，南史有「少」字。

〔三六〕後漢建武末王兪爲莎車王賢所破 「兪」後漢書西域于闐國傳、莎車國傳並作「兪林」。

〔三七〕以其弟君得爲于闐王 「君得」後漢書西域于闐國傳作「位侍」。

〔三八〕其大姓有苻氏姜氏 「苻」各本皆譌「符」，據南史改正。按：「姜氏」下，南史有「梁氏」。

〔三九〕遣使獻烏貂裘 「烏」南史作「馬」。

梁書卷五十五

列傳第四十九

豫章王綜　武陵王紀　臨賀王正德　河東王譽

豫章王綜字世謙，高祖第二子也。天監三年，封豫章郡王，邑二千戶。五年，出爲使持節、都督南徐州諸軍事、仁威將軍、南徐州刺史，尋進號北中郎將。十年，遷都督郢司霍三州諸軍事、雲麾將軍、郢州刺史。十三年，遷安右將軍、領石頭戍軍事。十五年，遷西中郎將，兼護軍將軍，又遷安前將軍、丹陽尹。十六年，復爲北中郎將、南徐州刺史。普通二年，入爲侍中、鎮右將軍，置佐史。

初，其母吳淑媛自齊東昏宮得幸於高祖，七月而生綜，宮中多疑之者，及淑媛寵衰怨望，遂陳疑似之說，故綜懷之。旣長，有才學，善屬文。高祖御諸子以禮，朝見不甚數，綜恒怨不見知。每出藩，淑媛恒隨之鎮。至年十五六，尚裸祖嬉戲於前，晝夜無別，內外咸有穢

議。綜在徐州，政刑酷暴。又有勇力，手制奔馬。常微行夜出，無有期度。每高祖有敕疏至，輒忿恚形於顏色，羣臣莫敢言者。恒於別室祠齊氏七廟，又微服至曲阿拜齊明帝陵。然猶無以自信，聞俗說以生者血瀝死者骨，滲，卽爲父子。綜乃私發齊東昏墓，出骨，瀝臂血試之；幷殺一男，取其骨試之，皆有驗，自此常懷異志。

四年，出爲使持節、都督南兗兗徐青冀五州諸軍事、平北將軍、南兗州刺史，給鼓吹一部。聞齊建安王蕭寶寅在魏，遂使人入北與之相知，謂爲叔父，許舉鎭歸之。會大舉北伐，六年，魏將元法僧以彭城降，高祖乃令綜都督衆軍，鎭于彭城，與魏將安豐王元延明相持。高祖以連兵旣久，慮有釁生，敕綜退軍。綜懼南歸則無因復與寶寅相見，乃與數騎夜奔于延明，魏以爲侍中、太尉、高平公、丹陽王，邑七千戶，錢三百萬，布絹三千匹，雜彩千匹，馬五十匹，羊五百口，奴婢一百人。綜乃改名纘，字德文，追爲齊東昏服斬衰。於是有司奏削爵土，絕屬籍，改其姓爲悖氏。俄有詔復之，封其子直爲永新侯，邑千戶。大通二年，蕭寶寅在魏據長安反，綜自洛陽北遁，將赴之，爲津吏所執，魏人殺之，時年四十九。

初，綜旣不得志，嘗作聽鐘鳴、悲落葉辭，以申其志。大略曰：

聽鐘鳴，當知在帝城。參差定難數，歷亂百愁生。去聲懸窈窕，來響急徘徊。誰憐傳漏子，辛苦建章臺。

聽鐘鳴，聽聽非一所。懷瑾握瑜空擲去，攀松折桂誰相許。昔朋舊愛各東西，譬如落葉不更齊。漂漂孤雁何所栖，依依別鶴夜半啼。

聽鐘鳴，聽此何窮極。二十有餘年，淹留在京域。窺明鏡，罷容色，雲悲海思徒揜抑。

其悲落葉云：

悲落葉，連翩下重疊。落且飛，從橫去不歸。

悲落葉，落葉悲，人生譬如此，零落不可持。

悲落葉，落葉何時還？夙昔共根本，[一]無復一相關。

當時見者莫不悲之。

武陵王紀字世詢，高祖第八子也。少勤學，有文才，屬辭不好輕華，甚有骨氣。天監十三年，封爲武陵郡王，邑二千戶。歷位寧遠將軍、琅邪彭城二郡太守、輕車將軍、丹陽尹。出爲會稽太守，尋以其郡爲東揚州，仍爲刺史，加使持節、東中郎將。徵爲侍中，領石頭戍軍事。出爲宣惠將軍、江州刺史。徵爲使持節、宣惠將軍、都督揚南徐二州諸軍事、揚州刺

史。尋改授持節、都督益梁等十三州諸軍事、安西將軍、益州刺史，加鼓吹一部。大同十一年，授散騎常侍、征西大將軍、開府儀同三司。

初，天監中，震太陽門，成字曰「紹宗梁位唯武王」，解者以爲武王者，武陵王也，於是朝野屬意焉。及太清中，侯景亂，紀不赴援。高祖崩後，紀乃僭號於蜀。改年曰天正。立子圓照爲皇太子，圓正爲西陽王，圓滿竟陵王，圓普南譙王，圓肅宜都王。以巴西、梓潼二郡太守永豐侯撝爲征西大將軍、益州刺史，封秦郡王。司馬王僧略、直兵參軍徐怦並固諫，紀以爲貳於己，皆殺之。永豐侯撝歎曰：「王不免矣！夫善人、國之基也，今反誅之，不亡何待！」又謂所親曰：「昔桓玄年號大亨，識者謂之『二月了』，而玄之敗實在仲春。今年曰天正，在文爲『一止』，其能久乎？」

太淸五年夏四月，紀帥軍東下至巴郡，[二]以討侯景爲名，將圖荊陝。聞西魏侵蜀，遣其將南梁州刺史譙淹迴軍赴援。五月日，西魏將尉遲迥帥衆逼涪水，[三]潼州刺史楊乾運以城降之，迥分軍據守，卽趨成都。丁丑，紀次于西陵，舳艫翳川，旌甲曜日，軍容甚盛。世祖命護軍將軍陸法和於硤口夾岸築二壘，鎭江以斷之。[四]時陸納未平，蜀軍復逼，物情恇擾，世祖憂焉。法和告急，旬日相繼。世祖乃拔任約於獄，以爲晉安王司馬，撤禁兵以配之；幷遣宣猛將軍劉棻共約西赴。六月，紀築連城，攻絕鐵鎖。[五]世祖復於獄拔謝答仁爲

步兵校尉，配衆一旅，上赴法和。世祖與紀書曰：「皇帝敬問假黄鉞太尉武陵王：自九黎侵軼，三苗寇擾，天長喪亂，獯醜馮陵，虔劉象魏，黍離王室。朕枕戈東望，泣血西浮，殞愛子於二方，無諸侯之八百，身被屬甲，手貫流矢。俄而風樹之酷，萬恨始纏，霜露之悲，百憂繼集，扣心飲膽，志不圖全。直以宗社綴旒，鯨鯢未翦，嘗膽待旦，龔行天罰，獨運四聰，坐揮八柄。雖復結壇待將，褰帷納士，拒赤壁之兵，無謀於魯肅，燒烏巢之米，不訪於荀攸，才智將殫，金貝殆竭，傍無寸助，險阻備嘗，遂得斬長狄於駒門，挫蚩尤於楓木。怨恥既雪，天下無塵，經營四方，專資一力，方與岳牧，同茲清靜。隆暑炎赫，弟比何如？文武具僚，當有勞弊。今遣散騎常侍、光州刺史鄭安忠，指宣往懷。」仍令喻意於紀，許其還蜀，專制岷方。紀不從命，報書如家人禮。庚申，紀將侯叡率衆緣山將規進取，任約、謝答仁與戰，破之。既而陸納平，諸軍並西赴，世祖又與紀書曰：「甚苦大智！季月煩暑，流金爍石，聚蚊成雷，封狐千里，以茲玉體，辛苦行陣。乃眷西顧，我勞如何。自獯醜憑陵，羯胡叛換，吾年爲一日之長，屬有平亂之功，膺此樂推，事歸當璧。儻遣使乎，良所遲也。如曰不然，於此投筆。友于兄弟，分形共氣。兄肥弟瘦，無復相代之期；讓棗推梨，長罷歡愉之日。上林靜拱，聞四鳥之哀鳴；宣室披圖，嗟萬始之長逝。心乎愛矣，書不盡言。」大智，紀之別字也。紀遣所署度支尚書樂奉業至于江陵，論和緝之計，依前旨還蜀。世祖知紀必破，遂拒而不許。丙戌，

巴東民苻昇、徐子初等斬紀硤口城主公孫晃，降于衆軍。王琳、宋簉、任約、謝答仁等因進攻侯叡，陷其三壘，於是兩岸十餘城遂俱降。將軍樊猛獲紀及其第三子圓滿，俱殺之於硤口，時年四十六。有司奏請絕其屬籍，世祖許之，賜姓饕餮氏。

初，紀將僭號，妖怪非一，其最異者，內寢栢殿柱繞節生花，其莖四十有六，靃靡可愛，狀似荷花。識者曰：「王敦仗花，非佳事也。」紀年號天正，與蕭棟暗合，僉曰天字「二人」也，正字「一止」也。棟、紀僭號，各一年而滅。

臨賀王正德字公和，臨川靖惠王第三子也。少粗險，不拘禮節。初，高祖未有男，養之爲子，及高祖踐極，便希儲貳，後立昭明太子，封正德爲西豐侯，邑五百戶。自此怨望，恒懷不軌，睥睨宮扆，覬幸災變。普通六年，以黃門侍郎爲輕車將軍，置佐史。頃之，遂逃奔于魏，有司奏削封爵。七年，又自魏逃歸，高祖不之過也。復其封爵，仍除征虜將軍。

中大通四年，爲信武將軍、吳郡太守。徵爲侍中、撫軍將軍，置佐史，封臨賀郡王，邑二千戶，又加左衞將軍。而凶暴日甚，招聚亡命。侯景知其有姦心，乃密令誘說，厚相要結，遺正德書曰：「今天子年尊，姦臣亂國，憲章錯謬，政令顛倒，以景觀之，計日必敗。況大王

屬當儲貳，中被廢辱，天下義士，竊所痛心，在景愚忠，能無忿慨。今四海業業，歸心大王，大王豈得顧此私情，棄茲億兆。景雖不武，實思自奮。願王允副蒼生，鑒斯誠款。」正德覽書大喜曰：「侯景意暗與我同，此天贊也。」遂許之。及景至江，正德潛運空舫，詐稱迎荻，以濟景焉。朝廷未知其謀，猶遣正德守朱雀航。景至，正德乃引軍與景俱進，景推正德爲天子，改年爲正平元年，景爲丞相。臺城沒，復太清之號，降正德爲大司馬。正德有怨言，景聞之，慮其爲變，矯詔殺之。

河東王譽字重孫，昭明太子第二子也。普通二年，封枝江縣公。中大通三年，改封河東郡王，〔六〕邑二千戶。除寧遠將軍、石頭戍軍事。出爲琅邪、彭城二郡太守。還除侍中、輕車將軍，置佐史。出爲南中郎將、湘州刺史。

未幾，侯景寇京邑，譽率軍入援，至青草湖，臺城沒，有詔班師，譽還湘鎮。時世祖軍于武城，新除雍州刺史張纘密報世祖曰：「河東起兵，岳陽聚米，共爲不逞，將襲江陵。」世祖甚懼，因步道間還，遣諮議周弘直至譽所，督其糧衆。譽曰：「各自軍府，何忽隸人？」前後使三反，譽並不從。世祖大怒，乃遣世子方等征之，反爲譽所敗死。又令信州刺史鮑泉討譽，幷與書陳示禍福，許其遷善。譽不答，修浚城池，爲拒守之計，謂鮑泉曰：「敗軍之將，勢豈語勇。欲前卽前，無所多說。」泉軍于石槨寺，譽帥衆逆擊之，不利而還。泉進軍于橘洲，譽又盡銳攻之，不剋。會已暮，士卒疲弊，泉因出擊，大敗之，斬首三千級，溺死者萬餘人。譽於是焚長沙郭邑，驅居民於城內，鮑泉度軍圍之。譽幼而驍勇，兼有膽氣，能撫循士卒，甚得衆心。及被圍既久，雖外內斷絕，而備守猶固。後世祖又遣領軍將軍王僧辯代鮑泉攻譽，僧辯築土山以臨城內，日夕苦攻，矢石如雨，城中將士死傷者太半。譽窘急，乃潛裝海船，將潰圍而出。會其麾下將慕容華引僧辯入城，譽顧左右皆散，遂被執。謂守者曰：「勿殺我，得一見七官，申此讒賊，死亦無恨。」主者曰：「奉命不許。」遂斬之，傳首荆鎮，世祖反其首以葬焉。

初，譽之將敗也，私引鏡照面，不見其頭；又見長人蓋屋，兩手據地瞰其齋；〔七〕又見白狗大如驢，從城而出，不知所在。譽甚惡之，俄而城陷。

史臣曰：蕭綜、蕭正德並悖逆猖狂，自致夷滅，宜矣。太清之寇，蕭紀據庸、蜀之資，遂不勤王赴難，申臣子之節；及賊景誅翦，方始起兵，師出無名，成其釁禍。嗚呼！身當管、蔡

之罰，蓋自貽哉。

校勘記

〔一〕夙昔共根本　「夙」各本譌「凡」，據藝文類聚八八改正。

〔二〕太清五年夏四月紀帥軍東下至巴郡　太清只三年，「五年」實卽大寶二年，蓋元帝不用大寶紀年，始終承用太清年號。張森楷梁書校勘記：「此蓋承元帝世紀事之文而未及刊削。」

〔三〕五月日西魏將尉遲迥帥衆逼涪水　「五月日」不成文理，當有脫衍。通鑑繫此事於元帝承聖二年五月甲戌。

〔四〕鎭江以斷之　「鎭」疑「鎖」字之譌。南史：「元帝命護軍將軍陸法和立二城於峽口，名七勝城，鎖江以斷峽。」通鑑：「護軍陸法和築二城於峽口兩岸，運石塡江，鐵鎖斷之。」

〔五〕紀築連城攻絕鐵鏁　「紀」各本作「約」，據南史及通鑑改。

〔六〕中大通三年改封河東郡王　「中」字各本脫，據本書武帝紀補。按：大通無三年。

〔七〕又見長人蓋屋兩手據地瞰其齋　按：「齋」南史作「臍」，疑作「臍」是。或原作「齊」，齊與臍通，後人誤改爲「齋」。

梁書卷五十六

列傳第五十

侯景

侯景字萬景，朔方人，或云雁門人。少而不羈，見憚鄉里。及長，驍勇有膂力，善騎射。以選爲北鎭戍兵，稍立功効。魏孝昌元年，有懷朔鎭兵鮮于脩禮，於定州作亂，攻沒郡縣；又有柔玄鎭兵吐斤洛周，率其黨與，復寇幽、冀，與脩禮相合，衆十餘萬。後脩禮見殺，部下潰散，懷朔鎭將葛榮因收集之，攻殺吐斤洛周，盡有其衆，謂之「葛賊」。四年，魏明帝殂，其后胡氏臨朝，天柱將軍尒朱榮自晉陽入弒胡氏，幷誅其親屬。景始以私衆見榮，榮甚奇景，卽委以軍事。會葛賊南逼，榮自討，命景先驅，至河內擊大破之，生擒葛榮，以功擢爲定州刺史、大行臺，封濮陽郡公。景自是威名遂著。

頃之，齊神武帝爲魏相，又入洛誅尒朱氏，景復以衆降之，仍爲神武所用。景性殘忍酷

虐，馭軍嚴整；然破掠所得財寶，皆班賜將士，故咸爲之用，所向多捷。總攬兵權，與神武相亞。魏以爲司徒、南道行臺，〔一〕擁衆十萬，專制河南。及神武疾篤，謂子澄曰：「侯景狡猾多計，反覆難知，我死後，必不爲汝用。」乃爲書召景。景知之，慮及於禍，太清元年，乃遣其行臺郎中丁和來上表請降曰：

臣聞股肱體合，則四海和平；上下猜貳，則封疆幅裂。故周、邵同德，越常之貢來臻；飛、惡離心，諸侯所以背叛。此蓋成敗之所由，古今如畫一者也。

臣昔與魏丞相高王並肩勠力，共平災釁，扶危戴主，匡弼社稷。中興以後，無役不從，天平及此，有事先出。攻城每陷，野戰必殄。筋力消於鞍甲，忠貞竭於寸心。乘藉機運，位階鼎輔。宜應誓死罄節，仰報時恩，隕首流腸，溘焉罔貳。何言翰墨，一旦論此？臣所恨義非死所，壯士弗爲，臣不愛命，但恐死之無益耳。

而丞相旣遭疾患，政出子澄。澄天性險忌，觸類猜嫉，諂諛迭進，共相搆毀。而部分未周，累信賜召，不顧社稷之安危，惟恐私門之不植。甘言厚幣，規滅忠梗。其父若殞，將何賜容。懼讒畏戮，拒而不返，遂觀兵汝、潁，擁旆周、韓。乃與豫州刺史高成、廣州刺史暴顯、潁州刺史司馬世雲、荆州刺史郎椿、〔二〕襄州刺史李密、兗州刺史邢子才、南兗州刺史石長宣、齊州刺史許季良、東豫州刺史丘元征、洛州刺史可朱渾願、〔三〕

揚州刺史樂恂、北荊州刺史梅季昌、北揚州刺史元神和等，皆河南牧伯，大州帥長，各陰結私圖，剋相影會，秣馬潛戈，待時卽發。函谷以東，瑕丘以西，咸願歸誠聖朝，息肩有道，勠力同心，死無二志。惟有青、徐數州，僅須折簡，一驛走來，不勞經略。

且臣與高氏釁隙已成，臨患賜徵，前已不赴，縱其平復，終無合理。黃河以南，臣之所職，易同反掌，附化不難。羣臣顒仰，聽臣而唱。若齊、宋一平，徐事燕、趙。伏惟陛下天網宏開，方同書軌，聞茲寸款，惟應霈然。

丁和既至，高祖召羣臣廷議，尚書僕射謝舉及百辟等議，皆云納侯景非宜，高祖不從是議而納景。

及齊神武卒，其子澄嗣，是爲文襄帝。高祖乃下詔封景河南王、〔四〕大將軍、使持節、董督河南南北諸軍事、大行臺，〔五〕承制輒行，如鄧禹故事，給鼓吹一部。齊文襄遣大將軍慕容紹宗圍景於長社，景請西魏爲援，西魏遣其五城王元慶等率兵救之，紹宗乃退。景復請兵於司州刺史羊鴉仁，鴉仁遣長史鄧鴻率兵至汝水，元慶軍又夜遁。於是據懸瓠、項城，求遣刺史以鎮之。詔以羊鴉仁爲豫、司二州刺史，移鎮懸瓠；西陽太守羊思建爲殷州刺史，〔六〕鎮項城。

魏既新喪元帥，景又舉河南內附，齊文襄慮景與西、南合從，方爲己患，乃以書喻景曰：

蓋聞位爲大寶，守之未易；仁誠重任，終之實難。或殺身成名，或去食存信，比性命於鴻毛，等節義於熊掌。夫然者，舉不失德，動無過事，進不見惡，退無謗言。先王與司徒契闊夷險，孤子相於，偏所眷屬，繾綣衿期，綢繆寤語，義貫終始，情存歲寒。司徒自少及長，從微至著，共相成生，非無恩德。既爵冠通侯，位標上等，門容駟馬，室饗萬鍾，財利潤於鄉黨，榮華被於親戚。意氣相傾，人倫所重，感於知己，義在忘軀。眷爲國士者，乃立漆身之節；饋以壺飧者，便致扶輪之效。若然尚不能已，況其重於此乎。

幸以故舊之義，欲持子孫相託，方爲秦晉之匹，共成劉范之親。假使日往月來，時移世易，門無强蔭，家有幼孤，猶加璧不遺，分宅相濟，無忘先德，以恤後人。況聞負杖行歌，便已狼顧犬噬，於名無所成，於義無所取，不蹈忠臣之跡，自陷叛人之地。力不足以自强，勢不足以自保，率烏合之衆，爲累卵之危。西求救於黑泰，南請援於蕭氏，以狐疑之心，爲首鼠之事。入秦則秦人不容，歸吳則吳人不信。〔七〕當今相視，未見其可，不知終久，持此安歸。相推本心，必不應爾。當是不逞之人，曲爲口端之說，〔八〕遂懷市虎之疑，乃致投杼之惑耳。

比來舉止，事已可見，人相疑誤，想自覺知，合門大小，並付司寇。近者，聊命偏

師，前驅致討，南兗、揚州，應時剋復。卽欲乘機，長驅懸瓠；屬以炎暑，欲爲後圖。方憑國靈，龔行天罰，器械精新，士馬强盛。內外感德，上下齊心，三令五申，可蹈湯火。若使旗鼓相望，埃塵相接，勢如沃雪，事等注螢。

夫明者去危就安，智者轉禍爲福。寧使我負人，不使人負我。〔九〕當開從善之門，決改先迷之路。今刷心盪意，除嫌去惡，想猶致疑，未便見信。若能卷甲來朝，垂櫜還闕者，當授豫州刺史。卽使終君之世，所部文武更不追攝。進得保其祿位，退則不喪功名。君門眷屬，可以無恙，寵妻愛子，亦送相還。仍爲通家，卒成親好。所不食言，有如皎日。

君既不能東封函谷，南向稱孤，受制於人，威名頓盡。空使兄弟子姪，足首異門，垂髮戴白，同之塗炭，聞者酸鼻，見者寒心，矧伊骨肉，能無愧也？

孤子今日不應方遣此書，但見蔡遵道云：司徒本無歸西之心，深有悔禍之意，聞西兵將至，遣遵道向峽中參其多少；少則與其同力，多則更爲其備。又云：房長史在彼之日，司徒嘗欲遣書啓，將改過自新，已差李龍仁，垂欲發遣，聞房已遠，遂復停發。未知遵道此言爲虛爲實；但既有所聞，不容不相盡告。吉凶之理，想自圖之。

景報書曰：

蓋聞立身揚名者，義也；在躬所寶者，生也。苟事當其義，則節士不愛其軀；刑罰斯舛，則君子實重其命。昔微子發狂而去殷，陳平懷智而背楚者，良有以也。

僕鄉曲布衣，本乖藝用。初逢天柱，賜忝帷幄之謀；晚遇永熙，委以干戈之任。出身爲國，綿歷二紀，犯危履難，豈避風霜。遂得躬被袞衣，口飡玉食，富貴當年，光榮身世。何爲一旦舉旌旆，援桴鼓，而北面相抗者，何哉？實以畏懼危亡，恐招禍害，捐軀非義，身名兩滅故耳。何者？往年之暮，尊王遘疾，神不祐善，祈禱莫瘳。遂使嬖幸擅威權，閹寺肆詭惑，上下相猜，心腹離貳。僕妻子在宅，無事見圍，段康之謀，莫知所以，盧潛入軍，未審何故。翼翼小心，常懷戰慄，有靦面目，寧不自疑。及迴師長社，希自陳狀，簡書未達，斧鉞已臨。既旌旗相對，咫尺不遠，〔一〇〕飛書每奏，兼申鄙情；而羣率恃雄，〔一一〕眇然不顧，運戟推鋒，專欲屠滅。築圍堰水，三板僅存，舉目相看，命懸晷刻，不忍死亡，出戰城下。禽獸惡死，人倫好生，送地拘秦，非樂爲也。但尊王平昔見與，比肩共獎帝室，雖形勢參差，寒暑小異，丞相司徒，雁行而已。福祿官榮，自是天爵，勞而後受，〔一二〕理不相干，欲求吞炭，何其謬也！然竊人之財，猶謂爲盜，祿去公室，相爲不取。今魏德雖衰，天命未改，祈恩私第，何足關言。

賜示「不能東封函谷，受制於人」。當似教僕賢祭仲而褒季氏。無主之國，在禮未

聞，動而不法，何以取訓。竊以分財養幼，事歸令終，捨宅存孤，誰云隙末。

復言僕「衆不足以自强，危如累卵」。然紂有億兆夷人，卒降十亂，桀之百剋，終自無後。〔一三〕潁川之戰，即是殷監。輕重由人，非鼎在德。苟能忠信，雖弱必强。殷憂啓聖，處危何苦。況今梁道邕熙，招攜以禮，被我虎文，〔一四〕縻之好爵。方欲苑五岳而池四海，掃夷穢以拯黎元，東羈甌越，西通汧、隴。吳、楚剽勁，帶甲千羣；吳兵冀馬，控弦十萬。兼僕所部義勇如林，奮義取威，不期而發，大風一振，枯幹必摧，凝霜暫落，秋蔕自殞，此而爲弱，誰足稱强！

又見誣兩端，受疑二國。斟酌物情，一何至此。昔陳平背楚，歸漢則王；百里出虞，入秦斯霸。蓋昏明由主，用捨在時，奉禮而行，神其庇也。

書稱士馬精新，剋日齊舉，誇張形勝，指期盪滅。竊以寒飈白露，節候乃同，秋風揚塵，馬首何異。徒知北方之力爭，未識西、南之合從，苟欲徇意於前途，不覺坑穽在其側。若云去危令歸正朔，轉禍以脫網羅，彼既嗤僕之愚迷，此亦笑君之晦昧。今已引二邦，揚旌北討，熊虎齊奮，〔一五〕剋復中原，荆、襄、廣、潁已屬關右，項城、懸瓠亦奉南朝，幸自取之，何勞恩賜。然權變不一，理有萬途。爲君計者，莫若割地兩和，三分鼎峙，〔一六〕燕、衞、晉、趙足相奉祿，齊、曹、宋、魯悉歸大梁，使僕得輸力南朝，北敦姻好，東

帛交行，戎車不動。僕立當世之功，君卒祖禰之業，各保疆界，躬享歲時，百姓乂寧，四民安堵。孰若驅農夫於隴畝，抗勍敵於三方，避干戈於首尾，當鋒鏑於心腹。縱太公爲將，不能獲存，歸之高明，何以剋濟。

復尋來書云，僕妻子悉拘司寇。以之見要，庶其可反。當是見疑褊心，未識大趣。何者？昔王陵附漢，母在不歸，太上囚楚，乞羹自若，矧伊妻子，而可介意。脫謂誅之有益，欲止不能，殺之無損，徒復坑戮，家累在君，何關僕也。

而遵道所傳，頗亦非謬；但在縲紲，恐不備盡，故重陳辭，更論款曲。所望良圖，時惠報旨。然昔與盟主，事等琴瑟，讒人間之，翻爲讎敵。撫弦搦矢，不覺傷懷，裂帛還書，知何能述。

十二月，景率軍圍譙城不下，退攻城父，拔之。又遣其行臺左丞王偉、左民郎中王則詣闕獻策，求諸元子弟立爲魏主，輔以北伐，許之。詔遣太子舍人元貞爲咸陽王，須渡江，許即僞位，乘輿副御以資給之。

齊文襄又遣慕容紹宗追景，景退入渦陽，馬尚有數千匹，甲卒數萬人，車萬餘兩，相持於渦北。景軍食盡，士卒並北人，不樂南渡，其將暴顯等各率所部降於紹宗。景軍潰散，乃與腹心數騎自峽石濟淮，稍收散卒，得馬步八百人，奔壽春，監州韋黯納之。景啓求貶削，優詔不許，仍以爲豫州牧，本官如故。

景既據壽春，遂懷反叛，屬城居民，悉召募爲軍士，輒停責市估及田租，百姓子女悉以配將卒。又啓求錦萬匹，爲軍人袍，領軍朱异議，以御府錦署止充頒賞遠近，不容以供邊城戎服，請送青布以給之。景得布，悉用爲袍衫，因尚青色。又以臺所給仗，多不能精，啓請東治鍛工，欲更營造，敕並給之。景自渦陽敗後，多所徵求，朝廷含弘，未嘗拒絕。

先是，豫州刺史貞陽侯淵明督衆軍圍彭城，兵敗沒于魏，至是，遣使還述魏人請追前好。二年二月，高祖又與魏連和。景聞之懼，馳啓固諫，高祖不從。爾後表疏跋扈，言辭不遜。鄱陽王範鎮合肥，及司州刺史羊鴉仁俱累啓稱景有異志，領軍朱异曰：「侯景數百叛虜，何能爲役。」並抑不奏聞，而逾加賞賜，所以姦謀益果。又知臨賀王正德怨望朝廷，密令要結，正德許爲內啓。八月，景遂發兵反，攻馬頭、木柵，執太守劉神茂、戍主曹璆等。於是詔合州刺史鄱陽王範爲南道都督，〔一七〕北徐州刺史封山侯正表爲北道都督，司州刺史柳仲禮爲西道都督，通直散騎常侍裴之高爲東道都督，同討景，濟自歷陽；又令開府儀同三司、丹陽尹、邵陵王綸持節，董督衆軍。

十月，景留其中軍王顯貴守壽春城，〔一八〕出軍僞向合肥，遂襲譙州，助防董紹先開城降之。執刺史豐城侯泰。高祖聞之，遣太子家令王質率兵三千巡江遏防。景進攻歷陽，歷陽

太守莊鐵遣弟均率數百人夜斫景營，不克，均戰沒，鐵又降之。蕭正德先遣大船數十艘，僞稱載荻，實裝濟景。景至京口，將渡，慮王質爲梗，俄而質無故退，景聞之尚未信也，乃密遣覘之。謂使者曰：「質若審退，可折江東樹枝爲驗。」覘人如言而返，景大喜曰：「吾事辦矣。」乃自采石濟，馬數百匹，兵千人，京師不之覺。景即分襲姑孰，執淮南太守文成侯寧，遂至慈湖。於是詔以揚州刺史宣城王大器爲都督城內諸軍事，都官尚書羊侃爲軍師將軍以副焉；南浦侯推守東府城，西豐公大春守石頭城，輕車長史謝禧守白下。

既而景至朱雀航，蕭正德先屯丹陽郡，至是，率所部與景合。建康令庾信率兵千餘人屯航北，見景至航，命徹航，始除一舶，遂棄軍走南塘，游軍復閉航渡景。皇太子以所乘馬授王質，配精兵三千，使援庾信。〔一九〕質至領軍府，與賊遇，未陣便奔走，景乘勝至闕下。西豐公大春棄石頭城走，景遣其儀同于子悅據之。謝禧亦棄白下城走。景於是百道攻城，持火炬燒大司馬、東西華諸門。城中倉卒，未有其備，乃鑿門樓，下水沃火，久之方滅。賊又斫東掖門將開，羊侃鑿門扇，刺殺數人，賊乃退。又登東宮牆，射城內，至夜，太宗募人出燒東宮，東宮臺殿遂盡。景又燒城西馬廄、士林館、太府寺。明日，景又作木驢數百攻城，城上飛石擲之，所值皆碎破。景苦攻不剋，傷損甚多，乃止攻，築長圍以絕內外，啓求誅中領軍朱异、太子右衞率陸驗、兼少府卿徐驎、制局監周石珍等。城內亦射賞格出外：「有能斬景

首，授以景位，幷錢一億萬，布絹各萬匹，女樂二部。」

十一月，景立蕭正德爲帝，卽僞位於儀賢堂，改年曰正平。初，童謠有「正平」之言，故立號以應之。景自爲相國、天柱將軍，正德以女妻之。

景又攻東府城，設百尺樓車，鉤城堞盡落，城遂陷。景使其儀同盧暉略率數千人，持長刀夾城門，悉驅城內文武裸身而出，賊交兵殺之，死者二千餘人。南浦侯推是日遇害。景使正德子見理、儀同盧暉略守東府城。

景又於城東西各起一土山以臨城內，城內亦作兩山以應之，王公以下皆負土。初，景至，便望克定京師，號令甚明，不犯百姓；既攻城不下，人心離阻，又恐援軍總集，衆必潰散，乃縱兵殺掠，交屍塞路，富室豪家，恣意裒剝，子女妻妾，悉入軍營。及築土山，不限貴賤，晝夜不息，亂加毆棰，疲羸者因殺之以塡山，號哭之聲，響動天地。百姓不敢藏隱，並出從之，旬日之間，衆至數萬。

景儀同范桃棒密遣使送款乞降，會事泄見殺。至是，邵陵王綸率西豐公大春、新淦公大成、〔二〇〕永安侯確、超武將軍南安鄉侯駿、前譙州刺史趙伯超、武州刺史蕭弄璋、步兵校尉尹思合等，馬步三萬，發自京口，直據鍾山。景黨大駭，具船舟咸欲逃散，分遣萬餘人距綸，綸擊大破之，斬首千餘級。旦日，景復陳兵覆舟山北，綸亦列陣以待之。景不進，相持。會

日暮，景引軍還，南安侯駿率數十騎挑之，景迴軍與戰，駿退。時趙伯超陳於玄武湖北，見駿急，不赴，乃率軍前走，衆軍因亂，遂敗績。綸奔京口。賊盡獲輜重器甲，斬首數百級，生俘千餘人，獲西豐公大春、綸司馬莊丘惠達、〔二一〕直閤將軍胡子約、廣陵令霍儁等，來送城下徇之，逼云「已擒邵陵王」。儁獨云「王小小失利，已全軍還京口，城中但堅守，援軍尋至」。賊以刀毆之，儁言辭顏色如舊，景義而釋之。

是日，鄱陽世子嗣、裴之高至後渚，結營于蔡洲。景分軍屯南岸。

十二月，景造諸攻具及飛樓、橦車、登城車、鉤堞車、階道車、火車，〔二二〕並高數丈，一車至二十輪，陳於闕前，百道攻城並用焉。以火車焚城東南隅大樓，賊因火勢以攻城，城上縱火，悉焚其攻具，賊乃退。又築土山以逼城，城內作地道以引其土山，賊又不能立，焚其攻具，還入于柵。材官將軍宋嶷降賊，因爲立計，引玄武湖水灌臺城，城外水起數尺，闕前御街並爲洪波矣。又燒南岸民居營寺，莫不咸盡。

司州刺史柳仲禮、衡州刺史韋粲、南陵太守陳文徹、宣猛將軍李孝欽等，皆來赴援。鄱陽世子嗣、裴之高又濟江。仲禮營朱雀航南，裴之高營南苑，韋粲營青塘，陳文徹、李孝欽屯丹陽郡，鄱陽世子嗣營小航南，並緣淮造柵。及曉，景方覺，乃登禪靈寺門樓望之，見韋粲營壘未合，先渡兵擊之。粲拒戰敗績，景斬粲首徇于城下。柳仲禮聞粲敗，不遑貫甲，與數十騎馳赴之，遇賊交戰，斬首數百，投水死者千餘人。仲禮深入，馬陷泥，亦被重創。自是賊不敢濟岸。

邵陵王綸與臨城公大連等自東道集于南岸，〔二三〕荊州刺史湘東王繹遣世子方等、兼司馬吳曄、天門太守樊文皎下赴京師，營于湘子岸前，高州刺史李遷仕、前司州刺史羊鴉仁又率兵繼至。既而鄱陽世子嗣、永安侯確、羊鴉仁、李遷仕、樊文皎率衆渡淮，攻賊東府城前柵，破之，遂結營于青溪水東。景遣其儀同宋子仙頓南平王第，緣水西立柵相拒。景食稍盡，至是米斛數十萬，人相食者十五六。

初，援兵至北岸，百姓扶老攜幼以候王師，纔得過淮，便競剝掠，賊黨有欲自拔者，聞之咸止。賊之始至，城中纔得固守，平蕩之事，期望援軍；既而四方雲合，衆號百萬，連營相持，已月餘日，城中疾疫，死者太半。

景自歲首以來乞和，朝廷未之許，至是事急乃聽焉。請割江右四州之地，幷求宣城王大器出送，然後解圍濟江；仍許遣其儀同于子悅、左丞王偉入城爲質。中領軍傅岐議，以宣城王嫡嗣之重，不容許之。乃請石城公大款出送，詔許焉。遂於西華門外設壇，遣尚書僕射王克、兼侍中上甲鄉侯韶、兼散騎常侍蕭瑳與于子悅、王偉等，登壇共盟。左衞將軍柳津出西華門下，景出其柵門，與津遙相對，刑牲歃血。

南兗州刺史南康嗣王會理、前青冀二州刺史湘潭侯退、西昌侯世子彧率衆三萬，至于馬卬州。景慮北軍自白下而上，斷其江路，請悉勒聚南岸，敕乃遣北軍進江潭苑。景啓稱「永安侯、趙威方頻隔柵見詬臣，云『天子自與汝盟，我終當逐汝。』乞召入城，卽當進發」。敕並召之。景又啓云：「西岸信至，高澄已得壽春、鍾離，便無處安足，權借廣陵、譙州，須征得壽春、鍾離，卽以奉還朝廷。」

初，彭城劉邈說景曰：「大將軍頓兵已久，攻城不拔，今援衆雲集，未易而破；如聞軍糧不支一月，運漕路絕，野無所掠，嬰兒掌上，信在於今。未若乞和，全師而返，此計之上者。」景然其言，故請和。後知援軍號令不一，終無勤王之効；又聞城中死疾轉多，必當有應之者。景謀臣王偉又說曰：「王以人臣舉兵背叛，圍守宮闕，已盈十旬，逼辱妃主，凌穢宗廟，今日持此，何處容身，願王且觀其變。」景然之，乃抗表曰：

臣聞「書不盡言，言不盡意」。然則意非言不宣，言非筆不盡，臣所以含憤蓄積，不能默已者也。竊惟陛下睿智在躬，多才多藝。昔因世季，龍翔漢、沔，夷凶剪亂，克雪家怨，然後踵武前王，光宅江表，憲章文、武，祖述堯、舜。兼屬魏國淩遲，外無勍敵，故能西取華陵，北封淮、泗，結好高氏，輶軒相屬，疆埸無虞，十有餘載。躬覽萬機，劬勞治道。刊正周、孔之遺文，訓釋眞如之祕奧。享年長久，本枝盤石。人君藝業，莫之與

京。臣所以踊躍一隅，望南風而歎息也。豈圖名與實爽，聞見不同。臣自委質策名，前後事跡，從來表奏，已具之矣。不勝憤懣，復爲陛下陳之：

陛下與高氏通和，歲踰一紀，舟車往復，相望道路，必將分災卹患，同休等戚；寧可納臣一介之服，貪臣汝、潁之地，便絕好河北，檄詈高澄，聘使未歸，陷之虎口，揚兵擊鼓，侵逼彭、宋。夫敵國相伐，聞喪則止，匹夫之交，託孤寄命；豈有萬乘之主，見利忘義若此者哉。其失一也。

臣與高澄，既有仇憾，義不同國，歸身有道。陛下授以上將，任以專征，歌鍾女樂，車服弓矢。臣受命不辭，實思報效。方欲挂旆嵩、華，懸旌冀、趙，劉夷蕩滌，一匡宇內，陛下朝服濟江，告成東岳，使大梁與軒黃等盛，臣與伊、呂比功，垂裕後昆，流名竹帛，此實生平之志也。而陛下欲分其功，不能賜任，使臣擊河北，欲自舉徐方，遣庸懦之貞陽，任驕貪之胡、趙，裁見旗鼓，鳥散魚潰，慕容紹宗乘勝席卷，渦陽諸鎮靡不棄甲。疾雷不及掩耳，散地不可固全，使臣狼狽失據，妻子爲戮，斯實陛下負臣之深。其失二也。

韋黯之守壽陽，衆無一旅，慕容凶銳，欲飲馬長江，非臣退保淮南，其勢未之可測；既而逃遁，邊境獲寧，令臣作牧此州，以爲蕃捍。方欲收合餘燼，勞來安集，勵兵秣馬，

剋申後戰，封韓山之屍，雪渦陽之恥。陛下喪其精魄，無復守氣，便信貞陽謬啓，復請通和。臣頻陳執，疑閉不聽。翻覆若此，童子猶且羞之，況在人君，二三其德。其失三也。

夫畏懦逗留，軍有常法。子玉小敗，見誅於楚；王恢失律，受戮于漢。貞陽精甲數萬，器械山積，慕容輕兵，衆無百乘，不能拒抗，身受囚執。以帝之猶子，而面縛敵庭，實宜絕其屬籍，以釁征鼓。陛下曾無追責，憐其苟存，欲以微臣，規相貿易。人君之法，當如是哉？其失四也。

懸瓠大藩，古稱汝、潁。臣舉州內附，羊鴉仁固不肯入；既入之後，無故棄之，陛下曾無嫌責，使還居北司。鴉仁棄之，既不爲罪，臣得之不以爲功。其失五也。

臣渦陽退衂，非戰之罪，實由陛下君臣相與見誤。乃還壽春，曾無悔色，祇奉朝廷，掩惡揚善。鴉仁自知棄州，切齒歎恨，內懷慚懼，遂啓臣欲反。欲反當有形迹，何所徵驗？誣陷頓爾，陛下曾無辯究，默而信納。豈有誣人莫大之罪，而可並肩事主者乎？其失六也。

趙伯超拔自無能，任居方伯，惟漁獵百姓，多蓄士馬，非欲爲國立功，直是自爲富貴。行貨權幸，徼買聲名，朱异之徒，積受金貝，遂使咸稱胡、趙，比昔關、張，誣掩天聽，謂爲眞實。韓山之役，女妓自隨，裁聞敵鼓，與妾俱逝，不待貞陽，故隻輪莫返。論其此罪，應誅九族，而納賄中人，還處州任。伯超無罪，臣功何論？賞罰無章，何以爲國。其失七也。

臣御下素嚴，無所侵物，關市征稅，咸悉停原，壽陽之民，頗懷優復。裴之悌等助戍在彼，憚臣檢制，遂無故遁歸，又啓臣欲反。陛下不責違命離局，方受其浸潤之譖。處臣如此，使何地自安。其失八也。

臣雖才謝古人，實頗更事，撫民率衆，自幼至長，少來運動，多無遺策。及歸身有道，罄竭忠規，每有陳奏，恒被抑遏。朱异專斷軍旅，周石珍總尸兵仗，陸驗、徐驎典司轂帛，皆明言求貨，非令不行。〔三〕境外虛實，定計於舍人之省；舉將出師，責奏於主者之命。臣無賄於中，故恒被抑折。其失九也。

鄱陽之鎮合肥，與臣鄰接，臣推以皇枝，每相祗敬，而嗣王庸怯，虛見備御，臣有使命，必加彈射，或聲言臣反，或啓臣纖介。招攜當須以禮，忠烈何以堪於此哉。其失十也。

其餘條目，不可具陳。進退惟谷，頻有表疏。言直辭强，有忤龍鱗，遂發嚴詔，便見討襲。重華純孝，猶逃凶父之杖；趙盾忠賢，不討殺君之賊。臣何親何罪，而能坐受

殲夷？韓信雄桀，亡項霸漢，末爲女子所烹，方悔蒯通之說。臣每覽書傳，心常笑之。豈容遵彼覆車，而快陛下佞臣之手。是以興晉陽之甲，亂長江而直濟，願得升赤墀，踐文石，口陳枉直，指畫臧否，誅君側之惡臣，清國朝之粃政，然後還守藩翰，以保忠節，實臣之至願也。

三月朔旦，城內以景違盟，舉烽鼓譟，於是羊鴉仁、柳敬禮、鄱陽世子嗣進軍於東府城北。柵壘未立，爲景將宋子仙所襲，敗績，赴淮死者數千人。賊送首級於闕下。

景又遣于子悅至，更請和。遣御史中丞沈浚至景所，景無去意，浚固責之。景大怒，即決石闕前水，百道攻城，晝夜不息，城遂陷。於是悉鹵掠乘輿服玩、後宮嬪妾，收王侯朝士送永福省，撤二宮侍衞。使王偉守武德殿，于子悅屯太極東堂。矯詔大赦天下，自爲大都督、督中外諸軍事、錄尚書，其侍中、使持節、大丞相、王如故。初，城中積屍不暇埋瘞，又有已死而未斂，或將死而未絕，景悉聚而燒之，臭氣聞十餘里。尚書外兵郎鮑正疾篤，賊曳出焚之，宛轉火中，久而方絕。於是援兵並散。

景矯詔曰：「日者，姦臣擅命，幾危社稷，賴丞相英發，入輔朕躬，征鎮牧守可各復本任。」降蕭正德爲侍中、大司馬，百官皆復其職。

景遣董紹先率兵襲廣陵，南兗州刺史南康嗣王會理以城降之。景以紹先爲南兗州

刺史。

初，北兗州刺史定襄侯祗與湘潭侯退，及前潼州刺史郭鳳同起兵，將赴援，至是，鳳謀以淮陰應景，祗等力不能制，並奔于魏。景以蕭弄璋爲北兗州刺史，州民發兵拒之，景遣廂公丘子英、直閤將軍羊海率衆赴援，海斬子英，率其軍降于魏，魏遂據其淮陰。

景又遣儀同于子悅、張大黑率兵入吳，吳郡太守袁君正迎降。子悅等既至，破掠吳中，多自調發，逼掠子女，毒虐百姓，吳人莫不怨憤，於是各立城柵拒守。

是月，景移屯西州，遣儀同任約爲南道行臺，鎭姑孰。

五月，高祖崩于文德殿。初，臺城既陷，景先遣王偉、陳慶入謁高祖，高祖曰：「景今安在？卿可召來。」時高祖坐文德殿，景乃入朝，以甲士五百人自衞，帶劍升殿。拜訖，高祖問曰：「卿在戎日久，無乃爲勞？」景默然。又問：「卿何州人，而敢至此乎？」景又不能對，從者代對。及出，謂廂公王僧貴曰：「吾常據鞍對敵，矢刃交下，而意氣安緩，了無怖心。今日見蕭公，使人自慴，豈非天威難犯。吾不可再見之。」高祖雖外跡已屈，而意猶忿憤，時有事奏聞，多所譴却。景深敬憚，亦不敢逼。景遣軍人直殿省內，高祖問制局監周石珍曰：「是何物人？」對曰：「丞相。」高祖乃謬曰：「何物丞相？」對曰：「是侯丞相。」高祖怒曰：「是名景，何謂丞相！」是後，每所徵求，多不稱旨，至於御膳亦被裁抑，遂憂憤感疾而崩。

景乃密不發喪，權殯于昭陽殿，自外文武咸莫知之。二十餘日，升梓宮於太極前殿，迎皇太子卽皇帝位。於是矯詔赦北人爲奴婢者，冀收其力用焉。

又遣儀同來亮率兵攻宣城，宣城內史楊華誘亮斬之；景復遣其將李賢明討華，華以郡降。

景遣儀同宋子仙等率衆東次錢塘，新城戍主戴僧易據縣拒之。[三五]

是月，景遣中軍侯子鑒入吳軍，收于子悅、張大黑還京誅之。

時東揚州刺史臨城公大連據州，吳興太守張嵊據郡，自南陵以上，皆各據守。景制命所行，惟吳郡以西，南陵以北而已。

六月，景以儀同郭元建爲尙書僕射、北道行臺、總江北諸軍事，鎭新秦。郡人陸緝、戴文舉等起兵萬餘人，殺景太守蘇單于，推前淮南太守文成侯寧爲主，以拒景。宋子仙聞而擊之，緝等棄城走。景乃分吳郡海鹽、胥浦二縣爲武原郡。

至是，景殺蕭正德於永福省。封元羅爲西秦王，元景龍爲陳留王，[三六]諸元子弟封王者十餘人。以柳敬禮爲使持節、大都督，隸大丞相，參戎事。

景遣其中軍侯子鑒監行臺劉神茂等軍東討，破吳興，執太守張嵊父子送京師，景並殺之。

景以宋子仙爲司徒，任約爲領軍將軍，尒朱季伯、叱羅子通、彭儁、董紹先、張化仁、于慶、魯伯和、紇奚斤、史安和、時靈護、劉歸義，並爲開府儀同三司。

是月，鄱陽嗣王範率兵次柵口，江州刺史尋陽王大心要之西上。景出頓姑孰，範將裴之悌、夏侯威生以衆降景。

十一月，宋子仙攻錢塘，戴僧易降。景以錢塘爲臨江郡，富陽爲富春郡。以王偉、元羅並爲儀同三司。

十二月，宋子仙、趙伯超、劉神茂進攻會稽，東揚州刺史臨城公大連棄城走，遣劉神茂追擒之。景以裴之悌爲使持節、平西將軍、合州刺史，以夏侯威生爲使持節、平北將軍、南豫州刺史。

是月，百濟使至，見城邑丘墟，於端門外號泣，行路見者莫不灑淚。景聞之大怒，送小莊嚴寺禁止，不聽出入。

大寶元年正月，景矯詔自加班劍四十人，給前後部羽葆鼓吹，置左右長史、從事中郞四人。

前江都令祖皓起兵於廣陵，斬景刺史董紹先，推前太子舍人蕭勔爲刺史，又結魏人爲援，馳檄遠近，將以討景。景聞之大懼，卽日率侯子鑒等出自京口，水陸並集。皓嬰城拒

守，景攻城，陷之。景車裂皓以徇，城中無少長皆斬之。以侯子鑒監南兗州事。

是月，景召宋子仙還京口。

四月，景以元思虔爲東道行臺，鎭錢塘。以侯子鑒爲南兗州刺史。文成侯寧於吳西鄉起兵，旬日之間，衆至一萬，率以西上。景廂公孟振、侯子榮擊破之，斬寧，傳首於景。

七月，景以秦郡爲西兗州，陽平郡爲北兗州。任約、盧暉略攻晉熙郡，殺鄱陽世子嗣。

景以王偉爲中書監。任約進軍襲江州，江州刺史尋陽王大心降之。世祖時聞江州失守，遣衞軍將軍徐文盛率衆軍下武昌，拒約。

景又矯詔自進位爲相國，封泰山等二十郡爲漢王，入朝不趨，讚拜不名，劍履上殿，如蕭何故事。

景以柳敬禮爲護軍將軍，姜詢義爲相國左長史，徐洪爲左司馬，陸約爲右長史，沈衆爲右司馬。

是月，景率舟師上皖口。

十月，盜殺武林侯諮於廣莫門。諮常出入太宗臥內，景黨不能平，故害之。

景又矯詔曰：「蓋懸象在天，四時取則於辰斗；羣生育地，萬物仰照於大明。是以垂拱當扆，則八紘共輳；負圖正位，則九域同歸。故乃雲名水號之君，龍官人爵之后，莫不啓符河、洛，封禪岱宗。奔走四夷，來朝萬國。遜聽虞、夏，厥道彌新。爰及商、周，未之或改。逮幽、厲不競，戎馬生郊；惠、懷失御，胡塵犯蹕。遂使豺狼肆毒，侵穴伊、瀍；獫狁孔熾，巢栖咸、洛。自晉鼎東遷，多歷年代，周原不復，歲實永久。雖宋祖經略，中息遠圖；齊號和親，空勞冠蓋。我大梁膺符作帝，出震登皇。浹寓歸仁，緜區飲化。開疆闢土，跨瀚海以揚鑣；來庭入覲，等塗山而比轍。玄龜出洛，白雉歸豐。鳥塞同文，胡天共軌。不謂高澄跋扈，虔劉魏邦，扇動華夷，不供王職，遂乃狼顧北侵，馬首南向。值天厭昏僞，醜徒數盡，龍豹應期，風雲會節。相國漢王，上德英姿，蓋惟天授；雄謨勇略，出自懷抱。珠魚表應，辰昴叶暉；剖析六韜，錙銖四履。騰文豹變，鳳集虬翔；奮翼來儀，負圖而降。爰初秉律，實先啓行，奉茲廟算，克除獯醜。直以鼎湖上征，六龍晏駕；干戈暫止，九伐未申。而惡稔貫盈，元凶殄斃，弟洋繼逆，續長亂階。異彼洋音，同茲荐食，〔二七〕偸竊僞號，心希舉斧。豐水君臣，奉圖乞援；關河百姓，泣血請師，咸願承奉國靈，思覩王化。朕以寡昧，纂戎下武，庶拯堯黎，冀康禹跡。且夫車服以庸，名因事著。周師克殷，鷹揚創自尙父；漢征戎狄，明友實始

度遼。況乃神規叡算，眇乎難測，大功懋績，事絕言象，安可以習彼常名，保茲守固。相國可加宇宙大將軍、都督六合諸軍事，餘悉如故。」以詔文呈太宗，太宗驚曰：「將軍乃有宇宙之號乎！」

齊遣其將辛術圍陽平，景行臺郭元建率兵赴援，術退。

徐文盛入貝磯，〔二八〕任約率水軍逆戰，文盛大破之，仍進軍大舉口。建安侯賁知其時景屯於皖口，京師虛弱，南康王會理及北兗州司馬成欽等將襲之。賁以告景，景遣收會理與其弟祈陽侯通理、柳敬禮、成欽等，並害之。

十二月，景矯詔封賁爲竟陵王，賞發南康之謀也。

是月，張彪起義於會稽，攻破上虞，景太守蔡臺樂討之，不能禁。至是，彪又破諸暨、永興等諸縣，景遣儀同田遷、趙伯超、謝答仁等東伐彪。

二年正月，彪遣別將寇錢塘、富春，田遷進軍與戰，破之。

景以王克爲太師，宋子仙爲太保，元羅爲太傅，郭元建爲太尉，張化仁爲司徒，任約爲司空，于慶爲太子太師，時靈護爲太子太保，紇奚斤爲太子太傅，王偉爲尙書左僕射，索超世爲尙書右僕射。

北兗州刺史蕭邕謀降魏，事泄，景誅之。

是月，世祖遣巴州刺史王珣等率衆下武昌助徐文盛。任約以西臺益兵，告急於景。三月，景自率衆二萬，西上援約。四月，景次西陽，徐文盛率水軍邀戰，大破之。景訪知郢州無備，兵少，又遣宋子仙率輕騎三百襲陷之，執刺史方諸、行事鮑泉，盡獲武昌軍人家口。徐文盛等聞之，大潰，奔歸江陵，景乘勝西上。

初，世祖遣領軍王僧辯率衆東下代徐文盛，軍次巴陵，會景至，僧辯因堅壁拒之。景設長圍，築土山，晝夜攻擊，不克。軍中疾疫，死傷太半。世祖遣平北將軍胡僧祐率兵二千人救巴陵，景聞，遣任約以精卒數千逆擊僧祐，僧祐與居士陸法和退據赤亭以待之，約至與戰，大破之，生擒約。景聞之，夜遁。以丁和爲郢州刺史，留宋子仙、時靈護等助和守，以張化仁、閻洪慶守魯山城，〔二九〕景還京師。王僧辯乃率衆東下，次漢口，攻魯山及郢城，皆陷之。自是衆軍所至皆捷。

景乃廢太宗，幽於永福省。作詔草成，逼太宗寫之，至「先皇念神器之重，思社稷之固」，歔欷嗚咽，不能自止。是日，景迎豫章王棟即皇帝位，升太極前殿，大赦天下，改元爲天正元年。有回風自永福省，吹其文物皆倒折，見者莫不驚駭。

初，景既平京邑，便有篡奪之志，以四方須定，且未自立；既巴陵失律，江、郢喪師，猛將外殲，雄心內沮，便欲僞僭大號，遂其姦心。其謀臣王偉云「自古移鼎，必須廢立」，故景從

之。其太尉郭元建聞之，自秦郡馳還，諫景曰：「四方之師所以不至者，政爲二宮萬福；若遂行弑逆，結怨海內，事幾一去，雖悔無及。」王偉固執不從。景乃矯棟詔，追尊昭明太子爲昭明皇帝，豫章安王爲安皇帝，金華敬妃爲敬皇后，豫章國太妃王氏爲皇太后，妃張氏爲皇后；以劉神茂爲司空，徐洪爲平南將軍，秦晃之、王曄、李賢明、徐永、徐珍國、宋長寶、尹思合並爲儀同三司。

景以哀太子妃賜郭元建，元建曰：「豈有皇太子妃而降爲人妾。」竟不與相見。

十月壬寅夜，景遣其衞尉彭儁、王脩纂奉酒於太宗曰：「丞相以陛下處憂既久，故令臣等奉進一觴。」太宗知其將弑。乃大酣飲酒，既醉還寢，脩纂以帊盛土加於腹，因崩焉。斂用法服，以薄棺密瘞於城北酒庫。

初，太宗久見幽縶，朝士莫得接覲，慮禍將及，常不自安，惟舍人殷不害後稍得入，太宗指所居殿謂之曰：「龐涓當死此下。」又曰：「吾昨夜夢吞土，卿試爲思之。」不害曰：「昔重耳饋塊，卒反晉國，陛下所夢，將符是乎。」太宗曰：「儻幽冥有徵，冀斯言不妄耳。」至是見弑，實以土焉。

是月，景司空東道行臺劉神茂、儀同尹思合、劉歸義、王曄、雲麾將軍桑乾王元頵等據東陽歸順，仍遣元頵及別將李占、趙惠朗下據建德江口。尹思合收景新安太守元義，奪

其兵。

張彪攻永嘉，永嘉太守秦遠降彪。

十一月，景以趙伯超爲東道行臺，鎮錢塘，遣儀同田遷、謝答仁等將兵東征神茂。

景矯蕭棟詔，自加九錫之禮，置丞相以下百官。陳備物於庭，忽有野鳥翔於景上，〔三〇〕赤足丹觜，形似山鵲，賊徒悉駭，競射之不能中。景以劉勸、戚霸、朱安王爲開府儀同三司，索九昇爲護軍將軍。南兗州刺史侯子鑒獻白獐，建康獲白鼠以獻，蕭棟歸之于景。景以郭元建爲南兗州刺史，太尉、北行臺如故。

景又矯蕭棟詔，追崇其祖爲大將軍，考爲丞相。自加冕，十有二旒，建天子旌旗，出警入蹕，乘金根車，駕六馬，備五時副車，置旄頭雲罕，樂儛八佾，鍾虡宮懸之樂，一如舊儀。

景又矯蕭棟詔，禪位於己。於是南郊，柴燎于天，升壇受禪文物，並依舊儀。以轀車牀載鼓吹，橐駝負犧牲，輦上置筌蹄、垂脚坐。景所帶劍水精標無故墮落，手自拾之。將登壇，有兎自前而走，俄失所在。又白虹貫日。景還升太極前殿，大赦，改元爲太始元年。封蕭棟爲淮陰王，幽于監省。僞有司奏改「警蹕」爲「永蹕」，避景名也。改梁律爲漢律，改左民尚書爲殿中尚書，五兵尚書爲七兵尚書，直殿主帥爲直寢。景三公之官動置十數，儀同尤多，或匹馬孤行，自執羈絆。其左僕射王偉請立七廟。景曰：「何謂爲七廟？」偉曰：「天子祭七世祖考，故置七廟。」幷請七世之諱，敕太常具祭祀之禮。景曰：「前世吾不復憶，惟阿爺名標。」衆聞咸竊笑之。景黨有知景祖名周者，〔三一〕自外悉是王偉制其名位，以漢司徒侯霸爲始祖，晉徵士侯瑾爲七世祖。於是追尊其祖周爲大丞相，父標爲元皇帝。

十二月，謝答仁、李慶等至建德，攻元頵、李占柵，大破之，執頵、占送景。景截其手足徇之，經日乃死。

景二年正月朔，臨軒朝會。景自巴丘挫衂，軍兵略盡，恐齊人乘釁與西師掎角，乃遣郭元建率步軍趣小峴，侯子鑒率舟師向濡須，曜兵肥水，以示武威。子鑒至合肥，攻羅城，剋之。郭元建、侯子鑒俄聞王師既近，燒合肥百姓邑居，引軍退，子鑒保姑孰，元建還廣陵。

時謝答仁攻劉神茂，神茂別將王曄、麗通並據外營降答仁。〔三二〕劉歸義、尹思合等懼，各棄城走。神茂孤危，復降答仁。

王僧辯軍至蕪湖，蕪湖城主宵遁。景遣史安和、宋長貴等率兵二千，助子鑒守姑孰。追田遷等還京師。是月，景黨郭長獻馬駒生角。三月，景往姑孰，巡視壘柵，又誡子鑒曰：「西人善水戰，不可與爭鋒；往年任約敗績，良爲此也。若得馬步一交，必當可破，汝但堅壁以觀其變。」子鑒乃捨舟登岸，閉營不出。僧辯等遂停軍十餘日，賊黨大喜，告景曰：「西師懼吾之强，必欲遁逸，不擊，將失之。」景復命子鑒爲水戰之備。子鑒乃率步騎萬餘人渡洲，幷引水軍俱進，僧辯逆擊，大破之，子鑒僅以身免。景聞子鑒敗，大懼涕下，覆面引衾以卧，良久方起，歎曰：「誤殺乃公！」

僧辯進軍次張公洲。景以盧暉略守石頭，紇奚斤守捍國城。悉逼百姓及軍士家累入臺城內。僧辯焚景水柵，入淮，至禪靈寺渚，景大驚，乃緣淮立柵，自石頭至朱雀航。僧辯及諸將遂於石頭城西步上連營立柵，至于落星墩。景大恐，自率侯子鑒、于慶、史安和、王僧貴等，於石頭東北立柵拒守。使王偉、索超世、呂季略守臺城，宋長貴守延祚寺。遣掘王僧辯父墓，剖棺焚屍。王僧辯等進營於石頭城北，景列陣挑戰。僧辯率衆軍奮擊，大破之。侯子鑒、史安和、王僧貴各棄柵走。盧暉略、紇奚斤並以城降。

景既退敗，不入宮，斂其散兵，屯于闕下，遂將逃竄。王偉攬轡諫曰：「自古豈有叛天子！今宮中衞士，尚足一戰，寧可便走，棄此欲何所之。」景曰：「我在北打賀拔勝，破葛榮，揚名河、朔，與高王一種人。今來南渡大江，取臺城如反掌，打邵陵王於北山，破柳仲禮於南岸，皆乃所親見。今日之事，恐是天亡。乃好守城，我當復一決耳。」仰觀石闕，逡巡歎息久之。乃以皮囊盛二子挂馬鞍，與其儀同田遷、范希榮等百餘騎東奔。王偉委臺城竄逸。侯子鑒等奔廣陵。

王僧辯遣侯瑱率軍追景。景至晉陵，劫太守徐永東奔吳郡，進次嘉興，趙伯超據錢塘拒之。景退還吳郡，達松江，而侯瑱軍掩至，景衆未陣，皆舉幡乞降。景不能制，乃與腹心數十人單舸走，推墮二子於水，自滬瀆入海。至壺豆洲，〔三三〕前太子舍人羊鯤殺之，〔三四〕送屍于王僧辯。傳首西臺。曝屍於建康市，百姓爭取屠膾噉食，焚骨揚灰。曾罹其禍者，乃以灰和酒飲之。及景首至江陵，世祖命梟之於市，然後煑而漆之，付武庫。

景長不滿七尺，而眉目疏秀。性猜忍，好殺戮。刑人或先斬手足，割舌劓鼻，經日方死。曾於石頭立大舂碓，有犯法者，皆擣殺之，其慘虐如此。自篡立後，時著白紗帽，而尚披青袍，或以牙梳插髻。牀上常設胡牀及筌蹄，〔三五〕著靴垂脚坐。或匹馬遊戲於宮內，及華林園彈射烏鳥。謀臣王偉不許輕出，於是鬱怏，更成失志。所居殿常有鵂鶹鳥鳴，景惡之，每使人窮山野討捕焉。普通中，童謠曰：「青絲白馬壽陽來。」後景果乘白馬，兵皆青衣。所乘馬，每戰將勝，輒躑躅嘶鳴，意氣駿逸；其奔衂，必低頭不前。

初，中大同中，高祖嘗夜夢中原牧守皆以地來降，舉朝稱慶，寤甚悅之。旦見中書舍人朱异，說所夢，异曰：「此豈宇內方一，天道前見其徵乎。」高祖曰：「吾爲人少夢，昨夜感此，良足慰懷。」及太清二年，景果歸附，高祖欣然自悅，謂與神通，乃議納之，而意猶未決。曾夜出視事，至武德閤，獨言「我家國猶若金甌，無一傷缺，今便受地，詎是事宜；脫致紛紜，非可悔也。」朱异接聲而對曰：「聖明御宇，上應蒼玄，北土遺黎，誰不慕仰，爲無機會，未達其心。今侯景據河南十餘州，分魏土之半，輸誠送款，遠歸聖朝，豈非天誘其衷，人奬其計，原心審事，殊有可嘉。今若拒而不容，恐絕後來之望，此誠易見，願陛下無疑。」高祖深納昇言，又信前夢，乃定議納景。及貞陽覆敗，邊鎮恇擾，高祖固已憂之，曰：「吾今段如此，勿作晉家事乎？」

先是，丹陽陶弘景隱於華陽山，博學多識，嘗爲詩曰：「夷甫任散誕，平叔坐談空，不意昭陽殿，化作單于宮。」大同末，人士競談玄理，不習武事，至是，景果居昭陽殿。天監中，有釋寶誌曰：「掘尾狗子自發狂，當死未死嚙人傷，須臾之間自滅亡，起自汝陰死三湘。」又曰：「山家小兒果攘臂，太極殿前作虎視。」掘尾狗子，山家小兒，皆猴狀。景遂覆陷都邑，毒害皇室。

大同中，太醫令朱耽嘗直禁省，[二六]無何，夜夢犬羊各一在御坐，覺而惡之，告人曰：「犬羊者，非佳物也。今據御坐，將有變乎？」既而天子蒙塵，景登正殿焉。

及景將敗，有僧通道人者，意性若狂，飲酒噉肉，不異凡等，世間遊行已數十載，姓名鄉里，人莫能知。初言隱伏，久乃方驗，人並呼爲闍梨，景甚信敬之。景嘗於後堂與其徒共射，時僧通在坐，奪景弓射景陽山，大呼云「得奴已」。景後又宴集其黨，又召僧通，僧通取肉搵鹽以進景。問曰：「好不？」景答：「所恨太鹹。」僧通曰：「不鹹則爛臭。」果以鹽封其屍。

王偉，陳留人，少有才學，景之表、啓、書、檄，皆其所製。景既得志，規摹簒奪，皆偉之謀。及囚送江陵，烹於市。百姓有遭其毒者，並割炙食之。

史臣曰：夫道不恒夷，運無常泰，斯則窮通有數，盛衰相襲，時屯陽九，蓋在茲焉。若乃侯景小豎，叛換本國，識不周身，勇非出類，而王偉爲其謀主，成此姦慝。驅率醜徒，陵江直濟，長戟強弩，淪覆宮闕，禍纏宸極，毒徧黎元，肆其恣睢之心，成其簒盜之禍。嗚呼！國之將亡，必降妖孽。雖曰人事，抑乃天時。昔夷羿亂夏，犬戎厄周，漢則莽、卓流災，晉則敦、玄搆禍，方之羯賊，有逾其酷，悲夫！

校勘記

[一] 魏以爲司徒南道行臺　南道行臺，南史作河南道大行臺，與北齊書神武紀合。此句當有脫誤。

[二] 乃與豫州刺史高成廣州刺史暴顯潁州刺史司馬世雲荊州刺史郎椿　「暴顯潁州刺史司馬世雲荊州刺史」十四字各本俱脫，今據通鑑考異補入。按：豫州刺史高成，魏書孝靜紀作「高元成」。

[三] 洛州刺史可朱渾願　「可」字各本皆脫。可朱渾是姓，願是名。今補。

[四] 高祖乃下詔封景河南王　「王」字各本皆脫，據南史及通鑑太清元年紀補。

[五] 大行臺　「大」各本譌「入」，據南史改正。

[六] 西陽太守羊思建爲殷州刺史　「建」，周書楊忠傳及通鑑梁武帝太清元年紀作「達」。

[七] 入秦則秦人不容歸吳則吳人不信　「入秦」之「秦」字，「歸吳」之「吳」字，各本脫，據北齊書文襄紀及文苑英華六八五補。

[八] 曲爲口端之說　「口端」北齊書文襄紀作「無端」，文苑英華六八五作「異端」。按「口端」疑當作「兩端」，景報書有「又見誣兩端」語可證。

[九] 寧使我負人不使人負我　北齊書文襄紀作「寧人負我，不我負人」。文苑英華六八五作「寧使人負我，不使我負人」。

[一〇] 咫尺不遠　「遠」各本譌「送」，據北齊書文襄紀改。

[一一] 而羣率恃雄　「率」各本作「卒」，形近而譌，今改正。按：率與帥同，北齊書文襄紀作「帥」。

[一二] 勞而後受　「受」，北齊書文襄紀作「授」。

[一三] 然紂有億兆夷人卒降十亂桀之百剋終自無後　北齊書文襄紀無「紂有」二字，「桀」作「紂」。按：作「紂」是。「紂之百克而卒無後」，見左傳宣公十二年。

[一四] 被我虎文　「虎」各本作「獸」，殿本亦漏未回改。

[一五] 熊虎齊奮　「虎」各本作「豹」，乃姚思廉避唐諱改，今據北齊書文襄紀回改。

[一六] 三分鼎峙　「三」各本譌「二」，據北齊書文襄紀改。

[一七] 於是詔合州刺史鄱陽王範爲南道都督　「合」各本作「郢」，據南史、通鑑及鄱陽王範傳改。

[一八] 景留其中軍王顯貴守壽春城　「中軍」下，南史有「大都督」三字，「王顯貴」作「王貴顯」。陳書任忠傳亦作「王貴顯」。

[一九] 使援庾信　「援」各本作「授」，據南史改。

[二〇] 新淦公大成　「新淦公」各本作「新塗將軍」，又脫「大成」二字，今據南史改補。按，通鑑亦作「新塗公大成」，胡三省注：「新塗或作新淦。沈約志：新淦縣，漢屬豫章郡。」作新淦是。

[二一] 綸司馬莊丘惠達　通鑑作「莊丘惠」，無「達」字。

[二二] 景造諸攻具及飛樓橦車登城車鉤堞車階道車火車　「鉤」各本作「登」，據南史改。

[二三] 邵陵王綸與臨城公大連等自東道集于南岸　「城」各本作「成」，據南史改。下同。

[二四] 非令不行　「令」疑當作「金」。

[二五] 新城戍主戴僧易據縣拒之　「主」字，各本脫，據通鑑補。「易」通鑑作「逷」。

[二六] 元景龍爲陳留王　「龍」，南史作「襲」。

[二七] 異彼洋音同茲葚食　「洋音」不可解。疑「洋」字是「泮」字之譌。蓋取詩魯頌泮水「懷我好音」義，謂高洋不欲與梁修好，而懷有葚食江南之意。

〔二八〕徐文盛入貝磯　「貝」，各本譌「資」，據通鑑改正。通鑑胡注引水經注：「江水東過邾縣南，東逕白虎磯北，又東逕貝磯北，又東逕黎磯北。」

〔二九〕以張化仁閻洪慶守魯山城　「閻」，本書簡文帝紀作「門」。

〔三〇〕忽有野鳥翔於景上　册府元龜九五一「景」下有「庭」字。疑本作「翔於庭上」，「庭」譌爲「景」，而元龜所引，則又多一「景」字。南史「景」下又有「册書」二字。

〔三一〕景黨有知景祖名周者　「周」，南史作「乙羽周」。

〔三二〕神茂別將王曅麗通並據外營降荅仁　「曅」各本譌「華」，據通鑑梁元帝承聖元年改。「麗」通鑑作「酈」，疑作「酈」是。

〔三三〕至壺豆洲　「壺」南史作「湖」，本書羊鵾傳及通鑑作「胡」。

〔三四〕前太子舍人羊鯤殺之　按羊鵾傳，「鯤」字作「鵾」，從鳥不從魚。然傳稱「字子鵬」，當取莊子鯤化爲鵬之意，則作「鯤」是。

〔三五〕牀上常設胡牀及筌蹄　「牀上」太平御覽七〇六作「殿上」。

〔三六〕大同中太醫令朱躭嘗直禁省　「中」字各本脫，據南史補。

曾鞏梁書目錄序

梁書，六本紀，五十列傳，合五十六篇。唐貞觀三年，詔右散騎常侍姚思廉撰。思廉者，梁史官察之子。推其父意，又頗采諸儒謝吳等所記，以成此書。臣等既校正其文字，又集次爲目錄一篇而敍之曰：

自先王之道不明，百家並起，佛最晚出，爲中國之患，而在梁爲尤甚，故不得而不論也。蓋佛之徒自以謂吾之所得者內，而世之論佛者皆外也，故不可絀；雖然，彼惡覩聖人之內哉。書曰：「思曰睿，睿作聖。」蓋思者，所以致其知也。能致其知者，察三才之道，辯萬物之理，小大精粗無不盡也。此之謂窮理，知之至也。知至矣，則在我者之足貴，在彼者之不足玩，未有不能明之者也。有知之之明而不能好之，未可也，故加之誠心以好之；有好之之心而不能樂之，未可也，故加之至意以樂之。能樂之則能安之矣。如是，則萬物之自外至者安能累我哉。萬物之所不能累，故吾之所以盡其性也。能盡其性則誠矣。誠者，成也，不惑也。既成矣，必充之使可大焉。既大矣，必推之使可化焉。能化矣，則含智之民，肖翹之物，有待於我者，莫不由之以至其性，遂其宜，而吾之用與天地參矣。德如此其至也，而應乎外

者未嘗不與人同，此吾之道所以爲天下之達道也。故與之爲衣冠、飲食、冠昏、喪祭之具，而由之以敎其爲君臣、父子、兄弟、夫婦者，莫不一出乎人情；與之同其吉凶而防其憂患者，莫不一出乎人理。故與之處而安且治之所集也，危且亂之所去也。與之所處者其具如此，使之化者其德如彼，可不謂聖矣乎。既聖矣，則無思也，其至者循理而已；無爲也，其動者應物而已。是以覆露乎萬物，鼓舞乎羣衆，而未有能測之者也，可不謂神矣乎。神也者，至妙而不息者也，此聖人之內也。聖人者，道之極也，佛之說其有以易此乎。求其有以易此者，固其所以爲失也。夫得於內者，未有不可行於外也；有不可行於外者，斯不得於內矣。易曰：「智周乎萬物而道濟乎天下，故不過。」此聖人所以兩得之也。智足以知一偏，而不足以盡萬事之理，道足以爲一方，而不足以適天下之用，此百家之所以兩失之也。佛之失其不以此乎。則佛之徒自以謂得諸內者，亦可謂妄矣。

夫學史者將以明一代之得失也，臣等故因梁之事，而爲著聖人之所以得及佛之所以失以傳之者，使知君子之所以距佛者非外，而有志於內者，庶不以此而易彼也。

臣鞏等謹敍目錄，昧死上。

〔唐〕姚思廉　撰

陳書

中華書局

二十四史

陳書

唐 姚思廉 撰

第一册

卷一至卷一六（紀傳）

中華書局

《梁書》《陳書》出版說明

梁書五十六卷，陳書三十六卷，分別記載了梁陳兩個封建割據政權的歷史，是六世紀五十年代到七世紀三十年代期間，姚察、姚思廉父子相繼編撰的。

梁陳是繼東晉宋齊，先後在江南建立的兩個封建割據王朝。梁自蕭衍（梁武帝）建國到蕭方智（梁敬帝）時滅亡，首尾五十六年（公元五〇二到五五七）。陳自陳霸先（陳武帝）建國到陳叔寶（陳後主）時被隋所滅，歷時三十三年（五五七到五八九）。

梁代前期，是同割據北方的北魏對立的。北魏分裂成東魏、西魏後，梁和東、西魏成爲鼎足三分的形勢。陳建立後，北齊和北周已經代替了東、西魏，仍然是三分的局面。六世紀七、八十年代，北周和隋相繼統一了北方，六世紀末隋滅陳，結束了南北的分裂。

梁代的歷史，曾由沈約、周興嗣、裴子野和杜之偉、顧野王、許亨等在梁陳兩代先後受命編撰，許亨寫成梁史五十八卷。梁代謝吴又有梁書四十九卷，陳代何之元和隋代劉璠各成梁典三十卷。陳代的歷史，傅縡、顧野王都曾受命編撰，陳書顧野王傳説他有「國史紀傳二百卷，未就而卒」。陸瓊還著有陳書四十二卷。以上這些著作，姚氏父子修

史時可能參考過，但都没有流傳下來。

姚察在陳初曾參與梁史的編撰。入隋後，又在公元五八九年（隋開皇九年）受命編撰梁陳兩朝史，没有成書就死了。姚思廉在隋唐兩次受命繼續完成這兩朝史，到六三六年（唐貞觀十年）才寫成了梁書和陳書。

姚察字伯審，吴興武康（在今浙江德清縣西）人。在陳代任秘書監、領大著作、吏部尚書，在隋代做秘書丞。死於公元六〇六年（隋大業二年）。姚思廉字簡之，在唐任著作郎、弘文館學士，後來做到散騎常侍。死於六三七年（唐貞觀十一年）。

姚思廉編撰梁陳史的時候，魏徵是梁陳齊周隋五史的監修官。所以梁書陳書本紀部分和陳書皇后傳後面都有魏徵的史論。他在一些具體論述上，看法有和姚氏父子相出入的地方。

梁陳兩代的早期歷史著作都已失傳，因此梁書和陳書就成爲現存的比較原始的記載。除政治和軍事問題以外，這兩部書在哲學史、文學史、宗教史、民族關係、對外關係方面，也都保存了一些資料。梁書諸夷傳比較系統地敍述了海南一些國家的歷史，記載了它們的傳説、風俗、物産，以及我國人民和海南各地人民經濟文化交流的情況。

一般説來，梁書的記載要比陳書豐富些，梁書的文筆也比陳書要好些。梁書記公元

中華書局

公元五〇五年合肥之戰，五〇六年邵陽之戰（韋叡傳）、鍾離之守（昌義之傳），都是比較生動的。

我們現在對這兩部書加以標點校勘。梁書，用商務印書館據宋大字本影印的百衲本及明南監本、北監本、汲古閣本、清武英殿本、金陵書局本互校，擇善而從，還參考了南史、册府元龜、資治通鑑和資治通鑑考異的有關部分。在汲取前人校勘成果方面，我們利用了張元濟、張森楷兩種校勘記的稿本及錢大昕廿二史考異等書。陳書以百衲本爲底本，取校的本子和參考書與梁書基本上相同。陳書某些卷（如卷一、卷三、卷九等）的末尾附有一兩行小字，這是宋人曾鞏等所作校語，是百衲本原有的。兩部書的總目，都是我們重編的。

梁書由盧振華同志點校，趙守儼同志做了編輯整理。陳書由張維華同志點校。缺點錯誤，希望讀者批評指正。

中華書局編輯部

陳書目錄

中華書局

陳書卷一

本紀第一

高祖上

高祖武皇帝諱霸先，字興國，小字法生，吳興長城下若里人，漢太丘長陳寔之後也。世居潁川。寔玄孫準，晉太尉。準生匡，匡生達，永嘉南遷，爲丞相掾，歷太子洗馬，出爲長城令，悅其山水，遂家焉。嘗謂所親曰：「此地山川秀麗，當有王者興，二百年後，我子孫必鍾斯運。」達生康，復爲丞相掾，咸和中土斷，故爲長城人。康生盱眙太守英，英生尚書郎公弼，公弼生步兵校尉鼎，鼎生散騎侍郎高，高生懷安令詠，詠生安成太守猛，猛生太常卿道巨，道巨生皇考文讚。

高祖以梁天監二年癸未歲生。少俶儻有大志，不治生產。既長，讀兵書，多武藝，明達果斷，爲當時所推服。身長七尺五寸，日角龍顏，垂手過膝。嘗遊義興，館於許氏，夜夢天

開數丈，有四人朱衣捧日而至，令高祖開口納焉，及覺，腹中猶熱，高祖心獨負之。

大同初，新喻侯蕭暎爲吳興太守，〔一〕甚重高祖，嘗目高祖謂僚佐曰：「此人方將遠大。」及暎爲廣州刺史，高祖爲中直兵參軍，隨府之鎮。暎令高祖招集士馬，衆至千人，仍命高祖監宋隆郡。所部安化二縣元不賓，高祖討平之。尋監西江督護、高要郡守。先是，武林侯蕭諮爲交州刺史，以裒刻失衆心，土人李賁連結數州豪傑同時反，臺遣高州刺史孫冏、新州刺史盧子雄將兵擊之，冏等不時進，皆於廣州伏誅。子雄弟子略與冏子姪及其主帥杜天合、杜僧明共舉兵，執南江督護沈顗，進寇廣州，晝夜苦攻，州中震恐。高祖率精兵三千，卷甲兼行以救之，頻戰屢捷，天合中流矢死，賊衆大潰，僧明遂降。梁武帝深歎異焉，授直閤將軍，封新安子，邑三百戶，仍遣畫工圖高祖容貌而觀之。

其年冬，蕭暎卒。明年，高祖送喪還都，至大庾嶺，會有詔高祖爲交州司馬，領武平太守，與刺史楊瞟南討。高祖益招勇敢，器械精利。瞟喜曰：「能剋賊者，必陳司武也。」委以經略。高祖與衆軍發自番禺。是時蕭勃爲定州刺史，於西江相會，勃知軍士憚遠役，陰購誘之，因詭說瞟。瞟集諸將問計，高祖對曰：「交阯叛換，〔二〕罪由宗室，遂使僭亂數州，彌歷年稔。定州復欲昧利目前，不顧大計。節下奉辭伐罪，故當生死以之，豈可畏憚宗室，輕於國憲？今若奪人沮衆，何必交州討賊，問罪之師，卽回有所指矣。」於是勒兵鼓行而進。十

一年六月，軍至交州，賁衆數萬於蘇歷江口立城柵以拒官軍。瞟推高祖爲前鋒，所向摧陷，賁走典徹湖，〔三〕於屈獠界立砦，大造船艦，充塞湖中，衆軍憚之，頓湖口不敢進。高祖謂諸將曰：「我師已老，將士疲勞，歷歲相持，恐非良計。且孤軍無援，入人心腹，若一戰不捷，豈望生全。今藉其屢奔，人情未固，夷獠烏合，易爲摧殄，正當共出百死，決力取之，無故停留，時事去矣。」諸將皆默然，莫有應者。是夜江水暴起七丈，注湖中，奔流迅激。高祖勒所部兵，乘流先進，衆軍鼓譟俱前，賊衆大潰，賁竄入屈獠洞中，屈獠斬賁，傳首京師。是歲太清元年也。〔四〕

賁兄天寶遁入九眞，與劫帥李紹隆收餘兵二萬，殺德州刺史陳文戒，進圍愛州，高祖仍率衆討平之。除振遠將軍、西江督護、高要太守、督七郡諸軍事。

二年冬，侯景寇京師，高祖將率兵赴援，廣州刺史元景仲陰有異志，將圖高祖。高祖知其計，與成州刺史王懷明、行臺選郎殷外臣等密議戒嚴。三年七月，集義兵於南海，馳檄以討景仲。景仲窮蹙，縊于閤下，高祖迎蕭勃鎭廣州。是時臨賀內史歐陽頠監衡州，蘭裕、蘭京禮扇誘始興等十郡，共舉兵攻頠，頠請援於勃。勃令高祖率衆救之，悉擒裕等，仍監始興郡。

十一月，高祖遣杜僧明、胡穎將二千人頓于嶺上，并厚結始興豪傑同謀義舉，侯安都、

張偲等率千餘人來附。蕭勃聞之，遣鍾休悅說高祖曰：「侯景驍雄，天下無敵，前者援軍十萬，士馬精彊，然而莫敢當鋒，遂令羯賊得志，君以區區之衆，將何所之？如聞嶺北王侯又皆鼎沸，河東、桂陽相次屠戮，邵陵、開建親尋干戈，李遷仕託身當陽，〔五〕便奪馬仗，以君疎外，詎可暗投？未若且住始興，遙張聲勢，保此太山，自求多福。」高祖泣謂休悅曰：「僕本庸虛，蒙國成造。往聞侯景渡江，卽欲赴援，遭値元、蘭，梗我中道。今京都覆沒，主上蒙塵，君辱臣死，誰敢愛命！君侯體則皇枝，任重方岳，不能摧鋒萬里，雪此寃痛，見遣一軍，猶賢乎已，乃降後旨，使人慨然。僕行計決矣，憑爲披述。」乃遣使間道往江陵，稟承軍期節度。時蔡路養起兵據南康，勃遣腹心譚世遠爲曲江令，與路養相結，同遏義軍。大寶元年正月，高祖發自始興，次大庾嶺。路養出軍頓南野，依山水立四城以拒高祖。高祖與戰，大破之，路養脫身竄走，高祖進頓南康。湘東王承制授高祖員外散騎常侍、持節、明威將軍、交州刺史，改封南野縣伯。

六月，高祖脩崎頭古城，徙居焉。高州刺史李遷仕據大皐，遣主帥杜平虜率千人入灨石、魚梁，高祖命周文育將兵擊走之，遷仕奔寧都。承制授高祖通直散騎常侍、使持節、都督六郡諸軍事、軍師將軍、南江州刺史，餘如故。時寧都人劉藹等資遷仕舟艦兵仗，〔六〕將襲南康，高祖遣杜

僧明等率二萬人據白口，築城以禦之，遷仕亦立城以相對。二年三月，僧明等攻拔其城，生擒遷仕送南康，高祖斬之。承制命高祖進兵定江州，仍授江州刺史，餘如故。

六月，高祖發自南康。南康灨石舊有二十四灘，灘多巨石，行旅者以爲難。高祖之發也，水暴起數丈，三百里閒巨石皆沒。進軍頓西昌，有龍見于水濱，高五丈許，五采鮮耀，軍民觀者數萬人。是時承制遣征東將軍王僧辯督衆軍討侯景。八月，僧辯軍次湓城，〔七〕高祖率杜僧明等衆軍及南川豪帥合三萬人將會焉。時西軍乏食，高祖先貯軍糧五十萬石，至是分三十萬以資之。仍頓巴丘。會侯景廢簡文帝，立豫章嗣王棟，高祖遣兼長史沈袞奉表于江陵勸進。十一月，承制授高祖使持節、都督會稽東陽新安臨海永嘉五郡諸軍事、平東將軍、東揚州刺史，領會稽太守、豫章內史，餘竝如故。三年正月，高祖率甲士三萬人、彊弩五千張、舟艦二千乘，發自豫章。二月，次桑落洲，遣中記室參軍江元禮以事表江陵，承制加高祖鼓吹一部。是時僧辯已發湓城，會高祖于白茅灣，乃登岸結壇，刑牲盟約。進軍次蕪湖，侯景城主張黑棄城走。三月，高祖與諸軍進剋姑熟，〔八〕仍次蔡洲。侯景登石頭城觀望形勢，意甚不悅，謂左右曰：「此軍上有紫氣，不易可當。」乃以舣𦨻貯石沈塞淮口，緣淮作城，自石頭迄青溪十餘里中，樓雉相接。諸將未有所決，僧辯遣杜崱問計於高祖，高祖曰：「前柳仲禮數十萬兵隔水而坐，韋粲之在青溪，竟不渡岸，賊乃登高望之，表裏俱盡，肆其凶

虐，覆我王師。今圍石頭，須渡北岸。諸將若不能當鋒，請先往立柵。」高祖卽於石頭城西橫隴築柵，衆軍次連八城，直出東北。賊恐西州路斷，亦於東北果林作五城以遏大路。景率衆萬餘人、鐵騎八百餘匹，結陣而進。高祖曰：「軍志有之，善用兵者，如常山之蛇，首尾相應。今我師旣衆，賊徒甚寡，應分賊兵勢，以弱制彊，何故聚其鋒銳，令必死於我？」乃命諸將分處置兵。賊直衝王僧志，僧志小縮，高祖遣徐度領弩手二千橫截其後，賊乃却。高祖與王琳、杜龕等以鐵騎悉力乘之，賊退據其柵。景儀同盧輝略開石頭北門來降。〔九〕盪主戴晃、曹宣等攻拔果林一城，衆軍又剋其四城。賊復還，殊死戰，又盡奪所得城柵。高祖大怒，親率攻之，士卒騰柵而入，賊復散走。景與百餘騎棄矟執刀，左右衝陣，陣不動，景衆大潰，逐北至西明門。景至闕下，不敢入臺，遣腹心取其二子而遁。高祖率衆出廣陵應接，會景將郭元建奔齊，〔一〇〕高祖納其部曲三千人而還。僧辯啓高祖鎭京口。

五月，齊遣辛術圍嚴超達於秦郡，高祖命徐度領兵助其固守。齊衆七萬，填壍，起土山，穿地道，攻之甚急。高祖乃自率萬人解其圍，縱兵四面擊齊軍，弓弩亂發，齊平秦王中流矢死，斬首數百級，齊人收兵而退。高祖振旅南歸，遣記室參軍劉本仁獻捷于江陵。

七月，廣陵僑民朱盛、張象潛結兵襲齊刺史溫仲邕，遣使來告，高祖率衆濟江以應之。會齊人來聘，求割廣陵之地，王僧辯許焉，仍報高祖，高祖於是引軍還南徐州，江北人隨軍

而南者萬餘口。承制授高祖使持節、散騎常侍、都督南徐州諸軍事、征北大將軍、開府儀同三司、南徐州刺史，餘竝如故。及王僧辯率衆征陸納於湘州，承制命高祖代鎭揚州。十一月，湘東王卽位于江陵，改大寶三年爲承聖元年。湘州平，〔一一〕高祖旋鎭京口。三年三月，進高祖位司空，〔一二〕餘如故。

十一月，西魏攻陷江陵，高祖與王僧辯等進啓江州，請晉安王以太宰承制，又遣長史謝哲奉牋勸進。十二月，晉安王至自尋陽，入居朝堂，給高祖班劍二十人。四年五月，齊送貞陽侯深明還主社稷，〔一三〕王僧辯納之，卽位，改元日天成，以晉安王爲皇太子。初，齊之請納貞陽也，高祖以爲不可，遣使詣僧辯苦爭之，往返數四，僧辯竟不從。高祖居常憤歎，密謂所親曰：「武皇雖磐石之宗，遠布四海，至於剋雪讎恥，寧濟艱難，唯孝元而已，功業茂盛，前代未聞。我與王公俱受重寄，語未絕音，聲猶在耳，豈期一旦便有異圖。嗣主高祖之孫，元皇之子，海內屬目，天下宅心，竟有何辜，坐致廢黜，遠求夷狄，假立非次，觀其此情，亦可知矣。」乃密具袍數千領，及錦綵金銀，以爲賞賜之具。九月壬寅，高祖召徐度、侯安都、周文育等謀之，仍部列將士，分賞金帛，水陸俱進。是夜發南徐州討王僧辯。甲辰，高祖步軍至石頭前，遣勇士自城北踰入。時僧辯方視事，外白有兵。俄而兵自內出，僧辯遽走，與其第三子頠相遇，俱出閤，左右尙數十人，苦戰。高祖大兵尋至，僧辯衆寡不敵，走登城南門樓，

高祖因風縱火，僧辯窮迫，乃就擒。是夜縊僧辯及頠。景午，〔一四〕貞陽侯遜位，百僚奉晉安王上表勸進。十月己酉，晉安王卽位，改承聖四年爲紹泰元年。壬子，詔授高祖侍中、大都督中外諸軍事、車騎將軍、揚南徐二州刺史，持節、司空、班劍、鼓吹竝如故。仍詔高祖甲仗百人，出入殿省。

震州刺史杜龕據吳興，與義興太守韋載同舉兵反。高祖命周文育率衆攻載于義興，龕遣其從弟北叟將兵拒戰，北叟敗歸義興。辛未，高祖表自東討，留高州刺史侯安都、石州刺史杜稜宿衞臺省。甲戌，軍至義興。景子，拔其水柵。秦州刺史徐嗣徽據其城以入齊，又要南豫州刺史任約共舉兵應龕、載，齊人資其兵食。嗣徽等以京師空虛，率精兵五千奄至闕下，侯安都領驍勇五百人出戰，嗣徽等退據石頭。丁丑，載及北叟來降，高祖撫而釋之。以嗣徽寇逼，卷甲還都，命周文育進討杜龕。十一月己卯，齊遣兵五千濟渡據姑熟。高祖命合州刺史徐度於冶城寺立柵，南抵淮渚。齊又遣安州刺史翟子崇、楚州刺史劉仕榮、〔一五〕淮州刺史柳達摩領兵萬人，於胡墅渡米粟三萬石馬千匹，入于石頭。癸未，高祖遣侯安都領水軍夜襲胡墅，燒齊船千餘艘，周鐵武率舟師斷齊運輸，〔一六〕擒其北徐州刺史張領州，獲運舫米數千石。仍遣韋載於大航築城，使杜稜據守。齊人又於倉門水南立二柵以拒官軍。甲辰，嗣徽等攻冶城柵，高祖領鐵騎精甲，出自西明門襲擊之，賊衆大潰。嗣徽留柳達摩等

守城，自率親屬腹心，往南州採石，〔一七〕以迎齊援。十二月癸丑，高祖遣侯安都領舟師，襲嗣徽家口于秦州，俘獲數百人。官軍連艦塞淮口，斷賊水路。先是太白自十一月景戌不見，乙卯出于東方。景辰，高祖盡命衆軍分部甲卒，對冶城立航渡兵，攻其水南二柵。柳達摩等渡淮置陣，高祖督兵疾戰，縱火燒柵，煙塵漲天，賊潰，爭舟相排擠，溺死者以千數。時百姓夾淮觀戰，呼聲震天地。軍士乘勝，無不一當百，盡收其船艦，賊軍懾氣。是日嗣徽、約等領齊兵水步萬餘人，還據石頭，高祖遣兵往江寧，據要險以斷賊路。賊水步不敢進，頓江寧浦口，高祖遣侯安都領水軍襲破之，嗣徽等乘單舸脫走，盡收其軍資器械。己未，官軍四面攻城，自辰訖酉，得其東北小城，及夜兵不解。庚申，達摩遣使侯子欽、劉仕榮等詣高祖請和，高祖許之，乃於城門外刑牲盟約，其將士部曲一無所問，恣其南北。辛酉，高祖出石頭南門，陳兵數萬，送齊人歸北者。

壬戌，齊和州長史烏丸遠自南州奔還歷陽。江寧令陳嗣、黃門侍郎曹朗據姑熟反，高祖命侯安都、徐度等討平之，斬首數千級，聚爲京觀。石頭、採石、南州悉平，收獲馬仗船米不可勝計。

是月杜龕以城降。二年正月癸未，誅杜龕于吳興，龕從弟北叟、司馬沈孝敦竝賜死。

二月庚申，高祖遣侯安都、周鐵武率舸艦備江州，仍頓梁山起柵。甲子，敕司空有軍旅之事，可騎馬出入城內。戊辰，前寧遠石城公外兵參軍王位於石頭沙際獲玉璽四紐，高祖表以送臺。

三月戊戌，齊遣水軍儀同蕭軌、厙狄伏連、堯難宗、東方老、侍中裴英起、東廣州刺史獨孤辟惡、洛州刺史李希光，〔一八〕并任約、徐嗣徽等，率衆十萬出柵口，向梁山，帳內盪主黃叢逆擊，敗之，燒其前軍船艦，齊頓軍保蕪湖。高祖遣定州刺史沈泰、吳郡太守裴忌就侯安都，共據梁山以禦之。

自去冬至是，甘露頻降于鍾山、梅崗、南澗及京口、江寧縣境，或至三數升，大如奕棊子，高祖表以獻臺。

四月丁巳，高祖詣梁山巡撫。五月甲申，齊兵發自蕪湖，景申，至秣陵故治。高祖遣周文育屯方山，徐度頓馬牧，杜稜頓大航南。己亥，高祖率宗室王侯及朝臣將帥，於大司馬門外白獸闕下刑牲告天，〔一九〕以齊人背約，發言慷慨，涕泗交流，同盟皆莫能仰視，士卒觀者益奮。辛丑，齊軍於秣陵故縣跨淮立橋柵，引渡兵馬。其夜至方山。侯安都、周文育、徐度等各引還京師。癸卯，齊兵自方山進及兒塘，游騎至臺。周文育、侯安都頓白土崗，旗鼓相望，都邑震駭。高祖潛撤精卒三千配沈泰，渡江襲齊行臺趙彥(琛)〔深〕於瓜步，〔二〇〕獲舟艦百餘艘，陳粟萬斛。爾日天子總羽林禁兵，〔二一〕頓于長樂寺。六月甲辰，齊兵潛至鍾山龍尾。

丁未，進至莫府山。高祖遣錢明領水軍出江乘，要擊齊人糧運，盡獲其船米，齊軍於是大餒，殺馬驢而食之。庚戌，齊軍踰鍾山，高祖衆軍分頓樂遊苑東及覆舟山北，斷其衝要。壬子，齊軍至玄武湖西北莫府山南，將據北郊壇。衆軍自覆舟東移，頓郊壇北，與齊人相對。其夜大雨震電，暴風拔木，平地水丈餘，齊軍晝夜坐立泥中，懸鬲以爨，而臺中及潮溝北水退路燥，官軍每得番易。甲寅，少霽，高祖命衆軍秣馬蓐食，遲明攻之。乙卯旦，自率帳內麾下出莫府山南，吳明徹、沈泰等衆軍首尾齊舉，縱兵大戰，侯安都自白下引兵橫出其後，齊師大潰，斬獲數千人，相蹂藉而死者不可勝計，生執徐嗣徽及其弟嗣宗，斬之以徇。追奔至于臨沂。其江乘、攝山、鍾山等諸軍相次克捷，虜蕭軌、東方老、王敬寶、李希光、裴英起等將帥凡四十六人。其軍士得竄至江者，縛荻筏以濟，中江而溺，流屍至京口，翳水彌岸。丁巳，衆軍出南州，燒賊舟艦。己未，斬劉歸義、徐嗣彥、傅野猪于建康市。〔二二〕是日解嚴。庚申，蕭軌、東方老、王敬寶、李希光、裴英起皆伏誅。高祖表解南徐州以授侯安都。

七月景子，詔授高祖中書監、司徒、揚州刺史，進爵爲公，增邑并前五千戶，侍中、使持節、都督中外諸軍事、將軍、尚書令、班劒、鼓吹、甲仗竝如故，并給油幢皁輪車。是月侯瑱以江州入附。遣侯安都鎮上流，定南中諸郡。

八月癸卯，太府卿何敳、新州刺史華志各上玉璽一，高祖表以送臺，詔歸之高祖。是日

詔高祖食安吉、武康二縣，合五千戶。九月壬寅，改年曰太平元年。進高祖位丞相、錄尚書事、鎮衞大將軍，改刺史爲牧，進封義興郡公，侍中、司徒、都督、班劒、鼓吹、甲仗、皁輪車竝如故。丁未，中散大夫王彭牋稱今月五日平旦於御路見龍跡，自大社至象闕，亘三四里。庚申，詔追贈高祖考侍中、光祿大夫，加金章紫綬，封義興郡公，諡曰恭。十月甲戌，敕丞相自今入問訊，可施別榻以近扆坐。二年正月壬寅，天子朝萬國於太極東堂，加高祖班劒十人，并前三十人，餘如故。丁未，詔贈高祖兄道談散騎常侍、〔二三〕使持節、驃騎將軍、南兗州刺史、長城縣公，謚曰昭烈；弟休先侍中、使持節、驃騎將軍、南徐州刺史、武康縣侯，〔二四〕謚曰忠壯，食邑各二千戶。〔二五〕甲寅，遣兼侍中謁者僕射陸繕策拜長城縣夫人章氏爲義興國夫人。丁卯，詔贈高祖祖侍中、太常卿，謚曰孝。追封高祖母許氏吳郡嘉興縣君，謚曰敬；妣張氏義興國太夫人，謚曰宣。

二月庚午，蕭勃舉兵，自廣州渡嶺，頓南康，遣其將歐陽頠、傅泰及其子孜爲前軍，〔二六〕至于豫章，分屯要險，南江州刺史余孝頃起兵應勃，高祖命周文育、侯安都率衆討平之。

八月甲午，進高祖位太傅，加黃鉞，劒履上殿，入朝不趨，贊拜不名，并給羽葆鼓吹一部，其侍中、都督、錄尚書、鎮衞大將軍、揚州牧、義興郡公、班劒、甲仗、油幢皁輪車竝如故。景申，加高祖前後部羽葆鼓吹。

中華書局

是時，湘州刺史王琳擁兵不應命，高祖遣周文育、侯安都率衆討之。

九月辛丑，詔曰：

肇昔元胎剖判，太素氤氳，崇建人皇，必憑洪宰。故賢哲之后，牧伯征于四方，神武之君，大監治乎萬國。又有一匡九合，渠門之賜以隆，戮帶圍溫，行宮之寵斯茂，時危所以貞固，運泰所以光熙，斯乃千載同風，百王不刊之道也。

太傅義興公，允文允武，迺聖迺神，固天生德，康濟黔首。昔在休期，早隆朔寄，遠踰滄海，大極交、越。〔二七〕皇運不造，書契未聞，中國其亡，兵凶總至，哀哀噍類，譬彼窮牢，悠悠上天，莫云斯極。否終則泰，元輔應期，救此將崩，援茲已溺，乘舟履葦，架險浮深，經略中途，畢殲羣醜。洎乎石頭、姑孰，流髓履腸，一朝指撝，六合清晏。是用光昭下武，翼亮中都，雪三后之勍讎，夷三靈之巨慝。堯台禹佐，未始能階，殷相周師，固非云擬。重之以屯剝餘象，荊楚大崩，天地無心，乘輿委御，五胡荐食，競謀諸夏，八方棊跱，莫有匡救，彊臣放命，黜我沖人，顧影於荼孺之魂，甘心於甯卿之辱。却桉下謦，求哀之路莫從，竊鈇逃責，容身之地無所。公神兵奄至，不日清澄，惟是孱蒙，再膺天錄。斯又巍巍蕩蕩，無德而稱焉。

加以仗茲忠義，屠彼祆逆，震部夷氛，稽山罷祲，番禺、蠡澤，北鄙西郊，殲厥凶徒，

罄無遺種。斯則兆民之命，脩短所縣，率土之基，興亡是賴。於是刑禮兼訓，沿革有章，中外成平，遐邇寧一，用能使陽光合魄，曜象呈暉，棲閣遊庭，抱仁含信，宏勳該於厚地，大道格于玄天。羲、農、炎、昊以來，卷領垂衣之世，聖人濟物，未有如斯者也。

夫備物典策，桓、文是膺，助理陰陽，蕭、曹不讓，未有功高於寓縣，而賞薄於伊、周，凡厥人祇，固懷延佇。寔由公謙撝自牧，降損爲懷，嘉數遲回，永言增歎。豈可申茲雅尚，久廢朝猷，宜戒司勳，敬升鴻典。且重華大聖，嬀汭惟賢，盛德之祀無忘，公侯之門必復。是以殷嘉亶甫，繼后稷之官，堯命羲和，纂重黎之位。況其本枝攸建，宜誓山河者乎？其進公位相國，總百揆，封十郡爲陳公，備九錫之禮，加璽紱、遠遊冠、綠綟綬，位在諸侯王上，其鎮衞大將軍、揚州牧如故。

策曰：

大哉乾元，資日月以貞觀，至哉坤元，憑山川以載物。故惟天爲大，陟配者欽明，惟王建國，翼輔者齊聖。是以文、武之佐，磻磎蘊其玉璜，堯、舜之臣，榮河鏤其金版。況乎體得一之鴻姿，寧陽九之危厄，拯橫流於碣石，撲燎火於崑岑，驅馭於韋、彭，跨躡於齊、晉，神功行而靡用，聖道運而無名者乎？今將授公典策，其敬聽朕命：

日者昊天不弔，鍾亂于我國家，網漏吞舟，彊胡內鼂，茫茫宇宙，慄慄黎元，方足圓顱，萬不遺一，太清否亢，橋山之痛已深，大寶屯如，平陽之禍相繼。上宰膺運，康救兆民，鞠旅於湞池之南，揚旌於桂嶺之北，懸三光於已墜，謐四海於羣飛，屠獩窳於中原，斮鯨鯢於瀍汜。蕩寧上國，光啓中興。此則公之大造於皇家者也。

既而天未悔禍，夷醜荐臻，南夏崩騰，西京蕩覆，羣胡孔熾，藉亂乘間，推納藩枝，盜假神器，冢司昏橈，旁引寇讎，既見貶於桐宮，方謀危於漢閣，皇運已殆，何殊贅旒，中國搖然，非徒如綫。公赫然投袂，匡救本朝，復莒齊都，平戎王室。朕所以還膺寶歷，重履宸居，挹建武之風猷，謌宣王之雅頌。此又公之再造於皇家者也。

公應務之初，登庸惟始，三川五嶺，莫不窺臨，銀洞珠宮，所在寧謐。孫、盧擘釁，越貊爲災，番部阽危，勢將淪殄。公赤旗所指，祆壘洞開，白羽纔撝，兇徒粉潰。非其神武，久喪南藩。此又公之功也。

大同之末，邊政不脩，李賁狂迷，竊我交、愛，敢稱大號，驕恣甚於尉他，據有連州，雄豪熾於梁碩。公英謩雄算，電掃風行，馳御樓船，直跨滄海，新昌、典澈，備履艱難，蘇歷、嘉寧，盡爲京觀。三山獠洞，八角蠻陬，逖矣水寓之鄉，悠哉火山之國，馬援之所不屆，陶璜之所未聞，莫不懼我王靈，爭朝邊候，歸賝天府，獻狀鴻臚。此又公之功也。

自寇虜陵江，宮闈幽辱。公枕戈嘗膽，提劒拊心，氣涌青霄，神飛紫闥。而番禺連

率，本自諸夷，言得其朋，是懷同惡。公仗此忠誠，乘機勦定，執沛令而釁鼓，平新野而據鞍。此又公之功也。

世道初艱，方隅多難，勳門桀黠，作亂衡嶷，兵切池隍，衆兼夷獠。公以國盜邊警，知無不爲，卹是同盟，誅其醜類，莫不魚驚鳥散，面縛頭懸。南土黔黎，重保蘇息。此又公之功也。

長驪嶺嶠，夢想京畿，緣道酋豪，遞爲榛梗，路養渠率，全據大都，蓄聚逋逃，方謀阻亂，百樓不戰，雲梯之所未窺，萬弩齊張，高棚之所非敵。公龍驤虎步，〔二八〕嘯吒風雲，山靡堅城，野無彊陣，清祆氛於灨石，滅沴氣於雩都。此又公之功也。

遷仕凶慝，屯據大皋，乞活類馬騰之軍，流民多杜弢之衆，推鋒轉鬭，自北徂南，頻歲稽誅，寔惟勍虜。公坐揮三略，遙制六奇，義勇同心，貔貅騁力，雷奔電擊，谷靜山空，列郡無犬吠之驚，叢祠罷狐鳴之盜。此又公之功也。

王師討虜，次屆淪波，兵乏兼儲，士有飢色。公回麾蠡澤，積穀巴丘，億庾之詠斯豐，壺漿之迎是衆，軍民轉漕，曾無砥柱之難，艫舳相望，如運敖倉之府，犀渠貝冑，顧茂雷霆，高艦層樓，仰捫霄漢，故使三軍勇銳，百戰無前，承此兵糧，遂殄兇逆。此又公之功也。

若夫英圖邁俗，義旅如雲，溢壘猜擒，用淹戎略。公志唯同獎，師克在和，鵠塞非虞，鴻門是會，若晉侯之誓白水，如蕭王之推赤心，屈禮交盟，人祇感咽，故能使舟師竝路，遠邇朋心。此又公之功也。

姑熟襟要，崤函阻憑，寇虜據其關梁，大盜負其扃鐍。公一校裁撝，三雄竝奮，左賢、右角，沙潰土崩，木甲殪於中原，氊裘赴於江水，他他藉藉，萬計千羣，鄂坂之隘斯開，夷庚之道無塞。此又公之功也。

義軍大衆，俱集帝京，逆豎兇徒，猶屯皇邑。若夫表裏山河，金湯嶮固，疏龍首以抗殿，揃華岳以爲城，雜虜憑焉，彊兵自若。公回茲地軸，抗此天羅，曾不崇朝，俾無遺噍，軍容甚穆，國政方脩，物重覩於衣冠，民還瞻於禮樂，楚人滿道，爭覩於葉公，漢老銜悲，俱歎於司隸。此又公之功也。

內難初靜，諸侯出關，外郡傳烽，鮮卑犯塞，莫非且渠、當戶，中貴名王，冀馬迥於淮南，胡笳動於徐北。公舟師步甲，亘野橫江，殲厥羣羝，遂殫封豨，莫不絓木而止，戎車靡遺，遇濘而旋，歸駿盡殪。此又公之功也。

公克黜禍難，仂勞皇室，而孫甯之黨，翻啓狄心，伊、洛之閒，咸爲虜戍，雖金陵佳氣，石壘天嚴，朝闔戎塵，夜喧胡鼓。公三籌既畫，八陣斯張，裁舉靈〔鉢〕〔鉞〕，〔二九〕亦抽金僕，咸俘醜類，悉反高墉，異李廣之皆誅，同龐元之盡赦。此又公之功也。

任約叛換，梟聲不悛，戎羯貪婪，狼心無改，穹廬氈幕，抵北闕而爲營，烏孫天馬，指東都而成陣。公左甄右落，箕張翼舒，掃是攙槍，驅其獫狁，長狄之種埋於國門，椎髻之酋烹於軍市，投秦坑而盡沸，噎〔淮〕〔濉〕水而不流。〔三〇〕此又公之功也。

一相居中，自折彝鼎，五湖小守，妄懷同惡。公夙駕兼道，衣製杖戈，玉斧將揮，金鉦且戒，祅酋震懾，遽請灰釘，爇櫬以表其含弘，焚書以安其反側。此又公之功也。

賊龕兇橫，陵虐具區，阻兵安忍，憑災怙亂，自古蟲言鳥跡，渾沌洪荒，凡或虔劉，未此殘酷。公雖宗居汝潁，世寓東南，育聖誕賢之鄉，含章挺生之地，眷言桑梓，公私憤切，卓爾英狀，〔三一〕丞規奉筭，翦此大憝，如烹小鮮。此又公之功也。

亂離永久，羣盜孔多，浙左兇渠，連兵構逆，豈止千兵、五校、白雀、黃龍而已哉！公以中軍無率，選是親賢，奸寇途窮，渙然冰泮，刑溏又作「唐」之所，文命動其大威，雷門之閒，句踐行其嚴戮，英規聖跡，異代同風。此又公之功也。

同姓有扈，頑兇不賓，憑藉宗盟，圖危社稷，觀兵匯澤，勢震京師，驅率南蠻，已爲東帝。公論兵於廟堂之上，決勝於罇俎之閒，寇、賈、樊、滕，浮江下瀨，一朝揃撲，無待甸師，萬里澄清，非勞新息。此又公之功也。

豫章祅寇，依憑山澤，繕甲完聚，多歷歲時，〔三二〕結從連橫，爰洎交、廣。呂嘉既獲，吳濞已〔擬〕〔鏦〕，〔三三〕命我還師，征其不恪，連營盡拔，僞黨斯擒，曜聖武於匡山，回神旌於蠡派。此又公之功也。

自八紘九野，瓜剖豆分，竊帝偷王，連州比縣。公武靈已暢，文德又宣，折簡馳書，風猷斯遠，至於蒼蒼浴日，杳杳無雷，北洎丈夫之鄉，南踰女子之國，莫不屈膝膜拜，求吏款關。此又公之功也。

京師禍亂，亟積寒暄，雙闕低昂，九門寥豁。寧秦宮之可顧？豈魯殿之猶存？五都簪弁，百僚卿士，胡服縵纓，咸爲戎俗，高冠厚履，希復華風，宋微子麥穟之歌，周大夫黍離之歎，方之於斯，未足爲悲矣。公求衣昧旦，昃食高舂，興構宮闈，具瞻遐邇，郊庠宗稷之典，六符十等之章，還聞太始之風流，重覩永平之遺事。此又公之功也。

公有濟天下之勳，重之以明德，凝神體道，合德符天，用百姓以爲心，隨萬機而成務，恥一物非唐、虞之民，歸含靈於仁壽之域，上德不德，無爲以爲，夏長春生，顯仁藏用，忠信爲寶，風雨弗愆，仁惠爲基，牛羊勿踐，功成治定，樂奏咸、雲，安上治民，禮兼文質，物色丘園，衣裾里巷，朝多君子，野無遺賢，菽粟同水火之饒，工商富猗頓之旅。是以天無藴寶，地有呈祥，湛露卿雲，朝團曉映，山車澤馬，服馭登閑，既景煥於圖書，方葳蕤於史諜。

高勳踰於象緯，積德冠於嵩、華，固無德而稱者矣。

朕又聞之，前王宰世，茂賞尊賢，式樹藩長，總征羣伯，二南崇絕，四履遐曠，泱泱表海，祚土維齊，巖巖泰山，俾侯于魯；抑又勤王反鄭，夾輔遷周，召伯之命斯隆，河陽之禮咸備；況復經營宇宙，寧唯斷鼇足之功，弘濟蒼生，非直鑿龍門之嶮；而疇庸報德，寂爾無聞，朕所以垂拱當宁，載懷慙悸者也。今授公相國，以南豫州之陳留、南丹陽、宣城，揚州之吳興、東陽、新安、新寧，南徐州之義興，江州之鄱陽、臨川十郡，封公爲陳公。錫茲青土，苴以白茅，爰定爾邦，用建冢社。昔旦、奭分陝，俱爲保師，晉、鄭諸侯，咸作卿士，兼其內外，禮實攸宜。今命使持節兼太尉王通授相國印綬、陳公璽紱。使持節兼司空王瑒授陳公茅土，金獸符第一至第五左，〔三四〕竹使符第一至第十〔左〕。〔三五〕相國秩踰三鉉，任總百司，位絕朝班，禮由事革。其以相國總百揆，除錄尚書之號，上所假節侍中貂蟬、中書監印章、中外都督太傅印綬、義興公印策，其鎮衞大將軍、揚州牧如故。

又加公九錫，其敬聽後命：以公禮爲楨榦，律等衡策，四維皆舉，八柄有章，是用錫公大輅、戎輅各一，玄牡二駟。以公賤寶崇穀，疏爵待農，室富京坻，民知榮辱，是用錫公袞冕之服，赤舄副焉。以公調理陰陽，燮諧風雅，三靈允降，萬國同和，是用錫公軒縣之樂，六佾之舞。以公宣導王猷，弘闡風教，光景所照，襲象必通，是用錫公朱戶以居。以公抑揚清濁，褒德進賢，髦士盈朝，幽人虛谷，是用錫公納陛以登。以公嶷然廊廟，爲世鎔範，折衝四表，臨御八荒，是用錫公武賁之士三百人。[三六]以公執茲明罰，期在刑措，象恭無赦，干紀必誅，是用錫公斧、鉞各一。以公英猷遠量，跨厲嵩溟，包一車書，括囊寰宇，是用錫公彤弓一、彤矢百，玈弓十、玈矢千。以公天經地義，貫徹幽明，春露秋霜，允恭粢盛，是用錫公秬鬯一卣，圭瓚副焉。陳國置丞相已下，一遵舊式。往欽哉！其恭循朕命，克相皇天，弘建邦家，允興洪業，以光我高祖之休命！

十月戊辰，進高祖爵爲王，以揚州之會稽、臨海、永嘉、建安，南徐州之晉陵、信義，江州之尋陽、豫章、安成、廬陵幷前爲二十郡，益封陳國。其相國、揚州牧、鎮衞大將軍竝如故。又命陳王冕十有二旒，建天子旌旗，出警入蹕，乘金根車，駕六馬，備五時副車，置旄頭雲罕，樂舞八佾，設鍾簴宮縣。王妃、王子、王女爵命之號，陳臺百官，一依舊典。

辛未，梁帝禪位于陳，詔曰：

五運更始，三正迭代，司牧黎庶，是屬聖賢，用能經緯乾坤，彌綸區宇，大庇黔首，闡揚鴻烈。革晦以明，積代同軌，百王踵武，咸由此則。梁德湮微，禍亂荐發，太清云始，見困長蛇，承聖之季，又罹封豕。爰至天成，重竊神器，三光亟沈，七廟乏祀，含生

已泯，鼎命斯墜，我武、元之祚，有如綴旒，靜惟屯剝，夕惕載懷。

相國陳王，有命自天，降神惟嶽，天地合德，晷曜齊明，拯社稷之橫流，提億兆之塗炭，東誅逆叛，北殲獯醜，威加四海，仁漸萬國，復張崩樂，重興絕禮，儒館聿脩，戎亭虛候，大功在舜，盛績惟禹，巍巍蕩蕩，無得而稱。來獻白環，豈直皇虞之世，入貢素雉，非止隆周之日。固以效珍川陸，表瑞煙雲，甘露醴泉，旦夕凝涌，嘉禾朱草，孳植郊甸。道昭於悠代，勳格於皇穹，明明上天，光華日月，革故著於玄象，代德彰於圖讖，獄訟有歸，謳謌爰適，天之歷數，寔有攸在。朕雖庸藐，闇於古昔，永稽崇替，爲日已久，敢忘列代之遺典，人祇之至願乎。今便遜位別宮，敬禪于陳，一依唐、虞、宋、齊故事。

策曰：

咨爾陳王：惟昔上古，厥初生民，驪連、栗陸之前，容成、大庭之代，竝結繩寫鳥，杳冥慌忽，故靡得而詳焉。自羲、農、軒、昊之君，陶唐、有虞之主，或垂衣而御四海，或無爲而子萬姓，居之如馭朽索，去之如脫敝屣。裁遇許由，便能捨帝，暫逢善卷，卽以讓王。故知玄扈琁璣，非關尊貴，金根玉輅，示表君臨。及南觀河渚，東沈刻璧，精華既竭，耄勤已倦，則抗首而笑，唯賢是與，謗然作歌，簡能斯授，遺風餘烈，昭晰圖書。漢、魏因循，是爲故實。宋、齊授受，又弘斯義。我高祖應期撫運，握樞御宇，三后重光，祖宗齊聖。及時屬陽九，封豕荐食，西都失馭，夷狄交侵，乃臬天成，輕弄龜鼎，惵惵黔首，若崩厥角，微微皇極，[三七]將甚綴旒。

惟王乃聖乃神，欽明文思，二儀竝運，四時合序，天錫智勇，人挺雄傑，珠庭日角，龍行武步，[三八]爰初投袂，日殫勤王，電掃番禺，雲撤彭蠡，揃其元惡，定我京畿。及王賀帝弘，寶茲冠屨，既行伊、霍，用保沖人。震澤、稽陰，竝懷叛逆，獯羯醜虜，三亂皇都，裁命偏師，二邦自殄，薄伐獫狁，六戎盡殪。嶺南叛渙，湘、郢結連，賊帥既擒，兇渠傳首，[三九]用能百揆時序，四門允穆，無思不服，無遠不屆，上達穹昊，下漏深泉，[四〇]蛟魚竝見，謳歌攸屬。況乎長彗橫天，已徵布新之兆，璧日斯既，寔表更姓之符。是以始創義師，紫雲曜彩，肇惟尊主，黃龍負舟。楛矢素翬，梯山以至，白環玉玦，慕德而臻。若夫安國字萌，本因萬物之志，時乘御(辯)〔宇〕，[四一]良會樂推之心。七百無常期，皇王非一族，昔木德既季，而傳祚于我有梁，天之歷數，允集明哲。式遵前典，廣詢羣議，王公卿尹，莫不攸屬，敬從人祇之願，授帝位于爾躬。四海困窮，天祿永終，王其允執厥中，軌儀前式，以副溥天之望！禋祀上帝，時膺大禮，永固洪業，豈不盛歟！

又璽書曰：

君子者自昭明德，達人者先天弗違，故能進退咸亨，動靜元吉。朕雖蒙寡，庶乎景

行。何則？三才剖判，九有區分，情性相乖，亂離云起，是以建彼司牧，推乎聖賢，授受者任其時來，皇王者本非一族，人謀是與，屈己從萬物之心，天意斯歸，鞠躬奉百靈之命。謳謌所往，則攘袂以膺之，菁華已竭，乃褰裳而去之。昔在唐、虞，鑒于天道，舉其黎獻，授彼明哲，雖復質文殊軌，沿革不同，歷代因循，斯風靡替。我大梁所以考庸太室，接禮貳宮，月正元日，受終文祖。但運不常夷，道無恆泰，山岳傾偃，河海沸騰，電目雷聲之禽，鉤爪鋸牙之獸，咀齧含生，不知紀極。二后英聖，相仍在天，六夷貪狡，爭侵中國，縣王都帝，人懷干紀，一民尺土，皆非梁地。朕以不造，幼罹閔凶，仰憑衡佐，亟移年序。周成、漢惠，邈矣無階，惟是童蒙，必貽顚蹙。若使時無聖哲，世靡艱難，猶當高蹈於滄洲，自求於泰伯者矣。

惟王應期誕秀，開籙握圖，性道故其難聞，嘉庸已其被物，乾行同其亹亹，日御比其貞明，登承聖於復禹之功，樹鞠子於興周之業，滅陸渾於伊、洛，殲驪戎於鎬京，大小二震之驍徒，東南兩越之勍寇，遽行天討，無遺神策。於是祖述堯舜，憲章文武，大樂與天地同和，大禮與天地同節，鼓之以雷霆，潤之以風雨，仁霑葭葦，信及豚魚，殷牖斯空，夏臺虛設，民惟大畜，野有同人，升平頌平，無偏無黨，固以雲飛紫蓋，水躍黃龍，東伐西征，晻映川陸，榮光曖曖，甘露瀼瀼，已冒郊廛，亟流庭苑。車轍馬跡，誰不率從？

蟠水流沙，誰不懷德？祥圖遠至，非唯赤伏之符，靈命昭然，何止黃星之氣。海口河目，賢聖之表既彰，握旄執鉞，君人之狀斯偉。且自攝提無紀，孟陬殄滅，枉矢宵飛，天弧曉映，久矣夷羊之在牧，時哉蛟龍之出泉。革運之兆咸徵，惟新之符竝集，朕所以欽若勛、華，屢回星琯。昔者木運斯盡，予高祖受焉。今歷去炎精，神歸樞紐，敬以火德，傳于爾陳。遠鑒前王，近謀羣辟，明靈有悅，率土同心。今遣使持節兼太保侍中尚書左僕射平樂亭侯王通，〔四三〕兼太尉司徒左長史王瑒奉皇帝璽綬。受終之禮，一依唐、虞故事。王其時陟元后，寧育兆民，光闡洪猷，以承昊天之休命！

是日梁帝遜于別宮。高祖謙讓再三，羣臣固請，乃許。

校勘記

〔一〕新喻侯蕭暎爲吳興太守　「新喻」杜僧明傳作「新淦」，他處亦喻淦互見。按「新喻」之「喻」本作「淦」，因淦水爲名，唐天寶後相承作「喻」，詳見唐書地理志及元和郡縣志。「蕭暎」杜僧明傳作「蕭映」，他處亦暎映互見，今以暎映同字，不改歸一律。

〔二〕交阯叛換　「叛換」各本作「叛渙」。按叛換、叛渙皆疊韻聯緜字，音同而義亦相近，本書換渙互用之處數見，後如此不悉出校記。

〔三〕賁走典徹湖　按「徹」當作「澈」。策陳霸先九錫文有「新昌、典澈，備履艱難」語，舊校云「『典澈』或本作『曲澈』，前有『典澈湖』，亦同」。是舊校所見本亦作「澈」也。

〔四〕是歲太清元年也　按梁書武帝紀，李賁兵潰在中大同元年正月，其被殺則在太清二年三月。

〔五〕李遷仕託身當陽　「託」各本作「許」。殿本考證云「許」一本作「託」。張元濟校勘記云「託」字義長。

〔六〕時寧都人劉藹等資遷仕舟艦兵仗　「劉藹」杜僧明傳、周文育傳並作「劉孝尙」，豈一人而異名歟？

〔七〕僧辯軍次湓城　「湓」南史陳武帝紀作「盆」。按「湓城」或省作「盆城」，史文二字互用，後如此不悉出校記。

〔八〕高祖與諸軍進剋姑熟　「姑熟」北監本、汲古閣本、殿本並作「姑孰」。按孰熟字同，史文二字亦多互見，後如此不悉出校記。

〔九〕景儀同盧輝略開石頭北門來降　「盧輝略」梁書侯景傳作「盧暉略」，通鑑同。

〔一〇〕高祖率衆出廣陵應接會景將郭元建奔齊　太平御覽一三三引作「高祖率衆出廣陵應接景將郭元建，會元建奔齊」，册府元龜一八六同，文意較明，此有脫文。

〔一一〕湘州平　殿本考證云「梁書湘州平係承聖二年事」。今按南史陳武帝紀繫此事於承聖二年，通鑑同，元龜一八六同。御覽一三三引「湘州平」上有「明年」二字，疑此有脫文。

〔一二〕三年三月進高祖位司空　梁書元帝紀作「四月癸酉」，通鑑同。

〔一三〕齊送貞陽侯深明還主社稷　「深明」卽「淵明」，此避唐高祖諱改，後同。

〔一四〕景午　卽丙午。姚思廉避唐高祖父諱，「丙」字皆改爲「景」，後如此不悉出校記。

〔一五〕楚州刺史劉仕榮　南史陳武帝紀作「劉士榮」。

〔一六〕周鐵武率舟師斷齊運輸　「周鐵武」卽「周鐵虎」，此避唐高祖祖父諱改，後同。

〔一七〕往南州採石　「採石」南監本、北監本、殿本作「采石」。按采採同字，史文二字亦多互見，後如此不悉出校記。

〔一八〕洛州刺史李希光　張森楷校勘記云：「北齊書高乾傳附弟季式傳，謂李希光於齊天保中爲揚州刺史，與蕭軌等渡江戰沒，與此異。」

〔一九〕於大司馬門外白獸闕下刑牲告天　「白獸闕」卽「白虎闕」，此避唐諱改，後同。

〔二〇〕渡江襲齊行臺趙彥(琛)〔深〕於瓜步　據南史陳武帝紀改。按趙彥深北齊書有傳，傳稱其本名隱，避齊廟諱，故以字行。古人名字相應，自以作「深」爲是。

〔二一〕爾日天子總羽林禁兵　「爾日」各本作「卽日」。按爾日猶卽日，字異而義同。

〔二二〕斬劉歸義徐嗣彥傳野猪于建康市　「徐嗣彥」梁書敬帝紀、南史陳帝紀並作「徐嗣產」。

〔二三〕詔贈高祖兄道談散騎常侍　「道談」北監本、汲本、殿本作「道譚」，原本下卷亦作「道譚」。今以譚談字同，不改歸一律。

〔二四〕弟休先至武康縣侯　按南康愍王曇朗傳，云梁敬帝卽位，追封休先爲武康縣公，陳霸先受禪，又追封休先爲南康郡王。休先與其兄道譚兩次同時追封，不應一爲公，一爲侯，「武康縣侯」當從曇朗傳作「武康縣公」。

〔二五〕食邑各二千戶　按南康愍王曇朗傳，休先追封爲武康縣公時，邑一千戶，其後追封南康郡王，始食二千戶。此「二千戶」當作「一千戶」。

〔二六〕遣其將歐陽頠傳泰及其子孜爲前軍　按梁書敬帝紀，孜乃蕭勃從子，此云「及其子孜」，疑脫一「從」字。

〔二七〕大極交越　「極」北監本、汲本、殿本作「拯」。按極訓至，「大極」與上「遠踰」相對成文，作「極」是。

〔二八〕公龍驤虎步　按唐人避諱，「虎」皆改爲「武」，此「虎」字乃後人回改。

〔二九〕裁舉靈(鉢)〔鉞〕　據北監本、汲本、殿本及南史、元龜一八六改。按「靈鉢」南監本作「靈旗」。

〔三〇〕嘖（灘）〔濰〕水而不流　據南監本改。按元龜一八六作「睢水」，今行徐孝穆文集多作「濰水」。史記高祖本紀有「睢水爲之不流」語，以作「睢水」或「濰水」爲是。

〔三一〕卓爾英狀　「英狀」元龜一八六作「英猷」，疑作「英猷」是。

〔三二〕多歷歲時　「多」原本譌「各」，南監本譌「名」，今據北監本、汲本、殿本改正。

〔三三〕吳濞已（摐）〔鏦〕　據南史陳武帝紀改。按史記吳王濞傳「使人鏦殺吳王」，爲此語所本。鏦，擿也，摐亦訓擿，然當從史記作「鏦」。

〔三四〕金獸符第一至第五左　「金獸符」卽「金虎符」，此避唐諱改。

〔三五〕竹使符第一至第十（左）　據南史陳武帝紀補。按符制，虎符、竹使符均剖分爲左右。

〔三六〕是用錫公武賁之士三百人　按「武賁」卽「虎賁」，此避唐諱改。

〔三七〕微微皇極　汲本「微微」下有小注，云一作「徽徽」。北監本、殿本及南史陳武帝紀並作「徽徽」。按張元濟校勘記云作「微微」是。

〔三八〕龍行武步　「武步」卽「虎步」，此避唐諱改。

〔三九〕兕渠傳首　「渠」原譌「集」，各本不譌，今改正。

〔四〇〕下漏深泉　「深泉」卽「淵泉」，此避唐諱改。

〔四一〕時乘御（辯）〔宇〕　據南監本改。按殿本亦從南監本改。

〔四二〕今遣使持節兼太保侍中尙書左僕射平樂亭侯王通　按王通傳，通仕梁爲尙書右僕射，入陳始遷左僕射。又通以帝甥封武陽亭侯。紀傳互異。

陳書卷二

本紀第二

高祖下

永定元年冬十月乙亥，高祖卽皇帝位于南郊，柴燎告天曰：「皇帝臣霸先，〔一〕敢用玄牡昭告于皇皇后帝：梁氏以圮剝荐臻，歷運有極，欽若天應，以命于霸先。夫肇有烝民，乃樹司牧，選賢與能，未常厥姓。放勛、重華之世，咸無意於受終，當塗、典午之君，雖有心於揖讓，皆以英才處萬乘，高勳御四海，故能大庇黔首，光宅區縣。有梁末運，仍葉遘屯，獯醜憑陵，久移神器，承聖在外，非能祀夏，天未悔禍，復罹寇逆，嫡嗣廢黜，宗枝僭詐，天地蕩覆，紀綱泯絕。霸先爰初投袂，大拯橫流，重舉義兵，實戡多難，廢王立帝，寔有厥功，安國定社，用盡其力。是謂小康，方期大道。既而煙雲表色，日月呈瑞，緯聚東井，龍見譙邦，除舊布新，既彰玄象，遷虞事夏，且協謳訟，〔二〕九域八荒，同布衷款，百神羣祀，皆有誠願。梁帝

高謝萬邦，授以大寶，霸先自惟菲薄，讓德不嗣，至于再三，辭弗獲許。僉以百姓須主，萬機難曠，皇靈眷命，非可謙拒。畏天之威，用膺嘉祚，永言夙志，能無慙德。敬簡元辰，升壇受禪，告類上帝，用荅民心，永保于我有陳。惟明靈是饗！」先是氛霧，晝夜晦冥，至于是日，景氣淸晏，識者知有天道焉。禮畢，輿駕還宮，臨太極前殿。詔曰：「五德更運，帝王所以御天，三正相因，夏、殷所以宰世，雖色分辭翰，時異文質，揖讓征伐，迄用參差，而育德振民，義歸一揆。朕以寡昧，時屬艱危，國步屢屯，天維三絕，肆勤先后，拯厥橫流，藉將帥之功，兼猛士之力，一匡天下，再造黔黎。梁氏以天祿永終，曆數攸在，遵與能之典，集大命于朕躬。顧惟非德，辭不獲亮，式從天睠，俯協民心，受終文祖，升禋上帝，繼迹百王，君臨萬宇，若涉川水，罔知攸濟。寶業初建，皇祚惟新，思俾惠澤，覃被億兆。可大赦天下，改梁太平二年爲永定元年。賜民爵二級，文武二等。鰥寡孤獨不能自存者人穀五斛。逋租宿債，皆勿復收。其有犯鄉里淸議贓汙淫盜者，皆洗除先注，與之更始。長徒敕繫，特皆原之。亡官失爵，禁錮奪勞，一依舊典。」又詔曰：「禮陳杞、宋，詩詠二客，弗臣之重，歷代斯敦。梁氏欽若人祇，憲章在昔，濟河沈璧，高謝萬邦，茅賦所加，宜遵舊典。其以江陰郡奉梁主爲江陰王，行梁正朔，車旗服色，一依前準，宮館資待，務盡優隆。」又詔梁皇太后爲江陰國太妃，皇后爲江陰國妃。又詔百司依位攝職。

景子，輿駕幸鍾山祠蔣帝廟。戊寅，輿駕幸華林園，親覽詞訟，臨赦囚徒。己卯，分遣大使宣勞四方，下璽書勑州郡曰：「夫四王革代，商、周所以應天，五勝相推，軒、羲所以當運。梁德不造，喪亂積年，東夏崩騰，西都蕩覆。蕭勃干紀，非唯趙倫，侯景滔天，踰於劉載。貞陽反篡，賊約連兵，江左累屬於鮮卑，金陵久非於梁國。有自氤氳混沌之世，〔三〕龍圖鳳紀之前，東漢興平之初，西朝永嘉之亂，天下分崩，未有若於梁朝者也。朕以虛薄，屬當興運，自昔登庸，首清諸越，徐門浪泊，靡不征行，浮海乘山，所在戡定。冒愬風塵，驅馳師旅，六延梁祀，十翦彊寇，豈曰人謀，皆由天啓。梁氏以天祿斯改，期運永終，欽若唐、虞，推其鼎玉，朕東西退讓，拜手陳辭，避舜子於箕山之陽，求支伯於滄洲之野，而公卿敦逼，率土翹惶，天命難稽，遂享嘉祚。今月乙亥，升禮太壇，言念遷(坰)〔桐〕，〔四〕但有慙德。自梁氏將末，頻月亢陽，火運斯終，秋霖奄降。翌日成禮，圓丘宿設，埃雲晚霽，星象夜張。朝景重輪，泫三危之膏露，晨光合璧，帶五色之卿雲。顧惟寡薄，彌慙休祉，昧旦丕顯，方思至治。卿等擁旄方岳，相任股肱，剖符名守，〔五〕方寄恤隱。王曆惟新，念有欣慶，想深求民瘼，務在廉平，愛惠以撫孤貧，威刑以禦彊猾。若有萑蒲之盜，〔六〕或犯戎商，山谷之酋，擅彊幽險，皆從肆赦，咸使知聞。如或迷途，俾在無貸。今遣使人具宣往旨，念思善政，副此虛懷。」

庚辰，詔出佛牙於杜姥宅，集四部設無遮大會，高祖親出闕前禮拜。初，齊故僧統法獻於烏纏國得之，常在定林上寺，梁天監末，爲攝山慶雲寺沙門慧興保藏，慧興將終，以屬弟慧志，承聖末，慧志密送于高祖，至是乃出。

辛巳，追尊皇考曰景皇帝，廟號太祖；皇妣董太夫人曰安皇后。追謚前夫人錢氏號爲昭皇后，世子克爲孝懷太子。立夫人章氏爲皇后。癸未，尊景帝陵曰瑞陵，昭皇后陵曰嘉陵，依梁初園陵故事。立刪定郎，治定律令。戊子，遷景皇帝神主祔于太廟。辛卯，以中權將軍、開府儀同三司、丹陽尹王沖爲左光祿大夫。癸巳，追贈皇兄梁故散騎常侍、平北將軍、兗州刺史〔七〕長城縣公道譚驃騎大將軍、太尉，封始興郡王；弟梁故侍中、驃騎將軍、南徐州刺史武康縣侯〔八〕休先車騎大將軍、司徒，封南康郡王。

是月，西討都督周文育、侯安都於郢州敗績，囚于王琳。

十一月景申，詔曰：「東都齊國，義乃親賢，西漢城陽，事兼功烈。散騎常侍、使持節、都督會稽等十郡諸軍事、宣毅將軍、會稽太守長城縣侯蒨，學尙清優，神寓凝正，文參禮樂，武定妖氛，心力謀猷，爲家治國，擁旄作守，朞月有成，辟彼關河，〔九〕功踰蕭、寇，萑蒲之盜，自反耕農，篁竹之豪，用稟聲朔。朕以虛寡，屬當興運，提彼三尺，賓于四門，王業艱難，賴乎此子，宜隆上爵，稱是元功。可封臨川郡王，邑二千戶。兄子梁中書侍郎頊襲封始興王，

弟子梁中書侍郎曇朗襲封南康王，禮秩一同正王。」己亥，甘露降于鍾山松林，彌滿巖谷。庚子，開善寺沙門採之以獻，勑頒賜羣臣。景辰，以鎭西將軍、南豫州刺史徐度爲鎭右將軍、領軍將軍。庚申，京師大火。

十二月庚辰，皇后謁太廟。

二年春正月乙未，詔曰：「夫設官分職，因事重輕，羽儀車馬，隨時隆替，晉之五校，鳴笳啓途，漢之九卿，傳呼竝迾，虞官夏禮，豈曰同科，殷朴周文，固無恆格。朕膺茲寶歷，代是天工，留念官方，庶允時衷。梁天監中，左右驍騎領朱衣直閤，竝給儀從，北徐州刺史(唱)〔昌〕義之(初)首爲此職。〔一〇〕亂離歲久，朝典不存，後生年少，希聞舊則。今去左右驍騎，宜通文武，文官則用腹心，武官則用功臣，所給儀從，同太子二衞率。此外衆官，尙書詳爲條制。」車騎將軍、開府儀同三司侯瑱進位司空，中權將軍、開府儀同三司、新除左光祿大夫王沖爲太子少傅。左衞將軍徐世譜爲護軍將軍，南兗州刺史吳明徹進號安南將軍，衡州刺史歐陽頠進號鎭南將軍。辛丑，輿駕親祠南郊。詔曰：「朕受命君臨，初移星琯，孟陬嘉月，備禮泰壇，景候昭華，人祇允慶，思令億兆，咸與惟新。且往代祆氛，于今猶梗，軍機未息，徵賦咸繁，事不獲已，久知下弊，言念黔黎，無忘寢食。夫罪無輕重，已發覺未發覺，在今昧爽以

前，皆赦除之。西寇自王琳以下，竝許返迷，一無所問。近所募義軍，本擬西寇，竝宜解遣，留家附業。晚訂軍資未送者竝停，元年軍粮逋餘者原其半。州郡縣軍戍竝不得輒遣使民間，務存優養。若有侵擾，嚴爲法制。」乙巳，輿駕親祠北郊。甲辰，振遠將軍、梁州刺史張立表稱去乙亥歲八月，〔一一〕丹徒、蘭陵二縣界遺山側，一旦因濤水涌生，沙漲，周旋千餘頃，竝膏腴，堪墾植。戊午，輿駕親祠明堂。

二月壬申，南豫州刺史沈泰奔于齊。〔一二〕辛卯，詔車騎將軍、司空侯瑱總督水步衆軍以遏齊寇。

三月甲午，詔曰：「罰不及嗣，自古通典，罪疑惟輕，布在方策。沈泰反覆無行，遐邇所知，昔有微功，仍荷朝寄，剖符名郡，推轂累藩，漢口班師，還居方岳，良田有逾於四百，食客不止於三千，富貴顯榮，政當如此。鬼害其盈，天奪之魄，無故猖狂，自投獯醜。雖復知人則哲，惟帝其難，光武有蔽於龐萌，魏武不知於于禁，但令朝廷無我負人。其部曲妻兒各令復業，所在及軍人若有恐脅侵掠者，皆以劫論。若有男女口爲人所藏，竝許詣臺申訴。若樂隨臨川王及節將立効者，悉皆聽許。」乙卯，高祖幸後堂聽訟，還於橋上觀山水，賦詩示羣臣。是月，王琳立梁永嘉王蕭莊于郢州。

夏四月甲子，輿駕親祠太廟。乙丑，江陰王薨，詔遣太宰弔祭，司空監護喪事，凶禮所

須，隨由備辦。以梁武林侯蕭諮息季卿嗣爲江陰王。景寅，輿駕幸石頭，餞司空侯瑱。戊辰，重雲殿東鴟尾有紫煙屬天。五月乙未，京師地震。癸丑，齊廣陵南城主張顯和、長史張僧那各率其所部入附。辛酉，輿駕幸大莊嚴寺捨身。壬戌，羣臣表請還宮。

六月己巳，詔司空侯瑱、領軍將軍徐度率舟師爲前軍，以討王琳。

秋七月戊戌，輿駕幸石頭，親送瑱等。己亥，江州刺史周迪擒王琳將李孝欽、樊猛、余孝頃于工塘。甲辰，遣吏部尚書謝哲諭王琳。甲寅，嘉禾一穗六岐生五城。初，侯景之平也，火焚太極殿，承聖中議欲營之，獨闕一柱，至是有樟木大十八圍，長四丈五尺，流泊陶家後渚，監軍鄒子度以聞。詔中書令沈衆兼起部尚書，少府卿蔡儔兼將作大匠，起太極殿。

八月景寅，以廣梁郡爲陳留郡。辛未，詔臨川王蒨西討，〔一三〕以舟師五萬發自京師，輿駕幸冶城寺親送焉。前開府儀同三司、南豫州刺史周文育，前鎮北將軍、南徐州刺史、新除開府儀同三司侯安都等於王琳所逃歸，自劾廷尉，卽日引見，竝宥之。戊寅，詔復文育等本官。壬午，追封皇子立爲豫章王，謚曰獻；權爲長沙王，謚曰思；長女爲永世公主，謚曰懿。謝哲反命，王琳請還鎮湘川，詔追衆軍緩其伐。癸未，西討衆軍至自大雷。丁亥，以信威將軍、江州刺史周迪爲開府儀同三司，進號平南將軍。改南徐州所領南蘭陵郡復爲東海郡。

冬十月庚午，遣鎮南將軍、開府儀同三司周文育都督衆軍出豫章，討余孝勱。乙亥，輿駕幸莊嚴寺，發金光明經題。丁酉，以仁威將軍、高州刺史黃法𣰋爲開府儀同三司，〔一四〕進號鎮南將軍。〔一五〕甲寅，太極殿成，匠各給復。

十二月庚申，侍中、安東將軍臨川王蒨率百僚朝前殿，拜上牛酒。甲子，輿駕幸大莊嚴寺，設無㝵大會，捨乘輿法物。羣臣備法駕奉迎，卽日輿駕還宮。景寅，高祖於太極殿東堂宴羣臣，設金石之樂，以路寢告成也。壬申，割吳郡鹽官、海鹽、前京三縣置海寧郡，屬揚州。以安成所部廣興六洞置安樂郡。景戌，以寧遠將軍、北江州刺史熊曇朗爲開府儀同三司，進號平西將軍。丁亥，詔曰：「梁時舊仕，亂離播越，始還朝廷，多未銓序。又起兵已來，軍勳甚衆。選曹卽條文武簿及節將應九流者，量其所擬。」於是隨材擢用者五十餘人。

三年春正月己丑，青龍見于東方。丁酉，以鎮南將軍、廣州刺史歐陽頠卽本號開府儀同三司。是夜大雪，及旦，太極殿前有龍跡見。甲午，廣州刺史歐陽頠表稱白龍見于州江南岸，〔一六〕長數十丈，大可八九圍，歷州城西道入天井崗。仙人見于羅浮山寺小石樓，長三丈所，通身潔白，衣服楚麗。辛丑，詔曰：「南康、始興王諸妹，已有封爵，依禮止是藩主。此二王者，有殊恆情，宜隆禮數。諸主儀秩及尚主，可竝同皇女。」戊申，詔臨川王蒨省揚、徐

二州辭訟。

二月辛酉，以平西將軍、桂州刺史淳于量爲開府儀同三司，進號鎮西大將軍。壬午，司空侯瑱督衆軍自江入合州，焚齊舟艦。

三月景申，侯瑱至自合肥，衆軍獻捷。

夏閏四月庚寅，詔曰：「開廩賑絕，育民之大惠，巡方恤患，前王之令典。朕當斯季俗，膺此樂推，君德未孚，民瘼猶甚，重茲多壘，彌疚納隍。良由四聰弗達，〔一七〕千里勿應。〔一八〕博施之仁，何其或爽？殘弊之軌，致此未康。吳州、縉州去歲蝗旱，郢田雖咒，〔一九〕鄭渠終涸，室靡盈積之望，家有塡壑之嗟。百姓不足，兆民何賴？近已遣中書舍人江德藻銜命東陽，與令長二千石問民疾苦，仍以入臺倉見米分恤。雖德非旣飽，庶微慰阻飢。」甲午，詔依前代置西省學士，兼以伎術者預焉。丁酉，遣鎮北將軍徐度率衆城南皖口。是時久不雨，景午，輿駕幸鍾山祠蔣帝廟，是日降雨，迄于月晦。

五月景辰朔，日有食之，有司奏：「舊儀，御前殿，服朱紗袍、通天冠。」詔曰：「此乃前代承用，意有未同。合朔仰助太陽，宜備衮冕之服。自今已去，永可爲准。」景寅，扶南國遣使獻方物。乙酉，北江州刺史熊曇朗殺都督周文育于軍，舉兵反。王琳遣其將常衆愛、曹慶率兵援余孝勱。

六月戊子，儀同侯安都敗衆愛等於左里，獲琳從弟襲、主帥羊暕等三十餘人，衆愛遁走，庚寅，廬山民斬之，傳首京師。甲午，衆師凱歸。詔曰：「曇朗噬逆，罪不容誅，分命衆軍，仍事掩討，方加梟磔，以明刑憲。」徵臨川王蒨往皖口置城柵，以錢道戢守焉。丁酉，高祖不豫，遣兼太宰、尚書左僕射王通以疾告太廟，兼太宰、中書令謝哲告大社、南北郊。辛丑，高祖疾小瘳。故司空周文育之柩至自建昌。壬寅，高祖素服哭于東堂，哀甚。癸卯，高祖臨訊獄（省）訟。〔二〇〕是夜，熒惑在天尊。高祖疾又甚。〔二一〕景午，崩于璿璣殿，時年五十七。遺詔追臨川王蒨入纂。甲寅，大行皇帝遷殯于太極殿西階。

秋八月甲午，羣臣上謚曰武皇帝，廟號高祖。景申，葬萬安陵。

高祖智以綏物，武以寧亂，英謀獨運，人皆莫及，故能征伐四克，靜難夷凶。至升大麓之日，居阿衡之任，恆崇寬政，愛育爲本。有須發調軍儲，皆出於事不可息。加以儉素自率，常膳不過數品，私饗曲宴，皆瓦器蚌盤，肴核庶羞，裁令充足而已，不爲虛費。初平侯景，及立紹泰，子女玉帛，皆班將士。其充閫房者，衣不重綵，飾無金翠，哥鍾女樂，不列於前。及乎踐祚，彌厲恭儉。故隆功茂德，光有天下焉。

陳吏部尚書姚察曰：高祖英略大度，應變無方，蓋漢高、魏武之亞矣。及西都盪覆，誠

貫天人。王僧辯闕伊尹之才，空結桐宮之憤，貞陽假秦兵之送，不思穆嬴之泣。高祖乃蹈玄機而撫末運，乘勢隙而拯橫流，王迹所基，始自於此，何至戡黎升陑之捷而已焉。故於慎徽時序之世，變聲改物之辰，兆庶歸以謳謌，炎靈去如釋負，方之前代，何其美乎！

校勘記

〔一〕皇帝臣霸先 「霸先」二字原作「諱」，蓋仍姚察舊文，姚察爲梁、陳之史官，例避陳諱也。北監本、汲本、殿本並已改「諱」爲「霸先」，今從之。後同。

〔二〕且協謳訟 「謳訟」北監本、汲本、殿本作「謳歌」。張元濟校勘記云：「謳訟乃謳歌、訟獄雙用之意，『訟』字不誤。」

〔三〕有自氤氳混沌之世 「有自」北監本、汲本、殿本作「自有」，元龜二一三同。張元濟校勘記謂作「自有」誤。

〔四〕言念遷（垌）〔桐〕 據各本及元龜二一三改。按此用伊尹放太甲於桐故事，垌與桐形近而譌。

〔五〕剖符名守 「守」各本作「宇」，元龜二一三作「守」。按作「宇」譌。守指郡太守，剖符名守猶言剖符名郡也。

〔六〕若有萑蒲之盜 「萑」原作「雈」，今據各本改，下同。按萑蒲之萑本作「雈」，版刻遂誤爲「雈」也。

〔七〕兗州刺史 按上卷道譚贈南兗州刺史，此脫「南」字。

〔八〕武康縣侯 按當作「武康縣公」，詳上卷校記〔二四〕。

〔九〕辟彼關河 「辟」原譌「壁」，各本不譌，今改正。

〔一〇〕北徐州刺史（唱）〔昌〕義之（初）首爲此職 「昌」字據北監本、殿本改。「初」字據錢大昕說刪。按錢大昕廿二史考異云：「昌義之梁時爲北徐州刺史，嘗任左右驍騎者。校書者不知昌義之爲人姓名，妄於昌旁加口，又增一『初』字，淺陋可笑。」

〔一一〕梁州刺史張立表稱去乙亥歲八月 「去」各本作「云」。張元濟校勘記謂作「去」是，乙亥歲爲梁敬帝紹泰元年，此爲前事，故言去。

〔一二〕南豫州刺史沈泰奔于齊 「南豫州」北齊書文宣紀作「江州」。按通鑑從陳書。

〔一三〕詔臨川王蒨西討 「蒨」字原作「諱」，姚察原文如此，今依北監本、汲本、殿本改。後如此不悉出校記。

〔一四〕以仁威將軍高州刺史黃法𣰰爲開府儀同三司 按黃法𣰰傳作「宣毅將軍」。

〔一五〕進號鎮南將軍 按黃法𣰰傳作「平南將軍」，南史此亦作「平南將軍」，是。

〔一六〕甲午廣州刺史歐陽頠表稱白龍見于州江南岸 「甲午」南史陳武帝紀作「甲子」。殿本考證云：「按上文書丁酉夜大雪，則甲午爲前二日，不應顛倒在後。若南史稱甲子，則以下文辛丑考之，又不相合。不可考矣。」

〔一七〕良由四聰弗達 「達」原譌「遠」，各本不譌，今改正。

〔一八〕千里勿應 「勿」原譌「功」，各本不譌，今改正。

〔一九〕郢田雖呪 「呪」北監本、汲本、殿本作「疏」。按呪通祝。張元濟校勘記謂此用史記淳于髡傳穰田之文，應作「呪」。

〔二〇〕高祖臨訊獄（省）訟 據北監本、汲本、殿本及南史陳武帝紀刪。

〔二一〕高祖疾又甚 按北監本、汲本、殿本無「又」字。

陳書卷三

本紀第三

世祖

世祖文皇帝諱蒨，字子華，始興昭烈王長子也。少沈敏有識量，美容儀，留意經史，舉動方雅，造次必遵禮法。高祖甚愛之，常稱「此兒吾宗之英秀也」。梁太清初，夢兩日鬬，一大一小，大者光滅墜地，色正黃，其大如斗，世祖因三分取一而懷之。侯景之亂，鄉人多依山湖寇抄，世祖獨保家無所犯。時亂日甚，乃避地臨安。及高祖舉義兵，侯景遣使收世祖及衡陽獻王，世祖乃密袖小刀，冀因入見而害景，至便屬吏，故其事不行。高祖大軍圍石頭，景欲加害者數矣，會景敗，世祖乃得出赴高祖營。

起家爲吳興太守。時宣城劫帥紀機、郝仲等各聚衆千餘人，侵暴郡境，世祖討平之。承聖二年，授信武將軍，監南徐州。三年，高祖北征廣陵，使世祖爲前軍，每戰克捷。

高祖之將討王僧辯也，先召世祖與謀。時僧辯女婿杜龕據吳興，兵衆甚盛，高祖密令世祖還長城，立柵以備龕。世祖收兵纔數百人，戰備又少，龕遣其將杜泰領精兵五千，乘虛奄至，將士相視失色，而世祖言笑自若，部分益明，於是衆心乃定。泰知柵內人少，日夜苦攻，世祖激厲將士，身當矢石，相持數旬，泰乃退走。及高祖遣周文育率兵討龕，世祖與并軍往吳興。時龕兵尚衆，斷據衝要，水步連陣相結，世祖命將軍劉澄、蔣元舉率衆攻龕，龕軍大敗，窘急，因請降。

東揚州刺史張彪起兵圍臨海太守王懷振，懷振遣使求救，世祖與周文育輕兵往會稽以掩彪。後彪將沈泰開門納世祖，世祖盡收其部曲家累，彪至，又破走，若邪村民斬彪，傳其首。以功授持節、都督會稽等十郡諸軍事、宣毅將軍、會稽太守。[一]山越深險，皆不賓附，世祖分命討擊，悉平之，威惠大振。

高祖受禪，立爲臨川郡王，邑二千戶，拜侍中、安東將軍。及周文育、侯安都敗於沌口，高祖詔世祖入衞，軍儲戎備，皆以委焉。尋命率兵城南皖。

永定三年六月景午，高祖崩，遺詔徵世祖入纂。甲寅，至自南皖，入居中書省。皇后令曰：「昊天不弔，上玄降禍。大行皇帝奄捐萬國，率土哀號，普天如喪，窮酷煩冤，無所迫及。諸孤藐爾，反國無期，須立長主，以寧寓縣。侍中、安東將軍、臨川王蒨，體自景皇，屬惟猶

子，建殊功於牧野，敷盛業於戡黎，納麓時敍之辰，負扆乘機之日，竝佐時雍，是同草創，祧祏所繫，遐邇宅心，宜奉大宗，嗣膺寶錄，使七廟有奉，兆民寧晏。未亡人假延餘息，嬰此百罹，尋繹纏綿，興言感絕。」世祖固讓，至于再三，羣公卿士固請，其日即皇帝位於太極前殿。詔曰：「上天降禍，奄集邦家，大行皇帝背離萬國，率土崩心，若喪考妣。龍圖寶曆，眇屬朕躬，運鍾擾攘，事切機務，南面須主，西讓禮輕，今便式膺景命，光宅四海。可大赦天下，罪無輕重，悉皆蕩滌。逋租宿債，吏民愆負，可勿復收。文武內外，量加爵敍。孝悌力田爲父後者，賜爵一級。庶祇畏在心，公卿畢力，勝殘去殺，無待百年。興言號哽，深增慟絕。」又詔州郡悉停奔赴。

秋七月景辰，尊皇后爲皇太后。己未，以鎮南將軍、開府儀同三司、廣州刺史歐陽頠進號征南將軍，平南將軍、開府儀同三司周迪進號鎮南將軍，[二]平南將軍、開府儀同三司、高州刺史黃法𣰰進號安南將軍。庚申，以鎮南大將軍、開府儀同三司、桂州刺史淳于量進號征南大將軍。辛酉，以侍中、車騎將軍、司空侯瑱爲太尉，鎮西將軍、開府儀同三司、南豫州刺史侯安都爲司空，侍中、中權將軍、開府儀同三司王沖爲特進、左光祿大夫，鎮北將軍、南徐州刺史徐度爲侍中、中撫軍將軍、開府儀同三司。壬戌，以侍中、護軍將軍徐世譜爲特進、安右將軍；侍中、忠武將軍杜稜爲領軍將軍。乙丑，重雲殿災。

八月癸巳，以平北將軍、南徐州刺史留異爲安南將軍、縉州刺史，平南將軍、北江州刺史魯悉達進號安左將軍。庚戌，封皇子伯茂爲始興王，[三]奉昭烈王後。徙封始興嗣王頊爲安成王。[四]

九月辛酉，立皇子伯宗爲皇太子，[五]王公以下賜帛各有差。乙亥，立妃沈氏爲皇后。

冬十一月乙卯，王琳寇大雷，詔遣太尉侯瑱、司空侯安都、儀同徐度率衆以禦之。

天嘉元年春正月癸丑，詔曰：「朕以寡昧，嗣纂洪業，哀惸在疚，治道弗昭，仰惟前德，幽顯遐暢，恭己不言，庶幾無改。雖宏圖懋軌，日月方弘，而淸廟廓然，聖靈浸遠，感尋永往，瞻言罔極。今四象運周，三元告獻，華夷胥洎，玉帛駿奔，思覃遺澤，播之億兆。其大赦天下。改永定四年爲天嘉元年。鰥寡孤獨不能自存立者，賜穀人五斛。孝悌力田殊行異等，加爵一級。」甲寅，分遣使者宣勞四方。辛酉，輿駕親祠南郊，詔曰：「朕式饗上玄，虔奉牲玉，高禋禮畢，誠敬兼弘。且陰霾浹辰，褰霽在日，雲物韶朗，風景清和，慶動人祇，忭流庶俗，[六]思俾黎元，同此多祐。可賜民爵一級。」辛未，輿駕親祠北郊。日有冠。

二月辛卯，老人星見。乙未，高州刺史紀機自軍叛還宣城，據郡以應王琳，涇令賀當遷討平之。景申，太尉侯瑱敗王琳于梁山，敗齊兵于博望，生擒齊將劉伯球，盡收其資儲船

艦，俘馘以萬計，王琳及其主蕭莊奔于齊。

戊戌，詔曰：「夫五運遞來，三靈眷命，皇王因之改創，殷、周所以樂推。朕統曆承基，丕隆鼎運，期理攸屬，數祚斯在，豈僥倖所至，寧卜祝可求。故知神器之重，必在符命。是以逐鹿貽譏，斷虵定業，亂臣賊子，異世同尤。王琳識暗挈瓶，智慙衞足，干紀亂常，自貽顛沛，而縉紳君子，多被縶維，雖涇渭合流，蘭鮑同肆，求之厥理，或有脅從。今九罭既設，八紘斯掩，天網恢恢，吞舟是漏。至如伏波遊說，永作漢蕃，延壽脫歸，終爲魏守，器改秦、虞，材通晉、楚，行藏用捨，亦豈有恆，宜加寬仁，以彰雷作。其衣冠士族，預在凶黨，悉皆原宥；將帥戰兵，亦同肆眚，〔七〕並隨才銓引，庶收力用。」又詔師旅以來，將士死王事者，並加贈謚。己亥，詔曰：「日者凶渠肆虐，衆軍進討，舟艦輸積，權倩民丁，師出經時，役勞日久。今氛祲廓清，宜有甄被。可蠲復丁身。夫妻三年，於役不幸者，復其妻子。」庚子，分遣使者齎璽書宣勞四方。乙巳，遣太尉侯瑱鎮湓城。庚戌，以高祖第六子昌爲驃騎將軍、湘州牧，立爲衡陽王。

三月景辰，詔曰：「自喪亂以來，十有餘載，編戶凋亡，萬不遺一，中原氓庶，蓋云無幾。頃者寇難仍接，筭斂繁多，且興師已來，千金日費，府藏虛竭，杼軸歲空。近所置軍資，本充戎備，今元惡克殄，八表已康，兵戈靜戢，息肩方在，思俾餘黎，陶此寬賦，今歲軍糧通減三

分之一。尚書申下四方，稱朕哀矜之意。守宰明加勸課，務急農桑，庶鼓腹含哺，復在茲日。」蕭莊所署郢州刺史孫瑒舉州內附。丁巳，江州刺史周迪平南中，斬賊率熊曇朗，傳首京師。先是，齊軍守魯山城，戊午，齊軍棄城走，詔南豫州刺史程靈洗守之。甲子，分荊州之天門、義陽、南平，郢州之武陵四郡，置武州。其刺史督沅州，領武陵太守，治武陵郡。其都尉所部六縣爲沅州。別置通寧郡，以刺史領太守，治都尉城，省舊都尉。以安南將軍、南兗州刺史、新除右衞將軍吳明徹爲安西將軍、武州刺史，僞郢州刺史孫瑒爲安南將軍、湘州刺史。景子，衡陽王昌薨。丁丑，詔曰：「蕭莊僞署文武官屬還朝者，量加錄序。」

夏四月丁亥，立皇子伯信爲衡陽王，奉獻王後。乙未，以安南將軍荀朗爲安北將軍、合州刺史。

五月乙卯，改桂陽之汝城縣爲盧陽郡。分衡州之始興、安遠二郡，置東衡州。

六月辛巳，改謚皇祖妣景安皇后曰景文皇后。壬辰，詔曰：「梁孝元遭離多難，靈櫬播越，朕昔經北面，有異常倫，遣使迎接，以次近路。江寧既是舊塋，〔八〕宜即安卜，車旗禮章，悉用梁典，依魏葬漢獻帝故事。」甲午，追策故始興昭烈王妃曰孝妃。丁酉，以開府儀同三司徐度爲侍中、中軍將軍。辛丑，國哀周忌，上臨于太極前殿，百僚陪哭。赦京師殊死已下。是月，葬梁元帝於江寧。

秋七月甲寅，詔曰：「朕以眇身，屬當大寶，負荷至重，憂責實深，而庶績未康，胥怨猶結，佇咨賢良，發於夢想，每有一言入聽，片善可求，何嘗不褒奬抽揚，緘書紳帶。而傅巖虛往，穹谷尚淹，蒲幣空陳，旌弓不至。豈當有乖則哲，使草澤遺才？將時運澆流，今不逮古？側食長懷，寢興增歎。新安太守陸山才有啓，薦梁前征西從事中郎蕭策，梁前尚書中兵郎王暹，竝世胄清華，羽儀著族，或文史足用，或孝德可稱，竝宜登之朝序，擢以不次。王公已下，其各進舉賢良，申薦淪屈，庶衆才必萃，大廈可成，使棫樸載哥，〔九〕由庚在詠。」乙卯，詔曰：「自頃喪亂，編戶播遷，言念餘黎，良可哀惕。其亡鄉失土，逐食流移者，今年內隨其適樂，來歲不問僑舊，悉令著籍，同土斷之例。」景辰，立皇子伯山爲鄱陽王。

八月庚辰，老人星見。壬午，詔曰：「菽粟之貴，重於珠玉。自頃寇戎，游手者衆，民失分地之業，士有佩犢之譏。朕哀矜黔庶，念康弊俗，思俾阻饑，方存富教。麥之爲用，要切斯甚，今九秋在節，萬實可收，其班宣遠近，竝令播種。守宰親臨勸課，務使及時。其有尤貧，量給種子。」癸未，世祖臨景陽殿聽訟。戊子，詔曰：「汙罇土鼓，誠則難追，畫卵彫薪，或可易革。梁氏末運，奢麗已甚，芻豢厭於胥史，哥鍾列於管庫，土木被朱丹之采，車馬飾金玉之珍，逐欲澆流，遷譌遂遠。朕自諸生，頗爲內足，而家敦朴素，室靡浮華，觀覽時俗，常所扼腕。今妄假時乘，臨馭區極，屬當淪季，思聞治道，菲食卑宮，自安儉陋，俾茲薄俗，獲

反淳風。維雕鏤淫飾，非兵器及國容所須，金銀珠玉，衣服雜玩，悉皆禁斷。」甲午，周將賀若敦率馬步一萬，奄至武陵，武州刺史吳明徹不能拒，引軍還巴陵。丁酉，上幸正陽堂閱武。

九月癸丑，彗星見。乙卯，周將獨孤盛領水軍將趣巴、湘，與賀若敦水陸俱進，太尉侯瑱自尋陽往禦之。辛酉，遣儀同徐度率衆會瑱于巴丘。景子，太白晝見。丁丑，詔侯瑱衆軍進討巴、湘。

十月癸巳，侯瑱襲破獨孤盛於楊葉洲，盡獲其船艦，盛收兵登岸，築城以保之。丁酉，詔司空侯安都率衆會侯瑱南討。

十二月乙未，詔曰：「古者春夏二氣，不決重罪。蓋以陽和布澤，天秩是弘，寬網省刑，〔一〇〕義符含育，前王所以則天象地，立法垂訓者也。朕屬當澆季，思求民瘼，哀矜惻隱，念甚納隍，常欲式遵舊軌，用長風化。自今孟春訖于夏首，罪人大辟事已款者，宜且申停。」己亥，周巴陵城主尉遲憲降，遣巴州刺史侯安鼎守之。〔一一〕庚子，獨孤盛將餘衆自楊葉洲潛遁。

二年春正月庚戌，大赦天下。以雲麾將軍、晉陵太守杜稜爲侍中、領軍將軍。辛亥，以

臣三日一臨，公除之制，率依舊典。」

六月甲子，羣臣上謚曰文皇帝，廟號世祖。景寅，葬永寧陵。

世祖起自艱難，知百姓疾苦。國家資用，務從儉約。常所調斂，事不獲已者，必咨嗟改色，若在諸身。主者奏決，妙識眞僞，下不容姦，人知自勵矣。一夜內刺閨取外事分判者，前後相續。每雞人伺漏，傳更籤於殿中，乃勑送者必投籤於階石之上，令鎗然有聲，云「吾雖眠，亦令驚覺也」。始終梗槩，若此者多焉。

陳吏部尚書姚察曰：世稱繼體守文，宗枝承統，得失之間，蓋亦詳矣。大抵以奉而勿墜爲賢能，撓而易之爲不肖；其有光揚前軌，克荷曾構，固以少焉。世祖自初發跡，功庸顯著，寧亂靜寇，首佐大業。及國禍奄臻，入承寶祚，兢兢業業，其若馭朽。〔二三〕加以崇尚儒術，愛悅文義，見善如弗及，用人如由己，恭儉以御身，勤勞以濟物，自昔允文允武之君，東征西怨之后，賓實之迹，可爲聯類。至於杖聰明，用鑒識，斯則永平之政，前史其論諸。

天嘉三年，高句驪王高湯，或本作「高陽」。

校勘記

〔一〕以功授持節都督會稽等十郡諸軍事宣毅將軍會稽太守　按高祖紀下永定元年十一月丙申詔文，「持節」作「使持節」。別有長城縣侯之爵，此未書。

〔二〕平南將軍開府儀同三司周迪進號鎮南將軍　按周迪傳「鎮南將軍」作「安南將軍」。

〔三〕庚戌封皇子伯茂爲始興王　按始興王伯茂傳，其受封在永定三年十月，此云八月庚戌，與傳異。

〔四〕徙封始興嗣王頊爲安成王　「頊」原作「諱」，蓋姚察原文如是，今據北監本、汲本、殿本改。後如此不悉出校記。

〔五〕九月辛酉立皇子伯宗爲皇太子　按「九月辛酉」廢帝紀作「八月庚戌」。

〔六〕仵流庶俗　「仵」原譌「扑」，各本不譌，今改正。

〔七〕亦同肆眚　「肆」原譌「拜」，各本不譌，今改正。

〔八〕江寧既是舊塋　「是」北監本、殿本作「有」。

〔九〕使棫樸載哥　「哥」元龜八一三作「歌」。按哥卽古歌字，下「哥鍾列於管庫」同。

〔一〇〕寬網眘刑　「眘」各本作「省」。按眘古慎字，作「省」者疑後人臆改。

〔一一〕遣巴州刺史侯安鼎守之　「侯安鼎」各本作「侯安都」。張元濟校勘記云：「時侯安都以司空會頊南討，未嘗爲巴州刺史，侯安鼎當別是一人。」

〔一二〕合州刺史裴景徽奔于齊　「裴景徽」北齊書、南史王琳傳並作「裴景暉」。

〔一三〕丁丑　按是年三月丁未朔，無丁丑，缺疑。

〔一四〕冬十月乙巳　「乙巳」南史陳世祖紀作「癸丑」。按是年十月癸酉朔，無乙巳，亦無癸丑，缺疑。

〔一五〕司空侯安都破留異於桃支嶺　「桃支嶺」侯安都傳作「桃枝嶺」。

〔一六〕以平南將軍華皎爲南湘州刺史　錢大昕廿二史考異云：「本傳但云湘州刺史，『南』字疑衍。」

〔一七〕辛酉有彗星見　「辛酉」上南史陳世祖紀有「六月」二字，此脫。按隋書天文志，陳天嘉六年六月辛酉，有彗長可丈餘。

〔一八〕臨川太守駱文牙斬周迪　錢大昕廿二史考異云：「本傳及陳寶應傳但稱『駱牙』。」

〔一九〕若其經綸(三)〔王〕業　據南監本及元龜一九一改。

〔二〇〕何世無才　「才」元龜一九一作「之」。按作「之」義長。

〔二一〕猶行杞宋之(計)〔邦〕　據南監本及元龜一九一改。

〔二二〕性靈共惻者也　「惻」原譌「測」，各本不譌，今改正。

〔二三〕其若馭朽　「其」各本作「眞」。

陳書卷四

本紀第四

廢帝

廢帝諱伯宗，字奉業，小字藥王，世祖嫡長子也。梁承聖三年五月庚寅生。永定二年二月戊辰，拜臨川王世子。三年，世祖嗣位，八月庚戌，立爲皇太子。〔一〕自梁室亂離，東宮焚爐，太子居于永福省。

天康元年四月癸酉，世祖崩，其日，太子卽皇帝位于太極前殿，詔曰：「上天降禍，大行皇帝奄棄萬國，攀號靡及，五內崩殞。朕以寡德，嗣膺寶命，煢煢在疚，懼甚綴旒，方賴宰輔匡其不逮。可大赦天下。」又詔內外文武，各復其職，遠方悉停奔赴。

五月(乙)〔己〕卯，〔二〕尊皇太后曰太皇太后，皇后曰皇太后。庚寅，以驃騎將軍、司空、揚州刺史、新除尚書令安成王頊爲驃騎大將軍，進位司徒、錄尚書、都督中外諸軍事。丁酉，

中軍大將軍、開府儀同三司徐度進位司空；鎭南將軍、開府儀同三司、江州刺史章昭達爲侍中，進號征南將軍；鎭東將軍、東揚州刺史始興王伯茂進號征東將軍、開府儀同三司；平北將軍、南徐州刺史鄱陽王伯山進號鎭北將軍；吏部尚書袁樞爲尚書左僕射；雲麾將軍、吳興太守沈欽爲尚書右僕射；新除中領軍吳明徹爲領軍將軍；新除中護軍沈恪爲護軍將軍；〔三〕平南將軍、湘州刺史華皎進號安南將軍；散騎常侍、御史中丞徐陵爲吏部尚書。

六月辛亥，翊右將軍、右光祿大夫王通進號安右將軍。

秋七月丁酉，〔四〕立妃王氏爲皇后。

冬十月庚申，輿駕奉祠太廟。

十一月乙亥，周遣使來弔。

十二月甲子，高麗國遣使獻方物。

光大元年春正月癸酉，尚書左僕射袁樞卒。乙亥，詔曰：「昔昊天成命，降集寶圖，二后重光，九區咸乂。〔五〕閔余沖薄，王道未昭，荷茲神器，如涉靈海，庶親賢竝建，牧伯惟良，天下雍熙，緬同刑措。今三元改曆，萬國充庭，淸廟無追，具僚斯在，言瞻宁位，觸感崩心。思播遺恩，〔六〕俾覃黎獻。可大赦天下。改天康二年爲光大元年。孝悌力田賜爵一級。」己卯，以領軍將軍吳明徹爲丹陽尹。辛卯，輿駕親祠南郊。

二月辛亥，宣毅將軍、南豫州刺史余孝頃謀反伏誅。癸丑，以征東將軍、開府儀同三司、東揚州刺史始興王伯茂爲中衞大將軍，〔七〕開府儀同三司黃法氍爲鎭北將軍、南徐州刺史，鎭北將軍、南徐州刺史鄱陽王伯山爲鎭東將軍、東揚州刺史。

三月甲午，以尚書右僕射沈欽爲侍中、尚書左僕射。〔八〕

夏四月乙卯，太白晝見。

五月癸巳，以領軍將軍、丹陽尹吳明徹爲安南將軍、湘州刺史。乙未，以鎭右將軍杜稜爲領軍將軍。安南將軍、湘州刺史華皎謀反，景申，以中撫大將軍淳于量爲使持節、征南大將軍，總率舟師以討之。

六月壬寅，以中軍大將軍、司空徐度進號車騎將軍，總督京邑衆軍，步道襲湘州。

閏月癸巳，以雲麾將軍新安王伯固爲丹陽尹。

秋七月戊申，立皇子至澤爲皇太子，賜天下爲父後者爵一級，王公卿士已下賚帛各有差。

九月乙巳，詔曰：「逆賊華皎，極惡窮凶，遂樹立蕭巋，謀危社稷。棄親卽讎，人神憤惋，王師電邁，水陸爭前，梟剪之期，匪朝伊暮。其家口在北里尚方，宜從誅戮，用明國憲。」

景辰，百濟國遣使獻方物。是月，周將長胡公拓跋定率步騎二萬入郢州，與華皎水陸俱進，都督淳于量、吳明徹等與戰，大破之。皎單舸奔江陵，擒拓跋定，俘獲萬餘人，馬四千餘匹，送京師。

冬十月辛巳，赦湘、巴二(郡)〔州〕爲皎所詿誤者。〔九〕甲申，輿駕親祠太廟。

十一月己未，以護軍將軍沈恪爲平西將軍、荆州刺史。甲子，侍中、中權將軍、開府儀同三司、特進、左光祿大夫王沖薨。

十二月庚寅，以兼從事中郞孔英哲爲奉聖亭侯，奉孔子祀。

二年春正月己亥，侍中、都督中外諸軍事、驃騎大將軍、司徒、錄尚書、揚州刺史安成王頊進位太傅，領司徒，加殊禮，劒履上殿；侍中、征南將軍、開府儀同三司、江州刺史章昭達進號征南大將軍；中撫大將軍、新除征南大將軍淳于量爲侍中、中軍大將軍、開府儀同三司；安南將軍、湘州刺史吳明徹卽本號開府儀同三司，進號鎭南將軍；〔一〇〕雲麾將軍、郢州刺史程靈洗進號安西將軍。庚子，詔討華皎軍人死王事者竝給棺櫬，送還本鄉，仍復其家。甲子，罷吳州，以鄱陽郡還屬江州。侍中、司空、車騎將軍徐度薨。

夏四月辛巳，太白晝見。丁亥，割東揚州晉安郡爲豐州。

五月景辰，太傅安成王頊獻玉璽一。

六月丁卯，彗星見。

秋七月景午，輿駕親祠太廟。戊申，新羅國遣使獻方物。壬戌，立皇弟伯智爲永陽王，伯謀爲桂陽王。

九月甲辰，林邑國遣使獻方物。景午，狼牙脩國遣使獻方物。以侍中、征南大將軍、開府儀同三司、江州刺史章昭達爲中撫大將軍。戊午，太白晝見。

冬十月庚午，輿駕親祠太廟。

十一月景午，以前平西將軍、荆州刺史沈恪爲護軍將軍。壬子，以鎭北將軍、開府儀同三司、南徐州刺史黄法𣰰爲鎭西將軍、郢州刺史，新除中軍大將軍、開府儀同三司淳于量爲鎭北將軍、南徐州刺史。甲寅，慈訓太后集羣臣於朝堂，令曰：

中軍儀同、鎭北儀同、鎭右將軍、護軍將軍、八座卿士：昔梁運季末，〔二〕海內沸騰，天下蒼生，殆無遺噍。高祖武皇帝撥亂反正，膺圖御籙，重懸三象，還補二儀；世祖文皇帝克嗣洪基，光宣寶業，惠養中國，綏寧外荒；並戰戰兢兢，劬勞締構，庶幾鼎運，方隆殷、夏。伯宗昔在儲宮，本無令問，及居崇極，遂騁凶淫。居處諒闇，固不哀慼，嬪嫱弗隔，

就館相仍，豈但衣車所納，是讖宗正，衰絰生子，得詣右師。七百之祚何憑，三千之罪爲大。且費引金帛，令充椒闈，內府中藏，軍備國儲，未盈朞稔，皆已空竭。太傅親承顧託，鎭守宮闈，遺詔綢繆，義深垣屛，而欑塗未御，翌日無淹，仍遣劉師知、殷不佞等顯言排斥。韓子高小豎輕佻，推心委仗，陰謀禍亂，決起蕭牆。元相雖持，但除君側。又以余孝頃密邇京師，便相徵召，殃慝之咎，凶徒自擒，宗社之靈，祆氛是滅。於是密詔華皎，稱兵上流，國祚憂惶，幾移醜類。乃至要招遠近，叶力巴、湘，支黨縱橫，寇擾黟、歙。又別勑歐陽紇等攻逼衡州，嶺表紛紜，殊淹弦望。豈止罪浮於昌邑，非唯聲醜於太和。但賊豎皆亡，祆徒已散，日望懲改，猶加掩抑，而悖禮忘德，情性不悛，樂禍思亂，昏慝無已。張安國蕞爾凶狡，窮爲小盜，仍遣使人蔣裕鉤出上京，即置行臺，分選凶黨。賊皎妻呂，舂徒爲戮，納自奚(宮)〔官〕，〔三〕藏諸永巷，使其結引親舊，規圖戕禍。適又盪主孫泰等潛相連結，大有交通，兵力殊彊，指期挻亂。皇家有慶，歷數遐長，天誘其衷，同然開發。此諸盪主侯法喜等，太傅麾下，恆遊府朝，啗以深利，謀興肘腋。此諸文迹，今以相示，是而可忍，誰則不容？祖宗基業，將懼傾賈，豈可復肅恭禋祀，臨御兆民？式稽故實，宜在流放，今可特降爲臨海郡王，送還藩邸。

太傅安成王固天生德，齊聖廣深，二后鍾心，三靈佇眷。自前朝不悆，任總邦家，威惠相宜，刑禮兼設，指揮嘯咤，湘、郢廓清，闢地開疆，荆、益風靡，若太戊之承殷歷，中都之奉漢家，校以功名，曾何髣髴。且地彰靈璽，天表長彗，布新除舊，禎祥咸顯。文皇知子之鑒，事甚帝堯，傳弟之懷，又符太伯。今可還申曩志，崇立賢君，方固宗祧，載貞辰象。中外宜依舊典，奉迎輿駕。

未亡人不幸屬此殷憂，不有崇替，容危社稷，何以拜祠高寢，歸祔武園？攬筆潸然，兼懷悲慶。

是日，出居別第。太建二年四月薨，時年十九。

帝仁弱無人君之器，世祖每慮不堪繼業，既居冢嫡，廢立事重，是以依違積載。及疾將大漸，召高宗謂曰「吾欲遵太伯之事」，高宗初未達旨，後寤，乃拜伏涕泣，固辭。其後宣太后依詔廢帝焉。

史臣曰：臨海雖繼體之重，仁厚懦弱，〔四〕混一是非，不驚得喪，蓋帝摯、漢惠之流也。世祖知神器之重，諒難負荷，深鑒堯旨，弗傳寶祚焉。

校勘記

〔一〕八月庚戌立爲皇太子　按「八月庚戌」世祖紀作「九月辛酉」。

〔二〕五月(乙)〔己〕卯　據南史改。按是月丁丑朔，無乙卯。

〔三〕新除中護軍沈恪爲護軍將軍　「恪」原譌「略」，各本不譌，今改正。按恪本傳，恪於天嘉六年爲中護軍，尋遷護軍將軍。

〔四〕秋七月丁酉　「秋七月」三字，原本墨丁，今依南史陳廢帝紀及通鑑補。按各本作「秋八月」，譌。是年八月乙巳朔，無丁酉。

〔五〕二后重光九區咸乂　「光九」二字原本墨丁，今據各本補。

〔六〕思播遺恩　「播」字原本墨丁，據各本補。

〔七〕以征東將軍開府儀同三司東揚州刺史始興王伯茂爲中衞大將軍　「征東將軍」世祖紀天嘉三年作「鎭東將軍」，本傳同。「中衞大將軍」本傳作「中衞將軍」。

〔八〕以尚書右僕射沈欽爲侍中尚書左僕射　南史陳廢帝紀但云爲侍中、尚書僕射，無「左」字。又宣帝紀太建元年，尚書僕射沈欽爲尚書左僕射，度支尚書王勱爲尚書右僕射。按尚書分置左右僕射，始於魏建安中，其後省置無恆，置二則爲左右僕射，或不兩置，但曰尚書僕射。蓋其時不兩置，故沈欽自尚書右僕射遷尚書僕射，至宣帝太建元年，又置兩僕射，故沈欽自尚書僕射遷尚書左僕射，而以王勱爲尚書右僕射也。明此衍一「左」字。

〔九〕敕湘巴二(郡)〔州〕爲晈所註誤者　據南史改。

〔一〇〕安南將軍湘州刺史吳明徹卽本號開府儀同三司進號鎭南將軍　按宣帝紀太建元年又有「新除安南將軍、開府儀同三司、湘州刺史吳明徹進號鎭南將軍」之文，本傳亦云「太建元年授鎭南將軍」，疑此衍「進號鎭南將軍」六字。

〔一一〕昔梁運季末　「運」原譌「道」，各本不譌，今改正。

〔一二〕納自奚(宮)〔宦〕　「宮」當作「宦」，各本並譌，今改。

〔一三〕仁厚儒弱　「儒」各本作「懦」。按儒有懦弱義，各本作「懦」，疑後人臆改。

陳書卷五

本紀第五

宣帝

高宗孝宣皇帝諱頊，字紹世，小字師利，始興昭烈王第二子也。梁(中)大通二年七月辛酉生，〔一〕有赤光滿堂室。少寬大，多智略。及長，美容儀，身長八尺三寸，手垂過膝。有勇力，善騎射。高祖平侯景，鎭京口，梁元帝徵高祖子姪入侍，高祖遣高宗赴江陵，累官爲直閤將軍、中書侍郎。時有馬軍主李總與高宗有舊，〔二〕每同遊處，高宗嘗夜被酒，張燈而寐，總適出，尋返，乃見高宗身是大龍，總便驚駭，走避佗室。及江陵陷，高宗遷于關右。永定元年，遙襲封始興郡王，邑二千戶。三年，世祖嗣位，改封安成王。天嘉三年，自周還，授侍中、中書監、中衞將軍，置佐史。尋授使持節、都督揚南徐東揚南豫北江五州諸軍事、揚州刺史，進號驃騎將軍，餘如故。四年，加開府儀同三司。六年，遷司空。天康元年，授尚

書令，餘並如故。廢帝卽位，拜司徒，進號驃騎大將軍，錄尚書，都督中外諸軍事，給班劍三十人。光大二年正月，進位太傅，領司徒，加殊禮，劍履上殿，增邑并前三千戶，餘並如故。十一月甲寅，慈訓太后令廢帝爲臨海王，以高宗入纂。

太建元年春正月甲午，卽皇帝位于太極前殿，詔曰：「夫聖人受命，王者中興，並由懿德，方作元后。高祖武皇帝揖拜堯圖，經綸禹跡，配天之業，光辰象而利貞，格地之功，侔川岳而長遠。世祖文皇帝體上聖之姿，當下武之運，築宮示儉，所務唯德，定鼎初基，厥謀斯在。朕以寡薄，才非聖賢，夙荷前規，方傳景祚。雖復親承訓誨，志守藩維，詠季子之高風，思城陽之遠託，自元儲紹國，正位君臨，無道非幾，佇聞刑措。豈圖王室不造，頻謀亂階，天步艱難，將傾寶曆，仰惟嘉命，爰集朕躬。我心貞確，(空)〔堅〕誓蒼昊，〔三〕而羣辟啓請，相諠渭橋，文母尊嚴，懸心長樂，對揚璽紱，非止殷湯之三辭，履涉春冬，何但代王之五讓。今便肅奉天策，欽承介圭。若據滄溟，踰增兢業。思所以雲行雨施，品物咸亨，嘗與黔黎，普同斯慶。可改光大三年爲太建元年。大赦天下。在位文武賜位一階，孝悌力田及爲父後者賜爵一級，異等殊才，竝加策序。鰥寡孤獨不能自存者，人賜穀五斛。」復太皇太后尊號曰皇太后。立妃柳氏爲皇后，世子叔寶爲皇太子，皇子南中郎將、江州刺史康樂侯叔陵爲始興

中華書局

王，奉昭烈王祀。乙未，輿駕謁太廟。丁酉，分命大使巡行四方，觀省風俗。征南大將軍、開府儀同三司、新除中撫大將軍章昭達進號車騎大將軍，新除中軍大將軍、開府儀同三司、南徐州刺史淳于量爲征北大將軍，鎭北將軍、開府儀同三司、南徐州刺史、新除鎭西將軍、郢州刺史黃法𣰰進號征西大將軍，新除安南將軍、開府儀同三司、湘州刺史吳明徹進號鎭南將軍，鎭東將軍、揚州刺史、鄱陽王伯山進號中衞將軍，尙書僕射沈欽爲尙書左僕射，度支尙書王勱爲尙書右僕射，護軍將軍沈恪爲鎭南將軍、廣州刺史。〔四〕辛丑，輿駕親祠南郊。壬寅，以皇子建安侯叔英爲宣惠將軍、東揚州刺史，改封豫章王。豐城侯叔堅改封長沙王。癸卯，以明威將軍周弘正爲特進。戊午，輿駕親祠太廟。

二月庚午，皇后謁太廟。辛未，皇太子謁太廟。乙亥，輿駕親耕藉田。

夏五月甲午，齊遣使來聘。丁巳，以吏部尙書、領大著作徐陵爲尙書右僕射，太子詹事、駙馬都尉沈君理爲吏部尙書。

秋七月辛卯，皇太子納妃沈氏，王公已下賜帛各有差。丁酉，以平東將軍、吳郡太守晉安王伯恭爲中護軍，進號安南將軍。

九月甲辰，以新除中護軍晉安王伯恭爲中領軍。

冬十月，新除左衞將軍歐陽紇據廣州舉兵反。辛未，遣車騎將軍、開府儀同三司章昭

達率衆討之。壬午，輿駕親祠太廟。

二年春正月乙酉，以征西大將軍、開府儀同三司、郢州刺史黃法𣰰爲中權大將軍。景午，輿駕親祠太廟。

二月癸未，儀同章昭達擒歐陽紇送都，斬于建康市，廣州平。

三月景申，皇太后崩。景午，曲赦廣、衡二州。丁未，大赦天下。又詔自討周迪、華皎已來，兵交之所有死亡者，並令收斂，幷給棺櫬，送還本鄉；瘡痍未瘳者，各給醫藥。

夏四月乙卯，臨海王伯宗薨。戊寅，皇太后祔葬萬安陵。

閏月戊申，輿駕謁太廟。己酉，太白晝見。

五月乙卯，儀同黃法𣰰獻瑞璧一。壬午，齊遣使來弔。

六月戊子，新羅國遣使獻方物。辛卯，大雨雹。乙巳，分遣大使巡行州郡，省理寃屈。戊申，車騎將軍、開府儀同三司章昭達進號車騎大將軍，安南將軍、廣州刺史沈恪進號鎭南將軍。

秋八月甲申，詔曰：「懷遠以德，抑惟恆典，去戎卽華，民之本志。頃年江介繈負相隨，崎嶇歸化，亭候不絕，宜加卹養，答其誠心。維是荒境自拔，有在都邑及諸州鎭，不問遠近，並蠲課役。若克平舊土，反我侵地，皆許還鄉，一無拘限。州郡縣長明加甄別，良田廢村，隨便安處。若輒有課訂，卽以擾民論。」又詔曰：「民惟邦本，著在典謨，治國愛民，抑又通訓。朕聽朝晏罷，日仄劬勞，方流惠澤，覃被億兆。有梁之季，政刑廢缺，條綱弛紊，僭盜荐興，役賦征徭，尤爲煩刻。大陳御寓，拯茲餘弊，滅扈戡黎，弗遑創改，年代彌流，將及成俗，如弗解張，物無與厝，夕惕疚懷，有同首疾。思從卑菲，約己濟民，雖府帑未充，君孰與足，便可刪革，去其甚泰，〔五〕冀永爲定准，令簡而易從。自今維作田，値水旱失收，卽列在所，言上折除。軍士年登六十，悉許放還。巧手於役死亡及與老疾，不勞訂補。其籍有巧隱，幷王公百司輒受民爲程蔭，解還本屬，開恩聽首。在職治事之身，須遞相檢示，有失不推，當局任罪。令長代換，具條解舍戶數，付度後人。戶有增進，卽加擢賞；若致減散，依事准結。有能墾起荒田，不問頃畝少多，依舊蠲稅。」戊子，太白晝見。

九月乙丑，以散騎常侍、鎭東將軍、吳興太守杜稜爲特進、護軍將軍。

冬十月乙酉，輿駕親祠太廟。

十一月辛酉，高麗國遣使獻方物。

十二月癸巳夜，西北有雷聲。

三年春正月癸丑，以尙書右僕射、領大著作徐陵爲尙書僕射。辛酉，輿駕親祠南郊。辛未，親祠北郊。

二月辛巳，輿駕親祠明堂。丁酉，親耕藉田。

三月丁丑，大赦天下。自天康元年訖太建元年，逋餘軍糧、祿秩、夏調未入者，悉原之。又詔犯逆子弟支屬逃亡異境者，悉聽歸首；見縶繫者，量可散釋；其有居宅，並追還。

夏四月壬辰，齊遣使來聘。

五月戊申，太白晝見。辛亥，遼東、新羅、丹丹、天竺、盤盤等國並遣使獻方物。

六月丁亥，江陰王蕭季卿以罪免。甲辰，封東中郎將長沙王府諮議參軍蕭彝爲江陰王。

秋八月辛丑，皇太子親釋奠于太學，二傅、祭酒以下(司)賚帛各有差。〔六〕

九月癸酉，太白晝見。

冬十月甲申，輿駕親祠太廟。乙酉，周遣使來聘。己亥，丹丹國遣使獻方物。

十二月壬辰，車騎大將軍、司空章昭達薨。

四年春正月景午，以雲麾將軍、江州刺史始興王叔陵爲湘州刺史，進號平南將軍；東

中郎將、吳郡太守長沙王叔堅爲宣毅將軍、江州刺史；尙書僕射、領大著作徐陵爲尙書左僕射；中書監王勱爲尙書右僕射。庚申，以丹陽尹衡陽王伯信爲信威將軍、中護軍。庚午，輿駕親祠太廟。

二月乙酉，立皇子叔卿爲建安王，授東中郎將、東揚州刺史。

三月壬子，以散騎常侍孫瑒爲安西將軍、荆州刺史。乙丑，扶南、林邑國竝遣使來獻方物。

夏四月戊子，以中權大將軍、開府儀同三司黃法氍爲征南大將軍、南豫州刺史。

五月癸卯，尙書右僕射王勱卒。

六月辛巳，侍中、鎭右將軍、右光祿大夫杜稜卒。

秋八月辛未，周遣使來聘。丁丑，景雲見。戊寅，詔曰：「國之大事，受脤興戎。師出以律，稟策於廟，所以乂安九有，克成七德。自頃掃滌羣穢，廓淸諸夏，乃貔貅之戮力，亦帷幄之運籌。雖左衽已戡，干戈載戢，呼韓來謁，亭鄣無警；但不教民戰，是謂棄之，仁必有勇，無忘武備。磻溪之傳韜訣，穀城之授神符，文叔懸制戎規，孟德頗言兵略。朕既慙暗合，良皆披覽。兼昔經督戎，備嘗行陣，齊以七步，肅之三鼓，得自胸襟，指掌可述。今竝條制，凡十三科，宜卽班宣，以爲永准。」乙未，詔停督湘、江二州逋租，無錫等十五縣流民，竝蠲其繇賦。

（秋）九月庚子朔，〔七〕日有蝕之。辛亥，大赦天下。又詔曰：「舉善從諫，在上之明規；進賢謁言，爲臣之令範。朕以寡德，嗣守寶圖，雖世襲隆平，治非寧一。辨方分職，旰食早衣；傍闕爭臣，下無貢士。何其闕爾，鮮能抗直。豈余獨運，匪薦讜言。置鼓公車，罕論得失；施石象魏，莫陳可否。朱雲攀檻，良所不逢；禽息觸楹，又爲難值。至如衣褐以見，檐簦以遊，或耆艾絕倫，或妙年異等，干時而不偶，左右莫之譽，黑貂改弊，〔八〕黃金且殫，終其滯淹，〔九〕可爲太息。又貴爲百辟，賤有十品，工拙竝騖，勸沮莫分，街謠徒擁，廷議斯闕。寔朕之弗明，而時無獻替。永言至治，何廼爽歟？外可通示文武：凡厥在位，風化乖殊，朝政紕蠹，正色直辭，有犯無隱。兼各舉所知，隨才明試。其莅政廉穢，在職能否，分別矢言，俟茲黜陟。」景寅，以故太尉徐度、儀同杜稜、儀同程靈洗配食高祖廟庭，故車騎將軍章昭達配食世祖廟庭。〔一〇〕

冬十月乙酉，輿駕親祠太廟。戊戌，以鎭南將軍、廣州刺史沈恪爲領軍將軍。

十〔一〕月己亥夜地震。〔一一〕

閏月辛未，詔曰：「姑熟饒曠，荆河斯擬，博望關畿，天限嚴峻，龍山南指，牛渚北臨，對熊繹之餘城，邇全琮之故壘，良疇美柘，畦畎相望，連宇高甍，阡陌如繡。自梁末兵災，凋殘略盡，比雖務優寬，猶未克復，咫尺封畿，宜須殷阜。且衆將部下，多寄上下，軍民雜俗，極爲蠹秏。自今有罷任之徒，許分留部下；其已在江外，亦令迎還，悉住南州津裏安置。有無交貨，不責市估；萊荒墾闢，亦停租稅。臺遣鎭監一人，共刺史、津主分明檢押，給地賦田，各立頓舍。」

十二月壬寅，甘露降樂遊苑。甲辰，輿駕幸樂遊苑，採甘露，宴羣臣。丁卯，詔曰：「梁氏之季，兵火荐臻，承華焚蕩，頓無遺構。寶命惟新，迄將二紀，頻事戎旅，未遑脩繕。今工役差閑，椽楹有擬，來歲開肇，創築東宮，可權置起部尙書、將作大匠，用主監作。」

五年春正月癸酉，以征北大將軍、開府儀同三司、南徐州刺史淳于量爲中權大將軍；宣惠將軍、豫章王叔英爲南徐州刺史，進號平北將軍；吏部尙書、駙馬都尉沈君理爲尙書右僕射，領吏部。辛巳，輿駕親祠南郊。甲午，輿駕親祠太廟。

二月辛丑，輿駕親祠明堂。乙卯，夜有白氣如虹，自北方貫北斗紫宮。

三月壬午，分命衆軍北伐，以鎭前將軍、開府儀同三司吳明徹都督征討諸軍事。景戌，西衡州獻馬生角。己丑，皇孫胤生，內外文武賜帛各有差，爲父後者爵一級。北討大都督吳明徹統衆十萬，發自白下。

夏四月癸卯，前巴州刺史魯廣達克齊大峴城。辛亥，吳明徹克秦州水柵。庚申，齊遣兵十萬援歷陽，儀同黃法氍破之。辛酉，齊軍救秦州，吳明徹又破之。癸亥，詔北伐衆軍所殺齊兵，竝令埋掩。甲子，南譙太守徐槾克石梁城。

五月己巳，瓦梁城降。癸酉，陽平郡城降。甲戌，徐槾克廬江郡城。景子，黃法氍克歷陽城。己卯，北高唐郡城降。辛巳，詔征南大將軍、開府儀同三司、南豫州刺史黃法氍徙鎭歷陽，齊改縣爲郡者竝復之。乙酉，南齊昌太守黃詠克齊昌外城。景戌，廬陵內史任忠軍次東關，克其東西二城，進克蘄城。戊子，又克譙郡城，秦州城降。癸巳，瓜步、胡墅二城降。

六月庚子，郢州刺史李綜克灄口城。乙巳，任忠克合州外城。庚戌，淮陽、沭陽郡竝棄城走。癸丑，景雲見。豫章內史程文季克涇州城。乙卯，宣毅司馬湛陁克新蔡城。癸（卯）〔亥〕，周遣使來聘。〔一二〕黃法氍克合州城。吳明徹師次仁州，甲子，克其州城。是月，治明堂。

秋七月乙丑，鎭前將軍、開府儀同三司吳明徹進號征北大將軍。戊辰，齊遣衆二萬援齊昌，西陽太守周炅破之。己巳，吳明徹軍次峽口，克其北岸城，南岸守者棄城走。周炅克巴州城。淮北絳城及穀陽士民，竝誅其渠帥，以城降。景戌，吳明徹克壽陽外城。

八月乙未，山陽城降。壬寅，盱眙城降。戊申，罷南齊昌郡。壬子，戎昭將軍徐敬辯克海安城。青州東海城降。戊午，平固侯陳敬泰等克晉州城。

九月甲子，陽平城降。[三]壬申，高唐太守沈善度克馬頭城。[四]甲戌，齊安城降。景子，左衞將軍樊毅克廣陵楚子城。癸未，尚書右僕射、領吏部、駙馬都尉沈君理卒。丁亥，前鄱陽內史魯天念克黃城小城，齊軍退保大城。戊子，割南兗州之盱眙郡屬譙州。壬辰晦，夜明。黃城大城降。

冬十月甲午，郭默城降。戊戌，以中書令王瑒爲吏部尚書。己亥，以特進、領國子祭酒周弘正爲尚書右僕射。乙巳，吳明徹克壽陽城，斬王琳，傳首京師，梟于朱雀航。丁未，齊兵萬人至潁口，樊毅擊走之。辛亥，齊遣兵援蒼陵，又破之。景辰，詔曰：「梁末得懸瓠，以壽陽爲南豫州，今者克復，可還爲豫州。以黃城爲司州，治下爲安昌郡，漨湍爲漢陽郡，三城依梁爲義陽郡，竝屬司州。」以征北大將軍、開府儀同三司吳明徹爲豫州刺史，進號車騎大將軍；征南大將軍、開府儀同三司、南豫州刺史黃法𣰰爲征西大將軍、合州刺史。戊午，湛陁克齊昌城。

十一月甲戌，淮陰城降。庚辰，威虜將軍劉桃根克朐山城。[五]辛巳，樊毅克濟陰城。己丑，魯廣達等克北徐州。

十二月壬辰朔，詔曰：「古者反噬叛逆，盡族誅夷，所以藏其首級，誡之後世。比者所戮止在一身，子胤或存，梟懸自足，不容久歸武庫，長比月支。惻隱之懷，有仁不忍。維熊曇朗、留異、陳寶應、周迪、鄧緒等及今者王琳首，竝還親屬，以弘廣有。」乙未，譙城降。乙巳，立皇子叔明爲宜都王，叔獻爲河東王。壬午，任忠克霍州城。

六年春正月壬戌朔，詔曰：「王者以四海爲家，萬姓爲子，一物乖方，夕惕猶厲，六合未混，旰食彌憂。朕嗣纂鴻基，思弘經略，上符景宿，下叶人謀，命將興師，大拯淪溺。灰琯未周，凱捷相繼，拓地數千，連城將百。蠢彼餘黎，毒茲異境，江淮年少，猶有剽掠，鄉閭無賴，摘出陰私，將帥軍人，罔顧刑典，今使苛法蠲除，仁聲載路。且肇元告慶，邊服來荒，始覩皇風，宜覃曲澤，可赦江右淮北南司、定、霍、光、建、朔、合、豫、北徐、仁、北兗、青、冀、南譙、南兗十五州，郢州之齊安、西陽，江州之齊昌、新蔡、高唐，南豫州之歷陽、臨江郡士民，[六]罪無輕重，悉皆原宥。將帥職司，軍人犯法，自依常科。」以翊前將軍新安王伯固爲中領軍，進號安前將軍；安前將軍、中領軍晉安王伯恭爲安南將軍、南豫州刺史。壬午，輿駕親祠太廟。甲申，廣陵金城降。周遣使來聘。高麗國遣使獻方物。

二月壬辰朔，日有蝕之。辛亥，輿駕親耕藉田。景辰，以中權大將軍、開府儀同三司淳于量爲征西大將軍、郢州刺史。

三月癸亥，詔曰：「去歲南川頗言失稔，所督田租于今未卽。豫章等六郡太建五年田租，可申半至秋。豫章又逋太建四年檢首田稅，亦申至秋。南康一郡，嶺下應接，民間尤弊，太建四年田租未入者，可特原除。庶俾墾無廢，歲取方實。」

夏四月庚子，彗星見。辛丑，詔曰：「戢情懷善，有國之令圖，拯弊救危，聖範之通訓。近命師薄伐，義在濟民，青、齊舊隸，膠、光部落，久患凶戎，爭歸有道，棄彼農桑，忘其衣食。而大軍未接，中途止憩，朐山、黃郭，車營布滿，扶老攜幼，蓬流草跋，既喪其本業，咸事遊手，饑饉疾疫，不免流離。可遣大使精加慰撫，仍出陽平倉穀，拯其懸磬，并充糧種。勸課士女，隨近耕種。石鼈等屯，適意修墾。」

六月壬辰，尚書右僕射、領國子祭酒周弘正卒。乙巳，以中衞將軍、揚州刺史鄱陽王伯山爲征北將軍、南徐州刺史，中護軍衡陽王伯信爲宣毅將軍、揚州刺史。

冬十一月乙亥，詔北討行軍之所，竝給復十年。

十二月癸巳，平南將軍、湘州刺史始興王叔陵進號鎭南將軍。戊戌，以吏部尚書王瑒爲尚書右僕射，度支尚書孔奐爲吏部尚書。景午，安右將軍、左光祿大夫王通加特進。

七年春正月辛未，輿駕親祠南郊。乙亥，左衞將軍樊毅克潼州城。辛巳，輿駕親祠北郊。

二月戊申，樊毅克下邳、高柵等六城。

三月辛未，詔豫、二兗、譙、徐、合、霍、南司、定九州及南豫、江、郢所部在江北諸郡置雲旗義士，往大軍及諸鎭備防。戊寅，以新除征西大將軍、合州刺史、開府儀同三司黃法𣰰爲豫州刺史。改梁東徐州爲安州，武州爲沅州。移譙州鎭於新昌郡，以秦郡屬之。盱眙、神農二郡還隸南兗州。

夏四月景戌，有星孛于大角。庚寅，監豫州陳桃根於所部得青牛，獻之，詔遣還民。甲午，輿駕親祠太廟。乙未，陳桃根又表上織成羅又錦被各二百首，[七]詔於雲龍門外焚之。壬子，郢州獻瑞鍾六。

五月乙卯，割譙州之秦郡還隸南兗州。分北譙縣置北譙郡，領陽平所屬北譙、西譙二縣。合州之南梁郡，隸入譙州。

六月景戌，爲北討將士死王事者克日舉哀。壬辰，以尚書右僕射王瑒爲尚書僕射。己酉，改作雲龍、神獸門。[八]

秋八月壬寅，移西陽郡治保城。癸卯，周遣使來聘。

閏九月壬辰，都督吳明徹大破齊軍於呂梁。是月，甘露頻降樂遊苑。丁未，輿駕幸樂遊苑，採甘露，宴羣臣，詔於苑龍舟山立甘露亭。

冬十月戊午，以征北將軍、南徐州刺史鄱陽王伯山爲征南將軍、江州刺史；安前將軍、中領軍新安王伯固爲南徐州刺史，進號鎮北將軍；信威將軍、江州刺史長沙王叔堅爲雲麾將軍、中領軍。〔九〕己巳，立皇子叔齊爲新蔡王，叔文爲晉熙王。

十一月庚戌，以征西大將軍、開府儀同三司、郢州刺史淳于量爲中軍大將軍。

十二月景辰，以新除雲麾將軍、郢州刺史長沙王叔堅爲平越中郎將、廣州刺史，東中郎將、東揚州刺史建安王叔卿爲雲麾將軍、郢州刺史，宣惠將軍宜都王叔明爲東揚州刺史。壬戌，以尚書僕射王瑒爲尚書左僕射，太子詹事、揚州大中正陸繕爲尚書右僕射，國子祭酒徐陵爲領軍將軍。甲子，南康郡獻瑞鍾。

八年春正月庚辰，西南有紫雲見。

二月壬申，車騎大將軍、開府儀同三司吳明徹進位司空。丁丑，詔江東道太建五年以前租稅夏調逋在民間者，皆原之。

夏四月甲寅，詔曰：「元戎凱旋，羣師振旅，旌功策賞，宜有饗宴。今月十七日，可幸樂

遊苑，設絲竹之樂，大會文武。」己未，輿駕親祠太廟。

〔五月〕庚寅，〔一〇〕尚書左僕射王瑒卒。

六月癸丑，以雲麾將軍、廣州刺史長沙王叔堅爲合州刺史，進號平北將軍。甲寅，以尚書右僕射陸繕爲尚書左僕射，新除晉陵太守王克爲尚書右僕射。

秋八月丁卯，以車騎大將軍、司空吳明徹爲南兗州刺史。

九月戊戌，以皇子叔彪爲淮南王。

冬十一月乙酉，以平南將軍、湘州刺史長沙王叔堅爲平西將軍、郢州刺史。〔一一〕丁酉，分江州晉熙、高唐、新蔡三郡爲晉州。辛丑，以冠軍將軍廬陵王伯仁爲中領軍。

十二月丁卯，以新除太子詹事徐陵爲右光祿大夫。

九年春正月辛卯，輿駕親祠北郊。壬寅，以湘州刺史、新除中衞將軍始興王叔陵爲揚州刺史；雲麾將軍建安王叔卿爲湘州刺史，進號平南將軍。

二月壬(午)〔子〕，〔一二〕輿駕親耕藉田。

夏五月景子，詔曰：「朕昧旦求衣，日旰方食，思弘億兆，用臻俾乂，而牧守莅民，廉平未洽，年常租賦，多致逋餘，卽此務農，宜弘寬省。可起太建已來訖八年流移叛戶所帶租調，

七年八年叛義丁、五年訖八年叛軍丁、六年七年逋租田米粟夏調綿絹絲布麥等，〔一三〕五年訖七年逋貲絹，皆悉原之。」

秋七月乙亥，以輕車將軍、丹陽尹江夏王伯義爲合州刺史。己卯，百濟國遣使獻方物。庚辰，大雨，震萬安陵華表。己丑，震慧日寺刹及瓦官寺重門，一女子於門下震死。

冬十月戊午，司空吳明徹破周將梁士彥衆數萬于呂梁。

十二月戊申，東宮成，皇太子移于新宮。

十年春正月己巳朔，以中領軍廬陵王伯仁爲平北將軍、南徐州刺史，翊左將軍、〔一四〕右光祿大夫、領太子詹事徐陵爲領軍將軍。

二月甲子，北討衆軍敗績於呂梁，司空吳明徹及將卒已下，並爲周軍所獲。

三月辛未，震武庫。景子，分命衆軍以備周：中軍大將軍、開府儀同三司淳于量爲大都督，總水陸諸軍事；明威將軍孫瑒都督荆、郢水陸諸軍事，進號鎮西將軍；左衞將軍樊毅爲大都督，督朱沛、清口上至荆山緣淮衆軍，進號平北將軍；武毅將軍任忠都督壽陽、新蔡、霍州等衆軍，進號寧遠將軍。乙酉，大赦天下。丁酉，以中軍大將軍、開府儀同三司、護軍將軍淳于量爲南兗州刺史，進號車騎將軍。

夏四月庚戌，詔曰：「懋賞之言，明於訓誥，挾纊之美，著在撫巡。近歲薄伐，廓淸淮、泗，摧鋒致果，文武畢力，櫛風沐雨，寒暑亟離，念功在茲，無忘終食。宜班榮賞，用酬厥勞。應在軍者可竝賜爵二級，幷加賚卹，付選卽便量處。」又詔曰：「惟堯葛衣鹿裘，則天爲大，伯禹弊衣菲食，夫子曰『無間然』，故儉德之恭，約失者鮮。朕君臨宇宙，十變年籥，旰日勿休，乙夜忘寢，跂予思治，若濟巨川，念茲在茲，懍同馭朽。非貪四海之富，非念黄屋之尊，導仁壽以寘羣生，寧勞役以奉諸已。但承梁季，亂離斯瘼，宮室禾黍，有名亡處，雖輪奐未覩，頗事經營，去泰去甚，猶爲勞費。加以戎車屢出，千金日損，府帑未充，民疲征賦。百姓不足，君孰與足？興言靜念，夕惕懷抱，垂訓立法，良所多慙。斵雕爲朴，庶幾可慕，雉頭之服既焚，弋綈之衣方襲，損撤之制，前自朕躬，草偃風行，冀以變俗。應御府堂署所營造禮樂儀服軍器之外，其餘悉皆停息；掖庭常供、王侯妃主諸有俸卹，竝各量減。」丁巳，以新除鎮右將軍新安王伯固爲護軍將軍。戊午，樊毅遣軍度淮北對清口築城。庚申，大雨雹。壬戌，清口城不守。

五月甲申，太白晝見。

六月丁卯，大雨，震大皇寺刹、莊嚴寺露盤、重陽閣東樓、千秋門內槐樹、鴻臚府門。

秋七月戊戌，新羅國遣使獻方物。乙巳，以散騎常侍、兼吏部尚書袁憲爲吏部尚書。

八月乙丑朔，改秦郡爲義州。戊寅，隕霜，殺稻菽。

九月壬寅，以平北將軍樊毅爲中領軍。乙巳，立方明壇于婁湖。戊申，以中衞將軍、揚州刺史始興王叔陵兼王官伯臨盟。甲寅，輿駕幸婁湖臨誓。乙卯，分遣大使以盟誓班下四方，上下相警戒也。壬戌，以宣惠將軍江夏王伯義爲東揚州刺史。

冬十月戊寅，罷義州及琅邪、彭城二郡。立建興，領建安、同夏、烏山、江乘、臨沂、湖熟等六縣，屬揚州。戊子，以尙書左僕射陸繕爲尙書僕射。

十一月辛丑，以鎮西將軍孫瑒爲郢州刺史。

十二月乙亥，合州廬江蠻田伯興出寇樅陽，刺史魯廣達討平之。

十一年春正月丁酉，龍見于南兗州永寧樓側池中。

二月癸亥，輿駕親耕藉田。

三月丁未，詔淮北義人率戶口歸國者，建其本屬舊名，置立郡縣，卽隸近州，賦給田宅，喚訂一無所預。

〔夏〕五月乙巳，〔三五〕詔曰：「昔軒轅命于風后、力牧，放勛咨爾稷、契、朱武，〔三六〕冕旒垂拱，化致隆平。爰逮漢列五曹，周分六職，設官理務，各有攸司，亦幾期刑措，卜世彌永，並

賴羣才，用康庶績。朕日昃劬勞，思弘治要，而機事尙擁，政道未凝，夕惕于懷，罔知攸濟。方欲仗茲舟檝，委成股肱，徵名責實，取寧多士。自今應尙書曹、府、寺、內省監、司文案，悉付局參議分判。其軍國興造、徵發、選序、三獄等事，前須詳斷，然後啓聞。凡諸辯決，務令清乂，約法守制，較若畫一，不得前後舛互，自相矛楯，致有枉滯。紆意舞文，糾聽所知，靡有攸赦。」甲寅，詔曰：「舊律以枉法受財爲坐雖重，直法容賄其制甚輕，豈不長彼貪殘，生其舞弄？事涉貨財，寧不尤切？今可改不枉法受財者，科同正盜。」

六月庚辰，以鎮前將軍豫章王叔英爲鎮南將軍、江州刺史。景戌，以征南將軍、江州刺史鄱陽王伯山爲中權將軍、護軍將軍。

秋七月辛卯，初用大貨六銖錢。

八月甲子，青州義主朱顯宗等率所領七百戶入附。丁卯，輿駕幸大壯觀閱武。戊寅，輿駕還宮。

冬十月甲戌，以安前將軍、祠部尙書晉安王伯恭爲軍師將軍，尙書僕射陸繕爲尙書左僕射。

十一月辛卯，詔曰：「晝冠弗犯，革此澆風，孥戮是蹈，化於薄俗。朕肅膺寶命，迄將一紀，思經邦濟治，憂國愛民，日仄劬勞，夜分輟寢，而還淳反朴，其道靡階，雍熙盛美，莫云能

致。遂乃鞫訊之牒，盈於聽覽，舂鈦之人，煩於牢犴。周成刑措，漢文斷獄，杼軸空勞，邈焉既遠。加以蕞爾醜徒，軼我彭、汴，淮、汝氓庶，企踵王路，治兵誓旅，義存拯救。飛芻挽粟，征賦頗煩，暑雨祁寒，寧忘咨怨。兼宿度乖舛，次舍違方，若日之誡，責歸元首，愧心斯積，馭朽非懼。卽建子令月，微陽初動，應此嘉辰，宜播寬澤，可大赦天下。」甲午，周遣柱國梁士彥率衆至肥口。戊戌，周軍進圍壽陽。辛丑，以車騎將軍、開府儀同三司、南兗州刺史淳于量爲上流水軍都督；中領軍樊毅都督北討諸軍事，加安北將軍；散騎常侍、左衞將軍任忠都督北討前軍事，加平北將軍；前豐州刺史皐文奏率步騎三千趣陽平郡。癸卯，任忠率步騎七千趣秦郡。景午，新除仁威將軍、右衞將軍魯廣達率衆入淮。是日，樊毅領水軍二萬自東關入焦湖，武毅將軍蕭摩訶率步騎趣歷陽。戊申，豫州陷。辛亥，霍州又陷。癸丑，以新除中衞大將軍、揚州刺史始興王叔陵爲大都督，總督水步衆軍。

十二月乙丑，南北兗、晉三州，及盱眙、山陽、陽平、馬頭、秦、歷陽、沛、北譙、南梁等九(州)〔郡〕，〔三七〕並自拔還京師。譙、北徐州又陷。自是淮南之地盡沒于周矣。己巳，詔曰：「昔堯、舜在上，茅屋土階，湯、禹爲君，藜杖韋帶。至如甲帳珠絡，華榱璧璫，未能雍熙，徒聞侈欲。朕企仰前聖，思求訟平，正道多違，澆風靡乂。至今貴里豪家，金鋪玉舄，貧居陋巷，彘食牛衣，稱物平施，何其遼遠。爟烽未息，役賦兼勞，文吏姦貪，妄動科格。重以旗亭

關市，稅斂繁多，不廣都內之錢，非供水衡之費，逼遏商賈，營謀私蓄。靖懷衆弊，宜事改張。弗弘王道，安拯民蠹？今可宣勒主衣、尙方諸堂署等，自非軍國資須，不得繕造衆物。後宮僚列，若有游長，掖庭啓奏，卽皆量遣。大予祕戲，非會禮經，樂府倡優，不合雅正，並可刪改。市估津稅，軍令國章，更須詳定，唯務平允。別觀離宮，郊閒野外，非恆饗宴，勿復脩治。并勒內外文武車馬宅舍，皆循儉約，勿尙奢華。違我嚴規，抑有刑憲。所由具爲條格，標榜宣示，令喻朕心焉。」癸酉，遣平北將軍沈恪、電威將軍裴子烈鎮南徐州，開遠將軍徐道奴鎮柵口，前信州刺史楊寶安鎮白下。戊寅，以中領軍樊毅爲鎮西將軍、都督荆郢巴武四州水陸諸軍事。

十二年春正月戊戌，以散騎常侍、左衞將軍任忠爲平南將軍、南豫州刺史，督緣江軍防事。

三月壬辰，以平北將軍廬陵王伯仁爲翊左將軍、中領軍。

夏四月癸亥，尙書左僕射陸繕卒。乙丑，以宣毅將軍河東王叔獻爲南徐州刺史。己卯，大雩。壬午，雨。

五月癸巳，以軍師將軍、尙書右僕射晉安王伯恭爲尙書僕射。

六月壬戌，大風壞皐門中闥。

秋八月己未，周使持節、上柱國、鄖州總管滎陽郡公司馬消難以鄖、隨、溫、應、土、順、沔、(儇)〔澴〕、〔二八〕岳等九州，魯山、甑山、沌陽、應城、平靖、武陽、上明、溳水等八鎮內附。〔二九〕詔以消難爲使持節、侍中、大都督、總督安隨等九州八鎮諸軍事、車騎將軍、司空，封隨郡公，給鼓吹、女樂各一部。庚申，詔鎮西將軍樊毅進督沔、漢諸軍事。遣平南將軍、南豫州刺史任忠率衆趣歷陽；通直散騎常侍、超武將軍陳慧紀爲前軍都督，趣南兗州。戊辰，以新除司空司馬消難爲大都督水陸諸軍事。庚午，通直散騎常侍淳于陵克臨江郡。癸酉，智武將軍魯廣達克郭默城。甲戌，大雨霖。景子，淳于陵克祐州城。

九月癸未，周臨江太守劉顯光率衆內附。是夜，天東南有聲，如風水相擊，三夜乃止。景戌，改安陸郡爲南司州。丁亥，周將王延貴率衆援歷陽，任忠擊破之，生擒延貴等。己酉，周廣陵義主曹藥率衆入附。〔三〇〕

冬十月癸丑，大雨雹震。

十一月己丑，詔曰：「朕君臨四海，日旰劬勞，思弘至治，未臻斯道。而兵革驟出，軍費尤煩，芻漕控引，不能徵賦。夏中亢旱傷農，畿內爲甚，民(天)〔失〕所資，〔三一〕歲取無託。此則政刑未理，陰陽舛度，黎元阻饑，君孰與足？靖言興念，余責在躬，宜布惠澤，溥沾氓庶。

其丹陽、吳興、晉陵、建興、義興、東海、信義、陳留、江陵等十郡，〔三二〕幷(謝)〔諸〕署即年田稅、祿秩，〔三三〕竝各原半，其丁租半申至來歲秋登。」

十二月庚辰，宣毅將軍、南徐州刺史河東王叔獻薨。

十三年春正月壬午，以車騎將軍、開府儀同三司淳于量爲左光祿大夫；中權將軍、護軍將軍鄱陽王伯山卽本號開府儀同三司；鎮右將軍、國子祭酒新安王伯固爲揚州刺史；軍師將軍、尚書僕射晉安王伯恭爲尚書左僕射；〔安〕右將軍、丹陽尹徐陵爲中書監，領太子詹事；〔三四〕吏部尚書袁憲爲尚書右僕射。庚寅，以輕車將軍、衞尉卿宜都王叔明爲南徐州刺史。

二月甲寅，詔驃司馬消難所部周大將軍田廣等封爵各有差。乙亥，輿駕親耕藉田。

夏四月乙巳，分衡州始興郡爲東衡州，衡州爲西衡州。

五月景辰，以前鎮西將軍樊毅爲中護軍。

六月辛卯，以新除中護軍樊毅爲護軍將軍。

秋九月癸亥，夜，大風至自西北，發屋拔樹，大雷震雹。

冬十月癸未，以散騎常侍、丹陽尹毛喜爲吏部尚書，護軍將軍樊毅爲鎮西將軍、荆州刺史。改鄱陽郡爲吳州。壬寅，丹丹國遣使獻方物。

十二月辛巳，彗星見。己亥，以翊右將軍、衞尉卿沈恪爲護軍將軍。

十四年春正月己酉，高宗弗豫。甲寅，崩于宣福殿，時年五十三。遺詔曰：「朕爰自遘疾，曾未浹旬，醫藥不瘳，便屬大漸，終始定分，夫復奚言。但君臨寰宇，十有四載，誠則雖休勿休，日愼一日，知宗廟之負重，識王業之艱難。而邊鄙多虞，生民未乂，方欲蕩清四海，包吞八荒，有志莫從，遺恨幽壤。皇太子叔寶繼體正嫡，年業韶茂，纂統洪基，社稷有主。羣公卿士、文武內外，俱罄心力，同竭股肱，送往事居，盡忠誠之節，當官奉職，引翼亮之功。務在叶和，無違朕意。凡厥終制，事從省約。金銀之飾，不須入壙，明器之具，皆令用瓦。唯使儉而合禮，勿得奢而乖度。以日易月，既有通規，公除之制，悉依舊准。在位百司，三日一臨，四方州鎮，五等諸侯，各守所職，並停奔赴。」

二月辛卯，上謚孝宣皇帝，廟號高宗。癸巳，葬顯寧陵。

高宗在田之日，有大度幹略，及乎登庸，寔允天人之望。梁室喪亂，淮南地並入齊，高宗太建初，志復舊境，乃運神略，授律出師，至於戰勝攻取，獻捷相繼，遂獲反地，功實懋焉。及周滅齊，乘勝略地，還達江際矣。

史臣曰：高宗器度弘厚，亦有人君之量焉。世祖知冢嗣仁弱，弗可傳於寶位，高宗地居姬旦，世祖情存太伯，及乎弗悆，大事咸委焉。至於纂業，萬機平理，命將出師，克淮南之地，開拓土宇，靜謐封疆。享國十餘年，志大意逸，呂梁覆(車)〔軍〕，〔三五〕大衆師徒矣。江左削弱，抑此之由。嗚呼！蓋德不逮文，智不及武，雖得失自我，無禦敵之略焉。

校勘記

〔一〕梁〔中〕大通二年七月辛酉生　據南史陳宣帝紀補。按宣帝死於太建十四年正月甲寅，年五十三，以此上推，適爲梁中大通二年。

〔二〕時有馬軍主李總與高宗有舊　殿本考證云南史無「馬」字。

〔三〕(空)〔堅〕誓蒼旻　據各本改。

〔四〕護軍將軍沈恪爲鎮南將軍廣州刺史　按沈恪於太建二年六月始由安南將軍、廣州刺史進號鎮南將軍，此「鎮南將軍」疑當作「安南將軍」。

〔五〕去其甚泰　「甚泰」各本作「泰甚」。

〔六〕二傅祭酒以下(可)賚帛各有差　據元龜二六〇刪。按此非詔文，不當有「可」字。

〔七〕（秋）九月庚子朔　按上已書「秋八月」，此不當更著「秋」字，今刪。

〔八〕黑貂改弊　「改」元龜二一三作「故」。

〔九〕終其滯淹　「其」各本作「身」。按元龜二一三作「其」。

〔一〇〕故車騎將軍章昭達配食世祖廟庭　按章昭達於太建三年十二月壬辰以車騎大將軍卒於位，「將軍」上應有一「大」字。

〔一一〕十〔一〕月己亥夜地震　據南史陳宣帝紀補。按上文書「冬十月」，則此不應複書「十月」，且是年一月己亥朔，明脫一「一」字。殿本考證謂南史作「十一月」而不書朔，以上文「戊戌」證之，亦恐有譌。今按：疑南史脫一「朔」字，而此「己亥夜」之「夜」字則當作「朔」也。

〔一二〕癸（卯）〔亥〕周遣使來聘　按上有乙卯，下不當有癸卯。周遣使來聘與黃法氍克合州城同在一日，通鑑書「癸亥，黃法氍克合州」，是知「癸卯」爲「癸亥」之譌，今從改。

〔一三〕九月甲子陽平城降　錢大昕廿二史考異云：「按是年四月已書陽平郡城降，此又云陽平城降，是有兩陽平矣。攷隋志，江都郡安宜縣，梁置陽平郡，又魏志楚州所領有陽平郡，領陽平、濮陽兩縣，或前所書者安宜之陽平，後所書者鍾離之陽平乎？東魏楚州治鍾離城。」

〔一四〕高唐太守沈善度克馬頭城　錢大昕廿二史考異云「沈善度」通鑑作「沈善慶」。

〔一五〕威虜將軍劉桃根克朐山城　「劉桃根」通鑑作「劉桃枝」。胡三省注云：「此劉桃枝自是陳將，非

齊之劉桃枝。」按本書前後皆作「劉桃根」，疑通鑑譌。

〔一六〕南豫州之歷陽臨江郡土民　按汲本「土」字下有小注，云一作「士」。元龜二〇八亦作「士」。

〔一七〕陳桃根又表上織成羅又錦被各二百首　「織成羅」下之「又」字北監本、殿本作「文」，「錦被」下有「裘」字，無「百首」二字。南監本、汲本有「百首」二字，餘同北監本。南史陳宣帝紀「又」作「紋」。通鑑作「文」。按張元濟校勘記云：「此文不誤。意謂織成羅與錦被兩物各二百端。端或作耑，『首』爲『耑』字之誤。」

〔一八〕改作雲龍神獸門　「神獸門」卽「神虎門」，避唐諱改。

〔一九〕信威將軍江州刺史長沙王叔堅爲雲麾將軍中領軍　按太建四年，以東中郎將、吳郡太守、長沙王叔堅爲宣毅將軍、江州刺史，本傳同，其後不載進改軍號事，此作「信威將軍」，疑有誤。又本年十二月丙辰，以新除雲麾將軍、郢州刺史長沙王叔堅爲平越中郎將、廣州刺史，本傳亦云於太建七年進號雲麾將軍、郢州刺史。此「中領軍」疑有譌。

〔二〇〕〔五月〕庚寅　據南史陳宣帝紀補。按是年四月己酉朔，無庚寅；五月戊寅朔，十三日爲庚寅。

〔二一〕以平南將軍湘州刺史長沙王叔堅爲平西將軍郢州刺史　按叔堅於是年六月爲合州刺史，進號平北將軍。本傳亦言其爲平西將軍、郢州刺史前會爲平北將軍、合州刺史。此「平南將軍」、「湘州刺史」當爲「平北將軍」、「合州刺史」之誤。其時爲湘州刺史者，始興王叔陵也。

〔二二〕二月壬（午）〔子〕　據南史陳宣帝紀改。按是年二月甲辰朔，無壬午。

〔二三〕六年七年逋租田米粟夏調綿絹絲布麥等　「麥」元龜四八九作「帛」。按作「帛」是。

〔二四〕翊左將軍　按本傳，陵於太建八年加翊右將軍，其後無改，與此異。

〔二五〕〔夏〕五月乙巳　按上書「三月丁未」，依例此應書「夏五月」，明脫一「夏」字，各本並脫，今補。

〔二六〕放勛咨爾稷契朱武　「朱武」卽「朱虎」，避唐諱改。

〔二七〕及盱眙山陽陽平馬頭秦歷陽沛北譙南梁等九（州）〔郡〕　錢大昕廿二史考異云「州」當作「郡」。按上所舉皆郡名，今據改。

〔二八〕（假）〔潰〕　據通鑑胡注及錢大昕廿二史考異改。按錢大昕云「假」當作「潰」，潰州卽隋吉陽郡。

〔二九〕魯山甑山沌陽應城平靖武陽上明涓水等八鎭內附　「涓水」原譌「涓水」，各本並譌。按魯山等八鎭並在今湖北省境。隋書地理志：「安貴，西魏置涓水郡，開皇初郡廢。」安貴故治在今湖北隨縣西北。涓水鎭當卽其地。「涓水」元龜二一五正作「涓水」，今改正。

〔三〇〕周廣陵義主曹藥率衆入附　殿本考證云南史「主」上有「軍」字。

〔三一〕民（天）〔失〕所資　據各本改。

〔三二〕其丹陽吳興晉陵建興義興東海信義陳留江陵等十郡　錢大昕廿二史考異云：「今數之，止九郡。」

〔三三〕幷（謝）〔諸〕署卽年田稅祿秩　據元龜四八九改。

〔三四〕〔安〕右將軍丹陽尹徐陵爲中書監領太子詹事　按陵本傳，陵於太建十年，重爲領軍將軍，尋遷安右將軍、丹陽尹。此脫「安」字，今補。

〔三五〕呂梁覆（車）〔軍〕　據各本改。

陳書卷六

本紀第六

後主

後主諱叔寶，字元秀，小字黄奴，高宗嫡長子也。梁承聖二年十一月戊寅生于江陵。明年，江陵陷，高宗遷關右，留後主于穰城。天嘉三年，歸京師，立爲安成王世子。天康元年，授寧遠將軍，置佐史。光大二年，爲太子中庶子，尋遷侍中，餘如故。太建元年正月甲午，立爲皇太子。

十四年正月甲寅，高宗崩。乙卯，始興王叔陵作逆，伏誅。丁巳，太子卽皇帝位于太極前殿。詔曰：「上天降禍，大行皇帝奄棄萬國，攀號擗踊，無所迨及。朕以哀煢，嗣膺寶歷，若涉巨川，罔知攸濟，方賴羣公，用匡寡薄。思播遺德，覃被億兆，凡厥遐邇，咸與惟新。可大赦天下。在位文武及孝悌力田爲父後者，並賜爵一級。孤老鰥寡不能自存者，賜穀人五

斛、帛二匹。」癸亥，以侍中、翊前將軍、丹陽尹長沙王叔堅爲驃騎將軍、開府儀同三司、揚州刺史，右衞將軍蕭摩訶爲車騎將軍、南徐州刺史，〔一〕鎭西將軍、荆州刺史樊毅進號征西將軍，平南將軍、豫州刺史任忠進號鎭南將軍，〔二〕護軍將軍沈恪爲特進、金紫光祿大夫，平西將軍魯廣達進號安西將軍，仁武將軍、豐州刺史章大寶爲中護軍。乙丑，尊皇后爲皇太后，宮曰弘範。景寅，以冠軍將軍晉熙王叔文爲宣惠將軍、丹陽尹。丁卯，立弟叔重爲始興王，〔三〕奉昭烈王祀。己巳，立妃沈氏爲皇后。辛未，立皇弟叔儼爲尋陽王，皇弟叔愼爲岳陽王，〔四〕皇弟叔達爲義陽王，皇弟叔熊爲巴山王，〔五〕皇弟叔虞爲武昌王。壬申，侍中、中權將軍、開府儀同三司鄱陽王伯山進號中權大將軍，軍師將軍、尚書左僕射晉安王伯恭進號翊前將軍，侍中、翊右將軍、中領軍廬陵王伯仁進號安前將軍，〔六〕鎭南將軍、江州刺史豫章王叔英進號征南將軍，平南將軍、湘州刺史建安王叔卿進號安南將軍。以侍中、中書監、安右將軍徐陵爲左光祿大夫，領太子少傅。甲戌，設無㝵大會於太極前殿。

三月辛亥，詔曰：「躬推爲勸，義顯前經，力農見賞，事昭往誥。斯乃國儲是資，民命攸屬，豐儉隆替，靡不由之。夫入賦自古，輸藁惟舊，沃饒貴于十金，磽确至於三易，腴埆既異，盈縮不同。詐僞日興，簿書歲改。稻田使者，著自西京，不實峻刑，聞諸東漢。老農懼於祇應，俗吏因以侮文。輟耒成羣，游手爲伍，永言妨蠹，良可太息。今陽和在節，膏澤潤

下，宜展春耨，以望秋坻。其有新闢塍畎，進墾蒿萊，廣袤勿得度量，征租悉皆停免。私業久廢，咸許占作，公田荒縱，亦隨肆勤。儻良守教耕，淳民載酒，有茲督課，議以賞擢。外可爲格班下，稱朕意焉。」癸亥，詔曰：「夫體國經野，長世字氓，雖因革儻殊，弛張或異，至於旁求俊乂，爰逮側微，用適和羹，是隆大廈，上智中主，咸由此術。朕以寡薄，嗣膺景祚，雖哀疚在躬，情慮愔舛，而宗社任重，黎庶務殷，無由自安拱默，敢忘康濟，思所以登顯髦彥，式備周行。但空勞宵夢，屢勤史卜，五就莫來，（五）〔八〕能不至。〔七〕是用（甲）〔申〕旦凝慮，〔八〕景夜損懷。〔九〕豈以食玉炊桂，無因自達？將懷寶迷邦，咸思獨善？應內外衆官九品已上，可各薦一人，以會彙征之旨。且取備實難，舉長或易，小大之用，明言所施，勿得南箕北斗，名而非實。其有負能仗氣，擯壓當時，著賓戲以自憐，草客嘲以慰志，人生一世，逢遇誠難，亦宜去此幽谷，翔茲天路，趨銅馳以觀國，望金馬而來庭，便當隨彼方圓，飭之矩矱。」又詔曰：「昔睿后宰民，哲王御寓，雖德稱汪濊，明能普燭，猶復紆己乞言，降情訪道，高咨岳牧，下聽輿臺，故能政若神明，事無悔吝。朕纂承丕緒，思隆大業，常懼九重已邃，四聰未廣，欲聽昌言，不疲痺足，若逢廷折，無憚批鱗。而口柔之辭，儻聞於在位，腹誹之意，或隱於具僚，非所以弘理至公，緝熙帝載者也。內外卿士文武衆司，若有智周政術，心練治體，救民俗之疾苦，辯禁網之疏密者，各進忠讜，無所隱諱。朕將虛己聽受，擇善而行，庶深鑒物情，

匡我王度。」己巳，以侍中、尚書左僕射、新除翊前將軍晉安王伯恭爲安南將軍、湘州刺史，新除翊左將軍、永陽王伯智爲尚書僕射，中護軍章大寶爲豐州刺史。

夏四月景申，立皇子永康公胤爲皇太子，賜天下爲父後者爵一級，王公已下賚帛各有差。庚子，詔曰：「朕臨御區宇，撫育黔黎，方欲康濟澆薄，蠲省繁費，奢僭乖衷，實宜防斷。應鏤金銀薄及庶物化生土木人綵花之屬，及布帛幅尺短狹輕疎者，竝傷財廢業，尤成蠹患。又僧尼道士，挾邪左道，不依經律，民間淫祀祆書諸珍怪事，詳爲條制，竝皆禁絕。」癸卯，詔曰：「中歲克定淮、泗，爰涉青、徐，彼土酋豪，竝輸罄誠款，分遣親戚，以爲質任。今舊土淪陷，復成異域，南北阻遠，未得會同，念其分乖，殊有愛戀。夷狄吾民，斯事一也，何獨譏禁，使彼離析？外可卽檢任子館及東館並帶保任在外者，竝賜衣糧，頒之酒食，遂其鄉路，所之阻遠，便發遣船仗衞送，必令安達。若已預仕宦及別有事義不欲去者，亦隨其意。」

六月癸酉朔，以明威將軍、通直散騎常侍孫瑒爲中護軍。

秋七月辛未，大赦天下。是月，江水色赤如血，自京師至于荆州。

八月癸未夜，天有聲如風水相擊。乙酉夜亦如之。景戌，以使持節、都督緣江諸軍事、安西將軍魯廣達爲安左將軍。

九月景午，設無㝵大會於太極殿，捨身及乘輿御服，大赦天下。辛亥夜，天東北有聲如

蟲飛，漸移西北。乙卯，太白晝見。景寅，以驃騎將軍、開府儀同三司、揚州刺史長沙王叔堅爲司空，征南將軍、江州刺史豫章王叔英卽本號開府儀同三司。

至德元年春正月壬寅，詔曰：「朕以寡薄，嗣守鴻基，哀惸切慮，疹恙纏織，訓俗少方，臨下靡奔，懼甚踐冰，慄同馭朽。而四氣易流，三光遄至，纓紱列陛，玉帛充庭，具物匪新，節序疑舊，緬思前德，永慕昔辰，對軒闥而哽心，顧扆筵而慓氣。思所以仰遵遺構，俯勵薄躬，陶鑄九流，休息百姓，用弘寬簡，取叶陽和。可大赦天下，改太建十五年爲至德元年。」以征南將軍、江州刺史、新除開府儀同三司豫章王叔英爲中衞大將軍，驃騎將軍、開府儀同三司、揚州刺史長沙王叔堅爲江州刺史，征東將軍、開府儀同三司、東揚州刺史司馬消難進號車騎將軍，宣惠將軍、丹陽尹晉熙王叔文爲揚州刺史，鎭南將軍、南豫州刺史任忠爲領軍將軍，安左將軍魯廣達爲平南將軍、南豫州刺史，祠部尙書江總爲吏部尙書。癸卯，立皇子深爲始安王。

二月丁丑，以始興王叔重爲揚州刺史。

夏四月戊辰，交州刺史李幼榮獻馴象。己丑，以前輕車將軍、揚州刺史晉熙王叔文爲江州刺史。

秋八月丁卯，以驃騎將軍、開府儀同三司長沙王叔堅爲司空。

九月丁巳，天東南有聲如蟲飛。

冬十月丁酉，立皇弟叔平爲湘東王，叔敖爲臨賀王，叔宣爲陽山王，叔穆爲西陽王。戊戌，侍中、安右將軍、左光祿大夫、太子少傅徐陵卒。癸丑，立皇弟叔儉爲南安王，叔澄爲南郡王，叔興爲沅陵王，叔韶爲岳山王，叔純爲新興王。

十二月景辰，頭和國遣使獻方物。司空長沙王叔堅有罪免。戊午夜，天開自西北至東南，其內有青黃色，隆隆若雷聲。

二年春正月丁卯，分遣大使巡省風俗。平南將軍、豫州刺史魯廣達進號安南將軍。〔一〇〕癸巳，大赦天下。

夏五月戊子，以尙書僕射永陽王伯智爲平東將軍、東揚州刺史，輕車將軍、江州刺史晉熙王叔文爲信威將軍、湘州刺史，仁威將軍、揚州刺史始興王叔重爲江州刺史，信武將軍、南琅邪彭城二郡太守南平王嶷爲揚州刺史，吏部尙書江總爲尙書僕射。

秋七月戊辰，以長沙王叔堅爲侍中、鎭左將軍。壬午，太子加元服，在位文武賜帛各有差，孝悌力田爲父後者各賜一級，鰥寡癃老不能自存者人穀五斛。

九月癸未，太白晝見。

冬十月己酉，詔曰：「耕鑿自足，乃曰淳風，貢賦之興，其來尙矣。蓋由庚極務，不獲已而行焉。但法令滋章，姦盜多有，俗尙澆詐，政鮮惟良。朕日旰夜分，矜一物之失所，泣辜罪己，愧三千之未措。望訂初下，使彊蔭兼出，如聞貧富均起，單弱重弊，斯豈振窮扇暍之意歟？是乃下吏箕斂之苛也。故云『百姓不足，君孰與足』。自太建十四年望訂租調逋未入者，並悉原除。在事百僚，辯斷庶務，必去取平允，無得便公害民，爲己聲績，妨紊政道。」

十一月景寅，大赦天下。壬申，盤盤國遣使獻方物。戊寅，百濟國遣使獻方物。

三年春正月戊午朔，日有蝕之。庚午，以鎭左將軍長沙王叔堅卽本號開府儀同三司，征西將軍、荆州刺史樊毅爲護軍將軍，守吏部尙書、領著作陸瓊爲吏部尙書，金紫光祿大夫袁敬加特進。

三月辛酉，前豐州刺史章大寶舉兵反。

夏四月庚戌，豐州義軍主陳景詳斬大寶，傳首京師。

秋八月戊子夜，老人星見。己酉，以左民尙書謝（伸）〔伷〕爲吏部尙書。〔一一〕

九月甲戌，特進、金紫光祿大夫袁敬卒。

冬十月己丑，丹丹國遣使獻方物。

十一月己未，詔曰：「宣尼誕膺上哲，體資至聖，祖述憲章之典，並天地而合德，樂正雅頌之奧，與日月而偕明，垂後昆之訓範，開生民之耳目。梁季湮微，靈寢忘處，鞠爲茂草，三十餘年，敬仰如在，永惟慨息。今雅道雍熙，由庚得所，斷琴故履，零落不追，閟笥開書，無因循復。外可詳之禮典，改築舊廟，蕙房桂棟，咸使惟新，芳蘩潔潦，以時饗奠。」辛巳，輿駕幸長干寺，大赦天下。

十二月丙戌，太白晝見。辛卯，皇太子出太學，講孝經，戊戌，講畢。辛丑，釋奠于先師，禮畢，設金石之樂，會宴王公卿士。癸卯，高麗國遣使獻方物。

是歲，蕭巋死，子琮代立。

四年春正月甲寅，詔曰：「堯施諫鼓，禹拜昌言，求之異等，久著前無，〔一二〕舉以淹滯，復聞昔典，斯乃治道之深規，帝王之切務。朕以寡昧，丕承鴻緒，未明虛己，日旰興懷，萬機多紊，四聰弗（遠）〔達〕，〔一三〕思聞蹇謇，採其謀計。王公已下，各薦所知，旁詢管庫，爰及輿皁，一介有能，片言可用，朕親加聽覽，佇於啓沃。」中權大將軍、開府儀同三司鄱陽王伯山進號鎭衞將軍，中衞大將軍、開府儀同三司豫章王叔英進號驃騎大將軍，〔一四〕鎭左將軍、開府儀同三司長沙王叔堅進號中軍大將軍，安南將軍晉安王伯恭進號鎭右將軍，翊右將軍宜都王叔明進號安右將軍。

二月景戌，以鎭右將軍晉安王伯恭爲特進。景申，立皇弟叔謨爲巴東王，叔顯爲臨江王，叔坦爲新會王，叔隆爲新寧王。

夏五月丁巳，立皇子莊爲會稽王。

秋九月甲午，輿駕幸玄武湖，肆艫艦閱武，[15]宴羣臣賦詩。戊戌，以鎭衞將軍、開府儀同三司鄱陽王伯山爲東揚州刺史，智武將軍岳陽王叔愼爲丹陽尹。丁未，百濟國遣使獻方物。

冬十月癸亥，尙書僕射江總爲尙書令，吏部尙書謝伷爲尙書僕射。

十一月己卯，詔曰：「惟刑止暴，惟德成物，三才是資，百王不改。而世無抵角，時鮮犯鱗，渭橋驚馬，弗聞廷爭，桃林逸牛，未見其旨。雖剽悍輕侮，理從鉗鈦，惷愚杜默，宜肆矜弘，政乏良哉，明慙則哲，求諸刑措，安可得乎？是用屬寤寐以軫懷，負黼扆而於邑。復茲合璧輪缺，連珠緯舛，黃鍾獻呂，和氣始萌，玄英告中，履長在御，因時宥過，抑乃斯得。可大赦天下。」

禎明元年春正月景子，以安前將軍衡陽王伯信進號鎭前將軍，安東將軍、吳興太守廬陵王伯仁爲特進，[16]智武將軍、丹陽尹岳陽王叔愼爲湘州刺史，仁武將軍義陽王叔達爲丹陽尹。戊寅，詔曰：「柏皇、大庭，鼓淳和於曩日，姬王、嬴后，被澆風於末載，刑書已鑄，善化匪融，禮義既乖，姦宄斯作。何其淳朴不反，浮華競扇者歟？朕居中御物，納隍在睠，頻恢天網，屢絕三邊，元元黔庶，終罹五辟。蓋乃康哉寡薄，抑焉法令滋章。是用當宁弗怡，矜此向隅之意。今三元具序，萬國朝辰，靈芝獻於始陽，膏露凝於聿歲，從春施令，仰乾布德，思與九有，惟新七政。可大赦天下，改至德五年爲禎明元年。」乙未，地震。癸卯，以鎭前將軍衡陽王伯信爲鎭南將軍、西衡州刺史。

二月丁未，以特進、鎭右將軍晉安王伯恭進號中衞將軍，中書令建安王叔卿爲中書監。丁卯，詔至德元年望訂租調逋未入者，竝原之。

秋八月癸卯，老人星見。丁未，以車騎將軍蕭摩訶爲驃騎將軍。[17]

九月乙亥，以驃騎將軍、開府儀同三司豫章王叔英爲驃騎大將軍。庚寅，蕭琮所署尙書令、太傅安平王蕭巖，[18]中軍將軍、荆州刺史義興王蕭瓛，[19]遣其都官尙書沈君公，詣荆州刺史陳紀請降。[20]辛卯，巖等率文武男女十萬餘口濟江。甲午，大赦天下。

冬十一月乙亥，割揚州吳郡置吳州，割錢塘縣爲郡，屬焉。景子，以蕭巖爲平東將軍、開府儀同三司、東揚州刺史，蕭瓛爲安東將軍、吳州刺史。丁亥，以驃騎大將軍、開府儀同三司豫章王叔英兼司徒。

十二月景辰，以前鎭衞將軍、開府儀同三司、東揚州刺史鄱陽王伯山爲鎭衞大將軍、開府儀同三司，[21]前中衞將軍晉安王伯恭爲中衞將軍、右光祿大夫。

二年春正月辛巳，立皇子恮爲東陽王，恬爲錢塘王。是月，遣散騎常侍周羅睺帥兵屯峽口。

夏四月戊申，有羣鼠無數，自〔蔡〕洲岸入石頭渡淮，[22]至于青塘兩岸，數日死，隨流出江。戊午，以左民尙書蔡徵爲吏部尙書。是月，郢州南浦水黑如墨。

五月壬午，以安前將軍廬陵王伯仁爲特進。甲午，東冶鑄鐵，有物赤色如數斗，[23]自天墜鎔所，有聲隆隆如雷，鐵飛出牆外燒民家。

六月戊戌，扶南國遣使獻方物。庚子，廢皇太子胤爲吳興王，立軍師將軍、揚州刺史始安王深爲皇太子。辛丑，平南將軍、江州刺史南平王嶷進號鎭南將軍；忠武將軍、南徐州刺史永嘉王彥進號安北將軍；會稽王莊爲翊前將軍、揚州刺史；宣惠將軍、尙書令江總進號中權將軍；雲麾將軍、太子詹事袁憲爲尙書僕射；尙書僕射謝伷爲特進；寧遠將軍、新除吏部尙書蔡徵進號安右將軍。甲辰，以安右將軍魯廣達爲中領軍。[24]丁巳，大風至自西北，激濤水入石頭城，淮渚暴溢，漂沒舟乘。

冬十月己亥，立皇子蕃爲吳郡王。辛丑，以度支尙書、領大著作姚察爲吏部尙書。己酉，輿駕幸莫府山，大校獵。

十一月丁卯，詔曰：「夫議獄緩刑，皇王之所垂範，勝殘去殺，仁人之所用心。自晝冠既息，刻吏斯起，法令滋章，手足無措。朕君臨區宇，屬當澆末，輕重之典，在政未康，小大之情，與言多愧。眷茲狴犴，有軫哀矜，可克日於大政殿訊獄。」壬申，以鎭南將軍、江州刺史南平王嶷爲征西將軍、郢州刺史，安北將軍、南徐州刺史永嘉王彥爲安南將軍、江州刺史，軍師將軍南海王虔爲安北將軍、南徐州刺史。[25]景子，立皇弟叔榮爲新昌王，叔匡爲太原王。是月，隋遣晉王廣衆軍來伐，自巴、蜀、沔、漢下流至廣陵，數十道俱入，緣江鎭戍，相繼奏聞。時新除湘州刺史施文慶、中書舍人沈客卿掌機密用事，並抑而不言，故無備禦。

三年春正月乙丑朔，霧氣四塞。是日，隋總管賀若弼自北道廣陵濟京口，總管韓擒虎趨橫江，[26]濟採石，自南道將會弼軍。景寅，採石戍主徐子建馳啓告變。丁卯，召公卿入議軍旅。戊辰，內外戒嚴，以驃騎將軍蕭摩訶、[27]護軍將軍樊毅、中領軍魯廣達並爲都督，遣南豫州刺史樊猛帥舟師出白下，散騎常侍皐文奏將兵鎭南豫州。庚午，賀若弼攻陷南徐州。辛未，韓擒虎又陷南豫州，文奏敗還。至是隋軍南北道竝進。後主遣驃騎大將軍、司徒豫章王叔英屯朝〔室〕〔堂〕，〔二八〕蕭摩訶屯樂遊苑，樊毅屯耆闍寺，魯廣達屯白土岡，忠武將軍孔範屯寶田寺。己卯，鎭東大將軍任忠自吳興入赴，仍屯朱雀門。辛巳，賀若弼進據鍾山，頓白土岡之東南。甲申，後主遣衆軍與弼合戰，衆軍敗績。弼乘勝至樂遊苑，魯廣達猶督散兵力戰，不能拒。弼進攻宮城，燒北掖門。是時韓擒虎率衆自新林至于石子岡，任忠出降於擒虎，仍引擒虎經朱雀航趣宮城，自南掖門而入。於是城內文武百司皆遁出，唯尙書僕射袁憲在殿內。尙書令江總、吏部尙書姚察、度支尙書袁權、前度支尙書王瑗、侍中王寬居省中。後主聞兵至，從宮人十餘出後堂景陽殿，將自投于井，袁憲侍側，苦諫不從，後閤舍人夏侯公韻又以身蔽井，後主與爭久之，方得入焉。及夜，爲隋軍所執。景戌，晉王廣入據京城。

三月己巳，後主與王公百司發自建鄴，入于長安。隋仁壽四年十一月壬子，薨於洛陽，時年五十二。追贈大將軍，封長城縣公，謚曰煬，葬河南洛陽之芒山。

史臣侍中鄭國公魏徵曰：

高祖拔起壟畝，有雄桀之姿。始佐下藩，奮英奇之略，弭節南海，職思靜亂。援旗北邁，義在勤王，掃侯景於既成，拯梁室於已墜。天網絕而復續，國步屯而更康，百神有主，不失舊物。魏王之延漢鼎祚，宋武之反晉乘輿，懋續鴻勳，無以尙也。于時內難未弭，外鄰勍敵，王琳作梗於上流，周、齊搖蕩於江、漢，畏首畏尾，若存若亡，此之不圖，遽移天歷，雖皇靈有睠，何其速也？然志度弘遠，懷抱豁如，或取士於仇讎，或擢才於亡命，掩其受金之過，有其吠堯之罪，委以心腹爪牙，咸能得其死力，故乃決機百勝，成此三分，方諸鼎峙之雄，足以無慙權、備矣。

世祖天姿叡哲，清明在躬，早預經綸，知民疾苦，思擇令典，庶幾至治。德刑竝用，戡濟艱虞，羣兇授首，彊鄰震懾。雖忠厚之化未能及遠，恭儉之風足以垂訓，若不尙明察，則守文之良主也。

臨川年長於成王，過微於太甲。宣帝有周公之親，無伊尹之志，明辟不復，桐宮遂往，欲加之罪，其無辭乎！

高宗爰自在田，雅量宏廓，登庸御極，民歸其厚。惠以使下，〔二九〕寬以容衆。智勇爭奮，師出有名，揚旆分麾，風行電掃，闢土千里，奄有淮、泗，戰勝攻取之勢，近古未之有也。〔三〇〕既而君侈民勞，將驕卒墮，帑藏空竭，折衂師徒，於是秦人方彊，遂窺兵於江上矣。李克以爲吳之先亡，由乎數戰〔數勝〕，〔三一〕數戰則民疲，數勝則主驕，以驕主御疲民，未有不亡者也。信哉言乎！高宗始以寬大得人，終以驕侈致敗，文、武之業，〔三二〕墜于茲矣。

後主生深宮之中，長婦人之手，既屬邦國殄瘁，不知稼穡艱難。初懼阽危，屢有哀矜之詔，後稍安集，復扇淫侈之風。賓禮諸公，唯寄情於文酒，昵近羣小，皆委之以衡軸。謀謨所及，遂無骨鯁之臣，權要所在，莫匪侵漁之吏。政刑日紊，尸素盈朝，躭荒爲長夜之飮，嬖寵同豔妻之孽，危亡弗恤，上下相蒙，衆叛親離，臨機不寤，自投於井，冀以苟生，視其以此求全，抑亦民斯下矣。

遐觀列辟，纂武嗣興，其始也皆欲齊明日月，合德天地，高視五帝，俯協三王，然而靡不有初，克終蓋寡，其故何哉？竝以中庸之才，懷可移之性，口存於仁義，心怵於嗜慾。仁義利物而道遠，嗜欲遂性而便身。便身不可久違，道遠難以固志。佞諂之倫，承顏候色，因其所好，以悅導之，若下坂以走丸，譬順流而決壅。非夫感靈辰象，降生明德，孰能遺其所樂，而以百姓爲心哉？此所以成、康、文、景千載而罕遇，癸、辛、幽、厲靡代而不有，毒被宗社，身嬰戮辱，爲天下笑，可不痛乎！古人有言，亡國之主，多有才藝，考之梁、陳及隋，信非虛論。然則不崇敎義之本，偏尙淫麗之文，徒長澆僞之風，無救亂亡之禍矣。

史臣曰：後主昔在儲宮，早標令德，及南面繼業，寔允天人之望矣。至於禮樂刑政，咸遵故典，加以深弘六藝，廣闢四門，是以待詔之徒，爭趨金馬，稽古之秀，雲集石渠。且梯山航海，朝貢者往往歲至矣。自魏正始、晉中朝以來，貴臣雖有識治者，皆以文學相處，罕關庶務，朝章大典，方參議焉，文案簿領，咸委小吏，浸以成俗，迄至于陳。後主因循，未遑改革，故施文慶、沈客卿之徒，專掌軍國要務，姦黠左道，以裒刻爲功，自取身榮，不存國計，是以朝經墮廢，禍生鄰國。斯亦運鍾百六，鼎玉遷變，非唯人事不昌，蓋天意然也。

校勘記

〔一〕右衞將軍蕭摩訶爲車騎將軍南徐州刺史　按蕭摩訶傳，後主嗣位，摩訶以功授散騎常侍、車騎大將軍，此無「大」字。又授南徐州刺史在爲車騎大將軍之後，亦非同時也。

〔二〕平南將軍豫州刺史任忠進號鎭南將軍　按宣帝紀，太建十二年以散騎常侍、左衞將軍任忠爲平南將軍、南豫州刺史，本傳同。後主嗣位，卽以此進號鎭南將軍。此「豫州」上脫一「南」字。

〔三〕立弟叔重爲始興王　「叔重」南史陳後主紀作「叔敦」，然宣帝諸子傳又作「叔重」。

〔四〕皇弟叔愼爲岳陽王 「王」字原墨丁，據各本補。

〔五〕皇弟叔熊爲巴山王 「叔熊」南史陳後主紀同，宣帝諸子傳作「叔雄」。

〔六〕翊右將軍中領軍廬陵王伯仁進號安前將軍 按「翊右將軍」當依宣帝紀太建十二年及世祖九王傳作「翊左將軍」。

〔七〕(五)〔八〕能不至 據錢大昕說改。按漢制，皇帝常於日冬夏至御前殿，合八能之士，陳八音。見後漢書禮儀志。

〔八〕是用(甲)〔申〕且凝慮 各本並譌，據殿本考證改。按「獨申旦而不寐兮」，見楚辭。

〔九〕景夜損懷 「景」北監本、殿本作「丙」。按思廉避唐諱，「丙」字皆改爲「景」，作「丙」者乃後人回改也。

〔一〇〕平南將軍豫州刺史魯廣達進號安南將軍 按魯廣達於上年爲南豫州刺史，此「豫州」上脫一「南」字。

〔一一〕以左民尙書謝(仲)〔伷〕爲吏部尙書 據南監本改。

〔一二〕久著前無 「無」各本並作「徽」。張元濟校勘記云「無」卽古「橅」字。

〔一三〕四聰弗(達)〔達〕 據各本改。

〔一四〕中衞大將軍開府儀同三司豫章王叔英進號驃騎大將軍 按豫章王叔英於禎明元年始以驃騎將

軍進爲驃騎大將軍，似此衍「大」字。然本傳亦云至德四年進號驃騎大將軍，疑莫能明也。

〔一五〕肆艫艦閱武 「肆」南監本作「肄」。汲本作「肆」，傍注作「肄」。殿本亦作「肄」，考證云「肄」各本訛「肆」，今從南史。按張元濟校勘記云，肆，陳也，不誤。

〔一六〕安東將軍吳興太守廬陵王伯仁爲特進 按紀、傳皆不言伯仁曾爲安東將軍、吳興太守。又本傳云禎明元年加侍中，不言特進。疑此有誤。

〔一七〕以車騎將軍蕭摩訶爲驃騎將軍 按「車騎將軍」當作「車騎大將軍」，見校記一。「驃騎將軍」本傳作「驃騎大將軍」，此亦無「大」字。

〔一八〕蕭琮所署尙書令太傅安平王蕭巖 按陳慧紀傳「尙書令」作「尙書左僕射」。

〔一九〕中軍將軍荆州刺史義興王蕭瓛 按陳慧紀傳「義興王」作「晉熙王」，南史陳慧紀傳同。

〔二〇〕詣荆州刺史陳紀請降 按「陳紀」卽「陳慧紀」，本書陳慧紀、陳紀錯出，不具校。

〔二一〕十二月景辰至鄱陽王伯山爲鎭衞大將軍開府儀同三司 按本傳云伯仁於禎明元年，丁所生母憂去職，明年，始起爲鎭衞大將軍開府儀同三司。

〔二二〕自(蔡)洲岸入石頭渡淮 據北監本、汲本、殿本及南史陳後主紀補。

〔二三〕有物赤色如數斗 南史陳後主紀作「有物赤色大如數升」。按斗升二字隸書形近，書傳多譌，有譌斗爲升者，有譌升爲斗者。疑此脫「大」字，斗與升則未知孰是。

〔二四〕以安右將軍魯廣達爲中領軍 按本傳，廣達於後主卽位後入爲安左將軍，至德二年又徵拜爲安左將軍，其後爲中領軍。此「安右將軍」當依本傳作「安左將軍」。

〔二五〕軍師將軍南海王虔爲安北將軍南徐州刺史 按「安北將軍」本傳作「平北將軍」。

〔二六〕總管韓擒虎趨横江 按思廉避唐諱，「虎」字皆改爲「武」。此作「虎」，乃後人回改也。後同。

〔二七〕以驃騎將軍蕭摩訶 按本傳亦作「驃騎大將軍」，此脫「大」字，參校記一七。

〔二八〕後主遣驃騎大將軍司徒豫章王叔英屯朝(室)〔堂〕 「室」當作「堂」，各本並譌，今依豫章王叔英傳及通鑑改。

〔二九〕惠以使下 「下」字原墨丁，據各本補。

〔三〇〕近古未之有也 「近古」二字原墨丁，據各本補。

〔三一〕由乎數戰〔數勝〕 據南監本、汲本、殿本補。

〔三二〕文武之業 按張森楷校勘記云：「應作『武文』，武指高祖武皇帝，文指世祖文皇帝，武在先，文在後也。」

陳書卷七

列傳第一

高祖章皇后　世祖沈皇后　廢帝王皇后　高宗柳皇后　後主沈皇后　張貴妃

周禮，王者立后，六宮，三夫人，九嬪，二十七世婦，八十一御妻，以聽天下之內治。然受命繼體之主，非獨外相佐也，蓋亦有內德助焉。漢魏已來，六宮之職，因襲增置，代不同矣。高祖承微接亂，光膺天歷，以朴素自處，故後宮員位多闕。世祖天嘉初，詔立後宮員數，始置貴妃、貴嬪、貴姬三人，以擬古之三夫人。又置淑媛、淑儀、淑容、昭華、昭容、昭儀、〔一〕脩華、脩儀、脩容九人，以擬古之九嬪。又置婕妤、容華、充華、承徽、烈榮五人，謂之五職，亞於九嬪。又置美人、才人、良人三職，其職無員數，號爲散位。世祖性恭儉，而嬪嬙

多闕，高宗、後主內職無所改作。(令)〔今〕之所綴，〔二〕略備此篇。

高祖宣皇后章氏，諱要兒，吳興烏程人也。本姓鈕，父景明爲章氏所養，因改焉。景明，梁代官至散騎侍郎。后母蘇，嘗遇道士以小龜遺己，光采五色，曰：「三年有徵。」及期，后生而紫光照室，因失龜所在。少聰慧，美容儀，手爪長五寸，色並紅白，每有朞功之服，則一爪先折。高祖先娶同郡錢仲方女，早卒，後乃聘后。后善書計，能誦詩及楚辭。

高祖自廣州南征交阯，命后與衡陽王昌隨世祖由海道歸于長城。侯景之亂，高祖下至豫章，后爲景所囚。景平，而高祖爲長城縣公，后拜夫人。及高祖踐祚，永定元年立爲皇后。追贈后父景明特進、金紫光祿大夫，加金章紫綬，拜后母蘇安吉縣君。二年，安吉君卒，與后父合葬吳興。明年，追封后父爲廣德縣侯，邑五百戶，謚曰溫。高祖崩，后與中書舍人蔡景歷定計，祕不發喪，召世祖入纂，事在蔡景歷及侯安都傳。世祖即位，尊后爲皇太后，宮曰慈訓。廢帝即位，尊后爲太皇太后。光大二年，后下令黜廢帝爲臨海王，命高宗嗣位。太建元年，尊后爲皇太后。二年三月景申，崩于紫極殿，時年六十五。遺令喪事所須，並從儉約，諸有饋奠，不得用牲牢。其年四月，羣臣上謚曰宣太后，祔葬萬安陵。

后親屬無在朝者，唯族兄鈕洽官至中散大夫。

世祖沈皇后諱妙容，吳興武康人也。父法深，梁安前中錄事參軍。后年十餘歲，以梁大同中歸于世祖。高祖之討侯景，世祖時在吳興，景遣使收世祖及后。景平，乃獲免。高祖踐祚，永定元年，后爲臨川王妃。世祖即位，爲皇后。追贈后父法深光祿大夫，加金章紫綬，封建(成)〔城〕縣侯，〔三〕邑五百戶，謚曰恭，追贈后母高綏安縣君，謚曰定。廢帝即位，尊后爲皇太后，宮曰安德。

時高宗與僕射到仲舉、舍人劉師知等並受遺輔政，師知與仲舉恆居禁中參決衆事，而高宗爲揚州刺史，與左右三百人入居尚書省。師知見高宗權重，陰忌之，乃矯勑謂高宗曰：「今四方無事，王可還東府，經理州務。」高宗將出，而諮議毛喜止之曰：「今若出外，便受制於人，譬如曹爽，願作富家翁不可得也。」高宗乃稱疾，召師知留之與語，使毛喜先入言之於后。后曰：「今伯宗年幼，政事並委二郎，此非我意。」喜又言於廢帝，帝曰：「此自師知等所爲，非朕意也。」喜出以報高宗，高宗因囚師知，自入見后及帝，極陳師知之短，仍自草敕請畫，以師知付廷尉治罪。其夜，於獄中賜死。自是政無大小，盡歸高宗。后憂悶計無所出，

乃密賂宦者蔣裕，令誘建安人張安國，使據郡反，冀因此以圖高宗。安國事覺，並爲高宗所誅。時后左右近侍頗知其事，后恐連逮黨與，並殺之。高宗即位，以后爲文皇后。陳亡入隋，大業初，自長安歸于江南，頃之，卒。

后兄欽，隨世祖征伐，以功至貞威將軍、安州刺史。世祖即位，襲爵建城侯，加通直散騎常侍、持節、會稽等九郡諸軍事、明威將軍、會稽太守，入爲侍中、左衞將軍、衞尉卿。光大中，爲尚書右僕射，尋遷左僕射。欽素無技能，奉己而已。高宗即位，出爲雲麾將軍、義興太守，秩中二千石。太建元年卒，時年六十七，贈侍中、特進、翊左將軍，謚曰成。

子觀嗣，頗有學識，官至御史中丞。

廢帝王皇后，金紫光祿大夫固之女也。天嘉元年，爲皇太子妃，廢帝即位，立爲皇后。廢帝爲臨海王，后爲臨海王妃。至德中薨。

后生臨海嗣王至澤。至澤以光大元年爲皇太子。太建元年，襲封臨海嗣王。尋爲宣惠將軍，置佐史。陳亡入長安。

高宗柳皇后諱敬言，河東解人也。曾祖世隆，齊侍中、司空、尚書令、貞陽忠武公。祖惲，有重名於梁代，官至祕書監，贈侍中、中護軍。父偃，尚梁武帝女長城公主，拜駙馬都尉，大寶中，爲鄱陽太守，卒官。后時年九歲，幹理家事，有若成人。侯景之亂，后與弟盼往江陵依梁元帝，元帝以長城公主之故，待遇甚厚。及高宗赴江陵，元帝以后配焉。承聖二年，后生後主於江陵。明年，江陵陷，高宗遷于關右，后與後主俱留穰城。天嘉二年，與後主還朝，后爲安成王妃。高宗即位，立爲皇后。

后美姿容，身長七尺二寸，手垂過膝。初，高宗居鄉里，先娶吳興錢氏女，及即位，拜爲貴妃，甚有寵，后傾心下之。每尚方供奉之物，其上者皆推於貴妃，而己御其次焉。高宗崩，始興王叔陵爲亂，後主賴后與樂安君吳氏救而獲免，事在叔陵傳。後主即位，尊后爲皇太后，宮曰弘範。當是之時，新失淮南之地，隋師臨江，又國遭大喪，後主病瘡不能聽政，其誅叔陵、供大行喪事、邊境防守及百司衆務，雖假以後主之命，實皆決之於后。後主瘡愈，乃歸政焉。陳亡入長安，大業十一年薨於東都，〔四〕年八十三，葬洛陽之邙山。

后性謙謹，未嘗以宗族爲請，雖衣食亦無所分遺。

弟盼，太建中尚世祖女富陽公主，拜駙馬都尉。後主即位，以帝舅加散騎常侍。盼性

愚戇，使酒，常因醉乘馬入殿門，爲有司所劾，坐免官，卒於家。贈侍中、中護軍。

后從祖弟莊，清警有鑒識，太建末，爲太子洗馬，掌東宮管記。後主即位，稍遷至散騎常侍、衛尉卿。禎明元年，轉右衛將軍，兼中書舍人，領雍州大中正。自盼卒後，太后宗屬唯莊爲近，兼素有名望，猶是深被恩遇。〔五〕尋遷度支尚書。陳亡入隋，爲岐州司馬。

後主沈皇后諱婺華，儀同三司望蔡貞憲侯君理女也。母即高祖女會稽穆公主。主早亡，時后尚幼，而毀瘠過甚。及服畢，每至歲時朔望，恆獨坐涕泣，哀動左右，內外咸敬異焉。太建三年納爲皇太子妃。〔六〕後主即位，立爲皇后。

后性端靜，寡嗜慾，聰敏彊記，涉獵經史，工書翰。初，後主在東宮，而后父君理卒，后居憂，處於別殿，哀毀逾禮。後主遇后既薄，而張貴妃寵傾後宮，後宮之政竝歸之，后澹然未嘗有所忌怨。而居處儉約，衣服無錦繡之飾，左右近侍纔百許人，唯尋閱圖史、誦佛經爲事。陳亡，與後主俱入長安。及後主薨，后自爲哀辭，文甚酸切。隋煬帝每所巡幸，恆令從駕。及煬帝爲宇文化及所害，后自廣陵過江還鄉里，不知所終。

后無子，養孫姬子胤爲己子。后宗族多有顯官，事在君理傳。

后叔君公，自梁元帝敗後，常在江陵。禎明中，與蕭瓛、蕭巖率衆叛隋歸朝，後主擢爲太子詹事。君公博學有才辯，善談論，後主深器之。陳亡，隋文帝以其叛己，命斬于建康。

後主張貴妃名麗華，兵家女也。家貧，父兄以織席爲事。後主爲太子，以選入宮。是時龔貴嬪爲良娣，貴妃年十歲，爲之給使，後主見而說焉，因得幸，遂有娠，生太子深。後主即位，拜爲貴妃。性聰惠，甚被寵遇。後主每引貴妃與賓客遊宴，貴妃薦諸宮女預焉，後宮等咸德之，競言貴妃之善，由是愛傾後宮。又好厭魅之術，假鬼道以惑後主，置淫祀於宮中，聚諸妖巫使之鼓舞，因參訪外事，人閒有一言一事，妃必先知之，以白後主，由是益重妃，內外宗族，多被引用。及隋軍陷臺城，妃與後主俱入于井，隋軍出之，晉王廣命斬貴妃，牓於青溪中橋。

史臣侍中鄭國公魏徵考覽記書，參詳故老，云後主初即位，以始興王叔陵之亂，被傷臥于承香閣下，時諸姬竝不得進，唯張貴妃侍焉。而柳太后猶居柏梁殿，即皇后之正殿也。後主沈皇后素無寵，不得侍疾，別居求賢殿。至德二年，乃於光照殿前起臨春、結綺、望仙

三閣。〔七〕閣高數丈，竝數十間，其窗牖、壁帶、懸楣、欄檻之類，竝以沈檀香木爲之，又飾以金玉，間以珠翠，外施珠簾，內有寶牀、寶帳，其服玩之屬，瑰奇珍麗，近古所未有。每微風暫至，香聞數里，朝日初照，光暎後庭。其下積石爲山，引水爲池，植以奇樹，雜以花藥。後主自居臨春閣，張貴妃居結綺閣，龔、孔二貴嬪居望仙閣，竝複道交相往來。又有王、李二美人、張、薛二淑媛、袁昭儀、何婕妤、江脩容等七人，竝有寵，遞代以遊其上。以宮人有文學者袁大捨等爲女學士。後主每引賓客對貴妃等遊宴，則使諸貴人及女學士與狎客共賦新詩，互相贈答，採其尤豔麗者以爲曲詞，被以新聲，選宮女有容色者以千百數，令習而哥之，〔八〕分部迭進，持以相樂。其曲有玉樹後庭花、臨春樂等，大指所歸，皆美張貴妃、孔貴嬪之容色也。其略曰：「璧月夜夜滿，瓊樹朝朝新。」而張貴妃髮長七尺，鬒黑如漆，其光可鑒。特聰惠，有神采，進止閑暇，容色端麗。每瞻視盼睞，光采溢目，照暎左右。常於閣上靚粧，臨于軒檻，宮中遙望，飄若神仙。才辯彊記，善候人主顏色。是時，後主怠於政事，百司啓奏，竝因宦者蔡脫兒、李善度進請，〔九〕後主置張貴妃於膝上共決之。李、蔡所不能記者，貴妃竝爲條疏，無所遺脫。由是益加寵異，冠絕後庭。而後宮之家，不遵法度，有挂於理者，但求哀於貴妃，貴妃則令李、蔡先啓其事，而後從容爲言之。大臣有不從者，亦因而譖之，所言無不聽。於是張、孔之勢，熏灼四方，大臣執政，亦從風而靡。閹宦便佞之徒，內

外交結，轉相引進，賄賂公行，賞罰無常，綱紀瞀亂矣。

史臣曰：詩表關雎之德，易箸乾坤之基，然夫婦之際，人道之大倫也。若夫作儷天則，變贊王化，則宣太后有其懿焉。

校勘記

〔一〕昭容昭儀　北監本、汲本、殿本「昭儀」在「昭容」上。按南史后妃傳序，梁武帝所制九嬪之序，「昭儀」在「昭容」上，陳制多襲梁，當以作「昭儀、昭容」爲是。

〔二〕(令)〔今〕之所綴　據各本改。

〔三〕封建(成)〔城〕縣侯　據南史改。按建城縣，漢侯邑。太平寰宇記引雷次宗豫章記云：「漢高帝置。以其創建城邑，故曰建城。」今漢志、表作「建成」，後漢志以下皆作「建城」。後文后兄欽襲爵建城侯，亦作「建城」。

〔四〕大業十一年薨於東都　按「十一年」南史作「十二年」。

〔五〕猶是深被恩遇　「猶」各本作「由」。按由猶通。

〔六〕太建三年納爲皇太子妃　按「太建三年」當依宣帝紀作「太建元年」。沈君理傳云太建二年高宗以君理女爲皇太子妃，亦誤。

〔七〕乃於光照殿前起臨春結綺望仙三閣　「光照殿」南史張貴妃傳作「光昭殿」，通鑑同。

〔八〕令習而哥之　「哥」殿本作「謌」。按哥古歌字。

〔九〕竝因宦者蔡脫兒李善度進請　「蔡脫兒」南史作「蔡臨兒」。

陳書卷八

列傳第二

杜僧明　周文育子寶安　侯安都

杜僧明字弘照，廣陵臨澤人也。形皃眇小，而膽氣過人，有勇力，善騎射。梁大同中，盧安興爲廣州南江督護，僧明與兄天合及周文育竝爲安興所啓，請與俱行。頻征俚獠有功，爲新州助防。天合亦有材幹，預在征伐。安興死，僧明復副其子子雄。及交州土豪李賁反，逐刺史蕭諮，諮奔廣州，臺遣子雄與高州刺史孫冏討賁。時春草已生，瘴癘方起，子雄請待秋討之，廣州刺史新渝侯蕭暎不聽，蕭諮又促之，子雄等不得已，遂行。至合浦，死者十六七，衆竝憚役潰散，禁之不可，乃引其餘兵退還。蕭諮啓子雄及冏與賊交通，逗留不進，梁武帝勑於廣州賜死。子雄弟子略、子烈竝雄豪任俠，家屬在南江。天合謀於衆曰：「盧公累代待遇我等亦甚厚矣，今見枉而死，不能爲報，非丈夫也。我弟僧明萬人之敵，若

圍州城，召百姓，誰敢不從。城破，斬二侯祭孫、盧，然後待臺使至，束手詣廷尉，死猶勝生。縱其不捷，亦無恨矣。」衆咸慷慨曰「是願也，唯足下命之」。乃與周文育等率衆結盟，奉子雄弟子略爲主，以攻刺史蕭暎。子略頓城南，天合頓城北，僧明、文育分據東西，吏人竝應之，一日之中，衆至數萬。高祖時在高要，聞事起，率衆來討，大破之，殺天合，生擒僧明及文育等，高祖竝釋之，引爲主帥。

高祖征交阯及討元景仲，僧明、文育竝有功。侯景之亂，俱隨高祖入援京師。高祖於始興破蘭裕，僧明爲前鋒，擒裕斬之。又與蔡路養戰於南野，僧明馬被傷，高祖馳往救之，以所乘馬授僧明，僧明乘馬與數十人復進，衆皆披靡，因而乘之，大敗路養。高州刺史李遷仕又據大皐，入灨石，以逼高祖，高祖遣周文育爲前軍，與僧明擊走之。遷仕與寧都人劉孝尙併力將襲南康，高祖又令僧明與文育等拒之，相持連戰百餘日，卒擒遷仕，送于高祖軍。及高祖下南康，留僧明頓西昌，督安成、廬陵二郡軍事。元帝承制授假節、清野將軍、新州刺史，臨江縣子，邑三百戶。

侯景遣于慶等寇南江，高祖頓豫章，(會)〔命〕僧明爲前驅，〔一〕所向克捷。高祖表僧明爲長史，仍隨東討。軍至蔡(州)〔洲〕，〔二〕僧明率麾下燒賊水門大艦。及景平，以功除員外散騎常侍、明威將軍、南兗州刺史，進爵爲侯，增邑并前五百戶，仍領晉陵太守。承聖二年，

從高祖北圍廣陵，加使持節，遷通直散騎常侍、平北將軍，餘如故。荆州陷，高祖使僧明率吳明徹等隨侯瑱西援，於江州病卒，時年四十六。贈散騎常侍，謚曰威。世祖即位，追贈開府儀同三司。天嘉二年，配享高祖廟庭。子晉嗣。

周文育字景德，義興陽羡人也。少孤貧，本居新安壽昌縣，姓項氏，名猛奴。年十一，能反覆游水中數里，跳高五六尺，與羣兒聚戲，衆莫能及。義興人周薈爲壽昌浦口戍主，見而奇之，因召與語。文育對曰：「母老家貧，兄姊並長大，困於賦役。」薈哀之，乃隨文育至家，就其母請文育養爲己子，母遂與之。及薈秩滿，與文育還都，見於太子詹事周捨，請製名字，捨因爲立名文育，字景德。命兄子弘讓教之書計。弘讓善隸書，寫蔡邕勸學及古詩以遺文育，文育不之省也，謂弘讓曰：「誰能學此，取富貴但有大槊耳。」弘讓壯之，教之騎射，文育大悅。

司州刺史陳慶之與薈同郡，素相善，啓薈爲前軍軍主。慶之使薈將五百人往新蔡懸瓠，慰勞白水蠻，蠻謀執薈以入魏，事覺，薈與文育拒之。時賊徒甚盛，一日之中戰數十合，文育前鋒陷陣，勇冠軍中。薈於陣戰死，文育馳取其尸，賊不敢逼。及夕，各引去。文育身

被九創，創愈，辭請還葬，慶之壯其節，厚加賵遺而遣之。

葬訖，會盧安興爲南江督護，啓文育同行。累征俚獠，所在有功，除南海令。安興死後，文育與杜僧明攻廣州，爲高祖所敗，高祖赦之，語在僧明傳。

後監州王勱以文育爲長流（令），〔三〕深被委任。勱被代，文育欲與勱俱下，至大庾嶺，詣卜者，卜者曰：「君北下不過作令長，南入則爲公侯。」文育曰：「足錢便可，誰望公侯。」卜人又曰：「君須臾當暴得銀至二千兩，若不見信，以此爲驗。」其夕，宿逆旅，有賈人求與文育博，文育勝之，得銀二千兩。旦日辭勱，勱問其故，文育以告，勱乃遣之。高祖在高要，聞其還也，大喜，遣人迎之，厚加賞賜，分麾下配焉。

高祖之討侯景，文育與杜僧明爲前軍，克蘭裕，援歐陽頠，皆有功。高祖破蔡路養於南野，文育爲路養所圍，四面數重，矢石雨下，所乘馬死，文育右手搏戰，左手解鞍，潰圍而出，因與杜僧明等相得，並力復進，遂大敗之。高祖乃表文育爲府司馬。

李遷仕之據大皐，遣其將杜平虜入灨石魚梁作城，高祖命文育擊之，平虜棄城走，文育據其城。遷仕聞平虜敗，留老弱於大皐，悉選精兵自將，以攻文育，其鋒甚鋭，軍人憚之。文育與戰，遷仕稍却，相持未解，會高祖遣杜僧明來援，別破遷仕水軍，遷仕衆潰，不敢過大皐，直走新淦。梁元帝授文育假節、雄信將軍、義州刺史。遷仕又與劉孝尚謀拒義軍，高祖

遣文育與侯安都、杜僧明、徐度、杜稜築城於白口拒之。文育頻出與戰，遂擒遷仕。

高祖發自南康，遣文育將兵五千，開通江路。侯景將王伯醜據豫章，文育擊走之，遂據其城。累前後功，除游騎將軍、員外散騎常侍，封東遷縣侯，邑五百戶。

高祖軍至白茅灣，命文育與杜僧明常爲軍鋒，平南陵、鵲頭諸城。及至姑熟，與景將侯子鑒戰，破之。景平，授通直散騎常侍，改封南移縣侯，邑一千戶，拜信義太守。累遷南丹陽蘭陵晉陵太守、智武將軍、散騎常侍。

高祖誅王僧辯，命文育督衆軍會世祖於吳興，圍杜龕，克之。又濟江襲會稽太守張彪，得其郡城。及世祖爲彪所襲，文育時頓城北香巖寺，世祖夜往趨之，因共立柵。頃之，彪又來攻，文育悉力苦戰，彪不能克，遂破平彪。

高祖以侯瑱擁據（溫）〔江〕州，〔四〕命文育討之，仍除都督南豫州諸軍（之）事、武威將軍、南豫州刺史，〔五〕率兵襲湓城。未克，徐嗣徽引齊寇渡江據蕪湖，詔徵文育還京。嗣徽等列艦於青墩，至於七磯，以斷文育歸路。及夕，文育鼓噪而發，嗣徽等不能制。至旦，反攻嗣徽，嗣徽驍將鮑砰獨以小艦殿軍，文育乘單舴艋與戰，跳入艦，斬砰，仍牽其艦而還。賊衆大駭，因留船蕪湖，自丹陽步上。時高祖拒嗣徽於白城，適與文育大會。將戰，風急，高祖曰：「兵不逆風。」〔六〕文育曰：「事急矣，當決之，何用古法。」抽槊上馬，馳而進，〔七〕衆軍

從之，風亦尋轉，殺傷數百人。嗣徽等移營莫府山，〔八〕文育徙頓對之。頻戰功最，加平西將軍，進爵壽昌縣公，並給鼓吹一部。

廣州刺史蕭勃舉兵踰嶺，詔文育督衆軍討之。時新吳洞主余孝頃（奉）〔舉〕兵應勃，〔九〕遣其弟孝勱守郡城，自出豫章，據于石頭。勃使其子孜將兵與孝頃相會，又遣其別將歐陽頠頓軍苦竹灘，傅泰據墌口城，〔一〇〕以拒官軍。官軍船少，孝頃有舴艋三百艘、艦百餘乘在上牢，〔一一〕文育遣軍主焦僧度、羊柬潛軍襲之，悉取而歸，仍於豫章立柵。時官軍食盡，並欲退還，文育不許。乃使人間行遺周迪書，約爲兄弟，並陳利害。迪得書甚喜，許饋糧餉。於是文育分遣老小乘故船舫，沿流俱下，燒豫章郡所立柵，僞退。孝頃望之，大喜，因不設備。文育由間道兼行，信宿達芊韶。芊韶上流則歐陽頠、蕭勃，下流則傅泰、余孝頃，文育據其中間，築城饗士，賊徒大駭。歐陽頠乃退入泥溪，作城自守。文育遣嚴威將軍周鐵武，〔一二〕與長史陸山才襲頠，擒之。於是盛陳兵甲，與頠乘舟而讌，以巡傅泰城下，因而攻泰，克之。蕭勃在南康聞之，衆皆股慄，莫能自固。其將譚世遠斬勃欲降，爲人所害。世遠軍主夏侯明徹持勃首以降。蕭孜、余孝頃猶據石頭，高祖遣侯安都助文育攻之，孜降文育，孝頃退走新吳，廣州平，文育還頓豫章。以功授鎮南將軍、開府儀同三司、都督江廣衡交等州諸軍事、江州刺史。

王琳擁據上流，詔命侯安都爲西道都督，文育爲南道都督，同會武昌。與王琳戰於沌口，爲琳所執，後得逃歸，語在安都傳。尋授使持節、散騎常侍、鎮南將軍、開府儀同三司，壽昌縣公，給鼓吹一部。

及周迪破余孝頃，孝頃子公颺、弟孝勱猶據舊柵，扇動南土，高祖復遣文育及周迪、黃法𣰰等討之。豫章內史熊曇朗亦率軍來會，衆且萬人。文育遣吳明徹爲水軍，配周迪運糧，自率衆軍入象牙江，城於金口。公颺領五百人僞降，謀執文育，事覺，文育囚之，送于京師，以其部曲分隸衆軍。乃捨舟爲步軍，進據三陂。王琳遣將曹慶帥兵二千人以救孝勱，慶分遣主帥常衆愛與文育相拒，自帥所領徑攻周迪、吳明徹軍。迪等敗績，文育退據金口。熊曇朗因其失利，謀害文育，以應衆愛。文育監軍孫白象頗知其事，勸令先之。文育曰：「不可，我舊兵少，客軍多，若取曇朗，人人驚懼，亡立至矣，不如推心以撫之。」初，周迪之敗也，棄船走，莫知所在，及得迪書，文育喜，賚示曇朗，曇朗害之於座，時年五十一。高祖聞之，卽日舉哀，贈侍中、司空，謚曰忠愍。

初，文育之據三陂，有流星墜地，其聲如雷，地陷方一丈，中有碎炭數斗。又軍市中忽聞小兒啼，一市並驚，聽之在土下，軍人掘得棺長三尺，文育惡之。俄而迪敗，文育見殺。天嘉二年，有詔配享高祖廟庭。子寶安嗣。文育本族兄景曜，因文育官至新安太守。

寶安字安民。年十餘歲，便習騎射，以貴公子驕蹇遊逸，好狗馬，樂馳騁，靡衣媮食。文育之爲晉陵，以征討不遑之郡，令寶安監知郡事，尤聚惡少年，高祖患之。及文育西征敗績，縶於王琳，寶安便折節讀書，與士君子遊，綏御文育士卒，甚有威惠。除員外散騎侍郎。文育歸，復除貞威將軍、吳興太守。文育爲熊曇朗所害，徵寶安還。起爲猛烈將軍，領其舊兵，仍令南討。

世祖卽位，深器重之，寄以心膂，精卒利兵多配焉。及平王琳，頗有功。周迪之破熊曇朗，寶安南入，窮其餘燼。天嘉二年，重除雄信將軍、吳興太守，襲封壽昌縣公。三年，征留異，爲侯安都前軍。異平，除給事黃門侍郎、衞尉卿。四年，授持節、都督南徐州諸軍事、貞毅將軍、南徐州刺史。徵爲左衞將軍，加信武將軍。尋以本官領衞尉卿，又進號仁威將軍。天康元年卒，時年二十九。贈侍中、左衞將軍，謚曰成。

子䈞嗣。寶安卒後，䈞亦爲偏將。征歐陽紇，平定淮南，並有功，封江安縣伯，邑四百戶。歷晉陵、定遠二郡太守。太建九年卒，時年二十四，贈電威將軍。

侯安都字成師，始興曲江人也。世爲郡著姓。父文捍，〔三〕少仕州郡，以忠謹稱，安都貴後，官至光祿大夫、始興內史，秩中二千石。

安都工隸書，能鼓琴，涉獵書傳，爲五言詩，亦頗清靡，兼善騎射，爲邑里雄豪。梁始興內史蕭子範辟爲主簿。侯景之亂，招集兵甲，至三千人。高祖入援京邑，安都引兵從高祖，攻蔡路養，破李遷仕，克平侯景，並力戰有功。元帝授猛烈將軍、通直散騎常侍，富川縣子，邑三百戶。隨高祖鎮京口，除蘭陵太守。高祖謀襲王僧辯，諸將莫有知者，唯與安都定計，仍使安都率水軍自京口趨石頭，高祖自率馬步從江乘羅落會之。安都至石頭北，棄舟登岸，僧辯弗之覺也。石頭城北接崗阜，雉堞不甚危峻，安都被甲帶長刀，軍人捧之投於女垣內，衆隨而入，進逼僧辯臥室。高祖大軍亦至，與僧辯戰于聽事前，安都自內閤出，腹背擊之，遂擒僧辯。

紹泰元年，以功授使持節、散騎常侍、都督南徐州諸軍事、仁威將軍、南徐州刺史。高祖東討杜龕，安都留臺居守。徐嗣徽、任約等引齊寇入據石頭，游騎至于闕下。安都閉門偃旗幟，示之以弱，令城中曰：「登陴看賊者斬。」及夕，賊收軍還石頭，安都夜令士卒密營禦敵之具。將旦，賊騎又至，安都率甲士三百人，開東西掖門與戰，大敗之，賊乃退還石頭，不敢復逼臺城。及高祖至，以安都爲水軍，於中流斷賊糧運。又襲秦郡，破嗣徽柵，收其家

口並馬驢輜重。得嗣徽所彈琵琶及所養鷹，遣信餉之曰：「昨至弟住處得此，今以相還。」嗣徽等見之大懼，尋而請和，高祖聽其還北。及嗣徽等濟江，齊之餘軍猶據採石，守備甚嚴，又遣安都攻之，多所俘獲。

明年春，詔安都率兵鎮梁山，以備齊。徐嗣徽等復入丹陽，〔四〕至湖熟，高祖追安都還，率馬步拒之於高橋。又戰於耕壇南，安都率十二騎，突其陣，破之，生擒齊儀同乞伏無勞。又刺齊將東方老墮馬，會賊騎至，救老獲免。賊北渡蔣山，安都又與齊將王敬寶戰於龍尾，使從弟曉、軍主張纂前犯其陣。曉被槍墜馬，張纂死之。安都馳往救曉，斬其騎士十一人，因取纂尸而還，齊軍不敢逼。高祖與齊軍戰於莫府山，命安都領步騎千餘人，自白下橫擊其後，齊軍大敗。〔五〕安都又率所部追至攝山，俘獲首虜，不可勝計。以功進爵爲侯，增邑五百戶，給鼓吹一部。又進號平南將軍，改封西江縣公。

仍都督水軍出豫章，助豫州刺史周文育討蕭勃。安都未至，文育已斬勃，並擒其將歐陽頠、傅泰等。唯余孝頃與勃子孜猶據豫章之石頭，作兩城，孝頃與孜各據其一，又多設船艦，夾水而陣。安都至，乃銜枚夜燒其艦。文育率水軍，安都領步騎，登岸結陣。孝頃俄斷後路，安都乃令軍士多伐松木，豎柵，列營漸進，頻戰屢克，孜乃降。孝頃奔歸新吳，請入子爲質，許之。師還，以功進號鎮北將軍，加開府儀同三司。

仍率衆會於武昌，與周文育西討王琳。將發，王公已下餞於新林，安都躍馬渡橋，人馬俱墮水中，又坐艑內墜於櫓井，時以爲不祥。至武昌，琳將樊猛棄城走。文育亦自豫章至。時兩將俱行，不相統攝，因部下交爭，稍不平。軍至郢州，琳將潘純陁於城中遙射官軍，〔一六〕安都怒，進軍圍之，未能克。而王琳至于弇口，安都乃釋郢州，悉衆往沌口以禦之，遇風不得進。琳據東岸，官軍據西岸，相持數日，乃合戰，安都等敗績。安都與周文育、徐敬成並爲琳所囚。琳總以一長鎖繫之，置于艑下，令所親宦者王子晉掌視之。琳下至湓城白水浦，安都等甘言許厚賂子晉。子晉乃僞以小船依艑而釣，夜載安都、文育、敬成上岸，入深草中，步投官軍。還都自劾，詔並赦之，復其官爵。

尋爲丹陽尹，出爲都督南豫州諸軍事、鎭西將軍、南豫州刺史。令繼周文育攻余孝勱及王琳將曹慶、常衆愛等。安都自宮亭湖出松門，躡衆愛後。文育爲熊曇朗所害，安都回取大艦，值琳將周炅、周協南歸，與戰，破之，生擒炅、協。孝勱弟孝猷率部下四千家欲就王琳，遇炅、協敗，乃詣安都降。安都又進軍於禽奇洲，破曹慶、常衆愛等，焚其船艦。衆愛奔于廬山，爲村人所殺，餘衆悉平。

還軍至南皖，而高祖崩，安都隨世祖還朝，仍與羣臣定議，翼奉世祖。時世祖謙讓弗敢當，太后又以衡陽王故，未肯下令，羣臣猶豫不能決。安都曰：「今四方未定，何暇及遠，臨

川王有功天下，須共立之。今日之事，後應者斬。」便按劒上殿，白太后出璽，又手解世祖髮，推就喪次。世祖卽位，遷司空，仍爲都督南徐州諸軍事、征北將軍、南徐州刺史，給扶。

王琳下至柵口，大軍出頓蕪湖，時侯瑱爲大都督，而指麾經略，多出安都。天嘉元年，增邑千戶。及王琳敗走入齊，安都進軍湓城，討琳餘黨，所向皆下。

仍別奉中旨，迎衡陽獻王昌。初，昌之將入也，致書於世祖，辭甚不遜，世祖不懌，乃召安都從容而言曰：「太子將至，須別求一蕃，吾其老焉。」安都對曰：「自古豈有被代天子？臣愚不敢奉詔。」因請自迎昌，昌濟漢而薨。以功進爵清遠郡公，邑四千戶。自是威名甚重，羣臣無出其右。

安都父文捍，爲始興內史，卒於官。世祖徵安都還京師，爲發喪。尋起復本官，贈其父散騎常侍、金紫光祿大夫，拜其母爲清遠國太夫人。仍迎還都，母固求停鄉里，上乃下詔，改桂陽之汝城縣爲（廬）〔盧〕陽郡，〔一七〕分衡州之始興、安遠二郡，合三郡爲東衡州，以安都從弟曉爲刺史，安都第三子祕年九歲，上以爲始興內史，並令在鄉侍養。其年，改封安都桂陽郡公。

王琳敗後，周兵入據巴、湘，安都奉詔西討。及留異擁據東陽，又奉詔東討。異本謂臺軍由錢塘江而上，安都乃步由會稽之諸暨，出于永康。異大恐，奔桃枝嶺，處嶺谷間，於巖

口豎柵，以拒王師。安都作連城（收）〔攻〕異，〔一八〕躬自接戰，爲流矢所中，血流至踝，安都乘轝麾軍，容止不變。因其山壠之勢，迮而爲堰。天嘉三年夏，潦，水漲滿，安都引船入堰，起樓艦與異城等，放拍碎其樓雉。異與第二子忠臣脫身奔晉安，安都虜其妻子，盡收其人馬甲仗，振旅而歸。以功加侍中、征北大將軍，增邑幷前五千戶，仍還本鎭。其年，（使）〔吏〕民詣闕表請立碑，〔一九〕頌美安都功績，詔許之。

自王琳平後，安都勳庸轉大，又自以功安社稷，漸用驕矜，數招聚文武之士，或射馭馳騁，或命以詩賦，第其高下，以差次賞賜之。文士則褚（介）〔玠〕、〔二〇〕馬樞、陰鏗、張正見、徐伯陽、劉刪、〔二一〕祖孫登，武士則蕭摩訶、裴子烈等，並爲之賓客，齋內動至千人。部下將帥，多不遵法度，檢問收攝，則奔歸安都。世祖性嚴察，深銜之。安都弗之改，日益驕橫。每有表啓，封訖，有事未盡，乃開封自書之，云又啓某事。及侍讌酒酣，或箕踞傾倚。嘗陪樂遊禊飲，乃白帝曰：「何如作臨川王時？」帝不應。安都再三言之，帝曰：「此雖天命，抑亦明公之力。」宴訖，又啓便借供帳水飾，將載妻妾於御堂歡會，世祖雖許其請，甚不懌。明日，安都坐於御坐，賓客居羣臣位，稱觴上壽。初，重雲殿災，安都率將士帶甲入殿，帝甚惡之，自是陰爲之備。又周迪之反，朝望當使安都討之，帝乃使吳明徹討迪，又頻遣臺使案問安都部下，檢括亡叛，安都內不自安。三年冬，遣其別駕周弘實自託於舍人蔡景歷，幷問省中

事。景歷錄其狀具奏之，希旨稱安都謀反。世祖慮其不受制，明年春，乃除安都爲都督江吳二州諸軍事、征南大將軍、江州刺史。自京口還都，部伍入于石頭，世祖引安都讌於嘉德殿，又集其部下將帥會于尚書朝堂，於坐收安都，囚于嘉德西省，又收其將帥，盡奪馬仗而釋之。因出舍人蔡景歷表以示於朝。乃詔曰：「昔漢厚功臣，韓、彭肇亂，晉倚蕃牧，敦、約稱兵。託六尺於龐萌，野心竊發；寄股肱於霍禹，凶謀潛構。追惟往代，挻逆一揆，永言自古，患難同規。侯安都素乏遙圖，本慙令德，幸屬興運，預奉經綸，拔跡行間，假之毛羽，推於偏帥，委以馳逐。位極三槐，任居四嶽，名器隆赫，禮數莫儔。而志唯矜己，氣在陵上，招聚逋逃，窮極輕狡，無賴無行，不畏不恭。受脤專征，剽掠一逞，推轂所鎭，裒斂無厭。寄以徐蕃，接鄰齊境，貿遷禁貨，鬻賣居民，（推）〔椎〕埋發掘，〔二二〕毒流泉壤，睚眦僵尸，罔顧彝憲。朕以爰初締構，頗著功績，飛驂代邸，預定嘉謀，所以淹抑有司，每懷遵養，杜絕百辟，日望自新。欵襟期於話言，推丹赤於造次，策馬甲第，羽林息警，置酒高堂，陛戟無衞。何嘗內隱片嫌，去柏人而勿宿，外協猜防，入成皐而不留？而勃戾不悛，驕暴滋甚，招誘文武，密懷異圖。去年十二月十一日，獲中書舍人蔡景歷啓，稱侯安都去月十日遣別駕周弘實來景歷私省宿，訪問禁中，具陳反計，朕猶加隱忍，待之如初。爰自北門，遷授南服，受命經停，姦謀益露。今者欲因初鎭，將行不軌。此而可忍，孰不可容？賴社稷之靈，近侍誠慤，醜情彰

暴，逆節顯聞。外可詳案舊典，速正刑書，止在同謀，餘無所問。」明日，於西省賜死，時年四十四。尋有詔，宥其妻子家口，葬以士禮，喪事所須，務加資給。

初，高祖在京城，嘗與諸將醼，杜僧明、周文育、侯安都爲壽，各稱功伐。高祖曰：「卿等悉良將也，而並有所短。杜公志大而識闇，狎於下而驕於尊，矜其功不收其拙。周侯交不擇人，而推心過差，居危履險，猜防不設。侯郎傲誕而無厭，輕佻而肆志。並非全身之道。」卒皆如其言。

安都長子敦，年十二，爲員外散騎侍郎，天嘉二年墮馬卒，追謚桂陽國愍世子。太建三年，高宗追封安都爲陳集縣侯，邑五百戶，子亶爲嗣。

安都從弟曉，累從安都征討有功，官至員外散騎常侍、明威將軍、東衡州刺史、懷化縣侯，邑五百戶。天嘉三年卒，年四十一。

史臣曰：杜僧明、周文育並樹功業，成於興運，頗、牧、韓、彭，足可連類矣。侯安都情異向時，權踰曩日，因之以侵暴，加之以縱誕，苟曰非夫逆亂，奚用免於亡滅！昔漢高醢之爲賜，宋武拉於坐右，良有以而然也。

校勘記

〔一〕（會）〔命〕僧明爲前驅　據南史杜僧明傳及元龜三四五改。

〔二〕軍至蔡（州）〔洲〕　據南史改。

〔三〕後監州王勱以文育爲長流（令）　據南史刪。按錢大昕廿二史考異云：「廣州無長流縣，南史無『令』字，蓋衍文也。都督府有長流參軍，不言參軍者省文，後人妄加『令』字。」

〔四〕高祖以侯瑱擁據（溫）〔江〕州　據南史周文育傳及元龜三四五、三九五上改。按錢大昕廿二史考異云「溫州」蓋「江州」之譌。

〔五〕仍除都督南豫州諸軍（之）事武威將軍南豫州刺史　「之」字衍，據各本刪。「事武」二字原本墨丁，據各本補。按「武威將軍」元龜三四五、三九五上並作「嚴威將軍」。

〔六〕兵不逆風　按南史「兵」作「矢」。

〔七〕馳而進　「馳」字原本墨丁，據元龜三四五、三九五上補。按「馳」字各本並脫。

〔八〕嗣徽等移營莫府山　「山」字原本墨丁，據各本補。

〔九〕時新吳洞主余孝頃（奉）〔舉〕兵應勃　據各本改。

〔一〇〕傳泰據墌口城　「墌口城」通鑑陳武帝永定元年作「蹠口城」。顧祖禹讀史方輿紀要八四南昌府新建縣有蹠口城，注云「蹠」亦作「墌」。南史本傳作「⿰土鹿」，元龜三六三同，字書無「⿰土鹿」字，乃與墌形近而譌。

〔一一〕在上牢　「在」字原本墨丁，據各本補。

〔一二〕文育遣殿威將軍周鐵武　「周鐵武」殿本作「周鐵虎」。按思廉避唐諱，「虎」字皆改爲「武」，作「虎」者乃後人回改。

〔一三〕父文捍　按南史無「文」字。

〔一四〕徐嗣徽等復入丹陽　「嗣」字原本墨丁，據各本補。

〔一五〕齊軍大敗　「大」原譌「入」，各本不譌，今改正。

〔一六〕琳將潘純陁於城中遙射官軍　「潘純陁」南史作「潘純」。

〔一七〕改桂陽之汝城縣爲（廬）〔盧〕陽郡　據世祖紀改。按隋志亦作「盧」。

〔一八〕安都作連城（收）〔攻〕巽　殿本考證孫人龍云：「按上文謂留異豎柵拒王師，則此『收』字殆『攻』字之譌也。」按元龜二一六正作「攻」，今據改。

〔一九〕（使）〔吏〕民詣闕表請立碑　據北監本、汲本、殿本及南史、元龜八〇二改。

〔二〇〕褚（介）〔玠〕　據南史改。按褚玠本書有傳。

〔二一〕劉刪　按南史「刪」作「珊」。

〔二二〕（推）〔椎〕埋發掘　據北監本、殿本改。按語本史記酷吏王溫舒傳「少時椎埋爲姦」。

陳書卷九

列傳第三

侯瑱　歐陽頠 子紇　吳明徹 裴子烈

侯瑱字伯玉，巴西充國人也。父弘遠，世爲西蜀酋豪。蜀賊張文萼據白崖山，有衆萬人，梁益州刺史鄱陽王蕭範命弘遠討之。弘遠戰死，瑱固請復讎，每戰必先鋒陷陣，遂斬文萼，由是知名。因事範，範委以將帥之任，山谷夷獠不賓附者，竝遣瑱征之。累功授輕車府中兵參軍、晉康太守。範爲雍州刺史，瑱除超武將軍、馮翊太守。範遷鎭合肥，瑱又隨之。侯景圍臺城，範乃遣瑱輔其世子嗣，入援京邑。京城陷，瑱與嗣退還合肥，仍隨範徙鎭湓城。俄而範及嗣皆卒，瑱領其衆，依于豫章太守莊鐵。鐵疑之，瑱懼不自安，詐引鐵謀事，因而刃之，據有豫章之地。

侯景將于慶南略地至豫章，城邑皆下，瑱窮蹙，乃降於慶。慶送瑱於景，景以瑱與己同

姓，託爲宗族，待之甚厚，留其妻子及弟爲質。遣瑱隨慶平定蠡南諸郡。

及景敗於巴陵，景將宋子仙、任約等竝爲西軍所獲，瑱乃誅景黨與，以應(我)〔義〕軍，〔一〕景亦盡誅其弟及妻子。梁元帝授瑱武臣將軍、南兗州刺史，郫縣侯，邑一千戶。仍隨都督王僧辯討景，恆爲前鋒，每戰却敵。既復臺城，景奔吳郡，僧辯使瑱率兵追之，與景戰於吳松江，大敗景，盡獲其軍實。進兵錢塘，景將謝答仁、呂子榮等皆降。以功除南豫州刺史，鎭于姑熟。

承聖二年，齊遣郭元建出自濡須，僧辯遣瑱領甲士三千，築壘於東關以扞之，大敗元建。除使持節、鎭北將軍，〔二〕給鼓吹一部，增邑二千戶。

西魏來寇荊州，王僧辯以瑱爲前軍，赴援，未至而荊州陷。瑱之九江，因衞晉安王還都。承制以瑱爲侍中、使持節、都督江晉吳齊四州諸軍事、江州刺史，改封康樂縣公，邑五千戶，進號車騎將軍。司徒陸法和據郢州，引齊兵來寇，乃使瑱都督衆軍西討，未至，法和率其部北度入齊。齊遣慕容恃德鎭于夏首，瑱控引西還，水陸攻之，恃德食盡，請和，瑱還鎭豫章。

僧辯使其弟僧愔率兵與瑱共討蕭勃，及高祖誅僧辯，僧愔陰欲圖瑱而奪其軍，瑱知之，盡收僧愔徒黨，僧愔奔齊。

紹泰二年，以本號加開府儀同三司，餘並如故。是時，瑱據中流，兵甚彊盛，又以本事王僧辯，雖外示臣節，未有入朝意。初，余孝頃爲豫章太守，及瑱鎭豫章，乃於新吳縣別立城柵，與瑱相拒。瑱留軍人妻子於豫章，令從弟奫知後事，悉衆以攻孝頃。自夏及冬，弗能克，乃長圍守之，盡收其禾稼。奫與其部下侯方兒不協，〔三〕方兒怒，率所部攻奫，虜掠瑱軍府妓妾金玉，歸于高祖。瑱既失根本，兵衆皆潰，輕歸豫章，豫章人拒之，乃趨湓城，投其將焦僧度。僧度勸瑱投齊，瑱以高祖有大量，必能容己，乃詣闕請罪，高祖復其爵位。

永定元年，授侍中、車騎將軍。二年，進位司空。王琳至於沌口，周文育、侯安都竝沒，乃以瑱爲都督西討諸軍事。瑱至于梁山。世祖卽位，進授太尉，增邑千戶。王琳至于柵口，又以瑱爲都督，侯安都等竝隸焉。瑱與琳相持百餘日，未決。天嘉元年二月，東關春水稍長，舟艦得通，琳引合肥漅湖之衆，舳艫相次而下，其勢甚盛。瑱率軍進獸檻洲，〔四〕琳亦出船列于江西，隔洲而泊。明日合戰，琳軍少却，退保西岸。及夕，東北風大起，吹其舟艦竝壞，沒于沙中，溺死者數十百人。浪大不得還浦，夜中又有流星墜于賊營。及旦風靜，琳入浦治船，以荻船塞於浦口，又以鹿角繞岸，不敢復出。是時，西魏遣大將軍史寧躡其上流，瑱聞之，知琳不能持久，收軍却據湖浦，以待其敝。及史寧至，圍郢州，琳恐衆潰，乃率船艦來下，去蕪湖十里而泊，擊柝聞於軍中。明日，齊人遣兵數萬助琳，琳引衆向梁

山，欲越官軍以屯險要。齊儀同劉伯球率兵萬餘人助琳水戰，行臺慕容恃德子子會領鐵騎二千，在蕪湖西岸博望山南，爲其聲勢。瑱令軍中晨炊蓐食，分搥盪頓蕪湖洲尾以待之。〔五〕將戰，有微風至自東南，衆軍施拍縱火。定州刺史章昭達乘平虜大艦，中江而進，發拍中于賊艦，其餘冒突、青龍，各相當值。又以牛皮冒蒙衝小船，以觸賊艦，並鎔鐵灑之。琳軍大敗。其步兵在西岸者，自相蹂踐，馬騎竝淖于蘆荻中，弃馬脫走以免者十二三。盡獲其舟艦器械，并禽齊將劉伯球、慕容子會，自餘俘馘以萬計。琳與其黨潘純陁等乘單舴艋冒陣走至湓城，猶欲收合離散，衆無附者，乃與妻妾左右十餘人入齊。〔六〕

其年，詔以瑱爲都督湘、巴、郢、江、吳等五州諸軍事，鎭湓城。周將賀若敦、獨孤盛等寇巴、湘，又以瑱爲西討都督，與盛戰於西江口，大敗盛軍，虜其人馬器械，不可勝數。以功授使持節、都督湘桂郢巴武沅六州諸軍事、湘州刺史，改封零陵郡公，邑七千戶，餘如故。二年，以疾表求還朝。三月，於道薨，時年五十二。贈侍中、驃騎大將軍、大司馬，加羽葆、鼓吹、班劒二十人，給東園祕器，謚曰壯肅。其年九月，配享高祖廟庭。子淨藏嗣。

淨藏尙世祖第二女富陽公主，以公主除員外散騎侍郞。太建三年卒，贈司徒主簿。淨藏無子，弟就襲封。

歐陽頠字靖世，長沙臨湘人也。爲郡豪族。祖景達，梁代爲本州治中。父僧寶，屯騎校尉。

頠少質直有思理，以言行篤信著聞於嶺表。父喪毀瘠甚至。家產累積，悉讓諸兄。州郡頻辟不應，乃廬於麓山寺傍，專精習業，博通經史。年三十，其兄逼令從宦，起家信武府中兵參軍，遷平西邵陵王中兵參軍事。

梁左衞將軍蘭欽之少也，與頠相善，故頠常隨欽征討。欽爲衡州，仍除清遠太守。欽南征夷獠，擒陳文徹，所獲不可勝計，獻大銅鼓，累代所無，頠預其功。還爲直閤將軍，仍除天門太守，伐蠻左有功。刺史廬陵王蕭續深嘉之，引爲賓客。欽征交州，復啓頠同行。欽度嶺以疾終，頠除臨賀內史，啓乞送欽喪還都，然後之任。時湘衡之界五十餘洞不賓，勑令衡州刺史韋粲討之，粲委頠爲都督，悉皆平殄。粲啓梁武，稱頠誠幹，降詔褒賞，仍加超武將軍，征討廣、衡二州山賊。

侯景構逆，粲自解還都征景，以頠監衡州。京城陷後，嶺南互相吞併，蘭欽弟前高州刺史裕攻始興內史蕭紹基，〔七〕奪其郡。裕以兄欽與頠有舊，遣招之，頠不從。乃謂使云：「高州昆季隆顯，莫非國恩，今應赴難援都，豈可自爲跋扈。」及高祖入援京邑，將至始興，頠乃深自結託。裕遣兵攻頠，高祖援之，裕敗，高祖以王懷明爲衡州刺史，遷頠爲始興內史。高祖之討蔡路養、李遷仕也，頠率兵度嶺，以助高祖。及路養等平，頠有功，梁元帝承制以始興郡爲東衡州，以頠爲持節、通直散騎常侍、都督東衡州諸軍事、雲麾將軍、東衡州刺史，新豐縣伯，邑四百戶。

侯景平，元帝遍問朝宰：「今天下始定，極須良才，卿各舉所知。」羣臣未有對者。帝曰：「吾已得一人。」侍中王褒進曰：「未審爲誰？」帝云：「歐陽頠公正有匡濟之才，恐蕭廣州不肯致之。」〔八〕乃授武州刺史，尋授郢州刺史，欲令出嶺，蕭勃留之，不獲拜命。尋授使持節、散騎常侍、都督衡州諸軍事、忠武將軍、衡州刺史，進封始興縣侯。

時蕭勃在廣州，兵彊位重，元帝深患之，遣王琳代爲刺史。琳已至小桂嶺，勃遣其將孫瑒監州，盡率部下至始興，避琳兵鋒。頠別據一城，不往謁勃，閉門高壘，亦不拒戰。勃怒，遣兵襲頠，盡收其貲財馬仗。尋赦之，還復其所，復與結盟。荆州陷，頠委質於勃。及勃度嶺出南康，以頠爲前軍都督，頓豫章之苦竹灘，周文育擊破之，擒送于高祖，高祖釋之，深加接待。蕭勃死後，嶺南擾亂，頠有聲南土，且與高祖有舊，乃授頠使持節、通直散騎常侍、都督衡州諸軍事、安南將軍、衡州刺史，始興縣侯。未至嶺南，頠子紇已克定始興。及頠至嶺南，皆懾伏，仍進廣州，盡有越地。改授都督廣交越成定明新高合羅愛建德宜黃利安石雙

十九州諸軍事、鎮南將軍、平越中郎將、廣州刺史，持節、常侍、侯並如故。王琳據有中流，頠自海道及東嶺奉使不絕。永定三年，進授散騎常侍，增都督衡州諸軍事，即本號開府儀同三司。世祖嗣位，進號征南將軍，改封陽山郡公，邑一千五百戶，又給鼓吹一部。

初，交州刺史袁曇緩密以金五百兩寄頠，令以百兩還合浦太守龔𦿆，〔九〕四百兩付兒智矩，餘人弗之知也。頠尋爲蕭勃所破，貲財並盡，唯所寄金獨在。曇緩亦尋卒，至是頠並依信還之，時人莫不嘆伏。其重然諾如此。

時頠弟盛爲交州刺史，次弟邃爲衡州刺史，合門顯貴，名振南土。又多致銅鼓、生口，獻奉珍異，前後委積，頗有助於軍國焉。頠以天嘉四年薨，時年六十六。贈侍中、車騎大將軍、司空、廣州刺史，謚曰穆。子紇嗣。

紇字奉聖，頗有幹略。天嘉中，除黃門侍郎、員外散騎常侍。累遷安遠將軍、衡州刺史。襲封陽山郡公，都督交廣等十九州諸軍事、廣州刺史。在州十餘年，威惠著於百越，進號輕車將軍。

光大中，上流蕃鎮並多懷貳，高宗以紇久在南服，頗疑之。太建元年，下詔徵紇爲左衞將軍。紇懼，未欲就徵，其部下多勸之反，遂舉兵攻衡州刺史錢道戢。道戢告變，乃遣儀同章昭達討紇，屢戰兵敗，執送京師，伏誅，時年三十三。家口籍沒。子詢以年幼免。

吳明徹字通昭，〔一〇〕秦郡人也。祖景安，齊南譙太守。父樹，梁右軍將軍。明徹幼孤，性至孝，年十四，感墳塋未備，家貧無以取給，乃勤力耕種。時天下亢旱，苗稼燋枯，明徹哀憤，每之田中，號泣，仰天自訴。居數日，有自田還者，云苗已更生，明徹疑之，謂爲紿己，及往田所，竟如其言。秋而大穫，足充葬用。時有伊氏者，善占墓，謂其兄曰：「君葬之日，必有乘白馬逐鹿者來經墳所，此是最小孝子大貴之徵。」至時果有此應，明徹即樹之最小子也。

起家梁東宮直後。及侯景寇京師，天下大亂，明徹有粟麥三千餘斛，而鄰里飢餧，乃白諸兄曰：「當今草竊，人不圖久，柰何有此而不與鄉家共之？」於是計口平分，同其豐儉，羣盜聞而避焉，賴以存者甚衆。

及高祖鎮京口，深相要結，明徹乃詣高祖，高祖爲之降階，執手卽席，與論當世之務。明徹亦微涉書史經傳，就汝南周弘正學天文、孤虛、遁甲，略通其妙，頗以英雄自許，高祖深奇之。

承聖三年，授戎昭將軍、安州刺史。紹泰初，隨周文育討杜龕、張彪等。東道平，授使

持節、散騎常侍、安東將軍、南兗州刺史，封安吳縣侯。高祖受禪，拜安南將軍，仍與侯安都、周文育將兵討王琳。及衆軍敗沒，明徹自拔還京。世祖卽位，詔以本官加右衞將軍。周遣大將軍賀若敦率馬步萬餘人奄至武陵，明徹衆寡不敵，引軍巴陵，仍破周別軍於雙林。

天嘉三年，授安西將軍。及周迪反臨川，詔以明徹爲安南將軍、江州刺史，領豫章太守，總督衆軍，以討迪。明徹雅性剛直，統內不甚和，世祖聞之，遣安成王頊慰曉明徹，〔二〕令以本號還朝。尋授鎮前將軍。

五年，遷鎮東將軍、吳興太守。及引辭之郡，世祖謂明徹曰：「吳興雖郡，帝鄉之重，故以相授。君其勉之！」及世祖弗豫，徵拜中領軍。

廢帝卽位，授領軍將軍，尋遷丹陽尹，仍詔明徹以甲仗四十人出入殿省。到仲舉之矯令出高宗也，毛喜知其謀，高宗疑懼，遣喜與明徹籌焉。明徹謂喜曰：「嗣君諒闇，萬機多闕，外鄰彊敵，內有大喪。殿下親實周、邵，德冠伊、霍，社稷至重，願留中深計，愼勿致疑。」及湘州刺史華皎陰有異志，詔授明徹使持節、散騎常侍、都督湘桂武三州諸軍事、安南將軍、湘州刺史，給鼓吹一部，仍與征南大將軍淳于量等率兵討皎。皎平，授開府儀同三司，進爵爲公。太建元年，授鎮南將軍。四年，徵爲侍中、鎮前將軍，餘並如故。

會朝議北伐，公卿互有異同，明徹決策請行。五年，詔加侍中、都督征討諸軍事，仍賜女樂一部。明徹總統衆軍十餘萬，發自京師，緣江城鎮，相續降款。軍至秦郡，克其水柵。齊遣大將尉破胡將兵爲援，明徹破走之，斬獲不可勝計，秦郡乃降。高宗以秦郡明徹舊邑，詔具太牢，令拜祠上冢，文武羽儀甚盛，鄉里以爲榮。

進克仁州，授征北大將軍，進爵南平郡公，增邑并前二千五百戶。次平峽石岸二城。進逼壽陽，齊遣王琳將兵拒守。琳至，與刺史王貴顯保其外郭。明徹以琳初入，衆心未附，乘夜攻之，中宵而潰，齊兵退據相國城及金城。明徹令軍中益脩治攻具，〔三〕又迮肥水以灌城。城中苦濕，多腹疾，手足皆腫，死者十六七。會齊遣大將軍皮景和率兵數十萬來援，去壽春三十里，頓軍不進。諸將咸曰：「堅城未拔，大援在近，不審明公計將安出？」明徹曰：「兵貴在速，而彼結營不進，自挫其鋒，吾知其不敢戰明矣。」於是躬擐甲冑，四面疾攻，城中震恐，一鼓而克，生禽王琳、王貴顯、扶風王可朱渾孝裕、尚書盧潛、左丞李騊駼，送京師。〔三〕景和惶懼遁走，盡收其駞馬輜重。琳之獲也，其舊部曲多在軍中，琳素得士卒心，見者皆歔欷不能仰視，明徹慮其有變，遣左右追殺琳，傳其首。詔曰：「壽春者古之都會，襟帶淮、汝，控引河、洛，得之者安，是稱要害。侍中、使持節、都督征討諸軍事、征北大將軍、開府儀同三司南平郡開國公明徹，雄圖克舉，宏略蓋世。在昔屯夷，締構皇業，乃掩衡、岳，

用清氛沴，實吞雲夢，卽叙上游。今茲蕩定，恢我王略，風行電掃，貔武爭馳，〔四〕月陣雲梯，金湯奪險，威陵殊俗，惠漸邊氓。惟功與能，元戎是屬，崇麾廣賦，茂典恆宜，可都督豫合建光朔北徐六州諸軍事、車騎大將軍、豫州刺史，增封并前三千五百戶，餘如故。」詔遣謁者蕭淳風，〔五〕就壽陽册明徹，於城南設壇，士卒二十萬，陳旗鼓戈甲，明徹登壇拜受，成禮而退，將卒莫不踊躍焉。

初，秦郡屬南兗州，後隸譙州，至是，詔以譙之秦、盱眙、神農三郡還屬南兗州，以明徹故也。

六年，自壽陽入朝，輿駕幸其第，賜鍾磬一部，米一萬斛，絹布二千匹。

七年，進攻彭城。軍至呂梁，齊遣援兵前後至者數萬，明徹又大破之。八年，進位司空，餘如故。又詔曰：「昔者軍事建旌，交鋒作鼓，頃日訛替，多乖舊章，至於行陣，不相甄別。今可給司空、大都督鈇鉞龍麾，其次將各有差。」尋授都督南北兗南北青譙五州諸軍事、南兗州刺史。

會周氏滅齊，高宗將事徐、兗，九年，詔明徹進軍北伐，令其世子戎昭將軍、員外散騎侍郎惠覺攝行州事。明徹軍至呂梁，周徐州總管梁士彥率衆拒戰，明徹頻破之，因退兵守城，不復敢出。明徹仍迮清水以灌其城，環列舟艦於城下，攻之甚急。周遣上大將軍王軌將兵

救之。軌輕行自清水入淮口，橫流豎木，以鐵鎖貫車輪，遏斷船路。諸將聞之，甚惶恐，議欲破堰拔軍，以舫載馬。馬主裴子烈議曰：〔六〕「若決堰下船，船必傾倒，豈可得乎？不如前遣馬出，於事爲允。」適會明徹苦背疾甚篤，知事不濟，遂從之，乃遣蕭摩訶帥馬軍數千前還。明徹仍自決其堰，乘水勢以退軍，冀其獲濟。及至清口，水勢漸微，舟艦並不得渡，衆軍皆潰，明徹窮蹙，乃就執。尋以憂憤遘疾，卒於長安，時年六十七。

至德元年詔曰：「李陵矢竭，不免請降，于禁水漲，猶且生獲，固知用兵上術，世罕其人。故侍中、司空南平郡公明徹，爰初躡足，(乞)〔迄〕屆元戎，〔七〕百戰百勝之奇，決機決死之勇，斯亦侔於古焉。及拓定淮、肥，長驅彭、汴，覆勍寇如舉毛，掃銳師同沃雪，風威慴於異俗，功効著於同文。方欲息駕陰山，解鞍瀚海，既而師出已老，數亦終奇，不就結纓之功，無辭入褚之屈，望封崤之爲易，冀平翟之非難，雖志在屈伸，而奄中霜露，埋恨絕域，甚可嗟傷。斯事已往，累逢肆赦，凡厥罪戾，皆蒙洒濯，獨此孤魂，未霑寬惠，遂使爵土湮沒，饗醊無主。弃瑕錄用，宜在茲辰，可追封邵陵縣開國侯，食邑一千戶，以其息惠覺爲嗣。」

惠覺歷黃門侍郎，以平章大寶功，授豐州刺史。

明徹兄子超，字逸世。少倜儻，以幹略知名。隨明徹征伐，有戰功，官至忠毅將軍、散騎常侍、桂州刺史，封汝南縣侯，邑一千戶。卒，贈廣州刺史，謚曰節。

裴子烈字大士，河東聞喜人，梁員外散騎常侍猗之子。子烈少孤，有志氣。遇梁末喪亂，因習武藝，以驍勇聞。頻從明徹征討，所向必先登陷陣。官至電威將軍、北譙太守、岳陽內史，海安縣伯，邑三百戶。〔一八〕至德四年卒。

史臣曰：高祖撥亂創基，光啓天曆，侯瑱、歐陽頠竝歸身有道，位貴鼎司，美矣。吳明徹居將帥之任，初有軍功，及呂梁敗績，爲失筭也。斯以勇非韓、白，識異孫、吳，遂使蹙境喪師，金陵虛弱，禎明淪覆，蓋由其漸焉。

侯瑱傳「分𢶍盪頓蕪湖洲尾」，或本作「分頓」，疑。

「吳明徹字通昭」，或本作「通炤」，疑。

校勘記

〔一〕以應（我）〔義〕軍　據北監本、汲本、殿本及元龜七六一改。按南史作「以應義師」。

〔二〕除使持節鎮北將軍　按梁書元帝紀，承聖三年春正月甲午，加南豫州刺史侯瑱征北將軍。此作「鎮北將軍」，恐誤。

〔三〕𤀹與其部下侯方兒不協　「侯」北監本、汲本、殿本及南史、元龜二〇九、四五〇並作「侯」。

〔四〕瑱率軍進獸檻洲　按「獸檻洲」即「虎檻洲」，避唐諱改。

〔五〕分槌盪頓蕪湖洲尾以待之　南史無「分槌盪」三字。按「分槌盪」三字疑衍。或衍「槌盪」二字，本卷後附舊校云或本作「分頓」，是曾鞏等所見本有作「分頓蕪湖洲尾」者。

〔六〕乃與妻妾左右十餘人入齊　「乃」各本譌「及」。殿本考證云：「上文謂王琳走至湓城，衆無附者，故遂入齊，此『及』字係『乃』字之訛也。」按南史正作「乃」，今據改。

〔七〕蘭欽弟前高州刺史裕攻始興內史蕭紹基　按「蕭紹基」南史作「蕭昭基」。

〔八〕恐蕭廣州不肯致之　「致」字原缺，據各本補。

〔九〕令以百兩還合浦太守龔翽　按「龔翽」南史作「襲翽」。

〔一〇〕吳明徹字通昭　「通昭」南史作「通炤」。按本卷後附舊校云或本作「通炤」，是曾鞏等所見本亦有作「炤」者。

〔一一〕遣安成王頊慰曉明徹　「頊」原作「諱」，以姚察曾仕陳，故避陳諱，今依殿本改。

〔一二〕明徹令軍中益脩治攻具　「治」字原缺，據各本補。

〔一三〕生禽王琳至送京師　「可朱渾孝裕」通鑑陳宣帝太建五年作「可朱渾道裕」。按齊被俘諸將姓名，北齊書及南史均多缺略。元龜三六八亦作「孝裕」，通鑑作「道裕」，未知何據。

〔一四〕貔武爭馳　「武」北監本、殿本作「虎」。按此避唐諱改。

〔一五〕詔遣謁者蕭淳風　「蕭淳風」南史作「蕭淳」。

〔一六〕馬主裴子烈議曰　「馬主」南史作「馬明戍」。按通鑑陳宣帝太建十年作「馬主」，考異云南史作「馬明主」，今從陳書。

〔一七〕（乞）〔迄〕屆元戎　據北監本、殿本改。

〔一八〕邑三百戶　各本作「五百戶」。

陳書卷十

列傳第四

周鐵虎　程靈洗 子文季

周鐵虎，不知何許人也，梁世南渡。語音傖重，膂力過人，便馬槊，事梁河東王蕭譽，以勇敢聞，譽板爲府中兵參軍。譽爲廣州刺史，以鐵虎爲興寧令。譽遷湘州，又爲臨蒸令。侯景之亂，元帝於荆州遣世子方等代譽，且以兵臨之。譽拒戰，大捷，方等死，鐵虎功最，譽委遇甚重。及王僧辯討譽，於陣獲鐵虎，僧辯命烹之，鐵虎呼曰：「侯景未滅，柰何殺壯士。」僧辯奇其言，乃宥之，還其麾下。

及侯景西上，鐵虎從僧辯克任約，獲宋子仙，每戰皆有功。元帝承制授仁威將軍、潼州刺史，封沌陽縣子，邑三百戶。又從僧辯克定京邑，降謝答仁，平陸納於湘州。承聖二年，以前後戰功，進爵爲侯，增邑并前五百戶。仍爲散騎常侍，領信義太守，將軍如故。高祖誅

僧辯，鐵虎率所部降，因復其本職。

徐嗣徽引齊寇渡江，鐵虎於板橋浦破其水軍，盡獲甲仗船艫。又攻歷陽，襲齊寇步營，竝皆克捷。嗣徽平，紹泰二年，遷散騎常侍、嚴威將軍、太子左衞率。

尋隨周文育於南江拒蕭勃，恆爲前軍。文育又命鐵虎偏軍，於苦竹灘襲勃前軍歐陽頠。又隨文育西征王琳，於沌口敗績，鐵虎與文育、侯安都竝爲琳所擒。琳引見諸將，與之語，唯鐵虎辭氣不屈，故琳盡宥文育之徒，獨鐵虎見害，時年四十九。高祖聞之，下詔曰：「天地之寶，所貴曰生，形魄之徒，所重唯命。至如捐生立節，効命酬恩，追遠懷昔，信宜加等。散騎常侍、嚴威將軍、太子左衞率、潼州刺史、領信義太守沌陽縣開國侯鐵虎，器局沈厚，風力勇壯，北討南征，竭忠盡力。推鋒江夏，致陷凶徒，神氣彌雄，肆言無撓。豈直溫序見害，方其理鬚，龐德臨危，猶能瞋目。忠貞如此，惻愴兼深，可贈侍中、護軍將軍、青冀二州刺史，加封一千戶，并給鼓吹一部，侯如故。」天嘉五年，世祖又詔曰：「漢室功臣，形寫宮觀，魏朝猛將，名配宗祧，功烈所以長存，世代因之不朽。故侍中、護軍將軍、青冀二州刺史沌陽縣開國侯鐵虎，誠節梗亮，力用雄敢，王業初基，行閒累及，垂翅賊壘，正色寇庭，古之遺烈，有識同壯。隕身不屈，雖隆榮等，營魂易遠，言追嘉惜。宜仰陪壝寢，恭頒饗奠，可配食高祖廟庭。」子瑜嗣。

時有盱眙馬明，字世朗，梁世事鄱陽嗣王蕭範。侯景之亂，據廬江之東界，拒賊臨城柵。元帝授散騎常侍、平北將軍、北兗州刺史，領廬江太守。荆州陷沒，歸于高祖。紹泰中，復官位，封西華縣侯，邑二千戶。亦隨文育西征王琳，於沌口軍敗，明力戰死之，贈使持節、征西將軍、郢州刺史。

程靈洗字玄滌，新安海寧人也。少以勇力聞，步行日二百餘里，便騎善游。梁末，海寧、黟、歙等縣及鄱陽、宣城郡界多盜賊，近縣苦之。靈洗素爲鄉里所畏伏，前後守長恆使召募少年，逐捕劫盜。

侯景之亂，靈洗聚徒據黟、歙以拒景。景軍據有新安，新安太守湘西鄉侯蕭隱奔依靈洗，靈洗奉以主盟。梁元帝於荆州承制，又遣使閒道奉表。劉神茂自東陽建義拒賊，靈洗攻下新安，與神茂相應。元帝授持節、通直散騎常侍、都督新安郡諸軍事、雲麾將軍、譙州刺史資，領新安太守，封巴丘縣侯，邑五百戶。神茂爲景所破，景偏帥呂子榮進攻新安，靈洗退保黟、歙。及景敗，子榮退走，靈洗復據新安。進軍建德，擒賊帥趙桑乾。以功授持節、散騎常侍、都督青冀二州諸軍事、青州刺史，增邑并前一千戶，將軍、太守如故。

仍令靈洗率所部下揚州，助王僧辯鎮防。遷吳興太守，未行，僧辯命靈洗從侯瑱西援荆州。荆州陷，還都。高祖誅僧辯，靈洗率所領來援，其徒力戰於石頭西門，〔一〕軍不利，遣使招諭，久之乃降，高祖深義之。紹泰元年，授使持節、信武將軍、蘭陵太守，常侍如故，助防京口。及平徐嗣徽，靈洗有功，除南丹陽太守，封遂安縣侯，增邑并前一千五百戶，仍鎮採石。

隨周文育西討王琳，於沌口敗績，爲琳所拘。明年，與侯安都等逃歸。兼丹陽尹，出爲高唐、太原二郡太守，仍鎮南陵。遷太子左衞率。高祖崩，王琳前軍東下，靈洗於南陵破之，虜其兵士，并獲青龍十餘乘。以功授持節、都督南豫州緣江諸軍事、信武將軍、南豫州刺史。侯瑱等敗王琳于柵口，靈洗乘勝逐北，據有魯山。徵爲左衞將軍，〔二〕餘如故。

天嘉四年，周迪重寇臨川，以靈洗爲都督，自鄱陽別道擊之，迪又走山谷間。五年，遷中護軍，常侍如故。出爲使持節、都督郢巴武三州諸軍事、宣毅將軍、郢州刺史。廢帝即位，進號雲麾將軍。

華皎之反也，遣使招誘靈洗，靈洗斬皎使，以狀聞。朝廷深嘉其忠，增其守備，給鼓吹一部，因推心待之，使其子文季領水軍助防。是時周遣其將長胡公拓跋定率步騎二萬助皎攻圍靈洗，靈洗嬰城固守。及皎退，乃出軍蹙定，定不獲濟江，以其衆降。因進攻周沔州，

克之，擒其刺史裴寬。以功進號安西將軍，改封重安縣公，增邑并前二千戶。

靈洗性嚴急，御下甚苛刻，士卒有小罪，必以軍法誅之，造次之閒，便加捶撻，而號令分明，與士卒同甘苦，衆亦以此依附。性好播植，躬勤耕稼，至於水陸所宜，刈穫早晚，雖老農不能及也。伎妾無游手，竝督之紡績。至於散用貲財，亦弗儉吝。光大二年，卒於州，時年五十五。贈鎭西將軍、開府儀同三司，謚曰忠壯。太建四年，詔配享高祖廟庭。子文季嗣。

文季字少卿。幼習騎射，多幹略，果決有父風。弱冠從靈洗征討，必前登陷陣。靈洗與周文育、侯安都等敗於沌口，爲王琳所執，高祖召陷賊諸將子弟厚遇之，文季最有禮容，深爲高祖所賞。永定中，累遷通直散騎侍郎、句容令。世祖嗣位，除宣惠始興王府限內中直兵參軍。是時王爲揚州刺史，鎭冶城，府中軍事，悉以委之。

天嘉二年，除貞毅將軍、新安太守，仍隨侯安都東討留異。異黨向文政據有新安，文季率精甲三百，輕往攻之。文政遣其兄子瓚來拒，文季與戰，大破瓚軍，文政乃降。

三年，始興王伯茂出鎭東州，復以文季爲鎭東府中兵參軍，帶剡令。

四年，陳寶應與留異連結，又遣兵隨周迪更出臨川，世祖遣信義太守余孝頃自海道襲晉安，文季爲之前軍，所向克捷。陳寶應平，文季戰功居多，還，轉府諮議參軍，領中直兵。出爲臨海太守。尋乘金翅助父鎭郢城。華皎平，靈洗及文季竝有扞禦之功。及靈洗卒，文季盡領其衆，起爲超武將軍，仍助防郢州。文季性至孝，雖軍旅奪禮，而毀瘠甚至。

太建二年，爲豫章內史，將軍如故。服闋，襲封重安縣公。隨都督章昭達率軍往荊州征蕭巋。巋與周軍多造舟艦，置于青泥水中。時水長漂疾，昭達乃遣文季共錢道戢輕舟襲之，盡焚其舟艦。昭達因蕭巋等兵稍怠，又遣文季夜入其外城，殺傷甚衆。既而周兵大出，巴陵內史雷道勤拒戰死之，文季僅以身免。以功加通直散騎常侍、安遠將軍，增邑五百戶。

五年，都督吳明徹北討秦郡，秦郡前江浦通(塗)〔涂〕水，〔三〕齊人竝下大柱爲杙，柵水中，乃前遣文季領驍勇拔開其柵，明徹率大軍自後而至，攻秦郡克之。又別遣文季圍涇州，屠其城，進攻盱眙，拔之。仍隨明徹圍壽陽。

文季臨事謹急，御下嚴整，前後所克城壘，率皆迮水爲堰，土木之功，動踰數萬。每置陣役人，文季必先諸將，夜則早起，迄暮不休，軍中莫不服其勤幹。每戰恆爲前鋒，齊軍深憚之，謂爲程獸。〔四〕以功除散騎常侍、明威將軍，增邑五百戶。又帶新安內史，進號武毅將軍。

八年，爲持節、都督譙州諸軍事、安遠將軍、譙州刺史。其年，又督北徐仁州諸軍事、北徐州刺史，餘竝如故。九年，又隨明徹北討，於呂梁作堰，事見明徹傳。十年春，敗績，爲周所囚，仍授開府儀同三司。十一年，自周逃歸，至渦陽，爲邊吏所執，還送長安，死于獄中。後主是時既與周絕，不之知也。至德元年，後主始知之，追贈散騎常侍。尋又詔曰：「故散騎常侍、前重安縣開國公文季，纂承門緒，克荷家聲。早歲出軍，雖非元帥，啓行爲最，致果有聞，而覆喪車徒，允從黜削。但靈洗之立功扞禦，久而見思，文季之埋魂異域，有足可憫。言念勞舊，傷茲廢絕，宜存廟食，無使餒而。可降封重安縣侯，邑一千戶，以子饗襲封。」〔五〕

史臣曰：程靈洗父子竝御下嚴苛，治兵整肅，然與衆同其勞苦，匪私財利，士多依焉，故臨戎克辦矣。

校勘記

〔一〕其徒力戰於石頭西門　殿本考證云「徒」南史作「夜」。今按：疑作「夜」是。

〔二〕徵爲左衞將軍　「左衞將軍」各本竝譌「衞士將軍」，今據南史改。

〔三〕秦郡前江浦通(塗)〔涂〕水　據南史及通鑑改。按涂水卽滁水，通鑑胡注云「涂，讀曰滁」。

〔四〕謂爲程獸　「獸」北監本、殿本作「虎」，此避唐諱。按南史改「虎」爲「彪」，亦避唐諱。

〔五〕以子饗襲封　殿本考證云「饗」南史作「嚮」。

陳書卷十一

列傳第五

黃法氍　淳于量　章昭達

黃法氍字仲昭，巴山新建人也。少勁捷有膽力，步行日三百里，距躍三丈。頗便書疏，閑明簿領，出入郡中，爲鄉閭所憚。侯景之亂，於鄉里合徒衆。太守賀詡下江州，法氍監知郡事。高祖將踰嶺入援建業，李遷仕作梗中途，高祖命周文育屯于西昌，法氍遣兵助文育。時法氍出頓新淦縣，景遣行臺于慶至豫章，慶分兵來襲新淦，法氍拒戰，敗之。高祖亦遣文育進軍討慶，文育疑慶兵彊，未敢進，法氍率衆會之，因進克笙屯，俘獲甚衆。梁元帝承制授超猛將軍、交州刺史資，領新淦縣令，封巴山縣子，邑三百戶。承聖三年，除明威將軍、游騎將軍，進爵爲侯，邑五百戶。貞陽侯僭位，除左驍騎將軍。敬帝卽位，改封新建縣侯，邑如前。

太平元年，割江州四郡置高州，以法氍爲使持節、散騎常侍、都督高州諸軍事、信武將軍、高州刺史，鎭于巴山。蕭勃遣歐陽頠攻法氍，法氍與戰，破之。永定二年，王琳遣李孝欽、樊猛、余孝頃攻周迪，且謀取法氍，法氍率兵援迪，擒孝頃等三將。進號宣毅將軍，增邑幷前一千戶，給鼓吹一部。又以拒王琳功，授平南將軍、開府儀同三司。熊曇朗於金口反，害周文育，法氍共周迪討平之，語在曇朗傳。世祖嗣位，進號安南將軍。天嘉二年，周迪反，法氍率兵會都督吳明徹，討迪於工塘。迪平，法氍功居多。徵爲使持節、散騎常侍、都督南徐州諸軍事、鎭北大將軍、南徐州刺史，儀同、鼓吹竝如故。未拜，尋又改授都督江吳二州諸軍事、鎭南大將軍、江州刺史。六年，徵爲中衞大將軍。

廢帝卽位，進爵爲公，給扶。光大元年，出爲使持節、都督南徐州諸軍事、鎭北將軍、南徐州刺史。二年，徙爲都督郢巴武三州諸軍事、鎭西將軍、郢州刺史，持節如故。

太建元年，進號征西大將軍。二年，徵爲侍中、中權大將軍。四年，出爲使持節、散騎常侍、都督南豫州諸軍事、征南大將軍、南豫州刺史。五年，大舉北伐，都督吳明徹出秦郡，以法氍爲都督，出歷陽。齊遣其歷陽王步騎五萬來援，〔一〕於小峴築城，法氍遣左衞將軍樊毅分兵於大峴禦之，大破齊軍，盡獲人馬器械。於是乃爲拍車及步艦，豎拍以逼歷陽。歷陽人窘蹙乞降，法氍緩之，則又堅守，法氍怒，親率士卒攻城，施拍加其樓堞。時又大雨，城崩，克之，盡誅戍卒。進兵合肥，望旗降款，法氍不令軍士侵掠，躬自撫勞，而與之盟，竝放還北。以功加侍中，改封義陽郡公，邑二千戶。其年，遷都督合霍二州諸軍事、征西大將軍、合州刺史，增邑五百戶。七年，徙都督豫建光朔合北徐六州諸軍事、豫州刺史，鎭壽陽，侍中、散騎常侍、持節、將軍、儀同、鼓吹、扶竝如故。八年十月，薨，時年五十九。贈侍中、中權大將軍、司空，諡曰威。子玩嗣。

淳于量字思明。其先濟北人也，世居京師。父文成，仕梁爲將帥，官至光烈將軍、梁州刺史。

量少善自居處，偉姿容，有幹略，便弓馬。梁元帝爲荆州刺史，文成分量人馬，令往事焉。起家湘東王國常侍，兼西中郎府中兵參軍。累遷府佐、常兼中兵、直兵者十餘載，兵甲士卒，盛於府中。荆、雍之界，蠻左數反，山帥文道期積爲邊患，中兵王僧辯征之，頻戰不利，遣量助之。量至，與僧辯幷力，大破道期，斬其酋長，俘虜萬計。以功封廣晉縣男，邑三百戶，授涪陵太

守。歷爲新興、武寧二郡太守。

侯景之亂，梁元帝凡遣五軍入援京邑，量預其一。臺城陷，量還荆州。元帝承制以量爲假節、通直散騎常侍、都督巴州諸軍事、信威將軍、巴州刺史。侯景西上攻巴州，元帝使都督王僧辯入據巴陵。量與僧辯幷力拒景，大敗景軍，擒其將任約。進攻郢州，獲宋子仙。仍隨僧辯克平侯景。承聖元年，以功授左衞將軍，封謝沐縣侯，邑五百戶。尋出爲持節、都督桂定東西寧等四州諸軍事、信威將軍、安遠護軍、桂州刺史。

荆州陷，量保據桂州。王琳擁割湘、郢，累遣召量，量外雖與琳往來，而別遣使從間道歸於高祖。高祖受禪，授持節、散騎常侍、平西大將軍，給鼓吹一部，都督、刺史竝如故。尋進號鎭南將軍。仍授都督、鎭西大將軍、開府儀同三司。世祖嗣位，進號征南大將軍。

王琳平後，頻請入朝，天嘉五年，徵爲中撫大將軍，〔二〕常侍、儀同、鼓吹竝如故。量所部將帥，多戀本土，〔三〕竝欲逃入山谷，不願入朝。世祖使湘州刺史華皎征衡州界黃洞，且以兵迎量。天康元年，至都，以在道淹留，爲有司所奏，免儀同，餘竝如故。光大元年，給鼓吹一部。華皎構逆，以量爲使持節、征南大將軍、西討大都督，總率大艦，自郢州樊浦拒之。皎平，幷降周將長胡公拓跋定等。以功授侍中、中軍大將軍、開府儀同三司，進封醴陵縣公，增邑一千戶。未拜，出爲使持節、都督南徐州諸軍事、鎭北將軍、南徐州刺史，侍中、儀

同、鼓吹竝如故。

太建元年，進號征北大將軍，給扶。三年，坐就江陰王蕭季卿買梁陵中樹，季卿坐免，量免侍中。尋復加侍中。五年，徵爲中護大將軍，〔四〕侍中、儀同、鼓吹、扶竝如故。吳明徹之西伐也，量贊成其事，遣第六子岑率所領從軍。淮南克定，量改封始安郡公，增邑一千五百戶。六年，出爲使持節、都督郢巴南司定四州諸軍事、征西大將軍、郢州刺史，侍中、儀同、鼓吹、扶竝如故。七年，徵爲中軍大將軍、護軍將軍。九年，以公事免侍中。尋復加侍中。十年，吳明徹陷沒，加量使持節、都督水陸諸軍事，仍授散騎常侍、都督南北兗譙三州諸軍事、車騎將軍、南兗州刺史，餘竝如故。十三年，加左光祿大夫，增邑五百戶，餘竝如故。十四年四月薨，時年七十二。贈司空。

章昭達字伯通，吳興武康人也。祖道蓋，齊廣平太守。父法尙，梁揚州議曹從事。昭達性倜儻，輕財尙氣。少時，嘗遇相者，謂昭達曰：「卿容貌甚善，須小虧損，則當富貴。」梁大同中，昭達爲東宮直後，因醉墜馬，鬢角小傷，昭達喜之，相者曰「未也」。及侯景之亂，昭達率募鄉人援臺城，爲流矢所中，眇其一目，相者見之，曰：「卿相善矣，不久當貴。」

京城陷，昭達還鄉里，與世祖遊，因結君臣之分。侯景平，世祖爲吳興太守，昭達杖策來謁世祖。世祖見之大喜，因委以將帥，恩寵優渥，超於儕等。及高祖討王僧辯，令世祖還長城招聚兵衆，以備杜龕，頻使昭達往京口，稟承計畫。僧辯誅後，龕遣其將杜泰來攻長城，世祖拒之，命昭達總知城內兵事。及杜泰退走，因從世祖東進，軍吳興，以討杜龕。龕平，又從世祖東討張彪於會稽，克之。累功除明威將軍、定州刺史。

是時留異擁據東陽，私署守宰，高祖患之，乃使昭達爲長山縣令，居其心腹。永定二年，除武康令。世祖嗣位，除員外散騎常侍。天嘉元年，追論長城之功，封欣樂縣侯，邑一千戶。

尋隨侯安都等拒王琳于(池)〔柵〕口，〔五〕戰于蕪湖，昭達乘平虜大艦，中流而進，先鋒發拍中于賊艦。王琳平，昭達册勳第一。二年，除使持節、散騎常侍、都督郢巴武沅四州諸軍事、智武將軍、郢州刺史，增邑幷前千五百戶。尋進號平西將軍。

周迪據臨川反，詔令昭達便道征之。及迪敗走，徵爲護軍將軍，給鼓吹一部，改封邵武縣侯，增邑幷前二千戶，常侍如故。四年，陳寶應納周迪，復共寇臨川，又以昭達爲都督討迪。至東興嶺，而迪又退走。昭達仍踰嶺，頓于建安，以討陳寶應。寶應據建安、晉安二郡之界，水陸爲柵，以拒官軍。昭達與戰不利，因據其上流，命軍士伐木帶枝葉爲筏，施拍於其上，綴以大索，相次列營，夾于兩岸。寶應數挑戰，昭達按甲不動。俄而暴雨，江水大長，昭達放筏衝突寶應水柵，水柵盡破。又出兵攻其步軍。方大合戰，會世祖遣余孝頃出自海道。適至，因幷力乘之，寶應大潰，遂克定閩中，盡擒留異、寶應等。以功授鎭前將軍、開府儀同三司。

初，世祖嘗夢昭達升於台鉉，及旦，以夢告之。至是侍醼，世祖顧昭達曰：「卿憶夢不？何以償夢？」昭達對曰：「當効犬馬之用，以盡臣節，自餘無以奉償。」尋又出爲使持節、都督江郢吳三州諸軍事、鎭南將軍、江州刺史，常侍、儀同、鼓吹如故。

廢帝卽位，遷侍中、征南將軍，改封邵陵郡公。華皎之反也，其移書文檄，竝假以昭達爲辭，又頻遣使招之，昭達盡執其使，送于京師。皎平，進號征南大將軍，增邑幷前二千五百戶。秩滿，徵爲中撫大將軍，侍中、儀同、鼓吹如故。高宗卽位，進號車騎大將軍，以還朝遲留，爲有司所劾，降號車騎將軍。

歐陽紇據有嶺南反，詔昭達都督衆軍討之。昭達倍道兼行，達于始興。紇聞昭達奄至，恇擾不知所爲，乃出頓洭口，多聚沙石，盛以竹籠，置于水柵之外，用遏舟艦。昭達居其上流，裝艫造拍，以臨賊柵。又令軍人銜刀，潛行水中，以斫竹籠，籠篾皆解。因縱大艦隨流突之，賊衆大敗，因而擒紇，送于京師，廣州平。以功進車騎大將軍，遷司空，餘竝如故。

太建二年，率師征蕭巋于江陵。時蕭巋與周軍大蓄舟艦於青泥中，昭達分遣偏將錢道戢、程文季等，乘輕舟襲之，焚其舟艦。周兵又於峽下南岸築壘，〔六〕名曰安蜀城，於江上橫引大索，編葦爲橋，〔七〕以度軍糧。昭達乃命軍士爲長戟，施於樓船之上，仰割其索，索斷糧絕，因縱兵以攻其城，降之。

三年，遘疾，薨，時年五十四。贈大將軍，增邑五百戶，給班劍二十人。

昭達性嚴刻，每奉命出征，必晝夜倍道；然有所克捷，必推功將帥，廚膳飲食，竝同於羣下，將士亦以此附之。每飲會，必盛設女伎雜樂，備盡羌胡之聲，音律姿容，竝一時之妙，雖臨對寇敵，旗鼓相望，弗之廢也。四年，配享世祖廟庭。

子大寶，襲封邵陵郡公，累官至散騎常侍、護軍。出爲豐州刺史，在州貪縱，百姓怨酷，後主以太僕卿李暈代之。至德三年四月，暈將到州，大寶乃襲殺暈，舉兵反，遣其將楊通寇建安。建安內史吳慧覺據郡城拒之，通累攻不克。官軍稍近，人情離異，大寶計窮，乃與通俱逃。臺軍主陳景詳率兵追躡大寶。大寶既入山，山路阻險，不復能行，通背負之，稍進。尋爲追兵所及，生擒送都，於路死，傳首梟于朱雀航，夷三族。

史臣曰：黃法𣰋、淳于量值梁末喪亂，劉、項未分，其有辯明暗見是非者蓋鮮，二公達向背之理，位至鼎司，亦其智也。昭達與世祖鄉壤惟舊，義等鄧、蕭，世祖纂曆，委任隆重，至於戰勝攻取，累平寇難，斯亦良臣良將，一代之吳、耿矣。

校勘記

〔一〕齊遣其歷陽王步騎五萬來援　按宣帝紀云「齊遣兵十萬援歷陽」，此云「五萬」，與紀異。

〔二〕徵爲中撫大將軍　「中撫大將軍」世祖紀作「中撫軍大將軍」，南史亦作「中撫軍大將軍」。按「中撫」各書或作「中撫軍」。

〔三〕多戀本土　「土」原譌「生」，各本不譌，今改正。

〔四〕徵爲中護大將軍　「中護大將軍」宣帝紀太建五年、六年並作「中權大將軍」，徐陵傳作「中權將軍」。

〔五〕尋隨侯安都等拒王琳于(沌)〔柵〕口　據侯安都傳、侯瑱傳及通鑑改。按通鑑胡注云「柵口在濡須口之東，水導巢湖，今謂之柵江口」。若沌口，則爲前王琳大敗陳師，侯安都等被俘處，當沌水入江之口，遠在柵口之西矣。

〔六〕周兵又於峽下南岸築壘　「峽下」南史作「峽口」，通鑑同。按通鑑胡注云：「峽口，西陵峽口也。」

〔七〕編筆爲橋　「筆」北監本、汲本、殿本並作「葦」，南史、通鑑同。

陳書卷十二

列傳第六

胡穎　徐度 子敬成　杜稜　沈恪

胡穎字方秀，吳興東遷人也。其先寓居吳興，土斷爲民。穎偉姿容，性寬厚。梁世仕至武陵國侍郎，東宮直前。出番禺，征討俚洞，廣州西江督護高祖在廣州，穎仍自結高祖，高祖與其同郡，接遇甚隆。及南征交阯，穎從行役，餘諸將帥皆出其下。及平李賁，高祖旋師，穎隸在西江，出兵多以穎留守。

侯景之亂，高祖克元景仲，仍渡嶺援臺，平蔡路養、李遷仕，穎皆有功。歷平固、遂興二縣令。高祖進軍頓西昌，以穎爲巴丘縣令，鎮大皐，督糧運。下至豫章，以穎監豫章郡。高祖率衆與王僧辯會於白茅灣，同討侯景，以穎知留府事。梁承聖初，元帝授穎假節、鐵騎將軍、羅州刺史，封漢陽縣侯，邑五百戶。尋除豫章內

史，隨高祖鎮京口。齊遣郭元建出關，都督侯瑱率師禦之。高祖選府內驍勇三千人配穎，令隨瑱，於東關大破之(元建)。〔一〕三年，高祖圍廣陵，齊人東方光據宿預請降，〔二〕以穎爲五原太守，隨杜僧明援光，不克，退還，除曲阿令。尋領馬軍，從高祖襲王僧辯。又隨周文育於吳興討杜龕。紹泰元年，除假節、都督南豫州諸軍事、輕車將軍、南豫州刺史。太平元年，除持節、散騎常侍、仁威將軍。尋兼丹陽尹。

高祖受禪，兼左衞將軍，餘如故。永定三年，隨侯安都征王琳，於宮亭破賊帥常衆愛等。世祖嗣位，除侍中、都督吳州諸軍事、宣惠將軍、吳州刺史。不行，尋爲義興太守，將軍如故。天嘉元年，除散騎常侍、吳興太守。其年六月卒，時年五十四。贈侍中、中護軍，謚曰壯。二年，配享高祖廟庭。子六同嗣。

穎弟鑠，亦隨穎將軍。穎卒，鑠統其衆。歷東海、豫章二郡守，遷員外散騎常侍。隨章昭達南平歐陽紇，〔三〕爲廣州東江督護。還預北伐，除雄信將軍、歷陽太守。太建六年卒，贈桂州刺史。

徐度字孝節，安陸人也。世居京師。少倜儻，不拘小節。及長，姿貌瓌偉，嗜酒好博，

恆使僮僕屠酤爲事。梁始興內史蕭介之郡，度從之，將領士卒，征諸山洞，以驍勇聞。高祖征交阯，厚禮招之，度乃委質。

侯景之亂，高祖克定廣州，平蔡路養，破李遷仕，計畫多出於度。兼統兵甲，每戰有功。歸至白茅灣，梁元帝授寧朔將軍、合州刺史。侯景平後，追錄前後戰功，加通直散騎常侍，封廣德縣侯，邑五百戶。遷散騎常侍。

高祖鎮朱方，除信武將軍、蘭陵太守。高祖遣衡陽獻王（平）〔往〕荆州，〔四〕度率所領從焉。江陵陷，閒行東歸。高祖平王僧辯，度與侯安都爲水軍。紹泰元年，高祖東討杜龕，奉敬帝幸京口，以度領宿衞，并知留府事。

徐嗣徽、任約等來寇，高祖與敬帝還都。時賊已據石頭城，市鄽居民，竝在南路，去臺遙遠，恐爲賊所乘，乃使度將兵鎮于冶城寺，築壘以斷之。賊悉衆來攻，不能克。高祖尋亦救之，大敗約等。明年，嗣徽等又引齊寇濟江，度隨衆軍破之於北郊壇。以功除信威將軍、郢州刺史，兼領吳興太守。尋遷鎮右將軍、領軍將軍、徐州緣江諸軍事、〔五〕鎮北將軍、南徐州刺史，給鼓吹一部。

周文育、侯安都等西討王琳，敗績，爲琳所拘，乃以度爲前軍都督，鎮于南陵。世祖嗣位，遷侍中、中撫軍將軍、開府儀同三司，進爵爲公。未拜，出爲使持節、散騎常侍、鎮東將

軍、吳郡太守。天嘉元年，增邑千戶。以平王琳功，改封湘東郡公，邑四千戶。秩滿，爲侍中、中軍將軍。出爲使持節、都督會稽東陽臨海永嘉新安新寧信安晉安建安九郡諸軍事、鎮東將軍、會稽太守。未行而太尉侯瑱薨于湘州，乃以度代瑱爲都督湘沅武巴郢桂六州諸軍事、鎮南將軍、湘州刺史。秩滿，爲侍中、中軍大將軍，儀同、鼓吹竝如故。

世祖崩，度預顧命，以甲仗五十人入殿省。廢帝卽位，進位司空。華皎據湘州反，引周兵下至沌口，與王師相持，乃加度使持節、車騎將軍，總督步軍，自安成郡由嶺路出于湘東，以襲湘州，盡獲其所留軍人家口以歸。光大二年薨，時年六十。贈太尉，給班劒二十人，謚曰忠肅。太建四年，配享高祖廟庭。子敬成嗣。

敬成幼聰慧，好讀書，少機警，善占對，結交文義之士，以識鑒知名。起家著作郎。永定元年，領度所部士卒，隨周文育、侯安都征王琳，於沌口敗績，爲琳所縶。二年，隨文育、侯安都得歸，除太子舍人，遷洗馬。（敬成父）度爲吳郡太守，〔六〕以敬成監郡。天嘉二年，遷太子中舍人，拜湘東郡公世子。四年，度自湘州還朝，士馬精銳，敬成盡領其衆。隨章昭達征陳寶應，晉安平，除貞威將軍、豫章太守。光大元年，華皎謀反，以敬成爲假節、都督巴州諸軍事、雲旗將軍、巴州刺史。尋詔爲水軍，隨吳明徹征華皎，皎平還州。（太建）二年，〔七〕以父憂去職。尋起爲持節、都督南豫州諸軍事、壯武將軍、南豫州刺史。四年，襲爵湘東郡公，授太子右衞率。

五年，除貞威將軍、吳興太守。其年隨都督吳明徹北討，出秦郡，別遣敬成爲都督，乘金翅自歐陽引埭上泝江由廣陵。齊人皆城守，弗敢出。自繁梁湖下淮，圍淮陰城。仍監北兗州。淮、泗義兵相率響應，一二日間，衆至數萬，遂克淮陰、山陽、鹽城三郡，并連口、朐山二戍。仍進攻鬱州，克之。以功加通直散騎常侍、雲旗將軍，增邑五百戶。又進號壯武將軍，鎮朐山。坐於軍中輒科訂，并誅新附，免官。尋復爲持節、都督安元潼三州諸軍事、安州刺史，將軍如故，鎮宿預。七年卒，時年三十六。贈散騎常侍，謚曰思。子敞嗣。

杜稜字雄盛，吳郡錢塘人也。世爲縣大姓。稜頗涉書傳，少落泊，不爲當世所知。遂遊嶺南，事梁廣州刺史新渝侯蕭暎。暎卒，從高祖，恆典書記。侯景之亂，命稜將領，平蔡路養、李遷仕皆有功。軍至豫章，梁元帝承制授稜仁威將軍、石州刺史，上陌縣侯，邑八百戶。

侯景平，高祖鎮朱方，稜監義興、琅邪二郡。高祖誅王僧辯，〔八〕引稜與侯安都等共議，

稜難之。高祖懼其泄己，乃以手巾絞稜，稜悶絕于地，因閉於別室。軍發，召與同行。及僧辯平後，高祖東征杜龕等，留稜與安都居守。徐嗣徽、任約引齊寇濟江，攻臺城，安都與稜隨方抗拒，稜晝夜巡警，綏撫士卒，未常解帶。賊平，以功除通直散騎常侍、右衞將軍、丹陽尹。永定元年，加侍中、忠武將軍。尋遷中領軍，侍中、將軍如故。

三年，高祖崩，世祖在南皖。時內無嫡嗣，外有彊敵，侯瑱、侯安都、徐度等竝在軍中，朝廷宿將，唯稜在都，獨典禁兵，乃與蔡景歷等祕不發喪，奉迎世祖，事見景歷傳。世祖卽位，遷領軍將軍。天嘉元年，以預建立之功，改封永城縣侯，增邑五百戶。出爲雲麾將軍，晉陵太守，加秩中二千石。二年，徵爲侍中、領軍將軍。尋遷翊左將軍、丹陽尹。

廢帝卽位，遷鎮右將軍、特進，侍中、尹如故。光大元年，解尹，量置佐史，給扶，重授領軍將軍。

太建元年，出爲散騎常侍、鎮東將軍、吳興太守，秩中二千石。二年，徵爲侍中、鎮右將軍。尋加特進、護軍將軍。三年，以公事免侍中、護軍。四年，復爲侍中、右光祿大夫，并給鼓吹一部，將軍、佐史、扶竝如故

稜歷事三帝，竝見恩寵。末年不預征役，優遊京師，賞賜優洽。頃之卒于官，時年七十。贈開府儀同三司，喪事所須，竝令資給，謚曰成。其年配享高祖廟庭。子安世嗣。

沈恪字子恭，吳興武康人也。深沈有幹局。梁新渝侯蕭映爲郡將，召爲主簿。映遷北徐州，恪隨映之鎮。映遷廣州，以恪兼府中兵參軍，常領兵討伐俚洞。盧子略之反也，恪拒戰有功，除中兵參軍。高祖與恪同郡，情好甚暱，蕭映卒後，高祖南討李賁，仍遣妻子附恪還鄉。尋補東宮直後，以嶺南勳除員外散騎侍郎，仍令招集宗從子弟。〔九〕

侯景圍臺城，恪率所領入臺，隨例加右軍將軍。賊起東西二土山以逼城，城內亦作土山以應之，恪爲東土山主，晝夜拒戰。以功封東興縣侯，邑五百戶。遷員外散騎常侍。京城陷，恪閒行歸鄉里。高祖之討侯景，遣使報恪，乃於東起兵相應。賊平，恪謁高祖於京口，卽日授都軍副。尋爲(君)〔府〕司馬。〔一〇〕

及高祖謀討王僧辯，恪預其謀。時僧辯女壻杜龕鎭吳興，高祖乃使世祖還長城，立柵備龕，又使恪還武康，招集兵衆。及僧辯誅，龕果遣副將杜泰率衆襲世祖於長城。恪時已率兵士出縣誅龕黨與，高祖尋遣周文育來援長城，文育至，泰乃遁走。世祖仍與文育進軍出郡，恪軍亦至，屯于郡南。及龕平，世祖襲東揚州刺史張彪，以恪監吳興郡。太平元年，除宣猛將軍、交州刺史。其年遷永嘉太守。不拜，復令監吳興郡。自吳興入朝。高祖受

禪，使中書舍人劉師知引恪，令勒兵入(辭)，〔一一〕因衞敬帝如別宮。恪乃排闥入見高祖，叩頭謝曰：「恪身經事蕭家來，今日不忍見許事，分受死耳，決不奉命。」高祖嘉其意，乃不復逼，更以盪主王僧志代之。

高祖踐祚，除吳興太守。永定二年，徙監會稽郡。會余孝頃謀應王琳，出兵臨川攻周迪，以恪爲壯武將軍，率兵踰嶺以救迪。余孝頃聞恪至，退走。三年，遷使持節、通直散騎常侍、智武將軍、吳州刺史，便道之鄱陽。尋有詔追還，行會稽郡事。其年，除散騎常侍、忠武將軍、會稽太守。

世祖嗣位，進督會稽、東陽、新安、臨海、永嘉、建安、晉安、新寧、信安九郡諸軍事，將軍、太守如故。天嘉元年，增邑五百戶。二年，徵爲左衞將軍。俄出爲都督郢武巴定四州諸軍事、軍師將軍、郢州刺史。六年，徵爲中護軍。尋遷護軍將軍。光大二年，遷使持節、都督荆武祐三州諸軍事、平西將軍、荆州刺史。未之鎭，改爲護軍將軍。〔一二〕

高宗卽位，加散騎常侍、都督廣衡東衡交越成定新合羅愛德宜黃利安石雙等十八州諸軍事、鎭南將軍、平越中郎將、廣州刺史。恪未至嶺，前刺史歐陽紇舉兵拒險，恪不得進，朝廷遣司空章昭達督衆軍討紇，紇平，乃得入州。州罹兵荒，所在殘毀，恪綏懷安緝，被以恩惠，嶺表賴之。

太建四年，徵爲領軍將軍。及代還，以途遠不時至，爲有司所奏免。十一年，起爲散騎常侍、衞尉卿。其年授平北將軍、假節，監南徐州。又遣電威將軍裴子烈領馬五百匹，助恪緣江防戍。十二年，改授散騎常侍、翊右將軍，監南徐州。明年，入爲衞尉卿，常侍、將軍如故。尋加侍中，遷護軍將軍。後主卽位，以疾改授散騎常侍、特進、金紫光祿大夫。其年卒，時年七十四。贈翊左將軍，詔給東園祕器，仍出舉哀，喪事所須，並令資給，謚曰元。子法興嗣。

史臣曰：胡穎、徐度、杜稜、沈恪竝附騏驥而騰躍，依日月之光輝，始覯王佐之才，方悟公輔之量，生則肉食，終以配饗。盛矣哉！

校勘記

〔一〕於東關大破之(元建)　據北監本、汲本、殿本及南史刪。按南監本亦有「元建」二字，或刪「之」字，作「於東關大破元建」，亦通。

〔二〕齊人東方光據宿預請降　「東方光」通鑑梁元帝承聖二年、三年凡兩見，皆作「東方白額」，北齊

書段韶傳同，疑白額爲光之別名。

〔三〕隨章昭達南平歐陽紇　按「達」原譌「連」，各本不譌，今改正。

〔四〕高祖遣衡陽獻王(平)〔往〕荆州　據南史改。時衡陽獻王爲質子至江陵，作「平」誤。

〔五〕徐州緣江諸軍事　張森楷校勘記云：「『徐』上疑有『南』字，下稱『南徐州刺史』，則此不得徒稱『徐』也。」

〔六〕(敬成父)度爲吳郡太守　據北監本、殿本刪。

〔七〕(太建)二年　按徐度傳，度卒於光大二年，廢帝紀同，今據刪「太建」二字。

〔八〕高祖誅王僧辯　殿本考證云「誅」字上南史有「謀」字。今按：有「謀」字是。

〔九〕仍令招集宗從子弟　殿本考證云「招」南史作「總」。

〔一〇〕尋爲(君)〔府〕司馬　據元龜七六五改。按「君」各本作「郡」，明此「君」字爲「郡」字之譌。然沈恪已爲員外散騎常侍，封縣侯，無更爲郡司馬之理。蓋其時陳霸先都督南徐州諸軍事、征北大將軍、開府儀同三司、南徐州刺史，恪爲其府之司馬也。元龜作「府司馬」是。

〔一一〕令勒兵入辭　按北監本、汲本、殿本無「辭」字，南史同。

〔一二〕光大二年至改爲護軍將軍　按廢帝紀，沈恪遷平西將軍、荆州刺史在光大元年十一月，改爲護軍將軍在光大二年十一月。

陳書卷十三

列傳第七

徐世譜　魯悉達　周敷　荀朗子法尚　周炅

徐世譜字興宗，巴東魚復人也。世居荊州，爲主帥，征伐蠻、蜒。至世譜，尤敢勇有膂力，善水戰。梁元帝之爲荊州刺史，世譜將領鄉人事焉。

侯景之亂，因預征討，累遷至員外散騎常侍。尋領水軍，從司徒陸法和討景，與景戰於赤亭湖。時景軍甚盛，世譜乃別造樓船、拍艦、火舫、水車以益軍勢。將戰，又乘大艦居前，大敗景軍，生擒景將任約，景退走。因隨王僧辯攻郢州，世譜復乘大艦臨其倉門，賊將宋子仙據城降。以功除使持節、信武將軍、信州刺史，封魚復縣侯，邑五百戶。仍隨僧辯東下，恆爲軍鋒。又破景將侯子鑒於湖熟。〔一〕侯景平後，以功除通直散騎常侍、衡州刺史資，(鎮)〔領〕河東太守，〔二〕增邑并前一千戶。

西魏來寇荊州，世譜鎮馬頭岸，據有龍(州)〔洲〕，〔三〕元帝授侍中、使持節、都督江南諸軍事、鎮南將軍、護軍將軍，給鼓吹一部。江陵陷沒，世譜東下依侯瑱。

紹泰元年，徵爲侍中、左衞將軍。高祖之拒王琳，其水戰之具，悉委世譜。世譜性機巧，諳解舊法，所造器械，竝隨機損益，妙思出人。

永定二年，遷護軍將軍。世祖嗣位，加特進，進號安右將軍。天嘉元年，增邑五百戶。二年，出爲使持節、散騎常侍、都督宣城郡諸軍事、安西將軍、宣城太守，秩中二千石。還爲安前將軍、右光祿大夫。尋以疾失明，謝病不朝。四年卒，時年五十五。贈本官，謚曰桓侯。

世譜從弟世休，隨世譜自梁征討，亦有戰功。官至員外散騎常侍、安遠將軍，枳縣侯，邑八百戶。光大二年，隸都督淳于量征華皎。卒，贈通直散騎常侍，謚曰壯。

魯悉達字志通，扶風郿人也。祖斐，齊通直散騎常侍、安遠將軍、衡州刺史，陽塘侯。父益之，梁雲麾將軍、新蔡義陽二郡太守。

悉達幼以孝聞，起家爲梁南平嗣王中兵參軍。侯景之亂，悉達糾合鄉人，保新蔡，力田蓄穀。時兵荒饑饉，京都及上川餓死者十八九，有得存者，皆攜老幼以歸焉。悉達分給粮

廩，其所濟活者甚衆，仍於新蔡置頓以居之。招集晉熙等五郡，盡有其地。使其弟廣達領兵隨王僧辯討侯景。景平，梁元帝授持節、仁威將軍、散騎常侍、北江州刺史。

敬帝即位，王琳據有上流，留異、余孝頃、周迪等所在鋒起，〔四〕悉達撫綏五郡，甚得民和，士卒皆樂爲之用。琳授悉達鎮北將軍，高祖亦遣趙知禮授征西將軍、江州刺史，各送鼓吹女樂，悉達兩受之，遷延顧望，皆不就。高祖遣安西將軍沈泰潛師襲之，不能克。齊遣行臺慕容紹宗以衆三萬來攻鬱口諸鎮，〔五〕兵甲甚盛，悉達與戰，敗齊軍，紹宗僅以身免。

王琳欲圖東下，以悉達制其中流，恐爲己患，頻遣使招誘，悉達終不從。琳不得下，乃連結於齊，共爲表裏，齊遣清河王高岳助之。相持歲餘，會裨將梅天養等懼罪，乃引齊軍入城。

悉達勒麾下數千人，濟江而歸高祖。高祖見之，甚喜，曰：「來何遲也？」悉達對曰：「臣鎮撫上流，願爲蕃屏，陛下授臣以官，恩至厚矣，沈泰襲臣，威亦深矣，然臣所以自歸於陛下者，誠以陛下豁達大度，同符漢祖故也。」高祖嘆曰：「卿言得之矣。」授平南將軍、散騎常侍、北江州刺史，封彭澤縣侯。世祖即位，進號安左將軍。

悉達雖仗氣任俠，不以富貴驕人，雅好詞賦，招禮才賢，與之賞會。遷安南將軍、吳州刺史。遭母憂，哀毀過禮，因遘疾卒，時年三十八。贈安左將軍、江州刺史，謚曰孝侯。子覽嗣。弟廣達，別有傳。

周敷字仲遠，臨川人也。爲郡豪族。敷形貌眇小，如不勝衣，而膽力勁果，超出時輩。性豪俠，輕財重士，鄉黨少年任氣者咸歸之。

侯景之亂，鄉人周續合徒衆以討賊爲名，梁內史始興(藩)王(蕭)毅以郡讓續，〔六〕續所部內有欲侵掠於毅，敷擁護之，親率其黨捍衞，送至豫章。時觀寧侯蕭永、長樂侯蕭基、豐城侯蕭泰避難流寓，聞敷信義，皆往依之。敷愍其危懼，屈體崇敬，厚加給邺，送之西上。

俄而續部下將帥爭權，復反，殺續以降周迪。迪素無簿閥，恐失衆心，倚敷族望，深求交結。敷未能自固，事迪甚恭，迪大憑仗之，漸有兵衆。迪據臨川之工塘，敷鎮臨川故郡。侯景平，梁元帝授敷使持節、通直散騎常侍、信武將軍、寧州刺史，封西豐縣侯，邑一千戶。

高祖受禪，王琳據有上流，余孝頃與琳黨李(希)〔孝〕欽等共圍周迪，〔七〕敷大致人馬以助於迪。迪擒孝頃等，敷功居多。

熊曇朗之殺周文育，據豫章，將兵萬餘人襲敷，徑至城下，敷與戰，大敗之，追奔五十餘里，曇朗單馬獲免，盡收其軍實。曇朗走巴山郡，收合餘黨，敷因與周迪、黃法𣰋等進兵圍曇朗，屠之。

王琳平，授散騎常侍、平西將軍、豫章太守。是時南江酋帥竝顧戀巢窟，私署令長，不受召，朝廷未遑致討，但羈縻之，唯敷獨先入朝。天嘉二年，詣闕，進號安西將軍，給鼓吹一部，賜以女樂一部，〔八〕令還鎮豫章。

周迪以敷素出己下，超致顯貴，深不平，乃舉兵反，遣弟方興以兵襲敷。敷與戰，大破方興。仍率衆從都督吳明徹攻迪，破之，擒其弟方興幷諸渠帥。詔以敷爲安西將軍、臨川太守，餘並如故。尋徵爲使持節、都督南豫北江二州諸軍事、鎮南將軍、南豫州刺史，增邑五百戶，常侍、鼓吹如故。

五年，迪又收合餘衆，還襲東興。世祖遣都督章昭達征迪，敷又從軍。至定川縣，與迪相對。迪紿敷曰：「吾昔與弟勠力同心，宗從匪他，豈規相害。今願伏罪還朝，因弟披露心腑，先乞挺身共立盟誓。」敷許之，方登壇，爲迪所害，時年三十五。詔曰：「使持節、散騎常侍、都督南豫州緣江諸軍事、鎮南將軍、南豫州刺史西豐縣開國侯敷，受任遐征，淹時違律，虛衿姦詭，遂貽喪仆。〔九〕但夙著勤誠，亟勞戎旅，猶深惻愴，愍悼于懷。可存其茅賦，量所賻卹，還葬京邑。」謚曰脫。子智安嗣。

敷兄象，共敷據本鄉，亦授臨川太守。

荀朗字深明，潁川潁陰人也。祖延祖，梁潁川太守，父伯道，衞尉卿。

朗少慷慨，有將帥大略，起家梁廬陵王行參軍。侯景之亂，朗招率徒旅，據巢湖間，無所屬。臺城陷後，簡文帝密詔授朗雲麾將軍、豫州刺史，令與外藩討景。景使儀同宋子仙、任約等頻往征之，朗據山立砦自守，子仙不能克。時京師大饑，百姓皆於江外就食，朗更招致部曲，解衣推食，以相賑贍，衆至數萬人。侯景敗於巴陵，朗出自濡須截景，破其後軍。王僧辯東討，朗遣其將范寶勝及弟曉領兵二千助之。侯景平後，又別破齊將郭元建於踟躕山。梁承聖二年，率部曲萬餘家濟江，入宣城郡界立頓。梁元帝授朗持節、通直散騎常侍、安南將軍、都督南兗州諸軍事、南兗州刺史。未行而荊州陷。

高祖入輔，齊遣蕭軌、東方老等來寇，據石頭城。朗自宣城來赴，因與侯安都等大破齊軍。永定元年，賜爵興寧縣侯，邑二千戶，以朗兄昂爲左衞將軍，弟晷爲太子右衞率。尋遣朗隨世祖拒王琳於南皖。

高祖崩，宣太后與舍人蔡景歷祕不發喪，朗弟曉在都微知之，乃謀率其家兵襲臺。事覺，景歷殺曉，仍繫其兄弟。世祖即位，竝釋之。因厚撫慰朗，令與侯安都等共拒王琳。琳平，遷使持節、安北將軍、散騎常侍、都督霍晉合三州諸軍事、合州刺史。天嘉六年卒，時年四十八。贈南豫州刺史，謚曰壯。子法尚嗣。

法尚少俶儻，有文武幹略，起家江寧令，襲爵興寧縣侯。太建五年，隨吳明徹北伐。尋授通直散騎侍郎，除涇令，歷梁、安城太守。禎明中，爲都督郢巴武三州諸軍事、郢州刺史。及隋軍濟江，法尚降于漢東道元帥秦王。入隋，歷邵、觀、綿、豐四州刺史，巴東、燉煌二郡太守。

周炅字文昭，汝南安城人也。祖彊，齊太子舍人、梁州刺史。父靈起，梁通直散騎常侍、廬桂二州刺史，保城縣侯。

炅少豪俠任氣，有將帥才。梁大同中爲通直散騎侍郎、朱衣直閤。太清元年，出爲弋陽太守。侯景之亂，元帝承制改授西陽太守，封西陵縣伯。景遣兄子思穆據守齊安，炅率驍勇襲破思穆，擒斬之。以功授持節、高州刺史。是時炅據武昌、西陽二郡，招聚卒徒，甲兵甚盛。景將任約來據樊山，炅與寧州長史徐文盛擊約，斬其部將叱羅子通、趙迦婁等。因乘勝追之，頻克，約衆殆盡。承聖元年，遷使持節、都督江定二州諸軍事、戎昭將軍、江州

刺史，進爵爲侯，邑五百戶。

高祖踐祚，王琳擁據上流，炅以州從之。及王琳遣其將曹慶等攻周迪，仍使炅將兵掎角而進，爲侯安都所敗，擒炅送都。世祖釋炅，授戎威將軍、定州刺史，帶西陽、武昌二郡太守。

天嘉二年，留異據東陽反，世祖召炅還都，欲令討異。未至而異平，炅還本鎮。天康元年，預平華皎之功，授員外散騎常侍。太建元年，遷持節、龍驤將軍、通直散騎常侍。

五年，進授使持節、西道都督安蘄江衡司定六州諸軍事、安州刺史，改封龍源縣侯，增邑幷前一千戶。其年隨都督吳明徹北討，所向克捷，一月之中，獲十二城。齊遣尚書左丞陸騫以衆二萬出自巴、蘄，與炅相遇。炅留羸弱輜重，設疑兵以當之，身率精銳，由間道邀其後，大敗騫軍，虜獲器械馬驢，不可勝數。進攻巴州，克之。於是江北諸城及穀陽士民，並誅渠帥以城降。進號和戎將軍、散騎常侍，增邑幷前一千五百戶。仍敕追炅入朝。

初，蕭詧定州刺史田龍升以城降，詔以爲振遠將軍、定州刺史，封赤亭王。及炅入朝，龍升以江北六州七鎮叛入于齊，齊遣歷陽王高景安帥師應之。於是令炅爲江北道大都督，總統衆軍，以討龍升。龍升使弋陽太守田龍琰率衆二萬陣於亭川，高景安於水陵、陰山爲其聲援，龍升引軍別營山谷。炅乃分兵各當其軍，身率驍勇先擊龍升，龍升大敗，龍琰望塵

而奔，並追斬之，高景安遁走，盡復江北之地。以功增邑并前二千戶，進號平北將軍，定州刺史，持節、都督如故，仍賜女妓一部。太建八年卒官，時年六十四。贈司州刺史，封武昌郡公，諡曰壯。子法僧嗣，官至宣城太守。

史臣曰：彼數子者，或驅馳前代，或擁據故鄉，並識運知歸，因機景附，位升列牧，爵致通侯，美矣。昔張耳、陳餘自同於至戚，周敷、周迪亦誓等暱親，尋鋒刃而誅殘，斯甚夫胡越矣。釁隙因於勢利，何其鄙歟？

校勘記

〔一〕又破景將侯子鑒於湖熟　按「湖熟」當作「姑孰」。梁元帝承聖元年，王僧辯等破侯景將侯子鑒於姑孰，見梁書侯景傳及通鑑。

〔二〕（鎮）〔領〕河東太守　據南史改。按錢大昕廿二史考異云：「『鎮』當作『領』。梁、陳之間，往往有以刺史資領郡守、縣令者。」

〔三〕據有龍（州）〔洲〕　據南史改。按讀史方輿紀要七八，荊州府江陵縣有龍洲，在府西南十六里江

中。

〔四〕留異余孝頃周迪等所在鋒起　「鋒起」各本作「蜂起」，南史、元龜四一二同。按鋒起言一時並起，勢銳不可當也。古書「鋒起」「蜂起」往往互出，如後漢書光武紀「寇盜鋒起」，注「『鋒』字或作『蜂』」，即其例也。

〔五〕齊遣行臺慕容紹宗以衆三萬來攻鬱口諸鎮　錢大昕廿二史考異云：「按慕容紹宗之死在齊未受禪以前，安得此時尚存。此史家傳聞之誤，南史亦仍舊聞，而未據北史以正之。」

〔六〕梁內史始興藩王蕭毅以郡讓續　錢大昕廿二史考異云：「按梁書及南史，始興王憺薨，世子亮嗣，無名『毅』者。」張森楷校勘記亦云：「『始興王憺嗣子亮于時尚存，不云名毅，未知毅爲憺何人也。』錢、張以『始興王』聯讀，誤。王毅見通鑑一六三，爲始興人。此『藩』、『蕭』兩字當後人擅加耳。

〔七〕余孝頃與琳黨李（希）〔孝〕欽等共圍周迪　據南史改。按黃法氍傳、周迪傳及北齊書王琳傳並作「李孝欽」。

〔八〕賜以女樂一部　「樂」各本並作「妓」。「一部」二字原缺，據各本補。

〔九〕遂貽喪仆　「仆」原作「什」，版刻之譌，今據元龜四五二、五九五改正。按北監本、汲本、殿本「仆」作「身」，疑後人妄改。

陳書卷十四

列傳第八

衡陽獻王昌　南康愍王曇朗　子方泰　方慶

衡陽獻王昌字敬業，高祖第六子也。梁太清末，高祖南征李賁，命昌與宣后隨沈恪還吳興。及高祖東討侯景，昌與宣后、世祖並爲景所囚。景平，拜長城國世子、吳興太守，時年十六。

昌容貌偉麗，神情秀朗，雅性聰辯，明習政事。高祖遣陳郡謝哲、濟陽蔡景歷輔昌爲郡，又遣吳郡杜之偉授昌以經書。昌讀書一覽便誦，明於義理，剖析如流。尋與高宗俱往荊州，梁元帝除員外散騎常侍。荊州陷，又與高宗俱遷關右，西魏以高祖故，甚禮之。

高祖即位，頻遣使請高宗及昌，周人許之而未遣，及高祖崩，乃遣之。是時王琳梗於中流，昌未得還，居于安陸。王琳平後，天嘉元年二月，昌發自安陸，由魯山濟江，而巴陵王蕭

沇等率百僚上表曰：

臣聞宗子維城，隆周之懋軌，封建藩屏，有漢之弘規，是以卜世斯永，寔資邢、衞，〔一〕鼎命靈長，實賴河、楚。

伏惟陛下神猷光大，聖德欽明，道高日月，德侔造化。往者王業惟始，天步方艱，參奉權謨，匡合義烈，威略外舉，神武內定，故以再康禹迹，大庇生民者矣。及聖武升遐，王師遠次，皇嗣寖隔，繼業靡歸，宗祧危殆，綴旒非喻。既而傳車言反，公卿定策，纂我洪基，光昭景運，民心有奉，園寢克寧，后來其蘇，復在茲日，物情天意，皎然可求。王琳逆命，逋誅歲久，今者連結犬羊，乘流縱釁，舟旗野陣，綿江蔽陸，兵疲民弊，杼軸用空，中外騷然，藩籬罔固。乃旰食當朝，憑流授律，蒼兕既馳，長虵自斃，廓清四表，澄滌八紘，雄圖遐舉，仁聲遠暢，德化所覃，風行草偃，故以功深於微禹，道大於惟堯，豈直社稷用寧，斯乃黔黎是賴。

第六皇弟昌，近以妙年出質，提契寇手，偏隔關徼，旋踵末由。陛下天倫之愛既深，克讓之懷常切。伏以大德無私，至公有在，豈得徇匹夫之恆情，忘王業之大計。憲章故實，式遵典禮，欽若姬、漢，建樹賢戚。湘中地維形勝，控帶川阜，扞城之寄，匪親勿居，宜啓服衡疑，乘崇徽飾。臣等參議，以昌爲使持節、散騎常侍、都督湘州諸軍事、

驃騎將軍、湘州牧，封衡陽郡王，邑五千戶，加給皁輪三望車，後部鼓吹一部，班劍二十人。啓可奉行。

詔曰「可」。三月入境，詔令主書舍人緣道迎接。景子，濟江，於中流船壞，以溺薨。

四月庚寅，喪柩至京師，上親出臨哭。乃下詔曰：「夫寵章所以嘉德，禮數所以崇親，乃歷代之通規，固前王之令典。新除使持節、散騎常侍、都督湘州諸軍事、驃騎將軍、湘州牧衡陽王昌，明哲在躬，珪璋早秀，孝敬內湛，聰睿外宣。梁季艱虞，宗社顛墜，西京淪覆，陷身關隴。及鼎業初基，外蕃逆命，聘問斯阻，音介莫通，睠彼機橋，將鱗烏白。今者羣公戮力，多難廓清，輕傳入郛，無勞假道。周朝敦其繼好，駿駕歸來，欣此朝聞，庶歡昏定。報施徒語，曾莫輔仁，人之云亡，殄悴斯在，奄焉薨殞，倍增傷悼。津門之慟空在，恆岫之切不追，靜言念之，心焉如割。宜隆懋典，以協徽猷。可贈侍中、假黃鉞、都督中外諸軍事、太宰、揚州牧。給東園溫明祕器，九旒鑾輅，黃屋左纛，武賁班劍百人，〔三〕轀輬車，前後部羽葆鼓吹。葬送之儀，一依漢東平憲王、齊豫章文獻王故事。仍遣大司空持節迎護喪事，大鴻臚副其羽衛，殯送所須，隨由備辦。」謚曰獻。無子，世祖以第七皇子伯信爲嗣。

南康愍王曇朗，高祖母弟忠壯王休先之子也。休先少倜儻有大志，梁簡文之在東宮，深被知遇。太清中既納侯景，有事北方，乃使休先召募得千餘人，授文德主帥，頃之卒。高祖之有天下也，每稱休先曰：「此弟若存，河洛不足定也。」梁敬帝即位，追贈侍中、使持節、驃騎將軍、南徐州刺史，封武康縣公，邑一千戶。高祖受禪，追贈侍中、車騎大將軍、司徒，封南康郡王，邑二千戶，謚曰忠壯。

曇朗少孤，尤爲高祖所愛，寵踰諸子。有膽力，善綏御。侯景平後，起家爲著作佐郎。齊援高祖北濟江，圍廣陵，宿預人東方光據鄉建義，乃遣曇朗與杜僧明自淮入泗應赴之。齊援大至，曇朗與僧明築壘抗禦。尋奉命班師，以宿預義軍三萬家濟江。高祖誅王僧辯，留曇朗鎮京口，知留府事。紹泰元年，除中書侍郎，監南徐州。

二年，徐嗣徽、任約引齊寇攻逼京邑，尋而請和，求高祖子姪爲質。時四方州郡竝多未賓，京都虛弱，粮運不斷，在朝文武咸願與齊和親，高祖難之，而重違衆議，乃言於朝曰：「孤謬輔王室，而使蠻夷猾夏，不能戡殄，何所逃責。今在位諸賢，且欲息肩偃武，與齊和好，以靜邊疆，若違衆議，必謂孤惜子姪，今決遣曇朗，弃之寇庭。且齊人無信，窺窬不已，謂我浸弱，必當背盟。齊寇若來，諸君須爲孤力鬭也。」高祖慮曇朗憚行，或奔竄東道，乃自率步騎往京口迎之，以曇朗還京師，仍使爲質於齊。

齊果背約，復遣蕭軌等隨嗣徽渡江，高祖與戰，大破之，虜蕭軌、東方老等。齊人請割地并入馬牛以贖之，高祖不許。及軌等誅，齊人亦害曇朗于晉陽，時〔年〕二十八。〔三〕是時既與齊絕，弗之知也。高祖踐祚，猶以曇朗襲封南康郡王，奉忠壯王祀，禮秩一同皇子。天嘉二年，齊人結好，方始知之。世祖詔曰：「夫追遠慎終，抑聞前誥。南康王曇朗，明哲懋親，蕃維是屬，入質北齊，用紓時難。皇運兆興，未獲旋反，永言跂予，日夜不忘。齊使始至，凶問奄及，追懷痛悼，兼倍常情，宜隆寵數，以光恆序。可贈侍中、安東將軍、開府儀同三司、南徐州刺史，謚曰愍。」乃遣兼郎中令隨聘使江德藻、劉師知迎曇朗喪柩，以三年春至都。

初，曇朗未質於齊，生子方泰、方慶。及將適齊，以二妾自隨，在北又生兩子：方華、方曠，亦同得還。

方泰少麤獷，與諸惡少年羣聚，遊逸無度，世祖以南康王故，特寬貰之。天嘉元年，詔曰：「南康王曇朗，出隔齊庭，反身莫測，國廟方修，奠饗須主，可以長男方泰爲南康世子，嗣南康王。」後聞曇朗薨，於是襲爵南康嗣王。尋爲仁威將軍、丹陽尹，置佐史。太建四年，還使持節、都督廣衡交越成定明新合羅德宜黃利安建石崖十九州諸軍事、〔四〕平越中郎將、廣州刺史。爲政殘暴，爲有司所奏，免官。尋起爲仁威將軍，置佐史。六年，授持節、都督豫

章郡諸軍事、豫章內史。在郡不修民事，秩滿之際，屢放部曲爲劫，又縱火延燒邑居，因行暴掠，驅錄富人，徵求財賄。代至，又淹留不還。至都，詔以爲宗正卿，將軍、佐史如故。未拜，爲御史中丞宗元饒所劾，免官，以王還第。

十一年，起爲寧遠將軍，直殿省。尋加散騎常侍，量置佐史。其年八月，高宗幸大壯觀，因大閱武，命都督任忠領步騎十萬，陳於玄武湖，都督陳景領樓艦五百，出于瓜步江，高宗登玄武門觀，〔五〕宴羣臣以觀之。因幸樂遊苑，設絲竹會。仍重幸大壯觀，集衆軍振旅而還。是時方泰當從，啓稱所生母疾，不行，因與亡命楊鍾期等二十人，微服往民間，淫人妻，爲州所錄。又率人仗抗拒，傷禁司，爲有司所奏。上大怒，下方泰獄。方泰初但承行淫，不承拒格禁司，上曰不承則上測，方泰乃投列承引。於是兼御史中丞徐君敷奏曰：〔六〕「臣聞王者之心，匪漏網而私物，至治之本，無屈法而申慈。謹案南康王陳方泰宗屬雖遠，幸託葭莩，刺舉莫成，共治罕績。聖上弘以悔往，許其錄用，宮闈寄切，宿衞是尸。豈有金門旦啓，玉輿曉蹕，百司馳騖，千隊騰驤，憚此翼從之勞，妄興晨昏之請。繇以危冠淇上，袨服桑中，臣子之釁，莫斯爲大，宜從霜簡，允寘（冬）〔秋〕官。〔七〕臣等參議，請依見事，解方泰所居官，下宗正削爵土。謹以白簡奏聞。」上可其奏。尋復本官爵。禎明初，遷侍中，將軍如故。

三年，隋師濟江，方泰與忠武將軍南豫州刺史樊猛、左衞將軍蔣元遜領水軍於白下，往

來斷遏江路。隋遣行軍元帥、長史高熲領船艦泝流當之，猛及元遜並降，方泰所部將士離散，乃弃船走。及臺城陷，與後主俱入關。隋大業中爲掖令。

方慶少清警，涉獵書傳。及長，有幹略。天嘉中，封臨汝縣侯。尋爲給事中、太子洗馬，權兼宗正卿，直殿省。太建九年，出爲輕車將軍、假節、都督定州諸軍事、定州刺史。秩滿，又爲散騎常侍，兼宗正卿。至德二年，進號智武將軍、武州刺史。初，廣州刺史馬靖久居嶺表，大得人心，士馬彊盛，朝廷疑之。至是以方慶爲仁威將軍、廣州刺史，以兵襲靖。靖誅，進號宣毅將軍。方慶性清謹，甚得民和。四年，進號雲麾將軍。

禎明三年，隋師濟江，〔東〕衡州刺史王勇遣高州刺史戴智烈將五百騎迎方慶，〔八〕欲令承制總督征討諸軍事。是時隋行軍總管韋洸帥兵度嶺，宣隋文帝敕云：「若嶺南平定，留勇與豐州刺史鄭萬頃且依舊職。」方慶聞之，恐勇賣己，乃不從，率兵以拒智烈。智烈與戰，敗之，斬方慶於廣州，虜其妻子。

王勇，太建中爲晉陵太守，在職有能名。方慶之襲馬靖也，朝廷以勇爲超武將軍、東衡州刺史，領始興內史，以爲方慶聲勢。靖誅，以功封龍陽縣子。及隋軍臨江，詔授勇使持節、光勝將軍、總督衡廣交桂武等二十四州諸軍事、平越中郎將，仍入援。會京城陷，勇因

移檄管內，徵兵據守，使其同產弟鄧暠將兵五千，頓于嶺上。又遣使迎方慶，欲假以爲名，而自執兵要。及方慶敗績，虜其妻子，收其貲產，分賞將帥。又令其將王仲宣、曾孝武迎西衡州刺史衡陽王伯信，伯信懼，奔于清遠郡，孝武追殺之。是時韋洸兵已上嶺，豐州刺史鄭萬頃據州不受勇召，而高梁女子（浩）〔洗〕氏舉兵以應隋軍，〔九〕攻陷傍郡，勇計無所出，乃以其衆降。行至荆州，道病卒，隋贈大將軍、宋州刺史，歸仁縣公。

鄭萬頃，滎陽人，梁司州刺史紹叔之族子也。父旻，梁末入魏。萬頃通達有材幹，周武帝時爲司城大夫，出爲溫州刺史。至德中，與司馬消難來奔。尋拜散騎常侍、昭武將軍、豐州刺史。在州甚有惠政，吏民表請立碑，詔許焉。

初，萬頃之在周，深被隋文帝知遇，及隋文踐祚，常思還北。及王勇之殺方慶，萬頃乃率州兵拒勇，遣使由間道降于隋軍。拜上儀同，尋卒。

史臣曰：獻、愍二王，聯華霄漢，或壤子之暱，或猶子之寵，而機橘爲阻，驂駕無由，有隔於休辰，終之以早世。悲夫！

校勘記

〔一〕寔資邢衛　「寔」北監本、汲本、殿本作「式」。

〔二〕武賁班劒百人　「武賁」即「虎賁」，避唐諱改。北監本、汲本、殿本並已改爲「虎賁」。

〔三〕時（年）二十八　據北監本、汲本、殿本補。

〔四〕都督廣衡交越成定明新合羅德宜黃利安建石崖十九州諸軍事　按數之祇十八州，疑脫一州，或「九」當作「八」。

〔五〕高宗登玄武門觀　「觀」汲本、殿本作「親」，屬下讀。張元濟校勘記云：「作『觀』是。觀者，玄武門上之觀也。」按北監本作「觀」，百衲本南史亦作「觀」。

〔六〕於是兼御史中丞徐君敷奏曰　「徐君敷」南史作「徐君整」。

〔七〕允寘（冬）〔秋〕官　據元龜五一九改。

〔八〕〔東〕衡州刺史王勇遣高州刺史戴智烈將五百騎迎方慶　據南史補。按下文云「朝廷以勇爲超武將軍、東衡州刺史」，明此脫一「東」字。

〔九〕而高梁女子（浩）〔洗〕氏舉兵以應隋軍　隋書韋洸傳作「高梁女子洗氏」，通鑑隋文帝開皇九年作「高涼郡太夫人洗氏」，「浩」與「洗」形近而譌，今據改。

陳書卷十五

列傳第九

陳擬　陳詳　陳慧紀

陳擬字公正，高祖疎屬也。少孤貧，性質直彊記。高祖南征交趾，擬從焉。又進討侯景，至豫章，以擬爲羅州刺史，與胡穎共知後事，並應接軍糧。高祖作鎮朱方，擬除步兵校尉、曲阿令。紹泰元年，授貞威將軍、義興太守。二年，入知衞尉事，除員外散騎常侍、明威將軍、雍州刺史資，監南徐州。

高祖踐祚，詔曰：「維城宗子，實固有周，盤石懿親，用隆大漢，故會盟則異姓爲後，啓土則非劉勿王，所以糾合枝幹，廣樹蕃屏，前王懋典，列代恆規。從子持節、員外散騎常侍、明威將軍、雍州刺史、監南徐州擬，持節、通直散騎侍郎、貞威將軍、北徐州刺史褒，從子晃、炅，從孫假節、員外散騎常侍、明威將軍詡，假節、信威將軍、北徐州刺史吉陽縣開國侯詛，

假節、通直散騎侍郎、信武將軍祏，〔一〕假節、散騎侍郎、雄信將軍、青州刺史、廣梁太守詳，貞威將軍、通直散騎侍郎慧紀，從孫敬雅、敬泰，竝枝戚密近，劬勞王室，宜列河山，以光利建。擬可永脩縣開國侯，褒鍾陵縣開國侯，晃建城縣開國侯，炅上饒縣開國侯，詡虔化縣開國侯，詛仍前封，祏豫章縣開國侯，〔二〕詳遂興縣開國侯，慧紀宜黃縣開國侯，敬雅寧都縣開國侯，敬泰平固縣開國侯，各邑五百戶。」擬尋除輕車將軍，兼南徐州刺史，常侍如故。其年，授通直散騎常侍、中領軍。三年，復以本官監南徐州。世祖嗣位，除丹陽尹，常侍如故。坐事，又以白衣知郡，尋復本職。天嘉元年卒，時年五十八。贈領軍將軍，凶事所須，竝官資給。謚曰定。二年，配享高祖廟廷。子黨嗣。

陳詳字文幾，少出家爲桑門。善書記，談論淸雅。高祖討侯景，召詳，令反初服，配以兵馬，從定京邑。高祖東征杜龕，詳別下安吉、原鄉、故鄣三縣。龕平，以功授散騎侍郎、假節、雄信將軍、青州刺史資，割故鄣、廣德置廣梁郡，以詳爲太守。高祖踐祚，改廣梁爲陳留，又以爲陳留太守。永定二年，封遂興縣侯，食邑五百戶。其年除明威將軍、通直散騎常侍。三年，隨侯安都破王琳將常衆愛於宮亭湖。世祖嗣位，除宣城太守，將軍如故。王琳下據柵口，詳隨吳明徹襲湓城，取琳家口，不克，因入南湖，自鄱陽步道而歸。琳平，詳與明徹竝無功。天嘉元年，隨例增邑幷前一千五百戶。仍除通直散騎常侍，兼右衞將軍。三年，出爲假節、都督吳州諸軍事、仁威將軍、吳州刺史。

周迪據臨川舉兵，詳自州從他道襲迪於濡城別營，獲其妻子。迪敗走，詳還復本鎮。五年，周迪復出臨川，乃以詳爲都督，率水步討迪。軍至南城，與賊相遇，戰敗，死之，時年四十二。以所統失律，無贈謚。子正理嗣。

陳慧紀字元方，高祖之從孫也。涉獵書史，負才任氣。高祖平侯景，慧紀從焉。尋配以兵馬。景平，從征杜龕。除貞威將軍、通直散騎常侍。高祖踐祚，封宜黃縣侯，邑五百戶，除黃門侍郎。世祖即位，出爲安吉縣令。遷明威將軍軍副。司空章昭達征安蜀城，慧紀爲水軍都督，於荆州燒青泥船艦。光大元年，以功除持節、通直散騎常侍、宣遠將軍、豐州刺史，增邑幷前一千戶。太建十年，吳明徹北討敗績，以慧紀爲持節、智武將軍、緣江都督、兗州刺史，增邑幷前二千戶，餘如故。周軍乘勝據有淮南，江外騷擾，慧紀收集士卒，自海道還都。尋除使持節、散騎常侍、宣毅將軍、都督郢巴二州諸軍事、郢州刺史，增邑幷前

二千五百戶。至德二年，遷使持節、散騎常侍、雲麾將軍、都督荆信二州諸軍事、荆州刺史，賜女伎一部，增邑幷前三千戶。禎明元年，蕭琮尚書左僕射安平王蕭巖、晉熙王〔蕭〕瓛等，〔三〕率其部衆男女二萬餘口，詣慧紀請降，慧紀以兵迎之。其年，以應接之功，加侍中、金紫光祿大夫、開府儀同三司、征西將軍，增邑幷前六千戶，餘如故。

及隋師濟江，元帥淸河公楊素下自巴硤，慧紀遣其將呂忠肅、陸倫等拒之，〔四〕戰敗，素進據馬頭。是時，隋將韓擒虎及賀若弼等已濟江據蔣山，慧紀聞之，留其長史陳文盛等居守，身率將士三萬人，樓船千餘乘，沿江而下，欲趣臺城。至漢口，爲秦王軍所拒，不得進，因與湘州刺史晉熙王叔文、巴州刺史畢寶等請降。入隋，依例授儀同三司。頃之卒。子正平，頗有文學。

史臣曰：詩云「宗子維城，無俾城壞」。又曰「綿綿瓜瓞，葛藟纍之」。西京皆豐沛故人，東都亦南陽多顯，有以哉。

校勘記

〔一〕信武將軍祏　「信武將軍」南史陳宗室諸王傳作「信威將軍」。

〔二〕祏豫章縣開國侯　「豫章縣」，南史作「豫寧縣」。

〔三〕蕭琮尚書左僕射安平王蕭巋晉熙王〔蕭〕𤅷等　據北監本、汲本、殿本補。按「尚書左僕射」後主紀作「尚書令」。「晉熙王」後主紀作「義興王」。

〔四〕慧紀遣其將呂忠肅陸倫等拒之　殿本考證云：「南史無『忠』字，亦不載陸倫。」今按：南史無「忠」字，蓋改複名爲單名。隋書楊素傳「忠」作「仲」，則避隋文帝父楊忠諱改。

陳書卷十六

列傳第十

趙知禮　蔡景歷　劉師知　謝岐

趙知禮字齊旦，天水隴西人也。父孝穆，梁候官令。知禮涉獵文史，善隸書。高祖之討元景仲也，或薦之，引爲記室參軍。知禮爲文贍速，每占授軍書，下筆便就，率皆稱旨。由是恆侍左右，深被委任，當時計畫，莫不預〔焉〕。〔一〕知禮亦多所獻替。高祖平侯景，軍至白茅灣，上表於梁元帝及與王僧辯論述軍事，其文並知禮所製。

侯景平，授中書侍郎，封始平縣子，邑三百戶。高祖爲司空，以爲從事中郎。高祖入輔，遷給事黃門侍郎，兼衞尉卿。高祖受命，遷通直散騎常侍，直殿省。尋遷散騎常侍，守太府卿，權知領軍事。天嘉元年，進爵爲伯，增邑通前七百戶。王琳平，授持節、督吳州諸

軍事、明威將軍、吳州刺史。知禮沈靜有謀謨，每軍國大事，世祖輒令璽書問之。秩滿，爲明威將軍、太子右衞率。遷右衞將軍，領前軍將軍。六年卒，時年四十七。詔贈侍中，謚曰忠。子允恭嗣。〔二〕

蔡景歷字茂世，濟陽考城人也。祖點，梁尚書左民侍郎。父大同，輕車岳陽王記室參軍，掌京邑行選。

景歷少俊爽，有孝行。家貧好學，善尺牘，工草隸。解褐諸王府佐，出爲海陽令，爲政有能名。侯景亂，梁簡文帝爲景所幽，景歷與南康嗣王蕭會理謀，欲挾簡文出奔，事泄見執，賊黨王偉保護之，獲免。因客遊京口。侯景平，高祖鎮朱方，素聞其名，以書要之。景歷對使人答書，筆不停綴，文不重改。曰：

蒙降札書，曲垂引逮，伏覽循回，載深欣暢。竊以世求名駿，行地能致千里，時愛奇寶，照車遂有徑寸。但雲咸斯奏，自輟巴渝，杞梓方雕，豈盼樗櫪。

仰惟明將軍使君侯節下，英才挺茂，雄姿秀拔，運屬時艱，志匡多難，振衡岳而綏五嶺，滌瀨源而澄九派，帶甲十萬，彊弩數千，誓勤王之師，總義夫之力，鯨鯢式剪，役

不踰時，氛霧廓清，士無血刃。雖漢誅祿、產，舉朝寔賴絳侯，晉討約、峻，中外一資陶牧，比事論功，彼奚足筭。加以抗威兗服，冠蓋通於北門，整旆徐方，詠歌溢於東道，能使邊亭卧鼓，行旅露宿，巷不拾遺，市無異價，洋洋乎功德政化，曠古未儔，諒非膚淺所能殫述。是以天下之人，向風慕義，接踵披衿，雜遝而至矣。或帝室英賢，貴遊令望，齊、楚秀異，荆、吳岐嶷。武夫則猛氣紛紜，雄心四據，陸拔山岳，水斷蚪龍，六鈞之弓，左右馳射，萬人之劍，短兵交接，攻壘若文鴦，焚艦如黄蓋，百戰百勝，貔貅爲羣。文人則通儒博識，英才偉器，雕麗暉煥，摛掞絢藻，子雲不能抗其筆，元瑜無以高其記，尺翰馳而聊城下，清談奮而嬴軍却。復有三河辯客，改哀樂於須臾，六奇謀士，斷變反於倏忽。治民如子賤，踐境有成，折獄如仲由，片辭從理。直言如毛遂，能厲主威，銜使若相如，不辱君命。懷忠抱義，感恩徇己，誠斷黄金，精貫白日，海內雄賢，牢籠斯備。明將軍徹鞍下馬，推案止食，申爵以榮之，築館以安之，輕財重氣，卑躬厚士，盛矣哉！盛矣哉！

抑又聞之，戰國將相，咸推引賓遊，中代岳牧，竝盛延僚友，濟濟多士，所以成將軍之貴。但量能校實，稱才任使，員行方止，各盡其宜，受委責成，誰不畢力。至如走賤，妄庸人耳。秋冬讀書，終慙專學，刀筆爲吏，竟闕異等。衡門衰素，無所聞達，薄宦輕

資，焉能遠大。自陽九遘屯，天步艱阻，同彼貴仕，溺於巨寇，亟隣危殆，備踐薄冰。今王道中興，慇憂啓運，獲存微命，足爲幸甚，方歡飲啄，是謂來蘇。然皇鑾未反，宛、洛燕曠，四壁固三軍之餘，長夏無半菽之產，遨遊故人，聊爲借貸，屬此樂土，洵美忘歸。竊服高義，暫謁門下，明將軍降以顏色，二三士友假其餘論，菅蒯不弃，折簡賜留，欲以雞鶩廁鴛鴻於池沼，將移瓦礫參金碧之聲價。昔折脅遊秦，忽逢盼採，檐簦入趙，便致留連，今雖羈旅，方之非匹，樊林之賁，何用克堪。但眇眇纖蘿，憑喬松以自聳，蠢蠢輕蚋，託驂尾而遠騖。竊不自涯，願備下走，且爲腹背之毛，脫充鳴吠之數，增榮改觀，爲幸已多。海不厭深，山不讓高，敢布心腹，惟將軍覽焉。

高祖得書，甚加欽賞。仍更賜書報答，卽日板征北府中記室參軍，仍領記室。

衡陽獻王〔昌〕時爲吳興郡，昌年尚少，〔三〕吳興王之鄉里，父老故人，尊卑有數，高祖恐昌年少，接對乖禮，乃遣景歷輔之。承聖中，授通直散騎侍郎，還掌府記室。高祖將討王僧辯，獨與侯安都等數人謀之，景歷弗之知也。部分既畢，召令草檄，景歷援筆立成，辭義感激，事皆稱旨。僧辯誅，高祖輔政，除從事中郎，掌記室如故。紹泰元年，遷給事黄門侍郎，兼掌相府記室。高祖受禪，遷祕書監，中書通事舍人，掌詔誥。永定二年，坐妻弟劉淹詐受周寶安餉馬，爲御史中丞沈炯所劾，降爲中書侍郎，舍人如故。

三年，高祖崩，時外有彊寇，世祖鎮于南皖，朝無重臣，宣后呼景歷及江大權、杜稜定議，乃祕不發喪，疾召世祖。景歷躬共宦者及內人，密營斂服。時既暑熱，須治梓宮，恐斤斧之聲或聞于外，仍以蠟爲祕器。文書詔誥，依舊宣行。世祖卽位，復爲祕書監，舍人如故。以定策功，封新豐縣子，邑四百戶。累遷散騎常侍。世祖誅侯安都，景歷勸成其事。天嘉三年，以功遷太子左衞率，進爵爲侯，增邑百戶，常侍、舍人如故。六年，坐妻兄劉洽依倚景歷權勢，前後姦訛，并受歐陽武威餉絹百匹，〔四〕免官。

廢帝卽位，起爲鎭東鄱陽王諮議參軍，兼太舟卿。〔五〕華皎反，以景歷爲武勝將軍、吳明徹軍司。皎平，明徹於軍中輒戮安成內史楊文通，又受降人馬仗有不分明，景歷又坐不能匡正，被收付治。久之，獲宥，起爲鎭東鄱陽王諮議參軍。

高宗卽位，遷宣惠豫章王長史，帶會稽郡守，行東揚州府事。秩滿，遷戎昭將軍、宣毅長沙王長史、〔六〕尋陽太守，行江州府事，以疾辭，遂不行。入爲通直散騎常侍、中書通事舍人，掌詔誥，仍復封邑。遷太子左衞率，常侍、舍人如故。

太建五年，都督吳明徹北伐，所向克捷，與周將梁士彥戰於呂梁，大破之，斬獲萬計，方欲進圖彭城。是時高宗銳意河南，以爲指麾可定，景歷諫稱師老將驕，不宜過窮遠略。高宗惡其沮衆，大怒，猶以朝廷舊臣，不深罪責，出爲宣遠將軍、豫章內史。未行，爲飛章所

劾，以在省之日，贓汙狼藉，帝令有司按問，〔七〕景歷但承其半。於是御史中丞宗元饒奏曰：「臣聞士之行己，忠以事上，廉以持身，苟違斯道，刑兹罔赦。謹按宣遠將軍、豫章內史新豐縣開國侯景歷，因藉多幸，豫奉興王，皇運權輿，頗參締構。天嘉之世，贓賄狼藉，聖恩錄用，許以更鳴，裂壤崇階，不遠斯復。不能改節自勵，以報曲成，遂乃專擅貪汙，彰於遠近，一則已甚，其可再乎？宜寘刑書，以明秋憲。臣等參議，以見事免景歷所居官，下鴻臚削爵土。謹奉白簡以聞。」詔曰「可」。於是徙居會稽。及吳明徹敗，帝思景歷前言，卽日追還，復以爲征南鄱陽王諮議參軍。數日，遷員外散騎常侍，兼御史中丞，復本封爵，入守度支尚書。舊式拜官在午後，景歷拜日，適值輿駕幸玄武觀，在位皆侍宴，帝恐景歷不豫，特令早拜，其見重如此。

是歲，以疾卒官，時年六十。贈太常卿，謚曰敬。十三年，改葬，重贈中領軍。禎明元年，配享高祖廟庭。二年，輿駕親幸其宅，重贈景歷侍中、中撫將軍，謚曰忠敬，給鼓吹一部，并於墓所立碑。

景歷屬文，不尚雕靡，而長於敍事，應機敏速，爲當世所稱。有文集三十卷。

劉師知，沛國相人也。家世素族。祖奚之，齊晉安王諮議參軍，淮南太守，有能政，齊武帝手詔頻褒賞。父景彥，梁尚書左丞、司農卿。

師知好學，有當世才。博涉書史，工文筆，善儀體，臺閣故事，多所詳悉。梁世歷王府參軍。紹泰初，高祖入輔，以師知爲中書舍人，掌詔誥。是時兵亂之後，禮儀多闕，高祖爲丞相及加九錫并受禪，其儀注竝師知所定焉。高祖受命，仍爲舍人。性踈簡，與物多忤，雖位宦不遷，而委任甚重，其所獻替，皆有弘益。

及高祖崩，六日成服，朝臣共議大行皇帝靈座俠御人所服衣服吉凶之制，博士沈文阿議，宜服吉服。師知議云：「既稱成服，本備喪禮，靈筵服物，皆悉縞素。今雖無大行俠御官事，按梁昭明太子薨，成服俠侍之官，悉著縗斬，唯著鎧不異，此卽可擬。愚謂六日成服，俠靈座須服縗絰。」中書舍人蔡景歷亦云：「雖不悉準，按山陵有凶吉羽儀，成服唯凶無吉，文武俠御，不容獨鳴玉珥貂，情禮二三，理宜縗斬。」中書舍人江德藻、謝岐等竝同師知議。文阿重議云：「檢晉、宋山陵儀：『靈輿梓宮降殿，各侍中奏。』又成服儀稱：『靈輿梓宮容俠御官及香橙。』又檢靈輿梓宮進止儀稱：『直靈俠御吉服，在吉鹵簿中。』又云：『梓宮俠御縗服，在凶鹵簿中。』是則在殿吉凶兩俠御也。」時以二議不同，乃啓取左丞徐陵決斷。陵云：「梓宮祔山陵，靈筵祔宗廟，有此分判，便驗吉凶。按山陵鹵簿吉部(位)〔伍〕中，〔八〕公卿以下導引

者，爰及武賁、鼓吹、執蓋、奉車，〔九〕竝是吉服，豈容俠御獨爲縗絰邪？斷可知矣。若言公卿胥吏竝服縗苴，此與梓宮部伍有何差別？若言文物竝吉，司事者凶，豈容(社)〔衽〕絰而奉華蓋，〔一〇〕縗衣而升玉輅邪？同博士議。」師知又議曰：「左丞引梓宮祔山陵，靈筵祔宗廟，必有吉凶二部，成服不容上凶，博士猶執前斷，終是山陵之禮。若龍駕啓殯，鑾輿兼設，吉凶之儀，由來本備，準之成服，愚有未安。夫喪禮之制，自天子達。按王文憲喪服明記云：『官品第三，侍靈人二十。官品第四，下達士禮，侍靈之數，竝有十人。皆白布袴褶，著白絹帽。內喪女侍數如外，而著齊縗。或問內外侍靈是同，何忽縗服有異？答云，若依君臣之禮，則外侍斬，內侍齊。頃世多故，禮隨事省。諸侯以下，臣吏蓋微，至於侍奉，多出義附，君臣之節不全，縗冠之費實闕，所以因其常服，止變帽而已。婦人侍者，皆是卑隸，君妾之道既純，服章所以備矣。』皇朝之典，猶自不然，以此而推，是知服斬。彼有侍靈，則猶俠御，既著白帽，理無彤服。且梁昭明儀注，今則見存，二文顯證，差爲成準。且禮出人情，可得消息。凡人有喪，既陳筵机，繐帷靈屏，〔一一〕變其常儀，蘆箔草廬，卽其凶禮。堂室之內，親賓具來，齊斬麻緦，差池哭次，玄冠不弔，莫非素服。豈見門生故吏，綃縠間趨，左姬右姜，紅紫相糅？況四海遏密，率土之情是同，三軍縞素，爲服之制斯壹。遂使千門旦啓，非塗堊於彤闈，百僚戾止，變服麤於朱戟，而耀金在列，鳴玉節行，求之懷抱，固爲未愜，準以禮經，彌無前事。

豈可成服之儀，譬以山陵之禮？葬既始終已畢，故有吉凶之儀，所謂成服，本成喪禮，百司外內，皆變吉容，俠御獨不，何謂成服？若靈無俠御則已，有則必應縗服。」謝岐議曰：「靈筵祔宗廟，梓宮祔山陵，實如左丞議。但山陵鹵簿，備有吉凶，從靈輿者儀服無變，從梓宮者皆服苴縗。爰至士禮，悉同此制，此自是山陵之儀，非關成服。今謂梓宮靈扆，共在西階，稱爲成服，亦無鹵簿，直是爰自胥吏，上至王公，四海之內，必備縗絰。案梁昭明太子薨，略是成例，豈容凡百士庶，悉皆服重，而侍中至於武衞，最是近官，反鳴玉紆青，與平吉不異？左丞既推以山陵事，愚意或謂與成服有殊。若爾日俠御，文武不異，維侍靈之人，主書、宣傳、齊幹、應敕，悉應不改。」蔡景歷又議云：「俠御之官，本出五百，爾日備服居廬，仍於本省，引上登殿，豈應變服貂玉？若別攝餘官，以充簪珥，則爾日便有不成服者。山陵自有吉凶二議，成服凶而不吉，猶依前議，同劉舍人。」德藻又議云：「愚謂祖葬之辰，始終永畢，達官有追贈，須表恩榮，有吉鹵簿，恐由此義，私家放斅，因以成俗。上服本變吉爲凶，理不應猶襲紈綺。劉舍人引王衞軍喪儀及檢梁昭明故事，此明據已審，博士、左丞乃各盡事衷，既未取證，須更詢詳，宜諮八座、詹事、太常、中丞(孔)〔及〕中庶諸通袁樞、張種、周弘正、弘讓、沈炯、孔奐〔一二〕。」時八座以下，竝請：「案羣議，斟酌舊儀，梁昭明太子喪成服儀注，明文見存，足爲準的。成服日，侍官理不容猶從吉禮。其葬禮分吉，自是山陵之時，非關成服之

日。愚謂劉舍人議，於事爲允。」陵重答云：「老病屬纊，不能多說，古人爭議，多成怨府，傅玄見尤於晉代，王商取陷於漢朝，謹自三緘，敬同高命。若萬一不死，猶得展言，庶與朝賢更申揚搉。」文阿猶執所見，衆議不能決，乃具錄二議奏聞，從師知議。

尋遷鴻臚卿，舍人如故。天嘉元年，坐事免。初，世祖勑師知撰起居注，自永定二年秋至天嘉元年冬，爲十卷。起爲中書舍人，復掌詔誥。天康元年，世祖不豫，師知與尚書僕射到仲舉等入侍醫藥。世祖崩，預受顧命。及高宗爲尚書令，入輔，光大元年，師知與仲舉等遣舍人殷不佞矯詔令高宗還東府，事覺，於北獄賜死。

謝岐，會稽山陰人也。父達，梁太學博士。

岐少機警，好學，見稱於梁世。爲尚書金部郎，山陰令。侯景亂，岐流寓東陽。景平，依于張彪。彪在吳郡及會稽，庶事一以委之。彪每征討，恆留岐監郡，知後事。彪敗，高祖引岐參預機密，以爲兼尚書右丞。時軍旅屢興，糧儲多闕，岐所在幹理，深被知遇。永定元年，爲給事黃門侍郎、中書舍人，兼右丞如故。天嘉二年卒，贈通直散騎常侍。

岐弟嶠，篤學，爲世通儒。

史臣曰：高祖開基創業，剋定禍亂，武猛固其立功，文翰亦乃展力。〔一三〕趙知禮、蔡景歷早識攀附，預締構之臣焉。劉師知博涉多通，而闇於機變，雖欲存乎節義，終陷極刑，斯不智矣。

劉師知傳「孔中庶諸通」，疑。

校勘記

〔一〕莫不預〔焉〕　據北監本、汲本、殿本及南史補。

〔二〕子允恭嗣　殿本考證云「允」南史作「元」。

〔三〕衡陽獻王〔昌〕時爲吳興郡昌年尚少　據元龜七〇八、七二七補。錢大昕廿二史考異云當移「昌」字於「衡陽獻王」之下。今按：此特「衡陽獻王」下脫一「昌」字耳，下「昌」字不當移。

〔四〕并受歐陽武威餉絹百匹　殿本考證云南史無「武」字。今按：此亦改複名爲單名，南史往往如此。

〔五〕兼太舟卿　「太舟卿」南監本、汲本、殿本並作「太府卿」。殿本考證云：「『府』監本誤『舟』，今改

正。」今按：梁天監七年，以都水使者爲太舟卿，爲列卿之最末者，主舟航堤渠，見隋書百官志，殿本妄改。

〔六〕宣毅長沙王長史　「宣毅」汲本作「宣豫」，殿本依北監本作「宣義」。按長沙王陳叔堅於太建四年爲宣毅將軍，作「宣毅」是。

〔七〕帝令有司按問　「帝」原譌「章」，今據北監本、汲本、殿本及南史、元龜五一九改正。

〔八〕按山陵鹵簿吉部(位)〔伍〕中　據北監本、汲本、殿本及南史改。

〔九〕爰及武賁鼓吹執蓋奉車　「武賁」即「虎賁」，避唐諱改。

〔一〇〕豈容(衽)〔衽〕絰而奉華蓋　據北監本、汲本、殿本及南史改。

〔一一〕繐帷靈屏　「屏」北監本、汲本、殿本作「房」。張元濟校勘記云：「『房』爲『扆』之誤，屏扆一物。按下文有『梓宮靈扆』之語，『屏』或原作『扆』。」

〔一二〕中丞(孔)〔及〕中庶諸通袁樞張種周弘正弘讓沈炯孔奐　據各本改。按本卷後附舊校，云劉師知傳「孔中庶諸通」疑，是曾鞏等所見本亦譌「及」爲「孔」也。

〔一三〕文翰亦乃展力　「翰」北監本、汲本、殿本作「幹」。

唐　姚思廉撰

陳書

第二册

卷一七至卷三六（傳）

中華書局

陳書卷十七

列傳第十一

王沖　王通 弟勱　袁敬 兄子樞

王沖字長深，琅邪臨沂人也。祖僧衍，齊侍中。父茂璋，梁給事黃門侍郎。沖母，梁武帝妹新安穆公主，卒於齊世，武帝以沖偏孤，深所鍾愛。年十八，起家梁祕書郎。尋爲永嘉太守。入爲太子舍人，以父憂去職。服闋，除太尉臨川王府外兵參軍、東宮領直。累遷太子洗馬、中舍人。出爲招遠將軍、衡陽內史。遷武威將軍、安成嗣王長史、長沙內史，將軍如故。王薨於湘州，仍以沖監湘州事。入爲太子庶子。遷給事黃門侍郎。大同三年，以帝甥賜爵安東亭侯，[一]邑一百五十戶。歷明威將軍、南郡太守、太子中庶子、侍中。出監吳郡，滿歲卽眞。徵爲通直散騎常侍，兼左民尚書。出爲明威將軍、輕車當陽公府長史、江夏太守，行郢州事。遷平西邵陵王長史。轉驃騎廬陵王長史、南郡太守。王薨，行州府事。

梁元帝鎭荊州，爲鎭西長史，將軍、太守如故。沖性和順，事上謹肅，習於法令，政在平理，佐藩莅人，鮮有失德，雖無赫赫之譽，久而見思，由是推重，累居二千石。又曉音樂，習歌舞，善與人交，貴游之中，聲名藉甚。

侯景之亂，梁元帝於荊州承制，沖求解南郡，以讓王僧辯，并獻女妓十人，以助軍賞。元帝授持節、督衡桂成合四州諸軍事、雲麾將軍、衡州刺史。元帝第四子元良爲湘州刺史，仍以沖行州事，領長沙內史。侯景平，授翊左將軍、丹陽尹。

武陵王舉兵至峽口，王琳偏將陸納等據湘州應之，沖爲納所拘。納降，重授侍中、中權將軍，量置佐史，尹如故。

江陵陷，敬帝爲太宰，承制以沖爲左長史。紹泰中，累遷左光祿大夫、尚書右僕射。遷左僕射、開府儀同三司，侍中、將軍如故。尋復領丹陽尹、南徐州大中正，給扶。高祖受禪，解尹，以本官領左光祿大夫。未拜，改領太子少傅。文帝嗣位，解少傅，加特進、左光祿大夫。尋又以本官領丹陽尹，參撰律令。廢帝卽位，給親信十人。

初，高祖以沖前代舊臣，特申長幼之敬。文帝卽位，益加尊重，嘗從文帝幸司空徐度宅，宴筵之上，賜以几。其見重如此。光大元年薨，時年七十六。贈侍中、司空，謚曰元簡。

沖有子三十人，並致通官。第十二子瑒，別有傳。

王通字公達，琅邪臨沂人也。祖份，梁左光祿大夫。父琳，司徒左長史。[二]琳，齊代娶梁武帝妹義興長公主，有子九人，並知名。

通，梁世起家國子生，舉明經，爲祕書郎、太子舍人。以帝甥封武陽亭侯。累遷王府主簿、限外記室參軍、司徒主簿、太子中庶子、驃騎廬陵王府給事中郎、[三]中權何敬容府長史、給事黃門侍郎，坐事免。

侯景之亂，奔于江陵，元帝以爲散騎常侍，遷守太常卿。自侯景亂後，臺內宮室，並皆焚燼，以通兼起部尚書，歸于京師，專掌繕造。

江陵陷，敬帝承制以通爲吏部尚書。紹泰元年，加侍中，尚書如故。尋爲尚書右僕射，吏部如故。高祖受禪，遷左僕射，侍中如故。文帝嗣位，領太子少傅。天康元年，爲翊右將軍、右光祿大夫，量置佐史。廢帝卽位，號安右將軍，又領南徐州大中正。太建元年，遷左光祿大夫。六年，加特進，侍中、將軍、光祿、佐史並如故。未拜卒，時年七十二。詔贈本官，謚曰成，葬日給鼓吹一部。弟質、弟固各有傳。

勱字公濟，[四]通之弟也。美風儀，博涉書史，恬然清簡，未嘗以利欲干懷。梁世爲國子周易生，射策舉高第，除祕書郎、太子舍人、宣惠武陵王主簿、輕車河東王功曹史。王出鎭京口，勱將隨之藩，范陽張纘時典選舉，勱造纘言別，纘嘉其風采，乃曰：「王生才地，豈可游外府乎？」奏爲太子洗馬。遷中舍人，司徒左西屬。出爲南徐州別駕從事史。

大同末，梁武帝謁園陵，道出朱方，勱隨例迎候，敕勱令從輦側，所經山川，莫不顧問，勱隨事應對，咸有故實。又從登北顧樓，賦詩，辭義清典，帝甚嘉之。

時河東王爲廣州刺史，乃以勱爲冠軍河東王長史、南海太守。王至嶺南，多所侵掠，因懼罪稱疾，委州還朝，勱行廣州府事。越中饒沃，前後守宰例多貪縱，勱獨以清白著聞。入爲給事黃門侍郎。

侯景之亂，西奔江陵，元帝承制以爲太子中庶子，掌相府管記。出爲寧遠將軍、晉陵太守。時兵饑之後，郡中凋弊，勱爲政清簡，吏民便安之。徵爲侍中，遷五兵尚書。

及西魏寇江陵，元帝徵湘州刺史宜豐侯蕭循入援，以勱監湘州。江陵陷，敬帝承制以爲中書令。紹泰元年加侍中。高祖爲司空，以勱兼司空長史。高祖爲丞相，（爲）〔勱〕兼丞相長史，[五]侍中、中書令並如故。時吳中遭亂，民多乏絕，乃以勱監吳興郡。及蕭勃平後，又以勱舊在嶺表，早有政勣，乃授使持節、都督廣州等二十州諸軍事、平南將軍、平越中郎將、廣州刺史。未行，改爲衡州刺史，持節、都督竝如故。王琳據有上流，衡、廣攜貳，勱不得之鎭，留于大庾嶺。天嘉元年，徵爲侍中、都官尙書，未拜，復爲中書令。遷太子詹事，行東宮事，侍中竝如故。加金紫光祿大夫，領度支尙書。廢帝卽位，加散騎常侍。太建元年，遷尙書右僕射。時東境大水，百姓饑饉，以勱爲仁武將軍、晉陵太守。在郡甚有威惠，郡人表請立碑，頌勱政績，詔許之。徵爲中書監，重授尙書右僕射，領右軍將軍。四年五月卒，時年六十七。贈侍中、中書監，謚曰溫。

袁敬字子恭，陳郡陽夏人也。祖顗，宋侍中、吏部尙書、雍州刺史。父昂，梁侍中、司空，謚穆公。

敬純孝有風格，幼便篤學，老而無倦。釋褐祕書郎，累遷太子舍人、洗馬、中舍人。江陵淪覆，流寓嶺表。高祖受禪，敬在廣州，依歐陽頠。及頠卒，其子紇據州，將有異志，敬累諫紇，爲陳逆順之理，言甚切至，紇終不從。高宗卽位，遣章昭達率衆討紇，紇將敗之時，恨不納敬言。朝廷義之，其年徵爲太子中庶子，通直散騎常侍。俄轉司徒左長史。尋遷左民尙書，轉都官尙書，領豫州大中正。累遷太常卿，散騎常侍、金紫光祿大夫，加特進。至德三

年卒，時年七十九，贈左光祿大夫，謚曰靖德。子元友嗣。弟泌自有傳。兄子樞。

樞字踐言，梁吳郡太守君正之子也。美容儀，性沈靜，好讀書，手不釋卷。家世顯貴，貲產充積，而樞獨居處率素，傍無交往，端坐一室，非公事未嘗出遊，榮利之懷淡如也。起家梁祕書郎，歷太子舍人，輕車河東王主簿，安前邵陵王、中軍宣(成)〔城〕王二府功曹史。〔六〕侯景之亂，樞往吳郡省父，因丁父憂。時四方擾亂，人求苟免，樞居喪以至孝聞。王僧辯平侯景，鎭京城，衣冠爭往造請，樞獨杜門靜居，不求聞達。紹泰元年，徵爲給事黃門侍郎。未拜，除員外散騎常侍，兼侍中。二年，兼吏部尙書。其年出爲吳興太守。永定二年，徵爲左民尙書。未至，改侍中，掌大選事。三年，遷都官尙書，掌選如故。

樞博聞彊識，明悉舊章。初，高祖長女永世公主先適陳留太守錢蕆，生子昢，〔七〕主及昢竝卒于梁世。高祖受命，唯公主追封。至是將葬，尙書主客請詳議，欲加蕆駙馬都尉，幷贈昢官。樞議曰：「昔王姬下嫁，必適諸侯，同姓爲主，〔八〕聞於公羊之說，車服不繫，顯於詩人之篇。漢氏初興，列侯尙主，自斯以後，降嬪素族。駙馬都尉置由漢武，〔九〕或以假諸功臣，或以加於戚屬，是以魏曹植表駙馬、奉車趣爲一號。齊職儀曰，凡尙公主必拜駙馬都尉，魏、晉以來，因爲瞻準。蓋以王姬之重，庶姓之輕，若不加其等級，寧可合巹而酳，所以假駙馬之位，乃崇於皇女也。今公主早薨，伉儷已絕，旣無禮數致疑，何須駙馬之授？案杜預尙晉宣帝第二女高陵宣公主，晉武踐祚，而主已亡，泰始中追贈公主，元凱無復駙馬之號。梁(之)〔文〕帝女新安穆公主早薨，〔一〇〕天監初王氏無追拜之事。遠近二例，足以據明。公主所生，旣未及成人之禮，無勞此授，今宜追贈亭侯。」時以樞議爲長。

天嘉元年，守吏部尙書。三年，卽眞。尋領右軍將軍，又領丹陽尹，本官如故。五年，以葬父，拜表自解，詔賜絹布五十匹，錢十萬，令葬訖停宅視郡事。(葬)服闋，〔一一〕還復本職。其年秩滿，解尹，加散騎常侍，將軍、尙書竝如故。是時，僕射到仲舉雖參掌選事，銓衡汲引，竝出於樞，其所舉薦，多會上旨。謹愼周密，清白自居，文武職司，鮮有遊其門者。廢帝卽位，遷尙書左僕射。光大元年卒，時年五十一。贈侍中、左光祿大夫，謚曰簡懿。有集十卷行於世。弟憲自有傳。

史臣曰：王沖、王通竝以貴游早升清貫，而允蹈禮節，篤誠奉上，斯爲美焉。王勱之襟神夷澹，袁樞之端操沉冥，雖拘放爲異，而勝槩一揆，古所謂名士者，蓋在其人乎！

校勘記

〔一〕以帝甥賜爵安東亭侯　「安東」南史作「東安」。

〔二〕父琳司徒左長史　「司徒」北監本、汲本、殿本作「司空」。按錢大昕廿二史考異云此別一王琳。

〔三〕驃騎廬陵王府給事中郎　張森楷校勘記云：「『給』疑當作『從』，官志無給事中郎。」

〔四〕勱字公濟　「公濟」南史、元龜六七二作「公齊」。

〔五〕(爲)〔勱〕兼丞相長史　據北監本、汲本、殿本改。

〔六〕安前邵陵王中軍宣(成)〔城〕王二府功曹史　張森楷校勘記云：「『成』當作『城』，梁無宣成王。」按梁簡文帝長子大器封宣城郡王，見梁書哀太子傳。張說是，今據改。

〔七〕生子昢　「昢」原譌「[illegible]」，各本不譌，今改正。下同。

〔八〕同姓爲主　「主」原譌「王」，今據北監本、汲本、殿本改正。按語本公羊莊元年傳。

〔九〕駙馬都尉置由漢武　「由」字原本漫漶，今據各本補。

〔一〇〕梁(之)〔文〕帝女新安(穆)公主早薨　據南史改。按梁武帝卽位後，追尊其父爲文皇帝。王沖傳言其母爲梁武帝妹新安(穆)公主，與此合。作「文」是。

〔一一〕(葬)服闋　據南史刪。

陳書卷十八

列傳第十二

沈衆　袁泌　劉仲威　陸山才　王質　韋載 族弟翽

沈衆字仲師，吳興武康人也。祖約，梁特進。父旋，梁給事黃門侍郎。

衆好學，頗有文詞，起家梁鎮衛南平王法曹參軍、太子舍人。是時，梁武帝制千字詩，衆爲之注解。與陳郡謝景同時召見于文德殿，帝令衆爲竹賦，賦成，奏，帝善之，手勑答曰：〔一〕「卿文體翩翩，可謂無忝爾祖。」當陽公蕭大心爲郢州刺史，以衆爲限內記室參軍。尋除鎮南湘東王記室參軍。遷太子中舍人，兼散騎常侍。聘魏，還，遷驃騎廬陵王諮議參軍，舍人如故。

侯景之亂，衆表於梁武，稱家代所隸故義部曲，竝在吳興，求還召募以討賊，梁武許之。及景圍臺城，〔二〕衆率宗族及義附五千餘人，入援京邑，頓于小航，對賊東府置陣，軍容甚

整，景深憚之。梁武於城內遙授衆爲太子右衞率。京城陷，衆降於景。

景平，西上荊州，元帝以爲太子中庶子、本州大中正。尋遷司徒左長史。江陵陷，爲西魏所虜，尋而逃還，敬帝承制，授御史中丞。紹泰元年，除侍中，遷左民尙書。高祖受命，遷中書令，中正如故。高祖以衆州里知名，甚敬重之，賞賜優渥，超於時輩。

衆性吝嗇，內治產業，財帛以億計，無所分遺。其自奉養甚薄，每於朝會之中，衣裳破裂，或躬提冠屨。永定二年，兼起部尙書，監起太極殿。恆服布袍芒屩，以麻繩爲帶，又攜乾魚蔬菜飯獨噉之，朝士共誚其所爲。〔三〕衆性狷急，於是忿恨，遂歷詆公卿，非毀朝廷。高祖大怒，以衆素有令望，不欲顯誅之，後因其休假還武康，遂於吳中賜死，時年五十六。

袁泌字文洋，左光祿大夫敬之弟也。清正有幹局，容體魁岸，志行脩謹。釋褐員外散騎侍郎，歷諸王府佐。

侯景之亂，泌欲求爲將。是時泌兄君正爲吳郡太守，梁簡文板泌爲東宮領直，令往吳中召募士卒。及景圍臺城，泌率所領赴援。京城陷，退保東陽，景使兵追之，乃自會稽東嶺出溢城，依于鄱陽嗣王蕭範。範卒，泌乃降景。

景平，王僧辯表泌爲富春太守，兼丹陽尹。貞陽侯僭位，以泌爲侍中，奉使於齊。高祖受禪，王琳據有上流，泌自齊從梁永嘉王蕭莊達琳所。及莊僭立，〔四〕以泌爲侍中、丞相長史。〔五〕天嘉二年，泌與琳輔莊至于柵口，琳軍敗，〔六〕衆皆奔散，唯泌獨乘輕舟送莊達于北境，屬莊於御史中丞劉仲威，令共入齊，然後拜辭而歸，詣闕請罪，文帝深義之。

尋授寧遠始興王府法曹參軍，轉諮議參軍，除通直散騎常侍，兼侍中，領豫州大中正。聘于周，使還，授散騎常侍，御史中丞，其中正如故。高宗入輔，以泌爲雲旗將軍、司徒左長史。光大元年卒，年五十八。臨終戒其子蔓華曰：〔七〕「吾於朝廷素無功績，瞑目之後，斂手足旋葬，無得輒受贈謚。」其子述泌遺意，表請之，朝廷不許，贈金紫光祿大夫，謚曰質。

劉仲威南陽湼陽人也。祖虬，齊世以國子博士徵，不就。父之（遴）〔遲〕〔八〕，荊州治中從事史。仲威少有志氣，頗涉文史。梁承聖中爲中書侍郎。蕭莊僞署御史中丞，隨莊入齊，終於鄴中。

仲威從弟廣德，亦好學，負才任氣。父之亨，梁安西湘東王長史、南郡太守。廣德，承聖中以軍功官至給事黃門侍郎、湘東太守。荊州陷後，依于王琳。琳平，文帝以廣德爲寧

遠始興王府限外記室參軍，仍領其舊兵。尋爲太尉侯瑱湘州府司馬，歷樂山、豫章二郡太守，新安內史。光大中，假節、員外散騎常侍、雲旗將軍、河東太守。太建元年卒於郡，時年四十三，贈左衞將軍。

陸山才字孔章，吳郡吳人也。祖翁寶，梁尙書水部郎。父汎，散騎常侍。

山才少倜儻，好尙文史，范陽張（續）〔纘〕，〔九〕（續）〔纘〕弟綰，竝欽重之。起家王國常侍，遷外兵參軍。尋以父疾，東歸侍養。承聖元年，王僧辯授山才儀同府西曹掾。高祖誅僧辯，山才奔會稽依張彪。彪敗，乃歸高祖。

紹泰中，都督周文育出鎮南豫州，不知書疏，乃以山才爲長史，政事悉以委之。文育南討，剋蕭勃，擒歐陽頠，計畫多出山才。及文育西征王琳，留山才監江州事，仍鎮豫章。文育與侯安都於沌口敗績，余孝頃自新林來寇豫章，山才收合餘衆，依于周迪。擒余孝頃、李孝欽等，〔一〇〕遣山才自鄱陽之樂安嶺東道送于京師。除中書侍郎。復由樂安嶺綏撫南川諸郡。

文育重鎮豫章金口，山才復爲貞威將軍、鎮南長史、豫章太守。文育爲熊曇朗所害，曇

朗四山才等，送于王琳。未至，而侯安都敗琳將常衆愛於宮亭湖，由是山才獲反，除貞威將軍、新安太守。爲王琳未平，留鎮富陽，以捍東道。入爲員外散騎常侍，遷宣惠始興王長史，行東揚州事。

侯安都討留異，山才率王府之衆從焉。異平，除明威將軍、東陽太守。入爲鎮東始興王長史，帶會稽郡丞，行東揚州事。未拜，改授散騎常侍，兼度支尚書，滿歲爲眞。

高宗南征周迪，以山才爲軍司。迪平，復職。余孝頃自海道襲晉安，山才又以本官之會稽，指授方略。還朝，坐侍宴與蔡景歷言語過差，爲有司所奏，免官。尋授散騎常侍，遷雲旗將軍、西陽武昌二郡太守。天康元年卒，時年五十八。贈右衞將軍，諡曰簡子。

王質字子貞，右光祿大夫通之弟也。少慷慨，涉獵書史。梁世以武帝甥封甲口亭侯，補國子周易生，射策高第。起家祕書郎、太子舍人、尚書殿中郎。遭母憂，居喪以孝聞。服闋，除太子洗馬、東宮領直。累遷中舍人、庶子。

太清元年，除假節、寧遠將軍，領東宮兵，從貞陽侯北伐。及貞陽敗績，質脫身逃還。侯景於壽陽構逆，質又領舟師隨衆軍拒之。景軍濟江，質便退走。尋領步騎頓于宣陽門

外。景軍至京師，質不戰而潰，乃翦髮爲桑門，潛匿人間。及柳仲禮等會援京邑，軍據南岸，質又收合餘衆從之。

京城陷後，西奔荊州，元帝承制，以質爲右長史，帶河東太守。俄遷侍中。尋出爲持節、都督吳州諸軍事、寧遠將軍、吳州刺史，領鄱陽內史。

荊州陷，侯瑱鎮于湓城，與質不協，遣偏將羊亮代質，且以兵臨之，質率所部，度信安嶺，依于留異。文帝鎮會稽，以兵助質，令鎮信安縣。

永定二年，高祖命質率所部踰嶺出豫章，隨都督周文育以討王琳。質與琳素善，或譖云於軍中潛信交通，高祖命周文育殺質，文育啓請救之，獲免。尋授散騎常侍、晉陵太守。

文帝嗣位，徵守五兵尚書。高宗爲揚州刺史，以質爲仁威將軍、驃騎府長史。天嘉二年，除晉安太守。高宗輔政，以爲司徒左長史，將軍如故。坐公事免官。尋爲通直散騎常侍，遷太府卿、都官尚書。太建二年卒，時年六十。贈本官，諡曰安子。

韋載字德基，京兆杜陵人也。祖叡，梁開府儀同三司，永昌嚴公。父政，〔一〕梁黃門侍郎。

載少聰惠，篤志好學。年十二，隨叔父稜見沛國劉顯，顯問漢書十事，載隨問應答，曾無疑滯。及長，博涉文史，沉敏有器局。起家梁邵陵王法曹參軍，遷太子舍人、尚書三公郎。

侯景之亂，元帝承制以爲中書侍郎。尋爲建威將軍、尋陽太守，隨都督王僧辯東討侯景。是時僧辯軍于湓城，而魯悉達、樊俊等各擁兵保境，觀望成敗。元帝以載爲假節、都督太原高唐新蔡三郡諸軍事、高唐太守。仍銜命喻悉達等令出軍討景。及大軍東下，載率三郡兵自焦湖出柵口，與僧辯會于梁山。景平，除冠軍將軍、琅邪太守。尋奉使往東陽、晉安，招撫留異、陳寶應等。仍授信武將軍、義興太守。

高祖誅王僧辯，乃遣周文育輕兵襲載，未至而載先覺，乃嬰城自守。文育攻之甚急，載所屬縣卒並高祖舊兵，多善用弩，載收得數十人，繫以長鏁，命所親監之，使射文育軍，約曰十發不兩中者則死，每發輒中，所中皆斃。文育軍稍却，因於城外據水立柵，相持數旬。高祖聞文育軍不利，乃自將征之，剋其水柵。仍遣載族弟翽齎書喻載以誅王僧辯意，幷奉梁敬帝勑，〔勑〕載解兵。〔二〕載得書，乃以其衆降于高祖。高祖厚加撫慰，即以其族弟翽監義興郡，所部將帥，並隨才任使，引載恆置左右，與之謀議。

徐嗣徽、任約等引齊軍濟江，據石頭城，高祖問計於載，載曰：「齊軍若分兵先據三吳之

路，略地東境，則時事去矣。今可急於淮南即侯景故壘築城，以通東道轉輸，別命輕兵絕其糧運，使進無所虜，退無所資，則齊將之首，旬日可致。」高祖從其計。

永定元年，除和戎將軍、通直散騎常侍。二年，進號輕車將軍。尋加散騎常侍、太子右衞率，將軍如故。

天嘉元年，以疾去官。載有田十餘頃，在江乘縣之白山，至是遂築室而居，屏絕人事，吉凶慶弔，無所往來，不入籬門者幾十載。太建中卒於家，時年五十八。

載族弟翽。翽字子羽，少有志操。祖愛，梁輔國將軍。父乾向，汝陰太守。翽弱冠喪父，哀毀甚至，養母、撫孤兄弟子，以仁孝著稱。高祖爲南徐州刺史，召爲征北參軍，尋監義興郡。永定元年，授貞毅將軍、步兵校尉。遷驍騎將軍，領朱衣直閤。驍騎之職，舊領營兵，兼統宿衞。自梁代已來，其任踰重，出則羽儀清道，入則與二衞通直，臨軒則升殿俠侍。翽素有名望，每大事恆令俠侍左右，時人榮之，號曰「俠御將軍」。尋出爲宣城太守。天嘉二年，預平王琳之功，封清源縣侯，邑二百戶。太建中卒官，贈明、霍、羅三州刺史。

子宏，字德禮，有文學，歷官至永嘉王府諮議參軍。陳亡入隋。

史臣曰：昔鄧禹基於文學，杜預出自儒雅，卒致軍功，名著前代。晉氏喪亂，播遷江左，顧榮、郗鑒之輩，溫嶠、謝玄之倫，莫非巾褐書生，搢紳素譽，抗敵以衞社稷，立勳而升台鼎。自斯以降，代有其人。但梁室沸騰，懦夫立志，既身逢際會，見仗於時主，美矣！

校勘記

〔一〕賦成奏帝善之手勑答曰　按北監本、汲本、殿本及南史來傳並作「賦成奏之，帝手敕答曰」。

〔二〕及景圍臺城　「圍臺」二字原本墨丁，據各本補。

〔三〕朝士共詣其所爲　「士」字原本墨丁，據各本補。

〔四〕及莊僭立　「僭」字原本墨丁，據各本補。

〔五〕以泌爲侍中丞相長史　「丞」字原本墨丁，據各本補。

〔六〕琳軍敗　「軍敗」二字原本墨丁，據各本補。

〔七〕臨終戒其子蔓華曰　「蔓華」南史作「芳華」。

〔八〕父之（遴）〔遲〕　按南史劉之遴傳，仲威之父爲之遲，今據改。

〔九〕范陽張（續）〔纘〕　據南史改，下同。按張纘，梁書、南史並有傳。本書王勱傳亦有「范陽張纘」之語。

〔一〇〕擒余孝頃李孝欽等　按「擒」字上當補「周迪」二字，文義方足。

〔一一〕父政　「政」梁書、南史韋叡傳作「正」。

〔一二〕〔勑〕截解兵　據北監本、汲本、殿本及南史補。

陳書卷十九

列傳第十三

沈炯　虞荔 弟寄　馬樞

沈炯字禮明，〔一〕吳興武康人也。祖瑀，梁尋陽太守。父續，王府記室參軍。

炯少有雋才，爲當時所重。釋褐王國常侍，遷爲尚書左民侍郎，出爲吳令。侯景之難，吳郡太守袁君正入援京師，以炯監郡。京城陷，景將宋子仙據吳興，遣使召炯，委以書記之任。炯固辭以疾，子仙怒，命斬之。炯解衣將就戮，礙於路間桑樹，乃更牽往他所，或遽救之，僅而獲免。子仙愛其才，終逼之令掌書記。及子仙爲王僧辯所敗，僧辯素聞其名，於軍中購得之，酬所獲者鐵錢十萬，自是羽檄軍書皆出於炯。及簡文遇害，四方岳牧皆上表於江陵勸進，僧辯令炯製表，其文甚工，當時莫有逮者。高祖南下，與僧辯會于白茅灣，登壇設盟，炯爲其文。及侯景東奔至吳郡，獲炯妻虞

氏，子行簡，並殺之，炯弟攜其母逃而獲免。侯景平，梁元帝愍其妻子嬰戮，特封原鄉縣侯，邑五百戶。僧辯爲司徒，以炯爲從事中郎。梁元帝徵爲給事黃門侍郎，領尚書左丞。

荊州陷，爲西魏所虜，魏人甚禮之，授炯儀同三司。炯以母老在東，恆思歸國，恐魏人愛其文才而留之，恆閉門却掃，無所交遊。時有文章，隨即弃毀，不令流布。嘗獨行經漢武通天臺，爲表奏之，陳己思歸之意。其辭曰：「臣聞喬山雖掩，鼎湖之靈可祠，有魯既荒，大庭之迹無泯。伏惟陛下降德猗蘭，纂靈豐谷。漢道既登，神仙可望，射之罘於海浦，禮日觀而稱功，橫中流於汾河，指柏梁而高宴，何其樂也，豈不然歟！既而運屬上仙，道窮晏駕，甲帳珠簾，一朝零落，茂陵玉椀，宛出人間，陵雲故基，共原田而膴膴，別風餘（趾）〔址〕，〔二〕對陵阜而茫茫，羈旅縲臣，能不落淚。昔承明既厭，嚴助東歸，駟馬可乘，長卿西返，恭聞故實，竊有愚心。黍稷非馨，敢忘徼福。」奏訖，其夜炯夢見有宮禁之所，兵衞甚嚴，炯便以情事陳訴，聞有人言：「甚不惜放卿還，幾時可至。」少日，便與王克等並獲東歸。紹泰二年至都，除司農卿，遷御史中丞。

高祖受禪，加通直散騎常侍，中丞如故。以母老表請歸養，詔不許。文帝嗣位，又表曰：「臣嬰生不幸，弱冠而孤，母子零丁，兄弟相長。謹身爲養，仕不擇官，宦成梁朝，命存亂世，冒危履險，（自）〔百〕死輕生，〔三〕妻息誅夷，昆季冥滅，餘臣母子，得

逢興運。臣母妾劉，今年八十有一，臣叔母妾丘，七十有五，臣門弟姪故自無人，妾丘兒孫又久亡泯，兩家侍養，餘臣一人。前帝知臣之孤煢，養臣以州里，不欲使頓居草萊，又復矜臣溫凊，所以一年之內，再三休沐。臣之屢披丹款，頻冒宸鑒，非欲苟違朝廷，遠離畿輦。一者以年將六十，湯火居心，每跪讀家書，前懼後喜，溫枕扇席，無復成童。二者職居彝憲，邦之司直，若自虧身禮，〔四〕何問國章？前德綢繆，始許哀放，內侍近臣，多悉此旨。正以選賢與能，廣求明哲，趦趄荏苒，未始取才。而上玄降戾，奄至今日，德音在耳，墳土遽乾，悠悠昊天，哀此罔極。兼臣私心煎切，彌迫近時，慺慺之祈，轉忘塵觸。伏惟陛下睿哲聰明，嗣興下武，刑于四海，弘此孝治。寸管求天，仰歸帷扆，有感必應，實望聖明。特乞霈然申其私禮，則王者之德，覃及無方，矧彼翔沈，孰非涵養。」詔答曰：「省表具懷。卿譽馳咸、雒，情深宛、沛。日者理切倚門，〔五〕言歸異域，復牽時役，遂乖侍養。雖周生之思，每欲弃官，戴禮垂文，得遺從政，前朝光宅四海，劬勞萬機，以卿才為獨步，職居專席，方深委任，屢屈情禮。朕嗣奉洪基，思弘景業，顧茲寡薄，兼纏哀疚，實賴賢哲，同致雍熙，豈便釋簡南闈，解紱東路。當令馮親入舍，荀母從官，用覩朝榮，不虧家禮。尋勑所由，相迎尊累，使卿公私得所，並無廢也。」

初，高祖嘗稱炯宜居王佐，軍國大政，多預謀謨，文帝又重其才用，欲寵貴之。會王琳

入寇大雷，留異擁據東境，帝欲使炯因是立功，乃解中丞，加明威將軍，遣還鄉里，收合徒衆。以疾卒于吳中，時年五十九。文帝聞之，即日舉哀，并遣弔祭，贈侍中，謚曰恭子。有集二十卷行於世。

虞荔字山披，會稽餘姚人也。祖權，梁廷尉卿、永嘉太守。父檢，平北始興王諮議參軍。

荔幼聰敏，有志操。年九歲，隨從伯闡候太常陸倕，倕問五經凡有十事，荔隨問輒應，無有遺失，倕甚異之。又嘗詣徵士何胤，時太守衡陽王亦造焉，胤言之於王，王欲見荔，荔辭曰：「未有板刺，無容拜謁。」王以荔有高尚之志，雅相欽重，還郡，即辟為主簿，荔又辭以年小不就。及長，美風儀，博覽墳籍，善屬文。釋褐梁西中郎行參軍，尋署法曹外兵參軍，兼丹陽詔獄正。梁武帝於城西置士林館，荔乃製碑，奏上，帝命勒之于館，仍用荔為士林學士。尋為司文郎，遷通直散騎侍郎，兼中書舍人。時左右之任，多參權軸，內外機務，互有帶掌，唯荔與顧協淡然靖退，居于西省，但以文史見知，當時號為清白。尋領大著作。

及侯景之亂，荔率親屬入臺，除鎮西諮議參軍，舍人如故。臺城陷，逃歸鄉里。侯景平，元帝徵為中書侍郎，貞陽侯，授揚州別駕，並不就。

張彪之據會稽也，荔時在焉。及文帝平彪，高祖遺荔書曰：「喪亂已來，賢哲凋散，君才用有美，聲聞許、洛，當今朝廷惟新，廣求英雋，豈可棲遲東土，獨善其身？今令兄子將接出都，想必副朝廷虛遲也。」文帝又與書曰：「君東南有美，聲譽洽聞，自應翰飛京許，共康時弊，而(刻)〔削〕迹丘園，〔六〕保茲獨善，豈使稱空谷之望邪？必願便爾俶裝，且為出都之計。唯遲披覯，在於茲日。」迫切之不得已，乃應命至都。高祖崩，文帝嗣位，除太子中庶子，仍侍太子讀書。尋領大著作、東揚揚州二州大中正，庶子如故。

初，荔母隨荔入臺，卒於臺內，尋而城陷，情禮不申，由是終身蔬食布衣，不聽音樂，雖任遇隆重，而居止儉素，淡然無營。文帝深器之，常引在左右，朝夕顧訪。荔性沉密，少言論，凡所獻替，莫有見其際者，故不列于後焉。

時荔第二弟寄寓於閩中，依陳寶應，荔每言之輒流涕。文帝哀而謂曰：「我亦有弟在遠，此情甚切，他人豈知。」乃勑寶應求寄，寶應終不遣。荔因以感疾，帝數往臨視。令荔將家口入省，荔以禁中非私居之所，乞停城外，文帝不許，乃令住於蘭臺，乘輿再三臨問，手勑中使，相望於道。又以荔蔬食積久，非羸疾所堪，乃勑曰：「能敦布素，乃當為高，卿年事已多，氣力稍減，方欲仗委，良須克壯，今給卿魚肉，不得固從所執也。」荔終不從。天嘉二年

卒，時年五十九。文帝甚傷惜之，贈侍中，謚曰德子。及喪柩還鄉里，上親出臨送，當時榮之。子世基、世南，並少知名。

寄字次安，少聰敏。年數歲，客有造其父者，遇寄於門，因嘲之曰：「郎君姓虞，必當無智。」寄應聲答曰：「文字不辨，豈得非愚？」客大慙。入謂其父曰：「此子非常人，文舉之對不是過也。」

及長，好學，善屬文。性沖靜，有栖遁之志。弱冠舉秀才，對策高第。起家梁宣城王國左常侍。大同中，嘗驟雨，殿前往往有雜色寶珠，梁武觀之甚有喜色，寄因上瑞雨頌。帝謂寄兄荔曰：「此頌典裁清拔，卿家之士龍也。將如何擢用？」寄聞之，歎曰：「美盛德之形容，以申擊壤之情耳。吾豈買名求仕者乎？」乃閉門稱疾，唯以書籍自娛。岳陽王為會稽太守，引寄為行參軍，遷記室參軍，領郡五官掾。又轉中記室，掾如故。在職簡略煩苛，務存大體，曹局之內，終日寂然。

侯景之亂，寄隨兄荔入臺，除鎮南湘東王諮議參軍，加貞威將軍。京城陷，遁還鄉里。及張彪往臨川，彊寄俱行，寄與彪將鄭瑋同舟而載，瑋嘗忤彪意，乃劫寄奔于晉安。時陳寶應據有閩中，得寄甚喜。高祖平侯景，寄勸令自結，寶應從之，乃遣使歸誠。承聖元年，除

和戎將軍、中書侍郎，寶應愛其才，託以道阻不遣。每欲引寄爲僚屬，委以文翰，寄固辭，獲免。

及寶應結婚留異，潛有逆謀，寄微知其意，言說之際，每陳逆順之理，微以諷諫，寶應輒引說他事以拒之。又嘗令左右誦漢書，臥而聽之，至蒯通說韓信曰「相君之背，貴不可言」，寶應蹶然起曰「可謂智士」。寄正色曰：「覆酈驕韓，未足稱智；豈若班彪王命，識所歸乎？」寄知寶應不可諫，慮禍及己，乃爲居士服以拒絕之。常居東山寺，僞稱脚疾，不復起，寶應以爲假託，使燒寄所臥屋，寄安臥不動。親近將扶寄出，寄曰：「吾命有所懸，避欲安往？」所縱火者，旋自救之。寶應自此方信。

及留異稱兵，寶應資其部曲，寄乃因書極諫曰：

東山虞寄致書於明將軍使君節下：寄流離世故，飄寓貴鄉，將軍待以上賓之禮，申以國士之眷，意氣所感，何日忘之。而寄沈痼彌留，愒陰將盡，常恐卒塡溝壑，涓塵莫報，是以敢布腹心，冒陳丹款，願將軍留須臾之慮，少思察之，則瞑目之日，所懷畢矣。

夫安危之兆，禍福之機，匪獨天時，〔七〕亦由人事。失之毫氂，差以千里。是以明智之士，據重位而不傾，執大節而不失，豈惑於浮辭哉？將軍文武兼資，英威不世，往因多難，杖劍興師，援旗誓衆，抗威千里，豈不以四郊多壘，共謀王室，匡時報主，寧國庇

民乎？此所以五尺童子，皆願荷戟而隨將軍者也。及高祖武皇肇基草昧，初濟艱難。〔八〕于時天下沸騰，民無定主，豺狼當道，鯨鯢橫擊，海內業業，未知所從。將軍運動微之鑒，折從衡之辯，策名委質，自託宗盟，此將軍妙筭遠圖，發於衷誠者也。及主上繼業，欽明睿聖，選賢與能，羣臣輯睦，結將軍以維城之重，崇將軍以裂土之封。豈非宏謨廟略，推赤心於物也？屢申明詔，款篤殷勤，君臣之分定矣，骨肉之恩深矣。不意將軍惑於邪說，遽生異計，寄所以疾首痛心，泣盡繼之以血。〔九〕萬全之策，竊爲將軍惜之。寄雖疾侵耄及，言無足採，千慮一得，請陳愚筭。願將軍少戢雷霆，賒其晷刻，使得盡狂瞽之說，披肝膽之誠，則雖死之日，由生之年也。〔一〇〕

自天厭梁德，多難荐臻，寰宇分崩，英雄互起，不可勝紀，人人自以爲得之。然夷凶翦亂，拯溺扶危，四海樂推，三靈眷命，揖讓而居南面者，陳氏也。豈非歷數有在，惟天所授，當璧應運？其事甚明，一也。主上(入)〔承〕基，〔一一〕明德遠被，天綱再張，地維重紐。夫以王琳之彊，侯瑱之力，進足以搖蕩中原，爭衡天下，退足以屈強江外，雄張偏隅。然或命一旅之師，或資一士之說，琳則瓦解冰泮，投身異域，瑱則厥角稽顙，委命闕廷。斯又天假之威，而除其患。其事甚明，二也。今將軍以藩戚之重，東南之衆，盡忠奉上，勠力勤王，豈不勳高竇融，寵過吳芮，析珪判野，南面稱孤？其事甚明，三也。

且聖朝弃瑕忘過，寬厚得人，改過自新，咸加敘擢。至於余孝頃、潘純陁、李孝欽、歐陽頠等，悉委以心腹，任以爪牙，胷中豁然，曾無纖芥。況將軍釁非張繡，罪異畢諶，當何慮於危亡，何失於富貴？此又其事甚明，四也。方今周、齊鄰睦，境外無虞，并兵一向，匪朝伊夕，非劉、項競逐之機，楚、趙連從之勢，何得雍容高拱，坐論西伯？其事甚明，五也。且留將軍狼顧一隅，亟經摧衂，聲實虧喪，膽氣衰沮。高瓌、向文政、留瑜、黃子玉，此數人者，將軍所知，首鼠兩端，唯利是視；其餘將帥，亦可見矣。孰能被堅執銳，長驅深入，繫馬埋輪，奮不顧命，以先士卒者乎？此又其事甚明，六也。且將軍之彊，孰如侯景？將軍之衆，孰如王琳？武皇滅侯景於前，今上摧王琳於後，此乃天時，非復人力。且兵革已後，民皆厭亂，其孰能弃墳墓，捐妻子，出萬死不顧之計，從將軍於白刃之閒乎？此又其事甚明，七也。歷觀前古，鑒之往事，子陽、季孟，傾覆相尋，餘善、(石)〔右〕渠，〔一二〕危亡繼及，天命可畏，山川難恃。況將軍欲以數郡之地，當天下之兵，以諸侯之資，拒天子之命，彊弱逆順，可得侔乎？此又其事甚明，八也。且非我族類，其心必異。不愛其親，豈能及物？留將軍身縻國爵，子尚王姬，猶且弃天屬而弗顧，背明君而孤立，危急之日，豈能同憂共患，不背將軍者乎？至於師老力屈，懼誅利賞，必有韓、智晉陽之謀，張、陳井陘之勢。此又其事甚明，九也。且北軍萬里遠鬭，鋒不可

當，將軍自戰其地，人多顧後。梁安背向爲心，修旿匹夫之力，衆寡不敵，將帥不侔，師以無名而出，事以無機而動，以此稱兵，未知其利。夫以漢朝吳、楚，晉室潁、顒，連城數十，長戟百萬，拔本塞源，自圖家國，其有成功者乎？此又其事甚明，十也。

爲將軍計者，莫若不遠而復，絕親留氏，秦郎、快郎，隨遣入質，釋甲偃兵，一遵詔旨。且朝廷許以鐵券之要，申以白馬之盟，朕弗食言，誓之宗社。寄聞明者鑒未形，智者不再計，此成敗之効，將軍勿疑。吉凶之幾，閒不容髮。方今藩維尚少，皇子幼沖，凡預宗枝，皆蒙寵樹。況以將軍之地，將軍之才，將軍之名，將軍之勢，而能克修藩服，北面稱臣，寧與劉澤同年而語其功業哉？豈不身與山河等安，名與金石相敝？願加三思，慮之無忽。

寄氣力綿微，餘陰無幾，感恩懷德，不覺狂言，鈇鉞之誅，甘之如薺。

寶應覽書大怒。或謂寶應曰：「虞公病勢漸篤，言多錯謬。」寶應意乃小釋。亦爲寄有民望，且優容之。及寶應敗走，夜至蒲田，顧謂其子扞秦曰：「早從虞公計，不至今日。」扞秦但泣而已。寶應既擒，凡諸賓客微有交涉者，皆伏誅，唯寄以先識免禍。

初，沙門慧摽涉獵有才思，及寶應起兵，作五言詩以送之，曰：「送馬猶臨水，離旗稍引風，好看今夜月，當入紫微宮。」寶應得之甚悅。慧摽賫以示寄，寄一覽便止，正色無言。摽

退，寄謂所親曰：「摽公既以此始，必以此終。」後竟坐是誅。

文帝尋勑都督章昭達以理發遣，令寄還朝。及至，即日引見，謂寄曰：「管寧無恙。」其慰勞之懷若此。頃之，文帝謂到仲舉曰：「衡陽王既出閤，雖未置府僚，然須得一人旦夕遊處，兼掌書記，宜求宿士有行業者。」仲舉未知所對，文帝曰：「吾自得之。」乃手勑用寄。寄入謝，文帝曰：「所以暫屈卿遊藩者，非止以文翰相煩，乃令以師表相事也。」尋兼散騎常侍，聘齊，寄辭老疾，不行，除國子博士。頃之，又表求解職歸鄉里，文帝優旨報答，許其東還。仍除東揚州別駕，寄又以疾辭。高宗即位，徵授揚州治中及尚書左丞，竝不就。乃除東中郎建安王諮議，加戎昭將軍，又辭以疾，不任旦夕陪列。王於是特令停王府公事，其有疑議，就以決之，但朔望牋修而已。太建八年加太中大夫，將軍如故。十一年卒，時年七十。

寄少篤行，造次必於仁厚，雖僮豎未嘗加以聲色，至於臨危執節，則辭氣凜然，白刃不憚也。自流寓南土，與兄荔隔絕，因感氣病，每得荔書，氣輒奔劇，危殆者數矣。前後所居官，未嘗至秩滿，纔朞年數月，便自求解退。常曰：「知足不辱，吾知足矣。」及謝病私庭，每諸王爲州將，下車必造門致禮，命釋鞭板，以几杖侍坐。常出遊近寺，閭里傳相告語，老幼羅列，望拜道左。或言誓爲約者，但指寄便不欺，其至行所感如此。所製文筆，遭亂多不存。

馬樞字要理，扶風郿人也。祖靈慶，齊竟陵王錄事參軍。樞數歲而父母俱喪，爲其姑所養。六歲，能誦孝經、論語、老子。及長，博極經史，尤善佛經及周易、老子義。

梁邵陵王綸爲南徐州刺史，素聞其名，引爲學士。綸時自講大品經，令樞講維摩、老子、周易，同日發題，道俗聽者二千人。王欲極觀優劣，乃謂衆曰：「與馬學士論義，必使屈伏，不得空立主客。」於是數家學者各起問端，樞乃依次剖判，開其宗旨，然後枝分流別，轉變無窮，論者拱默聽受而已。綸甚嘉之，將引薦於朝廷。尋遇侯景之亂，綸舉兵援臺，乃留書二萬卷以付樞。樞肆志尋覽，殆將周遍，乃喟然歎曰：「吾聞貴爵位者以巢、由爲桎梏，愛山林者以伊、呂爲管庫，束名實則芻芥柱下之言，翫清虛則糠粃席上之說，稽之篤論，亦各從其好也。然支父有讓王之介，嚴子有傲帝之規，千載美談，所不廢也。比求志之士，望塗而息，豈天之不惠高尚，何山林之無聞甚乎？」乃隱于茅山，有終焉之志。

天嘉元年，文帝徵爲度支尚書，辭不應命。時樞親故竝居京口，每秋冬之際，時往遊焉。及鄱陽王爲南徐州刺史，欽其高尚，鄙不能致，乃卑辭厚意，令使者邀之，前後數反，樞固辭以疾。門人或進曰：「鄱陽王待以師友，非關爵位，市朝之間，何妨靜默。」樞不得已，乃行。王別築室以處之，樞惡其崇麗，乃於竹林間自營茅茨而居焉。每王公餽餉，辭不獲已者，率十分受一。

樞少屬亂離，每所居之處，盜賊不入，依託者常數百家。目精洞黄，能視闇中物。常有白鷰一雙，巢其庭樹，馴狎櫚廡，時集几案，春來秋去，幾三十年。太建十三年卒，時年六十。撰道覺論二十卷行於世。

史臣曰：沈炯仕於梁室，年在知命，冀郎署之薄官，〔一三〕止邑宰之卑職，及下筆盟壇，屬辭勸表，激揚旨趣，信文人之偉者歟！虞荔之獻籌沈密，盡其誠款，可謂有益明時矣。

校勘記

〔一〕沈炯字禮明　「禮明」南史作「初明」。王鳴盛十七史商榷引何焯說，云作「禮明」是。

〔二〕別風餘(趾)〔址〕　據北監本、汲本、殿本改。

〔三〕(自)〔百〕死輕生　據南監本及元龜七五四改。

〔四〕若自虧身禮　「禮」各本並作「體」，元龜七五四同。按此指其自身當守之禮言，作「禮」是。

〔五〕日者理切倚門　「倚門」北監本、汲本、殿本作「倚閭」。按倚門、倚閭皆言望子，一切，同見戰國策齊策。

〔六〕而(刻)〔創〕迹丘園　據南監本、北監本、汲本、殿本改。

〔七〕匪獨天時　「匪」字原墨丁，據各本補。

〔八〕初濟艱難　「艱」字原墨丁，據各本補。

〔九〕泣盡繼之以血　「盡」字下北監本、汲本、殿本有「而」字。

〔一〇〕由生之年也　「由」南監本作「猶」。按猶由通

〔一一〕主上(入)〔承〕基　據北監本、汲本、殿本及南史、元龜八三二改。

〔一二〕餘善(石)〔右〕渠　據北監本、汲本、殿本改。按右渠西漢時朝鮮國王。

〔一三〕冀郎署之薄官　「官」原譌「宦」，各本不譌，今改正。

陳書卷二十

列傳第十四

到仲舉　韓子高　華皎

到仲舉字德言，彭城武原人也。祖坦，齊中書侍郎。父洽，梁侍中。仲舉無他藝業，而立身耿正。釋褐著作佐郎、太子舍人、王府主簿。出爲長城令，政號廉平。文帝居鄉里，嘗詣仲舉，時天陰雨，仲舉獨坐齋內，聞城外有簫鼓之聲，俄而文帝至，仲舉異之，乃深自結託。文帝又嘗因飲，夜宿仲舉帳中，忽有神光五采照于室內，由是祗承益恭。侯景之亂，仲舉依文帝。及景平，文帝爲吳興郡守，以仲舉爲郡丞，與潁川庾持俱爲文帝賓客。文帝爲宣毅將軍，以仲舉爲長史，尋帶山陰令。文帝嗣位，授侍中，參掌選事。天嘉元年，守都官尚書，封寶安縣侯，邑五百戶。三年，除都官尚書。其年，遷尚書右僕射、丹陽尹，參掌並如故。尋改封建昌縣侯。仲舉既無學術，朝章非所長，選舉引用，皆出自袁

樞。性疎簡，不干涉世務，與朝士無所親狎，但聚財酣飲而已。六年，秩滿，解尹。

是時，文帝積年寢疾，不親御萬機，尚書中事，皆使仲舉斷決。天康元年，遷侍中、尚書僕射，參掌如故。文帝疾甚，入侍醫藥。及文帝崩，高宗受遺詔爲尚書令入輔，仲舉與左丞王暹、中書舍人劉師知、殷不佞等，以朝望有歸，乃遣不佞矯宣旨遣高宗還東府。事發，師知下北獄賜死，暹、不佞並付治，乃以仲舉爲貞毅將軍、金紫光祿大夫。

初，仲舉子郁尚文帝妹信義長公主，官至中書侍郎，出爲宣城太守，文帝配以士馬，是年遷爲南康內史，以國哀未之任。仲舉既廢居私宅，與郁皆不自安。時韓子高在都，人馬素盛，郁每乘小輿蒙婦人衣與子高謀。子高軍主告言其事，高宗收子高、仲舉及郁並付廷尉。詔曰：「到仲舉庸劣小才，坐叨顯貴，受任前朝，榮寵隆赫，父參王政，子據大邦，禮盛外姻，勢均戚里。而肆此驕闇，凌傲百司，遏密之初，擅行國政，排黜懿親，欺蔑台衮。韓子高蕞爾細微，擢自卑末，入參禁衞，委以腹心，蜂蠆有毒，敢行反噬。仲舉、子高，共爲表裏，陰構姦謀，密爲異計。安成王朕之叔父，親莫重焉，受命導揚，稟承顧託，以朕沖弱，屬當保祐。家國安危，事歸宰輔，伊、周之重，物無異議，將相舊臣，咸知宗仰。而率聚凶徒，欲相掩襲，屯據東城，進逼崇禮，規樹仲舉，以執國權，陵斥司徒，意在專政，潛結黨附，方危社稷。賴祖宗之靈，姦謀顯露。前上虞令陸昉等具告其事，並有據驗，并剋今月七日，縱其凶謀。

領軍將軍明徹，左衞將軍、衞尉卿寶安及諸公等，又並知其事。二三豐迹，彰於朝野，反道背德，事駭聞見。今大憝克殲，罪人斯得，並可收付廷尉，肅正刑書。罪止仲舉父子及子高三人而已，其餘一從曠蕩，並所不問。」仲舉及郁並於獄賜死，時年五十一。郁諸男女，以帝甥獲免。

韓子高，會稽山陰人也。家本微賤。侯景之亂，寓在京都。景平，文帝出守吳興，子高年十六，爲總角，容貌美麗，狀似婦人，於淮渚附部伍寄載欲還鄉，文帝見而問之，曰「能事我乎？」子高許諾。子高本名蠻子，文帝改名之。性恭謹，勤於侍奉，恆執備身刀及傳酒炙。文帝性急，子高恆會意旨。及長，稍習騎射，頗有膽決，願爲將帥，及平杜龕，配以士卒。文帝甚寵愛之，未嘗離於左右。文帝嘗夢見騎馬登山，路危欲墮，子高推捧而升。

文帝之討張彪也，沈泰等先降，文帝據有州城，周文育鎮北郭香(嚴)〔巖〕寺。〔一〕張彪自剡縣夜還襲城，文帝自北門出，倉卒闇夕，軍人擾亂，文育亦未測文帝所在，唯子高在側，文帝乃遣子高自亂兵中往見文育，反命，酬答於闇中，又往慰勞衆軍。文帝散兵稍集，子高引導入文育營，因共立柵。明日，與彪戰，彪將申縉復降，〔二〕彪奔松山，浙東平。文帝乃分麾

下多配子高，子高亦輕財禮士，歸之者甚衆。

文帝嗣位，除右軍將軍。天嘉元年，封文招縣子，邑三百戶。王琳至于柵口，子高宿衞臺內。及琳平，子高所統益多，將士依附之者，子高盡力論進，文帝皆任使焉。二年，遷員外散騎常侍、壯武將軍、成州刺史。及征留異，隨侯安都頓桃支嶺巖下。時子高兵甲精銳，別御一營，單馬入陳，傷項之左，一髻半落。異平，除假節、貞毅將軍、東陽太守。五年，章昭達等自臨川征晉安，子高自安泉嶺會于建安，諸將中人馬最爲彊盛。晉安平，以功遷通直散騎常侍，進爵爲伯，增邑并前四百戶。六年，徵爲右衞將軍，至都，鎮領軍府。文帝不豫，入侍醫藥。廢帝即位，遷散騎常侍，右衞如故，移頓于新安寺。

高宗入輔，子高兵權過重，深不自安，好參訪臺閣，又求出爲衡、廣諸鎮。光大元年八月，前上虞縣令陸昉及子高軍主告其謀反，高宗在尚書省，因召文武在位議立皇太子，子高預焉，平旦入省，執之，送廷尉，其夕與到仲舉同賜死，時年三十。父延慶及子弟並原有。延慶因子高之寵，官至給事中、山陰令。

華皎，晉陵暨陽人。世爲小吏。皎，梁代爲尚書比部令史。〔三〕侯景之亂，事景黨王偉。

高祖南下，文帝爲景所囚，皎遇文帝甚厚。景平，文帝爲吳興太守，以皎爲都錄事，軍府穀帛，多以委之。皎聰慧，勤於簿領。及文帝平杜龕，仍配以人馬甲仗，猶爲都錄事。御下分明，善於撫養。時兵荒之後，百姓饑饉，皎解衣推食，多少必均，因稍擢爲暨陽、山陰二縣令。文帝卽位，除開遠將軍，左軍將軍。天嘉元年，封懷仁縣伯，邑四百戶。

王琳東下，皎隨侯瑱拒之。琳平，鎭湓城，知江州事。時南州守宰多鄉里酋豪，不遵朝憲，文帝令皎以法馭之。王琳奔散，將卒多附於皎。三年，除假節、通直散騎常侍、仁武將軍、新州刺史，資，監江州。尋詔督尋陽太原高唐南北新蔡五郡諸軍事、尋陽太守，假節、將軍、州資、監如故。周迪謀反，遣其兄子伏甲於船中，僞稱賈人，欲於湓城襲皎。未發，事覺，皎遣人逆擊之，盡獲其船仗。其年，皎隨都督吳明徹征迪，迪平，以功授散騎常侍、平南將軍、臨川太守，進爵爲侯，增封并前五百戶。未拜，入朝，仍授使持節、都督湘巴等四州諸軍事、湘州刺史，常侍、將軍如故。

皎起自下吏，善營產業，湘川地多所出，所得竝入朝廷，糧運竹木，委輸甚衆；至于油蜜脯菜之屬，莫不營辦。又征伐川洞，多致銅鼓、生口，竝送于京師。廢帝卽位，進號安南將軍，改封重安縣侯，〔四〕食邑一千五百戶。文帝以湘州出杉木舟，使皎營造大艦金翅等二百餘艘，并諸水戰之具，欲以入漢及峽。

韓子高誅後，皎內不自安，繕甲聚徒，厚禮所部守宰。高宗頻命皎送大艦金翅等，推遷不至。光大元年，密啓求廣州，以觀時主意，高宗僞許之，而詔書未出。皎亦遣使句引周兵，又崇奉蕭巋爲主，士馬甚盛。詔乃以吳明徹爲湘州刺史，實欲以輕兵襲之。是時慮皎先發，乃前遣明徹率衆三萬，乘金翅直趨郢州，又遣撫軍大將軍淳于量率衆五萬，乘大艦以繼之，又令假節、冠武將軍楊文通別從安（城）〔成〕步道出茶陵，〔五〕又令巴山太守黃法慧別從宜陽出澧陵，往掩襲，出其不意，并與江州刺史章昭達、郢州刺史程靈洗等參謀討賊。

是時蕭巋遣水軍爲皎聲援。周武又遣其弟衞國公宇文直率衆屯魯山，又遣其柱國長胡公拓跋定人馬三萬，攻圍郢州。蕭巋授皎司空，巴州刺史戴僧朔，衡陽內史任蠻奴，巴陵內史潘智虔，岳陽太守章昭裕，（杜）〔桂〕陽太守曹宣，〔六〕湘東太守錢明，竝隸於皎。又長沙太守曹慶等本隸皎下，因爲之用。帝恐上流宰守竝爲皎扇惑，乃下詔曰：「賊皎輿皂微賤，特逢獎擢，任據藩牧，屬當寵寄，背斯造育，興構姦謀，樹立蕭氏，盟約彰露，鴆毒存心，志危宗社，扇結邊境，驅逼士庶，蟻聚巴、湘，豕突鄢、郢，逆天反地，人神忿嫉。征南將軍量、安南將軍明徹、郢州刺史靈洗，受律專征，備盡心力，撫勞驍雄，舟師俱進，義烈爭奮，兇惡奔殄，獻捷相望，重氛載廓，言念泣罪，思與惟新。可曲赦湘、巴二州：凡厥爲賊所逼制，預在兇黨，悉皆不問；其賊主帥節（相）〔將〕，〔七〕竝許開恩出首，一同曠蕩。」

先是，詔又遣司空徐度與楊文通等自安成步出湘東，以襲皎後。時皎陣于巴州之白螺，列舟艦與王師相持未決。及聞徐度趨湘州，乃率兵自巴、郢因便風下戰。淳于量、吳明徹等募軍中小艦，多賞金銀，令先出當賊大艦，受其拍。賊艦發拍皆盡，然後官軍以大艦拍之，賊艦皆碎，沒于中流。賊又以大艦載薪，因風放火，俄而風轉自焚，賊軍大敗。皎乃與戴僧朔單舸走，過巴陵，不敢登城，徑奔江陵。拓跋定等無復船渡，步趨巴陵，巴陵城邑爲官軍所據，乃向湘州。至水口，不得濟，食且盡，詣軍請降。俘獲萬餘人，馬四千餘匹，送于京師。皎黨曹慶、錢明、潘智虔、魯閑、席慧略等四十餘人竝誅，唯任蠻奴、章昭裕、曹宣、劉廣業獲免。

戴僧朔，吳郡錢塘人也。有膂力，勇健善戰，族兄右將軍僧錫甚愛之。僧錫年老，征討恆使僧朔領衆。平王琳有功。僧錫卒，仍代爲南丹陽太守，鎭採石。從征留異，侯安都於巖下出戰，爲賊斫傷，僧朔單刀步援。以功除壯武將軍、北江州刺史，領南陵太守。又從征周迪有功，遷巴州刺史，假節、將軍如故。至是同皎爲逆，伏誅於江陵。

曹慶本王琳將，蕭莊僞署左衞將軍、吳州刺史，部領亞於潘純陁。琳敗，文帝以配皎，官至長沙太守。錢明，本高祖主帥，後歷湘州諸郡守。潘智虔，純陁之子，少有志氣，年二十爲巴陵內史。魯閑，吳郡錢塘人。席慧略，安定人。閑本張彪主帥，慧略王琳部下，文帝

皆配于皎，官至郡守。竝伏誅。

章昭裕，昭達之弟；劉廣業，廣德之弟；曹宣，高祖舊臣；任蠻奴嘗有密啓於朝廷；由是竝獲宥。

史臣曰：韓子高、華皎雖復瓶筲小器，輿臺末品，文帝鑒往古之得人，救當今之急弊，達聰明目之術，安黎和衆之宜，寄以腹心，不論胄閥。皎早參近昵，〔八〕嘗預艱虞，知其無隱，賞以悉力，有見信之誠，非可疑之地。皎據有上游，忠於文帝。仲舉、子高亦無爽於臣節者矣。

校勘記

〔一〕周文育鎭北郭香（嚴）〔巖〕寺　據周文育傳及南史本傳與張彪傳改。

〔二〕彪將申縉復降　「申縉」南史張彪傳作「申進」。

〔三〕梁代爲尚書比部令史　「比」字原本墨丁，據各本補。

〔四〕改封重安縣侯　「侯」南史作「公」。

〔五〕又令假節冠武將軍楊文通別從安(城)〔成〕步道出茶陵　據通鑑改。按下文亦作「安成」。

〔六〕(杜)〔桂〕陽太守曹宣　據南史及通鑑改。

〔七〕其賊主帥節(相)〔將〕　據南史改。

〔八〕畯早參近昵　張森楷校勘記云：「『畯』似當作『仲舉』，緣此論不應不及仲舉。」按張說是。下云「畯據有上游，忠於文帝」，始論及華皎也。

陳書卷二十一

列傳第十五

謝哲　蕭乾　謝嘏　張種　王固　孔奐　蕭允 弟引

謝哲字穎豫，陳郡陽夏人也。祖朏，梁司徒。父譓，梁右光祿大夫。哲美風儀，舉止醞藉，而襟情豁然，為士君子所重。起家梁祕書郎，累遷廣陵太守。侯景之亂，以母老因寓居廣陵，高祖自京口渡江應接郭元建，哲乃委質，深被敬重。高祖為〔南〕徐州刺史，〔一〕表哲為長史。荆州陷，高祖使哲奉表於晉安王勸進。敬帝承制徵為給事黃門侍郎，領步兵校尉。貞陽侯僭位，以哲為通直散騎常侍，侍東宮。敬帝即位，遷長兼侍中。高祖受命，遷都官尚書，豫州大中正、吏部尚書。出為明威將軍、晉陵太守，入為中書令。世祖嗣位，為太子詹事。出為明威將軍、衡陽內史，秩中二千石。遷長沙太守，將軍、加秩如故。還除散騎常侍、中書令。廢帝即位，以本官領前將軍。高宗為錄尚書，引為

侍中、仁威將軍、司徒左長史。未拜，光大元年卒，時年五十九。贈侍中、中書監，謚康子。

蕭乾字思惕，蘭陵人也。祖嶷，齊丞相豫章文獻王。父子範，梁祕書監。乾容止雅正，性恬簡，善隸書，得叔父子雲之法。年九歲，召補國子周易生，梁司空袁昂時為祭酒，深敬重之。十五，舉明經。釋褐東中郎湘東王法曹參軍，遷太子舍人。建安侯蕭正立出鎮南豫州，又板錄事參軍。累遷中軍宣城王中錄事諮議參軍。侯景平，高祖鎮南徐州，引乾為貞威將軍、司空從事中郎。遷中書侍郎、太子家令。

永定元年，除給事黃門侍郎。是時熊曇朗在豫章，周迪在臨川，留異在東陽，陳寶應在建、晉，共相連結，閩中豪帥，往往立砦以自保，高祖甚患之，乃令乾往使，諭以逆順，并觀虛實。將發，高祖謂乾曰：「建、晉恃嶮，好為姦宄，方今天下初定，難便出兵。昔陸賈南征，趙他歸順，〔二〕隨何奉使，黥布來臣，追想清風，髣髴在目。況卿坐鎮雅俗，才高昔賢，宜勉建功名，不煩更勞師旅。」乾既至，曉以逆順，所在渠帥並率部衆開壁款附。其年，就除貞威將軍、建安太守。

天嘉二年，留異反，陳寶應將兵助之，又資周迪兵糧，出寇臨川，因逼建安。乾單使臨

郡，素無士卒，力不能守，乃弃郡以避寶應。時閩中守宰，竝爲寶應迫脅，受其署置，乾獨不爲屈，徙居郊野，屏絕人事。及寶應平，乃出詣都督章昭達，昭達以狀表聞，世祖甚嘉之，超授五兵尚書。光大元年卒，謚曰靜子。

謝嘏字含茂，陳郡陽夏人也。祖瀹，齊金紫光祿大夫。父舉，梁中衞將軍、開府儀同三司。

嘏風神清雅，頗善屬文。起家梁祕書郎，稍遷太子中庶子，掌東宮管記，出爲建安太守。侯景之亂，嘏之廣州依蕭勃，承聖中，元帝徵爲五兵尚書，辭以道阻，轉授智武將軍。蕭勃以爲鎮南長史、南海太守。勃敗，還至臨川，爲周迪所留。久之，又度嶺之晉安依陳寶應，世祖前後頻召之，嘏崎嶇寇虜，不能自拔。及寶應平，嘏方詣闕，爲御史中丞江德藻所舉劾，世祖不加罪責，以爲給事黃門侍郎。尋轉侍中，天康元年，以公事免，尋復本職。光大元年，爲信威將軍、中衞始興王長史。遷中書令、豫州大中正、都官尚書，領羽林監，中正如故。太建元年卒，贈侍中、中書令，謚曰光子。有文集行於世。

二子儼、(伸)〔伷〕。〔三〕儼官至散騎常侍、侍中、御史中丞、太常卿，出監東揚州。禎明二

年卒於會稽，贈中護軍。

張種字士苗，吳郡人也。祖辯，宋司空右長史、廣州刺史。父略，梁太子中庶子、臨海太守。

種少恬靜，居處雅正，不妄交遊，傍無造請，時人爲之語曰：「宋稱敷、演，梁則卷、充。清虛學尚，種有其風。」仕梁王府法曹，遷外兵參軍，以父憂去職。服闋，爲中軍宣城王府主簿。種時年四十餘，家貧，求爲始豐令，入除中衞西昌侯府西曹掾。時武陵王爲益州刺史，重選府僚，以種爲征西東曹掾，種辭以母老，抗表陳請，爲有司所奏，坐黜免。

侯景之亂，種奉其母東奔，久之得達鄉里。俄而母卒，種時年五十，而毀瘠過甚，又迫以凶荒，未獲時葬，服制雖畢，而居處飲食，恆若在喪。及景平，司徒王僧辯以狀(奉)〔奏〕聞，〔四〕起爲貞威將軍、治中從事史，并爲具葬禮，葬訖，種方即吉。僧辯又以種年老，傍無胤嗣，賜之以妾，及居處之具。

貞陽侯僭位，除廷尉卿、太子中庶子。敬帝即位，爲散騎常侍，遷御史中丞，領前軍將軍。高祖受禪，爲太府卿。天嘉元年，除左民尚書。二年，權監吳郡，尋徵復本職。遷侍中，領步兵校尉，以公事免，白衣兼太常卿，俄而即眞。廢帝即位，加領右軍將軍，未拜，改領弘善宮衞尉，又領揚、東揚二州大中正。高宗即位，重爲都官尚書，領左驍騎將軍，遷中書令，驍騎、中正竝如故。以疾授金紫光祿大夫。

種沈深虛靜，而識量宏博，時人皆以爲宰相之器。僕射徐陵嘗抗表讓位於種曰：「臣種器懷沈密，文史優裕，東南貴秀，朝庭親賢，克壯其猷，宜居左執。」其爲時所推重如此。太建五年卒，時年七十，贈特進，謚曰元子。

種仁恕寡欲，雖歷居顯位，而家產屢空，終日晏然，不以爲病。太建初，女爲始興王妃，以居處僻陋，特賜宅一區，又累賜無錫、嘉興縣侯秩。〔五〕嘗於無錫見有重囚在獄，天寒，呼出曝日，遂失之，世祖大笑，而不深責。有集十四卷。

種弟稜，亦清靜有識度，官至司徒左長史，太建十一年卒，時年七十，贈光祿大夫。

種族子稚才，齊護軍(孫)沖之〔孫〕。〔六〕少孤介特立，仕爲尚書金部郎中。遷右丞，建康令、太舟卿，〔七〕揚州別駕從事史，兼散騎常侍。使于周，還爲司農、廷尉卿。所歷竝以清白稱。

王固字子堅，左光祿大夫通之弟也。少清正，頗涉文史，以梁武帝甥封莫口亭侯。舉秀才。起家梁祕書郎，遷太子洗馬，掌東宮管記，丁所生母憂去職。服闋，除丹陽尹丞。侯景之亂，奔于荆州，梁元帝承制以爲相國戶曹屬，掌管記。尋聘于西魏，魏人以其梁氏外戚，待之甚厚。承聖元年，遷太子中庶子，尋爲貞威將軍、安南長史、尋陽太守。荆州陷，固之鄱陽，隨兄質度東嶺，居信安縣。紹泰元年，徵爲侍中，不就。永定中，移居吳郡。世祖以固清靜，且欲申以婚姻。天嘉二年，至都，拜國子祭酒。三年，遷中書令。四年，又爲散騎常侍、國子祭酒。其年，以固女爲皇太子妃，禮遇甚重。

廢帝即位，授侍中、金紫光祿大夫。時高宗輔政，固以廢帝外戚，妳媼恆往來禁中，頗宣密旨，事洩，比將伏誅，〔八〕高宗以固本無兵權，且居處清潔，止免所居官，禁錮。

太建二年，隨例爲招遠將軍、宣惠豫章王諮議參軍。遷太中大夫、太常卿、南徐州大中正。七年，卒官，時年六十三。贈金紫光祿大夫。喪事所須，隨由資給。至德二年改葬，謚曰恭子。

固清虛寡欲，居喪以孝聞。又崇信佛法，及丁所生母憂，遂終身蔬食，夜則坐禪，晝誦佛經，兼習成實論義，而於玄言非所長。嘗聘于西魏，因宴饗之際，請停殺一羊，羊於固前跪拜。又宴於昆明池，魏人以南人嗜魚，大設罟網，固以佛法呪之，遂一鱗不獲。

子寬，官至司徒左長史、侍中。

孔奐字休文，會稽山陰人也。曾祖琇之，齊左民尚書、吳興太守。祖琗，太子舍人、尚書三公郎。父稚孫，梁寧遠枝江公主簿、無錫令。

奐數歲而孤，爲叔父虔孫所養。好學，善屬文，經史百家，莫不通涉。沛國劉顯時稱學府，每共奐討論，深相歎服，乃執奐手曰：「昔伯喈墳素悉與仲宣，吾當希彼蔡君，足下無愧王氏。」所保書籍，尋以相付。

州舉秀才，射策高第。起家揚州主簿、宣惠湘東王行參軍，並不就。又除鎮西湘東王外兵參軍，入爲尚書倉部郎中，遷儀曹侍郎。時左民郎沈炯爲飛書所謗，將陷重辟，事連臺閣，人懷憂懼，奐廷議理之，竟得明白。丹陽尹何敬容以奐剛正，請補功曹史。出爲南昌侯相，值侯景亂，不之官。

京城陷，朝士並被拘縶，或薦奐於賊帥侯子鑒，子鑒命脫桎梏，厚遇之，令掌書記。時景軍士悉恣其凶威，子鑒景之腹心，委任又重，朝士見者，莫不卑俯屈折，奐獨敖然自若，無所下。或諫奐曰：「當今亂世，人思苟免，獯羯無知，豈可抗之以義？」奐曰：「吾性命有在，雖

未能死，豈可取媚凶醜，以求全乎？」時賊徒剝掠子女，拘逼士庶，奐每保持之，得全濟者甚衆。

尋遭母憂，哀毀過禮。時天下喪亂，皆不能終三年之喪，唯奐及吳國張種，在寇亂中守持法度，並以孝聞。

及景平，司徒王僧辯先下辟書，引奐爲左西曹掾，又除丹陽尹丞。梁元帝於荆州卽位，徵奐及沈炯並令西上，僧辯累表請留之。帝手勑報僧辯曰：「孔、沈二士，今且借公。」其爲朝廷所重如此。仍除太尉從事中郎。僧辯爲揚州刺史，又補揚州治中從事史。時侯景新平，每事草創，憲章故事，無復存者，奐博物彊識，甄明故實，問無不知，儀注體式，牋表書翰，皆出於奐。

高祖作相，除司徒右長史，遷給事黃門侍郎。齊遣東方老、蕭軌等來寇，軍至後湖，都邑播擾，又四方壅隔，糧運不繼，三軍取給，唯在京師，乃除奐爲貞威將軍、建康令。時累歲兵荒，戶口流散，勍敵忽至，徵求無所，高祖剋日決戰，乃令奐多營麥飯，以荷葉裹之，一宿之閒，得數萬裹，軍人旦食訖，弃其餘，因而決戰，遂大破賊。

高祖受禪，遷太子中庶子。永定二年，除晉陵太守。晉陵自宋、齊以來，舊爲大郡，雖經寇擾，猶爲全實，前後二千石多行侵暴，奐清白自守，妻子並不之官，唯以單船臨郡，所得秩俸，隨卽分贍孤寡，郡中大悅，號曰「神君」。曲阿富人殷綺，見奐居處素儉，乃餉衣一襲，氈被一具。奐曰：「太守身居美祿，何爲不能辦此，但民有未周，不容獨享溫飽耳。勞卿厚意，幸勿爲煩。」

初，世祖在吳中，聞奐善政，及踐祚，徵爲御史中丞，領揚州大中正。奐性剛直，善持理，多所糾劾，朝廷甚敬憚之。深達治體，每所敷奏，上未嘗不稱善，百司滯事，皆付奐決之。遷散騎常侍，領步兵校尉，中書舍人，掌詔誥，揚、東揚二州大中正。天嘉四年，重除御史中丞，尋爲五兵尚書，常侍、中正如故。時世祖不豫，臺閣衆事，並令僕射到仲舉共奐決之。及世祖疾篤，奐與高宗及仲舉并吏部尚書袁樞、中書舍人劉師知等入侍醫藥。世祖嘗謂奐等曰：「今三方鼎峙，生民未乂，四海事重，宜須長君。朕欲近則晉成，遠隆殷法，卿等須遵此意。」奐乃流涕歔欷而對曰：「陛下御膳違和，痊復非久，皇太子春秋鼎盛，聖德日躋，安成王介弟之尊，足爲周旦，阿衡宰輔，若有廢立之心，臣等愚誠，不敢聞詔。」世祖曰「古之遺直，復見於卿。」天康元年，乃用奐爲太子詹事，二州中正如故。

世祖崩，廢帝卽位，除散騎常侍、國子祭酒。光大二年，出爲信武將軍、南中郎康樂侯長史、尋陽太守，行江州事。高宗卽位，進號仁威將軍、雲麾始興王長史，餘並如故。奐在職清儉，多所規正，高宗嘉之，賜米五百斛，并累降勑書殷勤勞問。太建三年，徵爲度支尚

書，領右軍將軍。五年，改領太子中庶子，與左僕射徐陵參掌尚書五條事。六年，遷吏部尚書。七年，加散騎常侍。八年，改加侍中。時有事北討，剋復淮、泗，徐、豫酋長，降附相繼，封賞選敍，紛紜重疊，奐應接引進，門無停賓。加以鑒識人物，詳練百氏，凡所甄拔，衣冠縉紳，莫不悅伏。

性耿介，絕請託，雖儲副之尊，公侯之重，溺情相及，終不爲屈。始興王叔陵之在湘州，累諷有司，固求台鉉。奐曰：「袞章之職，本以德舉，未必皇枝。」因抗言於高宗。高宗曰：「始興那忽望公，且朕兒爲公，須在鄱陽王後。」奐曰：「臣之所見，亦如聖旨。」後主時在東宮，欲以江總爲太子詹事，令管記陸瑜言之於奐。奐謂瑜曰：「江有潘、陸之華，而無園、綺之實，輔弼儲宮，竊有所難。」瑜具以白後主，後主深以爲恨，乃自言於高宗。高宗將許之，奐乃奏曰：「江總文華之人，今皇太子文華不少，豈藉於總！如臣愚見，願選敦重之才，以居輔導。」帝曰：「卽如卿言，誰當居此？」奐曰：「都官尚書王廓，世有懿德，識性敦敏，可以居之。」後主時亦在側，乃曰：「廓王泰之子，不可居太子詹事。」奐又奏曰：「宋朝范曅卽范泰之子，亦爲太子詹事，前代不疑。」後主固爭之，帝卒以總爲詹事，由是忤旨。其梗正如此。

初，後主欲官其私寵，以屬奐，奐不從。及右僕射陸繕遷職，高宗欲用奐，已草詔訖，爲後主所抑，遂不行。九年，遷侍中、中書令、領左驍騎將軍、揚東揚豐三州大中正。十一年，

轉太常卿，侍中、中正竝如故。十四年，遷散騎常侍、金紫光祿大夫，領前軍將軍，未拜，改領弘範宮衞尉。至德元年卒，時年七十。贈散騎常侍，本官如故。有集十五卷，彈文四卷。

子紹薪、紹忠。紹忠字孝揚，亦有才學，官至太子洗馬、儀同鄱陽王東曹掾。

蕭允字（升）〔叔〕佐，〔九〕蘭陵人也。曾祖思話，宋征西將軍、開府儀同三司、尚書右僕射，〔一〇〕封陽穆公。〔一一〕祖惠蒨，散騎常侍、太府卿、左民尚書。父介，梁侍中、都官尚書。

允少知名，風神凝遠，通達有識鑒，容止醞藉，動合規矩。起家邵陵王法曹參軍，轉湘東王主簿，遷太子洗馬。侯景攻陷臺城，百僚奔散，允獨整衣冠坐于宮坊，景軍人敬而弗之逼也。尋出居京口。時寇賊縱橫，百姓波駭，衣冠士族，四出奔散，允獨不行。人問其故，允答曰：「夫性命之道，自有常分，豈可逃而獲免乎？但患難之生，皆生於利，苟不求利，禍從何生？方今百姓爭欲奮臂而論大功，一言而取卿相，亦何事於一書生哉？莊周所謂畏影避迹，吾弗爲也。」乃閉門靜處，并日而食，卒免於患。

侯景平後，高祖鎮南徐州，以書召之，允又辭疾。永定中，侯安都爲南徐州刺史，躬造其廬，以申長幼之敬。天嘉三年，徵爲太子庶子。〔一二〕三年，除棱威將軍、丹陽尹丞。五年，

兼侍中，聘于周，還拜中書侍郎、大匠卿。

高宗卽位，遷黃門侍郎。五年，出爲安前晉安王長史。六年，晉安王爲南豫州，允復爲王長史。時王尚少，未親民務，故委允行府州事。入爲光祿卿。允性敦重，未嘗以榮利干懷。及晉安出鎮湘州，又苦攜允，允少與蔡景歷善，景歷子徵脩父黨之敬，聞允將行，乃詣允曰：「公年德竝高，國之元老，從容坐鎮，旦夕自爲列曹，何爲方復辛苦在外！」允答曰：「已許晉安，豈可忘信。」其恬於榮勢如此。

至德三年，除中衞豫章王長史，累遷通直散騎常侍、光勝將軍、司徒左長史、安德宮少府。鎮衞鄱陽王出鎮會稽，允又爲長史，帶會稽郡丞。行經延陵季子廟，設蘋藻之薦，託爲異代之交，爲詩以敍意，辭理清典。後主嘗問蔡徵曰：「卿世與蕭允相知，此公志操何如？」徵曰：「其清虛玄遠，殆不可測，至於文章，可得而言。」因誦允詩以對，後主嗟賞久之。其年拜光祿大夫。

及隋師濟江，允遷于關右。是時朝士至長安者，例竝授官，唯允與尚書僕射謝伷辭以老疾，隋文帝義之，竝厚賜錢帛。尋以疾卒於長安，時年八十四。弟引。

引字（升）〔叔〕休。〔一三〕方正有器局，望之儼然，雖造次之閒，必由法度。性聰敏，博學，善屬文。釋褐著作佐郎，轉西昌侯儀同府主簿。侯景之亂，梁元帝爲荆州刺史，朝士多往歸之。引曰：「諸王力爭，禍患方始，今日逃難，未是擇君之秋。吾家再世爲始興郡，遺愛在民，正可南行以存家門耳。」於是與弟彤及宗親等百餘人奔嶺表。時始興人歐陽頠爲衡州刺史，引往依焉。頠後遷爲廣州，病死，子紇領其衆。引每疑紇有異，因事規正，由是情禮漸疎。及紇舉兵反，時京都士人岑之敬、公孫挺等竝皆惶駭，唯引恬然，謂之敬等曰：「管幼安、袁曜卿亦但安坐耳。君子正身以明道，直己以行義，亦復何憂懼乎？」及章昭達平番禺，引始北還。高宗召引問嶺表事，引具陳始末，帝甚悅，卽日拜金部侍郎。

引善隸書，爲當時所重。高宗嘗披奏事，指引署名曰：「此字筆勢翩翩，似鳥之欲飛。」引謝曰：「此乃陛下假其羽毛耳。」又謂引曰：「我每有所忿，見卿輒意解，何也？」引曰：「此自陛下不遷怒，臣何預此恩。」太建七年，加戎昭將軍。九年，除中衞始興王諮議參軍，兼金部侍郎。

引性抗直，不事權貴，左右近臣，無所造請，高宗每欲遷用，輒爲用事者所裁。及呂梁覆師，戎儲空匱，乃轉引爲庫部侍郎，掌知營造弓弩稍箭等事。引在職一年，而器械充牣。頻加中書侍郎、貞威將軍、黃門郎。十二年，吏部侍郎缺，所司屢舉王寬、謝燮等，帝竝不用，乃中詔用引。

時廣州刺史馬靖甚得嶺表人心，而兵甲精練，每年深入俚洞，又數有戰功，朝野頗生異議。高宗以引悉嶺外物情，且遣引觀靖，審其舉措，諷令送質。引奉密旨南行，外託收督賧物。既至番禺，靖卽悟旨，盡遣兒弟下都爲質。還至贛水，而高宗崩，後主卽位，轉引爲中庶子，以疾去官。明年，京師多盜，乃復起爲貞威將軍、建康令。

時殿內（朋）〔隊〕主吳璡，〔一四〕及宦官李善度、蔡脫兒等多所請屬，引一皆不許。引族子密時爲黃門郎，諫引曰：「李、蔡之勢，在位皆畏憚之，亦宜小爲身計。」引曰：「吾之立身，自有本末，亦安能爲李、蔡改行。就令不平，不過解職耳。」吳璡竟作飛書，李、蔡證之，坐免官，卒於家，時年五十八。子德言，最知名。

引宗族子弟，多以行義知名。弟彤，以恬靜好學，官至太子中庶子、南康王長史。密字士機，幼而聰敏，博學有文詞。祖琛，梁特進。父遊，少府卿。密太建八年，兼散騎常侍，聘于齊。歷位黃門侍郎、太子中庶子、散騎常侍。

史臣曰：謝、王、張、蕭，咸以清淨爲風，文雅流譽，雖更多難，終克成名。奐謇諤在公，英飆振俗，詳其行事，抑古之遺愛矣。〔一五〕固之蔬菲禪悅，〔一六〕斯乃出俗者焉，猶且致絓於黜，

免，有懼於傾覆。是知上宜、博陸之權勢，閻、鄧、梁、竇之震動，吁可畏哉！

校勘記

〔一〕高祖爲〔南〕徐州刺史　張森楷校勘記云：「案高祖紀，應作『南徐州刺史』。」今據補。

〔二〕昔陸賈南征趙他歸順　「趙他」各本作「趙佗」。今按佗他二字同音通用，趙佗之「佗」，論衡率性篇、譴告篇並作「他」。

〔三〕二子儼（伸）〔伷〕　據南史改。按後主紀至德三年，以左民尚書謝伷爲吏部尚書，「伷」亦譌「伸」，已據南監本改正。此則南監本亦譌，故據南史改。

〔四〕司徒王僧辯以狀（舉）〔奏〕聞　據元龜四一三、七五四改。按南史作「以狀奏」，無「聞」字。

〔五〕又累賜無錫嘉興縣侯秩　御覽六四二引及元龜二〇九、三〇三皆無「侯」字，南史亦無「侯」字，「侯」字疑衍。

〔六〕齊護軍（孫）沖之〔孫〕　按張沖南齊書有傳，稚才爲其孫。「孫」字應在「之」字下，各本並誤，今移正。

〔七〕太舟卿　南監本、汲本、殿本作「太府卿」，疑後人妄改。參閱卷十六蔡景歷傳校記五。

〔八〕比將伏誅　南史作「比黨皆誅」。

〔九〕蕭允字（升）〔叔〕佐　據北監本、汲本、殿本及南史改。

〔一〇〕尚書右僕射　按宋書蕭思話傳云「徵爲尚書左僕射，固辭不受拜」，是思話未嘗爲尚書右僕射也。

〔一一〕封陽穆公　按宋書蕭思話傳，思話襲爵封陽縣侯，卒謚穆。「公」當作「侯」。

〔一二〕天嘉三年徵爲太子庶子　按下又云「三年，除稜威將軍丹陽尹丞」，兩「三年」字必有一譌。

〔一三〕引字（升）〔叔〕休　據北監本、汲本、殿本及南史改。

〔一四〕時殿內（朋）〔隊〕主吳璡　據北監本、汲本、殿本及南史改。

〔一五〕抑古之遺愛矣　張森楷校勘記云「『遺愛』當作『遺直』」。今按張說是。孔奐傳世祖云「古之遺直，復見於卿」，故史臣引之也。

〔一六〕固之蔬菲禪悅　「禪悅」各本作「蟬蛻」。按禪悅乃佛家語。傳稱其崇信佛法，及丁所生母憂，遂終身蔬食，夜則坐禪，晝誦佛經。則作「禪悅」是。

陳書卷二十二

列傳第十六

陸子隆　錢道戢　駱牙

陸子隆字興世，吳郡吳人也。祖敞之，梁嘉興令。父悛，封氏令。

子隆少慷慨，有志功名。起家東宮直後。侯景之亂，於鄉里聚徒。是時張彪爲吳郡太守，引爲將帥。彪徙鎮會稽，子隆隨之。及世祖討彪，彪將沈泰、吳寶眞、申縉等皆降，而子隆力戰敗績，世祖義之，復使領其部曲，板爲中兵參軍。歷始豐、永興二縣令。

世祖嗣位，子隆領甲仗宿衞。尋隨侯安都拒王琳於（沲）〔柵〕口。〔一〕王琳平，授左中郎將。天嘉元年，封益陽縣子，邑三百戶。出爲高唐郡太守。二年，除明威將軍、廬陵太守。時周迪據臨川反，東昌縣人脩行師應之，率兵以攻子隆，其鋒甚盛。子隆設伏於外，仍閉門偃甲，示之以弱。及行師至，腹背擊之，行師大敗，因乞降，子隆許之，送于京師。

四年，周迪引陳寶應復出臨川，子隆隨都督章昭達討迪。迪退走，因隨昭達踰東興嶺，討陳寶應。軍至建安，以子隆監郡。寶應據建安之湖際以拒官軍，子隆與昭達各據一營，昭達先與賊戰，不利，亡其鼓角，子隆聞之，率兵來救，大破賊徒，盡獲昭達所亡羽儀甲仗。晉安平，子隆功最，遷假節、都督武州諸軍事，將軍如故。尋改封朝陽縣伯，邑五百戶。廢帝卽位，進號智武將軍，加員外散騎常侍，餘如故。

華皎據湘州反，以子隆居其心腹，皎深患之，頻遣使招誘，子隆不從，皎因遣兵攻之，又不能剋。及皎敗於郢州，子隆出兵以襲其後，因與王師相會。授持節、通直散騎常侍、都督武州諸軍事，進爵爲侯，增邑幷前七百戶。尋遷都督荆信祐三州諸軍事、宣毅將軍、荆州刺史，持節、常侍如故。是時荆州新置，治于公安，城池未固，子隆修建城郭，綏集夷夏，甚得民和，當時號爲稱職。三年，吏民詣都上表，請立碑頌美功績，詔許之。太建元年，進號雲麾將軍。二年卒，時年四十七。贈散騎常侍，謚曰威。子之武嗣。

之武年十六，領其舊軍，隨吳明徹北伐有功，官至王府主簿、弘農太守，仍隸明徹。明徹於呂梁敗績，之武逃歸，爲人所害，時年二十二。

子隆弟子才，亦有幹略，從子隆征討有功，除南平太守，封始興縣子，〔二〕邑三百戶。從吳明徹北伐，監安州，鎭于宿預。除中衞始興王諮議參軍，遷飆猛將軍、信州刺史。太建十三年卒，時年四十二。贈員外散騎常侍。

錢道戢字子韜，吳興長城人也。父景深，梁漢壽令。

道戢少以孝行著聞，及長，頗有幹略，高祖微時，以從妹妻焉。從平盧子略於廣州，除濱江令。高祖輔政，遣道戢隨世祖平張彪于會稽，以功拜直閤將軍，除員外散騎常侍、假節、東徐州刺史，封永安縣侯，邑五百戶。仍領甲卒三千，隨侯安都鎮防梁山，尋領錢塘、餘杭二縣令。永定三年，隨世祖鎮于南皖口。天嘉元年，又領剡令，鎮于縣之南巖，尋爲臨海太守，鎮巖如故。

侯安都之討留異也，道戢帥軍出松陽以斷其後。異平，以功拜持節、通直散騎常侍、輕車將軍、都督東西二衡州諸軍事、衡州刺史，領始興內史。光大元年，增邑并前七百戶。高宗即位，徵歐陽紇入朝，紇疑懼，乃舉兵來攻衡州，道戢與戰，却之。及都督章昭達率兵討紇，以道戢爲步軍都督，由間道斷紇之後。紇平，除左衞將軍。

太建二年，又隨昭達征蕭巋於江陵，道戢別督衆軍與陸子隆焚青泥舟艦，仍爲昭達前軍，攻安蜀城，降之。以功加散騎常侍、仁武將軍，增邑并前九百戶。其年，遷仁威將軍、吳

興太守。未行，改授使持節、都督郢巴武三州諸軍事、郢州刺史。王師北討，道戢與儀同黃法𣰰圍歷陽。歷陽城平，因以道戢鎮之。以功加雲麾將軍，增邑并前一千五百戶。其年十一月遘疾卒，時年六十三。贈本官，謚曰肅。子邈嗣。

駱牙字旗門，[三]吳興臨安人也。祖祕道，梁安成王田曹參軍。父裕，鄱陽嗣王中兵參軍事。

牙年十二，宗人有善相者，云「此郎容貌非常，必將遠致」。梁太清末，世祖嘗避地臨安，牙母陵，[四]覩世祖儀表，知非常人，賓待甚厚。及世祖爲吳興太守，引牙爲將帥，因從平杜龕、張彪等，每戰輒先鋒陷陣，[五]勇冠衆軍，以功授直閤將軍。太平二年，以母憂去職。世祖鎮會稽，起爲山陰令。永定二年，除安東府中兵參軍，出鎮冶城。尋從世祖拒王琳於南皖。世祖即位，授假節、威虜將軍、員外散騎常侍，封常安縣侯，[六]邑五百戶。尋爲臨安令，遷越州刺史，餘並如故。

初，牙母之卒也，于時飢饉兵荒，至是始葬，詔贈牙母常安國太夫人，謚曰恭。遷牙爲貞威將軍、晉陵太守。

三年，以平周迪之功，遷冠軍將軍、臨川內史。太建三年，授安遠將軍、衡陽內史，未拜，徙爲桂陽太守。八年，還朝，遷散騎常侍，入直殿省。十年，授豐州刺史，餘並如故。至德二年卒，時年五十七。贈安遠將軍、廣州刺史。子義嗣。

史臣曰：陸子隆、錢道戢，或舉門願從，或舊齒樹勳，有統領之才，充師旅之寄。至於受任藩屏，功績並著，美矣！駱牙識眞有奉，知世祖天授之德，蓋張良之亞歟？牙母智深先覺，符柏谷之禮，君子知鑒識弘遠，其在茲乎！

校勘記

[一] 尋隨侯安都拒王琳於(沌)[柵]口 「沌口」當作「柵口」，今改正。說詳卷十一章昭達傳校記五。

[二] 封始興縣子 「始興」南史作「始康」。

[三] 駱牙字旗門 「駱牙」南史作「駱文牙」。

[四] 牙母陵 「陵」殿本作「陳」。考證云：「『陳』各本俱誤『陵』，今從南史。」

[五] 每戰輒先鋒陷陣 「輒」字原本缺，據各本補。

[六] 封常安縣侯 按「常安」當從南史作「臨安」。下「常安國」亦當從南史作「臨安國」。

陳書卷二十三

列傳第十七

沈君理　王瑒　陸繕

沈君理字仲倫，吳興人也。祖僧炅，梁左民尚書。父巡，素與高祖相善，梁太清中爲東陽太守。侯景平後，元帝徵爲少府卿。荆州陷，蕭詧署金紫光祿大夫。

君理美風儀，博涉經史，有識鑒。起家湘東王法曹參軍。高祖鎮南徐州，巡遣君理自東陽謁于高祖，高祖器之，命尚會稽長公主，辟爲府西曹掾。稍遷中衞豫章王從事中郎，尋加明威將軍，兼尚書吏部侍郎。遷給事黄門侍郎，監吳郡。高祖受禪，拜駙馬都尉，封永安亭侯。出爲吳郡太守。是時兵革未寧，百姓荒弊，軍國之用，咸資東境，君理招集士卒，脩治器械，民下悅附，深以幹理見稱。

世祖嗣位，徵爲侍中，遷守左民尚書，未拜，爲明威將軍、丹陽尹。天嘉三年，重授左民

尚書，領步兵校尉，尋改前軍將軍。四年，侯安都徙鎮江州，以本官監南徐州。六年，出爲仁威將軍、東陽太守。天康元年，以父憂去職。君理因自請往荆州迎喪柩，朝議以在位重臣，難令出境，乃遣長兄君嚴往焉。及還，將葬，詔贈巡侍中、領軍將軍，謚曰敬子。其年起君理爲信威將軍、左衞將軍。又起爲持節、都督東衡衡二州諸軍事、仁威將軍、東衡州刺史，領始興內史。又起爲明威將軍、中書令。前後奪情者三，竝不就。

太建元年，服闋，除太子詹事，行東宮事，遷吏部尚書。二年，高宗以君理女爲皇太子妃，賜爵望蔡縣侯，邑五百戶。四年，加侍中。五年，遷尚書右僕射，領吏部，侍中如故。其年有疾，輿駕親臨視，九月卒，時年四十九。詔贈侍中、太子少傅。喪事所須，隨由資給。重贈翊左將軍、開府儀同三司，侍中如故。謚曰貞憲。君理子遵儉早卒，以弟君高子遵禮爲嗣。

君理第五叔邁，亦方正有幹局，仕梁爲尚書金部郎。永定中，累遷中書侍郎。天嘉中，歷太僕、廷尉，出爲鎮東始興王長史、會稽郡丞，行東揚州事。光大元年，除尚書吏部郎。太建元年，遷爲通直散騎常侍，侍東宮。二年卒，時年五十二。贈散騎常侍。

君理第六弟君高，字季高，少知名，性剛直，有吏能。以家門外戚，早居清顯，歷太子舍人、洗馬、中舍人、高宗司空府從事中郎、廷尉卿。太建元年，東境大水，百姓飢弊，乃以君高爲貞威將軍、吳令。尋除太子中庶子、尚書吏部郎、衞尉卿。出爲宣遠將軍、平南長沙王長史、南海太守，行廣州事。以女爲王妃，固辭不行，復爲衞尉卿。八年，詔授持節、都督廣等十八州諸軍事、寧遠將軍、平越中郎將、廣州刺史。嶺南俚、獠世相攻伐，君高本文吏，無武幹，推心撫御，甚得民和。十年，卒于官，時年四十七。贈散騎常侍，謚曰祁子。

王瑒字子璵，〔一〕司空沖之第十二子也。沈靜有器局，美風儀，舉止醞藉。梁大同中，起家祕書郎，遷太子洗馬。元帝承制，徵爲中書侍郎，直殿省，仍掌相府管記。出爲東宮內史，〔二〕遷太子中庶子。丁所生母憂，歸于丹陽。江陵陷，梁敬帝承制，除仁威將軍、尚書吏部郎中。貞陽侯僭位，以敬帝爲太子，授瑒散騎常侍，侍東宮。尋遷長(史)兼侍中。〔三〕

高祖入輔，以爲司徒左長史。永定元年，遷守五兵尚書。世祖嗣位，授散騎常侍，領太子庶子，侍東宮。遷領左驍騎將軍、太子中庶子，常侍、侍中如故。瑒爲侍中六載，父沖嘗爲瑒辭領中庶子，世祖顧謂沖曰：「所以久留瑒於承華，政欲使太子微有瑒風法耳。」廢帝嗣位，以侍中領左驍騎將軍。光大元年，以父憂去職。

高宗即位，太建元年，復除侍中，領左驍騎將軍。遷度支尚書，領羽林監。出爲信威將

軍、雲麾始興王長史，行州府事。未行，遷中書令，尋加散騎常侍，除吏部尚書，常侍如故。瑒性寬和，及居選職，務在清靜，謹守文案，無所抑揚。尋授尚書右僕射，未拜，加侍中，遷左僕射，參掌選事，侍中如故。瑒兄弟三十餘人，居家篤睦，每歲時饋遺，遍及近親，敦誘諸弟，竝稟其規訓。太建(六)〔八〕年卒，〔四〕時年五十四。贈侍中、特進、護軍將軍。喪事隨所資給。謚曰光子。

瑒第十三弟瑜，字子珪，亦知名，美容儀，早歷清顯，年(五)〔三〕十，〔五〕官至侍中。永定元年，使於齊，以陳郡袁憲爲副，齊以王琳之故，執而囚之。齊文宣帝每行，載死囚以從，齊人呼曰「供御囚」，每有他怒，則召殺之，以快其意。瑜及憲竝危殆者數矣，齊僕射楊遵彥憫其無辜，每救護之。天嘉二年還朝，詔復侍中，頃之卒，時年四十。贈本官，謚曰貞子。

陸繕字士繻，吳郡吳人也。祖惠曉，齊太常卿。父(徵)〔任〕，〔六〕梁御史中丞。

繕幼有志尚，以雅正知名。起家梁宣惠武陵王法曹參軍。承聖中，授中書侍郎，掌東宮管記。江陵陷，繕微服遁還京師。紹泰元年，除司徒右長史，御史中丞，以父任所終，固辭不就。高祖引繕爲司徒司馬，遷給事黄門侍郎、領步兵校尉、通直散騎常侍，兼侍中。永

定元年，遷侍中。時留異擁割東陽，新安人向文政與異連結，因據本郡，朝廷以縡爲貞威將軍、新安太守。

世祖嗣位，徵爲太子中庶子，領步兵校尉，掌東宮管記。縡儀表端麗，進退閑雅，世祖使太子諸王咸取則焉。其趨步躡履，皆令習縡規矩。除尚書吏部郎中，步兵如故，仍侍東宮。陳寶應平後，出爲貞毅將軍、建安太守。秩滿，爲散騎常侍、御史中丞，猶以父之所終，固辭，不許，乃權換廨宇徙居之。

太建初，遷度支尚書、侍中、太子詹事，行東宮事，領揚州大中正。及太子親莅庶政，解行事，加散騎常侍，改加侍中。遷尚書右僕射，尋遷左僕射，參掌選事，侍中如故。更爲尚書僕射，領前將軍。重授左僕射，領揚州大中正，別勑令與徐陵等七人參議政事。十二年卒，時年六十三。贈侍中、特進、金紫光祿大夫，謚曰安子。太子以縡東宮舊臣，特賜祖奠。

縡子辯惠，年數歲，詔引入殿內，辯惠應對進止有父風，高宗因賜名辯惠，字敬仁云。

縡兄子見賢，亦方雅，高宗爲揚州牧，乃以爲治中從事史，深被知遇。歷給事黃門侍郎，長沙鄱陽二王長史，帶尋陽太守，少府卿。太建十年卒，時年五十。贈廷尉卿，謚曰平子。

史臣曰：夫衣冠雅道，廊廟嘉猷，諒以操履敦脩，局宇詳正。經曰「容止可觀」，詩言「其儀罔忒」，彼三子者，其有斯風焉。

校勘記

〔一〕王瑒字子輿 「子輿」南史作「子璵」。

〔二〕出爲東宮內史 張森楷校勘記云：「東宮無內史，『宮』字疑譌。」

〔三〕尋遷長（史）兼侍中 張森楷校勘記云：「『史』字衍，應作『長兼侍中』。」今據刪。按晉、宋以來，三公、儀同三司及都督軍事者，俱有長史。長史之名雖同，而品秩輕重各別。諸列傳除長史者必繫本府名，未有單稱長史者。長兼之名，自晉已有之。此傳「長」下多一「史」字，當由後人轉寫相涉而誤。說詳錢大昕廿二史考異卷三十六南史王儉傳條。

〔四〕太建（六）〔八〕年卒 按宣帝紀太建八年五月，書「尚書左僕射王瑒卒」，是知「六」爲「八」字之譌，今據改。

〔五〕年（五）〔三〕十 據南史改。按下文言瑜卒時年四十，明「五」爲「三」字之譌。

〔六〕父（僓）〔任〕 據北監本、殿本及南史、元龜七五四改。南史云陸繕爲陸倕兄子，則任乃倕之兄。

陳書卷二十四

列傳第十八

周弘正 弟弘直 弘直子確 袁憲

周弘正字思行，汝南安城人（也），〔一〕晉光祿大夫顗之九世孫也。祖顒，齊中書侍郎，領著作。父寶始，梁司徒祭酒。

弘正幼孤，及弟弘讓、弘直，俱爲（叔）〔伯〕父侍中護軍捨所養。〔二〕年十歲，通老子、周易，捨每與談論，輒異之，曰：「觀汝神情穎晤，清理警發，後世知名，當出吾右。」河東裴子野深相賞納，請以女妻之。十五，召補國子生，仍於國學講周易，諸生傳習其義。以季春入學，孟冬應舉，學司以其日淺，弗之許焉。博士到洽議曰：「周郎年未弱冠，便自講一經，雖曰諸生，實堪師表，無俟策試。」起家梁太學博士。晉安王爲丹陽尹，引爲主簿。出爲鄮令，〔三〕丁母憂去職。服闋，歷曲阿、安吉令。普通中，初置司文義郎，直壽光省，以弘正爲司義侍郎。

〔中〕大通〔二〕〔三〕年，梁昭明太子薨，〔四〕其嗣華容公不得立，乃以晉安王爲皇太子，弘正乃奏記曰：

竊聞撝謙之象，起於羲、軒爻畫，揖讓之源，生於堯、舜禪受，其來尚矣，可得而詳焉。夫以廟堂、汾水，殊途而同歸，稷、契、巢、許，異名而一貫，出者稱爲元首，處者謂之外臣，莫不內外相資，表裏成治，斯蓋萬代同規，百王不易者也。暨于三王之世，寖以陵夷，各親其親，各子其子。乃至七國爭雄，劉項競逐，皇漢扇其俗，有晉揚其波，謙讓之道廢，多歷年所矣。夫文質遞變，澆淳相革，還樸反古，今也其時。

伏惟明大王殿下，天挺將聖，聰明神武，百辟冠冕，四海歸仁。是以皇上發德音，下明詔，以大王爲國之儲副，乃天下之本焉。雖復夏啓、周誦，漢儲、魏兩，此數君者，安足爲大王道哉。意者願聞殿下抗目夷上仁之義，執子臧大賢之節，逃玉輿而弗乘，弃萬乘如脫屣，庶改澆競之俗，以大吳國之風。古有其人，今聞其語，能行之者，非殿下而誰？能使無爲之化，復興於（遂）〔邃〕古，〔五〕讓王之道，不墜於來葉，豈不盛歟！豈不盛歟！

弘正陋學書生，義慚稽古，家自汝、潁，世傳忠烈，先人決曹掾燕抗辭九諫，高節萬乘，正色三府，雖盛德之業將絕，而狂直之風未墜。是以敢布腹心，肆其愚瞽。如使芻言野說，少陳於聽覽，縱復委身烹鼎之下，絕命肺石之上，雖死之日，猶生之年。其抗直守正，皆此類也。

累遷國子博士。時於城西立士林館，弘正居以講授，聽者傾朝野焉。弘正啓梁武帝周易疑義五十條，又請釋乾坤二繫曰：「臣聞易稱立象以盡意，繫辭以盡言，然後知聖人之情，幾可見矣。自非含微體極，盡化窮神，豈能通志成務，探賾致遠。而宣尼比之桎梏，絕韋編於漆字，軒轅之所聽瑩，遺玄珠於赤水。伏惟陛下一日萬機，匪勞神於瞬息，凝心妙本，常自得於天眞，聖智無以隱其幾深，明神無以淪其不測。至若爻畫之苞於六經，文辭之窮於兩繫，名儒劇談以歷載，鴻生抵掌以終年，莫有試遊其藩，未嘗一見其涘。自制旨降談，裁成易道，析至微於秋毫，渙曾冰於幽谷。臣親承音旨，職司宣授，後進詵詵，不無傳業。但乾坤之蘊未剖，繫表之妙莫詮，使一經深致，尚多所惑。臣不涯庸淺，輕率短陋，謹與受業諸生清河張譏等三百一十二人，於乾坤二繫象爻未啓，伏願聽覽之閑，曲垂提訓，得使微臣鑽仰，成其篤習，後昆好事，專門有奉。自惟多幸，懽沐道於堯年，肄業終身，不知老之將至。天尊不聞，而冒陳請，冰谷寘懷，罔識攸厝。」詔答曰：「設卦觀象，事遠文高，作繫表言，辭深理奧，東魯絕編之思，西伯幽憂之作，事逾三古，人更七聖，自商瞿稟承，子庸傳授，篇簡湮

沒，歲月遼遠。田生表菑川之譽，梁丘擅琅邪之學，代郡范生，山陽王氏，人藏荊山之寶，各盡玄言之趣，說或去取，意有詳略。近搢紳之學，咸有稽疑，隨答所問，已具別解。知與張譏等三百一十二人須釋乾坤文言及二繫，萬機小暇，試當討論。」

弘正博物知玄象，善占候。大同末，嘗謂弟弘讓曰：「國家厄運，數年當有兵起，吾與汝不知何所逃之。」及梁武帝納侯景，弘正謂弘讓曰：「亂階此矣。」京城陷，弘直爲衡陽內史，元帝在江陵，遺弘直書曰：「適有都信，賢兄博士平安。但京師搢紳，無不附逆，王克已爲家臣，陸緬身充卒伍，唯有周生，確乎不拔。言及西軍，潺湲掩淚，恆思吾至，如望歲焉，松柏後凋，一人而已。」王僧辯之討侯景也，弘正與弘讓自拔迎軍，僧辯得之甚喜，卽日啓元帝，元帝手書與弘正曰：「獯醜逆亂，寒暑亟離，海內相識，零落略盡。韓非之智，不免秦獄，劉歆之學，猶弊亡新，音塵不嗣，每以耿灼。常欲訪山東而尋子雲，問關西而求伯起，遇有今信，力附相聞，遲比來郵，慰其延佇。」仍遣使迎之，謂朝士曰：「晉氏平吳，喜獲二陸，今我破賊，亦得兩周，今古一時，足爲連類。」及弘正至，禮數甚優，朝臣無與比者。授黃門侍郎，直侍中省。俄遷左民尚書，尋加散騎常侍。

元帝嘗著金樓子，曰：「余於諸僧重招提琰法師，隱士重華陽陶貞白，士大夫重汝南周弘正，其於義理，清轉無窮，亦一時之名士也。」及侯景平，僧辯啓送祕書圖籍，勑弘正讎

校。

時朝議遷都，朝士家在荊州者，皆不欲遷，唯弘正與僕射王裒言於元帝曰：「若東脩以上諸士大夫微見古今者，知帝王所都本無定處，無所與疑。至如黔首萬姓，若未見輿駕入建鄴，謂是列國諸王，未名天子。今宜赴百姓之心，從四海之望。」時荊陝人士咸云王、周皆是東人，志願東下，恐非良計。弘正面折之曰：「若東人勸東，謂爲非計，君等西人欲西，豈成良策？」元帝乃大笑之，竟不還都。

及江陵陷，弘正遁圍而出，歸於京師，敬帝以爲大司馬王僧辯長史，行揚州事。太平元年，授侍中，領國子祭酒，遷太常卿、都官尚書。高祖受禪，授太子詹事。天嘉元年，遷侍中、國子祭酒，往長安迎高宗。三年，自周還，詔授金紫光祿大夫，加金章紫綬，領慈訓太僕。廢帝嗣位，領都官尚書，總知五禮事。仍授太傅長史，加明威將軍。高宗卽位，遷特進，重領國子祭酒，豫州大中正，加扶。太建五年，授尚書右僕射，祭酒、中正如故。尋勑侍東宮講論語、孝經。太子以弘正朝廷舊臣，德望素重，於是降情屈禮，橫經請益，有師資之敬焉。

弘正特善玄言，兼明釋典，雖碩學名僧，莫不請質疑滯。六年，卒于官，時年七十九。詔曰：「追遠褒德，抑有恆規。故尚書右僕射、領國子祭酒、豫州大中正弘正，識宇凝深，藝

業通備，辭林義府，國老民宗，道映庠門，望高禮閣，卒然殂殞，眹用惻然。可贈侍中、中書監，喪事所須，量加資給。」便出臨哭。謚曰簡子。所著周易講疏十六卷，論語疏十一卷，莊子疏八卷，老子疏五卷，孝經疏兩卷，集二十卷，行于世。子墳，官至吏部郎。

弘正二弟：弘讓，弘直。弘讓性簡素，博學多通，天嘉初，以白衣領太常卿、光祿大夫，加金章紫綬。

弘直字思方，幼而聰敏。解褐梁太學博士，稍遷西中郎湘東王外兵記室參軍，與東海鮑泉、南陽宗懍、平原劉緩、沛郡劉瑴同掌書記。入爲尚書儀曹郎。湘東王出鎭江、荊二州，累除錄事諮議參軍，帶柴桑、當陽二縣令。及梁元帝承制，授假節、英果將軍、世子長史。尋除智武將軍、衡陽內史。遷貞毅將軍、平南長史、長沙內史，行湘州府州事，湘濱縣侯，邑六百戶。歷邵陵、零陵太守，雲麾將軍、昌州刺史。王琳之舉兵也，弘直在湘州，琳敗，乃還朝。天嘉中，歷國子博士、廬陵王長史、尚書左丞、領羽林監、中散大夫、祕書監，掌國史。遷太常卿、光祿大夫，加金章紫綬。

太建七年，遇疾且卒，乃遺疏勑其家曰：「吾今年已來，筋力減耗，可謂衰矣，而好生之情，曾不自覺，唯務行樂，不知老之將至。今時制云及，將同朝露，七十餘年，頗經稱足，啓

手告全，差無遺恨。氣絕已後，便買市中見材，材必須小形者，使易提挈。斂以時服，古人通制，但下見先人，必須備禮，可著單衣裙衫故履。既應侍養，宜備紛帨，或逢善友，又須香烟，棺內唯安白布手巾、麤香爐而已，其外一無所用。」卒于家，時年七十六。有集二十卷。子確。

確字士潛，美容儀，寬大有行檢，博涉經史，篤好玄言，世父弘正特所鍾愛。解褐梁太學博士、司徒祭酒、晉安王主簿。高祖受禪，除尚書殿中郎，累遷安成王限內記室。高宗即位，授東宮通事舍人，丁母憂，去職。及歐陽紇平，起爲中書舍人，命於廣州慰勞，服闋，爲太常卿。歷太子中庶子、尚書左丞、太子家令，以父憂去職。尋起爲貞威將軍、吳令，確固辭不之官。至德元年，授太子左衞率、中書舍人，遷散騎常侍，加貞威將軍、信州南平王府長史，〔六〕行揚州事。爲政平允，稱爲良吏。遷都官尚書。禎明初，遘疾，卒于官，時年五十九。詔贈散騎常侍、太常卿，官給喪事。

袁憲字德章，尚書左僕射樞之弟也。幼聰敏，好學，有雅量。梁武帝脩建庠序，別開五

館，其一館在憲宅西，憲常招引諸生，與之談論，每有新議，出人意表，同輩咸嗟服焉。

大同八年，武帝撰孔子正言章句，詔下國學，宣制旨義。憲時年十四，被召爲國子正言生，謁祭酒到溉，溉目而送之，愛其神彩。在學一歲，國子博士周弘正謂憲父君正曰：「賢子今茲欲策試不？」君正曰：「經義猶淺，未敢令試。」居數日，君正遣門下客岑文豪與憲候弘正，會弘正將登講坐，弟子畢集，乃延憲入室，授之麈尾，令憲樹義。時謝岐、何妥在坐，弘正謂曰：「二賢雖窮奧賾，得無憚此後生耶！」何、謝於是遞起義端，深極理致，憲與往復數番，酬對閑敏。弘正謂妥曰：「恣卿所問，勿以童稚相期。」時學衆滿堂，觀者重沓，而憲神色自若，辯論有餘。弘正請起數難，終不能屈，因告文豪曰：「卿還咨袁吳郡，此郎已堪見代爲博士矣。」時生徒對策，多行賄賂，文豪請具束脩，君正曰：「我豈能用錢爲兒買第耶？」學司銜之。及憲試，爭起劇難，憲隨問抗答，剖析如流。到溉顧憲曰：「袁君正其有後矣。」及君正將之吳郡，溉祖道於征虜亭，謂君正曰：「昨策生蕭敏孫、徐孝克，非不解義，至於風神器局，去賢子遠矣。」尋舉高第。以貴公子選尚南沙公主，即梁簡文之女也。

大同元年，釋褐祕書郎。太清二年，遷太子舍人。侯景寇逆，憲東之吳郡，尋丁父憂，哀毀過禮。敬帝承制，徵授尚書殿中郎。高祖作相，除司徒戶曹。永定元年，授中書侍郎，兼散騎常侍。與黃門侍郎王瑜使齊，數年不遣，天嘉初乃還。四年，詔復中書侍郎，直侍中

省。太建元年，除給事黃門侍郎，仍知太常事。二年，轉尚書吏部侍郎，尋除散騎常侍，侍東宮。三年，遷御史中丞，領羽林監。時豫章王叔英不奉法度，逼取人馬，憲依事劾奏，叔英由是坐免黜，自是朝野皆嚴憚焉。

憲詳練朝章，尤明聽斷，至有獄情未盡而有司具法者，即伺閑暇，常爲上言之，其所申理者甚衆。嘗陪讌承香閣，賓退之後，高宗留憲與衞尉樊俊徙席山亭，談宴終日。高宗目憲而謂俊曰「袁家故爲有人」，其見重如此。

五年，入爲侍中。六年，除吳郡太守，以父任固辭不拜，改授明威將軍、南康內史。九年，秩滿，除散騎常侍，兼吏部尚書，尋而爲眞。憲以久居清顯，累表自求解任。高宗曰：「諸人在職，屢有謗書。卿處事已多，可謂清白，別相甄錄，且勿致辭。」十三年，遷右僕射，參掌選事。先是憲長兄簡懿子爲左僕射，至是憲爲右僕射，臺省內目簡懿爲大僕射，憲爲小僕射，朝廷榮之。

及高宗不豫，憲與吏部尚書毛喜俱受顧命。始興王叔陵之肆逆也，憲指麾部分，預有力焉。後主被瘡病篤，執憲手曰：「我兒尚幼，後事委卿。」憲曰：「羣情喁喁，冀聖躬康復，後事之旨，未敢奉詔。」以功封建安縣伯，邑四百戶，領太子中庶子，餘竝如故。尋除侍中、信威將軍、太子詹事。

至德元年，太子加元服，二年，行釋奠之禮，〔七〕憲於是表請解職，後主不許，給扶二人，進號雲麾將軍，置佐史。皇太子頗不率典訓，憲手表陳諫凡十條，皆援引古今，言辭切直，太子雖外示容納，而心無悛改。後主欲立寵姬張貴妃子始安王爲嗣，嘗從容言之，吏部尚書蔡徵順旨稱賞，憲厲色折之曰：「皇太子國家儲嗣，億兆宅心。卿是何人，輕言廢立！」夏，竟廢太子爲吳興王。後主知憲有規諫之事，歎曰「袁德章實骨鯁之臣」，即日詔爲尚書僕射。

禎明（元）〔三〕年，隋軍來伐，〔八〕隋將賀若弼進燒宮城北掖門，宮衞皆散走，朝士稍各引去，惟憲衞侍左右。後主謂憲曰：「我從來待卿不先餘人，今日見卿，可謂歲寒知松柏後凋也。」後主遑遽將避匿，憲正色曰：「北兵之入，必無所犯，大事如此，陛下安之。臣願陛下正衣冠，御前殿，依梁武見侯景故事。」後主不從，因下榻馳去，憲從後堂景陽殿入，後主投下井中，憲拜哭而出。

京城陷，入于隋，隋授使持節、昌州諸軍事、開府儀同三司、昌州刺史。開皇十四年，詔授晉王府長史。十八年卒，時年七十。贈大將軍，安城郡公，謚曰簡。長子承家，仕隋至祕書丞、國子司業。

史臣曰：梁元帝稱士大夫中重汝南周弘正，信哉斯言也！觀其雅量標舉，尤善玄言，亦一代之國師矣。袁憲風格整峻，徇義履道。韓子稱爲人臣委質，心無有二。憲弗渝終始，良可嘉焉。

校勘記

〔一〕汝南安城人（也）　據北監本、汲本、殿本刪。

〔二〕俱爲（叔）〔伯〕父侍中護軍捨所養　據南史改。按南史周捨傳有「弟子弘正」之語，是周捨乃周弘正之伯父也。

〔三〕出爲鄮令　錢大昕廿二史考異云：「梁之鄮縣未審所在。」又引袁廷檮曰：「『鄮』疑是『鄮』字。」

〔四〕〔中〕大通（二）〔三〕年梁昭明太子薨　按梁昭明太子卒於中大通三年，今補「中」字，「二」改「三」。南史亦脫「中」字，「三」字不誤。

〔五〕復興於（邃）〔邃〕古　據北監本、汲本、殿本改。

〔六〕信州南平王府長史　南平王時爲揚州刺史，確以長史行揚州事，何來一「信州」？按南平王嶷傳，嶷於至德元年除信武將軍，「信州」疑爲「信武」之譌。

〔七〕至德元年至行釋奠之禮　按後主紀，太子加元服在至德二年七月，行釋奠禮在三年十二月。

〔八〕禎明（元）〔三〕年隋軍來伐　按賀若弼渡江至建業，爲禎明三年，「元」爲「三」字之譌，今改。

陳書卷二十五

列傳第十九

裴忌　孫瑒

裴忌字無畏，河東聞喜人也。祖髦，梁中散大夫。父之平，倜儻有志略，召補文德主帥。梁普通中衆軍北伐，之平隨都督夏侯亶克定渦、潼，以功封費縣侯。會衡州部民相聚寇抄，詔以之平爲假節、超武將軍、都督衡州五郡征討諸軍事。及之平至，即皆平殄，梁武帝甚嘉賞之。元帝承聖中，累遷散騎常侍、右衛將軍、晉陵太守。世祖即位，除光祿大夫、慈訓宮衛尉，竝不就，乃築山穿池，植以卉木，居處其中，有終焉之志。天康元年卒，贈仁威將軍、光祿大夫，謚曰僖子。

忌少聰敏，有識量，頗涉史傳，爲當時所稱。解褐梁豫章王法曹參軍。侯景之亂，忌招集勇力，隨高祖征討，累功爲寧遠將軍。及高祖誅王僧辯，僧辯弟僧智舉兵據吳郡，高祖遣

黃他率衆攻之，僧智出兵於西昌門拒戰，他與相持，不能克。高祖謂忌曰：「三吳奧壤，舊稱饒沃，雖凶荒之餘，猶爲殷盛，而今賊徒扇聚，天下搖心，非公無以定之，宜善思其策。」忌乃勒部下精兵，輕行倍道，自錢塘直趣吳郡，〔一〕夜至城下，鼓譟薄之。僧智疑大軍至，輕舟奔杜龕，忌入據其郡。高祖嘉之，表授吳郡太守。

高祖受禪，徵爲左衛將軍。天嘉初，出爲持節、南康內史。時義安太守張紹賓據郡反，世祖以忌爲持節、都督嶺北諸軍事，率衆討平之。還除散騎常侍、司徒左長史。五年，授雲麾將軍、衛尉卿，封東興縣侯，邑六百戶。

及華皎稱兵上流，高宗時爲錄尚書輔政，盡命衆軍出討，委忌總知中外城防諸軍事。及皎平，高宗即位，太建元年，授東陽太守，改封樂安縣侯，邑一千戶。四年，入爲太府卿。五年，轉都官尚書。

吳明徹督衆軍北伐，詔忌以本官監明徹軍。淮南平，授軍師將軍、豫州刺史。忌善於綏撫，甚得民和。改授使持節、都督譙州諸軍事、譙州刺史。未及之官，會明徹受詔進討彭、汴，以忌爲都督，與明徹掎角俱進。呂梁軍敗，陷于周，周授上開府。隋開皇十四年卒於長安，時年七十三。

以雅素知名。

孫瑒字德璉，吳郡吳人也。祖文惠，齊越騎校尉、清遠太守。父循道，〔二〕梁中散大夫，以雅素知名。

瑒少倜儻，好謀略，博涉經史，尤便書翰。起家梁輕車臨川嗣王行參軍，累遷爲安西邵陵王水曹中兵參軍事。王出鎮郢州，瑒盡室隨府，甚被賞遇。太清之難，授假節、宣猛將軍、軍主。王僧辯之討侯景也，王琳爲前軍，琳與瑒同門，乃表薦爲戎昭將軍、宜都太守，仍從僧辯救徐文盛於武昌。會郢州陷，乃留軍鎮巴陵，脩戰守之備。俄而侯景兵至，日夜攻圍，瑒督所部兵悉力拒戰，賊衆奔退。瑒從大軍沿流而下，及克姑熟，瑒力戰有功，除員外散騎常侍，封富陽縣侯，邑一千戶。尋授假節、雄信將軍、衡陽內史，未及之官，仍遷衡州平南府司馬。破黃洞蠻賊有功，除東莞太守，行廣州刺史。尋除智武將軍，監湘州事。敬帝嗣位，授持節、仁威將軍、巴州刺史。

高祖受禪，王琳立梁永嘉王蕭莊於郢州，徵瑒爲太府卿，〔三〕加通直散騎常侍。及王琳入寇，以瑒爲使持節、散騎常侍、都督郢荊巴武湘五州諸軍事、安西將軍、郢州刺史，總留府之任。周遣大將史寧率衆四萬，乘虛奄至，瑒助防張世(責)〔貴〕舉外城以應之，〔四〕所失軍民男女三千餘口。周軍又起土山高梯，日夜攻逼，因風縱火，燒其內城南面五十餘樓。時瑒兵不滿千人，乘城拒守，瑒親自撫巡，行酒賦食，士卒皆爲之用命。周人苦攻不能克，乃矯授瑒柱國、郢州刺史，封萬戶郡公。瑒僞許以緩之，而潛修戰具，樓雉器械，一朝嚴設，周人甚憚焉。及聞大軍敗王琳，乘勝而進，周兵乃解。瑒於是盡有中流之地，集其將士而謂之曰：「吾與王公陳力協義，同獎梁室，亦已勤矣。今時事如此，天可違乎！」遂遣使奉表詣闕。

天嘉元年，授使持節、散騎常侍、安南將軍、湘州刺史，封定襄縣侯，邑一千戶。瑒懷不自安，乃固請入朝，徵爲散騎常侍、中領軍。〔五〕未拜，而世祖從容謂瑒曰：「昔朱買臣願爲本郡，卿豈有意乎？」仍改授持節、安東將軍、吳郡太守，給鼓吹一部。及將之鎮，乘輿幸近畿餞送，鄉里榮之。秩滿，徵拜散騎常侍、中護軍，鼓吹如故。留異之反東陽，詔瑒督舟師進討。異平，遷鎮右將軍，常侍、鼓吹並如故。頃之，出爲使持節、安東將軍、建安太守。光大中，以公事免，尋起爲通直散騎常侍。

高宗卽位，以瑒功名素著，深委任焉。太建四年，授都督荊信二州諸軍事、安西將軍、荊州刺史，出鎮公安。瑒增脩城池，懷服邊遠，爲隣境所憚。居職六年，又以事免，更爲通直散騎常侍。及吳明徹軍敗呂梁，授使持節、督緣江水陸諸軍事、鎮西將軍，給鼓吹一部。尋授散騎常侍、都督荊郢巴武湘五州諸軍事、郢州刺史，持節、將軍、鼓吹並如故。十二年，坐壇場交通抵罪。

後主嗣位，復除通直散騎常侍，兼起部尚書。尋除中護軍，復爵邑，入爲度支尚書，領步兵校尉。俄加散騎常侍，遷侍中、祠部尚書。後主頻幸其第，及著詩賦述勳德之美，展君臣之意焉。又爲五兵尚書，領右軍將軍，〔六〕侍中如故。以年老累乞骸骨，優詔不許。禎明元年卒官，時年七十二。後主臨哭盡哀，贈護軍將軍，侍中如故，給鼓吹一部，朝服一具，衣一襲，喪事量加資給，謚曰桓子。〔七〕

瑒事親以孝聞，於諸弟甚篤睦。性通泰，有財物散之親友。其自居處，頗失於奢豪，庭院穿築，極林泉之致，歌鍾舞女，當世罕儔，賓客塡門，軒蓋不絕。及出鎮郢州，乃合十餘船爲大舫，於中立亭池，植荷芰，每良辰美景，賓僚並集，泛長江而置酒，亦一時之勝賞焉。常於山齋設講肆，集玄儒之士，冬夏資奉，爲學者所稱。而處己率易，不以名位驕物。時興皇寺朗法師該通釋典，〔八〕瑒每造講筵，時有抗論，法侶莫不傾心。又巧思過人，爲起部尚書，軍國器械，多所創立。有鑒識，男女婚姻，皆擇素貴。及卒，尚書令江總爲其誌銘，後主又題銘後四十字，遣左民尚書蔡徵宣敕就宅鐫之。其詞曰：「秋風動竹，煙水驚波。幾人樵徑，何處山阿？今時日月，宿昔綺羅。天長路遠，地久雲多。功臣未勒，此意如何？」時論以爲榮。

瑒二十一子，咸有父風。世子讓，早卒。第二子訓，頗知名，歷臨湘令，直閤將軍、高唐太守。陳亡入隋。

史臣曰：在梁之季，寇賊寔繁，高祖建義杖旗，將寧區夏，裴忌早識攀附，每預戎麾，(推)〔摧〕鋒却敵，〔九〕立功者數矣。孫瑒有文武幹略，見知時主，及行軍用兵，師司馬之法，至於戰勝攻取，屢著勳庸，加以好施接物，士咸慕向。然性不循恆，頻以罪免，蓋亦陳湯之徒焉。

校勘記

〔一〕自錢塘直趣吳郡　按通鑑梁敬帝紹泰元年胡注云：「按陳霸先自義興還建康，遣裴忌助黃他攻吳郡，自錢塘直趣吳郡，非路也。『錢塘』必誤。」

〔二〕父循道　「循」南史作「修」。

〔三〕徵瑒爲太府卿　「太府卿」南史作「少府卿」，通鑑陳武帝永定三年同。

〔四〕瑒助防張世(責)〔貴〕舉外城以應之　據通鑑陳文帝天嘉元年及元龜三九九改。

〔五〕徵爲散騎常侍中領軍　南史作「徵爲侍中、領軍將軍」。

〔六〕領右軍將軍　「右」南史作「左」。

〔七〕謚曰桓子　張森楷校勘記云「子」字衍。今按：瑒初封定襄縣侯，太建十二年坐疆埸交通抵罪免，後主嗣位，又復侯爵，此作「子」不合，張說是。

〔八〕時興皇寺朗法師該通釋典　「朗法師」元龜八二一作「慧朗法師」。

〔九〕(推)〔摧〕鋒却敵　據北監本、汲本、殿本改。

陳書卷二十六

列傳第二十

徐陵 子儉　弟孝克

徐陵字孝穆，東海郯人也。祖超之，齊鬱林太守，梁員外散騎常侍。父摛，梁戎昭將軍、太子左衞率，贈侍中、太子詹事，謚貞子。母臧氏，嘗夢五色雲化而爲鳳，集左肩上，已而誕陵焉。時寶誌上人者，世稱其有道，陵年數歲，家人攜以候之，寶誌手摩其頂，曰：「天上石麒麟也。」光宅惠雲法師每嗟陵早成就，謂之顏回。八歲，能屬文。十二，通莊老義。既長，博涉史籍，縱橫有口辯。

梁普通二年，晉安王爲平西將軍、寧蠻校尉，〔一〕父摛爲王諮議，王又引陵參寧蠻府軍事。〔中〕大通(二)〔三〕年，王立爲皇太子，〔二〕東宮置學士，陵充其選。稍遷尚書度支郎。出爲上虞令，御史中丞劉孝儀與陵先有隙，風聞劾陵在縣贓汙，因坐免。久之，起爲南平王府

行參軍，遷通直散騎侍郎。梁簡文在東宮撰長春殿義記，使陵爲序。又令於少傅府述所製莊子義。尋遷鎮西湘東王中記室參軍。

太清二年，兼通直散騎常侍。使魏，魏人授館宴賓。是日甚熱，其主客魏收嘲陵曰：「今日之熱，當由徐常侍來。」陵卽答曰：「昔王肅至此，爲魏始制禮儀；今我來聘，使卿復知寒暑。」收大慚。

及侯景寇京師，陵父摛先在圍城之內，陵不奉家信，便蔬食布衣，若居憂恤。會齊受魏禪，梁元帝承制於江陵，復通使於齊。陵累求復命，終拘留不遣，陵乃致書於僕射楊遵彥曰：

夫一言所感，凝暉照於魯陽，一志冥通，飛泉涌於疏勒，況復元首康哉，股肱良哉，隣國相聞，風教相期者也？天道窮剝，鍾亂本朝，情計馳惶，公私哽懼，而骸骨之請徒淹歲寒，顚沛之祈空盈卷軸，是所不圖也，非所仰望也。

執事不聞之乎！昔分鼇命鳫之世，觀河拜洛之年，則有日(鳥)〔烏〕流災，〔三〕風禽騁暴，天傾西北，地鞅東南，盛旱坼三川，長波含五嶽。我大梁應金圖而有亢，纂玉鏡而猶屯。何則？聖人不能爲時，斯固窮通之恆理也。至如荆州刺史湘東王，機神之本，無寄名言，陶鑄之餘，猶爲堯、舜，雖復六代之舞，陳於總章，九州之歌，登於司樂，

虞夔拊石，晉曠調鍾，未足頌此英聲，無以宣其盛德者也。若使郊禋楚翼，寧非祀夏之君，戡定艱難，便是匡周之霸，豈徒豳王徙雍，朞月爲都，姚帝遷河，周年成邑。方今越常藐藐，〔四〕馴雉北飛，肅眘茫茫，風牛南偃，吾君之子，含識知歸，而答旨云何所投身，斯其未喻一也。

又晉熙等郡，皆入貴朝，去我尋陽，經途何幾。至於鎗鎗曉漏，的的宵烽，隔溆浦而相聞，臨高臺而可望。泉流寶盌，〔五〕遙憶湓城，峯號香罏，依然廬嶽。日者鄱陽嗣王治兵匯派，屯戍淪波，朝夕牋書，春秋方物，吾無從以躡屩，彼何路而齊鑣。豈其然乎？斯不然矣。又近者邵陵王通和此國，郢中上客，雲聚魏都，鄴下名卿，風馳江浦，豈盧龍之徑於彼新開，銅駞之街於我長閉？何彼途甚易，非勞於五丁，我路爲難，如登於九折？地不私載，何其爽歟？而答旨云還路無從，斯所未喻二也。

晉熙、廬江，義陽、安陸，皆云款附，非復危邦，計彼中途，便當靜晏。自斯以北，桴鼓不鳴，自此以南，封疆未壹。如其境外，脫殞輕軀，幸非邊吏之羞，何在匹夫之命。又此賓遊，〔六〕通無貨殖，忝非韓起聘鄭，私買玉環，吳札過徐，躬要寶劒。由來宴錫，凡厥囊裝，行役淹留，皆已虛罄，散有限之微財，供無期之久客，斯可知矣。且據圖刎首，愚者不爲，運斧全身，庸流所鑒。何則？生輕一髮，自重千鈞，不以買盜明矣。骨

肉不任充鼎俎，皮毛不足入貨財，盜有道焉，吾無憂矣。又公家遣使，脫有資須，本朝非隆平之時，遊客豈皇華之勢。輕裝獨宿，非勞聚橐之儀，微騎閒行，寧望輶軒之禮。歸人將從，私具驢騾，緣道亭郵，唯希蔬粟。若曰留之無煩於執事，遣之有費於官司，或以顛沛爲言，或云資裝可懼，固非通論，皆是外篇。斯所未喻三也。

又若以吾徒應還侯景，侯景凶逆，殲我國家，天下含靈，人懷憤厲，既不獲投身社稷，衛難乘輿，四冢磔蚩尤，〔七〕千刀剸王莽，安所謂俛首頓膝，歸奉寇讎，珮弭腰鞬，爲其皂隸？日者通和，方敦曩睦，凶人狙詐，遂駭狼心，頗疑宋萬之誅，彌懼荀罃之請，所以奔蹄勁角，專恣憑陵，凡我行人，偏膺讎憾。政復菹骸醢骨，抽舌探肝，於彼凶情，猶當未雪，海內之所知也，君侯之所具焉。又聞本朝公主，〔八〕都人士女，風行雨散，東播西流，京邑丘墟，姦蓬蕭瑟，偃師還望，咸爲草萊，霸陵回首，俱沾霜露，此又君之所知也。彼以何義，爭免寇讎？我以何親，爭歸委質？昔鉏平貴將，懸重於陸公，叔向名流，深知於鬷篾。吾雖不敏，常慕前脩，不圖明庶有懷，翻其以此量物。昔魏氏將亡，羣凶挺爭，諸賢戮力，想得其朋。爲葛榮之黨邪？爲邢杲之徒邪？如曰不然，斯所未喻四也。

假使吾徒還爲凶黨，侯景生於趙代，家自幽恆，居則台司，行爲連率，山川形勢，

軍國彝章，不勞請箸爲籌，便當屈指能筭。景以逋逃小醜，羊豕同羣，身寓江皐，家留河朔，春春井井，〔九〕如鬼如神。其不然乎？抑又君之所知也。且夫宮闈祕事，竝若雲霄，英俊訏謨，寧非帷幄，或陽驚以定策，或焚藁而奏書，朝廷之士，猶難參預，羈旅之人，何階耳目。至於禮樂沿革，刑政寬猛，則謳歌已遠，萬舞成風，不知手之舞之足之蹈之也。安在搖其牙齒，爲閒諜者哉？若謂復命西朝，終奔東虜，雖齊、梁有隔，尉候奚殊？豈以河曲之難浮，而曰江關之可濟？河橋馬度，寧非宋典之姦？關路鷄鳴，皆曰田文之客。何其通蔽，乃爾相妨？斯所未喻五也。

又兵交使在，雖著前經，儻同徇僕之尤，追肆寒山之怒，則凡諸元帥，竝釋縲囚，爰及偏裨，同無翦馘。乃至鍾儀見赦，朋笑遵途，襄老蒙歸，虞哥引路。〔一〇〕吾等張旜拭玉，脩好尋盟，涉泗之與浮河，郊勞至于贈賄，公恩既被，賓敬無違，今者何愆，翻蒙貶責？若以此爲言，斯所未喻六也。

若曰祅氛永久，喪亂悠然，哀我奔波，存其形魄，固已銘茲厚德，戴此洪恩，譬渤澥而俱深，方嵩華而猶重。但山梁飲啄，非有意於籠樊，江海飛浮，本無情於鍾鼓。況吾等營魂已謝，餘息空留，悲默爲生，何能支久，是則雖蒙養護，更夭天年。若以此爲言，斯所未喻七也。

若云逆豎殲夷，當聽反命，高軒繼路，飛蓋相隨，未解其言，何能善謔？夫屯亨治亂，豈有意於前期。謝常侍今年五十有一，吾今年四十有四，介已知命，賓又杖鄉，計彼侯生，肩隨而已。豈銀臺之要，彼未從師，金竈之方，吾知其決，〔一一〕政恐南陽菊水，竟不延齡，東海桑田，無由可望。若以此爲言，斯所未喻八也。

足下清襟勝託，書囿文林，凡自洪荒，終乎幽、厲，如吾今日，寧有其人，爰至春秋，微宜商略。夫宗姬殄墜，霸道昏凶，或執政之多門，或陪臣之凉德，故臧孫有禮，翻囚與國之賓，周伯無愆，空怒天王之使，遷箕卿於兩館，縶驥子於三年。斯匪貪亂之風邪？寧當今之高例也？至於雙崤且帝，四海爭雄，或構趙而侵燕，或連韓而謀魏，身求盟於楚殿，躬奪璧於秦庭，輪寶鼎以託齊王，馳安車而誘梁客。其外膏脣販舌，〔一二〕分路揚鑣，無罪無辜，如兄如弟。逮乎中陽受命，天下同規，巡省諸華，無聞幽辱。及三方之霸也，孫甘言以娬媚，曹屈詐以羈縻，旍軫歲到於句吳，冠蓋年馳於庸蜀，則客嘲殊險，賓戲已深，共盡遊談，誰云猜忤。若使搜求故實，脫有前蹤，恐是叔世之姦謀，而非爲邦之勝略也。

抑又聞之，雲師火帝，澆淳乃異其風，龍躍麟驚，王霸雖殊其道，莫不崇君親以銘物，〔一三〕敦敬養以治民，預有邦司，曾無隆替。吾奉違溫凊，仍屬亂離，寇虜猖狂，公私

播越。蕭軒靡御，王舫誰持？瞻望鄉關，何心天地？自非生憑廩竹，源出空桑，行路含情，猶其相愍。常謂擇官而仕，非曰孝家，擇事而趨，非云忠國。況乎欽承有道，驂駕前王，郎吏明經，鴟鳶知禮，巡省方化，〔一四〕咸問高年，東序西膠，〔一五〕皆尊耆耋。吾以圭璋玉帛，通聘來朝，屬世道之屯期，鍾生民之否運，兼年累載，無申元直之祈，銜泣吞聲，長對公閭之怒，情禮之訴，將同逆鱗，忠孝之言，皆應齚舌，是所不圖也，非所仰望也。

且天倫之愛，何得忘懷？妻子之情，誰能無累？夫以清河公主之貴，餘姚書佐之家，莫限高卑，皆被驅略。自東南醜虜，抄販饑民，臺署郎官，俱餧墻壁，況吾生離死別，多歷暄寒，孀室嬰兒，何可言念。如得身還鄉土，躬自推求，猶冀提攜，俱免凶虐。

夫四聰不達，華陽君所謂亂臣，百姓無寃，孫叔敖稱爲良相。足下高才重譽，參贊經綸，非豹非貔，〔一六〕聞詩聞禮，而中朝大議，曾未矜論，清禁嘉謀，安能相及，諤諤非周舍，容容類胡廣，何其無諍臣哉？歲月如流，平生何幾，晨看旅鴈，心赴江淮，昏望牽牛，情馳揚越，朝千悲而掩泣，夜萬緒而回腸，不自知其爲生，不自知其爲死也。足下素挺詞鋒，兼長理窟，匡丞相解頤之說，樂令君清耳之談，向所諮疑，誰能曉喻。若鄙言爲謬，來旨必通，分請灰釘，甘從斧鑊，何但規規默默，齰舌低頭而已哉。若一理存

焉，猶希矜眷，何必期令我等必死齊都，足趙魏之黃塵，加幽幷之片骨，遂使東平拱樹，長懷向漢之悲，西洛孤墳，恆表思鄉之夢。干祈以屢，哽慟增深。

遵彥竟不報書。及江陵陷，齊送貞陽侯蕭淵明爲梁嗣，乃遣陵隨還。太尉王僧辯初拒境不納，淵明往復致書，皆陵詞也。及淵明之入，僧辯得陵大喜，接待饋遺，其禮甚優。以陵爲尚書吏部郎，掌詔誥。其年高祖率兵誅僧辯，仍進討韋載。時任約、徐嗣徽乘虛襲石頭，陵感僧辯舊恩，乃往赴約。及約等平，高祖釋陵不問。尋以爲貞威將軍、尚書左丞。

紹泰二年，又使于齊，還除給事黃門侍郎、祕書監。高祖受禪，加散騎常侍，左丞如故。天嘉初，除太府卿。四年，遷五兵尚書，領大著作。六年，除散騎常侍、御史中丞。時安成王頊爲司空，〔一七〕以帝弟之尊，勢傾朝野。直兵鮑僧叡假王威權，〔一八〕抑塞辭訟，大臣莫敢言者。陵聞之，乃爲奏彈，導從南臺官屬，引奏案而入。世祖見陵服章嚴肅，若不可犯，爲斂容正坐。陵進讀奏版時，安成王殿上侍立，仰視世祖，流汗失色。陵遣殿中御史引王下殿，遂劾免侍中、中書監。自此朝廷肅然。

天康元年，遷吏部尚書，領大著作。陵以梁末以來，選授多失其所，於是提舉綱維，綜覈名實。時有冒進求官，諠競不已者，陵乃爲書宣示曰：「自古吏部尚書者，品藻人倫，簡其才能，尋其門胄，逐其大小，量其官爵。梁元帝承侯景之凶荒，王太尉接荊州之禍敗，爾時

喪亂，無復典章，故使官方，窮此紛雜。永定之時，聖朝草創，干戈未息，亦無條序。府庫空虛，賞賜懸乏，白銀難得，黃札易營，權以官階，代於錢絹，義存撫接，無計多少，致令員外、常侍，路上比肩，諮議、參軍，市中無數，豈是朝章，應其如此？今衣冠禮樂，日富年華，何可猶作舊意，非理望也。所見諸君，多踰本分，猶言大屈，未喻高懷。若問梁朝朱領軍异亦爲卿相，此不踰其本分邪？此是天子所拔，非關選序。梁武帝云『世間人言有目色，我特不目色范悌』。宋文帝亦云『人世豈無運命，每有好官缺，輒憶羊玄保』。此則清階顯職，不由選也。秦有車府令趙高直至丞相，漢有高廟令田千秋亦爲丞相，此復可爲例邪？既忝衡流，應須粉墨。所望諸賢，深明鄙意。」自是衆咸服焉，時論比之毛玠。

廢帝卽位，高宗入輔，謀黜異志者，引陵預其議。高宗纂曆，封建昌縣侯，邑五百戶。太建元年，除尚書右僕射。三年，遷尚書左僕射，〔一九〕陵抗表推周弘正、王勱等，高宗召陵入內殿，曰：「卿何爲固辭此職而舉人乎？」陵曰：「周弘正從陛下西還，舊藩長史，王勱太平相府長史，張種帝鄉賢戚，若選賢與舊，臣宜居後。」固辭累日，高宗苦屬之，陵乃奉詔。

及朝議北伐，高宗曰：「朕意已決，卿可舉元帥。」衆議咸以中權將軍淳于量位重，共署推之。陵獨曰：「不然。吳明徹家在淮左，悉彼風俗，將略人才，當今亦無過者。」於是爭論累日不能決。都官尚書裴忌曰：「臣同徐僕射。」陵應聲曰：「非但明徹良將，裴忌卽良副

也。」是日，詔明徹爲大都督，令忌監軍事，遂克淮南數十州之地。高宗因置酒，舉杯屬陵曰：「賞卿知人。」陵避席對曰：「定策出自聖衷，非臣之力也。」其年加侍中，餘並如故。七年，領國子祭酒、南徐州大中正。以公事免侍中、僕射。尋加侍中，給扶，又除領軍將軍。八年，加翊右將軍、太子詹事，置佐史。俄遷右光祿大夫，餘並如故。十年，重爲領軍將軍。尋遷安右將軍、丹陽尹。十三年，爲中書監，領太子詹事，給鼓吹一部，侍中、將軍、右光祿、中正如故。陵以年老累表求致仕，高宗亦優〔禮〕之，〔二〇〕乃詔將作爲造大齋，令陵就第攝事。

後主卽位，遷左光祿大夫、太子少傅，餘如故。至德元年卒，時年七十七。詔曰：「愼終有典，抑乃舊章，令德可甄，諒宜追遠。侍中、安右將軍、左光祿大夫、太子少傅、南徐州大中正建昌縣開國侯陵，弱齡學尚，登朝秀穎，業高名輩，文曰詞宗。朕近歲承華，特相引狎，雖多臥疾，方期克壯，奄然殞逝，震悼於懷。可贈鎭右將軍、特進，其侍中、左光祿、鼓吹、侯如故，幷出舉哀，喪事所須，量加資給。謚曰章。」

陵器局深遠，容止可觀，性又淸簡，無所營樹，祿俸與親族共之。太建中，食建昌邑，邑戶送米至于水次，陵親戚有貧匱者，皆令取之，數日便盡，陵家尋致乏絕。府僚怪而問其故。陵云：「我有車牛衣裳可賣，餘家有可賣不？」其周給如此。少而崇信釋教，經論多所精解。後主在東宮，令陵講大品經，義學名僧，自遠雲集，每講筵商較，四座莫能與抗。目有

青睛，時人以爲聰惠之相也。自有陳創業，文檄軍書及禪授詔策，皆陵所製，而九錫尤美。爲一代文宗，亦不以此矜物，未嘗詆訶作者。其於後進之徒，接引無倦。世祖、高宗之世，國家有大手筆，皆陵草之。其文頗變舊體，緝裁巧密，多有新意。每一文出手，好事者已傳寫成誦，遂被之華夷，家藏其本。後逢喪亂，多散失，存者三十卷。有四子：儉，份，儀，僔。

儉一名衆。〔三〕幼而脩立，勤學有志操，汝南周弘正重其爲人，妻以女。梁太清初，起家豫章王府行參軍。侯景亂，陵使魏未反，儉時年二十一，攜老幼避于江陵，梁元帝聞其名，召爲尚書金部郎中。嘗侍宴賦詩，元帝歎賞曰「徐氏之子，復有文矣」。江陵陷，復還於京師。永定初，爲太子洗馬，遷鎮東從事中郎。天嘉三年，遷中書侍郎。太建初，廣州刺史歐陽紇舉兵反，高宗令儉持節喻旨。紇初見儉，盛列仗衞，言辭不恭，儉曰：「呂嘉之事，誠當已遠，將軍獨不見周迪、陳寶應乎？轉禍爲福，未爲晚也。」紇默然不答，懼儉沮其衆，不許入城，置儉於孤園寺，遣人守衞，累旬不得還。紇嘗出見儉，儉謂之曰：「將軍業已舉事，儉須還報天子，儉之性命雖在將軍，將軍成敗不在於儉，幸不見留。」紇於是乃遣儉從間道馳還。高宗乃命章昭達率衆討紇，仍以儉悉其形勢，勑儉監昭達軍。紇平，高宗嘉之，賜奴婢十人，米五百斛，除鎮北鄱陽王諮議參軍，兼中書舍人。累遷國子

博士、大匠卿，餘並如故。尋遷黃門侍郎，轉太子中庶子，加通直散騎常侍，兼尚書左丞，以公事免。尋起爲中衞始興王限外諮議參軍，兼中書舍人。又爲太子中庶子，遷貞威將軍、太子左衞率，舍人如故。後主立，授和戎將軍、宣惠晉熙王長史，行丹陽郡國事。俄以父憂去職。尋起爲和戎將軍，累遷尋陽內史，爲政嚴明，盜賊靜息。遷散騎常侍，襲封建昌侯，入爲御史中丞。儉性公平，無所阿附，尚書令江總望重一時，亦爲儉所糾劾，後主深委任焉。又領右軍。禎明二年卒。

份少有父風，年九歲，爲夢賦，陵見之，謂所親曰「吾幼屬文，亦不加此」。解褐爲祕書郎，轉太子舍人。累遷豫章王主簿、太子洗馬。出爲海鹽令，甚有治績。秩滿，入爲太子洗馬。

份性孝悌，陵嘗遇疾，甚篤，份燒香泣涕，跪誦孝經，晝夜不息，如此者三日，陵疾豁然而愈，親戚皆謂份孝感所致。太建二年卒，時年二十二。

儀少聰警，以周易生舉高第爲祕書郎，出爲烏傷令。禎明初，遷尚書殿中郎，尋兼東宮學士。陳亡入隋。開皇九年，隱于錢塘之赭山，煬帝召爲學士，尋除著作郎。大業四年卒。

孝克，陵之第三弟也。少爲周易生，有口辯，能談玄理。既長，遍通五經，博覽史籍，亦善屬文，而文不逮義。梁太清初，起家爲太學博士。

性至孝，遭父憂，殆不勝喪，事所生母陳氏，盡就養之道。梁末，侯景寇亂，京邑大飢，餓死者十八九。孝克養母，饘粥不能給，妻東莞臧氏，領軍將軍臧盾之女也，甚有容色，孝克乃謂之曰：「今飢荒如此，供養交闕，欲嫁卿與富人，望彼此俱濟，於卿意如何？」臧氏弗之許也。時有孔景行者，爲侯景將，富於財，孝克密因媒者陳意，景行多從左右，逼而迎之，臧涕泣而去，所得穀帛，悉以供養。孝克又剃髮爲沙門，改名法整，兼乞食以充給焉。臧氏亦深念舊恩，數私致饋餉，故不乏絕。後景行戰死，臧伺孝克於途中，累日乃見，謂孝克曰：「往日之事，非爲相負，今既得脫，當歸供養。」孝克默然無答。於是歸俗，更爲夫妻。

後東遊，居于錢塘之佳義里，與諸僧討論釋典，遂通三論。每日二時講，旦講佛經，晚講禮傳，道俗受業者數百人。天嘉中，除剡令，非其好也，尋復去職。太建四年，徵爲祕書丞，不就，乃蔬食長齋，持菩薩戒，晝夜講誦法華經，高宗甚嘉其操行。

六年，除國子博士，遷通直散騎常侍，兼國子祭酒，尋爲真。孝克每侍宴，無所食噉，至席散，當其前膳羞損減，高宗密記以問中書舍人管斌，斌不能對。自是斌以意伺之，見孝克取珍果內紳帶中，斌當時莫識其意，後更尋訪，方知還以遺母。斌以實啓，高宗嗟歎良久，

乃勑所司，自今宴享，孝克前饌，並遣將還，以餉其母，時論美之。

至德中，皇太子入學釋奠，百司陪列，孝克發孝經題，後主詔皇太子北面致敬。禎明元年，入爲都官尚書。自晉以來，尚書官僚皆攜家屬居省。省在臺城內下舍門，中有閤道，東西跨路，通于朝堂。其第一即都官之省，西抵閤道，年代久遠，多有鬼怪，每昏夜之際，無故有聲光，或見人著衣冠從井中出，須臾復沒，或門閤自然開閉。居省者多死亡，尚書周確卒於此省，孝克代確，便即居之，經涉兩載，妖變皆息，時人咸以爲貞正所致。

孝克性清素而好施惠，故不免飢寒，後主勑以石頭津稅給之，孝克悉用設齋寫經，隨得隨盡。二年，爲散騎常侍，侍東宮。陳亡，隨例入關。家道壁立，所生母患，欲粳米爲粥，不能常辦。母亡之後，孝克遂常噉麥，有遺粳米者，孝克對而悲泣，終身不復食之焉。開皇十年，長安疾疫，隋文帝聞其名行，召令於尚書都堂講金剛般若經。尋授國子博士。後侍東宮講禮傳。十九年以疾卒，時年七十三。臨終，正坐念佛，室內有非常異香氣，隣里皆驚異之。子萬載，仕至晉安王功曹史、太子洗馬。

史臣曰：徐孝穆挺五行之秀，稟天地之靈，聰明特達，籠罩今古。及締構興王，遭逢泰運，位隆朝宰，獻替謀猷，蓋亮直存矣。孝克砥身厲行，養親逾禮，亦參、閔之志歟。

校勘記

〔一〕梁普通二年晉安王爲平西將軍寧蠻校尉　按梁書簡文帝紀，晉安王蕭綱爲平西將軍寧蠻校尉在梁武帝普通四年。

〔二〕〔中〕大通〔二〕〔三〕年王立爲皇太子　據梁書武帝紀補改。

〔三〕則有日（烏）〔鳥〕流災　據徐孝穆集及嚴可均輯全陳文改。按相傳日中有烏，見淮南子精神訓。又傳堯時十日並出，草木焦枯，堯命羿仰射十日，中其九，烏皆死，墮羽翼，見北堂書鈔一四九、藝文類聚一、御覽三引淮南子。爲此語所本。

〔四〕方今越常藐藐　「越常」各本作「越裳」。按常裳古今字。

〔五〕泉流寶盌　「盌」吳兆宜徐孝穆集箋注本作「盎」，注引藝林伐山，云寶盎泉出江州。

〔六〕又此賓遊　「此」字下元龜六六三及徐孝穆集箋注本並有「殷」字。

〔七〕四冢磔蚩尤　「四」當作「三」。相傳堯磔蚩尤，身首異處，分葬三處，其首冢在壽陽，其肩脅冢在山陽，其髀冢在鉅鹿，見雲笈七籤引軒轅本紀，爲此語所本。梁書元帝紀載徐陵勸進表，亦有

「蚩尤三冢，寧謂嚴誅」之語。

〔八〕又聞本朝公主　「公主」徐孝穆集及嚴輯全陳文並作「王公」，疑作「王公」是。

〔九〕春春井井　嚴輯全陳文作「鄉井鄉邑」。

〔一〇〕虞哥引路　「哥」各本作「歌」。按哥即古歌字。

〔一一〕吾知其決　「決」當作「訣」。今本徐孝穆集及嚴輯全陳文並作「訣」。

〔一二〕其外膏脣販舌　「販舌」徐孝穆集箋注本改「拭舌」，注引後漢書宦者呂強傳「羣邪項領，膏脣拭舌」。

〔一三〕莫不崇君親以銘物　「銘」今本徐孝穆集及嚴輯全陳文並作「詔」。

〔一四〕巡省方化　今本徐孝穆集及嚴輯全陳文並作「巡方省化」。按巡方省化與下東序西膠相對成文，作「巡方省化」是。

〔一五〕東序西膠　按徐孝穆集箋注本改爲「西序東膠」，注引禮王制「夏后氏養庶老於西序，周人養國老於東膠」。

〔一六〕非豹非貔　「豹」徐孝穆集箋注本及嚴輯全陳文並作「虎」。按語本書牧誓「尚桓桓，如虎如貔」。梁書元帝紀載陵勸進表亦有「非虎非貔」語。此作「豹」，乃避唐諱改。

〔一七〕時安成王頊爲司空　「頊」原作「諱」，思廉原文如此，今據北監本、汲本、殿本改。

〔一八〕直兵鮑僧叡假王威權　「鮑僧叡」北監本、汲本、殿本作「鮑叔叡」。

〔一九〕三年遷尚書左僕射　「三年」各本並譌「二年」。按宣帝紀，三年春正月癸丑，以尚書右僕射領大著作徐陵爲尚書僕射，四年春正月丙午，以尚書僕射領大著作徐陵爲尚書左僕射，與此異。

〔二〇〕高宗亦優〔禮〕之　據南史補。

〔二一〕儉一名衆　殿本考證云：「『衆』南史作『報』。」

陳書卷二十七

列傳第二十一

江總 姚察

江總字總持，濟陽考城人也，晉散騎常侍統之十世孫。五世祖湛，宋左光祿大夫、開府儀同三司，忠簡公。祖倩，梁光祿大夫，有名當代。父紑，本州迎主簿，少居父憂，以毁卒，在梁書孝行傳。

總七歲而孤，依于外氏。幼聰敏，有至性。舅吳平光侯蕭勱，[一]名重當時，特所鍾愛，嘗謂總曰：「爾操行殊異，神采英拔，後之知名，當出吾右。」及長，篤學有辭采，家傳賜書數千卷，總晝夜尋讀，未嘗輟手。年十八，解褐宣惠武陵王府法曹參軍。中權將軍、丹陽尹何敬容開府，置佐史，竝以貴胄充之，仍除敬容府主簿。遷尙書殿中郎。梁武帝撰正言始畢，製述懷詩，總預同此作，帝覽總詩，深降嗟賞。仍轉侍郎。尙書僕射范陽張纘、度支尙書琅

邪王筠、都官尙書南陽劉之遴，竝高才碩學，總時年少有名，纘等雅相推重，爲忘年友會。之遴嘗酬總詩，其略曰：「上位居崇禮，寺署隣栖息。忌聞曉騶唱，每畏晨光艶。高談意未窮，晤對賞無極。探急共遨遊，休沐忘退食。曷用銷鄙吝，枉趾覯顏色。下上數千載，揚搉吐胸臆。」其爲通人所欽挹如此。遷太子洗馬，又出爲臨安令，還爲中軍宣城王府限內錄事參軍，轉太子中舍人。

及魏國通好，敕以總及徐陵攝官報聘，總以疾不行。侯景寇京都，詔以總權兼太常卿，守小廟。臺城陷，總避難崎嶇，累年至會稽郡，憩於龍華寺，乃製脩心賦，略序時事。其辭曰：

太清四年秋七月，避地于會稽龍華寺。此伽藍者，余六世祖宋尙書右僕射州陵侯元嘉二十四年之所構也。侯之王父晉護軍將軍（彪）〔虨〕，[二]昔莅此邦，卜居山陰都陽里，貽厥子孫，有終焉之志。寺域則宅之舊基，左江右湖，面山背壑，東西連跨，南北紆縈，聊與苦節名僧，同銷日用，曉脩經戒，夕覽圖書，寢處風雲，憑棲水月。不意華戎莫辨，朝市傾淪，以此傷情，情可知矣。啜泣濡翰，豈攄鬱結，庶後生君子，憫余此槩焉。

嘉南斗之分次，肇東越之靈祕，表檜風於韓什，著鎭山於周記，蘊大禹之金書，鐫暴秦之（在）〔石〕字，[三]太史來而探穴，鍾離去而開笥，信竹箭之爲珍，何珷玞之罕值。

奉盛德之鴻祀，寓安禪之古寺，寔豫章之舊圃，成黃金之勝地。遂寂默之幽心，若鏡中而遠尋，面曾阜之超忽，邇平湖之迴深。山條偃蹇，水葉侵淫，挂猿朝落，飢鼯夜吟。菓叢藥苑，桃蹊橘林，梢雲拂日，結暗生陰。保自然之雅趣，鄙人閒之荒雜，望島嶼之邅回，面江源之重沓，泛流月之夜迴，曳光煙之曉匝。風引蜩而嘶噪，雨鳴林而脩颯，[四]鳥稍狎而知來，雲無情而自合。

爾迺野開靈塔，地築禪居，喜園迢遰，樂樹扶疎。經行藉草，宴坐臨渠，持戒振錫，度影甘蔬，堅固之林可喻，寂滅之場暫如。異曲終而悲起，非木落而悲始，豈降志而辱身，不露才而揚己。鍾風雨之如晦，倦鷄鳴之聒耳，幸避地而高棲，憑調御之遺旨。折四辯之微言，悟三乘之妙理，遣十纏之繫縛，祛五惑之塵滓，久遺榮於勢利，庶忘累於妻子，感意氣於疇日，寄知音於來祀，何遠客之可悲，知自憐其何已。

總第九舅蕭勃先據廣州，總又自會稽往依焉。梁元帝平侯景，徵總爲明威將軍、始興內史，以郡秩米八百斛給總行裝。會江陵陷，遂不行，總自此流寓嶺南積歲。天嘉四年，以中書侍郎徵還朝，直侍中省。累遷司徒右長史，掌東宮管記，給事黃門侍郎，領南徐州大中正。授太子中庶子、通直散騎常侍，東宮、中正如故。遷左民尙書，轉太子詹事，中正如故。以與太子爲長夜之飲，養良娣陳氏爲女，太子微行總舍，上怒免之。尋爲侍中，領左驍騎將

軍。復爲左民尙書，領左軍將軍，未拜，又以公事免。尋起爲散騎常侍、明烈將軍、司徒左長史，遷太常卿。

後主卽位，除祠部尙書，又領左驍騎將軍，參掌選事。轉散騎常侍、吏部尙書。尋遷尙書僕射，參掌如故。至德四年，加宣惠將軍，量置佐史。尋授尙書令，給鼓吹一部，加扶，餘竝如故。策曰：「於戲，夫文昌政本，司會治經，韋彪謂之樞機，李固方之斗極。況其五曹斯綜，百揆是諧，同冢宰之司，專臺閣之任。惟爾道業標峻，寓量弘深，勝範清規，風流以爲准的，辭宗學府，衣冠以爲領袖。故能師長六官，具瞻允塞，明府八座，儀形載遠，其端朝握揆，朕所望焉。往欽哉，懋建爾徽猷，亮采我邦國，可不愼歟！」禎明二年，進號中權將軍。京城陷，入隋，爲上開府。開皇十四年，卒於江都，時年七十六。

總嘗自敍其略曰：

歷升清顯，備位朝列，不邀世利，不涉權幸。嘗撫躬仰天太息曰，莊青翟位至丞相，無迹可紀；趙元叔爲上計吏，光乎列傳。官陳以來，未嘗逢迎一物，干預一事。悠悠風塵，流俗之士，頗致怨憎，榮枯寵辱，不以介意。太建之世，權移羣小，諂嫉作威，屢被摧黜，柰何命也。後主昔在東朝，留意文藝，夙荷昭晉，恩紀契闊。嗣位之日，時寄謬隆，儀形天府，釐正庶績，八法六典，無所不統。昔晉武帝策荀公曾曰：「周之冢

宰，今之尚書令也」。況復才未半古，尸素若茲。晉太尉陸玩云「以我爲三公，知天下無人矣」。軒冕儻來之一物，豈是預要乎？

弱歲歸心釋教，年二十餘，入鍾山就靈曜寺則法師受菩薩戒。暮齒官陳，與攝山布上人遊款，深悟苦空，更復練戒，運善於心，行慈於物，頗知自勵，而不能蔬菲，尚染塵勞，以此負愧平生耳。

總之自敍，時人謂之實錄。

總篤行義，寬和溫裕。好學，能屬文，於五言七言尤善；然傷於浮豔，故爲後主所愛幸。多有側篇，好事者相傳諷翫，于今不絕。後主之世，總當權宰，不持政務，但日與後主遊宴後庭，共陳暄、孔範、王(瑗)〔瑳〕等十餘人，〔五〕當時謂之狎客。由是國政日頹，綱紀不立，有言之者，輒以罪斥之，君臣昏亂，以至于滅。有文集三十卷，竝行於世焉。

長子溢，字深源，頗有文辭。性傲誕，恃勢驕物，雖近屬故友，不免詆欺。歷官著作佐郎、太子舍人、洗馬、中書黃門侍郎、太子中庶子。入隋，爲秦王文學。

第七子漼，駙馬都尉、祕書郎，隋給事郎，直祕書省學士。

姚察字伯審，吳興武康人也。九世祖信，吳太常卿，有名江左。

察幼有至性，事親以孝聞。六歲，誦書萬餘言。弱不好弄，博弈雜戲，初不經心。勤苦厲精，以夜繼日。年十二，便能屬文。父上開府僧(坦)〔垣〕，〔六〕知名梁武代，二宮禮遇優厚，每得供賜，皆回給察兄弟，爲遊學之資，察竝用聚蓄圖書，由是聞見日博。年十三，梁簡文帝時在東宮，盛脩文義，卽引於宣猷堂聽講論難，爲儒者所稱。及簡文嗣位，尤加禮接。起家南海王國左常侍，兼司文侍郎。除南郡王行參軍，兼尚書駕部郎。

值梁室喪亂，於金陵隨二親還鄉里。時東土兵荒，人飢相食，告糴無處，察家口既多，竝採野蔬自給。察每崎嶇艱阻，求請供養之資，糧粒恆得相繼。又常以己分減推諸弟妹，乃至故舊乏絕者皆相分卹，自甘唯藜藿而已。在亂離之閒，篤學不廢。

元帝於荊州卽位，父隨朝士例往赴西臺，元帝授察原鄉令。時邑境蕭條，流亡不反，察輕其賦役，勸以耕種，於是戶口殷盛，民至今稱焉。

中書侍郎領著作杜之偉與察深相眷遇，表用察佐著作，仍撰史。永定初，拜始興王府功曹參軍，尋補嘉德殿學士，轉中衞、儀同始興王府記室參軍。吏部尚書徐陵時領著作，復引爲史佐，及陵讓官致仕等表，竝請察製焉，陵見歎曰「吾弗逮也」。太建初，補宣明殿學士，除散騎侍郎、左通直。尋兼通直散騎常侍，報聘于周。江左耆舊先在關右者，咸相傾

慕。沛國劉臻竊於公館訪漢書疑事十餘條，竝爲剖析，皆有經據。臻謂所親曰「名下定無虛士」。著西聘道里記，所敍事甚詳。

使還，補東宮學士。于時濟陽江總、吳國顧野王、陸瓊、從弟瑜、河南褚玠、北地傅縡等，皆以才學之美，晨夕娛侍。察每言論製述，咸爲諸人宗重。儲君深加禮異，情越羣僚，宮內所須方幅手筆，皆付察立草。又數令共野王遞相策問，恆蒙賞激。

遷尚書祠部侍郎。此曹職司郊廟，昔魏王肅奏祀天地，設宮縣之樂，八佾之舞，爾後因循不革。梁武帝以爲事人禮縟，事神禮簡，古無宮縣之文。陳初承用，莫有損益。高宗欲設備樂，付有司立議，以梁武帝爲非。時碩學名儒、朝端在位者，咸希上旨，竝卽注同。察乃博引經籍，獨違羣議，據梁樂爲是，當時驚駭，莫不慙服，僕射徐陵因改同察議。其不順時隨俗，皆此類也。

拜宣惠宜都王中錄事參軍，帶東宮學士。歷仁威淮南王、平南建安王二府諮議參軍，丁內憂去職。俄起爲戎昭將軍，知撰梁史事，固辭不免。後主纂業，勑兼東宮通事舍人，將軍、知撰史如故。又勑專知優冊謚議等文筆。至德元年，除中書侍郎，轉太子僕，餘竝如故。

初，梁季淪沒，父僧(坦)〔垣〕入于長安，察蔬食布衣，不聽音樂，至是凶問因聘使到江

南。時察母韋氏喪制適除，後主以察羸瘠，慮加毀頓，乃密遣中書舍人司馬申就宅發哀，仍勑申專加譬抑。爾後又遣申宣旨誡喻曰：「知比哀毀過禮，甚用爲憂。卿迥然一身，宗奠是寄，毀而滅性，聖教所不許。宜微自遣割，以存禮制。憂懷既深，故有此及。」

尋以忠毅將軍起兼東宮通事舍人。察志在終喪，頻有陳讓，竝抑而不許。又推表其略曰：「臣私門釁禍，併罹殃罰，偷生晷漏，冀申情禮，而㾓疹相仍，甚蕘穢質，非復人流，將畢(苦)〔苫〕壞。〔七〕豈期朝恩曲覃，被之纓紱，尋斯寵服，彌見慙靦。且宮闈祕奧，趨奏便繁，寧可以茲荒毀所宜叨預。伏願至德孝治，矜其理奪，使殘魂喘息，以遂餘生。」詔答曰：「省表具懷。卿行業淳深，聲譽素顯，理徇情禮，未膺刀筆。但參務承華，良所期寄，允茲抑奪，不得致辭也。」俄勑知著作郎事，服闋，除給事黃門侍郎，領著作。

察既累居憂服，兼齋素日久，自免憂後，因加氣疾。後主嘗別召見，見察柴瘠過甚，爲之動容，乃謂察曰：「朝廷惜卿，卿宜自惜，既蔬菲歲久，可停持長齋。」又遣度支尚書王瑗宣旨，重加慰喻，令從晚食。手勑曰：「卿羸瘠如此，齋菲累年，不宜一飯，有乖將攝，若從所示，甚爲佳也。」察雖奉此勑，而猶敦宿誓。

又詔授祕書監，領著作如故，乃累進讓，竝優答不許。察在祕書省大加刪正，又奏撰中書表集。拜散騎常侍，尋授度支尚書，旬月遷吏部尚書，領著作竝如故。察既博極墳素，尤

善人物，至於姓氏所起，枝葉所分，官職姻娶，興衰高下，舉而論之，無所遺失。且澄鑒之職，時人久以梓匠相許，及遷選部，雅允朝望。初，吏部尚書蔡徵移中書令，後主方擇其人，尚書令江總等咸共薦察，勅答曰：「姚察非唯學藝優博，亦是操行清脩，典選難才，今得之矣。」乃神筆草詔，〔八〕讀以示察，察辭讓甚切。

別日召入論選事，察垂涕拜請曰：「臣東皋賤族，〔九〕身才庸近，情忘遠致，念絕脩途。頃來忝竊，久知逾分，特以東朝攀奉，恩紀謬加。今日叨濫，非由才舉，縱陛下特升庸薄，其如朝序何？臣九世祖信，名高往代，當時纔居選部，自後罕有繼蹤。臣遭逢成擢，沐浴恩造，累致非據，每切妨賢。臣雖無識，頗知審己，言行所踐，無期榮貴，豈意銓衡之重，妄委非才。且皇明御歷，事高昔代，羽儀世胄，帷幄名臣，若授受得宜，方為稱職。臣夙陶教義，必知不可。」後主曰：「選衆之舉，僉議所歸，昔毛玠雅量清恪，盧毓心平體正，王蘊銓量得地，山濤舉不失才，就卿而求，必兼此矣。且我與卿雖君臣禮隔，情分殊常，藻鏡人倫，良所期寄，亦以無慙則哲也。」

察自居顯要，甚勵清潔，且廩錫以外，一不交通。嘗有私門生不敢厚餉，止送南布一端，花練一匹。〔一〇〕察謂之曰：「吾所衣著，止是麻布蒲練，此物於吾無用。既欲相款接，幸不煩爾。」此人遜請，猶冀受納，察勵色驅出，〔一一〕因此伏事者莫敢饋遺。

陳滅入隋，開皇九年，詔授祕書丞，別勅成梁、陳二代史。又勅於朱華閣長參。文帝知察蔬菲，別日乃獨召入內殿，賜菓菜，乃指察謂朝臣曰「聞姚察學行當今無比，我平陳唯得此一人」。十三年，襲封北絳郡公。察往歲之聘周也，因得與父僧(坦)〔垣〕相見，將別之際，絕而復蘇，至是承襲，愈更悲感，見者莫不為之歔欷。

察幼年嘗就鍾山明慶寺尚禪師受菩薩戒，及官陳，祿俸皆捨寺起造，并追為禪師樹碑，文甚遒麗。及是，遇見梁國子祭酒蕭子雲書此寺禪齋詩，覽之愴然，乃用蕭韻述懷為詠，詞又哀切，法俗益以此稱之。丁後母杜氏喪，解職。在服制之中，有白鳩巢于戶上。仁壽二年，詔曰：「前祕書丞北絳郡開國公姚察，彊學待問，博極羣典，脩身立德，白首不渝，雖在哀疚，宜奪情禮，可員外散騎常侍，封如故。」又勅侍晉王昭讀。煬帝初在東宮，數被召見，訪以文籍。即位之始，詔授太子內舍人，餘並如故。車駕巡幸，恆侍從焉。及改易衣冠，刪正朝式，切問近對，察一人而已。

年七十四，大業二年，終于東都，遺命薄葬，務從率儉。其略曰：「吾家世素士，自有常法。吾意斂以法服，並宜用布，土周於身。又恐汝等不忍行此，必不爾，須松板薄棺，纔可周身，土周於棺而已。葬日，止麤車，即送厝舊塋北。吾在梁世，當時年十四，就鍾山明慶寺尚禪師受菩薩戒，自爾深悟苦空，頗知回向矣。嘗得留連山寺，一去忘歸。及仕陳代，諸

名流遂許與聲價，兼時主恩遇，宦途遂至通顯。自入朝來，又蒙恩渥。既牽纏人世，素志弗從。且吾習蔬菲五十餘年，既歷歲時，循而不失。瞑目之後，不須立靈，置一小牀，每日設清水，六齋日設齋食菓菜，任家有無，不須別經營也。」初，察願讀一藏經，並已究竟，將終，曾無痛惱，但西向坐，正念，云「一切空寂」。其後身體柔軟，顏色如恆。兩宮悼惜，賵賻甚厚。

察性至孝，有人倫鑒識。沖虛謙遜，不以所長矜人。終日恬靜，唯以書記為樂，於墳籍無所不覩。每有製述，多用新奇，人所未見，咸重富博。且專志著書，白首不倦，手自抄撰，無時暫輟。尤好研覈古今，諟正文字，精采流贍，雖老不衰。兼諳識內典，所撰寺塔及衆僧文章，特為綺密。在位多所稱引，一善可錄，無不賞薦。若非分相干，咸以理遣。盡心事上，知無不為。侍奉機密，未嘗洩漏。且任遇已隆，衣冠攸屬，深懷退靜，避於聲勢。清潔自處，貲產每虛，或有勸營生計，笑而不答。穆於親屬，篤於舊故，所得祿賜，咸充周卹。

後主所製文筆，卷軸甚多，乃別寫一本付察，有疑悉令刊定，察亦推心奉上，事在無隱。後主嘗從容謂朝士曰：「姚察達學洽聞，手筆典裁，求之於古，〔一二〕猶難輩匹，在於今世，足為師範。且訪對甚詳明，〔一三〕聽之使人忘倦。」察每製文筆，勅便索本，上曰：「我于姚察文章，〔一四〕非唯翫味無已，故是一宗匠。」

徐陵名高一代，每見察製述，尤所推重。嘗謂子儉曰：「姚學士德學無前，汝可師之也。」尚書令江總與察尤篤厚善，每有製作，必先以簡察，然後施用。總為詹事時，嘗製登宮城五百字詩，當時副君及徐陵以下諸名賢並同此作。徐公後謂江曰：「我所和弟五十韻，寄弟集內。」及江編次文章，無復察所和本，述徐此意，謂察曰：「高才碩學，庶光拙文，今須公所和五百字，用偶徐侯章也。」察謙遜未付，江曰：「若不得公此製，僕詩亦須棄本，復乖徐公所寄，豈得見令兩失。」察不獲已，乃寫本付之。為通人推挹，例皆如此。

所著漢書訓纂三十卷，說林十卷，西聘、玉璽、建康三鍾等記各一卷，悉窮該博，并文集二十卷，並行於世。察所撰梁、陳史雖未畢功，隋文帝開皇之時，遣內史舍人虞世基索本，且進上，今在內殿。梁、陳二史本多是察之所撰，其中序論及紀、傳有所闕者，臨亡之時，仍以體例誡約子思廉，博訪撰續，思廉泣涕奉行。思廉在陳為衡陽王府法曹參軍，轉會稽王主簿。入隋，補漢王府行參軍，掌記室，尋除河間郡司法。大業初，內史侍郎虞世基奏思廉踵成梁、陳二代史，自爾以來，稍就補續。

史臣曰：江總持清標簡貴，加潤以辭采，及師長六官，雅允朝望。史臣先臣稟茲令

德，〔一五〕光斯百行，可以厲風俗，可以厚人倫。至於九流、七略之書，名山石室之記，汲郡、孔堂之書，玉箱金板之文，莫不窮研旨奧，遍探坎井，故道冠人師，搢紳以爲準的。既歷職貴顯，國典朝章，古今疑議，後主皆取先臣斷決焉。

校勘記

〔一〕舅吳平光侯蕭勱　「勱」梁書蕭景傳、南史吳平侯景傳並作「勵」，南史江總傳又作「勱」。按桂馥說文解字義證云「勱」字或作「勵」。

〔二〕侯之王父晉護軍將軍(彪)〔虨〕　按江虨晉書有傳，爲江統之子，曾官護軍將軍，今據改。

〔三〕鐫暴秦之(在)〔石〕字　殿本考證云「在」字疑誤。按此用秦始皇上會稽山，立石刻頌秦德事，「在」當作「石」，形近而譌。文苑英華九七正作「石」，金陵局本已改爲「石」，今從之。

〔四〕雨鳴林而脩颸　「脩」字疑譌，傳增湘校文苑英華，據宋本改作「倏」。

〔五〕共陳暄孔範王(瑗)〔瑳〕等十餘人　據南史及通鑑陳長城公至德二年改。

〔六〕父上開府僧(坦)〔垣〕　按姚僧垣周書有傳，坦與垣形近而譌，今據改。下同。

〔七〕將畢(苦)〔苫〕壤　據南監本、殿本改。

〔八〕乃神筆草詔　殿本考證云「神」疑「伸」字之誤。張森楷校勘記云：「古有伸紙，未聞伸筆，『神』字

是。」今按文學傳序有「神筆賞激」語，何之元傳亦有「神筆詔書」語，考證作者竟執覩無睹，淺妄甚矣。

〔九〕察垂涕拜請曰臣東皐賤族　「曰臣」二字原本墨丁，據各本補。

〔一〇〕花練一匹　「練」各本作「綀」。按下文云「吾所衣著，止是麻布蒲綀」，蒲綀對花綀而言，作「綀」是，南史正作「綀」。

〔一一〕察勵色驅出　「勵」北監本、汲本、殿本作「厲」。按勵厲通。

〔一二〕求之於古　「求之於」三字原本墨丁，據元龜一九二補。按「求之於古」與下文「在於今世」適相配合，各本作「精當自古」，恐非。

〔一三〕且訪對甚詳明　「甚詳明」三字原本墨丁，據各本補。

〔一四〕上曰我于姚察文章　「上」字、「于」字原本墨丁，據各本補。

〔一五〕史臣先臣禀茲令德　「先」字下之「臣」字原本墨丁，據各本補。

陳書卷二十八

列傳第二十二

世祖九王　高宗二十九王　後主十一子

世祖十三男：沈皇后生廢帝、始興王伯茂，嚴淑媛生鄱陽王伯山、晉安王伯恭，潘容華生新安王伯固，劉昭華生衡陽王伯信，王充華生廬陵王伯仁，張脩容生江夏王伯義，韓脩華生武陵王伯禮，江貴妃生永陽王伯智，孔貴妃生桂陽王伯謀。其伯固犯逆別有傳。二男早卒，本書無名。

始興王伯茂字鬱之，世祖第二子也。初，高祖兄始興昭烈王道談仕於梁世，爲東宮直閤將軍，侯景之亂，領弩手二千援臺，於城中中流矢卒。(紹泰)〔太平〕二年，追贈侍中、使持節、都督南兗州諸軍事、南兗州刺史，封(義興郡公)〔長城縣公〕，〔一〕謚曰昭烈。高祖受禪，重

贈驃騎大將軍、太傅、〔二〕揚州牧，改封始興郡王，邑二千戶。王生世祖及高宗。高宗以梁承聖末遷于關右，至是高祖遙以高宗襲封始興嗣王，以奉昭烈王祀。永定三年六月，高祖崩，是月世祖入纂帝位。時高宗在周未還，世祖以本宗乏饗，其年十月下詔曰：「日者皇基肇建，封樹枝戚，朕親地攸在，特啓大邦。弟頊嗣承門祀，雖土宇開建，薦饗莫由。重以遭家不造，閔凶夙遘，儲貳遐隔，輶車未返。猥以眇身，膺茲景命，式循龜鼎，冰谷載懷。今既入奉大宗，事絕藩祼，始興國廟蒸嘗無主，瞻言霜露，感尋慟絕。其徙封嗣王頊爲安成王，封第二子伯茂爲始興王，以奉昭烈王祀。賜天下爲父後者爵一級。庶申罔極之情，永保山河之祚。」

舊制諸王受封，未加戎號者，不置佐史，於是尚書八座奏曰：「夫增崇徽號，飾表車服，所以闡彰厥德，下變民望。第二皇子新除始興王伯茂，體自尊極，神姿明穎，玉暎觿辰，蘭芬綺歲，清暉美譽，日茂月升，道鬱平、河，聲超袞、植。皇情追感，聖性天深，以本宗闕緒，纂承藩嗣，雖珪社是膺，而戎章未襲，豈所以光崇睿哲，寵樹皇枝。臣等參議，宜加寧遠將軍，置佐史。」詔曰「可」。尋除使持節、都督南琅邪彭城二郡諸軍事、彭城太守。天嘉二年，進號宣惠將軍、揚州刺史。

伯茂性聰敏，好學，謙恭下士，又以太子母弟，世祖深愛重之。是時征北軍人於丹徒盜

發晉郗曇墓，大獲晉右將軍王羲之書及諸名賢遺跡。事覺，其書竝沒縣官，藏于祕府，世祖以伯茂好古，多以賜之，由是伯茂大工草隸，甚得右軍之法。三年，除鎮東將軍、開府儀同三司、東揚州刺史。

廢帝卽位，時伯茂在都，劉師知等矯詔出高宗也，伯茂勸成之。師知等誅後，高宗恐伯茂扇動朝廷，光大元年，乃進號中衞將軍，令入居禁中，專與廢帝遊處。是時四海之望，咸歸高宗，伯茂深不平，日夕憤怨，數肆惡言，高宗以其無能，不以爲意。及建安人蔣裕與韓子高等謀反，伯茂竝陰豫其事。二年十一月，皇太后令黜廢帝爲臨海王，其日又下令曰：「伯茂輕薄，爰自弱齡，辜負嚴訓，彌肆凶狡。常以次居介弟，宜秉國權，不涯年德，逾逞狂躁，圖爲禍亂，扇動宮闈，要招麤險，觖望臺閣，嗣君喪道，由此亂階，是諸凶德，咸作謀主。允宜罄彼司甸，刑斯匽人。言念皇支，尙懷悲濾，可特降爲溫麻侯，宜加禁止，別遣就第。」時六門之外有別館，以爲諸王冠婚之所，名爲婚第，至是命伯茂出居之。於路遇盜，殞于車中，時年十八。

鄱陽王伯山字靜之，世祖第三子也。偉容儀，舉止閑雅，喜愠不形於色，世祖深器之。初高祖時，天下草創，諸王受封儀注多闕，及伯山受封，世祖欲重其事，天嘉元年七月丙辰，

尙書八座奏曰：「臣聞本枝惟允，宗周之業以弘，盤石既建，皇漢之基斯遠，故能協宣五運，規範百王，式固靈根，克隆卜世。第三皇子伯山，發睿德於韶年，表歧姿於丱日，光昭丹掖，暉暎青闈，而玉圭未秉，金錫靡駕，豈所以敦序維翰，建樹藩戚。臣等參議，宜封鄱陽郡王。」詔曰「可」。乃遣散騎常侍、度支尙書蕭睿持節兼太宰告于太廟；又遣五兵尙書王質持節兼太宰告于太社。其年十月，上臨軒策命之曰：「於戲！夫建樹藩屏，翼獎王室，欽若前典，咸必由之。惟爾夙挺珪璋，生知孝敬，〔三〕令德茂親，僉譽所集，啓建大邦，寔惟倫序，是用敬遵民瞻，錫此圭瑞。往欽哉！其勉樹聲業，永保宗社，可不愼歟！」策訖，敕令王公已下竝讌於王第。仍授東中郎將、吳郡太守。六年，爲緣江都督、平北將軍、南徐州刺史。天康元年，進號鎮北將軍。

高宗輔政，不欲令伯山處邊，光大元年，徙爲鎮東將軍、東揚州刺史。太建元年，徵爲中衞將軍、中領軍。六年，又爲征北將軍、南徐州刺史。尋爲征南將軍、江州刺史。十一年，入爲護軍將軍，加開府儀同三司，〔四〕仍給鼓吹幷扶。後主卽位，進號中權大將軍。至德四年，出爲持節、都督東揚豐二州諸軍事、東揚州刺史，加侍中，餘竝如故。禎明元年，丁所生母憂，去職。明年，起爲鎮衞大將軍、〔五〕開府儀同三司，給班劍十人。三年正月薨，時年四十。

伯山性寬厚，美風儀，又於諸王最長，後主深敬重之，每朝廷有冠婚饗醼之事，恆使伯山爲主。及丁所生母憂，居喪以孝聞。後主嘗幸吏部尙書蔡徵宅，因往弔之，伯山號慟殆絕，因起爲鎮衞將軍，仍謂羣臣曰：「鄱陽王至性可嘉，又是西第之長，豫章已兼司空，其亦須遷太尉。」未及發詔而伯山薨，尋值陳亡，遂無贈謚。

長子君範，太建中拜鄱陽國世子，尋爲貞威將軍、晉陵太守，未襲爵而隋師至。是時宗室王侯在都者百餘人，後主恐其爲變，乃竝召入，令屯朝堂，使豫章王叔英總督之，而又陰爲之備。及六軍敗績，相率出降，因從後主入關。至長安，隋文帝竝配于隴右及河西諸州，各給田業以處之。初，君範與尙書僕射江總友善，至是總贈君範書五言詩，以敍他鄉離別之意，辭甚酸切，當世文士咸諷誦之。大業二年，隋煬帝以後主第六女女婤爲貴人，絕愛幸，因召陳氏子弟盡還京師，隨才敍用，由是竝爲守宰，遍於天下。其年君範爲溫令。

晉安王伯恭字肅之，世祖第六子也。天嘉六年，立爲晉安王。尋爲平東將軍、吳郡太守，置佐史。時伯恭年十餘歲，便留心政事，官曹治理。太建元年，入爲安前將軍、中護軍，遷中領軍。尋爲中衞將軍、揚州刺史，以公事免。四年，起爲安左將軍，尋爲鎮右將軍、特進，給扶。六年，出爲安南將軍、南豫州刺史。九年，入爲安前將軍、祠部尙書。十一年，進

號軍師將軍、尙書右僕射。十二年，遷僕射。十三年，遷左僕射。十四年，出爲安南將軍、湘州刺史，未拜。至德元年，爲侍中、中衞將軍、光祿大夫，丁所生母憂，去職。禎明元年，起爲中衞將軍、右光祿大夫，置佐史、扶竝如故。三年入關。隋大業初，爲成州刺史、太常卿。

衡陽王伯信字孚之，世祖第七子也。天嘉元年，衡陽獻王昌自周還朝，於道薨，其年世祖立伯信爲衡陽王，奉獻王祀。尋爲宣惠將軍、丹陽尹，置佐史。太建四年，爲中護軍。六年，爲宣毅將軍、揚州刺史。尋加侍中、散騎常侍。十一年，進號鎮前將軍，〔六〕太子詹事，餘竝如故。禎明元年，出爲鎮南將軍、西衡州刺史。三年，隋軍濟江，與臨汝侯方慶竝爲東衡州刺史王勇所害，〔七〕事在方慶傳。

廬陵王伯仁字壽之，世祖第八子也。天嘉六年，立爲廬陵王。太建初，爲輕車將軍，置佐史。七年，遷冠軍將軍、中領軍。〔八〕尋爲平北將軍、南徐州刺史。十二年，爲翊左將軍、中領軍。禎明元年，加侍中、〔九〕國子祭酒，領太子中庶子。三年入關，卒于長安。

長子番，先封湘濱侯，隋大業中，爲資陽令。

江夏王伯義字堅之，世祖第九子也。天嘉六年，立爲江夏王。太建初，爲宣惠將軍、東揚州刺史，置佐史。尋爲宣毅將軍、持節、散騎常侍、都督合霍二州諸軍事、合州刺史。〔一〇〕十四年，徵爲侍中、忠武將軍、金紫光祿大夫。禎明三年入關，遷于瓜州，於道卒。

長子元基，先封湘潭侯，隋大業中爲穀熟縣令。

武陵王伯禮字用之，世祖第十子也。天嘉六年，立爲武陵王。太建初，爲雲旗將軍、持節、都督吳興諸軍事、吳興太守。在郡恣行暴掠，驅録民下，逼奪財貨，前後委積，百姓患之。太建九年，爲有司所劾，上曰：「王年少，未達治道，皆由佐史不能匡弼所致，特降軍號，後若更犯，必致之以法，有司不言與同罪。」十一年春，被代徵還，伯禮遂遷延不發。其年十月，散騎常侍、御史中丞徐君敷奏曰：〔一一〕「臣聞車履不俟，君命之通規，夙夜匪懈，臣子之恆節。謹案雲旗將軍、持節、都督吳興諸軍事、吳興太守武陵王伯禮，早擅英猷，〔一二〕久馳令問，惟良寄重，枌鄉是屬。聖上愛育黔黎，留情政本，共化求瘼，早赴皇心，遂復稽緩歸驂，取移涼燠，遲回去鷁，空淹載路，淑慎未彰，違惰斯在，繩愆檢迹，以爲懲誡。臣等參議以見事免伯禮所居官，以王還第，謹以白簡奏聞。」詔曰「可」。禎明三年入關，隋大業中爲散騎

侍郎、臨洮太守。

永陽王伯智字策之，世祖第十二子也。少敦厚，有器局，博涉經史。太建中，立爲永陽王。〔一三〕尋爲侍中，加明威將軍，置佐史。尋加散騎常侍，累遷尚書左僕射，〔一四〕出爲使持節、都督東揚豐二州諸軍事、〔一五〕平東將軍，領會稽內史。至德二年，入爲侍中、翊左將軍，加特進。禎明三年入關。隋大業中，爲岐州司馬，遷國子司業。

桂陽王伯謀，字深之，世祖第十三子也。太建中，立爲桂陽王。〔一六〕七年，爲明威將軍，置佐史。尋爲信威將軍、丹陽尹。十年，加侍中。出爲持節、都督吳興諸軍事、東中郎將、吳興太守。十一年，加散騎常侍。至德元年薨。

子鬯嗣，大業中，爲番禾令。

高宗四十二男：柳皇后生後主，彭貴人生始興王叔陵，曹淑華生豫章王叔英，何淑儀生長沙王叔堅、宜都王叔明，魏昭容生建安王叔卿，〔一七〕錢貴妃生河東王叔獻，劉昭儀生新蔡王叔齊，袁昭容生晉熙王叔文、義陽王叔達、新會王叔坦，王姬生淮南王叔彪、巴山王叔雄，〔一八〕吳姬生始興王叔重，徐姬生尋陽王叔儼，淳于姬生岳陽王叔愼，王脩華生武昌王叔虞，韋脩容生湘東王叔平，施姬生臨賀王叔敖、沅陵王叔興，曾姬生陽山王叔宣，楊姬生西陽王叔穆，申婕妤生南安王叔儉、南郡王叔澄、岳山王叔韶、太原王叔匡，袁姬生新興王叔純，吳姬生巴東王叔謨，劉姬生臨江王叔顯，〔一九〕秦姬生新寧王叔隆、新昌王叔榮。其皇子叔叡、叔忠、叔（引）〔弘〕、〔二〇〕叔毅、叔訓、叔武、叔處、叔封等八人，竝未及封。叔陵犯逆，別有傳。三子早卒，本書無名。

豫章王叔英字子烈，高宗第三子也。少寬厚仁愛。天嘉元年，封建安侯。太建元年，改封豫章王，仍爲宣惠將軍、都督東揚州諸軍事、東揚州刺史。五年，進號平北將軍、南豫州刺史。〔二一〕十一年，爲鎮前將軍、江州刺史。〔二二〕後主卽位，進號征南將軍，尋加開府儀同三司、中衛大將軍，餘竝如故。四年，進號驃騎大將軍。〔二三〕禎明元年，給鼓吹一部，班劍十人。其年，遷司空。〔二四〕三年，隋師濟江，叔英知石頭軍戍事。尋令入屯朝堂。及六軍敗績，降于隋將韓擒虎。其年入關。隋大業中爲涪陵太守。

長子弘，至德元年，拜豫章國世子。

長沙王叔堅字子成，高宗第四子也。母本吳中酒家隸，高宗微時，嘗往飲，遂與通，及貴，召拜淑儀。叔堅少傑黠，凶虐使酒，尤好數術，卜筮、祝禁，鎔金琢玉，竝究其妙。天嘉中，封豐城侯。太建元年，立爲長沙王，仍爲東中郎將、吳郡太守。四年，爲宣毅將軍、江州刺史，置佐史。七年，進號雲麾將軍、郢州刺史，未拜，轉爲平越中郎將、廣州刺史。尋爲平北將軍、合州刺史。〔二五〕八年，復爲平西將軍、郢州刺史。十一年，入爲翊左將軍、丹陽尹。〔二六〕

初，叔堅與始興王叔陵竝招聚賓客，各爭權寵，甚不平。每朝會鹵簿，不肯爲先後，必分道而趨，左右或爭道而鬭，至有死者。及高宗弗豫，叔堅、叔陵等竝從後主侍疾。叔陵陰有異志，乃命典藥吏曰：「切藥刀甚鈍，可礪之。」及高宗崩，倉卒之際，又命其左右於外取劒，左右弗悟，乃取朝服所佩木劒以進，叔陵怒。叔堅在側聞之，疑有變，伺其所爲。及翌日小斂，叔陵袖剉藥刀趨進，斫後主，中項，後主悶絕于地，皇太后與後主乳母樂安君吳氏俱以身捍之，獲免。叔堅自後扼叔陵，擒之，幷奪其刀，將殺之，問後主曰：「卽盡之，爲待也？」後主不能應。叔陵舊多力，須臾，自奮得脫，出雲龍門，入于東府城，召左右斷青溪橋道，放東城囚以充戰士。又遣人往新林，追其所部兵馬，仍自被甲，著白布帽，登城西門，招

募百姓。是時衆軍竝緣江防守，臺內空虛，叔堅乃白太后使太子舍人司馬申以後主命召蕭摩訶，令討之。即日擒其將戴（溫）〔溫〕、譚騏驎等，〔二七〕送臺，斬于尚書閣下，持其首徇于東城。叔陵惶擾不知所爲，乃盡殺其妻妾，率左右數百人走趣新林，摩訶追之，斬于丹陽郡，餘黨悉擒。其年，以功進號驃騎將軍、開府儀同三司、揚州刺史。尋遷司空，將軍、刺史如故。

是時後主患創，不能視事，政無小大，悉委叔堅決之，於是勢傾朝廷。叔堅因肆驕縱，事多不法，後主由是疎而忌之。孔範、管斌、施文慶之徒，竝東宮舊臣，日夜陰持其短。至德元年，乃詔令即本號用三司之儀，出爲江州刺史。未發，尋有詔又以爲驃騎將軍，重爲司空，實欲去其權勢。叔堅不自安，稍怨望，乃爲左道厭魅以求福助，刻木爲偶人，衣以道士之服，施機關，能拜跪，晝夜於日月下醮之，祝詛於上。其年冬，有人上書告其事，案驗竝實，後主召叔堅囚于西省，將殺之。其夜，令近侍宣敕，數之以罪，叔堅對曰：「臣之本心，非有他故，但欲求親媚耳。臣既犯天憲，罪當萬死，臣死之日，必見叔陵，願宣明詔，責於九泉之下。」後主感其前功，乃赦之，特免所居官，以王還第。尋起爲侍中、鎭左將軍。〔二八〕二年，又給鼓吹、油幢車。三年，出爲征西將軍、荆州刺史。四年，進號中軍大將軍、開府儀同三司。禎明二年，秩滿還都。

三年入關，遷于瓜州，更名叔賢。〔叔〕賢素貴，〔二九〕不知家人生產，至是與妃沈氏酤酒，

以傭保爲事。隋大業中，爲遂寧郡太守。

建安王叔卿字子弼，高宗第五子也。性質直有材器，容貌甚偉。太建四年，立爲建安王，授東中郎將、東揚州刺史。七年，爲雲麾將軍、郢州刺史，置佐史。九年，進號平南將軍、湘州刺史。後主即位，進號安南將軍。又爲侍中、鎭右將軍、中書令。遷中書監。禎明三年入關，隋大業中，爲都官郎、上黨通守。

宜都王叔明字子昭，高宗第六子也。儀容美麗，舉止和弱，狀似婦人。太建五年，立爲宜都王，尋授宣惠將軍，置佐史。七年，授東中郎將、東揚州刺史，尋爲輕車將軍、衛尉卿。十三年，出爲使持節、雲麾將軍、南徐州刺史。又爲侍中、翊右將軍。至德四年，進號安右將軍。禎明三年入關，隋大業中爲鴻臚少卿。

河東王叔獻字子恭，高宗第九子也。性恭謹，聰敏好學。太建五年，立爲河東王。七年，授宣毅將軍，置佐史。尋爲散騎常侍、軍師將軍、都督南徐州諸軍事、南徐州刺史。〔三〇〕十二年薨，年十三。贈侍中、中撫將軍、司空，謚曰康簡。子孝寬嗣。孝寬以至德元年，襲

爵河東王。禎明三年入關，隋大業中爲汶城令。

新蔡王叔齊字子肅，高宗第十一子也。風彩明贍，博涉經史，善屬文。太建七年，立爲新蔡王，尋爲智武將軍，置佐史。出爲東中郎將、東揚州刺史。至德二年，入爲侍中，將軍、佐史如故。禎明元年，除國子祭酒，侍中、將軍、佐史如故。三年入關。隋大業中爲尚書主客郎。

晉熙王叔文字子才，高宗第十二子也。性輕險，好虛譽，頗涉書史。太建七年，立爲晉熙王。尋爲侍中、散騎常侍、宣惠將軍，置佐史。進號輕車將軍、揚州刺史。〔三一〕至德元年，授持節、都督江州諸軍事、江州刺史。二年，遷信威將軍、督湘衡武桂四州諸軍事、湘州刺史。禎明二年，秩滿，徵爲侍中、宣毅將軍，佐史如故。未還，而隋軍濟江，破臺城，隋漢東道行軍元帥秦王至于漢口。時叔文自湘州還朝，至巴州，乃率巴州刺史畢寶等請降，致書於秦王曰：「竊以天無二日，晦明之序不差，土無二王，尊卑之位乃別。今車書混壹，文軌大同，敢披丹款，申其屈膝。」秦王得書，因遣行軍吏部柳莊與元帥府僚屬等往巴州迎勞叔文。叔文於是與畢寶、荆州刺史陳紀及文武將吏赴于漢口，秦王竝厚待之，置于賓館。隋開皇

九年三月，衆軍凱旋，文帝親幸溫湯勞之，叔文與陳紀、周羅睺、荀法尚等幷諸降人，見于路次。數日，叔文從後主及諸王侯將相幷乘輿、服御、天文圖籍等，竝以次行列，仍以鐵騎圍之，隨晉王、秦王等獻凱而入，列于廟庭。明日，隋文帝坐于廣陽門觀，叔文又從後主至朝堂南，文帝使內史令李德林宣旨，責其君臣不能相弼，以致喪亡。後主與其羣臣竝慙懼拜伏，莫能仰視，叔文獨欣然而有自得之志。旬有六日，乃上表曰：「昔在巴州，已先送款，乞知此情，望異常例。」文帝雖嫌其不忠，而方欲懷柔江表，乃授開府，拜宜州刺史。

淮南王叔彪字子華，高宗第十三子也。少聰惠，善屬文。太建八年，立爲淮南王。尋位侍中、仁威將軍，置佐史。禎明三年入關，卒于長安。

始興王叔重字子厚，高宗第十四子也。性質朴，無伎藝。高宗崩，始興王叔陵爲逆，誅死，其年立叔重爲始興王，以奉昭烈王後。至德元年，爲仁威將軍、揚州刺史，置佐史。二年，加使持節、都督江州諸軍事、江州刺史。禎明三年入關。隋大業中爲太府少卿，卒。

尋陽王叔儼字子思，高宗第十五子也。性凝重，舉止方正。後主即位，立爲尋陽王。

至德元年，爲侍中、仁武將軍，置佐史。禎明三年入關，尋卒。

岳陽王叔慎字子敬，高宗第十六子也。少聰敏，十歲能屬文。太建十四年，立爲岳陽王，時年十一。至德四年，拜侍中、智武將軍、丹陽尹。是時，後主尤愛文章，叔慎與衡陽王伯信、新蔡王叔齊等日夕陪侍，每應詔賦詩，恆被嗟賞。禎明元年，出爲使持節、都督湘衡桂武四州諸軍事、智武將軍、湘州刺史。

三年，隋師濟江，破臺城，前刺史晉熙王叔文還至巴州，與巴州刺史畢寶、荆州刺史陳紀並降。隋行軍元帥清河公楊素兵下荆門，別遣其將龐暉將兵略地，南至湘州，城內將士，莫有固志，克日請降。叔慎乃置酒會文武僚吏，酒酣，叔慎歎曰「君臣之義，盡於此乎！」長史謝基伏而流涕，湘州助防遂興侯正理在坐，乃起曰：「主辱臣死，諸君獨非陳國之臣乎？今天下有難，實是致命之秋也。縱其無成，猶見臣節，青門之外，有死不能。今日之機，不可猶豫，後應者斬。」衆咸許諾，乃刑牲結盟。仍遣人詐奉降書於龐暉，暉信之，克期而入，叔慎伏甲待之。暉令數百人屯于城門，自將左右數十人入于廳事，俄而伏兵發，縛暉以徇，盡擒其黨，皆斬之。叔慎坐于射堂，招合士衆，數日之中，兵至五千人。衡陽太守樊通、武州刺史鄔居業，皆請赴難。未至，隋遣中牟公薛冑爲湘州刺史，聞龐暉死，乃益請兵，隋又

遣行軍總管劉仁恩救之。未至，薛冑兵次鵝羊山，叔慎遣正理及樊通等拒之，因大合戰，自旦至于日昃，隋軍迭息迭戰，而正理兵少不敵，於是大敗。冑乘勝入城，生擒叔慎。是時，鄔居業率其衆自武州來赴，出橫橋江，聞叔慎敗績，乃頓于新康口。隋總管劉仁恩兵亦至橫橋，據水置營，相持信宿，因合戰，居業又敗。仁恩虜叔慎、正理、居業及其黨與十餘人，秦王斬之于漢口。叔慎時年十八。

義陽王叔達字子聰，高宗第十七子也。太建十四年，立爲義陽王，尋拜仁武將軍，置佐史。禎明元年，除丹陽尹。三年入關。隋大業中爲內史，至絳郡通守。

巴山王叔雄字子猛，高宗第十八子也。太建十四年，立爲巴山王。禎明三年入關，卒于長安。

武昌王叔虞字子安，高宗第十九子也。太建十四年，立爲武昌王，尋爲壯武將軍，置佐史。禎明三年入關。隋大業中爲高苑令。

湘東王叔平字子康，高宗第二十子也。至德元年，立爲湘東王。禎明三年入關。隋大業中爲胡蘇令。

臨賀王叔敖字子仁，高宗第二十一子也。至德元年，立爲臨賀王，尋爲仁武將軍，置佐史。禎明三年入關。隋大業初拜儀同三司。

陽山王叔宣字子通，高宗第二十二子也。至德元年，立爲陽山王。禎明三年入關。隋大業中爲涇城令。

西陽王叔穆字子和，高宗第二十三子也。至德元年，立爲西陽王。禎明三年入關，卒于長安。

南安王叔儉字子約，高宗第二十四子也。至德元年，立爲南安王。禎明三年入關，卒于長安。

南郡王叔澄字子泉，高宗第二十五子也。至德元年，立爲南郡王。禎明三年入關。隋大業中爲靈武令。

沅陵王叔興字子推，高宗第二十六子也。至德元年，立爲沅陵王。禎明三年入關。隋大業中爲給事郎。

岳山王叔韶字子欽，高宗第二十七子也。至德元年，立爲岳山王，尋爲智武將軍，置佐史。四年，除丹陽尹。禎明三年入關，卒于長安。

新興王叔純字子共，〔三〕高宗第二十八子也。至德元年，立爲新興王。禎明三年入關。隋大業中爲河北令。

巴東王叔謨字子軌，〔四〕高宗第二十九子也。至德四年，立爲巴東王。禎明三年入關。隋大業中爲岍陽令。

臨江王叔顯字子明，〔三四〕高宗第三十子也。至德四年，立爲臨江王。禎明三年入關。隋大業中爲鶉觚令。

新會王叔坦字子開，高宗第三十一子也。至德四年，立爲新會王。禎明三年入關。隋大業中爲涉令。

新寧王叔隆字子遠，高宗第三十二子也。至德四年，立爲新寧王。禎明三年入關，卒于長安。

新昌王叔榮字子徹，高宗第三十三子也。禎明二年，立爲新昌王。三年入關。隋大業中爲內黃令。

太原王叔匡字子佐，高宗第三十四子也。禎明二年，立爲太原王。三年入關。隋大業中爲壽光令。

後主二十二男：張貴妃生皇太子深、會稽王莊，孫姬生吳興王胤，高昭儀生南平王嶷，呂淑媛生永嘉王彥、邵陵王兢，龔貴嬪生南海王虔、錢塘王恬，張淑華生信義王祗，徐淑儀生東陽王恮，孔貴人生吳郡王蕃。其皇子總、觀、明、綱、統、沖、洽、緖、綽、威、辯十一人，並未及封。

皇太子深字承源，後主第四子也。少聰惠，有志操，容止儼然，雖左右近侍，未嘗見其喜慍。以母張貴妃故，特爲後主所愛。至德元年，封始安王，邑二千戶。尋爲軍師將軍、揚州刺史，置佐史。禎明二年，皇太子胤廢，後主乃立深爲皇太子。三年，隋師濟江，六軍敗績，隋將韓擒虎自南掖門入，百僚逃散。深時年十餘歲，閉閤而坐，舍人孔伯魚侍焉，隋軍排閤而入，深使宣令勞之曰「軍旅在途，不乃勞也」？軍人咸敬焉。其年入關。隋大業中爲枹罕太守。

吳興王胤字承業，後主長子也。太建五年二月乙丑生于東宮，母孫姬因產卒，沈皇后哀而養之，以爲己子。時後主年長，未有胤嗣，高宗因命以爲嫡孫，其日下詔曰：「皇孫初誕，國祚方熙，思與羣臣，共同斯慶，內外文武賜帛各有差，爲父後者賜爵一級。」十年，封爲永康公。後主卽位，立爲皇太子。胤性聰敏，好學，執經肄業，終日不倦，博通大義，兼善屬文。至德三年，躬出太學講孝經，講畢，又釋奠於先聖先師。其日設金石之樂於太學，王公卿士及太學生竝預宴。是時張貴妃、孔貴嬪竝愛幸，沈皇后無寵，而近侍左右數於東宮往來，太子亦數使人至后所，後主疑其怨望，甚惡之。而張、孔二貴妃又日夜構成后及太子之短，孔範之徒又於外合成其事，禎明二年，廢爲吳興王，仍加侍中、中衞將軍。三年入關，卒于長安。

南平王嶷字承嶽，後主第二子也。方正有器局，年數歲，風采舉動，有若成人。至德元年，立爲南平王。尋除信武將軍、南琅邪彭城二郡太守，置佐史。遷揚州刺史，進號鎭南將軍。尋爲使持節、都督郢荊湘三州諸軍事、征西將軍、郢州刺史。未行而隋軍濟江。禎明三年入關，卒于長安。

永嘉王彥字承懿，後主第三子也。至德元年，立爲永嘉王。尋爲忠武將軍、南徐州刺史，進號安南將軍。〔三五〕授散騎常侍、使持節、都督江巴東衡三州諸軍事、平南將軍、江州刺

史。〔三六〕未行，隋師濟江。禎明三年入關。隋大業中爲襄武令。

南海王虔字承恪，後主第五子也。至德元年，立爲南海王。尋爲武毅將軍，置佐史，進號軍師將軍。禎明二年，出爲平北將軍、南徐州刺史。〔三七〕三年入關。隋大業中爲涿令。

信義王祗字承敬，後主第六子也。至德元年，立爲信義王。尋爲壯武將軍，置佐史。授使持節、都督、智武將軍、琅邪彭城二郡太守。禎明三年入關。隋大業中爲通議郎。

邵陵王兢字承檢，後主第七子也。禎明元年，立爲邵陵王，邑一千戶。尋爲仁武將軍，置佐史。三年入關。隋大業中爲國子監丞。

會稽王莊字承肅，後主第八子也。容貌蕞陋，性嚴酷，數歲，左右有不如意，輒剟刺其面，或加燒爇。以母張貴妃有寵，後主甚愛之。至德四年，立爲會稽王。尋爲翊前將軍，置佐史。除使持節、都督揚州諸軍事、揚州刺史。禎明三年入關。隋大業中爲(會)昌〔隆〕令。〔三八〕

東陽王怪字承厚，後主第九子也。禎明二年，立爲東陽王，邑一千戶。未拜，三年入關。隋大業中爲通議郎。

吳郡王蕃字承廣，後主第十子也。禎明二年，封吳郡王。三年入關。隋大業中爲涪城令。

錢塘王恬字承恢，後主第十一子也。禎明二年，立爲錢塘王，邑一千戶。三年入關，卒于長安。

江左自西晉相承，諸王開國，竝以戶數相差爲大小三品。大國置上、中、下三將軍，又置司馬一人；次國置中、下二將軍；小國置將軍一人。餘官亦准此爲差。高祖受命，自永定訖于禎明，唯衡陽王昌特加殊寵，至五千戶。自餘大國不過二千戶，小國卽千戶。而舊史殘缺，不能別知其國戶數，故綴其遺事附于此。

史臣曰：世祖、高宗、後主竝建藩屏，以樹懿親，固乃本根，隆斯盤石。鄱陽王伯山有風采德器，亦一代令藩矣。岳陽王叔愼屬社稷傾危，情哀家國，竭誠赴敵，志不圖生。嗚呼！古之忠烈致命，斯之謂也。

校勘記

〔一〕（紹泰）〔太平〕二年至封（義興郡公）〔長城縣公〕　錢大昕廿二史考異云：「按高祖紀，梁太平二年，詔贈高祖兄道談散騎常侍、使持節、平北將軍、南兖州刺史、長城縣公，與此互異。敬帝以紹泰二年改元太平，始進封陳霸先義興郡公，則道談贈官必在太平以後；且紀于永定元年書追贈皇兄長城縣公道談太尉，封始興郡王，似無追封義興郡公之事。」按錢氏所疑甚是，此傳文之譌，今據高祖紀改。

〔二〕太傅　高祖紀作「太尉」。

〔三〕生知孝敬　「生」各本作「坐」。

〔四〕十一年至加開府儀同三司　按宣帝紀，伯山加儀同三司在太建十三年正月。

〔五〕明年起爲鎭衛大將軍　按後主紀，禎明元年十二月丙辰，以前鎭衛將軍開府儀同三司東揚州刺史伯山爲鎭衛大將軍。是伯山之起爲鎭衛大將軍卽在其丁所生母憂去職之年，「明年」二字疑衍。

〔六〕十一年進號鎭前將軍　按本紀，伯信進號鎭前將軍在後主禎明元年，不在宣帝太建十一年。

〔七〕與臨汝侯方慶竝爲東衡州刺史王勇所害　「東」字原本墨丁，各本並作「西」，按方慶傳，王勇爲東衡州刺史，今補一「東」字。參閱第十四卷校記第八條。

〔八〕七年遷冠軍將軍中領軍　按宣帝紀，伯仁爲中領軍在太建八年十一月。

〔九〕禎明元年加侍中　「侍中」後主紀作「特進」。

〔一〇〕太建初至合州刺史　按宣帝紀，伯義於太建九年七月以輕車將軍、丹陽尹爲合州刺史，十年九月以宣惠將軍爲東揚州刺史，均不在太建初，官職遷轉，亦不盡合。

〔一一〕御史中丞徐君敷奏曰　「徐君敷」南史作「徐君整」。

〔一二〕早擅英猷　「早」南監本作「夙」，北監本、汲本、殿本作「昔」。

〔一三〕太建中立爲永陽王　按帝紀，立伯智爲永陽王在廢帝光大二年，不在太建中。

〔一四〕累遷尙書左僕射　按後主紀，伯智於後主卽位之年三月爲尙書僕射，至德二年五月，又以尙書僕射爲平東將軍、東揚州刺史，兩言僕射，均無「左」字。

〔一五〕都督東揚豐二州諸軍事　「豐」原譌「曹」，各本不譌，今改正。按廢帝光大二年四月，割東揚州晉安郡爲豐州。

〔一六〕太建中立爲桂陽王　按帝紀，立伯茂爲桂陽王在廢帝光大二年七月，不在太建中。

〔一七〕魏昭容生建安王叔卿　「魏昭容」南史作「魏昭華」。

〔一八〕巴山王叔雄　「叔雄」後主紀作「叔熊」，參閱第六卷校記第五條。

〔一九〕劉姬生臨江王叔顯　「臨江王」北監本、汲本、殿本作「臨海王」，南史同。按後主紀，至德四年二月丙申，立皇弟叔顯爲臨江王，各本及南史並同，無作「臨海王」者，當以作「臨江王」爲是。

〔二〇〕叔（引）〔弘〕　據北監本、汲本、殿本改。按宋刻本因避諱，「弘」字皆缺筆，往往譌作「引」。然此「弘」字疑當依南史作「泓」，因豫章王叔英之長子名弘，不當犯其叔父之名諱也。

〔二一〕五年進號平北將軍南豫州刺史　「南豫州」宣帝紀作「南徐州」。似當從紀文。

〔二二〕十一年爲鎭前將軍江州刺史　「鎭前將軍」當依宣帝紀作「鎭南將軍」。按「鎭前」之號用於內，不應冠江州刺史之上。

〔二三〕四年進號驃騎大將軍　按此「大」字疑衍。詳第六卷校記第十四條。

〔二四〕其年遷司空　「司空」後主紀作「司徒」。

〔二五〕尋爲平北將軍合州刺史　按宣帝紀，叔堅爲合州刺史，進號平北將軍，在太建八年六月。

〔二六〕入爲翊左將軍丹陽尹　按後主紀，後主卽位，以侍中、翊前將軍、丹陽尹長沙王叔堅爲驃騎將軍、開府儀同三司、揚州刺史。「翊左」作「翊前」。

〔二七〕卽日擒其將戴(洫)〔溫〕譚騏驎等　據南監本改。按通鑑陳宣帝太建十四年亦作「戴溫」。

〔二八〕尋起爲侍中鎭左將軍　按後主紀，叔堅爲侍中、鎭左將軍在至德二年七月。

〔二九〕〔叔〕賢素貴　據北監本、汲本、殿本補。按叔堅更名叔賢，避隋文帝楊堅諱。

〔三〇〕尋爲散騎常侍至南徐州刺史　按宣帝紀，叔獻爲南徐州刺史在太建十二年四月。

〔三一〕進號輕車將軍揚州刺史　按後主紀，叔文爲揚州刺史在至德元年正月。

〔三二〕新興王叔純字子共　「子共」南史作「子洪」。

〔三三〕巴東王叔謨字子軌　張森楷校勘記云：「『謨』疑當作『模』，與其字子軌相稱。」

〔三四〕臨江王叔顯字子明　「子明」南史作「子亮」。

〔三五〕進號安南將軍　「安南將軍」後主紀禎明二年作「安北將軍」。

〔三六〕平南將軍江州刺史　「平南將軍」後主紀禎明二年作「安南將軍」。

〔三七〕出爲平北將軍南徐州刺史　「平北將軍」後主紀作「安北將軍」。

〔三八〕隋大業中爲(會)昌〔隆〕令　據南史改。按隋志無會昌縣。

陳書卷二十九

列傳第二十三

宗元饒　司馬申　毛喜　蔡徵

宗元饒，南郡江陵人也。少好學，以孝敬聞。仕梁世，解褐本州主簿，遷征南府行參軍，仍轉外兵參軍。及司徒王僧辯幕府初建，元饒與沛國劉師知同爲主簿。高祖受禪，除晉陵令。入爲尚書功論郎。使齊還，爲廷尉正。遷太僕卿，領本邑大中正，中書通事舍人。尋轉廷尉卿，加通直散騎常侍，兼尚書左丞。時高宗初卽位，軍國務廣，事無巨細，一以咨之，臺省號爲稱職。

遷御史中丞，知五禮事。時合州刺史陳裦贓汙狼藉，遣使就渚斂魚，又於六郡乞米，百姓甚苦之。元饒劾奏曰：「臣聞建旟求瘼，實寄廉平，褰帷恤隱，本資仁恕。如或貪汙是肆，徵賦無猒，天網雖疎，茲焉弗漏。謹案鍾陵縣開國侯、合州刺史臣裦，因藉多幸，預逢抽擢，

爵由恩被，官以私加，無德無功，坐尸榮貴。譙、肥之地，久淪非所，皇威剋復，物仰仁風。新邦用輕，彌俟寬惠，應斯作牧，其寄尤重。爰降曲恩，祖行宣室，親承規誨，事等言提。雖廉潔之懷，誠無素蓄，而稟茲嚴訓，可以厲精。遂乃擅行賦斂，專肆貪取，求粟不猒，愧王沉之出賑，徵魚無限，異羊續之懸枯，實以嚴科，實惟明憲。臣等參議，請依旨免裦所應復除官，其應禁錮及後選左降本資，悉依免官之法。」遂可其奏。吳興太守武陵王伯禮，豫章內史南康嗣王方泰，竝驕蹇放橫，元饒案奏之，皆見削黜。

元饒性公平，善持法，諳曉故事，明練治體，吏有犯法、政不便民及於名敎不足者，隨事糾正，多所裨益。遷貞威將軍、南康內史，以秩米三千餘斛助民租課，存問高年，拯救乏絕，百姓甚賴焉。以課最入朝，詔加散騎常侍、荊雍湘巴武五州大中正。尋以本官重領尚書左丞。又爲御史中丞。歷左民尚書、右衞將軍、領前將軍，遷吏部尚書。太建十三年卒，時年六十四。詔贈侍中、金紫光祿大夫，官給喪事。

司馬申字季和，河內溫人也。祖慧遠，梁都水使者。父玄通，梁尚書左民郎。申早有風槩，十四便善弈棊，嘗隨父候吏部尚書到(仲舉)〔漑〕，〔一〕時梁州刺史陰子春、領軍朱异在

焉。子春素知申，卽於坐所呼與爲對，〔二〕申每有妙思，异觀而奇之，因引申遊處。梁邵陵王爲丹陽尹，以申爲主簿。屬太清之難，父母俱沒，因此自誓，菜食終身。

梁元帝承制，起爲開遠將軍，遷鎭西外兵記室參軍。及侯景寇郢州，申隨都督王僧辯據巴陵，每進籌策，皆見行用。僧辯歎曰：「此生要鞬汗馬，或非所長，若使撫衆守城，必有奇績。」僧辯之討陸納也，申在軍中，于時賊衆奄至，左右披靡，申躬蔽僧辯，蒙楯而前，會裴之横救至，賊乃退，僧辯顧申而笑曰：「仁者必有勇，豈虛言哉！」除散騎侍郎。紹泰初，遷儀同侯安都從事中郎。

高祖受禪，除安東臨川王諮議參軍。天嘉三年，遷征北諮議參軍，兼廷尉監。五年，除鎭東諮議參軍，兼起部郎。出爲戎昭將軍、江乘令，甚有治績。入爲尙書金部郎。遷左民郎，以公事免。太建初，起爲貞威將軍、征南鄱陽王諮議參軍。九年，除秣陵令，在職以清能見紀，有白雀巢于縣庭。秩滿，頃之，預東宮賓客，尋兼東宮通事舍人。遷員外散騎常侍，舍人如故。

及叔陵之肆逆也，事既不捷，出據東府，申馳召右衛蕭摩訶帥兵先至，追斬之，因入城中，收其府庫，後主深嘉之。以功除太子左衛率，封文(始)〔招〕縣伯，〔三〕邑四百戶，兼中書通事舍人。尋遷右衛將軍，加通直散騎常侍。以疾還第，就加散騎常侍，右衛、舍人如故。

至德四年卒，後主嗟悼久之，下詔曰：「愼終追遠，欽若舊則，闔棺定謚，抑乃前典。故散騎常侍、右衛將軍、文(始)〔招〕縣開國伯申，忠肅在公，清正立己，治繁處約，投軀殉義。朕任寄情深，方康庶績，奄然化往，傷惻于懷。可贈侍中、護軍將軍，進爵爲侯，增邑爲五百戶，謚曰忠。給朝服一具，衣一襲，剋日舉哀，喪事所須，隨由資給。」及葬，後主自製誌銘，辭情傷切。卒章曰：「嗟乎！天不與善，殲我良臣。」其見幸如此。

申歷事三帝，內掌機密，至於倉卒之閒，軍國大事，指麾斷決，無有滯留。子琇嗣，官至太子舍人。

毛喜字伯武，滎陽陽武人也。祖稱，梁散騎侍郎。父栖忠，梁尙書比部侍郎、中權司馬。

喜少好學，善草隸。起家梁中衛西昌侯行參軍，尋遷記室參軍。高祖素知於喜，及鎭京口，命喜與高宗俱往江陵，仍勑高宗曰：「汝至西朝，可諮稟毛喜。」喜與高宗同謁梁元帝，卽以高宗爲領直，喜爲尙書功論侍郎。及江陵陷，喜及高宗俱遷關右。世祖卽位，喜自周還，進和好之策，朝廷乃遣周弘正等通聘。及高宗反國，喜於郢州奉迎。又遣喜入關，以家

屬爲請。周冢宰宇文護執喜手曰：「能結二國之好者，卿也。」仍迎柳皇后及後主還。天嘉三年至京師，高宗時爲驃騎將軍，仍以喜爲府諮議參軍，領中記室。府朝文翰，皆喜詞也。

世祖嘗謂高宗曰：「我諸子皆以『伯』爲名，汝諸兒宜用『叔』爲稱。」高宗以訪于喜，喜卽條牒自古名賢杜叔英、虞叔卿等二十餘人以啓世祖，世祖稱善。

世祖崩，廢帝沖昧，高宗錄尙書輔政，僕射到仲舉等知朝望有歸，乃矯太后令遣高宗還東府，當時疑懼，無敢措言。喜卽馳入，謂高宗曰：「陳有天下日淺，海內未夷，兼國禍併鍾，萬邦危懼。皇太后深惟社稷至計，令王入省，方當共康庶績，比德伊、周。今日之言，必非太后之意。宗社之重，願加三思。以喜之愚，須更聞奏，無使奸賊得肆其謀。」竟如其策。

右衛將軍韓子高始與仲舉通謀，其事未發，喜請高宗曰：「宜簡選人馬，配與子高，幷賜鐵炭，使脩器甲。」高宗驚曰：「子高謀反，卽欲收執，何爲更如是邪？」喜答曰：「山陵始畢，邊寇尙多，而子高受委前朝，名爲杖順，然甚輕狷，恐不時授首，脫其稽誅，或愆王度。宜推心安誘，使不自疑，圖之一壯士之力耳。」高宗深然之，卒行其計。

高宗卽位，除給事黃門侍郎，兼中書舍人，典軍國機密。高宗將議北伐，勑喜撰軍制，凡十三條，詔頒天下，文多不載。尋遷太子右衛率、右衛將軍。以定策功，封東昌縣侯，邑五百戶。又以本官行江夏、武陵、桂陽三王府國事。太建三年，丁母憂去職，詔追贈喜母庾

氏東昌國太夫人，賜布五百匹，錢三十萬，官給喪事。又遣員外散騎常侍杜緬圖其墓田，高宗親與緬案圖指畫，其見重如此。尋起爲明威將軍，右衛、舍人如故。改授宣遠將軍、義興太守。尋以本號入爲御史中丞。服闋，加散騎常侍、五兵尙書，參掌選事。

及衆軍北伐，得淮南地，喜陳安邊之術，高宗納之，卽日施行。又問喜曰：「我欲進兵彭、汴，於卿意如何？」喜對曰：「臣實才非智者，安敢預兆未然。竊以淮左新平，邊氓未乂，周氏始吞齊國，難與爭鋒，豈以弊卒疲兵，復加深入。且棄舟檝之工，踐車騎之地，去長就短，非吳人所便。臣愚以爲不若安民保境，寢兵復約，然後廣募英奇，順時而動，斯久長之術也。」高宗不從。後吳明徹陷周，高宗謂喜曰：「卿之所言，驗於今矣。」

十二年，加侍中。十三年，授散騎常侍、丹陽尹。遷吏部尙書，常侍如故。及高宗崩，叔陵構逆，勑中庶子陸瓊宣旨，令南北諸軍，皆取喜處分。賊平，又加侍中，增封幷前九百戶。至德元年，授信威將軍、永嘉內史，加秩中二千石。

初，高宗委政於喜，喜亦勤心納忠，多所匡益，數有諫諍，事竝見從，由是十餘年閒，江東狹小，遂稱全盛。唯略地淮北，不納喜謀，而吳明徹竟敗，高宗深悔之，謂袁憲曰：「不用毛喜計，遂令至此，朕之過也。」喜既益親，乃言無回避，而皇太子好酒德，每共幸人爲長夜之宴，喜嘗爲言，高宗以誡太子，太子陰患之，至是稍見疏遠。

初，後主爲始興王所傷，及瘡愈而自慶，置酒於後殿，引江總以下，展樂賦詩，醉而命喜。于時山陵初畢，未及踰年，喜見之不懌，欲諫而後主已醉，喜升階，陽爲心疾，仆于階下，移出省中。後主醒，乃疑之，謂江總曰：「我悔召毛喜，知其無疾，但欲阻我懽宴，非我所爲，故姦詐耳。」乃與司馬申謀曰：「此人負氣，吾欲將乞鄱陽兄弟聽其報讎，可乎？」對曰：「終不爲官用，願如聖旨。」傅縡爭之曰：「不然。若許報讎，欲置先皇何地？」後主曰：「當乞一小郡，勿令見人事耳。」乃以喜爲永嘉內史。

喜至郡，不受俸秩，政弘清靜，民吏便之。遇豐州刺史章大寶舉兵反，郡與豐州相接，而素無備禦，喜乃修治城隍，嚴飾器械。又遣所部松陽令周礄領千兵援建安。賊平，授南安內史。禎明元年，徵爲光祿大夫，領左驍騎將軍。喜在郡有惠政，乃徵入朝，道路追送者數百里。其年道病卒，時年七十二。有集十卷。子處沖嗣，官至儀同從事中郎、中書侍郎。

蔡徵字希祥，侍中、中撫軍將軍景歷子也。幼聰敏，精識彊記。年六歲，詣梁吏部尚書河南褚翔，翔字仲舉，〔四〕嗟其穎悟。七歲，丁母憂，居喪如成人禮。繼母劉氏性悍忌，視之不以道，徵供侍益謹，初無怨色。徵本名覽，景歷以爲有王祥之性，更名徵，字希祥。

梁承聖初，高祖爲南徐州刺史，召補迎主簿，尋授太學博士。天嘉初，遷始興王府法曹行參軍，歷外兵參軍事、尚書主客郎，所居以幹理稱。太建初，遷太子少傅丞、新安王主簿、通直散騎侍郎、晉安王功曹史、太子中舍人，兼東宮領直，中舍人如故。丁父憂去職，服闋，襲封新豐縣侯，授戎昭將軍、鎮右新安王諮議參軍。

至德二年，遷廷尉卿，尋爲吏部郎。遷太子中庶子、中書舍人，掌詔誥。尋授左民尚書，與僕射江總知撰五禮事。尋加寧遠將軍。後主器其材幹，任寄日重，遷吏部尚書、安右將軍，每十日一往東宮，於太子前論述古今得喪及當時政務。又勑以廷尉寺獄，事無大小，取徵議決。俄有勑遣徵收募兵士，自爲部曲，徵善撫卹，得物情，旬月之閒，衆近一萬。徵位望既重，兼聲勢熏灼，物議咸忌憚之。尋徙爲中書令，將軍如故。中令清簡無事，或云徵有怨言，事聞後主，後主大怒，收奪人馬，將誅之，有固諫者獲免。

禎明三年，隋軍濟江，後主以徵有幹用，權知中領軍。徵日夜勤苦，備盡心力，後主嘉焉，謂曰「事寧有以相報」。及決戰於鍾山南崗，勑徵守宮城西北大營，尋令督衆軍戰事。城陷，隨例入關。

徵美容儀，有口辯，多所詳究。至於士流官宦，皇家戚屬，及當朝制度，憲章儀軌，戶口風俗，山川土地，問無不對。然性頗便佞進取，不能以退素自業。初拜吏部尚書，啓後主借鼓吹，後主謂所司曰「鼓吹軍樂，有功乃授，蔡徵不自量揆，紊我朝章，然其父景歷既有締構之功，宜且如所啓，拜訖卽追還」。徵不恪廉隅，皆此類也。隋文帝聞其敏贍，召見顧問，言輒會旨，然累年不調，久之，除太常丞。歷尚書民部儀曹郎，轉給事〔郎〕，〔五〕卒，時年六十七。子翼，治尚書，官至司徒屬、德教學士。入隋，爲東宮學士。

史臣曰：宗元饒夙夜匪懈，濟務益時。司馬申清恪在朝，攻苦立行，加之以忠節，美矣。毛喜深達事機，匡贊時主。蔡徵聰敏才贍，而擅權自躓，惜哉。

校勘記

〔一〕嘗隨父候吏部尚書到(仲舉)〔溉〕　據南史改。按到仲舉爲到洽之子，見梁書到洽傳，未嘗爲吏部。梁書到溉傳云溉以建安內史遷中書郎兼吏部。又云梁武帝每與對棊，從夕達旦。是「到仲舉」明爲「到溉」之譌。

〔二〕卽於坐所呼與爲對　「爲對」北監本、汲本、殿本作「對弈」。

〔三〕封文(始)〔招〕縣伯　據百衲本南史本傳改。殿本南史亦作「始」。張元濟校勘記云作「招」是。南齊

書州郡志文招縣屬廣州晉康郡。三八八頁同。

〔四〕翔字仲舉　「字仲舉」三字疑衍文。按褚翔梁書有傳，其字爲「世擧」，非「仲舉」。

〔五〕轉給事〔郎〕　據南史補。按隋開皇六年詔吏部置給事郎，見通典職官典三。

陳書卷三十

列傳第二十四

蕭濟　陸瓊子從典　顧野王　傅縡章華

蕭濟字孝康，東海蘭陵人也。少好學，博通經史，諮梁武帝左氏疑義三十餘條，尚書僕射范陽張纘、太常卿南陽劉之遴竝與濟討論，纘等莫能抗對。解褐梁祕書郎，遷太子舍人。預平侯景之功，封松陽縣侯，邑五百戶。

及高祖作鎮徐方，以濟爲明威將軍、征北長史。承聖二年，徵爲中書侍郎，轉通直散騎常侍。世祖爲會稽太守，又以濟爲宣毅府長史，遷司徒左長史。世祖即位，授侍中。尋遷太府卿，丁所生母憂，不拜。濟毗佐二主，恩遇甚篤，賞賜加於凡等。歷守蘭陵、陽羨、臨津、臨安等郡，所在皆著聲績。

太建初，入爲五兵尚書，與左僕射徐陵、特進周弘正、度支尚書王瑒、〔一〕散騎常侍袁憲

俱侍東宮。復爲司徒長史。尋授度支尚書，領羽林監。遷國子祭酒，領羽林如故。加金紫光祿大夫，兼安德宮衞尉。尋遷仁威將軍、揚州長史。高宗嘗勑取揚州曹事，躬自省覽，見濟條理詳悉，文無滯害，乃顧謂左右曰「我本期蕭長史長於經傳，不言精練繁劇，乃至於此」。遷祠部尚書，加給事中，復爲金紫光祿大夫。未拜而卒，時年六十六。詔贈本官，官給喪事。

陸瓊字伯玉，吳郡吳人也。祖完，梁琅邪、彭城二郡丞。父雲公，梁給事黃門侍郎，掌著作。

瓊幼聰惠有思理，六歲爲五言詩，頗有詞采。大同末，雲公受梁武帝詔校定棊品，到溉、朱异以下竝集，瓊時年八歲，於客前覆局，由是京師號曰神童。异言之武帝，有勑召見，瓊風神警亮，進退詳審，帝甚異之。十一，丁父憂，毀瘠有至性，從祖襄歎曰「此兒必荷門基，所謂一不爲少」。及侯景作逆，攜母避地于縣之西鄉，勤苦讀書，晝夜無怠，遂博學，善屬文。

永定中，州舉秀才。天嘉元年，爲寧遠始興王府法曹行參軍。尋以本官兼尚書外兵郎，以文學轉兼殿中郎，滿歲爲眞。瓊素有令名，深爲世祖所賞。及討周迪、陳寶應等，都官符及諸大手筆，竝中勑付瓊。遷新安王文學，掌東宮管記。

及高宗爲司徒，妙簡僚佐，吏部尚書徐陵薦瓊於高宗曰：「新安王文學陸瓊，見識優敏，文史足用，進居郎署，歲月過淹，左西掾缺，允膺茲選，階次小踰，其屈滯已積。」乃除司徒左西掾。尋兼通直散騎常侍，聘齊。

太建元年，重以本官掌東宮管記。除太子庶子，兼通事舍人。轉中書侍郎、太子家令。長沙王爲江州刺史，不循法度，高宗以王年少，授瓊長史，行江州府國事，帶尋陽太守。瓊以母老，不欲遠出，太子亦固請留之，遂不行。累遷給事黃門侍郎，領羽林監。轉太子中庶子，領步兵校尉。又領大著作，撰國史。

後主即位，直中書省，掌詔誥。俄授散騎常侍，兼度支尚書，領揚州大中正。至德元年，除度支尚書，參掌詔誥，并判廷尉、建康二獄事。初，瓊父雲公奉梁武帝勑撰嘉瑞記，瓊述其旨而續焉，自永定訖于至德，勒成一家之言。遷吏部尚書，著作如故。瓊詳練譜諜，雅鑒人倫，先是，吏部尚書宗元饒卒，右僕射袁憲舉瓊，高宗未之用也，至是居之，號爲稱職，後主甚委任焉。

瓊性謙儉，不自封植，雖位望日隆，而執志愈下。園池室宇，無所改作，車馬衣服，不尚鮮華，四時祿俸，皆散之宗族，家無餘財。暮年深懷止足，思避權要，恆謝病不視事。俄丁

母憂，去職。初，瓊之侍東宮也，母隨在官舍，後主賞賜優厚。及喪柩還鄉，詔加賻贈，并遣謁者黃長貴持册奠祭，後主又自製誌銘，朝野榮之。瓊哀慕過毀，以至德四年卒，時年五十。詔贈領軍將軍，官給喪事。有集二十卷行於世。長子從宜，仕至武昌王文學。

第三子從典，字由儀。幼而聰敏。八歲，讀沈約集，見回文研銘，從典援筆擬之，便有佳致。年十三，作柳賦，其詞甚美。瓊時爲東宮管記，宮僚竝一時俊偉，瓊示以此賦，咸奇其異才。從父瑜特所賞愛，及瑜將終，家中墳籍皆付從典，從典乃集瑜文爲十卷，仍製集序，其文甚工。

從典篤好學業，博涉羣書，於班史尤所屬意。年十五，本州舉秀才。解褐著作佐郎，轉太子舍人。時後主賜僕射江總并其父瓊詩，總命從典爲謝啓，俄頃便就，文華理暢，總甚異焉。尋授信義王文學，轉太子洗馬。又遷司徒左西掾，兼東宮學士。丁父憂去職。尋起爲德教學士，固辭不就，後主勑留一員，以待從典。俄屬金陵淪沒，隨例遷關右。仕隋爲給事郎，兼東宮學士。又除著作佐郎。右僕射楊素奏從典續司馬遷史記迄于隋，其書未就。值隋末喪亂，寓居南陽郡，以疾卒，時年五十七。

顧野王字希馮，吳郡吳人也。祖子喬，梁東中郎武陵王府參軍事。父烜，信威臨賀王記室，兼本郡五官掾，以儒術知名。

野王幼好學。七歲，讀五經，略知大旨。九歲能屬文，嘗製日賦，領軍朱异見而奇之。年十二，隨父之建安，撰建安地記二篇。長而遍觀經史，精記嘿識，天文地理、著龜占候、蟲篆奇字，無所不通。梁大同四年，除太學博士。遷中領軍臨賀王府記室參軍。宣(成)〔城〕王爲揚州刺史，〔二〕野王及琅邪王褒竝爲賓客，王甚愛其才。野王又好丹青，善圖寫，王於東府起齋，乃令野王畫古賢，命王褒書贊，時人稱爲二絕。

及侯景之亂，野王丁父憂，歸本郡，乃召募鄉黨數百人，隨義軍援京邑。野王體素清羸，裁長六尺，又居喪過毀，殆不勝衣，及杖戈被甲，陳君臣之義，逆順之理，抗辭作色，見者莫不壯之。京城陷，野王逃會稽，尋往東陽，與劉歸義合軍據城拒賊。侯景平，太尉王僧辯深嘉之，使監海鹽縣。

高祖作宰，爲金威將軍、安東臨川王府記室參軍，尋轉府諮議參軍。天嘉元年，敕補撰史學士，尋加招遠將軍。光大元年，除鎮東鄱陽王諮議參軍。太建二年，遷國子博士。後主在東宮，野王兼東宮管記，本官如故。六年，除太子率更令，尋領大著作，掌國史，知梁史

事，兼東宮通事舍人。時宮僚有濟陽江總，吳國陸瓊，北地傅縡，吳興姚察，竝以才學顯著，論者推重焉。遷黃門侍郎，光祿卿，知五禮事，餘官竝如故。十三年卒，時年六十三。詔贈祕書監。至德二年，又贈右衞將軍。

野王少以篤學至性知名，在物無過辭失色，觀其容貌，似不能言，及其勵精力行，皆人所莫及。第三弟充國早卒，野王撫養孤幼，恩義甚厚。其所撰著玉篇三十卷，輿地志三十卷，符瑞圖十卷，顧氏譜傳十卷，分野樞要一卷，續洞冥紀一卷，玄象表一卷，竝行於世。又撰通史要略一百卷，國史紀傳二百卷，未就而卒。有文集二十卷。

傅縡字宜事，北地靈州人也。父彝，梁臨沂令。

縡幼聰敏，七歲誦古詩賦至十餘萬言。長好學，能屬文。梁太清末，攜母南奔避難，俄丁母憂，在兵亂之中，居喪盡禮，哀毀骨立，士友以此稱之。後依湘州刺史蕭循，循頗好士，廣集墳籍，縡肆志尋閱，因博通羣書。王琳聞其名，引爲府記室。琳敗，隨琳將孫瑒還都。時世祖使顏晃賜瑒雜物，瑒託縡啓謝，詞理優洽，文無加點，晃還言之世祖，尋召爲撰史學士。除司空府記室參軍，遷驃騎安成王中記室，撰史如故。

縡篤信佛教，從興皇惠朗法師受三論，〔三〕盡通其學。時有大心暠法師著无諍論以詆之，縡乃爲明道論，用釋其難。其略曰：

無諍論言：比有弘三論者，雷同訶詆，恣言罪狀，歷毀諸師，非斥衆學，論中道而執偏心，語忘懷而競獨勝，方學數論，更爲讎敵，讎敵既搆，諍鬭大生，以此之心，而成罪業，罪業不止，豈不重增生死，大苦聚集？答曰：三論之興，爲日久矣。龍樹創其源，除內學之偏見；提婆揚其旨，蕩外道之邪執。欲使大化流而不擁，玄風闡而無墜。其言曠，其意遠，其道博，其流深。斯固龍象之騰驤，鯤鵬之摶運。(寋)〔蹇〕乘決羽，〔四〕豈能觖望其閒哉？頃代澆薄，時無曠士，苟習小學，以化蒙心，漸染成俗，遂迷正路，唯競穿鑿，各肆營造，枝葉徒繁，本源日翳，一師解釋，復異一師，更改舊宗，各立新意，同學之中，取寤復別，如是展轉，添糅倍多。總而用之，心無的准；擇而行之，何者爲正？豈不渾沌傷竅，嘉樹弊牙？雖復人說非馬，家握靈虵，以無當之卮，同畫地之餠矣。其於失道，不亦宜乎？攝山之學，則不如是。守一遵本，無改作之過；約文申意，杜臆斷之情。言無預說，理非宿構。覩緣爾乃應，見敵然後動。縱橫絡驛，忽恍杳冥。或彌綸而不窮，或消散而無所。煥乎有文章，蹤朕不可得；深乎不可量，即事而非遠。凡相酬對，隨理詳覈。有何嫉詐，干犯諸師？且諸師所說，爲是可毀？爲不可毀？若可毀

者，毀故爲衰；若不可毀，毀自不及。法師何獨蔽護不聽毀乎？且敎有大小，備在聖誥，大乘之文，則指斥小道。今弘大法，寧得不言大乘之意耶？斯則褒貶之事，從弘放學；與奪之辭，依經議論。何得見佛說而信順，在我語而忤逆？無諍平等心如是耶？且忿恚煩惱，凡夫恆性，失理之徒，率皆有此。豈可以三脩未愜，六師懷恨，而蘊涅槃妙法，永不宣揚？但冀其忿憤之心既極，恬淡之寤自成耳。人面不同，其心亦異，或有辭意相反，或有心口相符。豈得必謂他人說中道而心偏執，己行無諍，外不違而內平等？讎敵鬭訟，豈我事焉；罪業聚集，鬭諍者所畏耳。

無諍論言：攝山大師誘進化導，則不如此，即習行於無諍者也。導悟之德既往，淳一之風已澆，競勝之心，呵毀之曲，盛於茲矣。吾願息諍以通道，讓勝以忘德。何必排拂異家，生其恚怒者乎？若以中道之心行於成實，亦能不諍；若以偏著之心說於中論，亦得有諍。固知諍與不諍，偏在一法。答曰：攝山大師實無諍矣，但法師所賞，未衷其節。彼靜守幽谷，寂爾無爲，凡有訓勉，莫匪同志，從容語嘿，物無閒然，故其意雖深，其言甚約。今之敷暢，地勢不然。處王城之隅，居聚落之內，呼吸顧望之客，脣吻縱橫之士，奮鋒穎，勵羽翼，明目張膽，被堅執銳，騁異家，衒別解，窺伺閒隙，邀冀長短，與相酬對，捔其輕重，豈得默默無言，唯唯應命？必須掎摭同異，發擿玼瑕，忘身而

弘道，忤俗而通教，以此爲病，益知未達。若令大師當此之地，亦何必默己，而爲法師所貴耶？法師又言：「吾願息諍以通道，讓勝以忘德。」道德之事，不止在諍與不諍，讓與不讓也。此語直是人間所重，法師慕而言之，竟未知勝若爲可讓也。若他人道高，則自勝不勞讓矣；他人道劣，則雖讓而無益矣。欲讓之辭，將非虛設？中道之心，無處不可。成實三論，何事致乖？但須息守株之解，除膠柱之意，是事皆中也。來旨言「諍與不諍，偏在一法」。何爲獨褒無諍耶？詎非矛楯？

無諍論言：邪正得失，勝負是非，必生於心矣，非謂所說之法，而有定相論勝劣也。若異論是非，以偏著爲失言，無是無非，消彼得失，以此論爲勝妙者，他論所不及，此亦爲失也。何者？凡心所破，豈無心於能破，則勝負之心不忘，寧不存勝者乎？斯則矜我爲得，棄他之失，卽有取捨，大生是非，便是增諍。答曰：言爲心使，心受言詮；和合根塵，鼓動風氣，故成語也。事必由心，實如來說。至於心造僞以使口，口行詐以應心，外和而內險，言隨而意逆，求利養，引聲名，入道之人，在家之士，斯輩非一。聖人所以曲陳敎誡，深致防杜，說見在之殃咎，敍將來之患害，此文明著，甚於日月，猶有忘愛軀，冒峻制，蹈湯炭，甘虀粉，必行而不顧也。豈能悅無諍之作，而回首革音耶？若弘道之人，宣化之士，心知勝也，口言勝也，心知劣也，口言劣也，亦無所苞藏，亦無所

忌憚，但直心而行之耳。他道雖劣，聖人之敎也；己德雖優，亦聖人之敎也。我勝則聖人勝，他劣則聖人劣。聖人之優劣，蓋根緣所宜爾。於彼於此，何所厚薄哉？雖復終日按劍，極夜擊柝，瞋目以爭得失，作氣以求勝負，在誰處乎？有心之與無心，徒欲分別虛空耳。何意不許我論說，而使我謙退？此謂鷦(鵬)〔鵰〕已翔於寥廓，〔五〕而虞者猶窺藪澤而求之。嗟乎！丈夫當弘斯道矣。

無諍論言：無諍之道，通於內外。子所言須諍者，此用末而救本，失本而營末者也。今爲子言之。何則？若依外典，尋書契之前，至淳之世，朴質其心，行不言之敎，當于此時，民至老死不相往來，而各得其所，復有何諍乎？固知本(來)〔末〕不諍，〔六〕是物之眞矣。答曰：諍與無諍，不可偏執。本之與末，又安可知？由來不諍，寧知非末？於今而諍，何驗非本？夫居後而望前，則爲前；居前而望後，則爲後。而前後之事猶如彼此，彼呼此爲彼，此呼彼爲彼，彼此之名，的居誰處？以此言之，萬事可知矣。本末前後，是非善惡，可恆守邪？何得自信聰明，廢他耳目？夫水泡生滅，火輪旋轉，入牢穽，受羈紲，生憂畏，起煩惱，其失何哉？不與道相應，而起諸見故也。相應者則不然，無爲也，無不爲也。善惡不能偕，而未曾離善惡，生死不能至，亦終然在生死，故得永離而任放焉。是以聖人念繞桎之不脫，愍黏膠之難離，故殷勤敎示，備諸便巧。希向之

徒，涉求有類，雖麟角難成，象形易失，寧得不髣髴遐路，勉勵短晨？且當念己身之善惡，莫揣他物，而欲分別，而言我聰明，我知見，我計校，我思惟，以此而言，亦爲疎矣。他人者實難測，或可是凡夫眞爾，亦可是聖人俯同，時俗所宜見，果報所應覩。安得肆胸衿，盡情性，而生譏誚乎？正應虛己而遊乎世，俛仰於電露之間耳。明月在天，衆水咸見，清風至林，羣籟畢響。吾豈逆物哉？不入鮑魚，不甘腐鼠。吾豈同物哉？誰能知我，共行斯路。浩浩乎！堂堂乎！豈復見有諍爲非，無諍爲是？此則諍者自諍，無諍者自無諍，吾俱取而用之。寧勞法師費功夫，點筆紙，但申於無諍；弟子疲脣舌，消晷漏，唯對於明道？戲論哉！糟粕哉！必欲且考眞僞，暫觀得失，無過依賢聖之言，檢行藏之理，始終研究，表裏綜覈，使浮辭無所用，詐道自然消。請待後筵，以觀其妙矣。

尋以本官兼通直散騎侍郎使齊，還除散騎侍郎、鎭南始興王諮議參軍，兼東宮管記。歷太子庶子、僕，兼管記如故。後主卽位，遷祕書監、右衞將軍，兼中書通事舍人，掌詔誥。

縡爲文典麗，性又敏速，雖軍國大事，下筆輒成，未嘗起草，沉思者亦無以加焉，甚爲後主所重。然性木彊，不持檢操，負才使氣，陵侮人物，朝士多銜之。會施文慶、沈客卿以便佞親幸，專制衡軸，而縡益疎。文慶等因共譖縡受高驪使金，後主收縡下獄。縡素剛，因憤恚，乃於獄中上書曰：「夫君人者，恭事上帝，子愛下民，省嗜慾，遠諂佞，未明求衣，日旰忘

食，是以澤被區宇，慶流子孫。陛下頃來酒色過度，不虔郊廟之神，專媚淫昏之鬼；小人在側，宦豎弄權，惡忠直若仇讎，視生民如草芥；後宮曳綺繡，廄馬餘菽粟，百姓流離，殭尸蔽野；貨賄公行，帑藏損耗，神怒民怨，衆叛親離。恐東南王氣，自斯而盡。」書奏，後主大怒。頃之，意稍解，遣使謂縡曰：「我欲赦卿，卿能改過不？」縡對曰：「臣心如面，臣面可改，則臣心可改。」後主於是益怒，令宦者李善慶窮治其事，〔七〕遂賜死獄中，時年五十五。有集十卷行於世。

時有吳興章華，字仲宗，家世農夫，至華獨好學，與士君子遊處，頗覽經史，善屬文。侯景之亂，乃遊嶺南，居羅浮山寺，專精習業。歐陽頠爲廣州刺史，署爲南海太守。及歐陽紇敗，乃還京師。太建中，高宗使吏部侍郎蕭引喻廣州刺史馬靖，令入子爲質，引奏華與俱行。使還，而高宗崩。後主卽位，朝臣以華素無伐閱，競排詆之，乃除大市令，既雅非所好，乃辭以疾，鬱鬱不得志。禎明初，上書極諫，其大略曰：「昔高祖南平百越，北誅逆虜；世祖東定吳會，西破王琳；高宗克復淮南，辟地千里：三祖之功，亦至勤矣。陛下卽位，于今五年，不思先帝之艱難，不知天命之可畏，溺於嬖寵，惑於酒色，祠七廟而不出，拜妃嬪而臨軒，老臣宿將，棄之草莽，諂佞讒邪，昇之朝廷。今疆場日蹙，隋軍壓境，陛下如不改絃易

張，臣見麋鹿復遊於姑蘇臺矣。」書奏，後主大怒，卽日命斬之。

史臣曰：蕭濟、陸瓊，俱以才學顯著，顧野王博極羣典，傅縡聽警特達，竝一代之英靈矣。然縡不能循道進退，遂寘極網，悲夫！

校勘記

〔一〕度支尚書王瑒　「瑒」字原本墨丁，據各本補。

〔二〕宣(成)〔城〕王爲揚州刺史　據北監本、汲本、殿本改。

〔三〕從興皇惠朗法師受三論　「興皇」下北監本、汲本、殿本有「寺」字。

〔四〕(巷)〔蹇〕乘決羽　據殿本改。按文苑英華七四七亦作「蹇」。

〔五〕此謂鷦(鵬)〔䳟〕已翔於寥廓　張森楷校勘記云「鵬」當作「䳟」。按焦明，鳥名，後增鳥旁，張說是，今據改。

〔六〕固知本(來)〔末〕不諍　據文苑英華四七四改。按此承上文「用末而救本，失本而營末」言，作「末」是。

〔七〕令宦者李善慶窮治其事　「李善慶」南史作「李善度」。

陳書卷三十一

列傳第二十五

蕭摩訶　任忠　樊毅 弟猛　魯廣達

蕭摩訶字元胤，蘭陵人也。祖靚，梁右將軍。父諒，梁始興郡丞。摩訶隨父之郡，年數歲而父卒，其姑夫蔡路養時在南康，〔一〕乃收養之。稍長，果毅有勇力。侯景之亂，高祖赴援京師，路養起兵拒高祖，摩訶時年十三，單騎出戰，軍中莫有當者。及路養敗，摩訶歸于侯安都，安都遇之甚厚，自此常隸安都征討。及任約、徐嗣徽引齊兵爲寇，高祖遣安都北拒齊軍於鍾山龍尾及北郊壇。安都謂摩訶曰：「卿驍勇有名，千聞不如一見。」摩訶對曰：「今日令公見矣。」及戰，安都墜馬被圍，摩訶獨騎大呼，直衝齊軍，齊軍披靡，因稍解去，安都乃免。天嘉初，除本縣令，以平留異、歐陽紇之功，累遷巴山太守。

太建五年，衆軍北伐，摩訶隨都督吳明徹濟江攻秦郡。時齊遣大將尉破胡等率衆十萬

來援，其前隊有「蒼頭」、「犀角」、「大力」之號，皆身長八尺，膂力絕倫，其鋒甚銳。又有西域胡，妙於弓矢，弦無虛發，衆軍尤憚之。及將戰，明徹謂摩訶曰：「若殪此胡，則彼軍奪氣，君有關、張之名，可斬顏良矣。」摩訶曰：「願示其形狀，當爲公取之。」明徹乃召降人有識胡者，云胡著絳衣，樺皮裝弓，兩端骨弭。明徹遣人覘伺，知胡在陣，乃自酌酒以飲摩訶。摩訶飲訖，馳馬衝齊軍，胡挺身出陣前十餘步，彀弓未發，摩訶遙擲銑鋧，正中其額，應手而仆。齊軍「大力」十餘人出戰，摩訶又斬之，於是齊軍退走。以功授明毅將軍、員外散騎常侍，封廉平縣伯，邑五百戶。尋進爵爲侯，轉太僕卿，餘如故。七年，又隨明徹進圍宿預，擊走齊將王康德，以功除晉熙太守。九年，明徹進軍呂梁，與齊人大戰，摩訶率七騎先入，手奪齊軍大旗，齊衆大潰。以功授持節、武毅將軍、譙州刺史。

及周武帝滅齊，遣其將宇文忻率衆爭呂梁，戰於龍晦。時忻有精騎數千，摩訶領十二騎深入周軍，縱橫奮擊，斬馘甚衆。及周遣大將軍王軌來赴，結長圍連鏁於呂梁下流，斷大軍還路。摩訶謂明徹曰：「聞王軌始鏁下流，其兩頭築城，今尚未立，公若見遣擊之，彼必不敢相拒。水路未斷，賊勢不堅，彼城若立，則吾屬且爲虜矣。」明徹乃奮髯曰：「搴旗陷陣，將軍事也；長筭遠略，老夫事也。」摩訶失色而退。一旬之間，周兵益至，摩訶又請於明徹曰：「今求戰不得，進退無路，若潛軍突圍，未足爲恥。願公率步卒，乘馬轝徐行，摩訶領鐵騎數

千，驅馳前後，必當使公安達京邑。」明徹曰：「弟之此計，乃良圖也。然老夫受脤專征，不能戰勝攻取，今被圍逼蹙，慙寘無地。且步軍既多，吾爲總督，必須身居其後，相率兼行。弟馬軍宜須在前，不可遲緩。」摩訶因率馬軍夜發。先是，周軍長圍既合，又於要路下伏數重，摩訶選精騎八十，率先衝突，自後衆騎繼焉，比旦達淮南。高宗詔徵還，授右衛將軍。十一年，周兵寇壽陽，摩訶與樊毅等衆軍赴援，無功而還。

十四年，高宗崩，始興王叔陵於殿內手刃後主，傷而不死，叔陵奔東府城。時衆心猶預，莫有討賊者，東宮舍人司馬申啓後主，馳召摩訶，入見受勑，乃率馬步數百，先趣東府城西門屯軍。叔陵惶遽，自城南門而出，摩訶勒兵追斬之。以功授散騎常侍、車騎大將軍，〔二〕封綏（遠）〔建〕郡公，〔三〕邑三千戶，叔陵素所蓄聚金帛累巨萬，後主悉以賜之。尋改授侍中、驃騎大將軍，〔四〕加左光祿大夫。舊制三公黃閤聽事置鴟尾，後主特賜摩訶開黃閤，門施行馬，聽事寢堂竝置鴟尾。仍以其女爲皇太子妃。

會隋總管賀若弼鎭廣陵，窺覦江左，後主委摩訶備禦之任，授南徐州刺史，餘竝如故。禎明三年正月元會，徵摩訶還朝，賀若弼乘虛濟江，襲京口，摩訶請兵逆戰，後主不許。及（若）弼進軍鍾山，〔五〕摩訶又請曰「賀若弼懸軍深入，聲援猶遠，且其壘壍未堅，人情惶懼，出兵掩襲，必大克之」，後主又不許。及隋軍大至，將出戰，後主謂摩訶曰：「公可爲我一決。」

摩訶曰：「從來行陣，爲國爲身，今日之事，兼爲妻子。」後主多出金帛，頒賞諸軍，令中領軍魯廣達陳兵白土崗，居衆軍之南偏，鎭東大將軍任忠次之，護軍將軍樊毅、都官尚書孔範次之，摩訶軍最居北，衆軍南北亘二十里，首尾進退，各不相知。賀若弼初謂未戰，將輕騎，登山觀望形勢，及見衆軍，因馳下置陣。廣達首率所部進薄，弼軍屢却，俄而復振，更分軍趣北突諸將，孔範出戰，兵交而走，諸將支離，陣猶未合，騎卒潰散，駐之弗止，摩訶無所用力焉，爲隋軍所執。

及京城陷，賀若弼置後主於德教殿，令兵衛守，摩訶請弼曰：「今爲囚虜，命在斯須，願得一見舊主，死無所恨。」弼哀而許之。摩訶入見後主，俯伏號泣，仍於舊廚取食而進之，辭訣而出，守衛者皆不能仰視。其年入隋，授開府儀同三司。尋從漢王諒詣并州，同諒作逆，伏誅，時年七十三。

摩訶訥於語言，恂恂長者，至於臨戎對寇，志氣奮發，所向無前。年未弱冠，隨侯安都在京口，性好射獵，無日不畋遊。及安都東征西伐，戰勝攻取，摩訶功寔居多。

子世廉，少警俊，敢勇有父風。性至孝，及摩訶凶終，服闋後，追慕彌切。其父時賓故脫有所言及，世廉對之，哀慟不自勝，言者爲之歔欷。終身不執刀斧，時人嘉焉。

摩訶有騎士陳智深者，勇力過人，以平叔陵之功，爲巴陵內史。摩訶之戮也，其妻子先已籍沒，智深收摩訶屍，手自殯斂，哀感行路，君子義之。

潁川陳禹，亦隨摩訶征討，聰敏有識量，涉獵經史，解風角、兵書，頗能屬文，便騎射，官至王府諮議。

任忠字奉誠，小名蠻奴，汝陰人也。少孤微，不爲鄉黨所齒。及長，譎詭多計略，膂力過人，尤善騎射，州里少年皆附之。梁鄱陽王蕭範爲合州刺史，聞其名，引置左右。侯景之亂，忠率鄉黨數百人，隨晉熙太守梅伯龍討景將王貴顯於壽春，〔六〕每戰却敵。會土人胡通聚衆寇抄，範命忠與主帥梅思立并軍討平之。仍隨範世子嗣率衆入援，會京城陷，旋戍晉熙。侯景平，授蕩寇將軍。

王琳立蕭莊，署忠爲巴陵太守。琳敗還朝，遷明毅將軍、安湘太守，仍隨侯瑱進討巴、湘。累遷豫寧太守、衡陽內史。華皎之舉兵也，忠預其謀。及皎平，高宗以忠先有密啓於朝廷，釋而不問。太建初，隨章昭達討歐陽紇於廣州，以功授直閤將軍。遷武毅將軍、廬陵內史，秩滿，入爲右軍將軍。

五年，衆軍北伐，忠將兵出西道，擊走齊歷陽王高景安於大峴，逐北至東關，仍克其東

西二城。進軍蘄、譙，〔七〕並拔之。徑襲合肥，入其郛。進克霍州。以功授員外散騎常侍，封安復縣侯，邑五百戶。呂梁之喪師也，忠全軍而還。尋詔忠都督壽陽、新蔡、霍州緣淮衆軍，進號寧遠將軍、霍州刺史。入爲左衛將軍。十一年，加北討前軍事，進號平北將軍，率衆步騎趣秦郡。十二年，遷使持節、散騎常侍、都督南豫州諸軍事、平南將軍、南豫州刺史，增邑并前一千五百戶。仍率步騎趣歷陽。周遣王延貴率衆爲援，忠大破之，生擒延貴。後主嗣位，進號鎭南將軍，給鼓吹一部。入爲領軍將軍，加侍中，改封梁信（都）郡公，〔八〕邑三千戶。出爲吳興內史，加秩中二千石。

及隋兵濟江，忠自吳興入赴，屯軍朱雀門。後主召蕭摩訶以下於內殿定議，忠執議曰：「兵家稱客主異勢，客貴速戰，主貴持重。宜且益兵堅守宮城，遣水軍分向南豫州及京口道，斷寇糧運。待春水長，上江周羅睺等衆軍，必沿流赴援，此良計矣。」衆議不同，因遂出戰。及敗，忠馳入臺見後主，言敗狀，啓云：「陛下唯當具舟檝，就上流衆軍，臣以死奉衞。」後主信之，勑忠出部分，忠辭云：「臣處分訖，即當奉迎。」後主令宮人裝束以待忠，久望不至。隋將韓擒虎自新林進軍，忠乃率數騎往石子崗降之，仍引擒虎軍共入南掖門。臺城陷，其年入長安，隋授開府儀同三司。卒，時年七十七。子幼武，官至儀同三司。

時有沈客卿者，吳興武康人，性便佞忍酷，爲中書舍人，每立異端，唯以刻削百姓爲事，

由是自進。有施文慶者，吳興烏程人，起自微賤，有吏用，後主拔爲主書，遷中書舍人，俄擢爲湘州刺史。未及之官，會隋軍來伐，四方州鎭，相繼以聞。文慶、客卿俱掌機密，外有表啓，皆由其呈奏。文慶心悅湘州重鎭，冀欲早行，遂與客卿共爲表裏，抑而不言，後主弗之知也，遂以無備，至乎敗國，寔二人之罪。隋軍既入，竝戮之於前闕。

樊毅字智烈，南陽湖陽人也。祖方興，梁散騎常侍、仁威將軍、司州刺史，魚復縣侯。父文熾，梁散騎常侍、信武將軍、益州刺史，新蔡縣侯。毅累葉將門，少習武善射。侯景之亂，毅率部曲隨叔父文皎援臺。文皎於青溪戰歿，毅將宗族子弟赴江陵，仍隸王僧辯，討河東王蕭譽，以功除假節、威戎將軍、右中郎將。代兄俊爲梁興太守，領三州遊軍，隨宜豐侯蕭循討陸納於湘州。軍次巴陵，營頓未立，納潛軍夜至，薄營大譟，營中將士皆驚擾，毅獨與左右數十人，當營門力戰，斬十餘級，擊鼓申命，衆乃定焉。以功授持節、通直散騎常侍、貞威將軍，封夷道縣伯，食邑三百戶。尋除天門太守，進爵爲侯，增邑并前一千戶。及西魏圍江陵，毅率兵赴援，會江陵陷，爲岳陽王所執，久之遁歸。

高祖受禪，毅與弟猛舉兵應王琳，琳敗奔齊，太尉侯瑱遣使招毅，毅率子弟部曲還朝。

天嘉二年，授通直散騎常侍，仍隨侯瑱進討巴、湘。累遷武州刺史。太建初，轉豐州刺史，封高昌縣侯，邑一千戶。入爲左衞將軍。五年，衆軍北伐，毅率衆攻廣陵楚子城，拔之，擊走齊軍於潁口，齊援滄陵，又破之。七年，進克潼州、下邳、高柵等六城。及呂梁喪師，詔以毅爲大都督，進號平北將軍，率衆渡淮，對淸口築城，與周人相抗，霖雨城壞，毅全軍自拔。尋遷中領軍。十一年，周將梁士彥將兵圍壽陽，詔以毅爲都督北討前軍事，〔九〕率水軍入焦湖。尋授鎭西將軍、都督荆郢巴武四州水陸諸軍事。十二年，進督沔、漢諸軍事，以公事免。十三年，徵授中護軍。尋遷護軍將軍、荆州刺史。

後主卽位，進號征西將軍，改封逍遙郡公，邑三千戶，餘竝如故。入爲侍中、護軍將軍。及隋兵濟江，毅謂僕射袁憲曰：「京口、採石，俱是要所，各須銳卒數千，金翅二百，都下江中，上下防捍。如其不然，大事去矣。」諸將咸從其議。會施文慶等寢隋兵消息，毅計不行。京城陷，隨例入關，頃之卒。

猛字智武，毅之弟也。幼倜儻，有幹略。既壯，便弓馬，膽氣過人。青溪之戰，猛自旦訖暮，與虜短兵接，殺傷甚衆。臺城陷，隨兄毅西上京，累戰功爲威戎將軍。梁（安）南〔安〕侯蕭方矩爲湘州刺史，〔一〇〕以猛爲司馬。會武陵王蕭紀舉兵自漢江東下，方矩遣猛率湘、郢之卒，隨都督陸法和進軍以拒之。時紀已下，樓船戰艦據巴江，爭峽口，相持久之，不能決。法和揣紀師老卒墯，因令猛率驍勇三千，輕舸百餘乘，衝流直上，出其不意，鼓譟薄之。紀衆倉卒驚駭，不及整列，皆棄艦登岸，赴水死者以千數。時紀心膂數百人，猶在左右，猛將部曲三十餘人，蒙楯橫戈，直登紀舟，瞋目大呼，紀侍衞皆披靡，相枕藉不敢動。猛手擒紀父子三人，斬於艑中，盡收其船艦器械。以功授游騎將軍，封安山縣伯，邑一千戶。仍進軍撫定梁、益，蜀境悉平。軍還，遷持節、散騎常侍、輕車將軍、司州刺史，進爵爲侯，增邑并前二千戶。

永定元年，周文育等敗於沌口，爲王琳所獲。琳乘勝將略南中諸郡，遣猛與李孝欽等將兵攻豫章，進逼周迪，軍敗，爲迪所執。尋遁歸王琳。王琳敗，還朝。天嘉二年，授通直散騎常侍、永陽太守。遷安成王府司馬。光大元年，授壯武將軍、廬陵內史。太建初，遷武毅將軍、始興平南府長史，領長沙內史。尋隸章昭達西討江陵，潛軍入峽，焚周軍船艦，以功封富川縣侯，邑五百戶。歷散騎常侍，遷使持節、都督荆信二州諸軍事、宣遠將軍、荆州刺史。入爲左衞將軍。

後主卽位，增邑并前一千戶，餘竝如故。至德四年，授使持節、都督南豫州諸軍事、忠武將軍、南豫州刺史。隋將韓擒虎之濟江也，猛在京師，第六子巡攝行州事，擒虎進軍攻陷

之，巡及家口竝見執。時猛與左衞將軍蔣元遜領靑龍八十艘爲水軍，於白下遊弈，以禦隋六合兵，後主知猛妻子在隋軍，懼其有異志，欲使任忠代之，又重傷其意，乃止。禎明三年入于隋。

魯廣達字遍覽，吳州刺史悉達之弟也。少慷慨，志立功名，虛心愛士，賓客或自遠而至。時江表將帥，各領部曲，動以千數，而魯氏尤多。釋褐梁邵陵王國右常侍，遷平南當陽公府中兵參軍。侯景之亂，與兄悉達聚衆保新蔡。梁元帝承制，授假節、壯武將軍、晉州刺史。王僧辯之討侯景也，廣達出境候接，資奉軍儲，僧辯謂沈炯曰：「魯晉州亦是王師東道主人。」仍率衆隨僧辯。景平，加員外散騎常侍，餘如故。

高祖受禪，授征遠將軍、東海太守。尋徙爲桂陽太守，固辭不拜，入爲員外散騎常侍。除假節、信武將軍、北新蔡太守。隨吳明徹討周迪於臨川，每戰功居最。仍代兄悉達爲吳州刺史，封中宿縣侯，邑五百戶。

光（祿）大（夫）元年，〔一一〕授通直散騎常侍、都督南豫州諸軍事、南豫州刺史。華皎稱兵上流，詔司空淳于量率衆軍進討。軍至夏口，皎舟師彊盛，莫敢進者，廣達首率驍勇，直衝賊

二十四史

中華書局

軍。戰艦既交，廣達憤怒大呼，登艦樓，獎勵士卒，風急艦轉，樓搖動，廣達足跌墮水，沈溺久之，因救獲免。皎平，授持節、智武將軍、都督巴州諸軍事、巴州刺史。

太建初，與儀同章昭達入峽口，拓定安蜀等諸州鎮。時周氏將圖江左，大造舟艦於蜀，并運糧青泥，廣達與錢道戢等將兵掩襲，縱火焚之。以功增封并前二千戶，仍還本鎮。廣達爲政簡要，推誠任下，吏民便之。及秩滿，皆詣闕表請，於是詔留二年。五年，衆軍北伐，略淮南舊地，廣達與齊軍會於大峴，大破之，斬其敷城王張元範，〔一二〕虜獲不可勝數。進克北徐州，乃授都督北徐州諸軍事、〔北〕徐州刺史。〔一三〕尋加散騎常侍，入爲右衞將軍。八年，出爲北兗州刺史，還晉州刺史。十年，授使持節、都督合霍二州諸軍事，進號仁威將軍、合州刺史。十一年，周將梁士彥將兵圍壽春，詔遣中領軍樊毅、左衞將軍任忠等分部趣陽平、秦郡，廣達率衆入淮，爲掎角以擊之。周軍攻陷豫、霍二州，南、北兗、晉等各〔自〕拔，〔一四〕諸將竝無功，盡失淮南之地，廣達因免官，以侯還第。十二年，與豫州刺史樊毅率衆北討，〔一五〕克郭默城。尋授使持節、平西將軍、都督郢州以上十州諸軍事，〔一六〕率舟師四萬，治江夏。周安州總管元景將兵寇江外，〔一七〕廣達命偏師擊走之。

後主卽位，入爲安左將軍。尋授平南將軍、南豫州刺史。至德二年，授安南將軍，徵拜侍中，又爲安左將軍，改封綏越郡公，封邑如前。尋爲中領軍。及賀若弼進軍鍾山，廣達率

衆於白土崗南置陣，與弼旗鼓相對。廣達躬擐甲冑，手執桴鼓，率勵敢死，冒刃而前，隋軍退走，廣達逐北至營，殺傷甚衆，如是者數四焉。及弼攻敗諸將，乘勝至宮城，燒北掖門，廣達猶督餘兵，苦戰不息，斬獲數十百人。會日暮，乃解甲，面臺再拜慟哭，謂衆曰：「我身不能救國，負罪深矣。」士卒皆涕泣歔欷，於是乃就執。禎明三年，依例入隋。

廣達愴本朝淪覆，遘疾不治，尋以憤慨卒，時年五十九。尚書令江總撫柩慟哭，乃命筆題其棺頭，爲詩曰：「黃泉雖抱恨，白日自流名，悲君感義死，不作負恩生。」總又製廣達墓銘，其略曰：「災流淮海，險失金湯，時屯運極，代革天亡。爪牙背義，介冑無良，獨摽忠勇，率禦有方。誠貫皎日，氣勵嚴霜，懷恩感報，撫事何忘。」

初，隋將韓擒虎之濟江也，廣達長子世眞在新蔡，乃與其弟世雄及所部奔擒虎，〔擒虎〕遣使致書，〔一八〕以招廣達，〔廣達〕時屯兵京師，〔一九〕乃自劾廷尉請罪。後主謂之曰：「世眞雖異路中大夫，公國之重臣，吾所恃賴，豈得自同嫌疑之間乎？」加賜黃金，卽日還營。廣達有隊主楊孝辯，時從廣達在軍中，力戰陷陣，其子亦隨孝辯，揮刃殺隋兵十餘人，力窮，父子俱死。

史臣曰：蕭摩訶氣冠三軍，當時良將，雖無智略，亦一代匹夫之勇矣；然口訥心勁，恂恂李廣之徒歟。任忠雖勇決彊斷，而心懷反覆，誣紿君上，自顯其惡，鄙矣！至於魯廣達全忠守道，殉義忘身，蓋亦陳代之良臣也。

校勘記

〔一〕其姑夫蔡路養時在南康　殿本考證云「姑」南史作「姊」。按元龜八四七亦作「姊」。

〔二〕車騎大將軍　按後主紀作「車騎將軍」，詳參卷六後主紀校記一。

〔三〕封綏（遠）〔建〕郡公　據南史改。按南朝宋置綏建郡，隋志南海郡四會縣下小注云「舊置綏建郡」。

〔四〕驃騎大將軍　按後主紀作「驃騎將軍」。

〔五〕及（若）弼進軍鍾山　按賀若複姓，弼姓賀若，此當單舉其名，明衍「若」字，今刪。

〔六〕隨晉熙太守梅伯龍討景將王貴顯於壽春　按「王貴顯」梁書侯景傳及通鑑梁武帝太清二年、三年並作「于顯貴」。

〔七〕進軍蘄譙　「蘄」原譌「斬」，據北監本、汲本、殿本改正。按南監本「蘄」作「舒」，譌。

〔八〕改封梁信（都）郡公　據南史刪。

〔九〕詔以毅爲都督北討前軍事　按宣帝紀，毅於是年爲都督北討諸軍事，通鑑同，爲都督北討前軍

事者乃任忠，非樊毅。此「前」字，當作「諸」。

〔一〇〕梁（安）南〔安〕侯蕭方矩爲湘州刺史　據南史改。按梁書愍懷太子方矩傳亦作「南安」。

〔一一〕光（祿）大（夫）元年　據南史刪。按元龜三八〇作「少帝光大元年」。

〔一二〕斬其敷城王張元範　按「王」各本及南史並作「主」。據魏書地形志，晉州有敷城郡及敷城縣，肆州秀容郡有敷城縣，皆在今山西省境。大峴在合肥之南，歷陽之北，其地附近郡縣無名敷城者，疑作「王」是。北齊季世，王封甚濫，張保洛齊世封敷城郡王，時已卒，元範或卽保洛子嗣封者。

〔一三〕〔北〕徐州刺史　據南史補。

〔一四〕南北兗晉等各〔自〕拔　據北監本、汲本、殿本及南史補。

〔一五〕十二年與豫州刺史樊毅率衆北討　「豫州」南史作「南豫州」。按樊毅傳，毅於此時無爲豫州或南豫州刺史事。張森楷校勘記疑「樊毅」爲「樊猛」之譌。然按樊猛傳，猛爲南豫州刺史在後主至德四年，與此不合。或疑「樊毅」爲「任忠」之譌，以忠於太建十二年還南豫州刺史也。

〔一六〕都督郢州以上十州諸軍事　「十州」南史作「七州」。

〔一七〕周安州總管元景將兵寇江外　按元景隋書有傳，作「元景山」。

〔一八〕〔擒虎〕遣使致書　據北監本、汲本、殿本及南史補。

〔一九〕〔廣達〕時屯兵京師　據北監本、汲本、殿本及南史補。

陳書卷三十二

列傳第二十六

孝行

殷不害 弟不佞　謝貞　司馬暠　張昭

孔子曰：「夫聖人之德，何以加於孝乎！」孝者百行之本，人倫之至極也。凡在性靈，孰不由此。若乃奉生盡養，送終盡哀，或泣血三年，絕漿七日，思蓼莪之慕切，追顧復之恩深，或德感乾坤，誠貫幽顯，在於歷代，蓋有人矣。陳承梁室喪亂，風漓化薄，及迹隱閭閻，無聞視聽，今之採綴，以備闕云。

殷不害字長卿，陳郡長平人也。祖任，齊豫章王行參軍。父高明，梁尚書中兵郎。不

害性至孝，居父憂過禮，由是少知名。家世儉約，居甚貧窶，有弟五人，皆幼弱，不害事老母，養小弟，勤劇無所不至，士大夫以篤行稱之。

年十七，仕梁廷尉平。不害長於政事，兼飾以儒術，名法有輕重不便者，輒上書言之，多見納用。大同五年，遷鎮西府記室參軍，尋以本官兼東宮通事舍人。是時朝廷政事多委東宮，不害與舍人庾肩吾直日奏事，梁武帝嘗謂肩吾曰：「卿是文學之士，吏事非卿所長，何不使殷不害來邪？」其見知如此。簡文又以不害善事親，賜其母蔡氏錦裙襦、氈席、被褥，單複畢備。七年，除東宮步兵校尉。太清初，遷平北府諮議參軍，舍人如故。

侯景之亂，不害從簡文入臺。及臺城陷，簡文在中書省，景帶甲將兵入朝陛見，過謁簡文。景兵士皆羌、胡雜種，衝突左右，甚不遜，侍衞者莫不驚恐辟易，唯不害與中庶子徐摛侍側不動。及簡文爲景所幽，遣人請不害與居處，景許之，不害供侍益謹。簡文夜夢吞一塊土，意甚不悅，以告不害，不害曰：「昔晉文公出奔，野人遺之塊，卒反晉國，陛下此夢，事符是乎？」簡文曰：「若天有徵，冀斯言不妄。」

梁元帝立，以不害爲中書郎，兼廷尉卿，因將家屬西上。江陵之陷也，不害先於別所督戰，失母所在。于時甚寒，冰雪交下，老弱凍死者填滿溝壍。不害行哭道路，遠近尋求，無所不至，遇見死人溝水中，卽投身而下，扶捧閱視，舉體凍濕，水漿不入口，號泣不輟聲，如

是者七日，始得母屍。不害憑屍而哭，每舉音輒氣絕，行路無不爲之流涕。卽於江陵權殯，與王裒、庾信俱入長安，自是蔬食布衣，枯槁骨立，見者莫不哀之。

太建七年，自周還朝，其年詔除司農卿，尋遷光祿大夫。八年，加明威將軍、晉陵太守。在郡感疾，詔以光祿大夫徵還養疾。後主卽位，加給事中。初，不害之還也，周留其長子僧首，因居關中。禎明三年，京城陷，僧首來迎，不害道病卒，時年八十五。

不佞字季卿，不害弟也。少立名節，居父喪以至孝稱。好讀書，尤長吏術，仕梁起家爲尚書中兵郎，甚有能稱。梁元帝承制，授戎昭將軍、武陵王諮議參軍。承聖初，遷武康令。時兵荒飢饉，百姓流移，不佞巡撫招集，繈負而至者以千數。會江陵陷，而母卒，道路隔絕，久不得奔赴，四載之中，晝夜號泣，居處飲食，常爲居喪之禮。高祖受禪，起爲戎昭將軍，除婁令。至是，第四兄不齊始之江陵，迎母喪柩歸葬。不佞居處之節，如始聞問，若此者又三年。身自負土，手植松栢，每歲時伏臘，必三日不食。

世祖卽位，除尚書左民郎，不就，後爲始興王諮議參軍，兼尚書右丞，遷東宮通事舍人。及世祖崩，廢帝嗣立，高宗爲太傅，錄尚書輔政，甚爲朝望所歸。不佞素以名節自立，又受委東宮，乃與僕射到仲舉、中書舍人劉師知、尚書右丞王暹等，謀矯詔出高宗。衆人猶豫，

未敢先發，不佞乃馳詣相府，面宣勑，令相王還第。及事發，仲舉等皆伏誅，高宗雅重不佞，特赦之，免其官而已。

高宗卽位，以爲軍師始興王諮議參軍，加招遠將軍。尋除大匠卿，未拜，加員外散騎常侍，又兼尚書右丞。俄遷通直散騎常侍，右丞如故。太建五年卒，時年五十六。詔贈祕書監。

第二兄不疑，次不占，次不齊，並早亡。不佞最小，事第二寡嫂張氏甚謹，所得祿俸，不入私室。長子梵童，官至尚書金部郎。

謝貞字元正，陳郡陽夏人，晉太傅安九世孫也。祖綏，〔一〕梁著作佐郎、太子舍人。父藺，正員外郎，兼散騎常侍。

貞幼聰敏，有至性。祖母阮氏先苦風眩，每發便一二日不能飲食，貞時年七歲，祖母不食，貞亦不食，往往如是，親族莫不奇之。母王氏，授貞論語、孝經，讀訖便誦。八歲，嘗爲春日閑居五言詩，從舅尚書王筠奇其有佳致，謂所親曰：「此兒方可大成，至如『風定花猶落』，乃追步惠連矣。」由是名輩知之。年十三，略通五經大旨，尤善左氏傳，工草隸蟲篆。十四，

丁父艱，號頓於地，絕而復蘇者數矣。初，父藺居母阮氏憂，不食泣血而卒，家人賓客懼貞復然，從父洽、族兄暠乃共往華嚴寺，請長爪禪師爲貞說法，仍謂貞曰：「孝子既無兄弟，極須自愛，若憂毀滅性，誰養母邪？」自後少進饘粥。

太清之亂，親屬散亡，貞於江陵陷沒，暠逃難番禺，貞母出家於宣明寺。及高祖受禪，暠還鄉里，供養貞母，將二十年。太建五年，貞乃還朝，除智武府外兵參軍事。俄遷尚書駕部郎中，尋遷侍郎。及始興王叔陵爲揚州刺史，引祠部侍郎阮卓爲記室，辟貞爲主簿，貞不得已乃行。尋遷府錄事參軍，領丹陽丞。貞度叔陵將有異志，因與卓自疎於王，每有宴遊，輒辭以疾，未嘗參預，叔陵雅欽重之，弗之罪也。俄而高宗崩，叔陵肆逆，府僚多相連逮，唯貞與卓獨不坐。

後主仍詔貞入掌中宮管記，遷南平王友，加招遠將軍，掌記室事。府長史汝南周確新除都官尚書，請貞爲讓表，後主覽而奇之。嘗因宴席問確曰：「卿表自製邪？」確對曰：「臣表謝貞所作。」後主因勑舍人施文慶曰〔三〕：「謝貞在王處，未有祿秩，可賜米百石。」至德三年，以母憂去職。頃之，勑起還府，仍加招遠將軍，掌記室。貞累啓固辭，勑報曰：「省啓具懷，雖知哀煢在疚，而官俟得才，禮有權奪，可便力疾還府也。」貞哀毀羸瘠，終不能之官舍。時尚書右丞徐祚、尚書左丞沈客卿俱來候貞，見其形體骨立，祚等愴然歎息，徐喻之曰：「弟

年事已衰，禮有恆制，小宜引割自全。」貞因更感慟，氣絕良久，二人涕泣，不能自勝，憫默而出。祚謂客卿曰：「信哉，孝門有孝子。」客卿曰：「謝公家傳至孝，士大夫誰不仰止，此恐不能起，如何？」吏部尚書吳興姚察與貞友善，及貞病篤，察往省之，問以後事，貞曰：「孤子釁禍所集，將隨灰壤。族子凱等粗自成立，已有疏付之，此固不足仰塵厚德。即日迷喘，時不可移，便爲永訣。弱兒年甫六歲，名靖，字依仁，情累所不能忘，敢以爲託耳。」是夜卒，勑賻米一百斛，布三十匹。後主問察曰：「謝貞有何親屬？」察因啓曰：「貞有一子年六歲。」即有勑長給衣糧。

初，貞之病亟也，遺疏告族子凱曰：「吾少罹酷罰，十四傾外蔭，十六鍾太清之禍，流離絕國，二十餘載。號天蹐地，遂同有感，得還侍奉，守先人墳墓，於吾之分足矣。不悟朝廷採拾空薄，累致清階，縱其殞絕，無所酬報。今在憂棘，晷漏將盡，斂手而歸，何所多念。氣絕之後，若直棄之草野，依僧家尸陁林法，是吾所願，正恐過爲獨異耳。可用薄板周身，載以靈車，覆以葦席，坎山而埋之。又吾終鮮兄弟，無他子孫，靖年幼少，未閑人事，但可三月施小牀，設香水，盡卿兄弟相厚之情，即除之，無益之事，勿爲也。」

初，貞在周嘗侍趙王讀，王即周武帝之愛弟也，厚相禮遇。王嘗聞左右說貞每獨處必晝夜涕泣，因私使訪問，知貞母年老，遠在江南，乃謂貞曰：「寡人若出居藩，當遣侍讀還家

供養。」後數年，王果出，因辭見，面奏曰：「謝貞至孝而母老，臣願放還。」帝奇王仁愛而遣之，因隨聘使杜子暉還國。所有文集，值兵亂多不存。

司馬暠字文昇，河內溫人也。高祖晉侍中、光祿勳柔之，以南頓王孫紹齊文獻王攸之後。父子產，梁尚書水部侍郎、岳陽太守，即梁武帝之外兄也。

暠幼聰警，有至性。年十二，丁內艱，孺慕過禮，水漿不入口，殆經一旬。每至號慟，必致悶絕，內外親戚，皆懼其不勝喪。父子產每曉喻之，逼進饘粥，然毀瘠骨立。服闋，以姻戚子弟，預入問訊，梁武帝見暠羸瘦，歎息良久，謂其父子產曰：「昨見羅兒面顏顦顇，使人惻然，便是不墜家風，爲有子矣。」羅兒，即暠小字也。釋褐太學博士，累遷正員郎。丁父艱，哀毀踰甚，廬于墓側，一日之內，唯進薄麥粥一升。墓在新林，連接山阜，舊多猛獸，暠結廬數載，豺狼絕迹。常有兩鳩棲宿廬所，馴狎異常，新林至今猶傳之。

承聖中，除太子庶子。江陵陷，隨例入關，而梁室屠戮，太子瘞殯失所，暠以宮臣，乃抗表周朝，求還江陵改葬，辭甚酸切。周朝優詔答曰：「昔主父從戮，孔車有長者之風，彭越就誅，欒布得陪臣之禮。庶子鄉國已改，猶懷送往之情，始驗忠貞，方知臣道，即勑荆州，以禮

安厝。」

太建八年，自周還朝，高宗特降殊禮，賞錫有加。除宜都王諮議參軍事，徙安德宮長秋卿、通直散騎常侍、太中大夫、司州大中正，卒于官。有集十卷。

子延義，字希忠，少沈敏好學。江陵之陷，隨父入關。丁母憂，喪過于禮。及暠還都，延義乃躬負靈櫬，晝伏宵行，冒履冰霜，手足皆皸瘃。及至都，以中風冷，遂致攣廢，數年方愈。稍遷鄱陽王錄事參軍、沅陵王友、司徒從事中郎。

張昭字德明，吳郡吳人也。幼有孝性，色養甚謹，禮無違者。父熯，常患消渴，嗜鮮魚，昭乃身自結網捕魚，以供朝夕。弟乾，字玄明，聰敏博學，亦有至性。及父卒，兄弟並不衣綿帛，不食鹽醋，日唯食一升麥屑粥而已。每一感慟，必致嘔血，鄰里聞其哭聲，皆爲之涕泣。父服未終，母陸氏又亡，兄弟遂六年哀毀，形容骨立，親友見者莫識焉。家貧，未得大葬，遂布衣蔬食，十有餘年，杜門不出，屏絕人事。時衡陽王伯信臨郡，舉乾孝廉，固辭不就。兄弟並因毀成疾，昭失一眼，乾亦中冷苦癖，年並未五十終于家，子胤俱絕。

高宗世有太原王知玄者，僑居于會稽剡縣，居家以孝聞。及丁父憂，哀毀而卒，高宗嘉

之，詔改其所居清苦里爲孝家里云。

史臣曰：人倫之德，莫大於孝，是以報本反始，盡性窮神，孝乎惟孝，不可易矣。故記云「塞乎天地」，盛哉！

校勘記

〔一〕祖綏　「綏」梁書、南史謝藺傳並作「經」。

〔二〕後主因勑舍人施文慶曰　「慶」原本譌「憂」，各本不譌，今改正。

陳書卷三十三

列傳第二十七

儒林

沈文阿　沈洙　戚袞　鄭灼 張崖　陸詡　沈德威　賀德基　全緩　張譏

顧越　沈不害　王元規

蓋今儒者，本因古之六學，斯則王教之典籍，先聖所以明天道，〔一〕正人倫，致治之成法也。秦始皇焚書坑儒，六學自此缺矣。漢武帝立五經博士，（開）〔置〕弟子員，〔二〕設科射策，勸以官祿，其傳業者甚衆焉。自兩漢登賢，咸資經術。魏、晉浮蕩，儒教淪歇，公卿士庶，罕通經業矣。宋、齊之間，國學時復開置。梁武帝開五館，建國學，總以五經教授，（唯國學乃經）經各置助教云。〔三〕武帝或紆鑾駕，臨幸庠序，釋奠先師，躬親試胄，申之讌語，勞之束

帛，濟濟焉斯蓋一代之盛矣。高祖創業開基，承前代離亂，衣冠殄盡，寇賊未寧，既日不暇給，弗遑勸課。世祖以降，稍置學官，雖博延生徒，成業蓋寡。今之採綴，蓋亦梁之遺儒云。

沈文阿字國衞，吳興武康人也。父峻，以儒學聞於梁世，授桂州刺史，不行。文阿性剛彊，有膂力，少習父業，研精章句。祖舅太史叔明、舅王慧興並通經術，而文阿頗傳之。又博採先儒異同，自爲義疏。治三禮、三傳。察孝廉，爲梁臨川王國侍郎，累遷兼國子助教、五經博士。

梁簡文在東宮，引爲學士，深相禮遇，及撰長春義記，多使文阿撮異聞以廣之。及侯景寇逆，簡文別遣文阿招募士卒，入援京師。城陷，與張嵊共保吳興，嵊敗，文阿竄于山野。景素聞其名，求之甚急，文阿窮迫不知所出，登樹自縊，遇有所親救之，便自投而下，折其左臂。及景平，高祖以文阿州里，表爲原鄉令，監江陰郡。

紹泰元年，入爲國子博士，尋領步兵校尉，兼掌儀禮。自太清之亂，臺閣故事，無有存者，文阿父峻，梁武世嘗掌朝儀，頗有遺槀，於是斟酌裁撰，禮度皆自之出。及高祖受禪，文阿輒弃官還武康，高祖大怒，發使往誅之。時文阿宗人沈恪爲郡，請使者寬其死，即面縛鎖

頸致於高祖，高祖視而笑曰：「腐儒復何爲者？」遂赦之。

高祖崩，文阿與尚書左丞徐陵、中書舍人劉師知等議大行皇帝靈座俠御衣服之制，語在師知傳。及世祖卽皇帝位，尅日謁廟，尚書右丞庾持奉詔遣博士議其禮。〔四〕文阿議曰：

民物推移，質文殊軌，聖賢因機而立教，王公隨時以適宜。夫千人無君，不散則亂，萬乘無主，不危則亡。當隆周之日，公旦叔父，呂、召爪牙，成王在喪，禍幾覆國。是以既葬便有公冠之儀，始殯受麻冕之策。斯蓋示天下以有主，慮社稷之艱難。逮乎末葉縱橫，漢承其弊，雖文、景刑厝，而七國連兵。或踰月卽尊，或崩日稱詔，此皆有爲而爲之，非無心於禮制也。今國諱之日，雖抑哀於璽紱之重，猶未序於君臣之儀。古禮，朝廟退坐正寢，聽羣臣之政，今皇帝拜廟還，宜御太極殿，以正南面之尊，此卽周康在朝一二臣衞者也。

其壤奠之節，周禮以玉作贄，公侯以珪，子男執璧，此瑞玉也。奠贄既竟，又復致享，天子以璧，王后用琮。秦燒經典，威儀散滅，叔孫通定禮，尤失前憲，奠贄不珪，致享無帛，公王同璧，鴻臚奏賀。若此數事，未聞於古，後相沿襲，至梁行之。夫稱觴奉壽，家國大慶，四廂雅樂，歌奏懽欣。今君臣吞哀，萬民抑割，豈同於惟新之禮乎？且周康賓稱奉珪，無萬壽之獻，此則前準明矣。三宿三咤，上宗曰饗，斯蓋祭儐受福，寧

謂賀酒邪！愚以今坐正殿，止行薦璧之儀，無賀酒之禮。謹撰謁廟還升正寢、羣臣陪薦儀注如別。

詔可施行。尋遷通直散騎常侍，兼國子博士，領羽林監，仍令於東宮講孝經、論語。天嘉四年卒，時年六十一。詔贈廷尉卿。

文阿所撰儀禮八十餘卷，經典大義十八卷，並行於世，諸儒多傳其學。

沈洙字弘道，吳興武康人也。祖休稚，〔五〕梁餘杭令。父山卿，梁國子博士、中散大夫。洙少方雅好學，不妄交遊。治三禮、春秋左氏傳。精識彊記，五經章句，諸子史書，問無不答。解巾梁湘東王國左常侍，轉中軍宣城王限內參軍，板仁威臨賀王記室參軍，遷尚書祠部郎中，時年蓋二十餘。大同中，學者多涉獵文史，不爲章句，而洙獨積思經術，吳郡朱异、會稽賀琛甚嘉之。及异、琛於士林館講制旨義，常使洙爲都講。侯景之亂，洙竄於臨安，時世祖在焉，親就習業。及高祖入輔，除國子博士，與沈文阿同掌儀禮。

高祖受禪，加員外散騎常侍，歷揚州別駕從事史、大匠卿。有司奏前寧遠將軍、建康令沈孝軌門生陳三兒牒稱主人翁靈柩在周，主人奉使關內，因欲迎喪，久而未返。此月晦卽是再周，主人弟息見在此者，爲至月末除靈，內外卽吉？爲待主人還情禮申竟？以事諮左丞江德藻，德藻議：「王衞軍云：『久喪不葬，唯主人不變，其餘親各終月數而除。』此蓋引禮文論在家內有事故未得葬者耳。孝軌既在異域，雖已迎喪，還期無指，諸弟若遂不除，永絕婚嫁，此於人情，或爲未允。中原淪陷已後，理有事例，宜諮沈常侍詳議。」洙議曰：「禮有變正，又有從宜。禮小記云：『久而不葬者，唯主（祭）〔喪〕者不除，〔六〕其餘以麻終月數者除喪則已。』注云：『其餘謂傍親。』如鄭所解，衆子皆應不除，王衞軍所引，此蓋禮之正也。〔七〕但魏氏東關之役，既失亡屍柩，葬禮無期，議以爲禮無終身之喪，故制使除服。晉氏喪亂，或死於虜庭，無由迎殯，江左故復申明其制。李胤之祖，王華之父，竝存亡不測，其子制服依時釋縗，此竝變禮之宜也。孝軌雖因奉使便欲迎喪，而戎狄難親，還期未剋。愚謂宜依東關故事，在此國內者，竝應釋除縗麻，毀靈附祭，若喪柩得還，別行改葬之禮。自天下寇亂，西朝傾覆，流播絕域，情禮莫申，若此之徒，諒非一二，寧可喪期無數，而弗除衰服，朝庭自應爲之限制，以義斷恩，通訪博識，折之禮衷。」德藻依洙議，奏可。

世祖卽位，遷通直散騎常侍，侍東宮讀。尋兼尚書左丞，領揚州大中正，遷光祿卿，侍讀如故。廢帝嗣位，重爲通直散騎常侍，兼尚書左丞。遷戎昭將軍、輕車衡陽王長史，行府國事，帶琅邪、彭城二郡丞。梁代舊律，測囚之法，日一上，起自晡鼓，盡于二更。及比部郎

范泉刪定律令，以舊法測立時久，非人所堪，分其刻數，日再上。廷尉以爲新制過輕，請集八座丞郎并祭酒孔奐、行事沈洙五舍人會尚書省詳議。時高宗錄尚書，集衆議之，都官尚書周弘正曰：「未知獄所測人，有幾人款？幾人不款？須前責取人名及數并其罪目，然後更集。」得廷尉監沈仲由列稱，別制已後，有壽羽兒一人坐殺壽慧，劉磊渴等八人坐偷馬仗家口渡北，依法測之，限訖不款。劉道朔坐犯七改偷，依法測立，首尾二日而款。陳法滿坐被使封藏、阿法受錢，未及上而款。弘正議曰：「凡小大之獄，必應以情，正言依準五聽，驗其虛實，豈可全恣考掠，以判刑罪。且測人時節，本非古制，近代已來，方有此法。起自晡鼓，迄于二更，豈是常人所能堪忍？所以重械之下，危懼之上，無人不服，誣枉者多。朝晚二時，同等刻數，進退而求，於事爲衷。若謂小促前期，致實罪不伏，如復時節延長，則無愆妄款。且人之所堪，既有彊弱，人之立意，固亦多途。至如貫高榜笞刺爇，身無完者，〔八〕戴就熏針竝極，困篤不移，豈關時刻長短，掠測優劣？夫與殺不辜，寧失不經，罪疑惟輕，功疑惟重，斯則古之聖王，垂此明法。愚謂依范泉著制，於事爲允。」舍人盛權議曰：「比部范泉新制，尚書周弘正明議，咸允虞書惟輕之旨，殷頌敷正之言。竊尋廷尉監沈仲由等列新制以後，凡有獄十一人，其所測者十人，款者唯一。愚謂染罪之囚，獄官宜明加辯析，窮考事理。若罪有可疑，自宜啓審分判，幸無濫測；若罪有實驗，乃可啓審測立；此則枉直有分，刑宥

斯理。範泉今牒述漢律，云『死罪及除名，罪證明白，考掠已至，而抵隱不服者，處當列上』。杜預注云『處當，證驗明白之狀，列其抵隱之意』。竊尋舊制深峻，百中不款者一，新制寬優，十中不款者九，參會兩文，寬猛寔異，處當列上，未見釐革。愚謂宜付典法，更詳『處當列上』之文。」洙議曰：「夜中測立，緩急易欺，兼用晝漏，於事爲允。但漏刻賒促，今古不同，漢書律曆，何承天、祖沖之、暅之父子漏經，並自關鼓至下鼓，自晡鼓至關鼓，皆十三刻，冬夏四時不異。若其日有長短，分在中時前後。今用梁末改漏，下鼓之後，分其短長，夏至之日，各十七刻，冬至之日，各十二刻。伏承命旨，刻同勒令，檢一日之刻乃同，而四時之用不等，廷尉今牒，以時刻短促，(到)〔致〕罪人不款。〔九〕愚意願去夜測之昧，從晝漏之明，斟酌今古之間，參會二漏之義，捨秋冬之少刻，從夏日之長晷，不問寒暑，並依今之夏至，朝夕上測，各十七刻。比之古漏，則〔一〕上多昔四刻，〔一〇〕即用今漏，則冬至多五刻。雖冬至之時，數刻侵夜，正是少日，〔一一〕於事非疑。庶罪人不以漏短而爲捍，獄囚無以在夜(之)〔而〕致誣，〔一二〕求之鄙意，竊謂允合。」衆議以爲宜依范泉前制，高宗曰：「沈長史議得中，宜更博議。」左丞宗元饒議曰：「竊尋沈議非頓異范，正是欲使四時均其刻數，兼斟酌其佳，以會優劇。即同牒請寫還删定曹詳改前制。」高宗依事施行。

洙以太建元年卒，時年五十二。

戚袞字公文，吳郡鹽官人也。祖顯，齊給事中。父霸，梁臨賀王府中兵參軍。袞少聰慧，遊學京都，受三禮於國子助教劉文紹，一二年中，大義略備。年十九，梁武帝勅策孔子正言幷周禮、禮記義，袞對高第。仍除揚州祭酒從事史。就國子博士宋懷方質儀禮義，懷方北人，自魏攜儀禮、禮記疏，祕惜不傳，及將亡，謂家人曰「吾死後，戚生若赴，便以儀禮、禮記義本付之，若其不來，即宜隨屍而殯」。其爲儒者推許如此。尋兼太學博士。

梁簡文在東宮，召袞講論。又嘗置宴集玄儒之士，先命道學互相質難，次令中庶子徐摛馳騁大義，間以劇談。摛辭辯縱橫，難以答抗，諸人慴氣，皆失次序。袞時騁義，〔一三〕摛與往復，袞精采自若，對答如流，簡文深加歎賞。尋除員外散騎侍郎，又遷員外散騎常侍。敬帝承制，出爲江州長史，仍隨沈泰鎮南豫州。泰之奔齊也，逼袞俱行，後自鄴下遁還。又隨程文季北伐，呂梁軍敗，袞沒于周，久之得歸。仍兼國子助教，除中衞始興王府錄事參軍。太建十三年卒，時年六十三。

袞於梁代撰三禮義記，值亂亡失，禮記義四十卷行於世。

鄭灼字茂昭，東陽信安人也。祖惠，梁衡陽太守。父季徽，通直散騎侍郎、建安令。

灼幼而聰敏，勵志儒學，少受業于皇侃。梁中大通五年，釋褐奉朝請。累遷員外散騎侍郎、給事中、安東臨川王府記室參軍，轉平西邵陵王府記室。簡文在東宮，雅愛經術，引灼爲西省義學士。承聖中，除通直散騎侍郎，兼國子博士。尋爲威戎將軍，兼中書通事舍人。高祖、世祖之世，歷安東臨川、鎮北鄱陽二王府諮議參軍，累遷中散大夫，以本職兼國子博士。未拜，太建十三年卒，時年六十八。

灼性精勤，尤明三禮。少時嘗夢與皇侃遇於途，侃謂灼曰「鄭郎開口」，侃因唾灼口中，自後義理逾進。灼家貧，抄義疏以日繼夜，筆毫盡，每削用之。灼常蔬食，講授多苦心熱，若瓜時，輒偃臥以瓜鎮心，起便誦讀，其篤志如此。

時有晉陵張崖、吳郡陸詡、吳興沈德威、會稽賀德基，俱以禮學自命。

張崖傳三禮於同郡劉文紹，仕梁歷王府中記室。天嘉元年，爲尚書儀曹郎，廣沈文阿儀注，撰五禮。出爲丹陽令、王府諮議參軍。御史中丞宗元饒表薦爲國子博士。

陸詡少習崔靈恩三禮義宗，梁世百濟國表求講禮博士，詔令詡行。還除給事中、定陽令。天嘉初，侍始興王伯茂讀，遷尚書祠部郎中。

沈德威字懷遠，少有操行。梁太清末，遁於天目山，築室以居，雖處亂離，而篤學無倦，遂治經業。天嘉元年，徵出都，侍太子講禮傳。尋授太學博士，轉國子助教。每自學還私室以講授，道俗受業者數十百人，率常如此。遷太常丞，兼五禮學士，尋爲尚書儀曹郎，後爲祠部郎。俄丁母憂去職。禎明三年入隋，官至秦王府主簿。年五十五卒。

賀德基字承業，世傳禮學。祖文發，父淹，仕梁俱爲祠部郎，竝有名當世。德基少遊學于京邑，積年不歸，衣資罄乏，又恥服故弊，盛冬止衣裌襦袴。嘗於白馬寺前逢一婦人，容服甚盛，呼德基入寺門，脫白綸巾以贈之。仍謂德基曰：「君方爲重器，不久貧寒，故以此相遺耳。」德基問嫗姓名，不答而去。德基於禮記稱爲精明，居以傳授，累遷尚書祠部郎。德基雖不至大官，而三世儒學，俱爲祠部，時論美其不墜焉。

全綏字弘立，吳郡錢塘人也。幼受易于博士褚仲都，篤志研翫，得其精微。梁太清初，歷王國侍郎。奉朝請，俄轉國子助教，兼司義郎，專講詩、易。紹泰元年，除尚書水部郎。太建中，累遷〔鎮〕南始興王府諮議參軍，〔四〕隨府詣湘州，以疾卒，時年七十四。綏治周易、老、莊，時人言玄者咸推之。

張譏字直言，清河武城人也。祖僧寶，梁散騎侍郎、太子洗馬。父仲悅，梁廬陵王府錄事參軍、尚書祠部郎中。

譏幼聰俊，有思理，年十四，通孝經、論語。篤好玄言，受學于汝南周弘正，每有新意，爲先輩推伏。梁大同中，召補國子正言生。梁武帝嘗於文德殿釋乾、坤文言，譏與陳郡袁憲等預焉，勑令論議，諸儒莫敢先出，譏乃整容而進，諮審循環，辭令溫雅。梁武帝甚異之，賜裙襦絹等，仍云「表卿稽古之力」。

譏幼喪母，有錯綵經帕，即母之遺製，及有所識，家人具以告之，每歲時輒對帕哽噎，不能自勝。及丁父憂，居喪過禮。服闋，召補湘東王國左常侍，轉田曹參軍，遷士林館學士。

簡文在東宮，出士林館發孝經題，譏論議往復，甚見嗟賞，自是每有講集，必遣使召譏。及侯景寇逆，於圍城之中，猶侍哀太子於武德後殿講老、莊。梁臺陷，譏崎嶇避難，卒不事景。景平，歷臨安令。

高祖受禪，除太常丞，轉始興王府刑獄參軍。天嘉中，遷國子助教。是時周弘正在國學，發周易題，弘正第四弟弘直亦在講席。譏與弘正論議，弘正乃屈，弘直危坐厲聲，助其申理。譏乃正色謂弘直曰：「今日義集，辯正名理，雖知兄弟急難，四公不得有助。」弘直曰：「僕助君師，何爲不可？」舉座以爲笑樂。弘正嘗謂人曰：「吾每登座，見張譏在席，使人懍然。」高宗世，歷建安王府記室參軍，兼東宮學士，轉武陵王限內記室，學士如故。

後主在東宮，集宮僚置宴，時造玉柄麈尾新成，後主親執之，曰：「當今雖復多士如林，至於堪捉此者，獨張譏耳。」即手授譏。仍令於溫文殿講莊、老，高宗幸宮臨聽，賜御所服衣一襲。後主嗣位，領南平王府諮議參軍、東宮學士。尋遷國子博士，學士如故。後主嘗幸鍾山開善寺召從臣坐於寺西南松林下，勑召譏豎義。時索麈尾未至，後主勑取松枝，手以屬譏，曰「可代麈尾」。顧謂羣臣曰「此即是張譏後事」。禎明三年入隋，終於長安，時年七十六。

譏性恬靜，不求榮利，常慕閑逸，所居宅營山池，植花果，講周易、老、莊而教授焉。吳郡陸元朗、朱孟博、一乘寺沙門法才、法雲寺沙門慧休、〔五〕至眞觀道士姚綏，皆傳其業。譏所撰周易義三十卷，尚書義十五卷，毛詩義二十卷，孝經義八卷，論語義二十卷，老子義十一卷，莊子內篇義十二卷，外篇義二十卷，雜篇義十卷，玄部通義十二卷，又撰遊玄桂林二十四卷，後主嘗勑人就其家寫入祕閣。

子孝則，官至始安王記室參軍。

顧越字思南，〔六〕吳郡鹽官人也。所居新坡黃岡，世有鄉校，由是顧氏多儒學焉。

越少孤，以勤苦自立，聰慧有口辯，說毛氏詩，傍通異義，〔七〕梁太子詹事周捨甚賞之。解褐揚州議曹史，兼太子左率丞。越於義理精明，尤善持論，與會稽賀文發俱爲梁南平王偉所重，引爲賓客。尋補五經博士。紹泰元年，遷國子博士。世祖即位，除始興王諮議參軍，〔八〕侍東宮讀。世祖以越篤老，厚遇之，除給事黃門侍郎，又領國子博士，侍讀如故。廢帝嗣立，除通直散騎常侍、中書舍人。華皎之構逆也，越在東陽，或譖之於高宗，言其有異志，詔下獄，因坐免。太建元年卒於家，時年七十八。〔九〕

時有東陽龔孟舒者，亦治毛氏詩，善談名理。梁武世，仕至尋陽郡丞，元帝在江州，遇

之甚重，躬師事焉。承聖中，兼中書舍人。天嘉初，除員外散騎常侍，兼國子助教、太中大夫。太建中卒。

沈不害字孝和，吳興武康人也。祖總，齊尚書祠部郎。父懿，梁邵陵王參軍。

不害幼孤，而脩立好學。十四，召補國子生，舉明經。累遷梁太學博士，轉廬陵王府刑獄參軍，長沙王府諮議，帶汝南令。天嘉初，除衡陽王府中記室參軍，兼嘉德殿學士。自梁季喪亂，至是國學未立，不害上書曰：

臣聞立人建國，莫尚於尊儒，成俗化民，必崇於教學。故東膠西序，事隆乎三代，環林璧水，業盛於兩京。自淳源既遠，澆波已扇，物之感人無窮，人之逐欲無節，是以設訓垂範，啓導心靈，譬彼染藍，類諸琢玉，然後人倫以睦，卑高有序，忠孝之理既明，君臣之道攸固。執禮自基，魯公所以難侮，歌樂已細，鄭伯於是前亡，干戚舞而有苗至，泮宮成而淮夷服，長想洙、泗之風，載懷淹、稷之盛，有國有家，莫不尚已。

梁太清季年，數鍾否剝，戎狄外侵，姦回內舋，朝聞鼓鼙，夕炤烽火。洪儒碩學，解散甚於坑夷，五典、九丘，湮滅逾乎帷蓋。成均自斯墜業，瞽宗於是不脩，褒成之祠弗

陳祼享，釋菜之禮無稱俎豆，頌聲寂寞，遂踰一紀。後生敦悅，不見函杖之儀，晚學鑽仰，徒深倚席之歎。

陛下繼曆升統，握鏡臨寓，道洽寰中，威加無外，濁流已清，重氛載廓，含生熙阜，品庶咸亨。宜其弘振禮樂，建立庠序，式稽古典，紆迹儒宮，選公卿門子，皆入于學，助教博士，朝夕講肄，使擔簦負笈，鏘鏘接衽，方領矩步，濟濟成林。如切如磋，聞詩聞禮，一年可以功倍，三冬於是足用。故能擢秀雄州，揚庭觀國，入仕登朝，資優學以自輔，莅官從政，有經業以治身，轜駕列庭，青紫拾地。

古者王世子之貴，猶與國子齒，降及漢儲，茲禮不墜，暨乎兩晉，斯事彌隆，所以見師嚴而道尊者也。皇太子天縱生知，無待審喻，猶宜晦迹俯同，專經請業，奠爵前師，肅若舊典。昔闕里之堂，草萊自闢，舊宅之內，絲竹流音，前聖遺烈，深以炯戒。況復江表無虞，海外有截，豈得不開闡大猷，恢弘至道？寧可使玄教儒風，弗興聖世，盛德大業，遂蘊堯年？臣末學小生，詞無足筭，輕獻瞽言，伏增悚惕。

詔答曰：「省表聞之。自舊章弛廢，微言將絕，朕嗣膺寶業，念在緝熙，而兵革未息，軍國草創，常恐前王令典，一朝泯滅。卿才思優洽，文理可求，弘惜大體，殷勤名教，付外詳議，依事施行。」又表改定樂章，詔使製三朝樂歌八首，合二十八曲，行之樂府。

五年，除灊令。入爲尚書儀曹郎，遷國子博士，領羽林監，勑治五禮，掌策文諡議。太建中，除仁武南康嗣王府長史，行丹陽郡事。轉員外散騎常侍、光祿卿。尋爲戎昭將軍、明威武陵王長史，行吳興郡事。俄入爲通直散騎常侍，兼尚書左丞。十二年卒，時年六十三。

不害治經術，善屬文，雖博綜墳典，而家無卷軸。每製文，操筆立成，曾無尋檢。僕射汝南周弘正常稱之曰：「沈生可謂意聖人乎！」著治五禮儀一百卷，文集十四卷。

子志道，字崇基，少知名。解褐揚州主簿，尋兼文林著士，歷安東新蔡王記室參軍。禎明三年入隋。

王元規字正範，太原晉陽人也。祖道寶，〔二〇〕齊員外散騎常侍、晉安郡守。父瑋，梁武陵王府中記室參軍。

元規八歲而孤，兄弟三人，隨母依舅氏往臨海郡，時年十二。郡土豪劉瑱者，資財巨萬，以女妻之。元規母以其兄弟幼弱，欲結彊援，元規泣請曰：「姻不失親，〔二一〕古人所重。豈得苟安異壤，輒婚非類！」母感其言而止。元規性孝，事母甚謹，晨昏未嘗離左右。梁時山陰縣有暴水，流漂居宅，元規唯有一小船，倉卒引其母妹并孤姪入船，〔二二〕元規自執檝棹而去，留其男女三人，閣於樹杪，及水退獲全，時人皆稱其至行。

元規少好學，從吳興沈文阿受業，十八，通春秋左氏、孝經、論語、喪服。梁中大通元年，詔策春秋，舉高第，時名儒咸稱賞之。起家湘東王國左常侍，轉員外散騎侍郎。簡文之在東宮，引爲賓客，每令講論，甚見優禮。除中軍宣城王府記室參軍。及侯景寇亂，攜家屬還會稽。天嘉中，除始興王府功曹參軍，領國子助教，轉鎮東鄱陽王府記室參軍，領助教如故。

後主在東宮，引爲學士，親受禮記、左傳、喪服等義，賞賜優厚。遷國子祭酒。新安王伯固嘗因入宮適會元規將講，乃啓請執經，時論以爲榮。俄除尚書祠部郎。自梁代諸儒相傳爲左氏學者，皆以賈逵、服虔之義難駮杜預，凡一百八十條，元規引證通析，無復疑滯。每國家議吉凶大禮，常參預焉。丁母憂去職，服闋，除鄱陽王府中錄事參軍，俄轉散騎侍郎，遷南平王府限內參軍。王爲江州，元規隨府之鎮，四方學徒，不遠千里來請道者，常數十百人。禎明三年入隋，爲秦王府東閤祭酒。年七十四，卒於廣陵。

元規著春秋發題辭及義記十一卷，〔二三〕續經典大義十四卷，孝經義記兩卷，左傳音三卷，禮記音兩卷。

子大業，聰敏知名。

時有吳郡陸慶，少好學，遍知五經，尤明春秋左氏傳，節操甚高。釋褐梁武陵王國右常侍，歷征西府墨曹行參軍，除婁令。值梁季喪亂，乃覃心釋典，經論靡不該究。天嘉初，徵爲通直散騎侍郎，不就。永陽王爲吳郡太守，聞其名，欲與相見，慶固辭以疾。時宗人陸榮爲郡五官掾，慶嘗詣焉，王乃微服往榮第，穿壁以觀之。王謂榮曰：「觀陸慶風神凝峻，殆不可測，嚴君平、鄭子真何以尚茲。」鄱陽、晉安王俱以記室徵，竝不就。乃築室屏居，以禪誦爲事，由是傳經受業者蓋鮮焉。

史臣曰：夫砥身勵行，必先經術，樹國崇家，率由茲道，故王政因之而至治，人倫得之而攸序。若沈文阿之徒，各專經授業，亦一代之鴻儒焉。文阿加復草創禮儀，蓋叔孫通之流亞矣。

校勘記

〔一〕斯則王教之典籍先聖所以明天道　北監本、殿本作「以教之典籍，斯則先聖所以明天道」。

〔二〕(閒)〔濟〕弟子員　據北監本、汲本、殿本改。
〔三〕總以五經教授(唯國學乃經)經各置助教云　據北監本、殿本刪。按南史儒林傳序亦無此五字。
〔四〕尚書右丞庾持奉詔遣博士議其禮　「尚書右丞」南史作「尚書左丞」。按庾持傳，持於天嘉初遷尚書左丞。
〔五〕祖休稚　「休稚」南史作「休季」。金陵局本作「休雅」，殆稚雅形近而譌。
〔六〕唯主(祭)〔喪〕者不除　據禮記喪服小記原文改。
〔七〕此蓋禮之正也　「正」原本譌「主」，各本不譌，今改正。
〔八〕身無完者　「者」南、北監本及汲本並作「膚」。按漢書張耳陳餘傳正作「身無完者」，「者」作「膚」，乃後人臆改。
〔九〕(到)〔致〕罪人不款　據北監本、汲本、殿本及南史、元龜六一五改。
〔一〇〕則〔一〕上多昔四刻　據南史及元龜六一五補。按「一上」謂行測刑一次。
〔一一〕正是少日　「正」原本譌「五」，各本不譌，今改正。
〔一二〕獄囚無以在夜(之)〔而〕致誣　據各本及南史改。
〔一三〕衮時騁義　北監本、殿本作「衮時說朝聘義」，南史作「時衮說朝聘義」。
〔一四〕太建中累遷〔鎭〕南始興王府諮議參軍　按始興王叔陵傳，叔陵於太建四年遷鎭南將軍，明「南」

上脫一「鎭」字，南史有，今據補。
〔一五〕法雲寺沙門慧休　殿本考證云「休」南史作「拔」。
〔一六〕顧越字思南　殿本考證云「思」南史作「允」。
〔一七〕傍通異義　「異」字原本墨丁，據各本補。
〔一八〕除始興王諮議參軍　南史作「除東中郎鄱陽王府諮議參軍」。張森楷校勘記云：「按鄱陽王伯山傳，伯山曾爲東中郎，『始興王』應依南史作『鄱陽王』。」
〔一九〕時年七十八　「七十八」南史作「七十七」。
〔二〇〕祖道寶　殿本考證云「寶」南史作「實」。
〔二一〕姻不失親　按語本論語「因不失其親」，此以因作婚姻解，故改「因」爲「姻」。詳錢大昕廿二史考異。
〔二二〕倉卒引其母妹並孤姪入船　殿本考證云「孤」南史作「姑」。
〔二三〕元規著春秋發題辭及義記十一卷　按：經典釋文敍錄言沈文阿撰春秋義畧未竟，王元規續成之。隋書經籍志有王元規續沈文阿春秋左氏傳義畧十卷。此「義記」當爲「義畧」之譌。

陳書卷三十四

列傳第二十八

文學

杜之偉　顏晃　江德藻　庾持　許亨　褚玠　岑之敬　陸琰 弟瑜
何之元　徐伯陽　張正見　蔡凝　阮卓

易曰「觀乎人文以化成天下」，孔子曰「煥乎其有文章」也。自楚、漢以降，辭人世出，洛汭、江左，其流彌暢。莫不思侔造化，明竝日月，大則憲章典謨，裨贊王道，小則文理清正，申紓性靈。至於經禮樂，綜人倫，通古今，述美惡，莫尚乎此。後主嗣業，雅尚文詞，傍求學藝，煥乎俱集。每臣下表疏及獻上賦頌者，躬自省覽，其有辭工，則神筆賞激，加其爵位，是以搢紳之徒，咸知自勵矣。若名位文學晃著者，別以功迹論。今綴杜之偉等學既兼文，備

于此篇云爾。

杜之偉字子大，吳郡錢塘人也。家世儒學，以三禮專門。父規，梁奉朝請，與光祿大夫濟陽江革、都官尚書會稽孔休源友善。

之偉幼精敏，有逸才。七歲，受尚書，稍習詩、禮，略通其學。十五，遍觀文史及儀禮故事，時輩稱其早成。僕射徐勉嘗見其文，重其有筆力。中大(同)〔通〕元年，梁武帝幸同泰寺捨身，勅勉撰定儀註，〔一〕勉以臺閣先無此禮，召之偉草具其儀。乃啓補東宮學士，與學士劉陟等鈔撰羣書，各爲題目。所撰富教、政道二篇，皆之偉爲序。及湘陰侯蕭昂爲江州刺史，以之偉掌記室。〔二〕昂卒，廬陵王續代之，又手敎招引，之偉固辭不應命，乃送昂喪柩還京。仍侍臨(成)〔城〕公讀。〔三〕尋除揚州議曹從事、南康嗣王墨曹參軍，兼太學限內博士。〔大同〕七年，〔四〕梁皇太子釋奠於國學，時樂府無孔子、顏子登哥詞，〔五〕尚書參議令之偉製其文，伶人傳習，以爲故事。轉補安前邵陵王田曹參軍，又轉刑獄參軍。之偉年位甚卑，特以彊識俊才，頗有名當世，吏部尚書張纘深知之，以爲廊廟器也。

侯景反，之偉逃竄山澤。及高祖爲丞相，素聞其名，召補記室參軍。遷中書侍郎，領大

著作。高祖受禪，除鴻臚卿，餘竝如故。之偉啓求解著作，曰：「臣以紹泰元年，忝中書侍郎，掌國史，于今四載。臣本庸賤，謬蒙盼識，思報恩奬，不敢廢官。皇曆惟新，驅馭軒、昊，記言記事，未易其人，著作之材，更宜選衆。御史中丞沈炯、尚書左丞徐陵、梁前兼大著作虞荔、梁前黃門侍郎孔奐，或清文贍筆，或彊識稽古，遷、董之任，允屬羣才，臣無容遽變市朝，〔六〕再妨賢路。堯朝皆讓，誠不可追，陳力就列，庶幾知免。」優勅不許。尋轉大匠卿，遷太中大夫，仍勅撰梁史。永定三年卒，時年五十二。高祖甚悼惜之，詔贈通直散騎常侍，賻錢五萬，布五十匹，棺一具，剋日舉哀。

之偉爲文，不尚浮華，而温雅博贍。所製多遺失，存者十七卷。

顏晃字元明，琅邪臨沂人也。少孤貧，好學，有辭采。解褐梁邵陵王兼記室參軍。時東宮學士庾信嘗使于府中，王使晃接對，信輕其尚少，曰：「此府兼記室幾人？」晃答曰：「猶當少於宮中學士。」當時以爲善對。

侯景之亂，西奔荆州。承聖初，除中書侍郎。時杜龕爲吳興太守，專好勇力，其所部多輕險少年，元帝患之，乃使晃管其書翰。仍勅龕曰：「卿年時尚少，習讀未晚，顏晃文學之

士，使相毗佐，造次之閒，必宜諮稟。」及龕誅，晃歸世祖，世祖委以書記，親遇甚篤。除宣毅府中錄事，兼記室參軍。

永定二年，高祖幸大莊嚴寺，其夜甘露降，晃獻甘露頌，詞義該典，高祖甚奇之。天嘉初，遷員外散騎常侍，兼中書舍人，掌詔誥。三年卒，時年五十三。詔贈司農卿，謚曰貞子，并賜墓地。

晃家世單門，傍無戚援，而介然脩立，爲當世所知。其表奏詔誥，下筆立成，便得事理，而雅有氣質。有集二十卷。

江德(操)〔藻〕字德藻，〔七〕濟陽考城人也。祖柔之，齊尚書倉部郎中。父革，梁度支尚書、光祿大夫。

德藻好學，善屬文。美風儀，身長七尺四寸。性至孝，事親盡禮。與異產昆弟居，恩惠甚篤。起家梁南中郎武陵王行參軍。大司馬南平王蕭偉聞其才，召爲東閤祭酒。遷安西湘東王府外兵參軍，尋除尚書比部郎，以父憂去職。服闋之後，容貌毀瘠，如居喪時。除安西武陵王記室，不就。久之，授廬陵王記室參軍。除廷尉正，尋出爲南兖州治中。及高祖

爲司空、征北將軍，引德藻爲府諮議。轉中書侍郎，遷雲麾臨海王長史。陳臺建，拜尚書吏部侍郎。

高祖受禪，授祕書監，兼尚書左丞。尋以本官兼中書舍人。天嘉四年，兼散騎常侍，與中書郎劉師知使齊，〔八〕著北征道理記三卷。還拜太子中庶子，領步兵校尉。頃之遷御史中丞，坐公事免。尋拜振遠將軍、通直散騎常侍。自求宰縣，出補新喻令，政尚恩惠，頗有異績。六年，卒於官，時年五十七。世祖甚悼惜之，詔贈散騎常侍。所著文筆十五卷。

子椿，亦善屬文，歷太子庶子、尚書左丞。

庾持字允德，〔九〕潁川鄢陵人也。祖佩玉，宋長沙內史。父〔沙〕彌，〔一〇〕梁長城令。

持少孤，性至孝，居父憂過禮。篤志好學，尤善書記，以才藝聞。解褐梁南平王國左常侍、輕車河東王府行參軍，兼尚書郎，尋而爲眞。出爲安吉令，遷鎮東邵陵王府限外記室，兼建康令。天監初，世祖與持有舊，〔一一〕及世祖爲吳興太守，以持爲郡丞，兼掌書翰，自是常依文帝。文帝剋張彪，鎮會稽，又令持監臨海郡。以貪縱失民和，爲山盜所劫，幽執十旬，世祖遣劉澄討平之，持乃獲免。高祖受禪，授安東臨川王府諮議參軍。天嘉初，遷尚書左

丞。以預長城之功，封崇德縣子，邑三百戶。拜封之日，請令史爲客，受其餉遺，世祖怒之，因坐免。尋爲宣惠始興王府諮議參軍。除臨安令，坐杖殺縣民免封。〔一二〕(遷)〔還〕爲給事黃門侍郎。〔一三〕除稜威將軍、鹽官令。光大元年，遷祕書監，知國史事。又爲少府卿，領羽林監。遷太中大夫，領步兵校尉。太建元年卒，時年六十二。詔贈光祿大夫。

持善字書，每屬辭，好爲奇字，文士亦以此譏之。有集十卷。

許亨字亨道，高陽新城人，晉徵士詢之六世孫也。曾祖珪，歷給事中，委桂陽太守，高尚其志，居永興之究山，即詢之所隱也。祖勇慧，齊太子家令、冗從僕射。父懋，梁始平天門二郡守、太子中庶子、散騎常侍，以學藝聞，撰毛詩風雅比興義類十五卷，述行記四卷。

亨少傳家業，孤介有節行。博通羣書，多識前代舊事，名輩皆推許之，甚爲南陽劉之遴所重，每相稱述。解褐梁安東王行參軍，〔一四〕兼太學博士，尋除平西府記室參軍。太清初，爲征西中記室，兼太常丞。

侯景之亂，避地郢州，會梁邵陵王自東道至，引爲諮議參軍。王僧辯之襲郢州也，素聞其名，召爲儀同從事中郎。遷太尉從事中郎，與吳興沈炯對掌書記，府朝政務，一以委焉。

晉安王承制，授給事黃門侍郎，亨奉牋辭府，僧辯答曰：「省告，承有朝授，良爲德舉。卿操尚惇深，文藝該洽，學優而官，自致青紫。況久羈駿足，將成頓轡，匡輔虛闇，期寄實深。既欣遊處，用忘勞屈，而枳棘栖鵷，常以增歎。夕郎之選，雖爲清顯，位以才升，差自無愧。且卿始云知命，方騁康衢，未有執戟之疲，便深夜行之慨，循復來翰，殊用憮然。古人相思，千里命駕，素心不昧，寧限城闉，存顧之深，荒惄無已。」

高祖受禪，授中散大夫，領羽林監。遷太中大夫，領大著作，知梁史事。初，僧辯之誅也，所司收僧辯及其子頠〔屍〕，〔一五〕於方山同坎埋瘞，至是無敢言者。亨以故吏，抗表請葬之，乃與故義徐陵、張種、孔奐等，相率以家財營葬〔具〕，〔一六〕凡七柩皆改窆焉。

光大初，高宗入輔，以亨貞正有古人之風，甚相欽重，常以師禮事之。及到仲舉之謀出高宗也，毛喜知其詐，高宗問亨，亨勸勿奉詔。高宗卽位，拜衞尉卿。太建二年卒，時年五十四。

初撰齊書幷志五十卷，遇亂失亡。後撰梁史，成者五十八卷。梁太清之後所製文筆六卷。

子善心，早知名，官至尙書度支侍郎。

褚玠字溫理，河南陽翟人也。曾祖炫，宋昇明初與謝朏、江斅、劉俁入侍殿中，謂之四友。官至侍中、吏部尙書，謚貞子。祖湮，梁御史中丞。父蒙，太子舍人。

玠九歲而孤，爲叔父驃騎從事中郎隨所養。早有令譽，先達多以才器許之。及長，美風儀，善占對，博學能屬文，詞義典實，不好豔靡。起家王府法曹，歷轉外兵記室。天嘉中，兼通直散騎常侍，聘齊，還爲桂陽王友。遷太子庶子、中書侍郎。

太建中，山陰縣多豪猾，前後令皆以贓汙免，高宗患之，謂中書舍人蔡景歷曰：「稽陰大邑，久無良宰，卿文士之內，試思其人。」景歷進曰：「褚玠廉儉有幹用，未審堪其選不？」高宗曰：「甚善，卿言與朕意同。」乃除戎昭將軍、山陰令。縣民張次的、王休達等與諸猾吏賄賂通姦，全丁大戶，類多隱沒。玠乃鎖次的等，具狀啓臺，高宗手勑慰勞，并遣使助玠搜括，所出軍民八百餘戶。

時舍人曹義達爲高宗所寵，縣民陳信家富於財，諂事義達，信父顯文恃勢橫暴。玠乃遣使執顯文，鞭之一百，於是吏民股慄，莫敢犯者。信後因義達譖玠，竟坐免官。玠在任歲餘，守祿俸而已，去官之日，不堪自致，因留縣境，種蔬菜以自給。或嗤玠以非百里之才，玠答曰：「吾委輸課最，不後列城，除殘去暴，姦吏局蹐。若謂其不能自潤脂膏，則如來命。以爲不違從政，吾未服也。」時人以爲信然。皇太子知玠無還裝，手書賜粟米二百斛，於是還都。太子愛玠文辭，令入直殿省。十年，除電威將軍、仁威淮南王長史，頃之，以本官掌東宮管記。十二年，遷御史中丞，卒于官，時年五十二。

玠剛毅有膽決，兼善騎射。嘗從司空侯安都於徐州出獵，遇有猛獸，〔一七〕玠引弓射之，再發皆中口入腹，俄而斃獸。及爲御史中丞，甚有直繩之稱。自梁末喪亂，朝章廢弛，司憲因循，守而勿革，玠方欲改張，大爲條例，綱維略舉，而編次未訖，故不列于後焉。及卒，太子親製誌銘，以表惟舊。至德二年，追贈祕書監。所製章奏雜文二百餘篇，皆切事理，由是見重於時。

子亮，有才學，官至尙書殿中侍郎。

岑之敬字思禮，南陽棘陽人也。父善紆，梁世以經學聞，官至吳寧令、司義郎。之敬年五歲，讀孝經，每燒香正坐，親戚咸加歎異。年十六，策春秋左氏、制旨孝經義，擢爲高第。御史奏曰：「皇朝多士，例止明經，若顏、閔之流，乃應高第。」梁武帝省其策曰：「何妨我復有顏、閔邪？」因召入面試，令之敬昇講座，勑中書舍人朱异執孝經，唱士孝章，武

帝親自論難。之敬剖釋縱橫，應對如響，左右莫不嗟服。乃除童子奉車郎，賞賜優厚。十八，預重雲殿法會，時武帝親行香，熟視之敬曰：「未幾見兮，突而弁兮！」卽日除太學限內博士。尋爲壽光學士、司義郎，又除武陵王安西府刑獄參軍事。太清元年，表請試吏，除南沙令。

侯景之亂，之敬率領所部，赴援京師。至郡境，聞臺城陷，乃與衆辭訣，歸鄉里。承聖二年，除晉安王宣惠府中記室參軍。是時蕭勃據嶺表，勑之敬宣旨慰喻，會江陵陷，仍留廣州。太建初，還朝，授東宮義省學士，太子素聞其名，尤降賞接。累遷鄱陽王中衞府記室、鎭北府中錄事參軍、南臺治書侍御史、征南府諮議參軍。

之敬始以經業進，而博涉文史，雅有詞筆，不爲醇儒。性謙謹，未嘗以才學矜物，接引後進，恂恂如也。每忌日營齋，必躬自洒掃，涕泣終日，士君子以篤行稱之。十一年卒，時年六十一。太子嗟惜，賻贈甚厚。有集十卷行於世。

子德潤，有父風，官至中軍吳興王記室。

陸琰字溫玉，吏部尙書瓊之從父弟也。父令公，梁中軍宣城王記室參軍。琰幼孤，好學，有志操。州舉秀才。解褐宣惠始興王行參軍，累遷法曹外兵參軍，直嘉

德殿學士。世祖聽覽餘暇，頗留心史籍，以琰博學，善占誦，引置左右。嘗使製刀銘，琰援筆即成，無所點竄，世祖嗟賞久之，賜衣一襲。俄兼通直散騎常侍，副琅邪王厚聘齊，及至鄴下而厚病卒，琰自爲使主。時年二十餘，風神韶亮，占對閑敏，齊士大夫甚傾心焉。還爲雲麾新安王主簿，遷安成王長史，〔一八〕寧遠府記室參軍。太建初，爲武陵王明威府功曹史，兼東宮管記。丁母憂去官。五年卒，時年三十四。太子甚傷悼之，手令舉哀，加其賻贈，又自製誌銘。至德二年，追贈司農卿。

琰寡嗜慾，鮮矜競，遊心經籍，晏如也。其所製文筆多不存本，後主求其遺文，撰成二卷。有弟瑜。

瑜字幹玉。少篤學，美詞藻。州舉秀才。解褐驃騎安成王行參軍，轉軍師晉安王外兵參軍、東宮學士。兄琰時爲管記，竝以才學娛侍左右，時人比之二應。太建二年，太子釋奠于太學，宮臣竝賦詩，命瑜爲序，文甚贍麗。遷尚書祠部郎中，丁母憂去職。服闋，爲桂陽王明威將軍功曹史，兼東宮管記。累遷永陽王文學、太子洗馬、中舍人。

瑜幼長讀書，晝夜不廢，聰敏彊記，一覽無復遺失。嘗受莊、老於汝南周弘正，學成實論於僧滔法師，竝通大旨。時皇太子好學，欲博覽羣書，以子集繁多，命瑜鈔撰，未就而卒，時

年四十四。太子爲之流涕，手令舉哀，官給喪事，并親製祭文，遣使者弔祭。〔一九〕仍與詹事江總書曰：「管記陸瑜，奄然殂化，悲傷悼惜，此情何已。吾生平愛好，卿等所悉，自以學涉儒雅，不逮古人，欽賢慕士，是情尤篤。梁室亂離，天下糜沸，書史殘缺，禮樂崩淪，晚生後學，匪無牆面，卓爾出羣，斯人而已。吾識覽雖局，未曾以言議假人，至於片善小才，特用嗟賞。況復洪識奇士，此故忘言之地。論其博綜子史，諳究儒墨，經耳無遺，觸目成誦，一褒一貶，一激一揚，語玄析理，披文摘句，未嘗不聞者心伏，聽者解頤，會意相得，自以爲布衣之賞。吾監撫之暇，事隙之辰，頗用譚笑娛情，琴樽閒作，雅篇豔什，迭互鋒起。每清風朗月，美景良辰，對羣山之參差，望巨波之滉瀁，或翫新花，時觀落葉，既聽春鳥，又聆秋鴈，未嘗不促膝舉觴，連情發藻，且代琢磨，間以嘲謔，俱怡耳目，竝留情致。自謂百年爲速，朝露可傷，豈謂玉折蘭摧，遽從短運，爲悲爲恨，當復何言。遺迹餘文，觸目增泫，絕絃投筆，恆有酸恨。〔二〇〕以卿同志，聊復敍懷，涕之無從，言不寫意。」其見重如此。至德二年，追贈光祿卿。有集十卷。瑜有從父兄玠，從父弟琛。

玠字潤玉，梁大匠卿晏〔子〕之子。〔二一〕弘雅有識度，好學，能屬文。舉秀才，對策高第。吏部尚書袁樞薦之於世祖，超授衡陽王文學，直天保殿學士。太建初，遷長沙王友，領記室。後主在東宮，聞其名，徵爲管記。仍除中舍人，管記如故，甚見親待。尋以疾失明，將還

鄉里，太子解衣贈玠，爲之流涕。八年卒，時年三十七。有令舉哀，并加賵贈。至德二年，追贈少府卿。有集十卷。

琛字潔玉，宣毅臨川王長史丘公之子。少警俊，事後母以孝聞。世祖爲會稽太守，琛年十八，上善政頌，甚有詞采，由此知名，舉秀才。起家爲衡陽王主簿，兼東宮管記。歷豫章王文學，領記室，司徒主簿，直宣明殿學士。尋遷尚書三公侍郎，兼通直散騎常侍，聘齊，還爲司徒左西掾。又掌東宮管記，太子愛琛才辯，深禮遇之。後主嗣位，遷給事黃門侍郎、中書舍人，參掌機密。琛性頗疎，坐漏洩禁中語，詔賜死，時年四十二。

何之元廬江灊人也。祖僧達，齊南臺治書侍御史。父法勝，以行業聞。

之元幼好學，有才思，居喪過禮，爲梁司空袁昂所重。天監末，昂表薦之，因得召見。解褐梁太尉臨川王揚州議曹從事史，尋轉主簿。及昂爲丹陽尹，辟爲丹陽五官掾，總戶曹事。尋除信義令。之元宗人敬容者，勢位隆重，頻相顧訪，之元終不造焉。或問其故，之元曰：「昔楚人得寵於觀起，有馬者皆亡。夫德薄任隆，必近覆敗，吾恐不獲其利而招其禍。」識者以是稱之。

會安西武陵王爲益州刺史，以之元爲安西刑獄參軍。侯景之亂，武陵王以太尉承制，授南梁州(長)〔刺〕史、〔二二〕北巴西太守。武陵王自成都舉兵東下，之元與蜀中民庶抗表請無行，王以爲沮衆，囚之元于艦中。及武陵兵敗，之元從邵陵太守劉恭之郡。〔二三〕俄而江陵陷，劉恭卒，王琳召爲記室參軍。梁敬帝冊琳爲司空，之元除司空府諮議參軍，領記室。

王琳之立蕭莊也，署爲中書侍郎。會齊文宣帝薨，令之元赴弔，還至壽春，而王琳敗，齊主以爲揚州別駕，所治卽壽春也。及衆軍北伐，得淮南地，湘州刺史始興王叔陵遣功曹史柳咸賫書召之元。之元始與朝庭有隙，及書至，大惶恐，讀書至「孔璋無罪，左車見用」，之元仰而歎曰：「辭旨若此，豈欺我哉？」遂隨咸至湘州。太建八年，除中衞府功曹參軍事，尋遷諮議參軍。

及叔陵誅，之元乃屏絕人事，銳精著述。以爲梁氏肇自武皇，終于敬帝，其興亡之運，盛衰之跡，足以垂鑒戒，定襃貶。究其始終，起齊永元元年，迄于王琳遇獲，七十五年行事，草創爲三十卷，號曰梁典。其序曰：

記事之史，其流不一，編年之作，〔二四〕無若春秋，則魯史之書，非帝皇之籍也。案三皇之簡爲三墳，五帝之策爲五典，此典義所由生也。至乃尚書述唐帝爲堯典，虞帝爲舜典，斯又經文明據。是以典之爲義久矣哉。若夫馬史、班漢，述帝稱紀，自茲厥後，

因相祖習。及陳壽所撰，名之曰志，總其三國，分路揚鑣。唯何法盛晉書變帝紀爲帝典，既云師古，在理爲優。故今之所作，稱爲梁典。

梁有天下，自中大同以前，區寓寧晏，太清以後，寇盜交侵，首尾而言，未爲盡美，故開此一書，分爲六意。以高祖創基，因乎齊末，尋宗討本，起自永元，今以前如干卷爲追述。高祖生自布衣，長於弊俗，知風教之臧否，識民黎之情僞。爰逮君臨，弘斯政術，四紀之內，寔云殷阜。今以如干卷爲太平。世不常夷，時無恆治，非自我後，仍屬橫流，今以如干卷爲敍亂。洎高祖晏駕之年，太宗幽辱之歲，謳歌獄訟，向西陝不向東都。不庭之民，流逸之士，征伐禮樂，歸世祖不歸太宗。撥亂反正，厥庸斯在，治定功成，其勳有屬。今以如干卷爲世祖。至於四海困窮，五德升替，則敬皇紹立，仍以禪陳，今以如干卷爲敬帝。驃騎王琳，崇立後嗣，雖不達天命，然是其忠節，今以如干卷爲後嗣主。至在太宗，雖加美謚，而大寶之號，世所不遵，蓋以拘於賊景故也。承聖紀歷，自接太清，神筆詔書，非宜輒改，詳之後論，蓋有理焉。

夫事有始終，人有業行，本末之閒，頗宜詮敍。案臧榮緒稱史無裁斷，猶起居注耳，由此而言，寔資詳悉。

又編年而舉其歲次者，蓋取分明而易尋也。若夫獫狁孔熾，鯁我中原，始自一君，

終爲二主，事有相涉，言成混漫。今以未分之前爲北魏，既分之後高氏所輔爲東魏，宇文所挾爲西魏，所以相分別也。重以蓋彰殊體，繁省異文，其閒損益，頗有凡例。

禎明三年，京城陷，乃移居常州之晉陵縣。隋開皇十三年，卒于家。

徐伯陽字隱忍，東海人也。祖度之，齊南徐州議曹從事史。父僧權，梁東宮通事舍人，領祕書，以善書知名。

伯陽敏而好學，善色養，進止有節。年十五，以文筆稱。學春秋左氏。家有史書，所讀者近三千餘卷。試策高第，尙書板補梁河東王國右常侍、東宮學士、臨川嗣王府墨曹參軍。大同中，出爲侯官令，甚得民和。侯景之亂，伯陽浮海南至廣州，依於蕭勃。勃平還朝，仍將家屬之吳郡。

天嘉二年，詔侍晉安王讀。尋除司空侯安都府記室參軍事，安都素聞其名，見之，降席爲禮。甘露降樂遊苑，詔賜安都，令伯陽爲謝表，世祖覽而奇之。太建初，中記室李爽、記室張正見、左民郎賀徹、學士阮卓、黃門郎蕭詮、三公郎王由禮、處士馬樞、記室祖孫登、比部賀循、長史劉刪等爲文會之友，後有蔡凝、劉助、陳暄、孔範亦預焉，皆一時之士也。遊宴

賦詩，勒成卷軸，伯陽爲其集序，盛傳於世。

及新安王爲南徐州刺史，除鎭北新安王府中記室參軍，兼南徐州別駕，帶東海郡丞。鄱陽王爲江州刺史，伯陽嘗奉使造焉，王率府僚與伯陽登匡嶺，置宴，酒酣，命筆賦劇韻二十，伯陽與祖孫登前成，王賜以奴婢雜物。及新安王還京，除臨海嗣王府限外諮議參軍。十一年春，皇太子幸太學，詔新安王於辟雍發論語題，仍命伯陽爲辟雍頌，甚見佳賞。[三]除鎭右新安王府諮議參軍事。十三年，聞姊喪，發疾而卒，時年六十六。

張正見字見賾，淸河東武城人也。祖蓋之，魏散騎常侍、勃海長樂二郡太守。父脩禮，魏散騎侍郎，歸梁，仍拜本職，遷懷方太守。

正見幼好學，有淸才。梁簡文在東宮，正見年十三，獻頌，簡文深贊賞之。簡文雅尙學業，每自昇座說經，正見嘗預講筵，請決疑義，吐納和順，進退詳雅，四座咸屬目焉。太淸初，射策高第，除邵陵王國左常侍。

梁元帝立，拜通直散騎侍郎，遷彭澤令。屬梁季喪亂，避地於匡俗山，時焦僧度擁衆自保，遣使請交，正見懼之，遜辭延納，然以禮法自持，僧度亦雅相敬憚。

高祖受禪，詔正見還都，除鎭東鄱陽王府墨曹行參軍，兼衡陽王府長史。歷宜都王限外記室、撰史著士，帶尋陽郡丞。累遷尙書度支郎、通直散騎侍郎，著士如故。太建中卒，時年四十九。有集十四卷，其五言詩尤善，大行於世。

蔡凝字子居，濟陽考城人也。祖撙，梁吏部尙書、金紫光祿大夫。父彥高，梁給事黃門侍郎。

凝幼聰晤，美容止。既長，博涉經傳，有文辭，尤工草隸。天嘉四年，釋褐授祕書郎，轉廬陵王文學。光大元年，除太子洗馬、司徒主簿。太建元年，遷太子中舍人。以名公子選尙信義公主，拜駙馬都尉、中書侍郎。遷晉陵太守。及將之郡，更令左右緝治中書廨宇，謂賓友曰：「庶來者無勞，不亦可乎？」尋授寧遠將軍、尙書吏部侍郎。

凝年位未高，而才地爲時所重，常端坐西齋，自非素貴名流，罕所交接，趣時者多譏焉。高宗常謂凝曰：「我欲用義興主壻錢肅爲黃門郎，卿意何如？」凝正色對曰：「帝鄉舊戚，恩由聖旨，則無所復問。若格以僉議，黃散之職，故須人門兼美，惟陛下裁之。」高宗默然而止。肅聞而有憾，令義興主日譖之於高宗，尋免官，遷交阯。頃之，追還。

後主嗣位，授晉安王諮議參軍，轉給事黃門侍郎。後主嘗置酒會，羣臣歡甚，將移讌於弘範宮，衆人咸從，唯凝與袁憲不行。後主曰：「卿何爲者？」凝對曰：「長樂尊嚴，非酒後所過，臣不敢奉詔。」衆人失色。後主曰：「卿醉矣。」卽令引出。他日，後主謂吏部尚書蔡徵曰：「蔡凝負地矜才，無所用也。」尋遷信威晉熙王府長史，鬱鬱不得志，乃喟然歎曰：「天道有廢興，夫子云『樂天知命』，斯理庶幾可達。」因製小室賦以見志，甚有辭理。陳亡入隋，道病卒，時年四十七。

子君知頗知名。

阮卓，陳留尉氏人。祖詮，梁散騎侍郎。父問道，梁寧遠岳陽王府記室參軍。

卓幼而聰敏，篤志經籍，善談論，尤工五言詩。性至孝，其父隨岳陽王出鎭江州，遇疾而卒，卓時年十五，自都奔赴，水漿不入口者累日。屬侯景之亂，道路阻絕，卓冒履險艱，載喪柩還都。在路遇賊，卓形容毀瘁，號哭自陳，賊哀而不殺之，仍護送出境。及渡彭蠡湖，中流忽遇疾風，船幾沒者數四，卓仰天悲號，俄而風息，人皆以爲孝感之至焉。

世祖卽位，除輕車鄱陽王府外兵參軍。天康元年，轉雲麾新安王府記室參軍，仍隨府

轉翊右記室，帶撰史著士。遷鄱陽王中衞府錄事，轉晉安王府記室，著士如故。及平歐陽紇，交阯夷獠往往相聚爲寇抄，卓奉使招慰。交阯通日南、象郡，多金翠珠貝珍怪之產，前後使者皆致之，唯卓挺身而還，衣裝無他，時論咸伏其廉。遷衡陽王府中錄事參軍。入爲尚書祠部郎。遷始興王中衞府記室參軍。

叔陵之誅也，後主謂朝臣曰：「阮卓素不同逆，宜加旌異。」至德元年，入爲德敎殿學士。尋兼通直散騎常侍，副王話聘隋。隋主夙聞卓名，乃遣河東薛道衡、琅邪顏之推等，與卓談讌賦詩，賜遺加禮。還除招遠將軍、南海王府諮議參軍。以目疾不之官，退居里舍，改構亭宇，脩山池卉木，招致賓友，以文酒自娛。禎明三年入于隋，行至江州，追感其父所終，因遘疾而卒，時年五十九。

時有武威陰鏗，字子堅，梁左衞將軍子春之子。幼聰慧，五歲能誦詩賦，日千言。及長，博涉史傳，尤善五言詩，爲當時所重。釋褐梁湘東王法曹參軍。天寒，鏗嘗與賓友宴飲，見行觴者，因回酒炙以授之，衆坐皆笑，鏗曰：「吾儕終日酣飲，而執爵者不知其味，非人情也。」及侯景之亂，鏗嘗爲賊所擒，或救之獲免，鏗問其故，乃前所行觴者。天嘉中，爲始興王府中錄事參軍。世祖嘗讌羣臣賦詩，徐陵言之於世祖，卽日召鏗預讌，使賦新成安樂宮，鏗援筆便就，世祖甚歎賞之。累遷招遠將軍、晉陵太守、員外散騎常侍，頃之卒。有集三卷行於世。

史臣曰：夫文學者，蓋人倫之所基歟？是以君子異乎衆庶。昔仲尼之論四科，始乎德行，終於文學，斯則聖人亦所貴也。至如杜之偉之徒，值於休運，各展才用，之偉尤著美焉。

「江德操字德藻」或本「江德藻字德藻」，疑。

校勘記

〔一〕中大(同)〔通〕元年梁武帝幸同泰寺捨身勑勉撰定儀註　按徐勉卒於大同元年，中大同在大同之後。查梁書武帝紀，梁武帝於中大通元年九月幸同泰寺捨身，明「中大同」爲「中大通」之譌，今據改。

〔二〕以之偉掌記室　「偉」字原本缺，據各本補。

〔三〕仍侍臨(成)〔城〕公讀　據梁書南郡王大連傳改。按孫吳赤烏中，析陵陽、石城二縣地置臨城縣，梁屬南陵郡。

〔四〕〔大同〕七年　據南史補。

〔五〕時樂府無孔子顏子登哥詞　「哥」各本作「歌」。按哥古歌字。

〔六〕臣無容遽變市朝　「變」元龜四六四作「戀」。

〔七〕江德(操)〔藻〕字德藻　據北監本、殿本及南史改。按本書總目、子目均作「德藻」，本傳後文亦同，洪頤煊諸史考異及張森楷校勘記並以作「德操」爲誤。

〔八〕天嘉四年至與中書郎劉師知使齊　按南康愍王曇朗傳，江德藻與劉師知奉使至齊迎曇朗喪柩，以天嘉三年春還都，則德藻等使齊當在天嘉三年前，「四年」疑「二年」之誤。

〔九〕庾持字允德　「允德」南史作「元德」。

〔一〇〕父〔沙〕彌　據北監本、汲本、殿本補。按庾沙彌梁書有傳。

〔一一〕天監初世祖與持有舊　張森楷校勘記云：「高祖以天監二年生，世祖安得於天監初與持有舊？此必誤也。」今按：以傳文敍事之次第推之，「天監」疑爲「太清」之誤。

〔一二〕坐杖殺縣民免封　南史無「封」字。按上文言「世祖怒之，因坐免」，當是免去其尙書左丞，至此始免其封爵，「封」字非衍文。

〔一三〕(遷)〔還〕爲給事黃門侍郎　據南史改。按此言持免臨安令後，還都爲給事黃門侍郎也。「遷」與「還」形近而譌。

〔一四〕解褐梁安東王行參軍　張森楷校勘記云：「梁無安東王，安東是將軍號，疑此『東』字下有脫文。」

〔一五〕所司收僧辯及其子頠〔屍〕　據北監本、殿本及南史補。

〔一六〕相率以家財營葬〔具〕　據北監本、汲本、殿本及南史刪。

〔一七〕遇有猛獸　「獸」北監本、汲本、殿本作「虎」，下同。按南史亦作「獸」，蓋避唐諱。作「虎」乃後人回改

〔一八〕遷安成王長史　「史」原本譌「子」，各本不譌，今改正。

〔一九〕幷親製祭文遣使者弔祭　北監本、汲本、殿本「文」上無「祭」字，「使」下無「者」字。

〔二〇〕恆有酸恨　「恨」北監本、汲本、殿本作「梗」。

〔二一〕梁大匠卿晏〔子〕之子　據南史補。按梁書陸雲公傳，雲公有兄名晏子，卽此晏子也。

〔二二〕武陵王以太尉承制授南梁州(長)〔刺〕史　據南史改。按州無長史。

〔二三〕之元從邵陵太守劉恭之郡　「劉恭」南史作「劉棻」。通鑑梁敬帝紹泰元年「邵陵太守劉棻將兵援江陵」，亦作「劉棻」。下同。

〔二四〕編年之作　「編」原本譌「繼」，各本不譌，今改正。

〔二五〕甚見佳賞　「佳」北監本、汲本、殿本作「嘉」。

陳書卷三十五

列傳第二十九

熊曇朗　周迪　留異　陳寶應

熊曇朗，豫章南昌人也，世爲郡著姓。曇朗跅弛不羈，有膂力，容貌甚偉。侯景之亂，稍聚少年，據豐城縣爲栅，桀黠劫盜多附之。梁元帝以爲巴山太守。荆州陷，曇朗兵力稍彊，劫掠隣縣，縛賣居民，山谷之中，最爲巨患。

及侯瑱鎭豫章，曇朗外示服從，陰欲圖瑱。侯方兒之反瑱也，曇朗爲之謀主，瑱敗，曇朗獲瑱馬仗子女甚多。及蕭勃踰嶺，歐陽頠爲前軍，曇朗紿頠共往巴山襲黃法氍，又報法氍期共破頠，約曰「事捷與我馬仗」。及出軍，與頠掎角而進，又紿頠曰「余孝頃欲相掩襲，須分留奇兵，甲仗旣少，恐不能濟」。頠乃送甲三百領助之。及至城下，將戰，曇朗僞北，法氍乘之，頠失援，狼狽退衂，曇朗取其馬仗而歸。時巴山陳定亦擁兵立寨，曇朗僞以女妻定

子。又謂定曰「周迪、余孝頃竝不願此婚，必須以彊兵來迎」。定乃遣精甲三百幷土豪二十人往迎，旣至，曇朗執之，收其馬仗，竝論價責贖。

紹泰二年，曇朗以南川豪帥，隨例除游騎將軍。尋爲持節、飆猛將軍、桂州刺史資，領豐城令，歷宜新、豫章二郡太守。王琳遣李孝欽等隨余孝頃於臨川攻周迪，曇朗率所領赴援。其年，以功除持節、通直散騎常侍、寧遠將軍，封永化縣侯，邑一千戶，給鼓吹一部。又以抗禦王琳之功，授平西將軍、開府儀同三司，餘竝如故。及周文育攻余孝勱於豫章，曇朗出軍會之，文育失利，曇朗乃害文育，以應王琳，事見文育傳。於是盡執文育所部諸將，據新淦縣，帶江爲城。

王琳東下，世祖徵南川兵，江州刺史周迪、高州刺史黃法氍欲沿流應赴，曇朗乃據城列艦斷遏，迪等與法氍因帥南中兵築城圍之，絕其與琳信使。及王琳敗走，曇朗黨援離心，迪攻陷其城，虜其男女萬餘口。曇朗走入村中，村民斬之，傳首京師，懸于朱雀觀。〔一〕於是盡收其宗族，無少長皆弃市。

周迪，臨川南城人也。少居山谷，有膂力，能挽彊弩，以弋獵爲事。侯景之亂，迪宗人

周續起兵於臨川，梁始興王蕭毅以郡讓續，迪召募鄉人從之，每戰必勇冠衆軍。續所部渠帥，皆郡中豪族，稍驕橫，續頗禁之，渠帥等竝怨望，乃相率殺續，推迪爲主，迪乃據有臨川之地，築城于工塘。梁元帝授迪持節、通直散騎常侍、壯武將軍、高州刺史，封臨汝縣侯，邑五百戶。

紹泰二年，除臨川內史。尋授使持節、散騎常侍、信威將軍、衡州刺史，領臨川內史。周文育之討蕭勃也，迪按甲保境，以觀成敗。文育使長史陸山才說迪，迪乃大出糧餉，以資文育。勃平，以功加振遠將軍，遷江州刺史。

高祖受禪，王琳東下，迪欲自據南川，乃總召所部八郡守宰結盟，聲言入赴，朝廷恐其爲變，因厚慰撫之。琳至湓城，新吳洞主余孝頃舉兵應琳。琳以爲南川諸郡可傳檄而定，乃遣其將李孝欽、樊猛等南徵糧餉。猛等與余孝頃相合，衆且二萬，來趨工塘，連八城以逼迪。迪使周敷率衆頓臨川故郡，截斷江口，因出與戰，大敗之，屠其八城，生擒李孝欽、樊猛、余孝頃送于京師，收其軍實，器械山積，幷虜其人馬，迪竝自納之。永定二年，以功加平南將軍、開府儀同三司，增邑一千五百戶，給鼓吹一部。

世祖嗣位，進號安南將軍。[二]熊曇朗之反也，迪與周敷、黃法𣰰等率兵共圍曇朗，屠之，盡有其衆。王琳敗後，世祖徵迪出鎭湓城，又徵其子入朝，迪趑趄顧望，竝不至。豫章

太守周敷本屬於迪，至是與黃法𣰰率其所部詣闕，世祖錄其破熊曇朗之功，竝加官賞，迪聞之，甚不平，乃陰與留異相結。及王師討異，迪疑懼不自安，乃使其弟方興率兵襲周敷，敷與戰，破之。又別使兵襲華皎於湓城，事覺，盡爲皎所擒。〔天嘉〕三年春，[三]世祖乃下詔赦南川士民爲迪所詿誤者，使江州刺史吳明徹都督衆軍，與高州刺史黃法𣰰、豫章太守周敷討迪。於是尚書下符曰：

告臨川郡士庶：昔西京爲盛，信、越背誕；東都中興，萌、寵違戾。是以鷹鸇競逐，菹醢極誅，自古有之，其來尙矣。

逆賊周迪，本出輿臺，有梁喪亂，暴掠山谷。我高祖躬率百越，師次九川，濯其泥沙，假以毛羽，裁解豚佩，仍剖獸符，[四]卵翼之恩，方斯莫喻。皇運肇基，頗布誠款，國步艱阻，竟微効力。龍節繡衣，藉王爵而御下，熊旗組甲，因地險而陵上。日者王琳始貳，蕭勃未夷，西結三湘，南通五嶺，衡、廣戡定，旣安反側，江、郢紛梗，復生攜背，擁據一郡，苟且百心，志貌常違，言迹不副。特以新吳未靜，地遠兵彊，互相兼幷，成其形勢。收獲器械，俘虜士民，竝曰私財，曾無獻捷。時遣一介，終持兩端。朝廷光大含弘，引納崇遇，遂乃位等三槐，任均四嶽，富貴隆赫，超絕功臣。加以出師逾嶺，遠相響援，按甲斷江，翻然猜拒。故司空愍公，敦以宗盟，情同骨肉，城池連接，勢猶脣齒，彭

亡之禍，坐觀離作，階此釁故，結其黨與。于時北寇侵軼，西賊憑陵，屝屨糇糧，悉以資寇，爵號軍容，一遵僞黨。及王師凱振，大定區中，天網恢弘，棄之度外，璽書綸誥，撫慰綢繆，冠蓋縉紳，敦授重疊。至於熊曇朗勦滅，豐城克定，蓋由儀同法𣰰之元功，安西周敷之効力，司勳有典，懋賞斯舊，惡直醜正，自爲仇讎，悖禮姦謀，因此滋甚。徵出湓城，歷年不就，求遣侍子，累載未朝。外誘逋亡，招集不逞，中調京輦，規冀非常。擅斂征賦，罕歸九府，擁遏二賈，害及四民。潛結賊異，共爲表裏，同惡相求，密加應援。謂我六軍薄伐，三越未寧，屠破述城，虜縛妻息，分襲湓鎭，稱兵蠡邦，拘逼酋豪，攻圍城邑，幸國有備，應時殲殄。

假節、通直散騎常侍、仁武將軍、尋陽太守懷仁縣伯華皎，明威將軍、廬陵太守益陽縣子陸子隆，竝破賊徒，剋全郡境。持節、散騎常侍、安西將軍、定州刺史、[五]領豫章太守西豐縣侯周敷，躬扞溝壘，身當矢石，率茲義勇，以寡摧衆，斬馘萬計，俘虜千羣。迪方收餘燼，還固墉堞。使持節、安南將軍、開府儀同三司、高州刺史新建縣侯法𣰰，雄績早宣，忠誠夙著，未奉王命，前率義旅，旣援敷等，又全子隆，裹糧擐甲，仍躡飛走，批熊之旅，驅馳越電，振武之衆，叱咤移山，以此追奔，理無遺類。

雖復朽株將拔，非待尋斧，落葉就殞，無勞烈風；但去草絕根，在於未蔓，撲火止

燎，貴乎速滅，分命將帥，寔資英果。今遣鎭南儀同司馬、湘東公相劉廣德，兼平西司馬孫曉，北新蔡太守魯廣達，持節、安南將軍、吳州刺史彭澤縣侯魯悉達，甲士萬人，步出興口。又遣前吳興太守胡鑠，樹功將軍、前宣城太守錢法成，天門、義陽二郡太守樊毅，雲麾將軍、合州刺史南固縣侯焦僧度，嚴武將軍、建州刺史辰縣子張智達，持節、都督江吳二州諸軍事、安南將軍、江州刺史安吳縣侯吳明徹，樓艦馬步，直指臨川。前安成內史劉士京，巴山太守蔡僧貴，南康內史劉峯，廬陵太守陸子隆，安成內史闕愼，竝受儀同法𣰰節度，同會故郡。又命尋陽太守華皎，光烈將軍、巴州刺史潘純陁，平西將軍、郢州刺史欣樂縣侯章昭達，竝率貔豹，逕造賊城。使持節、散騎常侍、鎭南將軍、開府儀同三司、湘州刺史湘東郡公度，分遣偏裨，相繼上道，戈船蔽水，彀騎彌山。又詔鎭南將軍、開府儀同三司歐陽頠，率其子弟交州刺史盛、新除太子右率邃、衡州刺史侯曉等，[六]以勁越之兵，踰嶺北邁。千里同期，百道俱集，如脫稽誅，更淹旬晦，司空、大都督安都已平賊異，凱歸非久，飲至禮畢，乘勝長驅，勦撲凶醜，如燎毛髮。已有明詔，罪唯迪身，黎民何辜，一皆原宥。其有因機立功，賞如別格；執迷不改，刑茲罔赦。

吳明徹至臨川，令衆軍作連城攻迪，相拒不能剋，世祖乃遣高宗總督討之，迪衆潰，妻子悉

擒，乃脫身踰嶺之晉安，依于陳寶應。寶應以兵資迪，留異又遣第二子忠臣隨之。

明年秋，復越東興嶺，東興、南城、永成縣民，皆迪故人，復共應之。世祖遣都督章昭達征迪，迪又散于山谷。初，侯景之亂也，百姓皆棄本業，羣聚爲盜，唯迪所部，獨不侵擾，竝分給田疇，督其耕作，民下肆業，各有贏儲，政教嚴明，徵斂必至，餘郡乏絕者，皆仰以取給。迪性質朴，不事威儀，冬則短身布袍，夏則紫紗袜腹，居常徒跣，雖外列兵衞，內有女伎，挼繩破篾，傍若無人。然輕財好施，凡所周贍，毫釐必鈞，訥於言語，而襟懷信實，臨川人皆德之。至是竝共藏匿，雖加誅戮，無肯言者。昭達仍度嶺，頓于建安，與陳寶應相抗，迪復收合出東興。時宣城太守錢肅鎮東興，以城降迪。吳州刺史陳詳，率師攻迪，詳兵大敗，虔化侯陳詡、陳留太守張遂竝戰死，於是迪衆復振。世祖遣都督程靈洗擊破之，迪又與十餘人竄于山穴中，日月轉久，相隨者亦稍苦之。後遣人潛出臨川郡市魚鮭，足痛，舍於邑子，邑子告臨川太守駱牙，牙執之，令取迪自効。因使腹心勇士隨入山中，誘迪出獵，伏兵於道傍，斬之，傳首京都，梟于朱雀觀三日。

留異，東陽長山人也。世爲郡著姓。異善自居處，言語醞藉，爲鄉里雄豪。多聚惡少，

陵侮貧賤，守宰皆患之。梁代爲蟹浦戍主，歷晉安、安固二縣令。侯景之亂，還鄉里，召募士卒，東陽郡丞與異有隙，引兵誅之，及其妻子。太守沈巡援臺，讓郡於異，異使兄子超監知郡事，率兵隨巡出都。

及京城陷，異隨臨城公蕭大連，大連板爲司馬，委以軍事。異性殘暴，無遠略，督責大連軍主及以左右私樹威福，衆竝患之。會景將軍宋子仙濟浙江，異奔還鄉里，尋以其衆降于子仙。是時大連亦趣東陽之信安嶺，欲之鄱陽，異乃爲子仙鄉導，令執大連。侯景署異爲東陽太守，收其妻子爲質。景行臺劉神茂建義拒景，異外同神茂，而密契於景。及神茂敗績，爲景所誅，異獨獲免。

侯景平後，王僧辯使異慰勞東陽，仍糾合鄉閭，保據巖阻，其徒甚盛，州郡憚焉。元帝以爲信安令。荊州陷，王僧辯以異爲東陽太守。世祖平定會稽，異雖轉輸糧饋，而擁擅一郡，威福在己。紹泰二年，以應接之功，除持節、通直散騎常侍、信武將軍、縉州刺史，領東陽太守，封永興縣侯，〔七〕邑五百戶。其年遷散騎常侍、信威將軍，增邑三百戶，餘竝如故。又以世祖長女豐安公主配異第三子貞臣。永定二年，徵異爲使持節、散騎常侍、都督南徐州諸軍事、平北將軍、南徐州刺史，異遷延不就。

世祖即位，改授都督縉州諸軍事、安南將軍、縉州刺史，領東陽太守。異頻遣其長史王

漸爲使入朝，漸每言朝廷虛弱，異信之，雖外示臣節，恆懷兩端，與王琳自鄱陽信安嶺潛通信使。王琳又遣使往東陽，署守宰。及琳敗，世祖遣左衞將軍沈恪代異爲郡，實以兵襲之。異出下淮抗禦，恪與戰，敗績，退還錢塘，異乃表啓遜謝。是時衆軍方事湘、郢，乃降詔書慰喩，且羈縻之，異亦知朝廷終討於己，乃使兵戍下淮及建德，以備江路。湘州平，世祖乃下詔曰：

昔四罪難弘，大媯之所無赦，九黎亂德，少昊之所必誅。自古皇王，不貪征伐，苟爲時蠹，事非獲已。

逆賊留異，數應亡滅，繕甲完聚，由來積年。進謝羣龍，自躍於千里，退懷首鼠，恆持於百心。中歲密契番禺，既弘天網，賜以名爵，敦以國姻，儻望懷音，猶能革面。王琳竊據中流，翻相應接，別引南川之嶺路，專爲東道之主人，結附凶渠，唯欣禍亂。既祆氛盪定，氣沮心孤，類傷鳥之驚弦，等窮獸之謀觸。雖復遣家入質，子陽之態轉遒；侍子還朝，隗囂之心方熾。

睠志相成養，不計疵慝，披襟解帶，敦喩殷勤。蜂目彌彰，梟聲無改，遂置軍江口，嚴戍下淮，顯然反叛，非可容匿。且縉邦膏腴，稽南殷曠，永割王賦，長壅國民，竹箭良材，絕望京輦，萑蒲小盜，共肆貪殘，念彼餘甿，兼其慨息。西戎屈膝，自款重關，秦國

依風，竝輪侵地，三邊已乂，四表咸寧，唯此微妖，所宜清殄。可遣使持節、都督南徐州諸軍事、征北將軍、司空、南徐州刺史桂陽郡開國公安都指往擒戮，罪止異身，餘無所問。

異本謂官軍自錢塘江而上，安都乃由會稽、諸暨步道襲之。異聞兵至，大恐，棄郡奔于桃支嶺，於嶺口立栅自固。明年春，安都大破其栅，異與第二子忠臣奔于陳寶應，於是虜其餘黨男女數千人。天嘉五年，陳寶應平，并擒異送都，斬于建康市，子姪及同黨無少長皆伏誅，唯第三子貞臣以尚主獲免。

陳寶應，晉安候官人也。世爲閩中四姓。父羽，有材幹，爲郡雄豪。寶應性反覆，多變詐。梁代晉安數反，累殺郡將，羽初竝扇惑合成其事，後復爲官軍鄉導破之，由是一郡兵權皆自己出。

侯景之亂，晉安太守、賓化侯蕭雲以郡讓羽，羽年老，但治郡事，令寶應典兵。是時東境饑饉，會稽尤甚，死者十七八，平民男女，竝皆自賣，而晉安獨豐沃。寶應自海道寇臨安、永嘉及會稽、餘姚、諸暨，〔八〕又載米粟與之貿易，多致玉帛子女，其有能致舟乘者，亦竝奔

歸之，由是大致貲產，士衆彊盛。侯景平，元帝因以羽爲晉安太守。高祖輔政，羽請歸老，求傳郡于寶應，高祖許之。紹泰元年，授壯武將軍、晉安太守，尋加員外散騎常侍。二年，封候官縣侯，邑五百戶。時東西嶺路，寇賊擁隔，寶應自海道趨于會稽貢獻。高祖受禪，授持節、散騎常侍、信武將軍、閩州刺史，領會稽太守。世祖嗣位，進號宣毅將軍，又加其父光祿大夫，仍命宗正錄其本系，編爲宗室，并遣使條其子女，無大小竝加封爵。

寶應娶留異女爲妻，侯安都之討異也，寶應遣兵助之，又資周迪兵糧，出寇臨川。及都督章昭達於東興、南城破迪，世祖因命昭達都督衆軍，由建安南道渡嶺，又命益州刺史領信義太守余孝頃都督會稽、東陽、臨海、永嘉諸軍自東道會之，以討寶應，并詔宗正絕其屬籍。於是尚書下符曰：

告晉安士庶：昔隴西旅拒，漢不稽誅，遼東叛換，魏申宏略。若夫無諸漢之策勳，有扈夏之同姓，至於納吳濞之子，致橫海之師，違姒啓之命，有甘誓之討。況迺族不繫於宗盟，名無紀於庸器，而顯成三叛，釁深四罪者乎？

案閩寇陳寶應父子，卉服支孽，本迷愛敬。梁季喪亂，閩隅阻絕，父既豪俠，扇動蠻陬，椎髻箕坐，自爲渠帥，無聞訓義，所資姦諂，爰肆蜂豺，俄而解印。炎行方謝，網

漏吞舟，日月居諸，弃之度外。自東南王氣，寔表聖基，斗牛聚星，允符王迹，梯山航海，雖若款誠，擅割瓌珍，竟微職貢。朝廷遵養含弘，寵靈隆赫，起家臨郡，兼壵繡之榮，裂地置州，假藩麾之盛。卽封戶牖，仍邑櫟陽，乘華轂者十人，保弊廬而萬石。又以盛漢君臨，推恩婁敬，隆周朝會，迺長滕侯，由是紫泥青紙，遠賁恩澤，鄉亭龜組，頒及嬰孩。

自谷遷喬，孰復爲擬，而苞藏鴆毒，敢行狼戾。連結留異，表裏周迪，盟歃婚姻，自爲脣齒，屈彊山谷，推移歲時。及我轂騎防山，定秦望之西部，戈船下瀨，克匯澤之南川，遂敢舉斧，竝助凶孽，莫不應弦摧衂，盡殪醜徒。每以罪在酋渠，憫茲驅逼，所收俘馘，竝勒矜放。仍遣中使，爰降詔書，天網恢弘，猶許改思。異既走險，迪又逃刑，誑侮王人，爲之川藪，遂使袁熙請席，遠歎頭行，馬援覿蛙，猶安井底。至如遏絕九賦，剽掠四民，闔境資財，盡室封奪，凡厥蒼頭，皆略黔首。螢賊相扇，叶契連蹤，乃復踰超瀛溟，寇擾浹口，侵軼嶺嶠，掩襲逃城，縛掠吏民，焚燒官寺，此而可縱，孰不可容？

今遣沙州刺史俞文冏，明威將軍程文季，假節、宣猛將軍、成州刺史甘他，假節、雲旗將軍譚瑱，假節、宣猛將軍、前監臨海郡陳思慶，前軍將軍徐智遠，明毅將軍宜黃縣開國侯慧紀，開遠將軍、新除晉安太守趙彖，持節、通直散騎常侍、壯武將軍、定州刺史

康樂縣開國侯林馮，假節、信威將軍、都督東討諸軍事、益州刺史余孝頃，率羽林二萬，蒙衝蓋海，乘跨滄波，掃蕩巢窟。此皆明恥教戰，濡須鞠旅，〔九〕累從楊僕，亟走孫恩，斬蛟中流，命馮夷而鳴鼓，鼉鼂爲駕，轥方壺而建旗。義安太守張紹賓，忠誠款到，累使求軍，南康內史裴忌，新除輕車將軍劉峯，東衡州刺史錢道戢，竝卽遣人仗，與紹賓同行。故司空歐陽公，昔有表奏，請宣薄伐，遙途意合，若伏波之論兵，長逝遺誠，同子顏之勿赦。征南薨謝，上策無忘，周南餘恨，嗣子弗忝。廣州刺史歐陽紇，克符家聲，聿遵廣略，舟師步卒，二萬分趨，水扼長鯨，陸掣封狶，董率衡、廣之師，會我六軍。潼州刺史李䐗，明州刺史戴晃，新州刺史區白獸，〔一〇〕壯武將軍脩行師，陳留太守張遂，前安成內史闕愼，前廬陵太守陸子隆，前豫寧太守任蠻奴，〔一一〕巴山太守黃法慈，戎昭將軍、湘東公世子徐敬成，吳州刺史魯廣達，前吳州刺史遂興縣開國侯詳，使持節、都督征討諸軍事、散騎常侍、護軍將軍昭達，率緹騎五千，組甲二萬，直渡邵武，仍頓晉安。按轡揚旌，夷山堙谷，指期掎角，以制飛走。前宣(威)〔城〕太守錢肅，〔一二〕臨川太守駱牙，太子左衞率孫詡，尋陽太守莫景隆，豫章太守劉廣德，竝隨機鎮遏，絡驛在路。

使持節、散騎常侍、鎮南將軍、開府儀同三司、江州刺史新建縣開國侯法㲈，戒嚴中流，以爲後殿。

斧鉞所臨，罪唯元惡及留異父子。其黨主帥，雖有請泥函谷，相背淮陰，若能翻然改圖，因機立効，非止肆眚，(乃)〔仍〕加賞擢。〔一三〕其建、晉士民，久被驅迫者，大軍明加撫慰，各安樂業，流寓失鄉，卽還本土。其餘立功立事，已具賞格。若執迷不改，同惡趑趄，斧鉞一臨，罔知所赦。

昭達既剋周迪，踰東興嶺，頓于建安，余孝頃又自臨海道襲于晉安，寶應據建安之湖際，逆拒王師，水陸爲栅。昭達深溝高壘，不與戰，但命軍士伐木爲簰。俄而水盛，乘流放之，突其水栅，仍水步薄之，寶應衆潰，身奔山草閒，窘而就執，并其子弟二十人送都，斬于建康市。

史臣曰：梁末之災沴，羣凶競起，郡邑巖穴之長，村屯鄔壁之豪，資剽掠以致彊，恣陵侮而爲大。高祖應期撥亂，戡定安輯，熊曇朗、周迪、留異、陳寶應雖身逢興運，猶志在亂常。曇朗姦慝翻覆，夷滅斯爲幸矣。寶應及異，世祖或敦以婚姻，或處其類族，豈有不能威制，

蓋以德懷也。遂乃背恩負義，各立異圖，地匪淮南，有爲帝之志，勢非庸、蜀，啓自王之心。嗚呼，既其迷暗所致，五宗屠勦，宜哉！

校勘記

〔一〕懸于朱雀觀　殿本考證云「觀」南史作「航」。

〔二〕世祖嗣位進號安南將軍　「安南將軍」世祖紀作「鎮南將軍」。

〔三〕〔天嘉〕三年春　「天嘉」二字各本並脫，今據南史補。

〔四〕仍剖獸符　「獸」北監本、汲本、殿本作「虎」。按此避唐諱改，作「虎」乃後人回改也。

〔五〕定州刺史　周敷傳作「寧州刺史」。

〔六〕衡州刺史侯曉等　「衡州」侯安都傳附曉事蹟作「東衡州」。

〔七〕封永興縣侯　「永興」南史作「永嘉」。

〔八〕寶應自海道寇臨安永嘉及會稽餘姚諸暨　洪頤煊諸史考異云：「『臨安』當作『臨海』。」按臨海與

永嘉、會稽、餘姚、諸暨並在浙東，若臨安則在浙西矣。寶應自海道來，自當先至臨海也，洪說是。

〔九〕此皆明恥教戰濡須鞠旅　篇末附曾鞏等舊校，云「恐有誤」。按此引用三國吳孫權治兵濡須以拒曹軍故事，不誤。

〔一〇〕新州刺史區白獸　「獸」各本同，疑當作「虎」，亦以避唐諱改。

〔一一〕前豫寧太守任蠻奴　「豫寧」各本並作「豫章」。今按元龜二一六作「豫寧」，任忠傳亦作「豫寧」，且下另有豫章太守劉廣德，明作「豫章」者譌。

〔一二〕前宣（威）〔城〕太守錢肅　「宣威」周迪傳作「宣城」，今據改。

〔一三〕（乃）〔仍〕加賞擢　據各本改。

陳書卷三十六

列傳第三十

始興王叔陵　新安王伯固

始興王叔陵字子嵩，高宗之第二子也。梁承聖中，高宗在江陵爲直閤將軍，而叔陵生焉。江陵陷，高宗遷關右，叔陵留于穰城。高宗之還也，以後主及叔陵爲質。天嘉三年，隨後主還朝，封康樂侯，邑五百戶。

叔陵少機辯，徇聲名，彊梁無所推屈。光大元年，除中書侍郎。二年，出爲持節、都督江州諸軍事、南中郎將、江州刺史。太建元年，封始興郡王，奉昭烈王祀。進授使持節、都督江郢晉三州諸軍事、軍師將軍，刺史如故。叔陵時年十六，政自己出，僚佐莫預焉。性嚴刻，部下懾憚。諸公子姪及罷縣令長，皆逼令事己。豫章內史錢法成誥府進謁，即配其子季卿將領馬仗，季卿慙恥，不時至，叔陵大怒，侵辱法成，法成憤怨自縊而死。州縣非其部

內，亦徵攝案治之，朝貴及下吏有乖忤者，輒誣奏其罪，陷以重辟。尋進號雲麾將軍，加散騎常侍。三年，加侍中。四年，遷都督湘衡桂武四州諸軍事、平南將軍、湘州刺史，侍中、使持節如故。諸州鎮聞其至，皆震恐股慄。叔陵日益暴橫，征伐夷獠，所得皆入己，絲毫不以賞賜。徵求役使，無有紀極。夜常不臥，燒燭達曉，呼召賓客，說民間細事，戲謔無所不爲。性不飲酒，唯多置餚胾，晝夜食噉而已。自旦至中，方始寢寐。其曹局文案，非呼不得輒自呈。答罪者皆繫獄，動數年不省視。瀟、湘以南，皆逼爲左右，廛里殆無遺者。其中脫有逃竄，輒殺其妻子。州縣無敢上言，高宗弗之知也。尋進號鎮南將軍，給鼓吹一部，還中衛將軍。九年，除使持節、都督揚徐東揚南豫四州諸軍事、揚州刺史，侍中、將軍、鼓吹如故。

十年，至都，加扶，給油幢車。叔陵治在東府，事務多關治省閤，執事之司，承意順旨，即諷上進用之，微致違忤，必抵以大罪，重者至殊死，道路籍籍，皆言其有非常志。叔陵脩飾虛名，每入朝，常於車中馬上執卷讀書，高聲長誦，陽陽自若。歸坐齋中，或自執斧斤爲沐猴百戲。又好遊冢墓閒，遇有塋表主名可知者，輒令左右發掘，取其石誌古器，并骸骨肘脛，持爲翫弄，藏之庫中。府內民閒少妻處女，微有色貌者，並即逼納。

十一年，丁所生母彭氏憂去職。頃之，起爲中衛將軍，使持節、都督、刺史如故。晉世王公貴人，多葬梅嶺，及彭卒，叔陵啓求於梅嶺葬之，乃發故太傅謝安舊墓，棄去安柩，以葬

其母。初喪之日，僞爲哀毁，自稱刺血寫涅槃經，未及十日，乃令庖廚擊鮮，日進甘膳。又私召左右妻女，與之姦合，所作尤不軌，侵淫上聞。高宗譴責御史中丞王政，以不舉奏免政官，又黜其典籤親事，仍加鞭捶。高宗素愛叔陵，不繩之以法，但責讓而已。服闋，又爲侍中、中軍大將軍。

及高宗不豫，太子諸王竝入侍疾。高宗崩于宣福殿，翌日旦，後主哀頓俯伏，叔陵以剉藥刀斫後主中項。太后馳來救焉，叔陵又斫太后數下。後主乳媼吳氏，時在太后側，自後掣其肘，後主因得起。叔陵仍持後主衣，後主自奮得免。長沙王叔堅手搤叔陵，奪去其刀，仍牽就柱，以其褶袖縛之。時吳媼已扶後主避賊，叔堅求後主所在，將受命焉。叔陵因奮袖得脫，突走出雲龍門，馳車還東府，呼其甲士，散金銀以賞賜，外召諸王將帥，莫有應者，唯新安王伯固聞而赴之。

叔陵聚兵僅千人，初欲據城保守，俄而右衛將軍蕭摩訶將兵至府西門，叔陵事急惶恐，乃遣記室韋諒送其鼓吹與摩訶，仍謂之曰：「如其事捷，必以公爲台鼎。」摩訶紿報之，曰「須王心膂節將自來，方敢從命」。叔陵卽遣戴溫、譚騏驎二人詣摩訶所，摩訶執以送臺，斬於閣道下。叔陵自知不濟，遂入內沈其妃張氏及寵妾七人于井中。叔陵有部下兵先在新林，於是率人馬數百，自小航渡，欲趣新林，以舟艦入北。行至白楊路，爲臺軍所邀，伯固見兵至，

旋避入巷，叔陵馳騎拔刃追之，伯固復還。叔陵部下，多棄甲潰散，摩訶馬(客)〔容〕陳智深迎刺叔陵，〔一〕僵斃于地，閹豎王飛禽抽刀斫之十數下，馬(客)〔容〕陳仲華就斬其首，送于臺。自寅至巳乃定。

尚書八座奏曰：「逆賊故侍中、中軍大將軍、始興王叔陵，幼而很戾，長肆貪虐。出撫湘南，及鎮九水，兩藩甿庶，掃地無遺。蜂目豺聲，狎近輕薄，不孝不仁，阻兵安忍，無禮無義，唯戮是聞。及居偏憂，婬樂自恣，產子就館，日月相接。晝伏夜遊，恆習姦詭，抄掠居民，歷發丘墓。謝太傅晉朝佐命，草創江左，斵棺露骸，事驚聽視。自大行皇帝寢疾，翌日未瘳，叔陵以貴介之地，參侍醫藥，外無戚容，內懷逆弒。大漸之後，聖躬號擗，遂因匍匐，手犯乘輿。皇太后奉臨，又加鋒刃，窮凶極逆，曠古未儔。賴長沙王叔堅誠孝懇至，英果奮發，手加挫拉，身蔽聖躬。叔陵仍奔東城，招集兇黨，餘毒方熾，自害妻孥。雖應時梟懸，猶未攄憤怨，臣等參議，請依宋代故事，流尸中江，汙瀦其室，并毀其所生彭氏墳廟，還謝氏之塋。」制曰：「凶逆梟獍，反噬宮闈，賴宗廟之靈，時從仆滅。〔二〕撫情語事，酸憤兼懷，朝議有章，宜從所奏也。」

叔陵諸子，卽日竝賜死。前衡陽內史彭暠、諮議參軍兼記室鄭信、中錄事參軍兼記室韋諒、典籤俞公喜，竝伏誅。暠，叔陵舅也，初隨高宗在關中，頗有勤効，因藉叔陵將領歷

陽、衡陽二郡。信以便書記，有寵，謀謨皆預焉。諒，京兆人，梁侍中、護軍將軍粲之子也，以學業爲叔陵所引。

陳智深以誅叔陵之功爲巴陵內史，封游安縣子。陳仲華爲下嶲太守，封新夷縣子。王飛禽除伏波將軍。賜金各有差。

新安王伯固字牢之，世祖之第五子也。生而龜胸，目通精揚白，形狀眇小，而俊辯善言論。天嘉六年，立爲新安郡王，邑二千戶。廢帝嗣立，爲使持節、都督南琅邪彭城東海三郡諸軍事、雲麾將軍、彭城琅邪二郡太守。尋入爲丹陽尹，將軍如故。

太建元年，進號智武將軍，尹如故。秩滿，進號翊右將軍。尋授使持節、都督吳興諸軍事、平東將軍、吳興太守。四年，入爲侍中、翊前將軍，遷安前將軍、中領軍。七年，出爲使持節、散騎常侍、都督南徐南豫南北兗四州諸軍事、鎮北將軍、南徐州刺史。伯固性嗜酒，而不好積聚，所得祿俸，用度無節，酣醉以後，多所乞丐，於諸王之中，最爲貧窶，高宗每矜之，特加賞賜。伯固雅性輕率，好行鞭捶，在州不知政事，日出田獵，或乘眠轝至於草閒，輒呼民下從遊，動至旬日，所捕麏鹿，多使生致，高宗頗知之，遣使責讓者數矣。

十年，入朝，又爲侍中、鎮右將軍，尋除護軍將軍。其年，爲國子祭酒，領左驍騎將軍，侍中、鎮右竝如故。伯固頗知玄理，而墮業無所通，至於擿句問難，往往有奇意。爲政嚴苛，國學有墮遊不脩習者，重加檟楚，生徒懼焉，由是學業頗進。

十二年，領宗正卿。十三年，爲使持節、都督揚南徐東揚南豫四州諸軍事、揚州刺史，侍中、將軍如故。

後主初在東宮，與伯固甚相親狎，伯固又善嘲謔，高宗每宴集，多引之。叔陵在江州，心害其寵，陰求疵瑕，將中之以法。及叔陵入朝，伯固懼罪，諂求其意，乃共訕毀朝賢，歷詆文武，雖耆年高位，皆面折之，無所畏忌。伯固性好射雉，叔陵又好開發冢墓，出遊野外，必與偕行，於是情好大叶，遂謀不軌。伯固侍禁中，每有密語，必報叔陵。及叔陵出奔東府，遣使告之，伯固單馬馳赴，助叔陵指揮。知事不捷，便欲遁走，會四門已閉不得出，因同趣白楊道。臺馬(客)〔容〕至，爲亂兵所殺，尸於東昌館門，時年二十八。詔曰：「伯固同茲悖逆，殞身途路。今依外議，意猶弗忍，可特許以庶人禮葬。」又詔曰：「伯固隨同巨逆，自絕于天，俾無遺育，抑有恆典。但童孺靡識，兼預葭莩，實之甸人，良以惻憫，及伯固所生王氏，〔四〕可竝特宥爲庶人。」國除。

史臣曰：孔子稱「富與貴，是人之所欲，非其道得之，不處也」。上自帝王，至于黎獻，莫不嫡庶有差，長幼攸序。叔陵險躁奔競，遂行悖逆，轘磔形骸，未臻其罪，汙瀦居處，不足彰過，悲哉。

校勘記

始興王傳「王飛禽除伏波將軍」，或本作「仗後將軍」，疑。

〔一〕摩訶馬(客)〔容〕陳智深迎刺叔陵　據南史改，下同。按通鑑亦作「馬容」，胡注云：「行軍，擇便於鞍馬、軀幹壯偉者，乘馬居前，以壯軍容，謂之馬容。」

〔二〕時從仆滅　「仆」南監本作「釋」，北監本、殿本作「殄」。汲本亦作「殄」，下有小注云一作「釋」。

〔三〕及伯固所生王氏　按世祖九王傳序云「潘容華生新安王伯固」，與此異。

曾鞏陳書目錄序

陳書六本紀，三十列傳，凡三十六篇，唐散騎常侍姚思廉撰。始思廉父察，梁、陳之史官也。錄二代之事，未就而陳亡。隋文帝見察甚重之，每就察訪梁陳故事，察因以所論載每一篇成輒奏之，而文帝亦遣虞世基就察求其書，又未就而察死。察之將死，屬思廉以繼其業。唐興，武德五年，高祖以自魏以來，二百餘歲，世統數更，史事放逸，乃詔撰次。而思廉遂受詔爲陳書。久之，猶不就。貞觀三年，遂詔論譔於祕書內省。十年正月壬子，始上之。

觀察等之爲此書，歷三世，傳父子，更數十歲而後乃成，蓋其難如此。然及其旣成，與宋、魏、梁、齊等書，世亦傳之者少，故學者於其行事之跡，亦罕得而詳也。而其書亦以罕傳，則自祕府所藏，往往脫誤。嘉祐六年八月，始詔校讎，使可鏤板行之天下。而臣等言：「梁、陳等書缺，獨館閣所藏，恐不足以定箸。願詔京師及州縣藏書之家，使悉上之。」先皇帝爲下其事。至七年冬，稍稍始集，臣等以相校。至八年七月，陳書三十六篇者始校定，可傳之學者。其疑者亦不敢損益，特各書疏于篇末。其書舊無目，列傳名氏多闕謬，因別爲

目錄一篇，使覽者得詳焉。

夫陳之爲陳，蓋偸爲一切之計，非有先王經紀禮義風化之美，制治之法，可章示後世。然而兼權尙計，明於任使，恭儉愛人，則其始之所以興；惑於邪臣，溺於嬖妾，忘患縱欲，則其終之所以亡。興亡之端，莫非自己致者。至於有所因造，以爲號令威刑職官州郡之制，雖其事已淺，然亦各施於一時，皆學者之所不可不考也。而當時之士，自爭奪詐僞，苟得偸合之徒，尙不得不列以爲世戒；而況於壞亂之中，蒼皇之際，士之安貧樂義，取舍去就不爲患禍勢利動其心者，亦不絕於其間。若此人者，可謂篤於善焉。蓋古人之所思見而不可得，風雨之詩所爲作者也，安可使之泯泯不少槪見於天下哉！則陳之史，其可廢乎？

蓋此書成之旣難，其後又久不顯。及宋興已百年，古文遺事，靡不畢講，而始得盛行於天下，列於學者，其傳之之難又如此，豈非遭遇固自有時也哉！

臣恂、臣穆、臣藻、臣覺、臣彥若、臣洙、臣鞏謹叙目錄昧死上。

〔北齊〕魏收撰

魏書

中華書局

二十四史

魏書

北齊 魏收 撰

第一册

卷一至卷一二（紀）

中華書局

中華書局

出版說明

一

魏書一百三十卷（如不分子卷，則是一百十四卷），內本紀十二卷，列傳九十八卷，志二十卷。內容記載了公元四世紀末至六世紀中葉的北魏王朝興亡史。

早在拓跋珪建立北魏政權時，就曾由鄧淵編寫代記十餘卷，以後崔浩、高允等繼續編寫魏史，都採用編年體。太和十一年（公元四八七年），李彪參加修史，始改爲紀傳體，大概編寫到拓跋弘統治時代。以後，邢巒、崔鴻等先後編寫了高祖（元宏）、世宗（元恪）、肅宗（元詡）三朝的起居注。北齊天保二年（五五一），高洋命中書令兼著作郎魏收編寫魏史，設置修史局，由太保、録尚書事高隆之監修，房延祐等六人先後參加修史。

魏收（五〇五——五七二）字伯起，鉅鹿（今河北平鄉一帶）人。他是北齊著名文人，和溫子昇、邢子才齊名。早在北魏末年他就參加「國史」和起居注的編寫。他在東魏、北齊雖然官職步步高升，直做到尚書右僕射，但除起草詔令之外，修史長期是他的專職。這次設局纂修，高隆之只是掛名，魏收推薦的史官都是一向趨奉自己的人，凡事由收專主。

天保五年（五五四）秋，完成紀傳，十一月又成十志。

書成後，議論紛紜，被稱爲「穢史」。魏收借修史來酬恩報怨，他公然宣稱：「何物小子，敢共魏收作色，舉之則使上天，按之當使入地！」凡是史官的祖先姻戚，「多列史傳」，「飾以美言」，還有受賄行爲。由於魏收在列傳人物的去取褒貶上觸犯了某些門閥地主，諸家子孫控訴「不平」的一百多人。皇帝高洋和宰相楊愔、高德正庇護魏收，逮捕了一些控訴的人下獄治罪，暫時壓下這場風波，同時也命魏書「且不施行」。以後，高演、高湛兩次命魏收修改，始成定本，即傳下來的這部魏書。

二

魏收以前和同時代人曾經編寫過魏史和其他資料，隋、唐時期也有人另寫過幾種魏書，這些書都沒有傳下來。唐代李延壽的北史，其中北魏部分基本上是魏書的節録。因此，魏書是現存敍述北魏歷史的最原始和比較完備的資料。

書中記載鮮卑拓跋部的早期活動，多少反映了拓跋部的社會面貌，提供了由氏族、部落到國家發展過程的材料。

北魏承「十六國」之後，是一個階級矛盾和民族矛盾交錯複雜的時代，書中列舉了不少有關這方面的資料。魏書自卷一百至一百三是國內少數族和外國的列傳，大致都根據當時使節和商販的記録和口傳寫成。其中有一些侮辱性的記載和傳聞失實的地方，但基本上反映了當時我國東北、西北地區各族與中原地區的密切聯系，和中外經濟、文化交流的加强。

魏書十志内容疏略，楊守敬批評地形志「貌似高古，然有詳所不當詳，略所不當略者」。評略失當，不僅地形一志，其他各志也是一樣。例如食貨志不記徭役；官氏志不記官府部門，官吏職司；天象志四卷、靈徵志二卷，全是宣揚災變祥瑞。

雖然如此，十志還是提供了一些有價值的材料。食貨志記録了太和九年（四八五）的均田令和與此相關的三長制和租調制，是研究北魏和以後三百年封建土地所有制的基本材料。關於貨幣的記載，有助於對當時北魏境内各地社會經濟的瞭解。靈徵志的上卷留下北魏建國以來一百五十年間的各地地震記録。官氏志和釋老志是魏收創立的志目。官氏志的姓氏部分列舉拓跋部和所屬部落，氏族的姓氏和元宏所改漢姓，爲後來姓氏書基本材料之一，在一定程度上也反映了拓跋部族的形成和當時各族的部落、氏族的分併離合。釋老志敍述了佛教在北方的傳播和寇謙之修改道教的經過。志中反映了世俗地主和寺院地主的矛盾，特别是反映了寺院所屬奴隸和依附人口所遭到的地租剥削和高

利貸剥削，這不僅是有關寺院經濟的重要資料，而且也有助於對當時全部封建剥削制度的瞭解。

不管紀傳和志，魏書都載入大量無關重要的詔令、奏議，以致篇幅臃腫。但却也保存了一些有價值的資料，例如李安世傳載請均田疏，張普惠傳載論長尺大斗和賦稅疏等，有助於對北魏均田制和殘酷剥削的瞭解。書中所載文章詩歌是後人搜輯北魏詩文的主要來源。

三

魏書在宋初業已殘缺，嘉祐六年（一〇六一）曾命館閣官校勘魏書和宋、齊、梁、陳、北齊、周書。今魏書前有目録序，署名爲劉攽、劉恕、安燾和范祖禹，不記年月，大致當在治平四年至熙寧三年（一〇六七——一〇七〇）間。二劉和祖禹都是宋代有名史學家，尤其劉恕精熟南北朝史事。他們作了較細緻的校勘，查出本書殘缺爲後人所補各卷，並比對了修文殿御覽、北史和唐人各種史鈔、史目，將補缺各卷的來源「各疏於逐卷之末」，目録中也注明那一些卷「闕」或「不全」。今將補闕各卷的宋人校語移入校記，目録傳本錯誤，有原闕無注，或不闕而注闕，今皆改正。通計全闕二十六卷，不全者三卷。

北宋初刻的確切年月無考，據晁公武郡齋讀書志，至遲不晚於政和中（一一一一——一一一八）。這個初刻本當時就流傳不廣，南宋紹興十四年（一一四四）曾在四川翻刻魏書和其他六史，這兩種本子都没有傳下來。傳下來的魏書最早刻本也是南宋翻刻，但傳世的這個本子都有元、明二朝補版，卽所謂「三朝本」。一九三五年商務印書館影印的所謂「宋蜀大字本」，其實也就是這種三朝本。北京圖書館藏魏書善本三部，也都是三朝本，該館善本書目七三五四號一種和商務印書館影印所據底本相近。

我們這次校勘所用各本有：一、商務印書館影印百衲本二十四史本（簡稱百衲本）。此本雖稱影印，但曾據殿本校改許多刻誤，間有誤改。二、明萬曆二十五年（一五九七）南京國子監本（簡稱南本）。三、明萬曆間北京國子監本（簡稱北本，所用之本有清初補版）。四、明末汲古閣本（簡稱汲本）。五、清乾隆四年（一七三九）武英殿二十四史本（簡稱殿本）。六、清同治十一年（一八七二）金陵書局本（簡稱局本）。以上六個本子實是一個系統，直接間接同祖三朝本，也都作了些校改，這些校改有得有失。六本中我們通校了百衲本、南本、殿本、局本，參校北、汲二本，擇善而從，除必要外一般不出校記，以免煩瑣。

我們還比對了太平御覽所引後魏書和册府元龜、北史、資治通鑑中有關部分，也參考了通典、通志。凡據他書改字或提出疑問，均在校記中說明。

傳世諸本禮志、樂志、刑罰志各脱一頁。樂志脱頁清代盧文弨已據通典補了幾十字，三十年前陳垣同志又據册府元龜補全，一九四四年商務印書館重印百衲本二十四史，已據陳垣同志的補頁補上。禮志和刑罰志的脱頁，因文字似乎銜接，從來無人注意，今亦據册府元龜、通典補入。

本書由唐長孺同志點校，魏連科同志擔任了編輯整理工作。點校方面的錯誤，我們殷切希望讀者批評指正，以便重版時改正。

中華書局編輯部

魏書目錄

中華書局

卷八十六 補 列傳第七十四

孝感

卷八十七 補 列傳第七十五

節義

卷八十八 列傳第七十六

良吏

卷八十九 補 列傳第七十七

酷吏

卷九十 列傳第七十八

逸士

卷九十一 不全 列傳第七十九

術藝

卷九十二 不全 列傳第八十

列女

卷九十三 列傳第八十一

恩倖

〔一〕忠從子暉　原目及本傳都作「忠子暉」。按暉乃忠弟德之子，本傳及目皆誤。今改作「從子」。

〔二〕嘉子淵　原目及本傳「淵」都作「深」。按其人本名「淵」，此傳以北史補，北史例避唐諱改「深」，本書紀傳屢見都作「淵」，今改作「淵」。

魏書卷一

序紀第一

昔黃帝有子二十五人，或內列諸華，或外分荒服，昌意少子，受封北土，國有大鮮卑山，因以爲號。其後，世爲君長，統幽都之北，廣漠之野，畜牧遷徙，射獵爲業，淳樸爲俗，簡易爲化，不爲文字，刻木紀契而已，世事遠近，人相傳授，如史官之紀錄焉。黃帝以土德王，北俗謂土爲托，謂后爲跋，故以爲氏。其裔始均，入仕堯世，逐女魃於弱水之北，民賴其勤，帝舜嘉之，命爲田祖。爰歷三代，以及秦漢，獯鬻、獫狁、山戎、匈奴之屬，累代殘暴，作害中州，而始均之裔，不交南夏，是以載籍無聞焉。

積六十七世，至成皇帝諱毛立。〔一〕聰明武略，遠近所推，統國三十六，大姓九十九，威振北方，莫不率服。崩。

節皇帝諱貸立，崩。

莊皇帝諱觀立，崩。

明皇帝諱樓立，崩。

安皇帝諱越立，崩。

宣皇帝諱推寅立。南遷大澤，方千餘里，厥土昏冥沮洳。謀更南徙，未行而崩。

景皇帝諱利立，崩。

元皇帝諱俟立，崩。

和皇帝諱肆立，崩。

定皇帝諱機立，崩。

僖皇帝諱蓋立，崩。

威皇帝諱儈立，崩。

獻皇帝諱隣立。時有神人言於國曰：「此土荒遐，未足以建都邑，宜復徙居。」帝時年衰老，乃以位授子。

聖武皇帝諱詰汾。獻帝命南移，山谷高深，九難八阻，於是欲止。有神獸，其形似馬，其聲類牛，先行導引，歷年乃出。始居匈奴之故地。其遷徙策略，多出宣、獻二帝，故人並號曰「推寅」，蓋俗云「鑽研」之義。初，聖武帝嘗率數萬騎田於山澤，欻見輜軿自天而下。既至，見美婦人，侍衛甚盛。帝異而問之，對曰：「我，天女也，受命相偶。」遂同寢宿。旦，請還，曰：「明年周時，復會此處。」言終而別，去如風雨。及期，帝至先所田處，果復相見。天女以所生男授帝曰：「此君之子也，善養視之。子孫相承，當世爲帝王。」語訖而去。子卽始祖也。故時人諺曰：「詰汾皇帝無婦家，力微皇帝無舅家。」帝崩。

始祖神元皇帝諱力微立。生而英叡。

元年，歲在庚子。先是，西部內侵，國民離散，依於沒鹿回部大人竇賓。始祖有雄傑之度，時人莫測。後與賓攻西部，軍敗，失馬步走，始祖使人以所乘駿馬給之。賓歸，令其部內求與馬之人，當加重賞，始祖隱而不言。久之，賓乃知，大驚，將分國之半，以奉始祖，始祖不受，乃進其愛女。賓猶思報恩，固問所欲。始祖請率所部北居長川，賓乃敬從。積十數歲，德化大洽，諸舊部民，咸來歸附。

二十九年，賓臨終，戒其二子使謹奉始祖。其子不從，乃陰謀爲逆。始祖召殺之，盡幷其衆，諸部大人，悉皆款服，控弦上馬二十餘萬。

三十九年，遷於定襄之盛樂。夏四月，祭天，諸部君長皆來助祭，唯白部大人觀望不至，於是徵而戮之，遠近肅然，莫不震懾。始祖乃告諸大人曰：「我歷觀前世匈奴、蹋頓之徒，苟貪財利，抄掠邊民，雖有所得，而其死傷不足相補，更招寇讎，百姓塗炭，非長計也。」

於是與魏和親。

四十二年，遣子文帝如魏，且觀風土。魏景元二年也。

文皇帝諱沙漠汗，以國太子留洛陽，爲魏賓之冠。聘問交市，往來不絕，魏人奉遺金帛繒絮，歲以萬計。始祖與隣國交接，篤信推誠，不爲倚伏以要一時之利，寬恕任眞，而遐邇歸仰。魏晉禪代，和好仍密。始祖春秋已邁，帝以父老求歸，晉武帝具禮護送。

四十八年，帝至自晉。

五十六年，帝復如晉，其年冬，還國。晉遺帝錦、罽、繒、綵、綿、絹、諸物，咸出豐厚，車牛百乘。行達幷州，晉征北將軍衞瓘，以帝爲人雄異，恐爲後患，乃密啓晉帝，請留不遣。晉帝難於失信，不許。瓘復請以金錦賂國之大人，令致間隙，使相危害。晉帝從之，遂留帝。於是國之執事及外部大人，皆受瓘貨。

五十八年，方遣帝。始祖聞帝歸，大悅，使諸部大人詣陰館迎之。酒酣，帝仰視飛鳥，謂諸大人曰：「我爲汝曹取之。」援彈飛丸，應弦而落。時國俗無彈，衆咸大驚，乃相謂曰：「太子風彩被服，同於南夏，兼奇術絕世，若繼國統，變易舊俗，吾等必不得志，不若在國諸子，習本淳樸。」咸以爲然。且離間素行，乃謀危害，並先馳還。始祖問曰：「我子既歷他國，進德何如？」皆對曰：「太子才藝非常，引空弓而落飛鳥，是似得晉人異法怪術，亂國害民之兆，惟願察之。」自帝在晉之後，諸子愛寵日進，始祖年踰期頤，頗有所惑，聞諸大人之語，意乃有疑。因曰：「不可容者，便當除之。」於是諸大人乃馳詣塞南，矯害帝。既而，始祖甚悔之。帝身長八尺，英姿瓌偉，在晉之日，朝士英俊多與親善，雅爲人物歸仰。後乃追諡焉。

其年，始祖不豫。烏丸王庫賢，親近任勢，先受衞瓘之貨，故欲沮動諸部，因在庭中礪鉞斧，諸大人問欲何爲，答曰：「上恨汝曹讒殺太子，今欲盡收諸大人長子殺之。」大人皆信，各各散走。始祖尋崩。凡饗國五十八年，年一百四歲。太祖卽位，尊爲始祖。

章皇帝諱悉鹿立，始祖之子也。諸部離叛，國內紛擾。饗國九年而崩。

平皇帝諱綽立，章帝之少弟也。雄武有智略，威德復舉。七年，匈奴宇文部大人莫槐爲其下所殺，更立莫槐弟普撥爲大人。帝以女妻撥子丘不懃。帝饗國七年而崩。

思皇帝諱弗立，文帝之少子也。聰哲有大度，爲諸父兄所重。政崇寬簡，百姓懷服。饗國一年而崩。

昭皇帝諱祿官立，始祖之子也。分國爲三部：帝自以一部居東，在上谷北，濡源之西，東接宇文部；以文帝之長子桓皇帝諱猗㐌統一部，居代郡之參合陂北；以桓帝之弟穆皇帝

諱猗盧統一部，居定襄之盛樂故城。自始祖以來，與晉和好，百姓乂安，財畜富實，控弦騎士四十餘萬。是歲，穆帝始出幷州，遷雜胡北徙雲中、五原、朔方。又西渡河擊匈奴、烏桓諸部。自杏城以北八十里，迄長城原，夾道立碣，與晉分界。

二年，葬文帝及皇后封氏。初，思帝欲改葬，未果而崩。至是，述成前意焉。晉成都王司馬穎遣從事中郎田思，河間王司馬顒遣司馬靳利，幷州刺史司馬騰遣主簿梁天，並來會葬。遠近赴者二十萬人。

三年，〔三〕桓帝度漠北巡，因西略諸國。

四年，東部未耐婁大人倍斤入居遼東。

五年，宇文莫廆之子遜昵延朝貢。帝嘉其誠款，以長女妻焉。

七年，桓帝至自西略，諸降附者二十餘國，凡積五歲，今始東還。

十年，晉惠帝爲成都王穎逼留在鄴。匈奴別種劉淵反於離石，自號漢王。幷州刺史司馬騰來乞師，桓帝率十餘萬騎，帝亦同時大舉以助之，大破淵衆於西河、上黨。會惠帝還洛，騰乃辭師。桓帝與騰盟於汾東而還。乃使輔相衞雄、段繁，於參合陂西累石爲亭，樹碑以記行焉。

十一年，劉淵攻司馬騰，騰復乞師。桓帝以輕騎數千救之，斬淵將綦毋豚，淵南走蒲

子。晉假桓帝大單于，金印紫綬。

是歲，桓帝崩。帝英傑魁岸，馬不能勝。常乘安車，駕大牛，牛角容一石。帝曾中蠱，嘔吐之地仍生榆木。參合陂土無榆樹，故世人異之，至今傳記。帝統部凡十一年。後定襄侯衞操，樹碑於大邗城，以頌功德。子普根代立。

十二年，賓人李雄，僭帝號於蜀，自稱大成。

十三年，昭帝崩。徒何大單于慕容廆遣使朝貢。是歲，羯胡石勒與晉馬牧帥汲桑反。

穆皇帝天姿英特，勇略過人，昭帝崩後，遂總攝三部，以爲一統。

元年，劉淵僭帝號，自稱大漢。

三年，晉并州刺史劉琨遣使，以子遵爲質。帝嘉其意，厚報饋之。白部大人叛入西河，鐵弗劉虎舉衆於鴈門以應之，攻琨新興、鴈門二郡。琨來乞師，帝使弟子平文皇帝將騎二萬，助琨擊之，大破白部；次攻劉虎，屠其營落。虎收其餘燼，西走度河，竄居朔方。晉懷帝進帝大單于，封代公。帝以封邑去國懸遠，民不相接，乃從琨求句注、陘北之地。琨自以託附，聞之大喜，乃徙馬邑、陰館、樓煩、繁畤、崞五縣之民於陘南，更立城邑，盡獻其地，東接代郡，西連西河、朔方，[三]方數百里。帝乃徙十萬家以充之。劉琨又遣使乞師救洛陽，帝

遣步騎二萬助之，晉太傅東海王司馬越辭以洛中饑饉，師乃還。是年，劉淵死，子聰僭立。

四年，劉琨牙門將邢延據新興叛，[四]招引劉聰。帝遣軍討之，聰退走。

五年，劉琨遣使乞師以討劉聰、石勒。帝以琨忠義，矜而許之。會聰遣其子粲襲晉陽，害琨父母而據其城，琨來告難，帝大怒，遣長子六脩、桓帝子普根，及衞雄、范班、姬澹等爲前鋒，帝躬統大衆二十萬爲後繼。粲懼，焚輜重，突圍遁走。縱騎追之，斬其將劉儒、劉豐、簡令、張平、邢延，伏尸數百里。琨來拜謝，帝以禮待之。琨固請進軍，帝曰：「吾不早來，致卿父母見害，誠以相愧。今卿已復州境，然吾遠來，士馬疲弊，且待終舉。賊奚可盡乎？」饋琨馬牛羊各千餘，車令百乘，[五]又留勁銳戍之而還。[六]

是年，晉雍州刺史賈疋、京兆太守閻鼎，以晉懷帝爲劉聰所執，共立懷帝兄子秦王業爲太子，於長安稱行臺。帝復戒嚴，與琨更剋大舉。命琨自列晉行臺，部分諸軍，帝將遣十萬騎從西河鑒谷南出，晉軍從蒲坂東度，會於平陽，就食聰粟，迎復晉帝。事不果行。

六年，城盛樂以爲北都，修故平城以爲南都。帝登平城西山，觀望地勢，乃更南百里，於灅水之陽黃瓜堆築新平城，晉人謂之小平城，使長子六脩鎮之，統領南部。

七年，帝復與劉琨約期，會於平陽。會石勒擒王浚，國有匈奴雜胡萬餘家，多勒種類，聞勒破幽州，乃謀爲亂，欲以應勒，發覺，伏誅，討聰之計，於是中止。

八年，晉愍帝進帝爲代王，置官屬，食代、常山二郡。帝忿聰、勒之亂，志欲平之。先是，國俗寬簡，民未知禁。至是，明刑峻法，諸部民多以違命得罪。凡後期者皆舉部戮之，或有室家相攜而赴死所，人問「何之」，答曰「當往就誅」。其威嚴伏物，皆此類也。

九年，帝召六脩，六脩不至。帝怒，討之，失利，乃微服民間，遂崩。普根先守外境，聞難來赴，攻六脩，滅之。衞雄、姬澹率晉人及烏丸三百餘家，隨劉遵南奔并州。普根立月餘而薨。普根子始生，桓帝后立之。其冬，普根子又薨。是年，李雄遣使朝貢。

平文皇帝諱鬱律立，思帝之子也。姿質雄壯，甚有威略。

元年，歲在丁丑。

二年，劉虎據朔方，來侵西部，帝逆擊，大破之，虎單騎迸走。其從弟路孤率部落內附，帝以女妻之。西兼烏孫故地，東吞勿吉以西，控弦上馬將有百萬。劉聰死，子粲僭立，爲其將靳準所殺，淵族子曜僭立。帝聞晉愍帝爲曜所害，顧謂大臣曰：「今中原無主，天其資我乎？」劉曜遣使請和，帝不納。是年，司馬叡僭稱大位於江南。

三年，石勒自稱趙王，遣使乞和，請爲兄弟。帝斬其使以絕之。

四年，私署涼州刺史張茂遣使朝貢。

五年，僭晉司馬叡遣使韓暢加崇爵服，帝絕之。治兵講武，有平南夏之意。桓帝后以帝得衆心，恐不利於己子，害帝，遂崩，大人死者數十人。天興初，尊曰太祖。

惠皇帝諱賀傉立，桓帝之中子也。以五年爲元年。未親政事，太后臨朝，遣使與石勒通和，時人謂之女國使。

二年，司馬叡死，子紹僭立。

四年，帝始臨朝。以諸部人情未悉款順，乃築城於東木根山，徙都之。是年，張茂死，兄寔子駿立，遣使朝貢。

五年，帝崩。是年，司馬紹死，子衍僭立。

煬皇帝諱紇那立，惠帝之弟也。以五年爲元年。

三年，石勒遣石虎率騎五千來寇邊部，帝禦之於句注陘北，不利，遷於大寧。時烈帝居於舅賀蘭部，帝遣使求之，賀蘭部帥藹頭，擁護不遣。帝怒，召宇文部幷勢擊藹頭。宇文衆敗，帝還大寧。

四年，石勒擒劉曜。

五年，帝出居於宇文部。賀蘭及諸部大人，共立烈帝。

烈皇帝諱翳槐立，平文之長子也。以五年爲元年。石勒遣使求和，帝遣弟昭成皇帝如襄國，從者五千餘家。

二年，石勒僭立，自稱大趙王。

五年，勒死，子大雅僭立。慕容廆死，子元眞代立。

六年，石虎廢大雅，僭立。李雄死，兄子班立。雄子期，殺班自立。

七年，藹頭不修臣職，召而戮之，國人復貳。煬帝自宇文部還入，諸部大人復奉之。煬皇帝復立，以七年爲後元年。烈帝出居於鄴，石虎奉第宅、伎妾、奴婢、什物。

三年，石虎遣將李穆率騎五千納烈帝於大寧，國人六千餘落叛煬帝，煬帝出居於慕容部。

烈皇帝復立，以三年爲後元年。城新盛樂城，在故城東南十里。一年而崩。

昭成皇帝諱什翼犍立，平文之次子也。生而奇偉，寬仁大度，喜怒不形于色。身長八尺，隆準龍顏，立髮委地，臥則乳垂至席。烈帝臨崩顧命曰：「必迎立什翼犍，社稷可安。」烈

帝崩，帝弟孤乃自詣鄴奉迎，與帝俱還。事在孤傳。十一月，帝卽位於繁畤之北，時年十九，稱建國元年。是歲，李雄從弟壽殺期僭立，自號曰漢。

二年春，始置百官，分掌衆職。東自濊貊，西及破洛那，莫不款附。夏五月，朝諸大人於參合陂，議欲定都灅源川，連日不決，乃從太后計而止。語在皇后傳。娉慕容元眞妹爲皇后。

三年春，移都於雲中之盛樂宮。

四年秋九月，築盛樂城於故城南八里。皇后慕容氏崩。冬十月，劉虎寇西境。帝遣軍逆討，大破之，虎僅以身免。虎死，子務桓立，始來歸順，帝以女妻之。十二月，慕容元眞遣使朝貢，幷薦其宗女。

五年夏五月，幸參合陂。秋七月七日，諸部畢集，設壇埒，講武馳射，因以爲常。八月，還雲中。是年秋，司馬衍死，弟岳僭立。

六年秋八月，慕容元眞遣使請薦女。是年，李壽死，子勢僭立，遣使朝貢。

七年春二月，遣大人長孫秩迎后慕容氏元眞之女於境。夏六月，皇后至自和龍。秋七月，慕容元眞遣使奉聘，求交婚，帝許之，九月，以烈帝女妻之。其年，司馬岳死，子聃僭立。

八年，慕容元眞遣使朝貢。是年，張駿私署假涼王。

九年，石虎遣使朝貢。是年，張駿死，子重華代立。

十年，遣使詣鄴觀釁。是年，司馬聃擒李勢。張重華遣使朝貢。

十一年，慕容元眞死，子儁代立。

十二年，西巡，至河而還。是年，石虎死，子世立。世兄遵，殺世自立。遵兄鑒，殺遵自立。

十三年，魏郡人冉閔，殺石鑒僭立。

十四年，帝曰：「石胡衰滅，冉閔肆禍，中州紛梗，莫有匡救，吾將親率六軍，廓定四海。」乃敕諸部，各率所統，以俟大期。諸大人諫曰：「今中州大亂，誠宜進取，如聞豪强並起，不可一舉而定，若或留連，經歷歲稔，恐無永逸之利，或有虧損之憂。」帝乃止。是歲，氐苻健僭稱大位，自號大秦。

十五年，慕容儁滅冉閔，僭尊號。

十六年，慕容儁遣使朝貢。是年，張重華死，子曜靈立。重華庶兄祚殺曜靈而自立，稱涼公。

十七年，遣使於慕容儁。張祚復稱涼王，置百官，遣使朝貢。

十八年，太后王氏崩。是年，苻健死，子生僭立。羌姚襄自稱大將軍、大單于。張瓘、

宋混殺張祚，立重華少子玄靖，稱涼王。

十九年春正月，劉務桓死，其弟閼頭立，潛謀反叛。二月，帝西巡，因而臨河，使人招喩，閼頭從命。冬，慕容儁來請婚，許之。

二十年夏五月，慕容儁奉納禮幣。是年，苻堅殺苻生而僭立。姚襄爲苻眉所殺。

二十一年，閼頭部民多叛，懼而東走。渡河，半濟而冰陷，後衆盡歸閼頭兄子悉勿祈。初，閼頭之叛，悉勿祈兄弟十二人在帝左右，盡遣歸，欲其自相猜離，至是，悉勿祈奪其衆。閼頭窮而歸命，帝待之如初。

二十二年春，帝東巡，至於桑乾川。三月，慕容儁遣使朝貢。夏四月，帝還雲中。悉勿祈死，弟衞辰立。秋八月，衞辰遣子朝貢。

二十三年夏六月，皇后慕容氏崩。秋七月，衞辰來會葬，因而求婚，許之。是歲，慕容儁死，子暐立，遣使致賻。

二十四年春，衞辰遣使朝聘。是年，司馬聃死，衍子千齡僭立。

二十五年，帝南巡，至君子津。冬十月，行幸代。十一月，慕容暐薦女備後宮。

二十六年冬十月，帝討高車，大破之，獲萬口，馬牛羊百餘萬頭。是年，張重華弟天錫殺玄靖而自立。

二十七年春，車駕還雲中。冬十一月，討沒歌部，破之，獲牛馬羊數百萬頭。

二十八年春正月，衞辰謀反，東渡河。帝討之，衞辰懼而遁走。冬十二月，苻堅遣使朝貢。是歲，司馬千齡死，弟弈僭立。

二十九年夏五月，遣燕鳳使苻堅。

三十年冬十月，帝征衞辰。時河冰未成，帝乃以葦絙約澌，俄然冰合，猶未能堅，乃散葦於上，冰草相結，如浮橋焉。衆軍利涉，出其不意，衞辰與宗族西走，收其部落而還，俘獲生口及馬牛羊數十萬頭。

三十一年春，帝至自西伐，班賞各有差。

三十二年正月，帝南幸君子津。冬十月，幸代。

三十三年冬十一月，征高車，大破之。是年，苻堅擒慕容暐。

三十四年春，長孫斤謀反，伏誅。斤之反也，拔刃向御座，太子獻明皇帝諱寔格之，傷脅。夏五月，薨，後追謚焉。秋七月，皇孫珪生，大赦。是年，司馬弈臣桓溫，廢弈爲海西公，立叡子昱。

三十五年，司馬昱死，子昌明僭立。

三十六年夏五月，遣燕鳳使苻堅。

三十七年，帝征衞辰，衞辰南走。

三十八年，衞辰求援於苻堅。

三十九年，苻堅遣其大司馬苻洛率衆二十萬及朱彤、張蚝、鄧羌等諸道來寇，侵逼南境。冬十一月，白部、獨孤部禦之，敗績。南部大人劉庫仁走雲中。帝復遣庫仁率騎十萬逆戰於石子嶺，王師不利。帝時不豫，羣臣莫可任者，乃率國人避於陰山之北。高車雜種盡叛，四面寇鈔，不得芻牧。復度漠南。堅軍稍退，乃還。十二月，至雲中，旬有二日，帝崩，時年五十七。太祖即位，尊曰高祖。

帝雅性寬厚，智勇仁恕。時國中少繒帛，代人許謙盜絹二匹，守者以告，帝匿之，謂燕鳳曰：「吾不忍視謙之面，卿勿泄言，謙或慚而自殺，爲財辱士，非也。」帝嘗擊西部叛賊，流矢中目。賊破之後，諸大臣執射者，各持錐刀欲屠割之。帝曰：「彼各爲其主，何罪也。」乃釋之。

是歲，苻堅滅張天錫。

史臣曰：帝王之興也，必有積德累功博利，道協幽顯，方契神祇之心。有魏奄迹幽方，世居君長，淳化育民，與時無競。神元生自天女，桓、穆勤於晉室。靈心人事，夫豈徒然。昭成以雄傑之姿，包君子之量，征伐四克，威被荒遐，乃立號改都，恢隆大業。終於百六十載，光宅區中。其原固有由矣。

校勘記

〔一〕至成皇帝諱毛立　太平御覽下簡稱御覽卷一〇一四八一頁、册府元龜下簡稱册府卷一九頁，御覽、册府頁碼據中華書局影印本「毛」均作「屯」。

〔二〕三年　諸本「三年」作「二年」，唯殿本作「三年」。按北史卷一魏本紀亦作「三年」，殿本當依北史改。據上文已見「二年」，不應重出。下文稱「七年，桓帝至自西略，中略凡積五歲」，自三年至七年共五歲，知作「三年」是，今從殿本。

〔三〕西連西河朔方　百衲、南、汲、局四本「西」作「南」，北、殿二本作「西」。按北史卷一魏本紀、册府卷一一二頁也作「西」。上云「東接」，此稱「西連」是對文，且西河、朔方正在陘北五縣之西，作「西」是，今從北、殿本。

〔四〕劉琨牙門將邢延據新興叛　諸本「邢」作「邪」，唯局本作「邢」。按下文稱斬劉聰諸將中有「邢延」，資治通鑑下簡稱通鑑卷八七二七七三頁、頁碼據中華書局標點本敍此事較詳，也作「邢延」。「邪」字訛，今據改。

〔五〕車令百乘　御覽卷一〇一四八二頁「令」作「牛」，通鑑卷八八二七八五頁無「令」字。按「車令」無義，「令」字非訛即衍。

〔六〕又留勁鋭戍之而還　諸本「留勁」訛「面動」，今據御覽卷一〇一四八二頁改。

魏書卷二

太祖紀第二

太祖道武皇帝，諱珪，昭成皇帝之嫡孫，獻明皇帝之子也。母曰獻明賀皇后。初因遷徙，遊于雲澤，既而寢息，夢日出室內，寤而見光自牖屬天，欻然有感。以建國三十四年七月七日，生太祖於參合陂北，其夜復有光明。昭成大悅，羣臣稱慶，大赦，告於祖宗。保者以帝體重倍於常兒，竊獨奇怪。明年有榆生於埋胞之坎，後遂成林。弱而能言，目有光曜，廣顙大耳，衆咸異之。年六歲，昭成崩。苻堅遣將內侮，將遷帝於長安，既而獲免。語在燕鳳傳。堅軍既還，國衆離散。堅使劉庫仁、劉衞辰分攝國事。南部大人長孫嵩及元他等，盡將故民南依庫仁，帝於是轉幸獨孤部。

元年，葬昭成皇帝於金陵，營梓宮，木柹盡生成林。帝雖沖幼，而嶷然不羣。庫仁常謂其子曰：「帝有高天下之志，興復洪業，光揚祖宗者，必此主也。」

七年，冬十月，〔一〕苻堅敗于淮南。是月，慕容文等殺庫仁，庫仁弟眷攝國部。

八年，慕容暐弟沖僭立。姚萇自稱大單于、萬年秦王。慕容垂僭稱燕王。

九年，庫仁子顯殺眷而代之，乃將謀逆。商人王霸知之，履帝足於衆中，帝乃馳還。是時故大人梁蓋盆子六眷，爲顯謀主，盡知其計，密使部人穆崇馳告。帝乃陰結舊臣長孫犍、元他等。秋八月，乃幸賀蘭部。其日，顯果使人求帝，不及。語在獻明太后傳。是歲，鮮卑乞伏國仁私署大單于。苻堅爲姚萇所殺，子丕僭立。

登國元年春正月戊申，帝卽代王位，郊天，建元，大會於牛川。復以長孫嵩爲南部大人，以叔孫普洛爲北部大人。班爵敍勳，各有差。二月，幸定襄之盛樂。息衆課農。三月，劉顯自善無南走馬邑，其族奴眞率所部來降。

夏四月，改稱魏王。五月，車駕東幸陵石。護佛侯部帥侯辰、乙弗部帥代題叛走。諸將追之，帝曰：「侯辰等世修職役，雖有小愆，宜且忍之。當今草創，人情未一，愚近者固應趑趄，不足追也。」

秋七月己酉，車駕還盛樂。代題復以部落來降，旬有數日，亡奔劉顯。帝使其孫倍斤代領部落。是月，劉顯弟肺泥率騎掠奴眞部落，〔二〕既而率以來降。初，帝叔父窟咄爲苻堅徙于長安，因隨慕容永，永以爲新興太守。八月，劉顯遣弟亢泥迎窟咄，以兵隨之，來逼南境。於是諸部騷動，人心顧望。帝左右于桓等，〔三〕與諸部人謀爲逆以應之。事泄，誅造謀者五人，餘悉不問。帝慮內難，乃北踰陰山，幸賀蘭部，阻山爲固。遣行人安同、長孫賀使于慕容垂以徵師，垂遣使朝貢，幷令其子賀驎帥步騎以隨同等。

冬十月，賀驎軍未至而寇已前逼，於是北部大人叔孫普洛等十三人及諸烏丸亡奔衞辰。帝自弩山遷幸牛川，屯于延水南，出代谷，會賀驎於高柳，大破窟咄。窟咄奔衞辰，衞辰殺之，帝悉收其衆。十二月，慕容垂遣使朝貢，奉帝西單于印綬，封上谷王。帝不納。是歲，慕容垂僭稱皇帝於中山，自號大燕。苻丕死，苻登自立於隴東。姚萇稱皇帝於長安，自號大秦。慕容沖爲部下所殺。慕容永僭立。

二年春正月，班賜功臣長孫嵩等七十三人各有差。二月，帝幸寧川。

夏五月，遣行人安同徵兵於慕容垂，垂使子賀驎率衆來會。六月，帝親征劉顯於馬邑

南，追至彌澤，大破之，顯南奔慕容永，盡收其部落。

秋八月，帝至自伐顯。

冬十月癸卯，幸濡源，遣外朝大人王建使於慕容垂。十一月，遂幸赤城。十有二月，巡松漠，還幸牛川。

三年春二月，帝東巡。

夏四月，幸東赤城。五月癸亥，北征庫莫奚。六月，大破之，獲其四部雜畜十餘萬，渡弱落水。班賞將士各有差。

秋七月庚申，庫莫奚部帥鳩集遺散，〔四〕夜犯行宮。縱騎撲討，盡殺之。其月，帝還赤城。八月使九原公元儀使於慕容垂。

冬十月，慕容垂遣使朝貢。十有二月辛卯，車駕西征，至女水，討解如部，大破之，獲男女雜畜十數萬。

是歲，乞伏國仁死，弟乾歸立，私署河南王。

四年春正月甲寅，襲高車諸部落，大破之。二月癸巳，至女水，討叱突隣部，大破之。

戊戌，賀染干兄弟率諸部來救，與大軍相遇，逆擊走之。

夏四月，行還赤城。五月，陳留公元虔使於慕容垂。

冬十月，垂遣使朝貢。

是歲，氐呂光自稱三河王，遣使朝貢。

五年春三月甲申，帝西征，次鹿渾海，襲高車袁紇部，大破之，虜獲生口、馬牛羊二十餘萬。慕容垂遣子賀驎率衆來會。

夏四月丙寅，行幸意辛山，與賀驎討賀蘭、紇突隣、紇奚諸部落，大破之。六月，還幸牛川。衞辰遣子直力鞮寇賀蘭部，圍之。賀訥等請降，告困。秋七月丙子，帝引兵救之，至羊山，直力鞮退走。

八月，還幸牛川。遣秦王觚使於慕容垂。九月壬申，討叱奴部於囊曲河，大破之。

冬十月，遷雲中，討高車豆陳部於狼山，破之。十有一月，紇奚部大人庫寒舉部內屬。

十有二月，紇突隣大人屈地鞬舉部內屬。帝還次白漠。

六年春二月，幸紐垤川。三月，遣九原公元儀、陳留公元虔等西討黜弗部，大破之。

夏四月，祠天。六月，慕容賀驎破賀訥於赤城。帝引兵救之，驎退走。

秋七月壬申，講武於牛川，行還紐垤川。慕容垂止元觚而求名馬，帝絕之。乃遣使於慕容永，永使其大鴻臚慕容鈞奉表勸進尊號。其月，衞辰遣子直力鞮出棝楊塞，侵及黑城。

九月，帝襲五原，屠之。收其積穀，還紐垤川。於棝楊塞北，樹碑記功。

冬十月戊戌，北征蠕蠕，追之，及於大磧南牀山下，大破之，班賜從臣各有差。其東西二部主匹候跋及縕紇提，[五]斬別帥屋擊于。事具蠕蠕傳。

十有一月戊辰，還幸紐垤川。戊寅，衞辰遣子直力鞮寇南部。己卯，車駕出討。壬午，大破直力鞮軍於鐵歧山南，獲其器械輜重，牛羊二十餘萬。戊子，自五原金津南渡河。辛卯，次其所居悅跋城，衞辰父子奔遁。壬辰，詔諸將追之，擒直力鞮。十有二月，獲衞辰尸，斬以徇，遂滅之。語在衞辰傳。衞辰少子屈丐，亡奔薛干部。[六]車駕次于鹽池。自河已南，諸部悉平。簿其珍寶畜產，名馬三十餘萬匹，牛羊四百餘萬頭。班賜大臣各有差。收衞辰子弟宗黨無少長五千餘人，盡殺之。山胡酋大幡頹、業易于等率三千餘家降附，出居于馬邑。

是歲，起河南宮。

七年春正月，幸木根山，遂次黑鹽池。饗宴羣臣，覲諸國貢使。北之美水。三月甲子，宴羣臣於水濱，還幸河南宮。西部泣黎大人茂鮮叛走，遣南部大人長孫嵩追討，大破之。

夏五月，班賜諸官馬牛羊各有差。

秋八月，行幸漠南，仍築巡臺。

冬十有二月，慕容永遣使朝貢。

是歲，皇子嗣生。

八年春正月，帝南巡。二月，幸羖羊原，赴白樓。三月，車駕西征侯呂隣部。[七]

夏四月，至苦水，大破之。五月，還幸白樓。慕容垂討慕容永於長子。六月，車駕北巡。永來告急，遣陳留公元虔、將軍庾岳率騎五萬東度河救之。破類拔部帥劉曜等，徙其部落。元虔等因屯秀容，慕容垂遂圍長子。

秋七月，車駕臨幸新壇。庚寅，宴羣臣，仍講武。先是，衞辰子屈丐奔薛干部，徵之不送。八月，帝南征薛干部帥太悉佛於三城，會其先出擊曹覆，帝乘虛屠其城，獲太悉佛子珍寶，徙其民而還。太悉佛聞之，來赴不及，遂奔姚興。九月，還幸河南宮。

是歲，姚萇死。

九年春三月，帝北巡。使東平公元儀屯田於河北五原，至於棝楊塞外。

夏五月，田於河東。

秋七月，還幸河南宮。

冬十月，蠕蠕社崙等率部落西走。事具蠕蠕傳。

是歲，姚萇子興僭立，殺苻登。慕容垂滅永。

十年春正月，太悉佛自長安還嶺北，上郡以西皆應之。

夏五月，幸鹽池。六月，還幸河南宮。

秋七月，慕容垂遣其子寶來寇五原，造舟收穀。帝遣右司馬許謙徵兵於姚興。東平公元儀徙據朔方。八月，帝親治兵於河南。九月，進師，臨河築臺告津，連旌沿河東西千里有餘。是時，陳留公元虔五萬騎在東，以絕其左，元儀五萬騎在河北，以承其後，略陽公元遵七萬騎塞其中山之路。

冬十月辛未，寶燒船夜遁。十一月己卯，帝進軍濟河。乙酉夕，至參合陂。丙戌，大破之。語在寶傳。生擒其陳留王紹、魯陽王倭奴、桂林王道成、濟陰公尹國、北地王世子鍾葵，安定王世子羊兒以下文武將吏數千人，器甲輜重、軍資雜財十餘萬計。於俘虜之中擢其才識者賈彝、賈閏、晁崇等與參謀議，憲章故實。班賞大臣將校各有差。十有二月，還幸雲中之盛樂。

皇始元年春正月，大蒐于定襄之虎山，因東幸善無北陂。三月，慕容垂來寇桑乾川。陳留公元虔先鎮平城，時徵兵未集，虔率麾下邀擊，失利死之。垂遂至平城西北，踰山結營，聞帝將至，乃築城自守。疾甚，遂遁走，死於上谷。子寶匿喪而還，至中山乃僭立。

夏六月癸酉，遣將軍王建等三軍討寶廣寧太守劉亢泥，斬之，徙其部落。寶上谷太守慕容普驎，捐郡奔走。丁亥，皇太后賀氏崩。是月，葬獻明太后。

秋七月，右司馬許謙上書勸進尊號，帝始建天子旌旗，出入警蹕，於是改元。八月庚寅，治兵于東郊。己亥，大舉討慕容寶，帝親勒六軍四十餘萬，南出馬邑，踰于句注，旌旗駱驛二千餘里，鼓行而前，民屋皆震。別詔將軍封眞等三軍，從東道出襲幽州，圍薊。九月戊午，次陽曲，乘西山，臨觀晉陽，命諸將引騎圍脅，已而罷還。寶并州牧遼西王農大懼，將妻子棄城夜出，東遁，并州平。初建臺省，置百官，封拜公侯、將軍、刺史、太守，尚書郎已下悉用文人。〔八〕帝初拓中原，留心慰納，諸士大夫詣軍門者，無少長，皆引入賜見，存問周悉，人

得自盡，苟有微能，咸蒙敘用。己未，詔輔國將軍奚牧略地晉川，獲慕容寶丹陽王買得等於平陶城。

冬十月乙酉，車駕出井陘，使冠軍將軍王建、左軍將軍李栗五萬騎先驅啓行。十有一月庚子朔，帝至眞定。自常山以東，守宰或捐城奔竄，或稽顙軍門，唯中山、鄴、信都三城不下。別詔征東大將軍東平公儀五萬騎南攻鄴，冠軍將軍王建、左軍將軍李栗等攻信都，軍之所行，不得傷民桑棗。戊午，進軍中山；己未，引騎圍之。帝謂諸將曰：「朕量寶不能出戰，必當憑城自守，偷延日月，急攻則傷士，久守則費糧，不如先平鄴、信都，然後還取中山，於計爲便。若移軍遠去，寶必散衆求食民間，如此，則人心離阻，攻之易克。」諸將稱善。丁卯，車駕幸魯口城。

是歲，司馬昌明死，子德宗僭立，遣使朝貢。呂光僭稱天王，號大涼，遣使朝貢。

二年春正月己亥朔，大饗羣臣於魯口。慕容寶遣其左衞將軍慕容騰寇博陵，殺中山太守及高陽諸縣令長，抄掠租運。是時信都未下，庚申，乃進軍。壬戌，引騎圍之。其夜，寶冀州刺史宜都王慕容鳳踰城奔走，歸于中山。癸亥，寶輔國將軍張驤、護軍將軍徐超率將吏已下舉城降。寶聞帝幸信都，乃趣博陵之深澤，屯呼沱水，遣弟賀麟寇楊城，殺常山守兵三百餘人。寶悉出珍寶及宮人招募郡縣，羣盜無賴者多應之。

二月己巳，帝進幸楊城。丁丑，軍于鉅鹿之栢肆塢，臨呼沱水。其夜，寶悉衆犯營，燎及行宮，兵人駭散。帝驚起，不及衣冠，跣出擊鼓。俄而左右及中軍將士，稍稍來集。帝設奇陳，列烽營外，縱騎衝之，寶衆大敗，斬首萬餘級，擒其將軍高長等四千餘人。戊寅，寶走中山，獲其器仗輜重數十萬計。寶尚書閔亮、祕書監崔逞、太常孫沂、殿中侍御史孟輔等並降。降者相屬，賜拜職爵各有差。平原徐超聚衆反於畔城，詔將軍奚辱捕斬之。并州守將封眞率其種族與徒何爲逆，將攻刺史元延，延討平之。

是時，栢肆之役，遠近流言，賀蘭部帥附力眷、紇突隣部帥匿物尼、紇奚部帥叱奴根聚黨反於陰館，南安公元順率軍討之，不克，死者數千。詔安遠將軍庾岳總萬騎，還討叱奴根等，滅之。

三月己酉，車駕次于盧奴。寶遣使求和，請送元觚，割常山以西奉國，乞守中山以東，帝許之。已而寶背約。辛亥，車駕次中山，命諸將圍之。是夜，寶弟賀麟將妻子出走西山。寶見賀麟走，恐先據和龍，壬子夜，遂將其妻子及兄弟宗族數千騎北遁。寶將李沈、王次多、張超、賈歸等來降。遣將軍長孫肥追之，至范陽，不及而還。城內共立慕容普驎爲主。

夏四月，帝以軍糧未繼，乃詔征東大將軍東平公元儀罷鄴圍，徙屯鉅鹿，積租楊城。普

驎出步卒六千餘人，伺間犯諸屯兵，詔將軍長孫肥等輕騎挑之，帝以虎隊五千橫截其後，斬首五千，生虜七百人，宥而遣之。

夏五月庚子，大賞功臣。帝以中山城內爲普驎所脅，而大軍迫之，欲降無路，乃密招喻之。甲辰，曜兵揚威以示城內，命諸軍罷圍南徙以待其變。甲寅，以東平公元儀爲驃騎大將軍、都督中外諸軍事、兗豫雍荆徐揚六州牧、左丞相，封衞王。襄城公元題，進封爲王。

秋七月，普驎遣烏丸張驤率五千餘人出城求食，寇常山之靈壽，殺害吏民。賀麟自丁零中入于驤軍，因其衆，復入中山，殺普驎而自立。帝還幸魯口，遣將軍長孫肥一千騎襲中山，入其郛而還。

八月丙寅朔，帝自魯口進軍常山之九門。時大疫，人馬牛多死。帝問疫於諸將，對曰：「在者纔十四五。」是時中山猶拒守，而饑疫並臻，羣下咸思還北。帝知其意，因謂之曰：「斯固天命，將若之何！四海之人，皆可與爲國，在吾所以撫之耳，何恤乎無民！」羣臣乃不敢復言。遣撫軍大將軍略陽公元遵襲中山，芟其禾菜，入郛而還。

九月，賀麟飢窮，率三萬餘人出寇新市。甲子晦，帝進軍討之，太史令晁崇奏曰：「不吉。」帝曰：「其義云何？」對曰：「昔紂以甲子亡，兵家忌之。」帝曰：「紂以甲子亡，周武不以甲子勝乎？」崇無以對。

冬十月丙寅，帝進軍新市，賀麟退阻泒水，依漸洳澤以自固。甲戌，帝臨其營，戰於義臺塢，大破之，斬首九千餘級。賀麟單馬走西山，遂奔鄴，慕容德殺之。甲申，其所署公卿、尚書、將吏、士卒降者二萬餘人。其將張驤、李沈、慕容文等先來降，尋皆亡還，是日復獲之，皆赦而不問。獲其所傳皇帝璽綬、圖書、府庫、珍寶，簿列數萬。班賜功臣及將士各有差。中山平。乙酉，襄城王題薨。丁亥，遣三萬騎赴衞王儀，將以攻鄴。

是歲，鮮卑禿髮烏孤私署大單于、西平王。

天興元年春正月，慕容德走保滑臺。儀克鄴，收其倉庫。詔賞將士各有差。儀追德至於河，不及而還。庚子，車駕自中山行幸常山之真定，次趙郡之高邑，遂幸于鄴。民有老不能自存者，詔郡縣賑恤之。帝至鄴，巡登臺榭，遍覽宮城，將有定都之意。乃置行臺，以龍驤將軍日南公和跋爲尚書，與左丞賈彝率郎吏及兵五千人鎮鄴。車駕自鄴還中山，所過存問百姓。詔大軍所經州郡，復貲租一年，除山東民租賦之半。車駕將北還，發卒萬人治直道，自望都鐵關鑿恒嶺至代五百餘里。帝慮還後山東有變，乃置行臺於中山，詔左丞相、守尚書令、衞王儀鎮中山，撫軍大將軍、略陽公元遵鎮勃海之合口。右軍將軍尹國先督租于冀州，聞帝將還，謀反，欲襲信都，安南將軍長孫嵩執送，斬之。辛酉，車駕發自中山，至于

望都堯山。徙山東六州民吏及徒何、高麗雜夷三十六萬，百工伎巧十萬餘口，以充京師。〔九〕車駕次于恒山之陽。博陵、勃海、章武羣盜並起，略陽公元遵等討平之。廣川太守賀盧殺冀州刺史王輔，驅勒守兵，抄掠陽平、頓丘諸郡，遂南渡河，奔慕容德。

二月，車駕自中山幸繁畤宮，更選屯衞。詔給內徙新民耕牛，計口受田。

三月，離石胡帥呼延鐵、西河胡帥張崇等聚黨數千人叛，詔安遠將軍庾岳討平之。漁陽羣盜庫傉官韜聚衆反。詔中堅將軍伊謂討之。徵左丞相、衞王儀還京師，詔略陽公遵代鎮中山。

夏四月壬戌，進遵封常山王，南安公元順進封毗陵王，征虜將軍、歷陽公穆崇爲太尉，安南將軍、鉅鹿公長孫嵩爲司徒。帝祠天於西郊，麾幟有加焉。廣平太守、遼西公元意烈謀反，於郡賜死，原其妻子。鄜城屠各董羌、杏城盧水郝奴、河東蜀薛榆、氐帥苻興，各率其種內附。

六月丙子，詔有司議定國號。羣臣曰：「昔周秦以前，世居所生之土，有國有家，及王天下，即承爲號。自漢以來，罷侯置守，時無世繼，其應運而起者，皆不由尺土之資。今國家萬世相承，啓基雲代。臣等以爲若取長遠，應以代爲號。」詔曰：「昔朕遠祖，總御幽都，控制遐國，雖踐王位，未定九州。逮于朕躬，處百代之季，天下分裂，諸華乏主。〔一〇〕民俗雖殊，撫之在德，故躬率六軍，掃平中土，凶逆蕩除，遐邇率服。宜仍先號，以爲魏焉。布告天下，咸知朕意。」

秋七月，遷都平城，始營宮室，建宗廟，立社稷。漁陽烏丸庫傉官韜復聚黨爲寇。詔冠軍將軍王建討平之。

八月，詔有司正封畿，制郊甸，端徑術，標道里，平五權，較五量，定五度。遣使循行郡國，舉奏守宰不法者，親覽察黜陟之。

九月，烏丸張驤子超，收合亡命，聚黨三千餘家，據勃海之南皮，自號征東大將軍、烏丸王，抄掠諸郡。詔將軍庾岳討之。

冬十月，起天文殿。

十有一月辛亥，詔尚書吏部郎中鄧淵典官制，立爵品，定律呂，協音樂；儀曹郎中董謐撰郊廟、社稷、朝覲、饗宴之儀；三公郎中王德定律令，申科禁；太史令晁崇造渾儀，考天象；吏部尚書崔玄伯總而裁之。

閏月，左丞相、驃騎大將軍、衞王儀及諸王公卿士，詣闕上書曰：「臣等聞宸極居中，則列宿齊其晷；帝王順天，則羣后仰其度。伏惟陛下德協二儀，道隆三五，仁風被於四海，盛化塞于大區，澤及昆蟲，恩霑行葦，謳歌所屬，八表歸心，軍威所及，如風靡草，萬姓顒顒，咸

思係命。而躬履謙虛，退身後己，宸儀未彰，袞服未御，非所以上允皇天之意，下副樂推之心。宜光崇聖烈，示軌憲於萬世。臣等謹昧死以聞。」帝三讓乃許之。

十有二月己丑，帝臨天文殿，太尉、司徒進璽綬，百官咸稱萬歲。大赦，改年。追尊成帝已下及后號謚。樂用皇始之舞。詔百司議定行次，尚書崔玄伯等奏從土德，服色尚黃，數用五，未祖辰臘，犧牲用白，五郊立氣，宣贊時令，敬授民時，行夏之正。徙六州二十二郡守宰、豪傑、吏民二千家于代都。

是歲，蘭汗殺慕容寶而自立，寶子盛殺汗僭立。慕容德自稱燕王。

二年春正月甲子，初祠上帝于南郊，以始祖神元皇帝配，降壇視燎，成禮而反。乙丑，曲赦京師。始制三駕之法。庚午，車駕北巡，分命諸將大襲高車，大將軍、常山王遵等三軍從東道出長川，鎮北將軍、高涼王樂真等七軍從西道出牛川，車駕親勒六軍從中道自駮髯水西北。

二月丁亥朔，諸軍同會，破高車雜種三十餘部，獲七萬餘口，馬三十餘萬匹，牛羊百四十餘萬。驃騎大將軍、衞王儀督三萬騎別從西北絕漠千餘里，破其遺迸七部，獲二萬餘口，馬五萬餘匹，牛羊二十餘萬頭，高車二十餘萬乘，并服玩諸物。還次牛川及薄山，並刻石記

功，班賜從臣各有差。庚戌，征虜將軍庾岳破張超於勃海。超走平原，爲其黨所殺。以所獲高車衆起鹿苑，南因臺陰，北距長城，東包白登，屬之西山，廣輪數十里，鑿渠引武川水注之苑中，疏爲三溝，分流宮城內外。又穿鴻雁池。

三月己未，車駕至自北伐。甲子，初令五經羣書各置博士，增國子太學生員三千人。是月，氐人李辯叛慕容德，求援於鄴行臺尚書和跋，跋輕騎往應之，克滑臺，收德宮人府藏；又破德桂林王鎮及郎吏將士千餘人。丙子，遣建義將軍庾眞、越騎校尉奚斤討厙狄部帥葉亦干、宥連部帥竇羽泥於太濁川，破之，厙狄勳支子沓亦干率其部落內附。眞等進破侯莫陳部，獲馬牛羊十餘萬頭，追殄遺迸，入大峨谷。中山太守仇儒亡匿趙郡，推羣盜趙准爲主，號使持節、征西大將軍、冀青二州牧、鉅鹿公，仇儒爲准長史，聚黨扇惑。詔中領軍長孫肥討平之。

夏四月，前清河太守傅世聚黨千餘家，自號撫軍將軍。五月癸亥，征虜將軍庾岳討破之。

秋七月，起天華殿。辛酉，大閱于鹿苑，饗賜各有差。陳郡、河南流民萬餘口內徙，遣使者存勞之。姚興遣衆圍洛陽，司馬德宗將辛恭靖請救。八月，遣太尉穆崇率騎六千往赴之。增啓京師十二門。作西武庫。除州郡民租賦之半。辛亥，詔禮官備撰衆儀，著于新

令。范陽人盧溥，聚衆海濱，稱使持節、征北大將軍、幽州刺史，攻掠郡縣，殺幽州刺史封沓干。慕容盛遼西太守李朗，舉郡內屬。西河胡帥護諾于、丁零帥翟同、蜀帥韓礱，並相率內附。

冬十月，太廟成，遷神元、平文、昭成、獻明皇帝神主于太廟。十有二月甲午，慕容盛征虜將軍、燕郡太守高湖，率戶三千內屬。辛亥，詔材官將軍和突討盧溥。天華殿成。是歲，呂光立其子紹爲天王，自稱太上皇。光死，庶子纂殺紹僭立。〔二〕禿髮烏孤死，弟鹿孤代立，遣使朝貢。

三年春正月戊午，和突破盧溥於遼西，生獲溥及其子煥，傳送京師，轘之。癸亥，有事於北郊。分命諸官循行州郡，觀民風俗，察舉不法。賜羣臣布帛各有差。二月丁亥，詔有司祀日于東郊。始耕籍田。壬寅，皇子聰薨。三月戊午，立皇后慕容氏。是月，穿城南渠通於城內，作東西魚池。

夏四月，姚興遣使朝貢。五月戊辰，詔謁者僕射張濟使於姚興。己巳，車駕東巡，遂幸涿鹿，遣使者以太牢祠帝堯、帝舜廟。西幸馬邑，觀㶟源。

秋七月壬子，車駕還宮。起中天殿及雲母堂、金華室。

十有一月，高車別帥敕力犍，率九百餘落內屬。

十有二月乙未，詔曰：「世俗謂漢高起於布衣而有天下，此未達其故也。夫劉承堯統，曠世繼德，有蛇龍之徵，致雲彩之應，五緯上聚，天人俱協，明革命之主，大運所鍾，不可以非望求也。然狂狡之徒，所以顚蹶而不已者，誠惑於逐鹿之說，而迷於天命也。故有踵覆車之軌，蹈釁逆之蹤，毒甚者傾州郡，害微者敗邑里，至乃身死名頹，殃及九族，從亂隨流，死而不悔，豈不痛哉！春秋之義，大一統之美，吳楚僭號，久加誅絕，君子賤其僞名，比之塵垢。自非繼聖載德，天人合會，帝王之業，夫豈虛應。歷觀古今，不義而求非望者，徒喪其保家之道，而伏刀鋸之誅。有國有家者，誠能推廢興之有期，審天命之不易，察徵應之潛授，杜競逐之邪言，絕姦雄之僭肆，思多福於止足，則幾於神智矣。如此，則可以保榮祿於天年，流餘慶於後世。夫然，故禍悖無緣而生，兵甲何因而起？凡厥來世，勗哉戒之，可不愼歟！」

時太史屢奏天文錯亂，帝親覽經占，多云改王易政，故數革官號，一欲防塞凶狡，二欲消災應變。已而慮羣下疑惑，心謗腹非，丙申復詔曰：「上古之治，尚德下名，有任而無爵，易治而事序，故邪謀息而不起，姦慝絕而不作。周姬之末，下凌上替，以號自定，以位制祿，卿世其官，大夫遂事，陽德不暢，議發家陪，故釁由此起，兵由此作。秦漢之弊，捨德崇侈，

能否混雜，賢愚相亂，庶官失序，任非其人。於是忠義之道寢，廉耻之節廢，退讓之風絕，毀譽之議興，莫不由乎貴尚名位，而禍敗及之矣。古置三公，職大憂重，故曰『待罪宰相』，將委任責成，非虛寵祿也。而今世俗，僉以台輔爲榮貴，企慕而求之。夫此職司，在人主之所任耳，用之則重，捨之則輕。然則官無常名，而任有定分，是則所貴者至矣，何取於鼎司之虛稱也。夫桀紂之南面，雖高而可薄；姬旦之爲下，雖卑而可尊。一官可以効智，蓽門可以垂範。苟以道德爲實，賢於覆餗蔀家矣。故量已者，令終而義全；昧利者，身陷而名滅。利之與名，毀譽之疵競；道之與德，神識之家寶。是故道義，治之本；名爵，治之末。名不本於道，不可以爲宜；爵無補於時，不可以爲用。用而不禁，爲病深矣。能通其變，不失其正者，其惟聖人乎？來者誠思成敗之理，察治亂之由，鑒殷周之失，革秦漢之弊，則幾於治矣。」

是歲，乞伏乾歸爲姚興所破，李暠私署涼州牧、涼公。

四年春正月，高車別帥率其部三千餘落內附。二月丁亥，命樂師入學習舞，釋菜于先聖、先師。丁酉，分命使者循行州郡，聽察辭訟，糾劾不法。三月，帝親漁，薦于寢廟。

夏四月辛卯，罷鄴行臺。詔有司明揚隱逸。五月，起紫極殿、玄武樓、涼風觀、石池、鹿苑臺。

秋七月，詔鎮遠將軍、兗州刺史長孫肥步騎二萬南徇許昌、彭城。詔賜天下鎮戍將士布帛各有差。

冬十二月辛亥，詔征西大將軍、常山王遵等率衆五萬討破多蘭部帥木易于，材官將軍和突率騎六千襲黜弗、素古延等諸部。集博士儒生，比衆經文字，義類相從，凡四萬餘字，號曰衆文經。

是歲，慕容盛死，寶弟熙僭立。呂光弟子隆殺纂自立。盧水胡沮渠蒙遜私署涼州牧、張掖公。蒙遜及李暠並遣使朝貢。

五年春正月丁丑，慕容熙遣將寇遼西，虎威將軍宿沓干等拒戰不利，棄令支而還。帝聞姚興將寇邊，庚寅，大簡輿徒，詔并州諸軍積穀于平陽之乾壁。戊子，材官將軍和突破黜弗、素古延等諸部，獲馬三千餘匹，牛羊七萬餘頭。辛卯，蠕蠕社崙遣騎救素古延等，和突逆擊破之于山南河曲，獲鎧馬二千餘匹。班師。賞賜將士各有差。

二月癸丑，征西大將軍、常山王遵等至安定之高平，木易于率數千騎與衞辰、屈丐棄國遁走，追至隴西瓦亭，不及而還。獲其輜重庫藏，馬四萬餘匹，駱駝、氂牛三千餘頭，牛、羊九萬餘口。班賜將士各有差。徙其民於京師。沙門張翹自號無上王，與丁零鮮于次保聚黨

常山之行唐。夏四月，太守樓伏連討斬之。

五月，姚興遣其弟安北將軍、義陽公平率衆四萬來侵，平陽乾壁爲平所陷。六月，治兵于東郊，部分衆軍，詔鎮西大將軍毗陵王順、長孫肥等三將六萬騎爲前鋒。

秋七月戊辰朔，車駕西討。八月乙巳，至於柴壁，平固守，進軍圍之，姚興悉舉其衆來救。甲子，帝渡蒙坑，逆擊興軍，大破之。

冬十月，平赴水而死，俘其餘衆三萬餘人。語在興傳。獲興征虜將軍、尚書右僕射狄伯支，越騎校尉唐小方，積弩將軍姚梁國，建忠將軍雷星、康官，〔三〕北中郎將康猥，平從弟伯禽已下，四品將軍已上四十餘人。獲先亡臣王次多、靳勤，並斬以徇。興頻使請和，帝不許。羣臣勸進平蒲坂，帝慮蠕蠕爲難，戊申，班師。十有一月，車駕次晉陽。徵相州刺史庾岳爲司空。遣左將軍莫題討上黨羣盜秦頗、丁零翟都於壺關。丁丑，上黨太守捕頗，斬之，都走林慮。十有二月辛亥，至自西征。蠕蠕社崙犯塞，詔常山王遵追之，不及而還。越勤莫弗率其部萬餘家內屬，居五原之北。

是歲，禿髮鹿孤病死，弟傉檀統任，遣使朝貢。

六年春正月辛未，朔方尉遲部別帥率萬餘家內屬，入居雲中。

夏五月，大簡輿徒，將略江淮，平荆揚之亂。

秋七月，鎮西大將軍、司隸校尉、毗陵王順有罪，以王還第。戊子，車駕北巡，築離宮于犲山，縱士校獵，東北踰罽嶺，出參合、代谷。九月，行幸南平城，規度㶟南，面夏屋山，背黃瓜堆，將建新邑。辛未，車駕還宮。

冬十月，起西昭陽殿。乙卯，立皇子嗣爲齊王，加車騎大將軍，位相國；紹爲清河王，加征南大將軍；熙爲陽平王；曜爲河南王。封故秦愍王子夔爲豫章王，陳留王子右將軍悅爲朱提王。丁巳，詔將軍伊謂率騎二萬北襲高車。司馬德宗遣使朝貢。十有一月庚午，伊謂大破高車。

是年，島夷桓玄廢其主司馬德宗而自立，僭稱大楚。

天賜元年春正月，遣離石護軍劉託率騎三千襲蒲子。三月丙寅，擒姚興寧北將軍、泰平太守衡譚，獲三千餘口。初限縣戶不滿百罷之。

夏四月，詔尚書郎中公孫表使於江南，以觀桓玄之釁也。值玄敗而還。蠕蠕社崙從弟悅伐大那等謀殺社崙而立大那。發覺，來奔。五月，置山東諸冶，發州郡徒謫造兵甲。

秋九月，帝臨昭陽殿，分置衆職，引朝臣文武，親自簡擇，量能叙用；制爵四等，曰王、

公、侯、子，除伯、男之號；追錄舊臣，加以封爵，各有差。是秋，江南大亂，流民繦負而奔淮北，行道相尋。

冬十月辛巳，大赦，改元。築西宮。十有一月，上幸西宮，大選朝臣，令各辨宗黨，保舉才行，諸部子孫失業賜爵者二千餘人。十有二月戊辰，車駕幸犲山宮。

是歲，島夷劉裕起兵誅桓玄。

二年春二月癸亥，車駕還宮。

夏四月，車駕有事于西郊，車旗盡黑。

是歲，司馬德宗復僭立。慕容德死，兄子超僭立。

三年春正月甲申，車駕北巡，幸犲山宮。校獵，至屋孤山。二月乙亥，幸代園山，建五石亭。三月庚子，車駕還宮。

夏四月庚申，復幸犲山宮。占授著作郎王宜弟造兵法孤虛立成圖三百六十時。遂登定襄角史山，又幸馬城。甲午，車駕還宮。是月，蠕蠕寇邊，夜召兵，將旦，賊走，乃罷。六月，發八部五百里內男丁築㶟南宮，門闕高十餘丈；引溝穿池，廣苑囿；規立外城，方二十

里，分置市里，經塗洞達。三十日罷。

秋七月，太尉穆崇薨。八月甲辰，行幸豺山宮，遂至青牛山。丙辰，西登武要北原，觀九十九泉，造石亭，遂之石漠。九月甲戌朔，幸漠南鹽池。壬午，至漠中，觀天鹽池；度漠，北之吐鹽池。癸巳，南還長川。丙申，臨觀長陂。

冬十月庚申，車駕還宮。

四年春二月，封皇子脩爲河間王，處文爲長樂王，連爲廣平王，黎爲京兆王。

夏五月，北巡。自參合陂東過蟠羊山，大雨，暴水流輜重數百乘，殺百餘人。遂東北踰石漠，至長川，幸濡源。常山王遵有罪賜死。

秋七月，車駕自濡源西幸參合陂。築北宮垣，三旬而罷，乃還宮。八月，幸豺山宮。是月，誅司空庾岳。

冬十有一月，車駕還宮。

是歲，慕容寶養子高雲殺熙自立，赫連屈丐自稱大單于、大夏天王。

五年春正月，行幸豺山宮，遂如參合陂，觀漁於延水，〔一三〕至寧川。三月，姚興遣使朝貢。

是歲，皇孫燾生。

六年夏，帝不豫。初，帝服寒食散，自太醫令陰羌死後，藥數動發，至此逾甚。而災變屢見，憂懣不安，或數日不食，或不寢達旦。歸咎羣下，喜怒乖常，謂百僚左右人不可信，慮如天文之占，或有肘腋之虞。追思既往成敗得失，終日竟夜獨語不止，若旁有鬼物對揚者。朝臣至前，追其舊惡皆見殺害，其餘或以顏色變動，或以喘息不調，或以行步乖節，或以言辭失措，帝皆以爲懷惡在心，變見於外，乃手自毆擊，死者皆陳天安殿前。於是朝野人情各懷危懼，有司懈怠，莫相督攝，百工偷劫，盜賊公行，巷里之間人爲希少。帝亦聞之，曰：「朕縱之使然，待過災年，當更清治之爾。」

秋七月，慕容支屬百餘家，謀欲外奔，發覺，伏誅，死者三百餘人。八月，衞王儀謀叛，賜死。

冬十月戊辰，帝崩於天安殿，時年三十九。永興二年九月甲寅，上謚宣武皇帝，葬於盛樂金陵，廟號太祖。〔一四〕泰常五年，改謚曰道武。

史臣曰：晉氏崩離，戎羯乘釁，僭僞紛糾，豺狼競馳。太祖顯晦安危之中，屈伸潛躍之際，驅率遺黎，奮其靈武，克翦方難，遂啓中原，朝拱人神，顯登皇極。雖冠履不暇，栖遑外土，而制作經謨，咸存長世。所謂大人利見，百姓與能，抑不世之神武也。而屯厄有期，禍生非慮，將人事不足，豈天實爲之。嗚呼！

校勘記

〔一〕七年冬十月　諸本「七年」都作「二年」。北史卷一魏本紀一、册府卷六（六四頁）作「七年」。按苻堅淝水之敗在晉太元八年（三八三），拓跋珪沒有建號前的所謂二年是三七八年，顯誤，今據改。

〔二〕劉顯弟肺泥率騎掠奴眞部落　北、汲、殿、局四本「肺泥」都作「亢泥」，百衲本、南本作「肺泥」。按下文和卷二三劉顯傳都稱顯弟「亢泥」或「亢埿」，不聞別有弟名「肺泥」。似作「亢泥」是。但册府卷六（六四頁）、通鑑卷一〇六（三三六七頁）此處都作「肺泥」。且這裏才說肺泥來降，次月又稱劉顯遣其弟亢泥迎窟咄，則又並未降拓跋珪，或別有其人，今從百衲本。

〔三〕帝左右于桓等　北、汲、殿、局四本「桓」作「植」。百衲本、南本作「桓」。按北史卷一、通鑑卷一〇六（三三六八頁）也作「桓」。今從百衲本。參卷二七校記。

〔四〕庫莫部帥鳩集遺散　北史卷一「庫莫」下有「奚」字。按庫莫奚或單稱「奚」，不當單稱「庫莫」，這裏當脫「奚」字。

〔五〕其東西二部主匹候跋及縕紇提　按本書卷一〇三蠕蠕傳（補），匹候跋和縕紇提先後降魏。這裏「其」上當脫「降」字。

〔六〕衞辰少子屈丐亡奔薛干部　諸本及北史「薛干」都作「薛于」。通鑑卷一〇七（三四〇二頁）、通志卷一五上作「薛干」。按晉書卷一三〇赫連勃勃載記稱勃勃（即屈丐）「乃奔於叱干部」，知叱干卽薛干。本書卷一一三官氏志云「叱干氏後改爲薛氏」。太和改複姓爲單姓，大都截取複姓中音同的一字，也可證叱干之卽「薛干」。史傳所載姓叱干的人除個別例子外都作「叱干」，金石萃編卷九六、八瓊室金石補正卷六三載唐資州刺史叱干公三教道場文，更爲顯證。「薛干」雖多作「薛于」，均爲版刻之訛，如下文八年八月稱「帝南征薛于部」，北史卷九八高車傳末同，而本書卷一〇三高車傳卽以北史補却作「薛干」。又如晉書赫連勃勃載記稱「討鮮卑薛于三部」，通鑑卷一一四（三六〇二頁）作「薛千」，胡注「晉書載記作『薛千』，蜀本作『薛干』」。今改正。以後逕改，不出校記。

〔七〕車駕西征侯呂隣部　按「侯」當是「俟」之訛，詳卷一〇三校記〔二〕。

〔八〕封拜公侯將軍刺史太守尙書郎已下悉用文人　諸本「封」下無「拜」字，北史卷一有。按將軍以下官不得云「封」，若「將軍、刺史、太守」連下「尙書郎已下」讀，則是將軍也悉用文人，更誤。知這裏脫「拜」字，今據補。

〔九〕徙山東六州民吏及徒何高麗雜夷三十六萬百工伎巧十萬餘口以充京師　北史卷一、册府卷四八六五八一八頁「三十六萬」作「三十六署」。按通鑑卷一一〇三四六三頁此條作「徙山東六州吏民、雜夷十餘萬口以實代」，以十餘萬口爲這次遷徙的總口數。若「署」字作「萬」，則合計當云「四十餘萬口」，似司馬光所見魏書也作「三十六署」。「署」是百工伎巧所屬的機構。南、北朝少府及太府管轄的官府手工業作坊多設置「署」，隋書百官志記梁少府所屬有十五署，北齊太府所屬有十三署，若再加上太常、光祿、將作所屬，這種「署」是很多的。「三十六署」或是後燕所置署數，或一般泛稱。這裏「萬」當是「署」字之訛。

〔一〇〕諸華乏主　諸本「乏」訛「之」，今據御覽卷一〇一四八四頁、册府卷六六五頁改正。

〔一一〕庶子纂殺紹僭立　百衲本、南本「庶子」作「太子」，北、汲、殿、局四本作「庶子」。按晉書卷一二二呂光載記，呂光的太子卽紹，纂乃光庶長子。今從北本以下諸本。

〔一二〕康官　按晉書卷一一八姚興載記下兩見都作「康宦」，疑「宦」字形近而訛，但本書卷一〇五姚興傳亦作「康官」，今不改。

〔一三〕觀漁於延水　北史卷一「於」作「于」。按「于延」是水名，見漢書卷二八地理志下代郡且如縣，字當作「于」，但水經注卷一三㶟水篇亦「于延」「於延」雜見，今不改。

〔一四〕永興二年九月至廟號太祖　按永興二年四一〇上拓跋珪的廟號是「烈祖」，至太和十五年四九一才改「太祖」，見本書卷八四孫惠蔚傳及卷一〇八禮志。這裏「太祖」乃「烈祖」之誤。

魏書卷三〔一〕

太宗紀第三

太宗明元皇帝，諱嗣，太祖長子也，母曰劉貴人，登國七年生於雲中宮。太祖晚有子，聞而大悅，乃大赦天下。帝明叡寬毅，非禮不動，太祖甚奇之。天興六年，封齊王，拜相國，加車騎大將軍。

初，帝母劉貴人賜死，太祖告帝曰：「昔漢武帝將立其子而殺其母，不令婦人後與國政，使外家爲亂。汝當繼統，故吾遠同漢武，爲長久之計。」帝素純孝，哀泣不能自勝，太祖怒之。帝還宮，哀不自止，日夜號泣。太祖知而又召之。帝欲入，左右曰：「孝子事父，小杖則受，大杖避之。今陛下怒盛，入或不測，陷帝於不義。不如且出，待怒解而進，不晚也。」帝懼，從之，乃遊行逃於外。

天賜六年冬十月，清河王紹作逆，太祖崩。帝入誅紹。壬申，卽皇帝位，〔二〕大赦，改年爲永興元年。追尊皇妣爲宣穆皇后。公卿大臣先罷歸第不與朝政者，悉復登用之。詔南

平公長孫嵩、北新侯安同對理民訟，簡賢任能，彝倫攸敍。閏十月丁亥，朱提王悅謀反，賜死。詔鄭兵將軍、山陽侯奚斤巡行諸州，〔三〕問民疾苦，撫恤窮乏。十有二月戊戌，封衞王儀子良爲南陽王，陰平公元烈進爵爲王，高涼王樂眞改封平陽王。己亥，帝始居西宮，御天文殿。蠕蠕犯塞。

是歲，乞伏乾歸據金城自稱秦王。高雲爲海夷馮跋所滅，跋僭號，自稱大燕天王。

二年春正月甲寅朔，詔南平公長孫嵩等北伐蠕蠕。平陽民黃苗等，依汾自固，受姚興官號。并州刺史元六頭討平之。二月癸未朔，詔將軍于栗磾領步騎一萬鎭平陽。

夏五月，長孫嵩等自大漠還，蠕蠕追圍之於牛川。壬申，帝北伐。蠕蠕聞而遁走，車駕還幸參合陂。

秋七月丁巳，立馬射臺於陂西，仍講武教戰。乙丑，車駕至自北伐。八月，章武民劉牙聚衆反。山陽侯奚斤討平之。九月甲寅，葬太祖宣武皇帝於盛樂金陵。

冬十有二月辛巳，詔將軍周觀率衆詣西河離石，鎭撫山胡。

是歲，司馬德宗將劉裕，滅慕容超於廣固。

三年春二月戊戌,詔曰:「衣食足,知榮辱。夫人飢寒切己,唯恐朝夕不濟,所急者溫飽而已,何暇及於仁義之事乎?王教之多違,蓋由於此也。非夫耕婦織,內外相成,何以家給人足矣。其簡宮人非所當御及執作伎巧,自餘悉出以配鰥民。」己亥,詔北新侯安同等持節循行并、定二州及諸山居雜胡、丁零,問其疾苦,察舉守宰不法;其寃窮失職、强弱相陵、孤寒不能自存者,各以事聞。昌黎、遼東民二千餘家內屬。三月己未,詔侍臣常帶劍。

夏四月戊寅,河東蜀民黃思、郭綜等率營部七百餘家內屬。五月丁卯,車駕謁金陵於盛樂。己巳,昌黎王慕容伯兒謀反,伏誅。六月,姚興遣使來聘。西河胡張賢等率營部內附。

秋七月戊申,賜衞士酺三日、布帛各有差。辛酉,賜附國大人錦罽衣服各有差。八月戊寅,詔將軍、東州侯古眞統兵五千,鎭西境太洛城。

冬十二月甲戌,[四]蠕蠕斛律宗黨吐觝于等百餘人內屬。甲午,詔南平公長孫嵩、任城公嵇拔、白馬侯崔玄伯等坐朝堂,錄決囚徒,務在平當。

四年春二月癸未,登虎圈射虎;賜南平公長孫嵩等布帛各有差。

夏四月乙未,宴羣臣於西宮,使各獻直言。

秋七月己巳朔,東巡。置四廂大將,又放十二時,置十二小將。以山陽侯奚斤、元城侯元屈行左右丞相。己卯,大獮于石會山。戊子,臨去畿陂觀漁。庚寅,至于濡源。西巡,幸北部諸落,賜以繒帛。八月庚戌,車駕還宮。壬子,幸西宮,臨板殿,大饗羣臣將吏,以田獵所獲賜之,命民大酺三日。乙卯,賜王公以下至宿衞將士布帛各有差。

冬十有一月乙丑,賜宗室近屬南陽王良已下至於緦麻之親布帛各有差。十有二月丁巳,車駕北巡,至長城而還。

是年,乞伏乾歸爲兄子公府所殺,子熾磐立。沮渠蒙遜自稱河西王。

五年春正月己巳,大閱,畿內男子十二以上悉集。己卯,幸西宮。頞拔大、渠帥四十餘人詣闕奉貢,賜以繒帛錦罽各有差。乙酉,詔諸州六十戶出戎馬一匹。庚寅,大閱於東郊,部署將帥。以山陽侯奚斤爲前軍,衆三萬;陽平王熙等十二將,各一萬騎;帝臨白登,躬自校覽焉。二月戊申,賜陽平王熙及諸王、公、侯、將士布帛各有差。庚戌,幸高柳川。甲寅,車駕還宮。癸丑,穿魚池於北苑。庚午,姚興遣使來聘。詔分遣使者巡求儁逸,其豪門强族爲州閭所推者,及有文武才幹、臨疑能決,或有先賢世胄、德行清美、學優義博、可爲人師者,各令詣京師,當隨才敘用,以贊庶政。

夏四月,河東民薛相率部內屬。乙巳,上黨民勞聰、士臻羣聚爲盜,殺太守令長,相率外奔。乙卯,車駕西巡,詔前軍奚斤等先行,討越勤部於跋那山。

夏五月乙亥,行幸雲中舊宮之大室。丙子,大赦天下。西河張外、建興王紹,自以所犯罪重,不敢解散。庚戌,遣元城侯元屈等率衆三千鎭并州。乙卯,詔會稽公劉潔、永安侯魏勤等率衆三千鎭西河。六月,西幸五原,校獵于骨羅山,獲獸十萬。湲澤劉逸自號征東將軍、三巴王,王紹爲署置官屬,攻逼建興郡。元屈等討平之。

秋七月己巳,還幸薄山。帝登觀太祖遊幸刻石頌德之處,乃於其旁起石壇而薦饗焉。賜從者大酺於山下。奚斤等破越勤倍泥部落於跋那山西,獲馬五萬匹,牛二十萬頭,徙二萬餘家於大寧,計口受田。河西胡曹龍、張大頭等,各領部,擁衆二萬人,來入蒲子,逼脅張外於研子壘。外懼,給以牛酒,殺馬盟誓,推龍爲大單于,奉美女良馬於龍。丙戌,車駕自大室西南巡諸部落,賜其渠帥繒帛各有差。遂南次定襄大落城,東踰十嶺山,田於善無川。八月癸卯,車駕還宮。癸丑,奚斤等班師。甲寅,帝臨白登,觀降民,數軍實。曹龍降,執送張外,斬之。辛未,賜征還將士牛、馬、奴婢各有差。置新民於大寧川,給農器,計口受田。丁丑,幸犲山宮。癸未,車駕還宮。

冬十月丁巳,將軍元屈、會稽公劉潔、永安侯魏勤等,擊吐京叛胡,失利,潔被傷,勤死

之。十一月癸酉,大饗于西宮。姚興遣使朝貢,來請進女,帝許之。

神瑞元年春正月辛酉,以禎瑞頻集,大赦,改元。辛巳,幸繁畤。賜王公已下至於士卒百工布帛各有差。二月戊戌,車駕還宮。是月,赫連屈丐入寇河東蒲子,殺掠吏民,三城護軍張昌等要擊走之。庚戌,幸犲山宮。西河胡曹成、吐京民劉初原攻殺屈丐所置吐京護軍及其守三百餘人。乙卯,起豐宮於平城東北。

夏五月辛酉,車駕還宮。六月,司馬德宗冠軍將軍、太山太守劉研弟,輔國將軍、領東平太守陽平趙鸞,廣威將軍、平昌太守羅卓,斗城屠各帥張文興等,率流民七千餘家內屬。河西胡酋劉遮、劉退孤率部落等萬餘家,渡河內屬。戊申,幸犲山宮。丁亥,車駕還宮。

秋八月戊子,詔馬邑侯元陋孫使於姚興。辛丑,遣謁者悅力延撫慰蠕蠕,于什門招諭馮跋。詔平南將軍、相州刺史尉古眞與司馬德宗太尉劉裕相聞,[五]使博士王諒假平南參軍將命焉。姚興遣使來聘。

冬十一月壬午,詔使者巡行諸州,校閱守宰資財,非自家所齎,悉簿爲贓。詔守宰不如法,聽民詣闕告言之。十二月丙戌朔,蠕蠕犯塞。丙申,帝北伐蠕蠕。河內人司馬順宰自號晉王。太守討捕不獲。

是歲，禿髮傉檀爲乞伏熾磐所滅。

二年春正月丙辰，車駕至自北伐，賜從征將士布帛各有差。二月丁亥，大饗于西宮，賜附國大、渠帥朝歲首者繒帛金罽各有差。司馬德宗琅邪太守劉朗，率二千餘家內屬。庚子，河西胡劉雲等，率數萬戶內附。甲辰，立太祖廟於白登之西。三月，詔曰：「刺史守宰，率多逋慢，前後怠惰，數加督罰，猶不悛改。今年貲調懸違者，謫出家財充之，不聽徵發於民。」河西飢胡屯聚上黨，推白亞栗斯爲盟主，號大將軍，反於上黨，自號單于，稱建平元年，以司馬順宰爲之謀主。

夏四月，詔將軍公孫表等五將討之。河南流民二千餘家內屬。衆廢栗斯而立劉虎，號率善王。司馬德宗遣使朝貢。己卯，車駕北巡。五月丁亥，次於參合，東幸大寧。丁未，田于四岬山。六月戊午，幸去畿陂，觀漁。辛酉，次于濡源，築立蜯臺。〔六〕射白熊於頹牛山，獲之。丁卯，幸赤城，親見長老，問民疾苦，復租一年。南次石亭，幸上谷，問百年，訪賢俊，復田租之半。壬申，幸涿鹿，登橋山，觀溫泉，使使者以太牢祠黃帝廟。至廣寧，登歷山，祭舜廟。〔七〕

秋七月，還宮，復所過田租之半。九月，闕有差。河南流民，前後三千餘家內屬。京師民飢，聽出山東就食。

冬十月壬子，姚興使散騎常侍、東武侯姚敞，尚書姚泰，送其西平公主來，帝以后禮納之。辛酉，行幸沮洳城。癸亥，車駕還宮。丙寅，詔曰：「古人有言，百姓足則君有餘，未有民富而國貧者也。頃者以來，頻遇霜旱，年穀不登，百姓飢寒不能自存者甚衆，其出布帛倉穀以賑貧窮。」十有一月丁亥，幸犲山宮。庚子，車駕還宮。

泰常元年春正月甲申，行幸犲山宮。戊子，車駕還宮。三月己丑，長樂王處文薨。常山民霍季，自言名載圖讖，持一黑石以爲天賜玉印，誑惑聚黨，入山爲盜。州郡捕斬之。

夏四月壬子，大赦，改元。庚申，河間王脩薨。六月丁巳，車駕北巡。

秋七月甲申，帝自白鹿陂西行，大獮于牛川，登釜山，臨殷繁水而南，觀于九十九泉。戊戌，車駕還宮。九月戊午，前并州刺史叔孫建等大破山胡。劉虎渡河東走，至陳留，爲從人所殺，司馬順宰等皆死。司馬德宗相劉裕，泝河伐姚泓，遣其部將王仲德爲前鋒，從陸道至梁城。兗州刺史尉建畏懦，棄州北渡，王仲德遂入滑臺。詔將軍叔孫建等渡河，耀威滑臺，斬尉建於城下。

冬十月壬戌，幸犲山宮。徒何部落庫傉官斌先降，後復叛歸馮跋。驍騎將軍延普渡濡水討擊，大破之，斬斌及馮跋幽州刺史、漁陽公庫傉官昌，征北將軍、關內侯庫傉官提等首，生擒庫傉官女生，縛送京師。幽州平。十一月甲戌，車駕還宮，築蓬臺於北苑。十二月，南陽王良薨。

是歲，姚興卒，子泓立。

二年春二月丙午，詔曰：「九州之民，隔遠京邑，時有壅滯，守宰至不以聞。今東作方興，或有貧窮失農務者。其遣使者巡行天下，省諸州，觀民風俗，問民疾苦，察守宰治行。諸有不能自申，皆因以聞。」辛酉，司馬德宗滎陽守將傅洪，遣使詣叔孫建，請以虎牢降，求軍赴接。德宗譙王司馬文思遣使王良詣闕上書，請軍討劉裕。詔司徒長孫嵩率諸軍邀擊劉裕，戰於畔城，更有負捷。帝詔止諸軍，不克。

夏四月丁未，檢山丁零翟蜀率營部遣使通劉裕。馮跋使人王特兒等通於司馬德宗，章武太守捕特兒等，囚送京師。丁巳，幸高柳。壬戌，車駕還宮。五月，汝南民胡譁等萬餘家相率內屬。乙未，司馬德宗齊郡太守王懿來降。車駕西巡，至于雲中，遂濟河，田于大漠。

秋七月，作白臺於城南，高二十丈。司馬順之入常山，流言惑衆，稱受天帝命，年二十五應爲人君，遂聚黨於封龍山。趙郡大盜趙德執送京師，斬之。八月，劉裕滅姚泓。九月癸酉，司馬德宗平西將軍、荆州刺史司馬休之，息譙王文思，章武王子司馬國璠，司馬道賜，

輔國將軍溫楷，竟陵內史魯軌，荆州治中韓延之，殷約，平西參軍桓謐、桓璲及桓溫孫道子，勃海刁雍，陳郡袁式等數百人來降。姚泓匈奴鎮將姚成都與弟和都舉鎮來降。

冬十月己酉，詔司徒長孫嵩等還京師，遣叔孫建鎮鄴。癸丑，豫章王夔薨。十有一月，司徒長孫嵩等諸軍至樂平。詔嵩遣娥清、周幾等與叔孫建討西山丁零翟蜀、洛支等，悉滅餘黨而還。復諸州租稅。十有二月己酉，詔河東、河內有姚泓子弟播越民間，能有送致京師者賞之。庚申，田于西山。癸亥，車駕還宮。氐豪徐駭奴、齊元子等，擁部落三萬於雍，遣使內附，詔將軍王洛生及河內太守楊聲等西行以應之。壬申，幸大寧長川。姚泓尚書、東武侯姚敞，敞弟鎮遠將軍僧光，右將軍姚定世自洛來奔。

是年，李暠卒，子歆立，遣使朝貢。

三年春正月丁酉朔，帝自長川詔護高車中郎將薛繁率高車丁零十二部大人衆北略，至弱水，〔八〕降者二千餘人，獲牛馬二萬餘頭。河東胡、蜀五千餘家相率內屬。三月，司馬德宗遣使來貢。庚戌，幸西宮。以范陽去年水，復其租稅。

夏四月己巳，徙冀、定、幽三州徒何於京師。五月丙午，詔叔孫建鎮廣阿。壬子，車駕東巡，至于濡源及甘松。遣征東將軍長孫道生、給事黃門侍郎奚觀率精騎二萬襲馮跋，又

命驍騎將軍延普自幽州北趣遼西爲聲勢，帝自突門嶺待之。道生至龍城，徙其民萬餘家而還。六月乙酉，車駕西返。

秋七月戊午，至於京師。八月，鴈門、河內大雨水，復其租稅。九月甲寅，詔諸州調民租，戶五十石，積於定、相、冀三州。

冬十月戊辰，築宮於西苑。

是歲，司馬德宗卒，弟德文僭位。赫連屈丐僭稱皇帝。

四年正月壬辰朔，車駕臨河，大蒐于犢渚。癸卯，車駕還宮。三月癸丑，築宮於蓬臺北。司馬德文寧朔將軍、平陽太守、匈奴護軍薛辯及司馬楚之、司馬順明、司馬道恭，並遣使請降。

夏四月庚辰，車駕有事於東廟，遠藩助祭者數百國。辛巳，南巡，幸鴈門。賜所過無出今年租賦。五月庚寅朔，觀漁于㶟水。己亥，車駕還宮。復所過一年租賦。六月，司馬德文建威將軍、河西太守、馮翊羌酋党道子遣使內屬。

秋八月辛未，東巡。遣使祭恒岳。甲申，車駕還宮。所過復一年田租。九月，築宮於白登山。

冬十有二月癸亥，西巡，至雲中，踰白道，北獵野馬於辱孤山。至于黃河，從君子津西渡，大狩於薛林山。

五年春正月丙戌朔，自薛林東還，至于屋竇城，饗勞將士，大酺二日，班禽獸以賜之。己亥，車駕還宮。三月丙戌，南陽王意文薨。

夏四月，河西屠各帥黃大虎、羌酋不蒙娥等遣使內附。丙寅，起㶟南宮。五月乙酉，詔曰：「宣武皇帝體道得一，天縱自然，大行大名未盡盛美，〔九〕非所以光揚洪烈，垂之無窮也。今因啓緯圖，始覩尊號，天人之意，煥然著明。其改『宣』曰『道』，更上尊謚曰道武皇帝，以彰靈命之先啓，聖德之玄同。告祀郊廟，宣于八表。」庚戌，淮南侯司馬國璠、池陽侯司馬道賜等謀反伏誅。

六月丙寅，行幸翳犢山。秋七月丁酉，西至于五原。丁未，幸雲中大室，賜從者大酺。八月癸亥，車駕還宮。閏月甲午，陰平王烈薨。

冬十有一月，詔驍騎將軍延普城乾城。十有二月丁亥，杏城羌酋狄溫子率三千餘家內附。

是歲，劉裕廢殺其主司馬德文，僭自稱皇帝，號宋。李歆爲沮渠蒙遜所滅，歆弟恂自立於敦煌。

六年春正月辛未，行幸公陽。二月，調民二十戶輸戎馬一匹、大牛一頭。三月甲子，陽平王熙薨。乙亥，制六部民，羊滿百口輸戎馬一匹。發京師六千人築苑，起自舊苑，東包白登，周回三十餘里。

夏六月乙酉，北巡，至蟠羊山。

秋七月，西巡，獵于柞山，親射虎，獲之，遂至于河。八月庚子，大獮于犢渚。九月庚戌，車駕還宮。壬申，劉裕遣使朝貢。

冬十月己亥，行幸代。十有二月丙申，西巡狩，至于雲中。

是歲，沮渠蒙遜滅李恂。

七年春正月甲辰朔，自雲中西行，幸屋竇城，賜從者大酺三日、蕃渠帥繒帛各有差。二月丙戌，車駕還宮，賜從者布帛各有差，大饗于西宮。三月乙丑，河南王曜薨。

夏四月甲戌，封皇子燾爲泰平王，燾，字佛釐，拜相國，加大將軍；丕爲樂平王，加車騎大將軍；彌爲安定王，加衞大將軍；範爲樂安王，加中軍大將軍；健爲永昌王，加撫軍大將

軍；崇爲建寧王，加輔國大將軍；俊爲新興王，加鎮軍大將軍；獻懷長公主子嵇敬，封長樂王，拜大司馬、大將軍。初，帝素服寒食散，頻年動發，不堪萬機，五月，詔皇太子臨朝聽政。是月，泰平王攝政。劉裕卒，子義符僭立。

秋九月，詔假司空奚斤節，都督前鋒諸軍事，爲晉兵大將軍，行揚州刺史，交阯侯周幾爲宋兵將軍、交州刺史，安固子公孫表爲吳兵將軍、廣州刺史，前鋒伐劉義符。乙巳，幸㶟南宮，遂如廣寧。己酉，詔泰平王率百國以法駕田于東苑，車乘服物皆以乘輿之副。辛亥，築平城外郭，周回三十二里。辛酉，幸橋山，遣使者祠黃帝、唐堯廟。因東幸幽州，見耆年，問其所苦，賜爵號。分遣使者循行州郡，觀察風俗。

冬十月甲戌，車駕還宮，復所過田租之半。奚斤伐滑臺不克，帝怒，議親南討，爲其聲援。壬辰，車駕南巡，出自天門關，踰恒嶺。四方蕃附大人各率所部從者五萬餘人。十有一月，泰平王親統六軍出鎮塞上，安定王彌與北新公安同居守。丙午，曲赦司州殊死已下。劉義符東郡太守王景度棄滑臺走。詔成皐侯元苟兒爲兗州刺史，鎮滑臺。十有二月，遣壽光侯叔孫建等率衆自平原東渡，徇下青、兗諸郡。劉義符兗州刺史徐琰聞渡河，棄守走，叔孫建遂東入青州。司馬愛之、秀之先聚黨濟東，皆率衆來降。

八年正月丙辰，行幸鄴，存恤民俗。司空奚斤既平兗豫，還圍虎牢，劉義符守將毛德祖距守不下。河東蜀薛定、薛輔率五千餘家內屬。蠕蠕犯塞。二月戊辰，築長城於長川之南，起自赤城，西至五原，延袤二千餘里，備置戍衞。三月乙巳，帝田於鄴南韓陵山，幸汲郡，至于枋頭。乙卯，濟自靈昌津，幸陳留、東郡。乙丑，濟河而北，西之河內，造浮橋於冶坂津。

夏四月丁卯，幸成皋城，觀虎牢。而城內乏水，懸綆汲河。帝令連艦上施轒輼，絕其汲路，又穿地道以奪其井。遂至洛陽，觀石經。蠻王梅安，率渠帥數千人來貢方物。閏月己未，還幸河內，北登太行，幸高都。虎牢潰，獲劉義符冠軍將軍、司州刺史、觀陽伯毛德祖，冠軍司馬、滎陽太守翟廣，建威將軍竇霸，振武將軍姚勇錯，振威將軍吳寶之，司州別駕姜元興，治中竇溫。士衆大疫，死者十二三。辛酉，帝還至晉陽。班賜從官，王公已下逮於廝賤，無不霑給。五月丙寅，還次雁門。〔一〇〕皇太子率留臺王公迎于句注之北。庚寅，車駕至自南巡。〔一一〕六月己亥，太尉、宜都公穆觀薨。丙辰，北巡，至於參合陂，遊于蟠羊山。秋七月，幸三會屋侯泉，詔皇太子率百官以從。八月，幸馬邑，觀于灅源。九月乙亥，車駕還宮。詔司空奚斤還京師，昌平侯娥清、交阯侯周幾等鎮枋頭。劉義符潁川太守李元德竊入許昌，詔周幾擊之，元德遁走。幾平許昌，還軍枋頭。

冬十月癸卯，廣西宮，起外垣牆，周回二十里。〔一二〕十有一月己巳，帝崩於西宮，時年三十二。遺詔以司空奚斤所獲軍實賜大臣，自司徒長孫嵩已下至士卒各有差。十有二月庚子，上謚曰明元皇帝，葬于雲中金陵，廟稱太宗。

帝禮愛儒生，好覽史傳，以劉向所撰新序、說苑於經典正義多有所闕，乃撰新集三十篇，採諸經史，該洽古義，兼資文武焉。

史臣曰：太祖英雄，北驅朔漠，末年內多釁隙。明元抱純孝之心，逢梟鏡之禍，權以濟事，危而獲安，隆基固本，內和外輯。以德見宗，良無愧也。

校勘記

〔一〕魏書卷三　諸本目錄此卷注「闕」，卷末舊有宋人校語殿本刪節入考證云：「魏收書太宗紀亡，史館舊本帝紀第三卷上有白簽云：『此卷是魏澹史。』案隋書魏澹傳，澹之義例多與魏收不同，其一曰諱皇帝名，書太子字；四曰諸國君皆書曰卒。今此卷書封皇子燾爲泰平王，燾字佛釐；姚興、李暠、司馬德宗、劉裕皆書卒。故疑爲澹史。又案北史、高氏小史、修文殿御覽皇王部皆抄略魏收書，其間事及日有此紀所不載者；北史本紀逐卷後論，全用魏收史臣語而微加增損，惟

論明元，卽與此紀史臣語全不同。故知非魏收史明矣。崇文總目有魏澹書一卷，今亦亡矣。豈此篇乎？

『泰常七年四月，封皇子燾爲泰平王；五月，詔皇太子臨朝聽政，是月泰平王攝政』，重複不成文。其年九月、十月再書泰平王，明年五月、七月再書皇太子，前後乖戾。今據此紀，無立泰平王爲皇太子事。世祖紀云四月封泰平王，五月爲監國，亦不言曾立爲皇太子。此紀初詔聽政，便云皇太子，後更稱泰平王。惟北史泰常七年五月立泰平王燾爲皇太子，臨朝聽政。小史、御覽亦無立皇太子事，而自臨朝聽政後，悉稱皇太子。彼蓋出魏收史，故與此不同。隋書稱魏澹書甚簡要，不應如此重複乖戾。疑此卷雖存，亦殘缺脫誤。」

今按宋人考證此紀非魏收書原文，並認爲可能是殘存的魏澹魏書。今以沿自修文殿御覽的太平御覽卷一〇二和北史卷一魏紀中明元紀與此卷對校，也可證宋人判斷是對的。宋初魏收書此紀已缺，故景德二年一〇〇五編册府元龜時有關諸條，都和今補本此紀相同。但也有個別字句不見今補本，不知是刻本脫文，還是校刊時嘉祐六年（一〇六一）後所據本又有殘缺。

〔二〕壬申卽皇帝位　北史卷一魏紀一「壬申」作「壬午」。按是年十月丙辰朔，壬申是十七日，壬午是二十七日。拓跋珪被殺在本月戊辰卽十三日，拓跋嗣先已逃避在外，據卷一六清河王紹傳、卷三四王洛兒傳，自拓跋嗣聞變還來到繼位，中間有一段事情，決非一二天能辦，疑作「壬午」是。

〔三〕詔鄭兵將軍山陽侯奚斤巡行諸州　諸本「鄭兵」作「都兵」。據張元濟請人寫的校勘記，知百衲本的底本原作「鄭兵」，百衲本從他本改作「都兵」。按册府卷一六一一九四二頁也作「鄭兵」。奚斤「太宗卽位，爲鄭兵將軍」，更明見本書卷二九本傳。當時吳兵、宋兵等將軍屢見紀傳，也見於此紀，後人不知妄改，百衲本反以不誤爲誤，今改正。

〔四〕冬十二月甲戌　册府卷一二四一四八二頁載「（永興）三年十一月丁未，大閱於東郊」。不見今本。册府所採拓跋嗣事，卽出此紀，非別有所本，知傳本脫去。册府同卷又載「（永興）四年閏六月丙辰，大閱於東郊」。也不見今本。按卷二九奚斤傳稱「太宗大閱於東郊，治兵講武，而斤行左丞相，大蒐於石會山」。所云「斤行左丞相，大蒐於石會山」，均見本年七月，則在先本有大閱東郊事，傳本脫去。

〔五〕詔平南將軍相州刺史尉古眞與司馬德宗太尉劉裕相聞　張森楷魏書校勘記下簡稱張森楷云：「『古』當作『太』，太眞是古眞弟，見尉古眞傳卷二六。古眞未嘗爲平南、相州。」

〔六〕築立蜯臺　北史卷一無「築」字。按御覽卷一〇二四八六頁引後魏書亦無「築」字，此紀爲後人所補，「築」字疑衍。

〔七〕使使者以太牢祠黃帝廟至祭舜廟　北史卷一此條作「使以太牢祠黃帝、唐堯廟；癸酉，幸廣寧，事如上谷；己卯，登廣寧之歷山，以太牢祠舜廟，帝親加禮焉」。御覽卷一〇二四八六頁引後魏書

此條但不記日支，餘與北史同。北史錄魏書，記事和月日多刪削，御覽刪節更多，而這裏却有增益，卽因北史、御覽都源自魏收書，而此紀却非收書。

〔八〕帝自長川詔護高車中郎將薛繁率高車丁零十二部大人衆北略至弱水　御覽同上卷頁「衆」下有「二萬」兩字，「弱水」下有「招懷伐叛」四字。按御覽所引出於魏收書，但「二萬」二字不宜省。

〔九〕體道得一天縱自然大行大名未盡盛美　諸本無「盛」字。按御覽同上卷頁錄此詔前二句文字不同，下又增出二句，北史卷一無增出句，但前二句同御覽，知出魏收書。此種字句異同，乃魏澹書刪改舊文，唯御覽、北史「美」上有「盛」字，册府卷二九三一六頁載此詔，和今本同，却也有「盛」字，知是脫文，今據補。

〔一〇〕五月丙寅還次雁門　百衲本「丙寅」作「庚寅」，南本以下各本及北史卷一都作「丙寅」。按通鑑同上卷頁「魏主還平城」條考異云：「後魏帝紀：『五月庚寅，還次雁門』，『庚寅，車駕至自南巡』，必有誤。」則司馬光所見魏書，也作「庚寅」，南本以下各本當依北史改。按五月丙寅朔，據上文，四月辛酉卽二十五日拓跋嗣至晉陽，五月一日至雁門，行程相當。若這裏作「庚寅」，則是五月二十五日，自晉陽至雁門走了一個月，稽留太久。且記日與下「庚寅，車駕至自南巡」句重。今從諸本。

〔一一〕車駕至自南巡　諸本「南」都作「北」，御覽同上卷四八七頁作「南」。通鑑卷一一九三七五九頁「魏主

還平城」條考異引魏帝紀亦作「南巡」。按上年十月記「車駕南巡」，本年四月到虎牢而返，從今大同到虎牢是南行，所以說「至自南巡」。「北」字乃涉下文「北巡」而誤，今改正。

〔一二〕周回二十里　北史卷一、御覽同上卷頁此句下有「是歲天下民飢，詔所在開倉賑給」十三字。册府卷一〇五一二五三頁也載「泰常八年十月，以歲飢，詔所在開倉賑給」。當是傳本脫去。

魏書卷四上

世祖紀第四上

世祖太武皇帝，諱燾，太宗明元皇帝之長子也，母曰杜貴嬪。天賜五年生於東宮，體貌瓌異，太祖奇而悅之，曰：「成吾業者，必此子也。」泰常七年四月，封泰平王，五月，爲監國。太宗有疾，命帝總攝百揆，聰明大度，意豁如也。八年十一月壬申，〔一〕卽皇帝位，大赦天下。十有二月，追尊皇妣爲密皇后，進司徒長孫嵩爵爲北平王，司空奚斤爲宜城王，藍田公長孫翰爲平陽王，其餘普增爵位各有差。於是除禁錮，釋嫌怨，開倉庫，賑窮乏，河南流民相率內屬者甚衆。

始光元年春正月丙寅，安定王彌薨。

夏四月甲辰，東巡，幸大寧。

秋七月，車駕還宮。八月，蠕蠕率六萬騎入雲中，殺掠吏民，攻陷盛樂宮。赭陽子尉普文

率輕騎討之，虜乃退走。詔平陽王長孫翰等擊蠕蠕別帥，破之，殺數千人，獲馬萬餘匹。語在蠕蠕傳。九月，大簡輿徒，治兵於東郊，部分諸軍五萬騎，將北討。

冬十有二月，遣平陽王長孫翰等討蠕蠕。車駕次祚山，蠕蠕北遁，諸軍追之，大獲而還。

是年，劉義符爲其臣徐羨之等所廢殺，立義符弟義隆。

二年春正月己卯，車駕至自北伐，以其雜畜班賜將士各有差。二月，慕容渴悉隣反於北平，攻破郡治，太守與守將擊敗之。三月丙辰，尊保母竇氏曰保太后。丁巳，以北平王長孫嵩爲太尉，平陽王長孫翰爲司徒，宜城王奚斤爲司空。庚申，營故東宮爲萬壽宮，起永安、安樂二殿，臨望觀、九華堂。初造新字千餘，詔曰：「在昔帝軒，創制造物，乃命倉頡因鳥獸之跡以立文字。自茲以降，隨時改作，故篆隸草楷，並行於世。然經歷久遠，傳習多失其眞，故令文體錯謬，會義不愜，非所以示軌則於來世也。孔子曰，名不正則事不成，此之謂矣。今制定文字，世所用者，頒下遠近，永爲楷式。」

夏四月，詔龍驤將軍步堆、謁者僕射胡覲使於劉義隆。五月，詔天下十家發大牛一頭，運粟塞上。

中華書局

秋九月，永安、安樂二殿成，丁卯，大饗以落之。

冬十月，治兵於西郊。癸卯，車駕北伐，平陽王長孫翰等絕漠追之，蠕蠕北走。事具蠕蠕傳。

是年，赫連屈丐死，子昌僭立。

三年春正月壬申，車駕至自北伐。班軍實以賜將士，行、留各有差。乞伏熾磐遣使朝貢，請討赫連昌。二月，起太學於城東，祀孔子，以顏淵配。

夏五月辛卯，中山公元纂進爵爲王，南安公元素復先爵常山王。六月，幸雲中舊宮，謁陵廟；西至五原，田於陰山；東至和兜山。

秋七月，築馬射臺于長川，帝親登臺觀走馬；王公諸國君長馳射，中者賜金錦繒絮各有差。八月，車駕還宮。劉義隆遣使朝貢。帝以屈丐既死，諸子相攻，九月，遣司空奚斤率義兵將軍封禮、雍州刺史延普襲蒲坂，宋兵將軍周幾率洛州刺史于栗磾襲陝城。

冬十月丁巳，車駕西伐，幸雲中，臨君子津。會天暴寒，數日冰結。十有一月戊寅，帝率輕騎二萬襲赫連昌，壬午，至其城下，徙萬餘家而還。語在昌傳。至祚山，班所虜獲以賜將士各有差。奚斤未至蒲坂，昌守將赫連乙升棄城西走。〔二〕昌弟助興守長安，乙升復與

助興自長安西走安定。奚斤遂入蒲坂。十有二月，詔斤西據長安。秦雍氐、羌皆叛昌詣斤降。武都氐王楊玄及沮渠蒙遜等皆遣使內附。

四年春正月乙酉，車駕至自西伐，賜留臺文武生口、繒帛、馬牛各有差。從人在道多死，其能到都者纔十六七。己亥，行幸幽州。赫連昌遣其弟平原公定率衆二萬向長安。帝聞之，乃遣就陰山伐木，大造攻具。二月，車駕還宮。三月丙子，遣高涼王禮鎮長安。詔執金吾桓貸造橋於君子津。丁丑，廣平王連薨。

夏四月丁未，詔員外散騎常侍步堆、謁者僕射胡覲等使於劉義隆。是月，治兵講武，分諸軍，司徒長孫翰、廷尉長孫道生、宗正娥清三萬騎爲前驅，常山王素、太僕丘堆、將軍元太毗步兵三萬爲後繼，南陽王伏眞、執金吾桓貸、將軍姚黃眉步兵三萬部攻城器械，將軍賀多羅精騎三千爲前候。五月，車駕西討赫連昌。辛巳，濟君子津。三城胡酋鵲子相率內附。帝次拔隣山，築城，舍輜重，以輕騎三萬先行。戊戌，至于黑水，帝親祈天告祖宗之靈而誓衆焉。六月甲辰，昌引衆出城，大破之。事在昌傳。昌將麾下數百騎西南走，奔上邽，諸軍乘勝追至城北，死者萬餘人，臨陣殺昌弟河南公滿及其兄子蒙遜。會日暮，昌尚書僕射問至拔城，夜將昌母出走。乙巳，車駕入城，虜昌羣弟及其諸母、姊妹、妻妾、宮人萬數，府庫珍

寶車旗器物不可勝計，擒昌尚書王買、薛超等及司馬德宗將毛脩之、秦雍人士數千人，獲馬三十餘萬匹，牛羊數千萬。以昌宮人及生口、金銀、珍玩、布帛班賚將士各有差。昌弟平原公定拒司空奚斤於長安城，娥清率騎五千討之，西走上邽。辛酉，班師，留常山王素、執金吾桓貸鎮統萬。

秋七月己卯，築壇於祚嶺，戲馬馳射，賜射中者金錦繒絮各有差。蠕蠕寇雲中，聞破赫連昌，懼而還走。八月壬子，車駕至自西伐，飲至策勳，告於宗廟，班軍實以賜留臺百僚，各有差。九月丁酉，安定民舉城歸降。

冬十有一月，以氐王楊玄爲都督荊梁益寧四州諸軍事、假征南大將軍、梁州刺史、南秦王。十有二月，行幸中山，守宰貪汚免者十數人。癸卯，車駕還宮。復所過田租之半。

神䴥元年春正月，以天下守令多行非法，精選忠良悉代之。辛未，京兆王黎薨。二月，改元。赫連昌退屯平涼。司空奚斤進軍安定，將軍丘堆爲昌所敗，監軍侍御史安頡出戰，擒昌。昌餘衆立昌弟定爲王，走還平涼。三月癸酉，詔侍中古弼迎赫連昌。辛巳，弼等以昌至于京師。司空奚斤追定於平涼馬髦嶺，爲定所擒。丘堆先守輜重在安定，聞斤敗，棄甲東走蒲坂。帝聞大怒，詔安頡斬堆。

夏四月，赫連定遣使朝貢，帝詔諭之。壬子，西巡。戊午，田于河西。大赦天下。南秦王楊玄遣使朝貢。六月丁酉，并州胡酋卜田謀反伏誅，餘衆不安。詔淮南公王倍斤鎮虛虒，撫慰之。甲寅，行幸長川。

秋七月，車駕還宮。八月，東幸廣寧，臨觀溫泉。以太牢祭黃帝、堯、舜廟。蠕蠕大檀遣子將萬餘騎入塞。事具蠕蠕傳。上郡休屠胡酋金崖率部內屬。九月，車駕還宮。上洛巴渠泉午觸等萬餘家內附。

冬十月甲辰，北巡。壬子，田于牛川。劉義隆淮北鎮將王仲德遣步騎二千餘入寇濟陽、陳留。是月，車駕還宮。閏月辛巳，義隆又遣將王玄謨、兗州刺史竺靈秀步騎二千人寇滎陽，將襲虎牢。豫州遣軍逆擊走之。上郡屠各隗詰歸率萬餘家內屬。定州丁零鮮于臺陽、翟喬等二千餘家叛入西山，劫掠郡縣，州軍討之，失利。詔鎮南將軍、壽光侯叔孫建擊之。十有一月，行幸河西，大校獵。十有二月甲申，車駕還宮。

是歲，皇子晃生。乞伏熾磐死，子暮末僭立。沮渠蒙遜遣使朝貢。

二年春正月，赫連定弟酒泉公俊自平涼來奔。丁零鮮于臺陽等歸罪，詔赦之。二月，上黨李禹聚衆殺太守，自稱無上王，署置將帥。河內守將擊破之。禹亡走入山，爲人執送，

斬之。

夏四月，治兵于南郊。劉義隆遣使朝貢。庚寅，車駕北伐，以太尉、北平王長孫嵩，衞尉、廣陵公樓伏連留守京師，從東道與長孫翰等期會於賊庭。五月丁未，次于沙漠，舍輜重，輕騎兼馬，至栗水，蠕蠕震怖，焚燒廬舍，絕跡西走。事具蠕蠕傳。是月，赫連定來侵統萬，東至侯尼城而還。

秋七月，車駕東轅。至黑山，校數軍實，班賜王公將士各有差。八月，帝以東部高車屯巳尼陂，詔左僕射安原率騎萬餘討之。事具蠕蠕傳。

冬十月，振旅凱旋于京師，告於宗廟。列置新民於漠南，東至濡源，西暨五原、陰山，竟三千里。詔司徒平陽王長孫翰、尚書令劉絜、左僕射安原、侍中古弼鎮撫之。十有一月，西巡狩，田于河西，至祚山而還。

三年春正月庚子，車駕還宮。壬寅，大赦天下。癸卯，行幸廣寧，臨溫泉，作溫泉之歌。二月丁卯，司徒、平陽王長孫翰薨。戊辰，車駕還宮。三月壬寅，進會稽公赫連昌爲秦王。癸卯，雲中、河西敕勒千餘家叛。尚書令劉絜追滅之。帝聞劉義隆將寇邊，乃詔冀、定、相三州造船三千艘，簡幽州以南戍兵集于河上以備之。

夏四月甲子，行幸雲中。敕勒萬餘落叛走。詔尚書封鐵追討滅之。五月戊戌，詔曰：「夫士之爲行，在家必孝，處朝必忠，然後身榮於時，名揚後世矣。近遣尚書封鐵翦除亡命，其所部將士有盡忠竭節以殞軀命者，今皆追贈爵號；或有蹈鋒履難以自效者，以功次進位；或有故違軍法私離幢校者，以軍法行戮。夫有功蒙賞，有罪受誅，國之常典，不可暫廢。自今以後，不善者可以自改。其宣敕內外，咸使聞知。」六月，詔平南大將軍、假丹陽王太毗屯于河上，以司馬楚之爲安南大將軍、琅邪王，屯潁川。

秋七月己亥，詔曰：「昔太祖撥亂，制度草創，太宗因循，未遑改作，軍國官屬，至乃闕然。今諸征鎮將軍、王公仗節邊遠者，聽開府辟召；其次，增置吏員。」庚子，詔大鴻臚卿杜超假節、都督冀定相三州諸軍事、行征南大將軍、太宰，進爵爲王，鎮鄴，爲諸軍節度。八月，清河羣盜殺太守。劉義隆將到彥之，自清水入河，泝流西行。帝以河南兵少，詔攝四鎮。乃治兵，將西討。丙寅，到彥之遣將渡河攻冶坂，冠軍將軍安頡督諸軍擊破之，斬首五千餘級，投水死者甚衆。甲戌，行幸南宮，獵于南山。戊寅，詔征西大將軍長孫道生屯于河上。九月己丑，赫連定遣弟謂以代寇鄜城，平西將軍、始平公隗歸等率諸軍討之，擒賊將王卑，殺萬餘人，謂以代遁走。癸卯，立密皇太后廟于鄴。甲辰，行幸統萬，遂征平涼。

冬十月庚申，到彥之、王仲德沿河置守，還保東平。乙亥，冠軍將軍安頡濟河，攻洛陽，丙子，拔之，擒義隆將二十人，斬首五千級。時河北諸軍會于七女津，彥之恐軍南度，遣將王蟠龍泝流欲盜官船，征南大將軍杜超等擊破，斬之。辛巳，安頡平虎牢，義隆司州刺史尹沖墜城死。

十有一月乙酉，車駕至平涼。先是，赫連定將數萬人東禦於鄜城，留其弟上谷公社于、廣陽公度洛孤城守。帝至平涼，登北原，使赫連昌招諭之，社于不降。詔安西將軍古弼等擊安定，攻平涼。定聞之，棄鄜城，入于安定，自率步騎三萬從鶉觚原將救平涼，與弼相遇，弼擊之，殺數千人，乃還走。詔諸軍四面圍之。

甲午，壽光侯叔孫建、汝陰公長孫道生濟河，到彥之、王仲德從清入濟，東走青州，義隆兗州刺史竺靈秀棄須昌，南奔湖陸。

丁酉，定乏水，引衆下原，詔武衞將軍丘眷擊之，定衆大潰，死者萬餘人。定中重創，單騎遁走。獲定弟丹陽公烏視拔、武陵公禿骨及公侯百餘人。是日，諸將乘勝進軍，遂取安定。定從兄東平公乙升棄城奔長安，劫掠數千家，西奔上邽。〔三〕

戊戌，叔孫建大破竺靈秀於湖陸，殺獲五千餘人。

己亥，帝幸安定，獲乞伏熾磐質子及定車旗，簿其生口、財畜，班賜將士各有差。庚子，帝自安定還臨平涼，遂掘塹圍守之。行幸紐城，安慰初附，赦秦雍之民，賜復七年。定隴西

守及將士數千人來降。

辛丑，冠軍將軍安頡率諸軍攻滑臺。琅邪王司馬楚之破劉義隆將於長社。沮渠蒙遜遣使朝貢。壬寅，封壽光侯叔孫建爲丹陽王。

十有二月丁卯，定弟社于、度洛孤面縛出降，平涼平，收其珍寶。定長安、臨晉、武功守將皆奔走，關中平。壬申，車駕東還，留巴東公延普等鎮安定。

是歲，馮跋死，弟文通僭立。

四年春正月壬午，車駕次于木根山，大饗羣臣，賜布帛各有差。丙申，劉義隆將檀道濟、王仲德從清水救滑臺，丹陽王叔孫建、汝陰公長孫道生拒之，道濟等不敢進。是月，乞伏慕末爲赫連定所滅。二月辛酉，安頡、司馬楚之平滑臺，擒義隆將朱脩之、李元德及東郡太守申謨。癸酉，車駕還宮，飲至策勳，告於宗廟，賜留臺百官各有差，戰士賜復十年。丁丑，行幸南宮。定州民飢，詔啓倉以賑之。義隆將檀道濟、王仲德東走，諸將追之，至歷城而還。三月庚戌，冠軍將軍安頡獻義隆俘萬餘人，甲兵三萬。

夏五月庚寅，行幸雲中。六月，赫連定北襲沮渠蒙遜，爲吐谷渾慕璝所執。閏月乙未，蠕蠕國遣使朝獻。詔散騎侍郎周紹使于劉義隆。

秋七月己酉，行幸河西，起承華宮。八月乙酉，沮渠蒙遜遣子安周入侍。吐谷渾慕璝遣使奉表，請送赫連定。己丑，以慕璝爲大將軍、西秦王。九月癸丑，車駕還宮。庚申，加太尉長孫嵩柱國大將軍，特進、左光祿大夫崔浩爲司徒，征西大將軍長孫道生爲司空。癸亥，詔兼太常李順持節拜河西王沮渠蒙遜爲假節、加侍中、都督涼州及西域羌戎諸軍事、行征西大將軍、太傅、涼州牧、涼王。

壬申，詔曰：「頃逆命縱逸，方夏未寧，戎車屢駕，不遑休息。今二寇摧殄，士馬無爲，方將偃武修文，遵太平之化，理廢職，舉逸民，拔起幽窮，延登儁乂，昧旦思求，想遇師輔，雖殷宗之夢板築，罔以加也。訪諸有司，咸稱范陽盧玄、博陵崔綽、趙郡李靈、河間邢穎、勃海高允、廣平游雅、太原張偉等，皆賢儁之胄，冠冕州邦，有羽儀之用。詩不云乎，『鶴鳴九皐，聲聞于天』，庶得其人，任之政事，共臻邕熙之美。易曰：『我有好爵，吾與爾縻之。』如玄之比，隱跡衡門、不耀名譽者，盡敕州郡以禮發遣。」遂徵玄等及州郡所遣，至者數百人，皆差次敍用。

冬十月戊寅，詔司徒崔浩改定律令。行幸漠南。十一月丙辰，北部敕勒莫弗庫若干，率其部數萬騎，驅鹿數百萬，詣行在所，帝因而大狩以賜從者，勒石漠南，以記功德。宜城王奚斤，坐事降爵爲公。十二月丁丑，車駕還宮。

延和元年春正月丙午，尊保太后爲皇太后，立皇后赫連氏，立皇子晃爲皇太子，謁于太廟，大赦，改年。

己巳，詔曰：「朕以眇身，獲奉宗廟，思闡洪基，廓清九服。遭值季運，天下分崩。是用屢征，罔或寧息，自始光至今，九年之間，戎車十舉。羣帥文武，荷戈被甲，櫛風沐雨，蹈履鋒刃，與朕均勞。賴神祇之助，將士宣力，用能摧折强豎，克翦大憝。兵不極武，而二寇俱滅；師不違律，而遐方以寧。加以時氣和洽，嘉瑞並降，遍於郡國，不可勝紀，豈朕一人，獨應此祐，斯亦羣后協同之所致也。公卿因茲，稽諸天人之會，請建副貳。夫慶賞之行，所以褒崇勳舊，旌顯賢能，以永無疆之休，其王公將軍以下，普增爵秩，啓國承家，修廢官，舉儁逸，蠲除煩苛，更定科制，務從輕約，除故革新，以正一統。羣司當深思效績，直道正身，立功立事，無或懈怠，稱朕意焉。」

二月丙子，行幸南宮。三月丁未，追贈夫人賀氏爲皇后。壬申，西秦王吐谷渾慕璝，送赫連定於京師。

夏五月，大簡輿徒于南郊，將討馮文通。劉義隆遣使朝貢。六月庚寅，車駕伐和龍。詔尚書左僕射安原等屯于漠南，以備蠕蠕。辛卯，兼散騎常侍鄧穎使於劉義隆。

秋七月己未，車駕至濡水。庚申，遣安東將軍、宜城公奚斤發幽州民及密雲丁零萬餘人，運攻具，出南道，俱會和龍。帝至遼西，文通遣其侍御史崔聘奉獻牛酒。己巳，車駕至和龍，臨其城。文通石城太守李崇、建德太守王融十餘郡來降，發其民三萬人穿圍塹以守之。是月，築東宮。八月甲戌，文通使數萬人出城挑戰，昌黎公元丘與河間公元齊擊破之，死者萬餘人。文通尚書高紹率萬餘家保羌胡固。己卯，車駕討紹，辛巳，斬之。詔平東將軍賀多羅攻文通帶方太守慕容玄於猴固，撫軍大將軍、永昌王健攻建德，驃騎大將軍、樂平王丕攻冀陽，皆拔之，虜獲生口，班賜將士各有差。九月乙卯，車駕西還。徙營丘、成周、遼東、樂浪、帶方、玄菟六郡民三萬家于幽州，開倉以賑之。

冬十月癸酉，車駕至濡水。吐谷渾慕璝遣使朝貢。十有一月乙巳，車駕至自伐和龍。十有二月己丑，馮文通長樂公崇及其母弟朗、朗弟邈，以遼西內屬。文通遣將封羽圍遼西。

先是，辟召賢良，而州郡多逼遣之。詔曰：「朕除僞平暴，征討累年，思得英賢，緝熙治道，故詔州郡搜揚隱逸，進舉賢俊。古之君子，養志衡門，德成業就，才爲世使。或雍容雅步，三命而後至；或棲棲遑遑，負鼎而自達。雖徇尚不同，濟時一也。諸召人皆當以禮申諭，任其進退，何逼遣之有也！此刺史、守宰宣揚失旨，豈復光益，乃所以彰朕不德。自今以後，各令鄉閭推舉，守宰但宣朕虛心求賢之意。既至，當待以不次之舉，隨才文武，任之

政事。其明宣敕，咸使聞知。」

是年，禿髮傉檀子保周棄沮渠蒙遜來奔，以保周爲張掖公。

二年春正月乙卯，撫軍大將軍、永昌王健督諸軍救遼西。丙寅，以樂安王範爲假節、加侍中、都督秦雍涇梁益五州諸軍事、衞大將軍、儀同三司，鎮長安。二月庚午，詔兼鴻臚卿李繼，持節假馮崇車騎大將軍、遼西王，承制聽置尚書已下；賜崇功臣爵秩各有差。征西將軍金崖與安定鎮將延普及涇州刺史狄子玉爭權構隙，舉兵攻普，不克，退保胡空谷，驅掠平民，據險自固。詔散騎常侍、平西將軍、安定鎮將陸俟討獲之。壬午，行幸河西。詔兼散騎常侍宋宣使於劉義隆。丙申，馮崇母弟朗來朝。三月，司馬德宗驃騎將軍司馬元顯子天助來降。壬子，車駕還宮。

夏五月己亥，行幸山北。六月，遣撫軍大將軍、永昌王健，尚書左僕射安原督諸軍討和龍。將軍樓勃別將五千騎圍凡城，〔四〕文通守將封羽以城降，收其民三千餘家。辛巳，詔樂安王範發秦、雍兵一萬人，築小城於長安城內。

秋八月，遼西王馮崇上表，求說降其父，帝不聽。九月，劉義隆遣使朝貢，奉馴象一。戊午，詔兼大鴻臚卿崔賾持節拜征虜將軍楊難當爲征南大將軍、儀同三司，封南秦王。

冬十月，南秦王楊難當率衆圍漢中。十有一月甲寅，車駕自山北還宮。十有二月己巳，大赦天下。辛未，幸陰山之北。隴西休屠王弘祖率衆內屬。金崖既死，部人立崖從弟當川領其衆。詔兼散騎常侍盧玄使於劉義隆。

是歲，沮渠蒙遜死，以其子牧犍爲車騎將軍，改封河西王。

三年春正月乙未，車駕次于女水，大饗羣臣，班賜各有差。戊戌，馮文通遣其給事黄門侍郎伊臣乞和，帝不許。丙辰，金當川反。楊難當克漢中，送雍州流民七千家于長安。二月丁卯，蠕蠕吴提奉其妹，并遣其異母兄秃鹿傀及左右數百人朝貢，獻馬二千匹。戊寅，詔曰：「朕承統之始，羣凶縱逸，四方未賓，所在逆僭。蠕蠕陸梁於漠北，鐵弗肆虐於三秦。是以旰食忘寢，抵掌扼腕，期在掃清逋殘，寧濟萬宇。故頻年屢征，有事西北，運輪之役，百姓勤勞，廢失農業，遭離水旱，致使生民貧富不均，未得家給人足，或有寒窮不能自贍者，朕甚愍焉。今四方順軌，兵革漸寧，宜寬傜賦，與民休息。其令州郡縣隱括貧富，以爲三級，其富者租賦如常，中者復二年，下窮者復三年。刺史守宰當務盡平當，不得阿容以罔政治。明相宣約，咸使聞知。」辛卯，車駕還宮。

三月甲寅，行幸河西。閏月甲戌，秦王赫連昌叛走。丙子，河西候將格殺之。驗其謀

反，羣弟皆伏誅。己卯，車駕還宮。彭城公元粟進爵爲王。辛巳，馮文通遣尚書高顒上表稱蕃，詔徵其侍子。戊子，金當川率其衆圍西川侯彭文暉於陰密。

夏四月乙未，詔征西大將軍常山王素討當川。丁未，行幸河西。壬戌，獲當川，斬之于長安以徇。六月甲辰，車駕還宮。辛亥，撫軍大將軍、永昌王健，司空、汝陰公長孫道生，侍中古弼，督諸軍討和龍。芟其禾稼，徙民而還。

秋七月辛巳，東宮成，備置屯衞，三分西宮之一。壬午，行幸美稷，遂至隰城。命諸軍討山胡白龍于西河。九月戊子，克之，斬白龍及其將帥，屠其城。

冬十月癸巳，蠕蠕國遣使朝貢。甲午，破白龍餘黨于五原。詔山胡爲白龍所逼及歸降者，聽爲平民。諸與白龍同惡，斬數千人，虜其妻子，班賜將士各有差。十有一月，車駕還宮。十有二月甲辰，行幸雲中。

太延元年春正月壬午，降死刑已下各一等。癸未，出太祖、太宗宮人，令得嫁。甲申，大赦，改年。二月庚子，蠕蠕、焉耆、車師諸國各遣使朝獻。詔長安及平涼民徙在京師，其孤老不能自存者，聽還鄉里。丁未，車駕還宮。三月癸亥，馮文通遣大將渴燭通朝獻，辭以子疾。

夏五月庚申，進宜都公穆壽爲宜都王，汝陰公長孫道生爲上黨王，宜城公奚斤爲恒農王，廣陵公樓伏連爲廣陵王，本官各如故。遣使者二十輩使西域。甲戌，行幸雲中。〔五〕

六月甲午，詔曰：「頃者寇逆消除，方表漸晏，思崇政化，敷洪治道，是以屢詔有司，班宣恩惠，綏理百揆。羣公卿士師尹牧守，或未盡導揚之美，致令陰陽失序，和氣不平，去春小旱，東作不茂。憂勤克己，祈請靈祇，上下咸秩。豈朕精誠有感，何報應之速，雲雨震灑，流澤霑渥。有鄙婦人持方寸玉印，詣潞縣侯孫家，既而亡去，莫知所在。玉色鮮白，光照內映。印有三字，爲龍鳥之形，要妙奇巧，不類人迹，文曰『旱疫平』。推尋其理，蓋神靈之報應也。朕用嘉焉。比者已來，禎瑞仍臻：所在甘露流液，降於殿內；嘉瓜合蔕，生于中山；野木連理，殖於魏郡，在先后載誕之鄉；白燕集于盛樂舊都，玄鳥隨之，蓋有千數；嘉禾頻歲合秀於恒農；白雉、白兔並見於勃海，白雉三隻又集於平陽太祖之廟。天降嘉貺，將何德以酬之。所以內省驚震，欣懼交懷。其令天下大酺五日，禮報百神，守宰祭界內名山大川，上答天意，以求福祿。」丙午，高麗、鄯善國並遣使朝獻。戊申，詔驃騎大將軍、樂平王丕等五將率騎四萬東伐文通。

秋七月，田於棝楊。己卯，丕等至於和龍，徙男女六千口而還。八月丙戌，遂幸河西。粟特國遣使朝獻。九月甲戌，車駕還宮。

冬十月癸卯，尚書左僕射安原謀反伏誅。甲辰，行幸定州，次于新城宮。十有一月乙丑，行幸冀州。己巳，校獵于廣川。丙子，行幸鄴，祀密太后廟。諸所過，對問高年，褒禮賢俊。

十有二月甲申，詔曰：「操持六柄，王者所以統攝；平政理訟，公卿之所司存；勸農平賦，宰民之所專急；盡力三時，黔首之所克濟。各修其分，謂之有序，今更不然，何以爲治？越職侵局，有紊綱紀；上無定令，民知何從？自今以後，亡匿避難，羈旅他鄉，皆當歸還舊居，不問前罪。民相殺害，牧守依法平決，不聽私輒報復，敢有報者，〔六〕誅及宗族；鄰伍相助，與同罪。州郡縣不得妄遣吏卒，煩擾民庶。若有發調，縣宰集鄉邑三老計貲定課，裒多益寡，九品混通，不得縱富督貧，避强侵弱。太守覆檢能否，覈其殿最，列言屬州。刺史明考優劣，抑退姦吏，升進貞良，歲盡舉課上臺。牧守荷治民之任，當宣揚恩化，奉順憲典，與國同憂。直道正身，肅居官次，不亦善乎？」癸卯，遣使者以太牢祀北岳。

二年春正月甲寅，車駕還宮。二月戊子，馮文通遣使朝貢，求送侍子，帝不許。壬辰，遣使者十餘輩詣高麗、東夷諸國，詔諭之。三月丙辰，劉義隆遣使朝貢。辛未，平東將軍娥清、安西將軍古弼，率精騎一萬討馮文通，平州刺史元嬰又率遼西將軍會之。〔七〕文通迫急，

求救於高麗，高麗使其大將葛蔓盧以步騎二萬人迎文通。甲戌，以闕鎮虎牢。〔八〕

夏四月甲申，皇子小兒、苗兒並薨。五月乙卯，馮文通奔高麗。戊午，詔散騎常侍封撥使高麗，徵送文通。丁卯，行幸河西。

赫連定之西也，楊難當竊據上邽。秋七月庚戌，詔驃騎大將軍、樂平王丕等督河西、高平諸軍討之。詔散騎侍郎、廣平子游雅等使於劉義隆。八月丁亥，遣使六輩使西域。帝校獵于河西。詔廣平公張黎發定州七郡一萬二千人，通莎泉道。甲辰，高車國遣使朝獻。九月庚戌，驃騎大將軍、樂平王丕等至略陽，難當奉詔攝上邽守。高麗不送文通，遣使奉表，稱當與文通俱奉王化。帝以高麗違詔，議將擊之，納樂平王丕計而止。

冬十有一月己酉，行幸棝楊，驅野馬於雲中，置野馬苑。閏月壬子，車駕還宮。乙丑，潁川王提改封武昌王。河西王沮渠牧犍，遣使朝貢。

是歲，吐谷渾慕璝死。

三年春正月癸未，征東大將軍、中山王纂薨。戊子，太尉、北平王長孫嵩薨。乙巳，鎮南大將軍、丹陽王叔孫建薨。二月乙卯，行幸幽州，存恤孤老，問民疾苦；還幸上谷，遂至代。所過復田租之半。高麗、契丹國並遣使朝獻。三月丁丑，以南平王渾爲鎮東大將軍、儀同三

司，鎮和龍。己卯，輿駕還宮。癸巳，龜茲、悅般、焉耆、車師、粟特、疏勒、烏孫、渴槃陁、鄯善諸國各遣使朝獻。丁酉，劉義隆遣使朝貢。

夏五月己丑，詔曰：「方今寇逆消殄，天下漸晏。比年以來，屢詔有司，班宣惠政，與民寧息。而內外羣官及牧守令長，不能憂勤所司，糾察非法，廢公帶私，更相隱置，濁貨爲官，政存苟且。夫法之不用，自上犯之，其令天下吏民，得舉告守令不如法者。」丙申，行幸雲中。

秋七月戊子，使撫軍大將軍、永昌王健，司空、上黨王長孫道生，討山胡白龍餘黨於西河，滅之。八月甲辰，行幸河西。九月甲申，車駕還宮。丁酉，遣使者拜西秦王慕璝弟慕利延爲鎮西大將軍、儀同三司，改封西平王。

冬十月癸卯，行幸雲中。十有一月壬申，車駕還宮。甲申，破洛那、者舌國各遣使朝獻，奉汗血馬。

是歲，河西王沮渠牧犍世子封壇來朝。

四年春三月庚辰，鄯善王弟素延耆來朝。癸未，罷沙門年五十已下。江陽王根薨。是月，高麗殺馮文通。

夏五月戊寅，大赦天下。丙申，行幸五原。

秋七月壬午，車駕北伐。事具蠕蠕傳。

冬十月乙丑，大饗六軍。十二月丁巳，車駕至自北伐。上洛巴泉蕈等相率內附。詔兼散騎常侍高雅使劉義隆。〔九〕

五年春正月庚寅，行幸定州。三月丁卯，詔衞大將軍、樂安王範遣雍州刺史葛那取上洛，劉義隆上洛太守鐔長生棄郡走。辛未，車駕還宮。庚寅，以故南秦王世子楊保宗爲征南大將軍、秦州牧、武都王，鎮上邽。

夏四月丁酉，鄯善、龜茲、疏勒、焉耆諸國遣使朝獻。五月丁丑，治兵於西郊。癸未，遮逸國獻汗血馬。六月甲辰，車駕西討沮渠牧犍，侍中、宜都王穆壽輔皇太子決留臺事；大將軍、長樂王嵇敬，輔國大將軍、建寧王崇二萬人屯漠南，以備蠕蠕。

秋七月己巳，車駕至上郡屬國城，大饗羣臣，講武馬射。壬午，留輜重，分部諸軍：撫軍大將軍、永昌王健，尚書令、鉅鹿公劉潔督諸軍，〔一〇〕與常山王素二道並進，爲前鋒；驃騎大將軍、樂平王丕，太宰、陽平王杜超，督平涼、鄜城諸軍爲後繼。八月甲午，永昌王健獲牧犍牛馬畜產二十餘萬。牧犍遣弟董來率萬餘人拒戰於城南，望塵退走。丙申，車駕至姑臧，

牧犍兄子祖踰城來降，乃分軍圍之。九月丙戌，牧犍兄子萬年率麾下來降。是日，牧犍與左右文武五千人面縛軍門，帝解其縛，待以藩臣之禮。收其城內戶口二十餘萬，倉庫珍寶不可稱計。進張掖公禿髮保周爵爲王，與龍驤將軍穆羆、安遠將軍源賀分略諸郡，雜人降者亦數十萬。牧犍弟張掖太守宜得，燒倉庫，西奔酒泉；樂都太守安周南奔吐谷渾。遣鎮南將軍奚眷討張掖，遂至酒泉，牧犍弟酒泉太守無諱及宜得復奔晉昌。使弋陽公元潔守酒泉。鎮北將軍封沓討樂都，掠數千家而還。班賜將士各有差。戊子，蠕蠕犯塞，遂至七介山，京師大駭。皇太子命上黨王長孫道生等拒之。事具蠕蠕傳。

冬十月辛酉，車駕東還，徙涼州民三萬餘家于京師。留驃騎大將軍、樂平王丕，征西將軍賀多羅鎮涼州。癸亥，遣張掖王禿髮保周諭諸部鮮卑，保周因率諸部叛於張掖。十有一月乙巳，劉義隆遣使朝獻，并獻馴象一。是月，高麗及粟特、渴盤陁、破洛那、悉居半諸國各遣使朝獻。十有二月壬午，車駕至自西伐，飲至策勳，告於宗廟。楊難當寇上邽，鎮將元勿頭擊走之。

是歲，鄯善、龜茲、疏勒、焉耆、高麗、粟特、渴盤陁、破洛那、悉居半等國並遣使朝貢。〔一一〕

校勘記

〔一〕八年十一月壬申　諸本脫「一」字，據北史卷二魏紀二、御覽卷一〇二四八七頁、冊府卷八三九七三頁補。

〔二〕昌守將赫連乙升棄城西走　北史卷三六薛辯傳見昌將「東平公乙弗」，這裏「升」當是「斗」之訛，但卷二九奚斤傳亦作「乙升」，今不改。

〔三〕西奔上邽　據張元濟校勘記，百衲本的底本「上邽」作「上封」，百衲本據他本改。按魏避拓跋珪諱，改「上邽」爲「上封」，見卷一〇六下地形志下秦州天水郡上封條。本書作「上邽」者皆後人所改。但「上邽」乃漢以來的舊名，上封只行於北魏，今不回改。

〔四〕將軍樓勃別將五千騎圍凡城　諸本「凡」作「瓦」。卷九七馮跋傳、通鑑卷一二二三八四九頁作「凡」。按晉書卷一〇九慕容皝載記稱慕容恪敗石虎，恪「築戍凡城而還」。通鑑系於咸康四年三三八，以後石虎先後使石成、李農等攻凡城。通鑑卷一〇六三三四九頁晉太元十年三八五記慕容垂「遣慕容農出蠮螉塞，歷凡城，趣龍城」。凡城又見水經注卷一三濕水篇。城當自盧龍出塞攻和龍的要道。這裏「瓦城」是「凡城」之訛，今改正。

〔五〕甲戌行幸雲中　冊府卷一二四一四八三頁記本年「五月丁丑治兵于西郊」。當是此條下脫文。

〔六〕不聽私輒報復敢有報者　諸本脫「復敢有報」四字，據冊府卷一五六一八八九頁、卷六三五七六一五

頁補。

〔七〕平州刺史元嬰又率遼西將軍會之　張森楷云：「『又』當作『文』，神元子孫傳卷一四有建德公嬰文以護東夷校尉鎮遼西者，當卽其人。」張說有據。但通鑑卷一二三三八六一頁「元嬰」作「拓跋嬰」。由於這時未改漢姓，所以通鑑改「元」爲「拓跋」，却仍單稱「嬰」，則司馬光所見魏書與傳本同，今不改。又通鑑「將軍」作「諸軍」，按文義作「諸軍」是。

〔八〕甲戌以闕鎮虎牢　按卷一六淮南王他傳稱「除使持節、都督豫洛河南諸軍事、鎮南大將軍、開府儀同三司，鎮虎牢」。記於延和三年四三四，他隨拓跋燾鎮壓山胡白龍起義後。時間大致相符，疑這裏缺的是以淮南王他爲某官等字。

〔九〕詔兼散騎常侍高雅使劉義隆　按卷四八高允傳，弟推，太延中「兼散騎常侍使劉義隆」，卽此高雅無疑。推字仲讓，名字相應，作「雅」乃形近而訛。

〔一〇〕撫軍大將軍永昌王健尙書令鉅鹿公劉潔督諸軍　諸本無「督」字，據冊府卷一一六一三八八頁補。

〔一一〕是歲鄯善龜茲至悉居半等國並遣使朝貢　按凡稱「是歲」云云，都是分月記載所未及。這裏所記鄯善等國，事皆見上四月及十一月，何須又於歲末記載。疑是後人據北史卷二妄增。

魏書卷四下

世祖紀第四下

太平眞君元年春正月己酉，沮渠無諱圍酒泉。辛亥，分遣侍臣巡行州郡，觀察風俗，問民疾苦。壬子，無諱誘執弋陽公元潔。二月己巳，詔假通直常侍邢穎使於劉義隆。發長安五千人浚昆明池。三月，酒泉陷。

夏四月庚辰，無諱寇張掖，禿髮保周屯于删丹。丙戌，詔撫軍大將軍、永昌王健等督諸軍討保周。五月辛卯，行幸北部。乙巳，無諱復圍張掖，不克，退還。丙辰，車駕還宮。六月丁丑，皇孫濬生，大赦，改年。

秋七月，行幸陰山。己丑，永昌王健至番禾，破保周，保周遁走。丙申，皇太后竇氏崩于行宮。癸丑，保周自殺，傳首京師。八月甲申，無諱降，送弋陽公元潔及諸將士。九月壬寅，車駕還宮。

冬十有一月丁亥，行幸山北。十二月，車駕還宮。

是歲，州鎭十五民飢，開倉賑恤。以河南王曜子羯兒爲河間王，後改封略陽王。

二年春正月癸卯，拜沮渠無諱爲征西大將軍、涼州牧、酒泉王。甲辰，行幸溫泉。二月壬戌，車駕還宮。三月辛卯，葬惠太后於崞山。庚戌，新興王俊、略陽王羯兒有罪，並黜爲公。辛亥，封蠕蠕郁久閭乞列歸爲朔方王，沮渠萬年爲張掖王。

夏四月丁巳，劉義隆遣使朝貢。庚辰，詔鎭南將軍、南陽公奚眷征酒泉。五月辛卯，行幸山北。

秋八月辛亥，詔散騎侍郎張偉等使劉義隆。行幸河西。九月戊戌，撫軍大將軍、永昌王健薨。

冬十有一月庚子，鎭南將軍奚眷平酒泉，獲沮渠天周、臧嵯、屈德，男女四千口。十有二月甲戌，車駕還宮。丙子，劉義隆遣使朝貢。

三年春正月甲申，帝至道壇，親受符籙，備法駕，旗幟盡青。語在釋老志。三月壬寅，北平王長孫頹有罪，削爵爲侯。

夏四月，無諱走渡流沙，據鄯善。李暠孫寶據敦煌，遣使內附。五月，〔一〕行幸陰山之

北。閏月，劉義隆龍驤將軍裴方明、梁州刺史劉康祖寇南秦，南秦王楊難當敗，奔於上邽。六月丙戌，難當朝於行宮。先是，起殿於陰山之北，殿始成而難當至，因名曰廣德焉。

秋七月丙寅，詔安西將軍、建興公古弼督隴右諸軍及殿中虎賁與武都王楊保宗等從祁山南入，征西將軍、淮陽公皮豹子與琅邪王司馬楚之等督關中諸軍從散關西入，俱會仇池；鬱林公司馬文思爲征南大將軍，進爵譙王，督洛豫諸軍事南趣襄陽；征南將軍、東安公刁雍東趣廣陵，邀方明歸路。

冬十月己卯，封皇子伏羅爲晉王，翰爲秦王，譚爲燕王，建爲楚王，余爲吳王。十有二月辛巳，侍中、太保、襄城公盧魯元薨。丁酉，車駕還宮。李寶遣使朝貢，以寶爲鎮西大將軍、開府儀同三司、沙州牧，封敦煌公。

四年春正月己巳，征西將軍皮豹子等大破劉義隆將於樂鄉，擒其將王奂之、王長卿等，强玄明、辛伯奮棄下辨遁走，追斬之，盡虜其衆。庚午，行幸中山。二月丙子，車駕至于恒山之陽，詔有司刊石勒銘。是月，克仇池。三月庚申，車駕還宮。壬戌，烏洛侯國遣使朝貢。

夏四月，武都王楊保宗謀反，諸將擒送京師；諸氐、羌復推保宗弟文德爲主，圍仇池。

丁酉，大赦天下。己亥，行幸陰山。五月，將軍古弼大破諸氐，解仇池圍。六月庚寅，詔曰：「朕承天子民，憂理萬國，欲令百姓家給人足，興於禮義。而牧守令宰不能助朕宣揚恩德，勤恤民隱，至乃侵奪其產，加以殘虐，非所以爲治也。今復民貲賦三年，其田租歲輸如常。牧守之徒，各厲精爲治，勸課農桑，不聽妄有徵發，有司彈糾，勿有所縱。」癸巳，大閱于西郊。

秋九月辛丑，行幸漠南。甲辰，捨輜重，以輕騎襲蠕蠕，分軍爲四道。事具蠕蠕傳。鎮北將軍封沓亡入蠕蠕。

冬十一月，將軍皮豹子等追破劉義隆將於濁水。甲子，車駕至於朔方。詔曰：「朕承祖宗重光之緒，思闡洪基，恢隆萬世。自經營天下，平暴除亂，掃清不順，二十年矣。夫陰陽有往復，四時有代謝。授子任賢，所以休息，優隆功臣，式圖長久，蓋古今不易之令典也。其令皇太子副理萬機，總統百揆。諸朕功臣，勤勞日久，皆當以爵歸第，隨時朝請，饗宴朕前，論道陳謨而已，不宜復煩以劇職。更舉賢俊，以備百官。主者明爲科制，以稱朕心。」十二月辛卯，車駕至自北伐。

五年春正月壬寅，皇太子始總百揆。侍中、中書監、宜都王穆壽，司徒、東郡公崔浩，侍中、廣平公張黎，侍中、建興公古弼，輔太子以決庶政。諸上書者皆稱臣，上疏儀與表同。

戊申，詔曰：「愚民無識，信惑妖邪，私養師巫，挾藏讖記、陰陽、圖緯、方伎之書；又沙門之徒，假西戎虛誕，生致妖孽。非所以壹齊政化，布淳德於天下也。自王公已下至於庶人，有私養沙門、師巫及金銀工巧之人在其家者，皆遣詣官曹，不得容匿。限今年二月十五日，過期不出，師巫、沙門身死，主人門誅。明相宣告，咸使聞知。」庚戌，詔曰：「自頃以來，軍國多事，未宣文教，非所以整齊風俗，示軌則於天下也。今制自王公已下至於卿士，其子息皆詣太學。其百工伎巧、騶卒子息，當習其父兄所業，不聽私立學校。違者師身死，主人門誅。」

二月辛未，中山王辰等八將，以北伐後期，斬于都南。癸酉，驃騎大將軍、樂平王丕薨。庚辰，行幸廬闕。〔三〕三月戊戌，大會于那南池。遣使者四輩使西域。甲辰，車駕還宮。癸丑，詔征西大將軍、司空、上黨王長孫道生鎮統萬。

夏四月乙亥，侍中、太宰、陽平王杜超爲帳下所殺。五月丁酉，行幸陰山之北。六月，北部民殺立義將軍、衡陽公莫孤，率五千餘落北走。追擊于漠南，殺其渠帥，餘徙居冀、相、定三州爲營戶。西平王吐谷渾慕利延殺其兄子緯代。是月，緯代弟叱力延等來奔，乞師。以叱力延爲歸義王。

秋七月癸卯，東雍州刺史沮渠秉謀叛伏誅。八月乙丑，田于河西。壬午，詔員外散騎常侍高濟使於劉義隆。晉王伏羅督高平、涼州諸軍討吐谷渾慕利延。九月，帝自河西至馬邑，觀于崞川。己亥，車駕還宮。丁未，行幸漠南。

冬十月癸未，晉王伏羅大破慕利延，慕利延走奔白蘭。慕利延從弟伏念、長史鵯鳩梨、部大崇娥等率其部一萬三千落內附。十一月，劉義隆遣使朝貢。十二月，粟特國遣使朝貢。丙戌，車駕還宮。

六年春正月辛亥，車駕行幸定州，引見長老，存問之。詔兼員外散騎常侍宋愔使劉義隆。二月，遂西幸上黨，觀連理樹於泫氏。西至吐京，討徙叛胡，出配郡縣。三月庚申，車駕還宮。詔諸有疑獄皆付中書，以經義量決。是月，酒泉公郝溫反於杏城，殺守將王幡。縣吏蓋鮮率宗族討溫，溫棄城走，自殺，家屬伏誅。

夏四月庚戌，征西大將軍、高涼王那等討吐谷渾慕利延於陰平白蘭。詔秦州刺史、天水公封敕文擊慕利延兄子什歸於枹罕，散騎常侍、成周公萬度歸乘傳發涼州以西兵襲鄯善。六月壬辰，車駕北巡。什歸聞軍將至，棄城夜遁。

秋八月丁亥，封敕文入枹罕，分徙千家還上邽。壬辰，度歸以輕騎至鄯善，執其王眞達以詣京師，帝大悅，厚待之。車駕幸陰山之北，次于廣德宮。詔發天下兵，三分取一，各當戒嚴，以須後命。徙諸種雜人五千餘家於北邊。令民北徙畜牧至廣漠，以餌蠕蠕。壬寅，高涼王那軍到曼頭城，慕利延驅其部落西渡流沙，那急追。故西秦王慕璝世子被囊逆軍拒戰，那擊破之，被囊輕騎遁走，中山公杜豐精騎追之，度三危，至雪山，生擒被囊、什歸及熾磐子成龍，送于京師。慕利延遂西入于闐國。

九月，盧水胡蓋吳聚衆反於杏城。冬十月戊子，長安鎮副將元紇率衆討之，爲吳所殺。吳黨遂盛，民皆渡渭奔南山。於是詔發高平敕勒騎赴長安，詔將軍叔孫拔乘傳領攝幷、秦、雍兵屯渭北。

十有一月，高涼王那振旅還京師。己未，遣那及殿中尚書、安定公韓茂率騎屯相州之陽平郡，發冀州民造浮橋於碻磝津。

蓋吳遣其部落帥白廣平西掠新平，安定諸夷酋皆聚衆應之，殺汧城守將。吳遂進軍李閏堡，分兵掠臨晉巴東。〔三〕將軍章直與戰，大敗之，兵溺死於河者三萬餘人。吳又遣兵西掠至長安，將軍叔孫拔與戰於渭北，〔四〕大破之，斬首三萬餘級。

庚申，遼東王竇漏頭薨。

河東蜀薛永宗聚黨盜官馬數千匹，驅三千餘人入汾曲，西通蓋吳，受其位號。秦州刺

史、金城公周鹿觀率衆討之，不克而還。庚午，詔殿中尚書、扶風公元處眞，尚書、平陽公慕容嵩二萬騎討薛永宗；詔殿中尚書乙拔率五將三萬騎討蓋吳，西平公寇提三將一萬騎討吳黨白廣平。蓋吳自號天台王，署置百官。

辛未，車駕還宮。選六州兵勇猛者二萬人，使永昌王仁、高涼王那分領，爲二道，各一萬騎，南略淮泗以北，徙青徐之民以實河北。癸未，車駕西巡。

七年春正月戊辰，車駕次東雍州。庚午，圍薛永宗營壘。永宗出戰，大敗，六軍乘之，永宗衆潰。永宗男女無少長赴汾水死。辛未，車駕南幸汾陰。庚辰，帝臨戲水。蓋吳退走北地。二月丙戌，幸長安，存問父老。丁亥，幸昆明池。丙申，幸盩厔，誅叛民耿青、孫溫二壘與蓋吳通謀者。軍次陳倉，誅散關氐害守將者。還幸雍城，田於岐山之陽。北道諸軍乙拔等大破蓋吳於杏城，吳棄馬遁走。

永昌王仁至高平，擒劉義隆將王章，略金鄉、方與，遷其民五千家於河北。高涼王那至濟南東平陵，遷其民六千餘家於河北。

三月，詔諸州坑沙門，毀諸佛像。徙長安城工巧二千家於京師。車駕旋軫，幸洛水，分軍誅李閏叛羌。

是月，金城邊冏、天水梁會反，據上邽東城。秦州刺史封敕文擊之，斬冏，衆復推會爲帥。

夏四月甲申，車駕至自長安。戊子，鄴城毀五層佛圖，於泥像中得玉璽二，其文皆曰「受命於天，既壽永昌」，其一刻其旁曰「魏所受漢傳國璽」。

五月癸亥，安豐公閭根率騎詣上邽，與敕文討梁會，會走漢中。

蓋吳復聚杏城，自號秦地王，假署山民，衆旅復振。於是遣永昌王仁、高涼王那督北道諸軍同討之。六月甲申，發定、冀、相三州兵二萬人屯長安南山諸谷，以防越逸。丙戌，發司、幽、定、冀四州十萬人築畿上塞圍，起上谷，西至于河，廣袤皆千里。

秋八月，蓋吳爲其下人所殺，傳首京師。永昌王仁平其遺燼。高涼王那破蓋吳黨白廣平，生擒屠各路那羅於安定，斬于京師。復略陽公羯兒王爵。

八年春正月，吐京胡阻險爲盜。詔征東將軍武昌王提、征南將軍淮南王他討之，不下。山胡曹僕渾等渡河西，保山以自固，招引朔方諸胡。提等引軍討僕渾。二月己卯，高涼王那等自安定討平朔方胡，因與提等合軍，共攻僕渾，斬之，其衆赴險死者以萬數。癸未，行幸中山，頒賜從官文武各有差。高陽易縣民不從官命，討平之，徙其餘燼於北地。三月，

河西王沮渠牧犍謀反，伏誅。徙定州丁零三千家於京師。

夏五月，車駕還宮。六月，西征諸將扶風公元處眞等八將坐盜沒軍資，所在虜掠，贓各千萬計，並斬之。八月，衞大將軍、樂安王範薨。

冬十月，侍中、中書監、宜都王穆壽薨。十二月，鄯善、遮逸國並遣子朝獻。晉王伏羅薨。

九年春正月，劉義隆遣使朝貢。氐楊文德受義隆官號，守葭蘆城，招誘武都、陰平五部氐民。詔仇池鎮將皮豹子討之，文德棄城南走，擒其妻子僚屬。義隆白水太守郎啓玄率衆救文德，豹子逆擊，大破之，啓玄、文德走還漢中。宕昌羌酋梁瑾慈遣使內附，幷貢方物。二月癸卯，行幸定州。山東民飢，啓倉賑之。罷塞圍作。遂西幸上黨，誅潞叛民二千餘家，徙西河離石民五千餘家于京師。詔於壺關東北大王山累石爲三封，又斬其北鳳皇山南足以斷之。三月，車駕還宮。

夏五月甲戌，以交趾公韓拔爲假節、征西將軍、領護西戎校尉、鄯善王，鎮鄯善，賦役其民，比之郡縣。六月辛酉，行幸廣德宮。丁卯，悅般國遣使求與王師俱討蠕蠕，帝許之。

秋八月，詔中外諸軍戒嚴。九月乙酉，治兵于西郊。丙戌，上幸陰山。是月，成周公萬

度歸千里驛上，大破焉耆國，其王鳩尸卑那奔龜茲。

冬十月辛丑，恒農王奚斤薨。癸卯，以婚姻奢靡，喪葬過度，詔有司更爲科限。癸亥，大赦天下。十有二月，詔成周公萬度歸自焉耆西討龜茲。皇太子朝于行宮，遂從北討。至于受降城，不見蠕蠕，因積糧城內，留守而還。北平王長孫敦坐事降爵爲公。

十年春正月戊辰朔，帝在漠南，大饗百僚，班賜有差。甲戌，北伐。二月，蠕蠕渠帥尒綿他拔等率其部落千餘家來降，蠕蠕吐賀眞恐懼遠遁。事具蠕蠕傳。三月，遂蒐于河西。庚寅，車駕還宮。

夏五月庚寅，行幸陰山。

秋七月，浮圖沙國遣使貢獻。九月，閱武磧上，遂北伐。事具蠕蠕傳。

冬十月庚子，皇太子及羣官奉迎於行宮。壬午，大饗，班賜所獲及布帛各有差。十有一月，龜茲、疏勒、破洛那、員闊諸國各遣使朝獻。十有二月戊申，車駕至自北伐。己酉，以平昌公元託眞爲中山王。

十一年春正月乙酉，行幸洛陽，所過郡國，皆親對高年，存恤孤寡。以高涼王那爲儀同

三司。二月甲午，大蒐於梁川。皇子眞薨。是月，大治宮室，皇太子居于北宮。車駕遂征懸瓠，盆遣使者安慰境外之民，其不服者誅之。永昌王仁大破劉義隆將劉坦之、程天祚於汝東，斬坦之，擒天祚。

夏四月癸卯，輿駕還宮，賜從者及留臺郎吏已上生口各有差。六月己亥，誅司徒崔浩。辛丑，北巡陰山。

秋七月，義隆遣其輔國將軍蕭斌之率衆六萬寇濟州，刺史王買得棄州走，斌之遂入城，仍使寧朔將軍王玄謨西攻滑臺。詔枋頭鎮將、平南將軍、南康公杜道儁助守兗州。八月癸亥，田於河西。癸未，治兵於西郊。九月辛卯，輿駕南伐。癸巳，皇太子北伐，屯于漠南，吳王余留守京都。庚子，曲赦定冀相三州死罪已下。發州郡兵五萬分給諸軍。

冬十月癸亥，車駕止枋頭。詔殿中尚書長孫眞率騎五千自石濟渡，備玄謨遁走。乙丑，車駕濟河，玄謨大懼，棄軍而走，衆各潰散，追躡斬首萬餘級，器械山積。帝遂至東平。蕭斌之棄濟州，退保歷城。乃命諸將分道並進：使征西大將軍、永昌王仁自洛陽出壽春，尚書長孫眞趨馬頭，楚王建趨鍾離，高涼王那自青州趨下邳。車駕自中道。〔五〕十有一月辛卯，至于鄒山，劉義隆魯郡太守崔邪利率屬城降。使使者以太牢祀孔子。壬子，次于彭城，遂趨盱眙。頻盾國獻師子一。十有二月丁卯，車駕至淮。詔刈萑葦，汎筏數萬而濟。義隆盱眙守將臧質閉門拒守。將軍胡崇之等率衆二萬援盱眙。燕王譚大破之，梟崇之等，斬首萬餘級，淮南皆降。是月，永昌王仁攻懸瓠，拔之，獲義隆守將趙淮，送京師斬之。過定項城，及淮西，大破義隆將劉康祖，斬之，并虜將軍胡盛之、王羅漢等，傳致行宮。癸未，車駕臨江，起行宮於瓜步山。永昌王仁自歷陽至於江西，高涼王那自山陽至於廣陵，諸軍皆同日臨江，所過城邑，莫不望塵奔潰，其降者不可勝數。甲申，義隆使獻百牢，貢其方物，又請進女於皇孫以求和好。帝以師婚非禮，許和而不許婚，使散騎侍郎夏侯野報之。詔皇孫爲書致馬通問焉。

正平元年春正月丙戌朔，大會羣臣於江上，班賞各有差，文武受爵者二百餘人。丁亥，輿駕北旋。是月，破洛那、罽賓、迷密諸國各遣使朝獻。二月戊寅，車駕濟河。癸未，次于魯口。皇太子朝於行宮。三月己亥，車駕至自南伐，飲至策勳，告於宗廟。以降民五萬餘家分置近畿。賜留臺文武所獲軍資生口各有差。

夏五月壬寅，大赦。六月壬戌，改年。車師國王遣子入侍。詔曰：「夫刑網太密，犯者更衆，朕甚愍之。有司其案律令，務求厥中。自餘有不便於民者，依比增損。」詔太子少傅游雅、中書侍郎胡方回等改定律制。略陽王羯兒，儀同三司、高涼王那有罪賜死。戊辰，皇

太子薨。壬申，葬景穆太子於金陵。

秋七月丁亥，行幸陰山。省諸曹吏員三分之一。九月癸巳，車駕還宮。

冬十月庚申，行幸陰山。劉義隆遣使朝貢。詔殿中將軍郎法祐使於義隆。己巳，司空、上黨王長孫道生薨。十有二月丁丑，車駕還宮。封皇孫濬爲高陽王。尋以皇孫世嫡，不宜在藩，乃止。封秦王翰爲東平王，燕王譚爲臨淮王，楚王建爲廣陽王，吳王余爲南安王。

二年春正月庚辰朔，南來降民五千餘家於中山謀叛，州軍討平之。冀州刺史、張掖王沮渠萬年與降民通謀，賜死

二月甲寅，帝崩於永安宮，時年四十五。祕不發喪，中常侍宗愛矯皇后令，殺東平王翰，迎南安王余入而立之，大赦，改元爲永平，尊皇后赫連氏爲皇太后。三月辛卯，上尊謚曰太武皇帝，葬於雲中金陵，廟號世祖。

夏六月，劉義隆將檀和之寇濟州，梁坦及魯安生軍于京索，龐萌、薛安都寇弘農。秋七月，征南將軍、安定公韓元興討之，和之退，梁坦、安生亦走。八月，冠軍將軍封禮率騎二千從洹津南渡赴弘農。九月，司空、高平公兒烏干屯潼關，平南將軍、昌黎公元遼屯河內。

冬十月丙午朔，余爲宗愛所賊。殿中尚書長孫渴侯與尚書陸麗迎立皇孫，是爲高宗焉。

帝生不逮密太后，及有所識，言則悲慟，哀感傍人，太宗聞而嘉歎。暨太宗不豫，衣不釋帶。性清儉率素，服御飲膳，取給而已，不好珍麗，食不二味，所幸昭儀、貴人，衣無兼綵。羣臣白帝更峻京邑城隍，以從周易設險之義，又陳蕭何壯麗之說。帝曰：「古人有言，在德不在險。屈丐蒸土築城，而朕滅之，豈在城也？今天下未平，方須民力，土功之事，朕所未爲，蕭何之對，非雅言也。」每以財者軍國之本，無所輕費，至賞賜，皆是死事勳績之家，親戚愛寵未曾橫有所及。臨敵常與士卒同在矢石之間，左右死傷者相繼，而帝神色自若，是以人思効命，所向無前。命將出師，指授節度，從命者無不制勝，違爽者率多敗失。性又知人，拔士於卒伍之中，惟其才效所長，不論本末。兼甚嚴斷，明於刑賞。功者賞不遺賤，罪者刑不避親，雖寵愛之，終不虧法。常曰：「法者，朕與天下共之，何敢輕也。」故大臣犯法，無所寬假。雅長聽察，瞬息之間，下人無以措其姦隱。然果於誅戮，後多悔之。司徒崔浩既死之後，帝北伐，時宣城公李孝伯疾篤，傳者以爲卒也。帝聞而悼之，謂左右曰：「李宣城可惜。」又曰：「朕向失言。崔司徒可惜，李宣城可哀。」褒貶雅意，皆此類也。

恭宗景穆皇帝諱晃，太武皇帝之長子也，母賀夫人。延和元年春正月丙午，立爲皇太子，時年五歲。明慧强識，聞則不忘。及長，好讀經史，皆通大義。世祖甚奇之。世祖東征

和龍，詔恭宗錄尚書事，西征涼州，詔恭宗監國。

初，世祖之伐河西也，李順等咸言姑臧無水草，不可行師。恭宗有疑色。及車駕至姑臧，乃詔恭宗曰：「姑臧城東西門外涌泉合於城北，其大如河。自餘溝渠流入澤中，其間乃無燥地。澤草茂盛，可供大軍數年。人之多言，亦可惡也。故有此敕，以釋汝疑。」恭宗謂宮臣曰：「爲人臣不實若此，豈是忠乎！吾初聞有疑，但帝決行耳。幾誤人大事，言者復何面見帝也。」

眞君四年，恭宗從世祖討蠕蠕，至鹿渾谷，與賊相遇，虜惶怖，部落擾亂。恭宗言於世祖曰：「今大軍卒至，宜速進擊，奄其不備，破之必矣。」尚書令劉潔固諫，以爲塵盛賊多，出至平地，恐爲所圍，須軍大集，然後擊之可也。恭宗謂潔曰：「此塵之盛，由賊恇擾，軍人亂故，何有營上而有此塵？」世祖疑之，遂不急擊，蠕蠕遠遁。既而獲虜候騎，世祖問之，對曰：「蠕蠕不覺官軍卒至，上下惶懼，引衆北走，經六七日，知無追者，始乃徐行。」世祖深恨之，自是恭宗所言軍國大事，多見納用，遂知萬機。

初，恭宗監國，曾令曰：「周書言：『任農以耕事，貢九穀；任圃以樹事，貢草木；任工以餘材，貢器物〔六〕；任商以市事，貢貨賄；任牧以畜事，貢鳥獸；任嬪以女事，貢布帛；任衡以山事，貢其材；任虞以澤事，貢其物。』其制有司課畿內之民，使無牛家以人牛力相貿，墾殖鋤

耨。其有牛家與無牛家一人種田二十二畝，償以私鋤功七畝，〔七〕如是爲差，至與小、老無牛家種田七畝，小、老者償以鋤功二畝。皆以五口下貧家爲率。各列家別口數，所勸種頃畝，明立簿目。所種者於地首標題姓名，以辨播殖之功。」又禁飲酒、雜戲、棄本沽販者。墾田大爲增闢。

正平元年六月戊辰，薨於東宮，時年二十四。庚午，册曰：「嗚呼！惟爾誕資明叡，岐嶷夙成。正位少陽，克荷基構。賓于四門，百揆時叙；允釐庶績，風雨不迷。宜享無疆，隆我皇祚，如何不幸，奄焉殂殞，朕用悲慟于厥心！今使使持節兼太尉張黎、兼司徒竇瑾奉策，即柩賜謚曰『景穆』，以顯昭令德。魂而有靈，其尙嘉之。」高宗卽位，追尊爲景穆皇帝，廟號恭宗。

史臣曰：世祖聰明雄斷，威靈傑立，藉二世之資，奮征伐之氣，遂戎軒四出，周旋險夷。掃統萬，平秦隴，翦遼海，盪河源，南夷荷擔，北蠕削跡，廓定四表，混一戎華，其爲功也大矣。遂使有魏之業，光邁百王，豈非神叡經綸，事當命世。至於初則東儲不終，末乃釁成所忽。固本貽防，殆弗思乎？恭宗明德令聞，夙世殂夭，其戾園之悼歟？

校勘記

〔一〕五月 諸本「五月」作「三月」。按上已書四月，今據册府卷一一二一三三九頁改。

〔二〕行幸廬 諸本下注「闕」字。通鑑卷一二四三九〇五頁稱「魏主幸廬」。則司馬光不認爲有闕文。

〔三〕分兵掠臨晉巴東 通鑑卷一二四三九一五頁胡三省注：下簡稱胡注「『巴』當作『已』」。按渭北臨晉今陝西大荔一帶不聞有「巴東縣」，胡說疑是。

〔四〕將軍叔孫拔與戰於渭北 諸本「拔」作「枝」，通鑑卷一二四三九一五頁作「拔」。按上文十月已稱叔孫拔領兵屯渭北。今據改。

〔五〕車駕自中道 諸本「中」作「卬」，殿本作「卭」。按卬或卭道均不可解。北史卷二、御覽卷一〇二四八九頁作「中道」。御覽引後魏書而與北史同，知魏書本作「中道」，今據改。

〔六〕任工以餘材貢器物 按今周官地官閭師此句作「任工以飭材事，貢器物」。「事」字或省，「餘」當是「飭」之訛。

〔七〕其有牛家與無牛家一人種田二十二畝償以私鋤功七畝 册府卷四九五五九二三頁「一人」作「一牛」，「二十二畝」作「二十畝」，「私」作「耘」宋本册府仍作「一人」，餘同明本。按所謂「人牛力相貿」，卽有牛家以牛力換取人力，「一人」當作「一牛」，「私」也當作「耘」。意謂有牛家出牛一頭，爲無牛家耕種二十或二十二畝；無牛家出人，爲有牛家耘鋤七畝以爲報償。

魏書卷五

高宗紀第五

高宗文成皇帝，諱濬，恭宗景穆皇帝之長子也。母曰閭氏，眞君元年六月生於東宮。帝少聰達，世祖愛之，常置左右，號世嫡皇孫。年五歲，世祖北巡，帝從在後，逢虜帥桎一奴欲加其罰。帝謂之曰：「奴今遭我，汝宜釋之。」帥奉命解縛。世祖聞之，曰：「此兒雖小，欲以天子自處。」意奇之。既長，風格異常，每有大政，常參決可否。正平二年十月戊申，卽皇帝位於永安前殿，大赦，改年。

興安元年冬十月，以驃騎大將軍元壽樂爲太宰、都督中外諸軍事、錄尚書事；尚書長孫渴侯爲尚書令，加儀同三司。十有一月丙子，二人爭權，並賜死。癸未，廣陽王建薨，臨淮王譚薨。甲申，皇妣薨。太尉張黎、司徒古弼，以議不合旨，黜爲外都大官。平南將軍、宋子侯周忸進爵樂陵王，南部尚書、章安子陸麗爲平原王，文武各加位一等。壬寅，追尊景穆太

子爲景穆皇帝，皇妣爲恭皇后；尊保母常氏爲保太后。隴西屠各王景文叛，詔統萬鎭將、南陽王惠壽討平之。十有二月戊申，祔葬恭皇后於金陵。乙卯，初復佛法。丁巳，以樂陵王周忸爲太尉，平原王陸麗爲司徒，鎭西將軍杜元寶爲司空。保達、沙獵國各遣使朝獻。戊寅，建業公陸俟進爵東平王，廣平公杜遺進爵爲王。癸亥，詔以營州蝗，開倉賑恤。甲子，太尉、樂陵王周忸有罪，賜死。濮陽公閭若文進爵爲王。

二年春正月辛巳，司空杜元寶進爵京兆王。廣平王杜遺薨。尚書僕射、東安公劉尼進爵爲王。封建寧王崇子麗爲濟南王。癸未，詔與民雜調十五。丙戌，尚書、西平公源賀進爵爲王。二月己未，司空、京兆王杜元寶謀反，伏誅；建寧王崇、崇子濟南王麗爲元寶所引，各賜死。乙丑，發京師五千人穿天淵池。是月，劉義隆子劭殺其父而自立。三月壬午，尊保太后爲皇太后。安豐公閭虎皮進爵爲河間王。乙未，疏勒國遣使朝獻。

夏五月乙酉，行幸崞山。辛卯，還宮。是月，劉劭弟駿殺劭而自立。閏月乙亥，太皇太后赫連氏崩。

秋七月辛亥，行幸陰山。濮陽王閭若文，征西大將軍、永昌王仁謀反。乙丑，賜仁死於長安，若文伏誅。己巳，車駕還宮。是月，築馬射臺於南郊。

八月辛未，渴槃陁國遣使朝貢。戊戌，詔曰：「朕以眇身，纂承大業，懼不能宣慈惠和，寧濟萬宇，夙夜兢兢，若臨淵谷。然卽位以來，百姓晏安，風雨順序，邊方無事，衆瑞兼呈，不可稱數。又於苑內獲方寸玉印，其文曰『子孫長壽』，羣公卿士咸曰『休哉』！豈朕一人克臻斯應，實由天地祖宗降祐之所致也。思與兆庶共茲嘉慶，其令民大酺三日，諸殊死已下各降罪一等。」九月壬子，閱武於南郊。

冬十有一月辛酉，行幸信都、中山，觀察風俗。十有二月，誅河間鄚民爲賊盜者，男年十五以下爲生口，班賜從臣各有差。甲午，車駕還宮。庫莫奚、契丹、罽賓等十餘國各遣使朝貢。復北平公長孫敦王爵。〔一〕

興光元年春正月乙丑，以侍中、河南公伊馛爲司空。二月甲午，帝至道壇，登受圖籙；禮畢，曲赦京師，班賞各有差。

夏六月丙寅，行幸陰山。

秋七月庚子，皇子弘生。辛丑，大赦，改年。八月甲戌，趙王深薨。乙亥，車駕還宮。乙丑，皇叔虎頭、龍頭薨。九月庚申，庫莫奚國獻名馬，有一角，狀如麟。是月，閉都城門，大索三日，獲姦人亡命數百人。

冬十有一月，北鎭將房杖擊蠕蠕，虜其將豆渾與句等，獲馬千餘匹。戊戌，行幸中山，遂幸信都。十有二月丙子，還幸靈丘，至溫泉宮。庚辰，車駕還宮。出于、吐萬單國各遣使朝獻。

太安元年春正月辛酉，奉世祖、恭宗神主于太廟。車騎大將軍、樂平王拔有罪，賜死。二月癸未，武昌王提薨。三月己亥，詔曰：「今始奉世祖、恭宗神主于太廟，又於西苑遍秩羣神。朕以大慶饗賜百僚，而犯罪之人獨卽刑戮，非所以子育羣生，矜及衆庶。夫聖人之教，自近及遠。是以周文刑於寡妻，至于兄弟，以御家邦。化苟從近，恩亦宜然。其曲赦京師死囚已下。」

夏六月壬戌，詔名皇子曰弘，曲赦京城，改年。

癸酉，詔曰：「夫爲治者，因宜以設官，舉賢以任職，故上下和平，民無怨謗。若官非其人，姦邪在位，則政教陵遲，至於凋薄。思明黜陟，以隆治道。今遣尚書穆伏眞等三十人，巡行州郡，觀察風俗。入其境，農不墾殖，田畝多荒，則徭役不時，廢於力也；耆老飯蔬食，少壯無衣褐，則聚斂煩數，匱於財也；閭里空虛，民多流散，則綏導無方，疏於恩也；盜賊公行，劫奪不息，則威禁不設，失於刑也；衆謗並興，大小嗟怨，善人隱伏，佞邪當途，則爲法混

淯，昏於政也。諸如此比，黜而戮之。善於政者，褒而賞之。其有阿枉不能自申，聽詣使告狀，使者檢治。若信清能，衆所稱美，誣告以求直，反其罪。使者受財，斷察不平，聽詣公車上訴。其不孝父母，不順尊長，爲吏姦暴，及爲盜賊，各具以名上。其容隱者，以所匿之罪罪之。」是月，遮逸國遣使朝貢。戊寅，帝敗於懷倪山。甲申，還宮。

秋七月丙辰，行幸河西。八月丁亥，車駕還宮。

冬十月，波斯、疏勒國並遣使朝貢。庚午，以遼西公常英爲太宰，進爵爲王。

二年春正月乙卯，立皇后馮氏。二月丁巳，立皇子弘爲皇太子，大赦天下。丁零數千家亡匿井陘山，聚爲寇盜。詔定州刺史許宗之、幷州刺史乞佛成龍討平之。

夏六月，羽林郎于判、元提等謀逆，伏誅。

秋八月甲申，畋於河西。是月，平西將軍、漁陽公尉眷北擊伊吾，克其城，大獲而還。九月辛巳，河東公閭毗、零陵公閭紇並進爵爲王。

冬十月甲申，車駕還宮。甲午，曲赦京師。十有一月，尚書、西平王源賀改封隴西王。嚈噠、普嵐國並遣使朝獻。劉駿濮陽太守姜龍駒、新平太守楊伯倫，各棄郡率吏民來降。

三年春正月壬戌，畋於崞山。戊辰，還宮。粟特、于闐國各遣使朝貢。徵漁陽公尉眷，拜太尉，進爵爲王，錄尚書事。

夏五月庚申，畋於松山。己巳，還宮。封皇弟新成爲陽平王。六月癸卯，行幸陰山。

秋八月，畋於陰山之北。己亥，還宮。

冬十月，將東巡，詔太宰常英起行宮於遼西黃山。十有一月，蠻王文虎龍率千餘家內附。十有二月，以州鎮五蝗，民飢，使使者開倉以賑之。是月，于闐、扶餘等五十餘國各遣使朝獻。

四年春正月丙午朔，初設酒禁。乙卯，行幸廣寧溫泉宮，遂東巡平州。庚午，至於遼西黃山宮，遊宴數日，親對高年，勞問疾苦。二月丙子，登碣石山，觀滄海，大饗羣臣於山下，班賞進爵各有差。改碣石山爲樂遊山，築壇記行於海濱。戊寅，南幸信都，畋遊於廣川。三月丁未，觀馬射於中山。所過郡國賜復一年。丙辰，車駕還宮。起太華殿。乙丑，東平王陸俟薨。

夏五月壬戌，詔曰：「朕卽阼至今，屢下寬大之旨，蠲除煩苛，去諸不急，欲令物獲其所，人安其業。而牧守百里，不能宣揚恩意，求欲無厭，斷截官物以入於己，使課調懸少，而深文極墨，委罪於民。苛求免咎，曾不改懼。國家之制，賦役乃輕，比年已來，雜調減省，而所在州郡，咸有逋懸，非在職之官綏導失所，貪穢過度，誰使之致？自今常調不充，民不安業，宰民之徒，加以死罪。申告天下，稱朕意焉。」六月丙申，畋於松山。

秋七月庚午，行幸河西。九月乙巳，還宮。辛亥，太華殿成。丙寅，饗羣臣，大赦天下。

冬十月甲戌，北巡。至陰山，有故塚毀廢，詔曰：「昔姬文葬枯骨，天下歸仁。自今有穿毀墳隴者斬之。」劉駿將殷孝祖修兩城於清水東，詔鎮西將軍、天水公封敕文等擊之。辛卯，車駕次于車輪山，累石記行。十一月，詔征西將軍皮豹子等三將三萬騎助擊孝祖。〔二〕車駕度漠，蠕蠕絕跡遠遁，其別部烏朱賀頹、庫世頹率衆來降。十有二月，征東將軍、中山王託眞薨。

五年春正月己巳朔，征西將軍皮豹子略地至高平，大破孝祖，斬獲五千餘級。二月己酉，侍中、司空、河南公伊馛薨。三月庚寅，曲赦京師死罪已下。

夏四月乙巳，封皇弟子推爲京兆王。五月，居常國遣使朝獻。六月戊申，行幸陰山。

秋八月庚戌，遂幸雲中。壬戌，還宮。九月戊辰，詔曰：「夫褒賞必於有功，刑罰審於有罪，此古今之所同，由來之常式。牧守莅民，侵食百姓，以營家業，王賦不充，雖歲滿去職，

應計前逋，正其刑罪。而主者失於督察，不加彈正，使有罪者優游獲免，無罪者妄受其辜，是啓姦邪之路，長貪暴之心，豈所謂原情處罪，以正天下。自今諸遷代者，仰列在職殿最，案制治罪。克舉者加之爵寵，有愆者肆之刑戮，使能否殊貫，刑賞不差。主者明爲條制，以爲常楷。」儀同三司、敦煌公李寶薨。

冬十有二月戊申，詔曰：「朕承洪業，統御羣有，思恢政化，以濟兆民。故薄賦斂以實其財，輕傜役以紓其力，欲令百姓修業，人不匱乏。而六鎮、雲中、高平、二雍、秦州，徧遇災旱，年穀不收。其遣開倉廩以賑之。有流徙者，諭還桑梓。欲市糴他界，爲關傍郡，通其交易之路。若典司之官，分職不均，使上恩不達於下，下民不贍於時，加以重罪，無有攸縱。」

和平元年春正月甲子朔，大赦，改元。〔三〕庚午，詔散騎常侍馮闡使於劉駿。二月，衞將軍、樂安王良督東雍、吐京、六壁諸軍西趣河西，征西將軍皮豹子等督河西諸軍南趣石樓，以討河西叛胡。

夏四月戊戌，皇太后常氏崩於壽安宮。五月癸酉，葬昭太后於廣寧鳴鷄山。六月甲午，詔征西大將軍、陽平王新成等督統萬、高平諸軍出南道，南郡公李惠等督涼州諸軍出北道，討吐谷渾什寅。崔浩之誅也，史官遂廢，至是復置。河西叛胡詣長安首罪，遣使者安慰

之。

秋七月乙丑，劉駿遣使朝貢。壬午，行幸河西。八月，西征諸軍至西平，什寅走保南山。九月，諸軍濟河追之，遇瘴氣，多有疫疾，乃引軍還，獲畜二十餘萬。庚午，輿駕還宮。

冬十月，居常王獻馴象三。十有一月，詔散騎侍郎盧度世、員外郎朱安興使於劉駿。

二年春正月乙酉，詔曰：「刺史牧民，爲萬里之表。自頃每因發調，逼民假貸，大商富賈，要射時利，旬日之間，增贏十倍。上下通同，分以潤屋。故編戶之家，困於凍餒；豪富之門，日有兼積。爲政之弊，莫過於此。其一切禁絕，犯者十疋以上皆死。布告天下，咸令知禁。」二月辛卯，行幸中山。丙午，至于鄴，遂幸信都。三月，劉駿遣使朝貢。輿駕所過，皆親對高年，問民疾苦。詔民年八十以上，一子不從役。靈丘南有山，高四百餘丈。乃詔羣官仰射山峯，無能踰者。帝彎弧發矢，出山三十餘丈，過山南二百二十步，遂刊石勒銘。是月，發并、肆州五千人治河西獵道。辛巳，輿駕還宮。

夏四月乙未，侍中、征東大將軍、河東王閭毗薨。五月癸未，詔南部尚書黃盧頭、李敷等考課諸州。

秋七月戊寅，封皇弟小新成爲濟陰王，加征東大將軍，鎮平原；天賜爲汝陰王，加征南

大將軍，鎮虎牢；萬壽爲樂浪王，加征北大將軍，鎮和龍；洛侯爲廣平王。壬午，行巡山北。八月戊辰，波斯國遣使朝獻。丁丑，輿駕還宮。

冬十月，詔假員外散騎常侍游明根、員外郎昌邑侯和天德使于劉駿。博陵之深澤、章武之東州，盜殺縣令，州軍討平之。廣平王洛侯薨。

三年春正月壬午，以車騎大將軍、東郡公乙渾爲太原王。癸未，樂浪王萬壽薨。二月癸酉，畋于嵑山，遂觀漁于旋鴻池。三月甲申，劉駿遣使朝貢。高麗、蓰王、契嚙、思厭於師、疏勒、石那、悉居半、渴槃陁諸國各遣使朝獻。

夏六月庚申，行幸陰山。詔將軍陸眞討雍州叛氐仇傉檀等，平之。

秋七月壬寅，幸河西。九月壬辰，征西大將軍、常山王素薨。

冬十月丙辰，詔曰：「朕承洪緒，統御萬國，垂拱南面，委政羣司，欲緝熙治道，以致寧一。夫三代之隆，莫不崇尚年齒。今選舉之官，多不以次，令班白處後，晚進居先。豈所謂彝倫攸敍者也！諸曹選補，宜各先盡勞舊才能。」是月，詔員外散騎常侍游明根，員外郎、昌邑侯和天德使于劉駿。十有一月壬寅，輿駕還宮。十有二月乙卯，制戰陳之法十有餘條。因大儺耀兵，有飛龍、騰蛇、魚麗之變，以示威武。戊午，零陵王閭拔薨。〔四〕

四年春三月乙未，賜京師民年七十以上太官廚食，以終其年。皇子胡仁薨，〔五〕追封樂陵王。乙巳，詔曰：「朕憲章舊典，分職設官，欲令敷揚治化，緝熙庶績。然在職之人，皆蒙顯擢，委以事任，當厲己竭誠，務省徭役，使兵民優逸，家給人贍。今內外諸司、州鎮守宰，侵使兵民，勞役非一。自今擅有召役，逼雇不程，皆論同枉法。」

夏四月癸亥，上幸西苑，親射虎三頭。五月壬辰，侍中、漁陽王尉眷薨。壬寅，行幸陰山。

秋七月壬午，詔曰：「朕每歲以秋日閑月，命羣官講武平壤。所幸之處，必立宮壇，糜費之功，勞損非一。宜仍舊貫，何必改作也。」八月丙寅，遂畋于河西。詔曰：「朕順時畋獵，而從官殺獲過度，旣殫禽獸，乖不合圍之義。其敕從官及典圍將校，自今已後，不聽濫殺。其畋獲皮肉，別自頒賚。」壬申，詔曰：「前以民遭飢寒，不自存濟，有賣鬻男女者，盡仰還其家。或因緣勢力，或私行請託，共相通容，不時檢校，令良家子息仍爲奴婢。今仰精究，不聽取贖，有犯加罪。若仍不檢還，聽其父兄上訴，以掠人論。」九月辛巳，車駕還宮。

冬十月，以定、相二州霣霜殺稼，免民田租。是月，詔員外散騎常侍游明根、驍騎將軍、昌邑子婁內近，寧朔將軍、襄平子李五鱗使于劉駿。

十有二月辛丑，詔曰：「名位不同，禮亦異數，所以殊等級，示軌儀。今喪葬嫁娶，大禮未備，貴勢豪富，越度奢靡，非所謂式昭典憲者也。有司可爲之條格，使貴賤有章，上下咸序，著之于令。」壬寅，詔曰：「夫婚姻者，人道之始。是以夫婦之義，三綱之首，禮之重者，莫過於斯。尊卑高下，宜令區別。然中代以來，貴族之門多不率法，或貪利財賄，或因緣私好，在於苟合，無所選擇，令貴賤不分，巨細同貫，塵穢清化，虧損人倫，將何以宣示典謨，垂之來裔。今制皇族、師傅、王公侯伯及士民之家，〔六〕不得與百工、伎巧、卑姓爲婚，犯者加罪。」

五年春正月丁亥，封皇弟雲爲任城王。二月，詔以州鎮十四去歲蟲、水，開倉賑恤。

夏四月癸卯，頓丘公李峻，進爵爲王。閏月戊子，帝以旱故，減膳責躬。是夜，澍雨大降。五月庚申，劉駿死，子子業僭立。六月丁亥，行幸陰山。

秋七月辛丑，北鎮游軍大破蠕蠕。壬寅，行幸河西。九月辛丑，車駕還宮。

冬十月，琅邪王司馬楚之薨。十有二月，南秦王楊難當薨。吐呼羅國遣使朝獻。

六年春正月丙申，大赦天下。二月丁丑，行幸樓煩宮。高麗、蓰王、對曼諸國各遣使朝獻。三月戊戌，相州刺史、西平郡王吐谷渾權薨。乙巳，車駕還宮。

夏四月,破洛那國獻汗血馬,普嵐國獻寶劍。五月癸卯,帝崩于太華殿,時年二十六。六月丙寅,上尊謚曰文成皇帝,廟號高宗。八月,葬雲中之金陵。

史臣曰:世祖經略四方,內頗虛耗。既而國釁時艱,朝野楚楚。高宗與時消息,靜以鎮之,養威布德,懷緝中外。自非機悟深裕,矜濟爲心,亦何能若此!可謂有君人之度矣。

校勘記

〔一〕復北平公長孫敦王爵　諸本「敦」都作「敷」,北史卷二魏紀二作「敦」。按長孫敦降爵,見卷四下世祖紀下太平眞君九年四四八。卷二五本傳補稱敦「高祖時」復爵,「高祖」乃「高宗」之訛,但其人確名「敦」。這裏「敷」是「敦」的形訛,今據改。

〔二〕十一月詔征西將軍皮豹子等三將三萬騎助擊孝祖　諸本無「十一月詔」四字,册府卷一二一一四四九頁有。按通鑑卷一二八四〇四〇頁記此事,系於十一月,北史卷二太安四年删去此事,但仍稱「十一月,車駕渡漠」。這裏此條上既脫去月份,下面「車駕渡漠」也就和此事一起歸入十月,顯誤。今據補。

〔三〕和平元年春正月甲子朔大赦改元　册府卷一七四二〇九八頁記:「和平元年正月,帝東巡,歷橋

山,祀黃帝。」今無其文,疑脫。

〔四〕零陵王閭拔薨　張森楷云:「『跋』當作『紇』。」按上文太安二年九月辛巳條和卷八三外戚閭毗傳補都作「閭紇」,張說是。

〔五〕皇子胡仁薨　按卷一九上景穆十二王傳補序稱「尉椒房生樂陵康王胡兒」,北史卷一七景穆十二王傳序作「胡仁」。當時北方讀音,「仁」「兒」不別。卷一九下章武王太洛傳稱「子彬,字豹兒」,墓誌集釋元舉墓誌圖版一五四稱「祖章武烈王彬字豹仁」。卷二七穆崇傳附見穆龍仁,北史卷二〇穆崇傳附見作「龍兒」。又如卷八世宗紀永平元年十二月見梁將齊苟仁,北史卷四魏紀四、梁書卷一七馬仙琕傳作「齊苟兒」;卷七五尒朱兆傳,「兆字萬仁」,周書卷一文帝紀作「吐萬兒」,梁書卷三二陳慶之傳作「吐沒兒」。北史卷四八尒朱榮傳云:「北人語訛,語『尒朱』爲『人主』。」「尒」讀如「人」,猶「兒」讀如「仁」。今後此類不再出校記。又其人乃拓拔晃景穆帝子,拓跋濬高宗文成帝弟,這裏「皇子」當作「皇弟」。

〔六〕今制皇族師傅王公侯伯及士民之家　北史卷二百衲本、御覽卷一〇二四九〇頁引後魏書「師傅」作「肺腑」。按史記卷一九惠景間侯者年表序有「諸侯子弟若肺腑」語,索隱謂肺腑「以喻人主疎末之親」。這裏指王公侯伯,正是所謂「疎末之親」。御覽引後魏書而與北史同,知魏書本作「肺腑」。

魏書卷六

顯祖紀第六

顯祖獻文皇帝,諱弘,高宗文成皇帝之長子也,母曰李貴人。興光元年秋七月,生於陰山之北。太安二年二月,立爲皇太子。聰叡機悟,幼而有濟民神武之規,仁孝純至,禮敬師友。

和平六年夏五月甲辰,卽皇帝位,大赦天下。尊皇后曰皇太后。車騎大將軍乙渾矯詔殺尙書楊保年、平陽公賈愛仁、南陽公張天度于禁中。戊申,侍中、司徒、平原王陸麗自湯泉入朝,渾又殺之。己酉,以侍中、車騎大將軍乙渾爲太尉、錄尙書事,東安王劉尼爲司徒,尙書左僕射和其奴爲司空。壬子,以淮南王他爲鎭西大將軍、儀同三司,鎭涼州。六月,封繁陽侯李嶷爲丹陽王,征東大將軍馮熙爲昌黎王。乙丑,詔曰:「夫賦斂煩則民財匱,課調輕則用不足,是以十一而稅,頌聲作矣。先朝權其輕重,以惠百姓。朕承洪業,上惟祖宗之休命,夙興待旦,惟民之恤,欲令天下同於逸豫。而徭賦不息,將何以塞煩去苛,拯濟黎元

者哉!今兵革不起,畜積有餘,諸有雜調,一以與民。」

秋七月癸巳,太尉乙渾爲丞相,位居諸王上,事無大小,皆決於渾。九月庚子,曲赦京師。丙午,詔曰:「先朝以州牧親民,宜置良佐,故敕有司,班九條之制,使前政選吏,以待俊乂,〔一〕必謂銓衡允衷,朝綱應叙。然牧司寬惰,不祗憲旨,舉非其人,愆于典度。今制:刺史守宰到官之日,仰自舉民望忠信,以爲選官,不聽前政共相干冒。若簡任失所,以罔上論。」是月,劉子業征北大將軍、義陽王劉昶自彭城來降。

冬十月,徵陽平王新成、京兆王子推、濟陰王小新成、汝陰王天賜、任城王雲入朝。

是歲,劉子業叔父彧殺子業僭立。

天安元年春正月乙丑朔,大赦,改年。二月庚申,丞相、太原王乙渾謀反伏誅。乙亥,以侍中元孔雀爲濮陽王,侍中陸定國爲東郡王。三月庚子,以隴西王源賀爲太尉。辛丑,高宗文成皇帝神主祔于太廟。辛亥,帝幸道壇,親受符籙;曲赦京師。高麗、波斯、于闐、阿襲諸國遣使朝獻。

秋七月辛亥,詔諸有詐取爵位,罪特原之,削其爵職。其有祖、父假爵號貨賕以正名者,不聽繼襲。諸非勞進超遷者,亦各還初。不以實聞者,以大不敬論。九月,劉彧司州刺

史常珍奇以懸瓠內屬。己酉，初立鄉學，郡置博士二人、助教二人、學生六十人。劉彧徐州刺史薛安都以彭城內屬，彧將張永、沈攸之擊安都。詔北部尚書尉元爲鎮南大將軍、都督諸軍事，鎮東將軍、城陽公孔伯恭爲副，出東道救彭城；殿中尚書、鎮西大將軍、西河公元石都督荆、豫、南雍州諸軍事，給事中、京兆侯張窮奇爲副，出西道救懸瓠。

冬十月，曹利、彤舄國各遣使朝獻。十有一月壬子，劉彧兗州刺史畢衆敬遣使內屬。十有二月己未，尉元軍次于秺，彧將周凱、張永、沈攸之相繼退走。皇弟安平薨。

是歲，州鎮十一旱，民饑，開倉賑恤。

皇興元年春正月癸巳，尉元大破張永、沈攸之於呂梁東，斬首數萬級，凍死者甚衆。獲劉彧秦州刺史垣恭祖、羽林監沈承伯。永、攸之單騎走免。獲軍資器械不可勝數。劉彧遣使朝貢。庚子，東平王道符謀反於長安，殺副將、駙馬都尉萬古眞，鉅鹿公李恢，雍州刺史魚玄明。丙午，詔司空、平昌公和其奴，東陽公元丕等討道符。丁未，道符司馬段太陽攻道符，斬之，傳首京師。道符兄弟皆伏誅。閏月，以頓丘王李峻爲太宰。劉彧青州刺史沈文秀、冀州刺史崔道固並遣使請舉州內屬，詔平東將軍長孫陵，平南將軍、廣陵公侯窮奇赴援之。二月，詔使持節、都督諸軍事、征南大將軍慕容白曜督騎五萬次於碻磝，爲東道後援。

濟陰王小新成薨。高麗、庫莫奚、具伏弗、郁羽陵、日連、匹黎尒、于闐諸國各遣使朝貢。劉彧東平太守申纂戍無鹽，遏絕王使，詔征南大將軍慕容白曜督諸軍以討之。三月甲寅，克之。沈文秀、崔道固復叛歸劉彧，白曜回師討之，拔彧肥城、垣苗、麋溝三戍。

夏四月，白曜攻升城，戍主房崇吉遁走。

秋八月，白曜攻歷城。丁酉，行幸武州山石窟寺。戊申，皇子宏生，大赦，改年。九月壬子，高麗、于闐、普嵐、粟特國各遣使朝獻。丁巳，進馮翊公李白爵梁郡王。是月，詔賜六鎮貧人布，人三匹。

冬十月癸卯，田於那男池。濮陽王孔雀坐怠慢，降爵爲公。

二年春二月癸未，田于西山，親射虎豹。崔道固及劉彧梁鄒戍主、平原太守劉休賓舉城降。是月，徐州羣盜司馬休符自稱晉王，將軍尉元討平之。三月，白曜進圍東陽。戊午，劉彧遣使朝貢。

夏四月辛丑，以南郡公李惠爲征南大將軍、儀同三司、都督關右諸軍事、雍州刺史，進爵爲王。高麗、庫莫奚、契丹、具伏弗、郁羽陵、日連、匹黎尒、叱六手、悉萬丹、阿大何、羽眞侯、于闐、波斯國各遣使朝獻。〔三〕五月乙卯，田于崞山，遂幸繁畤。辛酉，還宮。六月庚辰，以河南闢地，曲赦京師殊死以下。以昌黎王馮熙爲太傅。

秋九月辛亥，封皇叔楨爲南安王，長壽爲城陽王，太洛爲章武王，休爲安定王。

冬十月辛丑，上田於冷泉。十有一月，以州鎮二十七水旱，開倉賑恤。十有二月甲午，詔曰：「頃張永迷擾，敢拒王威，暴骨原隰，殘廢不少。死生寃痛，朕甚愍焉。天下民一也，可敕郡縣，永軍殘廢之士，聽還江南；露骸草莽者，收瘞之。」是月，悉萬丹等十餘國各遣使朝貢。

三年春正月乙丑，東陽潰，虜沈文秀。戊辰，司空、平昌公和其奴薨。二月，蠕蠕、高麗、庫莫奚、契丹國各遣使朝獻。己卯，以上黨公慕容白曜爲都督青齊東徐三州諸軍事、征南大將軍、開府儀同三司、青州刺史，進爵濟南王。

夏四月壬辰，劉彧遣使朝貢。丙申，名皇子曰宏，大赦天下。丁酉，田于崞山。五月，徙青州民於京師。六月辛未，立皇子宏爲皇太子。

秋七月，蠕蠕國遣使朝貢。

冬十月，侍中、太宰、頓丘王李峻薨。十有一月，吐谷渾別帥白楊提度汗率戶內附。襄城公韓頹進爵爲王。

四年春正月，詔州鎮十一民飢，開倉賑恤。二月，以東郡王陸定國爲司空。高麗、庫莫奚、契丹各遣使朝獻。吐谷渾拾寅不供職貢，詔使持節、征西大將軍、上黨王長孫觀討之。三月丙戌，詔曰：「朕思百姓病苦，民多非命，明發不寐，疢心疾首。是以廣集良醫，遠採名藥，欲以救護兆民。可宣告天下，民有病者，所在官司遣醫就家診視，所須藥物，任醫量給之。」

夏四月辛丑，大赦天下。戊申，長孫觀軍至曼頭山，大破拾寅，拾寅與麾下數百騎宵遁，拾寅從弟豆勿來及其渠帥匹婁拔累等率所領降附。五月，封皇弟長樂爲建昌王。六月，劉彧遣使朝貢。

秋八月，羣盜入彭城，殺鎮將元解愁，長史勒兵滅之。蠕蠕犯塞。九月丙寅，輿駕北伐，諸將俱會于女水，大破虜衆。事具蠕蠕傳。司徒、東安王劉尼坐事免。壬申，車駕至自北伐，飲至策勳，告於宗廟。

冬十月，誅濟南王慕容白曜、高平王李敷。十有一月，詔弛山澤之禁。十有二月甲辰，幸鹿野苑、石窟寺。陽平王新成薨。

五年春三月乙亥，詔曰：「天安以來，軍國多務，南定徐方，北掃遺虜。征戍之人，亡竄非一，雖罪合刑書，每加哀宥。然寬政猶水，逋逃遂多。宜申明典刑，以肅姦僞。自今諸有逃亡之兵及下代守宰浮游不赴者，限六月三十日悉聽歸首，不首者，論如律。」詔假員外散騎常侍邢祐使於劉彧。〔三〕

夏四月，西部敕勒叛，詔汝陰王天賜、給事中羅雲討之。雲爲敕勒所襲殺，死者十五六。北平王長孫敦薨。六月丁未，行幸河西。秋七月丙寅，遂至陰山。八月丁亥，車駕還宮。

帝雅薄時務，常有遺世之心，欲禪位於叔父京兆王子推，語在任城王雲傳。羣臣固請，帝乃止。丙午，册命太子曰：「昔堯舜之禪天下也，皆由其子不肖。若丹朱、商均能負荷者，豈搜揚仄陋而授之哉？爾雖沖弱，有君人之表，必能恢隆王道，以濟兆民。今使太保、建安王陸馛，太尉源賀持節奉皇帝璽綬，致位於爾躬。其踐昇帝位，克廣洪業，以光祖宗之烈，使朕優遊履道，頤神養性，可不善歟？」丁未，詔曰：「朕承洪業，運屬太平，淮岱率從，四海清晏。是以希心玄古，志存澹泊。躬覽萬務，則損頤神之和；一日或曠，政有淹滯之失。但子有天下，歸尊於父；父有天下，傳之於子。今稽協靈運，考會羣心，爰命儲宮，踐昇大位。朕方優遊恭己，栖心浩然，社稷乂安，克廣其業，不亦善乎？百官有司，其祗奉胤子，以答天休。宣布宇內，咸使聞悉。」於是羣公奏曰：「昔三皇之世，澹泊無爲，故稱皇。是以漢高祖

既稱皇帝，尊其父爲太上皇，明不統天下。今皇帝幼沖，萬機大政，猶宜陛下總之。謹上尊號太上皇帝。」乃從之。己酉，太上皇帝徙御崇光宮，採椽不斲，土階而已。國之大事咸以聞。

承明元年，年二十三，崩於永安殿，上尊謚曰獻文皇帝，廟號顯祖，葬雲中金陵。

史臣曰：聰叡夙成，兼資能斷，其顯祖之謂乎？故能更清漠野，大啓南服。而早懷厭世之心，終致宮闈之變，將天意哉！

校勘記

〔一〕使前政選吏以待俊乂　北史卷二魏紀二、册府卷一五六一八八九頁「俊乂」作「後人」。按「後人」指後任官，意謂由前任官（前政）選吏留給後任官。統觀詔書前後文意，當作「後人」。册府採錄魏書，却與北史同，也可證魏書本亦作「後人」。

〔二〕契丹具伏弗郁羽陵日連匹黎尒叱六手悉萬丹阿大何羽眞侯于闐波斯國各遣使朝獻　這裏列舉諸「國」，除于闐、波斯外，均見于卷一百勿吉傳和契丹傳，但紀、傳既有同異，兩傳也不相合，今姑依勿吉傳標斷。「具伏弗」，勿吉傳作「具弗伏」。「叱六手」止見于契丹傳，作「吐六于」，疑紀誤。「阿大何」，勿吉傳作「拔大何」，契丹傳作「何大何」，當是勿吉傳誤。至兩傳互異，別見卷一百校記，不備舉。

〔三〕詔假員外散騎常侍邢祐使於劉彧　北史卷二記此事在是年二月乙亥，此承上文則是三月乙亥。按是年二月己丑朔，無乙亥，似作「三月」是。然宋書卷八明帝紀泰始七年魏皇興五年（四七一）稱「三月辛酉，索虜遣使獻方物」。通鑑卷一三三四一五八頁以爲卽此紀所載邢祐出使。考是年三月己未朔，辛酉是三日，乙亥是十七日，豈有魏未遣使而先已到宋之理？若謂宋書所載是另一次使節，則在很短期間，又無特殊原因，不可能頻煩遣使。疑北史作「二月」未必誤，誤在記日干支。

魏書卷七上

高祖紀第七上

高祖孝文皇帝，諱宏，顯祖獻文皇帝之長子，母曰李夫人。皇興元年八月戊申，生於平城紫宮，神光照於室內，天地氛氲，和氣充塞。帝生而潔白，有異姿，襁褓岐嶷，長而淵裕仁孝，綽然有君人之表。顯祖尤愛異之。三年夏六月辛未，立爲皇太子。

五年秋八月丙午，卽皇帝位於太華前殿，大赦，改元延興元年。丁未，劉彧遣使朝貢。九月壬戌，詔在位及民庶直言極諫。有利民益治，損政傷化，悉心以聞。壬午，青州高陽民封辯自號齊王，聚黨千餘人，州軍討滅之。高麗民奴久等相率來降，各賜田宅。

冬十月丁亥，沃野、統萬二鎮敕勒叛。詔太尉、隴西王源賀追擊，至枹罕，滅之，斬首三萬餘級；徙其遺迸於冀、定、相三州爲營戶。庚寅，以征東大將軍、南安王楨爲假節、都督涼州及西戎諸軍事、領護西域校尉、儀同三司，鎮涼州。朔方民曹平原招集不逞，破石樓堡，殺軍將。劉彧將垣崇祖率衆二萬自郁洲寇東兗州，屯于南城固。十有一月，刺史于洛侯討

破之，崇祖還郁洲。妖賊司馬小君聚衆反於平陵，齊州刺史、武昌王平原討擒之。十有二月乙酉，以駙馬都尉穆亮爲趙郡王。壬辰，詔訪舜後，獲東萊郡民嬀苟之，復其家畢世，以彰盛德之不朽。復前濮陽王孔雀本封。辛丑，趙郡王穆亮徙封長樂王。

二年春正月乙卯，統萬鎮胡民相率北叛。詔寧南將軍、交阯公韓拔等追滅之。大陽蠻酋桓誕率戶內屬，拜征南將軍，封襄陽王。曲赦京師及河西，南至秦涇，西至枹罕，北至涼州諸鎮。詔假員外散騎常侍邢祐使於劉彧。二月乙巳，詔曰：「尼父稟達聖之姿，體生知之量，窮理盡性，道光四海。頃者淮徐未賓，廟隔非所，致令祠典寢頓，禮章殄滅，遂使女巫妖覡，淫進非禮，殺生鼓舞，倡優媟狎，豈所以尊明神敬聖道者也。自今已後，有祭孔子廟，制用酒脯而已，不聽婦女合雜，以祈非望之福。犯者以違制論。其公家有事，自如常禮。犧牲粢盛，務盡豐潔。臨事致敬，令肅如也。牧司之官，明糾不法，使禁令必行。」蠕蠕犯塞。太上皇帝次於北郊，詔諸將討之。虜遁走。其別帥阿大干率千餘落來降。東部敕勒叛奔蠕蠕，太上皇帝追之，至石磧，不及而還。壬子，高麗國遣使朝貢。三月，太上皇帝至自北討。戊辰，以散騎常侍、駙馬都尉萬安國爲大司馬、大將軍，封安城王。庚午，車駕耕於藉田。石城郡獲曹平原，送京師，斬之。連川敕勒謀叛，徙配青、徐、齊、兗四州爲營

戶。

夏四月庚子，詔工商雜伎，盡聽赴農。諸州郡課民益種菜果。辛亥，劉彧遣使朝貢。癸酉，詔沙門不得去寺浮遊民間，行者仰以公文。是月，劉彧死，子昱僭立。五月丁巳，詔軍警給璽印、傳符，次給馬印。〔一〕六月，安州民遇水雹，丐租賑恤。丙申，詔曰：「頃者州郡選貢，多不以實，碩人所以窮處幽仄，鄙夫所以超分妄進，豈所謂旌賢樹德者也。今年貢舉，尤爲猥濫。自今所遣，皆門盡州郡之高，才極鄉閭之選。」閏月壬子，蠕蠕寇敦煌，鎮將尉多侯擊走之。又寇晉昌，守將薛奴擊走之。戊午，行幸陰山。

秋七月，光州民孫晏等聚黨千餘人叛，通劉昱，刺史叔孫璝討平之。辛丑，高麗國遣使朝貢。壬寅，詔州郡縣各遣二人才堪專對者，赴九月講武，當親問風俗。〔二〕八月丙辰，百濟國遣使奉表請師伐高麗。辛酉，地豆于、庫莫奚國遣使朝貢，昌亭國遣使獻蜀馬。河西費也頭反，薄骨律鎮將擊走之。九月辛巳，車駕還宮。戊申，統萬鎮將、河間王閭虎皮坐貪殘賜死。己酉，詔以州鎮十一水，丐民田租，開倉賑恤。又詔流迸之民，皆令還本，違者配徙邊鎮。

冬十月，蠕蠕犯塞，及於五原。十有一月，太上皇帝親討之，將度漠襲擊。蠕蠕聞軍至，大懼，北走數千里。以窮寇遠遁，不可追，乃止。丁亥，封皇叔略爲廣川王。壬辰，分遣

使者巡省風俗，問民疾苦。帝每月一朝崇光宮。

十有二月庚戌，詔曰：「書云：『三載一考，三考黜陟幽明。』頃者已來，官以勞升，未久而代，牧守無恤民之心，競爲聚斂，送故迎新，相屬於路，非所以固民志，隆治道也。自今牧守溫仁清儉、克己奉公者，可久於其任。歲積有成，遷位一級。其有貪殘非道、侵削黎庶者，雖在官甫爾，必加黜罰。著之於令，永爲彝準。」詔以代郡事同豐沛，代民先配邊戍者皆免之。

三年春正月庚辰，詔員外散騎常侍崔演使於劉昱。丁亥，改崇光宮爲寧光宮。戊戌，太上皇帝還至雲中。是月，相州執送妖人欒永安於京師，斬之。詔赦其支黨。二月戊申，高麗、契丹國並遣使朝貢。癸丑，詔牧守令長，勤率百姓，無令失時。同部之內，貧富相通。家有兼牛，通借無者，若不從詔，一門之內終身不仕。守宰不督察，免所居官。戊午，太上皇帝至自北討，飲至策勳，告於宗廟。死王事者復其家。詔畿內民從役死事者，郡縣爲迎喪，給以葬費。甲戌，詔縣令能靜一縣劫盜者，兼治二縣，即食其祿；能靜二縣者，兼治三縣，三年遷爲郡守。二千石能靜二郡，上至三郡，亦如之，三年遷爲刺史。三月壬午，詔諸倉囷穀麥充積者，出賜貧民。

夏四月戊申，詔假司空、上黨王長孫觀等討吐谷渾拾寅。壬子，契丹國遣使朝貢。詔以孔子二十八世孫魯郡孔乘爲崇聖大夫，給十戶以供洒掃。六月甲子，詔曰：「往年縣召民秀二人，問以守宰治狀，善惡具聞，將加賞罰。而賞者未幾，罪者衆多。肆法傷生，情所未忍。今特垂寬恕之恩，申以解網之惠。諸爲民所列者，特原其罪，盡可貸之。」

秋七月，詔河南六州之民，戶收絹一匹，綿一斤，租三十石。乙亥，行幸陰山。蠕蠕寇敦煌，鎮將樂洛生擊破之。事具蠕蠕傳。劉昱遣將寇緣淮諸鎮，徐州刺史、淮陽公尉元擊走之。八月己酉，高麗、庫莫奚國並遣使朝獻。庚申，帝從太上皇帝幸河西。拾寅謝罪請降，許之。九月辛巳，車駕並還宮。乙亥，〔三〕劉昱遣使朝貢。己亥，詔曰：「自今京師及天下之囚，罪未分判，在獄致死無近親者，公給衣衾棺櫝葬埋之，不得曝露。」辛丑，詔遣使者十人循行州郡，檢括戶口。其有仍隱不出者，州、郡、縣、戶主並論如律。庫莫奚國遣使朝獻。

冬十月，太上皇帝親將南討。詔州郡之民，十丁取一以充行，戶收租五十石，以備軍糧。悉萬斤國遣使朝獻。武都王反，攻仇池。〔四〕詔長孫觀仍回師討之。十有一月戊寅，詔以河南七州牧守多不奉法，致新邦之民莫能上達，遣使者觀風察獄，黜陟幽明。其有鰥寡孤獨貧不自存者，復其雜徭，年八十已上，一子不從役，力田孝悌，才器有益於時，信義著於鄉閭者，具以名聞。癸巳，太上皇帝南巡，至於懷州。所過問民疾苦，賜高年、孝悌力田布

帛。十有二月庚戌，詔關外苑囿聽民樵採。壬子，蠕蠕犯邊，柔玄鎮二部敕勒叛應之。癸丑，沙門慧隱謀反，伏誅。

是歲，州鎮十一水旱，丐民田租，開倉賑恤。相州民餓死者二千八百四十五人。吐谷渾部內羌民鍾豈渴干等二千三百戶內附。

是年，妖人劉舉自稱天子，齊州刺史、武昌王平原捕斬之。

四年春正月丁丑，侍中、太尉、隴西王源賀以病辭位。辛巳，粟特國遣使朝獻。二月甲辰，太上皇帝至自南巡。辛亥，吐谷渾拾寅遣子費斗斤入侍，幷獻方物。辛未，禁斷寒食。三月丁亥，詔員外散騎常侍許赤虎使於劉昱。高麗、吐谷渾、曹利諸國各遣使朝貢。

夏五月甲戌，蠕蠕國遣使朝貢。六月乙卯，詔曰：「朕應歷數開一之期，屬千載光熙之運，雖仰嚴誨，猶懼德化不寬，至有門房之誅。然下民兇戾，不顧親戚，一人爲惡，殃及合門。朕爲民父母，深所愍悼。自今已後，非謀反、大逆、干紀、外奔，罪止其身而已。今德被殊方，文軌將一，有刑寬禁，不亦善乎？」闞悉國遣使朝貢。

秋七月庚午，高麗國遣使朝獻。己卯，曲赦仇池。癸巳，蠕蠕寇敦煌，鎮將尉多侯大破之。八月庚子，吐谷渾國遣使朝獻。戊申，大閱於北郊。九月，以劉昱內相攻戰，詔將軍元蘭等五將三萬騎及假東陽王丕爲後繼，伐蜀漢。丙子，契丹、庫莫奚、地豆于諸國各遣使朝獻。

冬十月庚子，劉昱遣使朝貢。十有一月，分遣侍臣循河南七州，觀察風俗，撫慰初附。戊寅，吐谷渾國遣使朝獻。是歲，州鎮十三大飢，丐民田租，開倉賑之。十有二月，詔西征吐谷渾兵在句律城初叛軍者斬，次分配柔玄、武川二鎮。斬者千餘人。

五年春二月庚子，高麗國遣使朝獻。癸丑，詔定考課，明黜陟。閏月戊午，吐谷渾國遣使朝獻。

夏四月丁丑，龜茲國遣使朝獻。癸未，詔天下賦調，縣專督集，牧守對檢送京師，違者免所居官。詔禁畜鷹鷂，開相告之制。五月丁酉，契丹、庫莫奚國各遣使獻名馬。丙午，詔員外散騎常侍許赤虎使於劉昱。丁未，幸武州山。辛酉，幸車輪山。六月庚午，禁殺牛馬。壬申，曲赦京師死罪，遣備蠕蠕。

秋八月丁卯，高麗、吐谷渾、地豆于諸國遣使朝獻。九月癸卯，洛州人賈伯奴、豫州人田智度聚黨千餘人，伯奴稱恒農王，智度稱上洛王，夜攻洛州。州郡擊之，斬伯奴於緱氏，執智度送京師。

冬十月，蠕蠕國遣使朝獻。太上皇帝大閱於北郊。十有二月丙寅，建昌王長樂改封安樂王。己丑，城陽王長壽薨。庚寅，劉昱遣使朝貢。

承明元年春二月，蠕蠕、高麗、庫莫奚、波斯諸國並遣使朝貢。是月，司空、東郡王陸定國坐事免官爵爲兵。

夏五月，冀州武邑民宋伏龍聚衆，自稱南平王。郡縣捕斬之。蠕蠕國遣使朝貢。六月甲子，詔中外戒嚴，分京師見兵爲三等，第一軍出，遣第一兵，二等兵亦如之。辛未，太上皇帝崩。壬申，大赦，改年。大司馬、大將軍、安城王萬安國坐矯詔殺神部長奚買奴於苑中，賜死。戊寅，征西大將軍、安樂王長樂爲太尉，尚書左僕射、南平公目辰爲司徒，進封宜都王，南部尚書李訢爲司空。尊皇太后爲太皇太后，臨朝稱制。

秋七月甲辰，追尊皇妣李貴人爲思皇后。以汝陰王天賜爲征西大將軍、儀同三司。濮陽王孔雀有罪賜死。八月甲子，詔曰：「朕猥承前緒，纂戎洪烈，思隆先志，緝熙政道。羣公卿士，其各勉厥心，匡朕不逮。諸有便民利國者，具狀以聞。」壬午，蠕蠕國遣使朝貢。甲申，以長安二蠶多死，丐民歲賦之半。九月丁亥，曲赦京師。高麗、庫莫奚、契丹諸國並遣使朝貢。癸丑，宕昌、悉萬斤國並遣使朝貢。

冬十月丁巳，起七寶永安行殿。乙丑，進征西大將軍、假東陽王元丕爵爲正王。己未，詔曰：「朕纂承皇極，照臨萬方，思闡遐風，光被兆庶，使朝有不諱之音，野無自蔽之響，疇咨帝載，詢及芻蕘。自今已後，羣官卿士下及吏民，[五]各聽上書，直言極諫，勿有所隱。諸有便宜，益治利民，可以正風俗者，有司以聞。朕將親覽，與三事大夫論其可否，裁而用之。」辛未，輿駕幸建明佛寺，大宥罪人。濟南公羅拔進爵爲王。十有一月，蠕蠕國遣使朝貢。戊子，以太尉、安樂王長樂爲定州刺史，京兆王子推爲青州刺史，司空李訢爲徐州刺史，並開府儀同三司。

太和元年春正月乙酉朔，詔曰：「朕夙承寶業，懼不堪荷，而天貺具臻，地瑞並應，風和氣晼，天人交協。豈朕沖昧所能致哉？實賴神祇七廟降福之助。今三正告初，祇感交切，宜因陽始，協典革元，其改今號爲太和元年。」辛亥，詔曰：「今牧民者，與朕共治天下也。宜簡以徭役，先之勸獎，相其水陸，務盡地利，使農夫外布，桑婦內勤。若輕有徵發，致奪民時，以侵擅論。民有不從長教，惰於農桑者，加以罪刑。」起太和、安昌二殿。己酉，秦州略陽民王元壽聚衆五千餘家，自號爲衝天王。雲中飢，開倉賑恤。二月丙寅，漢川民泉會、譚西等相率內屬，處之并州。辛未，秦益二州刺史、武都公尉洛侯討破元壽，獲其妻子，送京

師。癸未，高麗、契丹、庫莫奚國各遣使朝獻。三月庚子，徵征西大將軍、雍州刺史、東陽王丕爲司徒。丙午，詔曰：「朕政治多闕，災眚屢興。去年牛疫，死傷太半，耕墾之利，當有虧損。今東作既興，人須肄業。其敕在所督課田農，有牛者加勤於常歲，無牛者倍庸於餘年。一夫制治田四十畝，中男二十畝。無令人有餘力，地有遺利。」庫莫奚、契丹國各遣使朝獻。

夏四月丙寅，蠕蠕國遣使朝貢。丁卯，幸白登山。壬申，幸崞山。樂安王良薨。詔復前東郡王陸定國官爵。五月乙酉，車駕祈雨於武州山，俄而澍雨大洽。蠕蠕國遣使朝貢。

秋七月壬辰，侍中、開府儀同三司、青州刺史、京兆王子推薨。庚子，定三等死刑。己酉，太和、安昌二殿成。起朱明、思賢門。是月，劉昱死，弟準僭立。八月壬子，大赦天下。丙子，詔曰：「工商皁隸，各有厥分，而有司縱濫，或染清流。自今戶內有工役者，推上本部丞，[六]已下準次而授。若階藉元勳、以勞定國者不從此制。」戊寅，劉準遣使朝貢。九月癸未，蠕蠕國遣使朝貢。乙酉，詔羣臣定律令於太華殿。辛卯，高麗國遣使朝貢。庚子，起永樂遊觀殿於北苑，穿神淵池。車多羅、西天竺、舍衞、疊伏羅諸國各遣使朝貢。

冬十月癸酉，宴京邑耆老年七十已上於太華殿，賜以衣服。是月，庫莫奚、契丹國各遣使朝獻。又詔七十已上一子不從役。龜茲國遣使朝獻。劉準葭蘆戍主楊文度遣弟鼠襲陷仇池。丙子，誅徐州刺史李訢。庫莫奚、契丹國各遣使朝貢。十有一月癸未，詔征西將軍、廣川公皮懽喜，鎮西將軍梁醜奴，平西將軍楊靈珍等率衆四萬討楊鼠。乙酉，吐谷渾國遣使朝獻。丁亥，懷州民伊祁苟初自稱堯後應王，聚衆於重山。洛州刺史馮熙討滅之。閏月，懽喜等軍到建安，楊鼠棄城南走。癸亥，粟提婆國遣使朝獻。庚子，詔員外散騎常侍李長仁使於劉準。十有二月壬寅，懽喜攻陷葭蘆，斬文度，傳首京師。甲辰，員闊、吐谷渾國並遣使朝貢。丁未，詔以州郡八水旱蝗，民飢，開倉賑恤。以安定王休爲儀同三司。

二年春正月丁巳，封昌黎王馮熙第二子始興爲北平王。戊午，吐谷渾遣使朝獻。二月丁亥，行幸代之湯泉。所過問民疾苦，以宮人賜貧民無妻者。戊戌，蠕蠕國遣使朝獻。癸卯，車駕還宮。三月丙子，以河南公梁彌機爲宕昌王。

夏四月甲申，幸崞山。丁亥，還宮。己丑，劉準遣使朝貢。京師旱。[七]甲辰，祈天災於北苑，親自禮焉。減膳，避正殿。丙午，澍雨大洽。曲赦京師。五月，詔曰：「婚娉過禮，則嫁娶有失時之弊；厚葬送終，則生者有糜費之苦。聖王知其如此，故申之以禮數，約之以法禁。迺者，民漸奢尚，婚葬越軌，致貧富相高，貴賤無別。又皇族貴戚及士民之家，不惟氏族，下與非類婚偶。[八]先帝親發明詔，爲之科禁，而百姓習常，仍不肅改。朕今憲章舊典，祇案先制，著之律令，永爲定準。犯者以違制論。」六月己丑，幸鹿野苑。庚子，皇叔若薨。

秋七月戊辰，龜茲國遣使獻名駝七十頭。劉準遣將寇仇池，陰平太守楊廣香擊走之。八月，分遣使者考察守宰，問民疾苦。丙戌，詔罷諸州禽獸之貢。丁亥，勿吉國遣使朝獻。九月丙辰，曲赦京師。龜茲國遣使獻大馬、名駝、珍寶甚衆。

冬十月壬辰，詔員外散騎常侍鄭羲使於劉準。十有一月庚戌，詔曰：「懸爵於朝，而有功者必縻其賞；懸刑於市，而有罪者必罹其辜。斯乃古今之成典，治道之實要。諸州刺史，牧民之官，自頃以來，遂各怠慢，縱姦納賂，背公緣私，致令賊盜並興，侵劫茲甚，姦宄之聲屢聞朕聽。朕承太平之運，屬千載之期，思光洪緒，惟新庶績；亦望蕃翰羣司敷德宣惠，以助沖人，共成斯美。幸克己復禮，思愆改過，使寡昧無愧於祖宗，百姓見德於當世。有司明爲條禁，稱朕意焉。」十有二月癸巳，誅南郡王李惠。

是歲，州鎮二十餘水旱，民飢，開倉賑恤。

三年春正月癸丑，坤德六合殿成。庚申，詔罷行察官。二月辛巳，帝、太皇太后幸代郡溫泉，問民疾苦，鰥貧者以宮女妻之。己亥，還宮。壬寅，乾象六合殿成。[九]三月甲辰，曲赦京師。戊午，吐谷渾、高麗國各遣使朝獻。

夏四月壬申，劉準遣使朝獻。癸未，樂良王樂平薨。辛卯，蠕蠕國遣使朝獻。丙申，幸

嶂山。己亥，還宮。庚子，淮陽公尉元進爵爲王。吐谷渾國遣使獻氂牛五十頭。雍州刺史、宜都王目辰有罪賜死。五月丁巳，帝祈雨於北苑，閉陽門，是日澍雨大洽。辛酉，詔曰：「昔四代養老，問道乞言。朕雖沖昧，每尙其美。今賜國老各衣一襲，綿五斤，絹布各五匹。」六月辛未，以雍州民飢，開倉賑恤。起文石室、靈泉殿於方山。

秋七月壬寅，詔宮人年老及疾病者，免之。八月壬申，詔羣臣直言盡規，靡有所隱。乙亥，幸方山，起思遠佛寺。丁丑，還宮。九月壬子，以侍中、司徒、東陽王丕爲太尉；侍中、尙書右僕射、趙郡公陳建爲司徒，進爵魏郡王；侍中、尙書、河南公苟頹爲司空，進爵河東王；侍中、尙書、太原公王叡進爵中山王；侍中、尙書、隴東公張祐進爵新平王。己未，定州刺史、安樂王長樂有罪，徵詣京師，賜死。庚申，隴西王源賀薨。高麗、吐谷渾、地豆于、契丹、庫莫奚、龜茲諸國各遣使朝獻。

冬十月己巳朔，大赦天下。十有一月癸卯，賜京師貧窮、高年、疾患不能自存者衣服布帛各有差。癸丑，進假梁郡公元嘉爵爲假王，督二將出淮陰；隴西公元琛三將出廣陵；河東公薛虎子三將出壽春。蠕蠕率騎十餘萬南寇，至塞而還。十有二月，粟特、州逸、河龔、疊伏羅、員闊、悉萬斤諸國各遣使朝貢。

是年，島夷蕭道成廢其主劉準而僭立，自號曰齊。

四年春正月癸卯，乾象六合殿成。洮陽羌叛，枹罕鎭將討平之。隴西公元琛等攻克蕭道成馬頭戍。乙卯，廣川王略薨。雍州氐齊男王反，殺美陽令，州郡捕斬之。丁巳，罷畜鷹鷂之所，以其地爲報德佛寺。戊午，襄城王韓頹有罪，削爵徙邊。蕭道成徐州刺史崔文仲寇淮北，陷茬眉戍。二月，遣尙書游明根率騎二千南討。癸巳，詔曰：「朕承乾緒，君臨海內，夙興昧旦，如履薄冰。今東作方興，庶類萌動，品物資生，膏雨不降，歲一不登，百姓飢乏，朕甚懼焉。其赦天下，祀山川羣神及能興雲雨者，修飾祠堂，薦以牲璧。民有疾苦，所在存問。」三月丙午，詔車騎大將軍馮熙督衆迎還假梁郡王嘉等諸軍。乙卯，蠕蠕國遣使朝貢。

四月己卯，[一〇]幸廷尉、籍坊二獄，引見諸囚。詔曰：「廷尉者，天下之平，民命之所懸也。朕得惟刑之恤者，仗獄官之稱其任也。一夫不耕，將或受其餒；一婦不織，將或受其寒。今農時要月，百姓肆力之秋，而愚民陷罪者甚衆。宜隨輕重決遣，以赴耕耘之業。」辛巳，幸白登山。甲申，賜天下貧人一戶之內無雜財穀帛者廩一年。五月丙申朔，幸火山。壬寅，還宮。六月丁卯，以澍雨大洽，曲赦京師。以紬綾絹布百萬匹及南伐所俘賜王公已下。

秋七月辛亥，行幸火山。壬子，改作東明觀。詔會京師耆老，賜錦綵、衣服、几杖、稻米、蜜、麪，復家人不徭役。悉萬斤國遣使朝貢。閏月丁亥，幸虎圈，親錄囚徒，輕者皆免之。壬辰，頓丘王李鍾葵有罪賜死。蕭道成角城戍主請舉城內屬。八月丁酉，詔徐州刺史、假梁郡王嘉赴接之。又遣平南將軍郎大檀三將出朐城，將軍白吐頭二將出海西，將軍元泰二將出連口，將軍封匹三將出角城，[一一]鎭南將軍賀羅出下蔡。甲辰，幸方山。戊申，幸武州山石窟寺。庚戌，還宮。乙卯，詔諸州置冰室。蕭道成梁州刺史崔慧景遣長史裴叔保率衆寇武興，關城氐帥楊鼠擊破之，叔保還南鄭。九月，蕭道成汝南太守常元眞、龍驤將軍胡青苟率戶內屬。乙亥，思義殿成。壬午，東明觀成。戊子，詔曰：「隆寒雪降，諸在徽纆及轉輪在都或有凍餒，朕用愍焉。可遣侍臣詣廷尉獄及有囚之所，周巡省察，飢寒者給以衣食，桎梏者代以輕鎖。」假梁郡王嘉破蕭道成將盧紹之、玄元度於朐山，其下蔡戍主棄城遁走。

冬十月丁未，詔昌黎王馮熙爲西道都督，與征南將軍桓誕出義陽；鎭南將軍賀羅，自下蔡東出鍾離。蘭陵民桓富殺其縣令，與昌慮桓和北連太山羣盜張和顏等，[一二]聚黨保五固，推司馬朗之爲主。詔淮陽王尉元等討之。

是歲，詔以州鎭十八水旱，民飢，開倉賑恤。

五年春正月己卯，車駕南巡。丁亥，至中山。親見高年，問民疾苦。二月辛卯朔，大赦天下。賜孝悌力田、孤貧不能自存者穀帛有差；免宮人年老者還其所親。丁酉，車駕幸信都，存問如中山。癸卯，還中山。己酉，講武于唐水之陽。庚戌，車駕還都。沙門法秀謀反，伏誅。南征諸將擊破蕭道成游擊將軍桓康於淮陽。道成豫州刺史垣崇祖寇下蔡，昌黎王馮熙擊破之。假梁郡王嘉大破道成將，俘獲三萬餘口送京師。三月辛酉朔，車駕幸肆州。癸亥，講武于雲水之陽。所經，考察守宰，加以黜陟。己巳，車駕還宮。詔曰：「法秀妖詐亂常，妄說符瑞，蘭臺御史張求等一百餘人，招結奴隸，謀爲大逆，有司科以族誅，誠合刑憲。且矜愚重命，[一三]猶所弗忍。其五族者，降止同祖；三族，止一門；門誅，止身。」

夏四月己亥，行幸方山。建永固石室於山上，立碑於石室之庭，又銘太皇太后終制于金册，又起鑒玄殿。壬子，以南俘萬餘口班賜羣臣。甲寅，詔曰：「時雨不霑，春苗萎悴。諸有骸骨之處，皆敕埋藏，勿令露見。有神祇之所，悉可禱祈。」任城王雲薨。五月庚申朔，詔曰：「硒者邊兵屢動，勞役未息，百姓因之，輕陷刑網，獄訟煩興，四民失業，朕每念之，用傷懷抱。農時要月，民須肆力，其敕天下，勿使有留獄久囚。」壬戌，鄧至國遣使朝貢。庚午，青州主簿崔次恩聚衆謀叛，州軍擊之，次恩走郁洲。六月甲辰，中山王叡薨。[一四]戊午，封皇叔簡爲齊郡王，猛爲安豐王。

秋七月甲子，蕭道成遣使朝貢。辛酉，蠕蠕別帥他稽率衆內附。甲戌，班乞養雜戶及戶籍之制五條。九月庚子，閱武於南郊，大饗羣臣。蕭道成使車僧朗以班在劉準使殷靈誕之後，辭不就席。劉準降人解奉君，刃僧朗於會中。詔誅奉君等。乙亥，封昌黎王馮熙世子誕爲南平王。兗州斬司馬朗之，傳首京師。

冬十月癸卯，蠕蠕國遣使朝貢。十有二月癸巳，詔以州鎮十二民飢，開倉賑恤。

六年春正月甲戌，大赦天下。二月辛卯，詔曰：「靈丘郡土既褊塉，又諸州路衝，官私所經，供費非一，往年巡行，見其勞瘁，可復民租調十五年。」癸巳，白蘭王吐谷渾翼世以誣罔伏誅。乙未，詔曰：「蕭道成逆亂江淮，戎旗頻舉，七州之民既有征運之勞，深乖輕徭之義，朕甚愍之。其復常調三年。」戊申，地豆于國遣使朝貢。癸丑，賜王公已下清勤著稱者穀帛有差。三月庚辰，行幸虎圈，詔曰：「虎狼猛暴，食肉殘生，取捕之日，每多傷害，既無所益，損費良多，從今勿復捕貢。」辛巳，幸武州山石窟寺，賜貧老者衣服。壬午，幸方山。是月，蕭道成死，子賾僭立。

夏四月甲辰，賜畿內鰥寡孤獨不能自存者粟帛有差。六月，蠕蠕國遣使朝貢。

秋七月，發州郡五萬人治靈丘道。八月癸未朔，分遣大使，巡行天下遭水之處，丐民租

賦，貧儉不自存者，[一五]賜以粟帛。庚子，罷山澤之禁。九月辛酉，以氐楊後起爲武都王。

冬十有一月乙卯，吐谷渾國遣使朝貢。十有二月丁亥，詔曰：「朕以寡薄，政缺平和，不能仰緝緯象，蠲茲六沴。去秋淫雨，洪水爲災，百姓嗷然，朕用嗟愍，故遣使者循方賑恤。而牧守不思利民之道，期於取辦。愛毛反裘，甚無謂也。今課督未入及將來租算，一以丐之。有司勉加勸課，以要來穰，稱朕意焉。」

七年春正月庚申，詔曰：「朕每思知百姓之所疾苦，以增修寬政，而明不燭遠，實有缺焉。故具問守宰苛虐之狀於州郡使者、秀孝、計掾，而對多不實，甚乖朕虛求之意。宜案以大辟，明罔上必誅。然情猶未忍，可恕罪聽歸。申下天下，使知後犯無恕。」丁卯，詔青、齊、光、東徐四州之民，戶運倉粟二十石，[一六]送瑕丘、琅邪，復租算一年。三月甲戌，以冀定二州民飢，詔郡縣爲粥於路以食之，又弛關津之禁，任其去來。

夏四月庚子，幸崞山，賜所過鰥寡不能自存者衣服粟帛。壬寅，車駕還宮。閏月癸丑，皇子生，大赦天下。五月戊寅朔，幸武州山石窟佛寺。六月，定州上言，爲粥給飢人，所活九十四萬七千餘口。

秋七月丁丑，帝、太皇太后幸神淵池。甲申，幸方山。詔假員外散騎常侍李彪、員外郎

蘭英使於蕭賾。濟南王羅拔改封趙郡王。九月壬寅，詔曰：「朕承祖宗，夙夜惟懼，然聽政之際，猶慮未周，至於案文審獄，思聞己過。自今羣官奏事，當獻可替否，無或面從，俾朕之過，彰於遠近。」冀州上言，爲粥給飢民，所活七十五萬一千七百餘口。

冬十月戊午，皇信堂成。十有一月辛丑，蕭賾遣使朝貢。十有二月癸丑，詔曰：「淳風行於上古，禮化用乎近葉。是以夏殷不嫌一族之婚，周世始絕同姓之娶。斯皆教隨時設，治因事改者也。皇運初基，中原未混，撥亂經綸，日不暇給，古風遺樸，未遑釐改，後遂因循，迄茲莫變。朕屬百年之期，當後仁之政，思易質舊，式昭惟新。自今悉禁絕之，有犯以不道論。」庚午，開林慮山禁，與民共之。詔以州鎮十三民飢，開倉賑恤。

八年春正月，詔隴西公元琛、尚書陸叡爲東西二道大使，褒善罰惡。二月，蠕蠕國遣使朝獻。

夏四月甲寅，幸方山。戊午，車駕還宮。庚申，行幸旋鴻池，遂幸崞山。丁卯，還宮。五月己卯，詔賑賜河南七州戍兵。甲申，詔員外散騎常侍李彪、員外郎蘭英使於蕭賾。六月丁卯，詔曰：「置官班祿，行之尚矣。周禮有食祿之典，二漢著受俸之秩。逮于魏晉，莫不聿稽往憲，以經綸治道。自中原喪亂，茲制中絕，先朝因循，未遑釐改。朕永鑒四方，求民之瘼，夙興昧旦，至於憂勤。故憲章舊典，始班俸祿。罷諸商人，以簡民事。戶增調三匹、穀二斛九斗，以爲官司之祿。均預調爲二匹之賦，[一七]卽兼商用。雖有一時之煩，終克永逸之益。祿行之後，贓滿一匹者死。變法改度，宜爲更始，其大赦天下，與之惟新。」戊辰，武州水泛濫，壞民居舍。

秋七月乙未，行幸方山石窟寺。

八月甲辰，詔曰：「帝業至重，非廣詢無以致治；王務至繁，非博採無以興功。先王知其如此，故虛己以求過，明恕以思咎。是以諫鼓置於堯世，謗木立於舜庭，用能耳目四達，庶類咸熙。朕承累聖之洪基，屬千載之昌運，每布遐風，景行前式。承明之初，班下內外，聽人各盡規，以補其闕。中旨雖宜，允稱者少。故變時法，遠遵古典，班制俸祿，改更刑書。寬猛未允，人或異議，思言者莫由申情，求諫者無因自達，故令上明不周，下情壅塞。今制百辟卿士，工商吏民，各上便宜。利民益治，損化傷政，直言極諫，勿有所隱，務令辭無煩華，理從簡實。朕將親覽，以知世事之要，使言之者無罪，聞之者足以爲戒。」九月甲午，蕭賾遣使朝貢。戊戌，詔曰：「俸制已立，宜時班行，其以十月爲首，每季一請。」於是內外百官，受祿有差。

冬十月，高麗國遣使朝貢。蕭賾雙城戍主王繼宗內屬。十有一月乙未，詔員外散騎常

侍李彪、員外郎蘭英使於蕭賾。十有二月，詔以州鎮十五水旱，民飢，遣使者循行，問所疾苦，開倉賑恤。

九年春正月戊寅，詔曰：「圖讖之興，起於三季。既非經國之典，徒爲妖邪所憑。自今圖讖、祕緯及名爲孔子閉房記者，一皆焚之。留者以大辟論。又諸巫覡假稱神鬼，妄說吉凶，及委巷諸卜非墳典所載者，嚴加禁斷。」癸未，大饗羣臣于太華殿，班賜皇誥。二月己亥，制皇子封王者、皇孫及曾孫紹封者、皇女封者歲祿各有差。以廣陽王建第二子嘉紹建後，爲廣陽王。乙巳，詔曰：「昔之哲王，莫不博採下情，勤求箴諫，建設旌鼓，詢納芻蕘。朕班祿删刑，慮不周允，虛懷讜直，思顯洪猷。百司卿士及工商吏民，其各上書極諫，靡有所隱。」三月丙申，宕昌國遣使朝貢。封皇弟禧爲咸陽王，幹爲河南王，羽爲廣陵王，雍爲潁川王，勰爲始平王，詳爲北海王。

夏四月癸丑，幸方山。甲寅，還宮。五月，高麗國及蕭賾並遣使朝貢。六月辛亥，幸方山，遂幸靈泉池。丁巳，還宮。

秋七月丙寅朔，新作諸門。癸未，遣使拜宕昌王梁彌機兄子彌承爲其國王。戊子，幸魚池，登青原岡。甲午，還宮。

八月己亥，行幸彌澤。甲寅，登牛頭山。庚申，詔曰：「數州災水，飢饉荐臻，致有賣鬻男女者。天之所譴，在予一人，而百姓無辜，橫罹艱毒，朕用殷憂夕惕，忘食與寢。今自太和六年已來，買定、冀、幽、相四州飢民良口者，盡還所親，雖娉爲妻妾，遇之非理，情不樂者亦離之。」甲子，還宮。

冬十月丁未，詔曰：「朕承乾在位，十有五年。每覽先王之典，經綸百氏，儲畜既積，黎元永安。爰曁季葉，斯道陵替，富强者并兼山澤，貧弱者望絕一廛，致令地有遺利，民無餘財，或爭畝畔以亡身，或因飢饉以棄業，而欲天下太平，百姓豐足，安可得哉？今遣使者，循行州郡，與牧守均給天下之田，還受以生死爲斷，勸課農桑，興富民之本。」戊申，高麗、吐谷渾國並遣使朝貢。辛酉，侍中、司徒、魏郡王陳建薨。詔員外散騎常侍李彪、尙書郎公孫阿六頭使蕭賾。十有二月乙卯，侍中、淮南王他爲司徒。蠕蠕犯塞，詔任城王澄率衆討之。

是年，京師及州鎮十三水旱傷稼。宕昌、高麗、吐谷渾等國並遣使朝貢。

校勘記

〔一〕詔軍警給璽印傳符次給馬印　御覽卷六八四三〇五〇頁、册府卷六〇六六八頁「璽印」作「雀印」。「雀印」「馬印」當指印紐，疑作「雀」是。

〔二〕詔州郡縣各遣二人才堪專對者赴九月講武當親問風俗　册府卷六七七五二頁「赴」下有「行在所」三字。按「赴九月講武」，雖也可通，語較澀，疑脫「行在所」三字。

〔三〕乙亥　北史卷三殿本「乙亥」作「丁亥」，考證云：「據上文云『九月辛巳，車駕還宮』，下文云『己亥，詔囚死不得暴露』，則此十九日內，定應作『丁』。」按辛巳、己亥間不得有「乙亥」，定有誤，但也可能誤在「亥」字。

〔四〕武都王反攻仇池　通鑑卷一三三四一七五頁「武都王」作「武都氐」。按宋書卷五八氐胡傳，稱泰豫元年四七二，封楊文度爲武都王，卽魏延興二年，則此武都王應卽文度。但魏書稱「文度自立爲武興王，遣使歸順」，亦卽在延興二、三年間，不聞有攻仇池事。且魏書例不稱楊氏所受宋的封爵，下文太和元年止稱文度爲「劉準葭蘆戍主」可證。（卽使破例稱宋封爵，此時也應稱劉昱武都王。）通鑑作「武都氐」，考異無文，則傳本「王」字可能爲「氐」之訛。

〔五〕羣官卿士下及吏民　册府卷一〇二一二一頁「官」作「公」。按「羣公卿士」是成語，上文八月詔卽有「羣公卿士其各勉厥心」句。這裏「官」字當訛。

〔六〕推上本部丞　北史卷三、通鑑卷一三四四二〇〇頁「推上」作「唯止」。殿本依北史改。百衲、南、北、汲、局本都作「推上」。按作「唯止」語意較明，但「推上」亦可通，今從百衲等本。

〔七〕京師旱　百衲本「旱」字空格，諸本都作「蝗」，北史卷三、御覽卷一〇三四九二頁、册府卷二六二七

七頁和本書卷一〇八天象志一都作「旱」。御覽、册府採自魏書，却和北史同，知魏書本也作「旱」。今據作「旱」。

〔八〕不恤氏族下與非類婚偶　諸本和北史卷三「下」上有「高」字，百衲本無。按册府卷六二一六九七頁、通鑑卷一三〇四二七頁也沒有「高」字，諸本當是據北史增。今從百衲本，「下」字連下讀。

〔九〕壬寅乾象六合殿成　按這條和四年正月癸卯條重複。北史卷三本年不書，只記于四年，疑這裏是衍文。

〔一〇〕四月己卯　諸本「己卯」作「乙卯」。按上文三月已有「乙卯」，不應四月又有此日。本年四月丙寅朔，無「乙卯」，下文見「辛巳」，則「乙卯」乃「己卯」之訛，今改正。又「四月」上當脫「夏」字。

〔一一〕將軍封匹三將出角城　按通鑑卷一三五四二三九頁、本書卷九八蕭道成傳「封匹」都作「封延」，疑「匹」字訛，但册府卷一二一一四四九頁也作「封匹」，今不改。

〔一二〕蘭陵民桓富至張和顏等　按南齊書卷二七李安民傳記此事云：「徐州民桓標之、兗州人徐猛子等合義衆數萬，柴險求援。」通鑑卷一三五四二四一頁考異認爲「桓富卽標之」。

〔一三〕且矜愚重命　北史卷三、册府卷一五〇一八一一頁「且」作「但」。按文義當作「但」。

〔一四〕中山王叡薨　按王叡，卷九三恩幸傳有傳，太和三年封中山王，異姓王公例當書姓，這裏「王」下當脫一「王」字。

〔一五〕貧儉不自存者　册府卷一〇五一二五四頁「不」下有「能」字。按文義當有「能」字，上文四月和下
文七年四月都作「不能自存者」可證。
〔一六〕詔青齊光東徐四州之民戶運倉粟二十石　諸本及北史卷三「石」上有「萬」字，百衲本無。按册
府卷四九〇五八五八頁也沒有「萬」字。這裏是指每一民戶的運粟量，今從百衲本。又册府「光」
作「兗」。據本書卷一〇五中地形志中光州條，稱延興五年四七五已改爲鎭，至景明元年五〇〇始
復。太和七年四八三不應有「光州」，似作「兗州」是。但下太和十九年四九五十月又見「光州」，地
形志以爲景明元年始復，未必是。今仍之。參卷一〇五中校記〔一六〕。
〔一七〕均預調爲二匹之賦　卷一一〇食貨志此句作「後通典卷五作「復」增調外帛滿二匹」。

魏書卷七下

高祖紀第七下

十年春正月癸亥朔，帝始服袞冕，朝饗萬國。壬午，蠕蠕犯塞。二月甲戌，初立黨、里、
鄰三長，定民戶籍。三月丙申，蠕蠕國遣使朝貢。庚申，蕭賾遣使朝貢。
夏四月辛酉朔，始制五等公服。甲子，帝初以法服御輦，祀於西郊。癸酉，幸靈泉池。
戊寅，車駕還宮。是月，高麗、吐谷渾國並遣使朝貢。六月辛酉，幸方山。己卯，名皇子曰
恂，大赦天下。
秋七月戊戌，幸方山。八月乙亥，給尚書五等品爵已上朱衣、玉珮、大小組綬。九月辛
卯，詔起明堂、辟雍。
冬十月癸酉，有司議依故事，配始祖於南郊。十有一月，議定州郡縣官依戶給俸。十
有二月壬申，蠕蠕犯塞。癸未，勿吉國遣使朝貢。乙酉，詔以汝南、潁川大飢，丐民田租，開
倉賑恤。

十有一年春正月丁亥朔，詔定樂章，非雅者除之。二月甲子，詔以肆州之雁門及代郡
民飢，開倉賑恤。
夏四月己未，吐谷渾國遣使朝貢。五月壬辰，幸靈泉池，遂幸方山。癸巳，南平王渾
薨。甲午，車駕還宮。詔復七廟子孫及外戚緦服已上，賦役無所與。詔南部尚書公孫文
慶、上谷張伏千率衆南討舞陰。山闕高麗、吐谷渾國遣使朝貢。六月辛巳，秦州民飢，開倉
賑恤。癸未，詔曰：「春旱至今，野無青草。上天致譴，實由匪德。百姓無辜，將罹飢饉。寤
寐思求，罔知所益。公卿內外股肱之臣，謀猷所寄，其極言無隱，以救民瘼。」
秋七月己丑，詔曰：「今年穀不登，聽民出關就食，遣使者造籍，分遣去留，所在開倉賑
恤。」八月壬申，蠕蠕犯塞，遣平原王陸叡討之。事具蠕蠕傳。庚辰，大議北伐，進策者百有
餘人。辛巳，罷山北苑，以其地賜貧民。悉萬斤國遣使朝獻。九月庚戌，詔曰：「去夏以歲
旱民飢，須遣就食，舊籍雜亂，難可分簡，故依局割民，閱戶造籍，欲令去留得實，賑貸平均。
然廼者以來，猶有餓死衢路，無人收識。良由本部不明，籍貫未實，廩恤不周，以至於此。
朕猥居民上，聞用慨然。可重遣精檢，勿令遺漏。」
冬十月辛未，詔罷起部無益之作，出宮人不執機杼者。甲戌，詔曰：「鄉飲禮廢，則長幼

之叙亂。孟冬十月，民閑歲隙，宜於此時導以德義。可下諸州，黨里之內，推賢而長者，教其里人父慈、子孝、兄友、弟順、夫和、妻柔。不率長教者，具以名聞。」十有一月丁未，詔罷尚方錦繡綾羅之工，四民欲造，任之無禁。其御府衣服、金銀、珠玉、綾羅、錦繡，太官雜器，太僕乘具，內庫弓矢，出其太半，班賚百官及京師士庶，下至工商皁隸，逮於六鎮戍士，各有差。戊申，詔曰：「朕惟上政不明，令民陷身罪戾。今寒氣勁切，杖捶難任。自今月至來年孟夏，不聽拷問罪人。又歲既不登，民多飢窘，輕繫之囚，宜速決了，無令薄罪久留獄犴。」十有二月，詔祕書丞李彪、著作郎崔光改析國記，依紀傳之體。

是歲大飢，詔所在開倉賑恤。

十有二年春正月辛巳朔，初建五牛旌旗。乙未，詔曰：「鎮戍流徙之人，年滿七十，孤單窮獨，雖有妻妾而無子孫，諸如此等，聽解名還本。諸犯死刑者，父母、祖父母年老，更無成人子孫，旁無期親者，具狀以聞。」二月壬戌，高麗國遣使朝貢。三月丁亥，宕昌國遣使朝獻。中散梁衆保等謀反，伏誅。

夏四月，高麗、吐谷渾國並遣使朝貢。蕭賾將陳顯達等寇邊。甲寅，詔豫州刺史元斤率衆禦之。甲子，大赦天下。乙丑，幸靈泉池；丁卯，遂幸方山。己巳，還宮。陳顯達攻陷

醴陽，左僕射、長樂王穆亮率騎一萬討之。五月丁酉，詔六鎮、雲中、河西及關內六郡，各修水田，通渠溉灌。壬寅，增置彝器於太廟。六月甲寅，宕昌國遣使朝貢。

秋七月己丑，幸靈泉池，遂幸方山。己亥，還宮。八月甲子，勿吉國貢楛矢、石砮。九月，吐谷渾、宕昌國遣使朝貢。甲午，詔曰：「日月薄蝕，陰陽之恒度耳，聖人懼人君之放怠，因之以設誡，故稱『日蝕修德，月蝕修刑』。迺癸巳夜，月蝕盡。公卿已下，宜慎刑罰以答天意。」丁酉，起宣文堂、經武殿。癸卯，侍中、司徒、淮南王他薨。吐谷渾、宕昌、武興諸國各遣使朝貢。閏月甲子，帝觀築圓丘於南郊。乙丑，高麗國遣使朝貢。辛未，幸靈泉池。癸酉，還宮。

十有一月，詔以二雍、豫三州民飢，開倉賑恤。梁州刺史、臨淮王提坐貪縱，徙配北鎮。十有二月，蠕蠕伊吾戍主高羔子率衆三千以城內附。以侍中、安豐王猛爲開府儀同三司。

十有三年春正月辛亥，車駕有事於圓丘。於是初備大駕。乙丑，兗州民王伯恭聚衆勞山，自稱齊王。東萊鎮將孔伯孫討斬之。戊辰，蕭賾遣衆寇邊，淮陽太守王僧儁擊走之。二月壬午，高麗國遣使朝獻。庚子，引羣臣訪政道得失損益之宜。三月甲子，吐谷渾國遣使朝獻。夏州刺史章武王彬以貪賕削封。

夏四月丁丑，詔曰：「昇樓散物，以賚百姓，至使人馬騰踐，多有毀傷，今可斷之，以本所費之物，賜窮老貧獨者。」丁亥，幸靈泉池，遂幸方山。己丑，還宮。吐谷渾國遣使朝貢。州鎮十五大飢，詔所在開倉賑恤。五月庚戌，車駕有事於方澤。六月，汝陰王天賜、南安王楨並坐贓賄免爲庶人。高麗國遣使朝貢。

秋七月甲辰，陰平國遣使朝貢。丙寅，幸靈泉池，與羣臣御龍舟，賦詩而罷。立孔子廟於京師。八月乙亥，詔兼員外散騎常侍邢產、兼員外散騎侍郎侯靈紹使於蕭賾。戊子，詔諸州鎮有水田之處，各通溉灌，遣匠者所在指授。中尺國遣使朝貢。九月丁未，吐谷渾、武興、宕昌諸國各遣使朝獻。出宮人以賜北鎮人貧鰥無妻者。

冬十月甲申，高麗國遣使朝貢。十有一月己未，安豐王猛薨。十有二月丙子，侍中、司空、河東王苟頹薨。甲午，蕭賾遣使朝貢。己亥，以尚書令尉元爲司徒，左僕射穆亮爲司空。

是歲，蠕蠕別帥叱呂勤率衆內附。

十有四年春正月乙丑，行幸方山。二月辛未，行幸靈泉池。壬申，還宮。戊寅，初詔定起居注制。己卯，詔遣侍臣循行州郡，問民疾苦。三月壬申，吐谷渾、宕昌、武興、陰平諸國

並遣使朝貢。

夏四月，地豆于頻犯塞，甲戌，征西大將軍、陽平王頤擊走之。[一]甲午，詔兼員外散騎常侍邢產、兼員外散騎侍郎蘇季連使於蕭賾。五月己酉，庫莫奚犯塞，安州都將樓龍兒擊走之。沙門司馬惠御自言聖王，[二]謀破平原郡。擒獲伏誅。

秋七月甲辰，詔罷都牧雜制。丙午，行幸方山；丙辰，遂幸靈泉池。高麗國遣使朝貢。八月丙寅朔，車駕還宮。辛卯，宕昌國遣使朝貢。詔議國之行次。九月癸丑，太皇太后馮氏崩。壬戌，高麗國遣使朝貢。詔聽蕃鎮曾經內侍者前後奔赴。

冬十月戊辰，詔曰：「自丁荼苦，奄踰晦朔。仰遵遺旨，祖奠有期。朕將親侍龍輿，奉訣陵隧。諸常從之具，悉可停之。其武衞之官，防侍如法。」癸酉，葬文明太皇太后於永固陵。甲戌，車駕謁永固陵。羣臣固請公除，帝不許。己卯，車駕謁永固陵。庚辰，帝居廬，引見羣僚於太和殿，太尉、東陽王丕等據權制固請，帝引古禮往復，羣臣乃止。語在禮志。京兆王太興有罪，免官削爵。

詔曰：「公卿屢依金册遺旨，中代權式，請過葬卽吉。朕思遵遠古，終三年之制。依禮，既虞卒哭。此月二十一日授服，以葛易麻。既衰服在上，公卿不得獨釋於下，故於朕之授服，變從練禮，已下復爲節降，斟酌今古，以制厥衷，且取遺旨速除之一端，粗申臣子罔極之

巨痛。」癸未，詔曰：「朕遠遵古式，欲終三年之禮。百辟羣官，據金册顧命，將奪朕心，從先朝之制。朕仰惟金册，俯自推省，取諸二衷，不許衆議，以衰服過期，終四節之慕。又奉聖訓，聿修誥旨，不敢闇默自居，以曠機政。庶不愆遺令之意，差展哀慕之情。普下州鎮，長至三元，絶告慶之禮。」甲申，車駕謁永固陵。辛卯，詔曰：「羣官以萬機事重，請求聽政。朕仰祗遺命，亦思無怠。但哀慕纏綿，心神迷塞，未堪自力以親政事。近侍先掌機衡者，皆謀猷所寄，且可任之，如有疑事，當時與論決。」十有一月甲寅，詔曰：「垂及至節，感慕崩摧，凡在臣列，誰不哽切。內外職人先朝班次及諸方雜客，冬至之日，盡聽入臨。三品已上衰服者至夕復臨，其餘，唯旦臨而已。其拜哭之節，一依別儀。」丁巳，蕭賾遣使朝貢。

十有二月壬午，詔依準丘井之式，遣使與州郡宣行條制，隱口漏丁，即聽附實。若朋附豪勢，陵抑孤弱，罪有常刑。

十五年春正月丁卯，帝始聽政於皇信東室。初分置左右史官。吐谷渾國遣使朝貢。二月乙亥，枹罕鎮將長孫百年請討吐谷渾所置洮陽、泥和二戍，許之。己丑，蕭賾遣使朝貢。三月甲辰，車駕謁永固陵。己酉，悉萬斤等五國遣使朝貢。

夏四月癸亥，帝始進蔬食。乙丑，謁永固陵。自正月不雨，至于癸酉。有司奏祈百神，

詔曰：「昔成湯遇旱，齊景逢災，並不由祈山川而致雨，皆至誠發中，澍潤千里。萬方有罪，在予一人。今普天喪恃，幽顯同哀，神若有靈，猶應未忍安饗，何宜四氣未周，便欲祀事。唯當考躬責己，以待天譴。」甲戌，詔員外散騎常侍李彪、尚書郎公孫阿六頭使於蕭賾。己卯，經始明堂，改營太廟。〔三〕五月己亥，議改律令，於東明觀折疑獄。〔四〕乙卯，百年攻洮陽、泥和二戍，克之，俘獲三千餘人，詔悉免歸。高麗國遣使朝獻。丙辰，詔造五輅。六月丁未，濟陰王鬱以貪殘賜死。

秋七月乙丑，謁永固陵，規建壽陵。戊寅，吐谷渾國遣使朝貢。己卯，詔議祖宗，以道武爲太祖。乙酉，車駕巡省京邑，聽訟而還。八月壬辰，議養老，又議肆類上帝、禋于六宗之禮，帝親臨決。詔郡國有時物可以薦宗廟者，貢之。戊戌，移道壇於桑乾之陰，改曰崇虛寺。己亥，詔諸州舉秀才，先盡才學。乙巳，親定禘祫之禮。丁巳，議律令事，仍省雜祀。

九月辛巳，蕭賾遣使朝貢。壬午，吐谷渾、高麗、宕昌、鄧至諸國並遣使朝獻。

冬十月庚寅，車駕謁永固陵。是月，明堂、太廟成。十有一月丁卯，遷七廟神主於新廟。乙亥，大定官品。戊寅，考諸牧守。詔假通直散騎常侍李彪、假散騎侍郎蔣少遊使蕭賾。丙戌，初罷小歲賀。丁亥，詔二千石考在上上者，假四品將軍，賜乘黃馬一匹；上中者，五品將軍；上下者，賜衣一襲。十有二月壬辰，遷社於內城之西。癸巳，頒賜刺史已下衣

冠。以安定王休爲太傅，齊郡王簡爲太保。帝爲高麗王璉舉哀於城東行宮。己酉，車駕迎春於東郊。辛亥，詔簡選樂官。

十有六年春正月戊午朔，饗羣臣於太華殿。帝始爲王公興，懸而不樂。己未，宗祀顯祖獻文皇帝於明堂，以配上帝。遂升靈臺，以觀雲物；降居青陽左个，布政事。每朔，依以爲常。辛酉，始以太祖配南郊。壬戌，詔定行次，以水承金。甲子，詔罷祖裸。疑乙丑，制諸遠屬非太祖子孫及異姓爲王，皆降爲公，公爲侯，侯爲伯，子男仍舊，皆除將軍之號。戊辰，帝臨思義殿，策問秀孝。丙子，始以孟月祭廟。二月戊子，帝移御永樂宮。庚寅，壞太華殿，經始太極。辛卯，罷寒食饗。壬辰，幸北部曹，歷觀諸省，巡省京邑，聽理冤訟。甲午，初朝日于東郊，遂以爲常。丁酉，詔祀唐堯於平陽，虞舜於廣寧，夏禹於安邑，周文於洛陽。〔五〕丁未，改謚宣尼曰文聖尼父，告謚孔廟。三月丁卯，巡省京邑。癸酉，省西郊郊天雜事。乙亥，車駕初迎氣南郊，自此爲常。辛巳，以高麗王璉孫雲爲其國王。蕭賾遣使朝貢。是月，高麗、鄧至國並遣使朝貢。

四月丁亥朔，班新律令，大赦天下。癸巳，契嚙國遣使朝貢。甲寅，幸皇宗學，親問博士經義。五月癸未，詔羣臣於皇信堂更定律條，流徒限制，帝親臨決之。六月己丑，高麗國

遣使朝貢。甲辰，詔曰：「務農重穀，王政所先；勸率田疇，君人常事。今四氣休序，時澤滂潤，宜用天分地，悉力東畝。然京師之民，遊食者衆，不加督勸，或芸耨失時。可遣明使檢察勤惰以聞。」

秋七月庚申，吐谷渾世子賀虜頭來朝。壬戌，詔曰：「王者設官分職，垂拱責成，振網舉綱，衆目斯理。朕德謝知人，豈能一見鑒識，徒乖爲君委授之義。自今選舉，每以季月，本曹與吏部銓簡。」甲戌，詔兼員外散騎常侍宋弁、兼員外散騎侍郎房亮使於蕭賾。八月庚寅，車駕初夕月於西郊，遂以爲常。辛卯，高麗國遣使朝貢。乙未，詔陽平王頤、左僕射陸叡督十二將七萬騎北討蠕蠕。丙午，宕昌王梁彌承來朝。司徒尉元以老遜位。己酉，以尉元爲三老，游明根爲五更。又養國老、庶老。將行大射之禮，雨，不克成。

癸丑，詔曰：「文武之道，自古並行，威福之施，必也相藉。故三、五至仁，尚有征伐之事；夏殷明叡，未捨兵甲之行。然則天下雖平，忘戰者殆，不教民戰，可謂棄之。是以周立司馬之官，漢置將軍之職，皆所以輔文强武，威肅四方者矣。國家雖崇文以懷九服，修武以寧八荒，然於習武之方，猶爲未盡。今則訓文有典，教武闕然。將於馬射之前，先行講武之式，可敕有司豫修場埒。其列陣之儀，五戎之數，別俟後敕。」九月甲寅朔，大序昭穆於明堂，祀文明太皇太后於玄室。辛未，帝以文明太皇太后再周忌日，哭於陵左，絕膳二日，哭

不輟聲。辛巳，武興王楊集始來朝。

冬十月乙酉，鄧至國遣使朝獻。己亥，以太傅、安定王休爲大司馬，特進馮誕爲司徒。甲辰，詔以功臣配饗太廟。丙午，高麗國遣使朝獻。庚戌，太極殿成，大饗羣臣。十有一月乙卯，依古六寢，權制三室，以安昌殿爲內寢，皇信堂爲中寢，四下疑爲外寢。〔六〕十有二月，賜京邑老人鳩杖。是月，蕭賾遣使朝貢。

十有七年春正月壬子朔，帝饗百僚於太極殿。乙丑，詔曰：「夫駿奔入覲，臣下之常式；錫馬賜車，君人之恒惠。今諸邊君蕃胤，皆虔集象魏，趨蹡紫庭。貢饗既畢，言旋無遠。各可依秩賜車旗衣馬，務令優厚。其武興、宕昌，各賜錦繪纊一千；吐谷渾世子八百；鄧至世子，雖因緣至都，亦宜賚及，可賜三百。命數之差，皆依別牒。」詔兼員外散騎侍郎劉承叔使於蕭賾。〔七〕乙亥，勿吉國遣使朝獻。丙子，以吐谷渾伏連籌爲其國王。庚辰，罷大司馬、安定王休，太保、齊郡王簡朔望之朝。二月乙酉，詔賜議律令之官各有差。己丑，車駕始籍田於都南。三月戊辰，改作後宮，帝幸永興園，徙御宣文堂。吐谷渾國遣使朝獻。

夏四月戊戌，立皇后馮氏。是月，蕭賾征虜將軍、直閤將軍、蠻酋田益宗率部落四千餘戶內屬。五月乙卯，宕昌、陰平、契丹、庫莫奚諸國並遣使朝獻。壬戌，宴四廟子孫於宣文

堂，帝親與之齒，行家人之禮。甲子，帝臨朝堂，引見公卿已下，決疑政，錄囚徒。丁丑，以旱撤膳。襄陽蠻酋雷婆思等率一千三百餘戶內徙，居於太和川。六月丙戌，帝將南伐，詔造河橋。己丑，詔免徐、南豫、陝、岐、東徐、洛、豫七州軍糧。丁未，講武。乙巳，詔曰：「六職備于周經，九列炳於漢晉，務必有恒，人守其職。比百秩雖陳，事典未敍。自八元樹位，躬加省覽，遠依往籍，近採時宜，作職員令二十一卷。事迫戎期，未善周悉。雖不足綱範萬度，永垂不朽，且可釋滯目前，釐整時務。須待軍回，更論所闕，權可付外施行。其有當局所疑而令文不載者，隨事以聞，當更附之。」立皇子恂爲皇太子。戊申，高麗國遣使朝獻。

秋七月癸丑，以皇太子立，詔賜民爲人後者爵一級，爲公士；曾爲吏屬者爵二級，爲上造；鰥寡孤獨不能自存者，人粟五斛。戊午，中外戒嚴。是月，蕭賾死，孫昭業僭立。八月乙酉，三老、山陽郡公尉元薨。丙戌，車駕類於上帝，遂臨尉元喪。丁亥，帝辭永固陵。己丑，車駕發京師，南伐，步騎百餘萬。太尉丕奏請以宮人從，詔曰：「臨戎不語內事，宜停來請。」壬寅，車駕至肆州，民年七十已上，賜爵一級。路見眇跛者，停駕親問，賜衣食終身。戊申，幸幷州。親見高年，問所疾苦。九月壬子，詔兼員外散騎常侍高聰、兼員外散騎侍郎賈禎使於蕭昭業。丁巳，詔以車駕所經，傷民秋稼者，畝給穀五斛。戊辰，濟河。詔洛、懷、幷、肆所過四州之民：百年以上假縣令，九十以上賜爵三級，八十以上賜爵二級，七十以上賜爵

一級；鰥寡孤獨不能自存者，粟人五斛，帛二匹；孝悌廉義、文武應求者，皆以名聞。又詔厮養之戶不得與士民婚；有文武之才、積勞應進者同庶族例，聽之。庚午，幸洛陽，周巡故宮基趾。帝顧謂侍臣曰：「晉德不修，早傾宗祀，荒毀至此，用傷朕懷。」遂詠黍離之詩，爲之流涕。壬申，觀洛橋，幸太學，觀石經。乙亥，鄧至王像舒彭遣子舊詣闕朝貢，幷奉表，求以位授舊，詔許之。丙子，詔六軍發軫。丁丑，戎服執鞭，御馬而出，羣臣稽顙於馬前，請停南伐，帝乃止。仍定遷都之計。

冬十月戊寅朔，幸金墉城。詔徵司空穆亮與尚書李沖、將作大匠董爵經始洛京。己卯，幸河南城。乙酉，幸豫州。癸巳，次於石濟。乙未，解嚴，設壇於滑臺城東，告行廟以遷都之意。大赦天下。起滑臺宮。又詔京師及諸州從戎者賜爵一級，應募者加二級，主將加三級。癸卯，幸鄴城。乙巳，詔安定王休率從官迎家於代京，車駕送於漳水上。初，帝之南伐也，起宮殿於鄴西；十有一月癸亥，宮成，徙御焉。十有二月戊寅，巡省六軍。庚寅，陰平國遣使朝貢。乙未，詔隱恤軍士，死亡疾病務令優給。

十有八年春正月丁未朔，朝羣臣於鄴宮澄鸞殿。丁巳，高麗國遣使朝獻。癸亥，車駕南巡。詔相、兗、豫三州：百年以上假縣令，九十以上賜爵二級，七十以上賜爵一級；孤老鰥

寡不能自存者，賜粟五石、帛二匹；孝悌廉義、文武應求者，皆以名聞。戊辰，經殷比干之墓，祭以太牢。乙亥，幸洛陽西宮。二月乙丑，行幸河陰，規建方澤之所。丙申，河南王幹徙封趙郡，潁川王雍徙封高陽。壬寅，車駕北巡。癸卯，濟河。蕭昭業遣使朝貢。甲辰，詔天下，喻以遷都之意。閏月癸亥，次句注陘南，皇太子朝于蒲池。壬申，至平城宮。癸酉，臨朝堂，部分遷留。甲戌，謁永固陵。三月庚辰，罷西郊祭天。壬辰，帝臨太極殿，諭在代羣臣以遷移之略。

夏五月乙亥，詔罷五月五日、七月七日饗。六月己巳，詔兼員外散騎常侍盧昶、兼員外散騎侍郎王清石使於蕭昭業。

秋七月乙亥，以宋王劉昶爲大將軍。壬午，侍中、大司馬、安定王休薨。辛卯，高麗國遣使朝貢。壬辰，車駕北巡。戊戌，謁金陵。辛丑，幸朔州。是月，島夷蕭鸞殺其主蕭昭業，立昭業弟昭文。八月癸卯，皇太子朝於行宮。甲辰，行幸陰山，觀雲川。丁未，幸閱武臺，臨觀講武。癸丑，幸懷朔鎮。己未，幸武川鎮。辛酉，幸撫冥鎮。甲子，幸柔玄鎮。乙丑，南還。所過皆親見高年，問民疾苦，貧窘孤老賜以粟帛。丙寅，詔六鎮及禦夷城人，年八十以上而無子孫兄弟，終身給其廩粟；七十以上家貧者，各賜粟十斛。又詔諸北城人，年滿七十以上及廢疾之徒，校其元犯，以準新律，事當從坐者，聽一身還鄉，又令一子扶養，終

命之後，乃遣歸邊；自餘之處，如此之犯，年八十以上，皆聽還。戊辰，車駕次旋鴻池。庚午，謁永固陵。辛未，還平城宮。九月壬申朔，詔曰：「三載考績，自古通經；三考黜陟，以彰能否。今若待三考然後黜陟，可黜者不足爲遲，可進者大成賒緩。是以朕今三載一考，考卽黜陟，欲令愚滯無妨於賢者，才能不壅於下位。各令當曹考其優劣，爲三等。六品以下，尚書重問；五品以上，朕將親與公卿論其善惡。上上者遷之，下下者黜之，中中者守其本任。」壬午，帝臨朝堂，親加黜陟。壬辰，陰平王楊炅來朝。

冬十月甲辰，以太尉、東陽王丕爲太傅。〔六〕戊申，親告太廟，奉遷神主。辛亥，車駕發平城宮。壬戌，次於中山之唐湖。乙丑，分遣侍臣巡問民所疾苦。己巳，幸信都。庚午，詔曰：「比聞緣邊之蠻，多有竊掠，致有父子乖離，室家分絕，既虧和氣，有傷仁厚。方一區宇，子育萬姓，若苟如此，南人豈知朝德哉？可詔荆、郢、東荆三州勒敕蠻民，勿有侵暴。」是月，蕭鸞廢殺其主蕭昭文而僭立。十有一月辛未朔，詔冀、定二州民：百年以上假以縣令，九十以上賜爵三級，八十以上賜爵二級，七十以上賜爵一級；鰥寡孤獨不能自存者，賜以穀帛；孝義廉貞、文武應求者具以名聞。丁丑，車駕幸鄴。甲申，經比干之墓，傷其忠而獲戾，親爲弔文，樹碑而刊之。己丑，車駕至洛陽。蕭鸞雍州刺史曹虎據襄陽請降。十有二月辛丑朔，遣行征南將軍薛眞度督四將出襄陽，大將軍劉昶出義陽，徐州刺史元衍出鍾離，平南將軍

劉藻出南鄭。壬寅，革衣服之制。癸卯，詔中外戒嚴。戊申，優復代遷之戶租賦三歲。己酉，詔王、公、侯、伯、子、男開國食邑者：王食半，公三分食一，侯伯四分食一，子男五分食一。辛亥，車駕南伐。丁卯，詔郢豫二州之民：百齡以上假縣令，九十以上賜爵三級，八十以上賜爵二級，七十以上賜爵一級；孤寡鰥老不能自存者，賜以穀帛；緣路之民復田租一歲；孝悌廉義、文武應求具以名聞。戊辰，車駕至懸瓠。己巳，詔壽陽、鍾離、馬頭之師所獲男女之口皆放還南。

十有九年春正月辛未朔，朝饗羣臣於懸瓠。癸酉，詔禁淮北之民不得侵掠，犯者以大辟論。甲戌，檄喻蕭鸞。丙子，鸞龍陽縣開國侯王朗自渦陽來降。壬午，講武於汝水之西，大賚六軍。丙申，平南將軍王肅頻破蕭鸞將，擒其寧州刺史董巒。己亥，車駕濟淮。二月甲辰，幸八公山。路中雨甚，詔去蓋；見軍士病者，親隱恤之。戊申，車駕巡淮而東，民皆安堵，租運屬路。壬子，高麗國遣使朝獻。丙辰，車駕至鍾離。戊午，軍士擒蕭鸞三千卒，帝曰：「在君爲君，其民何罪。」於是免歸。辛酉，車駕發鍾離，將臨江水。司徒馮誕薨。壬戌，乃詔班師。丁卯，遣使臨江數蕭鸞殺主自立之罪惡。三月戊寅，幸邵陽。戊子，太師馮熙薨。乙未，幸下邳。鄧至國遣使朝貢。

夏四月庚子，車駕幸彭城。辛丑，帝爲太師馮熙舉哀於行在所。丁未，曲赦徐豫二州，其運漕之士，復租賦三年。辛亥，詔賜百歲以上假縣令，九十以上賜爵三級，八十以上賜爵二級，七十以上賜爵一級；孤寡老疾不能自存者，賜以穀帛；德著丘園者具以名聞；蕭鸞民降者，給復十五年。癸丑，幸小沛，遣使以太牢祭漢高祖廟。己未，行幸瑕丘，遣使以太牢祠岱岳。詔宿衞武官增位一級。庚申，行幸魯城，親祠孔子廟。辛酉，詔拜孔氏四人、顏氏二人爲官。詔兗州刺史舉部內士人才堪軍國及守宰治行，具以名聞。又詔賜兗州民爵及粟帛如徐州。又詔選諸孔宗子一人，封崇聖侯，邑一百戶，以奉孔子之祀。又詔兗州爲孔子起園栢，修飾墳壠，更建碑銘，褒揚聖德。戊辰，行幸碻磝。太和廟成。五月己巳，城陽王鸞赭陽失利，降爲定襄縣王。廣川王諧薨。庚午，遷文成皇后馮氏神主于太和廟。甲戌，行幸滑臺。丙子，次于石濟。庚辰，皇太子朝於平桃城。高麗、吐谷渾國並遣使朝貢。癸未，車駕至自南伐，告于太廟。甲申，減閑官祿以裨軍國之用。乙酉，行飲至之禮，班賜有差。甲午，皇太子冠於廟。六月己亥，詔不得以北俗之語言於朝廷，若有違者，免所居官。辛丑，詔復軍士從駕渡淮者租賦三年。癸卯，詔皇太子赴平城宮。壬子，詔濟州、東郡、滎陽及河南諸縣車駕所經者，百年以上賜假縣令，九十以上賜爵三級，八十以上賜爵二級，七十以上賜爵一級；孤老鰥寡不能自存，賜以穀帛；孝悌廉義、文武應求者具以名聞。癸丑，

詔求天下遺書，祕閣所無、有裨益時用者加以優賞。乙卯，曲赦梁州，復民田租三歲。丙辰，詔遷洛之民，死葬河南，不得還北。於是代人南遷者，悉爲河南洛陽人。戊午，詔改長尺大斗，依周禮制度，班之天下。

八月甲辰，幸西宮，路見壞冢露棺，駐輦殣之。乙巳，詔選天下武勇之士十五萬人爲羽林、虎賁，以充宿衞。丁巳，詔諸從兵從征被傷者皆聽還本。金墉宮成。甲子，引羣臣歷宴殿堂。九月庚午，六宮及文武盡遷洛陽。丙戌，行幸鄴。丁亥，詔曰：「諸有舊墓，銘記見存，昭然爲時人所知者，三公及位從公者去墓三十步，尚書令僕、九列十五步，黃門、五校十步，各不聽墾殖。」壬辰，遣黃門郎以太牢祭比干之墓。乙未，車駕還宮。

冬十月甲辰，曲赦相州。民百年以上假郡守，九十以上假縣令，八十以上賜爵三級，七十以上賜爵二級；孤老痼疾不能自存者，賜以穀帛。丙辰，車駕至自鄴。辛酉，詔州郡諸有士庶經行修敏、文思遒逸，才長吏治、堪幹政事者，以時發遣。壬戌，詔諸州牧精品屬官，考其得失，爲三等之科以聞，將親覽而升降焉。詔徐、兗、光、南青、荆、洛六州纂嚴戒備，應須赴集。十有一月，行幸委粟山。議定圓丘。甲申，有事於圓丘。丙戌，大赦天下。十有二月乙未朔，引見羣臣於光極堂，宣示品令，爲大選之始。辛酉，驃騎大將軍、司州牧、咸陽王禧爲長兼太尉，前南安王楨復本封，以特進、廣陵王羽爲征東大將軍、開府儀同三司、青州

刺史。甲子，引見羣臣於光極堂，班賜冠服。

二十年春正月丁卯，詔改姓爲元氏。壬辰，改封始平王勰爲彭城王，以定襄縣王鸞復封城陽王。二月辛丑，帝幸華林，聽訟於都亭。壬寅，詔自非金革，聽終三年喪。丙午，詔畿內七十以上暮春赴京師，將行養老之禮。庚戌，幸華林，聽訟於都亭。癸丑，詔介山之邑，聽爲寒食，自餘禁斷。三月丙寅，宴羣臣及國老、庶老於華林園。詔曰：「國老黃耇以上，假中散大夫、郡守；耆年以上，假給事中、縣令；庶老，直假郡縣。各賜鳩杖、衣裳。」丁丑，詔諸州中正各舉其鄉之民望，年五十以上守素衡門者，授以令長。

夏四月甲辰，廣州刺史薛法護南叛。五月丙子，詔曰：「農惟政首，稷實民先，澍雨豐洽，所宜敦勵。其令畿內嚴加課督，惰業者申以楚撻，力田者具以名聞。」丙戌，初營方澤於河陰。遣使者以太牢祭漢光武及明、章三帝陵。又詔漢、魏、晉諸帝陵，各禁方百步不得樵蘇踐蹋。丁亥，車駕有事於方澤。

七月，廢皇后馮氏。戊寅，帝以久旱，咸秩羣神；自癸未不食至于乙酉，是夜澍雨大洽。丁亥，詔曰：「炎陽爽節，秋零卷澍，在予之責，實深悚慄，故輟膳三晨，以命上訴。靈鑒誠款，曲流雲液。雖休勿休，寧敢惰怠。將有賢人湛德，高士凝棲，雖加銓採，未能招致。其精

訪幽谷，舉茲賢彥，直言極諫，匡予不及。又邪佞毀朝，固唯治蠹；貪夫竊位，大政以虧。主者彈劾不肖，明黜盜祿。又法爲治要，民命尤重，在京之囚，悉命條奏，朕將親案，以時議決。又疾苦六極，人神所矜，宜時訪恤，以拯窮廢。鰥寡困乏、不能自存者，明加矜恤，令得存濟。又輕徭薄賦，君人常理，歲中恒役，具以狀聞。又夫婦之道，生民所先，仲春奔會，禮有達式，男女失時者以禮會之。又京民始業，農桑爲本，田稼多少，課督以不，〔九〕具以狀言。」

八月壬辰朔，幸華林園，親錄囚徒，咸降本罪二等決遣之。戊戌，車駕幸嵩高。甲寅，還宮。丁巳，南安王楨薨。幸華林園聽訟。九月戊辰，車駕閱武於小平津。癸酉，還宮。丁亥，將通洛水入穀，帝親臨觀。

冬十月戊戌，以代遷之士皆爲羽林、虎賁，司州之民，十二夫調一吏，爲四年更卒，歲開番假，以供公私力役。己酉，曲赦京師。十有一月乙酉，復封前汝陰王天賜孫景和爲汝陰王，前京兆王太興爲西河王。閏月丙辰，右將軍元隆大破汾州叛胡。十有二月甲子，以西北州郡旱儉，〔一〇〕遣侍臣循察，開倉賑恤。乙丑，開鹽池之禁，與民共之。丙寅，廢皇太子恂爲庶人；丁卯，告太廟。戊辰，置常平倉。恒州刺史穆泰等在州謀反，遣行吏部尚書任城王澄案治之。樂陵王思譽坐知泰陰謀不告，削爵爲庶人。

二十有一年春正月丙申，立皇子恪爲皇太子，賜天下爲父後者爵一級。己亥，遣兼侍中張彝、崔光，兼散騎常侍劉藻，巡方省察，問民疾苦，黜陟守宰，宣揚風化。乙巳，車駕北巡。二月壬戌，次於太原。親見高年，問所不便。乙丑，詔并州士人年六十已上，假以郡守。先是，定州民王金鈎訛言惑衆，自稱應王。丙寅，州郡捕斬之。癸酉，車駕至平城。甲戌，謁永固陵。癸未，行幸雲中。三月庚寅，車駕至自雲中。辛卯，謁金陵。乙未，車駕南巡。己酉，次離石。叛胡歸罪，宥之。甲寅，詔汾州民百年以上假縣令，九十以上賜爵三級，八十以上賜爵二級，七十以上賜爵一級。丙辰，車駕次平陽，遣使者以太牢祭唐堯。

夏四月庚申，幸龍門，遣使者以太牢祭夏禹。癸亥，行幸蒲坂，遣使者以太牢祭虞舜。戊辰，詔修堯、舜、夏禹廟。辛未，行幸長安。壬申，武興王楊集始來朝。乙亥，親見高年，問所疾苦。丙子，遣侍臣分省縣邑，賑賜穀帛。戊寅，幸未央殿、阿房宮，遂幸昆明池。癸未，大將軍、宋王劉昶薨。丙戌，遣使者以太牢祀漢帝諸陵。五月丁亥朔，衞大國遣使朝貢。己丑，車駕東旋，汎渭入河。庚寅，詔雍州士人百年以上假華郡太守，九十以上假荒郡，八十以上假華縣令，七十以上假荒縣；庶老以年各減一等，七十以上賜爵三級；其營船之夫，賜爵一級；孤寡鰥貧、窮痾廢疾，各賜帛二匹，穀五斛；其孝友德義、文學才幹，悉仰貢舉。壬

辰，遣使者以太牢祭周文王於酆，祭武王於鎬。癸卯，遣使祭華嶽。六月庚申，車駕至自長安。壬戌，詔冀、定、瀛、相、濟五州發卒二十萬，將以南討。癸亥，司空穆亮遜位。丁卯，部分六師，以定行留。

秋七月甲午，立昭儀馮氏爲皇后。戊辰，以前司空穆亮爲征北大將軍、開府儀同三司、冀州刺史。甲寅，帝親爲羣臣講喪服於清徽堂。八月丙辰，詔中外戒嚴。壬戌，立皇子愉爲京兆王，懌爲清河王，懷爲廣平王。壬申，行幸河南城。甲戌，講武於華林園。庚辰，車駕南討。九月丙申，詔曰：「哀貧恤老，王者所先，鰥寡六疾，尤宜矜愍。可敕司州洛陽之民，年七十已上無子孫，六十以上無期親，貧不自存者，給以衣食；及不滿六十而有廢痼之疾，無大功之親，窮困無以自療者，皆於別坊遣醫救護，給醫師四人，豫請藥物以療之。」丁酉，詔河南尹李崇討梁州叛羌，〔一一〕受征西源懷節度。辛丑，帝留諸將攻赭陽，引師而南。癸卯，至宛城，夜襲其郛，克之。丁未，車駕發南陽，留太尉咸陽王禧、前將軍元英攻之。己酉，車駕至新野。

冬十月丁巳，四面進攻，不克，詔左右軍築長圍以守之。乙亥，追廢貞皇后林氏爲庶人。十有一月甲午，蕭鸞前軍將軍韓秀方、弋陽太守王副之、後軍將軍趙祖悅等十五將來降。丁酉，大破賊軍於沔北，獲其將軍王伏保等。於是民皆復業，九十以上假以郡守，六

十五以上假以縣令。新野民張睹栅萬餘家，拒守不下。十有二月庚申，破之，俘斬萬餘。丁卯，詔流徙之囚，皆勿決遣，有登城之際，令其先鋒自效。庚午，車駕臨沔，遂巡沔東還。戊寅，車駕還新野。己卯，親行營壘，隱恤六軍。蕭鸞將王曇紛等萬餘人寇南青州黃郭戍，戍主崔僧淵擊破之，悉虜其衆。以齊郡王子琛紹河間王若後。高昌國遣使朝貢。

二十有二年春正月癸未朔，朝饗羣臣於新野行宮。丁亥，拔新野，獲蕭鸞輔國將軍、新野太守劉忌，斬之於宛。戊子，鸞湖陽戍主蔡道福棄城遁走。辛卯，鸞赭陽戍主成公期、軍主胡松棄城遁走。壬辰，鸞輔國將軍、舞陰戍主黃瑤起及直閤將軍、臺軍主鮑舉，南鄉太守席謙相尋遁走，瑤起、鮑舉爲軍人所獲送。庚戌，行幸南陽。二月乙卯，進攻宛北城。甲子，拔之，鸞冠軍將軍、南陽太守房伯玉面縛出降。庚午，車駕幸新野。辛未，詔以穰民首歸大順終始若一者，給復三十年，標其所居曰「歸義鄉」；次降者給復十五年。三月壬午朔，大破鸞平北將軍崔惠景、黃門郎蕭衍軍於鄧城，斬獲首虜二萬有餘。庚寅，行幸樊城，觀兵襄沔，耀武而還。曲赦二荆、魯陽郡。鎮南將軍王肅攻鸞義陽。鸞遣將裴叔業寇渦陽。乙未，詔將軍鄭思明、嚴虛敬、宇文福等三軍繼援。辛丑，行幸湖陽。乙未，次比陽。戊申，詔荆州諸郡之民，初降次附，復同穰縣。辛亥，行幸懸瓠。

夏四月甲寅，從征武直之官進位三階，文官二級，外官一階。庚午，發州郡兵二十萬人，限八月中旬集懸瓠。趙郡王幹薨。五月丙午，詔在征身喪者，四品已下及卑兼之職給帛有差。六月庚申，詔諸王將士戰沒皆加優贈。

秋七月壬午，詔曰：「朕以寡德，屬兹靖亂，實賴羣英，凱清南夏，宜約躬賞效，以勸茂績。后之私府，便可損半；六宮嬪御，五服男女，常恤恒供，亦令減半；在戎之親，三分省一。」是月，蕭鸞死，子寶卷僭立。八月辛亥，皇太子自京師來朝。壬子，蕭寶卷奉朝請鄧學擁其齊興郡內屬。敕勒樹者相率反叛。詔平北將軍、江陽王繼都督北討諸軍事以討之。壬午，高麗國遣使朝獻。九月己亥，帝以蕭鸞死，禮不伐喪，乃詔反旆。庚子，仍將北伐叛虜。丙午，車駕發懸瓠。

冬十月己酉朔，曲赦二豫殊死已下，復民田租一歲。十有一月辛巳，幸鄴。十有二月甲寅，以江陽王繼定敕勒，乃詔班師。

二十有三年春正月戊寅朔，朝羣臣，以帝疾瘳上壽，大饗於澄鸞殿。壬午，幸西門豹祠，遂歷漳水而還。蕭寶卷遣太尉陳顯達寇荆州。癸未，詔前將軍元英討之。乙酉，車駕發鄴，戊戌，至自鄴。庚子，告於廟社。癸卯，行飲至策勳之禮。甲辰，大赦天下。太保、齊郡王簡薨。二月辛亥，以長兼太尉、咸陽王禧爲正太尉。癸亥，以中軍大將軍、彭城王勰爲司徒，復樂陵王思譽本封。癸酉，顯達攻陷馬圈戍。三月庚辰，車駕南伐。癸未，次梁城。甲申，以順陽被圍危急，詔振武將軍慕容平城率騎五千赴之。丙戌，帝不豫，司徒、彭城王勰侍疾禁中，且攝百揆。丁酉，車駕至馬圈。詔鎮南大將軍、廣陽王嘉斷均口，邀顯達歸路。戊戌，頻戰破之，其夜，顯達及崔惠景、曹虎等宵遁。己亥，收其戎資億計，班賜六軍。諸將追奔及於漢水，斬獲及赴水而死者十八九，斬寶卷左軍將軍張于達等。〔二〕賊將蔡道福、成公期率數萬人棄順陽遁走。

庚子，帝疾甚，車駕北次穀塘原。甲辰，詔賜皇后馮氏死。詔司徒勰徵太子於魯陽踐阼。詔以侍中、護軍將軍、北海王詳爲司空公，鎮南將軍王肅爲尚書令，鎮南大將軍、廣陽王嘉爲尚書左僕射，尚書宋弁爲吏部尚書，與侍中、太尉公禧，尚書右僕射、任城王澄等六人輔政。顧命宰輔曰：「粤爾太尉、司空、尚書令、左右僕射、吏部尚書，惟我太祖丕丕之業，與四象齊茂，累聖重明，屬鴻曆於寡昧。兢兢業業，思纂乃聖之遺蹤。遷都嵩極，定鼎河瀍，庶南蕩甌吳，復禮萬國，以仰光七廟，俯濟蒼生。困窮早滅，不永乃志。〔三〕公卿其善毗繼子，隆我魏室，不亦善歟？可不勉之！」夏四月丙午朔，帝崩于穀塘原之行宮，時年三十三。祕諱，至魯陽發哀，還京師。上謚曰孝文皇帝，廟曰高祖。五月丙申，葬長陵。

帝幼有至性，年四歲，顯祖曾患癰，帝親自吮膿。五歲受禪，悲泣不能自勝。顯祖問帝，帝曰：「代親之感，內切於心。」顯祖甚歎異之。文明太后以帝聰聖，後或不利於馮氏，將謀廢帝。乃於寒月，單衣閉室，絕食三朝，召咸陽王禧，將立之，元丕、穆泰、李沖固諫，乃止。帝初不有憾，唯深德丕等。撫念諸弟，始終曾無纖介，惇睦九族，禮敬俱深。雖於大臣持法不縱，然性寬慈，每垂矜捨。進食者曾以熱羹傷帝手，又曾於食中得蟲穢之物，並笑而恕之。宦者先有譖帝於太后，太后大怒，杖帝數十，帝默然而受，不自申明。太后崩後，亦不以介意。

聽覽政事，莫不從善如流。哀矜百姓，恒思所以濟益。天地、五郊、宗廟二分之禮，常必躬親，不以寒暑爲倦。尚書奏案，多自尋省。百官大小，無不留心，務於周洽。每言：凡爲人君，患於不均，不能推誠御物，苟能均誠，胡越之人亦可親如兄弟。常從容謂史官曰：「直書時事，無諱國惡。人君威福自己，史復不書，將何所懼。」南北征巡，有司奏請治道，帝曰：「粗修橋梁，通輿馬便止，不須去草剗令平也。」凡所修造，不得已而爲之，不爲不急之事損民力也。巡幸淮南，如在內地，軍事須伐民樹者，必留絹以酬其直，民稻粟無所傷踐。諸有禁忌禳厭之方非典籍所載者，一皆除罷。

雅好讀書，手不釋卷。五經之義，覽之便講，學不師受，探其精奥。史傳百家，無不該涉。善談莊老，尤精釋義。才藻富贍，好爲文章，詩賦銘頌，任興而作。有大文筆，馬上口授，及其成也，不改一字。自太和十年已後詔册，皆帝之文也。自餘文章，百有餘篇。愛奇好士，情如飢渴。待納朝賢，隨才輕重，常寄以布素之意。悠然玄邁，不以世務嬰心。又少而善射，有膂力。年十餘歲，能以指彈碎羊髆骨。及射禽獸，莫不隨所志斃之。至年十五，便不復殺生，射獵之事悉止。性儉素，常服澣濯之衣，鞍勒鐵木而已。帝之雅志，皆此類也。

史臣曰：有魏始基代朔，廓平南夏，闢壤經世，咸以威武爲業，文教之事，所未遑也。高祖幼承洪緒，早著叡聖之風。時以文明攝事，優游恭己，玄覽獨得，著自不言，神契所標，固以符於冥化。及躬總大政，一日萬機，十許年間，曾不暇給，殊途同歸，百慮一致，至夫生民所難行，人倫之高迹，雖尊居黄屋，盡蹈之矣。若乃欽明稽古，協御天人，帝王制作，朝野軌度，斟酌用捨，煥乎其有文章，海內生民咸受耳目之賜。加以雄才大略，愛奇好士，視下如傷，役己利物，亦無得而稱之。其經緯天地，豈虚謚也。

校勘記

〔一〕陽平王頤擊走之 諸本「頤」都作「熙」。殿本考證云：「按熙本傳卷一六泰常六年薨，距太和十四年已五六十年矣。考天象志卷一〇五之三『地豆于頻犯塞，詔征西大將軍、陽平王頤擊走之』。蓋熙與頤俱稱陽平王，音復相近，是以訛也。」按通鑑卷一三七四二九二頁正作「頤」。考異云：「帝紀作『熙』，又作『賾』，今從本傳。」當時陽平王只有頤，今據改。下文十六年八月訛作「賾」，逕改，不再出校記。

〔二〕沙門司馬惠御自言聖王 北史卷三「惠御」作「御惠」。

〔三〕改營太廟 諸本無「營」字，北史卷三魏紀三、本書卷一〇八之一禮志一有。按文義當有「營」字，今據補。

〔四〕於東明觀折疑獄 御覽卷一〇三四九二頁「於」上有「上」字。按若無此字，不知誰在東明觀折疑獄。通鑑卷一三七四三〇九頁作「親決疑獄」，也指元宏親自斷決。這裏當脫「上」字。

〔五〕詔祀至周文於洛陽 錢大昕廿二史考異後簡稱錢氏考異卷二八云：「『周文』當爲『周公』之訛。」按卷一〇八之一禮志一記此事，云：「周文公制禮作樂，垂範萬葉，可祀於洛陽。」這裏「周文」下脫「公」字。

〔六〕四下疑爲外寢 册府卷一三一四八頁「四下」作「四合殿」。按上文太和三年，「坤德六合殿成；次年，乾象六合殿成」。不見「四合殿」之名。然「四下」二字必爲殿名之訛脫。

〔七〕詔兼員外散騎侍郎劉承叔使於蕭賾 北史卷三作「兼員外散騎常侍邢巒使於齊」。通鑑卷一三八四三二六頁也作「邢巒」，而官却同魏書。趙翼陔餘叢考卷八云：「按遣使必兩人，魏書遣使皆兩人並書，北史止書正使一人，此次魏書只書劉承叔，蓋脫落正使邢巒也。」按邢巒出使事見卷六五本傳。魏遣使南朝，通例正使兼散騎常侍，副使兼散騎侍郎。劉承叔官銜就説明他是副使。又南齊書卷五七魏虜傳載太和十七年鹿樹生移文也有「會前使人邢巒等至」的話。這裏「詔」下脫去「兼員外散騎常侍邢巒」九字。

〔八〕以太尉東陽王丕爲太傅 按上文十六年正月已云「諸遠族非太祖子孫及異姓爲王者皆降爲公」。元丕是遠族，卷一四本傳補說「後例降王爵，封平陽郡公」，此時不應仍稱「東陽王」。

〔九〕課督以不 諸本「課督」下無「以」字，今據册府卷七〇七八八頁補。

〔一〇〕以西北州郡旱儉 卷一〇五之二天象志二「西北」作「南北」。按「久旱」見上文七月，洛陽也遭受旱災，不應止稱「西北」，「西」字當爲「南」之訛。

〔一一〕詔河南尹李崇討梁州叛羌 按卷六六李崇傳，這次李崇出去鎮壓的是仇池氐楊靈珍，這裏「羌」當作「氐」。

〔一二〕斬寶卷左軍將軍張于達等 南齊書卷二六陳顯達傳「張于達」作「張千」。通鑑卷一四二四四三八

頁本條考異云：「魏書作『張千達』，今從齊書。」則司馬光所據魏書「于」作「千」。按「千達」作「千」乃雙名單稱，疑傳本魏書「于」乃「千」之訛。

〔一三〕不永乃志 册府卷一〇一〇八頁「永」作「果」。按文義作「果」較長。

魏書卷八

世宗紀第八

世宗宣武皇帝，諱恪，高祖孝文皇帝第二子。母曰高夫人，初，夢爲日所逐，避於牀下，日化爲龍，繞己數匝，寤而驚悸，旣而有娠。太和七年閏四月，生帝於平城宮。二十一年正月甲午，立爲皇太子。

二十三年夏四月丁巳，卽皇帝位于魯陽，大赦天下。帝居諒闇，委政宰輔。五月丙子朔，高麗國遣使朝貢。六月乙卯，分遣侍臣巡行郡國，問民疾苦，考察守令，黜陟幽明，文武應求、道著丘園者，皆加褒禮。戊辰，追尊皇妣曰文昭皇后。

秋八月戊申，遵遺詔，高祖三夫人已下悉歸家。癸丑，宮臣增位一級。癸亥，南徐州刺史沈陵南叛。

冬十月辛未，鄧至國王像舒彭來朝。丙戌，車駕謁長陵。丁酉，有事於太廟。十有一月，幽州民王惠定聚衆反，自稱明法皇帝，刺史李肅捕斬之。

是歲，州鎮十八水，民飢，分遣使者開倉賑恤。高麗國遣使朝獻。

景明元年春正月壬寅，車駕謁長陵。乙巳，大赦，改年。丁未，蕭寶卷豫州刺史裴叔業以壽春內屬，驃騎大將軍、彭城王勰帥車騎十萬赴之。二月戊戌，復以彭城王勰爲司徒。寶卷將胡松、李居士率衆萬餘屯宛，[一]陳伯之水軍泝淮而上，以逼壽春。

夏四月丙申，彭城王勰、車騎將軍王肅大破之，斬首萬數。己亥，皇弟悅薨。五月甲寅，以北鎮大飢，遣兼侍中楊播巡撫賑恤。六月丙子，司徒、彭城王勰進位大司馬，車騎將軍王肅加開府儀同三司。癸未，大陽蠻酋田育丘等率戶內附。

秋七月，寶卷又遣陳伯之寇淮南。庚子，吐谷渾國遣使朝獻。八月乙酉，彭城王勰破伯之於肥口。乙未，高麗國遣使朝貢。九月乙丑，東豫州刺史田益宗破寶卷將吳子陽、鄧元起於長風。齊州民柳世明聚衆反。

冬十月丁卯朔，車駕謁長陵。庚寅，齊、兗二州討世明，平之。丁亥，改授彭城王勰爲司徒、錄尙書事。甲午，詔壽春置兵四萬人。十有一月己亥，荊州刺史桓道進攻寶卷下笮戍，拔之，降者二千餘戶。丁巳，陽平王頤薨。

是歲，十七州大飢，分遣使者開倉賑恤。是冬，島夷蕭衍起兵東下，伐其主蕭寶卷。

二年春正月丙申朔，車駕謁長陵。庚戌，帝始親政。遵遺詔，聽司徒、彭城王勰以王歸第。太尉、咸陽王禧進位太保，司空、北海王詳爲大將軍、錄尙書事。丁巳，引見羣臣於太極前殿，告以覽政之意。辛酉，高麗國遣使朝獻。壬戌，以太保、咸陽王禧領太尉，大將軍、廣陵王羽爲司徒。[二]詔曰：「朕幼承寶曆，艱憂在疚，庶事不親，風化未洽。今始覽政務，義協惟新，思使四方風從率善，可分遣大使，黜陟幽明。」二月庚午，宿衞之官進位一級。甲戌，大赦天下。三月乙未朔，詔曰：「比年以來，連有軍旅，役務旣多，百姓彫弊。宜時矜量，以拯民瘼。正調之外，諸妨害損民一時蠲罷。」[三]辛亥，詔曰：「諸州刺史，不親民事，緩於督察，郡縣稽逋，旬月之間，纔一覽決。淹獄久訟，動延時序，百姓怨嗟，方成困弊。尙書可明條制，申下四方，令日親庶事，嚴勒守宰，不得因循，寬怠虧政。」壬戌，詔曰：「治尙簡靜，任貴應事。州府佐史，除板稍多，方成損弊，無益政道。又京師百司，僚局殷雜，官有閑長者，亦同此例。苟非稱要，悉從蠲省。」青、齊、徐、兗四州大飢，民死者萬餘口。是月，蕭衍立寶卷弟南康王寶融爲主，年號中興，東赴建業。

夏五月壬子，廣陵王羽薨。壬戌，太保、咸陽王禧謀反，賜死。六月丁亥，考諸州刺史，加以黜陟。

秋七月乙巳，蠕蠕犯塞。乙未，東豫州刺史田益宗破蕭寶卷將黃天賜於赤亭。辛酉，大赦天下。壬戌，車騎將軍、儀同三司王肅薨。九月丁酉，發畿內夫五萬人築京師三百二十三坊，[四]四旬而罷。己亥，立皇后于氏。乙卯，免壽春營戶爲揚州民。

冬十月丁卯，吐谷渾國遣使朝獻。辛未，蕭寶卷零陵戍主華候率戶內屬。十有一月丙申，以驃騎大將軍穆亮爲司空。丁酉，大將軍、北海王詳爲太傅，領司徒。壬寅，改築圓丘於伊水之陽。乙卯，仍有事焉。十二月，高麗國遣使朝貢。是月，寶卷直後張齊殺其主寶卷降蕭衍，衍克建業。

三年春二月戊寅，詔曰：「自比陽旱積時，農民廢殖，寤言增愧，在予良多。申下州郡，有骸骨暴露者，悉可埋瘞。」三月，魯陽蠻反。蕭寶卷弟建安王寶夤來降。

夏四月，詔撫軍將軍李崇討魯陽反蠻。五月，揚州小峴戍主党法宗襲蕭衍大峴戍，破之，擒其龍驤將軍邾菩薩，送之京師。是月，蕭衍又廢其主寶融而僭立，自稱曰梁。閏月丁巳，司空穆亮薨。

秋七月癸酉，于闐國遣使朝獻。詔加文官從征顯達宿衞者二階，閑散者一階。八月癸卯，蕭寶融鎮南大將軍、江州刺史陳伯之遣使請降。乙卯，以前太傅、平陽公丕爲三老。九月丁巳，車駕行幸鄴。丁卯，詔使者弔殷比干墓。戊寅，閱武於鄴南。庚辰，武興國世子楊紹先遣使朝獻。

冬十月庚子，帝親射，遠及一里五十步，羣臣勒銘於射所。甲辰，車駕還宮。十有一月己卯，詔：「京洛兵蕪，歲踰十紀。先皇定鼎舊都，惟新魏曆，翦掃榛荒，創茲雲構，鴻功茂績，規模長遠。今廟社乃建，宮極斯崇，便當以來月中旬，蠲吉徙御。仰尋遺意，感慶交衷。既禮盛周宣斯干之制，事高漢祖壯麗之儀，可依典故，備茲考告，以稱遐邇人臣之望。」十有二月戊子，詔曰：「民本農桑，國重蠶籍，粢盛所憑，冕織攸寄。比京邑初基，耕桑暫缺，遺規往旨，宜必祗修。今寢殿顯成，移御維始，春郊無遠，拂羽有辰。便可表營千畝，開設宮壇，秉耒援筐，躬勸億兆。」壬寅，饗羣臣于太極前殿，賜布帛有差，以初成也。甲辰，揚州破蕭衍將張囂之，斬級二千。

是歲，疏勒、厭寘、婆羅捺、烏萇、阿喻陁、羅婆、不崙、陁拔羅、弗波女提、斯羅、噠舍、伏耆奚那太、羅槃、烏稽、悉萬斤、朱居槃、訶盤陁、撥斤、厭味、朱沴洛、南天竺、持沙那斯頭諸國並遣使朝貢。〔五〕河州大飢，死者二千餘口。

四年春正月乙亥，車駕籍田於千畝。梁州氐楊會反。詔行梁州事楊椿、左將軍羊祉討

之。三月己巳，皇后先蠶於北郊。庚辰，揚州破蕭衍將於陰山，斬其龍驤將軍吳道爽等數千級。〔六〕

夏四月癸未朔，以蕭寶夤爲鎮東將軍、東揚州刺史，封丹陽郡開國公、齊王。庚寅，南天竺國獻辟支佛牙。戊戌，詔曰：「酷吏爲禍，綿古同患；孝婦淫刑，東海燋壤。今不雨十旬，意者其有冤獄乎？尚書鞫京師見囚，務盡聽察之理。」己亥，帝以旱減膳徹懸。辛丑，澍雨大洽。五月甲戌，楊椿、羊祉大破反氐，斬首數千級。六月壬午朔，封皇弟悅爲汝南王。丙戌，發冀、定、瀛、相、并、濟六州二萬人、馬千匹，增配壽春。

秋七月乙卯，三老、平陽公丕薨。庚午，詔還收鹽池利以入公。辛未，以彭城王勰爲太師。八月庚子，以吏部尚書元英假鎮南將軍，攻蕭衍義陽。勿吉國貢楛矢。辛丑，行幸河南城離宮。

冬十有一月壬子，揚州大破蕭衍軍，斬其徐州刺史潘伽憐，擒司馬明素。〔七〕己未，以武興國世子楊紹先爲其國王。癸亥，詔尚書左僕射源懷撫勞代都、北鎮，隨方拯恤。乙亥，鎮南將軍元英大破蕭衍將吳子陽於白沙，擒斬千數。十有二月庚寅，詔鎮南將軍李崇討東荆反蠻。丙申，詔曰：「先朝制立軌式，庶事惟允。但歲積人移，物情乖惰。比或擅有增損，廢墜不行；或守舊遺宜，時有舛妨；或職分錯亂，互相推委。其下百司，列其疑闕，速以奏聞。」

癸卯，蕭衍梁州刺史平陽縣開國侯翟遠、徐州刺史永昌縣開國侯陳虎牙降。〔八〕

正始元年春正月庚戌，江州刺史曲江公陳伯之破蕭衍將趙祖悅於東關。丙辰，東荆州刺史楊大眼大破羣蠻樊季安等。丙寅，大赦，改年。二月戊子，蕭衍將姜慶眞襲陷壽春外郭，州軍擊走之。丁酉，揚州統軍劉思祖大破衍衆於邵陽，擒其冠軍將軍、邵陽縣開國侯張惠紹，驍騎將軍、祁陽縣開國男趙景悅等十將，斬獲數千級。三月壬申，元英破衍將王僧炳於樊城。

夏四月辛卯，高麗國遣使朝獻。五月丁未朔，太傅、北海王詳以罪廢爲庶人。六月，以旱徹樂減膳。癸巳，詔曰：「朕以匪德，政刑多舛，陽旱歷旬，京甸枯瘁，在予之責，夙宵疚懷。有司可循案舊典，祗行六事：囹圄冤滯，平處決之；庶尹廢職，量加修舉；鰥寡困窮，在所存恤；役賦殷煩，咸加蠲省；賢良讜直，以禮進之；貪殘佞訣，時加屏黜；男女怨曠，務令媾會。稱朕意焉。」甲午，帝以旱親薦享於太廟。戊戌，詔立周旦、夷齊廟於首陽山。庚子，以旱見公卿已下，引咎責躬。又錄京師見囚，殊死已下皆減一等，鞭杖之坐悉皆原之。

秋七月癸丑，蕭衍角城戍主柴慶宗以城來降。李崇大破諸蠻帥樊素安。八月丙子，元英破蕭衍將馬仙琕於義陽。詔洛陽令有大事聽面敷奏。乙酉，元英攻義陽，拔之，擒送蕭

衍冠軍將軍蔡靈恩等十餘將。辛卯，英又大破衍將，仍清三關。丁酉，封元英爲中山王。戊戌，西羌宋萬率戶四千內附。九月丙午，詔緣淮南北所在鎮戍，皆令及秋播麥，春種粟稻，隨其土宜，水陸兼用，必使地無遺利，兵無餘力，比及來稔，令公私俱濟也。又詔諸州蠲停徭役，不得橫有徵發。甲子，詔中山王英所執蕭衍冠軍將軍、監司州事蔡靈恩等隨才擢敍。乙丑，蕭衍霍州刺史田道龍、義州刺史張宗之遣使內附。蠕蠕犯塞，詔左僕射源懷討之。

冬十月乙未，詔斷羣官白衣募吏。十有一月戊午，詔曰：「古之哲王，創業垂統，安民立化，莫不崇建膠序，開訓國冑，昭宣三禮，崇明四術，使道暢羣邦，風流萬宇。自皇基徙構，光宅中區，軍國務殷，未遑經建，靖言思之，有慚古烈。可敕有司依漢魏舊章，營繕國學。」十有二月丙子，以苑牧公田分賜代遷之戶。己卯，詔羣臣議定律令。己亥，行幸伊闕。閏月癸卯朔，蕭衍行梁州事夏侯道遷據漢中來降，假尚書邢巒鎮西將軍，率衆以赴之。乙丑，驃騎大將軍、高陽王雍爲司空，尚書令、廣陽王嘉加儀同三司。

二年春正月丙子，以宕昌國世子梁彌博爲其國王。鄧至國遣使朝貢。二月，梁州氐反，絕漢中運路。刺史邢巒頻大破之。

夏四月己未，城陽王鸞薨。乙丑，詔曰：「任賢明治，自昔通規，宣風贊務，實惟多士。

而中正所銓，但存門第，吏部彝倫，仍不才舉。遂使英德罕昇，司務多滯。不精厥選，將何考陟？八座可審議往代貢士之方，擢賢之體，必令才學並申，資望兼致。」丙寅，以仇池氐叛，詔光祿大夫楊椿假平西將軍，率衆以討之。

邢巒遣統軍王足西伐，頻破蕭衍諸軍，遂入劍閣，執衍輔國將軍范始男送京師。五月辛巳，氐賊□虎率衆降。

六月己丑，詔曰：「先朝勳臣，或身罹譴黜，子孫沉滯；或宦途失次，有替舊流，因而弗採，何以獎勸？言念前績，情有親疏。宗及庶族，祖曾功績可紀而無朝宦，有官而才堪優引者，隨才銓授。」

甲寅，蕭衍冠軍將軍李畋等置營始平郡東，〔九〕涪水之北。王足逆擊敗之，斬衍冠軍將軍張湯、輔國將軍馬市、寧朔將軍李當、姜見祖、輔國將軍馮文豪、龍驤將軍何營之等。甲子，詔尚書李崇、太府卿于忠、散騎常侍游肇、諫議大夫鄧羨，崇、忠使持節並兼侍中，羨兼黃門，俱爲大使，糾斷外州畿內。其守令之徒咎失彰露者，即便施決，州鎮重職，聽爲表聞。

乙丑，蕭衍冠軍將軍王景胤、輔國將軍魯方達等攻竹亭，王足大破之，斬其輔國將軍王明達、龍驤將軍張方熾。

丁卯，揚州刺史薛眞度大破蕭衍將王超宗，俘斬三千級。

戊辰，蕭衍將魯方達屯戍新城，足又遣統軍盧祖遷等擊敗之，斬衍冠軍將軍楊伯仁、寧朔將軍任安定。

秋七月甲戌，詔曰：「朕纂馭寶曆，於今七載，德澤未敷，鑒不燭遠，人之寃瘼，所在猶滋，而糾察之獄未暢于下，賢愚靡分，皂白均貫，非所以革民耳目，使善惡勵心。今分遣大使，省方巡檢，隨其愆負與風響相符者，即加糾黜，以明雷霆之威，以申施軒之舉，因以覩風辨俗，採訪功過，褒賞賢者，糾罰淫慝，理窮恤弊，以稱朕心。」

戊子，王足擊破蕭衍軍，斬其龍驤將軍喻增暉、寧朔將軍庫保壽、輔國將軍魯天惠、建武將軍王文標。王足逼涪城。壬辰，蕭衍巴西太守庾域、冠軍將軍、統軍主李畋等逆戰，足擊破之，俘斬千數。

八月壬寅，詔中山王英南討襄、沔。

庚戌，王足遣統軍紀洪雅、盧祖遷等攻破衍軍，斬其秦梁二州刺史魯方達等十五人。

壬子，王足又遣統軍盧祖遷等擊破衍軍，斬其都督、冠軍將軍、梓潼縣開國子王景胤，劉達等二十四將軍。

甲寅，揚州擊衍將姜慶眞於羊石，破之。是月，衍沔東太守田青喜率郡七、縣三十一、戶萬九十內附。九月己巳，揚州刺史元嵩擊破衍湘州刺史楊公則等，斬獲數千。

冬十有一月戊辰朔，武興國王楊紹先叔父集起謀反，詔光祿大夫楊椿討之。

王足圍涪城，益州諸郡戍降者十二三，民送編籍者五萬餘戶。既而足引軍而退。十有二月庚申，又詔驃騎大將軍源懷愼，〔一〇〕令討武興反氐。

三年春正月丁卯朔，皇子生，大赦天下。壬申，梁秦二州刺史邢巒連破氐賊，克武興。蕭衍冀州刺史桓和入寇南青州，州軍擊走之。

秦州民王智等聚衆二千自號王公，尋推秦州主簿呂苟兒爲主，年號建明。

己卯，楊集起兄弟相率降。二月丙辰，詔曰：「昔虞戒面從，昌言屢進，周任諫輔，王闕必箴。朕仰纘鴻基，伏膺寶曆，思康庶績，一日萬幾，是以側望忠言，虛求讜直。而良策弗進，規畫無聞，豈所謂弼諧元首，匡救不逮者乎？可詔王公已下，其有嘉謀深圖，直言忠諫，利國便民，矯時厲俗者，咸令指事陳奏，無或依違。」戊午，詔右衞將軍元麗等討呂苟兒。乙丑，平南將軍陳伯之破蕭衍徐州刺史昌義之於梁城。是月，衍將蕭昞率衆五萬寇淮陽。三月己巳，以戎旅大興，詔罷諸作。己卯，詔荆州刺史趙怡、平南將軍奚康生赴淮陽。樂良王長命坐殺人賜死，國除。戊子，名皇子曰昌。庚寅，平南將軍、曲江縣開國公陳伯之自梁城

南奔。

夏四月乙未，〔一一〕詔罷鹽池禁。甲辰，詔遣使者巡慰北邊酋庶。庚戌，以中山王英爲征南將軍、都督揚徐二道諸軍事，指授邊將。蕭衍江州刺史王茂先寇荆州，屯於河南城，詔平南將軍楊大眼討之。辛酉，大破之，斬其輔國將軍王花，首虜二千餘。進攻河南城，茂先逃潰，追奔至於漢水，拔其五城。將軍宇文福略衍司州，俘獲千餘口而還。五月乙丑朔，詔尚書揔義陽初附之戶。丙寅，詔曰：「掩骼埋胔，古之令典，順辰修令，朝之恒式。今時澤未降，春稼已旱。或有孤老餧疾，無人贍救，因以致死，暴露溝塹者，洛陽部尉依法棺埋。」壬申，蕭衍將張惠紹入寇，陷宿豫。乙亥，衍將蕭容陷梁城。〔一二〕辛巳，衍將韋叡陷合肥城。壬午，詔尚書元遙率衆南討。

癸未，以秦隴未平，詔征西將軍于勁節度諸軍。

己丑，衍將又陷羊石、霍丘二城。六月辛丑，又陷小峴戍。

乙巳，安西將軍元麗大破秦賊，斬賊帥王智五人，梟首六千。

丁未，假平南將軍奚康生破蕭衍將張惠紹，斬其徐州刺史宋黑。丁巳，詔尚書邢巒出討徐兗。

秋七月丙寅，衍將桓和寇孤山，陷固城。

庚辰，元麗大破秦賊，降呂苟兒及其王公三十餘人，秦涇二州平。

戊子，中山王英大破衍徐州刺史王伯敖於陰陵，斬其將二十五人，首虜五千有餘。己丑，詔發定、冀、瀛、相、并、肆六州十萬人以濟南軍。八月壬寅，安東將軍邢巒破蕭衍將桓和於孤山，斬首萬餘級。將軍元恒別克固城，斬衍冠軍將軍桓方慶。統軍畢祖朽別克蒙山，斬衍龍驤將軍矯道儀等，斬賊及赴沂死者四千餘人。兗州平。己酉，詔平南將軍、安樂王詮督後發諸軍以赴淮南。壬戌，曲赦涇、秦、岐、涼、河五州。九月癸酉，邢巒大破衍軍於宿豫，斬其大將藍懷恭等四十餘人。張惠紹棄宿豫，蕭昞棄淮陽南走，追斬數萬級。徐州平。己丑，中山王英大破衍軍於淮南，衍中軍大將軍、臨川王蕭宏，尚書右僕射柳惔，徐州刺史昌義之等棄梁城沿淮東走。追奔次於馬頭，衍冠軍將軍、戍主朱思遠棄城宵遁，擒送衍將四十餘人，斬獲士卒五萬有餘。英遂攻鍾離。高麗國遣使朝貢。蕭衍遣將士卒三萬寇義陽。丁酉，夜遁走，郢州刺史婁悅追擊，破之。戊申，蠕蠕國遣使朝貢。己未，征虜將軍趙遐大破衍衆於瀧城桑坪。

十有一月甲子，帝爲京兆王愉、清河王懌、廣平王懷、汝南王悅講孝經於式乾殿。庚寅，詔曰：「往歲隴右扇逆，合境不民。其中猶有卒能自守，無豫釁亂。疾風知勁，良在可嘉。尚書可甄量報賞，以表誠義。」是月，梁州再破反獠。

四年春二月丙午，吐谷渾、宕昌國並遣使朝獻。己未，勿吉國貢楛矢。三月丙子，疊伏羅國遣使朝貢。

夏四月戊戌，鍾離大水。中山王英敗績而還。壬寅，吐谷渾、鳩磨羅、阿拔磨拔切磨勒、悉萬斤諸國並遣使朝獻。六月己丑朔，詔曰：「高祖德格兩儀，明並日月，播文教以懷遠人，調禮學以旌儁造，徙縣中區，光宅天邑，總霜露之所均，一姬卜於洛涘，戎繕兼興，未遑儒教。朕纂承鴻緒，君臨寶曆，思模聖規，述遵先志。今天平地寧，方隅無事，可敕有司準訪前式，置國子，立太學，樹小學於四門。」丙午，蕭衍龍驤將軍、馮翊太守宇文子生等七郡相率內附。丁未，社蘭達那羅、舍彌、比羅直諸國並遣使朝獻。

秋八月辛卯，契丹國遣使朝獻。己亥，中山王英、齊王蕭寶夤坐鍾離敗退，並除名爲民。庚子，庫莫奚、宕昌、吐谷渾諸國遣使朝獻。辛丑，敦煌民飢，開倉賑恤。九月己未，詔曰：「朕秉曆承天，履年將紀，徙正宮極，歲浹歸餘。台懿茂親，祗勤已久；列司英彥，庸績未酬。非所謂有功見知，賞以時及。其以司空、高陽王雍爲太尉，尚書令、廣陽王嘉爲司空，百官悉進位一級。」庚申，夏州長史曹明謀反，伏誅。甲子，開斜谷舊道。疏勒、車勒阿駒、南天竺、婆羅等諸國遣使朝獻。丙戌，司州民飢，開倉賑恤。閏月甲午，禁大司馬門不得車馬出入。

冬十月丁巳，高麗、半社、悉萬斤、可流伽、比沙、疏勒、于闐等諸國並遣使朝獻。丁卯，皇后于氏崩。戊辰，疏勒國遣使朝貢。庚午，淮陽太守安樂以城南叛。辛未，嚈噠、波斯、渴槃陁、渴文提不那杖忸杖提等諸國，[一三]並遣使朝獻。乙酉，葬順皇后於永泰陵。十有一月丁未，禁河南畜牝馬。自碣石至於劍閣，東西七千里，置二十二都尉。己酉，阿與陁、呵羅槃、陁跋吐羅諸國並遣使朝獻。十有二月戊午，詔兵士鍾離沒落者，復一房田租三年。辛酉，特那杖提莎鉢離阿失勒摩致鉢諸國遣使朝貢。甲子，蠕蠕、高車民他莫孤率部來降。丁丑，鉢崙、波利伏佛胄善、乾達諸國遣使朝貢。

永平元年春正月戊戌，潁川太守王神念奔於蕭衍。二月辛未，勿吉、南天竺國並遣使朝獻。三月戊子，皇子昌薨。己亥，斯羅、阿陁、比羅、阿夷义多、婆那伽、伽師達、于闐諸國並遣使朝獻。丙午，以去年旱儉，遣使者所在賙恤。

夏四月，阿伏至羅國遣使朝貢。五月癸未，高麗國遣使朝獻。辛卯，帝以旱故，減膳撤懸。六月壬申，詔曰：「慎獄重刑，著於往誥。朕御茲寶曆，明鑒未遠，斷決煩疑，實有攸愧。可依洛陽舊圖，修聽訟觀，農隙起功，及冬令就。當與王公卿士親臨錄問。」癸酉，高車國遣使朝貢。

秋七月辛卯，高車、契丹、汗畔、罽賓諸國並遣使朝獻。甲午，以夫人高氏爲皇后。乙未，詔曰：「察獄以情，審之五聽，枷杖小大，各宜定準。然比廷尉、司州、河南、洛陽、河陰及諸獄官，鞫訊之理，未盡矜恕，掠拷之苦，每多切酷，非所以祗憲量衷、慎刑重命者也。推濫究枉，良軫於懷。可付尚書精檢枷杖違制之由，斷罪聞奏。」八月癸亥，冀州刺史、京兆王愉據州反。乙丑，假尚書李平鎮北將軍、行冀州事以討之。丁卯，大赦，改年。庚午，吐谷渾、庫莫奚國並遣使朝貢。九月辛巳朔，李平大破元愉於草橋。丙戌，復前中山王英本封。壬辰，蠕蠕國遣使朝貢。定州刺史、安樂王詮大破元愉於信都北。戊戌，殺侍中、太師、彭城王勰。辛丑，詔赦冀州民雜工役爲元愉所詿誤者，其能斬獲逆黨，別加優賞。癸卯，李平克信都，元愉北走，斬其所署冀州牧韋超、右衛將軍睦雅、[一四]尚書僕射劉子直、吏部尚書崔朏等。統軍叔孫頭執愉送信都。羣臣請誅愉，帝弗許，詔送京師。冀州平。庚子，郢州司馬彭珍、治中督榮祖等謀叛，潛引蕭衍衆入義陽，郢州刺史婁悅擊走之。詔將軍胡季智、屈祖等南赴義陽。三關戍主侯登、陽鳳省等以城南叛，婁悅嬰城固守。遣中山王英督步騎三萬以赴之。

冬十月丁巳，詔復故北海王詳本封，葬以王禮。豫州彭城人白早生殺刺史司馬悅，[一五]

據城南叛，蕭衍遣將齊苟仁等四將以助之。詔尚書邢巒行豫州事，督將軍崔暹率騎討之。丙子，邢巒大破早生及苟仁軍於鮑口。丁丑，前宿豫戍主成安樂子景儁殺宿豫戍主嚴仲賢，以城南叛。十有一月庚寅，詔安東將軍楊椿率衆四萬攻宿豫。十有二月己未，邢巒克懸瓠，斬白早生，擒齊苟仁等，俘蕭衍卒三千餘人，分賜王公已下。癸亥，中山王英破衍將於楚城，擒衍寧朔將軍張疑等。〔一六〕郢州刺史婁悅破衍將馬仙琕於金山。壬申，漢東蠻民一萬七千戶相率內附。丙子，高麗國遣使朝獻。

是歲，高昌國王麴嘉遣其兄子私署左衞將軍孝亮奉表來朝，因求內徙，乞師迎接。

二年春正月，蕭衍遣王神念寇南兗。詔輔國將軍長孫稚假平南將軍爲都督，率統軍邴虬等五軍以討之。丁亥，胡密、步就磨、忸密、槃是、悉萬斤、辛豆那、越拔忸諸國並遣使朝獻。壬辰，嚈噠、薄知國遣使來朝，貢白象一。乙未，高昌國遣使朝貢。丙申，中山王英進逼蕭衍長薄戍，戊戌，胥潰，殺傷千數。丁酉，拔武陽關，擒衍雲騎將軍、松滋縣開國侯馬廣，冠軍將軍、遷陵縣開國子彭甕生，驍騎將軍、當陽縣開國伯徐元季等二十六將，俘獲七千餘人。進攻黃峴、西關。衍將馬仙琕棄西關，李元履棄黃峴遁走。是月，涇州沙門劉慧汪聚衆反。詔華州刺史奚康生討之。二月乙卯，詔曰：「比軍役頻興，仗多毀敗，在庫戎器，見有

無幾。安不忘危，古人所戒，五兵之器，事須充積，經造既殷，非衆莫舉。今可量造四萬人雜仗。」三月癸未，磨豆羅、阿曜社蘇突闍、地伏羅諸國並遣使朝獻。

夏四月己酉，詔以武川鎮飢，開倉賑恤。甲子，詔曰：「聖人濟世，隨物汙隆，或正或權，理無恒在。先朝以雲駕甫遷，嵩基始構，河洛民庶，徙舊未安，代來新宅，尚不能就。伊闕西南，羣蠻填聚；沔陽賊城，連邑作戍；蠢爾愚巴，心未純款。故暫抑造育之仁，權緩肅姦之法。今京師天固，與昔不同。楊郢荊益，皆悉我有；保險諸蠻，罔不歸附；商洛民情，誠倍往日。唯樊襄已南，仁乖道政，被拘隔化，非民之咎。而無賴之徒，輕相劫掠，屠害良善，離人父兄。衍之爲酷，實亦深矣。便可放彼掠民，示其大惠，捨此殘賊，未令之懲。幷敕緣邊州鎮，自今已後，不聽境外寇盜，犯者罪同境內。若州鎮主將，知容不糾，坐之如律。」五月，高麗國遣使朝獻。辛丑，帝以旱故，減膳徹懸，禁斷屠殺。甲辰，幸華林都亭，親錄囚徒，犯死罪已下降一等。六月，高昌國遣使朝獻。辛亥，詔曰：「江海方同，車書宜一，諸州軌轍南北不等。今可申敕四方，使遠近無二。」

秋七月癸未，契丹國遣使朝獻。八月丁未，鄧至國遣使朝獻。戊申，以鄧至國世子像覽蹄爲其國王。高昌、勿吉、庫莫奚諸國並遣使朝獻。九月辛巳，封故北海王子顥爲北海王。壬午，詔定諸門闥名。

冬十月癸丑，以司空、廣陽王嘉爲司徒。庚午，郢州獻七寶牀，詔不納。十有一月甲申，詔禁屠殺含孕，以爲永制。己丑，帝於式乾殿爲諸僧、朝臣講維摩詰經。十有二月，詔曰：「五等諸侯，比無選式。其同姓者出身：公正六下，侯從六上，伯從六下，子正七上，男正七下。異族出身：公從七上，侯從七下，伯正八上，子正八下，男從八上。清修出身：公從八下，侯正九上，伯正九下，子從九上，男從九下。可依此叙之。」疊伏羅、弗菩提、朝陁吒、波羅諸國並遣使朝獻。

三年春二月丙午，高昌、鄧至國並遣使朝獻。壬子，秦州沙門劉光秀謀反。州郡捕斬之。癸亥，秦州隴西羌殺鎮將趙儁，阻兵反叛。州軍討平之。三月丙戌，皇子生，大赦天下。高麗、吐谷渾、宕昌諸國並遣使朝獻。

夏四月，平陽郡之禽昌、襄陵二縣大疫，自正月至此月，死者二千七百三十人。五月丁亥，詔以冀定二州旱儉，開倉賑恤。六月壬寅，詔重求遺書於天下。丁卯，名皇子曰詡。閏月己亥，吐谷渾、高麗、契丹諸國各遣使朝貢。

秋七月己未，吐谷渾國遣使朝貢。八月己卯，勿吉國遣使朝貢。九月壬寅，烏萇、伽秀沙尼諸國並遣使朝獻。丙辰，高車別帥可略汗等率衆一千七百內屬。

冬十月辛卯，中山王英薨。丙申，詔曰：「朕乘乾御曆，年周一紀，而道謝擊壤，教慚刑厝。至於下民之煢鰥疾苦，心常愍之，此而不恤，豈爲民父母之意也。可敕太常於閑敞之處，別立一館，使京畿內外疾病之徒，咸令居處。嚴敕醫署，分師療治，考其能否，而行賞罰。雖齡數有期，修短分定，然三疾不同，〔一七〕或賴針石，庶秦扁之言，理驗今日。又經方浩博，流傳處廣，應病投藥，卒難窮究。更令有司，集諸醫工，尋篇推簡，務存精要，取三十餘卷，以班九服，郡縣備寫，布下鄉邑，使知救患之術耳。」戊戌，高車、龜茲、難地、那竭、庫莫奚等諸國並遣使朝獻。十有二月己卯，高麗、比沙杖國遣使朝獻。辛巳，江陽王繼坐事除名。甲申，詔於青州立高祖廟。殿中侍御史王敞謀反伏誅。

四年春正月丁巳，汾州劉龍駒聚衆反。詔諫議大夫薛和率衆討之。甲子，阿悅陁、不數羅國並遣使朝獻。二月壬午，青、齊、徐、兗四州民飢甚，遣使賑恤。三月癸卯，婆比幡彌、烏萇、比地、〔一八〕乾達諸國並遣使朝獻。壬戌，司徒、廣陽王嘉薨。

夏四月，琅邪民王萬壽斬蕭衍輔國將軍、琅邪東莞二郡太守劉晣首，以朐山來降。徐州刺史盧昶遣琅邪戍主傅文驥率衆據之。甲戌，薛和大破山胡。蕭衍遣其鎮北將軍張稷及馬仙琕寇朐山。詔盧昶率衆赴之。五月己亥，遷代京銅龍置天淵池。〔一九〕丙辰，詔禁天文

之學。六月乙亥，乾達、阿婆羅、達舍、越伽使密、不流沙諸國並遣使朝獻。

秋七月辛酉，吐谷渾、契丹國並遣使朝獻。八月辛未，阿婆羅、達舍、越伽使密、不流沙等諸國並遣使朝獻。癸巳，勿吉國獻楛矢。九月甲寅，蕭衍九山戍主荀仁以戍來降。〔二〇〕嚈噠、朱居槃、波羅、莫伽陁、移婆僕羅、俱薩羅、舍彌、羅樂陁等諸國並遣使朝獻。

冬十月丁丑，婆比幡彌、烏萇、比地、乾達等諸國並遣使朝獻。十有一月甲午，宕昌國遣使朝獻。己亥，詔李崇、奚康生等治兵壽春，以分朐山之寇。戊申，難地、伏羅國並遣使朝獻。朐城陷，盧昶大敗而還。十有二月壬申，詔曰：「進善退惡，治之通規，三載考察，政之明典。正始二年以來，于今未考，功過難齊，寧無昇降？從景明二年至永平四年，通考以聞。」戊子，大羅汗、婆來伽國遣使朝獻。

延昌元年春正月乙巳，以頻水旱，百姓饑弊，分遣使者開倉賑恤。戊申，疏勒國遣使朝獻。丙辰，以車騎大將軍、尚書令高肇為司徒公，光祿大夫、清河王懌為司空，司州牧、廣平王懷進號驃騎大將軍、儀同三司。三月辛卯朔，〔二一〕渴槃陁國遣使朝獻。甲午，州郡十一大水，詔開倉賑恤。以京師穀貴，出倉粟八十萬石以賑貧者。己未，安樂王詮薨。

夏四月，詔以旱故，食粟之畜皆斷之。丁卯，詔曰：「還京、嵩縣，年將二紀，虎闈闕唱演

之音，四門絕講誦之業，博士端然，虛祿歲祀，貴遊之冑，歎同子衿，靖言念之，有兼愧慨。可嚴敕有司，國子學孟冬使成，太學、四門明年暮春令就。」戊辰，以旱，詔尚書與羣司鞫理獄訟，詔河北民就穀燕恒二州。辛未，詔饑民就穀六鎮。丁丑，帝以旱故，減膳撤懸。癸未，詔曰：「肆州地震陷裂，死傷甚多，言念毀沒，有酸懷抱。亡者不可復追，生病之徒宜加療救。可遣太醫、折傷醫，并給所須之藥，就治之。」乙酉，大赦，改年。詔立理訴殿、申訟車，以盡冤窮之理。五月辛卯，疏勒及高麗國並遣使朝獻。丙午，詔天下有粟之家，供年之外，悉貸饑民。自二月不雨至於是晦。六月壬申，澍雨大洽。戊寅，通河南牝馬之禁。己卯，詔曰：「去歲水災，今春炎旱，百姓饑餒，救命靡寄，雖經蠶月，不能養績。今秋輸將及，郡縣期於責辦，尚書可嚴勒諸州，量民資產，明加檢校，以救艱弊。」庚辰，詔出太倉粟五十萬石，以賑京師及州郡饑民。

秋七月，吐谷渾、契丹國並遣朝獻。八月壬戌，吐谷渾國遣使朝貢。丁亥，勿吉國貢楛矢。

冬十月乙亥，立皇子詡為皇太子。是月，嚈噠、于闐、高昌及庫莫奚諸國並遣使朝獻。十有一月丙申，詔曰：「朕運承天休，統御宸宇，太子體藉靈明，肇建宮華，明兩既孚，三善方洽，宜澤均率壤，榮汎庶胤。其賜天下為父後者爵一級，孝子、順孫、廉夫、節婦旌表門閭，量給粟帛。」十有二月己巳，詔守宰為御史所彈遇赦免者、及考在中第，皆代之。

二年春正月戊戌，帝御申訟車，親理冤訟。高麗國遣使朝獻。二月丙辰朔，賑恤京師貧民。甲戌，以六鎮大饑，開倉賑贍。己卯，太尉、高陽王雍進位太保。庚辰，蕭衍郁州民徐玄明等斬送衍鎮北將軍、青冀二州刺史張稷首，以州內附，詔前南兗州刺史樊魯率衆赴之。閏二月辛丑，以苑牧之地賜代遷民無田者。癸卯，定奴良之制，以景明為斷。三月丙寅，高昌國遣使朝獻。是春，民饑，餓死者數萬口。〔二二〕

夏四月庚子，以絹十五萬匹賑恤河南郡饑民。五月，壽春大水，遣平東將軍奚康生等步騎數千赴之。高麗國遣使朝獻。六月乙酉，青州民饑，詔使者開倉賑恤。甲午，曲赦揚州。辛亥，帝御申訟車，親理冤訟。是夏，州郡十三大水。

秋八月辛卯，詔曰：「頃水旱互侵，頻年饑儉，百姓窘弊，多陷罪辜，煩刑之愧，朕用懼矣。其殺人、掠賣人、羣强盜首，及雖非首而殺傷財主，曾經再犯公斷道路劫奪行人者，依法行決；自餘恕死。徒流已下各準減降。」庚戌，嚈噠、于闐、槃陁及契丹、庫莫奚諸國並遣使朝獻。九月丙辰，以貴族豪門崇習奢侈，詔尚書嚴立限級，節其流宕。是月，勿吉、吐谷渾、鄧至國並遣使朝貢。

冬十月，詔以恒、肆地震，民多死傷，蠲兩河一年租賦。十有二月丙戌，丐洛陽、河陰二縣租賦。乙巳，詔以恒、肆地震，民多離災，其有課丁沒盡、老幼單辛、家無受復者，各賜廩以接來稔。高麗國遣使朝獻。

三年春二月乙未，詔曰：「肆州秀容郡敷城縣、鴈門郡原平縣，並自去年四月以來，山鳴地震，于今不已，告譴彰咎，朕甚懼焉，祗畏兢兢，若臨淵谷，可恤瘼寬刑，以答災譴。」三月，三關別將李世哲大破羣蠻，斬蕭衍龍驤將軍文思之、文天生。

夏四月，青州民饑，辛巳，開倉賑恤。乙巳，上御申訟車，親理冤訟。六月，南荊州刺史桓叔興大破蕭衍軍於九山，斬其虎旅將軍、新豐縣開國子蔡令孫，冠軍將軍席世興，貞義將軍藍次孫。

秋七月丙子，勿吉國遣使朝貢。八月甲申，帝臨朝堂，考百司而加黜陟。九月，吐谷渾、契丹、勿吉諸國並遣使朝貢。

冬十月庚辰，詔驍騎將軍馬義舒慰諭蠕蠕。庫莫奚國遣使朝貢。十有一月庚戌，南天竺、佐越費實諸國並遣使朝獻。辛亥，詔司徒高肇為大將軍、平蜀大都督，步騎十萬西伐。益州刺史傅豎眼出巴北，〔二三〕平南將軍羊祉出涪城，安西將軍奚康生出綿竹，撫軍將軍甄琛

出劍閣。乙卯，以中護軍元遙爲征南將軍、東道都督，鎭遏梁楚。丁巳，幽州沙門劉僧紹聚衆反，自號淨居國明法王。州郡捕斬之。甲戌，高麗國遣使朝獻。十有二月庚寅，詔立明堂。

四年春正月甲寅，帝不豫，丁巳，崩于式乾殿，時年三十三。二月甲戌朔，上尊諡曰宣武皇帝，廟號世宗。甲午，葬景陵。

帝幼有大度，喜怒不形於色。雅性儉素。初，高祖欲觀諸子志尙，乃大陳寶物，任其所取，京兆王愉等皆競取珍玩，帝唯取骨如意而已。高祖大奇之。庶人恂失德，高祖謂彭城王勰曰：「吾固疑此兒有非常志相，今果然矣。」乃立爲儲貳。雅愛經史，尤長釋氏之義，每至講論，連夜忘疲。善風儀，美容貌，臨朝淵默，端嚴若神，有人君之量矣。

史臣曰：世宗承聖考德業，天下想望風化，垂拱無爲，邊徼稽服。而寬以攝下，從容不斷，太和之風替矣。比夫漢世，元、成、安、順之儔歟？

校勘記

〔一〕寶卷將胡松李居士率衆萬餘屯宛　卷六三王肅傳「宛」作「死虎」。按「死虎塘」「死虎亭」，見水

經注卷三二肥水篇。戴震校本云：「案『虎』，原本及近刻並訛作『雩』。」考死虎壘在今壽州東四十餘里。」宋書卷八六劉緬傳劉順等東據宛唐，築四壘。通典云：「宛唐，死虎之訛也。」宛唐、死雩當是唐人避李虎諱改。這裏本也同王肅傳作「死虎」，唐人改作「宛唐」，後來又脫「唐」字。

〔二〕大將軍廣陵王羽爲司徒　北史卷四魏紀四「司徒」作「司空」。按上文稱「以北海王詳爲大將軍」，卷二一廣陵王羽傳稱羽爲車騎大將軍，授司徒，不受，請爲司空，許之。知「大將軍」上脫「車騎」二字，「司徒」是記初授官，未必誤。

〔三〕正調之外諸妨害損民一時蠲罷　冊府卷一〇六一七七三頁「妨害」作「坊調」。按「妨害損民」，語意重複。「坊」當是「旁」之訛，「旁調」和「正調」對文，卽橫調、雜調。

〔四〕發畿內夫五萬人築京師三百二十三坊　南、北、殿三本和北史卷四「五萬」下有「五千」二字。又北史作「三百二十坊」。按卷一八廣陽王嘉傳也作「三百二十坊」，「坊」上「三」字當衍。

〔五〕是歲疏勒罽賓婆羅捺烏萇阿喻陁羅婆不崙陁拔羅弗波女提斯羅噠舍伏耆奚那太羅槃烏稽悉萬斤朱居槃訶盤陁撥斤厭味朱沴洛南天竺持沙那斯頭諸國並遣使朝貢　按以上「諸國」，除見於史籍西域傳外，很難確知，今比對見於此紀他處和西域傳「諸國」，凡可以推知者加標線。「婆羅捺」當卽見於永平二年十二月及四年九月之「波羅奈」，亦卽御覽卷七九七三五四二頁之「波羅奈」。「阿喻陁」當卽見於正始四年十一月之「阿與陁」，永平四年正月之「阿悅陁」。「不崙」卽見於正始四年十二月之「鉢崙」。「陁拔羅」當卽正始四年十一月之「陁跋吐羅」。「斯羅」又見於永平元年三月，位與「諸國」之首，知此處不與上「提」字連。「噠舍」卽見於永平四年六月之「達舍」。「羅槃」疑卽見於正始四年十一月之「呵羅槃」，這裏脫「呵」字或省譯。「朱居槃」卽西域傳之「悉居半」及「朱居」。「訶盤陁」當卽西域傳之「渴槃陁」，洛陽伽藍記載宋雲行記之「漢盤陁」。「撥斤」疑卽見於隋書卷八三西域傳之「鏺汗」，「汗」訛「斤」。「厭味」疑是「嚈噠」之訛。「羅婆」、「烏稽」、「朱沴洛」雖無從比對，由于各自介於二者之間，亦加標斷。其他「弗波女提」、「伏耆奚那太」、「持沙那斯頭」，四五個字連在一起，不知是一地或二地名，無從加標，姑從闕疑。此紀及下肅宗紀尚有多處列舉「諸國」，均從此例，可以比對推知的加標線，不能標斷的從闕。除冊府有異文和疑有訛脫之外，不一一出校記。

〔六〕揚州破蕭衍將於陰山斬其龍驤將軍吳道爽等數千級　按卷一九中任城王雲附元澄傳稱：「攻蕭衍陰山戍破之，斬其戍主龍驤將軍、都亭侯梅興祖。仍引攻白藁戍，又破之，斬其寧朔將軍、關內侯吳道爽。」卷九八蕭衍傳同。則龍驤將軍乃梅興祖，吳道爽乃寧朔將軍。這裏「龍驤將軍」下當有脫文。

〔七〕斬其徐州刺史潘伷憐擒司馬明素　按卷一九中元澄傳、卷九八蕭衍傳作「徐州刺史司馬明素」，「徐州長史潘伯憐」。這裏不記司馬明素官位，又以潘伷憐爲刺史，疑有脫訛。「伷」「伯」不

知孰是。

〔八〕徐州刺史永昌縣開國侯陳虎牙降　按陳虎牙是陳伯之子。他爲徐州刺史，見於本書卷六一田益宗附陳伯之傳及南齊書卷八和帝紀中興元年五〇一四月。伯之傳明言：「景明三年五〇二，伯之遣使密表請降，幷遣其子冠軍將軍、徐州刺史、永昌縣開國侯虎牙爲質。」本年五〇三不得又有徐州刺史陳虎牙降魏事。不知何以致誤。

〔九〕蕭衍冠軍將軍李畋等置營始平郡東　通鑑卷一四六四五五一頁「李畋」作「李畎」。按卷六五邢巒傳稱「蕭衍輔國將軍李畎戍石同」。卷七一李苗傳稱苗叔父略爲蕭衍寧州刺史，曾拒王足於涪。北史卷四五李苗傳「略」作「畎」。「畋」「畎」「略」官位，雖諸傳所載各異，其人却均爲在涪城一帶拒敵王足的梁將，必是一人。通鑑此條作「冠軍將軍李畎」，知本此紀，考異無文，則司馬光所見此紀，本亦作「畎」。此人當名「畎」，「畋」「略」都是形近而訛。

〔一〇〕又詔驃騎大將軍源懷愼　按卷四一源懷傳云本名思禮，「後賜名懷」，此作「懷愼」，疑衍「愼」字。但當時雙名常單稱，所見北魏墓誌中名與史傳不合者此類甚多，也可能源懷實雙名「懷愼」，今仍之。

〔一一〕夏四月乙未　北史卷四魏紀四「乙未」作「丁未」。按是年四月乙未朔，丁未乃十一日。若是乙未，例當下有「朔」字。若非「乙」爲「丁」字之訛，則下脫「朔」字。

〔一二〕衍將蕭容陷梁城　卷六五邢巒傳、卷九八蕭衍傳「容」作「密」。按梁書卷二武帝紀天監五年五月乙亥稱「臨川王宏前軍克梁城」，「容」或「密」當是避元宏諱改。

〔一三〕渴文提不那杖佴杖提等諸國　以上諸國無考，「那」下「杖」字册府卷九六九一一三九一頁作「伏」。

〔一四〕右衞將軍睦雅　按「睦」非姓。本書卷九〇逸士傳有眭夸，北齊書卷四五文苑傳有眭豫。史籍「眭」常訛作「睦」，北齊書諸本「眭豫」卽訛作「睦豫」，疑這裏「睦」也是「眭」之訛。

〔一五〕豫州彭城人白早生殺刺史司馬悅　册府卷一二一一四五〇頁無「彭」字。按彭城不屬豫州。卷三七司馬悅傳、卷八七劉侯仁傳稱「城人白早生」，卷六五邢巒傳作「豫州城民白早生」，卷九八蕭衍傳作「懸瓠城民白早生」。「城人」或「城民」是當時州鎭屯戍軍所屬人口的專稱。這裏「彭」字疑衍文。

〔一六〕擒衍寧朔將軍張疑等　卷一九下南安王楨附元英傳「張疑」作「張道凝」，又稱「斬道凝」。這裏「疑」當作「凝」，雙名單稱。「擒」「斬」未知孰是。

〔一七〕然三疾不同　御覽卷一〇三四九五頁「三」作「六」。按「三疾」見論語陽貨，指狂、矜、愚，與詔書所說疾病不同。「六疾」見左傳成元年醫和語，疑作「六」是。

〔一八〕比地　册府卷九六九一一三九一頁「比」作「北」。

〔一九〕遷代京銅龍置天淵池　北史卷四、册府卷一三一五〇頁「池」下有「西」字，疑脫。

〔二〇〕蕭衍九山戍主苟仁以戍來降　百衲本「仁」字空格，南本以下諸本都作「仁」，或因上文見齊苟仁而補。今姑從諸本。

〔二一〕三月辛卯朔　諸本「三月」作「二月」。按是年二月丙辰朔，三月辛卯朔。下記「甲午」「癸未」，乃三月四日及二十九日。下文已未稱安樂王詮死，卷一〇五之二天象志二正作「延昌元年三月已未」，知「二」乃「三」之訛，今改正。

〔二二〕民饑餓死者數萬口　卷一〇五之一天象志一稱延昌二年春，「京師民饑，餓死者數萬口」。按下文卽記「以絹十五萬匹賑恤河南郡饑民」，河南郡是畿郡，亦卽「京師」。天象志記事一般卽出於本紀，疑這裏「民饑」上脫「京師」二字。

〔二三〕益州刺史傅豎眼出巴北　卷七〇傅豎眼傳、卷一〇五之四天象志四延昌元年條作「北巴」。按隋書卷二九地理志上巴西郡下稱「梁置南梁、北巴州」。州在今閬中縣一帶。天象志所云卽出此紀，知原亦當作「北巴」，傳本誤倒，但作「巴北」亦可通，今不改。

魏書卷九

肅宗紀第九

肅宗孝明皇帝，諱詡，世宗宣武皇帝之第二子，母曰胡充華。永平三年三月丙戌，帝生于宣光殿之東北，有光照于庭中。延昌元年十月乙亥，立爲皇太子。

四年春正月丁巳夜，卽皇帝位。戊午，大赦天下。己未，徵下西討東防諸軍。庚申，詔太保、高陽王雍入居西栢堂，決庶政，又詔任城王澄爲尚書令，百官總己以聽於二王。己巳，勿吉、達槃、地豆和、尼步伽、拔但、佐越費實等諸國遣使朝獻。二月庚辰，尊皇后高氏爲皇太后。辛巳，司徒高肇至京師，以罪賜死。蕭衍寧州刺史任太洪率衆寇關城，益州長史成興孫擊破之。癸未，太保、高陽王雍進位太傅、領太尉，司空、清河王懌爲司徒，驃騎大將軍、廣平王懷爲司空。己亥，尊胡充華爲皇太妃。宕昌國遣使朝獻。三月甲辰朔，皇太后出俗爲尼，徙御金墉。丙辰，詔進宮臣位一級。先是，蕭衍於浮山堰淮，規爲揚徐之害，詔平南將軍楊大眼討之。乙丑，進文武羣官位一級。

夏四月，梁州刺史薛懷古破反氐於沮水。五月甲寅，南秦州刺史崔暹擊破氐賊，解武興圍。

六月，沙門法慶聚衆反於冀州，殺阜城令，自稱大乘。

秋七月癸卯，蠕蠕國遣使朝獻。八月乙亥，領軍于忠矯詔殺左僕射郭祚、尚書裴植，免太傅、領太尉、高陽王雍官，以王還第。丙子，尊皇太妃爲皇太后。己卯，吐谷渾國遣使朝獻。庚辰，蕭衍定州刺史田超秀率衆三千請降。戊子，帝朝皇太后於宣光殿，大赦天下。己丑，司徒、清河王懌進位太傅，領太尉；司空、廣平王懷爲太保，領司徒；驃騎大將軍、任城王澄爲司空。庚寅，車騎大將軍于忠爲尚書令，特進崔光爲車騎大將軍，並儀同三司。壬辰，復前江陽王繼本國；以濟南王彧復先封，爲臨淮王。羣臣奏請皇太后臨朝稱制。

九月乙巳，皇太后親覽萬機，詔曰：「高祖革禮成治，遺澤在民。世宗纂承丕業，聖德昭遠。朕以沖孺，屬當寶圖，洪基至重，若履冰薄。王公百辟羣牧庶官，皆受遇先朝，寵榮自昔，宜各勉崇，共康世道，勠力竭誠，以匡輔不逮。其有懷道丘園、昧跡板築、山栖谷飲、舒卷從時者，宜廣戔帛，緝和鼎餁。有能讜言直諫、濟世益時者，在所以聞，當待以不次之位。孝子、順孫、義夫、節婦，表其門閭，以彰厥美。高年孤獨不能自存者，賸以粟帛。若因饑失業、天屬流離，或賣鬻男女以爲僕隸者，各聽歸還。比冀方未肅，徐城寇擾，將統久勞，士卒疲弊，並遣撫慰，賜以衣馬。緣邊州鎮，固捍之勞，朔方畣庶，北面所委，亦令勞賚，以副其心。其有先朝舊事寢而不舉、頃來便習不依軌式者，並可疏聞，當加覽裁。若益時利治、不拘常制者，自依別例。其明相申約，稱朕意焉。」

甲寅，征北元遙破斬法慶及渠帥百餘人，傳首京師。安定王爕薨。庚申，高昌、庫莫奚、契丹諸國並遣使朝獻。蕭衍將趙祖悅襲據硤石。癸亥，詔定州刺史崔亮假鎮南將軍，率諸將討之；冀州刺史蕭寶夤爲鎮東將軍，次淮堰。戊辰，鄧至國遣使朝貢。

冬十月庚午朔，勿吉國貢楛矢。壬午，高麗、吐谷渾國並遣使朝獻。乙酉，以安定公胡國珍爲中書監、儀同三司。甲午，蕭衍弘化太守杜桂舉郡內屬。十有二月辛丑，以高陽王雍爲太師。己酉，鎮南崔亮破祖悅，遂圍硤石。丁卯，帝、皇太后謁景陵。高車國遣使朝獻。

熙平元年春正月戊辰朔，大赦，改年。荊沔都督元志大破蕭衍軍，斬其恒農太守王世定等。以吏部尚書李平爲鎮軍大將軍兼尚書右僕射，爲行臺，節度討硤石諸軍。二月乙巳，鎮東蕭寶夤大破衍將於淮北。癸亥，初聽秀才對策，第居中上已上，敍之。乙丑，鎮南

崔亮、鎮軍李平等克硤石，斬衍豫州刺史趙祖悅，傳首京師，盡俘其衆。是月，吐谷渾、宕昌、鄧至諸國並遣朝貢。三月辛未，以揚州刺史李崇爲驃騎將軍、儀同三司。壬辰，以硤石俘虜分賜百僚。

夏四月戊戌，以瀛州民饑，開倉賑恤。高昌、陰平國並遣使朝獻。五月丁卯朔，詔曰：「炎旱積辰，苗稼萎悴，比雖微澍，猶未霑洽，晚種不納，企望憂勞，在予之責，思自兢厲。尚書可釐恤獄犴，察其淹枉，簡量輕重，隨事以聞，無使一人怨嗟，增傷和氣。土木作役，權皆休罷，勸農省務，肆力田疇。庶嘉澤近降，豐年可必。」蕭衍衡州刺史張齊寇益州，〔一〕復以傅豎眼爲刺史以討之，頻破賊軍，斬其將任太洪首。庚午，詔放華林野獸於山澤。丙戌，吐谷渾遣使朝獻。

秋七月庚午，重申殺牛之禁。丙子，詔兵士征硤石者復租賦一年。傅豎眼大破張齊，齊遁走。乙酉，高昌國遣使朝獻。八月乙巳，以侍中、中書監、儀同三司、安定郡開國公胡國珍爲都督雍涇岐華東秦豳六州諸軍事、驃騎大將軍、開府儀同三司、雍州刺史。丙午，詔曰：「先賢列聖，道冠生民，仁風盛德，煥乎圖史。暨曆數永終，迹隨物變，陵壟杳藹，鞠爲茂草，古帝諸陵，多見踐藉。可明勑所在，諸有帝王墳陵，四面各五十步勿聽耕稼。」宕昌國遣使朝貢。九月丁丑，淮堰破，蕭衍緣淮城戍村落十餘萬口，皆漂入于海。

十有二月癸巳，詔洛陽、河陰及諸曹雜人年七十已上、鰥寡貧困不能自存，及年雖少而痼疾長廢、窮苦不濟者，研實具列以聞。

二年春正月，大乘餘賊復相聚結，攻瀛州。刺史宇文福討平之。甲戌，大赦天下。戊子，勿吉國遣使朝貢。庚寅，詔遣大使巡行四方，問疾苦，恤孤寡，黜陟幽明。又詔：「選曹用人，務在得才，廣求栖遁，共康治道。州鎮城隍，各令嚴固。齋會聚集，糾執妖諠。囹圄皆令造屋，桎梏務存輕小。工巧浮迸，不得隱藏。絹布繒綵，長短合式。偷竊軍階，亦悉沙汰。籍貫不實，普使糾案，聽自歸首，逋違加罪。」詔中尉元匡考定權衡。癸丑，地伏羅、罽賓國並遣使朝獻。二月庚子，契丹、鄧至、宕昌諸國並遣使朝獻。丁未，封御史中尉元匡爲東平王。三月甲戌，吐谷渾國遣使朝獻。丁亥，太保、領司徒、廣平王懷薨。

夏四月甲午，高麗、波斯、疏勒、嚈噠諸國並遣使朝獻。丁酉，詔京尹所統，百年以上賜大郡板，九十以上賜小郡板。戊申，以中書監、開府儀同三司胡國珍爲司徒公，特進、汝南王悅爲中書監、儀同三司。乙卯，皇太后幸伊闕石窟寺，即日還宮。安定王超改封北平王。五月辛酉，詔曰：「揚州硤石、荊山、新淮、酇城兵士戰沒者，追給斂財，復一房五年；若無妻子，復其家一人二年。身被三創，賞一階；雖一創而四體廢落者，亦同此賞。」庚辰，重申天

文之禁，犯者以大辟論。乙酉，鄧至國遣使朝貢。

秋七月乙丑，地伏羅、罽賓國並遣使朝獻。乙亥，中書監、儀同三司、汝南王悅坐殺人免官，以王還第。己巳，車駕有事於太廟。八月戊戌，宴太祖以來宗室年十五以上於顯陽殿，申家人之禮。己亥，詔庶族子弟年未十五不聽入仕。詔曰：「皇魏開基，道邁周漢，蟬連二都，德盛百祀，雖帝胤蕃衍，親賢並茂，而猶沉屈素履，巾褐衡門，非所謂廣命戚族，翼屏王室者也。今可依世近遠，敍之列位。」庚子，詔咸陽、京兆二王子女還附屬籍。壬寅，吐谷渾國遣使朝獻。丁未，詔侍中、太師、高陽王雍入居門下，參決尚書奏事。己酉，契丹國遣使朝貢。九月辛酉，吐谷渾國遣使朝貢。丙寅，詔曰：「察訟理冤，實維政首，躬親聽覽，民信所由。比日諒闇之中，治綱未振，獄犴繁廣，嗟訴驟聞，雖曰司存，每多誣壅。曾是寡德，實深矜慨。自今月望，當暫出城闉，親納滯枉。主者可宣諸近遠，咸使聞知。」是月，城青、齊、兗、涇、平、營、肆七州所治東陽、歷城、瑕丘、平涼、肥如、和龍、九原七城。

冬十月庚寅，以幽、冀、滄、瀛四州大饑，遣尚書長孫稚、兼尚書鄧羨、元纂等巡撫百姓，開倉賑恤。丁酉，勿吉國貢楛矢。〔二〕戊戌，以光州饑弊，遣使賑恤。乙卯，詔曰：「北京根舊，帝業所基，南遷二紀，猶有留住。懷本樂故，未能自遣，若未遷者，悉可聽其仍停，安堵永業。門才術藝、應於時求者，自別徵引，不在斯例。周之子孫，漢之劉族，遍於海內，咸致

蕃衍，豈拘南北千里而已哉。」十有一月甲子，蕭衍平西將軍、巴州刺史牟漢寵遣使請降。十有二月丁未，蠕蠕國遣使朝貢。

神龜元年春正月甲子，詔以氐酋楊定爲陰平王。丙寅，以特進、江陽王繼爲驃騎大將軍、儀同三司。壬申，詔曰：「朕沖昧撫運，政道未康，民之疾苦，弗遑紀恤，夙宵矜慨，鑒寐深懷，眷彼百齡，悼茲六極。京畿百年以上給大郡板，九十以上給小郡板，八十以上給大縣板，七十以上給小縣板；諸州百姓，百歲以上給小郡板，九十以上給上縣板，八十以上給中縣板；鰥寡孤獨不能自存者，賜粟五斛、帛二匹。」庚辰，詔以雜役之戶或冒入清流，所在職人皆五人相保，無人任保者奪官還役。乙酉，加特進、汝南王悅儀同三司。秦州羌反。幽州大饑，民死者三千七百九十九人，詔刺史趙邕開倉賑恤。二月戊申，嚈噠、高麗、勿吉、吐谷渾、宕昌、疏勒、久末陁、末久半諸國，〔三〕並遣使朝獻。己酉，詔以神龜表瑞，大赦改年。東益州氐反。蠕蠕國遣使朝貢。三月辛酉，以尚書右僕射于忠爲儀同三司。辛巳，儀同三司、尚書右僕射于忠薨。南秦州氐反，遣龍驤將軍崔襲持節喻之。吐谷渾國遣使朝貢。

夏四月丁酉，司徒胡國珍薨。甲辰，江陽王繼改封京兆王。辛亥，舍摩國遣使朝獻。五月，高麗、高車、高昌諸國並遣使朝貢。自正月不雨至于六月辛卯，澍雨乃降。

秋七月，河州民却鐵忽聚衆反，自稱水池王。詔行臺源子恭討之。閏月戊戌，吐谷渾國遣使朝貢。甲辰，開恒州銀山之禁，與民共之。丁未，波斯、疏勒、烏萇、龜茲諸國並遣使朝獻。八月癸丑朔，詔曰：「朕沖昧纂曆，未閑政道，皇太后殷憂在疚，始覽萬幾。故獄犴淹枉，百姓寃弊，言念繁刑，思存降省，京師見囚，殊死以下可悉減一等。」丁巳，詔曰：「頃年以來，戎車頻動，服制未終，奪哀從役。罔極之痛弗申，鞠育之恩靡報，非所謂敦崇至道者也。自今雖金革之事，皆不得請起居喪。」甲子，勿吉國遣使朝貢。鐵忽相率降於行臺源子恭。九月癸未朔，以右光祿大夫劉騰爲衞將軍、儀同三司。戊申，皇太后高氏崩于瑤光寺。冬十月丁卯，以尼禮葬於北邙。

十有二月辛未，詔曰：「民生有終，下歸兆域，京邑隱賑，口盈億萬，貴賤攸憑，未有定所，爲民父母，尤宜存恤。今制乾脯山以西，擬爲九原。」

二年春正月丁亥，詔曰：「朕以沖眇，纂承寶位，夙夜惟寅，若涉淵海。賴皇太后慈仁，被以夙訓。自臨朝踐極，歲將半紀，天平地成，四海寧乂。天道高遠，巍巍難名，猶以撝挹自居，稱號弗備，非所以崇奉坤元，允協億兆者也。宜遵舊典，稱詔宇內，以副黎蒸元元之望。」是月，改葬文昭皇太后高氏。二月乙丑，齊郡王祐薨。庚午，羽林千餘人焚征西將軍張彝第，毆傷彝，燒殺其子始均。吐谷渾、宕昌國並遣使朝貢。乙亥，大赦天下。丁丑，詔求直言，諸有上書者聽密封通奏。壬寅，詔曰：「農要之月，時澤弗應，嘉穀未納，三麥枯悴。德之無感，歎懼兼懷。可敕內外，依舊雩祈，率從祀典。察獄理寃，掩胔埋骼。冀瀛之境，往經寇暴，死者既多，白骨橫道，可遣專令收葬。賑窮恤寡，救疾存老，準訪前式，務令周備。」三月甲辰，澍雨大洽。

夏四月乙丑，嚈噠國遣使朝貢。五月戊戌，以司空、任城王澄爲司徒，驃騎大將軍、儀同三司、京兆王繼爲司空。

秋八月己未，御史中尉、東平王匡坐事削除官爵。辛未，以左光祿大夫皇甫集爲征西將軍、儀同三司。九月庚寅，皇太后幸嵩高山；癸巳，還宮。瀛州民劉宣明謀反，事覺伏誅。

冬十有一月乙酉，蠕蠕莫緣梁賀侯豆率男女七百人來降。十有二月癸丑，司徒、任城王澄薨。庚申，大赦天下。詔除淫祀，焚諸雜神。

是歲，高麗王雲死，以世子安爲其國王。

正光元年春正月乙酉，詔曰：「建國緯民，立教爲本，尊師崇道，茲典自昔。來歲仲陽，節和氣潤，釋奠孔顏，乃其時也。有司可豫繕國學，圖飾聖賢，置官簡牲，擇吉備禮。」

夏四月丙辰，詔尚書長孫稚巡撫北藩，觀察風俗。五月辛巳，詔曰：「朕以寡薄，運膺寶圖，雖未明求衣，惕懼終日，而闇昧多闕，炎旱爲災，在予之愧，無忘寢食。今刑獄繁多，囹圄尚積，宜敷仁惠，以濟斯民。八座可推鞠見囚，務申枉濫。」癸未，詔曰：「攘災招應，修政爲本，民乃神主，實宜率先。刺史守令與朕共治天下，宜哀矜勿喜，視民如傷。況今炎旱歷時，萬姓彫弊，而不撫恤窮寃，理決庶獄。可嚴敕州郡，善加綏隱，務盡聰明，加之祗肅，必使事允人神，時致靈應。其賦役不便於民者，具以狀聞，便當蠲罷。」

秋七月丙子，侍中元叉、中侍中劉騰奉帝幸前殿，〔四〕矯皇太后詔曰：「魏有天下，奕葉重光。高祖孝文皇帝，以英聖馭天，徙京定鼎。世宗宣武皇帝，以睿明承業，廓寧區夏，而鴻勳未半，早已登遐。乃令車書弗同，鯨寇尚熾。幼主稚弱，夙纂寶曆，曾是宗祏，莫克祗奉，朕所以敬順羣請，臨朝總政。帝年以長，久思退身，所以往歲殷勤，具陳情旨，百官內外，已照此懷。而僉爾衆意，苦見勤奪，僶俛從事，以迄于茲。自此春來，先疾屢發，藥石攝療，莫能善瘳，夏首及今，數加動劇，便不堪日釐萬務，巨細兼省。帝齒周星紀，識學逾躋，日就月將，人君道茂，足以撫緝萬邦，諧決百揆。朕當率前志，敬遜別宮，遠惟復子明辟之義，以自綏養，實望羣公逮于黎庶，深鑒斯理。如此，則上下休嘉，天地清晏，魏道熙隆，人神慶悅，不其善歟？」乃幽皇太后於北宮，殺太傅、領太尉、清河王懌，總勤禁旅，決事殿中。辛卯，帝加元服，大赦，改年，內外百官進位一等。八月甲寅，相州刺史、中山王熙舉兵欲誅叉、騰，不果見殺。九月壬辰，蠕蠕主阿那瓌來奔。戊戌，以太師、高陽王雍爲丞相，加後部羽葆、鼓吹、班劍四十人。

冬十月乙卯，〔五〕以驃騎大將軍、儀同三司、汝南王悅爲太尉公。

十有一月己亥，詔曰：「蠕蠕世雄朔方，擅制漠裔，隣通上國，百有餘載。自神鼎南底，累紀于茲，虔貢雖違，邊燧靜息，憑心象魏，潛款彌純。今其主阿那瓌屬離時難，邦分親析，萬里遠馳，庇命有道。悲同申、伍，忠孝足矜。方存興滅之師，以隆繼絕之舉，宜且優以賓禮，期之立功，疏爵胙土，大啓河岳，可封朔方郡開國公、蠕蠕王，食邑一千戶，錫以衣冕，加以軺車，祿恤儀衞，同乎戚蕃。」十有二月壬子，詔曰：「蠕蠕王阿那瓌，遭離寇禍，遠來投庇，邦分衆析，猶無定主，而永懷北風，思還綏集。啓訴情切，良用愍然。夫存亡恤敗，自古通典。可差國使及彼前後三介，與阿那瓌相隨；幷敕懷朔都督，簡銳騎二千，躬自率護，送達境首，令觀機招納。若彼候迎，宜錫筐篚車馬之屬，務使優隆，禮餞而返；如不容受，任聽還闕。其行裝資遣，付尚書量給。」辛酉，以司空、京兆王繼爲司徒公。

二年春正月，南秦州氐反。二月庚戌，假光祿大夫邴虬撫軍將軍以討之。癸亥，車駕幸國子學，講孝經。三月庚午，帝幸國子學祠孔子，以顏淵配。甲午，右衞將軍奚康生於禁內將殺元叉，不果，爲叉矯害。以儀同三司劉騰爲司空公。

夏四月庚子，司徒、京兆王繼進位太保。壬寅，車騎大將軍、儀同三司崔光爲司徒公。蕭衍義州刺史文僧明率衆內屬。五月辛巳，南荊州刺史桓叔興自安昌南叛。乙酉，烏萇國遣使朝貢。閏月丁巳，居密、波斯國並遣使朝貢。六月己巳，高昌國遣使朝貢。癸巳，勿吉國遣使朝貢。

秋七月癸丑，詔曰：「時澤弗降，禾稼形損，在予之責，夙宵震懼，雖克躬撤降，仍無招感。有司可修案舊典，祗行六事：囹犴淹枉，隨速鞫決；庶尹廢職，量加修厲；鰥獨困窮，在所存恤；役賦煩民，咸加蠲省；賢良讜直，以時升進；貪殘邪佞，即就屏黜；男女怨曠，務令會偶。庶革止懲違，有弭災沴。」八月己巳，伏羅國遣使朝貢。蠕蠕後主郁久閭俟匿伐來奔懷朔鎮。〔六〕

十有一月乙未朔，高昌國遣使朝貢。戊申，衞大將軍、儀同三司皇甫集薨。癸丑，侍中、車騎大將軍侯剛加儀同三司。十有二月甲戌，詔司徒崔光、安豐王延明等議定服章。庚辰，以東益、南秦氐反，詔中軍將軍、河間王琛討之，失利。

三年春正月辛亥，帝耕籍田。

夏四月庚辰，以高車國主覆羅伊匐爲鎮西將軍、西海郡開國公、高車王。六月己巳，詔曰：「朕以沖昧，夙纂寶歷，不能祗奉上靈，感延和氣，致令炎旱頻歲，嘉雨弗洽，百稼燋萎，晚種未下，將成災年，秋稔莫覬。在予之責，憂懼震懷。今可依舊分遣有司，馳祈嶽瀆及諸山川百神能興雲雨者，盡其虔肅，必令感降，玉帛牲牢，隨應薦享。上下群官，側躬自厲，理冤獄，止土功，減膳撤懸，禁止屠殺。」

秋七月壬子，波斯、不漢、龜茲諸國遣使朝貢。

冬十月己巳，吐谷渾國遣使朝貢。十有一月乙巳，車駕有事於圜丘。丙午，詔曰：「治歷明時，前王茂軌，考辰正律，奕代通規。是以北平革定於漢年，楊偉草算於魏世。自皇運肇基，典章猶缺，推步晷曜，未盡厥理。先朝仍世，每所慨然。至神龜中，始命儒官，改創疏踳，回度易憲，〔七〕始會琁衡。今天正斯始，陽煦將開，品物初萌，宜變耳目，所謂魏雖舊邦，其曆維新者也。便可班宣內外，號曰正光曆。又首節嘉辰，獲展丘禘，神人交和，理契幽顯，思與億兆共此維新，可大赦天下。」十有二月癸酉，以左光祿大夫皇甫度爲儀同三司。乙酉，以車騎大將軍、尚書右僕射元欽爲儀同三司，太保、京兆王繼爲太傅，司徒崔光爲太保。丁亥，以牧守妄立碑頌，輒興寺塔；第宅豐侈，店肆商販，詔中尉端衡，肅厲威風，以見事糾

劾，七品、六品，祿足代耕，亦不聽錮貼店肆，爭利城市。

四年春二月壬辰，追封故咸陽王禧爲敷城王，京兆王愉爲臨洮王，清河王懌爲范陽王，以禮加葬。丁丑，河間王琛、章武王融，並以貪汙削爵除名。己卯，以蠕蠕主阿那瓌率衆犯塞，遣尚書左丞元孚兼尚書，爲北道行臺，持節喻之。蠕蠕後主俟匿伐來朝京師。宕昌國遣使朝貢。司空劉騰薨。

夏四月，阿那瓌執元孚，驅掠畜牧北遁。甲申，詔驃騎大將軍、尚書令李崇，中軍將軍、兼尚書右僕射元纂率騎十萬討蠕蠕，出塞三千餘里，不及而還。

秋七月辛亥，詔曰：「達尊斯在，齒預一焉，崇敬黃耇，先代通訓。故方叔以元老處位，充國緣自強見留。雖七十致仕，明乎典故，然以德尚壯，許其縶維。今庶僚之中，或年迫懸車，循禮宜退。但少收其力，老棄其身，言念勤舊，眷然未忍。或戴白在朝，未當外任；或停私歷紀，甫受考級；如此之徒，雖滿七十，聽其莅民，以終常限。或新解郡縣，或外佐始停，已滿七十，方求更敍者，吏部可依令不奏。其有高名俊德、老成髦士、灼然顯達、爲時所知者，不拘斯例。若才非秀異，見在朝官，依令合解者，可給本官半祿，以終其身。使辭朝之叟，不恨歸於閭巷矣。」

八月己巳，詔曰：「狂蠢肆暴，陵竊北垂，雖軍威時接，賊徒懾遁，然獯虐所過，多離其禍，言念斯弊，有軫深懷。可敕北道行臺，遣使巡檢，遭寇之處，饑餒不粒者，厚加賑恤，務令存濟。」戊寅，詔曰：「朕以眇闇，忝承鴻緒，因祖宗之基，託王公之上，每鑒寐屬慮，思康億兆。比雨旱愆時，星運舛錯，政理闕和，靈祇表異，永尋夕惕，載惡于懷。宜詔百司各勤厥職，諸有鰥寡窮疾寃滯不申者，並加釐恤。若孝子順孫、廉貞義節、才學超異、獨行高時者，具以言上，朕將親覽，加以旌命。」癸未，追復故范陽王懌爲清河王。九月丁酉，庫莫奚國遣使朝獻。詔侍中、太尉、汝南王悅入居門下，與丞相、高陽王雍參決尚書奏事。

冬十有一月丙申，趙郡王謐薨。丁酉，太保崔光薨。十有二月，蕭衍遣將寇邊，詔假征南將軍崔延伯討之。以太尉、汝南王悅爲太保。徐州刺史、北海王顥坐貪污削除官爵。

五年春正月辛丑，車駕有事於南郊。閏二月癸巳，嚈噠國遣使朝貢。

三月，沃野鎮人破落汗拔陵聚衆反，〔八〕殺鎮將，號眞王元年。詔臨淮王彧爲鎮軍將軍，假征北將軍，都督北征諸軍事以討之。

夏四月，高平酋長胡琛反，自稱高平王，攻鎮以應拔陵。別將盧祖遷擊破之，琛北遁。

五月，臨淮王彧敗於五原，削除官爵。壬申，詔尚書令李崇爲大都督，率廣陽王淵等北

討。

六月，秦州城人莫折太提據城反，自稱秦王，殺刺史李彥。詔雍州刺史元志討之。南秦州城人孫掩、〔九〕張長命、韓祖香據城反，殺刺史崔遊以應太提。太提遣城人卜朝襲克高平，〔一〇〕殺鎮將赫連略、行臺高元榮。太提尋死，子念生代立，僭稱天子，號年天建，置立百官。丁酉，大赦。

秋七月甲寅，詔吏部尚書元脩義兼尚書僕射，爲西道行臺，率諸將西討。戊午，復河間王琛、臨淮王彧本封。

都督崔暹失利于白道，大都督李崇率衆還平城，坐長史祖瑩截沒軍資，免除官爵。

丁丑，念生遣其都督楊伯年、樊元、張朗等攻仇鳩、河池二戍，東益州刺史魏子建遣將伊祥、黎叔和擊破之，斬樊元首，殺賊千餘人。

是月，涼州幢帥于菩提、呼延雄執刺史宋穎據州反。

念生遣其兄高陽王天生下隴東寇。

八月甲午，元志大敗於隴東，退守岐州。丙申，詔曰：「賞貴宿勞，明主恒德，恩沾舊績，哲后常範。太祖道武皇帝應期撥亂，大造區夏；世祖太武皇帝纂戎丕緒，光闡王業，躬率六師，掃清逋穢，諸州鎮城人，本充牙爪，服勤征旅，契闊行間，備嘗勞劇。逮顯祖獻文皇帝，自北被南，淮海思乂，便差割强族，分衞方鎮。高祖孝文皇帝，遠遵盤庚，將遷嵩洛，規遏北疆，蕩闢南境，選良家酋胕，增戍朔垂，戎捍所寄，實惟斯等。先帝以其誠效旣亮，方加酬錫，會宛郢馳烽，朐泗告警，軍旗頻動，兵連積歲，茲恩仍寢，用迄于今，怨叛之興，頗由於此。朕叨承乾曆，撫馭宇宙，調風布政，思廣惠液，宜追述前恩，敷茲後施。諸州鎮軍貫，元非犯配者，悉免爲民，鎮改爲州，依舊立稱。此等世習干戈，率多勁勇，今旣甄拔，應思報效。可三五簡發，討彼沙隴。當使人齊其力，奮擊先驅，妖黨狂醜，必可蕩滌。衝鋒斬級，自依恒賞。」丁酉，南秀容牧子于乞眞反，殺太僕卿陸延。別將尒朱榮討平之。

戊戌，莫折念生遣都督竇雙攻盤頭郡。東益州刺史魏子建遣將竇念祖討之，斬雙，擒斬千餘人。

九月壬申，詔尚書左僕射、齊王蕭寶夤爲西道行臺大都督，率征西將軍、都督崔延伯，又詔復撫軍將軍、北海王顥官爵，爲都督，並率諸將西討。乙亥，帝幸明堂，餞寶夤等。

是月，蕭衍遣將裴邃、虞鴻襲據壽春外城，刺史長孫稚擊走之，邃退屯黎漿。詔河間王琛總衆援之。衍又遣將寇淮陽，詔祕書監、安樂王鑒率衆討之。吐谷渾主伏連籌兵討涼州，〔一一〕于菩提棄城走，追斬之，城民趙天安復推宋穎爲刺史。

冬十月，營州城人劉安定、就德興據城反，執刺史李仲遵。城人王惡兒斬安定以降。德

興東走，自號燕王。

胡琛遣其將宿勤明達寇豳、夏、北華三州。壬午，詔都督、北海王顥率諸將討之。

十有一月戊申，莫折天生攻陷岐州，執都督元志及刺史裴芬之。高平人攻殺卜朝，共迎胡琛。

十有二月壬辰，詔太傅、京兆王繼爲太師、大將軍，率諸將討之。嚈噠、契丹、地豆于、庫莫奚諸國並遣使朝貢。

汾州正平、平陽山胡叛逆。詔復征東將軍、章武王融封爵，爲大都督，率衆討之。

山南行臺、東益州刺史魏子建招降南秦氐民，復六郡十二戍，又斬賊王韓祖香。南秦賊王張長命畏逼，乃告降於蕭寶夤。

是月，莫折念生遣兵攻涼州，城人趙天安復執刺史以應之。

孝昌元年春正月庚申，徐州刺史元法僧據城反，害行臺高諒，自稱宋王，號年天啓，遣其子景仲歸於蕭衍。衍遣其將胡龍牙、成景儁、元略等率衆赴彭城。詔祕書監、安樂王鑒回師以討之，鑒於彭城南擊元略，大破之，盡俘其衆，旣而不備，爲法僧所敗。衍遣其豫章王綜入守彭城，法僧擁其僚屬，守令、兵戍及郭邑士女萬餘口南入。詔鎮軍將軍、臨淮王彧、

尙書李憲爲都督，衞將軍、國子祭酒、安豐王延明爲東道行臺，復儀同三司李崇官爵，爲東道大都督，俱討徐州。崇以疾不行。

癸亥，蕭寶夤、崔延伯大破秦賊於黑水，斬獲數萬，天生退走入隴西，涇、岐及隴東悉平。以太師、大將軍、京兆王繼爲太尉，餘官如故。

二月，以領軍將軍元叉爲驃騎大將軍、儀同三司。詔追復樂良王長命本爵，以其子忠紹之。侍中、特進、衞大將軍穆紹爲儀同三司。戊戌，大赦。

壬辰，莫折念生遣都督楊鮓、梁下辯、姜齊等攻仇池郡城，行臺、東益州刺史魏子建遣將盛遷擊破之，斬下辯、齊等首。壬寅，詔曰：「勸善黜惡，經國茂典。其令每歲一終，郡守列令長，刺史列守相，以定考課，辯其能否。若有濫謬，以考功失吏論。」是月，齊州魏郡民房伯和聚衆反。會赦，乃散。

三月己巳，詔太尉、西道都督、京兆王繼班師。壬申，詔曰：「丞相高陽王，道德淵廣，明允篤誠，儀形太階，垂風下國，實所以予違汝弼，致治責成，宜班新制，宜之遐邇。其州郡先上司徒公文，悉可改上相府施行，符告皆亦如之。」甲戌，詔曰：「選衆而舉，其來自昔。朕纘承大業，綜理萬幾，求賢致治，心焉若渴。知人則哲，振古所難，宜博訪公卿，採茲聲實。可令第一品以下五品以上，人各薦其所知，不限素身居職。必使精辯器藝，具注所能，然後依

牒簡擢，隨才收敍，庶濟濟之美，無替往時，謇謇之直，有申茲歲。」蕭衍遣其北梁州長史錫休儒、司馬魚和、上庸太守姜平洛等入寇直城，梁州刺史傅豎眼遣息敬紹率衆拒擊，大破之，擒斬三千餘人；休儒等走還魏興。是月，齊州清河民崔畜殺太守董遵，廣川民傅堆執太守劉莽反。青州刺史、安樂王鑒討平之。

是月，破落汗拔陵別帥王也不盧等攻陷懷朔鎭。

夏四月，蕭衍益州刺史蕭淵猷遣將樊文熾、蕭世澄等率衆圍小劍戍。益州刺史邴虯遣子子達、行臺魏子建遣別將淳于誕拒擊之。

辛卯，皇太后復臨朝攝政，引羣臣面陳得失。詔曰：「朕以寡昧，夙承天歷，茫若涉海，罔知所濟，實憑宗社降祐之靈，庶勉幼志，以康世道。而神龜之末，權臣擅命，元叉、劉騰陰相影響，遂使皇太后幽隔後宮，太傅、清河王無辜致害，相州刺史、中山王熙横被夷滅，右衞將軍奚康生仍見誅翦。從此已後，無所畏忌，恣諸侵求，任所與奪。無君之心，積習稍久；不臣之迹，緣事彌彰。蔽耳目之明，專生殺之柄，天下爲之不康，四郊由茲多壘。此而可忍，孰不可懷！雖屢經赦宥，未容致之于法，猶宜辨正，以谢朝野。騰身既往，可追削爵位。叉之罪狀，誠合徽纆，但以宗枝舅戚，特加全貸，可除名爲民。」

壬辰，征西將軍、都督崔延伯大敗於涇川，戰歿。

五月戊辰，淳于誕等大破蕭衍軍，俘斬萬計，擒蕭世澄等十一將，文熾僅以身免，走成都。戊子，〔一二〕驃騎大將軍、儀同三司李崇薨。

六月癸未，大赦，改年。詔文武之官，從軍二百日，文官優一級，武官優二級。蠕蠕主阿那瓌率衆大破拔陵，斬其將孔雀等。諸將逼彭城，蕭綜夜潛出降，蕭衍諸將奔退，衆軍追躡，免者十一二。

秋八月癸酉，詔斷遠近貢獻珍麗，違者免官。

柔玄鎭人杜洛周率衆反於上谷，號年眞王，攻沒郡縣，南圍燕州。

戊子，莫折念生遣都督杜黑兒、杜光等攻仇池郡。行臺魏子建遣將成遷擊破之，斬杜光首。

九月乙卯，詔減天下諸調之半。〔一三〕丙辰，詔左將軍、幽州刺史常景爲行臺，征虜將軍元譚爲都督，以討洛周。辛酉，詔曰：「追功表德，爲善者勸。祖宗功臣，勒銘王府，而子孫廢替，淪於凡民，爵位無聞，遷流有失。潁川名守，重泉令宰，惠風美政，結於民心，而猶同常品，未蒙褒陟，非所謂愛及甘棠，彝倫攸敍者也。其功臣名將爲先朝所知，子孫屈塞不見齒敍，牧守令長聲稱卓然者，皆仰有司具以名聞。朕將振彼幽滯，用闡治風。」壬戌，詔百官五品已上，各舉所知。辛未，曲赦南、北兩秦州。

冬十月，蠕蠕國主阿那瓌遣使朝貢。是月，吐谷渾國復討趙天安，降之。河州長史元永平、治中孟賓等推嚈噠使主高徽行州事，而前刺史梁釗子景進攻殺之，景進又自行州事。

十有一月辛亥，詔曰：「大孝榮親，著之昔典，故安平耄耋，諸子滿朝。自今諸有父母年八十以上者，皆聽居官祿養，溫清朝夕。」時四方多事，諸蠻復反。

十有二月壬午，詔曰：「高祖以大明定功，世宗以下武寧亂，聲溢朔南，化清中宇，業盛隆周，祚延七百。朕幼齡纂曆，夙馭鴻基，戰戰兢兢，若臨淵谷。闇於治道，政刑未孚，權臣擅命，亂我朝式。致使西秦跋扈，朔漠構妖，蠢爾荆蠻，氛埃不息。孔熾甚於涇陽，出軍切於細柳。而師旅盤桓，留滯不進，北清懸危，南陽告急，將虧荆沔之地，以致蹙國之憂。今茅轂扼腕，爪牙歎憤，並欲摧挫封豕，剿截長蛇，使人神兩泰，幽明獻吉。朕將躬馭六師，掃蕩逋穢。其配衣六軍，分隸熊虎，前驅後隊，左翼右師，必令將帥雄果，軍吏明濟，糧仗車馬，速度時須。其有失律亡軍、兵戍逃叛、盜賊劫掠伏竄山澤者，免其往咎，錄其後効，別立募格，聽其自新，廣下州郡，令赴軍所。今先討荆蠻，疆理南服；戈旗東指，掃平淮外。然後奮七萃於西戎，騰五牛於北狄；躬撫亂離之苦，面恤饑寒之患。爾乃還蹕嵩宇，飲至廟庭，沉璧河洛，告成泰岱，豈不盛歟！百官內外、牧守軍宰，宜各肅勤，用明爾職。」山胡劉蠡升反，自稱天子，置官僚。是月，以臨淮王彧爲征南大將軍，率衆討魯陽蠻。

二年春正月庚戌，封廣平王懷庶長子、太常少卿誨爲范陽王。壬子，以太保、汝南王悅領太尉。是月，都督元譚次於軍都，爲洛周所敗。

五原降户鮮于脩禮反於定州，號魯興元年。詔左光禄大夫長孫稚爲使持節、假驃騎將軍、大都督、北討諸軍事，與都督河間王琛率將討之。

二月甲申，帝、皇太后臨大夏門，親覽寃訟。是月，疊伏羅國遣使朝貢。

三月庚子，以驃騎大將軍、徐州刺史、安豐王延明爲儀同三司。追復中山王熙本爵，子叔仁紹之。甲寅，西部勑勒斛律洛陽反於桑乾，西與河西牧子通連。别將尒朱榮擊破之。

夏四月，大赦天下。癸巳，以侍中、車騎大將軍、城陽王徽爲儀同三司。朔州城人鮮于阿胡、厙狄豐樂據城反。丁未，都督李琚次於薊城之北，又爲洛周所敗，琚戰没。戊申，以驃騎大將軍、開府、齊王寶夤爲儀同三司。北討都督河間王琛、長孫稚失利奔還，詔免琛、稚官爵。厙莫奚國遣使朝貢。

五月丁未，車駕將北討，内外戒嚴。前給事黄門侍郎元略自蕭衍還朝，封義陽王。以丞相、高陽王雍爲大司馬；吏部尚書、廣陽王淵爲驃騎大將軍、儀同三司，尋爲大都督，率都督章武王融北討脩禮。戊申，燕州刺史崔秉率衆棄城南走中山。乙丑，以安西將軍、光禄

大夫宗正珍孫爲都督，討汾州反胡。

六月己巳，曲赦齊州。絳蜀陳雙熾聚衆反，自號始建王。曲赦平陽、建興、正平三郡。詔假鎮西將軍、都督長孫稚討雙熾，平之。丙子，義陽王略改封東平王。衛大將軍、西道都督元恒芝爲車騎大將軍、儀同三司。戊寅，詔復京兆王繼本封江陽王。戊子，詔曰：「自運屬艱棘，歷載於兹，烽驛交馳，旌鼓不息，祖宗盛業，危若綴旒，社稷鴻基，殆將淪墜。朕威德不能遐被，經略無以及遠，俾令蒼生罹此塗炭，何以苟安黄屋，無愧黔黎。今便避居正殿，蔬餐素服。當親自招募，收集忠勇。其有直言正諫之士，敢決徇義之夫，二十五日悉集華林東門，人别引見，共論得失。班告内外，咸使聞知。」乙未，以衞將軍、東平王略爲左光禄大夫、儀同三司。

秋七月丙午，杜洛周遣其别帥曹紇真寇掠幽州。行臺常景遣都督于榮邀于粟園，[一四]大破之，斬紇真，獲三十餘級，牛驢二萬餘頭。戊申，恒州陷，行臺元纂奔冀州。甲子，蕭衍將元樹、湛僧珍等寇壽春。

八月丙子，進封廣川縣開國公元邵爲常山王。[一五]以驃騎大將軍、東道行臺、臨淮王彧爲儀同三司。戊寅，帝幸南石窟寺，即日還宫。戊子，進散騎常侍、御史中尉、武城縣開國公子攸爲長樂王。都督伊瓮生討巴，失利戰殁。癸巳，賊帥元洪業斬鮮于脩禮，請降，爲賊黨葛榮所殺。都督尒朱榮於肆州執刺史尉慶賓，令其從叔羽生統州事。

九月辛亥，葛榮敗都督廣陽王淵、章武王融於博野白牛邏，融殁於陣。榮自稱天子，號曰齊國，年稱廣安。甲申，常景又破洛周，斬其武川王賀拔文興、别帥侯莫陳升，生擒男女四百口，牛驢五千餘頭。就德興攻陷平州，殺刺史王買奴。

是月，莫折天生請降，蕭寶夤使行臺左丞崔士和入據秦州。天生復叛，送士和於胡琛，殺之。

冬十有一月戊戌，杜洛周攻陷幽州，執刺史王延年及行臺常景。丙午，税京師田租，畝五升；借賃公田者，畝一斗。[一六]閏月，税市人出入者各一錢，店舍爲五等。齊州平原民劉樹、劉蒼生聚衆反，州軍破走之，劉樹奔蕭衍。衍將元樹逼壽春，[一七]揚州刺史李憲力屈，以城降之。初留州、郡、縣及長史、司馬、戍主副質子於京師。衍又遣將攻逼新野，詔都督魏承祖討之。詔曰：「頃舊京淪覆，中原喪亂，宗室子女，屬籍在七廟之内，爲雜户濫門所拘辱者，悉聽離絶。」

三年春正月甲戌，以司空公皇甫度爲司徒，儀同三司蕭寶夤爲司空，車騎將軍、北海王顥爲車騎大將軍、儀同三司。徐州民任道棱聚衆反，襲據蕭城以叛。州軍討平之。

辛巳，葛榮陷殷州，刺史崔楷固節死之，遂東圍冀州。甲申，詔峻鑄錢之制。

蕭寶夤、元恒芝大敗于涇州，大隴都督、南平王仲冏，小隴都督高聿並相尋退散，東秦州刺史潘義淵以汧城降賊。

高平虜賊逼岐州，城人執刺史魏蘭根，以城應之。豳州刺史畢祖暉、行臺羊深並奔退，祖暉於陣殁。北海王顥尋亦敗走。賊帥胡引祖據北華州以應之。賊帥叱干騏驎入據豳州。[一八]曲赦關西及正平、平陽、建興。戊子，以司徒皇甫度爲太尉。己丑，以四方未平，詔内外戒嚴，將親出討。辛卯，蕭衍將湛僧珍圍東豫州，[一九]詔散騎常侍元暐爲都督以討之。是月，衍又遣將彭羣、王辯等率衆數萬逼琅邪，詔青州、南青二州討之。

二月丁酉，詔曰：「關隴遭罹寇難，燕趙賊逆憑陵，蒼生波流，耕農靡業，加諸轉運，勞役已甚，州倉儲實，無宜懸匱，自非開輸賞之格，何以息漕運之煩。凡有能輸粟入瀛、定、岐、雍四州者，官斗二百斛賞一階；入二華州者，五百石賞一階。不限多少，粟畢授官。」虜賊據潼關。丁未，追復故東平王匡爵，改封濟南王。庚申，東郡民趙顯德反，殺太守裴烟，自號都督，立其兄子爲太守，詔都督李叔仁討之。是月，蕭衍將成景雋寇彭城，詔員外常侍崔孝芬爲行臺，率將擊走之。

三月甲子，詔將西討，中外戒嚴。虜賊走，復潼關。戊辰，詔將回駕北討，詔金紫光禄

大夫源子邕爲大都督，討葛榮。辛未，齊州廣川民劉鈞執清河太守邵懷，聚衆反，自署大行臺。清河民房須自署大都督，〔一〇〕屯據昌國城。

夏四月，別將元斌之討東郡，斬顯德。己酉，蠕蠕國遣使朝貢。

六月，蠕蠕國遣使朝貢。是月，詔都督李叔仁討劉鈞，平之。

秋七月，陳郡民劉獲、鄭辯反於西華，號年天授，州軍討平之。相州刺史、安樂王鑒據州反。己丑，大赦天下。是月，青州刺史、彭城王劭，南青州刺史胡平，遣將斬蕭衍將彭羣首，俘獲二千餘人。

八月，都督源子邕、李軌、裴衍攻鄴。丁未，斬鑒，相州平。仍令子邕等討葛榮。

九月辛卯，〔一一〕東豫州刺史元慶和以城南叛。戊子，蠕蠕國遣使朝貢。秦州城民杜粲殺莫折念生，自行州事。南秦州城民辛琛自行州事，遣使歸罪。

冬十月戊申，曲赦恒農已西，河北、正平、平陽、邵郡及關西諸州。辛亥，以衞將軍、討虜大都督汆朱榮爲車騎將軍、儀同三司。甲寅，雍州刺史蕭寶夤據州反，自號曰齊，年稱隆緒。詔尚書右僕射長孫稚討之。

十有一月己丑，葛榮攻陷冀州，執刺史元孚，逐出居民，凍死者十六七。

十有二月戊申，都督源子邕、裴衍與葛榮戰，敗於陽平東北漳水曲，並戰歿。是月，杜

粲爲駱超所殺，超遣使歸罪。

武泰元年春正月癸亥，以北海王顥爲驃騎大將軍、開府儀同三司、相州刺史。乙丑，定州爲杜洛周所陷，執刺史楊津。瀛州刺史元寧以城降於洛周。皇女生，祕言皇子。丙寅，大赦，改元。丙子，長孫稚平潼關。丁丑，雍州城人侯終德相率攻寶夤，寶夤攜南陽公主及子，與百餘騎渡渭而走，雍州平。

二月，以長孫稚爲車騎大將軍、開府儀同三司、雍州刺史、兼尚書僕射、西道行臺。群盜燒劫鞏縣以西，關口以東，公路澗以南。詔武衞將軍李神軌爲都督，討平之。

癸丑，帝崩於顯陽殿，時年十九。甲寅，皇子卽位，大赦天下。皇太后詔曰：「皇家握曆受圖，年將二百，祖宗累聖，社稷載安。高祖以文思先天，世宗以下武經世，股肱惟良，元首穆穆。及大行在御，重以寬仁，奉養率由，溫明恭順。朕以寡昧，親臨萬國，識謝塗山，德慚文母。屬妖逆遞興，四郊多故。實望穹靈降祐，麟趾衆繁。自潘充華有孕椒宮，冀誕儲兩，而熊羆無兆，維虺遂彰。于時直以國步未康，假稱統胤，欲以底定物情，係仰宸極。何圖一旦，弓劍莫追，國道中微，大行絕祀。皇曾孫故臨洮王寶暉世子釗，體自高祖，天表卓異，大行平日養愛特深，義齊若子，事符當璧。及翊日弗愈，大漸彌留，乃延入青蒲，受命玉几。暨陳衣在庭，登策靡及，允膺大寶，卽日踐阼。朕是用惶懼忸怩，心焉靡洎。今喪君有君，宗祏惟固，宜崇賞卿士，爰及百辟，凡厥在位，並加陟叙。內外百官文武、督將征人，遭艱解府，普加軍功二階；其禁衞武官，直閤以下直從以上及主帥，可軍功三階；其亡官失爵，聽復封位。謀反大逆削除者，不在斯限。淸議禁錮，亦悉蠲除。若二品以上不能自受者，任授兒弟。可班宣遠邇，咸使知之。」乙卯，幼主卽位。儀同三司、大都督汆朱榮抗表請入奔赴，勒兵而南。是月，杜洛周爲葛榮所幷。

三月癸未，葛榮攻陷滄州，執刺史薛慶之，居民死者十八九。甲申，上尊謚曰孝明皇帝，乙酉，葬於定陵，廟號肅宗。

夏四月戊戌，汆朱榮濟河。庚子，皇太后、幼主崩。

史臣曰：魏自宣武已後，政綱不張。肅宗沖齡統業，靈后婦人專制，委用非人，賞罰乖舛。於是釁起四方，禍延畿甸，卒於享國不長。抑亦淪胥之始也，嗚呼！

校勘記

〔一〕蕭衍衡州刺史張齊寇益州　按梁書卷一七張齊傳，他從未當過衡州刺史，這時是益州的巴西、梓潼二郡太守。梁衡州在含洭，今廣東英德和益州遠不相及，魏書此紀和卷七〇傅豎眼傳、卷九八蕭衍傳幷稱「衡州刺史」，疑皆誤。

〔二〕勿吉國貢楛矢　諸本「勿吉」訛「年呂」，據册府卷九六九一一三九二頁改。

〔三〕末久半諸國　按「末久半」當卽見於卷一〇二西域傳補之「悉居半」，也卽西域傳末引宋雲行記之「朱居」、上卷世宗紀景明三年之「朱居槃」。「末」當是「悉」或「朱」之訛。

〔四〕侍中元叉中侍中劉騰奉帝幸前殿　諸本「叉」下無「中」字。北史卷四作「中常侍」。按卷九四劉騰傳，騰在元恪時已官中常侍，胡太后臨朝，「除崇訓太僕，中侍中」。中侍中是閹人充當的官，見魏書卷一一三官氏志所載太和前品令和隋書卷二七百官志中。後人妄删「中」字，今補正。

〔五〕冬十月乙卯　册府卷一六一一九四四頁載「正光元年冬十月，遣侍中持節分適四方，觀風俗，勞士民，察冤枉失職者」。此紀無。

〔六〕蠕蠕後主郁久閭侯匿伐來奔懷朔鎮　諸本「伐」訛「代」。據卷一〇三蠕蠕傳補、北史卷四、通鑑卷一四九四六六九頁改。又蠕蠕傳和通鑑「侯」作「俟」，疑是，但北史也作「侯」，今不改。下四年二月「侯匿代」條同改，不再出校記。

〔七〕回度易憲　御覽卷一〇三四九六頁「回」作「改」。按「改度」見書蔡仲之命，疑作「改」是。

〔八〕三月沃野鎮人破落汗拔陵聚衆反　北史卷四「汗」作「韓」。他處「落」或作「六」作「洛」，譯音無

定字。又，本書將此事繫於正光五年三月，通鑑卷一四九四六七四—七五頁考異云：「魏帝紀正光五年五二四破落汗拔陵反，詔臨淮王彧討之。五月，彧敗，削官。按令狐德棻周書賀拔勝傳卷一四，衞可孤圍懷朔鎮經年，勝乃告急於彧。然則拔陵反當在四年五二三。蓋帝紀因詔彧討拔陵而言之，非拔陵於時始反也。」按拔陵起義當在四年冬。

〔九〕南秦州城人孫掩　御覽卷一〇三四九六頁「孫掩」作「孫獠」，下注「張絞切」。按卷五七崔挺附崔遊傳作「孫檦」。御覽有注音，似非字訛。但注音是宋人所加。「獠」字也音力弔切，非張絞切，和「檦」同音，當時奏報只是據所聞之音，故紀、傳微異。但却可證「掩」字之訛。

〔一〇〕太提遣城人卜朝襲克高平　通鑑卷一五四四六八〇頁「朝」作「胡」。

〔一一〕吐谷渾主伏連籌兵討涼州　北史卷四「兵」上有「遣」字。按文義當有此字。

〔一二〕戊子　按孝昌元年五月乙巳朔，無「戊子」，當有訛字。

〔一三〕詔減天下諸調之半　御覽卷一〇三四九六頁、册府卷四九〇五八五九頁「諸調」作「租調」。

〔一四〕行臺常景遣都督于榮邀于粟園　通鑑卷一五一四七一四頁「粟園」作「栗園」。胡注：「栗園當在范陽固安縣界，固安之栗，天下稱之。」按水經注卷一一汝水篇，有「栗園」，在懸瓠，與此異地，但注云：「栗小，殊不並固安之實也。」則魏末固安仍以産栗著稱。胡説不爲無據。

〔一五〕進封廣川縣開國公元䂾爲常山王　諸本「䂾」作「邵」。按新出常山文恭王墓誌云：「王諱䂾，字

子開」，乃清河王懌第二子。卷九四閹官劉思逸傳見「清河王息邵」，知魏書之「常山王邵」，卽墓誌之「常山王䂾」。「䂾」字見集韵卷三宵韵下，卽昭穆之「昭」。梁書卷二八韋放傳、卷三二陳慶之傳敍梁攻圍渦陽大通元年卽魏正光三年(五二七)，並云魏遣「常山王元昭」等統兵救援，爲梁所敗，亦卽墓誌之「元䂾」。墓誌不載䂾援渦陽事，當因戰敗而諱之。本卷則於梁攻渦陽一字不及，元䂾領兵救援就也失載。當時「常山王」唯此一人，「邵」乃「䂾」形近而訛，今據墓誌改。卷一〇莊帝紀建義元年四月庚子、卷一二靜帝紀興和元年三月甲寅及上引劉思逸傳同訛，逕改，不再出校記。

〔一六〕借貸公田者畝一斗　諸本「斗」作「升」，據本書卷一一〇食貨志、北史卷四、册府卷四八七五八二七頁、通典卷五改。

〔一七〕衍將元樹逼壽春　諸本「元」訛「原」。據上文本年七月甲子條、卷九八蕭衍傳、梁書卷三武帝紀普通七年十一月辛巳條改。

〔一八〕叱干騏驎入據豳州　諸本「叱干」訛「比干」。據卷二一北海王顥傳、卷一一三官氏志「叱干氏」條改。

〔一九〕蕭衍將湛僧珍圍東豫州　通鑑卷一五一四七二一—二二頁「僧珍」作「僧智」。考異云：「魏帝紀及曹世表傳作『湛僧』，今從梁夏侯夔傳。」按今此紀及卷七二曹世表傳並作「僧珍」，唯册府卷一二一一四五一頁作「僧」，知通鑑、册府所據魏書此紀，本無「珍」字。然上文孝昌二年七月甲子條、卷九八蕭衍傳及北齊書卷一九王懷傳都見「湛僧珍」，則其人雖實名「僧智」，而北人當時自呼作「僧珍」，或單稱作「僧」，今不改。

〔二〇〕清河民房須自署大都督　卷二一下彭城王勰傳、册府卷一二一一四五一頁「須」作「頊」，通鑑卷一五一四七二四頁作「項」。不知孰是。

〔二一〕九月辛卯　北史卷四「辛卯」作「己未」。按是年九月辛酉朔，既無「己未」，亦無「辛卯」。

魏書卷十

孝莊紀第十

孝莊皇帝，諱子攸，彭城王勰之第三子，母曰李妃。肅宗初，以勰有魯陽翼衞之勳，封武城縣開國公。幼侍肅宗書於禁內。及長，風神秀慧，姿貌甚美。拜中書侍郎、城門校尉、兼給事黃門侍郎，雅爲肅宗所親待，長直禁中。遷散騎常侍、御史中尉。孝昌二年八月，進封長樂王。轉侍中、中軍將軍。三年十月，以兄彭城王劭事，轉爲衞將軍、左光祿大夫、中書監，實見出也。

及武泰元年春二月，肅宗崩，大都督尒朱榮將向京師，謀欲廢立。以帝家有忠勳，且兼民望，陰與帝通，榮乃率衆來赴。

夏四月丙申，帝與兄弟夜北渡河；丁酉，會榮於河陽。戊戌，南濟河，即帝位。以兄彭城王劭爲無上王，弟霸城公子正爲始平王。以榮爲使持節、侍中、都督中外諸軍事、大將軍、尚書令、領軍將軍、領左右，封太原王。己亥，百僚相率，有司奉璽紱，備法駕，奉迎於河

梁。庚子，車駕巡河，西至陶渚。榮以兵權在己，遂有異志，乃害靈太后及幼主，次害無上王劭、始平王子正，又害丞相高陽王雍、司空公元欽、儀同三司元恒芝、儀同三司東平王略、廣平王悌、常山王邵、北平王超、任城王彝、趙郡王毓、〔一〕中山王叔仁、齊郡王溫，公卿已下二千餘人。列騎衞帝，遷於便幕。既而榮悔，稽顙謝罪。語在榮傳。

辛丑，車駕入宮，御太極殿，詔曰：「太祖誕命應期，龍飛燕代，累世重光，載隆帝緒。冀欲闡茲洪業，永在無窮。豈圖多難，遘茲百六，致使妖悖四起，內外競侵，朝無恤政之臣，野多怨酷之士，實由女主專朝，致茲顚覆。孝明皇帝大情沖順，深存隱忍，奄棄萬國，衆用疑焉。苟求胡出，入守神器，凡厥有心，莫不解體。太原王榮，世抱忠孝，功格古今，赴義晉陽，大會河洛，乃推翼朕躬，應茲大命。德謝少康，道愧前緒，猥以眇身，君臨萬國，如涉淵海，罔知所濟。可大赦天下，改武泰爲建義元年。從太原王督將軍士，普加五階；在京文官兩階，武官三級。復天下租役三年。」

壬寅，太原王尒朱榮上表，請追謚無上王爲皇帝。餘死於河陰者，諸王、刺史贈三司，三品者令僕，五品者刺史，七品以下及民郡、鎭。諸死者子孫，聽立後，授封爵。詔從之。癸卯，以前太尉公、江陽王繼爲太師、司州牧；驃騎大將軍、開府、儀同三司、相州刺史、北海王顥爲太傅、開府，仍刺史；平東將軍、光祿大夫、清淵縣開國侯李延寔爲太保，進封陽平王，尋

轉太傅；安南將軍、幷州刺史元天穆爲太尉公，封上黨王；侍中、車騎大將軍、儀同三司楊椿爲司徒公；車騎大將軍、儀同三司、頓丘郡開國公穆紹爲司空公，領尚書令，進爵爲王；使持節、車騎大將軍、雍州刺史、上黨公長孫稚爲驃騎大將軍、開府儀同三司，進爵爲王，尋改封馮翊王；中軍將軍、殿中尚書元諶爲儀同三司、尚書左僕射，封魏郡王；中軍將軍、給事黃門侍郎元項爲東海王；金紫光祿大夫、廣陵王恭爲儀同三司。甲辰，追復故廣陽王淵、故安樂王鑒爵。通直散騎常侍、敷城王坦爲咸陽王，諫議大夫元貴平爲東萊王，直閤將軍元肅爲魯郡王，祕書郎中元曄爲長廣王，馮翊郡開國公源紹景復先爵隴西王，扶風郡開國公馮冏、東郡公陸子彰、北平公長孫悅並復其先王爵，以北平王超還復爲安定王。丁未，詔內外解嚴。庚戌，封大將軍尒朱榮次子叉羅爲梁郡王。詔蠕蠕主阿那瓌贊拜不名，上書不稱臣。

是月，汝南王悅、北海王顥、臨淮王彧前後奔蕭衍，鄖州刺史元願達據城南叛。

五月丁巳朔，加大將軍尒朱榮北道大行臺。以尚書右僕射元羅爲東道大使，征東將軍、光祿勳元欣副之，巡方黜陟，先行後聞。辛酉，大將軍尒朱榮還晉陽，帝餞於邙陰。丙寅，詔曰：「自孝昌之季，法令昏泯，懷忠守素，擁隔莫申，深怨宿憾，控告靡所。其有事在通途，橫被疑異，名例無爽，枉見排抑，或選舉不平，或賦役煩苛，諸如此者不可具說。其有訴人經公車注不合者，悉集華林東門，朕當親理冤獄，以申積滯。」己巳，齊州郡民賈皓聚衆

反，夜襲州城，會明退走。乙亥，晉州刺史樊子鵠克唐州，斬刺史崔元珍、行臺酈惲，傳首京師。壬午，詔求德行、文藝、政事强直者，縣令、太守、刺史皆敍其志業，具以表聞。得三人以上，縣令、太守、刺史賞一階；舉非其人，亦黜一階。又以舊敍軍勳不過征虜，自今以後宜依前式以上，餘階積而爲品。其從輿駕北來之徒，不在此例。悉不聽破品受階，破階請帛。

先是，蕭衍遣其將曹義宗寇荊州。癸未，以中軍將軍、吏部尚書費穆爲使持節、都督南征諸軍事，節度荊州刺史王羆以討之。

六月丁亥朔，追封兄眞定縣開國公子直爲陳留王。庚寅，以鎭軍將軍、金紫光祿大夫李虔爲車騎大將軍、儀同三司，特進。辛卯，南荊州刺史李志據城南叛。通直散騎常侍高乾邕及弟等，率合流民，起兵於齊州之平原，頻破州軍，詔東道大使元欣喻旨，乃降。

是月，葛榮飢，使其僕射任褒率車三萬餘乘南寇，至沁水。癸卯，以高昌王世子光爲平西將軍、瓜州刺史，襲爵泰臨縣開國伯、〔二〕高昌王。太尉公、上黨王天穆爲大都督、東北道諸軍事，率都督宗正珍孫、奚毅、賀拔勝、尒朱陽都等討任褒。帝以寇難未夷，避正殿，責躬撤膳。又班募格，收集忠勇。其有直言正諫之士、敢決徇義之夫、陳國家利害之謀、赴君親危難之節者，集華林園，面論事。

幽州平北府主簿河間邢杲，率河北流民十餘萬戶反於青州之北海，自署漢王，號年天

統。戊申，以征東將軍、金紫光祿大夫李叔仁爲車騎大將軍、儀同三司，率衆討之。詔直寢紀業持節募新免牧戶，有投名効力者授九品官。己酉，詔諸有私馬仗從戎者，職人，優兩大階，亦授實官；白民，出身外優兩階，亦授實官。若武藝超倫者，雖無私馬，亦依前條；雖不超倫，但射槊翹關一藝而膽略有施者，依第出身外，特優一大階，授實官。若無姓第者，從八品出身，階依前加，特授實官。辛亥，詔曰：「朕當親御六戎，掃靜燕代，大將軍、太原王尒朱榮率精甲十萬爲左軍，上黨王天穆總衆八萬爲前軍，司徒公楊椿勒兵十萬爲右軍，司空公穆紹統卒八萬爲後軍。」

是月，葛榮來退屯相州之北。

秋七月丁巳，詔從四品以上從征者不得優階，正四品者優一階。軍級從三品以上從征，四品者優一大階。[三]正五品以下，還依前格，若有征階十餘，計入四品、三品。限授五階。己未，詔前試守東郡太守唐景宣爲持節、都督，於東郡召募僑居流民二千人，渡河隨便爲柵，準望臺軍。是月，齊獻武王於鄴西北慰喻葛榮別帥稱王者七人，衆萬餘，降之。乙丑，加大將軍尒朱榮柱國大將軍、錄尚書事。辛巳，尚書奏斷百官公給衣冠、劍佩、綬舃。壬子，光州人劉舉聚衆數千反於濮陽，自稱皇武大將軍。是月，高平鎮人万俟醜奴僭稱大位，署置百官。是月，[四]臨淮王彧自江南還朝。

八月，太山太守羊侃據郡引蕭衍將軍王辯攻兗州。[五]甲辰，詔大都督宗正珍孫率南廣州刺史、都督鄭先護討劉舉於濮陽，破平之。以侍中、驃騎大將軍、臨淮王彧爲儀同三司。

是月，葛榮率衆圍相州。九月乙丑，詔太尉公、上黨王天穆討葛榮，次於朝歌之南。己巳，以征東將軍、齊州刺史元欣爲沛郡王。壬申，柱國大將軍尒朱榮率騎七萬討葛榮於滏口，[六]破擒之，餘衆悉降。冀、定、滄、瀛、殷五州平。乙亥，以平葛榮，大赦天下，改爲永安元年。辛巳，以柱國大將軍、太原王尒朱榮爲大丞相、都督河北畿外諸軍事，以榮子平昌郡開國公文殊、昌樂郡公文暢並進爵爲王，以司徒公楊椿爲太保，城陽王徽爲司徒。

冬十月丁亥，尒朱榮檻送葛榮於京師。帝臨閶闔門，榮稽顙謝罪，斬於都市。丙申，以撫軍將軍、太常卿、太原王世子菩提爲使持節、驃騎大將軍、開府儀同三司。丁酉，以冀州之長樂、相州之南趙、定州之博陵、滄州之浮陽、平州之遼西、燕州之上谷、幽州之漁陽七郡，各萬戶，增封太原王尒朱榮爲太原國。戊戌，又加榮太師。庚戌，以侍中、鎮南將軍、太原郡開國公于暉兼尚書左僕射，爲行臺，與齊獻武王討羊侃。壬子，太師、江陽王繼薨。癸丑，以膠東縣開國侯李侃希復其祖爵南郡王。

是月，車騎大將軍、儀同三司李叔仁討邢杲於濰水，失利而還。大都督費穆大破蕭衍軍，擒其將曹義宗，檻送京師。蕭衍以北海王顥爲魏主，號年孝基，入據南兗之銍城。

十有一月戊午，以無上王世子韶爲彭城王，陳留王子寬爲陳留王，寬弟剛爲浮陽王，剛弟質爲林慮王。癸亥，齊獻武王、行臺于暉，與徐兗行臺崔孝芬、大都督刁宣大破羊侃於瑕丘，侃奔蕭衍。兗州平。戊寅，以上黨王天穆爲大將軍、開府，世襲幷州刺史。封前將軍、太中大夫元凝爲東安王。

十有二月庚子，詔行臺于暉回師討邢杲，次於歷下。

是歲，葛榮餘黨韓樓復據幽州反。

二年春正月甲寅，于暉所部都督彭樂率二千餘騎北走於韓樓，乃班師。二月癸未朔，詔諸禁衞之官從戎有功及傷夷者，赴還先敍。甲午，尊皇考爲文穆皇帝，廟號肅祖，皇妣爲文穆皇后。燕州民王慶祖聚衆於上黨，自稱爲王。柱國大將軍尒朱榮討擒之。壬寅，詔散騎常侍、濟陰王暉業兼行臺尚書，督都督李德龍、丘大千鎮梁國。

三月壬戌，詔大將軍、上黨王天穆與齊獻武王討邢杲。

夏四月癸未，遷肅祖文穆皇帝及文穆皇后神主于太廟，內外百僚普汎加一級。曲赦畿內，死罪至流人減一等，徒刑以下悉免。庚子，詔太原王尒朱榮下將士並汎加二級。辛丑，上黨王天穆、齊獻武王大破邢杲於齊州之濟南，杲降，送京師，斬於都市。元顥攻陷考城，執行臺元暉業、都督丘大千。

五月壬子朔，元顥克梁國。丁巳，以撫軍將軍、前徐州刺史楊昱爲使持節、鎮東將軍、東南道大都督，率衆鎮滎陽；尚書僕射尒朱世隆鎮虎牢；侍中尒朱世承鎮崿岅。辛酉，詔私馬仗從戎優階授官。壬戌，又詔募士一依征葛榮。甲子，又詔職人及民出馬，優階各有差。乙丑，內外戒嚴。癸酉，元顥陷滎陽，執楊昱。尒朱世隆棄虎牢遁還。甲戌，車駕北巡，乙亥，幸河內。丙子，元顥入洛。丁丑，進封城陽縣開國公元祉爲平原王，安昌縣開國侯元鷙爲華山王，並加儀同三司。戊寅，行臺崔孝芬、大都督刁宣破元顥後軍都督侯暄於梁國，斬之，擒其卒三千人。以侍中、車騎將軍、尚書右僕射尒朱世隆爲使持節、行臺僕射、本將軍、相州刺史，鎮鄴城，以便宜從事。又詔上黨百年以下九十以上板三品郡，八十以上四品郡，七十以上五品郡。太原王尒朱榮會車駕於長子，即日反旆。上黨王天穆北渡，會車駕於河內。

六月己丑，儀同三司費穆爲顥所害。壬寅，克河內，斬太守元襲、都督宗正珍孫。

秋七月戊辰，都督尒朱兆、賀拔勝從硤石夜濟，破顥子冠受及安豐王延明軍，元顥敗走。庚午，車駕入居華林園，昇大夏門，大赦天下。以使持節、車騎將軍、都督、潁川郡開國公尒朱兆爲車騎大將軍、儀同三司。詔以前朝勳書多竊冒，宜一切焚棄之，若立效灼然爲時所知者，別加科賞。蕃客及邊酋翻城降，有勳未叙者，不在焚斷之限。北來軍士及隨駕文武、馬渚立義，[七]加汎五級；河北執事之官，二級；河南立義及迎駕之官，并中途扈從，亦二級。壬申，以柱國大將軍、太原王尒朱榮爲天柱大將軍，加前後部羽葆、鼓吹。癸酉，臨潁縣卒江豐斬元顥，傳首京師。甲戌，以大將軍、上黨王天穆爲太宰，司徒公、城陽王徽爲大司馬、太尉公。乙亥，宴勞天柱大將軍尒朱榮、上黨王天穆及北來督將於都亭，出宮人三百、繒錦雜綵數萬匹，班賜有差。又諸州郡遣使奉表行宮者，並加一大階。丁丑，獲元顥弟頊，[八]斬於都市。詔受元顥爵賞、階級，悉追奪之。己卯，以鎮東將軍、南青州刺史元旭爲襄城王，平南將軍、南兗州刺史元暹爲汝陽王。

閏月辛巳，帝始居宮內。辛卯，以車騎將軍、兼吏部尚書楊津爲司空。巴州刺史嚴始欣據州南叛，蕭衍遣其將蕭玩、張鴻、江茂達等率衆赴援。

八月庚戌朔，詔諸有公私債負，一錢以上巨萬以還，悉皆禁斷，不得徵責。己未，以侍中、太傅李延寔爲司徒公。丁卯，封瓜州刺史元太榮爲東陽王。甲戌，侍中、太保楊椿致仕。乙亥，詔車騎將軍、右光祿大夫奚毅板授天柱大將軍尒朱榮、太宰天穆下勳及祖父叔伯耆年者牧守有差。

九月，大都督侯淵討韓樓於薊，破斬之。幽州平。万俟醜奴攻東秦城，陷之，殺刺史高子朗。

冬十月丁丑，以前司空公、丹陽王蕭贊爲司徒公。

十有一月己卯，就德興自營州遣使請降。丁亥，詔羣官休停在外者皆令赴闕，程會有差。丙午，以大司馬、太尉公、城陽王徽爲太保，司徒公、丹陽王蕭贊爲太尉公，開府儀同三司、雍州刺史長孫稚爲司徒公。

十有二月辛亥，蕭衍兗州刺史張景邕、荆州刺史李靈起、雄信將軍蕭進明來降。

三年春正月己丑，益州刺史長孫壽、梁州刺史元儁等，遣將與征巴州都督元景夏討嚴始欣，斬之。蕭衍都督蕭玩、何難尉、陳愁敗走，斬玩首，俘獲萬餘人。辛丑，東徐州城民呂文欣、王赦等殺刺史元太賓，據城反。以撫軍將軍、都官尚書樊子鵠兼右僕射，爲行臺，督征南將軍、都督賈顯智，征東將軍、徐州刺史嚴思達以討之。二月甲寅，克之。東徐平。

三月，醜奴大行臺尉遲菩薩寇岐州，大都督賀拔岳、可朱渾道元大破之。

夏四月丁巳，以侍中、太尉公、丹陽王蕭贊爲使持節、都督齊濟兗三州諸軍事、驃騎大將軍、開府儀同三司、齊州刺史。丁卯，雍州刺史尒朱天光討醜奴、蕭寶夤於安定，破擒之，囚送京師。甲戌，以關中平，大赦天下。醜奴斬於都市，寶夤賜死於駝牛署。

六月戊午，詔胡氏親屬受爵於朝者黜附編民。[九]嚈噠國獻師子一。

是月，白馬龍涸胡王慶雲僭稱大位於水洛城，[一〇]署置百官。

秋七月丙子，天光平水洛城，擒慶雲，坑其城民一萬七千。癸巳，蕭衍民革虬、卜湯世率堡聚內附。庚子，車騎大將軍、儀同三司李叔仁坐事除名爲民。

九月辛卯，天柱大將軍尒朱榮、上黨王天穆自晉陽來朝。戊戌，帝殺榮、天穆於明光殿，及榮子儀同三司菩提。乃昇閶闔門，詔曰：

蓋天道忌盈，人倫嫉惡，疏而不漏，刑之無捨。是以呂霍之門，禍譴所伏；梁董之家，咎徵斯在。頃孝昌之末，天步孔艱，女主亂政，監國無主。尒朱榮爰自晉陽，同憂王室，義旗之建，大會盟津，與世樂推，共成鴻業。論其始圖，非無勞效。但致遠恐泥，終之實難，曾未崇朝，豺聲已露。河陰之役，安忍無親。王公卿士，一朝塗地，宗戚靡遺，內外俱盡。假弄天威，殆危神器。時事倉卒，未遑問罪。尋以葛賊橫行，馬首南向，捨過責成，用平醜虜。及元顥問鼎，大駕北巡，復致勤王，展力行所。以此論功，且可補過。

既位極宰衡，地踰齊、魯，容養之至，豈復是過？但心如猛火，山林無以供其暴；意等漏巵，江河無以充其溢。既見金革稍寧，方隅漸泰，不推天功，專爲己力，與奪任情，臧否肆意，無君之跡，日月以甚。拔髮數罪，蓋不足稱；斬竹書愆，豈云能盡。方復託名朝宗，陰圖釁逆，睥睨天居，窺覦聖曆。乃有裂冠毀冕之心，將爲拔本塞源之事。天旣厭亂，人亦悔禍，同惡之臣，密來投告。將而必誅，罪無容捨。

又元天穆宗室末屬，名望素微，遭逢際會，頗參義舉。不能竭其忠誠以奉家國，乃復棄本逐末，背同卽異，爲之謀主，成彼禍心。是而可忍，孰不可恕！並以伏辜，自貽伊戚。元惡旣除，人神慶泰，便可大赦天下。

遣武衛將軍奚毅、前燕州刺史崔淵率兵鎮北中。[一一]是夜，僕射尒朱世隆、榮妻鄉郡長公主，率榮部曲焚西陽門，出屯河陰。己亥，攻河橋，擒毅等於途，害之，據北中城，南逼京邑。詔以驃騎大將軍、雍州刺史、廣宗郡開國公尒朱天光爲侍中、儀同三司，以侍中、司空公楊津爲使持節、督幷肆燕恒雲朔顯汾蔚九州諸軍事、驃騎大將軍、幷州刺史、兼尚書令、北道大行臺，經略幷肆。庚子，詔諸舊代人赴華林園，帝將親簡叙。以撫軍將軍、金紫光祿大夫高乾邕爲侍中、河北大使，招集驍勇。

冬十月癸卯朔，封安南將軍、大鴻臚卿元寶炬爲南陽王，大宗正卿、汝陽縣開國公元脩爲平陽王，通直散騎常侍、龍驤將軍、新陽縣開國伯元誕爲昌樂王。復通直散騎常侍、琅邪縣開國公。李叔仁官爵，[一二]仍爲使持節、大都督，以討世隆。以魏郡王諶徙封趙郡王，諶弟子趙郡王寘改封平昌王。儀同三司李虔薨。丁未，班募攻河橋格，賞帛授官各有差。戊申，皇子生，大赦天下，文武百僚汎二級。以平南將軍、中書令魏蘭根兼尚書左僕射，爲河北行臺，定相殷三州稟蘭根節度。

乙卯，通直散騎常侍、假平西將軍、都督李苗以火船焚河橋，尒朱世隆退走。丙辰，詔大都督、兼尚書僕射、行臺源子恭率步騎一萬出自西道，行臺楊昱領都督李侃希等部募勇士八千往從東路，防討之。子恭仍鎭太行丹谷。世隆至建州，刺史陸希質拒守，城陷，盡屠之，唯希質獲免。以中軍將軍、前東荆州刺史元顯恭爲使持節、都督晉建南汾三州諸軍事、鎭西將軍、晉州刺史、兼尚書左僕射，爲征西道行臺，〔三〕節度都督薛善樂、薛修義、裴元儁、薛崇禮、薛憘族等。丁卯，詔以世隆北叛，河內固守，其在城督將文武普加二級，兵士給復三年。

壬申，尒朱世隆停建興之高都，尒朱兆自晉陽來會之，共推太原太守、行幷州刺史長廣王曄爲主，大赦所部，號年建明，普汎四級。

徐州刺史尒朱仲遠反，率衆向京師。十有一月癸酉朔，詔車騎將軍、左衞將軍鄭先護爲使持節、大將軍、大都督，與都督李侃希赴行臺楊昱以討之。乙亥，以使持節、兼尚書令、西道大行臺、司徒公長孫稚爲太尉公，侍中、尚書令、驃騎大將軍、開府儀同三司、臨淮王彧爲司徒公。丙子，以驃騎大將軍、儀同三司、雍州刺史、廣宗郡開國公尒朱天光開府，進爵

爲王。丁丑，尒朱仲遠陷西兗州，執刺史王衍。癸未，以右衞將軍賀拔勝爲東征都督。壬辰，又以左衞將軍、大都督鄭先護兼尚書左僕射，爲行臺，與勝並討仲遠。戊戌，詔罷魏蘭根行臺，以後將軍、定州刺史薛曇尚爲使持節、兼尚書，爲北道行臺，隨機召發。行豫州刺史元崇禮殺後行州事陰導和，擅攝豫州。庚子，賀拔勝與仲遠戰於滑臺東，失利，仍奔之。

十有二月壬寅朔，尒朱兆寇丹谷，都督崔伯鳳戰歿，都督羊文義、史五龍降兆，大都督源子恭奔退。甲辰，尒朱兆、尒朱度律自富平津上，率騎涉渡，以襲京城。事出倉卒，禁衞不守。帝出雲龍門。兆逼帝幸永寧佛寺，殺皇子，幷殺司徒公、臨淮王彧，左僕射、范陽王誨。戊申，元曄大赦天下。尒朱度律自鎭京師。甲寅，尒朱兆遷帝於晉陽；甲子，崩於城內三級佛寺，時年二十四。幷害陳留王寬。

是月，河西人紇豆陵步蕃、破落韓常大敗尒朱兆於秀容。齊州城人趙洛周據西城反，應尒朱兆，刺史、丹陽王蕭贊棄城走。南陽太守趙脩延執荆州刺史李琰之，自行州事。中興二年謚爲武懷皇帝，太昌元年又謚孝莊皇帝，廟號敬宗。十一月，葬於靜陵。

史臣曰：魏自孝昌之末，天下淆然，外侮內亂，神器固將無主。莊帝潛思變化，招納勤王，雖時事孔棘，而卒有四海。猾逆旣翦，權强擅命，抑是兆謀運智之秋，勞謙夕惕之日也。未聞長轡之策，遽深負刺之恐，謀謨罕術，授任乖方，猜嫌行戮，禍不旋踵。嗚呼！胡醜之爲釁也，豈周衰晉末而已哉！至於高祖不祀，武宣享廟，三后降鑒，福祿固不永矣。

校勘記

〔一〕趙郡王鍼　諸本「鍼」作「斂」。按卷二一趙郡王幹傳稱：「子鍼，字子春，莊帝初，河陰遇害。」漢魏南北朝墓誌集釋下簡稱墓誌集釋有元鍼墓誌圖版一七三之二，卽此人。「鍼」和「春」名字相應，「斂」乃形近而訛，今改正。

〔二〕襲爵泰臨縣開國伯　百衲本和南、北、局本「泰」都作「秦」，汲本又訛作「奏」，殿本據卷一〇一高昌傳補改「泰」。按北史卷五元本百衲本的底本和南、北監本也作「秦」，百衲本依殿本改「泰」。按本傳作「泰」，卷一一出帝紀永熙二年十月條也作「泰」，今從殿本。

〔三〕軍級從三品以上從征四品者優一大階　册府卷六二一七〇〇頁「從征」下無「四品」二字。按有「四品」二字，文義晦澀，疑衍，或「從征」下有脫文。

〔四〕是月　按上已見「是月」，不應重出，疑衍。

〔五〕太山太守羊侃據郡引蕭衍將軍王辯攻兗州　諸本「王辯」作「王僧辯」。按卷五八楊昱傳敍此事作「王辯」，梁書卷三三羊侃傳稱侃降梁後，「遣羊鴉仁、王弁率軍迎接」。顯然「王辯」或「王弁」

卽此紀的「王僧辯」。王辯又屢見卷二一下彭城王勰附元劭傳、卷七九鹿悆傳等。查梁書卷四五王僧辯傳不載此事。本傳說湘東王繹爲荆州刺史，他就在蕭繹手下做官。據梁書卷五元帝紀，蕭繹第一次任荆州刺史是從普通七年五二六到大同五年五三九，則本年大通二年五二八，王僧辯正在荆州。這裏本同楊昱傳作「王辯」，也卽梁書的「王弁」，後人妄增「僧」字，今删。

〔六〕柱國大將軍尒朱榮率騎七萬討葛榮於滏口　南、北、殿三本「萬」作「千」，百衲本、汲本、局本和册府卷一二一一四五二頁作「萬」。按通鑑卷一五二四七五一頁作「千」，胡注：「魏收魏書云：『帥騎七萬』。」則舊本此紀自作「萬」。通鑑這條採自卷七四尒朱榮傳，故作「千」。南本以下各本也都是據傳改。這是紀、傳異文，未必傳必是，紀必非。今從百衲本。

〔七〕北來軍士及隨駕文武馬渚立義　諸本「馬渚」二字作「諸」，册府卷七九九一九頁作「馬渚」。按尒朱兆等進攻元顥的軍隊在馬渚渡河，歷見卷七五尒朱兆傳、卷五八楊侃傳。周書卷三四楊㯹傳說元顥入洛，「詔㯹率其宗人，收船馬渚」，以後尒朱兆率軍渡河，就用這批船。「馬渚立義」卽指楊㯹這些幫助渡河的人。這次賞格分別等級，「北來軍士」、「隨駕文武」和「馬渚立義」是第一等，下面「河北執事之官」、「河南立義」等等爲第二等，都具體指出某地、某事。中間忽然插入泛然的「諸立義」，很不相稱。今據册府改。

〔八〕獲元顥弟項　百衲本「項」字空格，南本以下諸本都作「瑣」。按卷二一上北海王詳傳稱「顥弟

中華書局

瑱」，諸本都是據傳補。今檢册府卷二八一三三二二頁作「顥弟項」。墓誌集釋有元項墓誌圖版一八四，與册府合。知今本傳作「瑱」，乃「項」的形訛，這裏諸本補字又承傳之誤，今改正。上建義元年四月「中軍將軍、給事黃門侍郎元瑱爲東海王」條同改。

〔九〕詔胡氏親屬受爵於朝者黜附編民　諸本「氏」都作「民」。通鑑卷一五四四七七四頁作「氏」。胡注：「謂靈后親屬也。」按當時尒朱氏專權，卽是胡人，哪有專抑胡民親屬的事。今從通鑑改。

〔一〇〕白馬龍涸胡王慶雲僭稱大位於水洛城　諸本「水」作「永」。據張元濟校勘記，百衲本的底本原作「水」，張從諸本改作「永」。按通鑑卷一五四四七七五頁作「水」。胡注：「水經注：卷一七渭水篇水洛水導源隴山，西逕水洛亭西，南注略陽川。九域志：水洛城在德順軍西南一百里。范仲淹曰：朝那之西，秦亭之東，有水洛城。」引據甚明。這條水在今甘肅平凉，流入秦安。魏書和其他史籍「水洛」多數訛作「永洛」。這一條舊本不誤，却也給百衲本誤改。今改正。以後逕改，不再出校記。

〔一一〕前燕州刺史崔淵率兵鎭北中　御覽卷一〇四四九九頁「崔淵」作「侯淵」，北史卷五避唐諱作「侯深」。按當時有兩侯淵，其一，本書卷八〇有傳，其人此時在中山，且是尒朱榮黨羽，元子攸不會委任他守北中。又一是侯剛子，卷九三侯剛傳不載，但見於卷二五長孫稚傳補，說是稚之壻。侯剛自稱上谷侯氏，上谷屬燕州，本傳說他請以長子詳爲燕州刺史。按照當時以充當本州

刺史爲榮的習慣，詳升官後，其弟淵曾繼爲此官是可能的。御覽所記出於魏書，却與北史合，疑作「侯淵」是。通鑑卷一五四四七八三頁作「崔淵」，知沿誤已久。司馬光不從北史，當亦因不知同時有兩侯淵之故。

〔一二〕復通直散騎常侍琅邪縣開國公李叔仁官爵　北史卷五作「琅邪公裋爲太原王」，不載復李叔仁官爵事。按李叔仁附見卷七三崔延伯傳後，寥寥數語，北史卷三七李叔仁傳較詳，都沒有說他曾封「琅邪郡公」。本書卷二一上咸陽王禧傳附子裋，說他「起家散騎常侍、琅邪縣開國公，邑五百戶。莊帝初，特封太原王」，與北史此紀合。這裏原文當作：「通直散騎常侍、琅邪縣開國公裋爲太原王。復李叔仁官爵，仍爲使持節、大都督以討世隆。」後來脫「裋爲太原王」五字，讀不可通，後人又把「復」字移在上面，遂如今狀。今於「開國公」下句斷。

〔一三〕爲征西道行臺　通鑑卷一五四四七八七頁無「征」字。張森楷云：「元顯恭本傳卷一九下附城陽王長壽傳作『西北道』，征西不當稱道，傳文是，此誤。」

魏書卷十一

廢出三帝紀第十一

前廢帝廣陵王　後廢帝安定王　出帝平陽王

前廢帝，諱恭，字脩業，廣陵惠王羽之子也，母曰王氏。少端謹，有志度。長而好學，事祖母、嫡母以孝聞。正始中，襲爵。延昌中，拜通直散騎常侍。神龜中，進兼散騎常侍。正光二年，正常侍，領給事黃門侍郎。帝以元叉擅權，遂稱疾不起。久之，因託瘖病。五年，就除金紫光祿大夫，〔一〕加散騎常侍。建義元年，除儀同三司。

王旣絕言，垂將一紀，居於龍花寺，無所交通。永安末，有白莊帝者，言王不語將有異圖，民間遊聲，又云有天子之氣。王懼禍，逃匿上洛，尋見追躡，執送京師，拘禁多日，以無狀獲免。及莊帝崩，尒朱世隆等以元曄疏遠，又非人望所推，以王潛默晦身，有過人之量，將謀廢立，恐實不語，乃令王所親申其意，且兼迫脅。王遂答曰：「天何言哉！」世隆等大悅。

春二月己巳，曄進至邙南，世隆等奉王東郭之外，行禪讓之禮，羣臣上表曰：「否泰沿時，殷憂啓聖，故六飛在御，三石興符。伏惟陛下運屬千齡，智周萬物，獨昭繫象，妙極天人，寶曆有歸，光宅攸屬，而將安獨善，不務兼濟，靈命徘徊，幽明載佇。伏願時順謳謠，念茲宗祏，用捨勞疾，允答人神。」王答曰：「自量眇身，是以讓執。然王公勤至，不可拒違。今敬承所陳，惟愧弗堪負荷耳。」太尉公尒朱度律奉進璽綬袞冕之服，乃就輅車，百官侍衞，入自建春、雲龍門，昇太極前殿，羣臣拜賀。

禮畢，登閶闔門，詔曰：「朕以寡薄，撫臨萬邦，思與億兆同茲慶泰。可大赦天下，以魏爲大魏，改建明二年爲普泰元年。其稅市及稅鹽之官，可悉廢之。百雜之戶，貸賜民名，官任仍舊。天下調絹，四百一匹。內外文武，普汎四階；合敍未定第者，亦沾級。除名免官者，特復本資，品封依舊。潁川王尒朱兆，彭城王尒朱仲遠，隴西王尒朱天光，樂平王尒朱世隆，常山王尒朱度律，車騎大將軍、儀同三司齊獻武王，都督斛斯椿下軍士，普汎六級。」庚午，詔曰：「朕以眇身，臨王公之上，夕惕祇懷，若履冰谷。賴七廟之靈，百辟忠誠之舉，庶免墜歿。夫三皇稱皇，五帝云帝，三代稱王，迭沖挹也。自秦之末，競爲皇帝。忘負乘之深殃，垂貪鄙於萬葉。予今稱帝，已爲褒矣！可普告令知。」

是月，鎭遠將軍清河崔祖螭聚青州七郡之衆十餘萬人圍東陽。幽州刺史劉靈助起兵

於薊。撫軍將軍、金紫光祿大夫、兼侍中、河北大使高乾邕及弟平北將軍、通直散騎常侍敖曹，率衆夜襲冀州，執刺史元嶷，殺監軍孫白鷂，共推前河內太守封隆之行州事。

三月癸酉，封長廣王曄爲東海王。詔太師、驃騎大將軍、青州刺史、魯郡王肅還爲太師；特進、車騎大將軍、沛郡王欣爲太傅、司州牧，改封淮陽王；驃騎大將軍、開府儀同三司、徐州刺史、彭城王尒朱仲遠，驃騎大將軍、儀同三司、雍州刺史、隴西王尒朱天光，並爲大將軍；柱國大將軍、并州刺史、潁川王尒朱兆爲天柱大將軍；驃騎大將軍、儀同三司、左衞將軍、大都督、晉州刺史、平陽郡開國公齊獻武王封勃海王，增邑五百戶；特進、車騎大將軍、清河王亶爲儀同三司；侍中、太傅、驃騎大將軍、開府儀同三司、尚書令、樂平王尒朱世隆爲太保；開府、前司徒公長孫稚爲太尉公、錄尚書事；侍中、驃騎大將軍、開府儀同三司、趙郡王諶爲司空公。稚固辭，尋除驃騎大將軍、開府儀同三司。丙子，帝引見尚書右僕射元羅及皇宗於顯陽殿，勞勉之。丁丑，加驃騎大將軍、北華州刺史公孫略儀同三司。己卯，詔右衞將軍賀拔勝幷尚書一人募伎作及雜戶從征者，正入出身，皆授實官，私馬者優一大階。庚辰，以侍中、衞將軍、咸陽王坦，衞將軍、尚書左僕射、南陽王寶炬，侍中、征東將軍、平陽王脩，並儀同三司。乙酉，詔簡北來及在京二官員外剩置者。己丑，以持節、驃騎將軍、涇州刺史賀拔岳爲儀同三司、岐州刺史，使持節、車騎大將軍、渭州刺史侯莫陳悅爲儀同三

司、秦州刺史。庚寅，詔天下有德孝仁賢忠義志信者，可以禮召赴闕，不應召者以不敬論。丙申，劉靈助率衆次於安國城，定州刺史侯淵破斬之，傳首京師。戊戌，以使持節、侍中、車騎大將軍斛斯椿，侍中、衞將軍元受，並特進、儀同三司。詔曰：「頃官方失序，仍令沙汰，定員簡剩，已有判決。退下之徒，微亦可愍。諸在簡下，可特優一級，皆授將軍，預參選限，隨能補用。」

是春，冠軍將軍、南青州刺史茹懷朗使其部將何寶率步騎三千擊蕭衍守將於琅邪，擒其尚書左僕射、儀同三司、雲麾將軍、徐兗二州刺史劉相如。〔二〕

夏四月癸卯，幸華林都亭燕射，班錫有差。太樂奏伎有倡優爲愚癡者，帝以非雅戲，詔罷之。壬子，有事於太廟。癸丑，詔以齊獻武王爲使持節、侍中、都督冀州諸軍事、驃騎大將軍、開府儀同三司、大都督、東道大行臺、冀州刺史，驃騎大將軍、安定王尒朱智虎爲開府儀同三司、肆州刺史。乙卯，以右衞將軍賀拔勝、武衞將軍大野拔並爲儀同三司。己未，帝於顯陽殿簡試通直散騎常侍、散騎侍郎、通直郎，剩員非才他轉之。癸亥，隴西王尒朱天光大破宿勤明達，擒送京師，斬之。丙寅，以侍中、驃騎大將軍尒朱彥伯爲司徒公。詔有司不得復稱僞梁，罷細作之條，無禁鄰國往還。詔員外諫議大夫、步兵校尉、奉車都尉、羽林監、給事中、積射將軍、奉朝請、殿中將軍、宮門僕射、殿中司馬督、治禮郎十一官，得俸而不給

力，老合外選者，依常格，其未老欲外選者，聽解。其七品以上，朔望入朝，若正員有闕，隨才進補。前員外簡退優階者追之，稱事簡下者，仍優一級。

先是，南陽太守趙脩延執刺史李琰之；五月丙子，荊州城民斬脩延，送首，還推琰之爲刺史。尒朱仲遠使其都督魏僧勗等討崔祖螭於東陽，擒斬之。

六月庚申，齊獻武王以尒朱逆亂，始興義兵於信都。西定殷州，斬其刺史尒朱羽生，命南趙郡太守李元忠爲刺史，鎮廣阿。癸亥，帝臨顯陽殿，親理寃訟。戊辰，以使持節、驃騎大將軍、開府尒朱弼爲儀同三司。

秋七月壬申，尒朱世隆等害前太保楊椿、前司空公楊津及其家。丙戌，司徒公尒朱彥伯以旱遜位。戊子，除彥伯侍中、開府儀同三司。庚寅，以侍中、太保、開府、尚書令、樂平王尒朱世隆爲儀同三師，〔三〕位次上公。

八月庚子，詔隴西王尒朱天光下文武討宿勤明達者，汎三級。潁川王尒朱兆率步騎二萬出井陘，趣殷州，李元忠棄城還信都。丙午，常山王尒朱度律、彭城王尒朱仲遠等率衆出抗義旗。

九月丁丑，以侍中、驃騎將軍盧同，驃騎大將軍杜德，車騎大將軍橋寧並爲儀同三司。己卯，以使持節、都督東道諸軍事、兼尚書令、東道大行臺、彭城王尒朱仲遠爲太宰。庚辰，

加使持節、大將軍、都督關中諸軍事、兼尚書令、西道大行臺、隴西王尒朱天光爲大司馬。驃騎大將軍、青州刺史、開府儀同三司穆紹薨。癸巳，追尊皇考爲先帝，皇妣王氏爲先太妃；封皇弟永業爲高密王，皇子恕爲勃海王。

冬十月壬寅，齊獻武王推勃海太守元朗卽皇帝位於信都。

二年春三月，齊獻武王敗尒朱天光等於韓陵。〔四〕

夏四月辛巳，齊獻武王與廢帝至邙山，使魏蘭根慰諭洛邑，且觀帝之爲人。蘭根忌帝雅德，還致毀謗，竟從崔㥄議，廢帝於崇訓佛寺，而立平陽王脩爲帝。帝既失位，乃賦詩曰：「朱門久可患，紫極非情玩。顚覆立可待，一年三易換。時運正如此，唯有修眞觀。」

太昌初，帝殂於門下外省，時年三十五。出帝詔百司赴會，大鴻臚監護喪事，葬用王禮，加以九旒、鑾輅、黃屋、左纛，班劍百二十人，二衞、羽林備儀衞。

後廢帝，諱朗，字仲哲，章武王融第三子也，母曰程氏。少稱明悟。永安二年，爲肆州魯郡王後軍府錄事參軍、儀同開府司馬。元曄之建明二年正月戊子，爲冀州勃海太守。及

齊獻武王起義兵，將誅暴逆，乃推戴之。

冬十月壬寅，卽皇帝位於信都城西。昇壇焚燎，大赦，稱中興元年。文武百官普汎四級。以齊獻武王爲侍中、丞相、都督中外諸軍事、大將軍、錄尚書事、大行臺，增邑三萬戶；以兼侍中、撫軍將軍、河北大使高乾邕爲侍中、司空公；前平北將軍、通直散騎常侍高敖曹爲驃騎大將軍、儀同三司，冀州刺史以終其身；以前刺史元嶷爲儀同三司。己酉，尒朱度律、尒朱仲遠、斛斯椿、賀拔勝、賈顯智次於陽平，將抗義師，齊獻武王縱反間構之，遂與尒朱兆相疑，敗散而還。辛亥，齊獻武王大破尒朱兆於廣阿，虜其卒五千餘人。詔將士汎五級，留守者二級。詔征東將軍、吏部尚書封隆之爲使持節、北道大使，隨方處分。

十有一月己巳，詔曰：「王度創開，彝倫方始，所班官秩，不改舊章。而無識之徒，因茲僥倖，謬增軍級，虛名顯位，皆言前朝所授，理難推抑。自非嚴爲條制，無以防其僞竊。諸有虛增官號，爲人發糾，罪從軍法。若入格檢覈無名者，退爲平民，終身禁錮。」庚辰，齊獻武王率師攻鄴城。

是年，南兗城民王乞德逼前刺史劉世明以州降蕭衍，衍使其將元樹入據譙城。

二年春正月壬午，拔鄴，擒刺史劉誕。詔諸將士汎四級，封侯、增邑九十七人，各有差

等。癸未，詔曰：「自中興草昧，典制權輿，郡縣之官，率多行、督。假有正者，風化未均。眷彼周餘，專爲漁獵。朕所以夙興夜寐，有惕於懷。有司明加糾罰，稱朕意焉。」

二月辛亥，上孝莊皇帝謚曰武懷皇帝。甲子，以齊獻武王爲大丞相、柱國大將軍、太師，增封三萬戶，幷前爲六萬戶。

三月丙寅，以齊文襄王起家爲驃騎大將軍、儀同三司。丙子，以侍中、車騎大將軍、尚書左僕射孫騰爲驃騎大將軍、儀同三司。丁丑，車駕幸鄴。乙酉，詔文武家屬自信都赴鄴城。

閏月乙未，以安北將軍、光祿大夫、博野縣開國伯尉景爲驃騎大將軍、儀同三司。丙申，以衞將軍、金紫光祿大夫厙狄干爲車騎大將軍、儀同三司。壬寅，尒朱天光、兆、度律、仲遠等屯於洹水之南。癸丑，齊獻武王出頓紫陌。庚申，尒朱兆率輕騎三千夜襲鄴城，叩西門，不克，退走。壬戌，齊獻武王大破尒朱天光等四胡於韓陵，前廢帝鎮軍將軍賀拔勝、徐州刺史杜德於陳降。尒朱兆走趣幷州，仲遠奔東郡，天光、度律將赴洛陽。大都督斛斯椿、賈顯智倍道先還。

夏四月甲子朔，椿等據河橋，懼罪自劾，尋擒天光、度律於河橋。西北大行臺長孫稚、都督賈顯智等率騎入京師，執尒朱世隆、彥伯，斬於都街，囚送天光、度律於齊獻武王。辛未，前廢帝驃騎大將軍、行濟州事侯景據城降，仍除儀同三司、兼尚書僕射、南道大行臺、濟州刺史。甲戌，以車騎將軍、尚書右僕射魏蘭根爲驃騎大將軍、儀同三司。乙亥，以車騎大將軍、儀同三司、中軍大都督高盛兼尚書僕射、北道行臺，隨機處分。尒朱仲遠奔蕭衍。青州刺史尒朱弼爲其部下馮紹隆所殺，傳首京師。丙子，前廢帝安東將軍辛永，右將軍、建州大都督張悅舉城降。

辛巳，車駕至河陽，遜位於別邸。太昌元年五月，封安定郡王，邑一萬戶。後以罪殂於門下外省，時年二十。永熙二年葬於鄴西南野馬岡。

出帝，諱脩，字孝則，廣平武穆王懷之第三子也，母李氏。性沉厚少言，好武事。始封汝陽縣開國公，拜通直散騎侍郎，轉中書侍郎。建義初，除散騎常侍，尋遷平東將軍、兼太常卿，又爲鎮東將軍、宗正卿。永安三年，封平陽王。普泰初，轉侍中、鎮東將軍、〔五〕儀同三司、兼尚書右僕射，又加侍中、尚書左僕射。

中興二年夏四月，安定王自以疏遠，未允四海之心，請遜大位。齊獻武王與百僚會議，僉謂高祖不可無後，乃共奉王。戊子，卽帝位於東郭之外，入自東陽、雲龍門，御太極前殿，

羣臣朝賀。禮畢，昇閶闔門，詔曰：「否泰相沿，廢興互有，玄天無所隱，精靈弗能諭。大魏統乾，德漸區宇，牢籠九服，旁礴三光。而上天降禍，運踵多難，禮樂崩淪，憲章漂沒。赫赫宗周，翦爲戎寇；肅肅清廟，將成茂草。胡羯乘機，肆其昏虐，殺君害王，刳剔海內。競其吞噬之意，不識醉飽之心。自書契以來，未有若斯者已！大丞相勃海王忠存本朝，精貫白日，爰舉義旗，志雪國耻。故廣阿之軍，貔虎奪氣；鄴下之師，金湯失險。近者四胡相率，實繁有徒，驅天下之兵，盡華戎之銳。桴鼓暫交，一朝盪滅，元兇授首，大憝斯擒。揚旆濟河，掃清伊洛，士民安堵，不失舊章。社稷危而復安，洪基毀而還構。朕以託體宸極，猥當樂推，祇握寶圖，承茲大業。得以眇身，託於王公之上，若涉淵水，罔識攸津。思與兆民同茲嘉慶，可大赦天下。改中興二年爲太昌元年。」詔前御史中尉樊子鵠起復本官，兼尚書左僕射、東南道大行臺，都督儀同三司、徐州刺史杜德討元樹。齊獻武王上言，建義之家枉爲尒朱氏籍沒者，悉皆蠲免。帝以世易，復除齊獻武王爲大丞相、天柱大將軍、太師，世襲定州刺史，增封九萬，幷前十五萬戶。庚寅，加齊文襄王侍中、開府儀同，餘如故。壬辰，齊獻武王還鄴，車駕餞別於乾脯山。

五月丙申，前廢帝廣陵王殂。以太傅、淮陽王欣爲太師，封沛郡王；司徒公、趙郡王諶爲太保；侍中、驃騎大將軍、開府儀同三司、清河王亶儀同三師；〔六〕使持節、侍中、驃騎大將

律沙門爲開府儀同三司。

秋七月辛巳朔，以鎮東將軍、前大鴻臚卿、太原王昶特爲車騎大將軍、〔一五〕儀同三司。己丑，帝親總六軍十餘萬衆次於河橋。以斛斯椿爲前軍大都督，尋詔椿鎮虎牢。又詔荊州刺史賀拔勝赴於行所。勝率所部次於汝水。庚子，以使持節、征西將軍、岐州刺史越肱特爲儀同三司。丁未，帝爲椿等迫脅，遂出於長安。己酉，齊獻武王入洛，賀拔勝走還荊州。

八月甲寅，推司徒公、清河王亶爲大司馬，承制總萬幾，居尚書省。辛酉，齊獻武王西迎車駕。戊辰，制曰：「晦爲明始，亂實治基，爰著天道，又符人事。故姬祚中微，踐土有勤王之役；劉氏將傾，北軍致左袒之舉。用能隆此遠年，克兹卜世。永熙之季，權佞擅朝，羣小是崇，勳賢見害。官緣價以貴賤，獄因貨而死生。宗祏飄若綴旒，民命棄如草莽。大丞相位居晉鄭，任屬桓文，興甲汾川，問罪伊洛。羣姦畏威，擁迫人主，以自蔽衞，遠出秦方。雖車駕流移，未卽返御，然權佞將除，天下延頸。魏邦雖舊，其化惟新，思與兆民，同兹更始。可大赦天下。」行臺侯景討荊州，賀拔勝戰敗，走奔蕭衍。

九月癸巳，以衞大將軍、河南尹元子思爲使持節、行臺僕射，使持節、驃騎大將軍、開府儀同三司、領軍將軍婁昭爲西道大都督，幷率左右侍官西迎車駕。己酉，椿黨毛鴻賓守潼關，齊獻武王破擒之。〔一六〕是日，齊獻武王東還於洛。是月，東清河人傅畠殺太守韓子捷，據

郡反。會赦，乃降。

冬十月戊辰，使持節、驃騎大將軍、開府儀同三司、行青州事侯淵克東陽，斬刺史東萊王貴平，〔一七〕傳首京師。

閏十二月癸巳，帝爲宇文黑獺所害，時年二十五。

史臣曰：廣陵廢於前，中興廢於後，平陽猜惑，自絕宗廟。晉泰雅道居多，永熙悖德爲甚。是俱亡滅，天下所棄歟！

校勘記

〔一〕就除金紫光祿大夫　百衲本、北本、汲本、殿本「就」作「執」，南本、局本作「就」。按「執除」費解，今從南、局本。

〔二〕擒其尚書左僕射儀同三司雲麾將軍徐兗二州刺史劉相如　卷九八蕭衍傳作「擒其雲麾將軍、徐兗二州刺史沈預，斬其宣猛將軍、齊州刺史劉相如」。這裏「徐兗二州刺史」下有脫文，致誤合爲一人。又僕射、儀同的品級很高，不當只加「雲麾」軍號，邊州刺史也不可能有此官銜。必有

誤。

〔三〕以侍中太保開府尚書令樂平王尒朱世隆爲儀同三師　諸本「師」作「司」。按世隆已官「開府」，豈有加「儀同三司」之理。卷七五尒朱世隆傳稱：「前廢帝特置儀同三師之官，次上公之下，以世隆爲之。」這裏「司」乃「師」之訛，今據傳改正。

〔四〕二年春三月齊獻武王敗尒朱天光等於韓陵　北史卷五「三月」作「閏二月」。按本年五三二閏三月。韓陵之戰在閏三月，歷見本卷下面後廢帝紀、北史卷六齊本紀，這裏「三月」上脫「閏」字，北史則「三」訛「二」。

〔五〕鎮東將軍　張森楷云：「上文已書『鎮東』，此不應復爲鎮東，前廢帝紀作『征東』，是也。『鎮』字涉上而誤。」

〔六〕侍中驃騎大將軍開府儀同三司清河王亶儀同三師　諸本「師」訛「司」。據卷七五尒朱世隆傳改正。參本卷校記〔三〕。

〔七〕夏州徙民郭遷據宥州反刺史元嶷棄城走　錢氏考異卷二八云：「宥非州名，通鑑卷一五五四八二六頁作青州，當從之。」按本書卷一五常山王遵附元嶷傳、北齊書卷一九蔡儁傳，元嶷這時是兗州刺史，暴動發生在兗州。「宥州」果然是訛文，通鑑作「青州」也無據，郭遷所據之州應作「兗州」。

〔八〕以侍中驃騎大將軍封隆之　諸本「隆」作「陰」。按當時並無「封陰之」其人，錢氏考異卷二八云：「『陰之』當是『隆之』之訛。」錢說是，今改正。

〔九〕以司空公高乾邕爲使持節驃騎大將軍開府儀同三司　張森楷云：「『儀同三司』下當有『徐州刺史』四字脫去，下文及高乾傳北齊書卷二一可證。」

〔一〇〕以使持節都督河渭部三州諸軍事　錢氏考異卷二八云：「部非州名，恐是『鄯』字之訛。」

〔一一〕侍中太尉公南陽王寶炬爲太尉開府尚書令　北史卷五下「太尉」作「太保」。按寶炬先已爲太尉，豈有以太尉升太尉之理，「尉」字必誤。

〔一二〕以使持節鎮北將軍大都督秦州刺史万俟普撥爲驃騎大將軍儀同三司　諸本「秦」作「泰」。按万俟普撥是秦州刺史，歷見周書卷一文帝紀下永熙三年五三四二月、同書卷二文帝紀下大統二年五三六五月、北史卷六齊紀上天平三年五三六二月、北齊書卷二七万俟普撥傳補。當時有兩秦州，一治上邽，此州自永安三年五三〇起義軍被鎮壓後，侯莫陳悅、趙貴、李弼、念賢等相繼爲刺史見周書卷一四、卷一五諸人傳。又一是魏末置於汧城的東秦州。本書卷九肅宗紀孝昌三年記東秦州刺史潘義淵以汧城降起義軍。太平寰宇記卷三二隴州條歷記沿革。万俟普撥當是東秦州刺史。北史卷六齊本紀、北齊書卷二七万俟普撥傳都說高歡平夏州後，万俟普撥率衆投奔東魏。此「秦州」與夏州相近。泰州近在河東，情事不合。這裏「泰」乃「秦」之訛，今改正。

〔一三〕進爵郡王　北史卷五「王」作「公」。按卷一〇一高昌傳也作「公」。這是由縣伯進封郡公，非指高昌王號。作「公」是。

〔一四〕以驃騎將軍左衞將軍元斌之爲潁川王　諸本「川」作「昌」。張森楷云：「北史卷五作『潁川』。據本書安樂王傳卷二〇·補、北齊書神武紀卷二·補、周書文帝紀卷二並作『潁川』，則『昌』字誤也。」按北魏無「潁昌郡」，「昌」字誤，今據北史改。

〔一五〕太原王昶特爲車騎大將軍　按本書記升遷從無「特爲」的寫法，「特」字疑涉下「越肱特」而衍。

〔一六〕己酉椿黨毛鴻賓守潼關齊獻武王破擒之　按北史卷六齊本紀上，高歡攻下潼關在八月，還至洛陽在九月庚寅，周書卷一文帝紀上、北史卷九周本紀上也說高歡襲陷潼關在八月。又據北史魏紀五又說九月己酉是元脩反攻潼關，又克華州之日。疑這裏記月日皆有誤。

〔一七〕行青州事侯淵克東陽斬刺史東萊王貴平　諸本「東陽」作「東揚一作楊州」。按卷一九下安定王休附元貴平傳說他出帝時「出爲青州刺史」，爲侯淵所害。卷八〇侯淵傳敍此事甚詳。貴平乃青州刺史，侯淵攻取的也是青州。據卷一〇六地形志中，青州治東陽。這裏本作「克東陽」，「陽」訛「楊」或「揚」，後人又妄增「州」字，今改正。

魏書卷十二〔一〕

孝靜紀第十二

孝靜皇帝，諱善見，清河文宣王亶之世子也，母曰胡妃。永熙三年，拜通直散騎侍郎，八月，爲驃騎大將軍、開府儀同三司。出帝既入關，齊獻武王奉迎不克，乃與百僚會議，推帝以奉肅宗之後，時年十一。

冬十月丙寅，卽位于城東北，大赦天下，改永熙三年爲天平元年。庚午，以太師、趙郡王諶爲大司馬，以司空、咸陽王坦爲太尉，以開府儀同三司高盛爲司徒，以開府儀同三司高昂爲司空。壬申，有事于太廟。

詔曰：「安安能遷，自古之明典；所居靡定，往昔之成規。是以殷遷八城，周卜三地。吉凶有數，隆替無恆。事由於變通，理出於不得已故也。高祖孝文皇帝式觀乾象，俯協人謀，發自武州，來幸嵩縣，魏雖舊國，其命惟新。及正光之季，國步孔棘，喪亂不已，寇賊交侵，俾我生民，無所措手。今遠遵古式，深驗時事，考龜襲吉，遷宅漳滏。庶克隆洪基，再昌寶

曆。主者明爲條格，及時發邁。」丙子，車駕北遷于鄴。詔齊獻武王留後部分。改司州爲洛州，以衞大將軍、尚書令元弼爲驃騎大將軍、儀同三司、洛州刺史，鎭洛陽。詔從遷之戶，百官給復三年，安居人五年。

十有一月，兗州刺史樊子鵠、南青州刺史大野拔據瑕丘反。庚寅，車駕至鄴，居北城相州之廨。改相州刺史爲司州牧，魏郡太守爲魏尹，徙鄴舊人西徑百里以居新遷之人，分鄴置臨漳縣，以魏郡、林慮、廣平、陽丘、汲郡、黎陽、東濮陽、清河、廣宗等郡爲皇畿。〔二〕十有二月丁卯，燕郡王賀拔允薨。庚午，詔內外解嚴，百司悉依舊章，從容雅服，不得以矛釤從事。〔三〕丙子，遣侍中封隆之等五人爲大使，巡諭天下。丁丑，赦畿內。閏月，蕭衍以元慶和爲鎭北將軍、魏王，入據平瀨鄉。宇文黑獺旣害出帝，乃以南陽王寶炬僭尊號。初置四中郎將，於礓石橋置東中，蒲泉置西中，濟北置南中，洛水置北中。

二年春正月，寶炬渭州刺史可朱渾道元擁部來降，齊獻武王迎納之，賑其廩食。己巳，詔以齊獻武王爲相國，假黃鉞，劍履上殿，入朝不趨，餘悉如故。王固讓不受。乙亥，兼尚書右僕射、東南道行臺元晏討元慶和，破走之。二月壬午，以太尉、咸陽王坦爲太傅，以司州牧、西河王悰爲太尉。己丑，前南青州刺史大野拔斬樊子鵠以降，兗州平。戊戌，蕭衍司州

刺史陳慶之寇豫州，刺史堯雄擊走之。三月辛酉，以司徒高盛爲太尉，以司空高昂爲司徒，濟陰王暉業爲司空。齊獻武王討平山胡劉蠡升，斬之。其子南海王復僭帝號，獻武王進擊，破擒之，及其弟西海王、皇后、夫人已下四百人，并逋逃之人二萬餘戶。辛未，以旱故，詔京邑及諸州郡縣收瘞骸骨。

夏四月，前青州刺史侯淵反，〔四〕攻掠青齊。癸未，濟州刺史蔡儁討平之。壬辰，降京師見囚。五月，大旱，勒城門、殿門及省、府、寺、署、坊門澆人，不簡王公，無限日，得雨乃止。六月，元慶和寇南豫州，刺史堯雄大破之。

秋七月甲戌，封汝南王悅孫綽爲琅邪王。八月辛卯，司空、濟陰王暉業坐事免。甲午，發衆七萬六千人營新宮。九月，齊獻武王以治民之官多不奉法，請選朝士清正者，州別遣一人，問疾苦。丁巳，以開府儀同三司、襄城王旭爲司空。

冬十有一月丁未，蕭衍將柳仲禮寇荊州，刺史王元擊破之。〔五〕癸丑，祀圜丘。甲寅，閶闔門災，龍見并州人家井中。丙寅，詔齊文襄王起家爲散騎常侍、驃騎大將軍、左光祿大夫、儀同三司、太原郡開國公，食邑三千戶。十有二月壬午，車駕狩于鄴東。甲午，文武百官，量事各給祿。

三年春正月癸卯朔，饗羣臣於前殿。戊申，詔百官舉士，舉不稱才者兩免之。齊獻武王襲寶炬西夏州，克之。詔加齊獻武王九錫之禮，侍中元子思敦諭。固讓乃止。二月丁未，蕭衍光州刺史郝樹以州內附。丁酉，詔加齊文襄王使持節、尚書令、大行臺、大都督，以鮮卑、高車酋庶皆隸之。三月甲寅，以開府儀同三司、華山王鷙爲大司馬。丁卯，陽夏太守盧公纂據郡南叛，大都督元整破之。

夏四月丁酉，昌樂王誕薨。五月癸卯，賜鰥寡孤獨貧窮者衣物各有差。丙辰，以錄尚書事、西河王悰爲司州牧。戊辰，太尉高盛薨。六月辛巳，趙郡王諶薨。

秋七月庚子，大赦天下。蕭衍夏州刺史田獨鞞、潁川防城都督劉鸞慶並以州內附。八月，并、肆、汾、建四州隕霜，〔六〕大饑。九月壬寅，以定州刺史侯景兼尚書右僕射、南道行臺，節度諸軍南討。丙辰，陽平人路季禮聚衆反。辛酉，御史中尉竇泰討平之。

冬十有一月戊申，詔尚書可遣使巡檢河北流移飢人，邢陘、滏口所經之處，若有死屍，即爲藏掩。勿使靈臺枯骨，有感於通夢；廣漢露骸，時聞於夜哭。侯景攻克蕭衍楚州，獲刺史桓和。十有二月，以并州刺史尉景爲太保。辛未，遣使者板假老人官，百歲已下各有差。壬申，大司馬、清河王亶薨。丁丑，齊獻武王自晉陽西討，次於蒲津，司徒公、大都督高敖曹趣上洛，車騎大將軍竇泰入自潼關。癸未，以太傅、咸陽王坦爲太師。乙酉，勿吉國遣使朝貢。

是歲，高麗國遣使朝貢。

四年春正月，禁十五日相偸戲。竇泰失利自殺。丁巳，高敖曹攻上洛，克之，擒寶炬驃騎大將軍、洛州刺史泉企。〔七〕以汝陽王暹爲錄尚書事。

夏四月辛未，遷七帝神主入新廟，大赦天下，內外百官普進一階。先是，滎陽人張儉等聚衆反於大騩山，通寶炬。壬辰，武衞將軍高元盛討破之。〔八〕六月己巳，幸華林園理訟。辛未，詔尚書掩骼埋胔，推錄囚徒。壬午，閶闔門災。

先是，蕭衍因益州刺史傅和請通好。秋七月甲辰，遣兼散騎常侍李諧、〔九〕兼吏部郎中盧元明、兼通直散騎常侍李鄴使于蕭衍。八月，寶炬、宇文黑獺寇陝州，城陷，刺史李徽伯爲黑獺所殺。九月，侍中元子思與其弟子華謀西入，並賜死。閏月乙丑，衞將軍、右光祿大夫蔣天樂謀反，伏誅。禁京師酤酒。〔一〇〕

冬十月，以咸陽王坦爲錄尚書事。壬辰，齊獻武王西討，至沙苑，不克而還。己酉，寶炬行臺宮景壽、都督楊白駒寇洛州，大都督韓延大破之。〔一一〕寶炬又遣其子大行臺元季海、大都督獨孤如願逼洛州，刺史廣陽王湛棄城退還，季海、如願遂據金墉。潁州長史賀若徽

執刺史田迅西叛，〔一二〕引寶炬都督梁回據城。寶炬又遣其都督趙繼宗、右丞韋孝寬等攻陷豫州。十有一月丙子，以驃騎大將軍、儀同三司万俟普爲太尉。十有二月甲寅，蕭衍遣使朝貢。河間人邢摩納、范陽人盧仲禮等各聚衆反。

是歲，高麗、蠕蠕國並遣使朝貢。

元象元年春正月，有巨象自至碭郡陂中，南兗州獲送于鄴。丁卯，大赦，改元。大都督賀拔仁攻寶炬南汾州，己卯，拔之，擒其刺史韋子粲。行臺任祥率豫州刺史堯雄等與大行臺侯景、司徒高敖曹、大都督万俟受洛干等於北豫相會，俱討潁州。梁回等棄城遁走，潁州平。二月，豫州刺史堯雄攻揚州，拔之，擒寶炬義州刺史韓顯、揚州長史丘岳，送京師。丙辰，遣兼散騎常侍鄭伯猷使于蕭衍。三月，齊獻武王固請解大丞相，詔從之。

夏四月庚寅，曲赦畿內。壬辰，齊獻武王還晉陽，請開酒禁。六月壬辰，帝幸華林都堂聽訟。是夏，山東大水，蝦蟆鳴于樹上。

秋七月乙亥，〔一三〕高麗國遣使朝貢。行臺侯景、司徒公高敖曹圍寶炬將獨孤如願於金墉，寶炬、宇文黑獺並來赴救。大都督厙狄干率諸將前驅，齊獻武王總衆繼進。八月辛卯，戰于河陰，大破之。斬其大都督、儀同三司寇洛生等二十餘人，俘獲數萬。司徒公高敖曹、

大都督李猛、宋顯並戰沒。寶炬留其將長孫子彥守金墉。壬辰，齊獻武王濟河，子彥棄城走。九月，大都督賀拔仁擊邢摩納、盧仲禮等，破平之。

冬十月，蕭衍遣使朝貢。十有一月庚寅，遣陸操使于蕭衍。[一四]齊獻武王來朝。十有二月甲辰，還晉陽。

興和元年春正月辛酉，以尚書令孫騰爲司徒。三月甲寅朔，封常山郡王配第二子曜爲陳郡王。

夏五月，齊文襄王來朝。甲戌，立皇后高氏。乙亥，大赦天下。是月，高麗國遣使朝貢。六月乙酉，以尚書左僕射司馬子如爲山東黜陟大使，尋爲東北道大行臺，差選勇士。庚寅，前潁州刺史奚思業爲河南大使，簡發勇士。丁酉，蕭衍遣使朝貢。戊申，開府儀同三司、汝陽王暹薨。

秋七月丁丑，詔以齊獻武王爲相國、錄尚書事、大行臺，固辭相國。八月壬辰，兼散騎常侍王元景、兼通直散騎常侍魏收使于蕭衍。九月甲子，發畿內民夫十萬人城鄴城，四十日罷。辛未，曲赦畿內死罪以下各有差。

冬十有一月癸亥，以新宮成，大赦天下，改元。八十以上賜綾帽及杖，七十以上賜帛，

及有疾廢者賜粟帛。築城之夫，給復一年。

二年春正月壬申，以太保尉景爲太傅，以驃騎大將軍、開府儀同三司厙狄干爲太保。丁丑，徙御新宮，大赦，內外百官普進一階，營構主將別優一階。三月己卯，蕭衍遣使朝貢。

夏五月己酉，西魏行臺宮延和、陝州刺史宮元慶率戶內屬，置之河北。新附賑廩各有差。壬子，遣兼散騎常侍李象使于蕭衍。閏月己丑，封皇兄景植爲宜陽王，[一五]皇弟威爲清河王，謙爲潁川王。六月壬子，大司馬華山王鷙薨。[一六]

冬十月丁未，蕭衍遣使朝貢。十有二月乙卯，遣兼散騎常侍崔長謙使於蕭衍。

是歲，蠕蠕、高麗、勿吉國並遣使朝貢。

三年春二月甲辰，阿至羅出吐拔那渾大率部來降。三月己酉，梁州人公孫貴賓聚衆反，自號天王。陽夏鎮將討擒之。

夏四月戊申，阿至羅國主副伏羅越居子去賓來降，封爲高車王。六月乙丑，蕭衍遣使朝貢。

秋七月，齊文襄王如晉陽。己卯，宜陽王景植薨。八月甲子，遣兼散騎常侍李騫使于蕭衍。

冬十月癸卯，齊文襄王自晉陽來朝。先是，詔文襄王與羣臣於麟趾閣議定新制，甲寅，班於天下。己巳，發夫五萬人築漳濱堰，三十五日罷。癸亥，車駕狩于西山。十有一月戊寅，還宮。丙戌，以開府儀同三司、彭城王韶爲太尉，以度支尚書胡僧敬爲司空。

是歲，蠕蠕、高麗、勿吉國並遣使朝貢。

四年春正月丙辰，蕭衍遣使朝貢。夏四月丙寅，遣兼散騎常侍李繪使于蕭衍。乙酉，以侍中、廣陽王湛爲太尉，以尚書右僕射高隆之爲司徒，以太尉、彭城王韶爲錄尚書事。丁亥，太傅尉景坐事降爲驃騎大將軍、開府儀同三司。辛卯，以太保厙狄干爲太傅，以領軍將軍婁昭爲大司馬，封祖裔爲尚書右僕射。

五月辛巳，齊獻武王來朝，請令百官月一面敷政事，明揚仄陋，納諫屏邪，親理獄訟，褒黜勤怠；牧守有愆，節級相坐；椒掖之內，進御以序；後園鷹犬，悉皆放棄。六月，還晉陽。丙申，復前侍中、樂浪王忠爵。丁酉，復陳留王景皓、常山王紹宗、高密王永業爵。

秋八月庚戌，以開府儀同三司、吏部尚書侯景爲兼尚書僕射、河南行臺，隨機討防。

冬十月甲寅，蕭衍遣使朝貢。齊獻武王圍寶炬玉壁。十有一月壬午，班師。驃騎大將軍、

開府儀同三司、青州刺史、西河王悰薨。十有二月辛亥，遣兼散騎常侍陽斐使于蕭衍。[一七]

是歲，蠕蠕、高麗、吐谷渾國並遣使朝貢。

武定元年春正月壬戌朔，大赦天下，改元。己巳，車駕蒐于邯鄲之西山；癸酉，還宮。二月壬申，北豫州刺史高仲密據虎牢西叛。三月，寶炬遣其子突與宇文黑獺率衆來援仲密。庚子，圍河橋南城。丙午，帝親納訟。戊申，齊獻武王討黑獺，戰於邙山，大破之，擒寶炬兄子臨洮王森，蜀郡王榮宗，江夏王昇，鉅鹿王闡，譙郡王亮，驃騎大將軍、儀同三司、太子詹事趙善，督將參僚等四百餘人，俘斬六萬餘，甲仗牛馬不可勝數。豫洛二州平。齊獻武王追奔至恒農而還。

夏四月，封彭城王韶弟襲爲武安王。五月壬辰，以克復虎牢，降天下死罪以下囚。乙未，以吏部尚書侯景爲司空。六月乙亥，蕭衍遣使朝貢。戊寅，封前員外散騎侍郎元長春爲南郡王。

秋八月乙未，以汾州刺史斛律金爲大司馬。壬午，遣兼散騎常侍李渾使于蕭衍。是月，齊獻武王召夫五萬於肆州北山築城，西自馬陵戍，東至土隥。四十日罷。

冬十有一月甲午，車駕狩于西山。乙巳，還宮。

是歲，吐谷渾、高麗、蠕蠕國並遣使朝貢。

二年春正月，地豆于國遣使朝貢。二月丁卯，徐州人劉烏黑聚衆反。遣行臺慕容紹宗討平之。三月，蕭衍遣使朝貢。以旱故，宥死罪以下囚。丙午，以開府儀同三司孫騰爲太保。壬子，以齊文襄王爲大將軍，領侍中，其文武職事、賞罰衆典，詢稟之。中書監元弼爲錄尚書，左僕射司馬子如爲尚書令，以今上爲右僕射。

夏四月，室韋國遣使朝貢。五月甲午，遣散騎常侍魏季景使于蕭衍。丁酉，太尉、廣陽王湛薨。

秋八月癸酉，尚書令司馬子如坐事免。九月甲申，以開府儀同三司、濟陰王暉業爲太尉。太師、咸陽王坦坐事免，以王還第。

冬十月丁巳，太保孫騰、大司馬高隆之各爲括戶大使，[18]凡獲逃戶六十餘萬。十有一月，西河地陷，有火出。甲申，以司徒高隆之爲尚書令，以前大司馬婁昭爲司徒。齊文襄王如晉陽。庚子，車駕有事於圓丘。辛丑，蕭衍遣使朝貢。壬寅，齊文襄王從獻武王討山胡，破之，俘獲一萬餘戶，分配諸州。

是歲，吐谷渾、高麗、蠕蠕、勿吉國並遣使朝貢。

三年春正月丙申，遣兼散騎常侍李獎使于蕭衍。丁未，齊獻武王請於并州置晉陽宮，以處配沒之口。二月庚申，吐谷渾國奉其從妹以備後庭，納爲容華嬪。

夏五月甲辰，大赦天下。

秋七月庚子，蕭衍遣使朝貢。

冬十月，遣中書舍人尉瑾使于蕭衍。乙未，齊獻武王請邙山之俘，釋其桎梏，配以人間寡婦。十有二月，以司空侯景爲司徒，以中書令韓軌爲司空。戊子，以太保孫騰爲錄尚書事。

是歲，高麗、吐谷渾、蠕蠕國並遣使朝貢。

四年夏五月壬寅，蕭衍遣使朝貢。六月庚子，以司徒侯景爲河南大行臺，應機討防。

秋七月壬寅，遣兼散騎常侍元廓使于蕭衍。八月，移洛陽漢魏石經于鄴。齊獻武王自鄴帥衆西伐，文襄王會于晉州。九月，圍玉壁以挑之，寶炬、黑獺不敢應。

冬十有一月，齊獻武王有疾，班師。文襄王如晉陽。

是歲，室韋、勿吉、地豆于、高麗、蠕蠕國，並遣使朝貢。

五年春正月丙午，齊獻武王薨於晉陽，祕不發喪。辛亥，司徒侯景反，潁州刺史司馬世雲以城應之。景入據潁城，誘執豫州刺史高元成、襄州刺史李密、廣州刺史暴顯等。遣司空韓軌，驃騎大將軍、儀同三司賀拔勝、[19]可朱渾道元，左衞將軍劉豐等帥衆討之。景乃遣使降於寶炬，請師救援。寶炬遣其將李景和、王思政帥騎赴之。思政等入據潁川，景乃出走豫州。乙丑，蕭衍遣使朝貢。二月，侯景復背寶炬，歸於蕭衍。衍署景河南大將軍，[20]承制。

夏四月壬申，大將軍齊文襄王來朝。甲午，遣兼散騎常侍李緯使于蕭衍。五月丁酉朔，大赦天下。戊戌，以尚書右僕射、襄城王旭爲太尉。甲辰，以太原公今上爲尚書令，領中書監，餘如故，詢以政事。以青州刺史尉景爲大司馬，以開府儀同三司厙狄干爲太師，以錄尚書事孫騰爲太傅，以汾州刺史賀仁爲太保，[21]以司空韓軌爲司徒，以領軍將軍可朱渾道元爲司空，以司徒高隆之錄尚書事，以徐州刺史慕容紹宗爲尚書左僕射，高陽王斌爲右僕射。戊午，大司馬尉景薨。六月，司徒韓軌、司空可朱渾道元等自潁州班師。乙酉，帝爲齊獻武王舉哀於東堂，服緦縗。詔尚書右僕射、高陽王斌兼大鴻臚卿，赴晉陽監護喪事；太尉、襄城王旭兼尚書令，奉詔宣慰。

秋七月戊戌，詔贈王假黃鉞、使持節、相國、都督中外諸軍事、齊王璽紱，轀輬車、黃屋、左纛、前後羽葆、鼓吹、輕車介士，兼備九錫之禮，謚曰獻武王。以齊文襄王爲使持節、大丞相、都督中外諸軍事、錄尚書事、大行臺、勃海王。壬寅，詔王攝理軍國，遣中使敦諭。八月，[22]齊文襄王入朝，固辭丞相，詔復授大將軍，餘如故。甲申，葬齊獻武王於鄴城西北，車駕祖於漳濱。九月，齊文襄王還晉陽。辛酉，蕭衍遣其兄子貞陽侯淵明帥衆寇徐州，堰泗水於寒山，灌彭城，以應侯景。

冬十月乙酉，以尚書左僕射慕容紹宗爲東南道行臺，與驃騎大將軍、儀同三司、大都督高岳，潘相樂討淵明。十有一月，大破之，擒淵明及其二子瑀、道，將帥二百餘人，俘斬五萬級，凍乏赴水死者不可勝數。十有二月乙亥，蕭淵明至闕，帝御閶闔門讓而宥之。岳等回師討侯景。

是歲，高麗、勿吉國並遣使朝貢。

六年春正月己亥，大都督高岳等於渦陽大破侯景，俘斬五萬餘人，其餘溺死於渦水，水爲之不流。景走淮南。己未，齊文襄王來朝，請以寒山獲士賜百官及督將等，各有差。二月己卯，蕭衍遣使款闕乞和，幷修書弔齊文襄王。文襄王還晉陽。三月癸巳，以太尉、襄城

二十四史

王旭爲大司馬，以開府儀同三司高岳爲太尉。辛亥，以冬春亢旱，赦罪人各有差。

夏四月甲子，吏部令史張永和、青州人崔闍等僞假人官，事覺，糾檢，首者六萬餘人。

秋八月甲戌，〔三三〕以尚書左僕射慕容紹宗爲大行臺，與太尉高岳、司徒韓軌、大都督劉豐等討王思政於潁川，引洧水灌其城。九月乙酉，蕭衍遣使朝貢。

冬十月戊申，侯景濟江，推蕭衍弟子臨賀王正德爲主，以攻建業。

是歲，高麗、室韋、蠕蠕、吐谷渾國並遣使朝貢。

七年春正月戊辰，蕭衍弟子北徐州刺史、封山侯蕭正表以鍾離內屬，〔三四〕封蘭陵郡開國公、吳郡王。三月丁卯，侯景克建業，還以蕭衍爲主。衍弟子北兗州刺史、定襄侯蕭祇，相譚侯蕭退來降。衍江北郡國皆內屬。

夏四月，大行臺慕容紹宗、大都督劉豐遇暴風，溺水死。甲辰，詔以齊文襄王爲相國、齊王，綠綟綬，讚拜不名，入朝不趨，劍履上殿，食冀州之勃海、長樂、安德、武邑，瀛州之河間五郡，邑十五萬戶，餘如故。王固讓。是月，侯景殺蕭衍，立子綱爲主。五月，齊文襄王帥衆自鄴赴潁川。六月丙申，克潁州，擒寶炬大將軍、尚書左僕射、東道大行臺、太原郡開國公王思政，潁州刺史皇甫僧顯等，及戰士一萬餘人，男女數萬口。齊文襄王遂如洛州。

秋七月，齊文襄王至自南討，請宥思政之罪。八月辛卯，詔立皇子長仁爲皇太子。齊文襄王薨於第，祕不發喪。癸巳，大赦天下，內外百官並加二級。甲午，齊王如晉陽。

冬十月癸未，以開府儀同三司、咸陽王坦爲太傅。甲午，以開府儀同三司潘相樂爲司空。十有二月甲辰，吳郡王蕭正表薨。己酉，以幷州刺史彭樂爲司徒。

是歲，蠕蠕、地豆于、室韋、高麗、吐谷渾國並遣使朝貢。

八年春正月辛酉，帝爲齊文襄王舉哀於東堂。丁卯，詔贈齊文襄王假黃鉞、使持節、相國、都督中外諸軍事、齊王璽綬，輼輬車、黃屋、左纛、前後部羽葆、鼓吹、輕車介士，備九錫之禮，謚曰文襄王。戊辰，詔齊王爲使持節、丞相、都督中外諸軍事、錄尚書事、大行臺、齊郡王，食邑一萬戶。甲戌，地豆于、契丹國並遣使朝貢。二月甲申，葬齊文襄王，車駕祖於漳濱。庚寅，以尚書令高隆之爲太保。三月庚申，進齊郡王爵爲齊王。

夏四月乙巳，蠕蠕遣使朝貢。五月甲寅，詔齊王爲相國，總百揆，封冀州之勃海、長樂、安德、武邑，瀛州之河間、高陽、章武，定州之中山、常山、博陵十郡，二十萬戶，備九錫之禮；以齊國太妃爲王太后，王妃爲王后。丙辰，詔歸帝位於齊國，卽日遜於別宮。齊天保元年五月己未，封帝爲中山王，邑一萬戶；上書不稱臣，答不稱詔，載天子旌旗，

行魏正朔，乘五時副車；封王諸子爲縣公，邑各一千戶；奉絹三萬匹，錢一千萬，粟二萬石，奴婢三百人，水碾一具，田百頃，園一所；於中山國立魏宗廟。二年十二月己酉，中山王殂，時年二十八。三年二月，奉謚曰孝靜皇帝，葬于漳西山崗。其後發之，陵崩，死者六十人。

帝好文學，美容儀。力能挾石師子以踰牆，射無不中。嘉辰宴會，多命羣臣賦詩，從容沉雅，有孝文風。齊文襄王嗣事，甚忌焉，以大將軍中兵參軍崔季舒爲中書黃門侍郎，令監察動靜，小大皆令季舒知。文襄與季舒書曰：「癡人復何似？癡勢小差未？」帝嘗與獵於鄴東，馳逐如飛。監衞都督烏那羅受工伐從後呼帝曰：「天子莫走馬，大將軍怒。」文襄嘗侍飲，大舉觴曰：「臣澄勸陛下酒。」帝不悅，曰：「自古無不亡之國，朕亦何用此活！」文襄怒曰：「朕！朕！狗脚朕！」文襄使季舒毆帝三拳，奮衣而出。明日，文襄使季舒勞帝，帝亦謝焉。賜絹，季舒未敢受，以啓文襄，文襄使取一段。帝束百匹以與之，曰：「亦一段耳！」

帝不堪憂辱，詠謝靈運詩曰：「韓亡子房奮，秦帝魯連耻。本自江海人，忠義動君子。」常侍侍講荀濟知帝意，乃與華山王大器、元瑾密謀，於宮內爲山，而作地道向北城。至千秋門，門者覺地下響動，以告文襄。文襄勒兵入宮，曰：「陛下何意反邪！臣父子功存社稷，何負陛下邪！」將殺諸妃嬪。帝正色曰：「王自欲反，何關於我。我尚不惜身，何況妃嬪！」文襄

下牀叩頭，大啼謝罪。於是酣飲，夜久乃出。居三日，幽帝於含章堂，大器、瑾等皆見烹於市。

及將禪位於文宣，襄城王旭及司徒潘相樂、侍中張亮、黃門郎趙彥琛等求入奏事。帝在昭陽殿見之，旭曰：「五行遞運，有始有終。齊王聖德欽明，萬姓歸仰。臣等昧死聞奏，願陛下則堯禪舜。」帝便斂容答曰：「此事推挹已久，謹當遜避。」又云：「若爾，須作詔書。」侍郎崔劭、裴讓之奏云：「詔已作訖。」卽付楊愔，進於帝，凡十條。書訖，帝曰：「將安朕何所？復若爲而去？」楊愔對曰：「在北城別有館宇，還備法駕，依常仗衞而去。」帝乃下御座，步就東廊，口詠范蔚宗後漢書讚云：「獻生不辰，身播國屯。終我四百，永作虞賓。」所司奏請發，帝曰：「古人念遺簪弊履，欲與六宮別，可乎？」高隆之曰：「今天下猶陛下之天下，況在後宮。」乃與夫人妃嬪已下訣，莫不欷歔掩涕。嬪趙國李氏誦陳思王詩云：「王其愛玉體，俱享黃髮期。」皇后已下皆哭。直長趙德以故犢車一乘候於東上閤，帝上車，德超上車持帝。帝肘之曰：「朕畏天順人，授位相國，何物奴，敢逼人！」趙德尙不下。及出雲龍門，王公百僚衣冠拜辭，帝曰：「今日不減常道鄉公、漢獻帝。」衆皆悲愴，高隆之泣灑。遂入北城下司馬子如南宅。及文宣行幸，常以帝自隨。帝后封太原公主，常爲帝嘗食以護視焉。竟遇酖而崩。

中華書局

校勘記

〔一〕魏書卷十二　諸本目錄此卷注「闕」，百衲本、南本卷後附宋人校語云：「魏收書孝靜紀亡，後人補以北史，又取高氏小史、修文殿御覽附益之。」殿本刪取前二句入考證。高似孫史略卷二云：「靜帝紀補以高氏小史。」今按此紀記事較北史爲詳，如載詔書，記高歡父子事，記戰事等很多爲北史所略，紀中稱高歡、高澄爲「獻武王」、「文襄王」，稱高洋爲「今上」、「齊王」，稱西魏及梁爲「寶炬」、「蕭衍」，全同魏收書。當取之源出魏書之高氏小史和修文殿御覽。唯紀末自「齊天保元年五月己未封帝爲中山王」以下至終，全採北史，幾乎一字不易。這段歷記高澄對元善見孝靜帝的侮慢態度和元善見被迫讓位以及遇酖而死，魏收決不敢寫下來，北史乃取自北齊書高德政傳和他書。紀中有些記載也表示出於北史的痕跡。如天平二年「侯淵」訛「侯梁」，與北史同。北史避唐諱，改「淵」爲「深」，才訛作「梁」。魏書本作「侯淵」，「淵」「梁」字形不相似，顯見是承北史訛文。又如興和二年，見「西魏行臺宮永和」，魏書例稱西魏爲「寶炬」，今忽稱「西魏」，也是採自北史之證。又卷九八蕭衍傳中記梁、魏戰事，天平以前，都與諸紀相符，而天平以後，却多爲此紀所不載，知原文所有，小史本多刪削。大抵此紀以高氏小史爲主，參考修文殿御覽和北史，補上小史不載的一些事跡。

〔二〕以魏郡林慮廣平陽丘汲郡黎陽東濮陽清河廣宗等郡爲皇畿　錢氏考異卷二八云：「按地形志

卷一〇六上無『陽丘郡』，當是『陽平』『頓丘』二郡各脫一字。志亦無『東濮陽』，『東』下當脫『郡』字。志尚有『北廣平郡』，紀亦脫之。」按錢氏此說又見於考異卷三八，略有不同，以此條爲是。又北史卷五同誤。

〔三〕從容雅服不得以矛鈐從事　北史卷五「矛鈐」作「務衫」。張森楷云：「一作『絳衫』。」按「鈐」是刀名，作「矛鈐」也可通。「務衫」不可考。絳衫是戎服，南齊書卷四七王融傳說他「戎服絳衫」，同書卷七一崔慧景附崔恭祖傳有「禿馬絳衫，手刺倒賊」之文。上云「從容雅服」，下自當說不得戎服，作「絳衫」似較長。但不知張所云「一作」是哪一個本子，今仍之。

〔四〕前青州刺史侯淵反　諸本及北史卷五「淵」作「梁」。按事見本書卷八〇侯淵傳、北齊書卷一九蔡儁傳。北史避唐諱，改「淵」作「深」，又訛作「梁」。這條當採取北史，故承其誤。今改正。

〔五〕刺史王元擊破之　卷九八蕭衍傳「王元」下有「軌」字。按北齊書卷二五王則傳，則字元軌。這裏當脫「軌」字，但也可能是雙名單稱。

〔六〕幷肆汾建四州隕霜　諸本「汾」作「涿」，不成字，局本及北史卷五作「涿」。按魏無「涿州」。卷一〇五之二天象志二稱「三年幷、肆、汾、建諸州霜儉」，卷一一〇食貨志稱：「幷、肆、汾、建、晉、泰、陝、東雍、南汾九州霜旱」。「涿」字乃「汾」之訛，今據改。

〔七〕洛州刺史泉企　諸本「泉」作「梁」。張森楷云：「『梁』當作『泉』，見周書泉企傳卷四四。」按張說是，今據周書改。

〔八〕先是榮陽人張儉等聚衆反於大騩山通寶炬壬辰武衞將軍高元盛討破之　諸本「騩」作「醜」。北史卷五作「騩」。按「大騩山」見漢書卷二八上地理志上河南郡密縣下、水經注卷二二洧水篇。山在密縣。周書卷二文帝紀下大統三年即東魏天平四年五三七十月記此事，作「密縣人張儉」，即因他聚衆於大騩山，故遂以爲密縣人。「醜」字訛，今據改。又「高元盛」，北史作「高元咸」。按此紀下文武定五年見「豫州刺史高元成」，梁書卷五六侯景傳載景上蕭衍書，作「高成」。當即一人。「盛」「咸」疑皆「成」之訛。

〔九〕遣兼散騎常侍李諧　諸本「諧」作「楷」，御覽卷一〇四五〇二頁作「諧」。按李諧出使梁朝，見卷六五本傳附李平後、卷一〇四魏收自序。「楷」字訛，今據改。

〔一〇〕禁京師酤酒　諸本脫「師」字，據北史卷五補。

〔一一〕大都督韓延大破之　北史卷五「延」作「賢」。按「韓延」不見他處，韓賢，北齊書卷一九有傳，說他天平初，爲洛州刺史。這次正是擊退西魏對洛州的進攻。「延」「賢」音近，但本名應作「賢」。

〔一二〕潁州長史賀若微執刺史田迅西叛　周書卷二文帝紀下大統三年十月記此事，「微」作「統」，北齊書卷一九任延敬傳、卷二〇堯雄傳，北史卷五三任祥傳都作「徽」。按賀若統見周書卷二八賀若敦傳，乃敦之父。其人當初名或別名「徽」，「微」是「徽」字之訛。

〔一三〕秋七月乙亥　諸本「乙亥」作「己亥」。按是年七月戊午朔，無「己亥」。北史卷五作「乙亥」，是十八日，今據改。

〔一四〕十有一月庚寅遣陸操使于蕭衍　北史卷五「十一月」作「十二月」。按本年十一月丙辰朔，無「庚寅」，十二月丙戌朔，庚寅是五日，似北史是。但這裏若本是「十二月」，則下文不應又出「十二月甲辰」。且梁書卷三武帝紀大同四年即東魏元象元年五三八記「十一月乙亥，魏使來聘」。乙亥是二十日。豈有十二月遣使，十一月已抵梁朝之理。則北史作「十二月」也有可疑，今不改。

〔一五〕封皇兄景植爲宜陽王　諸本「兄」作「子」。北史卷五、通鑑卷一五八四九〇六頁作「兄」。按墓誌集釋有元寶建墓誌圖版一九二，即「景植」。其人爲清河王亶子，與元善見孝靜帝爲同母兄弟。「子」字訛，今據北史改。

〔一六〕六月壬子大司馬華山王鷙薨　按元鷙附卷一四高凉王孤傳補，傳稱死於興和三年即次年五四一。墓誌集釋有鷙墓誌圖版四二，也說他死於興和三年六月九日。知此紀誤。

〔一七〕遣兼散騎常侍陽斐使于蕭衍　諸本「陽」作「楊」。通鑑卷一五八四九一二頁也作「楊」，考異云：「典略作『陽斐』，今從魏書紀。」按陽斐，北齊書卷四二有傳，記使梁事。「楊」字訛，今改正。

〔一八〕太保孫騰大司馬高隆之各爲括戶大使　按上年八月紀書：「以汾州刺史斛律金爲大司馬。」北齊書卷一七斛律金傳稱金於邙山戰後爲大司馬，武定三年五四五出爲冀州刺史。則本年五四四大司馬仍是斛律金。此紀於興和四年五四二四月記高隆之爲司徒。本年十一月記「以司徒高隆之爲尚書令」。顯然在本年十一月前，他仍是司徒。北齊書卷一八高隆之傳亦同。知這裏「大司馬」乃「司徒」之誤。

〔一九〕儀同三司賀拔勝　按本書卷八〇、周書卷一四賀拔勝傳，勝自梁還，即入西魏，大統十年五四四死於關中，至本年已先死三年，且從未入東魏，豈得爲東魏「討侯景」。張森楷云：「『勝』疑是『仁』之訛。」當是。

〔二〇〕衍署景河南大將軍　御覽卷一〇四五〇二頁「河南」下有「王」字。按梁書卷三武帝紀三太清元年二月稱「以景爲大將軍，封河南王」，與御覽合。「河南大將軍」無此軍號或官名。雖梁書卷五六侯景傳也作「河南大將軍」，實不足據。「河南」下當脫「王」字。

〔二一〕以汾州刺史賀仁爲太保　按「賀」下當脫「拔」字。北齊書卷四文宣紀武定七年十二月記「太保賀拔仁爲幷州刺史」可證。

〔二二〕八月　卷一〇五之四天象志補記是年「八月，淮南三王謀反誅」。志所謂「徵應」，即採本紀記事附會，此事今本孝靜紀不載，當出魏收此紀原文。通鑑卷一〇六四九五九頁本年八月記荀濟、元瑾等與「華山王大器、淮南王宣洪、濟北王徽等謀誅(高)澄」。今此紀末採北史魏紀五，也載此事，但不舉淮南、濟北二王。通鑑所本，直接、間接亦出於魏書此紀原文。淮南王宣洪附見

卷一六陽平王熙傳，乃熙五世孫，云：「武定中，與元瑾謀反誅」，與天象志、通鑑合。

〔二三〕秋八月甲戌　按本年八月己丑朔，無「甲戌」。北史卷五魏紀五「甲戌」繫於四月，乃誤刪「秋八月」所致，不足據。當從北史卷六齊紀上作「八月庚寅」。

〔二四〕蕭衍弟子北徐州刺史封山侯蕭正表以鍾離內屬　諸本「封山」作「中山」，御覽卷一〇四五〇三頁、通鑑卷一六一四九九五頁作「封山」。按梁書卷二二、南史卷五一臨川王宏傳附見正表，都說正表封的是「封山侯」。梁書卷五六侯景傳亦見「北徐州刺史、封山侯正表」。列侯封邑，例取縣名，中山是郡，且非梁地。封山縣屬交州新昌郡，見南齊書卷一四州郡志。「中」字訛，今據改。

北齊　魏收撰

魏書

第二冊

卷一三至卷二九（傳）

中華書局

二十四史

中華書局

魏書卷十三[一]

皇后列傳第一

漢因秦制，帝之祖母曰太皇太后，母曰皇太后，妃曰皇后，餘則多稱夫人，隨世增損，非如周禮有夫人、嬪婦、御妻之定數焉。魏晉相因，時有昇降，前史言之具矣。

魏氏王業之兆雖始於神元，至於昭成之前，世崇儉質，妃嬙嬪御，率多闕焉，惟以次第爲稱。而章、平、思、昭、穆、惠、煬、烈八帝，妃后無聞。太祖追尊祖妣，皆從帝謚爲皇后，始立中宮，餘妾或稱夫人，多少無限，然皆有品次。世祖稍增左右昭儀及貴人、椒房、中式數等，後庭漸已多矣。又魏故事，將立皇后必令手鑄金人，以成者爲吉，不成則不得立也。又世祖、高宗緣保母劬勞之恩，並極尊崇之義，雖事乖典禮，而觀過知仁。高祖改定內官，左右昭儀位視大司馬，三夫人視三公，三嬪視三卿，六嬪視六卿，世婦視中大夫，御女視元士。後置女職，以典內事。內司視尚書令、僕。作司、大監、女侍中三官視二品。監，女尚書，美人，女史、女賢人、書史、書女、小書女五官，視三品。中才人、供人、中使女生、才人、恭使宮

人視四品，春衣、女酒、女饗、女食、奚官女奴視五品。[二]

神元皇后竇氏，沒鹿回部大人賓之女也。賓臨終，誡其二子速侯、回題，令善事帝。及賓卒，速侯等欲因帝會喪爲變，語頗漏泄，帝聞之，知其終不奉順，乃先圖之。於是伏勇士於宮中，晨起以佩刀殺后，馳使告速侯等，言后暴崩。速侯等驚走來赴，因執而殺之。

文帝皇后封氏，生桓、穆二帝，早崩。桓帝立，乃葬焉。[三]高宗初，穿天淵池，獲一石銘，稱桓帝葬母封氏，遠近赴會二十餘萬人。有司以聞，命藏之太廟。

次妃蘭氏，生二子，長子曰藍，早卒；次子，思帝也。

桓帝皇后祁氏，[四]生三子，長曰普根，次惠帝，次煬帝。平文崩，后攝國事，時人謂之女國。后性猛忌，平文之崩，后所爲也。

平文皇后王氏，廣寧人也。年十三，因事入宮，得幸於平文，生昭成帝。平文崩，昭成在襁褓。時國有內難，將害諸皇子。后匿帝於袴中，懼人知，呪曰：「若天祚未終者，汝便無聲。」遂良久不啼，得免於難。昭成初欲定都於灅源川，築城郭，起宮室，議不決。后聞之，曰：「國自上世，遷徙爲業。今事難之後，基業未固。若城郭而居，一旦寇來，難卒遷動。」乃止。烈帝之崩，國祚殆危，興復大業，后之力也。十八年崩，葬雲中金陵。太祖即位，配饗太廟。

昭成皇后慕容氏，元眞之女也。初，帝納元眞妹爲妃，未幾而崩。元眞復請繼好，遣大人長孫秩逆后，元眞送于境上。后至，有寵，生獻明帝及秦明王。后性聰敏多知，沉厚善決斷，專理內事，每事多從。初，昭成遣衞辰兄悉勿祈還部落也，后戒之曰：「汝還，必深防衞辰，辰姦猾，終當滅汝。」悉勿祈死，其子果爲衞辰所殺，卒如后言。建國二十三年崩。太祖即位，配饗太廟。

獻明皇后賀氏，父野干，東部大人。后少以容儀選入東宮，生太祖。苻洛之內侮也，后與太祖及故臣吏避難北徙。俄而，高車奄來抄掠，后乘車與太祖避賊而南。中路失轄，后懼，仰天而告曰：「國家胤胄，豈止爾絕滅也！惟神靈扶助。」遂馳，輪正不傾。行百餘里，至七介山南而得免難。

後劉顯使人將害太祖，帝姑爲顯弟亢埿妻，知之，密以告后，梁眷亦來告難。后乃令太祖去之。后夜飲顯使醉。向晨，故驚厩中羣馬，顯使起視馬。后泣而謂曰：「吾諸子始皆在此，今盡亡失。汝等誰殺之？」故顯不使急追。[五]太祖得至賀蘭部，羣情未甚歸附，后從弟外朝大人悅，舉部隨從，供奉盡禮。顯怒，將害后，后夜奔亢埿家，匿神車中三日，亢埿舉室請救，乃得免。會劉顯部亂，始得亡歸。

後后弟染干忌太祖之得人心，舉兵圍逼行宮，后出謂染干曰：「汝等今安所置我，而欲殺吾子也？」染干慚而去。

後后少子秦王觚使于燕，慕容垂止之。后以觚不返，憂念寢疾，皇始元年崩，時年四十

六，祔葬于盛樂金陵。後追加尊諡，配饗焉。

道武皇后慕容氏，寶之季女也。中山平，入充掖庭，得幸。左丞相衞王儀等奏請立皇后，帝從羣臣議，令后鑄金人，成，乃立之，告於郊廟。封后母孟爲漂陽君。〔六〕後崩。

道武宣穆皇后劉氏，劉眷女也。登國初，納爲夫人，生華陰公主，後生太宗。后專理內事，寵待有加，以鑄金人不成，故不得登后位。魏故事，後宮產子將爲儲貳，其母皆賜死。太祖末年，后以舊法薨。太宗卽位，追尊諡號，配饗太廟。自此後宮人爲帝母，皆正位配饗焉。

明元昭哀皇后姚氏，姚興女也，興封西平長公主。太宗以后禮納之，後爲夫人。后以鑄金人不成，未昇尊位，然帝寵幸之，出入居處，禮秩如后焉。是後猶欲正位，而后謙讓不當。泰常五年薨，帝追恨之，贈皇后璽綬，而後加諡焉。葬雲中金陵。

明元密皇后杜氏，魏郡鄴人，陽平王超之妹也。初以良家子選入太子宮，有寵，生世祖。及太宗卽位，拜貴嬪。泰常五年薨，諡曰密貴嬪，葬雲中金陵。世祖卽位，追尊號諡，配饗太廟。又立后廟于鄴，刺史四時薦祀。以魏郡太后所生之邑，復其調役。後甘露降于廟庭。高祖時，〔七〕相州刺史高閭表修后廟，詔曰：「婦人外成，理無獨祀，陰必配陽以成天地，未聞有莘之國，立太姒之饗。此乃先皇所立，一時之至感，非經世之遠制，便可罷祀。」

先是，世祖保母竇氏，初以夫家坐事誅，與二女俱入宮。操行純備，進退以禮。太宗命爲世祖保母。性仁慈，勤撫導。世祖感其恩訓，奉養不異所生。及卽位，尊爲保太后，後尊爲皇太后，封其弟漏頭爲遼東王。太后訓釐內外，甚有聲稱。性恬素寡欲，喜怒不形於色，好揚人之善，隱人之過。世祖征涼州，蠕蠕吳提入寇，太后命諸將擊走之。眞君元年崩，時年六十三。詔天下大臨三日，太保盧魯元監護喪事，諡曰惠，葬崞山，從后意也。初，后嘗登崞山，顧謂左右曰：「吾母養帝躬，敬神而愛人，若死而不滅，必不爲賤鬼。然於先朝本無位次，不可違禮以從園陵。此山之上，可以終託。」故葬焉。別立后寢廟於崞山，建碑頌德。

太武皇后赫連氏，赫連屈丐女也。世祖平統萬，納后及二妹俱爲貴人，後立爲皇后。高宗初崩，祔葬金陵。

太武敬哀皇后賀氏，代人也。初爲夫人，生恭宗。神䴥元年薨，追贈貴嬪，葬雲中金陵。後追加號諡，配饗太廟。

景穆恭皇后郁久閭氏，河東王毗妹也。少以選入東宮，有寵。眞君元年，生高宗。世祖末年薨。高宗卽位，追尊號諡。葬雲中金陵，配饗太廟。

高宗乳母常氏，本遼西人。太延中，以事入宮，世祖選乳高宗。慈和履順，有劬勞保護之功。高宗卽位，尊爲保太后，尋爲皇太后，謁於郊廟。和平元年崩，詔天下大臨三日，諡曰昭，葬於廣寧磨笄山，俗謂之鳴雞山，太后遺志也。依惠太后故事，別立寢廟，置守陵二百家，樹碑頌德。

文成文明皇后馮氏，長樂信都人也。父朗，秦、雍二州刺史、西城郡公，〔八〕母樂浪王氏。后生於長安，有神光之異。朗坐事誅，后遂入宮。世祖左昭儀，后之姑也，雅有母德，撫養教訓。年十四，高宗踐極，以選爲貴人，後立爲皇后。高宗崩，故事：國有大喪，三日之後，御服器物一以燒焚，百官及中宮皆號泣而臨之。后悲叫自投火中，左右救之，良久乃蘇。

顯祖卽位，尊爲皇太后。丞相乙渾謀逆，顯祖年十二，〔九〕居于諒闇，太后密定大策，誅渾，遂臨朝聽政。及高祖生，太后躬親撫養。是後罷令，不聽政事。太后行不正，內寵李弈，顯祖因事誅之，太后不得意。顯祖暴崩，時言太后爲之也。

承明元年，尊曰太皇太后，復臨朝聽政。太后性聰達，自入宮掖，粗學書計。及登尊極，省決萬機。高祖詔曰：「朕以虛寡，幼纂寶歷，仰恃慈明，緝寧四海，欲報之德，正覺是憑，諸鷙鳥傷生之類，宜放之山林。其以此地爲太皇太后經始靈塔。」於是罷鷹師曹，以其地爲報德佛寺。太后與高祖遊于方山，顧瞻川皐，有終焉之志，因謂羣臣曰：「舜葬蒼梧，二妃不從。豈必遠祔山陵，然後爲貴哉！吾百年之後，神其安此。」高祖乃詔有司營建壽陵於方山，又起永固石室，將終爲清廟焉。太和五年起作，八年而成，刊石立碑，頌太后功德。太后以高祖富於春秋，乃作勸戒歌三百餘章，又作皇誥十八篇，文多不載。太后立文宣王廟於長安，〔一〇〕又立思燕佛圖於龍城，皆刊石立碑。太后又制，內屬五廟之孫，外戚六親緦麻，皆受復除。性儉素，不好華飾，躬御縵繒而已。宰人上膳，案裁徑尺，羞膳滋味減於故事十分之八。太后嘗以體不安，服菴藺子。宰人昏而進粥，有蝘蜓在焉，后舉匕得之。高祖侍側，大怒，將加極罰，太后笑而釋之。

自太后臨朝專政，高祖雅性孝謹，不欲參決，事無巨細，一稟於太后。太后多智略，猜忍，能行大事，生殺賞罰，決之俄頃，多有不關高祖者。是以威福兼作，震動內外。故杞道德、王遇、張祐、苻承祖等拔自微閹，歲中而至王公；王叡出入臥內，數年便爲宰輔，賞賚財帛以千萬億計，金書鐵券，許以不死之詔。李沖雖以器能受任，亦由見寵帷幄，密加錫賚，不可勝數。后性嚴明，假有寵待，亦無所縱。左右纖介之愆，動加捶楚，多至百餘，少亦數十。然性不宿憾，尋亦待之如初，或因此更加富貴。是以人人懷於利欲，至死而不思退。

太后曾與高祖幸靈泉池，燕羣臣及藩國使人、諸方渠帥，各令爲其方舞。高祖帥羣臣上壽，太后忻然作歌，帝亦和歌，遂命羣臣各言其志，於是和歌者九十人。

太后外禮民望元丕、游明根等，頒賜金帛輿馬，每至褒美叡等，皆引丕等參之，以示無私。又自以過失，懼人議己，小有疑忌，便見誅戮。迄后之崩，高祖不知所生。至如李訢、李惠之徒，猜嫌覆滅者十餘家，死者數百人，率多枉濫，天下冤之。

十四年，崩於太和殿，時年四十九。其日，有雄雉集于太華殿。高祖酌飲不入口五日，毁慕過禮。謚曰文明太皇太后。葬于永固陵，日中而反，虞於鑒玄殿。詔曰：「尊旨從儉，不申罔極之痛；稱情允禮，仰損儉訓之德。進退思惟，倍用崩感。又山陵之節，亦有成命，內則方丈，外裁掩坎，脫於孝子之心有所不盡者，室中可二丈，墳不得過三十餘步。今以山陵萬世所仰，復廣爲六十步。辜負遺旨，益以痛絕。其幽房大小，棺槨質約，不設明器。至於素帳、縵茵、瓷瓦之物，亦皆不置。此則遵先志，從册令，俱奉遺事。而有從有違，未達者或以致怪。梓宮之裏，玄堂之內，聖靈所憑，是以一奉遵，仰昭儉德。其餘外事，有所不從，以盡痛慕之情。其宜示遠近，著告羣司，上明儉誨之善，下彰違命之失。」及卒哭，孝文服衰，近臣從服，三司已下外臣衰服者，變服就練，七品已下盡除即吉。設祔祭於太和殿，公卿已下始親公事。高祖毁瘠，絕酒肉，不內御者三年。

初，高祖孝於太后，乃於永固陵東北里餘，豫營壽宮，有終焉瞻望之志。及遷洛陽，乃自表瀍西以爲山園之所，而方山虛宮至今猶存，號曰「萬年堂」云。

文成元皇后李氏，梁國蒙縣人，頓丘王峻之妹也。〔一一〕后之生也，有異於常，父方叔恒言此女當大貴。及長，姿質美麗。世祖南征，永昌王仁出壽春，軍至后宅，因得后。及仁鎮長安，遇事誅，后與其家人送平城宮。高宗登白樓望見，美之，謂左右曰：「此婦人佳乎？」左右咸曰「然」。乃下臺，后得幸於齋庫中，遂有娠。常太后後問后，后云：「爲帝所幸，仍有娠。」時守庫者亦私書壁記之，別加驗問，皆相符同。及生顯祖，拜貴人。太安二年，太后令依故事，令后具條記在南兄弟及引所結宗兄洪之，悉以付託。臨訣，每一稱兄弟，輒拊胸慟泣，遂薨。後謚曰元皇后，葬金陵，配饗太廟。

獻文思皇后李氏，中山安喜人，南郡王惠之女也。姿德婉淑，年十八，以選入東宮。顯祖即位，爲夫人，生高祖。皇興三年薨，上下莫不悼惜。葬金陵。承明元年追崇號謚，配饗太廟。

孝文貞皇后林氏，平原人也。〔一二〕叔父金閭，起自閹官，有寵於常太后，官至尚書、平涼公。金閭兄勝爲平涼太守。金閭，顯祖初爲定州刺史。未幾爲乙渾所誅，兄弟皆死。勝無子，有二女，入掖庭。后容色美麗，得幸於高祖，生皇子恂。以恂將爲儲貳，太和七年后依舊制薨。高祖仁恕，不欲襲前事，而稟文明太后意，故不果行。謚曰貞皇后，葬金陵。及恂以罪賜死，有司奏追廢后爲庶人。

孝文廢皇后馮氏，太師熙之女也。太和十七年，高祖既終喪，太尉元丕等表以長秋未建，六宮無主，請正內位。高祖從之，立后爲皇后。高祖每遵典禮，后及夫、嬪以下接御皆以次進。車駕南伐，后留京師。高祖又南征，后率六宮遷洛陽。及后父熙、兄誕薨，高祖爲書慰以敍哀情。及車駕還洛，恩遇甚厚。高祖後重引后姊昭儀至洛，稍有寵，后禮愛漸衰。昭儀自以年長，且前入宮掖，素見待念，輕后而不率妾禮。后雖性不妬忌，時有愧恨之色。昭儀規爲內主，譖構百端。尋廢后爲庶人。后貞謹有德操，遂爲練行尼。後終於瑤光佛寺。

孝文幽皇后，亦馮熙女。母曰常氏，本微賤，得幸於熙，熙元妃公主薨後，遂主家事。

生后與北平公夙。文明太皇太后欲家世貴寵，乃簡熙二女俱入掖庭，時年十四。其一早卒。后有姿媚，偏見愛幸。未幾疾病，文明太后乃遣還家爲尼，高祖猶留念焉。歲餘而太后崩。高祖服終，頗存訪之，又聞后素疹痊除，遣閹官雙三念璽書勞問，遂迎赴洛陽。及至，寵愛過初，專寢當夕，宮人稀復進見。拜爲左昭儀，後立爲皇后。

始以疾歸，頗有失德之聞，高祖頻歲南征，后遂與中官高菩薩私亂。及高祖在汝南不豫，后便公然醜恣，中常侍雙蒙等爲其心腹。中常侍劇鵬諫而不從，憤懼致死。是時，彭城公主，宋王劉昶子婦也，年少嫠居。北平公馮夙，后之同母弟也，后求婚於高祖，高祖許之。公主志不願，后欲强之。婚有日矣，公主密與侍婢及家僮十餘人，乘輕車，冒霖雨，赴懸瓠奉謁高祖，自陳本意，因言后與菩薩亂狀。高祖聞而駭愕，未之全信而祕匿之，惟彭城王侍疾左右，具知其事。

此後，后漸憂懼，與母常氏求託女巫，禱厭無所不至，願高祖疾不起，一旦得如文明太后輔少主稱命者，賞報不貲。又取三牲宮中妖祠，假言祈福，專爲左道。母常或自詣宮中，或遣侍婢與相報答。高祖自豫州北幸鄴，后慮還見治檢，彌懷危怖，驟令閹人託參起居，皆賜之衣裳，殷勤託寄，勿使漏洩。亦令雙蒙充行，省其信不。〔一三〕然惟小黃門蘇興壽密陳委曲，高祖問其本末，敕以勿洩。至洛，執問菩薩、雙蒙等六人，迭相證舉，具得情狀。

高祖以疾臥含溫室，夜引后，并列菩薩等於戶外。后臨入，令閹人搜衣中，稍有寸刃便斬。后頓首泣謝，乃賜坐東楹，去御筵二丈餘。高祖令菩薩等陳狀，又讓后曰：「汝母有妖術，可具言之。」后乞屏左右，有所密啓。高祖敕中侍悉出，唯令長秋卿白整在側，取衞直刀柱之，后猶不言。高祖乃以綿堅塞整耳，自小語呼整再三，無所應，乃令后言。事隱，人莫知之。高祖乃喚彭城、北海二王令入坐，言：「昔是汝嫂，今乃他人，但入勿避。」二王固辭，不獲命。及入，高祖云：「此老嫗乃欲白刃插我肋上！可窮問本末，勿有所難。」高祖深自引過，致愧二王。又云：「馮家女不能復相廢逐，且使在宮中空坐，有心乃能自死，汝等勿謂吾猶有情也。」高祖素至孝，猶以文明太后故，未便行廢。良久，二王出，乃賜后辭死訣。〔一四〕再拜稽首，涕泣歔欷。令入東房。及入宮後，帝命閹人有所問於后，后罵曰：「天子婦，親面對，豈令汝傳也！」高祖怒，敕后母常入，與后杖，常撻之百餘乃止。高祖尋南伐，后留京師，雖以罪失寵，而夫人嬪妾奉之如法，惟令世宗在東宮，無朝謁之事。

高祖疾甚，謂彭城王勰曰：「後宮久乖陰德，自絕於天。若不早爲之所，恐成漢末故事。吾死之後，可賜自盡別宮，葬以后禮，庶掩馮門之大過。」高祖崩，梓宮達魯陽，乃行遺詔。北海王詳奉宣遺旨，長秋卿白整等入授后藥，后走呼不肯引決，曰：「官豈有此也，是諸王輩殺我耳！」整等執持，强之，乃含椒而盡。殯以后禮。梓宮次洛南，咸陽王禧等知審死，相視曰：「若無遺詔，我兄弟亦當作計去之，豈可令失行婦人宰制天下，殺我輩也。」謚曰幽皇后，葬長陵塋內。

孝文昭皇后高氏，司徒公肇之妹也。父颺，母蓋氏，凡四男三女，皆生於東裔。高祖初，乃舉室西歸，達龍城鎮，鎮表后德色婉豔，任充宮掖。及至，文明太后親幸北部曹，見后姿貌，奇之，遂入掖庭，時年十三。

初，后幼曾夢在堂內立，而日光自窗中照之，灼灼而熱，后東西避之，光猶斜照不已。如是數夕，后自怪之，以白其父颺，颺以問遼東人閔宗。宗曰：「此奇徵也，貴不可言。」颺曰：「何以知之？」宗曰：「夫日者，君人之德，帝王之象也。光照女身，必有恩命及之。女避猶照者，主上來求，女不獲已也。昔有夢月入懷，猶生天子，況日照之徵。此女必將被帝命，誕育人君之象也。」遂生世宗。後生廣平王懷，次長樂公主。及馮昭儀寵盛，密有母養世宗之意，后自代如洛陽，暴薨於汲郡之共縣，或云昭儀遣人賊后也。世宗之爲皇太子，三日一朝幽后，后拊念慈愛有加。高祖出征，世宗入朝，必久留后宮，親視櫛沐，母道隆備。

其後有司奏請加昭儀號，謚曰文昭貴人，高祖從之。世宗踐阼，追尊配饗。後先葬城西長陵東南，陵制卑局。因就起山陵，號終寧陵，置邑戶五百家。肅宗詔曰：

「文昭皇太后，德協坤儀，美符文姒，作合高祖，實誕英聖，而夙世淪暉，孤塋弗祔。先帝孝感自衷，遷奉未遂，永言哀恨，義結幽明。廢呂尊薄，禮伸漢代。」又詔曰：「文昭皇太后尊配高祖，祔廟定號，促令遷奉，自終及始，太后當主，可更上尊號稱太皇太后，以同漢晉之典，正姑婦之禮。廟號如舊。」文昭遷靈櫬於長陵兆西北六十步。初開終寧陵數丈，於梓宮上獲大蛇長丈餘，黑色，頭有「王」字，蟄而不動。靈櫬旣遷，置蛇舊處。

宣武順皇后于氏，太尉烈弟勁之女也。世宗始親政事，烈時爲領軍，總心膂之任，以嬪御未備，因左右諷諭，稱后有容德，世宗乃迎入爲貴人。時年十四，甚見寵愛，立爲皇后，謁于太廟。后靜默寬容，性不妬忌，生皇子昌，三歲夭歿。其後暴崩，宮禁事祕，莫能知悉，而世議歸咎于高夫人。葬永泰陵，謚曰順皇后。

宣武皇后高氏，文昭皇后弟偃之女也。世宗納爲貴人，生皇子，早夭，又生建德公主。後拜爲皇后，甚見禮重。性妬忌，宮人希得進御。及肅宗即位，上尊號曰皇太后。尋爲尼，居瑤光寺，非大節慶，不入宮中。建德公主始五六歲，靈太后恒置左右，撫愛之。神龜元年，太后出觀母武邑君。時天文有變，靈太后欲以后當禍，是夜暴崩，天下寃之。喪還瑤光佛寺，嬪葬皆以尼禮。初，高祖幽后之寵也，欲專其愛，後宮接御，多見阻遏。高祖時言于近臣，稱婦人妬防，雖王者亦不能免，況士庶乎？世宗暮年，高后悍忌，夫人嬪御有至帝崩不蒙侍接者。由是在洛二世，二十餘年，皇子全育者，惟肅宗而已。

宣武靈皇后胡氏，安定臨涇人，司徒國珍女也。母皇甫氏，產后之日，赤光四照。京兆山北縣有趙胡者，善於卜相，國珍問之。胡云：「賢女有大貴之表，方爲天地母，生天地主。勿過三人知也。」后姑爲尼，頗能講道，世宗初，入講禁中。積數歲，諷左右稱后姿行，世宗聞之，乃召入掖庭爲承華世婦。而椒掖之中，以國舊制，相與祈祝，皆願生諸王、公主，不願生太子。唯后每謂夫人等言：「天子豈可獨無兒子，何緣畏一身之死而令皇家不育冢嫡乎？」及肅宗在孕，同列猶以故事相恐，勸爲諸計。后固意確然，幽夜獨誓云：「但使所懷是男，次第當長子，子生身死，所不辭也。」既誕肅宗，進爲充華嬪。先是，世宗頻喪皇子，自以春秋長矣，深加慎護。爲擇乳保，皆取良家宜子者。養於別宮，皇后及充華嬪皆莫得而撫視焉。

及肅宗踐阼，尊后爲皇太妃，後尊爲皇太后。臨朝聽政，猶稱殿下，下令行事。後改令

稱詔，羣臣上書曰陛下，自稱曰朕。太后以肅宗沖幼，未堪親祭，欲傍周禮夫人與君交獻之義，代行祭禮，訪尋故式。門下召禮官、博士議，以爲不可。而太后欲以幃幔自鄣，觀三公行事，重問侍中崔光。光便據漢和熹鄧后薦祭故事，太后大悅，遂攝行初祀。〔一四〕

太后性聰悟，多才藝，姑既爲尼，幼相依託，略得佛經大義。親覽萬機，手筆斷決。幸西林園法流堂，命侍臣射，不能者罰之。又自射針孔，中之。大悅，賜左右布帛有差。先是，太后敕造申訟車，時御焉，出自雲龍大司馬門，從宮西北，入自千秋門，以納寃訟。又親策孝秀、州郡計吏於朝堂。

太后與肅宗幸華林園，宴羣臣于都亭曲水，令王公已下各賦七言詩。太后詩曰：「化光造物含氣貞。」帝詩曰：「恭己無爲賴慈英。」王公已下賜帛有差。

太后父薨，百僚表請公除，太后不許。尋幸永寧寺，親建刹於九級之基，僧尼士女赴者數萬人。及改葬文昭高后，太后不欲令肅宗主事，乃自爲喪主，出至終寧陵，親奠遺事，還哭於太極殿，至於訖事，皆自主焉。

後幸嵩高山，夫人、九嬪、公主已下從者數百人，昇于頂中。廢諸淫祀，而胡天神不在其列。後幸左藏，王公、嬪、主已下從者百餘人，皆令任力負布絹，卽以賜之，多者過二百匹，少者百餘匹。唯長樂公主手持絹二十四而出，示不異衆而無勞也。世稱其廉。儀同、陳留公李崇、章武王融並以所負過多，顛仆於地，崇乃傷腰，融至損脚。時人爲之語曰：「陳留、章武，傷腰折股。貪人敗類，穢我明主。」尋幸闕口溫水，登雞頭山，自射象牙簪，一發中之，敕示文武。

時太后得志，逼幸清河王懌，淫亂肆情，爲天下所惡。領軍元叉、長秋卿劉騰等奉肅宗於顯陽殿，幽太后於北宮，於禁中殺懌。其後太后從子都統僧敬與備身左右張車渠等數十人，謀殺叉，復奉太后臨朝，事不克，僧敬坐徙邊，車渠等死，胡氏多免黜。後肅宗朝太后於西林園，讌文武侍臣，飲至日夕。叉乃起至太后前，自陳外云太后欲害己及騰。太后答云「無此語」。遂至于極昏。太后乃起執肅宗手下堂，言：「母子不聚久，今暮共一宿，諸大臣送我入。」太后與肅宗向東北小閤，左衞將軍奚康生謀欲殺叉，不果。

自劉騰死，叉又寬怠。太后與肅宗及高陽王雍爲計，解叉領軍。太后復臨朝，大赦改元。自是朝政疏緩，威恩不立，天下牧守，所在貪惏。鄭儼汙亂宮掖，勢傾海內；李神軌、徐紇並見親侍。一二年中，位總禁要，手握王爵，輕重在心，宣淫於朝，爲四方之所厭穢。文武解體，所在亂逆，土崩魚爛，由於此矣。僧敬又因聚集親族，遂涕泣諫曰：「陛下母儀海內，豈宜輕脫如此！」后大怒，自是不召僧敬。

太后自以行不修，懼宗室所嫌，於是內爲朋黨，防蔽耳目，肅宗所親幸者，太后多以事

害焉。有蜜多道人，能胡語，肅宗置於左右。太后慮其傳致消息，三月三日於城南大巷中殺之。方懸賞募賊，又於禁中殺領左右、鴻臚少卿谷會、紹達，並帝所親也。母子之間，嫌隙屢起。鄭儼慮禍，乃與太后計，因潘充華生女，太后詐以爲男，便大赦改年。肅宗之崩，事出倉卒，時論咸言鄭儼、徐紇之計。於是朝野憤歎。太后乃奉潘嬪女言太子卽位。經數日，見人心已安，始言潘嬪本實生女，今宜更擇嗣君。遂立臨洮王子釗爲主，年始三歲，天下愕然。

及武泰元年，尒朱榮稱兵渡河，太后盡召肅宗六宮皆令入道，太后亦自落髮。榮遣騎拘送太后及幼主於河陰。太后對榮多所陳說，榮拂衣而起。太后及幼主並沉於河。太后妹馮翊君收瘞於雙靈佛寺。出帝時，始葬以后禮而追加謚。

孝明皇后胡氏，靈太后從兄冀州刺史盛之女。靈太后欲榮重門族，故立爲皇后。肅宗頗有酒德，專嬖充華潘氏，后及嬪御並無過寵。太后爲肅宗選納，抑屈人流。時博陵崔孝芬、范陽盧道約、隴西李瓚等女，但爲世婦。諸人訴訟，咸見忿責。武泰初，后既入道，遂居於瑤光寺。

中華書局

孝靜皇后高氏，齊獻武王之第二女也。天平四年，詔娉以爲皇后，王前後固辭，帝不許。興和初，詔侍中、司徒公孫騰，司空公、襄城王旭，兼尚書令、司州牧、西河王悰，兼太常卿及宗正卿元孝友等奉詔致禮，幷備宮官侍衞，以后駕迎於晉陽之丞相第。五月，立爲皇后，大赦天下。齊受禪，降爲中山王妃。後降于尚書左僕射楊遵彥。

史臣曰：始祖生自天女，克昌後葉。靈后淫恣，卒亡天下。傾城之戒，其在茲乎？鉤弋年稚子幼，漢武所以行權，魏世遂爲常制。子貴母死，矯枉之義不亦過哉！高祖終革其失，良有以也。

校勘記

〔一〕魏書卷十三　諸本目錄此卷注「闕」，百衲本、南本、汲本、局本卷末均有宋人校語云：「魏收書皇后傳亡，後人補以北史，又取高氏小史及修文殿御覽附益之。」殿本入考證，止云：「魏收書

亡，後人所補。」

〔二〕中才人至視五品　這裏所敍內職，無可參證，以意點斷。內「恭使宮人」，通志卷二〇作「恭信宮人」；「春衣」，北史卷一三后妃傳作「青衣」。是非無從判斷。上文「椒房、中式數等」，「中式」也無考。

〔三〕桓帝立乃葬焉　諸本「桓」作「和」，殿本作「昭」，北史卷一三、御覽卷一三九六七六頁作「桓」。按和帝是遠祖，顯誤。本書卷一序紀，稱昭帝二年「葬文帝及皇后封氏」。當時昭帝祿官和文帝沙漠汗之子桓帝猗㐌、穆帝猗盧分國爲三部，各統其一，昭帝卽位之二年也卽是桓帝卽位之二年。桓帝乃封氏子，故傳稱他卽位葬母，今從北史、御覽改。

〔四〕桓帝皇后祁氏　北史卷一三、御覽同上卷頁「祁」作「惟」。

〔五〕故顯不使急追　北史作「故顯使不急追」。按「顯使」指上文所云劉顯派來謀害拓跋珪之使，這裏「不使」二字當是誤倒。

〔六〕封后母孟爲漂陽君　御覽同卷六七七頁、册府卷一四一一七一八頁「漂」作「溧」，疑是。

〔七〕高祖時　諸本「高祖」作「高宗」。按事見卷一〇八之一禮志一太和十九年六月，「宗」字訛，今據改。

〔八〕西城郡公　卷八三外戚馮熙傳作「遼西郡公」，墓誌集釋元悅妃馮季華墓誌圖版八三稱祖朗「封西郡公」。按朗與其兄崇於北燕未亡時，先降魏，崇封遼西王，事見卷九七馮跋傳。崇既封遼西，朗似不得封遼西公。地形志不載「西城郡」或「西郡」。然隋書卷二九地理志上張掖郡山丹條稱後魏「又有西郡」。疑作「西郡」是。

〔九〕顯祖年十二　諸本及御覽同卷六七七頁「十二」作「十三」，北史作「十二」。按卷五高宗紀、卷六顯祖紀明云拓跋弘顯祖生於興光元年四五四，至和平六年四六五卽位，只十二歲，此紀「三」字訛，今據改。

〔一〇〕太后立文宣王廟於長安　錢氏考異卷三八云：「按外戚傳北史卷八〇、魏書卷八三上，馮朗追贈燕宣王，立廟長安。『文』當爲『燕』之譌。」按馮太后爲父燕宣王立廟長安，屢見紀載，錢說是。

〔一一〕頓丘王峻之妹也　諸本「頓丘」上有「母」字。御覽同卷六七八頁無。按頓丘王李峻乃后兄，見卷八三上峻本傳補，「母」字衍，今據刪。

〔一二〕平原人也　北史卷一三、御覽同上卷頁「原」作「涼」。按下云叔父金閭封「平涼公」，金閭兄勝爲「平涼太守」。當時封公多取本郡，又習慣以充當本州、郡的刺史、太守爲榮。疑作「平涼」是。

〔一三〕省其信不　百衲本「省」作「皆」，諸本作「省」。汲本注「一作『皆』」。御覽同卷六七九頁「省其信不」連下「然」字作「皆其信者也」。按作「皆其省不」不可解。「省其信不」，是說幽后又派心腹雙蒙去省察所遣閹人是否可信。如御覽，則意謂所遣閹人和雙蒙都是幽后信任的人。意義不同，

但都可通。今從南本以下諸本。

〔一四〕乃賜后辭死訣　北史卷一三、及御覽同上卷頁無「死」字。張森楷以爲「死」字衍。按「死訣」意謂訣不再見，亦通，今仍之。

〔一五〕遂攝行初祀　御覽卷一四〇六八二頁「初」作「祠」。按上文稱「太后以肅宗幼沖，未堪親祭」云云，則不僅攝行初祀。疑作「祠」是。

魏書卷十四〔一〕

神元平文諸帝子孫列傳第二

上谷公紇羅，神元皇帝之曾孫也。初，從太祖自獨孤如賀蘭部，招集舊戶，得三百家，與弟建議，勸賀訥推太祖爲主。及太祖登王位，紇羅常翼衞左右。又從征伐，有大功。紇羅有援立謀，特見優賞。及卽帝位，與弟建同日賜爵爲公。卒。

子題，少以雄武知名，賜爵襄城公。從征中山，受詔徇下諸郡，撫慰新城，皆安化樂業。進爵爲王。擊慕容驎於義臺，中流矢薨。帝以太醫令陰光爲視療不盡術，伏法。

子悉襲，降爵爲襄城公。卒，贈襄城王。

建德公嬰文，神元皇帝之後也。少明辯，有決斷，太宗器之。典出納詔命，常執機要。世祖踐阼，拜護東夷校尉，進爵建德公，鎭遼西。卒。

眞定侯陸，神元皇帝之後也。世祖時，以武功頗蒙恩遇，拜散騎常侍，賜爵眞定侯。卒。

陸曾孫軌，字法寄，稍遷洛陽令。時天下多事，軌惟以深刻遇下，死多酷濫，識者非之。孝靜時，鄴宮創制，以軌爲營構使。除徐州刺史。軌風望既陋，又無學術，雖歷名位，時人輕之。卒於州。

武陵侯因，章帝之後也。從太祖平中原，以功封曲逆侯。世祖時，改爵武陵。

長樂王壽樂，章帝之後也。位選部尚書，南安王，改封長樂王。高宗卽位，壽樂有援立功，拜太宰、大都督、中外諸軍、錄尚書事。矜功，與尚書令長孫渴侯爭權，並伏法。

望都公頹，昭帝之後也。隨太祖平中原，賜爵望都侯。世祖以頹美儀容，進止可觀，使迎左昭儀於蠕蠕，進爵爲公。卒。

曲陽侯素延，桓帝之後也。以小統從太祖征討諸部，初定幷州，爲刺史。太祖之驚於栢肆也，幷州守將封竇眞爲逆，素延斬之。時太祖意欲撫悅新附，悔參合之誅，而素延殺戮過多，坐免官。中山平，拜幽州刺史。豪奢放逸，左遷上谷太守。後賜爵曲陽侯。時太祖留心黃老，欲以純風化俗，雖乘輿服御，皆去彫飾，咸尚質儉，而素延奢侈過度，太祖深銜之。積其過，因徵，坐賜死。

順陽公郁，桓帝之後也。少忠正亢直。初以羽林中郎內侍，勤幹有稱。高宗時，位殿中尚書。從高宗東巡臨海，以勞賜爵順陽公。高宗崩，乙渾專權，隔絕內外，百官震恐，計無所出。郁率殿中衞士數百人從順德門入，欲誅渾。渾懼，逆出問郁曰：「君入何意？」郁曰：「不見天子，羣臣憂懼，求見主上。」渾窘怖，謂郁曰：「今大行在殯，天子諒闇，故未接百官，諸君何疑？」遂奉顯祖臨朝。後渾心規爲亂，朝臣側目，郁復謀殺渾，爲渾所誅。顯祖錄郁忠正，追贈順陽王，謚曰簡。

宜都王目辰，桓帝之後也。初以羽林郎從太祖南伐至江。高宗卽位，以勞累遷侍中、尚書左僕射，封南平公。乙渾之謀亂也，目辰與兄郁議欲殺渾，事泄被誅，目辰逃隱得免。顯祖傳位，有定策勳。高祖卽位，遷司徒，封宜都王，除雍州刺史，鎭長安。目辰性亢直耿介，不爲朋黨，朝臣咸憚之。然好財利，在州，政以賄成。有罪伏法，爵除。

穆帝長子六脩，少而凶悖。穆帝五年，遣六脩爲前鋒，與輔相衞雄、范班及姬澹等救劉琨。帝躬統大兵爲後繼。劉粲懼，焚燒輜重，突圍遁走。縱騎追之，殺傷甚衆。帝因大獵於壽陽山，陳閱皮肉，山爲變赤。及晉懷帝爲劉聰所執，穆帝遣六脩與桓帝子普根率精騎助劉琨。初穆帝少子比延有寵，欲以爲後。六脩出居新平城，而黜其母。六脩有驊騮駿馬，日行五百里，穆帝欲取以給比延。後六脩來朝，穆帝又命拜比延，六脩不從。穆帝乃坐比延於己所乘步輦，使人導從出遊。六脩望見，以爲穆帝，謁伏路左，及至，乃是比延，慚怒而去。召之，不還。穆帝怒，率衆伐之。帝軍不利，六脩殺比延。帝改服微行民間，有賤婦人識帝，遂暴崩。普根先守于外，聞難，率衆來赴。攻六脩，滅之。

吉陽男比干，太祖族弟也。以司衞監討白澗丁零有功，賜爵吉陽男。後爲南道都將，戰沒。

江夏公呂，太祖族弟也。從世祖平涼州有功，封江夏公，位外都大官，委以朝政，大見尊重。卒，贈江夏王，陪葬金陵。

高涼王孤，平文皇帝之第四子也。多才藝，有志略。烈帝之前元年，國有內難，昭成如襄國。後烈帝臨崩，顧命，迎昭成立之，社稷可安。及崩，羣臣咸以新有大故，內外未安，昭成在南，來未可果，比至之間，恐生變詐，宜立長君以鎮衆望。次弟屈，剛猛多變，不如孤之寬和柔順，於是大人梁蓋等殺屈，共推孤。孤曰：「吾兄居長，自應繼位，我安可越次而處大業。」乃自詣鄴奉迎，請身留爲質。石虎義而從之。昭成卽位，乃分國半部以與之。薨。

子斤，失職懷怨，構寔君爲逆，死於長安。太祖時，以孤勳高，追封高涼王，謚曰神武。斤子樂眞，[二]頻有戰功，後襲祖封。太宗初，改封平陽王。薨。

子禮，襲本爵高涼王。薨，謚懿王。

子那，襲爵。拜中都大官。驍猛善攻戰。正平初，坐事伏法。顯祖卽位，追那功，命子紇紹封。薨。

子大曹，性愿直。高祖時，諸王非太祖子孫者，例降爵爲公。以大曹先世讓國功重，曾祖樂眞勳著前朝，改封太原郡公。卒，無子，國除。世宗又以大曹從兄子洪威紹。恭謙好學，爲潁川太守，有政績。孝靜初，在潁川聚衆應關西，齊獻武王遣將討平之。

禮弟陵，世祖賜爵襄邑男。進爵爲子。卒。

子瓌，位柔玄鎭司馬。

瓌子鷙，字孔雀。容貌魁壯，腰帶十圍。爲羽林隊仗副。高祖末，以征討有功，賜爵晉陽男。累遷領軍、畿部都督。

武泰元年，尒朱榮至河陰，殺戮朝士，鷙與榮共登高冢俯而觀之，自此後與榮合。元顥之逼也，鷙從駕北迎。既到河內，欲入城，鷙奏曰：「河內晝則閉門，夜引駕入，此之意趣，難以測量。本圖有在，願便發邁。」帝從之，前至長子，以尒朱榮赴援，除鷙車騎將軍，封華山王。莊帝既殺尒朱榮，榮從子兆爲亂，帝欲率諸軍親討，鷙與兆陰通，乃勸帝曰：「黃河萬例，寧可卒渡。」帝遂自安。及兆入殿，鷙又約止衞兵。帝見逼，京邑破，皆由鷙之謀。孝靜初，入爲大司馬，加侍中。

鷙有武藝，木訥少言，性方厚，每息直省闥，雖暑月不解衣冠。曾於侍中高岳之席，咸陽王坦恃力使酒，陵侮一坐，衆皆下之，不敢應答。坦謂鷙曰：「孔雀老武官，何因得王？」鷙卽答曰：「斬反人元禧首，是以得之。」衆皆失色，鷙怡然如故。興和三年薨，贈假黃鉞、尚書令、司徒公。

子大器，襲爵。後與元瑾謀害齊文襄王，見害。

孤孫度，太祖初賜爵松滋侯，位比部尚書。卒。

子乙斤，襲爵襄陽侯。顯祖崇舊齒，拜外都大官，甚見優重。卒。

子平，字楚國，襲世爵松滋侯。以軍功賜艾陵男。卒。

子萇，高祖時，襲爵松滋侯，例降侯，賜艾陵伯。萇性剛毅，雖有吉慶事，未嘗開口而笑。高祖遷都，萇以代尹留鎭。除懷朔鎭都大將，因別賜萇酒，雖拜飲，而顏色不泰。高祖曰：「聞公一生不笑，今方隔山，[三]當爲朕笑。」竟不能得。高祖曰：「五行之氣，偏有所不入。六合之間，亦何事不有。」左右見者，無不扼腕大笑。世宗時，爲北中郎將，帶河內太

守。萇以河橋船絙路狹，不便行旅，又秋水汎漲，年常破壞，乃爲船路，遂廣募空車從京出者，[四]率令輸石一雙，累以爲岸。橋闊，來往便利，近橋諸郡，無復勞擾，公私賴之。歷位度支尚書、侍中、雍州刺史。卒，謚曰成。萇中年以後，官位微達，乃自尊倨，閨門無禮，昆季不穆，性又貪虐，論者鄙之。

萇子子華，字伏榮，襲爵。孝莊初，除齊州刺史。先是，州境數經反逆，邢杲之亂，人不自保。而子華撫集豪右，委之管籥，衆皆感悅，境內帖然。而性甚褊急，當其急也，口不擇言，手自捶擊。長史鄭子湛，子華親友也，見侮罵，遂卽去之。子華雖自悔厲，終不能改。在官不爲矯潔之行，凡有餽贈者，辭多受少，故人不厭其取。鞫獄訊囚，務加仁恕。齊人樹碑頌德。

後除濟州刺史。尒朱兆之入洛也，齊州城人趙洛周逐刺史丹陽王蕭贊，表濟南太守房士達攝行州事。洛周子元顯先隨子華在濟州，邀路改表，請子華復爲齊州刺史。子華母房氏，曾就親人飲食，夜還大吐，人以爲中毒，甚憂懼，子華遂掬吐盡噉之，其母乃安。尋以母憂還都。

孝靜初，除南兗州刺史。弟子思通使關西，朝廷使右衞將軍郭瓊收之。子思謂瓊僕

曰：「速可見殺，何爲久執國士！」子華謂子思曰：「由汝粗疏，令我如此。」以頭叩牀，涕泣不自勝。子思以手捋鬚，顧謂子華曰：「君惡體氣。」尋與子思俱死於門下外省。

子思，字衆念，性剛暴，恒以忠烈自許。元天穆當朝權，以親從薦爲御史中尉。先是，兼尚書僕射元順奏，以尚書百揆之本，至於公事，不應送御史。〔五〕至子思，奏曰：

案御史令云：「中尉督司百僚；治書侍御史糾察禁內。」又云：「中尉出行，車輻前驅，除道一里，王公百辟避路。」時經四帝，前後中尉二十許人，奉以周旋，未曾暫廢。府寺臺省，並從此令。唯肅宗之世，爲臨洮舉哀，故兼尚書左僕射臣順不肯與名，又不送簿。故中尉臣酈道元舉而奏之，而順復啓云：「尚書百揆之本，令僕納言之貴，不宜下隸中尉，送名御史。」尋亦蒙敕，聽如其奏。從此迄今，使無準一。

臣初上臺，具見其事，意欲申請決議，但以權兼，未宜便爾。日復一日，遂歷炎涼。去月朔旦，臺移尚書索應朝名帳，而省稽留不送。尋復移催并主吏，忽爲尚書郎中裴獻伯後注云：「案舊事，御史中尉逢臺郎於複道，中尉下車執板，郎中車上舉手禮之。以此而言，明非敵體。」臣既見此，深爲怪愕。旋省二三，未解所以。正謂都省別被新式，改易高祖舊命，卽遣移問，事何所依。又獲尚書郎中王元旭報，出蔡氏漢官，似非穿

鑿。始知裴、王亦規壞典謨，兩人心欲自矯。臣案漢書宜秉傳云，詔徵秉爲御史中丞，與司隸校尉、尚書令俱會殿庭，並專席而坐，京師號之爲三獨坐。又尋魏書崔琰傳、晉文陽□傳嘏傳，皆云既爲中丞，百僚震悚。〔六〕以此而言，則中丞不揖省郎蓋已久矣，憲臺不屬都堂，亦非今日。又尋職令云：「朝會失時，卽加彈糾。」則百官簿帳，應送上臺，灼然明矣。又皇太子以下違犯憲制，皆得糾察，則令僕朝名宜付御史，又亦彰矣。不付名至，否臧何驗？臣順專執，未爲平通，先朝曲遂，豈是正法？

謹案尚書郎中臣裴獻伯、王元旭等，望班士流，早參清宦，輕弄短札，斐然若斯，苟執異端，忽焉至此，此而不綱，將墜朝令。請以見事免獻伯等所居官，付法科處。尚書納言之本，令僕百揆之要，同彼浮虛，助之乖失，宜明首從，節級其罪。

詔曰：「國異政，不可據之古事。付司檢高祖舊格，推處得失以聞。」尋從子思奏。仍爲元天穆所忿，遂停。元顥之敗，封安定縣子。孝靜時，位侍中而死。

萇弟珍字金雀，襲爵艾陵男。〔七〕世宗時，曲事高肇，遂爲帝寵昵。彭城王勰之死，珍率壯士害之。後卒於尚書左僕射。

平弟長生，位游、騎擊將軍。卒。孝莊時，以子天穆貴盛，贈司空。

天穆，性和厚，美形貌，善射，有能名。年二十，起家員外郎。六鎮之亂，尚書令李崇、廣陽王深北討，天穆奉使慰勞諸軍。路出秀容，尒朱榮見其法令齊整，有將領氣，深相結託，約爲兄弟。未幾，榮請天穆爲行臺，朝廷不許，改授別將，令赴秀容。是時，北鎮紛亂，所在蜂起，六鎮蕩然，無復蕃捍，惟榮當職路衝，招聚散亡。天穆爲榮腹心，除并州刺史。

及榮赴洛，天穆參其始謀，乃令天穆留後，爲之繼援。莊帝踐阼，天穆以榮之眷昵，特除太尉，封上黨王，徵赴京師。榮之討葛榮，詔天穆爲前軍都督，率京師之衆以赴之。榮擒葛榮，天穆增封，通前三萬戶。尋監國史，錄尚書事，開府，世襲并州刺史。

初，杜洛周、鮮于脩禮爲寇，瀛冀諸州人多避亂南向。幽州前北平府主簿河間邢杲，〔八〕擁率部曲，屯據鄚城，以拒洛周、葛榮，垂將三載。及廣陽王深等敗後，杲南渡居青州北海界。靈太后詔流人所在皆置命屬郡縣，選豪右爲守令以撫鎮之。時青州刺史元世儁表置新安郡，以杲爲太守，未報。會臺申汰簡所授郡縣，〔九〕以杲從子子瑤資蔭居前，乃授河間太守。杲深耻恨，於是遂反。所在流人先爲土人凌忽，聞杲起逆，率來從之，旬朔之間，衆踰十萬。劫掠村塢，毒害民人，齊人號之爲「䑛榆賊」。先是，河南人常笑河北人好食榆葉，故因以號之。杲東掠光州，盡海而還。又破都督李叔仁軍。詔天穆與齊獻武王討大破之。杲乃請降，傳送京師，斬之。增天穆邑萬戶。

時元顥乘虛陷滎陽，天穆聞莊帝北巡，自畢公壘北渡，會車駕於河內。尒朱榮以天時炎熱，欲還師，天穆苦執不可，榮乃從之。莊帝還宮，加太宰，羽葆、鼓吹，增邑，通前七萬戶。

天穆以疏屬，本無德望，憑藉尒朱，爵位隆極，當時燻灼，朝野傾悚，王公已下每旦盈門，受納財貨，珍寶充積。而寬柔容物，不甚見疾於時。莊帝以其榮黨，外示寵敬，詔天穆乘車馬出入大司馬門。天穆與榮相倚，情寄特甚。榮常以兄禮事之，而尒朱世隆等雖榮子姪，位遇已重，畏憚天穆，俯仰承迎。天穆曾言世隆之失，榮卽加杖，其相親任如此。莊帝內畏惡之，與榮同時見殺。前廢帝初，贈丞相、柱國大將軍、雍州刺史，假黃鉞，謚曰武昭。

子儼，襲，美才貌。位都官尚書。及齊受禪，聞敕召，假病，遂怖而卒。

西河公敦，平文帝之曾孫也。太祖初，從征，被堅執銳，名冠諸將。後從征中山，所向無前。太宗時，拜中都大官。世祖時，進爵西河公，寵遇彌篤。卒，子撥襲。

司徒石，平文帝之玄孫也。忠勇有膽略，尤善騎射。從世祖南討，至瓜步。位尚書令，雍州刺史。歷比部侍郎、華州刺史，〔一〇〕累遷征南大將軍。卒，贈司徒公。

武衞將軍謂，烈帝之第四子也。寬雅有將略，常從太祖征討有功，除武衞將軍。後謝老歸家，顯祖善禮遇之，賜几杖服物，致膳於第。卒，賜祕器。

子烏眞，膂力絕人。隨太祖征伐，屢有戰功，官至鉅鹿太守。

子興都，聰敏剛毅。高宗時，爲河間太守，賜爵樂城子。爲政嚴猛，百姓憚之。顯祖初，以子丕貴重，進爵樂城侯。謝老歸家，顯祖益禮之，賜几杖服物，致膳於第。其妻婁氏，爲東陽王太妃。卒，追贈定州刺史、河間公，謚曰宣。

子提，襲父侯爵。

提弟丕，世祖擢拜羽林中郎。從駕臨江，賜爵興平子。顯祖即位，累遷侍中。丞相乙渾謀反，丕以奏聞。詔丕帥元賀、牛益得收渾，誅之，遷尙書令，改封東陽公。高祖時，封東陽王，拜侍中、司徒公。時有諸疑事三百餘條，敕丕制決，率皆平允。丕子超生，車駕親幸其第，特加賞賜。以執心不二，詔賜丕入八議，傳示子孫，犯至百，聽責數恕之；放其同籍丁口雜使役調，永受復除；〔一〕若有姦邪人方便譏毀者，即加斬戮。尋還太

尉、錄尙書事。時淮南王他、淮陽王尉元、河東王苟頹並以舊老見禮，每有大事，引入禁中，乘步挽，杖于朝，進退相隨。丕、他、元三人，皆容貌壯偉，腰帶十圍，大耳秀眉，鬚鬢斑白，百僚觀瞻，莫不祗聳。唯苟頹小爲短劣，姿望亦不逮之。高祖、文明太后重年敬舊，存問周渥，賜以珍寶。丕聲氣高朗，博記國事，饗讌之際，恒居坐端，必抗音大言，敘列既往成敗。帝、后敬納焉。然諂事要人，驕侮輕賤，每見王叡、苻承祖，常傾身下之。

時文明太后爲王叡造宅，故亦爲丕造甲第。第成，帝、后親幸之，率百官文武饗落焉。使尙書令王叡宣詔，賜丕金印一紐。太后親造勸戒歌辭以賜羣官，丕上疏贊謝。太后令曰：「臣哉隣哉，隣哉臣哉。君則亡逸於上，臣則履冰於下。若能如此，太平豈難致乎？」及丕妻段氏卒，謚曰恭妃。又特賜丕金券。

高祖、文明太后引見公卿於皇信堂，太后曰：「今京師旱儉，欲聽飢貧之人出關逐食。如欲給過所，恐稽延時日，不救災窘；若任其外出，復慮姦良難辨。卿等可議其所宜。」丕議：「諸曹下大夫以上，人各將二吏，別掌給過所，州郡亦然，不過三日，給之便訖，有何難也？」高祖從之，四日而訖。丕請立東宮，詔曰：「年尙幼小，有何急之？」丕曰：「臣年在西夕，思覩盛禮，於臣實急。」不許。後例降王爵，封平陽郡公。求致仕，詔不許。

及車駕南伐，丕與廣陵王羽留守京師，並加使持節。詔丕、羽曰：「留守非賢莫可。太

尉年尊德重，位總阿衡；羽朕之懿弟，溫柔明斷。故使二人留守京邑，授以二節，賞罰在手。其祗允成憲，以稱朕心。」丕對曰：「謹以死奉詔。」羽對曰：「太尉宜專節度，臣但可副貳而已。」高祖曰：「老者之智，少者之決，何得辭也。」及高祖還代，丕請作歌，詔許之。歌訖，高祖曰：「公傾朕還車，故親歌述志。今經構既有次第，故暫還舊京，願後時亦同茲適。」

及高祖欲遷都，臨太極殿，引見留守之官大議。乃詔丕等，如有所懷，各陳其志。燕州刺史穆羆進曰：「移都事大，如臣愚見，謂爲未可。」高祖曰：「卿便言不可之理。」羆曰：「北有獫狁之寇，南有荆揚未賓，西有吐谷渾之阻，東有高句麗之難。四方未平，九區未定。以此推之，謂爲不可。征伐之舉，要須戎馬，如其無馬，事不可克。」高祖曰：「卿言無馬，此理粗可。馬常出北方，廐在此置，卿何慮無馬？今代在恒山之北，爲九州之外，以是之故，遷于中原。」羆曰：「臣聞黃帝都涿鹿。以此言之，古昔聖王不必悉居中原。」高祖曰：「黃帝以天下未定，居于涿鹿，既定之後，亦遷于河南。」尙書于果曰：〔二〕「臣誠不識古事，如聞百姓之言，先皇建都於此，無何欲移，以爲不可。中原其如是所由擬，〔三〕數有篡奪。自建邑平城以來，與天地並固，日月齊明。臣雖管見膚淺，性不昭達，終不以恒代之地，而擬伊洛之美。但以安土重遷，物之常性，一旦南移，懼不樂也。」丕曰：「陛下去歲親御六軍討蕭氏，至洛，遣任城王澄宣旨，敕臣等議都洛。初奉恩旨，心情惶越。凡欲遷移，當訊之卜筮，審定吉否，

然後可。」高祖謂丕曰：「往在鄴中，司徒公誕、咸陽王禧、尙書李沖等皆欲請龜占移洛吉凶之事。朕時謂誕等曰，昔周邵卜宅伊洛，乃識至兆。今無若斯之人，卜亦無益。然卜者所以決疑，此既不疑，何須卜也。昔軒轅卜兆龜焦，卜者請訪諸賢哲，軒轅乃問天老，天老謂爲善。遂從其言，終致昌吉。然則至人之量未然，審於龜矣。朕既以四海爲家，或南或北，遲速無常。南移之民，朕自多積倉儲，不令窘乏。」丕曰：「臣仰奉慈詔，不勝喜舞。」高祖詔羣官曰：「卿等或以朕無爲移徙也。昔平文皇帝棄背率土，昭成營居盛樂；太祖道武皇帝神武應天，遷居平城。朕雖虛寡，幸屬勝殘之運，故移宅中原，肇成皇宇。卿等當奉先君令德，光迹洪規。」前懷州刺史青龍、前秦州刺史呂受恩等仍守愚固，帝皆撫而答之，辭屈而退。

帝又將北巡，丕遷太傅、錄尙書事。頻表固讓，詔斷表啓，就家拜授。及車駕發代，丕留守，詔曰：「中原始構，須朕營視，在代之事，一委太傅。」賜上所乘車馬，往來府省。

丕雅愛本風，不達新式，至於變俗遷洛，改官制服，禁絕舊言，皆所不願。高祖知其如此，亦不逼之，但誘示大理，令其不生同異。至於衣冕已行，朱服列位，而丕猶常服列在坐隅。晚乃稍加弁帶，而不能修飾容儀。高祖以丕年衰體重，亦不强責。及罷降非太祖子孫及異姓王者，雖較於公爵，而利享封邑，亦不快。疑〔四〕

高祖南征，丕表乞少留，思更圖後舉。會司徒馮誕薨，詔六軍反旆。丕又以熙薨于代

都，表求鑾駕親臨。詔曰：「今洛邑肇構，跂望成勞，開闢暨今，豈有以天子之重，遠赴舅國之喪？朕縱欲爲孝，其如大孝何？縱欲爲義，其如大義何？天下至重，君臣道懸，豈宜苟相誘引，陷君不德。令、僕已下可付法官貶之。」又詔以丕爲都督、領并州刺史。後詔以平陽畿甸，改封新興公。

初，李沖又德望所屬，既當時貴要，有杖情，〔一五〕遂與子超娶沖兄女，卽伯尙妹也。丕前妻子隆同產數人，皆與別居。後得宮人，所生同宅共產。父子情因此偏。

丕父子大意不樂還洛。高祖之發平城，太子恂留於舊京，及將還洛，隆與超等密謀留恂，因舉兵斷關，規據陘北。時丕以老居并州，雖不預其始計，而隆、超咸以告丕。丕外慮不成，口雖致難，心頗然之。及高祖幸平城，推穆泰等首謀，隆兄弟並是黨。丕亦隨駕至平城，每於測問，令丕坐觀。隆、超與元業等兄弟並以謀逆伏誅。有司奏處孥戮，詔以丕應連坐，但以先許不死之詔，躬非染逆之身，聽免死，仍爲太原百姓，其後妻二子聽隨。隆、超母弟及餘庶兄弟，皆徙敦煌。丕時年垂八十，猶自平城力載，隨駕至洛陽。高祖每遣左右慰勉之，乃還晉陽。

高祖崩，丕自并州來赴，世宗引見之。以丕舊老，禮有加焉。尋敕留洛陽。後宴于華林都亭，特令二子扶侍坐起。丕仕歷六世，垂七十年，位極公輔，而還爲民庶，然猶心戀京邑，

不能自絕人事。尋詔以丕爲三老。景明四年薨，年八十二。詔贈左光祿大夫、冀州刺史，謚曰平。

長子隆，先以反誅。隆弟乙升、超，亦同誅。超弟儁、邕，並有軍功。儁封新安縣男，邕封涇縣男。

淮陵侯大頭，烈帝之曾孫也。善騎射，擢爲內三郎。從世祖有戰功，賜爵。高宗初，封淮陵。性謹密，帝甚重之。位寧北將軍，遷右將軍。卒，贈高平公，謚曰烈。

河間公齊，烈帝之玄孫也。少雄傑魁岸，世祖愛其勇壯，引侍左右。從征赫連昌，世祖馬蹶，賊衆逼帝，齊以身蔽捍，決死擊賊，賊乃退，世祖得上馬。是日微齊，世祖幾至危殆。世祖以微服入其城，齊固諫，不許，乃與數人從世祖入。城內旣覺，諸門悉閉。世祖及齊等因入其宮中，得婦人裙，繫之槊上，世祖乘而上，因此得拔，齊有力焉。賜爵浮陽侯。從征和龍，以功拜尙書，進爵爲公。後與新興王俊討禿髮保周，坐事免官爵。

劉義隆將裴方明陷仇池，世祖復授齊前將軍，與建興公古弼討之，遂克仇池，威振羌氐。復賜爵河間公，與武都王楊保宗對鎭駱谷。時保宗弟文德說保宗閉險自固，有期矣，

秦州主簿邊因知之，密告齊。齊晨詣保宗，呼曰：「古弼至，欲宣詔。」保宗出，齊叱左右扶保宗上馬，馳驛送臺。諸氐遂推文德爲主，求援於劉義隆。義隆遣將房亮之、苻昭、啖龍等率衆助文德。齊擊斬殺龍，擒亮之。氐遂平。以功拜內都大官。卒，謚曰敬。

長子陵，襲爵。陵性抗直，天安初，爲乙渾所害。

陵弟蘭，以忠謹見寵。高祖初，賜爵建陽子。卒於武川鎭將。

子志，字猛略。少淸辯强幹，歷覽書傳，頗有文才。爲洛陽令，不避强禦，與御史中尉李彪爭路，俱入見，面陳得失。彪言，御史中尉避承華車蓋，駐論道劍鼓，安有洛陽縣令與臣抗衡。志言神鄉縣主，普天之下誰不編戶，豈有俯同衆官，避中尉？〔一六〕高祖曰：「洛陽我之豐沛，自應分路揚鑣。自今以後，可分路而行。」及出，與彪折尺量道，各取其半。高祖謂邢巒曰：「此兒竟可，所謂王孫公子，不鏤自雕。」巒曰：「露枝霜條，故多勁節，非鸞則鳳，其在本枝也。」員外郞馮俊，昭儀之弟，恃勢恣撾所部里正。志令主吏收繫，處刑除官。由此忤旨，左遷太尉主簿。俄爲從事中郞。

車駕南征，高祖微服觀戰所，有箭欲犯帝，志以身障之，高祖便得免。矢中志目，因此一目喪明。以志行恒州事。世宗時，除荆州刺史，還朝，御史中尉王顯奏志在州日，抑買良

人爲婢，兼剩請供。會赦免。肅宗初，兼廷尉卿。後除揚州刺史，賜爵建忠伯。志在州威名雖減李崇，亦爲荆楚所憚。尋爲雍州刺史。

晚年耽好聲伎，在揚州日，侍側將百人，器服珍麗，冠於一時。及在雍州，逾尙華侈，聚斂無極，聲名遂損。

及莫折念生反，詔志爲西征都督討之。念生遣其弟天生屯隴口，〔一七〕與志相持。爲賊所乘，遂棄大衆奔還岐州。賊遂攻城。刺史裴芬之疑城人與賊潛通，將盡出之，志不聽。城人果開門引賊，鎖志及芬之送念生，見害。前廢帝初，贈尙書僕射、太保。

扶風公處眞，烈帝之後也。少以壯烈聞。位殿中尙書，賜爵扶風公，委以大政，甚見尊禮。吐京胡曹僕渾等叛，招引朔方胡爲援。處眞與高涼王那等討滅之。性貪婪，在軍烈暴，坐事伏法。

文安公泥，國之疏族也。性忠直壯烈，有智畫。太祖厚遇之，賜爵文安公，拜安東將軍。卒。

子屈，襲爵。太宗時居門下，出納詔命。性明敏，善奏事，每合上旨，賜爵元城侯，加功

勞將軍，與南平公長孫嵩、白馬侯崔玄伯等並決獄訟。太宗東巡，命屈行右丞相，山陽侯奚斤行左丞相，命掌軍國，甚有聲譽。後吐京胡與離石胡出以兵等叛，〔一八〕置立將校，外引赫連屈丐。屈督會稽公劉潔、永安侯魏勤捍之，勤沒於陳，潔墜馬，胡執送屈丐，唯屈衆猶存。太宗以屈沒失二將，欲斬之。時幷州刺史元六頭荒淫怠事，乃赦屈令攝州事。屈縱酒，頗廢政事，太宗積其前後失，檻車徵還，斬於市。

子磨渾，少爲太宗所知。元紹之逆也，太宗潛隱於外，磨渾與叔孫俊詐云太宗所在。紹使帳下二人隨磨渾往，規爲逆。磨渾既得出，便縛帳下詣太宗斬之。太宗得磨渾，大喜，因爲羽翼。以勳賜爵長沙公，拜尚書，出爲定州刺史。卒。

校勘記

〔一〕魏書卷十四　諸本目錄此卷注「闕」，百衲本、南本、汲本、局本卷末有宋人校語云：「魏收書神元平文諸帝子孫列傳亡，後人補以北史，又取高氏小史附益之。後卷魏收舊史亡者皆放此。」殿本考證云：「魏收書亡，後人所補」。

〔二〕斤子樂眞　諸本及北史卷一五魏宗室傳上「樂眞」作「眞樂」。按下文大曹傳稱「曾祖樂眞」，又卷二太祖紀天興二年、卷三太宗紀永興元年並見「高涼王樂眞」，知這裏「眞樂」乃誤倒，今

乙正。

〔三〕今方隔山　册府卷二七一三二一四頁「山」下有「河」字。按文義當有此字。

〔四〕遂廣募空車從京出者　諸本及北史卷一五「募」字空格，今據册府卷六七八八一〇〇頁補。

〔五〕至於公事不應送御史　北史卷一五「送」上有「爲」字，通志卷八〇魏宗室傳「送」下有「名」字。按「爲送」不洽文義。下文稱元順「不肯與名」，又云：「不宜下隸中尉，送名御史。」當時所爭在於所謂「公事」卽臣僚集會之事，是否開具名册送御史臺，並非尚書省的「公事」都該送御史臺。這裏「送」下當脫「名」字。

〔六〕又尋魏書崔琰傳晉文陽□傳嘏傳皆云既爲中丞百僚震悚　錢氏考異卷三八云：「按三國崔琰、傅嘏二傳，並不云爲御史中丞。『晉文陽』或疑『晉陽秋』之譌。然嘏魏人，非晉人也。」按此魏書當是王沈魏書。「晉文陽」或是「晉陽秋」之訛，傳嘏雖魏人，和司馬氏關係很深，可能敍及他的事跡。

〔七〕萇弟珍字金雀襲爵艾陵男　諸本及北史卷十五「雀」訛「省」，今據墓誌集釋元珍墓誌圖版四四改。又墓誌稱珍「胙土晉陽男」，不云襲艾陵男。據上文珍父平傳，襲爵松滋侯，又以軍功賜艾陵男。平死，長子萇襲松滋侯，其艾陵男爵當由珍襲封，故此傳云云。據萇傳稱太和降爵，賜艾陵伯，當卽在此時改封珍爲晉陽男，故誌稱「胙土」，不云「襲爵」。傳和誌互見，未必傳誤。此類封爵、歷官、名字、謚號等史、誌不同的很多，凡不能斷定史誤者，今後不一一出校記。

〔八〕幽州前北平府主簿河間邢杲　通鑑卷一五二四七五〇頁「北平」作「平北」。按北平郡魏屬平州，不屬幽州，也不得稱「府」。「平北」乃其時幽州刺史某人所帶的軍號，魏制，五品以上將軍開府置屬，有主簿。這裏「北平」當是「平北」倒誤。

〔九〕會臺申汰簡所授郡縣　諸本及北史卷一五此句作「會臺申休簡授郡縣」。諸本下並注「疑」字。通志卷八〇如上摘句。按「休簡授郡縣」不可解，「汰簡所授郡縣」卽指汰簡以河北流民設置的僑置郡縣，其中就有原擬以邢杲充任太守的新安郡。沒有簡去的河間郡又給了杲的從子子瑤，因此「杲深恥恨」。觀前後文，通志是對的，今據改。

〔一〇〕位尚書令雍州刺史歷比部侍郎華州刺史　北史卷一五同。按此傳簡略，疑有脫文。卷六顯祖紀天安元年記「殿中尚書、鎭西大將軍西河公元石」救懸瓠。其事又見於卷五六鄭羲傳、卷六一常珍奇傳，不應於石本傳不載。且如紀所書，石爵爲「西河公」。此傳不云封爵，但稱「司徒」，亦見缺漏。

〔一一〕永受復除　諸本「永」作「求」。按這是元宏給予元丕的特權，並非元丕請求，「求」字不可通。卷四四苟頹傳、卷九三王叡傳並見「永受復除」語，知這裏「求」乃「永」之訛，今改正。

〔一二〕尚書于果曰　諸本「果」作「杲」，通鑑卷一三九四三五二頁作「果」。按于果附本書卷三一、北史卷

二三于栗磾傳。通鑑是，今據改。

〔一三〕中原其如是所由擬　此句不可解，必有訛脫，通鑑卷一三九四三五二頁載于果語，無此句，當亦因不可解而删去，知訛脫已久。

〔一四〕雖較於公爵而利享封邑亦不快　北本、殿本及北史卷一五「較」作「駮」。按大意是說雖降封爲公，而享受封邑之利，元丕却仍然不快。但作「較」或「駮」都不易解，當有訛脫。

〔一五〕有杖情　諸本「情」下注「疑」字。按「杖」同「仗」，「杖情」卽依恃之情，無可疑。今删。

〔一六〕豈有俯同衆官避中尉　册府卷二七一三二一四頁、通典卷二四御史中尉條「避」上有「趨」字。按當時句法，應有此字，當是脫文。

〔一七〕念生遣其弟天生屯隴口　諸本及北史卷一五「隴」作「龍」。通鑑卷一五〇四六八三頁稱元志與天生「戰於隴口」。胡注：「隴口，隴坻之口也。」按卷十肅宗紀正光五年八月，卷五九蕭寶夤傳、卷七三崔延伯傳都說莫折天生在隴東大敗元志。作「隴」是，今據改。

〔一八〕後吐京胡與離石胡出以兵等叛　卷二八劉潔傳「出以兵」作「出以眷」，疑作「眷」是。

魏書卷十五[一]

昭成子孫列傳第三

寔君者，昭成皇帝之庶長子也。性愚戇，安忍不仁。昭成季年，苻堅遣其行唐公苻洛等來寇南境，昭成遣劉庫仁逆戰於石子嶺。昭成時不豫，不能親勒衆軍，乃率諸部避難陰山，度漠北。高車四面寇抄，復度漠南。苻洛軍退，乃還雲中。

初，昭成以弟孤讓國，乃以半部授孤。孤卒，子斤失職懷怨，欲伺隙爲亂。是時，獻明皇帝及秦明王翰皆先終，太祖年六歲，昭成不豫，慕容后子閼婆等雖長，而國統未定。斤因是說寔君曰：「帝將立慕容所生，而懼汝爲變，欲先殺汝，是以頃日以來，諸子戎服，夜持兵仗，遶汝廬舍，伺便將發，吾愍而相告。」時苻洛等軍猶在君子津，夜常警備，諸皇子挾仗徬徨廬舍之間。寔君視察，以斤言爲信，乃率其屬盡害諸皇子，昭成亦暴崩。其夜，諸皇子婦及宮人奔告苻洛軍，堅將李柔、張蚝勒兵內逼，部衆離散。苻堅聞之，召燕鳳問其故，以狀對。堅曰：「天下之惡一也。」乃執寔君及斤，轘之於長安西市。

寔君孫勿期，位定州刺史，賜爵林慮侯。卒。子六狀，眞定侯。

秦明王翰，昭成皇帝第三子。少有高氣，年十五便請率騎征討，帝壯之，使領二千騎。及長統兵，號令嚴信，周旋征討，多有克捷。建國十年卒。[二]太祖即位，追贈秦王，謚曰明。

子儀，長七尺五寸，容貌甚偉，美鬚髯，有算略，少能舞劍，騎射絕人。太祖幸賀蘭部，侍從出入。登國初，賜爵九原公。從破諸部，有謀戰功。

及太祖將圖慕容垂，遣儀觀釁。垂問儀太祖不自來之意，儀曰：「先人以來，世據北土，子孫相承，不失其舊。乃祖受晉正朔，[三]爵稱代王，東與燕世爲兄弟。儀之奉命，理謂非失。」垂壯其對，因戲曰：「吾威加四海，卿主不自見吾，云何非失？」儀曰：「燕若不修文德，欲以兵威自強，此乃本朝將帥之事，非儀所知也。」及還，報曰：「垂死乃可圖，今則未可。」太祖作色問之。儀曰：「垂年已暮，其子寶弱而無威，謀不能決。慕容德自負才氣，非弱主之臣。釁將內起，是可計之。」太祖以爲然。後改封平原公。

太祖征衞辰，儀出別道，獲衞辰尸，傳首行宮。太祖大喜，徙封東平公。命督屯田於河北，自五原至榀楊塞外，分農稼，大得人心。慕容寶之寇五原，儀攝據朔方，要其還路。及并州平，儀功多，遷尚書令。從圍中山。慕容德之敗也，太祖以普驎妻周氏賜儀，并其僮僕財物。尋遷都督中外諸軍事、左丞相，進封衞王。中山平，復遣儀討鄴，平之。太祖將還代都，置中山行臺，詔儀守尚書令以鎮之，遠近懷附。尋徵儀以丞相入輔。又從征高車。儀別從西北破其別部。又從討姚平，有功，賜以絹布綿牛馬羊等。儀膂力過人，弓力將十石；陳留公虔，矟大稱異。時人云：「衞王弓，桓王矟。」

世祖之初育也，太祖喜，夜召儀入。太祖曰：「卿聞夜喚，乃不怪懼乎？」儀曰：「臣推誠以事陛下，陛下明察，臣輒自安。忽奉夜詔，怪有之，懼實無也。」太祖告以世祖生，儀起拜而歌舞，遂對飲申旦。召羣臣入，賜儀御馬、御帶、縑錦等。

先是，上谷侯岌、張袞，代郡許謙等有名于時，學博今古，初來入國，聞儀待士，先就儀。儀並禮之，共談當世之務，指畫山河，分別城邑，成敗要害，造次備舉。謙等歎服，相謂曰：「平原公有大才不世之略，吾等當附其尾。」

太祖以儀器望，待之尤重，數幸其第，如家人禮。儀矜功恃寵，遂與宜都公穆崇謀爲亂，伏武士伺太祖，欲爲逆。崇子遂留在伏士中，太祖召之，將有所使。遂留聞召，恐發，踰

牆告狀，太祖祕而恕之。天賜六年，天文多變，占者云「當有逆臣伏尸流血」。太祖惡之，頗殺公卿，欲以厭當天災。儀內不自安，單騎遁走。太祖使人追執之，遂賜死，葬以庶人禮。儀十五子。

子纂，五歲，太祖命養於宮中。少明敏，動止有禮，太祖愛之，恩與諸皇子同。世祖踐阼，除定州刺史，封中山公，進爵爲王，賜步挽几以優異之。[四]纂好酒愛佞，政以賄成，世祖殺其親嬖人。後悔過修謹，拜內大將軍。居官清約簡慎，更稱廉平。纂於宗屬最長，宗室有事，咸就諮焉。薨，謚曰簡。

纂弟良，性忠篤。太宗追錄儀功，封南陽王以紹儀後。

良弟幹，機悟沉勇，善弓馬，少有父風。太宗即位，拜內將軍、都將，入備禁中。太宗出遊於白登之東北，幹以騎從。有雙鴟飛鳴於上，太宗命左右射之，莫能中。鴟旋飛稍高，幹自請射之，以二箭下雙鴟。太宗嘉之，賜御馬弓矢金帶一，以旌其能，軍中於是號曰「射鴟都將」。從世祖南巡，進爵新蔡公。高宗即位，拜都官尚書。卒，謚曰昭。

子禎，通解諸方之語，便騎射。世祖時，爲司衞監。從征蠕蠕，忽遇賊別部，多少不敵，禎乃就山解鞍放馬，以示有伏，賊果疑而避之。

高祖初，賜爵沛郡公。後拜南豫州刺史。大胡山蠻時時鈔掠，前後守牧多羈縻而已。禎乃設畫，召新蔡、襄城蠻魁三十餘人，禎盛武裝，於州西爲置酒，使之觀射。先選左右能射者二十餘人，禎自發數箭皆中，然後命左右以次而射，並中。先出一囚犯死罪者，使服軍衣，亦參射限，命射不中，禎卽責而斬之。蠻魁等伏伎畏威，相視股慄。又預敎左右取死囚十人，皆著蠻衣，云是鈔賊。禎乃臨坐，僞舉目瞻天，微有風動，禎謂蠻曰：「風氣少暴，似有鈔賊入境，不過十人，當在西南五十里許。」卽命騎追掩，果縛送十人。禎告諸蠻曰：「爾鄉里作賊如此，合死以不？」蠻等皆叩頭曰：「合萬死。」禎卽斬之。乃遣蠻還，并加慰諭。諸蠻大服，自是境無暴掠，淮南之人相率投附者三千餘家，置之城東汝水之側，名曰歸義坊。

初，豫州城豪胡丘生數與外交通。及禎爲刺史，丘生嘗有犯，懷恨圖爲不軌，詐以婚進城人告云：「刺史欲遷城中大家，送之向代。」共謀翻城。城人石道起以事密告禎，速掩丘生并諸預謀者。禎曰：「吾不負人，人何以叛，但丘生誑誤。若卽收掩，衆必大懼。吾靜以待之，不久自當悔服。」語未訖，而城中三百人自縛詣州門，陳丘生譎誑之罪。丘生單騎逃走。禎恕而不問。

後徵爲都牧尚書。薨，贈侍中、儀同三司，謚簡公。有八子。

第五子瑞。初瑞母尹氏，有娠致傷。後晝寢，夢一老翁具衣冠告之曰：「吾賜汝一子，

汝勿憂之。」寤而私喜。又問筮者，筮者曰：「大吉。」未幾而生瑞，禎以爲協夢，故名瑞，字天賜。位太中大夫。卒，贈太常卿。

儀弟烈，剛武有智略。元紹之逆，百僚莫敢有聲，惟烈行出外，詐附紹募執太宗。紹信之，自延秋門出，遂迎立太宗。以功進爵陰平王。薨，謚曰熹。子裘襲。

烈弟觚，勇略有膽氣，少與兄儀從太祖，侍衞左右。使於慕容垂，垂末年，政在羣下，遂止觚以求賂。太祖絕之。觚率左右數十騎，殺其衞將走歸。爲慕容寶所執，歸中山，垂待之逾厚。觚因留心學業，誦讀經書數十萬言，垂之國人咸稱重之。太祖之討中山，慕容普驎既自立，遂害觚以固衆心，太祖聞之哀慟。及平中山，發普驎柩，斬其尸，收議害觚者高霸、程同等，皆夷五族，以大刃剉殺之。乃改葬觚，追謚秦愍王，封子夔爲豫章王以紹觚。

常山王遵，昭成子壽鳩之子也。少而壯勇，不拘小節。太祖初，有佐命勳，賜爵略陽公。慕容寶之敗也，別率騎七百邀其歸路，由是有參合之捷。及平中山，拜尚書左僕射，加

侍中，領勃海之合口。[五]及博陵、勃海羣盜起，遵討平之。遷州牧，封常山王。遵好酒，天賜四年，坐醉亂失禮於太原公主，賜死，葬以庶人禮。

子素，太宗從母所生，特見親寵。少引內侍，頻歷顯官，賜爵尚安公，拜外都大官。世祖初，復襲爵。休屠郁原等叛，素討之，斬渠率，徙千餘家於涿鹿之陽，立平原郡以處之。及平統萬，以素有威懷之略，拜假節、征西大將軍以鎮之。後拜內都大官。高宗卽位，務崇寬征，罷諸雜調。有司奏國用不足，固請復之，惟素曰：「臣聞『百姓不足，君孰與足。』」帝善而從之。詔羣臣議定皇子名，素及司徒陸麗議曰：「古帝王之制名，其體有五：有信，有義，有象，有假，有類。伏惟陛下當盛明之運，應昌發之期，誕生皇子，宜以德命。」高宗從之。素宗屬之懿，又年老，帝每引入，訪以治國政事。固辭疾歸第。雅性方正，居官五十載，終始如一，時論賢之。薨，謚曰康，陪葬金陵，配饗廟庭。

長子可悉陵，年十七，從世祖獵，遇一猛虎，陵遂空手搏之以獻。世祖曰：「汝才力絕人，當爲國立事，勿如此也。」卽拜內行阿干。又從平涼州。沮渠茂虔令一驍將與陵相擊，兩槊皆折。陵抽箭射之，墜馬，陵恐其救至，未及拔劍，以刀子戾其頸，使身首異處。世祖壯之，卽日拜都幢將，封暨陽子。卒于中軍都將。

弟陪斤，襲爵，坐事國除。

陪斤子昭，小字阿倪，尚書張彝引兼殿中郎。高祖將爲齊郡王簡舉哀，[六]而昭乃作宮懸。高祖大怒，詔曰：「阿倪愚騃，誰引爲郎！」於是黜彝白衣守尚書，昭遂停廢。世宗時，昭從弟暉親寵用事，稍遷左丞。世宗崩，于忠執政，昭爲黃門郎，又曲事之。忠專權擅威，枉陷忠賢，多昭所指導也。靈太后臨朝，爲尚書、河南尹。聾而佷戾，理務峭急，所在患之。尋出爲雍州刺史，在州貪虐，大爲人害。後入爲尚書，諂事劉騰，進號征西將軍。卒，贈尚書左僕射。納貨元叉，所以贈禮優越。

昭子玄，字彥道，以節儉知名。莊帝時，爲洛陽令。及前廢帝卽位，玄上表乞葬莊帝，時議善之。後除尚書左丞。出帝卽位，以孫騰爲左僕射，騰卽齊獻武王心膂。伎入省，[七]玄依法舉劾，當時咸爲玄懼，出帝重其强正，封臨淄縣子。後從帝入關。

昭弟紹，字醜倫。少聰慧。遷尚書右丞。紹斷決不避强禦。世宗詔令檢趙脩獄，以脩佞幸，因此遂加杖罰，令其致死。帝責紹不重聞。紹曰：「脩姦佞甚於董賢，臣若不因釁除之，恐陛下復被哀帝之名。」以其言正，遂不罪焉。及出，廣平王懷拜紹，賀曰：「阿翁乃皇家之正直，雖朱雲、汲黯何以仰過。」紹曰：「但恨戮之稍晚，以爲愧耳。」卒於涼州刺史。

陪斤弟忠，字仙德。少沉厚，以忠謹聞。高祖時，累遷右僕射，賜爵城陽公，加侍中、鎮西將軍，有翼贊之勤，百僚咸敬之。太和四年，病篤辭退，養疾於高柳。輿駕親送都門之

爲公。庫汗明於斷決，每奉使察行州鎮，折獄以情，所歷皆稱之。秦州父老詣闕乞庫汗爲刺史者前後千餘人，朝廷許之。未及遣，遇病卒。子古辰襲。

昭成子窟咄。昭成崩後，苻洛以其年長，逼徙長安，苻堅禮之，教以書學。因亂隨慕容永東遷，永以爲新興太守。

劉顯之敗，遣弟亢埿等迎窟咄，遂逼南界，於是諸部騷動。太祖左右于桓等謀應之，同謀人單烏干以告。太祖慮駭人心，沉吟未發。後三日，桓以謀白其舅穆崇，崇又告之。太祖乃誅桓等五人，餘莫題等七姓，悉原不問。太祖慮內難，乃北踰陰山，幸賀蘭部，遣安同及長孫賀徵兵於慕容垂。賀亡奔窟咄，安同閒行遂達中山。慕容垂遣子賀驎步騎六千以隨之。安同與垂使人蘭紇俱還，達牛川，窟咄兄子意烈捍之。安同乃隱藏於商賈囊中，至暮乃入空井，得免，仍奔賀驎。軍既不至，而稍前逼。賀染干陰懷異端，乃爲窟咄來侵北部。人皆驚駭，莫有固志。於是北部大人叔孫普洛節及諸烏丸亡奔衞辰。賀驎聞之，遽遣安同、朱譚等來。既知賀驎軍近，衆乃小定。太祖自弩山幸牛川。窟咄進屯高柳。太祖復使安同詣賀驎，因克會期。安同還，太祖

踰參合，出代北與賀驎會於高柳。窟咄困迫，望旗奔走，遂爲衞辰殺之，帝悉收其衆。賀驎別帝，歸於中山。

校勘記

〔一〕魏書卷十五　諸本目錄此卷注「闕」，百衲本、南本、汲本、局本有宋人校語云：「魏收書昭成子孫列傳亡。」殿本考證云：「魏收書亡，後人所補。」按此卷亦是以北史卷一五魏宗室傳相同諸傳補，間有溢出字句，當出於高氏小史。

〔二〕建國十年卒　北史卷一五魏宗室傳「十」年作「十五年」。按卷一三皇后傳稱昭成皇后慕容氏「生獻明帝及秦明王」。據卷一序紀，建國七年夏六月慕容氏才與什翼犍婚，而且翰還有兄寔，則建國十年，翰是否已出生尚不可知，卽十五年死也至多是六七歲的小兒，與傳所云「年十五便請率騎征討」，「及長統兵」等語不符。此傳稱「建國十年卒」，北史稱「十五年卒」皆誤。據卷一三獻明皇后賀氏傳稱「后少子秦王觚」，據此傳觚也是翰子，當是獻明太子拓跋寔死後，賀氏收繼爲翰妻所生。拓跋寔死在建國三十四年，見序紀，則翰死必在其後。「十」字上下當有脫字。

〔三〕乃祖受晉正朔　按儀不得自稱其祖爲「乃祖」，「乃」字疑爲「及」之訛。

〔四〕賜步挽几以優異之　册府卷二七七三二六九頁「几」作「車」。疑此傳「几」下脫「杖」字。册府以不可通，改「几」爲「車」。

〔五〕領勃海之合口　按卷二太祖紀天興元年正月稱「略陽公元遵鎮勃海之合口」，這裏「領」當是「鎮」之訛。

〔六〕高祖將爲齊郡王簡舉哀　諸本及北史卷一五常山王遵傳「簡」並作「蘭」。按本書卷二〇、北史卷一九有齊郡王簡傳。其人死於太和二十三年，元宏已病，爲之「力疾發哀」。本書高祖紀屢見，都作「簡」。此傳以北史補，故亦承北史之訛，今據紀及本傳改。

〔七〕仗入省　按「仗入省」不可解。北史卷六齊本紀上稱「孫騰帶仗入省，擅殺御史」。知「仗」上當脫「帶」字。

〔八〕盛弟壽興　北史卷一五同，通志卷八四本傳作盛弟秉，字壽興。以下此傳和北史作「壽興」處，通志都作「秉」。下文壽興臨死自作墓誌云：「洛陽男子，姓元名景。」通志「景」也作「秉」。按墓誌集釋元智墓誌圖版五一稱「祖昺，使持節散騎常侍、都督徐州諸軍事、平東將軍、徐州刺史、宗正卿」。前人據官銜和世系證「昺」卽「壽興」。又卷六六崔亮傳也說他所劾的徐州刺史叫「元昞」。壽興名「昞」同昺無可疑，北史避唐諱稱字，而自作墓誌則因有韵，改「昞」爲「景」。當時人地名常用同音字，或有他書作「秉」，鄭樵據以回改。魏書原文，據崔亮傳自當作「昞」。

〔九〕縣門發斷嶷要闕而出　錢氏考異卷三八云：「『要』下有闕文，當是要卽腰帶之類。」

〔一〇〕本州刺史蔡儁各部在州士往討之　按卷一一出帝紀太昌元年七月，北齊書卷一九蔡儁傳，儁這時是濟州刺史，這裏的本州是指兗州，誤。

〔一一〕忠子暉　北史卷一五作「悝弟暉」，則是忠弟德之子。按上文壽興傳稱「從兄暉」。壽興是忠子，暉若也是忠子，豈能稱從兄？又附傳照例各從其父兄，暉傳不列於忠傳後，而列於德傳後，也可證他是德之子。宋趙明誠金石錄卷二十一元暉碑跋，已云魏書和北史不同，「以碑考之，北史是也」。墓誌集釋元暉墓誌圖版五五稱「父冀州刺史、河間簡公」。集釋卷三據元倂、元峻、元愔墓誌均見本書，證明此「河間簡公」卽此傳的元德，元倂等誌的元於德，北史是而魏書非。

〔一二〕凡二百七十卷　張森楷云：「隋書經籍志卷三四只七十卷。」

〔一三〕神龜元年卒　按元暉墓誌：「神龜二年九月庚午卒。」此傳誤。

〔一四〕卒於北軍將　「北軍將」，無此官名。「北」上當脫一字，「將軍」誤倒爲「軍將」。

中華書局

魏書卷十六

道武七王列傳第四

清河王　陽平王　河南王　河間王　長樂王　廣平王　京兆王

道武皇帝十男。宣穆劉皇后生明元皇帝，賀夫人生清河王紹，大王夫人生陽平王熙，王夫人生河南王曜。河間王脩、長樂王處文二王母氏闕。段夫人生廣平王連、京兆王黎。皇子渾及聰母氏並闕，皆早薨，無後。

清河王紹，天興六年封。兇很險悖，不遵教訓。好輕遊里巷，劫剝行人，斫射犬豕，以爲戲樂。太祖嘗怒之，倒懸井中，垂死乃出。太宗常以義方責之，遂與不協，恒懼其爲變。而

紹母夫人賀氏有譴，太祖幽之於宮，將殺之。會日暮，未決。賀氏密告紹曰：「汝將何以救吾？」紹乃夜與帳下及宦者數人，踰宮犯禁。左右侍御呼曰：「賊至！」太祖驚起，求弓刀不獲，遂暴崩。明日，宮門至日中不開，紹稱詔召百僚於西宮端門前北面而立，紹從門扇間謂羣臣曰：「我有父，亦有兄，公卿欲從誰也？」王公已下皆驚愕失色，莫有對者。良久，南平公長孫嵩曰：「從王。」羣臣乃知宮車晏駕，而不審登遐之狀，唯陰平公元烈哭泣而去。於是朝野兇兇，人懷異志。肥如侯賀護舉烽於安陽城北，故賀蘭部人皆往赴之，其餘舊部亦率子弟招集族人，往往相聚。紹聞人情不安，乃出布帛班賜王公以下，上者數百匹，下者十匹。

先是，太宗在外，聞變乃還，潛于山中，使人夜告北新侯安同，衆皆響應。太宗至城西，衞士執送紹。於是賜紹母子死，誅帳下閹官、宮人爲內應者十數人，其先犯乘輿者，羣臣於城南都街生臠割而食之。紹時年十六。紹母即獻明皇后妹也，美而麗。初太祖如賀蘭部，見而悅之，告獻明后，請納焉，后曰：「不可，此過美不善，且已有夫。」太祖密令人殺其夫而納之，生紹，終致大逆焉。

陽平王熙，天興六年封。聰達有雅操，爲宗屬所欽重。太宗治兵於東部，詔熙督十二軍校閱，甚得軍儀，太宗嘉之，賞賜隆厚。後討西部越勤，有功。泰常六年薨，時年二十三。太宗哀慟不已，賜溫明祕器，禮物備焉。熙有七子。

長子他，襲爵。身長八尺，美姿貌，性謹厚，武藝過人。從世祖討山胡白龍於西河，屠其城，別破餘黨，斬首數千級。改封臨淮王，拜鎭東將軍。尋改封淮南王，除使持節、都督豫洛河南諸軍事、鎭南大將軍、開府儀同三司，鎭虎牢。威名甚著。後與武昌王提率幷州諸軍討吐京叛胡曹僕渾於河西，平之。拜使持節、前鋒大將軍、都督諸軍事，北討蠕蠕，破之，運軍儲於比干城。劉義隆遣將寇邊，他從征於懸瓠，破之。拜使持節、都督雍秦二州諸軍事、鎭西大將軍、開府儀同三司、雍州刺史，鎭長安。綏撫秦土，得民夷之心。時義隆寇南鄙，以他威信素著，復爲虎牢鎭都大將。高宗時，轉使持節、都督涼州諸軍事、鎭西大將軍，儀同如故。高祖初，入爲中都大官，拜侍中，轉征西大將軍，遷司徒。賜安車几杖，入朝不趨。太和十二年薨，年七十三。時高祖有事宗廟，始薦，聞薨，爲之廢祭。輿駕親臨，哀慟，詔有司監護喪事，禮賵有加。追贈平東大將軍、定州牧，司徒如故。謚曰靖王。他三子。

世子吐萬，早卒，贈冠軍、幷州刺史、晉陽順侯。

子顯，襲祖爵。薨，謚曰僖王。

子世遵，襲。世宗時，拜前軍將軍、行幽州事、兼西中郎將，又行青州事。尋遷驍騎將

軍。出爲征虜將軍、幽州刺史。世遵性清和，推誠化導，百姓樂之。肅宗時，以本將軍爲荆州刺史。尋加前將軍。初在漢陽，復有聲迹，後頗行貨賄，散費邊儲，由是聲望有損。沔南蠻首及襄陽民望入密信引世遵，請以襄陽內附。世遵表求赴應，朝議從之，詔加世遵持節、都督荆州及沔南諸軍事、平南將軍，加散騎常侍，餘如故。遣洛州刺史伊瓮生，冠軍將軍、魯陽太守崔模爲別將，率步騎二萬受世遵節度。軍至漢水，模等皆疑不渡。世遵怒，臨之以兵，模乃濟。而內應者謀泄，爲蕭衍雍州刺史所殺，築門以自固。模焚襄陽邑郭，燒殺數萬口。會是夜大風雨雪，模等班師，士卒凍死十二三。世遵及瓮生、模並坐免官。後除散騎常侍、平北將軍、定州刺史，百姓安之。孝昌元年，薨於州。贈散騎常侍、征西將軍、雍州刺史，謚曰康王。

子敬先，襲。歷諫議大夫、散騎常侍，領主衣都統。元顥入洛，莊帝北巡。敬先與叔父均等於河梁起義，爲顥所害。追贈侍中、車騎大將軍、太尉公、定州刺史。

子宣洪，襲。歷諫議大夫、光祿少卿。武定中，與元瑾謀反，誅，國除。

世遵弟均，字世平。累遷通直常侍、征虜將軍。以河梁立義之功，封安康縣開國伯，食邑五百戶，除散騎常侍、平東將軍。卒，贈使持節、征東將軍、青州刺史。出帝時，復贈驃騎大將軍、儀同三司、冀州刺史。均六子。

長子忻之，性粗武，幼有氣力。釋褐定州平北府中兵參軍，稍遷尚書右中兵郎。以河渚起義之勳，賜爵東阿侯。初，孝莊之圖尒朱榮、元天穆也，忻之密啓，臨事之日，乞得侍立，手斬二人。及榮之死，百僚入賀，忻之獨蒙勞問。莊帝崩於晉陽，忻之內懼。及齊獻武王起義河北，忻之奔赴。後廢帝時，除散騎常侍、大丞相右長史。出帝初，襲先封安康縣開國伯，除撫軍將軍、北徐州刺史。便道之州，屬樊子鵠據瑕丘反，遂於中途遇害。以死王事，追贈使持節、都督定殷二州諸軍事、驃騎大將軍、司空公、定州刺史，謚曰文貞。

忻之弟慶鸞，武定末，司徒諮議參軍。

慶鸞弟慶哲，終於司農少卿，贈中軍將軍、濟州刺史。

均弟禹，容貌魁偉。起家司空參軍，轉符璽郎、太常丞、鎮遠將軍、東海太守帶峒峿戍主。〔一〕禹頗好內學，每云晉地有福，孝昌末遂詣尒朱榮。建義元年，與榮同入洛。除中軍將軍、金紫光祿大夫，封鄄城縣開國伯，邑五百戶，爲幷州東面大都督，鎮樂平。榮死之後，爲土民王惡氈起義殺之。後贈征西將軍、雍州刺史。

子長淵，襲。武定中，南青州長史。齊受禪，爵例降。

禹弟菩薩，給事中。卒，贈濟南太守。

吐萬弟鍾葵，早卒。

長子法壽，侍御中散，累遷中散大夫。出除龍驤將軍、安州刺史。法壽先令所親微服入境，觀察風俗，下車便大行賞罰，於是境內肅然。更滿還朝，吏人詣闕訴乞，肅宗嘉之，詔復州任。後徵爲太中大夫，加左將軍。還平東將軍、光祿大夫。建義初，於河陰遇害，贈車騎將軍、相州刺史。

子慶始，大司農丞。與父同時見害。贈前將軍、廣州刺史。

慶始弟慶遵，武定末，瀛州騎府司馬。

慶遵弟慶智，美容貌，有几案才。著作佐郎、司徒中兵參軍。卒於太尉主簿。

法壽弟法僧，自太尉行參軍稍轉通直郎，寧遠將軍，司徒、司馬掾，龍驤將軍，益州刺史。素無治幹，加以貪虐，殺戮自任，威怒無恒。王賈諸姓，州內人士，法僧皆召爲卒伍，無所假縱。於是合境皆反，招引外寇。蕭衍遣將張齊率衆攻逼，城門晝閉，行旅不通。法僧上表曰：「臣忝守遐方，變生慮表，賊衆侜張，所在强盛。統內城戍悉已陷沒，近州之民亦皆擾叛。唯獨州治僅存而已，亡滅之期，非旦則夕。臣自思忖，必是死人，但恐不得謝罪闕庭，既忝宗枝，累辱不淺。若死爲鬼，永曠天顏，九泉之下，實深重恨。今募使間行，偸路奔告，若臺軍速至，猶希全保。哭送使者，不知所言。」肅宗詔曰：「比敕傅豎眼倍道兼行，而猶未達，可更遣尚書郎堪幹者一人馳驛催遣，庶令拔彼倒懸，救茲危急。」豎眼頻破張齊，於

是獲全。徵拜光祿大夫，出爲平東將軍、兗州刺史，轉安東將軍、徐州刺史。孝昌元年，法僧殺行臺高諒，〔二〕反於彭城，自稱尊號，號年天啓。大軍致討，法僧擕諸子，擁掠城內及文武，南奔蕭衍。

鍾葵弟篤，字阿成。太子右率、北中郎將、撫冥鎮將、光祿卿。出除平北將軍、幽州刺史。卒，謚曰貞。

長子浩，字洪達。太尉長史。

他弟渾，繼叔父廣平王連。

渾弟比陵，太延五年爲司空，賜爵牂牁公。除安遠將軍、懷荒鎮大將。卒。子天琚，襲。高祖時征虜將軍、青州刺史。從駕南征，拜後將軍，尋降公爲侯，除西中郎將。世祖時，〔三〕征虜將軍、夏州刺史。卒，贈本將軍、濟州刺史。子延伯襲。卒。

河南王曜，天興六年封。五歲，嘗射雀於太祖前，中之，太祖驚歎焉。及長，武藝絕人，與陽平王熙等並督諸軍講武，衆咸服其勇。泰常七年薨，時年二十二。有七子。

長子提，驍烈有父風。世祖時，襲爵，改封潁川王。迎昭儀于塞北，時年十六，有夙成之量，殊域敬焉。後改封武昌。拜使持節、鎮東大將軍、平原鎮都大將。在任十年，大著威名。後與淮南王他討平吐京叛胡，還使持節、車騎大將軍、統萬鎮都大將，賜馬百匹，羊千口，甚見寵待。太安元年薨，年四十七，謚曰成王。

長子平原，襲爵。忠果有智略。顯祖時，蠕蠕犯塞，從駕擊之，平原戰功居多。拜假節、都督齊兗二州諸軍事、鎮南將軍、齊州刺史，善於懷撫，邊民歸附者千有餘家。高祖時，妖賊司馬小君，自稱晉後，聚黨三千餘人，屯聚平陵，號年聖君。攻破郡縣，殺害長吏。平原身自討擊，殺七人，擒小君，送京師斬之。又有妖人劉舉，自稱天子，扇惑百姓。復討斬之。時歲穀不登，齊民飢饉，平原以私米三千餘斛爲粥，以全民命。北州戍卒一千餘人，還者皆給路糧。百姓咸稱詠之。州民韓凝之等千餘人，詣闕頌之，高祖覽而嘉歎。

及還京師，每歲率諸軍屯於漠南，以備蠕蠕。還都督雍秦梁益四州諸軍事、征南大將軍、開府、雍州刺史，鎮長安。太和十一年薨，贈以本官，加羽葆、鼓吹，謚曰簡王。有五子，長子和爲沙門，捨其子顯，以爵讓其次弟鑒。鑒固辭，詔許鑒身終之後，令顯襲爵，鑒乃受

之。

鑒，字紹達。少有父風，頗覽書傳。沉重少言，寬和好士。拜通直散騎常侍，尋加冠軍將軍，守河南尹。車駕南伐，以鑒爲平南將軍，還，除左衞將軍，出爲征虜將軍、齊州刺史。時革變之始，百度惟新，鑒上遵高祖之旨，下采齊之舊風，軌制粲然，皆合規矩。高祖覽其所上，嗟美者久之，顧謂侍臣曰：「諸州刺史皆能如此，變風易俗，更有何難。」下詔褒美，班之天下，一如鑒所上。齊人愛詠，咸曰耳目更新。高祖崩後，和罷沙門歸俗，棄其妻子，納一寡婦曹氏爲妻。曹氏年齒已長，攜男女五人隨鑒至歷城，干亂政事。和與曹及五子七處受納，鑒皆順其意，言無不從。於是獄以賄成，取受狼籍，齊人苦之，鑒治名大損。

世宗初，以本將軍轉徐州刺史。屬徐兗大水，民多飢饉，鑒表加賑恤，民賴以濟。先是，京兆王愉爲徐州，王既年少，長史盧淵寬以馭下，郡縣多不奉法。鑒表曰：「梁郡太守程靈虬，唯酒是耽，貪財爲事，虐政殘民，寇盜並起，黷音悖響，盈於道路，部境呼嗟，僉焉怨酷。梁郡密邇僞畿，醜聲易布，非直有點淸風，臣恐取嗤荒遠。請免所居官，以明刑憲。」詔免靈虬郡，徵還京師，於是徐境肅然。

蕭衍角城戍主柴慶宗，以城內附，鑒遣淮陽太守吳秦生率兵千餘赴之。衍淮陰援軍已

來斷路，秦生屢戰破之，乘勝而進，遂克角城。世宗詔鑒曰：「知摧角城，威謀展稱，良以欣然。此城襟帶淮濟，川路衝要，自昔經算，未能克之，蟻固積紀，每成邊害。將軍淵規潛運，妙略克宣，闢境克城，功著不日，據要扼喉，津徑勢阻，可謂勳高三捷，朕甚嘉焉。守御諸宜，善以量度，矜慰之使，尋當別遣。」年四十二薨，贈衞大將軍、齊州刺史，王如故，謚曰悼王。

長子伯宗，員外郎；次仲淵，蘭陵太守。並早卒。仲淵弟季偉，武定中，太尉中兵參軍。

和，字善意。鑒薨之後，與鑒子伯宗競求承襲。尙書令肇奏：「和太和中出爲沙門，讓爵於鑒。鑒後以和子顯年在弱冠，宜承基緒，求遜王爵以歸正胤。先朝詔終鑒身，聽如其請。鑒旣薨逝，和求襲封。謹尋詔旨，聽傳子顯，不許其身。和先讓後求，有乖道素，請令伯宗承襲。」世宗詔曰：「和初以讓鑒，而鑒還讓其子，交讓之道，於是乎著。其子早終，可聽和襲。」尋拜諫議大夫、兼太子率更令，轉通直散騎常侍、兼東中郎將。肅宗時，出爲輔國將軍、涼州刺史，坐事免。久之，除東郡太守。正光四年薨，贈安東將軍、相州刺史。

子謙，字思義，襲爵。後拜前軍將軍、征蠻都督。莊帝初，於河陰遇害。贈散騎常侍、征東大將軍、儀同三司、相州刺史。子棽襲。齊受禪，爵例降。

鑒弟榮，字㽦生。高祖時直寢，從駕征新野。終於羽林監。

榮弟亮，字辟邪。威遠將軍、羽林監。卒，贈河間太守。

亮弟馗，字道明。太尉府行參軍、司徒掾、鎭遠將軍、太僕少卿。出除安西將軍、東秦州刺史。建義初，卒於州，〔四〕贈征東將軍、青州刺史。

河間王脩，天賜四年封。泰常元年薨，無子。

世祖繼絕世，詔河南王曜之子羯兒襲脩爵，改封略陽。後與永昌王健督諸軍討禿髮保周於番和，徙張掖民數百家於武威，遂與諸將私自沒入。坐貪暴，降爵爲公。後統河西諸軍襲蠕蠕，至於漠南。仍復王爵，加征西大將軍。正平初，有罪賜死，爵除。

長樂王處文，天賜四年封。聰辯夙成。年十四，泰常元年薨，太宗悼傷之，自小斂至葬，常親臨哀慟。陪葬金陵。無子，爵除。

廣平王連，天賜四年封。始光四年薨，無子。

世祖繼絕世，以陽平王熙之第二子渾爲南平王，以繼連後，加平西將軍。渾好弓馬，射鳥，輒歷飛而殺之，〔五〕時皆歎異焉。世祖嘗命左右分射，勝者中的，籌滿，詔渾解之，三發皆中，世祖大悅。器其藝能，常引侍左右，賜馬百匹，僮僕數十人。後拜假節、都督平州諸軍事、領護東夷校尉、鎭東大將軍、儀同三司、平州刺史，鎭和龍。在州綏導有方，民夷悅之。徙涼州鎭將、都督西戎諸軍事、領護西域校尉，賜御馬二匹。臨鎭淸愼，恩著涼土。更滿還京，父老皆涕泣追送，若違所親。太和十一年，從駕巡方山，道薨。

子飛龍，襲，後賜名霄。身長九尺，腰帶十圍，容貌魁偉。雅有風則，貞白卓然，好直言正諫，朝臣憚之。高祖特垂欽重，除宗正卿、右光祿大夫，詔曰：「自今奏事，諸臣相稱可云姓名，惟南平王一人可直言其封。」遷左光祿大夫。太和十七年薨，賜朝服一具、衣一襲、東園第一祕器、絹千匹。高祖緦衰臨霄喪，哀慟左右，䜩不舉樂。贈衞將軍、定州刺史，賜帛五百匹。謚曰安王。

子纂，襲。纂亦有譽於時，除恢武將軍，進平西將軍，領西中郎將，出爲安北將軍、平州刺史。景明元年，薨於平城。

子伯和，襲。永平三年薨，贈散騎侍郎，謚曰哀王。〔六〕

闞統卒，贈涼州刺史。

子思略，武定末瀛州治中。

思略弟叔略，武定中太尉主簿。

京兆王黎，天賜四年封，神䴥元年薨。子根，襲，改封江陽王，加平北將軍。薨，無子，顯祖以南平王霄第二子繼爲根後。

繼，字世仁。襲封江陽王，加平北將軍。高祖時，除使持節、安北將軍、撫冥鎮都大將，轉都督柔玄、撫冥、懷荒三鎮諸軍事、鎮北將軍、柔玄鎮大將。入爲左衞將軍，兼侍中，又兼中領軍，留守洛京。尋除持節、平北將軍，鎮攝舊都。

高車酋帥樹者擁部民反叛，詔繼都督北討諸軍事，自懷朔已東悉稟繼節度。繼表：「高車頑黨，不識威憲，輕相合集，背役逃歸。計其兇戾，事合窮極，若悉追戮，恐遂擾亂。請遣使鎮別推檢，斬愆首一人，自餘加以慰喩，若悔悟從役者，卽令赴軍。」詔從之。於是叛徒往往歸順。高祖善之，顧謂侍臣曰：「江陽良足大任也。」車駕北巡，至鄴而高車悉降，恒朔清

定。繼以高車擾叛，頻表請罪，高祖優詔喩之。

世宗時，除征虜將軍、青州刺史，轉平北將軍、恒州刺史，入爲度支尚書。繼在青州之日，民飢餒，爲家僮取民女爲婦妾，又以良人爲婢，爲御史所彈，坐免官爵。後大將軍高肇伐蜀，世宗以繼爲平東將軍，鎮遏徐揚。世宗崩，班師。

及靈太后臨朝，繼子叉先納太后妹，復繼尚書、本封，尋除侍中、領軍將軍。又除特進、驃騎將軍，侍中、領軍如故。繼頻表固讓，許之。又詔還依前授。太師、高陽王雍，太傅、清河王懌，太保、廣平王懷及門下八座，奏追論繼太和中慰喩高車、安輯四鎮之勳，增邑一千五百戶。繼又上表陳讓，詔聽減戶五百。靈太后以子叉姻戚，數與肅宗幸繼宅，置酒高會，班賜有加。尋加侍中、驃騎大將軍、儀同三司，特進、領軍如故。徙封京兆王。繼疾患積年，枕養于家，每至靈太后與肅宗遊幸於外，時令扶入，居守禁內。及節慶宴饗，皆力疾參焉。遷司空公，侍中如故。寬和容裕，號爲長者。

神龜末，子叉得志，轉司徒公，仍加侍中。繼以蕃王，宿宦舊貴，高祖時歷內外顯任，意遇已隆。靈太后臨朝，入居心膂，兼處門下，歷轉台司，叉又居權重，榮赫一世。繼頻表遜位，乞以司徒授崔光。詔遣侍中、安豐王延明，給事黃門侍郎盧同敦勸。繼又啓固讓，轉太保，侍中如故，加後部鼓吹，頻表陳辭，不許。詔曰：「至節嘉辰，禮有朝慶，親尊戚老，理宜

優異。王位高年宿，可依齊郡王簡故事，朝訖引坐，免其拜伏。」轉太傅，侍中如故。頻讓不許，又遣使敦勸，乃受之。時叉執殺生之柄，威福自己，門生故吏遍於省闥，拜受之日，送者傾朝，當世以爲榮，有識者爲之致懼。太官給酒膳，供賓客。又詔令乘步挽至殿庭，兩人扶侍，禮秩與丞相高陽王相埒。後除使持節、侍中、太師、大將軍、錄尚書事、大都督，節度西道諸軍。及出師之日，車駕臨餞，傾朝祖送，賞賜萬計。轉太尉公，侍中、太師、錄尚書、都督並如故。尋詔班師。繼啓求還復江陽，詔從之。

繼晚更貪婪，聚斂無已。牧守令長新除赴官，無不受納貨賄，以相託付。妻子各別請屬，至乃郡縣微吏，亦不得平心選舉。憑叉威勢，法官不敢糾摘，天下患之。叉黜，繼廢於家。初，尒朱榮之爲直寢也，數以名馬奉叉，叉接以恩意，榮甚德之。建義初，復以繼爲太師、司州牧。永安二年薨，〔七〕贈假黃鉞、都督雍華涇邠秦岐河梁益九州諸軍事、大將軍、錄尚書、大丞相、雍州刺史，王如故。謚曰武烈。

叉，繼長子，字伯儁，小字夜叉。世宗時，拜員外郎。靈太后臨朝，以叉妹夫，除通直散騎侍郎。叉妻封新平郡君，後遷馮翊郡君，拜女侍中。叉以此意勢日盛，尋遷散騎常侍，光祿少卿，領嘗食典御，轉光祿卿。叉女夭，靈太后詔曰：「叉長女，年垂弱笄，奄致夭喪，悼念

兼懷，可贈鄉主。」尋遷侍中，餘官如故，加領軍將軍。既在門下，兼總禁兵，深爲靈太后所信委。

太傅、清河王懌，以親賢輔政，參決機事，以叉恃寵驕盈，志欲無限，懌裁之以法。叉輕其爲人，每欲斥黜之。〔八〕叉遂令通直郎宋維告司染都尉韓文殊欲謀逆立懌，懌坐禁止。後窮治無實，懌雖得免，猶以兵衞守於宮西別館。久之，叉恐懌終爲己害，乃與侍中劉騰密謀。靈太后時在嘉福，未御前殿，騰詐取主食中黃門胡玄度、胡定列誣懌，云許度等金帛，令以毒藥置御食中以害帝，自望爲帝，許度兄弟以富貴。騰以具奏，肅宗聞而信之，乃御顯陽殿。騰閉永巷門，靈太后不得出。懌入，遇叉於含章殿後，欲入徽章東閤，叉厲聲不聽。懌曰：「汝欲反邪？」叉曰：「元叉不反，正欲縛反人。」叉命宗士及直齋等三十人執懌衣袂，將入含章東省，使數十人防守之。騰稱詔召集公卿，議以大逆論，咸畏憚叉，無敢異者。唯僕射游肇執意不同。語在其傳。叉、騰持公卿議入奏，俄而事可，夜中殺懌。於是假爲靈太后辭遜之詔。叉遂與太師高陽王雍等輔政，常直禁中，肅宗呼爲姨父。

自後專綜機要，巨細決之，威振於內外，百僚重跡。相州刺史、中山王熙抗表起義，以討叉爲名，不果，見誅。叉尋遷衞將軍，餘如故。後靈太后與肅宗讌於西林園，日暮還宮，右衞將軍奚康生復欲圖叉，不克而誅。語在其傳。是後，肅宗徙御徽音殿，叉亦入居殿右。既

在密近，曲盡佞媚，以承上旨，遂蒙寵信。出入禁中，恒令勇士持刀劍以自先後，公私行止，彌加威防。叉於千秋門外廠下施木闌檻，有時出入，止息其中，腹心防守，以備竊發，人物求見者，遙對之而已。乃封其子亮平原郡開國公，食邑一千戶。及拜，肅宗御南門臨觀，幷賜御馬，帛千匹。

初，叉之專政，矯情自飾，勞謙待士，時事得失，頗以關懷，而才術空淺，終無遠致。得志之後，便驕愎，耽酒好色，與奪任情。乃於禁中自作別庫掌握之，寶充牣其中。〔九〕又曾臥婦人於食輿，以帊覆之，令人輿入禁內，出亦如之，直衞雖知，莫敢言者。輕薄趣勢之徒，以酒色事之，姑姊婦女，朋淫無別。政事怠惰，綱紀不舉，州鎮守宰，多非其人。於是天下遂亂矣。

從劉騰死後，防衞微緩，叉頗亦自寬，時宿於外，每日出遊，留連他邑。靈太后微察知之。叉積習生常，無復虞慮。其所親諫叉，叉又不納。正光五年秋，靈太后對肅宗謂羣臣曰：「隔絕我母子，不聽我往來兒間，復何用我爲。放我出家，我當永絕人間，修道於嵩高閑居寺。先帝聖鑒，鑒於未然，本營此寺者正爲我今日。」欲自下髮。肅宗與羣臣大懼，叩頭泣涕，殷勤苦請。靈太后聲色甚厲，意殊不回。肅宗乃宿於嘉福殿，積數日，遂與太后密謀圖叉。肅宗內雖圖之，外形彌密，靈太后瞋忿之言，欲得往來顯陽之意，皆以告叉。又對叉

流涕，敍太后欲出家，憂怖之心。如此密言，日有數四。叉殊不爲疑，乃勸肅宗從太后意。於是太后數御顯陽，二宮無復禁礙。

叉舉其親元法僧爲徐州刺史，法僧據州反叛，靈太后數以爲言，叉深愧悔。丞相、高陽王雍，雖位重於叉，而甚畏憚，欲進言於肅宗，而事無因。會太后與肅宗南遊洛水，雍邀請，車駕遂幸雍第。日晏，肅宗及太后至雍內室，從者莫得而入，遂定圖叉之計。後雍從肅宗朝太后，乃進言曰：「臣不慮天下諸賊，唯慮元叉。何者？叉總握禁旅，兵皆屬之；父率百萬之衆，虎視京西；弟爲都督，總三齊之衆。元叉無心則已，若其有心，聖朝將何以抗？叉雖曰不反，誰見其心？而不可不懼。」太后曰：「然。元郎若忠於朝廷而無反心，何故不去此領軍，以餘官輔政？」叉聞之，甚懼，免冠求解。乃以叉爲驃騎大將軍、儀同三司、尚書令、侍中、領左右。叉雖去兵權，然總任內外，殊不慮有黜廢之理也。後叉出宿，遂解其侍中。且欲入宮，門者不納。尋除名爲民。

初，咸陽王禧以逆見誅，其子樹奔蕭衍，衍封爲鄴王。及法僧反叛後，樹遺公卿百僚書曰：

魏室不造，姦豎擅朝，社稷阽危，綴旒非譬。元叉險慝狠戾，人倫不齒，屬籍疏遠，素無問望，特以太后姻婭，早蒙寵擢。曾不懷音，公行反噬，肆茲悖逆，人神同憤。自

頃境土所傳，皆云：叉狼心蠆毒，藉權位而日滋，含忍諂詐，與日月而彌甚。無君之心，非復一日；篡逼之事，旦暮必行。

抑又聞之，夫名以出信，信以制義，山川隱疾，且猶不以名，成師兆亂，臣君不臣，求之史籍，有自來矣。元叉本名夜叉，弟羅實名羅剎，夜叉、羅剎，此鬼食人，非遇黑風，事同飄墮。嗚呼魏境！離此二災。惡木盜泉，不息不飲；勝名梟稱，不入不爲。況昆季此名，表能噬物，日露久矣，始信斯言。況乃母后幽辱，繼主蒙塵，釋位揮戈，言謀王室，不在今日，何謂人臣！諸賢或奕世載德，或將相繼踵，或受任累朝，或職居機要，或姻戚匪他，或忠義是秉，俛眉逆手，見制凶威，臣節未申，徒有勤悴。

又聞自叉專政，億兆離德，重以歲時災厲，年年水旱，牛馬殪踣，桑柘焦枯，饑饉相仍，菜色滿道，妖災告譴，人皆歎息。瀍澗西北，羌戎陸梁，泗汴左右，戍漕流離。加以剖斮忠賢，殲殄宗室，哀彼本邦，一朝橫潰。今既率師，將除君側。區區之懷，庶令冠屨得所，大憝同必誅之戮，魏祀無忽諸之非。

叉爲遠近所惡如此。

其後靈太后顧謂侍臣曰：「劉騰、元叉昔邀朕索鐵券，望得不死，朕賴不與。」中書舍人韓子熙曰：「事關殺活，豈計與否。陛下昔雖不與，何解今日不殺？」靈太后憮然。未幾，有

人告叉及其弟爪謀反，欲令其黨攻近京諸縣，破市燒邑郭以驚動內外，先遣其從弟洪業率六鎮降戶反於定州，又令人勾魯陽諸蠻侵擾伊闕，叉兄弟爲內應。起事有日，得其手書。靈太后以妹壻之故，未忍便決。黃門侍郎李琰之曰：「元叉之罪，具騰遐邇，豈容復停，以惑視聽。」黃門徐紇趣前欲諫，逡巡未敢。羣臣固執不已，肅宗又以爲言，太后乃從之。於是叉及弟爪並賜死於家。太后猶以妹故，復追贈叉侍中、驃騎大將軍、儀同三司、尚書令、冀州刺史。

叉子亮，襲祖爵。齊受禪，例降。

叉庶長子稚，〔一〇〕祕書郎中。叉死之後，遂亡奔蕭衍。

叉弟羅，字仲綱，以儉素著稱。起家司空參軍事，轉司徒主簿，領嘗食典御，散騎侍郎、散騎常侍。雖父兄貴盛，而虛己謙退，恂恂接物。遷平東將軍、青州刺史。叉當朝專政，羅望傾四海，于時才名之士王元景、邢子才、李獎等咸爲其賓客，從遊青土。時蕭衍遣將寇邊，以羅行撫軍將軍，都督青光南青三州諸軍事。罷州，入爲宗正卿。孝莊初，除尚書右僕射、東道大使。出帝時，遷尚書令，尋除使持節、驃騎大將軍、開府儀同三司、梁州刺史。羅既懦怯，孝靜初，蕭衍遣將圍逼，羅以州降。叉死之後，羅逼叉妻，時人穢之。或云其救命之計也。

羅弟爽，字景喆。少而機警，尤爲父所寵愛。解褐祕書郎，稍遷給事黃門侍郎、金紫光祿大夫。永熙二年卒，贈使持節、都督涇岐秦三州諸軍事、衞將軍、尚書左僕射、秦州刺史，謚曰懿。

爽子德隆，武定末，太子中庶子。

爽弟蠻，武定末，光祿卿。

爪字景邕，給事中。與兄叉同以罪誅。

繼弟羅侯，遷洛之際，以墳陵在北，遂家於燕州之昌平郡。內豐資產，唯以意得爲適，不入京師。有賓客往來者，必厚相禮遺，豪據北方，甚有聲稱。叉權重，以羅侯不樂入仕，就拜昌平太守。正光末，逆賊大俄佛保陷郡，見害。

子景遵，直寢，太常丞。

史臣曰：梟鏡爲物，天實生之，知母忘父，蓋亦禽獸，元紹其人，此之不若乎！陽平以下，降年夭促，英才武略，未顯於時。靜、簡二王，爲時稱首。鑒旣有聲，渾亦見器。霄荷遇高祖，繼受任太和，苟無其才，名位豈徒及也。叉階緣寵私，智小謀大，任重才弱，遂亂天下，殺身全祀，不亦幸哉！

校勘記

〔一〕東海太守帶峒峿戍主　殿本考證據漢書卷二八上地理志上東海郡司吾，以爲「峒」是「⿰山司」之訛。按水經注卷二六沭水篇見「司吾山」、「司吾縣故城」。「峒」字訛，考證說是。

〔二〕法僧殺行臺高諒　諸本「諒」作「謨」，殿本據卷九肅宗紀孝昌元年正月記此事和卷五七高祐附高諒傳改作「諒」。按北史卷一六道武七王傳也作「諒」。「謨」字訛，今從殿本。

〔三〕世祖時　張森楷云：「上已稱『高祖時』，則此不得云『世祖』，『祖』蓋『宗』字之訛。」

〔四〕建義初卒於州　墓誌集釋元遒即馗墓誌圖版七二說他「薨於河陰鑾駕之右」，則馗解任還洛陽，尒朱榮入洛，於河陰被殺。傳誤。

〔五〕射鳥輒歷飛而殺之　册府卷二六六三一六〇頁此句下有「日射兔得五十頭」一句，當是此傳脫文。

〔六〕謚曰哀王　此句下百衲本的底本一葉空白，南本以下諸本或留空白若干行，或不留，均注「闕一版」或單注「闕」字。據卷首目錄廣平王連下附南平王渾、渾子霄、霄曾孫仲冏。缺葉的內容，一是所附仲冏傳；二，據出土墓誌，可能還有元霄他子元倪等及其後裔的簡略記載。

仲冏傳在册府中保存了二條。（一）卷二八〇三三〇七頁云：「纂弟之子武貞王仲冏，孝文時，出爲輔國將軍、光州刺史，遭母憂還。孝昌末，除秦州刺史。」（二）卷二八四三三四五頁云：「伯和纂子無子，以弟文華子仲冏原訛作固襲王封，後爲蕭寶夤所害，謚曰武貞原訛作異。子承宗襲，早卒，以纂弟安平子仲略繼。」這兩條出於此傳無疑，但旣删節不全，又有錯誤。關於事跡不備的，如歷官及他鎭壓秦隴起義軍，爲起義軍擊敗事，具見本書卷九肅宗紀孝昌三年正月和墓誌集釋元暐即仲冏墓誌圖版七四。關於錯誤或可疑的，這數十字中就有兩點。一是世次。據第一條仲冏是「纂弟之子」，據第二條是伯和弟文華子，則又是纂孫。自相矛盾。今按元暐墓誌說是道武帝六世孫，又說是江陽王繼猶子；元旰墓誌集釋圖版七五說「兄光州刺史、南平王」，卽仲冏。旰是纂弟倪子，則仲冏亦是倪子並見集釋卷三跋文，正是「纂弟之子」。據此，知第一條不誤，第二條「以弟文華子仲冏」句，「弟」上脫「纂」字。目錄「霄曾孫」也當作「霄孫」。二是第一條說仲冏於孝文時出爲光州刺史。據元暐墓誌，他在孝昌三年五二七被殺，年三十八，上推生於太和十四年四九〇，元宏孝文帝死於太和二十三年，仲冏才十歲。南、北朝皇子童年出鎭是有的，但他是疏族，且據誌文在先已官諫議大夫、中書侍郎，誌文在他未仕之先，已說什麼「樂善顯於冠日」，他出仕不能很早。這裏所稱「孝文」是錯誤的。

缺頁中內容除仲冏爲附傳外，當還附見元霄的其他子孫，如見於册府這兩條的有文華、安平，見於墓誌的有元倪圖版七三、元旰圖版七五父子，或名在缺頁中。

〔七〕永安二年薨　卷一一孝莊紀永安元年十月壬子稱「太師、江陽王繼薨」。據墓誌集釋元繼墓誌圖版七六繼死在永安元年，與紀合。這裏「二」乃「元」之訛。

〔八〕叉輕其爲人每欲斥黜之　殿本考證云：「『叉』疑當作『叉』。推案文義，蓋言懌輕叉，非叉輕懌也。」按北史卷一六簡括魏書這段文字爲「太傅、清河王懌以親賢輔政，每欲斥黜之」，也是說懌欲斥黜叉。考證說疑是。

〔九〕乃於禁中自作別庫掌握之寶充牣其中　御覽卷七〇四三一四二頁引北史此句「寶」上有「珍」字。疑當有此字。但北史傳本亦無此字，今不補。

〔一〇〕叉庶長子稚　北史卷一六「稚」作「舒」，墓誌集釋元乂即叉墓誌圖版七八稱「子穎，字稚舒」。按卷六九崔休傳稱「休女妻領軍元叉長庶子祕書郎稚舒」。其人本字稚舒，以字爲名，或原有二名。不分名、字，史傳常見，雙名單稱，也當時通例。但若魏書本單稱「稚」，則北史何忽作「舒」？若說李延壽知其本名「稚舒」而改，則又何故不取全名而必取下一字以易上一字？疑此處本作「稚舒」，傳本及北史各脫一字。

魏書卷十七〔一〕

明元六王列傳第五

樂平王　安定王　樂安王　永昌王　建寧王　新興王

明元皇帝七男。杜密皇后生世祖太武皇帝。大慕容夫人生樂平戾王丕。安定殤王彌闕母氏。慕容夫人生樂安宣王範。尹夫人生永昌莊王健。建寧王崇、新興王俊二王，並闕母氏。

樂平王丕，少有才幹，爲世所稱。太宗以丕長，愛其器度，特優異之。泰常七年封，拜車騎大將軍。後督河西、高平諸軍討南秦王楊難當，軍至略陽，禁令齊肅，所過無私，百姓爭致牛酒。難當懼，還仇池。而諸將議曰，若不誅豪帥，軍還之後，必聚而爲寇；又以大衆遠出，不有所掠，則無以充軍實，賞將士。將從之。時中書侍郎高允參丕軍事，諫曰：「今若誅

之，是傷其向化之心，恐大軍一還，爲亂必速。」丕以爲然，於是綏懷初附，秋毫無犯。初，馮弘之奔高麗，世祖詔遣送之，高麗不遣，世祖怒，將討之。丕上疏，以爲和龍新定，宜優復之，使廣修農殖，以饒軍實，然後進圖，可一舉而滅。帝納之，乃止。後坐劉潔事，以憂薨。事在潔傳。謚曰戾王。

子拔，襲爵。後坐事賜死，國除。

丕之薨及日者董道秀之死也，高允遂著筮論曰：「昔明元末起白臺，其高二十餘丈，樂平王嘗夢登其上，四望無所見。王以問日者董道秀，筮之曰：『大吉。』王默而有喜色。後事發，王遂憂死，而道秀棄市。道秀若推六爻以對王曰：『易稱「亢龍有悔」，窮高曰亢，高而無民，不爲善也。』夫如是，則上寧於王，下保於己，福祿方至，豈有禍哉？今舍於本而從其末，咎釁之至不亦宜乎！」

安定王彌，泰常七年封。太宗討滑臺，留守京師。薨，謚殤王。無子，國除。

樂安王範，泰常七年封。雅性沉厚，寬和仁恕。世祖以長安形勝之地，非範莫可任者，乃拜範都督五州諸軍事、衞大將軍、開府儀同三司、長安鎭都大將，高選才能，以爲僚佐。範謙恭惠下，推心撫納，百姓稱之。時秦土新罹寇賊，流亡者相繼，範請崇易簡之治，帝納之。於是遂寬徭，與人休息。後劉潔之謀，範聞而不告。事發，因疾暴薨。

長子良。世祖未有子，嘗曰：「兄弟之子猶子也。」親撫養之。長而壯勇多知，常參軍國大計。高宗時，襲王。拜長安鎭都大將、雍州刺史，爲內都大官。薨，謚曰簡王。

永昌王健，泰常七年封。健姿貌魁壯，善弓馬，達兵法，所在征戰，常有大功。才藝比陳留桓王，而智略過之。從世祖破赫連昌，遂西略至木根山。討和龍，健別攻拔建德。後平叛胡白龍餘黨于西河。世祖襲蠕蠕，越涿邪山。車駕還，詔健殿後，蠕蠕萬騎追之，健與數十騎擊之，矢不虛發，所中皆應弦而斃，遂退。威震漠北。尋從平涼州，健功居多。又討破禿髮保周，自殺，傳首京師；復降沮渠無諱。無疾薨，謚曰莊王。

子仁，襲。仁亦驍勇，有父風，世祖奇之。後與濮陽王閭若文謀爲不軌，發覺，賜死，國除。

建寧王崇，泰常七年封，拜輔國將軍。從討北虜有功。高宗時，封崇子麗濟南王。後與京兆王杜元寶謀逆，父子並賜死。

新興王俊，泰常七年封，拜鎭東大將軍。少善騎射，多才藝。坐法，削爵爲公。俊好酒色，多越法度。又以母先遇罪死，而己被貶削，恒懷怨望，頗有悖心。後事發，賜死，國除。

校勘記

〔一〕魏書卷十七　諸本目錄此卷注「闕」，百衲本、汲本、局本卷末有宋人校語云：「魏收書明元六王列傳亡。」殿本考證云：「魏收書亡，後人所補。」按此卷以北史卷一六明元六王傳補，間有溢出字句，當出於高氏小史。

魏書卷十八[一]

太武五王列傳第六

晉王　東平王　臨淮王　廣陽王　南安王

太武皇帝十一男。賀皇后生景穆皇帝。越椒房生晉王伏羅。舒椒房生東平王翰。弗椒房生臨淮王譚。伏椒房生楚王建。[二]閭左昭儀生南安王余。[三]其小兒、猫兒、眞、虎頭、龍頭並闕母氏，[四]皆早薨，無傳。

晉王伏羅，眞君三年封，加車騎大將軍。後督高平、涼州諸軍討吐谷渾慕利延。軍至樂都，謂諸將曰：「若從正道，恐軍聲先振，必當遠遁。若潛軍出其非意，此鄧艾擒蜀之計也。」諸將咸難之，伏羅曰：「夫將軍，制勝萬里，擇利，專之可也。」遂間道行。至大母橋，慕

利延衆驚奔白蘭，慕利延兄子拾寅走河曲，[五]斬首五千餘級，降其一萬餘落。八年薨。無子，國除。

東平王翰，眞君三年封秦王，拜侍中、中軍大將軍，參典都曹事。忠貞雅正，百僚憚之。太傅高允以翰年少，作諸侯箴以遺之，翰覽之大悅。後鎭枹罕，以信惠撫衆，羌戎敬服。改封東平王。世祖崩，諸大臣等議欲立翰，而中常侍宗愛與翰不協，矯太后令立南安王余，遂殺翰。

子道符，襲爵，中軍大將軍。顯祖踐阼，拜長安鎭都大將。皇興元年，謀反，司馬段太陽討斬之，傳首京師。

臨淮王譚，眞君三年封燕王，拜侍中，參都曹事。後改封臨淮王。世祖南討，授中軍大將軍。先是，劉義隆以鄒山險固，有榮胡家，[六]乃積糧爲守禦之備。譚率衆攻之，獲米三十萬以供軍儲。義隆恃淮之阻，素不設備。譚造筏數十，潛軍而濟，賊衆驚潰，遂斬其將胡

崇，賊首萬餘級。薨，諡宣王。

子提，襲。爲梁州刺史，以貪縱削除，加罰，徙配北鎭。久之，提子員外郎穎免冠請解所居官，代父邊戍，高祖不許。後詔提從駕南伐，至洛陽，參定遷都之議。尋卒。以預參遷都功，追封長鄉縣侯。世宗時，贈雍州刺史，諡曰懿。

提子昌，字法顯。好文學，居父母喪，哀號孺慕，悲感行人。世宗時，復封臨淮王，未拜而薨。贈齊州刺史，諡曰康王，追封濟南。

子彧，字文若，紹封。彧少有才學，時譽甚美。侍中崔光見彧，退而謂人曰：「黑頭三公，當此人也。」

少與從兄安豐王延明、中山王熙並以宗室博古文學齊名，時人莫能定其優劣。尚書郎范陽盧道將謂吏部清河崔休曰：「三人才學雖無優劣，然安豐少於造次，中山皁白太多，未若濟南風流沉雅。」時人爲之語曰：「三王楚琳琅，[七]未若濟南備圓方。」彧姿制閑裕，吐發流靡，琅邪王誦有名人也，見之未嘗不心醉忘疲。拜前軍將軍、中書侍郎。奏郊廟歌辭，時稱其美。除給事黃門侍郎。彧本名亮，字仕明，時侍中穆紹與彧同署，避紹父諱，啓求改名。詔曰：「仕明風神運吐，常自以比荀文若，可名彧，以取定體相倫之美。」彧求復本封，詔許，

復封臨淮，寄食相州魏郡。又長兼御史中尉，彧以爲倫敘得之，不謝。領軍于忠忿，言之朝廷曰：「臨淮雖復風流可觀，而無骨鯁之操，中尉之任，恐非所堪。」遂去威儀，單車而還，朝流爲之歎息。累遷侍中、衞將軍、左光祿大夫、兼尚書左僕射，攝選。

是時，蕭衍遣將圍逼溫湯，進彧以本官爲東道行臺。[八]會尒朱榮入洛，殺害元氏。彧撫膺慟哭，遂奔蕭衍。衍遣其舍人陳建孫迎接，并觀彧爲人。建孫還報，稱彧風神閑儁。衍亦先聞名，深相器待，見彧於樂遊園，因設宴樂。彧聞樂聲，歔欷，涕淚交下，悲感傍人，衍爲之不樂。自前後奔叛，皆希旨稱魏爲僞，唯彧上表啓，常云魏臨淮王。衍體彧雅性，不以爲責。及知莊帝踐阼，彧以母老請還，辭旨懇切。衍惜其人才，又難違其意，遣其僕射徐勉私勸彧曰：「昔王陵在漢，姜維相蜀，在所成名，何必本土。」彧曰：「死猶願北，況於生也。」衍乃以禮遣。彧性至孝，事父母盡禮，自經違離，不進酒肉，容貌憔悴，見者傷之。累除位尚書令、大司馬、兼錄尚書。

莊帝追崇武宣王爲文穆皇帝，廟號肅祖，母李妃爲文穆皇后，將遷神主於太廟，以高祖爲伯考。彧表諫曰：「漢祖創業，香街有太上之廟；光武中興，南頓立舂陵之寢。元帝之於光武，疏爲絕服，猶尚身奉子道，入繼大宗。高祖之於聖躬，親實猶子。陛下既纂洪緒，豈宜加伯考之名？且漢宣之繼孝昭，斯乃上後叔祖，豈忘宗承考妣，蓋以大義斯奪。及金德

將興，宣王受寄，自茲而降，世秉威權。景王意存毀冕，文王心規裂冠，雖祭則魏主，而權歸晉室，昆之與季，實傾曹氏。且子元，宣王冢胤，文王成其大業。故晉武繼文祖宣，景王有伯考之稱。以今類古，恐或非儔。又臣子一例，義彰舊典，禘祫失序，著譏前經。高祖德溢寰中，道超無外。肅祖雖勳格宇宙，猶曾奉贄稱臣。穆皇后稟德坤元，復將配享乾位，此乃君臣並筵，嫂叔同室，歷觀墳籍，未有其事。」

時莊帝意銳，朝臣無敢言者，唯彧與吏部尚書李神儁並有表聞。詔報曰：「文穆皇帝勳格四表，道邁百王，是用考循舊軌，恭上尊號。王表云漢太上於香街，南頓於舂陵。漢高不因瓜瓞之緒，光武又無世及之德，皆身受符命，不由父祖，別廟異寢，於理何差？文穆皇帝天眷人宅，歷數有歸，朕忝承下武，遂主神器，既帝業有統，漢氏非倫。若以昔況今，不當移寢，則魏太祖、晉景帝雖王跡已顯，皆以人臣而終，豈得與餘帝別廟，有闕餘序。〔九〕漢郡國立廟者，欲尊高祖之德，使饗遍天下，非關太廟神主，獨在外祠薦。漢宣之父，亦非勳德所出，雖不追尊，不亦可乎？伯考之名，自是尊卑之稱，何必準古而言非類也。復云君臣同列，嫂叔共室，當以文穆皇帝昔遂臣道，以此為疑。禮：『天子元子猶士。』禘祫豈不得同室乎？且晉文、景共為一代，議者云，世限七，主無定數。昭穆既同，明有共室之理。禮既有祔，嫂叔何嫌。禮，士祖禰一廟，豈無婦舅共室也？若事以共室為疑，容可更議遷毀。」莊帝

既逼諸妹之請，此辭意黃門侍郎常景、中書侍郎邢子才所替成也。

又追尊兄彭城王為孝宣皇帝，彧又面諫曰：「陛下中興，意欲憲章前古，作而不法，後世何觀？歷尋書籍，未有其事。願割友于之情，使名器無爽。」帝不從。及神主入廟，復敕百官悉陪從，一依乘輿之式。彧上表，以為爰自中古，迄於下葉，崇尚君親，褒明功懿，乃有皇號，終無帝名。今若去帝，直留皇名，求之古義，少有依準。又不納。

尒朱榮死，除彧司徒公。尒朱世隆率部北叛，詔彧防河陰。及尒朱兆率衆奄至，彧出東掖門，為賊所獲。見兆，辭色不屈，為羣胡所毆薨。出帝贈太師、太尉公、雍州刺史。

彧美風韻，善進止，衣冠之下，雅有容則。博覽羣書，不為章句。所著文藻雖多亡失，猶有傳於世者。然居官不能清白，所進舉止於親婭，為識者所譏。無子。

弟孝友，少有時譽，襲爵淮陽王，累遷滄州刺史。為政溫和，好行小惠，不能清白，而無所侵犯，百姓亦以此便之。孝靜帝宴齊文襄王於華林園，孝友因醉自譽，又云陛下許賜臣能。帝笑曰：「朕恒聞王自道清。」文襄曰：「臨淮王雅旨舍罪。」於是君臣俱笑而不罪。

孝友明於政理，嘗奏表曰：

令制：百家為黨族，二十家為閭，五家為比鄰。百家之內，有帥二十五，〔一〇〕徵發皆免，苦樂不均。羊少狼多，復有蠶食。此之為弊久矣。京邑諸坊，或七八百家，唯一里正、二史，庶事無闕，而況外州乎？請依舊置，三正之名不改，而百家為四閭，閭二比。計族省十二丁，得十二匹貲絹。略計見管之戶，應二萬餘族，一歲出貲絹二十四萬匹。十五丁出一番兵，計得一萬六千兵。此富國安人之道也。

古諸侯娶九女，士有一妻二妾。晉令：諸王置妾八人，郡公、侯妾六人。官品令：第一、第二品有四妾，第三、第四有三妾，第五、第六有二妾，第七、第八有一妾。所以陰教聿修，繼嗣有廣。廣繼嗣，孝也；修陰教，禮也。而聖朝忽棄此數，由來漸久。將相多尚公主，王侯亦娶后族，故無妾媵，習以為常。婦人多幸，生逢今世，舉朝略是無妾，天下殆皆一妻。設令人强志廣娶，則家道離索，身事迍邅，內外親知，共相嗤怪。凡今之人，通無準節。父母嫁女，則教之以妒；姑姊逢迎，必相勸以忌。持制夫為婦德，以能妒為女工。自云不受人欺，〔一一〕畏他笑我。王公猶自一心，已下何敢二意。夫妒忌之心生，則妻妾之禮廢；妻妾之禮廢，則姦淫之兆興。斯臣之所以毒恨者也。請以王公第一品娶八，通妻以備九女；稱事二品備七；三品、四品備五；五品、六品則一妻二妾。限以一周，悉令充數，若不充數及待妾非禮，使妻妒加捶撻，免所居官。其妻無子而不娶妾，斯則自絕，無以血食祖父，請科不孝之罪，離遣其妻。

臣之赤心，義唯家國，欲使吉凶無不合禮，貴賤各有其宜，省人帥以出兵丁，立倉儲以豐穀食，設賞格以擒姦盜，行典令以示朝章，庶使足食足兵，人信之矣。又冒申妻妾之數，正欲使王侯、將相、功臣子弟，苗胤滿朝，傳祚無窮，此臣之志也。

詔付有司議奏不同。

孝友又言：「今人生為皁隸，葬擬王侯，存沒異途，無復節制，崇壯丘壟，盛飾祭儀，隣里相榮，稱為至孝。又夫婦之始，王化所先，共食合瓢，足以成禮。而今之富者彌奢，同牢之設，甚於祭槃。累魚成山，山有林木，林木之上，鸞鳳斯存。徒有煩勞，終成委棄，仰惟天意，其或不然。請自茲以後，若婚葬過禮者，〔一二〕以違旨論，官司不加糾劾，即與同罪。」

孝友在尹積年，〔一三〕以法自守，甚著聲稱。然性無骨鯁，善事權勢，為正直者所譏。齊受禪，爵例降。

昌弟孚，字秀和。少有令譽，侍中游肇、并州刺史高聰、司徒崔光等見孚，咸曰：「此子當準的人物，恨吾徒衰暮，不及見耳。」累遷兼尚書右丞。靈太后臨朝，宦者干政，孚乃總括古今名妃賢后，凡為四卷，奏之。遷左丞。

蠕蠕王阿那瓌既得返國，其人大飢，相率入塞，阿那瓌上表請臺賑給。詔孚為北道行

臺，詣彼賑恤。孚陳便宜，表曰：

皮服之人，未嘗粒食。宜從俗因利，拯其所無。昔漢建武中，單于款塞，時轉河東米糒二萬五千斛、牛羊三萬六千頭以給之。斯卽前代和戎、撫新、柔遠之長策也。乞以牸牛產羊餬其口命。且畜牧繁息，是其所便，毛血之利，惠兼衣食。

又尚書奏云，如其仍住七州，隨寬置之。臣謂人情戀本，寧肯徙內。若依臣請，給賑雜畜，愛本重鄉，必還舊土。如其不然，禁留益損。假令逼徙，事非久計。何者？人面獸心，去留難測，既易水草，痾恙將多，憂愁致困，死亡必甚。兼其餘類尚在沙磧，脫出狂勃，翻歸舊巢，必殘掠邑里，遺毒百姓。亂而方塞，未若杜其未萌。

又貿遷起於上古，交易行於中世，漢與胡通，亦立關市。今北人阻飢，命懸溝壑，公給之外，必求市易，彼若顧求，宜見聽許。

又云：

營大者不計小名，圖遠者弗拘近利。雖戎狄衰盛，歷代不同，叛服之情，略可論討。周之北伐，僅獲中規；漢氏外攘，裁收下策。昔在代京，恒爲重備，將帥勞止，甲士疲力。前世苦之，計未能致。今天祚大魏，亂亡在彼。朝廷垂天覆之恩，廓大造之德。鳩其散亡，禮送令返。宜因此時，善思遠策。

竊以理雖萬變，可以一觀；來事雖懸，易以往卜。昔漢宣之世，呼韓款塞，漢遣董忠、韓昌領邊郡士馬，送出朔方，因留衞助。又光武時，亦令中郎將段彬置安集掾史，隨單于所在，參察動靜。斯皆守吉之元龜，安邊之勝策。計今朝廷成功，不減曩時；蠕蠕國弊，亦同疇日。宜準昔成謨，略依舊事。借其所閑地，聽使田牧；粗置官屬，示相慰撫；嚴戒邊兵，以見保衞。馭以寬仁，縻以久策。使親不至矯詐，疏不容叛反。今北鎮諸將舊常云一人代外邏，[一四]因令防察。所謂天子有道，守在四夷者也。

又云：

先人有奪人之心，待降如受强敵。武非專外，亦以防內。若從處分割配，諸州鎮遼遠，非轉輸可到，悔叛之情，變起難測。又居人畜業，布在原野，戎夷性貪，見則思盜。防彼肅此，少兵不堪，渾流之際，易相干犯。驅之還本，未必樂去，配州內徙，復不肯從。既其如此，爲費必大。

朝廷不許。

孚持白虎幡勞阿那瓌於柔玄、懷荒二鎮間。阿那瓌衆號三十萬，陰有異意，遂拘留孚，載以輼車，日給酪一升，肉一段。每集其衆，坐孚東廂，稱爲行臺，甚加禮敬。阿那瓌遂南過至舊京，後遣孚等還，因上表謝罪。有司以孚事下廷尉，丞高謙之云孚辱命，處孚流罪。

後拜冀州刺史，孚勸課農桑，境內稱爲慈父，隣州號曰神君。先是，州人張孟都、張洪建、馬潘、崔獨憐、張叔緒、崔醜、張天宜、崔思哲等八家，皆屯保林野，不臣王命，州郡號曰八王。孚至，皆請入城，願致死効力。後爲葛榮所陷，爲榮所執。兄祐爲防城都督，兄子子禮爲錄事參軍，榮欲先害子禮，孚請先死以贖子禮，叩頭流血，榮乃捨之。又大集將士議其死事，孚兄弟各誣己引過，爭相爲死。又孟都、潘紹等數百人皆叩頭就法，[一五]請活使君。榮曰：「此魏之誠臣義士也。」凡同禁五百人，皆得免。榮平，[一六]還，除冀州刺史。元顥入洛，授孚東道行臺、彭城郡王，孚封顥逆書送朝廷，天子嘉之。顥平，封孚萬年鄉男。

永安末，樂器殘缺，莊帝命孚監儀注，孚上表曰：「昔太和中，中書監高閭、太樂令公孫崇修造金石，數十年間，乃奏成功。時大集儒生，考其得失。太常卿劉芳請別營造，久而方就。復召公卿量校合否，論者沸騰，莫有適從。登被旨敕，並見施用。往歲大軍入洛，戎馬交馳，所有樂器，亡失垂盡。臣至太樂署，問太樂令張乾龜等，云承前以來，置宮懸四箱，簴六架。東北架編黃鍾之磬十四，雖器名黃鍾，而聲實夷則，考之音制，不甚諧韻。姑洗懸於東北，太蔟編於西北，蕤賓列於西南，並皆器象差位，調律不和。又有儀鍾十四，虛懸架首，初不叩擊，今便删廢，以從正則。臣今據周禮鳧氏修廣之規，磬氏倨句之法，吹律求聲，

叩鍾求音，損除繁雜，討論實錄，依十二月爲十二宮，各準辰次，當位懸設，月聲既備，隨用擊奏，則會還相爲宮之義，又得律呂相生之體。今量鍾磬之數，各以十二架爲定。」奏可。于時搢紳之士，咸往觀聽，靡不咨嗟歎服而返。太傅、錄尚書長孫承業妙解聲律，特復稱善。

後從出帝入關。

廣陽王建，[一七]眞君三年封楚王，後改封廣陽王。薨，諡曰簡王。

子石侯，襲。薨，諡曰哀王。

子遺興，襲。薨，諡曰定王。無子。

石侯弟嘉，少沉敏，喜慍不形於色，兼有武略。高祖初，拜徐州刺史，甚有威惠。後封廣陽王，以紹建後。高祖南伐，詔嘉斷均口。嘉違失指授，令賊得免。帝怒，責之曰：「叔祖定非世孫，何太不上類也！」及將大漸，遺詔以嘉爲尚書左僕射，與咸陽王禧等輔政。遷司州牧，嘉表請於京四面，築坊三百二十，各周一千二百步，乞發三正復丁，以充茲役，雖有暫

勢，姦盜永止。詔從之。拜衞大將軍、尚書令，除儀同三司。

嘉好飲酒，或沉醉，在世宗前言笑自得，無所顧忌。帝以其屬尊年老，常優容之。與彭城、北海、高陽諸王每入宴集，極歡彌夜，數加賞賜。帝亦時幸其第。性好儀飾，車服鮮華，既居儀同，又任端首，出入容衞，道路榮之。後遷司空，轉司徒。

嘉好立功名，有益公私，多所敷奏，帝雅委付之。愛敬人物，後來才俊未爲時知者，侍坐之次，轉加談引，時人以此稱之。薨，遺命薄葬。世宗悼惜之，贈侍中、太保，謚曰懿烈。嘉後妃，宜都王穆壽孫女，司空從妹也，聰明婦人。及爲嘉妃，多所匡贊，光益家道。

子深，[一八]字智遠，襲爵。肅宗初，拜肆州刺史。預行恩信，胡人便之，劫盜止息。後爲恒州刺史，在州多所受納，政以賄成，私家有馬千匹者必取百匹，以此爲恒。累遷殿中尚書，未拜，坐淫城陽王徽妃于氏，爲徽表訟，詔付丞相、高陽王雍等宗室議決其罪，以王還第。及沃野鎮人破六韓拔陵反叛，臨淮王彧討之，失利，詔深爲北道大都督，[一九]受尚書令李崇節度。時東道都督崔暹敗於白道，[二〇]深上書曰：

邊豎構逆，以成紛梗，其所由來，非一朝也。昔皇始以移防爲重，盛簡親賢，擁麾作鎮，配以高門子弟，以死防遏，不但不廢仕宦，至乃偏得復除。當時人物，忻慕爲之。

及太和在歷，僕射李沖當官任事，涼州土人，悉免厮役，豐沛舊門，仍防邊戍。自非得罪當世，莫肯與之爲伍。征鎮驅使，但爲虞候白直，一生推遷，不過軍主。然其往世房分留居京者得上品通官，在鎮者便爲淸途所隔。或投彼有北，以御魑魅，多復逃胡鄉。乃峻邊兵之格，鎮人浮遊在外，皆聽流兵捉之。於是少年不得從師，長者不得遊宦，獨爲匪人，言者流涕。

自定鼎伊洛，邊任益輕，唯底滯凡才，出爲鎮將，轉相模習，專事聚斂。或有諸方姦吏，犯罪配邊，爲之指蹤，過弄官府，政以賄立，莫能自改。咸言姦吏爲此，無不切齒憎怒。

及阿那瓌背恩，縱掠竊奔，命師追之，十五萬衆度沙漠，不日而還。邊人見此援師，便自意輕中國。尚書令臣崇時卽申聞，求改鎮爲州，將允其願，抑亦先覺。朝廷未許。而高闕戍主率下失和，拔陵殺之，敢爲逆命，[二一]攻城掠地，所見必誅。王師屢北，賊黨日盛。此段之舉，指望銷平。其崔暹隻輪不反，臣崇與臣逡巡復路。今者相與還次雲中，馬首是瞻，未便西邁，將士之情，莫不解體。今日所慮，非止西北，將恐諸鎮尋亦如此，天下之事，何易可量。

時不納其策。東西部敕勒之叛，朝議更思深言，遣兼黃門侍郎酈道元爲大使，欲復鎮爲州，以順人望。會六鎮盡叛，不得施行。深後上言：「今六鎮俱叛，二部高車，亦同惡黨，以疲兵討之，不必制敵。請簡選兵，或留守恒州要處，更爲後圖。」

及李崇徵還，深專總戎政。拔陵避蠕蠕，南移渡河。先是，別將李叔仁以拔陵來逼，請求迎援，深赴之，前後降附二十萬人。深與行臺元纂表求恒州北別立郡縣，安置降戶，隨宜賑賚，息其亂心。不從，詔遣黃門郎楊昱分散之於冀、定、瀛三州就食。[二二]深謂纂曰：「此輩復爲乞活矣，禍亂當由此作。」既而鮮于脩禮叛於定州，杜洛周反於幽州，其餘降戶，猶在恒州，遂欲推深爲主。深乃上書乞還京師，令左衞將軍楊津代深爲都督，以深爲侍中、右衞將軍、定州刺史。時中山太守趙叔隆、別駕崔融討賊失利，臺使劉審考覈，未訖，會賊逼中山，深乃令叔隆防境。審馳驛還京，云深擅相放縱。城陽王徽與深有隙，因此構之，乃徵深爲吏部尚書，兼中領軍。及深至都，肅宗不欲使徽、深相憾，敕因宴會令相和解。徽銜不已。

後河間王琛等爲鮮于脩禮所敗，乃除深儀同三司、大都督，章武王融爲左都督，裴衍爲右都督，並受深節度。徽因奏靈太后構深曰：「廣陽以愛子握兵在外，不可測也。」乃敕章武王等潛相防備。融遂以敕示深，深懼，事無大小，不敢自決。靈太后聞之，乃使問深意狀。乃具言曰：

往者元叉執權，移天徙日，而徽託附，無翼而飛。今大明反政，任寄唯重，以徽褊

心，銜臣切骨。臣以疏滯，遠離京輦，被其構阻，無所不爲。然臣昔不在其後，自此以來，翻成陵谷。徽遂一歲八遷，位居宰相，臣乃積年淹滯，有功不錄。

自徽執政以來，非但抑臣而已，北征之勳，皆被擁塞。將士告捷，終無片賞，雖爲表請，多不蒙遂。前留元標據于盛樂，後被重圍，析骸易子，倒懸一隅，嬰城二載。賊散之後，依階乞官，徽乃盤退，不允所請。而徐州下邳戍主賈勳，法僧叛後，暫被圍逼，固守之勳，比之未重，乃立得州，卽授開國。天下之事，其流一也，功同賞異，不平謂何。又驃騎李崇，北征之日，啓募八州之人，聽用關西之格。及臣在後，依此科賞，復言北道征者不得同於關西。定襄陵廟之至重，平城守國之要鎮，若計此而論，功亦何負於秦楚？但以嫉臣之故，便欲望風排抑。

然其當途以來，何直退勳而已，但是隨臣征者，卽便爲所嫉。統軍袁叔和曾經省訴，徽初言有理，又聞北征隸臣爲統，應時變色。復令臣兄子仲顯異端訟臣，緝緝翩翩，謀相誹謗。言臣惡者，接以恩顏，稱臣善者，卽被嫌責。甄琛曾理臣屈，乃視之若仇讎；徐紇頗言臣短，卽待之如親戚。又驃騎長史祖瑩，昔在軍中，妄增首級，矯亂戎行，蠹害軍府，獲罪有司，避命山澤。直以謗臣之故，徽乃還雪其罪。臣府司馬劉敬，比送降人，既到定州，翻然背叛。賊如決河，豈其能擁。且以臣府參僚，不免身首異處。

徽既怒還，捨其元惡。闕及胥徒。從臣行者莫不悚懼。頃恒州之人，乞臣爲刺史，徽乃斐然言不可測。及降戶結謀，臣頻表啓，徽乃因執言此事。及向定州，遠彼姦惡，又復論臣將有異志。翻覆如此，欲相陷沒。致令國朝遽賜遷代。賊起之由，誰使然也？徽既優幸，任隆一世，慕勢之徒，於臣何有。是故餘人攝選，車馬塡門，及臣居邊，賓遊罕至。臣近比爲慮其爲梗，是以孜孜乞赴京闕。屬流人舉斧，元戎垂翅，復從後命，自安無所，僶俛先驅，不敢辭事。及臣出都，行塵未滅，已聞在後復生異議。言臣將兒自隨，證爲可疑之兆，忽稱此以構亂。悠悠之人，復傳音響，言左軍臣融、右軍臣衍，皆受密敕，伺察臣事。徽既用心如此，臣將何以自安！竊以天步未夷，國難猶梗，方伯之任，於斯爲急。徽昔臨藩，乃有人譽，及居端右，蔑爾無聞。今求出之爲州，使得申其利用。徽若外從所長，臣無內慮之切。脫蒙。闕公私幸甚。

深以兵士頻經退散，人無鬭情，連營轉柵，日行十里。行達交津，隔水而陳。賊脩禮常與葛榮謀，後稍信朔州人毛普賢，榮常銜之。普賢昔爲深統軍，及在交津，深使人諭之，普賢乃有降意。又使錄事參軍元晏說賊程殺鬼，果相猜貳，葛榮遂殺普賢，脩禮而自立。榮以新得大衆，上下未安，遂北度瀛州，深便率衆北轉。榮東攻章武王融，戰敗於白牛邏。〔三〕

深遂退走，趨定州。聞刺史楊津疑其有異志，乃止於州南佛寺。停三日夜，乃召都督毛謚等六七人，臂肩爲約，危難之際，期相拯恤。謚疑深意異，乃密告津云，深謀不軌。津遣謚討深，深走出，謚叫噪追躡。深與左右行至博陵郡界，逢賊遊騎，乃引詣葛榮。賊徒見深，頗有喜者。榮新自立，內惡之，乃害深。莊帝追復王爵，贈司徒公，謚曰忠武。

子湛，字士深，〔四〕少有風尙。莊帝初，襲封。孝靜初，累遷冀州刺史，所在聚斂，風政不立。入爲侍中，後行司州牧。時齊獻武王作相，以湛頗有器望，啓超拜太尉公。薨，贈假黃鉞、大司馬、尙書令，謚曰文獻。初，湛名位漸重，留連聲色，始以婢紫光遺尙書郎中宋遊道，後乃私耽，出爲冀州，竊而攜去。遊道大致紛紛，乃云紫光湛父所寵，湛母遺己，將致公文。久乃停息，論者兩非之。

湛弟瑾，尙書祠部郎。後謀殺齊文襄，事泄，合門伏法。

湛子法輪，紫光所生也。齊王矜湛覆滅，乃啓原之，復其爵土。

南安王余，眞君三年封吳王，後改封南安王。世祖暴崩，中常侍宗愛矯皇太后令迎余而立之，然後發喪。大赦，改年爲永平。余自以非次而立，厚賞羣下，取悅於衆。爲長夜之飮，聲樂不絕，旬月之間，帑藏空罄。尤好弋獵，出入無度，邊方告難，余不恤之，百姓憤惋，而余晏如也。宗愛權恣日甚，內外憚之。余疑愛將謀變，奪其權，愛怒，因余祭廟，夜殺余。高宗葬以王禮，謚曰隱。

校勘記

〔一〕魏書卷十八　諸本目錄此卷注「闕」。百衲本、南本、汲本、局本卷後有宋人校語云：「魏收書太武五王列傳亡。」殿本考證云：「魏收書闕，後人所補。」按此傳以北史補，間有溢出字句，當出於高氏小史。

〔二〕伏椒房生楚王建　北史卷一六太武五王傳「楚」作「廣陽」。按建於太平眞君三年十月封楚王，正平元年二月改封廣陽王，並見卷四世祖紀下。傳文都稱「廣陽」，序不應稱始封。北史是。

〔三〕閭左昭儀生南安王余　諸本及北史卷一六「左」作「石」。按卷一〇三蠕蠕傳補，延和三年二月「遣使人納吳提妹爲夫人，又進爲左昭儀。」卷一四望都公頹傳稱「使迎左昭儀於蠕蠕」。茹茹主吳提妹爲魏左昭儀，屢見記載，「閭」是茹茹姓木骨閭的改姓。「石」乃「左」之訛。「閭左昭儀」連讀。今改正。

〔四〕其小兒猶兒眞虎頭龍頭並闕母氏　諸本無「眞」字，北史卷一六有。按卷四下世祖紀下太平眞

君十一年二月記「皇子眞薨」。此傳脫去「眞」字，十一男就少了一人，今據北史補。

〔五〕慕利延兄子拾寅走河曲　諸本及北史卷一六「子」上無「兄」字，「河」作「阿」。御覽卷三一六一四五五頁如上摘句。按卷一〇一吐谷渾傳補作「慕利延兄子拾寅走河西」。拾寅是慕利延兄樹洛干子，作「兄子」是，「阿」是「河」之訛，今皆補正。「河曲」「河西」都通，諸本作「曲」，今仍之。

〔六〕有榮胡家　按晉書卷一一〇慕容儁載記永和八年記「晉寧朔將軍榮胡以彭城、魯郡叛降於儁」。鄒山屬魯郡，當卽此榮胡，「家」疑是「冢」之訛。

〔七〕三王楚琳琅　御覽卷四九五二二六五頁「楚」下有「楚盡」二字。按「楚琳琅」不甚可解，當脫此二字。

〔八〕蕭衍遣將圍逼溫湯進或以本官爲東道行臺　按「溫湯」疑是「渦陽」之訛。梁攻圍渦陽見梁書卷三二陳慶之傳，事在大通元年，卽魏孝昌三年五二七。不聞有攻「溫湯」之事，且這一帶也不見有此地名。但據卷九肅宗紀，孝昌二年八月已見東道行臺臨淮王彧，則進遷此官非因梁圍逼渦陽之故。

〔九〕有闕餘序　諸本「序」下旁注「疑」字，通志卷八四上「餘」作「倫」，疑是。

〔一〇〕令制百家爲黨族二十家爲閭五家爲比隣百家之內有帥二十五　按百家之內，二十家爲閭，應有閭長五人；五家爲比隣，應有隣長二十人，合計已達「有帥二十五」之數，再加黨族之長，就有

二十六人，數目不符。疑當作「二十五家爲閭」，則閭長四人，正合二十五之數。

〔一一〕自云不受人欺　諸本及北史卷一六脱「不」字，今據册府卷二八八三三九七頁、北齊書卷二八元孝友傳補。

〔一二〕若婚葬過禮者　諸本脱「禮」字，今據册府卷二八八三三九七頁及北史卷一六補。

〔一三〕孝友在尹積年　北、汲、殿、局四本「尹」作「郡」，百衲本的底本和南本作「尹」，百衲本已從他本改。按北史卷一六、北齊書卷二八元孝友傳也作「尹」。孝友當是魏尹，北史删略，致此「尹」字没有着落。後人遂臆改爲「郡」，其實上面也不云孝友曾爲某郡太守，仍然没有着落。百衲本的底本和南本不誤，今從之。

〔一四〕今北鎮諸將舊常云一人代外遷　按此句不甚可解。「云」卽「雲」，疑本作「舊常一人雲、代外遷」。「雲代」指雲中、代京。傳本誤倒，「雲」寫作「云」，遂不可通。

〔一五〕又孟都潘紹等數百人皆叩頭就法　按本書卷七二潘永基傳，永基字紹業，爲長樂太守，葛榮欲害元孚，永基請以身代元孚死。則潘紹卽潘永基。通鑑卷一五一作「都督潘紹」可證。此乃雙名單稱。

〔一六〕榮平　諸本及北史卷一六「平」作「卒」，獨殿本作「平」。按葛榮被擒就義，封建史籍不可能稱之爲「卒」，今從殿本。

〔一七〕廣陽王建　諸本「建」下有「閭」字。按這是後人誤讀傳序，把「閭左昭儀」的「閭」字和上「建」字

連讀，以爲廣陽王名「建閭」，這裏又妄增「閭」字。今據册府卷二八四三三四六頁、北史卷一六删。

〔一八〕子深　按魏書紀傳都作「廣陽王淵」。此傳以北史補，北史避唐諱，改「淵」作「深」。

〔一九〕詔深爲北道大都督　按卷九肅宗紀正光五年五月：「詔尚書令李崇爲大都督，率廣陽王淵等北討。」當時李崇是大都督，元淵受他節度，不得有「大都督」之號，下文崔暹只稱東道都督，可證。這裏「大」字衍。

〔二〇〕時東道都督崔暹敗於白道　北史卷一六、册府卷四〇四四八〇八頁此下有「深率諸軍退還朔州」一句，此傳脱。

〔二一〕敢爲逆命　諸本及北史卷一六無「敢」字，據册府卷四〇四四八〇八頁補。

〔二二〕詔遣黄門郎楊昱分散之於冀定瀛三州就食　諸本及北史卷一六「昱」作「置」。按事見卷五八楊昱傳，「置」字訛，今改正。

〔二三〕戰敗於白牛邏　諸本及北史卷一六「邏」都作「還」。按元融敗於白牛邏，歷見卷九肅宗紀孝昌二年九月辛亥條和卷一九下融本傳。「還」字訛，今改正。

〔二四〕子湛字士深　諸本及北史卷一六「深」都作「淵」，墓誌集釋元湛墓誌圖版九六作「字士深」。按父名「淵」，子不可能以「淵」爲字。又北史例避唐諱，何故於其父則改「淵」爲「深」，於子則直書不諱？顯然這裏本作「士深」，後人不知「元深」之「深」本是「淵」字，反疑這裏「士深」爲北史諱改，實是適得其反。今據墓誌回改。

魏書卷十九上[一]

景穆十二王列傳第七上

陽平王　京兆王　濟陰王　汝陰王　樂浪王　廣平王

景穆皇帝十四男。恭皇后生文成皇帝。袁椒房生陽平幽王新成。尉椒房生京兆康王子推、濟陰王小新成。陽椒房生汝陰靈王天賜。樂良厲王萬壽、廣平殤王洛侯，母並闕。孟椒房生任城康王雲。劉椒房生南安惠王楨、城陽康王長壽。慕容椒房生章武敬王太洛。尉椒房生樂陵康王胡兒。孟椒房生安定靖王休。趙王深早薨，無傳，母闕。魏舊太子後庭未有位號，高宗卽位，恭宗宮人有子者，並號爲椒房。

陽平王新成，太安三年封，拜征西大將軍。後爲內都大官。薨，謚曰幽。

長子安壽，襲爵。高祖賜名頤。累遷懷朔鎭大將，都督三道諸軍事，北討。詔徵赴京，勗以戰伐之事。對曰：「當仰仗廟算，使呼韓同渭橋之禮。」帝嘆曰：「壯哉王言！朕所望也。」未發，遭母憂，詔遣侍臣以金革敦喩。旣殯而發，與陸叡集三道諸將議軍途所詣。於是中道出黑山，東道趨士盧河，西道向侯延河。軍過大磧，大破蠕蠕。頤入朝，詔曰：「王之前言，果不虛也。」後除朔州刺史。及恒州刺史穆泰謀反，遣使推頤爲主。頤密以狀聞，泰等伏誅，帝甚嘉之。世宗景明元年，薨於青州刺史，[二]謚曰莊王。傳國至孫宗胤，肅宗時，坐殺叔父賜死，爵除。

頤弟衍，字安樂，賜爵廣陵侯。位梁州刺史，表請假王，以崇威重。詔曰：「可謂無厭求也，所請不合。」轉徐州刺史，至州病重，帝敕徐成伯乘傳療。疾差，成伯還，帝曰「卿定名醫」，賚絹三千匹。成伯辭，請受一千。帝曰：「詩云『人之云亡，邦國殄瘁。』以是而言，豈惟三千匹乎？」其爲帝所重如此。後所生母雷氏卒，表請解州。詔曰：「先君餘尊之所厭，禮之明文，季末陵遲，斯典或廢。侯旣親王之子，宜從餘尊之義，便可大功。」後卒於雍州刺史，謚曰康侯。衍性清愼，所在廉潔，又不營產業，歷牧四州，皆有稱績，亡日無斂屍具。子暢。

暢弟融，字叔融。貌甚短陋，驍武過人。莊帝謀殺尒朱榮，以融爲直閤將軍。及尒朱兆入洛，融逃人間。

衍弟欽，字思若。位中書監、尙書右僕射、儀同三司。欽色尤黑，故時人號爲黑面僕射。欽淫從兄麗妻崔氏，爲御史中尉封回劾奏，遇赦免。尋除司州牧。欽少好學，早有令譽，時人語曰：「皇宗略略，壽安、思若。」及晚年貴重，不能有所匡益，識者輕之。欽曾託青州人高僧壽爲子求師，師至，未幾逃去。欽以讓僧壽。僧壽性滑稽，反謂欽曰：「凡人絕粒，七日乃死，始經五朝，便爾逃遁，去食就信，實有所闕。」欽乃大慚，於是待客稍厚。後除司空公，封鉅平縣公。於河陰遇害，贈假黃鉞、太師、太尉公。

子子孝，字季業。早有令譽，年八歲，司徒崔光見而異之曰：「後生領袖，必此人也。」

京兆王子推，太安五年封。位侍中、征南大將軍、長安鎭都大將。子推性沉雅，善於綏接，秦雍之人，服其威惠。入爲中都大官，察獄有稱。顯祖將禪位於子推，以大臣固諫，乃傳高祖。高祖卽位，拜侍中、本將軍、開府儀同三司、青州刺史，未至，道薨。

子太興，襲。拜長安鎭都大將，以黷貨，削除官爵。後除祕書監，還復前爵，拜統萬鎭將，改封西河。後改鎭爲夏州，仍以太興爲刺史。除守衞尉卿。初，太興遇患，請諸沙門行道，所有資財，一時布施，乞求病愈，名曰「散生齋」。及齋後，僧皆四散，有一沙門方云乞齋

餘食。太興戲之曰：「齋食旣盡，唯有酒肉。」沙門曰：「亦能食之。」因出酒一斗，羊脚一隻，食盡猶言不飽。及辭出後，酒肉俱在，出門追之，無所見。太興遂佛前乞願，向者之師當非俗人，若此病得差，卽捨王爵入道。未幾便愈，遂請爲沙門，表十餘上，乃見許。時高祖南討在軍，詔皇太子於四月八日爲之下髮，施帛二千匹。旣爲沙門，更名僧懿，居嵩山。太和二十二年終。

子昴，字伯暉，襲。薨。

子悰，字魏慶，襲。孝靜時，累遷太尉、錄尙書事、司州牧、青州刺史。薨於州，贈假黃鉞、太傅、司徒公，謚曰文。[三]悰寬和有度量，美容貌，風望儼然，得喪之間，不見於色。性清儉，不營產業，身死之日，家無餘財。

昴弟仲景，性嚴峭。莊帝時，兼御史中尉，京師肅然。每向臺，恒駕赤牛，時人號「赤牛中尉」。太昌初，爲河南尹，奉法無私。時吏部尙書樊子鵠部下縱橫，又爲盜竊，仲景密加收捕，悉獲之，咸卽行決，於是豪貴寒心。出帝將西行，授仲景中軍大都督，留京師。齊獻武王欲至洛陽，仲景遂棄妻子而遁。

仲景弟暹，字叔照。莊帝初，除南兗州刺史，在州猛暴，多所殺害。元顥入洛，暹據州不屈。莊帝還宮，封汝陽王，遷秦州刺史。先時，秦州城人屢爲反覆，暹盡誅之，存者十一二。

普泰元年，除涼州刺史，貪暴無極。欲規府人及商胡富人財物，詐一臺符，誑諸豪等云欲加賞，一時屠戮，所有資財生口，悉沒自入。孝靜時，位侍中、錄尚書事。薨，贈太師、錄尚書。

子沖，襲。無子，國絕。

太興弟遙，字太原。有器望，以左衞將軍從高祖南征，賜爵饒陽男。世宗初，遭所生母憂，表請解任，詔以餘尊所厭，不許。

肅宗初，累遷左光祿大夫，仍領護軍。遷冀州刺史。〔四〕遙以諸胡先無籍貫，姦良莫辨，悉令造籍。又以諸胡設籍，當欲稅之，以充軍用。胡人不願，乃共構遙，云取納金馬。御史按驗，事與胡同，遙坐除名。遙陳枉不已，敕有司重究，乃披雪。遷右光祿大夫。

時冀州沙門法慶既爲祆幻，遂說勃海人李歸伯，歸伯合家從之，招率鄉人，推法慶爲主。法慶以歸伯爲十住菩薩、平魔軍司、定漢王，自號「大乘」。殺一人者爲一住菩薩，殺十人爲十住菩薩。又合狂藥，令人服之，父子兄弟不相知識，唯以殺害爲事。於是聚衆殺阜城令，破勃海郡，殺害吏人。刺史蕭寶夤遣兼長史崔伯驎討之，敗於煮棗城，伯驎戰沒。凶衆遂盛，所在屠滅寺舍，斬戮僧尼，焚燒經像，云新佛出世，除去舊魔。詔以遙爲使持節、都督北征諸軍事，帥步騎十萬以討之。法慶相率攻遙，遙並擊破之。遙遣輔國將軍張虯等率騎

追掩，討破，擒法慶幷其妻尼惠暉等，斬之，傳首京師。後擒歸伯，戮於都市。

初，遙大功昆弟，皆是恭宗之孫，至肅宗而本服絕，故除遙等屬籍。遙表曰：「竊聞聖人所以南面而聽天下，其不可得變革者，則親也，尊也。四世而緦服窮，五世而袒免，六世而親屬竭矣。去茲以往，猶繫之以姓而弗別，綴之以食而弗殊。又律云議親者，非唯當世之屬親，歷謂先帝之五世。謹尋斯旨，將以廣帝宗，重盤石。先皇所以變茲事條，爲此別制者，太和之季，方有意於吳蜀，經始之費，慮深在初，割減之起，暫出當時也。且臨淮王提，分屬籍之始，高祖賜帛三千匹，所以重分離；樂良王長命，亦賜縑二千匹，所以存慈眷。此皆先朝殷勤克念，不得已而然者也。古人有言，百足之蟲至死不僵者，以其輔己者衆。臣誠不欲妄親太階，苟求潤屋，但傷大宗一分，則天子屬籍不過十數人而已。在漢，諸王之子不限多少，皆列土而封，謂之曰侯，至于魏晉，莫不廣胙河山，稱之曰公者，蓋惡其大宗之不固，骨肉之恩疏矣。臣去皇上，雖是五世之遠，於先帝便是天子之孫，高祖所以國秩祿賦復給衣食，后族唯給其賦不與衣食者，欲以別外內限異同也。今諸廟之感，在心未忘；行道之悲，倏然已及。其諸封者，身亡之日，三年服終，然後改奪。今朝廷猶在遏密之中，便議此事，實用未安。」詔付尚書博議以聞。尚書令任城王澄、尚書左僕射元暉奏同遙表。靈太后不從。卒，謚曰宣公。

遙弟恒，字景安，粗涉書史。恒以春秋之義，爲名不以山川，表求改名芝。〔五〕歷位太常卿、中書監、侍中。後於河陰遇害。贈太傅、司徒公，謚曰宣穆公。

濟陰王小新成，和平二年封。頗有武略。庫莫奚侵擾，詔新成率衆討之。新成乃多爲毒酒，賊既漸逼，便棄營而去。賊至，喜而競飲，聊無所備。遂簡輕騎，因醉縱擊，俘馘甚多。後位外都大官。薨，贈大將軍，謚曰惠公。

子鬱，字伏生，襲。位開府。爲徐州刺史，以黷貨賜死，國除。

長子弼，字邕明，剛正有文學。位中散大夫。以世嫡應襲先爵，爲季父尚書僕射麗因于氏親寵，遂奪弼王爵，橫授同母兄子誕。於是弼絕棄人事，託疾還私第。世宗徵爲侍中，弼上表固讓。入嵩山，以穴爲室，布衣蔬食，卒。建義元年，子暉業訴復王爵。永安三年，追贈尚書令、司徒公，謚曰文獻。初，弼嘗夢人謂之曰：「君身不得傳世封，其紹先爵者，君長子紹遠也。」弼覺，即語暉業。終如其言。

暉業，少險薄，多與寇盜交通。長乃變節，涉子史，亦頗屬文，而慷慨有志節。歷位司空、太尉，加特進，領中書監，錄尚書事。齊文襄嘗問之曰：「比何所披覽？」對曰：「數尋伊霍

之傳，不讀曹馬之書。」暉業以時運漸謝，不復圖全，唯事飲啗，一日三羊，三日一犢。又嘗賦詩云：「昔居王道泰，濟濟富羣英。今逢世路阻，狐兎鬱縱橫。」齊初，降封美陽縣公，開府儀同三司、特進。暉業之在晉陽也，無所交通，居常閑暇，乃撰魏藩王家世，號爲辨宗室錄，四十卷，行於世。

暉業弟昭業，頗有學尚，位諫議大夫。莊帝將幸洛南，昭業立於閶闔門外，扣馬諫，帝避之而過，後勞勉之。位給事黃門侍郎、衞將軍、右光祿大夫。卒，謚曰文侯。

鬱弟偃，字仲琁，位太中大夫。卒。

子誕，字曇首。初，誕伯父鬱以貪汙賜死，爵除。景明三年，誕訴云，伯鬱前朝之封，正以年長襲封，以罪除爵。爵由謬襲，襲應歸正。詔以偃正元妃息曇首，濟陰王嫡孫，可聽紹封，以纂先緒。誕既襲爵，除齊州刺史。在州貪暴，大爲人患，牛馬騾驢，無不逼奪。家之奴隸，悉迫取良人爲婦。有沙門爲誕採藥，還而見之，誕曰：「師從外來，有何消息？」對曰：「唯聞王貪，願王早代。」誕曰：「齊州七萬戶，吾至來，一家未得三十錢，何得言貪？」後爲御史中尉元纂所糾，會赦免。薨，謚曰靜王。

子撫，字伯懿，襲。莊帝初，爲從兄暉業訴奪王爵。

偃弟麗，字寶掌。位兼宗正卿、右衛將軍，遷光祿勳，宗正、右衛如故。時秦州屠各王法智推州主簿呂苟兒爲主，號建明元年，置立百官，攻逼州郡。涇州人陳瞻亦聚衆自稱王，號聖明元年。詔以麗爲使持節、都督、秦州刺史，與別駕楊椿討之。苟兒率衆十餘萬屯孤山，列據諸險，圍逼州城。麗出擊，大破之，便進軍水洛。賊徒逆戰，麗夜擊走之。行秦州事李韶破苟兒于孤山，乘勝追奔三十里，獲其父母妻子，斬賊王五人，其餘相繼歸降，諸城之圍亦悉奔散。苟兒率其王公三十餘人詣麗請罪。椿又斬瞻。麗因平賊之勢，枉掠良善七百餘人。世宗嘉其功，詔有司不聽追檢。

拜雍州刺史，爲政嚴酷，吏人患之。其妻崔氏誕一男，麗遂出州獄囚死及徒流案未申臺者，一時放免。遷冀州刺史，入爲尚書左僕射。帝問曰：「聞公在州，殺戮無理，枉濫非一，又大殺道人。」對曰：「臣在冀州可殺道人二百許人，亦復何多？」帝曰：「一物不得其所，若納諸隍，況殺道人二百而言不多。」麗脫冠謝，賜坐。卒，謚曰威。

子顯和，少有節操，歷司徒記室參軍。司徒崔光每見之曰：「元參軍風流清秀，容止閑雅，乃宰相之器。」除徐州安東府長史。刺史元法僧叛，顯和與戰被擒，執手命與連坐。顯和曰：「顯和與阿翁同源別派，皆是盤石之宗，一朝以地外叛，若遇董狐，能無慚德。」遂不肯坐。法僧猶欲慰喻，顯和曰：「乃可死作惡鬼，不能坐爲叛臣。」及將殺之，神色自若。建義

初，贈秦州刺史。

汝陰王天賜，和平三年封，〔六〕拜鎮南大將軍、虎牢鎮都大將。後爲內都大官。高祖初，殿中尚書胡莫寒簡西部敕勒豪富兼丁者爲殿中武士，而大納財貨，簡選不平。衆怒，殺莫寒及高平假鎮將奚陵，於是諸部敕勒悉叛。詔天賜與給事中羅雲督諸軍討之。前鋒敕勒詐降，雲信之，副將元伏曰：「敕勒色動，恐將有變，今不設備，將爲所圖。」雲不從。敕勒輕騎數千襲殺雲，天賜僅得自全。後除征北大將軍、護匈奴中郎將。累遷懷朔鎮大將，坐貪殘，恕死，削除官爵。卒，高祖哭於思政觀，贈本爵，葬從王禮，謚曰靈王。

子逞，字萬安。卒於齊州刺史，謚曰威。

逞子慶和，東豫州刺史。爲蕭衍將所攻，舉城降之。衍以爲北道總督、魏王。至項城，朝廷出師討之，望風退走。衍責之曰：「言同百舌，膽若鼷鼠。」遂徙合浦。

逞弟汎，字普安。自元士稍遷營州刺史。性貪殘，人不堪命，相率逐之，汎走平州。後除光祿大夫、宗正卿，封東燕縣男。於河陰遇害。

天賜第五子脩義，字壽安，涉獵書傳，頗有文才，爲高祖所知。自元士稍遷左將軍、齊州刺史。脩義以齊州頻喪刺史，累表固辭。詔曰：「修短有命，吉凶由人，何得過致憂憚，以乖維城之寄。違凶就吉，時亦有之，可聽更立館宇。」於是移理東城。脩義爲政，寬和愛人，在州四歲，不殺一人，百姓以是追思之。還秦州刺史。肅宗初，表陳庶人禧、庶人愉等，請宥前愆，賜葬陵域。靈太后詔曰：「收葬之恩，事由上旨，藩岳何得越職干陳！」在州多受納。

累遷吏部尚書。及在銓衡，唯專貨賄，授官大小，皆有定價。時中散大夫高居者，有旨先敘，時上黨郡缺，居遂求之。脩義私已許人，抑居不與。居大言不遜，脩義命左右牽曳之。居對大衆呼天唱賊。人問居曰：「白日公庭，安得有賊？」居指脩義曰：「此座上者，違天子明詔，物多者得官，京師白劫，此非大賊乎？」脩義失色。居行罵而出。後欲邀車駕論脩義罪狀，左僕射蕭寶夤諭之，乃止。

二秦反，假脩義兼尚書右僕射、西道行臺、行秦州事，爲諸軍節度。脩義性好酒，每飲連日，遂遇風病，神明昏喪，雖至長安，竟無部分之益。元志敗沒，賊東至黑水，更遣蕭寶夤討之，以脩義爲雍州刺史。卒於州，〔七〕贈司空，謚曰文。

子均，位給事黃門侍郎。

樂浪王萬壽，和平三年封，拜征東大將軍，鎮和龍。性貪暴，徵還，道憂薨。謚曰厲王。

子康王樂平，襲。薨。

子長命，襲。坐殺人賜死，國除。

子忠，肅宗時，復前爵，位太常少卿。出帝汎舟天淵池，命宗室諸王陪宴。忠愚而無智，性好衣服，遂著紅羅襦，繡作領，碧紬袴，錦爲緣。帝謂曰：「朝廷衣冠，應有常式，何爲著百戲衣？」忠曰：「臣少來所愛，情存綺羅，歌衣舞服，是臣所願。」帝曰：「人之無良，乃至此乎！」

廣平王洛侯，和平二年封。薨，謚曰殤。無子，後以陽平幽王第五子匡後之。

匡字建扶，性耿介，有氣節。高祖器之，〔八〕謂曰：「叔父必能儀形社稷，匡輔朕躬，今可改名爲匡，以成克終之美。」世宗即位，累遷給事黃門侍郎。茹皓始有寵，百僚微憚之。世宗曾於山陵還，詔匡陪

乘，又命皓登車。皓褰裳將上，匡諫止，世宗推之令下，皓恨匡失色。當時壯其忠謇。世宗親政，除肆州刺史。匡既忤皓，懼爲所害，廉慎自修，甚有聲績。遷恒州刺史，徵爲大宗正卿、河南邑中正。

匡奏親王及始蕃、二蕃王妻悉有妃號，而三蕃已下皆謂之妻，上不得同爲妃名，而下不及五品已上有命婦之號，竊爲疑。詔曰：「夫貴於朝，妻榮於室，婦女無定，升從其夫。三蕃既啓王封，妃名亦宜同等。妻者，齊也，理與己齊，可從妃例。」自是三蕃王妻名號始定。後除度支尚書。匡表引樂陵、章武之例，求紹洛侯封，詔付尚書議。尚書奏聽襲封，以明興絕之義。

匡與尚書令高肇不平，常無降下之色。時世宗委政於肇，朝廷傾憚，唯匡與肇抗衡。先自造棺，置於廳事，意欲輿棺詣闕，論肇罪惡，自殺切諫。肇聞而惡之。後因與太常劉芳議爭權量，遂與肇聲色。御史中尉王顯奏匡曰：

自金行失御，羣僞競興，禮壞樂崩，彝倫攸斁。大魏應期，奄有四海。高祖孝文皇帝以睿聖統天，克復舊典。乃命故中書監高閭廣旌儒林，推尋樂府，依據六經，參諸國志，以黍裁寸，將均周漢舊章。屬雲構中遷，尚未云就。高祖睿思玄深，參考經記，以一黍之大，用成分體，準之爲尺，宜布施行。

暨正始中，故太樂令公孫崇輒自立意，以黍十二爲寸，別造尺度，定律刊鍾。皆向成訖，表求觀試。時敕太常卿臣芳，以崇造既成，請集朝英，議其得否。芳疑崇尺度與先朝不同，察其作者，於經史復異，推造尠據，非所宜行。時尚書令臣肇、清河王懌等以崇造乖謬，與周禮不同，遂奏臣芳依周禮更造，成訖量校，從其善者。而芳以先朝尺度，事合古典。乃依前詔書，以黍刊寸，並呈朝廷，用裁金石。于時議者，多云芳是，唯黃門侍郎臣孫惠蔚與崇扶同。二途參差，頻經考議。而尚書令臣肇以芳造。崇物故之後，而惠蔚亦造一尺，仍云扶。〔九〕以比崇尺，自相乖背。量省二三，謂芳爲得。而尚書臣匡表云劉孫二尺，長短相傾，稽考兩律，所容殊異。言取中黍，校彼二家，云並參差，抑中無所，〔一〇〕自立一途，請求議判。當時議者，或是於匡。兩途舛駁，未卽時定。肇又云，權斛斗尺，班行已久，今者所論，豈踰先旨。宜仰依先朝故尺爲定。

自爾以後，而匡與肇厲言都座，聲色相加，高下失其常倫，噂競無復彝序。匡更表列，據己十是，云芳十非。又云：「肇前被敕旨，共芳營督，規立鍾石之名，希播製作之譽。乃憑樞衡之尊，藉舅氏之勢，與奪任心，臧否自己。阿黨劉芳，遏絕臣事，望勢雷同者接以恩言，依經按古者卽被怒責。雖未指鹿化馬，移天徙日，實使蘊藉之士，聳氣坐端，懷道之夫，結舌筵次。」又言：「芳昔與崇競，恒言自作，今共臣論，忽稱先朝。豈不前謂可行，輒欲自取，後知錯謬，便推先朝。殊非大臣之體，深失爲下之義。復考校勢臣之前，量度偏頗之手，臣必刖足內朝，抱璞人外。」囂言肆意，彰於朝野。

然匡職當出納，獻替所在，斗尺權度，正是所司。若己有所見，能練臧否，宜應首唱義端，早辨諸惑，何故默心隨從，不關一言，見芳成事，方有此語。計芳才學，與匡殊懸，所見淺深，不應相匹。今乃始發，恐此由心，〔一一〕借智於人，規成虛譽。況匡表云：「所據銅權，形如古誌，明是漢作，非莽別造。」及案權銘云：「黃帝始祖，德布於虞，虞帝始祖，德布於新。」若莽佐漢時事，寧有銘僞新之號哉。又尋莽傳云，莽居攝，卽變漢制度。考校二證，非漢權明矣。復云：「芳之所造，又短先朝之尺。」臣既比之，權然相合。更云：「芳尺與千金堰不同。」臣復量比，因見其異。二三浮濫，難可據準。又云：「共構虛端，妄爲疑似，託以先朝，云非己製。」

臣按此欺詐，乃在於匡，不在於芳。何以言之？芳先被敕，專造鍾律，管籥優劣，是其所裁，權斛尺度，本非其事。比前門下索芳尺度，而芳牒報云：「依先朝所班新尺，復應下黍，更不增損，爲造鍾律，調正分寸而已。」檢匡造時在牒後一歲，芳於爾日，匡未共爭，已有此牒，豈爲詐也？計崇造寸，積黍十二，羣情共知；而芳造寸，唯止十黍，亦俱先朝詔書。以黍成寸，首尾歷然，寧有輒欲自取之理？肇任居端右，百僚是望，言

行動靜，必副具瞻。若恃權阿黨，詐託先詔，將指鹿化馬，徙日移天，卽是魏之趙高，何以宰物。肇若無此，匡既誣毀宰相，訕謗明時。豈應談議之間，便有指鹿之事；可否之際，輕生刖足之言。趙高矯惑，事屬衰秦；卞和抱璞，時遇暴楚。何宜以濟濟之朝，而有斯謗者哉！阻惑朝聽，不敬至甚，請以肇、匡並禁尚書，推窮其原，付廷尉定罪。

詔曰「可」。有司奏匡誣肇，處匡死刑。世宗恕死，降爲光祿大夫。又兼宗正卿，出爲兗州刺史。匡臨發，帝引見於東堂，勞勉之。匡猶以尺度金石之事，國之大經，前雖爲南臺所彈，然猶許更議，若議之日，願聽臣暫赴。世宗曰：「劉芳學高一時，深明典故，其所據者。與先朝尺乃寸過一黍，何得復云先朝之意也？〔一二〕兗州既所執不經，後議之日，何待赴都也。」

肅宗初，入爲御史中尉。匡嚴於彈糾，始奏于忠，次彈高聰等免官，靈太后並不許。以違其糾惡之心，又慮匡辭解，欲奬安之，進號安南將軍，後加鎮東將軍。

匡屢請更權衡不已，於是詔曰：「謹權審度，自昔令典，定章革歷，往代良規。匡宗室賢亮，留心既久，可令更集儒貴，以時驗決。必務權衡得衷，令寸籥不舛。」又詔曰：「故廣平殤王洛侯，體自恭宗，茂年薨殞，國除祀廢，不祀忽諸。匡親同若子，私繼歲久，〔一三〕宜樹維城，永茲盤石，可特襲王爵，封東平郡王。」匡所制尺度訖，請集朝士議定是非。詔付門下、尚書、

三府、九列議定以聞。太師、高陽王雍等議曰：「伏惟高祖創改權量已定，匡今新造，微有參差。且匡云所造尺度與漢志王莽權斛不殊。又晉中書監荀勗云，後漢至魏，尺長於古四分有餘。於是依周禮，積黍以起度量，惟古玉律及鍾，遂改正之。尋勗所造之尺與高祖所定，毫釐略同。又侍中崔光得古象尺，于時亦準議令施用。仰惟孝文皇帝，德邁前王，睿明下燭，不刊之式，事難變改。臣等參論，請停匡議，永遵先皇之制。」詔從之。

匡每有奏請，尚書令、任城王澄時致執奪，匡剛隘，內遂不平。先所造棺猶在僧寺，乃復修事，將與澄相攻。澄頗知之。後將赴省，與匡逢遇，騶卒相撾，朝野駭愕。澄因是奏匡罪狀三十餘條，廷尉處以死刑。詔付八座議，特加原宥，削爵除官。三公郎中辛雄奏理之。後特除平州刺史，徙青州刺史，尋爲關右都督，兼尚書行臺。遇疾還京。孝昌初，卒，謚曰文貞。後追復本爵，改封濟南王。

第四子獻，襲。齊受禪，爵例降。〔一四〕

校勘記

〔一〕魏書卷十九上　諸本目錄此卷注「闕」。百衲本、南本、汲本、局本卷末有宋人校語云：「魏收書景穆十二王列傳卷上亡。」殿本考證云：「魏收書亡，後人所補。」按此傳以北史卷一七景穆

十二王傳補，間有溢出字句，當出於高氏小史。

〔二〕世宗景明元年薨於青州刺史　諸本「元」作「六」，殿本作「元」。北史卷一七百衲本此字缺，他本或作「六」。按景明無六年，頤死於景明元年十一月，見卷八世宗紀，今從殿本。

〔三〕謚曰文　墓誌集釋元悰墓誌圖版一〇〇云：「謚曰文靖。」墓誌與傳謚號不同者甚多，也有誌載謚而傳缺，傳載而誌缺。有的是先後改謚，有的是原謚不美，子孫私改，有的是後來補謚，不獨誌、傳有異，誌與誌間亦常不合，很難判斷是非。今後凡謚號異同有無均不出校記。

〔四〕遷冀州刺史　自此句至下文「遷右光祿大夫」一段北史卷一七無。按墓誌集釋元遙墓誌圖版一〇六說他景明時「出拜鎮軍將軍、冀州刺史，入除護軍，加右光祿大夫。延昌中，淮泗不靜，加征南大將軍、南征諸軍事」。則遙爲冀州刺史，在元恪的景明年間；是由冀州刺史入爲右光祿大夫、護軍，非如此傳所云以左光祿大夫，領護軍，出爲冀州，更不在「肅宗初」。此段當是補此傳者採自高氏小史或他書，弄錯了時間，遂致先後倒置。下文又說「遷右光祿大夫」，實卽前「左光祿大夫」的重出北史已誤「右」爲「左」，插入的痕跡甚顯。

〔五〕表求改名芝　按上云「遙弟恒」，則其人初名恒，後改芝。據卷八世宗紀正始三年八月見「元恒」，而卷九肅宗紀孝昌二年六月丙子、孝昌三年正月甲申，卷一〇孝莊紀武泰元年四月己亥，卷五八楊椿傳並見「元恒芝」。疑初名「恒」，後加「芝」字。

〔六〕汝陰王天賜和平三年封　按天賜於和平二年七月戊寅，與小新成、萬壽同日封，見卷五高宗紀，這裏「三」當是「二」之訛。下樂浪王萬壽傳同訛。

〔七〕卒於州　按墓誌集釋元壽安墓誌圖版一一七之二於官雍州刺史後，稱：「復以本官加開府儀同三司、秦州都督，加尚書左僕射、西道行臺，行秦州事……軍次汧城，彌留寢疾，薨於軍所。」元和郡縣志卷二隴州條云「後魏置東秦州」，太平寰宇記卷三二云「正光三年置東秦州於汧城」。誌所云「秦州」，卽東秦州，當時秦州爲起義軍佔領，故移治汧城，後來才加「東」字。據誌，元脩義死在秦州任上，傳節去他由雍州刺史遷秦州一段，遂似死於長安。此恐是北史刪略魏書之失。

〔八〕高祖器之　諸本「祖」作「宗」，北史卷一七作「孝文」。按元匡乃元濬高宗弟新成子，若這裏作「高宗」，則下文元濬稱之爲「叔父」，豈非顚倒？北史作「孝文」，補此傳者依魏書例，改作「高祖」，「祖」訛「宗」，今改正。

〔九〕而尚書令臣肇以芳造至仍云扶　按此段文義不可解。「造」下、「扶」下當有脫文。

〔一〇〕抑中無所　張森楷北史校勘記云：「疑『抑』是『折』之誤。」按通志卷八四下正作「折」，疑是。

〔一一〕恐此由心　張森楷云：「『此』疑當是『非』字，作『此』則與文義不相應。」

〔一二〕劉芳學高一時深明典故其所據者與先朝尺乃寸過一黍何得復云先朝之意也　按前贊劉芳，後不應說他所據與「先朝尺」不合云云。據上王顯彈文，說「芳造寸，唯止十黍」，則所謂「寸過一

黍」，明非斥芳，恐是指元匡所造尺。這裏「其所據者」下當有脫文。大概是說劉芳根據的是「先朝」所頒尺，而元匡所造則「寸過一黍」，故下文斥責元匡「所執不經」。今於「其所據者」下句斷。

〔一三〕私繼歲久　按上文明云元恪世宗時，匡已求紹洛侯封，經尚書議奏襲封，則並非私繼，且襲封已久。不知何以前後矛盾。

〔一四〕第四子獻襲齊受禪爵例降　北史卷一七元匡傳附廣平王洛侯傳末云：「第四子獻襲。薨，子祖育襲，武定中墜馬薨，子勒叉襲。齊受禪，爵例降。」自獻至勒叉三世始入齊，這裏「獻襲」下當脫「薨」至「子勒叉襲」十五字。

魏書卷十九中

景穆十二王列傳第七中

任城王

任城王雲，年五歲，恭宗崩，號哭不絕聲。世祖聞之而呼，抱之泣曰："汝何知而有成人之意也！"和平五年封，拜使持節、侍中、征東大將軍、和龍鎮都大將。顯祖時，拜都督中外諸軍事、中都坐大官，聽理民訟，甚收時譽。

延興中，顯祖集羣僚，欲禪位於京兆王子推。王公卿士，莫敢先言。雲進曰："陛下方隆太平，臨覆四海，豈得上違宗廟，下棄兆民。父子相傳，其來久矣，皇魏之興，未之有革。皇儲正統，聖德夙章。陛下必欲割捐塵務，頤神清曠者，冢副之寄，宜紹寶曆，若欲捨儲，〔一〕輕移宸極，恐非先聖之意，駭動人情。又，天下是祖宗之天下，而陛下輒改神器，上乖七廟之靈，下長姦亂之道，此是禍福所由，願深思慎之。"太尉源賀又進曰："陛下今欲外選諸王

而禪位于皇叔者，臣恐春秋烝嘗，昭穆有亂，脫萬世之後，必有逆饗之譏，深願思任城之言。"東陽公元丕等進曰："皇太子雖聖德夙彰，然實沖幼。陛下富於春秋，始覽機政，普天景仰，率土傒心，欲隆獨善，不以萬物爲意，其若宗廟何，其若億兆何！"顯祖曰："儲宮正統，受終文祖，羣公相之，有何不可。"於是傳位於高祖。

後蠕蠕犯塞，雲爲中軍大都督，從顯祖討之，遇於大磧。事具蠕蠕傳。後仇池氐反，以雲爲征西大將軍討平之。除都督徐兗二州緣淮諸軍事、征東大將軍、開府、徐州刺史。雲以太妃蓋氏薨，〔二〕表求解任，顯祖不許，雲悲號動疾，乃許之。性善撫綏，得徐方之心，爲百姓所追戀。送遺錢貨，一無所受。顯祖聞而嘉之。復拜侍中、中都大官，賜帛千匹、羊千口。出爲冀州刺史，仍本將軍。雲留心政事，甚得下情，於是合州請戶輸絹五尺、粟五升以報雲恩。高祖嘉之，遷使持節、都督陝西諸軍事、征南大將軍、長安鎮都大將、雍州刺史。雲廉謹自修，留心庶獄，挫抑豪强，羣盜息止，州民頌之者千有餘人。文明太后嘉之，賜帛千匹。太和五年，薨於州。遺令薄葬，勿受賵襚。諸子奉遵其旨。喪至京師，車駕親臨，哭之哀慟，贈以本官，謚曰康。陪葬雲中之金陵。

雲長子澄，字道鎮，〔三〕少而好學。及康王薨，澄居喪以孝聞。襲封，加征北大將軍。

高祖時，蠕蠕犯塞，加澄使持節、都督北討諸軍事以討之。蠕蠕遁走，又以氐羌反叛，除都督梁益荊三州諸軍事、征南大將軍、梁州刺史。文明太后引見澄，誡厲之，顧謂中書令李沖曰："此兒風神吐發，德音閑婉，當爲宗室領袖。是行使之必稱我意。卿但記之，我不妄談人物也。"梁州氐帥楊仲顯、婆羅、楊卜兄弟及符叱盤等，自以居邊地險，世爲山狡。澄至州，量彼風俗，誘導懷附。表送婆羅，授仲顯循城鎮副將，楊卜廣業太守，叱盤固道鎮副將，〔四〕自餘首帥，各隨才而用之，款附者賞，違命加誅，於是仇池帖然，西南款順。加侍中，賜衣一襲、乘馬一匹，以旌其能。

後轉征東大將軍、開府、徐州刺史，甚有聲績。朝於京師，引見於皇信堂。高祖詔澄曰："昔鄭子產鑄刑書，而晉叔向非之。此二人皆是賢士，得失竟誰？"對曰："鄭國寡弱，攝於强鄰，民情去就，非刑莫制，故鑄刑書以示威。雖乖古式，合今權道，隨時濟世，子產爲得。而叔向譏議，示不忘古，可與論道，未可語權。"高祖曰："任城當欲爲魏之子產也。"澄曰："子產道合當時，聲流竹素。臣既庸近，何敢庶幾。今陛下以四海爲家，宣文德以懷天下，但江外尚阻，車書未一，季世之民，易以威伏，難以禮治。愚謂子產之法，猶應暫用，大同之後，便以道化之。"高祖心方革變，深善其對，笑曰："非任城無以識變化之體。朕方創改朝制，當與任城共萬世之功耳。"

後徵爲中書令，改授尚書令。蕭賾使庾華來朝，華見澄音韻遒雅，風儀秀逸，謂主客郎張彝曰："往魏任城以武著稱，今魏任城乃以文見美也。"時詔延四廟之子，下逮玄孫之胄，申宗宴於皇信堂，不以爵秩爲列，悉序昭穆爲次，用家人之禮。高祖曰："行禮已畢，欲令宗室各言其志，可率賦詩。"特令澄爲七言連韻，與高祖往復賭賽，遂至極歡，際夜乃罷。

後高祖外示南討，意在謀遷，齋於明堂左个，詔太常卿王諶，親令龜卜，易筮南伐之事，其兆遇革。高祖曰："此是湯武革命，順天應人之卦也。"羣臣莫敢言。澄進曰："易言革者更也。將欲應天順人，革君臣之命，湯武得之爲吉。陛下帝有天下，重光累葉。今曰卜征，乃可伐叛，不得云革命。此非君人之卦，未可全爲吉也。"高祖厲聲曰："象云『大人虎變』，何言不吉也！"澄曰："陛下龍興既久，豈可方同虎變！"高祖勃然作色曰："社稷我社稷，任城而欲沮衆也！"澄曰："社稷誠知陛下之社稷，然臣是社稷之臣子，豫參顧問，敢盡愚衷。"高祖既銳意必行，惡澄此對，久之乃解，曰："各言其志，亦復何傷。"車駕還宮，便召澄，未及昇階，遙謂曰："向者之革卦，今更欲論之。明堂之忿，懼衆人競言，阻我大計，故厲色怖文武耳，想解朕意也。"乃獨謂澄曰："今日之行，誠知不易。但國家興自北土，徙居平城，雖富有四海，文軌未一，此間用武之地，非可文治，移風易俗，信爲甚難。崤函帝宅，河洛王里，因茲大舉，光宅中原，任城意以爲何如？"澄曰："伊洛中區，均天下所據，陛下制御華夏，

中華書局

輯平九服，蒼生聞此，應當大慶。」高祖曰：「北人戀本，忽聞將移，不能不驚擾也。」澄曰：「此既非常之事，當非常人所知，唯須決之聖懷，此輩亦何能爲也。」高祖曰：「任城便是我之子房。」加撫軍大將軍、太子少保，又兼尚書左僕射。及駕幸洛陽，定遷都之策，高祖詔曰：「遷移之旨，必須訪衆。當遣任城馳驛向代，問彼百司，論擇可否。近日論革，今眞所謂革也，王其勉之。」既至代都，衆聞遷詔，莫不驚駭。澄援引今古，徐以曉之，衆乃開伏。澄遂南馳還報，會車駕於滑臺。高祖大悅曰：「若非任城，朕事業不得就也。」從幸鄴宮，除吏部尚書。及幸代，車駕北巡，留澄銓簡舊臣。初，魏自公侯以下，迄于選臣，動有萬數，冗散無事。澄品爲三等，量其優劣，盡其能否之用，咸無怨者。駕還洛京，復兼右僕射。

高祖至北邙，遂幸洪池，命澄侍昇龍舟，因賦詩以序懷。高祖曰：「朕昨夜夢一老公，頭鬢皓白，正理冠服，拜立路左。朕怪而問之，自云晉侍中嵇紹，故此奉迎。神爽卑懼，似有求焉。」澄對曰：「晉世之亂，嵇紹以身衞主，殞命御側，亦是晉之忠臣；比干遭紂凶虐，忠諫剖心，可謂殷之良士。二人俱死於王事，墳塋並在於道周。然陛下徒御瀍洛，經殷墟而弔比干，〔五〕至洛陽而遺嵇紹，當是希恩而感夢。」高祖曰：「朕何德，能幽感達士也。然實思追禮先賢，標揚忠懿，比干、嵇紹皆是古之誠烈，而朕務濃於比干，禮略於嵇紹，情有愧然。既有此夢，或如任城所言。」於是求其兆域，遣使弔祭焉。

蕭鸞既殺蕭昭業而自立，昭業雍州刺史曹虎請以襄陽內附。分遣諸將，車駕將自赴之。豫州又表，虎奉誠之使不復重來。高祖引澄及咸陽王禧、彭城王勰、司徒馮誕、司空穆亮、鎭南李沖等議之。高祖曰：「比得邊州表云，襄陽慕化，朕將鳴鑾江沔，爲彼聲勢。今復表稱，更無後信，於行留之計，竟欲如何？」禧等或云宜行，或言宜止。高祖曰：「衆人紛紜，意見不等，朕莫知所從。必欲盡行留之勢，使言理俱暢者，宜有客主，共相起發。任城與鎭南爲應留之議，朕當爲宜行之論，諸公俱坐聽得失，長者從之。」於是高祖曰：「二賢試言留計也。」沖對曰：「臣等正以徒御草創，人斯樂安，內而應者未審，〔六〕不宜輕爾動發。」高祖曰：「襄陽款問，似當是虛。亦知初遷之民，無宜勞役。脫歸誠有實，卽當乘其悅附，遠則有會稽之會，近則略平江北。如其送款是虛，且可遊巡淮楚，問民之瘼，使彼土蒼生，知君德之所在，復何所損而惜此一舉？脫降問是實，而停不撫接，不亦稽阻款誠，毀朕大略也。」澄曰：「降問若審，應有表質。而使人一返，靜無音問，其詐也可見。今代遷之衆，人懷戀本，細累相攜，始就洛邑，居無一椽之室，家闕儋石之糧，而使怨苦卽戎，泣當白刃，恐非歌舞之師也。今茲區宇初構，又東作方興，正是子來百堵之日，農夫肆力之秋，宜寬彼逋誅，惠此民庶。且三軍已援，無稽赴接。苟其款實，力足納撫，待克平襄沔，然後動駕。今無故勞涉，空爲往返，恐挫損天威，更成賊膽，願上覽盤庚始遷之艱難，下矜詩人由庚之至詠，輯寧

新邑，惠康億兆。」而司空亮以爲宜行，公卿皆同之。澄謂亮曰：「公在外見旌鉞既張，而有憂色，每聞談論，不願此行，何得對聖顏更如斯之語也。面背不同，事涉欺佞，非所謂論道之德，更失國士之體，或有傾側，當由公輩佞臣。」李沖曰：「任城王可謂忠於社稷，願陛下深察其言。臣等在外，皆憚征行，唯貴與賤，不謀同辭，仰願聖心裁其可否。」高祖曰：「任城適以公等從朕，有如此論。不從朕者，何必皆忠而通識安危也。小忠是大忠之賊，無乃似諸？」澄曰：「臣既愚闇，不識大理，所可言者，雖涉小忠，要是竭盡微款，不知大忠者竟何據？」高祖曰：「任城脫居台鼎之任，欲令大忠在己也。」澄曰：「臣誠才非台弼，智闕和鼎，脫得濫居公鉉，庶當官而行，不負愚志。」高祖大笑。澄又謂亮曰：「昔汲黯於漢武前面折公孫食脫粟飯，臥布被，云其詐也。于時公孫謙讓下之。武帝歎汲黯至忠，公孫長者，二人稱賢。公既道均昔士，願思長者之言。」高祖笑曰：「任城欲自比汲黯也。且所言是公，未知得失所在，何便謝司空也。」駕遂南伐。

五等開建，食邑一千戶。後從征至懸瓠，以篤疾還京。駕餞之汝濆，賦詩而別。車駕還洛，引見王公侍臣於清徽堂。高祖曰：「此堂成來，未與王公行宴樂之禮。後東閤廡堂粗復始就，故今與諸賢欲無高而不昇，無小而不入。」因之流化渠。高祖曰：「此曲水者亦有其義，取乾道曲成，萬物無滯。」次之洗煩池。高祖曰：「此池中亦有嘉魚。」澄曰：「此所謂『魚

在在藻，有頒其首』。」高祖曰：「且取『王在靈沼，於牣魚躍』。」次之觀德殿。高祖曰：「射以觀德，故遂命之。」次之凝閑堂。高祖曰：「名目要有其義，此蓋取夫子閑居之義。不可縱奢以忘儉，自安以忘危，故此堂後作茅茨堂。」謂李沖曰：「此東曰步元廡，西曰遊凱廡。此堂雖無唐堯之君，卿等當無愧於元、凱。」沖對曰：「臣既遭唐堯之君，不敢辭元、凱之譽。」高祖曰：「光景垂落，朕同宗則有載考之義，卿等將出無遠，何得默爾，不示德音。」卽命黃門侍郎崔光、郭祚，通直郎邢巒、崔休等賦詩言志。燭至，公卿辭退。李沖再拜上千萬歲壽。高祖曰：「卿向以燭至致辭，復獻千萬之壽，朕報卿以南山之詩。」高祖曰：「燭至辭退，庶姓之禮；在夜載考，宗族之義。卿等且還，朕與諸王宗室，欲成此夜飲。」

又從幸鄴。還洛，以出納之勞，增邑五百戶。坐公事免官。尋兼吏部尚書。恒州刺史穆泰在州謀反，推朔州刺史、陽平王頤爲主。頤表其狀。高祖召澄入見凝閑堂，曰：「適得陽平表曰，穆泰謀爲不軌，招誘宗室。脫或必然，遷京甫爾，北人戀舊，南北紛擾，朕洛陽不立也。此事非任城不辦，可爲我力疾向北。如其弱也，直往擒翦；若其勢强，可承制發并肆兵以殄之。雖知王患，既是國家大事，不容辭也。」澄曰：「泰等愚惑，正戀本爲此，非有遠圖。臣誠怯弱，不憚是輩，雖復患惙，豈敢有辭。謹當罄盡心力，繼之以死，願陛下勿憂。」高祖笑曰：「得任城此行，朕復何憂也。」遂授節，銅虎、竹使符，御仗，左右，仍行恒州事。行

達雁門，太守夜告泰已握衆西就陽平，城下聚結，唯見弓仗。澄聞便速進。時右丞孟斌曰：「事不可量，須依敕召幷肆兵，然後徐動。」澄曰：「泰既構逆，應據堅城，而更迎陽平，度其所爲，似當勢弱。泰既不相拒，無故發兵，非宜也。但速往鎭之，民心自定。」遂倍道兼行，出其不意。又遣治書侍御史李煥先赴，至卽擒泰，民情怡然。窮其黨與，罪人皆得，鉅鹿公陸叡、安樂侯元隆等百餘人皆獄禁。具狀表聞，高祖覽表大悅，召集公卿以下以表示之，曰：「我任城可謂社稷臣也，尋其罪案，正復皐陶斷獄，豈能過之。」顧謂咸陽王等曰：「汝等脫當其處，不能辦此。」車駕尋幸平城，勞澄曰：「任城此行，深副遠寄。」對曰：「陛下威靈遠被，罪人無所逃刑，臣何勞之有。」引見逆徒，無一人稱枉，時人莫不歎之。高祖顧謂左右曰：「昔仲尼云：『聽訟吾猶人也，必也使無訟乎。』然聖人之聽訟，殆非常人所匹，必也無訟，今日見之矣。」以澄正尚書。

車駕南伐，留澄居守，復兼右僕射。澄表請以國秩一歲租布帛助供軍資，詔受其半。高祖幸鄴，值高車樹者反叛，車駕將親討之。澄表諫不宜親行。會江陽王繼平之，乃止。高祖還洛，引見公卿。高祖曰：「營國之本，禮教爲先。朕離京邑以來，禮教爲日新以不？」澄對曰：「臣謂日新。」高祖曰：「朕昨入城，見車上婦人冠帽而著小襦襖者，若爲如此，尙書何爲不察？」澄曰：「著猶少於不著者。」高祖曰：「深可怪也！任城意欲令全著乎？一言可以

喪邦者，斯之謂歟？可命史官書之。」又曰：「王者不降佐於蒼昊，皆拔才而用之。朕失於舉人，任許一羣婦人輩奇事，〔七〕當更銓簡耳。任城在省，爲舉天下綱維，爲當署事而已？」澄曰：「臣實署事而已。」高祖曰：「如此便一令史足矣，何待任城。」又曰：「我遣舍人宣詔，何爲使小人聞之？」澄曰：「時雖有幹吏，去榜亦遠。」高祖曰：「遠則不聞，聞則不遠。既得聞詔，理故可知。」於是留守羣臣遂免冠謝罪。尋除尙書右僕射。

蕭寶卷遣其太尉陳顯達入寇漢陽。是時高祖不豫，引澄入見淸徽堂。詔曰：「顯達侵亂，沔陽不安，朕不親行，莫攘此賊。朕疾患淹年，氣力惙弊，如有非常，委任城大事。是段任城必須從朕。」澄涕泣對曰：「臣謹當竭股肱之力，以命上報。」遂從駕南伐。高祖崩，澄受顧命。

世宗初，有降人嚴叔懋告尙書令王肅遣孔思達潛通寶卷，圖爲叛逆，寶卷遣俞公喜送敕於肅，公喜還南，肅與裴叔業馬爲信。澄信之，乃表肅將叛，輒下禁止。咸陽、北海二王奏澄擅禁宰輔，免官歸第。

尋出爲平西將軍、梁州刺史。辭以母老。除安東將軍、相州刺史，復固辭。改授安西將軍、雍州刺史。尋徵赴季秋講武。除都督淮南諸軍事、鎭南大將軍、開府、揚州刺史。下車封孫叔敖之墓，毀蔣子文之廟。頻表南伐，世宗不許。又辭母老，乞解州任，寢而不報。

加散騎常侍。

澄表曰：「臣參訓先朝，藉規有日，前言舊軌，頗亦聞之。又昔在恒代，親習皇宗，熟祕序〔疑〕庭無闕日。臣每於侍坐，先帝未常不以書典在懷，禮經爲事，周旋之則，不輟於時。自鳳舉中京，方隆禮教，宗室之範，每蒙委及，四門之選，負荷銓量。自先皇升遐，未遑修述，學宮虛荷四門之名，宗人有闕四時之業，青衿之緒，於茲將廢。臣每惟其事，竊所傷懷。伏惟聖略宏遠，四方罕務，宴安之辰，於是乎在。何爲太平之世，而令子衿之歎興焉；聖明之日，而使宗人之訓闕焉。愚謂可敕有司，修復皇宗之學，開闢四門之教，使將落之族，日就月將。」詔曰：「胄子崇業，自古盛典，國均之訓，無應久廢，尙書更可量宜修立。」澄又表母疾解州任，不聽。

蕭衍將張囂之寇陷夷陵戍，〔八〕澄遣輔國將軍成興步騎赴討，大破之，復夷陵，囂之遁走。又遣長風戍主奇道顯攻蕭衍陰山戍，破之，斬其戍主龍驤將軍、都亭侯梅興祖。仍引攻白藁戍，又破之，斬其寧朔將軍、關內侯吳道爽。澄表曰：「蕭衍頻斷東關，欲令巢湖汎溢。湖周回四百餘里，東關合江之際，廣不過數十步，若賊計得成，大湖傾注者，則淮南諸戍必同晉陽之事矣。又吳楚便水，且灌且掠，淮南之地，將非國有。壽陽去江五百餘里，衆庶惶惶，並懼水害。脫乘民之願，攻敵之虛，豫勒諸州，纂集士馬，首秋大集，則南瀆可爲

飲馬之津，霍嶺必成徙倚之觀，事貴應機，經略須早。縱混一不可必果，江西自是無虞。若猶豫緩圖，不加除討，關塞既成，襄陵方及，平原民戍定爲魚矣。」詔發冀、定、瀛、相、幷、濟六州二萬人，馬一千五百匹，令仲秋之中畢會淮南，幷壽陽先兵三萬，委澄經略。

先是朝議有南伐之意，以蕭寶夤爲東揚州刺史據東城，陳伯之爲江州刺史戍陽石，以澄總督二鎭，授之節度。至是勒兵進討。以東關水衝，大峴險要，東關緃水，陽石、合肥有急懸之切，不圖大峴，則歷陽有乘險之援，淮陵陸道，九山水路，並宜經略。於是遣統軍傅豎眼、王神念等進次大峴、東關、九山、淮陵，皆分部諸將，倍道據之，總勒大衆，絡繹相接。而神念克其關要、潁川二城，斬衍軍主費尼。而寧朔將軍韋惠、龍驤將軍李伯由仍固大峴。澄遣統軍党法宗、傅豎眼等進軍克之，遂圍白塔、牽城，數日之間，便卽逃潰。衍淸溪戍望風散走。衍徐州刺史司馬明素率衆三千，欲援九山；徐州長史潘伯鄰規固淮陵；寧朔將軍王燮負險焦城。法宗進克焦城，破淮陵，擒明素，斬伯鄰。其濟陰太守王厚强、廬江太守裴邃卽亦奔退。詔澄曰：「將軍文德內昭，武功外暢，奮揚大略，將蕩江吳。長旍始舒，賊徒懾氣，銳旅方馳，東關席卷。想江湖弭波，在旦夕耳。所送首虜，並已聞之。」

初，澄出討之後，衍將姜慶眞襲據壽春外郭，齊王蕭寶夤擊走之。長史韋纘坐免官，〔九〕澄以在外無坐。遂攻鍾離。又詔：「鍾離若食盡，三月已前，固有可克，如至四月，淮

水泛長，舟行無礙，宜善量之。前事捷也，此實將軍經略，勳有常焉。如或以水盛難圖，亦可爲萬全之計，不宜昧利無成，以貽後悔也。」蕭衍冠軍將軍張惠紹、游擊將軍殷暹、驍騎將軍趙景悅、龍驤將軍張景仁等率衆五千，送糧鍾離。澄遣統軍王足、劉思祖等邀擊惠紹等，大破之。獲惠紹、殷暹、景仁及其屯騎校尉史文淵等軍主以上二十七人。既而遇雨，淮水暴長，引歸壽春。還既狼狽，失兵四千餘人。頻表解州，世宗不許。有司奏軍還失路，奪其開府，又降三階。時蕭衍有移，求換張惠紹。澄表請不許，詔付八座會議。尚書令、廣陽王嘉等奏宜還之，詔乃聽還。後果復寇邊。

轉澄鎮北大將軍、定州刺史。初，民中每有橫調，百姓煩苦，前後牧守，未能蠲除，澄多所省減，民以忻賴。又明黜陟賞罰之法，表減公園之地，以給無業貧口，禁造布絹不任衣者。母孟太妃薨，居喪毀瘠，當世稱之。服闋，除太子太保。

於時高肇當朝，猜忌賢戚。澄爲肇間構，常恐不全，乃終日昏飲，以示荒敗。所作詭越，時謂爲狂。

世宗夜崩，時事倉卒，高肇擁兵於外，肅宗沖幼，朝野不安。澄疏斥不預機要，而朝望所屬，領軍于忠、侍中崔光等奏澄爲尚書令，於是衆心忻服。又加散騎常侍、驃騎大將軍，尋遷司空，加侍中，俄詔領尚書令。

初，正始之末，詔百司普昇一級，而執事者不達旨意，刺史、守、令限而不及。澄奏曰：「竊惟雲構鬱起，澤及百司，企春望榮，內外同慶。至於賞陟，不及守宰，爾來十年，冤訟不絕。封回自鎮遠、安州入爲太尉長史，元匡自征虜、恒州入作宗卿，二人遷授，並在先詔。應蒙之理，備在於斯。兼州佐停私之徒，陪臣郡丞之例，尚蒙天澤下降，榮及當時。然參佐之來，皆因府主，今府主不霑，佐官獨預，棄本賞末，愚謂未允。今計刺史、守、宰之官，請準回、匡，〔一〇〕悉同汎限，上允初旨百司之章，下覆訟者元元之心。」詔曰：「自今已後，內外之事，嘗經先朝者，不得重聞。」澄奏曰：「臣聞堯懸諫諍之鼓，舜置誹謗之木，皆所以廣耳目於芻蕘，達四聰於天下。伏惟太祖開基，化隆自遠，累聖相承，於今九帝。重光疊照，汙隆必同，與奪隨時，道無恒體。思過如渴，言重千金，故稱無諱之朝，邁蹤三、五。高祖沖年纂曆，文明協統，變官易律，未爲違典。及慈聖臨朝，母儀宇縣，爰發慈令，垂心滯獄，深枉者仰日月於九泉，微屈者希曲照於盆下。今乃格以先朝，限以一例，斯誠奉遵之本心，實乖元元之至望。在于謙挹，有乖舊典。謹尋抱枉求直，或經累朝。毫釐之差，正之宜速；謬若千里，駟馬弗追。故禮有損益，事有可否，父有諍子，君有諫臣，琴瑟不調，理宜改作。是以防川之論，小決則通；鄉校之言，擁則敗國。矧伊陳屈，而可抑以先朝。且先朝屈者，非故屈之，或有司愛憎，或執事濁僻，空文致法，以誤視聽。如此冤塞，彌在可哀。僭之與濫，寧失不經，乞收今旨，還依前詔。」詔曰：「省奏，深體毗贊之情，三皇異軌，五代殊風，一時之制，何必詮改。必謂虛文設旨，理在可申者，何容不同來執。可依往制。」

澄表上皇誥宗制并訓詁各一卷，意欲皇太后覽之，思勸戒之益。又奏利國濟民所宜振舉者十條。一曰律度量衡，公私不同，所宜一之。二曰宜興學校，以明黜陟之法。三曰宜興滅繼絕，各舉所知。四曰五調之外，一不煩民，任民之力，不過三日。五曰臨民之官，皆須黜陟，以旌賞罰。六曰逃亡代輸，去來年久者，若非伎作，任聽卽住。七曰邊兵逃走，或實陷沒，皆須精檢；三長及近親，若實隱之，徵其代輸，不隱勿論。八曰工商世業之戶，復徵租調，無以堪濟，今請免之，使專其業。九曰三長禁姦，不得隔越相領，戶不滿者，隨近幷合。十曰羽林虎賁，邊方有事，暫可赴戰，常戍宜遣蕃兵代之。靈太后下其奏，百僚議之，事有同否。

時四中郎將兵數寡弱，不足以襟帶京師，澄奏宜以東中帶滎陽郡，南中帶魯陽郡，西中帶恒農郡，北中帶河內郡，選二品、三品親賢兼稱者居之，省非急之作，配以强兵，如此則深根固本、强幹弱枝之義也。靈太后初將從之，後議者不同，乃止。澄又重奏曰：「固本宜强，防微在豫，故雖有文事，不忘武功。況今南蠻仍獷，北妖頻結，來事難圖，勢同往變。脫暴勃忽起，振動關畿，四府羸卒，何以防擬。平康之世，可以寄安，遺之久長，恐非善策。如臣

愚見，郎將領兵，兼總民職，省官實祿，於是乎在。求還依前增兵益號，將位既重，則念報亦深，軍郡相依，則表裏俱濟，朝廷無四顧之憂，姦宄絕窺覦之望矣。」卒不納。又以流人初至遠鎮，衣食無資，多有死者，奏幷其妻子給糧一歲，從之。尋以疾患，求解任，不許。

蕭衍於浮山斷淮爲堰，以灌壽春，乃除使持節、大將軍、大都督、南討諸軍事，勒衆十萬，將出彭宋，尋淮堰自壞，不行。

澄以北邊鎮將選舉彌輕，恐賊虜闚邊，山陵危迫，奏求重鎮將之選，修警備之嚴，詔不從。賊虜入寇，至於舊都，鎮將多非其人，所在叛亂，犯逼山陵，如澄所慮。澄奏都城府寺猶未周悉，今軍旅初寧，無宜發衆，請取諸職人及司州郡縣犯十杖已上百鞭已下收贖之物，絹一匹，輸磚二百，以漸修造。詔從之。太傅、清河王懌表奏其事，遂寢不行。

澄又奏曰：「臣聞賞必以道，用防淫人之姦；罰不濫及，以戒良士之困。刑者，侀也。每垂三宥，秉律執請，不得已而用之。是故小大之獄，察之以情，一人呼嗟，或虧王道。刑罰得失，乃興廢之所由也。竊聞司州牧、高陽王臣雍栲殺奉朝請韓元昭、前門下錄事姚敬賢，雖因公事，理實未盡。何者？太平之世，草不橫伐，行葦之感，事驗隆周。若昭等狀彰，死罪以定，應刑於都市，與衆棄之；如其疑似不分，情理未究，不宜以三清九流之官杖下便死，輕絕民命，傷理敗法。往年州於大市鞭殺五人，及檢贓狀，全無寸尺。今復酷害，一至於

此。朝野云云，咸懷驚愕。若殺生在下，虐事於臣，人君之權，安所復用。自開古以來，明明之世，未聞斯比也。武王曰：『吾不以一人之命而易天下。』蓋重民命也。請以見事付廷尉推究，驗其爲劫之狀，察其栲殺之理，使是非分明，幽魂獲雪。」詔從之。

澄當官而行，無所回避。又奏墾田授受之制八條，甚有綱貫，大便於時。前來尚書文簿，諸曹須，則出借。時公車署以理冤事重。奏請眞案。澄執奏以尚書政本，特宜遠愼，故凡所奏事，閣道通之，蓋以祕要之切，防其宣露，寧有古制所重，今反輕之，內猶設禁，外更寬也。宜繕寫事意，以付公車。詔從之。西域嚈噠、波斯諸國各因公使，並遺澄駿馬一匹。澄請付太僕，以充國閑。詔曰：「王廉貞之德，有過楚相，可敕付廐，以成君子大哉之美。」

御史中尉、東平王匡奏請取景明元年以來內外考簿、吏部除書、中兵勳案并諸殿最，欲以案校竊階盜官之人，靈太后許之。澄表曰：

臣聞三季之弊，由於煩刑；火德之興，在於三約。是以老聃云「法令滋彰，盜賊多有」，又曰「其政察察，其民缺缺」，又曰「天網恢恢，疏而不漏」。是故欲求治本，莫若省事清心。昔漢文斷獄四百，幾致刑措，省事所致也。蕭曹爲相，載其清靜畫一之歌，清心之本也。今欲求之於本，宜以省事爲先，使在位羣官，纂蕭曹之心，以毗聖化。如此，則上下相安，遠近相信，百司不怠，事無愆失。豈宜擾世教以深文，烹小鮮以煩手哉。

臣竊惟景明之初暨永平之末，內外羣官三經考課。逮延昌之始，方加黜陟。五品以上，引之朝堂，親決聖目；六品以下，例由敕判。自世宗晏駕，大宥三行，所以蕩除故意，與物更始。革世之事，方相窮覈，以臣愚見，謂爲不可。

又尚書職分，樞機出納。昔魏明帝卒至尚書門，陳矯亢辭，帝慚而返。夫以萬乘之重，非所宜行，猶屈一言，慚而回駕，羣官百司，而可相亂乎？故陳平不知錢穀之數，邴吉不問僵道之死，當時以爲達治，歷代用爲美談。但宜各守其職，思不出位，潔己以勵時，靖恭以致節。又尋御史之體，風聞是司，至於冒勳妄考，皆有處別，若一處有風謠，卽應攝其一簿，研檢虛實，若差舛不同，僞情自露，然後繩以典刑，人孰不服。豈有移一省之案，取天下之簿，尋兩紀之事，窮革世之尤，如此求過，誰堪其罪！斯實聖朝所宜重慎也。

靈太后納之，乃止。

後遷司徒公，侍中、尚書令如故。澄又表曰：

伏惟世宗宣武皇帝命將授旗，隨陸啓顙；運籌制勝，淮漢自賓。節用勞心，志清六合，是故纘武修文，仍世彌盛。陛下當周康靖治之時，豈得晏安於玄默。然取外之理，要由內强；圖人之本，先在自備。蕭衍雖虐使其民，而窺覦不已。若遇我虛疲，士民凋窘，賊衍年老志張，思播虺毒，此之弗圖，恐受其病。伏惟陛下妙齡在位，聖德方昇；皇太后總御天機，乾乾夕惕。若留意於負荷，忿車書之未一。進賢拔能，重官人之舉；標賞忠清，旌養人之器；修干戈之用，畜熊虎之士；愛時鄙財，輕寶重穀。七八年間，陛下聖略方剛，親王德幹壯茂，將相膂力未衰，愚臣猶堪戎伍，荷戈帶甲之衆蓄銳於今，燕弧冀馬之盛充牣在昔；又賊衍惡積禍盈，勢不能久，子弟闇悖，釁逆已彰，亂亡之兆，灼然可見。兼弱有徵，天與不遠，大同之機，宜須蓄備。昔漢帝力疾，討滅英布；高皇臥病，親除顯達。夫以萬乘之主，豈忘宴安，實以侵名亂正，計不得已。今宜慕二帝之遠圖，以肅寧爲大任。

然頃年以來，東西難寇，艱虞之興，首尾連接，雖尋得翦除，亦大損財力。且飢饉之氓，散亡莫保，收入之賦不增，出用之費彌衆，不愛力以悅民，無豐資以待敵，此臣所以夙夜懷憂，悚息不寧者也。易曰：「何以守位曰仁，何以聚人曰財。」故曰：財者，非天不生，非地不長，非時不成，非人不聚。生聚之由，如此其難；集人守位，若此之重。興替之道，焉可不慮。又古者使民，歲不過三日，食壯者之糧，任老者之智。此雖太平之法，難卒而因；然妨民害財，不亦宜戒！今墉雉素修，廐庫崇列，雖府寺膠墊，少有未

周，大抵省府粗得庇憩理務，諸寺靈塔俱足致虔講道。唯明堂辟雍，國禮之大。來冬司徒兵至，請籌量減徹，專力經營，務令早就。其廣濟數施之財，酬商互市之弊，凡所營造，自非供御切須，戎仗急要，亦宜微減，以務阜積，庶府無橫損，民有全力。夫食土簋而嬀德昭，寢卑室而禹功盛，章臺麗而楚力衰，阿宮壯而秦財竭，存亡之由，灼然可觀。願思前王一同之功，畜力聚財，以待時會。

靈太后銳於繕興，在京師則起永寧、太上公等佛寺，功費不少，外州各造五級佛圖。又數爲一切齋會，施物動至萬計。百姓疲於土木之功，金銀之價爲之踊上，削奪百官事力，費損庫藏，兼曲賚左右，日有數千。澄故有此表。雖卒不從，常優答禮之。政無大小，皆引參決。澄亦盡心匡輔，事有不便於民者，必於諫諍，雖不見用，殷勤不已，內外咸敬憚之。

神龜二年薨，年五十三。賻布一千二百匹、錢六十萬、蠟四百斤，給東園溫明祕器、朝服一具、衣一襲；大鴻臚監護喪事，詔百僚會喪；〔二〕贈假黃鉞、使持節、都督中外諸軍事、太傅，領太尉公；加以殊禮，備九錫，依晉大司馬、齊王攸故事；謚曰文宣王。澄之葬也，凶飾甚盛。靈太后親送郊外，停輿悲哭，哀動左右。百官會赴千餘人，莫不歔欷。當時以爲哀榮之極。第四子彝襲。

彝，字子倫，繼室馮氏所生，頗有父風。拜通直散騎常侍。及元叉專權，而彝耻於託附，

故不得顯職。莊帝初，河陰遇害，贈車騎將軍、儀同三司、青州刺史。謚曰文。

子度世，襲。武定中，金紫光祿大夫。齊受禪，爵例降。

彝兄順，字子和。九歲師事樂安陳豐，初書王羲之小學篇數千言，〔二〕晝夜誦之，旬有五日，一皆通徹。豐奇之，白澄曰：「豐十五從師，迄于白首，耳目所經，未見此比，江夏黃童，不得無雙也。」澄笑曰：「藍田生玉，何容不爾。」十六，通杜氏春秋，恒集門生，討論同異。于時四方無事，國富民康，豪貴子弟，率以朋遊為樂，而順下帷讀書，篤志愛古。性謇諤，淡於榮利，好飲酒，解鼓琴，能長吟永歎，吒詠虛室。世宗時，上魏頌，〔三〕文多不載。

起家為給事中。時尚書令高肇，帝舅權重，天下人士，望塵拜伏。順曾懷刺詣肇門，門者以其年少，答云「在坐大有貴客」，不肯為通。順叱之曰：「任城王兒，可是賤也！」及見，直往登牀，捧手抗禮，王公先達，莫不怪慴，而順辭吐傲然，若無所覩。肇謂衆賓曰：「此兒豪氣尚爾，況其父乎！」及出，肇加敬送之。澄聞之，大怒，杖之數十。後超轉中書侍郎，俄遷太常少卿。以父憂去職，哭泣嘔血，身自負土。時年二十五，便有白髮，免喪抽去，不復更生，世人以為孝思所致。

尋除給事黃門侍郎。時領軍元叉威勢尤盛，凡有遷授，莫不造門謝謁。順拜表而已，

曾不詣叉。叉謂順曰：「卿何謂聊不見我？」順正色曰：「天子富於春秋，委政宗輔，叔父宜以至公為心，舉士報國，如何賣恩，責人私謝，豈所望也！」至於朝論得失，順常鯁言正議，曾不阿旨，由此見憚。出除平北將軍、恒州刺史。順謂叉曰：「北鎮紛紜，方為國梗，桑乾舊都，根本所繫，請假都督，為國捍屏。」叉心疑難，不欲授以兵官，謂順曰：「此朝廷之事，非我所裁。」順曰：「叔父既握國柄，殺生由己，自言天之歷數應在我躬，何得復有朝廷也！」叉彌忿憚之。轉為安東將軍、齊州刺史。順自負有才，不得居內，每懷鬱怏，形於言色，遂縱酒歡娛，不親政事。叉解領軍，徵為給事黃門侍郎。親友郊迎，賀其得入。順曰：「不患不入，正恐入而復出耳。」俄兼殿中尚書，轉侍中。初，中山王熙起兵討元叉，不果而誅，及靈太后反政，方得改葬。順侍坐西遊園，因奏太后曰：「臣昨往看中山家葬，非唯宗親哀其冤酷，行路士女，見其一家七喪，皆為潸然，莫不酸泣。」叉妻時在太后側，順指之曰：「陛下奈何以一妹之故，不伏元叉之罪，使天下懷冤！」太后默然不語。

就德興反於營州，使尚書盧同往討之，大敗而返。屬侍中穆紹與順侍坐，因論同之罪。同先有近宅借紹，紹頗欲為言。順勃然曰：「盧同終將無罪！」太后曰：「何得如侍中之言？」順曰：「同有好宅與要勢侍中，豈慮罪也。」紹慚，不敢復言。靈太后頗事妝飾，數出遊幸。順面諍曰：「禮，婦人夫喪，自稱未亡人，首去珠玉，衣不被綵。陛下母臨天下，年垂不惑，過

甚修飾，何以示後世？」靈太后慚而不出。還入宮，責順曰：「千里相徵，豈欲衆中見辱也！」順曰：「陛下盛服炫容，不畏天下所笑，何恥臣之一言乎？」

初，城陽王徽慕順才名，偏相結納。而廣陽王淵姦徽妻于氏，大為嫌隙。及淵自定州被徵，入為吏部尚書，兼中領軍。順為詔書，辭頗優美。徽疑順為淵左右，由是與徐紇間順於靈太后，出順為護軍將軍、太常卿。順奉辭於西遊園，徽紇侍側，順指之謂靈太后曰：「此人魏之宰嚭，魏國不滅，終不死亡。」紇脅肩而出。順遂抗聲叱之曰：「爾刀筆小人，正堪為几案之吏，寧應忝茲執戟，虧我彝倫！」遂振衣而起。靈太后默而不言。時追論順父顧託之功，增任城王彝邑二千戶，又析彝邑五百戶以封順，為東阿縣開國公。

順疾徽等間之，遂為蠅賦曰：

余以仲秋休沐，端坐衡門，寄想琴書，託情紙翰，而蒼蠅小蟲，往來牀几，疾其變白，聊為賦云：

遐哉大道，廓矣洪氛。肇立秋夏，爰啓冬春。既含育於萬性，又芻狗而不仁。隨因緣以授體，齊美惡而無分。生茲穢類，靡益於人。名備羣品，聲損衆倫。欻脛纖翼，紫首蒼身。飛不能迴，聲若遠聞。點緇成素，變白為黑。寡愛蘭芳，偏貪穢食。集桓公之屍，居平叔之側。亂鷄鳴之響，毀皇宮之飾。習習戶庭，營營榛棘。反覆往還，譬

彼讒賊。膚受既通，譖潤罔極。緝緝幡幡，交亂四國。於是妖姬進，邪士來，聖賢擁，忠孝摧。周昌拘於牖里，天乙囚於夏臺。伯奇為之痛結，申生為之蒙災。鴟鴞悲其室，採葛懼其懷。小弁隕其涕，靈均表其哀。自古明哲猶如此，何況中庸與凡才。

若夫天生地養，各有所親。獸必依地，鳥亦憑雲。或來儀以呈祉，或自擾而見文。或負圖而歸德，或銜書以告真。或天胎而奉味，或殘軀以獻珍。或主皮而興禮，或牢豢以供神。雖死生之異質，俱有益於國人。非如蒼蠅之無用，唯構亂於蒸民。

遂屬疾在家，杜絕慶弔。

後除吏部尚書，兼右僕射。及上省，登階向榻，見榻甚故，問都令史徐仵起。仵起曰：「此榻曾經先王坐。」順即哽塞，涕泗交流，久而不能言，遂令換之。時三公曹令史朱暉，素事錄尚書、高陽王雍，雍欲以為廷尉評，頻請託順，順不為用。雍遂下命用之，順投之於地。雍聞之，大怒，昧爽坐都廳，召尚書及丞郎畢集，欲待順至，於衆挫之。順日高方至，雍攘袂撫几而言曰：「身，天子之子，天子之弟，天子之叔，天子之相，四海之內，親尊莫二，元順何人，以身成命，投棄於地！」順鬚鬢俱張，仰面看屋，憤氣奔涌，長歔而不言。久之，搖一白羽扇，徐而謂雍曰：「高祖遷宅中土，創定九流，官方清濁，軌儀萬古。而朱暉小子，身為省吏，何合為廷尉清官！殿下既先皇同氣，宜遵成旨，自有短垣而復踰之也。」雍曰：「身為丞相、

錄尚書，如何不得用一人爲官？」順曰：「庖人雖不治庖，尸祝不得越樽俎而代之。未聞有別旨，令殿下參選事。」順又厲聲曰：「殿下必如是，順當依事奏聞！」雍遂笑而言曰：「豈可以朱暉小人，便相忿恨。」遂起，呼順入室，與之極飲。順之亢毅不撓，皆此類也。

後除征南將軍、右光祿大夫，轉兼左僕射。尒朱榮之奉莊帝，召百官悉至河陰，素聞順數諫諍，惜其亮直，謂朱瑞曰：「可語元僕射，但在省，不須來。」順不達其旨，聞害衣冠，遂便出走，爲陵戶鮮于康奴所害。家徒四壁，無物斂屍，止有書數千卷而已。門下通事令史王才達裂裳覆之。莊帝還宮，遣黃門侍郎山偉巡喻京邑。偉臨順喪，悲慟無已。既還，莊帝怪而問曰：「黃門何爲聲散？」偉以狀對。莊帝敕侍中元祉曰：「宗室喪亡非一，不可周贍。元僕射清苦之節，死乃益彰，特贈絹百匹，餘不得例。」贈驃騎大將軍、尚書令、司徒公、定州刺史，謚曰文烈。順撰帝錄二十卷，詩賦表頌數十篇，今多亡失。

長子朗，時年十七。枕戈潛伏積年，乃手刃康奴，以首祭於順墓，然後詣闕請罪。朝廷嘉而不問。朗涉歷書記，爲司徒屬。天平中，爲奴所害。贈都督瀛冀二州諸軍事、□□將軍、尚書右僕射、冀州刺史。

順弟淑，淑弟悲，並早卒。

悲弟紀，字子綱。永熙中，給事黃門侍郎。隨出帝沒於關中。

澄弟嵩，字道岳。高祖時，自中大夫遷員外常侍，轉步兵校尉。大司馬、安定王休薨，未及卒哭，嵩便遊田。高祖聞而大怒，詔曰：「嵩不能克己復禮，企心典憲，大司馬薨殂甫爾，便以鷹鷂自娛。有如父之痛，無猶子之情，捐心棄禮，何其太速！便可免官。」後從平沔北，累有戰功，除左中郎將，兼武衞將軍。

高祖南伐，蕭寶卷將陳顯達率衆拒戰。嵩身備三仗，免胄直前，將士從之，顯達奔潰，斬獲萬計。嵩於爾日勇冠三軍。高祖大悅而言曰：「任城康王大有福德，文武頓出其門。」以功賜爵高平縣侯，賚帛二千五百匹。

初，高祖之發洛也，馮皇后以罪幽於宮內。既平顯達，回次穀唐原，高祖疾甚，將賜后死，曰：「使人不易可得。」顧謂任城王澄曰：「任城必不負我，嵩亦當不負任城，可使嵩也。」於是引嵩入內，親詔遣之。

世宗卽位，以武衞將軍兼侍中，出爲平南將軍、荆州刺史。嵩表曰：「蕭寶卷骨肉相殘，忠良先戮，臣下囂然，莫不離背，君臣攜貳，干戈日尋。流聞寶卷雍州刺史蕭衍兄懿於建業阻兵，與寶卷相持，荆郢二州刺史並是寶卷之弟，必有圖衍之志。臣若遣書相聞，迎其本謀，冀獲同心，并力除衍。平衍之後，〔一四〕彼必旋師赴救丹陽，當不能復經營疆陲，全固襄沔。臣之軍威已得臨據，則沔南之地可一舉而收。緣漢曜兵，示以威德，思歸有道者則引而納之，受疑告危者則援而接之。總兵竚銳，觀釁伺隙，若其零落之形已彰，怠懈之勢已著，便可順流摧鋒，〔一五〕長驅席卷。」詔曰：「所陳嘉謀，深是良計。如當機形可進，任將軍裁之。」既而蕭衍尋克建業，乃止。除平北將軍、恒州刺史。轉平東將軍、徐州刺史。又轉安南將軍、揚州刺史。

蕭衍湘州刺史楊公則率衆二萬，屯軍洛口，姜慶眞領卒五千，據於首陂，又遣其左軍將軍騫小眼，軍主何天祚、張俊興等率衆七千，攻圍陸城，嵩乃遣統軍封邁、王會等步騎八千討之。邁達陸城，賊皆夜遁，追擊破之，斬獲數千，公則、慶眞退還馬頭。衍徐州刺史昌義之屯據高皇，遣三軍潛寇陰陵，以淮水淺竭，不通船艦，屯於馬頭。衍將田道龍、何景先等領卒三千已至衡山，規寇陸城。寇並充逼。嵩遣兼統軍李叔仁等援合肥、小峴、楊石，頻戰破之。衍征虜將軍趙草屯於黃口，〔一六〕嵩遣軍司趙熾等往討之，先遣統軍安伯醜潛師夜渡，伏兵下蔡。草率卒四千，逆來拒戰，伯醜與下蔡戍主王虎等前後夾擊，大敗之，俘斬溺死四千餘人。統軍李叔仁等夜襲硤石之賊，又破之。衍將姜慶眞專據肥汭，冠軍將軍曹天寶屯於鷄口，軍主尹明世屯東硤石。嵩遣別將羊引次于淮西，去賊營十里，司馬趙熾率兵一萬爲表裏聲勢。衆軍既會，分擊賊之四壘。四壘之賊，戰敗奔走，斬獲數千，溺死萬數。統軍

牛敬賓攻硤石，明世宵遁。慶眞合餘燼浮淮下，下蔡戍主王略截流擊之，俘斬太半。於是威名大振。

後爲蒼頭李太伯等同謀害嵩，并妻穆氏及子世賢。世宗爲嵩舉哀於東堂，賻絹一千匹，贈車騎將軍、領軍，謚曰剛侯。

第二子世儁，頗有幹用，而無行業。襲爵，除給事中、東宮舍人。伯父澄表求轉階授之，於是除員外散騎常侍。肅宗時，追論嵩勳，封世儁衞縣開國男，食邑二百戶。遷冠軍將軍、宗正少卿，又爲散騎常侍、安南將軍、武衞將軍、河南尹。尋除鎭東將軍、青州刺史，轉征東將軍，加散騎常侍。邢杲之亂，圍逼州城，世儁憑城拒守，遂得保全。孝莊時，除衞將軍、吏部尚書。尒朱兆寇京師，詔世儁以本官爲都督，防守河橋。及兆至河，世儁初無拒守意，便隔岸遙拜，時論疾之。前廢帝世，爲驃騎將軍，仍加尚書，尤爲尒朱世隆所昵。出帝初，加儀同三司，改封武陽縣開國子，食邑五百戶。世儁居選曹，不能厲心，多所受納，爲中尉彈糾，坐免官。尋復本職。孝靜初，加侍中、尚書右僕射，還尚書令。世儁輕薄，好去就，詔送晉陽。興和中，薨。贈侍中、都督冀定瀛殷四州諸軍事、驃騎大將軍、太傅、定州刺史、尚書令、開國公如故，謚曰躁戾。子景遠襲，散騎侍郎。

世賢弟世哲，武定中，吏部郎。

嵩弟瞻，字道周。高祖時，自□大夫稍遷宗正少卿、龍驤將軍、光州刺史、散騎常侍、左將軍，遷平東將軍、兗州刺史。頗愛書史，而貪暴好殺。澄深恥忿之，絕其往來。有四子。長子遠，尙書郎。

史臣曰：顯祖之將禪讓，可謂國之大節。康王毅然庭諍，德音孔昭，一言興邦，其斯之謂歟？文宣貞固俊遠，鬱爲宗傑，身因累朝，寧濟夷險，旣社稷是任，其梁棟之望也。順謇諤俶儻，有汲黯之風，不用於時，橫招非命，惜矣。嵩有行陣之氣，儁則裂冠之徒歟？

校勘記

〔一〕若欲捨儲　冊府卷二八八三三九四頁作「若或欲捨儲宮」，「或」「宮」二字當是傳本脫去。

〔二〕雲以太妃蓋氏薨　張森楷云：「上卷作孟椒房生雲。『孟』『蓋』形近，未詳孰是。」

〔三〕字道鎭　北史卷一八本傳「鎭」作「鏡」。按「鏡」與「澄」名字相應，疑作「鏡」是。

〔四〕叱盤固道鎭副將　諸本「盤」作「磐」。按上文作「符叱盤」，「盤」「槃」都是譯音，但二行之內不當前後互異，今改作「盤」。

〔五〕陛下徙御灑洛經殷墟而弔比干　諸本「灑」作「殷」，「殷」作「灑」。冊府卷一三七一六六二頁如上

摘句。北史卷一八無上句，下句也作「殷墟」。按遷都洛陽，不得謂之「殷洛」。金石萃編卷二七載元宏弔比干文明云「路經商區，�衢壤」，本書卷一〇六上地形志上汲郡汲縣下有「比干墓」，弔比干和灑水全不相干。顯然二字誤倒，今據冊府改。

〔六〕內而應者未審　通鑑卷一三九四三七一頁此句作「爲內應者未得審諦」。這裏「內而應者」當作「而內應者」。

〔七〕任許一羣婦人輩奇事　北史卷一八此句作「任一羣婦女輩」。按魏書此句疑有訛脫。

〔八〕蕭衍將張囂之寇陷夷陵戍　通鑑卷一四五四五二七頁「夷陵」作「木陵」。胡注：「水經注：卷三〇淮水篇木陵山在黃水西南，有木陵關。」按諸本都作「夷陵」，通鑑當別有據，但考異無文，或所見魏書舊本作「木陵」。木陵在今湖北麻城北，下文的陰山戍，據水經注卽其東的陰山關。似作「木陵」是。

〔九〕長史韋纘坐免官　諸本「纘」作「續」。按卷九二任城國太妃孟氏傳見長史韋纘，卽此人。韋纘，附卷四三韋閬傳，記免官事與此傳合。今據本傳改。

〔一〇〕請準回匡　諸本「回匡」作「封回」，冊府卷四七二五六三一頁作「回康」。按上文舉封回、元匡二人，這裏不應只以封回一人爲例。原文當作「回、匡」，宋人避諱，冊府改「匡」作「康」，這裏改作「封回」，今改正。

〔一一〕詔百僚會喪　諸本「會」作「興」，冊府卷二七七三二七三頁作「會」。按「興喪」無義，今據冊府改。

〔一二〕初書王義之小學篇數千言　張森楷云：「王羲之無小學篇。隋書經籍志卷三四小學類有小學篇一卷，署下邳內史王義撰，『義』亦作『羲』，後人又妄添『之』於下。」按張說似是，但顏氏家訓書證篇，兩唐書經籍志、藝文志載此書都作「王羲之」，或北魏末已有作「羲之」撰的本子，非字訛。

〔一三〕上魏頌　北史卷一八「魏」下有「道」字，疑此脫去。

〔一四〕平衍之後　諸本「平」訛「一」，不可通，冊府卷三六四宋本作「平」，明本同卷四三三〇頁「平衍」倒作「衍平」，但卷三八九四六二〇頁同宋本，今據改。

〔一五〕順流摧鋒　「推」疑當作「摧」。文選卷六左太沖魏都賦「摧鋒積紀」，晉書卷六二祖逖傳「摧鋒越河」，文苑英華卷九〇五庾信紇干弘碑「摧鋒直上」，可證。

〔一六〕衍征虜將軍趙草屯於黃口　諸本「草」作「革」，冊府卷二九〇三四一八頁作「草」。按梁書卷九曹景宗傳見「別將趙草」，所守之壘名「趙草城」。「革」乃「草」的形訛，今據冊府改。

魏書卷十九下

景穆十二王列傳第七下

南安王　城陽王　章武王　樂陵王　安定王

南安王楨，皇興二年封，加征南大將軍、中都大官，尋遷內都大官。高祖卽位，除涼州鎭都大將。尋以綏撫有能，加都督西戎諸軍事、征西大將軍、領護西域校尉、儀同三司、涼州刺史。徵爲內都大官，出爲使持節、侍中、本將軍、開府、長安鎭都大將、雍州刺史。楨性忠謹，事母以孝聞，賜帛千匹以褒之。

徵赴講武，高祖引見於皇信堂，戒之曰：「翁孝行著於私庭，令問彰於邦國，每欽忠懿，思一言展，故因講武，遠徵赴闕。仰戀仁慈，情在未已。但長安鎭年飢民儉，理須綏撫，不容久留，翁今還州，其勤隱恤，無令境內有飢餒之民。翁旣國之懿親，終無貧賤之慮。所宜愼者，略有三事：一者，恃親驕矜，違禮僭度；二者，傲慢貪奢，不恤政事；三者，飲酒遊逸，不擇

交友。三者不去，患禍將生，但能愼此，足以全身遠害，光國榮家，終始之德成矣。」而楨不能遵奉，後乃聚斂肆情。文明太后、高祖並臨皇信堂，引見王公，太后令曰：「汝陰王天賜、南安王楨不順法度，黷貨聚斂，依犯論坐，將至不測。卿等爲當存親以毀令，爲欲滅親以明法？」羣臣咸以二王託體先皇，宜蒙矜恕。太后不答。高祖乃詔曰：「南安王楨以懿戚之貴，作鎭關右，不能潔己奉公，助宣皇度，方肆貪欲，殖貨私庭，放縱姦囚，壅絕訴訟，貨遺諸使，邀求虛稱，二三之狀，皆犯刑書。昔魏武翦髮以齊衆，叔向戮弟以明法，克己忍親，以率天下。夫豈不懷，有爲而然耳。今者所犯，事重疇日，循古推刑，實在難恕。皇太后天慈寬篤，恩矜國屬，每一尋惟高宗孔懷之近，發言哽塞，悲慟于懷；且以南安王孝養之名，聞於內外；特一原恕，削除封爵，以庶人歸第，禁錮終身。」

後高祖南伐，楨從至洛，及議遷都，首從大計，高祖甚悅。楨母劉太妃薨，高祖親幸臨慰。及葬，贈布帛綵五百段。又以楨議定遷都，復封南安王，食邑一千戶。出爲鎭北大將軍、相州刺史。高祖餞楨於華林都亭。詔曰：「從祖南安，旣之蕃任，將曠違千里，豫懷悯戀。然今者之集，雖曰分歧，實爲曲宴，並可賦詩申意。射者可以觀德，不能賦詩者，可聽射也。當使武士彎弓，文人下筆。」高祖送楨於階下，流涕而別。

太和二十年五月至鄴，入治日，暴風大雨，凍死者十數人。楨又以旱祈雨于羣神。鄴

城有石虎廟，人奉祀之。楨告虎神像云：「三日不雨，當加鞭罰。」請雨不驗，遂鞭像一百。是月疽發背，薨。諡曰惠，贈帛一千匹，及葬，又賜帛千匹，遣黃門郎監護喪事。及恒州刺史穆泰謀反，楨知而不告，雖薨，猶追奪爵封，國除。有五子。

子英，字虎兒。性識聰敏，博聞强記，便弓馬，解吹笛，微曉醫術。高祖時，爲平北將軍、武川鎭都大將、假魏公。未幾，遷都督梁益寧三州諸軍事、安南將軍、領護西戎校尉、仇池鎭都大將、梁州刺史。

高祖南伐，爲梁漢別道都將。後大駕臨鍾離，詔英率衆備寇境上。英以大駕親動，勢傾東南，漢中有可乘之會，表求進討，高祖許之。師次沮水，蕭鸞將蕭懿遣將尹紹祖、梁季羣等領衆二萬，徼山立柵，分爲數處，居高視下，隔水爲營。英乃謀曰：「彼帥賤民慢，莫能相服，衆而無上，罔知適從。若選精卒，并攻一營，彼不相救，我克必矣。若克一軍，四營自拔。」於是簡兵三面騰上，果不相救。旣破一處，四營俱潰，生擒梁季羣，斬三千餘級，俘七百人。鸞白馬戍將其夜逃潰。乘勝長驅，將逼南鄭，漢川之民，以爲神也，相率歸附。梁州民李天幹等詣英降，待以國士之禮。天幹等家在南鄭之西，請師迎接，英遣迎之。蕭懿聞而遣將姜脩率衆追襲，逮夜交戰，頗有殺傷。脩後屢敗，復更請軍。懿遣衆赴之，迎

者告急。英率騎一千，倍道赴救。未至，賊已退還。英恐其入城，別遣統軍元拔以隨其後，英徼其前，合擊之，盡俘其衆。懿續遣軍，英不虞賊至，且衆力已疲，軍少人懼，咸欲奔走。英乃緩騎徐行，神色自若，登高望賊，東西指麾，狀似處分，然後整列而前。賊謂有伏兵。俄然賊退，乘勢追殄，遂圍南鄭。禁止三軍，一無所犯，遠近皆供租運。

先是，英未至也，蕭懿遣軍主范潔領三千餘人伐獠。潔聞大軍圍城，欲還救援。英遣統軍李平敵、李鐵騎等收合巴西、晉壽土人，以斷其路。潔以死決戰，遂敗平敵之軍。英候其稍近，以奇兵掩之，盡皆擒獲。攻圍九十餘日，戰無不克。被敕班師。英於是先遣老弱，身勒精卒留後，遣使與懿告別。懿以爲詐也，英還一日，猶閉門不開。二日之後，懿乃遣將追英。英親自殿後，與士卒下馬交戰，賊衆莫敢逼之。四日四夜，然後賊退，全軍而還。會山氏並反，斷英歸路。英勒衆奮擊，且戰且行，爲流矢所中，軍人莫有知者。以功遷安南大將軍，賜爵廣武伯。在仇池六載，甚有威惠之稱。父憂，解任。

高祖討漢陽，起英爲左衞將軍，加前將軍，尋遷大宗正，又轉尚書，仍本將軍，鎭荆州。蕭寶卷將陳顯達等寇荆州，英連戰失利。車駕至南陽，免英官爵。世宗卽位，行徐州，還復尚書、廣武伯。蕭寶卷遣將軍陳伯之寇淮南，司徒、彭城王勰鎭壽春，以英爲鎭南將軍，率衆討之。英未至，賊已引退。勰還，詔英行揚州。

後英還京師，上表曰：「臣聞取亂侮亡，有國之常道；陳師鞠旅，因機而致發。竊以區區寶卷，罔顧天常，憑恃山河，敢抗中國。今妖逆數亡，驕縱日甚，威侮五行，怠棄三正，淫刑以逞，虐害無辜。其雍州刺史蕭衍東伐秣陵，掃土興兵，順流而下，唯有孤城，更無重衞。此則皇天授我之日，曠載一逢之秋，事易走丸，理同拾芥，此而不乘，將欲何待。臣乞躬率步騎三萬，直指沔陰，據襄陽之城，斷黑水之路。昏虐君臣，自相魚肉。我居上流，威震遐邇，長驅南出，進拔江陵。其路既近，不盈五百，則三楚之地，一朝可收，岷蜀之道，自成斷絕。又命揚徐二州，聲言俱舉，緣江焚毀，靡使所遺。建業窮蹙，魚遊釜內。士治之師再興，孫皓之縛重至，齊文軌而大同，混天地而爲一。伏惟陛下暫闢旒纊，少垂聽覽，獨決聖心，無取疑議，此期脫爽，并吞未日。」事寢不報。英又奏曰：「臣聞乘虛討弱，事在速舉，因危攻昧，徼捷可期。今寶卷亂常，骨肉相賊，蕃戍鼎立，莫知所歸。義陽孤絕，密邇天境，外靡糧援之期，內無兵儲之固。此乃臨焚之鳥，不可去薪；授首之寇，何容緩斧。若此行有果，則江右之地，斯爲經略之基；如脫否也，非直後舉難圖，亦或居安生疾。〔一〕今豫州刺史司馬悅已戒嚴垂邁，而東豫州刺史田益宗方擬守三關，請遣軍司爲之節度。」世宗遣直寢羊靈引爲軍司。以軍功拜吏部尚書，以前後軍功進爵常山侯。

英奏：「謹案學令：諸州郡學生，三年一校所通經數，因正使列之，然後遣使就郡練考。

臣伏惟聖明，崇道顯成均之風，蘊義光膠序之美，是以太學之館久置於下國，四門之教方構於京瀍。計習訓淹年，聽受累紀，然儁造之流應問於魏闕，不革之輩宜返於齊民，使就郡練考，覈其最殿。頃以皇都遷構，江揚未一，故鄉校之訓，弗遑正試。致使薰蕕之質，均誨學庭；蘭蕭之體，等教文肆。今外宰京官，銓考向訖，求遣四門博士明通五經者，道別校練，依令黜陟。」詔曰：「學業墮廢，爲日已久，非一使能勸，比當別敕。」

尋詔英使持節、假鎮南將軍、都督征義陽諸軍事，率衆南討。蕭衍司州刺史蔡道恭聞英將至，遣其驍騎將軍楊由率城外居民三千餘家，於城西南十里賢首山卽嶺爲三柵，作表裏之勢。英勒諸軍圍賢首壘，焚其柵門。楊由乃驅水牛，從營而出，繼之以兵。軍人避牛，師遂退下。尋分兵圍守。其夜，柵民任馬駒斬由以降。三軍館穀，降民安堵。蕭衍遣其平西將軍曹景宗、後將軍王僧炳等率步騎三萬來救義陽。僧炳統衆二萬據鑿峴，景宗率一萬繼後。英遣冠軍將軍元逞、揚烈將軍曹文敬進據樊城以抗之。英部勒將士，犄角討之，大破僧炳軍，俘斬四千餘人。英又於士雅山結壘，與景宗相抗，分遣諸統，伏於四山，示之以弱。衍將馬仙琕率衆萬餘，來掩英營。英命諸軍僞北誘之，既至平地，統軍傅永等三軍擊之，賊便奔退。進擊潰之，斬首二千三百級，斬賊羽林監軍鄧終年。仙琕又率一萬餘人，重來決戰。英勒諸將，隨便分擊，又破之，復斬賊將陳秀之。統軍王買奴別破東嶺之陣，斬首

五百。道恭憂死，驍騎將軍、行州事蔡靈恩復憑窮城，短兵日接。景宗、仙琕知城將拔，盡銳決戰，一日三交，皆大敗而返。靈恩勢窘，遂降。三關戍聞之，亦棄城而走。詔曰：「知賊城已下，復克三關，展威闢境，聲略宣振，公私稱泰，良以欣然。將軍淵規內斷，忠謨外舉，受律揚旌，克申廟算，雖方叔之制蠻荊，邵虎之掃淮浦，匹茲蔑如也。新州初附，宜廣經略，想善加檢督，必令周固，有所委付，然後凱旋耳。」初，高祖之平漢陽，英有戰功，許復其封，反爲顯達所敗，遂寢。是役也，世宗大悅，乃復之，改封中山王，食邑一千戶，遣大使、鴻臚少卿睦延吉持節就拜。英送蔡靈恩及衍尚書郎蔡僧勰，前軍將軍、義陽太守馮道要，游擊將軍鮑懷慎，天門太守王承伯，平北府司馬宗象，平北府諮議參軍伏粲，給事中、寧朔將軍蔡道基，中兵參軍龐脩等數十人。詔曰：「會平江南，此等便可放歸也。」英既還，世宗引見，深嘉勞之，後增封一千戶。

蕭衍遣將軍寇肥梁，詔英使持節，加散騎常侍，征南將軍、都督揚徐二道諸軍事，率衆十萬討之，所在皆以便宜從事。詔英曰：「賊勢滋甚，圍逼肥梁，邊將後規，以至於此。故有斯舉，必期勝捷，而出軍淹滯，肥梁已陷。聞之惋懣，實乖本圖。今衆軍雲集，十有五萬，進取之方，其算安在？克殄之期，復當遠近？竟以幾日可至賊所？必勝之規，何者爲先？故遣步兵校尉、領中書舍人王雲指取機要。」英表陳事機。乃擊破陰陵，斬衍將二十五

人及虜首五千餘級。又頻破賊軍於梁城，斬其支將四十二人，殺獲及溺死者將五萬。衍中軍大將軍、臨川王蕭宏，尚書右僕射柳惔等大將五人沿淮南走，〔二〕凡收米三十萬石。詔勞英曰：「知大摧鯨寇，威振南海，江浦無塵，三楚卷壒，聲被荒隅，同軌斯始，公私慶慰，良副朕懷。便當乘威藉響，長驅吳會，翦拉遺燼，截彼東南也。」

英追至于馬頭，衍馬頭戍主委城遁走，遂圍鍾離。詔曰：「師行已久，士馬疲瘠，賊城險固，卒難攻屠。冬春之交，稍非勝便，十萬之衆，日費無貲。方圖後舉，不待今事。且可密裝徐嚴，爲振旅之意，整疆完土，開示威略。左右蠻楚，素應逃亡，或竄山湖，或難制掠。若凶渠黠黨，有須翦除者，便可撲掃，以清疆界。如其强狡憑阻，未易致力者，亦不煩肆兵。凱旋遲近，不復委曲。」英表曰：「臣奉辭伐罪，志殄逋寇，想敵量攻，期至二月將末三月之初，理在必克。但自此月一日以來，霖雨連併，可謂天違人願。然王者行師，舉動不易，不可以少致睽淹，便生異議。臣亦謫思。若入三月已後，天晴地燥，憑陵是常。如其連雨仍接，不得進攻者，臣已更高邵陽之橋，防其汎突。意外洪長，慮其破橋，臣亦部分造船，復於鍾離城隨水狹處，營造浮橋，至三月中旬，橋必克成。晴則攻騰，雨則圍守，水陸二圖，以得爲限。實願朝廷特開遠略，少復賜寬，假以日月，無使爲山之功，中途而廢。」詔曰：「大軍野次，已成勞久，攻守之方，理可豫見。比頻得啓，制勝不過暮春，及省後表，復期孟夏之末。

彼土蒸濘，無宜久淹。勢雖必取，乃將軍之深計；兵久力殆，亦朝廷之所憂。故遣主書曹道往觀軍勢，使還，一一具聞。」〔三〕及道還，英猶表云「可克」。

四月，水盛破橋，英及諸將狼狽奔走，士衆沒者十有五六。英至揚州，遣使送節及衣冠、貂蟬、章綬。詔以付典。有司奏英經算失圖，案劾處死，詔恕死爲民。

後京兆王愉反，英復王封，邑一千戶，除使持節、假征東將軍、都督冀州諸軍事。英未發而冀州已平。時郢州治中督榮祖潛引蕭衍軍，以義陽應之，三關之戍，並據城降衍。郢州刺史婁悅嬰城自守。懸瓠城民白早生等殺豫州刺史司馬悅，據城南叛。衍將齊苟仁率衆守懸瓠。悅子尚華陽公主，幷爲所劫。詔英使持節、都督南征諸軍事、假征南將軍，出自汝南。世宗引英謂之曰：「婁悅綏御失和，銓衡闇於簡授，故使郢民引寇，關戍外奔，義陽孤窘，有倒懸之切。王國之邵虎，威名宿震，故屈王親總元戎，掃清氛穢。昔衞霍以匈奴之故，居無寧歲，今南疆不靖，王不得以屢勞爲辭也。」英對曰：「臣才非韓白，識闇孫吳，徒以宗室之長，頻荷推轂之寄。規略淺短，失律喪師，宜章子反之戮，以謝天下。陛下慈深念屢，愛等鍾牛，使臣得同荀伯，再生明世，誓追孟氏，以報復爲期。關郢微寇，何足平殄，滅賊方略，已在臣目中，願陛下勿勞聖慮也。」世宗曰：「截彼東南，再清隨楚，所望於將軍。鍾離一眚，豈足以損大德。今王董彼三軍，朕無憂矣。」

世宗以邢巒頻破早生，詔英南赴義陽。英以衆少，累表請軍，世宗弗許。而英輒與邢巒分兵共攻懸瓠，克之，乃引軍而進。初苟仁之據懸瓠，衍寧朔將軍張道凝等率衆據楚城，聞英將至，棄城南走。英追擊，斬道凝及衍虎賁中郎曹苦生，盡俘其衆。既次義陽，將取三關，英策之曰：「三關相須如左右手，若克一關，兩關不待攻而定。攻難不如攻易，東關易攻，宜須先取，卽黃石公所謂戰如風發，攻如河決。」英恐其幷力於東，乃使長史李華率五統向西關，分其兵勢。身督諸軍向東關。先是，馬仙琕使雲騎將軍馬廣率衆拒屯於長薄，軍主胡文超別屯松峴。英至長薄，馬廣夜遁入於武陽，英進師攻之。聞衍遣其冠軍將軍彭甕生、驃騎將軍徐超秀援武陽。英乃緩軍，曰：「縱之使入此城，吾先曾觀其形勢，易攻耳，吾取之如拾遺也。」諸將未之信。甕生等既入武陽，英促圍攻之，六日而廣等降。於是進擊黃峴，衍太子左衞率李元履棄城奔竄。又討西關，衍司州刺史馬仙琕亦卽退走，果如英策。凡擒其大將六人，支將二十人，卒七千，米四十萬石，軍資稱是。

還朝，除尚書僕射。永平三年，英薨，給東園祕器、朝服一具、帛七百匹，贈司徒公，謚曰獻武王。英五子。

攸，字玄興，東宮洗馬。早卒，贈散騎侍郎。

攸弟熙，字眞興。好學，俊爽有文才，聲著於世，然輕躁浮動。英深慮非保家之主，常欲廢之，立第四子略爲世子，宗議不聽，略又固請，乃止。起家祕書郎，延昌二年襲封，累遷兼將作大匠，拜太常少卿、給事黃門侍郎，尋轉光祿勳。時領軍于忠執政。熙，忠之壻也，故歲中驟遷。尋除平西將軍、東秦州刺史，進號安西將軍，祕書監。尋以本將軍授相州刺史。熙以七月入治，其日大風寒雨，凍死者二十餘人，驢馬數十匹。熙聞其祖父前事，心惡之。又有蛆生其庭。

初，熙兄弟並爲清河王懌所昵，及劉騰、元乂隔絕二宮，矯詔殺懌，熙乃起兵，上表曰：「臣聞安危無常，時有休否。臣早屬休明，晚逢多難。自皇基綿茂，九葉承光，高祖、世宗，徽明相襲。皇太后聖敬自天，德同馬鄧；至尊神叡纂御，神鑒燭遠。四海晏如，八表歸化。而領軍將軍元乂寵藉外親，叨榮左右，豺狼爲心，飽便反噬。遂使二宮阻隔，溫凊闕禮，又太傅清河王橫被屠害。致使忠臣烈士，喪氣闕庭；親賢宗戚，憤恨內外。妄指鹿馬，孰能踰之；王董權逼，方此非譬。臣仰瞻雲闕，泣血而生，以細草不除，將爲爛漫。況乂悖逆如此，孰可忍之！臣忝籍枝蕚，思盡力命，碎首屠肝，甘之若薺。今輒起義兵，實甲八萬，大徒既進，文武爭先，與幷州刺史、城陽王徽，恒州刺史、廣陽王淵，徐州刺史、齊王蕭寶夤等，同以今月十四日俱發。庶仰憑祖宗之靈，俯罄義夫之命，掃翦兇醜，更清京邑。臣親總三軍，星

邁赴難，置兵溫城，伏聽天旨。王公宰輔，或世著忠烈，或宿佩恩顧，如能同力，翦除元乂，使太后至尊忻然奉對者，臣卽解甲散兵，赴謝朝闕。臣雖才乖昔人，位居蕃屏，寧容坐觀姦醜，虛受榮祿哉！」熙兵起甫十日，爲其長史柳元章、別駕游荊、魏郡太守李孝怡率諸城人，鼓譟而入，殺熙左右四十餘人，執熙，置之高樓，幷其子弟。乂遣尚書左丞盧同斬之於鄴街，傳首京師。

始熙妃于氏知熙必敗，不從其謀，自初哭泣不絕，至於熙死。熙臨刑爲五言詩，示其僚吏曰：「義實動君子，主辱死忠臣。何以明是節，將解七尺身。」與知友別曰：「平生方寸心，殷勤屬知己。從今一銷化，悲傷無極已。」

熙既蕃王之貴，加有文學，好奇愛異，交結偉俊，風氣甚高，名美當世，先達後進，多造其門。始熙之鎭鄴也，知友才學之士袁翻、李琰、李神儁、王誦兄弟、裴敬憲等咸餞於河梁，賦詩告別。及熙將死，復與知故書曰：「吾與弟並蒙皇太后知遇，兄據大州，弟則入侍，殷勤言色，恩同慈母。今皇太后見廢北宮，太傅清河王橫受屠酷，主上幼年，獨在前殿。君親如此，無以自安，故率兵民建大義於天下。但智力淺短，旋見囚執，上慚朝廷，下愧相知。本以名義干心，不得不爾，流腸碎首，復何言哉！昔李斯憶上蔡黃犬，陸機想華亭鶴唳，豈不以恍惚無際，一去不還者乎？今欲對秋月，臨春風，藉芳草，蔭花樹，廣召名勝，賦詩洛濱，

其可得乎？凡百君子，各敬爾宜，爲國爲身，善勗名節，立功立事，爲身而已，吾何言哉！」時人憐之。

又熙於任城王澄薨前，夢有人告之曰：「任城當死。死後二百日外，君亦不免。若其不信，試看任城家。」熙夢中顧瞻任城第舍，四面牆崩，無遺堵焉。熙惡之，覺而以告所親。及熙之死也，果如所夢。兄弟三人，每從英征伐，在軍貪暴，或因迎降逐北，至有斬殺無辜，多增首級，以爲功狀。又于忠之誣郭祚、裴植也，忠意未決害之，由熙勸獎，遂至極法，世以爲寃。及熙之禍，議者以爲有報應焉。

靈太后反政，贈使持節、都督冀定瀛相幽五州諸軍事、大將軍、太尉公、冀州刺史，增本封一千戶，謚曰文莊王。

長子景獻，次仲獻，次叔獻，並與熙同被害。後贈景獻中軍將軍、青州刺史，葬以王禮；仲獻左將軍、兗州刺史；叔獻右將軍、齊州刺史。

叔獻弟叔仁，以年幼獲全，與母于氏徙朔州。孝昌初，靈太后詔叔仁歸京師，還其財宅，襲先爵。除征虜將軍、通直散騎常侍。孝莊初，遇害於河陰，贈衞大將軍、儀同三司、幷州刺史。

子琳，襲。齊受禪，爵例降。

熙弟誘，字惠興。自員外郎稍遷通直郎、太子中庶子、征虜將軍、衞尉少卿，出爲右將軍、南秦州刺史。又斬之於岐州，妻子得不坐。追贈車騎大將軍、雍州刺史，後贈儀同三司，追封都昌縣開國伯，食邑八百戶，謚曰恭。

子始伯，襲。給事中。齊受禪，爵例降。

誘弟略，字儁興。才氣劣於熙，而有和遜之譽。自員外郎稍遷羽林監、通直散騎常侍、冠軍將軍、給事黃門侍郎。

清河王懌死後，又黜略爲懷朔鎭副將。未及赴任，會熙起兵，與略書來去。尋值熙敗，略遂潛行，自託舊識河內司馬始賓。始賓便爲荻筏，夜與略俱渡盟津，詣上黨屯留縣栗法光。法光素敦信義，忻而納之。略舊識刁雙時爲西河太守，略復歸之。停止經年，雙乃令從子昌送略潛遁江左。蕭衍甚禮敬之，封略爲中山王，邑一千戶，宣城太守。

俄而徐州刺史元法僧據城南叛，州內士庶皆爲法僧擁逼。衍乃以略爲大都督，令詣彭城，接誘初附。略至，屯於河南，爲安樂王鑒所破，略唯數十騎入城。衍尋遣其豫章王綜鎭徐州，徵略與法僧同還。略雖在江南，自以家禍，晨夜哭泣，身若居喪。又惡法僧爲人，與法僧言，未嘗一笑。衍復除略衡州刺史，未行。會綜以城歸國，綜長史江革、司馬祖暅、將

士五千人悉見擒虜。肅宗敕有司悉遣革等還南，因以徵略。衍乃備禮遣之。

略之將還也，衍爲置酒餞別，賜金銀百斤，衍之百官，悉送別江上，遣其右衞徐確率百餘人送至京師。肅宗詔光祿大夫刁雙境首勞問，又敕徐州賜絹布各一千匹。除略侍中、義陽王，食邑一千戶。還達石人驛亭，詔宗室、親黨、內外百官先相識者，聽迎之近郊。賜帛三千匹，宅一區，粟五千石，奴婢三十人。其司馬始賓除給事中、領直後，栗法光本縣令，刁昌東平太守，刁雙西兗州刺史。其略所至，一餐一宿之處，無不霑賞。

尋改封東平王，又拜車騎大將軍、左光祿大夫、儀同三司、領左衞將軍，侍中如故。又本官領國子祭酒，遷大將軍、尙書令。〔四〕靈太后甚寵任之，其見委信，殆與元徽相埒。於時天下多事，軍國萬端，略守常自保，無他裨益，唯唯具臣而已。

尒朱榮，略之姑夫，略素所輕忽，略又黨於鄭儼、徐紇，榮兼銜之。榮入洛也，見害於河陰。贈以本官，加太保、司空、徐州刺史，謚曰文貞。

子景式，襲。武定中，北廣平太守。齊受禪，爵例降。

略弟纂，字紹興，頗有將略。爲司徒祭酒。聞熙舉兵，因逃奔於鄴，至卽見擒，與熙俱死。追封北平縣公，贈安北將軍、恒州刺史，改封高唐縣開國侯，食邑八百戶。

子子獻，襲。卒於涇州司馬。

熙異母弟義興，出後叔父並洛。肅宗初，除員外散騎侍郎。及熙之遇害也，義興以別後，故得不坐。稍遷輔國將軍、通直散騎常侍。孝莊初，於河陰遇害。贈中軍將軍、瀛州刺史。後贈散騎常侍、征東將軍，餘如故。義興妻，趙郡李氏。李頗有婦工，爲尒朱榮妻所親昵。永安中，追封義興燕郡王，邑五百戶，尋改封鉅鹿王，又改封武邑王。

子述，襲。天平中，通直郎。齊受禪，爵例降。

英弟怡，起家步兵校尉，轉城門校尉，遷鄯善鎭將。所在貪暴，爲有司所糾，逃竄得免。延昌中，卒。莊帝初，以尒朱榮婦兄，超贈驃騎大將軍、太尉公、雍州刺史、扶風王。

長子肅，起家員外散騎侍郎，轉直寢。莊帝初，封肅魯郡王，邑千戶。除散騎常侍，出爲後將軍、廣州刺史。後除衞將軍、肆州刺史。其弟曄僭立，拜肅侍中、太師、錄尙書事。尋改除使持節、都督青膠光齊南青五州諸軍事、驃騎大將軍、東南道大行臺、青州刺史，不行。永熙二年薨。贈使持節、侍中、都督幷恒二州諸軍事、本將軍、司徒公、幷州刺史。

子道與，襲。除前將軍。齊受禪，爵例降。

曄字華興，小字盆子。性輕躁，有膂力。起家祕書郎，稍遷通直散騎常侍。莊帝初，封長廣王，邑一千戶。出爲太原太守，行幷州事。尒朱榮之死也，世隆等奔還幷州，與尒朱兆

會於建興，乃推暉爲主，大赦所部，號年建明。尋爲世隆等所廢。前廢帝立，封暉爲東海王，邑萬戶。出帝初，坐事賜死於第。無子，爵除。

城陽王長壽，皇興二年封，拜征西大將軍、外都大官。出爲沃野鎮都大將。性聰惠，善撫接，在鎮甚有威名。延興五年薨，謚康王。

長子多侯，早卒。

次子鸞，字宣明。始繼叔章武敬王，及兄卒，還襲父爵。身長八尺，腰帶十圍，以武藝著稱。頻爲北都大將。〔三〕高祖時，拜外都大官，又出爲持節、都督河西諸軍事、征西大將軍、領護西戎校尉、涼州鎮都大將。改鎮立州，以鸞爲涼州刺史，姑臧鎮都大將，餘如故。後朝于京師。會車駕南討，領鎮軍將軍。定都洛陽，高祖幸鄴，詔鸞留守。及開建五等，食邑一千戶。除使持節，征南大將軍，都督豫荊郢三州、河內山陽東郡諸軍事，與安南將軍盧淵、李佐攻赭陽，不克，敗退而還。時高祖幸瑕丘，鸞請罪行宮。高祖引見鸞等，責之曰：「卿等總率戎徒，義應奮節，而進不能夷拔賊城，退不能殄茲小寇，虧損王威，罪應大

辟。朕革變之始，事從寬貸，今捨卿等死罪，城陽降爲定襄縣王，削戶五百。古者，軍行必載廟社之主，所以示其威惠各有攸歸，今徵卿等敗軍之罪於社主之前，以彰厥咎。」後以留守之功，還復本封，增邑二百戶。除冠軍將軍、河內太守，轉幷州刺史。世宗初，除平東將軍、青州刺史。後轉安北將軍、定州刺史。

鸞愛樂佛道，修持五戒，不飲酒食肉，積歲長齋。繕起佛寺，勸率百姓，共爲土木之勞，公私費擾，頗爲民患。世宗聞而詔曰：「鸞親唯宗懿，作牧大州，民物殷繁，綏寧所屬，宜克己厲誠，崇清樹惠，而乃驟相徵發，專爲煩擾，編戶嗷嗷，家懷嗟怨。北州土廣，姦亂是由，準法尋愆，應加肅黜。以鸞戚屬，情有未忍，可遣使者，以義督責，奪祿一周，微示威罰也。」正始二年薨，時年三十八。贈帛六百匹，詔中書舍人王雲宣旨臨弔，贈鎮北將軍、冀州刺史，謚懷王。

子徽，字顯順。粗涉書史，頗有吏才。世宗時，襲封。除游擊將軍，出爲河內太守。在郡清整，有民譽。徽拜長兼散騎常侍。肅宗時，除右將軍、涼州刺史。徽以徑途阻遠，固請不行。除散騎常侍。其年，除後將軍、幷州刺史。先是，州界夏霜，禾稼不熟，民庶逃散，安業者少。徽輒開倉賑之，文武咸共

諫止。徽曰：「昔汲長孺，郡守耳，尙輒開倉，救民災弊，況我皇家親近，受委大藩，豈可拘法而不救民困也。」先給後表。肅宗嘉之。加安北將軍。後拜安西將軍、秦州刺史。詔書旦至夕發。徽以將之秦部，請詣闕恭授，仍表啓固陳，請不之職。改授輔國將軍，加度支尙書，進號鎮軍將軍。于時，戎馬在郊，王師屢敗，徽以軍旅之費，上國封絹二千匹、粟一萬石以助軍用。肅宗不納。又以本官兼吏部尙書，加侍中、征東將軍，遷衞將軍、右光祿大夫。拜尙書左僕射，轉車騎將軍、儀同三司，固辭不拜，聽解侍中，然後受詔。尋除尙書令，加開府、西道行臺，不行。

時靈太后專制，朝綱頹褫。徽既居寵任，無所匡弼，與鄭儼之徒，更相阿黨。外似柔謹，內多猜忌，睚眦之忿，必思報復。識者嫉之。又不能防閑其妻于氏，遂與廣陽王淵姦通。及淵受任軍府，每有表啓，論徽罪過，雖涉誣毁，頗亦實焉。

莊帝踐阼，拜司州牧，尋除司徒，仍領牧。元顥入洛，徽從莊帝北巡，及車駕還宮，以與謀之功，除侍中、大司馬、太尉公，加羽葆、鼓吹，增邑通前二萬戶，餘官如故。徽表辭官封，前後屢上。又啓云：「河上之功，將士之力，求回所封，加諸勳義。」徽爲莊帝親待，內懼榮寵，故有此辭，以防外議。莊帝識其意，聽其辭封，不許讓官。

徽後妻，莊帝舅女。侍中李彧，帝之姊婿。徽性佞媚，善自取容，挾內外之意，宗室親

戚莫與比焉。遂與彧等勸帝圖榮，莊帝亦先有意。榮死，世隆等屯據不解。除徽太保，仍大司馬、宗師、錄尙書事，總統內外。徽本意謂榮死後，枝葉自應散亡。及尒朱宗族，聚結謀難，徽算略無出，憂怖而已。性多嫉妬，不欲人居其前。每入參謀議，獨與帝決。朝臣有上軍國籌策者，並勸帝不納，乃云小賊何慮不除。又吝惜財用，自家及國。於是有所賞錫，咸出薄少，或多而中減，與而復追。徒有糜費，恩不感物。莊帝雅自約狹，尤亦徽所贊成。太府少卿李苗，徽司徒時司馬也，徽待之頗厚。苗每致忠言，徽自得志，多不採納。苗謂人曰：「城陽本自蜂目，而豺聲復將露也。」

及尒朱兆之入，禁衞奔散，莊帝步出雲龍門。徽乘馬奔度，帝頻呼之，徽不顧而去。遂走山南，至故吏寇彌宅。彌外雖容納，內不自安，乃怖徽云，官捕將至，令其避他所。使人於路邀害，送屍於尒朱兆。

出帝初，贈使持節、侍中、太師、大司馬、錄尙書事、司州牧，謚曰文獻。

子延，襲爵。武定末，官至太子中庶子。齊受禪，爵例降。

徽兄顯魏，給事中、司徒掾。卒，贈輔國將軍、東豫州刺史。

徽次兄顯恭，字懷忠。揚州別駕，以軍功封平陽縣開國子，邑三百戶。孝莊初，除北中郎將，遷左將軍、東徐州刺史。入爲安東將軍、大司農卿。尋除中軍將軍、荊州刺史。莊帝

既殺尒朱榮，乃除顯恭使持節、都督晉建南汾三州諸軍事、鎮西將軍、兼尚書左僕射、西北道行臺、晉州刺史。尒朱兆入洛後，死於晉陽。出帝初，贈衞大將軍、并州刺史，重贈車騎大將軍、儀同三司。

子彥昭，襲。武定中，漁陽太守。齊受禪，爵例降。

顯恭弟旭，字顯和。莊帝時，封襄城郡王，邑一千戶。武定末，位至大司馬。齊受禪，爵例降。

章武王太洛，皇興二年薨。追贈征北大將軍、章武郡王，謚曰敬。無子。高祖初，以南安惠王第二子彬爲後。

彬，字豹兒，襲爵。勇健有武用。出爲使持節、都督東秦豳夏三州諸軍事、鎮西大將軍、西戎校尉、統萬鎮都大將、朔州刺史。[六]以貪惏削封。是時吐京胡反，詔彬持節，假平北將軍，行汾州事，率并肆之衆往討之。胡平，仍除征虜將軍、汾州刺史。胡民去居等六百餘人，保險謀反，扇動徒類。彬請兵二萬，有司奏許之。高祖大怒曰：「何有動兵馬理也！可隨宜肅治，若不能權方静帖，必須大衆者，則先斬刺史，然後發兵。」彬奉詔大懼，而率州

兵，身先將士，討胡平之。太和二十三年卒。賜錢十萬、絹二百匹，贈以本官，加散騎常侍。彬有五子。

長子融，字永興。儀貌壯麗，衣冠甚偉，性通率，有豪氣。高祖時，拜祕書郎。世宗初，復先爵，除驍騎將軍。

蕭衍遺將，寇逼淮陽，梁城陷沒，詔融假節、征虜將軍、別將南討，大摧賊衆，還復梁城。于時，揚州刺史元嵩爲奴所害，敕融行揚州事。尋除假節、征虜將軍、并州刺史。

及世宗崩，兼司空，營陪景陵。拜宗正卿，以本官行瀛州事，遇疾不行。未幾，除散騎常侍、平東將軍、青州刺史。還爲祕書監，遷中護軍，進號撫軍將軍，領河南尹，加征東將軍。性尤貪殘，恣情聚斂，爲中尉糾彈，削除官爵。汾夏山胡叛逆，連結正平、平陽，詔復融前封，征東將軍、持節、都督以討之。融寡於經略，爲胡所敗。久之，加散騎常侍、衞將軍、左光祿大夫。

後賊帥鮮于脩禮寇暴瀛定二州，長孫稚等討之，失利。除融車騎將軍，爲前驅左軍都督，與廣陽王淵等共討脩禮。師渡交津，葛榮殺脩禮而自立。轉營至白牛邏，輕騎擊融。融苦戰終日，更無外援，遂大奔敗，於陳見殺。肅宗爲舉哀於東堂，賜東園祕器、朝服一具、綵二千八百段，贈侍中、都督雍華岐三州諸軍事、本將軍、司空、雍州刺史。尋以融死王事，進贈司徒，加前後部鼓吹。謚曰莊武。

子景哲，襲。武定中，開府、儀同三司。齊受禪，爵例降。

景哲弟朗，即後廢帝，語在帝紀。

子黃頭，襲。封安定王，改封安平王。齊受禪，爵例降。

融弟凝，字定興。起家恒州征虜錄事參軍，累遷護軍長史。凝姑，尒朱榮妻。莊帝初，封東安王，食邑五百戶。除持節、安東將軍、兗州刺史，轉濟州刺史，仍本將軍。永熙二年薨，贈持節、都督滄瀛冀三州諸軍事、驃騎大將軍、冀州刺史。

子彥友，襲。武定中，光祿大夫。齊受禪，爵例降。

凝弟湛，字鎮興。起家祕書郎，轉尚書左司郎中，[七]遷廷尉少卿。莊帝初，遇害河陰。贈征東將軍、青州刺史，追封漁陽王，食邑五百戶。

子俊，襲。齊受禪，爵例降。

湛弟晏，字俊興。卒於祕書丞。贈平東將軍、祕書監、豫州刺史。

樂陵王胡兒，和平四年薨。追封樂陵王，贈征北大將軍，謚曰康。無子。顯祖詔胡兒兄汝陰王天賜之第二子永全後之，襲封，後改名思譽。高祖初，蠕蠕犯塞，以思譽爲鎮北大將軍、北征大都將。後除使持節、本將軍、領護匈奴校尉、都督、中軍都將。出爲使持節、鎮東大將軍、和龍鎮都大將、營州刺史，加領護東夷校尉，轉爲鎮北將軍，行鎮北大將軍。高祖引見百官於光極堂，謂思譽曰：「恒代路懸，舊都意重，故屈叔父遠臨此任，不可不敬慎所臨，以副朕望。」及穆泰陰謀不軌，思譽知而不告，恕死，削封爲庶人。太和末，還復其王封。正始四年薨。[八]贈光州刺史，謚曰密王。

子景略，字世彥。世宗時，襲封。拜驍騎將軍，除持節、冠軍將軍、幽州刺史。[九]熙平元年薨。贈本將軍、豫州刺史，賜帛四百匹，謚曰惠王。

子霸，字休邦，襲。武定中，鉅鹿太守。齊受禪，爵例降。

景略弟慶略，散騎侍郎。

子子政，通直散騎常侍。

慶略弟洪略，恒農太守、中軍將軍、行東雍州刺史。

洪略弟子業，平原太守。

安定王休，皇興二年封，拜征南大將軍、外都大官。休少而聰慧，治斷有稱。

高祖初，庫莫奚寇邊，以休爲使持節、侍中、都督諸軍事、征東大將軍、領護東夷校尉、儀同三司、和龍鎮將。休撫防有方，賊乃款附。入爲中都大官。蠕蠕犯塞，出爲使持節、征北大將軍、撫冥鎮大將。休身先將士，擊虜退之。入爲內都大官，遷太傅。及開建五等，食邑二千戶。

車駕南伐，領大司馬。高祖親行諸軍，遇休以三盜人徇於六軍，將斬之，有詔赦之。休執曰：「陛下將遠清衡霍，故親御六師，跋涉野次，軍行始爾，已有姦竊，如其不斬，何以息盜，請必行刑，以肅姦慝。」詔曰：「大司馬執憲，誠應如是。但因緣會，朕聞王者之體，亦時有非常之澤，雖違軍法，可特原之。」休乃奉詔。高祖謂司徒馮誕曰：「大司馬嚴而秉法，諸軍不可不慎。」於是六軍肅然。定都洛邑，休從駕幸鄴。命休率從駕文武，迎家于平城。高祖親餞休於漳水之北。

十八年，休寢疾，高祖幸其第，流涕問疾，中使醫藥，相望於路。薨，賵帛三千匹。自薨至殯，車駕三臨。高祖至其門，改服錫衰，〔一〇〕素弁加絰。皇太子、百官皆從行弔禮。及將葬，又贈布帛二千匹，謚曰靖王。詔假黃鉞，加羽葆、鼓吹、虎賁、班劍六十三人，悉準三老

尉元之儀。高祖親送出郊，慟哭而返，諸王恩禮莫比焉。世宗世，配饗廟庭。

長子安，幼年早卒。

次子燮，除下大夫。世宗初，襲拜太中大夫，除征虜將軍、華州刺史。燮表曰：「謹惟州治李潤堡，雖是少梁舊地，晉、芮錫壤，然胡夷內附，遂爲戎落。城非舊邑先代之名，爰自國初，護羌小戍。及改鎮立郡，依岳立州，因籍倉府，未刊名實。竊見馮翊古城，羌魏兩民之交，許洛水陸之際，先漢之左輔，皇魏之右翼，形勝名都，實惟西蕃奧府。今州之所在，豈唯非舊，至乃居岡飲潤，井谷穢雜，昇降劬勞，往還數里。譐諸明昏，有虧禮教。未若馮翊，面華渭，包原澤，井淺池平，樵牧饒廣。採材華陰，陸運七十；伐木龍門，順流而下。陪削舊雉，功省力易，人各爲己，不以爲勞。昔宋民無井，穿井而忻得人；況合城無水，得水而不家慶。竊聞前政刺史，非是無意，或值兵舉，或遇年災，緣此契闊，稽延至此。去歲已熟，秋方大登，四境晏安，京師無事。丁不十錢之費，人無八旬之勤。損輕益重，乞垂昭鑒。」遂詔曰：「一勞永逸，便可聽移。」後除征虜將軍、幽州刺史。延昌四年薨。贈本將軍、朔州刺史。

子超，字化生。肅宗初，襲。時以胡國珍封安定公，改封北平王。拜城門校尉、通直散騎常侍、東中郎將。尋除光祿大夫，領將作大匠。後復本封。尒朱榮之入洛，超避難洛南，

遇寇見害。〔一一〕莊帝初，贈車騎大將軍、儀同三司、岐州刺史。

子孝景，襲。武定中，通直郎。齊受禪，爵例降。

燮弟顯平，淸狂無行。高祖末，拜員外郎。世宗初，遷給事中。悖惡日甚，殺人劫盜，公私成患。世宗以其戚近，未忍致之於法，乃免官，禁之別館。館名愁思堂，冀其克念。世宗崩，顯平乃得出。靈太后臨朝，以其暴亂不悛，詔曰：「顯平志行輕疏，每乖憲典，可還於別館，依前禁錮。」久之，解禁還家，付師嚴加誨獎。後拜通直散騎常侍、前將軍。坐裸其妻王氏於其男女之前，又強姦妻妹於妻母之側。御史中丞侯剛案以不道，處死，絞刑，會赦免，黜爲員外常侍。孝昌中，卒。

子緒，幽州安西府功曹參軍。莊帝初，直閤將軍。尋爲持節、兼武衞將軍、關右慰勞十二州大使，遂沒吐谷渾。

子長春，員外散騎侍郎。武定初，封南郡王，邑五百戶。齊受禪，爵例降。

顯平弟永平，征虜將軍、南州刺史。〔一二〕爲城民華延明所害。太昌初，追贈使持節、侍中、都督定瀛幽三州諸軍事、衞將軍、定州刺史。

永平弟珍平，司州治中。

子叔遵，員外散騎常侍。

珍平弟貴平，羽林監、轉射聲校尉。莊帝初，除散騎常侍、宗正少卿，封東萊王，邑百戶。除平北將軍、南相州刺史。莊帝既殺尒朱榮，加武衞將軍，兼侍中，爲河北、山東慰勞大使。至定州東北，爲幽州大都督侯淵所執，送於晉陽。後還洛。

前廢帝時，以本官行青州事，屬土民崔祖螭作逆，賊徒甚盛，圍逼東陽一百餘日。貴平率城民固守，又令將士開門交戰。大軍救至，遂擒祖螭等，斬之。還，除車騎將軍，加散騎常侍，遷左衞將軍、宗師，又遷車騎大將軍、左光祿大夫、儀同三司。

貴平人才險薄，爲出帝所信。出爲青州刺史，又加驃騎大將軍、開府儀同三司，爲幽州大都督侯淵所害。

史臣曰：南安原始要終，善不掩惡。英將帥之用，有聲於時。熙、略兄弟，早播民譽，或才疏志大，或器狹任廣，咸不能就其功名，俱至非命，惜也。康王不永，鸞起家聲。徽飾智矯情，外諂內忌，永安之禍，誰任其責？宛其死也，固其宜哉。章武、樂陵，蓋不足數。靖王聰斷威重，見稱太和，美矣。

校勘記

〔一〕亦或居安生疾　諸本「安」訛「要」。今據册府卷三八九四六二一頁改。

〔二〕衍中軍大將軍臨川王蕭宏尚書右僕射柳惔等大將五人沿淮南走　諸本「右」作「左」。册府卷二九〇三四二〇頁作「右」。按卷八世宗紀正始三年九月己丑記此事也作「右僕射柳惔」。柳惔爲右僕射見梁書卷二武帝紀天監三年正月戊申條及卷一二本傳。「左」字訛，今據改。

〔三〕一一具聞　諸本「一一」二字訛作「三」，不可通，局本改作「王」。今據册府卷四三九五二一二頁改。

〔四〕遷大將軍尚書令　按墓誌集釋元略墓誌圖版一三九稱「尋遷驃騎大將軍、儀同三司，加國子祭酒，俄涉尚書令」。北魏大將軍在三公上，元略軍號本是車騎大將軍，一般不可能超遷大將軍。這裏「大將軍」上當脫「驃騎」二字。

〔五〕頻爲北都大將　按「北」下疑脫「鎮」字。

〔六〕統萬鎮都大將朔州刺史　張森楷云：「北史卷一八『朔』作『夏』。據上文『爲統萬鎮都大將』，統萬在夏州，不在朔州，疑魏書誤。又刺史例不在所督州之外，上文『都督東秦豳夏三州』，無朔州，尤確證也。」按墓誌集釋元彬墓誌圖版一四九亦作「統萬突鎮都大將、夏州刺史」，張說是。

〔七〕轉尚書左司郎中　墓誌集釋元湛墓誌圖版一五二作「尋補尚書左士郎中」。按晉書卷二四職官志

尚書郎條稱西晉時尚書有三十五曹，其中有「左、右士」。又稱東晉所省尚書諸曹中也有「左、右士」。知左、右士曹是西晉舊置。本書卷八一山偉傳補說山偉「後正名士郎」，「名」字當是「左」或「右」之訛，可證北魏有左、右士郎中。至於「左、右司郎中」，當時並無此官。通典卷二一僕射條附有「左、右司郎中」，云：「隋煬帝三年於尚書都省初置左、右司郎二人」，此即隋書卷二八百官志下煬帝所置之「都司郎」。隋於諸曹郎中都去「中」字，故此官初置也只稱左、右司郎，直至唐代始名「左、右司郎中」。隋前不聞有此官。這裏原文當也是「左士郎中」，與墓誌同，後人以「左士」之名罕見，妄改作「左司郎中」。

〔八〕正始四年薨　墓誌集釋元思墓誌圖版一五五「四年」作「三年」。疑傳誤。

〔九〕除持節冠軍將軍幽州刺史　按墓誌集釋元彥即景略墓誌圖版一五六稱：「延昌之末，遷爲持節都督幽州諸軍事、幽州刺史。」下云「剋莅西蕃」，與豳州地望相合。這裏「幽」字當是「豳」之訛。

〔一〇〕改服錫衰　諸本「錫」作「褐」，北史百衲本作「錫」。按「錫衰」見禮記喪服小記。「錫」是細布。「褐」乃「錫」之形訛，今據改。

〔一一〕後復本封尒朱榮之入洛超避難洛南遇寇見害　按卷一〇莊帝紀武泰元年四月庚子記河陰被殺諸王有「北平王超」，是月甲辰記「以北平王超還復爲安定王」。傳稱生前已復本封，疑誤。至於紀以超死於河陰之禍，傳稱「遇寇見害」，亦不合。

〔一二〕顧平弟永平征虜將軍南州刺史　按地形志無「南州」。北周於今四川萬縣置南州、南都郡、源陽縣，事在後，見隋書卷二九地理志上巴東郡武寧縣條。這裏「南」下當脫一字。

魏書卷二十 [一]

文成五王列傳第八

安樂王　廣川王　齊郡王　河間王　安豐王

文成皇帝七男。孝元皇后生獻文皇帝。[二]李夫人生安樂厲王長樂。曹夫人生廣川莊王略。沮渠夫人生齊郡順王簡。乙夫人生河間孝王若。悅夫人生安豐匡王猛。玄夫人生韓哀王安平，王早薨，無傳。

安樂王長樂，皇興四年封建昌王，後改封安樂王。長樂性凝重，顯祖器愛之。承明元年拜太尉，出爲定州刺史。鞭撻豪右，頓辱衣冠，多不奉法，爲人所患。百姓詣闕訟其過。高祖罰杖三十。貪暴彌甚，以罪徵詣京師。後與內行長乙肆虎謀爲不軌，事發，賜死於家。

葬以王禮，謚曰厲。

子詮，字搜賢，襲。世宗初，爲涼州刺史。在州貪穢，政以賄成。後除定州刺史。及京兆王愉之反，詐言國變。在北州鎮，咸疑朝廷有釁，遣使覘詮動靜。詮具以狀告，州鎮帖然。愉奔信都，詮與李平、高殖等四面攻燒，[三]愉突門而出。尋除侍中，兼以首告之功，除尚書左僕射。薨，謚曰武康。

子鑒，字長文，襲。後除相州刺史、北討大都督，討葛榮。仍兼尚書右僕射、北道行臺尚書令，與都督裴衍共救信都。鑒既庸才，諸弟粗暴，見天下多事，遂謀反，降附葛榮。都督源子邕與裴衍合圍鑒，斬首傳洛，詔改其元氏。莊帝初，許復本族，又特復鑒王爵，贈司空。

鑒弟斌之，字子爽。性險無行，及與鑒反，敗，遂奔葛榮。榮滅，得還。出帝時，封潁川郡王，委以腹心之任。帝入關，斌之奔蕭衍，後還長安。

廣川王略，延興二年封。位中都大官，性明敏，鞫獄稱平。太和四年薨，謚曰莊。子諧，字仲和，襲。十九年薨。詔曰：「朕宗室多故，從弟諧喪逝，悲痛摧割，不能已已。

古者，大臣之喪，有三臨之禮，此蓋三公已上。至於卿司已下，故應。闕自漢已降，多無此禮。朕欲遵古典，哀感從情，雖以尊降伏，私痛寧爽。欲令諸王有期親者爲之三臨，大功之親者爲之再臨，小功緦麻爲之一臨。廣川王於朕大功，必欲再臨。再臨者，欲於大殮之日，親臨盡哀，成服之後，緦衰而弔。既殯之緦麻，理在無疑，大殮之臨，當否如何？爲須撫柩於始喪，爲應盡哀於闔棺？早晚之宜，擇其厥中。」黄門侍郎崔光、宋弁，通直常侍劉芳，典命下大夫李元凱，中書侍郎高聰等議曰：[四]「三臨之事，乃自古禮，爰及漢魏，行之者稀。陛下至聖慈仁，方遵前軌，志必哀喪，慮同寧戚。臣等以爲若期親三臨，大功宜再。始喪之初，哀之至極，既以情降，宜從始喪。大殮之臨，伏如聖旨。」詔曰：「魏晉已來，親臨多闕，至於戚臣，必於東堂哭之。頃大司馬、安定王薨，朕既臨之後，復更受慰於東堂，今日之事，應更哭否？」光等議曰：「東堂之哭，蓋以不臨之故。今陛下躬親撫視，羣臣從駕，臣等參議，以爲不宜復哭。」詔曰：「若大司馬戚尊位重，必哭於東堂，而廣川既是諸王之子，又年位尚幼，卿等議之，朕無異焉。」諧將大殮，高祖素服深衣哭之，入室，哀慟，撫尸而出。有司奏，廣川王妃薨於代京，未審以新尊從於卑舊，爲宜卑舊來就新尊。詔曰：「遷洛之人，自茲厥後，悉可歸骸邙嶺，皆不得就塋恒代。其有夫先葬在北，婦今喪在南，婦人從夫，宜還代葬；若欲移父就母，亦得任之。其有妻墳於恒代，夫死於洛，不得以尊就卑；欲移母就父，宜亦

從之；若異葬亦從之。若不在葬限，身在代喪，葬之彼此，皆得任之。其戶屬恒燕，身官京洛，去留之宜，亦從所擇。其屬諸州者，各得任意。」詔贈諧武衞將軍，謚曰剛。及葬，高祖親臨送之。

子靈道，襲。卒，謚悼王。[五]

齊郡王簡，字叔亮。太和五年封，位中都大官。簡母，沮渠牧犍女也。簡性貌特類外祖。後爲內都大官。高祖嘗與簡俱朝文明太后於皇信堂，簡居帝之右，行家人禮。遷太保。高祖仁孝，以諸父零落，存者唯簡。每見，立以待之，俟坐，致敬問起居，停簡拜伏。簡性好酒，不能理公私之事。妻常氏，燕郡公常喜女也，文明太后以賜簡。性幹綜家事，頗節斷簡酒，乃至盜竊，求乞婢侍，卒不能禁。二十三年薨。時高祖不豫，詔曰：「叔父薨背，痛慕摧絕，不自勝任，但虛頓床枕，未堪奉赴，當力疾發哀。」謚曰靈王。世宗時，改謚曰順。

子祐，字伯授，[六]襲。母常氏，高祖以納不以禮，不許其爲妃。世宗以母從子貴，詔特拜爲齊國太妃。祐位涇州刺史。薨，謚曰敬。

河間王若，字叔儒。年十六，未封而薨，追封河間，謚曰孝。詔京兆康王子太安爲後。太安於若爲從弟，非相後之義，廢之，以齊郡王子琛繼。

琛字曇寶，幼而敏慧，高祖愛之。世宗時，拜定州刺史。琛妃，世宗舅女，高皇后妹。琛憑恃內外，多所受納，貪惏之極。及還朝，靈太后詔曰：「琛在定州，惟不將中山宮來，自餘無所不致，何可更復敍用。」由是遂廢于家。琛以肅宗始學，獻金字孝經。又無方自達，乃與劉騰爲養息，賂騰金寶巨萬計。騰屢爲之言，乃得兼都官尚書，出爲秦州刺史。在州聚斂，百姓吁嗟。屬東益、南秦二州氐反，詔琛爲行臺，仍充都督，還攝州事。琛性貪暴，既總軍省，求欲無厭，百姓患害，有甚狼虎。進討氐羌，大被摧破，士卒死者千數，率衆走還。內恃劉騰，無所畏憚，爲中尉糾彈，會赦，除名爲民。尋復王爵，後討鮮于脩禮，敗，免官爵。後討汾晉胡、蜀，卒於軍，追復王爵。

安豐王猛，字季烈。太和五年封，加侍中。出爲和龍鎮都大將、營州刺史。猛寬仁雄毅，甚有威略，戎夷畏愛之。薨于州。贈太尉，謚曰匡。

子延明，襲。世宗時，授太中大夫。延昌初，歲大飢，延明乃減家財，以拯賓客數十人，并贍其家。至肅宗初，爲豫州刺史，甚有政績，累遷給事黃門侍郎。

延明既博極羣書，兼有文藻，鳩集圖籍萬有餘卷。性淸儉，不營產業。與中山王熙及弟臨淮王彧等，並以才學令望有名於世。雖風流造次不及熙、彧，而稽古淳篤過之。尋遷侍中。詔與侍中崔光撰定服制。後兼尚書右僕射。以延明博識多聞，敕監金石事。及元法僧反，詔爲東道行臺、徐州大都督，節度諸軍事，與都督臨淮王彧、尚書李憲等討法僧。蕭衍遣其豫章王綜鎭徐州。延明先牧徐方，甚得民譽，招懷舊土，遠近歸之。綜既降，延明因以軍乘之，復東南之境，至宿豫而還。遷都督、徐州刺史。頻經師旅，人物凋弊，延明招攜新故，人悉安業，百姓咸附。

莊帝時，兼尚書令、大司馬。及元顥入洛，延明受顥委寄，率衆守河橋。顥敗，遂將妻子奔蕭衍，死於江南。莊帝末，喪還。出帝初，贈太保，王如故，謚曰文宣。所著詩賦讚頌銘誄三百餘篇，又撰五經宗略、詩禮別義，注帝王世紀及列仙傳。又以河間人信都芳工算術，引之在館。其撰古今樂事，九章十二圖，又集器準九篇，芳別爲之注，皆行於世。

校勘記

〔一〕魏書卷二十　諸本目錄此卷注「闕」字，卷後當有宋人校語，傳本脫去。殿本考證云：「魏收書闕，後人所補。」檢傳文除少數字句外與北史卷一九文成五王傳同。

〔二〕孝元皇后生獻文皇帝　卷一三后妃傳文成元皇后單謚「元」，卷八三上外戚李峻傳補、卷八九酷吏李洪之傳補也只稱「元皇后」，唯墓誌集釋元顥妃李元姜墓誌圖版一八三稱「元恭皇后」，但未見有「孝元」之號，疑「孝」乃「李」字之訛。

〔三〕詮與李平高殖等四面攻燒　張森楷北史校勘記云：「高肇傳魏書卷八三下，卽以北史卷八〇補『殖』作『植』。」按傳稱高植以濟州刺史「率州軍討破元愉，別將有功」，顯與此「高殖」爲一人。當時習慣人名地名常通用同音字，但這裏當是「植」字形訛。

〔四〕中書侍郎高聰等議曰　諸本「聰」作「敵」。北史卷一九文成五王傳、册府卷五八〇六九五七頁作「聰」。按卷六八高聰傳，他在太和中自中書博士爲侍郎，當時別無「高敵」其人，「敵」字訛，今據改。

〔五〕子靈道襲卒謚悼王　墓誌集釋元煥墓誌圖版一六一之二「靈道」作「靈遵」，這裏「道」字當是「遵」形近而訛。又「悼王」作「哀王」，諸墓誌謚號不但常與史異，而且誌與誌也有不同，未必定是傳誤。

〔六〕子祐字伯授　墓誌集釋元祐墓誌「授」作「撥」，疑「授」字訛。

魏書卷二十一上

獻文六王列傳第九上

咸陽王　趙郡王　廣陵王　高陽王　北海王

獻文皇帝七男。李思皇后生孝文皇帝。封昭儀生咸陽王禧。韓貴人生趙郡靈王幹、高陽文穆王雍。孟椒房生廣陵惠王羽。潘貴人生彭城武宣王勰。高椒房生北海平王詳。勰別有傳。

咸陽王禧，字永壽。太和九年封，加侍中、驃騎大將軍、中都大官。文明太后令曰：「自非生知，皆由學誨，皇子皇孫，訓教不立，溫故求新，蓋有闕矣。可於閑靜之所，別置學館，選忠信博聞之士爲之師傅，以匠成之。」高祖以諸弟典三都，誡禧等曰：「汝等國之至親，皆

幼年任重，三都折獄，特宜用心。夫未能操刀而使割錦，非傷錦之尤，實授刀之責。皆可修身慎行，勿有乖爽。」文明太后亦誡禧等曰：「汝兄繼承先業，統御萬機，戰戰兢兢，恒恐不稱。汝所治雖小，亦宜克念。」高祖又曰：「周文王小心翼翼，聿懷多福。如有周公之才，使驕且吝，其餘不足觀。汝等宜小心畏慎，勿自驕怠。」出爲使持節、開府、冀州刺史，高祖餞於南郊。又以濟陰王鬱枉法賜死之事，遣使告禧，因而誡之。

後禧朝京師，高祖謂王公曰：「皇太后平日以朝儀闕然，遂命百官更欲撰緝，今將畢修遺志，卿等謂可行不？當各盡對，無以面從。」禧對曰：「儀制之事，用捨各隨其時，而民可使由之，不可使知之。臣謂宜述元志，〔一〕備行朝式。」高祖然之。詔曰：「仲尼在鄉黨，猶尚恂恂，周文王爲世子，卑躬求道，禧等雖連萼宸暉，得不尊尚師傅也？故爲置之，以加令德。廷尉卿李沖可咸陽王師。」禧將還州，高祖親餞之，賦詩敍意，加禧都督冀、相、兗、東兗、南豫、東荆六州諸軍事。

於時，王國舍人應取八族及清修之門，禧取任城王隸户爲之，深爲高祖所責。詔曰：「夫婚姻之義，曩葉攸崇，求賢擇偶，綿代斯慎，故剛柔著於易經，鵲巢載于詩典，所以重夫婦之道，美尸鳩之德，作配君子，流芳後昆者也。然則婚者，合二姓之好，結他族之親，上以事宗廟，下以繼後世，必敬慎重正而後親之。夫婦既親，然後父子君臣、禮義忠孝，於斯備

矣。太祖龍飛九五，始稽遠則，而撥亂創業，日昃不暇。至於諸王娉合之儀，宗室婚姻之戒，或得賢淑，或乖好逑。自茲以後，其風漸缺，皆人乏窈窕，族非百兩，擬匹卑濫，舅氏輕微，違典滯俗，深用爲歎。以皇子茂年，宜簡令正，前者所納，可爲妾媵。將以此年爲六弟娉室。長弟咸陽王禧可娉故潁川太守隴西李輔女，次弟河南王幹可娉故中散代郡穆明樂女，次弟廣陵王羽可娉驃騎諮議參軍滎陽鄭平城女，次弟潁川王雍可娉故中書博士范陽盧神寶女，次弟始平王勰可娉廷尉卿隴西李沖女，季弟北海王詳可娉吏部郎中滎陽鄭懿女。」

有司奏冀州人蘇僧瓘等三千人，稱禧清明有惠政，請世胙冀州。詔曰：「利建雖古，未必今宜；經野由君，理非下請。邑采之封，自有別式。」入除司州牧、都督司豫荆郢洛東荆六州諸軍事，開府如故，賜帛二千匹、粟五千斛。詔以禧元弟之重，食邑三千户，自餘五王皆食邑二千户。

高祖引見朝臣，詔之曰：「卿等欲令魏朝齊美於殷周，爲令漢晉獨擅於上代？」禧曰：「陛下聖明御運，實願邁迹前王。」高祖曰：「若然，將以何事致之？爲欲修身改俗，爲欲仍染前事？」禧對曰：「宜應改舊，以成日新之美。」高祖曰：「爲欲止在一身，爲欲傳之子孫？」禧對曰：「既卜世靈長，願欲傳之來葉。」〔二〕高祖曰：「若然，必須改作，卿等當各從之，不得違

也。」禧對曰：「上命下從，如風靡草。」高祖曰：「自上古以來及諸經籍，焉有不先正名，而得行禮乎？今欲斷諸北語，一從正音。年三十以上，習性已久，容或不可卒革；三十以下，見在朝廷之人，語音不聽仍舊。若有故爲，當降爵黜官。各宜深戒。如此漸習，風化可新。若仍舊俗，恐數世之後，伊洛之下復成被髮之人。王公卿士，咸以然不？」禧對曰：「實如聖旨，宜應改易。」高祖曰：「朕嘗與李沖論此，沖言：『四方之語，竟知誰是？帝者言之，卽爲正矣，何必改舊從新。』沖之此言，應合死罪。」乃謂沖曰：「卿實負社稷，合令御史牽下。」沖免冠陳謝。又引見王公卿士，責留京之官曰：「昨望見婦女之服，仍爲夾領小袖。我徂東山，雖不三年，既離寒暑，卿等何爲而違前詔？」禧對曰：「陛下聖過堯舜，光化中原，臣雖仰稟明規，每事乖互，將何以宣布皇經，敷贊帝則。舛違之罪，實合刑憲。」高祖曰：「若朕言非，卿等當須庭論，如何入則順旨，退有不從。昔舜語禹，汝無面從，退有後言，其卿等之謂乎？」

尋以禧長兼太尉公。後高祖幸禧第，謂司空穆亮、僕射李沖曰：「既有天地，又有君臣，太尉位居台鉉，在冢宰之上，三槐九棘，不可久空。元弟禧雖在事不長，而戚連皇極，且長兼太尉，以和飪鼎。朕常恐君有空授之名，臣貽彼己之刺，今幸其宅，徒屈二賓，良以爲愧。」

高祖有事於方澤，質明，羣臣問起居。高祖曰：「昨日方澤，殊自大暑，遇天雲蔭密，行人差得無弊。」禧對曰：「陛下德感天地，故雲物凝彩，雖復雨師灑掃，風伯清塵，豈過於此。」高祖曰：「伊洛南北之中，此乃天地氤氳，陰陽風雨之所交會，自然之應，非寡德所能致此。」

高祖篤於兄弟，以禧次長，禮遇優隆，然亦知其性貪，每加切誡，雖當時遵奉，而終不改操。禧表曰：「國朝偃武崇文，偏捨來久，州鎮兵人，或有雄勇，不閑武藝。今取歲暮之暇，番上之日，訓其兵法。弓矢干矟，三分並教，使人閑其能，臨事無闕。」詔曰：「雖云教武，未練其方，既逼北行，卒聞教武，〔三〕脫生羣惑，且可停之。」後從平漢陽，以克南陽之勳，加侍中，正太尉。

及高祖崩，禧受遺輔政。雖爲宰輔之首，而從容推委，無所是非，而潛受賄賂，陰爲威惠者，禧特甚焉。是年，八座奏增邑千戶，世宗從之，固辭不受。禧性驕奢，貪淫財色，姬妾數十，意尚不已，衣被繡綺，車乘鮮麗，猶遠有簡娉，以恣其情。由是昧求貨賄，奴婢千數，田業鹽鐵徧於遠近，臣吏僮隸，相繼經營。世宗頗惡之。

景明二年春，禧等爲將礿祭入齋，世宗詔領軍于烈，率左右召禧等入於光極殿。詔曰：「恪雖寡昧，忝承寶曆，比纏尫疹，實憑諸父，苟延視息，奄涉三齡。父等歸遜殷勤，今便親攝百揆，且還府司，當別處分。」尋詔曰：「朕以寡昧，夙罹閔凶，憂煢在疚，罔知攸濟。實賴

先帝聖德，遺澤所覃，宰輔忠賢，劬勞王室，用能撫和上下，肅清內外。乃式遵復子，歸政告遜，辭理懇至，邈然難奪。便當勵茲空乏，親覽機務。王尊惟元叔，道性淵凝，可進位太保，領太尉；司空北海王季父英明，聲略茂舉，可大將軍、錄尚書事。」

世宗既覽政，禧意不安。而其國齋帥劉小苟，每稱左右言欲誅禧。禧聞而歎曰：「我不負心，天家豈應如此！」由是常懷憂懼。加以趙脩專寵，王公罕得進見。禧遂與其妃兄兼給事黃門侍郎李伯尚謀反。時世宗幸小平津，禧在城西小宅。初欲勒兵直入金墉，衆懷沮異，禧心因緩。自旦達晡，計不能決，遂約不洩而散。武興王楊集始出便馳告，而禧意不疑。乃與臣妾向洪池別墅，遣小苟奉啓，云「檢行田牧」。小苟至邙嶺，已逢軍人，怪小苟赤衣，將欲殺害。小苟困迫，言欲告反，乃緩之。禧是夜宿於洪池，大風暴雨，拔樹折木。禧不知事露。其夜，或說禧曰：「殿下集衆圖事，見意而停，恐必漏洩，今夕何宜自寬。恐危禍將至。」禧曰：「有此軀命，應知自惜，豈待人言。」又說曰：「殿下兒婦已渡河，兩頭不相知，今俛眉自安，不其危乎！」禧曰：「初遣去日，令如行人渡河，聽我動靜。我久已遣人追之，計今應還。」而尹仵期與禧長子通已入河內郡，列兵仗，放囚徒。而將士所在追禧。

禧自洪池東南走，僮僕不過數人，左右從禧者，唯兼防閤尹龍虎。禧憂迫不知所爲，謂龍虎曰：「吾憒憒不能堪，試作一謎，當思解之，以釋毒悶。」龍虎欻憶舊謎云：「眠則俱眠，起

則俱起，貪如豺狼，贓不入己。」都不有心於規刺也。禧亦不以爲諷己，因解之曰：「此是眼也。」而龍虎謂之是箸。渡洛水，至栢谷塢，從者唯禧二舅及龍虎而已。顧謂龍虎曰：「凡夫尚有節義，相爲取死，汝可勉心，作與太尉公同死計。」龍虎曰：「龍虎東野常人，遭殿下寬明，接處左右。今屬危難，恨無遠計，匡濟聖躬，若與殿下同命，雖死猶生。」俄而禧被擒獲，送華林都亭。世宗親問事源，著千斤鎖格龍虎，羽林掌衞之。

初，高祖閑宴，從容言於禧等：「我後子孫，邂逅不逮，汝等觀望輔取之理，無令他人有也。」禧臨盡，雖言不次第，猶尚泣涕，追述先旨，然畏迫喪志，不能慷慨有所感激也。及與諸妹公主等訣，言及一二愛妾。公主哭且罵之云：「坐多取此婢輩，貪逐財物，畏罪作反，致今日之事，何復囑問此等！」禧愧而無言，遂賜死私第。其宮人歌曰：「可憐咸陽王，奈何作事誤。金床玉几不能眠，夜蹋霜與露。洛水湛湛彌岸長，行人那得渡。」其歌遂流至江表，北人在南者，雖富貴，絃管奏之，莫不灑泣。同謀誅斬者數十人，潛瘞禧於北邙。絕其諸子屬籍。禧之諸女，微給資產奴婢，自餘家財，悉以分賚高肇、趙脩二家。其餘賜內外百官，逮于流外，多者百餘匹，下至十匹。於後，禧諸子每乏衣食，獨彭城王勰歲中再三賑給之。禧有子八人。

長子通，字曇和。竊入河內，太守陸琇初與通情，既聞禧敗，乃殺之。

通弟翼，字仲和。後會赦，詣闕上書，求葬其父。頻年泣請，世宗不許。翼乃與弟昌、曄奔於蕭衍。翼與昌，申屠氏出。曄，李妃所生也。翼容貌魁壯，風制可觀，衍甚重之，封爲咸陽王。翼讓其嫡弟曄，衍不許。後以爲信武將軍、青冀二州刺史，鎮郁州。翼謀舉州入國，爲衍所移。昌爲衍直閤將軍。

翼弟顯和，昌弟樹，後亦奔於衍。顯和卒於江南。

樹，字秀和。美姿貌，善吐納，兼有將略。衍尤器之，封爲魏郡王，後改封鄴王，數爲將領，窺覦邊服。時揚州降衍，兵武既衆，衍將湛僧珍，慮其翻異，盡欲殺之。樹以家國，遂皆聽還。衍以樹爲鎮西將軍、郢州刺史。

尒朱榮之害百官也，樹聞之，乃請衍討榮。衍乃資其士馬，侵擾境上。前廢帝時，竊據譙城。出帝初，詔御史中尉樊子鵠爲行臺，率徐州刺史、大都督杜德以討之。樹城守不下，子鵠使金紫光祿大夫張安期往說之，樹乃請委城還南，子鵠許之。樹恃誓約，不爲戰備，杜德襲擊之，擒樹送京師，禁於永寧佛寺，未幾賜死。

孝靜時，其子貞，自建業赴鄴，啓求葬樹，許之。詔贈樹侍中、都督青徐兗揚豫五州諸軍事、太師、司徒公、尚書令、揚州刺史。貞既葬，還於江南。

曄，字世茂。衍封爲桑乾王，拜散騎常侍。卒於秣陵。

初，正光中詔曰：「周德崇厚，蔡仲享國；漢道仁恕，淮南畢王。皆所以申恩懿戚，蠲盪舊釁，義彰曩葉，詠流前史。頃者，咸陽、京兆王自貽禍敗，事由閒惑，猶有可矜。兩門諸子，並可聽附屬籍。」後復禧王爵，葬以王禮。詔曄弟坦襲，改封敷城王，邑八百戶。坦傲佷兇粗，從叔安豐王延明責之曰：「汝兇悖性與身而長，昔有宋東海王禕志性凡劣，時人號曰『驢王』，我熟觀汝所作，亦恐不免驢號。」莊帝初，還復本封。武定中，爲太師。齊受禪，爵例降。

坦弟昶，起家通直散騎常侍、琅邪縣開國公，邑五百戶。莊帝初，特封太原王。累遷鴻臚卿，超拜車騎大將軍、儀同三司。天平二年薨，贈太尉公。

子善慧，襲。齊受禪，爵例降。

趙郡王幹，字思直。太和九年，封河南王，加衞大將軍，〔四〕除侍中、中都大官。尋授車騎將軍、左光祿大夫，領吏部尚書。

所生母薨，高祖詔曰：「太妃韓氏薨逝，情以傷慟。太妃先朝之世，位擬九嬪，豫班上

族，誕我同氣。念此孤稚，但用感惻，明當暫往臨哭，可勑外備辦。」遣侍御史假節監護喪事，贈綵八百匹。詔曰：「季世多務，情緣理奪。幹既居要任，銓衡是荷，豈容遂其私志，致曠所司。可遣黃門郎敦諭，令勉從王事，朕尋當與之相見。」拜使持節、都督南豫郢東荊三州諸軍事、征南大將軍、開府、豫州刺史。

及車駕南伐，以幹爲使持節、車騎大將軍、都督關右諸軍事，給銅虎符十，別賜詩書。高祖篤愛諸弟，以幹總戎別道，誡之曰：「司空穆亮年器可師，散騎常侍盧淵才堪詢訪，汝其師之。」尋以蕭賾死，班師。

遷洛，改封趙郡王，除都督冀定瀛三州諸軍事、征東大將軍、冀州刺史，開府如故，賜雜物五百段，又密賜黃金十斤。高祖親餞於近郊，詔幹曰：「夫刑獄之理，先哲所難，然既有邦國，得不自勵也。汝，我之懿弟，當聿修厥德，光崇有魏，深思遠圖，如臨深履薄。若恃親重，不務世政，國有常憲，方增悲慼。」高祖詔以李憑爲長史，唐茂爲司馬，盧尚之爲諮議參軍以匡弼之。而憑等諫諍，幹殊不納。州表斬盜馬人，於律過重，而尚書以幹初臨，縱而不劾。詔曰：「夫刑以節人，罪必無濫，故刑罰不中，民無措足。若必以威殺爲良，則應汎通衆牧。苟須有禁，何得不稽之正典？又律令條憲，無聽新君加戮之文；典禮舊章，不著始臨專威之美。尚書曲阿朕意，實傷皇度。幹闇於治理，律外重刑，並可推聞。」

後轉特進、司州牧。車駕南討，詔幹都督中外諸軍事，給鼓吹一部，甲士三百人，出入殿門。幹貪淫不遵典法，御史中尉李彪將糾劾之。會遇幹於尚書下舍，因屏左右而謂幹曰：「殿下，比有風聞，即欲起彈，恐損聖明委託之旨，若改往修來，彪當不言，脫不悛改，夕聞旦發。」而幹悠然不以爲意，彪乃表彈之。高祖省之忿惋，詔幹與北海王詳，俱隨太子詣行在所。既至，詳獨得朝見，幹不蒙引接。密令左右察其意色，知無憂悔，乃親數其過，杖之一百，免所居官，以王還第。

二十三年薨，年三十一。給東園祕器、斂服十五稱，賵帛三千匹，謚曰靈王，陪葬長陵。

子謐，世宗初襲封。幹妃穆氏表謐母趙等悖禮愆常，不遜日甚，尊卑義阻，母子道絕。詔曰：「妾之於女君，猶婦人事舅姑，君臣之禮，義無乖二。妾子之於君母，禮加如子之恭，何得黷我風政！可付宗正，依禮治罪。」謐在母喪，聽音聲飲戲，爲御史中尉李平所彈。遇赦，復封。除通直散騎常侍，加龍驤將軍，遷太子中庶子，出爲冠軍將軍、岐州刺史。

謐性嚴，暴虐下人。肅宗初，臺使元延到其州界，以驛邏無兵，攝帥檢覈。隊主高保願列言所有之兵，王皆私役。謐聞而大怒，鞭保願等五人各二百。數日之間，謐召近州夫，閉城四門，內外嚴固，搜掩城中，楚掠備至。又無事而斬六人。合城兇懼，衆遂大呼屯門。謐

怖，登樓毀梯以自固。土人散走，城人分守四門。靈太后遣游擊將軍王靖馳驛諭之。城人既見靖至，開門謝罪，奉送管籥。乃罷謐州。還，除大司農卿。又除散騎常侍、平北將軍、幽州刺史。謐妃胡氏，靈太后從女也。未發，坐毆其妃免官。後除都官尚書，加安南將軍。

正光四年薨。給東園祕器、朝服一具、衣一襲，賵帛五百匹。高陽王雍，幹之母弟，啓論謐，故超贈假侍中、征南將軍、司州牧，謚曰貞景。

子毓，字子春，襲。莊帝初，河陰遇害，贈衞大將軍、儀同三司、青州刺史，謚曰宣恭。無子，詔以謐弟讞子寘字景融爲後，襲爵。及寘伯諶復封趙郡，改封平昌王。齊受禪，爵例降。

謐兄諶，字興伯，性平和。自通直正員郎，遷太子庶子、司空司馬、鴻臚少卿。遷後將軍、肆州刺史，固辭不拜。改授平南將軍、光祿少卿。轉黃門侍郎，進號安南將軍、光祿大夫。出爲散騎常侍、中軍將軍、相州刺史。罷州，除宗正卿、都官尚書。以親例封上蔡縣開國公，食邑四百戶，讓而不受。莊帝初，拜車騎將軍、儀同三司、尚書左僕射；封魏郡王，食邑一千戶。又加侍中。諶本年長，應襲王封，其父靈王寵愛其弟謐，以爲世子。莊帝詔復諶封趙郡王。進號驃騎大將軍，加開府，遷司空公。出帝時，轉太保、司州牧、太尉公，又遷太師，錄尚書事。孝靜初，爲大司馬，三年薨，贈假黃鉞、侍中、都督、冀州刺史，謚曰孝懿。

謀無他才識，歷位雖重，時人忽之。

子煒，襲。齊受禪，爵例降。

謐弟譚，頗強立，少爲宗室所推敬。自羽林監出爲高陽太守，爲政嚴斷，豪右畏之。肅宗初，入爲直閤將軍，歷太僕、宗正少卿，加冠軍將軍。元法僧外叛，詔譚爲持節、假左將軍、別將以討之。徐州平，還光祿少卿、行南兗州事、征虜將軍、涇州刺史。入爲武衞將軍。尋詔譚爲都督以討杜洛周，次於軍都，爲洛周所敗。還，除安西將軍、秦州刺史。卒，贈撫軍將軍、儀同三司、青州刺史。〔五〕

謀弟讞，爲人貪暴無禮。自羽林監遷司徒主簿。肅宗時，除正員郎，稍遷左將軍、太中大夫；封平鄉縣開國男，邑二百戶。莊帝初，河陰遇害。贈車騎大將軍、儀同三司、定州刺史。

子景暄，直閤將軍。從出帝沒於關西。

讞弟譿，羽林監、直閤將軍。早卒，賵帛五百匹，贈鎮遠將軍、恒州刺史。

廣陵王羽，字叔翻。太和九年封，加侍中、征東大將軍，爲外都大官。羽少而聰慧，有

斷獄之稱。後罷三都，羽爲大理，加衞將軍，典決京師獄訟，微有聲譽。遷特進、尚書左僕射，又爲太子太保、錄尚書事。

高祖將南討，遣羽持節安撫六鎮，發其突騎，夷人寧悅。〔六〕還領廷尉卿。車駕既發，羽與太尉丕留守，加使持節，語在丕傳。高祖友愛諸弟，及將別，不忍早分，詔羽從至雁門，乃令羽歸。望其稱効，故賜如意以表心。

遷都議定，詔羽兼太尉，告于廟社。還京之後，北蕃人夷多有未悟。羽鎮撫代京，內外肅然，高祖嘉之。十八年春，羽表辭廷尉，不許。

羽奏：「外考令文，每歲終，州鎮列牧守治狀。及至再考，隨其品第，以彰黜陟。去十五年中，在京百僚，盡已經考爲三等。此年便是三載，雖外有成令，而內令未班。內外考察，理應同等。臣輒推準外考，以定京官治行。」詔曰：「雖內考未宣，績已久著，故明堂、月令載公卿大夫論考屬官之治，職區分著。三公。疑尚書三載殿最之義，此之考內，已爲明矣。但論考之事，理在不輕，問績之方，應關朕聽，輒爾輕發，殊爲躁也。每考之義，應在年終，既云此年，何得春初也！今始維夏，且待至秋後。」

高祖臨朝堂議政事，謂羽曰：「遷都洛陽，事格天地，但汝之迷，徒未開沉鄣耳。朕家有四海，往來何難。朕初發洛陽，敎示永壽，皆謂分別。比自來後，諸處分之事，已差前敕。今舉大功，寧爲虛費？且朕無周召之弟，豈容晏安日逸。今便北巡，遷留之事，當稱朕懷。」

後高祖臨朝堂，謂羣臣曰：「兩儀既闢，人生其間，故上天不言，樹君以代。是以書稱三考之績，禮云考成之章。自皇王以降，斯道靡易。朕以寡德，猥荷洪基，思與百辟，允釐庶務。然朕識乏知人，不能使朝絕素餐之譏，野無考盤之刺，夙宵寤寐，載懷怵惕。卿等皆是朝賢國彥，匡弼是寄，各率乃心，以旌考績之義。如乖忠正，國有常刑。賢者雖疏必進，不肖者雖親必黜。」顧謂羽曰：「上下二等，可爲三品，中等但爲一品。所以然者，上下是黜陟之科，故旌絲髮之美，中等守本，事可大通。」

羽先呈廷尉五局司直。高祖曰：「夫刑獄之難，實惟自古，必也斷訟，夫子所稱。然五局所司，專主刑獄，比聞諸風聽，多論五局不精。知人之難，朕豈獨決，當與羣臣同之。卿等各陳所聞。」高祖謂羽及少卿鄧述曰：「五局司直，卿等以何爲品？」羽對曰：「諸司直並簡聖心。往者，百官初置，擢爲獄官，聽訟察辭，無大差越。所以爲二等者，或以視事甫爾，或以見機遲速，朝廷既有九品之制，故計其絲髮之差，以爲品第。統論所得，大都相似。」高祖曰：「朕頃年以其人識見可取，故簡司獄官，小優劣不足爲差。然廷尉所司，人命之本事，〔七〕須心平性正、抑强哀弱、不避貴勢、直情折獄者可爲上等。今正欲聽採風謠，虛實難悉；正欲不採，事無所據。然人言惡者未必是惡，言善者不必是善。所以然者，或斷訟不避

豪貴，故人以爲惡；或將勢抑賤，貴人以爲好。然關朕之聽，皆貴者言，是以遲迴三復，良由於此。局事須冰清玉潔，明揚褒貶。卿等既是親典，邪正得失，悉所具之，可精辨以聞。」鄧述對曰：「陛下行賞得人，餘者甘心；若賞不盡能，〔八〕無以勸勵。如臣愚見，願不行賞。」高祖曰：「朕昔置此官，許三年考績，必行賞罰。既經今考，若無黜陟，恐正直者莫肯用心，邪曲者無以改肅。自非釋之于公，何能盡其至理。雖不可精其微致，且望粗有殿最。諸尚書更與羣官善量所以。」

高祖謂尚書等曰：「朕仰纂乾構，君臨萬宇。往者稽古典章，樹玆百職。然尚書之任，樞機是司，豈惟總括百揆，緝和人務而已，朕之得失，實在於斯。自卿等在任，年垂二周，未嘗言朕之一失，獻可否之片規，又不嘗進一賢而退一不肖，此二事罪之大者。」高祖又謂羽曰：「汝之淺薄，固不足以況晉之巨源。考之今世，民斯下矣。〔九〕汝始爲廷尉，及初作尚書，內外瞻望，以吾有弟。自往秋南旆之後，近小人，遠君子，在公阿黨，虧我皇憲，出入無章，動乖禮則。計汝所行，應在下下之第。」高祖又謂羽曰：「汝既是宸極之弟，而居樞端之任。汝自在職以來，功勤之績，不聞於朝；阿黨之音，頻干朕聽。汝之過失，已備積於前，不復能別敍。今黜汝錄尚書、廷尉，但居特進、太保。」又謂尚書令陸叡曰：「叔翻在省之初，甚有善稱，自近以來，偏頗懈怠。豈不由卿等隨其邪僞之心，不能相導以義，雖不成大責，已致小

罰。今奪卿尚書令祿一周。」謂左僕射元贊曰：「卿夙德老成，久居機要，不能光贊物務，獎勵同僚，賊人之謂，豈不在卿！計叔翻之黜，卿應大辟，但以咎歸一人，不復相罪。又爲少師，未允所授，今解卿少師之任，削祿一周。」詔吏部尚書澄曰：「叔父既非端右，又非座元，豈宜濫歸衆過也。然觀叔父神志驕傲，少保之任，似不能存意。可解少保。」謂長兼尚書于果曰：〔一〇〕「卿履歷卑淺，超昇名任，不能勤謹夙夜，數辭以疾。長兼之職，位亞正員，今解卿長兼，可光祿大夫、守尚書，削祿一周。」又謂守尚書尉羽曰：「卿在集書，殊無憂存左史之事，今降爲長兼常侍，亦削祿一周。」又謂守尚書盧淵曰：「卿始爲守尚書，未合考績。然卿在集書，雖非高功，爲一省文學之士，嘗不以左史在意，如此之咎，罪無所歸。今降卿長兼王師，守常侍、尚書如故，奪常侍祿一周。」謂左丞公孫良、右丞乞伏義受曰：「二丞之任，所以協贊尚書，光宣出納，而卿等不能正心直言，規佐尚書，論卿之罪，應合大辟。但以尚書之失，事鍾叔翻，故不能別致貶責。二丞可以白衣守本官，冠服祿恤，盡皆削奪。若三年有成，還復本任；如其無成，則永歸南畝。」又謂散騎常侍元景曰：「卿等自任集書，合省逋墮，致使王言遺滯，起居不修，如此之咎，責在於卿。今降爲中大夫、守常侍，奪祿一周。」謂諫議大夫李彥曰：「卿雖處諫議之官，實人不稱職，可去諫議，退爲元士。」又謂中庶子游肇等曰：「自建承華，已經一稔，然東宮之官，無直言之士，雖未經三載，事須考黜。肇及中舍人

李平識學可觀，可爲中中；〔一一〕安樂王詮可爲下中，解東華之任，退爲員外散騎常侍；馮夙可爲下下，免中庶子，免爵兩任，員外常侍如故；中舍人閭賢保可爲下下，退爲武騎常侍。」又謂公孫良曰：「頃年用人，多乖觀才之授。實是武人，而授以文官，黜同大例，於理未均。諸如此比，黜官如初。」

高祖引陸叡、元贊等於前曰：「北人每言北人何用知書，朕聞此，深用憮然。今知書者甚衆，豈皆聖人。朕自行禮九年，置官三載，正欲開導兆人，致之禮教。朕爲天子，何假中原，欲令卿等子孫，博見多知。若永居恒北，值不好文主，卿等子孫，不免面牆也。」陸叡對曰：「實如明詔，金氏若不入仕漢朝，七世知名，亦不可得也。」高祖大悅。

及五等開建，羽食勃海之東光二千戶。車駕南伐，羽進號衞將軍，〔一二〕除使持節、都督青齊光南青四州諸軍事、征東大將軍、開府、青州刺史。以留守代京之功，增邑五百戶。高祖幸羽第，與諸弟言曰：「朕昨親受人訟，始知廣陵之明了。」咸陽王禧對曰：「臣年爲廣陵兄，明爲廣陵弟。」高祖曰：「我爲汝兄，汝爲羽昆，汝復何恨。」又曰：「叔翻沉痾綿惙，遂有辰歲，我每爲深憂，恐其不振。今得痊愈，晚成婚媾，且喜其吉慶，故命駕耳。」高祖親餞之華林園。後詔羽曰：「吾因天歷運，乘時樹功，開荊拓沔，威振楚越。時暨三炎，息駕汝潁。勢臨荊徐，聲遏江外，未容解甲，凱入三川。纂兵修律，俟秋方舉。海服之寄，故惟宗良，善

開經策，寧我東夏。敬慎汝儀，勿墜嘉問，唯酒唯田，可不戒歟！」加散騎常侍，進號車騎大將軍，餘如故。

世宗即位，遷司州牧，常侍如故。羽頻表辭牧，至于三四，詔不許。世宗覽政，引羽入內，面授司徒。羽辭曰：「彥和本自不願，而陛下強與。今新去此官而以臣代之，必招物議。季豫既轉，取之無嫌。請爲司空。」世宗猶強焉，固辭，乃許之。

羽先淫員外郎馮俊興妻，夜因私遊，爲俊興所擊。積日祕匿，薨於府，年三十二。世宗親臨，哀慟，詔給東園溫明祕器、朝服一具、衣一襲、錢六十萬、布一千匹、蠟三百斤，大鴻臚護喪事。大殮，帝親臨之，舉哀都亭。贈使持節、侍中、驃騎大將軍、司徒公、冀州刺史，給羽葆鼓吹、班劍四十人，諡曰惠。及葬，帝親臨送。子恭襲。語在紀。

恭兄欣，字慶樂。性粗率，好鷹犬。肅宗初，除通直散騎常侍、北中郎將。出爲冠軍將軍、荊州刺史，轉征虜將軍、齊州刺史。欣在二州，頗得人和。又爲征東將軍、太僕卿。孝莊初，封沛郡王，邑一千戶，後改封淮陽王。出帝時，加太師、開府。復封廣陵王。除太傅、司州牧，尋除大司馬。隨出帝沒於關中。

欣弟永業，普泰元年，特封高密郡王，食邑二千戶。武定末，金紫光祿大夫。齊受禪，爵例降。

高陽王雍，字思穆，少而倜儻不恒。高祖曰：「吾亦未能測此兒之深淺，然觀其任眞率素，或年器晚成也。」太和九年，封潁川王，加侍中、征南大將軍。或說雍曰：「諸王皆待士以營聲譽，王何以獨否？」雍曰：「吾天子之子，位爲諸王，用聲名何爲？」久之，拜中護軍，領鎮北大將軍。改封高陽。奉遷七廟神主於洛陽。五等開建，食邑二千戶。

車駕南伐，雍行鎮軍大將軍，總攝留事。遷衞尉，加散騎常侍，除使持節、鎮北將軍、相州刺史，常侍如故。高祖誡雍曰：「相州乃是舊都，自非朝賢德望無由居此，是以使汝作牧。爲牧之道，亦難亦易。〔一三〕其身正，不令而行，故便是易。其身不正，雖令不從，故便是難。又當愛賢士，存信約，無用人言而輕與奪也。」進號征北將軍。

世宗初，還使持節、都督冀相瀛三州諸軍事、征北大將軍、開府、冀州刺史，常侍如故。雍在二州，微有聲稱。入拜驃騎大將軍、司州牧。世宗時幸雍第，皆盡家人之禮。遷司空公，議定律令，雍常入參大議。轉太尉公，加侍中。時雍以旱故，再表遜位，優詔不許。除太保，領太尉，侍中如故。

世宗行考陟之法，雍表曰：

竊惟三載考績，百王通典。今任事上中者，三年昇一階，散官上第者，四載登一級。閑冗之官，本非虛置，或以賢能而進，或因累勤而舉。如其無能，不應忝茲高選。既其以能進之朝伍，或任官外戍，〔一四〕遠使絕域，催督逋懸，察檢州鎮，皆是散官，以充劇使。及於考陟，排同閑伍。檢散官之人，非才皆劣，稱事之輩，未必悉賢。而考閑以多年，課煩以少歲，上乖天澤之均，下生不等之苦。又尋景明之格，無折考之文，正始之奏，有與奪之級。明參差之考，非聖慈之心；改典易常，乃有司之意。又尋考級之奏，委於任事之手；涉議科勤，絕於散官之筆。遂使在事者得展自勤之能，散輩者獨絕披衿之所。抑以上下之閑，限以旨格之判，致使近侍禁職，抱槃屈之辭；禁衞武夫，懷不申之恨。欲克平四海，何以獲諸。又散官在直，一玷成尤；銜使愆失，差毫即坐。徽纆所逮，未以事閑優之；節慶之賚，不以祿微加賞。罪殿之犯，未殊任事；考陟之機，推年不等。臣聞君舉必書，書而不法，後代何觀。詩云「王事靡盬，不遑啓處」，又曰「豈不懷歸，畏此簡書」。依依楊柳，以敘治兵之役；霏霏雨雪，又申振旅之勤。若折往來日月，便是採薇之詩廢，杕杜之歌罷。又任事之官，吉凶請假，定省掃拜，動歷十旬，或因患重請，動輒經歲。征役在途，勤泰百倍。苦樂之勢，非任事之倫；在家私閑，非理務之日。論優語劇，先宜折之。

武人本挽上格者爲羽林，次格者爲虎賁，下格者爲直從。或累紀征戍，靡所不涉；或帶甲連年，負重千里；或經戰損傷，或年老衰竭。今試以本格，責其如初，有爽於先，退階奪級。此便責以不衰，理未通也。又蕃使之人，必抽朝彥。或歷嶮千餘，或履危萬里，登有死亡之憂，咸懷不返之戚，魂骨奉忠，以尸將命。先朝賞格，酬以爵品；今朝改式，止及階勞。折以代考，有乖使望。非所以奬勵皇華而敦崇四牡者也。

復尋正始之格：汎後任事上中者，三年升一階；汎前任事上中者，六年進一級。三年一考，自古通經。今以汎前六年昇一階，檢無愆犯，倍年成級。以此推之，明以汎代考。新除一日，同霑階榮，下第之人因汎上陟，上第之士由汎而退。

臣又見部尉資品，本居流外，刊諸明令，行之已久。然近爲里巷多盜，以其威輕不肅，欲進品清流，以壓姦宄。甄琛啓云：〔一五〕「爲法者施而觀之，不便則改。」竊謂斯言有可採用，聖慈昭覽，更高宰尉之秩。

今考格始宣，懷怨者衆，臣竊觀之，亦謂不可，有光國典，改之何難。

世宗乃引雍共論時務。

肅宗初，詔雍入居太極西栢堂，諮決大政，給親信二十人。又詔雍爲宗師，進太傅、侍中，領太尉公，王如故。別敕將作，營國子學寺，給雍居之。領軍于忠擅權專恣，僕射郭祚勸雍出之。忠怒，矯詔殺祚及尚書裴植，廢雍以王歸第。朝有大事，使黃門郎就諮訪之。忠尋復矯詔，將欲殺雍，以問侍中崔光，光拒之，乃止。

未幾，靈太后臨朝，出忠爲冀州刺史。雍表曰：

臣初入栢堂，見詔旨之行，一由門下，而臣出君行，不以悛意。每覽傷矜，視之慘目，深知不可，不能禁制。臣之罪一也。臣近忝內樞，兼尸師傅，宜保護聖躬，溫清晨夕。而于忠身居武司，禁勤自在，限以內外，朝謁簡絕。皇居寢食，所在不知，社稷安危，又亦不預，出入栢堂，尸立而已。臣之罪二也。忠規欲殺臣，賴在事執拒。又令僕卿相，任情進黜，遷官授職，多不經旬，斥退賢良，專納心腹，威振百僚，勢傾朝野。臣見其如此，欲出忠爲雍州刺史，鎭撫關右，在心未行，反爲忠廢。忝官尸祿，孤負恩私。臣之罪三也。先帝昇遐，儲宮纂統，斯乃君父之恒謨，臣子之永則，加賞之義，自古無之。忠既人臣，受恩先帝，喪禍之際，竭節是常，迎陛下於東宮，臣下之恒事，如其不爾，更欲何爲？而忠意氣凌雲，坐要封爵。爾日抑之，交恐爲禍。臣以權臣所欲，不敢輒違，即集王公卿士，議其多少。清河王臣懌，先帝懿弟，識度寬明，臨衆唱議，非以勤而賞之，憚違權臣之旨，望顏而授。臣知不可，因而從之。臣之罪四也。忠秉權門下，且居宰執，又總禁旅，爲崇訓衞尉，身兼內外，橫干宮掖。臣之罪五也。古者重罪，

必令三公會，期至旬日，所以重死刑也。先帝登極，十有七年，細人犯刑，猶寬憲墨，朝廷貴仕，不戮一人。今陛下踐阼，年未半周，殺僕射、尚書，如芟一草，是忠秉權矯旨，擅行誅戮。臣知不能救，臣之罪六也。

臣位荷師相，年未及終，難恕之罪，顯露非一，何情以處，何顏以生，雖經恩宥，猶有餘責，謹反私門，伏聽司敗。

靈太后感忠保護之勳，不問其罪，增雍封一千戶，除侍中、太師，又加使持節，以本官領司州牧。

雍表請：王公以下賤妾，悉不聽用織成錦繡、金玉珠璣，違者以違旨論；奴婢悉不得衣綾綺纐，止於縵繒而已，奴則布服，並不得以金銀爲釵帶，犯者鞭一百。太后從之，而不能久行也。詔雍乘步挽出入掖門。又以本官錄尚書事。雍頻表辭遜，優答不許，詔侍中敦諭。詔雍朝夕侍講。

肅宗覽政，除使持節、司州牧、侍中、太師、錄尚書如故。肅宗加元服，雍兼太保，與兼太尉崔光攝行冠禮。詔雍乘車出入大司馬門，進位丞相，給羽葆鼓吹，倍加班劍，餘悉如故。又賜帛八百匹，與一千人供具，催令速拜。詔雍依齊郡順王簡太和故事，朝訖引坐，特優拜伏之禮。總攝內外，與元叉同決庶政。歲祿萬餘，粟至四萬，伎侍盈房，諸子璿晃，榮

貴之盛，昆弟莫及焉。

元妃盧氏薨後，更納博陵崔顯妹，甚有色寵，欲以爲妃。世宗初以崔氏世號「東崔」，地寒望劣，難之，久乃聽許。延昌已後，多幸妓侍，近百許人，而疏棄崔氏，別房幽禁，不得關豫內政，僅給衣食而已。至乃左右無復婢使，子女欲省其母，必啓聞，許乃得見。未幾，崔暴薨，多云雍毆殺之也。靈太后許賜其女妓，未及送之，雍遣其閹豎丁鵝自至宮內，料簡四口，冒以還第。太后責其專擅，追停之。

孝昌初，詔曰：「比相府弗開，陰陽未變。王秉哲居宗，勳望隆重，道庇蒼生，威被華裔，體國猶家，匪躬在節，可開府置佐史。」尋罷司徒，以爲丞相府。

孝莊初，尒朱榮欲害朝士，遂云雍將謀逆，於河陰遇害。贈假黃鉞、相國，謚文穆王。雍識懷短淺，又無學業，雖位居朝首，不爲時情所推。既以親尊，地當宰輔，自熙平以後，朝政褫落，不能守正匡弼，唯唯而已。及清河王懌之死，元叉專政，天下大責歸焉。

嫡子泰，字昌，頗有時譽。爲中書侍郎，尋遷通直散騎常侍、鎮東將軍、太常卿。與雍同時遇害。追贈侍中、特進、驃騎大將軍、太尉公、武州刺史、高陽王，謚曰文孝。

子斌，襲。武定中，官至尚書右僕射。齊受禪，爵例降。

泰兄端，字宣雅。美容貌，頗涉書史。起家散騎侍郎。累遷通直常侍、鴻臚、太常少

卿、散騎常侍。出爲安東將軍、青州刺史。是時蕭衍遣將寇逼徐揚，除端撫軍將軍、金紫光祿大夫、使持節、東南道大使，處分軍機。賊平，拜鎮軍將軍、兗州刺史。俄而衍將復寇徐兗，圍逼州城。端率在州文武拒守，得全。以功封安德縣開國公，〔一六〕食邑五百戶。還，除都官尚書。與雍俱遇害。贈車騎大將軍、儀同三司、相州刺史。

子峻，襲爵。齊受禪，例降。

泰弟叡，字子哲。輕忽榮利，愛玩琴書。起家拜通直散騎侍郎，遷衞尉少卿，轉光祿少卿，封濟北郡王。與雍俱遇害。贈車騎大將軍、司空公、雍州刺史。

子徽，普泰中，襲爵。起家通直郎。武定五年，坐與元瑾等謀反，伏法。

叡弟誕，字文發。少聰惠，有風儀。起家通直郎，遷中書侍郎、通直散騎常侍。封新陽縣開國伯，食邑三百戶。加龍驤將軍。進封昌樂王，食邑七百戶。遷平南將軍、散騎常侍、黃門侍郎。孝靜初，拜侍中、車騎大將軍、儀同三司、司州牧。天平三年薨，贈使持節、侍中、太保、司徒公、尚書令，將軍、牧如故，謚曰文獻。無子，以斌第二子亮爲後。

誕弟勒叉，勒叉弟亘，亘弟伏陀，伏陀弟彌陀，彌陀弟僧育，僧育弟居羅。出帝初，勒叉封陽平縣，亘封濮陽縣，伏陀封武陽縣，彌陀封新陽縣，僧育封頓丘縣，居羅封衞縣，並開國伯，食邑四百戶。天平中，並除鎮遠將軍、散騎侍郎。僧育走關西，國除。其餘齊受禪，爵例降。

北海王詳，字季豫。美姿容，善舉止。太和九年封，加侍中、征北大將軍。後拜光祿大夫，解侍中、將軍。又兼侍中。

從高祖南伐，爲散騎常侍。高祖自洛北巡，詳常與侍中、彭城王勰並在輿輦，陪侍左右。至高宗射銘之所，高祖停駕，詔諸弟及侍臣，皆試射遠近，唯詳箭不及高宗箭所十餘步。高祖嘉之，拊掌欣笑，遂詔勒銘，親自爲制。五等開建，食邑二千戶。還侍中，轉祕書監。

車駕南伐，詳行中領軍，留守，給鼓吹一部，甲仗三百人，兼督營構之務。高祖賜詳璽書曰：「比遊神何業也？丘墳六籍，何事非娛，善正風猷，肅是禁旅。」詳後朝於行宮，高祖引見之。詳慶平沔北，高祖曰：「朕以畿南未清，神麾暫動，沔北數城，並皆柔服，此乃將士之効，非朕之功。」詳對曰：「陛下德邁唐虞，功微周漢，自南之風，於是乎始。」詳還洛，高祖餞之，詔詳曰：「昔者，淮夷叛命，故有三年之舉；鬼方不令，乃致淹載之師。況江吳竊命，于今十紀，朕必欲蕩滌南海，然後言歸。今夏停此，故與汝相見，善守京邑，副我所懷。」趙郡

王幹薨，以詳行司州牧。除護軍將軍，兼尚書左僕射。

高祖臨崩，顧命詳爲司空輔政。世宗卽位，以詳有營構之勤，增邑一千戶。詳以帝居諒闇，不受。世宗覽政，遷侍中、大將軍、錄尚書事。咸陽王禧之謀反也，詳表求解任。詔曰：「一人之身，愆不累德，形乖性別，忠逆固殊。是以父殛子興，義高唐世；弟戮兄登，迹顯周魯。禧之與國，異體同氣，既肆無君之逆，安顧弟友之親。叔父忠顯二朝，誠貫廟社，實勗贊沖昧，保乂鴻猷，豈容以微介之慮，忘阿衡之重，貂章卽已敕還，願不再述。祚屬眇躬，言及斯事，臨紙慚恨，惋慨兼深。」詳重表陳解，詔復不許。除太傅，領司徒，侍中、錄尚書事如故。詳固辭，詔遣敦勸，乃受。

詳與八座奏曰：「竊惟姦劫難除，爲蠹日久，羣盜作患，有國攸病。故五刑爲用，猶陷觸網之誅；道幾勝殘，寧息狗竊之響。是以班制垂式，名爲治本，整網提目，政之大要。謹尋奪祿事條，班已周歲。然京邑尹、令，善惡易聞；邊州遠守，或難聽審，皆上下同情，迭相掩沒。設有賊發，隱而不言，或以劫爲偷，或遏掠成盜，更令賊發難知，攘竊惟甚。臣等參議，若依制削奪，則縣無期月之宰；附條貶黜，郡靡歲稔之守。此制必行，所謂法令滋章，盜賊多有。昔黃龔變風，不由削祿；張趙稱美，豈憚貶退。然綏導之體，得失在人。乃可重選慎官，依律劾禁，不宜輕改法令，削黜羣司。今請改制條，還附律處。其勵己公清，賞有常

典，風謠贖賄，案爲考第。」世宗從之。

詳之拜命，其夜暴風震電，拔其庭中桐樹大十圍，倒立本處。初，世宗之覽政也，詳聞彭城王勰有震主之慮，而欲奪其司徒，大懼物議，故爲大將軍，至是乃居之。天威如此，識者知其不終。世宗講武於鄴，詳與右僕射高肇、領軍于勁留守京師。

初，太和末，詳以少弟延愛，景明初，復以季父崇寵，位望兼極，百僚憚之。而貪冒無厭，多所取納；公私營販，侵剝遠近；嬖狎羣小，所在請託。珍麗充盈，聲色侈縱，建飾第宇，開起山池，所費巨萬矣。又於東掖門外，大路之南，驅逼細人，規占第宅。至有喪柩在堂，請延至葬而不見許，乃令輿櫬巷次，行路哀嗟。詳母高太妃，頗亦助爲威虐，親命毆擊，怨響嗷嗷。妃，宋王劉昶女，不見答禮。寵妾范氏，愛等伉儷，及其死也，痛不自勝，乃至葬訖，猶毀墋視之。表請贈平昌縣君。詳又蒸於安定王燮妃高氏，高氏即茹皓妻姊。嚴禁左右，閉密始末。詳既素附於皓，又緣淫好，往來綢密。皓之取妻也，詳親至其家，忻飲極醉。

詳雖貪侈聚斂，朝野所聞，而世宗禮敬尚隆，憑寄無替，軍國大事，總而裁決。每所敷奏，事皆協允。詳常別住華林園之西隅，與都亭、宮館密邇相接，亦通後門。世宗每潛幸其所，肆飲終日，其寵如此。又詳拜受，因其私慶，啓請世宗。世宗頻幸南第，御其後堂，與

高太妃相見，呼爲阿母，伏而上酒，禮若家人。臨出，高每拜送，舉觴祝言：「願官家千萬歲壽，歲歲一至妾母子舍也。」初，世宗之親政也，詳與咸陽王禧、彭城王勰並被召入，共乘犢車，防衛嚴固。高時惶迫，以爲詳必死，亦乘車傍路，哭而送至金墉。及詳得免，高云：「自今而後，不願富貴，但令母子相保，共汝掃市作活也。」至此貴寵崇盛，不復言有禍敗之理。

後爲高肇所譖，云詳與皓等謀爲逆亂。于時詳在南第，世宗召中尉崔亮入禁，敕糾詳貪淫，及茹皓、劉冑、常季賢、陳掃靜等專恣之狀。亮乃奏詳：「貪害公私，淫亂典禮。朝廷比以軍國費廣，禁斷諸蕃雜獻，而詳擅作威令，命寺署酬直。驅奪人業，崇侈私第。蒸穢無道，失尊卑之節；塵敗憲章，虧風教之紀。請以見事，免所居官爵，付鴻臚削奪，輒下禁止，付廷尉治罪。」并劾皓等，夜即收禁南臺。又虎賁百人，圍守詳第，慮其驚懼奔越。遣左右郭翼開金墉門，馳出諭之，示以中尉彈狀。詳母高見翼，頓首號泣不自勝。詳言：「審如中尉所糾，何憂也，正恐更有大罪橫至耳。人奉我珍異貨物，我實愛之。果爲取受，吾何憂乎？」私以自寬。至明，皓等皆賜死，引高陽王雍等五王入議詳罪。單車防守，還華林之館。母妻相與哭，入所居，小奴弱婢數人隨從。官防甚嚴，終夜擊柝，列坐圍守，外內不通。世宗爲此不幸園十餘日。徙詳就太府寺，圍禁彌切。詔曰：「王位兼台輔，親懿莫二，朝野屬賴，具瞻所歸。不能勵德存道，宣融軌訓，方乃肆茲貪靦，穢暴顯聞。遠負先朝友愛之寄，近乖家

國推敬所期，理官執憲，實合刑典，天下爲公，豈容私抑。但朕諸父傾落，存者無幾，便極遠坐，情有未安。可免爲庶人，別營坊館，如法禁衞，限以終身。邦家不造，言尋感慨。」遂別營館於洛陽縣東北隅，二旬而成，將徙詳居之。會其家奴數人，陰結黨輩，欲以劫出詳，密抄名字，潛託侍婢通於詳。詳始得執省，而門防主司遙見，突入，就詳手中攬得，呈奏。至夜，守者以聞。詳哭數聲而暴死。〔一七〕詳自至太府，令其母妻，還居南宅，五日一來，與其相見。此夜，母妻不在，死於婢手中。至明，告其凶問。詔曰：「北海叔奄至傾背，痛慕抽慟，情不自任。明便舉哀，可敕備辦喪還南宅，諸王皇宗，悉令奔赴。給東園祕器，賵物之數一依廣陵故事。」

詳之初禁也，乃以蒸高事告母。母大怒，詈之苦切，曰：「汝自有妻妾侍婢，少盛如花，何忽共許高麗婢姦通，令致此罪。我得高麗，當啖其肉。」乃杖詳背及兩脚百餘下，自行杖，力疲乃令奴代。高氏素嚴，詳每有微罪，常加責罰，以絮裹杖。至是，去絮，皆至瘡膿。詳苦杖，十餘日乃能立。又杖其妃劉氏數十，云：「新婦大家女，門戶匹敵，何所畏也，而不檢校夫婿。婦人皆妬，獨不妬也！」劉笑而受罰，卒無所言。

詳貪淫之失，雖聞遠近，而死之日，罪無定名，遠近歎怪之。停殯五載。永平元年十月，詔曰：「故太傅北海王體自先皇，特鍾友愛，受遺訓輔，沖昧攸記。不圖暮節晦德 終缺

哀榮，便可追復王封，克日營厝，少慰幽魂，以旌陰疑戚。」諡曰平王。

子顥，字子明，襲。少慷慨，有壯氣。除龍驤將軍、通直散騎常侍。轉宗正卿、光祿大夫、長兼宗正卿、散騎常侍、平東將軍。轉都官尚書，加安南將軍。出除散騎常侍、撫軍將軍、徐州刺史。尋爲御史彈劾除名。

其後，賊帥宿勤明達、叱干騏驎等寇亂豳華諸州，乃復顥王爵，以本將軍加使持節、假征西將軍、都督華豳東秦諸軍事、兼左僕射、西道行臺，以討明達。顥轉戰而前，頻破賊衆，解豳華之圍。以功增封八百戶，進號征西將軍。又除尚書右僕射，持節、行臺、都督如故。尋還車騎大將軍、儀同三司，餘如故。值蕭寶夤等大敗於平涼，顥亦奔還京師。

於時，葛榮南進，稍逼鄴城。武泰初，以顥爲侍中、驃騎大將軍、開府儀同三司、相州刺史以禦榮。顥至汲郡，屬尒朱榮入洛，推奉莊帝，詔授顥太傅，開府、侍中、刺史、王並如故。顥以葛榮南侵，尒朱縱害，遂盤桓顧望，圖自安之策。先是，顥啓其舅范遵爲殷州刺史，遵以葛榮充逼，未得行。顥令遵權停於鄴。顥既懷異謀，乃遣遵行相州事，代前刺史李神，爲己表裏之援。相州行臺甄密先受朝旨，〔一八〕委其守鄴。知顥異圖，恐遵爲變，遂相率廢遵，還推李神攝理州事，然後遣軍候顥逆順之勢。

顥以事意不諧，遂與子冠受率左右奔於蕭衍。顥見衍，泣涕自陳，言辭壯烈，衍奇之。遂以顥爲魏主，假之兵將，令其北入。永安二年四月，於梁國城南登壇燔燎，號孝基元年。莊帝詔濟陰王暉業爲都督，於考城拒之，爲顥所擒。又克行臺楊昱於滎陽。尒朱世隆自虎牢走退，莊帝北幸。顥遂入洛，改稱建武元年。

顥以數千之衆，轉戰輒克，據有都邑，號令自己，天下人情，想其風政。而自謂天之所授，頗懷驕怠。宿昔賓客近習之徒咸見寵待，干擾政事，又日夜縱酒，不恤軍國。所統南兵，凌竊市里。朝野莫不失望。時又酷斂，公私不安。莊帝與尒朱榮還師討顥。自於河梁拒戰，王師渡於馬渚，冠受戰敗被擒，因相繼而敗。顥率帳下數百騎及南兵勇健者，自轘轅而出。至臨潁，顥部騎分散，爲臨潁縣卒所斬。出帝初，贈使持節、侍中、都督冀定相殷四州諸軍事、驃騎大將軍、大司馬、冀州刺史。武定中，子娑羅襲。齊受禪，爵例降。

顥弟頊，〔一九〕字寶意。起家爲通直郎，轉中書郎，歷武衞將軍、光祿少卿、黃門郎。出除平北將軍、相州刺史。爲大宗正卿。封平樂縣開國公，食邑八百戶。莊帝初，拜侍中、車騎將軍，封東海王，食邑千戶。俄遷中書監、左光祿大夫，兼尚書右僕射。又拜車騎大將軍，加侍中。頊無他才幹，以親屬早居重任。兄顥入洛，成敗未分，便以意氣自得，爲時人所笑。顥敗，潛竄，爲人執送，斬於都市。出帝初，贈侍中、都督雍華岐三州諸軍事、驃騎大將軍、

太尉公、尚書令、雍州刺史。

子衍，襲爵。武定中，通直散騎侍郎。齊受禪，爵例降。

史臣曰：顯祖諸子，俱聞道於太和之日。咸陽望重位隆，自猜謀亂。趙郡愆於王度，終謚曰靈。廣陵夙稱明察，不幸中夭，惜矣。高陽器術缺然，終荷棟幹，孝昌之叛，蓋不足以責之。北海義昧鶺鴒，奢淫自喪，雖禍由間言，亦自貽伊戚。顥取若拾遺，亡不旋踵，豈守之無術，其天將覆之。

校勘記

〔一〕臣謂宜逓元志　「元」疑當作「先」。

〔二〕願欲傳之來葉　諸本「葉」作「業」，册府卷五七六三四頁作「葉」。按「來業」語晦，今據改。

〔三〕卒聞教武　百衲本、南本「卒」作「臣」，不可通。北、汲、殿、局四本此字缺，旁注「疑」字。今據册府卷三一二三六八六頁改。

〔四〕加衞大將軍　按下云：「尋授車騎將軍、左光祿大夫」，衞大將軍班在車騎將軍上卷一一三官氏志，似是貶降。但下文廣陵王羽以征東大將軍爲衞將軍；高陽王雍先是征南大將軍，改鎮北大將軍，後爲相州刺史，所帶軍號却止是鎮北將軍。與此同例，或是先後制度不同。

〔五〕卒贈撫軍將軍儀同三司青州刺史　按墓誌集釋元譚墓誌圖版一七五稱「建義元年，歲次戊申，四月十三日，龍飛之會，橫離大禍」，則元譚也於河陰被殺。傳止稱「卒」，似善終。疑誤。

〔六〕夷人寧悅　北史卷一九、御覽卷七〇三三一三七頁「夷人」作「夷夏」。按御覽引魏書，却與北史同，則舊本亦作「夷夏」。

〔七〕人命之本事　册府卷六九七七五頁「本」作「大」，疑是。

〔八〕若賞不盡能　諸本「賞」作「實」，册府同上卷頁作「賞」。按上云「行賞得人」，這裏意謂行賞而和他的能力不稱，前後相貫，「實」字訛，今據改。

〔九〕民斯下矣　按語不可解，「民」字疑訛。

〔一〇〕謂長兼尚書于果曰　諸本「果」訛「杲」，據北史卷一九、本書卷三一于栗磾附于果傳改。

〔一一〕可爲中　李慈銘魏書札記以下簡称李慈銘云：「北史卷一九『中』下有『第』字，此脫。」

〔一二〕羽進號衞將軍　按上文早說「加衞將軍」，何待這時進號。前後必有一誤。

〔一三〕爲牧之道亦難亦易　百衲本、汲本「亦難亦易」作「非難亦易」，南、北、殿、局四本作「非難非易」。北史卷一九、御覽卷二五四一一九六頁作「亦易亦難」。册府卷一五六一八九二頁作「亦難亦

易」。按「非難亦易」必誤，南本以下當是以意改。御覽此段雖標「後魏書」，實出北史，如作「帝誡曰」不作「高祖誡曰」，又無下「又當愛賢士」云云，可證。今據册府改。

〔一四〕或任官外戍　通典卷一五載元雍表「任」作「征」。按「征官」指征行之官，故與「外戍」連文，疑「任」字訛。

〔一五〕甄琛啓云　諸本「琛」皆作「深」。按語見卷六八甄琛傳，「深」乃形訛，今改正。

〔一六〕以功封安德縣開國公　諸本「德」作「得」。墓誌集釋元端墓誌圖版一七九作「安德郡開國公」。按卷一〇六上地形志上冀州安德郡，云：「太和中置，尋併勃海，中興中復」，郡屬有安德縣。「安得」顯爲「安德」之訛，今改正。據地形志，元端封爵時，在此郡併入勃海郡後，復郡前，當時並無安德郡。雖北魏封邑都是虛封，太和以前更是隨意立名，不必有此郡，但太和定制後這種情況已有所改變。「安德」既無此郡，傳作「縣公」未必誤，今不改。

〔一七〕至夜守者以聞詳哭數聲而暴死　李慈銘云：「『守者以聞』，『以』字衍。上既云『呈奏』矣，不得又言『以聞』。且方『以聞』，不言害詳事，何得便言『詳哭數聲而死』？北史卷一九『攬得呈奏』下云：『帝密令害之。』此傳當脫一句，故下云：『至夜，守者聞詳哭數聲而死。』蓋莫知其死狀也。」

〔一八〕相州行臺甄密先受朝旨　諸本無「密」字。按「甄」下不應不書名。通鑑卷一五二四七四七頁作

「甄密」。甄密爲相州行臺亦見卷六八本傳，這裏脱「密」字，今據補。

〔一九〕顥弟項　諸本「項」作「瑱」。據北史卷一九、册府卷二八一三三一二頁、墓誌集釋元項墓誌圖版一八四改，參卷一〇校記。〔八〕

魏書卷二十一下

獻文六王列傳第九下

彭城王

彭城王勰，字彦和。少而岐嶷，姿性不羣。太和九年，封始平王，加侍中、征西大將軍。勰生而母潘氏卒，其年顯祖崩。及有所知，啓求追服。文明太后不許，乃毁瘠三年，弗參吉慶。高祖大奇之。敏而耽學，不捨晝夜，博綜經史，雅好屬文。高祖革創，解侍中、將軍，拜光祿大夫。復除侍中，長直禁内，參決軍國大政，萬機之事，無不預焉。及車駕南伐，以勰行撫軍將軍，領宗子軍，宿衞左右。開建五等，食邑二千戶，轉中書令，侍中如故，改封彭城王。

高祖與侍臣昇金墉城，顧見堂後梧桐、竹曰：「鳳皇非梧桐不栖，非竹實不食，今梧桐、竹並茂，詎能降鳳乎？」勰對曰：「鳳皇應德而來，豈竹、梧桐能降？」高祖曰：「何以言之？」勰

曰：「昔在虞舜，鳳皇來儀；周之興也，鸑鷟鳴於岐山。未聞降桐食竹。」高祖笑曰：「朕亦未望降之也。」後宴侍臣於清徽堂。日晏，移於流化池芳林之下。高祖曰：「向宴之始，君臣肅然，及將末也，觴情始暢，而流景將頹，竟不盡適，戀戀餘光，故重引卿等。」因仰觀桐葉之茂，曰：「『其桐其椅，其實離離，愷悌君子，莫不令儀』，今林下諸賢，足敷歌詠。」遂令黄門侍郎崔光讀暮春羣臣應詔詩。至勰詩，高祖仍爲之改一字，曰：「昔祁奚舉子，天下謂之至公，今見勰詩，始知中令之舉非私也。」勰對曰：「臣露此拙，方見聖朝之私，賴蒙神筆賜刊，得有令譽。」高祖曰：「雖琢一字，猶是玉之本體。」勰曰：「臣聞詩三百，一言可蔽。今陛下賜刊一字，足以價等連城。」

勰表解侍中，詔曰：「蟬貂之美，待汝而光，人乏之秋，何容方退也。克念作聖，庶必有資耳。」後幸代都，次于上黨之銅鞮山。路旁有大松樹十數根。時高祖進傘，遂行而賦詩，令人示勰曰：「吾始作此詩，雖不七步，亦不言遠。汝可作之，比至吾所，令就之也。」時勰去帝十餘步，遂且行且作，未至帝所而就。詩曰：「問松林，松林經幾冬？山川何如昔，風雲與古同。」高祖大笑曰：「汝此詩亦調責吾耳。」詔曰：「弟勰所生母潘早齡謝世，顯號未加，勰禍與身具，痛隨形起，今因其展思，有足悲矜，可贈彭城國太妃，以慰存亡。」又除中書監，侍中如故。

高祖南討漢陽，假勰中軍大將軍，加鼓吹一部。勰以寵受頻煩，乃面陳曰：「臣聞兼親疏而兩，並異同而建，此既成文於昔，臣願誦之於後。陳思求而不允，愚臣不請而得。豈但今古云殊，遇否大異，非獨曹植遠羨於臣，是亦陛下踐魏文而不顧。」高祖大笑，執勰手曰：「二曹才名相忌，吾與汝以道德相親，緣此而言，無慚前烈。汝但克己復禮，更何多及。」

高祖親講喪服於清徽堂，從容謂羣臣曰：「彥和、季豫等年在蒙稚，早登纓紱，失過庭之訓，並未習禮，每欲令我一解喪服。自審義解浮疏，抑而不許。頃因酒醉坐，脫爾言從，故屈朝彥，遂親傳說。將臨講坐，慚戰交情。」御史中尉李彪對曰：「自古及今，未有天子講禮。陛下聖叡淵明，事超百代，臣得親承音旨，千載一時。」

從征沔北，賜帛三千匹。除使持節、都督南征諸軍事、中軍大將軍、開府。又詔曰：「明便交敵，可敕將士肅爾軍儀。」勰於是親勒大衆。須臾，有二大鳥從南而來，一向行宮，一向幕府，各爲人所獲。勰言於高祖曰：「始有一鳥，望旗顛仆，臣謂大吉。」高祖戲之曰：「鳥之畏威，豈獨中軍之略也，吾亦分其一爾。此乃大善，兵法咸說。」至明，便大破崔慧景、蕭衍。其夜大雨，高祖曰：「昔聞國軍獲勝，每逢雲雨。今破新野、南陽及摧此賊，果降時潤。誠哉斯言。」勰對曰：「水德之應，遠稱天心。」高祖令勰爲露布，勰辭曰：「臣聞露布者，布於四海，露之耳目，必須宣揚威略，以示天下。臣小才，豈足大用。」高祖曰：「汝豈獨親詔，亦爲才達，

但可爲之。」及就，尤類帝文，有人見者，咸謂御筆。高祖曰：「汝所爲者，人謂吾製，非兄則弟，誰能辨之。」勰對曰：「子夏被嗤於先聖，臣又荷責於來今。」

及至豫州，高祖爲家人書於勰曰：「教風密微，禮政嚴嚴，若不深心日勸，何以敬諸。每欲立一宗師，肅我元族。汝親則宸極，位乃中監，風標才器，實足師範。屢有口敕，仍執沖遜，難違清挹，荏苒至今。宗制之重，捨汝誰寄？便委以宗儀，責成汝躬，有不遵教典，隨事以聞，吾別肅治之。若宗室有愆，隱而不舉，鍾罰汝躬。綱維相厲，庶有勸改。吾朝聞夕逝，不爲恨也。」勰翌日面陳曰：「奉詔令專主宗制，糾舉非違。臣聞『其身正不令而行，其身不正雖令不從』。臣處宗乏長幼之順，接物無國士之禮，每因啓請，已蒙哀借。不謂今詔，終不矜免。猶願聖慈，賜垂蠲遂。」高祖曰：「汝諧，往欽哉。」勰表以一歲國秩、職俸、親恤以裨軍國，詔曰：「割身存國，理爲遠矣。但汝以我親，〔二〕乃減己助國。職俸便停，親、國二事，聽三分受一。」

高祖不豫，勰內侍醫藥，外總軍國之務，遐邇肅然，人無異議。徐謇，當世之上醫也，先是，假還洛陽，及召至，勰引之別所，泣涕執手而謂之曰：「君今世元化，至尊氣力危惙，願君竭心，專思方治。若聖體日康，令四海有賴，當獲意外之賞；不然，便有不測之誅，非但榮辱，乃存亡由此。君其勉之！」左右見者，莫不嗚咽。及引入，謇便欲進治。勰以高祖神力

虛弱，唯令以食味消息。勰乃密爲壇於汝水之濱，依周公故事，告天地、顯祖請命，乞以身代。高祖翊日有瘳損。自懸瓠幸鄴，勰常侍坐輿輦，晝夜不離於側，飲食必先嘗之，而後手自進御。

車駕還京，會百僚於宣極堂，行飲至策勳之禮。命舍人宣旨：「勰翼弼六師，纂戎荊楚，沔北之勳，每毗廟算。從討新野，有克城之謀；受命鄧城，致大捷之效。功爲羣將之最也。別當授賞，不替厥庸。」高祖謂勰曰：「吾與汝等，早罹艱苦，中逢契闊，每謂情義隨事而疏。比纏患經歲，危如寒葉，非汝孔懷，情敦忠孝，孰能動止躬親，必先藥膳。每尋此事，感思殊遠。」勰悲泣對曰：「臣等宿遭不天，酷恨長世，賴陛下撫育，得參人伍。豈謂上靈無鑒，復使聖躬違和，萬國所懸，蒼生繫氣。寢興之勞，豈申茶蓼。」以破慧景等勳，增邑五百戶。又詔曰：「朕形疲稚年，心勞長歲，積思成痾，頓發汝潁。第六弟勰，孝均周弟，感侔姬旦，遺食捨寐，動止必親，敦醫勸膳，誠力俱竭，致茲保康，實賴同氣。又秉務緝政，百司是憑，綱維折衷，萬揆獲濟。撫師於霖浩之辰，處戎於薦逼之日。安外靜內，功臣大道。侍省之績，可以孔懷無褒；翼亮之勤，實乃勳存社稷。宜有酬賞，以旌國功，可增邑一千戶。」勰辭曰：「臣受遇緣親，榮枯事等，以此獲賞，殊乖情願，乞追成旨，用息謗言。」詔曰：「汝在私能孝，處公必忠，比來勤憂，足布朝野，但可祗膺。」尋以勰爲司徒、太子太傅，侍中如故。

俄而蕭寶卷將陳顯達內寇，高祖復親討之。詔勰使持節、都督中外諸軍事、總攝六師。是時，高祖不豫。勰辭曰：「臣侍疾無暇，六軍須有所託，事不兩興，情力又竭。更請一王總當軍要。」高祖曰：「戎務、侍疾，皆憑於汝。牽痾如此，吾深慮不濟。安六軍、保社稷者，捨汝而誰？何容方便請人，以違心寄。宗祏所賴，唯在於汝。諸葛孔明、霍子孟異姓受託，而況汝乎！」行次淯陽，高祖謂勰曰：「吾患轉惡，汝其努力。」車駕至馬圈，去賊營數里，顯達等出戰，諸將大破之。勰部分諸軍，將攻賊壘，其夜奔退。高祖疾甚，謂勰曰：「修短命也，死生大分，今吾氣力危惙，當成不濟矣。雖敗顯達，國家安危，在此一舉，社稷所仗，唯在汝身。霍子孟以異姓受付，況汝親賢，可不勉也！」勰泣曰：「士於布衣，猶爲知己盡命，況臣託靈先皇，聯暉陛下，誠應竭股肱之力，加之以忠貞。但臣出入喉膂，每跨時要，及於寵靈輝赫，聞之遐邇。復參宰匠，機政畢歸，震主之聲，見忌必矣。此乃周旦遁逃，成王疑惑，陛下愛臣，便爲未盡始終之美。臣非所以惡華捐勢，非所以辭勤請逸，正希仰成陛下日鏡之明，下念愚臣忘退之禍。」高祖久之曰：「吾尋思汝言，理實難奪。」乃手詔世宗曰：「汝第六叔父勰，清規懋賞，與白雲俱潔；厭榮捨紱，以松竹爲心。吾少與綢繆，提攜道趣。每請解朝纓，恬眞丘壑，吾以長兄之重，未忍離遠。何容仍屈素業，長嬰世網。吾百年之後，其聽勰辭蟬捨冕，遂其沖挹之性。無使成王之朝，翻疑姬旦之聖，不亦善乎。汝爲孝子，勿違吾敕。」

及高祖崩于行宮，遏祕喪事，獨與右僕射、任城王澄及左右數人爲計，奉遷高祖於安車中，勰等出入如平常，視疾進膳，可決外奏。累日達宛城，乃夜進安車於郡廳事，得加斂櫬，還載臥輿。六軍內外莫有知者。遣中書舍人張儒，奉詔徵世宗會駕。梓宮至魯陽，乃發喪行服。

世宗即位，勰跪授高祖遺敕數紙。咸陽王禧疑勰爲變，停在魯陽郡外，久之乃入。謂勰曰：「汝非但辛勤，亦危險至極。」勰恨之，對曰：「兄識高年長，故知有夷險，彥和握蛇騎虎，不覺艱難。」禧曰：「汝恨吾後至耳！」自高祖不豫，勰常居中，親侍醫藥，夙夜不離左右，至於衣帶罕解，亂首垢面。帝患久多忿，因之以遷怒。勰每被詰詈，言至厲切，威責近侍，動將誅斬。勰承顏悉心，多所匡濟。及高祖昇遐，陳顯達奔遁始爾，慮凶問洩漏，致有逼迫。勰內雖悲慟，外示吉容，出入俯仰，神貌無異。及至魯陽也，東宮官屬，多疑勰有異志，竊懷防懼。而勰推誠盡禮，卒無纖介。勰上高祖謚議：「謹案謚法，協時肇享曰『孝』，五宗安之曰『孝』，道德博聞曰『文』，經緯天地曰『文』，仰惟大行皇帝，義實該之，宜上尊號爲孝文皇帝，廟曰高祖，陵曰長陵。」世宗從之。

既葬，世宗固以勰爲宰輔。勰頻口陳遺旨，請遂素懷。世宗對勰悲慟，每不許之。勰頻煩表聞，辭義懇切。世宗難違遺敕，遂其雅情，猶逼以外任，乃以勰爲使持節、侍中、都督

冀定幽瀛營安平七州諸軍事、驃騎大將軍、開府、定州刺史。勰仍陳讓，又面申前意，世宗固執不許，乃述職。

尚書令王肅等奏：「臣等聞旌功表德，道貴前王；庸勳親親，義高盛典。是故姬旦翼周，光宅曲阜；東平宰漢，寵絕列蕃。彭城王勰景思內昭，英風外發，協廓乾規，掃氛漢沔。屬先帝在天，鳳旌旋旆，靜一六師，肅寧南服。登聖皇於天衢，開有魏之靈祐，論道中鉉，王猷以穆，七德丕宣，九功在詠。臣等參詳，宜增邑一千五百戶。」詔曰：「覽奏，倍增崩絕，未足以上酬勳德，且可如奏。」勰頻表固讓，世宗許之。世宗與勰書曰：「恪奉辭暨今，悲戀哽咽，歲月易遠，便迫暮冬，每思聞道，奉承風教。父既辭榮閑外，無容頓違至德。出蕃累朔，荒馳實深。今遣主書劉道斌奉宣悲戀，願父來望，必當屆京。展洩哀窮，指不云遠。」勰乃朝於京師。

景明初，蕭寶卷豫州刺史裴叔業以壽春內屬，詔勰都督南征諸軍事，餘官如故，與尚書令王肅迎接壽春。詔曰：「五教治樞，古難其選，自非親賢兼切，莫應斯舉。王以明德懋親，任屬保傅，出居蕃陝，入御袞章，內外克諧，民神攸屬。今董率戎麾，威號宜重，可復授司徒，以光望實。」又詔勰以本官領揚州刺史。勰簡刑導禮，與民休息，州境無虞，遐邇安靜。揚州所統建安戍主胡景略猶爲寶卷拒守不下，勰水陸討之，景略面縛出降。自勰之至壽

春，東定城戍，至於陽石，西降建安，山蠻順命，斬首獲生，以數萬計。進位大司馬，領司徒，餘如故。增邑八百戶。又寶卷遣將陳伯之屯於肥口，胡松又據梁城，水軍相繼二百餘里。勰部分將士，分攻諸營，伯之、胡松率衆出戰，諸將擊之，斬首九千，俘獲一萬。伯之等僅以身免，屯於烽火。勰又分命諸將頻戰，伯之計窮宵遁。淮南平，詔曰：「王戚尊上輔，德勳莫二，孤心昧識，訓保攸憑。比以壽春初開，鎮壓任重，故令王親董元戎，遠撫淮外。冒茲炎蒸，衡蓋飄颻，經略踰時，必有虧損。淹違諧覲，夙夜係情。兼制勝宣規，威效兼著，公私允稱，義所欽嘉。雖凱旋有期，無申延屬，可遣給事黃門侍郎鄭道昭就彼祇勞。」徵勰還朝。

勰政崇寬裕，絲毫不犯，淮南士庶，追其餘惠，至今思之。初，勰之定壽春也，獲蕭寶卷汝陰太守王果、豫州治中庾稷等數人，勰傾衿禮之，常參坐席。果承間進曰：「果等契闊生平，皓首播越，顧瞻西夕，餘光幾何。今遭聖化，正應力茲愚老，申展尺寸，但在南百口，生死分張，乞還江外，以申德澤。」勰矜而許之。果又謝曰：「殿下賜處，有過國士。果等今還，仰負慈澤，請聽仁駕振旅，反跡江外。」至此乃還。其爲遠人所懷如此。

勰至京師，世宗臨東堂引見，詔勰曰：「比鳳皇未至，〔三〕蒼黎二化，故仰屈尊謨，綏懷邊附，而寇豎昏迷，敢闚淮楚。叔父英略高明，應機殄定，凱旋今辰，伏慰悲佇。」勰謝曰：「臣忝充戍帥，撫安新故，而不能宣武導恩，威懷遐邇。致小豎伯之，驅率蟻徒，侵擾邊堡。非

唯仰慚天顏，實亦俯愧朝列。春秋責帥，臣實當之。賴陛下慈深捨過，故使愚臣獲免罪責。」勰頻表辭大司馬、領司徒及所增邑，乞還中山。有詔不許。乃除錄尚書、侍中，司徒如故。固辭不免。勰雅好恬素，不以勢利嬰心。高祖重其事幹，縶維不許。雖臨崩遺詔，復世宗留連，每乖情願。常悽然歎息，以詔旨殷勤，僶俛應命。

時咸陽王禧漸以驕矜，頗有不法，北海王詳陰言於世宗，世宗深忌之。又言勰大得人情，不宜久在宰輔，勸世宗遵高祖遺敕。禧等又出領軍于烈爲恒州，非烈情願，固强之，烈深以爲忿。烈子忠嘗在左右，密令忠言於世宗云：「諸王等意不可測，宜廢之，早自覽政。」時將礿祭，王公並齋於廟東坊。世宗遣于烈將宿衞壯士六十餘人召禧、勰、詳等，引入，見之於光極殿。世宗謂勰曰：「頃來南北務殷，不容仰遂沖操。恪是何人，而敢久違先敕，今遂叔父高蹈之意。」勰謝曰：「先帝不以臣虛薄，曲垂罔己之澤，出入綢繆，公私無捨。自陛下龍飛九五，屢求解落，既爲宰輔所抑，亦不爲陛下所許。先歲夏中，重塵天聽，時蒙優借，出爲定州。往年還洛陽，敕總戎淮肥，雖無功效，幸免罪戾。云歸未幾，復委臣以非據之任。臣頻煩干請，具簡聖聽。陛下孝深無改，仰遵先詔，上成睿明之美，下遂微臣之志，感惟今往，悲喜交深。」乃詔曰：「王宿尚閑靜，志捐世務，先帝愛亮之至，弗奪此情，遺敕炳然，許遂沖退。雅操不移，朕亦未敢違奪。今乃釋位歸第，丘園是營，高尚之節，確爾貞固，賁、

履之操，邈焉難追。而王宅初構，財力多闕，成立之期，歲月莫就。可量遣工役，分給材瓦，稟王所好，速令制辦，務從簡素，以稱王心。」勰因是作蠅賦以諭懷，惡讒構也。

又以勰爲太師，勰遂固辭。詔曰：「蓋二儀分象，君臣之位形焉；上下既位，唱和之義生焉。自古統天位主，曷常不賴明師，仗賢輔，而後燮和陰陽，彝倫民物者哉？往而不返者，先民誠有之，斯所謂獨善其身而亂大倫，山林之士耳。賢人君子則不然也。屈己以安民，艱身以濟物，所謂以先知覺後知，同塵而與天下俱潔者也。朕猥以沖年，纂臨寶曆，實賴叔父匡濟之功，誠宜永兼將相，以綱維內外。但逼奪先旨，憚違沖挹，俛志割心，以遂高素。自比水旱乖和，陰陽失序，是以屈王論道，庶燮茲玉燭。且師宰從容，無廢清尚。故周旦復辟而居之，尚父期頤以終位。王義兼家國，理絕獨高，可遣侍中敦諭。」世宗又修家人書於勰曰：「恪言：奉還告承，猶執沖遜，恪實闇寡，政術多粃，匡弼之寄，仰屬親尊。父德望兼重，師訓所歸，豈得近遺家國，遠崇清尚也。便願紆降，時副傾注之心。」勰不得已而應命。

世宗後頻幸勰第。及京兆、廣平暴虐不法，詔宿衞隊主率羽林虎賁，幽守諸王於其第。勰上表切諫，世宗不納。勰既無山水之適，又絕知己之遊，唯對妻子，鬱鬱不樂。議定律令，勰與高陽王雍、八座、朝士有才學者五日一集，參論軌制應否之宜。而勰夙侍高祖，兼聰達博聞，凡所裁決，時彥歸仰。加以美容貌，善風儀，端嚴若神，折旋合度，出入言笑，觀

者忘疲。又加侍中。勰敦尚文史，物務之暇，披覽不輟。撰自古帝王賢達至於魏世子孫，三十卷，名曰要略。小心謹慎，初無過失，雖閑居宴處，亦無慢色惰容。愛敬儒彥，傾心禮待。清正儉素，門無私謁。

性仁孝，言於朝廷，以其舅潘僧固爲冀州樂陵太守。〔三〕京兆王愉搆逆，僧固見逼從之。尚書令高肇性既凶愎，賊害賢俊。又肇之兄女，入爲夫人，順皇后崩，世宗欲以爲后，勰固執以爲不可。肇於是屢譖勰於世宗，世宗不納。因僧固之同愉逆，肇誣勰北與愉通，南招蠻賊。勰國郎中令魏偃、前防閤高祖珍希肇提攜，搆成其事。肇初令侍中元暉以奏世宗，暉不從，令左衞元珍言之。世宗訪之於暉，暉明勰無此。世宗更以問肇，肇以魏偃、祖珍爲證，世宗乃信之。

永平元年九月，召勰及高陽王雍、廣陽王嘉、清河王懌、廣平王懷及高肇等入。時勰妃方產，勰乃固辭不赴。中使相繼，不得已乃令命駕，意甚憂懼，與妃訣而登車。入東掖門，度一小橋，牛不肯進，遂擊之，良久。更有使者責勰來遲，乃令去牛，人挽而進，宴於禁中。至夜皆醉，各就別所消息。俄而元珍將武士齎毒酒而至。勰曰：「吾忠於朝廷，何罪見殺！一見至尊，死無恨也。」珍曰：「至尊何可復見！王但飲酒。」勰曰：「至尊聖明，不應無事殺我，求與告我罪者一對曲直。」武士以刀鐶築勰二下。勰大言曰：「皇天！忠而見殺。」武士

又以刀鐶築勰。勰乃飲毒酒，武士就殺之。向晨，以褥裹屍，輿從屏門而出，載屍歸第，云王因飲而薨。勰妃李氏，司空沖之女也，號哭大言曰：「高肇枉理殺人，天道有靈，汝還當惡死。」及肇以罪見殺，論者知有報應焉。世宗爲舉哀於東堂，給東園第一祕器、朝服一襲、賻錢八十萬、布二千匹、蠟五百斤，大鴻臚護喪事。

勰既有大功於國，無罪見害，百姓冤之。行路士女，流涕而言曰：「高令公枉殺如此賢王！」在朝貴賤，莫不喪氣。追崇假黃鉞、使持節、都督中外諸軍事、司徒公、侍中、太師、王如故。給鑾輅九旒、虎賁班劍百人、前後部羽葆鼓吹、輼輬車。有司奏太常卿劉芳議勰謚曰：「王挺德弱齡，誕資至孝，睿性過人，學不師授。卓爾之操，發自天然；不羣之美，幼而獨出。及入參政務，綸綍有光；爰登中鉉，敷明五教。漢北告危，皇赫問罪，王內親藥膳，外總六師。及宮車晏駕，上下哀慘。奮猛銜戚，英略潛通，翼衞靈輿，整戎振旆。歷次宛謝，迄于魯陽，送往奉居，無慚周霍，稟遺作輔，遠至邇安。分陝恒方，流詠燕趙；廓靖江西，威懾南越。入釐百揆，庶績咸熙，履勤不憚，在功愈挹。溫恭愷悌，忠雅寬仁，興居有度，善終篤始。高尚厥心，功成身退。義亮聖衷，美光世典。依謚法，保大定功曰『武』，善問周達曰『宣』，謚曰武宣王。」及莊帝卽位，追號文穆皇帝，妃李氏爲文穆皇后，遷神主於太廟，廟稱肅祖。語在臨淮王彧傳。前廢帝時，去其神主。

嫡子劭，字子訥，襲封。善武藝，少有氣節。肅宗初，蕭衍遣將犯邊，劭上表曰：「僞豎遊魂，闚覦邊境，勞兵兼時，日有千金之費。臣仰籍先資，紹饗厚秩，思以埃塵，用裨山海。臣國封徐州，去軍差近，謹奉粟九千斛、絹六百匹、國吏二百人，以充軍用。」靈太后嘉其至意，而不許之。起家宗正少卿。又除使持節、假散騎常侍、平東將軍、青州刺史。于時，齊州民劉均、房頃等，扇動三齊。蕭衍遣將彭群、王辯等搔擾邊陲，〔四〕劭頻有防拒之效。孝昌末，靈太后失德，四方紛擾，劭遂有異志。爲安豐王延明所啓，乃徵入爲御史中尉。莊帝卽位，尊爲無上王。尋遇害河陰。追謚曰孝宣皇帝，妻李氏爲文恭皇后。有二子。

韶字世胄，襲。武定末，司州牧。齊受禪，爵例降。

韶弟襲，字世紹。武定初，封武安王，邑一千戶。武定末，中書侍郎。齊受禪，爵例降。

劭兄子直，字方言。少知名，爲清河文獻王所賞愛。起家除散騎侍郎，轉中書侍郎。後除通直散騎常侍，遷給事黃門侍郎。靈太后詔曰：「故太師、彭城武宣王道隆德盛，功高微管，協契先朝，導揚末命。扶痾濟難，效漢北之誠；送往奉居，盡魯南之節。宗社賴之以安，皇基由之永固。而謙光守約，屢撝增邑之賞，辭多受少，終保初錫之封。非所謂追舊報恩、念勳酬德者也。可以前後所封戶，別封三子爲縣公，食邑各一千戶，庶以少慰仁魂，徽申朝典。」子直封眞定縣開國公。出爲冠軍將軍、梁州刺史。未幾遇患，優遊南鄭，無他政

績。徵還京師，病卒。贈散騎常侍、安南將軍、都官尚書、冀州刺史。孝莊踐阼，追封陳留王，邑二千戶，贈假黃鉞、太師、大司馬、太尉，加前後部羽葆鼓吹。

子寬，字思猛，襲王爵。除散騎常侍、平南將軍。尋除侍中、撫軍將軍。永安三年，尒朱兆害之於晉陽。無後，國除。出帝初，追贈使持節、散騎常侍、都督青齊濟三州諸軍事、衞大將軍、青州刺史，重贈司徒公。

弟剛，字金明。莊帝初，封浮陽王，邑千戶。武定末，宗正少卿。齊受禪，爵例降。

剛弟質，莊帝初，林慮王，邑千戶。永安三年薨。出帝時，贈車騎大將軍、左光祿大夫、儀同三司。

劭弟子正，美貌，性寬和。肅宗初，封霸城縣公，邑一千戶。歷散騎侍郎、太常少卿。莊帝卽位，除尚書令，封始平王。與兄劭俱遇害。贈假黃鉞、侍中、都督中外諸軍事、大將軍、錄尚書事、相，〔五〕王如故，鸞輅九旒、黃屋左纛、前後部羽葆鼓吹、虎賁班劍一百人，謚曰貞。

子欽，字世道，襲。武定中，散騎侍郎。齊受禪，爵例降。

史臣曰：武宣王孝以爲質，忠而樹行，文謀武略，自得懷抱，綢繆太和之世，豈徒然哉！至夫在安處危之操，送往事居之節，周旦匪他之義，霍光異姓之誠，事兼之矣。功高震主，德隆動俗，間言一入，卒不全志。烏呼！周成、漢昭亦未易遇也。

校勘記

〔一〕但汝以我親　諸本「以我親」作「亦我」二字。册府卷二八六宋本如上摘句，明本三三六五頁作「以親」二字。按「但汝亦我」語不可解，顯誤，今據宋本册府改補。

〔二〕比鳳皇未至　諸本「至」作「一」，下注「疑」字，今據册府卷二六九三一八四頁改。

〔三〕以其舅潘僧固爲冀州樂陵太守　北史卷一九彭城王勰傳「樂陵」作「長樂」。按冀州有長樂，無樂陵，樂陵屬青州，見卷一〇六地形志上及中。此傳當誤。

〔四〕于時齊州民劉均房頊等扇動三齊蕭衍遣將彭群王辯等搔擾邊陲　卷九肅宗紀孝昌三年三月「房頊」作「房須」，參卷九校記〔三〇〕。又諸本「彭」下有「城」字，「群」作「郡」。按卷九肅宗紀孝昌三年正月、卷七九鹿悆傳、册府卷一二一一四五一頁均作「彭群、王辯」，彭群是人名。這裏「群」訛「郡」，後人又妄加「城」字。今據删正。

〔五〕錄尚書事相　按「相」上當脫「丞」字，或「相」下脫「國」字。

魏書卷二十二〔一〕

孝文五王列傳第十

廢太子　京兆王　清河王　廣平王　汝南王

孝文皇帝七男。林皇后生廢太子恂。文昭皇后生宣武皇帝、廣平文穆王懷。〔二〕袁貴人生京兆王愉。羅夫人生清河文獻王懌、汝南文宣王悅。鄭充華生皇子恌，未封，早夭。

廢太子庶人恂，字元道。生而母死，文明太后撫視之，常置左右。年四歲，太皇太后親爲立名恂，字元道，於是大赦。〔三〕太和十七年七月癸丑，立恂爲皇太子。及冠恂於廟，高祖臨光極東堂，引恂入見，誡以冠義曰：「夫冠禮表之百代，所以正容體，齊顏色，順辭令。容體正，顏色齊，辭令順；故能正君臣，親父子，和長幼。然母見必拜，兄弟必敬，責以成人之禮。字汝元道，所寄不輕。汝當尋名求義，以順吾旨。」二十年，改字宣道。

遷洛，詔恂詣代都。其進止儀禮，高祖皆爲定。及恂入辭，高祖曰：「今汝不應向代，但太師薨於恒壤，朕既居皇極之重，不容輕赴舅氏之喪，欲使汝展哀舅氏，拜汝母墓，一寫爲子之情。汝至彼，太師事畢後日，宜一拜山陵。拜訖，汝族祖南安可一就問訊。在途，當溫讀經籍。今日親見吾也。」〔四〕後高祖每歲征幸，恂常留守，主執廟祀。

恂不好書學，體貌肥大，深忌河洛暑熱，意每追樂北方。中庶子高道悅數苦言致諫，恂甚銜之。高祖幸崧岳，恂留守金墉，於西掖門內與左右謀，欲召牧馬輕騎奔代，手刃道悅於禁中。領軍元儼勒門防遏，夜得寧靜。厥明，尚書陸琇馳啓高祖於南，高祖聞之駭惋，外寢其事，仍至汴口而還。引恂數罪，與咸陽王禧等親杖恂，又令禧等更代，百餘下，扶曳出外，不起者月餘。拘於城西別館。引見羣臣於清徽堂，議廢之。司空、太子太傅穆亮，尚書僕射、少保李沖，並免冠稽首而謝。高祖曰：「卿所謝者私也，我所議者國也。古人有言，大義滅親。今恂欲違父背尊，跨據恒朔。天下未有無父國，何其包藏，心與身俱。此小兒今日不滅，乃是國家之大禍，脫待我無後，恐有永嘉之亂。」乃廢爲庶人，置之河陽，以兵守之，服食所供，粗免飢寒而已。恂在困躓，頗知咎悔，恒讀佛經，禮拜歸心於善。

高祖幸代，遂如長安。中尉李彪承間密表，告恂復與左右謀逆。高祖在長安，使中書侍郎邢巒與咸陽王禧，奉詔齎椒酒詣河陽，賜恂死，時年十五。殮以粗棺常服，瘗於河陽城。二十二年冬，御史臺令史龍文觀坐法當死，告廷尉，稱恂前被攝左右之日，有手書自理不知狀，而中尉李彪、侍御史賈尚寢不爲聞。賈坐繫廷尉。時彪免歸，高祖在鄴，尚書表收彪赴洛，會赦，遂不窮其本末。賈尚出繫，暴病數日死。

初，高祖將爲恂娶司徒馮誕長女，以女幼，待年長。先爲娉彭城劉長文、滎陽鄭懿女爲左右孺子，時恂年十三四。高祖泛舟天淵池，謂郭祚、崔光、宋弁曰：「人生須自放，不可終朝讀書。我欲使恂旦出省經傳，食後還內，晡時復出，日夕而罷。卿等以爲何如？」光曰：「孔子稱『血氣未定，戒之在色』，傳曰『晝以訪事，夜以安身』。太子以幼年涉學之日，不宜於正晝之時，捨書御內，又非所以安柔弱之體，固永年之命。」高祖以光言爲然，乃不令恂晝入內。無子。

京兆王愉，字宣德。太和二十一年封。拜都督、徐州刺史，以彭城王中軍府長史盧陽烏兼長史，州事巨細，委之陽烏。世宗初，爲護軍將軍。世宗留愛諸弟，愉等常出入宮掖，晨昏寢處，若家人焉。世宗每日華林戲射，衣衫騎從，往來無間。遷中書監。

世宗爲納順皇后妹爲妃，而不見禮答。愉在徐州，納妾李氏，本姓楊，東郡人，夜聞其歌，悅之，遂被寵嬖。罷州還京，欲進貴之，託右中郎將趙郡李恃顯爲之養父，就之禮逆，產

子寶月。順皇后召李入宮，毁擊之，强令爲尼於內，以子付妃養之。歲餘，后父于勁，以后久無所誕，乃上表勸廣嬪侍。因令后歸李於愉，舊愛更甚。

愉好文章，頗著詩賦。時引才人宋世景、李神儁、祖瑩、邢晏、王遵業、張始均等共申宴喜，招四方儒學賓客嚴懷眞等數十人，館而禮之。所得穀帛，率多散施。又崇信佛道，用度常至不接。與弟廣平王懷頗相夸尚，競慕奢麗，貪縱不法。於是世宗攝愉禁中推案，杖愉五十，出爲冀州刺史。

始愉自以職求侍要，〔五〕既勢劣二弟，潛懷愧恨，頗見言色。又以幸妾屢被頓辱，內外離抑。及在州謀逆，愉遂殺長史羊靈引及司馬李遵，稱得清河王密疏，云高肇謀殺害主上。於是遂爲壇於信都之南，柴燎告天，卽皇帝位。赦天下，號建平元年，立李氏爲皇后。世宗詔尚書李平討愉。愉出拒王師，頻敗，遂嬰城自守。愉知事窮，攜李及四子數十騎出門，諸軍追之，見執以送。詔徵赴京師，申以家人之訓。愉每止宿亭傳，必攜李手，盡其私情。雖鎖縶之中，飲食自若，略無愧懼之色。至野王，愉語人曰：「雖主上慈深，不忍殺我，吾亦何面目見於至尊！」於是歔欷流涕，絕氣而死，年二十一。或云高肇令人殺之。斂以小棺，瘞之。諸子至洛，皆赦之。後靈太后令愉之四子皆附屬籍，追封愉臨洮王。子寶月襲。乃改葬父母，追服三年。

寶月弟寶炬，輕躁薄行，耽淫酒色。孝莊時，特封南陽王。從出帝沒於關西。宇文黑獺害出帝，寶炬乃僭大號。

清河王懌，字宣仁。幼而敏惠，美姿貌，高祖愛之。彭城王勰甚器異之，並曰：「此兒風神外偉，黃中內潤，若天假之年，比二南矣。」博涉經史，兼綜羣言，有文才，善談理，寬仁容裕，喜怒不形於色。太和二十一年封。世宗初，拜侍中，轉尚書僕射。

懌才長從政，明於斷決，割判衆務，甚有聲名。司空高肇以帝舅寵任，既擅威權，謀去良宗，屢譖懌及愉等。愉不勝其忿怒，遂舉逆冀州。因愉之逆，又構殺勰。懌恐不免。肇又錄囚徒，以立私惠。懌因侍宴酒酣，乃謂肇曰：「天子兄弟，詎有幾人，而炎炎不息。昔王莽頭禿，亦藉渭陽之資，遂篡漢室，今君曲形見矣，恐復終成亂階。」又言於世宗曰：「臣聞唯器與名，不可以假人。是故季氏旅泰，宣尼以爲深譏；仲叔軒懸，丘明以爲至誡。諒以天尊地卑，君臣道別，宜杜漸防萌，無相僭越。至於減膳錄囚，人君之事，今乃司徒行之，詎是人臣之義？且陛下修政教，解獄訟，則時雨可降，玉燭知和，何使明君失之於上，姦臣竊之於下。長亂之基，於此在矣。」世宗笑而不應。

肅宗初，遷太尉，侍中如故。詔懌裁門下之事。又典經義注。時有沙門惠憐者，自云

呪水飲人，能差諸病。病人就之者，日有千數。靈太后詔給衣食，事力優重，使於城西之南，治療百姓病。懌表諫曰：「臣聞律深惑衆之科，禮絕妖淫之禁，皆所以大明居正，防遏姦邪。昔在漢末，有張角者，亦以此術熒惑當時。論其所行，與今不異。遂能誑誘生人，致黃巾之禍，天下塗炭數十年間，角之由也。昔新垣姦，不登於明堂；五利僥，終嬰於顯戮。」〔六〕

靈太后以懌肅宗懿叔，德先具瞻，委以朝政，事擬周霍。懌竭力匡輔，以天下爲己任。領軍元叉，太后之妹夫也，恃寵驕盈。懌裁之以法，每抑黜之，爲叉所疾。叉黨人通直郎宋維希叉旨，〔七〕告懌謀反，禁懌門下，訊問左右及朝貴，貴人分明，乃得雪釋焉。懌以忠而獲謗，乃鳩集昔忠烈之士，爲顯忠錄二十卷，以見意焉。

正光元年七月，叉與劉騰逼肅宗於顯陽殿，閉靈太后於後宮，囚懌於門下省，誣懌罪狀，遂害之，時年三十四。朝野貴賤，知與不知，含悲喪氣，驚振遠近。夷人在京及歸，聞懌之喪，爲之劈面者數百人。〔八〕

廣平王懷。闕有魏諸王。召入華林別館，禁其出入，令四門博士董徵，授以經傳。世宗崩，乃得歸。

汝南王悅，好讀佛經，覽書史。爲性不倫，俶儻難測。悅妃閭氏，即東海公之女也，生一子，不見禮答。有崔延夏者，以左道與悅遊，合服仙藥松朮之屬。時輕與出採芝，宿於城外小人之所。遂斷酒肉粟稻，唯食麥飯。又絕房中而更好男色。輕忿妃妾，至加捶撻，同之婢使。悅之出也，妃住於別第。靈太后敕檢問之，引入，窮悅事故。妃病杖伏牀蓐，瘡尙未愈。太后因悅之杖妃，乃下令禁斷。令諸親王及三蕃，其有正妃疾患百日已上，皆遣奏聞。若有猶行捶撻，就削封位。

及清河王懌爲元叉所害，悅了無讎恨之意，乃以桑落酒候伺之，盡其私佞。叉大喜，以悅爲侍中、太尉。臨拜日，就懌子亶求懌服玩之物，不時稱旨。乃召亶，杖之百下。亶居廬未葬，形氣羸弱，暴加威撻，殆至不濟。闕仍呼阿兒，親自循撫。闕悅爲大剉碓置於州門，〔九〕盜者便欲斬其手。時人懼其無常，能行異事，姦偸畏之而暫息。

及尒朱榮舉兵向洛。既憶入間。疑俄而聞榮肆毒於河陰，遂南奔蕭衍。衍立爲魏主，號年更興。衍遣其將軍王辯送置於境上，〔一〇〕以覬侵逼。及齊獻武王既誅榮，以悅高祖子，宜承大業，乃令人示意。悅既至，清狂如故，動爲罪失，不可扶持，乃止。出帝初，除大司馬。卒。〔一一〕

校勘記

〔一〕魏書卷二十二　諸本目錄此卷注闕。卷後當有宋人校語，傳本脫去。殿本考證云：「魏收書闕，後人所補。」檢傳文也是以北史卷一九孝文五王傳補，溢出字句，當出高氏小史。北史五王傳也有殘缺，如廣平王懷傳只存三十五字，汝南王悅傳也多缺文，此傳亦同。

〔二〕廣平文穆王懷　卷一一出帝紀作「廣平武穆王」。墓誌集釋元懷墓誌圖版一九三稱「謚曰武穆」。集釋卷四歷據元悌圖版一九四、元誨一九五、元靈耀一〇九、元夫人趙光六四諸墓誌及洛陽伽藍記卷二平等寺條、金石錄卷二一范陽王碑跋，證傳作「文穆」應是「武穆」之誤。

〔三〕常置左右年四歲太皇太后親爲立名悔字元道於是大赦　御覽卷一四八七二三頁「常置左右」下作「詔曰：『昔塗山有育，美名列於夏典；任姒作配，昌發顯於周書。故能輯熙丕緖，祚延八百。自元子誕育，於今四載，而名表未孚於四方，茂實未昭於朝掖，非所以憲章遠猷，允光禮度者也。太皇太后親發明旨，爲之立名，依德協義，名悔字元道。國祚永隆，儲貳有寄，無窮之兆，於是而始。』乃大赦天下。」這是魏書元悔傳原文。此傳自「年四歲」至「於是大赦」，乃北史據此段文字簡括。

〔四〕今日親見吾也　通志卷八四下孝文六王傳「今」作「如」，疑是。

〔五〕自以職求侍要　通志卷八四下作「自以職非親要」，疑是。

〔六〕五利僥終嬰於顯戮　殿本考證云：「載懌表諫，終於此句，文尙未了，定係殘缺。」通志卷八四下此句下有：「此事可爲至鑒，靈太后深納之。」按表文未完，並未提出如何處理辦法，所謂「深納之」者何指？知通志只是以意補上兩句，並非原文。册府卷二八八三三九六頁「五利僥」作「五利之詐」，又將此句和上「新垣加『之』字姦不登於明堂」移在表首，文義稍順，當亦以表文不完，意爲改易，亦非原文。此傳本出北史，北史此下脫文如何，已不可知。檢通典卷一六有如下文字：

孝明帝時，清河王懌以官人失序，上表曰：「孝文帝制出身之人，本以門品高下有恒。若準資蔭，自公卿令僕之子，甲乙丙丁之族，上則散騎秘著，下逮御史長兼，皆條例昭然，文無虧沒。自此或身非三事之子，解褐公府正佐；地非甲乙之類，而得上宰行僚。自茲以降，亦多乖舛。且參軍事專，非出身之職，今必釋褐而居；秘著本爲起家之官，今或遷轉以至。斯皆仰失先準，有違明令。非所謂式遵遺範，奉順成規。此雖官人之失，相循已久，然推其彌漫，抑亦有由。何者？信一人之明，當九流之廣，必令該鑑氏族，辨照人倫，才識有限，固難審悉。所以州置中正之官，淸定門胄，品藻高卑，四海畫一，專尸衡石，任實不輕。故自置中正以來，暨於太和之日，莫不高擬其人，妙盡茲選。皆須名位重於鄉國，才德允於具瞻，然後可以品裁州郡，綜覈人物。今之所置，多非其人，乞明爲敕制，使官人選才，備依先旨，無令能否乖方，違才易務。抖革退中正，一依前軌。庶清源有歸，流序允穆。」靈太后詔依表施行而終不能用。

通典所載北魏詔令章奏一般即出魏書，如此文上面所引高祐、韓顯宗兩疏皆見本傳，則上引元懌表也必出魏書本傳原文。北史於詔令章奏多删去不錄，或節略。此表可能不錄，但亦應記其事。今此傳一無所見，疑「五利僥」云云下所脫不止諫優重惠憐表後段，并脫元懌上表論選舉事。

〔七〕叉黨人通直郎宋維希叉旨　諸本及北史卷一九「宋維」作「宗準愛」，通志卷八四下作「宋準」。按卷一六京兆王黎附元叉傳稱：「叉遂令通直郎宋維告司染都尉韓文殊欲謀逆立懌。」卷六〇韓麒麟附韓子熙傳，子熙等上書爲元懌辯白也說「宋維小子」云云。宋維，附卷六三宋弁傳，傳中也記載此事。這裏「宗準」顯爲「宋維」之訛，鄭樵所見北史此傳「宋」尙未訛「宗」。今改正。「愛」字或是衍文，或「爰」字之訛，今删。

〔八〕爲之謗面者數百人　殿本考證云：「謗面係勞面之訛。」按通志正作「勞面」。

〔九〕悅爲大剉碓置於州門　錢氏考異卷三八云：「此悅都督徐州時事，其上又有脫文。」按卷九肅宗紀正光四年十二月稱：「以太尉、汝南王悅爲太保、徐州刺史。」通志卷一八四下此句上有「遷太保，出爲徐州刺史」，當是據紀增。

〔一〇〕衍遣其將軍王辯送置於境上　諸本「王辯」作「王僧辯」。按「僧」字乃後人妄加，今删。參卷一〇校記〔四〕。

〔二〕出帝初除大司馬卒　按卷一一出帝紀太昌元年十二月明記元悦被殺。北史卷一九也説悦和前廢帝廣陵王恭並爲孝武帝即出帝「前後害之」，本不誤。此傳後半不出北史，但書「卒」，似善終，删節失當。

魏書卷二十三

列傳第十一

衛操　莫含　劉庫仁

衛操，字德元，代人也。少通俠，有才略。晉征北將軍衛瓘以操爲牙門將，數使於國，頗自結附。始祖崩後，與從子雄及其宗室鄉親姬澹等十數人，同來歸國，說桓穆二帝招納晉人，於是晉人附者稍衆。桓帝嘉之，以爲輔相，任以國事。及劉淵、石勒之亂，勸桓帝匡助晉氏。東瀛公司馬騰聞而善之，表加將號。稍遷至右將軍，封定襄侯。

桓帝崩後，操立碑於大邗城南，〔一〕以頌功德，云：「魏，軒轅之苗裔。」言：桓穆二帝「馳名域外，九譯宗焉。治國御衆，威禁大行。聲著華裔，齊光純靈。智深謀遠，窮幽極明。治則清斷，沉浮得情。仁如春陽，威若秋零。强不淩弱，隱恤孤煢。道教仁行，化而不刑。國無姦盜，路有頌聲。自西訖東，變化無形。威武所向，下無交兵。南壹王室，北服丁零。招諭

六狄，咸來歸誠。超前絕後，致此有成。奉承晉皇，扞禦邊疆。王室多難，天網弛綱。豪心遠濟，靡離其殃。歲巔逆命，姦盜豺狼。永安元年，歲次甲子。姦黨猶逆，東西狼跱。敢逼天王，兵甲屢起。怙衆肆暴，虐用將士。鄴洛遘隙，棄親求疏。乃招暴類，屠各匈奴。劉淵姦賊，結黨同呼。敢擊并土，殺害無辜。殘破狼籍，城邑丘墟。交刃千里，長蛇塞塗。晉道應天，言展良謨。使持節、平北將軍、并州刺史、護匈奴中郎將、東瀛公司馬騰，才神絕世，規略超遠。時逢多難，懼損皇祀。欲引兵駕，獫狁孔熾。造設權策，濟難奇思。欲招外救，朝臣莫應。高算獨斷，決謀盟意。爰命外國，引軍內備。簡賢選士，命茲良使。遣參軍壺倫、牙門中行嘉、義陽亭侯衛譞、協義亭侯衛鞬等，馳奉檄書，至晉陽城。」

又稱：桓穆二帝「心在宸極。輔相二衛，對揚毗翼。操展文謀，雄奮武烈。承命會議，諮論奮發。昔桓文匡佐，功著周室。顯名載籍，列賞備物。大衆迴動，熙同靈集。興軍百萬，期不經日。兄弟齊契，決勝廟算。鼓譟南征，平夷險難。」

又云：二帝到鎮，「言若合符。引接款密，信義不渝。會盟汾東，銘篆丹書。永世奉承，慎終如初。契誓命將，精銳先驅。南救涅縣，東解壽陽。窘迫之邑，幽而復光。太原、西河，樂平、上黨，遠遭寇暴，白骨交横。羯賊肆虐，六郡凋傷。羣惡相應，圖及華堂。旌旗軒指，羯黨破喪。遣騎十萬，前臨淇漳。鄴遂振潰，凶逆奔亡。軍據州南，曜鋒太行。翼衛內

外，鎮靜四方。志在竭力，奉戴天王。忠恕用暉，外動亦攘。[三]於是曜武，振旅而旋。長路匪夷，出入經年。毫毛不犯，百姓稱傳。周覽載籍，自古及今。未聞外域，奔救內患。棄家憂國，以危易安。惟公遠略，臨難能權。應天順人，恩德素宣。和戎靜朔，危邦復存。」

又云：「非桓天挺，忠孝自然。孰能超常，不爲異端。回動大衆，感公之言。功濟方州，勳烈光延。升平之日，納貢充蕃。憑瞻鑾蓋，步趾三川。有德無祿，大命不延。年三十有九，以永興二年六月二十四日，寢疾薨殂。背棄華殿，雲中名都。國失惠主，哀感欷歔。悲痛煩寃，載號載呼。舉國崩絕，攀援靡訴。遠近齊軌，奔赴梓廬。人百其身，盈塞門塗。高山其頹，茂林凋枯。仰訴造化，痛延悲夫。」

又云：桓帝「忠於晉室，駿奔長衢。隆冬凄凄，四出行誅。蒙犯霜雪，疹入豚膚。用致薨殞，不永桑榆。以死勤事，經勳同模。垂名金石，載美晉書。平北哀悼，祭以豐厨。考行論勳，謚曰義烈。功施於人，祀典所說。」

又云：桓帝經濟，「存亡繼絕。荒服是賴，祚存不輟。金龜簫鼓，軺蓋殊制。反及二代，莫與同列。幷域嘉歎，北國感榮。各竭其心，思揚休名。刊石紀功，圖像存形。靡輟享祀，饗以犧牲。永垂于後，沒有餘靈。長存不朽，延於億齡。」

其頌又稱：桓帝「金堅玉剛。應期順會，王有北方。行能濟國，武平四荒。無思不服，區

域大康。世路紛糾，運遭播揚。羯胡因釁，敢害幷土。哀痛下民，死亡失所。率衆百萬，平夷險阻。存亡繼絕，一州蒙祜。功烈桓桓，龍文虎武。朱邑小善，遺愛桐鄉。勳攘大患，六郡無。〔闕〕悉之來，由功而存。刊石勒銘，垂示後昆。」時晉光熙元年秋也。

皇興初，雍州別駕雁門段榮於大邗掘得此碑，文雖非麗，事宜載焉，故錄於傳。桓穆二帝並禮重操。穆帝三年卒。始操所與宗室鄉親入國者：衛勲，安樂亭侯；衛崇、衛清，並都亭侯；衛泥、段繁，並信義將軍、都亭侯；王發，建武將軍、都亭侯；范班，折衝將軍、廣武亭侯；賈慶，建武將軍、上洛亭侯；賈循，都亭侯；李壹，關中侯；郭乳，關內侯。皆爲桓帝所表授也。六脩之難，存者多隨劉琨任子遵南奔。衛雄、姬澹、莫含等名，皆見碑。

雄字世遠，澹字世雅，並勇健多計畫，晉世州從事。既與衛操俱入國，桓帝壯其膂力，並以爲將，常隨征伐，大著威名。桓帝之赴難也，表晉列其勳效，皆拜將軍。雄連有戰功，稍遷至左將軍、雲中侯。澹亦以勇績著名，桓帝末，至信義將軍、樓煩侯。穆帝初，並見委任。衛操卒後，俱爲左右輔相。

六脩之逆，國內大亂，新舊猜嫌，迭相誅戮。雄、澹並爲羣情所附，謀欲南歸，言於衆曰：「聞諸舊人忌新人悍戰，欲盡殺之，吾等不早爲計，恐無種矣。」晉人及烏丸驚懼，皆曰：「死生隨二將軍。」於是雄、澹與劉琨任子遵率烏丸、晉人數萬衆而叛。琨聞之大悅，率數百騎馳如平城撫納之。會石勒攻琨樂平，太守韓據請救於琨。琨以得雄、澹之衆，欲因其鋭，以滅石勒。雄、澹諫曰：「亂民飢疲，未可便用，宜休息觀釁而動。」琨不從，使雄、澹率衆討勒，琨屯廣牧爲之聲援。勒率輕騎與雄、澹戰，澹大敗，率騎千餘，奔于代郡。勒遣孔萇追滅之。

莫含，雁門繁畤人也。家世貨殖，貲累巨萬。劉琨爲幷州，辟含從事。含居近塞下，常往來國中。穆帝愛其才器，善待之。及爲代王，備置官屬，求含於琨。琨遣入國，含心不願。琨諭之曰：「當今胡寇滔天，泯滅諸夏，百姓流離，死亡塗地，主上幽執，沉溺醜虜。唯此一州，介在羣胡之間，以吾薄德，能自存立者，賴代王之力。是以傾身竭寶，長子遠質，覬滅殘賊，報雪大耻。卿爲忠節，亦是奮義之時，何得苟惜共事之小誠，以忘出身之大益。入爲代王腹心，非但吾願，亦一州所賴。」含乃入代，參國官。後琨徙五縣之民於陘南，含家獨留。含甚爲穆帝所重，常參軍國大謀。卒於左將軍、關中侯。其故宅在桑乾川南，世稱莫

含壁，或音訛，謂之莫回城云。

子顯，知名於時。昭成世，爲左常侍。

顯子題，亦有策謀。太祖使題與將軍王建等三軍，討慕容寶廣寧太守劉亢泥，斬之。徙亢泥部落于平城。寶上谷太守驎，捐郡逃走，太祖追討，題爲大將，別出東道。以功賜爵東宛侯。及還京師，常與李栗侍宴。栗坐不敬獲罪，題亦被黜爲濟陽太守。後太祖欲廣宮室，規度平城四方數十里，將模鄴、洛、長安之制，運材數百萬根。以題機巧，徵令監之。召入，與論興造之宜。題久侍頗怠，賜死。

題弟雲，好學善射。太祖時，常典選曹，轉給事中。以功賜爵安德侯。遷執金吾，常參軍國謀議。世祖之克赫連昌，詔雲與常山王素留鎮統萬。進爵安定公，加平西將軍，後還鎮西大將軍。時初幷河西，人心未一，雲撫慰新舊，皆得其所。神䴥中卒，謚曰敬公。

劉庫仁，本字沒根，劉虎之宗也，一名洛垂。少豪爽，有智略。母平文皇帝之女。昭成皇帝復以宗女妻之，爲南部大人。

建國三十九年，昭成暴崩，太祖未立，苻堅以庫仁爲陵江將軍、關內侯，令與衛辰分國

部衆而統之。自河以西屬衞辰，自河以東屬庫仁。於是獻明皇后攜太祖及衞秦二王自賀蘭部來居焉。庫仁盡忠奉事，不以興廢易節，撫納離散，恩信甚彰。

苻堅進庫仁廣武將軍，給幢麾鼓蓋，儀比諸侯。處衞辰在庫仁之下。衞辰怒，殺堅五原太守而叛，攻庫仁西部。庫仁又伐衞辰破之，追至陰山西北千餘里，獲其妻子，盡收其衆。庫仁西征庫狄部，大獲畜產，徙其部落，置之桑乾川。苻堅賜庫仁妻公孫氏，厚其資送。庫仁又詣堅，加庫仁振威將軍。

後慕容垂圍苻丕于鄴，又遣將平規攻堅幽州刺史王永于薊，庫仁自以受堅爵命，遣妻兄公孫希率騎三千，助永擊規，大破之，阬規降卒五千餘人。乘勝長驅，進據唐城，與垂子麟相持。庫仁聞希破規，復將大舉以救丕。發雁門、上谷、代郡兵，次於繁畤。先是，慕容文等當徙長安，遁依庫仁部，常思東歸，其計無由。至是役也，知人不樂，文等乃夜率三郡人，攻庫仁。庫仁匿於馬廐，文執殺之。乘其駿馬，奔慕容垂。公孫希聞亂，自唐城走於丁零。

庫仁弟眷，繼攝國事。白部大人絜佛叛，〔三〕眷力不能討。乃引苻堅并州刺史張蚝擊佛，破之。眷又破賀蘭部于善無，又擊蠕蠕別帥肺渥于意親山，破之，獲牛羊數十萬頭。眷第二子羅辰，性機警，有智謀，謂眷曰：「比來行兵，所向無敵，心腹之疾，願早圖之。」眷曰：

「誰也？」曰：「從兄顯，忍人也，爲亂非旦則夕耳。」眷不以爲意。其後，徙牧于牛川，庫仁子顯，果殺眷而代立。羅辰奔太祖，事在外戚傳。

顯，本名醜伐，既殺眷代立，又欲謀逆，語在太祖紀。太祖即位，顯自善無南走馬邑。族人奴真領部來附。奴真兄犍，先居賀蘭部。至是，奴真請召犍而讓部焉。太祖義而許之。犍既領部，自以久託賀訥，德之，乃使弟去斤遺之金馬。訥弟染干因謂之曰：「我待汝兄弟厚，汝今領部，宜來從我。」去斤請之奴真。奴真曰：「父爲國家附臣，世効忠貞。我志全名節，是故推讓。今汝等無狀，乃欲叛主懷貳。」於是殺犍及去斤。染干聞其殺兄，率騎討之，奴真懼，徙部來奔太祖。太祖自迎之，遣使責止染干。奴真感恩，請奉妹充後宮，太祖納之。

後太祖討顯于馬邑，追至彌澤，大破之。衞辰與慕容垂通好，送馬三千匹於垂，垂遣慕容良迎之。顯擊敗良軍，掠馬而去。垂怒，遣子麟、兄子楷討之，顯奔馬邑西山。麟輕騎追之，遂奔慕容永於長子。部衆悉降於麟，麟徙之中山。顯弟亢埿，事在皇后傳。

史臣曰：始祖及桓、穆之世也，王迹初基，風德未展。操，含託身馳驟之秋，自立功名之地，〔四〕可謂志識之士矣。劉庫仁兄弟，忠以爲心，盛衰不二，純節所存，其意蓋遠，而並貽非命，惜乎！

校勘記

〔一〕操立碑於大邗城南　錢氏考異卷三八云：「此傳載衞操所立碑……惜爲史臣改竄，失其本眞。篇首云『魏軒轅之苗裔』，考其時未有魏號，以文義度之當云『鮮卑拓跋氏』也。碑爲猗㐌而立，必書晉所授官爵及猗㐌、猗盧二人名，篇乃稱『桓穆二帝』，亦史臣所改。」

〔二〕外動亦攘　北史卷二〇本傳「動」作「勳」。按「外動亦攘」，意爲對外有攘患之功，碑末有「動攘大患」句也是此意。似作「勳」是。

〔三〕白部大人絜佛叛　諸本「白」作「曰」。册府卷三五二四一八〇頁作「白」。按卷一序紀力微之三十九年稱：「夏四月祭天，諸部君長悉來助祭，唯白部大人觀望不至。」又猗盧之三年稱「白部大人叛入西河」。「曰」字訛，今據册府改。

〔四〕自立功名之地　諸本無「名」字。殿本考證云：「『功』字下北史卷二〇有『名』字，應以彼爲是。」按「功名」與上「馳驟」對文，這裏脫「名」字，今據北史補。

魏書卷二十四

列傳第十二

燕鳳　許謙　張袞　崔玄伯　鄧淵

燕鳳，字子章，代人也。好學，博綜經史，明習陰陽讖緯。昭成素聞其名，使人以禮迎致之。鳳不應聘。乃命諸軍圍代城，謂城人曰：「燕鳳不來，吾將屠汝。」代人懼，送鳳。昭成與語，大悅，待以賓禮。後拜代王左長史，參決國事。又以經授獻明帝。

苻堅遣使牛恬朝貢，令鳳報之。堅問鳳：「代王何如人？」鳳對曰：「寬和仁愛，經略高遠，一時之雄主，常有幷吞天下之志。」堅曰：「卿輩北人，無鋼甲利器，敵弱則進，强卽退走，安能幷兼？」鳳曰：「北人壯悍，上馬持三仗，驅馳若飛。主上雄雋，率服北土，控弦百萬，號令若一。軍無輜重樵爨之苦，輕行速捷，因敵取資。此南方所以疲弊，而北方之所常勝也。」堅曰：「彼國人馬，實爲多少？」鳳曰：「控弦之士數十萬，馬百萬匹。」堅曰：「卿言人衆可爾，

說馬太多，是虛辭耳。」鳳曰：「雲中川自東山至西河二百里，北山至南山百有餘里，每歲孟秋，馬常大集，略爲滿川。以此推之，使人之言，猶當未盡。」鳳還，堅厚加贈遺。

及昭成崩，太祖將遷長安。鳳以太祖幼弱，固請於苻堅曰：「代主初崩，臣子亡叛，遺孫沖幼，莫相輔立。其別部大人劉庫仁勇而有智，鐵弗衞辰狡猾多變，皆不可獨任。宜分諸部爲二，令此兩人統之。兩人素有深讎，其勢莫敢先發。此禦邊之良策。待其孫長，乃存而立之，是陛下施大惠於亡國也。」堅從之。鳳尋東還。

太祖卽位，歷吏部郎、給事黃門侍郎、行臺尙書，甚見禮重。太宗世，與崔玄伯、封懿、梁越等入講經傳，出議朝政。世祖初，以舊勳賜爵平舒侯，加鎭遠將軍。神䴥元年卒。

子才，襲。散騎常侍、平遠將軍。卒。

子元孫，襲。官至博陵太守。卒。子世宗，襲。

許謙，字元遜，代人也。少有文才，善天文圖讖之學。建國時，將家歸附，昭成嘉之，擢爲代王郎中令，兼掌文記。與燕鳳俱授獻明帝經。從征衞辰，以功賜僮隸三十戶。昭成崩後，謙徙長安。苻堅從弟行唐公洛鎭和龍，請謙之鎭。未幾，以繼母老辭還。

登國初，遂歸太祖。太祖悅，以爲右司馬，與張袞等參贊初基。慕容寶來寇也，太祖使謙告難於姚興。興遣將楊佛嵩率衆來援，而佛嵩稽緩。太祖命謙爲書以遺佛嵩曰：「夫杖順以翦遺，乘義而攻昧，未有非其運而顯功，無其時而著業。慕容無道，侵我疆埸，師老兵疲，天亡期至，是以遣使命軍，必望克赴。將軍據方邵之任，總熊虎之師，事與機會，今其時也。因此而舉，役不再駕，千載之勳，一朝可立。然後高會雲中，進師三魏，舉觴稱壽，不亦綽乎。」佛嵩乃倍道兼行。太祖大悅，賜謙爵關內侯。重遣謙與佛嵩盟曰：「昔殷湯有鳴條之誓，周武有河陽之盟，所以藉神靈，昭忠信。夫親仁善隣，古之令軌，歃血割牲，以敦永穆。今旣盟之後，言歸其好，分災恤患，休戚是同。有違此盟，神祇斯殛。」寶敗，佛嵩乃還。明年，慕容垂復來寇。太祖謂謙曰：「今事急矣，非卿豈能復致姚師，卿其行也。」謙未發而垂退，乃止。及聞垂死，謙上書勸進。太祖善之。

幷州平，以謙爲陽曲護軍，賜爵平舒侯、安遠將軍。皇始元年卒官，時年六十三。贈平東將軍、左光祿大夫、幽州刺史、高陽公，謚曰文。

子洛陽，襲。從征慕容寶，爲冠軍司馬。後爲祁令。太宗追錄謙功，以洛陽爲雁門太守。洛陽家田三生嘉禾，皆異壟合穎，世祖善之。進爵北地公，加鎭南將軍。出爲明壘鎭將，居八年，卒。謚曰恭。

子寄生，襲爵，降爲侯。皇興元年卒。

洛陽弟安國，中山太守。

安國弟安都，廣寧、滄水二郡太守。加揚威將軍。賜爵東光子。天安初卒。贈平遠將軍、冀州刺史、東光侯，謚曰烈。

子白虎，襲爵。爲侍御中散。後以罪免官，奪爵。

張袞，字洪龍，上谷沮陽人也。祖翼，遼東太守。父卓，昌黎太守。袞初爲郡五官掾，純厚篤實，好學，有文才。太祖爲代王，選爲左長史。

從太祖征蠕蠕。蠕蠕遁走，追之五六百里。諸部帥因袞言於太祖曰：「今賊遠糧盡，不宜深入，請速還軍。」太祖令袞問諸部帥，若殺副馬，足三日食否。皆言足也。太祖乃倍道追之，及於廣漠赤地南床山下，大破之。旣而太祖問袞：「卿曹外人知我前問三日糧意乎？」對曰：「皆莫知也。」太祖曰：「此易知耳。蠕蠕奔走數日，畜產之餘，至水必留。計其道程，三日足及。輕騎卒至，出其不意，彼必驚散，其勢然矣。」袞以太祖言出告部帥，咸曰：「聖策長遠，非愚近所及也。」

袞常參大謀，決策帷幄，太祖器之，禮遇優厚。袞每告人曰：「昔樂毅杖策於燕昭，公達委身於魏武，〔一〕蓋命世難可期，千載不易遇。主上天姿傑邁，逸志淩霄，必能囊括六合，混一四海。夫遭風雲之會，不建騰躍之功者，非人豪也。」遂策名委質，竭誠伏事。

時劉顯地廣兵强，跨有朔裔，會其兄弟乖離，共相疑阻。袞言於太祖曰：「顯志大意高，希冀非望，乃有參天貳地，籠罩宇宙之規。吳不幷越，將爲後患。今因其內釁，宜速乘之。若輕師獨進，或恐越逸。可遣使告慕容垂，共相聲援，東西俱舉，勢必擒之。然後總括英雄，撫懷遐邇，此千載一時，不可失也。」太祖從之，遂破走顯。又從破賀訥，遂命羣官登勿居山，遊宴終日。從官及諸部大人請聚石爲峰，以記功德，命袞爲文。

慕容寶之來寇也，袞言於太祖曰：「寶乘滑臺之功，因長子之捷，傾資竭力，難與爭鋒。愚以爲宜羸師卷甲，以侈其心。」太祖從之，果破之參合。

皇始初，遷給事黃門侍郎。太祖南伐，師次中山。袞言於太祖曰：「寶憑三世之資，城池之固，雖皇威震赫，勢必擒殄，然窮兵極武，非王者所宜。昔酈生一說，田橫委質；魯連飛書，聊將授首。臣誠德非古人，略無奇策，仰憑靈威，庶必有感。」太祖從之。袞遺寶書，喻以成敗。寶見書大懼，遂奔和龍。既克中山，聽入八議，拜袞奮武將軍、幽州刺史，賜爵臨渭侯。袞清儉寡欲，勸課農桑，百姓安之。

天興初，徵還京師。後與崔逞答司馬德宗將郗恢書失旨，黜袞爲尙書令史。袞遇創業之始，以有才謨見任，率心奉上，不顧嫌疑。太祖曾問南州人於袞。袞與盧溥州里，數談薦之。又袞未嘗與崔逞相見，聞風稱美。及中山平，盧溥聚黨爲逆，崔逞答書不允，並乖本言，故忿之。

袞年過七十，闔門守靜，手執經書，刊定乖失，愛好人物，善誘無倦，士類以此高之。永興二年疾篤，上疏曰：「臣既庸人，志無殊操，値太祖誕膺期運，天地始開，參戎氛霧之初，馳驅革命之會，託翼鄧林，寄鱗溟海，遂荷恩寵，榮兼出內。陛下龍飛九五，仍參顧問，曾無微誠，塵山露海。今舊疾彌留，氣力虛頓，天罰有罪，將塡溝壑。然犬馬戀主，敢不盡言。方今中夏雖平，九域未一，西有不賓之羌，南有逆命之虜，岷蜀殊風，遼海異教。雖天挺明聖，撥亂乘時，而因幾撫會，實須經略。介焉易失，功在人謀。伏願恢崇叡道，克廣德心，使揖讓與干戈並陳，文德與武功俱運，則太平之化，康哉之美，復隆於今，不獨前世。昔子囊將終，寄言城郢；荀偃辭唅，遺恨在齊。臣雖闇劣，敢忘前志，魂而有靈，結草泉壤。」後數日卒，年七十二。後世祖追錄舊勳，遣大鴻臚卽墓策贈太保，諡曰文康公。

子溫，外都大官、廣寧太守。卒。

子貳興，昌黎太守。

溫弟楷，州主簿。

子誕，有學尙，性尤雅直。初與高允同時被徵，後除中書侍郎、通直散騎常侍、建威將軍。賜爵容城子。

袞次子度，少有志尙，襲爵臨渭侯。上谷太守，入爲武昌王師。加散騎常侍，除使持節、都督幽州廣陽、安樂二郡諸軍事、平東將軍、崎城鎭都大將，又轉和龍鎭都大將，所在著稱。還朝爲中都大官。卒，贈征東大將軍、冀州刺史，諡康侯。

子陵，襲爵。後爲赤城典作都將。卒。

子狀，襲。爲中散。卒。

子法，襲。太和中，例降爲伯。世宗時，除懷荒鎭金城戍將。

陵弟延，散騎常侍、左將軍、庫部尙書。賜爵永寧侯。

延弟白澤，〔二〕年十一，遭母憂，居喪以孝聞。世祖聞而嘉之。長而好學博通，敏於當世。高宗初，除中散，遷殿中曹給事中，甚見寵任，參預機密。後蠕蠕犯塞，顯祖引見羣臣議之。尙書僕射元目辰進曰：「若車駕親行，恐京師危懼，不如持重，固守自安。虜懸軍深入，糧無繼運，以臣量之，自退不久，遣將追擊，破之必

矣。」白澤曰：「陛下欽明則天，比蹤前聖，而蠢爾荒愚，輕犯王略。寇乃顚沛於遠圖，我將宴安於近毒，仰惟神略，則不然矣。今若鑾輿親動，賊必望麾崩散，寧容仰挫神兵，坐而縱敵。萬乘之尊，嬰城自守，進失可乘之機，退非無前之義，惟陛下留神。」顯祖從之，遂大破虜衆。

白澤本字鍾葵，顯祖賜名白澤，納其女爲嬪。出行雍州刺史，清心少欲，吏民安之。顯祖詔諸監臨之官，所監治受羊一口、酒一斛者，罪至大辟，與者以從坐論。糾告得尙書已下罪狀者，各隨所糾官輕重而授之。白澤上表諫曰：「伏見詔書，禁尙書以下受禮者刑身，糾之者代職。伏惟三載考績，黜陟幽明，斯乃不易之令軌，百王之通式。今之都曹，古之公卿也，皆翊扶萬幾，讚徽百揆，風化藉此而平，治道由茲而穆。且周之下士，尙有代耕，況皇朝貴仕，而服勤無報，豈所謂祖襲堯舜，憲章文武者乎？羊酒之罰，若行不已，臣恐姦人闚望，忠臣懈節。而欲使事靜民安，治清務簡，至於委任責成，下民難辯。〔三〕如臣愚量，請依律令舊法，稽同前典，班祿酬廉，首去亂羣，常刑無赦。苟能如此，則升平之軌，期月可望，刑措之風，三年必致矣。」顯祖納之。

太和初，懷州民伊祁苟初三十餘人謀反，將殺刺史。文明太后欲盡誅一城之民。白澤諫曰：「臣聞上天愛物之生，明王重民之命，故殺一人而取天下，仁者不爲。且周書父子兄

弟，罪不相及，今羣凶肆虐，轘裂誅盡，合城無辜，奈何極辟。不誣十室，而况一州，或有忠焉，或有仁者，若淫刑濫及，殺忠與仁，斯乃西伯所以歎息於九侯，孔子所以回輪於河上。伏惟聖德昭明殷鑒，水鏡前禮，止迅烈之怒，抑雷霆之威，則溥天知幸矣。昔厲防民口，卒滅宗姬；文聽輿頌，終摧强楚。願不以人廢言，留神省察。」太后從之。轉散騎常侍，遷殿中尚書。

太和五年卒，詔賜帛一千匹、粟三千石，遣侍御史營護喪事，册贈鎮南將軍、相州刺史、廣平公，謚曰簡。

長子倫，字天念。年十餘歲，入侍左右。稍遷護軍長史、員外常侍，轉大司農少卿、燕州大中正。

熙平中，蠕蠕主醜奴遣使來朝，抗敵國之書，不修臣敬。朝議將依漢答匈奴故事，遣使報之。倫表曰：

臣聞古之聖王，疆理物土，辨章要甸，荒遐之俗，政所不及。故禮有壹見之文，書著羈縻之事。太祖以神武之姿，聖明之略，經略帝圖，日有不暇，遂令豎子遊魂一方，亦由中國多虞，急諸華而緩夷狄也。高祖光宅土中，業隆卜世，赫雷霆之威，振熊羆之

旅，方役南轅，未遑北伐。昔舊京烽起，虜使在郊，主上按劍，璽書不出。世宗運籌帷幄，開境揚旌，衣裳所及，舟車萬里。于時醜類款關，上亦述尊遺志。今大明臨朝，澤及行葦，國富兵强，能言率職。何憚而爲之，何求而行此？往日蕭衍通敬求和，以誠肅未純，抑而不許。先帝棄戎於前，陛下交夷於後，無乃上乖高祖之心，下違世宗之意？

且虜雖慕德，亦來觀我，懼之以强，儻卽歸附，示之以弱，窺覦或起，春秋所謂「以我卜也」。又小人難近，夷狄無親，疏之則怨，狎之則侮，其所由來久矣。是以高祖、世宗知其若此，來旣莫逆，去又不追。不一之義，於是乎在。必其委贄玉帛之辰，屈膝蕃方之禮，則可豐其勞賄，籍以珍物。至於王人遠役，銜命虜庭，優以匹敵之尊，加之相望之寵，恐徒生虜慢，無益聖朝。假令選衆而舉，使乎稱職，資酈生之辯，騁終軍之辭，憑軾下齊，長纓繫越。苟異曩時，猶爲不願，而况極之以隆崇，申之以宴好，臣雖下愚，輒敢固執。

若事不獲已，應頒制詔，示其上下之儀，宰臣致書，諷以歸順之道。若聽受忠誨，明我話言，則萬乘之盛不失位於域中，天子之聲必籠罩於無外。脫或未從，焉能損益。徐舞干戚以招之，敷文德而懷遠。如迷心不已，或肆犬羊，則當命辛李之將，勒衞霍之師，蕩定雲沙，掃清逋孽，飲馬瀚海之濱，鏤石燕然之上，開都護，置戊己，斯亦陛下

之高功，不世之盛事。如思按甲養民，務農安邊之術，經國之防，豈可以戎夷兼幷，而遽虧典制。將取笑於當時，貽醜於來葉。昔文公請隧，襄后有言；荆莊問鼎，王孫是抑。以古方今，竊爲陛下不取。又陛下方欲禮神岷瀆，致禮衡山，登稽嶺，窺蒼梧，而反與夷虜之君，酋渠之長，結昆弟之忻，抗分庭之義，將何以瞰文命之遐景，迹重華之高風者哉？臣以爲報使甚失如彼，不報甚得如此。願留須臾之聽，察愚臣之言。

不從。

出爲後將軍、肆州刺史。還朝，除燕州大中正。孝莊初，遷太常少卿，不拜，轉大司農卿。卒官。

倫弟恩，奉朝請，員外郎。

白澤弟庫，瀛州刺史、宜陽侯。

庫長子蘭，累遷龍驤將軍，行光州事。

蘭弟修虎，都牧、駕部二曹給事中，上谷公，司農少卿。奉使柔玄，察民疾苦。遷平北將軍、燕州刺史。

度弟太，平西將軍、荆州刺史、沮陽侯。

太弟挪，寧遠將軍、雍城鎮將。

崔玄伯，淸河東武城人也，名犯高祖廟諱，魏司空林六世孫也。祖悅，仕石虎，官至司徒左長史、關內侯。父潛，仕慕容暐，爲黃門侍郎，並有才學之稱。玄伯少有儁才，號曰冀州神童。

苻融牧冀州，虛心禮敬，拜陽平公侍郎，領冀州從事，管征東記室。出總庶事，入爲賓友，衆務修理，處斷無滯。苻堅聞而奇之，徵爲太子舍人，辭以母疾不就，左遷著作佐郎。苻丕牧冀州，爲征東功曹。太原郝軒，世名知人，稱玄伯有王佐之才，近代所未有也。堅亡，避難於齊魯之間，爲丁零翟釗及司馬昌明叛將張願所留縶。郝軒歎曰：「斯人而遇斯時，不因扶搖之勢，而與鷃雀飛沉，豈不惜哉！」慕容垂以爲吏部郎、尚書左丞、高陽內史。所歷著稱，立身雅正，與世不羣，雖在兵亂，猶勵志篤學，不以資產爲意，妻子不免飢寒。

太祖征慕容寶，次於常山，玄伯棄郡，東走海濱。太祖素聞其名，遣騎追求，執送於軍門，引見與語，悅之，以爲黃門侍郎，與張袞對總機要，草創制度。時司馬德宗遣使來朝，太祖將報之，詔有司博議國號。玄伯議曰：「三皇五帝之立號也，或因所生之土，或卽封國之名。故虞夏商周始皆諸侯，及聖德旣隆，萬國宗戴，稱號隨本，不復更立。唯商人屢

徙，改號曰殷，然猶兼行，不廢始基之稱。故詩云『殷商之旅』，又云『天命玄鳥，降而生商，宅殷土芒芒』。此其義也。昔漢高祖以漢王定三秦，滅强楚，故遂以漢爲號。國家雖統北方廣漠之土，逮于陛下，應運龍飛，雖曰舊邦，受命惟新，是以登國之初，改代曰魏。又慕容永亦奉進魏土。夫『魏』者大名，神州之上國，斯乃革命之徵驗，利見之玄符也。臣愚以爲宜號爲魏。」太祖從之。於是四方賓王之貢，咸稱大魏矣。

太祖幸鄴，歷問故事於玄伯，應對若流，太祖善之。及車駕還京師，次於恒嶺。太祖親登山頂，撫慰新民，適遇玄伯扶老母登嶺，太祖嘉之，賜以牛米。因詔諸徙人不能自進者，給以車牛。遷吏部尚書。命有司制官爵，撰朝儀，協音樂，定律令，申科禁，玄伯總而裁之，以爲永式。及置八部大夫以擬八坐，玄伯通署三十六曹，如令僕統事，深爲太祖所任。勢傾朝廷。而儉約自居，不營產業，家徒四壁；出無車乘，朝晡步上；母年七十，供養無重膳。太祖嘗使人密察，聞而益重之，厚加饋賜。時人亦或譏其過約，而玄伯爲之逾甚。

太祖常引問古今舊事，王者制度，治世之則。玄伯陳古人制作之體，及明君賢臣，往代廢興之由，甚合上意。未嘗謇諤忤旨，亦不諂諛苟容。及太祖季年，大臣多犯威怒，玄伯獨無譴者，由於此也。太祖曾引玄伯講漢書，至婁敬說漢祖欲以魯元公主妻匈奴，善之，嗟歎者良久。是以諸公主皆釐降于賓附之國，朝臣子弟，雖名族美彥，不得尚焉。尚書職罷，賜

玄伯爵白馬侯，加周兵將軍，與舊功臣庾岳、奚斤等同班，而信寵過之。

太祖崩，太宗未即位，清河王紹聞人心不安，大出財帛班賜朝士。玄伯獨不受。太宗即位，命玄伯居門下，虛己訪問，以不受紹財帛，特賜帛二百匹。長孫嵩已下咸愧焉。詔遣使者巡行郡國，糾察守宰不如法者，令玄伯與宜都公穆觀等按之，太宗稱其平當。又詔玄伯與長孫嵩等坐朝堂，決刑獄。

太宗以郡國豪右，大爲民蠹，乃優詔徵之，民多戀本，而長吏逼遣。於是輕薄少年，因相扇動，所在聚結。西河、建興盜賊並起，守宰討之不能禁。太宗乃引玄伯及北新侯安同、壽光侯叔孫建、元城侯元屈等問曰：「前以兇俠亂民，故徵之京師，而守宰失於綏撫，令有逃竄。今犯者已多，不可悉誅，朕欲大赦以紓之，卿等以爲何如？」屈對曰：「民逃不罪而反赦之，似若有求於下，不如先誅首惡，赦其黨類。」玄伯曰：「王者治天下，以安民爲本，何能顧小曲直也。譬琴瑟不調，必改而更張；法度不平，亦須蕩而更制。夫赦雖非正道，而可以權行，自秦漢以來，莫不相踵。屈言先誅後赦，會於不能兩去，孰與一行便定。若其赦而不改者，誅之不晚。」太宗從之。

神瑞初，詔玄伯與南平公嵩等坐止車門右，聽理萬機事。幷州胡數萬家南掠河內，遣將軍公孫表等率師討之，敗績。太宗問羣臣曰：「胡寇縱暴，人衆不少，表等已不能制。若

不早誅，則良民大受其禍。今既盛秋，不可爲此小盜，而復興衆以廢民業。將若之何？」玄伯對曰：「表等諸軍，不爲不足，但失於處分，故使小盜假息耳。胡衆雖盛，而無猛健主將，所謂千奴共一膽也。宜得大將軍爲胡所服信者，將數百騎，就攝表軍以討之，賊聞之，必望風震怖。壽光侯建，前在幷州，號爲威猛，胡醜畏服，諸將莫及。」太宗從之，遂平胡寇。尋拜天部大人，進爵爲公。

泰常三年夏，玄伯病篤，太宗遣侍中宜都公穆觀就受遺言，更遣侍臣問疾，一夜數返。及卒，下詔痛惜，贈司空，謚文貞公。喪禮一依安城王叔孫俊故事。詔羣臣及附國渠帥皆會葬，自親王以外，盡令拜送。太和中，高祖追錄先朝功臣，以玄伯配饗廟庭。

玄伯自非朝廷文誥，四方書檄，初不染翰，故世無遺文。尤善草隸行押之書，爲世摹楷。玄伯祖悅與范陽盧諶，並以博藝著名。諶法鍾繇，悅法衞瓘，而俱習索靖之草，皆盡其妙。諶傳子偃，偃傳子邈；悅傳子潛，潛傳玄伯。世不替業。故魏初重崔盧之書。又玄伯之行押，特盡精巧，而不見遺迹。子浩，襲爵，別有傳。

次子簡，字沖亮，〔四〕一名覽。好學，少以善書知名。太祖初，〔五〕歷位中書侍郎、征虜將軍，爵五等侯，參著作事。卒。

簡弟恬，字叔玄，小名白。歷給事中，賜爵繹幕子。出爲上黨太守、平南將軍、豫州刺

史。進爵陽武侯。坐浩伏誅。

始玄伯因苻堅亂，欲避地江南，於泰山爲張願所獲，本圖不遂，乃作詩以自傷，而不行於時，蓋懼罪也。及浩誅，中書侍郎高允受敕收浩家，始見此詩。允知其意，允孫綽錄於允集。始玄伯父潛爲兄渾誄手筆草本，〔六〕延昌初，著作佐郎王遵業買書於市而遇得之。計誄至今，將二百載，寶其書迹，深藏祕之。武定中，遵業子松年以遺黃門郎崔季舒，人多摹搨之。左光祿大夫姚元標以工書知名於時，見潛書，謂爲過於己也。

玄伯弟徽，字玄猷。少有文才，與勃海高演俱知名。初徵相州別駕、中書侍郎，稍遷祕書監，賜爵貝丘侯，加龍驤將軍。樂安王範鎮長安，世祖以範年少，而三秦民夷，恃險多變，乃選忠清舊德之士，與範俱鎮。以徽爲散騎常侍、督雍涇梁秦四州諸軍事、平西將軍、副將，行樂安王傅，進爵濟南公。徽爲政務存大體，不親小事。性好人倫。引接賓客，或談及平生，或講論道義，誨誘後進，終日不止。以疾徵還京師。眞君四年卒，謚曰元公。士類無不歎惜。

時清河崔寬，字景仁。祖彤，隨晉南陽王保避地隴右，遂仕於沮渠、李暠。父剖，字伯宗，每慷慨有懷東土，常歎曰：「風雨如晦，鷄鳴不已，吾所庶幾。」及世祖西巡，剖乃總率同義，

使寬送款。世祖嘉之，拜寬威遠將軍、岐陽令，賜爵沂水男。遣使與寬俱西，撫慰初附。徵剖詣京師，未至，病卒。高宗以剖誠著先朝，贈散騎常侍、鎮西將軍、涼州刺史、武陵公，諡曰元。

寬還京，拜散騎侍郎、寧朔將軍、安國子。未幾，出爲弘農太守。初，寬之通款也，見司徒浩。浩與相齒次，厚存撫之。及浩誅，以遠來疏族，獨得不坐。遂家于武城，居司空林舊墟，以一子繼浩弟覽妻封氏，〔七〕相奉如親。寬後襲爵武陵公、鎮西將軍，拜陝城鎮將。二崤地嶮，〔八〕民多寇劫。寬性滑稽，誘接豪右、宿盜魁帥，與相交結，傾衿待遇，不逆微細。是以能得民庶忻心，莫不感其意氣。時官無祿力，唯取給於民。寬善撫納，招致禮遺，大有受取，而與之者無恨。又弘農出漆蠟竹木之饒，路與南通，販貿來往。家產豐富，而百姓樂之。諸鎮之中，號爲能政。及解鎮還京，民多追戀，詣闕上章者三百餘人。書奏，高祖嘉之。延興二年卒，年六十三，遺命薄葬，斂以時服。

長子衡，字伯玉，少以孝行著稱。學崔浩書，頗亦類焉。天安元年，擢爲內祕書中散，班下詔命及御所覽書，多其迹也。衡舉李沖、李元愷、程駿等，終爲名器，世以是稱之。承明元年，遷內都坐令，善折獄，高祖嘉之。太和二年，襲爵武陵公，鎮西將軍。遷給事中。車駕巡狩，以衡爲大都督長史。衡涉獵書史，陳備禦之方，便國利民之策，凡五十餘條。以

本將軍除泰州刺史，〔九〕徙爵齊郡公。先是，河東年饑，劫盜大起，衡至，修龔遂之法，勸課農桑，周年之間，寇盜止息。十二年卒，年五十四。贈散騎常侍、左光祿大夫、本將軍、冀州刺史，帛一千匹、穀一千斛，諡曰惠公。衡有五子。

長子敞，字公世，襲爵，例降爲侯。自謁者僕射出爲平原相。敞性狷急，與刺史楊椿迭相表列，敞坐免官。世宗初，爲鉅鹿太守。弟朏之逆，敞爲黃木軍主韓文殊所藏。其家悉見籍沒，唯敞妻李氏，以公主之甥，自隨奴婢田宅二百餘口得免。正光中，普釋禁錮，敞復爵齊郡侯，拜龍驤將軍、中散大夫。孝昌中，趙郡太守。卒。

敞弟鍾，字公祿，奉朝請。弟朏之逆，以出後被原。歷尚書郎、國子博士、司徒長史、征北將軍、金紫光祿大夫、冀州大中正。敞亡後，鍾貪其財物，誣敞息子積等三人非兄之胤，辭訴累歲，人士嫉之。尒朱世隆爲尚書令，奏除其官，終身不齒。

朏好學，有文才。歷治書侍御史、京兆王愉錄事參軍。與愉同逆，伏法。

衡弟恕，尚書郎。

又有崔模，字思範，魏中尉崔琰兄霸後也。父遵，慕容垂少府卿。叔父整，廣川太守。模，慕容熙末南渡河外，爲劉裕滎陽太守，戍虎牢。神䴥中，平滑臺，模歸降。後賜爵武陵男，加寧遠將軍。

始模在南妻張氏，有二子，沖智、季柔。模至京師，賜妻金氏，生子幼度。沖智等以父隔遠，乃聚貨物，間託關境，規贖模歸。其母張氏每謂之曰：「汝父性懷，本自無決，必不能來也。」行人遂以財賄至都，當竊模還。模果顧念幼度等，指幼度謂行人曰：「吾何忍捨此輩，令坐致刑辱，當爲爾取一人，使名位不滅於我。」乃授以申謨。謨，劉義隆東郡太守，與朱脩之守滑臺，神䴥中，被執入國，俱得賜妻，生子靈度。申謨聞此，乃棄妻子，走還江外。靈度刑爲閹人。

模長者篤厚，不營榮利，頗爲崔浩輕侮，而守志確然，不爲浩屈。與崔賾相親，〔一〇〕往來如家。和平中卒。

皇興初，幼度隨慕容白曜爲將。時季柔爲崔道固長史，帶濟南太守。城將降，先馳馬赴白曜軍，幼度亦豫令左右覘迎之，而差互不相值，爲亂兵所害。

初，眞君末，車駕南克鄒山，模兄協子邪利爲劉義隆魯郡太守，以郡降，賜爵臨淄子，拜廣寧太守，卒於郡。邪利二子。懷順以父入國，故不出仕。及國家克青州，懷順迎邪利喪，還葬青州。次恩，累政州主簿，至刺史陸龍成時謀叛，聚城北高柳村，將攻州城，龍成討斬之。懷順與沖智子徽伯等俱奔江外。

始邪利與二女俱入國，一女爲張氏婦，一女爲劉休賓妻，生子文華。〔一一〕邪利後生庶子法始。邪利亡後，二女侮法始庶孽，常欲令文華襲外祖爵臨淄子。法始恨忿，無所不爲。後懷順歸化迎喪，始與法始相見。未幾，法始得襲爵，傳至孫延族，正光中，爲冠軍將軍、中散大夫。

季柔孫睦，正光三年，自郁州歸降。

模孫景茂，冀州別駕、青州長史、隨郡太守、武城男。

景茂子彥遠，襲。武定中，北徐州司馬。

始睦來降也，〔一二〕與高陵、張炅、郭組俱至。陵，蕭寶夤西討開府西閤祭酒，寶夤反，陵其黃門侍郎。關中平，還洛，歷尚書郎、定州別駕。齊文襄王作相，以陵頗有文學，引參賓客。終於征南將軍、司空長史。贈驃騎大將軍、大司農卿。

顯祖時，有崔道固，字季堅，琰八世孫也。祖瓌，慕容垂車騎屬。父輯，南徙青州，爲泰山太守。道固賤出，嫡母兄攸之、目連等輕侮之。輯謂攸之曰：「此兒姿識如此，或能興人門戶，汝等何以輕之？」攸之等遇之彌薄，略無兄弟之禮。

時劉義隆子駿爲徐兗二州刺史，得辟他州民爲從事。輯乃資給道固，令其南仕。既至

彭城，駿以爲從事。道固美形容，善舉止，便弓馬，好武事，駿稍嘉之。會青州刺史新除，過彭城，駿謂之曰：「崔道固人身如此，豈可爲寒士至老乎？而世人以其偏庶，便相陵侮，可爲歎息。」青州刺史至州，辟爲主簿，轉治中。後爲義隆諸子參軍事，被遣向青州募人。長史已下皆詣道固，道固諸兄等逼道固所生母自致酒炙於客前。道固驚起接取，謂客曰：「家無人力，老親自執劬勞。」諸客皆知其兄弟所作，咸起拜謝其母。母謂道固曰：「我賤不足以報貴賓，汝宜答拜。」諸客皆歎美道固母子，賤其諸兄。

後爲寧朔將軍、冀州刺史，移鎮歷城。劉彧既殺子業自立，徐州刺史薛安都與道固等舉兵推立子業弟子勛。子勛敗，乃遣表歸誠，顯祖以爲安南將軍、南冀州刺史、清河公。劉彧遣說道固，以爲前將軍、徐州刺史。復叛受彧命。

皇興初，顯祖詔征南大將軍慕容白曜固築長圍以守之。及白曜攻其城東郭，道固面縛請罪，表曰：「臣資生南境，限隔大化，本朝不以卑末，委授藩任。而劉氏蕭牆內侮，懼貽大戮，前遣崔啓之奉表歸誠，幸蒙陛下過垂矜納，并賜爵寵，慶佩罔極，應奔闕庭。但劉彧尋續遣使，恕臣百死。愚以世奉劉氏，深恧蒙宥，若猶違背，則是不忠於本朝，而欲求忠於大魏。雖曰希生，懼大魏之所不許。是用迷回，孤負天日，冒萬死之艱，固執拒守。偞臣白曜，[一三]振曜威靈，漸經二載，大將臨城，以今月十四日，臣東郭失守，於臣款彧之誠，庶可以

彰於大魏矣。臣勢窮力屈，以十七日面縛請罪，白曜奉宣皇恩，恕臣生命。斯實陛下起臣死尸，肉臣朽骨，天地造物所不能行，而陛下育之。雖虞舜之貸有苗，姬文之宥崇壘，方之聖澤，未足以喻。既未奉朝旨，無由親馳道路，謹遣大息景徽，束骸歸闕，伏聽刑斧。」

既而白曜送道固赴都，有司案劾，奏聞，詔恕其死。乃徙青齊士望共道固守城者數百家於桑乾，立平齊郡於平城西北北新城。以道固爲太守，賜爵臨淄子，加寧朔將軍。尋徙治京城西南二百餘里舊陰館之西。是時，頻歲不登，郡內飢弊，道固雖在任積年，撫慰未能周盡，是以多有怨叛。延興中卒，年五十。

初，道固之在客邸，與薛安都、畢衆敬隣館，時以朝集相見，本既同由武達，頗結僚舊。時安都志已衰朽，於道固情乃疏略，而衆敬每盡殷勤。道固謂劉休賓、房法壽曰：「古人云『非我族類，其心必異』，信不虛也。」安都視人殊自蕭索，畢捺固依依也。」

子景徽，字文叡，襲父爵臨淄子，加寧朔將軍。出爲青州廣陵王羽征東府司馬、大鴻臚少卿。出除龍驤將軍、平州刺史。卒，贈本將軍、南青州刺史，謚曰定。子休纂襲爵。

景徽弟景業，字文季。別有功，太和中，賜爵昌國子，加建威將軍。卒。子休緒襲爵，員外郎。

景業弟景淵，亦有別功，賜爵武城男。鷹揚將軍、平齊太守。卒於郡。

道固兄目連子僧祐。白曜之圍歷城也，僧祐母明氏、弟僧淵並在城內。劉彧授僧祐輔國將軍，領衆數千，與青齊人家口在歷城、梁鄒者明同慶、明菩薩等爲將佐，從淮海揚聲救援。將至不其，聞道固已敗，母弟入國，徘徊不進。白曜圍東陽時，表請景徽往喻僧祐，乃歸降。白曜送之，在客數載，賜爵層城侯。與房法壽、畢薩諸人皆不穆。[一四]法壽等訟其歸國無誠，拘之歲餘，因赦乃釋。後坐與沙門法秀謀反，伏法。

子道寧，給事中。

僧淵入國，坐兄弟徙於薄骨律鎮，太和初得還。高祖聞其有文學，又問佛經，善談論，敕以白衣賜褠幘，入聽于永樂經武殿。後以僧淵爲尚書儀曹郎。遷洛之後，爲青州中正。尋出爲征東大將軍、廣陵王羽諮議參軍，加顯武將軍，討海賊於黃郭，[一五]大破之。蕭鸞乃遣其族兄惠景遺僧淵書，說以入國之屈，規令改圖。僧淵復書曰：

主上之爲人也，無幽不照，無細不存，仁則無遠不及，博則無典不究，殫三墳之微，盡九丘之極。至於文章錯綜，煥然蔚炳，猶夫子之牆矣。遂乃開獨悟之明，尋先王之迹，安遷靈荒，兆變帝基，惟新中壤，宅臨伊域。三光起重輝之照，庶物蒙再化之始。分氏定族，料甲乙之科；班官命爵，清九流之貫。禮俗之敍，粲然復興，河洛之間，重隆

周道。巷歌邑頌，朝熙門穆，濟濟之盛，非可備陳矣。加以累葉重光，地兼四岳，士馬强富，人神欣仰，道德仁義，民不能名。且大人出，本無所在，況從上聖至天子天孫者乎。[一六]聖上諸弟，風度相類，咸陽王已下，莫不英越，枝葉扶疎，遍在天下，所稱稍竭，[一七]殊爲未然。文士競謀於廟堂，武夫效勇於疆埸，[一八]若論事勢，此爲實矣。

計彼主篡殺之迹，人鬼同知，疑親猜貴，早暴遐邇。兄投心逆節，千載何名！物患無施，器非時用，生不振世，沒無令聲，先師以爲鄙，君子以爲耻。此則事困伎殫，自勉無益，故其宜矣。以兄之才，夙超鄉土，如弟之徒，誰不瞻仰，每尋昔念，未敢忘懷。雖復途遙二千，心想若對，敬遵軌範，以資一生。今名可揚矣而不能顯親，事可變矣而不能離辱，故世之所未解也。且君子在家也不過孝於其親，入朝也不過忠於其君。主上之於兄，恩則不可酬，義則不可背。身可殺也，故非其酬；功不逮也，故非其報。今可以效矣而又弗爲，非孝也。卽實而言，兄之不變，得爲忠乎？至於講武爭强，不敵者久矣；論安與危，不同者驗矣；羣情背去，獨留者謬矣。[一九]願深察之。王晏道絕外交，器非雄朗，專華保望，便就屠割。方之於兄，其全百倍。且淮蕃海捍，本出北豪，壽春之任，兄何由免？以是而言，猜嫌已決。又宗門未幾，南北莫寄，先構之重，非兄何託，受社之榮，鄙心之相望矣。今執志不寤，忠孝兩忘，王晏之辜，安能自保，見機而作，其在

茲乎。

國家西至長安，東盡卽墨，營造器甲，必盡堅精，晝夜不息者，於茲數載。今秋中月，雲羅必舉，買不及時，雖貴不用，若不早圖，況枉連城矣。〔二〇〕枚乘有言，欲出不出，間不容髮，精哉斯談。弟中於北京，身罹事譴，大造之及，有獲爲幸。比蒙清舉，超進非一，〔二一〕犬馬之心，誠有在矣。雖復彼此爲異，猶昔情不移也，況於今日哉。如兄之誨，如弟之規，改張易調，易於反掌，萬一乖情，此將運也。

出除龍驤將軍、南青州刺史。久之，坐擅出師無據，檢覈幽禁，後乃獲免。

僧淵元妻房氏生二子伯驎、伯驥。後薄房氏，更納平原杜氏。僧淵之徙也，與杜俱去，生四子，伯鳳、祖龍、祖螭、祖虬。得還之後，棄絕房氏，遂與杜氏及四子家于青州。伯驥與母房氏居于冀州，雖往來父間，而心存母氏，孝慈之道，頓阻一門。僧淵卒，年七十餘。伯驎雖往奔赴，不敢入家，哭沙門寺。

伯驎，自奉朝請，稍遷步兵校尉、樂陵太守，加中堅將軍。後兼冀州長史。大乘賊起，伯驎率州軍討之於煮棗城，爲賊所殺，贈龍驤將軍、洛州刺史。

伯驥，爲京兆王愉法曹參軍。愉反，伯驥不從，見害，詔贈東海太守。

伯鳳，少便弓馬，壯勇有膂力。自奉朝請，員外郎，稍遷鎮遠將軍、前將軍，數爲將帥。

永安末，與都督源子恭守丹谷，戰歿。〔二二〕

祖龍，司空行參軍。性剛躁，父亡後，與兄伯驎訟競嫡庶，並以刀劍自衞，若怨讎焉。

祖螭，小字社客，粗武有氣力。刺史元羅板爲兼統軍，率衆討海賊。普泰初，與張僧皓俱反，圍青州。介朱仲遠遣將討平之，傳首京師。

祖虬，少而好學，下帷誦書，不驅競當世。舉秀才不就。

僧淵從弟和，平昌太守。家巨富，而性吝嗇，埋錢數百斛。其母李春思堇，惜錢不買。子軌，字啓則，盜錢百萬，背和亡走。後爲儀同開府鎧曹參軍，坐貪汙，死於晉陽。

玄伯同郡董謐。謐父京，與同郡崔康時、廣陽霍原等，俱以碩學播名遼海。謐好學，傳父業。中山平，入朝，拜儀曹郎，撰朝覲饗宴郊廟社稷之儀。

鄧淵，字彥海，安定人也。祖羌，苻堅車騎將軍。父翼，河間相。慕容垂之圍鄴，以翼爲後將軍、冀州刺史、眞定侯。翼泣對使者曰：「先君忠于秦室，翼豈可先叛乎！忠臣不事二主，自古通義，未敢聞命。」垂遣使喻之曰：「吾與車騎結異姓兄弟，卿亦猶吾之子弟，安得辭乎？」翼曰：「冀州宜任親賢，翼請他役效命。」垂乃用爲建武將軍、河間太守、尚書左丞，皆有聲稱。卒於趙郡內史。

淵性貞素，言行可復，博覽經書，長於易筮。太祖定中原，擢爲著作郎。出爲蒲丘令，誅翦姦猾，盜賊肅清。入爲尚書吏部郎。淵明解制度，多識舊事，與尚書崔玄伯參定朝儀、律令、音樂，及軍國文記詔策，多淵所爲。從征平陽，以功賜爵漢昌子，改下博子，加中壘將軍。太祖詔淵撰國記，淵造十餘卷，惟次年月起居行事而已，未有體例。淵謹於朝事，未嘗忤旨。

其從父弟暉爲尚書郎，兇俠好奇，與定陵侯和跋厚善。跋有罪誅，其子弟奔長安，或告暉將送出之。由是太祖疑淵知情，遂賜淵死，既而恨之。時人咸愍惜焉。

子穎，襲爵。爲太學生，稍遷中書侍郎。世祖詔太常崔浩集諸文學，撰述國書，穎與浩弟覽等俱參著作事。駕幸漠南，高車莫弗庫若干率騎數萬餘，驅鹿百餘萬，詣行在所。詔穎爲文，銘于漠南，以紀功德。兼散騎常侍，使於劉義隆。進爵爲侯，加龍驤將軍。延和三年，從征胡賊白龍。還，卒於路。謚曰文恭。

子怡，襲爵。官至荊州刺史、假寧南將軍。賜爵南陽公。和平中卒。

長子良奴，襲爵。良奴弟侍，高祖賜名述。歷吏職，以貞謹見稱。還中大夫，守廷尉少

卿。出爲建忠將軍、齊州刺史。初改置百官，始重公府元佐。時太傅元丕出爲幷州刺史，以述爲太傅長史，帶太原太守。尋徵爲司空長史，卒官。詔賜錢十萬、布五十匹，謚曰貞。

長子纂，奉朝請，累遷中散大夫。

纂弟獻，奉朝請，司空西閤祭酒，員外常侍，河陰令。尋遷鎮遠將軍、諫議大夫。肅宗末，除冠軍將軍、潁州刺史。建義初，聞介朱榮入洛，朝士見害，遂奔蕭衍。

怡弟宗慶，以中書學生，入爲中散。稍遷尚書，加散騎常侍，賜爵定安侯。轉典南部。宗慶在南部積年，多所敷奏，州鎮憚之，號爲稱職。進爵南陽公，除安南將軍、涇州刺史，徙趙郡公。宗慶在州，爲民所訟，雖訊鞫獲情，上下大不相得。轉徐州刺史，仍本將軍。未幾，坐妻韓巫蠱，伏誅。

宗慶子伯忻，與父俱死。

伯忻子巘，逃越得免。後歷尚書郎，除常山太守，轉安南將軍、光祿大夫、持節、兼尚書左丞、郢州行臺，又加撫軍將軍。卒，贈鎮南將軍、荊州刺史。

穎弟權，從世祖征伐，官至龍驤將軍、豫州刺史，賜爵新野侯。從征蠕蠕，坐法死。弟顥，卒於中書侍郎。

顥長子靈珍，中書學生、〔二三〕祕書中散。卒，贈員外散騎常侍。

子羨，歷中書學生、侍御史，以明謹見知。出爲齊州武昌王征虜長史。後李元護之爲齊州，仍爲長史，帶東魏郡太守。在治十年，經三刺史，以清勤著稱。齊人懷其恩德，號曰良二千石。及代還，大受民故送遺，頗以此爲損。中山王英攻義陽，羨爲軍司。罷，除諫議大夫，兼給事黄門侍郎，副侍中游肇爲畿内大使。後行貨於錄尚書、北海王詳，轉大司農少卿。出行荆州事，轉征虜將軍、郢州刺史，鎮義陽。在州銳於聚斂。又納賄於于忠，徵爲給事黄門侍郎。尋加後將軍、河南尹，黄門如故。未拜，而靈太后臨朝，以元昭爲河南尹，羨仍黄門，加平南將軍。羨以義陽軍司之勳，封安陽縣開國子，邑三百户。羨曲附左右，故獲封焉。時幽、瀛、滄、冀大水，頻經寇難，民飢。詔羨兼尚書、假散騎常侍，持節詣州，隨方賑恤，多有所濟。神龜初，發疽卒，年五十四。詔賻帛三百匹、朝服一襲，贈鎮東將軍、青州刺史，謚曰恭。

長子躋，字伯昇，頗有意尚。祕書郎。朝議以羨本不合山河之賞，故不許躋襲。躋訴訟久之，始聽紹封。稍遷前將軍、太中大夫、梁州開府長史。與刺史元羅同陷蕭衍，卒於江南。

子孝緒，元象中，以躋柩還國。興和中，襲爵。齊受禪，例降。

靈珍弟靈奇，立忠將軍、齊州刺史。進號冠軍將軍，賜爵昌國侯。爲政清簡，有威惠。

子恭伯，右光祿大夫。

史臣曰：爲國馭民，莫不文武兼運。燕鳳以博識多聞，昭成致禮，和隣存國，賢之效歟。許謙才術俱美，馳騁艱難之日，觀幾獨勸，事契冥符。張衮以才策見知，早蒙恩遇，時無寬政，斯言貽咎。玄伯世家儁偉，仍屬權輿，總機任重，守正成務，禮從清廟，不亦宜乎。寬模俱能見幾而動，道固窮而委質。鄧淵貞白幹事，才業秉筆，禍非其罪，悲哉！

校勘記

〔一〕公達委身於魏武　諸本「達」作「遠」，册府卷七六五九〇九五頁作「達」。按荀攸字公達三國志卷一〇，曹操輔佐中著名人物不聞有「公遠」其人，今據册府改。

〔二〕延弟白澤　諸本「延」下有「孫」字，北史卷二一張衮傳作「度子白澤」，則是延弟。「孫」字衍，今删。

〔三〕下民難辯　按此句和上文不貫。册府卷五四一六四八五頁作「不亦難辨」，連接上文「而欲使事靜民安，治清務簡，至於委任責成」爲句，疑是。

〔四〕次子簡字沖亮　北史卷二一崔宏傳「沖」作「仲」。按簡兄浩字伯淵卷三五本傳，弟恬字叔玄，簡是次子，作「仲亮」是。

〔五〕太祖初　張森楷云：「玄伯以太祖中年歸魏，簡安得於太祖初入官，疑爲『太宗』或『世祖』之誤。」

〔六〕爲兄渾誄手筆草本　諸本「誄」訛「誅」，今據北史卷二一改。

〔七〕以一子繼浩弟覽妻封氏　北史卷二一「浩」字下有「與浩」二字，「以一子繼浩」爲句。疑此傳脱二字，但如此傳也可通，今不補。

〔八〕拜陝城鎮將二崤地嶮　諸本「鎮」下有「西」字，下無「二」字，顯誤，今據册府卷四一二四八九八頁、北史卷二一改。北史「二」作「三」，今從册府。

〔九〕以本將軍除泰州刺史　諸本「泰」作「秦」。按云「河東民饑」，則卽卷一〇六下地形志下治蒲坂之秦州，此「秦州」乃「泰州」之訛。這裏「秦」也是「泰」之訛。今改正。參卷一〇六下校記〔三九〕。

〔一〇〕與崔賾相親　諸本「賾」訛「頤」，今據墓誌集釋盧令媛墓誌圖版三七改。參卷三二校記〔一〕。

〔一一〕生子文華　卷四三劉休賓傳「文華」作「文曄」，疑作「曄」是。

〔一二〕始睦來降也　百衲、南、汲、局四本「睦」作「陸」，北、殿二本作「睦」。按上云「柔孫睦，正光三年

自郁州歸降」。作「睦」是，今從北、殿本。

〔一三〕僕臣白曜　按崔道固豈得稱白曜爲「僕臣」。卷五〇慕容白曜傳，白曜攻青、齊時，官尚書右僕射。這裏「僕」下當脱「射」字。

〔一四〕與房法壽畢薩諸人皆不穆　按青齊降魏諸將無「畢薩」其人，「薩」當是「薛」之訛，指薛安都。

〔一五〕討海賊於黄郭　諸本「賊」訛「戒」，今據册府卷三七二四四二四頁改。

〔一六〕且大人出本無所在況從上聖至天子天孫者乎　册府卷三七二四四二五頁作「且大人之出，本無所在，況從聖繼聖至夫册府宋本作「天」子孫者乎」。較明白，此傳當有訛脱。

〔一七〕所稱稍竭　諸本「竭」訛「蝎」，今據册府同上卷頁改。

〔一八〕武夫效勇於疆場　諸本「勇」訛「通」，今據册府同上卷頁改。

〔一九〕羣情背去獨留者謬矣　册府同上卷頁「背去」作「皆去」，與下「獨留」對文，當是。但「背去」亦通，今不改。

〔二〇〕況枉連城矣　册府同上卷頁「況」作「沉」，疑是。但檢宋本册府也作「況」，今不改。

〔二一〕超進非一　諸本「超進」訛「起崖」，下注「疑」字，今據册府同上卷頁改，並删「疑」字。

〔二二〕與都督源子恭守丹谷戰歿　諸本「丹谷」作「單父」，册府卷四二五五〇五五頁作「丹父」。按源子恭守丹谷，見卷一〇莊帝紀永安三年十月和卷四一本傳。莊帝紀永安三年十二月壬寅更明云：

「尒朱兆寇丹谷，都督崔伯鳳戰死。」册府「丹」字不誤，「谷」已訛「父」，舊本當同册府，後人又妄改「丹」爲「單」，今改正。

〔三〕中書學生　諸本「中」下無「書」字。按「中書學生」屢見，下子羨條卽云「歷中書學生」，今補「書」字。

魏書卷二十五〔一〕

列傳第十三

長孫嵩　長孫道生

長孫嵩，代人也，太祖賜名焉。父仁，昭成時爲南部大人。嵩寬雅有器度，年十四，代父統軍。昭成末年，諸部乖亂，苻堅使劉庫仁攝國事，嵩與元他等率部衆歸之。劉顯之謀難也，嵩率舊人及鄉邑七百餘家叛顯走，〔二〕將至五原。時寔君之子，亦聚衆自立，嵩欲歸之。見于烏渥，稱逆父之子，勸嵩歸太祖。嵩未決，烏渥回其牛首，嵩僶俛從之。見太祖于三漢亭。太祖承大統，復以爲南部大人。累著軍功。後從征中山，除冀州刺史，賜爵鉅鹿公。歷侍中、司徒、相州刺史，封南平公，所在著稱。太宗卽位，與山陽侯奚斤、北新侯安同、白馬侯崔宏等八人，坐止車門右，聽理萬幾，故世號八公。

晉將劉裕之伐姚泓，太宗假嵩節，督山東諸軍事，傳詣平原，緣河北岸，列軍次於畔城。

軍頗失利。詔假裕道，裕於舟中望嵩麾蓋，遺以酃酒及江南食物，嵩皆送京師。詔嵩厚答之。又敕簡精兵爲戰備，若裕西過者，便率精銳南出彭沛，如不時過，但引軍隨之。彼至崤陝間，必與姚泓相持，一死一傷，衆力疲弊。比及秋月，徐乃乘之，則裕首可不戰而懸。於是叔孫建等尋河趣洛。遂入關。〔三〕嵩與建等自成皋南濟，晉諸屯戍皆望塵奔潰。裕克長安，嵩乃班師。

太宗寢疾，問後事於嵩，嵩曰：「立長則順，以德則人服。今長皇子賢而世嫡，天所命也，請立。」乃定策禁中。於是詔世祖臨朝監國，嵩爲左輔。世祖卽位，進爵北平王，司州中正。詔問公卿，赫連、蠕蠕征討何先。嵩與平陽王長孫翰、司空奚斤等曰：「赫連居土，未能爲患，蠕蠕世爲邊害，宜先討大檀。及則收其畜產，足以富國；不及則校獵陰山，多殺禽獸，皮肉筋角，以充軍實，亦愈於破一小國。」太常崔浩曰：「大檀遷徙鳥逝，疾追則不足經久，大衆則不能及之。赫連屈丐，土宇不過千里，其刑政殘虐，人神所棄，宜先討之。」尚書劉絜、武京侯安原請先平馮跋。〔四〕帝默然，遂西巡狩。後聞屈丐死，關中大亂，議欲征之。嵩等曰：「彼若城守，以逸代勞，大檀聞之，乘虛而寇，危道也。」帝乃問幽微於天師寇謙之，〔五〕謙之勸行。杜超之贊成之，〔六〕崔浩又言西伐利。嵩等固諫不可。帝大怒，責嵩在官貪污，使武士頓辱。尋遷太尉。久之，加柱國大將軍。

自是，與駕征伐，嵩以元老多留鎮京師，坐朝堂，平斷刑獄。薨，年八十。謚曰宣王。後高祖追錄先朝功臣，以嵩配饗廟庭。

子頹，善騎射，彎弓三百斤。襲爵，加侍中、征南大將軍。有罪，黜爲戍兵，後復爵。薨，謚曰安王。

子敦，字孝友，位北鎮都將。坐黷貨，降爲公。高宗時，自頌先世勳重，[七]復其王爵。薨，謚簡王。

子道，字念僧，襲爵。久之，隨例降爲公，位右衞將軍。卒，謚慎。

子悅，襲爵。建義初，復本王爵，尋降爲公。位光祿少卿。卒，贈司空。

長孫道生，嵩從子也。忠厚廉謹，太祖愛其慎重，使掌幾密，與賀毗等四人內侍左右，出入詔命。太宗即位，除南統將軍、冀州刺史。後取人美女以獻，太宗切責之，以舊臣不加罪黜。

世祖即位，進爵汝陰公，[八]遷廷尉卿。從征蠕蠕，與尉眷等率衆出白黑兩漠間，大捷而還。世祖征赫連昌，道生與司徒長孫翰、宗正娥清爲前驅，遂平其國。昌弟定走保平涼，

劉義隆遣將到彥之、王仲德寇河南以救定。詔道生與丹陽王太之屯河上以禦之。遂誘義隆將檀道濟，邀其前後，追至歷城而還。除司空，加侍中，進封上黨王。薨，年八十二。贈太尉，謚曰靖。

道生廉約，身爲三司，而衣不華飾，食不兼味。一熊皮鄣泥，數十年不易，時人比之晏嬰。第宅卑陋，出鎮後，其子弟頗更修繕，起堂廡。道生還，歎曰：「昔霍去病以匈奴未滅，無用家爲，今强寇尚遊魂漠北，吾豈可安坐華美也！」乃切責子弟，令毀宅。其恭慎如此。世祖世，所在著績，每建大議，多合時機。爲將有權略，善待士衆。帝命歌工歷頌羣臣，曰：「智如崔浩，廉如道生。」及年老，頗惑其妻孟氏，以此見譏。與從父嵩俱爲三公，當世以爲榮。

子抗，[九]位少卿，早卒。

抗子觀，少以壯勇知名，後襲祖爵上黨王。時異姓諸王，襲爵多降爲公，帝以其祖道生佐命先朝，故特不降。以征西大將軍、假司空督河西七鎮諸軍討吐谷渾。部帥拾寅遁藏，焚其所居城邑而還。高祖初，拜殿中尚書、侍中。吐谷渾又侵逼，復假觀司空討降之。後爲征南大將軍。薨，謚曰定。葬禮依其祖靖王故事，陪葬雲中金陵。

子冀歸，六歲襲爵，降爲公。高祖以其幼承家業，賜名稚，字承業。稚聰敏有才藝，虛心愛士。爲前將軍，從高祖南討，授七兵尚書、太常卿、右將軍。

世宗時，侯剛子淵，稚之女壻。剛爲元叉所厚，故稚驟得轉進。出爲撫軍大將軍，領揚州刺史，假鎮南大將軍，都督淮南諸軍事。蕭衍將裴邃、虞鴻襲據壽春，稚諸子驍果，邃頗難之，號曰「鐵小兒」。詔河間王琛總衆援之。琛欲決戰，稚以雨久，更須持重。琛弗從，遂戰，爲賊所乘，稚後殿。初，稚既總强兵，久不決戰，議者疑有異圖。朝廷重遣河間王琛及臨淮王彧、尚書李憲等三都督，外聲助稚，內實防之。

會鮮于脩禮反於中山，以稚爲大都督北討。尋以本使達鄴城。詔稚解行臺，罷大使，遣河間王琛爲大都督，酈道元爲行臺。稚遣子裕奉表，稱與琛同在淮南，俱當國難，琛敗臣全，遂生私隙。且臨機奪帥，非算所長。書奏，不納。琛與稚前到呼沱，稚未欲戰，而琛不從。行達五鹿，爲脩禮邀擊，琛不赴之。賊總至，遂大敗，稚與琛並除名。

尋而正平郡蜀反，復假稚鎮西將軍、討蜀都督。頻戰有功，除平東將軍，復本爵。後除尚書右僕射。未幾，雍州刺史蕭寶夤據州反，復以稚爲行臺討之。稚時背疽未愈，靈太后勞之曰：「卿疹源如此，朕欲相停，更無可寄如何？」稚答曰：「死而後已，敢不自力。」時子彥亦患腳痺，扶杖入辭。尚書僕射元順顧相謂曰：「吾等備位大臣，各居寵位，危難之日，病者

先行，無乃不可乎？」莫有對者。時薛鳳賢反於正平，薛脩義屯聚河東，分據鹽池，攻圍蒲坂，東西連結，以應寶夤。稚乃據河東。

時有詔廢鹽池稅，稚上表曰：「鹽池天資賄貨，密邇京畿，唯須寶而護之，均贍以理。今四境多虞，府藏罄竭。然冀定二州且亡且亂，常調之絹，不復可收。仰惟府庫，有出無入，必須經綸，出入相補。略論鹽稅，一年之中，準絹而言，猶不應減三十萬匹也，便是移冀定二州置於畿甸。今若廢之，事同再失。臣前仰違嚴旨，不先討關賊而解河東者，非是閑長安而急蒲坂。蒲坂一陷，沒失鹽池，三軍口命，濟贍理絕。天助大魏，茲計不爽。昔高祖昇平之年，無所乏少，猶創置鹽官而加典護，非爲物而競利，恐由利而亂俗也。況今王公素餐，百官尸祿，租徵六年之粟，調折來歲之資，此皆出人私財，奪人膂力。豈是願言，事不獲已。臣輒符司監將尉還率所部，依常收稅，更聽後敕。」

稚克寶夤將侯終德，寶夤出走，雍州平。除雍州刺史。

莊帝初，封上黨王，尋改馮翊王，後降爲郡公。遷司徒公，加侍中，兼尚書令、大行臺，仍鎮長安。前廢帝立，遷太尉公，錄尚書事。及韓陵之敗，斛斯椿先據河橋，謀誅尒朱。使稚入洛，啓帝誅世隆兄弟之意。出帝初，轉太傅，錄尚書事。以定策功，更封開國子。稚表請回授其姨兄廷尉卿元洪超次子悍。初，稚生而母亡，爲洪超母所撫養，是以求讓，許之。

出帝入關，稚時鎮虎牢，亦隨赴長安。

稚妻張氏，生二子，子彥、子裕。後與羅氏私通，遂殺其夫，棄張納羅。羅年大稚十餘歲，妒忌防限。稚雅相愛敬，旁無姻妾，〔一〇〕僮侍之中，嫌疑致死者，乃有數四。羅生三子，紹遠、士亮、季亮，兄弟皆廉武。稚少輕俠，鬬鷄走馬，力爭殺人，因亡抵龍門將陳興德家，會赦乃免。因以後妻羅前夫女呂氏，妻興德兄興恩以報之。

子彥，本名儁，有膂力。以累從父征討功，封槐里縣子。出帝與齊獻武王構隙，加子彥中軍大都督、行臺僕射，鎮弘農，以爲心膂。後從帝入關。子彥少嘗墜馬折臂，肘上骨起寸餘，乃命開肉鋸骨，流血數升，言戲自若。時以爲踰於關羽。

子裕，位衞尉少卿。

校勘記

〔一〕魏書卷二十五　諸本目錄此卷注「闕」。百衲本、南本、汲本卷末殘存宋人校語：「魏收書列傳第十三。」局本下補「亡」字。殿本考證云：「魏收書闕，後人所補。」按此卷以北史卷二二長孫嵩、長孫道生傳補，附長孫稚傳有溢出語，當出於高氏小史。

〔二〕嵩率舊人及鄉邑七百餘家叛顯走　北史卷二二長孫嵩傳「鄉邑」作「庶師」。按「庶師」和「舊人」

對舉。「舊人」指拓跋本部人，「庶師」當是指非本部的諸族人。疑這裏的「鄉邑」乃後人所改。

〔三〕於是叔孫建等尋河趣洛遂入關　按尋河趣洛者是叔孫建所領魏軍，入關者是劉裕所統的晉軍。這裏牽連敍述，遂似叔孫建等入關。疑「遂入關」上脫「裕」字。

〔四〕尙書劉潔武京侯安原請先平馮跋　卷三〇安原傳「武京」作「武原」。按晉書卷一五地理志下徐州彭城國有「武原縣」。地不屬魏，但當時封邑取南朝郡縣名的很多。「武京」不聞有此縣，此傳「京」字疑誤。

〔五〕帝乃問幽徵於天師寇謙之　北史卷二二「徵」作「徼」，「徼」當是「徵」之訛。

〔六〕杜超之贊成之　按杜超，卷八三外戚傳有傳。可能是雙名「超之」，單稱作「超」，也可能涉上「寇謙之」而衍「之」字。

〔七〕高宗時自頌先世勳重　諸本「宗」作「祖」。按事見卷五高宗紀興安二年歲末，「祖」字訛，今改正。

〔八〕進爵汝陰公　張森楷云：「以前初無封爵之文，而云『進爵』，疑誤。」按此傳以北史卷二二長孫道生傳補，當是李延壽刪節之失。這種刪節失當，下文還有，如「帝以其祖道生佐命先朝」，不知爲何帝，「以本使達鄴城」，不知爲何使。今不悉出校記。

〔九〕子抗　北史卷二二「抗」作「伉」。

〔一〇〕旁無姻妾　北史卷二二「姻」作「姬」，是。

魏書卷二十六

列傳第十四

長孫肥　尉古眞

長孫肥，代人也。昭成時，年十三，以選內侍。少有雅度，果毅少言。太祖之在獨孤及賀蘭部，肥常侍從，禦侮左右，太祖深信仗之。

登國初，與莫題等俱爲大將，從征劉顯，自濡源擊庫莫奚，討賀蘭部，並有戰功。太祖征蠕蠕，大破之，肥降其主匹候跋，事具蠕蠕傳。又從征衞辰及薛干部，破滅之。蠕蠕別主縕紇提子曷多汗等率部落棄父西走，肥以輕騎追至上郡，斬之。

後從征中山，拜中領軍將軍。車駕次晉陽，慕容寶幷州刺史、遼西王農棄城宵遁，肥追之至蒲泉，獲其妻子。太祖將圍中山，慕容寶棄城奔和龍。肥與左將軍李栗三千騎追之，至范陽，不及而還。遂破其研城戍，俘千餘人。中山城內人立慕容普驎爲主，太祖圍之。普驎

乃出步卒千餘人，欲伺間犯圍。太祖命肥挑戰，僞退，普驎衆追肥，太祖截其後，盡擒斬之。時以士馬少糧，遂罷中山之圍，就穀河間。慕容賀驎殺普驎而自立。車駕次魯口，遣肥帥七千騎襲中山，入其郛而還。賀驎以步騎四千追肥至泒水，肥自魏昌擊之，獲鎧騎二百。肥中流矢，瘡重，乃還。中山平，以功賜爵琅邪公。遷衞尉卿，改爵盧鄉。

時中山太守仇儒不樂內徙，亡匿趙郡，推羣盜趙准爲主。妄造妖言云：「燕東傾，趙當續，欲知其名，淮水不足。」准喜而從之，自號使持節、征西大將軍、青冀二州牧、鉅鹿公，儒爲長史，聚黨二千餘人，據關城，連引丁零，殺害長吏，扇動常山、鉅鹿、廣平諸郡。遣肥率三千騎討之，破准於九門，斬仇儒，生擒准。詔以儒肉食，准傳送京師，轘之於市，夷其族。

除肥鎮遠將軍、兗州刺史，給步騎二萬，南徇許昌，略地至彭城。司馬德宗將劉該遣使詣肥請降，貢其方物。姚平之寇平陽，太祖將討之，選諸將無如肥者，乃徵還京師，遣肥與毗陵王順等六萬騎爲前鋒。車駕次永安，平募遣勇將，率精騎二百闚軍，肥逆擊擒之，匹馬不返。平退保柴壁，太祖進攻屠之。遣肥還鎮兗州。

肥撫慰河南，得吏民心，威信著於淮泗。善策謀，勇冠諸將，每戰常爲士卒先，前後征討，未嘗失敗，故每有大難，令肥當之。南平中原，西摧羌寇，肥功居多，賞賜奴婢數百口，畜物以千計。後降爵爲藍田侯。天賜五年卒，謚曰武，陪葬金陵。子翰襲爵。

翰，少有父風。太祖時，以善騎射，爲獵郎。太宗之在外，翰與元磨渾等潛謀奉迎。太宗即位，遷散騎常侍，與磨渾等拾遺左右。以功遷平南將軍。率衆鎮北境，威名甚著，蠕蠕憚之。後爲都督北部諸軍事、平北將軍、眞定侯，給殿中細拾隊，加旌旗鼓吹。蠕蠕每犯塞，翰拒擊有功，進爵爲公。世祖即位，徵還京師，進封平陽王，加安集將軍。

蠕蠕大檀之入寇雲中，世祖親征之，遣翰率北部諸將尉眷，自參合以北，擊大檀別帥阿伏干於柞山，斬首數千級，獲馬萬餘匹。又與東平公娥青出長川以討大檀。大檀衆北遁，追擊，克獲而還。尋遷司徒。襲赫連昌，破之。世祖復征昌，翰與廷尉道生、宗正娥清率騎三萬爲前驅。昌戰敗，奔上邽，翰以八千騎追之，至高平，不及而還。從襲蠕蠕，車駕度漠，大檀奔走。其弟匹黎率衆赴之，遇翰交戰，匹黎衆潰走，斬其渠帥數百人。

翰清正嚴明，善撫將士，太祖甚重之。神䴥三年薨，深見悼惜，爲之流涕，親臨其喪，禮依安城王叔孫俊故事，賻賜有加。謚曰威，陪葬金陵。

子平成，襲爵，降爲公。平成，少以父任爲中散，累遷南部尚書。卒，陪葬金陵。子渾，襲爵。渾，初爲中散，久之爲彭城鎮將。太和中卒。子盛襲爵。

翰弟受興。世祖時，從征平涼，以功賜爵長進子，除河間太守。卒。

子安都，襲爵。顯祖時，爲典馬令。

受興弟陳，世祖時爲羽林郎。征和龍，賊自西門出，將犯外圍，陳擊退之，追斬至長城下。〔一〕以功賜爵五等男。又從征涼州，爲都將領。入官，遷殿中給事中，進爵爲子，遷駕部尚書。復出爲北鎮都將。陳性寬厚，好學愛士，所歷輒爲人追思之。高宗即位，進爵吳郡公，加安東將軍。興光二年卒。贈散騎常侍、吳郡王，謚曰恭，陪葬金陵。

子頭，襲爵。高宗時，爲中散，遷內行長，典龍牧曹。天安初卒。子拔襲爵。

陳弟蘭。世祖初，爲中散。常從征伐，典御兵器，賞賜甚厚。後以破平涼功，賜爵睢陽子，加奮武將軍。遷散騎常侍、北部尚書。後除豫州刺史。卒。

子烏孤，襲爵。高祖初，出爲武都鎮將，入爲散令。

子樂，孝靜時，金紫光祿大夫。

肥弟亦干，太祖初，爲羽林郎。從平中原，除廣平太守。卒。

子石洛，世祖初，爲羽林郎，稍遷散騎常侍。從征赫連昌，爲都將，以功拜樂部尚書，賜爵臨淮公，加寧西將軍。神䴥中卒，謚曰簡。

子眞，少以父任爲中散。從征平涼，以功賜爵臨城子，拜員外散騎侍郎、廣武將軍。襲父爵，降爲建義將軍、臨淮侯。遷司衞監。征蓋吳。遷殿中尚書，加散騎常侍。從駕征劉義隆，至江。進爵南康公，加冠軍將軍，卒於軍。

子吳兒，襲爵。高祖初，爲中散、武川鎮將。太和初，卒，贈恒州刺史。

子長樂，襲。坐事爵除。後歷陵江將軍、羽林監。

子榮族，武定中，征西將軍、繁昌男。

吳兒弟突，朔州長史。

子元慶，平州倉曹參軍。

尉古眞，代人也。太祖之在賀蘭部，賀染干遣侯引乙突等詣行宮，將肆逆。古眞知之，密以馳告，侯引等不敢發。染干疑古眞泄其謀，乃執栲之，以兩車軸押其頭，傷一目，不伏，乃免之。登國初，從征庫莫奚及叱突隣，並有功。又從救賀蘭，破衞辰子直力鞮，復擊慕容寶於參合陂。又從平中原，以功賜爵束州侯，加建節將軍。太宗初，爲鴻飛將軍，率衆五千，鎮大洛城。太宗西巡，古眞與奚斤等率前軍討越勤部，〔二〕大破之，獲馬五萬匹，牛羊二十萬頭，掠二萬餘家西還。泰常三年，除定州刺史。卒，子億萬襲。卒，子盛襲。

古眞弟太眞，太宗初，爲平南將軍、相州刺史。

太眞弟諾，少侍太祖，以忠謹著稱。從圍中山，諾先登，傷一目。太祖歎曰：「諸兄弟並毁其目，以建功效，誠可嘉也。」寵待遂隆。除平東將軍，賜爵安樂子。從討姚平，還，拜國部大人。太宗初，爲幽州刺史，加東統將軍，進爵爲侯。長孫道生之討馮跋也，諾與驍騎將軍延普率師次遼西。轉寧東將軍，進爵武陵公。諾之在州，有惠政，民吏追思之。世祖時，薊人張廣達等二百餘人詣闕請之，復除安東將軍、幽州刺史，改邑遼西公。兄弟並爲方伯，當世榮之。燕土亂久，民戶凋散，諾在州前後十數年，還業者萬餘家。延和中卒。

第八子觀，〔三〕襲爵。卒，子崘襲。

諾長子眷，忠謹有父風。太宗時，執事左右，爲太官令。時侍臣受斤亡入蠕蠕，詔眷追之，遂至虜庭。大檀問其故，眷曰：「受斤負罪天子，逃刑在此，不時執送，是以來取。」眷遂擒受斤於大檀前。左右救之，乃免。由是，以驍烈聞。遷司衞監。太宗幸幽州，詔眷輔世祖居守。後征河南，督高車騎，臨陣衝突，所向無前，賊憚之。世祖即位，命眷與散騎常侍劉庫仁等八人分典四部，綰奏機要。賜爵山桑侯，加陳兵將軍。

又爲安北將軍，出鎮北境。與平陽王長孫翰擊蠕蠕別帥阿伏干於祚山，率師至歌删山，擊蠕蠕別帥便度弟庫仁直，引師而北。蠕蠕部帥莫孤率高車騎五千乘來逆，眷擊破之，斬首千餘級。又從征蠕蠕。睿出白、黑兩漠之間，擊其東部，大獲而還。又從征赫連昌，眷出南道，擊昌於上邽。士衆乏糧，臨淮公丘堆等督租於郡縣，爲昌所敗。昌乘勝抄掠，諸將患之。眷與侍御史安頡陰謀設伏，邀擊擒昌。以功拜寧北將軍，加散騎常侍，進爵漁陽公。〔四〕後從征和龍，眷督萬騎前驅，慰喻降二千餘戶。尋爲假節、加侍中、都督豫洛二州及河內諸軍事、安南將軍、開府，鎮虎牢。張掖王禿髮保周之反也，徵眷與永昌王健等率師討之，破保周於番禾。保周遁走，眷率騎追之，保周窮迫自殺。詔眷留鎮涼州，加都督涼沙河三州諸軍事、安西將軍，領護羌戎校尉。轉敦煌鎮將。又擊破吐谷渾，俘三千餘口。眷歷鎮四蕃，威名並著。

高宗時，率師北擊伊吾，克其城，大獲而還。尋拜侍中、太尉，進爵爲王。與太宰常英等評尚書事。高宗北巡狩，以寒雪方降，議還。眷諫曰：「今動大衆，以威北敵，去都不遠，而便旋駕，虜必疑我有內難。雖方寒雪，兵人勞苦，以經略大體，宜便前進。」高宗從之，遂渡漠而還。以眷元老，賜杖履上殿。和平四年薨。高宗悼惜之，贈大將軍，謚曰莊。

子多侯，襲爵。多侯少有武幹，顯祖時，爲假節、征西將軍、領護羌戎校尉、敦煌鎮將。至鎮，上表求率輕騎五千，西入于闐，兼平諸國，因敵取資，平定爲效。弗許。高祖初，蠕蠕部帥无盧眞率三萬騎入塞圍鎮，多侯擊之走，以功進號征西大將軍。後多侯獵于南山，

蠕蠕遣部帥度拔入圍敦煌，斷其還路。多侯且前且戰，遂衝圍而入。率衆出戰，大破之，追北數十里，斬首千餘級。因上疏求北取伊吾，斷蠕蠕通西域之路。高祖善其計，以東作方興，難之。太和元年，爲妻元氏所害。

子建，襲爵。歷位給事中。卒，無子。

建弟那，襲爵。卒。

子範，襲。

範弟顯業，散騎常侍。

多侯弟子慶賓，善騎射，有將略。高祖時，釋褐員外散騎侍郎，稍遷左將軍、太中大夫。肅宗時，議欲送蠕蠕主阿那瓌還國，慶賓上表固爭，不從。後蠕蠕遂執行臺元孚，大掠北境。詔尚書令李崇討之，慶賓別將隸崇，出塞而返。元法僧之外叛，蕭衍遣其豫章王蕭綜鎮徐州，又詔慶賓爲別將隸安豐王延明討之。尋除後將軍、肆州刺史。時尒朱榮兵威漸盛，曾經肆州，慶賓畏惡之，據城不出。榮恨慶賓，舉兵襲之。慶賓別駕姚和內應，榮遂害慶賓僚屬，拘慶賓還秀容，呼爲假父。後以母憂還都，尋起爲平東將軍、光祿大夫、都督，鎮汝陰。還朝，永安二年卒。贈車騎將軍、雍州刺史，又追加侍中、司空公。

慶賓子豹，起家員外郎。肅宗時，行潁州事，與蕭衍將裴之禮戰歿。

豹弟瑾，武定中，東平太守。

眷弟地干，機悟有才藝，馳馬立射五的，時人莫能及。太宗時，爲左機令。世祖少而善之，即位，擢爲庫部尚書，加散騎常侍、左光祿大夫，領侍輦郎。地干奉上忠謹，尤善嘲笑。世祖見其效人舉措，忻悅不能自勝。甚見親愛，參軍國大謀。世祖將征平涼，試衝車以攻冢，地干爲索所罥，折脅而卒。世祖親往臨撫，哭之甚慟。贈中領軍將軍、燕郡公，謚曰惠，贈賜豐厚。

子長壽，幼拜散騎常侍，遷殿中右曹尚書，仍加散騎常侍。從征劉義隆，至江。賜爵會稽公，加冠軍將軍。高宗時，除涇州刺史。和平五年卒。

子彌眞，襲爵。彌眞卒，無子。弟狀德，襲爵。

地干弟侯頭，襲地干職，爲庫部尚書。

侯頭弟力斤，亦以忠謹聞。歷位御史中尉、并州刺史，有政績。加冠軍將軍，賜爵晉陽侯。卒，贈平南將軍。

力斤弟焉陳，尚書、安樂侯。

古眞族玄孫聿，字成興，性耿介。肅宗時，爲武衞將軍。是時，領軍元叉秉權，百僚莫不致敬，而聿獨長揖不拜。尋出爲平西將軍、東涼州刺史。〔五〕涼州緋色，天下之最，叉送白

綾二千匹，令聿染，拒而不許。叉諷御史劾之，驛徵至京。覆驗無狀，還復任。尋卒於州，時年五十。贈安北將軍、朔州刺史。

子儉。武定中，開府祭酒。

史臣曰：長孫肥結髮內侍，雄烈知名，軍鋒所指，罔不奔散，關張萬人之敵，未足多也。翰有父風，不隕先構，臨喪加禮，抑有由哉！尉眞兄弟，忠勇奮發，義以忘生。眷威略著時，增隆家業，靑紫癨旄，亦其宜矣！

校勘記

〔一〕追斬至長城下　册府卷三八一四五二八頁「長城」作「其城」。按和龍距古長城甚遠，疑作「其」是。

〔二〕越勒部　按「勒」當是「勤」之訛，詳卷一一三校記越勒氏條。下同，不再列舉。

〔三〕第八子覲　北史卷二〇尉古眞傳「覲」作「歡」。魏書當因避高歡諱改。

〔四〕進爵漁陽公　諸本「漁」作「源」。北史卷二〇作「漁陽王」，節去由公進王事。按卷五高宗紀太安三年正月見「漁陽公尉眷」，和平四年五月書「漁陽王尉眷薨」。「源陽」無此郡名，今據改。

〔五〕東涼州刺史　北史卷二〇無「東」字。按「東涼州」無考，「東」字當是衍文。

魏書卷二十七

列傳第十五

穆崇

穆崇，代人也。其先世效節於神元、桓、穆之時。崇機捷便辟，少以盜竊爲事。太祖之居獨孤部，崇常往來奉給，時人無及者。後劉顯之謀逆也，平文皇帝外孫梁眷知之，密遣崇告太祖。眷謂崇曰：「顯若知之問汝者，丈夫當死節，雖刀劍別割，勿泄也。」因以寵妻及所乘良馬付崇曰：「事覺，吾當以此自明。」崇來告難，太祖馳如賀蘭部。顯果疑眷泄其謀，將囚之。崇乃唱言曰：「梁眷不顧恩義，獎顯爲逆，今我掠得其妻馬，足以雪忿。」顯聞而信之。窟咄之難，崇外甥于桓等謀執太祖以應之，〔一〕告崇曰：「今窟咄已立，衆咸歸附，富貴不可失，願舅圖之。」崇乃夜告太祖，太祖誅桓等，北踰陰山，復幸賀蘭部。崇甚見寵待。太祖爲魏王，拜崇征虜將軍。從平中原，賜爵歷陽公，散騎常侍。後遷太尉，加侍中，

徙爲安邑公。又從征高車，大勝而還。姚興圍洛陽，司馬德宗將辛恭靖請救，太祖遣崇六千騎赴之。未至，恭靖敗，詔崇卽鎭野王，除豫州刺史，仍本將軍。徵爲太尉，又從宜都公。天賜三年薨。先是，衞王儀謀逆，崇豫焉，太祖惜其功而祕之。及有司奏謚，太祖親覽謚法，至述義不克曰「丁」。太祖曰：「此當矣。」乃謚曰丁公。

初，太祖避窟咄之難，遣崇還察人心。崇夜至民中，留馬與從者，乃微服入其營。會有火光，爲舂妾所識，賊皆驚起。崇求從者不得，因匿於坑中，徐乃竊馬奔走。宿於大澤，有白狼向崇而號，崇乃覺悟，馳馬隨狼而走。適去，賊黨追者已至，遂得免難。太祖異之，命崇立祀，子孫世奉焉。太和中，追錄功臣，以崇配饗。

崇長子遂留，歷顯官。討蠕蠕有功，賜爵零陵侯。後以罪廢。

子乙九，內行長者。以功賜爵富城公，加建忠將軍，遷散騎常侍、內乘黃令、侍中。卒，謚曰靜。

子眞，起家中散，轉侍東宮，尚長城公主，拜駙馬都尉。後敕離婚，納文明太后姊。尋除南部尚書、侍中。卒，謚曰宣。高祖追思崇勳，令著作郎韓顯宗與眞撰定碑文，建於白登山。

眞子泰，本名石洛，高祖賜名焉。以功臣子孫，尚章武長公主，拜駙馬都尉，典羽獵四曹事，賜爵馮翊侯。遷殿中尚書，加散騎常侍、安西將軍。進爵爲公。出爲鎭南將軍、洛州刺史。例降爲侯。尋徵爲右光祿大夫、尚書右僕射。又出爲使持節、鎭北將軍、定州刺史。改封馮翊縣開國侯，食邑五百戶。進征北將軍。

初，文明太后幽高祖於別室，將謀黜廢，泰切諫乃止。高祖德之，錫以山河，寵待隆至。泰自陳病久，乞爲恒州，遂轉陸叡爲定州，以泰代焉。泰不願遷都，叡未及發而泰已至，遂潛相扇誘，圖爲叛。乃與叡及安樂侯元隆、撫冥鎭將、魯郡侯元業、驍騎將軍元超、陽平侯賀頭、射聲校尉元樂平、前彭城鎭將元拔、代郡太守元珍、鎭北將軍、樂陵王思譽等謀推朔州刺史陽平王頤爲主。頤不從，僞許以安之，密表其事。高祖乃遣任城王澄率并肆兵以討之。澄先遣治書侍御史李煥單車入代，出其不意，泰等驚駭，計無所出。煥曉諭逆徒，示以禍福，於是凶黨離心，莫爲之用。泰自度必敗，乃率麾下數百人攻煥郭門，冀以一捷。不克，單馬走出城西，爲人擒送。澄亦尋到，窮治黨與。高祖幸代，親見罪人，問其反狀，泰等伏誅。

子伯智，八歲侍學東宮，十歲拜太子洗馬、散騎侍郎。尚饒陽公主，拜駙馬都尉。早卒。子嗜。

伯智弟士儒，字叔賢。徙涼州，後乃得還。爲太尉參軍事。

子容，武定中，汲郡太守。

乙九弟忸頭，侍中、北部尚書。卒，贈司空公，謚曰敬。

子蒲坂，虞曹尚書、征虜將軍、涇州刺史。贈征西將軍、雍州刺史，謚曰昭。

子韶，字伏興，員外散騎侍郎、代郡太守、征東將軍、金紫光祿大夫。卒，贈使持節、都督冀相殷三州諸軍事、驃騎大將軍、冀州刺史，謚曰文。

子遵伯，幽州司馬。

遂留弟觀，字闥拔，襲崇爵。少以文藝知名，選充內侍，太祖器之。太宗卽位，爲左衞將軍，綰門下中書，出納詔命。及訪舊事，未嘗有所遺漏，太宗奇之。尚宜陽公主，拜駙馬都尉，稍遷太尉。世祖之監國，觀爲右弼，出則統攝朝政，入則應對左右，事無巨細，皆關決焉。終日怡怡，無慍喜之色。勞謙善誘，不以富貴驕人。泰常八年，暴疾薨於苑內，時年三十五。太宗親臨其喪，悲慟左右。賜以通身隱起金飾棺，喪禮一依安城王叔孫俊故事。贈宜都王，謚曰文成。世祖卽位，每與羣臣談宴，未嘗不歎惜殷勤，以爲自泰常以來，佐命勳臣文武兼濟無及之者，見稱如此。

子壽，襲爵，少以父任選侍東宮。尚樂陵公主，拜駙馬都尉。明敏有父風，世祖愛重之，擢爲下大夫。敷奏機辯，有聲內外。遷侍中、中書監，領南部尚書，進爵宜都王，加征東大將軍。壽辭曰：「臣祖崇，先皇之世，屬值艱危，幸天贊梁眷，誠心密告，故得效功前朝，流福於後。昔陳平受賞，歸功無知，今眷元勳未錄，而臣獨奕世受榮，豈惟仰愧古賢，抑亦有虧國典。」世祖嘉之。乃求眷後，得其孫，賜爵郡公。

世祖征涼州，命壽輔恭宗，總錄要機，內外聽焉。行次雲中，將濟河，宴諸將於宮。世祖別御靜室，召壽及司徒崔浩、尚書李順，世祖謂壽曰：「蠕蠕吳提與牧犍連和，今聞朕征涼州，必來犯塞，若伏兵漠南，殄之爲易。朕故留壯兵肥馬，使卿輔佐太子。收田既訖，便可分伏要害，以待虜至，引使深入，然後擊之，擒之必矣。涼州路遠，朕不得救。卿若違朕指授，爲虜侵害，朕還斬卿。崔浩、李順爲證，非虛言也。」壽頓首受詔。壽信卜筮之言，謂賊不來，竟不設備。而吳提果至，侵及善無，京師大駭。壽不知所爲，欲築西郭門，請恭宗避保南山。惠太后不聽，乃止。遣司空長孫道生等擊走之。世祖還，以無大損傷，故不追咎。

壽與崔浩等輔政，人皆敬浩，壽獨淩之。又自恃位任，以爲人莫己及。謂其子師曰：「但令吾兒及我，亦足勝人，不須苦教之。」遇諸父兄弟有如僕隸，夫妻並坐共食，而令諸父餕餘。其自矜無禮如此，爲時人所鄙笑。眞君八年薨。贈太尉，謚曰文宣。

子平國，襲爵。尚城陽長公主，拜駙馬都尉、侍中、中書監，爲太子四輔。正平元年卒。子伏干，襲爵。尚濟北公主，拜駙馬都尉。和平二年卒，謚曰康。無子。

伏干弟羆，襲爵。尚新平長公主，拜駙馬都尉。又除虎牢鎮將，頻以不法致罪。高祖以其勳德之胄，讓而赦之。

轉征東將軍、吐京鎮將。羆賞善罰惡，深自克勵。時西河胡叛，羆欲討之，而離石都將郭洛頭拒違不從。羆遂上表自劾，以威不攝下，請就刑戮。高祖乃免洛頭官。山胡劉什婆寇掠郡縣，羆討滅之。自是部內肅然，莫不敬憚。後改吐京鎮爲汾州，仍以羆爲刺史。前吐京太守劉升，在郡甚有威惠，限滿還都，胡民八百餘人詣羆請之。前定陽令吳平仁亦有恩信，戶增數倍。羆以吏民懷之，並爲表請。高祖皆從焉。羆既頻薦升等，所部守令，咸自砥礪，威化大行，百姓安之。州民李軌、郭及祖等七百餘人，詣闕頌羆恩德。高祖以羆政和民悅，增秩延限。

後徵爲光祿勳。隨例降王爲魏郡開國公，邑五百戶。又除鎮北將軍、燕州刺史，鎮廣寧。尋遷都督夏州、高平鎮諸軍事，本將軍，夏州刺史，鎮統萬。又除侍中、中書監。穆泰之反，羆與潛通，赦後事發，削封爲民。卒于家。世宗時，追贈鎮北將軍、恒州刺史。

子建，字晚興，性通率，頗好文史。起家祕書郎，稍遷直閤將軍，兼武衞。建妻尒朱榮之妹，建常依附榮。榮入洛之後，除鎮東將軍、金紫光祿大夫、征北將軍，封濟北郡開國公。後遷散騎常侍、車騎大將軍、左光祿大夫、兼尚書、北道行臺、幷州事。元曄之立，建兼尚書右僕射，俄轉侍中、驃騎大將軍。出帝末，本將軍、儀同三司、洛州刺史。天平中，坐事自殺於五原城北。

子千牙，武定中，開府祭酒。

建弟衎，字進興。解褐員外郎，封新興縣開國子，稍遷通直常侍，行雲州事。

羆弟亮，字幼輔，初字老生，早有風度。顯祖時，起家爲侍御中散。尚中山長公主，拜駙馬都尉，封趙郡王，加侍中、征南大將軍。徙封長樂王。高祖初，除使持節、秦州刺史。在州未期，大著聲稱。徵爲殿中尚書。又還使持節、征西大將軍、西戎校尉、敦煌鎮都大將。政尚寬簡，賑恤窮乏。被徵還朝，百姓追思之。

除都督秦梁益三州諸軍事、征南大將軍、領護西戎校尉、仇池鎮將。時宕昌王梁彌機死，子彌博立，爲吐谷渾所逼，來奔仇池。亮以彌機蕃欵素著，〔三〕矜其亡滅；彌博凶悖，氐羌所棄；彌機兄子彌承，戎民歸樂，表請納之。高祖從焉。於是率騎三萬，次于龍鵠，擊走

吐谷渾，立彌承而還。是時，階陵比谷羌董耕奴、斯卑等率衆數千人，寇仇池，屯于陽遐嶺，亮副將楊靈珍率騎擊走之。氐豪楊卜，自延興以來，從軍征伐，二十一戰，前來鎮將，抑而不聞。亮表卜爲廣業太守，豪右咸悅，境內大安。

徵爲侍中、尚書右僕射。〔三〕于時，復置司州。高祖曰：「司州始立，未有僚吏，須立中正，以定選舉。然中正之任，必須德望兼資者。世祖時，崔浩爲冀州中正，長孫嵩爲司州中正，可謂得人。公卿等宜自相推舉，必令稱允。」尚書陸叡舉亮爲司州大中正。

時蕭賾遣將陳顯達攻陷醴陽，加亮使持節，征南大將軍，都督懷、洛、南、北豫、徐、兗六州諸軍事以討之。顯達遁走，乃還。尋遷司空，參議律令。例降爵爲公。

時文明太后崩，已過期月，高祖毁瘠猶甚。亮表曰：「王者居極，至尊至重，父天母地，懷柔百靈。是以古先哲王，制禮成務。施政立治，必順天而後動；宣憲垂範，必依典而後行。用能四時不忒，陰陽和暢。若有過舉，咎徵必集。故大舜至慕，事在納麓之前；孔子至聖，喪無過瘠之紀。堯書稽古之美，不錄在服之痛；禮備諸侯之喪，而無天子之式。雖有上達之言，未見居喪之典。然則位重者爲世以屈己，居聖者達命以忘情。伏惟陛下至德參二儀，惠澤覃河海，宣禮明刑，動遵古式。以至孝之痛，服期年之喪，練事既闋，號慕如始。統重極之尊，同衆庶之制，廢越紼之大敬，闕宗祀之舊軌。誠由文明太皇太后聖略超古，惠訓

深至，欲報之德，昊天罔極，比之前代，戚爲過甚。豈所謂順帝之則，約躬隨衆者也。陛下既爲天地所子，又爲萬民父母。子過哀，父則爲之慘悴；父過戚，子則爲之憂傷。近蒙接見，咫尺旒冕，聖容哀毀，駭感無止，況神祇至靈，而不久虧和氣，微致風旱者哉？書稱『一人有慶，兆民賴之』，今一人過哀，黎元焉繫？羣官所以顚殞震懼，率土所以危惶悚慄，百姓何仰而不憂，嘉禾何由而播殖。願陛下上承金册遺訓，下稱億兆之心，時襲輕服，數御常膳，修崇郊祠，垂惠咸秩，輿駕時動，以釋憂煩，博採廣諮，以導性氣，息無益之戀，行利見之德；則休徵可致，嘉應必臻，禮教並宣，孝慈兼備，普天蒙賴，含生幸甚。」詔曰：「苟孝悌之至，無所不通。今飄風亢旱，時雨不降，實由誠慕未濃，幽顯無感也。所言過哀之咎，諒爲未衷，省啓以增悲愧。」

尋領太子太傅。時將建太極殿，引見羣臣於太華殿，高祖曰：「朕仰遵先意，將營殿宇，役夫既至，興功有日。今欲徙居永樂，以避囂埃。土木雖復無心，毁之能不悽愴。今故臨對卿等，與之取別。此殿乃高宗所制，爰歷顯祖，逮朕沖年，受位於此。但事來奪情，將有改制，仰惟疇昔，惟深悲感。」亮稽首對曰：「臣聞稽之卜筮，載自典經，占以決疑，古今攸尚。興建之功，事在不易，願陛下訊之蓍龜，以定可否。又去歲役作，爲功甚多，太廟明堂，一年便就。若仍歲頻興，恐民力凋弊。且材幹新伐，爲功不固，願得逾年，小康百姓。」高祖曰：

「若終不爲，可如卿言。後必爲之，逾年何益？朕遠覽前王，無不興造。故有周創業，經建靈臺；洪漢受終，未央是作。草創之初，猶尚若此，況朕承累聖之運，屬太平之基。且今八表清晏，年穀又登，爰及此時，以就大功。人生定分，修短命也，蓍蔡雖智，其如之何。當委之大分，豈假卜筮。」遂移御永樂宮。

後高祖臨朝堂，謂亮曰：「三代之禮，日出視朝，自漢魏已降，禮儀漸殺。晉令有朔望集公卿於朝堂而論政事，亦無天子親臨之文。今因卿等日中之集，中前則卿等自論政事，中後與卿等共議可否。」遂命讀奏案，高祖親自決之。又謂亮曰：「徐州表給歸化人稟。王者民之父母，誠宜許之。但今荆揚不賓，書軌未一，方欲親御六師，問罪江介。計萬戶投化，歲食百萬，若聽其給也，則蓄儲虛竭。雖得戶千萬，猶未成一同。且欲隨貧賑恤，卿意何如？」亮對曰：「所存遠大，實如聖旨。」及車駕南還，還武衛大將軍，以本官董攝中軍事。

高祖南伐，以亮錄尚書事，留鎭洛陽。後高祖將自小平汎舟幸石濟，亮諫曰：「臣聞垂堂之誨，振古成規，於安思危，著於周易。是以憑險弗防，沒而不弔。匹夫之賤，猶不自輕，況萬乘之尊，含生所仰，而可忽乎！是故處則深宮廣廈，行則萬騎千乘。昔漢帝欲乘舟渡渭，廣德將以首血汙車輪，帝乃感而就橋。夫一渡小水，猶尚若斯，況洪河浩汗，有不測之慮。且車乘由人，猶有奔逸致敗之害，況水之緩急，非人所制，脫難出慮表，其如宗廟何！」

高祖曰：「司空言是也。」

及亮兄羆預穆泰反事，亮以府事付司馬慕容契，上表自劾。高祖優詔不許，還令攝事。亮頻煩固請，久乃許之。尋除使持節、征北大將軍、開府、儀同三司、冀州刺史。徙封頓丘郡開國公，食邑五百戶，以紹崇爵。

世宗卽位，遷定州刺史，尋除驃騎大將軍、尚書令，俄轉司空公。景明三年薨，時年五十二。給東園溫明祕器、朝服一具、衣一襲，錢四十萬、布七百匹、蠟二百斤。世宗親臨小斂。贈太尉公，領司州牧，謚曰匡。

子紹，字永業。高祖以其貴臣世胄，顧念之。九歲除員外郎，侍學東宮，轉太子舍人。十一尚琅邪長公主，拜駙馬都尉、散騎侍郎，領京兆王愉文學。世宗初，通直散騎常侍、高陽王雍友。遭父憂，詔起襲爵，散騎常侍，領主衣都統。遷祕書監、侍中、金紫光祿大夫、光祿卿，又遷衞將軍、太常卿。尋除使持節、都督冀瀛二州諸軍事、本將軍、冀州刺史，以母老固辭，忤旨免官。除中書令，轉七兵尚書，徙殿中尚書。遭所生憂免，居喪以孝聞。又除衞大將軍、左光祿大夫、中書監，復爲侍中，領本邑中正。

紹無他才能，而資性方重，罕接賓客，希造人門。領軍元叉當權熏灼，曾往候紹，紹迎

送下階而已，時人歎尚之。及靈太后欲黜叉，猶豫未決，紹贊成之。以功加特進，又拜其次子巖爲給事中。尋加儀同三司，領左右。時侍中元順與紹同直，順嘗因醉入其寢所。紹擁被而起，正色讓順曰：「身二十年侍中，與卿先君亟連職事，縱卿後進，何宜相排突也！」遂謝事還家。詔喻久乃起。除車騎大將軍、開府、定州刺史，固辭不拜。又除侍中，託疾未起。河陰之役，故得免害。

莊帝立，尒朱榮遣人徵之。紹以爲必死，哭辭家廟。及往見榮於邙山，捧手不拜。榮亦矯意禮之，顧謂人曰：「穆紹不虛大家兒。」車駕入宮，尋授尚書令、司空公，進爵爲王，給班劍四十人，仍加侍中。時河南尹李奬往詣紹。奬以紹郡民，謂必加敬，紹又恃封邑，是奬國主，待之不爲動膝。奬憚其位望，致拜而還。議者兩譏焉。

尒朱榮之討葛榮也，詔上黨王天穆爲前鋒，次於懷縣；司徒公楊椿爲右軍；紹爲後繼。未發，會擒葛榮乃止。未幾，降王復本爵。元顥入洛，以紹爲兗州刺史。行達東郡，顥敗而反。

普泰元年，除都督青齊兗光四州諸軍事、驃騎大將軍、開府、青州刺史。未行，其年九月薨，時年五十二。贈侍中、都督冀相殷三州諸軍事、大將軍、尚書令、太保、冀州刺史，謚曰文獻。

子長嵩，字子岳。起家通直郎，再遷散騎常侍。襲爵，轉鎮東將軍、光祿少卿。興和中卒，贈都督冀滄二州諸軍事、征東將軍、冀州刺史。

子巖，武定中，司徒諮議參軍。

平國弟相國，官至安東將軍、濟州刺史、上洛公。

相國弟正國，尚長樂公主，拜駙馬都尉。

子平城，早卒。高祖時，始平公主薨於宮，追贈平城駙馬都尉，與公主合葬。

平城弟長城，司徒左長史。

子世恭，武定中，朱衣直閤。

長城弟彧，符璽郎中。卒。

子永延，尚書騎兵郎、青州征東司馬。

正國弟應國，征西將軍、張掖公。

子度孤，襲爵。平南將軍、梁城鎮將。

子清休，頗有將略。司農少卿、武衛將軍、左光祿大夫。出爲驃騎大將軍、夏州刺史。

子鐵槌，祕書郎。

應國弟安國，歷金部長、殿中尚書，加右衞將軍，賜爵新平子。爲乙渾所殺，追贈征虜

將軍。

子吐萬，襲爵。襄城鎮將。

子金寶，祕書郎。

壽弟伏眞，高宗世，稍遷尚書，賜爵任城侯。出爲兗州刺史、假寧東將軍、濮陽公。

子常貴，南陽太守。

伏眞弟多侯，歷位殿中給事、左將軍，賜爵長寧子。遷司衞監。高宗崩，乙渾專權。時司徒陸麗在代郡温湯療病，渾忌之，遣多侯追麗。多侯謂麗曰：「渾有無君之心，大王衆所望也，去必危，宜徐歸而圖之。」麗不從，遂爲渾所害，多侯亦見殺。謚曰烈。子胡兒襲爵。

觀弟翰，平原鎮將、西海王。薨。

子龍仁，襲爵，降爲公。卒。

子豐國，襲爵。

豐國弟子弼，有風格，善自位置。涉獵經史，與長孫稚、陸希道等齊名於世，矜己陵物，頗以損焉。高祖初定氏族，欲以弼爲國子助教。弼辭曰：「先臣以來，蒙恩累世，比校徒流，實用慚屈。」高祖曰：「朕欲敦厲冑子，故屈卿光之。〔四〕白玉投泥，豈能相汚？」弼曰：「既遇明時，耻沉泥滓。」會司州牧、咸陽王禧入，高祖謂禧曰：「朕與卿作州都，舉一主簿。」卽命弼謁之。因爲高祖所知。輿駕南征，特敕隨從。世宗初，除尚書郎，以選爲廣平王懷國郎中令。〔五〕數有匡諫之益。世宗善之。除中書舍人，轉司州治中、别駕，歷任有稱。肅宗時，河州羌却鐵忽反，〔六〕敕兼黃門，慰喻忽。以功加前將軍，賜以錢帛。尋以本將軍行揚州事，追拜平西將軍、華州刺史。卒於州，時年五十一。贈使持節、征北將軍、定州刺史，謚曰懿。

子季齊，釋褐司徒參軍事、開府騎兵參軍。

翰弟顗，忠謹有材力。太宗時爲中散，轉侍御郎。從世祖征赫連昌，勇冠一時，世祖嘉之。遷侍輦郎、殿中將軍，賜爵泥陽子。從征和龍，功超諸將，拜司衞監，加龍驤將軍，進爵長樂侯。

嘗從世祖田於崞山，有虎突出，顗搏而獲之。世祖歎曰：「詩所謂『有力如虎』，顗乃過之。」後從駕西征白龍，北討蠕蠕，以功加散騎常侍、鎮北將軍，進爵建安公。出爲北鎮都將，徵拜殿中尚書。出鎮涼州，所在著稱。還加散騎常侍，領太倉尚書。高宗時，爲征西大將軍、督諸軍事，西征吐谷渾，出南道。坐擊賊不進，免官爵徙邊。高祖又以顗著勳前朝，徵爲內都大官。天安元年卒。贈征西大將軍、建安王，謚曰康。

子寄生，襲。

寄生弟栗，涼州鎮將、安南公。

子祁，字顧德。通直常侍、上谷河內二郡太守、司州治中、太子右衞率。卒，贈齊州刺史。

子景相，字霸都。中書舍人、上黨太守。

栗弟泥乾，爲羽林中郎，賜爵臨安男。後稍歷顯職，除冀州刺史，假安南將軍、鉅鹿公。卒。

子渾，襲爵。祕書中散。

子令宣，通直常侍。

崇宗人醜善，太祖初，率部歸附，與崇同心勠力，禦侮左右。從征窟咄、劉顯，破平之。又從擊賀蘭部，平庫莫奚。拜天部大人，居於東蕃。卒。

子莫提，從平中原，爲中山太守。除寧南將軍、相州刺史，假陽陵侯。卒。

子吐，太宗世，散騎常侍。卒於侍中、鎮東將軍。

子敦，輔國將軍、西部都將。賜爵富平子。卒。

子純，襲爵。歷散騎常侍、光祿勳。高祖時，右衞將軍，尋除右將軍、河州刺史。卒，贈鎮北將軍、并州刺史。

子盛，襲爵。直閤將軍。

盛弟裕，輔國將軍、中散大夫。

裕子禮，東牟太守。

禮弟略，武定末，魏尹丞。

純弟鐵，歷東宮庶子、汲郡太守。世宗時，爲懷朔鎮將，東、北中郎將，豳、幽、涼三州刺史。肅宗世，除平北將軍、并州刺史、金紫光祿大夫。在公以威猛見稱。卒時年七十四，贈散騎常侍、征東將軍、相州刺史，謚曰安。

子顯壽，長水校尉。

顯壽弟顯業，卒於散騎侍郎。

子子琳，舉秀才，爲安戎令，頗有吏幹。隨長孫稚征蜀有功，除尚書屯田郎中。出帝卽位，以攝儀曹事，封高唐縣開國男，邑二百戶。孝靜初，鎮東將軍、司州別駕。以占奪民田，免官爵。久之，阿至羅國主副羅越居爲蠕蠕所破，〔七〕其子去賓來奔。齊獻武王奏去賓爲安北將軍、肆州刺史，封高車王，招慰夷虜；表子琳爲去賓長史，復其前封。尋遷儀同開府

長史、齊獻武王丞相司馬。卒時年五十三，贈驃騎大將軍、都官尚書、瀛州刺史。

子伯昱。弟胐，武定中，開府中兵參軍。

子琳弟良，字先德。司空行參軍、將作丞、司徒祭酒、安東將軍、南鉅鹿太守。頗有民譽。入爲司徒司馬、大將軍從事中郎、中書舍人。武定六年卒。贈征東將軍、徐州刺史。

史臣曰：穆崇夙奉龍顏，早著誠節，遂膺寵眷，位極台鼎；至乃身豫逆謀，卒蒙全護，明主之於勞臣，不亦厚矣！從享廟庭，抑亦尚功之義。觀少當公輔之任，業器其優乎？顗壯烈顯達，亮寬厚致位，紹立虛簡之操，弼有風格之名，世載不隕，青紫兼列，盛矣。至於壽以貴終，羆止削廢，人之無禮，爲幸蓋多。醜之子孫，不乏名位，亦有人哉！

校勘記

〔一〕崇外甥于桓等謀執太祖以應之　諸本及北史卷二〇穆崇傳「桓」都作「植」。册府卷一三四一六一六頁作「桓」。按卷二太祖紀記此事百衲本、南本作「桓」，他本作「植」。北史卷一魏紀一、本書及北史卷一五窟咄傳作「桓」。册府此條採自穆崇傳，却也作「桓」。知「植」字訛，今據册府改。下同。

〔二〕蕃欵素著　諸本「欵」作「教」。册府卷三五三四一九二頁作「欵」。按「欵」是「欵服」「誠欵」之意，意謂作爲「藩臣」的「忠誠」態度素著，「教」字訛，今據改。

〔三〕徵爲侍中尚書右僕射　北史卷二〇「右」作「左」。按卷七上高祖紀太和十二年四月、十二月並見「左僕射穆亮」。疑作「左」是。

〔四〕故屈卿光之　南、北、殿、局四本「光」作「先」，百衲本、汲本作「光」。按這是說穆觀當國子助教，於此官有光，今從百衲本。

〔五〕以選爲廣平王懷國郎中令　諸本「廣」作「高」，北史卷二〇作「廣」。按廣平王懷，本書卷二二、北史卷一九有傳，「高」字顯訛，今據改。

〔六〕河州羌却鐵忽反　諸本「忽」作「怱」。卷九肅宗紀神龜元年、卷一〇五之四天象志四記此事作「忽」。卷四一源賀附源子恭傳作「忽」，而北史卷二八源子恭傳作「怱」。按却鐵忽乃羌人名。周書三朝本屢見「傍乞鐵忽」，殿本也常訛作「怱」。今據紀改。

〔七〕阿至羅國主副羅越居爲蠕蠕所破　百衲本「阿」作「河」，他本作「何」，册府卷七二八八六〇頁作「阿」。按北史卷六齊紀上，北齊書卷一神武紀上補永熙二年、卷二神武紀下補武定三年並見「阿至羅」，今據册府改。

魏書卷二十八

列傳第十六

和跋　奚牧　莫題　庾業延　賀狄干　李栗　劉潔　古弼　張黎

和跋，代人也，世領部落，爲國附臣。跋以才辯知名，太祖擢爲外朝大人，參軍國大謀，雅有智算。頻使稱旨，拜龍驤將軍。未幾，賜爵日南公。從平中原，以功進爲尙書，鎭鄴。慕容德使兄子和守滑臺，和長史李辨殺和，求援於跋。跋率輕騎赴之。既至，辨悔，閉門拒守。跋使尙書郞鄧暉說之，辨乃開門。跋入，收其府藏。德聞之，遣將率三千騎，擊跋。跋逆擊，大破之，擒其將士千餘人而還。於是陳潁之民，多來向化。改封定陵公。與常山王遵率衆五萬，討賀蘭部別帥木易于，破之。出爲平原太守。

太祖寵遇跋，冠於諸將。時羣臣皆敦尙恭儉，而跋好修虛譽，眩曜於時，性尤奢淫，太

祖戒之，弗革。後車駕北狩豺山，收跋，刑之路側。妻劉氏自殺以從。初，將刑跋，太祖命其諸弟毗等視訣，跋謂毗曰：「灅北地瘠，可居水南，就耕良田，廣爲產業，各相勉勵，務自纂修。」令之背己曰：「汝曹何忍視吾之死也！」毗等解其微意，詐稱使者，亡奔長安，追之不及。太祖怒，遂誅其家。後世祖西巡五原，回幸豺山校獵，忽遇暴風，雲霧四塞。世祖怪而問之，羣下僉言跋世居此土，祠冢猶存，其或者能致斯變。帝遣建興公古弼祭以三牲，霧卽除散。後世祖蒐狩之日，每先祭之。

少子歸，從征赫連昌有功，拜統萬將軍，賜爵成皐男。與西平公安頡攻虎牢，拔之。進爵高陽侯。後以罪徙配涼州爲民。蓋吳作亂於關中，復拜歸龍驤將軍往討之。還，拜使持節、冠軍將軍、雍城鎭都大將、高陽侯。卒。

子度，襲爵。尙書都官郞、昌平太守。卒。

度子延穆，司州部郡從事，早卒。

子安，武定末，給事黃門侍郞。

奚牧，代人也，重厚有智謀。太祖寵遇之，稱之曰仲兄。初，劉顯謀害太祖，梁眷知其謀，潛使牧與穆崇至七介山以告，語在崇傳。太祖錄先帝舊臣，又以牧告顯之功，拜爲治民

長，敷奏政事，參與計謀。

太祖征慕容寶，加輔國將軍，略地晉川，獲寶丹陽王買得及離石護軍高秀和於平陶。以軍功拜幷州刺史，賜爵任城公。州與姚興接界，興頗寇邊，牧乃與興書，稱頓首，鈞禮抗之，責興侵邊不直之意。興以與國通和，恨之。有言於太祖，太祖戮之。

莫題，代人也，多智有才用。初爲幢將，領禁兵。太祖之征慕容寶也，寶夜來犯營，軍人驚駭。遂有亡還京師者，言官軍敗於栢肆，京師不安。南安公元順因之欲攝國事。題謂順曰：「此大事，不可輕爾，宜審待後要，不然禍將及矣。」順乃止。以功拜平遠將軍，賜爵扶柳公，進號左將軍，改爲高邑公。出除中山太守，督司州之山東七郡事。

車駕征姚興，次於晉陽，而上黨羣盜秦頗、丁零翟都等聚衆於壺關，詔題帥衆三千以討之。上黨太守捕頗，斬之。都走林慮。詔題搜山窮討，盡平之。

初，昭成末，太祖季父窟咄徙于長安。苻堅敗，從慕容永東遷。及永自立，以窟咄爲新興太守。登國初，劉顯遣弟亢泥等迎窟咄，寇南鄙。題時貳於太祖，遺箭於窟咄，謂之曰「三歲犢豈勝重載」，言窟咄長而太祖少也。太祖既銜之。天賜五年，有告題居處倨傲，擬則人主。太祖乃使人示之箭，告之曰：「三歲犢，能勝重載不？」題奉詔，父子對泣，詰朝乃刑之。

庾業延，代人也，後賜名岳。其父及兄和辰，世典畜牧。稍轉中部大人。昭成崩，氐寇內侮。事難之間，收斂畜產，富擬國君。劉顯謀逆，太祖外幸，和辰奉獻明太后歸太祖，又得其資用。以和辰爲內侍長。和辰分別公私舊畜，頗不會旨，太祖由是恨之。岳獨恭愼修謹，善處危難之間，太祖喜之。與王建等俱爲外朝大人，參預軍國。

太祖既絕慕容垂，以岳爲大人，使詣慕容永。永服其辭義。垂圍永於長子，永告急求援，岳與陳留王虔以五萬騎東渡河救之，次於秀容，破山胡部高車門等，徙其部落。會永滅，乃班師。從平中原，拜安遠將軍。

官軍之驚於栢肆也，賀蘭部帥附力眷、紇突隣部帥匿物尼、紇奚部帥叱奴根等聞之，聚黨反於陰館。南安公元順討之，不克，死者數千人。太祖聞之，詔岳率萬騎，還討叱奴根等，殄之，百姓乃安。離石胡帥呼延鐵、西河胡帥張崇等不樂內徙，聚黨反叛。岳率騎三千，討破之，斬鐵擒崇，搜山窮討，散其餘黨。以功賜爵西昌公，進號征虜將軍。又討反人張超、清河太守傅世，並破平。以岳爲鄴行臺。

岳爲將有謀略，治軍清整，常以少擊多，士衆服其智勇，名冠諸將。及罷鄴行臺，以所

統六郡置相州，卽拜岳爲刺史。公廉平當，百姓稱之。舊有園池，時果初熟，丞吏送之，岳不受，曰：「果未進御，吾何得先食？」其謹如此。後遷司空。岳兄子路有罪，諸父兄弟悉誅，特赦岳父子。

天賜四年，詔賜岳舍地於南宮，岳將家僮治之。候官告岳衣服鮮麗，行止風采，擬儀人君。太祖時旣不豫，多所猜惡，遂誅之。時人咸寃惜焉。岳葬在代西善無之界。後世祖討赫連氏，經其墓宅，愴然動容，遂下詔爲立廟，令一州之民，四時致祭。求其子孫任爲將帥者，得其子陵。從征有功，聽襲爵。

路，皇始初，從征慕容寶，爲城門校尉。遷司隸校尉。爵高平公而誅。

賀狄干，代人也。家本小族，世忠厚，爲將以平當稱。稍遷北部大人。登國初，與長孫嵩爲對，明於聽察，爲人愛敬。

太祖遣狄干致馬千匹，結婚於姚萇。會萇死興立，因止狄干而絕婚。興弟平率衆寇平陽，太祖討平之，擒其將狄伯支、唐小方等三十餘人。〔一〕天賜中，詔北新侯安同送唐小方於長安。後蠕蠕社崙與興和親，送馬八千匹。始濟河，赫連屈孑忿興與國交好，乃叛興，邀留社崙馬。興乃遣使，請以駿馬千匹贖伯支而遣狄干還。太祖意在離間二寇，於是許之。

狄干在長安幽閉，因習讀書史，通論語、尚書諸經，舉止風流，有似儒者。初，太祖普封功臣，狄干雖爲姚興所留，遙賜爵襄武侯，加秦兵將軍。及狄干至，太祖見其言語衣服，有類羌俗，以爲慕而習之，故忿焉，旣而殺之。

弟歸，亦剛直方雅。與狄干俱死。

李栗，雁門人也。昭成時，父祖入國。少辯捷，有才能，兼有將略。初隨太祖幸賀蘭部，在元從二十一人中。太祖愛其藝能。時王業草創，爪牙心腹，多任親近，唯栗一介遠寄，兼非戚舊，當世榮之。數有戰功，拜左軍將軍。太祖征慕容寶，栗督五萬騎爲前驅，軍之所至，莫不降下。遷左將軍。慕容寶棄中山東走也，栗以輕騎追之，不及而還。

栗性簡慢，矜寵，不率禮度，每在太祖前舒放倨傲，不自祗肅，咳唾任情。太祖積其宿過，天興三年遂誅之。於是威嚴始厲，制勒羣下盡卑謙之禮，自栗始也。

劉潔，長樂信都人也。祖父生，頗解卜筮。昭成時，慕容氏來獻女，爲公主家臣，仍隨入朝。賜以妻，生子。父提，太祖時，官至樂陵太守，賜爵信都男。卒。

潔性强力多智，數從征討有功，進爵會稽公。河西胡張外、建興王紹等聚黨爲逆，潔與永安侯魏勤率衆三千人，屯于西河以鎮撫之。又與勤及功勞將軍元屈等擊吐京叛胡。時離石胡出以眷引屈丐騎，斷截山嶺邀潔，潔失馬，登山力戰，矢刃俱盡，爲胡所執，送詣屈丐。潔聲氣不撓，呼其字而與之言，神色自若。屈丐壯而釋之。後得還國，典東部事。

太宗寢疾，世祖監國，潔與古弼等選侍東宮，對綜機要，敷奏百揆。世祖卽位，以告反者，又獻直言，所在合旨，奇其有柱石之用，委以大任。及議軍國，朝臣咸推其能。於是超遷尚書令，改爲鉅鹿公。

世祖破蠕蠕大檀于雲中，潔言於世祖曰：「大檀恃衆，雖破膽奔北，恐不懲往敗，將復送死。請收田訖，復一大舉，東西並進，爲二道討之。」世祖然其言。後大議征討，潔言宜先平馮跋，世祖不從。敕勒新民以將吏侵奪，咸出怨言，期牛馬飽草，當赴漠北。潔與左僕射安原奏，欲及河冰未解，徙之河西，冰解之後，不得北遁。世祖曰：「不然。此等習俗，放散日久，有似園中之鹿，急則衝突，緩之則定。吾自處之有道，不煩徙也。」潔等固執，乃聽分徙三萬餘落於河西，西至白鹽池。新民驚駭，皆曰「圈我於河西之中，是將殺我也」，欲西走涼州。潔與侍中古弼屯五原河北，左僕射安原屯悅拔城北，備之。旣而新民數千騎北走，潔追討之。走者糧絕，相枕而死。

時南州大水，百姓阻飢。潔奏曰：「臣聞天地至公，故萬物咸育；帝王無私，而黎民戴

賴。伏惟陛下以神武之姿，紹重光之緒，恢隆大業，育濟羣生。威之所振，無思不服，澤之所洽，無遠不懷，太平之治，於是而在。自頃邊寇內侵，戎車屢駕，天資聖明，所在克殄。方難旣平，皆蒙酬錫，勳高者受爵，功卑者獲賞，寵賜優崇，有過古義。而郡國之民，雖不征討，服勤農桑，以供軍國，實經世之大本，府庫之所資。自山以東，偏遇水害，頻年不收，就食他所。臣聞率土之濱，莫非王臣，應加哀矜，以鴻覆育。今南摧强寇，西敗醜虜，四海晏如，人神協暢，若與兆民共饗其福，則惠感和氣，蒼生悅樂矣。」世祖從之，於是復天下一歲租賦。

潔與樂平王丕督諸軍取上邽。軍至啓陽，百姓爭致牛酒。潔至上邽，諸將咸欲斬其豪帥以示王威，潔不聽。撫慰秦隴，秋毫無犯，人皆安業。世祖將發隴右騎卒東伐高麗。潔進曰：「隴土新民，始染大化，宜賜優復以饒實之。兵馬足食，然後可用。」世祖深納之。車駕西伐，潔爲前鋒。沮渠牧犍弟董來率萬餘人拒戰於城南。潔信卜者之言，日辰不協，擊鼓却陳，故後軍不進，董來得入城。世祖微嫌之。後潔與建寧王崇督諸軍，於三城胡部中簡兵六千，將以戍姑臧。胡不從命，千餘人叛走。潔與崇擊誅之，虜男女數千人。

潔朝夕在樞密，深見委任，性旣剛直，恃寵自專。世祖心稍不平。時議伐蠕蠕，潔意不欲，言於世祖曰：「虜非有邑居，遷徙無常，前來出軍，無所擒獲，不如廣農積穀，以待其來。」

羣臣皆從其議。世祖決行，乃問於崔浩，浩固言可伐。世祖從浩議。既出，與諸將期會鹿渾谷。而潔恨其計不用，欲沮諸將，乃矯詔更期，故諸將不至。時虜衆大亂，恭宗欲擊之，潔執不可，語在帝紀。停鹿渾谷六日，諸將猶不進。[二]賊已遠遁，追至石水，不及而還。師次漠中，糧盡，士卒多死。潔陰使人驚軍，勸世祖棄軍輕還，世祖不從。潔以軍行無功，奏歸罪於崔浩。世祖曰：「諸將後期，及賊不擊，罪在諸將，豈在於浩。」浩又言潔矯詔，事遂發。與駕至五原，收潔幽之。

世祖之征也，潔私謂親人曰：「若軍出無功，車駕不返者，吾當立樂平王。」潔又使右丞張嵩求圖讖，問：「劉氏應王，繼國家後，我審有名姓否？」嵩對曰：「有姓而無名。」窮治款引，搜嵩家，果得讖書。潔與南康公狄隣及嵩等，皆夷三族，死者百餘人。

潔既居勢要，擅作威福，諸阿附者登進，[三]忤恨者黜免，內外憚之，側目而視。拔城破國者，聚斂財貨，與潔分之。籍其家產，財盈巨萬。世祖追忿，言則切齒。

古弼，代人也。少忠謹，好讀書，又善騎射。初爲獵郎，使長安，稱旨，轉門下奏事，以敏正著稱。太宗嘉之，賜名曰筆，取其直而有用，後改名弼，言其輔佐材也。令弼典西部，與劉潔等分綰機要，敷奏百揆。

世祖即位，以功拜立節將軍，賜爵靈壽侯。征并州叛胡。還，進爲侍中、吏部尚書，典南部奏事。與安原降東部高車於巳尼陂。又與劉潔屯五原河北，以備叛民。拜安西將軍，從征赫連定。駕至平涼，次于涇南。遣弼與侍中張黎擊平涼。赫連定自安定率步騎二萬來救，與弼等相遇，弼僞退以誘之。世祖使高車敕勒馳擊定，斬首數千級。弼乘勝取安定。又與永昌王健等討馮文通。文通嬰城固守，弼芟其禾而還。後又征文通，文通求救於高麗。高麗救至，文通將東奔，民多難之。其大臣古渥，因民心之不欲，遂率衆攻文通，開城門以引官軍。弼疑古渥譎詐，不入城。高麗軍至，文通乃隨之。文通之奔也，令婦人被甲居中，其精卒及高麗陳兵於外。弼部將高苟子率騎衝擊賊軍，弼酒醉，拔刀止之，故文通得東奔。將士皆怨弼不擊。世祖大怒，徵還，黜爲廣夏門卒。尋復爲侍中，與尚書李順使于涼州。拜安西將軍，賜爵建興公，鎮長安，甚著威名。及議征涼州，弼與順咸言涼州乏水草，不宜行師。世祖不從。既克姑臧，微嫌之，以其有將略，故弗之責也。

劉義隆遣將裴方明等擊南秦王楊難當，難當遣使請救兵。未至，難當奔上邽，方明克仇池，立楊玄庶子保熾。於是假弼節，督隴右諸軍。義隆遣其秦州刺史胡崇之屯仇池，弼與平西將軍元齊邀崇之於濁水，臨陣擒之，其衆走還漢中。弼等從祥郊山南入，與東道將皮豹子等討仇池，遣永安侯賀純攻義隆，塞狹道。守將姜道祖退守狹亭。諸將以山道嶮峻，時又雪深，用馬不便，皆遲留不進。弼獨進軍，使元齊、賀純等擊狹亭，道祖南走，仇池平。未幾，諸氐復推楊文德爲主，圍仇池。弼發上邽、高平、汧城諸軍討之，[四]仇池圍解，文德走漢川。時豹子督關中諸軍次於下辨，聞仇池圍解，議欲還軍。弼使謂豹子曰：「比連破賊軍，恐彼君臣未體大分，耻其負敗，或來報復。若其班師，寇衆復至，後舉爲難。不如繕兵練甲，蓄力待之。不出秋冬，南寇必來，以逸待勞，百勝之策。」豹子乃止。世祖聞之，曰：「弼之言，長策也。制南秦，弼謀多矣。」

恭宗總攝萬幾，徵爲東宮四輔，與宜都王穆壽等並參政事。詔以弼保傅東宮，有老成之勤，賜帛千匹、綿千斤。遷尚書令。弼雖事務殷湊，而讀書不輟，端謹慎密，口不言禁中之事，功名等於張黎而廉不及也。

上谷民上書，言苑囿過度，民無田業，乞減太半，以賜貧人。弼覽見之，[五]入欲陳奏，遇世祖與給事中劉樹棊，志不聽事。弼侍坐良久，不獲申聞。乃起，於世祖前捽樹頭，掣下床，以手搏其耳，以拳毆其背曰：「朝廷不治，實爾之罪！」世祖失容放棊曰：「不聽奏事，實在朕躬，樹何罪？置之！」弼具狀以聞。世祖奇弼公直，皆可其所奏，以丐百姓。弼曰：「爲臣而逞其志於君前者，非無罪也。」乃詣公車，免冠徒跣，自劾請罪。世祖遣使者召之。及至，

世祖曰：「卿其冠履。吾聞築社之役，蹇蹷而築之，端冕而事之，神與之福。然則卿有何罪？自今以後，苟利社稷，益國便民者，雖復顛沛造次，卿則爲之，無所顧也。」

世祖大閱，將校獵於河西。弼留守，詔以肥馬給騎人，弼命給弱者。世祖大怒曰：「尖頭奴，敢裁量朕也！朕還臺，先斬此奴。」弼頭尖，世祖常名之曰筆頭，是以時人呼爲筆公。弼屬官惶怖懼誅。弼告之曰：「吾以爲事君使畋獵不適盤遊，其罪小也。不備不虞，使戎寇恣逸，其罪大也。今北狄孔熾，南虜未滅，狡焉之志，窺伺邊境，是吾憂也。故選肥馬備軍實，爲不虞之遠慮。苟使國家有利，吾何避死乎！明主可以理干，此自吾罪，非卿等之咎。」世祖聞而歎曰：「有臣如此，國之寶也！」賜衣一襲、馬二匹、鹿十頭。後車駕畋於山北，大獲麋鹿數千頭，詔尚書發車牛五百乘以運之。世祖尋謂從者曰：「筆公必不與我，汝輩不如馬運之速。」遂還。行百餘里而弼表至，曰：「今秋穀懸黃，麻菽布野，猪鹿竊食，鳥雁侵費，風波所耗，朝夕參倍，乞賜矜緩，使得收載。」世祖謂左右曰：「筆公果如朕所卜，可謂社稷之臣。」

初，楊難當之來也，詔弼悉送其子弟於京師。楊玄小子文德，以黃金四十斤賂弼，弼受金，留文德而遇之無禮，文德亡入劉義隆。世祖以其正直有戰功，弗加罪責也。

世祖崩，吳王立，以弼爲司徒。高宗即位，與張黎並坐議不合旨，俱免，有怨謗之言。其

家人告巫蠱，俱伏法，時人寃之。

張黎，雁門平原人也。〔六〕善書計，太祖知待之。太宗器其忠亮，賜爵廣平公，管綜機要。

世祖以其功舊，任以輔弼，除大司農卿，軍國大議，黎常與焉。加鎮北將軍。以征赫連定功，進號征北大將軍。與樂安王範、濟南公崔徽鎮長安，〔七〕清約公平，甚著聲稱。代下之日，家無餘財。世祖詔黎領兵一萬二千人，通莎泉道。車駕征涼州，蠕蠕吳提乘虛入寇，黎與司空道生拒擊之。恭宗初總百揆，黎與東郡公崔浩等輔政，忠於奉上，非公事不言。詔曰：「侍中廣平公黎、東郡公浩等，保傅東宮，有老成之勤，朕甚嘉焉。其賜布帛各千匹，以褒舊勳。」恭宗薨於東宮，黎兼太尉，持節奉策諡焉。

吳王余立，以黎爲太尉。後以議不合旨，免。仍與古弼並誅。

史臣曰：和跋、奚牧、莫題、賀狄干、李栗、劉潔等，並有忠勤征伐之効，任遇仍優，俱至誅滅。岳見紀危難之中，受事草創之際，智勇旣申，功名尤舉，乃良將之材。弼謀軍輔國，遠略正情，有柱石之量。張黎誠謹兼方，功舊見重。纖介之間，一朝殞覆，宥及十世，乃徒

言爾，惜乎！

校勘記

〔一〕擒其將狄伯支唐小方等三十餘人 北史卷二〇賀狄干傳「三十」作「四十」。按卷二太祖紀天興五年十月、卷九五姚萇傳都作「四十」，此傳「三」字訛。

〔二〕諸將猶不進 北史卷二五劉潔傳「進」作「集」，當是。

〔三〕諸阿附者登進 諸本「進」訛「長」，不可通，今據册府卷三三八四〇〇〇頁改。

〔四〕弼發上邽高平汧城諸軍討之 諸本「汧」作「沂」，册府卷四二八五〇九八頁作「峅」，通鑑卷一二四三九〇〇頁作「岍」。胡注：「『岍城』意當作『汧城』。」按秦隴一帶無「沂城」，或「峅城」。汧城卽漢汧縣故城，在今陝西隴縣，地當隴砥要道，卷四下世祖紀下太平眞君六年十一月記蓋吳領導的起義軍「殺汧城守將」。知其地駐有軍隊。北魏末年卽在汧城設置東秦州見太平寰宇記卷二九。「汧」是水名，「岍」是山名，皆在其地，故亦寫作「岍城」。「沂」是「汧」之訛，「峅」是「岍」之訛。今改「汧城」。

〔五〕弼覽見之 御覽卷四二八一九七〇頁作「弼覽而善之」。按「覽」「見」重複，疑御覽是。

〔六〕雁門平原人也 按卷一〇六上地形志上肆州雁門郡有「原平」，無「平原」。原平乃漢晉舊縣，歷見地志。這裏「平原」當是「原平」誤倒。

〔七〕濟南公崔徽鎮長安 諸本「徽」作「徵」。北史卷二五張黎傳、册府卷四〇六四八二六頁作「徽」。按崔徽附卷二四崔玄伯傳，今據改。

魏書卷二十九

列傳第十七

奚斤 叔孫建

奚斤，代人也，世典馬牧。父箪，有寵於昭成皇帝。時國有良馬曰「騧騮」，一夜忽失，求之不得。後知南部大人劉庫仁所盜，養於窟室。箪聞而馳往取馬，庫仁以國甥恃寵，慚而逆擊箪。箪捽其髮落，傷其一乳。及苻堅使庫仁與衞辰分領國部，箪懼，將家竄於民間。庫仁求之急，箪遂西奔衞辰。及太祖滅衞辰，箪晚乃得歸，故名位後於舊臣。

斤機敏，有識度。登國初，與長孫肥等俱統禁兵。後以斤爲侍郎，親近左右。從破慕容寶於參合。皇始初，從征中原，以斤爲征東長史，拜越騎校尉，典宿衞禁旅。車駕還京師，博陵、勃海、章武諸郡，羣盜並起，所在屯聚，拒害長吏。斤與略陽公元遵等率山東諸軍討平之。從征高車諸部，大破之。又破厙狄、宥連部，徙其別部諸落於塞南。又進擊侯莫

陳部，俘虜獲雜畜十餘萬，至大峨谷，置戍而還。遷都水使者，出爲晉兵將軍、幽州刺史，賜爵山陽侯。

太宗即位，爲鄭兵將軍，循行州郡，問民疾苦。章武民劉牙聚黨爲亂，斤討平之。詔以斤世忠孝，贈其父箪爲長寧子。太宗幸雲中，斤留守京師。昌黎王慕容伯兒收合輕俠失志之徒李沈等三百餘人謀反，斤聞而召伯兒入天文殿東廡下，窮問款引，悉收其黨誅之。詔與南平公長孫嵩等俱坐朝堂，錄決囚徒。太宗大閱于東郊，治兵講武，以斤行左丞相，大蒐於石會山。車駕西巡，詔斤爲先驅，討越勤部於鹿那山，[一]大破之，獲馬五萬匹，牛羊二十萬頭，徙二萬餘家而還。又詔斤與長孫嵩等八人，坐止車門右，聽理萬機。蠕蠕犯塞，令斤等追之。事具蠕蠕傳。拜天部大人，進爵爲公，命斤出入乘軺軒，備威儀導從。世祖之爲皇太子，臨朝聽政，以斤爲左輔。

劉義符立，其大臣不附，國內離阻。乃遣斤收劉裕前侵河南地，假斤節，都督前鋒諸軍事、司空公、晉兵大將軍、行揚州刺史，率吳兵將軍公孫表等南征。用表計攻滑臺，不拔，求濟師。太宗怒其不先略地，切責之。乃親南巡，次中山。義符東郡太守王景度捐城遁走，司馬楚之等並遣使詣斤降。斤自滑臺趣洛陽，義符虎牢守將毛德祖遣其司馬翟廣、將軍姚勇錯、竇霸等率五千人據土樓以拒斤，斤進擊，破之。廣等單馬走免，盡殪其衆。斤長

驅至虎牢，軍於汜東。留表守輜重，自率輕兵徇下河南、潁川、陳郡以南，百姓無不歸附。義符陳留太守嚴稜以郡降。斤遂平兗豫諸郡，還圍虎牢。德祖拒守不下。及虎牢潰，斤置守宰以撫之。自魏初，大將行師，唯長孫嵩拒劉裕，斤征河南，獨給漏刻及十二牙旗。太宗崩，斤乃班師。

世祖即位，進爵宜城王，仍爲司空。世祖征赫連昌，遣斤率義兵將軍封禮等督四萬五千人襲蒲坂。昌守將赫連乙升聞斤將至，遣使告昌。使至統萬，見大軍已圍其城，還告乙升曰：「昌已敗矣。」乙升懼，棄蒲坂西走。斤追敗之，乙升遂奔長安。斤入蒲坂，收其資器，百姓安業。昌弟助興，先守長安，乙升至，復與助興棄長安，西走安定，斤又西據長安。於是秦雍氐羌皆來歸附。與赫連定相持，累戰破定。定聞昌敗，遂走上邽，斤追之，至雍，不及而還。詔斤班師，斤上疏曰：「赫連昌亡保上邽，鳩合餘燼，未有盤據之資。今因其危，滅之爲易。請益鎧馬，平昌而還。」世祖曰：「昌亡國叛夫，擊之勞傷將士，且可息兵，取之不晚。」斤抗表固執，乃許之，給斤萬人，遣將軍劉拔送馬三千匹與斤。斤進討安定，昌退保平涼。斤屯軍安定，以糧竭馬死，遂深壘自固。監軍侍御史安頡擊昌，擒之。語在頡傳。昌衆復立昌弟定爲主，守平涼。斤自以元帥，而擒昌之功，更不在己，深恥之。乃舍輜重，輕齎三日糧，追定於平涼。娥清欲尋水而往，斤不從，自北道邀其走路。定衆將出，會

一小將有罪亡入賊，具告其實。定知斤軍無糧乏水，乃邀斤前後。斤衆大潰，斤及娥清、劉拔爲定所擒，士卒死者六七千人。後世祖克平涼，斤等得歸。免爲宰人，使負酒食從駕還京師以辱之。

尋拜安東將軍，降爵爲公。車駕將討馮文通，詔斤發幽州民及密雲丁零萬餘人，運攻具出南道。太延初，爲衞尉，改爲弘農王，[二]加征南大將軍。後爲萬騎大將軍。

世祖大集羣臣於西堂，議伐涼州。斤等三十餘人議曰：「河西王牧犍，西垂下國，雖內不純臣，而外修職貢，宜加寬宥，恕其微愆。去歲新征，士馬疲弊，未可大舉，宜且羈縻。其地鹵薄，略無水草，大軍既到，不得久停。彼聞軍來，必嬰城固守。攻則難拔，野無所掠，終無克獲。」世祖不從，征之。涼州平，以戰功賜僮隸七十戶。以斤元老，賜安車，平決刑獄，諮訪朝政。

斤聰辯强識，善於談論，遠說先朝故事，雖未皆是，時有所得。聽者歎美之。每議大政，多見從用，朝廷稱焉。眞君九年薨，時年八十。世祖親臨哀慟，謚曰昭王。斤有數十婦，子男二十餘人。

長子他觀襲爵。世祖曰：「斤關西之敗，國有常刑。以其佐命先朝，故復其爵秩，將收孟明之效。今斤終其天年，君臣之分全矣。」於是降他觀爵爲公，除廣平太守。後爲都將，

征懸瓠，卒於軍。

子延，襲爵。出爲瓦城鎮將。[三]卒。

子緒，襲爵。初爲散令，後爲太中大夫，加左將軍。開建五等，封弘農郡開國侯，食邑三百戶。後例降爲縣，改封澄城縣開國侯，增邑九百戶。卒。

子遵，襲封。卒，贈鎮遠將軍、洛州刺史，謚曰哀侯。無子，國除。太和中，高祖追錄先朝功臣，以斤配食廟庭。世宗繼絕世，詔以緒弟子鑒特紹其後，以承封邑。鑒卒於中堅將軍、司徒從事中郎。贈龍驤將軍、肆州刺史。

子紹宗，武定中，開府田曹參軍。

他觀弟和觀，太祖時內侍左右。太宗以其世典戎御，遂拜典御都尉，賜爵廣興子，建威將軍。尋進爲宜陽侯，加龍驤將軍，領牧官中郎將。出爲冀青二州刺史。卒。

子冀州，襲爵。

冀州弟受眞，爲中散。高宗即位，拜龍驤將軍，賜爵成都侯。遷給事中，出爲離石鎮將。

和觀弟拔，太宗時內侍左右。世祖即位，稍遷侍中、選部尚書、鎮南將軍，賜爵樂陵公。後以罪徙邊。徵爲散騎常侍。從征蠕蠕，戰沒。

子買奴，有寵於顯祖，官至神部長。與安成王萬安國不平，安國矯詔殺買奴於苑內。高祖賜安國死，追贈買奴爲并州刺史、新興公。

斤弟普回，陽曲護軍。

普回子烏侯，世祖時拜治書御史，建義將軍，賜爵夷餘侯。從征蠕蠕及赫連昌，以功進爵城陽公，加員外散騎常侍，出爲虎牢鎮將。興光中卒，喪禮依其伯父弘農王故事。陪葬金陵。

烏侯子挑，世祖時親侍左右，隨從征討，常持御劍。後以罪徙龍城。尋徵爲知臣監。出爲薄骨律鎮將，假鎮遠將軍，賜爵富城侯。時高車叛，圍鎮城。挑擊破之，斬首千餘級。延興中卒。

叔孫建，代人也。父骨，爲昭成母王太后所養，與皇子同列。建少以智勇著稱。太祖之幸賀蘭部，建常從左右。登國初，以建爲外朝大人，與安同等十三人迭典庶事，參軍國之謀。隨秦王觚使慕容垂，歷六載乃還。拜後將軍。頃之，爲都水使者，中領軍，賜爵安平公，加龍驤將軍。出爲并州刺史。後以公事免，守鄴城園。

太宗即位，念建前功，乃以建爲正直將軍，相州刺史。飢胡劉虎等聚黨反叛，公孫表等爲虎所敗。太宗假建前號安平公，督表等以討虎，斬首萬餘級。餘衆奔走，投沁而死，水爲不流，虜其衆十萬餘口。

司馬德宗將劉裕伐姚泓，令其部將王仲德爲前鋒，將逼滑臺。兗州刺史尉建率所部棄城濟河，仲德遂入滑臺。乃宣言曰：「晉本意欲以布帛七萬匹假道於魏，不謂魏之守將便爾棄城。」太宗聞之，詔建自河內向枋頭以觀其勢。仲德入滑臺月餘，又詔建渡河曜威，斬尉建，投其屍於河。呼仲德軍人與語，詰其侵境之意。仲德遣司馬竺和之，建命公孫表與言。和之曰：「王征虜爲劉太尉所遣，入河西行，將取洛城，掃山陵之寇，非敢侵犯魏境。太尉自遣使請魏帝，陳將假道。而魏兗州刺史不相體解，望風捐去，因空城而入，非戰攻相逼也。魏晉和好之義不廢於前。」表曰：「尉建失守之罪，自有常刑，將更遣良牧。彼軍宜西，不然將以小致大乖和好之體。」和之曰：「王征虜權住於此，以待衆軍之集，比當西過，滑臺還爲魏有，何必建旗鼓以耀威武乎？」仲德卑辭，常自言不敢與大魏抗衡，建不能制之。太宗令建與劉裕相聞，以觀其意。裕答言：「洛是晉之舊京，而羌姚據之。晉欲修復山陵之計久矣，而內難屢興，不暇經營。司馬休之、魯宗之父子、司馬國璠兄弟、諸桓宗屬，皆晉之蠹也，而姚氏收集此等，欲以圖晉，是以伐之。道由於魏，軍之初舉，將以重幣假途。會彼邊

鎮棄守而去，故晉前軍得以西進，非敢憑陵魏境。」裕以官軍在河南，恐斷其前路，乃命引軍北寇，及班師，乃止。語在帝紀。建與南平公長孫嵩各簡精兵二千，覘劉裕事勢。語在嵩傳。

遷廣阿鎮將，羣盜斂跡，威名甚震。久之，除使持節、都督前鋒諸軍事、楚兵將軍、徐州刺史，率衆自平原濟河，徇下青兗諸郡。建濟河，劉裕兗州刺史徐琰奔彭城，建遂東入青州。司馬受之、秀之先聚黨於濟東，皆率衆降。建入臨淄。劉義符前東牟太守清河張幸先匿孤山，[四]聞建至，率二千人迎建於女水，遂圍義符青州刺史竺夔於東陽城。義符遣將檀道濟、王仲德救夔，建不克而還。建以功賜爵壽光侯，加鎮南將軍。

建表曰：「臣前遣沙門僧護詣彭城。僧護還稱，賊發軍向北，前鋒將徐卓之已至彭城，大將軍到彥之軍在泗口，發馬戒嚴，必有舉斧之志。臣聞爲國之道，存不忘亡。宜繕甲兵，增益屯戍，先爲之備，以待其來。若不豫設，卒難擒殄。且吳越之衆，便於舟檝，今至北土，舍其所長。逆順既殊，勞逸不等，平寇定功，在於此日。臣雖衰弊，謀略寡淺，過蒙殊寵，忝荷重任，討除寇暴，臣之志也。是以秣馬枕戈，思效微節。願陛下不以南境爲憂。」世祖優詔答之，賜以衣馬。

建與汝陰公長孫道生濟河而南，彥之、仲德等自淸入濟，東走青州。劉義隆兗州刺史

竺靈秀棄須昌，南奔湖陸，建追擊，大破之，斬首五千餘級，遂至鄒魯。還屯范城。世祖以建威名南震，爲義隆所憚，除平原鎭大將，封丹陽王，加征南大將軍、都督冀青徐濟四州諸軍事。先是，簡幽州以南戍兵集于河上，一道討洛陽，一道攻滑臺。義隆將檀道濟、王仲德救滑臺，建與汝陰公道生拒擊之。建分軍挾戰，縱輕騎邀其前後，焚燒穀草，以絕其糧道。道濟兵飢，叛者相繼，由是安頡等得拔滑臺。

建沉敏多智，東西征伐，常爲謀主。治軍清整，號令嚴明。又雅尚人倫，禮賢愛士。在平原十餘年，綏懷內外，甚得邊稱，魏初名將尠有及之。南方憚其威略，青兗輒不爲寇。太延三年薨，時年七十三。世祖悼惜之。謚曰襄王，賜葬金陵。

長子俊，字醜歸，少聰敏。年十五，內侍左右。性謹密，初無過行。以便弓馬，轉爲獵郎。太祖崩，清河王紹閉宮門，太宗在外。紹逼俊以爲己援。俊外雖從紹，內實忠款，仍與元磨渾等說紹，得歸太宗。事在磨渾傳。是時太宗左右，唯車路頭、王洛兒等，及得俊等，大悅，以爲爪牙。

太宗卽位，命俊與磨渾等拾遺左右。遷衞將軍，賜爵安城公。朱提王悅懷刃入禁中，將爲大逆。俊覺悅舉動有異，便引手掣之，乃於悅懷中得兩刃匕首，遂殺之。太宗以俊前

後功重，軍國大計一以委之，群官上事，先由俊銓校，然後奏聞。

性平正柔和，未嘗有喜怒之色。忠篤愛厚，不諂上抑下。每奉詔宣外，必告示殷勤，受事者皆飽之而退，事密者倍至蒸仍。是以上下嘉歎。泰常元年卒，時年二十八。太宗甚痛悼之，親臨哀慟。朝野無不追惜。贈侍中、司空、安城王，謚孝元。賜溫明祕器，載以轀輬車，衞士導從，陪葬金陵。子蒲，襲爵。後有大功及寵幸貴臣薨，賻送終禮，皆依俊故事，無得踰之者。初，俊既卒，太宗命其妻桓氏曰：「夫生既共榮，沒宜同穴，能殉葬者可任意。」桓氏乃縊而死，遂合葬焉。

俊既爲安城王，俊弟隣襲父爵，降爲丹陽公。少聰慧知名。稍遷北部尚書，有當官之稱。轉尚書令。出爲涼州鎭大將，加鎭西將軍。隣與鎭副將奚牧，並以貴戚子弟，競貪財貨，專作威福。遂相糾發，坐伏誅。

史臣曰：奚斤世稱忠孝，征伐有克。平涼之役，師殲身虜。雖敗崤之責已赦，封尸之效靡立，而恩禮隆渥，沒祀廟庭。叔孫建少展誠勤，終著庸伐。治邊有術，威震夷楚。俊委節太宗，義彰顚沛，察朱提之變，有日磾之風。加以柔而有正，見美朝野，可謂世不乏賢矣。

校勘記

〔一〕討越勒部於鹿那山　册府卷三二三三八一五頁「勒」作「勤」，北史卷二〇奚斤傳「鹿」作「跋」。按「越勒」疑作「越勤」是，參卷一一三校記越勒氏條。「鹿」字，卷三〇閭大肥傳、卷九八高車傳補都作「跋」。疑此傳誤。

〔二〕改爲弘農王　北史卷二〇「弘」作「恒」。按「弘農」是漢以來郡名，魏避拓跋弘諱改「恒農」卷一〇六下地理志下陝州恒農郡條。奚斤封王在太延時拓跋燾的年號，那時並未改名，作「弘農」是符合事實的。但魏收例避魏諱，原文應同北史作「恒」。當是宋人避宋諱回改作「弘」。此傳下文「封弘農郡開國侯」，以及他處見「弘農」者都是宋人所改。「弘農」既是舊名，魏以後又已恢復，「恒農」只在拓跋弘卽位後四六六行用一個較短時期，今不再回改。他處作「弘農」者同。

〔三〕出爲瓦城鎭將　册府卷一七三宋本「瓦」作「万」，明本二〇九四頁作「萬」。按「瓦城」「万或萬城」不見他處，「瓦」「万」當都是「凡」之訛。參卷四上校記凡城條。

〔四〕劉義符前東牟太守清河張幸先匿孤山　張森楷云：「張彝傳卷六四及南燕錄並云幸是慕容超東牟太守，不聞仕宋。此『劉義符』三字恐誤。」

二十四史

北齊 魏收 撰

魏書

第三册

卷三〇至卷五〇（傳）

中華書局

中華書局

魏書卷三十

列傳第十八

王建 安同 樓伏連 丘堆 娥淸 劉尼 奚眷 車伊洛 宿石 來大千 周幾 豆代田 周觀 閭大肥 尉撥 陸眞 呂洛拔

王建，廣寧人也。祖姑爲平文后，生昭成皇帝。伯祖豐，以帝舅貴重。豐子支，尙昭成女，甚見親待。建少尙公主。登國初，爲外朝大人，與和跋等十三人迭典庶事，參與計謀。還爲左大夫。〔一〕建兄回，諸子多不順法，太祖幸濡源，遣建使慕容垂，辭色高亢，垂壯之。還爲左大夫。建具以狀聞，回父子伏誅。其謹直如此。從征伐諸國，破二十餘部，以功賜奴婢數十口，雜畜數千。從征衞辰，破之，賜僮隸五千戶，〔二〕爲中部大人。

從破慕容寶於參合陂。太祖乘勝將席卷南夏，於是簡擇俘衆，有才能者留之，其餘欲悉給衣糧遣歸，令中州之民咸知恩德。乃召羣臣議之。建曰：「慕容寶覆敗於此，國內虛空，圖之爲易。今獲而歸之，無乃不可乎？且縱敵生患，不如殺之。」太祖謂諸將曰：「若從建言，吾恐後南人創乂，絕其向化之心，非伐罪弔民之義。」諸將咸以建言爲然，建又固執，乃坑之。太祖既而悔焉。

後從征慕容寶，拜冠軍將軍。并州既平，車駕東出井陘，命建率五萬騎先驅啓路。車駕次常山，諸郡皆降，惟中山、鄴、信都三城不下。乃遣衞王儀南攻鄴，建攻信都，衆各五萬。建等攻城六十餘日不能克，士卒多傷。太祖乃自中山幸信都，慕容寶冀州刺史慕容鳳夜踰城走，信都降。車駕幸鉅鹿，破慕容寶於栢肆塢，遂進圍中山。寶棄城走和龍，城內無主，百姓惶惑，東門不閉。太祖將夜入乘城，據守其門。建貪而無謀，意在虜獲，恐士卒肆掠，盜亂府庫，請俟天明，太祖乃止。是夜，徒河人共立慕容普驎爲主，遂閉門固守。太祖乃悉衆攻之，連日不拔。使人登巢車臨城，招其衆曰：「慕容寶捐城奔走，汝曹百姓將爲誰守？何不識天命，取死亡也？」皆曰：「羣小無知，但復恐如參合之衆，故求全月日之命耳。」太祖聞之，顧視建而唾其面。中山平，賜建爵濮陽公。烏丸庫傉官鳴聚黨爲寇，〔三〕詔建討平之。遷太僕，徙爲眞定公，加散騎常侍、冀青二州刺史。卒，陪葬金陵。

初，建兄豆居以建功賜爵卽丘侯，無子，建以子斤襲兄爵。太宗初，給事中，任職用事。轉大長秋。世祖征赫連昌，遣斤部造攻具。進爵淮南公，加平北將軍。時幷州胡酋田卜謀反誅，餘衆不安，遣斤鎭慮虒以撫慰之。〔四〕斤綏靜胡魏，甚收聲稱。劉義隆遣將到彥之寇河南，世祖西征赫連定，以斤爲衞兵將軍，鎭蒲坂。關隴平，斤徙鎭長安，假節、鎭西將軍。斤遂驕矜，不順法度，信用左右，調役百姓，民不堪之，南奔漢川者數千家。而委罪於雍州刺史陽文祖、秦州刺史任延明。世祖召問二人，各以狀對。世祖知爲斤所誣，遣宜陽公伏樹覆按虛實，得數十事。遂斬斤以徇。

建孫度，太宗時爲虎牢鎭監軍。世祖卽位，徵拜殿中給事，遷尙書。從征赫連昌，討蠕蠕，並有功，賜爵濟陽公，加散騎常侍，平南將軍。詔度率五千騎與叔孫建合擊劉義隆兗州刺史竺靈秀於湖陸，大破之。後出鎭長安，假節，都督秦、涇、梁、益、雍五州諸軍事，開府。卒，謚曰莊。

子安都，襲，降爵爲侯。世祖拜爲太子庶子，出爲鄯善鎭將。高宗時，爲內都大官。卒，子買得襲。

建曾孫樹，以善射有寵於顯祖，爲內侍長。稍遷尙書，賜爵歷陽侯，加龍驤將軍、員外常侍。出爲平西將軍、涇州刺史。卒。

安同，遼東胡人也。其先祖曰世高，漢時以安息王侍子入洛。歷魏至晉，避亂遼東，遂家焉。父屈，仕慕容暐，爲殿中郎將。苻堅滅暐，屈友人公孫眷之妹沒入苻氏宮，出賜劉庫仁爲妻。庫仁貴寵之。同因隨眷商販，見太祖有濟世之才，遂留奉侍。性端嚴明惠，好長者之言。

登國初，太祖徵兵於慕容垂，事在窟咄傳。同頻使稱旨，遂見寵異，以爲外朝大人，與和跋等出入禁中，迭典庶事。太祖班賜功臣，同以使功居多，賜以妻妾及隸戶三十，馬二匹，羊五十口，加廣武將軍。

從征姚平於柴壁，姚興悉衆救平，太祖乃增築重圍以拒興。同進計曰：「臣受遺詣絳督租，見汾東有蒙坑，東西三百餘里，徑路不通。姚興來，必從汾西，乘高臨下，直至柴壁。如此，則寇內外勢接，重圍難固，不可制也。宜截汾曲爲南北浮橋，乘西岸築圍。西圍旣固，賊至無所施其智力矣。」從之。興果視平屠滅而不能救。以謀功，賜爵北新侯，加安遠將軍。

詔同送姚興將越騎校尉唐小方等於長安。

清河王紹之亂，太宗在外，使夜告同，令收合百工伎巧，衆皆響應奉迎。太宗卽位，命同與南平公長孫嵩並理民訟。又詔與肥如侯賀護持節循察幷定二州及諸山居雜胡、丁零，宣詔撫慰，問其疾苦，糾舉守宰不法。同至幷州，表曰：「竊見幷州所部守宰，多不奉法。又刺史擅用御府鍼工古彤爲晉陽令，交通財賄，共爲姦利。請案律治罪。」太宗從之，於是郡國肅然。同東出井陘，至鉅鹿，發衆四戶一人，欲治大嶺山，通天門關，又築塢於宋子，以鎭靜郡縣。護疾同得衆心，因此使人告同築城聚衆，欲圖大事。太宗以同擅徵發於外，檻車徵還，召羣官議其罪。皆曰：「同擅興事役，勞擾百姓，宜應窮治，以肅來犯。」太宗以同雖專命，而本在爲公，意無不善，釋之。

世祖監國，臨朝聽政，以同爲左輔。太宗征河南，拜同右光祿大夫。世祖出鎭北境，同與安定王彌留鎭京師。世祖卽位，進爵高陽公，拜光祿勳。尋除征東大將軍、冀青二州刺史。同長子屈，〔五〕太宗時典太倉事，盜官粳米數石，欲以養親。同大怒，奏求戮屈，自劾不能訓子，請罪。太宗嘉而恕之，遂詔長給同粳米。其公清奉法，皆此類也。

同在官明察，長於校練，家法修整，爲世所稱。及在冀州，年老，頗殖財貨，大興寺塔，爲百姓所苦。神䴥二年卒。追贈高陽王，謚曰恭惠。

屈子陽烈，散騎侍郎，賜爵北新子。

屈弟原，雅性矜嚴，沉勇多智略。太宗時爲獵郎，出監雲中軍事。時赫連屈丐犯河西，原以數十騎擊之，殺十餘人。太宗以原輕敵，違節度，加其罪責。然知原驍勇，遂任以爲將，鎭守雲中。寬和愛下，甚得衆心。蠕蠕屢犯塞，原輒摧破之。以功賜爵武原侯，加魯兵將軍。

世祖卽位，徵拜駕部尙書。車駕征蠕蠕大檀，分軍五道並進，大檀驚駭北遁。遷尙書左僕射，河間公，加侍中、征南大將軍。從征赫連昌，入其城而還。車駕北伐，蠕蠕遁走。世祖聞東部高車在巳尼陂，人畜甚衆，將遣襲之。諸將皆以爲難，世祖不從。遣原與侍中古弼率萬騎討之，大獲而還。車駕征昌黎，原與建寧王崇屯于漠南以備蠕蠕。

原在朝無所比周，然恃寵驕恣，多所排抑。爲子求襄城公盧魯元女，魯元不許。原告其罪狀，事相連逮，歷時不決。原懼不勝，遂謀爲逆，事洩伏誅。臨刑上疏曰：「臣聞聖不獨明而治，鼎不單足而立，是以熒火之光，猶增日月之曜。先臣同，往因聖運，歸身太祖，竭誠勠力，立効於險難之中。臣以頑闇，忝備股肱。陛下恩育，委以朝政，思展微誠，仰報恩澤。而魯元姦佞，構成貝錦，天威遂加，合門俱戮。此乃命也，非臣之枉。但魯元外類忠貞，內懷姦詐，而陛下任以腹心，恐釁發肘腋。臣與魯元生爲怨人，死爲讎鬼，非以私故，謗毀魯元。不復眷眷，披露誠款。」

原弟頡，頡弟聰，爲內侍。聰弟薩，爲龍驤將軍、給事黃門侍郎，賜爵廣宗侯。原兄弟外節儉，而內實積聚，及誅後，籍其財至數萬。

頡，辯慧多策略，最有父風。太宗初，爲內侍長，令察舉百僚。糾刺姦慝，無所回避。嘗告其父陰事，太宗以爲忠，特親寵之。

宜城王奚斤，自長安追擊赫連昌，至于安定，頡爲監軍侍御史。斤以馬多疫死，士衆乏糧，乃深壘自固。遣太僕丘堆等督租於民間，爲昌所敗。昌遂驕矜，日來侵掠，芻牧者不得出，士卒患之。頡進計曰：「本奉詔誅賊，今乃退守窮城，若不爲賊殺，當以法誅。進退安有生路？而王公諸將，晏然無謀，將何以報恩塞責。」斤曰：「今若出戰，則馬力不足，以步擊騎，終無捷理。當須京師救騎至，然後步陣擊於內，騎兵襲其外。所謂萬全之計也。」頡曰：「今猛寇遊逸於外，而吾等兵疲力屈，士有飢色，不一決戰，則死在旦夕，何救兵之可待也！等死，當戰死，寧可坐受困乎？」斤猶以馬爲辭。頡曰：「今兵雖無馬，但將帥所乘，足得二百騎。頡請募壯勇出擊之，就不能破，可以折其銳。且昌狷而無謀，每好挑戰，衆皆識之。若伏兵奄擊，昌可擒也。」斤猶難之。頡乃陰與尉眷等謀，選騎待焉。昌來攻壘，頡出應之。昌於陣前自接戰，軍士識昌，爭往赴之。會天大風揚塵，晝昏，衆亂，昌退。頡等追擊，昌馬

蹶而墜。頡擒昌，送於京師。世祖大悅，拜頡建節將軍，賜爵西平公，代堆統攝諸軍。斤恥功不在己，輕追昌弟定於平涼，敗績。定將復入長安，詔頡鎮蒲坂以拒之。劉義隆遣將到彥之率衆寇河南，以援赫連定。世祖以兵少，乃攝河南三鎮北渡。彥之遂列守南岸，至于衡關。〔六〕世祖西征赫連定，以頡爲冠軍將軍，督諸軍擊彥之。彥之遣將姚縱夫渡河攻冶坂，頡督諸軍擊之，斬首三千餘級，投水者甚衆。遂濟河，攻洛陽，拔之，擒義隆將二十餘人，斬首五千級。進攻虎牢，虎牢潰，義隆司州刺史尹沖墜城死。又與琅邪王司馬楚之平滑臺，擒義隆將朱脩之、李元德及東郡太守申謨，俘獲萬餘人。乃振旅還京師。

神䴥四年卒。贈征南大將軍、儀同三司，進爵爲王，謚曰襄。頡爲將，善綏士衆，及卒，義隆士卒降者，無不歎惜。

同弟髆，太宗時爲樂陵太守。卒。

長子國，位至冠軍將軍，賜爵北平侯，杏城鎮將。

國弟難，有巧思。陽平王杜超督諸將擊劉義隆，難參征南軍事，以功表爲清河太守。世祖時，諸將頻征和龍，皆以難爲長史。鑿山堙谷，省力兼功。遷給事中。從駕南征，造浮橋於河，以功賜爵清河子。卒。

子平城，襲爵。官至虞曹令。爲乙渾所殺。

樓伏連，代人也。世爲酋帥。伏連忠厚有器量，年十三，襲父位，領部落。太祖初，從破賀蘭部。又從平中山，爲太守，斬逆賊張翹。從征姚平於柴壁，以功賜爵安邑侯。太祖時，爲晉兵將軍、并州刺史。伏連招誘西河胡曹成等七十餘人，襲殺赫連屈孑吐京護軍及其守士三百餘人，并擒叛胡阿度支等二百餘家。太宗嘉之，拜成等將軍，賜爵列侯。徵伏連爲內都大官。世祖即位，進爲廣陵公，轉衞尉，徙光祿勳。世祖征蠕蠕，伏連留鎮京師，進爵爲王，加平南大將軍。又除假節、督河西諸軍、鎮西大將軍，出鎮統萬。眞君十年薨，謚曰恭王。

子眞，襲，降爵爲公。從世祖征伐有功，官至散騎常侍、尚書、安北將軍。徙爲湘東公。從征涼州，還，卒於路。謚曰莊公。

子干，襲，降爵爲侯。

眞次弟大拔，歷位尚書、散騎常侍、征西將軍，賜爵永平侯。高祖初，爲中都大官。卒，贈平東將軍、定州刺史，謚曰康。

子稟，字法生，襲。拜太子宮門大夫，稍遷趙郡太守。更滿還京，除冠軍將軍、城門校尉。出爲征虜將軍、平城鎮將。遷朔州刺史，仍本將軍。入爲衞尉少卿。卒，年五十八。贈撫軍將軍、恒州刺史。

子貴宗，武定中，伏波將軍、開府水曹參軍。

伏連兄孫安文。從征平涼有功，賜爵覇城男，加虎威將軍。後遷三郎幢將。卒。高祖初，以其子毅貴，追贈安東將軍、冀州刺史、陽平公，謚曰定。

毅，歷位內外，稍遷殿中尚書、散騎常侍，賜爵常山公，加安南將軍。遷尚書右僕射。以擒反人梁衆保，加侍中，本官如故。後例降爲侯。出除使持節、鎮東將軍、定州刺史。

時太極殿成，將行考室之禮，引集羣臣，而雪不克饗。高祖曰：「朕經始正殿，功構初成，將集百僚，考行大禮。然同雲仍結，霏雪驟零，將由寡昧，未能仰答天心。此之不德，咎竟焉在？卿等宜各陳所懷，以匡不逮。」毅稽首對曰：「雪霜風雨，天地之常，夏霖冬霰，四時恒節。今隆冬雪降，固是其時。又禮云『雨沾服失容，則廢』，禮自古而然，不足爲異。」高祖曰：「昔劉秀將濟，呼沱爲之冰合。但朕德謝古人，不能仰感天意故也。」

後轉都督涼河二州、鄯善鎮諸軍事、涼州刺史。車駕南伐，毅表諫曰：「伏承六軍雲動，

問罪荆揚，弔民淮表，一同甌越。但臣愚見，私竊未安。何者？京邑新遷，百姓易業，公私草創，生途索然。兼往歲弗稔，民多飢饉，二三之際，嗟惋易興。天道悠長，宜遵養時晦，願抑赫斯，以待後日。」詔曰：「時不自來，因人則合。今年人事，殊非昔歲。守株之唱，便可停也。陽九利涉，豈卿所知也。」

太和二十一年卒。賜錢二十萬，布二百匹。

丘堆，代人也。美容儀，以忠謹親侍。太宗即位，拾遺左右，稍遷散騎常侍。與叔孫建等討滅山胡。劉裕泝河西伐，詔堆與建自河內次枋頭以備寇盜。姚泓既滅，堆留鎮幷州。赫連屈孑遣三千騎寇河西，堆自幷州與游擊將軍王洛生擊走之。以功賜爵爲侯。世祖監國臨朝，堆與太尉穆觀等爲右弼。世祖即位，進爵臨淮公，加鎮西將軍。徙爲太僕。

世祖征赫連昌，堆與常山王素督步兵三萬人爲後繼。昌戰敗南奔，世祖遣堆與宗正娥清率五千騎略地關右。昌貳城守將堅守不下，堆與清攻拔之。詔堆班師，宜城王奚斤表留堆等進平昌，許之。堆、斤合軍與昌相拒擊。士馬乏糧，堆與義兵將軍封禮督租於民間，士卒暴掠，爲昌所襲，敗績。堆將數百騎還城。斤追擊赫連定，留堆守輜重。斤爲定所擒，堆

聞而棄甲走長安，復將高涼王禮棄守東走蒲坂。世祖大怒，遣西平公安頡斬堆。延和初，詔曰：「堆，國之肺腑，勳著先朝，西征喪師，遂從軍法。國除祀絕，朕甚愍之。可賜其子跋爵淮陵侯，加安遠將軍。」後征蓋吳，戰沒。

子麟，襲爵。歷位駕部令。出爲瑕丘鎮將、假平南將軍、東海公。遷東兗州刺史，卒官。

娥清，代人也。少有將略，累著戰功。稍遷振威將軍。劉裕遣將朱超石寇平原，至畔城遁還。清與長孫道生追之，至河，獲其將楊豐。還，拜給事黃門侍郎。先是，徙河民散居三州，頗爲民害。詔清徙之平城。清善綏撫，徙者如歸。太宗南巡幸鄴，以清爲中領軍將軍，與宋兵將軍周幾等渡河略地。至湖陸，高平民屯聚林藪，拒射官軍，清等因誅數千家，虜獲萬餘口。賜爵須昌侯。清與幾等遂鎮枋頭。世祖初，清自枋頭還京師，假征南將軍，進爲東平公。蠕蠕大檀徙居漠南，清與平陽王長孫翰從東道出長川討之，大獲而還。轉宗正卿。尋從征蠕蠕。又從平統萬，遂與奚斤追赫連昌至安定，與昌相持。及安頡擒昌，昌弟定西走，斤追之。清欲尋水而往，斤不從，遂與斤俱爲定所擒。世祖克平涼，乃得還。後詔清鎮幷州，討山胡白龍於西河，斬白龍父及其將帥，遂屠其城。還平東將軍，與古弼等東

討馮文通。以不急戰，文通奔高麗，檻車徵，黜爲門卒。遂卒於家。

子延，官至員外散騎常侍，賜爵南平公。

劉尼，代人也。本姓獨孤氏。曾祖敦，有功於太祖，爲方面大人。父婁，冠軍將軍，卒贈幷州刺史。尼少壯健，有膂力，勇果善射，世祖見而善之，拜羽林中郎，賜爵昌國子，加振威將軍。

宗愛既殺南安王余於東廟，祕之，惟尼知狀。尼勸愛立高宗。愛自以負罪於景穆，聞而驚曰：「君大癡人，皇孫若立，豈忘正平時事乎？」尼曰：「若爾，今欲立誰？」愛曰：「待還宮，擢諸王子賢者而立之。」尼懼其有變，密以狀告殿中尚書源賀，賀時與尼俱典兵宿衞。仍共南部尚書陸麗謀曰：「宗愛既立南安，還復殺之。今不能奉戴皇孫，以順民望，社稷危矣。將欲如何？」麗曰：「唯有密奉皇孫耳。」於是賀與尚書長孫渴侯嚴兵守衞，尼與麗迎高宗於苑中。麗抱高宗於馬上，入京城。尼馳還東廟，大呼曰：「宗愛殺南安王，大逆不道。皇孫已登大位，有詔，宿衞之士皆可還宮。」衆咸唱萬歲。賀及渴侯登執宗愛、賈周等，勒兵而入，奉高宗於宮門外，入登永安殿。以尼爲內行長，進爵建昌侯。遷散騎常侍、安南將軍。

又進爵東安公。尋遷尚書右僕射，加侍中，進封爲王。

出爲征南將軍、定州刺史。在州清愼，然率多酒醉，治日甚少。徵爲殿中尚書，加侍中、特進。高宗末，遷司徒。顯祖即位，以尼有大功於先朝，彌加尊重，賜別戶三十。皇興四年，車駕北征，帝親誓衆，而尼昏醉，兵陳不整。顯祖以其功重，特恕之，免官而已。延興四年薨。

子社生，襲爵。世宗時，寧朔將軍、步兵校尉。熙平初卒。贈龍驤將軍、朔州刺史，謚曰克。

奚眷，代人也。少有將略。太祖時有戰功。太宗時爲尚書、假安南將軍、虎牢鎮將，爲寇所憚。世祖初，爲中軍、都曹尚書，復鎮虎牢，賜爵南陽公，加使持節、侍中、都督豫洛二州河內諸軍事、鎮南將軍、開府。尋徙鎮長安。世祖幸美稷，眷受詔督諸軍，共討山胡白龍于西河，破之，屠其城，斬首數千級，虜其妻子而還。世祖平姑臧，遣眷討沮渠牧犍弟私署張掖太守宜得。宜得奔酒泉，酒泉太守無諱與宜得奔高昌。獲其二城。後沮渠天周復據酒泉，眷討平之，虜男女四千餘人。世祖征蠕蠕，以眷爲尚書，督偏將出別道，詔會鹿渾海。

眷與中山王辰等諸大將俱後期，斬于都南。爵除。

車伊洛，焉耆胡也。世爲東境部落帥，恒修職貢。世祖録其誠款，延和中，授伊洛平西將軍，封前部王，賜絹一百匹，綿一百斤，繡衣一具，金帶靴帽。伊洛大悦，規欲歸闕。沮渠無諱斷路，伊洛與無諱連戰，破之。時無諱卒，其弟安周奪無諱子乾壽兵，規領部曲。伊洛前後遣使招喻，乾壽等率戶五百餘家來奔，伊洛送之京師。又招喻李寶弟欽等五十餘人，送詣敦煌。伊洛又率部衆二千餘人伐高昌，討破焉耆東關七城，虜獲男女二百人，駝千頭，馬千匹。以金一百斤奉獻。

先是，伊洛征焉耆，留其子歇守城，而安周乘虛引蠕蠕三道圍歇，并遣使謂歇曰：「爾父已投大魏，爾速歸首，當賜爾爵號。」歇固守，連戰。久之，外無救援，爲安周所陷，走奔伊洛。伊洛收集遺散一千餘家，歸焉耆鎮。世祖嘉之。正平元年，詔伊洛曰：「歇年尚幼，能固守城邑，忠節顯著，朕甚嘉之。可遣歇詣闕。」伊洛令歇將弟波利等十餘人赴都。正平二年，伊洛朝京師，賜以妻妾、奴婢、田宅、牛羊，拜上將軍，王如故。興安二年卒。贈鎮西大將軍、秦州刺史，謚曰康王。賜綿絹雜綵五百匹，衣二十七襲。葬禮依盧魯元故事。

歇襲爵。皇興末，拜使持節、平西將軍、豫州刺史。延興三年卒，子伯主襲爵。

波利，天安二年拜立節將軍，樂官侯。皇興三年卒，兄子洛都襲爵。

宿石，朔方人也，赫連屈孑弟文陳之曾孫也。天興二年，文陳父子歸闕，太祖嘉之，以宗女妻焉，賜奴婢數十口，拜爲上將軍。祖若豆根，太宗時賜姓宿氏，襲上將軍。父沓干，世祖時虎賁幢將。從征平涼有功，拜虎威將軍、侍御郎，賜爵漢安男。轉中散，遷給事，兼領工曹。從駕討和龍，以功賜奴婢十七戶。眞君四年，從駕討蠕蠕，戰沒。世祖悼惜之，詔求沓干子。時石年甫十一，引見，以幼聽歸。年十三，襲爵，擢爲中散。從駕至江，拜宣威將軍。興光中，遷侍御史，拜中壘將軍，進爵蔡陽子，典宜官曹。遷內行令。從幸苑內，遊獵，石於高宗前走馬，道峻，馬倒殞絕，久之乃蘇。由是御馬得制。高宗嘉之，賜綿一百斤，帛五十匹，駿馬一匹，改爵義陽子。嘗從獵，高宗親欲射虎。石叩馬而諫，引高宗至高原上。後虎騰躍殺人。詔曰：「石爲忠臣，鞚馬切諫，免虎之害。後有犯罪，宥而勿坐。」賜駿馬一匹。尙上谷公主，拜駙馬都尉。天安初，遷散騎常侍、吏部尙書，進爵太山公，爲北中道都大將。〔七〕延興元年卒。追贈太原王，謚曰康。葬禮依盧魯元故事。太和初，子倪襲爵。比部侍御。

來大千，〔八〕代人也。父初眞，從太祖避難叱候山，參創業之功，官至後將軍，武原侯，與在八議。大千驍果，善騎射，爲騎都尉。永興初，襲爵，遷中散。至於朝賀之日，大千常著御鎧，盤馬殿前，朝臣莫不嗟歎。遷內幢將，典宿衞禁旅。大千用法嚴明，上下齊肅。嘗從太宗校獵，見虎在高巖上，大千持稍直前刺之，應手而死。太宗嘉其勇壯，又爲殿中給事。

世祖踐祚，與襄城公盧魯元等七人俱爲常侍，持仗侍衞，晝夜不離左右。從討赫連昌，共長孫道生與賊交戰。道生馬倒，爲賊所擊，大千馳救，賊衆散走。大千扶道生上馬，遂得免。從討蠕蠕，戰功居多。遷征北大將軍，賜爵廬陵公，鎮雲中，兼統白道軍事。闕賊北叛，大千前後追擊，莫不平殄。延和初，車駕北伐，大千爲前鋒，大破虜軍。世祖以其壯勇，數有戰功，兼悉北境險要，詔大千巡撫六鎮，以防寇虜。經略布置，甚得事宜。後吐京胡反，以大千爲都將討平之。在吐京卒，喪還，停於平城南。世祖出，還，見而問之，左右以對，世祖悼歎者良久。詔曰：「大千忠勇盡節，功在可嘉，今聽喪入殯城內。」贈司空，謚曰莊公。

子丘頹，襲爵。降爲晉興侯。拜安遠將軍。從駕到江，進右將軍。和平中，遷中散，轉相曹都典奉事。皇興四年卒。贈寧南將軍、陳留公，謚曰簡。子葦襲爵。

丘頹弟提，官至監御曹給事，冠軍將軍，兗州刺史，濮陽侯。太和十年卒。

周幾，代人也。父千，有功太祖之世，賜爵順陽侯。坐事死。幾少以善騎射爲獵郎。太宗卽位，〔九〕爲殿中侍御史，掌宿衞禁兵，斷決稱職。遷左民尙書。神瑞中，并州飢民遊食山東，詔幾領衆鎮博陵之魯口以安集之。泰常初，白澗、行唐民數千家負嶮不供輪稅，幾與安康子長孫道生宣示禍福，逃民遂還。于時郡縣斬叛胡翟猛雀於林慮山，猛雀遺種竄於行唐及襄國。幾追討，盡誅之。後爲寧朔將軍，拒司馬德宗將劉裕於南，破毛德祖於土樓。以功賜爵交阯侯。世祖以幾有智勇，遣鎮河南，威信著于外境。幾常嫌奚斤等綏撫關中失和，百姓不附。每至言論，形於聲色。斤等憚焉。進號宋兵將軍。率洛州刺史于栗磾以萬人襲陝城，卒于軍，軍人無不歎惜之。歸葬京師。追贈交阯公，謚曰桓。

子步，襲爵。卒。

子安國，襲爵。太和中，討蠕蠕，失利，伏法。爵除。

豆代田，代人也。太宗時以善騎射爲內細射。從攻虎牢，詔代田登樓射賊，矢不虛發。從討赫連昌，與奚斤前鋒先入，擒劉義隆將毛德祖幷長史、司馬三人。以功遷內三郎。從討赫連昌，乘乘勝追賊，入其宮門，門閉，代田踰宮而出。世祖壯之，拜勇武將軍。後從駕平昌，以戰功賜奴婢十五口，黃金百斤，銀百斤。神𪓐中，討蠕蠕，賜爵關中侯。從討平涼，擊破赫連定，得奚斤等。世祖以定妻賜之，詔斤膝行授酒於代田。敕斤曰：「全爾身命者，代田功也。」改爵井陘侯，加散騎常侍、右衞將軍，領內都幢將。從討和龍，戰功居多，遷殿中尚書，賜奴婢六十口。以前後軍功，進爵長廣公，加平東將軍。從駕南討。轉太子太保。出爲統萬鎭大將。興安中卒。贈侍中、安東大將軍、長廣王，謚曰恭。

子求周，爲內三郎。從駕到江，賜爵五等子。又進爵爲侯。後襲父爵。爲吏部尚書。皇興二年卒。贈征北大將軍、長廣王，謚曰簡。子多侯襲爵。

周觀，代人也。驍勇有膂力，每在軍陳，必應募先登。以功進爲軍將長史，尋轉軍將。

擊赫連屈丐有功，賜爵安川子，遷北鎭軍將。世祖卽位，從討蠕蠕。以軍功進爲都副將，鎭雲中。神𪓐中，又討蠕蠕，大獲，增爵爲侯。從征平涼，進爵金城公，遷爲都將。從破離石胡，加散騎常侍。轉高平鎭將。觀善撫士卒，號有威名。眞君初，詔觀統五軍西討禿髮保周於張掖。徙其民數百家，將置於京師，至武威，輒與諸將私分之。世祖大怒，黜觀爲金城侯，改授內都大官。出除平南將軍、秦州刺史，復爵金城公。撫馭失和，民薛永宗聚衆於汾曲以叛。觀討永宗，爲流矢所中。世祖幸蒲坂，觀聞帝至，驚怖而起，瘡重遂卒。世祖怒，絕其爵。

子豆，初爲三郎，遷軍將。卒于長樂太守。

閭大肥，蠕蠕人也。太祖時，與其弟大埿倍頤率宗族歸國。太祖善之，尚華陰公主，賜爵其思子。與其弟並爲上賓，入八議。太宗卽位，進大肥爲內都大官，增爵爲侯。神瑞中，爲都將，討越勤部於跋那山，大破之。泰常初，復爲都將，領禁兵討蠕蠕，獲其大將莫孤渾。宜城王奚斤之攻虎牢也，大肥與娥清領十二軍出中道，略地高平、金鄉，東至泰山。假大肥使持節、安陽公，鎭撫陳汝。世祖初，復與奚斤出雲中白道討大檀，破之。還爲內都大官。出除使持節、冀青二州刺史，假滎陽公。尋徵還，位特進。復出爲冀青二州刺史。尋入爲內都大官。從討赫連昌，以功授滎陽公。公主薨，復尚濩澤公主。又爲都將，擊大檀，大破之。還至渴侯山，遂討東部高車於巳尼陂。又征平涼，並有功。世祖將拜大肥爲王，遇疾卒。追贈中山王。子賀，早卒。

大肥弟鱗，襲爵。出爲仇池鎭將。卒，無子。

弟鳳，襲爵。高宗時爲內都大官，出爲鎭南將軍、肆州刺史。卒，無子，爵除。

尉撥，代人也。父那，濮陽太守。撥爲太學生，募從兗州刺史羅忸擊賊於陳汝，有功，賜爵介休男。從討和龍，遷虎賁帥，轉千人軍將。又從樂平王丕討和龍。除涼州軍將，擊吐谷渾，獲其人一千餘落。後吐谷渾小將率三百餘落來降，尋復亡叛，撥率騎追之，盡獲而還。以功進爵爲子。〔一〇〕遷晉昌鎭將，綏懷邊民，甚著稱績。入爲知臣監。出爲杏城鎭將，在任九年，大收民和，山民一千餘家、上郡徒各、盧水胡八百餘落，盡附爲民。高宗以撥淸平有惠績，賜以衣服。顯祖卽位，爲北征都將。復爲都將，南攻懸瓠，破劉彧將朱湛之水軍三千人，拜懸瓠鎭將，加員外散騎常侍，進爵安城侯。顯祖嘉其聲效，復賜衣服。轉平南將軍、

北豫州刺史。後洛州民田智度聚黨謀逆。詔撥乘傳發豫州兵與洛州刺史丘頓擊之，獲智度，送京師。撥卒，贈冠軍將軍，謚敬侯。

陸眞，代人也。父洛侯，秦州長史。眞少善騎射。世祖初，以眞膂力過人，拜內三郎。數從征伐，所在摧鋒陷陳，前後以功屢受賞賜。

眞君中，從討蠕蠕，以功賜爵關內侯。後攻懸瓠，登樓臨射城中，弦不虛發。劉義隆將王玄謨衆數萬人寇滑臺，眞從世祖討之。夜與數人乘小船突玄謨軍，入城撫慰，登城，巡行賊營中，乃還渡河。至明，玄謨敗走。從駕至江，眞再破賊軍，拜建武將軍、石城子。還攻盱眙，眞功居多。遷給事中，典太倉事。

高宗卽位，拜冠軍將軍，進爵都昌侯。遷散騎常侍，選部尚書。時丁零數千家寇竊幷定，眞與幷州刺史乞伏成龍自樂平東入，與定州刺史許崇之併力討滅。從駕巡東海，以眞爲寧西將軍。尋遷安西將軍、長安鎭將，假建平公。胡賊帥賀略孫聚衆千餘人叛于石樓。眞擊破之，殺五百餘人。是時，初置長蛇鎭，眞率衆築城，未訖，而氐豪仇傉檀等反叛，氐民咸應，其衆甚盛。眞擊平之，殺四千餘人，卒城長蛇而還。

東平王道符反于長安，殺雍州刺史魚玄明，關中草草。以眞爲長安鎭將，賜爵河南公。長安兵民，素伏威信，眞到，撫慰之，皆怡然安靜。咸陽民趙昌受劉彧署龍驤將軍，扇動鄠、盩厔二縣，聚黨數百人據赤谷以叛。眞與雍州刺史劉邈討平之，昌單騎走免。後鄠縣民王稚兄弟，聚二千餘人，招引趙昌。始平、石安、池陽、靈武四縣人皆應之，衆至五千，據治谷堡。時詔南郡王李惠等領步騎六千討昌。眞以大軍未至，慮昌滋蔓，與雍州刺史劉邈討昌。昌出營拒戰，眞擊破之，斬昌及賊首三千餘級，傳首京師，幷誅其黨與七百餘人，獲男女一千餘口。雍州民夷，莫不震伏。在鎭數年，甚著威稱。延興二年卒。歸葬京師，謚曰烈。

子延，字契胡提，頗有氣幹，襲爵河南公。累遷歷長安鎭將，拜安南將軍、濟州刺史。例降，改封汝陽侯。京兆王愉爲徐州刺史，以延爲愉府司馬，帶彭城內史。正始初，除武川鎭將。入除太僕卿。都督沃野、武川、懷朔三鎭諸軍事、安北將軍、懷朔鎭大將，加散騎常侍。正光初，拜金紫光祿大夫，復除太僕卿。受使綏慰秀容，爲牧子所害。建義初，拜都官尙書。卒於平南將軍、光祿大夫。

弟什夤，太府卿、平東將軍、光祿大夫。

呂洛拔，代人也。曾祖渴侯，昭成時率戶五千歸國。祖肥，濮陽太守。父匹知，世祖時爲西部長、滎陽公。洛拔以壯勇知名，高宗末爲平原鎭都將。劉彧徐州刺史薛安都歸誠，請援。詔遣尉元率衆救之，洛拔隨元入彭城。彧將張永遣將王茂之領兵五千向武原，援其運車。元遣洛拔率騎詣武原擊之。格戰二日，手殺九人，奪賊運車二百餘乘，牛二百五十頭。仍共擊張永，大敗之。賜爵成武侯，加建義將軍。年五十六，卒。

長子文祖，顯祖以其勳臣子，補龍牧曹奏事中散。以牧產不滋，坐徙於武川鎭。後文祖以舊語譯注皇誥，辭義通辯，超授陽平太守。未拜，轉爲外都曹奏事中散。後坐事伏法。

史臣曰：仁人之言，必有博利。參合之役，威罰實行，蓋王建之罪歟？安同異類之人，智識入用，任等時俊，當有由哉。頡擒赫連昌，摧義隆衆，遂爲名將，未易輕也。樓伏連、丘堆、娥淸，俱以壯勇，征伐四克。劉尼忠國翼主，豈徒驍猛之用乎？奚眷將略致位，不能以功名自終。車伊洛自遠宅心，異凡戎矣。宿石等並忠勤勇略，有將帥之才，自致青雲，豈徒然也。

校勘記

〔一〕還爲左大夫　諸本「左」下衍「右」字，今據北史卷二〇王建傳，册府卷三五二四一八二頁、卷三八一四五二六頁、卷九四三一一一〇八頁刪。

〔二〕賜僮隸五千戶　册府卷三八一四五二六頁「千」作「十」。按魏初賜奴婢、隸戶一般是數十戶，從未有這樣大的數字，如同卷安同「賜隸戶三十」，劉尼「賜別戶三十」，宿石「賜奴婢十七戶」。「千」字當是「十」之訛。

〔三〕烏丸庫傉官鳴聚黨爲寇　諸本「庫傉官鳴」作「庫佷宮鳴」。按卷二太祖紀天興元年三月記「漁陽羣盜庫傉官韜聚衆反」，七月又記「漁陽羣盜庫傉官韜復聚黨爲寇，詔冠軍將軍王建討平之」。卷一一三官氏志：「庫褥官氏，後改爲庫氏。」「庫傉官」是烏丸姓，「傉」或作「褥」，作「辱」。這裏「佷宮」二字顯爲「傉官」之訛，今改正。其名，紀作「韜」，可能一人二名，也可能是二人，今不改。

〔四〕遣斤鎭慮虒以撫慰之　諸本「慮虒」倒作「虒慮」。按「慮虒」漢縣。卷一〇六上地形志上肆州永安郡驢夷條云：「二漢屬太原，曰『慮虒』，晉罷，太和十年復，改。」此時縣尙未復改，承用廢縣舊名。今乙正。

〔五〕同長子屈　百衲本卷末有宋人校語云：「同父名屈，同長子又名屈，同雖胡人，祖孫不應同名。」諸本無此校語，殿本入考證，却不說明是宋人語。按「屈」是音譯，祖孫同名是常事。

〔六〕至于衡關　通鑑卷一二一三八一九頁「衡」作「潼」。卷三五崔浩傳、卷三七司馬楚之傳敍此事都作「潼關」，册府卷三五三四一八六頁又作「衞關」。按寰宇記卷二九華陰縣潼關條引三輔記：「潼關本名衝關，河水自龍門衝激至華山東，故以名之。」元和志卷二潼關條亦云：「河在關內，南流衝激關山，因謂之『衝關』。」潼，廣韻亦讀尺容切，與「衝」音義俱同。知「潼關」亦名「衝關」。這裏「衡」與册府「衞」字都是「衝」字之訛。

〔七〕爲北中道都大將　北史卷二五宿石傳「北」下有「征」字，按此字不應省，當是此傳脫去。

〔八〕來大千　北史卷二五本傳「千」作「干」。

〔九〕太宗即位　諸本「太宗」作「太祖」，北史卷二五周幾傳作「明元」。張森楷云：「上已云『父千，有功太祖之世』，則此不應復云『太祖即位』，『祖』當是『宗』之誤。」按張說是，今據北史改。

〔一〇〕以功進爵爲子　諸本脫「爵」字，今據北史卷二五尉撥傳、册府卷三五三四一八八頁補。

魏書卷三十一

列傳第十九

于栗磾

于栗磾，代人也。能左右馳射，武藝過人。登國中，拜冠軍將軍，假新安子。後與寧朔將軍公孫蘭領步騎二萬，潛自太原從韓信故道開井陘路，襲慕容寶於中山。既而車駕後至，見道路修理，大悅，即賜其名馬。及趙魏平定，太祖置酒高會，謂栗磾曰：「卿即吾之黥彭。」大賜金帛，進假新安公。太祖田於白登山，見熊將數子，顧謂栗磾曰：「卿勇幹如此，寧能搏之乎？」對曰：「天地之性，人爲貴。若搏之不勝，豈不虛斃一壯士。自可驅致御前，坐而制之。」尋皆擒獲。太祖顧而謝之。永興中，關東羣盜大起，西河反叛。栗磾受命征伐，所向皆平，即以本號留鎮平陽。轉鎮遠將軍，河內鎮將，賜爵新城男。栗磾撫導新邦，甚有威惠。

劉裕之伐姚泓也，栗磾慮其北擾，遂築壘於河上，親自守焉。禁防嚴密，斥候不通。裕甚憚之，不敢前進。裕遺栗磾書，遠引孫權求討關羽之事，假道西上，題書曰「黑矟公麾下」。栗磾以狀表聞，太宗許之，因授黑矟將軍。栗磾好持黑矟以自標，裕望而異之，故有是語。奚斤之征虎牢也，栗磾別率所部攻德宗河南太守王涓之於金墉，涓之棄城遁走。還豫州刺史，將軍如故，進爵新安侯。洛陽雖歷代所都，久爲邊裔，城闕蕭條，野無煙火。栗磾刊闢榛荒，勞來安集。德刑既設，甚得百姓之心。太宗南幸盟津，謂栗磾曰：「河可橋乎？」栗磾曰：「杜預造橋，遺事可想。」乃編次大船，構橋於冶坂。六軍既濟，太宗深歎美之。

世祖之征赫連昌，敕栗磾與宋兵將軍、交阯侯周幾襲陝城。昌弘農太守曹達不戰而走。乘勝長驅，仍至三輔。進爵爲公，加安南將軍。平統萬，還蒲坂鎮將。時弘農、河內、上黨三郡賊起，栗磾討之。轉虎牢鎮大將，加督河內軍。尋遷使持節、都督兗相二州諸軍事、〔一〕鎮南將軍、枋頭都將。又爲外都大官，平刑折獄，甚有聲稱。卒，年七十五。賜東園祕器、朝服一具、衣一襲。贈太尉公。

栗磾自少治戎，迄于白首，臨事善斷，所向無前。加以謙虛下士，刑罰不濫。世祖甚悼惜之。

子洛拔，襲爵。少以功臣子，拜侍御中散。有姿容，善應對，恭慎小心。世祖甚加愛寵，因賜名焉。車駕征討，恒在侍衞，擢領監御曹事。從征涼州，既平，賜奴婢四十口，轉監御曹令。恭宗之在東宮，厚加禮遇，洛拔以恭宗雖則儲君，不宜逆自結納，恒畏避屏退，左轉領候宮曹事。頃之，襲爵。出爲使持節、散騎常侍、寧東將軍、和龍鎮都大將、營州刺史。以治有能名，進號安東將軍。又爲外都大官。會隴西屠各王景文等恃險竊命，私署王侯，高宗詔洛拔與南陽王惠壽督四州之衆討平之，徙其惡黨三千餘家於趙魏。轉拜侍中、殿中尚書。遷尚書令，侍中如故。在朝祗肅，百僚憚之。太安四年卒，時年四十四。洛拔有六子。

長子烈，善射，少言，有不可犯之色。少拜羽林中郎，遷羽林中郎將。延興初，敕領寧光宮宿衞事。遷屯田給納。

太和初，秦州刺史尉洛侯，雍州刺史、宜都王目辰，長安鎮將陳提等，貪殘不法，烈受詔案驗，咸獲贓罪，洛侯、目辰等皆致大辟，提坐徙邊。仍以本官行秦雍二州事。還司衞監，總督禁旅。從幸中山，車駕還次肆州，司空苟頹表沙門法秀誑惑百姓，潛謀不軌，詔烈與吏部尚書闕丞祖馳驛討之。會秀已平，轉左衞將軍，賜爵昌國子。還殿中尚書，賜帛三千匹。

于時高祖幼沖，文明太后稱制，烈與元丕、陸叡、李沖等各賜金策，許以有罪不死。加散騎常侍，遷前將軍，進爵洛陽侯。尋轉衞尉卿。從駕南征，加鎮南將軍。

及還洛陽，人情戀本，多有異議，高祖問烈曰：「卿意云何？」烈曰：「陛下聖略淵遠，非愚管所測。若隱心而言，樂遷之與戀舊，唯中半耳。」高祖曰：「卿既不唱異，即是同，深感不言之益。宜且還舊都，以鎮代邑。」敕留臺庶政，一相參委。車駕幸代，執烈手曰：「宗廟至重，翼衞不輕，卿當祗奉靈駕，時還洛邑。朕以此事相託顧，非不重也。」烈與高陽王雍奉遷神主於洛陽，高祖嘉其勳誠，遷光祿卿。

十九年，大選百僚，烈子登引例求進。烈表曰：「臣上或近臣，下不決引一人，疑而恩出分外，冀荷榮祿。當今聖明之朝，理應謙讓，而臣子登引人求進，是臣素無教訓，請乞黜落。」高祖曰：「此乃有識之言，不謂烈能辦此。」乃引見登，詔曰：「朕今創禮新邑，明揚天下，卿父乃行謙讓之表，而有直士之風，故進卿爲太子翊軍校尉。」又加烈散騎常侍，封聊城縣開國子，食邑二百戶。

及穆泰、陸叡謀反舊京，高祖幸代，泰等伏法。賜烈及李沖璽書，述金策之意。語在陸叡傳。是逆也，代鄉舊族，同惡者多，唯烈一宗，無所染預。高祖嘉其忠操，益器重之。歎曰：「元儼決斷威恩，深自不惡，然而爲臣盡忠猛決，不如烈也。」爾日烈在代都，必即斬其五三元首耳。烈之節概，不謝金日磾也。」

詔除領軍將軍。以本官從征荊沔，加鼓吹一部。高祖謂彭城王勰曰：「烈先朝舊德，智勇兼有，軍之大計，宜共參決。」宛鄧既平，車駕還洛，論功加散騎常侍、金紫光祿大夫。二十三年，蕭寶卷遣其太尉陳顯達入寇馬圈，高祖輿疾赴之，執烈手曰：「都邑空虛，維捍宜重。可鎮衞二宮，以輯遠近之望。」顯達破走，高祖崩於行宮，彭城王勰總一六軍，祕諱而返，稱詔召世宗會駕魯陽。以烈留守之重，密報凶問。烈處分行留，神色無變。

世宗卽位，寵任如前。咸陽王禧爲宰輔，權重當時，曾遣家僮傳言於烈曰：「須舊羽林虎賁執仗出入，領軍可爲差遣。」烈曰：「天子諒闇，事歸宰輔，領軍但知典掌宿衞，有詔不敢違，理無私給。」奴惘然而返，傳烈言報禧。禧復遣謂烈曰：「我是天子兒，天子叔，元輔之命，與詔何異？」烈厲色而答曰：「向者亦不道王非是天子兒、叔。若是詔，應遣官人，所由遣私奴索官家羽林，〔二〕烈頭可得，羽林不可得！」禧惡烈剛直，遂議出之，乃授使持節、散騎常侍、征北將軍、恒州刺史。烈不願藩授，頻表乞停，輒優答弗許。烈乃謂彭城王勰曰：「殿下忘先帝南陽之詔乎？而逼老夫乃至於此。」遂以疾固辭。

世宗以禧等專擅，潛謀廢之。會二年正月礿祭，〔三〕三公並致齋於廟，世宗夜召烈子忠謂曰：「卿父忠允貞固，社稷之臣。明可早入，當有處分。」忠奉詔而出。質明，烈至，世宗詔

曰：「諸父慢怠，漸不可任，今欲使卿以兵召之，卿其行乎？」烈對曰：「老臣歷奉累朝，頗以幹勇賜識。今日之事，所不敢辭。」乃將直閤已下六十餘人，宣旨召咸陽王禧、彭城王勰、北海王詳，衞送至于帝前。諸公各稽首歸政。以烈爲散騎常侍、車騎大將軍、領軍，進爵爲侯，增邑三百戶，并前五百戶。自是長直禁中，機密大事，皆所參焉。

太尉、咸陽王禧謀反也，武興王楊集始馳於北邙以告。時世宗從禽於野，左右分散，直衞無幾，倉卒之際，莫知計之所出。乃敕烈子忠馳覘虛實。烈時留守，已處分有備，因忠奏曰：「臣雖朽邁，心力猶可，此等猖狂，不足爲慮。願緩蹕徐還，以安物望。」世宗聞之，甚以慰悅。及駕還宮，禧已遁逃。詔烈遣直閤叔孫侯將虎賁三百人追執之。

順后既立，以世父之重，彌見優禮。八月，暴疾卒，時年六十五。世宗舉哀於朝堂，給東園第一祕器，朝服一具，衣一襲；賜錢二百萬，布五百匹；贈使持節、侍中、大將軍、太尉公、雍州刺史；追封鉅鹿郡開國公，增邑五百戶，并前千戶。烈有五子。

長子祚，字萬年。太和中，爲中散，稍遷恒州別駕。襲父爵。除假節、振威將軍、沃野鎮將，貪殘多所受納。坐免官，以公還第。卒，贈平州刺史。

祚子若，襲爵。多酒過，爲叔父景所撾殺。子順襲。卒，子馥襲。

祚弟忠，字思賢，本字千年。弱冠拜侍御中散。文明太后臨朝，刑政頗峻，侍臣左右，多以微譴得罪。忠朴直少言，終無過誤。太和中，授武騎侍郎，因賜名登。轉太子翊軍校尉。

世宗卽位，遷長水校尉。尋除左右郎將，〔四〕領直寢。元禧之謀亂也，車駕在外，變起倉卒，未知所之。忠進曰：「臣世蒙殊寵，乃心王室。臣父領軍，付留守之重計，防遏有在，必無所慮。」世宗卽遣忠馳騎覘之，而烈分兵嚴備，果如所量。世宗還宮，撫背曰：「卿差强人意。」賜帛五百匹。又曰：「先帝賜卿名登，誠爲美稱，朕嘉卿忠款，今改卿名忠。既表貞固之誠，亦所以名實相副也。」

父憂去職。未幾，起復本官。遷司空長史。于時太傅、錄尚書、北海王詳親尊權重，將作大匠王遇多隨詳所欲而給之。後因公事，忠於詳前謂遇曰：「殿下國之周公，阿衡王室，所須材用，自應關旨，何至阿諛附勢，損公惠私也。」遇既不寧，詳亦慚謝。遷征虜將軍，餘如故。以平元禧功，封魏郡開國公，食邑九百戶。尋遷散騎常侍，兼武衞將軍。每以鯁氣正辭，爲北海王詳所忿，面責忠曰：「我憂在前見爾死，不憂爾見我死時也。」忠曰：「人生於世，自有定分，若應死於王手，避亦不免；若其不爾，王不能殺。」詳因忠表讓之際，密勸世宗以忠爲列卿，令解左右，聽其讓爵。於是詔停其封，優進太府卿。

正始二年秋，詔忠以本官使持節、兼侍中，爲西道大使，刺史、鎮將贓罪顯暴者，以狀申聞，守令已下，便卽行決。與撫軍將軍、尚書李崇分使二道。忠劾并州刺史高聰贓罪二百餘條，論以大辟。還，除平西將軍、華州刺史。遭繼母憂，不行。服闋，授安北將軍、相州刺史。又爲衞尉卿、河南邑中正。詔忠與吏部尚書元暉、度支尚書元匡、河南尹元萇等推定代方姓族。高肇忌其爲人，欲密出之，乃言於世宗，稱中山要鎮，作捍須才，以忠器能，宜居其位。於是出授安北將軍、定州刺史。世宗既而悔之，復授衞尉卿，領左衞將軍、恒州大中正。密遣中使詔曰：「自比股肱褫落，心膂無寄。方任雖重，比此爲輕。故輟茲外任，委以內務。當勤夙無怠，稱朕所寄也。」延昌初，除都官尚書，加平南將軍，領左衞、中正如故。又加散騎常侍。嘗因侍宴，賜之劍杖，舉酒屬忠曰：「卿世秉貞節，故恒以禁衞相委。昔以卿行忠，賜名曰忠。今以卿才堪禦侮，以所御劍杖相賜。循名取義，意在不輕。其出入周旋，恒以自防也。」忠頓首陳謝。遷侍中、領軍將軍，忠面陳讓云：「臣無學識，不堪兼文武之任。」世宗曰：「當今學識有文者不少，但心直不如卿。欲使卿劬勞於下，我當無憂於上。」

及世宗崩，夜中與侍中崔光遣右衞將軍侯剛迎肅宗於東宮而卽位。忠與門下議，以肅宗幼年，未親機政；太尉、高陽王雍屬尊望重，宜入居西柏堂，省決庶政；任城王澄明德茂親，可爲尚書令，總攝百揆。奏中宮，請卽敕授。御史中尉王顯欲逞姦計，與中常侍、給事

中孫伏連等厲色不聽，寢門下之奏。宮闕侍中、黃門，但牒六輔姓字齎來。孫伏連等密欲矯太后令，以高肇錄尙書事，顯與高猛爲侍中。忠卽於殿中收顯殺之。

忠旣居門下，又總禁衞，遂秉朝政，權傾一時。初，太和中軍國多事，高祖以用度不足，百官之祿四分減一。忠旣擅權，欲以惠澤自固，乃悉歸所減之祿，職人進位一級。舊制：天下之民絹布一匹之外，各輸綿麻八兩。忠悉以與之。忠白高陽王雍，自云世宗本許優轉。雍憚忠威權，便順其意，加忠車騎大將軍。忠自謂新故之際，有安社稷之功，諷動百僚，令加己賞。於是太尉雍、清河王懌、廣平王懷難違其意，議封忠常山郡開國公，食邑二千戶。百僚咸以爲然。忠又難於獨受，乃諷朝廷，同在門下者皆加封邑。尙書左僕射郭祚、尙書裴植以忠權勢日盛，勸雍出忠。忠聞之，逼有司誣奏其罪。郭祚有師傅舊恩，裴植擁地入國，忠並矯詔殺之。朝野憤怨，莫不切齒，王公已下，畏之累跡。又欲殺高陽王雍，侍中崔光固執，乃止，遂免雍太尉，以王還第。自此之後，詔命生殺，皆出於忠。

旣尊靈太后爲皇太后，居崇訓宮，忠爲儀同三司、尙書令、領崇訓衞尉，侍中、領軍如故。靈太后臨朝，解忠侍中、領軍、崇訓衞尉，止爲儀同、尙書令，加侍中。忠爲令旬餘，靈太后引門下侍官于崇訓宮，問曰：「忠在端右，聲聽何如？」咸曰：「不稱厥位。」乃出忠使持節、都督冀定瀛三州諸軍事、征北大將軍、冀州刺史。太傅清河王等奏曰：「竊惟先帝升遐

之初，皇上登極之始，四海謐然，宇內晏清。至於奉迎乘輿，侍衞省闥，斯乃臣子之常節，職司之恒理，不容以此爲功，妄開井邑。臣等前議所以廣建茅土者，正以畏迫威權，苟免暴戾故也。是以中議之際，以十三日夜入爲無勳，唯以拒違矯令，抑黜姦回，微可褒敍。以前侍中臣忠總攝文武，侍中臣光久在樞密，讚同其意，故唯賞二人。今尙書臣昭等無涯上訴，奉敕重議。案王顯陰結姦徒，志爲不逞；高肇遠同凶逆，遙搆禍端。無將之罪，事合洿戮。而忠等徵罪，唯以厥身，不至孥戮，又出罪人，窮治不盡。案律準憲，事在不輕。曁皇上纂曆，聖后別宮，母子隔異，溫清道絕，皆忠等之咎。過方厥勳，功微罪重。又忠專權之後，擅殺樞納，輒廢宰輔，令朝野駭心，遠近怪愕。功過相除，悉不合賞。請悉追奪。」靈太后從之。

熙平元年春，御史中尉元匡奏曰：「臣聞事主不以幽貞革心，奉上不以趣捨虧節。是以倚秦宮而慟哭，復楚之功已多；陟盧龍而樹勳，廣魏之勳不淺。而申包避賞，君子於是義之；田疇拒命，良史所以稱美。竊唯宮車晏駕，天人位易，正是忠臣孝子致節之秋。前領軍將軍臣忠不能砥礪名行，自求多福，方因矯制，擅相除假，清官顯職，歲月隆崇。臣等在蕃之時，乃心家國，書諦往來，憤氣成疢。傷禮敗德，臣忠卽主。謹案臣忠世以鴻勳盛德，受遇累朝，出入承明，左右機近。幸國大災，肆其愚戇，專擅朝命，無人臣之心。裴郭受冤於旣往，宰輔黜辱於明世。又自矯旨爲儀同三司、〔五〕尙書令、領崇訓衞尉，原其此意，便欲無

上自處。旣事在恩後，宜加顯戮。請御史一人、令史一人，就州行決。崔光與忠雖同受召，〔六〕而謂光旣儒望，朝之禮宗，攝心虛遠，不關世務。但忠以光意望崇重逼光，〔七〕光若不同，又有危禍。伏度二聖欽明，深垂昭恕。而自去歲正月十三日世宗晏駕以後，八月一日皇太后未親覽以前，諸有不由階級而權臣用命，或發門下詔書，或由中書宣敕，擅相拜授者，已經恩宥，正可免其叨竊之罪。旣非時望，朝野所知，冒階而進者，並求追奪。」靈太后令曰：「直繩所糾，實允朝憲。但忠事經肆宥，又蒙特原，無宜追罪。餘如奏。」又詔曰：「忠以往年大諱之際，開崇邑土，然酬庸理乖，有司執奪。豈宜一謬，棄其餘勳也。但忠厥任禁要，誠節皎然，宜褒錫山河，以安厥望。可靈壽縣開國公，邑五百戶。」

初，世宗崩後，高太后將害靈太后。劉騰以告侯剛，剛以告忠。忠請計於崔光，光曰：「宜置胡嬪於別所，嚴加守衞，理必萬全，計之上者。」忠等從之，具以此意啓靈太后，太后意乃安。故太后深德騰等四人，並有寵授。忠以毀之者多，懼不免禍，願還京師，欲自營救。靈太后不許。二年四月，除尙書右僕射，加侍中，將軍如故。

神龜元年三月，復儀同三司，疾病未拜，見裴郭爲祟。忠自知必死，表曰：「先帝錄臣父子一介之誠，昭臣家世奉公之節，故申之以婚姻，重之以爵祿，至乃位亞三槐，秩班九命。自大明利見之始，百官總己之初，臣復得猥攝禁戎，緝寧內外，斯誠社稷之靈，兆民之福，臣

何力之有焉。但陛下以叡明御宇，皇太后以聖善臨朝，衽席不遺，簪屨弗棄，復乃寵窮出內，榮遍宮闈，〔八〕外牧兩河，入參百揆。顧服知妖，省躬識戾。而臣將愼靡方，致茲痾疢。自去秋苦痢，纏綿迄今，藥石備嘗，日增無損。又今年已來，力候轉惡，微喘緒息，振復良難。鴻慈未酬，伏枕涕咽。臣薄福無男，遺體莫嗣，貪及餘生，謹陳宿抱。臣先養亡第四弟第二子司徒掾永超爲子，猶子之念實切於心，乞立爲嫡，傳此山河。」靈太后令曰：「于忠表如此。旣誠勳宜錄，又無子可矜。臨危所祈，不容致奪，可特聽如請，以彰殊效。」忠薨，年五十七。給東園祕器、朝服一具、衣一襲、錢二十萬、布七百匹、蠟三百斤，贈侍中、司空公。有司奏：「太常少卿元端議，忠剛直猛暴，專戇好殺，案謚法剛強理直曰『武』，怙威肆行曰『醜』，宜謚武醜公。太常卿元脩義議，忠盡心奉上，翦除凶逆，依謚法除僞寧眞曰『武』，夙夜恭事曰『敬』，謚武敬公。二卿不同。」事奏，靈太后令曰：「可依正卿議。」

于氏自曾祖四世貴盛，一皇后，四贈三公，領軍、尙書令，三開國公。〔九〕忠性多猜忌，不交勝己，唯與直閤將軍章初瓌、千牛備身楊保元爲斷金之交。李世哲求寵於忠，私以金帛寶貨事初瓌、保元，初瓌、保元談之，遂被賞愛，引爲腹心。忠擅權昧進，爲崇訓之由，皆世哲計也。忠後妻中山王尼須女，微解詩書，靈太后臨朝，引爲女侍中，賜號范陽郡君。

永超名翻，襲爵。尋卒。

子世衡，襲。齊受禪，例降。

忠弟景，字百年。自司州從事，稍遷步兵校尉、寧朔將軍、高平鎮將。坐貪殘受納，爲御史中尉王顯所彈，會赦免。忠薨後，景爲武衞將軍。謀廢元叉，叉黜爲征虜將軍、懷荒鎮將。及蠕蠕主阿那瓌叛亂，鎮民固請糧廩，而景不給。鎮民不勝其忿，遂反叛。執縛景及其妻，拘守別室，皆去其衣服，令景著皮裘，妻著故絳襖。其被毁辱如此。月餘，乃殺之。

烈弟敦，自中散遷驍騎將軍。景明中，假節，行幷州事，除征虜將軍、恒州刺史。卒官，贈使持節、平北將軍、恒州刺史。

子昕，員外郎，直後，主衣都統，揚烈將軍，懷朔、武川鎮將，中散大夫。孝昌中，使蠕蠕，與阿那瓌擒逆賊破洛汗聽明、出六斤等。轉輔國將軍、北中郎將、恒州大中正。又遷撫軍將軍、衞尉卿。出爲鎮東將軍，殷、恒州刺史。還拜征東將軍，領左右。天平中卒。贈都督冀定州諸軍事、衞將軍、尚書僕射、儀同三司，謚曰文恭。

長子揚仁。武定中，勃海太守。

揚仁弟叉羅，字仲綱。中軍將軍、光州刺史。

叉羅弟子棨，魯郡太守。

敦弟果，嚴毅直亮，有父兄之風。自中散稍遷光祿大夫，守尚書，賜爵武城子。太和

中，歷朔、華、幷、恒四州刺史。

子礫，襲。太子舍人、通直散騎常侍。卒，贈右將軍、洛州刺史，謚曰哀。

子暉，征東將軍、金紫光祿大夫。

暉弟道揚，儀同開府諮議參軍。

礫弟祇，卒於司徒掾。贈鎮遠將軍、朔州刺史，謚曰悼。

祇子元伯，中散大夫。

果弟勁，事在外戚傳。

勁弟須，中散。遷長水校尉，稍遷武衞將軍、太府卿、鎮南將軍、肆州刺史。卒，贈侍中、車騎大將軍、尚書右僕射、儀同三司。闕冀州長史。卒，贈征南將軍、燕州刺史，謚曰武。

子翊，太尉從事中郎、燕州刺史。

子長文，字士端。武定中，尚書考功郎。

須弟文仁，太中大夫。

史臣曰：魏定中原，于栗磾有武功於三世。兼以虛己下物，罰不濫加，斯亦諸將所希矣。拔任參內外，以著能名。烈氣概沉遠，受任艱危之際，有柱石之質，殆禦侮之臣。忠以骾朴見親，乘非其據，遂擅威權，生殺自己。苟非女主之世，何以全其門族？其不誅滅，抑天幸也。

校勘記

〔一〕都督兗相二州諸軍事　諸本「相」作「桓」。按魏無「桓州」。下列官銜又有「枋頭都將」，枋頭在相州，「桓」字訛，今改正。

〔二〕所由遣私奴索官家羽林　御覽卷四二八一九七〇頁「所由」作「何由」。按「所由」常見於唐代文書，指主管的官吏，魏時罕見，疑作「何由」是。

〔三〕會二年正月礿祭　諸本「礿」作「初」。按卷二一上咸陽王禧傳、卷二一下彭城王勰傳都作「礿祭」。通鑑卷一四四四四八二頁也作「礿祭」。「礿」是皇帝春祭宗廟之名，「初」乃形訛，今改正。

〔四〕尋除左右郎將　北史卷二三于忠傳、御覽卷二四〇一一三八頁「右」作「中」。按「左右郎將」乃左中郎將和右中郎將的合稱，疑作「左中郎將」是。

〔五〕又自矯旨爲儀同三司　諸本「矯」下脫「旨」字，今據北史卷二三于忠傳、册府卷五一九六二〇六頁補。

〔六〕崔光與忠雖同受召　册府同上卷頁「召」作「詔」。按崔光與于忠同在門下，上文說忠「乃諷朝廷，同在門下者皆加封邑」，所以說「雖同受詔」。據傳文和卷六七崔光傳別無「同受召」的事。疑「召」字爲「詔」之訛。

〔七〕但忠以光意望崇重逼光　册府同上卷頁「意望」作「聲望」，「逼光」下有「爲助」二字。按文義作「聲望」較長，「逼光」下有二字語意也較完足，疑此傳訛脫。但如傳文亦可通，今不改。

〔八〕棨逼宮闈　諸本「闈」訛「闉」，今據册府卷八六三一〇二五二頁改。

〔九〕于氏自曾祖四世貴盛一皇后四贈三公領軍尚書令三開國公　北史卷二三于栗磾附于勁傳後作「自栗磾至勁，累世貴盛，一皇后，四贈公，三領軍，二尚書令，三開國公」。本書于勁在卷八三下外戚傳下，外戚傳以北史補，故傳後語與北史同。按這句話本當在忠傳後，北史移在勁傳後，實誤，別見卷八三下校記。這裏「領軍」和「尚書令」上脫去數目字。疑「三公」二字誤倒，當同北史作「四贈公，三領軍」，「尚書令」上脫「二」字。

魏書卷三十二

列傳第二十

高湖　崔逞　封懿

高湖，字大淵，勃海蓨人也。漢太傅裒之後。[一]祖慶，慕容垂司空。父泰，吏部尚書。湖少機敏，有器度，與兄韜俱知名於時，雅爲鄉人崔逞所敬異。少歷顯職，爲散騎常侍。登國十年，垂遣其太子寶來伐也，湖言於垂曰：「魏，燕之與國。彼有內難，此遣赴之；此有所求，彼無違者。和好多年，行人相繼。往求馬不得，遂留其弟，曲在於此，非彼之失。政當敦修舊好，乂寧國家，而復令太子率衆遠伐。且魏主雄略，兵馬精强，險阻艱難，備嘗之矣。太子富於春秋，意果心銳，輕敵好勝，難可獨行。兵凶戰危，願以深慮。」言頗切厲。垂怒，免湖官。既而寶果敗於參合。寶立，乃起湖爲征虜將軍、燕郡太守。寶走和龍，兄弟交爭，湖見其衰亂，遂率戶三千歸國。太祖賜爵東阿侯，加右將軍，總代東諸部。世祖時，除寧西

將軍、涼州鎮都大將，鎮姑臧，甚有惠政。年七十，卒。贈鎮西將軍、秦州刺史，謚曰敬。有四子。

第三子謐，字安平，有文武才度。天安中，[二]以功臣子召入禁中，除中散，專典秘閣。肅勤不倦，高宗深重之，拜秘書郎。謐以墳典殘缺，奏請廣訪羣書，大加繕寫。由是代京圖籍，莫不審正。顯祖之御寧光宮也，謐恒侍講讀，拜蘭臺御史。尋轉治書，掌攝內外，彈糾非法，當官而行，無所畏避，甚見稱賞。延興二年九月卒，時年四十五。太昌初，追贈使持節、侍中、都督青徐齊濟兗五州諸軍事、驃騎大將軍、太尉公、青州刺史，[三]謚武貞公。妻叔孫氏，陳留郡君。

長子樹生。性通達，重節義，交結英雄，不事生產，有識者並宗奇之。蠕蠕侵掠，高祖詔懷朔鎮將、陽平王頤率衆討之，頤假樹生鎮遠將軍、都將，先驅有功。樹生尚氣俠，意在浮沉自適，不願職位，辭不受賞，論者高之。居宅數有赤光紫氣之異，鄰伍驚恐，僉謂怪變，宅不可居。樹生曰：「何往非善。」[四]安之自若。雅好音律，常以絲竹自娛。孝昌初，北州大亂，詔發衆軍，廣開募賞。以樹生有威略，授以大都督，令率勁勇，鎮捍舊蕃。二年卒，時年五十五。太昌初，追贈使持節、都督冀相滄瀛殷定六州諸軍事、大將軍、太師、錄尚書事、冀州刺史，追封勃海王，謚曰文穆，妻韓氏，爲勃海王國太妃。永熙中，後贈假黃鉞、侍中、都督中外諸軍事，加後部羽葆鼓吹，餘如故。長子卽齊獻武王也。

王弟琛，字永寶。天平中，驃騎大將軍、開府儀同三司、御史中尉、南趙郡開國公。

子叡，襲。武定末，太子庶子。

樹生弟翻，字飛雀，亦以器度知名。卒於侍御中散。元象中，贈假黃鉞、使持節、侍中、都督冀定洛瀛幷肆燕恒雲朔十州諸軍事、大將軍、太傅、太尉公、錄尚書事、冀州刺史，謚曰孝宣。

子嶽，武定末，侍中、太傅公、[五]清河郡開國公。

謐長兄眞，有志行。兄弟俱至孝，父亡，治喪墓次，甘露白雉降集焉。有司以聞，詔標閭里。自涇州別駕，稍遷安定太守，甚著聲績。卒，贈龍驤將軍、涇州刺史。

闕帶金城太守。神龜初卒。[六]太昌元年，贈使持節、侍中、都督定相殷三州諸軍事、驃騎大將軍、儀同三司、定州刺史，謚曰武康。

子仁，正光中，卒於河州別駕。太昌初，贈使持節、侍中、都督青齊濟三州諸軍事、儀同三司、青州刺史，謚曰明穆。

子貫，字小胡。永興末，[七]通直散騎常侍、金紫光祿大夫、尚食典御。

拔弟賭兒，[八]美容貌，膂力過人，尤善弓馬。顯祖時，羽林幢將。皇興中，主仗令。高

祖初，給事中，累遷散騎常侍、內侍長。坐事死。

子昚，字明珍，有器尚。初除侍御史，拜奉朝請、員外散騎侍郎。與叔徽俱使西域，還至河州，遇賊攻圍，城陷見害。太昌初，贈使持節、都督冀滄二州諸軍事、征東將軍、冀州刺史。永熙中，重贈侍中、都督青徐光三州諸軍事、驃騎大將軍、儀同三司、青州刺史，謚曰文景。

子永樂，興和中，驃騎大將軍、儀同三司、濟州刺史、陽川縣開國公。

永樂弟弼，武定中，安西將軍、營州刺史、安陵縣開國男。

賭兒弟徽，字榮顯，小字苟兒。聰敏有氣幹，爲任城王澄所知賞。景明中，起家奉朝請。延昌中，假員外散騎常侍，使於嚈噠，西域諸國莫不敬憚之，破洛侯、烏孫並因之以獻名馬。還，拜冗從僕射。神龜中，遷射聲校尉、左中郎將、游擊將軍。又假平西將軍、員外散騎常侍，使嚈噠。還至枹罕，屬莫折念生反於秦隴。時河州刺史元祚爲前刺史梁釗息景進等招引念生攻河州，祚以憂死。長史元永平、治中孟賓、臺使元湛共推徽行河州事，綏接有方，兵士用命。別駕乞伏世則潛通景進，徽殺之。徵兵於吐谷渾，吐谷渾率衆救之。景進敗，退走，奔秦州。景進尋率羌夷復來攻逼，徽遣統軍六景相馳表請師，詔徽仍行河州事。久無援救，力屈城陷，爲賊所害。永熙中，喪還洛陽。贈使持節、侍中、都督冀定相瀛滄五州諸軍

事、司徒公、冀州刺史，謚曰文宣。

子歸義，有志烈。初除奉朝請，加威烈將軍。與父徽俱使西域。還都，稍遷龍驤將軍、中散大夫、西征都督，每有戰功。後沒於陣。太昌初，贈侍中、驃騎大將軍、儀同三司、雍州刺史，謚曰孝貞。

子普，武定末，安南將軍、太子左衞率。

歸義弟歸彥，武定末，驃騎大將軍、開府儀同三司、徐州刺史、安喜縣開國男。

眞弟各拔，廣昌鎮將。卒，贈燕州刺史。

子猛虎，鄯善鎮錄事。及居喪，以至性稱，遂絕宦情。

子元國，早卒。

次顯國，武定末，撫軍將軍、汶陽男。

顯國弟達，武定中，驃騎將軍、行滄州事。〔九〕

達弟永國，征虜將軍、中散大夫。

永國弟子國，武衞將軍。

各拔少子盛，天平中，侍中、太尉公、廣平郡開國公。

子子瑗，武定末，兼武衞將軍。

謐弟稚，字幼寧。薄骨律鎮將，營州刺史。

子陀，字難陀。沃野鎮長。〔一〇〕卒，贈琅邪太守。

子雍，字景雲，司徒從事。後與少子思義俱奔蕭衍，卒於江南。元象初，喪還，特贈使持節、散騎常侍、都督冀定瀛滄幽五州諸軍事、驃騎大將軍、尚書令、司徒公、冀州刺史。子思宗，武定末，中軍將軍、儀同三司、兗州刺史、上洛郡開國男。思義，特贈使持節、散騎常侍、都督青兗齊三州諸軍事、車騎大將軍、尚書僕射、儀同三司、青州刺史。

陀弟興，早卒。興子貴孫，晉州刺史。

湖弟恒，字叔宗，慕容垂鉅鹿太守。太祖時，率郡降，賜爵涇縣侯，加龍驤將軍，仍守鉅鹿。卒，贈安東將軍、幽州刺史，謚曰惠。

子道，字始惛，襲爵。拜都牧令，遷鎮南將軍、相州刺史。未及之職，卒。仍以爲贈，謚曰莊。

子幹，字干奴。好學，寬厚有雅度。襲爵涇縣侯，後例降爲伯。歷南青州征虜府司馬、威遠將軍、鄯善鎮遠府長史。仍轉汾州後軍府長史，白水太守。所在以廉平著稱。太昌初，卒。贈使持節、都督秦雍二州諸軍事、車騎大將軍、司空公、雍州刺史，謚曰孝穆。

子侃，字伯欣，襲。除南秦州長史。卒，贈輔國將軍、涼州刺史，謚曰宣。

子紹，字廣祖，襲爵。興和初，征虜將軍、滄州刺史。

侃弟騰，字伏興。卒於安東將軍、光州刺史、襄城縣開國公。

子陟，字祖遷。司空中郎、太尉主簿。

陟弟憬，通直郎。憬弟翽，襲父爵。

騰弟隆之，武定末，太保、尚書令、平原郡開國公。

崔逞，字叔祖，清河東武城人也，魏中尉琰之六世孫。曾祖諒，晉中書令。祖遇，仕石虎，爲特進。父瑜，黃門郎。

逞少好學，有文才。遭亂，孤貧，躬耕于野，而講誦不廢。慕容暐時，郡舉上計掾，補著作郎，撰燕記。遷黃門侍郎。及苻堅幷慕容暐，以爲齊郡太守。堅敗，司馬昌明以逞爲清河、平原二郡太守。爲翟遼所虜，授以中書令。慕容垂滅翟釗，以爲祕書監。慕容寶東走和龍，爲留臺吏部尚書。及慕容驎立，逞擕妻子亡歸太祖。張袞先稱美逞，及見，禮遇甚重。拜爲尚書，任以政事，錄三十六曹，別給吏屬，居門下省。尋除御史中丞。

太祖攻中山未克，六軍乏糧，民多匿穀，問羣臣以取粟方略。逞曰：「取椹可以助糧。故飛鴞食椹而改音，詩稱其事。」太祖雖銜其侮慢，然兵旣須食，乃聽以椹當租。逞又曰：「可使軍人及時自取，過時則落盡。」太祖怒曰：「內賊未平，兵人安可解甲仗入林野而收椹乎？是何言歟！」以中山未拔，故不加罪。天興初，姚興侵司馬德宗襄陽戍，戍將郗恢馳使乞師於常山王遵，遵以聞。太祖詔逞與張袞爲遵書以答。初，恢與遵書云「賢兄虎步中原」，太祖以言悖君臣之體，敕逞、袞亦貶其主號以報之。逞、袞乃云「貴主」。太祖怒曰：「使汝貶其主以答，乃稱貴主，何若賢兄也！」遂賜死。後司馬德宗荊州刺史司馬休之等數十人爲桓玄所逐，皆將來奔，至陳留南，分爲二輩，一奔長安，一歸廣固。太祖初聞休之等降，大悅，後怪其不至，詔兗州尋訪，獲其從者，問故，皆曰：「國家威聲遠被，是以休之等咸欲歸闕，及聞崔逞被殺，故奔二處。」太祖深悔之。自是士人有過者，多見優容。

逞七子，二子早亡，第三子義，義弟諲，諲弟禕，禕弟嚴，嚴弟賾。〔一一〕逞之內徙也，終慮不免，乃使其妻張氏與四子留冀州，令歸慕容德，遂奔廣固。逞獨與小子賾在平城。及逞之死，亦以此爲譴。

賾，字泰沖。初爲太子洗馬，後稍遷散騎常侍，〔一二〕賜爵清河侯。後世祖聞劉義隆以諲爲冀州刺史，乃曰：「義隆知其兄，我豈無冀州也。」乃以賾爲平東將軍、冀州刺史。又爲大鴻臚，持節策拜楊難當爲南秦王。奉使數返，光揚朝命，世祖善之。及驃騎大將軍、樂平王丕等督諸軍取上邽，使賾齎詔於丕前喻難當奉詔。後與方士韋文秀詣王屋山造金丹，不就。眞君初卒。賾五子。

長子秉，字公禮。早終，無子。

秉弟廣，字公淵，襲爵。拜平東將軍。子法度，早終。

廣弟軌，字公則。太子中舍人、鎮南司馬。

軌弟穆，字公和。早終。

穆弟叡，字哲，小字男季。高祖初，以交通境外伏誅。從兄景眞以子思叔繼叡。思叔，少爲中書學生，遷中書博士。世宗時，歷上黨、鉅鹿太守。自逞之死至叡之誅，三世積五十餘年而在北一門盡矣。

初，三齊平，禕孫相如入國，以才學知名。舉冀州秀才，早卒。相如弟彧，在術藝傳。

逞兄適，〔一三〕字寧祖，亦有名於時。慕容垂尚書左丞，范陽、昌黎二郡太守。適曾孫延壽，冀州主簿。輕財好施，甚收鄉曲之譽。

延壽子隆宗，簡率愛友，居喪以孝聞。歷位冀州別駕，蘭陵、燕郡二郡太守，司空諮議

參軍，冀州中正，中軍大將軍府長史。仁信待物，出於至誠，故見重於世。卒，贈前將軍、齊州刺史，謚曰孝。

子敬保，員外散騎侍郎、冀州儀同府從事中郎。卒，贈冀州刺史。

子子恒，官至征虜將軍、魯郡太守。早卒。

子恒弟子安，冠軍將軍、西兗州司馬。

子安弟子昇，開府參軍。武定中，坐連元瑾事，兄弟並伏法。

封懿，字處德，勃海蓨人也。曾祖釋，晉東夷校尉。父放，慕容暐吏部尚書。兄孚，慕容超太尉。懿儁偉有才氣，能屬文，與孚雖器行有長短，然名位略齊。仕慕容寶，位至中書令、民部尚書。寶敗，歸闕，除給事黃門侍郎、都坐大官、寧朔將軍、章安子。太祖數引見，問以慕容舊事。懿應對疏慢，廢還家。太宗初，復徵拜都坐大官，進爵爲侯。泰常二年卒。懿撰燕書，頗行於世。

子玄之，坐與司馬國璠、溫楷等謀亂，伏誅。臨刑，太宗謂之曰：「終不令絕汝種也，將宥爾一子。」玄之請曰：「弟虔之子磨奴，字君明，早孤，乞全其命。」乃殺玄之四子，而赦磨奴。

磨奴被刑爲宦人。崔浩之誅也，世祖謂磨奴曰：「汝本應全，所以致刑者，事由浩之故。」後爲中書監，西使張掖，賜爵富城子，加建威將軍、給事中。久之，出爲冠軍將軍、懷州刺史。太和七年卒。贈平東將軍、冀州刺史、勃海公，謚曰定。以族子叔念爲後，高祖賜名回。

回父鑒，卽慕容暐太尉弈之後也。回，皇興初爲中書學生。襲爵富城子，累遷太子家令。世宗卽位，以回行華州事。回在州鞭中散大夫党智孫，爲尚書左丞韋續糾奏，〔一四〕免。尋除鎮遠將軍、安州刺史。山民愿朴，父子賓旅，同寢一室。回下車，勸令別處，其俗遂改。徵爲太尉長史，頻行定州、徐州事，尋除後將軍、汾州刺史。

肅宗初，轉涼州刺史，加右將軍，固辭不拜，仍授平北將軍、瀛州刺史。時大乘寇亂之後，加以水潦，百姓困乏。回表求賑恤，免其兵調，州內甚賴之。又爲度支尚書。尋轉都官尚書、冀州大中正。滎陽鄭雲諂事長秋卿劉騰，貨騰紫纈四百匹，得爲安州刺史。除書旦出，暮往詣回，坐未定，謂回曰：「我爲安州，卿知之否？彼土治生，何事爲便？」回答之曰：「卿荷國寵靈，位至方伯，雖不能拔園葵，去織婦，宜思方略以濟百姓，如何見造而問治生

乎？封回不爲商賈，何以相示。」雲慚媿失色。

靈太后臨朝，召百官問得失，羣臣莫敢言。回對曰：「昔孔丘爲司寇，十日而誅少正卯，魯國肅然，欺巧自息。姬旦行戮，不避兄弟，周道用隆。徐偃專行仁義，其國乃滅。自古及今，未有不厲威刑而能治者。頃來頗由長吏寬怠，侵剝百姓，盜賊羣起。請肅刑書，以懲未犯。」太后意納之，而不能用。轉爲七兵尚書，領御史中尉。尚書右僕射元欽與從父兄麗妻崔氏姦通，回乃劾奏，時人稱之。除鎮東將軍、冀州刺史。

肅宗末，徵爲殿中尚書，頻表遜職，以爲右光祿大夫。莊帝初，遇害於河陰，時年七十七。贈侍中、車騎大將軍、司空公、定州刺史，謚曰孝宣。

長子隆之，武定中，開府儀同三司、齊州刺史、安德郡開國公。

子子繪，武定中，勃海太守。

隆之弟興之，字祖胄。經明行修，恬素清靜。起家太學博士、員外郎。出爲瀛冀二州平北府長史，所歷有當官之譽。孝昌中卒。天平中，追贈散騎常侍、撫軍將軍、雍州刺史。尋重贈殿中尚書，謚曰文。〔一五〕

子孝琬，字子倩。〔一六〕武定末，開府中郎。

孝琬弟孝琰，祕書郎。

興之弟延之，字祖業。天平中，驃騎大將軍、青州刺史、[一七]剡縣開國子。

磨奴既以回爲後，請於顯祖，贈鑒寧遠將軍、滄水太守。

鑒長子琳，字彥寶。顯祖末，本州表貢，拜中書博士。高祖初，大軍南討，琳參鎭南軍事。後爲河南七州大使。還，拜中書侍郎，與侍中、南平王馮誕等議定律令，賜布帛六百四、粟六百石、馬牛各一。遷太尉長史，轉司宗下大夫，有長者之稱。行東兗州事。及改定百官，除司空長史。出爲立忠將軍、南青州刺史、兼散騎常侍、持節、西道大使。還爲長兼太中大夫，轉廣平內史，又爲光祿大夫。世宗末，除後將軍、夏州刺史。徵爲安東將軍、光祿大夫。神龜二年卒。贈使持節、撫軍將軍、相州刺史。

子元稱，元稱弟子盛，並早卒。

子盛弟子施，武定末，沛郡太守。

琳子肅，在文苑傳。

懿從兄子愷，字思悌，弈之孫也。父勸，慕容垂侍中、太常卿。愷，給事黃門侍郎、散騎常侍。後入代都，名出懿子玄之右，俱坐司馬氏事死。愷妻，盧玄姊也。愷子伯達棄母及妻李氏南奔河表，改婚房氏。顯祖末，伯達子休傑內入，祖母盧猶存，垂百歲矣，而李已死。休

傑，高祖時以歸國勳爲河間太守，兼冀州咸陽王府諮議參軍。

休傑從弟靈祐，仕劉義隆爲青州治中、勃海太守。慕容白曜平三齊，靈祐率二百人詣白曜降，賜爵下密子。後除建威將軍、勃海太守。卒。

子進壽，襲爵。肅宗時，爲揚州治中，以失義州爲刺史元志所殺。事具志傳。

子子游，武定中，開府中兵參軍。

進壽弟蚌，卒於冀州別駕。

蚌弟粲，起家荊州長流參軍。司空水曹參軍、殿中侍御史。累遷征東將軍、廣州長史。還，除光祿大夫。卒，贈衞將軍、冀州刺史。

回族叔軌，字廣度。沉謹好學，博通經傳。與光祿大夫武邑孫惠蔚同志友善，惠蔚每推軌曰：「封生之於經義，非但章句可奇，其標明綱格，統括大歸，吾所弗如者多矣。」善自修潔，儀容甚偉。或曰：「學士不事修飾，此賢何獨如此？」軌聞，笑曰：「君子整其衣冠，尊其瞻視，何必蓬頭垢面，然後爲賢。」言者慚退。

太和中，拜著作佐郎，稍遷尚書儀曹郎中。兼員外散騎常侍，銜命高麗。高麗王雲恃其偏遠，稱疾不親受詔。軌正色詰之，喻以大義，雲乃北面受詔。先是，契丹虜掠邊民六十餘口，又爲高麗擁掠東歸。軌具聞其狀，移書徵之，雲悉資給遣還。有司奏軌遠使絕域，不辱朝命，權宜曉慰，邊民來蘇，宜加爵賞。世宗詔曰：「權宜徵口，使人常體，但光揚有稱，宜賞一階。」轉考功郎中，除本郡中正。勃海太守崔休入爲吏部郎，以兄考事干軌。軌曰：「法者，天下之平，不可以舊君故虧之也。」休歎其守正。軌在臺中，稱爲儒雅。奏請遣四門博士明經學者，檢試諸州學生。詔從之。尋除國子博士，加揚武將軍。假通直散騎常侍，慰勞汾州山胡。

司空、清河王懌表修明堂辟雍，詔百僚集議。軌議曰：「明堂者，布政之宮，在國之陽，所以嚴父配天，聽朔設教，其經構之式，蓋已尚矣。故周官匠人職云：夏后氏世室，殷人重屋，周人明堂，五室、九階、四戶、八窗。鄭玄曰：『或舉宗廟，或舉王寢，或舉明堂，互之以見同制。』然則三代明堂，其制一也。案周與夏殷，損益不同，至於明堂，因而弗革，明五室之義，得天數矣。是以鄭玄又曰：五室者，象五行也。然則九階者，法九土；四戶者，達四時；八窗者，通八風。誠不易之大範，有國之恒式。若其上圓下方以則天地，通水環宮以節觀者，茅蓋白盛爲之質飾，赤綴白綴爲之戶牖，皆典籍所具載，制度之明義也。在秦之世，焚滅五典，毀黜三代，變更先聖，不依舊憲。故呂氏月令見九室之義，大戴之禮著十二堂之論。漢承秦法，亦未能改，東西二京，俱爲九室。是以黃圖、白虎通、蔡邕、應劭等，咸稱九室

以象九州，十二堂以象十二辰。夫室以祭天，堂以布政。依天而祭，故室不過五；依時布政，故堂不踰四。州之與辰，非所可法，九與十二，其用安在？今聖朝欲尊道訓民，備禮化物，宜則五室，以爲永制。至如廟學之嫌，臺沼之雜，袁準之徒已論正矣，遺論具在，不復須載。」

尋以本官行東郡太守。還前軍將軍、行夏州事。好立條教，所在有績。轉太子僕，遷廷尉少卿，加征虜將軍。卒，贈右將軍、濟州刺史。

初，軌深爲郭祚所知，祚常謂子景尚曰：「封軌、高綽二人，並幹國之才，必應遠至。吾平生不妄進舉，而每薦此二公，非直爲國進賢，亦爲汝等將來之津梁也。」其見重如此。軌既以方直自業，高綽亦以風概立名。尚書令高肇拜司徒，綽送迎往來，軌竟不詣。綽顧不見軌，乃遽歸，曰：「吾一生自謂無愆規矩，今日舉措，不如封生遠矣。」軌以務德慎言，修身之本，姦回讒佞，世之巨害，乃爲務德、慎言、遠佞、防姦四戒，文多不載。

軌長子偉伯，字君良。博學有才思，弱冠除太學博士，每朝廷大議，偉伯皆預焉。雅爲太保崔光、僕射游肇所知賞。太尉、清河王懌辟參軍事，懌親爲孝經解詁，命偉伯爲難例九條，皆發起隱漏。偉伯又討論禮、傳、詩、易疑事數十條，儒者咸稱之。尋將經始明堂，廣集儒學，議其制度。九五之論，久而不定。偉伯乃搜檢經緯，上明堂圖說六卷。正光末，尚書

僕射蕭寶夤以爲關西行臺郎。及寶夤爲逆，偉伯乃與南平王冏潛結關中豪右韋子粲等謀舉義兵。事發見殺，年三十六，時人惜之。永安中，追贈散騎常侍、征虜將軍、瀛州刺史，聽一子出身。偉伯無子，轉授第三弟翼。偉伯撰封氏本錄六卷，并詩賦碑誄雜文數十篇。

偉伯弟業，字君脩。奉朝請，領殿中侍御史。早卒。

業弟翼，字君贊。美容貌，腰帶十圍。以兄偉伯立節之勳，除給事中。後加揚烈將軍。武定初卒。

翼弟述，字君義。武定末，廷尉少卿。

述弟詢，字景文。尙書起部郎。

史臣曰：高敬侯才鑒明遠，見機而作，身名俱劭，世載人英，天所贊也。崔暹文學器識，當年之俊，慮遠忽微，俱以爲禍。賾有茲休烈，厥世不延。封懿獲全爲幸，回乃克光家，世不乏人矣。

校勘記

〔一〕漢太傅袁之後　錢氏考異卷二八云：「唐書宰相世系表卷七一下後漢渤海太守高洪，居渤海蓨縣，『四世孫袁，字宣仁，太子太傅』，此即湖之祖也。此『太傅』上當有『太子』二字。漢時太傅爲上公，除授者甚少，安得『高袁』其人乎？」按這種祖先官爵大抵據子孫所編的譜牒，多不可信。不僅漢無官居太傅的高袁，連「太子太傅」也難究詰。

〔二〕天安中　張森楷云：「據下云『高宗深重之』，『天安』是顯祖拓跋弘年號。疑『天安』爲『太安』之誤。『太安』是高宗拓跋濬第三年號。」

〔三〕追贈使持節侍中都督青徐齊濟兗五州諸軍事至青州刺史　諸本上「青」字作「壽」。錢氏考異卷二八云：「『壽』當作『青』，地形志無壽州。」按錢說是，所贈刺史是青州，都督諸州的第一州照例爲所任刺史之州。今改正。

〔四〕何往非善　册府卷八九五一〇五九三頁「往」作「知」。按鄭伍是勸他還居，不是阻他還居或出行，「往」字答非所問。疑作「知」是。

〔五〕子嶽武定末侍中太傅公　按北齊書卷一三清河王岳傳武定六年除太尉，至高洋稱帝後，天保五年，進太保。他從未爲太傅，「傅」字當是「尉」之訛。

〔六〕帶金城太守神龜初卒　原文上不注「闕」字，和上文「卒贈龍驤將軍、涇州刺史」句相連，不提行。按前已記「卒」，下又說「神龜初卒」，哪有一人「卒」二次之理！且金城郡屬河州，不屬涇州見卷一〇六下地形志下，不可能以涇州刺史帶金城太守。又北魏帶太守的例爲州之長史、別駕和戍主，刺史也不會有「帶太守」的名號。因知此處所述實是二人。所云「卒，贈龍驤將軍、涇州刺史」者是高眞，其「帶金城太守，神龜初卒」者乃另一人，傳脫去其名和歷官事迹，和上文相連，以致語不可解。今提行上注「闕」字。參下校記〔八〕。

〔七〕永興末　按「永興」乃拓跋嗣年號四〇八——四一三，後來元脩曾改元永興五三二，旋即發覺重了上代年號，又改「永熙」。元脩的「永興」，不過幾天，談不上「初」或「末」。上文稱眞父仁死於正光中五一九——五二四，這裏「永興」當是「永熙」之訛。

〔八〕拔弟賭兒　諸本於賭兒傳末有宋人校語云：「傳無拔事，而載拔弟賭兒，不知拔何人也。」殿本入考證，未說明出於宋人校語。按上文「帶金城太守，神龜初卒」者當即是拔。其人應是高眞子，高仁父。據下文，賭兒孫永樂。永樂，北齊書卷一四有傳，乃高歡從祖兄子，則其祖賭兒、伯祖拔乃高歡伯叔輩。高眞是高歡伯祖歡祖謐之兄，其子正應爲歡之伯叔，輩行相當。因疑上文「涇州刺史」下脫去「子拔」和歷官事迹，只殘留「帶金城太守，神龜初卒」九字。正因拔在河州任官，故拔子仁亦爲河州別駕，而拔弟徽後來被河州地主官僚推爲「行河州事」以抗起義軍，情事亦合。

〔九〕顯國弟達武定中驃騎將軍行滄州事　墓誌集釋有高建墓誌圖版三〇九，稱曾祖湖，祖拔，父猛。敍高建的終官爲「行滄州事」。誌之拔即此傳之高湖子、高達祖各拔。非「拔弟賭兒」之拔，一爲湖孫，各拔乃鮮卑名，不嫌伯姪同名。誌之猛即傳之高達父猛虎。世次終官均合，故集釋七以爲傳「達」字爲「建」之訛。按墓誌集釋又有高建妻王氏誌圖版三一〇之二稱建爲「神武皇帝再從弟」，與傳所敍高達的行輩也相符，集釋說是。

〔一〇〕沃野鎭長　按「長」下疑脫「史」字，或「長」是「將」之訛。

〔一一〕嚴弟賾　南本以下諸本及北史卷二四崔暹傳「賾」都作「頤」，獨百衲本作「賾」。又卷二四崔玄伯附崔模傳、卷三五崔浩傳、卷一〇一氏傳補並作「頤」，唯卷四上世祖紀上延和二年九月戊午條作「賾」。按墓誌集釋盧令媛墓誌圖版三七稱曾祖度世，「夫人清河崔氏，父賾，散騎常侍、大鴻臚卿、使持節、平東將軍、青冀二州刺史、清河侯」。歷官、封爵與此傳相符。知百衲本作「賾」獨是，今從之。以下他處訛「頤」均據改，不再出校記。

〔一二〕後稍遷散騎常侍　諸本「常侍」作「尙書」，北史卷二四作「常侍」。按「散騎尙書」不知是散騎侍郎還是散騎常侍，尙書也不知何曹，魏書敍歷官一般不作如此簡稱，檢盧令媛墓誌記崔賾官位也作「散騎常侍」，別無尙書的記載見上條校記。知「尙書」乃「常侍」之訛，今據北史改。

〔一三〕暹兄適　北史卷二四「適」作「遹」。張森楷云：「據其字『寧祖』，似以作『遹』爲是。」按「遹」有紹述、繼承之義，張說是。

〔一四〕爲尚書左丞韋績糾奏　按卷四五韋閬附韋纘傳，稱纘以兼司徒右長史轉長兼尚書左丞。壽春降魏，王肅出鎮揚州，請纘爲長史。據卷八世宗紀，壽春降魏在景明元年正月。卷六三王肅傳稱肅和彭城王勰率兵赴壽春，敗南齊軍，還朝，「進位開府儀同三司」，「尋以肅爲散騎常侍、都督淮南諸軍事、揚州刺史」。世宗紀，肅加開府儀同三司在是年六月，則爲揚州刺史，請韋纘爲長史當在六月後。此傳稱封回在元恪即位後爲華州刺史，這時韋纘正是長兼尚書左丞，則奏劾封回者自即韋纘。「績」當是「纘」形近而訛。

〔一五〕謚曰文　百衲本、南本、汲本、局本「文」作「孝」，汲、局二本下注「一作『文』」。北、殿二本及北史卷二四封懿傳附見封興之作「文」。按唐書卷七一下宰相世系表也作「文」。這裏「孝」字當是下行「孝琬」的「孝」字錯簡而誤，今從北、殿本。

〔一六〕子孝琬字子倩　百衲本、南本、汲本無「孝」字，北本、殿本及北史卷二四封懿傳附孝琬有，又「子倩」作「士倩」。按北齊書卷二一封隆之傳作「孝琬字子倩」。此傳百衲等本孝琬的「孝」字錯簡在上行，今從北、殿本。又下文「孝琬弟孝琰」，上「孝」字，百衲等本訛作「子」，也從北、殿本。孝琬之字則北齊書也作「子倩」，今從百衲等本。

〔一七〕天平中驃騎大將軍青州刺史　按北齊書卷二一封隆之附封延之傳，興和初五三九才除中堅將軍，豈有天平中五三四——五三八先已官驃騎大將軍之理？北齊書稱興和二年，延之死後贈驃騎大將軍，此或是舉贈官，而年號有誤。又延之先是「行晉州事」，贈官是「冀州刺史」，此云「青州刺史」，也不合。

魏書卷三十三〔一〕

列傳第二十一

宋隱　王憲　屈遵　張蒲　谷渾　公孫表　張濟　李先　賈彝　薛提

宋隱，字處默，西河介休人也。曾祖奭，晉昌黎太守。後爲慕容廆長史。祖活，中書監。父恭，尚書、徐州刺史。慕容儁徙鄴，恭始家於廣平列人焉。

隱性至孝，年十三，便有成人之志，專精好學，不以兵難易操。仕慕容垂，歷尚書郎、太子中舍人、本州別駕。太祖平中山，拜隱尚書吏部郎。車駕還北，詔隱以本官輔衞王儀鎮中山。尋轉行臺右丞，領選如故。屢以老病乞骸骨，太祖不許。尋以母喪歸列人。既葬，被徵，固辭以病，而州郡切以期會，隱乃棄妻子，間行避焉。後匿於長樂之經縣，數年而卒。臨終謂其子姪等曰：「苟能入順父兄，出悌鄉黨，仕郡幸而至功曹史，以忠清奉之，則足矣，

不勞遠詣臺閣。恐汝不能富貴，而徒延門戶之累耳。若忘吾言，是爲無若父也，使鬼而有知，吾不歸食矣。」有五子。

第三子溫，世祖時徵拜中書博士。卒，追贈建威將軍、豫州刺史，列人定侯。

溫弟演，顯祖初從征彭城有功，拜明威將軍、濟北太守。

演子鮒，字伯魚。州別駕。

隱弟輔，字處仁。少慷慨有大操，博覽羣書。州辟別駕。早卒。

隱叔父洽，爲慕容垂尚書。太祖之圍中山也，洽率所領專守北圍。當洽所統，官軍多被傷殺，太祖特深忿恨。及城平，遂殺之。子順、訓並下腐刑。

洽第四子宣，字道茂，時年數歲，親人竊逃以免。後與范陽盧玄、勃海高允及從子愔俱被徵，拜中書博士。尋兼散騎常侍，使劉義隆。加冠軍將軍，賜爵中都侯，領中書侍郎，行司隸校尉。眞君七年卒，贈司隸，謚簡侯。

子謨，字乾仁，襲爵。卒於遼西太守。

子鸞，字珍和，襲爵。東莞太守。

鸞弟瓊，字普賢。少以孝行稱，母曾病，季秋之月，思瓜不已。瓊夢想見之，求而遂獲，

賜爵固安子。河西飢胡劉虎聚結流民，反於上黨，南寇河內。詔表討虎，又令表與姚興洛陽戍將結期，使備河南岸，然後進軍討之。時胡內自疑阻，更相殺害，表以其有解散之勢，遂不與戍將相聞，率衆討之。法令不整，爲胡所敗，軍人大被傷殺。太宗深銜之。

及劉裕征姚興，兗州刺史尉建聞寇至，棄滑臺北走，詔表隨壽光侯叔孫建屯枋頭。泰常七年，劉裕死，議取河南侵地。太宗以爲掠地至淮，滑臺等三城自然面縛。表固執宜先攻城，太宗從之。於是以奚斤爲都督，以表爲吳兵將軍、廣州刺史。斤等濟河，表攻滑臺，歷時不拔。太宗乃南巡，爲之聲援。表等既克滑臺，引師西伐，大破劉義隆將翟廣等於土樓，〔六〕遂圍虎牢。車駕次汲郡，始昌子蘇坦、太史令王亮奏表置軍虎牢東，不得利便之地，故令賊不時滅。太宗雅好術數，又積前忿，及攻虎牢，士卒多傷，乃使人夜就帳中縊而殺之。時年六十四。太宗以賊未退，祕而不宣。

初，表與勃海封愷友善，後爲子求愷從女，愷不許，表甚銜之。及封氏爲司馬國璠所逮，太宗以舊族欲原之，表固證其罪，乃誅封氏。表爲人外和內忌，時人以此薄之。表本與王亮同營署，及其出也，輕侮亮，故至於死。

第二子軌，字元慶。少以文學知名，太宗時爲中書郎。出從征討，補諸軍司馬。世祖

平赫連昌，引諸將帥入其府藏，各令任意取金玉。諸將取之盈懷，軌獨不探把。世祖乃親探金賜之，謂軌曰：「卿可謂臨財不苟得，朕所以增賜者，欲顯廉於衆人。」

後兼大鴻臚，持節拜氐王楊玄爲南秦王。及境，玄不郊迎，軌數玄曰：「昔尉他跨據，及陸賈至，匍匐奉順，故能垂名竹帛。今君王無肅恭之禮，非蕃臣也。」玄使其屬趙客子對曰：「天子以六合爲家，孰非王庭，是以敢請入國，然後受謁。」軌答曰：「大夫入境，尚有郊勞，而況王命者乎？請奉策以還。」玄懼，詣郊受命。軌使還，稱旨，拜尚書，賜爵燕郡公，加平南將軍。

及劉義隆將到彥之遣其部將姚縱夫濟河，攻冶坂。世祖慮更北入，遣軌屯壺關。會上黨丁零叛，軌討平之。出爲虎牢鎮將。

初，世祖將北征，發民驢以運糧，使軌部詣雍州。軌令驢主皆加絹一匹，乃與受之。百姓爲之語曰：「驢無强弱，輔脊自壯。」〔七〕衆共嗤之。坐徵還。眞君二年卒，時年五十一。軌既死，世祖謂崔浩曰：「吾行過上黨，父老皆曰：公孫軌爲受貨縱賊，使至今餘姦不除，軌之咎也。其初來，單馬執鞭；返去，從車百兩，載物而南。丁零渠帥乘山罵軌，軌怒，取罵者之母，以矛刺其陰而殺之，曰：『何以生此逆子！』從下到擘，分磔四支於山樹上以肆其忿。是忍行不忍之事。軌幸而早死，至今在者，吾必族而誅之。」

軌終得娶于封氏，生二子，斌、叡。

斌，襲爵。拜內都大官。正光二年卒。〔八〕贈幽州刺史。

叡，字文叔。初爲東宮吏，稍遷儀曹長，賜爵陽平公。時顯祖於苑內立殿，敕中祕羣官制名。叡曰：「臣聞至尊至貴，莫崇於帝王；天人挹損，莫大於謙光。伏惟陛下躬唐虞之德，存道頤神，逍遙物外，宮居之名，當協叡旨。臣愚以爲宜曰『崇光』。」奏可。後卒於南部尚書。贈安東將軍、幽州刺史，謚曰宣。

叡妻，崔浩弟女也，生子良，字遵伯。聰明好學，爲尚書左丞，雅有幹用，爲高祖所知遇。

良弟衡，字道津。良推爵讓之，仕至司直。良以別功，賜爵昌平子。子崇基襲。

軌弟質，字元直。有經義，頗屬文。初爲中書學生，稍遷博士。世祖征涼州，留宜都王穆壽輔恭宗。時蠕蠕乘虛犯塞，候騎至於京師，京師大震。壽雅信任質，以爲謀主。質性好卜筮，卜筮者咸云寇必不來，故不謀備。由質幾致敗國。後深自督厲，屢進讜言，超遷尚書。眞君九年卒。追贈中護軍將軍、光祿勳、幽州刺史、廣陽侯，謚曰恭。

第二子邃，字文慶。初爲選部吏，以積勤，稍遷南部長。敷奏有稱，遷南部尚書，賜爵

范陽侯，加左將軍。高祖詔邃與內都幢將、上谷公張儵率衆討蕭賾舞陰戍。

後高祖與文明太后引見王公以下，高祖曰：「比年方割畿內及京城三部，於百姓頗有益否？」邃對曰：「先者人民離散，主司猥多，至於督察，實難齊整。自方割以來，衆賦易辦，實有大益。」太后曰：「諸人多言無益，卿言可謂識治機矣。」詔醴陽被掠之兵，有得還者，賜絹二十匹。邃奏爲貴賤等級，高祖稱善。依例降侯，改爲襄平伯。出爲使持節、安東將軍、青州刺史。以邃在公遺迹可紀，下詔褒述。加鎭東將軍，領東夷校尉，刺史如故。

太和十九年，卒於官。高祖在鄴宮，爲之舉哀。時百度唯新，青州佐吏疑爲所服。詔曰：「今古時殊，禮或隆殺。專古也，理與今違；專今也，大乖曩義。當斟酌兩途，商量得失，吏民之情亦不可苟順也。主簿，近代相承服斬，過葬便除，可如故事。自餘無服，大成寥落，可準諸境內之民，爲齊衰三月。」

子同始，襲爵。卒於給事中。

同始弟同慶，篤厚廉愼，爲司徒田曹參軍，李崇驃騎府外兵參軍。隨崇北征，有方直之稱。

邃、叡爲從父兄弟，而叡才器小優，又封氏之生，崔氏之壻，邃母雁門李氏，地望縣隔。鉅鹿太守祖季眞，多識北方人物，每云：「士大夫當須好婚親，二公孫同堂兄弟耳，吉凶會

集，便有士庶之異。」

張濟，字士度，西河人也。父千秋，慕容永驍騎將軍。永滅，來奔。太祖善之，拜建節將軍，賜爵成紀侯。隨從征伐，[九]累著功績。登國末，卒。

濟涉獵書傳，清辯，美儀容。太祖愛之，引侍左右，與公孫表等俱爲行人，拜散騎侍郎，襲爵。

先是，姚興遣將攻洛陽，司馬德宗雍州刺史楊佺期遣使乞師於常山王遵，遵以狀聞，太祖遣濟爲遵從事中郎報之。濟自襄陽還，太祖問濟江南之事，濟對曰：「司馬昌明死，子德宗代立，所部州鎮，迭相攻擊，今雖小定，君弱臣强，全無綱紀。臣等既至襄陽，佺期問臣：『魏初伐中山幾十萬衆？』臣答：『三十餘萬。』佺期曰：『魏國被甲戎馬，可有幾匹？』臣答：『中軍精騎十有餘萬，外軍無數。』佺期曰：『以此討羌，豈足滅也。』又曰：『魏定中山，徙幾戶於北？』臣答：『七萬餘家。』佺期曰：『治在何城？』臣答：『定都平城。』佺期曰：『有如許大衆，亦何用城爲？』又曰：『魏帝爲欲久都平城，將復遷乎？』臣答：『非所知也。』佺期聞朝廷不都山東，貌有喜色，曰：『晉魏通和，乃在往昔，非唯今日。羌寇狡猾，頻侵河洛，夙夜憂

危。今此寡弱，倉庫空竭，與君便爲一家，義所無諱。洛城救援，仰恃於魏，若獲保全，當必厚報。如其爲羌所乘，寧使魏取。』臣等欲分向揚州。佺期曰：『蠻賊互起，水行甚難，魏之軍馬，已據滑臺，於此而還，從北道東下，乃更便直。晉之法制，有異於魏。今都督襄陽，委以外事，有欲征討，輒便興發，然後表聞，令朝廷知之而已。如其事勢不舉，亦不承臺命。』」太祖嘉其辭順，乃厚賞其使，許救洛陽。

後還謁者僕射，報使姚興。以累使稱旨，拜勝兵將軍。頻從車駕北伐，濟謀功居多。賞賜奴婢百口，馬牛數百，羊二十餘口。天賜五年卒，子多羅襲爵。坐事除。

李先，字容仁，中山盧奴人也，本字犯高祖廟諱。少好學，善占相之術，師事清河張御，御奇之。仕苻堅，尚書郎。後慕容永聞其名，迎爲謀主。先勸永據長子城，永遂稱制，以先爲黃門郎、祕書監。垂滅永，徙於中山。

皇始初，先於井陘歸順。太祖問先曰：「卿何國人？」先曰：「臣本趙郡平棘人。」太祖曰：「朕聞中山土廣民殷，信爾以不？」先曰：「臣少官長安，仍事長子，後乃還鄉，觀望民士，實自殷廣。」又問先曰：「朕聞長子中有李先者，卿其是乎？」先曰：「小臣是也。」太祖曰：「卿識朕不？」先曰：「陛下聖德膺符，澤被八表，龍顏挺特，臣安敢不識。」太祖又問曰：「卿祖父及身官悉歷何官？」先對曰：「臣大父重，晉平陽太守、大將軍右司馬。父樊，石虎樂安太守、左中郎將。臣，苻丕尚書右主客郎，慕容永祕書監、高密侯。」太祖曰：「卿既宿士，屢歷名官，經學所通，何典爲長？」先對曰：「臣才識愚闇，少習經史，年荒廢忘，十猶通六。」又問：「兵法風角，卿悉通不？」先曰：「亦曾習讀，不能明解。」太祖曰：「慕容永時，卿用兵不？」先曰：「臣時蒙顯任，實參兵事。」

太祖後以先爲丞相衞王府左長史。從儀平鄴，到義臺，破慕容驎軍，回定中山，先每一進策，所向克平。車駕還代，以先爲尚書右中兵郎。太祖謂先曰：「今蠕蠕屢來犯塞，朕欲討之，卿以爲何如？」先曰：「蠕蠕不識天命，竄伏荒朔，屢來偷竊，驚動邊民。陛下神武，威德遐振，舉兵征之，必將摧殄。」車駕於是北伐，大破蠕蠕。賞先奴婢三口，馬牛羊五十頭。

轉七兵郎，遷博士、定州大中正。太祖問先曰：「天下何書最善，[一〇]可以益人神智？」先對曰：「唯有經書。三皇五帝治化之典，可以補王者神智。」又問曰：「天下書籍，凡有幾何？朕欲集之，如何可備？」對曰：「伏羲創制，帝王相承，以至於今，世傳國記，天文祕緯不可計數。陛下誠欲集之，嚴制天下諸州郡縣搜索備送，主之所好，集亦不難。」太祖於是班制天下，經籍稍集。

太祖之討姚興於柴壁也，問先曰：「興屯天渡，平據柴壁，相爲表裏。今欲殄之，計將安出？」先對曰：「臣聞兵以正合，戰以奇勝。如聞姚興欲屯兵天渡，利其糧道。及其未到之前，遣奇兵先邀天渡，柴壁左右，嚴設伏兵，備其表裏。以陛下神策，觀時而動，興欲進不得，退又乏糧。[一一]夫高者爲敵所棲，深者爲敵所囚，兵法所忌而興居之，可不戰而取。」太祖從其計，興果敗歸。

太宗卽位，問左右舊臣之中爲先帝所親信者有誰。時新息公王洛兒對曰：「有李先者，最爲先帝所知。」太宗召先引見，問曰：「卿有何功行，而蒙先帝所識？」先對曰：「臣愚細，才行無聞，適以忠直奉上，更無異能。」太宗曰：「卿試言舊事。」先對曰：「臣聞堯舜之教，化民如子；三王任賢，天下懷服。今陛下躬秉勞謙，六合歸德，士女能言，莫不慶抃。」俄而召先讀韓子連珠二十二篇、太公兵法十一事。詔有司曰：「先所知者，皆軍國大事，自今常宿於內。」賜先絹五十四、絲五十斤、雜綵五十四。御馬一匹。拜安東將軍、壽春侯，賜隸戶二十二。

詔先與上黨王長孫道生率師襲馮跋乙連城，克之，悉虜其衆。乃進討和龍。先言於道生曰：「宜密使兵人人備青草一束，各五尺圍，用塡城塹。攻其西南，絕其外援，勒兵急攻，賊必可擒。」道生不從，遂掠民而還。

後出爲武邑太守，有治名。世祖即位，徵爲內都大官。神䴥二年卒，年九十五。詔賜金縷命服一襲，贈定州刺史、中山公，謚曰文懿。

子冏，襲爵。爲京兆、濟陰二郡太守。卒。

子鍾葵，襲爵，降爲子。

鍾葵弟鳳子，鳳子弟虬子，並中書博士。

鳳子子預，字元愷。少爲中書學生。聰敏强識，涉獵經史。太和初，歷祕書令、齊郡王友。出爲征西大將軍長史，帶馮翊太守。積數年，府解罷郡，遂居長安。每羨古人餐玉之法，乃採訪藍田，躬往攻掘。得若環璧雜器形者大小百餘，稍得粗黑者，亦篋盛以還，而至家觀之，皆光潤可玩。預乃椎七十枚爲屑，日服食之，餘多惠人。後預及聞者更求於故處，皆無所見。馮翊公源懷等得其玉，琢爲器佩，皆鮮明可寶。預服經年，云有效驗，而世事寢食不禁節，又加之好酒損志，及疾篤，謂妻子曰：「服玉屏居山林，排棄嗜欲，或當大有神力，而吾酒色不絕，自致於死，非藥過也。然吾尸體必當有異，勿便速殯，令後人知餐服之妙。」時七月中旬，長安毒熱，預停尸四宿，而體色不變。其妻常氏以玉珠二枚唅之，口閉。常謂之曰：「君自云餐玉有神驗，何故不受唅也？」言訖齒啓，納珠，因噓屬其口，都無穢氣。舉斂於棺，堅直不傾委。死時猶有遺玉屑數斗，〔二〕橐盛納諸棺中。

初天興中，先子密問於先曰：「子孫永爲魏臣，將復事他主也？」先告曰：「未也。國家政化長遠，不可卒窮。」自皇始至齊受禪，實百五十餘歲矣。

賈彝，字彥倫，本武威姑臧人也。六世祖敷，魏幽州刺史、廣川都亭侯，子孫因家焉。父爲苻堅鉅鹿太守，坐訕謗繫獄。彝年十歲，詣長安訟父獲申，遠近歎之，僉曰：「此子英俊，賈誼之後，莫之與京。」弱冠，爲慕容垂驃騎大將軍、遼西王農記室參軍。太祖先聞其名，嘗遣使者求彝於垂。垂彌增器敬，更加寵秩，遷驃騎長史，帶昌黎太守。垂遣其太子寶來寇，大敗於參合陂，執彝及其從兄代郡太守潤等。

太祖即位，拜尚書左丞，參預國政，加給事中。於鄴置行臺，與尚書和跋鎮鄴，招攜初附。久乃召還。天賜末，彝請詣溫湯療病，爲叛胡所拘執，送於姚興。積數年，遁歸。又爲屈丐所執，與語悅之，拜祕書監。年六十一，卒。世祖平赫連昌，子秀迎其尸柩，葬于代南。

秀，歷中書博士，遷中書侍郎、太子中庶子、揚烈將軍，賜爵陽都男，本州大中正。恭宗崩，以爵還第。既而掌吏曹事。高宗以秀東宮舊臣，進爵陽都子，加振威將軍。〔三〕時丞相乙渾擅作威福，多所殺害。渾妻庶姓而求公主之號，屢言於秀，秀默然。渾曰：「公事無所不從，我請公主，不應何意？」秀慷慨大言，對曰：「公主之稱，王姬之號，尊寵之極，非庶族所宜。若假竊此號，當必自咎。秀寧死於今朝，不取笑於後日。」渾左右莫不失色，爲之震懼，而秀神色自若。渾夫妻默然含忿。他日，乃書太醫給事楊惠富臂作「老奴官慳」字，令以示秀。渾每欲伺隙陷之，會渾伏誅，遂得免難。秀執正守志，皆此類也。

時秀與中書令勃海高允俱以儒舊見重於時，皆選擬方岳，以詢訪見留，各聽長子出爲郡守。秀辭曰：「爰自愚微，承乏累紀，少而受恩，老無成效，恐先草露，無報殊私。豈直無功之子，超齊先達。雖仰感聖慈，而俯深驚懼。乞收成命，以安微臣。」遂固讓不受。

自始及終，歷奉五帝，雖不至大官，常掌機要。而廉清儉約，不營資產。年七十三，遇疾，給醫藥，賜几杖。時朝廷舉動及大事不決，每遣尚書、高平公李敷就第訪決。皇興三年卒。贈本將軍、冀州刺史、武邑公，謚曰簡。

子儁，字異隣，襲爵。拜祕書中散、軍曹令。出爲顯武將軍、荆州刺史。依例降爵爲伯。先是，上洛置荆州，後改爲洛州，在重山中，民不知學。儁乃表置學官，選聰悟者以教之。在州五載，清靖寡事，吏民亦安。遷洛後，儁朝京師，賞以素帛。景明初卒。贈本將軍、光州刺史。

子叔休，襲爵。除給事中。卒。

子興，襲爵。

興弟賓，歷尚書郎，以清素稱。出爲黎陽太守，卒官。

潤曾孫禎，字叔願。學涉經史，居喪以孝聞。太和中，爲中書博士，副中書侍郎高聰使於江左。還，以母老患，輒過家定省，坐免官。久之，徵爲京兆王愉郎中令，行洛陽令。轉治書侍御史、國子博士，加威遠將軍，行魯陽太守。清素，善撫接，得百姓情。稍遷司徒諮議參軍、通直散騎常侍，加冠軍將軍。正光中卒。贈平北將軍、齊州刺史。

子子儒，司空田曹參軍。

禎兄子景儁，亦以學識知名，奉朝請。遷京兆王愉府外兵參軍。愉起逆於冀州，將授其官，景儁不受，愉殺之。永平中，贈東清河太守，謚曰貞。

景儁弟景興。清峻鯁正。少爲州主簿，遂栖遲不仕。後葛榮陷冀州，爲榮所虜，稱疾不拜。景興每捫膝而言曰：「吾不負汝。」以不拜葛榮故也。

薛提，太原人也。皇始中，補太學生，拜侍御史。累遷散騎常侍、太子太保，賜爵歷陽侯，加晉兵將軍。出爲鎮東大將軍、冀州刺史，進爵太原公。所在有聲績。徵爲侍中，治都曹事。世祖崩，秘不發喪。尚書左僕射蘭延、侍中和匹等議，〔一四〕以爲皇孫幼冲，宜立長君，徵秦王翰置之祕室。提曰：「皇孫有世嫡之重，民望所係。春秋雖少，令問聞於天下，成王、孝昭所以隆周漢。廢所宜立，而更求君，必不可。」延等猶豫未決。中常侍宗愛知其謀，矯皇后令徵提等入，遂殺之。

提弟浮子。高宗卽位，以提有謀立之誠，詔襲兄爵太原公，有司奏降爲侯。皇興元年卒。

提孫令保，太和中，襲爵歷陽侯。

史臣曰：宋隱操行貞白，遺略榮利。王憲名祖之孫，老見優禮。屈遵學藝知機，垣乃局量受遇。張蒲、谷渾，文武爲用，人世仍顯。公孫表初則一介見知，終以輕薄致戾。軌始受授金之賞，末陷財利之徵。鮮克有終，固不虛也。張濟使於四方，有延譽之美。李先學術嘉謀，荷遇三世。賈彝早播時學，〔一五〕秀則不畏强禦。薛提正議忠謀，見害姦閹，悲夫！

校勘記

〔一〕魏書卷三十三　諸本卷末有宋人校語殿本入考證云：「此傳全寫高氏小史，疑收書亡而後人補之。史臣論亦悉出北史諸論，合而成文。然頗詳備，與本史它卷略同。豈非小史全載本史乎？」

〔二〕字子皮　北史卷二七屈遵傳「皮」作「度」。張森楷云：「『遵』『度』義協，疑『度』字爲是。」

〔三〕須長子垣　南、北、殿、局四本及北史卷二七「垣」作「恒」，百衲本、汲本作「垣」，册府卷一四一一七〇七頁作「桓」。按史臣論南、北、殿本也同作「垣」。通鑑卷一二二三八五八頁作「垣」，考異無文。今從百衲本。

〔四〕觀弟道賜襲祖爵　北史卷二七無「祖」字。張森楷云：「屈遵傳末之『子須襲』，即是襲遵爵，傳至孫車渠，當高祖初，未嘗中絕，道賜豈得復襲之。且垣濟北公之爵，不應不置後。疑『祖』字是衍文。」

〔五〕與安平公叔孫建將兵自平原東渡　諸本無「孫」字。按事見卷三太宗紀補泰常七年十二月、卷二九叔孫建傳，「叔孫建」不能稱「叔建」，今補「孫」字。

〔六〕大破劉義隆將翟廣等於土樓　諸本「土」作「玉」，册府卷三五二四一八四頁作「土」。按「土樓」地名，事見本書卷二九奚斤傳、宋書卷九五索虜傳。通鑑卷一一九三七五〇頁胡注：「土樓在虎牢東。九域志：澶州臨河縣有土樓鎮。」「玉」字訛，今據改。

〔七〕輔脊自壯　御覽卷八一七三六三五頁引後魏書、卷九〇一三九九七頁引北史，册府卷四五五五三九二頁「脊」作「絹」。按作「絹」較明白，但作「脊」是說驢背負絹而高大，亦通，今不改。

〔八〕正光二年卒　按斌父軌死於眞君二年四四一，至正光二年五二一，凡八十年，斌似不得死於是年，「正光」疑是「興光」之訛。

〔九〕隨從征伐　諸本「伐」作「代」。張森楷云：「『代』當作『伐』，『代』是魏之舊號，不當云征。」按什秋已降魏，也無「征代」之理。張說是，今改正。

〔一〇〕天下何書最善　北史卷二七李先傳、册府卷一〇四一一二三七頁「何書」作「何者」。通鑑卷一一一三〇八八頁作「何物」，意與「何者」同。疑魏書本同北史，但作「何書」亦通，今不改。

〔一一〕退又乏糧　北史卷二七「退」作「住」，疑是。

〔一二〕死時猶有遺玉屑數斗　北史卷二七「斗」作「升」。按上文說李預所椎的玉器環璧之類止七十枚，所得玉屑，服食之餘，恐無數斗之多。疑作「升」是。

〔一三〕高宗以秀東宮舊臣進爵陽都子加振威將軍　北史卷二七賈彝傳此處作「獻文即位，進爵陽都子」。按下面接着說「時丞相乙渾，擅作威福」，正是獻文帝拓跋弘時，似「高宗」拓跋濬應作「顯祖」，即北史之「獻文」。但此傳敍進爵是因彝是「東宮舊臣」，即曾爲拓跋晃濬父卽恭宗的太子中庶子。則進爵應該在濬即位後，不會在拓跋弘即位後追敍。知這裏「加振威將軍」下當有脫文，却非「高宗」字訛。

〔一四〕侍中和匹等議　北史卷二八薛提傳「匹」作「延」。按卷九四宗愛傳作「和疋」，通鑑卷一二六三九七三頁作「和疋」。疑本作「疋」，又寫作「疋」，即「雅」字，或讀作「匹」，故又寫作「匹」，訛作「延」。

〔一五〕賈彝早播時學　北史卷二七傳論「學」作「譽」，是。

魏書卷三十四

列傳第二十二

王洛兒 車路頭 盧魯元 陳建 萬安國

王洛兒，京兆人也。少善騎射。太宗在東宮，給事帳下，侍從遊獵，夙夜無怠。性謹愿，未嘗有過。太宗嘗獵于灅南，乘冰而濟，冰陷沒馬，洛兒投水，奉太宗出岸。水沒洛兒，殆將凍死，太宗解衣以賜之。自是恩寵日隆。天賜末，太宗出居于外，洛兒晨夜侍衞，無須臾違離，恭勤發於至誠。元紹之逆，太宗左右唯洛兒與車路頭而已。晝居山嶺，夜還洛兒家。洛兒隣人李道潛相奉給，晨昏往復，衆庶頗知，喜而相告。紹聞，收道斬之。洛兒猶冒難往返京都，通問於大臣，大臣遂出奉迎，百姓奔赴。太宗還宮，社稷獲乂，洛兒有功焉。太宗卽位，拜散騎常侍。詔曰：「士處家必以孝敬爲本，在朝則以忠節爲先，不然，何以立身於當世，揚名於後代也。散騎常侍王洛兒、車路頭等，服勤左右，十有餘年，忠謹恭肅，

久而彌至，未嘗須臾之頃，有廢替之心。及在艱難，人皆易志，而洛兒等授命不移，貞操踰厲。雖漢之樊灌，魏之許典無以加焉。勤而不賞，何以獎勸將來爲臣之節？其賜洛兒爵新息公，加直意將軍。」又追贈其父爲列侯，賜僮隸五十戶。永興五年卒。贈太尉、建平王，賜溫明祕器，載以轀輬車，使殿中衞士爲之導從。太宗親臨哀慟者數四焉。乃鴆其妻周氏，與洛兒合葬。

子長成，襲爵。卒，無子。

弟德成，襲爵。徙爲建城公，加鎮遠將軍。官至散騎常侍，典作長安。眞君十一年卒。

子定州，襲爵，降爲建陽侯、安遠將軍。後定州弟升爲侍御中散，有寵於顯祖，以祖父洛兒著勳先朝，詔復定州爵爲公。高祖初，爲長安鎮將。卒。

子陵，襲升爵。〔一〕承明初，遷監御長，賜爵始新子，加寧朔將軍、員外散騎常侍。卒。

車路頭，代人也。少以忠厚選給東宮，爲太宗帳下帥。善自修立，謹愼無過。天賜末，太宗出於外，路頭隨侍竭力。及太宗卽位，拜爲散騎常侍，賜爵金鄉公，加忠意將軍。後改爲宣城公。太宗性明察，羣臣多以職事遇譴，至有杖罰，故路頭優遊不任事，侍宿左右，從容談笑而已。路頭性無害，每至評獄處理，常獻寬恕之議，以此見重於朝。太宗亦敬納之，寵待隆厚，賞賜無數，當時功臣親幸莫及。泰常六年卒。太宗親臨哀慟。贈侍中、左衞大將軍、太師、宣城王，謚曰忠貞。喪禮一依安城王叔孫俊故事。陪葬金陵。子眷襲爵。

盧魯元，昌黎徒河人也。曾祖副鳩，仕慕容垂爲尚書令、臨澤公。祖父並至大官。魯元敏而好學，寬和有雅度。太宗時，選爲直郎。以忠謹給侍東宮，恭勤盡節，世祖親愛之。及卽位，以爲中書侍郎，拾遺左右，寵待彌深，而魯元益加謹肅，世祖逾親信之，內外大臣莫不敬憚焉。性多容納，善與人交，好掩人之過，揚人之美，由是公卿咸親附之。魯元以工書有文才，累遷中書監，領祕書事。賜爵襄城公，加散騎常侍、右將軍。賜其父爲信都侯。從征赫連昌。世祖親追擊之，入其城門，魯元隨世祖出入。是日，微魯元，幾至危殆。從征平涼，以功拜征北大將軍，加侍中。後遷太保、錄尚書事。世祖貴異之，常從征伐，出入臥內。每有平殄，輒以功賞賜僮隸，前後數百人，布帛以萬計。世祖臨幸其第，不出旬日。欲其居近，易於往來，乃賜甲第於宮門南。衣食車馬，皆乘輿之副。

眞君三年冬，車駕幸陰山，魯元以疾不從。侍臣問疾送醫藥，傳驛相屬於路。及薨，世

祖甚悼惜之。還，臨其喪，哭之哀慟。東西二宮命太官日送奠，晨昏哭臨，訖則備奏鐘鼓伎樂。輿駕比葬三臨之。喪禮依安城王故事，而贈送有加。贈襄城王，謚曰孝。葬於崞山，爲建碑闕。自魏興，貴臣恩寵，無與爲比。子統襲爵。

少子內，給侍東宮，恭宗深昵之，常與臥起同衣。父子有寵兩宮，勢傾天下。內性寬厚，有父風，而恭順不及。正平初，宮臣伏誅，世祖以魯元故，唯殺內而厚撫其兄弟。

統以父任，侍東宮。世祖以元舅陽平王杜超女，南安長公主所生妻之。車駕親自臨送，太官設供具，賜賚以千計。高宗卽位，典選部、主客二曹。興安二年卒。贈襄城王，謚曰景。無子。

弟彌娥，襲爵。拜北鎮都將。卒，贈襄城王，謚曰恭。子興仁襲爵。

陳建，代人也。祖渾，太祖末爲右衞將軍。父陽，尚書。建以善騎射，擢爲三郎。稍遷下大夫、內行長。世祖討山胡白龍，意甚輕之，單將數十騎登山臨嶮，每日如此。白龍乃伏壯士十餘處，出於不意，世祖墮馬，幾至不測。建以身捍賊，大呼奮擊，殺賊數人，身被十餘創。世祖壯之，賜戶二十。

高宗初，賜爵阜城侯，加冠軍將軍。出爲幽州刺史，假秦郡公。高宗以建貪暴懦弱，遣使就州罰杖五十。

高祖初，徵爲尚書右僕射，加侍中，進爵趙郡公。建與侍中尚書、晉陽侯元仙德，殿中尚書、長樂王穆亮，比部尚書、平原王陸叡密表曰：〔二〕「皇天輔德，命集大魏。臣等祖父翼贊初興，勤過蜀漢，誓固山河，享茲景福，寵辱休戚，與國均焉。臣以凡近，識無遠達，階藉先寵，遂荷今任，彼己之譏，播於羣口。仰感生成，俯自策厲，顧省駑鈍，終於無益。然飲冰驚寐，實懷慚負。至於顧。〔三〕天高地厚，何日忘之。自永嘉之末，封豕橫噬，馬叡南據，奄有荆楚。及桓劉跋扈，禍難相繼。岱宗隔望秩之敬，青徐限見德之風。獻文皇帝髫齓龍飛，道光率土，干戚暫舞，淮海從風，車書既同，華裔將一。昊天不弔，奄背萬邦。竊聞劉昱天亡，權臣殺害，思正之民，翹想罔極。愚謂時不再來，機宜易失，毫分之差，致悔千里。天與不取，反受其咎，所謂見而不作，過在介石者也。宜簡雄將，號令八方。義陽王臣昶，深悟存亡，遠同孫氏。苟歷運響從，則吳會可定，脫事有難成，則振旅而返。進可以揚義聲於四海，退可以通德信於遐裔。宜乘之會，運鍾今日，如合聖聽，乞速施行。脫忤天心，願存臣表，徐觀後驗，賞罰隨焉。」高祖嘉之。遷司徒、征西大將軍，進爵魏郡王。高祖與文明太后頻幸建第，賜建妻宴於後庭。太和九年薨。

子念，襲爵。爲中山守，坐掠良人爲御史中尉王顯所彈。遇赦，免。爵除。

萬安國，代人也。祖眞，世爲酋帥，恒率部民從世祖征伐，以功除平西將軍、敦煌公，轉驃騎大將軍、儀同三司。父振，尚高陽長公主，拜駙馬都尉。遷散騎常侍、寧西將軍、長安鎮將，賜爵馮翊公。安國少明敏，有姿貌。以國甥，復尚河南公主，拜駙馬都尉。遷散騎常侍。顯祖特親寵之，與同臥起，爲立第宅，賞賜至巨萬。超拜大司馬、大將軍，封安城王。安國先與神部長奚買奴不平，承明初，矯詔殺買奴於苑中。高祖聞之，大怒，遂賜安國死。年二十三。

子翼，襲王爵。太和十五年薨。高祖以其父受寵先朝，特贈幷州刺史。

子纂，字輔興，襲，依例降爲公。世宗時，起家司徒倉曹參軍。遷南秦平西府司馬、護軍長史，加右軍將軍。正光二年卒。贈假節、征虜將軍、荆州刺史。

子金剛，襲。武定末，開府祭酒。齊受禪，爵例降。

有嵇拔者，〔四〕世爲紇奚部帥。其父根，皇始初率衆歸魏。太祖嘉之。尚昭成女，生子拔，卒於尚書令。拔尚華陰公主，生子敬。元紹之逆也，主有功，超授敬大司馬、大將軍，封長樂王。薨。

子護，襲爵。拜外都大官。太和中，詔以護年邁，既未致仕，令依舊養老之例。卒，子彥嗣。根事迹遺落，故略附云。

史臣曰：王洛兒、車路頭、盧魯元、陳建，咸以誠至發衷，竭節危難，苟非志烈過人，亦何能以若此！宜其生受恩遇，歿盡哀榮。至如安國，貴寵異於數子哉。

校勘記

〔一〕子陵襲升爵　按上不言升封何爵，疑傳有脫文。

〔二〕比部尚書平原王陸叡密表曰　册府卷四七二五六二五頁「比」作「北」。按陸叡爲北部尚書，見卷四〇本傳，疑作「北」是，但册府宋本也作「比」，今不改。

〔三〕至於顧　按句未完，與下文也不連貫，當有脫文，今於「顧」下句斷。

〔四〕有嵇拔者　諸本「嵇」作「奚」，北史卷二五本傳作「嵇」。按卷三太宗紀永興三年十二月甲午見「任城公嵇拔」，泰常四年甲戌，記「獻懷長公主子嵇敬封長樂王」，與此傳合。卷一一三官氏志：「紇奚氏後改爲嵇氏。」這裏「奚」字乃涉下「紇奚部帥」而訛，今據北史改。又傳失書嵇拔封爵。

魏書卷三十五

列傳第二十三

崔浩

崔浩，字伯淵，清河人也，白馬公玄伯之長子。少好文學，博覽經史，玄象陰陽，百家之言，無不關綜，研精義理，時人莫及。弱冠爲直郎。天興中，給事祕書，轉著作郎。太祖以其工書，常置左右。太祖季年，威嚴頗峻，宮省左右多以微過得罪，莫不逃隱，避目下之變，浩獨恭勤不怠，或終日不歸。太祖知之，輒命賜以御粥。其砥直任時，不爲窮通改節，皆此類也。

太宗初，拜博士祭酒，賜爵武城子，常授太宗經書。每至郊祠，父子並乘軒軺，時人榮之。太宗好陰陽術數，聞浩說易及洪範五行，善之，因命浩筮吉凶，參觀天文，考定疑惑。浩綜覈天人之際，舉其綱紀，諸所處決，多有應驗，恒與軍國大謀，甚爲寵密。是時，有兔在後

宮，驗問門官，無從得入。太宗怪之，命浩推其咎徵。浩以爲當有鄰國貢嬪嬙者，善應也。明年，姚興果獻女。

神瑞二年，秋穀不登，太史令王亮、蘇坦因華陰公主等言讖書國家當治鄴，應大樂五十年，勸太宗遷都。浩與特進周澹言於太宗曰：「今國家遷都於鄴，可救今年之飢，非長久之策也。東州之人，常謂國家居廣漠之地，民畜無筭，號稱牛毛之衆。今留守舊都，分家南徙，恐不滿諸州之地。參居郡縣，處榛林之間，不便水土，疾疫死傷，情見事露，則百姓意沮。四方聞之，有輕侮之意，屈丐、蠕蠕必提挈而來，雲中、平城則有危殆之慮，阻隔恒代千里之險，雖欲救援，赴之甚難，如此則聲實俱損矣。今居北方，假令山東有變，輕騎南出，燿威桑梓之中，誰知多少？百姓見之，望塵震服。此是國家威制諸夏之長策也。至春草生，乳酪將出，兼有菜果，足接來秋，若得中熟，事則濟矣。」太宗深然之，曰：「唯此二人，與朕意同。」復使中貴人問浩、澹曰：「今既糊口無以至來秋，來秋或復不熟，將如之何？」浩等對曰：「可簡窮下之戶，諸州就穀，若來秋無年，願更圖也。但不可遷都。」太宗從之，於是分民詣山東三州食，出倉穀以稟之。來年遂大熟。賜浩、澹妻各一人，御衣一襲，絹五十匹，緜五十斤。

初，姚興死之前歲也，太史奏：熒惑在匏瓜星中，一夜忽然亡失，不知所在。或謂下入危亡之國，將爲童謠妖言，而後行其災禍。太宗聞之，大驚，乃召諸碩儒十數人，令與史官求其所詣。浩對曰：「案春秋左氏傳說神降于莘，其至之日，各以其物祭也。請以日辰推之，庚午之夕，辛未之朝，天有陰雲，熒惑之亡，當在此二日之內。庚之與未，皆主於秦，辛爲西夷。今姚興據咸陽，是熒惑入秦矣。」諸人皆作色曰：「天上失星，人安能知其所詣，而妄說無徵之言。」浩笑而不應。後八十餘日，熒惑果出於東井，留守盤遊，秦中大旱赤地，昆明池水竭，童謠訛言，國內諠擾。明年，姚興死，二子交兵，三年國滅。於是諸人皆服曰：「非所及也。」

泰常元年，司馬德宗將劉裕伐姚泓，舟師自淮泗入清，欲泝河西上，假道於國。詔羣臣議之。外朝公卿咸曰：「函谷關號曰天險。一人荷戈，萬夫不得進。裕舟船步兵，何能西入？脫我乘其後，還路甚難。若北上河岸，其行爲易。揚言伐姚，意或難測。假其水道，寇不可縱，宜先發軍斷河上流，勿令西過。」又議之內朝，咸同外計。太宗將從之。浩曰：「此非上策。司馬休之之徒擾其荆州，劉裕切齒來久。今興死子劣，乘其危亡而伐之，臣觀其意，必欲入關。勁躁之人，不顧後患。今若塞其西路，裕必上岸北侵，如此則姚無事而我受敵。今蠕蠕內寇，民食又乏，不可發軍。發軍赴南則北寇進擊，若其救北則東州復危。未若假之水道，縱裕西入，然後興兵塞其東歸之路，所謂卞莊刺虎，兩得之勢也。使裕勝也，必德我假道之惠；令姚氏勝也，亦不失救鄰之名。縱使裕得關中，縣遠難守，彼不能守，終

爲我物。今不勞兵馬，坐觀成敗，鬭兩虎而收長久之利，上策也。夫爲國之計，擇利而爲之，豈顧婚姻，酬一女子之惠哉。假令國家棄恒山以南，裕必不能發吳越之兵與官軍爭守河北也，居然可知。」議者猶曰：「裕西入函谷，則進退路窮，腹背受敵；北上岸則姚軍必不出關助我。揚聲西行，意在北進，其勢然也。」太宗遂從羣議，遣長孫嵩發兵拒之，戰於畔城，爲裕將朱超石所敗，師人多傷。太宗聞之，恨不用浩計。

二年，司馬德宗齊郡太守王懿來降，上書陳計，稱劉裕在洛，勸國家以軍絕其後路，則裕軍可不戰而克。書奏，太宗善之。會浩在前進講書傳，太宗問浩曰：「劉裕西伐，前軍已至潼關。其事如何？以卿觀之，事得濟不？」浩對曰：「昔姚興好養虛名，而無實用。子泓又病，衆叛親離。裕乘其危，兵精將勇，以臣觀之，克之必矣。」太宗曰：「劉裕武能何如慕容垂？」浩曰：「裕勝。」太宗曰：「試言其狀。」浩曰：「慕容垂乘父祖世君之資，生便尊貴，同類歸之，若夜蛾之赴火，少加倚仗，便足立功。劉裕挺出寒微，不階尺土之資，不因一卒之用，奮臂大呼而夷滅桓玄，北擒慕容超，南摧盧循等，僭晉陵遲，遂執國命。裕若平姚而還，必篡其主，其勢然也。秦地戎夷混并，虎狼之國，裕亦不能守之。風俗不同，人情難變，欲行荆揚之化於三秦之地，譬無翼而欲飛，無足而欲走，不可得也。若留衆守之，必資於寇。孔子曰：『善人爲邦百年，可以勝殘去殺。』今以秦之難制，一二年間豈裕所能哉。且可治戎束甲，

息民備境，以待其歸，秦地亦當終爲國有，可坐而守也。」太宗曰：「裕已入關，不能進退，我遣精騎南襲彭城、壽春，裕亦何能自立？」浩曰：「今西北二寇未殄，陛下不可親御六師。兵衆雖盛，而將無韓白。長孫嵩有治國之用，無進取之能，非劉裕敵也。臣謂待之不晚。」太宗笑曰：「卿量之已審矣。」浩曰：「臣嘗私論近世人物，不敢不上聞。若王猛之治國，苻堅之管仲也；慕容玄恭之輔少主，慕容暐之霍光也；劉裕之平逆亂，司馬德宗之曹操也。」太宗曰：「卿謂先帝如何？」浩曰：「小人管窺懸象，何能見玄穹之廣大。雖然，太祖用漠北醇樸之人，南入中地，變風易俗，化洽四海，自與羲農齊列，臣豈能仰名。」太宗曰：「屈丐何如？」浩曰：「屈丐家國夷滅，一身孤寄，爲姚氏封殖。不思樹黨强隣，報讎雪耻，乃結忿於蠕蠕，背德於姚興，撅豎小人，無大經略，正可殘暴，終爲人所滅耳。」太宗大悅，語至中夜，賜浩御縹醪酒十觚，水精戎鹽一兩。曰：「朕味卿言，若此鹽酒，故與卿同其旨也。」

三年，彗星出天津，入太微，經北斗，絡紫微，犯天棓，八十餘日，至漢而滅。太宗復召諸儒術士問之曰：「今天下未一，四方岳峙，災咎之應，將在何國？朕甚畏之，盡情以言，勿有所隱。」咸共推浩令對。浩曰：「古人有言，夫災異之生，由人而起。人無釁焉，妖不自作。故人失於下，則變見於上，天事恒象，百代不易。漢書載王莽篡位之前，彗星出入，正與今同。國家主尊臣卑，上下有序，民無異望。唯僭晉卑削，主弱臣强，累世陵遲，故桓玄逼奪，

劉裕秉權。彗孛者，惡氣之所生，是爲僭晉將滅，劉裕篡之之應也。」諸人莫能易浩言，太宗深然之。五年，裕果廢其主司馬德文而自立。南鎭上裕改元赦書。時太宗幸東南潟滷池射鳥，聞之，驛召浩，謂之曰：「往年卿言彗星之占驗矣，朕於今日始信天道。」

初，浩父疾篤，浩乃剪爪截髮，夜在庭中仰禱斗極，爲父請命，求以身代，叩頭流血，歲餘不息，家人罕有知者。及父終，居喪盡禮，時人稱之。襲爵白馬公。朝廷禮儀、優文策詔、軍國書記，盡關於浩。浩能爲雜說，不長屬文，而留心於制度、科律及經術之言。作家祭法，次序五宗，蒸嘗之禮，豐儉之節，義理可觀。性不好老莊之書，每讀不過數十行，輒棄之，曰：「此矯誣之說，不近人情，必非老子所作。老聃習禮，仲尼所師，豈設敗法文書，以亂先王之教。韋生所謂家人筐篋中物，不可揚於王庭也。」

太宗恒有微疾，怪異屢見，乃使中貴人密問於浩曰：「春秋：星孛北斗，七國之君皆將有咎。今茲日蝕於胃昴，盡光趙代之分野，朕疾彌年，療治無損，恐一旦奄忽，諸子並少，將如之何？其爲我設圖後之計。」浩曰：「陛下春秋富盛，聖業方融，德以除災，幸就平愈。且天道懸遠，或消或應。昔宋景見災修德，熒惑退舍。願陛下遣諸憂虞，恬神保和，納御嘉福，無以闇昧之說，致損聖思。必不得已，請陳瞽言。自聖化龍興，不崇儲貳，是以永興之始，社稷幾危。今宜早建東宮，選公卿忠賢陛下素所委仗者使爲師傅，左右信臣簡在聖心者以

充賓友，入總萬機，出統戎政，監國撫軍，六柄在手。若此，則陛下可以優遊無爲，頤神養壽，進御醫藥。萬歲之後，國有成主，民有所歸，則姦宄息望，旁無覬覦。此乃萬世之令典，塞禍之大備也。今長皇子燾，年漸一周，明叡溫和，衆情所繫，時登儲副，則天下幸甚。立子以長，禮之大經。若須並待成人而擇，倒錯天倫，則生履霜堅冰之禍。自古以來，載籍所記，興衰存亡，鮮不由此。」太宗納之。於是使浩奉策告宗廟，命世祖爲國副主，居正殿臨朝。司徒長孫嵩、山陽公奚斤、北新公安同爲左輔，坐東廂西面；浩與太尉穆觀、散騎常侍丘堆爲右弼，坐西廂東面。百僚總己以聽焉。太宗避居西宮，時隱而窺之，聽其決斷，大悅，謂左右侍臣曰：「長孫嵩宿德舊臣，歷事四世，功存社稷；奚斤辯捷智謀，名聞遐邇；安同曉解俗情，明練於事；穆觀達於政要，識吾旨趣；崔浩博聞强識，精於天人之會；丘堆雖無大用，然在公專謹。以此六人輔相，吾與汝曹遊行四境，伐叛柔服，可得志於天下矣。」羣臣時奏所疑，太宗曰：「此非我所知，當決之汝曹國主也。」

會聞劉裕死，太宗欲取洛陽、虎牢、滑臺。浩曰：「陛下不以劉裕欻起，納其使貢，裕亦敬事陛下。不幸今死，乘喪伐之，雖得之不令。春秋：晉士丐帥師侵齊，聞齊侯卒，乃還。君子大其不伐喪，以爲恩足以感孝子，義足以動諸侯。今國家亦未能一舉而定江南，宜遣人弔祭，存其孤弱，恤其凶災，布義風於天下，令德之事也。若此，則化被荆揚，南金象齒羽

毛之珍，可不求而自至。裕新死，黨與未離，兵臨其境，必相率拒戰，功不可必，不如緩之，待其惡稔。如其强臣爭權，變難必起，然後命將揚威，可不勞士卒，而收淮北之地。」太宗銳意南伐，詰浩曰：「劉裕因姚興死而滅其國，裕死我伐之，何爲不可？」浩固執曰：「興死，二子交爭，裕乃伐之。」太宗大怒，不從浩言，遂遣奚斤南伐。議於監國之前曰：「先攻城也？先略地也？」斤曰：「請先攻城。」浩曰：「南人長於守城，苻氏攻襄陽，經年不拔。今以大國之力攻其小城，若不時克，挫損軍勢，敵得徐嚴而來。我怠彼銳，危道也。不如分軍略地，至淮爲限，列置守宰，收斂租穀。滑臺、虎牢反在軍北，絕望南救，必沿河東走。若或不然，即是囿中之物。」公孫表請先圖其城。斤等濟河，先攻滑臺，經時不拔，表請濟師。太宗怒，乃親南巡。拜浩相州刺史，加左光祿大夫，隨軍爲謀主。

及車駕之還也，浩從太宗幸西河、太原。登憇高陵之上，下臨河流，傍覽川域，慨然有感，遂與同僚論五等郡縣之是非，考秦始皇、漢武帝之違失。好古識治，時伏其言。天師寇謙之每與浩言，聞其論古治亂之迹，常自夜達旦，竦意斂容，無有懈倦。既而歎美之曰：「斯言也惠，皆可底行，亦當今之皐繇也。但世人貴遠賤近，不能深察之耳。」因謂浩曰：「吾行道隱居，不營世務，忽受神中之訣，當兼修儒敎，輔助泰平眞君，繼千載之絕統。而學不稽古，臨事闇昧。卿爲吾撰列王者治典，幷論其大要。」浩乃著書二十餘篇，上推太初，下盡

秦漢變弊之迹，大旨先以復五等爲本。

世祖卽位，左右忌浩正直，共排毀之。世祖雖知其能，不免羣議，故出浩，以公歸第。及有疑議，召而問焉。浩纖妍潔白，如美婦人。而性敏達，長於謀計。常自比張良，謂己稽古過之。既得歸第，因欲修服食養性之術，而寇謙之有神中錄圖新經，浩因師之。

始光中，進爵東郡公，拜太常卿。時議討赫連昌，羣臣皆以爲難，唯浩曰：「往年以來，熒惑再守羽林，皆成鈎已，其占秦亡。又今年五星併出東方，利以西伐。天應人和，時會並集，不可失也。」世祖乃使奚斤等擊蒲坂，而親率輕騎襲其都城，大獲而還。及世祖復討昌，次其城下，收衆僞退。昌鼓譟而前，舒陣爲兩翼。會有風雨從東南來，揚沙昏冥。宦者趙倪進曰：「今風雨從賊後來，我向彼背，天不助人。又將士飢渴，願陛下攝騎避之，更待後日。」浩叱之曰：「是何言歟！千里制勝，一日之中豈得變易？賊前行不止，後已離絕，宜分軍隱出，奄擊不意。風道在人，豈有常也！」世祖曰「善」。分騎奮擊，昌軍大潰。

初，太祖詔尚書郎鄧淵著國記十餘卷，編年次事，體例未成。逮于太宗，廢而不述。神䴥二年，詔集諸文人撰錄國書，浩及弟覽、高讜、鄧穎、晁繼、范亨、黃輔等共參著作，敍成國書三十卷。

是年，議擊蠕蠕，朝臣內外盡不欲行，保太后固止世祖，世祖皆不聽，唯浩讚成策略。尚書令劉潔、左僕射安原等乃使黃門侍郎仇齊推赫連昌太史張淵、徐辯說世祖曰：「今年己巳，三陰之歲，歲星襲月，太白在西方，不可舉兵。北伐必敗，雖克，不利於上。」又羣臣共贊和淵等，云淵少時嘗諫苻堅不可南征，堅不從而敗。今天時人事都不和協，何可舉動！世祖意不決，乃召浩令與淵等辯之。

浩難淵曰：「陽者，德也；陰者，刑也。故日蝕修德，月蝕修刑。夫王者之用刑，大則陳諸原野，小則肆之市朝。戰伐者，用刑之大者也。以此言之，三陰用兵，蓋得其類，修刑之義也。歲星襲月，年飢民流，應在他國，遠期十二年。太白行倉龍宿，於天文爲東，不妨北伐。淵等俗生，志意淺近，牽於小數，不達大體，難與遠圖。臣觀天文，比年以來，月行奄昴，至今猶然。其占：『三年，天子大破旄頭之國。』蠕蠕、高車，旄頭之衆也。夫聖明御時，能行非常之事。古人語曰：『非常之原，黎民懼焉，及其成功，天下晏然。』願陛下勿疑也。」淵等慚而言曰：「蠕蠕，荒外無用之物，得其地不可耕而食，得其民不可臣而使，輕疾無常，難得而制，有何汲汲而苦勞士馬也？」浩曰：「淵言天時，是其所職，若論形勢，非彼所知。斯乃漢世舊說常談，施之於今，不合事宜也。何以言之？夫蠕蠕者，舊是國家北邊叛隸，今誅其元惡，收其善民，令復舊役，非無用也。漠北高涼，不生蚊蚋，水草美善，夏則北遷。田牧其地，非不可耕而食也。蠕蠕子弟來降，貴者尙公主，賤者將軍、大夫，居滿朝列，又高車號爲名騎，非不可臣而畜也。夫以南人追之，則患其輕疾，於國兵則不然。何者？彼能遠走，我亦能遠逐，與之進退，非難制也。且蠕蠕往數入國，民吏震驚。今夏不乘虛掩進，破滅其國，至秋復來，不得安臥。自太宗之世，迄於今日，無歲不驚，豈不汲汲乎哉！世人皆謂淵、辯通解數術，明決成敗。臣請試之，問其西國未滅之前有何亡徵。知而不言，是其不忠；若實不知，是其無術。」時赫連昌在座，淵等自以無先言，慚赧而不能對。世祖大悅，謂公卿曰：「吾意決矣。亡國之師不可與謀，信矣哉。」而保太后猶難之，復令羣臣於保太后前評議。世祖謂浩曰：「此等意猶不伏，卿善曉之令悟。」

既罷朝，或有尤浩者曰：「今吳賊南寇而舍之北伐。行師千里，其誰不知。若蠕蠕遠遁，前無所獲，後有南賊之患，危之道也。」浩曰：「不然。今年不摧蠕蠕，則無以禦南賊。自國家并西國以來，南人恐懼，揚聲動衆以衞淮北。彼北我南，彼勞我息，其勢然矣。比破蠕蠕，往還之間，故不見其至也。何以言之？劉裕得關中，留其愛子，精兵數萬，良將勁卒，猶不能固守，舉軍盡沒。號哭之聲，至今未已。如何正當國家休明之世，士馬強盛之時，而欲以駒犢齒虎口也？設令國家與之河南，彼必不能守之。自量不能守，是以必不來。若或有衆，備邊之軍耳。夫見瓶水之凍，知天下之寒；嘗肉一臠，識鑊中之味。物有其類，可推而得也。且蠕蠕恃其絕遠，謂國家力不能至，自寬來久，故夏則散衆放畜，秋肥乃聚，背寒向

溫，南來寇抄。今出其慮表，攻其不備。大軍卒至，必驚駭星分，望塵奔走。牡馬護群，牝馬戀駒，驅馳難制，不得水草，未過數日則聚而困敝，可一舉而滅。暫勞永逸，長久之利，時不可失也。唯患上無此意，今聖慮已決，發曠世之謀，如何止之？陋矣哉，公卿也！」諸軍遂行。天師謂浩曰：「是行也，如之何，果可克乎？」浩對曰：「天時形勢，必克無疑。但恐諸將瑣瑣，前後顧慮，不能乘勝深入，使不全舉耳。」

及軍入其境，蠕蠕先不設備，民畜布野，驚怖四奔，莫相收攝。於是分軍搜討，東西五千里，南北三千里，凡所俘虜及獲畜產車廬，彌漫山澤，蓋數百萬。高車殺蠕蠕種類，歸降者三十餘萬落。虜遂散亂矣。世祖沿弱水西行，至涿邪山，諸大將果疑深入有伏兵，勸世祖停止不追。天師以浩曩日之言，固勸世祖窮討，不聽。後有降人，言蠕蠕大檀先被疾，不知所爲，乃焚燒穹廬，科車自載，將數百人入山南走。民畜窘聚，方六十里中，無人領統。相去百八十里，追軍不至，乃徐徐西遁，〔一〕唯此得免。後聞涼州賈胡言，若復前行二日，則盡滅之矣。世祖深恨之。大軍既還，南賊竟不能動，如浩所量。

浩明識天文，好觀星變。常置金銀銅鋌於酢器中，令青，夜有所見卽以鋌畫紙作字以記其異。世祖每幸浩第，多問以異事。或倉卒不及束帶，奉進蔬食，不暇精美。世祖爲舉匕箸，或立嘗而旋。其見寵愛如此。於是引浩出入臥內，加侍中、特進、撫軍大將軍、左光

祿大夫，賞謀謨之功。世祖從容謂浩曰：「卿才智淵博，事朕祖考，忠著三世，朕故延卿自近。其思盡規諫，匡予弼予，勿有隱懷。朕雖當時遷怒，若或不用，久久可不深思卿言也。」因令歌工歷頌群臣，事在長孫道生傳。又召新降高車渠帥數百人，賜酒食於前。世祖指浩以示之，曰：「汝曹視此人，尫纖懦弱，手不能彎弓持矛，其胸中所懷，乃踰於甲兵。朕始時雖有征討之意，而慮不自決，前後克捷，皆此人導吾令至此也。」乃敕諸尚書曰：「凡軍國大計，卿等所不能決，皆先諮浩，然後施行。」

俄而南藩諸將表劉義隆大嚴，欲犯河南。請兵三萬，先其未發逆擊之，因誅河北流民在界上者，絕其鄉導，足以挫其銳氣，使不敢深入。詔公卿議之，咸言宜許。浩曰：「此不可從也。往年國家大破蠕蠕，馬力有餘，南賊震懼，常恐輕兵奄至，臥不安席，故先聲動衆，以備不虞，非敢先發。又南土下濕，夏月蒸暑，水潦方多，草木深邃，疾疫必起，非行師之時。且彼先嚴有備，必堅城固守。屯軍攻之，則糧食不給；分兵肆討，則無以應敵。未見其利。就使能來，待其勞倦，秋涼馬肥，因敵取食，徐往擊之，萬全之計，勝必可克。在朝群臣及西北守將，從陛下征討，西滅赫連，北破蠕蠕，多獲美女珍寶，馬畜成群。南鎮諸將聞而生羨，亦欲南抄，以取資財。是以披毛求瑕，妄張賊勢，冀得肆心。既不獲聽，故數稱賊動，以恐朝廷。背公存私，爲國生事，非忠臣也。」世祖從浩議。南鎮諸將復表賊至，而自陳兵少，簡

幽州以南戍兵佐守，就漳水造船，嚴以爲備。公卿議者僉然，欲遣騎五千，并假署司馬楚之、魯軌、韓延之等，令誘引邊民。浩曰：「非上策也。彼聞幽州已南精兵悉發，大造舟船，輕騎在後，欲存立司馬，誅除劉族，必舉國駭擾，懼於滅亡，當悉發精銳，來備北境。後審知官軍有聲無實，恃其先聚，必喜而前行，徑來至河，肆其侵暴，則我守將無以禦之。若彼有見機之人，善設權譎，乘間深入，虞我國虛，生變不難，非制敵之良計。今公卿欲以威力攘賊，乃所以招令速至也。夫張虛聲而召實害，此之謂矣。不可不思，後悔無及。我使在彼，期四月前還。可待使至，審而後發，猶未晚也。且楚之之徒，是彼所忌，將奪其國，彼安得端坐視之。故楚之往則彼來，止則彼息，其勢然也。且楚之等瑣才，能招合輕薄無賴，而不能成就大功。爲國生事，使兵連禍結，必此之群矣。臣嘗聞魯軌說姚興求入荊州，至則散敗，乃不免蠻賊掠賣爲奴，使禍及姚泓，已然之效。」浩復陳天時不利於彼，曰：「今茲害氣在揚州，不宜先舉兵，一也；午歲自刑，先發者傷，二也；日蝕滅光，晝昏星見，飛鳥墮落，宿值斗牛，憂在危亡，三也；熒惑伏匿於翼軫，戒亂及喪，四也；太白未出，進兵者敗，五也。夫興國之君，先修人事，次盡地利，後觀天時，故萬舉而萬全，國安而身盛。今義隆新國，是人事未周也；災變屢見，是天時不協也；舟行水涸，是地利不盡也。三事無一成，自守猶或不安，何得先發而攻人哉？彼必聽我虛聲而嚴，我亦承彼嚴而動，兩推其咎，皆自以爲應敵。兵法當分

災迎受害氣，未可舉動也。」

世祖不能違衆，乃從公卿議。浩復固爭，不從。遂遣陽平王杜超鎮鄴，琅邪王司馬楚之等屯潁川。於是賊來遂疾，到彥之自清水入河，泝流西行，分兵列守南岸，西至潼關。

世祖聞赫連定與劉義隆懸分河北，乃治兵，欲先討赫連。群臣曰：「義隆猶在河中，舍之西行，前寇未可必克，而義隆乘虛，則失東州矣。」世祖疑焉，問計於浩。浩曰：「義隆與赫連定同惡相招，連結馮跋，牽引蠕蠕，規肆逆心，虛相唱和。義隆望定進，定待義隆前，皆莫敢先入。以臣觀之，有似連雞，不得俱飛，無能爲害也。臣始謂義隆軍來當屯住河中，兩道北上，東道向冀州，西道衝鄴。如此，則陛下當自致討，不得徐行。今則不然，東西列兵，徑二千里，一處不過數千，形分勢弱。以此觀之，傖兒情見，止望固河自守，免死爲幸，無北渡意也。赫連定殘根易摧，擬之必仆。克定之後，東出潼關，席卷而前，則威震南極，江淮以北無立草矣。聖策獨發，非愚近所及，願陛下西行勿疑。」平涼既平，其日宴會，世祖執浩手以示蒙遜使曰：「所云崔公，此是也。才略之美，當今無比。朕行止必問，成敗決焉，若合符契，初無失矣。」後冠軍將軍安頡軍還，獻南俘，因說南賊之言云，義隆敕其諸將，若北國兵動，先其未至，徑前入河，若其不動，住彭城勿進。如浩所量。世祖謂公卿曰：「卿輩前謂我用浩計爲謬，驚怖固諫。常勝之家，始皆自謂踰人遠矣，至於歸終，乃不能及。」遷浩司徒。

時方士祁纖奏立四王，以日東西南北爲名，欲以致禎吉，除災異。詔浩與學士議之。浩對曰：「先王建國以作蕃屏，不應假名以爲其福。夫日月運轉，周歷四方，京都所居，在於其內，四王之稱，實奄邦畿，名之則逆，不可承用。」先是，纖奏改代爲萬年，浩曰：「昔太祖道武皇帝，應天受命，開拓洪業，諸所制置，無不循古。以始封代土，後稱爲魏，故代、魏兼用，猶彼殷商。國家積德，著在圖史，當享萬億，不待假名以爲益也。纖之所聞，皆非正義。」世祖從之。

是時，河西王沮渠牧犍內有貳意，世祖將討焉，先問於浩。浩對曰：「牧犍惡心已露，不可不誅。官軍往年北伐，雖不克獲，實無所損。于時行者內外軍馬三十萬匹，計在道死傷不滿八千，歲常羸死，恒不減萬，乃不少於此。而遠方承虛，便謂大損，不能復振。今出其不意，不圖大軍卒至，必驚駭騷擾，不知所出，擒之必矣。且牧犍劣弱，諸弟驕恣，爭權從橫，民心離解。加比年以來，天災地變，都在秦涼，成滅之國也。」世祖曰：「善，吾意亦以爲然。」命公卿議之。弘農王奚斤等三十餘人皆曰：「牧犍西垂下國，雖心不純臣，然繼父職貢，朝廷接以蕃禮。又王姬釐降，罪未甚彰，謂宜羈縻而已。今士馬勞止，宜可小息。又其地鹵斥，略無水草，大軍既到，不得久停。彼聞軍來，必完聚城守，攻則難拔，野無所掠。」於是尚書古弼、李順之徒皆曰：「自溫圉河以西，至於姑臧城南，〔三〕天梯山上冬有積雪，深一丈

餘，至春夏消液，下流成川，引以溉灌。彼聞軍至，決此渠口，水不通流，則致渴乏。去城百里之內，赤地無草，又不任久停軍馬。斤等議是也。」世祖乃命浩以其前言與斤共相難抑。諸人不復餘言，唯曰「彼無水草」。浩曰：「漢書地理志稱：『涼州之畜，爲天下饒。』若無水草，何以畜牧？又漢人爲居，終不於無水草之地築城郭、立郡縣也。又雪之消液，纔不斂塵，何得通渠引漕，溉灌數百萬頃乎？此言大詆誣於人矣。」李順等復曰：「耳聞不如目見，吾曹目見，何可共辨！」浩曰：「汝曹受人金錢，欲爲之辭，謂我目不見便可欺也！」世祖隱聽，聞之乃出，親見斤等，辭旨嚴厲，形於神色。群臣乃不敢復言，唯唯而已。於是遂討涼州而平之。多饒水草，如浩所言。

乃詔浩曰：「昔皇祚之興，世隆北土，積德累仁，多歷年載，澤流蒼生，義聞四海。我太祖道武皇帝，協順天人，以征不服，應期撥亂，奄有區夏。太宗承統，光隆前緒，釐正刑典，大業惟新。然荒域之外，猶未賓服。此祖宗之遺志，而貽功於後也。朕以眇身，獲奉宗廟，戰戰兢兢，如臨淵海，懼不能負荷至重，繼名丕烈。故卽位之初，不遑寧處，揚威朔裔，掃定赫連。逮於神䴥，始命史職注集前功，以成一代之典。自爾已來，戎旗仍舉，秦隴克定，徐兗無塵，平逋寇於龍川，討孽豎於涼域。豈朕一人獲濟於此，賴宗廟之靈，群公卿士宣力之効也。而史闕其職，篇籍不著，每懼斯事之墜焉。公德冠朝列，言爲世範，小大之任，望君

存之。命公留臺，綜理史務，述成此書，務從實錄。」浩於是監祕書事，以中書侍郎高允、散騎侍郎張偉參著作，續成前紀。至於損益褒貶，折中潤色，浩所總焉。

及恭宗始總百揆，浩復與宜都王穆壽輔政事。時又將討蠕蠕，劉潔復致異議。世祖逾欲討之，乃召問浩。浩對曰：「往擊蠕蠕，師不多日，潔等各欲回還。後獲其生口，云軍還之時，去賊三十里。是潔等之計過矣。夫北土多積雪，至冬時常避寒南徙。若因其時，潛軍而出，必與之遇，則可擒獲。」世祖以爲然。乃分軍爲四道，詔諸將俱會鹿渾海。期日有定，而潔恨計不用，沮誤諸將，無功而還。事在潔傳。

世祖西巡，詔浩與尚書、順陽公蘭延都督行臺中外諸軍事。世祖至東雍，親臨汾曲，觀叛賊薛永宗壘，進軍圍之。永宗出兵欲戰，世祖問浩曰：「今日可擊不？」浩曰：「永宗未知陛下自來，人心安閑，北風迅疾，宜急擊之，須臾必碎。若待明日，恐其見官軍盛大，必夜遁走。」世祖從之。永宗潰滅。車駕濟河，前驅告賊在渭北。世祖至洛水橋，賊已夜遁。詔問浩曰：「蓋吳在長安北九十里。渭北地空，穀草不備。欲渡渭南西行，何如？」浩對曰：「蓋吳營去此六十里，賊魁所在。擊蛇之法，當須破頭，頭破則尾豈能復動。宜乘勢先擊吳。今軍往，一日便到。平吳之後，回向長安，亦一日而至。一日之內，未便損傷。〔三〕愚謂宜從北道。若從南道，則蓋吳徐入北山，卒未可平。」世祖不從，乃渡渭南。吳聞世祖至，盡散入

北山，果如浩言，軍無所克。世祖悔之。後以浩輔東宮之勤，賜繒絮布帛各千段。

著作令史太原閔湛、趙郡郄標素諂事浩，乃請立石銘，刊載國書，幷勒所注五經。浩贊成之。恭宗善焉，遂營於天郊東三里，方百三十步，用功三百萬乃訖。

世祖蒐于河西，詔浩詣行在所議軍事。浩表曰：「昔漢武帝患匈奴强盛，故開涼州五郡，通西域，勸農積穀，爲滅賊之資。東西迭擊。故漢未疲，而匈奴已弊，後遂入朝。昔平涼州，臣愚以爲北賊未平，征役不息，可不徙其民，案前世故事，計之長者。若遷民人，則土地空虛，雖有鎭戍，適可禦邊而已，至於大舉，軍資必乏。陛下以此事闊遠，竟不施用。如臣愚意，猶如前議，募徙豪强大家，充實涼土，軍舉之日，東西齊勢，此計之得者。」

浩又上五寅元曆，表曰：「太宗卽位元年，敕臣解急就章、孝經、論語、詩、尚書、春秋、禮記、周易。三年成訖。復詔臣學天文、星曆、易式、九宮，無不盡看。至今三十九年，晝夜無廢。臣稟性弱劣，力不及健婦人，更無餘能，是以專心思書，忘寢與食，至乃夢共鬼爭義。遂得周公、孔子之要術，始知古人有虛有實，妄語者多，眞正者少。自秦始皇燒書之後，經典絕滅。漢高祖以來，世人妄造曆術者有十餘家，皆不得天道之正，大誤四千，〔四〕小誤甚多，不可言盡。臣愍其如此。今遭陛下太平之世，除僞從眞，宜改誤曆，以從天道。是以臣前奏造曆，今始成訖。謹以奏呈。唯恩省察，以臣曆術宣示中書博士，然後施用。非但時

人，天地鬼神知臣得正，可以益國家萬世之名，過於三皇、五帝矣。」事在律曆志。

眞君十一年六月誅浩，清河崔氏無遠近，范陽盧氏、太原郭氏、河東柳氏，皆浩之姻親，盡夷其族。初，郄標等立石銘刊國記，浩盡述國事，備而不典。而石銘顯在衢路，往來行者咸以爲言，事遂聞發。有司按驗浩，取祕書郎吏及長曆生數百人意狀。浩伏受賕，其祕書郎吏已下盡死。

浩始弱冠，太原郭逸以女妻之。浩晚成，不曜華采，故時人未知。逸妻王氏，劉義隆鎭北將軍王仲德姊也，每奇浩才能，自以爲得壻。俄而女亡，王深以傷恨，復以少女繼婚。逸及親屬以爲不可，王固執與之，逸不能違，遂重結好。浩非毀佛法，而妻郭氏敬好釋典，時時讀誦。浩怒，取而焚之，捐灰於廁中。及浩幽執，置之檻內，送於城南，使衞士數十人溲其上，呼聲嗷嗷，聞于行路。自宰司之被戮辱，未有如浩者，世皆以爲報應之驗也。初浩構害李順，基萌已成，夜夢秉火爇順寢室，火作而順死，浩與室家羣立而觀之。俄而順弟息號哭而出，曰：「此輩，吾賊也！」以戈擊之，悉投於河。寤而惡之，以告館客馮景仁。景仁曰：「此眞不善也，非復虛事。夫以火爇人，暴之極也。階亂兆禍，復已招也。商書曰：『惡之易也，如火之燎於原，不可向邇，其猶可撲滅乎？』且兆始惡者有終殃，積不善者無餘慶。厲階成矣，公其圖之。」浩曰「吾方思之」，而不能悛，至是而族。浩既工書，人多託寫急就

章。〔五〕從少至老，初不憚勞，所書蓋以百數，必稱「馮代强」，以示不敢犯國，其謹也如此。浩書體勢及其先人，而妙巧不如也。世寶其迹，多裁割綴連以爲模楷。

浩母盧氏，諶孫也。浩著食經敍曰：「余自少及長，耳目聞見，諸母諸姑所修婦功，無不蘊習酒食。朝夕養舅姑，四時祭祀，雖有功力，不任僮使，常手自親焉。昔遭喪亂，飢饉仍臻，饘蔬餬口，不能具其物用，十餘年間不復備設。先妣慮久廢忘，後生無知見，而少不習業書，乃占授爲九篇，文辭約舉，婉而成章，聰辯强記，皆此類也。親沒之後，值國龍興之會，平暴除亂，拓定四方。余備位台鉉，與參大謀，賞獲豐厚，牛羊蓋澤，貲累巨萬。衣則重錦，食則粱肉。遠惟平生，思季路負米之時，不可復得，故序遺文，垂示來世。」

始浩與冀州刺史頤、滎陽太守模等年皆相次，浩爲長，次模，次頤。三人別祖，而模、頤爲親。浩恃其家世魏晉公卿，常侮模、頤。模謂人曰：「桃簡正可欺我，何合輕我家周兒也。」浩小名桃簡，頤小名周兒。世祖頗聞之，故誅浩時，二家獲免。浩既不信佛、道，模深所歸向，每雖糞土之中，禮拜形像。浩大笑之，云：「持此頭顱不淨處跪是胡神也。」

史臣曰：崔浩才藝通博，究覽天人，政事籌策，時莫之二，此其所以自比於子房也。屬太宗爲政之秋，值世祖經營之日，言聽計從，寧廓區夏。遇既隆也，勤亦茂哉。謀雖蓋世，威未震主，末途邂逅，遂不自全。豈鳥盡弓藏，民惡其上？將器盈必概，陰害貽禍？何斯人而遭斯酷，悲夫！

校勘記

〔一〕乃徐徐西邁　諸本「西」作「四」，北史卷二一作「西」。按通鑑卷一二一三八一二頁也作「西」。卷四上世祖紀上神䴥二年五月丁未、卷一〇三蠕蠕傳補記此事並云「絕跡西走」。「四」字訛，今據改。

〔二〕至於姑臧城南　北史卷二一崔宏附崔浩傳此句作「至於涼州，地純枯石，了無水草，不見流川。又言姑臧城南」，「至於」下多出十六字。按無此十六字，語意不全，當是本書傳本脫去。

〔三〕一日之內未便損傷　北史卷二一「內」作「乏」。按上文說「渭北地空，穀草不滿」，所以拓跋燾不想走北道，這裏是說從北道往只一天路程，還長安也止一天，一天的糧食匱乏，不致受損害。作「乏」較長。

〔四〕大誤四千　李慈銘云：「四千當作四十。」

〔五〕人多託寫急就章　諸本「人」上有「蓋」字，北史卷二一無。李慈銘云：「與下文『蓋』字行次適並，因而致誤。」按文義不當有此字，今據北史刪。

魏書卷三十六

列傳第二十四

李順

李順，字德正，趙郡平棘人也。父系，慕容垂散騎侍郎，東武城令，治有能名。太祖定中原，以系爲平棘令。年老，卒於家。贈寧朔將軍、趙郡太守、平棘男。順博涉經史，有才策，知名於世。神瑞中，中書博士，轉中書侍郎。始光初，從征蠕蠕。以籌略之功，拜後軍將軍，仍賜爵平棘子，加奮威將軍。

世祖將討赫連昌，謂崔浩曰：「朕前北征，李順獻策數事，實合經略大謀。今欲使總攝前驅之事，卿以爲何如？」浩對曰：「順智足周務，實如聖旨。但臣與之婚姻，深知其行，然性果於去就，不可專委。」世祖乃止。初浩弟娶順妹，又以弟子娶順女，雖二門婚媾，而浩頗輕順，順又弗之伏也。由是潛相猜忌，故浩毀之。至統萬，大破昌軍，順謀功居右，轉拜左軍

將軍。後征統萬，遷前將軍，授之以兵。昌出逆戰，順督勒士衆，破其左軍。及克統萬，世祖賜諸將珍寶雜物，順固辭，唯取書數千卷。世祖善之。至京論功，以順爲給事黃門侍郎，賜奴婢十五戶，帛千匹。又從擊赫連定於平涼。三秦平，遷散騎常侍，進爵爲侯，加征虜將軍，遷四部尚書，甚見寵待。

沮渠蒙遜以河西內附，世祖欲精簡行人，崔浩曰：「蒙遜稱蕃，款著河右，若俾遐域流通，殊荒畢至，宜令清德重臣奉詔褒慰，尚書李順即其人也。」世祖曰：「順納言大臣，固不宜先爲此使。若蒙遜身執玉帛而朝於朕，復何以加之？」浩曰：「邢貞使吳，亦魏之太常。苟事是宜，無嫌於重。爾日之行，豈吳王入覲也。」世祖從之，以順爲太常，策拜蒙遜爲太傅、涼王。使還，拜使持節、都督秦雍梁益四州諸軍事、寧西將軍、開府、長安鎮都大將，進爵高平公。未幾，復徵爲四部尚書，加散騎常侍。

延和初，復使涼州。蒙遜遣中兵校郎楊定歸白順曰：「年衰多疹，舊患發動，腰脚不隨，不堪拜伏。比三五日，消息小差，當相見。」順曰：「王之年老，朝廷所知。以王祇執臣禮，別有詔旨，豈得自安不見上使也。」蒙遜翌日延順入，至庭中，而蒙遜箕坐隱几，無動起之狀。順正色大言曰：「不謂此叟無禮乃至於是！今則覆亡之不恤，而敢陵侮天地。魂神逝矣，何用見之。」將握節而出。蒙遜使定歸追順於庭曰：「太常既雅恕衰疾，傳云朝廷有不拜之詔，

尚書中兵郎，遷冠軍、中散大夫。正光二年，南荊州刺史桓叔興驅掠城民，叛入蕭衍，衍資以兵糧，令築谷陂城以立洛州，逼土山戍。詔曄持節、兼尚書左丞爲行臺，督諸軍討叔興，大破之。乘勝拔谷陂，叔興退走。軍還，仍除尚書左丞。出除洛州刺史，將軍如故。未拜，卒。贈左將軍、齊州刺史。

子暉賓，美容貌，寬和沉雅。太學博士。

暉賓弟山儒，少而清立，學涉羣書。山儒少弟大蓋。並早卒。

曄族弟孝怡，字悅宗。中書學生，相州高陽王雍主簿，廣陵王羽掾，新蔡太守，別將蕭寶夤長史。從中山王英破蕭衍臨川王蕭宏於梁城。除朔州安北府長史，又爲中堅將軍、相州鎮北府長史。遷冠軍將軍、魏郡太守。相州刺史、中山王熙據鄴起兵也，孝怡陰結募城民與熙長史柳元章、別駕游荊之等率衆擒熙，賞爵昌樂伯。靈太后反政，以孝怡叉黨，除名爲民。後安樂王鑒鎮鄴，起孝怡爲別將。永安初，除左將軍、太中大夫，仍爲防城都督。以拒葛榮之勳，賜爵趙郡公，拜撫軍將軍、光祿大夫。永安三年，行殷州事。遷驃騎大將軍、左光祿大夫。武定六年卒，八十。

子思道，儀同開府中兵參軍，武城縣公。

熙，字仲熙。神䴥中，與高允等俱被徵，拜中書博士，轉侍郎。以使沮渠有功，賜爵元

氏子，加中壘將軍。卒，贈鎮東將軍、豫州刺史，謚曰莊。

子季主，襲。卒，贈青州刺史，謚曰貞。

子遺元，襲。初除冀州趙郡王幹東閤祭酒，累轉尚書左民郎中、冀州京兆王愉功曹參軍，帶扶柳令。爲愉所親，逼與同反。愉敗，遺元逃竄，會赦乃雪。復除兗州平東府長史。後拜中堅將軍、殷州征北將軍長史。卒，年六十三。贈征北將軍、定州刺史。

子恃寧，以父事被刑。武定末，官至中尹。

恃寧弟子寧，襲爵。開府默曹參軍。[二]齊受禪，爵例降。

熙族孫蘭和，自右軍將軍歷平陽、勃海二郡太守。

蘭和弟蘭集，平昌太守。

熙族孫同軌。[三]體貌魁岸，腰帶十圍。學綜諸經，多所治誦，兼讀釋氏，又好醫術。年二十二，舉秀才，射策，除奉朝請，領國子助教。轉著作郎，典儀注，修國史。遷國子博士，加征虜將軍。

永熙二年，出帝幸平等寺，僧徒講說，敕同軌論難，音韻閑朗，往復可觀，出帝善之。三年春釋菜，詔延公卿學官於顯陽殿，敕祭酒劉廞講孝經，黃門李郁講禮記，中書舍人盧景宣解大戴禮夏小正篇。時廣招儒學，引令預聽。同軌經義素優，辯析兼美，而不得執經，深爲慨恨。天平中，[四]轉中書侍郎。興和中，兼通直散騎常侍，使蕭衍。衍深耽釋學，遂集名僧於其愛敬、同泰二寺，講涅槃大品經，引同軌預席，衍兼遣其臣並共觀聽。同軌論難久之，道俗咸以爲善。

盧景裕卒，齊獻武王引同軌在館教諸公子，甚嘉禮之，每旦入授，日暮始歸。緇素請業者，同軌夜爲解說，四時恒爾，不以爲倦。武定四年夏卒，年四十七，時人傷惜之。齊獻武王亦殊嗟悼，賻襚甚厚。贈驃騎大將軍、瀛州刺史，謚曰康。

同軌兄義深，武定中，齊州刺史。

同軌弟幼舉，安德太守。武定中，以在郡貪汙，輒召部曲還京師，棄市。

幼舉弟之良，有幹用。前將軍、尚書金部郎。卒。

之良弟稚廉，武定末，并州儀同開府長史。

史臣曰：李順器宇才識，一時推重，謀宣中國，氣折外蕃。所以世祖垂心，而崔浩側目。敷式兄弟，位望並高。憲風度恢雅，夙重朝列。而遭隨有命，報施俱爽。嗚呼！以茲盛德，克廣其猷，宗緒扶疏，人位盛顯，可謂李雖舊族，其世唯新矣。

校勘記

〔一〕似窮桑之世濟　諸本「桑」作「葉」，獨局本作「桑」。按左傳昭二十九年蔡墨稱少皞氏有四叔，「世不失職，遂濟窮桑」，賦用此典故。今從局本。

〔二〕求班莊而不逐　按「班莊」不知所出。前幾句都說讀書事，後漢書卷四〇班固傳，稱固讀書禁中，或即指此，但「莊」字不可解，疑字訛。

〔三〕若謝兼之來仕　按後漢書卷六一左雄傳稱：「汝南謝廉、河南趙建年始十二，各能通經，雄並奏拜童子郎。」上云：「騫年十四，國子學生」，事類謝廉，故以此爲比。「兼」當是「廉」之訛，否則後漢書「兼」訛「廉」。

〔四〕益州逵友趣　諸本「友」作「反」，北史卷三三李騫傳作「友」。按漢書卷七二王吉傳云：「吉與貢禹爲友，世稱『王陽即吉在位，貢公彈冠』，言其取舍同也。」王吉曾官益州刺史，故稱他爲「益州」。御覽卷四〇六一八七九頁引漢書，說王吉爲益州刺史時薦貢禹，今漢書本傳無此語，或是誤引，但也可證此詩用的是王吉、貢禹事。「反」字訛，今據改。

〔五〕希遠庶長兄長劍　北、汲、殿、局四本「長劍」單作「劍」，百衲本、南本作「長劍」。北史卷三三、墓誌集釋李憲墓誌記李憲諸子皆無此人。檢上文於騫子希遠下記「希遠兄長鈞，興和中，梁州

驃騎府長史」。長鈞是希遠兄，却排在希遠後，墓誌亦同，説明其爲庶長子。時、地、官位又全與長劍同。八瓊室金石補正卷一八、越縵堂文集卷七跋李憲墓誌都認爲長鈞、長劍實是一人，魏書誤分爲二。按魏收是長鈞弟李騫的「親友」見上騫傳，不致謬誤至此。疑他書「長鈞」偶訛「長劍」，後人以爲二人，妄加此一行。

〔六〕存問憲等一二家　按「一二家」當是「三家」之訛，指李順子敷、式、弈三家，或敷兄弟與從弟顯德、妹夫宋叔珍三家。事見上文李敷傳。

〔七〕事在高允高士頌　李慈銘云：「『高士』當從北史作『徵士』。」

〔八〕尋除使持節大將軍陝州刺史　北史卷三三李裔傳，「大將軍」上有「候衞」二字。按李裔軍號先止「征東將軍」第二品，死後贈官是「驃騎大將軍」從第一品，不可能此時給以大將軍正一品的軍號。但東魏初也沒有「候衞大將軍」之官。疑是「衞大將軍」，此傳脫「衞」字，北史衍「候」字。

〔九〕子直襲　北史卷三三「直」作「子旦」。按隋書卷四六李雄傳也作「子旦」，這裏當脫「子」字，「旦」訛「直」。

〔一〇〕以仲璇爲營構將作　北史卷三三本傳無「作」字。李慈銘云：「碑李仲璇修孔子廟碑，見金石萃編卷三一作『營構都將』，北史作『營構將』，疑當從碑，此『作』字涉下文指將作大匠而衍。」按「營構都將」見卷四五韋閬附姜儉傳、卷四九李靈附李道傳、卷七六盧同傳、卷七九張熠傳，也或作「將作都

將」，見卷八九羊祉傳補，從未見「營構將作」之名。疑本作「營構將」，省「都」字，與北史同，「作」字衍。

〔一一〕開府獸曹參軍　按「獸曹」當作「墨曹」，隋書卷二七百官志中稱北齊三師、二大、三公府屬官有「法、墨、田、水、鎧、集、士等曹行參軍」。儀同三司加開府也有諸曹屬官，雖有減少，墨曹却未減。北齊當因魏制。魏書中「墨曹」常作「獸曹」，今不改，以後也不再出校記。

〔一二〕熙族孫同軌　按卷八四儒林傳也有同軌傳，除傳首不同及傳末無「同軌弟幼舉」外，文字全同，實是一人二傳，參卷八四校記〔一〕。

〔一三〕天平中　諸本「天平」作「太平」。卷八四李同軌傳此傳重出作「天平」。按上稱「永熙」，下稱「興和」，只能是「天平」。「太」字訛，今據改。

魏書卷三十七

列傳第二十五

司馬休之　司馬楚之　司馬景之　司馬叔璠　司馬天助

司馬休之，字季豫，本河内溫人，晉宣帝季弟譙王遜之後也。〔一〕司馬叡僭立江南，又以遜子孫襲封。至休之父恬，爲司馬昌明鎮北將軍、青兗二州刺史。

天興五年，休之爲司馬德宗平西將軍、荆州刺史。〔二〕爲桓玄逼逐，遂奔慕容德。劉裕誅玄後，還建鄴，裕復以休之爲荆州刺史。休之頗得江漢人心，劉裕疑其有異志。而休之子文思繼休之兄尚之爲譙王，謀圖裕，裕執送休之，令自爲其所。休之表廢文思，幷與裕書陳謝。神瑞中，裕收休之子文寶、兄子文祖，並殺之，乃率衆討休之。休之上表自陳於德宗，與德宗鎮北將軍魯宗之、宗之子竟陵太守軌等起兵討裕。裕軍至江陵，休之不能敵，遂與軌奔襄陽。裕復進軍討之。太宗遣長孫嵩屯河東，將爲之援。時姚興征虜將軍姚成王、冠

軍將軍司馬國璠亦將兵救之，不及而還。休之遂與子文思及宗之等奔於姚興。

裕滅姚泓，休之與文思及德宗河間王子道賜，輔國將軍溫楷，竟陵内史魯軌，荆州治中韓延之、殷約，平西參軍桓謐、桓璲及桓溫孫道度、道子，勃海刁雍，陳郡袁式等數百人，皆將妻子詣嵩降。月餘，休之卒于嵩軍。詔曰：「司馬休之率其同義，萬里歸誠，雅操不遂，中年殞喪，朕甚愍焉。其追贈征西大將軍、右光祿大夫，謚始平聲公。」

文思與淮南公國璠、池陽子道賜不平，而僞親之，引與飲宴。國璠性疏直，因酒醉，語文思，言已將與溫楷及三城胡酋王珍、曹栗等外叛，因説京師豪强可與爲謀數十人。文思告之，皆坐誅。以文思爲廷尉卿，賜爵鬱林公。善於其職，聽訟斷獄，百姓不復匿其情。劉義隆遣將裴方明擊楊難當於仇池，世祖以文思爲假節、征南大將軍，進爵譙王，督洛豫諸軍南趣襄陽，邀其歸路。還京，爲懷朔鎮將。〔三〕興安初薨。

子彌陀，襲爵。以選尚臨涇公主，而辭以先取毗陵公竇瑾女。與瑾並坐祝詛伏誅。

司馬楚之，字德秀，晉宣帝弟太常馗之八世孫。父榮期，司馬德宗梁益二州刺史，爲其參軍楊承祖所殺。楚之時年十七，送父喪還丹楊。值劉裕誅夷司馬戚屬，叔父宣期、兄

貞之並爲所殺。楚之乃亡匿諸沙門中濟江。自歷陽西入義陽、竟陵蠻中。及從祖荊州刺史休之爲裕所敗，乃亡於汝潁之間。

楚之少有英氣，能折節待士。與司馬順明、道恭等所在聚黨。及劉裕自立，楚之規欲報復，收衆據長社，歸之者常萬餘人。劉裕深憚之，遣刺客沐謙害楚之。楚之待謙甚厚。謙夜詐疾，知楚之必自來，因欲殺之。楚之聞謙病，果自齎湯藥往省之。謙感其意，乃出匕首於席下，以狀告之曰：「將軍爲裕所忌憚，願不輕率，以保全爲先。」楚之歎曰：「若如來言，雖有所防，恐有所失。」謙遂委身以事之。其推誠信物，得士之心，皆此類也。

太宗末，山陽公奚斤略地河南，楚之遣使請降。因表曰：「江淮以北，聞王師南首，無不抃舞，思奉德化。而逼於寇逆，無由自致。臣因民之欲，請率慕義爲國前驅。今皆白衣，無以制服人望。若蒙偏裨之號，假王威以唱義，則莫不率從。」於是假楚之使持節、征南將軍、荊州刺史。奚斤既平河南，以楚之所率戶民分置汝南、南陽、南頓、新蔡四郡，〔四〕以益豫州。

世祖初，楚之遣妻子內居於鄴，尋徵入朝。時南藩諸將表劉義隆欲入爲寇，以楚之爲使持節、安南大將軍，封琅邪王，屯潁川以拒之。其長史臨邑子步還表曰：「楚之渡河，百姓思舊，義衆雲集，汝潁以南，望風翕然，回首革面。斯誠陛下應天順民，聖德廣被之所致也。」世祖大悅，璽書勞勉，賜前後部鼓吹。

義隆將到彥之泝河而西，列守南岸，至於潼關。及彥之等退走，楚之破其別軍於長社。又與冠軍將軍安頡攻滑臺，拔之，擒義隆將朱脩之、李元德及東郡太守申謨，俘萬餘人。上疏曰：「臣奉命南伐，受任一方，而智力淺短，誠節未效，所以夙夜憂惶，忘寢與食。臣屢遣人至荊揚，所在陳說，具論天朝盛化之美，莫不忻承聖德，傾首北望。而義隆兄弟知人情搖動，遣臣私讎順爲司州刺史，統淮北七郡，代垣苗守懸瓠。自鞏、洛、滑臺敗散已來，義隆恥其敗北，多加罪罰。到彥之削位，退同卒伍，殺姚縱夫於壽春，斬竺靈秀於彭城，王休元託疾，檀道濟斥放。凡在腹心，悉懷疑阻。民怨臣猜，可謂今日。臣聞平殄寇逆，必乘戰勝之威，建立功勳，亦因離貳之勢。伏惟陛下聖德膺符，道光四海，神旌所指，莫不摧服，其未賓者義隆而已。今天網遐舉，殊方仰德。固宜掃清東南，齊一區宇，使濟濟之風，被於江漢。」世祖以兵久勞，不從。以散騎常侍徵還。

從征涼州，以功賜隸戶一百。義隆遣將裴方明、胡崇之寇仇池。以楚之爲假節，與淮陽公皮豹子等督關中諸軍從散關西入，擊走方明，擒崇之。仇池平而還。

車駕伐蠕蠕，詔楚之與濟陰公盧中山等督運以繼大軍。時鎭北將軍封沓亡入蠕蠕，說令擊楚之等以絕糧運。蠕蠕乃遣姦覘入楚之軍，截驢耳而去。有告失驢耳者，諸將莫能察。楚之曰：「必是覘賊截之以爲驗耳，賊將至矣。」卽使軍人伐柳爲城，水灌之令凍，城立而賊至。冰峻城固，不可攻逼，賊乃走散。世祖聞而嘉之。

尋拜假節、侍中、鎭西大將軍、開府儀同三司、雲中鎭大將、朔州刺史，王如故。在邊二十餘年，以清儉著聞。和平五年薨，時年七十五。高宗悼惜之，贈都督梁益秦寧四州諸軍事、征南大將軍、領護西戎校尉、揚州刺史，謚貞王。陪葬金陵。

長子寶胤，與楚之同入國。拜中書博士、雁門太守。卒。

楚之後尚諸王女河內公主，生子金龍，字榮則。少有父風。初爲中書學生，入爲中散。顯祖在東宮，擢爲太子侍講。後襲爵。拜侍中、鎭西大將軍、開府、雲中鎭大將、朔州刺史。徵爲吏部尚書。太和八年薨。贈大將軍、司空公、冀州刺史，謚康王。贈絹一千匹。金龍初納太尉、隴西王源賀女，生子延宗，次纂，次悅。後娶沮渠氏，生徽亮，卽河西王沮渠牧犍女，世祖妹武威公主所生也。有寵於文明太后，故以徽亮襲。例降爲公。坐連穆泰罪失爵。

延宗，父亡後數年卒。

子裔，字承業。世宗時，悅等爲裔理嫡，還襲祖爵。位至後軍將軍。卒，贈征虜將軍、洛州刺史。

子藏，襲。齊受禪，例降。

纂，字茂宗，中書博士。歷司州治中、別駕，河內邑中正。永平元年卒。贈鎭遠將軍、

南青州刺史，謚曰肅。

子澄，字元鏡。司州秀才，司空功曹參軍、給事中。卒，贈龍驤將軍、夏州刺史。

澄弟仲粲，武定中，尚書左丞。

悅，字慶宗。自司空司馬出爲立節將軍、建興太守，轉寧朔將軍、司州別駕。遷太子左衛率、河北太守。

世宗初，除鎭遠將軍、豫州刺史。時有汝南上蔡董毛奴者，齎錢五千，死在道路。郡縣疑民張堤爲劫，又於堤家得錢五千。堤懼拷掠，自誣言殺。獄既至州，悅觀色察言，疑其不實。引見毛奴兄靈之，謂曰：「殺人取錢，當時狼狽，應有所遺，此賊竟遺何物？」靈之云：「唯得一刀鞘而已。」悅取鞘視之，曰：「此非里巷所爲也。」乃召州城刀匠示之，有郭門者前曰：「此刀鞘門手所作，去歲賣與郭民董及祖。」悅收及祖，詰之曰：「汝何故殺人取錢而遺刀鞘？」及祖款引，靈之又於及祖身上得毛奴所著皂襦，及祖伏法。悅之察獄，多此類也。豫州于今稱之。

悅與鎭南將軍元英攻義陽，克之。詔改蕭衍司州爲郢州，以悅爲征虜將軍、郢州刺史。蕭衍遣其豫州刺史馬仙琕，左軍將軍、永陽戍主陳可等率衆一萬，於三關南六十里因山起

城，名爲竹敦，遣其輔國將軍、濟陰太守薊沛精卒二千以戍之。後於關南四十里麻陽舊柵起城，仙琕輕騎東西爲之節度。關南之民，多懷兩望。悅令西關統軍諸靈鳳掩擊，敗之，盡燔其城樓儲積，擒薊沛及其輔國將軍、軍主劉靈秀。詔曰：「司馬悅首謀義陽，征略有捷。且違京既久，屢請入朝。可遂此志，聽其赴闕。」尋詔以本將軍爲豫州刺史。論義陽之勳，封漁陽縣開國子，食邑三百戶。

永平元年，[五]城人白早生謀爲叛逆，遂斬悅首，送蕭衍。既而郢蠻復懸瓠，詔曰：「司馬悅暴罹橫酷，身首異所，國戚舊勳，特可悼念。主書董紹，銜命公行，囚漂殊域，事可矜愍。尚書可量賊將齊苟兒等四人之中分遣二人，敕揚州爲移，以易悅首及紹，迎接還本。用慰亡存。」贈平東將軍、青州刺史，賜帛三百匹，謚曰莊。子朏襲爵。

朏，尚世宗妹華陽公主，拜駙馬都尉。特除員外散騎常侍，加鎮遠將軍。正光五年，公主薨。月餘，朏卒。贈左將軍、滄州刺史。

子鴻，字慶雲。性粗武。襲爵，位至都水使者。坐與西賊交通賜死。

子孝政，襲。齊受禪，爵例降。

金龍弟躍，字寶龍。尚趙郡公主，拜駙馬都尉。代兄爲雲中鎮將、朔州刺史，假安北將軍、河內公。躍表罷河西苑封，與民墾殖。有司執奏：「此麋鹿所聚，太官取給，今若與民，

至於奉獻時禽，懼有所闕。」詔曰：「此地若任稼穡，雖有獸利，事須廢封。若是山澗，虞禁何損？尋先朝置此，豈苟藉斯禽，亮亦以俟軍行薪蒸之用。其更論之。」躍固請宜以與民，高祖從之。還爲祠部尚書、大鴻臚卿、潁川王師。以疾表求解任。太和十九年卒。贈金紫光祿大夫，賜朝服一具、衣一襲、絹一千匹。楚之父子相繼鎮雲中，朔土服其威德。

司馬景之，字洪略，晉汝南王亮之後。太宗時歸闕，爵蒼梧公，加征南大將軍。清直有節操，太宗甚重之。卒，贈汝南王。子師子襲爵。

景之兄準，字巨之。以泰常末，率三千餘家歸國。時太宗在虎牢，授寧遠將軍、新蔡公、假相州刺史。隨駕至京。出除廣寧太守。悅近來遠，清儉有稱。世祖嘉之，賜布六百匹。後降號爲平遠將軍，改爲密陵侯。興光初卒。子安國襲爵。

司馬叔璠，晉安平獻王孚之後也。父曇之，司馬德宗河間王。桓玄、劉裕之際，叔璠與兄國璠北奔慕容超。後西投姚興。劉裕滅姚泓，北奔屈丐。世祖平統萬，兄弟俱入國。[六]

國璠賜爵淮南公。卒，無子，爵除。叔璠，安遠將軍、丹楊侯。卒。

長子靈壽，神䴥中，與弟道壽俱來歸國。靈壽，冠軍將軍、溫縣侯；道壽，寧朔將軍、宜陽子。靈壽出除陳郡太守。劉義隆侵境，詔靈壽招引義士，得二千餘人，從西平公安頡破虎牢、滑臺、洛陽三城，徙五百餘家入河內。又從討蠕蠕，西征涼州，所在著功。出爲遼西太守，治有清儉之稱。太和九年卒。贈懷州刺史，謚曰靖。靈壽娶太宰、頓丘王李峻女，與婦父雅不相善，每見抑退，故位不大至。

子惠安，高祖時襲爵。歷恒州別駕、桑乾太守、太尉諮議參軍事。卒。

子祖珍，年十五，舉司州秀才。解褐員外散騎侍郎。年十八，先父卒。

祖珍弟宗龐，世宗時，父惠安以久病啓以爵轉授。解褐安定王府騎兵參軍，洛州龍驤府司馬。善射，未曾自伐。性閑淡，少所交遊。識者云其淳至。永安中卒。子嵩亮襲。

惠安弟直安，歷位尚書郎、濟北濟南二郡太守、員外散騎常侍。蕭寶夤征鍾離，引爲長史。坐軍退，免官加刑。以疾得免。尋除東平原太守。還京，爲中散大夫，加征虜將軍、太中大夫，遷左將軍。正光四年卒。贈大將軍、濟州刺史。

子龍泉，滄州開府長史。

道壽長子元興，襲父爵。

子景和，給事中，稍遷揚州驃騎府長史、清河內史。正光元年卒。贈左將軍、平州刺史。

元興弟仲明，侍御史、中書舍人。以謹敏著稱。稍遷衞尉少卿，仍領舍人。出爲征虜將軍、涼州刺史。坐貪殘，爲御史所彈，遇赦免，積年不敍。後娶靈太后從姊爲繼室，除武衞將軍、征虜將軍。轉光祿大夫，武衞如故。遷大司農卿，加安東將軍、散騎常侍。出爲安北將軍、恒州刺史，常侍如故。正光五年卒。

子彥邕，有風望。正員郎。稍遷相州刺史、驃騎大將軍、左光祿大夫。天平四年卒。贈散騎常侍、都督懷洛二州諸軍事、驃騎大將軍、儀同三司、懷州刺史。

司馬天助，自云司馬德宗驃騎將軍元顯之子。劉裕自立，乃來歸闕。[七]除平東將軍、青徐二州刺史、東海公。天助招率義士，欲襲裕東平、濟北二郡及城戍，又破裕將閭萬齡軍，前後多所虜獲。拜侍中、都督青徐兗三州諸軍事、征東將軍、青兗二州刺史，公如故。眞君三年，與司馬文思等南討。還，又從駕北征。在陣歿。

子元伯，字歸都。襲爵，後降溫縣子。太和中，爲建威將軍、泰山太守。

史臣曰：諸司馬以亂亡歸命。楚之風槪器略，最可稱乎？其餘未足論也。而以往代遺緒，並當位遇。可謂幸矣。

校勘記

〔一〕晉宣帝季弟譙王遜之後也　南本以下諸本及北史卷二九司馬休之傳「遜」作「進」。百衲本作「遜」，汲、局二本注宋本作「遜」。錢氏考異卷二八、李慈銘魏書札記、張森楷魏書校勘記各有說。按晉書卷三七譙王遜傳，遜是進子，進死於曹魏時，封譙王的是遜，不是進。但進才是晉宣帝司馬懿季弟，遜是從子，作「遜」也有問題。作「進」作「遜」既都有問題，而宋本作「遜」，恐原來就錯。此卷史實上的謬誤較多，疑有訛脫竄亂，非魏收原文。

〔二〕天興五年休之爲司馬德宗平西將軍荊州刺史　按晉書卷三七譙王遜附休之傳，晉元興元年即魏天興五年(四〇二)休之以襄城太守助其兄豫州刺史譙王尙之守歷陽，爲桓玄所敗，奔南燕。荊州刺史自晉隆安四年四〇〇以來就是桓玄，這時正從荊州東下攻建康。司馬休之當荊州刺史有二次，一次在桓玄敗後，又一次是在晉義熙八年魏永興四年(四一二)，第二次才加「平西將軍」，上距天興五年已十年。這裏所稱官職顯誤。

〔三〕爲懷朔鎭將　北史卷二九「懷朔」作「懷荒」。按卷三九李寶傳云：「高宗初，代司馬文思鎭懷荒。」北史是，這裏作「懷朔」誤。

〔四〕以楚之所率戶民分置汝南南陽南頓新蔡四郡　北史卷二九「南陽」作「汝陽」。按宋書卷三六州郡志豫州有「汝陽」，無「南陽」。當時僑置亦必因豫州原有此郡，疑作「汝陽」是。

〔五〕永平元年　諸本「平」作「元」。按事見卷八世宗紀永平元年十月，今據北史卷二九司馬悅傳改。

〔六〕劉裕滅姚泓北奔屈丐世祖平統萬兄弟俱入國　按卷三太宗紀泰常三年四一七八月劉裕滅姚泓，九月癸酉記司馬休之父子及國璠等「來降」。泰常五年五月即記國璠被殺。拓跋燾平統萬，事在始光四年四二七，國璠已先死八年。下文又稱國璠卒，一字不及被殺，却見於此卷司馬文思傳。也可怪。

〔七〕劉裕自立乃來歸闕　張森楷云：「帝紀卷四上世祖紀上延和二年司馬天助來降，於宋爲元嘉十年四三三，代晉久矣。此文殊疏略。」按下文稱天助「招率義士，欲襲裕東平、濟北郡及城戍，又破裕將閭萬齡軍」，「裕」字皆誤。

魏書卷三十八

列傳第二十六

刁雍　王慧龍　韓延之　袁式

刁雍，字淑和，勃海饒安人也。高祖攸，晉御史中丞。曾祖協，從司馬叡渡江，居于京口，位至尙書令。父暢，司馬德宗右衞將軍。初，暢兄逵以劉裕輕狡薄行，負社錢三萬，違時不還，執而徵焉。及裕誅桓玄，以嫌故先誅刁氏。雍爲暢故吏所匿，奔姚興豫州牧姚紹於洛陽，後至長安。雍博覽書傳，姚興以雍爲太子中庶子。

泰常二年，姚泓滅，與司馬休之等歸國。上表陳誠，於南境自效。太宗許之，假雍建義將軍。雍遂於河濟之間招集流散，得五千餘人，南阻大𨶒，〔一〕擾動徐兗，建牙誓衆，傳檄邊境。劉裕遣將李嵩等討雍，雍斬之於蒙山。於是衆至二萬，進屯固山。七年三月，雍從弟彌亦率衆入京口，規共討裕，裕遣兵破之。六月，雍又侵裕青州，雍敗，乃收散卒保於馬耳山。又爲裕青州軍所逼，遂入大鄉山。

八年，太宗南幸鄴，朝於行觀。〔二〕問：「先聞卿家縛劉裕，於卿親疏？」雍曰：「是臣伯父。」太宗笑曰：「劉裕父子當應憚卿。」又謂之曰：「朕先遣叔孫建等攻青州，民盡藏避，城猶未下。彼既素憚卿威，士民又相信服，今欲遣卿助建等，卿宜勉之。」於是假雍鎭東將軍、青州刺史、東光侯，給五萬騎，使別立義軍。建先攻東陽，雍至，招集義衆，得五千人。遣撫慰郡縣，士人盡下，送租供軍。是時攻東陽，平其北城三十許步。劉義符青州刺史竺夔於城內鑿地道，南下入澠水澗，以爲退路。雍謂建曰：「此城已平，〔三〕宜時入取。不者走盡。」建懼傷兵士，難之。雍曰：「若懼傷官兵者，雍今請將義兵先入。」建不聽。夔欲東走，會義符遣其將檀道濟等救青州。雍謂建曰：「賊畏官軍突騎，以鎖連車爲函陣。大峴已南，處處狹隘，不得方軌。雍求將義兵五千，要崄破之。」建不聽曰：「兵人不宜水土，疫病過半。若相持不休，兵自死盡，何須復戰。今不損大軍，安全而返，計之上也。」建乃引還。

雍遂鎭尹卯固。又詔令南入，以亂賊境。雍攻克項城。會有敕追令隨機立效，雍於是招集譙、梁、彭、沛民五千餘家，置二十七營，遷鎭濟陰。延和二年，立徐州於外黃城，置譙、梁、彭、沛四郡九縣，以雍爲平南將軍、徐州刺史，賜爵東安侯。在鎭七年，太延四年，徵還京師，頻歲爲邊民所請。世祖嘉之，眞君二年復授使持節、侍中、都督揚豫兗徐四州諸軍事、征南將軍、徐豫二州刺史。

三年，劉義隆將裴方明寇陷仇池，詔雍與建興公古弼等十餘將討平之。五年，以本將軍爲薄骨律鎮將。至鎮，表曰：

臣蒙寵出鎮，奉辭西藩，總統諸軍，戶口殷廣。又總勒戎馬，以防不虞，督課諸屯，以爲儲積。夙夜惟憂，不遑寧處。以今年四月末到鎮，時以夏中，不及東作。念彼農夫，雖復布野，官渠乏水，不得廣殖。乘前以來，功不充課，兵人口累，率皆飢儉。略加檢行，知此土稼穡艱難。

夫欲育民豐國，事須大田。此土乏雨，正以引河爲用。觀舊渠堰，乃是上古所制，非近代也。富平西南三十里，有艾山，南北二十六里，東西四十五里，鑿以通河，似禹舊迹。其兩岸作溉田大渠，廣十餘步，山南引水入此渠中。計昔爲之，高於水不過一丈。〔四〕河水激急，沙土漂流，今日此渠高於河水二丈三尺，又河水浸射，往往崩頹。渠溉高懸，水不得上。雖復諸處案舊引水，水亦難求。今艾山北，河中有洲渚，水分爲二。西河小狹，水廣百四十步。臣今求入來年正月，於河西高渠之北八里、分河之下五里，平地鑿渠，廣十五步，深五尺，築其兩岸，令高一丈。北行四十里，還入古高渠，卽循高渠而北，復八十里，合百二十里，大有良田。計用四千人，四十日功，渠得成訖。所欲

鑿新渠口，河下五尺，水不得入。今求從小河東南岸斜斷到西北岸，計長二百七十步，廣十步，高二丈，絕斷小河。二十日功，計得成畢，合計用功六十日。小河之水，盡入新渠，水則充足，溉官私田四萬餘頃。一旬之間，則水一遍，水凡四溉，穀得成實。官課常充，民亦豐贍。

詔曰：「卿憂國愛民，知欲更引河水，勸課大田。宜便興立，以克就爲功，何必限其日數也。有可以便國利民者，動靜以聞。」

七年，雍表曰：「奉詔高平、安定、統萬及臣所守四鎮，出車五千乘，運屯穀五十萬斛付沃野鎮，以供軍糧。臣鎮去沃野八百里，道多深沙，輕車來往，猶以爲難，設令載穀，不過二十石，每涉深沙，必致滯陷。又穀在河西，轉至沃野，越度大河，計車五千乘，運十萬斛，百餘日乃得一返，大廢生民耕墾之業。車牛艱阻，難可全至，一歲不過二運，五十萬斛乃經三年。臣前被詔，有可以便國利民者動靜以聞。臣聞鄭、白之渠，遠引淮海之粟，泝流數千，周年乃得一至，猶稱國有儲糧，民用安樂。今求於牽屯山河水之次，造船二百艘，二船爲一舫，一船勝穀二千斛，一舫十人，計須千人。臣鎮內之兵，率皆習水。一運二十萬斛。方舟順流，五日而至，自沃野牽上，十日還到，合六十日得一返。從三月至九月三返，運送六十萬斛，計用人功，輕於車運十倍有餘，不費牛力，又不廢田。」詔曰：「知欲造船運穀，一冬卽成，大省民力，既不費牛，又不廢田，甚善。非但一運，自可永以爲式。今別下統萬鎮出兵以供運穀，卿鎮可出百兵爲船工，豈可專廢千人？雖遣船匠，猶須卿指授，未可專任也。諸有益國利民如此者，續復以聞。」

九年，雍表曰：「臣聞安不忘亂，先聖之政也。況綏服之外，帶接邊城，防守不備，無以禦敵者也。臣鎮所綰河西，爰在邊表，常懼不虞。平地積穀，實難守護。兵人散居，無所依恃。脫有妖姦，必致狼狽。雖欲自固，無以得全。今求造城儲穀，置兵備守。鎮自建立，更不煩官。又於三時之隙，不令廢農。一歲、二歲不訖，三歲必成。立城之所，必在水陸之次。大小高下，量力取辦。」詔許之。至十年三月，城訖。詔曰：「卿深思遠慮，憂勤盡思，知城已周訖，邊境無不虞之憂，千載有永安之固，朕甚嘉焉。卽名此城爲刁公城，以旌爾功也。」

興光二年，詔雍還都，拜特進，將軍如故。和平六年，表曰：

臣聞有國有家者，莫不禮樂爲先。故樂記云：禮所以制外，樂所以修內。和氣中釋，恭敬溫文。是以安上治民，莫善於禮；易俗移風，莫善於樂。且於一民一俗，尙須崇而用之，況統御八方，陶鈞六合者哉？故帝堯修五禮以明典章，作咸池以諧萬類，顯皇軌於云岱，揚鴻化於介丘。令木石革心，鳥獸率舞。包天地之情，達神明之德。夫

感天動神，莫近於禮樂。故大樂與天地同和，大禮與天地同節。和，故百物阜生；節，故報天祭地。禮行於郊，則上下和肅。肅者，禮之情；和者，樂之致。樂至則無怨，禮至則不違。揖讓而治天下者，禮樂之謂歟？

唯聖人知禮樂之不可以已，故作樂以應天，制禮以配地。所以承天之道，治人之情。故王者治定制禮，功成作樂。虞夏殷周，易代而起。及周之末，王政陵遲。仲尼傷禮樂之崩亡，痛文武之將墜，自衞返魯，各得其中。逮乎秦皇，翦棄道術，灰滅典籍，坑燼儒士，盲天下之目，絕象魏之章，簫韶來儀，不可復矣。賴大漢之興，改正朔，易服色，協音樂，制禮儀，正聲古禮，粗欲周備。至於孝章，每以三代損益，優劣殊軌，歎其薄德，無以易民視聽。博士曹褒覩斯詔也，知上有制作之意，乃上疏求定諸儀，以爲漢禮。終於休廢，寢而不行。及魏晉之日，修而不備。

伏惟陛下無爲以恭己，使賢以御世，方鳴和鸞以陟岱宗，陪羣后以昇中岳，而三禮闕於唐辰，象舞替於周日。夫君舉必書，古之典也。柴望之禮，帝王盛事。臣今以爲有其時而無其禮，有其德而無其樂。史闕封石之文，工絕清頌之饗，良由禮樂不興，王政有闕所致也。〔五〕臣聞樂由禮，所以象德；禮由樂，所以防淫。五帝殊時不相沿，三王異世不相襲。事與時並，名與功偕故也。臣識昧儒先，管窺不遠，謂宜修禮正樂，以光

等參定服章。及光爲肅宗講孝經，遵業預講，延業錄義，〔一三〕並應詔作釋奠侍宴詩。時人語曰：「英英濟濟，王家兄弟。」轉司徒左長史、黃門郎、監典儀注。遵業有譽當時，與中書令陳郡袁翻、尚書琅琊王誦並領黃門郎，號曰三哲。時政歸門下，世謂侍中、黃門爲小宰相。而遵業從容恬素，若處丘園。嘗著穿角履，好事者多毀新履以學之。以胡太后臨朝，天下方亂，謀避地，自求徐州。太后曰：「王誦罷幽州始作黃門，卿何乃欲徐州？更待一二年，當有好處分。」遵業兄弟，並交遊時俊，乃爲當時所美。及尒朱榮入洛，兄弟在父喪中，以於莊帝有從姨兄弟之親，相率奉迎，俱見害河陰。議者惜其人才，而譏其躁競。贈幷州刺史。著三晉記十卷。

遵業子松年，尚書庫部郎。

韓延之，字顯宗，南陽赭陽人，魏司徒暨之後也。司馬德宗平西府錄事參軍。劉裕率伐司馬休之，〔一三〕未至江陵，密使與延之書招之。延之報曰：「聞親率戎馬，遠履西畿，闔境士庶，莫不怪駭。何者？莫知師出之名故也。司馬平西體國忠貞，款愛待物，當於古人中求耳。劉裕足下，海內之人誰不見足下此心，而復欲欺誑國士，天地所不容，在彼不在此

矣。今伐人之君，啗人以利，眞可謂處懷期物，自有由來者矣。以平西之至德，寧無授命之臣乎？假令天長喪亂，九流渾濁，當與臧洪遊於地下，不復多言。」裕得書歎息，以示諸佐曰：「事人當應如此。」劉裕父名翹，字顯宗，於是延之字顯宗，名子爲翹，蓋示不臣劉氏也。後奔姚興。泰常二年，與司馬文思來入國，以延之爲虎牢鎭將，爵魯陽侯。初延之曾來往栢谷塢，省魯宗之墓，有終焉之志。因謂子孫云：「河洛三代所都，必有治於此者。我死不勞向北代葬也，卽可就此。」及卒，子從其言，遂葬於宗之墓次。延之死後五十餘年而高祖徙都，其孫卽居於墓北栢谷塢。

延之前妻羅氏生子措，措隨父入國。又以淮南王女妻延之，生道仁。措推道仁爲嫡，襲父爵，位至殿中尙書。進爵西平公。

袁式，字季祖，陳郡陽夏人，漢司徒滂之後。父淵，司馬昌明侍中。式在南，歷武陵王遵諮議參軍。與司馬文思等歸姚興。泰常二年歸國，爲上客，賜爵陽夏子。與司徒崔浩一面，便盡國士之交。是時，朝儀典章，悉出於浩，浩以式博於古事，每所草創，恒顧訪之。性長者，雖羈旅飄泊，而淸貧守度，不失士節，時人甚敬重之，皆呼曰袁諮議。延和二年，衞大將軍、樂安王範爲雍州刺史，詔式與中書侍郎高允俱爲從事中郎，〔一四〕辭而獲免。式沉靖樂道，周覽書傳，至於詁訓、倉、雅，偏所留懷。作字釋，未就。以天安二年卒。贈豫州刺史，謚肅侯。

子濟，襲。位魏郡太守，政有淸稱，加寧遠將軍。子姪遂居潁川之陽夏。

史臣曰：刁雍才識恢遠，著聲立事，禮遇優隆，世有人爵堂構之義也。王慧龍拔難自歸，頗歷夷險，撫人督衆，見憚嚴敵。世珍實有令子，克播家聲。韓延之報書劉裕，國體在焉。袁式贊禮崔浩，時稱長者，一時有稱，信爲美哉。

校勘記

〔一〕南阻大闕　李慈銘云：「『大』下當是『峴』字。」

〔二〕朝於行觀　北史卷二六刁雍傳「觀」作「宮」，疑是。

〔三〕此城已平　李慈銘云：「『此』當作『北』。」按上有「平其北城」語，李說是。

〔四〕高於水不過一丈　通典卷一水利田引雍表「水」上有「河」字。按下云：「高於河水二丈三尺。」

疑此脫「河」字。

〔五〕王政有闕所致也　諸本脫「所」字，今據册府卷五八〇六九五三頁補。

〔六〕太和中例降爲侯　按卷四下世祖紀下太平眞君三年九月見「東安公刁雍」，墓誌集釋刁遵墓誌圖版二二三稱雍爲「東安簡公」。是刁雍先曾進封爲公，雍傳失書，這裏所謂「例降爲侯」，便不可解。

〔七〕子沖字文助　北史卷二六「助」作「朗」，本書卷八四儒林刁沖傳補也作「朗」，疑「助」乃「朗」之訛。

〔八〕相州刺史中山王熙在鄴起兵　諸本「中山」作「山陽」。按卷一九下熙傳和其他紀載熙襲中山王，從未封山陽王，今改正。

〔九〕送整與弟宣及子恭等幽縶之　諸本「宣」作「宜」。按下文刁雙傳作「宣」，北史卷二六刁雙傳同。刁遵墓誌陰錄諸子名也作「宣」。「宜」字形近而訛，今改正。

〔一〇〕遷驃騎大將軍左光祿大夫　北史卷二九「驃」作「驍」。按卷一一三官氏志載太和後品令驍騎將軍在第四品，既無加「大」之例，也不能兼第二品的左光祿大夫。「驍」字訛。但下文說雙死後「贈車騎大將軍、儀同三司」。「驃騎」班在「車騎」上，一般不可能贈官反低於身前所任官職。這裏當衍「大」字，驃騎將軍兼左光祿大夫魏末多見。

〔一一〕慧龍督司馬靈壽等一萬人拔其思陵戍　諸本「靈」作「盧」，北史卷三五王慧龍傳作「靈」。按卷三七司馬叔璠傳附長子靈壽，「盧」字訛，今據改。

〔一二〕遵業預講延業錄義　諸本「延業」作「延明」，北史卷三五作「延業」。按下云：「英英濟濟，王家兄弟。」延業是遵業第二弟，見北史卷三五，若是元延明，和所謂「王家兄弟」不合。「明」字涉上「安豐王延明」而訛，今據北史改。又按此傳王瓊四子，只舉遵業一人，傳中却一再稱王家兄弟。北史傳末附見遵業弟廣業、延業、季和，皆魏書所宜有，疑此傳脫去。

〔一三〕劉裕率伐司馬休之　按北史卷二七韓延之傳無「率」字。張森楷云：「此句殊費解，疑『率』下當有『兵』字。」按也可能是衍文。

〔一四〕延和二年衞大將軍樂安王範爲雍州刺史詔式與中書侍郎高允俱爲從事中郎　諸本「二年」作「三年」，「中郎」作「郎中」。按範爲雍州刺史，見卷四上世祖紀上延和二年正月。「三」字訛，今據改。從事中郎是三公和將軍開府的屬官，卷四八高允傳也說「以本官領衞大將軍樂安王範從事中郎」。「郎中」是倒誤。今乙正。

魏書卷三十九

列傳第二十七

李寶

李寶，字懷素，小字衍孫，隴西狄道人，私署涼王暠之孫也。父翻，字士舉，小字武彊，私署驍騎將軍，祁連、酒泉、晉昌三郡太守。寶沉雅有度量，驍勇善撫接。伯父歆爲沮渠蒙遜所滅，寶徙於姑臧。歲餘，隨舅唐契北奔伊吾，臣於蠕蠕。其遺民歸附者稍至二千。寶傾身禮接，甚得其心，衆皆樂爲用，每希報雪。屬世祖遣將討沮渠無諱於敦煌，無諱捐城遁走。寶自伊吾南歸敦煌，遂修繕城府，規復先業。遣弟懷達奉表歸誠。世祖嘉其忠款，拜懷達散騎常侍、敦煌太守，別遣使授寶使持節、侍中、都督西垂諸軍事、鎮西大將軍、開府儀同三司、領護西戎校尉、沙州牧、敦煌公，仍鎮敦煌，四品以下聽承制假授。眞君五年，因入朝，遂留京師，拜外都大官。轉鎮南將軍、并州刺史。還，除內都大官。高宗初，代司馬文

思鎮懷荒，改授鎮北將軍。太安五年薨，年五十三。詔賜命服一襲，贈以本官，諡曰宣。有六子：承，茂，輔，佐，公業，沖。公業早卒，沖別有傳。

承，字伯業，少有策略。初，寶欲謀歸款，民僚多有異議，承時年十三，勸寶速定大計，於是遂決。仍令承隨表入質。世祖深相器異，禮遇甚優，賜爵姑臧侯。後遭父憂，居喪以孝聞。承應傳先封，以自有爵，乃讓弟茂，時論多之。承方裕有鑒裁，爲時所重。高宗末，以姑臧侯出爲龍驤將軍、滎陽太守。爲政嚴明，甚著聲稱。延興五年卒，時年四十五。贈使持節、本將軍、雍州刺史，諡曰穆。

長子韶，字元伯，學涉，有器量。與弟彥、虔、蕤並爲高祖賜名焉。韶又爲季父沖所知重。延興中，補中書學生。襲爵姑臧侯，除儀曹令。時修改車服及羽儀制度，皆令韶典焉。遷給事黃門侍郎。後例降侯爲伯。兼大鴻臚卿，黃門如故。

高祖將創遷都之計，詔引侍臣訪以古事。韶對：「洛陽九鼎舊所，七百攸基，地則土中，實均朝貢，惟王建國，莫尙於此。」高祖稱善。遷太子右詹事。尋罷左右，仍爲詹事、秦州大中正。出爲安東將軍、兗州刺史。高祖自鄴還洛，韶朝於路，言及庶人恂事。高祖曰：「卿若不出東宮，或未至此。」

世宗初，徵拜侍中，領七兵尚書。尋除撫軍將軍、幷州刺史。以從弟伯尚同元禧之逆，在州禁止，徵還京師。雖不知謀，猶坐功親免除官爵。久之，起兼將作大匠，敕參定朝儀、律令。

呂苟兒反於秦州，除撫軍將軍、西道都督、行秦州事，與右衛將軍元麗率衆討之。事平，卽眞。璽書勞勉，復其先爵。時隴右新經師旅之後，百姓多不安業，韶善撫納，甚得夷夏之心。徵還，行定州事。尋轉相州刺史，將軍如故。

肅宗初，入爲殿中尚書，行雍州事。後除中軍大將軍、吏部尚書，加散騎常侍。韶在選曹，不能平心守正，通容而已，議者貶之。出爲冀州刺史。淸簡愛民，甚收名譽，政績之美，聲冠當時。肅宗嘉之，就加散騎常侍。遷車騎大將軍，賜劍佩、貂蟬各一具，驊騮馬一匹，幷衣服寢具。韶以年及懸車，抗表遜位。優旨不許。轉定州刺史，常侍如故。及赴中山，冀州父老皆送出西境，相聚而泣。二州境旣連接，百姓素聞風德，州內大治。正光五年四月，卒於官，年七十二。詔賵帛七百匹，贈侍中、持節、散騎常侍、車騎大將軍、司空公、雍州刺史，諡曰文恭。旣葬之後，有冀州兵千餘人戍於荆州，還經韶墓，相率培冢，數日方歸。其遺愛如此。初，韶克定秦隴，永安中追封安城縣開國伯，邑四百戶。

長子瑍，字道璠，襲。武定中，驃騎大將軍、東徐州刺史。

瑍弟瑾，字道瑜。美容貌，頗有才學，特爲韶所鍾愛。淸河王懌知賞之，懌爲司徒，辟參軍。轉著作佐郎，加龍驤將軍。稍遷通直散騎侍郎，與給事黃門侍郎王遵業、尚書郎盧觀典領儀注。臨淮王彧謂瑾等曰：「卿等三儁，共掌帝儀，可謂舅甥之國。」王、盧卽瑾之外兄也。〔一〕肅宗崩，上諡策文，瑾所制也。莊帝初，於河陰遇害，年四十九。贈冠軍將軍、齊州刺史。

長子產之，字孫僑。容貌短陋，而撫訓諸弟，愛友篤至。年四十九，亡。

產之弟儁之，武定末，司空主簿。

瑾弟瓚，字道璋，少有風尚。辟司徒參軍事。神龜中卒。贈漢陽太守。

子脩年，大將軍開府士曹參軍。早亡。

韶弟彥，字次仲。頗有學業。高祖初，舉司州秀才，除中書博士。轉諫議大夫。後因考課，降爲元士。尋行主客曹事，徙郊廟下大夫。時朝儀典章咸未周備，彥留心考定，號爲稱職。

高祖南伐，彥以蕞爾江閩，不足親勞鑾駕，頻有表諫。雖不從納，然亦嘉其至誠。及六軍次於淮南，徵爲廣陵王羽長史，加恢武將軍、西翼副將軍。還，除冀州趙郡王幹長史。轉青州廣陵王羽長史，帶齊郡太守。徵爲龍驤將軍，司徒右長史，轉左長史、秦州大中正。出行揚州事。尋徵拜河南尹。還至汝陰，復敕行徐州事。轉平北將軍、平州刺史。還，平東將軍、徐州刺史。延昌二年夏，大霖雨，川瀆皆溢。彥相水陸形勢，隨便疏通，得無淹漬之害。朝廷嘉之，頻詔勞勉。入爲河南尹。遷金紫光祿大夫、光祿勳卿，轉度支尚書。出爲撫軍將軍、秦州刺史。

是時，破落汗拔陵等反於北鎭，二夏、豳、涼所在蜂起。而彥刑政過猛，爲下所怨，城民薛珍、劉慶、杜超等因四方離叛，遂潛結逆謀。正光五年六月，突入州門，擒彥於內齋，囚於西府，推其黨莫折大提爲帥，遂害彥。永安中，追贈侍中、驃騎大將軍、司徒公、雍州刺史，諡曰孝貞。

子燮，字德諧，少有風望。解褐司徒參軍。著作佐郎、司徒祭酒，轉主簿。卒，贈輔國將軍、太常少卿。

燮弟德廣，終於中散大夫。

德廣弟德顯，太尉行參軍，稍遷散騎侍郎。卒，贈征虜將軍、東秦州刺史。

德顯弟德明，祕書郎。

彥弟虔，字叔恭。太和初，爲中書學生。遷祕書中散，轉冀州驃騎府長史、太子中舍人。

世宗初，遷太尉從事中郎。出爲淸河太守，屬京兆王愉反，虔棄郡奔闕。世宗聞虔至，謂左右曰：「李虔在冀州日久，恩信著物，今拔難而來，衆情自解矣。」乃授虔別領軍前慰勞事。事平，轉長樂太守。延昌初，冀州大乘賊起，令虔以本官爲別將，與都督元遙討平之。遷後將軍、燕州刺史。還爲光祿大夫，加平西將軍，兼大司農卿。出爲散騎常侍、安東將軍、兗州刺史。追論平冀州之功，賜爵高平男。還京，除河南邑中正，遷鎭軍將軍、金紫光祿大夫。孝莊初，授特進、車騎大將軍、儀同三司，加散騎常侍。又進號驃騎大將軍、開府儀同三司。永安三年冬薨，年七十四。贈侍中、都督冀定瀛三州諸軍事、驃騎大將軍、太尉公、冀州刺史，男如故，諡曰宣景。

長子曖，字仁明。〔二〕解褐司空行參軍，稍遷尚書左外兵郎。孝莊初，於河陰遇害，年四十。贈安東將軍、度支尚書、青州刺史。

子褏，武定中，太師法曹參軍。

曖弟昞，字仁曜。起家高陽王雍常侍，員外散騎侍郎、太尉錄事參軍。孝莊初，與兄曖同時遇害，年三十八。〔三〕贈散騎常侍、左將軍、兗州刺史。

子爲，武定中，司空長流參軍。

昞弟昭，字仁照。卒於散騎侍郎。贈征虜將軍、涼州刺史。

子士元、操，[四]武定中，並儀同開府參軍事。

昭弟曉，字仁略。武定末，太尉諮議參軍。

虔弟蕤，字延賓。歷步兵校尉、東郡太守、司農少卿。卒，贈龍驤將軍、豫州刺史。

長子詠，[五]字義興，有幹局。起家太學博士。領殿中侍御史，稍遷東郡太守。莊帝初，遷安東將軍、濟州刺史。轉廣州刺史，加散騎常侍。前廢帝時，與第三弟通直散騎常侍義眞，第七弟中書侍郎、太常少卿義邕，同時爲尒朱仲遠所害。義邕，莊帝居蕃之日，以外親甚見親昵，及有天下，特蒙信任。尒朱榮之誅，義邕與其事，由是並及於禍。出帝初，贈詠侍中、驍騎將軍、吏部尙書、冀州刺史，義眞贈前將軍、齊州刺史，義邕贈安東將軍、青州刺史。

詠次弟義愼，司空屬。第四弟義遠，國子博士。莊帝初，並於河陰遇害。義愼贈散騎常侍、征東將軍、雍州刺史。

承弟茂，字仲宗。高宗末，襲父爵，鎭西將軍、敦煌公。高祖初，除長安鎭都將。轉西兗州刺史，將軍如故。入爲光祿大夫，例降爲侯。茂性謙愼，以弟沖寵盛，懼於盈，遂託以老疾，固請遜位。高祖不奪其志，聽食大夫祿，還私第，因居定州之中山。自是優遊里舍，[六]不入京師。景明三年卒，時年七十一。諡曰恭侯。

子靜，字紹安，襲。解褐太尉參軍事。定州別駕、東平原太守。神龜三年卒，年五十五。

子遐，字智遠，有几案才。起家司空行參軍，襲爵。稍遷右將軍、尙書駕部郎中。出爲河內太守。尒朱榮稱兵向洛，次其郡境，莊帝潛濟河北相會。遐旣聞榮推奉莊帝，遂開門謁候，仍從駕南渡。及河陰，爲亂兵所害，時年四十二。事寧，追贈散騎常侍、車騎大將軍、尙書右僕射、秦州刺史。以候駕之功，封盧鄉縣開國伯，邑三百戶。

子孝儒，襲。齊受禪，爵例降。

靜弟孚，字仲安，恭順篤厚。起家鎭北府功曹參軍。定州別駕，汝陽、汝南、中山三郡太守。孝莊初，以外親超授撫軍將軍、金紫光祿大夫。出除鎭東將軍、滄州刺史，加散騎常侍。普泰元年卒，年六十二。有五子。

長子惠昭，太傅開府城局參軍。

惠昭弟惠譔，武定中，齊州別駕。

孚弟敬安，奉朝請。早亡。

敬安弟季安，粗涉書史。解褐彭城王行參軍。稍遷寧朔將軍、步兵校尉。出爲徐州北海王顥撫軍府長史。正光末，顥爲關西都督，復引爲長史，委以戎政。尋加驍騎將軍。孝昌三年，卒於軍，時年五十三。贈征虜將軍、涼州刺史。

子處默，少淸惠。起家靑州彭城王府主簿。稍遷通直散騎常侍、安東將軍、光祿大夫、撫軍將軍、廣州開府長史。天平初卒，年三十九。

茂弟輔，字督眞，亦有人望。解褐中書博士，遷司徒議曹掾。太和初，高祖爲咸陽王禧納其女爲妃，除鎭遠將軍、潁川太守，帶長社戍。輔綏懷招集，甚得邊和。六年，卒於郡，年四十七。贈征虜將軍、秦州刺史、襄武侯，諡曰惠。

長子伯尙，少有重名。弱冠除祕書郎。高祖每云：「此李氏之千里駒。」稍遷通直散騎侍郎，敕撰太和起居注。尋遷祕書丞。世宗初，兼給事黃門侍郎。景明二年，坐與咸陽王禧謀反誅。時年二十九。

伯尙弟仲尙，儀貌甚美。少以文學知名。二十著前漢功臣序讚及季父司空沖誄，時兼侍中高聰、尙書邢巒見而歎曰：「後生可畏，非虛言也。」起家京兆王愉行參軍。景明中，坐兄事賜死，年二十五。

仲尙弟季凱，沉敏有識量。坐兄事，與母弟俱徙邊。久之，會赦免，遂寓居於晉陽，沉廢積年。孝昌中，解褐太尉參軍事，加威遠將軍。尋除幷州安北府長史。肅宗崩，尒朱榮陰圖義舉，季凱豫謀。莊帝踐阼，徵拜給事黃門侍郎，封博平縣開國侯，邑七百戶。尋加散

騎常侍、平東將軍。轉祕書監，進號中軍將軍。普泰元年七月，尒朱世隆以榮之死，謂季凱通知，於是見害，年五十五。出帝初，追贈侍中、驃騎將軍、吏部尙書、定州刺史。

子統，字基伯，襲。武定末，太尉刑獄參軍。齊受禪，爵例降。

季凱弟延慶，孝昌中，解褐定州鎭北城局參軍。稍遷奉車都尉、陳留太守。還鎭東將軍、金紫光祿大夫。永熙二年卒，年五十二。贈本將軍、雍州刺史。

子惠矩，武定中，儀同開府參軍事。

延慶弟延度，武定中，衞將軍、安德太守。

輔弟佐，字季翼，有文武才幹。高祖初，兼散騎常侍，銜命使高麗。以奉使稱旨，還，拜常山太守，賜爵眞定子。遷冠軍將軍、懷州刺史，賜爵山陽侯。尋加安南將軍、河內公。轉安東將軍、相州刺史。所在有稱績。

車駕南討，拜安南將軍，副大司馬、咸陽王禧爲殿中將軍。尋被敕與征南將軍、城陽王鸞，安南將軍盧淵等軍攻赭陽。各不相節度，諸軍皆坐甲城下，欲以不戰降賊。佐獨勒所部，晨夜攻擊。屬蕭鸞遣其太子右衞率垣歷生率衆來援，咸以勢弱不敵，規欲班師。佐乃簡騎二千逆賊，爲賊所敗。坐徙瀛州爲民。車駕征宛鄧，復起佐，假平遠將軍、統軍。蕭

鸞新野太守劉忌憑城固守，佐率所領攻拔之。以功封涇陽縣開國子，邑三百戶。沔北既平，廣陽王嘉爲荆州刺史，仍以佐爲嘉鎮南府長史。加輔國將軍，別鎮新野。及大軍凱旋，高祖執佐手曰：「沔北，洛陽南門。卿既爲朕平之，亦當爲朕善守。」

高祖崩，遺敕以佐行荆州事，仍本將軍。佐在州，威信大行，邊民悅附，前後歸之者二萬許家。尋正刺史。世宗初，徵兼都官尚書。景明二年卒，年七十一。贈征虜將軍、秦州刺史，謚曰莊。子遵襲。

遵，爽儻有父風。歷相州治中，轉別駕、冀州征北府長史、司空司馬。卒，贈龍驤將軍、洛州刺史。孝莊初，以外戚超贈車騎大將軍、儀同三司、定州刺史。

子果，襲。司空諮議參軍。武定中，坐通西賊伏誅。

遵弟柬，字休賢。郡辟功曹。以父憂去職，遂終身不食酒肉，因屏居鄉里。肅宗初，司空、任城王澄嘉其操尚，以爲參軍事。尋轉司徒外兵參軍。歷任城、濟北二郡太守。孝莊初，遷鎮遠將軍、濟州刺史。卒，贈安北將軍、殿中尚書、相州刺史。

子經，司徒諮議參軍、行豫州事。興和初，坐妖言賜死。

柬弟神儁，小名提。少以才學知名，爲太常劉芳所賞。釋褐奉朝請，轉司徒祭酒、從事

中郎。頃之，拜驍騎將軍、中書侍郎、太常少卿。出爲前將軍、荆州刺史。

時四方多事，所在連兵。蕭衍遣將曹敬宗來寇，攻圍積時，又引水灌城，城不沒者數版。神儁循撫兵民，戮力固守。詔遣都督崔暹，別將王羆、裴衍等赴援，敬宗退走。時寇賊之後，城外多有露骸，神儁敕令收葬之。徵拜大司農卿。肅宗末，除鎮軍將軍、行相州事。於時葛榮南逼，神儁憂懼，乃故墜馬傷脚，仍停汲郡，有詔追還。莊帝纂統，以神儁外戚之望，拜散騎常侍、殿中尚書。追論固守荆州之功，封千乘縣開國侯，邑一千戶。轉中書監、吏部尚書。

神儁意尚風流，情在推引人物，而不能守正奉公，無多聲譽。有鉅鹿人李炎上書言神儁之失。天柱將軍尒朱榮曾補人爲曲陽縣令，神儁以階縣不用，榮聞大怒，謂神儁自樹親黨，排抑勳人。神儁懼，啓求解官。乃除衞將軍、右光祿大夫。〔七〕尋屬尒朱兆入京，乘輿幽執，神儁遂逃竄民間。出帝初，始來歸闕，拜散騎常侍、驃騎大將軍、左光祿大夫、儀同三司。孝靜初，行幷州事。尋除驃騎大將軍、肆州刺史。入爲侍中。興和二年薨，〔八〕年六十四。贈都督雍秦涇三州諸軍事、驃騎大將軍、尚書左僕射、司徒公、雍州刺史，侍中、開國公如故。

神儁風韻秀舉，博學多聞，朝廷舊章及人倫氏族，多所諳記。篤好文雅，老而不輟，凡所交遊，皆一時名士。汲引後生，爲其光價，四方才子，咸宗附之。而性通率，不持檢度，至於少年之徒，皆與褻狎，不能清正方重，識者以此爲譏。神儁喪二妻，又欲娶鄭嚴祖妹，神儁之從甥也。盧元明亦將爲婚，遂至紛競，二家鬩於嚴祖之門。鄭卒歸元明，神儁惆悵不已，時人謂神儁鳳德之衰。神儁無子，從弟延度以第三子容兒後之。

韶從弟元珍，小名大墨。起家奉朝請，太尉錄事參軍，卒於步兵校尉。

元珍弟仲遵，有業尚。彭城王勰爲定州，請爲開府參軍。累轉員外散騎常侍、游擊將軍、太中大夫。出爲京兆內史。大將軍、京兆王繼西伐，請爲諮議參軍。〔九〕尋除左將軍、營州刺史。時四方州鎮謀逆，叛亂相續，營州城內，咸有異心。仲遵單車赴州，既至，與大使盧同以恩信懷誘，率皆怡悅。後肅宗又詔盧同爲行臺，北出慰勞。同疑彼人情難信，聚兵將往。城民劉安定等先有異志，謂欲圖己，還相恐動，遂執仲遵。二子清石、阿罕，尋亦見殺。唯兄子徽仁得免。

韶從叔思穆，字叔仁。父抗，自涼州渡江左，仕劉駿，歷晉壽、安東、東萊三郡太守。思穆有度量，善談論，工草隸，爲當時所稱。太和十七年，攜家累自漢中歸國，除步兵校尉。遭母憂解任。起爲都水使者。及車駕南伐，以本官兼直閤將軍，從平南陽，以功賜爵爲伯。

尋除司徒司馬。彭城王勰爲定州，請爲司馬，帶鉅鹿太守。勰徙鎮揚州，仍請爲司馬。府解，除征虜將軍、太中大夫。出爲京兆內史，在郡八年，頗有政績。徵拜光祿大夫。肅宗初，除平北將軍、中山太守，未拜，遷安北將軍、營州刺史。卒於位，時年六十一。贈安西將軍、華州刺史。永安中，子獎爲莊帝所親待，復超贈思穆衞將軍、中書監、左光祿大夫，謚曰宣惠。有子十四人。

嫡子斌，襲。官至散騎侍郎。早卒。

斌兄獎，武定末，司徒左長史。

李氏自初入魏，人位兼舉，因沖寵遇，遂爲當世盛門。而仁義吉凶，情禮淺薄，期功之服，殆無慘容，相視窘乏，不加拯濟。識者以此貶之。

史臣曰：李寶家難流離，晚獲歸正，大享名器，世業不殞，諸子承基，俱有位望。韶清身履度，聲績洽美矣。神儁才尚風流，殆民望也，貞粹之地，君子或未許焉。

校勘記

〔一〕王盧即瑾之外兄也　諸本「王」訛「士」，今據北史卷一〇〇序傳、册府卷四五八五四三五頁改。

〔二〕長子曖字仁明　北史卷一〇〇「曖」作「喚」。按以下子孫名字，魏書與北史常有異同，見於唐書卷七二上宰相世系表者多同北史，下不一一列舉。

〔三〕孝莊初與兄曖同時遇害年三十八　諸本「三」作「四」，北史卷一〇〇作「三」。本書殿本考證及李慈銘、張森楷均疑昞爲曖弟，同時被殺，上文說曖死年四十，不應弟長於兄。但都沒有檢北史，今據北史改。

〔四〕子士元操　北史卷一〇〇「操」上有「士」字，不宜省，當是脫文。

〔五〕長子詠　北史卷一〇〇「詠」作「諺」。按墓誌集釋元子邃妻李豔華墓誌圖版五七八稱祖蕤，司農、豫州刺史；父該，散騎常侍、濟州刺史。該官位與詠同，知「詠」「諺」均爲「該」之訛。

〔六〕自是優遊里舍　百衲本、南本、北本「里舍」作「早舍」，汲本、殿本、局本作「早舍」，都不可解，今據北史卷一〇〇改。

〔七〕乃除衛將軍右光祿大夫　諸本「右」作「左」，册府卷九四九二一六九頁作「右」。按墓誌集釋李挺即神儁墓誌圖版五九一也作「右」，與册府合。「左」字訛，今據改。

〔八〕興和二年薨　按墓誌稱「以興和三年六月十七日薨於位」。此誌當年所作，記年月較確，這裏「二」字當是「三」之訛。

〔九〕請爲諮議參軍　諸本「爲」作「而」，獨局本作「爲」。按殿本考證及李慈銘、張森楷都說「而」當作「爲」，局本當亦是以意改。但作「而」不可通，今從局本。

魏書卷四十

列傳第二十八

陸俟

陸俟，代人也。曾祖幹，祖引，世領部落。父突，太祖時率部民隨從征伐，數有戰功，拜厲威將軍、離石鎮將。天興中，爲上黨太守、關內侯。

俟少聰慧，有策略。太宗踐阼，拜侍郎，遷內侍，襲爵關內侯，轉龍驤將軍、給事中，典選部蘭臺事。當官而行，無所屈橈。世祖親征赫連昌，詔俟督諸軍鎮大磧，以備蠕蠕。車駕還，復典選部蘭臺事。與西平公安頡督諸軍攻虎牢，克之，賜爵建業公，拜冀州刺史，仍本將軍。時考州郡治功，唯俟與河內太守丘陳爲天下第一。轉都督洛豫二州諸軍事、本將軍、虎牢鎮大將。平涼休屠金崖、羌狄子玉等叛，復轉爲使持節、散騎常侍、平西將軍、安定鎮大將。既至，懷柔羌戎，莫不歸附。追討崖等，皆獲之。徵還，拜散騎常侍。

出爲平東將軍、懷荒鎮大將。未期，諸高車莫弗訟俟嚴急，待下無恩，還請前鎮將郎孤。世祖詔許之，徵俟還京。既至朝見，言於世祖曰：「陛下今以郎孤復鎮，以臣愚量，不過周年，孤身必敗，高車必叛。」世祖疑謂不實，切責之，以公歸第。明年，諸莫弗果殺郎孤而叛。世祖聞之，大驚，卽召俟，問其知敗之意。俟曰：「夫高車上下無禮，無禮之人，難爲其上。臣所以莅之以威嚴，節之以憲網，欲漸加訓導，使知分限。而惡直醜正，實繁有徒，故訟臣無恩，稱孤之美。孤獲還鎮，欣其名譽，必加恩於百姓，譏臣爲失，專欲以寬惠治之，仁恕待之。無禮之人，易生陵傲，不過期年，無復上下，然後收之以威，則人懷怨懟，怨懟既多，敗亂彰矣。」世祖笑曰：「卿身乃短，慮何長也。」卽日，復除散騎常侍。

世祖征蠕蠕，破涼州，常隨駕別督輜重。又與高涼王那渡河南，略地至濟南東平陵，徙其民六千家於河北。

又以俟都督秦雍二州諸軍事、平西將軍、長安鎮大將。與高涼王那擊蓋吳於杏城，大破之。獲吳二叔，諸將欲送京師，俟獨不許，曰：「夫長安一都，險絕之土，民多剛強，類乃非一。淸平之時，仍多叛動，今雖良民，猶以爲懼，況其黨與乎？若不斬吳，恐長安之變未已。吳一身藏竄，非其親信，誰能獲之？若停十萬之衆以追一人，非上策也。不如私許吳叔，免其妻子，使自追吳，擒之必也。」諸將咸曰：「今來討賊，既破之，獲其二叔，唯吳一人，何所復

中華書局

至。」俟曰：「吳之悖逆，本自天性，今若獲免，必誑惑愚民，稱王者不死，妄相扇動，爲患必大。諸君不見毒蛇乎？斷其頭猶能爲害，況除腹心疾，而曰必遺其類，其可乎？」諸將曰：「公言是也。但得賊不殺，更有所求，遂去不返，其如罪何？」俟曰：「此罪我與諸君當之。」高涼王那亦從俟計，遂遣吳二叔，與之期。及吳叔不至，諸將各咎於俟。俟曰：「此未得其便耳，必不背也。」後數日，果斬吳以至，皆如其言。俟之明略獨決，皆此類也。遷內都大官。

安定盧水劉超等聚黨萬餘以叛，〔一〕世祖以俟威恩被於關中，詔以本官加都督秦雍諸軍事，鎮長安。世祖曰：「秦川險絕，奉化日近，吏民未被恩德，故頃年已來，頻有叛動。今超等恃險，不順王命，朕若以重兵與卿，則超等必合而爲一，據險拒戰，未易攻也；若以輕兵與卿，則不制矣。今使卿以方略定之。」於是俟單馬之鎮，超等聞之大欣，以爲無能爲也。既至，申揚威信，示以成敗，誘納超女，外若姻親。超猶自警，初無降意。俟乃率其帳下，往見超，觀其舉措，設掩襲之計。超使人逆曰：「三百人以外，適當以弓馬相待，三百人以內，當以酒食相供。」俟乃將二百騎詣超，超設備甚嚴。俟遂縱酒盡醉而還。後謂將士曰：「超可取也。」乃密選精兵五百人，陳國恩德，激厲將士，言至懇切。士卒奮勇，各曰：「以死從公，必無二也。」遂僞獵而詣超，與士卒約曰：「今會發機，當以醉爲限。」俟於是詐醉，上馬大呼，手斬超首。士卒應聲縱擊，殺傷千數，遂平之。世祖大悅，徵俟還京師，轉外都大官，散

騎常侍如故。

高宗踐阼，以子麗有策立之勳，拜俟征西大將軍，進爵東平王。太安四年薨，年六十七，謚曰成。有子十二人。

長子馛，多智，有父風。高宗見馛而悅之，謂朝臣曰：「吾常歎其父智過其軀，是復踰於父矣。」少爲內都下大夫，奉上接下，行止取與，每能逆曉人意，與其從事者無不愛之。興安初，賜爵聊城侯，出爲散騎常侍、安南將軍、相州刺史，假長廣公。爲政清平，抑强扶弱。州中有德宿老名望重者，以友禮待之，詢之政事，責以方略。如此者十人，號曰「十善」。又簡取諸縣强門百餘人，以爲假子，誘接殷勤，賜以衣服，令各歸家，爲耳目於外。於是發姦摘伏，事無不驗。百姓以爲神明，無敢劫盜者。在州七年，家至貧約。徵爲散騎常侍，民乞留馛者千餘人。顯祖不許，謂羣臣曰：「馛之善政，雖復古人何以加之？」賜絹五百匹、奴婢十口。馛之還也，吏民大斂布帛以遺之，馛一皆不受，民亦不取，於是以物造佛寺焉，名長廣公寺。後襲父爵，改封建安王。

時劉彧司州刺史常珍奇以懸瓠內附，而新民猶懷去就。馛銜旨撫慰，諸有陷軍爲奴婢者，馛皆免之。百姓忻悅，民情乃定。蠕蠕犯塞，車駕親討，詔馛爲選部尚書，錄留臺事，督兵運糧，一委處分。

顯祖將禪位於京兆王子推，任城王雲、隴西王源賀等並皆固諫。馛抗言曰：「皇太子聖德承基，四海屬望，不可横議，干國之紀。臣請刎頸殿庭，有死無貳。」久之，帝意乃解，詔曰：「馛，直臣也，其能保吾子乎！」遂以馛爲太保，與太尉源賀持節奉皇帝璽紱，傳位于高祖。

延興四年薨，贈以本官，謚曰貞王。馛有六子，琇、凱知名。

琇，字伯琳，馛第五子。母赫連氏，身長七尺九寸，甚有婦德。馛有以爵傳琇之意。琇年九歲，馛謂之曰：「汝祖東平王有十二子，我爲嫡長，承襲家業，今已年老，屬汝幼沖，詎堪爲陸氏宗首乎？」琇對曰：「苟非鬬力，何患童稚。」馛奇之，遂立琇爲世子。馛薨，襲爵。琇沉毅少言，雅好讀書，以功臣子孫爲侍御長、給事中，遷黃門侍郎，轉太常少卿、散騎常侍、太子左詹事、領北海王師、光祿大夫，轉祠部尚書、司州大中正。會從兄叡事免官。景明初，試守河內郡。咸陽王禧謀反，令子曇和與尹仵期、薛繼祖等先據河內。琇聞禧敗，斬曇和首。時以琇不先送曇和，禧敗始斬首，責其通情，徵詣廷尉。廷尉少卿崔振窮治罪狀，按琇大逆，陸宗大小，咸見收捕。會將赦，先薨於獄。琇弟凱仍上書訴冤，世宗詔復琇爵。子景祚襲。

凱，字智君，謹重好學。年十五，爲中書學生，拜侍御中散，轉通直散騎侍郎，遷太子庶子、給事黃門侍郎。凱在樞要十餘年，以忠厚見稱，希言屢中，高祖嘉之。後遇患，頻上書乞骸骨，詔不許，敕太醫給湯藥。除正平太守，在郡七年，號爲良吏。初，高祖將議革變舊風，大臣並有難色。又每引劉芳、郭祚等密與規謨，共論時政，而國戚謂遂疏己，怏怏有不平之色。乃令凱私喻之曰：「至尊但欲廣知前事，直當問其古式耳，終無親彼而相疏也。」國戚舊人意乃稍解。咸陽王禧謀逆，凱兄琇陷罪，凱亦被收，遇赦乃免。凱痛兄之死，哭無時節，目幾失明，訴冤不已，備盡人事。至正始初，世宗復琇官爵，凱大喜，置酒集諸親曰：「吾所以數年之中抱病忍死者，顧門戶計耳。逝者不追，今願畢矣。」遂以其年卒。贈龍驤將軍、南青州刺史，謚曰惠。

長子暐，字道暉，與弟恭之並有時譽。洛陽令賈禎見其兄弟，歎曰：「僕以老年，更覩雙璧。」又嘗兄弟共候黃門郎孫惠蔚，惠蔚謂諸賓曰：「不意二陸復在座隅，吾德謝張公，無以延譽。」暐起家司徒行參軍，太尉西閣祭酒，兼尚書右民、三公郎，坐事免。後除伏波將軍。正光中卒。贈司州治中。孝昌中，重贈冠軍將軍、恒州刺史。暐擬急就篇爲悟蒙章，及七誘、十醉、章表數十篇。暐與恭之晚不睦，爲時所鄙。

子元規，武定中，尚書郎。

恭之，字季順，有操尚。釋褐侍御史、著作佐郎。建義初，除中書侍郎，領著作郎，尋除河北太守，轉征虜將軍、殷州刺史。前廢帝初，拜廷尉卿，加鎮西將軍。所歷並有聲績，後坐事免。孝靜初，還復本任，出除征南將軍、東荊州刺史。天平四年卒。贈散騎常侍、衞將軍、吏部尚書、定州刺史，謚曰懿。恭之所著文章詩賦凡千餘篇。

子曄，開府中兵參軍。

馛弟石跋，涇州刺史。

石跋弟歸，東宮舍人、駕部校尉。

歸弟尼，內侍校尉、東陽鎮都將。

尼弟麗，少以忠謹入侍左右，太武特親昵之。舉動審愼而無愆失。賜爵章安子，稍遷南部尚書。

太武崩，南安王余立，既而爲中常侍宗愛等所殺。百僚憂惶，莫知所立。麗以高宗世嫡之重，民望所係，乃首建大義，與殿中尚書長孫渴侯、尚書源賀、羽林郎劉尼奉迎高宗於苑中，立之。社稷獲安，麗之謀矣。由是受心膂之任，在朝者無出其右。興安初，封平原王，加撫軍將軍。麗辭曰：「陛下以正統之重，承基繼業，至於奉迎守順，臣職之常，豈敢昧

冒以干大典。」頻讓再三，詔不聽。麗乃啓曰：「臣父歷奉先朝，忠勤著稱，今年至西夕，未登王爵。臣幼荷寵榮，於分已過，愚款之情未申，犬馬之効未展，願裁過恩，聽遂所請。」高宗曰：「朕爲天下主，豈不能得二王封卿父子也。」乃以其父俟爲東平王。麗尋遷侍中、撫軍大將軍、司徒公，復其子孫，賜妻妃號。麗以優寵既頻，固辭不受，高宗益重之。領太子太傅。麗好學愛士，常以講習爲業。其所待者，皆篤行之流，士多稱之。性又至孝，遭父憂，毀瘠過禮。

和平六年，高宗崩。先是麗療疾於代郡溫泉，聞諱欲赴，左右止之曰：「宮車晏駕，王德望素重，姦臣若疾民譽，慮有不測之禍。願少遲回，朝廷寧靜，然後奔赴，猶爲未晚。」麗曰：「安有聞君父之喪，方慮禍難，不卽奔波者！」遂便馳赴。乙渾尋擅朝政，忌而害之。初，渾悖傲，每爲不法，麗數諍之，由是見忌。顯祖甚追惜麗，謚曰簡王，陪葬金陵。高祖追錄先朝功臣，以麗配饗廟庭。麗二妻，長曰杜氏，次張氏。長子定國，杜氏所生；次叡，張氏所生。

定國在繦抱，高宗幸其第，詔養宮內，至於遊止常與顯祖同處。年六歲，爲中庶子。及顯祖踐阼，拜散騎常侍，特賜封東郡王，加鎮南將軍。定國以承父爵，頻辭不許，又求以父爵讓弟叡，乃聽之。俄遷侍中、儀曹尚書，轉殿中尚書。前後大駕征巡，每擢爲行臺錄都曹

事。超遷司空。定國恃恩，不修法度，延興五年，坐事免官爵爲兵。太和初，復除侍中、鎮南將軍、秦益二州刺史，復王爵。八年，薨於州。贈以本官，謚曰莊王，賜命服一襲。

子昕之，字慶始，風望端雅。襲爵，例降爲公。尚顯祖女常山公主，拜駙馬都尉。歷通直郎，景明中，以從叔琇罪免官。尋以主壻，除通直散騎常侍。未幾，遷司徒司馬，加輔國將軍，出爲兗州刺史。尋進號安東將軍，治有名績，仍除青州刺史。在州著寬平之稱，轉安北將軍、相州刺史。永平四年夏卒。贈鎮東將軍、冀州刺史，謚曰惠。

初，定國娶河東柳氏，生子安保，後納范陽盧度世女，生昕之。二室俱爲舊族而嫡妾不分。定國亡後，兩子爭襲父爵。僕射李沖有寵於時，與度世子淵婚親相好。〔三〕沖遂左右申助，昕之由是承爵尚主，職位赫弈。安保沉廢貧賤，不免飢寒。

昕之容貌柔謹，高祖以其主壻，特垂昵眷。世宗時，年未四十，頻撫三蕃，當世以此榮之。昕之卒後，母盧悼念過哀，未幾而亡。公主奉姑有孝稱，神龜初，與穆氏頓丘長公主並爲女侍中。又性不妬忌，以昕之無子，爲納妾媵，而皆育女。公主有三女無男，以昕之從兄希道第四子子彰爲後。

子彰，字明遠，本名士沈。年十六出後，事公主盡禮。丞相高陽王雍嘗言曰：「常山妹雖無男，以子彰爲兒，乃過自生矣。」

正光中，襲爵東郡公，尋除散騎侍郎，拜山陽太守。莊帝卽位，徵拜給事黃門侍郎。子彰妻卽咸陽王禧女。禧誅，養於彭城王第，莊帝親之，略同諸姊。建義初，尒朱榮欲修舊事，庶姓封王，由是封子彰濮陽王，食邑七百戶。尋而詔罷，仍復先爵。除安西將軍、洛州刺史。還，拜征東將軍、金紫光祿大夫，領廣平王贊開府諮議參軍事。天平中，拜衞將軍、潁州刺史。以母憂去職。元象中，以本將軍除齊州刺史，又加驃騎將軍，行懷州事。轉北豫州刺史，仍除徐州刺史，將軍並如故。一年歷三州，當世榮之。還朝，除衞大將軍、左光祿大夫。又行瀛州事。尋拜侍中。復行滄州事。進號驃騎大將軍，行冀州事。除侍讀、兼七兵尚書。行青州事。子彰之爲州，以聚斂爲事，晚節修改，自行青、冀、滄、瀛，甚有時譽，加以虛己納物，人敬愛之。武定八年二月，除中書監。三月卒，年五十四。賻帛一百匹，追贈都督青光齊三州諸軍事、驃騎大將軍、開府儀同三司、青州刺史，公如故，謚曰文宣。

子彰崇好道術，曾嬰重疾，藥中須桑螵蛸，子彰不忍害物，遂不服焉。其仁恕如此。教訓六子，雅有法度。

子昂，武定中，中書舍人。

昂弟駿，太子洗馬。

駿弟杳，尚書倉部郎。

叡，字思弼。其母張氏，字黃龍，本恭宗宮人，以賜麗，生叡。麗之亡也，叡始十餘歲，襲爵撫軍大將軍、平原王。沉雅好學，折節下士。年未二十，時人便以宰輔許之。娶東徐州刺史博陵崔鑒女，〔三〕鑒謂所親云：「平原王才度不惡，但恨其姓名殊爲重複。」時高祖未改其姓。叡婚自東徐還，經於鄴，見李彪，甚敬悅之，仍與俱趣京師，以爲館客，資給衣馬僮使，待之甚厚。爲北征都督，拜北部長，轉尚書，加散騎常侍。

太和八年正月，叡與隴西公元琛並持節爲東西二道大使，褒善罰惡，聲稱聞於京師。五月，詔賜叡夏服一具。後以叡爲北征都督，擊蠕蠕，大破之。遷侍中、都曹尚書。時蠕蠕又犯塞，詔叡率騎五千以討之，蠕蠕遁走，追至石磧，擒其帥赤河突等數百人而還。加散騎常侍，遷尚書左僕射，領北部尚書。

十六年，降五等之爵，以麗勳著前朝，封叡鉅鹿郡開國公，食邑三百戶。尋爲使持節、鎮北大將軍，與陽平王頤並爲都督，督領軍將軍斛律桓等北征三道諸軍事，步騎十萬以討蠕蠕。叡以下各賜衣物布帛。高祖親幸城北，訓誓羣帥。除尚書令、衞將軍。叡大破蠕蠕

而還。尋以母憂解令。高祖將有南伐之事，以本官起之，改授征北將軍。叡固辭，請終情禮。詔曰：「叡猶執私痛，致違往旨，金革方馳，何宜曲遂也。加領衞尉。可重敕有司，速令敦喻。」後除使持節、都督恒肆朔三州諸軍事、本將軍、恒州刺史，行尚書令。高祖大考百官，奪叡尚書令祿一周。

十九年，叡表曰：「臣聞先天有弗違之略，後天有順時之規。今蕭鸞盜有名目，竊據江左，惡盈罪稔，天人棄之。取亂攻昧，誠在茲日。愚以長江浩蕩，彼之巨防，可以德招，難以力屈。又南土昏霧，暑氣鬱蒸，師人經夏，必多疾病。而鼎遷草創，庶事甫爾，臺省無論政之館，府寺靡聽治之所，百僚居止，事等行路，沉雨炎陽，自成癘疫。且兵徭並舉，聖王所難。今介冑之士，外攻讎寇；羸弱之夫，內動土木；運給之費，日損千金。驅罷弊之兵，討堅城之虜，將何以取勝乎？陛下往冬之舉，政欲曜武江漢，示威衡湘，自春幾夏，理宜釋甲。願櫜旌卷旆，爲持久之方；崇成帝居，深重本之固。聖懷無內念之虞，兆庶休斤板之役，修禮華區，諷風洛浦。然簡英略之將，任猛毅之雄，南取荆湘，據其要府，則梁秦以西覩機自服；撫附振威，回麾東指，則義陽以左馳聲可制。然後布仁化以綏近，播恩施以懷遠，凡在有情，孰不思奮！還遣慕德之人効其餘力，乘流而下，勢勝萬倍，蕞爾閩甌，敢不稽顙！豈必茲年，競斯寸尺。惟願顧存近敕，納降而旋，不紆鑾輿，久臨炎暑。」高祖從之。叡表請車

駕還代，親臨太師馮熙之葬，坐削奪都督三州諸軍事。尋除都督恒朔二州諸軍事，進號征北大將軍。以有順遷之表，加邑四百户。

時穆泰爲定州刺史，辭以疾病，土温則甚，請恒州自効，高祖許之。乃以叡爲散騎常侍、定州刺史，將軍如故。叡未發，遂與泰等同謀構逆。賜死獄中，聽免孥戮，徙其妻子爲遼西郡民。詔僕射李沖、領軍于烈曰：「陸叡、元丕，早蒙寵禄，位極人臣。自與卿等同受非常之詔，朕許以不死之旨，思得上下齊信，以保大義。朕於卿等常忘短棄瑕，務相含養。豈謂陸叡無心之甚，一至於斯！乃與穆泰結禍，數圖反噬。以朕遷洛，內懷不可，擬舉諸王，議引子恂，若斯之論，前後非一。始欲推故南安王，次推陽平王，若不肯從，欲逼樂陵王。訕謗朝廷，書信炳然。事既垂就，叡以洛都休明，勸令小緩，於是之後，兩人復競。然猶隱而弗聞。賴陽平王忠貞奮發，獲泰之言，便爾馳表，得使王人糾慝，恒岳無塵。是以叡之愆失，處入門誅。朕諦尋前旨，許不盡法。反逆之志，自負幽冥，違誓在彼，不關朕也。反心逆意，既異餘犯，雖欲矜恕，末如之何。然猶憶先言，兼以末頗異議，聽自死別府，免厥孥戮，其門子孫，永世不齒。元丕二子一弟，首爲賊端，其父無人明證，理在可覩。但以言無炳灼，隱而弗窮，以連坐應死，特恕爲民。朕本期有終，而彼自棄。卿等之間，忽及今日，違心乖念，一何可悲，故此別示，想無致怪也。謀反之外，皎如白日耳。」

沖、烈表曰：「臣等邀逢幸會，生遇昌辰。才非利用，坐班位列；功無汗馬，猥受山河。叨忝之寵，終古無比；莫大之施，萬殞靡酬。而叡、丕識乖犬馬，心同梟獍，潛引童稚，構茲妖逆，違悖天常，罪踰萬殞。叡結釁在心，陰構不息，間說戚蕃，擬窺乾象。雖覩休平，未懷疑惑，何嘗片辭披露宿志，原心語跡，實爲賊首。丕之二子，從惡累年，交扇東西，規擾幷夏，測覩此狀，無容不知。雖聖慈含育，恕其生命，其若天地何！其若神祇何！夫効誠盡節，爲下之恒分；刑茲無捨，在上之常法。況曲蒙莫大之恩，奬以忠貞之義，而更違天背道，包藏姦逆，求情推理，罪乃常誅。而慈造寬渥，更流恩貸，續叡三斷之骸，還丕已絕之魄，二三縱宥，實虧憲典。猶復上延天眷，言念疇日。不以臣等背負餘黨，別垂明詔，再申齊信之恩，重喻皎日之旨，伏讀悲慚，惟深愧惕。」

叡長子希道，字洪度，有風貌，美鬚髯。歷覽經史，頗有文致。初拜中散，遷通直郎，坐父事徙於遼西。於後得還，從征自效。以軍功拜給事中，遷司徒記室、司空主簿。征南將軍元英攻蕭衍司州，以希道爲副，及克義陽，以功賜爵淮陽男。拜諫議大夫。以學關今古，參議新令。轉廷尉少卿。加龍驤將軍、南青州刺史。以本將軍轉梁州刺史。希道頻表辭免。又除東夏州刺史，不拜。轉北中郎將，遷前將軍、郢州刺史。希道善於馭邊，甚有威略，轉平西將軍、涇州刺史。正光四年卒官。贈撫軍將軍、定州刺史。希道有六子。

士懋，字元偉。天平中，以其曾祖麗有翼戴之勳，詔特復鉅鹿郡開國公，邑三百戶，令士懋襲。武定中，平東將軍、營州刺史。

士懋弟士宗，字仲彥。尚書左外兵郎中。

士宗弟士述，字幼文。符璽郎中。士宗、士述，建義初，並於河陰遇害。

士述弟士沈，出繼從叔昕之。

士沈弟士廉，字季脩。建州平北府長史。永安末，爲尒朱世隆攻陷州城，見害。

士廉弟士佩，字季偉。武定中，安東將軍、司州治中。

希道弟希悅，尚書外兵郎中、驃騎諮議參軍、通直散騎常侍、平南將軍、光祿大夫。遇害於河陰。贈散騎常侍、衞將軍、相州刺史。

希悅弟希諡，太尉參軍，早卒。

希諡弟希靜，字季默。司徒默曹，稍遷邵郡太守。

希靜弟希質，字幼成。起家員外郎，領侍御史，稍遷散騎侍郎、陽城太守。孝莊初，除龍驤將軍、膠州刺史。蕭衍遣將率衆數萬從郁洲浮海據島，來侵州界，希質討破之。轉建州刺史，將軍如故。尒朱榮之死也，世隆率衆北還晉陽，希質固守拒之，城陷，兄子被害。希質妻元氏，榮妻之兄孫，由是獲免。天平初，給事黃門侍郎，遷魏尹，轉太常卿、衞大將

軍、都官尚書。武定七年夏卒，年五十八。贈驃騎大將軍、中書監、青州刺史，謚曰文。希質名家子，位宦又通，不能平心於物，唯與山偉、宇文忠之等共爲朋黨，排毁朝俊，有識者薄之。

子珣，字子琰。開府參軍。次瑾，字子瑜。性並粗險，乃爲劫盜，珣、瑾俱死。

瑾弟瓘，字子璧。次悉達。武定中，並儀同開府參軍。

麗弟穎，早卒。子□，字清都。性機巧，歷位長水校尉，賜爵廣牧子。遷龍驤將軍、游擊將軍、北中郎將。轉南中郎將，帶魯陽太守，進號前將軍。卒，贈本將軍、夏州刺史，謚曰順。

穎弟陵成，中校尉、河間太守、祕書中散、新城子。

陵成弟龍成，有父兄之風。少以功臣子爲中散，稍遷散騎常侍，賜爵永安子。加平遠將軍，出爲安南將軍、青州刺史，假樂安公。愛民恤下，百姓稱之。卒。

子昶，字細文，襲爵。正始中，爲太尉屬，加寧遠將軍，以本官行滎陽郡事。被劾，會赦免。久之，進號廣武將軍，遷司空司馬，尋拜光祿大夫。昶無他才能，唯飲酒爲事。出爲平西將軍、京兆內史，固辭不拜。轉平北將軍、肆州刺史。入爲衞將軍、大鴻臚卿，仍除車騎將軍、左光祿大夫。天平中，進號驃騎大將軍，加散騎常侍、領左右、兼給事黃門侍郎，仍兼

太僕卿。復以本將軍爲東徐州刺史。尋卒。贈本將軍、衞尉卿、青州刺史。

龍成季弟騏驎，侍御中散，〔四〕轉侍御長。太和初，新平太守、銀青光祿大夫，以彭城勳除夏州刺史。

子高貴，孝昌中，兗州鎮東府法曹參軍。

子操，武定末，度支尚書。操弟楚。

高貴弟順宗，員外郎、祕書中散。

子概之，武定末，東莞太守。

俟族弟宜，雲中鎮將。

子雋，高宗世，歷侍中、給事。顯祖初，侍御長。以謀誅乙渾，拜侍中、樂部尚書。還散騎常侍、吏部尚書，賜爵安樂公，甚見委任。尋拜尚書令。後除安東將軍、定州刺史，轉征東大將軍、相州刺史。政尚寬惠，民吏安定。卒，謚貞公。

子登，澄城太守。

子匡，司空倉曹參軍。

登弟子景元，元象初，衞將軍、儀同三司、南青州刺史。

史臣曰：陸俟威略智器有過人者。馛識幹明厲，不替家風。麗忠國奉主，爲時梁棟，蹈忠履義，制於一豎。惜哉！叡、琇以沉雅顯達，而釁逆陷禍。深山大澤，實有龍蛇。希道風度有聲，子彰令終之美也。

校勘記

〔一〕安定盧水劉超等聚黨萬餘以叛　諸本「水」作「永」。北史卷二八陸俟傳作「水」，通鑑卷一二四三九二八頁「水」下更有「胡」字。按盧水胡屢見後漢書、三國志、晉書等史籍。若作「永」，則是人名，但下文只稱「超」等。知「永」乃「水」之形訛，今據改。

〔二〕與度世子淵婚親相好　諸本「淵」作「泉」。按盧淵，卷四七有傳。這裏當是唐人避諱改，今回改。

〔三〕娶東徐州刺史博陵崔鑒女　諸本無「東」字，北史卷二八陸叡傳有。按下明云：「叡婚自東徐還。」卷六二李彪傳稱陸叡「娶東徐州刺史博陵崔鑒女」。卷四九崔鑒傳也只稱鑒「出爲奮威將軍、東徐州刺史」，不云「徐州」。此傳脫「東」字，今據補。

〔四〕侍御中散　諸本「御」作「郎」，北史卷二八作「御」。按「侍御中散」魏初已有此官，太和後品令在從五品上。「侍郎中散」無此官名，今據改。

魏書卷四十一

列傳第二十九

源賀

源賀，自署河西王禿髮傉檀之子也。傉檀爲乞伏熾磐所滅，賀自樂都來奔。賀偉容貌，善風儀。世祖素聞其名，及見，器其機辯，賜爵西平侯，加龍驤將軍。謂賀曰：「卿與朕源同，因事分姓，今可爲源氏。」從擊叛胡白龍，又討吐京胡，皆先登陷陳。進號平西將軍。世祖征涼州，以賀爲鄉導。詔問攻戰之計，賀對曰：「姑臧城外有四部鮮卑，各爲之援。然皆是臣祖父舊民，臣願軍前宣國威信，示其福禍，必相率歸降。外援既服，然後攻其孤城，拔之如反掌耳。」世祖曰：「善。」於是遣賀率精騎歷諸部招慰，下三萬餘落，獲雜畜十餘萬頭。及圍姑臧，由是無外慮，故得專力攻之。涼州平，遷征西將軍，進號西平公。又從征蠕蠕，擊五城、吐京胡，討蓋吳諸賊，皆有功。拜散騎常侍。從駕臨江，爲前鋒大將。賀爲人雄

果，每遇强寇，輒自奮擊。世祖戒之曰：「兵凶戰危，不宜輕犯，卿可運籌處分，勿恃身力也。」賀本名破羌，是役也，世祖曰：「人之立名，宜其得實，〔一〕何可濫也。」賜名賀焉。拜殿中尚書。

南安王余爲宗愛所殺也，賀部勒禁兵，靜遏外內，與南部尚書陸麗決議定策，翼戴高宗。令麗與劉尼馳詣苑中，奉迎高宗，賀守禁中爲之內應。俄而麗抱高宗單騎而至，賀乃開門。高宗卽位，社稷大安，賀有力焉。轉征北將軍，加給事中。以定策之勳，進爵西平王。高宗卽位，班賜百僚，謂賀曰：「朕大賚善人，卿其任意取之，勿謙退也。」賀辭，固使取之，賀唯取戎馬一匹而已。

是時，斷獄多濫，賀上書曰：「案律：謀反之家，其子孫雖養他族，追還就戮，所以絕罪人之類，彰大逆之辜；其爲劫賊應誅者，兄弟子姪在遠，道隔關津，皆不坐。竊惟先朝制律之意，以不同謀，非絕類之罪，故特垂不死之詔。若年十三已下，家人首惡，計謀所不及，愚以爲可原其命，沒入縣官。」高宗納之。出爲征南將軍、冀州刺史，改封隴西王。賀上書曰：「臣聞：人之所寶，莫寶於生全；德之厚者，莫厚於宥死。然犯死之罪，難以盡恕，權其輕重，有可矜恤。今勁寇遊魂於北，狡賊負險於南，其在疆埸，猶須防戍。臣愚以爲自非大逆、赤手殺人之罪，其坐贓及盜與過誤之愆應入死者，皆可原命，謫守邊境。是則已斷之體，更受全

生之恩；徭役之家，漸蒙休息之惠。刑措之化，庶幾在茲。虞書曰『流宥五刑』，此其義也。臣受恩深重，無以仰答，將違闕庭，豫增係戀，敢上瞽言，唯加裁察。」高宗納之。已後入死者，皆恕死徙邊。久之，高宗謂羣臣曰：「源賀勸朕宥諸死刑，徙充北番諸戍，自爾至今，一歲所活殊爲不少，生濟之理既多，邊戍之兵有益。卿等事朕，致何善意也？苟人人如賀，朕治天下復何憂哉！顧憶誠言，〔二〕利實廣矣。」羣臣咸曰：「非忠臣不能進此計，非聖明不能納此言。」

賀之臨州，鞫獄以情，徭役簡省。武邑郡姦人石華告沙門道可與賀謀反，有司以聞。高宗謂羣臣曰：「賀誠心事國，朕爲卿等保之，無此明矣。」乃精加訊檢，華果引誣。於是遣使者詔賀曰：「卿以忠誠款至，著自先朝，以丹青之潔而受蒼蠅之汙。朕登時研檢，已加極法，故遣宣意。其善綏所莅，勿以罍謗之言致損慮也。」賀上書謝，書奏，高宗顧謂左右曰：「以賀之忠誠，尚致其誣，不若是者，可無慎乎！」時考殿最，賀治爲第一，賜衣馬器物，班宣天下。

賀上表請代，朝議以賀得民情，不許。在州七年，乃徵拜太尉。

蠕蠕寇邊，賀從駕追討，破之。顯祖將傳位于京兆王子推，時賀都督諸軍屯漠南，乃馳傳徵賀。賀既至，乃命公卿議之。賀正色固執不可。卽詔賀持節奉皇帝璽綬以授高祖。

是歲，河西敕勒叛，遣賀率衆討之，降二千餘落，倍道兼行，追賊黨郁朱于等至枹罕，大

破之，斬首五千餘級，虜男女萬餘口、雜畜三萬餘頭。復追統萬、高平、上邽三鎮叛敕勒至于金城，斬首三千級。賀依古今兵法及先儒耆舊之說，略採至要，爲十二陳圖以上之。顯祖覽而嘉焉。

賀以年老辭位，詔不許。又詔都督三道諸軍，屯于漠南。是時，每歲秋冬，遣軍三道並出，以備北寇，至春中乃班師。賀以勞役京都，又非禦邊長計，乃上言：「請募諸州鎮有武健者三萬人，復其徭賦，厚加賑恤，分爲三部。二鎮之間築城，城置萬人，給强弩十二床，武衞三百乘。弩一床，給牛六頭；武衞一乘，給牛二頭。多造馬槍及諸器械，使武略大將二人以鎮撫之。冬則講武，春則種殖，並戍並耕，則兵未勞而有盈畜矣。又於白道南三處立倉，運近州鎮租粟以充之，足食足兵，以備不虞，於宜爲便。不可歲常舉衆，連動京師，令朝庭恒有北顧之慮也。」事寢不報。

又上書稱病篤，乞骸骨，至于再三，乃許之。朝有大議皆就詢訪，又給衣藥珍羞。太和元年二月，療疾於溫湯，高祖、文明太后遣使者屢問消息，太醫視疾。患篤，還京師。賀乃遺令敕諸子曰：「吾頃以老患辭事，不悟天慈降恩，爵逮於汝。汝其毋傲吝，毋荒怠，毋奢越，毋嫉妬；疑思問，言思審，行思恭，服思度；遏惡揚善，親賢遠佞；目觀必真，耳屬必正；誠勤以事君，清約以行己。吾終之後，所葬時服單櫝，足申孝心，芻靈明器，一無用也。」三年秋

薨，年七十三。贈侍中、太尉、隴西王印綬，謚曰宣，賻雜綵五百匹，賜輼輬車及命服、溫明祕器，陪葬于金陵。

長子延，性謹厚好學。初以功臣子拜侍御中散，賜爵武城子，西冶都將。〔三〕卒，贈涼州刺史、廣武侯，謚曰簡。子鱗襲。

延弟思禮，後賜名懷，謙恭寬雅，有大度。高宗末，爲侍御中散。父賀辭老，詔懷受父爵，拜征南將軍。尋爲持節、督諸軍，屯於漠南。還，除殿中尚書，出爲長安鎭將、雍州刺史。清儉有惠政，善於撫恤，劫盜息止，流民皆相率來還。歲餘，復拜殿中尚書，加侍中，參都曹事。又督諸軍征蠕蠕，六道大將咸受節度。還尚書令，參議律令。後例降爲公。除司州刺史。從駕南征，加衞大將軍，領中軍事。以母憂去職，賜帛三百匹、穀千石。十九年，除征北大將軍、夏州刺史，轉都督雍岐東秦諸軍事、征西大將軍、雍州刺史。

景明二年，徵爲尚書左僕射，加特進。時有詔，以姦吏犯罪，每多逃遁，因眚乃出，並皆釋然。自今已後，犯罪不問輕重，而藏竄者悉遠流。若永避不出，兄弟代徙。懷乃奏曰：「謹按條制：逃吏不在赦限。竊惟聖朝之恩，事異前宥，諸流徙在路，尚蒙旋反，況有未發而仍遣邊戍？按守宰犯罪，逃走者衆，祿潤既優，尚有茲失，及蒙恩宥，卒然得還。今獨苦此等，

恐非均一之法。如臣管執，謂宜免之。」書奏，門下以成式既班，駮奏不許。懷重奏曰：「臣以爲法貴經通，治尚簡要，刑憲之設，所以網羅罪人。苟理之所備，不在繁典；行之可通，豈容峻制。此乃古今之達政，救世之恒規。伏尋條制，勳品已下，罪發逃亡，遇恩不宥，仍流妻子。雖欲抑絕姦途，匪爲通式。謹按事條，侵官敗法，專據流外，豈九品已上，人皆貞白也？其諸州守宰，職任淸流，至有貪濁，事發逃竄，而遇恩免罪。勳品已下，獨乖斯例。如此，則寬縱上流，法切下吏，育物有差，惠罰不等。又謀逆滔天，輕恩尚免，〔四〕吏犯微罪，獨不蒙赦，使大宥之經不通，開生之路致壅，進違古典，退乖今律，輒率愚見，以爲宜停。」書奏，世宗納之。

其年，除車騎大將軍、涼州大中正。懷奏曰：「南賊遊魂江揚，職爲亂逆，肆厥淫昏，月滋日甚，貴臣重將，靡有孑遺，崇信姦回，昵比閹豎，內外離心，骨肉猜叛。蕭寶融僭號於荆郢，其雍州刺史蕭衍勒兵而東襲，上流之衆已逼其郊。廣陵、京口各持兵而懷兩望，鍾離、淮陰並鼎峙而觀得失。秣陵孤危，制不出門。君子小人，並罹災禍，延首北望，朝不及夕。斯實天啓之期，呑并之會。乘厥蕭牆之釁，藉其分崩之隙，東據歷陽，兼指瓜步，緣江鎭戍，達於荆郢。然後奮雷電之威，布山河之信，則江西之地，不刃自來，吳會之鄉，指期可舉。昔士治有言，皓若暴死，更立賢主，文武之官，各得其任，則勁敵也。若蕭衍克就，上下同心，

非直後圖之難，實亦揚境危逼。何則？壽春之去建鄴，七百而已，山川水陸，彼所諳利。脫江湘無波，君臣效職，藉水憑舟，倏忽而至，壽春容不自保，江南將若之何？今寶卷邑居有土崩之形，邊城無繼援之兆，淸蕩江區，實在今日。臣受恩既重，不敢不言。」詔曰：「不君不臣，江南常弊，有粟不食，其在斯矣。上天將欲亡之，諸蕃又願取之，人事天道，孰云匪會？但以養害，仁者不爲。且十月五日，衍軍已達大航，其大傷小亡之勢，久應有決。假令天罰寶卷，衍兵獲進，則衍之主佐，又是亂亡遺孽，皇靈其能久祐之乎？今之所矜者，正以南黔企德，邊書繼至，殄悴之氓，理須救接。若爾者，揚州兵力，配積不少，但可速遣任城，委以處分，別加慰勉，令妙盡邊算也。」以衍事克，遂停。

懷又表曰：「昔世祖昇遐，南安在位，出拜東廟，爲賊臣宗愛所弑。時高宗避難，龍潛苑中，宗愛異圖，神位未定。臣亡父先臣賀與長孫渴侯、陸麗等表迎高宗，〔五〕纂徽寶命。麗以扶負聖躬，親所見識，蒙授撫軍大將軍、司徒公、平原王。興安二年，追論定策之勳，進先臣爵西平王。皇興季年，顯祖將傳大位於京兆王。先臣時都督諸將，屯於武川，被徵詣京，特見顧問。先臣固執不可，顯祖久乃許之，遂命先臣持節授皇帝璽綬於高祖。至太和十六年，麗息叡狀祕書，〔六〕稱其亡父與先臣援立高宗，朝廷追錄，封叡鉅鹿郡開國公。臣時丁艱草土，不容及例。至二十年，除臣雍州刺史，臨發奉辭，面奏先帝，申先臣舊勳。時敕旨但赴所

臨，尋當別判。至二十一年，車駕幸雍，臣復陳聞，時蒙敕旨，征還當授。自宮車晏駕，遂爾不白。竊惟先臣遠則援立高宗，寶曆不墜；近則陳力顯祖，神器有歸。如斯之勳，超世之事。麗以父功而獲河山之賞，〔七〕臣有家勳，不霑茅社之賜。得否相懸，請垂裁處。」詔曰：「宿老元丕，云如所訴，訪之史官，頗亦言此。可依比授馮翊郡開國公，邑百戶。」〔八〕

又詔爲使持節，加侍中、行臺，巡行北邊六鎭、恒燕朔三州，賑給貧乏，兼採風俗，考論殿最，事之得失，皆先決後聞。自京師遷洛，邊朔遙遠，加連年旱儉，百姓困弊。懷銜命巡撫，存恤有方，便宜運轉，有無通濟。時后父于勁勢傾朝野，勁兄于祚與懷宿昔通婚，時爲沃野鎭將，頗有受納。懷將入鎭，祚郊迎道左，懷不與語，即劾祚免官。懷朔鎭將元尼須與懷少舊，亦貪穢狼藉，置酒請懷，謂懷曰：「命之長短，由卿之口，豈可不相寬貸？」懷曰：「今日之集，乃是源懷與故人飲酒之坐，非鞫獄之所也。明日公庭，始爲使人撿鎭將罪狀之處。」尼須揮淚而已，無以對之。懷既而表劾尼須。其奉公不撓，皆此類也。

懷又表曰：「景明以來，北蕃連年災旱，高原陸野，不任營殖，唯有水田，少可菑畝。然主將參僚，專擅腴美，瘠土荒疇給百姓，因此困弊，日月滋甚。諸鎭水田，請依地令分給細民，先貧後富，若分付不平，令一人怨訟者，鎭將已下連署之官，各奪一時之祿，四人已上奪祿一周。北鎭邊蕃，事異諸夏，往日置官，全不差別。沃野一鎭，自將已下八百餘人，黎庶怨

長子胤，字寧宗，少有父風。弱冠，拜中散，襲爵鎮西大將軍、河東公，除懸瓠鎮將。蕭賾遣將寇邊，詔胤爲都將，與穆亮等拒於淮上。尋授持節義陽道都將。十四年，文明太后崩，高祖詔諸刺史、鎮將曾經近侍者，皆聽赴闕，胤隨例入朝。屬開革五等，降公爲侯。十七年，高祖南討，詔趙郡王幹、司空穆亮爲西道都將。時幹年少，未涉軍旅。高祖乃除胤假節、假平南將軍，爲幹副軍。行達哀父，以蕭賾死，班師。又爲都將，共討秦州反，敗支酉，生擒斬之。除立忠將軍、河北太守。郡帶山河，路多盜賊。有韓馬兩姓，各二千餘家，恃强憑險，最爲狡害，劫掠道路，侵暴鄉閭。胤至郡之日，卽收其姦魁二十餘人，一時戮之。於是羣盜懾氣，郡中清肅。二十三年秋，遇疾，卒於郡，時年四十四，謚曰敬。

子裔，字豫孫，襲爵。性豪爽，盛營園宅，賓客聲伎，以恣嬉遊。歷尚書左外兵郎、左軍將軍，遷征虜將軍、中散大夫。出爲洛州刺史。卒，贈平西將軍、岐州刺史。

子孝紳，襲爵。稍遷前將軍、太中大夫。孝紳立行險薄，坐事爲河南尹元世儁所劾，死。後贈征西將軍、華州刺史。

胤弟□，字崇業。廣平王懷郎中令、[三]汝陰太守。

子修仁，司空行參軍。

修仁弟玄景，陳留太守。

拔弟洪隆，字菩提。解褐陽平王國常侍，稍遷河東太守。

長子驎駒，好讀書。舉秀才，除中書博士。太和九年，蕭賾使至，乃詔驎駒兼主客郎以接之。十年秋，遇疾卒，時年三十五。贈寧朔將軍、河東太守，謚曰宣。

長子慶之，字慶集，頗以學業聞。解褐奉朝請。領侍御史，遷廷尉丞。廷尉寺隣接北城，曾夏日於寺傍執得一狐。慶之與廷尉正博陵崔纂，或以城狐狡害，宜速殺之，或以長育之月，宜待秋分。二卿裴延儁、袁翻互有同異。雖曰戲謔，詞義可觀，事傳於世。轉尚書郎，兼尚書左丞，爲幷肆行臺，賜爵龍丘子，行幷州事。還征虜將軍、滄州刺史，爲葛榮攻圍，城陷。尋患卒。後贈右將軍、華州刺史。

慶之弟英集，性通率。隨舅李崇在揚州積年，以軍功歷司徒鎧曹參軍，稍遷治書侍御史、通直散騎常侍。卒。

驎駒弟鳳子。自徙都洛邑，鳳子兄弟移屬華州河西郡焉。太和二年，爲太子詹事丞、本州中正。世宗登阼，轉太尉府鎧曹參軍，稍遷治書侍御史。正始初，爲持節、征義陽軍司。還京，其年秋卒，時年四十九，贈陵江將軍、光城太守。

鳳子弟驥奴，州主簿。

洪隆弟破胡，州治中別駕。稍遷河東太守、征仇池都將。有六子。

長子聰，字延智。有世譽。累遷治書侍御史、直閤將軍，爲高祖所知。世宗踐阼，除輔國將軍、齊州刺史。卒於州。贈征虜將軍、華州刺史。

長子景茂，司州記室從事、猗氏令。早卒。

景茂弟孝通，頗有文學。永安中，中尉高道穆引爲御史，歷中書舍人、中書侍郎、常山太守。遇惡疾而卒。

聰弟道智，尚書郎。卒。

子長瑜，天平中，爲征東將軍、洛州刺史，擊賊潼關，沒於陳。贈都督冀定太三州諸軍事、車騎將軍、冀州刺史。

道智弟仙智，郡功曹。

仙智弟曇賢，卒於國子博士。

小子景淵，尚書左民郎。

曇賢弟和，字導穆。解褐大將軍劉昶府行參軍。轉司空長流參軍，除太尉府主簿，遷諫議大夫。永平四年正月，山賊劉龍駒擾亂夏州，詔和發汾、華、東秦、夏四州之衆討龍駒，平之。和因表立東夏州，世宗從之。又行正平、潁川二郡事，除通直散騎常侍。蕭衍遣將張齊寇晉壽，詔和兼尚書左丞，爲西道行臺，節度都督傅豎眼諸軍，大破齊軍。正光初，除

左將軍、南青州刺史，卒於州，年五十五。贈安北將軍、瀛州刺史。

長子元信，武定末，中軍將軍、儀同開府長史。

和弟季令，奉朝請。

破胡弟破氐，爲本州別駕，早卒。四子。

長子敬賢，爲鉅鹿太守。

破氐弟積善，爲中書博士、臨淮王提友。

子隆宗，太原太守。

寇讚，字奉國，上谷人，因難徙馮翊萬年。父脩之，字延期，苻堅東萊太守。讚弟謙之有道術，世祖敬重之，故追贈脩之安西將軍、秦州刺史、馮翊公，賜命服，謚曰哀公，詔秦雍二州爲立碑於墓。又贈脩之母爲馮翊夫人。及宗從追贈太守、縣令、侯、子、男者十六人，其臨民者七郡、五縣。

讚少以清素知名，身長八尺，姿容嚴嶷，非禮不動。苻堅僕射韋華，州里高達，雖年時有異，恒以風味相待。華爲馮翊太守，召爲功曹，後除襄邑令。姚泓滅，秦雍人千有餘家推

讚爲主，歸順。拜綏遠將軍、魏郡太守。其後，秦雍之民來奔河南、滎陽、河內者戶至萬數，拜讚安遠將軍、南雍州刺史、軹縣侯，治于洛陽，立雍州之郡縣以撫之。由是流民繈負自遠而至，叁倍於前。賜讚爵河南公，加安南將軍，領護南蠻校尉，仍刺史，分洛豫二州之僑郡以益之。雖位高爵重而接待不倦。

初，讚之未貴也，嘗從相者唐文相，文曰：「君額上黑子入幘，位當至方伯封公。」及貴也，文以民禮拜謁，仍曰：「明公憶民疇昔之言乎？爾日但知公當貴，然不能自知得爲州民也。」讚曰：「往時卿言杜瓊不得官長，人咸謂不然。及瓊被選爲盩厔令，卿猶言相中不見，而瓊果以暴疾，未拜而終。昔魏舒見主人兒死，自知己必至公，吾常以卿言瓊之驗，亦復不息此望也。」乃賜文衣服、良馬。讚在州十七年，甚獲公私之譽，年老表求致仕。眞君九年卒，年八十六。遺令薄葬，斂以時服。世祖悼惜之。謚曰宣穆。

長子元寶，襲爵，爲豫州別駕。興安元年卒，贈安南將軍、豫州刺史。子祖，襲爵。〔四〕高祖時，爲安南將軍、東徐州刺史，卒。

子靈孫，襲。赭陽太守。

元寶弟虎皮，有才器。本縣令。

虎皮弟臻，字仙勝。年十二，遭父憂，居喪以孝稱。輕財好士。顯祖末，爲中川太守。

時馮熙爲洛州刺史，政號貪虐。仙勝微能附之，甚得其意。轉弘農太守。後以母老屢求解任，久乃從之。高祖初，毋憂未闋，以恒農大盜張煩等賊害良善，徵爲都將，與荆州刺史公孫初頭等追揃之。拜振武將軍、比陽鎮將，〔五〕有威惠之稱。遷建威將軍、郢州刺史。及高祖南遷，郢州地爲王畿，除弘農太守。坐受納，爲御史所彈，遂廢卒於家。

長子祖訓，順陽太守。

祖訓弟治，字祖禮。自洛陽令稍遷鎮遠將軍、東荆州刺史。代下之後，蠻民以刺史酈道元峻刻，請治爲刺史。朝議以邊民宜悅，乃以治代道元，進號征虜將軍。坐遣戍兵送道元，免官。治兄弟並孝友敦穆，白首同居。父亡雖久，而猶於平生所處堂宇，備設幃帳几杖，以時節開堂列拜，垂淚陳薦，若宗廟然，吉凶之事必先啓告，遠出行反亦如之。治，世宗末，遷前將軍、河州刺史。在任數年，遇却鐵忽反，又爲城民詣都列其貪狀十六條。會赦免。久之，兼廷尉卿，又兼尚書。畏避勢家，承顏候色，不能有所執據。尋遷金紫光祿大夫。是時，蠻反於三鵶，治爲都督追討，戰沒。贈持節、都督雍華岐三州諸軍事、衞大將軍、七兵尚書、雍州刺史、昌平男。

治弟彌，兼尚書郎。爲城陽王徽所親待。永安末，徽避尒朱兆脫身南走，歸命於彌。彌不納，遣人加害，時論深責之。後沒關西。

治長子朏之，字長明。自直後，奉朝請，再遷鎮遠將軍、諫議大夫，仍直後。建義中，出除冠軍將軍、東荆州刺史，兼尚書，爲荆郢行臺。代還，〔六〕除征虜將軍。普泰中，襲爵，又爲東荆州刺史。永熙中，鎮東將軍、金紫光祿大夫。武定四年卒，年五十八。

酈範，字世則，小名記祖，范陽涿鹿人。祖紹，慕容寶濮陽太守。太祖定中山，以郡迎降，授兗州監軍。父嵩，天水太守。範，世祖時給事東宮。高宗踐阼，追錄先朝舊勳，賜爵永寧男，加寧遠將軍。以治禮郎奉遷世祖、恭宗神主於太廟，進爵爲子。

征南大將軍慕容白曜南征，範爲左司馬。師次無鹽，劉彧戍主申纂憑城拒守。識者僉以攻具未周，不宜便進。範曰：「今輕軍遠襲，深入敵境，無宜淹留，久稽機候。且纂必以我軍來速，不去攻守，〔七〕謂方城可憑，弱卒可恃。此天亡之時也。今若外潛威形，內整戎旅，密厲將士，出其非意，可一攻而克之。」白曜曰：「一日縱敵，數世之患，今若舒遲，民心固矣。司馬之策是也。」遂潛軍僞退，示以不攻。纂果不設備，於是卽夜部分，旦便騰城，崇朝而克。白曜將盡以其人爲軍實。範曰：「齊四履之地，世號『東秦』，不遠爲經略，恐未可定也。今皇威始被，民未霑澤，連城有懷貳之將，比邑有拒守之夫。〔八〕宜先信義，示之軌物，然後

民心可懷，二州可定。」白曜曰：「此良策也。」乃免之。進次肥城，白曜將攻之。範曰：「肥城雖小，攻則淹日，得之無益軍聲，失之有損威勢。且見無鹽之卒，死者塗炭，成敗之機，足爲鑒矣。若飛書告喩，可不攻自伏；縱其不降，亦當逃散。」白曜乃以書曉之，肥城果潰。白曜目範於衆曰：「此行也，得卿，三齊不足定矣。」

軍達升城，劉彧太原太守房崇吉棄母妻東走。彧青州刺史沈文秀遣其寧朔將軍張元孫奉牋歸款，請軍接援。白曜將遣偏師赴之。範曰：「桑梓之戀，有懷同德。文秀家在江南，青土無墳栢之累。擁衆數萬，勁甲堅城，强則拒戰，勢屈則走。師未逼之，朝夕無患，竟何所畏，已求援軍？且觀其使，詞煩而顏愧，視下而志怯，幣厚言甘，誘我也。若不遠圖，懼虧軍勢。既進無所取，退逼强敵，羝羊觸蕃，羸角之謂。未若先守歷城，平盤陽，下梁鄒，克樂陵，然後方軌連鑣，揚旌直進，何患不壺漿路左以迎明公者哉！」白曜曰：「卿前後納策，皆不失衷，今日之算，吾所不取。何者？道固孤城，裁能自守；盤陽諸戍，勢不野戰；文秀必克殄，〔九〕意在先誠。天與不取，後悔何及。」範曰：「短見猶謂不虛。歷城足食足兵，非一朝可拔。文秀既據東陽爲諸城根本，多遣軍則歷城之固不立，少遣衆則無以懼敵心。脫文秀還叛，閉門拒守，偏師在前，爲其所挫，梁鄒諸城追擊其後，文秀身率大軍，必相乘迫。腹背受敵，進退無途，雖有韓白，恐無全理。願更思審，勿入賊計中。」白曜乃止。遂表範爲青州

刺史以撫新民。後進爵爲侯，加冠軍將軍，還尚書右丞。

後除平東將軍、青州刺史，假范陽公。範前解州還京也，夜夢陰毛拂踝。他日說之。時齊人有占夢者曰史武，進云：「豪盛於齊下矣。使君臨撫東秦，道光海岱，必當重牧全齊，再祿營丘矣。」範笑而答曰：「吾將爲卿必驗此夢。」果如其言。是時，鎮將元伊利表範與外賊交通。高祖詔範曰：「卿身非功舊，位無重班，所以超遷顯爵，任居方夏者，正以勤能致遠。雖外無殊效，亦未有負時之愆。而鎮將伊利妄生姦撓，表卿造船市玉與外賊交通，規陷卿罪，窺覦州任。有司推驗，虛實自顯，有罪者今伏其辜矣。卿其明爲算略，勿復懷疑。待卿別犯，處刑及鞭，今恕刑罷鞭，止罰五十。卿宜克循，綏輯邊服，稱朕意也。」還朝，年六十二，卒於京師，謚曰穆。範五子，道元在酷吏傳。

道元第四弟道慎，字善季。涉歷史傳，有幹略。自奉朝請，還尚書二千石郎中，加威遠將軍，爲漢川行臺，迎接降款。以功除員外常侍，領郎中。轉輔國將軍、驍騎將軍。出爲正平太守，治有能名。遷長樂相。正光五年卒，年三十八。贈後將軍、平州刺史。

子中，字伯偉。武定初，司徒刑獄參軍。

道慎弟約，字善禮。起家奉朝請，再遷冠軍將軍、司徒諮議參軍。樸質遲鈍，頗愛琴書。性多造請，好以榮利干謁，乞丐不已，多爲人所笑弄。坎壈於世，不免飢寒。晚歷東

萊、魯郡二郡太守，爲政清靜，吏民安之。年六十三，武定七年卒。

範弟神虎，尚書左民郎中。

神虎弟夔。子惲，字幼和，好學，有文才，尤長吏幹。正光中，刺史裴延儁用爲主簿，令其修起學校。又舉秀才，射策高第，爲奉朝請。後延儁爲討胡行臺尚書，引爲行臺郎。以招撫有稱，除尚書外兵郎，仍行臺郎。及延儁解還，行臺長孫稚又引爲行臺郎，〔一〇〕加征虜將軍。惲頗兼武用，常以功名自許，每進計於稚，多見納用。以功賞魏昌縣開國子，邑三百戶。惲在軍，啓求減身官爵爲父請贈，詔贈夔征虜將軍、安州刺史。惲後與唐州刺史崔元珍固守平陽。武泰中，尒朱榮稱兵赴洛，惲與元珍不從其命，爲榮行臺郎中樊子鵠所攻，城陷被害，時年三十六，世咸痛惜之。所作文章，頗行於世。撰慕容氏書，不成。

子懷則，武定末，司空長流參軍。

夔弟神期，中書博士。

神期弟顯度，司州秀才、尚書庫部郎。

韓秀，字白虎，昌黎人也。祖宰，慕容儁謁者僕射。父昞，皇始初歸國，拜宣威將軍、騎

都尉。秀歷吏任，稍遷尚書郎，賜爵遂昌子，拜廣武將軍。高宗稱秀聰敏清辨，才任喉舌，遂命出納王言，并掌機密。行幸遊獵，隨侍左右。顯祖踐阼，轉給事中，參征南慕容白曜軍事。

延興中，尚書奏以敦煌一鎮，介遠西北，寇賊路衝，慮或不固，欲移就涼州。羣官會議，僉以爲然。秀獨謂非便，曰：「此蹙國之事，非闢土之宜。愚謂敦煌之立，其來已久。雖土隣強寇，而兵人素習，縱有姦竊，不能爲害，循常置戍，足以自全。進斷北狄之覘途，退塞西夷之闚路。若徙就姑臧，慮人懷異意。或貪留重遷，情不顧徙，脫引寇內侵，深爲國患。且敦煌去涼州及千餘里，捨遠就近，遙防有闕。一旦廢罷，是啓戎心，則夷狄交構，互相來往。恐醜徒協契，侵竊涼土及近諸戍，則關右荒擾，烽警不息，邊役煩興，艱難方甚。」乃從秀議。太和初，遷內侍長。後爲平東將軍、青州刺史，假漁陽公。在州數年，卒。子務襲爵。

務，字道世，性端謹，有治幹。初爲中散，稍遷太子翊軍校尉。時高祖南征，行梁州刺史楊靈珍謀叛。以務爲統軍，受都督李崇節度以討靈珍。有戰功，授後軍長史，徵赴行在所。還，遷長水校尉。景明初，假節行肆州事，轉左中郎將、寧朔將軍，試守常山郡。又爲征蠻都督李崇司馬。崇揃蕩羣蠻，除近畿之患，務有力焉。後除鎮北府司馬。初試守常山。府解，復爲平北長史。務頗有受納，爲御史中尉李平所劾，付廷尉，會赦免。後除龍驤

將軍、郢州刺史。務獻七寶牀、象牙席。詔曰：「晉武帝焚雉頭裘，朕常嘉之，今務所獻亦此之流也。奇麗之物，有乖風素，可付其家人。」邊人李旻、馬道進等許殺蕭衍黃坂戍主，率戶來降。務信之，遣兵千餘人迎接。戶既不至，而詐表破賊，坐以免官。久之，拜冠軍將軍、太中大夫，進號左將軍。神龜初卒。

堯暄，字辟邪，上黨長子人也。本名鍾葵，後賜爲暄。祖僧賴，太祖平中山，與趙郡呂舍首來歸國。

暄聰了，美容貌，爲千人軍將、東宮吏。高宗以其恭謹，擢爲中散。奉使齊州，檢平原鎮將及長史貪暴事，推情診理，皆得其實。除太尉中給事、兼北部曹事，後轉南部。太和中，遷南部尚書。于時始立三長，暄爲東道十三州使，更比戶籍。賜獨車一乘，廄馬四匹。時蕭賾遣其將陳顯達寇邊，以暄爲使持節、假中護軍、都督南征諸軍事、平陽公。軍次許昌，會陳顯達遁走，暄乃班師。暄前後從征及出使檢察三十餘許度，皆有克己奉公之稱。賞賜衣服二十具、綵絹十四、細絹千餘段、奴婢十口，賜爵平陽伯。及改置百官，授太僕卿。車駕南征，加安南將軍。轉大司農卿。太和十九年，卒於平城。高祖爲之舉哀。贈安北將

軍、相州刺史，賻帛七百匹。

初，暄使徐州，見州城樓觀，嫌其華盛，乃令往往毀撤，由是後更損落。及高祖幸彭城，聞之曰：「暄猶可追斬。」

暄長子洪，襲爵。鎮北府錄事參軍。

子榮，字永壽。元象中，開府儀同三司、樂城縣開國公。

洪弟遵，伏波將軍、河州冠軍府長史、臨洮太守。卒，贈龍驤將軍，謚曰思。

遵弟榮，員外散騎侍郎。

子雄，字休武。元象中，儀同三司、豫州刺史、城平縣開國公。

雄弟奮，字彥舉。興和中，驃騎將軍、潁州刺史。

奮弟難宗，武定中，征西將軍、南岐州刺史、征羌縣開國伯。

呂舍既歸國，從至京師，給賜田宅。

子方生，機識明辯，卒於主書郎。贈建武將軍、定州刺史、高邑子，謚曰敬。

子受恩，爲侍御中散，典宜官曹，累遷外都曹令，轉北部給事、秦州刺史。卒於官。

史臣曰：薛辯、寇讚歸身有道，並以款效見嘉。議敦煌得馭遠之算。〔一一〕務武夫鄙詐，貢牀飾寶，棄而不御，斯乃人主之盛德。堯暄聰察奉公，以致名位，禮加存歿，有餘榮矣。

校勘記

〔一〕始光中世祖詔奚斤討赫連昌　諸本「祖」作「宗」。按「始光」是拓跋燾年號，「宗」字顯誤，今改正。

〔二〕三年拔與南兗州刺史游明根　錢氏考異卷二八云：「明根傳卷五五作『東兗』，此誤也。正光中，始置南兗州於譙城，延興中尚無『南兗』之名。」按南兗州實是正始間置見地形志校記，錢氏說微誤，但延興中無南兗，當從游明根傳作「東兗」，錢氏說是。

〔三〕廣平王懷郎中令　百衲本「郎中」二字空格，汲本空一格，南、北、殿、局四本有「中」字，上注「闕一字」。李慈銘云：「宋本『懷』下空處有『卄』形，蓋『中』字也。魏制王國有郎中令。宋本『卄』上有黑圍，當是『郎』字。」按「中」字宋本有殘跡，南、北等本不闕，今從之。所闕上一字，只能是「郎」，李說是，今補。

〔四〕子祖襲爵　墓誌集釋寇演墓誌圖版二二六稱「父祖咲」，卽此寇祖。「祖」字乃兄弟排行，下文有祖訓，祖禮，均從兄弟。當時雖多雙名單稱，也不應取兄弟所同的「祖」字，知此傳「祖」下脫「咲」字。墓誌集釋載寇氏墓誌多件，官、爵、謚和名、字和此傳頗有不同，今不列舉。

〔五〕比陽鎮將　諸本「比」作「北」。墓誌集釋寇臻墓誌圖版二〇六之二作「沘陽鎮將」。按比陽，漢縣，本書地形志雖不載此縣，也不言置鎮，但屢見紀傳。水經注卷二九比水篇、太平寰宇記卷一四二引周地圖記都說魏東荆州刺史治比陽故城。「比」「北」二字常相混，卷四五韋闐傳「比陽」也訛「北陽」。「沘陽」卽「比陽」，今據墓誌改。

〔六〕代遷　李慈銘、張森楷都說「『遷』當作『還』」。按李、張說是。但「代遷」作受代遷官解，也可通，今仍之。

〔七〕不去攻守　按「去」字當訛，册府卷四二〇五〇〇四頁作「在」，也與文義不洽。

〔八〕比邑有拒守之夫　百衲本、南本「比」作「北」，北、汲、殿三本作「此」，獨局本作「比」。按通典卷一五一兵四示義條作「比」。「比邑」與上「連城」對文，當是先訛「北」，北本以下以意改作「此」，局本當亦是以意改，但通典引文同，今從之。

〔九〕文秀必克殄　李慈銘云：「『必』上當有『知』字。」

〔一〇〕行臺長孫稚又引爲行臺郎　諸本「稚」作「雅」，殿本考證以爲唐人避諱改，李慈銘、張森楷以爲形似而訛。今據卷二六長孫稚傳改。下同。

〔一一〕議敦煌得馭遠之算　李慈銘云：「『議』上有脫文，當是舉酈範贊取三齊事，與韓秀議敦煌相對，不止脫一『秀』字也。」按李說是。此句上有脫文，連上句便似「議敦煌」也是薛辯、寇讚事。魏書傳論通常於正傳諸人都加評論，這裏不應獨遺酈範。

魏書卷四十三

列傳第三十一

嚴稜　毛脩之　唐和　劉休賓　房法壽

嚴稜，馮翊臨晉人。遇亂避地河南，劉裕以爲廣威將軍、陳留太守，戍倉垣。泰常中，山陽公奚斤南討，軍至潁川，稜率文武五百人詣斤降，驛送稜朝太宗於冀州。嘉其誠款，拜平遠將軍，賜爵郃陽侯，假荊州刺史。隨駕南討，還爲上客。及世祖踐阼，以稜歸化之功，除中山太守，有清廉之稱。年九十，卒於家。

子雅玉，襲爵。眞君中，詔雅玉副長安鎭將元蘭率衆一萬，迎漢川附化之民，入自斜谷，至甘亭。劉義隆梁州刺史王玄載遣將拒嶮，路不得通，班師。太和二年，太倉令。五年，出爲平南將軍、東兗州刺史，假馮翊公。卒，子曇襲爵。

毛脩之，字敬文，滎陽陽武人也。父瑾，司馬德宗梁秦二州刺史。劉裕之擒姚泓，留子義眞鎭長安，以脩之爲司馬。及赫連屈丐破義眞於青泥，脩之被俘，遂沒統萬。世祖平赫連昌，獲脩之。神䴥中，以脩之領吳兵討蠕蠕大檀，以功拜吳兵將軍，領步兵校尉。後從世祖征平涼有功，遷散騎常侍、前將軍、光祿大夫。脩之能爲南人飲食，手自煎調，多所適意。世祖親待之，進太官尚書，賜爵南郡公，加冠軍將軍，常在太官，主進御膳。

從討和龍，別破三堡，賜奴婢、牛羊。是時，諸軍攻城，宿衞之士多在戰陳，行宮人少。雲中鎭將朱脩之，劉義隆故將也，時從在軍，欲率吳兵謀爲大逆，因入和龍，冀浮海南歸。以告脩之，脩之不聽，乃止。是日無脩之，大變幾作。朱脩之遂亡奔馮文通。又以脩之收三堡功多，遷特進、撫軍大將軍、金紫光祿大夫，位次崔浩之下。

浩以其中國舊門，雖學不博洽，而猶涉獵書傳，每推重之，與共論說。言次，遂及陳壽三國志有古良史之風，其所著述，文義典正，皆揚于王廷之言，微而顯，婉而成章，班史以來無及壽者。脩之曰：「昔在蜀中，聞長老言，壽曾爲諸葛亮門下書佐，被撻百下，故其論武侯云『應變將略，非其所長』。」浩乃與論曰：「承祚之評亮，乃有故義過美之譽，案其迹也，不爲負之，非挾恨之矣。何以云然？夫亮之相劉備，當九州鼎沸之會，英雄奮發之時，君臣相得，魚水爲喻，而不能與曹氏爭天下，委棄荊州，退入巴蜀，誘奪劉璋，僞連孫氏，守窮踦嶇之地，僭號邊夷之間。此策之下者。可與趙他爲偶，而以爲管蕭之亞匹，不亦過乎？謂壽貶亮非爲失實。且亮既據蜀，恃山嶮之固，不達時宜，弗量勢力。嚴威切法，控勒蜀人，矜才負能，高自矯舉。欲以邊夷之衆抗衡上國。出兵隴右，再攻祁山，一攻陳倉，疏遲失會，摧衄而反；後入秦川，不復攻城，更求野戰。魏人知其意，閉壘堅守，以不戰屈之。知窮勢盡，憤結攻中，發病而死。由是言之，豈合古之善將見可而進，知難而退者乎？」脩之謂浩言爲然。

太延二年，爲外都大官。卒，謚曰恭公。

脩之在南有四子，唯子法仁入國。高宗初，爲金部尚書，襲爵。後轉殿中尚書，加散騎常侍。法仁言聲壯大，至於軍旅田狩，唱呼處分，振於山谷。和平六年卒。贈征東大將軍、南郡王，謚曰威。

長子猛虎，太安中，爲東宮主書，轉中舍人，又遷中散大夫。初襲爵，爲散騎常侍。皇興中，蠕蠕犯塞，從顯祖討之，有勇決之稱。太和初卒，贈豫州刺史，謚曰康公。

子泰寶，襲爵。征虜長史。例降爲侯。卒，子乾祐襲。

朱脩之者，劉義隆司徒從事中郎。守滑臺，安頡圍之。其母在家，乳汁忽出。母號慟告家人曰：「我年老，非復有乳汁之時，今忽如此，兒必歿矣。」果以其日爲頡所擒。世祖善其固守，授以內職，以宗室女妻之。而佞巧輕薄，爲人士所賤。爲雲中鎭將。及入馮文通，文通送之江南。

唐和，字稚起，晉昌冥安人也。[一]父繇，以涼土喪亂，民無所歸，推隴西李暠於敦煌，以寧一州。李氏爲沮渠蒙遜所滅，和與兄契攜外甥李寶避難伊吾，招集民衆二千餘家，臣於蠕蠕。蠕蠕以契爲伊吾王。

經二十年，和與契遣使來降，爲蠕蠕所逼，遂擁部落至于高昌。蠕蠕遣部帥阿若率騎討和。至白力城，和率騎五百先攻高昌，契與阿若戰歿。和收餘衆，奔前部王國。時沮渠安周屯橫截城，和攻拔之，斬安周兄子樹，又克高寧、白力二城，斬其戍主。遣使表狀，世祖嘉其誠款，屢賜和。和後與前部王車伊洛擊破安周，斬首三百。

世祖遣成周公萬度歸討焉耆，詔和與伊洛率所領赴度歸。和奉詔。會度歸喻下柳驢以東六城，因共擊波居羅城，拔之。後同征龜茲，度歸令和鎭焉耆。時柳驢戍主乙眞伽率諸胡將據城而叛，和領輕騎一百四入其城，擒乙眞伽，斬之，由是諸胡款附。西域克平，和有力也。

正平元年，和詣闕，世祖優寵之，待以上客。高宗以和歸誠先朝，拜鎭南將軍、酒泉公。太安中，出爲濟州刺史，甚有稱績。徵爲內都大官，評決獄訟，不加捶楚，察疑獲實者甚多，世以是稱之。皇興中卒，年六十七。贈征西大將軍、太常卿、酒泉王，謚曰宣。

子欽，字孟直。中書學生，襲爵。太和中，拜鎭南將軍、長安鎭副將，轉陜州刺史，將軍如故。後降爵爲侯。二十年卒。

子景宣，襲爵。歷幷州城陽王徽後軍府長史，加中堅將軍，遷東郡太守。普泰中卒。贈撫軍將軍、秦州刺史。

景宣弟季弼，武定中，滄州別駕。

契子玄達，性果毅，有父風。與叔父和歸闕，俱爲上客。拜安西將軍、晉昌公。顯祖時，出爲華州刺史，將軍如故。杏城民蓋平定聚衆爲逆，顯祖遣給事楊鍾葵擊平定，不克而還，詔玄達討平之。杏城民成赤李又聚黨，自號爲王，逼掠郡縣，殘害百姓。玄達率騎二百，邀其狹路，擊破之。叛民曹平原復聚爲亂，玄達追擊悉平之。延興三年，有罪免官。太和十六年，降爵爲侯。卒。

子崇，字繼祖，襲爵。盛樂太守。

崇弟興業，定陽、闡熙二郡太守。

劉休賓，字處幹，本平原人。祖昶，從慕容德度河，家于北海之都昌縣。父奉伯，劉裕時北海太守。休賓少好學，有文才，兄弟六人，乘民、延和等皆有時譽。

休賓爲劉彧虎賁中郎將，稍遷幽州刺史，鎭梁鄒。及慕容白曜軍至升城，遣人說之，令降，休賓不從。劉彧龍驤將軍崔靈延、行勃海郡房靈建等數十家皆入梁鄒，同舉休賓爲征虜、兗州。會劉彧遣使授休賓輔國將軍、兗州刺史。休賓妻，崔邪利女也，生一男，字文曄。崔氏先歸寧在魯郡，邪利之降也，文曄母子遂與俱入國。至是，白曜表請崔與文曄。既至，白曜以報休賓，又於北海執延和妻子，送至梁鄒，巡視城下。休賓答白曜，許歷城降，當卽歸順，密遣兼主簿尹文達向歷城，觀國軍形勢。

文達詣白曜，詐言聞王臨境，故來祗候。私謂白曜曰：「劉休賓父子兄弟，累郡連州，今若識運知機，束手歸化，不審明王加何賞敍？」白曜曰：「休賓仕南，爵寵如此，今若不勞兵甲望風自降者，非直處卿富貴，兼還其婦兒。」休賓縱令不畏攻圍，豈不憐其妻子也！今在升城，〔三〕卿自往見。」文達乃至升城，見休賓妻子。文曄攀援文達，哭泣號咷，以爪髮爲信。文達回還，復經白曜，誓約而去。白曜曰：「卿是休賓耳目腹心，親見其妻子，又知我衆旅少多，善共量議，自求多福。」文達還見休賓，出其妻兒爪髮，兼宣白曜所言及國軍形勢，謂休賓曰：「升城已敗，歷城非朝則夕，公可早圖之。」休賓撫爪髮泣涕曰：「妻子幽隔，誰不愍乎？吾荷南朝厚恩，受寄邊任，今顧妻子而降，於臣節足乎！」然而密與其兄子聞慰議爲降計。聞慰曰：「此故當文達誑詐耳。年常抄掠，豈有多軍也？但可撫强兵，勤肅衞，方城狹嶮，何爲便生憂怯，示人以弱也。」

休賓又謂文達曰：「卿勿憚危苦，更爲吾作一返，善觀形勢。」於是遣文達僞道而出，令與白曜爲期，剋日許送降款。文達既至，白曜喜曰：「非直休賓父子荷榮，城內賢豪，亦隨人補授。卿便卽爲梁鄒城主。」以酒灌地，啓告山河曰：「若負休賓，使我三軍覆沒！」初，白曜之表取休賓妻子也，顯祖以道固旣叛，詔授休賓持節、平南將軍、冀州刺史、平原公。至是，付文達詔策。文達還，謂休賓曰：「白曜信誓如此，公可早爲決計，恐攻逼之後，降悔無由。」休賓於是告兄子聞慰曰：「事勢可知，汝早作降書。」聞慰沉疑，固執不作，〔四〕遂差本契。白曜尋遣著作佐郎許赤虎夜至梁鄒南門下，告城上人曰：「汝語劉休賓，何由遣文達頻造僕射，許送降文，歸誠大化，何得無信，違期不來！」於是門人唱告，城內悉知，遂相維持，

欲降不得，皆云：「劉休賓父子，欲以我城內人易榮位也。」尋被攻逼，經冬至春。歷城降，白曜遣道固子景業與文曄至城下。休賓知道固降，乃出請命。白曜送休賓及宿有名望者十餘人，俱入代都爲客。及立平齊郡，乃以梁鄒民爲懷寧縣，休賓爲縣令。延興二年卒。

文曄，有志尙，綜覽羣書，輕財重義。太和中，坐從兄聞慰南叛，與二弟文顥、季友被徙北邊，高祖特聽還代。

高祖曾幸方山，文曄大言於路側曰：「求見聖明，申宜久屈。」高祖遣尙書李沖宣詔問曰：「卿欲何言，聽卿面自申盡。」於是引見。文曄對曰：「臣之陋族，出自平原，往因燕亂，流離河表，居齊以來，八、九十載。眞君十一年，世祖太武皇帝巡江之日，時年二歲，隨外祖魯郡太守崔邪利於鄒山歸國。邪利蒙賜四品，除廣寧太守。以臣年小，不及齒錄。至天安之初，皇威遠被，臣亡父休賓，劉氏持節、兗州刺史，戍梁鄒。時慕容白曜以臣父居全齊之要，水陸道衝，青冀二城，往來要路，三城岳跱，並拒王師。白曜知臣母子先在代京，表請臣母子慰勞。臣旣見亡父，備申皇澤。云：『吾蒙本朝寵遇，捍禦藩屏，尊卑百口，並在二城。吾若先降，百口必被誅滅，旣不固誠於本朝，又令尊卑塗炭，豈堪爲人臣以奉大魏乎？汝且申吾

意白僕射，降意已判，平歷城，即率士衆送款軍前。』既克歷城，白曜遣赤虎送臣并崔道固子景業等向梁鄒。亡父既見赤虎之信，仰感聖朝遠遣妻子，又知天命有歸，擁衆一萬，以城降款。乘驛赴臺，蒙爲客例。臣私釁深重，亡父以延興二年孤背明世，血誠微心，未獲申展。如臣等比，並蒙榮爵，爲在事孤抑，以人廢勳。」高祖曰：「卿訴父賞而卿父無勳。歷城齊之西關，歸命請順。梁鄒小戍，豈能獲全？何足以爲功也。」文曄對曰：「誠如聖旨，愚臣所見，猶有未申。何者？昔樂毅破齊七十餘城，唯有即墨獨在，此豈非根亡而條立？且夫降順之人，驗之古今，未有不由危逼者。故黃權無路歸款，列地封侯。且薛安都、畢衆敬危急投命，並受茅土之爵。論古則如彼，語今則如此，明明之世，不及比流。竊惟梁鄒嚴固，地據中齊，粟支十載，控弦數千萬，方之升城，不可同日而語。升城猶能抗兵累旬，傷殺甚衆，若臣亡父固守孤城，則非一朝可克。」高祖曰：「歷城既陷，梁鄒便是掌中，何煩兵力。」對曰：「若如聖旨，白曜便應窮兵極意，取勝俯仰，何爲上假赤虎之信，下銜知變之民？」高祖曰：「卿父此勳，本自至少，以卿才地，豈假殷勤。」對曰：「臣尫愚六蔽，文武無施，響絕九皐，聞天無日，遭逢聖運，萬死猶生。但臣竊見徐兗是賊藩要，徐兗既降，諸戍皆應國有。而東徐州刺史張讜所戍團城，領二郡而已。徐兗降後，猶閉門拒命，授以方嶽，始乃歸降。父子二人，並蒙侯爵。論功比勳，不先臣父。」高祖曰：「卿引張讜，讜事小異。」對曰：「臣未識

異狀。」高祖曰：「張讜始來送款，終不差信。卿父進非先覺，退又拒守，何得不異？」對曰：「張讜父子，始有歸順之名，後有閉門之罪，以功補過，免罪爲幸。臣又見崔僧祐母弟，隨其叔父道固在歷城。僧祐遙聞王威遠及，恐母弟淪亡，督率鄉閭來欲救援。既至郁洲，歷城已沒，束手歸誠，救母弟之命。聖朝嘉其附化，賞以三品。亡父之誠，豈後僧祐？」高祖曰：「僧祐身居東海，去留任意，來則有位，去則他人，是故賞之。卿父被圍孤城，已是己物，所以不賞。」對曰：「亡父據城歸國，至公也；僧祐意計而來，爲私也。爲私蒙賞，至公不酬，臣未見其可。」高祖笑而不言。

比部尚書陸叡叱文曄曰：「假令先朝謬賞僧祐，豈可謬相賞也！」文曄曰：「先帝中代聖主，與日月等曜，比隆堯舜，宰相則十亂五臣，今言謬賞，豈不仰誣先朝乎？」尚書高閭曰：「卿謂母弟與妻子何者爲重？」文曄曰：「母弟爲重。」閭曰：「卿知母弟爲重，朝廷賞僧祐是也。卿父爲妻子而來，事何相反？」對曰：「僧祐若無母弟，來歸以不？」閭曰：「不來。」文曄曰：「若僧祐赴母弟之難，此是其私。而亡父本爲大丈夫，立身處世，豈可顧妻子而虧高節也！昔樂羊食子，有顧以不？亡父本心，實不垂顧，所以歸化者，自知商周不敵，天命有所歸。」高祖謂文曄曰：「卿之所訴，〔四〕頗亦有途。賞從重，罰從輕，尋敕酬敘。」文曄泣曰：「臣愚頓理極，再見無期，陛下既垂慈澤，願敕有司，特賜矜理。」高祖曰：「王者無戲，何待勲

勲。」既而賜文曄爵都昌子，深見待遇。拜協律中郎，〔五〕改授羽林監。世宗世，除高陽太守。延昌中卒。贈平遠將軍、光州刺史，謚曰貞。

子元，襲。拜員外郎、襄威將軍、青州別駕。卒。

文顥，性仁孝篤厚。徐州安豐王府騎兵參軍。

季友，南青州左軍府錄事參軍。

聞慰，博識有才思。至延興中，南叛。

休賓叔父旋之，其妻許氏，二子法鳳、法武。〔六〕而旋之早亡。東陽平，許氏攜二子入國，孤貧不自立，並疏薄不倫，爲時人所棄。母子皆出家爲尼，〔七〕既而反俗。太和中，高祖選盡物望，河南人士，才學之徒，咸見申擢。法鳳兄弟無可收用，不蒙選授。後俱奔南。法武後改名孝標云。

房法壽，小名烏頭，清河繹幕人也。幼孤，少好射獵，輕率勇果，結群小而爲劫盜。從叔元慶、範鎮等坐法壽被州郡切責，時月相繼，宗族甚患之。弱冠，州迎主簿。後以母老，不復應州郡之命。常盜殺猪牛，以共其母。招集壯士，常有百數。

母亡歲餘，遇沈文秀、崔道固起兵應劉子勛。明僧暠、劉乘民起兵應劉彧，攻討文秀。法壽亦與清河太守王玄邈起兵西屯，合討道固。玄邈以法壽爲司馬，累破道固軍，甚爲歷城所憚。加法壽綏邊將軍、魏郡太守。子勛死，道固、文秀悉復歸彧，乃罷兵。道固慮其扇亂百姓，遂切遣之。而法壽外託裝辦而內不欲行。

會從弟崇吉在升城，爲慕容白曜所破，母妻沒於白曜軍。崇吉奔還舊宅。法壽與崇吉年志粗相諧協，而親則從祖兄弟也。崇吉以母妻見獲，託法壽爲計。法壽既不欲南行，恨道固逼切，又矜崇吉情理。時道固以兼治中房靈賓督清河、廣川郡事，戍盤陽。法壽遂與崇吉潛謀襲靈賓，克之。仍歸款於白曜以贖母妻。白曜遣將軍長孫觀等自大山南入馬耳關以赴盤陽，還崇吉母妻。初，道固遣軍圍盤陽，法壽等拒守二十餘日。觀軍至，賊乃散走。觀軍入城，詔以法壽爲平遠將軍，與韓騏驎對爲冀州刺史，督上租糧。以法壽從父弟靈民爲清河太守，思順爲濟南太守，靈悅爲平原太守，伯憐爲廣川太守，叔玉爲高陽太守，叔玉兄伯玉爲河間太守，伯玉從父弟思安爲樂陵太守，思安弟幼安爲高密太守，以安初附。

及歷城、梁鄒降，法壽、崇吉等與崔道固、劉休賓俱至京師。以法壽爲上客，崇吉爲次客，崔劉爲下客。法壽供給，亞於安都等。以功賜爵壯武侯，加平遠將軍，〔八〕給以田宅、奴婢。性好酒，愛施，親舊賓客率同飢飽，坎壈常不豐足。畢衆敬等皆尚其通愛。太和中卒。

中華書局

贈平東將軍、青州刺史，諡敬侯。

子伯祖，襲，例降爲伯。歷齊郡內史。伯祖闇弱，委事於功曹張僧皓，僧皓大有受納，伯祖衣食不充。後廣陵王羽爲青州，伯祖爲從事中郎、平原相。轉幽州輔國長史，坐公事免官。卒。

子翼，襲。宣威將軍、大城戍主。永安中，青州太傅開府從事中郎。

伯祖弟叔祖，別以功賜爵魏昌子。歷廣陵王國郎中令、長廣東萊二郡太守、龍驤將軍、中散大夫。永安中，安東將軍、郢州刺史。

叔祖弟幼愍，安豐、新蔡二郡太守。坐事奪官，居家，忽聞有客聲，出無所見，還至庭中，爲家群犬所噬，遂卒。

初，長孫觀之將至盤陽也，城中稍以震懼。時劉彧給事中崔平仲欲歸江南，自歷下至圍城軍中，與十餘騎遙共法壽語，靈賓密遣人捕執之。始法壽克盤陽之後，常禁靈賓於別齋。既得平仲，引與同室，致酒食，敍國軍明將入意。夜中，北城上縋出平仲、靈賓等十餘人。厥明，官軍至城，靈賓遂歸梁鄒。

靈賓，文藻不如兄靈建，而辯悟過之。靈建在南，官至州治中、勃海太守，以才名見稱。兄弟俱入國，爲平齊民。雖流漂屯圮，操尙卓然。並卒於平齊。

靈建子宣明，亦文學著稱，雅有父風。高祖擢爲中書博士。遷洛，轉議郎，試守東清河郡。正始中，京兆王愉出除征東、冀州，以宣明爲記室參軍。愉反，逼宣明爲太守。〔九〕

靈賓從父弟堅，字千秋，少有才名。亦內徙爲平齊民。太和初，高祖擢爲祕書郎，遷司空諮議、齊州大中正。高祖臨朝，令諸州中正各舉所知，千秋與幽州中正陽尼各舉其子。高祖曰：「昔有一祁，名垂往史，今有二奚，當聞來牒。」出爲濮陽太守。世宗時，復爲司空諮議，加立忠將軍。卒，贈南青州刺史，諡曰懿。

長子祖淵，羽林監。從章武王融討葛榮，沒於陳。贈安東將軍、濟州刺史。

祖淵弟祖皓，長水校尉。後討蕭衍將於九山，戰歿。贈撫軍將軍、兗州刺史。

崔平仲自東陽南奔，妻子於歷城入國。太和中，高祖聽其還南。

思安，有勇力；伯玉，果敢有將略。思安賜爵西安子、建威將軍、北平太守，遷大司馬司馬、齊州武昌王府司馬。高祖南伐，徵爲步兵校尉、直閤將軍、中統軍。善撫士衆，高祖嘉之。漢陽既平，復爲武昌王司馬，帶東魏郡太守，加寧朔將軍，改爵清河子，卒官。子敬寶襲爵。

敬寶，亦壯健。奉朝請、征北中兵參軍、北征統軍、寧遠將軍，每有戰功。早卒。子去病襲。

伯玉，坐弟叔玉南奔，徙於北邊。後亦南叛，爲蕭鸞南陽太守。高祖南伐，克宛外城，命舍人公孫延景宣詔於伯玉曰：「天無二日，土無兩王，是以躬總六師，蕩一四海。宛城小戍，豈足以禦抗王威？深可三思，封侯胙土，事在俯仰。」伯玉對曰：「外臣荷國厚恩，奉任疆境，爲臣之道，未敢聽命。伏惟遊鑾遠涉，願不損神。」高祖又遣謂曰：「朕親率麾旆，遠清江沔，此之小戍，豈足徘徊王師。但戎輅所經，纖介須殄，宜量力三思，自求多福。且卿早蒙蕭賾殊常之眷，曾不懷恩，報以塵露。蕭鸞妄言入繼道成，賾子無孑遺。卿不能建忠於前君，方立節於逆豎，卿之罪一。又頃年傷我偏師，卿之罪二。今鑾旆親戎，清一南服，不先面縛，待罪麾下，卿之罪三。卿之此戍，多則一年，中則百日，少則三旬，克殄豈遠。宜善思之，後悔無及。」伯玉對曰：「昔蒙武帝愷悌之恩，忝侍左右，此之厚遇，無忘夙夜。但繼主失德，民望有歸。主上龍飛踐極，光紹大宗，非直副億兆之深望，實兼武皇之遺敕。是以懃懃懇懇，不敢失墜。往者，北師深入，寇擾邊民，輒厲將士，以救蒼生。此乃邊戍常事，陛下不得垂責。」

及克宛，伯玉面縛而降。高祖引見伯玉并其參佐二百人，詔伯玉曰：「朕承天馭宇，方欲清一寰域，卿蕞爾小戍，敢拒六師，卿之愆罪，理在不赦。」伯玉對曰：「臣既小人，備荷驅

使，緣百口在南，致拒皇略，罪合萬死。」高祖曰：「凡立忠抱節，皆應有所至。若奉逆君，守迷節，古人所不爲。卿何得事逆賊蕭鸞，自貽伊譴！」伯玉對曰：「臣愚癡晚悟，罪合萬斬，今遭陛下，願乞生命。」高祖曰：「凡人惟有兩途：知機獲福，背機受禍。勞我王師，彌歷歲月，如此爲降，何人有罪！且朕前遣舍人公孫延景城西共卿語云：『天無二日，土無二王。』卿答云：『在此不在彼。』天道攸遠，變化無方，卿寧知今日在此不在彼乎？」伯玉乞命而已，更無所言。高祖以思安頻爲伯玉泣請，故特宥之。

伯玉在南之日，放妾楊氏爲尼。入國，遂令還俗，復愛幸焉。爲有司所奏，高祖聽之。〔一〇〕世宗卽位，拜長史，兼游擊將軍，出爲馮翊相，卒官。

崇吉，少驍勇，爲沈文秀中兵參軍。及太原戍守傅靈越率衆棄郡南赴子勛，文秀以崇吉督郡事。既而背文秀，同於劉彧。母叔在歷城，爲崔道固所拘繫，又將致刑於市以恐之，而崇吉卒無所顧。會道固歸彧，乃出其母。彧以崇吉爲龍驤將軍、并州刺史，領太原太守，戍升城。崇吉以其兄靈獻為長史，姨兄實延年為司馬。

未幾而白曜軍至。白曜遣人招之，崇吉不降，遂閉門固守。升城至小，人力不多，勝仗者不過七百人，而白曜侮之，乃遣衆陵城。崇吉設土草方梁，下相舂擊，不時克殄。白曜遂

築長城，圍三重，更造攻具，日夜攻擊。自二月至四月，糧矢俱盡，崇吉突圍出走，遁藏民舍，母妻見獲。道固遣治中房靈賓慰引之，崇吉不肯見道固，遂東歸舊村，陰募壯士，欲以偸母，還奔河南。白曜慮其如此，守備嚴固。後與法壽取盤陽，俱降。

及立平齊郡，以歷城民爲歸安縣，崇吉爲縣令。頗懷昔憾，與道固接事，意甚不平。後委縣出臺，訟道固罪狀數條。會赦不問。崇吉乞解縣，許之。停京師半歲，乃南奔。崇吉夫婦異路，剃髮爲沙門，改名僧達，投其族叔法延。住歲餘，清河張略之亦豪俠士也，崇吉遺其金帛，得以自遣。妻從幽州南出，亦得相會。崇吉至江東，尋病死。

崇吉從父弟三益，字敬安，於南陽內附。高祖與語，善之，曰：「三益了了，殊不惡。」拜員外散騎侍郎。尋出爲太山太守，轉兗州左軍府司馬，所在以清和著稱。還，除左將軍。正光中卒，年六十三。九子。

長子士隆，興和中，東清河太守，帶盤陽鎮將。

士隆弟士達，少有才氣。其族兄景先，有鑒識，每曰：「此兒俶儻，終當大其門戶。」起家濟州左將軍府倉曹參軍。時京兆王繼爲大將軍，出鎮關右，聞其名，徵補騎兵參軍，領帳內統軍。

孝昌中，其鄉人劉蒼生、劉鈞、房須等作亂，攻陷郡縣，頻敗州軍。時士達父憂在家，刺史元欣欲逼其爲將，士達以禮固辭。欣乃命其友人馮元興謂之曰：「今合境從逆，賊徒轉熾，若萬一陷州，君家豈得獨全？既急病如此，安得顧名教也。」士達不得已而起，率州郭之人二千餘人，東西討擊，悉破平之。武泰初，就家拜平原太守，抑挫豪强，境內肅然。時邢杲寇亂，憚其威名，越郡城西度，不敢攻逼。

永安末，轉濟南太守。士達不入京師，而頻爲本州郡，時人榮之。

永安末，尒朱兆入洛，刺史蕭贊爲城民趙洛周所逐，城內無主。洛周等以士達鄉情所歸，乃就郡請之，命攝州事。永熙二年卒，年三十八，時人傷惜之。贈平東將軍、齊州刺史，謚曰武。

士達弟士素，武定末，太尉諮議參軍。

士素弟士章，尙書郎。

法壽族子景伯，字長暉。高祖諶，避地渡河，居於齊州之東清河繹幕焉。祖元慶，仕劉駿，歷七郡太守，後爲沈文秀青州建威府司馬。劉彧之殺子業自立也，子業弟子勛起兵攻之，文秀遣其將劉珍之率兵助彧。後背彧歸于子勛，元慶不同，爲文秀所害。父愛親，率勒鄉部攻文秀。劉彧嘉之，起家授龍驤將軍。尋會文秀降彧，乃止。顯祖時，三齊平，隨例內徙，爲平齊民。以父非命，疏服終身。

景伯生於桑乾，少喪父，以孝聞。家貧，傭書自給，養母甚謹。尙書盧淵稱之於李沖，沖時典選，拔爲奉朝請、司空祭酒、給事中、尙書儀曹郎。除齊州輔國長史，值刺史死，敕行州事。政存寬簡，百姓安之。後值清河太守杜昶外叛，郡居山險，盜賊羣起，除清河太守。郡民劉簡虎曾失禮於景伯，聞其臨郡，闔家逃亡。景伯督切屬縣捕擒之，即署其子爲西曹掾，命喩山賊。賊以景伯不念舊惡，一時俱下，論者稱之。舊守令六年爲限，限滿將代，郡民韓靈和等三百餘人表訴乞留，復加二載。後遷太尉中郎，司徒諮議參軍、輔國將軍、司空長史。以母疾去官。

景伯性淳和，涉獵經史，諸弟宗之，如事嚴親。及弟妓亡，〔二〕蔬食終喪，期不內御，憂毀之容，有如居重。其次弟景先亡，其幼弟景遠期年哭臨，亦不內寢。鄉里爲之語曰：「有義有禮，房家兄弟。」廷尉卿崔光韶好標榜人物，〔三〕無所推尙，每云景伯有士大夫之行業。及母亡，景伯居喪，不食鹽菜，因此遂爲水病，積年不愈。孝昌三年卒于家，時年五十。贈左將軍、齊州刺史。

子文烈，武定中，尙書三公郎中。

景先，字光胄。幼孤貧，無資從師，其母自授毛詩、曲禮。年十二，請其母曰：「豈可使兄傭賃以供景先也？請自求衣，然後就學。」母哀其小，不許。苦請，從之，遂得一羊裘，忻然自足。晝則樵蘇，夜誦經史，自是精勤，遂大通贍。太和中，例得還鄉，郡辟功曹。州舉秀才，值州將卒，不得對策。解褐太學博士。時太常劉芳、侍中崔光當世儒宗，歎其精博，光遂奏兼著作佐郎，修國史。尋除司徒祭酒、員外郎。侍中穆紹又啓景先撰世宗起居注。累遷步兵校尉，領尙書郎，齊州中正，所歷皆有當官之稱。

景先沉敏方正，事兄恭謹，出告反面，晨昏參省，側立移時，兄亦危坐，相敬如對賓客。兄曾寢疾，景先侍湯藥，衣冠不解，形容毀瘁。親友見者莫不哀之。

神龜元年，蕭衍龍驤將軍田申能據東義陽城內屬，敕景先爲行臺，發二荆兵以援之，在軍遇疾而還。其年卒於家，時年四十三。贈持節、冠軍將軍、洛州刺史，謚曰文景。先作五經疑問百餘篇，其言該典，今行於時，文多，略舉其切於世教者：

問王者受命，木火相生曰：五精代感，稟靈者興。金德方隆，禎發華渚；水運告昌，瑤光啓祚。人道承天，天理應實，受謝既彰，玄命若契。相生之義，有允不違。至如湯武革命，殺伐是用，水火爲次，遵而不改。既事乖代終，而數同納麓。逆順且殊，禎運宜異，而兆徵不差，有疑符應。

問禹以鯀配天，舜不尊父曰：明明上天，下土是冒。道高者負扆四方，神積者郊原斯主。是以則天，不能私其子；紹堯，不敢尊其父。鯀既罪彰於山川，受殛於羽裔，化質與鱗甲爲群。銘精不能上乘箕尾，而厚尊配於國陽，當升煙之大禮。苟存及躬，以亂祀典。降上帝爲罪鬼之賓，奏夾鍾爲介蟲之樂，奉天之道，不乃有淪乎？

問湯尊稷廢柱曰：神積道存，異世同尊；列山見享，綿紀前代。成湯革命承天，當愆陽之運，不思理數之有時，黜元功於百世。且畢、箕感應，風雨異徵，尊播殖之靈，而邀滂澍之潤，升廢之道，無乃謬與？若柱不合薦，虞夏應失之於前；如以歲久宜遷，百神可計日而代。求之二三，未究往旨。

問湯克桀，欲遷夏社爲不可；武王滅紂，以亳社爲亡國之誡曰：神無定方，唯人爲主，道協無爲，天地是依，棄德弗崇，百靈更祀。周武承天，禮存咸秩，升后稷當四圭之尊，貶土祇隔牲幣之享。就如言之，稷稟靈威，誠允聿追之宜，社非商祖，孝孚乃考之咎，殷鑒致誠，何獨在斯？

問易著革命之爻，而無揖讓之象曰：玄黃剖別，人道爲尊，含靈佇化，故義始元首。是以飛龍啓徵，大人載就。及理運相推，帝圖異序。虞賓以爲善終順守，有慚未盡，不

顯揖讓之象，而著已日之美。豈可兆亘釁爲貽厥之謀，訓萬世而開安忍之□？求之反衷，未識理恕。

問周禮秋官司烜氏，邦若屋誅，爲明竊焉曰：王道貴產，法理尚恩。舊德見食，八象載其美；五宥三刺，禮經寶其仁。是以鯀父亘釁，殷禮不輟；三監亂德，蔡胤猶存。罪莫極於無上，逆莫甚於違天。行大辟禍不及族，理正刑愆止於身。何惡當參夷之禍？何戾受淪殄之辜？

問儀禮，繼母出嫁，從爲之服，傳云「貴終其恩」曰：繼母配父，本非天屬，與尊合德，名義以興。兼鞠育有加，禮服是重。既體違義盡，棄節毀慈，作嬪異門，爲鬼他族，神道不全，何終恩之有？方齊服是追，哭於野次，苟存降重，無乃過猶不及乎？

問禮記，生不及祖父母，父母稅喪，已則否曰：服以恩制，禮由義立。慈母三年，孫無緦葛者，以戚非天屬，報養止身。祖雖異域，恩不及己，但正體於下，可無服乎？且縞冠玄武，子姓之服。縓練之後，纕絰已除，猶懷慘素，未忍從吉，況斬焉。初之創巨方始，〔三〕復弔之賓，尙改緇襲，奉哀苦次，而無追變，孝子孝孫，豈天理是與？

問左氏傳，齊人殺哀姜，君子以爲不可曰：受醮從天，人倫所重。保育異宗，承奉郊奠。而乃肆極昏淫，禍傾合卺之尊；怙亂無終，殄滅誕鞠之愛。齊桓匡翼四方，正存刑矩。割不忍之恩，行至公之法。方生貶違，以殺爲甚。而神道幽默，禍降未期，雖窮勃履朝，〔四〕臣不宜糾，既事反人靈，咎將有所，施之取衷，孰爲優允？

問公羊傳，王者之後郊天曰：神不謬享，帝無妄尊。介丘偏祀，猶不歆季氏之旅；昊天至重，豈可納廢饗之虔？唐虞已往，事無斯典；三后已降，始見其文。揖讓之胄，禮不上通，昏癒後燼，四圭是主。此便至道相承，乾無二統。純風既詖，玄牡肆尊，禮不虛革，庶昭異聞。

問穀梁傳，魯僖三十一年夏四月，「卜郊不從，乃免牲」，傳曰「乃者，亡乎人之辭也」曰：樂以觀風，禮爲教本，其細已甚，民不堪命。齊不加兵，屈於周典。僖公魯之盛君，告誡虔祀，穆卜迎吉，而休徵不至。若推咎於天，則神不棄鑒；歸愆於人，則頌聲宜替。既命龜失辰，靈威弗眷，郊享不從，配天斯缺。卽傳所言，殆非虛美，何承而制？

問尚書胤征，羲和詰其罪，乃季秋月，朔辰弗合於房曰：衡紀不移，日月有度。炎涼啓辰，次舍無代。履端屢臻，歸餘成閏。是以爰命羲和，升準徂節，使晷數應時，火流協運。致望舒後律，耀靈爽次。卽官闕永，容可爲愆。玄象一差，未成亘戾。且杪秋豈回星之辰，授衣非合璧之月。斂食弗當，積失加誅；律度暫差，便遘殄絕。仁者之兵，義不妄興；王赫斯舉，將有異說。

問毛詩，「十月之交，朔日辛卯，日有食之，亦孔之醜」曰：日月次周，行舍有常，分至之候，不爲愆咎。今同之辰而爲深戾者，專以金木相殘，指日成釁。推步不一，容可如之。若譎見正陽，日維戊午，生育相因，猶子歸母，但以陰陽得無深忌乎？若爲忌也，朔亦應爲災；如不忌也，辛卯豈獨成醜？且舉凡之始，以屬月時，繫之在日，有爽明例。義不妄構，理用何依？

問論語，河不出圖，泣麟自傷曰：聖人稟靈天地，資識未形，齊生死於一同，等榮辱於彼我。孔子自生不辰，從心告齒，樂正既修，素王斯著。方興吾已之歎，結反袂之悲，進涉無上之心，退深負杖之懼。聖達之理，無乃缺如？

符璽郎王神貴答之，名爲辯疑，合成十卷，亦有可觀。前廢帝時奏上之。帝親自執卷，與神貴往復，嘉其用心，特除神貴子鴻彥爲奉朝請。

景先子延祐，武定末，太子家令。

景遠，字叔遐。重然諾，好施與。頻歲凶儉，分贍宗親，又於通衢以食餓者，存濟甚衆。平原劉郁行經齊兗之境，忽遇劫賊，已殺十餘人。次至郁，郁呼曰：「與君鄉近，何忍見殺！」賊曰：「若言鄉里，親親是誰？」郁曰：「齊州主簿房陽是我姨兄。」陽是景遠小字。賊曰：「我

食其粥得活，何得殺其親！」遂還衣服，蒙活者二十餘人。景遠好史傳，不爲章句。天性小急，不類家風，然事二兄至謹，撫養兄孤恩訓甚篤。益州刺史傅豎眼慕其名義，啓爲昭武府功曹參軍，以母老不應，豎眼頗恨之。卒於家。

子敬道，永熙中，開府參軍事。

史臣曰：嚴稜夙款可嘉。脩之晚有誠効。唐和萬里慕義，歸身著績。休賓窮而委質。法壽、伯玉末能投命。景伯兄弟，儒風雅業，良可稱焉。

校勘記

〔一〕晉昌冥安人也　諸本「冥」作「宜」，北史卷二七唐和傳作「冥」。按冥安，漢舊縣，因冥水得名，北周時始省，見元和志卷四〇瓜州晉昌縣條及隋書卷二九地理志上敦煌郡常樂縣注。「宜」字訛，今據北史改。

〔二〕今在升城　諸本脫「在」字，今據册府卷四二六五〇七六頁補。

〔三〕固執不作　諸本「固」訛「因」，今據北史卷三九劉休賓傳、册府同上卷頁改。

〔四〕卿之所訴　諸本「訴」訛「許」，今據册府卷八三四九九〇四頁改。

〔五〕拜協律中郎　諸本「中郎」作「郎中」，北史卷三九作「中郎」。按卷一一三官氏志載太和前品令、通典卷二五太常屬官，魏有「協律中郎」，此傳誤倒作「郎中」，今乙正。

〔六〕二子法鳳法武　册府卷九四〇一一〇六七頁「武」作「虎」。按北史卷三九也作「武」。疑魏書本作「虎」，北史避唐諱改，後人又據北史改此傳。册府所據尙是未改舊本。但別無他證，今仍之。

〔七〕母子皆出家爲尼　北史卷三九「尼」下有「僧」字。張森楷云：「母爲尼，子不應爲尼，有『僧』字是。」

〔八〕以功賜爵壯武侯加平遠將軍　錢氏考異卷二八云：「按上文，法壽已授平遠將軍矣，不應更加『平遠』之號，前後當有一誤。考房彥謙碑金石萃編卷四三述其先世，云法壽以魏郡太守立功歸魏，封莊武侯、『莊』『壯』二文古相通。使持節、龍驤將軍、東冀州刺史。然則後所加者蓋龍驤將軍也。平遠將軍第四品，龍驤將軍第三品，故云『加』。」

〔九〕逼宣明爲太守　按元愉敗後，宣明如何，傳不應一無交待，此句下當有脫文。

〔一〇〕高祖聽之　諸本「祖」作「宗」，獨局本作「祖」。按上文作「高祖」。伯玉城破被擒在元宏高祖時，「宗」字顯誤，今從局本。

〔一一〕及弟妓亡　北史卷三九房景伯傳無「妓」字，册府卷八五二一〇一二六頁「妓」作「妹」。疑「弟」字下本是其弟之名，訛作「妓」，原作何字，已不可知，北史遂徑删去。册府當是以意改作「妹」，按照當時封建禮俗，於妹喪不會那樣重視。

〔一二〕廷尉卿崔光韶好標牓人物　諸本「光」作「先」，册府同上卷頁作「光」。按崔光韶附卷六六崔亮傳，「先」字訛，今據改。

〔一三〕況斬焉初之創巨方始　語意晦澀。疑「初之」爲「之初」誤倒，讀作「況斬焉之初，創巨方始」，但無他據，今姑於「斬焉」斷句，「初之」屬下讀。

〔一四〕雖窮勃履朝　按齊人殺哀姜，見左傳閔二年。「窮勃」不知所出。

魏書卷四十四

列傳第三十二

羅結　伊馛　乙瓌　和其奴　苟頹　薛野䐗
宇文福　費于　孟威

羅結，代人也，其先世領部落，爲國附臣。劉顯之謀逆也，太祖去之。結翼衞鑾輿，從幸賀蘭部。後以功賜爵屈蛇侯。太宗時，除持節、散騎常侍、寧南將軍、河內鎮將。世祖初，遷侍中、外都大官，總三十六曹事。年一百七歲，精爽不衰。世祖以其忠慤，甚見信待，監典後宮，出入臥內，因除長信卿。年一百一十，詔聽歸老，賜大寧東川以爲居業，并爲築城，即號曰羅侯城，至今猶存。朝廷每有大事，驛馬詢訪焉。年一百二十歲，卒。贈寧東將軍、幽州刺史，謚曰貞。

子斤，太宗時爲侍御中散。後從世祖討赫連昌，世祖追奔入城，昌邀擊，左右多死，斤

力戰有功。世祖嘉之。後錄勳，除散騎常侍、侍中、四部尚書，又加平西將軍。後平涼州，攻城野戰，多有克捷，以功賜爵帶方公，除長安鎮都大將。會蠕蠕侵境，馳驛徵還，除柔玄鎮都大將。後以斤機辯，敕與王俊使蠕蠕，迎女備後宮。又以本將軍開府，爲長安鎮都大將。卒，贈本將軍、雍州刺史，謚曰靜，陪葬金陵。

子敦，襲爵。有姿貌，善舉止。自太子洗馬稍遷散騎常侍、庫部尚書。卒，贈安東將軍、幽州刺史，謚曰恭。

子伊利，高宗時襲爵。除內行長，以沉密小心、恭勤不怠領御食、羽獵諸曹事。伊利曾病，顯祖幸其宅，自視醫藥，其見待如此。稍遷散騎常侍、儀曹尚書，出爲安東將軍、兗州刺史。善撫導，在州數年，邊民歸之五千餘戶。高祖時，蠕蠕來寇，詔伊利追擊之，不及而反。後依例降爲侯。除司農卿、光祿大夫。卒。世宗初，贈征北將軍、燕州刺史，謚曰靜。

子阿奴，亦忠實寡言，有智度。以勳臣之子，除侍御中散，襲爵。稍遷中散大夫。卒。

子殺鬼，襲爵。武泰中，驃騎將軍、南青州刺史。

敦弟拔，歷殿中尚書，賜爵濟南公。高祖時，進爵爲王。除征西將軍、吏部尚書，改封趙郡王。後例降爲公。卒，贈寧東將軍、定州刺史，謚曰康，陪葬金陵。

子道生，肆州安北府外兵參軍。卒。

子延，天興中，驃騎將軍、左光祿大夫。〔一〕

結從子渥，渥子提，並歷通顯。提從世祖討赫連昌有功，賜昌女爲妻。

子雲，早有名位。顯祖時給事中，西征敕勒，爲賊所襲殺。

子蓋，世宗時右將軍、直閤將軍。轉龍驤將軍、濟州刺史。卒，贈本將軍、兗州刺史。

長子鑒，累遷冠軍將軍、岐州刺史。入除散騎常侍、金紫光祿大夫、主衣都統。卒，贈侍中、都督冀定瀛三州諸軍事、尚書右僕射、司空公、衞將軍、冀州刺史，以孝靜外戚故也。

鑒弟衡，累遷天水、樂陵二郡太守，輔國將軍，光州刺史。

結宗人彌，善射有膂力。世祖時爲軍將，數從征伐有功，官至范陽太守。卒，贈幽州刺史。

彌孫念，字子懷。武定中，驃騎將軍、膠州刺史。

伊馛，代人也。少而勇健，走及奔馬，善射，多力，曳牛却行。神䴥初，擢爲侍郎，轉三郎，賜爵汾陽子，加振威將軍。

世祖之將討涼州也，議者咸諫，唯司徒崔浩勸世祖決行。羣臣出後，馛言於世祖曰：「若涼州無水草，何得爲國？議者不可用也，宜從浩言。」世祖善之。既克涼州，世祖大會於姑臧，謂羣臣曰：「崔公智計有餘，吾亦不復奇之。吾正奇馛弓馬之士，而所見能與崔同，此深自可奇。」顧謂浩曰：「馛智力如此，終至公相。」浩曰：「何必讀書，然後爲學。衞青、霍去病亦不讀書，而能大建勳名，致位公輔。」世祖笑曰：「誠如公言。」

馛性忠謹，世祖愛之，親待日殊，賞賜優厚。眞君初，世祖欲拜馛爲尚書，封郡公。馛辭曰：「尚書務殷，公爵至重，非臣年少愚近所宜荷任，請收過恩。」世祖問其欲，馛曰：「中、祕二省多諸文士，若恩矜不已，請參其次。」世祖賢之，遂拜爲中護將軍、祕書監。以功賜爵魏安侯，加冠軍將軍。後出爲東雍州刺史，恩化大行，百姓思之。轉殿中尚書，常典宿衞。世祖親任之。從幸瓜步，頻有戰功，進號鎮軍將軍。興安二年，遷征北大將軍、都曹尚書，加侍中，進爵河南公。興光元年，拜司空。及爲三公，清約自守，爲政舉大綱而已，不爲苛碎。太安二年，領太子太保。三年，與司徒陸麗等並平尚書事。五年薨。

子蘭，襲。散騎常侍、庫部尚書。卒。

子盆生，驍勇有膽氣。初爲統軍，累有戰功，遂爲名將。以勳賜爵平城子。神龜二年，自驍騎將軍、直閤將軍爲持節、右將軍、洛州刺史。與荊州刺史、淮南王世遵，魯陽太守崔模

俱討襄陽，不克而還，坐免官。後除安西將軍、光祿大夫。又爲撫軍將軍、太僕卿、假鎮西將軍、西道別將，每戰頻捷。自崔延伯之後，盜生爲次焉。進號征西將軍，行岐州刺史。復爲西道都督，戰歿。贈車騎將軍、雍州刺史。永熙中，重贈驃騎大將軍、儀同三司、定州刺史。

子武平，司徒祭酒。

武平弟武榮，直閤將軍。

歆族孫豹子，武衞將軍。

豹子從子琳，亦武衞將軍。

乙瓌，代人也。其先世統部落。世祖時，瓌父匹知慕國威化，遣瓌入貢，世祖因留之。瓌便弓馬，善射，手格猛獸，膂力過人。數從征伐，甚見信待。尙上谷公主，世祖之女也。除鎮南將軍、駙馬都尉，賜爵西平公。從駕南征，除使持節、都督前鋒諸軍事。每戰，身先士卒，勇冠三軍。後除侍中、征東將軍、儀同三司、定州刺史，進爵爲王。又爲西道都將。〔二〕和平中薨，時年二十九。贈太尉公，謚曰恭。

子乾歸，襲爵。年十二，爲侍御中散。及長，身長八尺，有氣幹，頗習書疏，尤好兵法。復尙恭宗女安樂公主，除駙馬都尉、侍中。顯祖初，除征西將軍、秦州刺史，有惠政。高祖初卽位，爲征西道都將，又爲中道都將。延興五年卒，時年三十一。贈左光祿大夫、開府儀同，謚曰康。

子海，字懷仁。少歷侍御中散、散騎侍郎，卒時年四十一。贈散騎常侍、衞將軍、濟州刺史，謚曰孝。

子瑗，字雅珍。尙淮陽公主，高祖之女也，除駙馬都尉，汝南王友，固辭不拜。歷濟南太守。時爲逆賊劉桃攻郡，瑗踰城獲免。後都督李叔仁討桃平之，瑗乃還郡。後除司農少卿，銀青、金紫、左、右光祿大夫，中軍將軍，西兗州刺史。天平元年，舉兵應樊子鵠，與行臺左丞宋顯戰，〔三〕敗死，時年四十六。

瑗弟諧，字遵和。武定中，司馬。

諧弟琛，字仲珍。解褐司空參軍事。稍遷東平、濟陰二郡太守，散騎常侍。卒時年四十九。

和其奴，代人也。少有操行，善射御。初爲三郎，轉羽林中郎，以恭勤致稱。賜爵東陽子，除奮武將軍。高宗初，〔四〕遷尙書，加散騎常侍，進爵平昌公，拜安南將軍，遷尙書左僕射。太安元年，詔羣臣議立皇太子名。其奴與司徒麗等以爲宜以德命名，帝從之。又與河東王閭毗、太宰常英等並平尙書事。在官愼法，不受私請。時以西征吐谷渾諸將淹停不進，久囚未決。其奴與尙書毛法仁等窮問其狀連日，具伏。和平六年，遷司空，加侍中。高宗崩，乙渾與林金閭擅殺尙書楊保年等。殿中尙書元郁率殿中宿衞士欲加兵於渾。渾懼，歸咎於金閭，執金閭以付郁。時其奴以金閭罪惡未分，乃出之爲定州刺史。皇興元年，長安鎮將東平王道符反，詔其奴領征西大將軍，率殿中精甲萬騎以討之，未至而道符敗，軍還。三年薨，內外咸歎惜之。贈平昌王，謚曰宣。

子天受，襲爵。初爲內行令。太和六年，遷弩庫曹下大夫，卒。

苟頹，代人也。曾祖烏提，登國初，有勳於太祖，賜昊寧子。父洛跋，內行長。頹性厚重少言，嚴毅淸直，武力過人。擢爲中散，小心謹敬。世祖南討，以頹爲前鋒都將，每臨敵對戰，常先登陷陳。世祖至江，賜爵建德男，加寧遠將軍。還，遷奏事中散，典涼州作曹。遷

內行令，轉給事中，遷司衞監。以本將軍拜洛州刺史。爲政剛嚴，抑强扶弱，山蠻畏威，不敢爲寇。承明元年，文明太后令百官舉才堪幹事、人足委仗者，〔五〕於是公卿咸以頹應選。徵拜散騎常侍、殿中尙書，進爵成德侯，加後將軍。太和元年，加散騎常侍，尋遷侍中、安東將軍、都曹尙書，進爵河南公。

頹方正好直言，雖文明太后生殺不允，頹亦言至懇切，未曾阿諛。李訢、李敷之誅也，〔六〕頹並致諫，太后不從。三年，遷征北大將軍、司空公，進爵河東王。以舊老，聽乘步挽，杖於朝。

大駕行幸三川，頹留守京師，沙門法秀謀反，頹率禁衞收掩畢獲，內外晏然。駕還飲至，文明太后曰：「當爾之日，卿若持疑不卽收捕，處分失所，則事成不測矣。今京畿不擾，宗社獲安者，實卿之功也。」七年，詔曰：「頹爲台鼎，論道是寄，歷奉四朝，庸績彌遠。宜加崇異，以彰厥功。自茲已後，可永受復除。」十三年冬薨。高祖痛悼者久之。贈賵有加，謚僖王。

長子愷，累遷冠軍將軍，柔玄、懷荒、武川鎮大將，襲爵河東王，例降爲公。正光二年卒。贈平北將軍、恒州刺史。

子寶，武定中，北梁太守。

愷弟養，步兵校尉，早卒。

養弟資，武騎侍郎、河間太守、太僕少卿、汲郡太守。遷龍驤將軍、肆州刺史。還，除武衞將軍，加後將軍。延昌末卒。贈平北將軍、幷州刺史，幷給帛二百匹，布一百匹，謚曰愍。

子景鑾，〔七〕莊帝時，撫軍將軍、金紫光祿大夫。

頹弟若周，散騎常侍、尙書。太和中，安南將軍、豫州刺史、潁川侯。卒，贈光祿大夫。若周弟壽樂，太和中，北部尙書、安南將軍、懷州刺史，假山陽公，未拜。尋除散騎常侍、殿中尙書、晉安侯。卒，贈安東將軍、冀州刺史。

頹從叔孤，少以忠直稱。太宗卽位，以定策功拜車騎將軍。後除鎮軍大將軍、幷州刺史、博陵公。不治產業，死之日家無餘財，百姓追思之。

薛野賭，代人也。父達頭，自姚萇時率部落歸國。太祖嘉其忠款，賜爵聊城侯，散員大夫，待以上客之禮，賜妻鄭氏。達頭閑雅恭慎，太祖深器之。卒，贈平南將軍、冀州刺史，謚曰悼。野賭少失父母，養於宗人利家。及長，好學善射。高宗初，召補羽林。遷給事中，典民籍事，校計戶口，號爲稱職。賜爵順陽子。野賭少孤，父侯不襲，至是錫爵。和平中，除

平南將軍、幷州刺史，進爵河東公。轉太州刺史，在治有聲。卒，年六十一。贈散騎常侍、大將軍、幷州刺史，謚曰簡。

子虎子，姿貌壯偉，明斷有父風。年十三，入侍高宗。太安中，遷內行長，典奏諸曹事。當官正直，內外憚之。及文明太后臨朝，出虎子爲枋頭鎮將。

虎子素剛簡，爲近臣所疾，因小過黜爲鎮門士。及顯祖南巡，次於山陽。虎子拜訴於路，曰：「臣昔事先帝，過霑重恩。陛下在諒闇之日，臣橫罹非罪，自擯黜此蕃，已經多載，不悟今日得奉聖顏。」遂流涕嗚咽。顯祖曰：「卿先帝舊臣，久屈非所，良用憮然。」詔虎子侍行，訪以政事，數十里中，占對不絕。時山東飢饉，盜賊競起。相州民孫誨等五百餘人，稱虎子在鎮之日，土境淸晏，訴乞虎子。乃復除枋頭鎮將，卽日之任。至鎮，數州之地，姦徒屛跡。顯祖璽書慰喩。後除平南將軍、相州刺史。顯祖崩，不行。太和二年，襲爵。三年，詔虎子督三將出壽春，與劉昶南討。四年，徐州民桓和等叛逆，屯於五固。詔虎子爲南征都副將，與尉元等討平之。以本將軍爲彭城鎮將。至鎮，雅得民和。除開府、徐州刺史。

時州鎮戍兵，資絹自隨，不入公庫，任其私用，常苦飢寒。虎子上表曰：「臣聞金湯之固，非粟不守；韓白之勇，非糧不戰。故自用兵以來，莫不先積聚，然後圖兼幷者也。今江

左未賓，鯨鯢待戮，自不委粟彭城，以强豐沛，將何以拓定江關，掃一衡霍？竊惟在鎮之兵，不減數萬，資糧之絹，人十二匹，卽自隨身，用度無準，未及代下，不免飢寒。論之於公，無毫釐之潤；語其利私，則橫費不足。非所謂納民軌度，公私相益也。徐州左右，水陸壤沃，淸、汴通流，足盈激灌。其中良田十萬餘頃。若以兵絹市牛，分減戍卒，計其牛數，足得萬頭。興力公田，必當大獲粟稻。一歲之中，且給官食，半兵耘植，餘兵尙衆，且耕且守，不妨捍邊。一年之收，過於十倍之絹；暫時之耕，足充數載之食。於後兵資，唯須內庫，五稔之後，穀帛俱溢。匪直戍士有豐飽之資，於國有呑敵之勢。昔杜預田宛葉以平吳，充國耕西零以强漢。臣雖識謝古人，任當邊守，庶竭塵露，有增山海。」高祖納之。

又上疏曰：「臣聞先王建不易之軌，萬代承之；聖主垂不刊之制，千載共仰。伏惟陛下道洽羣生，恩齊造化，仁德所覃，迹超前哲。遠崇古典，留意治方，革前王之弊法，申當今之宜用。定貢賦之輕重，均品秩之厚薄，庶令百辟足以代耕，編戶享其餘畜。巍乎煥焉，不可量也。臣竊尋居邊之民，蒙化日淺，戎馬之所，資計素微。小戶者一丁而已，計其徵調之費，終歲乃有七縑。去年徵責不備，或有貨易田宅，質妻賣子，呻吟道路，不可忍聞。今淮南之人，思慕聖化，延頸企足，十室而九。恐聞賦重，更懷進退。非惟損皇風之盛，慮傷慕義之心。且臣所居，與南連接，民情去就，實所諳知。特宜寬省，以招未至。其小郡太守，

數戶而已。一請止六尺絹，歲不滿匹。既委邊捍，取其必死，邀之士重，何吝君輕。今班制已行，布之天下，不宜忤冒，以亂朝章。但猥藉恩私，備位蕃岳，憂責之地，敢不盡言。」書奏，文明太皇太后令曰：「俸制已行，不可以小有不平，便虧通式。」

在州戍兵，每歲交代，虎子必親自勞送。喪者給其斂帛。州內遭水，二麥不收，上表請貸民粟，民有車牛者，求詣東兗給之。並如所奏，民得安堵。高祖曾從容問祕書丞李彪曰：「卿頻使江南，徐州刺史政績何如？」彪曰：「綏邊布化，甚得其和。」高祖曰：「朕亦知之。」沛郡太守邵安、下邳太守張攀咸以贓汚，虎子案之於法。安等遣子弟上書，誣虎子南通賊虜。高祖曰：「此其妄矣，朕度虎子必不然也。」推案果虛。乃下詔曰：「夫君臣體合，則功業可興；上下猜懼，則治道替矣。沛郡太守邵安、下邳太守張攀咸以貪惏獲罪，各遣子弟詣闕，告刺史虎子縱民通賊，妄稱無端。安宜賜死，攀及子僧保鞭一百，配敦煌。安息他生鞭一百。可集州官兵民等，宣告行決。塞彼輕狡之源，開此陳力之效。」在州十一載，太和十五年卒，年五十一。贈散騎常侍、鎮南將軍、相州刺史，謚曰文。有六子。

長子世遵，襲爵，例降爲侯。景明中，爲秦州刺史，稍遷左將軍。卒，年四十二。

長子忱，字安民。正光中，襲爵。稍遷鎮南將軍、鉅鹿太守、定州儀同開府諮議參軍、齊獻武王大行臺左丞、中外府司馬。出爲殷州驃騎府長史。武定五年，除鎮北將軍、北廣平太

校勘記

〔一〕子延天興中驃騎將軍左光祿大夫　諸本卷末有宋人校語云：「羅結孫拔，高祖時進爵濟南王，拔孫延，天興中驃騎將軍。按太祖初卽位，年號天興，拔仕高祖，其孫必非太祖時，蓋年號誤也。」按「天興」當是「天平」之訛，下面不書卒，是其人齊初尚存。

〔二〕進爵爲王又爲西道都將　諸本無「王又爲」三字，北史卷二五乙瓌傳有。李慈銘云：「元和姓纂五質乙弗氏下云：『乙瓌，定州刺史、西平王。』則此當爲『進爵爲西平王、征西道都將』，兩『西』字相涉而誤脫耳。」按「西道都將」不得云「進爵」，今據北史補。

〔三〕與行臺左丞宋顯戰　諸本「宋」作「宗」。按事見北齊書卷二〇宋顯傳。「宗」字訛，今據改。

〔四〕高宗初　諸本「高宗」作「高祖」，北史卷二五和其奴傳作「文成」。李慈銘、張森楷並云「高祖」當作「高宗」。按下文記「太安元年」，太安是拓跋濬高宗文成帝年號。「祖」字訛，今據北史改。

〔五〕人足委仗者　諸本「仗」訛「此」。今據册府卷四五七五四二七頁、御覽卷二二四一〇六五頁改。

〔六〕李訢李敷之誅也　北史卷二五苟頹傳「李訢、李敷」作「李惠、李訢」。按李敷爲拓跋弘顯祖所殺，見卷三六李順附李敷傳。李惠在卷八三上外戚傳上，則爲馮太后所殺。北史是。

〔七〕子景巒　墓誌集釋有苟景墓誌圖版二七一之二，卽此人，云「字景巒」，疑此「巒」字訛。

〔八〕南征將軍　按「南征」疑是「征南」誤倒。

〔九〕歷東宮齋帥　諸本「齋」作「齊」，北史卷五〇孟威傳作「齋」。按「齊帥」無此名號。「齋帥」及「東宮齋帥」見卷二一上咸陽王禧傳末、卷四九李靈傳附見李纂、卷九八蕭昭業傳。隋書卷二七百官志中北齊門下省有「齋帥局，齋帥四人，掌舖設灑掃事」。北齊當因魏制。這裏「齊」字訛，今據北史改。

魏書卷四十五

列傳第三十三

韋閬　杜銓　裴駿　辛紹先　柳崇

韋閬，字友觀，京兆杜陵人。世爲三輔冠族。祖楷，晉建威將軍、長樂清河二郡太守。父逵，慕容垂吏部郎、大長秋卿。閬少有器望，值慕容氏政亂，避地於薊城。世祖徵拜咸陽太守，轉武都太守。屬杏城鎮將郝溫及蓋吳反，關中擾亂，閬盡心撫納，所部獨全。在郡十六年，卒。

子範，歷鎮西大將軍府司馬，試守華山郡。高宗時，賜爵興平男。卒。

子儁，字穎超，早有學識。少孤，事祖母以孝聞。性溫和廉讓，爲州里所稱。太和中，襲爵。除荊州治中，轉梁州寧朔府長史。還，爲太尉外兵參軍、本州中正，遷都水使者。所在有聲。世宗崩，領軍于忠矯擅威刑，與左僕射郭祚、尚書裴植同時遇害，語在植傳。時年

五十七。儁與祚婚家，爲忠所惡，故及於難。臨終，儁訴枉於尚書元欽，欽知而不敢申理。儁歎曰：「吾一生爲善，未蒙善報；常不爲惡，今爲惡終。悠悠蒼天，抱直無訴！」時人咸怨傷焉。熙平元年，追贈中壘將軍、洛州刺史，謚曰貞。有子十三人。

長子榮緒，字子光，頗涉文史。襲爵，除員外散騎侍郎、齊王蕭寶夤儀同開府屬，因戰敗歿。

榮緒弟榮茂，字子曄。以幹局知名。歷侍御史、尚書考功郎中。出爲征虜將軍、東秦州刺史。永熙末，兄弟並歿關西。

榮茂弟子粲，爲寶炬南汾州刺史。

子粲少弟道諧，爲南汾州鎮城都督。齊獻武王命將出討，陷城克之。武定末，子粲官至南兗州刺史。

閬兄子眞喜，起家中書博士，遷中書侍郎、馮翊太守。

子祉，卒於太府少卿。

祉子義遠，出帝時，爲岐州刺史，沒關西。

祉弟禎，有識幹。起家奉朝請。尚書郎中、司徒主簿、太子中舍人、廷尉少卿、給事黃

門侍郎、光祿大夫。卒，贈安西將軍、秦州刺史。

子文殊，員外散騎侍郎，早卒。

閬從叔道福。父羆，爲苻堅丞相王猛所器重，以女妻焉。爲堅東海太守。堅滅，奔江左，仕劉裕爲輔國將軍、秦州刺史。道福有志略，歷劉駿盱眙、南沛二郡太守，領鎮北府錄事參軍。時徐州刺史薛安都謀欲擁州內附，道福參贊其事。以功除安遠將軍，賜爵高密侯，因此仍家於彭城。卒，贈征虜將軍、兗州刺史，謚曰簡。

子欣宗，以歸國勳，別賜爵杜縣侯。高祖初，拜彭城內史，遷大將軍、宋王劉昶諮議參軍。廣陵侯元衍爲徐州刺史，又請爲長史，帶彭城內史。撫綏內外，甚得民和。世宗初，除通直散騎常侍，出爲河北太守，不行。尋轉太中大夫、行幽州事。卒，贈龍驤將軍、南兗州刺史，謚曰簡。

子元叡，武定中，潁州驃騎府長史。

欣宗從父弟合宗，卒於東海太守。

子元恢，有氣幹。孝昌初，值刺史元法僧據州外叛，元恢招聚同志，潛規克復，事泄，爲法僧所害。時人傷惜之。

閬從子崇，字洪基。父肅，字道壽。劉義眞鎮關中，辟爲主簿，仍隨義眞度江，歷魏郡弋陽二郡太守、豫州刺史。崇年十歲，父卒，母鄭氏以入國，因寓居河洛。少爲舅兗州刺史鄭羲所器賞。〔一〕解褐中書博士，轉司徒從事中郎。高祖納其女爲充華嬪。除南潁川太守，不好發摘細事，常云：「何用小察，以傷大道。」吏民感之，郡中大治。高祖聞而嘉賞，賜帛二百匹。遷洛，以崇爲司州中正，尋除右將軍，咸陽王禧開府從事中郎，復爲河南邑中正。崇頻居衡品，以平直見稱。出爲鄉郡太守，更滿應代，吏民詣闕乞留，復延三年。在郡九年，轉司徒諮議。久之，除華山太守，卒。

子猷之，釋褐奉朝請，轉給事中、步兵校尉，稍遷前將軍、太中大夫。卒。

猷之弟休之，起家安州左將軍府城局參軍，轉給事中、河南邑中正，稍遷安西將軍、光祿大夫。休之貞和自守，未嘗以言行忤物。卒。

子道建，武定末，定州儀同開府長史，帶中山太守。

道建弟道儒，齊文襄王大將軍府東閤祭酒。

閬族弟珍，字靈智，高祖賜名焉。父尚，字文叔，樂安王良安西府從事中郎。卒，贈安遠將軍、雍州刺史。珍少有志操。解褐京兆王子推常侍，轉尚書南部郎。

高祖初，蠻首桓誕歸款，朝廷思安邊之略，以誕爲東荊州刺史。令珍爲使，與誕招慰蠻左。珍自懸瓠西入三百餘里，至桐栢山，窮淮源，宣揚恩澤，莫不降附。淮源舊有祠堂，蠻俗恒用人祭之。珍乃曉告曰：「天地明靈，卽是民之父母，豈有父母甘子肉味！自今已後，悉宜以酒脯代用。」羣蠻從約，至今行之。凡所招降七萬餘戶，置郡縣而還。以奉使稱旨，除左將軍、樂陵鎮將，賜爵霸城子。

蕭道成司州民謝天蓋自署司州刺史，規欲以州內附。事泄，爲道成將崔慧景攻圍。詔珍率在鎮士馬渡淮援接。時道成聞珍將至，遣將苟元賓據淮逆拒。珍乃分遣鐵馬，於上流潛渡，親率步士與賊對接。旗鼓始交，甲騎奄至，腹背奮擊，破之。天蓋尋爲左右所殺，降於慧景。珍乘勝馳進，又破慧景，擁降民七千餘戶內徙，表置城陽、剛陵、義陽三郡以處之。高祖詔珍移鎮比陽，〔二〕蕭賾遣其雍州刺史陳顯達率衆來寇。城中將士咸欲出戰，珍曰：「彼初至氣銳，未可便挫，且共堅守，待其攻我疲弊，擊之未晚。」於是憑城拒戰，殺傷甚衆。相持旬有二日，夜開城門掩擊之，賊遂奔潰。以功進爵爲侯。

車駕南討，珍上便宜，幷自陳在邊歲久，悉其要害，願爲前驅。詔珍爲隴西公源懷衞大將軍府長史，轉太保、齊郡王長史。遷顯武將軍、郢州刺史，在州有聲績，朝庭嘉之。遷龍驤

將軍，賜騂騮二匹、帛五十匹、穀三百斛。珍乃召集州內孤貧者，謂曰：「天子以我能綏撫卿等，故賜以穀帛，吾何敢獨當。」遂以所賜悉分與之。尋加平南將軍、荊州刺史，與尚書盧淵征赭陽，爲蕭鸞將垣歷生、蔡道貴所敗，免歸鄉里。臨別謂淵曰：「主上聖明，志吞吳會，用兵機要，在於上流。若有事荊楚，恐老夫復不得停耳。」後車駕征樊鄧，復起珍爲中軍大將軍、彭城王勰長史。沔北既平，以珍爲建威將軍，試守魯陽郡。

高祖復南伐，路經珍郡，加中壘將軍，正太守。珍從至濟水，〔三〕高祖曰：「朕頃戎車再駕，卿常翼務中軍，今日之舉，亦欲與卿同行。但三鵶險惡，非卿無以守也。」因敕珍辭還。及高祖崩於行宮，祕匿而還，至珍郡始發大諱。還，除中散大夫，尋加鎮遠將軍、太尉諮議參軍。永平元年卒，時年七十四。贈本將軍、南青州刺史，謚曰懿。

長子纘，字遵彥。年十三，補中書學生，聰敏明辯，爲博士李彪所稱。除祕書中散，遷侍御中散。高祖每與名德沙門談論往復，纘掌綴錄，無所遺漏，頗見知賞。轉散騎侍郎，徙太子中舍人，仍兼黃門，又兼司徒右長史，尋轉長兼尚書左丞。壽春內附，尚書令王肅出鎮揚州，請纘爲長史，加平遠將軍，帶梁郡太守。肅薨，敕纘行州事。任城王澄代肅爲州，復啓纘爲長史。澄出征之後，蕭衍將姜慶眞乘虛攻襲，遂據外郭，雖尋克復，纘坐免官。永平三年卒，年四十五。

纘弟彧，字遵慶，亦有學識。解褐奉朝請，遷太尉騎兵參軍。出爲雍州治中，轉別駕。入爲司徒掾，尋轉散騎侍郎。稍遷平遠將軍、東豫州刺史。彧綏懷蠻左，頗得其心。蠻首田益宗子魯生、魯賢先叛父南入，數爲寇掠。自彧至州，魯生等咸䟦啓修敬，不復爲害。彧以蠻俗荒梗，不識禮儀，乃表立太學，選諸郡生徒於州總教。又於城北置宗武館以習武焉。境內清肅。還，遇大將軍、京兆王繼西征，請爲長史，拜通直散騎常侍。尋以本官兼尚書，爲豳夏行臺。以功封陰盤縣開國男，邑二百戶。孝昌元年秋，卒於長安。贈撫軍將軍、雍州刺史，謚曰文。

子彪，襲。歷本州治中、轉別駕。孝莊末，藍田太守。沒於關西。

彪弟融，解褐員外散騎侍郎。以軍功賜爵長安伯。稍遷大司馬開府司馬。融娶司農卿趙郡李瑾女，天平中，疑其妻與章武王景哲姦通，乃刺殺之。懼不免，仍亦自害。

彧弟朏，字遵顯，少有志業。年十八，辟州主簿。時屬歲儉，朏以家粟造粥，以飼飢人，所活甚衆。解褐太學博士，遷祕書郎中，稍遷左軍將軍，爲荆郢和糴大使。南郢州刺史田夷啓稱朏父珍往任荆州，恩洽夷夏，乞朏充南道別將，領荆州驍勇，共爲腹背。詔從之。未幾，行南荆州事。肅宗末，除征虜將軍、東徐州刺史，尋還安東將軍，加散騎常侍。蕭衍遣其郢州刺史田𩇕憘率衆來寇，朏於石羊崗破斬之，以功封杜縣開國子，邑二百戶。永安三

年，卒於州。贈侍中、車騎將軍、雍州刺史，謚曰宣。

長子鴻，字道衍，頗有幹用。解褐奉朝請，遷尚書令吏部郎中、〔四〕中書舍人。天平三年，坐漏泄，賜死於家，時年三十二。

鴻弟道植，武定末，儀同開府中兵參軍。

太祖時，有安定梁穎，先仕慕容寶，歷黃門郎。入國，拜建德太守，賜爵朝那男。孫景儁，起家趙郡王幹行參軍。稍遷治書侍御史、司徒中兵參軍。卒。

子師禮，早卒。

師禮族弟嵩遵，少有氣俠。起家奉朝請，歷司空外兵參軍。後蕭寶夤爲雍州刺史，引爲中兵參軍，深見信任。寶夤反，令嵩遵率衆出征。嵩遵僞受其署，既行之後，遂與侯終德等還來襲城。以功封烏氏縣開國伯，邑五百戶。後除光州平東府長史，轉荆州驃騎府司馬。卒官，年四十四。

嵩遵弟嵩景，武定中，燕郡太守。

又有武功蘇湛，字景儁，魏侍中則之後也。晉亂，避地河右。世祖平涼州，還鄉里。父

擁，字天祐，秦州撫軍府司馬。湛少有器行，頗涉羣書。年二十餘，舉秀才。除奉朝請，領侍御史，轉員外散騎侍郎。

蕭寶夤之討關西，以湛爲行臺郎中，深見委任。孝昌中，寶夤大敗東還，朝廷以爲雍州刺史。後自猜懼，害中尉酈道元，乃稱兵反。時湛臥疾於家，寶夤令姜儉報湛云：「元略受蕭衍意旨，乃欲見除。酈道元之來，事不可測。吾不能坐受死亡，今便爲身計，不復作魏臣也。與卿契闊，故以相報，死生榮辱，與君共之。」湛聞之，舉聲大哭。儉遽止之曰：「何得便爾？」湛曰：「百口居家，即時屠滅，云何不哭！」哭數十聲，徐謂儉曰：「爲我白齊王，王本以窮鳥投人，賴朝廷假王羽翼，榮寵至此。屬國步多虞，不能竭忠報德，乃欲乘人間隙，有不臧之心。信惑行路無識之語，欲以羸敗之兵，守關問鼎。今魏德雖衰，天命未改。且王之恩義，未洽於民，但見其敗，未見有成。蘇湛不能以百口居家，爲王族滅。」寶夤復報曰：「此自救命之計，不得不爾。所以不先相白者，恐沮吾計故爾。」湛復曰：「凡爲大事，當得天下奇士。今但共長安博徒小兒輩計校，辦有成理不？湛恐荆棘必生庭閤。願乞骸骨還鄉里，脫得因此病死，可以下見先人。」寶夤素重之，以湛病，且知不爲己用，聽還武功。

寶夤敗，莊帝即位，徵補尚書郎。既至，莊帝曰：「前聞卿答蕭寶夤，甚有美辭，爲我說也。」湛頓首謝曰：「臣雖言辭不如伍被，始終不易，自謂過之。然臣與寶夤周遊契闊，言得

盡心，而不能令其不反，臣之罪也。」莊帝悅，拜散騎都尉，仍領郎。尋遷中書侍郎。出帝初，病還鄉里，終於家。贈散騎常侍、鎮西將軍、雍州刺史。

湛從母弟天水姜儉，字文簡。父昭，自平憲司直，出爲兗州安東長史，帶高平太守，卒於營構都將。儉少有幹用，勤濟過人。起家徐州車騎府田曹參軍，轉太尉外兵參軍。蕭寶夤出討關西，引爲開府屬，軍機謀略，多所參預。儉亦自謂遭逢知己，遂竭誠委託。寶夤爲雍州，仍請爲開府從事中郎，帶長安令。及寶夤反，以爲左丞，尤見信任，爲羣下所讎疾。寶夤敗，城人殺之，時年三十九。蘇湛每謂人曰：「以姜儉才志，堪致富貴。惜其不遇，命也如何！」

儉弟素，武定末，中散大夫。

杜銓，字士衡，京兆人。晉征南將軍預五世孫也。祖胄，苻堅太尉長史。父嶷，慕容垂祕書監，仍僑居趙郡。銓學涉有長者風，與盧玄、高允等同被徵爲中書博士。初，密太后父豹喪在濮陽，世祖欲命迎葬於鄴，謂司徒崔浩曰：「天下諸杜，何處望高？」浩對京兆爲美。世祖曰：「朕今方改葬外祖，意欲取京兆中長老一人，〔五〕以爲宗正，命營護凶事。」浩曰：「中

書博士杜銓，其家今在趙郡，是杜預之後，於今爲諸杜之最，卽可取之。」詔召見。銓器貌瓌雅，世祖感悅，謂浩曰：「此眞吾所欲也。」以爲宗正，令與杜超子道生迎豹喪柩，致葬鄴南。銓遂與超如親。超謂銓曰：「既是宗近，何緣復僑居趙郡？」乃迎引同屬魏郡焉。遷散騎侍郎，轉中書侍郎，賜爵新豐侯。卒，贈平南將軍、相州刺史、魏縣侯，謚曰宣。

子振，字季元。太和初，舉秀才，卒於中書博士。

子遇，字慶期。起家奉朝請。轉員外散騎侍郎、尙書起部郎中。竊官材瓦起立私宅，淸論鄙之。遷龍驤將軍、中散大夫。出爲河東太守。卒，贈中軍將軍、都官尙書、豫州刺史，謚曰惠。

子鴻，永熙中，司徒倉曹參軍。

銓族子洪太，字道廓。延興中爲中書博士。後使高麗，除安遠將軍、下邳太守，轉梁郡太守。太和中，除鷹揚將軍、絳城鎭將，帶新昌、陽平二郡太守。卒，年五十二。

子祖悅，字士豁，頗有識尙。大將軍劉昶參軍事，稍遷天水、仇池二郡太守，行南秦州事。正光中，入爲太尉、汝南王悅諮議參軍。出除高陽太守，卒於郡。

子長文，字子儒。肅宗挽郎、員外散騎侍郎，稍遷尙書郎。以隨叔顒守岐州勳，賜爵始

平伯，加平東將軍。天平末，卒於安西將軍、光祿大夫。贈中軍將軍、度支尙書、雍州刺史。

長文第四弟子達，武定中，齊文襄王大都督府戶曹參軍。

祖悅弟顒，字思顏，頗有幹用。解褐北中府錄事參軍。正光中，稍遷厲威將軍、盱眙太守，帶大徐戍主。元法僧之叛也，顒逃竄獲免。後爲諫議大夫。孝昌二年，爲西征軍司，行岐州事。蕭寶夤起逆，顒據州不從。還，除征虜將軍、東荆州刺史。以守岐州勳，封平陽縣開國伯，邑五百戶。武泰中，轉授岐州刺史。永安中，除涇州刺史。時万俟醜奴充斥關右，不行。乃爲都督，防守岐州。醜奴攻之，不克。事寧，除鎭西將軍、光祿大夫。以勳又賞安平縣開國伯，食邑五百戶。以平陽伯轉授弟二子景仲。後爲征西將軍、金紫光祿大夫，沒於關西。

裴駿，字神駒，小名皮，河東聞喜人。父雙碩，本縣令，假建威將軍、恒農太守，安邑子。卒，贈平南將軍、東雍州刺史、聞喜侯。駿幼而聰慧，親表異之，稱爲「神駒」，因以爲字。弱冠，通涉經史，好屬文，性方檢，有禮度，鄉里宗敬焉。

蓋吳作亂於關中，汾陰人薛永宗聚衆應之，屢殘破諸縣，來襲聞喜。〔六〕縣中先無兵仗，人情駭動，縣令憂惶，計無所出。駿在家聞之，便率厲鄉豪曰：「在禮，君父有危，臣子致命。府縣今爲賊所逼，是吾等徇節之秋。諸君可不勉乎！」諸豪皆奮激請行，駿乃簡騎驍勇數百人奔赴。賊聞救至，引兵退走。刺史嘉之，以狀表聞。會世祖親討蓋吳，引見駿，駿陳敍事宜，甚會機理。世祖大悅，顧謂崔浩曰：「裴駿有當世才具，且忠義可嘉。」補中書博士。浩亦深器駿，目爲三河領袖。轉中書侍郎。劉駿遣使明僧暠朝貢，以駿有才學，乃假給事中、散騎常侍，於境上勞接。皇興二年卒。贈平南將軍、秦州刺史、聞喜侯，謚曰康。

子修，字元寄，淸辯好學。年十三，補中書學生，遷祕書中散，轉主客令。以婦父李訢事，出爲張掖子都大將。張掖境接胡夷，前後數致寇掠，修明設烽候，以方略禦之。在邊六年，關塞淸靜。高祖嘉之，徵爲中部令。轉中大夫，兼祠部曹事，職主禮樂，每有疑議，修斟酌故實，咸有條貫。太和十六年卒，時年五十一。高祖悼惜之，賻帛一百匹，謚曰恭伯。世宗時，追贈輔國將軍、東秦州刺史。修早孤，居喪以孝聞。二弟三妹並在幼弱，撫養訓誨，甚有義方。次弟務早喪，修哀傷之，感於行路。愛育孤姪，同於己子。及將異居，奴婢田宅悉推與之，時人以此稱焉。

子詢，字敬叔。美儀貌，多藝能，音律博弈，咸所開解。起家奉朝請，太尉集曹參軍，轉

長流尙書起部郎中、平昌太守。時太原長公主寡居，與詢私姦，肅宗仍詔詢尙焉。尋以主壻，特除散騎常侍。時本邑中正闕，司徒召詢爲之。詢族叔昞自陳情願此官，詢遂讓焉，時論善之。尋監起居事，遷祕書監。

出爲平南將軍、郢州刺史。詢以凡司戍主爨畬田朴特地居要險，〔七〕衆踰數萬，足爲邊捍，遂表朴特爲西郢州刺史。朝議許之。蕭衍遣將李國興寇邊，時四方多事，朝廷未遑外略，緣境城戍，多爲國興所陷。賊既乘勝，遂向州城。詢率厲固守，垂將百日，援軍既至，賊乃退走。加散騎常侍、安南將軍。朴特自國興來寇，便與詢犄角，爲表裏聲援，郢州獲全，朴特頗有力焉。

徵爲七兵尙書，至都未幾，除豫州刺史。尋進號撫軍將軍，加散騎常侍。未之州，還爲七兵尙書，常侍如故。武泰初，詔詢以本官兼侍中，爲關右大使，賞擢慕義之徒。未及發，會尒朱榮入洛，於河陰遇害，年五十一。贈侍中、車騎大將軍、司空公、雍州刺史，謚曰貞烈。無子。

修弟務，字陽仁，少而聰慧。舉秀才，州辟主簿。早卒。

子美，字師伯，少有美名。舉秀才，州主簿。太尉咸陽王雅相賞愛，欲以女妻之，美拒而不納。除奉朝請，亦早卒。無子。

務弟宣，字叔令，通辯博物，早有聲譽。少孤，事母兄以孝友稱。舉秀才，至都，見司空李訢，與言自旦及夕，訢嗟善不已。司空李沖有人倫鑒識，見而重之。

高祖初，徵爲尚書主客郎，與蕭賾使顏幼明、劉思效、蕭琛、范雲等對接。轉都官郎，遷員外散騎侍郎。〔八〕舊令與吏部郎同班。闕 高祖曾集沙門講佛經，因命宣論難，甚有理詣，高祖稱善。遷都洛陽，以宣爲採材副將。奉使稱旨，遙除司空諮議參軍。府解，轉司州治中，兼司徒右長史，又轉別駕，仍長史。宣明敏有器幹，總攝州府，事無凝滯，遠近稱之。

世宗初，除太中大夫，領本郡中正，仍別駕。又爲司州都督，遷太尉長史。宣上言曰：「自遷都已來，凡戰陳之處，及軍罷兵還之道，所有骸骼無人覆藏者，請悉令州郡戍邏檢行埋掩。并符出兵之鄉：其家有死於戎役者，使皆招魂復魄，祔祭先靈，復其年租調；身被傷痍者，免其兵役。」朝廷從之。

出爲征虜將軍、益州刺史。宣善於綏撫，甚得羌戎之心。復晉壽，更置益州，改宣所莅爲南秦州。先是，有陰平氐酋楊孟孫，擁戶數萬，自立爲王，通引蕭衍，數爲邊患。宣乃遣使招喻，曉以逆順，孟孫感恩，卽遣子詣闕。武興氐姜謨等千餘人上書乞延更限。世宗嘉焉。

宣家世以儒學爲業，常慕廉退。每歎曰：「以賈誼之才，仕漢文之世，不歷公卿，將非運

也！」乃謂親賓曰：「吾本閭閻之士，素無當世之志，直隨牒推移，遂至於此。祿後養親，道不光國，瞻言往哲，可以言歸矣。」因表求解。世宗不許，乃作懷田賦以叙心焉。永平四年，患篤，世宗遣太醫令馳驛就視，并賜御藥。宣素明陰陽之書，自始患，便知不起，因自剋亡日，果如其言。時年五十八。世宗悼惜之。贈左將軍、豫州刺史，謚曰定。尋改爲穆。

子敬憲、莊伯，並在文苑傳。

第四子獻伯，武定末，廷尉卿。

駿從弟安祖，少而聰慧。年八九歲，就師講詩，至鹿鳴篇，語諸兄云：「鹿雖禽獸，得食相呼，而況人也？」自此之後，未曾獨食。弱冠，州辟主簿。民有兄弟爭財，詣州相訟。安祖召其兄弟，以禮義責讓之。此人兄弟，明日相率謝罪。內外欽服之。復有人勸其入仕，安祖曰：「高尚之事，非敢庶幾。且京師遼遠，實憚於栖屑耳。」於是閑居養志，不出城邑。安祖曾行值天熱，舍於樹下。鷙鳥逐雉，雉急投之，遂觸樹而死。安祖愍之，乃取置陰地，徐徐護視，良久得蘇。安祖喜而放之。後夜忽夢一丈夫，衣冠甚偉，著繡衣曲領，向安祖再拜。安祖怪而問之。此人云：「感君前日見放，故來謝德。」聞者異焉。後高祖幸長安，至河東，存訪故老。安祖朝於蒲坂，高祖與語甚悅，仍拜安邑令。安祖以老病固辭，詔給一時俸，

以供湯藥焉。年八十三，卒於家。

子思濟，亦有志操，早卒。子宗賢。

思濟弟幼儁，卒於猗氏令。

辛紹先，隴西狄道人。五世祖怡，晉幽州刺史。父淵，私署涼王李暠驍騎將軍。暠子歆亦厚遇之。歆與沮渠蒙遜戰於蓼泉，軍敗失馬，淵以所乘馬援歆，而身死於難，以義烈見稱西土。世祖之平涼州，紹先內徙，家於晉陽。明敏有識量，與廣平游明根、范陽盧度世、同郡李承等甚相友善。有至性，丁父憂，三年口不甘味，頭不櫛沐，髮遂落盡，故常著垂裙皂帽。自中書博士，轉神部令。皇興中，薛安都以彭城歸國，時朝廷欲綏安初附，以紹先爲下邳太守，加寧朔將軍。爲政不苟激察，舉其大綱而已，唯教民治產禦賊之備。及劉彧將陳顯達、蕭道成、蕭順之來寇，道成謂順之曰：「辛紹先未易侵也，宜共慎之。」於是不歷郡境，遂徑屯呂梁。太和十三年卒。贈冠軍將軍、并州刺史、晉陽公，謚曰惠。

子鳳達，耽道樂古，有長者之名。卒於京兆王子推國常侍。

鳳達子祥，字萬福。舉司州秀才。司空行參軍，遷主簿。太傅元丕爲并州刺史，祥爲丕府屬，敕行建興郡。咸陽王禧妃卽祥妻妹，及禧構逆，親知多罹塵謗，祥獨蕭然不預。轉并州平北府司馬。會刺史喪，朝廷以其公清，遂越長史，敕行州事。祥初在司馬，有白壁兵藥道顯被誣爲賊，官屬推處，咸以爲然。祥曰：「道顯面有悲色，察獄以色，其此之謂乎？」苦執申之。月餘，別獲眞賊。

後除郢州龍驤府長史，帶義陽太守。白早生之反也，蕭衍遣衆來援，因此緣淮鎮戍，相繼降沒，唯祥堅城獨守。蕭衍遣將胡武城、陶平虜於州南金山之上連營侵逼，衆情大懼。祥從容曉喻，人心遂安。時出挑戰，僞退以驕賊。賊果日來攻逼，不復自備，乃夜出襲其營。將曉，矢刃交下，賊大崩散潰，擒平虜，斬武城，以送京師，州境獲全。論功方有賞授，而刺史婁悅恥勳出其下，聞之執政，事竟不行。胡賊劉龍駒作逆華州，敕除祥華州安定王爕征虜府長史，仍爲別將，與討胡使薛和滅之。神龜元年卒，時年五十五。永安二年，贈冠軍將軍、南青州刺史。

長子琨，字懷玉，少聰敏。解褐相州倉曹參軍。稍遷陳郡太守、輕車將軍、濟州征虜府長史。卒，年四十六。

琨弟懷仁，武定末，長樂太守。

懷仁弟賁，字叔文。少有文學，識度沉雅。起家北中府中兵參軍、員外散騎侍郎。建義初，修起居注。除濟州撫軍府長史。出帝時，轉膠州車騎府長史，遷平東將軍，太師、咸陽王坦開府長史。武定中，中尉崔暹表薦賁，除闕太守。吏民懷其恩惠。還，卒於鄴。時年五十八。

賁弟烈，字季武。歷太傅東閣祭酒，卒於梁州鎮南府長史。

烈弟匡，字季政，頗有文學。永安初，釋褐封丘令，加威烈將軍。時經河陰之役，朝士多求出外，故匡爲之。後除平遠將軍、符璽郎中。卒於龍驤將軍、通直散騎侍郎，時年三十五。贈散騎常侍、前將軍、雍州刺史。

祥弟少雍，字季仲。少聰穎，有孝行，尤爲祖父紹先所愛。紹先性嗜羊肝，常呼少雍共食。及紹先卒，少雍終身不食肝。性仁厚，有禮義，門內之法，爲時所重。釋褐奉朝請，太學博士、員外散騎侍郎。司空、高陽王雍引爲田曹參軍。少雍性清正，不憚强禦，積年久訟，造次決之，請託路絕，時稱賢明。正始中，詔百官各舉所知，高陽王雍及吏部郎中李憲俱以少雍爲舉首。還給事中。侍中游肇後亦薦之，會卒，年四十二。少雍妻王氏，有德義，與其從子懷仁兄弟同居，懷仁等事之甚謹，閨門禮讓，人無比焉。士大夫以此稱美。

子元植，武定中，儀同府司馬。

元植弟士遜，太師開府功曹參軍。

鳳達弟穆，字叔宗。舉茂才，東雍州別駕。初隨父在下邳，與彭城陳敬文友善。敬文弟敬武，少爲沙門，從師遠學，經久不反。敬文病臨卒，以雜綾二十匹，託穆與敬武。穆久訪不得。經二十餘年，始於洛陽見敬武，以物還之，封題如故，世稱其廉信。歷東荆州司馬，轉長史，帶義陽太守，領戍。雅有恤民之稱。轉汝陽太守，值水澇民飢，上表請輕租賦。帝從之，遂敕汝陽一郡，聽以小絹爲調。遷中散大夫，加龍驤將軍。正光四年，以老啓求致仕。詔引見，謂穆志力尚可，除平原相。穆善撫導，民吏懷之。孝昌二年，徵爲征虜將軍、太中大夫，未發，卒於郡，年七十七。贈後將軍、幽州刺史，謚曰貞。

長子子馥，字元穎，早有學行。孝昌初，釋褐南司州龍驤府錄事參軍。〔九〕丁父艱，居喪有禮。後除給事中、南冀州防城都督。素爲莊帝所知識，及即位，除宣威將軍、尚書右主客郎中，持節爲南濟、冀、濟、青四州慰勞使。尋除寧朔將軍、員外散騎常侍，仍領郎中。太宰元天穆征邢杲，引爲行臺郎中。尋除平原相。子馥父子並爲此郡，吏民懷安之。元顥入洛，子馥不受其赦。刺史元仲景附顥，拘子馥，并禁家口。莊帝反政，詔封三門縣開國男，食邑二百戶。天平中，爲東南道行臺左丞、徐州開府長史。入除太尉府司馬。長白山連接三齊，瑕丘數州之界，多有盜賊。子馥受使檢覆，因辨山谷要害，宜立鎮戍之所。又諸州豪右，在山鼓鑄，姦黨多依之，又得密造兵仗，亦請破罷諸冶。朝廷善而從之。還，除尚書右丞，出爲清河太守。武定八年卒於郡。子馥以三傳經同說異，遂總爲一部，傳注並出，校比短長，會亡未就。

子德維，武定末，司徒行參軍。

子馥弟子華，字仲夷。天平中，右光祿大夫。

柳崇，字僧生，河東解人也。七世祖軌，晉廷尉卿。崇方雅有器量，身長八尺，美鬚明目，兼有學行。舉秀才，射策高第。解褐太尉主簿、尚書右外兵郎中。于時河東、河北二郡爭境，其間有鹽池之饒，虞坂之便，守宰及民皆恐外割。公私朋競，紛囂臺府。高祖乃遣崇檢斷，民官息訟。屬荆郢新附，南寇窺擾，又詔崇持節與州郡經略，兼加慰喻。還，遷太子洗馬、本郡邑中正。轉中壘將軍、散騎侍郎。遷司空司馬，兼衛尉少卿，又領邑中正。出爲河北太守。崇初屆郡，郡民張明失馬，疑十餘人。崇見之，不問賊事，人人別借以溫顏，更問其親老存不，農桑多少，而微察其辭色。即獲真賊呂穆等二人，餘皆放遣。郡中畏服，境內帖然。卒於官，年五十六。贈輔國將軍、岐州刺史，謚曰穆。崇所製文章，寇亂遺失。

長子慶和，性沉靜，不競於時。起家奉朝請，稍遷輕車將軍、給事中、本郡邑中正。卒。

子德逸，武定末，齊王丞相府主簿。

慶和弟楷，字孝則。身長八尺，善草書，頗涉文史。解褐員外散騎侍郎。蕭闕西征，〔一〇〕引爲車騎主簿，仍爲行臺郎中。征還，以員外郎領殿中侍御史。轉太尉記室參軍，遷寧遠將軍、通直散騎侍郎、本郡邑中正。普泰初，簡定集書省官，出除征虜將軍、司徒從事、中書郎，轉儀同開府長史。天平中，爲肆州驃騎府長史，頗有聲譽。又加中軍將軍。興和中，撫軍司馬，遇病卒。

崇從父弟元章，姿貌魁偉。歷太尉中兵參軍、司空錄事、司徒從事中郎，遷相州平東府長史。屬刺史元熙起兵，欲除元叉。元章與魏郡太守李孝怡等執熙。賜爵猗氏伯，除正平太守。後靈太后反政，削除官爵，卒於家。

崇族弟敬起，字華之。起家中書博士，轉城陽王文學。除寧遠將軍、尚書儀曹郎中、龍驤將軍、平陽太守。卒。有五子。

長子永，字神護，性粗率。解褐奉朝請，轉員外散騎侍郎。除太尉記室參軍，遷諫議大夫，又轉征虜將軍、太中大夫、本郡邑中正。以母老解官歸養，卒於家。贈征西將軍、秦州刺史。

永弟暢，字叔智。自奉朝請，三遷伏波將軍、岐州征虜府長史。遷征虜將軍、魯陽太守。還，除左將軍、太中大夫，轉安東將軍、光祿大夫，卒。贈衞大將軍、雍州刺史，謚曰穆。

暢弟範，字洪禮。卒於前將軍、給事中、本州大中正。

範弟粹，字季義，出後叔仲起。武定末，平東、後軍，〔一一〕遷遼西太守。

敬起弟仲起，字紹隆。舉秀才，咸陽王禧爲牧，辟西曹書佐。無子，兄子粹繼之。

崇族子儁起，少有志尙。解褐奉朝請，轉太尉默曹參軍、伏波將軍，司徒倉曹參軍。卒。長子達摩，武定末，陽城太守。

儁起從父弟援，字乾護，身長八尺，儀望甚偉。解褐太尉鎧曹參軍，轉護軍司馬。稍遷冠軍將軍、司空長史，轉廷尉少卿。出除安西將軍、南秦州刺史。尋爲散騎常侍、鎭軍將軍，轉征西將軍、金紫光祿大夫。還車騎將軍、右光祿大夫。卒，贈本將軍、秦州刺史。子長粲，武定末，青州驃騎府中兵參軍。

援從父弟仲景，汝南王悅常侍。

史臣曰：韋杜舊族門風，名亦不殞。裴、辛、柳氏，素業有資，器行仍世。所以布於列位，不替其美。

校勘記

〔一〕少爲舅兗州刺史鄭羲所器賞 諸本「羲」作「義」，北史卷二六韋閬附韋崇傳作「羲」。殿本考證云：「本書鄭羲傳卷五六羲嘗出爲安東將軍、西兗州刺史。」按「義」字訛，今據北史改。

〔二〕高祖詔珍移鎭比陽 諸本「比」作「北」。按魏有比陽鎭，亦作「沘陽」，見墓誌集釋寇臻墓誌圖版二〇六。「北」乃「比」之形訛，今改正。參卷四二校記〔五〕。

〔三〕珍從至濟水 北史卷二六韋閬附韋珍傳「濟」作「清」。按這次魏軍南下攻取南陽、新野，和濟水遠不相及，「濟」字顯訛。魏書卷一〇六下地形志下荆州南陽郡宛縣有「清水」。太平寰宇記卷一四二鄧州南陽縣下清水條云：「隋圖經云：清水經獨山。史定伯碑云瓜里津，即清水上三梁，謂之瓜里。」似作「清水」是。但地形志和寰宇記所載的「清水」，實際上就是水經注卷三一的「淯水」。水經注稱：「淯水又南逕預山東，山上有神廟，俗名之爲獨山也。」又云：「淯水又西南逕史定伯碑南。又西爲瓜里津，水上有三梁，謂之瓜里渡。」寰宇記引隋圖經所謂「清水」的幾句話，全見於水經淯水注。雖或許當時淯水又名清水，但也可能北史此條和地形志、寰宇記的「清水」皆「淯水」之訛。

〔四〕遷尙書令吏部郎中 張森楷云：「『令』字不當有。」按「令」字當衍。

〔五〕意欲取京兆中長老一人 册府卷六二〇七四五七頁、御覽卷二三〇一〇九二頁「京兆」下有「杜」字，當是傳本脫去，但無「杜」字亦通，今仍之。

〔六〕來襲聞喜 諸本脫「喜」字，今據册府卷七六一九〇五〇頁補。

〔七〕詢以凡司戍主蠻酋田朴特地居要險 諸本「主」訛「土」，今據北史卷三八裴駿附裴詢傳、册府卷四二九五一〇九頁改。

〔八〕遷員外散騎侍郎 諸本「遷」作「邊」，不可通。李慈銘、張森楷都以爲「『邊』當作『遷』」。今改正。

〔九〕孝昌初釋褐南司州龍驤府錄事參軍 錢氏考異卷二八云：「按地形志卷一〇六中南司州，正始元年爲郢州，孝昌三年陷，蕭衍改爲司州，武定七年復，乃有南司之名。辛子馥仕孝昌初，其時，無南司州也。」

〔一〇〕蕭闕西征 李慈銘云：「闕處當是『寶夤』二字。」

〔一一〕平東後軍 按「平東後軍」可能是「平東將軍、後軍將軍」之省，但「平東」品高於「後軍」，敍歷官應自卑至高，疑「後」字乃「將」之訛。

魏書卷四十六

列傳第三十四

竇瑾　許彥　李訢

竇瑾，字道瑜，頓丘衞國人也。自云漢司空融之後。高祖成爲頓丘太守，因家焉。瑾少以文學知名。自中書博士，爲中書侍郎，賜爵繁陽子，加寧遠將軍。參與軍國之謀，屢有軍功。遷祕書監，進爵衞國侯，加冠軍將軍，轉西部尚書。初定三秦，人猶去就，拜使持節、散騎常侍、都督秦雍二州諸軍事、寧西將軍、長安鎮將、毗陵公。在鎮八年，甚著威惠。徵爲殿中、都官尚書，仍散騎常侍。世祖親待之，賞賜甚厚。從征蓋吳，先驅慰諭，因平巴西氐、羌酋領，降下數千家，不下者誅之。又降蠻酋仇天爾等三千家於五將山。蓋吳平，瑾留鎮長安。還京，復爲殿中、都官，典左右執法。世祖歎曰：「古者右賢左戚，國之良翰，毗陵公之謂矣。」恭宗薨於東宮，瑾兼司徒，奉詔册諡。出爲鎮南將軍、冀州刺史。清約沖素，憂

勤王事，著稱當時。還爲內都大官。興光初，瑾女壻鬱林公司馬彌陀以選尚臨涇公主，瑾教彌陀辭託，有誹謗呪詛之言，與彌陀同誅。瑾有四子，秉、持、依並爲中書學生，與父同時伏法。唯少子遵，逃匿得免。

遵善楷篆，北京諸碑及臺殿樓觀、宮門題署，多遵書也。官至尚書郎、濮陽太守，多所受納。其子僧演，姦通民婦，爲民賈邈所告，免官。後以善書，拜庫部令，卒官。

許彥，字道謨，小字嘉屯，高陽新城人也。祖茂，慕容氏高陽太守。彥少孤貧，好讀書，後從沙門法叡受易。世祖初，被徵，以卜筮頻驗，遂在左右，參與謀議。拜散騎常侍，賜爵博陵侯。彥質厚慎密，與人言不及內事。世祖以此益親待之。進爵武昌公，拜安東將軍、相州刺史。在州受納，多違法度，詔書切讓之。然以彥腹心近臣，弗之罪也。眞君二年，卒。諡曰宣公。

子宗之，初入爲中散，領內祕書。世祖臨江，賜爵高鄉侯。高宗踐阼，遷殿中尚書，出爲鎮東將軍、定州刺史，潁川公。受敕討丁零，丁零既平，宗之因循郡縣，求取不節。深澤人馬超毀謗宗之，宗之怒，遂毆殺超。懼超家人告狀，上超謗訕朝政。高宗聞之，曰：「此必妄也。朕爲天下主，何惡於超，而超有此言。必是宗之懼罪誣超。」按驗果然。事下有司，司

空伊馛等以宗之腹心近臣，出居方伯，不能宣揚本朝，盡心綏導，而侵損齊民，枉殺良善，妄列無辜，上塵朝廷，誣詐不道，理合極刑。太安二年冬，遂斬於都南。

宗之孫亮，字元規。正光中，盪寇將軍，稍遷冀州驃騎長史、司徒諮議參軍。年五十二，卒。

宗之長兄熙，字德融，襲爵武昌公。中書郎，早卒。

子安仁，襲。除中書郎。卒，贈安東將軍、冀州刺史，諡曰簡。

子元康，襲爵，後降爲侯。拜冠軍將軍、長安鎮副將。遷監河州諸軍事、河州刺史，將軍如故。入爲廷尉少卿。除魏郡太守，固辭不拜。尋卒，贈征虜將軍、營州刺史，諡曰肅。

子廓，字崇遠，襲爵。除奉朝請，累遷頓丘、東太原二郡太守。卒，年二十八。子子躬襲。

子躬，武定末，中外府水曹參軍。齊受禪，爵例降。

子躬弟子憲，太尉中兵參軍。

元康弟護，州主簿。

子瑞，字徽之，亦州主簿。卒。

瑞弟絢，字伯禮，頗有業尚。閨門雍睦，三世同居。吏部尚書李神儁常稱其家風。自

侍御史累遷尚書左民郎、司徒諮議參軍，修起居注。後拜太中大夫。興和初卒，年四十七。贈使持節、都督冀瀛二州諸軍事、征東將軍、吏部尚書、冀州刺史。

絢弟遜，武定末，東陽平太守。

遜弟曄，字叔明，性開率。州治中、別駕、西高陽太守、太中大夫。興和三年卒，年四十一。贈鎮東將軍、瀛州刺史。

曄弟惇，字季良。武定末，兼大司農卿。

熙弟龍，官至趙郡太守。

孫琰，字長琳，有幹用。初除太學博士，累遷尚書南主客郎、瀛州中正。孝昌中卒，年四十七。贈平東將軍、滄州刺史。永熙中，重贈散騎常侍、衞將軍、尚書右僕射、瀛州刺史。

琰弟璣，字仲衡，有識尚。廣平王常侍、員外散騎侍郎、諫議大夫。遷通直散騎常侍、瀛州大中正、散騎常侍、滎陽太守、行南青州事。卒，年五十五。琰兄弟並通率，多與勝流交遊。

又有博陵許赤虎，涉獵經史，善嘲謔。延興中，著作佐郎，與慕容白曜南討。後使江南，應對敏捷，雖言不典故，而南人頗稱機辯滑稽焉。使還，爲東郡太守，卒官。

子陀，定州長史。

李訢，字元盛，小名眞奴，范陽人也。曾祖產，產子績，二世知名於慕容氏。父崇，馮跋吏部尚書、石城太守。延和初，車駕至和龍，崇率十餘郡歸降。世祖甚禮之，呼曰「李公」，以崇爲平西將軍、北幽州刺史、固安侯。卒，年八十一，謚曰襄侯。

訢母賤，爲諸兄所輕。崇曰：「此子之生，相者言貴，吾每觀察，或未可知。」遂使入都，爲中書學生。世祖幸中書學，見而異之，指謂從者曰：「此小兒終效用於朕之子孫矣。」因識眄之。世祖舅陽平王杜超有女，將許貴戚。世祖聞之，謂超曰：「李訢後必宦達，益人門戶，可以女妻之，勿許他貴也。」遂勸成婚。南人李哲嘗言訢必當貴達。杜超之死也，世祖親哭三日。訢以超壻，得在喪位出入。帝目而指之，謂左右曰：「觀此人舉動，豈不有異於衆？必爲朕家幹事之臣。」訢聰敏機辯，强記明察。初，李靈爲高宗博士、諮議，[一]詔崔浩選中書學生器業優者爲助教。浩舉其弟子箱子與盧度世、李敷三人應之。給事高讜子祐、尚書段霸兒姪等以爲浩阿其親戚，言於恭宗。恭宗以浩爲不平，聞之於世祖。世祖意在於訢，曰：「云何不取幽州刺史李崇老翁兒也？」浩對曰：「前亦言訢合選，但以其先行在外，故不取之。」世祖曰：「可待訢還，箱子等罷之。」訢爲世祖所識如此。遂除中書助教博士，稍見任用，入授高宗經。

高宗卽位，訢以舊恩親寵，遷儀曹尚書，領中祕書，賜爵扶風公，加安東將軍，贈其母孫氏爲容城君。高宗顧謂羣臣曰：「朕始學之歲，情未能專，既總萬機，溫習靡暇，是故儒道實有闕焉。豈惟予咎，抑亦師傅之不勤。所以爵賞仍隆者，蓋不遺舊也。」訢免冠拜謝。出爲使持節、安南將軍、相州刺史。爲政清簡，明於折獄，姦盜止息，百姓稱之。

訢上疏求立學校曰：「臣聞至治之隆，非文德無以經綸王道；太平之美，非良才無以光贊皇化。是以昔之明主，建庠序於京畿，立學官於郡邑，教國子弟，習其道藝。然後選其俊異，以爲造士。今聖治欽明，道隆三五，九服之民，咸仰德化，而所在州土，學校未立。臣雖不敏，誠願備之，使後生聞雅頌之音，童幼覩經教之本。臣昔蒙恩寵，長管中祕，時課修學有成立之人，髦俊之士，已蒙進用。臣今重荷榮遇，顯任方岳，思闡帝猷，光宣於外。自到以來，訪諸文學，舊德已老，後生未進。歲首所貢，雖依制遣，對問之日，懼不克堪。臣愚欲仰依先典，於州郡治所各立學官。使士望之流、冠冕之胄，就而受業，庶必有成。其經藝通明者貢之王府。則郁郁之文，於是不墜。」書奏，顯祖從之。

以訢治爲諸州之最，加賜衣服。自是遂有驕矜自得之志。乃受納民財及商胡珍寶。兵民告言，尚書李敷與訢少長相好，每左右之。或有勸以奏聞，敷不許。顯祖聞訢罪狀，檻車徵訢，拷劾抵罪。時敷兄弟將見疏斥，有司諷訢以中旨嫌敷兄弟之意，令訢告列敷等隱罪，可得自全。訢深所不欲，且弗之知也。乃謂其女壻裴攸曰：「吾宗與李敷族世雖遠，情如一家。在事既有此勸，竟如何也？昨來每欲爲此取死，引簪自刺，以帶自絞，而不能致絕。且亦不知其事。」攸曰：「何爲爲他死也？敷兄弟事釁可知。有馮闡者，先爲敷所敗，其家切恨之，但呼闡弟問之，足知委曲。」訢從其言。又趙郡范摽具條列敷兄弟事狀，有司以聞。敷坐得罪。詔列訢貪冒，罪應死。以糾李敷兄弟，故得降免，百鞭髡刑，配爲厮役。

訢之廢也，平壽侯張讜見訢，與語奇之，謂人曰：「此佳士也，終不久屈。」未幾而復爲太倉尚書，攝南部事。用范摽、陳端等計，令千里之外，戶別轉運，詣倉輸之。所在委滯，停延歲月，百姓競以貨賂各求在前，於是遠近大爲困弊。道路羣議曰：「畜聚斂之臣，未若盜臣。」訢弟左將軍璞謂訢曰：「范摽善能降人以色，假人以辭，未聞德義之言，但有勢利之說。聽其言也甘，察其行也賊，所謂諂諛、讒慝、貪冒、姦佞，不早絕之，後悔無及。」訢不從，彌信之，腹心之事，皆以告摽。

訢既寵於顯祖，參決軍國大議，兼典選舉，權傾內外，百僚莫不曲節以事之。摽以無功，起家拜盧奴令。延興末，詔曰：「尚書李訢著勳先朝，弼諧皇極，讜言嘉謀，旬日屢進，實國家之楨幹，當今之老成也。是以擢授南部，綜理煩務。自在厥位，夙夜惟夤，乃心匪懈，克己復禮，退食自公，利上之事，知無不爲，賞罰所加，不避疏戚。雖孝子之思慈母，鷹鸇之逐

鳥雀，何以方之。若鄭之子產，魯之季文亦未加也。然惡直醜正，盜憎主人。自往年以來，羣姦不息，劫訢宗人李英等四家，焚燒舍宅，傷害良善。此而可忍，孰不可恕！有司可明加購募，必令擒殄。」

六月，顯祖崩。訢遷司空，進爵范陽公。七月，以訢爲侍中、鎭南大將軍、開府儀同三司、徐州刺史。范摽知文明太后忿訢也，又知內外疾之。太和元年二月，希旨告訢外叛。文明太后徵訢至京師，言其叛狀，訢曰無之。引摽證訢，訢言：「爾妄云知我，吾又何言！雖然，爾不顧余之厚德而忍爲此，不仁甚矣。」摽曰：「公德於摽，何若李敷之德於公？公昔忍於敷，摽今敢不忍於公乎？」訢慨然曰：「吾不用璞言，自貽伊戚，萬悔於心，何嗟及矣！」遂見誅。訢有三子。

長子邃，起家拜侍御中散、東宮門大夫。遷散騎常侍，加平東將軍。先訢卒。子晴，字誨明。逃竄，遇赦免。

晴子衡，字伯琳。武定中，中堅將軍、齊獻武王丞相府水曹參軍。

邃弟令和、令度，與訢同時死。

訢長兄恭，字元順。成周太守。卒，贈幽州刺史、容成侯，謚曰簡侯。

恭弟璀，字元衡。營丘太守，襲父爵固安侯，平西將軍。卒，贈兗州刺史，謚曰康侯。

子長生，襲。長生卒，子元宗襲。廣平郡丞，陳郡太守。

璞字季眞，性惇厚，多識人物。歷中書博士、侍郎、漁陽王尉眷傅、左將軍、長安副將，賜爵宜陽侯，太常卿。承明元年，年五十一，先訢卒。贈安西將軍、雍州刺史，諡曰穆。

子暉，中書議郎。

暉弟固，太學博士、高密太守。

固弟欽，州主簿。

欽子爽，字元熾。武定末，鎭西將軍、南營州別駕。

爽弟盛，字仲炎。安東將軍、開府諮議參軍。

盛弟叔樊，平西將軍、太中大夫。

欽弟蘊，字宗令，有器幹。中書學生、祕書中散、侍御中散。出爲燕郡、范陽二郡太守。入爲員外散騎常侍、尙書右丞、中堅將軍，遷左丞。延昌三年卒，贈平遠將軍、南青州刺史，諡曰敬。

初，崇之歸魏也，與州里北平田彪俱降，而彪子孫遂微劣焉。

史臣曰：魏氏之有天下，百餘年中，任刑爲治，蹉跌之間，便至夷滅。竇瑾、李訢器識既

美，時曰良幹。瑾以片言疑似，訢以夙故猜嫌，而嬰合門之戮，悲夫！宗之不全，自貽伊戚矣。

校勘記

〔一〕爲高宗博士諮議　北史卷二七李訢傳無「諮議」二字。按卷四九李靈傳云：「拜中書博士，還授高宗經。」亦不云爲「諮議」。二字疑衍。

魏書卷四十七

列傳第三十五

盧玄

盧玄，字子眞，范陽涿人也。曾祖諶，晉司空劉琨從事中郎。祖偃，父邈，並仕慕容氏爲郡太守，皆以儒雅稱。神䴥四年，辟召儒儁，以玄爲首，授中書博士。司徒崔浩，玄之外兄，每與玄言，輒歎曰：「對子眞，使我懷古之情更深。」浩大欲齊整人倫，分明姓族。玄勸之曰：「夫創制立事，各有其時，樂爲此者，詎幾人也？宜其三思。」浩當時雖無異言，竟不納，浩敗頗亦由此。後轉寧朔將軍、兼散騎常侍，使劉義隆。義隆見之，與語良久，歎曰：「中郎，卿曾祖也。」既還，病卒。

子度世，字子遷。幼而聰達，有計數。爲中書學生，應選東宮。弱冠，與從兄遐俱以學

行爲時流所重。

度世後以崔浩事，棄官逃於高陽鄭羆家，羆匿之。使者囚羆長子，將加捶楚。羆戒之曰：「君子殺身以成仁，汝雖死勿言。」子奉父命，遂被考掠，至乃火爇其體，因以物故，卒無所言。度世後令弟娶羆妹，以報其恩。世祖臨江，劉義隆使其殿中將軍黃延年朝貢。世祖問延年曰：「范陽盧度世坐與崔浩親通，逃命江表，應已至彼？」延對曰：「都下無聞，當必不至。」世祖詔東宮赦度世宗族逃亡及籍沒者。度世乃出。赴京，拜中書侍郎，襲爵。興安中，兼太常卿，立保太后父遼西獻王廟，加鎭遠將軍，進爵爲侯。後除散騎侍郎，使劉駿。遣其侍中柳元景與度世對接，度世應對失衷。還，被禁劾，經年乃釋。除假節、鎭遠將軍、齊州刺史。州接邊境，將士數相侵掠。度世乃禁勒所統，還其俘虜，二境以寧。後坐事囚繫，久之，還鄉里。尋徵赴京，除平東將軍、青州刺史，未拜，遇患。延興元年卒，年五十三。諡曰惠侯。四子，淵、敏、昶、尙。

初，玄有五子，嫡唯度世，餘皆別生。崔浩事難，其庶兄弟常欲危害之，度世常深忿恨。及度世有子，每誡約令絕妾孽，不得使長，以防後患。至淵兄弟，婢賤生子，雖形貌相類，皆不舉接。爲識者所非。

淵，字伯源，小名陽烏。性溫雅寡欲，有祖父之風，敦尚學業，閨門和睦。襲侯爵，拜主客令，典屬國。遷祕書令、始平王師。以例降爵爲伯。給事黃門侍郎，遷兼散騎常侍、祕書監、本州大中正。是時，高祖將立馮后，方集朝臣議之。高祖先謂淵曰：「卿意以爲何如？」對曰：「此自古所愼，如臣愚意，宜更簡卜。」高祖曰：「以先后之姪，朕意已定。」淵曰：「雖奉勑如此，然於臣心實有未盡。」及朝臣集議，執意如前。馮誕有盛寵，深以爲恨，淵不以介懷。

及高祖議伐蕭賾，淵表曰：

臣誠識不周覽，頗尋篇籍。自魏晉以前，承平之世，未有皇輿親御六軍，決勝行陣之間者。勝不足爲武，弗勝有虧威德，明千鈞之弩不爲鼷鼠發機故也。昔魏武以弊卒一萬而袁紹土崩，謝玄以步兵三千而苻堅瓦解。勝負不由衆寡，成敗在於須臾，若用田豐之謀，則坐制孟德矣。魏既并蜀，迄于晉世，吳介有江水，居其上流，大小勢殊，德政理絕。然猶君臣協謀，垂數十載。逮孫皓暴戾，上下攜爽，水陸俱進，一舉始克。今蕭氏以篡殺之燼，政虐役繁，又支屬相屠，人神同棄。吳會之民，延踵皇澤，正是齊軌之期，一同之會。若大駕南巡，必左衽革面，闔越倒戈，其猶運山壓卵，有征無戰。然愚謂萬乘親戎，轉漕難繼，千里饋糧，士有飢色，大軍之後，必有凶年。不若命將簡

銳，盪滌江右，然後鳴鸞巡省，告成東岳，則天下幸甚，率土戴賴。

臣又聞流言，關右之民，自比年以來，競設齋會，假稱豪貴，以相扇惑。顯然於衆坐之中，以謗朝廷。無上之心，莫此之甚。愚謂宜速懲絕，戮其魁帥。不爾懼成黃巾、赤眉之禍。育其微萌，不芟之毫末，斧斤一加，恐蹈害者衆。臣世奉皇家，義均休戚，誠知干忤之愆實深，然不忠之罪莫大。

詔曰：

至德雖一，樹功多途。三聖殊文，五帝異律，或張或弛，豈必相因。遠惟承平之主，所以不親旆五戎者，蓋有由矣。英明之主，或以同軌無征；守庸之君，或緣志劣寢伐。今若喻之英皇，時非昔類；比之庸后，意有恧焉。脫元極之尊，本不宜駕，二公之徒，革輅之戎，寧非謬歟？尋夫昔人，若必須己而濟世，豈不克廣先業也。定火之雄，〔一〕未聞不武，世祖之行，匪皆疑懾。且曹操勝袁，蓋由德義內舉；苻堅瓦解，當緣立政未至。定非弊卒之力强，十萬之衆寡也。今則驅馳先天之術，駕用仁義之師，審觀成敗，庶免斯咎。長江之阻，未足可憚；踰紀之略，何必可師。洞庭、彭蠡，竟非殷固，奮臂一呼，或成漢業。經略之義，當付之臨機；足食之籌，望寄之蕭相。將希混一，豈好輕動，利見之事，何得委人也！

又水旱之運，未必由兵，堯湯之難，詎因興旅？頗豐之後，雖靜有之，關左小紛，已勑禁勒。流言之細，曷足以紆天功。深錄誠心，勿恨不相遂耳。

及車駕南伐，趙郡王幹督關右諸軍事，詔加淵使持節、安南將軍爲副，勒衆七萬將出子午。尋以蕭賾死，停師。是時涇州羌叛，殘破城邑，淵以步騎六千衆號三萬，徐行而進。未經三旬，賊衆逃散，降者數萬口，唯梟首惡，餘悉不問。詔兼侍中。初，淵年十四，嘗詣長安。將還，諸相餞送者五十餘人，別於渭北。有相者扶風人王伯達曰：「諸君皆不如此盧郎，雖位不副實，然德聲甚盛，望踰公輔。後二十餘年，當制命關右。願不相忘。」此行也，相者年過八十，詣軍門請見，言敍平生。未幾，拜儀曹尚書。高祖考課在位，降淵以王師守常侍、尚書，奪常侍祿一周。尋除豫州刺史，以母老固辭。

會蕭昭業雍州刺史曹虎遣使請降，乃以淵爲使持節、安南將軍，督前鋒諸軍徑赴樊鄧。淵面辭曰：「臣本儒生，頗聞俎豆，軍旅之事，未之學也。惟陛下裁之。」軍期已逼，高祖不許。淵曰：「但恐曹虎爲周魴耳，陛下宜審之。」虎果僞降。淵至葉，具曹虎譎詐之問，兼陳其利害。詔淵進取南陽。淵以兵少糧乏，表求先攻赭陽，以近葉倉故也。高祖許焉，乃進攻赭陽。蕭鸞遣將垣歷生來救，淵素無將略，爲賊所敗，坐免官爵爲民。

尋遭母憂，高祖遣謁者詣宅宣慰。服闋，兼太尉長史。高祖南討，又兼彭城王中軍府

長史。尋爲徐州京兆王愉兼長史，賜絹百匹。愉既年少，事無巨細，多決於淵。淵以誠信御物，甚得東南民和。南徐州刺史沈陵密謀外叛，淵覺其萌漸，潛敕諸戍，微爲之備。屢有表聞，朝廷不納。陵果殺將佐，勒宿豫之衆逃叛。濱淮諸戍，由備得全。陵在邊歷年，陰結既廣，二州人情，咸相扇惑。陵之餘黨，頗見執送，淵皆撫而赦之，惟歸罪於陵，由是衆心乃安。

景明初，除祕書監。二年卒官，年四十八。贈安北將軍、幽州刺史，復本爵固安伯，謚曰懿。

初，諶父志法鍾繇書，傳業累世，世有能名。至邈以上，兼善草迹。淵習家法，代京宮殿多淵所題。白馬公崔玄伯亦善書，世傳衞瓘體。魏初工書者，崔盧二門。淵與僕射李沖特相友善。沖重淵門風，而淵祇沖才官，故結爲婚姻，往來親密。至於淵荷高祖意遇，頗亦由沖。淵有八子。

長子道將，字祖業，應襲父爵，而讓其第八弟道舒。有司奏聞，詔曰：「長嫡承重，禮之大經，何得輒授也。」而道將引清河王國常侍韓子熙讓弟仲穆魯陽男之例，〔二〕尚書李平重申奏，詔乃聽許。道將涉獵經史，風氣謇諤，頗有文才，爲一家後來之冠，諸父並敬憚之。彭城王勰、任城王澄皆虛襟相待。勰爲中軍大將軍，辟行參軍。遷司徒東閤祭酒、尚書左

外兵郎中，轉祕書丞。出爲燕郡太守。道將下車，表樂毅、霍原之墓，而爲之立祠。優禮儒生，勵勸學業，敦課農桑，墾田歲倍。入爲司徒司馬。卒，贈龍驤將軍、太常少卿，諡曰獻。所爲文筆數十篇。

子懷祖，太學博士、員外散騎侍郎。卒。

懷祖弟懷仁，武定中，太尉鎧曹參軍。

道將弟亮，字仁業。〔三〕不仕而終。子思道。

亮弟道裕，字寧祖，少以學尚知名，風儀兼美。尚顯祖女樂浪長公主，拜駙馬都尉、太子舍人，尋轉洗馬。遷散騎侍郎，轉安遠將軍、中書侍郎、兼祕書丞。尋以母憂去官。服終，復拜中書侍郎。遷龍驤將軍、太子中庶子，幽州大中正。轉長兼散騎侍郎，加左將軍。神龜二年，除左將軍、涇州刺史。其年七月卒官，年四十四。贈撫軍將軍、青州刺史，賜帛三百匹，諡曰文侯。

子景緒，武定中，儀同開府錄事參軍。

道裕弟道虔，字慶祖，粗閑經史，兼通算術。尚高祖女濟南長公主。公主驕淫，聲穢遐邇，先無疹患，倉卒暴薨。時云道虔所害。世宗祕其醜惡，不苦窮治。尚書嘗奏道虔爲國子博士。靈太后追主薨事，乃黜道虔爲民，終身不仕。孝昌末，臨淮王彧因將出征，啓除道

虔奉車都尉。道虔外生李彧尚莊帝姊豐亭公主，因相藉託。永安中，除輔國將軍、通直常侍，尋加征虜將軍。以議曆勳，賜爵臨淄伯，遷散騎常侍。天平初，征南將軍，轉都官尚書、本州大中正。出除驃騎將軍、幽州刺史，尋加衞大將軍，卒於官。贈都督幽瀛二州諸軍事、驃騎大將軍、尚書右僕射、司空公、瀛州刺史，諡曰恭文公。主二子，昌宇、昌仁。昌宇不慧，昌仁早卒。道虔又娶司馬氏，有子昌裕。及司馬見出之後，更娉元氏，生二子昌期、昌衡。兄弟競父爵，至今未襲。

道虔弟道侃，字希祖。州主簿，沉雅有學尚。孝昌末卒。二子早夭，以弟道約子正達爲後。武定中，征虜將軍、太尉記室參軍。

道侃弟道和，字叔維。〔四〕兄弟之中，人望最下。冀州中軍府中兵參軍。卒。

子景豫。景豫弟景熙，武定中，儀同開府諮議。

道和弟道約，字季恭。起家員外郎，累遷司空錄事參軍、司徒屬、幽州大中正、輔國將軍、光祿大夫。轉司徒右長史。太傅李延寔出除青州。延寔先被病，道約，延寔之妻弟，詔以道約爲延寔長史，加散騎常侍，寄以匡維也。永熙中，車騎將軍、左光祿大夫，領廣平王贊儀同開府長史。天平中，開府儀同高岳請爲長史。岳轉除青冀二州，道約仍爲長史，隨岳兩藩，有毗佐之稱。興和末，除衞大將軍、兗州刺史，在州頗得民和。武定元年卒，年五十八。贈使持節、驃騎大將軍、儀同三司、幽州刺史。

子正通，開府諮議。少有令譽，徵赴晉陽，遇患卒。妻鄭氏，與正通弟正思淫亂，武定中，爲御史所劾，人士疾之。

道約弟道舒，字幼安，襲父爵。自尚書左主客郎中爲冠軍將軍、中書侍郎。卒。

淵弟敏，字仲通，小字紅崖，少有大量。太和初，拜議郎，早卒。贈威遠將軍、范陽太守，諡曰靖。高祖納其女爲嬪。敏五子。

義僖，字遠慶，早有學尚，識度沉雅。年九歲，喪父，便有至性。少爲僕射李沖所歎美。起家祕書郎，歷太子舍人、司徒中郎。神龜初，任城王澄奏舉義僖，除散騎侍郎，轉冠軍將軍、中散大夫。以母憂去職。幽州刺史王誦與義僖交款，每與舊故李神儁等書曰：「盧冠軍在此，時復惠好，〔五〕輒留連數日，得諮詢政道。」其見重若此。齊王蕭寶夤啓爲開府諮議參軍，辭疾不赴。尋兼司空長史，拜征虜將軍、太中大夫。散秩多年，澹然自得。李神儁勸其干謁當途。義僖曰：「學先王之道，貴行先王之志，何能苟求富貴也。」

孝昌中，除散騎常侍。時靈太后臨朝，黃門侍郎李神軌勢傾朝野，求結婚姻。義僖慮其必敗，拒而不許。王誦謂義僖曰：「昔人不以一女易五男，卿豈易之也？」義僖曰：「所以不

從，正爲此耳。從之恐禍大而速。」誦乃堅握義僖之手曰：「我聞有命，不敢以告人。」遂適他族。臨婚之夕，靈太后遣中常侍服景就家敕停。內外惶怖，義僖夷然自若。建義初，兼都官尚書，尋除安東將軍、衞尉卿。普泰中，除都官尚書，加驃騎大將軍、左光祿大夫。

義僖少時，幽州頻遭水旱，先有穀數萬石貸民，義僖以年穀不熟，乃燔其契。州閭悅其恩德。性寬和畏慎，不妄交款，與魏子建情好尤篤，言無所隱。義僖性清儉，不營財利，雖居顯位，每至困乏，麥飯蔬食，忻然甘之。永熙中，風疾頓發。興和中卒，年六十四。贈本將軍、儀同三司、瀛州刺史，諡孝簡。

子遜之，武定中，太尉記室參軍。

遜之弟世猷，齊王開府集曹參軍。

義僖弟義悰，字叔預。司空行參軍、本州治中、散騎侍郎、司徒諮議參軍。

子孝章，儀同開府行參軍，早亡。

義悰弟義敦，字季和。征北府默曹參軍。

子景開，字子達。武定中，儀同開府屬。

義敦弟義安，字幼仁，不仕。義僖諸弟並遠不逮兄也。

敏弟昶，字叔達，小字師顏，學涉經史，早有時譽。太和初，爲太子中舍人、兼員外散騎常侍，使於蕭昭業。高祖詔昶曰：「卿便至彼，勿存彼我。密邇江揚，不早當晚，會是朕物。卿等欲，言便無相疑難。」又敕副使王清石曰：「卿莫以本是南人，言語致慮。若彼先有所知所識，欲見便見，須論即論。盧昶正是寬柔君子，無多文才，或主客命卿作詩，可率卿所知，莫以昶不作，便復罷也。凡使人之體，以和爲貴，勿遞相矜誇，見於色貌，失將命之體。卿等各率所知，以相規誨。」及昶至彼，值蕭鸞僭立，於是高祖南討之，昶兄淵爲別道將。而蕭鸞以朝廷加兵，遂酷遇昶等。昶本非骨鯁，聞南人云兄既作將，弟爲使者。乃大恐怖，淚汗交橫。鸞以腐米臭魚莝豆供之。而謁者張思寧辭氣謇諤，曾不屈撓，遂以壯烈死於館中。昶還，高祖責之曰：「銜命之禮，有死無辱，雖流放海隅，猶宜抱節致殞。卿不能長纓羈首，已是可恨。何乃俛眉飲啄，自同犬馬。有生必死，修短幾何。卿若殺身成名，貽之竹素，何如甘彼芻菽，以辱君父乎？縱不遠慚蘇武，寧不近愧思寧！」昶對曰：「臣器乏陸、隨，忝使闔越。屬蕭鸞昏狂，誅戮無道。恐不得仰奉明時，歸養老母，苟存尺蠖，屈以求伸。負辱朝命，罪宜萬死，乞歸司寇，伏聽斧鉞。」遂見罷黜。久之，復除彭城王友，轉祕書丞。景明初，除中書侍郎，遷給事黃門侍郎、本州大中正。昶請外祿，世宗不許。遷散騎常侍，兼尚書。

時洛陽縣獲白鼠。昶奏曰：

謹案瑞典，外鎮刺史、二千石、令長不祗上命，刻暴百姓，人民怨嗟，則白鼠至。臣聞禎不虛見，德合必符；妖不妄出，咎彰則至。是以古之人君，或怠瑞以失德，或祗變而立功，斯乃萬古之殷鑒，千齡之炯誡。比者，災氣作沴，恒陽虧度，陛下流如傷之慈，降納隍之旨，哀百姓之無辜，引在予之深責。舉賢黜佞之詔，道映於堯先；進思納諫之言，事光於舜右。伏讀明旨，俯覩徽譴，敢布庸瞽，以陳萬一。

竊惟一夫之耕，食裁充口；一婦之織，衣止蔽形。年租歲調，則惟常理，此外徵求，於何取足？然自比年以來，兵革屢動。荆揚二州，屯戍不息；鍾離、義陽，師旅相繼。兼荆蠻凶狡，王師薄伐，暴露原野，經秋淹夏。汝潁之地，率戶從戎；河冀之境，連丁轉運。又戰不必勝，加之退負，死喪離曠，十室而九。細役煩徭，日月滋甚；苛兵酷吏，因逞威福。至使通原遙畛，田蕪罕耘；連村接閈，蠶飢莫食。而監司因公以貪求，豪强恃私而逼掠。遂令鬻裋褐以益千金之資，制口腹而充一朝之急。此皆由牧守令長多失其人，郡闕黃霸之君，縣無魯恭之宰，不思所以安民，正思所以潤屋。故士女呼嗟，相望於道路；守宰暴貪，風聞於魏闕。往歲法官案驗，多挂刑網，謂必顯戮，以明勸誡。然後遣使覆訊，公違憲典。或承風挾請，輕樹私恩；或容情受賄，輒施己惠。御史所劾，皆言誣枉；申雪罪人，更云清白。長侮上之源，滋陵下之路。忠清之人，見之而自怠；犯暴之夫，聞之以益快。白鼠之至，信而有徵矣。

伏願陛下垂叡哲之鑒，察妖災之起。延對公卿，廣詢庶政；引見樞納，博求民隱。存問孤寡，去其苛碎；輕徭省賦，與民休息。貞良忠讜，置之於朝；姦回貪佞，棄之於市。則九官勿戒而恒敬，百縣不嚴而自肅，士女欣欣，人有望矣。

詔曰：「朕纂承鴻緒，伏膺寶曆，思靖八方，惠康四海。當必世之期，麟鳳不降；屬勝殘之會，白鼠告咎。萬邦有罪，實唯朕躬。尚書敷納機猷，獻替是寄，讜言有聞，朕實嘉美。」轉侍中，又兼吏部尚書，尋即正，仍侍中。昶守職而已，無所激揚也。與侍中元暉等更相朋附，爲世宗所寵，時論鄙之。

出除鎮東將軍、徐州刺史。永平四年夏，昶表曰：「蕭衍琅邪郡民王萬壽等款誠內結，潛來詣臣，云朐山戍今將交換，有可圖之機。臣即許以旌賞，遣其還入。至三月二十四夜，萬壽等獎率同盟，攻掩朐城，斬衍輔國將軍，琅邪、東莞二郡太守，帶朐山戍主劉晰并將士四十餘人，傳首至州。臣即遣兼郯城戍副張天惠率驍勇二百，徑往赴之。琅邪諸戍絡繹繼援，而衍郁洲已遣二軍以拒天惠。天惠與萬壽等內外齊擊，俘斬數百，便即據城。」詔昶曰：「彭宋地接邊疆，勢連淮海，威禦之術，功在不易。朐山險塞，寇之要防，水陸交湊，揚、郁路衝，畜聚凶徒，虔劉邊鄙，青、光、齊、兗每罹其患。卿妙算既敷，克城殄衆，展疆闢土，何善

如之。庸勳之懋，朕用嘉止。故遣左右直長閻遵業具宣往懷。此戍郁洲之本，存亡所繫。今既失守，有不存之心；彼見扼喉，將圖救援之計。今水雨盛行，宜須防守。卿可深思擬捍之規，攘敵之略，使還具聞。」

昶又表：「蕭衍將張稷、馬仙琕、陰虔和等各領精兵，分屯諸堰；昌義之、張惠紹、王神念、王茂光承彼傳信，續發建鄴。自存之計，并歸於此。量力準寇，事恐不輕。何者？此兵九千，賊衆四萬，名將健士，遠近畢集，邀憑雨熱，〔六〕決死來戰，藉衆乘凶，希固巢穴。所以傾國而舉，非爲朐山，將恐王師固六里，據湖衢，南截淮浦，勢崩難測，海利鹽物，交闕常貢。所慮在大，有必爭之心。若皇家經略，方有所討，必須簡將增兵，加益糧仗，與之亢擬。相持至秋，天鷹一動，開拓爲易。圖南之計，事本在今，請增兵六千、米十萬石；如其不也，伏聽朝議。」昶又表：「賊徒大集，衆旅强盛，置柵朐山，屯守門井，并圍固城，晝夜連戰。恐狡勢既强，後難除擯。輒欲令征虜將軍趙遐率勤見兵，與之決勝。遐慮衆少不敵，若一舉失利，則衆心挫怯，求待大衆俱至，奮銳擊之。竊謂此謀，非爲孟浪。且臣本奉朝規，令相拒守，以待涼月。今歲已云秋，高風漸舉，經算大圖，時事既至。且鮑口以東，陸運無閡，朐、固之間，本無停潦，宜時掩擊邊陲。而賊自夏以來，貫甲不歇，從六里以北，城柵相連，役使兵人，便已疲殆。若大衆臨之，必可禽捷。一城退潰，衆壘土崩，乘勝圖之，易於振朽。

脫兵不速至，長彼熾心，軍士憂惶，自生異議。請速簡配，以及事機。」詔曰：「克獲朐山，計本於昶，乘勝之規，終宜有寄。是以起兵之始，卽委處分，前機經略，一以任之。今旣請兵，理宜速遂。可遣冀、定、瀛、相四州中品羽林、虎賁四千人赴之。」

又詔昶曰：「朐山之克，實由於卿，開疆拓土，實爲長策。然經討未服，非卿而誰？而蟻徒送死，規侵王略，天亡小賊，數在無遠。故前者命卿親臨指授，尋以卿疾未瘳，且待消息。今旣痊復，宜遵前旨，秉戈揮銳，殄寇爲懷。已發虎旅五萬，應機電赴，指辰而至，遂卿本請。截彼東南，亮委高算。」又詔昶曰：「取朐置戍，並是卿計，始終成敗，悉歸於卿。卿以兵少請益，今已遂卿本意。如聞東唐陸道甚狹，一軌之外，皆是大水。彼必據之，以斷軍路。若已如此，更設何策？其軍奇兵變，遽以表聞。又聞衍軍將帥，每有流言，云魏博淮陽、宿豫，乃是兩宜。若實有此，卿可量朐山薪水得支幾時。脫事容往返，馳驛速聞。如薪水少急，卽可量計。若理不可爾，亦將軍裁決。」

昶旣儒生，本少將略，又羊祉子燮爲昶司馬，專任戎事，掩昶耳目，將士怨之。朐山戍主傅文驥糧樵俱罄，以城降衍。昶見城降，於是先走退。諸軍相尋奔遁，遇大寒雪，軍人凍死及落手足者三分而二。自國家經略江左，唯有中山王英敗於鍾離，昶於朐山失利，最爲甚焉。世宗遣黃門甄琛馳驛鎖昶，窮其敗狀。詔曰：「朐山之敗，傷損實深，推始究末，罪鍾

元帥。雖經大宥，輕重宜別，昶一人可以免官論坐，自餘將統以下悉聽依赦復任。」

未幾，拜太常卿，仍除安西將軍、雍州刺史，又進號鎭西將軍，加散騎常侍。熙平元年卒於官。贈征北將軍、冀州刺史，諡曰穆。

昶寬和矜恕，善於綏撫，其在徐州，戍兵疾，親自檢恤。至番兵年滿不歸，容充後役，終昶一政，然後始還。人庶稱之。

子元聿，字仲訓，無他才能。尙高祖女義陽長公主，拜駙馬都尉。位太尉司馬、光祿大夫。卒，贈中書監。

子士晟，儀同開府掾。

元聿第五弟元明，字幼章。涉歷羣書，兼有文義，風彩閑潤，進退可觀。永安初，長兼尙書令、臨淮王彧欽愛之。及彧開府，引爲兼屬，仍領部曲。出帝登阼，以郎任行禮，封城陽縣子，遷中書侍郎。永熙末，居洛東緱山，乃作幽居賦焉。於時元明友人王由居潁川，忽夢由攜酒就之言別，賦詩爲贈。及明，憶其詩十字云：「自茲一去後，市朝不復遊。」元明歎曰：「由性不狎俗，旅寄人間，乃今有夢，又復如此，[七]必有他故。」經三日，果聞由爲亂兵所害。尋其亡日，乃是得夢之夜。天平中，兼吏部郎中，副李諧使蕭衍，南人稱之。還，拜尙書右丞，轉散騎常侍，監起居。積年在史館，了不厝意。又兼黃門郎、本州大中正。元明善自標置，不妄交遊，飲酒賦詩，遇興忘返。性好玄理，作史子新論數十篇，文筆別有集錄。少時常從鄉還洛，途遇相州刺史、中山王熙。熙博識之士，見而歎曰：「盧郎有如此風神，唯須誦離騷，飲美酒，自爲佳器。」遂留之數日，贈帛及馬而別。元明凡三娶，次妻鄭氏與元明兄子士啓淫汙，元明不能離絕。又好以世地自矜，時論以此貶之。

元明弟元緝，字幼緒。凶率好酒，曾於婦氏飲宴，小有不平，手刃其客。起家祕書郎，轉司徒祭酒。稍遷輔國將軍、司徒司馬，卒於官。贈散騎常侍、都督幽瀛二州諸軍事、驃騎大將軍、吏部尙書、幽州刺史，諡曰宣。

子士深，開府行參軍。

昶弟尙之，字季儒，小字羨夏，亦以儒素見重。太和中，拜議郎，轉趙郡王征東諮議參軍。母憂去官。後爲太尉主簿、司徒屬、范陽太守、章武內史、兼司徒右長史，加冠軍將軍，轉左長史。出爲前將軍、濟州刺史。入除光祿大夫。正光五年卒，年六十二。贈散騎常侍、安東將軍、青州刺史。

長子文甫，字元祐。少有器尙，涉歷文史，有譽於時。位司空參軍，年四十九卒。

子敬舒，有文學，早亡。

文甫弟文翼，字仲祐。少甚輕躁，晚頗改節。爲員外郎，因歸鄉里。永安中，爲都督，

守范陽三城，拒賊帥韓婁有功，賜爵范陽子。永熙中，除右將軍、太中大夫。棲遲桑井而卒，年六十。

子士偉，興和中，中散大夫。

文翼弟文符，字叔僖，性通率。位員外郎、羽林監、尙書主客郎中，遷通直散騎侍郎。永安中卒，年四十。

子子潛，[八]武定中，齊文襄王中外府中兵參軍。

度世，李氏之甥。其爲濟州也，[九]國家初平升城。無鹽房崇吉母傅氏，度世繼外祖母兄之子婦也。兗州刺史申纂妻賈氏，崇吉之姑女也，皆亡破軍途，老病憔悴。而度世推計中表，致其恭恤。每覲見傅氏，跪問起居，隨時奉送衣被食物，亦存賑賈氏，供其服膳。青州旣陷，諸崔墜落，多所收贖。及淵、昶等並循父風，遠親疏屬，敍爲尊行，長者莫不畢拜致敬。閨門之禮，爲世所推。謙退簡約，不與世競。父母亡，然同居共財，自祖至孫，家內百口。在洛時有飢年，無以自贍，然尊卑怡穆，豐儉同之。親從昆弟，常且省謁諸父，出坐別室，至暮乃入。朝府之外，不妄交遊。其相勗以禮如此。又一門三主，當世以爲榮。淵兄弟亡，及道將卒後，家風衰損，子孫多非法，帷薄混穢，爲論者所鄙。

度世從弟神寶，中書博士。太和中，高祖爲高陽王雍納其女爲妃。

初，玄從祖兄溥，慕容寶之末，總攝鄉部，屯於海濱，遂殺其鄉姻諸祖十餘人，稱征北大將軍、幽州刺史，攻掠郡縣。天興中討禽之，事在帝紀。

溥玄孫洪，字會孫。太和中，歷中書博士，稍遷高陽王雍鎮北府諮議參軍、幽州中正、樂陵陽平二郡太守。洪三子。

長子崇，字元禮。少立美名，有識者許之以遠大。景明中，驃騎府法曹參軍。早卒。子子剛，司空行參軍、荆州驃騎府主簿。沒於關中。

崇弟仲義，小名黑，知名於世。高陽王雍司空行參軍、員外散騎侍郎、幽州別駕。

弟三子叔矩，字子規。武定中，尚書郎。

子規弟子正，司徒法曹參軍。崇兄弟宦雖不達，至於婚姻，常與玄家齊等。

仲義弟幹，字幼禎。州主簿。

子讓，儀同開府參軍。

洪弟光宗，子觀，觀弟仲宣，事在文苑傳。

仲宣弟叔虎，〔一〇〕武定初，司徒諮議參軍。

洪從弟附伯，附伯弟侍伯，並有學識。附伯位至滄州平東府長史。侍伯，永熙中衞大將軍、南岐州刺史。

侍伯從弟文偉，興和中，驃騎大將軍、青州刺史、大夏縣開國男。

史臣曰：盧玄緒業著聞，首應旌命，子孫繼迹，爲世盛門。其文武功烈，殆無足紀，而見重於時，聲高冠帶，蓋德業儒素有過人者。淵之兄弟亦有二方之風流。雅道家聲，諸子不逮，餘烈所被，弗及盈乎？

校勘記

〔一〕定火之雄　李慈銘云：「『火』字有誤，蓋謂太武親征赫連定事也。」

〔二〕而道將引清河王國常侍韓子熙讓弟仲穆魯陽男之例　諸本「王國」誤倒作「國王」，今據北史卷三〇盧玄附盧道將傳乙正。

〔三〕道將弟亮字仁業　北史卷三〇盧玄附盧淵傳「亮」上有「道」字，「仁業」作「仲業」。張森楷云「道將兄弟八人並以『道』字爲次，不應亮獨無之，疑此當誤脫文。『仲』『仁』二字，未知孰是。」按北齊書卷四二盧潛傳、隋書卷五七盧思道傳並作「道亮」。這裏「亮」上當脫「道」字。下「亮弟道裕」同脫。

〔四〕道侃弟道和字叔維　北史卷三〇「維」作「雍」。張森楷云：「『雍』與『和』義洽，此形近而訛。」

〔五〕時復惠好　北史卷三〇盧玄附盧義僖傳「好」作「存」，冊府卷六八七一八八頁作「來」。疑作「存」是。

〔六〕邀濦雨熱　諸本「雨」作「兩」，獨局本作「雨」。按「兩熱」不可解。局本當是以意改。據上文詔書有「水雨盛行」語，局本改「雨」是，今從之。

〔七〕又復如此　北史卷三〇盧玄附盧元明傳「又」作「詩」。李慈銘云：「『又』上脫『詩』字。」

〔八〕子子潛　北史卷三〇盧玄附盧元明傳但云「子潛」。按盧潛，北齊書卷四二有傳。這裏「潛」上當衍一「子」字。

〔九〕其爲濟州也　按上度世傳說他曾除「齊州刺史」，而北史卷三〇度世傳却作「濟州」。北史前後一致，魏書前作「齊」，後作「濟」，似北史是。但這裏接着說「國家初平升城」云云，卽指皇興元年四六八慕容白曜攻取升城事。卷一〇六中地形志中齊州太原郡太原縣下云：「司馬德宗置，魏因之，治升城。」則慕容白曜取青齊後，升城宋僑置并州太原郡屬齊州，不屬濟州。前文作「齊州」未必誤，北史和此作「濟州」未必是。今前後都不改。

〔一〇〕仲宣弟叔虎　諸本「虎」作「虔」，北史卷三〇作「彪」。按北齊書卷四二有盧叔武傳，卽此人。本是「虎」字，「彪」「武」都是避唐諱改，若本作「虔」，作「彪」作「武」便沒有理由。知「虔」是「虎」的形訛，今改正。

魏書卷四十八

列傳第三十六

高允

高允，字伯恭，勃海人也。祖泰，在叔父湖傳。父韜，少以英朗知名，同郡封懿雅相敬慕。爲慕容垂太尉從事中郎。太祖平中山，以韜爲丞相參軍。早卒。

允少孤夙成，有奇度，清河崔玄伯見而異之，歎曰：「高子黃中內潤，文明外照，必爲一代偉器，但恐吾不見耳。」年十餘，奉祖父喪還本郡，推財與二弟而爲沙門，名法淨。未久而罷。性好文學，擔笈負書，千里就業。博通經史天文術數，尤好春秋公羊。郡召功曹。神䴥三年，世祖舅陽平王杜超行征南大將軍，鎮鄴，以允爲從事中郎，年四十餘矣。超以方春而諸州囚多不決，乃表允與中郎呂熙等分詣諸州，共評獄事。熙等皆以貪穢得罪，唯允以清平獲賞。府解，還家教授，受業者千餘人。四年，與盧玄等俱被徵，拜中書博士。

遷侍郎，與太原張偉並以本官領衞大將軍、樂安王範從事中郎。範，世祖之寵弟，西鎭長安，允甚有匡益，秦人稱之。尋被徵還。允曾作塞上翁詩，有混欣戚，遺得喪之致。驃騎大將軍、樂平王丕西討上邽，復以本官參丕軍事。語在丕傳。涼州平，以參謀之勳，賜爵汶陽子，加建武將軍。

後詔允與司徒崔浩述成國記，以本官領著作郎。時浩集諸術士，考校漢元以來，日月薄蝕、五星行度，幷識前史之失，別爲魏曆，以示允。允曰：「天文曆數不可空論。夫善言遠者必先驗於近。且漢元年冬十月，五星聚於東井，此乃曆術之淺。今譏漢史，而不覺此謬，恐後人譏今猶今之譏古。」浩曰：「所謬云何？」允曰：「案星傳，金水二星常附日而行。冬十月，日在尾箕，[一] 昏沒於申南，而東井方出於寅北。二星何因背日而行？是史官欲神其事，不復推之於理。」浩曰：「欲爲變者何所不可，君獨不疑三星之聚，而怪二星之來？」允曰：「此不可以空言爭，宜更審之。」時坐者咸怪，唯東宮少傅游雅曰：「高君長於曆數，當不虛也。」後歲餘，浩謂允曰：「先所論者，本不注心，及更考究，果如君語，以前三月聚於東井，非十月也。」又謂雅曰：「高允之術，陽元之射也。」衆乃歎服。允雖明於曆數，初不推步，有所論說。唯游雅數以災異問允。允曰：「昔人有言，知之甚難，既知復恐漏泄，不如不知也。天下妙理至多，何遽問此。」雅乃止。

尋以本官爲秦王翰傅。後敕以經授恭宗，甚見禮待。又詔允與侍郎公孫質、李虛、[二] 胡方回共定律令。世祖引允與論刑政，言甚稱旨。因問允曰：「萬機之務，何者爲先？」是時多禁封良田，又京師遊食者衆。允因言曰：「臣少也賤，所知唯田，請言農事。古人云：方一里則爲田三頃七十畝，百里則田三萬七千頃。若勤之，則畝益三斗，不勤則畝損三斗。[三] 方百里損益之率，爲粟二百二十二萬斛，況以天下之廣乎？若公私有儲，雖遇飢年，復何憂哉？」世祖善之。遂除田禁，悉以授民。

初，崔浩薦冀、定、相、幽、幷五州之士數十人，各起家郡守。恭宗謂浩曰：「先召之人，亦州郡選也，在職已久，勤勞未答。今可先補前召外任郡縣，以新召者代爲郎吏。又守令宰民，宜使更事者。」浩固爭而遣之。允聞之，謂東宮博士管恬曰：「崔公其不免乎！苟逞其非，而校勝於上，何以勝濟。」

遼東公翟黑子有寵於世祖，奉使幷州，受布千匹，事尋發覺。黑子請計於允曰：「主上問我，爲首爲諱乎？」允曰：「公帷幄寵臣，答詔宜實。又自告忠誠，罪必無慮。」中書侍郎崔覽、公孫質等咸言首實罪不可測，宜諱之。黑子以覽等爲親己，而反怒允曰：「如君言，誘我死，何其不直！」遂與允絕。黑子以不實對，竟爲世祖所疏，終獲罪戮。

是時，著作令史閔湛、郄檦性巧佞，爲浩信待。見浩所注詩、論語、尚書、易，遂上疏，言

馬、鄭、王、賈雖注述六經，並多疏謬，不如浩之精微。乞收境內諸書，藏之祕府。班浩所注，命天下習業。幷求敕浩注禮傳，令後生得觀正義。浩亦表薦湛有著述之才。既而勸浩刊所撰國史于石，用垂不朽，欲以彰浩直筆之跡。允聞之，謂著作郎宗欽曰：「閔湛所營，分寸之間，恐爲崔門萬世之禍。吾徒無類矣。」未幾而難作。

初，浩之被收也，允直中書省。恭宗使東宮侍郎吳延召允，仍留宿宮內。翌日，恭宗入奏世祖，命允驂乘。至宮門，謂曰：「入當見至尊，吾自導卿。脫至尊有問，但依吾語。」允請曰：「爲何等事也？」恭宗曰：「入自知之。」既入見帝。恭宗曰：「中書侍郎高允自在臣宮，同處累年，小心密愼，臣所委悉。雖與浩同事，然允微賤，制由於浩。請赦其命。」世祖召允，謂曰：「國書皆崔浩作不？」允對曰：「太祖記，前著作郎鄧淵所撰。先帝記及今記，臣與浩同作。然浩綜務處多，總裁而已。至於注疏，臣多於浩。」世祖大怒曰：「此甚於浩，安有生路！」恭宗曰：「天威嚴重，允是小臣，迷亂失次耳。臣向備問，皆云浩作。」世祖問：「如東宮言不？」允曰：「臣以下才，謬參著作，犯逆天威，罪應滅族，今已分死，不敢虛妄。殿下以臣侍講日久，哀臣乞命耳。實不問臣，臣無此言。臣以實對，不敢迷亂。」世祖謂恭宗曰：「直哉！此亦人情所難，而能臨死不移，不亦難乎！且對君以實，貞臣也。如此言，寧失一有罪，宜有之。」允竟得免。於是召浩前，使人詰浩。浩惶惑不能對。允事事申明，皆有條理。

時世祖怒甚，敕允爲詔，自浩已下、僮吏已上百二十八人皆夷五族。允持疑不爲，頻詔催切。允乞更一見，然後爲詔。詔引前，允曰：「浩之所坐，若更有餘釁，非臣敢知。直以犯觸，罪不至死。」世祖怒，命介士執允。恭宗拜請。世祖曰：「無此人忿朕，當有數千口死矣。」浩竟族滅，餘皆身死。宗欽臨刑，歎曰：「高允其殆聖乎！」

恭宗後讓允曰：「人當知機，不知機，學復何益？當爾之時，吾導卿端緒，何故不從人言，怒帝如此。每一念之，使人心悸。」允曰：「臣東野凡生，本無宦意。屬休延之會，應旌弓之舉，釋褐鳳池，仍參麟閣，尸素官榮，妨賢已久。夫史籍者，帝王之實錄，將來之炯戒，今之所以觀往，後之所以知今。是以言行舉動，莫不備載，故人君慎焉。然浩世受殊遇，榮曜當時，孤負聖恩，自貽灰滅。卽浩之跡，時有可論。浩以蓬蒿之才，荷棟梁之重，在朝無謇諤之節，退私無委蛇之稱，私欲沒其公廉，愛憎蔽其直理，此浩之責也。至於書朝廷起居之跡，言國家得失之事，此亦爲史之大體，未爲多違。然臣與浩實同其事，死生榮辱，義無獨殊。誠荷殿下大造之慈，違心苟免，非臣之意。」恭宗動容稱歎。允後與人言，我不奉東宮導旨者，恐負翟黑子。

恭宗季年，頗親近左右，營立田園，以取其利。允諫曰：「天地無私，故能覆載；王者無私，故能包養。昔之明王，以至公宰物，故藏金於山，藏珠於淵，示天下以無私，訓天下以至

儉。故美聲盈溢，千載不衰。今殿下國之儲貳，四海屬心，言行舉動，萬方所則，而營立私田，畜養鷄犬，乃至販酤市鄽，與民爭利，議聲流布，不可追掩。夫天下者，殿下之天下，富有四海，何求而不獲，何欲而弗從，而與販夫販婦競此尺寸。昔虢之將亡，神乃下降，賜之土田，卒喪其國。漢之靈帝，不修人君之重，好與宮人列肆販賣，私立府藏，以營小利，卒有顚覆傾亂之禍。前鑒若此，甚可畏懼。夫爲人君者，必審於擇人。故稱知人則哲，惟帝難之。商書云『無邇小人』，孔父有云，小人近之則不遜，遠之則怨矣。武王愛周、邵、齊、畢，所以王天下。殷紂愛飛廉、惡來，所以喪其國。歷觀古今存亡之際，莫不由之。今東宮誠曰乏人，儁乂不少。頃來侍御左右者，恐非在朝之選。故願殿下少察愚言，斥出佞邪，親近忠良，所在田園，分給貧下，畜產販賣，以時收散。如此則休聲日至，謗議可除。」恭宗不納。

恭宗之崩也，允久不進見。後世祖召，允升階歔欷，悲不能止。世祖流淚，命允使出。左右莫知其故，相謂曰：「高允無何悲泣，令至尊哀傷，何也？」世祖聞之，召而謂曰：「汝不知高允悲乎？」左右曰：「臣等見允無言而泣，陛下爲之悲傷，是以竊言耳。」世祖曰：「崔浩誅時，允亦應死，東宮苦諫，是以得免。今無東宮，允見朕因悲耳。」

允表曰：「往年被敕，令臣集天文災異，使事類相從，約而可觀。臣聞箕子陳謨而洪範作，宣尼述史而春秋著，皆所以章明列辟，景測皇天者也。故先其善惡而驗以災異，隨其失得而效以禍福，天人誠遠，而報速如響，甚可懼也。自古帝王莫不尊崇其道而稽其法數，以自修飭。厥後史官並載其事，以爲鑒誡。漢成帝時，光祿大夫劉向見漢祚將危，權歸外戚，屢陳妖眚而不見納。遂因洪範、春秋災異報應者而爲其傳，覬以感悟人主，而終不聽察，卒以危亡。豈不哀哉！伏惟陛下神武則天，叡鑒自遠，欽若稽古，率由舊章，前言往行，靡不究鑒，前皇所不逮也。臣學不洽聞，識見寡薄，懼無以裨廣聖聽，仰酬明旨。今謹依洪範傳、天文志撮其事要，略其文辭，凡爲八篇。」世祖覽而善之，曰：「高允之明災異，亦豈減崔浩乎？」及高宗卽位，允頗有謀焉。司徒陸麗等皆受重賞，允旣不蒙褒異，又終身不言。其忠而不伐，皆此類也。

給事中郭善明，性多機巧，欲逞其能，勸高宗大起宮室。允諫曰：「臣聞太祖道武皇帝旣定天下，始建都邑。其所營立，非因農隙，不有所興。今建國已久，宮室已備，永安前殿足以朝會萬國，西堂溫室足以安御聖躬，紫樓臨望可以觀望遠近。若廣修壯麗爲異觀者，宜漸致之，不可倉卒。計斫材運土及諸雜役須二萬人，丁夫充作，老小供餉，合四萬人，半年可訖。古人有言：一夫不耕，或受其飢；一婦不織，或受其寒。況數萬之衆，其所損廢，亦以多矣。推之於古，驗之於今，必然之效也。誠聖主所宜思量。」高宗納之。

允以高宗纂承平之業，而風俗仍舊，婚娶喪葬，不依古式，允乃諫曰：

前朝之世，屢發明詔，禁諸婚娶不得作樂，及葬送之日歌謠、鼓舞、殺牲、燒葬，一切禁斷。雖條旨久頒，而俗不革變。將由居上者未能悛改，爲下者習以成俗，教化陵遲，一至於斯。昔周文以百里之地，修德布政，先於寡妻，及於兄弟，以至家邦，三分天下而有其二。明爲政者先自近始。詩云：「爾之教矣，民胥效矣。」人君舉動，不可不愼。

禮云：嫁女之家，三日不息燭；娶婦之家，三日不舉樂。今諸王納室，皆樂部給伎以爲嬉戲，而獨禁細民，不得作樂，此一異也。

古之婚者，皆揀擇德義之門，妙選貞閑之女，先之以媒娉，繼之以禮物，集僚友以重其別，親御輪以崇其敬，婚姻之際，如此之難。今諸王十五，便賜妻別居。然所配者，或長少差舛，或罪入掖庭，而作合宗王，妃嬪藩懿。失禮之甚，無復此過。往年及今，頻有檢劾。誠是諸王過酒致責，跡其元起，亦由色衰相棄，致此紛紜。今皇子娶妻，多出宮掖，令天下小民，必依禮限，此二異也。

萬物之生，靡不有死，古先哲王，作爲禮制，所以養生送死，折諸人情。若毀生以奉死，則聖人所禁也。然葬者藏也，死者不可再見，故深藏之。昔堯葬穀林，農不易畝；舜葬蒼梧，市不改肆。秦始皇作爲地市，下固三泉，金玉寶貨不可計數，死不旋踵，

尸焚墓掘。由此推之，堯舜之儉，始皇之奢，是非可見。今國家營葬，費損巨億，一旦焚之，以爲灰燼。苟靡費有益於亡者，古之臣奚獨不然。今上爲之不輟，而禁下民之必止，此三異也。

古者祭必立尸，序其昭穆，使亡者有憑，致食饗之禮。今已葬之魂，人直求貌類者事之如父母，燕好如夫妻，損敗風化，瀆亂情禮，莫此之甚。上未禁之，下不改絕，此四異也。

夫饗者，所以定禮儀，訓萬國，故聖王重之。至乃爵盈而不飲，肴乾而不食，樂非雅聲則不奏，物非正色則不列。今之大會，內外相混，酒醉喧譊，罔有儀式。又俳優鄙藝，〔四〕汚辱視聽。朝庭積習以爲美，而責風俗之清純，此五異也。

今陛下當百王之末，踵晉亂之弊，而不矯然釐改，以厲頹俗，臣恐天下蒼生，永不聞見禮教矣。

允言如此非一，高宗從容聽之。或有觸迕，帝所不忍聞者，命左右扶出。事有不便，允輒求見，高宗知允意，逆屏左右以待之。禮敬甚重，晨入暮出，或積日居中，朝臣莫知所論。

或有上事陳得失者，高宗省而謂羣臣曰：「君父一也，父有是非，子何爲不作書於人中諫之，使人知惡，而於家內隱處也。豈不以父親，恐惡彰於外也。今國家善惡，不能面陳而

上表顯諫，此豈不彰君之短，明己之美。至如高允者，眞忠臣矣。朕有是非，常正言面論，至朕所不樂聞者，皆侃侃言說，無所避就。朕聞其過，而天下不知其諫，豈不忠乎！汝等在左右，曾不聞一正言，但伺朕喜時求官乞職。汝等把弓刀侍朕左右，徒立勞耳，皆至公王。此人把筆匡我國家，不過作郎。汝等不自愧乎？」於是拜允中書令，著作如故。司徒陸麗曰：「高允雖蒙寵待，而家貧布衣，妻子不立。」高宗怒曰：「何不先言！今見朕用之，方言其貧。」是日幸允第，惟草屋數間，布被縕袍，廚中鹽菜而已。高宗歎息曰：「古人之清貧豈有此乎！」卽賜帛五百匹、粟千斛，拜長子忱爲綏遠將軍、長樂太守。允頻表固讓，高宗不許。初與允同徵游雅等多至通官封侯，及允部下吏百數十人亦至刺史二千石，而允爲郎二十七年不徙官。時百官無祿，允常使諸子樵采自給。

初，尙書竇瑾坐事誅，瑾子遵亡在山澤，遵母焦沒入縣官。後焦以老得免，瑾之親故，莫有恤者。允愍焦年老，保護在家。積六年，遵始蒙赦。其篤行如此。轉太常卿，本官如故。允上代都賦，因以規諷，亦二京之流也。文多不載。時中書博士索敞與侍郎傅默、梁祚論名字貴賤，著議紛紜。允遂著名字論以釋其惑，甚有典證。復以本官領祕書監，解太常卿，進爵梁城侯，加左將軍。

初，允與游雅及太原張偉同業相友，雅嘗論允曰：「夫喜怒者，有生所不能無也。而前

史載卓公寬中，文饒洪量，褊心者或之弗信。余與高子遊處四十年矣，未嘗見其是非慍喜之色，不亦信哉。高子內文明而外柔弱，其言吶吶不能出口，余常呼爲『文子』。崔公謂余云：『高生豐才博學，一代佳士，所乏者矯矯風節耳。』余亦然之。司徒之譴，起於纖微，及於詔責，崔公聲嘶股戰不能言，宗欽已下伏地流汗，都無人色。高子敷陳事理，申釋是非，辭義清辯，音韻高亮。明主爲之動容，聽者無不稱善。仁及僚友，保茲元吉，向之所謂矯矯者，更在斯乎？宗愛之任勢也，威振四海。嘗召百司於都坐，王公以下，望庭畢拜，高子獨昇階長揖。由此觀之，汲長孺可臥見衞青，何抗禮之有！向之所謂風節者，得不謂此乎？知人固不易，人亦不易知。吾既失之於心內，崔亦漏之於形外。鍾期止聽於伯牙，夷吾見明於鮑叔，良有以也。」其爲人物所推如此。

高宗重允，常不名之，恒呼爲「令公」。「令公」之號，播於四遠矣。高宗崩，顯祖居諒闇，乙渾專擅朝命，謀危社稷。文明太后誅之，引允禁中，參決大政。又詔允曰：「自頃以來，庠序不建，爲日久矣。道肆陵遲，學業遂廢，子衿之歎，復見于今。朕既纂統大業，八表晏寧，稽之舊典，欲置學官於郡國，使進修之業，有所津寄。卿儒宗元老，朝望舊德，宜與中、祕二省參議以聞。」允表曰：「臣聞經綸大業，必以教養爲先；咸秩九疇，亦由文德成務。故辟雍光於周詩，泮宮顯於魯頌。自永嘉以來，舊章殄滅。鄉閭蕪沒雅頌之聲，京邑杜絕釋奠之禮。

道業陵夷，百五十載。仰惟先朝每欲憲章昔典，經闡素風，方事尙殷，弗遑克復。陛下欽明文思，纂成洪烈，萬國咸寧，百揆時敍。申祖宗之遺志，興周禮之絕業，爰發德音，惟新文教。搢紳黎獻，莫不幸甚。臣承旨敕，並集二省，披覽史籍，備究典紀，靡不敦儒以勸其業，貴學以篤其道。伏思明詔，玄同古義。宜如聖旨，崇建學校以厲風俗。使先王之道，光演於明時；郁郁之音，流聞於四海。請制大郡立博士二人、助教四人、學生一百人，次郡立博士二人、助教二人、學生八十人，中郡立博士一人、助教二人、學生六十人，下郡立博士一人、助教一人、學生四十人。其博士取博關經典、世履忠清、堪爲人師者，年限四十以上。助教亦與博士同，年限三十以上。若道業夙成，才任教授，不拘年齒。學生取郡中清望，人行修謹，堪循名教者，先盡高門，次及中第。」顯祖從之。郡國立學，自此始也。

後允以老疾，頻上表乞骸骨，詔不許。於是乃著告老詩。又以昔歲同徵，零落將盡，感逝懷人，作徵士頌，蓋止於應命者，其有命而不至，則闕焉。羣賢之行，舉其梗概矣。今著之於左：

中書侍郎、固安伯范陽盧玄子眞

郡功曹史博陵崔綽茂祖

河內太守、下樂侯廣寧燕崇玄略

上黨太守、高邑侯廣寧常陟公山
征南大將軍從事中郎勃海高毗子翼
征南大將軍從事中郎勃海李欽道賜〔五〕
河西太守、饒陽子博陵許堪祖根
中書郎、新豐侯京兆杜銓士衡
征西大將軍從事中郎京兆韋閬友規
京兆太守趙郡李詵令孫
太常博士、鉅鹿公趙郡李靈虎符
中書郎中、卽丘子趙郡李遐仲熙〔六〕
營州刺史、建安公太原張偉仲業
輔國大將軍從事中郎范陽祖邁
征東大將軍從事中郎范陽祖侃士倫
東郡太守、蒲縣子中山劉策
濮陽太守、眞定子常山許琛
行司隸校尉、中都侯西河宋宣道茂

中書郎燕郡劉遐彥鑒
中書郎、武恒子河間邢穎宗敬〔七〕
滄水太守、浮陽侯勃海高濟叔民
太平太守、平原子鴈門李熙士元〔八〕
祕書監、梁郡公廣平游雅伯度
廷尉正、安平子博陵崔建興祖
廣平太守、列人侯西河宋愔
州主簿長樂潘天符
郡功曹長樂杜熙
征東大將軍從事中郎中山張綱
中書郎上谷張誕叔術
祕書郎鴈門王道雅
祕書郎鴈門閔弼
衞大將軍從事中郎中山郎苗
大司馬從事中郎上谷侯辯

陳留郡太守、高邑子趙郡呂季才

夫百王之御士也，莫不資伏羣才，以隆治道。故周文以多士克寧，漢武以得賢爲盛。此載籍之所記，由來之常義。魏自神䴥已後，宇內平定，誅赫連積世之僭，掃窮髮不羈之寇，南摧江楚，西盪涼域，殊方之外，慕義而至。於是偃兵息甲，修立文學，登延儁造，酬諮政事。夢想賢哲，思遇其人，訪諸有司，以求名士。咸稱范陽盧玄等四十二人，皆冠冕之冑，著問州邦，有羽儀之用。親發明詔，以徵玄等。乃曠官以待之，懸爵以縻之。其就命三十五人，自餘依例州郡所遣者不可稱記。爾乃髦士盈朝，而濟濟之美興焉。昔與之俱蒙斯舉，或從容廊廟，或游集私門，上談公務，下盡忻娛，以爲千載一時，始於此矣。日月推移，吉凶代謝，同徵之人，凋殲殆盡。在者數子，然復分張。往昔之忻，變爲悲戚。張仲業東臨營州，遲其還返，一敍于懷，齊衿于垂歿之年，寫情於桑榆之末。其人不幸，復至殞歿。在朝者皆後進之士，居里者非疇昔之人，進涉無寄心之所，出入無解顏之地。顧省形骸，所以永歎而不已。夫頌者美盛德之形容，亦可以長言寄意。不爲文二十年矣，然事切於心，豈可默乎？遂爲之頌，詞曰：

紫氣干霄，羣雄亂夏，王襲徂征，戎車屢駕。掃盪游氛，克剪妖霸，四海從風，八埏漸化。政教無外，既寧且一，偃武橐兵，唯文是恤。帝乃旁求，搜賢舉逸，巖隱投竿，異人並出。

亹亹盧生，量遠思純，鑽道據德，遊藝依仁。旌弓既招，釋褐投巾，攝齊升堂，嘉謀日陳。自東徂南，躍馬馳輪，僭馮影附，〔九〕劉以和親。

茂祖煢單，夙離不造，克己勉躬，聿隆家道。敦心六經，遊思文藻，終辭寵命，以之自保。

燕、常篤信，百行靡遺，位不苟進，任理栖遲。居沖守約，好讓善推，思賢樂古，如渴如飢。

子翼致遠，道賜悟深，相期以義，相和若琴。並參幕府，俱發德音，優遊卒歲，聊以寄心。

祖根運會，克光厥猷，仰緣朝恩，俯因德友。功雖後建，祿實先受，班同舊臣，位並羣后。

士衡孤立，內省靡疚，言不崇華，交不遺舊。以產則貧，論道則富，所謂伊人，實邦之秀。

卓矣友規，稟茲淑亮，存彼大方，擯此細讓。神與理冥，形隨流浪，雖屈王侯，莫廢其尚。

趙實名區，世多奇士，山岳所鍾，挺生三李。矯矯清風，抑抑容止，初九而潛，望雲而起。詵尹西都，靈惟作傳，垂訓皇宮，載理雲霧。熙雖中夭，迹階郎署，餘塵可挹，終亦顯著。

仲業淵長，雅性清到，憲章古式，綢繆典誥。時值險難，常一其操。納衆以仁，訓下以孝，化被龍川，民歸其教。

邁則英賢，侃亦稱選，聞達邦家，名行素顯。志在兼濟，豈伊獨善，繩匠弗顧，功不獲展。

劉、許履忠，竭力致躬，出能騁說，入獻其功。輶軒一舉，撓燕下崇，名彰魏世，享業亦隆。

道茂夙成，弱冠播名，與朋以信，行物以誠。怡怡昆弟，穆穆家庭，發響九皋，翰飛紫冥。頻在省闥，亦司于京，刑以之中，政以之平。

猗歟彥鑒，思參文雅，率性任真，器成非假。靡矜于高，莫耻于下，乃謝朱門，歸迹林野。

宗敬延譽，號爲四儁，華藻雲飛，金聲夙振。中遇沈痾，賦詩以訊，忠顯于辭，理出于韻。

高滄朗達，默識淵通，領新悟異，發自心胸。質侔和璧，文炳雕龍，燿姿天邑，衣錦舊邦。

士元先覺，介焉不惑，振袂來庭，始賓王國。蹈方履正，好是繩墨，淑人君子，其儀不忒。

孔稱游夏，漢美淵雲，越哉伯度，出類踰羣。司言祕閣，作牧河汾，移風易俗，理亂解紛。融彼滯義，渙此潛文，儒道以析，九流以分。

崔、宋二賢，誕性英偉，擢穎閭閻，聞名象魏。謇謇儀形，邈邈風氣，達而不矜，素而能貴。

潘符摽尚，杜熙好和，清不潔流，渾不同波。絕希龍津，止分常科，幽而逾顯，損而逾多。

張綱柔謙，叔術正直，道雅洽聞，弼爲兼識。拔萃衡門，俱漸鴻翼，發憤忘餐，豈要斗食。率禮從仁，罔愆于式，失不繫心，得不形色。

郎苗始舉，用均已試，智足周身，言足爲治。性協於時，情敏於事，與今而同，與古曷異。

物以利移，人以酒昏，侯生潔己，唯義是敦。日縱醇醪，逾敬逾溫，其在私室，如涉公門。

季才之性，柔而執競，屆彼南秦，申威致命。誘之以權，矯之以正，帝道用光，邊土納慶。

羣賢遭世，顯名有代，志竭其忠，才盡其概。體襲朱裳，腰紐雙佩，榮曜當時，風高千載。君臣相遇，理實難偕，昔因朝命，舉之克諧。〔10〕披衿散想，解帶舒懷，此忻如昨，存亡奄乖。靜言思之，中心九摧，揮毫頌德，漼爾增哀。

皇興中，詔允兼太常，至兗州祭孔子廟，謂允曰：「此簡德而行，勿有辭也。」後允從顯祖北伐，大捷而還，至武川鎮，上北伐頌，其詞曰：「皇矣上天，降鑒惟德，眷命有魏，照臨萬國。禮化丕融，王猷允塞，靜亂以威，穆民以則。北虜舊隸，稟政在蕃，往因時□，逃命北轅。世襲凶軌，背忠食言，招亡聚盜，醜類實繁。敢率犬羊，圖縱猖蹶，乃詔訓師，興戈北伐。躍馬裹糧，星馳電發，撲討虔劉，肆陳斧鉞。斧鉞暫陳，馘翦厥旅，積骸填谷，流血成浦。元兇狐奔，假息窮墅，爪牙既摧，腹心亦阻。周之忠厚，存及行葦，翼翼聖明，有兼斯美。澤被京觀，垂此仁旨，封尸野獲，惠加生死。生死蒙惠，人欣覆育，理貫幽冥，澤漸殊域。物歸其誠，神獻其福，遐邇斯懷，無思不服。古稱善兵，歷時始捷，今也用師，辰不及浹。六軍克合，萬邦以協，義著春秋，功銘玉牒，載興頌聲，播之來葉。」顯祖覽而善之。

又顯祖時有不豫，以高祖沖幼，欲立京兆王子推，集諸大臣以次召問。允進跪上前，涕泣曰：「臣不敢多言，以勞神聽，願陛下上思宗廟託付之重，追念周公抱成王之事。」顯祖於是傳位於高祖，賜帛千匹，以標忠亮。又遷中書監，加散騎常侍。雖久典史事，然而不能專勤屬述，時與校書郎劉模有所緝綴，大較續崔浩故事，準春秋之體，而時有刊正。自高宗迄于顯祖，軍國書檄，多允文也。末年乃薦高閭以自代。以定議之勳，進爵咸陽公，加鎮東將軍。

尋授使持節、散騎常侍、征西將軍、懷州刺史。允秋月巡境，問民疾苦。至邵縣，見邵公廟廢毀不立，乃曰：「邵公之德，闕而不禮，爲善者何望。」乃表聞修葺之。允於時年將九十矣，勸民學業，風化頗行。然儒者優遊，不以斷決爲事。後正光中，中散大夫、中書舍人河內常景追思允，帥郡中故老，爲允立祠於野王之南，樹碑紀德焉。

太和二年，又以老乞還鄉里，十餘章，上卒不聽許，遂以疾告歸。其年，詔以安車徵允，敕州郡發遣。至都，拜鎮軍大將軍，領中書監。固辭不許。又扶引就內，改定皇誥。允上酒訓曰：

臣被敕論集往世酒之敗德，以爲酒訓。臣以朽邁，人倫所棄，而殊恩過隆，錄臣於將殁之年，勗臣於已墜之地。奉命驚惶，喜懼兼甚，不知何事可以上答。伏惟陛下以叙哲之姿，撫臨萬國，太皇太后以聖德之廣，濟育羣生。普天之下，罔不稱賴。然日昃憂勤，虛求不已，思監往事，以爲警戒。此之至誠，悟通百靈，而況於百官士民。不勝踊躍，謹竭其所見，作酒訓一篇。但臣愚短，加以荒廢，辭義鄙拙，不足觀採。伏願聖慈，體臣悾悾之情，恕臣狂瞽之意。其詞曰：

自古聖王，其爲饗也，玄酒在堂而醍酒在下，所以崇本重原，降於滋味。雖汎爵旅行，不及於亂。故能禮章而敬不虧，事畢而儀不忒。非由斯致，是失其道。將何以範時軌物，垂之於世？歷觀往代成敗之效，吉凶由人，不在數也。商辛耽酒，殷道以之亡；公旦陳誥，周德以之昌。子反昏酣而致斃，穆生不飲而身光。或長世而爲戒，或百代而流芳。酒之爲狀，變惑情性，雖曰哲人，孰能自競。在官者殆於政也，爲下者慢於令也，聽達之士荒於聽也，柔順之倫興於諍也，久而不悛，致於病也。豈止於病，乃損其命。諺亦有云：其益如毫，其損如刀。言所益者止於一味之益，不亦寡乎。言所損者夭年亂志，夭亂之損，不亦夥乎。無以酒荒而陷其身，無以酒狂而喪其倫。迷邦失道，流浪漂津。不師不遵，反將何因。詩不言乎，「如切如瑳，如琢如磨」，朋友之義也。作官以箴之，申謨以禁之，君臣之道也。其言也善，則三覆而佩之；言之不善，則哀矜而貸之。此實先王納規之意。往者有晉，士多失度，肆散誕以爲不羈，縱長酣以

爲高達，調酒之頌，〔二〕以相眩曜。稱堯舜有千鍾百觚之飲，著非法之言，引大聖爲譬，以則天之明，豈其然乎？且子思有云，夫子之飲，不能一升。以此推之，千鍾百觚皆爲妄也。

今大魏應圖，重明御世，化之所曁，無思不服，仁風敦洽於四海。太皇太后以至德之隆，誨而不倦，憂勤備於皇情，誥訓行於無外。故能道協兩儀，功同覆載。仁恩下逮，罔有不遵，普天率土，靡不蒙賴。在朝之士，有志之人，宜克己從善，履正存貞。節酒以爲度，順德以爲經。悟昏飲之美疾，審敬慎之彌榮。遵孝道以致養，顯父母而揚名。蹈閔曾之前軌，遺仁風於後生。仰以答所授，俯以保其成。可不勉歟！可不勉歟！

高祖悅之，常置左右。

詔允乘車入殿，朝賀不拜。明年，詔允議定律令。雖年漸期頤，而志識無損，猶心存舊職，披考史書。又詔曰：「允年涉危境，而家貧養薄。可令樂部絲竹十人，五日一詣允，以娛其志。」特賜允蜀牛一頭，四望蜀車一乘，素几杖各一，蜀刀一口。又賜珍味，每春秋常致之。尋詔朝晡給膳，朔望致牛酒，衣服綿絹，每月送給。允皆分之親故。是時貴臣之門，皆羅列顯官，而允子弟皆無官爵。其廉退若此。遷尙書、散騎常侍，時延入，備几杖，問以政治。十年，加光祿大夫、金章紫綬。朝之大議，皆咨訪焉。

魏初法嚴，朝士多見杖罰。允歷事五帝，出入三省，五十餘年，初無譴咎。初，眞君中以獄訟留滯，始令中書以經義斷諸疑事。允據律評刑，三十餘載，內外稱平。允以獄者民之命也，常歎曰：「臯陶至德也，其後英蓼先亡；劉項之際，英布黥而王。經世雖久，猶有刑之餘釁。況凡人能無咎乎？」

其年四月，有事西郊，詔以御馬車迎允就郊所板殿觀矚。馬忽驚奔，車覆，傷眉三處。高祖、文明太后遣醫藥護治，存問相望。司駕將處重坐，允啓陳無恙，乞免其罪。先是，命中黃門蘇興壽扶持允，曾雪中遇犬驚倒，扶者大懼。允慰勉之，不令聞徹。興壽稱共允接事三年，未嘗見其忿色。恂恂善誘，誨人不倦。晝夜手常執書，吟詠尋覽。篤親念故，虛己存納。雖處貴重，志同貧素。性好音樂，每至伶人弦歌鼓舞，常擊節稱善。又雅信佛道，時設齋講，好生惡殺。性又簡至，不妄交遊。顯祖平青齊，徙其族望於代。時諸士人流移遠至，率皆飢寒。徙人之中，多允姻媾，皆徒步造門。允散財竭產，以相贍賑，慰問周至。無不感其仁厚。收其才能，表奏申用。時議者皆以新附致異，允謂取材任能，無宜抑屈。先是，允被召在方山作頌，志氣猶不多損，談說舊事，了無所遺。十一年正月卒，年九十八。

初，允每謂人曰：「吾在中書時有陰德，濟救民命。若陽報不差，吾壽應享百年矣。」先

卒旬外，微有不適。猶不寢臥，呼醫請藥，出入行止，吟詠如常。高祖、文明太后聞而遣醫李脩往脉視之，告以無恙。脩入，密陳允榮衞有異，懼其不久。於是遣使備賜御膳珍羞，自酒米至於鹽醢百有餘品，皆盡時味，及牀帳、衣服、茵被、几杖，羅列於庭。王官往還，慰問相屬。允喜形於色，語人曰：「天恩以我篤老，大有所賚，得以贍客矣。」表謝而已，不有他慮。如是數日，夜中卒，家人莫覺。詔給絹一千匹、布二千匹、綿五百斤、錦五十匹、雜綵百匹、穀千斛以周喪用。魏初以來，存亡蒙賚者莫及焉，朝庭榮之。將葬，贈侍中、司空公、冀州刺史，將軍、公如故，謚曰文，賜命服一襲。允所製詩賦誄頌箴論表讚，左氏、公羊釋，毛詩拾遺，論雜解，〔三〕議何鄭膏肓事，凡百餘篇，別有集行於世。允明算法，爲算術三卷。子忱襲。

忱，字士和。以父任除綏遠將軍、長樂太守。爲政寬惠，民庶安之。後例降爵爲侯。尋卒。

孫貴賓，襲。除州治中，卒官。

忱弟懷，字士仁。任城王雲郎中令、大將軍從事中郎，授中散。恬淡退靜，不競世利，在散輩十八年不易官。太和中，除太尉東陽王諮議參軍而卒。

子綽，字僧裕。少孤，恭敏自立。身長八尺，腰帶十圍，沉雅有度量，博涉經史。太和

中華書局

十五年拜奉朝請、太尉法曹行參軍，尋兼尚書祠部郎。以母憂去職。久之，除治書侍御史，轉洛陽令。綽爲政强直，不避豪貴，邑人憚之。又詔參議律令。遷長兼國子博士，行潁川郡事。詔假節，行涇州刺史。延昌初，遷尚書右丞，參議壬子曆。肅宗初，司徒清河王懌司馬、冠軍，又隨懌遷太尉司馬。其年秋，大乘賊起於冀州，都督元遙率衆討之，詔綽兼散騎常侍，持節，以白虎幡軍前招慰。綽信著州里，降者相尋。軍還，除汲郡太守，固辭不拜。御史中尉元匡奏高聰及綽等朋附高肇，詔並原罪。俄行滎陽郡事，以本將軍出除豫州刺史。爲政清平，抑强扶弱，百姓愛之，流民歸附者二千餘戶。還後將軍、幷州刺史。正光三年冬，暴疾卒，年四十八。四年九月，詔贈安東將軍、冀州刺史，諡曰簡。

子炳，字仲彰。太尉行參軍，稍遷征虜將軍、開府掾。早卒。

允弟推，字仲讓，小名檀越，早有名譽。太延中，以前後南使不稱，妙簡行人。游雅薦推應選。詔兼散騎常侍使劉義隆，南人稱其才辯。遇疾卒於建業。朝廷悼惜之。喪還，贈輔國將軍、臨邑子，諡曰恭，賜命服衣冠。允爲之作誄。

推弟燮，字季和，小字淳于，亦有文才。世祖每詔徵，辭疾不應。恒譏笑允屈折久宦，栖泊京邑。常從容於家。州辟主簿。卒。

孫市賓，奉朝請、冀州京兆王愉城局參軍。愉搆逆，市賓逃歸京。後除青州安南府司馬。永熙中，冠軍將軍、開府從事中郎。

始神䴥中，允與從叔濟、族兄毗及同郡李金俱被徵。

濟，字叔民。初補中書博士，又爲楚王傅。眞君中，假員外常侍，賜爵浮陽子，使於劉義隆。世祖臨江，於行所除盱眙太守，後超授游擊將軍。尋出除滄水太守。卒，年六十七。贈鎮遠將軍、冀州刺史，諡曰宣。

子矯，襲。卒，子師襲。

師，字孝則，有學識。歷詹事丞、太子舍人、尚書主客郎。轉通直散騎侍郎、從事正員郎。累遷光祿少卿，行涇州事。卒，贈龍驤將軍、河州刺史。

子和仁，字德舒，襲。釋褐員外散騎侍郎，領殿中御史。少清簡，有文才，曾爲五言詩贈太尉屬盧仲宣，仲宣甚歎重之。常有高尚之志。後爲洛州錄事參軍，不赴，服餌於汲郡白鹿山。未幾卒，時人悼惜之。

和仁弟德偉，武定末，東宮齋帥。

矯弟遵，自有傳。

毗，字子翼，鄉邑稱爲長者。官至從事中郎。

孫當，尚書郎。卒，贈樂陵太守，諡曰恭。

初，允所引劉模者，長樂信都人也。少時竊遊河表，遂至河南，尋復潛歸。頗涉經籍，微有注疏之用。允領祕書、典著作，選爲校書郎。允修撰國記，與俱緝著。常令模持管籥，每日同入史閣，接膝對筵，屬述時事。允年已九十，〔三〕目手稍衰，多遣模執筆而指授裁斷之。如此者五六歲。允所成篇卷，著論上下，模預有功焉。太和初，模遷中書博士，與李彪爲僚友，並相愛好。至於訓導國胄，甄明風範，遠不及彪也。出除潁州刺史。〔四〕王肅之歸闕，路經懸瓠，羇旅窮悴，時人莫識。模獨給所須，弔待以禮。肅深感其意。及肅臨豫州，模猶在郡，微報復之，由是爲新蔡太守。在二郡積十年，寬猛相濟，頗有治稱。正始元年，復出爲陳留太守。時年七十餘矣，而飾老隱年，昧禁自效。遂家於南潁川，不復歸其舊鄉矣。

子懷恕，聰率多□。甚收潁川情和。至襄威將軍、本州冠軍府功曹參軍。

懷恕弟懷遜，頗解醫術。歷位給事中。卒於左軍將軍、鎮遠將軍。

史臣曰：依仁遊藝，執義守哲，其司空高允乎？蹈危禍之機，抗雷電之氣，處死夷然，忘身濟物，卒悟明主，保己全身。自非體隣知命，鑒照窮達，亦何能以若此？宜其光寵四世，終享百齡，有魏以來，斯人而已。僧裕學治有聞，聿修之義也。

校勘記

〔一〕冬十月日在尾箕　北史卷三一高允傳「日」下有「旦」字。按下云「昏沒於申南」，則這裏當有「旦」字。

〔二〕李虛　北史卷三一「虛」作「靈」。按卷四九李靈傳不載此事。卷五二胡方回傳、卷五四游雅傳、卷一一一刑罰志都不載李靈或李虛參加這次律令的修定。但李靈這時是中書侍郎，同時未見有侍郎「李虛」其人，疑「虛」是「靈」之訛。

〔三〕若勤之則畝益三斗不勤則畝損三斗　諸本及北史「斗」並作「升」，御覽卷四五四二〇八七頁作「斗」。按漢書卷二四食貨志引李悝說「畝益三升」，臣瓚和顏師古都說「升」當作「斗」。這裏稱「百里則田三萬七千頃」，又說「方百里損益之率爲粟二百二十二萬斛」。每畝損益共六斗，三萬七千頃正得二百二十二萬斛。知作「斗」是，今據御覽改。

〔四〕又俳優鄙藝　北史卷三一「藝」作「褻」。「藝」字當是形訛，但也可通，今不改。

〔五〕征南大將軍從事中郎勃海李欽道賜　北史卷三一「欽」作「金」。按下文説允與「同郡李金同被徵」，卷七二李叔虎傳也説「從祖金，世祖神䴥中與高允俱被徵」，疑作「金」是。

〔六〕中書郎中卽丘子趙郡李遐仲熙　張森楷云：「李順傳卷三六有族弟熙，字仲熙，神䴥中，與高允同被徵，拜中書博士，轉侍郎，封元氏子。與此不同。以下文徵士頌稱『熙雖中夭』觀之，則『熙』是而『遐』非。」按「中書郎中」下「中」字當是衍文。

〔七〕中書郎武恒子河間邢潁宗敬　張森楷北史校勘記云：「邢巒傳卷六五稱潁假平城子使宋，不云封『武恒子』，且地志亦無武恒縣，或『武垣』誤也。」

〔八〕太平太守平原子雁門李熙士元　北史卷三一「平原」作「原平」。按當時封邑，往往取本郡地名，雁門有原平縣，疑作「原平」是。

〔九〕僭馮影附　諸本「馮」作「憑」，北史卷三一作「馮」。按這幾句是説盧玄出使事。玄出使劉宋，見本書卷四七、北史卷三〇盧玄傳，又曾出使北燕馮弘，則魏書不載，只見北史玄傳。「僭馮」指馮弘，與下「劉以和親」句相對。「憑」字訛，今據北史改。

〔一〇〕舉之克諧　諸本及北史「舉」作「與」，獨百衲本作「舉」。按李慈銘云：「『與』，宋本作『舉』。」則李所見宋本同百衲本。這句上文云「君臣相遇，理實難偕」，接以「昔因朝命，舉之克諧」，「舉」卽指徵舉，不誤。今從百衲本。

〔一一〕調酒之頌　册府卷五二三六二四七頁「調」作「諷」，「酒」下有「德」字。疑是。

〔一二〕論雜解　按「論雜解」不可解，北史卷三一無「論」字，當連上文作「毛詩拾遺雜解」。但也可能「論」下脱「語」字。

〔一三〕允年已九十　張森楷云：「允以太和十一年卒，年九十八。此敍在太和前，則未及九十也。疑『九』當爲『八』，或『已』是『近』之誤。」按傳稱允自中書監出任懷州刺史時，「年將九十」。他典史事在官中書監時，下文又説「如此者五六歲」。若允出任懷州時「年將九十」，則還中書監時，必不及九十。「九」疑是「八」之訛。

〔一四〕出除潁州刺史　汲本「州」作「川」，北史卷三一「潁州刺史」作「南潁川太守」。李慈銘、張森楷都以爲當作「潁川太守」。按下文説王肅「臨豫州，模猶在郡」，又説：「由是爲新蔡太守。在二郡，積十年。」二郡卽指新蔡和潁川或南潁川，分明是官潁川或南潁川太守，不是刺史。又潁川、新蔡屬豫州卷一〇六中地形志中，王肅是豫州刺史，才和劉模相關，若模作潁州刺史，王肅又如何能要他當新蔡太守。而且潁州於天平初置，武定七年改鄭州見地形志中，太和年間地屬司州，根本没有潁州。這裏汲本作「潁川」是，「刺史」也當作「太守」。又當時司州也有潁川，是漢魏舊郡，豫州的潁川後置，相對於司州的潁川，故也稱「南潁川」。

魏書卷四十九

列傳第三十七

李靈　崔鑒

李靈，字虎符，趙郡人，高平公順從父兄也。父勰，字小同，恬靜好學，有聲趙魏。太祖平中原，聞勰已亡，哀惜之，贈宣威將軍、蘭陵太守。神䴥中，世祖徵天下才儁，靈至，拜中書博士，轉侍郎。從駕臨江，除淮陽太守。靈以學優溫謹，選授高宗經。後加建威將軍、中散、內博士，賜爵高邑子。高宗踐受，除平南將軍、洛州刺史而卒，時年六十三。帝追悼之，贈散騎常侍、平東將軍、定州刺史、鉅鹿公，謚曰簡。

子恢，襲子爵。高宗以恢師傅之子，拜員外散騎常侍、安西將軍、長安鎭副將，進爵爲侯，假鉅鹿公。皇興元年，鎭軍大將軍、東平王道符謀反，殺恢及雍州刺史魚玄明、雍州別駕李允等。恢時年四十八。顯祖愍之，追贈恢散騎常侍、鎭西將軍、定州刺史、鉅鹿公，謚曰貞。

恢長子悦祖，襲爵高邑侯，例降爲伯。卒。

子瑾，字伯瓊。太和中，拜奉朝請，後襲爵。轉司徒、廣陽王嘉集曹參軍，太尉、高陽王雍長流參軍，太尉、淸河王懌記室參軍。後除中堅將軍、步兵校尉。葛榮反於河北，所在殘害，詔瑾持節兼吏部郎中、東北道弔慰大使。至冀州，値葛榮圍逼，敕授瑾防城都督。時瑾以二子自隨，次子戰死，瑾恐動人情，忍哀輟哭。城陷沒賊，旣而走免。永安初，拜左將軍、太中大夫、殷州大中正，累遷衞將軍、右光祿大夫、太尉諮議參軍。天平初，除車騎將軍、大司農卿，中正如故。瑾淳謹好學，老而不倦。元象元年秋卒，年六十五。贈使持節、都督定瀛殷三州諸軍事、驃騎大將軍、司徒公、定州刺史。

子景威，襲。武定末，西汝陰太守。齊受禪，爵例降。

悦祖弟顯甫，本州別駕，遷步兵校尉。從駕南討，以功賜爵平棘子，行幷州事。尋除河北太守。卒，贈顯武將軍、安州刺史，謚曰威。

子元忠，武定中，驃騎大將軍、儀同三司、晉陽縣開國伯。

子搔，武定末，河內太守。

顯甫次弟華，字寧夏。初爲羽林中郎、武騎侍郎、步兵校尉，轉直閤將軍、武衞將軍。華膂力過人，頗有將略，每從征伐，頻著軍功。賜爵欒城子，定州驃騎長史、輔國將軍、中山太守。卒，贈前將軍、幽州刺史。有八子。

長子構，襲爵，至通直散騎常侍。卒，贈殷州刺史。

次敬義，司徒長流參軍，兼光祿少卿，平北將軍、光祿大夫。卒，贈本將軍、殷州刺史。

次叔向，爲徐州鎧曹參軍，帶郭浦戍主。值刺史元法僧叛，逼入蕭衍。

次幼緒，早亡。

次季脩，博陵、常山二郡太守。

次世幹，次稚明，兄弟並不修名行，險暴無禮，爲時所賤。

華弟憑，字青龍。祕書主文中散，累遷冀州征東長史、太子中舍人。阿附趙脩，超遷司空長史，給事黃門侍郎、武衞將軍、定州大中正。坐脩黨免官。後除趙郡太守。卒。

子道嘉，字同吉。豫州外兵參軍、汝陽太守。

同吉弟文衡，開府行參軍。

悏弟綜，行河間郡，早卒。

綜子遵，[一]字良軌，有業尚。初拜奉朝請、尚書度支郎。遷洛，爲營構將。高祖南伐，爲行臺郎。車駕還，拜太子步兵校尉。世宗初，轉步兵校尉，兼散騎侍郎副盧昶東北道使。

拜司空諮議，加中壘將軍。京兆王愉以征東將軍爲冀州刺史，遵爲愉府司馬。愉反，召集州府以告之，遵不從，爲愉所害。時年四十四。事平，詔賜帛二百匹，贈征虜將軍、幽州刺史，謚曰簡，拜子渾給事中。

渾，字季初。武定末，大司農卿。

渾弟繪，字敬文。齊王丞相府司馬。

繪弟系，[二]字乾經。少聰惠，有才學，與舅子河間邢昕少相倫輩，晚不逮之。初爲征東法曹參軍，後除奉車都尉，加寧遠將軍。尋拜大司馬廣陵王錄事參軍。府解，還鄉里。徵拜冠軍將軍、中散大夫。齊獻武王從子永樂爲濟州刺史，聞而請與相見，待以賓交之禮。及永樂薨，系送葬還都。蕭衍遣使朝貢，侍中李神儁舉系爲尚書南主客郎。系前後接對凡十八人，頗爲稱職。齊文襄王擇選，以系爲司徒諮議參軍，因謂之曰：「自郎署至此，所謂不次，以卿人才，故有此舉耳。」尋加征虜將軍。武定五年，兼散騎常侍使蕭衍，與其二兄前後將命，時人稱之。太尉高岳出討，以系爲大都督司馬。師還，拜太子家令。七年八月卒，時年四十六，時人傷惜之。齊初，贈平東將軍、北徐州刺史，謚曰文。

靈弟均，趙郡太守。

均子璨，字世顯。身長八尺五寸，衣貌魁偉。受學於梁祚。興安中，爲祕書中散，本州別駕，轉趙郡、常山二郡太守。遷中書郎，雅爲高允所知。天安初，劉彧徐州刺史薛安都舉彭城降，詔鎮南大將軍、博陵公尉元，鎮東將軍、城陽公孔伯恭等率衆迎之。[三]顯祖復以璨參二府軍事。軍達九里山，安都率文武出迎，元不加禮接。安都還城，使遂不至。時劉彧將張永、沈攸之等率衆先屯下礚，元令璨與中書郎高閭入彭城說安都，安都卽與俱載赴軍。元等入城，收管籥。其夜，永攻南門不克，退還。時永輜重在武原，璨勸元乘永之失據，攻永米船，大破之，斬首數千級。時大雪寒，永軍凍死者萬計，於是遂定淮北。加璨寧朔將軍，與張讜對爲兗州刺史，綏安初附。以參定徐州之功，賜爵始豐侯，加建武將軍。延興元年，年四十，卒，謚曰懿。

子元茂，太和八年襲爵。加建武將軍。以寬雅著稱。闕又例降。拜司徒司馬，尋除振威將軍、南征別將、彭城鎮副將，民吏安之。賞帛百匹、穀二百斛。太和二十年，年四十四，卒，贈顯武將軍、徐州刺史，謚曰順。

子秀之，字鳳起。初除京兆王參軍，轉員外散騎侍郎。襲爵，拜尚書都官郎。

秀之弟子雲，字鳳昇。司空參軍，轉外兵參軍、本州治中。

子雲弟子羽，字鳳降。征南法曹參軍。

子羽弟子岳，字鳳跱。員外郎、大司馬祭酒。秀之等早孤，事母孝謹，兄弟並容貌魁偉，風度審正，而皆早卒。

鳳昇子道宗，武定末，直閣將軍。

道宗弟道林，司徒中兵參軍。

元茂弟宣茂，太和初，拜中書博士。稍遷司空諮議，轉司馬，監營構事。出除寧朔將軍，試守正平郡，不拜。兼定州大中正。坐受鄉人財貨，爲御史所劾，除名爲民。從駕征新野，又從討樊鄧。持節，兼散騎常侍、東南二道使。景明中，除平陽太守，以罪左遷步兵校尉。正始初，除太中大夫，遷光祿大夫。宣茂議明堂之制，以五室爲長，與游肇往復，肇善之。遷平東將軍、幽州刺史。延昌二年卒，年五十九。遺言薄葬。贈本將軍、齊州刺史，謚曰惠。

子藉之，字脩遠。性謹正，粗涉書史。歷員外郎、給事中、司徒諮議參軍、前將軍、太中大夫。著忠誥一篇，文多不載。永熙初卒，年五十四。贈中軍將軍、定州刺史。

子徹，字伯倫。武定末，司空主簿。

藉之弟志，字敬遠，有氣尚。州主簿。

子長瑜，郡功曹。

敬遠弟幼遠，性粗暴，每爲劫盜，刺史錄殺之。

宣茂弟叔胤，舉秀才，著作佐郎。歷廣陵王諮議、南趙郡太守。在位九載，有政績。景明三年卒，年三十六。謚曰惠。

子弼，字延軌。位至相州錄事參軍。

弼弟翼，字景業。初爲盪寇將軍，齋帥。又除員外郎，遷尚書郎，仍齋帥。建義初，遇害河陰。贈平北將軍、定州刺史。

叔胤弟仲胤，自中書學生，歷公府主簿、從事中郎、諫議大夫、尚書左丞。卒，賜帛一百匹、布五十匹、綿五十斤，贈鎮遠將軍、光州刺史，謚曰恭。

少子子仁，尚書主客郎。

崔鑒，字神具，博陵安平人。父綽，少孤，學行修明，有名於世。與盧玄、高允、李靈等俱被徵，語在允傳。尋以母老固辭，後爲郡功曹而卒。鑒頗有文學，自中書博士轉侍郎。延興中受詔使齊州，觀省風俗，行兗州事。以功賜爵桐廬縣子。出爲奮威將軍、東徐州刺史。鑒欲安悅新附，民有年老者，表求假以守、令，詔從之。又於州內冶銅以爲農具，兵民獲利。卒，贈冠軍將軍、青州刺史、安平侯，謚曰康。

子合，字貴和，少有時譽。襲爵桐廬子，爲中書學生、主文中散、太尉諮議參軍、本州大中正。出爲常山太守，卒於郡，時年二十七。

長子脩義，有風望，襲爵。自司徒默曹參軍再遷寧遠將軍、新野太守。還，除太尉掾，出爲冀州征東府長史。卒，年四十五。

長子放寬，襲爵。齊受禪，例降。

合弟秉，少有志氣。太和中，爲中書學生，拜奉朝請，轉徐州安東府錄事參軍。陽平王頤之爲定州，〔四〕秉復爲衞軍府錄事參軍，帶毋極令。時甄琛爲長史，因公事言競之間，秉以拳擊琛，墜於牀下。琛以本縣長，笑而不論。其豪率若此。

彭城王勰征壽春，秉從行，招致壯俠，以爲部卒。勰目之，謂左右曰：「吾嘗寄膽氣於此人。」後爲司空主簿，轉掾，城門校尉，長兼司空司馬。還長史，加輔國將軍。出除左將軍、廣平內史，大納財貨，爲清論所鄙。入爲司徒左長史。未幾，除平東將軍、光祿大夫。尋加安西將軍，出除燕州刺史。時天下多事，遂爲杜洛周攻圍。秉堅守歷年，朝庭遣都督元譚與秉第二子仲哲赴救。譚敗，仲哲死之。秉遂率城民奔定州，坐免官。尋除撫軍將軍，行相州事，轉征東將軍、金紫光祿大夫。

孝昌末，冀州流民聚於河外，因立東冀州，除秉爲刺史，加征東將軍。不之任。永安二年，遷衞將軍、右光祿大夫。秉年老被疾，上表辭事，詔不許。元顥入洛，秉避居陽武。二年，除散騎常侍、車騎將軍、左光祿大夫。太昌中，除驃騎大將軍、〔五〕儀同三司，常侍、左光祿如故。頻以老病乞解。永熙三年去職。天平四年薨，年七十八。贈使持節、侍中、都督定瀛滄三州諸軍事、本將軍、尚書令、司徒公、定州刺史，謚曰靖穆。

長子忻，字伯悅，有世幹。爲荆州平南府外兵參軍。北道行臺常景引爲行臺郎，又啓除員外郎，復爲安遠將軍、尚書左中兵郎中。以鄭儼之甥，兼尚書左丞。莊帝初，遇害於河陰，年四十二。贈鎮軍將軍、殿中尚書、冀州刺史。

忻弟仲哲。生爲祖母宋氏所養，早有知識，六歲宋亡，啼慕不止，見者悲之。性恢達，常以將略自許。辟司徒行參軍。假寧朔將軍、統軍，從廣陽王淵北討，擊柔玄賊，破之，賜爵安平縣男。及父秉於燕州被圍，泣訴朝庭，遂除別將，與都督元譚赴援。到下口，遇賊，仲哲戰歿，時年三十五。

長子長瑜，武定中，儀同開府中兵參軍。

長瑜弟叔瓚，司徒田曹參軍。

仲哲弟叔彥，撫軍將軍。

叔彥弟季通，武定中，兼司農少卿。

季通小弟季良，風望閑雅。自太學博士從都督李神軌征討有功，賜爵蒲陰縣男。尋除著作佐郎，通直散騎侍郎，轉征虜將軍、員外散騎常侍、太尉長史。及秉還鄉，季良亦去職歸養。後除中軍將軍、光祿大夫。先秉卒於家，時年三十六。贈車騎將軍、尚書右僕射、定州刺史，謚曰簡。

秉弟習，字貴禮，有世譽。歷司徒主簿、彭城王勰開府屬。遷幽州長史、博陵太守，吏民愛敬之。在郡九年，轉河東太守，卒於郡，年五十一。贈中山太守。孝昌三年，重贈後將軍、幷州刺史。

長子世儒，字希業。卒於大司馬從事中郎。

世儒第三弟叔業，武定中，南兗州別駕。

秉從父弟廣，字仲慶，有議幹。初爲中書學生。高祖時，殿中郎中，歷通直散騎侍郎、太子步兵校尉。詔守尚書左丞。父憂去職。後任城王澄爲揚州，引廣爲鎮南府長史，以母老辭。景明末，卒於家。贈安遠將軍、光州刺史。

子元猷，字世儁，頗有學識。舉秀才，不行。後卒於鄉里。

廣弟文業，爲中書博士，轉司徒主簿。城陽王鸞爲定州刺史，引爲治中。年四十九卒。子伯謙，武定末，司空諮議參軍。

史臣曰：李以儒俊之風，當旌帛之舉；崔以文雅之烈，應利用之科。世家有業，餘慶不已，人位繼軌，亦爲盛哉。

校勘記

〔一〕綜子遵　諸本「遵」作「道」。北史卷三三李靈附李渾傳作「遵」。張森楷云：「京兆王愉傳卷二二『道』作『遵』，北齊書卷二九李渾傳同。疑此『道』字誤。」按唐書卷七二上宰相世系表趙郡李氏東祖房下也作「遵」。張說是，今據北史改。

〔二〕繪弟系　北史卷三三「系」作「緯」。按本名「緯」，魏收避北齊後主諱改作「系」。北齊書卷二九李渾傳作「偉」，是「緯」的形訛。

〔三〕鎮東將軍城陽公孔伯恭等率衆迎之　諸本「城陽」作「陽城」，北史卷三三作「城陽」。按卷五一孔伯恭傳、卷六顯祖紀天安元年九月、卷五〇尉元傳並作「城陽」，這裏「陽城」乃誤倒，今據乙。

〔四〕陽平王頤之爲定州　諸本「頤」作「顯」，北史卷三二崔鑒傳作「順」。按元顯是陽平王熙孫，但其祖他已改封淮南王，墓誌集釋圖版六七有元顯墓誌，父、祖都稱淮南王，顯所襲自然也是淮南王。元順有三：一見卷一五昭成子孫傳，封毗陵王；一見卷一九中任城王雲傳，封東阿公；又一見北史卷一五宗室傳，封濮陽王。別無陽平王順其人。據卷六八甄琛傳稱琛「後爲本州陽平王頤衞軍府長史」。琛爲定州毋極人，本州卽指定州，與此傳下文崔秉拳擊甄琛隆牀事相合。知「顯」「順」都是「頤」的形訛，今改正。

〔五〕太昌中除驃騎大將軍　諸本「驃」作「驍」，北史卷三二崔鑒附崔秉傳作「驃」。按「驍騎」罕見加「大」之例。卷一一出帝紀太昌元年九月記「以車騎將軍左光祿大夫崔秉爲驃騎大將軍」。「驍」字訛，今據改。

魏書卷五十

列傳第三十八

尉元　慕容白曜

尉元，字苟仁，代人也。世爲豪宗。父目斤，勇略聞於當時。泰常中，爲前將軍，從平虎牢，頗有軍功，拜中山太守。元年十九，以善射稱。神䴥中，爲虎賁中郎將，轉羽林中郎，小心恭肅，以匪懈見知。世祖嘉其寬雅有風貌，稍遷駕部給事中。從幸海隅，賜爵富城男，加寧遠將軍。和平中，遷北部尚書，加散騎常侍，進爵太昌侯，拜冠軍將軍。

天安元年，薛安都以徐州內附，請師救援。顯祖以元爲使持節、都督東道諸軍事、鎮南大將軍、博陵公，與城陽公孔伯恭赴之。劉彧東平太守、無鹽戍主申纂詐降。元知非誠款，外示容納，而密備焉。劉彧兗州刺史畢衆敬遣東平太守章仇摽詣軍歸款，元並納之。遂長驅而進，賊將周凱望聲遁走。彧遣將張永、沈攸之等率衆討安都，屯于下磕。永乃分遣羽

林監王穆之領卒五千，守輜重於武原，龍驤將軍謝善居領卒二千據呂梁，散騎侍郎張引領卒二千守茱萸，督上租糧，供其軍實。安都出城見元，元依朝旨，授其徐州刺史。遣中書侍郎高閭、李璨等與安都俱還入城，別令孔伯恭精甲二千，撫安內外，然後元入彭城。

元以張永仍據險要，攻守勢倍，懼傷士卒。乃命安都與璨等固守，身率精銳，揚兵於外，分擊呂梁，絕其糧運。善居遁奔茱萸，仍與張引東走武原。馳騎追擊，斬首八百餘級。武原窮寇八千餘人，拒戰不下。元親擐甲冑，四面攻之，破穆之外營，殺傷太半，獲其輜重五百餘乘，以給彭城諸軍。然後收師緩戰，開其走路。穆之率餘燼奔于永軍。永勢挫力屈，元乘勝圍之，攻其南門，永遂捐城夜遁。伯恭、安都乘勢追擊，時大雨雪，泗水冰合，永棄船而走。元豫測永必將奔亡，身率衆軍，邀其走路，南北奮擊，大破於呂梁之東。斬首數萬級，追北六十餘里，死者相枕，手足凍斷者十八九。生擒劉彧使持節、都督梁、南、北秦三州諸軍事，梁、秦二州刺史，寧朔將軍，益陽縣開國侯垣恭祖；龍驤將軍、羽林監沈承伯等。永、攸之輕騎走免。收其船車軍資器械不可勝數。劉彧東徐州刺史張讜據團城，徐州刺史王玄載守下邳，輔國將軍、兗州刺史樊昌侯王整，龍驤將軍、蘭陵太守桓忻驅掠近民，保險自固。元遣慰喻，張讜及青州刺史沈文秀等皆遣使通誠，王整、桓忻相與歸命。

元表曰：「彭城倉廩虛罄，人有飢色，求運冀、相、濟、兗四州粟，取張永所棄船九百艘，

沿清運致，可以濟救新民。」顯祖從之。又表分兵置戍，進定青冀。復表曰：「彭城賊之要蕃，不有積粟彊守，不可以固。若儲糧廣戍，雖劉彧師徒悉動，不敢窺闞淮北之地。此自然之勢也。」詔曰：「待後軍到，量宜守防。其青冀已遣軍援，須待克定，更運軍糧。」元又表曰：「臣受命出疆，再離寒暑，〔一〕進無鄧艾一舉之功，退無羊祜保境之略，雖淮岱獲振，而民情未安。臣以愚智，屬當偏任，苟事宜宣徹，敢不以聞。臣前表以下邳水陸所湊，先規殄滅，遣兵屢討，猶未擒定。然彭城、下邳信命未斷，而此城之人，元居賊界，心尚戀土。輒相誑惑，希幸非望，南來息耗，壅塞不達，雖至窮迫，仍不肯降。彭城民任玄朗從淮南到鎮，稱劉彧將任農夫、陳顯達領兵三千，來循宿豫。臣即以其日，密遣覘使，驗其虛實，如朗所言。臣欲自出擊之，以運糧未接，又恐新民生變，遣子都將于沓千、劉龍駒等步騎五千，將往赴擊。但征人淹久，逃亡者多，迭相扇動，莫有固志，器仗敗毀，無一可用。臣聞伐國事重，古人所難，功雖可立，必須經略而舉。若賊向彭城，必由清泗過宿豫，歷下邳；趨青州，路亦由下邳入沂水，經東安。即爲賊用師之要。今若先定下邳，平宿豫，鎮淮陽，戍東安，則青冀諸鎮可不攻而克。若四處不服，青冀雖拔，百姓狼顧，猶懷僥倖之心。臣愚以爲宜釋青冀之師，先定東南之地，斷劉彧北顧之意，絕愚民南望之心。夏水雖盛，無津途可因；冬路雖通，無高城可固。如此，則淮北自舉，暫勞永逸。今雖向熱，猶可行師，兵尚神速，久則生

變。若天雨既降，或因水通，運糧益衆，規爲進取。恐近淮民庶，翻然改圖，青冀二州，卒未可拔。臣輒與僚佐共議，咸謂可然。若隱而不陳，懼有損敗之責；陳而無驗，恐成誣罔之罪。惟天鑒懸量，照臣愚款。」

彧復遣沈攸之、吳憘公領卒數萬，從沂清而進，欲援下邳。元遣孔伯恭率步騎一萬以拒之。并以攸之前敗軍人傷殘手足、瘃瓦膝行者，〔二〕盡送令還，以沮其衆。又表求濟師。詔遣征南大將軍慕容白曜赴之。白曜到瑕丘，遇患。會泗水暴竭，賊軍不得前進，白曜遂不行。伯恭大破賊軍，攸之、憘公等輕騎遁走。元書與劉彧徐州刺史王玄載，示其禍福。玄載狼狽夜走，宿豫、淮陽皆棄城而遁。於是遣南中郎將、中書侍郎高閭領騎一千，與張讜對爲東徐州刺史；中書侍郎李璨與畢衆敬對爲東兗州刺史。以安初附。拜元都督徐、南、北兗州諸軍事，鎮東大將軍，開府，徐州刺史，淮陽公，持節、散騎常侍、尚書如故。詔元曰：「賊將沈攸之、吳憘公等驅率蟻衆，進寇下邳，卿戎昭果毅，智勇奮發，水陸邀絕，應時摧殄，自淮以北，蕩然清定。皆是元帥經略，將士效力之所致也，朕用嘉焉。所獲諸城要害之處，分兵置戍，以帖民情。今方欲清蕩吳會，懸旌秣陵，至於用兵所宜，形勢進止，善加量度，動靜以聞。」

是時徐州妖人假姓司馬，字休符，自稱晉王，扇惑百姓。元遣將追斬之。四年，詔徵元還京赴西郊，尋還所鎮。延興元年五月，假元淮陽王。三年，劉昱將蕭順之、王勑懃等領衆三萬，入寇淮北諸城，元分遣諸將，逆擊走之。元表：「淮陽郡上黨令韓念祖始臨之初，舊民南叛，全無一人。令撫綏招集，愛民如子，南來民費係先等前後歸附，戶至二百有餘。南濟陰郡睢陵縣人趙憐等辭稱念祖善於綏撫，清身潔己，請乞念祖爲睢陵令。若得其人，必能招集離叛，成立一縣。」顯祖詔曰：「樹君爲民，民情如此，可聽如請。」元好申下人之善，皆此類也。太和初，徵爲內都大官。既而出爲使持節、鎮西大將軍、開府、統萬鎮都將，甚得夷民之心。三年，進爵淮陽王，以舊老見禮，聽乘步挽，杖於朝。

蕭道成既自立，多遣間諜，扇動新民，不逞之徒，所在蜂起。以元威名夙振，徵爲使持節、侍中、都督南征諸軍事、征西大將軍、大都將，餘官如故，總率諸軍以討之。元討五固賊桓和等，皆平之。東南清晏，遠近帖然。入爲侍中、都曹尚書，遷尚書令。十三年，進位司徒。十六年，例降庶姓王爵，封山陽郡開國公，食邑六百戶。元表曰：「臣以天安之初，奉律總戎，廓寧淮右，海內既平，仍忝徐岳。〔三〕素餐尸祿，積有年歲，彼土安危，竊所具悉。每惟彭城水陸之要，江南用兵，莫不因之威陵諸夏。夫國之大計，豫備爲先。且臣初克徐方，青齊未定，從河以南，猶懷彼此。時劉彧遣張永、沈攸之、陳顯達、蕭順之等前後數度，規取彭城，勢連青兗。唯以彭城既固，而永等摧屈。今計彼戍兵，多是胡人，臣前鎮徐州之

日，胡人子都將呼延籠達因於負罪，便爾叛亂，鳩引胡類，一時扇動。賴威靈遐被，罪人斯戮。又團城子都將胡人王敕懃負釁南叛，每懼姦圖，狡誘同黨。愚誠所見，〔四〕宜以彭城胡軍換取南豫州徙民之兵，轉戍彭城；又以中州鮮卑增實兵數。於事爲宜。」詔曰：「公之所陳，甚合事機。」

其年，頻表以老乞身。八月，詔曰：「元年尊識遠，屢表告退。朕以公秉德清挹，體懷平隱，仁雅淵廣，謀猷是仗，方委之民政，用康億兆，故頻文累札，仍違沖志。而謙光逾固，三請彌切，若不屈從高讓，復何以成其美德也。已許其致仕，主者可出表付外，如禮申遂。」元詣闕謝老，引見於庭，命昇殿勞宴，賜玄冠素服。又詔曰：「夫大道凝虛，至德沖挹，故后王法玄猷以御世，〔五〕聖人崇謙光而降美。是以天子父事三老，兄事五更，所以明孝悌於萬國，垂教本于天下。自非道高識博，孰能處之？是故五帝憲德，三王乞言，若求備一人，同之古哲，叔世之老，孰能克堪？師上聖則難爲其舉，傅中庸則易爲其選。朕既虛寡，德謝曩哲，更、老之選，差可有之。前司徒、山陽郡開國公尉元，前大鴻臚卿、新泰伯游明根並元亨利貞，明允誠素，少著英風，老敷雅迹，位顯台宿，歸終私第。可謂知始知卒，希世之賢也。公以八十之年，宜處三老之重；卿以七十之齡，可充五更之選。」於是養三老五更於明堂，國老庶老於階下。高祖再拜三老，親袒割牲，執爵而饋；於五更行肅拜之禮，賜國老、庶老衣服

有差。既而元言曰：「自天地分判，五行施則，人之所崇，莫重於孝順。然五孝六順，天下之所先，願陛下重之，以化四方。臣既衰老，不究遠趣，心耳所及，敢不盡誠。」高祖曰：「孝順之道，天地之經，今承三老明言，銘之于懷。」明根言曰：「夫至孝通靈，至順感幽，故詩云：孝悌之至，通於神明，光於四海。[六]如此則孝順之道，無所不格。願陛下念之，以濟黎庶。臣年志朽弊，識見昧然，在於心慮，不敢不盡。」高祖曰：「五更助三老以言至範，敷展德音，當克己復禮，以行來授。」禮畢，乃賜步挽一乘。詔曰：「夫尊老尚更，列聖同致；欽年敬德，綿哲齊軌。朕雖道謝玄風，識昧叡則，仰禀先誨，企遵猷旨。故推老以德，立更以元，父焉斯彰，兄焉斯顯矣。前司徒公元、前鴻臚卿明根並以沖德懸車，懿量歸老，故尊公以三，[七]事更以五。雖更、老非官，耄耋罔祿，然況事既高，宜加殊養。三老可給上公之祿，五更可食元卿之俸，供食之味，亦同其例。」

十七年七月，元疾篤，高祖親幸省疾。八月，元薨，時年八十一。詔曰：「元至行寬純，仁風美富，內秉越羣之武，外挺溫懿之容。自少暨長，勳勤備至，歷奉五朝，美隆四葉，南曜河淮之功，北光燕然之効，魯宋懷仁，中鉉載德。所謂立身備於本末，行道著於終始，勳書玉牒，惠結民志者也。爰及五福攸集，懸車歸老。謙損既彰，遠近流詠，陟茲父事，儀我萬方。謂極眉壽，彌贊王業。天不遺老，奄爾薨逝。念功惟善，抽怛于懷。[八]但戎事致奪，恨

不盡禮耳。可賜布帛綵物二千匹、溫明祕器、朝衣一襲，并爲營造墳域。」謚曰景桓公。葬以殊禮，給羽葆鼓吹、假黃鉞、班劍四十人，賜帛一千匹。

子羽，名犯肅宗廟諱，頗有器望。起家祕書中散，駕部令，轉主客給事，加通直散騎常侍，守殿中尚書，兼侍中。以父憂去職。又起復本官，詔襲爵，加平南將軍。高祖親考百司，以羽怠惰，降常侍爲長兼，仍守尚書，奪祿一周。遷洛，以山陽在畿內，改爲博陵郡開國公。後爲征虜將軍、恒州刺史。卒，仍以爲贈，謚曰順。

子景興，襲。正始元年卒，贈兗州刺史。無子。

景興弟景儁，襲爵。員外散騎常侍。延昌中，坐杖國吏死，降封深澤縣開國公。

子伯永，襲。無子，爵除。

羽弟靜，寬雅有才識。世宗時，爲尚書左民郎中。卒，贈博陵太守，重贈鎮軍將軍、洛州刺史，謚曰敬。

子祐之，通直散騎常侍、護軍長史。卒。

慕容白曜，慕容元眞之玄孫。父琚，歷官以廉清著稱，賜爵高都侯。卒於冠軍將軍、尚書左丞，贈安南將軍、并州刺史、高都公，謚曰簡。白曜少爲中書吏，以敦直給事東宮。高

宗卽位，拜北部下大夫。襲爵，遷北部尚書。在職，執法無所阿縱，高宗厚待之。高宗崩，與乙渾共秉朝政，遷尚書右僕射，進爵南鄉公，加安南將軍。

劉彧徐州刺史薛安都、兗州刺史畢衆敬並以城內附，詔鎮南大將軍尉元、鎮東將軍孔伯恭率師赴之。而彧東平太守申纂屯無鹽，并州刺史房崇吉屯升城，遏絕王使。皇興初，加白曜使持節、都督諸軍事、征南大將軍、上黨公，屯於碻磝，以爲諸軍後繼。白曜攻纂於無鹽城，拔其東郭。其夜纂遁，遣兵追執之，獲其男女數千口。先是，劉彧青州刺史沈文秀、冀州刺史崔道固並遣使內附，既而彧遣招慰，復歸於彧。白曜既拔無鹽，回攻升城。肥城戍主聞軍至，棄城遁走，獲粟三十萬斛。既至升城，垣苗、麋溝二戍拒守不下。白曜以千餘騎襲麋溝，麋溝潰，自投濟水死者千餘人。擊垣苗，又破之，得粟十餘萬斛，由是軍糧充足。先是，淮陽公皮豹子等再征垣苗不克，白曜以一旬之內，頻拔四城，威震齊土。顯祖嘉焉，詔曰：「卿總率戎旅，討除不賓，霜戈所向，無不摧靡，旬日之內，克拔四城，韓白之功，何以加此？雖升城戍將房崇吉守遠不順，危亡已形，潰在旦夕。宜勉崇威略，務存長轡，不必窮兵極武，以爲勞頓。且伐罪弔民，國之令典，當招懷以德，使來蘇之澤，加於百姓。」升城不降，白曜忿之，縱兵陵城，殺數百人，崇吉夜遁。白曜撫慰其民，無所殺戮，百姓懷之。獲崇吉母妻，待之以禮。

劉彧遣其將吳憘公率衆數萬，欲寇彭城。鎮南大將軍尉元表請濟師。顯祖詔白曜赴之。白曜到瑕丘，遇患。時泗水暴竭，船不得進。憘公退，白曜因停瑕丘。會崇吉與從弟法壽盜彧盤陽城以贖母妻。白曜自瑕丘遣將軍長孫觀等率騎入自馬耳關赴之。觀至盤陽，諸縣悉降。

平東將軍長孫陵、寧東將軍尉眷東討青州，白曜自瑕丘進攻歷城。白曜乃爲書以喻之曰：「天棄劉彧，禍難滋興，骨肉兄弟，自相誅戮，君臣上下，靡復紀綱。徐州刺史薛安都、豫州刺史常珍奇、兗州刺史畢衆敬等深覩存亡，翻然歸義。故朝廷納其誠欵，委以南蕃。皆目前之見事，東西所備聞也。彼無鹽戍主申纂敢縱姦慝，劫奪行人，官軍始臨，一時授首。房崇吉固守升城，尋卽潰散。自襄陽以東，至于淮海，莫不風靡，服從正化。謂東陽、歷城有識之士，上思安都之榮顯，下念申纂之死亡，追悔前惑，改圖後悟。然執守愚迷，不能自革。猥總戎旅，掃定北方。濟黃河知十二之虛說，臨齊境想一變之清風，踟躕周覽，依然何極。故先馳書，以喻成敗。夫見機而動，周易所稱；去危就安，人事常理。若以一介爲高，不悛爲美，則微子負嫌於時，紀季受譏於世。我皇魏重光累葉，德懷無外，軍威所拂，無不披靡。固非三吳弱卒所能擬抗。況於今者，勢已土崩。劉彧威不制秣陵，政不出閫外，豈復能浮江越海，赴危救急。恃此爲援，何異於蹄涔之魚，冀拯江海。夫蝮蛇螫手則斷手，螫足則斷

足，誠忍肌體以救性命。若推義而行之，無割身之痛也，而可以保家寧宗，長守安樂。此智士所宜深思重慮，自求多福。」

道固固守不降，白曜築長圍以攻之。長孫陵等既至青州，沈文秀遣使請降。軍人入其西郭，頗有採掠，文秀悔之，遂嬰城拒守。二年，崔道固及兗州刺史梁鄒守將劉休賓並面縛而降。白曜皆釋而禮之。送道固、休賓及其僚屬于京師。後乃徙二城民望於下館，朝廷置平齊郡，懷寧、歸安二縣以居之。自餘悉爲奴婢，分賜百官。白曜雖在軍旅，而接待人物，寬和有禮。獲崇吉母妻、申纂婦女，皆別營安置，不令士卒誼雜。

乃進討東陽。冬，入其西郭。三年春，克東陽，擒沈文秀。凡獲倉粟八十五萬斛，米三千斛，弓九千張，箭十八萬八千，刀二萬二千四百，甲冑各三千三百，銅五千斤，錢十五萬；城內戶八千六百，口四萬一千，吳蠻戶三百餘。始末三年，築圍攻擊，日日交兵，雖士卒死傷，無多怨叛。督上土人租絹，以爲軍資，不至侵苦。三齊欣然，安堵樂業。克城之日，以沈文秀抗倨不爲之拜，忿而箠撻，唯以此見譏。以功拜使持節、都督青齊東徐州諸軍事、開府儀同三司、青州刺史、濟南王，將軍如故。

四年冬見誅。初乙渾專權，白曜頗所俠附，緣此追以爲責。及將誅也，云謀反叛，時論冤之。

白曜少子眞安，年十一，聞父被執，將自殺。家人止之，曰：「輕重未可知。」眞安曰：「王位高功重，若有小罪，終不至此。我何忍見父之死。」遂自縊焉。

白曜弟如意，亦從白曜平歷下，與白曜同誅。

太和中，著作佐郎成淹上表理白曜曰：

臣聞經疆啓宇，實良將之功；褒德酬庸，乃聖王之務。昔姜公杖鉞，開隆周之基；韓生秉旄，興鴻漢之業。故能賞超當時，名垂前史。若閫外功成，而流言內作，人主猜疑，良將懷懼，樂毅所以背燕，章邯所以奔楚。至如鄧艾懷忠，矯命寧國，赤心皎然，幽顯同見，而橫受屠戮，良可悲哀。及士治伐吳，〔九〕奮不顧命，萬里浮江，應機直指，使孫皓君臣，輿櫬入洛。大功亦舉，讒書驟至，內外唱和，貝錦將成，微晉武之鑒，亦幾於顚沛矣。每覽其事，常爲痛心，聖主明王，固宜深察。

臣伏見故征南大將軍、開府儀同三司、青州刺史、濟南王慕容白曜，祖父相資，世會東裔，値皇運廓被，委節臣妾。白曜生長王國，飲服道教，爵列上階，位登帝伯。〔一〇〕去天安初，江陰夷楚，敢拒王命，三方阻兵，連城岳峙。海岱蒼生，翹首拯援。聖朝乃眷南顧，思救荒黎，大議廟堂，顯擧元將，百僚同音，僉曰惟允。遂推轂委誠，授以專征之任，握兵十萬，杖鉞一方。威陵河濟則淮徐震懼，師出無鹽而申纂授首。濟北、太原，同時消潰，麇溝、垣苗，相尋奔走。及回麾東掃，道固銜璧，盤陽、梁鄒，肉袒請命。于時東陽未平，人懷去就。沈文靜、高崇仁擁衆不朝，扇擾邊服。崔僧祐、蓋次陽、陳顯達連兵淮海，水陸鋒起，揚旌而至，規援青齊。士民洶洶，莫不南顧。時兵役既久，咸有歸心，而白曜外宣皇風，內盡方略，身擐甲冑，與士卒同，安撫初附，示以恩厚。三軍懷挾纊之溫，新民欣來蘇之澤。遂使僧祐擁徒弭旆，効順軍門；文靜、崇仁棄城竄海；次陽、顯達望塵南奔。聲震江吳，風偃荆漢。及青州克平，文秀面縛，海波清靜，三齊克定，逖彼東南，永爲國有。使天府納六州之貢，濟泗息烽警之虞，開岱宗封禪之略，闢山川望秩之序。斯誠宗廟之靈，神算所授，然抑亦白曜與有力矣。

及氛翳既靜，爵命亦隆，榮燭當時，聲譽日遠。而民惡其上，妄生尤隙，因其功高，流言惑聽。巧僞亂眞，朱紫難辨，傷夷未瘳，合門屠戮。鴻勳盛德，蔑爾無聞。有識之徒，能不悽愴。

臣謂白曜策名王庭，累荷榮授，歷司出內，世載忠美。秉鉞啓蕃，折衝敵國，開疆千里，拔城十二，辛勤於戎旅之際，契闊於矢石之間，登鋒履危，志存靜亂。及方難既夷，身膺高賞，受胙河山，與國昇降，六十之年，寵靈已極。觀其立功，足明機運，豈容僥倖，更邀非望者乎？且於時，國家士馬，屯積京南，跨州連鎭，勢侔雲岳。主將驍雄，

按鉀在所，莫不殉忠死難，効節奉時。此之不可生心，白曜足知之矣。況潛逆阻兵，營岱厭亂，加以王師仍擧，州郡屠裂，齊民勞止，神膽俱喪，亡燼之衆不可與圖存，離敗之民不可與語勇哉！白曜果毅習戎，體閑兵勢，寧不知士民之不可藉，將士之不同己，據强兵之勢，因塗炭之民，而欲立非常之事，此愚夫之所弗爲也。料此推之，事可知矣。

伏惟陛下聖鑒自天，仁孝宰世，風冠宇宙，道超百王。開國以來，諸有罪犯極刑，不得骸骨者，悉聽收葬。大造之恩，振古未有。而白曜人舊功高，嬰禍淪覆，名滅國除，爵命無紹。天下衆庶，咸共哀憐，方之餘流，應有差異。願陛下揚日月之光，明勳臣之績，垂天地之施，慰僵屍之魂。使合棺定謚，歿有餘稱。選其宗近，才堪驅策，錫以微爵，繼其絕世。進可以奬勸將來，退可以顯國恩澤。使存者荷莫大之恩，死者受骨肉之惠，豈不美哉！仰惟聖明，霈然昭覽，狂瞽之言，伏待刑憲。

高祖覽表，嘉愍之。

白曜弟子契，輕薄無檢。太和初，以名家子擢爲中散，遷宰官。南安王楨有貪暴之響，遣中散閭文祖詣長安察之。文祖受楨金寶之賂，爲楨隱而不言。事發，坐之。文明太后引見羣臣，謂之曰：「前論貪清，皆云克修，文祖時亦在中，後竟犯法。以此言之，人心信不可

知。」高祖曰：「古有待放之臣，亦有離俗之士，卿等自審不勝貪心者，聽辭位歸第。」契進曰：「臣卑微小人，聞識不遠，過蒙曲照，虛忝令職。小人之心無定，帝王之法有常。以無恒之心，奉有常之法，非所克堪。乞垂退免。」高祖曰：「昔鄭相嗜魚，人有獻魚者，相曰『若取此魚，恐削名祿』，遂不肯受。契若知心不可常，卽知貪之惡矣，何爲求退？」遷宰官令，微好碎事，頗曉工作，主司厨宰，稍以見知。及營洛陽基構，征新野、南陽起諸攻具，契皆參典。太和末，以功遷太中大夫、光祿少卿、營州大中正，賜爵定陶男。正始初，除征虜將軍、營州刺史。徙都督沃野、薄骨律二鎭諸軍事，沃野鎭將，轉都督禦夷、懷荒二鎭諸軍事，平城鎭將，將軍並如故。轉都督朔州、沃野懷朔武川三鎭三道諸軍事，後將軍，朔州刺史。熙平元年卒，贈鎭北將軍、幷州刺史，謚曰克。

初，慕容破後，種族仍繁。天賜末，頗忌而誅之。時有遺免，不敢復姓，皆以「輿」爲氏。延昌末，詔復舊姓，而其子女先入掖庭者，猶號慕容，特多於他族。

契長子昇，字僧度。建興太守，遷鎭遠將軍、沃野鎭將，進號征虜將軍。甚得邊民情。和第二子僧濟，〔一一〕自奉朝請稍轉至五校。耽淫酒色，不事名行。

契弟暉，歷涇州長史、新平太守，有惠政。景明中，大使于忠賞粟二百石。卒，贈幽州刺史。

孫善，儀同開府主簿。

史臣曰：魏之諸將，罕立方面之功。尉元以寬雅之風，受將帥之任，取瑕丘如覆掌，克彭城猶拾遺，擒將馘醜，威名遠被。位極公老，聖主乞言。無乃近世之一人歟？白曜有敦正之風，出當薄伐，席卷三齊，如風靡草，接物有禮，海垂欣慰。其勞固不細矣。功名難處，追猜嬰戮，宥賢議勤，未聞於斯日也。

校勘記

〔一〕再離寒暑　通鑑卷一三二四一三六頁考異云：「蓋『再』當作『載』，是語助辭，非謂再經寒暑也。」

〔二〕瘃兀膝行者　汲、殿、局三本「兀」作「瓦」，百衲本、南本、北本作「兀」。李慈銘所見宋本也作「兀」，云：「蓋當作『尢』，卽『尪』字，俗作『尫』。」

〔三〕海內既平仍忝徐岳　册府卷三六四四三二六頁「內」作「岱」。按二句是說魏佔青齊後，尉元任徐州刺史。「海岱」指今山東一帶，作「岱」是。

〔四〕愚誠所見　諸本「愚」字缺，今據册府卷三六四四三二六頁補。

〔五〕故后王法玄猷以御世　諸本「后」訛「尹」，今據册府卷五五六一四頁改。

〔六〕故詩云孝悌之至通於神明光於四海　按「孝悌之至」三句是孝經感應章文，疑「詩」字誤，或「詩云」下本引詩，然後引孝經，傳本「云」下有脫文。

〔七〕故尊公以三　北史卷二五尉元傳「公」作「老」。按這裏是說「三老五更」，下云：「事更以五」，則上自應作「尊老以三」。「公」字當誤。

〔八〕抽恒於懷　李慈銘云：「『抽』當作『妯』，用詩『憂心且妯』也。本字作『怞』。」

〔九〕及士治伐吳　諸本「治」作「冶」。李慈銘云：「『冶』當作『治』，王濬字士治。」按李說是，「冶」字訛，今改正。

〔一〇〕位登帝伯　册府卷八七五一〇三七二頁「帝」作「嘗」，卽「常」，明本避諱改。按「帝伯」罕見。嚴可均全後魏文卷三四錄此文，也作「常」，當是以意改。「常伯」一般指侍中，初學記卷一二侍中條、御覽卷二一九侍中下引漢書典職、環濟要略，通典卷二一侍中條引干寶注漢官，都以爲見於尚書立政篇的常伯相當於漢以後的侍中。疑作「常伯」是，但此傳不言白曜曾爲侍中，今不改。

〔一一〕和第二子僧濟　北、殿、局三本「和」作「契」，百衲、南、汲三本作「和」。按上不出「和」名，不知「和」是誰，似作「契」是。但若是契次子，按傳例應云：「昇或僧度弟僧濟。」或上有脫文。北本以下當是以意改，今從百衲本。

魏書

北齊 魏收撰

第 四 冊

卷五一至卷六八（傳）

中華書局

魏書卷五十一

列傳第三十九

韓茂　皮豹子　封敕文　呂羅漢　孔伯恭

韓茂，字元興，安定安武人也。〔一〕父耆，字黃老。永興中自赫連屈丏來降，拜綏遠將軍，遷龍驤將軍、常山太守，假安武侯。仍居常山之九門。卒，贈涇州刺史，謚曰成侯。

茂年十七，膂力過人，尤善騎射。太宗曾親征丁零翟猛，茂爲中軍執幢。時有風，諸軍旌旗皆偃仆，茂於馬上持幢，初不傾倒。太宗異而問之，徵茂所屬，具以狀對。太宗謂左右曰：「記之。」尋徵詣行在所，試以騎射，太宗深奇之，以茂爲虎賁中郎將。

後從世祖討赫連昌，大破之。世祖謂諸將曰：「今若窮兵極武，非弔民之道，明年當共卿等取之。」徙其民而還。以軍功賜茂爵蒲陰子，加强弩將軍，遷侍輦郎。又從征統萬，大破之。從平平涼，當茂所衝，莫不應弦而殪。由是世祖壯之，拜內侍長，進爵九門侯，加冠

軍將軍。後從征蠕蠕，頻戰大捷。與樂平王丕等伐和龍，徙其居民。從平涼州，茂爲前鋒都將，戰功居多。遷司衞監。錄前後功，拜散騎常侍、殿中尚書，進爵安定公，加平南將軍。從破薛永宗，伐蓋吳。轉都官尚書。從征懸瓠，頻破賊軍。車駕南征，分爲六道，茂與高涼王那出青州。諸軍渡淮，降者相繼，拜茂徐州刺史以撫之。車駕還，以茂爲侍中、尚書左僕射，加征南將軍。世祖崩，劉義隆遣將檀和之寇濟州，南安王余令茂討之。至濟州，和之遁走。

高宗踐阼，拜尚書令，加侍中、征南大將軍。茂沉毅篤實，雖無文學，每論議合理。爲將，善於撫衆，勇冠當世，爲朝廷所稱。太安二年夏，領太子少師，冬卒。贈涇州刺史、安定王，謚曰桓王。

長子備，字延德。初爲中散，賜爵江陽男，加揚烈將軍。又進爵行唐侯，拜冠軍將軍、太子庶子。遷寧西將軍，典遊獵曹，加散騎常侍。襲爵安定公、征南大將軍。卒，贈雍州刺史，謚曰簡公。

備弟均，字天德。少而善射，有將略。初爲中散，賜爵范陽子，加寧朔將軍。遷金部尚書，加散騎常侍。兄備卒，無子，均襲爵安定公、征南大將軍。出爲使持節、散騎常侍、本將軍、定州刺史，轉青冀二州刺史，餘如故。恤民廉謹，甚有治稱。廣阿澤在定、冀、相三州

之界，土廣民稀，多有寇盜，乃置鎮以靜之。以均在冀州，劫盜止息，除本將軍、廣阿鎮大將，加都督三州諸軍事。均清身率下，明爲耳目，廣設方略，禁斷姦邪，於是趙郡屠各、西山丁零聚黨山澤以劫害爲業者，均皆誘慰追捕，遠近震跼。先是，河外未賓，民多去就，故權立東青州爲招懷之本，新附之民，咸受優復。然舊人姦逃者，多往投焉。均表陳非便，朝議罷之。後均所統，劫盜頗起，顯祖詔書誚讓之。又以五州民戶殷多，編籍不實，以均忠直不阿，詔均檢括，出十餘萬戶。復授定州刺史，輕徭寬賦，百姓安之。延興五年卒，謚曰康公。子寶石襲爵。

均弟天生，爲內廐令，後典龍牧曹。出爲持節、平北將軍、沃野鎮將。

皮豹子，漁陽人。少有武略。泰常中，爲中散，稍遷內侍左右。世祖時，爲散騎常侍，賜爵新安侯，加冠軍將軍。又拜選部尚書，餘如故。出除使持節、侍中、都督秦雍荆梁四州諸軍事、安西將軍、開府儀同三司，進爵淮陽公，鎮長安。尋加征西將軍。後坐盜官財，徙於統萬。

眞君三年，劉義隆遣將裴方明等侵南秦王楊難當，遂陷仇池。世祖徵豹子，復其爵位。

尋拜使持節、仇池鎮將，督關中諸軍，與建興公古弼等分命諸將，十道並進。四年正月，豹子進擊樂鄉，大破之，擒義隆將王奐之、王長卿等六人，斬首三千餘級，俘獲二千人。豹子進軍下辨，義隆將强玄明、辛伯奮棄城遁走，追斬之，悉獲其衆。義隆使其秦州刺史胡崇之鎮仇池，至漢中，聞官軍已西，懼不敢進，方明益其兵而遣之。豹子與司馬楚之至於濁水，擊擒崇之，盡虜其衆。進至高平，義隆將姜道祖降，仇池平。

未幾，諸氐復反，推楊文德爲主以圍仇池。古弼率諸軍討平之。時豹子次于下辨，聞圍解，欲還。弼遣使謂豹子曰：「賊耻其負敗，必求報復，後舉爲難，不如陳兵以待之。」豹子以爲然。尋除都督秦、雍、荆、梁、益五州諸軍事，進號征西大將軍，開府、仇池鎮將、持節、公如故。十一月，義隆復遣楊文德、姜道盛率衆二萬人寇濁水，別遣將青陽顯伯守斧山以拒豹子。濁水城兵射殺道盛，豹子至斧山，斬顯伯，悉俘其衆。豹子又與河間公元齊俱會于濁水，賊衆震恐，棄其兵甲夜遁。初，南秦王楊難當歸命，詔送楊氏子弟詣京師，文德以行賂得留，亡奔漢中。義隆以文德爲武都王，給兵二千人守葭蘆城，招誘氐羌，於是武都、陰平五部氐民叛應文德。詔豹子率諸軍討之，文德阻兵固險拒豹子。文德將楊高來降，引諸軍向其城，文德棄城南走，收其妻子、僚屬、軍資及故武都王保宗妻公主送京師。義隆白水太守郭啓玄率衆救文德，豹子分軍逆擊，大破之，啓玄、文德走還漢中。

興安二年正月，義隆遣其將蕭道成、王虬、馬光等入漢中，別令楊文德、楊頭等率諸氐羌圍武都。城中拒之，殺賊二百餘人。豹子分兵將救之，至女磊，聞賊停軍，豹子遣人於祁山取馬，欲往赴援。文德謂豹子欲斷其糧運，回軍還入覆津，據險自固。義隆恐其輒回，又增兵益將，令晉壽、白水送糧覆津，漢川、武興運粟甘泉，皆置倉儲。豹子表曰：「義隆增兵運糧，剋必送死。臣所領之衆，本自不多，唯仰民兵，專恃防固。其統萬、安定二鎮之衆，從戎以來，經三四歲，長安之兵，役過期月，未有代期，衣糧俱盡，形顏枯悴，窘切戀家，逃亡不已，既臨寇難，不任攻戰。士民姦通，知臣兵弱，南引文德，共爲脣齒。計文德去年八月與義隆梁州刺史劉秀之同征長安，聞臺遣大軍，勢援雲集，長安地平，用馬爲便，畏國騎軍，不敢北出。但承仇池局人，〔二〕稱臺軍不多，戍兵尠少，諸州雜人，各有還思，軍勢若及，必自奔逃，進軍取城，有易返掌。承信其語，回趣長安之兵，遣文德、蕭道成、王虬等將領，來攻武都、仇池，望連秦隴。進圍武都，已經積日，畏臣截後，斷其糧路，關鎮少兵，未有大損。今外寇兵强，臣力寡弱，拒賊備敵，非兵不擬，乞選壯兵，增戍武都，牢城自守，可以無患。今事已切急，若不馳聞，損失城鎮，恐招深責。願遣高平突騎二千，賫糧一月，速赴仇池。且可抑折逆民，支對賊虜。須長闕、上邽、安定戍兵至，〔三〕可得自全。糧者，民之命也，雖有金城湯池，無糧不守。仇池本無儲積，今歲不收，苦高平騎至，〔四〕不知云何以得供援。請

遣秦州之民，送軍祁山，臣隨迎致。」詔高平鎮將苟莫于率突騎二千以赴之，道成等乃退。徵豹子爲尚書，出爲內都大官。

劉駿遣其將殷孝祖修兩當城於清東以逼南境，天水公封敕文擊之，不克。詔豹子與給事中周丘等助擊之。豹子以南寇城守，攻圍費日，遂略地至高平。劉駿瑕丘鎮遣步卒五千助戍兩當，去城八里，與豹子前鋒候騎相遇，卽便交戰，豹子軍繼至，大破之。縱騎追擊殺之，至於城下，其免者十餘人而已。城內恐懼，不敢出救。既而班師。

先是，河西諸胡，亡匿避命。豹子及前涇州刺史封阿君督河西諸軍南趣石樓，與衞大將軍、樂安王良以討羣胡。豹子等與賊相對，不覺胡走，無捷而還，又坐免官。尋以前後戰功，復擢爲內都大官。和平五年六月，卒。高宗追惜之，贈淮陽王，謚曰襄，賜命服一襲。

子道明，襲爵。

道明第八弟喜。高宗以其名臣子，擢爲侍御中散，遷侍御長。高祖初，吐谷渾拾寅部落飢窘，侵掠澆河，〔五〕大爲民患。詔假喜平西將軍、廣川公，領涼州、枹罕、高平諸軍，與上黨王長孫觀討拾寅。又拜爲使持節、侍中、都督秦雍荆梁益五州諸軍事、本將軍、開府、仇池鎮將，假公如故，以其父豹子昔鎮仇池有威信故也。喜至，申恩布惠，夷民大悅，酋帥强

奴子等各率戶歸附，於是置廣業、固道二郡以居之。徵爲南部尚書，賜爵南康侯，加左將軍。

太和元年，劉準葭蘆戍主楊文度遣弟鼠竊據仇池，詔喜率衆四萬討鼠。軍到建安，鼠棄城南走。進次濁水，遣平西將軍楊靈珍擊文度所置仇池太守楊眞，眞衆潰，僅而得免。喜遂軍於覆津。文度將強大黑固守津道，懸崖險絕，偏閣單行。喜部分將士，攀崖涉水，衝擊大黑，大黑潰走，追奔西入。攻葭蘆城，拔之，斬文度，傳首京師，殺一千餘人。詔曰：「夫忠臣生於德義之門，智勇出於將相之族。往年氐羌放命，侵竊邊戍，都將皮喜、梁醜奴等，或資父舊勳，或身建殊效，威名著於庸漢，公義列於天府，故授以節鉞，委閫外之任。並罄力盡銳，克荷所司，霜戈始動，蟻賊奔散，仇池旋復，民夷晏安。及討葭蘆，又梟凶醜。元惡俱殲，闚闖永息，朕甚嘉之。其所陳計略，商校利害，料其應否，寧邊益國，事之可也。今軍威既振，羣愚懾服，革弊崇新，有易因之勢，寬猛之宜，任其量處，應立郡縣者，亦聽銓置。其楊文度、楊鼠親屬家累，部送赴臺。仇池，南秦之根本，守禦資儲，特須豐積，險阻之要，尤宜守防，令奸覘之徒，絕其僥倖。勉勤戎務，綏靜新俗，懷民安土，稱朕意焉。」

又詔喜等曰：「卿受命專征，薄伐邊寇，軍威所及，即皆平蕩，復仇池之舊鎮，破葭蘆之新邦，梟擒首逆，克剪凶黨，勳庸之美，朕無間然。仇池國之要蕃，防守事宜，尤須完實。從

前以來，駱谷置鎮，是以姦賊息闚闖之心，邊城無危敗之禍，近由徙就建安，致有往年之役。前敕卿等，部率兵將，駱谷築城，雖有一時之勸，終致永延之固。而卿等不祗詔命，至于今日，徒使兵人稽頓，無事閑停，方復曲辭，表求罷下，豈是良將忘身、憂國盡忠之謂也？諸州之兵，已復一歲，宜暫戮力，成此要功。卿等表求來年築城，豈不更勞兵將？孰若因今兵勢，即令就之，一勞永逸，事不再舉也。今更給軍糧一月，速於駱谷築城，使四月盡必令成就訖。若不時營築，乃築而不成，成而不固，以軍法從事。」

南天水郡民柳旂據險不順，喜率衆討滅之。轉散騎常侍、安南將軍、豫州刺史。詔讓其在州寬怠，以飲酒廢事，威不禁下，遣使者就州決以杖罰。七年卒，贈以本官，諡曰恭公。子承宗襲爵。

喜弟雙仁，冠軍將軍、仇池鎮將。

封敕文，代人也。祖豆，皇始初領衆三萬東征幽州，平定三郡，拜幽州刺史。後爲使持節、都督冀青二州諸軍事、前將軍、開府、冀青二州刺史、關內侯。父涅，太宗時爲侍御長。卒，贈龍驤將軍、定州刺史、章武侯，諡曰隱。

敕文，始光初爲中散，稍遷西部尚書。出爲使持節、散騎常侍、鎮西將軍、開府、領護西夷校尉、秦益二州刺史，賜爵天水公，鎮上邽。詔敕文率步騎七千征吐谷渾慕利延兄子拾歸於枹罕，衆少不能制，詔遣安遠將軍、廣川公乙烏頭等二軍與敕文會隴右。軍次武始，拾歸夜遁。敕文引軍入枹罕，虜拾歸妻子及其民戶，分徙千家於上邽，留烏頭守枹罕。

金城邊冏、天水梁會謀反，扇動秦益二州雜人萬餘戶，據上邽東城，[六]攻逼西城。敕文先已設備，殺賊百餘人，被傷者衆，賊乃引退。冏、會復率衆四千攻城。氐羌一萬屯於南嶺，休官、屠各及諸雜戶二萬餘人屯於北嶺，爲冏等形援。敕文遣二將領騎二百設備門內，別令騎出擊之。既而僞退，冏率衆騰逐，敕文輕騎橫衝，大破之，斬冏。而北嶺之賊，從高射敕文軍人，飛矢如雨，梁會得奔北嶺，騎乃引還。復推會爲主。敕文分兵二百人突入南城，燒其門樓，賊見火起，衆皆驚亂。又遣步卒攻門，克之，便率騎士馳入，賊餘衆開門出走，奔入東城，乘背追擊，殺千餘人。

安豐公閭根率軍助敕文。敕文表曰：「安定逆賊帥路那羅遣使齎書與逆帥梁會，會以那羅書射於城中，那羅稱纂集衆旅，剋期助會。又仇池城民李洪，自稱應王，天授玉璽，擅作符書，誑惑百姓。梁會遣使招引楊文德，而文德遣權壽胡將兵二十人來到會間，扇動州土，云李洪自稱應王，兩雄不並，若欲須我，先殺李洪，我當自往。梁會欲引致文德，誘說李

洪來入東城，即斬洪首，送與文德。仇池鎮將、淮陽公臣豹子遣使潛行，以今月二十四日來達臣鎮，稱文德受劉義隆職爵，領兵聚衆，在仇池境中，沮動民人，規竊城鎮。且梁會反逆以來，南勾文德，援勢相連，武都氐羌盡相脣齒，爲文德起軍，所在屯結，兵衆已集，剋來不遠。臣備邊鎮，與賊相持，賊在東城，隔牆而已。但以腹背有敵，攻城有疑，討度文德，[七]剋來助會。若文德既至，百姓響應，賊黨遂甚，用功益難。今文德未到，麥復未熟，事宜速擊，於時爲便。伏願天鑒，時遣大軍，助臣誅翦。」

表未及報，梁會謀欲逃遁。先是，敕文掘重壍於東城之外，斷賊走路。夜中，會乃車陳飛梯，騰壍而走。敕文先嚴兵於壍外拒鬭，從夜至旦。敕文謀於衆曰：「困獸猶鬭，而況於人。賊衆知無生路，人自致死，必傷士衆，未易可平。若開其生路，賊必上下離心，克之易矣。」衆咸以爲然。初敕文以白虎幡宣告賊衆曰：「若能歸降，原其生命。」應時降者六百餘人。會知人心沮壞，於是分遁。敕文縱騎躡之，死者太半，俘獲四千五百餘口。

略陽王元達因梁會之亂，聚衆攻城，招引休官、屠各之衆，推天水休官王官興爲秦地王。敕文與臨淮公莫眞討之，軍次略陽，敕文遣使慰喻。而元達等三千餘人屯於松多川。乃部分諸軍，三道並攻。賊出營拒戰，大破之，俘三千人。高宗時，與新平公周盆擊劉駿將殷孝祖於清東，不克。天安元年五月卒。

長子萬護，讓爵於弟翰。於時讓者惟萬護及元氏侯趙辟惡子元伯讓其弟次興，朝廷義而許之。

翰族孫靜，世宗時，歷位征虜將軍、武衞將軍、太子左衞率，以幹用稱。延昌中，遷平北將軍、恒州刺史，臨朐子。後坐事免。卒。

子熙，奉朝請。遷員外散騎侍郎、給事中，與薛曇尙迎蠕蠕主婆羅門於涼州。又除鎭遠將軍、河陰令。卒，贈輔國將軍、朔州刺史。

子纘，武定末，潁川太守。

呂羅漢，本東平壽張人。其先，石勒時徙居幽州。祖顯，字子明。少好學，性廉直，鄉人有分爭者皆就而質焉。慕容垂以爲河間太守。皇始初，以郡來降，太祖嘉之，賜爵魏昌男，拜鉅鹿太守。清身奉公，務存贍邺，妻子不免飢寒。民頌之曰：「時惟府君，克己清明。緝我荒土，民胥樂生。願壽無疆，以享長齡。」卒官。父溫，字晞陽。善書，好施，有文武才略。世祖伐赫連昌，以溫爲幢將。先登陷陳，每戰必捷，以功拜宣威將軍、奉車都尉。出爲秦州司馬，遷上黨太守，善勸課，有治名。卒，贈平遠將軍、豫州刺史、野王侯，謚曰敬。

羅漢仁篤愼密，弱冠以武幹知名。父溫之佐秦州，羅漢隨侍。隴右氐楊難當率衆數萬寇上邽，秦民多應之。鎭將元意頭知羅漢善射，共登西城樓，令羅漢射難當隊將及兵二十三人，應弦而殪。賊衆轉盛，羅漢進計曰：「今若不出戰，示敵以弱，衆情攜貳，大事去矣。」意頭善之，卽簡千餘騎令羅漢出戰。羅漢與諸騎策馬大呼，直衝難當軍，衆皆披靡。殺難當左右隊騎八人，難當大驚。會世祖賜難當璽書，責其跋扈，難當乃引還仇池。意頭具以狀聞，世祖嘉之，徵爲羽林中郎。

上邽休官呂豐、屠各王飛廉等八千餘家，〔八〕據險爲逆，詔羅漢率騎一千討擒之。從征懸瓠，羅漢與琅邪王司馬楚之覩前招慰，降者九千餘戶。比至盱眙，頻破賊軍，擒其將顧儼、李觀之等。以功遷羽林中郎、幢將，賜爵烏程子，加建威將軍。及南安王余立，羅漢猶典宿衞，高宗之立，羅漢有力焉。遷少卿，仍幢將，進爵野王侯，加龍驤將軍。拜司衞監，遷散騎常侍、殿中尙書，進爵山陽公，加鎭西將軍。及蠕蠕犯塞，顯祖討之，羅漢與右僕射南平公元目振都督中外軍事。

出爲鎭西將軍、秦益二州刺史。時仇池氐羌反，攻逼駱谷，鎭將吳保元走登百頃，請援於羅漢。羅漢帥步騎隨長孫觀掩擊氐羌，大破之，斬其渠帥，賊衆退散。詔羅漢曰：「卿以勞勤獲敍，才能致用，內總禁旅，外臨方岳，褒寵之隆，可謂備矣。自非盡節竭誠，將何以垂名竹帛？仇池接近邊境，兵革屢興，旣勞士卒，亦動民庶，皆由鎭將不明，綏禁不理之所致也。卿應機赴擊，殄此兇醜。隴右土險，民亦剛悍，若不導之以德，齊之以刑，寇賊莫由可息，百姓無以得靜。朕垂心治道，欲使遠近清穆，卿可召集豪右，擇其事宜，以利民爲先，益國爲本，隨其風俗，以施威惠。其有安土樂業、奉公勤私者，善加勸督，無奪時利。明相宣告，稱朕意焉。」

涇州民張羌郎扇惑隴東，聚衆千餘人，州軍討之不能制。羅漢率步騎一千擊羌郎，擒之。仇池氐羌叛逆遂甚，所在蜂起，道路斷絕。其賊帥蛩廉、符祈等皆受劉昱官爵、鐵券。略陽公伏阿奴爲都將，與羅漢赴討，所在破之，生擒廉、祈等。秦益阻遠，南連仇池，西接赤水，諸羌恃險，數爲叛逆。自羅漢莅州，撫以威惠，西戎懷德，土境帖然。高祖詔羅漢曰：「朕總攝萬幾，統臨四海，思隆古道，光顯風敎，故內委羣司，外任方牧，正是志士建節之秋，忠臣立功之會。然赤水羌民，遠居邊土，非卿善誘，何以招輯？卿所得口馬，表求貢奉，朕嘉乃誠，便敕領納。其馬印付都牧，口以賜卿。」

徵拜內都大官，聽訟察獄，多得其情。太和六年，卒於官。高祖深悼惜之，賜命服一襲，贈以本官，謚曰莊公。

長子興祖，襲爵山陽公，後例降爲侯。景明元年卒。

興祖弟伯慶，爲中散，咸陽王禧郎中令。

伯慶弟世興，校書郎。

羅漢弟大檀，爲中散、恒農太守。

大檀弟豹子，東萊鎭將。後改鎭爲州，行光州事。

豹子弟七寶，侍御中散。遷少卿，出爲假節、龍驤將軍、東雍州刺史。

孔伯恭，魏郡鄴人也。父昭，始光初，以密皇后親，賜爵汝陰侯，加安東將軍，徙爵魏縣侯，遷安南將軍。昭性柔曠，有才用。出爲趙郡太守，治有能名。徵拜光祿大夫，轉中都大官，善察獄訟，明於政刑。遷侍中、鎭東將軍、幽州刺史，進爵魯郡公。和平二年卒，謚曰康公。長子羅漢，東宮洗馬。次伯恭，以父任拜給事中。後賜爵濟陽男，加鷹揚將軍。出爲安南將軍、濟州刺史，進爵城陽公。入爲散騎常侍。

顯祖初，劉彧徐州刺史薛安都以彭城內附，彧遣將張永、沈攸之等擊安都，安都上表請援。顯祖進伯恭號鎭東將軍，副尙書尉元救之。軍次于秺，賊將周凱聞伯恭等軍至，棄衆遁走。張永仍屯下磕，永輜重在武原，伯恭等攻而克之。永計無所出，引師而退。時皇興元年正月，天大寒雪，泗水冰合，永與攸之棄船而走，伯恭等進擊，首虜及凍死甚衆。八月，伯恭以書喻下邳、宿豫城內曰：「劉彧肆逆滔天，弗鑒靈命，猶謂絕而復興，長江可恃，敢遣張永、周凱等率此蟻衆，送死彭城。大軍未臨，逆首奔潰。今乘機電舉，當屠此城，遂平吳會，弔民伐罪。幸時歸款，自求多福。」時攸之、吳憘公等率衆數萬來援下邳，屯軍焦墟曲，去下邳五十餘里。伯恭遣子都將侯汾等率騎五百在水南，奚升等五百餘騎在水北，南北邀之。伯恭密造火車攻具，欲水陸俱進。攸之等既聞，將戰，引軍退保樊階城。伯恭又令子都將孫天慶等步騎六千向零中峽，斫木斷清水路。劉彧寧朔將軍陳顯達領衆二千溯清而上，以迎攸之，屯于睢清合口。伯恭率衆渡水，大破顯達軍，俘斬十九。攸之聞顯達軍敗，順流退下。伯恭部分諸將，夾清南北尋攸之軍後。伯恭從睢陵城東向零中峽，分軍爲二道，遣司馬范師子等在清南，伯恭從清西，與攸之合戰，遂大破之，斬其將姜產之、高遵世及丘幼弼、丘隆先、沈榮宗、陸道景等首，攸之、憘公等輕騎遁走。乘勝追奔八十餘里，軍資器械，虜獲萬計。進攻宿豫，劉彧戍將魯僧遵棄城夜遁。又遣將孔太恒等領募騎一千南討淮陽，彧太守崔武仲焚城南走，遂據淮陽。二年，以伯恭爲散騎常侍、都督徐南兗州諸軍事、鎮東將軍、彭城鎮將、東海公。三年十月卒，贈鎮東大將軍、東海王，謚曰桓。

伯恭弟伯孫，爲中書□士，〔九〕襲父爵魯郡公。拜鎮東將軍、東萊鎮將，轉本將軍、東徐

州刺史。坐事免官，卒于家。

史臣曰：韓茂、皮豹子、封敕文、呂羅漢、孔伯恭之爲將也，皆以沉勇篤實，仁厚撫衆。功成事立，不徒然矣。與夫苟要一戰之利，僥幸暫勝之名，豈同年而語也。

校勘記

〔一〕安定安武人也　諸本「安武」作「武安」，北史卷三七韓茂傳作「安武」。按武安屬魏郡卷一〇六上地形志上，不屬安定；安武屬豳州西北地郡。卷一〇六下地形志下「安武」下注云：「前漢屬安定，後漢晉罷，後復，屬。」這裏當是用漢代郡縣名。「武安」乃「安武」倒誤，下云「假安武侯」，亦可證，今據乙。

〔二〕但承仇池局人　諸本「局」下注云：「本或作『旬』，或作『勾』，皆疑。」

〔三〕須長闕上邽安定戍兵至　按所闕當是「安」字。

〔四〕苦高平騎至　按「苦」當是「若」之訛。

〔五〕侵掠澆河　諸本「掠」作「涼」，北史卷三七皮豹子傳作「掠」。按「涼」字無義，卷一〇一吐谷渾傳云：「拾寅部落大饑，屢寇澆河。」知作「掠」是，今據北史改。又「澆」字下諸本都注云：「一作『洮』。」按澆河城見水經注卷二河水篇，吐谷渾傳及北史都作「澆河」。隋書卷二九地理志澆河郡下注云「後周置洮河郡」，是「洮河」之名後起。這裏作「澆」是。

〔六〕據上邽東城　北史卷三七封敕文傳「東城」下有「南城」二字。按下文說敕文「分兵二百人，突入南城」，知邊冏、梁會佔領上邽的東、南二城，這裏「東城」下當脫「南城」二字。

〔七〕討度文德　殿本考證和李慈銘都說「討」字乃「計」字之訛。

〔八〕上邽休官呂豐屠各王飛廉等八千餘家　北史卷三七呂羅漢傳、册府卷四二六五〇七六頁「廉」作「鹿」。按册府錄魏書而與北史同，疑作「鹿」是。

〔九〕爲中書□士　按所闕字當是「博」字。北魏前期未設立國子學，於中書省置博士及學生。

魏書卷五十二

列傳第四十

趙逸　胡方回　胡叟　宋繇　張湛　宗欽　段承根
闞駰　劉昞　趙柔　索敞　陰仲達

趙逸，字思羣，天水人也。十世祖融，漢光祿大夫。父昌，石勒黃門郎。逸好學夙成，仕姚興，歷中書侍郎。爲興將齊難軍司，征赫連屈丐。難敗，爲屈丐所虜，拜著作郎。世祖平統萬，見逸所著，曰：「此豎無道，安得爲此言乎！作者誰也？其速推之。」司徒崔浩進曰：「彼之謬述，亦猶子雲之美新，皇王之道，固宜容之。」世祖乃止。拜中書侍郎。神䴥三年三月上巳，帝幸白虎殿，命百僚賦詩，逸製詩序，時稱爲善。久之，拜寧朔將軍、赤城鎮將，綏和荒服，十有餘年，百姓安之。頻表乞免，久乃見許。性好墳素，白首彌勤，年踰七十，手不釋卷。凡所著述，詩、賦、銘、頌，五十餘篇。

逸兄溫，字思恭。博學有高名，姚泓天水太守。劉裕滅泓，遂沒於氐。氐王楊盛，盛子難當，既有漢中，以溫爲輔國將軍、秦梁二州刺史。及難當稱蕃，世祖以溫爲難當府司馬。卒于仇池。

長子廣夏，中書博士。第三子琰。語在孝感傳。

初，姚萇以逸伯父遷爲尚書左僕射，卒于長安。劉裕滅姚泓，徙遷子孫於建業。遷玄孫翼、翼從子超宗、令勝、遐、叔隆、穆等，太和、景明中，相尋歸降。

翼，粗涉書傳，通率有器藝。初爲平昌太守，甚有治稱。入歷軍校，加鎮遠將軍長史，深爲領軍元叉所知待。遷光祿大夫。卒，贈左將軍、齊州刺史。

超宗，身長八尺，頗有將略。太和末，爲豫州平南府長史，帶汝南太守，加建威將軍，賜爵尋陽伯。入爲驍騎將軍。超宗在汝南，多所受納，貨賂太傅北海王詳，詳言之於世宗，除持節、征虜將軍、岐州刺史。徙河東太守，卒官。超宗在河東，更自修厲，清靖愛民，百姓追思之。贈本將軍、華州刺史，謚曰成伯。

子懿，襲爵。歷員外常侍、尚書郎。

超宗弟令勝，亦長八尺，疏狂有膂力。歷河北、恒農二郡太守，並坐貪暴，爲御史所彈，遇赦免。神龜末，自後將軍、太中大夫出爲恒農太守，卒官。令勝寵惑妾潘，離棄其妻羊氏，夫妻相訟，迭發陰私，醜穢之事，彰於朝野。

遐，初爲軍主，從高祖征南陽。景明初，爲梁城戍主，被蕭衍將攻圍。以固守及戰功，封牟平縣開國子，食邑二百戶。

後以左軍將軍、假征虜將軍、督巴東諸軍事，鎮南鄭。時蕭衍冠軍將軍、軍主姜脩衆二萬屯羊口，輔國將軍姜白龍據南城，龍驤將軍泉建率土民北入桑坯，姜脩又分軍據興勢，龍驤將軍譚思文據夾石，司州刺史王僧炳頓南安，並扇動夷獠，規翻南鄭。遐率甲士九千，所在衝擊，數百里中，莫不摧靡，前後斬首五千餘級。

還，以輔國將軍出爲滎陽太守。時蕭衍將馬仙琕率衆攻圍朐城，戍主傅文驥嬰城固守。以遐持節、假平東將軍爲別將，與劉思祖等救之。次於鮑口，去朐城五十里，夏雨頻降，厲涉長驅，將至朐城。仙琕見遐營壘未就，徑來逆戰。思祖率彭沛之衆，望陳奔退。遐孤軍奮擊，獨破仙琕，斬其直閤將軍、軍主李魯生，直後軍主葛景羽等。仙琕先分軍於朐城之西，阻水列柵，以圍固城。遐身自潛行，覩水深淺，結草爲筏，銜枚夜進，破其六柵，遂解固城之圍。進救朐城，都督盧昶率大軍繼之。未幾而文驥力竭，以城降賊，衆軍大崩。昶棄其節

傳，輕騎而走，惟遐獨握節而還。時仲冬寒盛，兵士凍死者，朐山至於郯城二百里間僵尸相屬。昶儀衞失盡，於郯城借假節以爲軍威。[一]遐坐失利，免官。延昌中，起爲光祿大夫、使持節、假前將軍爲別將，防捍西荊，又爲別將隸蕭寶夤，東征淮堰。熙平初，出爲平西將軍、汾州刺史，在州貪濁，聞於遠近。卒，贈安南將軍、豫州刺史，謚曰襄。

子子獻，襲爵。子獻第四弟子素，司空長流參軍。

叔隆，步兵校尉。永平初，同縣瓠城民白早生之逆。鎮南邢巒平豫州，獲而宥之。後以貨自通，得爲秦州〔鎮〕西府長史，加鎮遠將軍。秦州殷富，去京懸遠，叔隆與敕使元脩義同心聚斂，納貨巨萬。拜冠軍將軍、中散大夫。尋遷左軍將軍、太中大夫。賂司空劉騰，出爲中山內史，在郡無德政，專以貨賄爲事。叔隆姦詐無行，忘背恩義。懸瓠之免，是其族人前軍將軍趙文相之力，後無報德之意，更與文相斷絕，文相長者，不以爲恨。及文相爲汝南內史，猶經紀其家。後文相卒，叔隆了不恤其子弟，時論賤薄之。

穆，善書記，有刀筆之用。爲汾州平西府司馬。翼臨亡，以穆託領軍元叉，以穆爲汝南內史。

胡方回，安定臨涇人。父義周，姚泓黃門侍郎。方回，赫連屈丐中書侍郎。涉獵史籍，辭彩可觀，爲屈丐統萬城銘、蛇祠碑諸文，頗行於世。世祖破赫連昌，方回入國。雅有才尚，未爲時所知也。後爲北鎮司馬，爲鎮修表，有所稱慶。世祖覽之，嗟美，問誰所作。既知方回，召爲中書博士，賜爵臨涇子。遷侍郎，與太子少傅游雅等改定律制。司徒崔浩及當時朝賢，並愛重之。清貧守道，以壽終。

子始昌，亦長者，有父風。歷位至南部主書。

子醜孫，中書學生、祕書郎、中散。世不治產業，家甚貧約。兄弟並早亡。

胡叟，字倫許，安定臨涇人也。世有冠冕，爲西夏著姓。叟少聰敏，年十三，辨疑釋理，知名鄉國，其意之所悟，與成人交論，尠有屈焉。學不師受，友人勸之，叟曰：「先聖之言，精義入神者，其唯易乎？猶謂可思而過半。末世腐儒，粗別剛柔之位，寧有探賾未兆者哉。就道之義，非在今矣。」及披讀羣籍，再閱於目，皆誦於口。好屬文，既善爲典雅之詞，又工爲鄙俗之句。以姚政將衰，遂入長安觀風化，隱匿名行，懼人見知。時京兆韋祖思，少閱典墳，

多蔑時輩，知叟至，召而見之。祖思習常，待叟不足，叟聊與敍溫涼，拂衣而出。祖思固留之，曰：「當與君論天人之際，何遽而反乎？」叟對曰：「論天人者其亡久矣，與君相知，何夸言若是也。」遂不坐而去。至主人家，賦韋杜二族，一宿而成，時年十有八矣。其述前載，無違舊美，敍中世有協時事，而末及鄙黷。人皆奇其才，畏其筆。世猶傳誦之，以爲笑狎。

叟孤飄坎壈，未有仕路，遂入漢中。劉義隆梁秦二州刺史馮翊吉翰，以叟才士，頗相禮接。授叟末佐，不稱其懷。未幾，翰遷益州，叟隨入蜀，多爲豪儁所尚。時蜀沙門法成，鳩率僧旅，幾于千人，鑄丈六金像。劉義隆惡其聚衆，將加大辟。叟聞之，即赴丹陽，啓申其美，遂得免焉。復還於蜀。法成感之，遺其珍物，價直千餘匹。叟謂法成曰：「緯蕭何人，能棄明珠？吾爲德請，財何爲也？」一無所受。

在益土五六載，北至楊難當，乃西入沮渠牧犍，遇之不重。叟亦本無附之之誠，乃爲詩示所知廣平程伯達。其略曰：「羣犬吠新客，佞闇排疏賓。直途既以塞，曲路非所遵。望衞惋祝鮀，眄楚悼靈均。何用宣憂懷，託翰寄輔仁。」伯達見詩，謂叟曰：「涼州雖地居戎域，然自張氏以來，號有華風。今則憲章無虧，曷祝鮀之有也？」叟曰：「古人有言：君子聞鞞鼓之聲，則思戰爭之士。貴主奉正朔而弗淳，慕仁義而未允，地陋僻而僭徽號。居小事大，寧若茲乎？徐偃之轍，故不旋踵矣。吾之擇木，夙在大魏，與子暫違，非久闊也。」歲餘，牧犍破降。

叟既先歸國，朝廷以其識機，拜虎威將軍，賜爵始復男。家於密雲，蓬室草筳，惟以酒自適。謂友人金城宗舒曰：「我此生活，似勝焦先，志意所栖，謝其高矣。」後叟被徵至，謝恩，并獻詩一篇。高宗時召叟及舒，並使作檄劉駿、蠕蠕文。舒文劣於叟，舒尋歸家。叟不治產業，常苦飢貧，然不以爲恥。養子字螟蛉，以自給養。每至貴勝之門，恒乘一牸牛，弊韋袴褶而已。作布囊，容三四斗，飲噉醉飽，便盛餘肉餅以付螟蛉。見車馬榮華者，視之蔑如也。尚書李敷，嘗遺之以財，都無所取。初叟一見高允，曰：「吳鄭之交，以紵縞爲美談，吾之於子，以弦韋爲幽贄，以此言之，彼可無愧也。」於允館見中書侍郎趙郡李璨，璨被服華靡，叟貧老衣褐，璨頗忽之。叟謂之曰：「老子今若相許，脫體上袴褶衣帽，君欲作何計也？」譏其惟假盛服。璨惕然失色。

叟少孤，每言及父母，則淚下，若孺子之號。春秋當祭之前，則先求旨酒美膳，將其所知廣寧常順陽、馮翊田文宗、上谷侯法儁，攜壺執榼，至郭外空靜處，設坐奠拜，盡孝思之敬。時敦煌氾潛，家善釀酒，每節，送一壺與叟。著作佐郎博陵許赤虎、河東裴定宗等謂潛曰：〔三〕「再三之惠，以爲過厚，子惠於叟，何其恒也？」潛曰：「我恒給祭者，以其恒於孝思也。」論者以潛爲君子矣。順陽等數子，稟叟獎示，頗涉文流。

高閭曾造其家，值叟短褐曳柴，從田歸舍，爲閭設濁酒蔬食，皆手自辦集。其館宇卑陋，

園疇褊局，而飯菜精潔，醯醬調美。見其二妾，並年衰跛眇，衣布穿弊。閭見其貧約，以物直十餘匹贈之，亦無辭愧。閭作宣命賦，叟爲之序。密雲左右，皆祗仰其德，歲時奉以麻布穀麥，叟隨分散之，家無餘財。年八十而卒。

叟元妻敦煌宋氏，先亡，無子，後庶養者，亦皆早夭，竟以絕後。叟死，無有家人營主凶事，胡始昌迎而殯之于家，葬於墓次，即令一弟繼之，襲其爵始復男、虎威將軍。叟與始昌雖爲宗室，而性氣殊詭，不相好附，於其存也，往來乃簡，及亡而收恤至厚，議者以爲非必敦哀疏宗，或緣求利品秩也。

宋繇，字體業，敦煌人也。曾祖配，祖悌，世仕張軌子孫。父寮，張玄靚龍驤將軍、武興太守。繇生而寮爲張邕所誅。五歲喪母，事伯母張氏以孝聞。八歲而張氏卒，居喪過禮。繇少而有志尚，喟然謂妹夫張彥曰：「門戶傾覆，負荷在繇，不銜膽自厲，何以繼承先業！」遂隨彥至酒泉，追師就學，閉室誦書，晝夜不倦，博通經史，諸子羣言，靡不覽綜。

呂光時，舉秀才，除郎中。後奔段業，業拜繇中散、常侍。繇以業無經濟遠略，西奔李暠，歷位通顯。家無餘財，雅好儒學，雖在兵難之間，講誦不廢，每聞儒士在門，常倒屣出迎，

停寢政事，引談經籍。尤明斷決，時事亦無滯也。

沮渠蒙遜平酒泉，於繇室得書數千卷，鹽米數十斛而已。蒙遜歎曰：「孤不喜克李歆，欣得宋繇耳。」拜尚書吏部郎中，委以銓衡之任。蒙遜之將死也，以子牧犍委託之。牧犍以繇爲左丞，送其妹興平公主於京師。世祖拜繇爲河西王右丞相，賜爵清水公，加安遠將軍。世祖幷涼州，從牧犍至京師。卒，謚曰恭。

長子巖，襲爵，改爲西平侯。

巖子隂，中書議郎、樂安王範從事中郎。卒，贈輔國將軍、咸陽太守。

子超，尚書度支郎。

超弟稚，字季預。師事安邑李紹伯，受諸經傳。性清嚴，治家如官府。太和中，拜司徒屬。又以例降，除西中府戶曹參軍，轉幷州城陽王鸞城局參軍。景明二年，拜白水縣令。在縣十一年，頗得民和。還青州勃海太守。正光三年，卒。

子遊道，武定末，太尉長史。

張湛，字子然，一字仲玄，敦煌人，魏執金吾恭九世孫也。湛弱冠知名涼土，好學能屬

文，沖素有大志。仕沮渠蒙遜，黃門侍郎、兵部尚書。涼州平，入國，年五十餘矣，賜爵南浦男，加寧遠將軍。司徒崔浩識而禮之。浩注易，敍曰：「國家西平河右，敦煌張湛、金城宗欽、武威段承根三人，皆儒者，並有儁才，見稱於西州。每與余論易，余以左氏傳卦解之，遂相勸爲注。故因退朝之餘暇，而爲之解焉。」其見稱如此。湛至京師，家貧不粒，操尚無虧，浩常給其衣食。每歲贈浩詩頌，浩常報答。及浩被誅，湛懼，悉燒之。

兄懷義，閑粹有才幹。遭母憂，哀毀過人，服制雖除，而蔬糲弗改。卒于征西參軍。

長子廣平，高平令。

宗欽，字景若，金城人也。父爕，字文友，呂光太常卿。欽少而好學，有儒者之風，博綜羣言，聲著河右。仕沮渠蒙遜，爲中書郎、世子洗馬。欽上東宮侍臣箴曰：「恢恢玄古，悠悠生民。五才迭用，經敍彝倫。匡父維子，弼君伊臣。顚而能扶，屈而能申。昔在上聖，妙鑒厥趣。不曰我明，而乖其度。不曰我新，而忽其故。如彼在泉，臨深是懼。〔三〕如彼覆車，望途改步。是以令問宣流，英風遠布。及於三季，道喪純澆。桀起瓊臺，紂醱糟山。周滅妖姒，羿喪以田。險詖蔽其耳目，鄭衞陳於其前。怙才肆虐，異端是纏。豈伊害身，厥胤殲焉。

茫茫禹跡，晝爲九區。昆蟲鳥獸，各有巢居。雲歌唐后，垂橫美虞。疏網改祝，殷道攸敷。龍盤應德，隨蛇銜珠。勿謂無心，識命不殊。勿謂理絕，千載同符。爰在子桓，靈數攸臻。儀形徐阮，左右劉陳。披文採友，叩典問津。用能重離襲曜，魏鼎維新。於昭儲后，運應玄籙。夕惕乾乾，虛衿遠屬。外撫幽荒，內懷煢獨。猶懼思不逮遠，明不遐燭。君有諍臣，庭立謗木。本枝克昌，永符天祿。微臣作箴，敢告在僕。」

世祖平涼州，入國，賜爵臥樹男，加鷹揚將軍，拜著作郎。欽與高允書曰：「昔皇綱未振，華裔殊風，九服分隔，金蘭莫遂，希懷寄契，延想積久。天遂其願，爰遘京師。才非季札，而眷深孫喬；德乖程子，而義均傾蓋。曠齡罕遇，會之一朝。比公私理異，訓諮路塞，端拱蓬宇，歎慨如何？不量鄙拙，貢詩數韻。若夫泉江相忘之談，遺言存意之美，雖莊生之所尚，非淺識所宜循。愛敬既深，情期往返，思遲德意，以祛鄙吝。若能紆鳳彩以燿榛薈，迴連城以映瓦礫者，是所望也。」詩曰：「嵬峨恒嶺，滉瀁滄溟。山挺其和，水燿其精。啓茲令族，應期誕生。華冠衆彥，偉邁羣英。其一 於穆吾子，含貞藉茂。如彼松竹，陵霜擢秀。味老思沖，玩易體復。戢翼九皐，聲溢宇宙。其二 我皇龍興，重離疊映。剛德外彰，柔明內鏡。乾象奄氣，坤厚山競。風無殊音，俗無異徑。其三 經緯曰文，著述曰史。斟酌九流，錯綜幽旨。帝用訓諮，明發虛擬。廣闢四門，披延髦士。其四 爾應其求，翰飛東觀。口吐瓊音，手揮霄翰。

彈毫珠零，落紙錦粲。墳無疑割，典無滯泮。其五 山降則謙，含柔爲信。林崇日漸，明升斯進。有邈夫子，兼茲四慎。弱而難勝，通而不峻。其六 南、董邈矣，史功不申。固傾佞竇，雄穢美新。遷以陵腐，邕由卓泯。時無逸勤，路盈摧輪。其七 尹佚謨周，孔、明述魯。抑揚羣致，憲章三五。昂昂高生，纂我遐武。勿謂古今，建規易矩。其八 自昔索居，沉淪西藩。風馬既殊，標榜莫緣。開通有運，闇遇當年。披衿暫面，定交一言。其九 諮疑祕省，訪滯京都。水鏡叔度，洗客田蘇。望儀神婉，卽象心虛。悟言禮樂，採研詩書。其十 履霜悼還，撫節感變。嗟我年邁，迅踰激電。進乏由賜，退非回憲。素髮掩玄，枯顏落蒨。其十一 文以會友，友由知己。詩以明言，言以通理。盻坎迷流，覿艮闇止。伊爾虬光，四鱗曲水。其十二」

允答書曰：「頃因行李，承足下高問，延佇之勞，爲日久矣。王途一啓，得敍其懷，欣於相遇，情無有已。足下兼愛爲心，每能存顧，養之以風味，惠之以德音。執玩反覆，銘於心抱。吾少乏尋常之操，長無老成之致，憑賴賢勝，以自克勉，而來喻褒飾，有過其分。既承雅贈，卽應有答，但唱高則難和，理深則難訓，所以留連日月，以至於今。今往詩一篇，誠不足標明來旨，且表以心。幸恕其鄙滯，領其至意。」詩曰：「湯湯流漢，藹藹南都。載稱多士，載擢靈珠。邈矣高族，世記丹圖。啓基鄢城，振彩涼區。其一 吾生朗到，誕發英風。紹熙前緒，奕世克隆。方圓備體，淑德斯融。望傾羣儁，響駭華戎。其二 響駭伊何？金聲允著。匡贊西

校勘記

〔一〕於鄴城借假節以爲軍威 張森楷云：「『假』當作『遐』。上云『以遐持節、假平東將軍』，則假者將軍，非假節也。」按張說是，通鑑卷一四七四五九九頁作「借趙遐節以爲軍威」，卽用此傳語，僅加一「趙」字，則司馬光所見魏書正作「遐」。

〔二〕河東裴定宗等謂潛曰 諸本「河」作「江」，北史卷三四胡叟傳作「河」。按裴氏是河東大姓，「江」字訛，今據改。

〔三〕如彼在泉臨深是懼 按「泉」本當作「淵」，用詩「如臨深淵」語，當是唐人避諱追改。下宗欽傳，欽與高允書「若夫泉江相忘之談」，「泉」亦當是「淵」字諱改。

〔四〕無忘歲寒 殿本考證云：「詩凡十三章，此句下應如前注『其十三』三字。」

〔五〕至涼州西四百里韭谷窟 百衲本「韭」作「悲」，諸本作「韭」，北史卷三四劉延明傳作「韭」。諸本此字下並有注云：「本或作『悲』，亦作『匪』。」按晉書卷九四郭瑀傳云：「隱於臨松薤谷，鑿石窟而居。」「薤」卽「韭」，「韭」，臨松在涼州西，敦煌東，劉昞死地當卽郭瑀隱居之處。「悲」字不見字書，他本作「悲」或「匪」均「韭」字訛，今從諸本。

〔六〕臣忝職史教 諸本「教」作「敢」，獨百衲本作「教」。李慈銘云：「當從宋本，以『教』字讀句，時光

以司徒領著作，故曰『史教』。」按李說是，若作「敢」，屬下讀，上云「臣忝職史」，語氣不完。今從百衲本。

〔七〕時舊同學生等爲請 北史卷三四索敞傳「請」下有「諡」字，疑此傳脫去。

魏書卷五十三

列傳第四十一

李孝伯 李沖

李孝伯，趙郡人也，高平公順從父弟。父曾，少治鄭氏禮、左氏春秋，以教授爲業。郡三辟功曹不就，門人勸之，曾曰：「功曹之職，雖曰鄉選高第，猶是郡吏耳。北面事人，亦何容易。」州辟主簿，到官月餘，乃歎曰：「梁叔敬有云：州郡之職，徒勞人耳。道之不行，身之憂也。」遂還家講授。太祖時，徵拜博士，出爲趙郡太守，令行禁止，劫盜奔竄。太宗嘉之。并州丁零，數爲山東之害，知曾能得百姓死力，憚不入境。賊於常山界得一死鹿，謂趙郡地也，賊長責之，還令送鹿故處。隣郡爲之謠曰：「詐作趙郡鹿，猶勝常山粟。」其見憚如此。卒，贈平南將軍、荆州刺史、栢仁子，諡曰懿。

孝伯少傳父業，博綜羣言。美風儀，動有法度。從兄順言之於世祖，徵爲中散。世祖見

而異之，謂順曰：「眞卿家千里駒也。」遷祕書奏事中散，轉侍郎、光祿大夫，賜爵南昌子，加建威將軍，委以軍國機密，甚見親寵。謀謨切祕，時人莫能知也。遷比部尚書。以頻從征伐規略之功，進爵壽光侯，加建義將軍。

眞君末，車駕南伐，將出彭城。劉義隆子安北將軍、徐州刺史、武陵王駿，遣將馬文恭率步騎萬餘至蕭城。前軍擊破之，文恭走免，執其隊主蒯應。義隆聞大駕南巡，又遣其弟太尉、江夏王義恭率衆赴彭城。世祖至彭城，登亞父冢以望城內，遣送蒯應至小市門，宣世祖詔，勞問義恭等，〔一〕并遣自陳蕭城之敗。義恭等問應：「魏帝自來以不？」應曰：「自來。」又問：「今在何處？」應曰：「在城西南。」又問：「士馬多少？」應曰：「中軍四十餘萬。」駿遣人獻酒二器、甘蔗百梃，并請駱駝。

世祖明旦復登亞父冢，遣孝伯至小市，駿亦遣其長史張暢對孝伯。孝伯遙問暢姓，暢曰：「姓張。」孝伯曰：「是張長史也。」暢曰：「君何得見識？」孝伯曰：「既涉此境，何容不悉。」暢問孝伯曰：「君復何姓？居何官也？」孝伯曰：「我戎行一夫，何足致問。然足與君相敵。」孝伯曰：「主上有詔：『太尉、安北可暫出門，欲與相見，朕亦不攻彭城，何爲勞苦將士，城上嚴備？』今遣賜駱駝及貂裘雜物。」暢曰：「有詔之言，政可施於彼國，何得稱之於此？」孝伯曰：「卿家太尉、安北，是人臣不？」暢曰：「是也。」孝伯曰：「我朝廷奄有萬國，率土之濱，莫敢

不臣，縱爲隣國之君，何爲不稱詔於隣國之臣？」孝伯又問暢曰：「何至忽遽杜門絕橋？」暢曰：「二王以魏帝壁壘未立，將士疲勞，此精甲十萬，人思致命，恐輕相淩踐，故且閉城耳。待休息士馬，然後共治戰場，剋日交戲。」孝伯曰：「令行禁止，主將常事，宜當以法裁物，何用發橋杜門？窮城之中，復何以十萬誇大？我亦有良馬百萬，復可以此相矜。」暢曰：「王侯設險，何但法令而已也。我若誇君，當言百萬，所以言十萬者，正是二王左右素所畜養者耳。此城內有數州士庶，工徒營伍猶所未論。我本鬬人，不鬬馬足。且冀之北土，馬之所生，君復何以逸足見誇也？」孝伯曰：「王侯設險，誠如來言，開閉有常，何爲杜塞？絕橋之意，義在何也？此城守君之所習，野戰我之所長，我之恃馬，猶如君之恃城耳。」城內有貝思者，〔二〕嘗至京師，義恭遣視之，思識是孝伯。思前問孝伯曰：「李尚書行途有勞。」孝伯曰：「此事應相與共知。」思答曰：「緣共知，所以仰勞。」孝伯曰：「感君至意。」

既開門，暢屏人却仗，出受賜物。孝伯曰：「詔以貂裘賜太尉，駱駝、騾、馬賜安北，蒲萄酒及諸食味當相與同進。」暢曰：「二王敬白魏帝，知欲垂見，常願面接，但受命本朝，忝居藩任，人臣無境外之交，故無容私覿。」義恭獻皮袴褶一具，駿奉酒二器、甘蔗百梃。孝伯曰：「又有詔：『太尉、安北，久絕南信，殊當憂悒。若欲遣信者，當爲護送，脫須騎者，亦當以馬送之。』」暢曰：「此方間路甚多，使命日夕往復，不復以此勞魏帝也。」孝伯曰：「亦知有水路，

似爲白賊所斷。」暢曰：「君著白衣，稱白賊也。」孝伯大笑曰：「今之白賊，似異黃巾、赤眉。」暢曰：「黃巾、赤眉，不在江南。」孝伯曰：「雖不在江南，亦不離徐方也。」孝伯曰：「向與安北相聞，何以久而不報？」暢曰：「二王貴遠，啓聞爲難。」孝伯曰：「周公握髮吐餔，二王何獨貴遠？」暢曰：「握髮吐餐，不謂隣國之人也。」孝伯曰：「本邦尚爾，隣國彌應盡恭。且賓至有禮，主人宜以禮接。」暢曰：「昨見衆賓至門，未爲有禮。」孝伯曰：「非是賓至無禮，直是主人忽忽，無待賓調度耳。」孝伯又言：「有詔：『程天祚一介常人，誠知非江南之選，近於汝陽，身被九槍，落在溵水，我使牽而出之。凡人骨肉分張，並思集聚，聞其弟在此，如何不遣暫出？尋自令反，豈復苟留一人。』」暢曰：「知欲程天祚兄弟集聚，已勒遣之，但其固辭不往。」孝伯曰：「豈有子弟聞其父兄而反不肯相見，此便禽獸之不若。貴土風俗，何至如此。」

世祖又遣賜義恭、駿等氈各一領，鹽各九種，幷胡豉。孝伯曰：「有後詔：『凡此諸鹽，各有所宜。白鹽食鹽，主上自食；黑鹽治腹脹氣滿，末之六銖，以酒而服；胡鹽治目痛；戎鹽治諸瘡；赤鹽、駮鹽、臭鹽、馬齒鹽四種，並非食鹽。太尉、安北何不遣人來至朕間？彼此之情，雖不可盡，要復見朕小大，知朕老少，觀朕爲人。』」暢曰：「魏帝久爲往來所具，李尚書親自銜命，不患彼此不盡，故不復遣信。」義恭獻蠟燭十梃，駿獻錦一匹。

孝伯曰：「君南土士人，何爲著屩？君而著此，將士云何？」暢曰：「士人之言，誠爲多愧。

但以不武，受命統軍，戎陳之間，不容緩服。」孝伯曰：「永昌王自頃恒鎮長安，今領精騎八萬直造淮南，壽春亦閉門自固，不敢相禦。向送劉康祖首，彼之所見。王玄謨甚是所悉，亦是常才耳。何意作如此任使，以致奔敗。自入境七百餘里，主人竟不能一相拒抗。鄒山之險，彼之所憑，前鋒始得接手，崔邪利便爾入穴，將士倒曳出之。主上丐其生命，今從在此。復何以輕脫，遣馬文恭至蕭縣，使望風退撓也。彼之民人，甚相忿怨，言清平之時，賦我租帛，至有急難，不能相拯。」暢曰：「知永昌已過淮南。康祖爲其所破，比有信使，無此消息。王玄謨南土偏將，不謂爲才，但以其北人，故爲前驅引導耳。大軍未至，而河冰向合，玄謨量宜反旆，未爲失算，但因夜回歸，致戎馬驚亂耳。我家懸瓠小城，陳憲小將，魏帝傾國攻圍，累旬不克。胡盛之偏裨小帥，衆無三旅，始濟翮水，〔三〕魏國君臣奔散，僅得免脫。滑臺之師，無所多愧。鄒山小戍，雖有微險，河畔之民，多是新附，始慕政化，姦盜未息，示使崔邪利撫之而已。〔四〕今雖陷沒，何損於國。魏帝自以十萬之師而制一崔邪利，乃復足言也？近聞蕭縣百姓並依山險，聊遣馬文恭以十隊迎之耳。文恭前以三隊出，還走彼大營。嵇玄敬以百舸至留城，魏軍奔敗。輕敵致此，亦非所卹。王境人民，列居河畔，二國交兵，當互加撫養。而魏師入境，事生意外，官不負民，民亦何怨。知入境七百里，無相捍拒，此自上由太尉神算，次在武陵聖略，軍國之要，雖不預聞，然用兵有機間，亦不容相語。」孝伯曰：「君藉此虛

談，支離相對，可謂遁辭知其所窮。且主上當不圍此城，自率衆軍直造瓜步。南事若辦，城故不待攻圍；南行不捷，彭城亦非所欲也。我今當南，欲飲馬江湖耳。」暢曰：「去留之事，自適彼懷。若魏帝遂得飲馬長江，便爲無復天道。」孝伯曰：「自北而南，實惟人化，飲馬長江，豈獨天道？」暢將還城，謂孝伯曰：「冀蕩定有期，相見無遠。君若得還宋朝，今爲相識之始。」孝伯曰：「今當先至建業以待君耳。恐爾日君與二王面縛請罪，不暇爲容。」

孝伯風容閑雅，應答如流，暢及左右甚相嗟歎。世祖大喜，進爵宣城公。

興安二年，出爲使持節、散騎常侍、平西將軍、秦州刺史。〔五〕太安五年卒，高宗甚悼惜之。贈鎭南大將軍、定州刺史，謚曰文昭公。

孝伯體度恢雅，明達政事，朝野貴賤，咸推重之。恭宗曾啓世祖廣徵俊秀，世祖曰：「朕有一孝伯，足治天下，何用多爲？假復求訪，此人輩亦何可得。」其見賞如此。性方愼忠厚，每朝廷大事有不足，必手自書表，切言陳諫，或不從者，至於再三。削滅稿草，家人不見。公庭論議，常引綱紀，或有言事者，孝伯恣其所陳，假有是非，終不抑折。及見世祖，言其所長，初不隱人姓名以爲己善，故衣冠之士，服其雅正。自崔浩誅後，軍國之謀，咸出孝伯。世祖寵眷有亞於浩，亦以宰輔遇之。獻替補闕，其迹不見，時人莫得而知也。卒之日，遠近哀傷焉。孝伯美名，聞於遐邇，李彪使於江南，蕭賾謂之曰：「孝伯於卿遠近？」其爲遠人所知

若此。孝伯妻崔賾女，高明婦人，生一子元顯。崔氏卒後，納翟氏，不以爲妻也。憎忌元顯。後遇劫，元顯見害，世云翟氏所爲也。元顯志氣甚高，爲時人所傷惜。翟氏二子，安民、安上，並有風度。

安民，襲爵壽光侯，司徒司馬。卒，贈郢州刺史。無子，爵除。

安上，鉅鹿太守，亦早卒。

安民弟豹子。正光三年上書曰：

竊惟庸勳賞勞，有國恒典；興滅繼絕，哲后所先。是以積德累忠，春秋許宥十世；立功著節，河山誓其永久。伏惟世祖太武皇帝，英叡自天，籠罩日域，東清遼海，西定玉門，凌滅漠北，飲馬江水。臣亡父故尚書、宣城公先臣孝伯，冥基感會，邀幸昌辰，綢繆幃幄，繾綣侍從，廟算嘉謀，每蒙顧採。于時儲后監國，奏請徵賢，詔報曰：「朕有一孝伯，足以治天下，何用多爲？」其見委遇，乃至於此。是用寵以元、凱，爵以公侯，詔册曰：「江陽之巡，奇謀屢進，六師大捷，亦有勳焉。」出內勤王，寵遇隆厚，方開大賞，而世祖登遐。梓宮始還，外任名岳。高宗沖年纂運，未及追敍。

臣行舛百靈，先臣棄世，微績未甄，誠志長奪，搢紳僉傷早世，朝野咸哀不永。臣亡兄襲，無子封除。永惟宗構，五情崩圮。先臣榮寵前朝，勳書王府，同之常倫，爵封

堙墜，準古量今，實深荼苦。竊惟朝例：廣川王遵、太原公元大曹等，並以勳重先朝，世絕繼祀，或以傍親，或聽弟襲，皆傳河山之功，垂不世之賞。況先臣在蒙委任，〔六〕運籌幃帝，勳著於中，聲傳於外。事等功均，今古無易。是以漢賞信布，裁重良平；魏酬張徐，不棄荀郭。今數族追賞於先朝之世，先臣絕封於聖明之時，瞻流顧侶，存亡永恨。竊見正始中，爰發存亡之詔，褒賢報功之旨。熙平元年，故任城王澄所請十事，復新前澤，成一時之盛事，垂曠代之茂典，凡在纓紱，誰不感慶？蓋以奬勸來今，垂範萬古。且劉氏僞書，翻流上國，尋其訕謗，百無一實，前後使人，不書姓字，亦無名爵。至於張暢傳中，略敍先臣對問，雖改脫略盡，自欲矜高，然逸韻難虧，猶見稱載，非直存益於時，沒亦有彰國美。乞覽此書，昭然可見。則微微衰構，重起一朝，先臣潛魂，結草於千載矣。

卒不得襲。

孝伯兄祥，字元善。學傳家業，鄉黨宗之。世祖詔州郡舉賢良，祥應貢，對策合旨，除中書博士。時南土未賓，世祖親駕，遣尚書韓元興率衆出青州，以祥爲軍司。略地至于陳汝，淮北之民詣軍降者七千餘戶，遷之於兗豫之南，置淮陽郡以撫之，拜祥爲太守，加綏遠將軍，流民歸之者萬餘家，勸課農桑，百姓安業。世祖嘉之，賜以衣馬。還河間太守，有威恩之稱。太安中，徵拜中書侍郎，民有千餘，上書乞留數年，高宗不許。卒官，追贈定州刺史、平棘子，謚曰憲。

子安世，〔七〕幼而聰悟。興安二年，高宗引見侍郎、博士之子，簡其秀儁者欲爲中書學生。安世年十一，高宗見其尚小，引問之。安世陳說父祖，甚有次第，即以爲學生。高宗每幸國學，恒獨被引問。詔曰：「汝但守此至大，不慮不富貴。」居父憂以孝聞。天安初，拜中散，以溫敏敬慎，顯祖親愛之。累遷主客令。

蕭賾使劉纘朝貢，安世美容貌，善舉止，纘等自相謂曰：「不有君子，其能國乎？」纘等呼安世爲典客，安世曰：「三代不共禮，五帝各異樂，安足以亡秦之官，稱於上國。」纘曰：「世異之號，凡有幾也？」安世曰：「周謂掌客，秦改典客，漢名鴻臚，今曰主客。君等不欲影響文武，而殷勤亡秦。」纘又指方山曰：「此山去燕然遠近？」安世曰：「亦由石頭之於番禺耳。」國家有江南使至，多出藏內珍物，令都下富室好容服者貨之，令使任情交易。使至金玉肆問價，纘曰：「北方金玉大賤，當是山川所出？」安世曰：「聖朝不貴金玉，所以賤同瓦礫。又皇上德通神明，山不愛寶，故無川無金，無山無玉。」纘初將大市，得安世言，慚而罷。遷主客給事中。

時民困飢流散，豪右多有占奪，安世乃上疏曰：「臣聞量地畫野，經國大式；邑地相參，致治之本。井稅之興，其來日久；田萊之數，制之以限。蓋欲使土不曠功，民罔游力。雄擅之家，不獨膏腴之美；單陋之夫，亦有頃畝之分。所以恤彼貧微，抑茲貪欲，同富約之不均，一齊民於編戶。竊見州郡之民，或因年儉流移，棄賣田宅，漂居異鄉，事涉數世。三長既立，〔八〕始返舊墟，廬井荒毀，桑榆改植。事已歷遠，易生假冒。强宗豪族，肆其侵凌，遠認魏晉之家，近引親舊之驗。又年載稍久，鄉老所惑，羣證雖多，莫可取據。各附親知，互有長短，兩證徒具，聽者猶疑，爭訟遷延，連紀不判。良疇委而不開，柔桑枯而不採，僥倖之徒興，繁多之獄作。欲令家豐歲儲，人給資用，其可得乎！愚謂今雖桑井難復，宜更均量，審其徑術，令分藝有準，力業相稱，細民獲資生之利，豪右靡餘地之盈。則無私之澤，乃播均於兆庶；如阜如山，可有積於比戶矣。又所爭之田，宜限年斷，事久難明，悉屬今主。然後虛妄之民，絕望於覬覦；守分之士，永免於凌奪矣。」高祖深納之，後均田之制起於此矣。

出爲安平將軍、相州刺史、假節、趙郡公。敦勸農桑，禁斷淫祀。西門豹、史起，有功於民者，爲之修飾廟堂。表薦廣平宋翻、陽平路恃慶，皆爲朝廷善士。初，廣平人李波，宗族强盛，殘掠生民。前刺史薛道攙親往討之，波率其宗族拒戰，大破攙軍。遂爲逋逃之藪，公私成患。百姓爲之語曰：「李波小妹字雍容，褰裙逐馬如卷蓬，左射右射必疊雙。婦女尚如

此，男子那可逢！」安世設方略誘波及諸子姪三十餘人，斬于鄴市，境內肅然。以病免。太和十七年卒于家。安世妻博陵崔氏，生一子瑒。崔氏以妬悍見出，又尚滄水公主，生二子，謐、郁。

瑒，字琚羅。涉歷史傳，頗有文才，氣尚豪爽，公强當世。延昌末，司徒行參軍，遷司徒長兼主簿。太師、高陽王雍表薦瑒爲其友，正主簿。

于時民多絕戶而爲沙門，瑒上言：「禮以教世，法導將來，跡用既殊，區流亦別。故三千之罪，莫大不孝，不孝之大，無過於絕祀。然則絕祀之罪，重莫甚焉。安得輕縱背禮之情，而肆其向法之意也？正使佛道，亦不應然，假令聽然，猶須裁之以禮。一身親老，棄家絕養，既非人理，尤乖禮情，堙滅大倫，且闕王貫。交缺當世之禮，而求將來之益，孔子云『未知生，焉知死』，斯言之至，亦爲備矣。安有棄堂堂之政，而從鬼教乎！又今南服未靜，衆役仍煩，百姓之情，方多避役。若復聽之，恐捐棄孝慈，比屋而是。」沙門都統僧暹等忿瑒鬼教之言，以瑒爲謗毀佛法，泣訴靈太后，太后責之。瑒自理曰：「竊欲清明佛法，使道俗兼通，非敢排棄眞學，妄爲訾毀。且鬼神之名，皆通靈達稱，自百代正典，敍三皇五帝，皆號爲鬼。天地曰神祇，人死曰鬼。易曰『知鬼神之情狀』，周公自美，亦云『能事鬼神』，禮曰『明則有禮

樂，幽則有鬼神』。是以明者爲堂堂，幽者爲鬼教。佛非天非地，本出於人，應世導俗，其道幽隱，名之爲鬼，愚謂非謗。且心無不善，以佛道爲教者，正可未達衆妙之門耳。」靈太后雖知瑒言爲允，然不免暹等之意，猶罰瑒金一兩。〔九〕

轉尚書郎，加伏波將軍。隨蕭寶夤西征，以瑒爲統軍，假寧遠將軍。瑒德洽鄉閭，招募雄勇，其樂從者數百騎，瑒傾家賑恤，率之西討。寶夤見瑒至，乃拊瑒肩曰：「子遠來，吾事辦矣。」故其下每有戰功，軍中號曰「李公騎」。寶夤又啓瑒爲左丞，仍爲別將，軍機戎政，皆與參決。寶夤又啓爲中書侍郎。還朝，除鎭遠將軍、岐州刺史，坐辭不赴任免官。建義初，於河陰遇害，時年四十五。初贈鎭東將軍、尚書右僕射、殷州刺史，太昌中重贈散騎常侍、驃騎大將軍、儀同三司、冀州刺史。

瑒俶儻有大志，好飲酒，篤於親知，每謂弟郁曰：「士大夫學問，稽博古今而罷，何用專經爲老博士也？」與弟謐特相友愛，謐在鄉物故，瑒慟哭絕氣，久而方蘇，不食數日，期年之中，〔一〇〕形骸毀悴。人倫哀歎之。瑒三子。

長子義盛，武定中，司徒倉曹參軍。

瑒弟謐，字永和。在逸士傳。

謐弟郁，字永穆。好學沉靜，博通經史。自著作佐郎爲廣平王懷友，懷深相禮遇。時學士徐遵明教授山東，生徒甚盛，懷徵遵明在館，令郁問其五經義例十餘條，遵明所答數條而已。稍遷國子博士。自國學之建，諸博士率不講說，朝夕教授，惟郁而已。謙虛雅寬，甚有儒者之風。遷廷尉少卿，加冠軍將軍，轉通直散騎常侍。建義中，以兄瑒卒，遂撫育孤姪，歸於鄉里。永熙初，除散騎常侍、大將軍、〔一一〕左光祿大夫、兼都官尚書，尋領給事黃門侍郎。三年春，於顯陽殿講禮，詔郁執經，解說不窮，羣難鋒起，無廢談笑。出帝及諸王公凡預聽者，莫不嗟善。尋病卒，贈散騎常侍、都督定冀相滄殷五州軍事、驃騎大將軍、尚書左僕射、儀同三司、定州刺史。

子士謙，儀同開府參軍事。

李沖，字思順，隴西人，敦煌公寶少子也。少孤，爲長兄滎陽太守承所攜訓。承常言：「此兒器量非恒，方爲門戶所寄。」沖沉雅有大量，隨兄至官。是時牧守子弟多侵亂民庶，輕有乞奪，沖與承長子韶獨清簡皎然，無所求取，時人美焉。

顯祖末，爲中書學生。沖善交遊，不妄戲雜，流輩重之。高祖初，以例遷祕書中散，典禁中文事，以修整敏惠，漸見寵待。遷內祕書令、南部給事中。

舊無三長，惟立宗主督護，所以民多隱冒，五十、三十家方爲一戶。沖以三正治民，所由來遠，於是創三長之制而上之。文明太后覽而稱善，引見公卿議之。中書令鄭羲、祕書令高祐等曰：「沖求立三長者，乃欲混天下一法。言似可用，事實難行。」羲又曰：「不信臣言，但試行之，事敗之後，當知愚言之不謬。」太尉元丕曰：「臣謂此法若行，於公私有益。」咸稱方今有事之月，校比民戶，新舊未分，民必勞怨，請過今秋，至冬閑月，徐乃遣使，於事爲宜。沖曰：「民者，冥也，可使由之，不可使知之。若不因調時，百姓徒知立長校戶之勤，未見均徭省賦之益，心必生怨。宜及課調之月，令知賦稅之均。既識其事，又得其利，因民之欲，爲之易行。」著作郎傅思益進曰：「民俗既異，險易不同，九品差調，爲日已久，一旦改法，恐成擾亂。」太后曰：「立三長，則課有常準，賦有恒分，苞蔭之戶可出，僥倖之人可止，何爲而不可？」羣議雖有乖異，然惟以變法爲難，更無異義。遂立三長，公私便之。

遷中書令，加散騎常侍，給事中如故。尋轉南部尚書，賜爵順陽侯。沖爲文明太后所幸，恩寵日盛，賞賜月至數千萬，進爵隴西公，密致珍寶御物以充其第，外人莫得而知焉。沖家素清貧，於是始爲富室。而謙以自牧，積而能散，近自姻族，逮于鄉閭，莫不分及。虛己接物，垂念羇寒，衰舊淪屈由之躋敍者，亦以多矣。時以此稱之。

初，沖兄佐與河南太守來崇同自涼州入國，素有微嫌。佐因緣成崇罪，餓死獄中。後崇

子護又糾佐贓罪，佐及沖等悉坐幽繫，會赦乃免，佐甚銜之。至沖寵貴，綜攝內外，護爲南部郎，深慮爲沖所陷，常求退避，而沖每慰撫之。護後坐贓罪，懼必不濟。沖乃具奏與護本末嫌隙，乞原恕之，遂得不坐。沖從甥陰始孫孤貧，往來沖家，至如子姪。有人求官，因其納馬於沖，始孫輒受而不爲言。後假方便，借沖此馬，馬主見沖乘馬而不得官，後乃自陳始末。沖聞之，大驚，執始孫以狀款奏，始孫坐死。其處要自厲，不念愛惡，皆此類也。

是時循舊，王公重臣皆呼其名，高祖常謂沖爲中書而不名之。文明太后崩後，高祖居喪，引見待接有加。及議禮儀律令，潤飾辭旨，刊定輕重，高祖雖自下筆，無不訪決焉。沖竭忠奉上，知無不盡，出入憂勤，形於顏色，雖舊臣戚輔，莫能逮之，無不服其明斷慎密而歸心焉。於是天下翕然，及殊方聽望，咸宗奇之。高祖亦深相杖信，親敬彌甚，君臣之間，情義莫二。及改置百司，開建五等，以沖參定典式，封滎陽郡開國侯，食邑八百戶，拜廷尉卿。尋遷侍中、吏部尚書、咸陽王師。東宮既建，拜太子少傅。高祖初依周禮，置夫、嬪之列，以沖女爲夫人。

詔曰：「昔軒皇誕御，垂棟宇之構；爰歷三代，興宮觀之式。然茅茨土堦，昭德於上代；層臺廣厦，崇威於中葉。良由文質異宜，華樸殊禮故也。是以周成繼業，營明堂於東都；漢祖聿興，建未央於咸鎬。蓋所以尊嚴皇威，崇重帝德，豈好奢惡儉，苟弊民力者哉？我皇運統

天，協纂乾曆，銳意四方，未遑建制，宮室之度，頗爲未允。太祖初基，雖粗有經式，自茲厥後，復多營改。至於三元慶饗，萬國充庭，觀光之使，具瞻有闕。朕以寡德，猥承洪緒，運屬休期，事鍾昌運，宜遵遠度，式茲宮宇。指訓規模，事昭於平日；明堂、太廟，已成於昔年。又因往歲之豐資，藉民情之安逸，將以今春營改正殿。違犯時令，行之惕然。但朔土多寒，事殊南夏，自非裁度當春，興役徂暑，則廣制崇基，莫由克就。成功立事，非委賢莫可；改制規模，非任能莫濟。尚書沖器懷淵博，經度明遠，可領將作大匠；司空、長樂公亮，可與大匠共監興繕。其去故崇新之宜，修復太極之制，朕當別加指授。」

車駕南伐，加沖輔國大將軍，統衆翼從。自發都至於洛陽，霖雨不霽，仍詔六軍發軫。高祖戎服執鞭，御馬而出，羣臣啓顙於馬首之前。高祖曰：「長驅之謀，廟算已定，今大軍將進，公等更欲何云？」沖進曰：「臣等不能折衝帷幄，坐制四海，而令南有竊號之渠，實臣等之咎。陛下以文軌未一，親勞聖駕，臣等誠思亡軀盡命，効死戎行。然自離都淫雨，士馬困弊，前路尚遙，水潦方甚。且伊洛境內，小水猶尚致難，況長江浩汗，越在南境。若營舟檝，必須停滯，師老糧乏，進退爲難，矜喪反旆，於義爲允。」高祖曰：「一同之意，前已具論。卿等正以水雨爲難，然天時頗亦可知。何者？夏既炎旱，秋故雨多，玄冬之初，必當開爽。比後月十間，〔一二〕若雨猶不已，此乃天也，脫於此而晴，行則無害。古不伐喪，謂諸侯同軌之

國，非王者統一之文。已至於此，何容停駕。」沖又進曰：「今者之舉，天下所不願，唯陛下欲之。漢文言，吾獨乘千里馬，竟何至也？臣有意而無其辭，敢以死請。」高祖大怒曰：「方欲經營宇宙，一同區域，而卿等儒生，屢疑大計，斧鉞有常，卿勿復言！」策馬將出。於是大司馬、安定王休，兼左僕射、任城王澄等並殷勤泣諫。高祖乃諭羣臣曰：「今者興動不小，動而無成，何以示後？苟欲班師，無以垂之千載。朕仰惟遠祖，世居幽漠，違衆南遷，以享無窮之美，豈其無心，輕遺陵壤。今之君子，寧獨有懷？當由天工人代、王業須成故也。若不南鑾，即當移都於此，光宅土中，機亦時矣，王公等以爲何如？議之所決，不得旋踵，欲還者左，不欲者右。」安定王休等相率如右。前南安王楨進曰：〔一三〕「夫愚者闇於成事，智者見於未萌。行至德者不議於俗，成大功者不謀於衆，非常之人乃能建非常之事。〔一四〕廓神都以延王業，度土中以制帝京，周公啓之於前，陛下行之於後，故其宜也。且天下至重，莫若皇居，人之所貴，寧如遺體？請上安聖躬，下慰民望，光宅中原，輟彼南伐。此臣等願言，蒼生幸甚。」羣臣咸唱「萬歲」。

高祖初謀南遷，恐衆心戀舊，乃示爲大舉，因以脅定羣情，外名南伐，其實遷也。舊人懷土，多所不願，內憚南征，無敢言者，於是定都洛陽。沖言於高祖曰：「陛下方修周公之制，定鼎成周。然營建六寢，不可遊駕待就；興築城郛，難以馬上營訖。願暫還北都，令臣下經

造，功成事訖，然後備文物之章，和玉鑾之響，巡時南徙，軌儀土中。」高祖曰：「朕將巡省方岳，至鄴小停，春始便還，未宜遂不歸北。」尋以沖爲鎭南將軍，侍中、少傅如故，委以營構之任。改封陽平郡開國侯，邑戶如先。

車駕南伐，以沖兼左僕射，留守洛陽。車駕渡淮，別詔安南大將軍元英、平南將軍劉藻討漢中，召雍涇岐三州兵六千人擬戍南鄭，克城則遣。沖表諫曰：「秦州險阨，地接羌夷，自西師出後，餉援連續，加氐胡叛逆，所在奔命，運糧擐甲，迄茲未已。今復豫差戍卒，懸擬山外，雖加優復，恐猶驚駭，脫終攻不克，徒動民情，連胡結夷，事或難測。輒依旨密下刺史，待軍克鄭城，然後差遣，如臣愚見，猶謂未足。何者？西道險阨，單徑千里，今欲深戍絕界之外，孤據羣賊之中，〔一五〕敵攻不可卒援，食盡不可運糧。古人有言，『雖鞭之長，不及馬腹』，南鄭於國，實爲馬腹也。且昔人攻伐，或城降而不取；仁君用師，或撫民而遺地。且王者之舉，情在拯民；夷寇所守，意在惜地。校之二義，德有淺深。惠聲已遠，何遽於一城哉？且魏境所掩，九州過八，民人所臣，十分而九。所未民者，惟漠北之與江外耳。羈之在近，豈急急於今日也？宜待大開疆宇，廣拔城聚，多積資糧，食足支敵，然後置邦樹將，爲吞并之舉。今鍾離、壽陽，密邇未拔；赭城、新野，跬步弗降。〔一六〕所克者舍之而不取，所降者撫之而旋戮。東道既未可以近力守，西蕃寧可以遠兵固？若果欲置者，臣恐終以資敵也。又今

建都土中，地接寇壤，方須大收死士，平蕩江會。輕遣單寡，棄令陷沒，恐後舉之日，衆以留守致懼，求其死効，未易可獲。推此而論，不戍爲上。」高祖從之。

車駕還都，引見沖等，謂之曰：「本所以多置官者，慮有令僕闇弱，百事稽壅，若明獨聰專，則權勢大併。〔一七〕今朕雖不得爲聰明，又不爲劣闇，卿等不爲大賢，亦不爲大惡。且可一兩年許，少置官司。」

高祖自鄴還京，汎舟洪池，乃從容謂沖曰：「朕欲從此通渠於洛，南伐之日，何容不從此入洛，從洛入河，從河入汴，從汴入清，以至於淮？下船而戰，猶出戶而鬬，此乃軍國之大計。今溝渠若須二萬人以下、六十日有成者，宜以漸修之。」沖對曰：「若爾，便是士無遠涉之勞，戰有兼人之力。」遷尚書僕射，仍領少傅。改封清淵縣開國侯，邑戶如前。及太子恂廢，沖罷少傅。

高祖引見公卿於清徽堂，高祖曰：「聖人之大寶，惟位與功，是以功成作樂，治定制禮。今徙極中天，創居嵩洛，雖大構未成，要自條紀略舉。但南有未賓之豎，兼兇蠻密邇，朕夙夜悵惋，良在於茲。取南之計決矣，朕行之謀必矣。若依近代也，則天子下帷深宮之內；準上古也，則有親行，祚延七百。〔一八〕魏晉不征，旋踵而殞，祚之修短，在德不在征。今但以行期未知早晚。知幾其神乎，朕既非神，焉能知也。而頃來陰陽卜術之士，咸勸朕今征必克。

此既家國大事，宜共君臣各盡所見，不得以朕先言，便致依違，退有同異。」沖對曰：「夫征戰之法，先之人事，然後卜筮，今卜筮雖吉，猶恐人事未備。今年秋稔，有損常實，又京師始遷，衆業未定，加之征戰，以爲未可。宜至來秋。」高祖曰：「僕射之言，非爲不合。朕意之所慮，乃有社稷之憂。然咫尺寇戎，無宜自安，理須如此。僕射言人事未從，亦不必如此。朕去十七年，擁二十萬衆，行不出畿甸，此人事之盛，而非天時。往年乘機，天時乃可，而闕人事，又致不捷。若待人事備，復非天時，若之何？如僕射之言，便終無征理。朕若秋行無克捷，三君子並付司寇。不可不人盡其心。」罷議而出。

後世宗爲太子，高祖醼於清徽堂。高祖曰：「皇儲所以纂歷三才，光昭七祖，斯乃億兆咸悅，天人同泰，故延卿就此一醼，以暢忻情。」高祖又曰：「天地之道，一盈一虛，豈有常泰。天道猶爾，況人事乎？故有升有黜，自古而然。悼往欣今，良用深歎。」沖對曰：「東暉承儲，蒼生咸幸。但臣前忝師傅，弗能弼諧，仰慚天日，慈造寬含，得預此醼，慶愧交深。」高祖曰：「朕尚弗能革其昏，師傅何勞愧謝也。」

後尚書疑元拔、穆泰罪事，沖奏曰：「前彭城鎮將元拔與穆泰同逆，養子降壽宜從拔罪。而太尉、咸陽王禧等，以爲律文養子而爲罪，父及兄弟不知情者不坐。謹審律意，以養子於父非天性，於兄弟非同氣，敦薄既差，故刑典有降，是以養子雖爲罪，而父兄不預。然父兄

爲罪，養子不知謀，易地均情，豈獨從戮乎？理固不然。臣以爲：依據律文，不追戮於所生，則從坐於所養，〔一九〕明矣。又律惟言父不從子，不稱子不從父，〔二〇〕當是優尊厲卑之義。臣禧等以爲：『律雖不正見，互文起制，於乞也舉父之罪，於養也見子坐，是爲互起。互起兩明，無罪必矣。若以嫡繼，養與生同，則父子宜均，祇明不坐。且繼養之注云：若有別制，不同此律。又令文云：諸有封爵，若無親子，及其身卒，雖有養繼，國除不襲。是爲有福不及己，有罪便預坐。均事等情，律令之意，便相矛盾。伏度律旨，必不然也。』臣沖以爲：指例條尋，罪在無疑，準令語情，頗亦同式。」詔曰：「僕射之議，據律明矣；太尉等論，於典矯也。〔二一〕養所以從戮者，緣其已免所生，故不得復甄於所養。此獨何福，長處吞舟？於國所以不襲者，重列爵，特立制，因天之所絕，推而除之耳，豈復報對刑賞？于斯則應死，可特原之。」

沖機敏有巧思，北京明堂、圓丘、太廟，及洛都初基，安處郊兆，新起堂寢，皆資於沖。勤志强力，孜孜無怠，旦理文簿，兼營匠制，几案盈積，剞劂在手，終不勞厭也。然顯貴門族，務益六姻，兄弟子姪，皆有爵官，一家歲祿，萬匹有餘，是其親者，雖復癡聾，無不超越官次。時論亦以此少之。

年纔四十，而鬢髮班白，姿貌豐美，未有衰狀。李彪之入京也，孤微寡援，而自立不羣，

以沖好士，傾心宗附。沖亦重其器學，禮而納焉，每言之於高祖，公私共相援益。及彪爲中尉、兼尚書，爲高祖知待，便謂非復藉沖，而更相輕背，惟公坐斂袂而已，無復宗敬之意也。沖頗銜之。後高祖南征，沖與吏部尚書、任城王澄並以彪倨傲無禮，遂禁止之。奏其罪狀，沖手自作，家人不知，辭甚激切，因以自劾。高祖覽其表，歎悵者久之，既而曰：「道固可謂溢也，僕射亦爲滿矣。」沖時震怒，〔二二〕數數責彪前後愆悖，瞋目大呼，投折几案。盡收御史，皆泥首面縛，詈辱肆口。沖素性溫柔，而一旦暴恚，遂發病荒悸，言語亂錯，猶扼腕叫詈，稱李彪小人。醫藥所不能療，或謂肝藏傷裂。旬有餘日而卒，時年四十九。高祖爲舉哀於懸瓠，發聲悲泣，不能自勝。詔曰：「沖貞和資性，德義樹身，訓業自家，道素形國。太和之始，朕在弱齡，早委機密，實康時務。鴻漸瀍洛，朝選開清，升冠端右，惟允出納。忠肅柔明，足敷睿範，仁恭信惠，有結民心。可謂國之賢也，朝之望也。方昇寵秩，以旌功舊，奄致喪逝，悲痛于懷。既留勤應陟，兼良宿宜褒，可贈司空公，給東園祕器、朝服一具、衣一襲，贈錢三十萬、布五百匹、蠟二百斤。」有司奏謚曰文穆。葬於覆舟山，近杜預冢，高祖之意也。後車駕自鄴還洛，路經沖墓，左右以聞，高祖卧疾望墳，掩泣久之。詔曰：「司空文穆公，德爲時宗，勳簡朕心，不幸徂逝，託墳邙嶺，旋鑾覆舟，躬睇塋域，悲仁惻舊，有慟朕衷。可遣太牢之祭，以申吾懷。」及與留京百官相見，皆敍沖亡沒之故，言及流淚。高祖得留臺啓，知沖患

狀，謂右衛宋弁曰：「僕射執我樞衡，總釐朝務，清儉居躬，知寵已久。朕以仁明忠雅，委以台司之寄，使我出境無後顧之憂，一朝忽有此患，朕甚懷愴慨。」其相痛惜如此。

沖兄弟六人，四母所出，頗相忿鬩。及沖之貴，封祿恩賜皆以共之，內外輯睦。父亡後同居二十餘年，至洛乃別第宅，更相友愛，久無間然。皆沖之德也。始沖之見私寵也，兄子韶恒有憂色，慮致傾敗。後榮名日顯，稍乃自安。而沖明目當官，圖爲己任，自始迄終，無所避屈。其體時推運，皆此類也。子延寔等，語在外戚傳。

史臣曰：燕趙信多奇士。李孝伯風範鑒略，蓋亦過人遠甚。世祖雄猜嚴斷，崔浩已見誅夷，而入參心膂，出幹政事，獻可替否，無際可尋，故能從容任遇，以功名始卒。其智器固以優乎？安世識具通雅，時幹之良。瑒以豪俊達，郁則儒博顯。李沖早延寵眷，入幹腹心，風流識業，固乃一時之秀。終協契聖主，佐命太和，位當端揆，身任梁棟，德洽家門，功著王室。蓋有魏之亂臣也。

校勘記

〔一〕宣世祖詔勞問義恭等　諸本「等」訛「率」，不可通，今據北史卷三三李孝伯傳、册府卷六六〇七八九四頁改。

〔二〕城內有貝思者　北、汲、殿、局四本「貝」作「具」，百衲本、南本及册府卷六六〇七八九五頁作「貝」。按宋書卷四六張劭附張暢傳作「具思」，卷五九張暢傳又訛作「其思」。具姓歷見元和姓纂等姓氏書。魏書此傳敍李孝伯與張暢問答語實卽本宋書張暢傳，則北本以下諸本作「具」，亦有據。但本書卷九七劉裕傳記皇興元年正月劉彧所遣使名「貝思」，當是一人，却也作「貝」。今姑從百衲本。

〔三〕衆無三旅始濟翮水　册府卷六六〇宋本同，明本七八九六頁「三」作「一」。按宋書卷五九張暢傳也作「一」，據文義作「一」是。又册府同上卷頁及宋書張暢傳「翮水」並作「融水」。檢宋書卷七二南平王鑠傳，云：「鑠遣參軍胡盛之出汝南、上蔡，向長社。」汝潁一帶不聞有翮水或融水，疑有誤。

〔四〕示使崔邪利撫之而已　册府同上卷頁、宋書卷五九張暢傳「示」作「亦」，較長。作「示」亦通，今不改。

〔五〕興安二年出爲使持節散騎常侍平西將軍秦州刺史　墓誌集釋肅宗充華盧令媛墓誌圖版三七稱祖淵，「夫人趙郡李氏，父孝伯，散騎常侍、尚書、使持節、平西將軍、秦州刺史、宣城公」。集釋卷二歷引錢大昕以來諸家之說，證地形志卷一〇六下治蒲坂之秦州爲秦州之訛，並以此傳「秦州」亦「泰州」之訛。按此「秦州」當作「泰州」。但傳文無治蒲坂明文，今不改。

〔六〕況先臣在蒙委任　册府卷八七五一〇三七三頁「在」作「往」，疑是。

〔七〕子安世　諸本卷末殿本入考證，不注所出。有宋人校語云：「高氏小史，魏書列傳第四十五高祐、崔挺、李安世三人。其傳云：『李安世，趙郡人也。宣城公孝伯之兄子，父祥，中書博士。』今魏書諸本，祥及安世事皆附此卷孝伯傳後。按李肇經史釋題，楊九齡經史目錄，第四十五卷高祐、崔挺、李安世三人。宗諫史目、殷藏用十三代史目惟高祐、崔挺而無李安世。此卷論安世及瑒、郁與北史同，疑李延壽用魏書舊語，後人移安世傳附孝伯，因取北史論安世父子事於此篇，亦不可考證。故載之目錄同異，以備傳疑。」

〔八〕三長既立　册府卷四九五五九二四頁「三長」作「子孫」。按下文說由於李安世上疏「均田之制，起於此矣」。均田制頒佈在太和九年四八五十月見卷七上高祖紀上，安世上疏，必在其前。而立三長却在太和十年二月見卷七下高祖紀下。安世上疏時，尚未頒佈均田制，當然更沒有立三長。疏中所謂「三長既立」，解釋不通。疑作「子孫既立」是。

〔九〕猶罰瑒金一兩　諸本「猶」訛「獨」，今據北史卷三三李孝伯附李瑒傳、册府卷五三〇六三三五頁改。

〔一〇〕期年之中　諸本「期」作「暮」，北史卷三三、册府卷八五二一〇一二六頁作「朞」。「暮」乃「朞」字形近而訛，今據改，統一作「期」。

〔一一〕永熙初除散騎常侍大將軍　北史卷三三「大將軍」上有「衛」字。按大將軍第一品，班在三公上見卷一一三官氏志，與所除之散騎常侍、左光祿大夫、都官尚書等官品不相當。且李郁死後贈驃騎大將軍，豈有生前已爲大將軍之理。這裏「大將軍」上當脫「衛」字。

〔一二〕比後月十間　册府卷五四一六四八五頁「月十」作「十月」，疑是。

〔一三〕前南安王楨進曰　諸本無「前」字，北史卷三三李沖傳、册府卷一三一四八頁有。按卷一九下南安王楨傳，楨先以聚斂「削除官爵，禁錮終身」，後以議定遷都，復封。這時王爵未復，故稱「前」。册府採魏書而與北史同，知這裏脫「前」字，今據補。

〔一四〕非常之人乃能建非常之事　諸本「乃能」下脫「建」字，今據册府卷一三一四八頁補。

〔一五〕孤據羣賊之中　諸本「中」作「口」，册府卷五三〇六三二七頁、通鑑卷一四〇四三八三頁並作「中」。按「中」和上「深戍絕界之外」相對，「口」字訛，今據改。

〔一六〕赭城新野跬步弗降　諸本「赭」作「諸」，通鑑卷一四〇四三八三頁作「赭」，考異不言有異文。按卷一〇六中地形志中南青州東莞郡有諸縣，也卽漢琅邪郡的諸縣，故城在今山東諸城縣西南。其地自皇興三年四六九慕容白曜取青州後，久屬北魏，不得云「跬步弗降」。「赭城」卽赭陽見通鑑胡注，和新野都是南齊邊界要地，太和二十一年四九七元宏親自統軍南下，赭陽、新野始被攻佔見卷七下高祖紀下。這裏「諸」字顯爲「赭」字形訛，今據通鑑改。

〔一七〕若明獨聽專則權勢大併　册府卷四六五二二頁此句作「若明，則聽斷獨專；聰，則權勢大併」，語意較明白，疑傳本訛脫。

〔一八〕準上古也則有親行祚延七百　册府卷五七六三四頁「親行」上有「周武」二字。按「周武親行，祚延七百」與下「魏晉不征，旋踵而殞」相對。「則有」下當有脫文，册府殘存「周武」二字，但所脫不止此，「則有」下當有與上句「天子下帷深宮之內」作對的幾個字，然後接「周武親征」云云。

〔一九〕不追戮於所生則從坐於所養　諸本「追」上無「不」字。册府卷六一五七三九一頁有。按李沖意謂據律文，養子不因生父犯罪而連坐，那麽養父犯罪就該連坐。無「不」字不可通，今據補。

〔二〇〕不稱子不從父　百衲本此句作「稱子不不從父」，顯誤，北本、汲本、殿本作「稱子不從父」，南本、局本如上摘句。册府同上卷頁作「不言子不從父」。按百衲本「稱」上「不」字誤移在「子」字下，致不成語，北、汲、殿三本删一「不」字，上下語意不貫，册府「稱」字作「言」，但上同有「不」字，知南本、局本是，今從之。

〔二一〕於典矯也　諸本「典」訛「曲」，不可通，今據册府同上卷頁改。

〔二二〕沖時震怒　諸本「怒」作「恐」，北史卷一〇〇自序、册府卷四七八五七一〇頁作「怒」。按下文極言李沖暴怒之狀，且李彪與沖權勢不敵，沖何故震恐？「恐」乃「怒」之形訛，今據改。

魏書卷五十四

列傳第四十二

游雅　高閭

游雅，字伯度，小名黄頭，廣平任人也。少好學，有高才。世祖時，與勃海高允等俱知名，徵拜中書博士、東宫内侍長，遷著作郎。使劉義隆，授散騎侍郎，賜爵廣平子，加建威將軍。稍遷太子少傅，領禁兵，進爵爲侯，加建義將軍。受詔與中書侍郎胡方回等改定律制。出爲散騎常侍、平南將軍、東雍州刺史，假梁郡公。在任廉白，甚有惠政。徵爲祕書監，委以國史之任。不勤著述，竟無所成。詔雅爲太華殿賦，文多不載。雅性剛戇，好自矜誕，陵獵人物。高允重雅文學，而雅輕薄允才，允性柔寬，不以爲恨。允將婚于邢氏，雅勸允娶于其族，允不從。雅曰：「人貴河間邢，不勝廣平游。人自棄伯度，我自敬黄頭。」貴己賤人，皆此類也。允著徵士頌，殊爲重雅，事在允傳。雅因論議長短，忿儒者陳奇，遂陷奇至族，議者深責之。和平二年卒。贈相州刺史，謚曰宣侯。

子僧奴，襲爵。卒，子雙鳳襲。

雅弟恒，子曇護。太和中，爲中散，遷典寺令。後慰勞仇池，爲賊所害。贈肆州刺史。

高閭，字閻士，漁陽雍奴人。五世祖原，晉安北軍司、上谷太守、關中侯，有碑在薊中。祖雅，少有令名，州别駕。父洪，字季願，陳留王從事中郎。閭貴，乃贈寧朔將軍、幽州刺史、固安貞子。

閭早孤，少好學，博綜經史，文才儁偉，下筆成章。本名驢，司徒崔浩見而奇之，乃改爲閭而字焉。眞君九年，徵拜中書博士。和平末，遷中書侍郎。高宗崩，乙渾擅權，内外危懼。文明太后臨朝，誅渾，引閭與中書令高允入於禁内，參決大政，賜爵安樂子。加南中郎將，與鎭南大將軍尉元南赴徐州，閭先入彭城，收管籥，元表閭以本官領東徐州刺史，與張讜對鎭團城。後還京城，以功進爵爲侯，加昭武將軍。

顯祖傳位，徙御崇光宫，閭上表頌曰：

臣聞創制改物者，〔一〕應天之聖君；齷齪順常者，守文之庸主。故五帝異規而化興，三王殊禮而致治，用能憲章萬祀，垂範百王，歷葉所以挹其遺風，後君所以酌其軌度。伏惟太上皇帝，道光二儀，明齊日月，至德潛通，武功四暢。霜威南被，則淮徐來同；齊斧北斷，則獫狁覆斃。西摧三危之酋，東引肅慎之貢，荒遐款塞，九有宅心。於是從容閑覽，希心玄奧，尙鼎湖之奇風，崇巢由之高潔，疇咨熙載，亮采羣后，爰挹大位，傳祚聖人。開古之高範，爰萃於一朝；曠葉之希事，載見於今日。昔唐堯禪舜，前典大其成功；太伯讓季，孔子稱其至德。苟位以聖傳，臣子一也。謹上至德頌一篇，其詞曰：

茫茫太極，悠悠遐古。三皇創制，五帝垂祜。仰察璿璣，俯鑒后土。雍容端拱，惟德是與。夏殷世傳，周漢纂烈。道風雖邈，仍誕明哲。爰暨三季，下淩上替。九服三分，禮樂四缺。上靈降鑒，思皇反正。乃眷有魏，配天承命。功冠前王，德侔往聖。移風革俗，天保載定。於穆太皇，克廣聖度。玄化外暢，惠鑒內悟。遺此崇高，挹彼沖素。道映當今，慶流後祚。明明我皇，承乾紹煥。比誦熙周，方文隆漢。重光麗天，晨暉疊旦。六府孔修，三辰貞觀。功均乾造，雲覆雨潤。養之以仁，敦之以信。綏之斯和，動之斯震。自東徂西，無思不順。禎候並應，福祿來格。嘉穀秀町，素文表石。玄鳥呈皓，醴泉流液。黃龍蜿蜿，遊鱗奕奕。沖訓既布，率土咸寧。穆穆四門，灼灼典刑。勝殘豈遠，期月有成。翹翹東岳，庶見翠旌。先民有言，千載一泰。昔難其運，今易其

會。沐浴淳澤，被服冠帶。飲和陶潤，載欣載賴。文以寫意，功由頌宣。吉甫作歌，式昭永年。唐政緝熙，康哉垂篇。仰述徽烈，被之管絃。

高允以閭文章富逸，舉以自代，遂爲顯祖所知，數見引接，參論政治。命造鹿苑頌、北伐碑，顯祖善之。承明初，爲中書令，加給事中，委以機密。文明太后甚重閭，詔令書檄碑銘贊頌皆其文也。

太和三年，出師討淮北，閭表曰：「伏見廟算有事淮海，雖成事不說，猶可思量。臣以愚劣，本非武用，至於軍旅，尤所不學。直以無諱之朝，敢肆狂瞽，區區短見，竊有所疑。臣聞兵者凶器，不得已而用之。今天下開泰，四方無虞，豈宜盛世，干戈妄動。疑一也。淮北之城，凡有五處，難易相兼，皆須攻擊。然攻守難圖，力懸百倍，反覆思量，未見其利。疑二也。縱使如心，於國無用，發兵遠入，費損轉多。若不置城，是謂空爭。疑三也。脫不如意，當延日月，屯衆聚費，于何不有。疑四也。伏願思此四疑，時速返旆。」文明太后令曰：「六軍電發，有若摧朽，何慮四難也。」

遷尙書、中書監。淮南王他奏求依舊斷祿，文明太后令召羣臣議之。閭表曰：

天生烝民，樹之以君，明君不能獨理，必須臣以作輔。君使臣以禮，臣事君以忠。故車服有等差，爵命有分秩；德高者則位尊，任廣者則祿重。下者祿足以代耕，上者俸足以行義。庶民均其賦，以展奉上之心；君王聚其材，〔三〕以供事業之用。君班其俸，垂惠則厚；臣受其祿，感恩則深。於是貪殘之心止，竭効之誠篤，兆庶無侵削之煩，百辟備禮容之美。斯則經世之明典，爲治之至術。自堯舜以來，逮于三季，雖優劣不同，而斯道弗改。自中原崩否，天下幅裂，海內未一，民戶耗減，國用不充，俸祿遂廢。此則事出臨時之宜，良非長久之道。

大魏應期紹祚，照臨萬方，九服既和，八表咸謐。二聖欽明文思，道冠百代，動遵禮式，稽考舊章，準百王不易之勝法，述前聖利世之高軌，置立鄰黨，班宣俸祿，事設令行，於今已久，苛慝不生，上下無怨，姦巧革慮，闚覦絕心，利潤之厚，同於天地。以斯觀之，如何可改？

又洪波奔激，則隄防宜厚；姦悖充斥，則禁網須嚴。且飢寒切身，慈母不保其子；家給人足，禮讓可得而生。但廉清之人，不必皆富；豐財之士，未必悉賢。今給其俸，則清者足以息其濫竊，貪者足以感而勸善；若不班祿，則貪者肆其姦情，清者不能自保。難易之驗，灼然可知，如何一朝便欲去俸？淮南之議，不亦謬乎？

詔從閭議。

高祖又引見王公已下於皇信堂，高祖曰：「政雖多途，治歸一體，朕每蒙慈訓，猶自昧

然。誠知忠佞有損益，而未識其異同，恒懼忠貞見毀，佞人便進。寤寐思此，如有隱憂。國彥朝賢，休戚所共，宜辨斯眞僞，以釋朕懷。」尙書游明根對曰：「忠佞之士，實亦難知，依古爵人，先試之以官，官定然後祿之，三載考績，然後忠佞可明。」閭曰：「竊謂袁盎徹愼夫人席，是其忠；譖殺晁錯，是其佞。若以異人言之，望之爲忠，石顯是佞。」高祖曰：「自非聖人，忠佞之行，時或互有，但忠功顯卽謂之忠，佞迹成斯謂之佞。史官據成事而書，於今觀之，有別明矣。朕所問者，未然之前；卿之所對，已然之後。」閭曰：「佞者，飾智以行事；忠者，發心以附道。譬如玉石，皦然可知。」高祖曰：「玉石同體而異名，忠佞異名而同理。求之於同，則得其所以異；尋之於異，則失其所以同。出處同異之間，交換忠佞之境，豈是皦然易明哉？或有託佞以成忠，或有假忠以飾佞。如楚子綦後事顯忠，初非佞也。」閭曰：「子綦諫楚，初雖隨述，終致忠言，此適欲幾諫，非爲佞也。子綦若不設初權，後忠無由得顯。」高祖善閭對。

閭後上表曰：

臣聞爲國之道，其要有五：一曰文德，二曰武功，三曰法度，四曰防固，五曰刑賞。故遠人不服，則修文德以來之；荒狡放命，則播武功以威之；民未知戰，則制法度以齊之；暴敵輕侵，則設防固以禦之；臨事制勝，則明刑賞以勸之。用能闢國寧方，征伐四

克。北狄悍愚，同於禽獸，所長者野戰，所短者攻城。若以狄之所短，奪其所長，則雖衆不能成患，雖來不能內逼。又狄散居野澤，隨逐水草，戰則與家產並至，奔則與畜牧俱逃，不齎資糧而飲食足。是以古人伐北方，攘其侵掠而已。歷代爲邊患者，良以倏忽無常故也。六鎮勢分，倍衆不鬬，互相圍逼，難以制之。昔周命南仲，城彼朔方；趙靈、秦始，長城是築；漢之孝武，踵其前事。此四代之君，皆帝王之雄傑，所以同此役者，非智術之不長，兵衆之不足，乃防狄之要事，其理宜然故也。易稱天險不可升，地險山川丘陵，王公設險以守其國，長城之謂歟？今宜依故於六鎮之北築長城，以禦北虜，雖有暫勞之勤，乃有永逸之益，如其一成，惠及百世。卽於要害，往往開門，造小城於其側。因地却敵，〔三〕多有弓弩。狄來有城可守，其兵可捍。既不攻城，野掠無獲，草盡則走，終必懲艾。

宜發近州武勇四萬人及京師二萬人，合六萬人爲武士，於苑內立征北大將軍府，選忠勇有志幹者以充其選。下置官屬，分爲三軍，二萬人專習弓射，二萬人專習戈盾，二萬人專習騎矟。修立戰場，十日一習，採諸葛亮八陣之法，爲平地禦寇之方，使其解兵革之宜，識旌旗之節，器械精堅，必堪禦寇。使將有定兵，兵有常主，上下相信，晝夜如一。七月發六部兵六萬人，各備戎作之具，敕臺北諸屯倉庫，隨近作米，俱送北鎮。

至八月，征北部率所領與六鎮之兵，直至磧南，揚威漠北。狄若來拒，與之決戰，若其不來，然後散分其地，以築長城。計六鎮東西不過千里，若一夫一月之功，當三步之地，三百人三里，三千人三十里，三萬人三百里，則千里之地，强弱相兼，計十萬人一月必就，運糧一月不足爲多。人懷永逸，勞而無怨。

計築長城，其利有五：罷遊防之苦，其利一也；北部放牧，無抄掠之患，其利二也；登城觀敵，以逸待勞，其利三也；省境防之虞，息無時之備，其利四也；歲常遊運，〔四〕永得不匱，其利五也。

又任將之道，特須委信，遣之以禮，恕之以情，閫外之事，有利輒決，赦其小過，要其大功，足其兵力，資其給用，君臣相體，若身之使臂，然後忠勇可立，制勝可果。是以忠臣盡其心，征將竭其力，雖三敗而踰榮，雖三背而彌寵。

詔曰：「覽表，具卿安邊之策。比當與卿面論一二。」

高祖又引見羣臣，議伐蠕蠕。帝曰：「蠕蠕前後再擾朔邊，近有投化人云，敕勒渠帥興兵叛之，蠕蠕主身率徒衆，追至西漠。今爲應乘弊致討，爲應休兵息民？」左僕射穆亮對曰：「自古以來，有國有家莫不以戎事爲首。蠕蠕子孫，襲其凶業，頻爲寇擾，爲惡不悛，自相違叛。如臣愚見，宜興軍討之，雖不頓除巢穴，且以挫其醜勢。」閭曰：「昔漢時天下一統，故得窮追北狄，今南有吳寇，不宜懸軍深入。」高祖曰：「先朝屢興征伐者，以有未賓之虜。朕承太平之基，何爲搖動兵革？夫兵者凶器，聖王不得已而用之。便可停也。」高祖又曰：「今欲遣蠕蠕使還，應有書問以不？」羣臣以爲宜有，乃詔閭爲書。於時蠕蠕國有喪，而書不叙凶事。高祖曰：「卿爲中書監，職典文詞，所造旨書，不論彼之凶事。若知而不作，罪在灼然，若情思不至，應謝所任。」閭對曰：「昔蠕蠕主敦崇和親，其子不遵父志，屢犯邊境，如臣愚見，謂不宜弔。」高祖曰：「敬其父則子悅，敬其君則臣悅。卿云不合弔慰，是何言歟！」閭遂引愆，免冠謝罪。高祖謂閭曰：「蠕蠕使牟提小心恭慎，甚有使人之禮，同行疾其敦厚，每至陵辱，恐其還北，必被謗誣。昔劉準使殷靈誕每禁下人不爲非禮之事，及其還國，果被譖愬，以致極刑。今爲旨書，可明牟提忠於其國，使蠕蠕主知之。」

是年冬至，高祖、文明太后大饗羣官，高祖親舞於太后前，羣臣皆舞。高祖乃歌，仍率羣臣再拜上壽。閭進曰：「臣聞：大夫行孝，行合一家；諸侯行孝，聲著一國；天子行孝，德被四海。今陛下聖性自天，敦行孝道，稱觴上壽，靈應無差，臣等不勝慶踊，謹上千萬歲壽。」高祖大悅，賜羣臣帛，人三十匹。

又議政於皇信堂，高祖曰：「百揆多途，萬機事猥，未周之闕，卿等宜有所陳。」閭對曰：「臣伏思太皇太后十八條之令，及仰尋聖朝所行，事周於百揆，理兼於庶務。孔子至聖，三

年有成；子產治鄭，歷載乃就。今聖化方宣，風政驟改，行之積久，自然致治，理之必明，不患事闕。又爲政之道，終始若一，民可使由之，不可使知之。政令既宜，若有不合於民者，因民之心而改之。願終成其事，使至教必行。臣反覆三思，理畢於此，不知其他。但使今之法度，必理、必明、必行、必久，勝殘去殺，可不遠而致。」高祖曰：「刑法者，王道之所用。何者爲法？何者爲刑？施行之日，何先何後？」閭對曰：「臣聞創制立會，〔五〕軌物齊衆，謂之法；犯違制約，致之於憲，謂之刑。然則法必先施，刑必後著。自鞭杖已上至於死罪，皆謂之刑。刑者，成也，成而不可改。」高祖曰：「論語稱：『冉子退朝，孔子問曰：何晏也？對曰：有政。子曰：其事也。如有政，雖不吾以，吾其與聞之。』何者是政？何者爲事？」閭對曰：「臣聞：政者，君上之所施行，合於法度，經國治民之屬，皆謂之政；臣下奉敎承旨，作而行之，謂之事。然則天下大同，風軌齊一，則政出於天子；王道衰，則政出於諸侯；君道缺，則政出於大夫。故詩序曰：『王道衰，政教失，則國異政，家殊俗。』政者，上之所行；事者，下之所奉。」高祖曰：「若君命爲政，子夏爲莒父宰，問政，此應奉命而已，何得稱政？」尚書游明根曰：「子夏宰民，故得稱政。」帝善之。

十四年秋，閭上表曰：

奉癸未詔書，以春夏少雨，憂飢饉之方臻，愍黎元之傷瘁。同禹湯罪己之誠，齊

堯舜引咎之德，虞災致懼，詢及卿士，令各上書，極陳損益。深恩被於蒼生，厚惠流于后土。伏惟陛下天啓聖姿，利見纂極，欽若昊天，光格宇宙。太皇太后以叡哲贊世，稽合三才，高明柔克，道被無外。七政昭宣於上，九功咸序於下。君人之量逾高，謙光之旨彌篤。修復祭儀，宗廟所以致敬；飾正器服，禮樂所以宣和。增儒官以重文德，簡勇士以昭武功。慮獄訟之未息，定刑書以理之；懼蒸民之姦宄，置鄰黨以穆之；究庶官之勤劇，班俸祿以優之；知勞逸之難均，分民士以齊之。甄忠明孝，矜貧恤獨，開納讜言，抑絕讒佞，明訓以體，率土移風。雖未勝殘去殺，成無爲之化，足以仰答三靈者矣。

臣聞皇天無私，降鑒在下，休咎之徵，咸由人召。故帝道昌則九疇敍，君德衰而彝倫斁。休瑞並應，享以五福，則康于其邦；咎徵屢臻，罰以六極，則害于其國。斯乃洪範之實徵，神祇之明驗。及其厄運所纏，世鍾陽九，數乖於天理，事違於人謀，時則有之矣。故堯湯逢歷年之災，周漢遭水旱之患，然立功修行，終能弭息。今考治則有如此之風，計運未有如彼之害，而陛下殷勤引過，事邁前王。徙星澍雨之徵，〔六〕指辰可必；消災滅禍之符，灼然自見。雖王畿之內，頗爲少雨，關外諸方，禾稼仍茂，苟動之以禮，綏之以和，一歲不收，未爲大損。但豫備不虞，古之善政，安不忘危，有國常典。竊以北鎭新徙，家業未就，思親戀本，人有愁心，一朝有事，難以禦敵。可寬其往來，頗

使欣慰，開雲中馬城之食以賑恤之，〔七〕足以感德，致力邊境矣。明察畿甸之民，飢甚者，出靈丘下館之粟以救其乏，可以安慰孤貧，樂業保土。使幽、定、安、并四州之租，隨運以溢其處；〔八〕開關弛禁，薄賦賤糴，以消其費；淸道路，恣其東西，隨豐逐食，貧富相贍。可以免度凶年，不爲患苦。

又聞常士困則濫竊生，匹婦餒則慈心薄。凶儉之年，民輕違犯，可緩其使役，急其禁令。宜於未然之前，申勑外牧。又一夫幽枉，王道爲虧，京師之獄，或恐未盡。可集見囚於都曹，使明折庶獄者，重加究察。輕者卽可決遣，重者定狀以聞。罷非急之作，放無用之獸。此乃救凶之常法，且以見憂於百姓。論語曰：「不患貧而患不安。」苟安而樂生，雖遭凶年，何傷於民庶也。愚臣所見，如此而已。

詔曰：「省表聞之，當敕有司依此施行。」

後詔閭與太常採雅樂以營金石，又領廣陵王師。出除鎭南將軍、相州刺史。以參定律令之勤，賜布帛千匹、粟一千斛、牛馬各三。閭上疏陳伐吳之策，高祖納之。遷都洛陽，閭表諫，言遷有十損，必不獲已，請遷於鄴。高祖頗嫌之。

蕭鸞雍州刺史曹虎據襄陽請降，詔劉昶、薛眞度等四道南伐，車駕親幸懸瓠。閭表諫曰：「洛陽草創，虎既不遣質任，必非誠心，無宜輕舉。」高祖不納。虎果虛詐，諸將皆無功而

還。高祖攻鍾離未克，將於淮南修故城而置鎭戍，以撫新附之民，賜閭璽書，具論其狀。閭表曰：「南土亂亡，僭主屢易，陛下命將親征，威陵江左，望風慕化，克拔數城，施恩布德，擕民襁負，可謂澤流邊方，威惠普著矣。然元非大舉，軍興後時；本爲迎降，戎卒實少。兵法：十則圍之，倍則攻之。所率既寡，東西懸闊，難以並稱。伏承欲留戍淮南，招撫新附。昔世祖以回山倒海之威，步騎數十萬南臨瓜步，諸郡盡降，而盱眙小城，攻而弗克。班師之日，兵不戍一郡，土不闢一廛。夫豈無人，以大鎭未平，不可守小故也。堰水先塞其源，伐木必拔其本。源不塞，本不拔，雖翦枝竭流，終不可絕矣。壽陽、盱眙、淮陰，淮南之源本也。三鎭不克其一，而留兵守郡，不可自全明矣。既逼敵之大鎭，隔深淮之險，少置兵不足以自固，多留衆糧運難可充。又欲修渠通漕，路必由于泗口；泝淮而上，須經角城。淮陰大鎭，舟船素畜，敵因先積之資，以拒始行之路。若元戎旋旆，兵士挫怯，夏雨水長，救援實難。忠勇雖奮，事不可濟。淮陰東接山陽，南通江表，兼近江都、海西之資，西有盱眙、壽陽之鎭。且安土樂本，人之常情，若必留戍，軍還之後，恐爲敵擒。何者？鎭戍新立，懸在異境，以勞禦逸，以新擊舊，而能自固者，未之有也。昔彭城之役，既克其城，戍鎭已定，而思叛外向者猶過數方。角城蕞爾，處在淮北，去淮陽十八里，五固之役，攻圍歷時，卒不能克。以今比昔，事兼數倍。今以向熱，水雨方降，兵刃既交，難以恩恤。降附之民及諸守令，亦可

徙置淮北。如其不然，進兵臨淮，速渡士卒，班師還京。踵太武之成規，營皇居於伊洛。畜力以待敵釁，布德以懷遠人，使中國淸穆，化被遐裔。淮南之鎭，自効可期；天安之捷，指辰不遠。」

車駕還幸石濟，閭朝於行宮。高祖謂閭曰：「朕往年之意，不欲決征，但兵士已集，恐爲幽王之失，不容中止。發洛之日，正欲至於懸瓠，以觀形勢。然機不可失，遂至淮南。而彼諸將，並列州鎭，至無所獲，定由晚一月日故也。」閭對曰：「人皆是其所事，而非其所不事，猶犬之吠非其主。且古者攻戰之法，倍則攻之，十則圍之。聖駕親戎，誠應大捷，所以無大獲者，良由兵少故也。且徙都者，天下之大事，今京邑甫爾，庶事造創。臣聞詩云：『惠此中國，以綏四方。』臣願陛下從容伊瀍，優遊京洛，使德被四海，中國緝寧，然後向化之徒，自然樂附。」高祖曰：「願從容伊瀍，實亦不少，但未獲耳。」閭曰：「司馬相如臨終恨不見封禪。今雖江介不賓，小賊未殄，然中州之地，略亦盡平，豈可於聖明之辰，而闕盛禮。齊桓公霸諸侯，猶欲封禪，而況萬乘。」高祖曰：「由此桓公屈於管仲。荆揚未一，豈得如卿言也。」閭曰：「漢之名臣，皆不以江南爲中國。且三代之境，亦不能遠。」高祖曰：「淮海惟揚州，荆及衡陽惟荆州，此非近中國乎？」

及車駕至鄴，高祖頻幸其州館。詔曰：「閭昔在中禁，有定禮正樂之勳，作藩於州，有廉

清公幹之美。自大軍停軫，庶事咸豐，可謂國之老成，善始令終者也。每惟厥德，朕甚嘉焉。可賜帛五百匹、粟一千斛、馬一匹、衣一襲，以褒厥勤。」

閭每請本州以自効，詔曰：「閭以懸車之年，方求衣錦，知進忘退，有塵謙德，可降號平北將軍。朝之老成，宜遂情願，徙授幽州刺史，令存勸兩修，恩法並舉。」閭以諸州罷從事，依府置參軍，於治體不便，表宜復舊。高祖不悅。歲餘，表求致仕，優答不許。徵爲太常卿。頻表陳遜，不聽。又車駕南討漢陽，閭上表諫求回師，高祖不納。漢陽平，賜閭璽書，閭上表陳謝。

世宗踐阼，閭累表遜位。詔曰：「閭貞幹早聞，儒雅素著，出內清華，朝之儁老，以年及致仕，固求辭任，宜聽解宗伯，遂安車之禮，特加優授，崇老成之秩。可光祿大夫，金印、紫綬。」使散騎常侍、兼吏部尚書邢巒就家拜授。及辭，引見於東堂，賜以餚羞，訪之大政。以其先朝儒舊，告老永歸，世宗爲之流涕。詔曰：「閭歷官六朝，著勳五紀，年禮致辭，義光進退，歸軒首路，感悵兼懷。安駟竈金，漢世榮貺，可賜安車、几杖、輿馬、繒綵、衣服、布帛，事從豐厚。百僚餞之，猶昔羣公之祖二疏也。」閭進陟北邙，上望闕表，以示戀慕之誠。景明三年十月，卒于家。世宗遣使弔慰，賵帛四百匹。四年三月，贈鎮北將軍、幽州刺史，謚曰文侯。

閭好爲文章，軍國書檄詔令碑頌銘贊百有餘篇，集爲三十卷。其文亦高允之流，後稱

二高，爲當時所服。閭强果，敢直諫，其在私室，言裁聞耳，及於朝廷廣衆之中，則談論鋒起，人莫能敵。高祖以其文雅之美，每優禮之。然貪褊矜慢，初在中書，好詈辱諸博士，博士、學生百有餘人，有所干求者，無不受其財貨。及老爲二州，乃更廉儉自謹，有良牧之譽。有三子。

長子元昌，襲爵。位至遼西、博陵二郡太守。

子欽，字希叔，頗有文學。莫折念生之反也，欽隨元志西討，志敗，爲賊所擒，念生以爲黃門郎。死於秦州。

子穆宗，襲祖爵。興和中，定州開府祭酒。

欽弟石頭、小石，皆早卒。

元昌弟定殷，中壘將軍、漁陽太守。卒，贈征虜將軍、安州刺史。

子洪景，少有名譽。早卒。

次子宣景，武定中，開府司馬。

定殷弟幼成，員外郎。頗有文才，性清狂，爲奴所害。

閭弟悅，篤志好學，有美於閭。早卒。

史臣曰：游雅才業，亦高允之亞歟？至於陷族陳奇，斯所以絕世而莫祀也。高閭發言有章句，下筆富文彩，亦一代之偉人。故能受遇累朝，見重高祖。挂冠謝事，禮備懸輿，美矣。

校勘記

〔一〕臣聞創制改物者　諸本「創」作「刑」。按國語周語稱襄王云：「叔父若能光裕大德，更姓改物，以創制天下。」「創制改物」常見，「創」也作「剏」，與「刑」字形近而訛，今改正。下「三皇刑制」同改「創制」。

〔二〕君王聚其材　冊府卷五〇五（六〇六三頁）「材」作「財」。按上句是說徵斂賦稅，疑作「財」是。

〔三〕因地却敵　北史卷三四高閭傳「地」作「施」。按南齊書卷一六百官志衞尉條云：「宮城諸却敵樓上本施鼓，持夜者以應更唱。」則「却敵」卽城上守衞之樓，疑作「施」是。但作「地」亦可通，今不改。

〔四〕歲常遊運　通典卷一九六邊防十二誤作刁雍表，「遊」作「遞」，疑是。

〔五〕臣聞創制立會　諸本「創」誤「刑」，今據通志卷一四八高閭傳改。參本卷校記〔一〕。

〔六〕徙星澍雨之徵　諸本「徙」作「從」，冊府卷四七二（五六二八頁）、卷五三〇（六三二九頁）作「徙」。按淮南子

道應篇、史記卷三八宋微子世家等書言宋景公「修德」，熒惑退舍，「徙星」卽用此典故，「從星」無義，今據改。

〔七〕開雲中馬城之食以賑恤之　冊府卷四七二（五六二八頁）「食」作「倉」。疑是。但作「食」也可通，今不改。

〔八〕隨運以溢其處　冊府卷四七二、卷五三〇（明本同上卷頁）「溢」作「益」，疑是。但冊府宋本也作「溢」，今不改。

中華書局

魏書卷五十五

列傳第四十三

游明根　劉芳

游明根，字志遠，廣平任人也。祖鱓，慕容熙樂浪太守。父幼，馮跋假廣平太守。和龍平，明根乃得歸鄉里。游雅稱薦之，世祖擢爲中書學生。性貞愼寡欲，綜習經典。及恭宗監國，與公孫叡俱爲主書。

高宗踐阼，〔一〕遷都曹主書，賜爵安樂男、寧遠將軍。高宗以其小心敬愼，每嗟美之。假員外散騎常侍、冠軍將軍、安樂侯，使於劉駿，直使明僧暠相對。前後三返，駿稱其長者，迎送之禮，有加常使。顯祖初，以本將軍出爲東青州刺史，加員外常侍。遷散騎常侍、平東將軍、都督兗州諸軍事、瑕丘鎭將，尋就拜東兗州刺史，改爵新泰侯。爲政清平，新民樂附。高祖初，入爲給事中，遷儀曹長，加散騎常侍。清約恭謹，號爲稱職。後王師南討，詔

假安南將軍、儀曹尙書、廣平公，與梁郡王嘉參謀軍計。後兗州民叛，詔明根慰喩。敕南征泗西、仇城、漣口三道諸軍，〔二〕稟明根節度。還都，正尙書，仍加散騎常侍。

詔以與蕭賾絕使多年，今宜通否，羣臣會議。尙書陸叡曰：「先以三吳不靖，荆梁有難，故權停之，將觀釁而動。今彼方旣靖，宜還通使。」明根曰：「中絕行人，是朝廷之事，深築醴陽，侵彼境土，二三之理，直在蕭賾。我今遣使，於理爲長。」高祖從之。文明太后崩，羣臣固請公除，高祖與明根往復。事在禮志。遷大鴻臚卿、河南王幹師，尙書如故。隨例降侯爲伯。又參定律令，屢進讜言。

明根以年踰七十，表求致仕。詔不許，頻表固請，乃詔曰：「明根風度清幹，志尙貞敏，溫恭靜密，乞言是寄，故抑其高蹈之操，至于再三。表請殷勤，不容違奪，便已許其告辨。〔三〕可出前後表付外，依禮施行。」引明根入見，高祖曰：「卿年耆德茂，服勤累朝，歷職內外，並著顯績，逮于耆老，履道不渝，是以鼇革之始，委以禮任，遲能迂德，匡贊於朕。然高尙悠邈，便爾言歸，君臣之禮，於斯而畢，眷德思仁，情何可已。夫七十致仕，典禮所稱；位隆固辭，賢者達節。但季俗陵遲，斯道弗繼。卿獨秉冲操，居今行古，有魏以來，首振頹俗，進可以光我朝化，退可以榮慰私門。」明根對曰：「臣桑榆之年，鍾鳴漏盡，蒙陛下之澤，首領獲全，待盡私庭，下奉先帝陛下大恩，臣之願也。但犬馬之戀，不勝悲塞。」因泣不自勝。高祖

命之令進，言別殷勤，仍爲流涕。賜靑紗單衣、委貌冠、被褥、錦袍等物。

其年，以司徒尉元爲三老，明根爲五更，行禮辟雍。語在元傳。賜步挽一乘，給上卿之祿，供食之味，太官就第月送之。以定律令之勤，賜布帛一千匹、穀一千斛。後明根歸廣平，賜絹五百匹、安車一乘、馬二匹、幄帳被褥。車駕幸鄴，明根朝于行宮。詔曰：「游五更光素蓬簷，歸終衡里，可謂朝之舊德，國之老成。可賜帛五百匹、穀五百斛。」敕太官備送珍羞。後車駕幸鄴，又朝行宮，賜穀帛如前，爲造甲第。國有大事，恒璽書訪之。舊疹發動，手詔問疾，太醫送藥。太和二十三年卒於家，年八十一。世宗遣使弔祭，賻錢一十萬、絹三百匹、布二百匹，贈光祿大夫，加金章紫綬，謚靖侯。

明根歷官內外五十餘年，處身以仁和，接物以禮讓，時論貴之。高祖初，明根與高閭以儒老學業，特被禮遇，公私出入，每相追隨，而閭以才筆時侮明根，世號高、游焉。子肇襲爵。

肇，字伯始，高祖賜名焉。幼爲中書學生，博通經史及蒼、雅、林說。高祖初，爲內祕書侍御中散。司州初建，爲都官從事，轉通直郎、祕閣令，遷散騎侍郎、典命中大夫。車駕南伐，肇上表諫止，高祖不納。尋遷太子中庶子。

肇謙素敦重，文雅見任。以父老，求解官扶侍。高祖欲令遂祿養，乃出爲本州南安王楨鎭北府長史，帶魏郡太守。王薨，復爲高陽王雍鎭北府長史，太守如故。爲政清簡，加以匡贊，歷佐二王，甚有聲迹。數年，以父憂解任。

景明末，徵爲廷尉少卿，固辭，乃授黃門侍郎。遷散騎常侍，黃門如故。兼侍中，爲畿內大使，黜陟善惡，賞罰分明。轉太府卿，徙廷尉卿，兼御史中尉，黃門如故。肇，儒者，動存名教，直繩所舉，莫非傷風敗俗。持法仁平，斷獄務於矜恕。尙書令高肇，世宗之舅，百僚懾憚，以肇名與己同，欲令改易。肇以高祖所賜，秉志不許，高肇甚銜之。世宗嘉其剛梗。

盧昶之在朐山也，肇諫曰：「朐山蕞爾，僻在海濱，山湖下墊，民無居者，於我非急，於賊爲利。爲利，故必致死而爭之；非急，故不得已而戰。以不得已之衆，擊必死之師，恐稽延歲月，所費遂甚。假令必得朐山，徒致交爭，終難全守，所謂無益之田也。知賊將屢以宿豫求易朐山，臣愚謂此言可許。朐山久捍危弊，宜速審之。若必如此，宿豫不征而自伏。持此無用之地，復彼舊有之疆，兵役時解，其利爲大。」世宗將從之，尋而昶敗。

遷侍中。蕭衍軍主徐玄明斬其青冀二州刺史張稷首，以郁洲內附，朝議遣兵赴援。肇表曰：「玄明之款，雖奔救是當，然事有損益，或憚舉而功多，或因小而生患，不可必也。今

六里、朐山，地實接海，陂湖下濕，人不可居。郁洲又在海中，所謂雖獲石田，終無所用。若不得連口，六里雖克，尚不可守，況方事連兵，而爭非要也。且六里於賊逾要，去此閑遠。若以閑遠之兵，攻逼近之衆，其勢既殊，不可敵也。災儉之年，百姓飢弊，餓死者亦復不少。何以得宜靜之辰，興干戈之役？軍糧資運，取濟無所。唯見其損，未覩其益。且新附之民，服化猶近，特須安帖，不宜勞之。勞則怨生，怨生則思叛，思叛則不自安，不安則擾動。脫爾，則連兵難解。事不可輕。宜損茲小利，不使大損。」世宗並不納。

大將軍高肇伐蜀，肇諫曰：「臣聞：遠人不服，則修文德以來之。兵者凶器，不得已而後用。當今治雖太平，論征未可。何者？山東、關右，殘傷未復，頻年水旱，百姓空虛，宜在安靜，不宜勞役。然往昔開拓，皆因城主歸款，故有征無戰。今之據者，〔四〕雖假官號，眞僞難分，或有怨於彼，不可全信。且蜀地險隘，稱之自古，鎭戍晏然，更無異趣，豈得虛承浮說，而動大軍。舉不愼始，悔將何及！討蜀之略，願俟後圖。」世宗又不納。

肅宗卽位，遷中書令、光祿大夫，加金章紫綬，相州大中正。出爲使持節、加散騎常侍、鎭東將軍、相州刺史，有惠政。徵爲太常卿，遷尚書右僕射，固辭，詔不許。肇於吏事，斷決不速。主者諮呈，反覆論叙，有時不曉，至於再三，必窮其理，然後下筆，雖寵勢干請，終無回撓。方正之操，時人服之。及領軍元叉之廢靈太后，將害太傅、清河王懌，乃集公卿會議

其事。於時羣官莫不失色順旨，肇獨抗言以爲不可，終不下署。正光元年八月卒，年六十九。詔給東園祕器、朝服一襲，賵帛七百匹。肅宗舉哀於朝堂。贈使持節、散騎常侍、驃騎大將軍、儀同三司、冀州刺史，謚文貞公。

肇外寬柔，內剛直，耽好經傳，手不釋書。治周易、毛詩，尤精三禮。爲易集解，撰冠婚儀、白珪論，詩賦表啓凡七十五篇，皆傳於世。謙廉不競，曾撰儒碁，以表其志焉。清貧寡欲，資仰俸祿而已。肇之爲廷尉也，世宗嘗私敕肇，有所降恕。肇執而不從，曰：「陛下自能恕之，豈足令臣曲筆也！」其執意如此。及肅宗初，近侍羣官豫在奉迎者，自侍中崔光已下並加封邑，時封肇文安縣開國侯，邑八百戶。肇獨曰：「子襲父位，今古之常，因此獲封，何以自處？」固辭不應。論者高之。

子祥，字宗良，頗有學。歷祕書郎，襲爵新泰伯。遷通直郎、國子博士，領尚書郎中。肅宗以肇昔辭文安之封，復欲封祥，祥守其父意，卒亦不受。又追論肇前議清河，守正不屈，乃封祥高邑縣開國侯，邑七百戶。孝昌元年卒，年三十六。贈征虜將軍、給事黃門侍郎、幽州刺史，謚曰文。

子皓，字賓多，襲。侍御史。早卒。

皓弟安居，襲爵新泰伯。武定中，司空墨曹參軍。齊受禪，爵例降。

明根叔父矯，中書博士，濮陽、鉅鹿二郡太守。卒，贈冠軍將軍、相州刺史。

矯孫馥，國子博士。

馥弟思進，尚書郎中。

劉芳，字伯文，彭城人也，漢楚元王之後也。六世祖訥，晉司隸校尉。祖該，劉義隆征虜將軍、青徐二州刺史。父邕，劉駿兗州長史。

芳出後伯父遜之，遜之，劉駿東平太守也。邕同劉義宣之事，身死彭城。芳隨伯母房逃竄青州，會赦免。舅元慶，爲劉子業青州刺史沈文秀建威府司馬，爲文秀所殺。芳母子入梁鄒城。慕容白曜南討青齊，梁鄒降，芳北徙爲平齊民，時年十六。南部尚書李敷妻，司徒崔浩之弟女；芳祖母，浩之姑也。芳至京師，詣敷門，崔恥芳流播，拒不見之。芳雖處窮窘之中，而業尚貞固，聰敏過人，篤志墳典。晝則傭書，以自資給，夜則讀誦，終夕不寢，至有易衣併日之弊，而澹然自守，不汲汲於榮利，不慼慼於賤貧，乃著窮通論以自慰焉。

芳常爲諸僧傭寫經論，筆迹稱善，卷直以一縑，歲中能入百餘匹，如此數十年，〔五〕賴以頗振。由是與德學大僧，多有還往。時有南方沙門惠度以事被責，未幾暴亡，芳因緣關知，

文明太后召入禁中，鞭之一百。時中官李豐主其始末，知芳篤學有志行，言之於太后，太后微愧於心。會蕭賾使劉纘至，芳之族兄也，擢芳兼主客郎，與纘相接。尋拜中書博士。後與崔光、宋弁、邢產等俱爲中書侍郎，俄而詔芳與產入授皇太子經，遷太子庶子、兼員外散騎常侍。從駕洛陽，自在路及旋京師，恒侍坐講讀。芳才思深敏，特精經義，博聞强記，兼覽蒼、雅，尤長音訓，辨析無疑。於是禮遇日隆，賞賚豐渥，正除員外散騎常侍。俄兼通直常侍，從駕南巡，撰述行事，尋而除正。王肅之來奔也，高祖雅相器重，朝野屬目。芳未及相見。高祖宴羣臣於華林，肅語次云「古者唯婦人有笄，男子則無」。芳曰：「推經禮正文，古者男子婦人俱有笄。」肅曰：「喪服稱男子免而婦人髽，男子冠而婦人笄。如此，則男子不應有笄。」芳曰：「此專謂凶事也。禮：初遭喪，男子免，時則婦人髽；男子冠，時則婦人笄。言俱時變，而男子婦人免髽、冠笄之不同也。又冠尊，故奪其笄稱。且互言也，非謂男子無笄。又禮內則稱：『子事父母，雞初鳴，櫛纚笄總。』以茲而言，男子有笄明矣。」高祖稱善者久之。肅亦以芳言爲然，曰：「此非劉石經邪？」昔漢世造三字石經於太學，學者文字不正，多往質焉。芳音義明辨，疑者皆往詢訪，故時人號爲劉石經。酒闌，芳與肅俱出，肅執芳手曰：「吾少來留意三禮，在南諸儒，亟共討論，皆謂此義如吾向言，今聞往釋，頓祛平生之惑。」芳理義精通，類皆如是。

等率衆一萬送糧鍾離。時思祖爲平遠將軍，領兵數千邀衍餉軍於邵陽，遣其長史元龜步騎一千，〔一四〕於鍾離之北遏其前鋒，錄事參軍繆琰掩其後，思祖身率精銳橫衝其陳，三軍合擊，大破之，擒惠紹及衍驍騎將軍、祁陽縣開國男趙景悅、〔一五〕悅弟寧遠將軍景脩、寧遠將軍梅世和、屯騎校尉任景攸、長水校尉邊欣、越騎校尉賈慶眞、龍驤將軍徐敞等，俘斬數千人。尙書論功擬封千戶侯。思祖有二婢，美姿容，善歌舞，侍中元暉求之不得，事遂停寢。後除揚烈將軍、遼西太守。思祖於路叛奔蕭衍，衍以思祖爲輔國將軍、北徐州刺史，頻寇淮北。數年而死。

纘子晰，歷蕭衍琅邪、東莞二郡太守，戍朐山。朐山人王萬壽斬晰，送首，以朐山內附，并晰子猍於京師。數年後，以猍爲給事中、汝陽太守。正光初，自郡南叛。

芳從子懋，字仲華。祖泰之，父承伯，仕於劉彧，並有名位。懋聰敏好學，博綜經史，善草隸書，多識奇字。世宗初入朝，拜員外郎。遷尙書外兵郎中，加輕車將軍。芳甚重之，凡所撰制朝廷軌儀，皆與參量。尙書博議，懋與殿中郎袁翻常爲議主。達於從政，臺中疑事，咸所訪決。受詔參議新令。性沉雅厚重，善與人交，器宇淵曠，風流甚美，時論高之。尙書李平，與之結莫逆之友。遷步兵校尉，領郎中，兼東宮中舍人。轉員外常侍、鎭遠將軍，領

考功郎中，立考課之科，明黜陟之法，甚有條貫。

肅宗初，大軍攻硤石，懋爲李平行臺郎中，城拔，懋頗有功。太傅、清河王懌愛其風雅，常目而送之曰：「劉生堂堂，搢紳領袖，若天假之年，必爲魏朝宰輔。」詔懋與諸才學之士，撰成儀令。懌爲宰相積年，禮懋尤重，令諸子師之。遷太尉司馬。熙平二年冬，暴病卒。家甚清貧，亡之日，徒四壁而已。太傅懌及當時才儁莫不痛惜之。贈持節、前將軍、南秦州刺史，謚曰宣簡。懋詩誄賦頌及諸文筆，見稱於時，又撰諸器物造作之始十五卷，名曰物祖。

子鍇，字士貞。自員外散騎侍郎，歷河南郡丞、中散大夫、徐州大中正、祕書丞。天平初卒。贈前將軍、徐州刺史。子規，早卒。

鍇弟箏，字士文。少而聰惠。年十二，詣尙書王衍，衍與語大奇之，遂與太傅李延寔、祕書李凱上疏薦之，拜祕書郎。箏亦善士。興和元年卒，年二十八。無子，兄子矩繼。

懋從叔元孫，養志丘園，不求聞達。高祖幸彭城，起家拜蘭陵太守。治以清靜爲名。卒官。

子長文，高祖擢爲南兗州冠軍府長史，帶譙郡太守。被圍糧竭，固節全城，以功賜爵下邑子。遷魯郡太守。高祖爲太子恂納其女爲孺子。卒。

子敬先，襲爵。

敬先弟徽，奉朝請，徐州治中。

長文弟永，字履南。頗有將略，累著征戰之勤。歷位中散大夫、龍驤將軍。神龜中，兼大鴻臚卿，持策拜高麗王安。還，除范陽太守。

芳族兄僧利，輕財通俠，甚得鄉情。高祖幸徐州，引見，善之，拜徐州別駕。遷沛郡太守。後遂從容鄉里，不樂臺官。積十餘年，朝議慮其有二志，徵拜輕車將軍、羽林監。卒官。

長子世雄，至太山太守。

世雄弟世明，字伯楚，頗涉書傳。自奉朝請稍遷蘭陵太守、彭城內史。屬刺史元法僧以城外叛，遂送蕭衍。衍欲加封爵，世明固辭不受，頻請衍乞還，衍聽之。肅宗時，徵爲諫議大夫。孝莊末，除征虜將軍、南兗州刺史。時尒朱世隆等威權自己，四方怨叛，城民王乞得逼劫世明，據州歸蕭衍。衍封世明開國縣侯，食邑千戶，征西大將軍、郢州刺史，又加儀同三司。世明復辭不受，固請北歸。衍不奪其意，乃躬餞之於樂遊苑。世明旣還，奉送所持節，身歸鄉里。自是不復入朝，常以射獵爲適。興和三年卒於家。贈驃騎大將軍、儀同三司、徐州刺史。

子禕，字彥英。武定末，冠軍將軍、中散大夫。

初，蘭陵繆儼靈奇，與彭城劉氏才望略等。及彭城內附，靈奇弟子承先隨薛安都至京師，賜爵襄賁子，尋還徐州，數十年間，了無從宦者。世宗末，承先子彥植襲爵，見叙，稍遷伏波將軍、羽林監。彥植恭慎長厚，爲時所稱。

時滎陽鄭演，仕劉彧爲琅邪太守。屬徐州刺史薛安都將謀內附，演贊成其事。顯祖初入朝，以功除冠軍將軍、彭城太守、洛陽侯。後拜太中大夫，改爵雲陽伯。卒，贈幽州刺史，謚曰懿。其子孫因此遂家彭、泗。

子長猷，以父勳起家，拜寧遠將軍、東平太守。尋轉沛郡。入爲南主客郎中、太尉屬，襲爵雲陽伯。車駕南伐，旣克宛城，拜長猷南陽太守。及鑾輿將反，詔長猷曰：「昔曹公克荊州，留滿寵於後。朕今委卿此郡，兼統戎馬，非直綏初附，以扞城相託。」特賜縑二百匹。高祖崩於南陽，斂於其郡。尋徵護軍長史。世宗初，壽春歸款，兼給事黃門侍郎，持節宣慰。及任城王爲揚州刺史，詔長猷爲諮議參軍，帶安豐太守。轉徐州武昌王府長史，帶彭城內史。徵拜諫議大夫，轉司徒諮議，遷通直散騎常侍。永平五年卒。謚曰貞侯。

子廓，襲。卒。

子元休，襲。興和中，睢州刺史。齊受禪，爵例降。

元休弟愿，字元祐。武定中，司徒從事中郎。

史臣曰：游明根雅道儒風，終受非常之遇，以太和之盛，當乞言之重，抑亦曠世一時。肇既聿修，克隆堂構，正情梗氣，顚沛不渝，辭爵主幼之年，亢節臣權之日，顧視羣公，其風固以遠矣。劉芳矯然特立，沉深好古，博通洽識，爲世儒宗，亦當年之師表也。懋才流識學，有名士之風。見重於世，不虛然矣。

校勘記

〔一〕高宗踐阼　諸本「高宗」作「高祖」，北史卷三四游雅傳作「文成」。按下云「使於劉駿」宋孝武帝，劉駿卽位在元濬魏高宗文成帝的興安二年四五三，死於和平五年四六四。元宏高祖卽位在四七一年，與劉駿不相值。又下文歷稱「顯祖元弘初」、「高祖初」，這裏「祖」字顯爲「宗」之訛，今據改。下「高祖以其小心」同改。

〔二〕敕南征沔西仇城連口三道諸軍　按所謂「南征三道諸軍」指太和四年八月的戰事，乃是爭角城，和沔西無涉。據卷七上高祖紀上，當時魏軍有「出朐城」、「出海西」、「出連口」、「出角城」、

「出下蔡」諸道。海西、朐城、連口都在今江蘇海州東南。這裏「沔西」當是「海西」之訛，「仇城」是「朐城」之訛。

〔三〕便巳許其告辨　册府卷八九九一〇六四三頁「辨」作「謝」，疑「辨」字訛。

〔四〕今之據者　册府卷五三〇六三三三頁「據」作「向化」二字，文義較明白。

〔五〕如此數十年　北史卷四二劉芳傳無「十」字。按芳北徙當在元弘皇興二年四六八。南齊書卷五七魏虜傳記劉瓚使魏，在永明元年，卽魏太和七年四八三。此傳稱芳此時「擢兼主客郎，與瓚相接」。自四六八年至此十六年。當是本作「十數年」，誤倒爲「數十年」。

〔六〕周禮大司樂云　按下引文是大司徒師氏條語。「樂」字當誤。

〔七〕掌國中失之事　諸本無「失」字，册府卷六〇三七二三九頁有。按今周禮大司徒有「失」字。鄭注：「中，中禮者也，失，失禮者也。」今據補。以下引經、注，往往和今傳本不盡同，或劉芳記憶偶誤，或所見本和傳本不同，若和原文的意義沒有大出入，不一一列舉。

〔八〕又去太和二十年　諸本「去」作「云」，汲、局二本及册府同上卷頁作「去」。按此追述過去，故云「去太和二十年」。今從汲、局本。

〔九〕虞庠在國之四郊　諸本「四」作「西」，北史卷四二作「四」。按今傳本禮記王制、內則都作「西郊」。孫志祖讀書脞錄續錄引北史此傳，以爲傳本禮記作「西郊」誤。孫說是非，今可不論，但據劉芳疏此段本說四門置學事，上文明言「四小在郊」，下文引鄭注，又言「四學，周四郊之虞庠也」。則劉芳所據禮記本作「四郊」，這裏「西」字當是後人所改，今據北史回改。

〔一〇〕高祖五年　按漢書卷二五上郊祀志上史記卷二八封禪書同先云「二年」，又云「後四歲」，始言「其後二年」立靈星祠，則是八年。續漢書祭祀志更明言漢興八年高帝令天下立靈星祠。這裏「五年」當是「八年」之誤。

〔一一〕縣邑令長侍祠　諸本「侍」作「得」，北史卷四二、册府卷五八〇六九六〇頁作「侍」。按續漢書祭祀志、通典卷四四靈星條都作「侍」。「得」字訛，今據改。

〔一二〕尙書逑奏　北史卷四二、册府卷五八〇六九六〇頁「逑奏」上有「依事」二字。按册府採魏書而與北史同，疑此脫二字，但無二字亦通，今不補。

〔一三〕大將軍攻討　按卷八〇樊子鵠傳，當時領兵攻子鵠、劉粹者是婁昭，他不是「大將軍」，且下無人名，「將」字當衍。

〔一四〕遣其長史元龜步騎一千　諸本「步」訛「少」，今據册府卷三五三四一九二頁改。

魏書卷五十六

列傳第四十四

鄭羲　崔辯

鄭羲，字幼驎，滎陽開封人，魏將作大匠渾之八世孫也。曾祖豁，慕容垂太常卿。父曄，不仕，娶于長樂潘氏，生六子，粗有志氣，而羲第六，文學爲優。弱冠舉秀才，尚書李孝伯以女妻之。高宗末，拜中書博士。

天安初，劉彧司州刺史常珍奇據汝南來降，顯祖詔殿中尚書元石爲都將赴之，幷招慰淮汝，遣羲參石軍事。到上蔡，珍奇率文武三百人來迎，旣相見，議欲頓軍於汝北，未卽入城。羲謂石曰：「機事尙速，今珍奇雖來，意未可量，不如直入其城，奪其管籥，據有府庫，雖出其非意，要以全制爲勝。」石從羲言，遂策馬徑入其城。城中尙有珍奇親兵數百人，在珍奇宅內。石旣克城，意益驕怠，置酒嬉戲，無警防之虞。羲謂石曰：「觀珍奇甚有不平之色，可嚴兵設備，以待非常。」其夜，珍奇果使人燒府廂屋，欲因救火作難，以石有備，乃止。明旦，羲齎白虎幡慰郭邑，衆心乃定。

明年春，又引軍東討汝陰。劉彧汝陰太守張超城守不下，石率精銳攻之，不克，遂退至陳項，議欲還軍長社，待秋擊之。諸將心樂早還，咸稱善計。羲曰：「今張超驅市人，負擔石，〔一〕蟻聚窮城，命不延月，宜安心守之。超食已盡，不降當走，可翹足而待，成擒物也。而欲棄還長社，道塗懸遠，超必修城深壍，多積薪穀，將來恐難圖矣。」石不納，遂旋師長社。至冬，復往攻超，超果設備，無功而還。歷年，超死，楊文長代戍，食盡城潰，乃克之，竟如羲策。淮北平，遷中書侍郎。

延興初，陽武人田智度，年十五，妖惑動衆，擾亂京索。以羲河南民望，爲州郡所信，遣羲乘傳慰諭。羲到，宣示禍福，重加募賞，旬日之間，衆皆歸散。智度奔潁川，尋見擒斬。以功賜爵平昌男，加鷹揚將軍。

高祖初，兼員外散騎常侍，假寧朔將軍、陽武子，使於劉準。中山王叡，〔二〕寵幸當世，並置王官，羲爲其傅。是後歷年不轉，資產亦乏，因請假歸，遂磐桓不返。及李沖貴寵，與羲姻好，乃就家徵爲中書令。文明太后爲父燕宣王立廟於長安，初成，以羲兼太常卿，假滎陽侯，具官屬，詣長安拜廟，刊石建碑於廟門。還，以使功，仍賜侯爵，加給事中。出爲安東將軍、西兗州刺史，假南陽公。羲多所受納，政以賄成。性又嗇吝，民有禮餉者，皆不與杯酒臠肉，西門受羊酒，東門酤賣之。以李沖之親，法官不之糾也。酸棗令鄭伯孫、鄄城令童騰、別駕賈德、治中申靈度，並在任廉貞，勤恤百姓，羲皆申表稱薦，時論多之。文明太后爲高祖納其女爲嬪，徵爲祕書監。

太和十六年卒，贈帛五百匹。尙書奏諡曰宣，詔曰：「蓋棺定諡，先典成式，激揚清濁，治道明範。故何曾幼孝，良史不改『繆醜』之名；賈充寵晉，直士猶立『荒公』之稱。羲雖宿有文業，而治闕廉清。稽古之效，未光於朝策；昧貨之談，已形於民聽。諡以善問，殊乖其衷。又前歲之選，匪由備行充舉，自荷後任，勳績未昭。尙書何乃情遺至公，愆違明典！依諡法：博聞多見曰『文』，不勤成名曰『靈』。可贈以本官，加諡文靈。」

長子懿，字景伯。涉歷經史，善當世事。解褐中散，尙書郎，稍遷驃騎長史、尙書吏部郎、太子中庶子，襲爵滎陽伯。懿閑雅有治才，爲高祖所器遇，拜長兼給事黃門侍郎、司徒左長史。世宗初，以從弟思和同咸陽王禧之逆，與弟通直常侍道昭俱坐緦親出禁。拜太常少卿，加冠軍將軍，出爲征虜將軍、齊州刺史，尋進號平東將軍。懿好勸課，善斷決，雖不潔清，義然後取，百姓猶思之。永平三年卒。贈本將軍、兗州刺史，諡曰穆。

子恭業，襲爵。武定三年，坐與房子遠謀逆，伏誅。

懿弟道昭，字僖伯。少而好學，綜覽羣言。初爲中書學生，遷祕書郎，拜主文中散，徙員外散騎侍郎、祕書丞、兼中書侍郎。

從征沔漢，高祖饗侍臣於懸瓠方丈竹堂，道昭與兄懿俱侍坐焉。樂作酒酣，高祖乃歌曰：「白日光天無不曜，江左一隅獨未照。」彭城王勰續歌曰：「願從聖明兮登衡會，萬國馳誠混江外。」鄭懿歌曰：「雲雷大振兮天門闢，率土來賓一正曆。」邢巒歌曰：「舜舞干戚兮天下歸，文德遠被莫不思。」道昭歌曰：「皇風一鼓兮九地匝，戴日依天清六合。」高祖又歌曰：「遵彼汝墳兮昔化貞，未若今日道風明。」宋弁歌曰：「文王政教兮暉江沼，寧如大化光四表。」高祖謂道昭曰：「自比遷務雖猥，與諸才儁不廢詠綴，遂命邢巒總集敍記。當爾之年，卿頻丁艱禍，每眷文席，常用慨然。」尋正除中書郎，轉通直散騎常侍。北海王詳爲司徒，以道昭與琅邪王秉爲諮議參軍。

遷國子祭酒，道昭表曰：「臣竊以爲：崇治之道，必也須才；養才之要，莫先於學。今國子學堂房粗置，弦誦闕爾。城南太學，漢魏石經，丘墟殘毀，藜藿蕪穢，遊兒牧豎，爲之歎息，有情之輩，實亦悼心，況臣親司，而不言露。伏願天慈回神紆盼，賜垂鑒察。若臣微意，萬一合允，求重敕尙書、門下，考論營制之模，則五雍可翹立而興，毀銘可不日而就。樹舊經於帝京，播茂範於不朽。斯有天下者之美業也。」不從。

廣平王懷爲司州牧，以道昭與宗正卿元匡爲州都。道昭又表曰：「臣聞唐虞啓運，以文德爲本；殷周致治，以道藝爲先。然則，禮樂者爲國之基，不可斯須廢也。是故周敷文教，四海宅心；魯秉周禮，强齊歸義。及至戰國紛紜，干戈遞用，五籍灰焚，羣儒坑殄，賤仁義之經，貴戰爭之術，遂使天下分崩，黔黎荼炭，數十年間，民無聊生者，斯之由矣。爰暨漢祖，於行陣之中，尚優引叔孫通等。光武中興於撥亂之際，乃使鄭衆、范升校書東觀。降逮魏晉，何嘗不殷勤於篇籍，篤學於戎伍。伏惟大魏之興也，雖羣凶未殄，戎馬在郊，然猶招集英儒，廣開學校，用能闡道義於八荒，布盛德於萬國，敎靡不懷，風無不偃。今者乘休平之基，開無疆之祚，定鼎伊瀍，惟新寶曆，九服感至德之和，四垠懷擊壤之慶。而蠢爾閩吳，阻化江湫，先帝爰震武怒，戎車不息。而停鑾佇蹕，留心典墳，命故御史中尉臣李彪與吏部尚書、任城王澄等妙選英儒，以崇文教。澄等依旨，置四門博士四十人，其國子博士、太學博士及國子助教，宿已簡置。伏尋先旨，意在速就，但軍國多事，未遑營立。自爾迄今，垂將一紀，學官凋落，四術寢廢。遂使碩儒耆德，卷經而不談；俗學後生，遺本而逐末。進競之風，實由於此矣。伏惟陛下欽明文思，玄鑒洞遠。越會未款，務修道以來之；遐方後服，敷文教而懷之。垂心經素，優柔墳籍。將使化越軒唐，德隆虞夏。是故屢發中旨，敦營學

館，房宇既修，生徒未立。臣學陋全經，識蔽篆素，然往年刪定律令，謬預議筵。謹依準前修，尋訪舊事，參定學令，事訖封呈。自爾迄今，未蒙報判。但廢學歷年，經術淹滯。請學令并制，早敕施行，使選授有依，生徒可準。」詔曰：「具卿崇儒敦學之意，良不可言。新令尋班，施行無遠，可謂職思其憂，無曠官矣。」

道昭又表曰：「竊惟鼎遷中縣，年將一紀，縉紳褫業，俎豆闕聞，遂使濟濟明朝，無觀風之美，非所以光國宣風，納民軌義。臣自往年以來，頻請學令，並置生員，前後累上，未蒙一報，故當以臣識淺濫官，無能有所感悟者也。館宇既修，生房粗構，博士見員，足可講習。雖新令未班，請依舊權置國子學生，漸開訓業，使播教有章，儒風不墜，後生覩徒義之機，學徒崇知新之益。至若孔廟既成，釋奠告始，揖讓之容，請俟令出。」不報。

遷祕書監、滎陽邑中正。出爲平東將軍、光州刺史，轉青州刺史，將軍如故。復入爲祕書監，加平南將軍。熙平元年卒，贈鎮北將軍、相州刺史，謚曰文恭。

道昭好爲詩賦，凡數十篇。其在二州，政務寬厚，不任威刑，爲吏民所愛。

子嚴祖，頗有風儀，粗觀文史。歷通直郎、通直常侍。輕躁薄行，不修士業，傾側勢家，乾沒榮利，閨門穢亂，聲滿天下。出帝時，御史中尉綦儁劾嚴祖與宗氏從姊姦通。人士咸恥言之，而嚴祖聊無愧色。孝靜初，除驃騎將軍、左光祿大夫、鴻臚卿。出爲北豫州刺史，仍本將軍。罷州還，除鴻臚卿。卒，贈都督豫兗潁三州諸軍事、□□將軍、司空公、豫州刺史。

嚴祖弟敬祖，性亦粗疏。起家著作佐郎。鄭儼之敗也，爲鄉人所害。

敬祖弟述祖，武定中，尚書。

述祖弟遵祖，祕書郎。卒，贈輔國將軍、光州刺史。

遵祖弟順，〔三〕卒於太常丞。

自靈太后預政，淫風稍行，及元叉擅權，公爲姦穢。自此素族名家，遂多亂雜，法官不加糾治，婚宦無貶於世，有識咸以歎息矣。

羲五兄：長白驎，次小白，次洞林，次叔夜，次連山。並恃豪門，多行無禮，鄉黨之內，疾之若讎。

白驎孫道慓，隨郡太守。

小白，中書博士。

子胤伯，有當世器幹。自中書博士遷侍郎，轉司空長史。高祖納其女爲嬪。出爲建威將軍、東徐州刺史，轉廣陵王征東府長史，帶齊郡內史。卒於鴻臚少卿，謚曰簡。

子希儁，未官而亡。子道育，武定中，開封太守。

希儁弟幼儒，好學修謹，時望甚優。丞相、高陽王雍以女妻之。歷尚書郎、通直郎、司州別駕，有當官之稱。卒，贈散騎常侍、安東將軍、兗州刺史，謚景。幼儒亡後，妻淫蕩兇悖，肆行無禮。子敬道、敬德，並亦不才，俱走於關右。幼儒從兄伯猷每謂所親曰：「從弟人才，足爲令德，不幸得如此婦，今死復重死，可爲悲嘆。」

胤伯弟平城，太尉諮議。廣陵王羽納其女爲妃。出爲東平原太守。性清狂使酒，爲政貪殘。卒，贈征虜將軍、南青州刺史。

長子伯猷，博學有文才，早知名。舉司州秀才，以射策高第，除幽州平北府外兵參軍，轉太學博士，領殿中御史。與當時名勝，咸申遊款。肅宗釋奠，詔伯猷錄義。安豐王延明之征徐州也，引爲行臺郎中。事寧還都，遷尚書外兵郎中，典起居注，以軍功賜爵陽武子。稍遷散騎常侍、平東將軍。前廢帝初，以舅氏超授征東將軍、金紫光祿大夫，領國子祭酒。久之，爲車騎將軍、右光祿大夫，轉護軍將軍。元象初，以本官兼散騎常侍使於蕭衍。前後使人，蕭衍令其侯王於馬射之日宴對申禮。伯猷之行，衍令其領軍將軍臧盾與之相接。議者以此貶之。使還，除驃騎將軍、南青州刺史。在州貪惏，妻安豐王元延明女，專爲聚斂，貨賄公行，潤及親戚。戶口逃散，邑落空虛。乃誣良民，云欲反叛，籍其資財，盡以入己，誅

其丈夫，婦女配沒。百姓怨苦，聲聞四方。爲御史糾劾，死罪數十條，遇赦免，因以頓廢。齊文襄王作相，每誡厲朝士，常以伯猷及崔叔仁爲論。武定七年，除太常卿。其年卒，年六十四。贈驃騎大將軍、中書監、兗州刺史。

伯猷弟仲衡，武定中，儀同開府中郎。

仲衡弟輯之，解褐奉朝請，領侍御史，以軍功賜爵城皋男。稍遷黎陽太守。屬元顥入洛，令其舅范遵鎮守滑臺，與輯之隔岸相對。遵潛軍夜渡，規欲掩襲，輯之率厲城民，拒河擊之，遵遂遁走。朝廷嘉之，除司州別駕。尋轉司空長史，還鎮南將軍、金紫光祿大夫。孝靜初，除征南將軍、東濟北太守，帶肥城戍主，男如故。天平四年卒，時年四十九。贈都督北豫梁二州諸軍事、驃騎將軍、度支尚書、北豫州刺史。

輯之弟懷孝，武定中，司徒諮議。

洞林子敬叔，[四]司州都官從事、滎陽邑中正、濮陽太守。坐貪穢除名。

子籍，字承宗。徐州平東府長史。

籍弟瓊，字祖珍，有强幹之稱。自太尉諮議爲范陽太守，治頗有聲。卒，贈太常少卿。孝昌中，弟儼寵要，重贈安東將軍、青州刺史。瓊兄弟雍睦，其諸娣姒亦咸相親愛，閨門之內有無相通，爲時人所稱美。子道邕，歿關西。儼事在恩倖傳。

敬叔弟士恭，燕郡太守。孝昌中，因儼之勢，除衞尉少卿，尋遷左將軍、瀛州刺史。時葛榮寇竊河北，州城淪陷，不獲之鎮。尋除征北將軍、金紫光祿大夫，又遷衞將軍、右光祿大夫。永熙中卒。贈驃騎將軍、冀州刺史，重贈尚書左僕射，謚曰貞。

長子子貞，司空掾。還從事中郎、南兗州開府司馬。

子貞弟子湛，齊濟二州長史、光祿大夫。

子湛弟昭伯，武定中，東平太守。

昭伯弟子嘉，早卒。

子大護，武定中，司空戶曹參軍。

叔夜子伯夏，司徒諮議、東萊太守。卒，贈冠軍將軍、太常少卿、青州刺史。

子忠，字周子。右軍將軍、鎮遠將軍。卒，贈平東將軍、徐州刺史。

弟豪，長水校尉、東平原太守。

伯夏弟謹，字仲恭。琅邪太守。

子嵩賓，歷尚書郎、員外常侍，稍還至左光祿大夫。卒。

連山，性嚴暴，撾撻僮僕，酷過人理。父子一時爲奴所害，斷首投馬槽下，乘馬北逝。其第二子思明，驍勇善騎射，披髮率村義，馳騎追之，及於河。奴乘馬投水，思明止將從不聽放矢，乃自射之，一發而中，落馬隨流，衆人擒執至家，臠而殺之。思明及弟思和，並以武功自効。思明至驍騎將軍、直閤將軍，坐弟思和同元禧逆徙邊。會赦，卒於家。後贈冠軍將軍、濟州刺史。

子先護，少有武幹。解褐員外郎，轉通直郎。莊帝之居藩也，先護深自結託。及尒朱榮稱兵向洛，靈太后令先護與鄭季明等固守河梁，先護聞莊帝卽位於河北，遂開門納榮。以功封平昌縣開國侯，邑七百戶。轉通常侍，[五]加鎮北將軍。尋除前將軍、廣州刺史、假平南將軍、當州都督。時妖賊劉舉於濮陽起逆，詔先護以本官爲東道都督討舉平之。還鎮。後元顥入洛，莊帝北巡，先護據州起義兵，不受顥命。顥遣尚書令、臨淮王彧率衆討之，[六]先護出城拒戰。莊帝還京，嘉其誠節，除使持節、散騎常侍、都督襄廣二州諸軍事、鎮南將軍，刺史如故，進爵郡公，增邑一千三百戶。尋轉征西將軍、東雍州刺史、假車騎將軍、當州都督，常侍如故。未之任，又轉都督二豫東雍三州諸軍事、征東將軍、豫州刺史，餘官如故。又兼尚書右僕射、二豫郢潁四州行臺。尋除車騎將軍、左衞將軍。及尒朱榮死，徐州刺史尒朱仲遠擁兵向洛，前至東郡。諸軍出討，不能制之。乃詔先護以本官假驃騎將軍、大都督，領所部與行臺楊昱同討之。莊帝又遣都督賀拔勝討仲遠，勝於陳降賊，戰士離心。尋聞京師不守，先護部衆逃散，遂竄伏於南境。前廢帝初，仲遠遣人招誘之，旣出而害焉。出

帝時，贈持節、都督青齊濟兗四州諸軍事、驃騎大將軍、儀同三司、青州刺史，開國如故。

思和，歷太尉中兵參軍。同元禧之逆，伏法。

子康業，通直郎。出帝時，坐事賜死。

子彬，武定末，齊王相國中兵參軍。

思和弟季長，太學博士。卒。

子喬，歷司州治中、驃騎將軍、左光祿大夫。

羲叔父簡，簡孫尙，壯健有將略。屢爲統軍，東西征討，以軍功賜爵汝陽男。歷位尚書郎、步兵校尉、驍騎將軍，遷輔國將軍、太尉司馬。出爲濟州刺史，將軍如故。爲政寬簡，百姓安之。卒，贈本將軍、豫州刺史，謚曰惠。

子貴賓，襲。解褐北海王國常侍，員外散騎侍郎，稍還尚書金部郎。以公坐免官。久之，兼太尉屬。卒，贈征虜將軍、荆州刺史。

子景裕，襲。武定末，儀同開府行參軍。

貴賓弟次珍，卒於員外常侍。贈安東將軍、光州刺史。

貴賓異母弟大倪、小倪。皆粗險薄行，好爲劫盜，侵暴鄉里，百姓毒患之。普泰中，並

爲尒朱仲遠所殺。

尙從父兄雲，字道漢。歷雁門、濮陽二郡，貪穢狼籍。肅宗時，納賄劉騰，得爲龍驤將軍、安州刺史。坐選舉受財，爲御史所糾，因暴病卒。

雲從父兄子敬賓，自祕書郎稍遷輔國將軍、中散大夫、魏郡太守、金紫光祿大夫。

子士淵，司空行參軍。

羲從父兄德玄。顯祖初，自淮南內附，拜滎陽太守。

子顥考，太和中，復爲滎陽太守。卒，贈冠軍將軍、豫州刺史、開封侯，謚曰惠。

子洪建，太尉祭酒。同元禧之逆，與弟祖育同伏法。永安中，特追贈平東將軍、齊州刺史。

子士機，性識不周，多有短失。歷散騎侍郎、司空從事中郎、中書郎。卒。

子道蔭，武定末，開府行參軍。

祖育，太尉祭酒。亦特贈平東將軍、豫州刺史。

祖育弟仲明，奉朝請，稍遷太尉屬。以公强當世，爲從弟儼所昵，除滎陽太守。儼慮世難，欲以東道託之。建義初，仲明弟季明遇害河陰。儼後歸之，欲與起兵，尋爲城民所殺。

仲明兄洪健，李沖女壻。建義初，莊帝以仲明舅氏之親，其弟與謀扶戴，仲明之死也，且有奉國之意，乃追封安平縣開國侯，邑七百戶，贈侍中、車騎大將軍、儀同三司、尙書左僕射、雍州刺史。

長子道門，仲明初謀起義，令道門說大都督李叔仁於大梁。叔仁始欲同舉，後聞莊帝已立，叔仁子拔江乃斬道門。建義中，特贈立節將軍、瓜州刺史。

道門弟孝邕，襲。天保初，爵隨例降。

仲明弟季亮，司徒城局參軍、員外常侍。卒，贈散騎常侍、撫軍將軍、青州刺史。

季亮弟季明，釋褐太學博士。正光中，譙郡太守，帶渦陽戍主。頻爲蕭衍遣將攻圍，兵糧寡少，外援不接，季明孤城自守，卒得保全。朝廷嘉之，封安德縣開國伯，邑七百戶。累遷平東將軍、光祿少卿。武泰中，潛通尒朱榮，謀奉莊帝。及在河陽，遂爲亂兵所害。事寧，追封南潁川郡開國公，食邑千五百戶，贈驃騎大將軍、尙書左僕射、司空公、定州刺史。

子昌，襲。武定末，司徒城局參軍。天保初，爵隨例降。

崔辯，字神通，博陵安平人。學涉經史，風儀整峻。顯祖徵拜中書博士。散騎侍郎、平

遠將軍、武邑太守。政事之餘，專以勸學爲務。年六十二，卒。贈安南將軍、定州刺史，謚曰恭。

長子景儁，梗正有高風，好古博涉。以經明行修，徵拜中書博士。歷侍御史、主文中散。受敕接蕭賾使蕭琛、范雲，高祖賜名爲逸。後爲員外散騎侍郎，與著作郎韓興宗參定朝儀。雅爲高祖所知重，遷國子博士，每有公事，逸常被詔獨進。博士特命，自逸始。轉通直散騎常侍、廷尉少卿。卒，朝廷悼惜之，贈以本官。

子巨倫，字孝宗。幼孤，及長，歷涉經史，有文學武藝。以世宗挽郎，除冀州鎮北府墨曹參軍、太尉記室參軍。

叔楷爲殷州，巨倫仍爲長史、北道別將。在州陷賊，斂恤亡存，爲賊所義。葛榮聞其才名，欲用爲黃門侍郎。巨倫心惡之。至五月五日，會集官僚，令巨倫賦詩，巨倫乃曰：「五月五日時，天氣已大熱。狗便呀欲死，牛復吐出舌。」以此自晦，獲免。未幾，潛結死士數人，夜中南走，逢賊遊騎數百，俱恐不濟。巨倫曰：「寧南死一寸，豈北生一尺也！」便欺賊曰：「吾受敕而行。」賊不信，共爇火觀敕。火未然，巨倫手刃賊帥，餘人因與奮擊，殺傷數十人，賊乃四潰，得馬數匹而去。夜陰失道，惟看佛塔戶而行。到洛，朝廷嘉之，授持節、別將北討。初，楷喪之始，巨倫收殯倉卒，事不周固，至是遂偸路改殯，幷竊家口以歸。尋授國子博士。

莊帝卽位，假節、中堅將軍、東濮陽太守，假征虜將軍、別將。時河北紛梗，人士避賊，多住郡界，歲儉飢乏，巨倫傾資贍恤，務相全濟，時類高之。元顥入洛，據郡不從。莊帝還宮，行西兗州事，封漁陽縣開國男，邑二百戶，尋除光祿大夫。三年卒，時年四十四。

子武，襲。武定中，懷州衞軍府錄事參軍。齊受禪，爵例降。

初，巨倫有姊，明惠有才行，因患眇一目，內外親類莫有求者，其家議欲下嫁之。巨倫姑趙國李叔胤之妻，高明慈篤，聞而悲感曰：「吾兄盛德，不幸早世，豈令此女屈事卑族！」乃爲子翼納之，時人歎其義。崔氏與翼書詩數十首，辭理可觀。

逸弟模，字叔軌。身長八尺，圍亦如之。出後其叔。雅有志度。起家奉朝請，歷太尉祭酒、尙書金部郎中、太尉主簿，轉中郎，遷太子家令。以公事免。神龜中，詔復本資，除冠軍將軍、中散大夫。出除魯陽太守。正光二年，襄陽民密求款附，詔模爲別將，隸淮南王世遵，率衆赴之。事覺，模焚襄陽邑郭而還。坐不克，免官。及蕭寶夤討關隴，引模爲西征別將，屢有戰功，除持節、光祿大夫、都督別道諸軍事，加安東將軍。万俟醜奴遣將郝虎南侵，模攻破其營，擒虎。以功封槐里縣開國伯，邑五百戶。於時將督敗歿者多，模挫敵持重，號

爲名將。後假征東將軍、行岐州事。未幾，擊賊入深，沒於陳。贈撫軍將軍、相州刺史。永熙中，追錄前勳，又贈都督定相冀三州諸軍事、驃騎大將軍、儀同三司、相州刺史。子士護。

模弟楷，字季則。美風望，性剛梗，有當世幹具。釋褐奉朝請，員外散騎侍郎、廣平王懷文學。正始中，以王國官非其人，多被刑戮，惟楷與楊昱以數諫獲免。後爲尚書左主客郎中、伏波將軍、太子中舍人、左中郎將。以黨附高肇，爲中尉所劾，事在高聰傳。楷性嚴烈，能摧挫豪强，故時人語曰：「莫𪇰都買反㒈孤楷反，付崔楷。」

於時冀定數州，頻遭水害，楷上疏曰：

臣聞有國有家者，莫不以萬姓爲心，故矜傷軫於造次，求瘼結於寢興。黎民阻飢，唐堯致歎；衆庶斯饉，帝乙罰己。良以爲政與農，實繫民命。水旱緣兹以得濟，夷險用此而獲安。頃東北數州，頻年淫雨，長河激浪，洪波汩流，川陸連濤，原隰通望，彌漫不已，汎濫爲災。戶無擔石之儲，家有藜藿之色。華壤膏腴，變爲舄鹵；菽麥禾黍，化作萑蒲。斯用痛心徘徊，潸然佇立也。

昔洪水爲害四載，流於夏書；九土旣平攸同，紀自虞誥。亮由君之勤恤，臣用劬勞，日旰忘餐，宵分廢寢。伏惟皇魏握圖臨宇，總契裁極，道敷九有，德被八荒，槐階棘

路，實維英哲，虎門、麟閣，實曰賢明，天地函和，日月光曜。自比定冀水潦，無歲不飢；幽瀛川河，頻年汎溢。豈是陽九厄會，百六鍾期，故以人事而然，非爲運極。昔魏國鹹舄，史起哂之；兹地荒蕪，臣實爲恥。〔七〕不揆愚瞽，輒敢陳之。

計水之湊下，浸潤無間，九河通塞，屢有變改，不可一準古法，皆循舊隄。何者？河決瓠子，梁楚幾危；宣防旣建，水還舊迹。十數年間，戶口豐衍。又決屯氏，兩川分流，東北數郡之地，僅得支存。及下通靈、鳴，水田一路，往昔膏腴，十分病九，邑居凋離，墳井毁滅。良由水大渠狹，更不開瀉，衆流壅塞，曲直乘之所致也。至若量其逶迤，穿鑿涓澮，〔八〕分立隄堨，所在疏通，預決其路，令無停蹙。隨其高下，必得地形，土木參功，務從便省。使地有金隄之堅，水有非常之備。鈎連相注，多置水口，從河入海，遠邇逕通，〔九〕瀉其墝潟，泄此陂澤。九月農罷，量役計功，十月昏正，立匠表度。縣遣能工，麾畫形勢；郡發明使，籌察可否。審地推岸，辨其脈流；樹板分崖，練厥從往。別使案檢，分剖是非，〔一〇〕瞰睇川原，明審通塞。當境修治，不勞役遠，終春自罷，未須久功。卽以高下營田，因於水陸，水種秔稻，陸藝桑麻。必使室有久儲，門豐餘積。

其實上葉禦災之方，亦爲中古井田之利。卽之近事，有可比倫。江淮之南，地勢洿下，雲雨陰霖，動彌旬月。遙途遠運，惟用舟艫；南畝畬菑，微事耒耜。而衆庶未爲饉色，黔首罕有飢顏。豈天德不均，致此偏罰，故是地勢異圖，有兹豐餒。臣旣鄉居水際，目覩荒殘，每思鄭白，屢想王李。夙宵不寐，言念皇家，愚誠丹款，實希效力，有心螢爝，乞暫施行。使數州士女，無廢耕桑之業；聖世洪恩，有賑飢荒之士。鄴宰深笑，息自一朝；臣之至誠，申於今日。

詔曰：「頻年水旱爲患，黎民阻飢，靜言念之，旰不遑食，〔一一〕鑒此事條，深協在慮。但計畫功廣，非朝夕可合，宜付外量聞。」事遂施行。楷用功未就，詔還追罷。

久之，京兆王繼爲大將軍西討，引楷爲司馬。還，轉後將軍、廣平太守。後葛榮轉盛，諸將拒擊，並皆失利。孝昌初，加楷持節、散騎常侍、光祿大夫、兼尚書北道行臺，尋轉軍司。未幾，分定相二州四郡置殷州，以楷爲刺史，加後將軍。楷至州，表曰：「竊惟殷州地實四衝，居當五裂；西通長山，東漸巨野。頃國路康寧，四方有截，仍聚姦宄，桴鼓時鳴。況今天長喪亂，妖災間起。定州逆虜，趑趄北界；鄴下兇爐，蠶噬腹心。兩處犬羊，勢足幷合，城下之戰，匪暮斯朝。臣以不武，屬此屏捍，實思効力，以弱敵强，析骸煮弩，固此忠節。但基趾造創，庶事茫然，升儲尺刃，聊自未有，雖欲竭誠，莫知攸濟。謹列所須兵仗，請垂矜許。必當虎視一方，遏其侵軼，肅清境內，保全所委。」詔付外量，竟無所給。

葛榮自破章武、廣陽二王之後，鋒不可當。初楷將之州，人咸勸留家口，單身述職。楷曰：「貪人之祿，憂人之事，如一身獨往，朝廷謂吾有進退之計，將士又誰肯爲人固志也？」遂合家赴州。三年春，賊勢已逼，或勸減小弱以避之，乃遣第四女、第三兒夜出。旣而召僚屬共論之，咸曰：「女郎出嫁之女，郎君小未勝兵，留之無益，去復何損。且使君在城，家口尚多，足固將士之意，竊不足爲疑。」楷曰：「國家豈不知城小力弱也，置吾死地，令吾死耳！一朝送免兒女，將謂吾心不固。虧忠全愛，臧獲恥之，況吾荷國重寄也。」遂命追還。州旣新立，了無禦備之具。及賊來攻，楷率力抗拒，强弱勢懸，每勤兵士撫厲之，莫不爭奮，咸稱：「崔公尚不惜百口，吾等何愛一身！」〔一二〕速戰半旬，死者相枕。力竭城陷，楷執節不屈，賊遂害之，時年五十一。長子士元舉茂才，平州錄事參軍、假征虜將軍、防城都督，隨楷之州，州陷，亦戰歿。楷兄弟父子，並死王事，朝野傷歎焉。贈使持節、散騎常侍、鎮軍將軍、定州刺史。永熙中，又特贈侍中、都督冀定相三州諸軍事、驃騎大將軍、儀同三司、冀州刺史。

士元弟士謙、士約，並歿關西。

士約弟士順，儀同開府行參軍。

士元息勵德，武定中，司徒城局參軍。

史臣曰：鄭羲機識明悟，爲時所許，懿兄弟風尙，俱有可觀，故能並當榮遇，其濟美矣。嚴祖穢薄，忝其家世。幼儒令問促年，伯猷賄以敗業，惜乎！崔辯器業著聞，位不遠到。逸經明行高，籍甚太和之日，德優官薄，仍世恨之。楷雄壯之烈，楷忠貞之操，殺身成義，臨難如歸。非大丈夫亦何能以若此！

校勘記

〔一〕今張超驅市人負擔石　諸本「市」下脫「人」字，今據北史卷三五鄭羲傳、册府卷四五二五三五九頁、卷七二一八五八四頁補。

〔二〕中山王叡　張森楷云：「『王』下當更有一『王』字。」按魏書對異姓王公例必書姓，這裏當脫一「王」字。但他處也多如此，今不補，以後也不再出校記。

〔三〕遵祖弟順　北史卷三五「順」下有「祖」字。按鄭道昭五子都以「祖」字排行，不應順獨單名，當脫「祖」字。

〔四〕洞林子敬叔　諸本「子」作「字」，獨殿本作「子」，考證云：「鄭羲五兄，長白驎、次小白、次洞林、次叔夜、次連山，遂各序其子某、孫某。今觀下文有云：『敬叔弟士恭』，則可知敬叔、士恭皆洞

林子，而非其字矣。今改正。」按北史卷三五正作「子」。今從殿本。

〔五〕轉通常侍　按「通」下當脫「直」字。

〔六〕顥遣尙書令臨淮王彧率衆討之　諸本「尙」作「上」。按卷一八臨淮王譚附彧傳以北史補，不載此事，但云彧於元子攸卽位後，自梁還，「累除位尙書令」云云。元顥入洛，當仍居此官。這裏「上」顯爲「尙」之訛，今改正。

〔七〕臣實爲耻　諸本「耻」訛「取」，今據册府卷四九七五九四八頁改。

〔八〕穿鑿涓澮　殿本考證云：「『涓』疑應作『溝』。」

〔九〕遠邇逕通　諸本「通」訛「過」，今據册府卷四九七五九四八頁改。

〔一〇〕分剖是非　諸本「剖」訛「部」，今據册府同上卷頁改。

〔一一〕昃不遑食　諸本「遑」訛「違」，今據册府同上卷頁改。

〔一二〕吾等何愛一身　諸本無「一」字，北史卷三二崔辯附崔楷傳、册府卷三七二四四二六頁有。按「一身」與上「百口」相對。册府採魏書而與北史同，知傳本魏書脫去，今據補。

魏書卷五十七

列傳第四十五

高祐　崔挺

高祐，字子集，小名次奴，勃海人也。本名禧，以與咸陽王同名，高祖賜名祐。司空允從祖弟也。祖展，慕容寶黃門郎，太祖平中山，內徙京師，卒於三都大官。父讜，從世祖滅赫連昌，以功拜游擊將軍，賜爵南皮子。與崔浩共參著作，遷中書侍郎。轉給事中、冀青二州中正。假散騎常侍、平東將軍、蓨縣侯，使高麗。卒，贈安南將軍、冀州刺史、假滄水公，謚曰康。祐兄祚，襲爵，東青州刺史。

祐博涉書史，好文字雜說，材性通放，不拘小節。初拜中書學生，轉博士、侍郎。以祐招下邵郡羣賊之功，賜爵建康子。高宗末，兗州東郡吏獲一異獸，獻之京師，時人咸無識者。詔以問祐，祐曰：「此是三吳所出，厥名鯪鯉，餘域率無，今我獲之，吳楚之地，其有歸國

者乎？」又有人於零丘得玉印一以獻，詔以示祐，祐曰：「印上有籀書二字，文曰『宋壽』。壽者，命也，我獲其命，亦是歸我之徵。」顯祖初，劉義隆子義陽王昶來奔，薛安都等以五州降附，時謂祐言有驗。

高祖拜祕書令。後與丞李彪等奏曰：「臣等聞典謨興，話言所以光著；載籍作，成事所以昭揚。然則尙書者記言之體，春秋者錄事之辭。尋覽前志，斯皆言動之實錄也。夏殷以前，其文弗具。自周以降，典章備舉。史官之體，文質不同；立書之旨，隨時有異。至若左氏，屬詞比事，兩致並書，可謂存史意，而非全史體。逮司馬遷、班固，皆博識大才，論敍今古，曲有條章，雖周達未兼，斯實前史之可言者也。至於後漢、魏、晉咸以放焉。惟聖朝創制上古，開基長發，自始均以後，至於成帝，其間世數久遠，是以史弗能傳。臣等疏陋，忝當史職，披覽國記，竊有志焉。愚謂自王業始基，庶事草創，皇始以降，光宅中土，宜依遷固大體，令事類相從，紀傳區別，表志殊貫，如此修綴，事可備盡。伏惟陛下先天開物，洪宣帝命，太皇太后淳曜二儀，惠和王度，聲敎之所漸洽，風譯之所覃加，固已義振前王矣。加太和以降，年未一紀，然嘉符禎瑞，備臻於往時；洪功茂德，事萃於曩世。會稽佇玉牒之章，岱宗想石記之列。而祕府策勳，述美未盡。將令皇風大猷，或闕而不載；功臣懿績，或遺而弗傳。著作郎已下，請取有才用者，參造國書，如得其人，三年有成矣。然後大明之德

功，光于帝篇；聖后之勳業，顯于皇策。佐命忠貞之倫，納言司直之士，咸以備著載籍矣。」高祖從之。

高祖從容問祐曰：「比水旱不調，五穀不熟，何以止災而致豐稔？」祐對曰：「昔堯湯之運，不能去陽九之會，陛下道同前聖，其如小旱何？但當旌賢佐政，敬授民時，則災消穰至矣。」又問止盜之方，祐曰：「昔宋均樹德，〔一〕害獸不過其鄉；卓茂善教，蝗蟲不入其境。彼盜賊者，人也，苟訓之有方，寧不易息。當須宰守貞良，則盜止矣。」祐又上疏云：「今之選舉，不採識治之優劣，專簡年勞之多少，斯非盡才之謂。宜停此薄藝，棄彼朽勞，唯才是舉，則官方斯穆。又勳舊之臣，雖年勤可錄，而才非撫人者，則可加之以爵賞，不宜委之以方任，所謂王者可私人以財，不私人以官者也。」高祖皆善之。加給事中、冀州大中正，餘如故。時李彪專統著作，祐爲令，時相關豫而已。

出爲持節、輔國將軍、西兗州刺史，假東光侯，鎭滑臺。祐以郡國雖有太學，縣黨宜有黌序，乃縣立講學，黨立小學。〔二〕又令一家之中，自立一碓，五家之外，共造一井，以供行客，不聽婦人寄春取水。又設禁賊之方，令五五相保，若盜發則連其坐，初雖似煩碎，後風化大行，寇盜止息。

轉宋王劉昶傅。以昔參定律令之勤，賜帛五百匹、粟五百石、馬一匹。昶以其官舊年

耆，雅相祇重，妓妾之屬，多以遺之。拜光祿大夫，傅如故。昶薨後，徵爲宗正卿，而祐留連彭城，久而不赴。於是尚書僕射李沖奏祐散逸淮徐，無事稽命，處刑三歲，以贖論。詔免卿任，還復光祿。太和二十三年卒。太常議謚曰煬侯，詔曰：「不遵上命曰『靈』，可謚爲靈。」

子和璧，字僧壽，有學問。中書博士。早卒。

和璧子顥，字門賢，學涉有時譽。自司空參軍轉員外郎，襲爵建康子，遷符璽郎中。出爲冀州別駕，未之任，屬刺史元愉據州反，世宗遣尚書李平爲都督，率衆討之。平以顥彼州領袖，乃引爲錄事參軍，仍領統軍，軍機取捨，多與參決。擒愉之後，別黨千餘人皆將伏法，顥以爲擁逼之徒，前許原免，宜爲表陳請。平從之，於是咸蒙全濟。事定，顥仍述職。時軍旅之後，因之飢饉，顥爲綱紀，務存寬靜，甚收時譽。尋加陵江將軍。坐事免。久之，除鎭遠將軍，遷輔國將軍、中散大夫，轉征虜將軍，仍中散。卒，時年四十九。贈平東將軍、滄州刺史，謚曰惠。

子德正，襲。武定中，黃門侍郎。

顥弟雅，字興賢，有風度。自給事中稍遷司徒府錄事參軍、定州撫軍府長史。卒，年三十四。天平中，追贈散騎常侍、平北將軍、冀州刺史。

子德乾，早有令問。任城太守。卒。

雅弟諒，字脩賢。少好學，多識強記，居喪以孝聞。太和末，京兆王愉開府辟召，高祖妙簡行佐，諒與隴西李仲尚、趙郡李鳳起等同時應選。稍遷太尉主簿、國子博士。正光中，加驍騎將軍，爲徐州行臺。至彭城，屬元法僧反叛，逼諒同之，諒不許，爲法僧所害，時年四十一。朝廷痛惜之，贈左將軍、滄州刺史。又下詔，以諒臨危授命，誠節可重，復贈使持節、平北將軍、幽州刺史，贈帛二百匹，優一子出身，謚曰忠侯。三子。長惠勝，武定中，司徒外兵參軍。諒造親表譜錄四十許卷，自五世已下，內外曲盡。覽者服其博記。

祐弟欽，幼隨從叔濟使於劉義隆，還爲中書學生，遷祕書中散。年四十餘，卒。

子法永，諸王從事中郎。亦早亡。

祐從父弟次同，永安末，撫軍將軍、定州刺史。

子乾邕，永熙中，司空公、長樂郡開國公。

乾邕弟敖曹，天平中，司徒公、京兆郡開國公。

崔挺，字雙根，博陵安平人也。六世祖贊，魏尚書僕射。五世祖洪，晉吏部尚書。父

鬱，濮陽太守。

挺幼居喪盡禮。少敦學業，多所覽究，推人愛士，州閭親附焉。每四時與鄉人父老書相存慰，辭旨款備，得者榮之。三世同居，門有禮讓。於後頻值飢年，家始分析，挺與弟振推讓田宅舊資，惟守墓田而已。家徒壁立，兄弟怡然，手不釋卷。時穀糴踊貴，鄉人或有贈者，遺挺，辭讓而受，仍亦散之貧困，不爲畜積，故鄉邑更欽歎焉。

舉秀才，射策高第，拜中書博士，轉中書侍郎。以工書，受敕於長安書文明太后父燕宣王碑，賜爵泰昌子。轉登聞令，遷典屬國下大夫。以參議律令，賜布帛八百匹、穀八百石、馬牛各二。尚書李沖甚重之。高祖以挺女爲嬪。太和十八年，大將軍、宋王劉昶南鎭彭城，詔假立義將軍，爲昶府長史，以疾辭免，乃以王肅爲長史。其被寄遇如此。

後除昭武將軍、光州刺史，威恩並著，風化大行。十九年，車駕幸兗州，召挺赴行在所。及見，引諭優厚。又問挺治邊之略，因及文章。高祖甚悅，謂挺曰：「別卿已來，倏焉二載，吾所綴文，已成一集，今當給卿副本，時可觀之。」又顧謂侍臣曰：「擁旄者悉皆如此，吾何憂哉。」復還州。及散騎常侍張彝兼侍中巡行風俗，見挺政化之美，謂挺曰：「彝受使省方，採察謠訟，入境觀政，實愧清使之名。」州治舊掖城，西北數里有斧山，峯嶺高峻，北臨滄海，南望岱嶽，一邦遊觀之地也。挺於頂上欲營觀宇，故老曰：「此嶺秋夏之際，常有暴雨迅風，巖

石盡落，相傳云是龍道，恐此觀不可久立。」挺曰：「人神相去，何遠之有？虯龍倏忽，豈唯一路乎！」遂營之。數年間，果無風雨之異。挺既代，卽爲風雹所毁，於後作，復尋壞，遂莫能立。衆以爲善化所感。

時以犯罪配邊者多有逃越，遂立重制，一人犯罪逋亡，合門充役。挺上書，以爲周書父子罪不相及。天下善人少，惡人多，以一人犯罪，延及合門。司馬牛受桓魋之罰，柳下惠嬰盜跖之誅，豈不哀哉！辭甚雅切，高祖納之。先是，州內少鐵，器用皆求之他境，挺表復鐵官，公私有賴。諸州中正，本在論人，高祖將辨天下氏族，仍亦訪定，乃遙授挺本州大中正。

掖縣有人，年踰九十，板輿造州。自稱少曾充使林邑，得一美玉，方尺四寸，甚有光彩，藏之海島，垂六十歲。忻逢明治，今願奉之。挺曰：「吾雖德謝古人，未能以玉爲寶。」遣船隨取，光潤果然。竟不肯受，仍表送京都。世宗卽位，累表乞還。景明初見代，老幼泣涕追隨，縑帛贈送，挺悉不納。

散騎常侍趙脩得幸世宗，挺雖同州壤，未嘗詣門。北海王詳爲司徒、錄尚書事，以挺爲司馬，挺固辭不免。世人皆歎其屈，而挺處之夷然。於後詳攝選，衆人競稱考第，以求遷敍，挺終獨無言。詳曰：「崔光州考級並未加授，宜投一牒，當爲申請。蓮伯玉恥獨爲君子，亦何故默然？」挺對曰：「階級是聖朝大例，考課亦國之恒典。下官雖慚古賢不伐之美，至於

自衒求進，竊以羞之。」詳大相稱歎。自爲司馬，詳未曾呼名，常稱州號，以示優禮。四年卒，時年五十九。其年冬，贈輔國將軍、幽州刺史，謚曰景。光州故吏聞凶問，莫不悲感，共鑄八尺銅像於城東廣因寺，起八關齋，追奉冥福，其遺愛若此。

初，崔光之在貧賤也，挺贍遺衣食，常親敬焉。又識邢巒、宋弁於童稚之中，並謂終當遠致。世稱其知人。歷官二十餘年，家資不益，食不重味，室無綺羅，閨門之內，雍雍如也。舊故多有贈賵，諸子推挺素心，一無所受。有子六人。

長子孝芬，字恭梓。早有才識，博學好文章。高祖召見，甚嗟賞之。李彪謂挺曰：「比見賢子謁帝，旨諭殊優，今當爲羣拜紀。」挺曰：「卿自欲善處人父子之間，然斯言吾所不敢聞也。」

司徒、彭城王勰板爲行參軍，後除著作郎，襲父爵。尚書令高肇親寵權盛，子植除青州刺史，啓孝芬爲司馬。後除司徒記室參軍、司空屬、定州大中正，長於剖判，甚有能名，府主任城王澄雅重之。熙平中，澄奏地制八條，孝芬所參定也。在府久之，除龍驤將軍、廷尉少卿。

孝昌初，蕭衍遣將裴邃等寇淮南。詔行臺酈道元、都督河間王琛討之，停師城父，累月

不進。敕孝芬持節齎齊庫刀，〔三〕催令赴接，賊退而還。荆州刺史李神儁爲蕭衍遣將攻圍，詔加孝芬通直散騎常侍，以將軍爲荆州刺史，兼尚書南道行臺，領軍司，率諸將以援神儁，因代焉。於時，州郡內戍悉已陷没，且路由三鵶，賊已先據。孝芬所統既少，不得徑進，遂從弘農堰渠山道南入，遣弟孝直輕兵在前，出賊不意，賊便奔散，人還安堵。肅宗嘉勞之，并賚馬及綿絹等物。

後以元叉之黨，與盧同、李奬等並除名，徵還。又孝芬爲廷尉之日，章武王融以贓貨被劾，孝芬按以重法。及融爲都督，北討鮮于脩禮，於時孝芬弟孝演率勒宗從，避賊於博陵，郡城爲賊攻陷，尋爲賊所害。融乃密啓，云：「孝演入賊爲王。」遂見收捕，合家逃竄，遇赦乃出。

孝昌三年，蕭衍將成景儁率衆逼彭城，除孝芬寧朔將軍、員外常侍、兼尚書右丞，爲徐州行臺。孝芬將發，入辭。靈太后謂孝芬曰：「卿女今事我兒，與卿便是親舊，曾何相負？而內頭元叉車中，稱此老嫗會須却之。」孝芬曰：「臣蒙國厚恩，義無斯語。假實有此，誰能得聞？若有聞知，此於元叉親密過臣遠矣。乞對言者，足辨虛實。」靈太后悵然意解，乃有愧色。景儁築柵造堰，謀斷泗水以灌彭城。孝芬率大都督李叔仁、柴集等赴戰，〔四〕景儁等力屈退走。除孝芬安南將軍、光禄大夫、兼尚書，爲徐兗行臺。

建義初，太山太守羊侃據郡反，遠引南賊，圍逼兗州。除孝芬散騎常侍、鎭東將軍、金紫光祿大夫，仍兼尚書東道行臺，大都督刁宣馳往救援，〔五〕與行臺于暉接，至便圍之。侃突圍奔蕭衍，餘悉平定。

永安二年，莊帝聞元顥有內侵之計，敕孝芬南赴徐州。顥遂潛師向考城，擒大都督、濟陰王暉業，乘勝徑進，遣其後軍都督侯暄守梁國城以爲後援。孝芬勒諸將馳往圍暄，恐顥遣援，乃急攻之，晝夜不息。五日，暄遂突出，擒斬之，俘其卒三千餘人。莊帝還宮，授西兗州刺史，將軍如故。孝芬久倦外役，固辭不行，乃除太常卿。

普泰元年，南陽太守趙脩延襲據荆州城，囚刺史李琰之，招引南寇。除孝芬衞將軍、荆州刺史，兼尚書南道行臺。又除都督三荆諸軍事、車騎將軍、假驃騎將軍。孝芬已出次，改授散騎常侍、驃騎將軍、西兗州刺史。太昌初，兼殿中尚書。尋除車騎大將軍、左光祿大夫，仍尚書。後加儀同三司、兼吏部尚書。

出帝入關，齊獻武王至洛，與尚書辛雄、劉廞等並誅，時年五十。沒其家口，天平中乃免之。

孝芬博文口辯，善談論，愛好後進，終日忻然，商搉古今，間以嘲謔，聽者忘疲。所著文章數十篇。〔六〕有子八人。

長子勉，字宣祖。頗涉史傳，有几案才。正光初，除太學博士。莊帝之爲御史中尉，啓除侍御史。永安初，除建節將軍、尚書右中兵郎中。後太尉、豫章王蕭贊啓爲諮議參軍，郎中如故。以舉人失衷，爲中尉高道穆奏免其官。普泰中，兼尚書左丞。勉善附會，世論以浮競譏之。爲尚書令尒朱世隆所親待，而尚書郎魏季景尤爲世隆知任，勉與季景內頗不穆。季景陰求右丞，奪勉所兼。世隆啓用季景，勉遂悵怏自失。尋除安南將軍、光祿大夫、兼國子祭酒，典儀注。太昌初，除散騎常侍、征東將軍、金紫光祿大夫、定州大中正，敕左右廂出入其家。被收之際，在外逃免。於後乃出，見齊獻武王於晉陽，王勞撫之。天平末，王遣勉送勳貴妻子赴定州，因得還家。屬母李氏喪亡，勉哀號過性，遇病卒，時年四十七。無子，弟宣度以子龍後之。

勉弟宣猷，司徒中郎，走於關西。

宣猷弟宣度，齊王儀同開府司馬。

宣度弟宣軌，頗有才學。尚書考功郎中。與弟宣質、宣靜、宣略，並死於晉陽。

孝芬弟孝暐，字敬業。少寬雅，早著長者之風。彭城王勰之臨定州，辟爲主簿。釋褐冀州安東府外兵參軍，歷員外散騎侍郎、寧朔將軍、員外散騎常侍。武泰初，蠻首李洪扇動諸蠻，詔孝暐持節爲別將，隸都督李神軌討平之。尒朱榮之害朝士，孝暐與弟孝直攜家避

難定陶。孝莊初，徵拜通直散騎常侍，加征虜將軍，尋除趙郡太守。郡經葛榮離亂之後，民戶喪亡，六畜無遺，斗粟乃至數縑，民皆賣鬻兒女。夏椹大熟，孝暐勸民多收之。郡內無牛，教其人種。招撫遺散，先恩後威，一周之後，流民大至。興立學校，親加勸篤，百姓賴之。卒於郡，時年四十九。贈通直散騎常侍、平東將軍、瀛州刺史，謚曰簡。朝議謂爲未申，復贈安北將軍、定州刺史。

子昂，武定中，尚書左丞、兼度支尚書。

孝暐弟孝演，字則伯，出繼伯父。性通率，美鬚髯，姿貌魁傑。少無宦情，沉浮鄉里。河間王琛爲定州刺史，以爲治中。晚除瀛州安西府外兵參軍，因罷歸。及鮮于脩禮起逆，孝演率宗屬保郡城，爲賊攻陷。賊以孝演民望，恐移衆心，乃害之，時年四十。無子，弟孝直以子士遊爲後。士遊，儀同開府倉曹參軍。

孝演弟孝直，字叔廉。身八尺，眉目疎朗。早有志尚，起家司空行參軍。尋爲員外散騎侍郎、宣威將軍，〔七〕仍以本官入領直後。轉寧遠將軍、汝南王開府掾，領直寢。兄孝芬除荆州，詔孝直假征虜將軍、別將，總羽林二千騎，與孝芬俱行。孝直潛師徑進，賊遂破走。孝芬入城後，蕭衍將曹義宗仍在馬圈，鼓動順陽蠻夷，緣邊寇竊。孝直率衆禦之，賊皆退散。還轉直閤將軍、通直散騎常侍。尒朱兆入洛，孝直以天下未寧，去職歸鄉里，勸督宗人，務行禮義。後除安東將軍、光祿大夫，太昌中，又除衞將軍、右光祿大夫，並辭不赴。宗親勸孝直曰：「榮華人之所願，何故陸沉？」孝直不答。年五十八，卒於鄉里，顧命諸子曰：「吾才疏效薄，於國無功，若朝廷復加贈謚，宜循吾意，不得祇受，若致干求，則非吾子，斂以時服，祭勿殺生。」其子皆遵行之。有四子。

長子士順，儀同開府行參軍。

孝直弟孝政，字季讓。十歲，挺亡，號哭不絕，見者爲之悲傷。操尚貞立，博洽經史，雅好辭賦。喪紀之禮，特所留情，衣服制度，手能執造。太尉、汝南王悅辟行參軍。年四十九，卒。

子巖，武定中，員外常侍。

孝芬兄弟孝義慈厚，弟孝演、孝政先亡，孝芬等哭泣哀慟，絕內，蔬食，容貌損瘠，見者傷之。孝暐等奉孝芬盡恭順之禮，坐食進退，孝芬不命則不敢也。鷄鳴而起，旦參顏色；一錢尺帛，不入私房，吉凶有須，聚對分給。諸婦亦相親愛，有無共之。始挺兄弟同居，孝芬叔振既亡之後，孝芬等奉承叔母李氏，若事所生，旦夕溫凊，出入啓覲，家事巨細，一以諮決。每兄弟出行，有獲財物，尺寸已上，皆內李氏之庫，四時分賚，李自裁之，如此者二十餘歲。撫從弟宣伯、子朗，如同氣焉。

挺弟振，字延根。少有學行，居家孝友，爲宗族所稱。自中書學生爲祕書中散，在內謹敕，爲高祖所知。出爲冀州、咸陽王禧驃騎府司馬，在任久之。太和二十年，遷建威將軍、平陽太守。不拜，轉高陽內史。高祖南討，徵兼尚書左丞，留京。振既才幹被擢，當世以爲榮。後改定職令，振本資惟擬五品，詔曰：「振在郡著績，宜有褒升。」除太子庶子。景明初，除長兼廷尉少卿。振有公斷，以明察稱。河內太守陸琇與咸陽王禧同謀爲逆，禧敗事發，振窮治之。時琇內外親黨及當朝貴要咸爲之言，振研覈切至，終無縱緩，遂斃之於獄。其奉法如此。正始初，除龍驤將軍、肆州刺史，在任有政績。還朝，除河東太守。永平中，卒於郡，時年五十九。贈本將軍、南兗州刺史，謚曰定。振歷官四十餘載，考課恒爲稱職。議者善之。

長子宣伯，早喪。子勁，字仲括。驃騎參軍。

宣伯弟子朗，美容貌，涉獵經史，少溫厚，有風尚。以軍功起家襄威將軍、員外散騎侍郎。普泰中，從兄孝芬爲荆州，請爲車騎府司馬。孝芬轉西兗州，爲驃騎府司馬。太昌初，冠軍將軍、北徐州撫軍府長史，固辭，不獲免。興和二年，中尉高仲密引爲侍御史，尋加平西將軍。武定中卒。子道綱。

挺從父弟元珍，釋褐司徒行參軍，稍遷司徒主簿、趙郡王幹開府屬。景明中，荆州長史。久之，爲司徒從事中郎，有公平稱。後遷中散大夫，加征虜將軍。正光末，山胡作逆，除平陽太守，假右將軍，爲别將以討之，頻破胡賊，郡內以安。武泰初，改郡爲唐州，仍除元珍爲刺史，加右將軍。以破胡勳，賜爵涼城侯。尒朱榮之趣洛也，遣其都督樊子鵠取唐州。元珍與行臺酈惲拒守不從，爲子鵠所陷，被害。世咸痛之。子叔恭。

挺從父弟瑜之，字仲璉。少孤，有學業。太和中，釋褐奉朝請，廣陵王羽常侍，累歷蕃佐。入爲司空功曹參軍事、太尉主簿，遷冀州撫軍府長史。後爲揚州平東府長史，帶南梁太守。蕭衍義州刺史文僧明來降，瑜之迎接有勳，賜爵高邑男。孝昌初，除鴻臚少卿。三年卒，年五十六。贈平北將軍、瀛州刺史。有三子。

長子孟舒，字長才，襲父爵。累遷平東將軍、太中大夫。興和中，除廣平太守。卒，贈中軍將軍、殷州刺史，贈平東將軍，〔八〕謚曰康。

孟舒弟仲舒，武定末，鄴縣令。

仲舒弟季舒，給事黄門侍郎。

挺從祖弟脩和，州主簿。

子儉，字元恭，雅有器度。歷太學博士，終於符璽郎中。

儉弟緒，字仲穆。定州撫軍府法曹參軍。緒小弟孝忠，侍御史、祕書郎。並有容貌，無他才識。

緒子子謙，尚書郎。

子謙弟子讓，與侯景同反，子謙坐以囚執，遇病死於晉陽。子讓弟子廉等並伏法。

脩和弟敬邕，性長者，有幹用。高祖時，自司徒主簿轉尚書都官郎中，所在稱職。遷太子步兵校尉。景明初，母憂去職。後中山王英南討，引爲都督府長史，加左中郎將，以功賜爵臨淄男。遷龍驤將軍、太府少卿，以本將軍出除營州刺史。〔九〕庫莫奚國有馬百匹因風入境，敬邕悉令送還，於是夷人感附。熙平二年，拜征虜將軍、太中大夫。神龜中卒，〔一〇〕年五十七。贈左將軍、濟州刺史，謚曰恭。

子子盛，襲爵。除奉朝請。

脩和從弟接，字顯賓。容貌魁偉，放邁自高，不拘常檢。爲中書博士、樂陵內史。雅爲任城王澄所禮待，及澄爲定州刺史，接了無民敬，王忻然容下之。後爲冀州安東府司馬，轉樂陵太守。還鄉而卒。

挺族子纂，字叔則，博學有文才。景明中，太學博士，轉員外散騎侍郎、襄威將軍。既不爲時知，乃著無談子論。後爲給事中。延昌中，除梁州征虜府長史。熙平初，爲寧遠將軍、廷尉正，每於大獄，多所據明，有當官之譽。時太原王靜自廷尉監遷少卿，纂恥居其下，乃與靜書，辭氣抑揚，無上下之體。又啓求解任，乃除左中郎將，領尚書三公郎中。未幾，以公事免。後爲洛陽令。正光中卒，年四十五。贈司徒左長史。凡所製文，多行於世。

長子史，武定末，儀同府長流參軍。

纂兄穆，寬雅有度量，州辟主簿。卒。

子遲，武定末，度支尚書，兼右僕射。

纂弟融，字脩業。奉朝請。尚書令高肇出討巴蜀，引爲統軍。還，除員外散騎侍郎。正光中，定州別駕。年四十二卒。

子鴻翻，郡功曹。

纂從祖弟遊，字延叔，少有風概。釋褐奉朝請，稍遷太尉主簿。江州刺史陳伯之啓爲

司馬，還除奉車都尉。大都督、中山王英征義陽，引爲錄事參軍，尋轉司馬。及英敗於鍾離，遊坐徙秦州，久而得還。大將軍高肇西征，引爲統軍。除步兵校尉，遷豫州征虜府長史，未幾，除征虜將軍、北趙郡太守，並有政績。

熙平末，轉河東太守。郡有鹽戶，常供州郡爲兵，子孫見丁從役，遊矜其勞苦，乃表聞請聽更代，郡內感之。太學舊在城內，遊乃移置城南閑敞之處，親自說經，當時學者莫不勸慕，號爲良守。以本將軍遷涼州刺史，以母憂解任。

正光中，起除右將軍、南秦州刺史，固辭不免。先是，州人楊松柏、楊洛德兄弟數爲反叛，遊至州，深加招慰。松柏歸款，引爲主簿，稍以辭色誘之，兄弟俱至。松柏既州之豪帥，感遊恩遇，獎諭羣氐，咸來歸款，且以過在前政，不復自疑。遊乃因宴會，一時俱斬，於是外人以其不信，合境皆反。正光五年夏，秦州城人殺刺史李彥據州爲逆。數日之後，遊知必不安，謀欲出外，尋爲城人韓祖香、孫[illegible]攻於州館。遊事窘，登樓慷慨悲歎，乃推下小女而殺之，義不爲羣小所辱也。尋爲祖香等所執害，時年五十二。永安中，贈散騎侍郎、鎮北將軍、定州刺史。

子伏護，開府參軍。

史臣曰：高祐學業優通，知名前世，儒俊之風，門舊不隕。諸子經傳之器，加有捨生之節。崔挺兄弟，風操高亮，懷文抱質，歷事著稱，見重於朝野，繼世承家，門族並著，蓋所謂彼有人焉。

校勘記

〔一〕昔宋均樹德　諸本「均」作「鈞」，册府卷一〇四一二三七頁作「均」。按事見後漢書卷四一宋均傳。今據改。

〔二〕乃縣立講學黨立小學　諸本及北史卷三一高允附高祐傳「小學」作「教學」，下更有「村立小學」四字。獨百衲本如上摘句。按通鑑卷一三六四二七九頁敍高祐語全本魏書，却和百衲本同，知司馬光所見魏書舊本卽如此，南本以下諸本當卽據北史改補。且上文只說「縣黨宜有黌序」，沒有提到村，北魏鄉閭組織也沒有村的一級。雖北史或有所本，却未必是魏書脫誤，今從百衲本。

〔三〕敕孝芬持節齎齊庫刀　通鑑卷一五〇四六九二頁「齊」作「齋」。胡注：「齋庫刀，千牛刀也。」按「齋庫」亦見卷一三文成元皇后傳。疑「齊」字訛，但卷七七辛雄傳亦作「齊庫刀」，今仍之。

〔四〕孝芬率大都督李叔仁柴集等赴戰　諸本「赴」訛「起」，今據册府卷三五四四一九八頁改。

〔五〕大都督刁宣馳往救援　按文義「大都督」上當有「與」字。

〔六〕所著文章數十篇　北史卷三二崔挺附崔孝芬傳「文章」作「文筆」。按當時以無韵之文爲筆，疑北史是。

〔七〕尋爲員外散騎侍郎宣威將　按卷一一三官氏志太和後品令，宣威將軍在第六品，這裏「將」下脫「軍」字。

〔八〕贈中軍將軍殷州刺史贈平東將軍　北史卷三二崔挺傳附見孟舒作「贈殷州刺史、鎭東將軍」。按上云「贈中軍將軍」，下又云「贈平東將軍」，不可通。卷一一三官氏志太和後職令「平東」在第三品，「中軍」與「鎭東」並在從第二品，而「四鎭」班在前。疑本云「再（或加）贈鎭東將軍」，傳本「贈」上脫「再」或「加」字，又涉上「累遷平東將軍」語，「鎭」訛作「平」。

〔九〕以本將軍出除營州刺史　諸本「營」作「管」，無此州名，今據北史卷三二崔挺附崔敬邕傳、墓誌集釋崔敬邕墓誌圖版二三三改。

〔一〇〕熙平二年拜征虜將軍太中大夫神龜中卒　按崔敬邕墓誌，授此官在延昌四年五一五，熙平二年乃其卒年。疑傳記授官及卒年皆誤。

魏書卷五十八

列傳第四十六

楊播

楊播，字延慶，自云恒農華陰人也。高祖結，仕慕容氏，卒於中山相。曾祖珍，太祖時歸國，卒於上谷太守。祖眞，河內、清河二郡太守。父懿，延興末爲廣平太守，有稱績。高祖南巡，吏人頌之，加寧遠將軍，賜帛三百匹。徵爲選部給事中，有公平之譽。除安南將軍、洛州刺史，未之任而卒。贈以本官，加弘農公，謚曰簡。

播本字元休，太和中，高祖賜改焉。母王氏，文明太后之外姑。播少修整，奉養盡禮。擢爲中散，累遷給事，領中起部曹。以外親，優賜亟加，前後萬計。進北部給事中。詔播巡行北邊，高祖親送及戶，戒以軍略。未幾，除龍驤將軍、員外常侍，轉衞尉少卿，常侍如故。與陽平王頤等出漠北擊蠕蠕，大獲而還。高祖嘉其勳，賜奴婢十口。遷武衞將軍，復擊蠕

蠕，至居然山而還。

除左將軍，尋假前將軍。隨車駕南討，至鍾離。師回，詔播領步卒三千、騎五百爲衆軍殿。時春水初長，賊衆大至，舟艦塞川。播以諸軍渡淮未訖，嚴陳南岸，身自居後。諸軍渡盡，賊衆遂集，於是圍播。乃爲圓陳以禦之，身自搏擊，斬殺甚多。相拒再宿，軍人食盡，賊圍更急。高祖在北而望之，既無舟船，不得救援。水勢稍減，播領精騎三百歷其舟船，大呼曰：「今我欲渡，能戰者來。」賊莫敢動，遂擁衆而濟。高祖甚壯之，賜爵華陰子，尋除右衞將軍。

後從駕討崔慧景、蕭衍於鄧城，破之，進號平東將軍。時車駕耀威沔水，上巳設宴，高祖與中軍、彭城王勰賭射，左衞元遙在勰朋內，而播居帝曹。遙射侯正中，籌限已滿。高祖曰：「左衞籌足，右衞不得不解。」播對曰：「仰恃聖恩，庶幾必爭。」於是彎弓而發，其箭正中。高祖笑曰：「養由基之妙，何復過是。」遂舉后酒以賜播曰：「古人酒以養病，朕今賞卿之能，可謂今古之殊也。」從到懸瓠，除太府卿，進爵爲伯。

景明初，兼侍中，使恒州，贍恤寒乏。轉左衞將軍。出除安北將軍、并州刺史，固辭，乃授安西將軍、華州刺史。至州借民田，爲御史王基所劾，削除官爵。延昌二年，卒于家。子侃等停柩不葬，披訴積年，至熙平中乃贈鎭西將軍、雍州刺史，并復其爵，謚曰壯。

侃，字士業。頗愛琴書，尤好計畫。時播一門，貴滿朝廷，兒姪早通，而侃獨不交遊，公卿罕有識者。親朋勸其出仕，侃曰：「苟有良田，何憂晚歲，但恨無才具耳。」

年三十一，襲爵華陰伯。釋褐太尉、汝南王悅騎兵參軍。揚州刺史長孫稚請爲錄事參軍。蕭衍豫州刺史裴邃治合肥城，規相掩襲，密購壽春郭人李瓜花、袁建等令爲內應。邃已纂勒兵士，有期日矣，而慮壽春疑覺，遂謬移云：「魏始於馬頭置戍，如聞復欲修白捺舊城。若爾，便稍相侵逼，此亦須營歐陽，設交境之備。今板卒已集，唯聽信還。」佐僚咸欲以實答之，云無修白捺意。而侃曰：「白捺小城，本非形勝。邃好小黠，今集兵遣移，虛搆是言，得無有別圖也？」稚深悟之，乃云：「錄事可造移報。」侃移曰：「彼之纂兵，想別有意，何爲妄搆白捺也！他人有心，予忖度之，勿謂秦無人也。」邃得移，謂已知覺，便爾散兵。瓜花等以期契不會，便相告發，伏辜者十數家。邃後竟襲壽春，入羅城而退。遂列營於黎漿、梁城，日夕鈔掠。稚乃奏侃爲統軍。

侃叔椿爲雍州刺史，又請爲其府錄事參軍，帶長安令，府州之務多所委決。及蕭寶夤等軍敗，北地功曹毛洪賓據郡引寇，抄掠渭北。侃啓椿自出討之。遂購募戰士，信宿之間得三千餘人，銜枚夜進，至馮翊郡西。賊見大軍卒至，衆情離解，洪賓遂通書送質，乞求自效。於是擒送宿勤明達兄子賊署南平王烏過仁。

後雍州刺史蕭寶夤據州反，尙書僕射長孫稚討之，除侃鎭遠將軍、諫議大夫，爲稚行臺左丞。尋轉通直散騎常侍。軍次弘農，侃白稚曰：「昔魏武與韓遂、馬超挾關爲壘，勝負之理，久而無決。豈才雄相類，算略抗行，當以河山險阻，難用智力。今賊守潼關，全據形勝，縱曹操更出，亦無所騁奇。必須北取蒲坂，飛棹西岸，置兵死地，人有鬭心，華州之圍可不戰而解，潼關之賊必望風潰散。諸處既平，長安自克。愚計可錄，請爲明公前驅。」稚曰：「薛脩義已圍河東，薛鳳賢又保安邑，都督宗正珍孫停師虞坂，久不能進，雖有此計，猶用爲疑。」侃曰：「珍孫本行陳一夫，因緣進達，可爲人使，未可使人。一旦受元帥之任，處分三軍，精神亂矣，寧堪圍賊。河東治在蒲坂，西帶河湄，所部之民，多在東境。脩義驅率壯勇，西圍郡邑，父老妻弱，尙保舊村，若率衆一臨，方寸各亂，人人思歸，則郡圍自解。不戰而勝，昭然在目。」稚從之，令其子彥等領騎與侃於弘農北渡。所領悉是騎士，習於野戰，未可攻城，便據石錐壁。侃乃班告曰：「今且停軍於此，以待步卒，兼觀民情向背，然後可行。若送降名者，各自還村，候臺軍舉烽火，各亦應之，以明降款。其無應烽者，卽是不降之村，理須殄戮，賞賚軍士。」民遂轉相告報，未實降者，亦詐舉烽，一宿之間，火光遍數百里內。圍城之寇，不測所以，各自散歸，脩義亦卽逃遁。長安平，侃頗有力。

建義初，除冠軍將軍、東雍州刺史。其年州罷，除中散大夫，爲都督，鎭潼關。還朝，除右將軍、岐州刺史。屬元顥內逼，詔以本官假撫軍將軍爲都督，率衆鎭大梁，未發，詔行北中郎將。孝莊徙御河北，執侃手曰：「朕停卿蕃寄移任此者，正爲今日。但卿尊卑百口，若隨朕行，所累處大。卿可還洛，寄之後圖。」侃曰：「此誠陛下曲恩，寧可以臣微族，頓廢君臣之義。」固求陪從。至建州，敍行從功臣，自城陽王徽已下凡十人，並增三階。以侃河梁之誠，特加四階。侃固辭，乞同諸人，久乃見許。於是除鎭軍將軍、度支尙書，兼給事黃門侍郎，敷西縣開國公，食邑一千戶。

及車駕南還，顥令蕭衍將陳慶之守北中城，自據南岸。有夏州義士爲顥守河中渚，乃密信通款，求破橋立效，尒朱榮率軍赴之。及橋破，應接不果，皆爲顥所屠滅。榮因悵然，將爲還計，欲更圖後舉。侃曰：「未審明大王發并州之日，已知有夏州義士指來相應，爲欲廣申經略，寧復帝基乎？夫兵散而更合，瘡愈而更戰，持此收功，自古不少，豈可以一圖不全，而衆慮頓廢。今事不果，乃是兩賊相殺，則大王之利矣。若今卽還，民情失望，去就之心，何由可保？未若召發民材，[二]惟多縛筏，間以舟楫，沿河廣布，令數百里中，皆爲渡勢。首尾既遠，顥復知防何處，一旦得渡，必立大功。」榮大笑曰：「黃門卽奏行此計。」於是尒朱兆與侃等遂與馬渚諸楊南渡，[三]破顥子領軍將軍冠受，擒之。顥便南走。車駕入都，侃解尙書，正黃門，加征東將軍、金紫光祿大夫。以濟河之功，進爵濟北郡開國公，增邑五百戶，復除其長子師沖爲祕書郎。

時所用錢，人多私鑄，稍就薄小，乃至風飄水浮，米斗幾直一千。侃奏曰：「昔馬援至隴西，嘗上書求復五銖錢，事下三府，不許。及援徵入爲虎賁中郎，親對光武申釋其趣，事始施行。臣頃在雍州，亦表陳其事，聽人與官並鑄五銖錢，使人樂爲，而俗弊得改。旨下尙書，八座不許。以今況昔，卽理不殊。求取臣前表，經御披析。」侃乃隨事剖辨，孝莊從之，乃鑄五銖錢，如侃所奏。

万俟醜奴陷東秦，遂圍岐州，扇誘巴蜀。大都督尒朱天光率衆西伐，詔侃以本官使持節、兼尙書僕射，爲關右慰勞大使。還朝，除侍中，加衞將軍、右光祿大夫。

莊帝將圖尒朱榮也，侃與其內弟李晞、城陽王徽、侍中李彧等，咸預密謀。尒朱兆之入洛也，侃時休沐，遂得潛竄，歸於華陰。普泰初，天光在關西，遣侃子婦父韋義遠招慰之，立盟許恕其罪。侃從兄昱恐爲家禍，令侃出應，假其食言，不過一人身歿，冀全百口。侃往赴之，秋七月，爲天光所害。太昌初，贈車騎將軍、儀同三司、幽州刺史。子純陀襲。

播弟椿，字延壽，本字仲考，太和中與播俱蒙高祖賜改。性寬謹，初拜中散，典御廐曹，以端愼小心，專司醫藥，遷內給事，與兄播並侍禁闈。又領蘭臺行職，改授中部曹，〔三〕析訟公正，高祖嘉之。及文明太后崩，高祖五日不食。椿進諫曰：「陛下至性，孝過有虞，居哀五朝，水漿不御，羣下惶灼，莫知所言。陛下荷祖宗之業，臨萬國之重，豈可同匹夫之節，以取僵仆。且聖人之禮，毀不滅性，縱陛下欲自賢於萬代，其若宗廟何！」高祖感其言，乃一進粥。轉授宮輿曹少卿，加給事中。

出爲安遠將軍、豫州刺史。高祖自洛向豫，幸其州館信宿，賜馬十匹、縑千匹。遷冠軍將軍、濟州刺史。高祖自鍾離趣鄴，至碻磝，〔四〕幸其州館，又賜馬二匹、縑千五百匹。坐爲平原太守崔敞所訟，廷尉論輒收市利，費用官炭，免官。後降爲寧朔將軍、梁州刺史。

初，武興王楊集始爲楊靈珍所破，降於蕭鸞。至是，率賊萬餘自漢中而北，規復舊土。椿領步騎五千出頓下辨，貽書集始，開以利害。集始執書對使者曰：「楊使君此書，除我心腹之疾。」遂領其部曲千餘人來降。尋以母老，解還。後武都氐楊會反，假椿節、冠軍將軍、都督西征諸軍事、行梁州刺史，與軍司羊祉討破之。於後梁州運糧，爲羣氐劫奪，詔椿兼征虜將軍，持節招慰。尋以氐叛，拜光祿大夫，假平西將軍，督征討諸軍事以討之。還，兼太僕卿。

秦州羌呂苟兒、涇州屠各陳瞻等聚衆反，詔椿爲別將，隸安西將軍元麗討之。賊入隴，守蹊自固。或謀伏兵山徑，斷其出入，待糧盡而攻之；或云斬除山木，縱火焚之，然後進討。椿曰：「並非計也。此本規盜，非有經略，自王師一至，無戰不摧，所以深竄者，正避死耳。今宜勒三軍，勿更侵掠，賊必謂我見險不前，心輕我軍，然後掩其不備，可一舉而平矣。」乃緩師不進，賊果出掠，乃以軍中驢馬餌之，不加討逐。如是多日，陰簡精卒，銜枚夜襲，斬瞻傳首。入正太僕卿，加安東將軍。

初，顯祖世有蠕蠕萬餘戶降附，居於高平、薄骨律二鎮，太和之末，叛走略盡，唯有一千餘家。太中大夫王通、高平鎮將郎育等，求徙置淮北，防其叛走。詔許之，慮不從命，乃使椿持節往徙焉。椿以爲徙之無益，上書曰：「臣以古人有言：裔不謀夏，夷不亂華。荒忽之人，羈縻而已。是以先朝居之於荒服之間者，正欲悅近來遠，招附殊俗，亦以別華戎、異內外也。今新附者衆，若舊者見徙，新者必不安。不安必思土，思土則走叛。狐死首丘，其害方甚。又此族類，衣毛食肉，樂冬便寒。南土濕熱，往必將盡。進失歸伏之心，退非藩衞之益。徙在中夏，而生後患，愚心所見，謂爲不可。」時八座議不從，遂徙於濟州緣河居之。冀州元愉之難，果悉浮河赴賊，所在鈔掠，如椿所策。

永平初，徐州城人成景儁以宿預叛，詔椿率衆四萬討之，不克而返。久之，除都督朔州撫冥、武川、懷朔三鎮三道諸軍事、平北將軍、朔州刺史。在州，爲廷尉奏椿前爲太僕卿日，招

引細人，盜種牧田三百四十頃，依律處刑五歲。尚書邢巒，據正始別格奏椿罪應除名爲庶人，注籍盜門，同籍合門不仕。世宗以新律既班，不宜雜用舊制，詔依寺斷，聽以贖論。尋加撫軍將軍，入除都官尚書，監修白溝堤堰。復以本將軍除定州刺史。

自太祖平中山，多置軍府，以相威攝。凡有八軍，軍各配兵五千，食祿主帥軍各四十六人。自中原稍定，八軍之兵，漸割南戍，一軍兵纔千餘，然主帥如故，費祿不少。椿表罷四軍，減其帥百八十四人。州有宗子稻田，屯兵八百戶，年常發夫三千，草三百車，修補畦堰。椿以屯兵惟輸此田課，更無徭役，及至閑月，卽應修治，不容復勞百姓，椿亦表罷。朝廷從之。椿在州，因治黑山道餘功，伐木私造佛寺，役使兵力，爲御史所劾，除名爲庶人。

正光五年，除輔國將軍、南秦州刺史。時南秦州反叛，路又阻塞，仍停長安。轉授岐州，復除撫軍將軍、衞尉卿。轉左衞將軍，又兼尚書右僕射，馳驛詣并肆，齎絹三萬匹，募召恒朔流民，揀充軍士。不行。尋加衞將軍，出除都督雍南豳二州諸軍事、本將軍、雍州刺史，又進號車騎大將軍、儀同三司。蕭寶夤、元恒芝諸軍爲賊所敗，恒芝從渭北東渡，椿使追之，不止。寶夤後至，留於逍遙園內，收集將士，猶得萬餘，由是三輔人心，頗得安帖。于時，涇岐及豳悉已陷賊，扶風以西，非復國有。椿乃鳩募內外，得七千餘人，遣兄子錄事參軍侃率以防禦。詔椿以本官加侍中、兼尚書右僕射爲行臺，節度關西諸將，其統內五品已

下、郡縣須有補用者，任卽擬授。椿遇暴疾，頻啓乞解。詔許之，以蕭寶夤代椿爲刺史、行臺。

椿還鄉里，遇子昱將還京師，因謂曰：「當今雍州刺史亦不賢於蕭寶夤，〔五〕但其上佐，朝廷應遣心膂重人，何得任其牒用？此乃聖朝百慮之一失。且寶夤不藉刺史爲榮，吾觀其得州，喜悅不少，至於賞罰云爲，不依常憲，恐有異心。關中可惜。汝今赴京，稱吾此意，以啓二聖，并白宰輔，更遣長史、司馬、防城都督。欲安關中，正須三人耳。如其不遣，必成深憂。」昱還，面啓肅宗及靈太后，並不信納。及寶夤邀害御史中尉酈道元，猶上表自理，稱爲椿父子所謗。詔復除椿都督雍岐南豳三州諸軍事、本將軍、開府儀同三司、雍州刺史、討蜀大都督。椿辭以老病，不行。

建義元年，遷司徒公。介朱榮東討葛榮，詔椿統衆爲後軍，榮擒葛榮，乃止。永安初，進位太保、侍中，給後部鼓吹。元顥入洛，椿子征東將軍昱出鎮滎陽，爲顥所擒。又椿弟順爲冀州刺史，順子仲宣正平太守，兄子侃、弟子遁並從駕河北，爲顥嫌疑。以椿家世顯重，恐失人望，未及加罪。時人助其憂怖，或有勸椿攜家避禍。椿曰：「吾內外百口，何處逃竄？正當坐任運耳。」

莊帝還宮，椿每辭遜，不許。上書頻乞歸老，詔曰：「椿國之老成，方所尊尚，遽以高年，願言致仕，顧懷舊德，是以未從。但告謁頻煩，辭理彌固，以茲難奪，又所重違，今便允其

雅志。可服侍中朝服，賜服一具、衣一襲、八尺床帳、几杖，不朝，乘安車，駕駟馬，給扶，傳詔二人，仰所在郡縣，時以禮存問安否。方乖詢訪，良用憮然。」椿奉詔於華林園，帝下御座執椿手流淚曰：「公，先帝舊臣，實爲元老，今四方未寧，理須諮訪。但高尚其志，決意不留，既難相違，深用悽愴。」椿亦歔欷，欲拜，莊帝親執不聽。於是賜以絹布，給羽林衞送，羣公百僚餞於城西張方橋，行路觀者，莫不稱歎。

椿臨行，誡子孫曰：

我家入魏之始，卽爲上客，給田宅，賜奴婢、馬牛羊，遂成富室。自爾至今二十年，二千石、方伯不絕，祿恤甚多。至於親姻知故，吉凶之際，必厚加贈襚；來往賓僚，必以酒肉飲食。是故親姻朋友無憾焉。國家初，丈夫好服綵色。吾雖不記上谷翁時事，然記清河翁時服飾，恒見翁著布衣韋帶，常約敕諸父曰：「汝等後世，脫若富貴於今日者，愼勿積金一斤、綵帛百匹已上，用爲富也。」又不聽治生求利，又不聽與勢家作婚姻。至吾兄弟，不能遵奉。今汝等服乘，以漸華好，吾是以知恭儉之德，漸不如上世也。又吾兄弟，若在家，必同盤而食，若有近行，不至，必待其還，亦有過中不食，忍飢相待。吾兄弟八人，今存者有三，是故不忍別食也。又願畢吾兄弟世，不異居、異財，汝等眼見，非爲虛假。如聞汝等兄弟，時有別齋獨食者，此又不如吾等一世也。吾今日不爲貧賤，

然居住舍宅不作壯麗華飾者，正慮汝等後世不賢，不能保守之，方爲勢家作奪。

北都時，朝法嚴急。太和初，吾兄弟三人並居內職，兄在高祖左右，吾與津在文明太后左右。于時口敕，責諸內官，十日仰密得一事，不列便大瞋嫌。諸人多有依敕密列者，亦有太后、高祖中間傳言構間者。吾兄弟自相誡曰：「今忝二聖近臣，母子間甚難，宜深愼之。又列人事，亦何容易，縱被瞋責，愼勿輕言。」十餘年中，不嘗言一人罪過，當時大被嫌責。答曰：「臣等非不聞人言，正恐不審，仰誤聖聽，是以不敢言。」於後終以不言蒙賞。及二聖間言語，終不敢輒爾傳通。太和二十一年，吾從濟州來朝，在清徽堂豫讌。高祖謂諸王、諸貴曰：「北京之日，太后嚴明，吾每得杖，左右因此有是非言語。和朕母子者唯楊椿兄弟。」遂舉賜四兄及我酒。汝等脫若萬一蒙時主知遇，宜深愼言語，不可輕論人惡也。

吾自惟文武才藝、門望姻援不勝他人，一旦位登侍中、尚書，四歷九卿，十爲刺史，光祿大夫、儀同、開府、司徒、太保，津今復爲司空者，正由忠貞，小心謹愼，口不嘗論人過，無貴無賤，待之以禮，以是故至此耳。聞汝等學時俗人，乃有坐而待客者，有驅馳勢門者，有輕論人惡者，及見貴勝則敬重之，見貧賤則慢易之，此人行之大失，立身之大病也。汝家仕皇魏以來，高祖以下乃有七郡太守、三十二州刺史，內外顯職，時

流少比。汝等若能存禮節，不爲奢淫驕慢，假不勝人，足免尤誚，足成名家。吾今年始七十五，自惟氣力，尚堪朝覲天子，所以孜孜求退者，正欲使汝等知天下滿足之義，爲一門法耳，非是苟求千載之名也。汝等能記吾言，百年之後，終無恨矣。

椿還華陰踰年，普泰元年七月，爲尒朱天光所害，年七十七，時人莫不寃痛之。太昌初，贈都督冀定殷相四州諸軍事、太師、丞相、冀州刺史。

子昱，字元晷。起家廣平王懷左常侍，懷好武事，數出遊獵，昱每規諫。正始中，以京兆、廣平二王國臣，多有縱恣，公行屬請，於是詔御史中尉崔亮窮治之，伏法於都市者三十餘人，其不死者悉除名爲民。唯昱與博陵崔楷以忠諫得免。後除太學博士、員外散騎侍郎。

初，尚書令王肅除揚州刺史，出頓於洛陽東亭，朝貴畢集，詔令諸王送別，昱伯父播同在餞席。酒酣之後，廣陽王嘉、北海王詳等與播論議競理，播不爲之屈。北海顧謂昱曰：「尊伯性剛，不伏理，大不如尊使君也。」昱前對曰：「昱父道隆則從其隆，道洿則從其洿；伯父剛則不吐，柔亦不茹。」一坐歎其能言。肅曰：「非此郎，何得申二公之美也。」

延昌三年，以本官帶詹事丞。于時，肅宗在懷抱之中，至於出入，左右乳母而已，不令

宮僚聞知。昱諫曰：「陛下不以臣等凡淺，備位宮臣，太子動止，宜令翼從。然自此以來，輕爾出入，進無二傅輔導之美，退闕羣僚陪侍之式，非所謂示民軌儀，著君臣之義。陛下若召太子，必降手敕，令臣下咸知，爲後世法。」於是詔曰：「自今已後，若非朕手敕，勿令兒輒出。宮臣在直者，從至萬歲門。」

久之，轉太尉掾，兼中書舍人。靈太后嘗從容謂昱曰：「今帝年幼，朕親萬機，然自薄德化不能感親姻，在外不稱人心，卿有所聞，愼勿諱隱。」昱於是奏揚州刺史李崇五車載貨，恒州刺史楊鈞造銀食器十具，並餉領軍元叉。靈太后召叉夫妻泣而責之。叉深恨之。昱第六叔舒妻，武昌王和之妹，和卽叉之從祖父。舒早喪，有一男六女，及終喪而元氏頻請別居。昱父椿乃集親姻泣而謂曰：「我弟不幸早終，今男未婚，女未嫁，何忽忽便求離居？」不聽。遂懷憾焉。神龜二年，瀛州民劉宣明謀反，事覺逃竄。叉乃使和及元氏誣告昱藏隱宣明，云：「父定州刺史椿、叔華州刺史津，並送甲仗三百具，謀圖不逞。」叉又構成其事。乃遣左右御仗五百人，夜圍昱宅而收之，並無所獲。靈太后問其狀，昱具對元氏遘釁之端，言至哀切。太后乃解昱縛，和及元氏並處死刑，而叉相左右，和直免官，元氏卒亦不坐。及元叉之廢太后，乃出昱爲濟陰內史。中山王熙起兵於鄴，叉遣黃門盧同詣鄴刑熙，幷窮黨與。同希叉旨，就郡鎖昱赴鄴，訊百日，後乃還任。

孝昌初，除征虜將軍、中書侍郎，遷給事黃門侍郎。時北鎮饑民二十餘萬，詔昱爲使，分散於冀、定、瀛三州就食。後賊圍豳州，詔昱兼侍中，持節催西北道大都督、北海王顥，仍隨軍監察。豳州圍解。雍州蜀賊張映龍、姜神達知州內空虛，謀欲攻掩，刺史元脩義懼而請援，一日一夜，書移九通。都督李叔仁遲疑不赴。昱曰：「長安，關中基本。今大軍頓在涇豳，與賊相對，若使長安不守，大軍自然瓦散，此軍雖往，有何益也！」遂與叔仁等俱進，於陳斬神達及諸賊四百許人，餘悉奔散。詔以昱受旨催督，而顥軍稽緩，遂免昱官。乃兼侍中催軍。尋除征虜將軍、涇州刺史。未幾，昱父椿出爲雍州刺史，徵昱還，除吏部郎中、武衞將軍，轉北中郎將，加安東將軍。及蕭寶夤等敗於關中，以昱兼七兵尚書、持節、假撫軍將軍、都督，防守雍州。昱遇賊失利而返。除度支尚書，轉撫軍、徐州刺史，尋除鎮東將軍、假車騎將軍、東南道都督，又加散騎常侍。

後太山太守羊侃據郡南叛，蕭衍遣將軍王辯率衆侵寇徐州，番郡人續靈珍受衍平北將軍、番郡刺史，〔六〕擁衆一萬，攻逼番城。昱遣別將劉馘擊破之，臨陳斬靈珍首，王辯退走。侃兄深，時爲徐州行臺，府州咸欲禁深。昱曰：「昔叔向不以鮒也見廢，春秋貴之，奈何以侃罪深也。宜聽朝旨。」不許羣議。

還朝未幾，屬元顥侵逼大梁，除昱征東將軍、右光祿大夫，加散騎常侍、使持節、假車騎

將軍，爲南道大都督，鎮滎陽。顥既擒濟陰王暉業，乘虛徑進，大兵集於城下，遣其左衞劉業、王道安等招昱，令降，昱不從，顥遂攻之。城陷，都督元恭，太守、西河王悰並踰城而走，俱被擒縶。昱與弟息五人，在門樓上，須臾顥至，執昱下城，面責昱曰：「楊昱，卿今死甘心否？卿自負我，非我負卿也。」昱答曰：「分不望生，向所以不下樓者，正慮亂兵耳。但恨八十老父，無人供養，負病黃泉，求乞小弟一命，便死不朽也。」顥乃拘之。明旦，顥將陳慶之、胡光等三百餘人伏顥帳前，請曰：「陛下渡江三千里，無遺鏃之費，昨日一朝殺傷五百餘人，求乞楊昱以快意。」顥曰：「我在江東，嘗聞梁主言，初下都日，袁昂爲吳郡不降，稱其忠節。奈何殺楊昱？自此之外，任卿等所請。」於是斬昱下統帥三十七人，皆令蜀兵刳腹取心食之。顥既入洛，除昱名爲民。

孝莊還宮，還復前官。及父椿辭老，請解官從養，詔不許。尒朱榮之死也，昱爲東道行臺，率衆拒尒朱仲遠。會尒朱兆入洛，昱還京師。後歸鄉里，亦爲天光所害。太昌初，贈都督瀛定二州諸軍事、驃騎大將軍、司空公、定州刺史。

子孝邕，員外郎。走免，匿於蠻中，潛結渠帥，謀應齊獻武王以誅尒朱氏。微服入洛，參伺機會。爲人所告，世隆收付廷尉，掠殺之。

椿弟穎，字惠哲。本州別駕。

子叔良，武定中，新安太守。

穎弟順，字延和，寬裕謹厚。太和中，起家奉朝請。累遷直閤將軍、北中郎將、兼武衞將軍、太僕卿。預立莊帝之功，封三門縣開國公，食邑七百戶。出爲平北將軍、冀州刺史，尋進號撫軍將軍。罷州還，遇害，年六十五。太昌初，贈都督相殷二州諸軍事、太尉公、錄尚書事、相州刺史。

子辯，字僧達。歷通直常侍、平東將軍、東雍州刺史。

辯弟仲宣，有風度才學。自奉朝請稍遷太尉掾、中書舍人、通直散騎侍郎、加鎮遠將軍，賜爵弘農男。建義初，遷通直常侍。出爲平西將軍、正平太守，進爵爲伯。在郡有能名，就加安西將軍。還京之日，兄弟與父同遇害。辯，太昌初贈使持節、都督燕恒二州諸軍事、車騎大將軍、儀同三司、恒州刺史；仲宣，贈都督青光二州諸軍事、車騎大將軍、尚書右僕射、青州刺史。

仲宣子玄就，幼而俊拔。收捕時年九歲，牽挽兵人，謂曰：「欲害諸尊，乞先就死。」兵人以刀斫斷其臂，猶請死不止，遂先殺之。永熙初，贈汝陰太守。

仲宣弟測，朱衣直閤。亦同時見害。太昌中，贈都督平營二州諸軍事、鎮北將軍、吏部尚書、平州刺史。

測弟稚卿，太昌中，爲尚書右丞，坐事死。

順弟津，字羅漢，本名延祚，高祖賜名焉。少端謹，以器度見稱。年十一，除侍御中散。于時高祖沖幼，文明太后臨朝，津曾久侍左右，忽咳逆失聲，遂吐數升，藏衣袖。太后聞聲，閱而不見，問其故，具以實言。遂以敬慎見知，賜縑百匹。遷符璽郎中。津以身在禁密，不外交遊，至於宗族姻表，罕相祗候。司徒馮誕與津少結交遊，而津見其貴寵，每恒退避，及相招命，多辭疾不往。誕以爲恨，而津逾遠焉。人或謂之曰：「司徒，君之少舊，宜蒙進達，何遽自外也？」津曰：「爲勢家所厚，復何容易。但全吾今日，亦以足矣。」

轉振威將軍，領監曹奏事令，又爲直寢，遷太子步兵校尉。高祖南征，以津爲都督征南府長史，至懸瓠，徵加直閤將軍。後從駕濟淮，司徒誕薨，高祖以津送柩還都。遷長水校尉，仍直閤。景明中，世宗遊於北邙，津時陪從，太尉、咸陽王禧謀反，世宗馳入華林。時直閤中有同禧謀，皆在從限。及禧平，帝顧謂朝臣曰：「直閤半爲逆黨，非至忠者安能不預此謀？」因拜津左中郎將。遷驍騎將軍，仍直閤。

出除征虜將軍、岐州刺史。津巨細躬親，孜孜不倦。有武功民，齎絹三匹，去城十里，爲賊所劫。時有使者馳驛而至，被劫人因以告之。使者到州，以狀白津。津乃下教云：「有

人著某色衣，乘某色馬，在城東十里被殺，〔七〕不知姓名，若有家人，可速收視。」有一老母，行出而哭，云是己子。於是遣騎追收，并絹俱獲。自是闔境畏服。至於守令僚佐有瀆貨者，未曾公言其罪，常以私書切責之。於是官屬感厲，莫有犯法。以母憂去職。

延昌末，起爲右將軍、華州刺史，與兄播前後皆牧本州，當世榮之。先是，受調絹匹，度尺特長，在事因緣，共相進退，百姓苦之。津乃令依公尺度其輸物，尤好者賜以杯酒而出；所輸少劣，亦爲受之，但無酒，以示其耻。於是人競相勸，官調更勝舊日。還除北中郎將，帶河內太守。太后疑津貳己，不欲使其處河山之要，轉平北將軍、肆州刺史，仍轉并州刺史，將軍如故。徵拜右衞將軍。

孝昌初，加散騎常侍，尋以本官行定州事。既而近鎮擾亂，侵逼舊京，乃加津安北將軍、假撫軍將軍、北道大都督、右衞，尋轉左衞，加撫軍將軍。始津受命，出據靈丘，而賊帥鮮于脩禮起於博陵，定州危急，遂回師南赴。始至城下，營壘未立，而州軍新敗。津以賊既乘勝，士衆勞疲，柵壘未安，不可擬敵，賊必夜至，則萬無一全，欲移軍入城，更圖後舉。刺史元固稱賊既逼城，不可示弱，閉門不內。津揮刀欲斬門者，軍乃得入城。賊果夜至，見柵空而去。其後，賊攻州城東面，已入羅城，刺史閉小城東門，城中慅擾，不敢出戰。津欲禦賊，長史許被守門不聽，津手劍擊被，不中，被乃走。津開門出戰，斬賊帥一人，殺賊數百。

賊退，人心少安。詔除衞尉卿，征官如故，以津兄衞尉卿椿代爲左衞。尋加鎮軍將軍、討虜都督，兼吏部尚書、北道行臺。初，津兄椿得罪此州，由鉅鹿人趙略投書所致。及津之至，略舉家逃走，津乃下教慰喻，令其還業。於是闔州愧服，遠近稱之。

時賊帥薛脩禮、〔八〕杜洛周殘掠州境。孤城獨立，在兩寇之間，津貯積柴粟，脩理戰具，更營雉堞，賊每來攻，機械競起。又於城中去城十步，掘地至泉，廣作地道，潛兵涌出，置爐鑄鐵，持以灌賊。賊遂相語曰：「不畏利槊堅城，唯畏楊公鐵星。」津與賊帥元洪業及與賊中督將尉靈根、程殺鬼、潘法顯等書，曉喻之，并授鐵券，許以爵位，令圖賊帥毛普賢。洪業等感悟，復書云：「今與諸人密議，欲殺普賢，願公聽之。又賊欲圍城，正爲取北人耳。城中所有北人，必須盡殺，公若置之，恐縱敵爲患矣。願公察之。」津以城內北人雖是惡黨，然掌握中物，未忍便殺，但收內子城防禁而已。將吏無不感其仁恕。朝廷初以鐵券二十枚委津分給，津隨賊中首領，間行送之，脩禮、普賢頗亦由此而死。

既而，杜洛周圍州城，津盡力捍守。詔加衞將軍，封開國縣侯，邑一千戶，將士有功者任津科賞，兵民給復八年。葛榮以司徒說津，津大怒，斬其使以絕之。自受攻圍，經涉三稔，朝廷不能拯赴。乃遣長子遁突圍而出，詣蠕蠕主阿那瓌，令其討賊。遁日夜泣諭，阿那瓌遣其從祖吐豆發率精騎一萬南出，前鋒已達廣昌，賊防塞隘口，蠕蠕持疑，遂還。

津長史李裔引賊踰城。賊入轉衆，津苦戰不敵，遂見拘執。洛周脫津衣服，置地牢下，數日，欲將烹之，諸賊還相諫止，遂得免害。津曾與裔相見，對諸賊帥以大義責之，辭淚俱發，裔大慚。典守者以相告，洛周弗之責也。及葛榮吞洛周，復爲榮所拘守，榮破，始得還洛。

永安初，詔除津本將軍、荊州刺史，加散騎常侍、當州都督。津以前在中山陷寇，詣闕固辭，竟不之任。二年，兼吏部尚書，又除車騎將軍、左光祿大夫，仍除吏部。元顥內逼，莊帝將親出討，以津爲中軍大都督、兼領軍將軍。未行，顥入。及顥敗，津乃入宿殿中，掃灑宮掖，遣第二子逸封閉府庫，各令防守。及帝入也，津迎於北邙，流涕謝罪，帝深嘉慰之。尋以津爲司空、加侍中。

尒朱榮死也，以津爲都督并肆燕恒雲朔顯汾蔚九州諸軍事、驃騎大將軍、兼尚書令、北道大行臺、并州刺史，侍中、司空如故，委津以討胡經略。津馳至鄴，手下唯羽林五百人，士馬寡弱。始加招募，將從滏口而入。值尒朱兆等便已克洛，相州刺史李神等議欲與津舉城通款，津不從。以子逸既爲光州刺史，兄子昱時爲東道行臺，鳩率部曲，在於梁沛，津規欲東轉，更爲方略。乃率輕騎，望於濟州渡河，而尒朱仲遠已陷東郡，所圖不遂，乃還京師。普泰元年，亦遇害於洛，時年六十三。太昌初，贈都督秦華雍三州諸軍事、大將軍、太傅、雍州

刺史，謚曰孝穆。將葬本鄉，詔大鴻臚持節監護喪事。津有六子。

長子遁，字山才。其家貴顯，諸子弱冠，咸縻王爵，而遁性澹退，年近三十，方爲鎮西府主簿。累遷尚書郎。莊帝北巡，奉詔慰勞山東。車駕入洛，除尚書左丞，又爲光祿大夫，仍左丞。永安末，父津受委河北，兼黃門郎詣鄴，參行省事，尋遷征東將軍、金紫光祿大夫。亦被害於洛，時年四十二。太昌初，贈車騎大將軍、儀同三司、幽州刺史，謚曰恭定。

遁弟逸，字遵道，有當世才度。起家員外散騎侍郎。以功賜爵華陰男，轉給事中。父津在中山，爲賊攻逼，逸請使於尒朱榮，徵師赴救，詔許之。

建義初，莊帝猶在河陽，逸獨往謁，帝特除給事黃門侍郎，領中書舍人。及朝士濫禍，帝益憂怖，詔逸晝夜陪侍，數日之內，常寢宿於御床前。帝曾夜中謂逸曰：「昨來，舉目唯見異人，賴得卿，差以自慰。」

尋除吏部郎中，出爲平西將軍、南秦州刺史，加散騎常侍。時年二十九，於時方伯之少未有先之者。仍以路阻不行，改除平東將軍、光州刺史。逸折節綏撫，乃心民務，或日昃不食，夜分不寢。至於兵人從役，必親自送之，或風日之中，雨雪之下，人不堪其勞，逸曾無倦色。又法令嚴明，寬猛相濟，於是合境肅然，莫敢干犯。時災儉連歲，人多餓死，逸欲以倉

粟賑給，而所司懼罪不敢。逸曰：「國以人爲本，人以食爲命，百姓不足，君孰與足？假令以此獲戾，吾所甘心。」遂出粟，然後申表。右僕射元羅以下謂公儲難闕，並執不許。尚書令、臨淮王彧以爲宜貸二萬。詔聽二萬。〔九〕逸既出粟之後，其老小殘疾不能自存活者，又於州門麦粥飯之，將死而得濟者以萬數。帝聞而善之。逸爲政愛人，尤憎豪猾，廣設耳目。其兵吏出使下邑，皆自持糧，人或爲設食者，雖在闇室，終不進，咸言楊使君有千里眼，那可欺之。在州政績尤美。

及其家禍，尒朱仲遠遣使於州害之，時年三十二。吏人如喪親戚，城邑村落，爲營齋供，一月之中，所在不絕。太昌初，贈都督豫郢二州諸軍事、衞將軍、尚書僕射、豫州刺史，謚曰貞。

逸弟謐，字遵智。辟太尉行參軍，歷員外散騎常侍，以功賜爵弘農伯、鎭軍將軍、金紫光祿大夫、衞將軍。在晉陽，爲尒朱兆所害。太昌初，贈驃騎將軍、兗州刺史。

謐弟遵彥，武定中，吏部尚書、華陰縣開國侯。

津弟暐，字延季。性雅厚，頗有文學。起家奉朝請，稍遷散騎侍郎、直閤將軍、本州大中正、兼武衞將軍、尚食典御。孝昌初，正武衞將軍，加散騎常侍、安南將軍。莊帝初，遇害於河陰。贈衞將軍、儀同三司、雍州刺史。

子元讓，武定末，尚書祠部郎中。

播家世純厚，並敦義讓，昆季相事，有如父子。播剛毅。椿、津恭謙，與人言，自稱名字。兄弟旦則聚於廳堂，終日相對，未曾入內。有一美味，不集不食。廳堂間，往往幃幔隔障，爲寢息之所，時就休偃，還共談笑。椿年老，曾他處醉歸，津扶侍還室，仍假寐閤前，承候安否。椿、津年過六十，並登台鼎，而津嘗旦暮參問，子姪羅列階下，椿不命坐，津不敢坐。椿每近出，或日斜不至，津不先飯，椿還，然後共食。食則津親授匙箸，味皆先嘗，椿命食，然後食。津爲司空，於時府主皆引僚佐，人就津求官，津曰：「此事須家兄裁之，何爲見問？」初，津爲肆州，椿在京宅，每有四時嘉味，輒因使次附之，若或未寄，不先入口。椿每得所寄，輒對之下泣。兄弟皆有孫，唯椿有曾孫，年十五六矣，椿常欲爲之早娶，望見玄孫。自昱已下，率多學尚，時人莫不欽羨焉。一家之內，男女百口，緦服同爨，庭無間言，魏世以來，唯有盧淵兄弟及播昆季，當世莫逮焉。

世隆等將害椿家，誣其爲逆，奏請收治。前廢帝不許，世隆復苦執，不得已，下詔付有司檢聞。世隆遂遣步騎夜圍其宅，天光亦同日收椿於華陰。東西兩家，無少長皆遇禍，籍其家。世隆後乃奏云：「楊家實反，夜拒軍人，遂盡格殺。」廢帝惋悵久之，不言而已。知世隆縱擅，無如之何。永熙中，椿合家歸葬華陰，衆咸觀而悲傷焉。

播族弟鈞。祖暉，庫部給事，稍遷洛州刺史。卒，贈弘農公，謚曰簡。父恩，河間太守。鈞頗有幹用，自廷尉正爲長水校尉、中壘將軍、洛陽令。出除中山太守，入爲司徒左長史。又除徐州、東荆州刺史，還爲廷尉卿。拜恒州刺史，轉懷朔鎭將。所居以强濟稱。後爲撫軍將軍、七兵尚書、北道行臺。卒，贈使持節、散騎常侍、車騎大將軍、左光祿大夫、華州刺史。

長子暄，卒於尚書郎。

暄弟穆，華州別駕。

穆弟儉，寧遠將軍、頓丘太守。建義初，除太府少卿。尋爲華州中正，加左將軍。儉與元顥有舊，及顥入洛，受其位任。莊帝還宮，坐免。後以本將軍潁州刺史，〔一〇〕尋加散騎常侍、平南將軍，州罷不行。普泰初，除征南將軍、金紫光祿大夫。永熙中，以本將軍除北雍州刺史，仍陷關西。

儉弟寬，自宗正丞，建義初爲通直散騎侍郎，領河南尹丞。稍遷散騎常侍、安東將軍。永安二年，除中軍將軍、太府卿。後爲散騎常侍、驃騎將軍、右光祿大夫、澄城縣開國伯。太

昌初，除給事黄門侍郎，尋加驃騎大將軍，除華州大中正，監內典書事。坐事去官。永熙三年，兼武衞將軍，又除黄門郎。隨出帝入關西。儉、寬皆輕薄無行，爲人流所鄙。

史臣曰：楊播兄弟，俱以忠毅謙謹，荷內外之任，公卿牧守，榮赫累朝，所謂門生故吏遍於天下。而言色恂恂，出於誠至，恭德慎行，爲世師範，漢之萬石家風、陳紀門法，所不過也。諸子秀立，青紫盈庭，其積善之慶歟？及胡逆擅朝，淫刑肆毒，以斯族而遇斯禍，報施之理，何相及哉！

校勘記

〔一〕未若召發民材　諸本「材」作「村」，北史卷四一楊播附楊侃傳、册府卷四二一五〇一六頁、通鑑卷一五三、四七六五頁都作「材」。按這裏是說徵集材木以縛筏渡河，「村」字訛，今據改。

〔二〕遂與馬渚諸楊南渡　諸本「與」作「於」，無「諸」字。北史卷四一也作「於」，有「諸」字，册府同上卷頁作「與」，無「諸」字。按卷七四尒朱榮傳敍此事云：「屬馬渚諸楊云有小船數艘，求爲鄉導，榮乃令尒朱兆等率精騎夜濟。」周書卷三四楊㯳傳云：「㯳率其宗人，收船馬渚。」馬渚是黄河渡口，楊㯳族人居於馬渚，故稱他們爲「馬渚諸楊」。「諸」字不宜省，「於」是「與」字之訛，今據北

史、册府改補。

〔三〕改授中部曹　北史卷四一楊播附楊椿傳「中部」下有「法」字。按此官不見卷一一三官氏志。魏有內、中、外三都大官，管刑獄事。元宏曾說「三都折獄，特宜愼重」。卷二一咸陽王禧傳其官中都大官者如任城王雲、京兆王子推、廣川王略本傳都提到他們在任上治刑獄的事。疑這裏「部」字乃「都」之訛，「中都曹」屬中都大官，所以管獄訟。北史因下有「析訟公正」語，故加「法」字。

〔四〕至碻磝　諸本「碻磝」作「磝碻」。按碻磝是當時重鎭，濟州的治所見卷一〇六中地形志中，屢見紀傳，諸本誤倒，今乙正。

〔五〕當今雍州刺史亦不賢於蕭寶夤　册府卷四〇四四八一〇頁「不」作「無」。按文義當作「無」。

〔六〕番郡刺史　册府卷三五四四二〇〇頁「郡」作「州」。按郡不當有刺史，「番州」也不見記載，或臨時設置，續靈珍死後，州名亦廢。

〔七〕在城東十里被殺　諸本「殺」作「劫」，北史卷四一楊播附楊津傳、御覽卷八一七三六三四頁作「殺」。按若說「被劫」，其人現存，豈得云「家人可速收視」。據御覽，知魏書本亦作「殺」，後人因上文稱「被劫」，以爲「殺」字誤，妄改作「劫」，今據北史、御覽回改。

〔八〕時賊帥薛脩禮　北史卷四一楊播附楊津傳「薛」作「鮮于」。按「薛脩禮」只此一見，此傳前文和

魏書他處記載都只作「鮮于脩禮」，當時攻圍定州的也只有鮮于脩禮和杜洛周兩支起義軍。雖可能「薛」是「鮮于」所改的漢姓，但別無佐證，且亦不應前後歧異，疑「薛」字誤。

〔九〕詔聽二萬　北史卷四一楊播附楊逸傳「二萬」作「五萬」。按上文稱「尚書令、臨淮王彧以爲宜賞二萬」。若「詔聽二萬」，應云「從之」，不必又舉數字。「二」當是「五」之訛。

〔一〇〕後以本將軍潁州刺史　按「將軍」下當脫「除」或「爲」字。

魏書卷五十九

列傳第四十七

劉昶　蕭寶夤　蕭正表

劉昶，字休道，義隆第九子也。義隆時，封義陽王。兄駿以爲征北將軍、徐州刺史、開府。及駿子子業立，昏狂肆暴，害其親屬，疑昶有異志。昶聞甚懼，遣典籤虞法生表求入朝，〔一〕以觀其意。子業曰：「義陽與太宰謀反，我欲討之，今知求還，甚善。」又屢詰法生：「義陽謀事，汝何故不啓？」法生懼禍，走歸彭城。昶欲襲建康，諸郡並不受命。和平六年，遂委母妻，攜妾吳氏作丈夫服，結義從六十餘人，間行來降。在路多叛，隨昶至者二十許人。

昶雖學不淵洽，略覽子史，前後表啓，皆其自製。朝廷嘉重之，尚武邑公主，拜侍中、征南將軍、駙馬都尉，封丹陽王。歲餘而公主薨，更尚建興長公主。

皇興中，劉彧遣其員外郎李豐來朝，顯祖詔昶與彧書，爲兄弟之戒。〔二〕彧不答，責昶以母爲其國妾，宜如春秋荀罃對楚稱外臣之禮。尋敕昶更與彧書。昶表曰：「臣殖根南僞，託體不殊，秉旄作牧，職班台位。天厭子業，夷戮同體，背本歸朝，事捨簪笏。臣弟彧廢姪自立，彰于遐邇。孔懷之義難奪，爲臣之典靡經，棠棣之詠可修，越敬之事未允。臣若改書，事爲二敬；猶修往文，彼所不納。伏願聖慈停臣今答。」朝廷從之。拜外都坐大官。公主復薨，更尚平陽長公主。

昶好犬馬，愛武事，入國歷紀，猶布衣皂冠，同凶素之服。然呵詈童僕，音雜夷夏。雖在公坐，諸王每侮弄之，或戾手齧臂，至於痛傷，笑呼之聲，聞于御聽。高祖每優假之，不以怪問。至於陳奏本國事故，語及征役，則能斂容涕泗，悲動左右。而天性褊躁，喜怒不恒，每至威忿，楚朴特苦，引待南士，禮多不足，緣此人懷畏避。

太和初，轉內都坐大官。及蕭道成殺劉準，時遣諸將南伐，詔昶曰：「卿識機體運，先覺而來。卿宗廟不復血食，朕聞斯問，矜忿兼懷。今遣大將軍率南州甲卒，以伐逆豎，克蕩兇醜，翦除民害。氛穢既清，卽胙卿江南之土，以興蕃業。」乃以本將軍與諸將同行。路經徐州，哭拜其母舊堂，哀感從者。乃遍循故居，處處隕涕，左右亦莫不辛酸。及至軍所，將欲臨陳，四面拜諸將士，自陳家國滅亡，蒙朝廷慈覆，辭理切至，聲氣激揚，涕泗橫流，三軍咸

爲慼歎。後昶恐雨水方降，表請還師，從之。又加儀同三司，領儀曹尚書。於時改革朝儀，詔昶與蔣少遊專主其事。昶條上舊式，略不遺忘。

高祖引見於宣文堂，昶啓曰：「臣本國不造，私有虐政，不能廢昏立德，扶定傾危，萬里奔波，投蔭皇闕，仰賴天慈，以存首領。然大耻未雪，痛愧纏心。屬逢陛下釐校之始，願垂曲恩，處臣邊戍，招集遺人，以雪私耻。雖死之日，猶若生年。」悲泣良久。高祖曰：「卿投誠累紀，本邦湮滅，王者未能恤難矜災，良以爲愧。出蕃之日，請別當處分。」後以昶女爲鄉君。

高祖臨宣文堂，見武興王楊集始。既而引集始入宴，詔昶曰：「集始邊方之酋，不足以當諸侯之禮，但王者不遺小國之臣，況此蕃垂之主，故勞公卿於此。」昶對曰：「陛下道化光被，自北而南，故巴漢之雄，遠覲天闕。臣猥瞻盛禮，實忻嘉遇。」高祖曰：「武興、宕昌，於禮容並不閑備，向見集始，觀其舉動，有賢於彌承。」昶對曰：「陛下惠洽普天，澤流無外，武興蕞爾，豈不食椹懷音。」

又爲中書監。開建五等，封昶齊郡開國公，加宋王之號。十七年春，高祖臨經武殿，大議南伐，語及劉、蕭篡奪之事，昶每悲泣不已。因奏曰：「臣本朝淪喪，艱毒備罹，冀恃國靈，釋臣私耻。」頓首拜謝。高祖亦爲之流涕，禮之彌崇。蕭賾雍州刺史曹虎之詐降也，詔昶以兵出義陽，無功而還。

十八年，除使持節、都督吳越楚彭城諸軍事、大將軍，固辭，詔不許，又賜布千匹。及發，高祖親餞之，命百僚賦詩贈昶，又以其文集一部賜昶。高祖因以所製文筆示之，謂昶曰：「時契勝殘，事鍾文業，雖則不學，欲罷不能。脫思一見，故以相示。雖無足味，聊復爲笑耳。」其重昶如是。自昶之背彭城，至是久矣。其昔齋宇山池，並尚存立，昶更修繕，還處其中。不能綏邊懷物，撫接義故，而閨門喧猥，內外姦雜，前民舊吏，莫不慨歎焉。豫營墓於彭城西南，與三公主同塋而異穴。發石累之，墳崩，壓殺十餘人。後復移改，爲公私費害。

高祖南討，昶候駕於行宮，高祖遣侍中迎勞之。昶討蕭昭業司州，雖屢破賊軍，而義陽拒守不克，昶乃班師。十九年，高祖在彭城，昶至入見。昶曰：「臣奉敕專征，剋殄兇醜，徒勞士馬，久淹歲時，有損威靈，伏聽斧鉞。」高祖曰：「朕之此行，本無攻守之意，正欲伐罪弔民，宣威布德，二事既暢，不失本圖，朕亦無克而還，豈但卿也。」

十月，昶朝于京師。高祖臨光極堂大選。高祖曰：「朝因月旦，欲評魏典。夫典者，爲國大綱，治民之柄。君能好典則國治，不能則國亂。我國家昔在恒代，隨時制作，非通世之長典。故自夏及秋，親議條制。或言唯能是寄，不必拘門，朕以爲不爾。何者？當今之世，仰祖質朴，清濁同流，混齊一等，君子小人名品無別，此殊爲不可。我今八族以上，士人品第有九，九品之外，小人之官，復有七等。若苟有其人，可起家爲三公。正恐賢才難得，不可止爲一人，渾我典制。故令班鏡九流，清一朝軌，使千載之後，我得髣像唐虞，卿等依係元、凱。」昶對曰：「陛下光宅中區，惟新朝典，刊正九流，爲不朽之法，豈唯髣像唐虞，固以有高三代。」高祖曰：「國家本來有一事可慨。可慨者何？恒無公言得失。今卿等各盡其心。人君患不能納羣下之諫，爲臣患不能盡忠於主。朕今舉一人，如有不可，卿等盡言其失；若有才能而朕所不識者，宜各舉所知。朕當虛己延納。若能如此，能舉則受賞，不言則有罪。」

及論大將軍，高祖曰：「劉昶卽其人也。」後給班劍二十人。二十一年四月，薨於彭城，年六十二。高祖爲之舉哀，給溫明祕器、錢百萬、布五百匹、蠟三百斤、朝服一具、衣一襲，贈假黃鉞、太傅、領揚州刺史，加以殊禮，備九錫，給前後部羽葆鼓吹，依晉琅邪武王伷故事，謚曰明。

昶適子承緒，主所生也。少而尫疾。尙高祖妹彭城長公主，爲駙馬都尉。先昶卒，贈員外常侍。

長子文遠，次輝，字重昌，並皆疏狂，昶深慮不能守其爵封。然輝猶小，未多罪過，乃以爲世子，襲封。正始初，尙蘭陵長公主，世宗第二姊也。拜員外常侍。公主頗嚴妬，輝嘗私幸主侍婢有身，主笞殺之。剖其孕子，節解，以草裝實婢腹，裸以示輝。輝遂忿憾，疏薄公

主。公主姊因入聽講，言其故於靈太后，太后敕清河王懌窮其事。懌與高陽王雍、廣平王懷奏其不和之狀，無可爲夫婦之理，請離婚，削除封位。太后從之。公主在宮周歲，高陽王及劉騰等皆爲言於太后。太后慮其不改，未許之，雍等屢請不已，聽復舊義。太后流涕送公主，誡令謹護。正光初，輝又私淫張陳二氏女。公主更不檢惡，主姑陳留公主共相扇獎，遂與輝復致忿爭。輝推主墮床，手脚毆蹈，主遂傷胎，輝懼罪逃逸。靈太后召清河王懌決其事，二家女髡笞付宮，兄弟皆坐鞭刑，徙配敦煌爲兵。公主因傷致薨，太后親臨慟哭，舉哀太極東堂，出葬城西，太后親送數里，盡哀而還。謂侍中崔光曰：「向哭所以過哀者，追念公主爲輝頓辱非一，乃不關言，能爲隱忍，古今寧有此！此所以痛之。」後執輝於河內之溫縣，幽于司州，將加死刑，會赦得免。三年，復其官爵，遷征虜將軍、中散大夫。四年，輝卒，家遂衰頓，無復可紀。

文遠，歷步兵校尉、前將軍。景明初，爲統軍。在壽春，坐謀殺刺史王肅以壽春叛，事發伏法。

有通直郎劉武英者，太和十九年從淮南內附，自云劉裕弟長沙景王道憐之曾孫，賜爵建寧子，司徒外兵參軍，稍轉步兵校尉、游擊將軍，卒于河內太守。而昶不以爲族親也。

蕭寶夤，字智亮，蕭鸞第六子，寶卷母弟也。鸞之竊位，封寶夤建安王。寶卷立，以爲車騎將軍、開府，領石頭戍軍事。寶卷昏狂，其直後劉靈運等謀奉寶夤，密遣報寶夤，寶夤許之。遂迎寶夤率石頭文武向其臺城，稱警蹕，百姓隨從者數百人。會日暮，城門閉，乃燒三尚及建業城，城上射殺數人，衆乃奔散。寶夤棄車步走，部尉執送之，自列爲人所逼，寶卷亦不罪責也。寶卷弟寶融僭立，以寶夤爲衞將軍、南徐州刺史，改封鄱陽王。

蕭衍既克建業，殺其兄弟，將害寶夤，以兵守之，未至嚴急。其家閹人顏文智與左右麻拱、黃神密計，穿牆夜出寶夤。具小船於江岸，脫本衣服，著烏布襦，腰繫千許錢，潛赴江畔，躡屩徒步，脚無全皮。防守者至明追之，寶夤假爲釣者，隨流上下十餘里，追者不疑，待散，乃度西岸。遂委命投華文榮。文榮與其從子天龍、惠連等三人，棄家將寶夤遁匿山澗，賃驢乘之，晝伏宵行，景明二年至壽春之東城戍。戍主杜元倫推檢，知實蕭氏子也，以禮延待，馳告揚州刺史、任城王澄，澄以車馬侍衞迎之。時年十六，徒步憔悴，見者以爲掠賣生口也。澄待以客禮。乃請喪居斬衰之服，〔三〕澄遣人曉示情禮，以喪兄之制，給其齊衰，寶夤從命。澄率官僚赴弔，寶夤居處有禮，不飲酒食肉，輟笑簡言，一同極哀之節。壽春多其故義，皆受慰唁，唯不見夏侯一族，以夏侯同蕭衍故也。改日造澄，澄深器重之。

景明三年閏四月，詔曰：「蕭寶夤深識機運，歸誠有道，冒險履屯，投命絳闕，微子、陳韓亦曷以過也。〔四〕可遣羽林監、領主書劉桃符詣彼迎接。其資生所須之物，及衣冠、車馬、在京邸館，付尚書悉令豫備。」及至京師，世宗禮之甚重。伏訴闕下，請兵南伐，雖遇暴風大雨，終不暫移。

是年冬，蕭衍江州刺史陳伯之與其長史褚胄等自壽春歸降，〔五〕請軍立效。世宗以寶夤誠懇及伯之所陳，時不可失，四年二月，乃引八座門下入議部分之方。四月，除使持節、都督東揚南徐兗三州諸軍事、鎭東將軍、東揚州刺史、〔六〕丹陽郡開國公、齊王，配兵一萬，令且據東城，待秋冬大舉。寶夤明當拜命，其夜慟哭。至晨，備禮策授，賜車馬什物，給虎賁五百人，事從豐厚，猶不及劉昶之優隆也。又任其募天下壯勇，得數千人。以文智三人等爲積弩將軍，文榮等三人爲强弩將軍，並爲軍主。寶夤雖少羈流，而志性雅重，過期猶絕酒肉，慘形悴色，蔬食粗衣，未嘗嬉笑。及被命當南伐，貴要多相憑託，門庭賓客若市，書記相尋，寶夤接對報復，不失其理。

正始元年三月，寶夤行達汝陰，東城已陷，遂停壽春之栖賢寺。值賊將姜慶眞內侵，士民響附，圍逼壽春，遂據外郭。寶夤躬貫甲胄，率下擊之，自四更交戰，至明日申時，賊旅彌盛。寶夤以衆寡無援，退入金城。又出相國東門，率衆力戰，始破走之。當寶夤壽春之戰，

勇冠諸軍，聞見者莫不壯之。七月，還京師，改封梁郡開國公，食邑八百戶。

及中山王英南伐，寶夤又表求征。乃爲使持節、鎭東將軍、別將以繼英，配羽林、虎賁五百人。與英頻破衍軍，乘勝遂攻鍾離。淮水汎溢，寶夤與英狼狽引退，士卒死沒者十四五。有司奏寶夤守東橋不固，軍敗由之，處以極法。詔曰：「寶夤因難投誠，宜加矜貸，可恕死，免官削爵還第。」

尋尚南陽長公主，賜帛一千匹，并給禮具。公主有婦德，事寶夤盡肅雍之禮，雖好合積年，而敬事不替。寶夤每入室，公主必立以待之，相遇如賓，自非太妃疾篤，未曾歸休。寶夤器性溫順，自處以禮，奉敬公主，內外諧穆，清河王懌親而重之。

永平四年，盧昶克蕭衍朐山戍，以琅邪戍主傅文驥守之。衍遣師攻文驥，盧昶督衆軍救之，詔寶夤爲使持節、假安南將軍、別將，長驅往赴，受盧昶節度。賜帛三百匹，世宗於東堂餞之。詔曰：「蕭衍送死，連兵再離寒暑，卿忠規內挺，孝誠外亮，必欲鞭尸吳墓，戮衍江陰，故授卿以總統之任，仗卿以克捷之規，宜其勉歟？」寶夤對曰：「讎耻未復，枕戈俟旦，雖無申包之志，敢忘伍胥之心。今仰仗神謀，俯厲將帥，誓必拉彼姦勁，以清王略。聖澤下臨，不勝悲荷。」因泣涕橫流，哽咽良久。於後，盧昶軍敗，唯寶夤全師而歸。

延昌初，除安東將軍、瀛州刺史，復其齊王。四年，遷撫軍將軍、冀州刺史。及大乘賊

起，寶夤遣軍討之，頻爲賊破。臺軍至，乃滅之。靈太后臨朝，還京師。

蕭衍遣其將康絢於浮山堰淮以灌揚徐。除寶夤使持節、都督東討諸軍事、鎭東將軍以討之。尋復封梁郡開國公，寄食濟州之濮陽。熙平初，賊堰既成，淮水濫溢，將爲揚徐之患，寶夤於堰上流，更鑿新渠，引注淮澤，水乃小減。乃遣輕車將軍劉智文、虎威將軍劉延宗率壯士千餘，夜渡淮，燒其竹木營聚，破賊三壘，殺獲數千人，斬其直閤將軍王升明而還，火數日不滅。衍將垣孟孫、張僧副等水軍三千，渡淮，北攻統軍呂叵。寶夤遣府司馬元達、統軍魏續年等赴擊，破之，孟孫等奔退。乃授左光祿大夫、殿中尚書。寶夤又遣軍主周恭叔率壯士數百，夜渡淮南，焚賊徐州刺史張豹子等十一營，賊衆驚擾，自殺害者甚衆。寶夤還京師，又除使持節、散騎常侍、都督荆□東洛三州諸軍事、衞將軍、荆州刺史。不行，復爲殿中尚書。

寶夤之在淮堰，蕭衍手書與寶夤曰：「謝齊建安王寶夤。亡兄長沙宣武王，昔投漢中，值北寇華陽，地絕一隅，內無素畜，外絕繼援，守危疏勒，計踰田單，卒能全土破敵，以弱爲强。使至之日，君臣動色，左右相賀，齊明帝每念此功，未嘗不輟箸咨嗟。及至張永、崔慧景事，大將覆軍於外，小將懷貳於內，事危累卵，勢過綴旒。亡兄忠勇奮發，旋師大峴，重圍累日，一鼓魚潰，克定慧景，功踰桓文。亡弟衞尉，兄弟勠力，盡心內外。大勳不報，翻罹

茶酷，百口幽執，禍害相尋。朕於齊明帝，外有龕敵之力，內盡帷幄之誠，日自三省，曾無寸咎，遠身邊外，亦復不免。遂遣劉山陽輕舟西上，來見掩襲。時危事迫，勢不得已。所以誓衆樊鄧，會蹤孟津，本欲翦除梅虫兒、茹法珍等，以雪寃酷，拔濟親屬，反身素里。屬張稷、王珍國已建大事，寶晊、子晉屢動危機，迫樂推之心，應上天之命，事不獲已，豈其始願。所以自有天下，絕棄房室，斷除滋味，正欲使四海見其本心耳。勿謂今日之位，是爲可重，朕之視此，曾不如一芥。雖復崆峒之蹤難追，汾陽之志何遠。而今立此堰，卿當未達本意。朕於昆蟲，猶不欲殺，亦何急爭無用之地，戰蒼生之命也！正爲李繼伯在壽陽，侵犯邊境，歲月滋甚。或攻小城小戍，或掠一村一里。若小相酬答，終無寧日，邊邑爭桑，吳楚連禍。所以每抑鎮戍，不與校計。繼伯既得如此，濫竊彌多。今修此堰，止欲以報繼伯侵盜之役，既非大舉，所以不復文移北土。卿幼有倜儻之心，早懷縱橫之氣。往日卿於石頭舉事，雖不克捷，亦丈夫也。今止河洛，眞其時矣。雖然，爲卿計者，莫若行率此衆，襲據彭城，別當遣軍以相影援。得捷之後，便遣卿兄子屛侍送卿國廟、幷卿室家及諸姪從。若方欲還北，更設奇計，恐機事一差，難重復集，勿爲韓信，受困野雞。」寶夤表送其書，陳其忿毒之意。朝廷爲之報答。

寶夤志存雪復，屢請居邊。神龜中，出爲都督徐南兗二州諸軍事、車騎將軍、徐州刺

史。乃起學館於清東，朔望引見土姓子弟，接以恩顏，與論經義，勤於政治，吏民愛之。凡在三州，皆著名稱。

正光二年，徵爲車騎大將軍、尙書左僕射。善於吏職，甚有聲名。四年，上表曰：

臣聞堯典有黜陟之文，周書有考績之法，雖其源難得而尋，然條流抑亦可知矣。大較在于官人用才，審於所莅，練迹校名，驗於虛實。豈不以臧否得之餘論，優劣著於歷試者乎？既聲窮於月旦，品定於黃紙，用效於名輩，事彰於臺閣，則賞罰之途，差有商準；用捨之宜，非無依據。雖復勇進忘退之儔，奔競於市里；過分亡涯之請，馳騖於多門；猶且顧其聲第，愼其與奪。器分定於下，爵位懸於上，不可妄叨故也。

今竊見考功之典，所懷未喩，敢竭無隱，試陳萬一。何者？竊惟文武之名，在人之極地；德行之稱，爲生之最首。忠貞之美，立朝之譽，仁義之號，處身之端，自非職惟九官，任當四岳，授曰爾諧，讓稱僉往，將何以克厭大名，允茲令問。自比已來，官罔高卑，人無貴賤，皆飾辭假說，用相褒舉。涇渭同波，薰猶共器，求者不能量其多少，與者不復覈其是非。遂使冠履相貿，名與實爽，謂之考功，事同汎陟，紛紛漫漫，焉可勝言。

又在京之官，積年一考。其中或所事之主遷移數四，或所奉之君身名廢絕，或具僚離索，或同事凋零，雖當時文簿，記其殿最，日久月深，駁落都盡，人有去留，誰復掌

其勤墮？或停休積稔，或分隔數千，累年之後，方求追訪聲迹，立其考第。無不苟相悅附，共爲脣齒，飾垢掩疵，妄加丹素，趣令得階而已，無所顧惜。賢達君子，未免斯患；中庸已降，夫復何論。官以求成，身以請立，上下相蒙，莫斯爲甚。

又勤恤人隱，咸歸守令，厥任非輕，所責實重。然及其考課，悉以六載爲程，既而限滿代還，復經六年而敍。是則歲周十二，始得一階。於東西兩省、文武閑職、公府散佐、無事冗官，或數旬方應一直，或朔望止於暫朝，及其考日，更得四年爲限。是則一紀之中，便登三級。彼以實勞劇任，而還貴之路至難；此以散位虛名，而升陟之方甚易。何內外之相懸，令厚薄之如是！

又聞之，聖人大寶曰位，何以守位曰仁。孟子亦曰：仁義忠信天爵也，公卿大夫人爵也。古之人修其天爵而人爵從之。故雖文質異時，汚隆殊世，莫不寶茲名器，不以假人。是以賞罰之柄，恒自持也。至乃周之藹藹，五叔無官；漢之察察，館陶徒請。豈不重骨肉、私親親？誠以賞罰一差，則無以懲勸；至公暫替，則覬覦相欺。故至愼至惜，殷勤若此。況乎親非肺腑，才乖秀逸；或充單介之使，始無汗馬之勞；或說興利之規，終慚十一之潤。皆虛張無功，妄指贏益，坐獲數階之官，藉成通顯之貴。於是巧詐萌生，僞辯鋒出，役萬慮以求榮，開百方而逐利。握樞秉鈞者，亦知其若斯，〔七〕但抑之

則其流已注，引之則有何紀極。

夫琴瑟在於必和，更張求其適調。去者既不可追，來者猶或宜改。按周官太宰之職：歲終，則令官府各正所司，受其會計，聽其致事，而詔於王；三歲，則大計羣吏之治而誅賞之。愚謂：今可粗依其準，見居官者，每歲終，本曹皆明辨在官日月，具覈才行能否，審其實用而注其上下，游辭宕說，無一取焉。列上尙書，覆其合否。如有紕謬，卽正而罰之，不得方復推詰委否，容其進退。既定其優劣，善惡交分。庸短下第，黜凡以明法；幹務忠清，甄能以記賞。總而奏之。經奏之後，考功曹別書於黃紙、油帛。一通則本曹尙書與令、僕印署，留於門下；一通則以侍中、黃門印署，掌在尙書。嚴加緘密，不得開視，考績之日，然後對共裁量。如此，則少存實錄，薄止姦回。其內外考格，裁非庸管，乞求博議，以爲畫一。若殊謀異策，事關廢興，遐邇所談，物無異議者，自可臨時斟酌，匪拘恒例。至如援流引比之訴，貪榮求級之請，如不限以關鍵，肆其傍通，則蔓草難除，涓流遂積，穢我彝章，撓茲大典。謂宜明加禁斷，以全至治，開返本之路，杜澆弊之門。如斯，則吉士盈朝，薪槱載煥矣。

詔付外博議，以爲永式，竟無所定。

時蕭衍弟子西豐侯正德來降，寶夤表曰：

伏見揚州表，蕭正德自云避禍，遠投宸掖，背父叛君，駭議衆口，深心指趣，厥情難測。

臣聞立身行道，始於事親，終於事君。故君親盡之以恒敬，嚴父兼之以博愛。斯人倫之所先，王教之盛典。三千之罪，莫大於不孝。毀則藏姦，常刑靡赦。所以晉恭獲謗，無所逃死；衞伋受誣，二子繼沒。親命匪棄，國孰無父？況今封豕尚存，長蛇未滅，偸生江表，自安毒酖。而正德居猶子之親，竊通侯之貴，父榮於國，子爵於家，履霜弗聞，去就先結。隔絕山淮，溫凊永盡，定省長違，報復何日？以此爲心，心可知矣。

皇朝綿基累葉，恩均四海，自北徂南，要荒仰澤，能言革化，無思不韙。賁玉帛於丘園，標忠孝以納賞；築藁街于伊洛，集華裔其歸心。被髮鏤身之酋，屈膝而請吏；交趾文身之渠，款關而効質。至如正德，宜甄義以致貶。昔越栖會稽，賴宰嚭以獲立；漢困彭宋，實丁公而獲免。吳項已平，二臣卽法。豈不錄其情哉？欲明責以示後。況遺君忽父，狠子是心，既不親親，安能親人。中間變詐，或有萬等。伏惟陛下聖敬自天，欽光纂歷，昭德塞違，以臨羣后，脫苞此凶醜，置之列位，百官是象，其何誅焉！

臣釁結禍深，痛纏肝髓，日暮途遙，復報無日，豈區區於一豎哉？但才雖庸近，職居獻替，愚衷寸抱，敢不申陳。伏願聖慈少垂察覽，訪議槐棘，論其是非。使秋霜春

露，施之有在；相鼠攸刺，遄死有歸。無令申伋受笑於苟存，曾閔淪名於盛世。

正德既至京師，朝廷待之尤薄。歲餘，還叛。

五年，蕭衍遣其將裴邃、虞鴻等率衆寇揚州，詔寶夤爲使持節、散騎常侍、車騎大將軍、都督徐州東道諸軍事，率諸將討之。既而揚州刺史長孫稚大破邃軍，斬鴻，賊遂奔退。

初，秦州城人薛珍、劉慶、杜遷等反，執刺史李彥，推莫折大提爲首，自稱秦王。大提尋死，其第四子念生竊號天子，改年曰天建，置立官僚，以息阿胡爲太子，其兄阿倪爲西河王，弟天生爲高陽王，伯珍爲東郡王，安保爲平陽王。遣天生率衆出隴東，攻沒汧城，仍陷岐州，執元志、裴芬之等，遂寇雍州，屯於黑水。朝廷甚憂之，乃除寶夤開府、西道行臺，率所部東行將統，爲大都督西征。肅宗幸明堂，因以餞之。

寶夤與大都督崔延伯擊天生，大破之，斬獲十餘萬。追奔至于小隴，軍人採掠，遂致稽留，不速追討，隴路復塞。仍進討高平賊帥万俟醜奴於安定，更有負捷。時有天水人呂伯度兄弟，始共念生同逆，後與兄衆保於顯親，聚衆討念生，戰敗，降於胡琛。琛以伯度爲大都督、秦王，資其士馬，還征秦州，大敗念生將杜粲於成紀，又破其金城王莫折普賢於水洛城，〔八〕遂至顯親。念生率衆，身自拒戰，又大奔敗。伯度乃背胡琛，襲琛將劉拔，破走之，遣其兄子忻和率騎東引國軍。念生事迫，乃詐降於寶夤。朝廷喜伯度立義之功，〔九〕授撫

軍將軍、涇州刺史、平秦郡開國公，食邑三千户。而大都督元脩義、高聿，停軍隴口，久不西進。念生復反，伯度終爲醜奴所殺。故賊勢更甚，寶夤不能制。孝昌二年四月，除寶夤侍中、驃騎大將軍、儀同三司、假大將軍、尚書令，給後部鼓吹，增封千户。寶夤初自黑水，終至平涼，與賊相對，數年攻擊，賊亦憚之，關中保全，寶夤之力矣。

三年正月，除司空公。出師既久，兵將疲弊，是月大敗，還雍州。仍停長安，收聚離散。有司處寶夤死罪，詔恕爲民。四月，除使持節、都督雍涇岐南豳四州諸軍事、征西將軍、雍州刺史、假車騎大將軍、開府、西討大都督，自關以西，皆受節度。九月，〔一〇〕念生爲其常山王杜粲所殺，合門皆盡。粲據州請降於寶夤。十月，除散騎常侍、車騎將軍、尚書令，復其舊封。

是時，山東、關西寇賊充斥，王師屢北，人情沮喪。寶夤自以出軍累年，糜費尤廣，一旦覆敗，慮見猜責，內不自安。朝廷頗亦疑阻，乃遣御史中尉酈道元爲關中大使。寶夤謂密欲取己，彌以憂懼。而長安輕薄之徒，因相說動。道元行達陰盤驛，寶夤密遣其將郭子恢等攻而殺之，詐收道元尸，表言白賊所害。又殺都督、南平王仲冏。是月，遂反，僭舉大號，赦其部內，稱隆緒元年，立百官。乃遣郭子恢東寇潼關，行臺張始榮圍華州刺史崔襲。詔尚書僕射行臺長孫稚討之。時北地人毛鴻賓與其兄遐糾率鄉義，將討寶夤。寶夤遣其大將軍盧祖遷等擊遐，爲遐所殺。又遣其將侯終德往攻遐。會子恢爲官軍所敗，長孫稚又

遣子子彥破始榮於華州，終德因此勢挫，還圖寶夤。軍至白門，寶夤始覺，與終德交戰，戰敗，攜公主及其少子與部下百餘騎，從後門出走，渡渭橋，投於寧夷巴張宕昌、劉興周舍。尋奔醜奴，醜奴以寶夤爲太傅。

永安三年，都督尒朱天光遣賀拔岳等破醜奴於安定，追擒醜奴、寶夤，並送京師。詔置閶闔門外都街之中，京師士女，聚共觀視，凡經三日。吏部尚書李神儁、黃門侍郎高道穆並與寶夤素舊，二人相與左右，言於莊帝，云「其逆亦事在前朝」，冀得赦免。會應詔王道習時自外至，莊帝問道習在外所聞。道習曰：「唯聞陛下欲不殺蕭寶夤。」帝問其故。道習曰：「人云：李尚書、高黃門與寶夤周款，並居得言之地，必能全之。」道習因曰：「若謂寶夤逆在前朝，便將恕之。寶夤敗於長安，走爲醜奴太傅，豈非陛下御曆之日？賊臣不翦，法欲安施？」帝然其言，乃於太僕駝牛署賜死。寶夤之將死，神儁攜酒就之以敍舊故，因對之下泣。而寶夤夷然自持，了不憂懼，唯稱「推天委命，恨不終臣節」而已。公主攜男女就寶夤訣別，慟哭極哀。寶夤死，色貌不改。寶夤有三子，皆公主所生，而並凡劣。

長子烈，復尚肅宗妹建德公主，拜駙馬都尉。寶夤反，伏法。

次子權，與少子凱射戲，凱矢激中之而死。凱仕至司徒左長史。凱妻，長孫稚女也，輕薄無禮，公主數加罪責。凱竊銜恨，妻復惑說之。天平中，凱遂遣奴害公主。乃轘凱於東

市，妻梟首。家遂殄滅。

寶夤兄寶卷子贊，字德文，本名綜，入國，寶夤改焉。初，蕭衍滅寶卷，寶卷宮人吳氏始孕，匿而不言，衍仍納之，生贊，以爲己子，封豫章王。及長，學涉，有才思。其母告之以實，贊晝則談謔如常，夜則銜悲泣涕，結客待士，恒有來奔之志。爲衍諸子深所猜疾，而衍甚愛寵之。

有濟陰芮文寵、安定梁話，贊曲加禮接，乃割血自誓，布以腹心。寵、話等既感其情義，敬相然諾。值元法僧以彭城叛入蕭衍，衍命贊爲南兗、徐二州刺史、都督江北諸軍事，鎮彭城。於時，肅宗遣安豐王延明、臨淮王彧討之，贊便遣使密告誠款，與寵、話夜出，步投彧軍。孝昌元年秋，屆于洛陽，陛見之後，就館舉哀，追服三載。寶夤于時在關西，遣使觀察，聞其形貌，斂眉悲感。朝廷賞賜豐渥，禮遇隆厚，授司空，封高平郡開國公、丹陽王，食邑七千戶。

及寶夤反，贊惶怖，欲奔白鹿山，至河橋，爲北中所執。朝議明其不相干預，仍蒙慰勉。建義初，隨尒朱榮赴晉陽，莊帝徵贊還洛。轉司徒，遷太尉，尚帝姊壽陽長公主。出爲都督齊濟西兗三州諸軍事、驃騎大將軍、開府儀同三司、齊州刺史。寶夤見擒，贊拜表請寶夤

命。尒朱兆入洛，爲城民趙洛周所逐。公主被錄還京，尒朱世隆欲相陵逼，公主守操被害。贊既棄州爲沙門，潛詣長白山，未幾，趣白鹿山。至陽平，遇病而卒，時年三十一。

贊機辯，文義頗有可觀，而輕薄俶儻，猶見父之風尚。普泰末，敕迎其喪至洛，遣黃門郎鹿悆護喪事，以王禮與公主合葬嵩山。至元象初，吳人盜其喪還江東，蕭衍猶以爲子，祔葬蕭氏墓焉。贊江南有子，在國無後。

蕭正表，字公儀，蕭衍弟臨川王宣達子也。正表長七尺九寸，眉目疏朗。雖質貌豐美，而性理短闇。衍以爲封山縣開國侯，拜給事中，歷東宮洗馬、淮南晉安二郡太守。轉輕車將軍、北徐州刺史，鎮鍾離。

初，衍未有子，以正表兄正德爲子，既而封爲西豐侯。正德私懷忿憾。正光三年，背衍奔洛，朝廷以其人才庸劣，不加禮待。尋逃歸，衍不之罪。後封正德臨賀王。衍末，復爲散騎常侍、光祿大夫，知丹陽尹事。侯景之將濟江也，知正德有恨於衍，密與交通，許推爲主。正德以船數十舫迎之。景渡江，衍召正表入援。正表率衆次廣陵，聞正德爲侯景所推，仍託舫糧未集，磐桓不進。景尋以正表爲南兗州刺史，封南郡王。正表既受景署，遂於歐陽立柵，斷衍援軍。又欲遣其妾兄龔子明進攻廣陵。衍南兗州刺史、南康王蕭會理遣前廣陵令劉瑗襲擊，破之。正表狼狽失據，乃率輕騎，走還鍾離。

武定七年正月，仍送子爲質，據州內屬。徐州刺史高歸彥遣長史劉士榮馳赴之。事定，正表入朝，以勳封蘭陵郡開國公、吳郡王，食邑五千戶。尋除侍中、車騎將軍、特進、太子太保、開府儀同三司，賞賚豐厚。其年冬薨，年四十二。贈侍中、都督徐揚兗豫濟五州諸軍事、驃騎大將軍、司空公、徐州刺史，開國公、王並如故。謚曰昭烈。子廣壽。

史臣曰：劉昶猜疑懼禍，蕭夤亡破之餘，並潛骸竄影，委命上國。俱稱曉了，咸當任遇，雖有枕戈之志，終無鞭墓之誠。昶諸子尪疏，喪其家業。寶夤背恩忘義，梟鏡其心。此亦戎夷彫狡輕薄之常事也。天重其罪，鬼覆其門，至於母子兄弟還相殲滅，抑是積惡之義云。蕭贊臨邊脫身，晚去讎賊，寵祿頓臻，顛沛旋至，信吉凶之相倚也。正表歸命，大享名族，亦以優哉。

校勘記

〔一〕遣典籤虞法生表求入朝　宋書卷七二、南史卷一四晉熙王昶傳、通鑑卷一三〇四〇七八頁「虞」並作「蘧」，疑「虞」字訛。

〔二〕爲兄弟之戒　北史卷二九劉昶傳「戒」作「式」。疑「戒」字訛。

〔三〕乃請喪居斬衰之服　北史卷二九蕭寶夤傳「居」作「君」，指蕭寶卷，疑「居」字訛。

〔四〕微子陳韓亦曷以過也　李慈銘云：「『陳韓』本作『陳完』，以南宋避欽宗嫌名，於『陳』下注一『諱』字，遂誤爲『韓』。」按陳公子完奔齊，見左傳莊二十二年，李說疑是。但卷七九成淹傳亦有「欲追縱陳韓」語，似指陳平、韓信背楚歸漢，今不改。

〔五〕蕭衍江州刺史陳伯之與其長史褚胄等自壽春歸降　北史卷二九百衲本同，汲本、殿本作「胃」。按梁書卷二〇陳伯之傳、通鑑卷一四五四五二一頁作「褚緭」，考異云：「魏書蕭寶夤傳作『褚胃』，今從梁書。」則司馬光所見魏書作亦「胃」。「緭」「胃」同音，「胄」當是「胃」之訛。

〔六〕除使持節都督東揚南徐兗三州諸軍事鎮東將軍東揚州刺史　諸本「揚州」上無「東」字，北史卷二九有。按卷八世宗紀景明四年四月記蕭寶夤官也是「東揚州刺史」。寶夤都督三州，「東揚」居首，照例首列所督爲哪一州，卽是此州刺史，且當時揚州刺史是任城王澄。知脫「東」字無疑，今據北史補。

〔七〕亦知其若斯　諸本「若」作「苦」，獨局本作「若」。按作「苦」於文義不協，今從局本。

〔八〕又破其金城王莫折普賢於水洛城　諸本「水」作「永」，册府卷三五四四二〇一頁作「水」。按水洛口、水洛亭，見水經注卷一七渭水篇。「永」字訛，今據改。

〔九〕朝廷喜伯度立義之功　北史卷二九蕭寶夤傳「喜」作「嘉」，是。

〔一〇〕九月　諸本「月」訛作「年」，據北史蕭寶夤傳及本書卷九肅宗紀改。

魏書卷六十

列傳第四十八

韓麒麟　程駿

韓麒麟，昌黎棘城人也，自云漢大司馬增之後。父瑚，秀容、平原二郡太守。麒麟幼而好學，美姿容，善騎射。恭宗監國，爲東曹主書。高宗卽位，賜爵魯陽男，加伏波將軍。父亡，在喪有禮，邦族稱之。

後參征南慕容白曜軍事，進攻升城，師人多傷。及城潰，白曜將坑之，麒麟諫曰：「今始踐僞境，方圖進取，宜寬威厚惠，以示賊人，此韓信降范陽之計。勁敵在前，而便坑其衆，恐自此以東，將人各爲守，攻之難克。日久師老，外民乘之，以生變故，則三齊未易圖也。」白曜從之，皆令復業，齊人大悅。後白曜表麒麟爲冠軍將軍，與房法壽對爲冀州刺史。白曜攻東陽，麒麟上義租六十萬斛，并攻戰器械，於是軍資無乏。及白曜被誅，麒麟亦徵還，停

滯多年。高祖時，拜給事黃門侍郎，乘傳招慰徐兗，叛民歸順者四千餘家。尋除冠軍將軍、齊州刺史，假魏昌侯。麒麟在官，寡於刑罰，從事劉普慶說麒麟曰：「明公仗節方夏，而無所斬戮，何以示威？」麒麟曰：「刑罰所以止惡，蓋不得已而用之。今民不犯法，何所戮乎？若必須斬斷以立威名，當以卿應之。」普慶慚懼而退。麒麟以新附之人，未階臺宦，士人沉抑，乃表曰：「齊土自屬僞方，歷載久遠，舊州府僚，動有數百。自皇威開被，并職從省，守宰闕任，不聽土人監督。竊惟新人未階朝宦，州郡局任甚少，沉塞者多，願言冠冕，輕爲去就。愚謂守宰有闕，宜推用豪望，增置吏員，廣延賢哲。則華族蒙榮，良才獲敍，懷德安土，庶或在茲。」朝議從之。

太和十一年，京都大饑，麒麟表陳時務曰：

古先哲王經國立治，積儲九稔，謂之太平。故躬籍千畝，以勵百姓，用能衣食滋茂，禮教興行。逮於中代，亦崇斯業，入粟者與斬敵同爵，力田者與孝悌均賞，實百王之常軌，爲治之所先。

今京師民庶，不田者多，遊食之口，三分居二。蓋一夫不耕，或受其飢，況於今者，動以萬計。故頃年山東遭水，而民有餧終；今秋京都遇旱，穀價踊貴。實由農人不勸，素無儲積故也。

伏惟陛下天縱欽明，道高三、五，昧旦憂勤，思恤民弊，雖帝虞一日萬幾，周文昃不暇食，蔑以爲喻。上垂覆載之澤，下有凍餒之人，皆由有司不爲明制，長吏不恤其本。自承平日久，豐穰積年，競相矜夸，遂成侈俗。車服第宅，奢僭無限；喪葬婚娶，爲費實多；貴富之家，童妾袨服；工商之族，玉食錦衣。農夫餔糟糠，蠶婦乏短褐。故令耕者日少，田有荒蕪。穀帛罄於府庫，寶貨盈於市里；衣食匱於室，麗服溢於路。飢寒之本，實在於斯。愚謂凡珍玩之物，皆宜禁斷，吉凶之禮，備爲格式，令貴賤有別，民歸朴素。制天下男女，計口受田。宰司四時巡行，臺使歲一按檢。勤相勸課，嚴加賞賜。數年之中，必有盈贍，雖遇災凶，免於流亡矣。

往年校比戶貫，租賦輕少。臣所統齊州，租粟纔可給俸，略無入倉。雖於民爲利，而不可長久。脫有戎役，或遭天災，恐供給之方，無所取濟。可減絹布，增益穀租，年豐多積，歲儉出賑。所謂私民之穀，寄積於官，官有宿積，則民無荒年矣。

十二年春，卒於官，年五十六。遺敕其子，殯以素棺，事從儉約。麒麟立性恭慎，恒置律令於坐旁。臨終之日，唯有俸絹數十匹，其清貧如此。贈散騎常侍、安東將軍、燕郡公，諡曰康。

長子興宗，字茂先。好學，有文才。年十五，受道太學。後司空高允奏爲祕書郎，參著

作事。中山王叡貴寵當世，闢爲文。還祕書中散。太和十四年冬，卒。贈寧遠將軍、漁陽太守。

子子熙，字元雍。少自修整，頗有學識。弱冠，未能自通，侍中崔光舉子熙爲清河王懌常侍，遷郎中令。初，子熙父以爵讓弟顯宗，不受。子熙緣父素懷，卒亦不襲。及顯宗卒，子熙別蒙賜爵，乃以其先爵讓弟仲穆。兄弟友愛如此。父亡，居喪有禮。子熙爲懌所眷遇，遂闕位，待其畢喪後復用。

及元叉害懌，久不得葬。子熙爲之憂悴，屏處田野，每言王若不得復封，以禮還葬，誓以終身不仕。後靈太后返政，以元叉爲尚書令，解其領軍。子熙與懌中大夫劉定興、學官令傅靈摽、賓客張子慎伏闕上書曰：

竊惟故主太傅清河王，職綜樞衡，位居論道，盡忠貞以奉公，竭心膂以事國，自先皇崩殂，陛下沖幼，負扆當朝，義同分陝。宋維反常小子，性若青蠅，汙白點黑，讒佞是務，以元叉皇姨之壻，權勢攸歸，遂相附託，規求榮利，共結圖謀，坐生眉眼，誣告國王，枉以大逆。賴明明在上，赫赫臨下，泥潰自消，玉質還潔。謹案律文：諸告事不實，以其罪罪之。維遂無罪，出爲大郡，刑賞僭差，朝野怪愕。若非宋維與叉爲計，豈得全其身命，方撫千里？

王以權在寵家，塵謗紛雜，恭慎之心，逾深逾厲，去其本宅，移住殿西，閨門靜守，親賓阻絕。于時，吏部諮稟劉騰，奏其弟官，郡戍兼補。及經內呈，爲王駁退。騰由此生嫌，私深怨怒，遂乃擅廢太后，離隔二宮，拷掠胡定，〔一〕誣王行毒，含齒戴髮，莫不悲惋。及會公卿，議王之罪，莫不俛眉飲氣，唯諮是從。〔二〕僕射游肇，亢言厲氣，發憤成疾，爲王致死。王之忠誠款篤，節義純貞，非但蘊藏胸襟，實乃形於文翰，搜括史傳，撰顯忠錄，區目十篇，分卷二十。既欲彰忠心於萬代，豈可爲逆亂於一朝。乞追遺志，足明丹款。

叉籍寵姻戚，恃握兵馬，無君之心，實懷皂白。擅廢太后，枉害國王，生殺之柄，不由陛下，賞罰之詔，一出於叉。名藩重地，皆其親黨；京官要任，必其心腹。中山王熙，本興義兵，不圖神器，戮其大逆，合門滅盡，遂令元略南奔，爲國巨患。〔三〕奚康生國之猛將，盡忠棄市。其餘枉被屠戮者，不可稱數。緣此普天喪氣，匝地憤傷。致使朔隴猖狂，歷歲爲亂，荆徐蠢動，職是之由。昔趙高秉秦，令關東鼎沸；今元叉執權，使四方雲擾。自古及今，竹帛所載，賊子亂臣，莫此爲甚。

開逆之始，起自宋維，成禍之末，良由騰矣。而令凶徒姦黨，迭相樹置，高官厚祿，

任情自取，非但臣等痛恨終身，抑爲聖朝懷慚負愧。以臣赤心慺慺之見，宜梟諸兩觀，洿其舍廬。騰合斲棺斬骸，沉其五族。上謝天人幽隔之憤，下報忠臣冤酷之痛。方乃崇亞三事，委以樞端，所謂虎也更傳其翼。朝野切齒，遐邇扼腕。蔓草難除，去之宜盡。臣歷觀曠代，緬追振古，當斷不斷，其禍更生。況叉猜忍，更居衡要。臣中宵九歎，竊以寒心，實願宸鑒，早爲之所。

臣等潛伏閭閻，於茲六載，旦號白日，夕泣星辰，叩地寂寥，呼天無響。衞野納肝，秦庭夜哭，千古之痛，何足相比。今幸遇陛下叡聖，親覽萬幾，太后仁明，更撫四海，臣等敢詣闕披陳，乞報冤毒。

書奏，靈太后義之，乃引子熙爲中書舍人。後遂剖騰棺，賜叉死。

尋修國史，加寧朔將軍。未幾，除著作郎，又兼司州別駕。轉輔國將軍、鴻臚少卿。建義初，兼黃門，尋正。

子熙清白自守，不交人事。又少孤，爲叔顯宗所撫養，及顯宗卒，顯宗子伯華又幼，子熙友愛，等於同生，長猶共居，車馬資財，隨其費用，未嘗見於言色。又上書求析階與伯華，於是除伯華東太原太守。及伯華在郡，爲刺史元弼所辱，子熙乃泣訴朝廷，肅宗詔遣按檢，弼遂大見詰讓。

尒朱榮之擒葛榮也，送至京師，莊帝欲面見數之。子熙以爲榮旣元兇，自知必死，恐或不遜，無宜見之。尒朱榮聞而大怒，請罪子熙，莊帝恕而不責。尋加征虜將軍。及邢杲之起逆，詔子熙慰勞。杲詐降，而子熙信之，還至樂陵，杲復反，子熙遂還。坐付廷尉，論以大辟，恕死免官。未幾，兼尙書吏部郎。普泰初，除通直散騎常侍、撫軍將軍、光祿大夫，尋正吏部郎。出帝初，還領著作郎。以奉册之故，封歷城縣開國子，食邑五百戶，又加衞將軍、右光祿大夫。

天平初，爲侍讀，又除國子祭酒。子熙儉素安貧，常好退靜，遷鄴之始，百司並給兵力，時以祭酒閑務，止給二人。或有令其陳請者，子熙曰：「朝廷自不給祭酒兵，何關韓子熙事也。」論者高之。尋除驃騎將軍。元象中，加衞大將軍。

先是，子熙與弟娉王氏爲妻，姑之女也，生二子。子熙尙未婚，後遂與寡嫗李氏姦合而生三子。王李不穆，迭相告言，歷年不罷。子熙因此慚恨，遂以發疾。興和中，孝靜欲行釋奠，敕子熙爲侍講。尋卒，遺戒不求贈諡，其子不能遵奉，遂至干謁。武定初，贈驃騎將軍、儀同三司、幽州刺史。

興宗弟顯宗，字茂親。性剛直，能面折庭諍，亦有才學。沙門法撫，三齊稱其聰悟，常

與顯宗校試，抄百餘人名，各讀一遍，隨卽覆呼，法撫猶有一二舛謬，顯宗了無誤錯。法撫歎曰：「貧道生平以來，唯服郎耳。」

太和初，舉秀才，對策甲科，除著作佐郎。車駕南討，兼中書侍郎。既定遷都，顯宗上書：

其一曰：竊聞輿駕今夏若不巡三齊，當幸中山，竊以爲非計也。何者？當今徭役宜早息，洛京宜速成。省費則徭役可簡，并功則洛京易就。往冬輿駕停鄴，是閑隙之時，猶編戶供奉，勞費爲劇。聖鑒矜愍，優旨殷勤，爵浹高年，賚周鰥寡，雖賑貸普霑，今猶恐來夏菜色。[四]況三農要時，六軍雲會，其所損業，實爲不少。雖調斂輕省，未足稱勞，然大駕親臨，誰敢寧息？往來承奉，紛紛道路，田蠶暫廢，則將來無資。此國之深憂也。且向炎暑，而六軍暴露，恐生癘疫，此可憂之次也。臣願輿駕早還北京，以省諸州供帳之費，并功專力，以營洛邑。則南州免雜徭之煩，北都息分析之歎，洛京可以時就，遷者僉爾如歸。

其二曰：自古聖帝必以儉約爲美，亂主必以奢侈貽患。仰惟先朝，皆卑宮室而致力於經略，故能基宇開廣，業祚隆泰。今洛陽基址，魏明帝所營，取譏前代。伏願陛下損之又損。頃來北都富室，競以第宅相尙，今因遷徙，宜申禁約，令貴賤有檢，無得踰制。端廣衢路，通利溝渠，使寺署有別，四民異居，永垂百世不刊之範，則天下幸甚矣。

三曰：竊聞輿駕還洛陽，輕將數千騎。臣甚爲陛下不取也。夫千金之子，猶坐不垂堂，況萬乘之尊，富有四海乎？警蹕於闈闥之內者，豈以爲儀容而已，蓋以戒不虞也。清道而後行，尙恐銜蹶之或失，況履涉山河，而不加三思哉！此愚臣之所以悚息，伏願少垂省察。

其四曰：伏惟陛下耳聽法音，目玩墳典，口對百辟，心虞萬幾，晷昃而食，夜分而寢。加以孝思之至，隨時而深；文章之業，日成篇卷。雖叡明所用，未足爲煩，然非所以嗇神養性，頤無疆之祚。莊周有言：形有待而智無涯，以有待之形，役無涯之智，殆矣。此愚臣所不安，伏願陛下垂拱司契，委下責成，唯冕旒垂纊，而天下治矣。

高祖頗納之。

顯宗又上言曰：「進賢求才，百王之所先也。前代取士，必先正名，故有賢良、方正之稱。今之州郡貢察，徒有秀、孝之名，而無秀、孝之實。而朝廷但檢其門望，不復彈坐。如此，則可令別貢門望，以敍士人，何假冒秀、孝之名也？夫門望者，是其父祖之遺烈，亦何益於皇家？益於時者，賢才而已。苟有其才，雖屠釣奴虜之賤，聖皇不耻以爲臣；苟非其才，雖三后之胤，自墜於皁隸矣。是以大才受大官，小才受小官，各得其所，以致雍熙。議者或

云，今世等無奇才，不若取士於門。此亦失矣。豈可以世無周邵，便廢宰相而不置哉？但當校其有寸長銖重者，卽先敍之，則賢才無遺矣。」

又曰：「夫帝皇所以居尊以御下者，威也；兆庶所以徙惡以從善者，法也。是以有國有家，必以刑法爲治，生民之命，於是而在。有罪必罰，罰必當辜，則雖箠撻之刑，而人莫敢犯也。有制不行，人得僥倖，則雖參夷之誅，不足以肅。自太和以來，未多坐盜棄市，[五]而遠近肅清。由此言之，止姦在於防檢，不在麗刑也。今州郡牧守，邀當時之名，行一切之法；臺閣百官，亦咸以深酷爲無私，以仁恕爲容盜。迭相敦厲，遂成風俗。陛下居九重之內，視人如赤子；百司分萬務之要，遇下如仇讎。是則堯舜止一人，而桀紂以千百。和氣不至，蓋由於此。書曰：『與其殺不辜，寧失不經。』實宜敕示百僚，以惠元元之命。」

又曰：「昔周王爲犬戎所逐，東遷河洛，鎬京猶稱『宗周』，以存本也。光武雖曰中興，實自創革，西京尙置京尹，亦不廢舊。今陛下光隆先業，遷宅中土，稽古復禮，於斯爲盛，豈若周漢，出於不得已哉。按春秋之義，有宗廟曰都，無則謂之邑，此不刊之典也。況北代宗廟在焉，山陵託焉，王業所基，聖躬所載，其爲神鄉福地，實亦遠矣。今便同之郡國，臣竊不安。愚謂代京宜建畿置尹，一如故事，崇本重舊，以光萬葉。」

又曰：「伏見洛京之制，居民以官位相從，不依族類。然官位非常，有朝榮而夕悴，則衣

冠淪於斯豎之邑，臧獲騰於膏腴之里。物之顛倒，或至於斯。古之聖王，必令四民異居者，欲其業定而志專。業定則不僞，志專則不淫。故耳目所習，不督而就；父兄之教，不肅而成。仰惟太祖道武皇帝創基撥亂，日不暇給，然猶分別士庶，不令雜居，伎作屠沽，各有攸處。但不設科禁，賣買任情，販貴易賤，錯居混雜。假令一處彈箏吹笛，緩舞長歌；一處嚴師苦訓，誦詩講禮。宣令童齓，任意所從，其走赴舞堂者萬數，往就學館者無一。此則伎作不可雜居，士人不宜異處之明驗也。故孔父云里仁之美，孟母弘三徙之訓，賢聖明誨，若此之重。今令伎作家習士人風禮，則百年難成；令士人兒童效伎作容態，則一朝可得。是以士人同處，則禮教易興；伎作雜居，則風俗難改。朝廷每選舉人士，則校其一婚一宦，以爲升降，何其密也。至於開伎作宦途，〔六〕得與膏粱華望接閣連甍，何其略也。此愚臣之所惑。今稽古建極，光宅中區，凡所徙居，皆是公地，分別伎作，在於一言，有何爲疑，而闕盛美。」

又曰：「自南僞相承，竊有淮北，欲擅中華之稱，且以招誘邊民，故僑置中州郡縣。自皇風南被，仍而不改，凡有重名，其數甚衆。疑惑書記，錯亂區宇，非所以疆域物土，必也正名之謂也。愚以爲可依地理舊名，一皆釐革。小者幷合，大者分置。及中州郡縣，昔以戶少併省，今人口既多，亦可復舊。〔七〕君人者，以天下爲家，不得有所私也。故倉庫儲貯，以俟

水旱之災，供軍國之用，至於有功德者，然後加賜。爰及末代，乃寵之所隆，賜賚無限。自比以來，亦爲太過。在朝諸貴，受祿不輕，土木被錦綺，僮妾厭粱肉，而復厚賚屢加，動以千計。若分賜鰥寡，贍濟實多。如不悛革，豈周急不繼富之謂也？〔八〕愚謂事有可賞，則明旨褒揚，稱事加賜，以勸爲善，不可以親近之昵，猥損天府之儲。」

又曰：「諸宿衞內直者，宜令武官習弓矢，文官諷書傳。而今給其蒱博之具，以成褻狎之容，長矜爭之心，恣諠囂之慢，徒損朝儀，無益事實。如此之類，一宜禁止。」

高祖善之。

後乃啓乞宋王劉昶府諮議參軍事，欲立効南境，高祖不許。高祖曾謂顯宗及程靈虬曰：「著作之任，國書是司。卿等之文，朕自委悉，中省之品，卿等所聞。若欲取況古人，班馬之徒，固自遼闊。若求之當世，文學之能，卿等應推崔孝伯。」又謂顯宗曰：「見卿所撰燕志及在齊詩詠，大勝比來之文。然著述之功，我所不見，當更訪之監、令。校卿才能，可居中第。」又謂程靈虬曰：「卿比顯宗復有差降，可居下上。」顯宗對曰：「臣才第短淺，猥聞上天，至乃比於崔光，實爲隆渥。然臣竊謂陛下貴古而賤今，臣學微才短，誠不敢仰希古人，然遭聖明之世，覩惟新之禮，染翰勒素，實錄時事，亦未慚於後人。昔揚雄著太玄經，當時不免覆盎之談，二百年外，則越諸子。今臣之所撰，雖未足光述帝載，裨暉日月，然萬祀之後，仰覩祖宗巍巍之功，上覩陛下明明之德，亦何謝欽明於唐典，愼徽於虞書。」高祖曰：「假使朕無愧於虞舜，卿復何如於堯臣？」顯宗曰：「臣聞君不可以獨治，故設百官以贊務。陛下齊蹤堯舜，公卿寧非二八之儔。」高祖曰：「卿爲著作，僅名奉職，未是良史也。」顯宗曰：「臣仰遭明時，直筆而無懼，又不受金，安眠美食，此臣優於遷固也。」高祖哂之。後與員外郎崔逸等參定朝儀。

高祖曾詔諸官曰：「自近代已來，高卑出身，恒有常分。朕意一以爲可，復以爲不可。宜相與量之。」李沖對曰：「未審上古已來，置官列位，爲欲爲膏粱兒地，爲欲益治贊時？」高祖曰：「俱欲爲治。」沖曰：「若欲爲治，陛下今日何爲專崇門品，不有拔才之詔？」高祖曰：「苟有殊人之伎，不患不知。然君子之門，假使無當世之用者，要自德行純篤，朕是以用之。」沖曰：「傅巖、呂望，豈可以門見舉？」高祖曰：「如此濟世者希，曠代有一兩人耳。」沖謂諸卿士曰：「適欲請諸賢救之。」祕書令李彪曰：「師旅寡少，未足爲援，意有所懷，不敢盡言於聖日。陛下若專以門地，不審魯之三卿，孰若四科？」高祖曰：「猶如向解。」顯宗進曰：「陛下光宅洛邑，百禮唯新，國之興否，指此一選。臣既學識浮淺，不能援引古今，以證此議，且以國事論之。不審中、祕書監令之子，必爲祕書郎，頃來爲監、令者，子皆可爲不？」高祖曰：「卿何不論當世膏腴爲監、令者？」顯宗曰：「陛下以物不可類，不應以貴承貴，以賤襲賤。」高祖曰：

「若有高明卓爾、才具儁出者，朕亦不拘此例。」後爲本州中正。

二十一年，車駕南伐，顯宗爲右軍府長史、征虜將軍、統軍。軍次赭陽，蕭鸞戍主成公期遣其軍主胡松、高法援等幷引蠻賊來擊軍營，顯宗親率拒戰，遂斬法援首。顯宗至新野，高祖詔曰：「卿破賊斬帥，殊益軍勢，朕方攻堅城，何爲不作露布也？」顯宗曰：「臣頃聞鎭南將軍王肅獲賊二三，驢馬數匹，皆爲露布，臣在東觀，私每哂之。近雖仰憑威靈，得摧醜虜，兵寡力弱，擒斬不多。脫復高曳長縑，虛張功捷，尤而效之，其罪彌甚。臣所以斂毫卷帛，解上而已。」高祖笑曰：「如卿此勳，誠合茅社，須赭陽平定，檢審相酬。」新野平，以顯宗爲鎭南、廣陽王嘉諮議參軍。顯宗後上表，頗自矜伐，訴前征勳。詔曰：「顯宗斐然成章，甚可怪責，進退無檢，虧我清風。此而不糾，或長弊俗。可付尙書，推列以聞。」兼尙書張彝奏免顯宗官，詔曰：「顯宗雖浮矯致愆，才猶可用，豈得永棄之也！可以白衣守諮議，展其後效。但鄙很之性，不足參華，可奪見□，幷禁問訊諸王。」

顯宗既失意，遇信向洛，乃爲五言詩贈御史中尉李彪曰：「賈生謫長沙，董儒詣臨江。愧無若人跡，忽尋兩賢蹤。追昔渠閣游，策駑厠羣龍。如何情願奪，飄然獨遠從？痛哭去舊國，銜淚屆新邦。哀哉無援民，嗷然失侶鴻。彼蒼不我聞，千里告志同。」二十三年卒。顯宗撰馮氏燕志、孝友傳各十卷，所作文章，頗傳於世。景明初，追赭陽勳，賜爵章武男。

子武華，襲。除討寇將軍、奉朝請、太原太守。

程駿，字驎駒，本廣平曲安人也。六世祖良，晉都水使者，坐事流于涼州。祖父肇，呂光民部尚書。

駿少孤貧，居喪以孝稱。師事劉昞，性機敏好學，晝夜無倦。昞謂門人曰：「舉一隅而以三隅反者，此子亞之也。」駿謂昞曰：「今世名教之儒，咸謂老莊其言虛誕，不切實要，弗可以經世，駿意以爲不然。夫老子著抱一之言，莊生申性本之旨，若斯者，可謂至順矣。人若乖一則煩僞生，若爽性則沖眞喪。」昞曰：「卿年尚稚，言若老成，美哉！」由是聲譽益播，沮渠牧犍擢爲東宮侍講。

太延五年，世祖平涼，遷于京師，爲司徒崔浩所知。高宗踐阼，拜著作佐郎，未幾，遷著作郎。爲任城王雲郎中令，進箴於王，王納而嘉之。皇興中，除高密太守。尚書李敷奏曰：「夫君之使臣，必須終效。駿實史才，方申直筆，千里之任，十室可有。請留之數載，以成前籍，後授方伯，愚以爲允。」書奏，從之。顯祖屢引駿與論易老之義，顧謂羣臣曰：「朕與此人言，意甚開暢。」又問駿曰：「卿年幾何？」對曰：「臣六十有一。」顯祖曰：「昔太公既老而遭

文王。卿今遇朕，豈非早也？」駿曰：「臣雖才謝呂望，而陛下尊過西伯。覬天假餘年，竭六韜之効。」

延興末，高麗王璉求納女於掖庭，顯祖許之，假駿散騎常侍，賜爵安豐男，加伏波將軍，持節如高麗迎女，賜布帛百匹。駿至平壤城。或勸璉曰：「魏昔與燕婚，既而伐之，由行人具其夷險故也。今若送女，恐不異於馮氏。」璉遂謬言女喪。駿與璉往復經年，責璉以義方，璉不勝其忿，遂斷駿從者酒食。璉欲逼辱之，憚而不敢害。會顯祖崩，乃還，拜祕書令。

初遷神主于太廟，有司奏：舊事，廟中執事之官，例皆賜爵，今宜依舊。詔百僚評議，羣臣咸以爲宜依舊事，駿獨以爲不可。表曰：「臣聞：名器爲帝王所貴，山河爲區夏之重。是以漢祖有約，非功不侯。必當屬有命於大君之辰，展心力於戰謀之日，然後可以應茅土之錫。未見預事於宗廟，而獲賞於疆土；徒見晉鄭之后以夾輔爲至勳，吳鄧之儔以征伐爲重績。周漢既無文於遠代，魏晉亦靡記於往年。自皇道開符，乾業創統，務高三、五之規，思隆百王之軌，罰頗減古，賞實增昔。時因神主改祔、清廟致肅，而授羣司以九品之命，顯執事以五等之名。雖復帝王制作，弗相沿襲，然當時恩澤，豈足爲長世之軌乎？乖衆之愆，伏待罪譴。」書奏，從之。文明太后謂羣臣曰：「言事固當正直而準古典，安可依附暫時舊事乎？」賜駿衣一襲、帛二百匹。

駿又表曰：「春秋有云：見有禮於其君者，若孝子之養父母；見無禮於其君者，若鷹鸇之逐鳥雀。所以勸誡將來，垂範萬代。昔陳恒殺君，宣尼請討，雖欲晏逸，其得已乎？今廟算天回，七州雲動，將水蕩鯨鯢，陸掃凶逆。然戰貴不陳，兵家所美。宜先遣劉昶招喻淮南。若應聲響悅，同心齊舉，則長江之險，可朝服而濟，道成之首，可崇朝而懸。苟江南之輕薄，背劉氏之恩義，則曲在彼矣，何負神明哉！直義檄江南，振旅回旆，亦足以示救患之大仁，揚義風於四海。且攻難守易，則力懸百倍，不可不深思，不可不熟慮。今天下雖謐，方外猶虞，拾夤僥倖於西南，狂虜伺釁於漠北。脫攻不稱心，恐兵不卒解，兵不卒解，則憂慮逾深。夫爲社稷之計者，莫不先於守本。臣愚以爲觀兵江滸，振曜皇威，宜特加撫慰。秋毫無犯，則民知德信；民知德信，則襁負而來；襁負而來，則淮北可定；淮北可定，則吳寇異圖；寇圖異則禍釁出。然後觀釁而動，則不晚矣。請停諸州之兵，且待後舉。所謂守本者也。伏惟陛下、太皇太后英算神規，彌綸百勝之外；應機體變，獨悟方寸之中。臣影頹虞淵，昏耄將及，雖思憂國，終無云補。」不從。

沙門法秀謀反伏誅。駿表曰：「臣聞詩之作也，蓋以言志。邇之事父，遠之事君，關諸風俗，靡不備焉。上可以頌美聖德，下可以申厚風化，言之者無罪，聞之者足以誡。此古人用詩之本意。臣以垂沒之年，得逢盛明之運，雖復昏耄將及，猶慕廉頗強飯之風。伏惟陛

下、太皇太后，道合天地，明侔日月，則天與唐風斯穆，順帝與周道通靈。是以狂妖懷逆，無隱謀之地；冥靈潛翦，伏發覺之誅。用能七廟幽贊，人神扶助者已。臣不勝喜踊。謹竭老鈍之思，上慶國頌十六章，并序巡狩、甘雨之德焉。」其頌曰：

乾德不言，四時迭序。於皇大魏，則天承祜。疊聖三宗，重明四祖。豈伊殷周，遐契三、五。明明在上，聖敬日新。汪汪叡后，體治垂仁。德從風穆，教與化津。千載昌運，道隆茲辰。

歲惟巡狩，應運遊田。省方問苦，訪政高年。咸秩百靈，柴望山川。誰云禮滯，遇聖則宣。王業初定，中山是由。臨幸之盛，情特綢繆。仰歌祖業，俯欣春柔。大哉肆眚，蕩民百憂。百憂既蕩，與之更初。邕邕億兆，戶詠來蘇。

忽有狂豎，謀逆聖都。明靈幽告，發覺伏誅。羿浞爲亂，祖龍干紀。狂華冬茂，有自來矣。美哉皇度，道固千祀。百靈潛翦，姦不逞起。姦不逞起，罪人得情。憲章刑律，五秩猶輕。於穆二聖，仁等春生。除棄周漢，遐軌懱庭。周漢奚棄？忿彼苛刻。懱庭曷軌？希仁尚德。徽音一振，聲教四塞。豈惟京甸，化播萬國。

誠信幽贊，陰陽以調。谷風扇夕，甘雨降朝。嘉生含穎，深盛熙苗。鰥貧巷詠，寡婦室謠。聞諸詩者，雲漢賦宜。章句迴秀，英昭雅篇。矧乃盛明，德隆道玄。豈唯兩

施，神徵豐年。豐年盛矣，化無不濃。有禮有樂，政莫不通。咨臣延躍，欣詠時邕。誰云易遇，曠齡一逢。

上天無親，唯德是在。思樂盛明，雖疲勿怠。差之毫釐，千里之倍。願言勞謙，求仁不悔。人亦有言，聖主慎微。五國連兵，踰年歷時。鹿車而運，廟算失思。有司不惠，饢食役煩。民不堪命，將家逃山。宜督厥守，威德是宜。威德如何？聚衆盈川。民之從令，實賴衣食。農桑失本，誰耕誰織？飢寒切身，易子而食。靜言念之，實懷歎息。昔聞典論，非位不謀。漆室憂國，遺芳載臭。咨臣昏老，偏蒙恩祐。忽忘狂瞽，敢獻愚陋。

文明太后令曰：「省詩表，聞之。歌頌宗祖之功德可爾，當世之言，何其過也。所箴下章，戢之不忘。」駿又奏得一頌，始於固業，終於無爲，十篇。文多不載。文明太后令曰：「省表并頌十篇，聞之。鑒戒既備，良用欽玩。養老乞言，其斯之謂。」又詔曰：「程駿歷官清愼，言事每愜。又門無俠貨之賓，室有懷道之士。可賜帛六百匹，旌其儉德。」駿悉散之親舊。

性介直，不競時榮。太和九年正月，病篤，乃遺令曰：「吾存尙儉薄，豈可沒爲奢厚哉？昔王孫裸葬，有感而然；士安籧篨，頗亦矯厲。今世既休明，百度循禮，彼非吾志也。可斂以時服，器皿從古。」遂卒，年七十二。初，駿病甚，高祖、文明太后遣使者更問其疾，敕御師

徐謇診視，〔九〕賜以湯藥。臨終，詔以小子公稱爲中散，從子靈虬爲著作佐郎。及卒，高祖、文明太后傷惜之，賜東園祕器、朝服一稱、帛三百匹，贈冠軍將軍、兗州刺史、曲安侯，謚曰憲。所製文筆，自有集錄。

駿六子，元繼、公達、公亮、公禮，並無官。公義，侍御史、謁者僕射、都水使者、武昌王司馬、沛郡太守。公稱，主文中散、給事中、尙書郎。並早卒。

公禮子畿，字世伯。好學，頗有文才。荆州府主簿。

始駿從祖弟伯達，伯達名犯顯祖廟諱。與駿同年，亦以文辯。𨷖沮渠牧犍時，俱選與牧犍世子參乘出入，時論美之。伯達早亡。

弟子靈虬幼孤，頗有文才，而久淪末役。在吏職十餘年，坐事免。會駿臨終啓請，得擢爲著作佐郎。後坐稱在京無緦親，而高祖知其與駿子公義爲始族，故致譴免。至洛，無官，貧病。久之，崔光啓申爲羽林監，選補徐州梁郡太守，以酗酒爲刺史武昌王鑒所劾，失官。既下梁郡，志力少衰，猶時爲酒困。久去官祿，不免飢寒，屢詣尙書乞効舊任。僕射高肇領選，還申爲著作郎，以崔光領任，敕令外敍。

史臣曰：韓麒麟以才器識用，遂見紀於齊土。顯宗文學立己，屢陳時務，至於實錄之功，所未聞也。子熙清尙自守，榮過其器。程駿才業未多，見知於世者，蓋當時之長策乎？

校勘記

〔一〕拷掠胡定　諸本「掠」字缺，册府卷七一五八五〇二頁作「掠拷」，今據補「掠」字。

〔二〕唯諮是從　册府同上卷頁「諮」作「諾」。按「唯諮是從」語意晦澀，「諮」當是「諾」之訛。

〔三〕爲國巨患　諸本「巨」作「臣」，獨局本作「巨」。按作「臣」不可通，册府同上卷頁也作「巨」，今從局本。

〔四〕雖賑貸普霑今猶恐來夏菜色　諸本無「貸」字，語氣不完，今據册府卷四七二五六二五頁補。又册府「恐」作「愍雨」二字，兩通，今不改。

〔五〕未多坐盜棄市　諸本「多」上無「未」字，北史卷四〇韓麒麟附韓顯宗傳、册府卷四七二五六二六頁有。按顯宗意謂嚴刑無效，若無「未」字，便和原意相反，今據補。

〔六〕至於開伎作宦途　諸本「於」訛「與」，今據北史卷四〇、册府卷四七二五六二七頁改。

〔七〕亦可復舊　諸本「可」上有「不」字，北史卷四〇、册府卷四七二五六二七頁無。按若云「不可復舊」，則無需申說。「不」字衍，今據删。

〔八〕豈周急不繼富之謂也　諸本「急」訛「給」。今據北史卷四〇、册府同上卷頁及論語雍也章原文改。

〔九〕敕御師徐謇診視　北史卷四〇程駿傳「御師」上有「侍」字，與本書卷九一徐謇傳合，這裏當脫「侍」字。

魏書卷六十一

列傳第四十九

薛安都　畢衆敬　沈文秀　張讜　田益宗　孟表

薛安都，字休達，河東汾陰人也。父廣，司馬德宗上黨太守。安都少驍勇，善騎射，頗結輕俠，諸兄患之。安都乃求以一身分出，不取片資，兄許之，居於別廄。遠近交遊者爭有送遺，馬牛衣服什物充牣其庭。眞君五年，與東雍州刺史沮渠秉謀逆，〔一〕事發，奔於劉義隆。後自盧氏入寇弘農，執太守李拔等，遂逼陝城。時秦州刺史杜道生討安都。仍執拔等南遁，及世祖臨江，拔乃得還。

安都在南，以武力見敍，値劉駿起江州，遂以爲將，位至左衞率。劉昶歸降，子業以安都爲平北將軍、徐州刺史，鎭彭城。和平六年，劉彧殺其主子業而自立，羣情不協，共立子業弟晉安王子勛，安都與沈文秀、崔道固、常珍奇等舉兵應之。彧遣將張永討安都，安都遣

使來降，請兵救援。顯祖召羣臣議之，羣官咸曰：「昔世祖常有并義隆之心，故親御六軍，遠臨江浦。今江南阻亂，內外離心，安都今者求降，千載一會，機事難遇，時不可逢，取亂侮亡，於是乎在。」顯祖納之。安都又遣第四子道次爲質，并與李敷等書，絡繹相繼。乃遣鎭東大將軍、博陵公尉元，城陽公孔伯恭等率騎一萬赴之。拜安都使持節、散騎常侍、都督徐、南、北兗、青、冀五州、豫州之梁郡諸軍事，鎭南大將軍，徐州刺史，賜爵河東公。

安都以事窘歸國，元等旣入彭城，安都乃中悔，謀圖元等，欲還以城叛，會元知之，遂不果發。安都因重貨元等，委罪於女壻裴祖隆，元乃殺祖隆而隱安都謀。皇興二年，與畢衆敬朝于京師，大見禮重，子姪羣從並處上客，皆封侯，至于門生無不收敍焉。又爲起第宅，館宇崇麗，資給甚厚。三年卒。贈本將軍、秦州刺史、河東王，〔二〕謚曰康。

子道標，襲爵。太和初，出爲鎭南將軍、平州刺史，治有聲稱。轉相州刺史，將軍如故。復以本將軍爲秦州刺史。十三年卒。

子達，字宗胤，襲，例降爲侯。及開建五等，以安都著勳先朝，封達河東郡開國侯，食邑八百戶。後以河東畿甸，改封華陰縣侯。熙平初，拜奉車都尉，〔三〕出爲漢陽太守。達不樂爲郡，詔聽解。卒。

子承華，襲爵。稍遷司徒從事中郎、河東邑中正。卒於安南將軍、光祿大夫。

子羅漢，襲。齊受禪，爵例降。

道標弟道異，亦以勳爲第一客。早卒。贈寧西將軍、秦州刺史、安邑侯。

道異弟道次。旣質京師，拜南中郎將、給事中，賜爵安邑侯，加安遠將軍。出爲安西將軍、秦州刺史、假河南公。太和十五年，爲光祿大夫，卒。

子巒，襲爵，降爲平溫子。尚書郎、秦州刺史、鎭遠將軍、隴西鎭將，帶隴西太守。後爲滎陽太守，還平北將軍、肆州刺史。所在貪穢，在州彌甚。納賄於司空劉騰，以求美官，未得而騰死。正光五年，莫折念生反於秦州，遣其別帥卜胡、王慶雲等衆寇涇州。肅宗以巒爲持節、光祿大夫、假安南將軍、西道別將，與伊甕生等討之。進及平涼郡東，與賊交戰，不利，巒等退還。後爲撫軍將軍、汧城大都督，鎭北隴。孝昌二年春，卒於軍。贈征西大將軍、雍州刺史，子如故。

安都兄子碩明，隨安都入國，賜爵蒲坂侯，清河太守、太中大夫。

安都從祖弟眞度。初與安都南奔，及安都爲徐州，眞度爲長史，頗有勇幹，爲其爪牙。從安都來降，爲上客。太和初，賜爵河北侯，加安遠將軍，爲鎭遠將軍、平州刺史，假陽平

公。後降侯爲伯，除冠軍將軍。隨駕南討，假平南將軍。久之，除護南蠻校尉、平南將軍、荊州刺史。

蕭賾雍州刺史曹虎之詐降也，詔眞度督四將出襄陽，無功而還。後征赭陽，爲房伯玉所敗。有司奏免官爵。高祖詔曰：「眞度之罪，誠如所奏。但頃與安都送款彭方，開闢徐宋，外捍沈攸、道成之師，內寧邊境烏合之衆，淮海來服，功頗在茲。言念厥績，每用嘉美，赭陽百敗，何足計也。宜異羣將，更申後效。可還其元勳之爵，復除荊州刺史，自餘徽號削奪，進足彰忠，退可明失。」尋除假節、假冠軍將軍、東荊州刺史。

初，遷洛後，眞度每獻計於高祖，勸先取樊鄧，後攻南陽，故爲高祖所賞，賜帛一百匹，又加持節，正號冠軍，改封臨晉縣開國公，食邑三百戶。詔曰：「獻忠盡心，人臣令節；標善賞功，有國徽範。故一言可以興邦，片辭可以喪國，得無遠錄前謀，以褒厥善。眞度爰自還京，每在戎役，沔北之計，恒所與聞，知無不言，頗見採納。及六師南邁，朕欲超據新野，羣情皆異，眞度獨與朕同。撫蠻寧夷，實有勤績，可增邑二百戶。」轉征虜將軍、豫州刺史。

景明初，豫州大飢，眞度表曰：「去歲不收，飢饉十五，今又災雪三尺，民人委餧，無以濟之。臣輒日別出州倉米五十斛爲粥，救其甚者。」詔曰：「眞度所表，甚有憂濟百姓之意，宜在拯卹。陳郡儲粟雖復不多，亦可分贍。尚書量賑以聞。」

及裴叔業以壽春內附，詔眞度率衆赴之。尋遷華州刺史，將軍如故。未幾，轉荆州刺史，仍本將軍。入爲大司農卿。正始初，除平南將軍、揚州刺史，又以年老，聽子懷吉以本官隨行。蕭衍豫州刺史王超宗率衆圍逼小峴，眞度遣兼統軍李叔仁等率步騎擊之。超宗逆來拒戰，叔仁擊破之，俘斬三千。還朝，除金紫光祿大夫，加散騎常侍，又改封敷西縣。永平中卒，年七十四。賻帛四百匹、朝服一襲，贈左光祿大夫，常侍如故，謚曰莊。有子十二人。

嫡子懷徹，襲封。自太常丞，稍遷征虜將軍、中散大夫，又除左將軍、太中大夫。卒於車騎將軍、左光祿大夫。

初，眞度有女妓數十人，每集賓客，輒命奏之，絲竹歌舞，不輟於前，盡聲色之適。庶長子懷吉居喪過周，以父妓十餘人幷樂器獻之，世宗納焉。

懷吉，好勇有膂力，雖不善書學，亦解達世事。自奉朝請，歷直後寢，領太官令。正始初，爲驃騎將軍，後試守恒農郡。

蕭衍遣衆入寇徐兗，安東邢巒討之，詔懷吉以本任爲巒軍司。永平初，分梁州晉壽爲益州，除征虜將軍、益州刺史。以元愉未平，中山王英爲征東將軍討之，詔懷吉爲英軍司，

未發而愉平。蕭衍遣將寇陷郢州之三關，詔英南討，懷吉仍爲軍司。以義陽危急，令懷吉馳驛先赴。時豫州城民白早生殺刺史，以懸瓠入蕭衍，衍將齊苟仁率衆守城，於是自懸瓠以南至于安陸，惟義陽一城而已。懷吉與郢州刺史婁悅督厲將士，且守且戰，卒全義陽，與英討復三關諸戍。後鎭東將軍盧昶救朐山，與賊相持，詔懷吉爲昶軍司。及昶敗，懷吉得不坐。延昌中，以本將軍除梁州刺史。南秦氐反，攻逼武興，懷吉遣長史崔纂、司馬韋弼、別駕范珣擊平之。進號右將軍。正光初，除後將軍、汾州刺史。四年卒。贈平北將軍、幷州刺史。

懷吉本不厲淸節，及爲汾州，偏有聚納之響。自以支庶，餌誘勝己，共爲婚姻。多攜親戚，悉令同行，兼爲之彌縫，恣其取受。而將勞賓客，曲盡物情，送去迎來，不避寒熱。性少言，每有接對，但默然而退。既指授先期，人馬之數，左右密已記錄。俄而酒饌相尋，芻粟繼至，逮于將別，贈以錢縑，下及厮傭，咸過本望。其延納貴賤若此。

懷吉弟懷直，京兆內史、衞大將軍、左光祿大夫。

懷直弟懷朴，恒農太守、襄陵男。

懷朴弟懷景，征南將軍、河東太守、安定男。卒，贈持節、都督北徐兗東徐三州諸軍事、驃騎大將軍、儀同三司、徐州刺史。

懷景弟懷儁，撫軍將軍、光祿大夫、汾陰男。出爲征南將軍、益州刺史。天平初，代還至梁州，與刺史元羅俱爲蕭衍將蘭欽所擒，送江南。衍見懷儁，謂之曰：「卿父先爲魏荆州，我于時猶在襄陽，且州壤連接，極相知練。卿今至此，當能住乎？若欲還者，亦以禮相遣。」顧謂左右曰：「此家在北，富貴極不可言。」懷儁便乞歸，衍聽還國。興和中卒。

子湛儒，襲。武定中，司空水曹參軍。齊受禪，爵例降。

眞度諸子既多，其母非一，同產相朋，因有憎愛。興和中，遂致訴列，云以毒藥相害，顯在公府，發揚疵釁。時人恥焉。

畢衆敬，小名捺，東平須昌人。少好弓馬射獵，交結輕果，常於疆境盜掠爲業。劉駿爲徐兗刺史，辟爲部從事。駿既竊號，歷其泰山太守、冗從僕射。

及劉彧殺子業而自立，遣衆敬出詣兗州募人。到彭城，刺史薛安都召與密謀，云：「晉安有上流之名，且孝武第三子，當共卿爲計西從。」乃矯彧命，以衆敬行兗州事，衆敬從之。時兗州刺史殷孝祖留其妻子，率文武二千人赴彧，使司馬劉文石守城。衆敬率衆取瑕丘，殺文石。安都與孝祖先不相協，命衆敬誅孝祖諸子，衆敬不得已，遂殺之。州內悉附，唯

東平太守申纂據無鹽城不與之同。及彧平子勛，授纂兗州刺史。會安都引國授軍經其城下，〔四〕纂閉門城守，深恨衆敬。會有人發衆敬父墓，遂令其母骸首散落。衆敬發哀行服，拷掠近墓細民，死者十餘人。又疑纂所爲，弟衆愛爲安都長史，亦遣人密至濟陰，掘纂父墓以相報答。

及安都以城入國，衆敬不同其謀。子元賓以母幷百口悉在彭城，恐交致禍，日夜啼泣，遣請衆敬，衆敬猶未從之。衆敬先已遣表謝彧，彧授衆敬兗州刺史，而以元賓有他罪，獨不捨之。衆敬拔刀斫柱曰：「皓首之年，唯有此子，今不原貸，何用獨全！」及尉元至，遂以城降。元遣將入城，事定，衆敬悔恚，數日不食。皇興初，就拜散騎常侍、寧南將軍、兗州刺史，賜爵東平公，與中書侍郎李璨對爲刺史。

慕容白曜攻克無鹽，申纂爲亂兵所傷，走出被擒，送於白曜。白曜無殺纂之意，而城中火起，纂創重不能避，爲火所燒死。衆敬聞克無鹽，懼不殺纂，乃與白曜書，幷表朝廷，云「家之禍酷，皆由於纂」。聞纂死，乃悅。二年，與薛安都朝于京師，因留之，賜甲第一區。後復爲兗州刺史，將軍如故，徵還京師。

衆敬善自奉養，食膳豐華，必致他方遠味。年已七十，鬢髮皓白，而氣力未衰，跨鞍馳騁，有若少壯。篤於姻類，深有國士之風，張讜之亡，躬往營視，有若至親。太和中，高祖賓

禮舊老，衆敬與咸陽公高允引至方山，雖文武奢儉，好尚不同，然亦與允甚相愛敬，接膝談款，有若平生。後以篤老，乞還桑梓，朝廷許之。衆敬臨還，獻眞珠璫四具、銀裝劍一口、刺虎矛一枚、仙人文綾一百匹。文明太后、高祖引見於皇信堂，賜以酒饌，車一乘、馬三匹、絹二百匹，勞遣之。十五年十月卒。詔於兗州賜絹一千匹，以供葬事。

子元賓，少而豪俠，有武幹，涉獵書史。爲劉駿正員將軍，與父同建勳誠。及至京師，俱爲上客，賜爵須昌侯，加平遠將軍。後以元賓勳重，拜使持節、平南將軍、兗州刺史，假彭城公。父子相代爲本州，當世榮之。時衆敬以老還鄉，常呼元賓爲使君。每於元賓聽政之時，乘輿出至元賓所，先遣左右敕不聽起，觀其斷決，忻忻然喜見顏色。衆敬善持家業，尤能督課田產，大致儲積。元賓爲政清平，善撫民物，百姓愛樂之。以父憂解任，喪中遙授長兼殿中尚書。其年冬末卒。贈撫軍將軍、衞尉卿，謚曰平。賜帛八百匹。

元賓入國，初娶東平劉氏，有四子，祖朽、祖髦、祖歸、祖旋；賜妻元氏生二子，祖榮、祖暉。祖朽最長，祖暉次祖髦。故事，前妻雖先有子，後賜之妻子皆承嫡。所以劉氏先亡，祖暉不服重；元氏後卒，祖朽等三年終禮。

祖榮早卒。子義允，襲祖爵東平公，例降爲侯。陵江將軍、給事中，卒。子僧安襲。

祖朽，身長八尺，腰帶十圍，歷涉經史，好爲文詠。性寬厚，善與人交。襲父爵須昌侯，例降爲伯。起家員外郎。尚書郎、治書侍御史，加寧遠將軍，本州中正。

正始三年，蕭衍將蕭及先率步騎二萬入寇兗州，及先令別帥角念屯于蒙山。以祖朽爲統軍，假寧朔將軍，隸邢巒討之。祖朽開誘有方，降者相繼。賊出逆戰，祖朽大破之。賊走還柵，祖朽夜又焚擊，賊徒潰散。追討百餘里，斬獲及赴沂水死者四千餘人，斬龍驤將軍矯道儀、寧朔將軍王季秀。以功封南城縣開國男，食邑二百戶。歷散騎侍郎、中書侍郎，加龍驤將軍。延昌末，安南王志出討荊沔，以祖朽爲志軍司，兼給事黃門侍郎，尋遷司空長史。神龜末，除持節、東豫州刺史，將軍如故。祖朽善撫邊人，清平有信，務在安靜，百姓稱之。還，除前將軍、太尉長史、兼尚書北道行臺。

孝昌初，除持節、本將軍、南兗州刺史。尋授度支尚書。行定州，未之職，改授安東將軍、瀛州刺史。爲賊帥鮮于脩禮攻圍積旬，拒守自固。病卒於州。贈衞將軍、吏部尚書、兗州刺史。祖朽無子，以弟祖歸子義暢爲後，襲爵。

義暢，傾巧無士業，善通時要。歷尚書郎中、侍郎、兗州刺史、大中正、中軍將軍、通直散騎常侍。太昌初，車騎將軍，尋除散騎常侍。天平中，坐與北豫州山賊張儉通，伏法。

祖髦，起家奉朝請。兄祖朽別封南城，以須昌侯回授之。神龜初，累遷揚烈將軍、東平

太守。後爲本州別駕，卒於官。

子義和，襲。卒於右將軍、太中大夫。贈散騎常侍、安東將軍、兗州刺史。子仁超。

義和第六弟義亮，性豪疏。歷尚書郎、中書舍人。天平中，〔五〕與舍人韋鴻坐泄密，賜盡於宅。

祖暉，早有器幹。自奉朝請，稍遷鎭遠將軍、前軍將軍、直後。正始中，除龍驤將軍、東郡太守。入爲驍騎將軍，加征虜將軍。後試守勃海郡。熙平中，拜潁川太守。神龜初，除右將軍、幽州刺史。入爲平東將軍、光祿大夫。正光五年，幽州民反，招引隴賊，攻逼州城。以祖暉前在州日得民情和，復授平西將軍、幽州刺史，假安西將軍，爲別將以討之。祖暉且戰且前，突圍入治。孝昌初，北海王顥救至，城圍始解。以全城之勳，封新昌縣開國子，食邑四百戶。後值蕭寶夤退敗，祖暉乃拔城東趣華州，坐免官爵。尋假征虜將軍，行豳州事。建義中，詔復州爵，加撫軍將軍。永安中，祖暉從大嶺柵規入州城。于時賊帥叱干騏驎保太子壁，祖暉擊破之。而賊宿勤明達復攻祖暉，祖暉兵少糧竭，軍援不至，爲賊所乘，遂歿，時年五十。

長子義勰，襲爵。武定中，開府中郎。齊受禪，爵例降。

義勰弟義雲，尚書騎兵郎中。

祖歸，官至建寧太守。

子義遠，武定中，平原太守。

義遠弟義顯、義儁，性並豪率。天平已後，蕭衍使人還往，經歷兗城，前後州將以義儁兄弟善營鮭膳，器物鮮華，常兼長史，接宴賓客。義顯，左將軍、太中大夫。義儁，歷司空主簿、兗州別駕而卒。

祖旋，太尉行參軍、鎭遠將軍。卒，贈都官尚書、齊兗二州刺史。

子義眞，太尉行參軍。

衆敬弟衆愛，隨兄歸國。以勳爲第一客，賜爵鉅平侯。卒，贈冠軍將軍、徐州刺史，謚曰康。

子聞慰，字子安，有器幹。襲爵，例降爲伯。拜泰山太守，入爲尚書郎、本州中正，加威遠將軍。出爲徐州平東府長史，帶彭城內史。永平中，遷中散大夫，加龍驤將軍。延昌初，除清河內史，因以疾辭，復爲龍驤、中散。又試守廣平內史。正光初，相州刺史、中山王熙起兵謀誅元乂，聞慰斬其使，發兵拒之。在任寬謹，百姓愛附。後乂以聞慰忠於己，遷持節、平東將軍、滄州刺史，甚有政績。後以本軍除散騎常侍、東道行臺，尋爲都督、安樂王鑒軍司。孝昌元年春，徐州刺史元法僧反，聞慰與鑒攻之，爲法僧所敗，奔還京師。被劾，遇

赦免。其年卒，年五十七。贈散騎常侍、安東將軍、兗州刺史，伯如故，謚曰恭。

子祖彥，字脩賢。涉獵書傳，風度閑雅，爲時所知。以侍御史爲元法僧監軍。法僧反，逼祖彥南入，永安中，得還。歷中書侍郎，襲爵鉅平伯，中軍將軍、光祿大夫。天平四年卒，年五十。贈都督兗濟二州諸軍事、征東將軍、尚書左僕射、兗州刺史。

祖彥弟哲，永安末，祕書郎。

諸畢當朝，不乏榮貴，但幃薄不修，爲時所鄙。

申纂者，本魏郡人，申鍾曾孫也。皇始初，太祖平中山，纂宗室南奔，家于濟陰。及在無鹽，劉彧用爲兗州刺史。顯祖曰：「申纂既不識機，又不量力，進不能歸正朔，退不能還江南，守孤城於危亡之地，欲建功立節豈可得乎！」纂既敗，子景義入國，太和中，爲散員士、宋王劉昶國侍郎。景明初，試守濟陰郡、揚州車騎府錄事參軍、右司馬。

常珍奇者，汝南人也。爲劉駿司州刺史，亦與薛安都等推立劉子勛。子勛敗，遣使馳告長社鎮請降，顯祖遣殿中尚書元石爲都將，率衆赴之。中書博士鄭羲參石軍事。進至上蔡，珍奇率文武來迎，羲說石令徑入城，語在羲傳。事定，以珍奇爲持節、平南將軍、豫州刺

史、河內公。珍奇表曰：「臣昔蒙劉氏生成之恩，感義亡身，志陳報答，遂與雍州刺史袁顗、豫州刺史殷琰等共唱大義，奉戴子勛，纂承彼曆。大運未集，遂至分崩。而劉彧滔天，殺主篡立，蒼生殄悴，危於綴旒。伏惟陛下龍姿鳳儀，光格四表，凡在黔黎，延屬象魏。所願天地垂仁，亟圖南服，宜遣文檄，喻以吉凶。使江東之地，離心草靡；荆雍九州，北面請吏。乞高臣官名，更遣雄將，秣馬五千，助臣經討，并賜戍儀，震動江外。長江已北，必可定矣。臣雖不武，乞備前驅，進據之宜，更在處分。敢冒愚款，推誠上聞，機運可乘，實在茲日。」

珍奇雖有虛表，而誠款未純。歲餘，徵其子超，超母胡氏不欲超赴京師，密懷南叛。時汝徐未平，元石自出攻之。珍奇乘虛於懸瓠反叛，燒城東門，斬三百餘人，虜掠上蔡、安城、平輿三縣居民，屯于灌水。石馳往討擊，大破之。會日闇，放火燒其營，珍奇乃匹馬逃免。其子超走到苦城，爲人所殺。小子沙彌囚送京師，刑爲閹人。

沈文秀，字仲遠，吳興武康人。伯父慶之，劉駿司空公。文秀初爲郡主簿，稍遷建威將軍、青州刺史。

和平六年，劉子業爲其叔彧所殺，文秀遂與諸州推立劉子勛。及子勛敗，皇興初，文秀

與崔道固俱以州降，請師應接，顯祖遣平東將軍長孫陵等率騎赴之。會劉彧遣文秀弟文炳來喻之，文秀復歸於彧，彧以文秀爲輔國將軍、刺史如故。

後慕容白曜既克升城，引軍向歷下，白曜復遣陵等率萬餘人長驅至東陽。文秀始欲降，以軍人虜掠，遂有悔心，乃嬰城固守。陵乃引師軍於清西。白曜既下歷城，乃率大衆并力攻討，長圍數匝，自夏至春始克。文秀取所持節，衣冠儼然，坐於齋內。亂兵入，曰：「文秀何在？」文秀厲聲曰：「身是！」執而裸送于白曜。左右令拜，文秀曰：「各二國大臣，無相拜之禮。」白曜忿之，乃至撾撻。後還其衣，爲之設饌，遂與長史房天樂、司馬沈嵩等鎖送京師。而縛數罪，宥死，待爲下客，給以粗衣蔬食。

顯祖重其節義，稍亦加禮之，拜爲外都下大夫。太和三年，遷外都大官。高祖嘉文秀忠於其國，賜絹綵二百匹。後爲南征都將，臨發，賜以戎服。尋除持節、平南將軍、懷州刺史，假吳郡公。是時河南富饒，人好奉遺，文秀一無所納，卒守清貧。然爲政寬緩，不能禁止盜賊，而大興水田，於公私頗有利益。在州數年，年六十一，卒。

子保沖，太和中，奉朝請、大將軍宋王外兵參軍，後爲南徐州冠軍長史。二十一年，坐援漣口退敗，有司處之死刑。高祖詔曰：「保沖，文秀之子，可特原命，配洛陽作部終身。」既而獲免。世宗時，卒於下邳太守。

房天樂者，清河人，滑稽多智。先爲青州別駕，文秀拔爲長史，督齊郡，州府之事，一以委之。卒于京師。

弟子嘉慶，漁陽太守。

嘉慶從弟瑚璉，長廣太守。

文秀族子嵩，聰敏有筆札。文秀以爲司馬，甚器任之。隨文秀至懷州。文秀卒後，依宋王劉昶。昶遇之無禮，憂愧飢寒，未幾而卒。

文秀族子陵，字道通。太和十八年，高祖南伐，陵攜族孫智度歸降，引見於行宮。陵姿質妍偉，辭氣辯暢，高祖奇之，禮遇亞於王肅，授前軍將軍。後監南徐州諸軍事、中壘將軍、南徐州刺史，尋假節、龍驤將軍。二十二年秋，進持節、冠軍將軍。及高祖崩，陵陰有叛心，長史趙儼密言于朝廷，尚書令王肅深保明之，切責儼。既而果叛，殺數十人，驅掠城中男女百餘口，夜走南入。智度於彭城知之，從清中單舸奔陵，爲下邳戍人所射殺。

張讜，字處言，清河東武城人也。六世祖名犯顯祖諱，晉長秋卿。父華，爲慕容超左僕射。讜仕劉駿，歷給事中、泰山太守、青冀二州輔國府長史，帶魏郡太守。劉彧之立，遙授冠軍將軍、東徐州刺史。

及革徐兗，讜乃歸順於尉元。元亦表授冠軍、東徐州刺史，遣中書侍郎高閭與讜對爲刺史。後至京師，禮遇亞於薛、畢，以勳賜爵平陸侯，加平遠將軍。

讜性開通，篤於撫恤，青齊之士，雖疏族末姻，咸相敬視。李敷、李訢等寵要勢家，亦推懷陳款，無所顧避。畢衆敬等皆敬重之，高允之徒亦相器待。延興四年卒。贈平南將軍、青州刺史，謚康侯。子敬伯，求致父喪，出葬冀州清河舊墓，久不被許，停柩在家積五六年。第四子敬叔，先在徐州，初聞父喪，不欲奔赴，而規南叛，爲徐州所勒送。至乃自理，後得襲父爵。

敬伯，自以隨父歸國之功，賜爵昌安侯，出爲樂陵太守。

敬叔，武邑太守。父喪得葬舊墓，還屬清河。

初，讜兄弟十人。兄忠，字處順，在南爲合鄉令。世祖南征，忠歸降，賜爵新昌男，拜新興太守，卒官。贈冀州刺史。

初，讜妻皇甫氏被掠，賜中官爲婢，皇甫遂乃詐癡，不能梳沐。後讜爲劉駿冀州長史，

因貨千餘匹購求皇甫。高宗怪其納財之多也，引見之，時皇甫年垂六十矣。高宗曰：「南人奇好，能重室家之義，此老母復何所任，乃能如此致費也。」皇甫氏歸，讜令諸妾境上奉迎。數年卒，卒後十年而讜入國。

讜兄子安世，正始中，自梁漢同夏侯道遷歸款。爲客積年，出爲東河間太守，卒官。元茂，〔六〕爲信都令，遷冀州治中。

元茂弟子讓，洛州安西府長史、都水使者。

田益宗，光城蠻也。身長八尺，雄果有將略，貌狀舉止，有異常蠻。世爲四山蠻帥，受制於蕭賾。太和十七年，遣使張超奉表歸款。十九年，拜員外散騎常侍、都督光城弋陽汝南新蔡宋安五郡諸軍事、冠軍將軍、南司州刺史，光城縣開國伯，食蠻邑一千戶；所統守宰，任其銓置。後以益宗既渡淮北，不可仍爲司州，乃於新蔡立東豫州，以益宗爲刺史。尋改封安昌縣伯，食實邑五百戶。二十二年，進號征虜將軍。

景明初，蕭衍遣軍主吳子陽率衆寇三關。〔七〕益宗遣光城太守梅興之步騎四千，進至陰山關南八十餘里，據長風城，逆擊子陽，大破之，斬獲千餘級。蕭衍建寧太守黃天賜築城赤亭，復遣其將黃公賞屯於漴城，與長風相持。益宗命安蠻太守梅景秀爲之掎角擊討，破天賜等，斬首數百，獲其二城。上表曰：「臣聞機之所在，聖賢弗之疑；兼弱攻昧，前王莫之捨。皆拯羣生於湯炭，盛武功於方來。然霜葉將淪，非勁飇無以速其籜；天之所棄，非假手無以殲其人。竊惟蕭衍亂常，〔八〕君臣交爭，江外州鎮，中分爲兩，東西抗峙，已淹歲時。民庶窮於轉輸，甲兵疲於戰鬬，事救於目前，力盡於麾下。無暇外維州鎮，〔九〕綱紀庶方，藩城棊立，孤存而已。不乘機電掃，廓彼蠻疆，恐後之經略，未易於此。且壽春雖平，三面仍梗，鎮守之宜，實須豫設。義陽差近淮源，利涉津要，朝廷行師，必由此道。若江南一平，有事淮外，須乘夏水汎長，列舟長淮。師赴壽春，須從義陽之北，便是居我喉要，在慮彌深。義陽之滅，今實時矣。度彼衆不過須精卒一萬二千。然行師之法，貴張形勢。請使兩荆之衆西擬隨雍，揚州之卒頓于建安，得捍三關之援；然後二豫之軍直據南關，對抗延頭。遣一都督總諸軍節度，季冬進師，迄于春末，弗過十旬，克之必矣！」

世宗納之，遣鎮南元英攻義陽。益宗遣其息魯生領步騎八千，斷賊糧運，幷焚其鈞城積聚。衍戍主趙文舉率衆拒戰，魯生破之，獲文舉及小將胡建興、古皓、莊元仲等，斬五千餘級，溺死千五百人，倉米運舟焚燒蕩盡。後賊寧朔將軍楊僧遠率衆二千，寇逼蒙籠，益宗命魯生與戍主奇道顯逆擊破之，追奔十里，俘斬千餘。進號平南將軍。又詔益宗率其部曲

幷州鎮文武，與假節、征虜將軍、太僕少卿宇文福綏防蠻楚，加安南將軍，增封一百戶，賜帛二千匹。

白早生反於豫州，詔益宗曰：「懸瓠要藩，密邇崧潁，南疆之重，所寄不輕。而羣小猖狂，忽構釁逆，殺害鎮主，規成反叛。此而可忍，孰不可容。卽遣尚書邢巒總精騎五萬，星馳電驅；征南將軍、中山王英統馬步七萬，絡繹繼發。量此蟻寇，唯當逃奔。知將軍志翦豺狼，以清邊境，節義慷慨，良在可嘉，非蹇蹇之至，何以能爾？深戢誠款，方相委託。故遣中書舍人趙文相具宣朕懷，往還之規，口別指授，便可善盡算略，隨宜追掩，勿令此豎得有竄逸。遲近清盪，更有別旨。」時自樂口已南，郢豫二州諸城皆沒於賊，唯有義陽而已。蕭衍招益宗以車騎大將軍、開府、儀同三司、五千戶郡公。當時安危，在益宗去就，而益宗守節不移。郢豫克平，益宗之力也。

益宗年稍衰老，聚斂無厭，兵民患其侵擾。諸子及孫競規賄貨，部內苦之，咸言欲叛。世宗深亦慮焉，乃遣中書舍人劉桃符宣旨慰喻，庶以安之。桃符還，啓益宗侵掠之狀。世宗詔之曰：「風聞卿息魯生淮南貪暴，擾亂細民，又橫殺梅伏生，爲爾不已，損卿誠效。可令魯生與使赴闕，當加任使。如欲外祿，便授中畿一郡。」魯生久未至。延昌中，詔曰：「益宗先朝耆艾，服勤邊境，不可以地須其人，遂令久屈。可使持節、鎮東將軍、濟州刺史，常侍如

故。」世宗慮其不受代，遣後將軍李世哲與桃符率衆襲之，出其不意，奄入廣陵。益宗子魯生、魯賢等奔於關南，招引賊兵，襲逐諸戍，光城已南皆爲賊所保。世哲討擊破之，復置郡戍，而以益宗還。授征南將軍、金紫光祿大夫，加散騎常侍，改封曲陽縣開國伯。

益宗生長邊地，不願內榮，雖位秩崇重，猶以爲恨，上表曰：「臣昔在南，仰餐皇化，擁率部曲三千餘家，棄彼邊榮，歸投樂土，兄弟荼炭，釁結賊朝。高祖孝文皇帝錄臣乃誠，授以藩任。方欲仰憑國威，冀雪寃耻，豈容背寵向讎，就險危命。昔郢豫紛擾，臣躬率義兵，擁絕賊路，竊謂誠心，仰簡朝野。但任重據邊，易招塵謗，致使桃符橫加讒毀，說臣恒欲投南，暴亂非一。乞檢事原，以何爲驗？復云虐害番兵，殺賣過半，如其所言，未審死失之家，所訟有幾？又云耗官粟帛，倉庫傾盡。御史覆檢，曾無損折。初代之日，二子魯生、魯賢、從子超秀等並在城中，安然無二，而桃符密遣積射將軍鹿永固私將甲士，打息魯生，僅得存命。唱云：『我被面敕，若能得魯生、魯賢首者，各賞本郡。』士馬圍遶，騰城唱殺，二息戰怖，實由於此。殘敗居業，爲生蕩然，乃復毀發墳墓，露泄枯骸。存者罹生離之苦，亡魂遭粉骨之痛。昔歲朝廷頻遣桃符數加慰勞，而桃符凶姦，擅生禍福，云『唯我相申，致降恩旨』。及返京師，復欺朝廷，說臣父子全無忠誠，誣陷貞良，惑亂朝聽。乞攝桃符與臣並對，若臣罪有狀，分從憲網；如桃符是謬，坐宜有歸。」詔曰：「既經大宥，不容方更爲獄。」

熙平初，益宗又表乞東豫，以招二子。靈太后令曰：「卿誠著二朝，勳光南服，作藩萬里，列土承家，前朝往恩，酬敍不淺。兼子弟荷榮，中表被澤，相□輕重，卿所知悉。先帝以卿勞舊，州小祿薄，故遷牧華壤，爰登顯級。于時番兵交換，不生猜疑，而卿息魯賢等無事外叛，忠孝俱乖，翻爲戎首。以卿誠重，不復相計。今卧護征南，榮以金紫，朝廷處遇，又甚於先。且卿年老，方就閑養，焉得以本州爲念？魯賢來否，豈待自往也，但遣慰納，足相昭亮。若審遺信，當更啓聞，別敕東豫，聽卿喻曉魯賢。」二年卒，年七十三。贈征東大將軍、郢州刺史，謚曰莊。

少子纂，襲封。位至征虜將軍、中散大夫。卒，贈左將軍、東豫州刺史。

益宗長子隨興，冠軍將軍、平原太守。隨興情貪邊官，不願內地，改授弋陽、汝南二郡太守。

益宗兄興祖，太和末，亦來歸附。景明中，假郢州刺史。及義陽置郢州，改授征虜將軍、江州刺史，詔賜朝服、劍舃一具，治麻城。興祖卒，益宗請隨興代之，世宗不許，罷并東豫。

初，益州內附之後，蕭鸞遣寧州刺史董巒追討之，官軍進擊，執巒并其子景曜，送於行宮。

巒，字仲舒，營陽人。眞君末，隨父南叛。雖長自江外，言語風氣猶同華夏。性疏武，不多識文字。高祖引巒於庭，問其南事，巒怖不能對，數顧景曜。景曜進代父答，申敍蕭鸞簒襲始終，辭理橫出，言非而辯，高祖異焉。以巒爲越騎校尉，景曜爲員外郎。謀欲南叛，坐徙朔州。及車駕南討漢陽，召巒從軍。景曜至洛陽，密啓其父必當奔叛。軍次魯陽，巒單騎南走，過南陽、新野，歷告二城以魏軍當至，戒之備防。房伯玉、劉忌並云無足可慮。巒曰：「不然，軍勢甚盛。」至境首北向哭呼景曜云：「吾百口在彼，事理須還，不得顧汝一子也。」景曜鎖詣行在所，數而斬之。

又有陳伯之者，下邳人也。以勇力自効，仕於江南，爲鎮南大將軍、江州刺史、豐城縣開國公。景明三年，伯之遣使密表請降，并遣其子冠軍將軍、徐州刺史、永昌縣開國侯虎牙爲質。四年，以伯之爲持節、都督江郢二州諸軍事、平南將軍、江州刺史、曲江縣開國公，邑一千戶；虎牙爲冠軍將軍、員外散騎常侍、豫寧縣開國伯，邑五百戶。正始初，蕭衍征虜將軍趙祖悅築城於水東，與潁川接對，置兵數千，欲爲攻討之本。伯之進軍討祖悅，大破之，乘勝長驅入城，刺祖悅三創，賊衆大敗。進討南城，破賊諸部，斬獲數千。二年夏，除伯之光祿大夫，虎牙遷前軍將軍。[一〇]

孟表，字武達，濟北蛇丘人也。自云本屬北地，號索里諸孟。青徐內屬後，表因事南渡，仕蕭鸞爲馬頭太守。

太和十八年，表據郡歸誠，除輔國將軍、南兗州刺史，領馬頭太守，賜爵譙縣侯，鎮渦陽。後蕭鸞遣其豫州刺史裴叔業攻圍六十餘日，城中食盡，唯以朽革及草木皮葉爲粮。表撫循將士，勠力固守。會鎮南將軍王肅解義陽之圍，還以救之，叔業乃退。初，有一南人，自云姓邊字叔珍，攜妻息從壽春投表，云慕化歸國。未及送闕，便值叔業圍城。表後察叔珍言色，頗疑有異，即加推覈，乃云是叔業姑兒，爲叔業所遣，規爲內應，所攜妻子並亦假妄。表出叔珍於北門外斬之，於是人情乃安。

高祖嘉其誠績，封汶陽縣開國伯，邑五百戶。遷征虜將軍、濟州刺史，爲散騎常侍、光祿大夫，進號平西將軍。世宗末，降平東將軍、[一一]齊州刺史。延昌四年卒，年八十一。贈安東將軍、兗州刺史，謚曰恭。

子崇，襲。官至昌黎、濟北二郡太守。

史臣曰：薛安都一武夫耳，雖輕於去就，實啓東南。事窘圖變，而竟保寵秩，優矣。眞度一謀，見賞明主。衆敬擧地納誠，榮曜朝國，人位並列，無乏於時。文秀不回，有死節之氣，非但身蒙嘉禮，乃至子免刑戮。在我欲其罵人，忠義可不勉也。張讜觀機委質，篤恤流離，亦仁智矣。田益宗蠻夷荒帥，翻然效款，終懷金曳紫，不其美歟！孟表之致名位，非徒然也。

校勘記

〔一〕與東雍州刺史沮渠秉謀逆　諸本「秉」作「康」。按卷四下世祖紀下太平眞君五年七月和卷九九沮渠蒙遜傳都作「沮渠秉」。北史卷三九薛安都傳作「康」，卷九三北涼沮渠氏傳作「季義」。其人本名「秉」，字「季義」，北史避唐諱，改「秉」爲「康」，或稱其字。魏書本皆作「秉」，這裏當是後人據北史改，今回改。

〔二〕贈本將軍秦州刺史河東王　按此傳載安都及其子孫生前曾任、或死後追贈秦州刺史的共五人。疑皆「泰州」之訛。泰州治河東蒲坂，是薛氏本州，當時以官本州刺史爲榮，故祖孫多居此官。若是秦州，和薛氏毫無關係，便不可解。又此州雖或先曾有「秦州」之稱，但此時早已名

「泰州」，參卷一〇六下地形志下校記泰州條。

〔三〕拜奉車都尉　諸本「車」下有「騎」字。按「奉車都尉」見卷一一三官氏志太和前、後職令，「騎」字衍，今删。

〔四〕會安都引國授軍經其城下　按「授」當是「援」之訛。

〔五〕天平中　諸本「天」作「太」。按「太平」無此年號。下云：「與舍人韋鴻坐泄密，賜盡於宅。」韋鴻附見卷四五韋閬傳，事在「天平三年」。「太」乃「天」形近而訛，今改正。

〔六〕元茂　按「元茂」不知何人。上文稱「讜兄弟十人」，但只擧「兄忠」一人，「元茂」當是讜兄弟之後，上有脫文。

〔七〕景明初蕭衍遣軍主吳子陽率衆寇三關　按卷八世宗紀景明元年（五〇〇）九月乙丑記：「東豫州刺史田益宗破蕭寶卷將吳子陽、鄧元起於長風。」這年十一月蕭衍才起兵反寶卷。吳子陽乃蕭寶卷將，稱蕭衍軍主誤。下文「蕭衍建寧太守黃天賜築城赤亭」，據世宗紀，事在景明二年七月，亦稱「蕭寶卷將黃天賜」。此傳兩「蕭衍」均當作「寶卷」。

〔八〕竊惟蕭衍亂常　諸本「亂」字空格或注「闕」字，今據通鑑卷一四一（四五〇四頁）補。

〔九〕無暇外維州鎭　諸本「無」字上注「闕」字，「無」字下無「暇」字，今據通鑑（同上卷頁）補。

〔一〇〕二年夏除伯之光祿大夫虎牙還前軍將軍　按伯之於次年二月敗梁將昌義之於梁城，隨即奔梁，見卷八世宗紀，其子虎牙爲魏所殺，見梁書卷二〇陳伯之傳。此傳敘事不完，當有脫文。

〔一一〕世宗末降平東將軍　按上文稱「進號平西將軍」，由「平西」改「平東」，不能說是「降」號。疑「降」字訛或衍。否則「世宗末」上脫去孟表由「平西」進升軍號事。

魏書卷六十二

列傳第五十

李彪　高道悅

李彪，字道固，頓丘衛國人，高祖賜名焉。家世寒微，少孤貧，有大志，篤學不倦。初受業於長樂監伯陽，伯陽稱美之。晚與漁陽高悅、北平陽尼等將隱於名山，不果而罷。悅兄閭，博學高才，家富典籍，彪遂於悅家手抄口誦，不暇寢食。既而還鄉里。平原王叡年將弱冠，〔一〕雅有志業，娶東徐州刺史博陵崔鑒女，路由冀相，聞彪名而詣之，修師友之禮，稱之於郡，遂舉孝廉，至京師館而受業焉。高閭稱之于朝貴，李沖禮之甚厚，彪深宗附。

高祖初，爲中書教學博士，後假員外散騎常侍、建威將軍、衛國子，使於蕭賾。遷祕書丞，參著作事。自成帝以來至于太和，崔浩、高允著述國書，編年序錄，爲春秋之體，遺落時事，三無一存。彪與祕書令高祐始奏從遷固之體，創爲紀傳表志之目焉。

彪又表曰：

臣聞昔之哲王，莫不亹亹孜孜，思納讜言，以康黎庶。是以訪童問師，不避淵澤；詢謀諮善，不棄芻蕘。用能光茂實於竹素，播徽聲於金石。臣屬生有道，遇無諱之朝，敢修往式，竊撰時宜，謹冒死上封事七條。狂瞽之言，伏待刑戮。

其一曰：自太和建號，踰于一紀，典刑德政，可得而言也。立圓丘以昭孝，則百神不乏饗矣；舉賢才以酬諮，則多士盈朝矣；開至誠以軌物，則朝無佞人矣；敦六順以敎人，則四門無凶人矣；制冠服以明秩，則典式復彰矣；作雅樂以協人倫，則人神交慶矣；深愼罰以明刑，則庶獄得衷矣；薄服味以示約，則儉德光昭矣；單宮女以配鰥，則人無怨曠矣；傾府藏以賑錫，則大賚周渥矣；省賦役以育人，則編戶巷歌矣；宣德澤以懷遠邇，則華荒抃舞矣；垂至德以暢幽顯，則禎瑞效質矣。生生得所，事事惟新，巍巍乎猶造物之曲成也。然臣愚以爲行儉之道，猶自闕如。〔二〕何者？今四人豪富之家，習華既深，敦樸情淺，未識儉素之易長，〔三〕而行奢靡之難久。壯制第宅，美飾車馬，僕妾衣綾綺，土木被文繡，僭度違衷者衆矣。古先哲王之爲制也，自天子以至公卿，下及抱關擊柝，其宮室車服各有差品，小不得踰大，賤不得踰貴。夫然，故上下序而人志定。今時浮華相競，情無常守，大爲消功之物，巨制費力之事，豈不謬哉！消功者，錦繡彫文是

也；費力者，廣宅高宇、壯制麗飾是也。其妨男業、害女工者，焉可勝言哉！漢文時，賈誼上疏云「今之王政可爲長太息者六」，此卽是其一也。夫上之所好，下必從之。故越王好勇而士多輕死，楚靈好瘠而國有飢人。今二聖躬行儉素，詔令殷勤，而百姓之奢猶未革者，豈楚越之人易變如彼，大魏之士難化如此？蓋朝制弗宣，人未見德，使之然耳。臣愚以爲第宅車服，自百官以至于庶人，宜爲其等制，使貴不逼賤，卑不僭高，不可以稱其侈意，用違經典。今或者以爲習俗日久，不可卒革，臣謹言古人革之之漸。昔子產爲政一年，百姓歌之曰：「我有田疇，子產伍之，我有衣冠，子產貯之，孰殺子產，吾其與之。」及三年，乃改歌曰：「我有田疇，子產殖之，我有子弟，子產誨之，子產若死，其誰繼之？」然則鄭人之智，豈前昏而後明哉？且從政者須漸，受化者難頓故也。今若爲制以差品之，始末之情，魏士與鄭人同矣。既同鄭人，是爲卒有善歌，豈可憚其初怨而不爲終善哉？夫尙儉者開福之源，好奢者起貧之兆。然則儉約易以敎行，華靡難以財滿，是以聖人留意焉，賢人希準焉。故夏禹卑宮室而惡衣服，殷湯寢黃屋而乘輅輿。此示儉於後王，後王所宜觀其意而取折衷也。孔子爲魯司寇，乘柴車而駕駑馬；晏嬰爲齊正卿，冠濯冠而衣故裘。此示儉於後臣，後臣所宜識其情而消息之也。前志云：「作法於涼，其弊猶貪。」此言雖略，有達治道。臣之瞽言，儻或可採，比及三年，可以有成。

有成則人務本，人務本則奢費除，奢費除則穀帛豐，穀帛豐則人逸樂，人逸樂則皇基固矣。

其二曰：易稱：「主器者，莫若長子。」傳曰：「太子奉冢嫡之粢盛。」然則祭亡主則宗廟無所饗，冢嫡廢則神器無所傳。聖賢知其如此，故垂誥以爲長世之法。昔姬王得斯道也，故恢崇儒術以訓世嫡，世嫡於是乎習成懿德，用大協於黎蒸，是以世統生人，載祀八百。逮嬴氏之君於秦也，殆棄德政，坑焚儒典，弗以義方敎厥冢子，於是習成凶德，肆虐以臨黔首，是以饗年不永，二世而亡。亡之與興，其道在於師傅，師傅之損益，可得而言。益者，周公傅成王，敎以孝仁禮義，逐去邪人，不使見惡人，選天下之端士、孝悌博聞有道術者以爲衛翼。衛翼良，成王正，周道之所以長久也。損者，趙高傅胡亥，敎以刑戮斬劓及夷人族，逐去正人，不得見善士，諂佞讒賊者爲其左右。左右邪，胡亥僻，秦祚之所以短促也。夫皇天，輔德者也，豈私周而疏秦哉？由所行之道殊，故禍福之途異耳。昔光武議爲太子置傅，以問其羣臣，羣臣望意，皆言太子舅執金吾、新陽侯陰就可。博士張佚正色曰：「今立太子爲陰氏乎？爲天下乎？卽爲陰氏，則陰侯可；爲天下，則固宜用天下之賢才。」光武稱善，曰：「置傅，以輔太子也。今博士不難正朕，況太子乎？」卽拜佚爲太子太傅，漢明卒爲賢主。然則佚之傅漢明，非迺生之漸也，尙或

有稱，而況迺生訓之以正道，其爲益也固以大矣。故禮曰「太子生，因舉以禮，使士負之，有司齊肅端冕，見于南郊」，明冢嫡之重，見乎天也。「過闕則下，過廟則趨」，明孝敬之道也。然古之太子，「自爲赤子，而教固以行矣」。此則遠世之鏡也。高宗文成皇帝慨少時師不勤教，嘗謂羣臣曰：「朕始學之日，年尚幼沖，情未能專，既臨萬機，不遑溫習，今而思之，豈唯予咎，抑亦師傅之不勤。」尚書李訢免冠而謝，此則近日之可鑒也。伏惟太皇太后翼贊高宗，訓成顯祖，使巍巍之功邈乎前王。陛下幼蒙鞠誨，聖敬之躋，及儲宮誕育，復親撫誥，日省月課，實勞神慮。今誠宜準古立師傅以訓導太子，訓導正則太子正，太子正則皇家慶，皇家慶則人幸甚矣。

其三曰：臣聞國本黎元，人資粒食，是以昔之哲王莫不勤勸稼穡，盈畜倉廩。故堯湯水旱，人無菜色者，蓋由備之有漸，積之有素。暨于漢家，以人食少，乃設常平以給之；魏氏以兵糧乏，制屯田以供之。用能不匱當時，軍國取濟。又記云：國無三年之儲，謂國非其國。光武以一畝不實，罪及牧守。聖人之憂世重穀，殷勤如彼；明君之恤人勸農，相切若此。頃年山東饑，去歲京師儉，內外人庶出入就豐，既廢營產，疲而乃達，又於國體實有虛損。若先多積穀，安而給之，豈有驅督老弱餬口千里之外？以今況古，誠可懼也。臣以爲宜析州郡常調九分之二，京都度支歲用之餘，各立官司，年豐糴積

於倉，時儉則加私之二，[四]糶之於人。如此，民必力田以買官絹，又務貯財以取官粟，年登則常積，歲凶則直給。又別立農官，取州郡戶十分之一以爲屯民，[五]相水陸之宜，料頃畝之數，以贓贖雜物餘財市牛科給，令其肆力。一夫之田，歲責六十斛，蠲其正課并征戍雜役。行此二事，數年之中，則穀積而人足，雖災不爲害。臣又聞前代明主，皆務懷遠人，禮賢引滯。故漢高過趙，求樂毅之胄；晉武廓定，旌吳蜀之彥。臣謂宜於河表七州人中，擢其門才，引令赴闕，依中州官比，隨能序之。一可以廣聖朝均新舊之義，二可以懷江漢歸有道之情。

其四曰：昔帝舜命咎繇惟刑之恤，周公誥成王勿誤于庶獄，斯皆君臣相誡，重刑之至也。今二聖哀矜罪辜，小大二情，[六]讞決之日，多從降恕，時不得已，必垂惻隱，雖前王之勤聽肆赦，亦如斯而已。至若行刑犯時，愚臣竊所未安。漢制，舊斷獄報重，常盡季冬，至孝章時改盡十月，以育三微。後歲旱，論者以十月斷獄，陰氣微，陽氣泄，以故致旱。事下公卿，尚書陳寵議：冬至陽氣始萌，故十一月有射干、芸、荔之應，周以爲春；十二月陽氣上通，雉雊雞乳，殷以爲春；十三月陽氣已至，蟄蟲皆震，夏以爲春。三微成著，以通三統，三統之月，斷獄流血，是不稽天意也。月令：仲冬之月，身欲寧，事欲靜。以起隆怒，不可謂寧；以行大刑，不可謂靜。章帝善其言，卒以十月斷。今京都

及四方斷獄報重，常竟季冬，不推三正以育三微。寬宥之情，每過於昔；遵時之憲，猶或闕然。豈所謂助陽發生、垂奉微之仁也？誠宜遠稽周典，近採漢制，天下斷獄，起自初秋，盡於孟冬，不於三統之春，行斬絞之刑。如此，則道協幽顯，仁垂後昆矣。

其五曰：古者，大臣有坐不廉而廢者，不謂之不廉，乃曰簠簋不飾。此君之所以禮貴臣，不明言其過也。臣有大譴，則白冠氂纓，盤水加劍，造請室而請死，此臣之所以知罪而不敢逃刑也。聖朝賓遇大臣，禮同古典。自太和以降，有負罪當陷大辟者，多得歸第自盡。遣之日，深垂隱愍，言發悽淚，百官莫不見，四海莫不聞。誠足以感將死之心，慰戚屬之情。然恩發至衷，未著永制，此愚臣所以敢陳末見。昔漢文時，人有告丞相周勃謀反者，逮繫長安獄，頓辱之與皂隸同。賈誼乃上書，極陳君臣之義，不宜如是。夫貴臣者，天子爲其改容而體貌之，吏人爲其俯伏而敬貴之。其有罪過，廢之可也，賜之死可也。若束縛之，輸之司寇，榜笞之，小吏詈罵之，殆非所以令衆庶見也。及將刑也，臣則北面再拜，跪而自裁。天子曰：子大夫自有過耳，吾遇子有禮矣。上不使人抑而刑之也。孝文深納其言，是後大臣有罪，皆自殺不受刑。至孝武時，稍復入獄，良由孝文行之當時，不爲永制故耳。伏惟聖德慈惠，豈與漢文比隆哉。今天下有道，庶人不議之時，臣安可陳瞽言於朝，但恐萬世之後，繼體之主有若漢武之事焉。夫道貴長

久，所以樹之風聲也；法尚不虧，所以貽厥孫謀也，焉得行恩當時，而不著長世之制乎？

其六曰：孝經稱：「父子之道天性。」書云：「孝乎，惟孝友于兄弟。」二經之旨，蓋明一體而同氣，可共而不可離者也。及其有罪，罪不相及者，乃君上之厚恩也。至若有懼，懼應相連者，固自然之恒理也。無情之人，父兄繫獄，子弟無慘惕之容；子弟逃刑，父兄無愧恧之色。宴安榮位，遊從自若，車馬仍華，衣冠猶飾，寧是同體共氣、分憂均戚之理也？昔秦伯以楚人圍江，素服而示懼；宋仲子以失舉桓譚，免冠而謝罪。然則子弟之於父兄，父兄之於子弟，惟其情至，豈與結盟相知者同年語其深淺哉？二聖清簡風俗，孝慈是先。臣愚以爲父兄有犯，宜令子弟素服肉袒，詣闕請罪；子弟有坐，宜令父兄露板引咎，乞解所司。若職任必要，不宜許者，慰勉留之。如此，足以敦厲凡薄，使人知有所耻矣。

其七曰：禮云：臣有大喪，君三年不呼其門。此聖人緣情制禮，以終孝子之情者也。周季陵夷，喪禮稍亡，是以要絰卽戎，素冠作刺，逮于虐秦，殆皆泯矣。漢初，軍旅屢興，未能遵古。至宣帝時，民當從軍屯者，遭大父母、父母死，未滿三月，皆弗徭役；其朝臣喪制，未有定聞。至後漢元初中，大臣有重憂，始得去官終服。暨魏武、孫、劉之世，日

尋干戈，前世禮制復廢而不行。晉時，鴻臚鄭默喪親，固請終服，武帝感其孝誠，遂著令以爲常。聖魏之初，撥亂返正，未遑建終喪之制。今四方無虞，百姓安逸，誠是孝慈道洽，禮教興行之日也。然愚臣所懷，竊有未盡。伏見朝臣丁父憂者，〔七〕假滿赴職，衣錦乘軒，從郊廟之祀，鳴玉垂緌，同節慶之醼，傷人子之道，虧天地之經。愚謂如有遭大父母、父母喪者，皆聽終服。若無其人有曠庶官者，則優旨慰喻，起令視事，但綜司出納敷奏而已，國之吉慶，一令無預。其軍戎之警，墨縗從役，雖愆於禮，事所宜行也。如臣之言少有可採，願付有司別爲條制。

高祖覽而善之，尋皆施行。

彪稍見禮遇，加中壘將軍。及文明太后崩，羣臣請高祖公除，高祖不許，與彪往復，語在禮志。高祖詔曰：「歷觀古事，求能非一。或承藉微蔭，著德當時；或見拔幽陋，流名後葉。故毛遂起賤，奮抗楚之辯，苟有才能，何必拘族也。彪雖宿非清第，本闕華資，然識性嚴聰，學博墳籍，剛辯之才，頗堪時用，兼憂吏若家，載宜朝美，若不賞庸敍績，將何以勸獎勤能？可特遷祕書令，以酬厥款。」以參議律令之勤，賜帛五百匹、馬一匹、牛二頭。

其年，加員外散騎常侍，使於蕭賾。賾遣其主客郎劉繪接對，并設讌樂。彪辭樂。及坐，彪曰：「齊主既賜讌樂，以勞行人，向辭樂者，卿或未相體。自喪禮廢替，於茲以久，我皇

孝性自天，追慕罔極，故有今者喪除之議。去三月晦，朝臣始除衰裳，猶以素服從事。裴、謝在此，固應具此，我今辭樂，想卿無怪。」繪答言：「辭樂之事，向以不異。請問魏朝喪禮，竟何所依？」彪曰：「高宗三年，孝文踰月，今聖上追鞠育之深恩，感慈訓之厚德，執於殷漢之間，可謂得禮之變。」繪復問：「若欲遵古，何爲不終三年？」彪曰：「萬機不可久曠，故割至慕，俯從羣議。服變不異三年，而限同一期，可謂亡禮之禮。」繪言：「汰哉叔氏！專以禮許人。」彪曰：「聖朝自爲曠代之制，何關許人。」繪言：「百官總己聽於冢宰，萬機何慮於曠？」彪曰：「我聞載籍：五帝之臣，臣不若君，故君親攬其事；三王君臣智等，故共理機務；五霸臣過於君，故事決於下。我朝官司皆五帝之臣，主上親攬，蓋遠軌軒唐。」彪將還，賾親謂曰：「卿前使還日，賦阮詩云『但願長閑暇，後歲復來遊』，果如今日。〔八〕卿此還也，復有來理否？」彪答言：「使臣請重賦阮詩曰『宴衍清都中，一去永矣哉』。」賾惘然曰：「清都可爾，一去何事？觀卿此言，似成長闊，朕當以殊禮相送。」賾遂親至琅邪城，登山臨水，命羣臣賦詩以送別，其見重如此。彪前後六度銜命，南人奇其謇諤。

後車駕南征，假彪冠軍將軍、東道副將，尋假征虜將軍。車駕還京，遷御史中尉，領著作郎。彪既爲高祖所寵，性又剛直，遂多所劾糾，遠近畏之，豪右屛氣。高祖常呼彪爲李生，於是從容謂羣臣曰：「吾之有李生，猶漢之有汲黯。」汾州胡叛，詔彪持節綏慰，事寧還京，除

散騎常侍，仍領御史中尉，解著作事。高祖宴羣臣於流化池，謂僕射李沖曰：「崔光之博，李彪之直，是我國家得賢之基。」

車駕南伐，彪兼度支尚書，與僕射李沖、任城王等參理留臺事。彪素性剛豪，與沖等意議乖異，遂形於聲色，殊無降下之心。自謂身爲法官，莫能糾劾己者，遂多專恣。沖積其前後罪過，乃於尚書省禁止彪，上表曰：「臣聞範國匡人，光化昇治，輿服典章，理無暫失。故晉文功建九合，猶見抑於請隧；季氏藉政三世，尚受譏於璵璠。固知名器之重，不可以妄假。先王既憲章於古，陛下又經綸於今，用能車服有叙，禮物無墜。案臣彪昔於凡品，特以才拔，等望清華，司文東觀，綢繆恩眷，繩直憲臺，左加金璫，右珥蟬冕。闕東省。宜感恩厲節，忠以報德。而竊名忝職，身爲違傲，矜勢高亢，公行僭逸。坐與禁省，〔九〕冒取官材，輒駕乘黃，無所憚懾。肆志傲然，愚聾視聽，此而可忍，誰不可懷！臣輒集尚書已下、令史已上，并治書侍御史臣酈道元等於尚書都座，以彪所犯罪狀告彪，訊其虛實，若或不知，須訊部下。彪答臣言：『事見在目，實如所劾，皆彪所知，何須復召部下。』臣今請以見事，免彪所居職，付廷尉治獄。」

沖又表曰：

臣與彪相識以來垂二十載，彪始南使之時，見其色厲辭辯、才優學博，臣之愚識，

謂是拔萃之一人。及彪位宦升達，參與言燕，聞彪評章古今，商略人物，興言於侍筵之次，啓論於衆英之中，賞忠識正，發言懇惻，惟直是語，辭無隱避。雖復諸王之尊，近侍之要，至有是非，多面抗折。酷疾矯詐，毒愆非違，厲色正辭，如鷹鸇之逐鳥雀，懍懍然實似公清之操。臣雖下才，輒亦尚其梗概，欽其正直，微識其褊急之性，而不以爲瑕。及其初登憲臺，始居司直，首復騶唱之儀，肇正直繩之體，當時識者僉以爲難。而彪秉志信行，不避豪勢，其所彈劾，應弦而倒。赫赫之威，振於下國；肅肅之稱，著自京師。天下改目，貪暴斂手。臣時見其所行，信謂言行相符，忠清內發。然時有私於臣，云其威暴者，臣以直繩之官，人所忌疾，風謗之際，易生音謠，心不承信。

往年以河陽事，曾與彪在領軍府，共太尉、司空及領軍諸卿等，集閱廷尉所問囚徒。時有人訴枉者，二公及臣少欲聽採。語理未盡，彪便振怒，東坐攘袂揮赫，口稱賊奴，叱吒左右，高聲大呼云：「南臺中取我木手去，搭奴肋折！」雖有此言，終竟不取。即言：「南臺所問，唯恐枉活，終無枉死，但可依此。」時諸人以所枉至重，有首實者多，又心難彪，遂各默爾。因緣此事，臣遂心疑有濫，審加情察，知其威虐，猶未體其採訪之由，訊檢之狀。商略而言，酷急小罪，肅禁爲大。會而言之，猶謂益多損少。故懷寢所疑，不以申徹，實失爲臣知無不聞之義。

及去年大駕南行以來，彪兼尚書，日夕共事，始乃知其言與行舛，是己非人，專恣無忌，尊身忽物，安己淩上，〔一〇〕以身作之過深劾他人，己方事人，好人佞己。聽其言同振古忠恕之賢，校其行是天下佞暴之賊。臣與任城卑躬曲己，若順弟之奉暴兄。其所欲者，事雖非理，無不屈從。

依事求實，悉有成驗。如臣列得實，宜殛彪於有北，以除姦矯之亂政；如臣無證，宜投臣於四裔，以息青蠅之白黑。

高祖在懸瓠，覽表歎愕曰：「何意留京如此也！」有司處彪大辟，高祖恕之，除名而已。彪尋歸本鄉。

高祖自懸瓠北幸鄴，彪拜迎於鄴南。高祖曰：「朕之期卿，每以貞松爲志，歲寒爲心，卿應報國，盡身爲用，而近見彈文，殊乖所以。卿罹此譴，爲朕與卿，爲宰事與卿，爲卿自取？」彪對曰：「臣愆由己至，罪自身招，實非陛下横與臣罪，又非宰事無辜濫臣。臣罪既如此，宜伏東皐之下，不應遠點屬車之塵，但伏承聖躬不豫，臣肝膽塗地，是以敢至，非謝罪而來。」高祖納宋弁言，將復採用，會留臺表言彪與御史賈尚往窮庶人恂事，理有誣抑，奏請收彪。彪自言事枉，高祖明彪無此，遣左右慰勉之，聽以牛車散載，送之洛陽。會赦得免。

高祖崩，世宗踐祚，彪自託於王肅，又與邢巒詩書往來，迭相稱重，因論求復舊職，修史

官之事，肅等許爲左右，彪乃表曰：

臣聞龍圖出而皇道明，龜書見而帝德昶，斯實冥中之書契也。自瑞官文而卑高陳，〔一一〕民師建而賤貴序，此乃人間之繩式也。是以唐典篆欽明之册，虞書銘愼徽之篇，傳著夏氏之箴，詩錄商家之頌，斯皆國史明乎得失之迹也。逮于周姬，鑒乎二代，文王開之以兩經，公旦申之以六聯，郁乎其文，典章大略也。故觀雅、頌，識文武之丕烈；察歌音，辨周公之至孝。是以季札聽風而知始基，聽頌而識盛德。至若尼父之別魯籍，丘明之辨孔志，可謂婉而成章，盡而不汙者矣。自餘乘、志之比，其亦有趣焉。暨史、班之錄，乃文窮於秦漢，事盡於哀平，懲勸兩書，華實兼載，文質彬彬，富哉言也。令大漢之風，美類三代，炎□□崇，道冠來事。降及華、馬、陳、干，〔一二〕咸有放焉，四。敷贊弗遠，〔一三〕不可力致，豈虛也哉？其餘率見而書，覩事而作者多矣，尋其本末，可往來焉。

唯我皇魏之奄有中華也，歲越百齡，年幾十紀。太祖以弗違開基，武皇以奉時拓業，虎嘯域中，龍飛宇外，小往大來，品物咸亨。自兹以降，世濟其光。史官敍錄，未充其盛。加以東觀中圮，册勳有闕，美隨日落，善因月稀。故諺曰：「一日不書，百事荒蕪。」至于太和之十一年，先帝、先后遠惟景業，綿綿休烈，若不恢史闡錄，懼上業茂功

始有缺矣。於是召名儒博達之士，充麟閣之選。于時忘臣衆短，采臣片志，令臣出納，授臣丞職，猥屬斯事，無所與讓。高祖時詔臣曰：「平爾雅志，正爾筆端，書而不法，後世何觀。」臣奉以周旋，不敢失墜，與著作等鳩集遺文，幷取前記，撰爲國書。假有新進時賢制作於此者，恐閨門既異，出入生疑，弦柱既易，善者或謬。〔一四〕自十五年以來，臣使國還，頻有南轅之事，故載筆遂寢，簡牘弗張，其於書功錄美，不其闕歟？

伏惟孝文皇帝承天地之寶，崇祖宗之業，景功未就，奄焉崩殞，凡百黎萌，若無天地。賴遇陛下體明叡之眞，應保合之量，恢大明以燭物，履靜恭以安邦，天淸其氣，地樂其靜，不愆不忘，率由舊章，可謂重明疊聖，元首康哉。惟先皇之開創造物，經綸浩曠，加以魏典流製，藻績垂篇，窮理於有象，盡性於衆變，可謂日月出矣，無幽不燭也。記曰：善流者欲以繼其行，善歌者欲人繼其聲。〔一五〕故傳曰：文王基之，周公成之。又曰：無周公之才，不得行周公之事。今之親王，可謂當之矣。然先皇之茂猷聖達，今王之懿美洞鑒，準之前代，其聽靡悔也。時哉時哉，可不光昭哉！合德二儀者，先皇之陶鈞也；齊明日月者，先皇之洞照也；慮周四時者，先皇之茂功也；合契鬼神者，先皇之玄燭也；遷都改邑者，先皇之達也；變是協和者，先皇之鑒也；思同書軌者，先皇之遠也；守在四夷者，先皇之略也；海外有截者，先皇之威也；禮田岐陽者，先皇之義也；張樂岱郊者，

先皇之仁也；鑾幸幽漠者，先皇之智也；變伐南荆者，先皇之禮也；升中告成者，先皇之肅也；親虔宗社者，先皇之敬也；衰實無闕者，先皇之充也；開物成務者，先皇之貞也；觀乎人文者，先皇之蘊也；革弊創新者，先皇之志也；孝慈道洽者，先皇之衷也。先皇有大功二十，加以謙尊而光，爲而弗有，可謂四三皇而六五帝矣，誠宜功書於竹素，聲播於金石。

臣竊謂史官之達者，大則與日月齊明，小則與四時並茂。其大者孔子、左丘是也，其小者史遷、班固是也。故能聲流於無窮，義昭於來裔。是以金石可滅而流風不泯者，其唯載籍乎？諺曰「相門有相，將門有將」，斯不唯其性，蓋言習之所得也。竊謂天文之官，太史之職，如有其人，宜其世矣。故尚書稱羲和世掌天地之官，張衡賦曰「學乎舊史氏」，斯蓋世傳之義也。若夫良冶之子善知爲裘，良弓之子善知爲箕，物豈有定，習貫則知耳。所以言及此者，史職不修，事多淪曠，天人之際，不可須臾闕載也。是以談遷世事而功立，彪固世事而名成，此乃前鑒之軌轍，〔一六〕後鏡之蓍龜也。然前代史官之不終業者有之，皆陵遲之世不能容善。是以平子去史而成賦，伯喈違閣而就志。近僭晉之世有佐郎王隱，爲著作虞預所毀，亡官在家，晝則樵薪供爨，夜則觀文屬綴，集成晉書，存一代之事，司馬紹敕尚書唯給筆札而已。國之大籍，成於私家，末世之弊，乃

至如此，史官之不遇，時也。

今大魏之史，職則身貴，禄則親榮，優哉游哉，式穀爾休矣，而典謨弗恢者，其有以也。而故著作漁陽傅毗、北平陽尼、河間邢産、廣平宋弁、昌黎韓顯宗等，並以文才見舉，注述是同，皆登年不永，弗終茂績。前著作程靈虯同時應舉，共掌此務，今從他職，官非所司。唯崔光一人，雖不移任，然侍官兩兼，故載述致闕。臣聞載籍之興，由於大業，雅頌垂薦，起於德美，雖時有文質，史有備略，然歷世相仍，不改此度也。昔史談誡其子遷曰：「當世有美而不書，汝之罪也。」是以久而見美。孔明在蜀，不以史官留意，是以久而受譏。取之深衷，史談之志賢亮遠矣。書稱「無曠庶官」，詩有「職思其憂」，臣雖今非所司，然昔忝斯任，故不以草茅自疏，敢言及於此。語曰「患爲之者不必知，知之者不得爲」，臣誠不知，强欲爲之耳。竊尋先朝賜臣名彪者，遠則擬漢史之叔皮，近則準晉史之紹統，推名求義，欲罷不能，荷恩佩澤，死而後已。今求都下乞一静處，綜理國籍，以終前志，官給事力，以充所須。雖不能光啓大録，庶不爲飽食終日耳。近則期月可就，遠也三年有成，正本蘊之麟閣，副貳藏之名山。

時司空、北海王詳，尚書令王肅以其無禄，頗相賑餉，遂在祕書省同王隱故事，白衣修史。世宗親政，崔光表曰：「伏見前御史中尉臣李彪，夙懷美意，創刊魏典，臣昔爲彪所致，

與之同業積年，其志力貞强，考述無倦，督勸羣僚，注綴略舉。雖頃來契闊，多所廢離，近蒙收起，還綜厥事。老而彌厲，史才日新，若克復舊職，專功不殆，必能昭明春秋，闡成皇籍。既先帝厚委，宿歷高班，纖負微愆，應從滌洗。愚謂宜申以常伯，正綰著作，停其外役，展其內思，研積歲月，紀册必就。鴻聲巨迹，蔚乎有章，盛軌懋詠，鑠焉無泯矣。」世宗不許。詔彪兼通直散騎常侍，行汾州事，非彪好也，固請不行，有司切遣之。會遘疾累旬，景明二年秋，卒於洛陽，年五十八。

始彪爲中尉，號爲嚴酷，以姦款難得，乃爲木手擊其脇腋，氣絶而復屬者時有焉。又慰喻汾州叛胡，得其兇渠，皆鞭面殺之。及彪之病也，體上往往瘡潰，痛毒備極。詔賜帛一百五十匹，贈鎮遠將軍、汾州刺史，謚曰剛憲。彪在祕書歲餘，史業竟未及就，然區分書體，皆彪之功。述春秋三傳，合成十卷。其所著詩頌賦誄章奏雜筆百餘篇，别有集。

彪雖與宋弁結管鮑之交，弁爲大中正，與高祖私議，猶以寒地處之，殊不欲微相優假。彪亦知之，不以爲恨。及弁卒，彪痛之無已，爲之哀誄，備盡辛酸。郭祚爲吏部，彪爲子志求官，祚仍以舊第處之。彪以位經常伯，又兼尚書，謂祚應以貴遊拔之，深用忿怨，形於言色，時論以此譏祚。祚每曰：「爾與義和志交，豈能饒爾，而怨我乎？」任城王澄與彪先亦不穆，及爲雍州，彪詣澄爲志求其府僚，澄釋然爲啓，得列曹行參軍，時稱美之。

志，字鴻道，博學有才幹。年十餘歲，便能屬文。彪甚奇之，謂崔鴻曰：「子宜與鴻道爲『二鴻』於洛陽。」鴻遂與志交款往來。彪有女，幼而聰令，彪每奇之，教之書學，讀誦經傳。嘗竊謂所親曰：「此當興我家，卿曹容得其力。」彪亡後，世宗聞其名，召爲婕妤，以禮迎引。婕妤在宮，常教帝妹書，誦授經史。志後稍遷符璽郎中、徐州平東府司馬。以軍功累轉後軍將軍、中散大夫、輔國將軍、永寧寺典作副將。始彪奇志及婕妤，特加器愛，公私坐集，必自稱詠，由是爲高祖所責。及彪亡後，婕妤果入掖庭，後宮咸師宗之。世宗崩，爲比丘尼，通習經義，法座講説，諸僧歎重之。志所在著績。桓叔興外叛，南荆荒毁，領軍元叉舉其才任撫導，擢爲南荆州刺史，加征虜將軍。建義初，叛入蕭衍。

高道悦，字文欣，遼東新昌人也。曾祖策，馮跋散騎常侍、新昌侯。祖育，馮文通建德令。值世祖東討，率其所部五百餘家歸命軍門，世祖授以建忠將軍，齊郡、建德二郡太守，賜爵肥如子。父玄起，武邑太守，遂居勃海蓨縣。

道悦少爲中書學生，〔一七〕侍御主文中散。久之，轉治書侍御史，加諫議大夫，正色當官，不憚强禦。車駕南征，徵兵秦雍，大期秋季閱集洛陽。道悦以使者治書御史薛聰、侍御主文中散元志等，稽違期會，奏舉其罪。又奏兼左僕射、吏部尚書、任城王澄，位總朝右，任屬

戎機，兵使會否，曾不檢奏；尚書左丞公孫良職維樞轄，蒙冒莫舉；請以見事免良等所居官。時道悦兄觀爲外兵郎中，而澄奏道悦有黨兄之負，高祖詔責，然以事經恩宥，遂寢而不論。詔曰：「道悦資性忠篤，稟操貞亮，居法樹平肅之規，處諫著必犯之節，王公憚其風鯁，朕實嘉其一至，謇諤之誠，何愧黯鮑也。其以爲主爵下大夫，諫議如故。」車駕將幸鄴，又兼御史中尉，留守洛京。

時宮極初基，廟庫未構，車駕將水路幸鄴，已詔都水回營構之材，以造舟檝。道悦表諫曰：「臣聞博納輿言，君上之崇務；規箴匡正，臣下之誠節。是以置鼓設謗，爰自曩日；虛襟博聽，義屬今辰。臣既疏魯，濫蒙榮貫，司兼獻弼，職當然否，佩遇恩華，願陳聞見。竊以都作營構之材，部别科擬，素有定所。工治已訖，回付都水，用造舟艫。闕永固居宇之功，作暫時遊嬉之用，損耗殊倍，終爲棄物。且子來之誠，本期營起，今乃修繕舟檝，更爲非務，公私回惶，僉深怪愕。又欲御泛龍舟，經由石濟，其沿河挽道，久以荒蕪，舟檝之人，素不便習。若欲委棹正流，深薄之危，古今共慎；若欲挽牽取進，授衣之月，裸形水陸，恐乖視人若子之義。且鄴洛相望，陸路平直，時乘沃若，往來匪難，更乃捨周道之安，即涉川之殆，此乃愚智等慮，朝野俱惑，進退伏思，不見其可。又從駕羣僚，聽將妻累，舟檝之間，更無限隔，士女雜亂，内外不分。當今景御休明，惟新式度，裁禮調風，軌物寰宇，竊惟斯舉，或損洪猷，

深失溥天順則之望。又氐胡犯順，玉帛未恭；西戎內侵，介冑仍襲；南寇紛擾，對接近畿，〔一八〕蠻民疏戾，每造不軌。閫覦間隙，或生慮外。愚謂應妙選懿親，撫寧後事，令姦回息覬覦之望，邊寇絕闚疆之心。臣稟性愚直，知而無隱，區區丹志，冒昧以聞。」詔曰：「省所上事，深具乃心。但卿之立言半非矣，當須陳非以示謬，稱是以彰得，然後明所以而不用有由而爲之。〔一九〕不爾，則未相體耳。回材都水，暫營嬉遊，終爲棄物；修繕非務，舟檝無鄣，士女雜亂，此則卿之失辭矣。深薄之危，撫後之重，斯則卿之得言也。」於是，高祖遂從陸路。轉道悅太子中庶子，正色立朝，儼然難犯，宮官上下咸畏憚之。

太和二十年秋，車駕幸中岳，詔太子恂入居金墉，而恂潛謀還代，忿道悅前後規諫，遂於禁中殺之。高祖甚加悲惜，贈散騎常侍，帶營州刺史，〔二〇〕賜帛五百匹，幷遣王人慰其妻子。又詔使者監護喪事，葬于舊塋，謚曰貞侯。世宗又追錄忠概，拜長子顯族給事中。

顯族，亦以忠厚見稱，卒於右軍將軍。

顯族弟敬猷，有風度。員外散騎侍郎、殿中侍御史，進給事中、輕車將軍、奉車都尉。蕭寶夤西征，引爲驃騎司馬。及寶夤謀逆，敬猷與行臺郎中封偉伯等潛圖義舉，謀泄見殺。贈冠軍將軍、滄州刺史，聽一子出身。

道悅長兄嵩，字崐崙。魏郡太守。

子良賢，長水校尉。

良賢弟侯，險薄爲劫盜，冀部患之。

嵩弟雙，清河太守。濁貨將刑，在市遇赦免。時北海王詳爲錄尚書，雙多納金寶，除司空長史。未幾，遷太尉長史，俄出爲征虜將軍、涼州刺史。專肆貪暴，以罪免。後貨高肇，復起爲幽州刺史。又以貪穢被劾，罪未判，遇赦復任。未幾而卒。

子景翻，幽州司馬。

雙弟觀，尚書左外兵郎中、城陽王鸞司馬。南征赭陽，〔二一〕先驅而歿。贈通直散騎侍郎，謚曰閔。

史臣曰：李彪生自微族，才志確然，業藝夙成，見擢太和之世，輶軒驟指，聲駭江南，秉筆立言，足爲良史。逮於直繩在手，厲氣明目，持堅無術，末路蹉跎。行百里者半於九十，豈彪之謂也？高道悅匡直之風，見憚於世，醜正貽禍，有可悲乎！

校勘記

〔一〕平原王叡年將弱冠　北史卷四〇李彪傳「叡」上有「陸」字。按異姓王公例當書姓，這裏當脫「陸」字。

〔二〕猶自闕如　諸本「闕」字旁注，無「如」字。册府卷五二九宋本作「闕如」，明本卷五二九六三二二頁「闕」字亦旁注，「如」作「始」。今據册府宋本補正。

〔三〕未識儉素之易長　諸本「未」作「夫」，册府同上卷頁作「未」。按作「夫」與上下文不貫，今據改。

〔四〕時儉則加私之二　卷一一〇食貨志「二」作「一」，通典卷一二輕重引李彪語此句作「儉則減私之十二糶之」。按常平本是封建國家欺騙人民的虛言，但表面上凶年算是減價出售，似作「減」是。但「加私之二」也可作加於收進價之二解。故下云「歲凶則直給」，今不改。

〔五〕取州郡戶十分之一以爲屯民　諸本及北史卷四〇「民」作「人」，按食貨志載李彪語作「屯民」。北史避唐諱「民」例改「人」，這裏本當同食貨志，亦唐人諱改，今改正。

〔六〕小大二情　册府卷五二九六三二四頁「二」作「以」。按此用左傳莊十年曹劌論戰中「小大之獄，雖不能察，必以情」語。「二」字當是「以」之訛。

〔七〕伏見朝臣丁父憂者　北史卷四〇「父」作「大」。按下文，李彪主張「如有遭大父母、父母喪者皆聽終服」。這裏也不可能專指「丁父憂」。「父」當是「大」之訛。

〔八〕果如今日　册府卷六五八七七八六頁「如」下有「言」字，「今日」屬下讀，當是。

〔九〕坐輿禁省　諸本及北史卷四〇「輿」作「與」。通鑑卷一四一四四二二頁作「輿」，胡注：「言坐輿而入禁省也。」按作「與」無義，今據改。

〔一〇〕安己淩上　諸本脫「己淩上」三字，不可通，今據册府卷五一九六二〇三頁補。

〔一一〕自瑞官文而皁高陳　册府卷五五八六七〇六頁「文」作「立」。按作「文」不可解，疑當作「立」。但「瑞官」不知所出，故不改。

〔一二〕降及華馬陳干　百衲本、南本「干」作「千」，他本作「于」。册府卷五五八六七〇七頁作「干」。按這裏是指華嶠、司馬彪、陳壽、干寶四人，「千」「于」皆「干」之訛，今據改。

〔一三〕四敷贊弗遠　册府同上卷頁「四」作「而」。按作「四」不可通，疑當作「而」。但上舉華、馬、陳、干，恰正四人，也可能「四」下有脫文，今於「四」字下句斷。

〔一四〕善者或謬　册府同上卷頁「者」作「音」。按上云：「絃柱既易」，疑作「音」是。

〔一五〕記曰善流者欲以繼其行善歌者欲人繼其聲　北史卷四〇、册府同上卷頁「流」作「迹」，「以」作「人」。按「善歌者」句見禮記學記，上句不知所出，觀文義疑北史、册府是。

〔一六〕此乃前鑒之軌轍　諸本「此」字作「道爭」二字，北史卷四〇、册府卷五五八六七〇八頁作「此」。按「道爭」不可解。今據改。

〔一七〕道悅少爲中書學生　諸本「生」作「士」，北史卷四〇高道悅傳作「生」。按「中書學生」屢見諸傳，

「士」字訛，今據改。

〔一八〕又氐胡犯順玉帛未恭西戎內侵介冑仍襲南寇紛擾對接近畿　諸本這幾句作「氐胡犯順未恭西道偏戎旗冑仍襲南寇對接近畿」，訛脫不可讀，今據册府卷五四一六四八六頁補正。

〔一九〕然後明所以而不用有由而爲之　按此句晦澀，當有訛脫。

〔二〇〕帶營州刺史　諸本「營」訛「管」，無此州，今據北史卷四〇改。

〔二一〕南征赭陽　諸本「南」作「西」，北史卷四〇作「南」。按赭陽今河南方城縣，當時是北魏南邊，不得云「西」，今據改。

魏書卷六十三

列傳第五十一

王肅　宋弁

王肅，字恭懿，琅邪臨沂人，司馬衍丞相導之後也。父奐，蕭賾尚書左僕射。肅少而聰辯，涉獵經史，頗有大志。仕蕭賾，歷著作郎、太子舍人、司徒主簿、祕書丞。肅自謂禮、易爲長，亦未能通其大義也。父奐及兄弟並爲蕭賾所殺，肅自建業來奔，是歲，太和十七年也。高祖幸鄴，聞肅至，虛襟待之，引見問故。肅辭義敏切，辯而有禮，高祖甚哀惻之。遂語及爲國之道，肅陳說治亂，音韻雅暢，深會帝旨。高祖嗟納之，促席移景，不覺坐之疲淹也。因言蕭氏危滅之兆，可乘之機，勸高祖大舉。於是圖南之規轉銳，器重禮遇日有加焉，親貴舊臣莫能間也。或屏左右相對談說，至夜分不罷。肅亦盡忠輸誠，無所隱避，自謂君臣之際猶玄德之遇孔明也。尋除輔國將軍、大將軍長史，賜爵開陽伯，肅固辭伯爵，許之。

詔肅討蕭鸞義陽。聽招募壯勇以爲爪牙，其募士有功，賞加常募一等；其從肅行者，六品已下聽先擬用，然後表聞；若投化之人，聽五品已下先卽優授。於是假肅節，行平南將軍。肅至義陽，頻破賊軍，降者萬餘。高祖遣散騎侍郎勞之，以功進號平南將軍，賜駿馬一匹，除持節、都督豫東豫東郢三州諸軍事、〔一〕本將軍、豫州刺史、揚州大中正。肅善於撫接，治有聲稱。

尋徵肅入朝，高祖手詔曰：「不見君子，中心如醉，一日三歲，我勞如何。飾館華林，拂席相待，卿欲以何日發汝墳也？故復此敕。」又詔曰：「肅丁荼虣世，志等伍胥，自拔吳州，膺求魏縣，躬操忘禮之本，而同無數之喪，誓雪怨耻，方展申復，窮諭再期，蔬縕不改，誠季世之高風，末代之孝節也。但聖人制禮，必均愚智；先王作則，理齊盈虛。過之者俯而就之，不及者企而行之。曾參居罰，寧其哀終；吳員處酷，豈聞四載。夫三年者，天下之達喪，古今之所一，其雖欲過禮，朕得不制之以禮乎？有司可依禮諭之，爲裁練禫之制。」

二十年七月，高祖以久旱不雨，輟膳三旦，百僚詣闕，引在中書省。高祖在崇虛樓，遣舍人問曰：「朕知卿等至，不獲相見，卿何爲而來？」肅對曰：「伏承陛下輟膳已經三旦，羣臣焦怖，不敢自寧。臣聞堯水湯旱，自然之數，須聖人以濟世，不由聖以致災。是以國儲九年，以禦九年之變。臣又聞至於八月不雨，然後君不舉膳。昨四郊之外已蒙滂澍，唯京城之內微爲少澤。蒸民未闕一餐，陛下輟膳三日，臣庶惶惶，無復情地。」高祖遣舍人答曰：「昔堯水湯旱，賴聖人以濟民，朕雖居羣黎之上，道謝前王，今日之旱，無以救恤，應待立秋，克躬自咎。但此月十日已來，炎熱焦酷，人物同悴，而連雲數日，高風蕭條，雖不食數朝，猶自無感，朕誠心未至之所致也。」肅曰：「臣聞聖人與凡同者五常，異者神明。昔姑射之神，不食五穀，臣常謂矯。今見陛下，始知其驗。且陛下自輟膳以來，若天全無應，臣亦謂上天無知，陛下無感。一昨之前，外有滂澤，此有密雲，臣卽謂天有知，陛下有感矣。」高祖遣舍人答曰：「昨內外貴賤咸云四郊有雨，朕恐此輩皆勉勸之辭，三覆之慎，必欲使信而有徵。比當遣人往行，若果雨也，便命大官欣然進膳。豈可以近郊之內而慷慨要天乎？若其無也，朕之無感，安用朕身以擾民庶！朕志確然，死而後已。」是夜澍雨大降。

以破蕭鸞將裴叔業功，進號鎭南將軍，加都督豫、南兗、東荆、東豫四州諸軍事，封汝陽縣開國子，食邑三百戶，持節、中正、刺史如故。肅頻表固讓，不許，詔加鼓吹一部。二十二年，旣平漢陽，詔肅曰：「夫知己貴義，君臣務恩，不能矜災卹禍，恩義焉措？卿情同伍員，懷酷歸朕，然未能翦一讎人，馘彼凶帥，何嘗不興言憤歎，羨吳閭而長息。比獲蕭鸞輔國將軍黃瑤起，乃知是卿怨也。尋當相付，微望紓泄，使吾見卿之日，差得緩懷。」初，賾之收肅父奐也，司馬黃瑤起攻奐殺之，故詔云然。

高祖之伐淮北，令肅討義陽，未克，而蕭鸞遣將裴叔業寇渦陽。劉藻等救之，爲叔業所敗。肅表求更遣軍援渦陽。詔曰：「得表，覽之憮然，觀卿意非專在水，當是以藻等銳兵新敗於前，事往勢難故也。朕若分兵，遣之非多，會無所制，多遣則禁旅難闕。今日之計，唯當作必克之舉，不可爲狐疑之師，徒失南兗也。卿便息意停彼，以圖義陽之寇。宜止則止，還取義陽；宜下則下，鎭軍淮北。深量二途，勿致重爽。若孟表糧盡，軍不及至，致失渦陽，卿之過也。」肅乃解義陽之圍，以赴渦陽，叔業乃引師而退。肅坐劉藻等敗，黜爲平南將軍，中正、刺史如故。

高祖崩，遺詔以肅爲尚書令，與咸陽王禧等同爲宰輔，徵肅會駕魯陽。肅至，遂與禧等參同謀謨。自魯陽至於京洛，行途喪紀，委肅參量，憂勤經綜，有過舊戚。禧兄弟並敬而昵之，上下稱爲和輯。唯任城王澄以其起自羇遠，一旦在己之上，以爲憾焉。每謂人曰：「朝廷以王肅加我上尚可，從叔廣陽，宗室尊宿，〔三〕歷任內外，云何一朝令肅居其右也？」肅聞其言，恒降而避之。尋爲澄所奏劾，稱肅謀叛，言尋申釋。詔肅尚陳留長公主，本劉昶子婦彭城公主也，賜錢二十萬、帛三千匹。肅奏：「考以顯能，陟由績著，昇明退闇，於是乎在。自百僚曠察，四稔于玆，請依舊式考檢能否。」從之。

裴叔業以壽春內附，拜肅使持節、都督江西諸軍事、車騎將軍，與驃騎大將軍、彭城王

緫率步騎十萬以赴之。蕭寶卷豫州刺史蕭懿率衆三萬屯於小峴，交州刺史李叔獻屯合肥，將圖壽春。懿遣將胡松、李居士等領衆萬餘屯據死虎。肅進師討擊，大破之，擒其將橋珉等，斬首數千。進討合肥，生擒叔獻，蕭懿棄小峴南走。肅還京師，世宗臨東堂引見勞之，又問：「江左有何息耗？」肅曰：「如聞崔慧景已死。寶卷所仗，非邪卽佞。天殆以此資陛下，廓定之期，勢將不久。」以肅淮南累捷，賞帛四千七百五十匹，進位開府儀同三司，封昌國縣開國侯，食邑八百戶，餘如故。尋以肅爲散騎常侍、都督淮南諸軍事、揚州刺史、持節，餘官如故。

肅頻在邊，悉心撫接，遠近歸懷，附者若市，以誠綏納，咸得其心。清身好施，簡絕聲色，終始廉約，家無餘財。然性微輕佻，頗以功名自許，護疵稱伐，少所推下，高祖每以此爲言。景明二年薨於壽春，年三十八。世宗爲擧哀，詔曰：「肅奄至不救，痛惋兼懷，可遣中書侍郎賈思伯兼通直散騎常侍撫慰厥孤，給東園祕器、朝服一襲、錢三十萬、帛一千匹、布五百匹、蠟三百斤，幷問其卜遷遠近，專遣侍御史一人監護喪事，務令優厚。」又詔曰：「死生動靜，卑高有域，勝達所居，存亡崇顯。故杜預之歿，窆於首陽；司空李沖，覆舟是託。顧瞻斯所，誠亦二代之九原也。故揚州刺史肅誠義結於二世，英惠符於李杜，平生本意，願終京陵，旣有宿心，宜遂先志。其令葬於沖、預兩墳之間，使之神遊相得也。」贈侍中、司空公，本

官如故。有司奏以肅忠心大度，宜諡匡公，詔諡宣簡。肅宗初，詔爲肅建碑銘。子紹襲。

紹，字三歸。歷官太子洗馬、員外常侍、中書侍郎。卒，贈輔國將軍、徐州刺史。

子遷，襲。武定中，通直常侍。齊受禪，爵隨例降。

紹弟理，孝靜初，始得還朝。武定末，著作佐郎。

紹，肅前妻謝生也，肅臨薨，謝始攜二女及紹至壽春。世宗納其女爲夫人，肅宗又納紹女爲嬪。

肅弟秉，字文政。涉獵書史，微有兄風。世宗初，攜兄子誦、翊、衍等入國，拜中書郎，遷司徒諮議，出爲輔國將軍、幽州刺史。卒，贈征虜將軍、徐州刺史。

誦，字國章，肅長兄融之子。學涉有文才，神氣清儁，風流甚美。自員外郎、司徒主簿，轉司徒屬、司空諮議、通直常侍、汝南王友。遷司徒諮議，加前軍、散騎常侍、光祿大夫。出爲左將軍、幽州刺史。未幾，徵爲長兼祕書監，徙給事黃門侍郎。肅宗崩，靈太后之立幼主也，於時大赦，誦宣讀詔書，音制抑揚，風神疎秀，百僚傾屬，莫不歎美。孝莊初，於河陰遇害，年三十七。〔三〕贈驃騎大將軍、尚書左僕射、司空公、徐州刺史，諡曰文宣。

子孝康，武定中，尚書郎中。卒。

孝康弟儁康，性清雅，頗有文才。齊文襄王中外府祭酒。卒，贈征虜將軍、太府少卿。

誦弟衍，字文舒。名行器藝亞於誦。自著作佐郎，稍遷尚書郎、員外常侍、司空諮議、光祿大夫、廷尉、揚州大中正、度支尚書，仍轉七兵，徙太常卿。出爲散騎常侍、征東將軍、西兗州刺史。衍屆治未幾，屬尒朱仲遠稱兵內向，州旣路衝，爲其攻逼。衍不能守，爲仲遠所擒，以其名望不害也，令其騎牛從軍，久乃見釋。還洛，除車騎將軍、左光祿大夫。孝靜初，轉侍中，將軍如故。天平三年卒，年五十二。敕給東園祕器、賵物三百段，贈使持節、都督青徐兗三州諸軍事、驃騎大將軍、尚書令、司徒公、徐州刺史，謚曰文獻。衍篤於交舊，有故人竺虢，於西兗爲仲遠所害，其妻子飢寒，衍置之於家，累年贍恤，世人稱其敦厚。

翊，字士遊，肅次兄琛子也。風神秀立，好學有文才。歷司空主簿、清河王友、中書侍郎。頗銳於榮利，結婚於元叉，超拜左將軍、濟州刺史，尋加平東將軍。清靜愛民，有政治之稱。入爲散騎常侍。孝莊初，遷鎮南將軍、金紫光祿大夫，領國子祭酒。永安元年冬卒，年三十七。贈侍中、衞將軍、司空公、徐州刺史。

子淵，武定中，儀同開府記室參軍。

宋弁，字義和，廣平列人人也。祖愔，與從叔宣、博陵崔建俱知名。世祖時，歷位中書博士、員外散騎常侍，使江南，賜爵列人子，還拜廣平太守。興安五年卒，〔四〕贈安遠將軍、相州刺史，謚曰惠。長子顯襲爵。弁伯父世顯無子，〔五〕養弁爲後。弁父叔珍，李敷妹夫，因敷事而死。

弁才學儁贍，少有美名。高祖初，曾至京師，見尚書李沖，因言論移日。沖竦然異之，退而言曰：「此人一日千里，王佐才也。」顯卒，弁襲爵。弁與李彪州里，迭相祗好。彪爲祕書丞，弁自中散彪請爲著作佐郎，尋除尚書殿中郎中。高祖曾因朝會之次，歷訪治道，弁年少官微，自下而對，聲姿清亮，進止可觀，高祖稱善者久之。因是大被知遇，賜名爲弁，意取弁和獻玉，楚王不知寶之也。

遷中書侍郎，兼員外常侍，使於蕭賾。賾司徒蕭子良、祕書丞王融等皆稱美之，以爲志氣謇烈不逮李彪，而體韻和雅、舉止閑邃過之。轉散騎侍郎，時散騎位在中書之右。高祖曾論江左事，因問弁曰：「卿比南行，入其隅隩，彼政道云何？興亡之數可得知不？」弁對曰：「蕭氏父子無大功於天下，既以逆取，不能順守。德政不理，徭役滋劇，內無股肱之助，外有怨叛之民，以臣觀之，必不能貽厥孫謀，保有南海。若物憚其威，身免爲幸。」後車駕南征，以弁爲司徒司馬、曜武將軍、東道副將。軍人有盜馬靽者，斬而徇之，於是三軍振懼，莫敢犯法。

黃門郎崔光薦弁自代，高祖不許，然亦賞光知人。未幾，以弁兼黃門，尋即正，兼司徒左長史。時大選內外羣官，並定四海士族，弁專參銓量之任，事多稱旨。然好言人之陰短，高門大族意所不便者，弁因毀之；至於舊族淪滯，人非可忌者，又申達之。弁又爲本州大中正，姓族多所降抑，頗爲時人所怨。

從駕南討，詔弁於豫州都督所部及東荆領葉，皆減戍士營農，〔六〕水陸兼作。遷散騎常侍，尋遷右衞將軍，領黃門。弁屢自陳讓，高祖曰：「吾爲相知者，卿亦不可有辭，豈得專守一官，不助朕爲治？且常侍者黃門之粗冗，領軍者二衞之假攝，不足空存推讓，以棄大委。」其被知遇如此。

始，高祖北都之選也，李沖多所參預，頗抑宋氏。弁有恨於沖，而與李彪交結，雅相知重。及彪之抗沖，沖謂彪曰：「爾如狗耳，爲人所嗾。」及沖劾彪，不至大罪，弁之力也。彪除名爲民，弁大相嗟慨，密圖申復。

高祖在汝南不豫，大漸，旬有餘日，不見侍臣，左右唯彭城王勰等數人而已。小瘳，乃引見門下及宗室長幼諸人，入者未能知致悲泣，弁獨進及御床，歔欷流涕曰：「臣不謂陛下聖顏毀瘠乃爾！」由是益重之。車駕征馬圈，留弁以本官兼祠部尚書，攝七兵事。及行，執

其手曰：「國之大事，在祀與戎，故令卿綰攝二曹，可不自勉。」弁頓首辭謝。弁劬勞王事，夙夜在公，恩遇之甚，輩流莫及，名重朝野，亞於李沖。高祖每稱弁可爲吏部尚書。及崩，遺詔以弁爲之，與咸陽王禧等六人輔政，而弁已先卒，年四十八。詔賜錢十萬、布三百匹，贈安東將軍、瀛州刺史，謚曰貞順。

弁性好矜伐，自許膏腴。高祖以郭祚晉魏名門，從容謂弁曰：「卿固應推郭祚之門也。」弁笑曰：「臣家未肯推祚。」高祖曰：「卿自漢魏以來，既無高官，又無儁秀，何得不推？」弁曰：「臣清素自立，要爾不推。」侍臣出後，高祖謂彭城王勰曰：「弁人身良自不惡，乃復欲以門戶自矜，殊爲可怪。」

長子維，字伯緒。維弟紀，字仲烈。維少襲父爵，自員外郎遷給事中。坐諂事高肇，出爲益州龍驤府長史，辭疾不行。太尉、清河王懌輔政，以維名臣之子，薦爲通直郎，辟其弟紀行參軍。靈太后臨政，委任元叉，而叉恃寵驕盈，懌每以分理裁斷。叉甚忿恨，思以害懌，遂與維爲計，以富貴許之。維見叉寵勢日隆，便至乾沒，乃告司染都尉韓文殊父子欲謀逆立懌。懌坐被錄禁中。文殊父子懼而逃遁。鞫無反狀。以文殊亡走，懸處大辟。置懌於宮西別館，禁兵守之。維應反坐，叉言於太后，欲開將來告者之路，乃黜爲燕州昌平郡守，紀爲秦州大羌令。維及紀頗涉經史，而浮薄無行。懌親尊懿望，朝野瞻屬，維受懌眷

賞，而無狀構間，天下人士莫不怪忿而賤薄之。及叉殺懌，專斷朝政，以維兄弟前者告懌，徵維爲散騎侍郎，紀爲太學博士，領侍御史，甚昵之。維超遷通直常侍，又除冠軍將軍、洛州刺史；紀超遷尚書郎。初，弁謂族弟世景言：「維性疏險，而紀識慧不足，終必敗吾業也。」世景以爲不爾，至是果然，聞者以爲知子莫若父。尚書令李崇、尚書左僕射郭祚、右僕射游肇每云：「伯緒兇疏，終敗宋氏，幸得殺身耳。」論者以爲有徵。後除營州刺史，仍本將軍。靈太后反政，以叉黨除名，遂還鄉里。尋追其前誣告清河王事，於鄴賜死。子春卿，早亡。弟紀以次子欽仁繼。

欽仁，武定末，太尉祭酒。

紀，肅宗末，爲北道行臺。卒於晉陽。子欽道，武定末，冀州別駕。

弁弟機，本州治中。子寶積，卒於中散大夫。

弁族弟穎，字文賢。自奉朝請稍遷尚書郎、魏郡太守。納貨劉騰，騰言之於元叉，以穎爲冠軍將軍、涼州刺史。穎前妻鄧氏亡後十五年，穎夢見之，向穎拜曰：「新婦今被處分爲

高崇妻，故來辭君。」泫然流涕。穎旦而見崇言之，崇後數日而卒。

穎族弟爕，字崇和。廣平王懷郎中令、員外常侍。爲征北李平司馬，北殄元愉，頗有贊謀之功。

爕族弟鴻貴，爲定州平北府參軍，送兵於荆州。坐取兵絹四百匹，兵欲告之，乃斬十人。又疏凡不達律令，見律有梟首之罪，乃生斷兵手，以水澆之，然後斬決。尋坐伏法。時人哀兵之苦，笑鴻貴之愚。

史臣曰：古人有云，才未半古，功以過之，非徒語也。王肅流寓之人，見知一面，雖器業自致，抑亦逢時，榮任赫然，寄同舊列，美矣。誦翊繼軌，不殞光風。宋弁以才度見知，迹參顧命，拔萃出類，其有以哉。無子之歎，豈徒羊舌，宗祀之不亡，幸矣。

校勘記

〔一〕除持節都督豫東豫東郢三州諸軍事　諸本「東豫」二字缺，今據冊府卷三八一四五三三頁補。又冊府「東郢」無「東」字，檢一〇六中地形志中北揚州汝陰郡條稱「太和十八年爲東郢州，後罷」，又文館詞林卷六六二後魏孝文帝出師詔，亦見「東郢州」。知有「東」字不誤。

〔二〕從叔廣陽宗室尊宿　諸本及北史卷四二王肅傳「陽」作「陵」。按當時無所謂「宗室尊宿」封於廣陵。據卷七下高祖紀下太和二十三年二月稱以王肅爲尚書令，廣陽王嘉爲尚書左僕射。故元澄說王肅不應位居嘉之上，嘉爲拓䟦燾孫，澄爲燾曾孫，故稱嘉爲「從叔」。「廣陵」顯爲「廣陽」之訛，今改正。

〔三〕年三十七　墓誌集釋王誦墓誌圖版二六五稱誦死年「卌七」。誌云「年甫十二，備遭荼蓼」，指其祖王奐被殺事。奐死在齊永明十一年，即魏太和十七年四九三，這年十二歲，上推生於齊建元四年、魏太和六年四八二，至魏建義元年五二八，正得四十七歲。這裏「三」乃「四」之訛。

〔四〕興安五年卒　張森楷云：「興安只二年，『五』當是『二』之訛。」

〔五〕長子顯襲爵弁伯父世顯無子　張森楷云：「弁伯父即愔長子，而上云『顯』，下云『世顯』。據下云：『顯卒，弁襲爵。』北史卷二六亦無『顯』字，疑『世』字不當有。」按「弁伯父」三字也是贅文，疑是後人旁注羼入。

〔六〕詔弁於豫州都督所部及東荆領葉皆減戍士營農　冊府卷五〇三六〇三五頁「領葉」作「潁鄴」。按「領葉」不可解，「領」或是「潁」之訛，然鄴太遠，也可疑。

魏書卷六十四

列傳第五十二

郭祚 張彝

郭祚，字季祐，太原晉陽人，魏車騎郭淮弟亮後也。祖逸，州別駕，前後以二女妻司徒崔浩，一女妻浩弟上黨太守恬。世祖時，浩親寵用事，拜逸徐州刺史，假榆次侯，終贈光祿大夫。父洪之，坐浩事誅，祚亡竄得免。少而孤貧，姿貌不偉，鄉人莫之識也。有女巫相祚後當富貴。祚涉歷經史，習崔浩之書，尺牘文章見稱於世。弱冠，州主簿，刺史孫小委之書記。又太原王希者，逸妻之姪，共相賙恤，得以饒振。

高祖初，舉秀才，對策上第，拜中書博士，轉中書侍郎，遷尚書左丞，長兼給事黃門侍郎。祚清勤在公，夙夜匪懈，高祖甚知賞之。從高祖南征，及還，正黃門。車駕幸長安，行經渭橋，過郭淮廟，問祚曰：「是卿祖宗所承也？」祚曰：「是臣七世伯祖。」高祖曰：「先賢後

哲，頓在一門。」祚對曰：「昔臣先人以通儒英博，唯事魏文，微臣虛薄，遭奉明聖，自惟幸甚。」因敕以太牢祭淮廟，令祚自撰祭文。以贊遷洛之規，賜爵東光子。高祖曾幸華林園，因觀故景陽山，祚曰：「山以仁靜，水以智流，願陛下修之。」高祖曰：「魏明以奢失於前，朕何爲襲之於後？」祚曰：「高山仰止。」高祖曰：「得非景行之謂？」遷散騎常侍，仍領黃門。是時高祖銳意典禮，兼銓鏡九流，又遷都草創，征討不息，內外規略，號爲多事。祚與黃門宋弁參謀幃幄，隨其才用，各有委寄。祚承稟注疏，特成勤劇。嘗以立馮昭儀，百官夕飲清徽後園，高祖舉觴賜祚及崔光曰：「郭祚憂勞庶事，獨不欺我；崔光溫良博物，朝之儒秀。不勸此兩人，當勸誰也？」其見知若此。

初，高祖以李彪爲散騎常侍，祚因入見，高祖謂祚曰：「朕昨誤授一人官。」祚對曰：「陛下聖鏡照臨，論才授職，進退可否，黜陟幽明，品物既彰，人倫有序，豈容聖詔一行而有差異。」高祖沉吟曰：「此自應有讓，因讓，朕欲別授一官。」須臾，彪有啓云：「伯石辭卿，子產所惡，臣欲之已久，不敢辭讓。」高祖歎謂祚曰：「卿之忠諫，李彪正辭，使朕遲回不能復決。」遂不換彪官也。乘輿南討，祚以兼侍中從，拜尚書，進爵爲伯。高祖崩，咸陽王禧等奏祚兼吏部尚書，尋除長兼吏部尚書、并州大中正。

世宗詔以姦吏逃刑，懸配遠戍，若永避不出，兄弟代之。祚奏曰：「慎獄審刑，道煥先古，垂憲設禁，義纂惟今。是以先王沿物之情，爲之軌法，故八刑備於昔典，姦律炳於來制，皆所以謀其始迹，訪厥成罪，敦風厲俗，永資世範者也。伏惟旨義博遠，理絕近情，既懷愚異，不容不述。誠以敗法之原，起於姦吏，姦吏雖微，敗法實甚。伏尋詔旨，信亦斷其逋逃之路，爲治之要，實在於斯。然法貴止姦，不在過酷，立制施禁，爲可傳之於後。若法猛而姦不息，禁過不可永傳，將何以載之刑書，垂之百代？若以姦吏逃竄，徙其兄弟，罪人妻子復應從之，此則一人之罪，禍傾二室。愚謂罪人既逃，止徙妻子，走者之身，懸名永配，於眚不免，姦途自塞。」詔從之。

尋正吏部。祚持身潔清，重惜官位，至於銓授，假令得人，必徘徊久之，然後下筆，下筆即云：「此人便以貴矣。」由是事頗稽滯，當時每招怨讟。然所拔用者，皆量才稱職，時又以此歸之。

出爲使持節、鎮北將軍、瀛州刺史。及太極殿成，祚朝於京師，轉鎮東將軍、青州刺史。祚值歲不稔，闔境飢弊，矜傷愛下，多所賑恤，雖斷決淹留，號爲煩緩，然士女懷其德澤，于今思之。入爲侍中、金紫光祿大夫、并州大中正，遷尚書右僕射。時議定新令，詔祚與侍中、黃門參議刊正。故事，令、僕、中丞騶唱而入宮門，至於馬道。〔一〕及祚爲僕射，以爲非盡敬之宜，言於世宗，帝納之，下詔：「御在太極，騶唱至止車門；御在朝堂，至司馬門。」騶唱不

入宮，自此始也。詔祚本官領太子少師。祚曾從世宗幸東宮，肅宗幼弱，祚懷一黃㼐出奉肅宗。時應詔左右趙桃弓與御史中尉王顯迭相脣齒，深爲世宗所信，祚私事之。時人謗祚者，號爲桃弓僕射、黃㼐少師。

祚奏曰：「謹案前後考格雖班天下，如臣愚短，猶有未悟。今須定職人遷轉由狀，超越階級者即須量折。景明初考格，五年者得一階半。正始中，故尚書、中山王英奏考格，被旨：但可正滿三周爲限，不得計殘年之勤。又去年中，以前二制不同，奏請裁決。旨云：『黜陟之體，自依舊來恆斷。』今未審從舊來之旨，爲從景明之斷，爲從正始爲限？景明考法，東西省文武閑官悉爲三等，考同任事，而前尚書盧昶奏上第之人三年轉半階。今之考格，復分爲九等，前後不同，參差無準。」詔曰：「考在上中者，得汎以前，有六年以上遷一階，三年以上遷半階，殘年悉除。考在上下者，得汎以前，六年以上遷半階，不滿者除。其得汎以後考在上下者，三年遷一階。散官從盧昶所奏。」

祚又奏言：「考察令：公清獨著，德績超倫，而無負殿者爲上上，一殿爲上中，二殿爲上下，累計八殿，品降至九。未審今諸曹府寺，凡考，在事公清，然才非獨著，績行稱務，而德非超倫；幹能粗可，而守平堪任；或人用小劣，處官濟事，并全無負殿之徒爲依何第？」景明三年以來，至今十有一載，準限而判，三應昇退。今既通考，未審爲十年之中通其殿最，積

以爲第，隨前後年斷，各自除其善惡而爲昇降？且負注之章，數成殿爲差，此條以寡愆爲最，多戾爲殿。未審取何行是寡愆？何坐爲多戾？結累品次，復有幾等？諸文案失吏，應杖十者爲一負。罪依律次，過隨負記。十年之中，三經肆眚，赦前之罪，不問輕重，皆蒙有免。或爲御史所彈，案驗未周，遇赦復任者，未審記殿得除以不？」詔曰：「獨著、超倫及才備、寡咎，皆謂文武兼上上之極言耳。自此以降，猶有八等，隨才爲次，令文已具。其積負累殿及守平得濟，皆含在其中，何容別疑也。所云通考者，據總多年之言，至於黜陟之體，自依舊來年斷，何足復請。其罰贖已決之殿，固非免限，遇赦免罪，惟記其殿，除之。」尋加散騎常侍。

時詔營明堂國學，祚奏曰：「今雲羅西舉，開納岷蜀，戎旗東指，鎮靖淮荆，漢沔之間復須防捍。徵兵發衆，所在殷廣，邊郊多壘，烽驛未息，不可於師旅之際，興板築之功。且獻歲云暨，東作將始，臣愚量謂宜待豐靖之年，因子來之力，可不時而就。」從之。世宗末年，每引祚入東宮，密受賞賚，多至百餘萬，雜以錦繡。又特賜以劍杖，恩寵甚深，遷左僕射。

先是，蕭衍遣將康絢遏淮，將灌揚徐，祚表曰：「蕭衍狂悖，擅斷川瀆，役苦民勞，危亡已兆。然古諺有之，『敵不可縱』。夫以一酌之水，或爲不測之淵，如不時滅，恐同原草。宜命一重將，率統軍三十人，領羽林一萬五千人，并科京東七州虎旅九萬，長驅電邁，遄令撲

討。擒斬之勳，一如常制，賊資雜物，悉入軍人。如此，則鯨鯢之首可不日而懸。誠知農桑之時，非發衆之日，苟事理宜然，亦不得不爾。昔韋顧跋扈，殷后起昆吾之師，玁狁孔熾，周王興六月之伐。臣職忝樞衡，獻納是主，心之所懷，寧敢自默。并宜敕揚州選一猛將，遣當州之兵令赴浮山，表裏夾攻。」朝議從之。

出除使持節、散騎常侍、都督雍岐華三州諸軍事、征西將軍、雍州刺史。太和以前，朝法尤峻，貴臣蹉跌，便致誅夷。李沖之用事也，欽祚識幹，薦爲左丞，又兼黃門。意便滿足，每以孤門往經崔氏之禍，常慮危亡，苦自陳挹，辭色懇然，發於誠至。沖謂之曰：「人生有運，非可避也，但當明白當官，何所顧畏。」自是積二十餘年，位秩隆重，而進趨之心更復不息。又以東宮師傅之資，列辭尚書，志在封侯、儀同之位，尚書令、任城王澄爲之奏聞。及爲征西、雍州，雖喜於外撫，尚以府號不優，心望加大，執政者頗怪之。於時，領軍于忠恃寵驕恣，崔光之徒，曲躬承奉，祚心惡之，乃遣子太尉從事中郎景尚說高陽王雍，令出忠爲州。忠聞而大怒，矯詔殺祚，時年六十七。

祚達於政事，凡所經履，咸爲稱職，每有斷決，多爲故事。名器既重，時望亦深，一朝非罪見害，遠近莫不惋惜。靈太后臨朝，遣使弔慰，追復伯爵。正光中，贈使持節、車騎將軍、儀同三司、雍州刺史，謚文貞公。

初，高祖之置中正，從容謂祚曰：「并州中正，卿家故應推王瓊也。」祚退謂密友曰：「瓊眞僞今自未辨，我家何爲滅之？然主上直信李沖吹噓之說耳。」祚死後三歲而于忠死，咸以祚爲祟。

祚長子思恭，弱冠，州辟爲主簿。早卒。思恭弟慶禮以第二子延伯繼。

延伯，襲祖爵東光伯。武定中，驃騎大將軍、將作大匠。齊受禪，爵例降。

思恭弟景尚，字思和。涉歷書傳，曉星歷占候，言事頗驗。初爲彭城王中軍府參軍，遷員外郎，司徒主簿，太尉從事中郎。公強當世，善事權寵，世號之曰「郭尖」。肅宗時，遷輔國將軍、中散大夫。轉中書侍郎，未拜而卒，年五十一。

子季方，武定中，膠州驃騎府長流參軍。

景尚弟慶禮，字叔，爲祚所愛。著作佐郎、通直郎。卒，贈征虜將軍、瀛州刺史。

子元貞，武定末，定州驃騎府長史。

張彝，字慶賓，清河東武城人。曾祖幸，慕容超東牟太守，後率戶歸國。世祖嘉之，賜爵平陸侯，拜平遠將軍、青州刺史。祖準之襲，又爲東青州刺史。父靈眞，早卒。

彝性公強，有風氣，歷覽經史。高祖初，襲祖侯爵，與盧淵、李安民等結爲親友，往來朝

會，常相追隨。淵爲主客令，安民與彝並爲散令。彝少而豪放，出入殿庭，步眄高上，無所顧忌。文明太后雅尚恭謹，因會次見其如此，遂召集百僚督責之，令其修悔，而猶無悛改。善於督察，每東西馳使有所巡檢，彝恒充其選，清愼嚴猛，所至人皆畏伏，儔類亦以此高之。遷主客令，例降侯爲伯，轉太中大夫，仍行主客曹事。尋爲黃門。後從駕南征，母憂解任。彝居喪過禮，送葬自平城達家，千里徒步，不乘車馬，顏貌毀瘠，當世稱之。高祖幸冀州，遣使弔慰，詔以驍騎將軍起之，還復本位。以參定遷都之勳，進爵爲侯，轉太常少卿，遷散騎常侍，兼侍中，持節巡察陝東、河南十二州，甚有聲稱。使還，以從征之勤，遷尚書。坐舉元昭爲兼郎中，黜爲守尚書。世宗初，除正尚書、兼侍中。尋正侍中。世宗親政，罷六輔，彝與兼尚書邢巒聞處分非常，出京奔走，爲御史中尉甄琛所彈，云「非虎非兕，率彼曠野」，詔書切責之。

尋除安西將軍、秦州刺史。彝務尚典式，考訪故事。及臨隴右，彌加討習，於是出入直衞，方伯威儀，赫然可觀。羌夏畏伏，憚其威整，一方肅靜，號爲良牧。其年冬，太極初就，彝與郭祚等俱以勤舊被徵。及還州，進號撫軍將軍，彝表解州任，詔不許。彝敷政隴右，多所制立，宣布新風，革其舊俗，民庶愛仰之。爲國造佛寺名曰興皇，諸有罪咎者，隨其輕重，謫爲土木之功，無復鞭杖之罰。時陳留公主寡居，彝意願尚主，主亦許之。僕射高肇亦望

魏書卷六十五

列傳第五十三

邢巒　李平

邢巒，字洪賓，河間鄚人也。[一]五世祖嘏，石勒頻徵，不至。嘏無子，巒高祖蓋，自旁宗入後。蓋孫穎，字宗敬，以才學知名。世祖時，與范陽盧玄、勃海高允等同時被徵。後拜中書侍郎，假通直常侍、寧朔將軍、平城子，銜命使於劉義隆。後以病還鄉里。久之，世祖訪穎於羣臣曰：「往憶邢穎長者，有學義，宜侍講東宮，今其人安在？」司徒崔浩對曰：「穎臥疾在家。」世祖遣太醫馳驛就療。卒，贈冠軍將軍、定州刺史，謚曰康。子脩年，即巒父也，州主簿。

巒少而好學，負帙尋師，家貧厲節，遂博覽書傳。有文才幹略，美鬚髯，姿貌甚偉。州郡表貢，拜中書博士，遷員外散騎侍郎，爲高祖所知賞。兼員外散騎常侍，使於蕭賾，還，拜

通直郎，轉中書侍郎，甚見顧遇，常參座席。高祖因行藥至司空府南，見巒宅，遣使謂巒曰：「朝行藥至此，見卿宅乃住，東望德館，情有依然。」巒對曰：「陛下移構中京，方建無窮之業，臣意在與魏昇降，寧容不務永年之宅。」高祖謂司空穆亮、僕射李沖曰：「巒之此言，其意不小。」有司奏策秀、孝，詔曰：「秀、孝殊問，經權異策，邢巒才清，可令策秀。」後兼黃門郎。從征漢北，巒在新野，後至。高祖曰：「伯玉天迷其心，鬼惑其慮，守危邦，固逆主，乃至如此。」巒曰：「新野既摧，衆城悉潰，唯有伯玉，不識危機，平殄之辰，事在旦夕。」高祖曰：「至此以來，雖未擒滅，城隍已崩，想在不遠。所以緩攻者，正待中書爲露布耳。」尋除正黃門、兼御史中尉、瀛州大中正，遷散騎常侍、兼尚書。

世宗初，巒奏曰：「臣聞昔者明王之以德治天下，莫不重粟帛，輕金寶。然粟帛安國育民之方，金玉是虛華損德之物。故先皇深觀古今，去諸奢侈。服御尚質，不貴雕鏤，所珍在素，不務奇綺，至乃以紙絹爲帳扆，銅鐵爲轡勒。訓朝廷以節儉，示百姓以憂務，日夜孜孜，小大必慎。輕賤珠璣，示其無設，府藏之金，裁給而已，更不買積以費國資。逮景明之初，承升平之業，四疆清晏，遠邇來同，於是蕃貢繼路，商賈交入，諸所獻貿，倍多於常。雖加以節約，猶歲損萬計，珍貨常有餘，國用恒不足。若不裁其分限，便恐無以支歲。自今非爲要須者，請皆不受。」世宗從之。尋正尚書，常侍如故。

蕭衍梁秦二州行事夏侯道遷以漢中內附，詔加巒使持節、都督征梁漢諸軍事、假鎮西將軍，進退徵攝，得以便宜從事。巒至漢中，白馬已西猶未歸順，巒遣寧遠將軍楊舉、統軍楊衆愛、汜洪雅等領卒六千討之。軍鋒所臨，賊皆款附，唯補谷戍主何法靜據城拒守。舉等進師討之，[二]法靜奔潰，乘勝追奔至關城之下，蕭衍龍驤將軍關城流雜疑李侍叔逆以城降。蕭衍輔國將軍任僧幼等三十餘將，率南安、廣長、東洛、大寒、武始、除口、平溪、桶谷諸郡之民七千餘戶，相繼而至。蕭衍平西將軍李天賜、晉壽太守王景胤等擁衆七千，屯據石亭。統軍韓多寶等率衆擊之，破天賜前軍趙臏，擒斬一千三百。遣統軍李義珍討晉壽，景胤宵遁，遂平之。詔曰：「巒至彼，須有板官，以懷初附，高下品第，可依征義陽都督之格也。」拜巒使持節、安西將軍、梁秦二州刺史。

蕭衍巴西太守龐景民恃遠不降，巒遣巴州刺史嚴玄思往攻之，斬景民，巴西悉平。蕭衍遣其冠軍將軍孔陵等率衆二萬，屯據深坑，冠軍將軍魯方達固南安，[三]冠軍將軍任僧褒、輔國將軍李畎戍石同。巒統軍王足所在擊破之，梟衍輔國將軍樂保明、寧朔將軍李伯度、龍驤將軍李思賢，賊遂保回車柵。足又進擊衍輔國將軍范峻，自餘斬獲殆將萬數。孔陵等收集遺衆，奔保梓潼，足又破之，斬衍輔國將軍符伯度，其殺傷投溺者萬有餘人。開地定民，東西七百，南北千里，獲郡十四、二部護軍及諸縣戍，遂逼涪城。巒表曰：

揚州、成都相去萬里，陸途既絕，唯資水路。蕭衍兄子淵藻，去年四月十三日發揚州，今歲四月四日至蜀。水軍西上，非周年不達，外無軍援，一可圖也。益州頃經劉季連反叛，鄧元起攻圍，資儲散盡，倉庫空竭，今猶未復，兼民人喪膽，無復固守之意，二可圖也。蕭淵藻是裙屐少年，[四]未洽治務，及至益州，便戮鄧元起、[五]曹亮宗，臨戎斬將，則是駕馭失方。范國惠津渠退敗，鎖執在獄。今之所任，並非宿將重名，皆是左右少年而已，既不厭民望，多行殘暴，民心離解，三可圖也。蜀之所恃唯劍閣，今既克南安，已奪其險，據彼界內，三分已一。從南安向涪，方軌任意，前軍累破，後衆喪魂，四可圖也。昔劉禪據一國之地，姜維爲佐，鄧艾既出綿竹，彼即投降。及苻堅之世，楊安、朱彤三月取漢中，四月至涪城，兵未及州，仲孫逃命。桓溫西征，不旬月而平。蜀地昔來恒多不守。況淵藻是蕭衍兄子，骨肉至親，若其逃亡，當無死理。脫軍克涪城，淵藻復何宜城中坐而受困？若其出鬭，庸蜀之卒唯便刀矟，弓箭至少，假有遙射，弗至傷人，五可圖也。

臣聞乘機而動，武之善經；攻昧侮亡，春秋明義。未有捨干戚而康時，不征伐而混一。伏惟陛下纂武文之業，當必世之期，跨中州之饒，兼甲兵之盛，清蕩天區，在於今矣。是以踐極之初，壽春馳款；先歲命將，義陽克闢。淮外謐以風清，荆沔於焉肅晏。

方欲偃甲息兵，候機而動，而天贊休明，時來斯速，雖欲靖戎，理不獲已。至使道遷歸誠，漢境佇拔。臣以不才，屬當戎寄，內省文吏，不以軍謀自許，指臨漢中，惟規保疆守界。事屬艱途，東西寇竊，上憑國威，下仗將士，邊帥用命，頻有薄捷。藉勢乘威，經度大劍，既克南安，據彼要險，前軍長邁，已至梓潼，新化之民，翻然懷惠，瞻望涪益，旦夕可屠。正以兵少糧匱，未宜前出。爲爾稽緩，懼失民心，則更爲寇。今若不取，後圖便難，輒率愚管，庶幾殄克，如其無功，分受憲坐。且益州殷實，戶餘十萬，比壽春、義陽三倍非匹，可乘可利，實在于茲。若朝廷志存保民，未欲經略，臣之在此，便爲無事，乞歸侍養，微展烏鳥。

詔曰：「若賊敢闚闔，觀機翦撲；如其無也，則安民保境，以悅邊心。子蜀之舉，更聽後敕。方將席卷岷蜀，電掃西南，何得辭以戀親，中途告退！宜勗令圖，務申高略。」巒又表曰：

昔鄧艾、鍾會率十八萬衆，傾中國資給，裁得平蜀，所以然者，鬬實力故也。況臣才絕古人，智勇又闕，復何宜請二萬之衆而希平蜀？所以敢者，正以據得要險，士民慕義，此往則易，彼來則難，任力而行，理有可克。今王足前進，已逼涪城，脫得涪城，則益州便是成擒之物，但得之有早晚耳。且梓潼已附，民戶數萬，朝廷豈得不守之也？若守也，直保境之兵則已一萬，臣今請二萬伍千，所增無幾。又劍閣天險，古來所稱，張載銘云：「世亂則逆，世清斯順。」此之一言，良可惜矣。臣誠知征戎危事，不易可爲，自軍度劍閣以來，鬢髮中白，憂慮戰懼，寧可一日爲心。所以勉强者，旣得此地而自退不守，恐辜先皇之恩遇，負陛下之爵祿，是以孜孜，頻有陳請。且臣之意算，正欲先圖涪城，以漸而進。若克涪城，便是中分益州之地，斷水陸之衝，彼外無援軍，孤城自守，復何能持久哉！臣今欲使軍軍相次，聲勢連接，先作萬全之計，然後圖彼，得之則大克，不得則自全。

又巴西、南鄭相離一千四百，去州迢遞，恒多生動。昔在南之日，以其統綰勢難，故增立巴州，鎮靜夷獠，梁州藉利，因而表罷。彼土民望，嚴、蒲、何、楊，非唯五三，族落雖在山居，而多有豪右，文學箋啓，往往可觀，冠帶風流，亦爲不少。但以去州旣遠，不能仕進，至於州綱，無由厠迹。巴境民豪，便是無梁州之分，是以鬱怏，多生動靜。比建議之始，〔六〕嚴玄思自號巴州刺史，克城以來，仍使行事。巴西廣袤一千，戶餘四萬，若彼立州，鎮攝華獠，則大帖民情。從墊江已還，不復勞征，自爲國有。

世宗不從。又王足於涪城輒還，遂不定蜀。

巒旣克巴西，遣軍主李仲遷守之。仲遷得蕭衍將張法養女，有美色，甚惑之。散費兵儲，專心酒色，公事諮承，無能見者。巒忿之切齒，仲遷懼，謀叛，城人斬其首，以城降衍將譙希遠，巴西遂沒。武興氐楊集起等反叛，巒遣統軍傅豎眼討平之，語在豎眼傳。巒之初至漢中，從容風雅，接豪右以禮，撫細民以惠。歲餘之後，頗因百姓去就，誅滅齊民，藉爲奴婢者二百餘口，兼商販聚斂，清論鄙之。徵授度支尚書。

時蕭衍遣兵侵軼徐兗，緣邊鎮戍相繼陷沒，朝廷憂之，乃以巒爲使持節、都督東討諸軍事、安東將軍，尚書如故。世宗勞遣巒於東堂曰：「蕭衍寇邊，旬朔滋甚，諸軍舛互，規致連戍陷沒。宋魯之民尤罹湯炭。誠知將軍旋京未久，膝下難違，然東南之寄，非將軍莫可。將軍其勉建殊績，以稱朕懷，自古忠臣亦非無孝也。」巒對曰：「賊雖送死連城，犬羊衆盛，然逆順理殊，滅當無遠。況臣仗陛下之神算，奉律以摧之，平殄之期可指辰而待，願陛下勿以東南爲慮。」世宗曰：「漢祖有云『金吾擊郾，吾無憂矣』，今將軍董戎，朕何慮哉。」

先是，蕭衍輔國將軍蕭及先率衆二萬，寇陷固城；冠軍將軍魯顯文、驍騎將軍相文玉等率衆一萬，屯於孤山；〔七〕衍將角念等率衆一萬，擾亂龜蒙，土民從逆，十室而五。巒遣統軍樊魯討文玉，別將元恒攻固城，統軍畢祖朽討角念。樊魯大破文玉等，追奔八十餘里，斬首四千餘級。元恒又破固城，畢祖朽復破念等，兗州悉平。巒破賊將藍懷恭於睢口，進圍宿豫。而懷恭等復於清南造城，〔八〕規斷水陸之路。巒身率諸軍，自水南而進，遣平南將軍楊大眼從北逼之，統軍劉思祖等夾水造筏，燒其船舫。衆軍齊進，拔柵塡塹，登其城。火起中流，四面俱擊，仍陷賊城，俘斬數萬。在陳別斬懷恭，擒其列侯、列將、直閣、直後三十餘人，俘斬一萬。宿豫旣平，蕭昞亦於淮陽退走，二戍獲米四十餘萬石。

世宗賜巒璽書曰：「知大龕醜虜，威振賊庭，淮外霧披，徐方卷壒，王略遠恢，混一維始，公私慶泰，何快如之！賊衍此舉，實爲傾國。比者宿豫陷歿，淮陽嬰城，凶狡偷張，規抗王旅。將軍忠規協著，火烈霜摧，電動岱陰，風掃沂嶧，遂令逋誅之寇，一朝殲夷；元鯨大憝，千里折首。殊勳茂捷，自古莫二。但揚區未安，餘燼宜盪，乘勝掎角，勢不可遺。便可率厲三軍，因時經略，申威東南，清彼江介，忘此仍勞，用圖永逸，進退規度，委之高算。」又詔巒曰：「淮陽、宿豫雖已清復，梁城之賊，猶敢聚結，事宜乘勝，幷勢摧殄。可率二萬之衆渡淮，與征南掎角，以圖進取之計。」

及梁城賊走，中山王英乘勝攻鍾離，又詔巒帥衆會之。巒表曰：「奉被詔旨，令臣濟淮與征南掎角，乘勝長驅，實是其會。但愚懷所量，竊有未盡。夫圖南因於積風，伐國在於資給，用兵治戎，須先計校。非可抑爲必勝，〔九〕幸其無能。若欲掠地誅民，必應萬勝；如欲攻城取邑，未見其果。得之則所益未幾，不獲則虧損必大。蕭衍傾竭江東，爲今歲之舉，疲兵喪衆，大敗而還，君臣失計，取笑天下。雖野戰非人敵，守城足有餘，今雖攻之，未易可克。又廣陵懸遠，去江四十里，鍾離、淮陰介在淮外，假其歸順而來，猶恐無糧艱守，況加攻討，勞兵士乎？且征南軍士從戎二時，疲弊死病，量可知已。雖有乘勝之資，懼無遠用之力。若臣之愚見，謂宜修復舊戍，牢實邊方，息養中州，擬之後舉。又江東之釁，不患久無，畜力待機，謂爲勝計。」詔曰：「濟淮掎角，事如前敕，何容猶爾盤桓，方有此請！可速進軍，經略之宜聽征南至要。」

巒又表曰：「蕭衍侵境，久勞王師，今者奔走，實除邊患，斯由靈贊皇魏，天敗寇豎，非臣等弱劣所能克勝。若臣之愚見，今正宜修復邊鎮，俟之後動。且蕭衍尚在，凶身未除，螳蜋之志，何能自息。唯應廣備以待其來，實不宜勞師遠入，自取疲困。今中山進軍鍾離，實所未解，若能爲得失之計，不顧萬全，直襲廣陵，入其內地，出其不備，或未可知。正欲屯兵蕭密餘軍猶自在彼；〔一〇〕欲言無糧，運船復至。而欲以八十日糧圖城者，臣未之前聞。且廣陵、任城可爲前戒，豈容今者復欲同之。今若往也，彼牢城自守，不與人戰，城塹水深，非可填塞，空坐至春，則士自弊苦。遣臣赴彼，糧何以致？夏來之兵，不齎冬服，脫遇冰雪，取濟何方？臣寧荷怯懦不進之責，不受敗損空行之罪。鍾離天險，朝貴所具，若有內應，則所不知，如其無也，必無克狀。若其不復，其辱如何！若信臣言也，願賜臣停；若謂臣難行求回，臣所領兵統悉付中山，任其處分，臣求單騎隨逐東西。且俗諺云，耕則問田奴，絹則問織婢。臣雖不武，忝備征將，前宜可否，頗實知之，臣既謂難，何容強遣。」詔曰：「安東頻請罷

軍，遲回未往，阻異戎規，殊乖至望。士馬既殷，無容停積，宜務神速，東西齊契，乘勝掃殄，以赴機會。」巒累表求還，世宗許之。英果敗退，時人伏其識略。

初，侍中盧昶與巒不平，昶與元暉俱世宗所寵，御史中尉崔亮，昶之黨也。昶、暉令亮糾巒，事成許言於世宗以亮爲侍中。亮於是奏劾巒在漢中掠良人爲奴婢。巒懼爲昶等所陷，乃以漢中所得巴西太守龐景民女化生等二十餘口與暉。化生等數人，奇色也，暉大悅，乃背昶爲巒言於世宗云：「巒新有大功，已經赦宥，不宜方爲此獄也。」世宗納之。高肇以巒有克敵之效，而爲昶等所排，助巒申釋，故得不坐。

豫州城民白早生殺刺史司馬悅，以城南入，蕭衍遣其冠軍將軍齊苟仁率衆入據懸瓠。詔巒持節率羽林精騎以討之。封平舒縣開國伯，食邑五百戶，賞宿豫之功也。世宗臨東堂，勞遣巒曰：「司馬悅不慎重門之戒，智不足以謀身，匪直喪元隸豎，〔一一〕乃大虧王略。懸瓠密邇近畿，東南藩捍，度公之在彼，〔一二〕憂慮尤深。早生理不獨立，必遠引吳楚，士民同惡，勢或交兵。卿文昭武烈，朝之南仲，故令卿星言電邁，出其不意。卿言早生走也守也？何時可以平之？」巒對曰：「早生非有深謀大智能構成此也，但因司馬悅虐於百姓，乘衆怒而爲之，民爲凶威所懾，不得已而苟附。假蕭衍軍入應，水路不通，糧運不繼，亦成擒耳，不能爲害也。早生得衍軍之接，溺於利欲之情，必守而不走。今王師若臨，士民必翻然歸順。

圍之窮城，奔走路絕，不度此年，必傳首京師。願陛下不足垂慮。」世宗笑曰：「卿言何其壯哉！深會朕遣卿之意。知卿親老，頻勞於外，然忠孝不俱，才宜救世，不得辭也。」

於是巒率騎八百，倍道兼行，五日次於鮑口。賊遣大將軍胡孝智率衆七千，去城二百，逆來拒戰。巒擊破孝智，乘勝長驅，至於懸瓠。賊出城逆戰，又大破之，因卽渡汝。既而大兵繼至，遂長圍之。詔加巒使持節、假鎮南將軍、都督南討諸軍事。征南將軍、中山王英南討三關，亦次於懸瓠，以後軍未至，前寇稍多，憚不敢進，乃與巒分兵掎角攻之。衍將齊苟仁等二十一人開門出降，卽斬早生等同惡數十人。豫州平，巒振旅還京師。世宗臨東堂勞之，曰：「卿役不踰時，克清妖醜，鴻勳碩美，可謂無愧古人。」巒對曰：「此自陛下聖略威靈，英等將士之力，臣何功之有。」世宗笑曰：「卿匪直一月三捷，所足稱奇，乃存士伯，欲功成而不處。」

巒自宿豫大捷，及平懸瓠，志行修正，不復以財賄爲懷，戎資軍實絲毫無犯。遷殿中尚書，加撫軍將軍。延昌三年，暴疾卒，年五十一。巒才兼文武，朝野瞻望，上下悼惜之。詔賻帛四百匹，朝服一襲，贈車騎大將軍、瀛州刺史。初，世宗欲贈冀州，黃門甄琛以巒前曾劾己，乃云：「瀛州巒之本邦，人情所欲。」乃從之。及琛爲詔，乃云「優贈車騎將軍、瀛州刺史」，議者笑琛淺薄。謚曰文定。

子遜，字子言。貌雖陋短，頗有風氣。解褐司徒行參軍。襲爵。後遷國子博士、本州中正。因謁靈太后，自陳：「功名之子，久抱沉屈。臣父屢爲大將，而臣身無軍功階級，臣父唯爲忠臣，不爲慈父。」靈太后慨然，以遜爲長兼吏部郎中。出爲安遠將軍、平州刺史。時北蕃多難，稽留不進，免。孝莊初，除輔國將軍、通直散騎常侍、東道軍司，討逆賊劉舉於濮陽，不克。還，除散騎常侍，加前將軍。永安二年，坐受任元顥，除名。尋除撫軍將軍、金紫光祿大夫。出帝時，轉衞將軍、右光祿大夫。孝靜初，以本官領嘗藥典御，加車騎將軍。久之，除大司農卿，與少卿馬慶哲至相糾訟。遜銳於財利，議者鄙之。武定四年卒，年五十六。贈本將軍、光祿勳卿、幽州刺史。

子祖徵，開府祭酒。父喪未終，謀反，伏法。

巒弟儒，瀛州鎮遠府長史、給事中。

儒弟偉，尚書郎中。卒，贈博陵太守。子昕，在文苑傳。

偉弟季彥。

季彥弟晏，字幼平。美風儀，博涉經史，善談釋老，雅好文詠。起家太學博士、司徒東閤祭酒。世宗初，爲與廣平王懷遊宴，左遷鄭縣令，未之官。除給事中，還司空主簿、本州

中正、汝南王文學。稍遷輔國將軍、司空長史、兼吏部郎中。以本將軍出爲南兗州刺史。徵爲太中大夫、兼丞相高陽王右長史。尋以本將軍除滄州刺史。爲政清靜，吏民安之。孝昌中卒，時年五十一。贈征北將軍、尚書左僕射、瀛州刺史，謚曰文貞。晏篤於義讓，初爲南兗州刺史，例得一子解褐，乃啓其孤弟子慎，年甫十二，而其子已弱冠矣。後爲滄州，復啓孤兄子昕爲府主簿，而其子並未從宦。世人以此多之。

子測，武定末，太子洗馬。

測弟亢，字子高，頗有文學。釋褐司空行參軍。遷廣平王開府從事中郎。兼通直散騎常侍，使於蕭衍，時年二十八。還，除平東將軍，齊文襄王大將軍府屬，又轉中外府屬。武定七年，坐事死於晉陽，年三十四。

巒叔祖祐，字宗祐。少有學尚，知名於時。徵除著作郎，領樂浪王傅。後假員外散騎常侍，使於劉彧。以將命之勤，除建威將軍、平原太守，賜爵城平男。政清刑肅，百姓安之。卒，年七十三。

子產，字神寶。好學，善屬文。少時作孤蓬賦，爲時所稱。舉秀才，除著作佐郎。假員外常侍、鄭縣子，使於蕭賾。產仍世將命，時人美之。後還中書侍郎，俄遷太子庶子。卒，

年四十六，朝廷嗟惜焉。贈建威將軍、平州刺史、樂城子，謚曰定。

祐從子虬，字神虎。少爲三禮鄭氏學，明經有文思。舉秀才上第，爲中書議郎，尚書殿中郎。高祖因公事與語，問朝覲宴饗之禮，虬以經對，大合上旨。轉司徒屬、國子博士。高祖崩，尚書令王肅多用新儀，虬往往折以五經正禮。轉尚書右丞，徙左丞，多所糾正，臺閣肅然。時雁門人有害母者，八座奏轘之而瀦其室，宥其二子。虬駮奏云：「君親無將，將而必誅。今謀逆者戮及期親，害親者令不及子，既逆甚梟鏡，禽獸之不若，而使禋祀不絕，遺育永傳，非所以勸忠孝之道，存三綱之義。若聖教含容，不加孥戮，使父子罪不相及，惡止於其身，不則宜投之四裔，敕所在不聽配匹。盤庚言『無令易種於新邑』，漢法五月食梟羹，皆欲絕其類也。」奏入，世宗從之。尋除司徒右長史，遷龍驤將軍、光祿少卿。虬母在鄉遇患，請假歸。值秋水暴長，河梁破絕，虬得一小船而渡，漏而不沒，時人異之。母喪，哀毀過禮，爲時所稱。年四十九，卒。贈征虜將軍、幽州刺史，謚曰威。虬善與人交，清河崔亮、頓丘李平並與親善。所作碑頌雜筆三十餘篇。有二子。

長子臧，在文苑傳。

臧弟子才，武定末，太常卿。

虬從子策，亦有才學。卒於齊王儀同開府主簿。

李平，字曇定，頓丘人也，彭城王嶷之長子。少有大度。及長，涉獵羣書，好禮、易，頗有文才。太和初，拜通直散騎侍郎，高祖禮之甚重。頻經大憂，居喪以孝稱。後以例降，襲爵彭城公。拜太子中舍人，遷散騎侍郎，舍人如故，遷太子中庶子。平因侍從容請自效一郡，高祖曰：「卿復欲以吏事自試也。」拜長樂太守，政務清靜，吏民懷之。車駕南伐，以平兼冀州儀同開府長史，甚著聲稱，仍除正長史，太守如故。未幾，遂行河南尹，豪右權貴憚之。世宗即位，除黃門郎，遷司徒左長史，行尹如故。尋以稱職正尹，長史如故。

車駕將幸鄴，平上表諫曰：「伏見己丑詔書，雲軒鑾輅，行幸有期，鳳服龍驂，剋駕近日。將欲講武淇陽，大習鄴魏，馳驌驦於綠竹之區，騁驎驥於漳滏之壤。斯誠幽顯同忻，人靈共悅。臣之愚管，竊有惑焉。何者？嵩京創構，洛邑俶營，雖年跨十稔，根基未就。代民至洛，始欲向盡，資產罄於遷移，牛畜斃於輦運，陵太行之險，越長津之難，辛勤備經，得達京闕，富者猶損太半，貧者可以意知。兼歷歲從戎，不遑啓處，自景明已來，差得休息。事農者未積二年之儲，築室者裁有數間之屋，莫不肆力伊瀍，人急其務。實宜安靜新人，勸其稼穡，令國有九年之糧，家有水旱之備。若乘之以羈紲，則所廢多矣。一夫從役，舉家失業。今

復秋稼盈田，禾菽遍野，鑾駕所幸，騰踐必殷。未若端拱中天，坐招四海，耀武崧原，禮射伊洛，士馬無跋涉之勞，兆民有康哉之詠，可不美歟？」不從。詔以本官行相州事。世宗至鄴，親幸平第，見其諸子。尋正刺史，加征虜將軍。

平勸課農桑，修飾太學，簡試通儒以充博士，選五郡聰敏者以教之，圖孔子及七十二子於堂，親爲立讚。前來臺使頗好侵取，平乃畫「履虎尾」、「踐薄冰」於客館，注頌其下，以示誡焉。加平東將軍，徵拜長兼度支尚書，尋正尚書，領御史中尉。

冀州刺史、京兆王愉反於信都，以平爲使持節、都督北討諸軍事、鎮北將軍，行冀州事以討之。世宗臨式乾殿，勞遣平曰：「愉，朕之元弟，居不疑之地，豺狼之心，不意而發，欲上傾社稷，下殘萬姓。大義滅親，夫豈獲止。周公行之於古，朕亦當行之於今。委卿以專征之任，必令應期摧殄，務盡經略之規，勿虧推轂之寄也。何圖今日言及斯事。」因歔欷流涕。平對曰：「臣愉天迷其心，構此梟悖。陛下不以臣不武，委以總督之任，今大宥既敷，便應有征無戰。脫守迷不悟者，當仰憑天威，抑厲將士，譬猶太陽之消微露，巨海之蕩熒燭，天時人事，滅在昭然。如其稽顙軍門，則送之大理，若不悛待戮，則鳴鼓釁鍾，非陛下之事。」

平進次經縣，諸軍大集。夜有蠻兵數千斫平前壘，矢及平帳，平堅臥不動，俄而乃定。遂至冀州城南十六里。賊攻圍濟州軍，拔柵填塹，未滿者數尺。諸將合戰，無利而還，憚

城不沒者二板而已。州府勸崇棄壽春，保北山。崇曰：「吾受國重恩，忝守藩岳，德薄招災，致此大水。淮南萬里，繫于吾身。一旦動脚，百姓瓦解，揚州之地，恐非國物。昔王尊慷慨，義感黄河，吾豈愛一軀，取愧千載。但憐兹士庶，無辜同死，可桴筏隨高，人規自脱。吾必守死此城，幸諸君勿言。」時州人裴絢等受蕭衍假豫州刺史，因乘大水，謀欲爲亂，崇皆擊滅之。崇以洪水爲災，請罪解任。詔曰：「卿居藩累年，威懷兼暢，資儲豐溢，足制勁寇。然夏雨汎濫，斯非人力，何得以此辭解？今水涸路通，公私復業，便可繕甲積糧，修復城雉，勞恤士庶，務盡綏懷之略也。」崇又表請解州，詔報不聽。是時非崇，則淮南不守矣。

崇沉深有將略，寬厚善御衆，在州凡經十年，常養壯士數千人，寇賊侵邊，所向摧破，號曰「臥虎」，賊甚憚之。蕭衍惡其久在淮南，屢設反間，無所不至，世宗雅相委重，衍無以措其姦謀。衍乃授崇車騎大將軍、開府儀同三司、萬戶郡公，諸子皆爲縣侯，欲以構崇。崇表言其狀，世宗屢賜璽書慰勉之。賞賜珍異，歲至五三，親待無與爲比。衍每歎息，服世宗之能任崇也。

肅宗踐祚，褒賜衣馬。及蕭衍遣其游擊將軍趙祖悦襲據西硤石，更築外城，逼徙緣淮之人於城内。又遣二將昌義之、王神念率水軍泝淮而上，規取壽春。田道龍寇邊城，路長平寇五門，胡興茂寇開霍。揚州諸戍，皆被寇逼。崇分遣諸將，與之相持。密裝船艦二百

餘艘，教之水戰，以待臺軍。蕭衍霍州司馬田休等率衆寇建安，崇遣統軍李神擊走之。又命邊城戍主邵申賢要其走路，破之於濡水，俘斬三千餘人。靈太后璽書勞勉。許昌縣令兼紆廡戍主陳平玉南引衍軍，以戍歸之。崇自秋請援，表至十餘。詔遣鎮南將軍崔亮救硤石，鎮東將軍蕭寶夤於衍堰上流決淮東注。朝廷以諸將乖角，不相順赴，乃以尚書李平兼右僕射，持節節度之。崇遣李神乘鬭艦百餘艘，沿淮與李平、崔亮合攻硤石。李神水軍克其東北外城，祖悦力屈乃降，語在平傳。朝廷嘉之，進號驃騎將軍、儀同三司、刺史、都督如故。衍淮堰未破，水勢日增。崇乃於硤石戍間編舟爲橋，北更立船樓十，各高三丈，十步置一籬，至兩岸，蕃板裝治，四箱解合，賊至舉用，不戰解下。又於樓船之北，連覆大船，東西竟水，防賊火栰。又於八公山之東南，更起一城，以備大水，州人號曰魏昌城。崇累表解州，前後十餘上，肅宗乃以元志代之。尋除都督冀定瀛三州諸軍事、驃騎大將軍、冀州刺史，儀同如故。不行。

崇上表曰：

臣聞世室明堂，顯於周夏；二黌兩學，盛自虞殷。所以宗配上帝，以著莫大之嚴；宣布下土，以彰則天之軌。養黄髮以詢格言，育青襟而敷典式，用能享國久長，風徽萬祀者也。故孔子稱巍巍乎其有成功，郁郁乎其有文章，此其盛矣。爰暨亡秦，政失其道，坑儒滅學，以蔽黔首。國無黌序之風，野有非時之役，故九服分崩，祚終二世。炎漢勃興，更修儒術，文景已降，禮樂復彰，化致昇平，治幾刑措。故西京有六學之美，東都有三本之盛，莫不紛綸掩藹，響流無已。逮自魏晉，撥亂相因，[二]兵革之中，學校不絶，遺文燦然，方軌前代。

仰惟高祖孝文皇帝稟聖自天，道鏡今古，徙馭嵩河，光宅函洛，模唐虞以革軌儀，規周漢以新品制，列教序於鄉黨，敦詩書於郡國。使揖讓之禮，横被於崎嶇；歌詠之音，聲溢於仄陋。但經始事殷，戎軒屢駕，未遑多就，弓劍弗追。世宗統曆，聿遵先緒，永平之中，大興板築，續以水旱，戎馬生郊，雖逮爲山，還停一簣。

竊惟皇遷中縣，垂二十祀。而明堂禮樂之本，乃鬱荆棘之林；膠序德義之基，空盈牧豎之跡。城隍嚴固之重，闕塼石之工；墉堞顯望之要，少樓榭之飾。加以風雨稍侵，漸致虧墜。又府寺初營，頗亦壯美，然一造至今，更不修繕，廳宇凋朽，牆垣頹壞，皆非所謂追隆堂構，儀形萬國者也。伏聞朝議，以高祖大造區夏，道侔姬文，擬祀明堂，式配上帝。今若基宇不修，仍同丘畎，即使高皇神享，闕於國陽，宗事之典，有聲無實。此臣子所以匪寧，億兆所以失望也。

臣又聞官方授能，所以任事，事既任矣，酬之以祿。如此，上無曠官之譏，下絶尸

素之謗。今國子雖有學官之名，而無教授之實，何異兔絲燕麥，南箕北斗哉！昔劉向有言：「王者宜興辟雍，陳禮樂，以風化天下。夫禮樂所以養人，刑法所以殺人，而有司勤勤請定刑法，至於禮樂，則曰未敢，是則敢於殺人，不敢於養人也。」臣以爲當今四海清平，九服寧晏，經國要重，理應先營；脱復稽延，則劉向之言徵矣。但事不兩興，須有進退。以臣愚量，宜罷尚方雕靡之作，頗省永寧土木之功，并減瑤光材瓦之力，兼分石窟鐫琢之勞，及諸事役非急者，三時農隙，修此數條。使辟雍之禮，蔚爾而復興；諷誦之音，焕然而更作。美榭高墉，嚴壯於外；槐宮棘宇，顯麗於中。道發明令，[三]重遵鄉飲，敦進郡學，精課經業。如此，則元、凱可得之於上序，游夏可致之於下國，豈不休歟！誠知佛理淵妙，含識所宗，然比之治要，容可小緩。苟使魏道熙緝，元首唯康，爾乃經營，未爲晚也。

靈太后令曰：「省表，具悉體國之誠。配饗大禮，爲國之本，比以戎馬在郊，未遑修繕。今四表晏寧，年和歲稔，當敕有司別議經始。」

除中書監、驃騎大將軍，儀同如故。又授右光祿大夫，出爲使持節、侍中、都督定幽燕瀛四州諸軍事、本將軍、定州刺史，儀同如故。徵拜尚書左僕射，加散騎常侍，驃騎、儀同如故。遷尚書令，加侍中。崇在官和厚，明於決斷，受納辭訟，必理在可推，始爲下筆，不徒爾

收領也。然性好財貨，販肆聚斂，家貲巨萬，營求不息。子世哲爲相州刺史，亦無清白狀。鄴洛市鄽，收擅其利，爲時論所鄙。

蠕蠕主阿那瓌率衆犯塞，詔崇以本官都督北討諸軍事以討之。崇辭於顯陽殿，戎服武飾，志氣奮揚，時年六十九，幹力如少。肅宗目而壯之，朝廷莫不稱善。崇遂出塞三千餘里，不及賊而還。

後北鎮破落汗拔陵反叛，所在響應。征北將軍、臨淮王彧大敗於五原，安北將軍李叔仁尋敗於白道，賊衆日甚。詔引丞相、令、僕、尚書、侍中、黃門於顯陽殿，詔曰：「朕比以鎮人搆逆，登遣都督臨淮王克時除翦。軍屆五原，前鋒失利，二將殞命，兵士挫衂。又武川乖防，復陷凶手。恐賊勢侵淫，寇連恒朔。金陵在彼，夙夜憂惶。諸人宜陳良策，以副朕懷。」吏部尚書元脩義曰：「强寇充斥，事須得討。臣謂須得重貴，鎮壓恒朔，總彼師旅，備衞金陵。」詔曰：「去歲阿那瓌叛逆，遣李崇令北征，崇遂長驅塞北，返旆榆關，此亦一時之盛。崇乃上表求改鎮爲州，罷削舊貫。朕于時以舊典難革，不許其請。尋李崇此表，開諸鎮非異之心，致有今日之事。但既往難追，爲復略論此耳。朕以李崇國戚望重，器識英斷，意欲還遣崇行，總督三軍，揚旌恒朔，除彼羣盜。諸人謂可爾以不？」僕射蕭寶夤等曰：「陛下以舊都在北，憂慮金陵，臣等實懷悚息。李崇德位隆重，社稷之臣，陛下此遣，實合羣望。」崇

啓曰：「臣實無用，猥蒙殊寵，位妨賢路，遂充北伐。徒勞將士，無勳而還，慚負聖朝，於今莫已。臣以六鎮幽垂，與賊接對，鳴柝聲弦，弗離旬朔。州名差重於鎮，謂實可悅彼心，使聲教日揚，微塵去塞。豈敢導此凶源，開生賊意。臣之愆負，死有餘責。屬陛下慈寬，賜全腰領。今更遣臣北行，正是報恩改過，所不敢辭。但臣年七十，自惟老疾，不堪敵場，更願英賢，收功盛日。」

於是詔崇以本官加使持節、開府、北討大都督，撫軍將軍崔暹，鎮軍將軍、廣陽王淵皆受崇節度。又詔崇子光祿大夫神軌，假平北將軍，隨崇北討。崇至五原，崔暹大敗於白道之北，賊遂幷力攻崇。崇與廣陽王淵力戰，累破賊衆，相持至冬，乃引還平城。淵表崇長史祖瑩詐增功級，盜沒軍資。崇坐免官爵，徵還，以後事付淵。

後徐州刺史元法僧以彭城南叛，時除安樂王鑒爲徐州刺史以討法僧，爲法僧所敗，單馬奔歸。乃詔復崇官爵，爲徐州大都督，節度諸軍事。會崇疾篤，乃以衞將軍、安豐王延明代之。改除開府、相州刺史，侍中、將軍、儀同並如故。孝昌元年薨於位，時年七十一。贈侍中、驃騎大將軍、司徒公、雍州刺史，謚曰武康。後重贈太尉公，增邑一千戶，餘如故。

長子世哲，性輕率，供奉豪侈。少經征役，頗有將用。自司徒中兵參軍，超爲征虜將軍、驍騎將軍。尋遷後將軍，爲三關別將，討羣蠻，大破之，斬蕭衍龍驤將軍文思之等。還拜鴻臚少卿。性傾巧，善事人，亦以貨賂自達。高肇、劉騰之處勢也，皆與親善，故世號爲「李錐」。肅宗末，遷宗正卿，加平南將軍，轉大司農卿，仍本將軍。又改授太僕卿，加鎮東將軍。尋出爲相州刺史，將軍如故。世哲至州，斥逐細人，遷徙佛寺，逼買其地，廣興第宅，百姓患之。崇北征之後，徵兼太常卿。御史高道穆毀發其宅，表其罪過。後除鎮西將軍、涇州刺史，賜爵衞國子。正光五年七月卒。賻帛五百匹、朝服一襲，贈散騎常侍、衞將軍、吏部尚書、冀州刺史，子如故。

世哲弟神軌，受父爵陳留侯。自給事中，稍遷員外常侍、光祿大夫。累出征討，頗有將領之氣。孝昌中，爲靈太后寵遇，勢傾朝野，時云見幸帷幄，與鄭儼爲雙，時人莫能明也。頻遷征東將軍、武衞將軍、給事黃門侍郎，常領中書舍人。時相州刺史、安樂王鑒據州反，詔神軌與都督源子邕等討平之。武泰初，蠻帥李洪扇動諸落，伊闕已東，至於鞏縣，多被燒劫。詔神軌爲都督，破平之。尒朱榮之向洛也，復爲大都督，率衆禦之。出至河橋，值北中不守，遂便退還。尋與百官俟駕於河陰，仍遇害焉。建義初，贈侍中、驃騎大將軍、司空公、相州刺史，謚曰烈。

崔亮，字敬儒，清河東武城人也。父元孫，劉駿尚書郎。劉彧之僭立也，彧青州刺史沈文秀阻兵叛之。彧使元孫討文秀，爲文秀所害。亮母房氏，攜亮依冀州刺史崔道固於歷城，道固卽亮之叔祖也。及慕容白曜之平三齊，內徙桑乾，爲平齊民。時年十歲，常依季父幼孫，居家貧，傭書自業。

時隴西李沖當朝任事，亮從兄光往依之，謂亮曰：「安能久事筆硯，而不往託李氏也？彼家饒書，因可得學。」亮曰：「弟妹飢寒，豈可獨飽？自可觀書於市，安能看人眉睫乎！」光言之於沖，沖召亮與語，因謂亮曰：「比見卿先人相命論，使人胸中無復怵迫之念。今遂亡本，卿能記之不？」亮卽爲誦之，涕淚交零，聲韻不異。沖甚奇之，迎爲館客。沖謂其兄子彥曰：「大崔生寬和篤雅，汝宜友之；小崔生峭整清徹，汝宜敬之。二人終將大至。」沖薦之爲中書博士。轉議郎，尋遷尚書二千石郎。

高祖在洛，欲創革舊制，選置百官，謂羣臣曰：「與朕舉一吏部郎，必使才望兼允者，給卿三日假。」又一日，高祖曰：「朕已得之，不煩卿輩也。」馳驛徵亮兼吏部郎。俄爲太子中舍人，遷中書侍郎，兼尚書左丞。亮雖歷顯任，其妻不免親事舂簸。高祖聞之，嘉其清貧，詔帶野王令。世宗親政，遷給事黃門侍郎，仍兼吏部郎，領青州大中正。亮自參選事，垂將十年，廉慎明決，爲尚書郭祚所委，〔四〕每云：「非崔郎中，選事不辦。」

尋除散騎常侍，仍爲黃門。遷度支尚書，領御史中尉。自遷都之後，經略四方，又營洛邑，費用甚廣。亮在度支，別立條格，歲省億計。又議修汴蔡二渠，以通邊運，公私賴焉。侍中、廣平王懷以母弟之親，左右不遵憲法，敕亮推治。世宗禁懷不通賓客者久之。後因宴集，懷侍親使忿，欲陵突亮。亮乃正色責之，卽起於世宗前，脫冠請罪，遂拜辭欲出。世宗曰：「廣平粗疏，向來又醉，卿之所悉，何乃如此也？」遂詔亮復坐，令懷謝焉。亮外雖方正，內亦承候時情，宣傳左右郭神安頗被世宗識遇，以弟託亮，亮引爲御史。及神安敗後，因集禁中，世宗令兼侍中盧昶宣旨責亮曰：「在法官何故受左右囑請？」亮拜謝而已，無以上對。轉都官尚書，又轉七兵，領廷尉卿，加散騎常侍，中正如故。徐州刺史元昞撫御失和，詔亮馳驛安撫。亮至，劾昞，處以大辟，勞賚綏慰，百姓帖然。

除安西將軍、雍州刺史。城北渭水淺不通船，行人艱阻。亮謂僚佐曰：「昔杜預乃造河梁，況此有異長河，且魏晉之日亦自有橋，吾今決欲營之。」咸曰：「水淺，不可爲浮橋，汎長無恆，又不可施柱，恐難成立。」亮曰：「昔秦居咸陽，橫橋渡渭，以像閣道，此卽以柱爲橋。今唯慮長柱不可得耳。」會天大雨，山水暴至，浮出長木數百根。藉此爲用，橋遂成立，百姓利之，至今猶名崔公橋。亮性公清，敏于斷決，所在並號稱職，三輔服其德政。世宗嘉之，詔賜衣馬被褥。後納其女爲九嬪，徵爲太常卿，攝吏部事。

肅宗初，出爲撫軍將軍、定州刺史。蕭衍左游擊將軍趙祖悅率衆偷據硤石。詔亮假鎭南將軍，齊王蕭寶夤鎭東將軍，章武王融安南將軍，並使持節、都督諸軍事以討之。靈太后勞遣亮等，賜戎服雜物。亮至硤石，祖悅出城逆戰，大破之。賊復於城外置二柵，欲拒官軍，亮焚擊破之，殺三千餘人。亮與李崇爲水陸之期，日日進攻，而崇不至。及李平至，崇乃進軍，共平硤石，語在平傳。靈太后賜亮璽書曰：「硤石既平，大勢全舉，淮堰孤危，自將奔遁。若仍敢遊魂，此當易以立計，擒翦蟻徒，應在旦夕。將軍推轂所憑，親對其事，處分經略，宜共協齊，必令得掃盪之理，盡彼遺燼也。隨便守禦，及分渡掠截，扼其咽喉，防塞走路，期之全獲，無令漏逸。若畏威降首者，自加錙宥，以仁爲本，任之雅算。一二往使別宜。」以功進號鎭北將軍。

李平部分諸軍，將水陸兼進，以討堰賊。亮違平節度，以疾請還，隨表而發。平表曰：「臣以蕭衍將湛僧珍、田道龍遊魂境內，猶未收跡，義之、神念尚住梁城，令都督崔亮權據下蔡，別將瓮生卽往東岸，與亮接勢，以防橋道。臣發引向堰，舍人曹道至，奉敕更有處分，而亮已輒還京。按亮受付東南，推轂是託，誠應憂國忘家，致命爲限。而始屆汝陰，磐桓不進；暨到寇所，停淹八旬；所營土山攻道，並不克就。損費糧力，坐延歲序。賴天威遠被，士卒憤激，東北騰上，垂至北門；而亮遲回，仍不肯上，臣逼以白刃，甫乃登陟。及平硤石，宜聽處分，方更肆其專恣，輕輒還歸。此而不糾，法將焉寄？按律『臨軍征討而故留不赴者死』，又云『軍還先歸者流』。軍罷先還，尚有流坐，況亮被符令停，委棄而反，失乘勝之機，闕水陸之會？緣情據理，咎深『故留』。今處亮死，上議。」靈太后令曰：「亮爲臣不忠，去留自擅，既損威稜，違我經略。雖有小捷，豈免大咎。但吾攝御萬幾，庶茲惡殺，可特聽以功補過。」及平至，亮與爭功於禁中，形於聲色。

尋除殿中尚書，遷吏部尚書。時羽林新害張彝之後，靈太后令武官得依資入選。官員既少，應選者多，前尚書李韶循常擢人，百姓大爲嗟怨。亮乃奏爲格制，不問士之賢愚，專以停解日月爲斷。雖復官須此人，停日後者終於不得；庸才下品，年月久者灼然先用。沉滯者皆稱其能。亮外甥司空諮議劉景安書規亮曰：「殷周以鄉塾貢士，兩漢由州郡薦才，魏晉因循，又置中正。諦觀在昔，莫不審舉，雖未盡美，足應十收六七。而朝廷貢秀才，〔五〕止求其文，不取其理；察孝廉唯論章句，不及治道；立中正不考人才行業，空辨氏姓高下。至於取士之途不溥，沙汰之理未精。而舅屬當銓衡，宜須改張易調。如之何反爲停年格以限之？天下士子誰復修厲名行哉！」亮答書曰：「汝所言乃有深致。吾乘時邀幸，得爲吏部尚書。當其壯也，尚不如人，況今朽老而居帝難之任。常思同升舉直，〔六〕以報明主之恩；盡忠竭力，不爲貽厥之累。昨爲此格，有由而然，今已爲汝所怪，千載之後，誰知我哉？可靜

念吾言，當爲汝論之。吾兼、正六爲吏部郎，三爲尚書，銓衡所宜，頗知之矣。但古今不同，時宜須異。何者？昔有中正，品其才第，上之尚書，尚書據狀，量人授職，此乃與天下羣賢共爵人也。吾謂當爾之時，無遺才，無濫舉矣，而汝猶云十收六七。況今日之選專歸尚書，以一人之鑒照察天下。劉毅所云：『一吏部、兩郎中而欲究竟人物，何異以管闚天，而求其博哉。』今勳人甚多，又羽林入選，武夫崛起，不解書計，唯可彍弩前驅，指蹤捕噬而已。忽令垂組乘軒，求其烹鮮之效，未曾操刀，而使專割。又武人至多，官員至少，不可周溥。設令十人共一官，猶無官可授，況一人望一官，何由可不怨哉？吾近面執，不宜使武人入選，請賜其爵，厚其祿。既不見從，是以權立此格，限以停年耳。昔子產鑄刑書以救弊，叔向譏之以正法，何異汝以古禮難權宜哉！仲尼云：德我者亦春秋，罪我者亦春秋。吾之此指，其由是也。但令當來君子，知吾意焉。」後甄琛、元脩義、城陽王徽相繼爲吏部尚書，利其便己，踵而行之。自是賢愚同貫，涇渭無別，魏之失才，從亮始也。

轉侍中、太常卿，尋遷左光祿大夫、尚書右僕射。時劉騰擅權，亮託妻劉氏，傾身事之，故頻年之中名位隆赫，有識者譏之。轉尚書僕射，加散騎常侍。正光二年秋，疽發於背，肅宗遣舍人問疾，亮上表乞解僕射，送所負荷及印綬，詔不許。尋卒，詔給東園祕器、朝服一襲，賵物七百段、蠟三百斤。贈使持節、散騎常侍、車騎大將軍、儀同三司、冀州刺史，謚曰

貞烈。亮在雍州，讀杜預傳，見爲八磨，嘉其有濟時用，遂教民爲碾。及爲僕射，奏於張方橋東堰穀水造水碾磨數十區，其利十倍，國用便之。亮有三子，士安、士和、士泰，並强幹善於當世。

士安，歷尚書比部郎，卒於諫議大夫。贈左將軍、光州刺史。無子，弟士和以子乾亨繼。乾亨，武定中，尚書都兵郎中。

士和，歷司空主簿、通直郎。從亮征硤石，以軍勳拜冠軍將軍、中散大夫、西道行臺元脩義左丞，行涇州事。蕭寶夤之在關中，高選僚佐，以爲督府長史。時莫折念生遣使詐降，寶夤表士和兼度支尚書，爲隴右行臺，令入秦撫慰，爲念生所害。

士泰，歷給事中、司空從事中郎、諫議大夫、司空司馬。肅宗末，荆蠻侵斥，以士泰爲龍驤將軍、征蠻別將，事平，以功賜爵五等男。建義初，遇害於河陰。贈都督青兗二州諸軍事、鎮東將軍、青州刺史，謚曰文肅。

子肇師，襲爵。武定末，中書舍人。

亮弟敬默，奉朝請。卒於征虜長史，贈南陽太守。

子思韶，從亮征硤石，以軍功賜爵武城子，爲冀州別駕。

敬默弟隱處，〔七〕青州州都。亮以其賤出，殊不經紀，論者譏焉。

亮從父弟光韶，事親以孝聞。初除奉朝請。光韶與弟光伯雙生，操業相侔，特相友愛，遂經吏部尚書李沖，讓官於光伯，辭色懇至。沖爲奏聞，高祖嘉而許之。太和二十年，以光韶爲司空行參軍，復請讓從叔和，曰：「臣誠微賤，未登讓品，屬逢唐朝，耻無讓德。」和亦謙退，辭而不當。高祖善之，遂以和爲廣陵王國常侍。尋敕光韶兼祕書郎，掌校華林御書。

肅宗初，除青州治中，後爲司空騎兵參軍，又兼司徒戶曹。出爲濟州輔國府司馬，刺史高植甚知之，政事多委訪焉。還青州平東府長史，府解，敕知州事。光韶清直明斷，民吏畏愛之。入爲司空從事中郎，以母老解官歸養，賦詩展意，朝士屬和者數十人。久之，徵爲司徒諮議，固辭不拜。光韶性嚴毅，聲韻抗烈，與人平談，常若震厲。至於兄弟議論，外聞謂爲忿怒，然孔懷雍睦，人少逮之。

孝莊初，河間邢杲率河北流民十餘萬衆，攻逼州郡。刺史元儁憂不自安，州人乞光韶爲長史以鎮之。時陽平路回寓居齊土，與杲潛相影響，引賊入郭。光韶臨機處分，在難確然。賊退之後，刺史表光韶忠毅，朝廷嘉之，發使慰勞焉。尋爲東道軍司。及元顥入洛，自河以南，莫不風靡。而刺史、廣陵王欣集文武以議所從。欣曰：「北海、長樂俱是同堂兄弟，今宗祏不移，我欲受赦，諸君意各何如？」在坐之人莫不失色，光韶獨抗言曰：「元顥受制梁國，稱兵本朝，拔本塞源，以資讎敵，賊臣亂子，曠代少儔，何但大王家事所宜切齒，等荷朝眷，未敢仰從。」長史崔景茂、前瀛州刺史張烈、前郢州刺史房叔祖、徵士張僧皓咸云：「軍司議是。」欣乃斬顥使。

尋徵輔國將軍、廷尉少卿。未至，除太尉長史，加左將軍，俄遷廷尉卿。時祕書監祖瑩以贓罪被劾，光韶必欲致之重法。太尉、陽城王徽，尚書令、臨淮王彧，吏部尚書李神儁，侍中李彧，並勢望當時，皆爲瑩求寬。光韶正色曰：「朝賢執事，於舜之功未聞有一，如何反爲罪人言乎！」其執意不回如此。

永安末，擾亂之際，遂還鄉里。光韶博學强辯，尤好理論，至於人倫名教得失之間，搉而論之，不以一毫假物。家足於財，而性儉吝，衣馬弊瘦，食味粗薄。始光韶在都，同里人王蔓於夜遇盜，害其二子。孝莊詔黃門高道穆令加檢捕，一坊之內，家別搜索。至光韶宅，綾絹錢布，匱篋充積。議者譏其矯嗇。其家資產，皆光伯所營。光伯亡，悉焚其契。河間邢子才曾貸錢數萬，後送還之。光韶曰：「此亡弟相貸，僕不知也。」竟不納。刺史元弼前妻，是光韶之繼室兄女，而弼貪婪，多諸不法，光韶以親情，亟相非責，弼銜之。時耿翔反於州界，弼誣光韶子通與賊連結，囚其合家，考掠非理，而光韶與之辯爭，辭色不屈。會樊子鵠爲東道大使，知其見枉，理出之。時人勸令詣樊陳謝，光韶曰：「羊舌大夫已有成事，何勞

往也。」子鵠亦歎尚之。後刺史侯淵代下疑懼，停軍益都，謀爲不軌。令數百騎夜入南郭，劫光韶，以兵脅之，責以謀略。光韶曰：「凡起兵者，須有名義，使君今日舉動直是作賊耳。父老知復何計？」淵雖恨之，敬而不敢害。尋除征東將軍、金紫光祿大夫，不起。

光韶以世道屯邅，朝廷屢變，閉門却掃，吉凶斷絕。誡子孫曰：「吾自謂立身無慚古烈，但以祿命有限，無容希世取進。在官以來，不冒一級，官雖不達，經爲九卿。且吾平生素業，足以遺汝，官閥亦何足言也。吾既運薄，便經三娶，而汝之兄弟各不同生，合葬非古，吾百年之後，不須合也。然贈謚之及，出自君恩，豈容子孫自求之也，勿須求贈。若違吾志，如有神靈，不享汝祀。吾兄弟自幼及老，衣服飲食未曾一片不同，至於兒女官婚榮利之事，未嘗不先以推弟。弟頃橫禍，權作松櫬，亦可爲吾作松棺，使吾見之。」卒年七十一。孝靜初，侍中賈思同申啓，稱述光韶，贈散騎常侍、驃騎將軍、青州刺史。

光韶弟光伯，尚書郎、青州別駕。後以族弟休臨州，遂申牒求解。尚書奏：「按禮：始封之君不臣諸父昆弟，封君之子臣昆弟不臣諸父，封君之孫得盡臣。計始封之君，卽是世繼之祖，尚不得臣，況今之刺史，既非世繼，而得行臣吏之節，執笏稱名者乎？檢光伯請解，率禮不愆，請宜許遂，以明道教。」靈太后令從之。尋除北海太守，有司以其更滿，依例奏代。

肅宗詔曰：「光伯自莅海沂，清風遠著，兼其兄光韶復能辭榮侍養，兄弟忠孝，宜有甄錄，可更申三年，以厲風化。」後歷太傅諮議參軍。

前廢帝時，崔祖螭、張僧皓起逆，攻東陽，旬日之間，衆十餘萬。刺史、東萊王貴平欲令光伯出城慰勞。兄光韶曰：「城民陵縱，爲日已久，人人恨之，其氣甚盛。古人有言『衆怒如水火焉』，以此觀之，今日非可慰諭止也。」貴平强之，光韶曰：「使君受委一方，董攝萬里，而經略大事，不與國士圖之。所共腹心，皆趨走羣小。既不能綏遏以杜其萌，又不能坐觀，待其衰挫。蹙迫小弟，從爲無名之行。若單騎獨往，或見拘縶，若以衆臨之，勢必相拒敵，懸見無益也。」貴平逼之，不得已，光伯遂出城。數里，城民以光伯兄弟羣情所繫，慮人劫留，防衛者衆。外人疑其欲戰，未及曉諭，爲飛矢所中，卒。贈征東將軍、青州刺史。

子滔，武定末，殷州別駕。

史臣曰：李崇以風質英重，毅然秀立，任當將相，望高朝野，美矣。崔亮既明達後事，動有名迹，於斷年之選，失之逾遠，救弊未聞，終爲國蠹，「無所苟而已」，其若是乎？光韶居雅仗正，有國士之風矣。

校勘記

〔一〕鎮捍以德文人威惠既宜　册府卷一三二宋本「文人」作「乂人」，明本一五九六頁作「爾之」。按作「文人」不可通，據文義似作「爾之」是，但恐是明人以意改。疑「鎮捍」下有脫文，「以德乂人」連讀，傳本「乂」訛「文」。

〔二〕撥亂相因　册府明本卷五八三六九八三頁「撥」作「廢」，疑是。但册府宋本也作「撥」，今不改。

〔三〕道發明令　册府同上卷頁「道」作「更」。按「道發」不可解，疑作「更」是。

〔四〕爲尚書郭祚所委　諸本「祚」作「祖」，北史卷四四崔亮傳作「祚」。按元恪即位後，郭祚即兼吏部尚書，後正除尚書，見卷六四本傳，別無「郭祖」其人爲此官。「祖」字訛，今據改。

〔五〕而朝廷貢秀才　諸本無「秀」字，册府卷六三八七六五三頁有。按當時秀才試文，孝廉試經，這裏「貢秀才」和下「察孝廉」並舉，顯脫「秀」字，今據補。

〔六〕常思同昇舉直　册府卷八四九一〇〇九〇頁「同昇」作「昇賢」。按「同昇舉直」文義較晦，疑作「昇賢」是。

〔七〕敬默弟隱處　北史卷四四「隱處」作「敬遠」。按亮字敬儒，弟兄以「敬」字排行，疑作「敬遠」是。也可能「隱處」作「隱居」解，上下有脫文。

魏書卷六十七

列傳第五十五

崔光

崔光，本名孝伯，字長仁，高祖賜名焉，東清河鄃人也。祖曠，從慕容德南渡河，居青州之時水。慕容氏滅，仕劉義隆爲樂陵太守。父靈延，劉駿龍驤將軍、長廣太守，與劉彧冀州刺史崔道固共拒國軍。

慕容白曜之平三齊，光年十七，隨父徙代。家貧好學，晝耕夜誦，傭書以養父母。太和六年，拜中書博士，轉著作郎，與祕書丞李彪參撰國書。遷中書侍郎、給事黃門侍郎，甚爲高祖所知待。常曰：「孝伯之才，浩浩如黃河東注，固今日之文宗也。」以參贊遷都之謀，賜爵朝陽子，拜散騎常侍，黃門、著作如故，又兼太子少傅。尋以本官兼侍中、使持節，爲陝西大使，巡方省察，所經述敍古事，因而賦詩三十八篇。還，仍兼侍中，以謀謨之功，進爵爲伯。

光少有大度，喜怒不見於色，有毁惡之者，必善言以報之，雖見誣謗，終不自申曲直。皇興初，有同郡二人並被掠爲奴婢，後詣光求哀，光乃以二口贖免。高祖聞而嘉之。雖處機近，曾不留心文案，唯從容論議，參贊大政而已。高祖每對羣臣曰：「以崔光之高才大量，若無意外咎譴，二十年後當作司空。」其見重如是。又從駕破陳顯達。世宗即位，正除侍中。

初，光與李彪共撰國書，太和之末，彪解著作，專以史事任光。彪尋以罪廢。世宗居諒闇，彪上表求成魏書，詔許之，彪遂以白衣於祕書省著述。光雖領史官，以彪意在專功，表解侍中、著作以讓彪，世宗不許。遷太常卿，領齊州大中正。

正始元年夏，有典事史元顯獻四足四翼雞，詔散騎侍郎趙邕以問光，光表答曰：

臣謹按：漢書五行志：宣帝黃龍元年，未央殿輅軨中，雌雞化爲雄，毛變而不鳴不將，無距。元帝初元中，丞相府史家雌雞伏子，漸化爲雄，冠距鳴將。永光中，有獻雄雞生角。劉向以爲雞者小畜，主司時起居，小臣執事爲政之象也。言小臣將乘君之威，以害政事，猶石顯也。竟寧元年，石顯伏辜，此其效也。靈帝光和元年，南宮寺雌雞欲化爲雄，一身毛皆似雄，但頭冠尚未變。詔以問議郎蔡邕，邕對曰：「貌之不恭，則有雞禍。臣竊推之，頭爲元首，人君之象也，今雞一身已變，未至於頭，而上知之，是將有其事，而不遂成之象也。若應之不精，政無所改，頭冠或成，爲患滋大。」是後張角作亂，稱「黃巾賊」，遂破壞四方，疲於賦役，民多叛者。上不改政，遂至天下大亂。今之雞狀雖與漢不同，而其應頗相類矣。向、邕並博達之士，考物驗事，信而有證，誠可畏也。

臣以邕言推之，翅足衆多，亦羣下相扇助之象，雛而未大，脚羽差小，亦其勢尚微，易制御也。臣聞災異之見，皆所以示吉凶，明君覩之而懼，乃能招福；闇主視之彌慢，所用致禍。詩、書、春秋、秦、漢之事多矣，此陛下所觀者也。今或有自賤而貴，關預政事，殆亦前代君房之匹比者。南境死亡千計，白骨橫野，存有酷恨之痛，歿爲怨傷之魂。義陽屯師，盛夏未返；荆蠻狡猾，征人淹次。東州轉輸，往多無還；百姓困窮，絞縊以殞。北方霜降，蠶婦輟事。羣生憔悴，莫甚於今。此亦賈誼哭歎，谷永切諫之時。司寇行戮，君爲之不舉，陛下爲民父母，所宜矜恤。國重戎戰，用兵猶火，內外怨弊，易以亂離。陛下縱欲忽天下，豈不仰念太祖取之艱難，先帝經營劬勞也。

誠願陛下留聰明之鑒，警天地之意，禮處左右，節其貴越。往者鄧通、董賢之盛，愛之正所以害之。又躬饗加罕，宴宗或闕，時應親肅郊廟，延敬諸父。檢訪四方，務加

休息，爰發慈旨，撫賑貧瘼。簡費山池，減撤聲飲，晝存政道，夜以安身。博采芻蕘，進賢黜佞。則兆庶幸甚，妖弭慶進，禎祥集矣。

世宗覽之，大悅。後數日，而茹皓等並以罪失伏法。於是禮光愈重，加撫軍將軍。

二年八月，光表曰：「去二十八日，有物出于太極之西序，敕以示臣，臣按其形，卽莊子所謂『蒸成菌』者也。又云『朝菌不終晦朔』，雍門周所稱『磨蕭斧而伐朝菌』，皆指言蒸氣鬱長，非有根種，柔脆之質，凋殞速易，不延旬月，無擬斧斤。又多生墟落穢濕之地，罕起殿堂高華之所。今極宇崇麗，牆築工密，糞朽弗加，沾濡不及，而茲菌欻構，厥狀扶疏，誠足異也。夫野木生朝，野鳥入廟，古人以爲敗亡之象。然懼災修德者，咸致休慶，所謂家利而怪先，國興而妖豫。是故桑穀拱庭，太戊以昌；雊雉集鼎，武丁用熙。自比鵶鵲巢于廟殿，梟鵩鳴於宮寢，菌生賓階軒坐之正，準諸往記，信可爲誡。且南西未靜，兵革不息，郊甸之內，大旱跨時，民勞物悴，莫此之甚。承天子育者，所宜矜恤。伏願陛下追殷二宗感變之意，側躬聳誡，惟新聖道，節夜飲之忻，強朝御之膳，養方富之年，保金玉之性，則魏祚可以永隆，皇壽等於山岳。」

四年秋，除中書令，進號鎮東將軍。永平元年秋，將刑元愉妾李氏，羣官無敢言者。敕光爲詔，光逡巡不作，奏曰：「伏聞當刑元愉妾李，加之屠割。妖惑扇亂，誠合此罪。但外人竊云李今懷姙，例待分產。且臣尋諸舊典，兼推近事，戮至刳胎，謂之虐刑，桀紂之主，乃行斯事。君舉必書，義無隱昧，酷而乖法，何以示後？陛下春秋已長，未有儲體，皇子襁褓，至有夭失。臣之愚識，知無不言，乞停李獄，以俟育孕。」世宗納之。

延昌元年春，遷中書監，侍中如故。二年，世宗幸東宮，召光與黃門甄琛、廣陽王淵等，並賜坐，詔光曰：「卿是朕西臺大臣，今當爲太子師傅。」光起拜固辭，詔不許。卽命肅宗出，從者十餘人，敕以光爲傅之意，令肅宗拜光。光又拜辭，不當受太子拜，復不蒙許，肅宗遂南面再拜。詹事王顯啓請從太子拜，於是宮臣畢拜，光北面立，不敢答拜，唯西面拜謝而出。於是賜光繡綵一百匹，琛、淵等各有差。尋授太子少傅。三年，遷右光祿大夫，侍中、監如故。

四年正月，世宗夜崩。光與侍中、領軍將軍于忠迎肅宗於東宮，安撫內外，光有力焉。帝崩後二日，廣平王懷扶疾入臨，以母弟之親，徑至太極西廡，哀慟禁內，呼侍中、黃門、領軍、二衞，云身欲上殿哭大行，又須入見主上。諸人皆愕然相視，無敢抗對者。光獨攘衰振杖，引漢光武初崩，太尉趙憙橫劍當階，推下親王故事，辭色甚厲，聞者莫不稱善，壯光理義有據。懷聲淚俱止，云侍中以古事裁我，我不敢不服。於是遂還，頻遣左右致謝。

初，永平四年，以黃門郎孫惠蔚代光領著作，惠蔚首尾五載，無所厝意。至是三月，尙

書令、任城王澄表光宜還史任，於是詔光還領著作。四月，遷特進。五月，以奉迎肅宗之功，封光博平縣開國公，食邑二千戶。七月，領國子祭酒。八月，詔光乘步挽於雲龍門出入。尋遷車騎大將軍、儀同三司。靈太后臨朝之後，光累表遜位。于忠擅權，光依附之。及忠稍被疏黜，光并送章綬冠服茅土，表至十餘上。靈太后優答不許。有司奏追于忠及光封邑。熙平元年二月，太師、高陽王雍等奏舉光授肅宗經。初，光有德於靈太后，語在于忠傳。四月，更封光平恩縣開國侯，食邑一千戶，以朝陽伯轉授第二子勗。其月，敕賜羊車一乘。

時靈太后臨朝，每於後園親執弓矢，光乃表上中古婦人文章，因以致諫曰：「孔子云：『士志於道，據於德，依於仁，遊於藝。』藝謂禮、樂、書、數、射、御。明前四業，丈夫婦人所同修者。若射、御，唯主男子事，不及女。古之賢妃烈媛，母儀家國，垂訓四海，宜教九宗，可秉道懷德，〔一〕率遵仁禮。是以漢后馬鄧，術邁祖考；羊嬪蔡氏，具體伯喈。伏惟皇太后含聖履仁，臨朝闡化，肅雍愷悌，靖徽齊穆，孝祀通於神明，和風溢于區宇。因時暇豫，清暑林園，遠藐姑射，眷言矍相，弦矢所發，必中正鵠，威靈遐暢，義震上下。文武懾心，左右悅目，吾王不遊，吾何以休，不窺重仞，安見富美。天情沖謙，動容祗愧，以爲舉非蠶織，事存無功，豈謂應乾順民，裁成輔相者哉。臣不勝慶幸，謹上婦人文章錄一帙，其集具在內，伏願

以時披覽，仰禆未聞。息鑾挾之勞，納閑拱之泰，頤精養壽，栖神翰林。」

是秋，靈太后頻幸王公第宅。光表諫曰：「禮記云：『諸侯非問疾弔喪而入諸臣之家，是謂君臣爲謔。』不言王后夫人，明無適臣家之義。夫人父母在，有時歸寧，親沒，使卿大夫聘。春秋紀陳、宋、齊之女並爲周王后，無適本國之事。是制深於士大夫，許嫁唁兄，又義不得。衞女思歸，以禮自抑。載馳、竹竿所爲作也。漢上官皇后將廢昌邑，霍光，外祖也，親爲宰輔，后猶御武帷以接羣臣，〔三〕示男女之別，國之大節。伯姬待姆，安就炎燎；樊姜俟命，忍赴洪流。傳皆綴集，以垂來詠。昨軒駕頻出，幸馮翊君、任城王第，雖漸中秋，餘熱尚蒸，衡蓋往還，聖躬煩倦。豐厨嘉醴，罄竭時羞，上壽弗限一觴，方丈甘踰百品，日及日斜，接對不憇，非謂順時而遊，奉養有度。縱雲輦崇涼，御筵安暢。左右僕侍，衆過千百，扶衞跋涉，袍鉀在身，蒙曝塵日，渙汗流離，致時飢渴，餐飯不贍，賃馬假乘，交費錢帛。昔人稱陛下甚樂，臣等至苦，或其事也。〔三〕伏惟皇太后月靈炳曜，坤儀挺茂，誕育帝躬，維興魏道。德踰文母，仁邁和熹。親以天至，遠異莫間；愛由眞固，非俟虛隆。紆屈鑾駕，降臨閭里，榮光帝京，士女藻悅。白首之耋，欣遇饑年；青衿之童，慶屬唐日。千載之所難，一朝之爲易，非至明超古，忘驕釋吝，孰能若斯者哉？魏元已來，莫正斯美，輿居出入，自當坦然，豈同往嫌，曲有矯避。但帝族方衍，勳貴增遷，祗請遂多，將成彝式。陛下遵酌前王，貽厥後矩，天下

爲公，億兆己任。專薦郊廟，止決大政，輔養神和，簡息遊幸。以德爲車，以樂爲御，考仁聖之風，習治國之道，則率土屬賴，含生仰悅矣。臣過荷恩榮，所知必盡，默默唯唯，愚竊未敢，輕陳狂瞽，分貽憲坐。」

神龜元年夏，光表曰：「詩稱：『蔽芾甘棠，勿翦勿伐，邵伯所茇。』又云：『雖無老成人，尚有典刑。』傳曰：『思其人猶愛其樹，況用其道不恤其人。』是以書始稽古，易本山泉，〔四〕觀於天文，以察時變，觀於人文，以化成天下。孟子□實，〔五〕匡張訓說。安世記篋於汾南，伯山抱卷於河右。元始孤論，充漢帝之坐；孟皇片字，懸魏王之帳。前哲之寶重墳籍，珍愛分篆，猶若此之至也。矧迺聖典鴻經，炳勒金石，理爲國楷，義成家範，迹實世模，事則人軌，千載之格言，百王之盛烈，而令焚荒汙毀，積榛棘而弗掃，爲鼯鼬之所栖宿，童豎之所登踞者哉！誠可爲痛心疾首，拊膺扼腕。伏惟皇帝陛下，孝敬日休，自天縱睿，垂心初學，儒業方熙。皇太后欽明慈淑，臨制統化，崇道重教，留神翰林。將披雲臺而問禮，拂麟閣以招賢。誠宜遠開闕里，清彼孔堂，而使近在城闉，面接宮廟，舊校爲墟，子衿永替。豈所謂建國君民，教學爲先，京邑翼翼，四方是則也？尋石經之作，起自炎劉，繼以曹氏典論，初乃三百餘載，計末向二十紀矣。昔來雖屢經戎亂，猶未大崩侵。如聞往者刺史臨州，多搆圖寺，道俗諸用，稍有發掘，基蹠泥灰，〔六〕或出於此。皇都始還，尙可補復，軍國務殷，遂不存檢。官私顯隱，漸加剝撤。播麥納菽，秋春相因，□生蒿杞，時致火燎，由是經石彌減，文字增缺。職忝胄教，參掌經訓，不能繕修頹墜，興復生業，倍深慚耻。今求遣國子博士一人，堪任幹事者，專主周視，驅禁田牧，制其踐穢，料閱碑牒所失次第，量厥補綴。」詔曰：「此乃學者之根源，不朽之永格，垂範將來，憲章之本，便可一依公表。」光乃令國子博士李郁與助教韓神固、劉燮等勘校石經，其殘缺者，計料石功，幷字多少，欲補治之。於後，靈太后廢，遂寢。

二年八月，靈太后幸永寧寺，躬登九層佛圖。光表諫曰：「伏見親昇上級，佇蹕表剎之下，祗心圖構，誠爲福善。聖躬玉趾，非所踐陟，臣庶恇惶，竊謂未可。按禮記：『爲人子者，不登高，不臨深。』古賢有言：策畫失於廟堂，大人蹙於中野。漢書：上欲西馳下峻坂，爰盎攬轡停輿曰：『臣聞千金之子不垂堂，百金之子不倚衡，如有車敗馬驚，柰高廟太后何？』又云：上酎祭宗廟，出，欲御樓船。〔七〕薛廣德免冠頓首，曰：『宜從橋，陛下不聽臣，臣以血汙車輪。』樂正子春，曾參弟子，亦稱至孝，固自謹愼，堂基不過一尺，猶有傷足之愧。永寧累級，閣道回隘，以柔懦之寶體，乘至峻之重峭，萬一差跌，千悔何追？禮，將祭宗廟，必散齋七日，致齋三日，然後入祀，神明可得而通。今雖容像未建，已爲神明之宅。方加雕繢，飾麗丹青，人心所祗，銳觀滋甚，登者旣衆，異懷若面。縱一人之身恒盡誠潔，豈左右臣妾各

竭虔仰？〔八〕不可獨昇，必有扈侍，懼或忘愼，非飲酒茹葷而已。昨風霾暴興，紅塵四塞，白日晝昏，特可驚畏。春秋，宋、衞、陳、鄭同日而災，伯姬待姆，致焚如之禍。去皇興中，青州七級亦號崇壯，夜爲上火所焚。雖梓愼、禆竈之明，尙不能逆刻端兆。變起倉卒，預備不虞。天道幽遠，自昔深誡。墟墓必哀，廟社致敬，望塋悽慟，入門聳慄，適墓不登隴，未有昇陟之事。傳云：『公旣視朔，遂登觀臺。』其下無天地先祖之神，故可得而乘也。內經，寶塔高華，堪室千萬，唯盛言香花禮拜，豈有登上之義。獨稱三寶階，從上而下，人天交接，兩得相見，超世奇絕，莫可而擬。恭敬拜跽，悉在下級。遠存矚眺，周見山河，因其所眄，增發嬉笑。未能級級加虔，步步崇愼，徒使京邑士女，公私湊集。上行下從，理勢以然，迄於無窮，豈長世競慕一登而可抑斷哉？蓋心信爲本，形敬乃末，重實輕根，靖實躁君，恭己正南面者，豈月乘峻極，旬御層階。今經始旣就，子來自勸，基構已興，雕絢漸起，紫山華臺，卽其宮也。伏願息躬親之勞，廣風靡之化，因立制防，班之條限，以遏囂汙，永歸淸寂。下竭肅穆之誠，上展瞻仰之敬，勿踐勿履，顯固億齡，融教闡悟，不其博歟。」

九月，靈太后幸嵩高，光上表諫曰：「伏聞明後當親幸嵩高，往還累宿。鑾遊近旬，〔九〕存省民物，誠足爲善。雖漸農隙，所獲栖畝，飢貧之家指爲珠玉，遺秉滯穟，莫不寶惜。步騎萬餘，來去經踐，駕輦雜遝，競騖交馳，縱加禁護，猶有侵耗，士女老幼，微足傷心。秋末

久旱，塵壤委深，風靄一起，紅埃四塞。轘關峭嶮，山路危狹，聖駕淸道，當務萬安。乘履澗壑，蒙犯霜露，出入半旬，途越數百，飄曝彌日，仰虧和豫。七廟上靈，容或未許；億兆下心，實用悚慄。且藏蟄節遠，昆蟲布列，蠉蠕之類，盈於川原，車馬輾蹈，必有殘殺。〔一〇〕慈矜好生，應垂未測，誠恐悠悠之議，將謂爲福興罪。厮役困於負檐，爪牙窘於賃乘，供頓候迎，公私擾費。厨兵幕士，衣履敗穿，晝暄夜淒，罔所覆藉，監帥驅捶，泣呼相望。霜旱爲災，所在不稔，飢饉荐臻，方成儉弊。爲民父母，所宜存恤，靖以撫之，猶懼離散，乃於收斂初辰，致此行擧，自近及遠，交興怨嗟。伏願遠覽虞舜，恭己無爲；近遵老易，不出戶牖。罷勞形之遊，息傷財之駕，動循典防，納諸軌儀，委司責成，寄之耳目。人神幸甚，朝野抃悅。」靈太后不從。

正光元年冬，賜光几杖、衣服。二年春，肅宗親釋奠國學，光執經南面，百僚陪列。司徒、京兆王繼頻上表以位讓光。夏四月，以光爲司徒、侍中、國子祭酒，領著作如故。光表固辭歷年，終不肯受。八月，獲禿鶖鳥於宮內，詔以示光。光表曰：「蒙示十四日所得大鳥，此卽詩所謂『有鶖在梁』，解云『禿鶖也』。貪惡之鳥，野澤所育，不應入殿庭。昔魏氏黃初中，有鵜鶘集于靈芝池，文帝下詔以曹恭公遠君子，近小人，博求賢俊，太尉華歆由此遜位而讓管寧者也。臣聞野物入舍，古人以爲不善，是以張臶惡鵂，賈誼忌鵩。鵜鶘暫集而去，

前王猶爲至誡，況今親入宮禁，爲人所獲，方被畜養，晏然不以爲懼。準諸往義，信有殊矣。且饕餮之禽，必資魚肉，菽麥稻粱，時或餐啄，一食之費，容過斤鎰。今春夏陽旱，穀糴稍貴，窮窘之家，時有菜色。陛下爲民父母，撫之如傷，豈可棄人養鳥，留意於醜形惡聲哉？衞侯好鶴，曹伯愛雁，身死國滅，可爲寒心。陛下學通春秋，親覽前事，何得口詠其言，行違其道！誠願遠師殷宗，近法魏祖，修德延賢，消災集慶。放無用之物，委之川澤，取樂琴書，頤養神性。」肅宗覽表大悅，卽棄之池澤。

詔召光與安豐王延明議定服章。三年六月，詔光乘步挽至東西上閤。九月，進位太保，光又固辭。光年耆多務，疾病稍增，而自强不已，常在著作，疾篤不歸。四年十月，肅宗親臨省疾，詔斷賓客，中使相望，爲止聲樂，罷諸遊眺。拜長子勵爲齊州刺史。十一月，疾甚，敕子姪等曰：「諦聽吾言。聞曾子有云：人之將死，其言也善，啓予手，啓予足，而今而後，吾知免夫。吾荷先帝厚恩，位至於此，史功不成，歿有遺恨。汝等以吾之故，並得名位，勉之！勉之！以死報國。修短命也，夫復何言。速可送我還宅。」氣力雖微，神明不亂。至第而薨，年七十三。肅宗聞而悲泣，中使相尋，詔給東園溫明祕器、朝服一具、衣一襲、錢六十萬、布一千匹、蠟四百斤，大鴻臚監護喪事。車駕親臨，撫屍慟哭。御輦還宮，流涕於路，爲減常膳，言則追傷。每至光坐講讀之處，未曾不改容悽悼。五年正月，贈太傅、領尚書

令、驃騎大將軍、開府、冀州刺史，侍中如故。又敕加後部鼓吹、班劍，依太保、廣陽王故事，謚文宣公。肅宗祖喪建春門外，望轜哀慟，儒者榮之。

初，光太和中，依宮商角徵羽本音而爲五韻詩，以贈李彪，彪爲十二次詩以報光。光又爲百三郡國詩以答之，國別爲卷，爲百三卷焉。

光寬和慈善，不逆於物，進退沉浮，自得而已。常慕胡廣、黃瓊之爲人，故爲氣概者所不重。始領軍于忠以光舊德，甚信重焉，每事籌決，光亦傾身事之。元叉於光亦深宗敬。及郭祚、裴植見殺，清河王懌遇禍，光隨時俛仰，竟不匡救，於是天下譏之。自從貴達，罕所申薦。曾啓其女壻彭城劉敬徽，云敬徽爲荆州五隴戍主，女隨夫行，常慮寇抄，南北分張，乞爲徐州長史、兼別駕，暫集京師。肅宗許之。時人比之張禹。光初爲黃門，則讓宋弁；爲中書監，讓汝南王悅；爲太常，讓劉芳；爲少傅，讓元暉、穆紹、甄琛；爲國子祭酒，讓清河王懌、任城王澄；爲車騎、儀同，讓江陽王繼，又讓靈太后父胡國珍。皆顧望時情，議者以爲矯飾。崇信佛法，禮拜讀誦，老而逾甚，終日怡怡，未曾恚忿。曾於門下省晝坐讀經，有鴿飛集膝前，遂入於懷，緣臂上肩，久之乃去。道俗贊詠詩頌者數十人。每爲沙門朝貴請講維摩、十地經，聽者常數百人，卽爲二經義疏三十餘卷。識者知其疏略，以貴重爲後坐疑於講次。凡所爲詩賦銘贊詠頌表啓數百篇，五十餘卷，別有集。光十一子，勵、勗、勔、勸、劼、

勉、勍、劬、勱、勦、勉。

勵，字彥德，器學才行最有父風。擧秀才，中軍彭城王參軍、祕書郎中，以父光爲著作，固辭不拜。歷員外郎、騎侍郎，〔一一〕太尉記室、散騎侍郎，以繼母憂去職。神龜中，除司空從事中郎。正光二年，拜中書侍郎。領軍將軍元叉爲明堂大將，以勵爲長史。與從兄鴻俱知名於世。四年十月，父光疾甚，詔拜征虜將軍、齊州刺史。以父寢疾，衣不解帶。及光薨，肅宗每加存慰。五年春，光葬於本鄉，又詔遣主書張文伯宣弔焉。孝昌元年十二月，詔除太尉長史，仍爲齊州大中正，襲父爵。建義初，遇害河陰，時年四十八。贈侍中、衞將軍、儀同三司、青州刺史。

子挹，襲。武定末，太尉。屬齊受禪，爵例降。

挹弟損，儀同開府主簿。

勗，武定末，征虜將軍、安州刺史、朝陽伯。齊受禪，例降。

勔，字彥儒，亦有父風。司空記室、通直散騎侍郎、寧遠將軍、清河太守，帶槃陽鎭將。爲逆賊崔景安所害。贈征虜將軍、齊州刺史。

子權，太尉參軍事。

劼，武定中，中書郎。

光弟敬友，本州治中。頗有受納，御史案之，乃與守者俱逃。後除梁郡太守，會遭所生母憂，不拜。敬友精心佛道，晝夜誦經。免喪之後，遂菜食終世。恭寬接下，修身厲節。自景明已降，頻歲不登，飢寒請丐者，皆取足而去。又置逆旅於肅然山南大路之北，設食以供行者。延昌三年二月卒，年五十九。

子鴻，字彥鸞。少好讀書，博綜經史。太和二十年，拜彭城王國左常侍。景明三年，遷員外郎、兼尚書虞曹郎中。敕撰起居注。遷給事中，兼祠部郎，轉尚書都兵郎中。詔太師、彭城王勰以下公卿朝士儒學才明者三十人，議定律令於尚書上省，鴻與光俱在其中，時論榮之。永平初，豫州城人白早生，殺刺史司馬悅，據懸瓠叛。詔鎮南將軍邢巒討之，以鴻爲行臺鎮南長史。徙三公郎中，加輕車將軍。遷員外散騎常侍，領郎中。

延昌二年，將大考百僚，鴻以考令於體例不通，乃建議曰：「竊惟王者爲官求才，使人以器，黜陟幽明，揚清激濁，故績效能官，才必稱位者朝昇夕進，年歲數遷，豈拘一階半級，閡以□僚等位者哉？二漢以降，太和以前，苟必官須此人，人稱此職，或超騰昇陟，數歲而至公卿，或長兼、試守稱允而還進者，披卷則人人而是，擧目則朝貴皆然。故能時收多士之

譽，國號豐賢之美。竊見景明以來考格，三年成一考，一考轉一階。貴賤內外萬有餘人，自非犯罪，不問賢愚，莫不上中，才與不肖，比肩同轉。雖有善政如黃龔，儒學如王鄭，史才如班馬，文章如張蔡，得一分一寸必爲常流所攀，選曹亦抑爲一概，不曾甄別。琴瑟不調，改而更張，雖明旨已行，猶宜消息。」世宗不從。

三年，鴻以父憂解任，甘露降其廬前樹。十一月，世宗以本官徵鴻。四年，復有甘露降其京兆宅之庭樹。復加中堅將軍，常侍、領郎如故。遷中散大夫、高陽王友，仍領郎中。其年爲司徒長史。正光元年，加前將軍。修高祖世宗起居注。光撰魏史，徒有卷目，初未考正，闕略尤多。每云此史會非我世所成，但須記錄時事，以待後人。臨薨言鴻於肅宗。五年正月，詔鴻以本官修緝國史。孝昌初，拜給事黃門侍郎，尋加散騎常侍、齊州大中正。鴻在史甫爾，未有所就，尋卒。贈鎭東將軍、度支尚書、青州刺史。

鴻弱冠便有著述之志，見晉魏前史皆成一家，無所措意。以劉淵、石勒、慕容儁、苻健、慕容垂、姚萇、慕容德、赫連屈孑、張軌、李雄、呂光、乞伏國仁、禿髮烏孤、李暠、沮渠蒙遜、馮跋等，並因世故，跨僭一方，各有國書，未有統一，鴻乃撰爲十六國春秋，勒成百卷，因其舊記，時有增損褒貶焉。鴻二世仕江左，故不錄僭晉、劉、蕭之書。又恐識者責之，未敢出行於外。世宗聞其撰錄，遣散騎常侍趙邕詔鴻曰：「聞卿撰定諸史，甚有條貫，便可隨成

者送呈，朕當於機事之暇覽之。」鴻以其書有與國初相涉，言多失體，且既未訖，迄不奏聞。鴻後典起居，乃妄載其表曰：

臣聞帝王之興也，雖誕應圖籙，然必有驅除，蓋所以翦彼厭政，成此樂推。故戰國紛紜，年過十紀，而漢祖夷殄羣豪，開四百之業。歷文景之懷柔蠻夏，世宗之奮揚威武，始得涼、朔同文，牂、越一軌。於是談、遷感漢德之盛，痛諸史放絕，乃鈐括舊書，著成太史，所謂緝茲人事，光彼天時之義也。

昔晉惠不競，華戎亂起，三帝受制於姦臣，二皇晏駕於非所，五都蕭條，鞠爲煨燼。趙燕旣爲長蛇，遼海緬成殊域，窮兵銳進，以力相雄，中原無主，八十餘年。遺晉僻遠，勢略孤微，民殘兵革，靡所歸控。皇魏龍潛幽代，世篤公劉，內修德政，外抗諸僞，幷冀之民，懷寶之士，襁負而至者日月相尋，雖邠岐之赴太王，謳歌之歸西伯，實可同年而語矣。太祖道武皇帝以神武之姿，接金行之運，應天順民，龍飛受命。太宗必世重光，業隆玄默。世祖雄才叡略，闡曜威靈，農戰兼修，掃清氛穢。歲垂四紀，而寰宇一同。儋耳、文身之長，卉服、斷髮之酋，莫不請朔率職，重譯來庭。隱愍鴻濟之澤，三樂擊壤之歌，百姓始得陶然蘇息，欣於堯舜之世。

自晉永寧以後，雖所在稱兵，競自尊樹，而能建邦命氏成爲戰國者，十有六家。善

惡興滅之形，用兵乖會之勢，亦足以垂之將來，昭明勸戒。但諸史殘缺，體例不全，編錄紛謬，繁略失所，宜審正不同，定爲一書。伏惟高祖以大聖應期，欽明御運，合德乾坤，同光日月，建格天之功，創不世之法，開鑿生民，惟新大造。陛下以靑陽繼統，叡武承天。應符屈己，則道高三、五；頤神至境，則洞彼玄宗。剖判百家，斟酌六籍，遠邁石渠，美深白虎。至如導禮革俗之風，昭文變性之化，固以感彼禽魚，穆茲寒暑。而況愚臣沐浴太和，懷音正始，而可不勉強難革之性，砥礪木石之心哉？誠知敏謝允南，才非承祚，然國志、史考之美，竊亦輒所庶幾。始自景明之初，搜集諸國舊史，屬遷京甫爾，率多分散，求之公私，驅馳數歲。又臣家貧祿薄，唯任孤力，至於紙盡，書寫所資，每不周接，暨正始元年，寫乃向備。謹於吏按之暇，草構此書。區分時事，各繫本錄；破彼異同，凡爲一體；約損煩文，補其不足。三家五門之類，一事異年之流，皆稽以長曆，考諸舊志，刪正差謬，定爲實錄。商校大略，著春秋百篇。至三年之末，草成九十五卷。唯常璩所撰李雄父子據蜀時書，尋訪不獲，所以未及繕成，輟筆私求，七載于今。此書本江南撰錄，恐中國所無，非臣私力所能終得。其起兵僭號，事之始末，乃亦頗有，但不得此書，懼簡略不成。久思陳奏，乞敕緣邊求採，但愚賤無因，不敢輕輒。

散騎常侍、太常少卿、荊州大中正臣趙邕，忽宣明旨，敕臣送呈。不悟九皐微志，

乃得上聞，奉敕欣惶，慶懼兼至。今謹以所訖者，附臣邕呈奏。臣又別作序例一卷，年表一卷，仰表皇朝統括大義，俯明愚臣著錄微體。徒竊慕古人立言美意，文致疏鄙，無一可觀，簡御之日，伏深慚悸。

鴻意如此，然自正光以前，不敢顯行其書。自後以其伯光貴重當朝，知時人未能發明其事，乃頗相傳讀。亦以光故，執事者遂不論之。鴻經綜旣廣，多有違謬：至如太祖天興二年，姚興改號，鴻以爲改在元年；太宗永興二年，慕容超擒於廣固，鴻又以爲事在元年；太常二年，姚泓敗於長安，而鴻亦以爲滅在元年。如此之失，多不考正。

子子元，祕書郞。後永安中，乃奏其父書，曰：「臣亡考故散騎常侍、給事黃門侍郞、前將軍、齊州大中正鴻，不殞家風，式纘世業，古學克明，在新必鏡，多識前載，博極羣書，史才富洽，號稱籍甚。年止壯立，便斐然懷著述意。正始之末，任屬記言，撰緝餘暇，乃刊著趙、燕、秦、夏、涼、蜀等遺載，爲之贊序，褒貶評論。先朝之日，草構悉了，唯有李雄蜀書，搜索未獲，闕茲一國，遲留未成。去正光三年，購訪始得，討論適訖，而先臣棄世。凡十六國，名爲春秋，一百二卷，近代之事最爲備悉。未曾奏上，弗敢宣流。今繕寫一本，敢以仰呈。儻或淺陋，不回睿賞，乞藏祕閣，以廣異家。」子元後謀反，事發逃竄，會赦免。尋爲其叔鶡所殺。

光從祖弟長文，字景翰。少亦徙於代都，聰敏有學識。太和中，除奉朝請。還洛，拜司空參軍事，營構華林園。後兼員外散騎常侍，爲宕昌使主。還，授給事中、本國中正、尙書庫部郞。正始中，大修器械，爲諸州造仗都使。齊州太原太守、雍州撫軍府長史，以廉慎稱。遷輔國將軍、中散大夫，轉太府少卿，丞相、高陽王雍諮議參軍，太中大夫。永安中，以老拜征虜將軍、平州刺史。還家專讀佛經，不關世事。年七十九，天平初卒。贈使持節、征東將軍、齊州刺史，諡曰貞。

子慈懋，字德林。永熙初，征虜將軍、徐州征東府長史。

長文從弟庠，字文序。有幹用。初除侍御史、員外散騎侍郞、給事中。頻使高麗，轉步兵校尉，又轉司空掾，領左右直長。出除相州長史，還，拜河陰、洛陽令，以强直稱。還東郡太守。元顥寇逼郡界，庠拒不從命，棄郡走還鄉里。孝莊還宮，賜爵平原伯，拜潁川太守。二年五月，爲城民王早、蘭寶等所害。後贈驃騎將軍、吏部尙書、齊州刺史。子罕襲爵。齊受禪，例降。

光族弟榮先，字隆祖，涉歷經史。州辟主簿。

子鐔，有文才。冠軍將軍、中散大夫。

鐔弟觀，寧遠將軍、羽林監。

史臣曰：崔光風素虛遠，學業淵長。高祖歸其才博，許其大至，明主固知臣也。歷事三朝，師訓少主，不出宮省，坐致台傳，斯亦近世之所希有。但顧懷大雅，託迹中庸，其於容身之譏，斯乃胡廣所不免也。鴻博綜古今，立言爲事，亦才志之士乎？

校勘記

〔一〕可秉道懷德　諸本「懷」下無「德」字，旁注「疑」，今據冊府卷三二六三八六〇頁補，删「疑」字。

〔二〕后猶御武帷以接羣臣　冊府卷三二六三八六一頁「帷」作「帳」。按事見漢書卷六八霍光傳，也作「帳」，疑「帷」字訛。

〔三〕或其事也　諸本「或」作「惑」。北史卷四四崔光傳、冊府同上卷頁作「或」。按冊府出魏書而與北史合，知魏書本亦作「或」，今據改。

〔四〕易本山泉　諸本「泉」作「火」，冊府卷六〇三七二四〇頁作「泉」。按「山下出泉」，見易蒙象辭，「火」字訛，今據改。

〔五〕孟子□實　冊府同上卷頁闕字作「叒」。按「叒實」語不見孟子，或是用盡心下「盡信書則不如無書，吾於武成取二三策而已」語意，但無確證，今不補。

〔六〕基蹠泥灰　諸本「蹠」作「蹝」，冊府卷六〇三七二四〇頁作「蹠」。按「蹝」是行貌，「基蹝」無義。「蹠」是履踐，「基蹠」猶言「基趾」，今據改。

〔七〕上酎祭宗廟出欲御樓船　諸本無「宗」字，冊府卷三二六三八五九頁有。按漢書卷七一薛廣德傳作「宗廟」，「宗」字不宜省，今補。又冊府「出」下有「便門」二字，與漢書合，但無此二字亦通，今不補。

〔八〕豈左右臣妾各竭虔仰　諸本「臣」字缺，今據冊府同上卷頁補。

〔九〕鑾遊近甸　諸本「甸」訛「旬」，今據冊府卷三二六三八六〇頁改。

〔一〇〕必有殘殺　諸本「殘」訛「類」，今據冊府同上卷頁改。

〔一一〕歷員外郎騎侍郎　張森楷云：「上『郎』字疑當作『散』。」按「騎侍郎」上必當有「散」字。下載崔勵後官「散騎侍郎」，前是「員外」，後還正，亦合。上「郎」字當是「散」之訛。

魏書卷六十八

列傳第五十六

甄琛　高聰

甄琛，字思伯，中山毋極人，漢太保甄邯後也。父凝，州主簿。琛少敏悟，閨門之內，兄弟戲狎，不以禮法自居。頗學經史，稱有刀筆，而形貌短陋，尠風儀。舉秀才。入都積歲，頗以弈棊棄日，至乃通夜不止。手下蒼頭常令秉燭，或時睡頓，大加其杖，如此非一。奴後不勝楚痛，乃白琛曰：「郎君辭父母，仕宦京師，若爲讀書執燭，奴不敢辭罪，乃以圍棊，日夜不息，豈是向京之意？而賜加杖罰，不亦非理！」琛惕然慚感，遂從許叡、李彪假書研習，聞見益優。

太和初，拜中書博士，遷諫議大夫，時有所陳，亦爲高祖知賞。轉通直散騎侍郎，出爲本州征北府長史，後爲本州陽平王頤衞軍府長史。世宗踐祚，以琛爲中散大夫、兼御史中

尉，轉通直散騎常侍，仍兼中尉。琛表曰：

王者道同天壤，施齊造化，濟時拯物，爲民父母。故年穀不登，爲民祈祀。乾坤所惠，天子順之；山川祕利，天子通之。苟益生民，損躬無吝，如或所聚，唯爲賑恤。是以月令稱：山林藪澤，有能取蔬食禽獸者，皆野虞教導之；其迭相侵奪者，罪之無赦。此明導民而弗禁，通有無以相濟也。周禮雖有川澤之禁，正所以防其殘盡，必令取之有時。斯所謂鄣護雖在公，更所以爲民守之耳。且一家之長，惠及子孫，一運之君，澤周天下，皆所以厚其所養，以爲國家之富。未有尊居父母，而醯醢是吝；富有萬品，而一物是規。今者，天爲黔首生鹽，國與黔首鄣護，假獲其利，是猶富專口斷不及四體也。且天下夫婦歲貢粟帛。四海之有，備奉一人；軍國之資，取給百姓。天子亦何患乎貧，而苟禁一池也。

古之王者，世有其民，〔一〕或水火以濟其用，或巢宇以誨其居，或教農以去其飢，或訓衣以除其弊。故周詩稱「教之誨之，飲之食之」，皆所以撫覆導養，爲之求利者也。臣性昧知理，識無遠尙，每覩上古愛民之迹，時讀中葉驟稅之書，未嘗不歎彼遠大，惜此近狹。今僞弊相承，仍崇關鄽之稅；大魏恢博，唯受穀帛之輸。是使遠方聞者，罔不歌德。昔亶父以棄寶得民，碩鼠以受財失衆。君王之義，宜其高矣；魏之簡稅，惠實遠

矣。語稱出內之吝，有司之福；施惠之難，人君之禍。夫以府藏之物，猶以不施而爲災，況府外之利，而可吝之於黔首？且善藏者藏於民，不善藏者藏於府。藏於民者民欣而君富，藏於府者國怨而民貧。國怨則示化有虧，民貧則君無所取。願弛茲鹽禁，使沛然遠及，依周禮置川衡之法，使之監導而已。

詔曰：「民利在斯，深如所陳。付八座議可否以聞。」司徒、錄尙書、彭城王勰，兼尙書邢巒等奏：「琛之所列，富乎有言，首尾大備，或無可貶。但恐坐談則理高，行之則事闕，是用遲回，未謂爲可。竊惟古之善爲治者，莫不昭其勝途，悟其遠理，及於救世，升降稱時。欲令豐無過溢，儉不致弊，役養消息，備在厥中，節約取足，成其性命。如不爾者，焉用君爲？若任其生產，隨其啄食，便是芻狗萬物，不相有矣。自大道既往，恩惠生焉，下奉上施，卑高理睦。然恩惠既交，思拯之術廣，恒恐財不賙國，澤不厚民。故多方以達其情，立法以行其志。至乃取貨山川，輕在民之貢；立稅關市，裨十一之儲。收此與彼，非利己也；回彼就此，非爲身也。所謂集天地之產，惠天地之民，藉造物之富，賑造物之貧。徹商賈給戎戰，賦四民贍軍國，取乎用乎，各有義已。禁此淵池，不專大官之御；斂此匹帛，豈爲後宮之資。既潤不在己，彼我理一，猶積而散之，將焉所吝？且稅之本意，事有可求，固以希濟生民，非爲富賄藏貨。不爾者，昔之君子何爲然哉？是以後來

經圖，未之或改。故先朝商校，小大以情，降鑒之流，疑興復鹽禁。然自行以來，典司多怠，出入之間，事不如法，遂令細民怨嗟，商販輕議，此乃用之者無方，非興之者有謬。至使朝廷明識，聽瑩其間，今而罷之，懼失前旨。一行一改，法若易棊，參論理要，宜依前式。」詔曰：「司鹽之稅，乃自古通典，然興制利民，亦代或不同，苟可以富氓益化，唯理所在。甄琛之表，實所謂助政毗治者也，可從其前計，使公私並宜，川利無擁。尙書嚴爲禁豪强之制也。」

詔琛參八座議事。尋正中尉，常侍如故。遷侍中，領中尉。琛俛眉畏避，不能繩糾貴遊，凡所劾治，率多下吏。於時趙脩盛寵，琛傾身事之。琛父凝爲中散大夫，弟僧林爲本州別駕，皆託脩申達。至脩姦詐事露，明當收考，今日乃舉其罪。及監決脩鞭，猶相隱惻，然告人曰：「趙脩小人，背如土牛，殊耐鞭杖。」有識以此非之。脩死之明日，琛與黃門郎李憑以朋黨被召詣尙書，兼尙書元英、邢巒窮其阿附之狀。琛曾拜官，諸賓悉集，巒乃晚至，琛謂巒曰：「卿何處放蛆來，今晚始顧？」雖以戲言，巒變色銜忿，及此，大相推窮。司徒公、錄尙書、北海王詳等奏曰：「臣聞黨人爲患，自古所疾；政之所忌，雖寵必誅，皆所以存天下之至公，保靈基於永業者也。伏惟陛下纂聖前暉，淵鑒幽慝，恩斷近習，憲軌唯新，大政蔚以增光，鴻猷於焉永泰。謹案：侍中、領御史中尉甄琛，身居直法，糾擿是司，風邪響黷，猶宜劾